CURSO de DIREITO PROCESSUAL CIVIL

Edições anteriores

1ª edição – 1989	21ª edição – 1999	37ª edição – 2006 – 2ª tiragem
2ª edição – 1989	22ª edição – 2000	38ª edição – 2007
3ª edição – 1989	23ª edição – 2000	38ª edição – 2007 – 2ª tiragem
4ª edição – 1990	24ª edição – 2000	38ª edição – 2007 – 3ª tiragem
5ª edição – 1990	25ª edição – 2001	39ª edição – 2008
6ª edição – 1992	26ª edição – 2001	39ª edição – 2008 – 2ª tiragem
7ª edição – 1993	26ª edição – 2001 – 2ª tiragem	40ª edição – 2008
8ª edição – 1994	26ª edição – 2001 – 3ª tiragem	41ª edição – 2009
9ª edição – 1994	27ª edição – 2001	41ª edição – 2009 – 2ª tiragem
10ª edição – 1995	28ª edição – 2002	42ª edição – 2010
11ª edição – 1995	29ª edição – 2002	42ª edição – 2010 – 2ª tiragem
12ª edição – 1996	30ª edição – 2003	43ª edição – 2011
13ª edição – 1996	30ª edição – 2003 – 2ª tiragem	44ª edição – 2012
14ª edição – 1996	31ª edição – 2003	45ª edição – 2013
15ª edição – 1997	32ª edição – 2004	46ª edição – 2014
16ª edição – 1997	32ª edição – 2004 – 2ª tiragem	46ª edição – 2015 – 2ª tiragem
16ª edição – 1997 – 2ª tiragem	32ª edição – 2004 – 3ª tiragem	47ª edição – 2015
17ª edição – 1997	32ª edição – 2004 – 4ª tiragem	48ª edição – 2016
17ª edição – 1997 – 2ª tiragem	32ª edição – 2005 – 5ª tiragem	49ª edição – 2016
17ª edição – 1998 – 3ª tiragem	33ª edição – 2005	50ª edição – 2017
17ª edição – 1998 – 4ª tiragem	34ª edição – 2005	51ª edição – 2018
17ª edição – 1998 – 5ª tiragem	34ª edição – 2005 – 2ª tiragem	52ª edição – 2019
17ª edição – 1999 – 6ª tiragem	35ª edição – 2005	53ª edição – 2020
18ª edição – 1999	35ª edição – 2005 – 2ª tiragem	54ª edição – 2021
19ª edição – 1999	36ª edição – 2006	55ª edição – 2022
20ª edição – 1999	37ª edição – 2006	56ª edição – 2023
		57ª edição – 2024

O GEN | Grupo Editorial Nacional – maior plataforma editorial brasileira no segmento científico, técnico e profissional – publica conteúdos nas áreas de concursos, ciências jurídicas, humanas, exatas, da saúde e sociais aplicadas, além de prover serviços direcionados à educação continuada.

As editoras que integram o GEN, das mais respeitadas no mercado editorial, construíram catálogos inigualáveis, com obras decisivas para a formação acadêmica e o aperfeiçoamento de várias gerações de profissionais e estudantes, tendo se tornado sinônimo de qualidade e seriedade.

A missão do GEN e dos núcleos de conteúdo que o compõem é prover a melhor informação científica e distribuí-la de maneira flexível e conveniente, a preços justos, gerando benefícios e servindo a autores, docentes, livreiros, funcionários, colaboradores e acionistas.

Nosso comportamento ético incondicional e nossa responsabilidade social e ambiental são reforçados pela natureza educacional de nossa atividade e dão sustentabilidade ao crescimento contínuo e à rentabilidade do grupo.

HUMBERTO THEODORO JÚNIOR

Professor Titular aposentado da Faculdade de Direito da UFMG.
Desembargador aposentado do Tribunal de Justiça do Estado de Minas Gerais.
Membro da comissão de juristas encarregados pelo Senado Federal da elaboração
do Anteprojeto do novo Código de Processo Civil brasileiro.
Doutor. Advogado (Parecerista).

CURSO de DIREITO PROCESSUAL CIVIL

Vol. III

58ª edição — revista, atualizada e ampliada

- Execução Forçada
  - Cumprimento de sentença
  - Execução de títulos extrajudiciais
- Processos nos Tribunais
- Recursos
- Direito Intertemporal

- O autor deste livro e a editora empenharam seus melhores esforços para assegurar que as informações e os procedimentos apresentados no texto estejam em acordo com os padrões aceitos à época da publicação, e todos os dados foram atualizados pelo autor até a data de fechamento do livro. Entretanto, tendo em conta a evolução das ciências, as atualizações legislativas, as mudanças regulamentares governamentais e o constante fluxo de novas informações sobre os temas que constam do livro, recomendamos enfaticamente que os leitores consultem sempre outras fontes fidedignas, de modo a se certificarem de que as informações contidas no texto estão corretas e de que não houve alterações nas recomendações ou na legislação regulamentadora.

- Fechamento desta edição: *17.12.2024*

- O Autor e a editora se empenharam para citar adequadamente e dar o devido crédito a todos os detentores de direitos autorais de qualquer material utilizado neste livro, dispondo-se a possíveis acertos posteriores caso, inadvertida e involuntariamente, a identificação de algum deles tenha sido omitida.

- **Atendimento ao cliente:** (11) 5080-0751 | faleconosco@grupogen.com.br

- Direitos exclusivos para a língua portuguesa
  Copyright © 2025 by
  Editora Forense Ltda.
  Uma editora integrante do GEN | Grupo Editorial Nacional
  Travessa do Ouvidor, 11 – Térreo e 6º andar
  Rio de Janeiro – RJ – 20040-040
  www.grupogen.com.br

- Reservados todos os direitos. É proibida a duplicação ou reprodução deste volume, no todo ou em parte, em quaisquer formas ou por quaisquer meios (eletrônico, mecânico, gravação, fotocópia, distribuição pela Internet ou outros), sem permissão, por escrito, da Editora Forense Ltda.

  1ª edição – 1989
  58ª edição – 2025

- Capa: Fabricio Vale

CIP-BRASIL. CATALOGAÇÃO NA PUBLICAÇÃO
SINDICATO NACIONAL DOS EDITORES DE LIVROS, RJ

T355c
58. ed.
v. 3

    Theodoro Júnior, Humberto, 1938-
      Curso de direito processual civil / Humberto Theodoro Júnior. - 58. ed., rev., atual. e ampl. - Rio de Janeiro : Forense, 2025.
      1208 p. ; 24 cm.   (Curso de direito processual civil ; 3)

    Sequência de: Curso de direito processual civil, volume II
    Inclui bibliografia
    Índice dos fluxogramas
    ISBN 978-85-3099-562-1

    1. Direito processual civil - Brasil. I. Título. II. Série.

24-94554   CDU: 347.9(81)

Meri Gleice Rodrigues de Souza - Bibliotecária - CRB-7/6439

A meus pais,

HUMBERTO THEODORO GOMES

e

ZENÓBIA FRATTARI GOMES,

a homenagem da mais profunda gratidão pela lição de vida que, sabiamente, me prestaram e continuam a prestar;

e

a tentativa modesta de externar o verdadeiro afeto filial, em pálida retribuição pelo irresgatável carinho com que sempre me cercaram.

Apresentação à 58ª edição

Este Curso encontra-se amoldado ao regime do Código de Processo Civil de 2015 (Lei nº 13.105, de 16 de março de 2015), assim como ao texto da Lei nº 13.256, de 4 de fevereiro de 2016, da Lei nº 13.363, de 25 de novembro de 2016, da Lei nº 13.465, de 11 de julho de 2017, da Lei nº 13.793, de 3 de janeiro de 2019, da Lei nº 13.894, de 29 de outubro de 2019, da Lei nº 14.133, de 1º de abril de 2021, da Lei nº 14.195, de 26 de agosto de 2021, da Lei nº 14.341, de 18 de maio de 2022, da Lei nº 14.365, de 2 de junho de 2022, da Lei nº 14.620, de 13 de julho de 2023, das Leis nºs 14.711 e 14.713, de 30 de outubro de 2023, da Lei nº 14.833, de 27 de março de 2024, da Lei nº 14.879, de 4 de junho de 2024, da Lei nº 14.939, de 30 de julho de 2024, e da Lei nº 14.976, de 18 de setembro de 2024, que alteraram o atual Código.

A distribuição dos temas procurou, quanto possível, respeitar a adotada pelo atual diploma processual brasileiro. O plano da obra é o seguinte:

Volume I
1. Teoria geral do processo civil:
   (a) Parte geral do CPC;
   (b) Síntese da história do direito processual de origem românica;
   (c) Evolução do processo civil brasileiro;
   (d) Fontes, princípios e categorias básicas do direito processual civil.
2. Processo de conhecimento e procedimento comum.

Volume II
Procedimentos especiais:
   (a) Codificados (de jurisdição contenciosa e de jurisdição voluntária);
   (b) De legislação extravagante.

Volume III
1. Execução forçada:
   (a) Cumprimento da sentença;
   (b) Execução dos títulos extrajudiciais.
2. Processos nos tribunais.
3. Recursos.
4. Direito intertemporal.

O Código de Processo Civil de 1973 foi identificado no texto, na maioria das vezes, pela sigla CPC/1973; e o atual, pela abreviatura CPC/2015. Os artigos citados sem explicitação de fonte referem-se, quase sempre, ao atual Código de Processo Civil, podendo, algumas vezes, referir-se a outra lei antes mencionada no próprio parágrafo do texto em que a remissão se deu.

Em linhas gerais, este *Curso* se empenha em ressaltar a constitucionalização do processo, levada a cabo pelo moderno Estado Democrático de Direito, no qual a meta perseguida é, antes de tudo, a efetividade da tutela jurisdicional e a presteza de sua promoção pelo Poder Judiciário. Valoriza-se, sempre, o processo justo, em função muito mais da observância de seus princípios fundamentais do que da simples subserviência às regras procedimentais da lei comum. A forma, naturalmente, continua significativa, mas sua real relevância só se mantém enquanto garantia das normas fundamentais presentes na ordem constitucional, a que se vincula o devido processo legal. Daí a importância, constantemente ressaltada, de que o aprendizado e a aplicação da nova lei processual se façam, com predominância, segundo o viés do acesso à justiça assegurado pela Constituição.

Outubro de 2024
O Autor

Índice da Matéria

PROCESSO DE EXECUÇÃO, CUMPRIMENTO DA SENTENÇA E SISTEMA RECURSAL DO PROCESSO CIVIL

Parte I – As Vias de Execução do Código de Processo Civil Brasileiro

CAPÍTULO I – PANORAMA DAS VIAS EXECUTIVAS

§ 1º	**A abolição da ação de execução de sentença**	3
1.	Introdução	3
2.	O panorama da execução forçada no direito processual europeu contemporâneo	4
3.	A história da execução forçada no direito antigo de origem românica	6
4.	O reaparecimento da *actio iudicati* na história do direito moderno	8
5.	A reação contemporânea contra o sistema de cumprimento da sentença por meio da *actio iudicati*	9
6.	A história da eliminação da *actio iudicati* no campo das sentenças condenatórias no direito brasileiro	9
7.	Algumas reações à abolição completa da *actio iudicati*	11
8.	Observações conclusivas	13

CAPÍTULO II – CUMPRIMENTO DA SENTENÇA NO CÓDIGO DE PROCESSO CIVIL

§ 2º	**Disposições gerais**	16
9.	Introdução	16
10.	A noção de sentença condenatória perante as novas técnicas de cumprimento dos julgados	17
11.	Cumprimento de sentença e contraditório	19
12.	Necessidade de requerimento do exequente	19
13.	Intimação do devedor	20
	I – Regra geral	20
	II – Exceções abertas pela própria lei	22
	III – Intimação presumida	22
	IV – Inatividade processual longa	22
	V – Prazo da intimação	23
14.	Legitimação ativa e passiva. Devedores solidários	23
15.	Regras disciplinadoras do cumprimento das sentenças	23
16.	A possibilidade de execução com base em sentença declaratória ou constitutiva	25
17.	Tutela interdital como padrão	27
18.	Cumprimento por iniciativa do devedor	28
19.	Sucumbência	29
	I – Regime do atual Código	29

	II – Sucumbência na impugnação ao cumprimento da sentença...............	29
	III – Base de cálculo da verba advocatícia	29
	IV – Despesas e custas do cumprimento de sentença................................	30
20.	Sentença que decide relação jurídica sujeita a condição ou termo	30
	I – Noção de condição e termo	30
	II – Restrições doutrinárias às sentenças condicionais..............................	30
	III – Admissibilidade legal da sentença condicional.................................	31
21.	Requisito do requerimento de cumprimento da sentença que decide relação jurídica sujeita a condição ou termo	32
21-A.	Cumprimento de sentença no caso de substituição processual.......................	33

§ 3º Os títulos executivos judiciais 34

22.	Enumeração legal..	34
23.	Medidas preparatórias especiais...	35
24.	Procedimento especial: sentença penal, sentença arbitral e sentença ou decisão interlocutória estrangeiras	36
25.	Encerramento do cumprimento da sentença	37
26.	Sentença condenatória civil..	37
27.	Sentença condenatória contra a Fazenda Pública...	39
28.	Nova visão dos efeitos da sentença declaratória	39
29.	Ação declaratória e prescrição..	40
30.	Decisão homologatória de autocomposição..	41
	I – Autocomposição judicial...	41
	II – Amplitude subjetiva da autocomposição judicial..............................	42
	III – Procedimento executivo..	43
	IV – Autocomposição extrajudicial...	43
31.	O formal e a certidão de partilha	44
32.	Crédito de auxiliar da justiça	44
33.	Sentença penal condenatória..	45
	I – Força civil da sentença penal	45
	II – Requisitos da execução civil da sentença penal	45
	III – Condenação civil provisória no bojo da sentença penal..................	46
	IV – Legitimação para a execução civil da sentença penal.......................	46
	V – Penhorabilidade do bem de família...	47
34.	Sentença arbitral..	47
35.	Decisão estrangeira...	48
	I – Sentença estrangeira	48
	II – Decisão interlocutória estrangeira...	49
	III – Sentença oriunda de país-membro do Mercosul..............................	49

§ 4º Particularidades de alguns títulos executivos judiciais 51

36.	Condenações a prestações alternativas	51
37.	Julgamento fracionado da lide	51
38.	Decisões proferidas em procedimento de tutela provisória..........................	52
39.	Protesto da decisão judicial transitada em julgado	52
	I – A sentença como título protestável...	52
	II – Procedimento do protesto	53
	III – Pagamento no cartório de protesto	53
	IV – Cancelamento do protesto	54

	V – Superveniência de ação rescisória	54
	VI – Inscrição em cadastro de inadimplentes	54
§ 5º	**Competência**	55
40.	Juízo competente para o cumprimento da sentença	55
41.	Regras legais sobre competência aplicáveis ao cumprimento da sentença	55
42.	Competência opcional para o cumprimento da sentença	56
43.	Competência para cumprimento da sentença arbitral	57
44.	Competência para execução do efeito civil da sentença penal	58
45.	Competência internacional	58
§ 6º	**Defesa do devedor**	60
46.	Impugnação do executado	60
47.	Extensão do sistema de impugnação ao cumprimento de sentença relativa a todas as modalidades de obrigação	60
48.	Ausência de preclusão	61
49.	Atos executivos posteriores ao prazo legal da impugnação	61
50.	Natureza jurídica da impugnação	62
51.	Enumeração legal dos temas abordáveis na impugnação ao cumprimento da sentença	62
	I – Falta ou nulidade da citação se, na fase de conhecimento, o processo correu à revelia	63
	II – Ilegitimidade de parte	64
	III – Inexequibilidade do título ou inexigibilidade da obrigação	64
	A) Generalidades	64
	B) Excesso de execução	65
	C) A inexigibilidade da obrigação reconhecida em sentença inconstitucional (art. 525, §§ 12 a 15)	65
	C.1) Noções gerais	65
	C.2) A inconstitucionalidade e a injustiça da sentença	65
	C.3) A constitucionalidade do regime traçado pelo CPC/2015 para reconhecimento da inconstitucionalidade da sentença	66
	C.4) Modulação dos efeitos da declaração de inconstitucionalidade	69
	C.5) Síntese do sistema codificado para a defesa do executado, diante da sentença inconstitucional	69
	C.6) Direito intertemporal em matéria de arguição de inconstitucionalidade	70
	C.7) E como fica a ofensa direta e manifesta à própria Constituição?	71
	IV – Penhora incorreta ou avaliação errônea	72
	V – Excesso de execução ou cumulação indevida de execuções	72
	VI – Incompetência absoluta ou relativa do juízo da execução	74
	VII – Qualquer causa modificativa ou extintiva da obrigação, como pagamento, novação, compensação, transação ou prescrição, desde que supervenientes à sentença	75
52.	O cumprimento da sentença e a prescrição	76
	52.1. Um caso particular de prescrição	79
53.	Impedimento ou suspeição do juiz	80
54.	Executados com diferentes procuradores	80
55.	Regra especial para a impugnação por excesso de execução, no tocante à obrigação de quantia certa	80
56.	Efeito da impugnação	81
57.	O problema da iliquidez da sentença	81

58.	As decisões homologatórias de autocomposição e a defesa do executado	83
59.	Procedimento da impugnação	83
60.	Instrução probatória	83
61.	Julgamento da impugnação	84
62.	Coisa julgada	84

CAPÍTULO III – CUMPRIMENTO DA SENTENÇA QUE RECONHECE A EXIGIBILIDADE DE OBRIGAÇÃO DE PAGAR QUANTIA CERTA

§ 7º	**Noções introdutórias**	86
63.	Noção de obrigação por quantia certa	86
64.	Cumprimento de sentença que reconhece o dever de pagar quantia	86
65.	Requerimento do credor	87
	I – Iniciativa do credor	87
	II – Iniciativa do devedor	87
66.	Intimação do devedor	88
	I – Regra geral	88
	II – Exceções	88
	III – Intimação presumida	89
	IV – Inatividade processual longa	89
	V – Prazo da intimação	89
67.	Inexecutividade do fiador e outros coobrigados	89
§ 8º	**Cumprimento definitivo da sentença que reconhece a exigibilidade de obrigação de pagar quantia certa**	91
68.	Cabimento	91
69.	Multa legal e honorários de advogado	91
	I – Multa legal	91
	II – Multa na execução de sentença arbitral e outras decisões	92
	III – Multa e honorários de advogado na execução provisória	92
	IV – Quando cabe a verba honorária e como arbitrá-la	93
	V – Depósito do *quantum* devido, antes de recorrer da sentença exequenda	93
	VI – Execução sem multa	94
	VII – Requerimento do credor	94
	VIII – Intimação do executado	94
70.	Contagem do prazo para pagamento	94
	70.1. Prazo de pagamento e litisconsórcio passivo	95
71.	Penhora e avaliação	96
72.	O procedimento executivo	96
73.	Requisitos do requerimento inicial do cumprimento da sentença	97
	I – Dados necessários do requerimento	97
	II – Nomeação dos bens a penhorar	97
	III – Definição do *quantum* exequendo	97
	IV – Demonstrativo que dependa de dados extra-autos	97
	V – Impugnação do devedor ao cumprimento da sentença	98
74.	Defesa do executado	98
75.	Cumprimento de sentença por iniciativa do devedor	98
76.	Parcelamento da dívida	98
77.	Aplicação subsidiária ao cumprimento provisório	98

§ 9º	Cumprimento provisório da sentença que reconhece a exigibilidade de obrigação de pagar quantia certa	100
78.	Noções introdutórias	100
79.	Fundamentos da execução provisória	100
80.	Execução de título extrajudicial embargada	101
81.	Situação do tema no Código atual	101
82.	Normas básicas da execução provisória	103
83.	Casos de dispensa de caução	106
84.	Novas regras relativas ao cumprimento provisório	107
85.	Aplicação subsidiária das regras de cumprimento provisório de obrigação de quantia certa às obrigações de fazer, não fazer ou de dar	108
86.	Incidentes da execução provisória	108
87.	Procedimento do cumprimento provisório	108
88.	Prazo para ajuizamento do cumprimento provisório da sentença	109

CAPÍTULO IV – CUMPRIMENTO DE SENTENÇAS DE OBRIGAÇÃO DE QUANTIA CERTA SOB REGIME ESPECIAL

§ 10.	Cumprimento de sentença que reconhece a exigibilidade de obrigação de prestar alimentos	111
89.	A ação de alimentos e a evolução da técnica de cumprimento da sentença	111
90.	Procedimento específico de cumprimento da decisão que fixa alimentos	111
91.	Disposições próprias do cumprimento da decisão que fixa prestação alimentícia	112
	I – Competência	112
	II – Averbação em folha de pagamento	113
	III – Protesto da decisão judicial	114
	IV – Prisão civil do executado	114
	V – Cumprimento da decisão definitiva e da decisão provisória que fixa alimentos	115
	VI – Crime de abandono material	116
	VII – Pensionamento decorrente de ato ilícito	116
92.	Sentenças de indenização por ato ilícito	116
93.	Revisão, cancelamento, exoneração ou modificação do pensionamento	118
94.	Pensionamento em salários mínimos	119
§ 11.	Cumprimento de sentença que reconhece a exigibilidade de obrigação de pagar quantia certa pela fazenda pública	121
95.	Evolução da execução por quantia certa fundada em sentença contra a Fazenda Pública	121
96.	Generalidades do cumprimento de sentença contra a Fazenda Pública	121
	I – Execução por quantia certa sem penhora e expropriação	121
	II – Execução de outras obrigações da Fazenda Pública	122
	III – Execução de obrigações de fazer. Políticas públicas	122
	IV – Ações estruturais na ótica do STJ e do STF	124
97.	Procedimento	125
	I – Requerimento do exequente	125
	II – Execução contra a Fazenda Pública no Juizado Especial	125
	III – Intimação da Fazenda executada	126
	IV – Expedição do precatório	126
	V – Créditos de alimentos	126
	VI – Parcelamento do precatório (CF, art. 100, § 20 – incluído pela EC nº 94/2016)	127

		VII – Financiamento de parte dos precatórios e obrigações de pequeno valor (CF, art. 100, § 19 – incluído pela EC nº 94/2016)..	128
		VIII – A importância da ordenação cronológica dos precatórios na execução contra a Fazenda Pública...	128
		IX – Utilização de créditos, do interessado ou de terceiros, para quitação de débitos junto à União, Autarquias e Fundações Federais..	129
98.		Defesa da Fazenda..	130
		I – Temas discutíveis...	130
		II – Alguns destaques	131
		III – Arguição de incompetência, suspeição ou impedimento do juízo........................	132
		IV – Duplo grau obrigatório..	132
		V – Atribuições do Presidente do Tribunal na execução da Fazenda Pública..............	133
		VI – Impugnações e revisões de cálculo perante o Tribunal e perante o juízo da execução..	133
		VII – Revisão do cálculo de juros de mora e coisa julgada	134
98-A.		Honorários advocatícios sucumbenciais no cumprimento de sentença contra a Fazenda Pública...	134
99.		Execução provisória..	135
	99.1.	Execução definitiva sob forma de precatório..	136
	99.2.	Execução definitiva na modalidade "requisição de pequeno valor"...................	138
	99.3.	Requisição de pequeno valor em caso de crédito alimentar "superpreferencial"....	139
	99.4.	Limites do poder normativo dos estados-membros na disciplina dos requisitórios de pequeno valor	139
	99.5.	Pagamento do precatório em parcelas ou por acordo direto..............................	140
	99.6.	Opção do credor pelo regime das pequenas causas (RPV)...................................	140
100.		Sequestro de verbas públicas	141
	100.1.	Procedimento do sequestro..	142
101.		Exceções ao regime dos precatórios	142
101-A.		Acordo para pagamento com desconto de precatórios federais	143
102.		Autonomia do crédito de honorários sucumbenciais	145
103.		Credores litisconsorciados..	145
104.		Possibilidade de fracionamento do precatório...	146
105.		Cessão e compensação no âmbito dos precatórios...	148
106.		Execução por quantia certa contra entidade da Administração Pública Indireta...........	149
107.		O atraso no cumprimento dos precatórios e seus consectários.....................................	150
108.		Procedimento para obtenção do precatório complementar..	152
108-A.		Gestão dos recursos destinados ao cumprimento de precatórios e Requisições de Pequeno Valor (RPV)	152
108-B.		Acordos diretos para pagamento de precatórios no âmbito da União	154

CAPÍTULO V – CUMPRIMENTO DE SENTENÇA QUE RECONHECE A
EXIGIBILIDADE DE OBRIGAÇÃO DE FAZER, DE NÃO FAZER
OU DE ENTREGAR COISA

§ 12.		Noções introdutórias ao cumprimento das decisões sobre obrigações de fazer e de não fazer	156
109.		Noção de obrigação de fazer e não fazer...	156
110.		Execução específica e execução substitutiva	157
		I – Técnica processual na legislação atual (tutela específica e tutela subsidiária)	157
		II – Fungibilidade de certas obrigações de fazer e não fazer: equivalente econômico ...	158

111.	Correta prestação da tutela substitutiva...	158
111-A.	Possibilidade de o devedor excepcionalmente impor a execução específica em resistência a pretensão do credor às perdas e danos (Lei nº 14.833/2024)...............................	159
112.	Medidas sub-rogatórias e antecipatórias no cumprimento de sentença...................	160
112-A.	Conversão em perdas e danos	161
113.	A multa (*astreinte*)	162
	I – Quando cabe a multa por atraso no cumprimento da sentença...................	162
	II – Arbitramento da multa	162
	III – Reexame da multa aplicada...	163
	IV – Casos de modificação ou exclusão da multa	164
	V – A multa e as obrigações personalíssimas...	164
	VI – Multa e preclusão da decisão que a impôs..	165
	VII – Execução da multa no regime do Código de 1973	167
	VIII – Execução da multa no regime do atual Código	167
	IX – A necessidade de constituir-se um título judicial completo para a execução da multa...	168
	X – Termo inicial e final de incidência da multa	169
	XI – As astreintes e a tutela provisória	171
	XII – Multa diária, correção monetária e juros moratórios	171
114.	Defesa do executado	171

§ 13.	**Procedimento do cumprimento de sentença que reconhece a exigibilidade de obrigação de fazer ou de não fazer**	173
115.	Execução de título judicial e extrajudicial que reconheça obrigação de fazer ou de não fazer...	173
116.	Procedimento do cumprimento de sentença	173
117.	Impugnação do executado	174
118.	Execução das obrigações de não fazer..	175
119.	Medidas de apoio	176
119-A.	Execução de obrigações de fazer e processo estrutural..	177

§ 14.	**A sentença que condena ao cumprimento de obrigação de declarar vontade**............	180
120.	Execução das prestações de declaração de vontade...	180
120-A.	Requisitos para exigir em juízo o cumprimento da promessa de contratar...........	181
121.	Satisfação da contraprestação a cargo do exequente	182
122.	A execução das sentenças que condenam a declaração de vontade	183
122-A.	Adjudicação compulsória extrajudicial...	184
123.	Natureza jurídica da sentença	184

§ 15.	**Cumprimento de sentença que reconhece a exigibilidade de obrigação de entregar coisa**	186
124.	Noção de obrigação de dar (entrega de coisa)	186
125.	Histórico dos títulos especiais de entrega de coisa: ações executivas *lato sensu*...	186
	I – A generalização da sentença executiva *lato sensu*	187
	II – Providências cabíveis para reforçar a efetividade da tutela às obrigações de entrega de coisa	188
126.	Tutela substitutiva nas obrigações de dar: o equivalente econômico...................	188
127.	Oportunidade correta para a conversão da tutela específica em tutela substitutiva.......	189
128.	Procedimento	190
129.	Defesa do executado	191

130.	Obrigação genérica	191
131.	Retenção por benfeitorias	191
132.	Multa e outras medidas de apoio na entrega de coisa	192
133.	Encerramento do processo	193

Parte II – Execução dos Títulos Executivos Extrajudiciais

CAPÍTULO VI – PROCESSO DE EXECUÇÃO

§ 16.	**Princípios gerais da execução forçada**	195
134.	Disposições gerais	195
135.	Vias de execução	196
136.	O processo judicial	196
137.	Processo de conhecimento e processo de execução	197
138.	Diferenças entre a execução forçada e o processo de conhecimento	198
139.	Visão unitária da jurisdição	199
140.	Realização da sanção: fim da execução forçada	199
141.	Espécies de sanções realizáveis por via da execução forçada	200
142.	Execução forçada, cumprimento voluntário da obrigação e outras medidas de realização dos direitos subjetivos	200
143.	Meios de execução	201
143-A.	Ampliação do uso dos meios coercitivos pelo CPC/2015 (medidas atípicas)	202
143-B.	A execução das garantias reais e a autossatisfação do credor	204
144.	Autonomia do processo de execução	204
145.	Cumprimento da sentença e processo de execução	206
146.	Notas sobre a modernização da execução do título extrajudicial	206
147.	Opção do credor entre ação ordinária de cobrança e ação de execução	207
§ 17.	**Princípios informativos da tutela jurisdicional executiva**	209
148.	Princípios informativos do processo de execução	209
149.	Princípio da realidade: toda execução é real	209
150.	Princípio da satisfatividade: a execução tende apenas à satisfação do direito do credor	210
151.	Princípio da utilidade da execução	210
152.	Princípio da economia da execução	210
153.	Princípio da especificidade da execução	210
154.	Princípio dos ônus da execução	211
155.	Princípio do respeito à dignidade humana	212
156.	Princípio da disponibilidade da execução	212
157.	Disponibilidade parcial da execução: redução do pedido executivo	213
158.	Honorários advocatícios na desistência da execução	214
§ 18.	**Formas de execução e atos de execução**	216
159.	As várias formas de execução	216
160.	Execução singular e execução coletiva	216
161.	Atos de execução	216
162.	Relação processual executiva	218
163.	A citação executiva	219
§ 19.	**Execução provisória e definitiva em matéria de execução de título extrajudicial**	220
164.	Procedimento da execução forçada	220
165.	Observações sobre a petição inicial	220
166.	Excepcionalidade da execução provisória de título extrajudicial	221

§ 20.	**Disposições gerais**...	223
167.	Aplicação subsidiária de normas do processo de conhecimento ao processo de execução....	223
168.	Poderes do juiz no processo de execução	223
169.	Coibição dos atos atentatórios à dignidade da Justiça praticáveis durante o processo de execução	225
170.	Responsabilidade civil decorrente de execução indevida........................	227
171.	Cobrança das multas e indenizações decorrentes de litigância de má-fé........	228

CAPÍTULO VII – REQUISITOS PARA REALIZAR QUALQUER EXECUÇÃO

§ 21.	**Pressupostos e condições da execução forçada**....................................	229
172.	Pressupostos processuais e condições da ação	229
173.	O título executivo..	230
174.	Função do título executivo	230
175.	Efeito prático do título executivo..	231
176.	Requisitos do título executivo: obrigação certa, líquida e exigível.........	232
177.	Formas dos títulos executivos	234
178.	A exigibilidade da obrigação	234
179.	O inadimplemento em contrato bilateral	235

CAPÍTULO VIII – A RELAÇÃO PROCESSUAL E SEUS ELEMENTOS

§ 22.	**Elementos objetivos e subjetivos do processo de execução**	238
180.	Elementos do processo executivo	238

CAPÍTULO IX – ELEMENTOS SUBJETIVOS (I)

§ 23.	**Partes. Legitimação ativa**	239
181.	Nomenclatura	239
182.	Legitimação ativa	239
183.	Legitimação ativa originária do credor	239
183-A.	Legitimação do agente de garantia	240
184.	Legitimação extraordinária do Ministério Público	241
185.	Legitimação ativa derivada ou superveniente	241
186.	Espólio	242
187.	Herdeiros e sucessores...	242
188.	Cessionário	243
189.	Sub-rogado	243
190.	Legitimações supervenientes extraordinárias: massa falida, condomínio e herança jacente ou vacante	245
191.	Terceiros interessados..	245
192.	Desnecessidade de consentimento do executado para o exercício da legitimidade ativa superveniente..	245
§ 24.	**Legitimação passiva**	246
193.	Legitimação passiva	246
194.	Dívida e responsabilidade	246
195.	O devedor...	247
196.	Espólio e sucessores	248
	I – Espólio	248
	II – Herdeiros	248

	III – Representação do espólio	248
	IV – Sucessores *causa mortis* e *inter vivos*	249
	V – Sucessão entre empresas	249
	VI – Desconsideração da personalidade jurídica	249
197.	O novo devedor	250
198.	Fiador judicial	251
199.	Fiador extrajudicial	251
200.	Responsável titular do bem vinculado por garantia real ao pagamento do débito	252
201.	Responsável tributário	253
202.	Revelia do devedor e curador especial	255
§ 25.	**Litisconsórcio e intervenção de terceiros no processo de execução**	257
203.	Litisconsórcio	257
204.	Assistência	257
205.	Denunciação da lide	258
206.	Chamamento ao processo	259
§ 26.	**Processo cumulativo**	261
207.	Cumulação de execuções	261
208.	Cumulação sucessiva de execuções	262
209.	Cúmulo subjetivo	263

CAPÍTULO X – ELEMENTOS SUBJETIVOS (II)

§ 27.	**O órgão judicial**	264
210.	Juízo competente para a execução	264
211.	Execução de sentença	264
212.	Competência para execução de títulos extrajudiciais	264
213.	Competência para a execução fiscal	265
214.	Título executivo extrajudicial estrangeiro	266
215.	Competência para deliberação sobre os atos executivos e os atos de apoio à execução	266
	I – Competência do juiz e atribuições do oficial de justiça	266
	II – Inclusão do executado em cadastro de inadimplentes	267

CAPÍTULO XI – ELEMENTOS OBJETIVOS DO PROCESSO DE EXECUÇÃO (I)

§ 28.	**Objeto da atividade executiva**	268
216.	Bens exequíveis	268
217.	Resquícios da execução pessoal	268
§ 29.	**Responsabilidade patrimonial**	269
218.	Obrigação e responsabilidade	269
219.	Extensão da responsabilidade patrimonial do devedor	270
	I – Bens presentes e futuros	270
	II – Bens excluídos da responsabilidade patrimonial	270
	III – Bens de sociedade limitada unipessoal	271
220.	Responsabilidade e legitimação passiva para a execução	271
221.	Responsabilidade executiva secundária	271
222.	Excussão de bens do sucessor singular	272
	I – Alienação do bem litigioso	272

	II – Ampliação do regime aplicável à alienação do bem litigioso............................	272
	III – Boa-fé do adquirente	273
	IV – Posição processual do terceiro adquirente..	273
	V – Necessidade de intimação do terceiro adquirente...	274
	VI – Defesa do terceiro adquirente...	274
223.	Excussão de bens do sócio...	274
224.	Desconsideração da personalidade jurídica..	275
	I – Desconsideração direta	275
	II – Desconsideração invertida	276
225.	Benefício de ordem na execução de dívida de pessoa jurídica................................	276
226.	Bens do devedor em poder de terceiros...	277
227.	Excussão de bens de devedor casado ou em união estável: tutela da meação.....	278
227-A.	União estável em regime de separação total de bens..	278
228.	Bens alienados em fraude à execução e em fraude contra credores......................	279
229.	Casos de fraude à execução	281
	I – Bens objeto de ação fundada em direito real ou de pretensão reipersecutória........	281
	II – Bens vinculados a processo de execução	282
	III – Bens sujeitos à hipoteca judiciária ou outro ato de constrição judicial	284
	IV – Alienação que produz ou agrava a insolvência do devedor, na pendência do processo...	284
	V – Alienações sucessivas e fraude à execução	285
	VI – Demais casos expressos em lei	285
230.	Fraude à execução e insolvência do devedor..	285
	I – Particularidades da fraude prevista no inciso IV do art. 792 do CPC/2015	285
	II – Jurisprudência formada ao tempo do CPC de 1973	286
	III – Regime do CPC de 2015...	286
	IV – Momento de configuração da fraude à execução	287
	V – Negócios jurídicos enquadráveis na fraude à execução	288
	VI – Defesa do terceiro adquirente...	288
231.	A fraude por meio de negócio financeiro..	288
232.	A aplicação da teoria da distribuição dinâmica do ônus da prova à fraude à execução.	289
233.	A posição do terceiro adquirente em face da execução	291
234.	Fraude à execução e desconsideração da personalidade jurídica...........................	291
235.	Bens sujeitos ao direito de retenção..	293
236.	Excussão de bens do fiador..	293
237.	Bens de espólio...	294
238.	Execução que tenha por objeto bem gravado com direito real de superfície	294
238-A.	Execução que envolva o direito real de laje	295
239.	A Lei nº 13.097/2015 e a fraude à execução	295

CAPÍTULO XII – ELEMENTOS OBJETIVOS DO PROCESSO DE EXECUÇÃO (II)

§ 30.	**Execução de títulos extrajudiciais**...	**299**
240.	Execução de sentença e ação executiva..	299
241.	Conversão de execução forçada em ação ordinária de cobrança...........................	299
§ 31.	**Títulos executivos extrajudiciais**	**301**
242.	Títulos executivos extrajudiciais e sua classificação...	301
243.	Títulos cambiários e cambiariformes	302

244.	Duplicatas	303
244-A.	Cheque	304
245.	Responsáveis cambiários	305
	I – Tipicidade das coobrigações cambiárias	305
	II – Transferência de títulos cambiários nas operações de "factoring"	306
	III – Contrato de mútuo feneratício ajustado por empresa de "factoring"	307
245.1.	Fundos de investimento em direitos creditórios	307
246.	Documento público ou particular	308
246.1.	Documento eletrônico	309
246-A.	Decisão do Tribunal de Contas	309
247.	O instrumento de transação referendado por conciliador ou mediador credenciado por tribunal	309
248.	Contrato com convenção arbitral	310
249.	Confissões de dívida	310
250.	Contrato de abertura de crédito	311
251.	Hipoteca, penhor, anticrese ou outro direito real de garantia e caução	313
252.	Execução hipotecária	314
	I – Alienação do imóvel hipotecado	314
	II – Abandono do imóvel	315
	III – Remição pelo adquirente	315
	IV – Remição pelo executado	315
	V – Adjudicação pelo credor	316
	VI – Superposição de hipotecas sobre o mesmo imóvel	316
252-A.	A execução hipotecária extrajudicial do Sistema Financeiro da Habitação (SFH)	317
252-B.	A execução hipotecária extrajudicial da Lei nº 14.711/2023	318
	I – Procedimento administrativo perante o oficial do registro de imóveis	318
	II – Leilão público	318
	III – Remição da execução	319
	IV – Satisfação do direito do exequente	319
	V – Operações de financiamento da casa própria	319
	VI – Título da arrematação (Ata notarial)	319
	VII – Imissão na posse do credor ou do arrematante. Despesas e encargos	320
253.	Remição da hipoteca e pagamento do débito hipotecário pelo novo proprietário do imóvel	320
254.	A hipoteca e a prescrição	321
255.	Classificação das garantias	321
	I – Cauções reais	321
	II – Cauções fidejussórias	322
255.1.	Fiança. Extensão da caução fidejussória	322
256.	Seguros	323
257.	Rendas imobiliárias	323
258.	Aluguel de imóvel e encargos acessórios	324
259.	Encargo de condomínio	325
260.	Dívida ativa da Fazenda Pública	325
260-A.	Transação resolutiva de litígio relativa à cobrança de crédito da Fazenda Pública Federal	328
261.	O crédito referente às contribuições ordinárias ou extraordinárias de condomínio edilício, previstas na respectiva convenção ou aprovadas em assembleia geral	328

262.	Certidão expedida por serventia notarial ou de registro relativa a valores de emolumentos e outras despesas devidas pelos atos por ela praticados....................................	329
262-A.	Seguro garantia..	329
263.	Títulos executivos definidos em outras leis...	330
264.	Concurso de execução forçada e ação de conhecimento sobre o mesmo título.....	330
265.	Títulos estrangeiros...	332

CAPÍTULO XIII – DISPOSIÇÕES GERAIS

§ 32.	**Regras pertinentes às diversas espécies de execução**...............................	333
266.	Organização da matéria no Código de Processo Civil.................................	333
267.	Direito de preferência gerado pela penhora...	333
268.	Tutela aos privilégios emergentes da penhora	336
269.	A petição inicial..	336
270.	A documentação da petição inicial	336
	I – Título executivo extrajudicial..	336
	II – Prova de que se verificou a condição ou ocorreu o termo	336
	III – Demonstrativo do débito atualizado..	337
	IV – Prova de que adimpliu a contraprestação que lhe corresponde.......	337
271.	Outras providências a cargo do credor...	337
272.	Obrigações alternativas...	338
273.	Penhora de bens gravados por penhor, hipoteca, anticrese, alienação fiduciária, usufruto, uso ou habitação..	338
274.	Penhora que recaia sobre bem cuja promessa de compra e venda esteja registrada........	338
275.	Penhora de bem sujeita ao regime do direito de superfície, enfiteuse, concessão de uso especial para fins de moradia ou concessão de direito real de uso.........................	339
275-A.	Penhora de direitos reais sobre imóvel alheio: direito de superfície e direito de laje	339
275-B.	Penhora de cota de bem indivisível	340
276.	Penhora de quota social ou de ação de sociedade anônima fechada	340
277.	Medidas acautelatórias	340
278.	Prevenção contra a fraude de execução, por meio de registro público............	341
279.	Efeito da averbação	342
280.	Abuso do direito de averbação	342
281.	Petição inicial incompleta ou mal instruída	342
281-A.	Inscrição do nome do executado em cadastro de inadimplentes..............	343
282.	Execução e prescrição...	343
	I – Interrupção da prescrição	343
	II – Prescrição intercorrente...	344
283.	Nulidades no processo de execução...	344
284.	Imperfeição do título executivo	345
285.	Falta de título executivo	345
286.	Nulidade da execução fiscal...	346
287.	Vício da citação	346
288.	Verificação da condição ou ocorrência do termo.......................................	347
289.	A arguição das nulidades	348
290.	A arrematação de bem gravado com direito real..	348
291.	Arrematação de bem sujeito à penhora em favor de outro credor...........	349
292.	Execução realizável por vários meios...	350
	I – Execução pelo meio menos gravoso...	350

		II – Casos de agravamento da onerosidade da execução..	350
293.		Peculiaridades da citação executiva..	351

CAPÍTULO XIV – EXECUÇÃO PARA ENTREGA DE COISA

§ 33.	Procedimento próprio para a execução das obrigações de entrega de coisa	353
294.	Conceito	353
295.	Evolução da tutela relativa à entrega de coisa certa...	353
296.	Procedimento	354
297.	Cominação de multa diária	356
298.	Regime dos embargos do executado	357
299.	Alienação da coisa devida	357
300.	Execução da obrigação substitutiva..	357
301.	Execução de coisa sujeita a direito de retenção..	358
302.	Embargos de retenção	359
303.	Execução para entrega de coisa incerta...	359
304.	Medidas de coerção e apoio...	360

CAPÍTULO XV – EXECUÇÃO DAS OBRIGAÇÕES DE FAZER E NÃO FAZER

§ 34.		Procedimentos próprios das execuções das obrigações de fazer e não fazer..............	363
305.		O problema da execução das prestações de fato	363
306.		Fungibilidade das prestações...	364
307.		*Astreinte*: a multa como meio de coação..	364
		I – Revisão da multa	365
		II – Impossibilidade de realização da prestação	365
		III – Procedimento para exigência da multa periódica	365
308.		Distinções preliminares..	366
309.		Princípios comuns	366
310.		Sistemas de execução de título judicial e extrajudicial que reconheça obrigação de fazer ou de não fazer	367
311.		Execução das prestações fungíveis..	367
312.		Realização da prestação fungível por terceiro	368
313.		Inadimplência do terceiro contratante	369
314.		Realização da prestação pelo próprio credor	369
315.		O interesse que justifica a adoção do procedimento previsto no art. 817	370
316.		Autotutela prevista no atual Código Civil	370
317.		Execução das prestações infungíveis..	371
318.		Execução das obrigações de não fazer...	372
§ 34-A.	Execução administrativa do compromisso de compra e venda de imóvel		373
318-A.	Adjudicação compulsória extrajudicial..		373
	318-A.1. Legitimação...		373
	318-A.2. Participação de advogado		373
	318-A.3. Instrumento do compromisso de compra e venda		373
	318-A.4. Notificação da parte contrária...		374
	318-A.5. Características do título apto à adjudicação extrajudicial		374
	318-A.6. Imposto de Transmissão Imobiliária (ITBI) e Certidão Negativa de Débito (CND)..		375
318-B.	Natureza da função desempenhada pelo Oficial do Registro de Imóveis		375

CAPÍTULO XVI – EXECUÇÃO POR QUANTIA CERTA

§ 35.	Noções gerais	379
319.	O objetivo da execução por quantia certa	379
319-A.	Prestações vincendas	380
320.	Execução por quantia certa como forma de desapropriação pública de bens privados.	380
321.	Espécies	381

CAPÍTULO XVII – EXECUÇÃO POR QUANTIA CERTA CONTRA DEVEDOR SOLVENTE

§ 36.	Fase de proposição	383
322.	Execução por quantia certa contra devedor solvente	383
323.	Proposição	383
324.	Procedimento da penhora e avaliação	385
	I – Realização da penhora	385
	II – Falta de nomeação de bens à penhora	385
	III – Intimação da penhora	385
325.	Arresto de bens do devedor não encontrado	386
326.	Honorários de advogado em execução de título extrajudicial	386
327.	Redução da verba honorária	387
328.	Majoração da verba honorária	387

CAPÍTULO XVIII – FASE DE INSTRUÇÃO (I)

§ 37.	Penhora	388
329.	A penhora como o primeiro ato expropriatório da execução forçada por quantia certa	388
330.	Natureza jurídica da penhora	389
331.	Função da penhora	390
332.	Efeitos da penhora perante o credor, o devedor e terceiros	391
333.	Penhora de imóvel, veículos e outros bens sujeitos a registro público	393
334.	Averbação da penhora no registro competente	395
335.	Lugar de realização da penhora	396
336.	Penhora de imóvel e veículos automotores localizados fora da comarca da execução...	396
§ 38.	Objeto da penhora	398
337.	Bens penhoráveis e impenhoráveis	398
338.	Bens impenhoráveis	399
	I – Limitação da impenhorabilidade ao último salário mensal	402
	II – Limitação da impenhorabilidade a parte da remuneração	402
339.	Ressalva geral à regra da impenhorabilidade	406
340.	Ressalva da impenhorabilidade em relação aos bens móveis úteis ou necessários ao produtor rural	407
341.	A impenhorabilidade do imóvel de residência da família	407
341-A.	Renúncia à impenhorabilidade	410
342.	Impenhorabilidade sucessiva do bem penhorado em execução fiscal	411
342-A.	Pode a impenhorabilidade ser instituída por medida cautelar?	411
343.	Bens relativamente impenhoráveis	413
344.	As quotas ou ações de sociedades empresariais	413
345.	Limites da penhora	415
346.	Valor dos bens penhoráveis	415
347.	Escolha dos bens a penhorar	416

348.	A ordem de preferência legal para a escolha dos bens a penhorar...............................	416
349.	Outras exigências a serem cumpridas na escolha do bem a penhorar, por qualquer das partes	417
350.	Penhora sobre os bens escolhidos pelo executado	418
351.	Dever de cooperação do executado na busca dos bens a penhorar	419
352.	Situação dos bens a penhorar...	420
353.	Bens fora da comarca...	420

§ 39. Realização e formalização da penhora 421

354.	Penhora pelo oficial de justiça...	421
355.	Penhora de bens em mãos de terceiro..	421
356.	Dificuldade na localização dos bens a penhorar	422
357.	Frustração da diligência	422
358.	Resistência à penhora: arrombamento e emprego de força policial...........................	422
359.	Auto de penhora pelo oficial de justiça e penhora por termo do escrivão..................	423
360.	Intimação de penhora	424

§ 40. Penhoras especiais... 425

361.	Particularidades da penhora de certos bens...	425
362.	Penhora de dinheiro em depósito ou aplicação financeira	425
	I – Penhora on-line...	425
	II – Indisponibilidade de ativos financeiros existentes em nome do executado	426
	III – Bacen Jud/Sisbajud...	427
	IV – Cancelamento de eventual indisponibilidade excessiva	427
	V – Cumprimento parcial do bloqueio	427
	VI – Intimação e defesa do executado	428
	VII – Indisponibilidade procedida em conta conjunta..	428
	VIII – Decisão do juiz	430
	IX – Conversão da indisponibilidade em penhora..	430
	X – Pagamento da dívida	430
	XI – Responsabilidade das instituições financeiras..	431
	XII – Remuneração da conta bancária judicial	431
	XIII – Penhora on-line de conta de partido político	431
363.	Impenhorabilidade do saldo bancário	431
364.	Penhora de créditos e outros direitos patrimoniais..	433
365.	Penhora sobre créditos do executado...	433
366.	Sub-rogação do exequente nos direitos do executado	435
367.	Penhora de crédito do executado frente ao próprio exequente	435
368.	Penhora no rosto dos autos	435
369.	Penhora sobre créditos parcelados ou rendas periódicas	436
370.	Penhora sobre direito a prestação ou a restituição de coisa determinada...................	436
371.	Penhora de ações ou das quotas de sociedades personificadas	437
	I – Procedimento..	437
	II – Diligências a serem adotadas pela sociedade após a penhora	437
	III – Liquidação das quotas ou ações	437
	IV – Prazo para cumprimento das diligências..	437
	V – Leilão judicial das quotas ou das ações...	438
	VI – Procedimento para as sociedades anônimas de capital aberto	438
372.	Penhora de direitos e ações..	438
373.	Penhora de empresas, de outros estabelecimentos e de semoventes..........................	439

374.	Penhora de edifícios em construção sob o regime de incorporação imobiliária	439
375.	Empresas concessionárias ou permissionárias de serviço público	440
376.	Penhora de navio ou aeronave	440
377.	Penhora de imóvel integrante do estabelecimento da empresa	441
378.	Penhora de parte do faturamento da empresa executada	441
379.	Efetivação do esquema de apropriação das parcelas do faturamento	443
380.	Penhora *on-line* e preservação do capital de giro da empresa	444
381.	Penhora de frutos e rendimentos de coisa móvel ou imóvel	445
	I – Conceito	445
	II – Procedimento	446
	III – Nomeação do administrador-depositário	447
	IV – O administrador-depositário	447
	V – Celebração de contrato de locação do móvel ou imóvel	447
	VI – Pagamento da dívida	447
382.	Efeitos da penhora de frutos e rendimentos de coisa móvel ou imóvel	447
383.	Penhora de bem indivisível e preservação da cota do cônjuge ou coproprietário não devedor	448
384.	Multiplicidade de penhoras sobre os mesmos bens. Reunião das execuções	449
	384.1. Intimações de outros exequentes com igual penhora	450
	384.2. Requisitos da reunião de execuções	450
§ 41.	**Alterações e resgate da penhora**	**453**
385.	Modificações da penhora	453
386.	Substituição da penhora	454
387.	Substituição por iniciativa de qualquer das partes	455
388.	Substituição por iniciativa do executado	455
389.	Ausência de prejuízo para o exequente na substituição	456
390.	Menor onerosidade para o executado	456
391.	Substituição da penhora por fiança bancária ou seguro	457
391-A.	Momento da substituição da penhora por fiança bancária ou seguro-garantia judicial	458
391-B.	Liquidação da fiança bancária e do seguro garantia	458
392.	Remição da execução por quantia certa	459
§ 42.	**Depósito e administração dos bens penhorados**	**461**
393.	Depósito dos bens penhorados	461
394.	Escolha do depositário	461
395.	Depósito dos bens móveis, semoventes, imóveis urbanos e direitos aquisitivos sobre imóveis urbanos	461
396.	Depósito no caso de saldo bancário ou aplicação financeira	462
397.	Depósito em caso de penhora sobre joias, pedras e objetos preciosos	463
398.	Função do depositário	463
399.	Alienação antecipada dos bens penhorados	463
400.	Depositário comum e depositário administrador	464
401.	Responsabilidade do depositário	465
402.	Entrega de bens após a expropriação executiva	465
403.	Prisão civil do depositário judicial	466

CAPÍTULO XIX – FASE DE INSTRUÇÃO (II)

§ 43.	**Expropriação**	**468**
404.	Conceito	468

405.	Modalidades de expropriação	468
	I – Variações do ato expropriatório	468
	II – Ordem de preferência entre os meios expropriatórios	469
	III – Remição dos bens penhorados	469
406.	Avaliação	469
407.	O encarregado da avaliação	470
408.	Laudo de avaliação	470
409.	Dispensa da avaliação	471
410.	Avaliação de bem imóvel	472
411.	Avaliação e contraditório	472
412.	Repetição da avaliação	472
	I – Cabimento	472
	II – Realização especial de nova avaliação	473
	III – Regras a observar na segunda avaliação	473
	IV – Impugnação à avaliação	474
413.	Reflexos da avaliação sobre os atos de expropriação executiva	474
§ 44.	**Adjudicação**	476
414.	Introdução	476
415.	Conceito de adjudicação	476
416.	Requisitos da adjudicação	477
417.	Intimação do executado	477
418.	Depósito do preço	478
419.	Legitimação para adjudicar	478
420.	Adjudicação por credor	480
421.	Adjudicação por cônjuge, companheiro, descendente ou ascendente do executado	480
422.	Prazo para a adjudicação	481
423.	Concurso entre pretendentes à adjudicação	482
424.	Auto de adjudicação	484
425.	Aperfeiçoamento da adjudicação	484
426.	Carta de adjudicação	484
427.	Remição do imóvel hipotecado	485
§ 45.	**Alienação por iniciativa particular**	487
428.	As atuais dimensões da expropriação judicial por meio de alienação por iniciativa particular	487
	I – Cabimento da alienação por iniciativa particular	487
	II – Procedimento	487
	III – Escolha do corretor ou leiloeiro público para a alienação por iniciativa particular	488
429.	O preço mínimo para a alienação por iniciativa particular	488
	I – Valor a observar na alienação	488
	II – Vantagens da alienação por iniciativa particular reconhecidas doutrinariamente	489
430.	Formalização da alienação por iniciativa particular	490
431.	Carta de alienação	491
	I – Alienação de bem imóvel	491
	II – Alienação de bem móvel	491
§ 46.	**Alienação em leilão judicial**	492
432.	Conceito de leilão judicial e arrematação	492
433.	Espécies de hasta pública	492

434.	Escolha do leiloeiro ou corretor de bolsa...	493
435.	Edital do leilão...	493
436.	Leiloeiro público..	494
	I – Deveres do leiloeiro..	494
	II – Remuneração do leiloeiro..	494
436-A.	Leilão eletrônico (particularidades)..	495
437.	Publicidade do edital...	496
438.	Intimação da alienação judicial ao devedor...	497
439.	Outras intimações da alienação judicial...	497
	I – Outros credores com direito incidente sobre os bens a leiloar.....................	498
	II – Titulares de direito real sobre o bem a leiloar...	498
440.	Adiamento do leilão...	499
441.	O leilão judicial...	500
442.	Aquisição do bem leiloado a prazo..	501
	I – Oportunidade para pleitear a aquisição a prazo...	501
	II – A proposta...	501
	III – Mora ou inadimplemento do adquirente...	501
	IV – Realização do leilão, não obstante a proposta de parcelamento...............	501
	V – O cumprimento das prestações...	502
443.	Legitimação para arrematar...	502
444.	Forma de pagamento e formalização da arrematação...	503
445.	Auto de arrematação..	504
446.	Arrematação de imóveis..	505
447.	Requisitos mínimos da proposta de arrematação em prestações.......................	506
448.	Remédios contra os vícios da arrematação...	507
449.	Desistência da arrematação..	508
450.	Invalidade e ineficácia da arrematação no regime do CPC/2015.........................	508
451.	Natureza da perda de efeitos da arrematação...	509
452.	Invalidação da arrematação por preço vil ou defasado...	511
453.	Alienação de bens gravados com direitos reais em favor de terceiros...............	512
454.	Procedimento para obtenção das medidas do art. 903 do CPC/2015................	512
455.	Arrematação realizada antes do julgamento dos embargos do devedor..........	512
456.	Arrematação em execução provisória de título extrajudicial................................	513
457.	Carta de arrematação...	513
458.	Arrematação e remição da execução..	516
459.	Efeitos da arrematação...	516
460.	Evicção e arrematação...	517
461.	Vícios redibitórios...	518
462.	Ação anulatória da arrematação..	519
462.1.	Prazo para propositura da anulatória..	520
463.	Remição dos bens arrematados...	521
§ 47.	**Apropriação de frutos e rendimentos**...	**522**
464.	Modalidade especial de expropriação...	522
465.	Iniciativa...	522
466.	Pressuposto..	522
467.	Procedimento..	523
468.	Pagamento ao exequente..	523

CAPÍTULO XX – FASE DE SATISFAÇÃO

§ 48.	**Pagamento ao credor de quantia certa**...	524
469.	Satisfação do direito do exequente...	524
470.	Última etapa do processo de execução..	525
§ 49.	**Pagamento por entrega do dinheiro**...	526
471.	Entrega do dinheiro...	526
	471.1. Levantamento a maior..	527
472.	Concurso de preferência sobre o produto da execução..	527
	472.1. Concurso de preferência e crédito da Fazenda Pública........................	529
472-A.	Das preferências de direito substancial...	530
473.	O privilégio superespecial dos créditos trabalhistas e dos honorários de advogado......	530
474.	Procedimento do concurso particular...	531
474-A.	A execução extrajudicial da garantia imobiliária em concurso de credores: propriedade fiduciária e hipoteca..	532

CAPÍTULO XXI – EXECUÇÃO CONTRA A FAZENDA PÚBLICA

§ 50.	**Execução de título extrajudicial que reconheça a exigibilidade de obrigação de pagar quantia certa a cargo do poder público**...	535
475.	Execução forçada contra a Fazenda Pública fundada em obrigação de quantia certa ...	535
	I – Título judicial (cumprimento de sentença)...	536
	II – Título extrajudicial...	536
476.	Defesa da Fazenda Pública...	537
	I – Conteúdo dos embargos à execução...	537
	II – Cumulação de execuções..	537
	III – Arguição de incompetência..	537
	IV – Arguição de suspeição ou impedimento...	538
	V – Excesso de execução..	538
477.	Julgamento...	538
	I – Execução embargada..	538
	II – Execução não embargada..	538
	III – Honorários advocatícios...	539
	IV – Erro e excessos nos cálculos homologados..	539
	V – Ordem de preferência para o cumprimento dos precatórios. Credores idosos ou portadores de doença grave e pessoas deficientes..................	540

CAPÍTULO XXII – EXECUÇÃO DA OBRIGAÇÃO DE ALIMENTOS

§ 51.	**Execução por quantia certa de título extrajudicial em matéria de alimentos**............	542
478.	Introdução..	542
479.	Execução autônoma da prestação alimentícia...	542
479-A.	Protesto e inscrição do devedor de alimentos em cadastros de inadimplentes......	543
480.	Execução de alimentos fundada em título extrajudicial, segundo o CPC/2015......	543
481.	Averbação em folha de pagamento...	544
482.	Prisão civil do devedor...	544
483.	Opção entre a execução comum por quantia certa e a execução especial de alimentos	545

Parte III – Oposição à Execução Forçada

CAPÍTULO XXIII – RESISTÊNCIA DO DEVEDOR E DE TERCEIROS

§ 52.	**Embargos à execução**..	549

484.	Resistência à execução	549
485.	Outros meios impugnativos	550
486.	Embargos e impugnação	551
487.	Natureza jurídica dos embargos à execução	553
488.	Classificação dos embargos do devedor	554
489.	Legitimação	555
490.	Autonomia dos embargos de cada coexecutado	555
491.	Competência	557
492.	Generalidades sobre o processamento dos embargos	558
493.	Segurança do juízo	559
494.	Prazo para propositura dos embargos do devedor	560
	I – Regra básica da contagem do prazo dos embargos à execução	560
	II – Citação por carta precatória	560
	III – Unicidade do prazo de embargos e impugnação a atos executivos posteriores aos embargos	560
	IV – Tentativa de conciliação e prazo para embargar a execução	561
495.	Litisconsórcio passivo e prazo para embargar	561
496.	Rejeição liminar dos embargos	562
	I – Casos de rejeição liminar dos embargos	562
	II – Embargos intempestivos	562
	III – Inépcia da petição inicial e outros casos de indeferimento	562
	IV – Vícios sanáveis	563
	V – Natureza do indeferimento	563
	VI – Embargos manifestamente protelatórios	563
497.	Procedimento	564
498.	A multa aplicável aos embargos manifestamente protelatórios	565
499.	Cobrança das multas e indenizações decorrentes de litigância de má-fé	567
500.	Os embargos à execução e a revelia do embargado	567
501.	Efeitos dos embargos sobre a execução	569
502.	Atribuição de efeito suspensivo aos embargos	569
503.	Embargos parciais	570
504.	Embargos de um dos coexecutados	571
505.	Embargos fundados em excesso de execução	571
506.	Arguição de incompetência, suspeição ou impedimento	572
507.	Embargos de retenção por benfeitorias	572
508.	Matéria arguível nos embargos à execução	572
509.	Arguição de nulidade da execução	573
510.	Vícios da penhora e da avaliação	574
511.	Excesso de execução ou cumulação indevida de execuções	575
512.	Retenção por benfeitorias	576
513.	Defesas próprias do processo de conhecimento	577
514.	Pagamento em dobro do valor cobrado indevidamente	577
515.	Autonomia dos embargos do devedor em relação à execução	578
516.	Embargos à adjudicação, alienação ou arrematação	579
517.	Legitimação para a ação autônoma do art. 903, § 4º, do CPC/2015	580
518.	Objeto da ação autônoma do art. 903, § 4º, do CPC/2015	580
519.	A posição especial do arrematante	581
520.	Exceção de pré-executividade	582
521.	Sucumbência na exceção de pré-executividade	583

§ 53.	**Parcelamento judicial do crédito exequendo**	586
522.	Moratória legal	586
523.	Requisitos para a obtenção do parcelamento	586
524.	Procedimento do incidente	587
525.	Indeferimento do parcelamento	588
526.	Descumprimento do parcelamento	589
§ 54.	**Embargos de terceiro**	591
527.	Visão geral	591
528.	Natureza da ação	591
529.	Legitimação ativa	592
530.	*Provocatio ad agendum*	593
531.	Legitimação passiva	593
532.	Valor da causa	594
533.	Competência	594
534.	Oportunidade	594
535.	Julgamento e recurso	594
536.	Procedimento	594
536.1.	Reconhecimento de fraude contra credores em reconvenção a embargos de terceiro	595
537.	Efeitos dos embargos quando há deferimento da liminar	597
538.	Efeitos do julgamento do mérito dos embargos	597
539.	Embargos de terceiro opostos por credor com garantia real	597
540.	Sucumbência na ação de embargos de terceiro	598

Parte IV – Insolvência Civil

CAPÍTULO XXIV – EXECUÇÃO POR QUANTIA CERTA CONTRA DEVEDOR INSOLVENTE

§ 55.	**Execução concursal**	601
541.	Introdução	601
542.	Execução coletiva e execução singular	601
543.	Pressupostos da execução coletiva	603
544.	Efeitos da declaração de insolvência	604
545.	Características da execução coletiva	605
546.	Algumas diferenças entre a falência e a insolvência civil	606
§ 56.	**Primeira fase do processo de insolvência**	608
547.	Apuração ou verificação da insolvência. Natureza jurídica do processo	608
548.	Caracterização da insolvência	609
§ 57.	**Espécies de procedimentos concursais e iniciativa do processo**	611
549.	Legitimação	611
550.	Insolvência requerida pelo credor	612
551.	Caráter facultativo da ação concursal	612
552.	Insolvência de cônjuges	613
553.	Ausência de bens penhoráveis do devedor	613
§ 58.	**Procedimentos da execução coletiva**	615
554.	Procedimento da insolvência requerida pelo credor	615
555.	Insolvência requerida pelo devedor ou seu espólio	616
555-A.	Particularidades da insolvência do espólio	618

§ 59.	Competência para a execução concursal	620
556.	Competência	620
§ 60.	Sentença declaratória de insolvência	621
557.	Declaração judicial de insolvência	621
§ 61.	Administração da massa	623
558.	O administrador da massa	623
559.	Atribuições do administrador	624
§ 62.	Concurso de credores	625
560.	Verificação e classificação dos créditos	625
561.	Credores retardatários e credores sem título executivo	626
562.	Quadro geral de credores	627
	I – Quando não há impugnação de créditos	627
	II – Quando há impugnação de crédito	628
§ 63.	Satisfação dos direitos dos credores e finalização do processo	629
563.	Apuração do ativo e pagamento dos credores	629
564.	Encerramento e suspensão do processo	629
565.	Saldo devedor	630
566.	Extinção das obrigações	631
§ 64.	Disposições gerais	634
567.	Concordata civil	634
567-A.	Lei do Superendividamento nas relações de consumo (Lei nº 14.181/2021)	634
567-B.	Superendividamento do consumidor e insolvência civil	636
567-C.	Recuperação judicial do produtor rural, nos moldes da Lei nº 11.101/2005	637
567-D.	Recuperação judicial e concomitância de execução singular	638
568.	Pensão para o devedor no processo de insolvência	638
569.	Insolvência de pessoas jurídicas	639
570.	Editais	639

Parte V – Crises da Execução e Sistema Recursal

CAPÍTULO XXV – SUSPENSÃO E EXTINÇÃO DO PROCESSO DE EXECUÇÃO

§ 65.	Vicissitudes do Processo Executivo	643
571.	Suspensão da execução	643
572.	Casos de suspensão	644
573.	Suspensão prevista nos arts. 313 e 315 do CPC/2015	645
	I – Previsões do art. 313	645
	II – Previsão do art. 315	646
	III – Suspensão convencional	646
	IV – Suspensão para parcelamento legal do débito	646
	V – Suspensão por transação	646
574.	Suspensão provocada por embargos	646
575.	Suspensão por inexistência de bens penhoráveis	647
575-A.	Suspensão por não localização do executado	647
576.	Suspensão e prescrição intercorrente	647
	I – Execução por quantia certa	647

	II – Nulidade do procedimento de decretação da prescrição intercorrente	650
	III – Outras modalidades de execução	650
577.	A prescrição intercorrente e a jurisprudência do STJ anterior ao CPC/2015	651
578.	Suspensão da execução e possibilidade de embargos do devedor	652
579.	Suspensão da execução por falta de interessados na arrematação dos bens penhorados	653
580.	Suspensão em razão do parcelamento do débito	653
580-A.	Suspensão e extinção de executivos fiscais de pequeno valor	653
581.	Efeitos da suspensão	654
582.	Extinção da execução	654
583.	Extinção por indeferimento da petição inicial	655
584.	Extinção por satisfação da obrigação (remição da execução)	655
585.	Extinção da dívida por qualquer outro meio	656
586.	Extinção por renúncia	656
587.	Extinção pela prescrição intercorrente	656
588.	Outros casos de extinção da execução	658
589.	Sentença de extinção	659
590.	Coisa julgada	660

§ 66. Recursos no processo de execução ... 663

591.	O problema recursal na execução	663
592.	Sentenças e decisões em matéria de execução e seus incidentes	663
593.	Casos de cabimento da apelação	664
594.	Casos de agravo de instrumento	664
595.	Efeitos dos recursos	664
596.	Desapensamento dos autos dos embargos para tramitação da apelação	665
597.	Causas de alçada	665
598.	Recursos extraordinário e especial	665

Parte VI – O Processo nos Tribunais

CAPÍTULO XXVI – NOÇÕES GERAIS

§ 67. O Processo nos Tribunais ... 667

599.	Duplo grau de jurisdição	667
600.	Competência dos tribunais	667
601.	Características dos processos de competência originária dos tribunais	668
602.	Casos de competência originária dos tribunais	668
	I – Supremo Tribunal Federal	668
	II – Superior Tribunal de Justiça	669
	III – Tribunais Regionais Federais	669
	IV – Tribunais dos Estados e do Distrito Federal	670
603.	Posição da matéria no Código de Processo Civil de 2015	671
604.	O funcionamento dos tribunais	671
605.	O sistema de julgamento dos tribunais	672
606.	A relevante função do relator	672
	I – Funções de natureza de gestão processual	673
	II – Funções de natureza decisória	673
	III – Ocorrência de fato superveniente à decisão recorrida ou existência de questão apreciável de ofício pelo tribunal	674
	IV – Vícios sanáveis	675
	V – Necessidade de produção de prova	675

607.	O rito do processamento e julgamento de causa no Tribunal....................................	675
	I – Registro e distribuição...	675
	II – Prevenção..	675
	III – Relatório e voto do relator...	676
	IV – Designação de dia para julgamento..	676
	V – Ordem de julgamento..	676
	VI – Sustentação oral..	677
	VII – Sustentação oral nos incidentes de resolução de demandas repetitivas...............	678
	VIII – Julgamento do colegiado...	678
	IX – Pedido de vista dos julgadores..	678
	X – Retratação de voto...	679
	XI – Resultado do julgamento...	680
	XII – Relevância do voto vencido..	680
	XIII – Julgamento prolongado: decisão não unânime de apelação, de ação rescisória e de agravo de instrumento (substitutivo dos extintos embargos infringentes)...............	680
	XIV – Acórdão e publicação...	683
	XV – Documentação eletrônica do julgamento.............................	683
	XVI – Não publicação do acórdão no prazo de trinta dias...........	684
	XVII – Julgamento por meio eletrônico...	684
	XVIII – Julgamento virtual, por disciplina regimental.................	684
§ 68.	**Valorização da jurisprudência**...	**687**
608.	A valorização da jurisprudência e o sistema de súmulas...................................	687
608-A.	Presença marcante do sistema de precedente ao longo de todo o CPC/2015................	689
609.	Jurisprudência e normas principiológicas e enunciadoras de cláusulas gerais...............	691
609-A.	Precedentes e princípios jurídicos...	695
609-B.	Pode-se pensar em predomínio atual do Judiciário?.............................	696
610.	Características do sistema sumular..	698
611.	A posição do atual CPC sobre a força normativa da jurisprudência...............	699
	I – Harmonização entre o CPC e a Constituição...........................	699
	II – O direito jurisdicional visto pela doutrina e jurisprudência....................	703
611-A.	Enfim, o sistema de precedentes do CPC está, ou não, fundado na técnica da *ratio decidendi*?.......................	706
612.	Uniformização da jurisprudência e causas de massa.............................	706
	I – Sistema de enfrentamento das causas repetitivas....................	706
	II – Combate ao exercício abusivo ou predatório do direito de ação................	708
612-A.	Uniformização da jurisprudência nos Tribunais Superiores por meio do regime especial de recursos repetitivos...................	709
613.	Decisões e súmulas vinculantes e não vinculantes................................	711
	613.1. Decisão do STF em regime de repercussão geral: formação de precedente vinculante........................	715
	613.2. Esvaziamento da Súmula Vinculante...........................	717
614.	Regras a serem cumpridas pelos tribunais a respeito das respectivas jurisprudências..	718
614-A.	Otimização do sistema de precedente..	719
	I – Aspectos qualitativos do precedente..	719
	II – Recomendações do CNJ...	721
	III – Democratização do processo de formação do precedente.........	721
614-B.	Identidade entre o precedente e a causa nova.....................................	722
614-C.	Precedente e analogia..	724

614-D.	Técnica operacional do sistema de precedentes: identificação, distinção e superação...	726
	I – Identificação..	726
	II – Distinção...	727
	III – Superação..	729
	IV – Procedimentos de superação do precedente...	730
	V – Superação ou revisão de tese vinculante formada no sistema de recursos repetitivos...	731
	VI – Necessidade de interpretar e aplicar os precedentes segundo as características do sistema positivado pelo nosso CPC..	732
615.	Publicidade e alteração da jurisprudência..	734
	615.1. Modulação da jurisprudência vinculante..	735
	615.2. Modulação abusiva..	737
616.	A uniformização de jurisprudência no âmbito dos Juizados Especiais...........	737
	616.1. A reclamação para o STJ após o advento do CPC/2015.......................	739
617.	Súmula jurisprudencial..	741
618.	Súmula vinculante..	741
619.	Regulamentação da súmula vinculante...	742
	I – Destinatários..	743
	II – Objeto..	743
	III – Pressupostos..	743
	IV – Procedimento...	743
	V – Legitimação...	744
	VI – *Amicus curiae*...	745
	VII – Vigência..	745
	VIII – Processos pendentes...	745
	IX – Processo administrativo..	745
	X – Reclamação...	745

§ 69. Incidente de assunção de competência... 747

620.	Conceito...	747
620-A.	Natureza jurídica...	748
621.	Pressupostos..	748
622.	Procedimento..	748
	I – Requisitos...	748
	II – Legitimidade...	748
	III – Fases do procedimento...	749
	IV – Julgamento do IAC..	749
623.	Efeitos da decisão...	749

§ 70. Incidente de arguição de inconstitucionalidade... 751

624.	O controle da constitucionalidade no direito brasileiro...................................	751
625.	Regulamentação legal...	751
	I – Ação de declaração de inconstitucionalidade (controle direto).................	751
	II – Incidente de declaração de inconstitucionalidade (controle indireto).....	752
626.	O incidente de arguição de inconstitucionalidade nos tribunais.....................	752
627.	Objeto da arguição de inconstitucionalidade...	753
628.	Iniciativa de arguição...	753
629.	Momento da arguição..	753
630.	Competência para apreciar o cabimento do incidente.....................................	754
631.	O julgamento da arguição..	754

§ 71.	**Conflito de Competência**..	757
632.	Conflito de competência..	757
§ 72.	**Homologação de decisão estrangeira e concessão do exequatur à carta rogatória** ...	759
633.	A eficácia da decisão estrangeira..	759
634.	O sistema nacional..	759
635.	A homologação da decisão estrangeira..	760
636.	Decisões estrangeiras homologáveis...	760
	I – Decisão judicial definitiva e decisão não judicial que teria natureza jurisdicional no Brasil...	760
	II – Decisão estrangeira para fins de execução fiscal.................................	761
	III – Decisão arbitral estrangeira..	761
	IV – Pendência de ação no Brasil...	762
637.	Decisões estrangeiras que dispensam homologação.................................	762
638.	Homologação parcial da decisão estrangeira...	763
639.	Requisitos da homologação de decisão estrangeira..................................	763
639-A.	Concorrência entre processos estrangeiro e nacional................................	765
640.	Natureza da decisão homologatória...	766
	640.1. Objeto do processo homologatório...	766
	640.2. Honorários advocatícios sucumbenciais.....................................	767
641.	O procedimento da homologação...	767
	I – Requerimento...	767
	II – Arquivamento do pedido...	767
	III – Citação e defesa..	768
	IV – Manifestação do Ministério Público Federal.......................................	768
	V – Competência para o julgamento..	768
	VI – Recurso contra o julgamento..	768
642.	A execução..	768
643.	Pedidos de urgência..	769
643-A.	Rescisão da sentença estrangeira..	769
644.	A concessão do *exequatur* à carta rogatória...	770
645.	Execução de medida de urgência estrangeira...	771
646.	Procedimento do *exequatur*...	771
	I – Requisitos para o *exequatur*...	771
	II – Competência...	771
	III – Manifestação do Ministério Público Federal......................................	772
	IV – Recurso contra decisão do Presidente...	772
	V – Execução após o *exequatur*..	772
§ 73.	**Ação Rescisória**...	773
647.	Conceito..	773
648.	Pressupostos...	775
	I – Decisão de mérito transitada em julgado...	775
	II – Prazo decadencial..	776
	III – Sentenças terminativas..	776
	IV – Decisões interlocutórias de mérito..	776
	V – Identificação das decisões de mérito..	776
	VI – Trânsito em julgado..	777
649.	Ação rescisória: decisão de mérito e decisão incidental de questão prejudicial...............	778
	I – Coisa julgada sobre questão principal e questão prejudicial..............	778

II – Distinção entre os regimes da coisa julgada referente à questão principal e à questão incidental 778
649-A. Sentença civil em contradição com sentença criminal 779
650. Decisões terminativas rescindíveis 780
       I – Rescindibilidade excepcional de decisão que não resolveu o mérito 780
      II – Decisão terminativa que impede o reexame do mérito 781
651. Rescisão parcial 782
652. Casos de admissibilidade da rescisória 782
653. Prevaricação, concussão ou corrupção do juiz (art. 966, I) 783
654. Impedimento ou incompetência absoluta do juiz (art. 966, II) 784
655. Dolo ou coação da parte vencedora (art. 966, III) 785
656. Simulação ou colusão para fraudar a lei (art. 966, III) 786
657. Ofensa à coisa julgada (art. 966, IV) 786
658. Violação manifesta de norma jurídica (art. 966, V) 788
      I – Sistema do antigo CPC 788
      II – Sistema do CPC/2015 789
      III – Inovação da Lei nº 13.256/2016 791
      IV – Rescisão da sentença no capítulo relativo aos honorários advocatícios sucumbenciais 792
658-A. Natureza da norma violada 792
658-B. Ofensa à norma reguladora dos honorários advocatícios sucumbenciais 793
659. Ofensa manifesta a norma e oscilação da jurisprudência 793
660. Ofensa à norma constitucional (ainda o art. 966, V) 795
660-A. Decisão que se fundamentou em lei posteriormente declarada inconstitucional pelo STF 798
660-B. Decisão que deixou de aplicar lei por considerá-la inconstitucional, mas cuja constitucionalidade foi posteriormente declarada pelo STF 798
660-C. Ofensa à jurisprudência uniformizada pelo STJ 798
661. Falsidade de prova (art. 966, VI) 799
662. Prova nova (art. 966, VII) 800
662-A. Momento de produção da prova nova 802
663. Erro de fato (art. 966, VIII) 802
664. Ação anulatória: atos judiciais não sujeitos à ação rescisória 803
664-A. Divergência doutrinária acerca do cabimento da ação anulatória 804
664-B. Autocomposição e título executivo judicial 807
665. Atos sujeitos à ação anulatória 807
666. Atos não sujeitos à ação anulatória, pois demandam rescisória 808
667. Fundamentos da ação anulatória 809
668. Prazo para ajuizamento da ação 809
669. Natureza da ação 809
670. Sentença homologatória em processo contencioso 809
670-A. Anulação e rescisão de partilha 810
671. Legitimação 810
672. Legitimação do Ministério Público 812
673. Legitimação passiva 813
674. Citação tardia do litisconsorte necessário 814
675. Rescisão de decisão objetivamente complexa 815
676. Caução 815

677.	Competência	815
678.	O pedido: *judicium rescindens* e *judicium rescissorium*	818
678-A.	Valor da causa	818
678-B.	Restituição dos honorários advocatícios fixados na sentença quando a rescisória é acolhida	819
679.	Multa de 5% sobre o valor da causa	820
680.	A execução da sentença rescindenda	821
681.	Indeferimento da inicial	822
682.	Procedimento	822
682-A.	Revisor no processamento da ação rescisória, perante o STJ	825
683.	Natureza e conteúdo da decisão	826
683-A.	A verba sucumbencial da sentença rescindenda: custas e honorários de advogado	827
683-B.	Tutela provisória	827
684.	A rescisória e os direitos adquiridos por terceiros de boa-fé	828
685.	Preservação de efeitos da sentença rescindida	830
686.	Rescisória de rescisória	831
687.	Prazo de propositura da ação rescisória	831
688.	Rescisão de sentença complexa ou de coisa julgada formada progressivamente	834
689.	A Súmula nº 401 do Superior Tribunal de Justiça	838
689-A.	A interpretação constitucionalmente correta do art. 975 do CPC	839
690.	Contagem do prazo	840
	I – Vencimento em férias forenses, recesso, feriados ou dia em que não houver expediente	840
	II – Termo inicial diferenciado	840
	III – Casos problemáticos	841
691.	Extinção da ação rescisória por abandono da parte	842
692.	Prorrogação de competência do STF e do STJ em matéria de rescisória	842
693.	Sentença nula de pleno direito	844

§ 74. Incidente de resolução de demandas repetitivas 848

694.	Conflitos individuais e conflitos coletivos	848
695.	Natureza jurídica do incidente	849
696.	Força de coisa julgada e força executiva	850
696-A.	O conteúdo do julgamento que acolhe o incidente de resolução de demandas repetitivas	850
697.	Cabimento do incidente	851
698.	Objetivos do incidente	854
699.	Incidente de resolução de demandas repetitivas e incidente de assunção de competência	855
700.	Legitimidade para a promoção do incidente	856
701.	Incidente instaurado a partir de processo já em curso no tribunal de segundo grau	856
701-A.	Sistema de causa-modelo ou de causa-piloto?	857
702.	Desistência ou abandono do processo pela parte	859
703.	Participação do Ministério Público	859
704.	Competência	859
705.	Detalhes do procedimento	860
	I – Registro e autuação	860
	II – Publicidade	860
	III – Primeiras deliberações do relator	861

	IV – A incomum amplitude do contraditório..	862
	V – Intervenções no incidente	863
	VI – Encerramento das diligências...	863
	VII – Sessão de julgamento	863
	VIII – Acórdão	864
	IX – Prazo para o julgamento do incidente..	864
	705.1. Padronização de procedimentos administrativos relacionados com o julgamento dos casos repetitivos e do incidente de assunção de competência	864
706.	Força vinculante da decisão do incidente..	865
	706.1. Força vinculante e teoria da distinção	866
	706.2. Identidade de questão e não de causa..	866
707.	Publicidade especial..	867
708.	Recursos	867
709.	Reclamação	869
710.	Revisão da tese firmada no incidente...	870

§ 75. Reclamação 872

711.	Histórico...	872
712.	Natureza da reclamação	873
713.	Cabimento..	873
	I – Casuísmo legal...	873
	II – Abrangência da reclamação..	874
	III – Inadmissibilidade da reclamação	875
	IV – Reclamação durante o cumprimento do acórdão...	876
	V – Existência de outros remédios processuais	876
	VI – Reclamação em matéria de juízo de admissibilidade dos recursos ordinários........	877
	VII – Reclamação contra inobservância de precedente obrigatório oriundo de resolução de casos repetitivos	878
714.	Legitimidade	879
715.	Procedimento	880
	I – Petição inicial...	880
	II – Autuação e distribuição	880
	III – Atos do relator	880
	IV – Impugnação do pedido...	880
	V – Participação do Ministério Público..	880
	VI – Procedência da reclamação...	881
	VII – Acórdão...	881
	VIII – Honorários de advogado	881

Parte VII – Recursos

CAPÍTULO XXVII – SISTEMA RECURSAL DO PROCESSO CIVIL

§ 76.	**Recursos**..	883
716.	Conceito	883
717.	Recursos e outros meios impugnativos utilizáveis contra decisões judiciais..................	883
718.	Classificação dos recursos..	885
	I – Quanto ao fim colimado pelo recorrente	885
	II – Quanto ao juízo que se encarrega do julgamento	885
	III – Quanto à extensão do reexame de um órgão sobre a matéria decidida por outro.........	886

	IV – Quanto aos motivos da impugnação	886
	V – Quanto à marcha do processo rumo à execução da decisão impugnada	887
719.	Fundamento e natureza do direito ao recurso	887
720.	Atos sujeitos a recurso	888
721.	Recursos admissíveis	889
	I – No primeiro grau de jurisdição (juízo de primeira instância), o CPC/2015 admite os seguintes recursos	889
	II – Quanto aos acórdãos dos tribunais, admite o atual Código os seguintes recursos..	889
	III – Para as decisões de segundo grau, diferentes de acórdão, o atual Código prevê os seguintes recursos	890
722.	Reclamação	890
723.	Correição parcial	890
724.	A técnica de julgamento dos recursos	891
	724.1. Julgamento ampliado, em caso de falta de unanimidade	892
	724.2. Julgamento ampliado, em caso de agravo de instrumento e de ação rescisória	893
	724.3. Julgamento ampliado em caso de embargos de declaração	893

§ 77. Princípios gerais dos recursos 894

725.	Princípios fundamentais dos recursos civis	894
726.	Enumeração dos princípios fundamentais observados pela sistematização legal dos recursos civis	895
727.	Princípio do duplo grau de jurisdição	895
728.	Princípio da taxatividade	898
729.	Princípio da singularidade	899
730.	Princípio da fungibilidade	900
731.	Princípio da dialeticidade	902
732.	Princípio da voluntariedade	902
733.	Princípio da irrecorribilidade em separado das interlocutórias	903
734.	Princípio da complementaridade: inaplicabilidade aos recursos civis	903
735.	Princípio da vedação da *reformatio in pejus*	904
736.	A possível piora da situação do recorrente na hipótese do § 3º do art. 1.013 do CPC/2015	905
737.	Princípio da consumação	906

§ 78. Disposições gerais relativas aos recursos civis 908

738.	Juízo de admissibilidade e juízo de mérito dos recursos	908
739.	Objeto do juízo de admissibilidade: requisitos intrínsecos e requisitos extrínsecos	909
740.	Cabimento: atos judiciais recorríveis	909
741.	Tempestividade do recurso	909
	I – Prazo para o réu ainda não citado	911
	II – Prazo para o réu revel	911
	III – Recurso remetido pelo correio	911
	IV – Comprovação de feriado local	911
	V – Vista dos autos para a interposição do recurso	914
742.	Recurso interposto antes da publicação do julgado	914
743.	Recurso interposto antes do julgamento de embargos de declaração pendentes	915
744.	Casos especiais de interrupção do prazo de recurso	917
745.	Legitimação para recorrer	918
	I – Generalidades	918

	II – Requisito da sucumbência	919
	III – Litisconsórcio unitário	919
	IV – Discordância da fundamentação do julgado	920
	V – Recurso do vencedor	920
	VI – Terceiro prejudicado	920
746.	Particularidades do recurso de terceiro	922
747.	Recurso de terceiro e coisa julgada	924
748.	Interesse de recorrer e extinção do processo por meio de decisão em favor do recorrente	924
749.	Legitimidade do Ministério Público para recorrer	925
750.	Singularidade do recurso	925
751.	Adequação e fungibilidade dos recursos	926
752.	Preparo	926
	I – Preparo e deserção	926
	II – Inovações do CPC/2015 em relação à deserção	927
753.	Motivação e forma	928
753-A.	Recurso total e recurso parcial	930
	I – Recurso parcial	930
	II – Recurso parcial e efeito devolutivo	930
	III – Recurso parcial e efeito expansivo	930
	IV – Recurso contra decisão única com multiplicidade de fundamentos	931
754.	Renúncia e desistência em matéria de recursos	931
	I – Fatos impeditivos	931
	II – Desistência do recurso	932
	III – Desistência dos recursos em tramitação no STJ e no STF	932
	IV – Renúncia do recurso	933
	V – Aspectos comuns da desistência e da renúncia	933
755.	Aceitação expressa ou tácita da sentença	933
756.	Recurso adesivo	934
	I – Características do recurso adesivo	934
	II – Recurso adesivo em ação de reparação do dano moral	936
757.	Julgamento singular e coletivo do recurso em segundo grau	936
758.	A recorribilidade necessária da decisão singular do relator	938
§ 79.	**Efeitos da interposição do recurso**	**940**
759.	Efeitos básicos do recurso: devolutivo e suspensivo	940
760.	Efeito substitutivo	940
761.	Efeito translativo	941
762.	Efeito expansivo	943
§ 80.	**A apelação**	**944**
763.	Conceito	944
764.	O CPC/2015 e a superação das dificuldades conceituais do Código anterior em relação à sentença	944
765.	Apelação e decisões incidentais excluídas das hipóteses de agravo de instrumento	945
766.	Interposição da apelação	945
767.	Efeitos da apelação	947
	I – Efeito devolutivo	947
	II – Efeito suspensivo	950

768.	Questão relevante a respeito do efeito devolutivo da apelação contra sentença terminativa..	951
769.	Questão de fato e questão de direito...	953
770.	Vinculação do tribunal ao dever de julgar o mérito na hipótese do § 3º do art. 1.013...	953
770-A.	Posição consolidada do STJ...	955
771.	Prescrição e decadência...	956
772.	A apelação e as nulidades sanáveis do processo	956
773.	Tutela provisória e o efeito suspensivo da apelação	957
774.	Recebimento da apelação..	958
	I – Pelo juiz de primeiro grau...	958
	II – Pelo tribunal *ad quem*	958
775.	A irrecorribilidade da sentença proferida em conformidade com súmula do STJ ou do STF..	959
776.	Juízo de retratação: reexame da matéria decidida na sentença apelada por ato de seu próprio prolator..	960
777.	Deserção...	960
778.	Prazo para interposição da apelação	961
779.	Interposição de apelação antes do julgamento dos embargos de declaração........	961
780.	Julgamento em segunda instância	962
780.1.	Julgamento com *quorum* ampliado	962
§ 81.	**Agravo de instrumento**...	964
781.	Conceito...	964
782.	Espécies de agravo	964
	I – Agravo de instrumento e agravo interno	964
	II – Agravo em recurso especial e em recurso extraordinário........................	965
	III – Casos de agravo interno	965
	IV – Síntese..	965
783.	Recorribilidade das decisões interlocutórias...	965
783-A.	Decisão interlocutória e mandado de segurança	967
784.	Agravo de instrumento	968
784.1.	Taxatividade dos casos questionáveis por meio de agravo de instrumento.....	971
784.2.	Decisões interlocutórias do processo de recuperação judicial e falência.......	973
784.3.	O cabimento do agravo fora do rol taxativo da lei, segundo a teoria da "derrotabilidade" das normas jurídicas..	973
785.	Prazo de interposição..	976
786.	Formação do instrumento do agravo	976
	I – Conteúdo e instrução do recurso..	976
	II – Meios para a interposição do agravo...	977
	III – Vícios sanáveis ou ausência de peças obrigatórias no instrumento........	978
787.	Efeitos do agravo de instrumento	978
788.	Processamento do agravo de instrumento...	979
	I – Juntada de cópia do agravo no juízo de primeiro grau	979
	II – Atos do relator	979
789.	O contraditório..	981
790.	Juízo de retratação do magistrado *a quo*...	982
791.	Julgamento do recurso pelo colegiado	982
	I – Prazo para julgamento...	982
	II – Intervenção do Ministério Público...	983

	III – Sustentação oral	983
	IV – Ampliação de julgamento	983
792.	Encerramento do feito	983
793.	Formação da coisa julgada antes do julgamento do agravo	983
§ 82.	**Agravo interno**	**987**
794.	Conceito	987
795.	Procedimento	987
796.	Efeitos do agravo interno	988
797.	Sustentação oral	988
798.	Fungibilidade	989
§ 83.	**Embargos de declaração**	**991**
799.	Conceito e cabimento	991
800.	Pressupostos dos embargos de declaração	991
801.	Obscuridade no julgamento	992
802.	Contradição	993
803.	Omissão	994
804.	Hipóteses de omissão	996
805.	Erro material	997
806.	Compreensão extensiva do cabimento dos embargos de declaração	998
807.	Procedimento	1001
	I – Proposição dos embargos	1001
	II – Requisito de admissibilidade dos embargos de declaração	1001
	III – Julgamento	1002
	IV – Contraditório	1002
808.	Prequestionamento	1002
809.	Efeito interruptivo	1003
810.	Recurso interposto antes dos embargos de declaração	1005
811.	Efeito suspensivo especial	1006
811-A.	Possibilidade de concessão de efeito suspensivo	1006
812.	Efeito integrativo	1007
813.	Embargos manifestamente protelatórios	1008
	I – Sanções aplicáveis aos embargos protelatórios	1008
	II – Embargos de prequestionamento para recursos especial e extraordinário	1009
	III – Aplicação da penalidade aos embargos protelatórios	1009

CAPÍTULO XXVIII – RECURSOS PARA O SUPREMO TRIBUNAL FEDERAL E PARA O SUPERIOR TRIBUNAL DE JUSTIÇA

§ 84.	**Recurso ordinário**	**1012**
814.	Introito	1012
815.	Recurso ordinário para o STF	1013
	I – Cabimento	1013
	II – Requisitos de admissibilidade	1014
	III – Interposição	1014
	IV – Julgamento do mérito	1014
	V – Concessão de efeito suspensivo	1015
	VI – Fungibilidade	1015
816.	Recurso ordinário para o STJ	1015
	I – Cabimento	1015
	II – Requisitos de admissibilidade	1015

	III – Interposição	1016
	IV – Recurso adesivo	1017
	V – Julgamento do mérito	1017
	VI – Concessão de efeito suspensivo	1017
§ 85.	**Recursos extraordinário e especial**	1019
817.	Recurso extraordinário	1019
818.	Pressupostos do recurso extraordinário	1020
819.	Repercussão geral das questões constitucionais debatidas no recurso extraordinário...	1025
820.	Conceituação legal de decisão que oferece repercussão geral	1026
821.	Procedimento no STF	1027
822.	Reflexos da decisão acerca da repercussão geral	1028
	I – Sobre processos em curso em grau inferior de jurisdição	1028
	II – Sobre outros recursos extraordinários em curso	1029
	III – Efeitos sobre decisão transitada em julgado	1030
	IV – Desistência do recurso após reconhecimento da repercussão geral	1030
823.	O procedimento regimental de apreciação da arguição de repercussão geral pelo Plenário do STF	1031
823-A.	Inovações da Emenda Regimental 54/2020	1032
824.	Formas de solução tácita da arguição de repercussão geral	1033
825.	Procedimentos a serem adotados após o reconhecimento da repercussão geral	1033
	I – Sobrestamento dos processos que versem sobre a mesma questão	1033
	II – Recurso contra decisão de sobrestamento	1033
	III – Recurso contra decisão de sobrestamento de recurso intempestivo	1034
	IV – Julgamento do recurso extraordinário cuja repercussão geral foi reconhecida	1034
	V – Questões já resolvidas pela jurisprudência do STF	1034
826.	Função do recurso extraordinário	1035
827.	Efeitos do recurso extraordinário	1035
	I – Efeito apenas devolutivo	1035
	II – Tutela de urgência no recurso extraordinário para obtenção do efeito suspensivo	1036
828.	Processamento do recurso extraordinário	1037
	I – Interposição	1037
	II – Contraditório	1038
	III – Juízo de admissibilidade	1038
	IV – Casos em que não ocorrerá o juízo de admissibilidade no tribunal recorrido, com a subida do feito ao tribunal superior	1038
	V – Juízo de admissibilidade negativo no tribunal recorrido	1038
	VI – Recursos manejáveis em face do juízo que inadmite o recurso extraordinário (ou o especial)	1039
	VII – A relevância da distinção feita pela lei entre "negativa de seguimento" e "inadmissão" dos recursos extraordinário e especial	1039
	VIII – Outros poderes do presidente ou vice-presidente do tribunal recorrido	1040
829.	O preparo dos recursos para o STF e para o STJ	1041
830.	O recurso extraordinário por via eletrônica	1041
831.	Julgamento do recurso e julgamento da causa	1041
832.	Julgamento incompleto do recurso extraordinário, no juízo de revisão	1044
833.	Poderes do relator	1046
834.	Recurso especial para o STJ	1046
	I – Cabimento do recurso especial	1046
	II – Elasticidade do conceito de questão de direito	1048

	III – Casuísmo constitucional	1050
	IV – Requisito básico	1051
	V – Inovação no regime de admissibilidade do recurso especial instituída pela EC 125/2022: relevância das questões de direito federal	1051
	VI – Caracterização da relevância da questão federal	1052
	VII – Relevância e valor da causa	1052
	VIII – Relevância a demonstrar e relevância presumida	1053
	IX – Direito intertemporal	1054
835.	Jurisprudência formada antes da Constituição de 1988	1055
836.	Jurisprudência do STJ formada após a Constituição de 1988	1056
836-A.	Juízo de cassação e juízo de reexame, no âmbito do recurso especial. Controle de constitucionalidade	1061
	836-A.1. Duplo juízo de admissibilidade do recurso especial	1062
837.	Recurso especial fundado em dissídio jurisprudencial	1063
838.	Obtenção de efeito suspensivo excepcional para o recurso especial	1064
839.	Concomitância de recurso extraordinário e recurso especial	1064
840.	Fungibilidade entre o recurso especial e o recurso extraordinário	1065
840-A.	Cabimento de recurso extraordinário contra decisão do STJ em recurso especial	1065
840-B.	Reclamação concomitante ao recurso extraordinário	1067
841.	Preferência do julgamento do mérito dos recursos especial e extraordinário	1068
842.	Recurso especial e recurso extraordinário adesivo	1068

§ 86. **Recursos especial e extraordinário repetitivos** 1072

843.	Introdução	1072
844.	Os recursos especial e extraordinário repetitivos	1072
845.	Procedimento traçado nas causas repetitivas para observância do tribunal de origem.	1074
	I – Iniciativa do procedimento	1074
	II – Escolha dos recursos representativos	1074
	III – Suspensão e retenção dos recursos que versem sobre causa idêntica	1074
	IV – Decisão em torno da suspensão do processamento dos recursos extraordinário e especial, dentro do regime repetitivo. Recorribilidade	1075
	V – Recurso contra a decisão de sobrestamento de recurso intempestivo	1076
	VI – Não vinculação da Corte Superior aos recursos escolhidos pelo tribunal local	1077
846.	Ampliação da técnica de julgamento de processos repetitivos aos demais tribunais	1077
847.	Desistência do recurso-padrão	1077
848.	Procedimento traçado nas causas repetitivas para observância do STJ e do STF	1078
	I – Decisão de afetação	1078
	II – Não afetação dos recursos selecionados	1079
	III – Prevenção do Ministro relator	1079
	IV – Prazo para julgamento dos recursos afetados	1080
	V – Existência de várias questões de direito nos recursos requisitados aos presidentes ou vice--presidentes dos tribunais de justiça ou dos tribunais regionais federais	1080
	VI – Ausência de identidade entre a questão afetada e a discutida no recurso especial ou extraordinário suspenso	1080
	VII – Outros poderes do relator na Corte Superior	1081
	VIII – Julgamento	1082
	IX – Diversas possibilidades do julgamento dos recursos repetitivos	1082
	X – Síntese esquemática das etapas do processamento e julgamento dos recursos repetitivos	1083

848.A.	Procedimento regimental da tramitação do recurso especial repetitivo no STJ............	1084
	I – Competência...	1084
	II – Atribuições do Presidente do STJ e do Relator..	1084
	III – Deliberações do Relator...	1085
	IV – Julgamento dos repetitivos..	1085
849.	Efeitos do acórdão do STJ ou do STF nas causas repetitivas...............................	1086
	I – Recursos sobrestados no STJ ou STF...	1086
	II – Recursos sobrestados no tribunal de origem...	1086
	III – Ampliação do juízo de revisão no tribunal de origem................................	1087
	IV – Processos sobrestados em primeira instância ou no tribunal de origem......	1087
	V – Questão atinente à prestação de serviço público objeto de concessão, permissão ou autorização...	1088
	VI – Os recursos e os princípios da isonomia e da segurança jurídica............	1088
849-A.	Revisão da tese firmada em recursos especial e extraordinário repetitivos........	1088
850.	Desistência da ação em primeiro grau de jurisdição...	1089

§ 87. Agravo em recurso especial e extraordinário 1091

851.	O agravo em recurso especial e em recurso extraordinário................................	1091
852.	Cabimento do agravo para o tribunal superior e para o tribunal de origem......	1092
853.	Interposição e contraditório...	1092
854.	Remessa à Corte Superior..	1092
855.	Julgamento...	1092
856.	Interposição conjunta de recursos extraordinário e especial..............................	1092

§ 88. Embargos de divergência no STF e no STJ 1095

857.	Embargos de divergência no STF e no STJ..	1095
	I – Cabimento...	1095
	II – Prazo..	1096
	III – Comprovação da divergência...	1096
	IV – Decisão de inadmissão do recurso...	1096
	V – Interrupção do prazo para interposição de recurso extraordinário...........	1096
858.	Alguns problemas superados pelo CPC/2015..	1097
859.	Procedimento no STJ..	1098
860.	Procedimento no STF..	1099

§ 89. O sistema recursal e a autoridade normativa dos tribunais superiores....... 1101

861.	Força vinculante da jurisprudência exercida por meio dos recursos................	1101
	I – Fundamentos do Estado Democrático de Direito..	1101
	II – Evolução do reconhecimento da força vinculante das decisões do Supremo Tribunal Federal...	1102
862.	Ampliação da força vinculante da jurisprudência..	1104

§ 90. Direito intertemporal em matéria de recursos 1105

863.	Posição do atual Código de Processo Civil..	1105
864.	Princípios norteadores do direito intertemporal dos recursos...........................	1105
	I – Normas gerais...	1105
	II – Observações particulares sobre o agravo de instrumento.........................	1107
	III – Observações particulares sobre os embargos de declaração.....................	1108
	IV – Instruções administrativas do STJ..	1108

§ 91.	**Disposições finais e transitórias**...	1109
865.	Direito intertemporal	1109
	I – Sistema adotado pelo CPC/2015...	1109
	II – Recursos e processos de competência originária dos tribunais.............................	1110
	Recursos para o STJ...	1110
	Processos de competência originária do STJ..	1110
	III – Procedimentos recursais	1111
	IV – Honorários advocatícios sucumbenciais...	1111
866.	Direito probatório..	1111
867.	Procedimento comum como regra geral	1111
868.	Cadastramento das pessoas jurídicas públicas e privadas para efeito dos atos de comunicação processual por via eletrônica..	1112
869.	Execução contra devedor insolvente...	1112
870.	Atos processuais eletrônicos e certificação digital..	1112
871.	Trânsito em julgado de questões prejudiciais..	1113
872.	Depósito judicial..	1113
873.	Custas devidas à União, na Justiça Federal..	1114
874.	Procedimentos dos juizados especiais cíveis..	1114
875.	Embargos de declaração da Justiça Eleitoral..	1115
876.	Alteração do Código Civil...	1116
877.	Conselho Nacional de Justiça...	1116
878.	Uniformização do prazo para agravo previsto em lei especial ou em regimento interno de tribunal...	1116
879.	Instituição do reconhecimento extrajudicial de usucapião..	1116
879-A.	Alguns detalhes do procedimento extrajudicial de reconhecimento de usucapião........	1118
880.	Revogação de disposições existentes em outras leis...	1119
881.	Situação especial em relação ao Código Civil..	1124
882.	Pré-eficácia do Código de Processo Civil de 2015	1125

Bibliografia.. 1127

Índice dos Fluxogramas.. 1159

PROCESSO DE EXECUÇÃO,
CUMPRIMENTO DA
SENTENÇA E SISTEMA
RECURSAL DO PROCESSO CIVIL

Parte I
As Vias de Execução do Código de Processo Civil Brasileiro

Capítulo I
PANORAMA DAS VIAS EXECUTIVAS

§ 1º A ABOLIÇÃO DA AÇÃO DE EXECUÇÃO DE SENTENÇA

1. Introdução

O direito processual civil do final do século XX deslocou seu enfoque principal dos conceitos e categorias para a funcionalidade do sistema de prestação da tutela jurisdicional. Sem desprezar a autonomia científica conquistada no século XIX e consolidada na primeira metade do século XX, esse importante ramo do direito público concentrou-se, finalmente, na meta da instrumentalidade e, sobretudo, da efetividade.

Pouco importa seja a ação um direito subjetivo, ou um poder, ou uma faculdade para o respectivo titular, como é desinfluente tratar-se da ação como direito concreto ou abstrato frente ao direito material disputado em juízo, se essas ideias não conduzem à produção de resultados socialmente mais satisfatórios no plano finalístico da função jurisdicional.

O certo é que o direito processual não pode ser justificado como um fim em si mesmo e que sua existência não tem tarefa a cumprir fora da boa realização do projeto de pacificação social traçado pelo direito material. Este, sim, contém o repositório das normas primárias de viabilização da convivência civilizada.

Em lugar, portanto, de afastar-se e isolar-se do direito material, o que cumpre ao bom direito processual é aproximar-se, cada vez mais, daquele direito a que deve servir como instrumento de defesa e atuação. Muito mais se deve ocupar o cientista do processo em determinar como este há de produzir efeitos práticos na aplicação do direito material do que se perder em estéreis divagações sobre conceitos abstratos e exacerbadamente isolacionistas do fenômeno formal e, por isso mesmo, secundário dentro do ordenamento jurídico.[1]

---

[1] De maneira alguma se pretende diminuir a relevância do direito processual dentro do ordenamento jurídico. Ambos (direito material e direito processual) correspondem a órgãos vitais do sistema jurídico, que não pode prescindir de qualquer deles. O que não se pode tolerar é a hipertrofia de um deles, em

Nessa ótica de encontrar a efetividade do direito material por meio dos instrumentos processuais, o ponto culminante se localiza, sem dúvida, na execução forçada, visto que é nela que, na maioria dos processos, o litigante concretamente encontrará o remédio capaz de pô-lo de fato no *exercício efetivo* do direito subjetivo ameaçado ou violado pela conduta ilegítima de outrem.

Quanto mais cedo e mais adequadamente o processo chegar à execução forçada, mais efetiva e justa será a prestação jurisdicional. Daí por que as últimas e mais profundas reformas do processo civil têm-se voltado para as vias de execução civil. Seu maior objetivo tem sido, nessa linha, a ruptura com figuras e praxes explicáveis no passado, mas completamente injustificáveis e inaceitáveis dentro das perspectivas sociais e políticas que dominam o *devido processo legal* em sua contemporânea concepção de processo *justo* e *efetivo*.

É o caso da dualidade de processos que teima em tratar como objeto de ações distintas e completamente separadas o acertamento e a execução dos direitos subjetivos violados, com perda de tempo e acréscimo de custos, incompatíveis com a efetividade esperada da tutela jurisdicional.

Em boa hora, em 2005/2006, uma ampla reforma do direito processual civil se ocupou com a eliminação desse grave embaraço historicamente erguido ao pronto acesso ao resultado final da tutela jurídica prometida pela garantia fundamental do devido processo legal. O CPC/2015 mantém-se nessa mesma linha.

2. O panorama da execução forçada no direito processual europeu contemporâneo

Em Portugal, o Novo Código de Processo Civil (Lei nº 41, de 26.06.2013), conservou a sistemática instituída anteriormente para a execução forçada. Mesmo mantendo a dualidade de ações para condenar e executar, procurou-se dar aos atos executivos uma ligeireza maior, colocando-os fora da esfera judicial comum onde o desenvolvimento do processo depende fundamentalmente de atos do juiz. Na atual concepção do direito português, optou-se por deixar o juiz mais longe das atividades executivas. Reservou-se-lhe uma tarefa tutelar desempenhada a distância. Sua intervenção não é sistemática e permanente, mas apenas eventual. A atividade executiva propriamente dita é desempenhada pelo *agente de execução*, a quem toca efetuar "citações, notificações, publicações, consultas de bases de dados, penhoras e seus registros, liquidações e pagamentos" (art. 719º, 1).

No exercício da função de *tutela* e de *controle*, o juiz interfere no procedimento limitadamente, cabendo-lhe "proferir despacho liminar" (art. 723º, 1-a), "julgar a oposição à execução e à penhora, bem como verificar e graduar os créditos" (art. 723º, 1-b), julgar "as reclamações de atos e impugnações de decisões do agente de execução" (art. 723º, 1-c), além de "decidir outras questões suscitadas pelo agente de execução, pelas partes ou por terceiros intervenientes" (art. 723º, 1-c). Portanto, na sistemática do processo civil português, não cabe ao juiz, efetuar os principais atos executivos, que foram transferidos ao agente de execução.

Tal agente é um profissional liberal ou um funcionário judicial, designado pelo exequente dentre os registrados em lista oficial (art. 720º, 1), e é a quem a lei lusitana atribui o desempenho de um conjunto de tarefas executivas, exercidas em nome do tribunal. Tal como o *huissier* francês, o *agente de execução* em Portugal "é um misto de profissional liberal e funcionário

---

detrimento do outro. Cada um, a seu tempo, cumpre a função que lhe é própria, não se podendo admitir que por mera especulação acadêmica se concentre a ciência jurídica a pesquisar e analisar o processo fora de sua missão específica, qual seja, a de instrumentalizar o direito material nas crises de atuação.

público, cujo estatuto de *auxiliar da justiça* implica a detenção de *poderes de autoridade* no processo executivo".[2]

Assim, a presença do *agente de execução*, embora não retire a natureza jurisdicional ao processo executivo, "implica a sua larga *desjudicialização* (entendida como menor intervenção do juiz nos atos processuais) e também a diminuição dos atos praticados pela secretaria".[3] É da competência, por exemplo, do agente de execução a citação e a notificação no processo executivo (art. 719º, 1). Só quando ocorrerem tramitações declarativas (como, *v.g.*, oposição à execução, graduação dos créditos, impugnação de decisões do agente etc.), é que a interferência do juiz acontecerá.[4]

Essa *desjudicialização*, ora total, ora parcial, da execução forçada tem sido uma tônica da evolução por que vem passando o direito processual europeu. Lebre de Freitas descreveu o seguinte panorama:

"Em alguns sistemas jurídicos, o tribunal só tem de intervir em caso de *litígio*, exercendo então uma função de *tutela*. O exemplo extremo é dado pela Suécia, país em que é encarregue da execução o *Serviço Público de Cobrança Forçada*, que constitui um organismo administrativo e não judicial (...)".

"Noutros países da União Europeia, há um agente de execução (*huissier* em França, na Bélgica, no Luxemburgo, na Holanda e na Grécia; *sheriff officer* na Escócia) que, embora seja um funcionário de nomeação oficial e, como tal, tenha o dever de exercer o cargo quando solicitado, é contratado pelo exequente e, em certos casos (penhora de bens móveis ou de créditos), actua extrajudicialmente...", podendo "desencadear a hasta pública, quando o executado não vende, dentro de um mês, os móveis penhorados (...)".

"A Alemanha e a Áustria também têm a figura do agente de execução (*Gerichtsvollzieher*); mas este é um funcionário judicial pago pelo erário público (...); *quando a execução é de sentença*, o juiz só intervém em caso de *litígio* (...); quando a execução se baseia em *outro título*, o juiz exerce também uma função de *controlo prévio*, emitindo a fórmula executiva, sem a qual não é desencadeado o processo executivo".[5]

Fácil é concluir que o direito europeu moderno, se não elimina a *judicialidade* do cumprimento da sentença, pelo menos reduz profundamente a intervenção judicial na fase de realização da prestação a que o devedor foi condenado. Tal intervenção, quase sempre, se dá nas hipóteses de *litígios* incidentais surgidos no curso do procedimento executivo.

Não há uniformidade na eleição dos meios de simplificar e agilizar o procedimento de cumprimento forçado das sentenças entre os países europeus. Há, porém, a preocupação comum de reduzir, quanto possível, a sua judicialização.

---

[2] FREITAS, José Lebre de. *A ação executiva depois da reforma*. 4. ed. Coimbra: Coimbra Ed, 2004, n. 1.6, p. 27-28.
[3] FREITAS, José Lebre de. *A ação executiva depois da reforma*. 4. ed. Coimbra: Coimbra Ed, 2004, n. 1.6, p. 28.
[4] FREITAS, José Lebre de. *A ação executiva depois da reforma*. 4. ed. Coimbra: Coimbra Ed, 2004, n. 1.6, p. 28.
[5] FREITAS, José Lebre de. *A ação executiva depois da reforma*. 4. ed. Coimbra: Coimbra Ed, 2004, p. 25, nota 54.

O CPC/2015, preservando a sistemática introduzida pelas reformas de 2005/2006,[6] não eliminou o caráter jurisdicional da execução de sentença; mas ao manter a abolição da *actio iudicati* e tornar consequência imediata do julgado condenatório a expedição de mandado para impor o seu cumprimento à parte, sem as peias da instauração de um novo processo, está, induvidosamente, colocando o direito processual pátrio no caminho que busca a maior efetividade da prestação jurisdicional perseguida por todos os quadrantes do direito comparado em nosso tempo.

3. A história da execução forçada no direito antigo de origem românica

Nas origens do direito de tradição romanística, só se chegava à prestação jurisdicional executiva depois de acertado o direito do credor por meio da sentença. Esta autorizava a intromissão do credor no patrimônio do devedor, mas isto reclamava o exercício de uma nova ação – a *actio iudicati*. O exercício do direito de ação fazia-se, primeiramente, perante o *praetor* (agente detentor do *imperium*), e prosseguia em face do *iudex* (um jurista, a quem o *praetor* delegava o julgamento da controvérsia – *iudicium*). A *sententia* do *iudex* dava solução definitiva ao litígio (*res iudicata*), mas seu prolator não dispunha de poder suficiente para dar-lhe execução. Na verdade, a relação entre as partes e o *iudex* era regida por um modelo contratual, pois entendia-se que, ao ser nomeado o delegado do *praetor*, os litigantes se comprometiam a se submeter à sua *sentencia* (parecer).[7] Esse sistema judiciário era dominado por uma configuração privatística, inspirada em verdadeiro negócio jurídico. Falava-se, portanto, na Roma antiga, numa *ordo iudiciorum privatorum*, ou seja, numa ordem judiciária privada.

Dentro desse prisma, somente por meio de outra ação se tornava possível obter a tutela da autoridade pública (*imperium*) para levar a cabo a execução do crédito reconhecido pelo *iudex*, quando o devedor não se dispunha a realizá-lo voluntariamente. Daí a existência da *actio iudicati*, por meio da qual se alcançava a via executiva. Não existia, outrossim, o título executivo extrajudicial, de modo que a execução forçada somente se baseava na sentença e apenas se desenvolvia por meio da *actio iudicati*. Nem mesmo existia uma estrutura estatal encarregada especificamente da jurisdição, como a do atual Poder Judiciário. O *praetor* era, originariamente, um agente do poder estatal, como uma espécie de governador ou prefeito

---

[6] Em legislação especial, regulamentadora do Sistema Financeiro da Habitação, vigora no Brasil a possibilidade de execução por agente extrajudicial, dito agente fiduciário, para cobrança da dívida hipotecária (Dec.-lei nº 70, de 21.11.1966, art. 31, alterado pela Lei nº 8.004, de 14.03.1990). Também nos contratos garantidos por alienação fiduciária de coisa imóvel, a excussão do bem gravado pode ser feita extrajudicialmente (Lei nº 9.514, de 20.11.1997, arts. 26 e 27), como, aliás, já vinha ocorrendo nos contratos de alienação fiduciária de coisas móveis (Dec.-lei nº 911, de 01.10.1969, arts. 2º e 3º, com redação das Leis nº 13.043, de 13.11.2014, e 10.931, de 02.08.2004). Há, ainda, exemplos de execução administrativa, por via do Oficial do Registro de Imóveis, no caso de cumprimento forçado de compromissos de venda de imóveis, sempre que se referirem a loteamentos e se acharem acompanhados da prova de quitação do respectivo preço. Em tais casos, o Oficial do Registro Público reconhecerá ao contrato preliminar a força de título hábil para registro definitivo da propriedade do lote adquirido (Lei nº 6.766, de 19.12.1979, art. 26, § 6º). O mesmo se passa quando o compromisso de concluir ou ceder o contrato de promessa de venda é descumprido pelo loteador. Depois de intimado pelo oficial, a requerimento do promissário, e uma vez transcorrido o prazo de 15 dias sem impugnação do promitente, o pré-contrato será registrado e vigorará entre as partes segundo os termos do contrato padrão (Lei nº 6.766, arts. 27, *caput*, e 18, VI).

[7] A *litis contestatio*, para o direito romano, significava "um acordo de *accipere iudicium*", ou seja, por seu intermédio as partes firmavam o "compromisso de participarem do juízo *apud iudicem* e acatarem o respectivo julgamento" (TUCCI, José Rogério Cruz; AZEVEDO, Luiz Carlos de. *Lições de história do processo civil romano*. São Paulo: RT, 2001, p. 98).

(na linguagem moderna), o qual incluía em sua administração a prestação de justiça,[8] mas não realizava, ele mesmo, o julgamento das causas; recorria a um particular (*iudex*) para definir, segundo as regras do direito, o litígio travado entre as partes.

Mais tarde, já na era cristã, o Império Romano se afastou pouco a pouco da ordem judiciária privada e, sob a denominação de *extraordinaria cognitio*, instituiu uma Justiça Pública, totalmente oficializada, tal como hoje se vê no Poder Judiciário dos povos civilizados. O processamento dos litígios passou a ser feito apenas perante o *praetor*, e seus auxiliares permanentes e especializados, de sorte que a sentença já era ato emanado do próprio detentor do *imperium*, visto que este, então, enfeixava em suas mãos, também, o *iudicium*. A prestação jurisdicional se tornou totalmente pública, desaparecendo a conformação privatística e arbitral de suas origens.

Nesse último estágio da civilização romana, já não mais havia justificativa para o manejo de duas ações separadas para alcançar a execução forçada. Por simples inércia histórica, no entanto, a dicotomia *actio* e *actio iudicati* subsistiu até o fim do Império Romano.

Durante toda a longa história de Roma, todavia, ao lado da separação rigorosa das áreas de aplicação da *actio* e da *actio iudicati*, sempre houve remédios processuais que, em casos especiais ditados pela natureza do direito em jogo e pela premência de medidas urgentes, permitiam decisões e providências executivas aplicadas de imediato pelo pretor. Eram os interditos por meio de *decretos* com que o pretor, sem aguardar a solução do *iudex*, compunha a situação litigiosa, por força de seu *imperium*. Nessas medidas pode-se visualizar a semente das liminares, tão frequentes no processo moderno.

Com a queda do Império Romano e a implantação do domínio dos povos germânicos, operou-se um enorme choque cultural, pois os novos dominantes praticavam hábitos bárbaros nas praxes judiciárias: a execução era privada, realizada pelas próprias forças do credor sobre o patrimônio do devedor, sem depender do prévio beneplácito judicial. Ao devedor é que, discordando dos atos executivos privados do credor, caberia recorrer ao Poder Público para formular sua impugnação. Dava-se, portanto, uma total inversão em face das tradições civilizadas dos romanos: primeiro se executava, para depois discutir-se em juízo o direito das partes. A atividade cognitiva, portanto, era posterior à atividade executiva, a qual, por sua vez, não dependia de procedimento judicial para legitimar-se.[9]

No choque de culturas, acabou por verificar-se uma conciliação de métodos. Aboliu-se, de um lado, a execução privada, submetendo-se a realização do direito do credor ao prévio acertamento judicial; mas, de outro lado, eliminou-se a duplicidade de ações que o direito romano tanto cultivara. O cumprimento da sentença passou a não mais sujeitar-se à abertura de um novo juízo. Cabia ao juiz, depois de sentenciar, tomar, simplesmente, como dever de ofício, as providências para fazer cumprir sua decisão, tudo como ato do próprio processo em que a pretensão do credor fosse acolhida. Em lugar da velha e complicada *actio iudicati* implantou-se, em plena Idade Média, a nova e singela *executio per officium iudicis*.[10]

---

[8] O *praetor* era o "magistrado que exercia a justiça em Roma. Nomeado de início pelas centúrias e sendo recrutado entre os patrícios, o pretor foi a segunda dignidade da república" (COULANGES, Fustel de. *A cidade antiga*. Trad. portuguesa. 10. ed. Lisboa: Liv. Clássica, 1971, p. 529).

[9] LIEBMAN, Enrico Tullio. *Embargos do executado (oposições de mérito no processo de execução)*. 2. ed. Trad. portuguesa de J. Guimarães Menegale. São Paulo: Saraiva, 1968, n. 23, p. 34, e n. 28, p. 40; REIS, José Alberto dos. *Processo de execução*. Coimbra: Coimbra Ed., 1943, v. I, n. 24, p. 72; cf. THEODORO JÚNIOR, Humberto. *A execução de sentença e a garantia do devido processo legal*. Rio de Janeiro: AIDE, 1987, p. 132-133.

[10] LIEBMAN, Enrico Tullio. *Embargos do executado (oposições de mérito no processo de execução)*. 2. ed. Trad. portuguesa de J. Guimarães Menegale. São Paulo: Saraiva, 1968, n. 34-36, p. 52-56; cf. THEODORO JÚNIOR, Humberto. *A execução de sentença e a garantia do devido processo legal*. Rio de Janeiro: AIDE, 1987, p. 136-138.

4. O reaparecimento da *actio iudicati* na história do direito moderno

A sistemática de um processo único para acertar e realizar o direito da parte vigorou durante vários séculos na Europa. Já no final da Idade Média e nos princípios da Idade Moderna, o incremento do intercâmbio comercial fez surgir os títulos de crédito, para os quais se exigia uma tutela judicial mais expedita que a do processo comum de cognição. Foi então que se ressuscitou a *actio iudicati* romana, por meio da qual se permitia uma atividade judicial puramente executiva, dispensando-se a sentença do processo de cognição. Para tanto, se adotou o mecanismo de equiparar a força do título de crédito à da sentença, atribuindo-lhe, tal como a esta, a *executio parata*.[11]

Uma vez que aos títulos de crédito se atribuía a mesma força da sentença, mas, como não existia a seu respeito um anterior processo que lhe pudesse dar sustentação, a *actio iudicati* foi a grande descoberta. Sem a preexistência de um processo judicial, o documento portado pelo credor permitia-lhe inaugurar a relação processual já na fase executiva.

Durante vários séculos coexistiram as duas formas executivas: a *executio per officium iudicis*, para as sentenças condenatórias, e a *actio iudicati*, para os títulos de crédito. Prevalecia para o título judicial uma total singeleza executiva, visto que, estando apoiado na indiscutibilidade da *res iudicata*, não cabia ao devedor praticamente defesa alguma. Para o título extrajudicial, porém, era necessário assegurar mais ampla discussão, visto que, mesmo havendo equiparação de forças com a sentença, não lhe socorria a autoridade da coisa julgada. Por isso, embora os atos executivos fossem desde logo franqueados ao credor de título extrajudicial, era necessário dotar o devedor de meio de defesa adequado. A ação executiva que, para tanto, se estruturou conciliava a atividade de execução, tomada prontamente, com a previsão de eventual e ulterior discussão e acertamento das matérias de defesa acaso suscitadas pelo executado.

Essas duas modalidades de execução perduraram, paralelamente, até o século XVIII. Foi nos primórdios do século XIX, com o Código de Napoleão, que se tomou a iniciativa de unificar a execução. Como, em volume, as execuções de títulos de crédito eram muito mais numerosas e frequentes do que as execuções de sentença, a unificação se deu pela prevalência do procedimento próprio dos títulos extrajudiciais.[12]

Assim, depois de séculos e séculos de informalidade no cumprimento das sentenças, voltava este a submeter-se à velharia ultrapassada e injustificável da *actio iudicati*. Tal como há quase dois mil anos antes, a parte voltou a submeter-se à inexplicável obrigação de propor, sucessivamente, duas ações, para alcançar um único objetivo: a realização do crédito inadimplido pelo réu; ou seja, uma ação cognitiva, que terminava pela sentença; e outra executiva, que começava depois da sentença e nela se fundava.

Essa esdrúxula dicotomia, todavia, nunca foi absoluta, já que, em muitas ações especiais, o legislador a afastava e adotava um procedimento unitário, dentro do qual se promoviam, numa única relação processual, os atos de acertamento e de realização do direito do credor. Para distinguir essas modalidades especiais de procedimento unitário cunhou-se a expressão "ações executivas *lato sensu*", sob a qual abrigavam-se figuras como as ações possessórias e as ações de despejo, entre várias outras.

---

[11] *Executio parata* quer dizer "execução aparelhada", pronta para ser operada.
[12] LIEBMAN, Enrico Tullio. *Embargos do executado (oposições de mérito no processo de execução)*. 2. ed. Trad. portuguesa de J. Guimarães Menegale. São Paulo: Saraiva, 1968, n. 50, p. 75, nota 205; cf. THEODORO JÚNIOR, Humberto. *A execução de sentença e a garantia do devido processo legal*. Rio de Janeiro: AIDE, 1987, p. 145.

5. A reação contemporânea contra o sistema de cumprimento da sentença por meio da *actio iudicati*

O clamor avolumou-se contra a demora, a falta de funcionalidade, e a elevação de custos que a dualidade de processos em torno da mesma lide representava, tanto para as partes como para a própria prestação jurisdicional. Aos poucos foram ampliados, nas leis processuais, não só os títulos executivos negociais, que permitem o acesso direto à execução forçada e, assim, dispensam ação condenatória, como os casos de ações executivas *lato sensu*, que permitem num só procedimento completar-se o acertamento do direito controvertido e alcançar-se o cumprimento forçado da prestação devida, sem os incômodos da *actio iudicati*.

Em pleno século XX, voltou-se a presenciar o mesmo fenômeno da Idade Média: o inconformismo com a separação da atividade jurisdicional de cognição e de execução em compartimentos estanques, e a luta para eliminar a desnecessária figura da *ação autônoma de execução de sentença* (a velha *actio iudicati* do direito romano).

6. A história da eliminação da *actio iudicati* no campo das sentenças condenatórias no direito brasileiro

Nos últimos anos do século passado e nos primeiros do século atual, o legislador brasileiro procedeu a profundas reformas no revogado CPC/1973 e, em quatro etapas, logrou abolir por completo os vestígios da indesejável dualidade de processos para promover o acertamento e a execução dos direitos insatisfeitos.

Num primeiro momento, a Lei nº 8.952, de 13.12.1994, alterou o texto do art. 273 do CPC/1973, acrescentando-lhe vários parágrafos (que viriam a sofrer adições da Lei nº 10.444/2002), com o que se implantou, em nosso ordenamento jurídico, uma verdadeira revolução, consubstanciada na *antecipação de tutela*. Com isso fraturou-se, em profundidade, o sistema dualístico que, até então, separava por sólida barreira o processo de conhecimento e o processo de execução, e confinava cada um deles em compartimentos estanques. É que, nos termos do art. 273 e seus parágrafos do CPC/1973, tornava-se possível, para contornar o perigo de dano e para coibir a defesa temerária, a obtenção imediata de medidas executivas (satisfativas do direito material do autor) dentro ainda do processo de cognição e antes mesmo de ser proferida a sentença definitiva de acolhimento do pedido deduzido em juízo. É certo que essa antecipação era provisória, não ocorria em todo e qualquer processo, e podia vir a ser revogada. Mas, quando deferida em relação a todo o pedido da inicial, uma vez obtida a condenação do réu na sentença final, não haveria o que executar por meio de *actio iudicati*. A sentença definitiva encontraria, em muitos casos, o autor já no desfrute do direito subjetivo afinal acertado. A sentença, dessa forma, apenas confirmava a situação já implantada executivamente pela decisão incidental proferida com apoio no art. 273 do CPC/1973.

A inovação do citado art. 273 a um só tempo desestabilizou a pureza e autonomia procedimental do processo de conhecimento e do processo de execução. Em lugar de uma *actio* que fosse de pura cognição ou de uma *actio iudicati* que fosse de pura realização forçada de um direito adrede acertado, instituiu-se um procedimento híbrido, que numa só relação processual procedia às duas atividades jurisdicionais. Em vez de uma ação puramente *declaratória* (que era, na verdade, a velha ação *condenatória*), passou-se a contar com uma *ação interdital*, nos moldes daqueles expedientes de que o pretor romano lançava mão, nos casos graves e urgentes, para decretar, de imediato, uma composição provisória da situação litigiosa, sem aguardar o pronunciamento (*sententia*) do *iudex*.

Dessa maneira, a reforma do art. 273 do CPC/1973, ao permitir genericamente o recurso à antecipação de tutela, sempre que configurados os pressupostos nele enunciados, na verdade abalou, em profundidade, o caráter declaratório do processo de conhecimento. De *ordinária* a ação de conhecimento se tornou *interdital*, pelo menos em potencial.

O segundo grande momento de modernização do procedimento de execução de sentença no processo civil brasileiro ocorreu com a reforma do art. 461 do CPC/1973. Pela redação que a Lei nº 8.952, de 13.12.1994, deu a seu *caput* e parágrafos (complementada pela Lei nº 10.444, de 07.05.2002), a sentença em torno do cumprimento de obrigação de fazer ou não fazer deveria conceder à parte a "tutela específica"; de modo que, sendo procedente o pedido, o juiz determinaria providências que assegurassem "o resultado prático equivalente ao do adimplemento". Para alcançar esse desiderato, dever-se-ia, conforme o caso, adotar medida de antecipação de tutela e poder-se-iam observar medidas de coerção e apoio, como multas, busca e apreensão, remoção de pessoas e coisas, desfazimento de obras e impedimento de atividade. Enfim, o credor deveria ter acesso aos atos de satisfação de seu direito, desde logo, sem depender do complicado procedimento da ação de execução de sentença. Em outras palavras, as sentenças relativas à obrigação de fazer ou não fazer não se cumpriam mais segundo as regras da *actio iudicati* autônoma, mas de acordo com as regras do art. 461 e seus parágrafos, como deixa claro o texto do art. 644 (ambos do CPC/1973), com a redação dada pela Lei nº 10.444, de 07.05.2002.

Num terceiro e importante momento da sequência de inovações do processo civil brasileiro, deu-se a introdução no CPC/1973 do art. 461-A, por força da Lei nº 10.444, de 07.05.2002. Já então, a novidade se passou no âmbito das ações de conhecimento cujo objeto fosse a entrega de coisa. Também em relação às obrigações de dar ou restituir, a tutela jurisdicional deveria ser específica, de modo que o não cumprimento voluntário da condenação acarretaria, nos próprios autos em que se proferiu a sentença, a pronta expedição de mandado de busca e apreensão ou de imissão na posse (CPC/1973, art. 461-A, § 2º). Não cabia mais, portanto, a *actio iudicati* nas ações condenatórias relativas ao cumprimento de obrigações de entrega de coisas. Tudo se processaria sumariamente dentro dos moldes da *executio per officium iudicis*.

Por fim, concluiu-se o processo de abolição da ação autônoma de execução de sentença com a reforma da execução por quantia certa, constante da Lei nº 11.232, de 22.12.2005. Também as condenações a pagamento de quantia certa, para serem cumpridas, não mais dependeriam de manejo da *actio iudicati* em nova relação processual posterior ao encerramento do processo de conhecimento.

Ao condenar-se ao cumprimento de obrigação de quantia certa, o juiz assinaria na sentença o prazo em que o devedor haveria de realizar a prestação devida.[13] Ultrapassado dito termo sem o pagamento voluntário, seguir-se-iam, na mesma relação processual em que a sentença foi proferida, a intimação do devedor para cumpri-la e a expedição do mandado de penhora e avaliação para preparar a expropriação dos bens necessários à satisfação do direito do credor (CPC/1973, art. 475-J). Naquele estágio, o Código de Processo Civil de 1973, após a Lei nº 11.232, de 22.12.2005, passara a prever duas vias de execução forçada singular:

(a) o cumprimento forçado das sentenças condenatórias, e outras a que a lei atribuiu igual força (CPC/1973, arts. 475-I e 475-N);

(b) o processo de execução dos títulos extrajudiciais enumerados no antigo art. 585, que se sujeitava aos diversos procedimentos do Livro II do CPC/1973.

---

13   O art. 475-J, introduzido no CPC/1973 pela Lei nº 11.232, de 22.12.2005, fixou em 15 dias o prazo para cumprir a sentença que condenava a pagamento de quantia certa. No caso de condenação ilíquida, dito prazo seria contado da decisão que fixasse o *quantum debeatur* no procedimento de liquidação da sentença (CPC/1973, arts. 475-A a 475-H).

Havia, ainda, a previsão de execução *coletiva* ou *concursal*, para os casos de devedor insolvente (CPC/1973, arts. 748 a 782). Resumindo os propósitos que levaram à completa abolição da ação autônoma de execução de sentença, operada pela Lei nº 11.232/2005, a Exposição de Motivos do então Ministro da Justiça Márcio Thomaz Bastos ao Projeto que a precedeu, ressaltou:

> "4 – Lembremos que Alcalá-Zamora combate o tecnicismo da dualidade, artificialmente criada no direito processual, entre processo de conhecimento e processo de execução. Sustenta ser mais exato falar apenas de fase processual de conhecimento e de fase processual de execução, que de processo de uma e outra classe. Isso porque 'a unidade da relação jurídica e da função processual se estende ao longo de todo o procedimento, em vez de romper-se em dado momento' (*Proceso, autocomposición y autodefensa*, 2ª ed., UNAM, 1970, nº 81, p. 149).
>
> Lopes da Costa afirmava que a intervenção do juiz era não só para restabelecer o império da lei, *mas para satisfazer o direito subjetivo material*. E concluía: 'o que o autor mediante o processo pretende é que seja declarado titular de um direito subjetivo e, sendo o caso, que esse direito se realize pela execução forçada' (*Direito Processual Civil Brasileiro*, 2ª ed., v. I, nº 72).
>
> As teorias são importantes, mas não podem transformar-se em embaraço a que se atenda às exigências naturais dos objetivos visados pelo processo, só por apego a tecnicismo formal. A velha tendência de restringir a jurisdição ao processo de conhecimento é hoje ideia do passado, de sorte que a verdade por todos aceita é a da completa e indispensável integração das atividades cognitivas e executivas. Conhecimento e declaração sem execução – proclamou Couture – é academia e não processo (*apud* Humberto Theodoro Júnior, *A execução de sentença e a garantia do devido processo legal*, Ed. Aide, 1987, p. 74).
>
> A dicotomia atualmente existente, adverte a doutrina, importa a paralisação da prestação jurisdicional logo após a sentença e a complicada instauração de um novo procedimento, para que o vencedor possa finalmente tentar impor ao vencido o comando soberano contido no decisório judicial. Há, destarte, um longo intervalo entre a definição do direito subjetivo lesado e sua necessária restauração, isso por pura imposição do sistema procedimental, sem nenhuma justificativa, quer de ordem lógica, quer teórica, quer de ordem prática (*op. cit.*, p. 149 e *passim*)".

Assim, a Exposição de Motivos concluiu que o Projeto que veio a transformar-se na Lei nº 11.232/2005 adotou "uma sistemática mais célere, menos onerosa e mais eficiente às execuções de sentença que condena ao pagamento de quantia certa".

7. Algumas reações à abolição completa da *actio iudicati*

As reformas operadas ao tempo do Código de Processo Civil de 1973, tendentes à implantação da *executio per officium iudicis*, corresponderam, inquestionavelmente, a um sadio projeto de medidas aparentemente singelas, mas que com *sabedoria* penetraram na própria estrutura de nosso sistema processual, para, em nome de garantias fundamentais voltadas para a meta do *processo justo*, extirpar reminiscências de romanismo anacrônico, incompatíveis com os modernos anseios de maior presteza e efetividade na tutela jurisdicional.

A abolição da *actio iudicati* em relação às sentenças condenatórias, na época, não foi bem recebida por Leonardo Greco, para quem a inovação legislativa "fortalece a posição do credor, mas em contrapartida fragiliza a posição do devedor, que não mais desfrutará da possibilidade de oferecimento de embargos incidentes, com suspensão da execução, restrito o regime primitivo do Código às execuções fundadas em títulos extrajudiciais".[14] Também Clito Fornaciari Júnior entendeu que não seria conveniente a reforma do processo de execução porque inserida num contexto de modificações legais não testadas em seus efeitos práticos pela estatística dos serviços do Judiciário e que melhor seria "preservar valores maiores afinados à plenitude de defesa".[15]

Se se melhorava, porém, a situação do credor e se reduzia a área de defesa do devedor, isto se devia à constatação ampla no seio doutrinário e jurisprudencial de que o sistema primitivo apresentava-se deplorável justamente por frustrar os desígnios da instituição da execução forçada. Com efeito, se esta foi concebida justamente como uma atividade de satisfação do direito do credor e para sujeição do devedor a cumprir a prestação já acertada e liquidada pela sentença, como entender que fosse essencial ao direito de defesa do obrigado o ensejo à instauração de um novo e amplo contraditório em ação de conhecimento incidental de embargos?

Era justamente esse expediente que propiciava ao devedor inadimplente postergar, maliciosa e indefinidamente, a realização do direito do exequente. Daí que o aprimoramento do processo para alinhar-se com o rumo da efetividade somente poderia ser feito à custa de redução das faculdades excessivas que o regime pretérito assegurava ao devedor.

Isto, de maneira alguma, correspondia a alijar o executado do campo do contraditório, assegurado constitucionalmente, enquanto pendesse o processo, qualquer que fosse sua natureza (cognitivo ou executivo). Contraditório, contudo, não é sinônimo de ação de conhecimento, de sorte que toda matéria que pudesse se contrapor à legitimidade do mandado de cumprimento da sentença poderia ser deduzida perante o juiz da causa e sua solução se daria com a bilateral audiência das partes. Mesmo porque é bom lembrar que os temas que se podem arguir contra a execução de sentença (CPC/1973, art. 741) sempre foram poucos e quase sempre de ordem pública, pelo que conhecíveis até mesmo de ofício pelo juiz, independentemente de embargos do devedor.

Daí ter sido engendrada, muito antes da reforma da execução, o expediente da exceção de pré-executividade, que nada mais era do que o uso de simples petição (sem penhora ou depósito) para reclamar do juiz, sem forma de embargos, a extinção da execução irregularmente promovida.

Na execução de sentença, nos moldes da *executio per officium iudicis*, era isto que restava ao devedor inconformado com o mandado executivo: por exceção de pré-executividade (*i.e.*, por petição simples) arguir a matéria capaz de impedir, de imediato, o prosseguimento dos atos executivos. Tal seria possível sempre que tivesse alguma objeção que afetasse a própria sentença (CPC/1973, art. 485) ou que excluísse seus atuais efeitos, desde que nada impedisse sua sumária apreciação, nem obrigasse o uso da ação rescisória, para desfazer a força emergente da coisa julgada, ou de uma ação ordinária necessária ao acertamento do fato extintivo ou modificativo dos efeitos da sentença exequenda. Essas situações seriam, obviamente, excepcionais, e, por sua extravagância, não justificariam conservar o intolerável processo romanístico da *actio iudicati* e seu consectário dos embargos à execução. Em verdade, a abolição dos embargos, longe de dificultar a defesa do executado, veio a facilitá-la, pois poderia fazê-lo de maneira singela e imediata, sem os condicionamentos e ônus da resposta por via de ação incidental de conhecimento.

---

[14] GRECO, Leonardo. A defesa na execução imediata. *Revista Dialética de Direito Processual*, v. 21, dez. 2004, p. 96.
[15] FORNACIARI JUNIOR, Clito. Nova execução: aonde vamos? *Revista Síntese de direito civil e processual civil*, v. 33, jan.-fev. 2005, p. 45.

De tal sorte, os benefícios para a efetividade e justiça da prestação jurisdicional foram tão grandes com a abolição da ação autônoma de execução de sentença que não haveria lugar para escrúpulos exagerados no tocante aos reflexos operados na esfera do devedor condenado. De forma alguma teria sido arranhada a garantia constitucional do contraditório. Aliás, as ações executivas como o despejo, as possessórias, e outras de igual procedibilidade, seguem milenarmente o padrão unitário (acertamento e execução numa só ação e num único procedimento) sem que jamais se tivesse erguido voz alguma para qualificá-las como violadoras da garantia do contraditório e ampla defesa.

Em termos práticos o que a nova concepção do cumprimento de sentença objetivou foi simplesmente evitar que o credor, exequente, como fazia no passado, depois de percorrido o árduo caminho do processo de conhecimento, e de ter logrado, a duras penas e percalços, uma sentença passada em julgado contra o devedor inadimplente, tivesse de voltar a juízo com a instauração de um novo processo (a ação executória) para realizar, de forma prática e definitiva, o seu direito.[16]

A perseguição desse objetivo prático e econômico nenhuma incompatibilidade apresenta com a modernidade da tutela jurisdicional justa e efetiva que o atual Estado Democrático assegura constitucionalmente.

A experiência já era antiga nas ações especiais outrora denominadas executivas *lato sensu* e mais recentemente se expandiu para as sentenças condenatórias relacionadas com as obrigações de fazer, não fazer e de entregar coisa (arts. 461 e 461-A do CPC/1973 e art. 84 do CDC), e por último, para as obrigações de quantia certa (art. 475-J).

Em todos esses exemplos de incorporação de técnicas processuais diferenciadas, o legislador pátrio, com sucesso, soube distanciar-se do modelo tradicional da nítida separação entre cognição e execução, para permitir que as atividades executivas passassem a não mais ter lugar em um processo autônomo, mas que fossem inseridas na mesma relação processual original, em que a sentença exequenda fora pronunciada. Instaurada, portanto, a demanda inicial, após as atividades cognitivas, seguem-se os atos processuais executivos, sem maiores embaraços instrumentais.

O que a reforma da legislação anterior, mantida pelo CPC/2015[17], fez nada mais foi do que ampliar e consolidar o uso de seu antigo mecanismo unitário (sincrético) para outras ações, tornando-o procedimento geral observável em todas as demandas. Não se inventou método novo e desconhecido na experiência histórica do direito, e, sim, fez uso de sistema antiquíssimo e amplamente testado.[18]

8. Observações conclusivas

Em suma, pode-se dizer que o direito positivo brasileiro escolheu bem, a partir do Código de Defesa do Consumidor (art. 84) e da Lei nº 8.952, de 13.12.1994 (que deu nova redação aos arts. 461 e 273 do CPC/1973), reformar o procedimento da execução de sentença, abolindo, em

---

[16] MORAES, José Rubens de. Princípios da execução de sentença e reformas do Código de Processo Civil. *Revista de Processo*, n. 195, maio 2011, p. 41.
[17] CPC/2015, arts. 513, 523, 536 e 538.
[18] Há interessantes considerações de Eduardo Talamini sobre o sistema da execução específica e suas raízes históricas no sistema interdital romano e nas fontes lusitanas, que se prestam a bem compreender a evolução de nosso processo unitário até as reformas do CPC operadas no terreno das obrigações de fazer e não fazer (TALAMINI, Eduardo. *Tutela relativa aos deveres de fazer e de não fazer – CPC, art. 461; CDC, art. 84*. São Paulo: RT, 2001, p. 43-124).

nome da efetividade da tutela jurisdicional, o entrave histórico da *actio iudicati*, como processo autônomo e distinto frente ao processo de acertamento e condenação.

Não havia mais, em nossos tempos, razão para manter a dualidade de ações concebida pelo direito romano, na quadra da *ordo iudiciorum privatorum*. Muito mais consentâneo com os desígnios de *efetividade* e *justiça* do direito processual contemporâneo é, sem dúvida, a técnica medieval aplicável ao cumprimento das condenações e que consiste na apelidada *executio per officium iudicis*.

Não se tratou de nenhuma revolução radical e incompatível com as tradições de nosso sistema processual. Os interditos, que também foram engendrados em Roma, sempre prevaleceram entre nós, nos casos de necessidade de tutela mais pronta e enérgica, dispensando a *actio iudicati* autônoma. Basta lembrar-se dos exemplos mais comuns e frequentes de processos unitários: as ações possessórias e as ações locatícias (despejo, revisional e renovatória), sem falar nas medidas cautelares, todas geradoras de sentenças cujo cumprimento se realiza de plano, fora, portanto, dos rigores da ação executiva separada.

A ampliação do sistema unitário ou interdital se aprimorou com as antecipações de tutela, com a ação monitória e com as reformas dos arts. 461 e 461-A do CPC/1973, no tocante às obrigações de fazer ou não fazer e às obrigações de entrega de coisa. Não nos consta que objeções sérias tenham prevalecido a tais conquistas históricas do processo civil brasileiro.

A última etapa da abolição da *actio iudicati* foi a das condenações por quantia certa, que se consumou com a Lei nº 11.232, de 22.12.2005. Também ali não houve uma grande novidade, pois o sistema unitário já vigorava de longa data em algumas ações da espécie como as reclamações trabalhistas e as causas de competência dos Juizados Especiais, sem maiores problemas e com resultados positivos em termos de economia processual e efetividade da prestação jurisdicional.

Assistia, assim, inteira razão ao Prof. Athos Gusmão Carneiro, quando, diante da indagação *para onde vai o processo de execução?*, concluía que a execução forçada, no processo civil brasileiro, iria, sim, "melhorar", em suas novas roupagens.[19] A reforma que unificou o processo de condenação e execução, aliás, cumpriu com propriedade a garantia de duração razoável e observância de medidas de aceleração da prestação jurisdicional, em boa hora incluída entre as garantias fundamentais pela Emenda Constitucional nº 45/2004, com a instituição do inciso LXXVIII adicionado ao art. 5º da Constituição.[20]

Uma advertência, contudo, foi imposta: não se poderia esperar que, com uma simples alteração legislativa, o processo se tornasse automaticamente perfeito e garantida estivesse a concretização de tudo aquilo visado pela reforma.[21]

---

[19] CARNEIRO, Athos Gusmão. Nova execução. Aonde vamos? Vamos melhorar. *Revista de processo*, v. 123, maio 2005, p. 122.

[20] Como adverte Barbosa Moreira, a nova garantia constitucional não pode ser vista como "norma puramente programática", mas, ao contrário, deve ser entendida e aplicada à "realidade do foro". Tão importante essa nova realidade para o processualista que entende ele ser possível, até mesmo, "extrair dela a existência de um dever de indenização por parte dos poderes públicos em caso de não se assegurar, em concreto, esta razoável duração dos processos, e alguém se sentir prejudicado com a excessiva demora da prestação jurisdicional" (BARBOSA MOREIRA, José Carlos. Reflexos da Emenda Constitucional nº 45, de 2004, no processo civil. *Revista da EMERJ*, v. 8, n. 32, p. 33).

[21] "Cumpre, enfim, reafirmar, ante críticas surgidas (e o debate e a crítica são sempre bem-vindos), que o imobilismo seria a pior atitude, ante a evidência de que nosso lerdo e complicado processo de execução precisa ser reformulado, a fim de acompanhar o dinamismo da vida humana. Aonde vamos? Não esperem milagres, pois o processo está inserido em uma realidade social em vários aspectos lamentável. Mas necessitamos melhorar nossos procedimentos processuais, depositando esperanças no futuro" (CARNEIRO, Athos Gusmão. Nova execução. Aonde vamos? Vamos melhorar. *Revista de Processo*, v. 123, maio 2005, p. 122).

Entre a mudança da norma e a transformação da realidade dos serviços judiciários, vai uma distância muito grande, que não se cobre apenas pela edição de textos legislativos. Temos reiteradamente advertido para o fato de que a demora e ineficiência da justiça – cuja erradicação se coloca como a principal inspiração da reforma do processo de execução – decorre principalmente de problemas administrativos e funcionais gerados por uma deficiência notória da organização do aparelhamento burocrático do Poder Judiciário brasileiro. Influem muito mais na pouca eficácia e presteza da tutela jurisdicional as etapas mortas e as diligências inúteis, as praxes viciosas e injustificáveis, mantidas por simples conservadorismo, que fazem que os processos tenham que durar muito mais do que o tolerável e muito mais mesmo do que o tempo previsto na legislação vigente.

Um aprimoramento efetivo da prestação jurisdicional, por isso mesmo, só se poderá alcançar quando se resolver enfrentar a modernização dos órgãos responsáveis pela Justiça, dotando-os de recursos e métodos compatíveis com as técnicas atuais da ciência da administração, e preparando todo o pessoal envolvido para adequar-se ao desempenho das mesmas técnicas.

Capítulo II
CUMPRIMENTO DA SENTENÇA NO CÓDIGO DE PROCESSO CIVIL

§ 2º DISPOSIÇÕES GERAIS

9. Introdução

O CPC/2015, nos arts. 513 a 519, enuncia *disposições gerais* aplicáveis ao cumprimento de todas as sentenças, qualquer que seja a natureza da obrigação reconhecida no provimento judicial. Prestações derivadas de obrigações de fazer, não fazer, entregar coisa ou pagar quantia, todas são exequíveis segundo os preceitos dos arts. 513 a 519. Apenas as regras dos parágrafos do art. 513 é que são voltadas mais diretamente para o cumprimento do dever de pagar quantia certa.

São, portanto, regras aplicáveis ao cumprimento da generalidade das sentenças, a que regula a executividade das obrigações sujeitas a condição ou termo (art. 514), a que enumera os títulos executivos judiciais (art. 515), a que define a competência (art. 516), a que autoriza o protesto da sentença transitada em julgado (art. 517), a que permite a impugnação dos atos executivos nos próprios autos (art. 518), assim como a que determina sejam aplicadas às decisões concessivas de tutela provisória, no que couber, as disposições relativas ao cumprimento da sentença (art. 519).

A expressão cumprimento de sentença a que recorre o Código de 2015 é genérica, pois ao enumerar os títulos judiciais que o podem sustentar arrola não só as sentenças em sentido estrito, prevendo que também as decisões interlocutórias que reconheçam a exigibilidade de obrigação podem desempenhar a mesma função atribuída à sentença no plano da execução forçada.

Sem grandes inovações em face do regime do Código anterior, em melhor tratamento sistemático, o Código de 2015 distribuiu a matéria em vários Capítulos:

(a) Capítulo I (do Título II – Do Cumprimento da Sentença), cuidou das *Disposições Gerais* observáveis na execução dos diversos títulos judiciais (CPC/2015, arts. 513 a 519);

(b) Capítulo II (do Título II), cuidou do *cumprimento provisório da sentença que reconhece a exigibilidade de obrigação de pagar quantia certa* (arts. 520 a 522);

(c) Capítulo III (do Título II), regulou o *cumprimento definitivo da sentença que reconhece a exigibilidade de obrigação de pagar quantia certa* (arts. 523 a 527);

(d) Capítulo IV (do Título II), dispôs sobre o *cumprimento de sentença que reconheça a exigibilidade de obrigação de prestar alimentos* (arts. 528 a 533);

(e) Capítulo V (do Título II), disciplinou o *cumprimento de sentença que reconheça a exigibilidade de obrigação de pagar quantia certa pela Fazenda Pública* (arts. 534 e 535);

(f) Capítulo VI (do Título II), cuidou do *cumprimento de sentença que reconheça a exigibilidade de obrigação de fazer, de não fazer ou de entregar coisa*, e se desdobrou em duas seções: *(i)* a *Seção I*, relativa ao *cumprimento de sentença que reconheça a exigibilidade de obrigação de fazer ou de não fazer* (arts. 536 e 537); e *(ii)* a *Seção II*, referente ao *cumprimento de sentença que reconheça a exigibilidade de obrigação de entregar coisa* (art. 538).

10. A noção de sentença condenatória perante as novas técnicas de cumprimento dos julgados

A história da execução do título judicial construiu-se em torno da sentença condenatória, embora no estágio atual já não perdure, em caráter absoluto, como veremos adiante, um vínculo exclusivo entre o cumprimento forçado e aquela modalidade de sentença. A estrutura da sentença condenatória, contudo, é importante para compreender o procedimento utilizado na execução forçada dos títulos formados em juízo.

As obrigações, no plano do direito material, correspondem a vínculos jurídicos que conferem a um dos seus sujeitos o poder de exigir do outro determinada prestação. A não realização da prestação devida, por parte do sujeito passivo, é que se apresenta como o objeto da pretensão que a sentença condenatória tem de enfrentar e solucionar.

Por trás dessa modalidade de sentença, portanto, está sempre uma crise na relação obrigacional, pois o credor, para ter seu direito subjetivo satisfeito, depende de ato do devedor. O inadimplemento provocado pelo comportamento omissivo do devedor é "uma crise de cooperação", como explica Proto Pisani.[1]

É para enfrentar essa crise que a sentença define a prestação a que o demandado fica sujeito a realizar para restaurar ou prevenir o *direito subjetivo* violado ou ameaçado. No pensamento de Proto Pisani não é necessário que a sentença prepare uma execução forçada para ser havida como condenatória; basta que formule a regra concreta a ser observada por quem violou ou ameaçou o direito de outrem. Essa *injunção* ditada em face do causador da "crise de falta de cooperação" é que justifica e explica a condenação a ser cumprida pelo ofensor do direito subjetivo alheio.[2] A atividade jurisdicional não fica, portanto, limitada ao acertamento de direito e obrigação, entra a predispor remédios tendentes a permitir a ulterior intromissão do órgão judicial na esfera jurídica do condenado, invasão essa que poderá assumir o feitio de verdadeira execução forçada ou de medidas coercitivas de várias modalidades, todas, porém, tendentes a provocar o cumprimento da prestação definida no acertamento condenatório.

A intervenção judicial no âmago dessa crise se dá para sujeitar o devedor às consequências do inadimplemento. A sentença condenatória acerta (declara) não só a existência do direito subjetivo do credor, como a sanção em que o inadimplente está incurso, ou seja, define também a prestação que haverá de ser realizada pelo condenado em favor da parte vencedora no pleito judicial.[3]

Como o vencido pode não realizar espontaneamente a prestação que lhe cabe, e como a sentença não é apenas um parecer, mas um comando de autoridade, reconhece-se que lhe corresponde a função de fonte da execução forçada. O condenado não poderá impunemente abster-se de cumprir a condenação, pois o órgão judicial, diante do definitivo acertamento

---

[1] PISANI, Andréa Proto. *Lezioni di diritto processuale civile*. 3. ed. Napoli: Jovene, 1999, p. 34.
[2] PISANI, Andréa Proto. *Lezioni di diritto processuale civile*. 3. ed. Napoli: Jovene, 1999, p. 169-170.
[3] Há, pois, sentença condenatória quando o juiz "declara o direito existente" e, também, declara "a sanção a que se sujeita o vencido" (BARBOSA MOREIRA, José Carlos. Reflexões críticas sobre uma teoria da condenação civil. *Temas de direito processual civil*. 1ª série. São Paulo: Saraiva, 1977, p. 76).

da situação jurídica dos litigantes, tomará, em satisfação do direito reconhecido ao credor, as providências necessárias para *forçar* a realização da prestação definida na sentença.

Antigamente, tinha o credor de instaurar sempre um novo processo (processo de execução), por meio do exercício de uma nova ação (a ação de execução de sentença) para fazer atuar a tutela jurisdicional até suas últimas consequências.[4] A efetividade da jurisdição, para o credor, não era alcançada no processo de conhecimento, pois ficava na dependência de novo processo posterior ao encerramento da relação processual cognitiva.

Como, em alguns casos, a lei permitia a expedição do mandado de cumprimento da sentença, de imediato, sem necessidade de movimentação da ação executiva autônoma, construiu-se uma teoria segundo a qual seriam de naturezas distintas: *(i)* a *sentença condenatória* (exequível por meio de nova ação – a ação executiva); e *(ii)* a *sentença executiva lato sensu* e a *sentença mandamental* (estas exequíveis por simples mandado, dentro da mesma relação processual).

A distinção era, porém, equivocada. *Pelo objeto*, não havia distinção entre os dois grupos de sentenças. Todos se referiam a acertamentos de direitos violados e de sanções correspondentes. A diferença não estava no ato de sentenciar, mas apenas na forma de operar os efeitos condenatórios.

Quando se classificavam as sentenças em declaratórias, constitutivas e condenatórias sempre se levava em conta o *objeto* (o conteúdo do ato decisório). Já quando se cogitou das sentenças executivas ou mandamentais, o que se ponderou foram os efeitos de certas sentenças. Não pode, como é evidente, uma classificação ora lastrear-se no objeto, ora nos efeitos, sob pena de violar comezinha regra de lógica: toda classificação deve compreender todos os objetos do universo enfocado e deve observar um só critério para agrupar as diversas espécies classificadas.

Pode haver, portanto, classificação por objeto e classificação por efeitos. Não pode, todavia, admitir-se como correta uma classificação que utiliza, para formação de alguns grupos de elementos, o critério do conteúdo e, para outros, o dos efeitos.[5] Isto levaria, fatalmente, a superposições e conflitos entre as espécies irregularmente agrupadas.

Na verdade, uma sentença condenatória (segundo seu objeto ou conteúdo) tanto pode ser de efeito imediato como diferido, sem que isto lhe altere a substância. A diferença levaria não a comprometer-lhe o caráter condenatório, mas apenas o comportamento posterior a seu aperfeiçoamento. No plano dos efeitos é que a diferença se registraria. Aí, porém, o que estaria em jogo não seria mais o *interior* do ato (seu conteúdo) e, sim, o seu *exterior* (os seus efeitos).

Assim, à luz do critério censurado, a sentença que ordena a entrega de coisa, ainda na vigência do CPC/1973 era sentença condenatória, cuja execução se dava pelo processo da *actio iudicati*. Depois da reforma operada pela Lei nº 10.444/2002, que introduziu o art. 461-A no CPC/1973, adquiriu a natureza de *sentença executiva*, já que passou a ser exequível sem depender da *actio iudicati*. Houve, porém, alguma alteração em seu *conteúdo* ou *objeto*? Nenhuma. Seu cumprimento (ato externo e ulterior) é que mudou de critério operacional.

---

[4] No campo do processo de conhecimento, dispunha o art. 463 do CPC/1973, com redação dada pela Lei nº 11.232/2005 que o juiz, ao publicar a sentença de mérito, cumpria e acabava o ofício jurisdicional. Daí por que somente por meio de nova ação (a *actio iudicati*) era possível executar a sentença condenatória, dentro do rigor do sistema clássico do processo executivo, sistema que já não vigorava, havia bastante tempo, para as condenações relativas às obrigações de fazer e não fazer (CPC/1973, art. 461) nem para as obrigações de entrega de coisas (CPC/1973, art. 461-A), e que a Lei nº 11.232/2005, aboliu também, à época, para as obrigações de quantia certa (CPC/1973, art. 475-J).

[5] "Podemos classificar as sentenças de acordo com o conteúdo, ou de acordo como os efeitos. O que decididamente não podemos é passar, no meio de um caminho, de um critério a outro" (BARBOSA MOREIRA, José Carlos. Questões velhas e novas em matéria de classificação das sentenças. *Temas de direito processual*: oitava série. São Paulo: Saraiva, 2004, p. 141).

Posteriormente, com a reforma arquitetada pela Lei nº 11.232/2005, todas as sentenças passaram a um regime único de cumprimento e nenhuma delas dependeria mais de *ação executiva* separada para ser posta em execução. Teria sido extinto algum tipo de sentença quanto ao objeto ou conteúdo? Nenhum. As sentenças, como sempre, continuaram a ser, segundo o conteúdo, declaratórias, constitutivas e condenatórias.[6]

Assim, após as profundas reformas da execução, passou a não mais haver, na sistemática do CPC/1973, distinção entre as sentenças condenatórias. Todas passaram a ser de cumprimento independente de ação executiva autônoma. Todas se realizavam por meio de mandado expedido após sua prolação, na mesma relação processual em que se formou a sentença. O sistema, portanto, passou a ser o da *executio per officium iudicis* e não mais o da *actio iudicati*. Ação autônoma de execução somente continuou a existir para os títulos extrajudiciais.

11. Cumprimento de sentença e contraditório

Embora tenha sido abolida do direito processual civil brasileiro a ação autônoma de execução de sentença, transformando-a em simples incidente do processo em que a demanda foi acolhida, não há como recusar ao executado a garantia do contraditório e da adequada defesa.

É evidente o reconhecimento ao devedor de opor-se ao cumprimento de sentença, não pelo clássico remédio dos embargos à execução, mas por meio de simples petição destinada a acusar ilegalidades, excessos ou quaisquer irregularidades ocorridas, sejam pertinentes ao mérito ou às formalidades procedimentais, quando dos atos executivos postos em prática.[7]

12. Necessidade de requerimento do exequente

O Código atual agora deixa expressa a necessidade de requerimento do exequente para se dar início ao cumprimento da sentença que reconhece o dever de pagar quantia certa, seja provisório ou definitivo (CPC/2015, art. 513, § 1º). Rejeita-se, desta forma, o início do cumprimento da sentença por impulso oficial do juiz. Uma vez, porém, requerido o cumprimento do julgado, pode essa atividade satisfativa prosseguir até as últimas consequências por impulso oficial.

O art. 775 do CPC/2015, repetindo norma que já constava do art. 569 do CPC/1973, proclama que "o exequente tem o direito de desistir de toda a execução ou de apenas alguma

---

[6] Se se pretender uma classificação correta das sentenças quanto aos efeitos, poder-se-iam agrupá-las em: (a) sentenças de eficácia *interna* ou *imediata*, cuja força eficacial se realiza e se exaure dentro do próprio ato decisório (casos, em regra, das declaratórias e constitutivas), e (b) sentenças de eficácia *externa* ou *mediata* (casos em que os efeitos são produzidos fora do ato decisório, dependendo de atos ulteriores da parte ou do juiz), como se dá nas sentenças que impõem prestações à parte vencida. É o que se passa com as condenatórias e outras que, mesmo não contendo o comando próprio das condenatórias, são dotadas de força executiva por disposição legal, a exemplo das que homologam acordo, julgam a partilha ou a prestação de contas e até as próprias declaratórias, quando acertam não só a existência da relação controvertida como também reconhecem sua violação. Nesse sentido decidiu o STJ: "Tem eficácia executiva a sentença declaratória que traz definição integral da norma jurídica individualizada. Não há razão alguma, lógica ou jurídica, para submetê-la, antes da execução, a um segundo juízo de certificação, até porque a nova sentença não poderia chegar a resultado diferente do da anterior, sob pena de comprometimento da garantia da coisa julgada assegurada constitucionalmente. E instaurar um processo de cognição sem ofertar às partes e ao juiz outra alternativa de resultado que não um, já prefixado, representaria atividade meramente burocrática e desnecessária, que poderia receber qualquer outro qualificativo, menos o de jurisdicional" (STJ, 1ª T., REsp 588.202/PR, Rel. Min. Teori Albino Zavascki, ac. un. 10.02.2002, *DJU* 25.02.2004, p. 123).

[7] CAMBI, Accácio. Impugnação à execução de título judicial. *Juris Plenum*, n. 57, maio 2014, p. 84; MARTINS, Sandro Gilbert. Apontamentos sobre a defesa do executado no "cumprimento da sentença". *Revista de Processo*, n. 116, jul.-ago. 2004, p. 174.

medida executiva". Nisso consiste o clássico princípio da livre disponibilidade da execução pelo credor, do qual decorre a necessidade de esperar dele a iniciativa da atividade processual executiva, contemplada no § 1º do dispositivo *sub examine*.

Nota-se, contudo, que o Código de 2015, que foi expresso quanto à matéria na disciplina do cumprimento de sentença relativa a obrigação de quantia certa, silenciou-se, a seu respeito, quando regulou a execução de sentença relacionada às obrigações de fazer, não fazer e entregar coisas. O que permite a conclusão, já adotada em doutrina, de que nessas últimas hipóteses, a diligência de fazer cumprir a condenação seria um consectário automático da própria sentença, a dispensar qualquer impulso da parte vencedora.[8]

Invoca-se para sustentar essa tese a previsão do art. 536, *caput* (aplicável também às obrigações de entregar coisa, de acordo com o art. 538, § 3º), segundo a qual "no cumprimento de sentença que reconheça a exigibilidade de obrigação de fazer ou de não fazer, o juiz poderá, *de ofício ou a requerimento*, para a efetivação da tutela específica ou a obtenção de tutela pelo resultado prático equivalente, *determinar as medidas necessárias à satisfação do exequente*".[9]

Se a expedição do mandado executivo, *in casu*, estaria autorizada como eficácia natural da condenação, certo é, porém, que ao vencedor sempre restará livre a faculdade de abster-se da promoção do imediato cumprimento forçado do título judicial, dentro do princípio geral da livre disponibilidade da execução. Motivos vários podem desaconselhar a implementação imediata da prestação ordenada pela sentença, seja em razão de ordem ética, como a necessidade de não ultrapassar a dignidade humana do devedor, seja de ordem prática ou econômica, como a viabilidade de solução consensual mais interessante para o relacionamento que as partes pretendam manter. A vontade do juiz não pode ser indiferente a quadro de tal natureza. Em última análise, mesmo diante de prestações de fazer ou de entrega de coisa, seria sempre mais prudente aguardar-se a manifestação do credor após o trânsito em julgado da decisão de mérito, antes de expedir o mandado executivo.

Reforça esse entendimento a circunstância de que o já citado art. 536, ao cogitar da iniciativa de cumprimento da sentença, na espécie, prevê que as medidas de efetivação da condenação poderão ocorrer de ofício ou *a requerimento* da parte.[10]

13. Intimação do devedor

I – Regra geral

O Código atual determina que o cumprimento da sentença tenha início pela intimação do devedor, aparentando que a regra se endereçe à realização de prestação de quantia certa

---

[8] "Tal regra é diversa nas execuções que visam à satisfação de obrigação de entrega de coisa, de fazer ou não fazer, as quais comportam a prática de atos tendentes à satisfação do título independentemente do impulso da parte exequente" (WAMBIER, Teresa Arruda Alvim *et al*. *Primeiros comentários ao novo Código de Processo Civil*. São Paulo: RT, 2015, p. 842).

[9] A indispensabilidade do requerimento do exequente e da intimação do executado, nos casos de cumprimento de sentença relacionados com a obrigação por quantia certa, explicar-se-ia pela expropriação patrimonial a que conduz a atividade executiva na espécie, fato que não ocorre normalmente nas execuções de obrigações de fazer ou de entregar coisa (RODRIGUES, Marcelo Abelha. *Manual de execução civil*. 5. ed. Rio de Janeiro: Forense, 2015, p. 212-213).

[10] Marcelo Abelha, depois de reconhecer que há tratamentos diferenciados para o cumprimento da sentença, conforme se trate de realizar obrigações de pagar quantia ou de fazer, não fazer e entregar coisa, no que toca ao requerimento pela parte interessada, adverte que "seria de bom alvitre que o NCPC tivesse retirado essa exigência e mantido uma uniformidade teórica e lógica em relação ao cumprimento de sentença para pagamento de quantia com os demais casos" (*Manual de execução civil*, Rio de Janeiro: Forense Universitária, 2006, p. 213).

a que foi judicialmente condenado. Diligência essa que se cumprirá, em regra, na pessoa de seu advogado (CPC/2015, art. 513, § 2º, I). Igual procedimento, contudo, seria, a nosso ver, também observado em relação às obrigações de fazer, não fazer e entregar coisa. Isto porque ao cumprimento de sentença a elas relativo, aplicam-se, no que couber, as regras do art. 525, que por sua vez remete ao art. 523, que é justamente aquele onde se prevê a intimação do devedor por meio de seu advogado, segundo a disciplina do cumprimento de sentença relativa a obrigação de quantia certa (art. 513, § 2º).[11]

Dessa forma, a regra haveria de ser que toda intimação para cumprir sentença, não importa a natureza da obrigação exequenda, seria feita, em princípio, pelo Diário da Justiça, na pessoa do advogado constituído nos autos (art. 513, § 2º, I).[12]

Há, todavia, quem defenda a subsistência da exigência da Súmula nº 410 do STJ de que a intimação para cumprir a sentença, no caso de obrigação de fazer, seja obrigatoriamente feita na pessoa do devedor, e não na de seu advogado, como se deduz do art. 513, § 2º, I. Argumenta-se com a complexidade da prestação e as exigências da segurança jurídica postas em risco pelas graves consequências que podem advir do não cumprimento da prestação só realizável pelo próprio executado. Por isso, seria natural e imperiosa, em nome da garantia constitucional do processo democrático, que a intimação, na espécie, se fizesse pessoalmente ao executado.[13]

Sendo evidente, porém, a vontade normativa, expressa pelo CPC/2015, de uniformizar a forma de realizar a intimação executiva para o cumprimento de todas as obrigações, parecia-nos injustificável a tentativa de fazer prevalecer uma súmula assentada no regime da lei velha sobre regra claramente adotada pelo legislador atual, em sentido contrário. Só uma inconstitucionalidade irremediável da inovação legislativa justificaria sua recusa, o que, a nosso ver, não acontece com uma regra processual que apenas expande uma forma de intimação de longa data admitida na regulamentação de outros procedimentos de cumprimento de sentença.[14] Não foi, entretanto, o que acabou prevalecendo, após conflito interno, na jurisprudência do STJ, já que a tese vitoriosa em sua Corte Especial foi a da necessidade da intimação pessoal do executado no cumprimento de sentenças ou decisões que imponham prestações de fazer ou não fazer, mantendo-se vigente, mesmo depois do advento do CPC/2015, o enunciado da Súmula nº 410/STJ[15].

---

[11] "O comparecimento espontâneo da parte constitui termo inicial dos prazos para pagamento e, sucessivamente, impugnação ao cumprimento de sentença" (CEJ/I Jorn. Dir. Proc. Civ., Enunciado nº 84).

[12] "Como estamos diante de apenas uma *fase do novo processo*, o executado deste não precisa ser citado, *pois não se inaugura uma nova relação jurídica processual*, pois é apenas uma fase daquela que já havia se iniciado com a fase cognitiva. Por isso, anteriormente, a parte foi citada, e, para a fase executiva, será somente *intimado* da pretensão ao cumprimento de sentença" (RODRIGUES, Marcelo Abelha. *Manual de execução civil*. 5. ed. Rio de Janeiro: Forense Universitária, 2006, p. 214).

[13] BALZANO, Felice. Mais do mesmo: ainda a Súmula 410 do STJ. *Revista de Processo*, São Paulo, v. 263, jan. 2017, p. 420-421.

[14] No sentido da validade da intimação na pessoa do advogado, também no cumprimento de condenação a prestação de fazer, não fazer e entregar coisa, no regime do CPC/2015, ver, MARINONI, Luiz Guilherme; ARENHART, Sérgio Cruz; MITIDIERO, Daniel. *Novo Código de Processo Civil comentado*. São Paulo: RT, 2015, p. 530; MEDINA, José Miguel Garcia. *Novo Código de Processo Civil comentado*. 5. ed. São Paulo: RT, 2017, p. 852; WAMBIER, Teresa Arruda Alvim *et al*. *Primeiros comentários ao novo Código de Processo Civil, artigo por artigo*. 2. ed. São Paulo: RT, 2016, p. 929; BUENO, Cassio Scarpinella. *Manual de direito processual civil*. 2. ed. São Paulo: Saraiva, 2016, p. 424.

[15] "É necessária a prévia intimação pessoal do devedor para a cobrança de multa pelo descumprimento de obrigação de fazer ou não fazer antes e após a edição das Leis nº 11.232/2005 e nº 11.382/2006, nos termos da Súmula 410 do STJ, cujo teor permanece hígido também após a entrada em vigor do novo Código de Processo Civil" (STJ, Corte Especial, EREsp 1.360.577/MG, Rel. p/ ac. Min. Luís Felipe Salomão, ac. 19.12.2018, *DJe* 07.03.2019).

Pensamos, com a devida vênia, que se há de fazer uma distinção entre a intimação para o cumprimento da prestação principal (fazer ou não fazer) e aquela feita para o pagamento da multa pelo atraso na satisfação da prestação imposta pela decisão exequenda. A intimação pessoal a que se refere a Súmula 410/STJ, como pressuposto para a cobrança da *astreinte*, só pode ser a que é feita para cumprimento do *facere*, havido como ato de responsabilidade imediata do próprio executado. Uma vez inadimplida a obrigação principal e liquidado o valor da multa, a cobrança desta corresponde à execução de obrigação de quantia certa, em relação à qual o art. 513, § 2º, I, determina seja feita a intimação executiva na pessoa do advogado do devedor.

II – Exceções abertas pela própria lei

O CPC/2015 afasta a possibilidade da intimação pessoal no cumprimento da sentença nos seguintes casos:

(a) A intimação será feita por carta com aviso de recebimento, quando o executado for representado pela Defensoria Pública ou quando não tiver procurador constituído nos autos (inc. II do § 2º do art. 513), ressalvada as hipóteses de intimação por edital (art. 513, IV). A regra aplica-se, entre outros, ao caso de devedor cujo mandado *ad judicia* tenha sido outorgado com prazo certo de vigência como até o fim da fase de conhecimento do processo, se outro credenciamento não tiver ocorrido para a fase executiva.

(b) A intimação será feita por meio eletrônico, no caso das empresas públicas e privadas, quando não tenham advogado nos autos. É que ditas pessoas jurídicas são obrigadas a manter cadastro nos sistemas de processo em autos eletrônicos, por imposição do art. 246, § 1º, alterado pela Lei nº 14.195/2021.[16] Havendo advogado nos autos, a intimação será feita na sua pessoa, na forma usual (art. 513, § 2º, III).

(c) A intimação se dará por edital quando o devedor também tiver sido citado por edital na fase de conhecimento (art. 256), e mesmo assim tiver se mantido revel (art. 513, § 2º, IV).

III – Intimação presumida

Nas hipóteses de intimação postal e por meio eletrônico (incs. II e III do § 2º do art. 513), a intimação será considerada realizada quando o devedor houver mudado de endereço e não tiver previamente comunicado ao juízo – mesmo quando a comunicação não for recebida pessoalmente pelo interessado, nos termos do art. 274, parágrafo único (§ 3º do art. 513).

IV – Inatividade processual longa

Há, por último, uma regra especial que afasta a intimação executiva do advogado do devedor. Trata-se do caso em que o exequente só vem a formular o requerimento exigido pelo § 1º do art. 513 um ano após o trânsito em julgado da sentença em vias de cumprimento. É que o longo tempo de inércia processual pode, com frequência, fazer desaparecer o contato entre o advogado e a parte devedora, dificultando o acesso a dados necessários à sua defesa, nesse novo estágio.

Configurada essa situação processual, impõe-se seja a intimação efetivada ao devedor pessoalmente, por meio de carta com aviso de recebimento, encaminhada ao endereço constante dos autos (art. 513, § 4º). Ressalta o dispositivo em questão que a mudança de endereço não comunicada nos autos importa aplicação da norma do art. 274, parágrafo único, há pouco aludida.

---

16 A ressalva que excluía do regime da intimação eletrônica as microempresas e empresas de pequeno porte foi eliminada pela Lei nº 14.195/2021.

V – Prazo da intimação

Caberá ao ato intimatório assinar o prazo de cumprimento voluntário da sentença, que varia conforme a modalidade da prestação exequenda (arts. 523, 525, 536, § 4º, e 538), bem como explicitar quais são as sanções aplicáveis.

14. Legitimação ativa e passiva. Devedores solidários

Tratando-se de simples continuidade do processo em que a sentença foi pronunciada, as partes da sua execução continuam sendo as mesmas entre as quais a coisa julgada se formou. Existindo litisconsórcio, pode a atividade executiva eventualmente ser endereçada a um ou alguns dos devedores condenados. O que não se admite é o cumprimento de sentença movido contra quem não foi parte do processo de conhecimento, mesmo que se trate do fiador, do coobrigado ou de qualquer corresponsável pela dívida, segundo as regras do direito material[17] (CPC/2015, art. 513, § 5º). A regra que, de maneira expressa, dispõe sobre essa vedação é uma novidade trazida pelo CPC/2015, que pôs termo à antiga discussão jurisprudencial em torno do assunto.[18] Assim, não mais pairam dúvidas de que o fiador ou o devedor solidário, que não foram demandados, escapam do alcance do procedimento de cumprimento da sentença. Esposou a lei, de tal sorte, o correto entendimento do STJ no sentido de que "o art. 275 do Código Civil que prevê a solidariedade passiva – é norma de direito material, restringindo-se sua aplicação ao momento de formação do processo cognitivo, quando então o credor pode incluir no polo passivo da demanda todos, alguns ou um específico devedor; sendo certo que a sentença somente terá eficácia em relação aos demandados, não alcançando aqueles que não participaram da relação jurídica processual, nos termos do art. 472 do Código de Processo Civil" [CPC/2015, art. 506].[19]

Com efeito, "a responsabilidade solidária – na lição contida no referido acórdão do STJ – precisa ser declarada em processo de conhecimento, sob pena de tornar-se impossível a execução do devedor solidário", com ressalva apenas dos casos especiais de sucessor, de sócio e demais hipóteses previstas no art. 790 do CPC/2015.

15. Regras disciplinadoras do cumprimento das sentenças

Há sentenças que trazem em si toda a carga eficacial esperada do provimento jurisdicional. Dispensam, portanto, atos ulteriores para satisfazer a pretensão deduzida pela parte em juízo. É o que se passa, em regra, com as sentenças declaratórias e constitutivas. Há, contudo, aquelas que, diante da violação de direito cometida por uma parte contra a outra, não se limitam a definir a situação jurídica existente entre elas, e determinam também a prestação ou prestações a serem cumpridas em favor do titular do direito subjetivo ofendido. Estas últimas são as sentenças que se qualificam como *condenatórias* e que funcionam como título capaz de autorizar as medidas concretas do cumprimento respectivo.

---

[17] CPC/2015, art. 506: "A sentença faz coisa julgada às partes entre as quais é dada, não prejudicando terceiros".
[18] V. STJ, Súmula 268: "O fiador que não integrou a relação processual na ação de despejo não responde pela execução do julgado". "A regra é de uma obviedade incrível porque apenas aquele sujeito que tiver integrado a relação jurídica processual cognitiva, ainda que no direito material figurasse como corresponsável, é que suportará a condição de executado no cumprimento de sentença" (RODRIGUES, Marcelo Abelha. *Manual de execução civil*. 5. ed. Rio de Janeiro: Forense Universitária, 2006, p. 216).
[19] STJ, 4ª T., REsp 1.423.083/SP, Rel. Min. Luís Felipe Salomão, ac. 06.05.2014, *DJe* 13.05.2014.

Embora não se exija mais a instauração de uma ação executória, o cumprimento da sentença, à falta de satisfação voluntária do comando judicial, realiza-se por meio de um simples incidente processual que, no tocante aos atos expropriatórios, observará as medidas e procedimentos correspondentes à ação executiva dos títulos extrajudiciais (CPC/2015, art. 513, *caput*). Nesse sentido, o Código atual prevê expressamente a aplicabilidade subsidiária das normas traçadas no Livro II da Parte Especial, "no que couber", ao cumprimento das sentenças (art. 513, *caput*). É certo que as disposições relativas à execução, seja ela de título judicial, ou extrajudicial, devem ser basicamente as mesmas, respeitadas as peculiaridades de cada procedimento. Exemplo dessa aplicação subsidiária se encontra nas disposições relativas à penhora e à expropriação de bens (arts. 831 e ss.), situadas no Livro do Processo de Execução, que haverão de prevalecer no incidente de cumprimento da sentença quando nela prevista a satisfação de obrigação por quantia certa.[20]

O fato de as sentenças declaratórias e as constitutivas não dependerem de atos executivos para realizar o provimento jurisdicional a que correspondem não afasta a hipótese de ser tomada alguma providência ulterior, no terreno, principalmente, da documentação e publicidade. Assim, em muitas ações de rescisão ou anulação de negócios jurídicos (sentenças constitutivas), de nulidade de contratos, ou de reconhecimento de estado de filiação (sentenças declaratórias), há necessidade de expedir-se mandado para anotações em registros públicos (efeitos mandamentais complementares aos efeitos substanciais da sentença).

Por outro lado, não há sentenças de pura força declarativa ou constitutiva, já que em qualquer decisão que solucione o litígio sempre haverá um capítulo destinado a impor ao vencido os encargos da sucumbência. Nessa parte, portanto, toda sentença será condenatória, e autorizará a movimentação ulterior do incidente de cumprimento forçado, se necessário. Em situação contrária, as sentenças condenatórias nem sempre constituem título executivo em seu conteúdo nuclear, visto que casos há em que o preceito sentencial se basta.

Para passar à execução forçada do comando sentencial é indispensável, em qualquer hipótese, que a condenação corresponda a uma obrigação certa, líquida e exigível (art. 783). Por isso, se a sentença, ao acolher pedido genérico (art. 324, § 1º), não definir o valor devido, ter-se-á de complementá-la por meio do procedimento de liquidação (arts. 509 a 512), antes de dar andamento aos atos destinados a efetivar o seu cumprimento forçado. Eis aí um tipo de sentença condenatória que não se apresenta como título executivo, dando razão a Proto Pisani[21] e Barbosa Moreira[22] quando advertem que muitas sentenças condenatórias não correspondem a título executivo (v. adiante os nºs 30 a 35).

---

[20] "É preciso deixar claro que não há possibilidade de que o cumprimento de sentença possa chegar ao seu final sem o uso de regras processuais da Parte Especial do Livro II do CPC" (RODRIGUES, Marcelo Abelha. *Manual de execução civil*. 5. ed. Rio de Janeiro: Forense Universitária, 2006, p. 212).

[21] Numa exata compreensão da tutela condenatória, Proto Pisani divisa nela uma duplicidade de funções – repressiva e preventiva. Daí que a atuação dos efeitos da condenação tanto pode transitar pela *execução forçada* como pelas *medidas coercitivas* (PISANI, Andréa Proto. *Lezioni di diritto processuale civile*. 3. ed. Napoli: Jovene, 1999, p. 161).

[22] Também Barbosa Moreira aponta vários exemplos de sentença condenatória que não correspondem a título executivo e, portanto, não desencadeiam o processo de execução, como a que condena à perda do sinal pago, a relativa à prestação futura de alimentos a serem descontados em folha de pagamento, as referentes a prestações de obrigações de fazer infungíveis; em todas elas o credor poderá apenas utilizar medidas coercitivas em face do obrigado, mas nunca terá como realizar a execução forçada para obter a prestação objeto da condenação (BARBOSA MOREIRA, José Carlos. *Temas de direito processual*: oitava série. São Paulo: Saraiva, 2004, p. 135).

16. A possibilidade de execução com base em sentença declaratória ou constitutiva

Ao descrever o título executivo judicial básico, o art. 515, I, do CPC/2015 reconheceu como título executivo não apenas as sentenças, mas todas "as decisões proferidas no processo civil que reconheçam a exigibilidade de obrigação de pagar quantia, de fazer, de não fazer ou de entregar coisa".

Não falando mais o Código em sentença, mas em decisões, não resta dúvida de que são títulos executivos judiciais as decisões relativas às tutelas de urgência ou de evidência, ou quaisquer outras que, no curso do processo, imponham à parte prestações certas e líquidas, de imediato exigíveis.[23]

Vê-se, ainda, que o Código de 2015 se manteve na linha de ampliar a força executiva para além dos tradicionais julgados de condenação, acolhendo corrente doutrinária e jurisprudencial que, no regime do Código anterior, já vinha reconhecendo possibilidade, em certos casos, de instaurar execução também com base em decisões declaratórias e constitutivas. A redação do art. 515, I, do CPC/2015, apoiando-se no reconhecimento judicial de exigibilidade de obrigação, como elemento capaz de identificar a decisão básica do cumprimento forçado do provimento judicial, evidenciou a possibilidade de incluir-se em tal procedimento, também, os julgados declaratórios e constitutivos, desde que neles se contenham os dados configuradores de obrigação exigível, que, para tanto, haverá naturalmente de ser certa e líquida.

Na clássica tripartição das sentenças, somente às condenatórias se reconhecia a qualidade de título executivo, porque seriam elas a únicas que conteriam o comando ao devedor no sentido de compeli-lo à realização de uma prestação. As declaratórias, limitadas à determinação de certeza, não gerariam força alguma para sustentar a pretensão de realização coativa em juízo de qualquer prestação. As constitutivas, também, não seriam títulos executivos, porque seu efeito não é a certificação de direito a alguma prestação, mas simplesmente a instituição de uma nova situação jurídica que se estabelece imediatamente por emanação da própria sentença, independentemente de qualquer modalidade de cooperação ou comportamento do sujeito passivo.

Nos últimos tempos, entretanto, se deu na jurisprudência a revisão da doutrina clássica de que a sentença declaratória nunca poderia ser utilizada como título executivo, sob liderança do Superior Tribunal de Justiça:

> "1. No atual estágio do sistema do processo civil brasileiro não há como insistir no dogma de que as sentenças declaratórias jamais têm eficácia executiva. O art. 4º, parágrafo único, do CPC, considera admissível a ação declaratória ainda que tenha ocorrido violação do direito, modificando, assim, o padrão clássico da tutela puramente declaratória, que a tinha como tipicamente preventiva. Atualmente, portanto, o Código dá ensejo a que uma sentença declaratória possa fazer juízo completo a respeito da existência e do modo de ser da relação jurídica concreta.
>
> 2. Tem eficácia executiva a sentença declaratória que traz definição integral da norma jurídica individualizada. Não há razão alguma, lógica ou jurídica, para submetê-la, antes da execução, a um segundo juízo de certificação, até porque a

---

[23] Diante da expressa extensão conferida pela lei ao título judicial exequível, a todas as decisões, e não apenas às sentenças, pôs-se fim, segundo Teresa Wambier *et al.*, à controvérsia a respeito da força executiva das decisões relativas às tutelas de urgência ou de evidência (*Primeiros comentários ao novo Código de Processo Civil, artigo por artigo*. 2. ed. São Paulo: RT, 2016, p. 845).

nova sentença não poderia chegar a resultado diferente do da anterior, sob pena de comprometimento da garantia da coisa julgada assegurada constitucionalmente. E instaurar um processo de cognição sem ofertar às partes e ao juiz outra alternativa de resultado que não um, já prefixado, representaria atividade meramente burocrática e desnecessária, que poderia receber qualquer outro qualificativo, menos o de jurisdicional".[24]

De fato, se nosso direito processual positivo caminha para a outorga de força de título executivo a todo e qualquer documento particular em que se retrate obrigação líquida, certa e exigível, por que não se reconhecer igual autoridade à sentença declaratória? Esta, mais do que qualquer instrumento particular, tem a inconteste autoridade para acertar e positivar a existência de obrigação líquida, certa e exigível.[25] Seria pura perda de tempo exigir, em prejuízo das partes e da própria Justiça, a abertura de um procedimento condenatório em tais circunstâncias. Se o credor está isento da ação condenatória, bastando dispor de instrumento particular para atestar-lhe o crédito descumprido pelo devedor inadimplente, melhor será sua situação de acesso à execução quando estiver aparelhado com prévia sentença declaratória onde se ateste a existência de dívida líquida e já vencida.[26]

Observe-se, porém, que nem toda sentença meramente declaratória pode valer como título executivo, mas apenas aquela que na forma do art. 4º, parágrafo único, do CPC/1973 (CPC/2015, art. 20), se refira à existência de relação obrigacional já violada pelo devedor. Ou seja, a que reconheça "a exigibilidade de obrigação de pagar quantia, de fazer, de não fazer ou de entregar coisa" (CPC/2015, art. 515, I). As que se limitam a conferir certeza à relação de que não conste dever de realizar modalidade alguma de prestação (como, *v.g.*, a nulidade de negócio jurídico ou a inexistência de dívida ou obrigação) não terão, obviamente, como desempenhar o papel de título executivo, já que nenhuma prestação terá a parte a exigir do vencido.[27]

---

[24] STJ, 1ª T., REsp 588.202/PR, Rel. Min. Teori Albino Zavascki, ac. un. 10.02.2002, *DJU* 25.02.2004. O caso decidido pelo acórdão referia-se a uma sentença declaratória que reconheceu direito de crédito oriundo de pagamento indevido para fins de compensação tributária, a qual, todavia, veio a inviabilizar-se na prática. Daí ter o contribuinte optado por executar a sentença para haver o montante de seu crédito, em dinheiro. Já outros procedentes do STJ haviam adotado igual entendimento: REsp 207.998/RS, 1ª T., Rel. Min. Humberto Gomes de Barros, ac. 18.11.1999, *RSTJ* 134/90; REsp 551.184/PR, 2ª T., Rel. Min. Castro Meira, ac. 21.10.2003, *DJU* 01.12.2003, p. 341.

[25] É interessante registrar que a primeira causa de grande repercussão, lastreada no parágrafo único do art. 4º do atual CPC, se deu no famoso caso Herzog, jornalista torturado e morto nas dependências do Exército em São Paulo, durante a ditadura militar. A viúva, não desejando pleitear indenização, mas visando a tornar certa a responsabilidade do Estado pela morte do marido, pleiteou simplesmente a sua declaração por sentença. O Tribunal Federal de Recursos, por maioria de votos, desacolheu a preliminar de carência de ação por falta de interesse, mas proclamou que a declaração, na espécie, apoiada no permissivo do parágrafo único do art. 4º do CPC, era, *in concreto*, acolhida com força condenatória, visto que outro não poderia ser o acertamento nas circunstâncias da causa trazida a juízo (TFR, 1ª T., Ap. Cív. 59.873/SP, Rel. Min. Leitão Krieger, ac. 21.06.1983, *RTFR* 114/39). Já antes, porém, da vigência do CPC de 1973, o mesmo TFR decidira: "Admissível é a ação declaratória, ainda que a parte já disponha de ação condenatória, para a reintegração do seu direito" (TFR, 1ª T., Ap. Cív. 28.342, *DJU* 19.03.1973, p. 1.526; FADEL, Sérgio Sahione. *Código de Processo Civil comentado*. 7. ed. Rio de Janeiro: Forense, 2003, p. 11).

[26] "Não procede a afirmação de que a sentença declaratória jamais é título executivo; ela terá força executiva quando contiver certificação de todos os elementos de uma norma jurídica concreta, relativa à obrigação com características acima referidas", ou seja, quando contiver obrigação "líquida, certa e exigível de entregar coisa, ou de fazer, ou de não fazer ou de pagar quantia em dinheiro, entre sujeitos determinados" (ZAVASCKI, Teori Albino. Sentenças declaratórias, sentenças condenatórias e eficácia executiva dos julgados. *Revista de Processo*, v. 109, jan.-mar. 2003, p. 56).

[27] Até mesmo as sentenças de improcedência do pedido (declaratórias negativas) podem, em certas circunstâncias, formar título executivo judicial. No entanto, para que tal ocorra, é preciso que a rejeição do pedido

A mesma ponderação é cabível em face das decisões constitutivas que, em regra, se limitam a estabelecer nova situação jurídica para as partes, sem prever prestações e contraprestações entre elas, dispensando medidas executivas ulteriores. Não se pode esquecer, todavia, dos casos em que o decisório constitutivo, ao definir o relacionamento jurídico inovado, prevê obrigação doravante exigível entre os litigantes. Pense-se na ação renovatória de locação ou na revisional de contrato que estabeleça novos aluguéis e novos encargos para os interessados. É irrecusável a força executiva para exigir as prestações definidas em sentenças constitutivas dessa natureza.

É, assim, evidente, no sistema atual de nosso processo civil que o dado autorizador da execução forçada não mais adota como parâmetro exclusivo essa ou aquela categoria de sentença do processo de conhecimento.

O que nesse campo se procura, por meio da atividade jurisdicional, é certificar a existência ou não de direitos subjetivos materiais e estabelecer definições de situações jurídicas materiais preexistentes ou formadas pela própria sentença. Os efeitos práticos, manifestáveis pelo cumprimento de prestações ou comportamentos da parte sucumbente, não interferem na essência do ato sentencial e se regem por regras e princípios próprios conectados às exigências do direito material e às conveniências políticas de se estabelecer um procedimento executivo mais singelo ou mais complexo para atingir o efeito concreto ordenado pelo ato sentencial.

Assim, uma sentença condenatória pode ser cumprida com ou sem necessidade do processo autônomo de execução forçada; uma sentença condenatória, pela natureza da prestação violada, pode nunca desaguar numa *actio iudicati*, ficando apenas no terreno das medidas coercitivas indiretas; uma sentença declaratória, que, em regra, nada tem a executar, pode, em determinadas circunstâncias, tornar-se título executivo judicial.

Nessa maleabilidade de manejo que as figuras processuais adquiriram no processo efetivo e justo dos novos tempos é que reside a grande riqueza da prestação jurisdicional moderna. Saber fazer uso da abundância dessa fonte de justiça é a virtude por que aspiram os processualistas realmente comprometidos com os novos recursos das garantias constitucionais de tutela jurídica.

17. Tutela interdital como padrão

O processo de conhecimento, na nova sistemática do direito brasileiro, distanciou-se da meta da condenação, que se manifestava pela busca da formação de título executivo, como fecho de um processo e preparação de outro. A sentença não é mais um título de condenação, mas uma fonte direta da execução real ou mandamental, o que a aproxima dos interditos romanos, cuja implementação não se dava por meio da *actio iudicati*, mas em razão de medidas concretas determinadas de plano pelo pretor. Foge-se, no dizer de Ovídio A. Baptista da Silva, da ordinariedade do processo de conhecimento, que, nos moldes primitivos do CPC/1973, fazia confundir a sentença de condenação com uma sentença declaratória. O Código anterior, por meio de sucessivas reformas, conseguiu superar o modelo romano denominado *ordo iudiciorum privatorum*.

Mais do que a pura eliminação da autonomia do processo de execução de sentenças, que se alcança com a força de se cumprirem desde logo, no próprio processo da ação cognitiva, o mérito maior da Lei nº 11.232/2005 foi justamente o de adotar como padrão executivo o da tutela

---

do autor se dê com fundamento em relação obrigacional favorável ao réu, a respeito da qual a sentença acerte os elementos necessários ao reconhecimento de uma obrigação certa, líquida e exigível. Nesse sentido: "segundo pensamos, as *sentenças declaratórias* (inclusive as de improcedência) são *executáveis quando explicitarem todos os elementos de uma prestação exigível*" (WAMBIER, Teresa Arruda Alvim *et al. Primeiros comentários ao novo Código de Processo Civil, artigo por artigo*. 2. ed. São Paulo: RT, 2016, p. 846).

interdital, que vê na sentença muito mais do que a definição do direito da parte e da obrigação do devedor, mas um mandamento logo exequível por força imediata do provimento com que se acolhe a pretensão da parte.[28] Essa sistemática foi totalmente absorvida pelo Código de 2015.

18. Cumprimento por iniciativa do devedor

O Código de 2015 estabelece explicitamente a possibilidade de o devedor, por iniciativa própria, dar cumprimento à sentença, dispondo que "é lícito ao réu, antes de ser intimado para o cumprimento da sentença, comparecer em juízo e oferecer em pagamento o valor que entender devido, apresentando memória discriminada do cálculo" (art. 526).

É bom lembrar que, se a execução forçada figura no sistema do Código como uma faculdade (direito subjetivo) de que o credor pode livremente dispor (CPC/2015, art. 775), ao devedor a lei civil reconhece não apenas o *dever* de cumprir a obrigação, como também o *direito* de liberar-se da dívida (art. 334 do Código Civil).[29] Simplificado o procedimento de cumprimento da sentença, tudo se passa da forma mais singela possível: o devedor oferecerá o pagamento diretamente ao credor, dele obtendo a quitação, que será juntada ao processo; ou oferecerá em juízo o depósito da soma devida, mediante levantamento por ele mesmo feito, para obter do juiz o reconhecimento da extinção da dívida e consequente encerramento do processo. Com isso, antecipando à execução do credor, terá condições de evitar multa e encargos acrescidos. Ouvido o credor, e não havendo impugnação, o juiz declarará satisfeita a obrigação e extinguirá o processo (art. 526, § 3º). É mais complicada a situação da iniciativa do devedor no impulso do cumprimento de sentença relativa à prestação de quantia certa, quando não disponha do numerário para depositar em juízo à disposição do credor.

Contando, porém, com bens exequíveis, não deverá ficar manietado, em face da omissão do credor em requerer a expedição do mandado de penhora. Embora a lei preveja que os atos expropriatórios serão requeridos pelo credor (CPC/2015, art. 523), com indicação dos bens passíveis de penhora, (art. 524, VII), não seria justo nem razoável que o devedor nada pudesse fazer, em tal conjuntura, para se liberar da obrigação, diante da inércia do primeiro. Pensamos que o princípio do *favor debitoris*, princípio geral das obrigações acolhido desde as origens romanas, justifique possa o próprio devedor dar início ao cumprimento da sentença, oferecendo ele mesmo bens à penhora, sem ter de aguardar indefinidamente pela diligência do credor, cuja omissão, às vezes, pode ser caprichosa e abusiva. O princípio do *favor debitoris*, frequentemente invocado pelo STJ para liberar, de forma anômala, o devedor, de contratos que realmente não tem como cumprir nos termos da avença originária,[30] poderá explicar a possibilidade da

---

[28] As sentenças, após a reforma, "ou serão execuções reais, quando digam respeito a pretensões à entrega de coisa certa, ou serão preponderantemente mandamentais, quando não, em certas hipóteses, igualmente execuções reais, as pretensões que digam respeito ao cumprimento das obrigações de fazer ou não fazer, segundo prevê o § 5º do art. 461. Aproximamo-nos, portanto, das formas peculiares à tutela interdital. Este, a nosso ver, é um ganho expressivo no caminho da publicização do direito processual civil" (BAPTISTA DA SILVA, Ovídio A. Sentença condenatória na Lei nº 11.232. *Revista Jurídica*, v. 345, p. 20).

[29] NONATO, Orosimbo. *Curso de obrigações*. Rio de Janeiro-São Paulo: Editora Jurídica e Universitária Ltda., 1971, 3ª parte, n. 1, p. 10; PEREIRA, Caio Mário da Silva. *Instituições de direito civil*. 20. ed. Rio de Janeiro: Forense, 2003, v. II, n. 158, p. 163.

[30] No caso, por exemplo, de compromisso de compra e venda, cujo cumprimento se tornou inviável para o promissário comprador, este, mesmo sendo a parte inadimplente, tem sido reconhecido como parte legítima para pedir a rescisão do contrato e recuperar, pelo menos em parte, o que tiver pago ao promitente vendedor. Reconhece-se, portanto, que o devedor não pode ficar eternamente atrelado a um contrato que jamais terá condições de cumprir (STJ, 2ª Seção, EREsp 59.870/SP, Rel. Min. Barros Monteiro, ac. 10.04.2002, *RSTJ* 171/206-207). A faculdade de romper o contrato não foi prevista em lei para ser exercida pelo contratante inadimplente, mas em situações emergenciais poderá ser-lhe estendida, como única

autoexecução de condenação à prestação de dinheiro, quando o credor simplesmente deixa de iniciar o procedimento de cumprimento forçado.

19. Sucumbência

I – Regime do atual Código

Regulando de forma expressa e clara a sucumbência no cumprimento de sentença, prevê o art. 523, § 1º, do CPC/2015 que, à falta de cumprimento espontâneo da obrigação de pagar quantia certa, o devedor será intimado a pagar o débito em quinze dias acrescido de custas e honorários advocatícios de dez por cento, sem prejuízo daqueles impostos na sentença. Nesta altura, portanto, dar-se-á a soma das duas verbas sucumbenciais, a da fase cognitiva e a da fase executiva. Esta última incide, de início, sob a forma de alíquota legal única de dez por cento.

Não se previu norma similar para o cumprimento de sentenças relacionadas com as obrigações de fazer, não fazer e de entregar coisa. Porém, a sujeição do devedor a nova verba advocatícia ocorrerá, também nesses casos, tendo em vista a regra geral de que "são devidos honorários advocatícios (...) no cumprimento de sentença, provisório ou definitivo, na execução, resistida ou não (...) cumulativamente" (art. 85, § 1º).

Portanto, haja ou não o incidente de impugnação ao cumprimento da sentença (CPC/2015, art. 525, § 1º), a verba honorária incidirá sempre que o devedor não cuidar de promover o pagamento voluntário antes de escoado o prazo assinado para tanto (art. 523). Nesse rumo, firmou-se a jurisprudência do STJ, de sorte que a ultrapassagem do termo legal de cumprimento voluntário da sentença, sem que este tenha sido promovido, acarreta não só a sujeição à multa legal do art. 523, § 1º, como também à nova verba de honorários sucumbenciais (art. 85, § 1º).[31]

II – Sucumbência na impugnação ao cumprimento da sentença

A formulação de impugnação ao cumprimento da sentença não gera, só por si, nova sucumbência para o executado. A propósito, o STJ, em decisão de recursos repetitivos, fixou entendimento que merece prevalecer para o regime do CPC/2015, segundo o qual se deve fazer uma distinção entre a impugnação rejeitada e a acolhida, de modo que: *(i)* "não são cabíveis honorários advocatícios pela rejeição da impugnação ao cumprimento da sentença"; e *(ii)* "apenas no caso de acolhimento da impugnação, ainda que parcial, serão arbitrados honorários em benefício do executado, com base no art. 20, § 4º, do CPC" [CPC/2015, art. 85, § 1º].[32]

III – Base de cálculo da verba advocatícia

Quanto à inclusão ou não da multa, em caso de não pagamento voluntário da dívida, na base de cálculo dos honorários advocatícios da fase de cumprimento da sentença, prevalece, no Código atual, a posição consolidada do STJ de que o montante da multa, "para a fixação

---

forma de libertá-lo do vínculo obrigacional. O mesmo princípio geral pode ser aplicado ao devedor que não tem outro recurso para satisfazer a condenação do que provocar a autoexecução.

[31] Na exegese do STJ, o prazo para pagamento voluntário somente se inicia depois de intimado o advogado do devedor. Findo esse prazo sem solução da dívida, caberá a verba honorária relativa ao cumprimento da sentença, haja ou não impugnação do devedor. "Não são cabíveis honorários advocatícios pela rejeição da impugnação ao cumprimento de sentença. Apenas no caso de acolhimento da impugnação, ainda que parcial, serão arbitrados honorários em benefício do executado, com base no art. 20, § 4º, do CPC", hipótese em que os anteriormente arbitrados em favor do credor deixam de existir (STJ, Corte Especial, REsp 1.134.186/RS, Rel. Min. Luis Felipe Salomão, ac. 01.08.2011, *DJe* 21.10.2011).

[32] STJ, 2ª Seção, REsp 1.373.438/RS, Rel. Min. Paulo de Tarso Sanseverino, ac. 11.06.2014, *DJe* 17.06.2014; STJ, Corte Especial, REsp 1.134.186/RS, Rel. Min. Luis Felipe Salomão, ac. 01.08.2011, *DJe* 21.10.2011.

dos honorários da fase de cumprimento de sentença, não integra necessariamente sua base de cálculo".[33] Na doutrina elaborada já para o CPC/2015, Sérgio Shimura ensina que, na espécie, "os honorários advocatícios têm a sua base de cálculo no valor indicado na sentença, e não na *somatória* do valor constante da decisão e da multa de 10%".[34]

IV – Despesas e custas do cumprimento de sentença

Quanto aos gastos do cumprimento de sentença, há que se fazer a distinção entre custas e despesas processuais (CPC/2015, art. 84). Tratando-se de simples prosseguimento do processo em que a sentença foi prolatada, não há margem, em princípio, para exigir novo preparo. As custas iniciais referem-se a todo o processo, salvo a instituição por lei local de um novo preparo para o incidente de cumprimento de sentença, já que as custas participam da natureza tributária e somente podem ser instituídas por lei.[35] Já as despesas (gastos com atividades desempenhadas fora dos autos, como transporte, depósito, publicidade etc.) submetem-se ao regime da cobrança antecipada, previsto no art. 82 do CPC/2015.[36]

20. Sentença que decide relação jurídica sujeita a condição ou termo

I – Noção de condição e termo

Dispõe o art. 514 do CPC/2015 que, "quando o juiz decidir relação jurídica sujeita a condição ou termo, o cumprimento da sentença dependerá de demonstração de que se realizou a condição ou de que ocorreu o termo".

As condições, em direito material, podem ser suspensivas e resolutivas (Código Civil, arts. 125, 127 e 128). O dispositivo em questão, embora não seja explícito, trata, evidentemente, da suspensiva, porque o efeito da condição resolutiva é incompatível com a execução, já que a sua ocorrência importa dissolução do vínculo obrigacional.

Enquanto a condição refere-se a evento futuro e incerto, o termo é o momento também futuro, mas certo, em que o ato jurídico deve produzir seus efeitos.

II – Restrições doutrinárias às sentenças condicionais

A não ocorrência da condição ou do termo previstos na sentença faz que ainda não seja exigível a obrigação, impedindo o acesso à jurisdição satisfativa, já que nula é a execução fundada em título de obrigação inexigível (art. 783). Na realidade, enquanto não realizada a condição ou ocorrido o termo, simplesmente não existirá título executivo.[37] Daí se falar-se que –

---

[33] STJ, 3ª T., REsp 1.291.738/RS, Rel. Min Nancy Andrighi, ac. 01.10.2013, *DJe* 07.10.2013.

[34] SHIMURA, Sérgio. Comentários ao art. 523. In: WAMBIER, Teresa Arruda Alvim *et al*. *Breves comentários ao novo Código de Processo Civil*. São Paulo: RT, 2015, p. 1.357.

[35] STF, Pleno, ADI-MC 1.378, Rel. Min. Celso de Mello, ac. 29.11.1995, *DJU* 30.05.1997, p. 225; TJPR, 11ª C.C., Ag 637.778-2, ac. 15.476, *DJ* 16.03.2010; *Juris Plenum*, n. 48, p. 28; TJPR, 8ª CC, Ag 387.106-5, ac. 05.07.2007; TJPR, 10ª CC, Ag 7451912/PR, ac. 07.04.2011, *Juris Plenum*, n. 48, p. 29.

[36] A exigência de preparo prévio para custas relativas à impugnação ao cumprimento da sentença é matéria que pode ser regulada no Regimento de Custas de cada Tribunal, a exemplo do que se passa com os incidentes processuais em geral, inclusive com os embargos à execução (REINALDO FILHO, Demócrito Ramos. Custas no cumprimento da sentença. *Juris Plenum*, n. 48, nov. 2012, p. 39). Nesse sentido, por exemplo, é a jurisprudência do TJPR: "A impugnação a cumprimento de sentença, por se tratar de incidente procedimental que comporta instrução, passível de autuação em apartado, comporta pagamento de custas", nos moldes do CPC/1973, art. 20, § 1º, e da Tabela IX, do Reg. de Custas do PR (TJPR, 5ª C.C., Ag 567.968-3, ac. 12.03.2009, *Juris Plenum*, n. 48, p. 37).

[37] RODRIGUES, Marcelo Abelha. *Manual de execução civil*. 5. ed. Rio de Janeiro: Forense Universitária, 2006, p. 216.

quando o Código prevê execução de sentença sujeita a condição ou termo – cogita, na verdade, de um "título executivo misto, com parte dele judicial (sentença) e parte dele extrajudicial (demonstração da superação do termo ou condição)".[38] Em outras palavras, trata-se de um título judicial cuja eficácia, todavia, depende de ato extrajudicial posterior.

Chiovenda e Carnelutti são contrários à permissibilidade da sentença subordinada a condição suspensiva. Esclarece o último que a doutrina repele a admissibilidade de uma sentença "cuja eficiência depende de um acontecimento futuro e incerto". Conforme a lição do festejado mestre, "o fundamento comumente aduzido e indubitavelmente fundado é a contradição entre o estado de pendência e a função da declaração no processo".[39]

Entre nossos processualistas, Lopes da Costa lembra que "a sentença condicional destoa, ainda de certo modo, da sistemática de nosso direito substantivo" (Código Civil, art. 125). Pois "o direito sujeito a condição suspensiva não é ainda direito, mas simples esperança de direito: *spes debitum iri*". Tanto assim que, pelo art. 130 do mesmo Código, o titular de tal situação jurídica "tem apenas, para garantia da realização possível, direito a medidas cautelares".[40]

III – Admissibilidade legal da sentença condicional

No entanto, as várias legislações têm admitido a existência de sentenças condenatórias condicionais ou a termo, muito embora a hipótese seja de difícil e rara configuração, na prática. O CPC de 1939 contemplava-a no art. 893, o CPC/1973, no art. 572, enquanto o atual mantém a tradição, regulando a execução de tais sentenças nos termos do art. 514.

Não se pode deixar de observar que, dada a impossibilidade de mandar a sentença realizar um direito cuja existência definitiva ainda pende de condições a realizar, o pronunciamento jurisdicional, em semelhantes casos, não chegaria a atender ao fim último do processo que é a composição da lide. Subsiste, como adverte Lopes da Costa, ainda após a prolação da sentença, "o mesmo estado de incerteza".[41] Nunca, porém, seria admissível uma sentença puramente condicional ou hipotética. Em qualquer hipótese, o vínculo jurídico material que a sentença aprecia tem de ser *certo* e *atual*, mesmo que originariamente contraído sob condição. Só o evento condicionante de algum efeito seu é que pode, ao tempo da sentença, sujeitar-se à comprovação ulterior.

Melhor seria, *de lege ferenda*, a pura e simples vedação da sentença condicional tomada em sua acepção total. Haveremos, no entanto, de aceitar a opção do legislador, sendo impossível negar a permissão que o Código deu à existência de sentenças sancionadoras de relações jurídicas condicionais ou a termo. O que se impõe ao aplicador da regra processual é compreendê-la em dimensões operacionais que se compatibilizem com o direito material em jogo. Se este não reconhece a existência do direito da parte antes do implemento da condição, não pode fazê-lo a sentença, já que, assim procedendo, estaria tutelando direito subjetivo inexistente.

O sentido de solução judicial para "relação jurídica sujeita a condição" há de ser diverso daquele com que o Código Civil define obrigação cujo efeito é subordinado a "evento futuro e incerto" (art. 121). O condicionamento aceitável no plano do processo só pode ser o lógico, segundo o qual uma pretensão certa tem o seu exercício dependente de um fato também certo a

---

[38] RODRIGUES, Marcelo Abelha. *Manual de execução civil*. 5. ed. Rio de Janeiro: Forense Universitária, 2006, p. 217.
[39] CARNELUTTI, Francesco. *Sistema di diritto processuale civile*. Padova: Cedam, 1938, v. II, n. 541, p. 475.
[40] LOPES DA COSTA, Alfredo Araújo. *Direito processual civil brasileiro*. 2. ed. Rio de Janeiro: Forense, 1959, v. IV, n. 81, p. 78.
[41] LOPES DA COSTA, Alfredo Araújo. *Direito processual civil brasileiro*. 2. ed. Rio de Janeiro: Forense, 1959, v. IV, n. 81, p. 78.

ser cumprido ou respeitado pelo credor. A sentença a respeito só pode ser pronunciada quando formada a certeza acerca dos dois fatos, isto é, do constitutivo do direito da parte, e do outro que lhe condiciona os efeitos.

Pense-se no locador, que tem direito de retomada do imóvel locado, uma vez vencido o prazo negocial, mas que, diante de benfeitorias necessárias introduzidas no prédio pelo locatário, só pode executar a sentença de despejo depois de superar o contradireito de retenção, ou seja, depois de pagar os gastos efetuados pelo réu com a conservação do bem a restituir. Pense-se, também, nos contratos bilaterais em geral, como a compra e venda, a permuta etc., em que o adquirente só pode exigir a entrega da coisa depois de pago ou ofertado o preço ou a contraprestação.

A condenação, *in casu*, é possível e legítima, mas só se torna exequível quando, após a sentença, ocorrer a *condição* estipulada pelo julgador, de modo que para exigir a entrega da coisa adquirida, terá o credor de provar primeiro a realização da prestação a seu cargo, exatamente como prevê o art. 514. Sem essa prova, portanto, será carente do direito de reclamar o cumprimento da sentença. Enquanto tal não ocorrer, a obrigação contemplada no título judicial será certa, mas não exigível. Repita-se: sem o requisito da exigibilidade, nenhuma execução é processualmente manejável.

Uma coisa, pois, deve ficar bem esclarecida: quando a lei permite a condenação condicional ou a termo, o que tem em mira é apenas a prestação e nunca a própria relação obrigacional. Seria totalmente inadmissível uma sentença que condenasse alguém a pagar, por exemplo, uma indenização, se ficar, no futuro, provado que praticou ato ilícito, ou, se, em liquidação, se provar que o autor sofreu algum prejuízo. A relação obrigacional, ainda quando sujeita a condição ou termo, tem de ser certa e tem de ser provada antes da condenação. A sentença somente deixará pendente o momento de exigibilidade da prestação, que será aquele em que ocorrer o fato condicionante ou o termo. Fora disso, ter-se-ia uma sentença meramente hipotética, por declarar uma tese e não solucionar um caso concreto (lide), o que contrariaria todos os princípios do processo e da função jurisdicional.

21. Requisito do requerimento de cumprimento da sentença que decide relação jurídica sujeita a condição ou termo

Já ficou demonstrado que toda execução pressupõe o título executivo e o inadimplemento do devedor. Sem a conduta do obrigado, representada pelo inadimplemento de obrigação *exigível* (CPC/2015, art. 786), não se pode falar em execução forçada. Carnelutti, aliás, destaca que o fim da citação do processo de execução não é convocar o devedor "para se defender", mas sim para "confirmar o *inadimplemento*".[42] Por isso, se a eficácia da condenação estiver subordinada a condição suspensiva ou a termo inicial não ultrapassado, "é claro que não poderá o vencedor exercer seu direito de execução, enquanto não se tornar o vencido inadimplente";[43] e não se pode cogitar de obrigação vencida, se sujeita a condição ou termo, não tiver ainda ocorrido o fato condicionante ou o momento da exigibilidade. É exatamente por isso que, nos termos do art. 514, o requerimento de cumprimento da sentença, em tal situação, deverá ser instruído com prova adequada de que já se realizou a *condição* ou de que já ocorreu o *termo*. Só assim a atividade executiva estará objetivamente fundamentada em título de obrigação certa, líquida e exigível (art. 783).

---

[42] Apud CASTRO, Amílcar de. *Comentários ao Código de Processo Civil*. 2. ed. Rio de Janeiro: Forense, 1963, v. X, t. I, n. 69, p. 88.

[43] CASTRO, Amílcar de. *Comentários ao Código de Processo Civil*. 2. ed. Rio de Janeiro: Forense, 1963, v. X, t. I, n. 69, p. 88.

21-A. Cumprimento de sentença no caso de substituição processual

Nos casos de legitimação extraordinária, em que terceiro é legalmente autorizado, em caráter excepcional, a agir em nome próprio na defesa de direito alheio (CPC, art. 18), cabe ao substituto processual praticar, em regra, os mesmos atos jurídicos exercitáveis pela parte substituída, tais como produzir provas, recorrer etc., suportando, também, os ônus do processo (custas e honorários de advogado). Não se lhe reconhece, porém, poder para atos jurídicos de disposição do direito material do substituído.[44]

Embora possa exercer todos os poderes processuais durante a fase de conhecimento do processo, em regra, não é dado ao substituto processual promover a execução e participar de atos de satisfação do direito litigioso, "tendo em vista a primazia dos titulares das situações jurídicas certificadas, os quais, evidentemente, podem, se assim desejarem, voluntariamente autorizar a substituição processual no cumprimento de sentença".[45] A verdade é que o CPC, como regra, restringe a legitimidade para a execução ao *credor a quem a lei confere título executivo* (art. 778), e o legitimado extraordinário, embora conduza o processo em nome próprio, não o faz como "credor", mas como alguém que defende direito alheio. Somente, pois, através de negócio jurídico processual, o credor poderá estender ao substituto processual a legitimidade para a fase de cumprimento de sentença.

---

[44] DIDIER JR., Fredie. *Curso de direito processual civil*. 19. ed. Salvador: JusPodivm, 2017, v.1, p. 351; NOGUEIRA, Pedro Henrique. O regime judiciário da legitimidade extraordinária no processo civil brasileiro. *Revista de Processo*, v. 324, p. 89-90, fev./2022.

[45] NOGUEIRA, Pedro Henrique. O regime judiciário da legitimidade extraordinária no processo civil brasileiro. *Revista de Processo*, v. 324, p. 90-91. Registre-se, porém, que essa regra não se estende ao Ministério Público, quando mesmo atuando como substituto processual, é autorizado, por lei, a promover a execução (CPC, art. 778, § 1º, I). É o que se passa, *v.g.*, com o MP nas ações de alimentos movidas em favor de menores (*idem, ibidem*).

§ 3º OS TÍTULOS EXECUTIVOS JUDICIAIS

22. Enumeração legal

Para o fim de autorizar o cumprimento forçado da sentença, o título executivo por excelência é a sentença condenatória. Existem, porém, outros provimentos judiciais a que a lei atribui igual força executiva, como se dá, *v.g.*, com as decisões homologatórias e os formais de partilha. É, pois, correto afirmar-se que, genericamente, devem ser considerados títulos executivos judiciais os oriundos de processo.[46]

Por outro lado, uma novidade do Código atual foi atribuir a qualidade de título executivo não limitadamente às *sentenças*, para tratar como tal qualquer *decisão* proferida no processo civil que reconheça "a exigibilidade de obrigação de pagar quantia, de fazer, de não fazer ou de entregar coisa" (art. 515, I). Com isso, entram na categoria, além da sentença, as decisões interlocutórias do juiz de direito, as decisões monocráticas do relator, bem como os acórdãos dos tribunais, desde que em qualquer um desses atos judiciais se reconheça a *exigibilidade* de determinada obrigação, que, naturalmente, pressupõe sua *certeza* e *liquidez*.

Para o Código de 2015, os títulos executivos judiciais cujo cumprimento se realiza de acordo com o Título II, Capítulo I, do Livro I, da Parte Especial, são os seguintes (art. 515):

(a) as decisões proferidas no processo civil que reconheçam a exigibilidade de obrigação de pagar quantia, de fazer, de não fazer ou de entregar coisa (inciso I);

(b) a decisão homologatória de autocomposição judicial (inciso II);

(c) a decisão homologatória de autocomposição extrajudicial de qualquer natureza (inciso III);

(d) o formal e a certidão de partilha, exclusivamente em relação ao inventariante, aos herdeiros e aos sucessores a título singular ou universal (inciso IV);

(e) o crédito auxiliar da justiça, quando as custas, emolumentos ou honorários tiverem sido aprovados por decisão judicial (inciso V);

(f) a sentença penal condenatória transitada em julgado (inciso VI);

(g) a sentença arbitral (inciso VII);

(h) a sentença estrangeira homologada pelo Superior Tribunal de Justiça (inciso VIII);

(i) a decisão interlocutora estrangeira, após a concessão do *exequatur* à carta rogatória pelo Superior Tribunal de Justiça (inciso IX).

Foi vetado pela Presidência da República o inciso X do art. 515, que considerava título executivo judicial "o acórdão proferido pelo Tribunal Marítimo quando do julgamento de acidentes e fatos da navegação". A justificativa para o veto foi a de que, "ao atribuir natureza de título executivo judicial às decisões do Tribunal Marítimo, o controle de suas decisões poderia ser afastado do Poder Judiciário, possibilitando a interpretação de que tal colegiado administrativo passaria a dispor de natureza judicial". Na verdade, tais decisões, na estrutura dos serviços públicos, são de natureza administrativa, a exemplo do que se passa com as pronunciadas pelo Tribunal de Contas da União e pela Câmara de Recursos da Previdência Social, a que, mesmo quando condenatórias, a jurisprudência atribui a qualidade de título executivo extrajudicial.[47]

---

[46] LIMA, Alcides de Mendonça. *Comentários ao Código de Processo Civil.* Rio de Janeiro: Forense, 1974, t. I, p. 292.

[47] SHIMURA, Sérgio Seiji. Comentários ao art. 515. In: WAMBIER, Teresa Arruda Alvim *et al. Breves comentários ao novo Código de Processo Civil.* São Paulo: RT, 2015, p. 1.330. "Processual Civil. Ação de cobrança. Acórdão do TCU. Título Executivo Extrajudicial. 1. Nos termos do artigo 23, III, 'b' da Lei nº 8.443/92, o acórdão do

A enumeração dos títulos judiciais feita pelo Código de 2015 é *taxativa*, "não permitindo interpretações extensivas e analógicas, pela própria índole da execução".[48]

A doutrina portuguesa costuma classificar os títulos executivos provenientes do processo em *judiciais* e *parajudiciais*. Aqueles seriam a sentença de condenação, e estes a de homologação de transação acordada entre as partes, onde há um misto de título judicial e extrajudicial, limitando-se o juiz a dar eficácia ao ato das partes, sem julgá-lo.[49]

A distinção, no entanto, tem feitio apenas acadêmico, posto que, para o processo de execução, a força e os efeitos do título executivo são os mesmos, tanto na sentença condenatória como nos outros casos em que o título provém de processo, mas não consubstancia, no mérito, uma decisão do próprio juiz (decisões homologatórias de autocomposição judicial). Ademais, a decisão de que fala o art. 515, I, não é apenas aquela que literalmente encerra o processo de conhecimento pelo juiz de primeiro grau. É, como já visto, todo aquele ato decisório que imponha ou preveja uma obrigação a ser cumprida por um litigante em favor do outro. Tanto podem fundamentar a execução as sentenças propriamente ditas, como as decisões interlocutórias e acórdãos. É o conteúdo do decisório, e não sua forma, que confere a força executiva ao provimento judicial.

Todos os títulos arrolados no art. 515 têm, entre si, um traço comum, que é a autoridade da *coisa julgada*, que torna seu conteúdo imutável e indiscutível e, por isso, limita grandemente o campo das eventuais impugnações à execução, que nunca poderão ir além das matérias indicadas no art. 525, § 1º.

Mesmo tendo a jurisprudência se inclinado para o entendimento de que a homologação da autocomposição judicial não impede que o negócio jurídico das partes seja anulado ou rescindido pelas vias ordinárias, nos moldes do art. 966, § 4º, e não pela rescisória (art. 966),[50] no caso de execução forçada não será cabível invocar nos embargos de devedor, contra título judicial emergente da homologação, matéria que ultrapasse o rol dos arts. 525, § 1º, e 535.[51] Somente em ação própria poderá o devedor tentar invalidar ou desconstituir a transação como se faz com os negócios jurídicos em geral (art. 966, § 4º).

23. Medidas preparatórias especiais

Em alguns casos, não é possível proceder-se ao cumprimento da obrigação contemplada em título executivo judicial, em simples incidente imediato à sentença exequenda.

É o que se passa, por exemplo: (i) com as sentenças penais, as quais não se pronunciam acerca da indenização civil (sua força executiva civil decorre imediatamente da lei); (ii) com as sentenças arbitrais, que não podem ser executadas no próprio processo em que pronunciadas;

Tribunal de Contas da União constitui título executivo bastante para cobrança judicial da dívida decorrente do débito ou da multa, se não recolhida no prazo pelo responsável. Desse modo, não há necessidade de inscrição por Termo de Dívida Ativa para obter-se a respectiva Certidão prevista na Lei de Execução Fiscal, ensejando ação de cobrança por quantia certa. 2. Recurso especial não provido" (STJ, 2ª T., REsp 1.059.393/RN, Rel. Min. Castro Meira, ac. 23.09.2008, *DJe* 23.10.2008). No mesmo sentido: "Tais decisões já são títulos executivos extrajudiciais, de modo que prescindem da emissão de Certidão de Dívida Ativa – CDA, o que determina a adoção do rito do CPC quando o administrador discricionariamente opta pela não inscrição" (STJ, 2ª T., REsp 1.390.993/RJ, Rel. Min. Mauro Campbell Marques, ac. 10.09.2013, *DJe* 17.09.2013).

48 LIMA, Alcides de Mendonça. *Comentários ao Código de Processo Civil*. Rio de Janeiro: Forense, 1974, t. I, p. 292.
49 CASTRO, Artur Anselmo de. *A ação executiva singular, comum e especial*. Coimbra: Coimbra Ed., 1970, n. 5, p. 11.
50 STJ, 4ª T., AgRg no REsp 915.705/SP, Rel. Min. Luis Felipe Salomão, ac. 07.10.2010, *DJe* 13.10.2010; STJ, 2ª T., AgRg no REsp 693.376/SC, Rel. Min. Humberto Martins, ac. 18.06.2009, *DJe* 01.07.2009.
51 "Quaisquer vícios na transação devem ser discutidos na ação ordinária de rescisão da sentença homologatória (CPC, art. 486), e não em sede de embargos à execução" (*RSTJ* 140/324).

(iii) bem como com as sentenças estrangeiras e com as decisões interlocutórias estrangeiras, que podem não quantificar a prestação devida (condenação genérica). Em todos esses casos, o cumprimento da sentença, no juízo civil, depende da instauração de um processo novo e não da simples continuidade do feito já em curso, como se dá com os demais títulos arrolados nos incisos do art. 515 do CPC/2015. Há de se instaurar relação processual civil *ex novo*, ou seja, de forma originária, mediante petição inicial e citação do devedor e, se for o caso, por meio de prévia liquidação do *quantum debeatur* (art. 515, § 1º).

As próprias sentenças civis nem sempre definem a quantia a ser paga pelo devedor (*quantum debeatur*), embora acertem a existência da dívida (*an debeatur*). Por isso, também elas, quando genéricas, hão de passar por um procedimento preparatório de liquidação para, finalmente, propiciar a abertura do procedimento de cumprimento forçado em juízo (art. 509). Isto, porém, não exige a propositura de uma nova ação. Tudo se resolve como incidente do processo em que a sentença ilíquida foi prolatada (sobre liquidação de sentença, ver, neste Curso, vol. I, itens 821 a 840).

24. Procedimento especial: sentença penal, sentença arbitral e sentença ou decisão interlocutória estrangeiras

Nos casos de sentença penal condenatória transitada em julgado, sentença arbitral e sentença estrangeira homologada pelo Superior Tribunal de Justiça, além de decisão interlocutória estrangeira, após a concessão do *exequatur* à carta rogatória pelo Superior Tribunal de Justiça (CPC/2015, art. 515, VI, VII, VIII e IX), a execução será precedida de liquidação, no juízo cível competente, nos moldes dos arts. 509 a 512, se se tratar de título representativo de obrigação ainda ilíquida. Nesse caso, o credor iniciará o processo mediante citação do devedor para acompanhar a definição do *quantum debeatur*. Após a respectiva decisão, proceder-se-á, nos autos da liquidação, à expedição do mandado de penhora e avaliação, nos moldes do art. 523 e § 3º, caso o devedor não realize o pagamento voluntário nos quinze dias mencionados no dispositivo.

Advirta-se que o julgamento da liquidação não se dá por meio de sentença, mas de decisão interlocutória, sujeita a agravo de instrumento.

A sentença penal é sempre ilíquida, porque não cabe ao juiz criminal fixar o valor definitivo da reparação civil *ex delicto*.[52] As decisões proferidas em juízo arbitral, as sentenças relativas à homologação da sentença estrangeira, além das decisões interlocutórias estrangeiras, após a concessão do *exequatur* à carta rogatória pelo STJ, no entanto, podem retratar obrigações líquidas. Nessas hipóteses, não há procedimento de liquidação no juízo da execução. A eventual atualização da dívida será feita por memória de cálculo preparada pelo credor, ao requerer a execução, no juízo cível competente. Como naquele juízo não correu processo condenatório, ao iniciar a execução, o devedor será citado primeiro para pagar em 15 dias a quantia devida. Depois de transcorrido dito prazo, sem o adimplemento, é que se expedirá o mandado de penhora e avaliação (art. 515 c/c art. 523, § 3º).

Em suma, a execução dos títulos mencionados nos incisos VI, VII, VIII e IX reclama a abertura de processo novo, com petição inicial e citação. A citação por sua vez pode ser: *(i)* imediatamente voltada para o pagamento da soma devida; ou *(ii)* para os atos preparatórios de liquidação, aos quais seguirá a providência executiva, caso não se dê o pagamento espontâneo

---

[52] O art. 387, IV, do CPP, no texto que lhe deu a Lei nº 11.719/2008, prevê que a sentença penal condenatória estipule, em caráter provisório, a indenização mínima devida ao ofendido, o que, entretanto, não exclui a possibilidade de posterior apuração definitiva do dano no juízo cível, por meio do adequado procedimento liquidatório.

da quantia liquidada. De qualquer maneira, não haverá embargos à execução, e qualquer objeção que tenha de produzir o devedor constará de simples impugnação, nos moldes dos arts. 525, *caput* e § 1º.

25. Encerramento do cumprimento da sentença

No cumprimento das sentenças relativas a obrigações de fazer ou não fazer e de entrega de coisa, tudo se resume, praticamente, na expedição de um mandado, que, uma vez cumprido, acarreta o encerramento do processo e o arquivamento dos autos, sem maiores solenidades.

As sentenças que condenam a prestação da quantia certa se cumprem de maneira mais complexa, pois para satisfazer o direito reconhecido ao credor exige-se uma larga atividade de afetação e avaliação de determinados bens do devedor, os quais finalmente são expropriados e transformados em dinheiro. Só, então, realizará o órgão judicial o ato de satisfação.

Diante dessa complexidade, a lei, embora não trate a execução por quantia certa como um processo distinto em face daquele onde se proferiu a sentença condenatória, qualifica implicitamente como sentença a decisão que, ao acolher a impugnação do executado, determina a extinção do processo, visto que desse decisório o recurso cabível é a apelação, nos termos do art. 925 do CPC/2015. Igual decisão há de ser tomada também quando, após a satisfação do direito previsto na sentença, o juiz verificar a exaustão dos atos de cumprimento da condenação. Dar-se-á a sentença de que fala aquele dispositivo (aplicável ao cumprimento da sentença por força do art. 513), sentença essa meramente terminativa, pois não realiza nenhum acertamento de mérito e apenas reconhece que os atos de execução se completaram.

Há, dessa maneira, duas sentenças de extinção da execução de sentença de condenação a prestação de quantia certa: *(i)* uma que põe fim à execução, de maneira prematura, em razão da acolhida de impugnação do devedor (art. 925); *(ii)* outra que encerra a execução, em virtude de ter sido satisfeito, por inteiro, o direito do credor (arts. 924, I, e 925).

Em ambos os casos é possível o manejo do recurso de apelação, pela parte que se considerar prejudicada pela extinção do processo (art. 1.009).

26. Sentença condenatória civil

Segundo clássica divisão, as sentenças no processo civil podem ser declaratórias, constitutivas e condenatórias.[53] Eram as condenatórias as que, nos termos primitivos do art. 584, I, do CPC/1973, tradicionalmente habilitavam o vencedor a intentar contra o vencido as medidas próprias da execução forçada. Às demais faltaria tal eficácia.[54]

Com efeito, a sentença constitutiva, criando uma situação jurídica nova para as partes, como, por exemplo, quando anula um contrato, dissolve uma sociedade conjugal ou renova um contrato de locação, por si só exaure a prestação jurisdicional possível. O mesmo ocorre com a sentença declaratória cujo objetivo é unicamente a declaração de certeza em torno da existência ou inexistência de uma relação jurídica (CPC/1973, art. 4º). Em ambos os casos, nada há, em regra, a executar após a sentença, quanto ao objeto específico da decisão.

O mandado judicial que às vezes se expede após estas sentenças, como o que determina o cancelamento de transcrição no Registro Imobiliário, ou a averbação à margem de assentos no Registro Civil, não tem função executiva, no sentido processual. Sua finalidade é tão somente a de dar *publicidade* ao conteúdo da decisão *constitutiva* ou *declarativa*.

---

[53] CHIOVENDA, Giuseppe. *Instituições de direito processual civil*. Trad. Guimarães Menegale. 3. ed. São Paulo: Saraiva, 1969, v. I, n. 42, p. 182-183.

[54] LIEBMAN, Enrico Tullio. *Processo de execução*. 3. ed. São Paulo: Saraiva, 1968, n. 28, p. 54.

Já a sentença condenatória, além de definir a vontade concreta da lei diante do litígio,[55] "contém um comando diverso do da sentença de mera apreciação. Esse comando especial e diferente consiste nisto: em determinar que se *realize* e torne *efetiva* uma certa sanção". Contém a sentença de condenação, portanto, a *vontade* do Estado, traduzida pelo juiz, de que a sanção nela especificada "seja aplicada e executada", criando para o condenado, como acentua Calamandrei, "um estado de sujeição".[56]

Todavia, para autorizar a execução, sempre se entendeu que não se devia considerar sentença condenatória apenas a proferida na ação de igual nome. A parte dispositiva de todas as sentenças, inclusive das declaratórias e constitutivas, contém sempre provimentos de condenação relativos aos encargos processuais (custas e honorários de advogado), e, nesse passo, legitimam o vencedor a promover a execução forçada, assumindo o caráter de título executivo judicial, também como *sentença condenatória*.[57]

O Código atual configura como título executivo judicial qualquer decisão proferida no processo civil que reconheça "a exigibilidade de obrigação de pagar quantia, de fazer, de não fazer ou de entregar coisa" (art. 515, I). Vale dizer, a sentença declaratória pode franquear o acesso às vias executivas sempre que houver completo acertamento sobre a existência de uma prestação obrigacional a ser cumprida pela parte.[58] A hipótese é, pois, de sentença que, mesmo não tendo cogitado imediatamente impor o cumprimento da obrigação, tenha procedido ao acertamento ou certificação de todos os seus elementos (certeza, liquidez e exigibilidade). É o que pode acontecer em certas sentenças declaratórias ou em algumas sentenças constitutivas.

As sentenças declaratórias e constitutivas que não configuram título executivo são, na verdade, aquelas que se limitam a declarar ou constituir uma situação jurídica sem acertar prestação a ser cumprida por um dos litigantes em favor do outro. São, pois, as sentenças puramente declaratórias ou puramente constitutivas.[59]

Além disso, nos casos de pedidos múltiplos e consequentes, pode ocorrer sentença mista, como aquelas que, numa só decisão, resolvem ou anulam o contrato e condenam o vencido a restituir o bem negociado. O provimento constitutivo não reclama execução, mas a decisão de mandar devolver o objeto do contrato é tipicamente de condenação e poderá ensejar execução forçada.

Por outro lado, não se deve considerar título executivo apenas a sentença de condenação proferida em processo de jurisdição contenciosa. Também em alguns casos de jurisdição voluntária, como na separação consensual, pode-se ensejar a execução forçada, quando, por exemplo, um dos cônjuges se recuse a cumprir o acordo da partilha do patrimônio do casal,[60] ou deixe de pagar a pensão alimentícia convencionada.

---

[55] CHIOVENDA, Giuseppe. *Instituições de direito processual civil*. Trad. Guimarães Menegale. 3. ed. São Paulo: Saraiva, 1969, v. I, n. 42, p. 157-158.
[56] REIS, José Alberto dos. *Processo de execução*. Coimbra: Coimbra Ed., 1943, v. I, n. 34, p. 94.
[57] MICHELI, Gian Antonio. *Derecho procesal civil*. Buenos Aires: Ediciones Jurídicas Europa-América, 1970, v. III, n. 3, p. 6; LIEBMAN, Enrico Tullio. *Processo de execução*. 3. ed. São Paulo: Saraiva, 1968, n. 28, p. 54.
[58] Nessa especial conjuntura, o STJ reconheceu que "tem eficácia executiva a sentença declaratória que traz definição integral da norma jurídica individualizada", por entender que "não há razão alguma, lógica ou jurídica, para submetê-la, antes da execução, a um segundo juízo de certificação, até porque a nova sentença não poderia chegar a resultado diferente do da anterior, sob pena de comprometimento da garantia da coisa julgada, assegurada constitucionalmente" (STJ, 1ª T., REsp 588.202/PR, Rel. Min. Teori Albino Zavascki, ac. 10.02.2004, DJU 25.02.2004, p. 123, *Informativo Incijur*, n. 58, encarte de jurisprudência, Em. n. 662/2004 – maio 2004).
[59] Uma sentença constitutiva proferida em ação revisional de contrato, ao alterar os valores das prestações, terá força executiva em relação a essas novas prestações.
[60] LIMA, Alcides de Mendonça. *Comentários ao Código de Processo Civil*. Rio de Janeiro: Forense, 1974. t. I, v. VI., n. 664, p. 298.

A sentença exequível, outrossim, tanto pode provir de processo de conhecimento como de procedimentos provisórios (tutelas urgentes, conservativas ou satisfativas, e da evidência), pouco importando que o procedimento tenha sido comum ou especial.

Entenda-se, por fim, a sentença passível de execução, nos termos do art. 203, § 1º, como "o pronunciamento por meio do qual o juiz, com fundamento nos arts. 485 e 487, põe fim à fase cognitiva do procedimento comum, bem como extingue a execução". Dessa maneira, é de reconhecer que a força executiva, no todo ou em parte, pode ser detectada tanto em sentenças *definitivas* (com resolução de mérito) como em sentenças *terminativas* (sem apreciação do mérito da causa). O que importa é conter o julgado o reconhecimento de alguma prestação a ser cumprida pela parte vencida. Além do mais, o CPC/2015 teve o cuidado de explicitar que o título executivo judicial não se limita às sentenças propriamente ditas. Igual força cabe a qualquer decisão interlocutória, em primeiro ou superior grau de jurisdição, que reconheça a exigibilidade de alguma obrigação de pagar quantia, de fazer, de não fazer ou de entregar coisa (art. 515, I).

27. Sentença condenatória contra a Fazenda Pública

Pela impossibilidade de penhora sobre bens públicos, lembra Pontes de Miranda que a sentença condenatória passada contra a Fazenda Pública é, excepcionalmente, desprovida de força executiva.[61] A restrição diz respeito, porém, apenas às condenações a pagamento por quantia certa, cuja execução *imprópria* (porque sem a força de agressão sobre o patrimônio do devedor) será processada com observância do art. 910 do CPC/2015.[62] Quanto às demais condenações (obrigações de entrega de coisa, de fazer e não fazer), a Fazenda Pública não tem imunidade executiva.[63]

Não se pode, outrossim, negar a natureza de sentença condenatória ao julgado que impõe à Fazenda Pública a realização de pagamento de soma de dinheiro, apenas pela circunstância de a respectiva execução não autorizar penhora e os comuns atos expropriatórios. O que configura a sentença condenatória não é a força de provocar a execução forçada em sua plenitude, mas a presença do comando que impõe ao vencido a realização da prestação a que tem direito a parte vencedora. O modo de alcançar sua efetivação, após a sentença, é indiferente.

28. Nova visão dos efeitos da sentença declaratória

O Código atual manteve a posição clara, já explicitada pelo CPC/1973 (art. 4º, parágrafo único) diante da controvérsia outrora existente em torno da admissibilidade, ou não, da ação declaratória sobre obrigação já exigível. A circunstância de já poder o credor reclamar a prestação inadimplida não é empecilho a que se postule o reconhecimento por sentença apenas da existência da relação obrigacional, como se deduz do art. 20 do CPC/2015. À míngua da condenação nesse tipo de julgamento, entendia-se, antes da reforma da Lei nº 11.232/2005, que o credor, sem embargo da sentença declaratória, continuaria sem título para executar o devedor. Para tanto teria de mover nova ação em que a sentença anterior atuaria com força de

---

[61] PONTES DE MIRANDA, Francisco Cavalcanti. *Comentários ao Código de Processo Civil*. Rio de Janeiro: Forense, 1961, v. XIII, p. 11.

[62] O cumprimento da sentença que condene a entrega ou restituição de coisas, na sistemática do CPC/1973, conservada pelo CPC/2015, não depende mais de processo separado de execução. A partir da Lei nº 10.444/2005 as sentenças da espécie adquiriram a natureza de executivas *lato sensu*. Uma vez tornadas definitivas, seu cumprimento se dá por simples e imediata expedição de mandado, sem depender, portanto, da instauração de nova relação processual (*actio iudicati*).

[63] LIMA, Alcides de Mendonça. *Comentários ao Código de Processo Civil*. Rio de Janeiro: Forense, 1974. t. I, v. VI., n. 665, p. 298.

preceito, embora, em razão da *res iudicata*, seu conteúdo não pudesse ser discutido no bojo da ação condenatória.

Entretanto, alterações no CPC/1973 atribuíram força executiva também às sentenças declaratórias e constitutivas, na medida em que procedessem ao reconhecimento da existência de obrigação certa, líquida e exigível. Nessa perspectiva, até mesmo as sentenças declaratórias de improcedência podem, em determinadas circunstâncias, gerar título executivo, como se passa no caso em que a pretensão do autor, repelida pelo decisório de mérito, consistia em negar a existência de uma relação obrigacional perfeitamente identificada. Julgando improcedente o pedido, a sentença claramente reconhecerá a relação negada pelo autor, e fornecerá ao réu certificação positiva de direito, qualificável como título hábil para o procedimento de cumprimento forçado de título judicial.

Advirta-se, porém, que toda sentença de improcedência de demanda é de natureza declaratória, mas nem sempre será título executivo judicial. Para que isso ocorra, necessário será que o julgamento contenha explícito fundamento na existência de obrigação certa e exigível oposta pelo réu à pretensão do autor.

Em regra, a improcedência da demanda não acarreta necessário acertamento definitivo de algum direito do réu contra o autor, de modo que a sentença proferida em desabono da pretensão do autor não poderá ter força para legitimar uma execução de eventual direito obrigacional arguido como simples argumento de defesa na contestação.

Para que a sentença tenha efeito bifronte, gerando título executivo indistintamente para qualquer dos contendores, é necessário que a ação manejada seja dúplice ou que tenha o réu lançado mão da reconvenção, ou, pelo menos, de defesa indireta de mérito (fato jurídico que impeça ou altere o direito invocado na inicial).

É no caso de ação declaratória, cujo objeto seja o reconhecimento da inexistência de determinada relação obrigacional, que a sentença de improcedência poderá, com mais adequação, configurar título executivo em favor do réu. Isto porque em tal julgado restará reconhecido, justamente, a existência, entre as partes, da obrigação negada pelo autor; e essa afirmação assumirá a autoridade de coisa julgada, tornando-se lei entre demandante e demandado (CPC/2015, arts. 502 e 503). Nesse sentido já decidiu o STJ, com a eficácia vinculativa do art. 1.039 do CPC/2015.[64]

Em conclusão, é indiscutível a possibilidade, no direito atual, de uma sentença declaratória adquirir força de título executivo judicial, desde que de seu conteúdo se possa extrair a certificação da existência de obrigação exigível entre as partes.

29. Ação declaratória e prescrição

Shimura tem uma visão restritiva da inclusão das sentenças declaratórias no rol dos títulos executivos judiciais. Afasta a possibilidade de configurar título da espécie a sentença *meramente declaratória*, ao argumento de faltar-lhe qualquer conteúdo que possa corresponder a uma

---

[64] "Processual civil. Executividade de sentença. Improcedência de ação declaratória negativa. Reconhecimento, em favor do demandado, da existência de obrigação de pagar. Incidência do art. 475-N, I, do CPC. Matéria decidida pela 1ª Seção, sob o regime do art. 543-C do CPC. Especial eficácia vinculativa (CPC, art. 543-C, § 7º). 1. Nos termos do art. 475-N, I do CPC, é título executivo judicial 'a sentença proferida no processo civil que reconheça a existência da obrigação de fazer, não fazer, entregar coisa ou pagar quantia'. (...) 2. Nessa linha de entendimento, o art. 475-N, I do CPC se aplica também à sentença que, julgando improcedente (parcial ou totalmente) o pedido de declaração de inexistência de relação jurídica obrigacional, reconhece a existência de obrigação do demandante para com o demandado" (STJ, 1ª T., REsp 1.300.213/RS, Rel. Min. Teori Albino Zavascki, ac. 12.04.2012, *DJe* 18.04.2012). No mesmo sentido: STJ, 1ª Seção, REsp 1.261.888/RS, Rel. Min. Mauro Campbell Marques, ac. 09.11.2011, *DJe* 18.11.2011.

condenação. Ademais, entende que não estando sujeita à prescrição a pretensão meramente declaratória poderia ser manejada para burlar os efeitos prescricionais, criando novo título para reviver aquele que já perdera eficácia pelo decurso do tempo.[65] Por isso, conclui que a força executiva do pronunciamento declaratório só poderia advir por previsão legal ou de efeito secundário da decisão, como, *v.g.*, se passa na homologação de autocomposição judicial ou extrajudicial, no formal e certidão de partilha, na sentença que na consignação em pagamento define o montante devido pelo autor, e na sentença da ação de prestação de contas que apura o saldo em favor de uma das partes.

Ora, é o próprio Código que admite possa versar a ação meramente declaratória sobre relação jurídica referente a obrigação já exigível (CPC/2015, art. 20), de maneira que, tal ocorrendo, ter-se-á configurado o título executivo judicial descrito no art. 515, I, ou seja, ter-se-á uma *decisão proferida no processo civil que reconhece a exigibilidade de determinada obrigação*. Pouco importa, nessa situação, que o decisório não contenha o comando típico da condenação, se o acertamento judicial positivou a existência, entre as partes, de uma obrigação certa, líquida e exigível. A remissão feita ao caráter condenatório da sentença, para se tornar título executivo, corresponde a um posicionamento superado em nosso direito positivo. Desde a última reforma do CPC/1973, a lei não mais define o título executivo judicial a partir do requisito da condenatoriedade, mas sim da certificação judicial de certeza, liquidez e exigibilidade de uma obrigação civil.

Ademais, a burla à prescrição por via de ação declaratória jamais acontecerá, pois a sentença, *in casu*, não cria relação obrigacional nova e apenas reconhece aquela preexistente, cujos atributos continuam, no plano material, sendo os mesmos. Se a obrigação estava afetada, em sua eficácia, pela prescrição, assim continuará após a sentença que a houver declarado.

É de se ter em conta, ainda, que, embora a pretensão declaratória não se sujeite, em princípio, à prescrição, certo é que o devedor poderá resisti-la, por perda de interesse, quando a pretensão principal respectiva tenha se extinguido pela prescrição. Sem esta (*i.e.*, quando o crédito não possa mais ser cobrado), não haveria utilidade jurídica a ser extraída da declaratória pelo credor, o que é suficiente para o devedor arguir a carência da ação declaratória por ausência de interesse.[66] Assim, não há objeção grave à qualificação da sentença declaratória como título executivo judicial, quando presentes os elementos arrolados pelo inciso I do art. 515 do CPC/2015.

30. Decisão homologatória de autocomposição

I – Autocomposição judicial

Para o Código atual, são formas de autocomposição, que implicam resolução do mérito da causa (art. 487, III) encontrada pelas próprias partes, os seguintes atos ou negócios processuais:

---

[65] SHIMURA, Sérgio Seiji. Comentários ao art. 515. In: WAMBIER, Teresa Arruda Alvim *et al. Breves comentários ao novo Código de Processo Civil*. São Paulo: RT, 2015, p. 1.324.

[66] "Se a relação envolvida na incerteza tem seu objeto obrigacional afetado por prescrição, de sorte que o credor, mesmo acertando sua existência, nenhum resultado prático obterá, a prescrição poderá ser invocada, não para submeter a ação declaratória aos efeitos prescricionais, mas para extingui-la por falta de interesse do autor (CPC, art. 3º) [CPC/1973]. Se, por exemplo, depois de cumprido o pagamento, o *solvens* descobre uma causa de nulidade do contrato, não terá interesse em obter sua declaração, se a pretensão da repetição do indébito já estiver prescrita. A situação é igual à da nulidade do título de aquisição, quando o adquirente já teve consumado em seu favor o usucapião. Será carente de ação declaratória por evidente falta de interesse" (THEODORO JÚNIOR, Humberto. *Comentários ao novo Código Civil*. 4. ed. Rio de Janeiro: Forense, 2008, v. III, t. II, n. 306, p. 177). Nesse sentido: CHIOVENDA, Giuseppe. *Ensayos de derecho procesal civil*. Buenos Aires: Ed. Jurídicas Europa-america, 1949, v. I, p. 129; FERRARA, Francisco. *A simulação dos negócios jurídicos*. Campinas: Red Livros, 1999, p. 458.

(i) o reconhecimento da procedência do pedido formulado na ação ou na reconvenção; *(ii)* a transação; *(iii)* a renúncia à pretensão formulada na ação ou na reconvenção. Todos eles assumem a qualidade de solução judicial definitiva mediante homologação do juiz e se revestem dos atributos da coisa julgada e da força executiva.[67]

Note-se que o título executivo, na espécie, não é apenas a sentença propriamente dita. O art. 515, II, do CPC/2015 fala em *decisão homologatória de autocomposição*, o que revela a possibilidade de se formá-lo tanto por meio de sentença como de decisão interlocutória. Justifica-se essa posição legislativa pelo fato de que a autocomposição pode ser total ou parcial e, nessa última hipótese, não porá fim ao processo. Mas, naquilo que se definiu negocialmente, o conflito estará findo e a homologação, portanto, configurará decisão interlocutória relativa ao mérito, incluível na hipótese do inc. II do art. 515.[68]

Nesses casos de decisão *homologatória* de autocomposição judicial, o provimento jurisdicional apenas na *forma* pode ser considerado *sentença*, já que, na realidade, "o juiz que a profere não julga ou não decide se houve ou não acerto justo ou legal das partes".[69] Não decide, enfim, ele mesmo, o conflito de interesses.[70]

Em última análise, trata-se de composição negocial da lide, prevalecendo a vontade das partes. A intervenção do juiz é apenas para chancelar o acordo de vontades dos interessados (transação, conciliação, reconhecimento e renúncia), limitando-se à fiscalização dos aspectos formais do negócio jurídico (o acordo ou transação é, segundo a lei civil, um contrato).[71] A homologação, todavia, outorga ao ato das partes nova natureza e novos efeitos, conferindo-lhe o caráter de ato processual e a força da executoriedade.

Assim, a transação, de iniciativa das partes, devidamente homologada, chega a um resultado construído por elas mesmas, equiparável à resolução de mérito da causa, que seria dada pela sentença do juiz, importando, por força de lei, composição definitiva da lide. Da mesma forma, a autocomposição obtida entre as partes em audiência, uma vez reduzida a termo, resolve o litígio e será "homologada por sentença" (art. 334, § 11).

II – Amplitude subjetiva da autocomposição judicial

A decisão homologatória de autocomposição judicial, de que fala o art. 515, II, refere-se a negócio jurídico estabelecido entre as partes para pôr fim a processo pendente (art. 487, III). O acordo, todavia, não precisa limitar-se ao objeto do processo findante. Como explicita o § 2º do art. 515, a autocomposição judicial pode envolver sujeito estranho ao processo e,

---

[67] "O acordo de reparação de danos feito durante a suspensão condicional do processo, desde que devidamente homologado por sentença, é título executivo judicial" (CEJ/I Jorn. Dir. Proc. Civ., Enunciado nº 87).

[68] Trata-se, no dizer de Teresa Arruda Alvim Wambier, "de sentença *atípica*, na medida em que o órgão judicial quando homologa o instrumento de transação, limita-se apenas a conferir ao ato das partes a eficácia e a autoridade de uma sentença de mérito, sem propriamente exercer cognição a respeito do seu conteúdo" (*Nulidades do processo e da sentença*. 7. ed. São Paulo: RT, 2014, n. 1.5.4, p. 102).

[69] LIMA, Alcides de Mendonça *Comentários ao Código de Processo Civil*. Rio de Janeiro: Forense, 1974, v. VI, n. 685, p. 305.

[70] Cândido Dinamarco vê, na espécie, um ato complexo, composto, de um lado, pela sentença homologatória, com caráter formal e de continente e, de outro, pelo conteúdo, representado pelo ato negocial firmado pelas partes. A um ato negocial acresce-se um ato jurisdicional, portanto. "Somados, ambos produzem o mesmo resultado de uma sentença que efetivamente julgasse o *meritum causae* e por isso é que o Código de Processo Civil animou-se a encaixá-los no tratamento da extinção do processo com julgamento do mérito (art. 269, incs. II, III e V)" [CPC/2015, art. 487, III, "a", "b" e "c"] (*Instituições de direito processual civil*. São Paulo: Malheiros, 2001, v. III, n. 936, p. 269).

[71] Código Civil, art. 840.

também, versar sobre relação jurídica que não tenha sido deduzida em juízo. Numa ação de cobrança de aluguel, por exemplo, podem as partes entrar em acordo para alterar cláusulas do contrato locatício, ou podem ajustar a sua rescisão; ou numa ação renovatória podem, em lugar da prorrogação postulada, convencionar a cessão do contrato ou seu encerramento findo um determinado prazo.

Para se falar em título executivo, em todos os casos *supra*, é indispensável que o ato homologado contenha, ainda que implicitamente, a previsão de prestação a ser cumprida por uma ou por ambas as partes. Pois só diante da certificação de uma obrigação exigível é que se pode cogitar de execução (art. 515, I). Se a autocomposição limitou-se a simples efeitos declaratórios ou constitutivos (reconhecimento de validade de documento, inexistência de relação jurídica, resolução de contrato etc.), terá, por si só, exaurido a prestação que ao órgão judicial se poderia reclamar, sem nada restar para a execução.

Havendo prestações recíprocas, cada parte será legitimada, individualmente, para executar o ato homologado no que lhe for favorável, observados, naturalmente, os princípios dos negócios jurídicos bilaterais (art. 787).

III – Procedimento executivo

A forma da execução será determinada pela natureza das prestações convencionadas ou estipuladas no ato homologado, podendo, conforme o caso, dar lugar ao procedimento da execução por quantia certa, para entrega de coisa, ou de obrigação de fazer ou não fazer.

IV – Autocomposição extrajudicial

Por autocomposição extrajudicial entende-se aquela a que chegam os litigantes sobre conflito instalado entre eles, antes de submetê-lo à composição judicial. Tudo se passa no plano dos negócios jurídicos civis, uma vez que o Código Civil arrola a transação como um dos contratos nominados (arts. 840 a 850), cujos efeitos, no plano obrigacional, independem de aprovação judicial. Sem embargo disso, sempre houve interesse em reforçar a eficácia negocial na espécie, por meio de judicialização dos negócios realizados com o propósito de encerrar conflitos.

Nunca houve dúvida de que o acordo acerca do objeto de processo em curso poderia ser submetido a homologação judicial, mesmo sendo ajustado fora dos autos. Registrou-se, entretanto, em determinada época, uma resistência por parte de alguns setores da jurisprudência ao cabimento da pretensão das partes de obterem homologação do acordo extrajudicial, antes da existência de qualquer demanda aforada entre as partes.

O Código atual mantém o mesmo entendimento já sedimentado à época do anterior, no sentido de o juiz não poder se recusar a homologar transação sob pretexto de inexistir processo em curso entre as partes. Qualifica, pois, como título executivo judicial "a decisão homologatória de autocomposição extrajudicial de qualquer natureza" (art. 515, III), sem relacioná-la com processo algum em andamento. Assim, prestigiou a orientação de "estimular a solução amigável dos conflitos e contribuir com uma tutela jurisdicional mais célere e efetiva".[72]

Para convolação da autocomposição extrajudicial em título executivo judicial, utilizar-se-á o procedimento comum de jurisdição voluntária (arts. 719 a 723), conforme prevê o art. 725, VIII.

---

[72] WAMBIER, Teresa Arruda Alvim *et al. Primeiros comentários ao novo Código de Processo Civil, artigo por artigo.* 2. ed. São Paulo: RT, 2016, p. 848.

31. O formal e a certidão de partilha

Formal de partilha "é a carta de sentença extraída dos autos de inventário, com as formalidades legais, para título e conservação do direito do interessado, a favor de quem ela foi passada".[73]

Nos pequenos inventários ou arrolamentos, quando o quinhão resultante da sucessão hereditária não ultrapasse cinco salários mínimos, "o formal de partilha poderá ser substituído por *certidão*" (CPC/2015, art. 655, parágrafo único).

Trata-se de título executivo especial, visto que a sentença que julga a partilha não pode, a rigor, ser considerada como condenatória.[74] É, aliás, uma comprovação histórica de que, mesmo no regime antigo, anterior até ao CPC/1973 (CPC/1939, art. 510), a qualidade de título executivo judicial nunca esteve totalmente vinculada à sentença condenatória.

A força executiva do formal ou da certidão de partilha atua "exclusivamente em relação ao inventariante, aos herdeiros e aos sucessores a título singular ou universal" (CPC/2015, art. 515, IV), e se refere objetivamente aos bens integrantes do acervo partilhado no juízo hereditário e a sua efetiva entrega a quem de direito.

Se o bem herdado se encontrar na posse de estranho, sem vínculo com o inventariante ou os demais sucessores do acervo partilhado, o titular do formal não poderá utilizar-se diretamente da execução forçada; terá de recorrer, primeiro, ao processo de conhecimento para obter a condenação do terceiro à entrega da coisa.

Caso, porém, o referido bem tenha sido transferido pelo inventariante ou por algum herdeiro – a título singular ou universal (inclusive *causa mortis*) – o adquirente ficará, segundo o art. 515, IV, sujeito à força executiva do formal, pois terá, então, apenas ocupado o lugar do transmitente na sujeição ao título executivo. Aplica-se, em termos, a regra do art. 109, § 3º, do CPC/2015.

A forma da execução dependerá da natureza dos bens integrantes do quinhão do exequente: se for soma de dinheiro, observar-se-á procedimento da execução por quantia certa; se se tratar de outros bens, adotar-se-á o rito de execução para entrega de coisa, certa ou incerta etc.

É de se notar que, no regime atual de cumprimento de sentença, não há mais necessidade de instaurar-se uma nova ação (*actio iudicati*), para se forçar a execução de sentença relativa à obrigação de dar ou restituir coisa. Vigora o sistema das sentenças executivas *lato sensu*, cujo cumprimento se dá, de plano, por meio de mandado de imissão na posse (imóveis) ou de busca e apreensão (móveis) (CPC/2015, art. 538). Assim, portanto, haver-se-á de proceder, também, nas divisões e partilhas judiciais.[75]

Merece lembrar, ainda, a possibilidade de realizar-se o inventário e partilha extrajudicialmente, por meio de escritura pública, nos termos da Lei nº 11.441/2007. Nesse caso, a escritura pública terá força apenas de título executivo extrajudicial. Adquirirá, entretanto, a qualidade de título judicial, se for submetida, no processo de inventário, à homologação do respectivo juiz.

32. Crédito de auxiliar da justiça

Entre os títulos executivos judiciais o CPC/2015 arrola "o crédito de auxiliar da justiça, quando as custas, emolumentos ou honorários tiverem sido aprovados por decisão judicial" (art. 515, V). No regime anterior, esse crédito figurava entre os títulos executivos extrajudiciais, que

---

[73] OLIVEIRA, Arthur Vasco Itabaiana de. *Tratado de direito das sucessões*. 4. ed. São Paulo: Max Limonad, 1952, n. 967, p. 914.

[74] LIMA, Alcides de Mendonça. *Comentários ao Código de Processo Civil*. Rio de Janeiro: Forense, 1974, v. VI, n. 706, p. 315.

[75] Cf. THEODORO JÚNIOR, Humberto. *Terras particulares*: demarcação, divisão e tapumes. 4. ed. São Paulo: Saraiva, 1999, n. 302, p. 481.

além dele compreendia também os emolumentos devidos no foro dito extrajudicial (tabeliães, oficiais de registro etc.). Duas novidades podem ser entrevistas no Código atual: *(i)* somente os créditos adquiridos pelos auxiliares da justiça durante a tramitação do processo é que assumem a forma de título judicial, quando participam da conta dos autos aprovada por decisão do juiz; *(ii)* os emolumentos das serventias notariais ou de registro continuam sendo cobráveis como título executivo extrajudicial, mas já não dependem mais de aprovação judicial; basta que o próprio notário expeça certidão relativa aos valores devidos pelos atos por ele praticados (art. 784, XI). Funcionam nos processos judiciais vários *auxiliares da justiça*, que compreendem não só os serventuários permanentes do juízo como outros eventualmente convocados a colaborar com os órgãos judiciais. Os auxiliares permanentes são escrivães, escreventes, distribuidores, contadores, tesoureiros, oficiais de justiça, depositários, avaliadores, tabeliães, oficiais de registro, mediadores etc. Eventuais são o perito, o intérprete e o tradutor. A todos o Código atribui legitimidade para propor execução visando à cobrança dos respectivos créditos adquiridos pelos serviços prestados em juízo, quando as custas, emolumentos ou honorários tiverem sido aprovados judicialmente (art. 515, V).

A aprovação pode se dar por meio por meio da sentença ou de qualquer outra decisão proferida acerca das contas apuradas nos autos.

33. Sentença penal condenatória

I – Força civil da sentença penal

Desde o Código de 1973, encerrou-se a controvérsia acerca da força executiva civil da condenação criminal, alcançando, assim, a harmonia com a norma de direito material contida no art. 91, I, do Código Penal, onde se vê que é efeito da condenação "tornar certa a obrigação de indenizar o dano causado pelo crime".

Essa reparação tanto pode consistir em *restituição* do bem de que a vítima foi privada em consequência do delito como no *ressarcimento* de um valor equivalente aos prejuízos suportados por ela ou seus dependentes.

O sistema de nossa legislação, no tocante à responsabilidade civil frente à responsabilidade penal, é o da *autonomia* (Código Civil, art. 935). Mas a autonomia é apenas *relativa* e não absoluta, pois, enquanto a responsabilidade civil pode existir sem a responsabilidade penal, esta, no entanto, sempre acarreta a primeira (Código Penal, art. 91, I). O réu condenado no crime não escapa do dever de indenizar o prejuízo acarretado à vítima, não havendo necessidade de uma sentença civil a respeito dessa responsabilidade.

Por outro lado, a eficácia civil da responsabilidade penal só atinge a pessoa do condenado na justiça criminal, sem alcançar os corresponsáveis pela reparação do ato ilícito, como é o caso de preponentes, patrões, pais etc. Contra estes, a vítima do delito não dispõe de título executivo. Terá de demonstrar a corresponsabilidade em processo civil de conhecimento e obter a sentença condenatória para servir de título executivo.[76]

II – Requisitos da execução civil da sentença penal

Para a execução civil da sentença penal, exigem-se os seguintes requisitos:

(a) a sentença criminal deve ser *definitiva*, de maneira que as sentenças de pronúncia, que mandam o réu a julgamento final perante o júri, nenhuma consequência tem no tocante à execução civil;

---

[76] STJ, 3ª T., REsp 343.917/MA, Rel. Min. Castro Filho, ac. 16.10.2003, *DJU* 03.11.2003.

(b) a condenação criminal há de ter passado em julgado, de maneira que não cabe, na espécie, a execução provisória;

(c) a vítima deve, preliminarmente, promover a liquidação do *quantum* da indenização a que tem direito, observando-se, no procedimento preparatório da execução (CPC/2015, arts. 509 a 512), as normas e critérios específicos traçados pelo Código Civil para liquidação das obrigações resultantes de atos ilícitos e que constam de seus arts. 944 a 954.[77] De tal sorte, o título judicial executivo só existirá, no plano civil, após o trânsito em julgado da sentença proferida no procedimento de liquidação, de que falam os arts. 509 e 515, § 1º, pois só então existirá efetivamente um título representativo de obrigação certa, líquida e exigível.

III – Condenação civil provisória no bojo da sentença penal

A reforma do art. 387, IV, do CPP, operada pela Lei nº 11.719/2008, prevê que a sentença penal, doravante, conterá a indenização mínima devida ao ofendido. A novidade, no entanto, não é de eficácia plena, porque, não sendo o ofendido parte do processo penal, contra ele não se formará a coisa julgada. Dessa maneira, continuará com direito de promover a liquidação do dano que o delito realmente lhe houver acarretado, sem ficar limitado ao valor previsto pelo juiz criminal. Ou seja, a vítima pode postular a complementação da indenização no juízo cível. A única vantagem prática do novo sistema talvez seja a de o ofendido, quando se conformar com o valor estipulado na sentença penal, ficar habilitado a promover diretamente a execução civil, sem necessidade de submeter-se ao prévio procedimento liquidatório.[78]

A indenização mínima instituída pela Lei nº 11.719/2008 pode ser estipulada tanto para cobrir dano material como para dano moral, pode cobrir ambos cumulativamente, como um ou outro isoladamente.[79]

IV – Legitimação para a execução civil da sentença penal

São legitimados para promover a execução civil da sentença penal condenatória "o ofendido, seu representante legal ou seus herdeiros" (Código de Processo Penal, art. 63). O requisito do trânsito em julgado cinge-se à sentença penal. Uma vez instaurado o procedimento civil liquidatório, a execução não dependerá necessariamente do trânsito em julgado do *quantum* liquidando, de modo que, atendidas as cautelas legais, será possível a

---

[77] STJ, 4ª T., REsp 722.429/RS, Rel. Min. Jorge Scartezzini, ac. 13.09.2005, *DJU* 03.10.2005.

[78] Sobre o tema, há interessante artigo de Alexandre Freitas Câmara, em que a norma introduzida pela Lei nº 11.719/2008 é qualificada como inconstitucional, por incompatibilidade com a garantia fundamental do contraditório, até mesmo em relação ao condenado. Entende, por isso, que o tratamento dos efeitos civis da sentença penal continuará sendo o da independência entre as responsabilidades civil e criminal, tal como se observava antes da reforma do art. 387, IV, do CPP. Enfim, realmente "nada mudou" (cf. Efeitos civis e processuais da sentença condenatória criminal. Reflexões sobre a Lei nº 11.719/2008. *Revista EMERJ*, v. 12, n. 46, p. 111-123, abr.-maio-jun. 2009). Antônio do Passo Cabral discorda da imputação de inconstitucionalidade ao novo art. 387, IV, do CPP. Concorda, porém, com a ausência de coisa julgada em torno do arbitramento do valor mínimo da indenização feito na sentença penal condenatória (cf. O valor mínimo da indenização cível fixado na sentença condenatória penal: Notas sobre o novo art. 387, IV, do CPP. *Revista EMERJ*, v. 13, n. 49, p. 302-328, jan.-fev.-mar. 2010).

[79] "Nos casos de violência contra a mulher praticados no âmbito doméstico e familiar, é possível a fixação de valor mínimo indenizatório a título de dano moral, desde que haja pedido expresso da acusação ou da parte ofendida, ainda que não especificada a quantia, e independentemente de instrução probatória" (STJ, 3ª Seção, REsp 1.643.051/MS, Rel. Min. Rogerio Schietti Cruz, ac. 28.02.2018, *DJe* 08.03.2018 – julgado em regime de recursos repetitivos).

execução provisória, mesmo durante a tramitação do agravo de instrumento acaso manejado pelo devedor, por falta de efeito suspensivo.[80] Se o credor for pobre, a legitimação alcançará, também, o Ministério Público, que, a pedido do interessado, promoverá a execução como *substituto processual*, isto é, em nome próprio, mas na tutela de interesse de terceiro (CPP, art. 68, e CPC/2015, art. 778, § 1º, I).[81]

V – Penhorabilidade do bem de família

Entre as hipóteses de exceção à impenhorabilidade do bem de família, figura a do art. 3º, VI, da Lei nº 8.009/1990, o qual expressamente afastou sua incidência quando se trata de bem imóvel adquirido com produto de crime ou para a execução de sentença penal condenatória a ressarcimento, indenização ou perdimento de bens. Há, porém, um requisito legal: a sentença penal condenatória deve estar transitada em julgado (CPC, art. 515, VI).[82]

Entretanto, é possível o sequestro do bem adquirido nas condições acima, independentemente de sentença condenatória, com base na existência de indícios veementes da sua proveniência ilícita (CPP, arts. 125 e 126).[83]

34. Sentença arbitral

Antigamente, o laudo arbitral só se tornava título executivo judicial depois de submetido à homologação em juízo. Após a Lei nº 9.307/2006, a exequibilidade da sentença arbitral tornou-se força que decorre dela própria. Isto é, tem-se na espécie um título executivo judicial equiparável plenamente à sentença dos órgãos judiciários, sem depender de qualquer ato homologatório do Poder Judiciário. É o que dispõe o art. 31 da Lei nº 9.307, *in verbis*: "A sentença arbitral produz, entre as partes e seus sucessores, os mesmos efeitos da sentença proferida pelos órgãos do Poder Judiciário e, sendo condenatória, constitui título executivo".

Prevê, porém, o art. 32 da referida Lei casos de nulidade da sentença arbitral que poderão ser invocados em procedimento judicial comum (art. 33, § 1º), ou em impugnação ao cumprimento da sentença, processados de acordo com os arts. 475-L e ss. do CPC/1973 [CPC/2015, art. 525] (art. 33, § 3º).

Vê-se, pois, que a Lei nº 9.307 equipara a sentença arbitral à sentença judicial, dispensando qualquer ato homologatório; mas não atribui ao órgão arbitral competência executiva, a qual fica reservada inteiramente ao Poder Judiciário (CPC/2015, art. 515, VII). No entanto, quando a sentença arbitral for estrangeira, terá de submeter-se à prévia homologação pelo Superior Tribunal de Justiça para ser executada no Brasil (o art. 35 da Lei de Arbitragem, que previa a competência do STF, foi modificado pela EC nº 45/2005, que acrescentou a alínea "i" ao art. 105, I, da CF).

---

[80] SHIMURA, Sérgio Seiji. Comentários ao art. 515. In: WAMBIER, Teresa Arruda Alvim *et al*. *Breves comentários ao novo Código de Processo Civil*. São Paulo: RT, 2015, p. 1.326-1.327.

[81] A legitimação do MP subsiste, no caso de vítima pobre, enquanto não for instituída a Defensoria Pública (STF, *RTJ* 175/309; *RT* 755/169; STJ, *RSTJ* 105/348; *RSTJ* 89/154. Nesse sentido: STJ, 3ª T., REsp 510.969/PR, Rel. Min. Nancy Andrighi, ac. 06.10.2005, *DJU* 06.03.2006; STF, 2ª T., RHC 88.143, Rel. Min. Joaquim Barbosa, ac. 24.04.2007, *DJe* 08.06.2007. Contra: *RSTJ* 103/201).

[82] STJ, 3ª T., REsp 1.823.159/SP, Rel. Min. Nancy Andrighi, ac. 13.10.2020, *DJe* 19.10.2020.

[83] "(...) Considerando a natureza peculiar do sequestro, há primazia da referida medida assecuratória frente à constrição patrimonial decretada por Juízo cível ou trabalhista (penhora), incorrendo em usurpação de competência o Juízo trabalhista que pratica ato expropriatório de bem sequestrado na seara penal, mormente considerando o interesse público verificado a partir da natureza dos bens adquiridos com os proventos da infração, e do procedimento para expropriação, que transcorre na seara penal" (STJ, 3ª Seção, CC 175.033/GO, Rel. Min. Sebastião Reis Júnior, ac. 26.05.2021, *DJe* 28.05.2021).

Adaptando-se à sistemática da legislação especial, o atual Código de Processo Civil inclui no rol dos títulos executivos judiciais a sentença arbitral, sem condicioná-la à homologação do juiz (art. 515, VII).

Convém observar, contudo, que a execução forçada de obrigação sujeita a arbitragem nem sempre estará na dependência de prévio acertamento do débito no juízo arbitral. Se o negócio jurídico em que se previu a arbitragem contiver, por seus próprios termos, um título executivo extrajudicial, sua natural executividade não ficará afetada, caso ocorra o inadimplemento da dívida. Apresentando-se esta como certa, líquida e exigível, caberá ao credor recorrer à execução judicial por quantia certa, independentemente de submissão ao regime da arbitragem, o qual não passa da atividade cognitiva, e, portanto, não compreende a execução forçada, nem mesmo de suas próprias sentenças (Lei nº 9.307/1996, art. 31; CPC/2015, art. 515, VII).

Pelas mesmas razões, "a falência, instituto que ostenta a natureza de execução coletiva, não pode ser decretada por sentença arbitral". Dessa forma, munido de instrumento configurador de título executivo extrajudicial, tem o credor legitimidade para requerer a instauração do processo falimentar (Lei nº 11.101/2005, art. 94, I), perante a jurisdição estatal, diretamente.[84]

35. Decisão estrangeira

I – Sentença estrangeira

A sentença estrangeira sempre foi tratada como exequível pela justiça nacional, desde que submetida ao juízo de delibação, antigamente a cargo do STF, e atualmente do STJ. O Código de 2015 amplia sua regulamentação executiva para contemplar também o cumprimento de decisões interlocutórias estrangeiras (CPC/2015, art. 515, IX).

A eficácia dos julgados de tribunais estrangeiros só se inicia no Brasil após a respectiva homologação pelo Superior Tribunal de Justiça (CPC/2015, art. 515, VIII, e CF, art. 105, I, "i", com a redação da EC nº 45/2004).[85] Sem essa medida judicial, que é de caráter constitutivo, a sentença estrangeira não possui autoridade em nosso território, em decorrência da soberania nacional, da qual é parte integrante a função jurisdicional.

Mas, após a homologação, equipara-se a decisão alienígena, em toda a extensão, aos julgados de nossos juízes. Dá-se, em linguagem figurada, a *nacionalização* da sentença. Sua execução, então, será possível segundo "as normas estabelecidas para o cumprimento de decisão nacional" (CPC/2015, art. 965). O procedimento deve respeitar o disposto nos arts. 960 a 965, bem como os arts. 216-A a 216-N do RISTJ, que também regulam esta matéria.

Embora o juízo de delibação seja a regra geral, o art. 961, *caput*, prevê a possibilidade de sua dispensa por disposição de lei ou tratado. E o § 5º do mesmo artigo permite a execução da sentença estrangeira de divórcio consensual, independentemente de homologação pelo STJ.

---

[84] STJ, REsp 1.277.725/AM.
[85] Segundo o art. 215 do RISTF, que se aplica ao STJ enquanto não se adaptar o RISTJ à Emenda Constitucional nº 45/2004, é do Presidente do STJ a competência para a homologação da sentença estrangeira e a concessão de *exequatur* às cartas rogatórias (Resolução nº 22, de 31.12.2004, da Presidência do STJ). Pelo Ato nº 15, a Presidência delegou à Vice-Presidência referida competência. Posteriormente, ainda em caráter transitório, e sujeito a *referendum* do Plenário, a Presidência do STJ baixou a Resolução nº 9, de 04.05.2005, referida na nota anterior, afastando, pois, a aplicação precária do RISTF, mas conservando a competência presidencial nele estabelecida. Finalmente, a matéria passou a ser tratada pelos arts. 216-A a 216-N do RISTJ, com a redação da ER 24/2016, mantida a atribuição do Presidente do STJ para homologar a decisão estrangeira. Sobre o procedimento da homologação da sentença estrangeira, v. adiante os nºs 636 a 646.

Caberá ao exequente requerer ao juiz federal competente o cumprimento da sentença estrangeira, instruindo sua petição com cópia autenticada da decisão que a homologou no STJ (art. 965, parágrafo único).

II – Decisão interlocutória estrangeira

Por decisão estrangeira executável no Brasil, o CPC/2015 considera não só a sentença propriamente dita, mas também as decisões interlocutórias "após a concessão do *exequatur* à carta rogatória pelo Superior Tribunal de Justiça" (art. 515, IX). Pode ser igualmente executada entre nós a sentença arbitral estrangeira, submetida a prévia homologação, nos termos dos arts. 34 a 40 da Lei nº 9.307/1996 e do art. 960, § 3º, do CPC/2015.[86]

O *exequatur* consiste, a um só tempo, numa autorização, e numa ordem de cumprimento do postulado na carta rogatória. Concedido o *exequatur*, a carta rogatória é remetida ao Juízo Federal de primeiro grau competente para cumprimento, que seguirá o procedimento de execução dos títulos judiciais.

Uma vez cumprida, ou verificada a impossibilidade de cumprimento, o juiz federal a devolverá ao STJ, para que a remeta ao país de origem.[87]

III – Sentença oriunda de país-membro do Mercosul

Por força do art. 961, *caput*, do CPC/2015, a sentença estrangeira depende de homologação para ser executada no Brasil, e as cartas rogatórias serão cumpridas depois de obtido o competente *exequatur*. No entanto, o art. 960 prevê que a homologação poderá ser dispensada quando houver "disposição especial em sentido contrário prevista em tratado". Também a exigência do *exequatur* prevalece, "salvo disposição em sentido contrário de lei ou tratado" (art. 961, *caput*, *in fine*).

O Protocolo de Las Leñas, promulgado pelo Dec. 6.891/2009 e que regula o Mercosul, confere eficácia extraterritorial, no âmbito do bloco, às sentenças oriundas de Estado-Membro (art. 20), o que importa exclusão da necessidade de submetê-las ao regime comum da delibação pelo STJ para adquirir exequibilidade no Brasil[88]. A propósito, o art. 216-O, § 2º, do RISTJ, com a redação da Emenda Regimental nº 18, prevê que os pedidos de cooperação jurídica internacional que tiverem por objeto atos que não ensejem juízo de delibação por aquela Corte, "ainda que denominados de carta rogatória, serão encaminhados ou devolvidos ao Ministério da Justiça para as providências necessárias ao cumprimento por auxílio direto". Fica certo, portanto, que o cumprimento das sentenças oriundas de país-membro do Mercosul, qualquer que seja a forma de sua documentação, será objeto de

---

[86] "Por decisão *estrangeira* entenda-se tanto a proferida por órgão estatal, como a exarada por órgão não estatal, que pela lei brasileira tenha natureza jurisdicional (exemplo: sentença arbitral) e seja final e definitiva; incluam-se também as decisões meramente declaratórias, tendo em vista a derrogação do parágrafo único do art. 15 da Lei de Introdução das normas do Direito Brasileiro" (SHIMURA, Sérgio Seiji. Comentários ao art. 515. In: WAMBIER, Teresa Arruda Alvim *et al*. *Breves comentários ao novo Código de Processo Civil*. São Paulo: RT, 2015, p. 1.328).

[87] SHIMURA, Sérgio Seiji. Comentários ao art. 515. In: WAMBIER, Teresa Arruda Alvim *et al*. *Breves comentários ao novo Código de Processo Civil*. São Paulo: RT, 2015, p. 1.329.

[88] "A interpretação sistemática do Protocolo de Las Leñas, à luz dos princípios fundamentais e em observância às regras hermenêuticas aplicáveis à espécie, permite concluir que o requerimento de cumprimento das sentenças oriundas de outros países integrantes do Mercosul será instrumentalizado através do chamado auxílio direto (...)" (HILL, Flávia Pereira. *O direito processual transnacional como forma de acesso à justiça no século XX*. Rio de Janeiro: GZ Editora, 2013, p. 390).

auxílio direto, já que se encontram no rol das decisões que dispensam o juízo de delibação pelo STJ.[89]

A execução de tais sentenças terá início perante o juiz competente, a quem a Autoridade Central encaminhará a carta rogatória (art. 19 do Protocolo de Las Leñas), e a quem competirá a verificação do cumprimento das exigências das alíneas do art. 20[90] do mesmo Protocolo.

---

[89] HILL, Flávia Pereira. *O direito processual transnacional como forma de acesso à justiça no século XX*. Rio de Janeiro: GZ Editora, 2013, p. 391.

[90] Protocolo de Las Leñas: "Artigo 20. As sentenças e os laudos arbitrais a que se refere o artigo anterior terão eficácia extraterritorial nos Estados-Partes quando reunirem as seguintes condições: a) que venham revestidos das formalidades externas necessárias para que sejam considerados autênticos no Estado de origem; b) que estejam, assim como os documentos anexos necessários, devidamente traduzidos para o idioma oficial do Estado em que se solicita seu reconhecimento e execução; c) que emanem de um órgão jurisdicional ou arbitral competente, segundo as normas do Estado requerido sobre jurisdição internacional; d) que a parte contra a qual se pretende executar a decisão tenha sido devidamente citada e tenha garantido o exercício de seu direito de defesa; e) que a decisão tenha força de coisa julgada e/ou executória no Estado em que foi ditada; f) que claramente não contrariem os princípios de ordem pública do Estado em que se solicita seu reconhecimento e/ou execução. Os requisitos das alíneas (a), (c), (d), (e) e (f) devem estar contidos na cópia autêntica da sentença ou do laudo arbitral".

§ 4º PARTICULARIDADES DE ALGUNS TÍTULOS EXECUTIVOS JUDICIAIS

36. Condenações a prestações alternativas

Nas obrigações alternativas, o devedor pode liberar-se por meio de prestações distintas, ficando a escolha ora ao arbítrio do credor, ora do próprio devedor (Código Civil, art. 252). Enquanto não concentrada a pretensão em uma das prestações, não se aperfeiçoa o requisito do início de qualquer execução, qual seja o de apoiar-se o credor em título de obrigação certa, líquida e exigível. Daí por que, diante de sentença que imponha prestação dessa modalidade, o CPC/2015 cria um incidente na abertura do processo executivo destinado a realizar aquilo que recebe a denominação de *concentração da obrigação alternativa* e que constitui um pressuposto indispensável à abertura da execução forçada (art. 800).

Na execução de sentença que condene a uma obrigação dessa natureza, observar-se-ão, quanto ao procedimento, as seguintes particularidades:

(a) se a escolha for do credor, na petição inicial da execução, este já terá feito a opção, citando o devedor para cumprir a prestação escolhida, com observância das particularidades de sua natureza (CPC/2015, arts. 798, II, "a", 800, § 2º, 806, 815 e 829);

(b) se a escolha for do devedor, a execução será iniciada com a citação dele para: *(i)* exercer a opção; e *(ii)* realizar a prestação. Para as duas providências, terá o devedor o prazo comum de dez dias, "se outro prazo não lhe foi determinado em lei ou em contrato" (art. 800, *caput*).

Não realizando o devedor a opção no prazo devido, será a faculdade transferida para o credor (art. 800, § 1º), que, feita a escolha por manifestação nos autos, dará prosseguimento à execução, observando o rito adequado à natureza da prestação escolhida (quantia certa, entrega de coisa, obrigação de fazer etc.).

37. Julgamento fracionado da lide

Dentro da sistemática das fases lógicas com que se concatena o processo de conhecimento, o julgamento da lide (mérito da causa) ocorre na sentença, na qual se resolvem todas as questões (pontos controvertidos) levantadas entre as partes. Em regra, a solução do conflito deve realizar-se de forma *unitária*. Há, no entanto, procedimentos especiais em que a própria lei fraciona a lide, para sujeitar suas questões a solução em mais de uma sentença. As ações de prestação de contas e as ações do juízo divisório (divisão e demarcação) são exemplos de procedimento em que duas sentenças, em momentos distanciados no tempo, se encarregam de compor progressivamente o objeto da causa: na primeira fase, uma sentença decide sobre o direito de exigir contas ou de reclamar a extinção do condomínio; e na segunda são acertadas as verbas que integram as contas ou definidos os quinhões com que se cumpre a divisão do bem comum. Duas sentenças de mérito podem, no mesmo processo, assumir a natureza de título executivo, propiciando mais de um procedimento de cumprimento de condenação. A condenação de verbas sucumbenciais da primeira fase pode ser executada antes do julgamento da segunda fase, por exemplo.

Na ação de consignação em pagamento, também pode ocorrer fracionamento do objeto do processo em mais de uma hipótese: quando o réu argui a insuficiência do depósito (CPC/2015, art. 545) e quando há dúvida quanto a quem efetuar o pagamento (art. 547). Nestes dois casos é possível julgar separadamente o depósito feito, para em seguida prosseguir o processo para dirimir posteriormente a parcela controvertida da obrigação (art. 545, § 1º) ou para definir a quem pertence o depósito feito pelo autor (art. 547).

Outro caso de fracionamento do julgamento de mérito, muito comum no processo de conhecimento, é aquele em que se dá a sentença genérica ou ilíquida. Num primeiro julgamento define-se a existência da obrigação de indenizar e, posteriormente, declara-se o montante da indenização (art. 509).[91] Como a iliquidez pode ser apenas de parte da sentença, pode o processo fracionar-se tomando cada segmento rumo procedimental diferente: a parte líquida pode ser objeto de execução e, paralelamente, a outra parte pode submeter-se a liquidação (art. 509, § 1º).

Os casos mais recentes de parcelamento da composição da lide são os previstos no art. 356 do CPC/2015, que ocorrem quando: *(i)* tendo sido formulados vários pedidos, um ou alguns deles mostrarem-se incontroversos; ou *(ii)* estiverem em condições de imediato julgamento, nos termos do art. 355.

Em todos os casos de fracionamento do julgamento do objeto da causa é possível a ocorrência de execução forçada mais de uma vez num só processo. Cada decisão fracionária permitirá o respectivo procedimento de cumprimento, independentemente do prosseguimento do feito em busca do acertamento das demais questões de mérito. Fracionado o acertamento do litígio, fracionado também poderá ser o procedimento executivo.

38. Decisões proferidas em procedimento de tutela provisória

Uma vez concedida a tutela provisória, cautelar ou antecipada, a sua efetivação dar-se-á de imediato, embora se sujeitando ao regime das execuções provisórias. Nesse sentido dispõe o CPC/2015 que "a efetivação da tutela provisória observará as normas referentes ao cumprimento provisório da sentença, no que couber" (art. 297, parágrafo único).

Consolidada a condenação proferida a título de tutela provisória, pela sua manutenção na sentença de mérito, o respectivo cumprimento processar-se-á segundo os ditames da execução definitiva.

Em outros termos, executam-se as decisões cautelares ou antecipatórias segundo as regras do cumprimento provisório de sentença, enquanto conservarem seu caráter de tutela provisória. Assumem o regime de cumprimento definitivo de sentença, se já incorporadas na resolução de mérito da causa principal (art. 519).

39. Protesto da decisão judicial transitada em julgado

I – A sentença como título protestável

O CPC/2015 transformou em regra expressa (art. 517) prática já adotada no foro extrajudicial, qual seja, a da possibilidade de se levar a protesto decisão judicial transitada em julgado que prevê obrigação de pagar quantia, desde que seja certa, líquida e exigível. Entretanto, o protesto, na espécie, só será efetivado após o prazo de quinze dias para pagamento voluntário, previsto no art. 523.

A remissão do art. 517 ao art. 523, que diz respeito à execução por quantia certa, deixa claro que o protesto só pode se referir às sentenças que autorizam aquela modalidade executiva. Há de se levar em conta, contudo, que sentenças relacionadas a obrigações de fazer ou de entrega

---

[91] Também no processo de execução é possível o fracionamento da prestação jurisdicional: "Quando os embargos forem parciais, a execução prosseguirá quanto à parte não embargada" (art. 739, § 2º). A parte impugnada ficará suspensa no aguardo da solução dos embargos (art. 739, § 1º).

de coisa podem eventualmente ensejar conversão para a obrigação substitutiva do equivalente econômico. Ocorrida a conversão, a sentença se tornará passível de protesto.

Trata o protesto de meio de prova especial que tem por finalidade tornar inequívoco o inadimplemento da obrigação e dar publicidade da mora do devedor. É uma medida coercitiva bastante eficaz, que visa dar maior efetividade ao cumprimento da decisão, na medida em que abala o acesso ao crédito por parte do devedor inadimplente. De certa forma, funciona como medida de reforço da atividade processual executiva, de modo a conduzir o executado à solução voluntária da obrigação, evitando os encargos e incômodos da execução forçada.

O protesto ficou reservado à decisão judicial transitada em julgado, não se admitindo sua realização com base nos títulos que permitem apenas a execução provisória. São, porém, protestáveis todas as decisões que o CPC/2015 qualifica como títulos executivos judiciais, inclusive a sentença arbitral e as decisões homologatórias de autocomposição.

II – Procedimento do protesto

O procedimento do protesto está descrito nos parágrafos do art. 517 do CPC/2015, e pode ser assim resumido:

(a) O protesto será pleiteado pelo credor, no Tabelião de Protesto de Títulos, mediante apresentação de certidão de teor da decisão (§ 1º). Não poderá ser promovido de ofício, por determinação do magistrado, salvo no caso de sentença que condene a prestação de alimentos (art. 528, § 1º).

(b) A certidão de teor da decisão deverá ser fornecida, pelo cartório judicial, no prazo de três dias e indicará os nomes e qualificação do exequente e do executado, o número do processo, o valor da dívida e a data em que transcorreu o prazo de quinze dias para pagamento voluntário (§ 2º).

(c) O interessado somente poderá levar a sentença a protesto depois de seu trânsito em julgado e depois de transcorrido o prazo de quinze dias para o pagamento voluntário previsto no art. 523. Isto significa que apenas após o início do procedimento de cumprimento da sentença, e depois de confirmado o não pagamento da dívida nos autos, é que o protesto poderá ser efetivado.

(d) A quantia apontada para o protesto deve corresponder ao total da dívida, englobando o valor principal da condenação e seus acessórios (correção monetária, juros, multa, honorários e custas), tal como figuram no demonstrativo discriminado e atualizado do débito, apensado ao requerimento de cumprimento da sentença (art. 524, *caput*).

(e) A intimação do executado e o registro do protesto consumado observarão os prazos e cautelas da Lei nº 9.492/1997.

III – Pagamento no cartório de protesto

Submete-se o título judicial ao mesmo regime de pagamento previsto para o procedimento aplicável ao protesto dos demais títulos de dívida, de modo que pode acontecer o respectivo pagamento no cartório de protestos, para evitar justamente a consumação do ato notarial (art. 19 da Lei nº 9.492/1997). Tal pagamento deverá compreender o montante total da dívida, conforme demonstrativo que figurará na certidão apresentada a protesto.

Qualquer diferença decorrente de desatualização da memória de cálculo ou de omissão de verba contemplada na condenação judicial continuará reclamável em juízo, durante a tramitação do cumprimento da sentença. O ato notarial comprovará o pagamento apenas das parcelas efetivamente recebidas em cartório.

IV – Cancelamento do protesto

O protesto será cancelado por ordem judicial, a requerimento do executado, mediante expedição de ofício ao cartório, no prazo de três dias, contato da data de protocolo do requerimento, desde que comprovada a satisfação integral da obrigação (art. 517, § 4º).

V – Superveniência de ação rescisória

Havendo propositura de ação rescisória para desconstituir a decisão exequenda, objeto do protesto, autoriza do art. 517, § 3º, ao executado requerer, a suas expensas e sob sua responsabilidade, a anotação da propositura daquela ação à margem do registro do protesto (Lei nº 9.492/1997, arts. 20 e ss.). A superveniência da ação rescisória não tem, por si só, o condão, de cancelar o protesto. A averbação de tal ação tem apenas a função de publicidade da respectiva existência.

Por outro lado, o legislador previu a averbação, à margem do registro do protesto, não de qualquer ação existente entre devedor e credor, mas apenas da ação rescisória, mesmo porque esta é a única que pode desconstituir a condenação transitada em julgado.[92]

VI – Inscrição em cadastro de inadimplentes

Além do protesto, a sentença se sujeita a anotação em cadastros de inadimplentes nos termos do art. 782, § 3º. Essa inserção do nome do executado em cadastro de proteção ao crédito está prevista no referido dispositivo legal como medida própria da execução de título extrajudicial. O § 5º do mesmo artigo, porém, autoriza sua aplicação também à execução de título judicial, mas apenas quando se processar em caráter definitivo. Não se aplica, portanto, ao cumprimento provisório de sentença.[93]

---

[92] RODRIGUES, Marcelo Abelha. *Manual de execução civil.* 5. ed. Rio de Janeiro: Forense Universitária, 2006, p. 220.

[93] WAMBIER, Teresa Arruda Alvim *et al. Primeiros comentários ao Código de Processo Civil, artigo por artigo.* 2. ed. São Paulo: RT, 2016, p. 1.125.

§ 5º COMPETÊNCIA

40. Juízo competente para o cumprimento da sentença

Transformada a atividade executiva, após o aperfeiçoamento do título executivo judicial, em simples fase do processo, a competência para realizar o cumprimento da sentença submete-se a critério *funcional*, mormente quando se trata de sentença prolatada no próprio juízo civil. Por competência *funcional* entende-se a que provém da repartição das atividades jurisdicionais entre os diversos órgãos que devam atuar dentro de um mesmo processo.

Assim, não importa que a execução se refira ao acórdão que o tribunal proferiu em grau de recurso. Quando se passa à fase de cumprimento do julgado, os atos executivos serão processados perante o juiz de primeiro grau. Ressalva-se, contudo, o acórdão proferido em ação de competência originária de tribunal, caso em que o respectivo cumprimento permanece a cargo do órgão que o prolatou (CPC/2015, art. 516, I).

Há, porém, execuções de sentença cuja competência se define por outros critérios, sob predomínio da *territorialidade*, exatamente como se dá no processo de conhecimento (execução civil de sentença penal, de sentença arbitral ou de sentença e decisão interlocutória estrangeiras) (art. 516, III).

Enquanto a competência funcional se caracteriza pela *improrrogabilidade*, a territorial é *relativa*, podendo ser modificada pelas partes, expressa ou tacitamente (v., no v. I, os n°s 169 e 174). Essa regra é parcialmente quebrada na hipótese do parágrafo único do art. 516, onde se estabelece opção para o credor processar o cumprimento da sentença excepcionalmente perante juízo diverso daquele em que o título executivo judicial se formou.

41. Regras legais sobre competência aplicáveis ao cumprimento da sentença

Determina o art. 516 do CPC/2015 que o cumprimento da sentença deverá efetuar-se, em regra, perante:

(a) os *tribunais* nas causas de sua competência originária (inciso I);

(b) o *juízo* que decidiu a causa no primeiro grau de jurisdição (inciso II);

(c) o *juízo cível competente*, quando se tratar de sentença penal condenatória, de sentença arbitral, de sentença estrangeira ou de acórdão proferido pelo Tribunal Marítimo.[94]

Os processos chegam aos tribunais em duas circunstâncias distintas:

(a) como consequência de recurso, que faz a causa subir do juiz de primeiro grau para o reexame do tribunal; ou

(b) por conhecimento direto do tribunal, em razão de ser a causa daquelas que se iniciam e findam perante a instância superior.

No primeiro caso, diz-se que a competência do tribunal é *recursal*, e, no segundo, *originária*.

---

[94] O inciso III do art. 516 continua falando em competência para execução de acórdão do Tribunal Marítimo. Como o veto Presidencial o excluiu do rol dos títulos executivos judiciais, a execução prevista no inc. III, se dará na qualidade de execução de título extrajudicial, em juízo de primeiro grau, a exemplo do que se passa com as decisões do Tribunal de Contas da União. A propósito, o STF é firme no entendimento de que as decisões dos Tribunais de Contas correspondem a títulos executivos extrajudiciais (STF, Pleno, ARE 823.347-RG/MA, Rel. Min. Gilmar Mendes, ac. 02.10.2014, *DJe* 28.10.2014). No mesmo sentido: STJ, 1ª T., AgRg no REsp 1.232.388/MG, Rel. Min. Sérgio Kukina, ac. 17.03.2015, *DJe* 24.03.2015; STJ, 2ª T., AgRg no REsp 1.381.289/MA, Rel. Min. Humberto Martins, ac. 20.11.2014, *DJe* 11.12.2014.

Para a execução da sentença, não importa que o feito tenha tramitado pelo tribunal em grau de recurso, nem mesmo é relevante o fato de ter o tribunal reformado a sentença de primeiro grau.

A regra fundamental é que a execução da sentença compete ao *juízo da causa*, e como tal entende-se aquele que a aprecia em primeira ou única instância, seja juiz singular ou tribunal. Em outras palavras, *juízo da causa* é o órgão judicial perante o qual se formou a relação processual ao tempo do ajuizamento do feito.

Por isso, se a causa foi originariamente proposta perante um tribunal (*v.g.*, ação rescisória), a execução do acórdão terá de ser promovida perante o referido tribunal. Mas, se o início do feito se deu perante um juiz de primeiro grau, pouco importa que o decisório a executar seja o acórdão do Tribunal de Justiça ou do Supremo Tribunal Federal: a competência executiva será sempre do *juízo da causa*, isto é, daquele órgão jurisdicional que figurou na formação da relação processual.

A competência, *in casu*, porém, não se liga à pessoa física do juiz, mas sim ao órgão judicial que ele representa. Na verdade, o competente é o *juízo*, como deixa claro o art. 516, II. Por isso, irrelevantes são as eventuais alterações ou substituições da pessoa do titular do juízo.

É, outrossim, *funcional* e, por isso, *absoluta* e *improrrogável*, a competência prevista no art. 516, para o cumprimento da sentença civil, salvo a opção prevista no seu parágrafo único. A execução da sentença arbitral e da sentença penal condenatória rege-se, todavia, por norma de competência territorial comum.

42. Competência opcional para o cumprimento da sentença

Tratando-se de execução a cargo do juiz da causa, isto é, daquele que processou o feito no primeiro grau de jurisdição (CPC/2015, art. 516, II), ou das sentenças arroladas no inc. III do mesmo artigo, a regra definidora da competência para o cumprimento da sentença é flexibilizada pelo parágrafo único do art. 516 do CPC/2015. Permite-se ao exequente, em tais situações, optar: *(i)* pelo juízo do atual domicílio do executado; *(ii)* pelo juízo do local onde se encontrem os bens sujeitos à execução; *(iii)* pelo juízo do local onde deva ser executada a obrigação de fazer ou de não fazer. Para tanto, caberá ao exequente formular requerimento ao juízo de origem, que ordenará a competente remessa dos autos.

Essa competência opcional vale para: *(i)* as hipóteses em que havia uma ação originária em tramitação em juízo de primeiro grau, e nela se formou o título executivo; e *(ii)* as situações em que não havia processo cível antecedente responsável pela formação do título (sentença penal, sentença arbitral e sentença e decisão interlocutória estrangeiras).[95]

A inovação é de significativo cunho prático, pois evita o intercâmbio de precatórias entre os dois juízos, com economia de tempo e dinheiro na ultimação do cumprimento da sentença e como instrumento capaz de conferir maior efetividade à prestação jurisdicional executiva. Os próprios autos do processo serão deslocados de um juízo para outro. Não se procederá, entretanto, de ofício, devendo a medida ser sempre de iniciativa do exequente.

Os únicos fundamentos que a lei exige para o deslocamento da competência executiva são aqueles arrolados no referido parágrafo do art. 516, quais sejam: preferência *(i)* pelo juízo atual do domicílio do executado; *(ii)* pelo juízo do local onde se encontrem os bens exequíveis; ou *(iii)* pelo juízo do local onde deva ser cumprida a obrigação. Portanto, o requerimento não

---

[95] Embora o inciso III do art. 516 só mencione a competência para execução da *sentença estrangeira*, é claro que a expressão foi utilizada em seu sentido genérico, devendo abranger necessariamente também a decisão interlocutória estrangeira.

deverá ter outro fundamento senão a de configuração de uma das hipóteses arroladas pelo referido dispositivo legal, não havendo lugar para impor outras justificativas ao exequente.

Mesmo no curso do cumprimento de sentença, se este encontrar entraves ou embaraços na localização de bens no foro originário da causa, não haverá vedação a que o requerimento, a que alude o parágrafo único do art. 516, seja incidentemente formalizado. Não creio que a execução do título judicial se sujeite aos rigores da *perpetuatio iurisdictionis*, concebida que foi especificamente para a fase de cognição do processo. Tanto é assim que o legislador não encontrou dificuldade em permitir que o cumprimento da sentença pudesse ser processado em outro juízo que não o da causa originária.

Essa mudança tem puro feitio de economia processual, tendo em vista superar a duplicidade de juízos que ocorreria fatalmente na aplicação do sistema da execução por precatória. É por isso que, mesmo depois de iniciado o cumprimento da sentença no foro de competência originária, pode supervenientemente surgir uma situação enquadrável na opção permitida pelo dispositivo legal *sub examine*. Insistir em que a execução continuasse implacavelmente conduzida pelo juiz da causa, sem que existissem bens localizados em sua jurisdição, somente burocratizaria e encareceria o processo, mediante desdobramento de atos deprecados.

A opção assegurada pelo parágrafo único do art. 516 tem, ainda, evidente fundamento de ordem pública – assegurar a maior eficiência à atividade processual executiva –, motivo pelo qual afasta as demais regras definidoras da competência,[96] inclusive, pois, a oriunda da eleição convencional de foro e aquela que prevê, em princípio, a competência funcional do juízo da causa para processar o cumprimento da sentença por ele pronunciada. Pela natureza e função do direito potestativo outorgado ao exequente, *in casu*, não há razão alguma para excluir de sua incidência a execução de sentença prolatada em processo de conhecimento, cujo curso tenha se dado em foro de eleição.[97]

43. Competência para cumprimento da sentença arbitral

Ao juízo arbitral reconhece-se jurisdição para proferir sentença com a mesma força dos julgados da justiça estatal. Falta-lhe, contudo, o *imperium* para fazer cumprir forçadamente o que assenta nos respectivos arestos. Por isso, a parte vencedora, que não seja satisfeita pelo cumprimento voluntário da prestação devida, terá de recorrer ao Poder Judiciário para instaurar a competente execução forçada.

O título executivo, *in casu*, é a sentença arbitral, por sua própria natureza. Com o advento da Lei nº 9.307/1996, essa modalidade de decisório deixou de ser mero laudo, para transformar-se em verdadeira sentença, cuja natureza de título executivo judicial decorre da lei, independentemente de homologação em juízo.

A execução caberá, outrossim, ao juízo civil que teria competência para julgar a causa, se originariamente tivesse sido submetida ao Poder Judiciário, em lugar do juízo arbitral (CPC/2015, art. 516, III). Prevalecem, portanto, as regras comuns traçadas pelo atual Código, para disciplina da competência territorial (arts. 46 a 53).

Vale lembrar que nessa modalidade de execução, além do sistema geral do CPC/2015, há a possibilidade de o exequente exercer a opção de competência instituída pelo parágrafo único do art. 516 (ver o item anterior).

---

[96] MARINONI, Luiz Guilherme; ARENHART, Sérgio Cruz. *Curso de processo civil:* execução. 2. ed. São Paulo: RT, 2007, v. 3, p. 244.

[97] CARRETEIRO, Mateus Aimoré. Competência concorrente para execução fundada em título extrajudicial no CPC/2015. In: MARCATO, Ana Cândida Menezes et al. (Coord). *Reflexões sobre o Código de Processo Civil de 2015*. São Paulo: Verbatim, 2018, p. 574-575.

44. Competência para execução do efeito civil da sentença penal

A sentença penal condenatória torna certo o dever de reparar, civilmente, o dano provocado pelo delito. Por isso, não há interesse em propor ação civil indenizatória contra o réu condenado na esfera penal.

A vítima ou seus dependentes, isto é, os lesados pelo crime, podem utilizar a sentença penal, diretamente, como título executivo civil, para fins indenizatórios. Terão, apenas, que promover a *liquidação* do *quantum* a indenizar (CPC/2015, art. 509).

Uma vez que o juiz criminal não tem competência para a execução civil, esta será fixada, entre os juízes cíveis, dentro das regras comuns do processo de conhecimento. Será competente para a execução o juízo que seria competente para a ação condenatória, caso tivesse que ser ajuizada.

Entre as regras aplicáveis à espécie, merece destaque a do art. 53, IV, "a", do CPC/2015, que prevê, a par da competência geral do foro do domicílio do réu, a do *forum delicti commissi*, como critério particular para as ações de reparação de dano. No caso de desastre automobilístico criminoso, observar-se-á, ainda, a faculdade do art. 53, V, (foro do domicílio do autor ou do local do fato, à escolha do ofendido).

A competência, na espécie, não é funcional, como a da sentença civil condenatória; é territorial, relativa e prorrogável, portanto. Vale lembrar, ainda, que nessa modalidade de execução há a opção de escolha, pelo exequente, dos juízos especiais mencionados no parágrafo único do art. 516 (ver, *retro*, o item nº 42).

45. Competência internacional

A decisão judicial estrangeira, em regra, não pode ser direta e imediatamente executada no Brasil.

Em face de regras pertinentes à soberania nacional, a eficácia da sentença e da decisão interlocutória estrangeiras em nosso território depende de prévia homologação pelo Superior Tribunal de Justiça; e a da decisão interlocutória, do *exequatur* concedido por aquele mesmo Tribunal (CF, art. 105, I, "i", acrescentado pela EC nº 45/2004).

Com a homologação do decisório estrangeiro, dá-se a sua "nacionalização" e nasce, assim, sua força de título executivo no País, que se estende igualmente à concessão de *exequatur*, no caso das decisões interlocutórias (CPC/2015, arts. 960 a 965).

O processo homologatório da decisão provinda da Justiça de outros povos e da concessão do *exequatur* é causa de competência originária do Superior Tribunal de Justiça. Mas a competência para a execução da sentença homologada não cabe àquele Tribunal Superior. Consoante o art. 109, X, da Constituição da República, é atribuição específica dos juízes federais do primeiro grau de jurisdição.

Não se admite, enfim, que o credor ajuíze uma execução no estrangeiro e faça cumprir o mandado executivo no Brasil. Se seu título é judicial, deverá obter sua homologação pela justiça brasileira e requerer a execução perante nossa Justiça Federal. Se se trata, porém, de título extrajudicial formado em outro país, e exequível no Brasil, sua execução não se sujeita a homologação, e poderá ser requerida diretamente em nossa justiça comum, e não em foro alienígena. Em nenhuma hipótese, portanto, haverá *exequatur* para carta rogatória executiva. Se a ação executiva era da competência nacional, não pode, segundo antigo entendimento do STF, ser processada no estrangeiro, com expedição de carta rogatória expedida para cumprimento do ato executivo em nosso território.[98]

---

[98] STF, Pleno, Agr. Reg. na Carta Rogatória 1.395, Min. Oswaldo Trigueiro, ac. 31.10.1974, *RTJ* 72/663-666; CASTRO, Amílcar de. *Direito internacional privado*. 2. ed. 1968, v. II, p. 263. No entanto, "a execução, por

A sentença arbitral estrangeira submete-se, segundo a Lei nº 9.307/1996, art. 35, ao mesmo regime homologatório das sentenças judiciais. Após a Emenda Constitucional nº 45/2004, a competência para essa homologação passou do Supremo Tribunal Federal para o Superior Tribunal de Justiça.

Vale lembrar que nessa modalidade de execução cabe ao credor a opção de competência prevista no parágrafo único do art. 516 (ver, *retro*, item nº 42).

---

meio de carta rogatória, de sentença proferida em processo ajuizado na Justiça argentina encontra previsão nos arts. 19 e 20 do Protocolo de Cooperação e Assistência em Matéria Civil, Comercial, Trabalhista e Administrativa no âmbito do Mercosul – Protocolo de Las Leñas – promulgado no Brasil pelo Decreto n. 2.067/1996" (STJ, Corte Especial, AgRg nos EDcl nos EDcl na CR 398/AR, Rel. p/ acórdão Min. Cesar Asfor Rocha, ac. 29.06.2010, *DJe* 12.08.2010).

§ 6º DEFESA DO DEVEDOR

46. Impugnação do executado

Uma vez que não há mais ação de execução de sentença civil condenatória, desaparece também a ação incidental de embargos do devedor, no âmbito do cumprimento dos títulos judiciais. Sendo única a relação processual em que se obtém a condenação e se lhe dá cumprimento, as questões de defesa devem, em princípio, ficar restritas à contestação, onde toda matéria oponível à pretensão do credor haverá de ser exposta e avaliada.

No entanto, como os atos executivos sujeitam-se a requisitos legais, não se pode pretender realizá-los sem propiciar às partes o adequado controle de legalidade. A garantia constitucional do contraditório exige que ao executado seja dada oportunidade de se manifestar e de se defender, diante de cada ato processual executivo, ou de preparação do provimento satisfativo pretendido pelo exequente.

A peça básica de defesa do executado é a *impugnação* ao cumprimento da sentença, que pode ser produzida no prazo de quinze dias contados da intimação para realização voluntária correspondente à obrigação certificada no título judicial (CPC/2015, arts. 523 e 525).

Vê-se, assim, que o executado, após a intimação para pagar a dívida, terá o prazo trinta dias úteis (art. 219) para apresentar a impugnação: quinze dias para realizar o pagamento voluntário, e mais quinze dias para a impugnar o cumprimento da sentença, se for o caso. E tal prazo se conta agora independentemente de penhora ou depósito, pondo fim a controvérsia doutrinária ao tempo do CPC/1973, acerca de ser ou não a garantia da execução o marco inicial do prazo da defesa do executado.[99] Ou seja, o executado pode apresentar a impugnação sem qualquer garantia prévia do juízo.

47. Extensão do sistema de impugnação ao cumprimento de sentença relativa a todas as modalidades de obrigação

O art. 525 do CPC/2015, que regula a impugnação ao cumprimento de sentença, insere-se na matéria pertinente ao cumprimento de decisão que reconhece a exigibilidade de obrigação de pagar quantia certa.

É claro, porém, que o cumprimento de outras modalidades de obrigação – como as de fazer, de não fazer ou de entregar coisa – não pode se desenvolver alheio à garantia do contraditório (CF, art. 5º, LV). Por isso, o CPC/2015 prevê que no cumprimento de sentença que reconheça a exigibilidade de obrigação de fazer ou de não fazer aplica-se o art. 525, no que couber. Previsão esta que o art. 538, § 3º, estende também ao procedimento relacionado com as sentenças pronunciadas sobre obrigação de entregar coisa.

Assim, qualquer que seja a modalidade de obrigação a executar, o cumprimento de sentença sempre haverá de respeitar o incidente de impugnação autorizado pelo art. 525.

---

[99] "A garantia do juízo é pressuposto para o processamento da impugnação ao cumprimento da sentença (...). Se o dispositivo – art. 475-J, § 1º, do CPC [de 1973] – prevê a impugnação posteriormente à lavratura do auto de penhora e avaliação, é de se concluir pela existência de garantia do juízo anterior ao oferecimento da impugnação (...)" (STJ, 3ª T., REsp 1.195.929/SP, Rel. Min. Massami Uyeda, ac. 24.04.2012, DJe 09.05.2012). Nossa opinião, todavia, era no sentido de que "a referência à penhora, no aludido dispositivo legal não deve ser entendida como definidora de um requisito do direito de impugnar o cumprimento da sentença. O intuito do legislador no § 1º, do art. 475-J foi apenas o de fixar um momento processual em que a impugnação normalmente deva ocorrer" (THEODORO JÚNIOR, Humberto. *Curso de direito processual civil*. 49. ed. Rio de Janeiro: Forense, 2014, v. II, n. 652, p. 58).

48. Ausência de preclusão

Como as matérias suscitáveis na impugnação correspondem, em regra, à falta de pressupostos processuais ou à ausência de condições de procedibilidade, não tem sentido condicionar sua apreciação em juízo à penhora ou a um prazo fatal. Essas matérias, por sua natureza, são conhecíveis de ofício, a qualquer tempo ou fase do processo (art. 485, § 3º, aplicável à execução por força do art. 771, parágrafo único). Antes ou depois dos quinze dias referidos no art. 525, *caput*, o juiz já pode conhecer, de ofício, da falta de pressupostos processuais e condições da execução. Pelo que, também, pode o executado arguir a mesma matéria a qualquer tempo e independentemente de penhora.

49. Atos executivos posteriores ao prazo legal da impugnação

A irrelevância do prazo do art. 525 manifesta-se não apenas em relação às questões pertinentes aos pressupostos processuais e às condições de procedibilidade *in executivis*, que são naturalmente imunes à preclusão. Muitos são os atos executivos que, de ordinário ocorrem, ou podem ocorrer, depois de escoado o prazo ordinário da impugnação.

Para que não fique o executado privado do contraditório diante de tais atos, ressalva-lhe o § 11 do art. 525 a possibilidade de arguir as questões e os fatos processuais supervenientes ao termo estatuído pelo *caput* do mesmo artigo (assim como as relativas à validade e à adequação da penhora, da avaliação e dos atos executivos subsequentes) por meio de simples petição, em quinze dias contados da ciência do fato ou da intimação do ato. É claro, porém, que esse novo prazo de quinze dias, tal como o da impugnação ordinária, nem sempre pode ser visto como peremptório ou fatal. Se a arguição for de fato extintivo ou impeditivo da própria execução (nulidade absoluta, pagamento, remissão, prescrição intercorrente etc.), lícita será sua suscitação em juízo, a qualquer tempo, enquanto não extinto o processo.

Aliás, prevê o art. 518 do Código de 2015 que todas as questões relativas à validade do procedimento de cumprimento de sentença e dos atos executivos subsequentes poderão ser arguidas pelo executado nos próprios autos e serão decididas pelo juiz. Tal arguição poderá ser feita por meio de simples petição ou por impugnação (art. 525, § 11). O referido art. 518, no dizer de Shimura, tem tudo para fazer as vezes do que a prática forense denominou de *exceção de pré-executividade*.[100]

Tratando-se de matéria conhecida dentro do prazo para apresentação da impugnação, recomenda-se que sejam alegadas na impugnação, reservando-se a alegação por petição para as matérias relativas a fatos supervenientes à sua apresentação ou conhecidos após ela. Tratando-se, ainda, de matéria típica de impugnação (matéria de ordem pública), também se recomenda que a arguição seja feita por meio da impugnação. Mas isto não quer dizer que o executado não possa, por meio de simples petição, arguir matérias de ordem pública pertinentes, por exemplo, à validade da execução, na medida em que podem ser conhecidas até mesmo de ofício pelo juiz, a qualquer tempo.[101]

---

[100] SHIMURA, Sérgio Seiji. Comentários ao art. 518. In: WAMBIER, Teresa Arruda Alvim; DIDIER JR., Fredie; TALAMINI, Eduardo; DANTAS, Bruno. *Breves comentários ao novo Código de Processo Civil*. São Paulo: RT, 2015, p. 1.334.

[101] No caso do art. 803 do CPC/2015, aplicável subsidiariamente ao cumprimento da sentença, que acarreta a nulidade da execução por incerteza, iliquidez ou inexigibilidade da obrigação constante do título executivo; ou por falta de citação do executado, ou, ainda, por instauração do procedimento executivo antes de verificada a condição ou de ocorrido o termo, "a nulidade será pronunciada pelo juiz, de ofício ou a requerimento da parte, independentemente de impugnação" (SHIMURA, Sérgio Seiji. Comentários aos art. 518. In: WAMBIER, Teresa Arruda Alvim *et al*. *Breves comentários ao novo Código de Processo Civil*. São Paulo: RT, 2015, p. 1.334).

Configurados o abuso de direito processual, a violação à boa-fé objetiva, a litigância de má-fé e o ato atentatório à dignidade da justiça, o juiz aplicará as sanções cabíveis, de ofício ou a requerimento do exequente (arts. 772 e 774, parágrafo único).

Das decisões do juiz, na impugnação ou nas questões suscitadas em petição avulsa, cabe agravo de instrumento, salvo quando implicar extinção do processo, hipótese em que o recurso será a apelação.

50. Natureza jurídica da impugnação

A impugnação ao cumprimento da sentença não tem a natureza de ação, como se dá com os embargos à execução de título extrajudicial. Estes sim podem conter ataques ao direito material do exequente, tal como se passa nos prosseguimentos do processo de conhecimento. E, por isso, deságuam em provimento que pode tanto certificar a existência como a inexistência do direito subjetivo substancial, que se pretendeu executar em juízo.

Uma vez que a dívida exequenda já foi acertada por sentença, não cabe ao executado reabrir discussão sobre o mérito da condenação. Sua impugnação terá de cingir-se ao terreno das preliminares constantes dos pressupostos processuais e condições da execução. Matérias de mérito (ligadas à dívida propriamente dita) somente poderão se relacionar com fatos posteriores à sentença que possam ter afetado a subsistência, no todo ou em parte, da dívida reconhecida pelo acertamento judicial condenatório, como o caso de pagamento, novação, remissão, compensação, prescrição etc., ocorridos supervenientemente.

A mesma razão que levou a extinguir a ação de embargos do devedor prevalece também para os embargos à arrematação e à adjudicação. Se os primeiros foram transformados explicitamente em simples impugnação, não há razão para se manter a natureza de ação incidental para o ataque aos atos executivos posteriores à penhora. Num e noutro caso os questionamentos do executado haverão de ser feitos por meio de incidentes no bojo do próprio procedimento de cumprimento da sentença. A solução sempre será encontrada por meio de decisão interlocutória e o recurso interponível será o agravo de instrumento.[102]

A impugnação – a exemplo do que se admitia nas chamadas *exceções de pré-executividade* ou *objeção de não executividade* – manifesta-se por meio de simples petição no bojo dos autos. Não se trata de petição inicial de ação incidental, como é o caso dos embargos à execução de título extrajudicial. Por isso, não há citação do credor e nem sempre se exige autuação apartada. Cumpre-se, naturalmente, o contraditório, ouvindo-se a parte contrária e permitindo-se provas necessárias à solução da impugnação.

51. Enumeração legal dos temas abordáveis na impugnação ao cumprimento da sentença

A matéria arguível na impugnação ao cumprimento da sentença é restrita, tendo em vista que não cabe mais discutir o mérito da causa. A solução dada ao litígio, após o acertamento jurisdicional operado pela sentença, torna-se lei para as partes (CPC/2015, art. 503), revestindo-se de imutabilidade por força da *res iudicata* (art. 502). Mesmo quando a execução é provisória, porque ainda há recurso pendente sem eficácia suspensiva, ao juiz da causa, encarregado de

---

[102] "Os embargos à arrematação e à adjudicação passam a constituir ação que diz respeito, como regra geral, à execução fundada em título executivo extrajudicial. Incidentes relativos à expropriação apoiada em título executivo judicial devem ser resolvidos, doravante e via de regra, dentro do próprio processo originário, em sua fase executiva, mostrando-se inadequado o ajuizamento de embargos de segunda fase" (OLIVEIRA, Robson Carlos de. *Embargos à arrematação e à adjudicação*. São Paulo: RT, 2006, v. 59, p. 322 – Coleção estudos de direito de processo Enrico Tullio Liebman).

fazer cumprir sua própria sentença, não se permite rever, alterar ou suprimir o que já se acha assentado no decisório exequendo. Nenhum juiz, em regra, decidirá novamente as questões já decididas, relativas à mesma lide, conforme dispõe o art. 505, cumprindo o princípio da preclusão *pro iudicato*.

Reportando-se a fundamentos, que tanto podem versar sobre a *substância* do débito como a vícios *formais* do processo, o art. 525, § 1º,[103] enumera, de maneira exaustiva, as arguições admissíveis na resistência à ordem judicial de cumprimento da sentença. A impugnação, nos termos do dispositivo legal enfocado, somente poderá versar sobre:

(a) falta ou nulidade da citação se, na fase de conhecimento, o processo correu à revelia (inciso I):

(b) ilegitimidade de parte (inciso II);

(c) inexequibilidade do título ou inexigibilidade da obrigação (inciso III);

(d) penhora incorreta ou avaliação errônea (inciso IV);

(e) excesso de execução ou cumulação indevida de execuções (inciso V);

(f) incompetência absoluta ou relativa do juízo da execução (inciso VI);

(g) qualquer causa modificativa ou extintiva da obrigação, como pagamento, novação, compensação, transação ou prescrição, desde que supervenientes à sentença (inciso VII).

Analisaremos a seguir cada um desses argumentos de defesa do executado.

I – Falta ou nulidade da citação se, na fase de conhecimento, o processo correu à revelia

Para a validade do processo, segundo a norma do art. 239, "é indispensável a citação do réu ou do executado, ressalvadas as hipóteses de indeferimento da petição inicial ou de improcedência liminar do pedido". A falta (ou nulidade) da citação válida impede a formação e desenvolvimento válidos da relação processual e contamina todo o processo, inclusive a decisão de mérito nele proferida, que dessa maneira não chega a fazer coisa julgada e, por isso mesmo, não se reveste da indiscutibilidade prevista no art. 502.[104] Mas, para arguir a falta ou nulidade da citação, nas circunstâncias do art. 525, § 1º, I, é necessário que a questão não tenha sido suscitada e resolvida nos autos, antes da sentença, ou nela própria. Se o tema já foi enfrentado, sobre ele incide, se não a *res iudicata*, pelo menos a preclusão *pro iudicato* (arts. 502, 505 e 507).

A nulidade, *in casu*, ocorre, porém, apenas quando configurada à revelia, porque se, malgrado o grave vício do ato citatório, o réu se fez presente nos autos para se defender, seu comparecimento supriu a citação (art. 239, § 1º).[105]

---

[103] Por exemplo, "O fiador que não compôs o polo passivo da ação de despejo é parte ilegítima para figurar no polo passivo da ação de execução do respectivo título executivo judicial" (STJ, 5ª T., REsp 1.040.421/SP, Rel. Min. Arnaldo Esteves Lima, ac. 04.02.2010, *DJe* 08.03.2010).

[104] "Nula a citação, não se constitui a relação processual e a sentença não transita em julgado, podendo, a qualquer tempo, ser declarada nula, em ação com esse objetivo, ou em embargos à execução, se o caso (CPC, art. 741, I)" (STJ, 3ª T., REsp 7.556/RO, Rel. Min. Eduardo Ribeiro, ac. 13.08.1991, *RSTJ* 25/439). Com as inovações da Lei nº 11.232, de 22.12.2005, os embargos aludidos no acórdão do STJ foram substituídos por simples impugnação (petição simples) e o dispositivo do CPC que trata da matéria passou a ser o atual art. 475-L, I.

[105] Entretanto, é necessário que o comparecimento do réu seja feito de modo a propiciar-lhe condições de produzir sua defesa. Se o advogado simplesmente junta procuração para ter acesso ao processo, mas o faz sem poderes para receber a citação, esse comportamento "não se assimila ao comparecimento espontâneo, a que alude o art. 214, § 1º, do CPC" (STJ, 3ª T., REsp 193.106/DF, Rel. Min. Ari Pargendler, ac. 15.10.2001, *DJU* 19.11.2001, p. 261). No mesmo sentido: STJ, 4ª T., AgRg no AgRg no Ag 681.299/ES, Rel. Min. Carlos Fernando Mathias, ac. 26.08.2008, *DJe* 22.09.2008.

II – Ilegitimidade de parte

A legitimidade *ad causam* já foi apurada e reconhecida na fase processual anterior à sentença e não cabe, em princípio, reapreciar a matéria após a coisa julgada. Há, porém, de se manter durante toda a marcha do processo, sendo certo que fatos supervenientes podem afetar a titularidade do crédito após a sentença, por força de sucessão, cessão, sub-rogação, por exemplo.

A ilegitimidade arguível contra o pedido de cumprimento da sentença é a contemporânea aos atos de execução, e não importa revisão do que já se acertou antes do julgamento da causa.

Essa ilegitimidade pode ser tanto da parte ativa como da passiva e decorre de não ser ela o vencedor ou o vencido na ação de conhecimento, nem seu sucessor. Pode, também, ser *ad causam* ou *ad processum*, conforme diga respeito à titularidade da obrigação ou à capacidade para agir em juízo. Vale dizer: O cumprimento da sentença não pode ser promovido senão pela parte vencedora na fase de conhecimento do processo, ou seu legítimo sucessor, nem pode ser intentado senão contra o devedor apontado na sentença, ou seu sucessor de direito. Desrespeitada essa pertinência subjetiva, seja no polo ativo ou no polo passivo, dar-se-á a ilegitimidade de parte prevista no inciso II do § 1º do art. 525. É nesse sentido, por exemplo, que o § 5º do art. 513 dispõe que "o cumprimento da sentença não poderá ser promovido em face do fiador, do coobrigado ou do corresponsável que não tiver participado da fase de conhecimento".

Nos casos de incapazes, além da representação legal da parte por quem de direito, impõe-se a participação do Ministério Público no processo, sob pena de nulidade (art. 178, II).

III – Inexequibilidade do título ou inexigibilidade da obrigação

A) Generalidades

Inexequibilidade do título e inexigibilidade da obrigação, matérias arguíveis na impugnação ao cumprimento da sentença, são ideias distintas, mas que se interpenetram. Com efeito, só há execução quando o credor disponha de título executivo, e, por outro lado, só é título executivo o documento a que a lei confere a autoridade de autorizar a execução forçada em juízo. Carece, pois, de *exequibilidade*, em primeiro lugar, a sentença ou decisão judicial que não se enquadrar no rol do art. 515, como, *v.g.*, a que resolve o mérito da causa, mas não contém a certificação de exigibilidade de uma obrigação de pagar quantia, de fazer, de não fazer ou de entregar coisa (inciso I, do referido art.); ou a que homologa a autocomposição em que as partes põem fim ao litígio sem, entretanto, estipular prestações obrigacionais a serem cumpridas entre elas (inc. II).

Em outra perspectiva, para que a execução forçada se legitime, não basta existir um título que formalmente se enquadre no rol do art. 515. É necessário ainda que se atenda ao requisito da *exigibilidade atual* da obrigação cuja existência foi certificada na decisão judicial. É que a execução somente pode ser instaurada quando o devedor não satisfaça a obrigação certa, líquida e *exigível* prevista em *título executivo* (art. 786). Assim, a exequibilidade pressupõe a dupla ocorrência *(i)* do título executivo e *(ii)* do inadimplemento, pois só com essa concomitância o ingresso ao juízo executivo se dará com o fito de realizar obrigação *exigível*, e o provimento judicial satisfativo se apresentará alcançável pelo exequente.

Nula, de tal sorte, será a execução proposta com base em título executivo que não corresponda a obrigação exigível (art. 803, I) ou, quando a obrigação nele definida dependa de condição ainda não cumprida pelo credor, ou de termo ainda não ocorrido (art. 803, III).

Portanto, a impugnação ao cumprimento da sentença (ou da decisão judicial) pode inviabilizar a execução, tanto quando o exequente *não tenha título executivo* como quando o título existente retrate *obrigação certa, mas ainda não exigível*.

B) Excesso de execução

Entende-se, outrossim, também como execução sem título executivo aquela em que o exequente pretenda prestação exorbitante do acertamento a que chegou a decisão judicial. É o que se denomina *excesso de execução*, fato configurável, segundo o art. 917, entre outros casos, quando o exequente pleiteia quantia superior à do título (inc. I), ou coisa diversa daquela declarada no título (inc. II). Assim, a pretensão ajuizada se revela carente de título que possa sustentá-la.

Vê-se, enfim, que *(i)* o título do credor pode ser *inexequível*, por sua própria natureza, sempre que o provimento nele retratado não permitir a configuração de uma das modalidades de *título executivo*, previstas no art. 515; e que, *(ii)* sendo ainda *inexigível* a obrigação nele certificada, a consequência será, também, a sua *inexequibilidade*.

C) A inexigibilidade da obrigação reconhecida em sentença inconstitucional (art. 525, §§ 12 a 15)

C.1) Noções gerais

A partir da ideia de que a inconstitucionalidade gera a nulidade plena de qualquer ato do Poder Público, o CPC/2015, na esteira do que já acontecia ao tempo do CPC/1973, permite ao executado impugnar o cumprimento de sentença, mediante arguição de inconstitucionalidade da lei em que se fundamentou o título executivo judicial, mesmo após seu trânsito em julgado (art. 525, § 12).

À luz da doutrina clássica do direito constitucional já exposta, que sempre acatamos, no Estado Democrático de Direito, não apenas a lei, mas todos os atos de poder devem adequar-se aos padrões da ordem constitucional, de sorte que a inconstitucionalidade pode, perfeitamente, acontecer também no âmbito dos provimentos jurisdicionais.

Por outro lado, as ideias de constitucionalidade e inconstitucionalidade resolvem-se naturalmente numa relação, ou seja, "a relação que se estabelece entre uma coisa – a Constituição – e outra coisa – uma norma ou um ato – que lhe está ou não conforme, que com ela é ou não compatível".[106] Trata-se de uma relação de validade, pois, sem que se dê a adequação entre os termos cotejados, não se poderá pensar em eficácia do ato.[107] Donde a conclusão: da concordância com a vontade suprema da Constituição decorre a relação positiva que corresponde à "validade do ato", e do contraste surge a relação negativa que implica "invalidade".[108]

Sendo, pois, caso de nulidade, a coisa julgada não tem o condão de eliminar a profunda ineficácia da sentença, que, por isso mesmo, será insanável e arguível a qualquer tempo. Assim, como a lei inconstitucional é irremediavelmente nula, também a sentença formalmente transitada em julgado não tem força para se manter, quando prolatada contra a vontade soberana da Constituição.

C.2) A inconstitucionalidade e a injustiça da sentença

Os opositores à doutrina da nulidade da sentença inconstitucional se apegaram à circunstância de que alguns defensores da ideia de invalidade se justificavam com a contraposição

---

[106] MIRANDA, Jorge. *Contributo para uma teoria da inconstitucionalidade*. Reimp. Coimbra: Coimbra Editora, 1996, p. 11.

[107] MIRANDA, Jorge. *Contributo para uma teoria da inconstitucionalidade*. Reimp. Coimbra: Coimbra Editora, 1996, p. 11.

[108] MIRANDA, Jorge. *Contributo para uma teoria da inconstitucionalidade*. Reimp. Coimbra: Coimbra Editora, 1996, p. 11.

entre a coisa julgada e a garantia de *justiça* prevista para a prestação jurisdicional. Como o conceito de justiça é muito vago, o reconhecimento de invalidade de uma sentença, na espécie, conduziria a um grau intolerável de insegurança jurídica, não compatível com o Estado Democrático de Direito.

Realmente, seria difícil precisar um conceito geral de sentença inconstitucional se como tal se tivesse qualquer decisão que contrariasse indireta e remotamente apenas princípios ou valores constitucionais, como a justiça.

A invalidade da coisa julgada, como sempre entendemos, haveria realmente de lastrear-se em afrontas evidentes aos preceitos e garantias constitucionais. Dever-se-ia, pois, encontrar critério objetivo para essa categorização, a fim de evitar que a repressão à injustiça se degradasse em quebra da segurança jurídica.

Foi nessa perspectiva que a reforma do CPC/1973 (art. 475-L, § 1º) e a nova disposição do CPC/2015 (art. 525, § 12) procuraram delimitar, objetivamente, os casos em que a inconstitucionalidade pode afetar a exigibilidade de uma obrigação reconhecida em sentença passada em julgado.[109]

É, aliás, de Cândido Dinamarco a advertência de que a teoria da nulidade da sentença inconstitucional não pode ser banalizada, tendo em vista o peso que a ordem constitucional confere à coisa julgada, como instrumento de garantia da segurança jurídica. Ressalva, contudo, que há "situações em que do próprio espírito democrático e da índole democrática da Constituição emana a necessidade de relativizá-la – e daí a legitimidade da teoria". Aduz, diante disso, que "ela só se legitima em sua aplicação aos casos excepcionais em que o valor transgredido pela sentença coberta pela *auctoritas rei judicatae* seja de relevância ainda maior que a segurança jurídica por ela cultivada".[110]

C.3) A constitucionalidade do regime traçado pelo CPC/2015 para reconhecimento da inconstitucionalidade da sentença

Para o direito positivo, tal como adverte Dinamarco,[111] não é qualquer pretenso atrito principiológico entre a decisão e a ordem constitucional que acarretará a nulidade da coisa julgada, mas apenas aqueles contrastes objetivamente identificados no § 12 do art. 525 do CPC/2015.

De tal sorte, será *inexigível* para o CPC/2015 a obrigação contemplada em sentença inconstitucional, nos seguintes casos:

a) decisão fundada "em *lei* ou *ato normativo* considerado inconstitucional pelo Supremo Tribunal Federal"; e

---

[109] "... a relativização com base na *inconstitucionalidade* é problemática, pois a qualquer momento que a lei em que se fundou a decisão fosse reputada inconstitucional a decisão poderia ser desconstituída. Com isso, seria atingido frontalmente o princípio da segurança jurídica. Parece, ainda, que o problema da revisão da sentença inconstitucional foi resolvido pelo *direito positivo* brasileiro de duas maneiras: a) com a possibilidade de ação rescisória da sentença, lastreada no inciso V do art. 966 do CPC, mitigando o rigor do nº 343 da súmula da jurisprudência do STF; b) a previsão do § 12 do art. 525 e do § 5º do art. 535 do CPC. Não há necessidade, então, de uma revisão de sentença alegadamente inconstitucional sob qualquer fundamento e por qualquer meio inominado" (DIDIER JÚNIOR, Fredie; BRAGA, Paula Sarno; OLIVEIRA, Rafael Alexandria de. *Curso de direito processual civil*. 10. ed. Salvador: JusPodivm, 2015, v. 2, n. 12, p. 558).

[110] DINAMARCO, Cândido Rangel. *Fundamentos do processo civil moderno*. 6. ed. São Paulo: Malheiros, 2010, t. II, n. 642, p. 1.160.

[111] DINAMARCO, Cândido Rangel. *Fundamentos do processo civil moderno*. 6. ed. São Paulo: Malheiros, 2010, t. II, n. 642, p. 1.159.

b) decisão fundada "em aplicação ou interpretação da lei ou do ato normativo tidos pelo Supremo Tribunal Federal como incompatível com a Constituição Federal".

Em ambos os casos, a decisão do STF que servir de fundamento para a aferição sumária da inconstitucionalidade da sentença poderá ter sido pronunciada em controle de constitucionalidade, tanto concentrado como difuso (art. 525, § 12, *in fine*). Mas, sempre, pressuporá uma inconstitucionalidade já declarada pelo STF.

Prevendo o dispositivo do CPC/2015 que essa inexigibilidade possa ser arguida em simples impugnação ao cumprimento da sentença, fica evidente que a nulidade da sentença inconstitucional não depende de rescisória e pode verificar-se a qualquer tempo e em qualquer processo.[112]

Nem há que se pensar em inconstitucionalidade do § 12 do art. 525 pelo simples fato de a Constituição proteger a coisa julgada (CF, art. 5º, XXXVI). É que nem a própria Constituição lhe confere uma tutela absoluta, já que reconhece sua rescindibilidade e deixa a cargo da lei ordinária a previsão das hipóteses em que tal se dará. Esclarece Teori Zavascki, a propósito:

> "A constitucionalidade do parágrafo único do art. 741 [CPC de 1973 – NCPC, art. 535, § 5º] decorre do seu significado e da sua função. Trata-se de preceito normativo que, buscando harmonizar a garantia da coisa julgada com o primado da Constituição, veio apenas agregar ao sistema um mecanismo processual com eficácia rescisória de certas sentenças inconstitucionais. Até o seu advento, o meio apropriado para rescindir tais sentenças era o da ação rescisória (art. 485, V) [CPC/2015, art. 966, V]".[113]

Releva notar que a jurisprudência, em alguns arestos, fazia distinção entre a inconstitucionalidade decretada pelo STF em controle difuso e em controle concentrado:

a) os efeitos produzidos antes do decreto de inconstitucionalidade pronunciado em caráter *difuso* pelo STF persistiriam, tornando-se necessária a *ação rescisória* para desconstituí-los;[114]

b) quando, porém, se tratasse de vício decretado em controle *concentrado*, a ação *direta de inconstitucionalidade* produziria efeito *erga omnes* e, naturalmente *ex tunc*.[115]

---

[112] Ainda na aplicação do CPC/1973, já entendia assim o STJ: "(...) 3. A partir da entrada em vigor da Lei nº 11.232/2005, que incluiu, no Código de Processo Civil de 1973, o art. 475-L, passou a existir disposição expressa e cogente assegurando ao executado arguir, em impugnação ao cumprimento de sentença, a inexigibilidade do título judicial. 4. Nos termos do § 1º do próprio art. 475-L do CPC/1973, considera-se também inexigível o título judicial fundado em aplicação ou interpretação da lei ou ato normativo tidas pelo Supremo Tribunal Federal como incompatíveis com a Constituição Federal (...)" (STJ, 3ª T., REsp 1.531.095/SP, Rel. Min. Ricardo Villas Bôas Cueva, ac. 09.08 2016, *DJe* 16.08.2016).

[113] ZAVASCKI, Teori Albino. Embargos à execução com eficácia rescisória: sentido e alcance do art. 741, parágrafo único, do CPC, *apud* COSTA, Inês Moreira da. Execução de título judicial contra a Fazenda Pública. Procedimentos e controvérsias. *Revista da Escola da Magistratura do Estado de Rondônia*, v. 18, p. 91-92, 2008. Anota Zavascki que, na espécie, pouco importa a época em que o precedente do STF foi editado, "se antes ou depois do trânsito em julgado da sentença exequenda, distinção que a lei não estabelece" (p. 92).

[114] STJ, 1ª T., REsp 1.103.584/DF, Rel. Min. Luiz Fux, ac. 18.05.2010, *DJe* 10.09.2010.

[115] "A declaração de inconstitucionalidade da lei tem eficácia retroativa, produzindo efeito *ex tunc* (*RTJ* 82/791, 97/1.369, 157/1.063; STF, *RT* 798/206; *RSTJ* 10/164; *RTFR* 129/75 – Pleno, v.u.) e, por isso 'os atos praticados com apoio na mesma lei são nulos'" (*RT* 657/176)" (NEGRÃO, Theotonio *et al*. *Código de Processo Civil e legislação processual em vigor*. 39. ed. São Paulo: Saraiva, 2007, p. 1.158, nota 26.1). Entretanto, por razões

O sistema do CPC/2015, no entanto, admite que a exceção de inconstitucionalidade, no estágio de cumprimento da sentença, se apoie em prévia declaração do STF ocorrida tanto em controle concentrado como difuso. Mas essa declaração haverá de preceder ao trânsito em julgado da sentença exequenda, para legitimar a arguição em simples impugnação ao cumprimento do decisório havido como inconstitucional (art. 525, § 14). O efeito *ex tunc*, todavia, nem sempre ocorrerá plenamente, a ponto de ser reconhecível incidentalmente no curso de execução.

Se a sentença exequenda transitou em julgado antes da declaração de inconstitucionalidade da norma ou da interpretação que lhe serviu de base, o vício do título judicial somente será reconhecível através de *ação rescisória* (art. 525, § 15). O prazo de propositura da rescisória, no entanto, será contado de maneira especial. Isto é, terá como ponto de partida não o trânsito em julgado da sentença, mas o trânsito em julgado do acórdão do STF em que a inconstitucionalidade foi declarada (art. 525, § 15, *in fine*).

Embora não conste do art. 525 semelhante restrição, Medina entende que, quando se trata de inconstitucionalidade declarada pelo STF em controle difuso, a arguição em impugnação à execução só se torna viável quando a sentença for posterior à suspensão da lei inconstitucional pelo Senado Federal, nos termos do art. 52, X, da CF.[116]

O argumento invocado é que o efeito vinculante *erga omnes* acha-se previsto pela Lei nº 9.868/1999, art. 28, parágrafo único, apenas para a ação direta de inconstitucionalidade (controle concentrado). A declaração em controle difuso faz coisa julgada limitada às partes. É a resolução do Senado que estende sua eficácia *erga omnes*. Daí sua conclusão de que o alcance da regra processual que permite a defesa do executado com fundamento em inconstitucionalidade do título executivo judicial seja aplicável, em regra, tão somente no caso de declaração em controle concentrado. Às hipóteses de controle difuso, a impugnação só teria cabimento quando a sentença exequenda fosse posterior à suspensão prevista no art. 52, X, da CF.

A orientação traçada pelo CPC/2015, todavia, acena para rumo diferente, no qual a força vinculante das decisões não se atrela apenas ao exercício do controle concentrado de constitucionalidade. O art. 927 prevê, por exemplo, o dever geral de observação por todos os juízes e tribunais, dos acórdãos do STF em incidente de assunção de competência e em julgamento de recursos extraordinários repetitivos, ambos submetidos à decisão do Plenário (inc. III). Aliás, o CPC/2015 prevê que a orientação do plenário de qualquer tribunal (e com maior razão, do STF), obriga a todos os juízes e tribunais a ele vinculados (art. 927, V).

Não foi, portanto, por outra razão que o art. 525, ao permitir a impugnação ao cumprimento da sentença com fundamento em inconstitucionalidade declarada pelo STF, não fez distinção entre controle difuso e controle concentrado. Ambos foram pelo CPC equiparados plenamente, para os fins visados pelo dispositivo processual. Não cabe, pois, ao intérprete fazer distinção que a lei não fez, principalmente quando a pretendida distinção briga com o sistema geral adotado pelo Código.

Por fim, merece ser destacado que o STF declarou a constitucionalidade da regra do CPC que prevê a inexequibilidade de título judicial transitado em julgado quando fundamentado em norma declarada inconstitucional pela Suprema Corte, na situação arrolada no § 12 do art. 525 do CPC.[117]

---

excepcionais para preservar a segurança jurídica e o interesse público, admite-se que possa atribuir-se "efeitos *pro futuro* à declaração incidental de inconstitucionalidade" (STF, Pleno, RE 197.917/SP, Rel. Min. Maurício Corrêa, ac. 06.06.2002, *DJU* 07.05.2004, p. 8).

[116] MEDINA, José Miguel Garcia. *Novo Código de Processo Civil comentado*. 5. ed. São Paulo: RT, 2017, p. 888.
[117] STF, Pleno, ADI 3740, Rel. Min. Gilmar Mendes, ac. 27.09.2019, *DJe* 02.12.2019.

PARTE I • AS VIAS DE EXECUÇÃO DO CÓDIGO DE PROCESSO CIVIL BRASILEIRO | 69

C.4) Modulação dos efeitos da declaração de inconstitucionalidade

O STF tem jurisprudência firme, em matéria de declaração de inconstitucionalidade de lei ou ato normativo: quando feita sem qualquer modulação eficacial, os efeitos da declaração são retroativos, acarretando a invalidação do ato estatal, desde o "momento em que surgiu, no sistema do direito positivo", contaminado por "nulidade *ab initio*". É que, para o STF, "atos inconstitucionais são nulos e desprovidos de qualquer carga de eficácia jurídica".[118]

Nos casos em que a Lei nº 9.868/1999 admite a modulação dos efeitos da decisão que declara a inconstitucionalidade de lei ou ato normativo, o efeito retroativo sofre redução e até pode mesmo ser vetado pela declaração do STF levando em conta "razões de segurança jurídica ou de excepcional interesse social" (Lei nº 9.868, art. 27).[119] Se tal acontecer, as sentenças exequendas deverão amoldar-se aos limites temporais fixados na declaração de inconstitucionalidade da norma que lhe serviu de fundamento. Se transitou em julgado em um momento não alcançado pela declaração de inconstitucionalidade, estará, obviamente, fora da impugnabilidade autorizada pelo art. 525, § 12, do CPC/2015.

A propósito da modulação dos efeitos do reconhecimento da inconstitucionalidade, o § 13 do art. 525 dá-lhe uma dimensão diversa daquela prevista no art. 27 da Lei nº 9.868/1999. A Lei da Ação de Declaração de Inconstitucionalidade regula a modulação pelo STF, como item do próprio acórdão declaratório. O dispositivo do CPC/2015 autoriza a modulação como ato do juízo que reconhece a inexigibilidade da obrigação exequenda, porque fundada em lei anteriormente declarada inconstitucional pelo STF. A modulação, *in casu*, é ato do juízo da execução, que a utilizará "em atenção à segurança jurídica", aferida à luz das características e exigências do caso dos autos, segundo se depreende do § 13 do citado art. 525 do CPC/2015.

C.5) Síntese do sistema codificado para a defesa do executado, diante da sentença inconstitucional

O Código de 2015, ciente das divergências suscitadas durante a vigência do CPC/1973, superou-as, inclusive aquela instalada pela jurisprudência da 1ª Turma do STF que inadmitia a arguição, em impugnação ao cumprimento de sentença, de inconstitucionalidade do título exequendo. O sistema do CPC/2015 é claríssimo no sentido de autorizar a exceção de inconstitucionalidade, para afastar a exigibilidade da obrigação em execução, se a lei em que se acha fundado o decisório exequendo foi objeto de declaração de inconstitucionalidade pelo STF, pouco importando se tal se deu em controle concentrado ou difuso (art. 525, § 12).

---

[118] STF, Pleno, ADI 1.434-MC/SP, Rel. Min. Celso de Melo, ac. 20.08.1996, *DJU* 22.11.1996, p. 45.684; STF, Pleno, ADI 652/MA-QO, Rel. Min. Celso de Melo, ac. 02.04.1992, *RTJ* 146/461. No mesmo sentido é a orientação do STJ: "O vício da inconstitucionalidade acarreta a nulidade da norma, conforme orientação assentada há muito tempo no STF e abonada pela doutrina dominante. Assim, a afirmação da constitucionalidade ou da inconstitucionalidade da norma, mediante sentença de mérito em ação de *controle concentrado*, tem efeitos puramente declaratórios. Nada constitui nem desconstitui. Sendo declaratória a sentença, a sua eficácia temporal, no que se refere à validade ou à nulidade do preceito normativo é *ex tunc* (STJ, 1ª Seção, EDREsp 517.789, Rel. Min. Teori Albino Zavascki, ac. 22.03.2006, *DJU* 10.04.2006, p. 112).

[119] O STF já entendeu que, presentes os requisitos constitucionais, a modulação dos efeitos da decisão que declara a inconstitucionalidade da lei é obrigatória pela Corte, inclusive, em sede de embargos de declaração: "1. O art. 27 da Lei nº 9.868/99 tem fundamento na própria Carta Magna e em princípios constitucionais, de modo que sua efetiva aplicação, quando presentes os seus requisitos, garante a supremacia da Lei Maior. Presentes as condições necessárias à modulação dos efeitos da decisão que proclama a inconstitucionalidade de determinado ato normativo, esta Suprema Corte tem o dever constitucional de, independentemente de pedido das partes, aplicar o art. 27 da Lei nº 9.868/99. 2. Continua a dominar no Brasil a doutrina do princípio da nulidade da lei inconstitucional. Caso o Tribunal não faça nenhuma ressalva na decisão, reputa-se aplicado o efeito retroativo. Entretanto, podem as partes trazer o tema em sede de embargos de declaração" (STF, Pleno, ADI 3.601 ED/DF, Rel. Min. Dias Toffoli, ac. 09.09.2010, *DJe* 14.12.2010).

Em suma, a posição inovadora e categórica do CPC/2015 pode ser assim sintetizada:

a) Se a declaração de inconstitucionalidade pronunciada pelo STF for anterior à sentença impugnada, a arguição de inexigibilidade da obrigação figurante no título exequendo poderá ser feita por meio de incidente do procedimento de cumprimento do julgado, independentemente de ação rescisória (art. 525, § 14).

b) Se a sentença exequenda é de data anterior à declaração de inconstitucionalidade proferida pelo STF somente por ação rescisória a sentença (que se quer cumprir) poderá ser ineficaciada, muito embora o prazo de rescisão se deva contar, segundo o CPC/2015, a partir do trânsito em julgado do acórdão do STF e não da sentença rescindenda (art. 525, § 15).[120]

c) Na acolhida da impugnação com base em inconstitucionalidade, os efeitos da decisão do STF sobre a sentença exequenda poderão ser modulados no tempo, em atenção à segurança jurídica (art. 525, § 13).

C.6) Direito intertemporal em matéria de arguição de inconstitucionalidade

No aspecto de direito intertemporal, o CPC/2015 estatuiu no art. 1.057 a seguinte regra:

> I – Só aplicam às decisões transitadas em julgado após a entrada em vigor, as regras dos §§ 14 e 15, ou seja, aquelas que exigem que a decisão do STF (declaração de inconstitucionalidade) seja *anterior ao trânsito em julgado* da decisão exequenda; e sujeição apenas à *rescisória*, se a declaração do STF for *posterior à decisão exequenda*.
>
> II – Às decisões transitadas em julgado anteriormente ao CPC/2015 continua aplicável o seu art. 475-L, § 1º, o qual não fazia distinção entre declaração de inconstitucionalidade anterior ao posterior ao trânsito em julgado da decisão exequenda, nem discriminava entre controle concentrado ou difuso exercitado pelo STF.[121]

Ademais, importa ressaltar que o sistema de precedentes adotado pelo CPC/2015 torna vinculantes as decisões de plenário de tribunal, para todos os juízes e órgãos judiciais a ele vinculados (art. 927, V). Se a regra prevalece para qualquer tribunal, acerca de qualquer questão de direito, com maior razão haverá de ser observada em face de decisões do Plenário do STF tomadas no exercício do seu poder institucional de guardião e intérprete da Constituição. Nesse aspecto, não importa que a declaração de inconstitucionalidade pronunciada pelo Pleno do STF

---

[120] Ao tempo do CPC/1973, o art. 475-L, § 1º, e art. 741, parágrafo único, que permitiam o reconhecimento da inexigibilidade da obrigação exequenda fundada em lei inconstitucional em situação análoga a dos arts. 525, §§ 12 e 14 e 535, § 5º, tiveram sua inconstitucionalidade arguída em Ação Direta de Inconstitucionalidade, a qual foi julgada improcedente pelo STF (ADI 3.740/DF, Pleno, Rel. Min. Gilmar Mendes, ac. 27.09.2019, DJe 02.12.2019).

[121] "Não podem ser desconsideradas as decisões do Plenário do STF que reconhecem constitucionalidade ou a inconstitucionalidade de diploma normativo. Mesmo quando tomadas em controle difuso, são decisões de incontestável e natural vocação expansiva, com eficácia imediatamente vinculante para os demais tribunais, inclusive o STJ (CPC, art. 481, § único (...)), e, no caso das decisões que reconhecem a inconstitucionalidade de lei ou ato normativo, com força de inibir a execução de sentenças judiciais contrárias, que se tornam inexigíveis (CPC, art. 741, § único; art. 475-L, § 1º, redação da Lei 11.232/05)" (STJ, 1ª T., REsp 819.850/RS, Rel. Min. Teori Zavascki, ac. 01.06.2006, DJU 19.06.2006, p. 125).

tenha ocorrido em controle difuso ou concentrado, como defendia o Ministro Teori Zavascki, ainda na vigência do CPC de 1973.[122]

C.7) E como fica a ofensa direta e manifesta à própria Constituição?

O § 12 do art. 525 do CPC/2015, ao prever a arguição incidental de inconstitucionalidade, refere-se apenas à sentença que se tenha fundado em lei declarada inconstitucional pelo STF. *Quid iuris* se a decisão exequenda tiver, inequivocamente, contrariado norma da própria Constituição?

Sem dúvida, terá cabimento a ação rescisória por violação manifesta de norma jurídica, nos termos do art. 966, V, do CPC/2015, visto que, obviamente, os ditames da Constituição constituem *normas jurídicas*. Mas o problema está em saber se esta inconstitucionalidade é, ou não, daquelas reconhecíveis em impugnação ao cumprimento de sentença, ou se apenas pode ser remediada por meio de rescisória.[123]

Pensamos que uma inconstitucionalidade direta não mereça tratamento processual menos efetivo que o dispensado à inconstitucionalidade reflexa representada pela aplicação de uma lei ordinária previamente declarada inconstitucional. É claro que não é qualquer atrito com a ordem constitucional que pode ensejar sumário reconhecimento de invalidade de uma sentença. Outro, porém, é o caso do decisório que, à evidência, retrata manifesta violação a teor inequívoco de preceito da Constituição.

A reação contra esse tipo de inconstitucionalidade direta e evidente, como causa de nulidade plena do ato judicial, há de ser a mesma admitida para a inconstitucionalidade reflexa, ocorrida quando a sentença se funda em lei declarada inconstitucional. Se nesta última hipótese exige-se que a inconstitucionalidade tenha sido objeto de prévia declaração do STF, o mesmo não se aplica quando o gravame é imposto diretamente a alguma norma da própria Constituição. Parece óbvio que a autoridade da regra constitucional não se subordina a prévio pronunciamento do STF.[124]

O que não se pode tolerar é que a arguição incidental, em impugnação ao cumprimento de sentença, seja feita à base de mera e controversa interpretação de princípios e valores constitucionais de difícil e complexa aplicação ao caso concreto. Somente as graves, manifestas e irrecusáveis ofensas diretas a normas da Constituição podem a nosso ver, ser arguidas sumariamente, sem depender de prévia declaração do STF e de sujeição aos trâmites da ação rescisória. Estamos plenamente convictos de que, de forma alguma, se pode compactuar com a banalização da arguição

---

[122] REsp 819.850, Rel. Min. Teori Zavascki, ac. 01.06.2006, *DJU* 19.06.2006, p. 125.

[123] Didier entende que todo o problema da sentença inconstitucional foi resolvido pelas medidas autorizadas pelo art. 966, V, e pelo § 12 do art. 525 do CPC/2015, diante dos quais não haveria necessidade de cogitar-se de outros fundamentos e meios inominados para remediar a sentença afetada por inconstitucionalidade. Reconhece, porém, que o STF admitiu "a renovação de demanda de investigação de paternidade, que havia sido anteriormente rejeitada por ausência de provas. Consagrou, então, um caso de *relativização atípica da coisa julgada*. Mesmo sem dizer isto expressamente, o STF considerou como *secundum eventum probationis* a coisa julgada na investigação de paternidade (RE nº 363.889, Rel. Min. Dias Toffoli, j. em 02.06.2011)" (DIDIER JÚNIOR, Fredie; BRAGA, Paulo Sarno; OLIVEIRA, Rafael Alexandria de. *Curso de direito processual civil*. 10. ed. Salvador: JusPodivm, v. 2, p. 558).

[124] No caso em que a coisa julgada foi relativizada em ação de investigação de paternidade, julgada improcedente por falta de exame de DNA, o STF, ao permitir nova propositura da mesma demanda, sem passar pela rescisória, ressaltou que "não devem ser impostos óbices de natureza processual ao exercício do direito fundamental à busca da identidade genética, como natural emanação do direito de personalidade de um ser, de forma a tornar-se igualmente efetivo o direito à igualdade entre os filhos, inclusive de qualificações, bem assim o princípio da paternidade responsável" (STF, Pleno, RE 363.889/DF, Rel. Min. Dias Toffoli, ac. 02.06.2011, *DJe* 16.12.2011).

incidental de inconstitucionalidade prevista no § 12 do art. 525 do CPC/2015 (reproduzida também no § 5º do art. 535 do mesmo Código). Mas, também, não se pode reprimir com menor rigor a nulidade do ato judicial praticado com acintosa e direta ofensa a um preceito da Carta Magna.

IV – Penhora incorreta ou avaliação errônea

Ilícita ou abusiva é a penhora que recai sobre bem inalienável ou legalmente impenhorável, bem como a que desrespeita as regras processuais sobre a constituição da segurança do juízo executivo. Esses vícios da penhora devem, em princípio, ser arguidos por meio de impugnação. Nem sempre, porém, o executado terá condição de assim proceder.

É que a impugnação está sujeita a prazo que corre independentemente da realização de prévia penhora, de modo que, na maioria das situações, quando ela ocorrer, a impugnação já terá sido manejada. Nessa hipótese, caberá ao executado arguir as questões "relativas à validade e à adequação da penhora, da avaliação e dos atos executivos subsequentes" por meio de simples petição (CPC/2015, art. 525, § 11).

A penhora deve incidir sobre bens legalmente penhoráveis (art. 832: "não estão sujeitos à execução os bens que a lei considera impenhoráveis ou inalienáveis") e há de respeitar o montante da dívida exequenda (art. 831: "tantos bens quantos bastem para o pagamento do principal atualizado, dos juros, das custas e dos honorários advocatícios"). Legítima, portanto, será a impugnação do devedor em face da constrição de bens que não podem ou não devem figurar na execução.

O mesmo acontece com o gravame sobre bens que, embora penhoráveis, sejam de valor muito maior do que o crédito ajuizado. Por isso, o executado tem legítimo interesse em reclamar da avaliação incorreta, que afinal pode acarretar uma expropriação exagerada e desnecessária na hasta pública, ou até causar-lhe uma perda indevida em caso de adjudicação do bem penhorado pelo exequente. Se esta legalmente se faz pelo preço de avaliação (art. 876), e se a estimativa não espelha a realidade, fatalmente se terá um locupletamento ilícito do credor à custa do injusto prejuízo do devedor.

V – Excesso de execução ou cumulação indevida de execuções

Ocorre, por exemplo, cumulação indevida de execuções, quando se requer concomitantemente, nos mesmos autos, execuções sujeitas a ritos diversos e inconciliáveis (*v.g.*, requerimento cumulativo de prestações de pagar quantia e de entregar coisa, ou de realizar fato).

Há, outrossim, excesso de execução quando o pedido do credor esteja em desconformidade com o título, o que, segundo o art. 917, § 2º, pode ocorrer nas seguintes hipóteses:

(a) Quando o exequente pleiteia quantia superior à prevista na sentença:

Aqui a procedência da impugnação não exclui integralmente a viabilidade da execução, mas apenas a reduz ao *quantum* compatível com o título.

(b) Quando recai a execução sobre coisa diversa daquela declarada na sentença:

A diversidade pode dizer respeito à quantidade ou à qualidade das coisas devidas nas obrigações de dar coisas certas ou incertas (arts. 806 e 811). E a impugnação, quando procedente, pode conduzir à anulação de toda a execução ou apenas à redução dela à quantidade compatível com a força da sentença.

(c) Quando se processa a execução de modo diferente do que foi determinado no título:

Não se pode, *v.g.*, executar a coisa *in natura*, quando a sentença condenou apenas à indenização de seu equivalente. Nem se pode, desde logo, executar como obrigação de pagar quantia certa aquela que fora objeto de condenação a prestação de fazer ou de dar coisa certa ou incerta. As sentenças devem ser executadas fielmente, sem ampliação ou restrição do que nelas estiver disposto (art. 891 do Código de Processo Civil de 1939).[125] É certo que ao credor cabe, em determinadas circunstâncias, optar pelo equivalente econômico das prestações de fazer ou de entregar coisa, descumpridas. Mas tal opção deve ser anterior à sentença,[126] ou, se posterior, deverá decorrer da frustração da execução da prestação originária acatada pelo título judicial.[127]

(d) Quando o exequente, sem cumprir a prestação que lhe corresponde, exige o adimplemento da do executado:

É, pois, carente da execução o credor que não cumpre previamente a contraprestação a que está subordinada a eficácia do negócio sinalagmático retratado no título (art. 787). Se insistir em fazê-lo, a execução será nula nos termos do inciso III do art. 803.

Trata-se da exceção *non adimpleti contractus*, que é de natureza substancial, e paralisa a eficácia do direito do credor, tornando prematura a execução intentada sem cumprimento ou oferecimento da prestação do credor, por atentar contra o disposto no art. 476 do Código Civil.

Há, porém, de se lembrar que a sentença que acolhe a exceção de contrato não cumprido, como defesa dilatória que é, não impede a exequibilidade do crédito cobrado do réu. Ocorre, na espécie, duplo acertamento judicial: *(a)* o do direito cujo reconhecimento pleiteia o autor; e *(b)* o da exceção oposta pelo réu. É que, ao lançar mão de tal defesa indireta, o réu, implícita ou explicitamente, admite a existência e validade do contrato de onde nasceu a pretensão do autor.

Não pode, por isso, a demanda principal ser julgada improcedente. O que ocorre, quando se acolhe a *exceptio non adimpleti* na fase de conhecimento do processo, é apenas a sujeição do autor à condição de só promover o cumprimento da sentença condenatória depois de comprovar a realização ou a oferta da contraprestação que lhe cabe[128], sob pena de, na eventualidade de

---

[125] "Continua válido o princípio consignado no CPC anterior, art. 891" (NEGRÃO, Theotonio; GOUVÊA, José Roberto F. *Código de Processo Civil e legislação processual em vigor*. 37. ed. São Paulo: Saraiva, 2005, nota 3 ao art. 610, p. 724). Nesse sentido: "Liquidação de sentença. A sentença deve ser fielmente cumprida (CPC, art. 610), defesa na fase de execução a reativação de questão resolvida no processo de conhecimento por decisão irrecorrida" (STJ, 2ª T., REsp 109.817/BA, Rel. Min. Ari Pargendler, ac. 01.12.1998, *DJU* 22.02.1999, p. 90; STJ, 4ª T., AgRg no REsp 1.171.478/RS, Rel. Min. João Otávio de Noronha, ac. 02.08.2011, *DJe* 08.08.2011).

[126] A sentença, a respeito das ações relativas a prestações de fazer ou de entregar coisa, deve conceder a tutela específica (arts. 497 e 498). A conversão em perdas e danos somente ocorrerá quando o autor da ação condenatória a requerer, ou quando se tornar impossível a tutela específica (CPC/2015, art. 499).

[127] Na execução de sentença que condene a cumprir obrigação de fazer ou não fazer, o juiz determinará as medidas necessárias "à satisfação do exequente", seja por meio da "tutela específica", quer para alcançar "resultado prático equivalente" (CPC/2015, art. 536). Na execução de sentença que condene a entrega de coisa, o cumprimento se dará por meio da expedição de mandado de busca e apreensão ou de imissão na posse, conforme se tratar de coisa móvel ou imóvel (art. 538). Se o mandado executivo correspondente a entrega da coisa devida se frustrar, por desvio ou deterioração do objeto do título exequendo, é que surgirá para o credor o direito de converter a execução para a tutela substitutiva (valor da coisa e das perdas e danos) (art. 627, *caput*), procedendo-se à competente liquidação (art. 627, § 2º), antes de iniciar-se a execução por quantia certa, em substituição à tutela específica fracassada.

[128] "Se o figurante exerce a exceção *non adimpleti contractus*, ou a *non rite adimpleti contractus*, com isso não se pré-exclui o julgamento da procedência da demanda; apenas se condena o demandado a prestar simultaneamente, ao receber a contraprestação. A condenação a prestar simultaneamente tanto se dá se as prestações haviam de ser simultâneas como se a prestação do demandante tinha de ser anterior, ou se ambas já têm de ser feitas" (PONTES DE MIRANDA, Francisco Cavalcanti. *Tratado de direito privado*. t. XXVI- *Direito das obrigações: Inadimplemento*. Atualizado por Ruy Rosado de Aguiar Jr. E Nelson Nery Jr. São Paulo: Ed. RT, 2012, p. 214).

tal condição não ser cumprida, praticar-se o *excesso de execução* de que cogitam os arts. 525, § 1º, V, e 917, III[129].

Sobre a matéria, tratamos também em nosso P*rocesso de Execução*, 32. ed., Rio de Janeiro: Forense, 2023, n. 556-A.

No aspecto substancial o tema foi objeto de análise em nosso *O contrato e seus princípios*. 3. ed. Rio de Janeiro: AIDE, 2001, p. 119-137.

(e) Se o credor não provar que a condição se realizou:

A condição *suspensiva* impede que o negócio jurídico produza seus efeitos enquanto não ocorrido o evento a que sua eficácia ficou subordinada (Código Civil, art. 125). Dessa forma, quando a sentença decidir relação jurídica sujeita a uma condição dessa natureza, o cumprimento da sentença dependerá da demonstração de que se realizou o evento previsto como necessário à produção dos efeitos da condenação (art. 514). Embora o art. 917, § 2º, V, mencione expressamente apenas a falta de prova de realização da *condição*, a regra se aplica também ao *termo*, como se deduz do já citado art. 514.

Será carecedor da execução o credor que não fizer previamente essa prova, cabendo ao devedor a impugnação de excesso de execução para ilidir a pretensão executiva.

Teresa Wambier entende que em situações de flagrante excesso, mesmo na ausência de alegação e de apresentação do demonstrativo, o juiz pode conhecer desse vício de ofício, por ser matéria de ordem pública. A execução terá sido proposta sem suporte no título executivo no tocante à parcela exorbitante.

(f) Requisito especial da arguição de excesso de execução:

Estando a impugnação ao cumprimento da sentença limitada a alegação de excesso de execução, sobre o *quantum* correspondente ao título executivo judicial, caberá ao executado declarar, desde logo, "o valor que entende correto, apresentando demonstrativo discriminado e atualizado de seu cálculo" (art. 525, § 4º).

O descumprimento de tal exigência legal (*i.e.* falta de apontamento do valor correto ou não da apresentação do demonstrativo) acarretará a liminar rejeição da impugnação. Essa sanção processual, porém, somente será aplicada se o excesso for o único fundamento da impugnação. Havendo outras defesas suscitadas, o processamento da impugnação terá sequência, "mas o juiz não examinará a alegação de excesso de execução" (art. 525, § 5º).

VI – Incompetência absoluta ou relativa do juízo da execução

O CPC/2015 traz à tona hipótese de matéria que pode ser arguida em sede de impugnação ao cumprimento de sentença que existia originariamente no CPC/1973, mas que havia sido suprimida pela reforma operada pela Lei nº 11.232/2005.

Agora é possível ao executado arguir, nos próprios autos, a incompetência do juízo da execução, tanto a absoluta como a relativa, com a seguinte distinção:

---

[129] "Observa-se que, considerando que o exercício da exceção substancial dilatória opera uma ampliação do objeto litigioso do processo, a solução que lhe é dada deve compor o dispositivo da decisão judicial. Assim, ao acolher a exceção exercida pelo réu, a sentença é *duplamente procedente*: reconhece a existência do direito do autor (cuja exigibilidade fica, contudo, suspensa) e reconhece também a existência do contradireito do réu. As afirmações de direito feitas pelas partes, que compõem o objeto litigioso do processo, são [ambas] procedentes" (DIDIER JR., Fredie; BRAGA, Paula Sarno; OLIVEIRA, Rafael Alexandria de. *Curso de direito processual civil.* 14. ed. Salvador: JusPodivm, 2019, v. 2, p. 512).

(a) A incompetência relativa pode ser alegada na própria impugnação, sob pena de preclusão, porquanto o atual Código não prevê a possibilidade de argui-la por exceção de incompetência.

(b) A incompetência absoluta, por sua vez, pode ser alegada não apenas na impugnação, mas em qualquer fase da execução, e até mesmo o juiz pode conhecê-la, de ofício.

Poder-se-ia pensar que a matéria de incompetência já estaria solucionada na fase de cognição do processo e assim mostrar-se-ia irrelevante a regra que permite sua abordagem na impugnação ao cumprimento da sentença. Não é bem assim, uma vez que a execução de título judicial pode ser deslocada pelo exequente para outros foros, como prevê o art. 516, parágrafo único. Além disso, existem vários títulos judiciais que se originaram em processos de outros juízos distintos daqueles em que haverão de ser submetidos ao cumprimento forçado, como a sentença penal, a sentença estrangeira e a sentença arbitral. É claro que em todas essas situações particulares o processo de cumprimento da sentença pode ser aforado perante juízo incompetente, desafiando arguição em impugnação ou em petição avulsa, conforme se trate de incompetência relativa ou absoluta.

VII – Qualquer causa modificativa ou extintiva da obrigação, como pagamento, novação, compensação, transação ou prescrição, desde que supervenientes à sentença

Sem reabrir discussão sobre o conteúdo da sentença, fatos posteriores à condenação podem afetar o direito do credor, impedindo-lhe a execução, ou modificando-lhe os termos de exigibilidade. Nessa categoria de eventos modificativos ou extintivos, o art. 525, § 1º, VII, elenca o pagamento, a novação, a compensação, a transação ou prescrição, desde que ocorridos posteriormente à sentença. Se anteriores à formação do título executivo, estará preclusa a possibilidade de invocá-los por incompatibilidade com a sentença que os exclui, definitivamente, segundo o princípio do art. 508.

O CPC/2015 excluiu do rol das defesas do executado, a causa *impeditiva da obrigação*, que constava no CPC/1973. Barbosa Moreira já censurava o CPC anterior por não conceber que uma causa superveniente à sentença pudesse se apresentar como "impeditiva da obrigação" nela certificada.[130]

A enumeração do referido dispositivo é exemplificativa, existindo outros casos obstativos do cumprimento da condenação nos autos em que foi proferida, como, por exemplo, a recuperação judicial, a falência do empresário e a declaração de insolvência do devedor civil.

A ocorrência do fato extintivo do direito do credor deve ser cumpridamente provada, correndo o ônus da prova por inteiro a cargo do devedor impugnante, tendo em vista a presunção legal de certeza e liquidez que ampara o título executivo devidamente formalizado.

Quanto à compensação, só é admissível quando operada com crédito do impugnante que se revista das mesmas características do título do exequente, o que vale dizer que "não é

---

[130] "A redação [do inciso VI do art. 475-L do CPC/1973] é parcialmente imprópria porque não se concebe a ocorrência *superveniente* de causa *impeditiva* da obrigação: se a sentença reconheceu a existência desta, ou o órgão repeliu a alegação de fato impeditiva, ou tal alegação deixou de ser feita e está preclusa; o que pode configurar-se é alguma causa impeditiva *da execução* singular, não *da obrigação*, como a falência do devedor (Lei nº 11.101 de 09.02.2005, art. 6º)" (BARBOSA MOREIRA, José Carlos. *O novo processo civil brasileiro*. 25. ed. Rio de Janeiro: Forense, 2007, p. 199; WAMBIER, Teresa Arruda Alvim. *Primeiros comentários ao novo Código de Processo Civil, artigo por artigo*. 2. ed. São Paulo: RT, 2016, p. 874).

possível admitir-se compensação de dívida líquida e certa por crédito ilíquido ou pendente de apuração judicial".[131]

Aliás, o Código Civil é expresso em determinar que "a compensação efetua-se entre dívidas líquidas, vencidas e de coisas fungíveis" (art. 369).

Sob outra perspectiva, é de se notar que as causas extintivas da obrigação afetam uma das condições de procedibilidade – a exigibilidade –, cujo desaparecimento, a qualquer tempo, impede o prosseguimento da execução e acarreta a imediata extinção do processo. Trata-se, pois, de perda de condição da ação, cujo conhecimento se impõe de imediato, de ofício ou a requerimento da parte, sem a limitação temporal do prazo de quinze dias previsto no *caput* do art. 525 para impugnação.[132]

52. O cumprimento da sentença e a prescrição

Está sumulado o entendimento do Supremo Tribunal Federal de que, em função da autonomia da execução e da cognição, há duas prescrições distintas: *(i)* a da pretensão veiculada no processo de conhecimento e *(ii)* a da execução da condenação obtida na sentença. O prazo a observar, nas duas situações, é, no entanto, o mesmo (Súmula nº 150/STF).

Em razão da referida autonomia, quando se tratar de obrigação ativa ou passiva da Fazenda Pública, não se aplicará à execução de sentença a redução do prazo prescricional à metade, prevista pelo Decreto nº 20.910/1932. Os cinco anos serão contados por inteiro, tanto para o processo de conhecimento como para a execução da sentença.[133]

Para nenhum efeito, computar-se-á a citação do processo de conhecimento como uma interrupção da prescrição relativa à execução forçada do título judicial. Desse modo, os atos interruptivos acaso ocorridos antes da sentença (todos eles, e não apenas a citação) não têm repercussão sobre a contagem do prazo prescricional originário da pretensão executiva. A esse novo e autônomo prazo de prescrição não se aplica a regra do Decreto nº 20.910/1932 (contagem pela metade)[134] tampouco a do art. 202 do Código Civil (interrupção apenas uma vez).[135] O certo é que a prescrição da execução é outra em relação à do processo de conhecimento.

A adoção do sistema de cumprimento da sentença sem depender de ação executiva separada não interfere no regime tradicional que distingue a prescrição aplicável à pretensão condenatória e aquela correspondente à pretensão executiva. Não importa que uma só relação

---

[131] TJMG, Ap. 32.728, Rel. Des. Horta Pereira, *DJMG* 20.11.1970; STJ, 3ª T., AgRg no REsp 1.051.888/PR, Rel. Min. Nancy Andrighi, ac. 26.05.2009, *DJe* 05.06.2009.

[132] A propósito da compensação, por exemplo, o TJMG decidiu, com acerto, que a ultrapassagem de prazo do art. 475-J é irrelevante: "*In casu*, embora seja intempestiva a impugnação aviada, deve o julgador *a quo* apreciar o pedido de compensação, que pode ser apresentado a qualquer tempo. Nesse sentido, deverá o magistrado analisar se estão presentes os requisitos para a compensação, determinando-a, se preenchidas as seguintes condições: reciprocidade das obrigações; liquidez, exigibilidade e fungibilidade das dívidas (arts. 368 e 369 do CCB)" (TJMG, Proc. 1.0701.98.014583-6/001(1), Numeração única: 0145836-72.1998.8.13, Rel. Des. Eduardo Mariné da Cunha, j. 27.11.2008, publicado em 28.01.2009).

[133] STJ, 6ª T., AgRg no REsp 1.106.716/RS, Rel.ª Min.ª Maria Thereza de Assis Moura, ac. 05.11.2009, *DJe* 23.11.2009.

[134] Ou seja, não é aplicável na execução "o prazo pela metade para ações ajuizadas contra a Fazenda Pública" (STJ, 6ª T., AgRg no REsp 995.013/RS, Rel. Min. Og Fernandes, ac. 28.09.2010, *DJe* 25.10.2010. No mesmo sentido: STJ, 6ª T., AgRg no REsp 1.157.535/RS, Rel. Min. Og Fernandes, ac. 02.09.2010, *DJe* 27.09.2010).

[135] O fato de ter ocorrido interrupção de prescrição durante o processo de conhecimento não impede que a propositura da execução da sentença provoque outra interrupção, desta vez, relativamente à pretensão executiva. Aqui não se aplica, portanto, a regra do art. 202 do Código Civil, que só admite uma única interrupção.

processual se preste ao acertamento do direito do credor (atividade cognitiva) e à realização do mesmo direito (atividade executiva). O que releva notar é o tratamento diferenciado que sempre se dispensou à prescrição de cada uma dessas pretensões.

Ainda que uma única relação processual seja cabível na espécie, lícito não é ao credor formular de início o pedido de execução forçada, por ainda não dispor de título executivo. Somente depois de a sentença concluir o acertamento do direito do credor é que se tornará viável o início da atividade judicial jus satisfativa. E isto não se dará sem que o credor manifeste a pretensão de que a relação processual transmude sua destinação. Segundo dispõe o art. 513, § 1º, do CPC/2015, o cumprimento de sentença apenas se fará mediante requerimento do exequente, de modo que o mandado executivo só será expedido por provocação dele.

O Código, por outro lado, não deixa dúvida de que continuam a existir as duas prescrições sucessivas e distintas: uma, para a pretensão condenatória, e outra, para a pretensão executiva. Tanto é assim que, transformado o procedimento em executivo, admite-se, entre as defesas possíveis contra o cumprimento da sentença transitada em julgado, a *exceção de prescrição*, desde que superveniente ao título judicial (CPC, art. 525, § 1º, VII).

Sendo duas as prescrições, não se pode cogitar da ocorrência de efeito interruptivo da citação inicial em relação ao prazo de prescrição da pretensão de executar a sentença, como já se observou *supra*. O efeito interruptivo da propositura da ação condenatória sobre o prazo de prescrição perdura até o trânsito em julgado da sentença que encerra a fase cognitiva do procedimento complexo. A partir daí nasce a pretensão executiva, cujo prazo é novo, embora quantitativamente igual ao que antes prevaleceu para a pretensão condenatória.

Feitas essas distinções impostas pela nova coligação procedimental entre cognição e execução, em matéria de título judicial, pode-se afirmar que a Súmula nº 150 do STF não se invalidou com o advento do atual mecanismo legal.

Não obstante a concepção do cumprimento do título judicial, como incidente do processo único previsto para certificação e realização do direito do credor, continua persistindo o discernimento entre a pretensão de acertamento e a de execução, de modo a sujeitar cada uma delas a uma prescrição própria e não contemporânea. Primeiro, flui a da pretensão de condenação; depois, a da pretensão de fazer cumprir a respectiva sentença.

Em matéria de prescrição, outro fato importante a ser levado em conta é o da sentença condenatória genérica, já que esta confere certeza ao direito do credor, mas não lhe atribui liquidez, e sem tal requisito não pode haver execução, seja o título judicial ou extrajudicial (art. 783). Logo, enquanto não for definido, no processo de conhecimento, o *quantum debeatur*, não se viabilizará o procedimento de cumprimento da sentença, e, por consequência, não começará a fluir o prazo de prescrição da pretensão executiva.

De fato, o processo cognitivo não se encerra com a sentença genérica. Permanece pendente, mesmo após o julgamento de mérito, no aguardo do incidente de liquidação; e enquanto não findar o processo de acertamento, não retomará curso o prazo de prescrição interrompido pela citação – como dispõe o parágrafo único do art. 202 do Código Civil.[136] Assim, nem sempre se pode contar a prescrição da execução a partir do trânsito em julgado da sentença condenatória.

---

[136] "Doutrina e jurisprudência têm entendido que a liquidação é ainda fase ao processo de cognição, só sendo possível iniciar-se a execução quando o título, certo pelo trânsito em julgado da sentença de conhecimento, apresenta-se também líquido" (STJ, 2ª T., AgRg nos EDcl no Ag 1.231.917/PR, Rel. Min. Eliana Calmon, ac. 01.06.2010, *DJe* 17.06.2010).

Se esta for genérica, a contagem deverá ser feita somente a partir do encerramento do incidente de liquidação, previsto nos arts. 509 a 512 do CPC/2015.[137]

É certo, portanto, que não correrá prescrição no intervalo entre o julgamento da ação condenatória e a liquidação da sentença genérica, havendo quem fale num "congelamento" do prazo da prescrição da pretensão executiva, na espécie. Se a demora na ultimação do incidente não conduz, por si só, à prescrição, não se pode, por outro lado, tolerar o abandono do processo pelo credor, por tempo indefinido, visto que não é aceitável transformar em causa de imprescritibilidade da ação de execução, o que, à evidência, é incompatível com o sistema do direito material. Haver-se-á, pois, de admitir a configuração da *prescrição intercorrente*, se a paralisação do processo perdurar, por culpa do credor, por tempo maior do que o lapso prescricional aplicável à espécie, a espécie, a exemplo do que se passa com a execução fiscal arquivada, nos termos do art. 40, § 4º, da Lei nº 6.830/1980.

Impõe-se ressalvar que, em face do cumprimento de sentença, é possível a configuração tanto da *prescrição da execução*, como da *prescrição intercorrente*, as quais, entretanto, são figuras jurídicas distintas e inconfundíveis:

(a) a *prescrição da execução* é fato consumado antes do exercício da pretensão executiva em juízo. Ocorre justamente por *falta* de requerimento em tempo hábil do cumprimento da sentença (CPC/2015, art. 523, caput), após o respectivo trânsito em julgado; é a essa *prescrição da pretensão executiva* que se refere o art. 525, § 1º, VII, ao disciplinar as matérias arguíveis na *impugnação ao cumprimento do título executivo judicial*;

(b) a *prescrição intercorrente*, que leva à extinção da execução já proposta (art. 924, V), é, naturalmente, fato posterior ao requerimento do cumprimento da sentença, e tem como pressuposto a *suspensão da execução* por não ter sido localizado o executado ou não terem sido encontrados bens do executado a penhorar (art. 921, III e §§ 4º e 5º, alterados pela Lei nº 14.195/2021).[138]

Dessa distinção decorrem interferências no marco inicial e no fluxo do prazo de cada uma dessas modalidades prescricionais, ou seja:

(a) a prescrição da execução da sentença líquida começa a fluir do respectivo trânsito em julgado da decisão condenatória;[139] se a condenação for ilíquida, contar-se-á dito prazo a partir do trânsito em julgado da decisão da competente liquidação;[140]

---

[137] "A ação de execução prescreve no mesmo prazo da ação de conhecimento, consoante a dicção da Súmula 150/STF". Mas "o lapso prescricional da ação de execução [cumprimento da sentença] só tem início quando finda a liquidação" (STJ, 2ª T., REsp 1.072.882/SP, Rel. Min. Castro Meira, ac. 20.11.2008, DJe 12.12.2008. No mesmo sentido: STJ, 2ª T., REsp 543.559/DF, Rel. Min. Eliana Calmon, ac. 14.12.2004, DJU 28.02.2005, p. 283; STJ, 1ª T., AgRg no Ag 1.418.380/RS, Rel. Min. Arnaldo Esteves Lima, ac. 15.12.2011, DJe 02.02.2012; STJ, 1ª T., AgRg no AREsp 186.796/PR, Rel. Min. Napoleão Nunes Maia Filho, ac. 25.06.2013, DJe 07.08.2013).

[138] Em outros termos, a prescrição da execução pressupõe pretensão executiva não exercitada antes do termo final do prazo extintivo; enquanto a prescrição intercorrente opera como um incidente acontecido durante uma execução tempestivamente aforada, mas ulteriormente paralisada por longo tempo.

[139] "Prescreve a execução no mesmo prazo de prescrição da ação" (Súmula nº 150/STF). "*Processo civil. Execução de sentença. Prescrição*. O termo inicial da execução da sentença é o do respectivo trânsito em julgado, nada importando que – recebido o recurso no só efeito devolutivo – já fosse possível a execução provisória" (STJ, 3ª T., AgRg no Ag 617.869/SP, Rel. Min. Ari Pargendler, ac. 29.11.2005, DJU 01.02.2006, p. 532).

[140] STJ, 2ª T., AgRg no REsp 1.212.834/PR, Rel. Min. Humberto Martins, ac. 05.04.2011, DJe 13.04.2011; STJ, 2ª T., REsp 894.911/RJ, Rel. Min. Mauro Campbell Marques, ac. 21.06.2011, DJe 29.06.2011.

(b) a prescrição da execução não corre durante o tempo necessário à citação e à intimação do devedor, e às formalidades da constrição patrimonial, desde que o credor cumpra os prazos previstos na lei processual ou fixados pelo juiz. Será interrompida quando efetivada a citação (CPC/2015, art. 921, § 4º-A, incluído pela Lei nº 14.195/2021);[141]

(c) a prescrição intercorrente, por sua vez, independe de ter sido citado ou não o devedor, e seu termo inicial ocorre no curso do processo, no momento em que se dá a ciência nos autos da primeira tentativa infrutífera de localização do devedor ou de bens penhoráveis. Será suspensa, por uma única vez, pelo prazo máximo de um ano (art. 921, §§ 1º e 4º, este alterado pela Lei nº 14.195/2021). Observe-se que a contagem da prescrição intercorrente não sofre influência direta da interrupção da prescrição da execução pela citação. O que a faz iniciar-se é o fato, por si só suficiente, da não localização de bens penhoráveis, mesmo quando isto ocorra antes ou depois da citação, sendo, aliás, desinfluente a circunstância de que nunca venha a ser citado o executado.

Sobre o tema da prescrição intercorrente, ver, adiante, também os itens 575-A e 576.

52.1. Um caso particular de prescrição

Quando a sentença resolve questão ligada à invalidação de cláusula contratual ou do próprio contrato, costumam-se reunir num só processo duas pretensões: *(i)* a de invalidar o negócio viciado; e *(ii)* a de recuperar os pagamentos indevidamente feitos em função do ajuste nulo ou anulado.

Não há no Código Civil a previsão específica do prazo prescricional aplicável à repetição do indébito. Existe, porém, a regra do seu art. 206, § 3º, IV, que estabelece o prazo de três anos para "a pretensão de ressarcimento de enriquecimento sem causa". Seria essa a prescrição aplicável à repetição do pagamento indevido? Ou seria a prescrição decenal genérica do art. 205? Ambas as teses já foram defendidas.

No entanto, em diversas hipóteses de pagamento efetuado com base em cláusula negocial abusiva ou nula, o STJ (inclusive em recursos repetitivos) tem assentado a tese de que, com o reconhecimento judicial da nulidade ou com a invalidação promovida em juízo, *desaparece a causa lícita do pagamento*, caracterizando, assim, o *enriquecimento indevido daquele que o recebeu*.

Nessa perspectiva, o enriquecimento sem causa, visto mais como um princípio do que como instituto, abrange, para efeito prescricional, a pretensão de recuperação do pagamento realizado em função de negócio ou cláusula inválidos. Por conseguinte, a pretensão de reconhecimento de nulidade de cláusula de reajuste de preço, constante de determinado contrato – *v.g.*, o de plano de saúde –, com a consequente repetição do indébito, corresponde à *ação fundada no enriquecimento sem causa*, de modo que o prazo prescricional a aplicar será o trienal de que trata o art. 206, § 3º, IV, do Código Civil.[142]

---

[141] Antes de começar a fluir o prazo da prescrição intercorrente, o processo permanece suspenso durante um ano, lapso em que também ficará suspensa a prescrição (art. 921, § 1º). Além disso, deve-se observar que a prescrição da execução é instituto antigo no direito processual brasileiro. Já a prescrição intercorrente, como causa de extinção da execução, é inovação do CPC/2015, sujeita a regra de direito intertemporal que prevê sua incidência *ex nunc*, ou seja, mediante contagem do prazo, inclusive para as execuções em curso, a partir da data de vigência do atual Código (art. 1.056).

[142] STJ, 2ª Seção, REsp 1.361.182/RS, Rel. p/ac. Min. Marco Aurélio Bellizze, ac. 10.08.2016, *DJe* 19.09.2016. A mesma tese foi aplicada à cláusula que abusivamente imputava ao promissário comprador de apartamento a obrigação de pagar comissão de corretagem ou de serviço de assistência técnico-imobiliária (SATI), ou atividade congênere. Também aqui, em caráter uniformizador da jurisprudência, foi fixada a

Para a aplicação da prescrição própria do enriquecimento sem causa, na espécie, não importa que a ação seja *declaratória* (de nulidade), insuscetível de prescrição, ou *constitutiva* (de anulabilidade), sujeita a prazo decadencial, visto que, a respeito da repetição do pagamento indevido, a pretensão é de natureza *condenatória*. A qualquer tempo, o requerimento do contratante, de reconhecimento da cláusula contratual abusiva ou ilegal, poderá ser deduzido em juízo. "Porém, sua pretensão condenatória de repetição do indébito terá que se sujeitar à prescrição das parcelas vencidas no período anterior à data da propositura da ação, conforme o prazo prescricional aplicável", como ressaltado no REsp 1.361.182/RS, pela 2ª Seção do STJ).

O que prevalece para o STJ, portanto, é o entendimento de que:

> "Tanto os *atos unilaterais* de vontade (promessa de recompensa, arts. 854 e ss.; gestão de negócios, arts. 861 e ss.; pagamento indevido, arts. 876 e ss.; e o próprio enriquecimento sem causa, arts. 884 e ss.) como os *negociais*, conforme o caso, comportam o ajuizamento de ação fundada no enriquecimento sem causa, cuja pretensão está abarcada pelo *prazo prescricional trienal previsto no art. 206, § 3º, IV, do Código Civil de 2002*".[143]

Uma última observação: mesmo que a ação de repetição do indébito, decorrente de cláusula contratual abusiva ou nula, tenha sido ajuizada e julgada sem infringir o prazo trienal de prescrição, é preciso estar atento ao posterior prazo e prescrição da pretensão executiva, aplicável ao cumprimento da sentença condenatória (CPC/2015, art. 525, § 1º, VII). Se o credor, após o trânsito em julgado da decisão que reconheceu seu direito à repetição do pagamento indevido, permanecer inerte, deixando de requerer a instauração da fase executiva do processo (CPC/2015, art. 523, *caput*), a pretensão ao cumprimento da sentença se extinguirá em três anos. É bom ter sempre em mente que, a partir da *res iudicata*, "prescreve a execução no mesmo prazo de prescrição da ação" (Súmula 150, STF) (ver, *retro*, o item 52).

53. Impedimento ou suspeição do juiz

A incompetência absoluta ou relativa do juízo da execução é arguível no bojo da impugnação ao cumprimento da sentença (CPC/2015, art. 525, § 1º, VI).

No tocante à alegação de impedimento e suspeição do juiz, o Código atual determina que ela deve observar o disposto nos arts. 146 e 148, ou seja, essa matéria deve ser alegada por meio do incidente próprio, e não por meio da impugnação.

54. Executados com diferentes procuradores

Havendo, no mesmo processo, mais de um executado com diferentes procuradores, de escritórios de advocacia distintos, o prazo para impugnação ao cumprimento da sentença será contado em dobro, por remissão expressa do art. 525, § 3º, ao art. 229, ambos do CPC/2015.

55. Regra especial para a impugnação por excesso de execução, no tocante à obrigação de quantia certa

Para que o executado seja ouvido, quando sua impugnação acuse excesso de execução (art. 525, § 1º, V), é indispensável que a afirmação de estar o exequente a exigir quantia superior

---

tese da incidência da prescrição trienal própria da pretensão de ressarcimento do enriquecimento sem causa (Cód. Civ., art. 206, § 3º, IV) (STJ, 2ª Seção, REsp 1.551.956/SP, Rel. Min. Paulo de Tarso Sanseverino, ac. 24.08.2016, *DJe* 08.09.2016).

[143] STJ, 2ª Seção, REsp 1.361.182/RS, Rel. p/ac. Min. Marco Aurélio Bellizze, ac. 10.08.2016, *DJe* 19.09.2016.

à resultante da condenação seja acompanhada da declaração imediata de qual o valor que entende correto, mediante apresentação de demonstrativo discriminado e atualizado do seu cálculo (CPC/2015, art. 525, § 4º).

Não sendo apontado pelo executado o valor que entende correto, ou não sendo apresentado o demonstrativo da dívida, a impugnação será liminarmente rejeitada, nos termos do § 5º do art. 525, se: *(i)* o único fundamento da impugnação for o excesso de execução; ou *(ii)* havendo outra alegação, a impugnação será processada, mas o juiz não examinará a alegação de excesso de execução.

Teresa Wambier entende que, em situações de flagrante excesso, mesmo na ausência de alegação e de apresentação do demonstrativo, o juiz pode conhecer desse vício de ofício, por ser matéria de ordem pública (sobre o tema, ver, *retro*, o item nº 51, V).

56. Efeito da impugnação

De ordinário a impugnação não tem efeito suspensivo, vale dizer, sua apresentação não impede a prática dos atos executivos, inclusive os de expropriação, que prosseguem em sua sequência normal (CPC/2015, art. 525, § 6º).

Todavia, pode o juiz atribuir-lhe efeito suspensivo, nos termos do citado § 6º do art. 525, desde que: *(i)* haja requerimento do executado; *(ii)* esteja garantido o juízo com penhora, caução ou depósito suficientes; *(iii)* os fundamentos do executado sejam relevantes; *(iv)* o prosseguimento da execução for manifestamente suscetível de causar ao executado grave dano de difícil ou incerta reparação. É preciso, para obtenção do favor legal, que concorram todos os requisitos aludidos.

A concessão judicial do efeito suspensivo, como se vê, depende da concorrência dos dois requisitos da tutela cautelar: *(a)* o *fumus boni iuris*, decorrente da relevância dos fundamentos da arguição; e *(b)* o *periculum in mora*, representado pelo risco de dano grave e de difícil ou incerta reparabilidade.

A suspensão provocada pela impugnação não impedirá a efetivação dos atos de substituição, de reforço ou de redução da penhora e de avaliação de bens (art. 525, § 7º). O efeito suspensivo não impede, portanto, o andamento dos atos de execução, que devem prosseguir até o momento anterior à expropriação.

Pode, ainda, o efeito suspensivo ser *parcial*, ou seja, dizer respeito apenas a parte do objeto da execução (art. 525, § 8º). Nesse caso, a execução prosseguirá quanto à parte restante, até seu exaurimento.

Havendo litisconsórcio passivo, a concessão do efeito suspensivo à impugnação deduzida por um dos executados não tem o condão de suspender a execução contra os que não impugnaram, desde que o fundamento diga respeito exclusivamente ao impugnante (art. 525, § 9º).

Mas, ainda que seja atribuído efeito suspensivo à impugnação, é lícito ao exequente requerer o prosseguimento da execução, oferecendo e prestando, nos próprios autos, caução suficiente e idônea a ser arbitrada pelo juiz (art. 525, § 10).

57. O problema da iliquidez da sentença

Se a sentença é genérica, não é admissível pretender seu cumprimento sem que antes tenha sido apurado o *quantum* devido, o que haverá de ser definido segundo o procedimento previsto nos arts. 509 a 512 do CPC/2015.[144]

---

[144] "Não há como aplicar, na fase de cumprimento de sentença, a multa de 10% (dez por cento) prevista no art. 475-J do CPC/1973 (atual art. 523, § 1º, do CPC/2015), se a condenação não se revestir da liquidez

A iliquidez pode ser arguida em embargos (arts. 535, II, e 917, I) ou por meio de impugnação formal ao cumprimento da sentença (art. 525, § 1º, III), o que, entretanto, não quer dizer que essa arguição somente seja possível por meio daqueles remédios impugnativos. É que a certeza, a liquidez e a exigibilidade são requisitos que se apresentam como condições de procedibilidade *in executivis* (art. 783), razão pela qual é juridicamente impossível qualquer execução quando a obrigação retratada no título extrajudicial ou na sentença não se revista de tais requisitos. E, se assim é, a iliquidez configura tema apreciável a qualquer tempo ou fase do processo executivo, seja por provocação da parte, seja por iniciativa do juiz, *ex officio* (art. 485, § 3º). Daí por que não é lícito ao juiz escusar-se de examinar a iliquidez arguida pelo executado, remetendo a questão para embargos ou para a impugnação formal do art. 525, § 1º.

Coerente com essa natureza da matéria, o Código de 2015 declara nula a execução quando o título não corresponder à obrigação certa e líquida (art. 803). Tratando-se, portanto, de nulidade expressamente cominada, representa *vício fundamental* do título, podendo ser "pronunciada pelo juiz, de ofício ou a requerimento da parte, independentemente de embargos à execução" (art. 803, parágrafo único). Nesse sentido já era a jurisprudência pacificada do STJ: a nulidade pode ser arguida "independentemente de embargos do devedor, assim como pode e cumpre ao juiz declarar de ofício a inexistência de seus pressupostos formais contemplados na Lei Processual Civil".[145] Para tanto, como é óbvio, basta uma "simples petição" do executado, já que o assunto é apreciável, de ofício, a todo tempo e em qualquer grau de jurisdição.[146]

Se se pode arguir a iliquidez do título por simples petição, é claro que também se pode fazê-lo por meio do incidente que a prática forense intitulou de *exceção de pré-executividade* (*rectius*: "objeção de não executividade").[147]

Entre os casos de iliquidez se inclui o da sentença que condena ao pagamento de quantia certa, prevendo, todavia, a exclusão ou compensação de créditos do réu cujo montante não foi ainda acertado. Dessa maneira, o próprio crédito do autor, embora certo em parte, se tornou ilíquido em sua expressão final. Não seria admissível, por conseguinte, a execução com base no valor certo constante da sentença, relegando a apuração dos valores dedutíveis para os embargos do devedor. A hipótese é, sem dúvida, de sentença ilíquida, cuja exequibilidade somente se configurará após o procedimento liquidatório dos arts. 509 a 512, indispensável na espécie. Por isso, a execução, quando iniciada antes da obrigatória liquidação, se contaminará da nulidade prevista no art. 803, cuja arguição e decretação independem de embargos ou de impugnação formal nos termos do art. 525, § 1º.

Em suma: a iliquidez da obrigação exequenda tanto pode ser alegada em embargos à execução como em impugnação formal ao cumprimento da sentença ou em simples petição, bem como por meio de exceção de pré-executividade. Pode, ainda, ser reconhecida de ofício pelo juiz, independentemente de arguição da parte.

---

necessária ao seu cumprimento espontâneo. 6. Configurada a iliquidez do título judicial exequendo (perdas e danos e *astreintes*), revela-se prematura a imposição da multa do art. 475-J do CPC/1973, sendo de rigor o seu afastamento" (STJ, 3ª T., REsp 1.691.748/PR, Rel. Min. Ricardo Villas Bôas Cueva, ac. 07.11.2017, *DJe* 17.11.2017).

[145] STJ, 3ª T., REsp 124.364/PE, Rel. Min. Waldemar Zveiter, ac. 05.12.1997, *DJU* 26.10.1998, p. 113; STJ, 3ª T., REsp 3.264/PR, Rel. Min. Nilson Naves, ac. 28.06.1990, *DJU* 18.02.1991, p. 1.034.

[146] STJ, 4ª T., REsp 39.268/SP, Rel. Min. Barros Monteiro, ac. 13.11.1995, *DJU* 29.04.1996, p. 13.421; STJ, 3ª T., REsp 3.079/MG, Rel. Min. Cláudio Santos, *DJU* 10.09.1990, p. 9.126. Conf. também *RSTJ* 40/447.

[147] STJ, 3ª T., REsp 124.364/PE, Rel. Min. Waldemar Zveiter, ac. 05.12.1997, *DJU* 26.10.1998, p. 113; STJ, 4ª T., REsp 475.632/SC, Rel. Min. Aldir Passarinho Jr., ac. 06.05.2008, *DJU* 26.05.2008; STJ, 1ª T., REsp 435.372/SP, Rel. Min. Luiz Fux, *DJU* 09.12.2002, p. 299.

58. As decisões homologatórias de autocomposição e a defesa do executado

"Os atos de disposição de direitos, praticados pelas partes ou por outros participantes do processo e homologados pelo juiz, bem como os atos homologatórios praticados no curso da execução estão sujeitos à anulação, nos termos da lei civil" (CPC/2015, art. 966, § 4º).

Assim, as decisões que homologam a autocomposição, sem apreciar o mérito do negócio jurídico avençado entre as partes, não torna esse mesmo negócio passível de ação rescisória. Suas eventuais anulação ou resolução haverão de ser demandadas em ação ordinária, como se passa com os atos jurídicos em geral. Mesmo assim, o CPC/2015 considera título judicial esse tipo de decisão (art. 515, II e III). Sendo assim, a execução forçada não ensejará ao devedor defender-se amplamente para tentar a eventual invalidação da decisão de autocomposição por meio de embargos ou de impugnação ao cumprimento da sentença homologatória. A defesa do executado, no bojo da execução, ou de seus incidentes, não poderá ir além das matérias arguíveis contra os títulos judiciais (arts. 525, § 1º, e 535). Os vícios da autocomposição, quaisquer que sejam eles, deverão ser discutidos na ação ordinária de que fala o § 4º do art. 966, e nunca em sede de oposição à execução.[148]

59. Procedimento da impugnação

A impugnação – a exemplo do que se admitia nas chamadas *exceções de pré-executividade* ou *objeção de não executividade* – manifesta-se por meio de simples petição no bojo dos autos. Não se trata de petição inicial de ação incidental, como é o caso dos embargos à execução de título extrajudicial. Por isso, não há citação do credor e nem sempre se exige autuação apartada. Cumpre-se, naturalmente, o contraditório, ouvindo-se a parte contrária e permitindo-se provas necessárias à solução da impugnação. O exequente terá o prazo de quinze dias para se manifestar sobre a impugnação. Haverá possibilidade de rejeição liminar nas hipóteses dos arts. 525, § 5º, e 918,[149] mas o juiz não o fará sem antes intimar o impugnante para sanar eventual vício.[150]

Não há mais a autuação em separado para os casos de impugnação com efeito suspensivo, devendo sempre ser a defesa do executado conhecida, instruída e decidida nos próprios autos do cumprimento da sentença.

Quanto ao prazo para impugnar o cumprimento da sentença, fixado pelo art. 525, *caput*, em quinze dias, ver, *retro*, o nº 46.

60. Instrução probatória

Em regra, as matérias arguíveis na impugnação (CPC/2015, art. 525, § 1º) são apenas de direito ou, envolvendo fatos, comprovam-se por documentos. Assim, logo após a manifestação do executado, será aberta vista para o exequente, que poderá responder no prazo que lhe assinar o juiz, levando em consideração a maior ou menor complexidade do ato (art. 218). Inexistindo preceito legal, ou silenciando-se o ato judicial a respeito do prazo de resposta, será de cinco dias (art. 218, § 3º). Em casos especiais, em que se evidenciar a necessidade de apuração fática de

---

[148] STJ, 2ª T., AgRg no REsp 693.376/SC, Rel. Min. Humberto Martins, ac. 18.06.2009, DJe 01.07.2009; STJ, 3ª T., REsp 187.537/RS, Rel. Min. Ari Pargendler, ac. 23.11.2000, DJU 05.02.2001, p. 99.

[149] "Aplica-se o procedimento do art. 920 do CPC à impugnação ao cumprimento de sentença, com possibilidade de rejeição liminar nas hipóteses dos arts. 525, § 5º, e 918 do CPC" (CEJ/I Jorn. Dir. Proc. Civ., Enunciado nº 94).

[150] "O juiz, antes de rejeitar liminarmente a impugnação ao cumprimento de sentença (art. 525, § 5º, do CPC), deve intimar o impugnante para sanar eventual vício, em observância ao dever processual de cooperação (art. 6º do CPC)" (CEJ/I Jorn. Dir. Proc. Civ., Enunciado nº 95).

dados arguidos na impugnação, o juiz poderá determinar a diligência instrutória adequada. Não se pode, porém, abrir uma ampla instrução probatória, porque não se está numa ação cognitiva incidental, como são os embargos de devedor manejáveis apenas contra os títulos extrajudiciais. O conteúdo do título judicial já se encontra acertado definitivamente pela sentença exequenda, pelo que descabe reabrir debate a seu respeito na fase de cumprimento do julgado. O incidente, por isso, há de ser processado de maneira sumária e, sem maiores delongas, dirimido. É claro, porém, que haverá de se assegurar, na medida do possível, o contraditório e a ampla defesa garantidos constitucionalmente, dentro dos limites das questões de mérito, cuja solução se enquadre nos permissivos do art. 525, § 1º.

61. Julgamento da impugnação

O julgamento da impugnação se dá por meio de decisão interlocutória quando rejeitada a defesa. O recurso cabível será o agravo de instrumento (CPC/2015, art. 1.015, parágrafo único). Se for acolhida a arguição, para decretar a extinção da execução, o ato é tratado pela lei como sentença (CPC/2015, art. 203, § 1º), desafiando, portanto, o recurso de apelação (art. 1.009, caput).[151] Por outro lado, mesmo sendo acolhida a defesa, se o caso não for de extinção da execução, mas apenas de alguma interferência em seu objeto ou em seu curso, o recurso a manejar será o agravo de instrumento. Sobre a sucumbência e a verba advocatícia no julgamento da impugnação, ver, retro, o nº 19.

Caso, porém, a impugnação tenha sido processada e julgada como embargos, e não como incidente, a apelação acaso interposta pelo devedor embargante, consoante jurisprudência do STJ, não pode ser inadmitida pelo tribunal, mesmo que a defesa tenha sido produzida no regime de cumprimento de sentença.[152]

62. Coisa julgada

A impugnação prevista no art. 525, § 1º, comporta, como qualquer oposição à execução forçada, temas tanto de direito material como processual, o que irá influir na formação de coisa julgada formal ou material, conforme as questões concretamente dirimidas no julgamento do incidente.[153]

O fenômeno da coisa julgada não é exclusivo do ato judicial denominado sentença, já que sua configuração se prende à natureza das questões decididas e não à forma do ato decisório. O que importa é saber se o pronunciamento judicial enfrentou o debate sobre a obrigação ou a relação de direito material controvertida, ou se apenas se restringiu a problemas de ordem procedimental, como os referentes aos pressupostos de formação válida e desenvolvimento regular do processo, e às condições da ação. Se o juiz conhece temas ligados à existência, inexistência, modificação ou extinção da obrigação exequenda, sua decisão será de mérito, ainda que pronunciada em caráter incidental, sem a configuração, portanto, de uma verdadeira sentença.

---

[151] "Da decisão que julga a impugnação ao cumprimento de sentença cabe apelação, se extinguir o processo, ou agravo de instrumento, se não o fizer" (CEJ/I Jorn. Dir. Proc. Civ., Enunciado nº 93).

[152] "Processo civil. Recurso especial. Embargos do devedor opostos sob a égide da Lei 11.232/2005 e que não foram recebidos como impugnação (...). 2. (...) a razoabilidade exige que o Direito Processual não seja fonte de surpresas, sobretudo quando há amplo dissenso doutrinário sobre os efeitos da lei nova. O processo deve viabilizar, tanto quanto possível, a resolução de mérito. 3. Na hipótese, tendo em vista que os embargos do devedor não foram recebidos como impugnação, e foram julgados por sentença, o mérito da apelação deve ser analisado pelo Tribunal de origem. 4. Recurso especial conhecido e provido" (STJ, 3ª T., REsp 1.185.390/SP, Rel. Min. Nancy Andrighi; ac. 27.08.2013, DJe 05.09.2013).

[153] RIBEIRO, Flávia Pereira. Impugnação ao cumprimento de sentença. Curitiba: Juruá, 2009, p. 129-130.

Enfocando-se o rol de defesas arguíveis elencadas no art. 525, § 1º, haverá julgamento de mérito, com formação de coisa julgada material, sempre que se decidir sobre as defesas constantes do inciso VII daquele dispositivo legal (causas modificativas ou extintivas da obrigação, supervenientes à sentença, como pagamento, novação, compensação, transação ou prescrição). As demais impugnações previstas no art. 525, § 1º, veiculam defesas apenas de rito, de maneira que a decisão a seu respeito não atinge o mérito do processo e, por isso, apenas geram coisa julgada formal,[154] ainda que sua apreciação tenha ocorrido em sentença.

---

[154] RODRIGUES, Marcelo Abelha. *Manual de execução civil*. 2. ed. Rio de Janeiro: Forense Universitária, 2007, p. 525 e 531.

Capítulo III
CUMPRIMENTO DA SENTENÇA QUE RECONHECE A EXIGIBILIDADE DE OBRIGAÇÃO DE PAGAR QUANTIA CERTA

§ 7º NOÇÕES INTRODUTÓRIAS

63. Noção de obrigação por quantia certa

Obrigação por quantia certa é aquela que se cumpre por meio de dação de uma soma de dinheiro. O débito pode provir de obrigação originariamente contraída em torno de dívida de dinheiro (*v.g.*, um mútuo, uma compra e venda, em relação ao preço da coisa, uma locação, em relação ao aluguel, uma prestação de serviço, no tocante à remuneração convencionada etc.); ou pode resultar da conversão de obrigação de outra natureza no equivalente econômico (indenização por descumprimento de obrigação de entrega de coisa, ou de prestação de fato, reparação de ato ilícito etc.).

64. Cumprimento de sentença que reconhece o dever de pagar quantia

O art. 513 do CPC/2015, em seu § 1º, fala em cumprimento da sentença que reconhece o *dever* de pagar quantia, para deixar claro que não são apenas aos débitos oriundos das *obrigações civis* que se aplicam as normas enunciadas nos seus diversos parágrafos. O cumprimento da sentença observará a mesma sistemática quando a condenação referir-se a qualquer *dever* de cumprir prestação em dinheiro, mesmo aquelas oriundas de imposição ou sanção legal, sejam de direito privado ou de direito público.

Todas as regras dos cinco parágrafos do art. 513 aplicam-se indistintamente ao cumprimento de sentença definitivo e provisório. Há, porém, em outros dispositivos o detalhamento das medidas que regulam, com maior especificidade, o procedimento de uma e outra dessas modalidades executivas (arts. 520-522 e 523-527, respectivamente).

O Código atual enuncia *disposições gerais* aplicáveis ao cumprimento de todas as sentenças, qualquer que seja a natureza da obrigação reconhecida no provimento judicial. Prestações derivadas de obrigações de fazer, não fazer, entregar coisa ou pagar quantia, todas são exequíveis segundo os preceitos dos arts. 513 a 519. Apenas as regras dos parágrafos do art. 513 é que são voltadas mais diretamente para o cumprimento do dever de pagar quantia certa.

E ainda há a menção expressa quanto à aplicabilidade subsidiária das normas traçadas no Livro II da Parte Especial, "no que couber", ao cumprimento das sentenças (art. 513, *caput*). Da mesma forma, o art. 771 deixa claro que "o procedimento da execução fundada em título extrajudicial" se aplica, "no que couber", "aos atos executivos realizados no procedimento de cumprimento da sentença, bem como aos efeitos de atos ou fatos processuais que a lei atribuir força executiva". Exemplo desse intercâmbio é o que se passa com as disposições relativas à penhora e à expropriação de bens (arts. 831 e ss.), situadas no Livro do Processo de Execução, que haverão de prevalecer no incidente de cumprimento da sentença de obrigação por quantia certa.

O juiz para satisfazê-la, após a condenação, terá de obter a transformação de bens do executado em dinheiro, para em seguida utilizá-lo no pagamento forçado da prestação inadimplida. Não se trata, obviamente, de conservar a ação de execução de sentença, mas apenas de utilizar os meios processuais executivos necessários para consumar o fim visado pelo cumprimento da sentença, em face do objeto específico da dívida. Há, pois, cumprimento de sentença que reconhece o dever de pagar quantia certa, mas não ação de execução por quantia certa, sempre que o título executivo for sentença.

O procedimento do cumprimento de sentença que reconhece obrigação de pagar quantia certa consiste numa atividade jurisdicional expropriatória. A justiça se apropria de bens do patrimônio do executado e os transforma em dinheiro, para afinal dar satisfação ao crédito do exequente. Eventualmente, os próprios bens expropriados podem ser utilizados na solução do crédito exequendo por meio de adjudicação. É nesse amplo sentido que o art. 824 afirma que "a execução por quantia certa realiza-se pela expropriação de bens do executado, ressalvadas as execuções especiais".

Se o exequente dispõe de título executivo extrajudicial (art. 784), não necessita utilizar o processo de conhecimento. Ingressa em juízo, diante do inadimplemento, diretamente no processo de execução, por meio do exercício da ação executiva autônoma. À falta de tal título, terá de obter, em processo de conhecimento, a sentença condenatória, para em seguida atingir o patrimônio do devedor. Não terá, porém, de passar pelo ajuizamento de ação executiva separada para chegar aos atos expropriatórios. Mediante requerimento do exequente, o devedor, após a sentença, será intimado para pagar o débito, no prazo de quinze dias. Não efetuado o pagamento no prazo legal, será expedido mandado de penhora e avaliação, seguindo-se os atos de expropriação (arts. 513, §§ 1º e 2º, e 523).

Caberá ao exequente requerer a medida, em simples petição formulada no processo em que a condenação foi proferida, a qual será instruída com o demonstrativo discriminado e atualização do crédito (art. 524, *caput*), instaurado o necessário contraditório (art. 7º).

65. Requerimento do credor

I – Iniciativa do credor

Embora não dependa o cumprimento da sentença de instauração de uma nova ação (*actio iudicati*), o mandado de cumprimento da sentença condenatória, nos casos de quantia certa, não será expedido sem que o exequente o requeira (CPC/2015, art. 513, § 1º). É que lhe compete preparar a atividade executiva com o competente demonstrativo discriminado e atualizado do crédito, com base na qual o executado realizará o pagamento, e o órgão executivo procederá, à falta de adimplemento, à penhora dos bens a expropriar (art. 523, § 3º).

Trata-se de aplicação dos princípios *dispositivo* e da *inércia da jurisdição*, que figuram entre as normas fundamentais do processo civil, no Estado Democrático de Direito (CPC/2015, arts. 2º e 775).

II – Iniciativa do devedor

Antes de ser intimado para o cumprimento da sentença, o executado, para evitar a multa legal e os honorários de advogado, pode tomar a iniciativa de comparecer em juízo e oferecer em pagamento o valor que entender devido, apresentando memória discriminada do cálculo, liberando-se, assim, da obrigação (art. 526, *caput*). É bom lembrar que o devedor tem não só o dever de pagar, mas também o direito de fazê-lo, para se desvincular da obrigação.

Feito o depósito, o exequente será intimado para se manifestar em cinco dias, podendo impugnar o valor depositado, sem prejuízo do levantamento da parcela incontroversa (art. 526, § 1º).

Concluindo o juiz pela insuficiência do depósito, sobre a diferença incidirão multa de dez por cento e honorários também de dez por cento, seguindo-se a execução com penhora e atos subsequentes (art. 526, § 2º). Mas, não havendo oposição por parte do exequente, o juiz declarará satisfeita a obrigação e extinguirá o processo (art. 526, § 3º).

Tendo sido genérica a sentença, a exigibilidade do débito somente acontecerá depois de sua liquidação em procedimento adequado (arts. 509 e ss.). Se é de interesse do devedor liberar-se da obrigação, ou de seus encargos, caber-lhe-á promover, antes, o procedimento liquidatório, cuja iniciativa a lei assegura tanto ao credor como ao devedor (art. 509, *caput*).

Ocorrendo impugnação ao cálculo feito pelo devedor, caberá ao juiz resolver a divergência por meio de decisão interlocutória, podendo, conforme o caso, valer-se de cálculo do contabilista do juízo para esclarecer-se (art. 524, § 2º). Reconhecendo-se que o depósito foi feito a menor, terá havido pagamento parcial. A multa e os honorários de advogado previstos no § 1º do art. 523 incidirão sobre o restante (art. 523, § 2º).

66. Intimação do devedor

I – Regra geral

O Código de 2015 determina que o cumprimento da sentença tenha início pela intimação do devedor para realizar a prestação de quantia certa a que foi judicialmente condenado, intimação essa que será feita, em regra, na pessoa de seu advogado (CPC/2015, art. 513, § 2º, I). Igual procedimento será também observado em relação às obrigações de fazer, não fazer e entregar coisa. Isto porque ao cumprimento de sentença a elas relativa aplicam-se, no que couber, as regras do art. 525, que por sua vez remete ao art. 523, que é justamente aquele em que se prevê a intimação do devedor por intermédio de seu advogado, segundo a disciplina do cumprimento de sentença relativa a obrigação de quantia certa (art. 513, § 2º). Assim, a regra literalmente redigida para o cumprimento das obrigações de pagar quantia certa, indiretamente se estende às demais obrigações.

Aliás, o § 2º do art. 513, no qual se determina a intimação do devedor para cumprir a sentença, está inserido nas "disposições gerais" aplicáveis a todas as decisões judiciais exequíveis, e não apenas às relacionadas às obrigações de pagar quantia.

Portanto, a regra é que todo cumprimento de sentença, não importa a natureza da obrigação exequenda, terá início por meio de intimação do executado, feita, em princípio, pelo Diário da Justiça, na pessoa do advogado constituído nos autos (art. 513, § 2º, I).[1]

II – Exceções

Há, contudo, exceções:

(a) A intimação será feita por carta com aviso de recebimento, quando o executado for representado pela Defensoria Pública ou quando não tiver procurador constituído

---

[1] "Como estamos diante de apenas uma *fase do novo processo*, o executado deste não precisa ser citado, pois não se inaugura uma nova relação jurídica processual, pois é apenas uma fase daquela que já havia se iniciado com a fase cognitiva. Por isso, anteriormente, a parte foi citada, e, para a fase executiva, será somente *intimado* da pretensão ao cumprimento de sentença" (RODRIGUES, Marcelo Abelha. *Manual de Execução Civil*. 5. ed. Rio de Janeiro: Forense, 2015, p. 214).

nos autos (inc. II do § 2º do art. 513), ressalvada as hipóteses de intimação por edital (art. 513, IV). A regra aplica-se, entre outros, ao caso de devedor cujo mandado *ad judicia* tenha sido outorgado com prazo certo de vigência como até o fim da fase de conhecimento do processo, se outro credenciamento não tiver ocorrido para a fase executiva. É o que ocorre, também, quando o advogado morre ou renuncia ao mandato, e o executado não constitui novo representante processual.

(b) A intimação será feita por meio eletrônico, no caso das empresas públicas e privadas, quando não tenham advogado nos autos. É que ditas pessoas jurídicas são obrigadas a manter cadastro nos sistemas de processo em autos eletrônicos, por imposição do art. 513, § 2º, III. Não se aplicará essa modalidade de intimação às microempresas e empresas de pequeno porte (art. 246, § 1º).

(c) A intimação se dará por edital quando o devedor também tiver sido citado por edital na fase de conhecimento (art. 256), e mesmo assim tiver se mantido revel (art. 513, § 2º, IV).

III – Intimação presumida

Nas hipóteses de intimação postal e por meio eletrônico (incs. II e III do § 2º do art. 513), a intimação será considerada realizada quando o devedor houver mudado de endereço e não tiver previamente comunicado ao juízo – mesmo quando a comunicação expedida não for recebida pessoalmente pelo interessado, nos termos do art. 274, parágrafo único (§ 3º do art. 513).

IV – Inatividade processual longa

Há, por último, uma regra especial que afasta a intimação executiva do advogado do devedor. Trata-se do caso em que o exequente só vem a formular o requerimento exigido pelo § 1º do art. 513 um ano após o trânsito em julgado da sentença em vias de cumprimento. É que o longo tempo de inércia processual pode, com frequência, fazer desaparecer o contato entre o advogado e a parte devedora, dificultando o acesso a dados necessários à sua defesa, nesse novo estágio.

Configurada essa situação processual, impõe-se seja a intimação efetivada ao devedor pessoalmente, por meio de carta com aviso de recebimento, encaminhada ao endereço constante dos autos (art. 513, § 4º). Ressalta o dispositivo em questão que a mudança de endereço não comunicada nos autos importa aplicação da norma do art. 274, parágrafo único, há pouco aludida (art. 513, § 3º).

V – Prazo da intimação

Caberá ao ato intimatório assinar o prazo de cumprimento voluntário da sentença, que varia conforme a modalidade da prestação exequenda (arts. 523, 525, 536, § 4º, e 538), bem como explicitar quais são as sanções incorríveis.[2]

67. Inexecutividade do fiador e outros coobrigados

Tratando-se de simples continuidade do processo em que a sentença foi pronunciada, as partes da sua execução continuam sendo as mesmas entre as quais a coisa julgada se formou. Existindo litisconsórcio, pode a atividade executiva eventualmente ser endereçada a um ou

---

[2] "A intimação prevista no *caput* do art. 523 do CPC deve contemplar, expressamente, o prazo sucessivo para impugnar o cumprimento de sentença" (CEJ/I Jorn. Dir. Proc. Civ., Enunciado nº 92).

alguns dos devedores condenados. O que não se admite é o cumprimento de sentença movido contra quem não foi parte do processo de conhecimento, mesmo que se trate do fiador, do coobrigado ou de qualquer corresponsável pela dívida, segundo as regras do direito material[3] (CPC/2015, art. 513, § 5º). A regra que, de maneira expressa, dispõe sobre essa vedação é uma novidade trazida pelo CPC/2015, que pôs termo à antiga discussão jurisprudencial em torno do assunto.[4]

Assim, não mais pairam dúvidas de que o fiador ou o devedor solidário, que não foram demandados, escapam do alcance do procedimento de cumprimento da sentença. Esposou a lei, de tal sorte, o correto entendimento do STJ no sentido de que "o art. 275 do Código Civil que prevê a solidariedade passiva- é norma de direito material, restringindo-se sua aplicação ao momento de formação do processo cognitivo, quando então o credor pode incluir no polo passivo da demanda todos, alguns ou um específico devedor; sendo certo que a sentença somente terá eficácia em relação aos demandados, não alcançando aqueles que não participaram da relação jurídica processual, nos termos do art. 472 do Código de Processo Civil" [CPC/2015, art. 506].[5]

Com efeito, "a responsabilidade solidária – na lição contida no referido acórdão do STJ – precisa ser declarada em processo de conhecimento, sob pena de tornar-se impossível a execução do devedor solidário", com ressalva apenas dos casos especiais de sucessor, de sócio e demais hipóteses previstas no art. 790 do CPC/2015.

---

[3] CPC/2015, art. 506: "A sentença faz coisa julgada às partes entre as quais é dada, não prejudicando terceiros".

[4] V. STJ, Súmula 268: "O fiador que não integrou a relação processual na ação de despejo não responde pela execução do julgado". "A regra é de uma obviedade incrível porque apenas aquele sujeito que tiver integrado a relação jurídica processual cognitiva, ainda que no direito material figurasse como corresponsável, é que suportará a condição de executado no cumprimento de sentença" (RODRIGUES, Marcelo Abelha. *Manual de execução civil*. 5. ed. Rio de Janeiro: Forense, 2015, p. 216).

[5] STJ, 4ª T., REsp 1.423.083/SP, Rel. Min. Luís Felipe Salomão, ac. 06.05.2014, *DJe* 13.05.2014.

§ 8º CUMPRIMENTO DEFINITIVO DA SENTENÇA QUE RECONHECE A EXIGIBILIDADE DE OBRIGAÇÃO DE PAGAR QUANTIA CERTA

68. Cabimento

O cumprimento definitivo da sentença que reconhece a exigibilidade de pagar quantia certa pressupõe que exista (art. 523 do CPC/2015):

(a) condenação prévia em quantia certa; ou

(b) quantia já fixada em liquidação; ou

(c) decisão sobre parcela incontroversa: julgamento antecipado *parcial do mérito* (art. 356, I), na fase de julgamento conforme o estado do processo: (decisão interlocutória de mérito).

Assim, para que tenha início o cumprimento definitivo de sentença que reconhece o dever de pagar, já deve existir um título executivo judicial certificador de obrigação líquida, certa e exigível, que tanto pode ser uma sentença, um acórdão ou uma decisão interlocutória.

Tratando-se de parcela incontroversa, apenas a parte transitada em julgado ensejará o cumprimento definitivo, enquanto o restante continuará sendo objeto de discussão em juízo, no processo de conhecimento.

69. Multa legal e honorários de advogado

I – Multa legal

O montante da condenação será acrescido de multa de dez por cento e, também, de honorários de advogado de dez por cento (CPC/2015, art. 523, § 1º), sempre que o executado não proceder ao pagamento voluntário do débito exequendo no prazo de quinze dias após a intimação realizada nos termos do art. 513, § 2º.[6] Não há que se cogitar de tal multa enquanto não liquidada a sentença genérica.[7]

Havendo pagamento parcial no referido prazo, a multa e os honorários previstos no § 1º do art. 523 incidirão sobre o restante (art. 523, § 2º).

Não têm cabimento a multa nem os honorários de advogado se o cumprimento da prestação se der dentro dos quinze dias estipulados pela lei, para a solução voluntária do débito. Contudo, para tanto, deve a execução ter sido requerida pelo credor, e o executado deve ter sido intimado com prazo suficiente para cumprir voluntariamente a obrigação. Para evitar a multa, tem o executado que tomar a iniciativa de cumprir a condenação no prazo de quinze dias, que flui após a intimação do executado.

A liberação do dever de pagar a multa, *in casu*, somente ocorre se o devedor realmente proceder ao pagamento do débito, acrescido das custas, se houver (arts. 523, *caput*, e 526), ou

---

[6] "São cumuláveis as sanções dos arts. 475-J e 601 do CPC. A multa do art. 475-J do CPC é uma sanção específica para o descumprimento, no prazo de 15 dias, da ordem que emana da sentença. A multa do art. 601 do CPC, por sua vez, se caracteriza como uma sanção à prática de ato atentatório à dignidade da Justiça. Trata-se, pois, de sanção específica, tanto que o próprio *caput* do art. 601 ressalva que sua incidência se dá 'sem prejuízo de outras sanções de natureza processual ou material', como é a do art. 475-J" (STJ, 3ª T., REsp 1.101.500/RJ, Rel.ª Min.ª Nancy Andrighi, ac. 17.05.2011, *DJe* 27.05.2011).

[7] STJ, 3ª T., REsp 1.691.748/PR, Rel. Min. Ricardo Villas Bôas Cueva, ac. 07.11.2017, *DJe* 17.11.2017.

ao depósito em juízo com a destinação de saldá-lo. O simples depósito, para garantir o juízo e permitir impugnação ao cumprimento da sentença, não tem força para isentar o executado da sanção do art. 523, § 1º, do CPC/2015.[8]

II – Multa na execução de sentença arbitral e outras decisões

A previsão de multa constante do § 1º do art. 523 alcança o cumprimento de qualquer dos títulos executivos judiciais enumerados no art. 515, e não apenas as sentenças condenatórias. A propósito da arbitragem, o STJ, em tese fixada para os efeitos do art. 543-C do CPC/1973 (CPC/2015, art. 1.036), assentou que, "no âmbito de cumprimento de sentença arbitral condenatória de prestação pecuniária, a multa de 10% (dez por cento) do art. 475-J do CPC [de 1973 – CPC/2015, art. 523] deverá incidir se o executado não proceder ao pagamento espontâneo no prazo de 15 (quinze) dias contados da juntada do mandado de citação devidamente cumprido nos autos (em caso de título executivo contendo quantia líquida) ou da intimação do devedor, na pessoa de seu advogado, mediante publicação na imprensa oficial (havendo prévia liquidação da obrigação certificada pelo juízo arbitral)".[9]

Igual procedimento há de prevalecer para o cumprimento civil da sentença penal condenatória, para a sentença estrangeira homologada pelo STJ e demais títulos executivos judiciais previstos nos incs. II a V do art. 515, sempre que versarem sobre obrigação de pagar quantia.

III – Multa e honorários de advogado na execução provisória

A multa e os honorários de advogado em questão não são exclusivos do cumprimento definitivo. Por regra expressa no CPC/2015, a multa e os honorários são também devidos no cumprimento provisório de sentença condenatória ao pagamento de quantia certa (art. 520, § 2º). Trata-se de novidade que vem pacificar divergência doutrinária e pretoriana. Com isso, o cumprimento provisório ganha maior efetividade, possibilitando ao executado pagar sua dívida sem a incidência de multa e honorários, evitando, ainda, a sujeição de seu patrimônio aos atos expropriatórios.

O regime do Código atual supera a jurisprudência do STJ que havia excluído, no regime do Código anterior, a aplicação, na execução provisória, da multa por atraso no cumprimento da sentença.[10]

---

[8] "A atitude do devedor, que promove o mero depósito judicial do *quantum* exequendo, com finalidade de permitir a oposição de impugnação ao cumprimento de sentença, não perfaz adimplemento voluntário da obrigação, autorizando o cômputo da sanção de 10% sobre o saldo devedor" (STJ, 4ª T., REsp 1.175.763/RS, Rel. Min. Marco Buzzi, ac. 21.06.2012, DJe 05.10.2012). No mesmo sentido: STJ, 3ª T., AgInt no REsp 1.597.623/PA, Rel. Min. Marco Aurélio Bellizze, ac. 20.09.2016, DJe 04.10.2016.

[9] STJ, Corte Especial, REsp 1.102.460/RJ, Recurso Repetitivo (tema 893), Rel. Min. Marco Buzzi, ac. 17.06.2015, DJe 23.09.2015.

[10] "A multa prevista no art. 475-J do CPC [1973, equivalente ao art. 523, § 1º, do CPC/2015] não se aplica à execução provisória" (STJ, Corte Especial, REsp 1.059.478/RS, Rel. p/ac. Min. Aldir Passarinho Júnior, ac. 15.12.2010, DJe 11.04.2011). Tratando-se, porém, de execução provisória de sentença, o STJ assentou, para os efeitos uniformizadores do art. 543-C do CPC/1973 [CPC/2015, art. 1.036], as seguintes teses: a) "em execução provisória, descabe o arbitramento de honorários advocatícios em benefício do exequente"; b) "posteriormente, convertendo-se a execução provisória em definitiva, após franquear ao devedor, com precedência, a possibilidade de cumprir, voluntária e tempestivamente, a condenação imposta, deverá o magistrado proceder ao arbitramento dos honorários advocatícios" (STJ, Corte Especial, REsp 1.291.736/PR, Rel. Min. Luís Felipe Salomão, ac. 20.11.2013, DJe 19.12.2013). Essa jurisprudência perdeu toda força diante do art. 523, § 2º, do CPC/2015.

IV – Quando cabe a verba honorária e como arbitrá-la

Segundo jurisprudência do STJ, o fato de a execução ser um simples incidente do processo não impede a condenação em honorários.[11] O CPC/2015 adota expressamente essa tese em seu art. 523, § 1º. Passado o tempo do pagamento voluntário, o executado incorrerá nos honorários sucumbenciais de dez por cento, tenha havido ou não impugnação ao cumprimento de sentença (CPC/2015, art. 523, *caput*) (sobre o tema, ver, *retro*, o item nº 19).

A base de cálculo do valor dos honorários advocatícios deve levar em conta apenas o valor principal da dívida. Não se deve somar a ela o valor da multa, segundo Shimura.[12]

V – Depósito do quantum *devido, antes de recorrer da sentença exequenda*

O CPC/2015 tomou posição expressa quanto à possibilidade de o devedor interpor apelação não obstante tenha efetuado o depósito do valor da condenação para evitar a multa, autorizando a convivência útil do depósito com o recurso.

Convém lembrar que, de fato, o direito de recorrer integra a garantia do devido processo legal (CF, art. 5º, LIV e LV). Daí a regra do § 3º do art. 520 do CPC/2015, que prevê que, "se o executado comparecer tempestivamente e depositar o valor, com a finalidade de isentar-se da multa, o ato não será havido como incompatível com o recurso por ele interposto". O litigante não poderá, assim, ser penalizado por se utilizar, adequadamente e sem abuso, desse remédio processual legítimo.

Por outro lado, se não efetuar o depósito preventivo logo após a sentença, ficará sujeito a suportar a execução provisória, na qual teria que sofrer a imposição da multa. Por isso, o art. 520, § 3º, permite expressamente:

(a) que o devedor compareça tempestivamente em juízo e deposite o valor da dívida;
(b) que esse depósito seja capaz de impedir a incidência da multa;
(c) que esse depósito não seja havido como aceitação da sentença, e, por isso, não impeça a interposição do recurso cabível na espécie.

Já decidiu, entretanto, o STJ que "a multa e honorários advocatícios a que se refere o § 1º do art. 523 do CPC/2015 serão excluídos apenas se o executado depositar voluntariamente a quantia devida em juízo, sem condicionar seu levantamento a qualquer discussão do débito".[13] Ressalte-se, porém, que, no caso decidido, o acórdão versava sobre depósito efetuado depois de ter sido ultrapassado o prazo fixado para pagamento voluntário na execução de sentença, com o objetivo expresso de apenas obter efeito suspensivo para o recurso já interposto. Não é, portanto, a hipótese do art. 520, § 3º, que prevê depósito da quantia prevista na sentença condenatória, antes do recurso de apelação e, também, antes de decorrido o prazo assinado para o pagamento voluntário. Se, ao contrário, o depósito se faz em oportunidade adequada, não se pode negar à parte a faculdade legal de utilizá-lo com o específico fim de impedir que a multa lhe seja aplicada.

---

[11] STJ, Corte Especial, REsp 1.028.855/SC, Rel. Min Nancy Andrighi, ac. 27.11.2008, *DJe* 05.03.2009.

[12] SHIMURA, Sérgio Seiji. Comentários ao art. 523. In: WAMBIER, Teresa Arruda Alvim *et al*. *Breves comentários ao novo Código de Processo Civil*. São Paulo: RT, 2015, p. 1.357. Também na jurisprudência há precedente no mesmo sentido: "(...) A base de cálculo sobre a qual incidem os honorários advocatícios devidos em cumprimento de sentença é o valor da dívida (quantia fixada em sentença ou na liquidação), acrescido das custas processuais, se houver, sem a inclusão da multa de 10% (dez por cento) pelo descumprimento da obrigação dentro do prazo legal (art. 523, § 1º, do CPC/2015)" (STJ, 3ª T., REsp 1.757.033/DF, Rel. Min. Ricardo Villas Bôas Cueva, ac. 09.10.2018, *DJe* 15.10.2018).

[13] STJ, 3ª T., REsp 2.007.874/DF, Rel. Min. Nancy Andrighi, ac. 04.10.2022, *DJe* 06.10.2022.

VI – Execução sem multa

Outro aspecto interessante da multa do art. 523 é o seu caráter de acessório do crédito exequendo. Isto quer dizer que, podendo dispor do principal, no todo ou em parte, pode o credor não exigir a multa e optar por executar apenas o valor simples da condenação.

Assim, ao requerer a execução, nos termos do art. 523, pode não incluir no demonstrativo do *quantum* exigido a multa em questão. Dir-se-á que as multas processuais em regra são aplicáveis *ex officio* pelo juiz. Se isto é verdade, o certo também é que elas, quando revertidas em favor da parte, somente podem ser por ela exigidas. Trata-se de valor patrimonial disponível, razão pela qual não pode o juiz executá-la sem que a respectiva pretensão tenha sido exercitada em juízo pelo titular do crédito.

Se, então, o credor não insere a pretensão à multa em seu requerimento executivo, não foi ela incluída no objeto da execução por quem de direito. A penhora e a expropriação do bem penhorado cobrirão apenas o valor do crédito arrolado pelo exequente.

VII – Requerimento do credor

Por último, é de se destacar a necessidade de haver prévio requerimento do exequente e intimação do executado, tanto nos cumprimentos definitivos, como nos provisórios (art. 513, § 1º) para que a fluência do prazo do art. 523, *caput*, se dê e a multa de dez por cento e os honorários de dez por cento se tornem exigíveis.

VIII – Intimação do executado

Releva notar que a intimação, *in casu*, ocorre no curso de um processo existente, em cujo bojo a sentença exequenda foi pronunciada. Por isso, estando o executado representado nos autos por advogado, é na pessoa deste que a intimação para o cumprimento do julgado será efetuada.

É que a regra geral do Código é no sentido de que durante a marcha do processo os atos judiciais são intimados aos advogados. Somente em casos especiais expressamente previstos em lei a parte recebe intimação pessoal, como se dá, *v.g.*, com o devedor representado pela Defensoria Pública ou sem procurador constituído nos autos (art. 513, § 2º, II), bem como, na hipótese de abandono da causa pelo advogado (art. 485, § 1º) e na de depoimento pessoal (art. 385, § 1º). Intimado, portanto, o advogado do executado para cumprir a sentença, intimado automaticamente estará aquele em cujo nome atua o representante processual. Não há, pois, duas intimações – uma do advogado e outra da parte – para que o prazo de cumprimento da sentença condenatória transcorra.

Nos casos de títulos formados em outros processos, como a sentença arbitral, a sentença penal condenatória, e a sentença e a decisão interlocutória estrangeiras, o prazo de pagamento e de sujeição à multa do art. 523, § 1º, se fixa por citação pessoal no juízo cível para o respectivo cumprimento (art. 515, § 1º), e não por intimação (não cabe, aqui, intimação na pessoa do advogado).[14]

Têm-se aqui casos de execução de sentença que ocorrem em outro processo, e não naquele em que a condenação foi pronunciada. Conserva-se, em tais excepcionalidades, a *actio iudicati*, por impossibilidade de as atividades de cognição e de execução cumularem-se num só processo.

70. Contagem do prazo para pagamento

Cabe ao credor requerer a promoção do cumprimento da sentença, com a necessária intimação do devedor. Tem o executado o prazo de quinze dias para realizar a satisfação do direito do exequente, contado da respectiva intimação (art. 523, *caput*).

---

[14] "Na execução de título extrajudicial ou judicial (art. 515, § 1º, do CPC) é cabível a citação postal" (CEJ/I Jorn. Dir. Proc. Civ., Enunciado nº 85).

Em regra, a intimação é feita na pessoa do advogado do executado, que deve contatar seu cliente e informá-lo sobre o prazo em curso para o pagamento (art. 513, § 2º, I). Ressalte-se que, segundo o Código atual, na contagem dos prazos processuais em dias, deverão ser computados apenas os dias úteis (art. 219). Essa é a regra geral, e que, segundo o histórico de sua inserção no CPC/2015, veio privilegiar o advogado, assegurando-lhe os dias úteis para a elaboração de suas peças, recursos etc.

Contudo, tratando-se de prazo para *pagamento*, existe entendimento doutrinário em torno do art. 523 que o afasta da aplicação da contagem em dias úteis, porque no cumprimento da intimação executiva "não há atividade preponderantemente técnica ou postulatória a exigir a presença – indispensável – do advogado". Tal prazo dependeria, para os que assim pensam, "quase que exclusivamente da vontade ou situação do próprio executado". Daí concluir Shimura que "o prazo de 15 dias há de fluir de modo *ininterrupto*, e não apenas nos dias úteis".[15] No entanto, o prazo para impugnação ao cumprimento da sentença (art. 523), referindo-se a ato processual do advogado, por sua vez, terá de ser contado apenas em dias úteis, consoante a regra geral já mencionada.

Para Medina, no entanto, o prazo de pagamento, no cumprimento da sentença, é sim prazo processual e, por isso, não se enquadra na ressalva do parágrafo único do art. 219 (prazos não processuais), devendo seguir a regra geral da contagem em dias úteis como determina o *caput* do mesmo artigo.[16] Assim, também, entende Araken de Assis.[17] De fato, parece-nos melhor esta última exegese, visto que o art. 219, ao instituir a contagem em dias úteis, não restringiu o critério legal aos prazos relativos apenas aos atos dos advogados, mas aos "prazos processuais", genericamente (parágrafo único do art. 219). Ora, se o prazo de pagamento refere-se a um evento típico do processo de execução, melhor mesmo é considerá-lo "prazo processual", e não "prazo extraprocessual", como, por exemplo, seriam aqueles fixados em contrato.[18] Essa foi, aliás, a orientação traçada pelo Enunciado nº 89 do CEJ/I Jornada de Direito Processual Civil, para a contagem do prazo previsto no *caput* do art. 523[19].

Recaindo, porém, o décimo quinto dia do prazo em dia não útil, o termo *a quo* ficará prorrogado para o primeiro dia útil seguinte (art. 224, § 1º), tanto no caso do pagamento como no da impugnação.

70.1. Prazo de pagamento e litisconsórcio passivo

Já decidiu o STJ que ao prazo para pagamento voluntário (art. 523, *caput*) aplica-se, no cumprimento de sentença, o regime da contagem em dobro, previsto no art. 229 para as manifestações dos litisconsortes representados por procuradores diferentes.[20]

A nosso ver, todavia, não se justifica, *in casu*, a contagem dobrada de prazo. Em primeiro lugar, porque não se trata propriamente de um prazo de manifestação nos autos, mas de um ato material (o pagamento, que pode se dar até extrajudicialmente); e, em segundo lugar, porque o sistema do CPC é o da autonomia processual dos coobrigados, no tocante à execução contra mais de um devedor pela mesma obrigação.

---

[15] SHIMURA, Sérgio Seiji. Comentários ao art. 523. In: WAMBIER, Teresa Arruda Alvim *et al. Breves comentários ao novo Código de Processo Civil.* São Paulo: RT, 2015, p. 1.356.

[16] MEDINA, José Miguel Garcia. Direito processual civil moderno. 2.ed. São Paulo: RT, 2016, p. 935.

[17] ASSIS, Araken de. Manual da execução. 18. ed. São Paulo: RT, 2016, n. 256.2, p. 893.

[18] WAGNER JÚNIOR, Luiz Guilherme da Costa. Comentários ao art. 219. In: WAMBIER, Teresa Arruda Alvim *et al.* Breves comentários ao novo Código de Processo Civil. 2. ed. São Paulo: RT, 2016, p. 699.

[19] Admitiu o STJ que o prazo de quinze dias previsto no art. 523 deva ser contado em dias úteis, e não em dias corridos (STJ, 4ª T., REsp 1.693.784/DF, Rel. Min. Luís Felipe Salomão, ac. 28.11.2017, *DJe* 05.02.2018). No mesmo sentido: STJ, 3ª T., REsp 1.708.348/RJ, Rel. Min. Marco Aurélio Bellizze, ac. 25.06.2019, *DJe* 01.08.2019.

[20] STJ, 4ª T., REsp 1.693.784/DF, Rel. Min. Luís Felipe Salomão, ac. 28.11.2017, *DJe* 05.02.2018.

Com efeito, o art. 915, § 1º, diferentemente do que se passa no processo de conhecimento, não prevê prazo comum para defesa ou manifestação de litisconsortes passivos da execução forçada. Ao contrário, o que dispõe, expressamente, o referido dispositivo do CPC é que, havendo mais de um executado, o prazo de embargos será contado separadamente para cada um deles, a partir da respectiva citação. Ora, se até para a defesa principal (os embargos) não há lugar para prazo comum em dobro, justificação inexiste para que o ato que o precede (o pagamento voluntário) seja duplicado. Para a execução, o mais importante são a singeleza e a celeridade do procedimento, como se deduz do regime específico aplicável aos embargos dos diversos coexecutados, o qual deve também ser observado na impugnação ao cumprimento da sentença, como dispõem os arts. 513, *caput*, e 771, *caput*.

Portanto, sendo vários os intimados a cumprir a sentença, o prazo de 15 dias para que o débito exequendo seja pago sem acréscimo da multa de 10% (art. 523, *caput*) contar-se-á individualmente para cada litisconsorte passivo a partir da respectiva intimação, não havendo lugar para a dobra prevista no art. 229, estejam eles representados ou não no processo por advogados diferentes.

Por fim, convém deixar claro que a contagem em dobro do prazo para cumprimento de sentença foi admitida pelo STJ apenas para os processos físicos, uma vez que tal benefício foi expressamente suprimido pela lei nos casos de processos que correm em autos eletrônicos (art. 229, § 2º)[21].

71. Penhora e avaliação

Passado *in albis* o prazo de pagamento, *i.e.*, sem que o devedor o tenha realizado, haverá a expedição automática do mandado de penhora e avaliação dos bens, tendo início os atos de expropriação (art. 523, § 3º). Não há, assim, necessidade de novo requerimento do exequente. É ato que faz parte do impulso oficial a cargo do juiz.

72. O procedimento executivo

Como já visto, a fase de cumprimento de sentença de pagar quantia certa, seja provisório ou definitivo, tem início mediante requerimento do exequente (art. 513, § 1º), devendo o executado ser intimado, nos termos do § 2º do art. 513 (ver, *retro*, o item nº 65).

O prazo de quinze dias para cumprimento voluntário inicia-se, assim, após a realização da intimação, feita, em regra, na pessoa do advogado. Se o trânsito em julgado acontecer no tribunal, em virtude de apelação contra a sentença exequenda, o cumprimento forçado só poderá ser requerido após o retorno dos autos ao juízo de origem.

Não ocorrendo o pagamento voluntário no prazo de quinze dias, o débito será acrescido de multa de dez por cento e, também, de honorários de advogado de dez por cento (art. 523, § 1º). Havendo o executado realizado o pagamento parcial dentro do prazo legal, a multa e os honorários incidirão sobre o restante (art. 523, § 2º).

Superado o prazo de pagamento, sem o resgate devido, haverá a expedição automática do mandado de penhora e avaliação, dando início aos atos de expropriação (art. 523, § 3º), os quais serão praticados segundo as regras da execução por quantia certa fundada em título extrajudicial (arts. 513 e 771).

---

[21] "(...) A impossibilidade de acesso simultâneo aos autos físicos constitui a *ratio essendi* do prazo diferenciado para litisconsortes com procuradores distintos, tratando-se de norma processual que consagra o direito fundamental do acesso à justiça" (STJ, REsp 1.693.784/DF, cit). Essa razão de ser não alcança o processo eletrônico, como dispõe o art. 229, § 2º, do CPC.

73. Requisitos do requerimento inicial do cumprimento da sentença

I – Dados necessários do requerimento

O requerimento que dá início ao cumprimento de sentença deve ser instruído com o demonstrativo discriminado e atualizado do crédito (art. 524) e ainda conter:

(a) o nome completo, o número de inscrição no Cadastro de Pessoas Físicas ou no Cadastro Nacional da Pessoa Jurídica do exequente e do executado, observado os requisitos da petição inicial constantes dos §§ 1º a 3º do art. 319 (inciso I);

(b) o índice de correção monetária adotado (inciso II);

(c) os juros aplicados e as respectivas taxas (inciso III);

(d) o termo inicial e o termo final dos juros e da correção monetária utilizados (inciso IV);

(e) a periodicidade da capitalização dos juros, se for o caso (inciso V);

(f) especificação dos eventuais descontos obrigatórios realizados (inciso VI);

(g) indicação dos bens passíveis de penhora, sempre que possível (inciso VII).

II – Nomeação dos bens a penhorar

O exequente, para facilitar a penhora, poderá indicar, em seu requerimento, os bens a serem penhorados (art. 524, VII); o que, porém, não exclui o direito do devedor de obter a substituição da penhora quando configuradas algumas das hipóteses do art. 848. Não se trata, todavia, de um ônus, na medida em que sua omissão não acarretará consequências processuais negativas.

III – Definição do quantum exequendo

Incumbe ao exequente fixar o montante atualizado do débito correspondente à condenação, demonstrando a forma com que foi ele apurado (art. 524, *caput*).[22]

Quando o valor apontado no demonstrativo do exequente aparentemente exceder os limites da condenação, a execução terá início pelo valor pretendido, mas a penhora terá por base o valor que o juiz entender adequado (art. 524, § 1º). Para que o juiz possa indicar esse valor adequado, ou seja, para a verificação desses cálculos, ele poderá se valer de contabilista do juízo, que terá o prazo máximo de trinta dias para efetuá-lo, salvo se outro lhe for determinado (art. 524, § 2º).

Como será que o juiz fará essa aferição, tratando-se de cálculos complexos? Terá que enviar todos os cálculos para o contabilista? Será esta a melhor orientação, nos estados de dúvida. Mas, se não tiver suspeita sobre o levantamento do exequente, melhor será aguardar a impugnação do executado, para deliberar sobre a necessidade ou não da aludida diligência.

IV – Demonstrativo que dependa de dados extra-autos

Quando a elaboração do referido demonstrativo depender de dados em poder de terceiros ou do próprio executado, o juiz, a pedido do exequente, poderá requisitá-los, sob cominação do crime de desobediência (art. 524, § 3º).

Se os dados adicionais necessários à complementação do demonstrativo se acharem em poder do executado, o juiz assinará prazo de até trinta dias para que a exibição se faça (art. 524, § 4º). Se tais dados não forem apresentados, sem justificativa, no prazo designado, reputar-se-ão corretos os cálculos organizados pelo exequente apenas com base nos elementos de que dispuser (art. 524, § 5º).

---

[22] "Interpreta-se o art. 524 do CPC e seus parágrafos no sentido de permitir que a parte patrocinada pela Defensoria Pública continue a valer-se da contadoria judicial para elaborar cálculos para execução ou cumprimento de sentença" (CEJ/I Jorn. Dir. Proc. Civ., Enunciado nº 91).

V – Impugnação do devedor ao cumprimento da sentença

Transcorrido o prazo de quinze dias para pagamento voluntário, sem que tal ocorra, abre-se novo prazo de quinze dias para que o executado apresente, nos próprios autos, sua *impugnação*, o que poderá se dar independentemente de penhora ou nova intimação (art. 525, *caput*).[23]

Os atos executivos (penhora, avaliação, expropriação etc.) com que se desenvolve o cumprimento forçado da sentença são praticados conforme o procedimento estabelecido para a execução dos títulos extrajudiciais relativos às obrigações de quantia certa (arts. 513 e 771).

74. Defesa do executado

O executado no prazo de quinze dias, a contar da intimação para pagar a dívida, poderá se defender mediante a impugnação prevista no art. 525, cuja propositura independe de segurança do juízo e que, em regra, não tem efeito suspensivo sobre o curso do cumprimento da sentença. Sobre as matérias arguíveis e os detalhamentos do processamento da impugnação, ver, *retro*, os itens nº 46 e ss.

75. Cumprimento de sentença por iniciativa do devedor

Antes de ser intimado para o cumprimento da sentença, o executado, para evitar a multa legal e os honorários de advogado, pode tomar a iniciativa de comparecer em juízo e oferecer em pagamento o valor que entender devido, apresentando memória discriminada do cálculo, liberando-se, assim, da obrigação (art. 526, *caput*). Feito o depósito, o exequente será intimado para se manifestar em cinco dias, podendo impugnar o valor depositado, sem prejuízo do levantamento da parcela incontroversa (art. 526, § 1º).

Concluindo o juiz pela insuficiência do depósito, sobre a diferença incidirão multa de dez por cento e honorários também de dez por cento, seguindo-se a execução com penhora e atos subsequentes (art. 526, § 2º). Mas, não havendo oposição por parte do exequente, o juiz, diante do depósito efetuado pelo executado, declarará satisfeita a obrigação e extinguirá o processo (art. 526, § 3º).

76. Parcelamento da dívida

Na execução de título executivo extrajudicial, há a possibilidade de o executado requerer o parcelamento da dívida em até seis parcelas mensais, desde que seja feito o depósito prévio de trinta por cento do valor da execução, acrescidos das custas e honorários de advogado (art. 916, *caput*).

Tal benefício, contudo, é concedido apenas ao devedor que sofre execução fundada em título extrajudicial. Não se aplica ao cumprimento de sentença, por expressa ressalva do § 7º do art. 916.

77. Aplicação subsidiária ao cumprimento provisório

O art. 527 do CPC/2015, ao dispor que se aplicam "as disposições deste Capítulo ao cumprimento provisório da sentença, no que couber", deixa expresso o intercâmbio das regras do cumprimento definitivo da obrigação de pagar quantia certa ao cumprimento provisório. Isto porque manteve-se a regra de que a execução provisória se processa do mesmo modo que a definitiva, respeitadas as peculiaridades de cada procedimento. Ademais, deve-se lembrar que as normas do processo de execução incidem, subsidiariamente, no cumprimento de sentença, seja provisório ou definitivo (arts. 513 e 771).

---

[23] "Conta-se em dobro o prazo do art. 525 do CPC nos casos em que o devedor é assistido pela Defensoria Pública" (CEJ/I Jorn. Dir. Proc. Civ., Enunciado nº 90).

Fluxograma nº 1 – Cumprimento definitivo da sentença que reconhece a exigibilidade de obrigação de pagar quantia certa (arts. 523 a 527)[24]

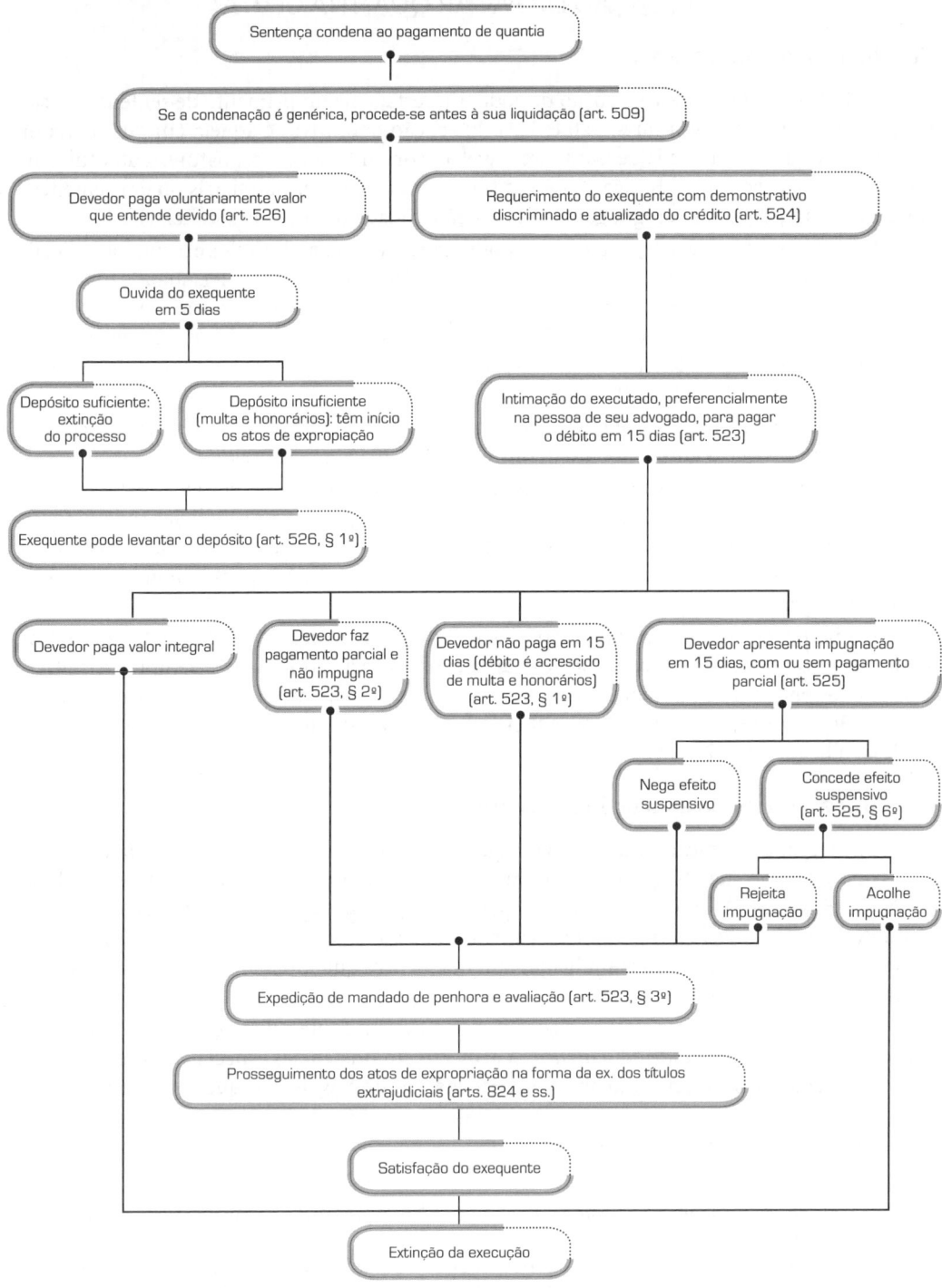

---

[24] Sobre o reconhecimento da prescrição da execução do título executivo extrajudicial, aplica-se o fluxograma nº 23.

§ 9º CUMPRIMENTO PROVISÓRIO DA SENTENÇA QUE RECONHECE A EXIGIBILIDADE DE OBRIGAÇÃO DE PAGAR QUANTIA CERTA

78. Noções introdutórias

Admite o Código que a execução por quantia certa, em cumprimento de sentença, possa ser *definitiva* ou *provisória* (arts. 520 e 523). Execução definitiva "é aquela em que o credor tem sua situação reconhecida de modo imutável, decorrente da própria natureza do título em que se funda a execução".[25] Baseia-se ou em títulos executivos extrajudiciais ou em sentenças transitadas em julgado. É a regra geral da execução forçada das decisões judiciais.

Execução provisória, que, em regra, só pode ocorrer em casos de títulos executivos judiciais e que tem caráter excepcional, é a que se passa, nas hipóteses previstas em lei, quando a situação do credor é passível de ulteriores modificações, pela razão de que a sentença que reconheceu seu crédito não se tornou ainda definitiva, dada a inexistência de *res judicata*. Provisória, em suma, é a execução da sentença impugnada por meio de recurso pendente desprovido de efeito suspensivo (CPC/2015, art. 520).[26]

O Código atual manteve a regra de que o cumprimento provisório da sentença se processará do mesmo modo que o cumprimento definitivo (CPC/2015, art. 520, *caput*).

A opção de permitir o cumprimento provisório deriva tanto da lei (*ope legis*) – quando não confere efeito suspensivo a alguns recursos – como por decisão judicial (*ope iudicis*). Neste último caso, quando o magistrado confirmar, conceder ou revogar *tutela provisória* na sentença, a apelação não terá efeito suspensivo (art. 1.012, § 1º, V), possibilitando a eficácia imediata da decisão.

A diferenciação entre as duas espécies de execução refere-se basicamente aos títulos judiciais, pois com relação aos títulos extrajudiciais a execução forçada é sempre definitiva, pelo menos enquanto não impactada por eventual efeito suspensivo atribuído aos embargos à execução (art. 919, § 1º) e pelas consequências da apelação interposta contra a sentença que os desacolhe (art. 1.012, § 2º).

79. Fundamentos da execução provisória

Em regra, a execução baseia-se na perfeição do título e no seu caráter *definitivo*. Se é certo que a decisão "tem força de lei nos limites da questão principal expressamente decidida" (CPC/2015, art. 503), não é menos exato que é a *res judicata* que torna a decisão de mérito "imutável e indiscutível" (art. 502). Daí a afirmação geral de que a decisão de mérito para ser executada deve ter transitado em julgado, fato que ocorre quando não seja mais admissível a interposição de recurso (art. 502).

A lei, no entanto, abre certas exceções, porque leva em conta a distinção que se pode fazer entre *eficácia* e *imutabilidade da sentença*. Assim, em circunstâncias especiais, confere eficácia a determinadas decisões, mesmo antes de se tornarem imutáveis. É o que se passa quando o

---

[25] LIMA, Alcides de Mendonça. *Comentários ao Código de Processo Civil*. Rio de Janeiro: Forense, 1974, v. VI, t. II, n. 924, p. 414.

[26] O cumprimento provisório da sentença "corresponde ao instituto jurídico processual, em que se permite que sentenças ou acórdãos ainda não transitados em julgado possam produzir a satisfação do direito exequendo, reconhecida a possibilidade de desfazer o que foi executado caso seja provido o recurso do devedor" (RODRIGUES, Marcelo Abelha. *Manual de execução civil*. 5. ed. Rio de Janeiro: Forense, 2015, p. 285).

recurso interposto é recebido apenas no efeito devolutivo.[27] São questões de ordem prática que levam o legislador a tal orientação, já que, em algumas ocasiões, seria mais prejudicial o retardamento da execução do que o risco de se alterar o conteúdo da sentença com o reflexo sobre a situação de fato decorrente dos atos executivos.

80. Execução de título extrajudicial embargada

A execução do título extrajudicial é definitiva porque o título que a fundamenta não está, de início, pendente de julgamento que o possa alterar ou cassar.

Mas, uma vez interpostos embargos à execução (CPC/2015, arts. 914 e ss.), o título extrajudicial torna-se litigioso. Mesmo assim, como os embargos, em regra, "não terão efeito suspensivo" (art. 919, *caput*), os atos executivos não ficarão impedidos. No passado, muita divergência se estabeleceu sobre se seriam os atos executivos praticados como definitivos ou provisórios, depois que os embargos fossem rejeitados e a apelação fosse processada sem efeito suspensivo.

A matéria, que foi palco de grandes polêmicas na jurisprudência, afinal, pacificou-se na interpretação do STF e STJ, que assentou o caráter definitivo da execução de título extrajudicial, ainda que pendente de julgamento a apelação intentada contra a sentença que repeliu os embargos do executado.[28]

A posição pretoriana, por último, encontrou reforço no art. 475-O, II,[29] com redação da Lei nº 11.232/2005, segundo a qual o sistema da execução provisória alterou-se profundamente, de modo a permitir a transferência definitiva do bem penhorado, resolvendo-se, no caso de reforma da sentença no julgamento posterior do recurso, em perdas e danos o direito do executado. A tanto serviria a caução que se prestou para a movimentação da execução provisória (v., adiante, o nº 82). Se, até na execução originariamente provisória, não estava mais inibida a alienação judicial dos bens penhorados, de fato não haveria mais razão para insistir no caráter provisório da execução do título extrajudicial, na pendência de apelação sem efeito suspensivo, se ela desde o princípio fora processada como execução definitiva.[30]

Todavia, uma grande inovação no regime da execução provisória foi feita pela Lei nº 11.382/2006 que, em certos casos, a estendeu também aos títulos extrajudiciais (sobre o tema ver, adiante, o item nº 166).

81. Situação do tema no Código atual

Para o Código atual, a execução é *definitiva* quando fundada em: *(i) título extrajudicial*; ou *(ii) título judicial* com autoridade de coisa julgada (art. 523). E é *provisória* quando *(i)* baseada

---

[27] CASTRO, Amílcar de. *Comentários ao Código de Processo Civil*. 2. ed. Rio de Janeiro: Forense, 1963, v. X, t. I, n. 3, p. 29.
[28] STF, RE 95.583, Rel. Min. Décio Miranda, ac. 22.05.1984, *DJU* 15.06.1984, p. 9.794 (*RSTJ*, 78/306, 54/276, 65/434, 79/259, 81/245). Segundo essa orientação, até mesmo a venda de bens penhorados é admissível (STJ, 4ª T., REsp 80.655/MG, Rel. Min. Barros Monteiro, ac. 03.05.2001, *DJU* 20.08.2001, p. 468); e não há necessidade de caução (*RT* 708/120) (STJ, 1ª Seção, Emb. Div. no REsp 399.618/RJ, Rel. Min. Peçanha Martins, ac. 11.06.2003, *DJU* 08.09.2003, p. 216). No entanto, a orientação legal alterou-se: "Consoante o art. 587 do CPC, com a redação dada pela Lei 11.382/2006, 'é definitiva a execução fundada em título extrajudicial; é provisória enquanto pendente apelação da sentença de improcedência dos embargos do executado, quando recebidos com efeito suspensivo (art. 739)'" (STJ, 3ª T., AgRg no Ag 1.243.624/SP, Rel. Min. Vasco Della Giustina, ac. 14.09.2010, *DJe* 20.09.2010).
[29] CPC/2015, art. 520, II.
[30] A relevância de considerar definitiva a execução de título extrajudicial, mesmo na pendência de recurso contra a sentença de rejeição dos embargos, prende-se ao fato de ficar o exequente isento da obrigação de prestar caução (cf. nota de rodapé anterior).

em *título judicial* impugnado por recurso desprovido de efeito suspensivo (art. 520), ou *(ii)* ainda, quando fundada em título extrajudicial, enquanto pendente apelação da sentença de improcedência dos embargos do executado, quando recebidos com efeito suspensivo (art. 1.012, § 1º, III).

No sistema do Código de 2015, poucos são os recursos que, excepcionalmente, podem ter efeito apenas devolutivo e, por isso, ensejam execução provisória na sua pendência: *(i)* a apelação, nos casos dos incisos do art. 1.012, § 1º; *(ii)* o recurso ordinário, em regra; *(iii)* os recursos especial e extraordinário; e *(iv)* o agravo de instrumento.[31]

O agravo de instrumento, limitado a questões incidentes solucionadas em decisões interlocutórias, é de natureza especial e, em regra, não obsta ao andamento do processo (art. 995), nem suspende a execução da medida impugnada, salvo nos casos do art. 1.019, I.

O agravo em recurso especial ou extraordinário (art. 1.042) interposto da decisão que denega seu processamento impede execução definitiva do acórdão, que só pode basear-se em decisão passada em julgado, caráter de que não se reveste a decisão enquanto houver possibilidade de recurso ordinário ou extraordinário.

Todavia, a execução provisória, na espécie, poderá ser realizada com dispensa de caução (art. 521, III) (ver, item 83, adiante).

Todos os recursos que ordinariamente não suspendem a eficácia dos julgados, por eles atingidos, e, por isso, não impedem a execução, podem excepcionalmente adquirir a força suspensiva, por decisão do relator, no tribunal, nas condições estipuladas pelo parágrafo único do art. 995.[32]

Os casos de apelação sem efeito suspensivo, que, por isso, permitem a execução provisória, acham-se enumerados no art. 1.012, § 1º, e são os que se referem às seguintes sentenças:

(a) de homologação da divisão ou da demarcação de terras (inciso I);
(b) de condenação a pagar alimentos (inciso II);
(c) de extinção sem resolução de mérito ou que julga improcedentes os embargos opostos à execução (inciso III);
(d) de julgamento procedente do pedido de instituição de arbitragem (inciso IV);
(e) de confirmação, concessão ou revogação da tutela provisória (inciso V);
(f) de decretação da interdição (inciso VI).

De conformidade com o art. 1.013, *caput*, a apelação devolverá ao tribunal apenas "o conhecimento da matéria impugnada", que, por isso mesmo, pode não abranger toda a extensão da condenação.

Lembra, a propósito, Amílcar de Castro, com muita propriedade, que sendo apenas parcial a impugnação do apelante, ainda que recebido o recurso em ambos os efeitos, "poderá a parte não impugnada ser executada, uma vez seja possível separá-la da outra". É que, segundo a lição de Ramalho, "consideram-se no julgado tantas sentenças quanto são os artigos distintos". De modo que a parte não recorrida "não pode deixar de ser tida como sentença transitada em julgado".[33]

---

[31] LIMA, Alcides de Mendonça. *Comentários ao Código de Processo Civil*. Rio de Janeiro: Forense, 1974, v. VI, t. II, n. 949, p. 429.

[32] "Art. 995. Os recursos não impedem a eficácia da decisão, salvo disposição legal ou decisão judicial em sentido diverso.
Parágrafo único. A eficácia da decisão recorrida poderá ser suspensa por decisão do relator, se da imediata produção de seus efeitos houver risco de dano grave, de difícil ou impossível reparação, e ficar demonstrada a probabilidade de provimento do recurso".

[33] CASTRO, Amílcar de. *Comentários ao Código de Processo Civil*. 2. ed. Rio de Janeiro: Forense, 1963, v. X, t. I, n. 4, p. 30. Sobre o mesmo tema, consultar DINAMARCO, Cândido Rangel. *Capítulo de sentença*. São Paulo: Malheiros, 2002.

Repetindo norma constante do CPC/1973, o CPC/2015 dispõe que a possibilidade de cumprimento provisório da sentença não obsta a concretização da hipoteca judiciária (art. 495, § 1º, II).

82. Normas básicas da execução provisória

O procedimento que, basicamente, orienta o cumprimento provisório da sentença é o mesmo do definitivo (CPC/2015, art. 520, *caput*), e se sujeita ao seguinte regime:

(a) A execução provisória corre por iniciativa, conta e responsabilidade do exequente. Dessa forma, se a sentença vier ser reformada, estará ele obrigado a reparar os prejuízos que o executado houver sofrido. Trata- se de hipótese de responsabilidade objetiva por dano processual.[34] A forma mais completa de ressarcimento é a restituição dos bens e valores expropriados executivamente, mais os prejuízos ocorridos pela privação deles durante o tempo em que prevaleceu o efeito da execução provisória. Tendo sido, porém, transmitidos a terceiros, não alcançáveis pelo efeito do julgamento do recurso pendente, transformar-se-á em dever de indenização total do valor dos bens e demais perdas acarretadas ao executado. Em face do grave risco que a execução provisória pode representar para o exequente, não pode ser instaurada de ofício pelo juiz. Dependerá sempre de requerimento da parte (art. 520, I).

(b) A execução provisória fica sem efeito, sobrevindo decisão que modifique ou anule a sentença objeto da execução, restituindo-se as partes ao estado anterior e liquidando-se eventuais prejuízos nos mesmo autos (art. 520, II). Esse dispositivo atribui eficácia ex tunc à decisão que anula ou reforma o título provisório, de modo "que a situação jurídica do executado deve ser, sempre que puder, a mais coincidente possível com aquela que possuía antes de sujeitar-se à execução de um título instável".[35] Confirmada a sentença no grau de recurso, a execução provisória transmuda-se, automaticamente, em definitiva.

A restituição ao *status quo ante*, provocada pelo provimento do recurso contra a sentença exequenda, se dá entre as pessoas do exequente e do executado e não, necessariamente, sobre os bens expropriados judicialmente durante a execução provisória, e, portanto, já transferidos ao patrimônio de terceiro.

O Código atual ressalva, nesse sentido, que a restituição ao estado anterior "não implica o desfazimento da transferência de posse ou da alienação de propriedade ou de outro direito real eventualmente já realizada" (art. 520, § 4º). Fica, porém, ressalvado sempre o direito à reparação dos prejuízos causados ao executado. A reposição ao estado anterior à execução provisória é, assim, econômica e não real.

A provisoriedade, em suma, se passa entre as partes do processo e não atinge terceiros que legitimamente tenham adquirido a propriedade dos bens excutidos. Dessa forma, qualquer alienação judicial ocorrida durante o cumprimento provisório deverá ser preservada, sem prejuízo da apuração das perdas e danos, de responsabilidade do exequente.

Se, contudo, o credor foi quem se assenhoreou dos bens do devedor, por força da execução provisória, é claro que, caindo esta, terá ele de restituí-los *in natura*,[36] sem excluir a indenização

---

[34] RODRIGUES, Marcelo Abelha. *Manual de execução civil*. 5. ed. Rio de Janeiro: Forense, 2015, p. 287.
[35] RODRIGUES, Marcelo Abelha. *Manual de execução civil*. 5. ed. Rio de Janeiro: Forense, 2015, p. 288.
[36] Para Scarpinella Bueno, em face do previsto no art. 520, § 4º, mesmo a adjudicação do bem penhorado pelo exequente deverá ser preservada, pois o dispositivo legal se refere indiscriminadamente aos atos

dos demais prejuízos decorrentes do processo executivo frustrado. Se, no entanto, foram eles transferidos por arrematação a terceiro, o exequente não terá como restituí-los ao executado. Arcará, então, com a responsabilidade de reembolsá-lo de todos os prejuízos ocasionados pela definitiva perda dos bens expropriados judicialmente. É assim que as partes serão *restituídas ao estado anterior*, tal como determina o art. 520, II. Observar-se-á o procedimento liquidatório que for compatível com o caso concreto.

Toda reposição, qualquer que seja a modalidade, haverá de correr a expensas do exequente. Mas, como notam os doutores, a responsabilidade do credor não é *aquiliana*, ou fundada em culpa; é *objetiva* e decorre da vontade da própria lei, que prescinde do elemento subjetivo dolo ou culpa *stricto sensu*.[37] Isto porque, na verdade, não se pode afirmar que o credor tenha praticado ato ilícito, desde que a execução provisória, nos casos admitidos em lei, é um direito seu, embora de consequências e efeitos aleatórios.[38] Praticou-o, porém, consciente do risco objetivo assumido.

(c) Se o título executivo (sentença) é reformado apenas em parte, somente naquilo que foi subtraído de sua força condenatória é que a execução provisória ficará sem efeito. Se o exequente apurou mil e o recurso lhe reconheceu o direito apenas a oitocentos, terá ele de restituir os duzentos que recebeu a mais, além dos prejuízos eventualmente acarretados ao executado, na parte excessiva da execução (art. 520, III).

(d) Nos casos de levantamento de depósito em dinheiro e de prática de atos que importem transferência de posse ou alienação de propriedade ou de outro direito real sobre os bens exequendos, ou dos quais possa resultar grave dano ao executado, a execução provisória só se ultimará mediante caução suficiente e idônea, arbitrada de plano pelo juiz e prestada nos próprios autos (art. 520, IV).[39] A caução, que pode ser real ou fidejussória, tem de ser idônea e suficiente, isto é, há de representar, para o devedor, o afastamento do risco de prejuízo, na eventualidade de ser cassado ou reformado o título executivo judicial que sustenta a execução provisória.

Idônea, *in casu*, é a garantia realizável praticamente (é, *v.g.*, a fiança prestada por alguém que disponha de patrimônio exequível), e suficiente é aquela que cobre todo o valor de eventual prejuízo que a execução provisória possa acarretar ao executado (é, por exemplo, a hipoteca ou o penhor de um bem de valor igual ou superior ao do prejuízo temido).

---

executivos de alienação da posse ou da propriedade (BUENO, Cássio Scarpinella. Comentários ao art. 520 do CPC/2015. In: WAMBIER, Teresa Arruda Alvim; DIDIER JR., Fredie; TALAMINI, Eduardo; DANTAS, Bruno. *Breves comentários ao novo Código de Processo Civil*. São Paulo: RT, 2015, p. 1.345). Não pensamos assim. A situação do exequente, como arrematante ou adjudicante, não é igual a do terceiro que adquire em juízo o bem penhorado. O credor que se dispõe a promover o cumprimento provisório, o faz consciente de que terá de repor o executado no *status quo ante*, se a sentença cair no julgamento do recurso pendente contra ela. Sendo ele o próprio responsável pela reposição, e estando em seu poder o bem expropriado, o natural é que restitua ao executado o que de direito nunca devia ter-lhe sido subtraído, qual seja, o bem penhorado e adjudicado pelo exequente. Trata-se de dever estabelecido entre partes, e não entre parte e terceiro, não havendo razão para tratar o credor arrematante ou adjudicante como adquirente de boa-fé.

[37] CASTRO, Amílcar de. *Comentários ao Código de Processo Civil*. 2. ed. Rio de Janeiro: Forense, 1963, v. X, t. I, n. 10, p. 33.

[38] LIMA, Alcides de Mendonça. *Comentários ao Código de Processo Civil*. Rio de Janeiro: Forense, 1974, v. VI, t. II, n. 967, p. 437.

[39] "A caução prevista no inc. IV do art. 520 do CPC não pode ser exigida em cumprimento definitivo de sentença. Considera-se como tal o cumprimento de sentença transitada em julgado no processo que deu origem ao crédito executado, ainda que sobre ela penda impugnação destituída de efeito suspensivo" (CEJ/I Jorn. Dir. Proc. Civ., Enunciado nº 88).

Deve o juiz ser rigoroso na aferição da garantia, para evitar situações de falsa caução, em que, por exemplo, se ofereça título cambiário subscrito pelo próprio exequente ou fiança de quem não tenha patrimônio compatível com o valor da execução. O arbitramento deve observar um critério de razoabilidade, de previsão dos eventuais danos e prejuízos que o devedor possa sofrer. Permitir a execução provisória sem acautelamento integral do risco de prejuízo para o executado equivale a ultrajar o devido processo legal e realizar um verdadeiro confisco de sua posse ou propriedade, ao arrepio das normas constitucionais que protegem tal direito.

Desde a reforma do art. 588 do CPC/1973, promovida pela Lei nº 10.444/2002, eliminou-se a exigência sistemática de caução para dar início à execução provisória. O momento de prestar a garantia, conforme já vinha preconizando a jurisprudência,[40] é o que antecede a ordem judicial de levantamento do depósito de dinheiro ou o ato que importe a alienação de domínio (arrematação, adjudicação etc.).

A orientação da reforma, mantida pela Lei nº 11.232/2005 foi no sentido de não impedir que a execução provisória alcançasse atos de repercussão dominial, mas de condicioná-los à existência de garantia adequada para recompor todo o possível prejuízo que viesse a sofrer o executado, se porventura caísse o título judicial, no todo ou em parte, no julgamento do recurso ainda pendente.

O procedimento da execução provisória, portanto, pode ter início e andamento enquanto não alcance os atos expropriatórios finais (arrematação, adjudicação, levantamento do dinheiro penhorado etc.).

A caução será, ainda, exigível em todas as situações em que, mesmo não havendo transferência de domínio, o ato executivo possa representar um "grave dano" para o sujeito passivo da execução, como, *v.g.*, na interdição da atividade econômica, na demolição de obras de vulto, na submissão a prestações de fato de grande onerosidade, nas autorizações para uso de marca ou patentes alheias etc.

Prestada a competente caução, a transferência de domínio para terceiro, por meio de arrematação, não será provisória. Perante o arrematante, a operação de aquisição da propriedade será definitiva. Entre as partes, se houver cassação ou reforma da sentença exequenda, a solução será a indenização de perdas e danos. Não repercutirá, portanto, sobre o direito adquirido, pelo terceiro arrematante.

Ainda, pois, que a arrematação ocorra em execução provisória, o arrematante terá título definitivo para transcrição no Registro Imobiliário. Não se aplicará, *in casu*, a regra do art. 259 da Lei nº 6.015/1973, que veda o cancelamento de assentamentos no aludido Registro com base em "sentença sujeita, ainda, a recurso". É que, na espécie, o que está sujeito a recurso é o processo executivo, não o ato de transferência dominial. Este é definitivo, em relação ao terceiro adquirente.

A caução, em regra, é uma exigência legal (*ope legis*), não havendo liberdade para o magistrado permitir o levantamento do depósito nem mesmo a transferência da posse ou propriedade sem a prestação de caução suficiente e idônea. Assim, configurando-se uma das

---

[40] A execução provisória só obriga a prestação de caução na fase de leilão ou de levantamento do dinheiro ou bens, podendo desenvolver-se normalmente antes disso sem necessidade de garantia, conforme a jurisprudência (*RSTJ*, 71/188; 89/81; *JTJ-SP*, 162/56). Nesse sentido: STJ, 2ª T., REsp 323.854/PR, Rel. Min. Castro Meira, ac. 02.12.2004, *DJU* 25.04.2005, p. 260. A jurisprudência dispensa a caução quando a execução se refere a uma parte incontroversa da obrigação (STJ, 3ª T., REsp 1.069.189/DF, Rel. Min. Sidnei Beneti, ac. 04.10.2011, *DJe* 17.10.2011), ou quando se refere a crédito de natureza alimentar (STJ, 3ª T., AgRg no Ag 1.041.304/RS, Rel. Min. Vasco Della Giustina, ac. 22.09.2009, *DJe* 02.10.2009).

hipóteses legais, há a possibilidade de a caução ser determinada de ofício pelo juiz, mesmo sem requerimento do executado. Contudo, deve o juiz ouvir o executado antes da fixação da caução.

83. Casos de dispensa de caução

O art. 521 do CPC/2015 elenca as hipóteses em que poderá haver a dispensa da caução. Não há a exigência cumulativa das hipóteses acima arroladas, ou seja, independem umas das outras. Basta o atendimento de uma delas para que se abra a possibilidade de dispensa de caução. São elas as seguintes:

(a) *Crédito de natureza alimentar, independentemente de sua origem (inciso I)*. Não há mais um limite máximo de valor, como existia no CPC/1973. E em todos os casos de crédito de natureza alimentar (direito de família, responsabilidade civil, valores recebidos por profissionais liberais para sua subsistência etc.) haverá dispensa de caução.

(b) *Credor em situação de necessidade (inciso II)*. Trata-se de um conceito vago, que engloba as hipóteses em que o exequente demonstra "premência do recebimento para evitar dano grave ou irreparável ao seu direito",[41] análogo ao que legitima a concessão do benefício da assistência judiciária gratuita, ou ao risco que permite a tutela de urgência. Cabe ao exequente a produção de prova convincente acerca de suas condições adversas, para obter a dispensa da caução.

(c) *Pendência do agravo do art. 1.042*. Trata-se das hipóteses de agravo em recurso especial ou extraordinário, endereçado ao tribunal superior, quando este é inadmitido pelo presidente ou vice-presidente do tribunal local, conforme previsto no art. 1.030, V e § 1º. É bom lembrar que a Lei nº 13.256, de 04 de fevereiro de 2016, que deu nova redação ao art. 1.030, restabeleceu o juízo de admissibilidade dos recursos extraordinário e especial no tribunal perante o qual o apelo extremo foi interposto. Nem todas as inadmissões, todavia, são impugnáveis pelo *agravo* dirigido ao STF ou ao STJ.

Segundo o § 2º do art. 1.030, será submetida somente a *agravo interno* a negativa de seguimento:

(i) quando o recurso extraordinário discutir questão constitucional acerca da qual o STF já houver reconhecido a inexistência da repercussão geral; ou

(ii) quando o extraordinário atacar acórdão que estiver em conformidade com entendimento do STF exarado no regime de repercussão geral (art. 1.030, I, "a"); ou, ainda,

(iii) quando o recurso extraordinário ou especial houver sido interposto contra acórdão que esteja em conformidade com entendimento do STF ou do STJ, respectivamente, exarado no regime de *julgamento de recursos repetitivos* (art. 1.030, I, "b").

Ao dispensar a caução para execução provisória, o atual texto do art. 521, III, dado pela Lei nº 13.256/2016, o faz apenas para a hipótese de pendência do agravo do art. 1.042 do CPC/2015, que é o agravo endereçado ao tribunal superior contra inadmissão de recurso extraordinário ou especial. Dessa maneira, a regalia não pode ser estendida à hipótese de agravo interno,

---

[41] BUENO, Cassio Scarpinella. Comentários ao art. 521 do CPC/2015. In: WAMBIER, Teresa Arruda Alvim *et al*. *Breves comentários ao novo Código de Processo Civil*. São Paulo: RT, 2015, p. 1.348.

manejado perante o colegiado do próprio tribunal local (art. 1.030, § 2º), devendo a execução provisória, *in casu*, sujeitar-se à exigência normal de caução.

(d) A sentença a ser provisoriamente cumprida estiver em consonância com súmula da jurisprudência do STF ou do STJ ou em conformidade com acórdão proferido no julgamento de casos repetitivos (inciso IV)[42]. Essa hipótese é uma novidade introduzida no CPC/2015, e se justifica diante da grande possibilidade de a decisão proferida ser mantida. Trata-se de verdadeira espécie de tutela da evidência.

Contudo, em todas as hipóteses acima arroladas, *a exigência de caução será mantida* se houver a demonstração, perante o juiz da execução provisória, que, nas circunstâncias da causa, da dispensa "possa resultar manifesto risco de grave dano de difícil ou incerta reparação" (art. 521, parágrafo único). Este dispositivo deve ser interpretado dentro do contexto do caso concreto. As reais chances de êxito do recurso interposto devem ser levadas em conta para se manter o caucionamento. Não seria razoável dispensar a caução quando a execução provisória estiver apoiada em sentença cuja cassação, em grau de recurso, facilmente se antevê.

84. Novas regras relativas ao cumprimento provisório

O Código de 2015, no § 1º do art. 520, prevê expressamente a possibilidade de o executado apresentar *impugnação* ao cumprimento provisório da sentença, nos termos do art. 525. Com efeito, não haveria sentido em restringir tal direito que decorre da garantia do contraditório, cuja incidência se impõe ainda mais por se tratar de atividade executiva baseada em título provisório, sujeito a modificação ou cassação posteriores.

Passa também a ser certo no cumprimento provisório de sentença que imponha o pagamento de quantia, o cabimento de aplicação da multa de dez por cento e dos honorários advocatícios também de dez por cento, referidos no § 1º do art. 523 (art. 520, § 2º).

O CPC/2015 tomou posição sobre a matéria controvertida à época do Código anterior, deixando claro que incide nova verba advocatícia na fase de cumprimento provisório da sentença (art. 520, § 2º).

Como a execução provisória, por expressa dicção legal, corre por iniciativa, conta e responsabilidade do exequente (CPC/2015, art. 520, I), sendo provido o recurso manejado contra a sentença exequenda, ficarão prejudicadas a multa e os honorários impostos ao executado. A este, pois, incumbirá a reposição dos respectivos valores, se já levantados durante o cumprimento provisório. Esse reembolso faz parte da reparação dos prejuízos acarretados ao executado em razão da execução provisória, cujo cabimento é determinado pelo art. 520, II.

Contudo, insta admitir que a nova regra do Código de 2015 põe fim a enorme discussão doutrinária e pretoriana. A execução provisória, para ganhar efetividade, deve ter a mesma eficiência que a execução definitiva. Resguardam-se, porém, meios ao executado para pagar a dívida sem a incidência de multa e honorários de advogado, bem como para evitar que o exequente venha a exigi-los. Nesse sentido é a novidade introduzida no § 3º do art. 520, que dispõe que "se o executado comparecer tempestivamente e depositar o valor, com a finalidade de isentar-se da multa, o ato não será havido como incompatível com o recurso por ele interposto". Assim, a imposição efetiva da multa somente poderá ocorrer depois do julgamento do recurso, e desde que este seja improvido e o levantamento pelo exequente seja obstaculizado, no todo ou em parte, por manobras

---

[42] "A caução exigível em cumprimento provisório de sentença poderá ser dispensada se o julgado a ser cumprido estiver em consonância com tese firmada em incidente de assunção de competência" (Enunciado nº 136/CEJ/CJF).

processuais do executado. Obviamente, se for facultado ao credor o pronto recebimento de seu crédito, por meio da importância depositada em juízo, antes do recurso, não haverá margem para a multa, visto que o depósito se fez justamente para liberar o executado daquela sanção. Apenas quando outras impugnações se apresentarem, no juízo da execução, procrastinando a solução da dívida, ou quando o depósito tiver sido insuficiente para sua total cobertura, é que se justificará a aplicação da multa prevista nos arts. 520, § 2º, e 523, § 1º.

Sobre o depósito a que alude o § 3º do art. 520, decidiu o STJ que somente pode ser feito em dinheiro, não sendo admissível sua substituição por imóvel ou outros bens, salvo consentimento do exequente.[43]

85. Aplicação subsidiária das regras de cumprimento provisório de obrigação de quantia certa às obrigações de fazer, não fazer ou de dar

O Capítulo II do Título II, que trata do Cumprimento da Sentença, cuida expressamente do *cumprimento provisório da sentença que reconhece a exigibilidade de obrigação de pagar quantia certa* (CPC/2015, arts. 520 a 522). Contudo, para evitar qualquer dúvida a respeito, o Código atual foi expresso ao dizer que as normas em questão se aplicam, no que couber também, ao cumprimento provisório de sentença que reconheça a obrigação de fazer, de não fazer, ou de dar coisa (art. 520, § 5º).

86. Incidentes da execução provisória

Prevê o art. 520 dois incidentes que podem ocorrer ao longo da execução provisória: *(i)* o requerimento da caução; e *(ii)* o pedido de reparação dos danos do executado.

Antes do levantamento do depósito de dinheiro ou da realização do ato executivo que importe alienação de domínio, e de qualquer ato que possa acarretar grave dano para o executado, terá o exequente que oferecer ao juízo caução idônea. Para tanto, não necessitará de submeter-se ao procedimento cautelar apartado. Formulará a pretensão em petição avulsa dentro dos próprios autos da execução, instruindo-a com os documentos necessários à prova de idoneidade da garantia oferecida (títulos de propriedade e de inexistência de ônus e avaliação, no caso de caução real; comprovantes de lastro patrimonial do garante, na hipótese de garantia fidejussória). Ouvido o executado, decidirá, de plano, o magistrado, acolhendo ou rejeitando o requerimento do exequente. O caso é de decisão interlocutória, recorrível por meio de agravo.

O segundo incidente acontece quando, durante a execução provisória, ou finda esta, a sentença condenatória é anulada ou reformada pelo acórdão que solucionou o recurso contra ela manifestado. Terá o credor de reparar todos os prejuízos que a execução levou ao executado. Também aqui não se exige a instauração de um processo à parte. A liquidação processar-se-á no bojo dos autos da execução provisória, seguindo-se o procedimento que se adaptar às peculiaridades do feito, dentre aqueles regulados pelos arts. 520, II, e 509 a 512.

87. Procedimento do cumprimento provisório

O procedimento (rito) do cumprimento provisório é o mesmo do cumprimento definitivo (art. 520, *caput*). Como deve, entretanto, correr apartado, reclama a formação de autos próprios,

---

[43] "O depósito judicial do valor a que se refere o art. 520, §3º, do CPC/15, deve ocorrer apenas em dinheiro, salvo na hipótese em que houver o consentimento do exequente para a sua substituição por bem equivalente ou representativo do valor executado, pois, na execução por quantia certa, a finalidade e o objetivo a ser perseguido e alcançado é apenas, ou primordialmente, a tutela pecuniária, isto é, a tutela do provável ou definitivo crédito a que faz jus o exequente" (STJ, 3ª T., REsp 1.942.671/SP, Rel. Min. Nancy Andrighi, ac. 21.09.2021, *DJe* 23.09.2021).

o que se fará utilizando cópias extraídas dos autos principais, por iniciativa do exequente. Aboliu-se a solenidade de uma carta de sentença expedida pela autoridade judiciária. Para tanto, basta a extração de cópias das peças do processo, cuja autenticidade poderá ser certificada pelo próprio advogado, sob sua responsabilidade pessoal (art. 522, parágrafo único).

O cumprimento provisório será requerido por petição dirigida ao juiz competente (art. 522, *caput*), isto é, ao juiz da causa, observados os requisitos enumerados no art. 524. Será acompanhada das necessárias cópias das peças do processo originário, porque o recurso acarreta a subida dos autos ao tribunal e força o curso da execução provisória em autos apartados.

São as seguintes as peças, cujas cópias se exigem para instruir o requerimento do cumprimento provisório, nos termos do art. 522, parágrafo único:

(a) decisão exequenda (inciso I): o próprio título executivo;

(b) certidão de interposição do recurso não dotado de efeito suspensivo (inciso II): comprovante de interposição do recurso;

(c) procurações outorgadas pelas partes (inciso III): documentos hábeis à comprovação da regularidade da representação processual das partes;

(d) decisão de habilitação, se for o caso (inciso IV): havendo o falecimento de qualquer das partes, deve-se comprovar a sucessão;

(e) facultativamente, outras peças processuais consideradas necessárias para demonstrar a existência do crédito (inciso V): exemplos seriam documentos relativos à quantificação do valor da obrigação, a eventual transferência do crédito.

No caso de autos eletrônicos, não há necessidade de o requerimento ser instruído com cópias para fundamentar o pedido, ou seja, não precisam ser atendidos os incisos do parágrafo único do art. 522, como esclarece este dispositivo.

Deixando o exequente de apresentar alguma peça essencial, o magistrado não deverá indeferir o pedido, mas sim, determinar diligência a cargo da parte para suprir a omissão, no prazo de quinze dias, a teor do art. 801.

88. Prazo para ajuizamento do cumprimento provisório da sentença

Não estipula a lei um prazo específico para o requerimento do cumprimento provisório. O § 2º do art. 1.012 dispõe que o pedido de cumprimento provisório pode ser promovido "depois de publicada a sentença". Nos casos em que o recurso cabível seja provido apenas de eficácia devolutiva, a decisão produz efeitos exequíveis, tão logo seja publicada. Não haverá necessidade de aguardar-se eventual interposição de recurso, pois a eficácia da decisão é reconhecida pela lei. Contudo, é de se destacar que sem que haja requerimento do credor, não terá início o cumprimento provisório.

Fluxograma nº 2 – Cumprimento provisório de sentença que reconhece a exigibilidade de obrigação de pagar quantia certa (arts. 520 a 522)[44]

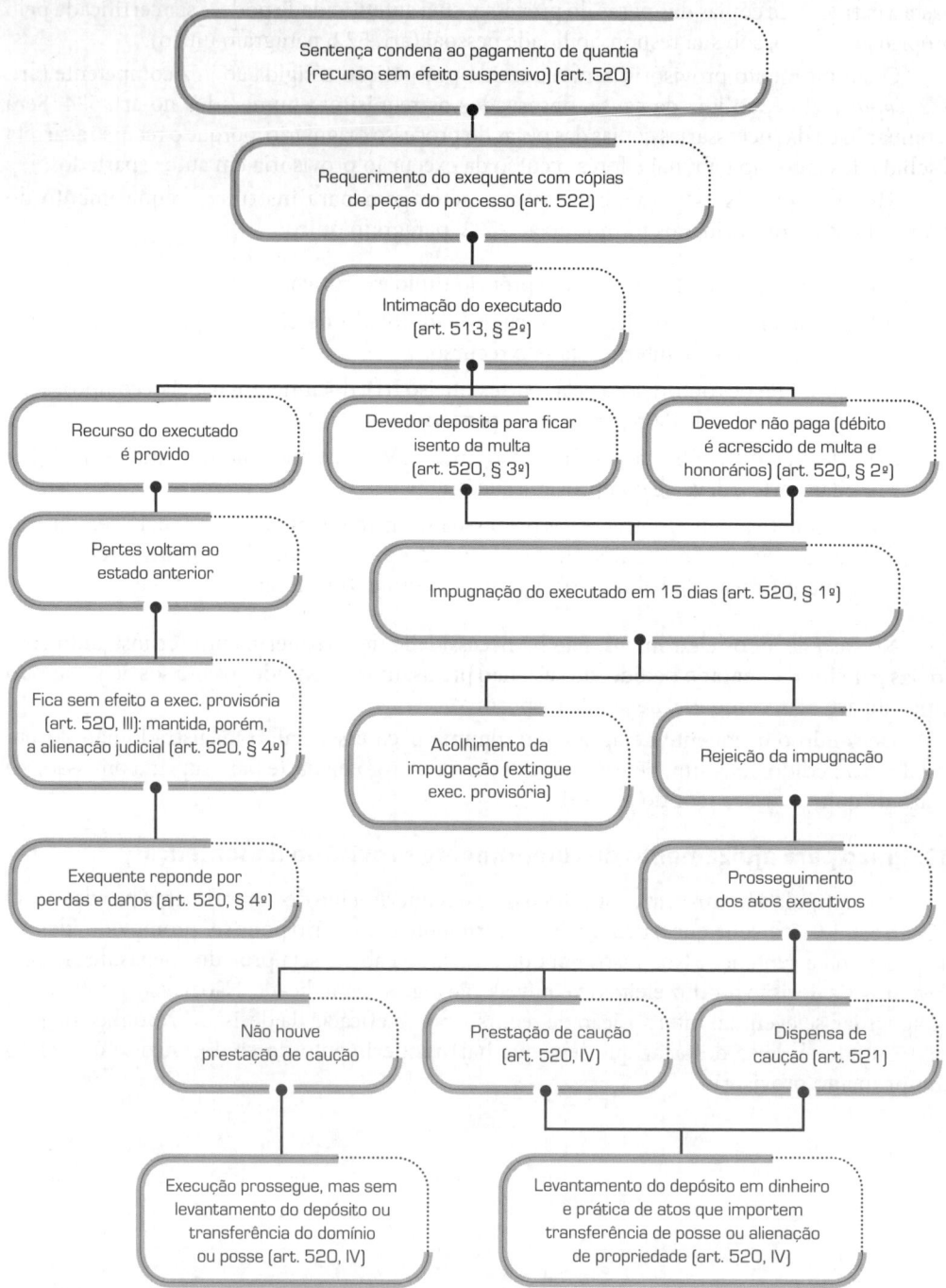

Nota: O cumprimento provisório previsto no art. 520 aplica-se, no que couber, às sentenças que reconhecem obrigação de fazer, de não fazer ou de dar coisa (art. 520, § 5º).

---

[44] Sobre o incidente de prescrição intercorrente, ver o fluxograma nº 23, que se aplica a todas as modalidades de execução por quantia certa, inclusive cumprimento de sentença.

Capítulo IV
CUMPRIMENTO DE SENTENÇAS DE OBRIGAÇÃO DE QUANTIA CERTA SOB REGIME ESPECIAL

§ 10. CUMPRIMENTO DE SENTENÇA QUE RECONHECE A EXIGIBILIDADE DE OBRIGAÇÃO DE PRESTAR ALIMENTOS

89. A ação de alimentos e a evolução da técnica de cumprimento da sentença

O Código atual, coerente com a lógica de celeridade e eficiência que lhe inspira, trouxe para o âmbito do cumprimento de sentença a execução das decisões definitivas ou interlocutórias que fixem alimentos, a teor do art. 528. Dispensa-se nesse novo regime, portanto, a instauração de ação executiva autônoma, seguindo-se com a intimação do executado no próprio procedimento originalmente instaurado pelo credor, tratando-se de decisão definitiva ou em autos apartados, tratando-se de decisão provisória (art. 531, §§ 1º e 2º).

O credor, nesse momento, pode optar por executar a obrigação observando as regras gerais do cumprimento de sentença que reconheça a exigibilidade de obrigação de pagar quantia certa (Livro I da parte especial, Título II, Capítulo III), caso em que não será admissível a prisão do executado, ou seguir no procedimento específico que permite a prisão (art. 528, § 8º). Em qualquer hipótese, porém, poderá levar a cabo o procedimento executivo no juízo de seu domicílio (art. 528, § 9º).

Optando o exequente pelo regime geral do cumprimento de sentença que reconhece obrigação de pagar quantia certa, a única peculiaridade procedimental, já prevista na legislação anterior, será que, recaindo a penhora em dinheiro, a concessão de efeito suspensivo a eventual defesa do devedor não obstará o levantamento mensal da importância da prestação pelo exequente (art. 528, § 8º).

De outro modo, optando o credor pelo procedimento específico que autoriza a prisão, existem outras peculiaridades que serão examinadas com maior detalhe no tópico a seguir e no procedimento de execução de título executivo extrajudicial que é examinado no item nº 482.

90. Procedimento específico de cumprimento da decisão que fixa alimentos

O Código de 2015 determina que devedor da obrigação de prestar alimentos constante de decisão judicial definitiva ou provisória seja intimado para cumpri-la em três dias, ou provar já tê-lo feito, ou, ainda, justificar a impossibilidade de fazê-lo (art. 528)[1]. Destaque-se, desde logo, uma singular distinção em face da regra geral das execuções por quantia certa: a intimação do devedor de alimentos terá de ser feita pessoalmente e não através de seu advogado.[2] A exigência

---

[1] "O prazo de 3 (três) dias previsto pelo art. 528 do CPC conta-se em dias úteis e na forma dos incisos do art. 231 do CPC, não se aplicando seu § 3º" (Enunciado nº 146/CEJ/CJF).

[2] Intimação pessoal é tanto a feita pelo Oficial de Justiça (art. 275), como a promovida por carta registrada (art. 274), ou, ainda, a realizada por meio eletrônico (art. 270).

dessa cautela prende-se, não só às eventuais justificativas da impossibilidade de pagamento, que só o próprio devedor está em condições de esclarecê-las, como também à grave sanção da prisão civil a que se acha sujeito, caso não resgate o débito nem apresente razões legítimas para a falta, dentro do prazo legal.

Não sendo feito o pagamento, ou não apresentada a prova de sua realização, ou, ainda, não sendo justificada a impossibilidade de efetuá-lo, o juiz mandará protestar o pronunciamento judicial, observadas as regras próprias do art. 517, naquilo que couber (art. 528, § 1º).

Trata-se, aqui, do protesto de documento que reconheça dívida feito em cartório. Embora o expediente já fosse possível sob a égide da legislação anterior, por iniciativa do credor, não havia previsão expressa a esse respeito no Código de 1973. Não há propriamente, pois, uma novidade trazida pelo legislador, mas apenas se tornou obrigatório o expediente do protesto, como forma de impor maior celeridade e efetividade à execução do crédito alimentício. O assunto é abordado em detalhe no item nº 92, a seguir, ao qual remetemos o leitor para maior aprofundamento.

Pode haver, contudo, a apresentação de justificativa pelo executado. Todavia, para que o inadimplemento se justifique, a defesa deve ser tal que comprove impossibilidade absoluta[3] de o executado prestar os alimentos a que está obrigado (art. 528, § 2º).

O Código dispensa maiores formalidades para essa justificativa, basta a simples apresentação de petição, contendo a descrição do fato que gerou a impossibilidade absoluta de pagamento, ou seja, prescindindo-se do regime da impugnação ao cumprimento de sentença. Neste caso, se a justificativa apresentada não for aceita, o juiz, além de mandar protestar o pronunciamento judicial, decretará a prisão pelo prazo de um a três meses (art. 528, § 3º).

A prisão será cumprida em regime fechado, mas deixando-se o devedor separado dos presos comuns (art. 528, § 4º). Além disso, o cumprimento da pena não exime o executado do pagamento das prestações vencidas e vincendas (art. 528, § 5º), mas, uma vez paga a prestação alimentícia, o juiz suspenderá o cumprimento da ordem de prisão (art. 528, § 6º).

Sobre a possibilidade de cumulação entre o rito especial (prisão) e o comum (penhora), ver adiante o item 483.

91. Disposições próprias do cumprimento da decisão que fixa prestação alimentícia

I – Competência

A competência para o cumprimento da decisão que condena a prestar alimentos não se sujeita a regra da *perpetuatio iurisdiccionis*, de maneira que não é só o juízo originário da

---

[3] A jurisprudência reconhece o descabimento da prisão quando o inadimplemento do débito alimentar se apresente "involuntário e escusável" (STF, 2ª T., HC 106.709, Rel. Min. Gilmar Mendes, ac. 21.06.2011, *DJe* 15.09.2011). A incapacidade do devedor para o trabalho também já foi considerada justificativa para o inadimplemento dos alimentos (STJ, 4ª T., RHC 22.635/RS, Rel. Min. Fernando Gonçalves, ac. 10.02.2009, *DJe* 26.02.2009). O desemprego, porém, nas circunstâncias do processo, já foi qualificado como motivo insuficiente para "afastar a exigibilidade da prisão civil" do devedor inadimplente de alimentos (STJ, 3ª T., AgRg no EDcl no REsp 1.005.597/DF, Rel. Min. Sidnei Beneti, ac. 16.10.2008, *DJe* 03.11.2008). Ressalta a jurisprudência: "Da leitura do art. 5º, inc. LXVII, da CF, depreende-se que a gravidade da medida coercitiva de prisão civil só será aplicável em casos excepcionais, nos quais o descumprimento da obrigação revele-se inescusável (...)" (STJ, 4ª T., RHC 28.382/RJ, Rel. Min. Raul Araújo, ac. 21.10.2010, *DJe* 10.11.2010).

causa que se legitima ao processamento da respectiva execução. A critério do exequente, o cumprimento forçado, nos termos do art. 528, § 9º, poderá ser promovido num dos seguintes juízos:

(a) No juízo da causa, *i.e.*, naquele em que a decisão exequenda foi pronunciada (regra geral do art. 516, II, do CPC/2015).

(b) Num dos juízos opcionais enumerados no art. 516, parágrafo único, ou seja: *(i)* no juízo do atual domicílio do executado; *(ii)* no juízo do local onde se encontrem os bens sujeitos à execução; ou *(iii)* no juízo onde a obrigação de fazer deva ser executada.

(c) No juízo do domicílio do exequente (regra especial do art. 528, § 9º).

Optando o exequente por exigir o cumprimento em juízo diverso daquele em que a condenação ocorreu, não haverá expedição de carta precatória. Os próprios autos do processo serão encaminhados pelo juízo de origem ao juízo da execução (art. 516, parágrafo único).

II – Averbação em folha de pagamento

Tratando-se de devedor que exerça cargo público, militar ou civil, direção ou gerência de empresa, bem como emprego sujeito à legislação do trabalho, a execução de alimentos será feita mediante ordem judicial de desconto em folha de pagamento (art. 529, *caput*). Nestes casos, "[...] o juiz oficiará à autoridade, à empresa ou ao empregador, determinando, sob pena de crime de desobediência, o desconto a partir da primeira remuneração posterior do executado, a contar do protocolo do ofício" (art. 529, § 1º). O ofício deverá indicar o nome e o número de inscrição no Cadastro de Pessoas Físicas do exequente e do executado, a importância a ser descontada mensalmente, o tempo de sua duração e a conta na qual deve ser feito o depósito (art. 529, § 2º).[4]

O desconto dos débitos vencidos poderá dar-se, na fonte pagadora dos rendimentos ou rendas do executado, de forma parcelada, contanto que, somado à parcela vincenda devida, não ultrapasse cinquenta por cento de seus ganhos líquidos (art. 529, § 3º).

Uma vez averbada a prestação em folha, considera-se seguro o juízo, como se penhora houvesse, podendo o devedor pleitear efeito suspensivo à sua defesa, se for caso.[5] Ao contrário, se frustrado o desconto, seguir-se-á com a penhora de bens do executado (art. 831), conforme determina o art. 530 do atual Código.

---

[4] "Os alimentos incidem sobre verbas pagas em caráter habitual, aquelas incluídas permanentemente no salário do empregado (...). A parcela denominada participação nos lucros (PLR) tem natureza indenizatória e está excluída do desconto para fins de pensão alimentícia, porquanto verba transitória e desvinculada da remuneração habitualmente recebida submetida ao cumprimento de metas e produtividade estabelecidas pelo empregador" (STJ, 3ª T., REsp 1.719.372/SP, Rel. Min. Ricardo Villas Bôas Cueva, ac. 05.02.2019, DJe 01.03.2019).

[5] AMARAL SANTOS, Moacyr. *Primeiras linhas de direito processual civil*. 4. ed. São Paulo: Max Limonad, 1970, v. III, n. 836, p. 271. Em regra não se confere efeito suspensivo ao cumprimento da prestação de alimentos impugnada pelo devedor. Haverá casos, todavia, em que se possa cogitar desse provimento cautelar excepcional. É o que pode ocorrer com execução de alimentos pretéritos, acumulados por desinteresse do próprio credor e que sejam objeto de impugnação relevante. A jurisprudência, outrossim, já reconheceu o cabimento de suspensão dos alimentos provisórios quando a sentença de mérito deu pela improcedência da demanda, mas foi impugnada por apelação processada apenas no efeito devolutivo (STJ, 4ª T., REsp 857.228/SP, Rel. Min. João Otávio de Noronha, ac. 01.12.2009, DJe 14.12.2009).

III – Protesto da decisão judicial

Se o devedor não pagar o débito alimentício sem justificativa ou sendo esta recusada, o juiz além de mandar protestar da decisão na forma do art. 517, decretar-lhe-á a prisão por prazo de um a três meses (art. 528, § 3º). Não se trata aqui de meio *executivo*, mas apenas de coação, de maneira que o ato não impede a penhora de bens do devedor e o prosseguimento dos atos executivos propriamente ditos. Por isso mesmo, o cumprimento da pena privativa de liberdade "não exime o devedor do pagamento das prestações vencidas e vincendas" (art. 528, § 5º).

IV – Prisão civil do executado

A dívida que autoriza a imposição da pena de prisão é aquela diretamente ligada ao pensionamento em atraso, compreendendo as três prestações anteriores ao ajuizamento da execução e as que vencerem no curso do processo (art. 528, § 7º).[6] Não se pode, dessa forma, incluir na cominação de prisão verbas como custas processuais e honorários de advogado.[7]

A prisão será cumprida em regime fechado, mas o preso ficará separado dos detentos comuns (art. 528, § 4º). Se, contudo, no curso da prisão, a prestação vier a ser paga, o juiz mandará pôr em liberdade o devedor imediatamente (art. 528, § 6º).

A prisão por dívida é sempre medida odiosa, por afetar profundamente a dignidade humana, no que toca à liberdade individual, e que só se tolera, excepcionalmente, quando ofendidos outros valores superiores, também integrantes da própria dignidade humana. É o que se passa com o devedor de obrigação alimentícia, o qual, com o inadimplemento, põe em risco necessidades vitais do credor, como a saúde e a sobrevivência condigna do alimentando.

Há, no entanto, um cuidado muito grande por parte dos tribunais em restringir ao máximo o emprego desse meio coercitivo, mesmo na execução de crédito de alimentos. É que, com o passar do tempo e com a evolução da situação pessoal do credor, o acúmulo de prestações pretéritas não satisfeitas em seu devido tempo, sem eliminar o direito do alimentando, o reduz, na prática, a um mero crédito de quantia certa. Esse entesouramento acaba por afastar a necessidade premente específica da prestação alimentícia.

Diante dessa especial circunstância, o STJ tem condicionado a prisão civil do devedor de alimentos aos requisitos da "atualidade da dívida", da "urgência" e da "necessidade na percepção do valor pelo credor", e ainda ao fato de que "o inadimplemento do devedor seja voluntário

---

[6] O novo dispositivo encampa o enunciado da Súmula 309 do STJ, de 27 abril de 2005, uniformizando o entendimento daquela alta Corte acerca do número de parcelas alimentares que poderiam ser exigidas na execução de alimentos pela modalidade coercitiva (art. 733 do CPC/1973), com a seguinte redação "O débito alimentar que autoriza a prisão civil do alimentante é o que compreende as três prestações anteriores ao ajuizamento da execução e as que se vencerem no curso do processo" (Enunciado nº 309 do STJ alterado em 22.03.2006). "Basta o inadimplemento de uma parcela, no todo ou em parte, para decretação da prisão civil prevista no art. 528, § 7º, do CPC" (Enunciado nº 147/CEJ/CJF).

[7] O dispositivo consolida a jurisprudência assentada no Superior Tribunal de Justiça, no sentido de que "em princípio apenas na execução de dívida alimentar atual, quando necessária a preservação da sobrevivência do alimentando, se mostra justificável a cominação de pena de prisão do devedor. Em outras palavras, a dívida pretérita, sem o escopo de assegurar no presente a subsistência do alimentando, seria insusceptível de embasar decreto de prisão. Assim, doutrina e jurisprudência admitiam a incidência do procedimento previsto no art. 733, CPC/73, quando se trata de execução referente às últimas prestações, processando-se a cobrança da dívida pretérita pelo rito do art. 732, CPC/73 (execução por quantia certa). Tem-se por 'dívidas pretéritas' aquelas anteriores a sentença ou a acordo que as tenha estabelecido, não sendo razoável favorecer aquele que está a merecer a coerção pessoal" (STJ, RHC 1.303/RJ, Rel. Min. Carlos Thibau, ac. 26.08.1991, *RSTJ* 25/141; TJRS, Ag. 592117519, Rel. Des. Alceu Binato de Moraes, ac. 09.06.1993, *RJTJRS* 160/292; STJ, RHC 2.998-6/PB, Rel. Min. Flaquer Scartezzini, ac. 13.10.1993, *DJU* 08.11.1993, p. 23.571; STJ, 3ª T., HC 20.726/SP, Rel. Min. Antônio de Pádua Ribeiro, ac. 16.04.2002, *DJU* 13.05.2002, p. 205).

e inescusável".[8] Com essa argumentação, a medida constritiva foi negada, por exemplo, a ex-cônjuge do devedor, com o fundamento de tratar-se de pessoa maior, economicamente independente, de maneira que inexistiria "situação emergencial a justificar a medida extrema da restrição da liberdade sob o regime fechado de prisão". Concluiu-se que "a obrigação, porquanto pretérita, poderá ser cobrada pelo rito menos gravoso da expropriação".[9]

Em outro caso, em que as prestações pretéritas, impostas entre pai e filho, se acumularam ao longo de dezenove anos e estavam sendo executadas, por credor maior, também aquela mesma Alta Corte de Justiça decidiu que:

> "(...) O fato de o credor dos alimentos, durante o trâmite da execução, ter atingido a maioridade civil, cursado ensino superior e passado a exercer atividade profissional remunerada, embora não desobrigue o genitor pela dívida pretérita contraída exclusivamente em razão de sua recalcitrância, torna desnecessária, na hipótese, a prisão civil como medida coativa, seja em razão da ausência de atualidade e de urgência da prestação dos alimentos, seja porque essa técnica será ineficaz para compelir o devedor a satisfazer integralmente o débito que se avolumou de forma significativa".[10]

Questão interessante foi solucionada pelo STJ, durante a pandemia da Covid-19, em face da suspensão da prisão civil do devedor de alimentos pelo Tribunal de Justiça do Distrito Federal: "a 3ª Turma do Superior Tribunal de Justiça estabeleceu que, enquanto durar a impossibilidade de prisão civil do devedor de alimentos no Distrito Federal, em razão da pandemia da Covid-19, é possível determinar a penhora de seus bens sem que haja a conversão do rito processual da prisão civil para o da constrição patrimonial".[11]

V – Cumprimento da decisão definitiva e da decisão provisória que fixa alimentos

O regramento previsto nos arts. 528 e ss. do Código atual aplica-se tanto aos alimentos definitivos quanto aos provisórios (art. 531). Tratando-se, como visto anteriormente, da execução de alimentos provisórios ou fixados em sentença ainda não transitada em julgado, a execução se processará em autos apartados (art. 531, § 1º). Já o cumprimento definitivo da obrigação de prestar alimentos será processado nos mesmos autos em que tenha sido proferida a sentença (art. 531, § 2º). Sepultou-se de vez a antiga tese pontiana de que a hipótese de prisão seria própria apenas da execução de *alimentos provisionais*.[12]

Com o Código de 2015, além da substituição da antiga expressão "alimentos provisionais" do art. 733 do CPC/1973 pela expressão "prestação alimentícia", que dissipou a qualquer possibilidade de dúvida quanto ao cabimento de prisão para decisões definitivas, também se unificaram os dois regimes anteriores quanto ao prazo para prisão do executado: mínimo de um e máximo de três meses (art. 528, *caput* e § 3º).

---

[8] STJ, 3ª T., RHC 95.204/MS, Rel. Min. Ricardo Villas Bôas Cueva, ac. 24.04.2018, DJe 30.04.2018.
[9] RHC 95.204/MS, Rel. Min. Ricardo Villas Bôas Cueva, ac. 24.04.2018, DJe 30.04.2018.
[10] STJ, 3ª T., HC 415.215/SP, Rel. Min. Nancy Andrighi, ac. 06.02.2018, DJe 08.02.2018.
[11] Vedação à prisão do devedor de alimentos no DF autoriza penhora de bens sem mudança de rito. Disponível em: <https://www.stj.jus.br/sites/portalp/Paginas/Comunicacao/Noticias/03082021-Vedacao-a--prisao-do-devedor-de-alimentos-no-DF-autoriza-penhora-de-bens-sem-mudanca-de-rito.aspx>. Acesso em: 4 out. 2021.
[12] PONTES DE MIRANDA, Francisco Cavalcanti. *Comentários ao Código de Processo Civil*. Rio de Janeiro: Forense, 1976, v. X, p. 492.

Quanto à questão relativa à necessidade ou não de prestação de caução para a execução provisória dos alimentos, o art. 521, I, dispensa amplamente a caução quando se tratar de crédito de natureza alimentar, independentemente de sua origem, e de seu valor.

Não obstante, estará sempre ressalvada a possibilidade do exercício do poder geral de cautela para permitir ou suspender o levantamento de prestações que exorbitem dos padrões de razoabilidade. Com efeito, não há que se imaginar possível negar a verba alimentícia quando a situação pessoal do credor esteja correndo sério risco no plano da saúde, da sobrevivência e das necessidades irrecusáveis nascidas da tutela à dignidade humana. Da mesma forma, não se deve prevalecer da dispensa contida no art. 521, para permitir o imediato e livre levantamento das pensões depositadas, quando houver risco de grave e irreparável dano ao executado. É, aliás, o que genericamente autoriza o art. 520, IV.[13]

VI – Crime de abandono material

O retardamento ou não pagamento injustificado da prestação alimentícia pode ter repercussão penal. Daí o Código atual dispor expressamente que, constatada a "conduta procrastinatória do executado", deverá o juiz, se for o caso, dar ciência ao Ministério Público dos indícios da prática do crime de abandono material (art. 532).[14]

É mais uma hipótese que, embora não prevista expressamente na legislação anterior, já seria permitida, considerando que, em regra, o magistrado deve oficiar o órgão do Ministério Público quando tiver ciência do indício de qualquer ilícito penal. Não obstante, a nosso juízo, andou bem o legislador, mais uma vez inspirado no propósito de efetividade, ao adotar a postura pedagógica de dispor expressamente sobre a matéria na nova codificação.

VII – Pensionamento decorrente de ato ilícito

Existem no direito material *(i)* alimentos *legítimos*, que se originam das relações do direito de família, *(ii)* alimentos *remuneratórios* que correspondem aos rendimentos do trabalho, aos quais se atribui, por lei, a natureza alimentar, e, ainda *(iii)* alimentos *indenizatórios* que são aqueles com que se indenizam danos provenientes do ato ilícito.

O procedimento especial de cumprimento de sentença regulado pelos arts. 528 a 532 correspondem apenas aos alimentos legítimos. Os remuneratórios executam-se pelas vias comuns de cumprimento de obrigação por quantia certa.

Para a execução de pensionamento ordenado em sentença de reparação do ato ilícito, são traçadas regras especiais (art. 533) que abordaremos nos itens que se seguem.

92. Sentenças de indenização por ato ilícito

Entre os casos de sentenças que condenem a prestações alimentícias, o CPC/2015 inclui não só as que se originam das relações de família, como também as de reparação de dano

---

[13] CARNEIRO, Athos Gusmão. *Cumprimento da sentença civil*. Rio de Janeiro: Forense, 2007, n. 34.1, p. 96.

[14] Trata-se de crime tipificado no art. 244 do Código Penal Brasileiro, o qual prevê como criminosa a conduta de: "Deixar, sem justa causa, de prover a subsistência do cônjuge, ou de filho menor de 18 (dezoito) anos ou inapto para o trabalho, ou de ascendente inválido ou maior de 60 (sessenta) anos, não lhes proporcionando os recursos necessários ou faltando ao pagamento de pensão alimentícia judicialmente acordada, fixada ou majorada; deixar, sem justa causa, de socorrer descendente ou ascendente, gravemente enfermo". A pena imposta ao transgressor da norma é a de detenção, de um a quatro anos e multa, de uma a dez vezes o maior salário mínimo vigente no País. Além disso, incide nas mesmas penas o devedor solvente que frustra ou ilide, de qualquer modo, inclusive por abandono injustificado de emprego ou função, o pagamento de pensão alimentícia judicialmente acordada, fixada ou majorada.

provocados pelo ato ilícito. Para estas últimas, existe norma especial para garantir o eventual pensionamento em favor da vítima ou de seus dependentes.

Assim, "quando a indenização por ato ilícito incluir prestação de alimentos, caberá ao executado, a requerimento do exequente, constituir capital cuja renda assegure o pagamento do valor mensal da pensão" (CPC/2015, art. 533). Não há inovação, a propósito, dessa sistemática, uma vez que a garantia ora prevista já era estabelecida pelo Código anterior em seu art. 475-Q.

A finalidade da constituição de capital é a de garantir o adimplemento da obrigação alimentar devida pela prática de ato ilícito, mediante um patrimônio de afetação dos bens do executado, que, entretanto, para o CPC/2015, não se forma por iniciativa do juiz, de ofício, mas depende de requerimento do interessado.

Optando pela constituição de capital, o seu montante será definido por meio do procedimento incidental de liquidação de sentença, cujo rito variará conforme o tipo de operação que se fizer necessário para estimar a idoneidade do bem garantidor oferecido pelo devedor e sua rentabilidade. Da maior ou menor complexidade da operação, poder-se-á ir do simples cálculo da própria parte até as medidas contenciosas da liquidação por arbitramento ou por artigos (arts. 509 a 512).

A lei manda que o valor da garantia seja arbitrado de imediato pelo juiz, quando admite substituição do capital por fiança bancária ou garantia real (art. 533, § 2º). Entendemos que esse arbitramento é para efeito de implantação imediata do pensionamento, o que não impede que posteriormente se discuta uma revisão, em contraditório, para melhor e mais justo equacionamento da situação jurídico-econômica das partes, *ad instar* do que o Código admite até mesmo a respeito do valor da pensão (art. 533, § 3º).

O capital poderá ser representado por:

(a) imóveis;
(b) direitos reais sobre imóveis suscetíveis de alienação;
(c) títulos da dívida pública; ou
(d) aplicações financeiras em banco oficial.

Em qualquer caso sujeitar-se-á à inalienabilidade e impenhorabilidade, restrições que deverão perdurar enquanto subsistir a obrigação do devedor, além de se constituírem em patrimônio de afetação (bens que não se sujeitarão a responder por outras obrigações do executado) (CPC/2015, art. 533, § 1º).

Se o pensionamento é dado à vítima do ato ilícito, em compensação de incapacidade laboral, durará enquanto viver. Se a indenização é proporcionada a dependentes da vítima falecida em razão do ato ilícito, a duração do pensionamento dependerá do que se apurar na sentença relativamente ao tempo e às circunstâncias do direito a alimentos que os dependentes tinham em relação ao morto. A regra geral é, pois, que o culpado pela morte deverá alimentar os dependentes da vítima pelo tempo equivalente à duração presumível de sua vida e enquanto mantida a condição de dependentes dos beneficiários.

Para tanto, a jurisprudência considerava limite provável de vida a idade de 65 anos.[15] Mais modernamente, tem-se adotado como limite a idade correspondente a uma tabela de expectativa de vida, levantada pelo IBGE, que leva em conta a idade que tinha a vítima quando veio a falecer.

---

15   STJ, 3ª T., REsp 876.448/RJ, Rel. Min. Sidnei Beneti, ac. 17.06.2010, *DJe* 21.09.2010.

Essa tabela, e não a rigorosa prevalência do limite de 65 anos, tem sido aceita em julgados do STJ.[16] Atingindo esse momento, ou excluindo-se a condição de dependentes dos beneficiários (maioridade, emancipação, casamento, morte etc.), cessa a obrigação alimentar do causador do dano.

Os bens, que integram a fonte de rendimentos com que se realiza a pensão, continuam sendo de propriedade do devedor. Não há transferência de domínio ao credor, mas apenas vinculação ao cumprimento da condenação.

A critério do juiz, a constituição do capital (representado ordinariamente por imóveis, direitos reais sobre imóveis suscetíveis de alienação, títulos da dívida pública ou aplicações financeiras) poderá ser substituída por uma das seguintes medidas (art. 533, § 2º):

(a) inclusão do exequente em folha de pagamento;
(b) fiança bancária;
(c) garantia real, em valor a ser arbitrado de imediato pelo juiz.

O Código ressalva que a inclusão em folha de pagamento deve ser realizada apenas contra pessoas jurídicas de notória capacidade econômica. A deliberação de substituir o capital previsto no § 1º do aludido art. 533 (imóveis, direitos reais sobre imóveis suscetíveis de alienação, títulos públicos ou aplicações financeiras em banco oficial) por inclusão em folha de pagamento é decisão que o juiz toma independentemente de requerimento ou aquiescência do exequente ou do executado.

Já a substituição por fiança bancária ou garantia real somente pode ocorrer a requerimento do executado. São garantias muito onerosas, de custo elevado, de sorte que somente ao executado cabe a respectiva opção. Uma vez requerida a substituição, porém, sujeita-se a parte ao valor que o juiz arbitrar de imediato (§ 2º). É claro que posteriormente poderá haver revisão para melhor ajuste das garantias à realidade do pensionamento, a exemplo do que se permite para revisão do próprio valor da pensão (art. 533, § 3º). Mas para que se defira a substituição do capital por fiança bancária ou garantia real é necessário que a parte se submeta ao arbitramento imediato do juiz. Não há mais permissão para a fiança comum. Nos termos da lei, apenas a fiança bancária pode ser utilizada para garantia do pensionamento judicial.

Uma das críticas que se faziam ao sistema anterior incidia sobre o rigor inflexível com que se exigia a constituição do capital para custear a pensão destinada à reparação do ato ilícito. Argumentava-se que, mesmo nas relações de parentesco, a lei tolerava as variações e até a extinção do dever alimentar, quando modificadas as condições financeiras do alimentante e as necessidades do alimentando (Código Civil, art. 1.699). Já na reparação do ato ilícito, quaisquer que fossem as mudanças na sorte das partes, a pensão seria conservada e exigida sempre com o mesmo rigor.

93. Revisão, cancelamento, exoneração ou modificação do pensionamento

O atual Código de Processo Civil enfrentou o problema, dispondo expressamente, e *ad instar* do dever familiar de alimentos, que, "se sobrevier modificação nas condições econômicas, poderá a parte requerer, conforme as circunstâncias, redução ou aumento da prestação" (CPC/2015, art. 533, § 3º). Para tanto, utilizar-se-á de uma ação revisional, que tramitará segundo o procedimento comum.[17]

---

[16] STJ, ED no REsp 119.649/RJ, decisão do Rel. Min. Sálvio de Figueiredo, *DJU* 12.06.2001, p. 97; NEGRÃO, Theotonio; GOUVÊA, José Roberto. *Código de Processo Civil e legislação processual em vigor*. 37. ed. São Paulo: Saraiva, 2005, nota 11 ao art. 602, p. 719.

[17] STJ, 3ª T., REsp 913.431/RJ, Rel. Min. Nancy Andrighi, ac. 27.11.2007, *DJe* 26.11.2008.

A propósito da regra em questão, assentou o STJ que duas são as hipóteses em que se admite a alteração do valor da prestação de alimentos decorrente do ato ilícito: uma, o decréscimo das condições econômicas da vítima, compreendida, neste caso, a eventual defasagem da indenização fixada. A outra, a modificação na capacidade de pagamento do devedor, que pode ser desdobrada da seguinte maneira: *(a)* se houver melhora, poderá a vítima requerer revisão para mais, até atingir a integralidade do dano material futuro; *(b)* se houver piora, caberá ao devedor pedir a revisão para menor em atenção ao princípio da dignidade humana, e segundo a faculdade concedida pelo então art. 533, § 3º. A melhora unilateral das condições econômicas da vítima não pode reverter, por si só, em prêmio para o causador do dano irreversível, de modo que, *in casu*, não caberá a exoneração ou a redução do pensionamento.[18]

Finalmente, "finda a obrigação de prestar alimentos", deverá ser cancelada a cláusula de inalienabilidade e impenhorabilidade sobre o capital vinculado à execução, restabelecendo-se sobre ele a plena disponibilidade do devedor. Se for o caso de desconto em folha, dar-se-á seu encerramento, e se houver garantias de qualquer espécie serão canceladas. Em qualquer caso, porém, os interessados deverão solicitar a decisão do juiz da execução, a quem compete determinar o cancelamento ou a exoneração mencionados (art. 533, § 5º).

No caso de lesão incapacitante ou que reduza a capacidade de trabalho da vítima, o pensionamento pode, segundo o art. 950, parágrafo único, do Código Civil, ser substituído por uma indenização a ser paga de uma só vez. Essa substituição depende de opção do prejudicado e terá o valor arbitrado, de forma específica, para a remodelação do ressarcimento único, segundo prudente arbítrio do juiz.[19]

94. Pensionamento em salários mínimos

Muito se discutiu a respeito de ser, ou não, lícito o uso do salário mínimo como referência para fixar o valor do pensionamento derivado de ato ilícito. A controvérsia restou superada com o CPC/1973, que o permitiu. O CPC/2015 manteve tal indexação, prevendo claramente que "a prestação alimentícia poderá ser fixada tomando por base o salário mínimo" (art. 533, § 4º). Com isso guarda-se relação ao caráter alimentar da condenação na espécie e simplifica-se o problema da correção monetária, diante da multiplicidade de índices existentes no mercado.

Aliás, o STF já vinha decidindo que a pensão no caso de responsabilidade civil deveria ser calculada com base no salário mínimo vigente ao tempo da sentença e ajustada às variações ulteriores (Súmula nº 490).[20]

---

[18] STJ, 3ª T., REsp 913.431/RJ, Rel. Min. Nancy Andrighi, ac. 27.11.07; STJ, 4ª T., REsp 594.238/RJ, Rel. Min. Luis Felipe Salomão, ac. 04.08.2009, *DJe* 17.08.2009.

[19] "O parágrafo único do art. 950 do novo Código Civil institui direito potestativo do lesado para exigir pagamento da indenização de uma só vez, mediante arbitramento do valor pelo juiz, atendido ao disposto nos artigos 944 e 945 e à possibilidade econômica do ofensor" (Enunciado 48 do Centro de Estudos Jurídicos do Conselho da Justiça Federal).

[20] Mesmo depois que a Constituição, no art. 7º, IV, proibiu o emprego do salário mínimo como índice de correção monetária, o STF continuou entendendo que o dispositivo não alcançava o pensionamento civil (*RT* 724/223; *RT* 714/126). O posicionamento, todavia, não era pacífico, nem mesmo no interior do STF (RE 141.355/GO), e não acolhido por decisórios do STJ (*RSTJ* 79/246; *RT* 705/195). Jurisprudência mais recente é no sentido de adotar, a exemplo do entendimento tanto do "Supremo Tribunal Federal como a do STJ, no sentido de inadmitir a fixação de valor de indenização em quantitativo de salários mínimos, que não serve como indexador para efeito de correção monetária" (STJ, 4ªT., REsp 586.547/SP, Rel. Min. Aldir Passarinho Junior, ac. 02.06.2005, *DJU* 27.06.2005, p. 404). Quando muito, permite-se que a condenação tome como valor originário o salário mínimo, devendo, porém, a atualização ser feita obrigatoriamente por índices oficiais de correção monetária (STF, 1ª T., AI 603.843 AgR, Rel. Min. Ricardo Lewandowski, ac. 29.04.2008, *DJe* 23.05.2008; STF, 1ª T., AI 510.244 AgR, Rel. Min. Cezar Peluso, ac. 16.12.2004, *DJU* 04.03.2005).

Fluxograma nº 3 – Cumprimento de sentença que reconhece a exigibilidade de obrigação de prestar alimentos (arts. 528 a 533)[21]

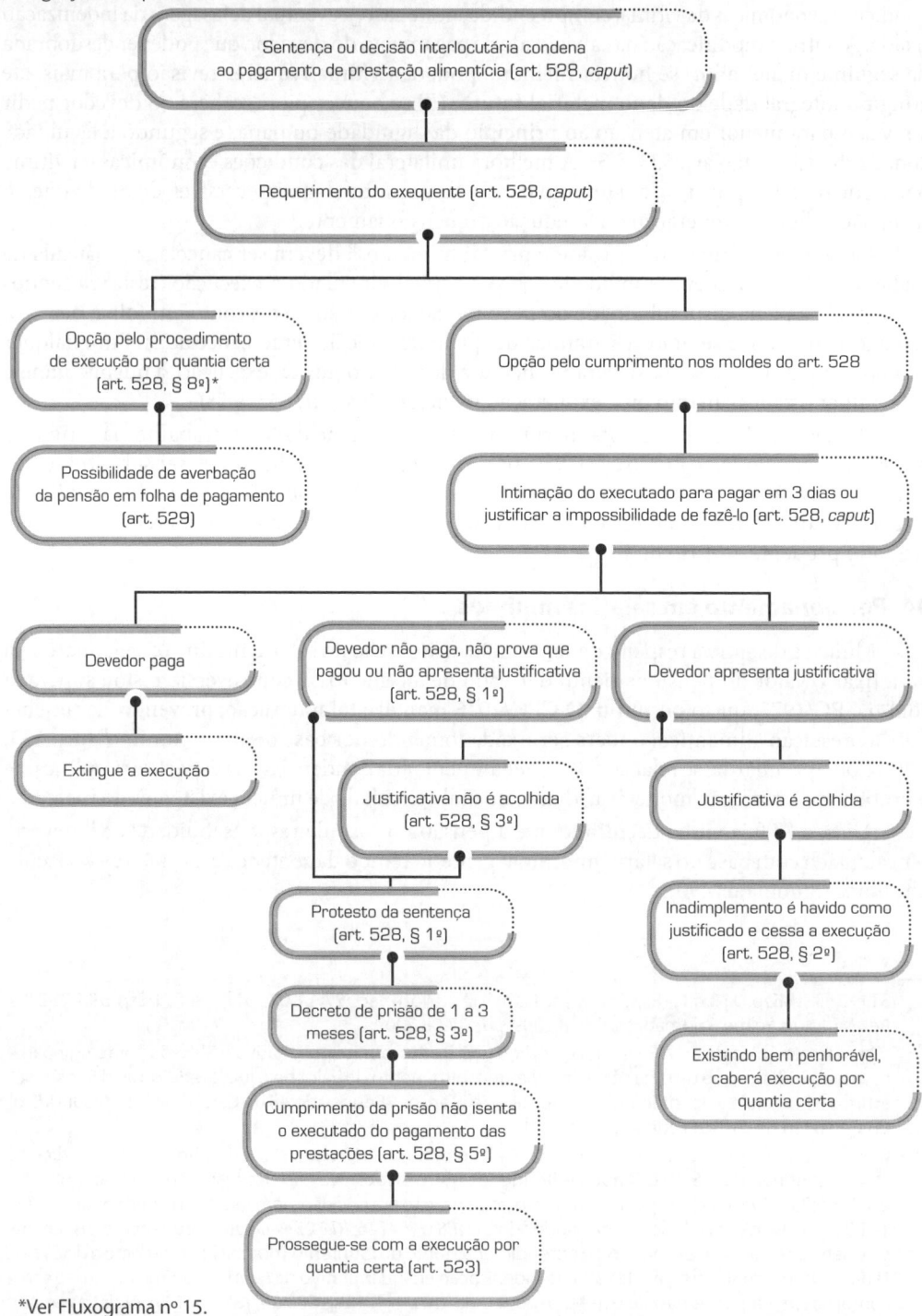

*Ver Fluxograma nº 15.

---

[21] Sobre o incidente de prescrição intercorrente, ver o fluxograma nº 23, que se aplica a todas as modalidades de execução por quantia certa, inclusive cumprimento de sentença.

§ 11. CUMPRIMENTO DE SENTENÇA QUE RECONHECE A EXIGIBILIDADE DE OBRIGAÇÃO DE PAGAR QUANTIA CERTA PELA FAZENDA PÚBLICA

95. Evolução da execução por quantia certa fundada em sentença contra a Fazenda Pública

Prevalecia no regime anterior a dualidade de ações em face das pessoas jurídicas de direito público: uma para o acertamento de suas obrigações e outra para a execução da respectiva sentença.

Agora, na sistemática do CPC/2015, publicada a sentença condenatória contra a Fazenda Pública, não mais se tem por finda a prestação jurisdicional a que se destinava o processo, de modo que, para alcançar medidas concretas de coerção da devedora, com vistas à satisfação do direito reconhecido em juízo, em favor do credor, desnecessário se torna a propositura de uma nova ação – a ação de execução da sentença (*actio iudicati*).

Dessa feita, enquanto para a codificação anterior se faziam necessárias nova *petição inicial* a ser deduzida em juízo e nova *citação* da devedora, a eventual resposta da Fazenda executada deveria se dar por meio de *embargos à execução*, e não por contestação nem por simples impugnação (art. 730 do CPC/1973); pelo Código de 2015, basta a *intimação* do ente público, por seu representante judicial, cuja defesa se processará como incidente de impugnação ao cumprimento de sentença, conforme dispõem os arts. 534 e 535.

96. Generalidades do cumprimento de sentença contra a Fazenda Pública

I – Execução por quantia certa sem penhora e expropriação

Diferentemente de seu antecessor, o Código atual separa um procedimento específico tanto para o cumprimento de sentença, antes inexistente, quanto para as execuções de título extrajudicial contra a Fazenda Pública. No Código de 1973, ambas as hipóteses de título judicial ou extrajudicial davam ensejo ao mesmo procedimento previsto nos arts. 730 e ss. daquele diploma.[22]

Entretanto, a despeito da inovação quanto à separação dos procedimentos de acordo com a espécie de título, a sistemática de ambas as codificações é a mesma: não se realiza atividade típica de execução forçada, diante da impenhorabilidade dos bens pertencentes à União, Estados e Municípios. Não se procede, pois, à expropriação (via penhora e arrematação) ou transferência forçada de bens. O que se tem é a simples requisição de pagamento, feita entre o Poder Judiciário e o Poder Executivo, conforme dispõem os arts. 534, 535 e 910, observada a Constituição Federal (art. 100[23]).

Na verdade, há tão somente uma *execução imprópria* na espécie, cujo procedimento vai variar em algumas peculiaridades, conforme se trate do valor e da modalidade do título executivo, se judicial ou extrajudicial.

---

[22] "A execução por quantia certa contra a Fazenda Pública pode fundar-se em título executivo extrajudicial" (STJ, 3ª T., REsp 42.774-6/SP, Rel. Min. Costa Leite, ac. 09.08.1994, *RSTJ* 63/435; STJ, 3ª T., REsp 79.222/RS, Rel. Min. Nilson Naves, ac. 25.11.1996, *RSTJ* 95/259; TJSP, Ap. 226.879-2, Rel. Des. Mohamed Amaro, ac. 19.05.1994, *JTJ* 160/107). O entendimento consolidou-se na Súmula nº 279 do STJ (STJ, 1ª T., REsp 456.447/MS, Rel. Min. Luiz Fux, ac. 18.03.2003, *DJU* 02.02.2004, p. 271).

[23] O art. 100 da CF e seus parágrafos foram alterados pela Emenda Constitucional nº 62, de 09.12.2009. O *caput* do dispositivo é, atualmente, o seguinte: "Art. 100. Os pagamentos devidos pelas Fazendas Públicas Federal, Estaduais, Distrital e Municipais, em virtude de sentença judiciária, far-se-ão exclusivamente na ordem cronológica de apresentação dos precatórios e à conta dos créditos respectivos, proibida a designação de casos ou de pessoas nas dotações orçamentárias e nos créditos adicionais abertos para este fim".

O presente tópico se dedica à primeira modalidade de título executivo, ao passo que a segunda será vista mais adiante, no item nº 475. Assim, se o credor da Fazenda Pública dispuser de um título executivo extrajudicial, deverá observar o procedimento do art. 910, cuja diferença em relação àquele previsto neste capítulo consiste basicamente: *(i)* na necessidade de *citação* do ente público (e não apenas a *intimação*) e na *(ii)* ampliação da matéria de defesa a ser eventualmente oposta em sede de embargos à execução (art. 910, § 2º). De resto, aplica-se o procedimento previsto nos arts. 534 e 535, por disposição expressa do Código (art. 910, § 3º), examinados no tópico a seguir.

II – Execução de outras obrigações da Fazenda Pública

Cabe destacar que as regras especiais de execução imprópria, via requisitório, tem o objetivo de evitar a expropriação de bens do patrimônio público. Por isso, só se referem à execução por quantia certa, como expressamente dispõem os art. 534 e 910. Outras hipóteses de execução forçada não importam, ordinariamente, na expropriação de bens patrimoniais do devedor inadimplente. Assim, na execução para entrega de coisa certa, ou incerta, não há que se cogitar do procedimento dos arts. 534 ou 910, visto que a atividade *jurissatisfativa* se refere, na espécie, a bens do próprio credor e não da Fazenda Pública. Esta, conforme os termos da sentença, tem apenas a posse ou detenção de bens de outrem, competindo-lhe, por isso, restituí-los ao legítimo dono, ou a quem de direito, conforme previsto na sentença.

Aqui, portanto, a execução é feita *in natura*, sem nenhum privilégio, mediante o procedimento normal do art. 538, tratando-se de cumprimento de sentença ou dos arts. 806 e ss., que resultará, no caso de recalcitrância do Poder Público, em imissão na posse, se a coisa for imóvel, ou em busca e apreensão, se se tratar de móvel.

III – Execução de obrigações de fazer. Políticas públicas

As sentenças que imponham prestações de fazer cumprem-se de maneira específica, cabendo ao juiz determinar as medidas necessárias à satisfação do exequente. É possível, também, que a tutela específica seja substituída por medida capaz de proporcionar resultado prático equivalente. Esse procedimento, previsto pelo art. 536 do CPC/2015, é aplicável tanto aos particulares como à Fazenda Pública.

Aspectos interessantes notam-se quando a sentença importa, em caráter excepcional, intervenção do Judiciário no terreno das políticas públicas a cargo de órgãos integrantes de outros Poderes, possibilidade hoje admitida pacificamente na visão das Cortes Judiciárias Superiores. Exige-se, porém, que se trate de medidas indispensáveis à concretização de direitos fundamentais, fator que se impõe especialmente quando o provimento se insere no *âmbito do mínimo existencial*.[24]

Em casos de tal natureza, a sentença, em caráter excepcional, pode impor ao Poder Público a realização de prestações de fazer, cujo cumprimento costuma encontrar sérios obstáculos, seja no plano complexo dos fatos, seja no plano da rigidez do próprio direito público. É que o juiz não conta com a

---

[24] "1. O STJ tem decidido que, ante a demora do Poder competente, o Poder *Judiciário* poderá determinar, em caráter excepcional, a implementação de *políticas públicas* de interesse social – principalmente nos casos em que visem resguardar a supremacia da dignidade humana sem que isso configure invasão da discricionariedade ou afronta à reserva do possível. 2. O controle jurisdicional de *políticas públicas* se legitima sempre que a 'inescusável omissão estatal' na sua efetivação atinja direitos essenciais inclusos no conceito de mínimo existencial. 3. O Pretório Excelso consolidou o posicionamento de ser lícito ao Poder *Judiciário* 'determinar que a Administração Pública adote medidas assecuratórias de direitos constitucionalmente reconhecidos como essenciais, sem que isso configure violação do princípio da separação dos Poderes' (g.n.) (AI 739.151 AgR, Rel. Ministra Rosa Weber, *DJe* 11.06.2014, e AI 708.667 AgR, Rel. Ministro Dias Toffoli, *DJe* 10.04.2012)" (STJ, 2ª T., AgInt no REsp 1.304.269/MG, Rel. Min. Og Fernandes, ac. 17.10.2017, *DJe* 20.10.2017).

técnica adequada para definir e dimensionar convenientemente as obras a realizar, assim como faltam à Administração recursos disponíveis e autonomia executiva, fora dos parâmetros orçamentários, o que, por si só, inviabiliza a implementação da condenação, de imediato ou em curto prazo.

Diante de tais embaraços, a melhor solução é a negocial, por meio da qual se pode, em esforço conjunto, elaborar um projeto exequível dentro das técnicas observáveis na realização de obras públicas e em sua adequação orçamentária. Só assim o empenho dos sujeitos processuais (juiz, partes, Ministério Público), com colaboração de órgãos especializados da Administração e até mesmo com assistência de algum agente do Tribunal de Contas, poderia resultar numa negociação processual por meio da qual se estabeleceria a *convenção de cumprimento da sentença*. Nela, afinal, avaliar-se-ia e estabelecer-se-ia o necessário *plano de trabalho*, bem como aprovar-se-ia o cronograma, tudo a partir de projeto técnico proposto pelo gestor público. Na mesma convenção, estabelecer-se-ia o mecanismo de controle das diversas etapas da obra, com definição de deveres e sanções.

Por esse tipo de negociação processual superar-se-ia a verdadeira barreira inviabilizadora, em regra, da execução judicial das medidas relacionadas com políticas públicas. Esse negócio processual estimulado e presidido pelo juiz da execução funcionaria como algo parecido com o já conhecido "termo de ajustamento de conduta" (TAC), no qual se negociam, por exemplo, o tempo e o modo de cumprir a reparação de um dano coletivo.[25]

Daniel Sarmento, a propósito do tema, entende que a atuação isolada do Poder Judiciário na solução de problemas estruturais que demandem a correção ou formulação de políticas públicas complexas não é a resposta mais adequada.[26] "Aliás, no mais das vezes sequer está o julgador preparado, mesmo que bem intencionado, para essa tarefa, já que sua função precípua é compor os conflitos, e não administrar a coisa pública".[27] Daí a procedência da proposição de Sarmento no sentido de dar preferência às denominadas técnicas processuais mais flexíveis, permeadas pelo diálogo interinstitucional.[28] Para alcançar tal objetivo, presta-se, sem dúvida, o negócio jurídico processual, nas vastas dimensões com que é autorizado pelo art. 190 do CPC de 2015.

Se não se logra chegar a uma solução consensual, restará ao juiz criar um Conselho, de que participem representantes das partes, tecnicamente credenciados, e do Ministério Público, além de outros organismos públicos e privados, cuja manifestação se mostrar conveniente, a juízo do magistrado condutor da execução. Esse ente consultivo discutirá as posições contraditórias e, se não conseguir unanimidade, pelo menos indicará qual a posição majoritária que se formou dentro do Conselho, manifestada em relatório do qual constarão as propostas divergentes e respectivos argumentos. Caberá, enfim, ao juiz definir o plano da execução, se não entender que outras diligências técnicas ainda devam ser cumpridas para melhor deliberação de como pôr em prática o comando da sentença estrutural. Não há um procedimento único e simples para execuções de obrigações por natureza muito complexas. A competência, o zelo e o bom senso do magistrado é que recomendarão os passos da execução estrutural, evitando que a condenação da Administração Pública desague em frustração desmoralizadora da Justiça (sobre a matéria, tratamos também no v. II desse Curso, item 560-A, relativamente à ação civil pública).

---

[25] MACEDO, Elaine Harzhein; RODRIGUES, Ricardo Schneider. Negócios jurídicos processuais e políticas públicas: tentativa de superação das críticas ao controle judicial. *Revista de Processo*, São Paulo, v. 273, nov. 2017, p. 85.

[26] SARMENTO, Daniel. *Dignidade da pessoa humana:* conteúdo, trajetórias e metodologia. Belo Horizonte: Fórum, 2016, p. 234-239.

[27] MACEDO, Elaine Harzhein; RODRIGUES, Ricardo Schneider. Negócios jurídicos processuais e políticas públicas: tentativa de superação das críticas ao controle judicial. *Revista de Processo*, São Paulo, v. 273, nov. 2017, p. 87.

[28] SARMENTO, Daniel. *Dignidade da pessoa humana:* conteúdo, trajetórias e metodologia. Belo Horizonte: Fórum, 2016, p. 234-239.

IV – Ações estruturais na ótica do STJ e do STF

Segundo importante entendimento do STJ, "para a *adequada resolução* dos litígios estruturais, é preciso que a decisão de mérito seja construída em *ambiente colaborativo e democrático*, mediante a efetiva compreensão, participação e consideração dos fatos, argumentos, possibilidades e limitações do Estado em relação aos anseios da sociedade civil adequadamente representada no processo, por exemplo, pelos *amici curiae* e pela Defensoria Pública na função de *custos vulnerabilis*, permitindo-se que processos judiciais dessa natureza, que revelam as mais profundas mazelas sociais e as mais sombrias faces dos excluídos, sejam utilizados para a construção de caminhos, pontes e soluções que tencionem a resolução definitiva do conflito estrutural em sentido amplo"[29] (g.n.).

O STF, em regime de repercussão geral (Tema 698), em caso relacionado com graves problemas vivenciados por grande hospital público, reconheceu a tese de que no processo estrutural deve prevalecer a decisão diretiva, em vez da puramente impositiva, de modo a orientar o administrador indicando-lhe "as finalidades a serem alcançadas", bem como no fito de "determinar à Administração Pública a apresentação de plano e/ou os meios adequados para alcançar o resultado". Observam Rennan Thamay *et al.* que a decisão da Suprema Corte consagrou o viés colaborativo ou coparticipativo do Poder Judiciário, "na medida em que, afastando-se da imposição pura e simples do dever de agir do gestor público, aponta caminhos e soluções possíveis, bem como estabelece as premissas fundantes do processo dialógico na condução das políticas públicas judicializadas, como é o caso da saúde pública no Estado do Rio de Janeiro".[30] As conclusões do importante aresto do STF foram assim resumidas:

> "1. Recurso extraordinário, com repercussão geral, que discute os limites do Poder Judiciário para determinar obrigações de fazer ao Estado, consistentes na realização de concursos públicos, contratação de servidores e execução de obras que atendam o direito social da saúde. No caso concreto, busca-se a condenação do Município à realização de concurso público para provimento de cargos em hospital específico, além da correção de irregularidades apontadas em relatório do Conselho Regional de Medicina.
>
> 2. O acórdão recorrido determinou ao Município: (i) o suprimento do déficit de pessoal, especificamente por meio da realização de concurso público de provas e títulos para provimento dos cargos de médico e funcionários técnicos, com a nomeação e posse dos profissionais aprovados no certame; e (ii) a correção dos procedimentos e o saneamento das irregularidades expostas no relatório do Conselho Regional de Medicina, com a fixação de prazo e multa pelo descumprimento.
>
> 3. A saúde é um bem jurídico constitucionalmente tutelado, por cuja integridade deve zelar o Poder Público, a quem incumbe formular – e implementar – políticas sociais e econômicas que visem a garantir, aos cidadãos, o acesso universal e igualitário às ações e serviços para sua promoção, proteção e recuperação".[31]

---

[29] STJ, 3ª T., REsp 1.854.842/CE, Rel. Min. Nancy Andrighi, ac. 02.06.2020, *DJe* 04.06.2020. Cf., também, STJ, 2ª Seção, EDcl no REsp 1.712.163/SP, Rel. Min. Moura Ribeiro, ac. 25.09.2019, *DJe* 27.09.2019.

[30] THAMAY, Rennan; SCREMIN NETO, Ferdinando; PAGANI, Lucas Augusto Gaioski. O controle judicial de políticas públicas a partir do viés colaborativo e coparticipativo. *Revista de Processo*, São Paulo, v. 350, abr. 2024, p. 229.

[31] STF, Pleno, RE 684.612/RJ, Rel. p/ ac. Min. Roberto Barroso, ac. 03.07.2023, *DJe* 07.08.2023. A propósito de processo estrutural que versava sobre políticas públicas na seara carcerária, o STF destacou que não havia lugar para se falar em indevida quebra dos limites da separação dos poderes. Ou seja: "I – É lícito ao Judiciário impor à Administração Pública obrigação de fazer, consistente na promoção de medidas ou na execução de obras emergenciais em estabelecimentos prisionais. II – Supremacia da dignidade

97. Procedimento

I – Requerimento do exequente

O requerimento de cumprimento da sentença que estabeleça a obrigação da Fazenda Pública por quantia certa, deverá ser instruído com demonstrativo discriminado e atualizado do crédito do exequente (CPC/2015, art. 534). Constarão dele os seguintes dados indispensáveis:

(a) o nome completo e o número de inscrição no Cadastro de Pessoas Físicas ou no Cadastro Nacional da Pessoa Jurídica do exequente (inciso I);

(b) o índice de correção monetária adotado (inciso II);[32]

(c) os juros aplicados e as respectivas taxas (inciso III);[33]

(d) o termo inicial e o termo final dos juros e da correção monetária utilizados (inciso IV);

(e) a periodicidade da capitalização dos juros, se for o caso (inciso V);

(f) a especificação dos eventuais descontos obrigatórios realizados (inciso VI).

Havendo litisconsórcio de exequentes, cada um apresentará o seu próprio demonstrativo (art. 534, § 1º). Nos casos de grande número de credores, será lícito ao juiz limitar o litisconsórcio, se for facultativo, a fim de evitar tumulto processual e assegurar a rápida solução do cumprimento da sentença (art. 113, § 1º). Note-se que o requerimento de desdobramento da execução interrompe o prazo de impugnação, que recomeçará a partir da intimação da decisão que o determinou (art. 113, § 2º).

II – Execução contra a Fazenda Pública no Juizado Especial

Um grande problema prático, verificado principalmente nos Juizados Especiais, tem sido a dificuldade, e às vezes até a impossibilidade, de o credor elaborar o demonstrativo discriminado do crédito exequendo, como previsto no art. 534. A solução alvitrada no juízo do cumprimento de sentença tem sido a de impor à Fazenda Pública devedora o encargo de fazer o cálculo, mesmo porque os dados necessários encontram-se em seu poder. É bom lembrar que, quando se trata de elaboração do demonstrativo com base nos dados em poder do executado, a lei prevê o poder do juiz de requisitá-los, sob cominação do crime de desobediência (art. 524, § 3º). A partir dessa norma geral, o STF decidiu, em consideração aos princípios que regem os Juizados Especiais, e levando em conta, principalmente, as poucas condições econômicas das pessoas que demandam

---

da pessoa humana que legitima a intervenção judicial. III – Sentença reformada que, de forma correta, buscava assegurar o respeito à integridade física e moral dos detentos, em observância ao art. 5º, XLIX, da Constituição Federal. IV – Impossibilidade de opor-se à sentença de primeiro grau o argumento da reserva do possível ou princípio da separação dos poderes. V – Recurso conhecido e provido" (STF, Pleno, RE 592.581/RS, Rel. Min. Ricardo Lewandowski, ac. 13.08.2015, *DJe* 01.02.2016 – Tema 220 de Repercussão Geral).

[32] A EC 62/2009, que acrescentou o § 12 ao art. 100 da CF, determinava que a atualização dos valores de requisitórios, após sua expedição, até o efetivo pagamento, seria feita pelo índice de remuneração básica da caderneta de poupança. Esse dispositivo, no entanto, foi declarado inconstitucional pelo STF (ADI 4.357/DF, Rel. p/ ac. Min. Luiz Fux, ac. 14.03.2013, *DJe* 26.09.2014). A Res. Nº 303/2019 do CNJ, atualmente, estabelece que a correção monetária se faz pelo índice IPCA-E/IBGE, devendo, porém, observar-se nos períodos anteriores a 26.03.2015 os indexadores então vigentes, os quais se acham enumerados, escalonadamente, no art. 1º e §§, da referida Resolução.

[33] "Na eventual omissão do título exequendo quanto ao percentual de juros de mora, incidirão juros legais ..." (Res. Nº 303/2019, art. 22, parágrafo único).

perante tais órgãos jurisdicionais, que é legítima a determinação de que a União faça os cálculos para execução de verbas devidas em ações nas quais for condenada por Juizados Especiais Federais.[34]

Lembrou o Ministro Luiz Fux no referido julgamento que as autoridades fazendárias têm informações relativas aos processos e fazem seu próprio cálculo para verificar se é preciso impugnar os valores apresentados pelo autor. Por outro lado, nos Juizados Especiais, muitas vezes a ação é ajuizada sem advogado, e o autor não tem conhecimento necessário para discriminar juros, correção monetária e outros aspectos necessários para a apuração. Ressaltou que os Juizados Especiais foram criados para julgar ações cíveis de pequeno valor, e assim ampliar o acesso à Justiça e simultaneamente reduzir a duração e os custos do processo. Como as ações muitas vezes têm pessoas hipossuficientes como parte, a inversão da obrigação de apresentar os cálculos para execução seria legítima.

III – Intimação da Fazenda executada

De acordo com o Código atual, a Fazenda será *intimada*, na pessoa de seu representante judicial, por carga remessa ou meio eletrônico, sem cominação de penhora, isso é, limitando-se à convocação para *impugnar* a execução no prazo de trinta dias (CPC/2015, art. 535).

Pela tipicidade do procedimento, em que a executada não é intimada a pagar a quantia devida, mas apenas a impugnar a execução, dispõe o art. 534, § 2º, que a multa de 10% prevista no § 1º do art. 523 não se aplica às execuções por quantia certa contra a Fazenda Pública.

IV – Expedição do precatório

Não havendo impugnação, ou sendo esta rejeitada, o juiz, por meio do Presidente de seu tribunal superior, expedirá a requisição de pagamento, que tem o nome de *precatório* (art. 535, § 3º, I), ou a *requisição de pequeno valor*. Esta constará de ordem do próprio juiz, dirigida à autoridade citada em nome do ente público na fase de conhecimento do processo (art. 535, § 3º, II).

No primeiro caso, a inclusão da verba no orçamento do ente federado deve observar um procedimento mais rigoroso, ao passo que, no segundo, tem-se uma requisição mais célere. De fato, não se sujeitam ao regime dos precatórios os pagamentos de obrigações definidas em lei como de pequeno valor que a Fazenda Federal, Estadual, Distrital ou Municipal deva fazer em virtude de sentença judicial transitada em julgado (CF, art. 100, § 3º). Os detalhes sobre o processamento tanto de um quanto de outro são tratados, adiante, no item nº 101, e, também, no capítulo que cuida da execução de título extrajudicial contra a Fazenda Pública.

V – Créditos de alimentos

Os pagamentos dos créditos constantes de títulos ajuizados contra a Fazenda Pública (Federal, Estadual, Distrital e Municipal) "far-se-ão exclusivamente na ordem cronológica de apresentação dos precatórios e à conta dos créditos respectivos" (CF, art. 100, *caput*).

Não se sujeitam, porém, a essa ordem cronológica os créditos de natureza alimentícia (CF, art. 100, § 1º), compreendendo-se nessa categoria os decorrentes de salários, vencimentos, proventos, pensões e suas complementações, benefícios previdenciários e indenizações por morte ou invalidez, fundadas na responsabilidade civil, em virtude de sentença transitada em julgado (CF, art. 100, § 1º, com a redação da EC nº 62/2009).[35] No entanto, é bom notar que "a exceção prevista no art.

---

[34] STF, Pleno, ADPF 219, Rel. Min. Marco Aurélio, ac. 20.05.2021 (Disponível em: https://www.conjur.com.br/2021-mai-20/stf-valida-obrigacao-uniao-calcular-execucao-sentencas-jefs. Acesso em: 5 out. 2021).

[35] "Os honorários advocatícios, sejam eles contratuais ou sucumbenciais, possuem natureza alimentar. Incluem--se, portanto, na ressalva do art. 100 da Constituição da República. Precedentes do STF e do STJ" (STJ, 2ª T., RMS 12.059/RS, Rel.ª Min.ª Laurita Vaz, ac. 05.11.2002, *RSTJ* 165/189). Mesmo após a EC nº 30 o STF continua

100, *caput*, [atual art. 100, § 1º], da Constituição, em favor dos créditos de natureza alimentícia, não dispensa a expedição de precatório, limitando-se a isentá-los da observância da ordem cronológica dos precatórios decorrentes de condenações de outra natureza" (STF, Súmula nº 655).

Dentre os créditos alimentares terão preferência para pagamento sobre os demais da mesma natureza, aqueles cujos titulares, originários ou por sucessão hereditária, tenham sessenta anos de idade (CF, art. 100, § 2º, com redação da EC nº 94/2016), até o triplo do montante considerado "pequeno valor", na forma dos §§ 3º e 4º do mesmo dispositivo Constitucional. Permite-se, para esse fim, o fracionamento do precatório, mas destacada a porção equivalente ao triplo "pequeno valor", o restante será pago na ordem cronológica de apresentação dos precatórios da categoria alimentar (CF, art. 100, § 2º). No âmbito da Fazenda Federal, esse limite corresponde ao triplo de 60 salários mínimos. Em relação às demais Fazendas, enquanto a legislação local não fixar outro teto, o triplo será de 40 salários para os Estados e o Distrito Federal, e de 30 salários para os Municípios, ou seja, o teto para credores alimentícios de 60 anos ou mais, ou portadores de doença grave, até que a lei fixe outro, será de 180 salários mínimos para a União, 120 salários mínimos para os Estados e o Distrito Federal, e 90 salários mínimos para os Municípios.

Ainda dentre os créditos de natureza alimentar, terão a mesma preferência do § 2º do art. 100 da CF aqueles cujos titulares, não importa a idade, sejam portadores de doença grave, ou pessoas com deficiência, definidos na forma da lei. Dessa maneira, a Constituição, após a Emenda nº 62/2009, complementada pela EC 94/2016, criou três graus de preferência a serem observados no cumprimento dos precatórios: *(i)* em primeiro lugar serão pagos os credores alimentícios de sessenta anos, os portadores de doença grave e as pessoas com deficiência;[36] *(ii)* em seguida, virão os demais credores de verbas alimentícias (inclusive do saldo superveniente ao pagamento do teto previsto para os sexagenários, doentes e deficientes); e *(iii)* por último, serão pagos todos os demais credores (sobre a matéria, v., ainda, o n. 477).

VI – Parcelamento do precatório (CF, art. 100, § 20 – incluído pela EC nº 94/2016)

A regra constitucional é de que o pagamento do precatório deve ocorrer até o final do exercício do ano seguinte à sua apresentação (CF, art. 100, *caput*). No entanto, quando haja entre os diversos precatórios algum que seja de valor superior a 15% do total dos precatórios apresentados para o mesmo exercício, o § 20 do citado art. 100 prevê, para ele, um pagamento parcelado: *(i)* 15% do montante do precatório de grande valor serão pagos normalmente até o final do exercício competente; *(ii)* o restante será pago em cinco parcelas iguais nos cinco exercícios subsequentes, acrescidas de juros de mora e correção monetária. Prevê, ainda, o mesmo dispositivo constitucional, a possibilidade de acordos diretos, perante juízos auxiliares de conciliação de precatórios, mediante redução máxima de 40% do valor do crédito atualizado, "desde que em relação ao crédito não penda recursos ou defesa judicial e que sejam observados os requisitos definidos na regulamentação editada pelo ente federado".

---

decidindo que, para efeito de precatório, "os honorários advocatícios consubstanciam, para os profissionais liberais do direito, prestação alimentícia" (STF, 1ª T., RE 470.407/DF, Rel. Min. Marco Aurélio, ac. 09.05.2006, *DJU* 13.10.2006, p. 51). Nessa linha, foi editada a Súmula Vinculante nº 47, com a seguinte redação: "os honorários advocatícios incluídos na condenação ou destacados do montante principal devido ao credor consubstanciam verba de natureza alimentar cuja satisfação ocorrerá com a expedição de precatório ou requisição de pequeno valor, observada ordem especial restrita aos créditos dessa natureza".

[36] Na verdade, o super privilégio do § 2º do art. 100 da CF nem chega a interferir na classificação dos precatórios, porque sua cobrança é efetuada diretamente pelo juízo da execução junto ao ente devedor, antes, portanto, do procedimento executivo realizado com a interferência do Tribunal, na forma do art. 100, *caput*, da CF.

Antes do advento do § 20, acrescido pela EC nº 94/2016 ao art. 100 da CF, outra EC (a de nº 30/2000) havia introduzido o art. 78 ao Ato das Disposições Constitucionais Transitórias, para permitir novo parcelamento, por até 10 anos, de precatórios antigos pendentes de pagamento, não obstante outras moratórias anteriores descumpridas pela Fazenda devedora. O STF, no entanto, deferiu medida liminar em ação declaratória de inconstitucionalidade, suspendendo a eficácia do questionado dispositivo do ADCT.[37]

VII – Financiamento de parte dos precatórios e obrigações de pequeno valor (CF, art. 100, § 19 – incluído pela EC nº 94/2016)

O § 19 do art. 100 da CF prevê a seguinte hipótese de financiamento parcial da dívida da Fazenda Pública: "caso o montante total de débitos decorrentes de condenações judiciais em precatórios e obrigações de pequeno valor, em período de 12 (doze) meses, ultrapasse a média do comprometimento percentual da receita corrente líquida nos 5 (cinco) anos imediatamente anteriores, a parcela que exceder esse percentual poderá ser financiada, excetuada dos limites de endividamento de que tratam os incisos VI e VII do art. 52 da Constituição Federal e de quaisquer outros limites de endividamento previstos, não se aplicando a esse financiamento a vedação de vinculação de receita prevista no inciso IV do art. 167 da Constituição Federal".

VIII – A importância da ordenação cronológica dos precatórios na execução contra a Fazenda Pública

Por força de regra constitucional, "os pagamentos devidos pelas Fazendas Públicas Federal, Estaduais, Distrital e Municipais, em virtude de sentença judiciária, far-se-ão exclusivamente na ordem cronológica de apresentação dos precatórios e à conta dos créditos respectivos, proibida a designação de casos ou de pessoas nas dotações orçamentárias e nos créditos adicionais abertos para este fim" (CF, art. 100, *caput*).

A imposição dessa ordem decorre do conjunto de garantias fundamentais que resulta na total repulsa de qualquer tipo de privilégio nas relações entre o Estado e os particulares, as quais, entre outras garantias constitucionais, se sujeitam ao tratamento isonômico de todos os credores e aos princípios da impessoalidade e da moralidade (CF, arts. 5º, *caput*, e 37, *caput*). Somente a própria Constituição pode estabelecer preferência ou privilégio nesse relacionamento do Poder Público com os particulares, a exemplo do que se passa com os credores de prestação alimentícia, contemplados nos §§ 1º e 2º do art. 5º da Lei Maior.[38]

Em razão desse tratamento diferenciado, duas ordens cronológicas de pagamento dos precatórios serão estabelecidas entre os débitos da entidade pública: uma para os credores de alimentos e outra para os demais credores, sendo que estes últimos só começarão a receber depois de esgotados os créditos de natureza alimentar.

---

[37] STF, Pleno, ADI 2.356-MC, Rel. Min. Ayres Britto, ac. 25.11.2010, *DJe* 19.05.2011 (ADI pendente de julgamento). Sobre a matéria, consultar: ZAVASCKI, Teori Albino. Parcelamento de precatórios judiciais (art. 78 do ADCT): abuso do poder constituinte derivado? *IP (Revista Bimestral de Direito Público)*, 31/39; MARTINS, Sandro Gilberti; VICENTINI, Sandro. Os precatórios judiciais; a Emenda Constitucional 30/2000 e o poder liberatório do pagamento de tributos da entidade devedora. *Revista de Processo*, São Paulo, n. 129, p. 92, nov.2005.

[38] "A exceção prevista no art. 100, *caput*, da Constituição, em favor dos créditos de natureza alimentícia, não dispensa a expedição de precatório, limitando-se a isentá-los da observância da ordem cronológica dos precatórios decorrentes de condenação de outra natureza" (Súm. 655/STF). "Os honorários advocatícios incluídos na condenação ou destacados do montante principal devido ao credor consubstanciam verba de natureza alimentar cuja satisfação ocorrerá com a expedição de precatório ou requisição de pequeno valor, observada ordem especial restrita aos créditos dessa natureza" (Súmula Vinculante nº 47/STF).

Entre os créditos de natureza alimentícia, existe uma subespécie que o § 2º do art. 100 da Constituição permite seja executada fora do regime dos precatórios, atribuindo-lhes a classificação de créditos *superpreferenciais*: são eles resultados do fracionamento do crédito original constante do título executivo formado contra a Fazenda Pública, cuja executividade é imediata e se cumpre pelo regime das requisições de pequeno valor, a que alude o § 3º do art. 100 da CF. Essa parcela superpreferencial, que pode ser de montante equivalente até o triplo fixado em lei para as obrigações de pequeno valor, nem chega a figurar no precatório, pois o fracionamento pode ocorrer antes mesmo do ofício requisitório expedido pelo juízo da execução ao Tribunal (sobre os credores que fazem jus à superpreferência, e sobre o procedimento observável para exercê-la, v. o item, 99.3, infra).

A Resolução 303 do CNJ interpreta e regulamenta o art. 100 da Constituição, estatuindo, sobre a cronologia do cumprimento dos precatórios, o seguinte:

(a) a ordem cronológica de pagamentos será instituída, por exercício, e em relação a cada entidade devedora, de acordo com o *momento de apresentação* de cada precatório (art. 12, *caput*);

(b) considera-se como momento de apresentação do precatório o do *recebimento*, no Tribunal, do ofício oriundo do juízo da execução (art. 12, § 1º).

O pagamento dos precatórios, portanto, se escalonará segundo os exercícios e as classes dos créditos dentro de cada exercício: iniciará pelo exercício mais antigo em que houver débitos e respeitará as classes, exercício por exercício.

O desrespeito à ordem cronológica de pagamento autoriza o sequestro de valor, nas contas do ente devedor, necessário à satisfação dos credores prejudicados (Resolução nº 303/CNJ, art. 19).

IX – Utilização de créditos, do interessado ou de terceiros, para quitação de débitos junto à União, Autarquias e Fundações Federais

O § 11, do art. 100, da Constituição Federal, prevê a possibilidade de o titular de crédito junto à União oferecê-lo em quitação de débitos mantidos perante esta, desde que se trate de créditos líquidos e certos, próprios ou adquiridos de terceiros, e tenham sido reconhecidos pelo ente federativo ou por decisão judicial transitada em julgado.

Destaque-se que, por expressa previsão do texto constitucional, os créditos utilizáveis dentro da operação devem ser, obrigatoriamente, líquidos e certos (*i. e., precisos quanto sua existência e respectivo quantum debeatur*), podendo tal característica decorrer, tanto de reconhecimento administrativo do próprio Poder Público, como de decisão judicial definitiva (*ou seja, decisório transitado em julgado*).

Trata-se de medida que permite dotar de maior liquidez os créditos de particulares perante o Poder Público, evitando ou minimizando os dissabores da via crucis do complexo e demorado procedimento da execução por precatório (CF, art. 100, *caput*). O inconveniente a ponderar é o deságio que a comercialização dos créditos, que antecede à oferta facultada pelo § 11, do art. 100, da CF/88, tem de suportar. Mas, os percalços e delongas do procedimento precatorial são tão graves que, quase sempre, vale a pena suportar algum deságio para usufruir mais rapidamente o valor liberatório conferido pela referida norma constitucional.

O Decreto nº 11.249/2022, alterado pelo Decreto nº 11.526/2023, regulamentando questionado dispositivo constitucional, dispõe sobre o procedimento a ser observado na espécie e prevê que a oferta de créditos é uma faculdade do credor exercitável para os seguintes objetivos (art. 2º):

I – quitação de débitos parcelados ou débitos inscritos em dívida ativa da União, inclusive em transação resolutiva de litígio, e, subsidiariamente, débitos com autarquias e fundações federais;

II – compra de imóveis públicos de propriedade da União disponibilizados para venda;

III – pagamento de outorga de delegações de serviços públicos e demais espécies de concessão negocial promovidas pela União;

IV – aquisição, inclusive minoritária, de participação societária da União disponibilizada para venda; e

V – compra de direitos da União disponibilizados para cessão, inclusive, da antecipação de valores a serem recebidos a título do excedente em óleo em contratos de partilha de petróleo.

Destacam-se do regulamento as seguintes disposições:

(a) A oferta de créditos de que trata o caput não autorizará o levantamento, total ou parcial, de depósito vinculado aos ativos de que trata o inciso I do caput (art. 2º, § 1º).

(b) Para fins do disposto nos incisos II a V do caput, a utilização dos créditos obedecerá, em igualdade de condições, aos requisitos procedimentais do ato normativo que reger a disponibilização para venda, outorga, concessão negocial, aquisição de participação societária ou compra de direitos estabelecida pelo órgão ou pela entidade responsável pela gestão, pela administração ou pela guarda do bem ou do direito que se pretende adquirir, amortizar ou liquidar (art. 2º, § 2º).

(c) Para fins do disposto no art. 2º, a utilização dos créditos líquidos e certos de que trata este Decreto será feita por meio de encontro de contas (art. 3º).

(d) A oferta de créditos será requerida pelo credor e pressuporá a apresentação de documentação comprobatória ao órgão ou à entidade detentor do ativo que o credor pretende liquidar (art. 4º), podendo, em ato conjunto, o Advogado-Geral da União e o Ministro de Estado da Fazenda, ouvidos os Ministérios do Planejamento e Orçamento e da Gestão e da Inovação em Serviços Públicos, disporem sobre: *(i)* os requisitos formais, a documentação necessária e os procedimentos a serem observados uniformemente pela administração pública na utilização dos créditos (art. 5º, I); *(ii)* as garantias necessárias à proteção contra os possíveis riscos decorrentes de medida judicial propensa à desconstituição do título judicial ou do precatório e os demais critérios para a sua efetiva aceitação (art. 5º, II); e *(iii)* os procedimentos de finanças públicas necessários à realização do encontro de contas de que trata o Decreto nº 11.249/2022 (art. 5º, III).

Observe-se, finalmente, que o § 11, do art. 100, da CF/88, autoriza a oferta de créditos, imediatamente, perante a União, permitindo que tal ocorra também em face dos demais entes federativos, mas, quanto a estes, conforme o que vier a ser estabelecido em lei local.

98. Defesa da Fazenda

I – Temas discutíveis

O oferecimento de defesa pela Fazenda Pública deverá observar o título impugnado: *(i)* tratando-se de cumprimento de sentença, o juiz deverá julgar eventual impugnação da Fazenda Pública, prevista no art. 535 e aplicável, no que couber, ao rito especial aqui examinado; e *(ii)* tratando-se de execução de título extrajudicial, deverá observar o rito dos embargos à execução regulado nos arts. 914 e ss., também aplicável naquilo que couber, ao presente capítulo.

A diferença mais significativa diz respeito aos temas que podem figurar na defesa contra a execução. É mais ampla a matéria discutível frente ao título extrajudicial (arts. 910, § 2º, e 917), do que em relação ao título judicial (art. 535). Dessa forma, quando a execução contra a Fazenda Pública estiver apoiada em título judicial, a regra a observar é a do art. 535, que não tolera a rediscussão daquilo já resolvido no provimento da fase de cognição, e que, portanto, só admite verse a impugnação sobre:

(a) falta ou nulidade da citação se, na fase de conhecimento, o processo correu à revelia (inciso I);

(b) ilegitimidade da parte (inciso II);

(c) inexequibilidade do título ou inexigibilidade da obrigação (inciso III);

(d) excesso de execução ou cumulação indevida de execuções (inciso IV);

(e) incompetência absoluta ou relativa do juízo da execução (inciso V);

(f) qualquer causa modificativa ou extintiva da obrigação, como pagamento, novação, compensação, transação ou prescrição, desde que supervenientes ao trânsito em julgado da sentença (inciso VI).

II – Alguns destaques

Para efeito do disposto no inciso III do *caput* do art. 535, a lei considera também *inexigível* o título judicial fundado: *(i)* "em lei ou ato normativo declarados inconstitucionais pelo Supremo Tribunal Federal"; ou *(ii)* "fundado em aplicação ou interpretação da lei ou ato normativo tidas pelo Supremo Tribunal Federal como incompatíveis com a Constituição Federal, em controle de constitucionalidade concentrado ou difuso" (art. 535, § 5º)[39] (ver, *retro*, o item nº 51).[40]

Os temas do art. 535 e seus parágrafos foram já abordados no comentário relativo à "impugnação" à execução de sentença prevista no art. 525 (ver nºs 46 e 51). A diferença entre os dois dispositivos é que, nesta última, se pode questionar a penhora incorreta ou a avaliação errônea (art. 525, IV), ambas, porém, inexistentes no âmbito do cumprimento de sentença contra a Fazenda Pública. Daí a omissão quanto ao tema no art. 535, o qual, de resto, traz hipóteses idênticas ao art. 525.

---

[39] No STF tem sido recusada aplicação ao parágrafo único do art. 741 do CPC, ao argumento de que "a sentença de mérito transitada em julgado só pode ser desconstituída mediante ajuizamento de específica ação autônoma (*ação rescisória*) que haja sido proposta na fluência do prazo decadencial previsto em lei, pois, com o exaurimento do referido lapso temporal, estar-se-á diante da coisa soberanamente julgada, insuscetível de ulterior modificação, ainda que o ato sentencial encontre fundamento em legislação que, em momento posterior, tenha sido declarada inconstitucional pelo Supremo Tribunal Federal, quer em sede de controle abstrato, quer no âmbito de fiscalização incidental de constitucionalidade" (STF, RE 603.023, decisão monocrática do Min. Celso de Mello de 02.06.2010, *Rev. Forense* 409/415. Precedentes: STF, 1ª T., RE 504.197-AgRg-RS, Rel. Min. Ricardo Lewandowski, ac. 20.11.2007, *DJU* 19.12.2007, p. 48; STF, 1ª T., RE 473.715-AgRg-CE, Rel. Min. Aires Brito, ac. 26.04.2007, *DJU* 25.05.2007, p. 75; STF, 1ª T., RE 431.014-AgRg-RN, Rel. Min. Sepúlveda Pertence, ac. 24.04.2007, *DJU* 25.05.2007, p. 75). Releva notar, porém, que as decisões da 1ª Turma implicaram reconhecimento implícito de inconstitucionalidade do parágrafo único do art. 741 do CPC, o que somente seria válido se o julgamento tivesse sido levado a efeito pelo Plenário do STF (CF, art. 97). Descumpriu-se, portanto, a Súmula Vinculante nº 10/STF: "Viola a cláusula de reserva de plenário (CF, art. 97) a decisão de órgão fracionário de tribunal que, embora não declare expressamente a inconstitucionalidade de lei ou ato normativo do poder público, afasta sua incidência, no todo ou em parte (sobre o caráter *obter dictum* dos referidos pronunciamentos do STF, v., *retro*, o item 51)".

[40] A constitucionalidade do sistema que permite a arguição de inexigibilidade do título judicial por basear-se em lei declarada inconstitucional foi objeto de reconhecimento do STF na ADI 3740/DF (Pleno, Rel. Min. Gilmar Mendes, ac. 27.09.2019, *DJe* 02.12.2019).

Já o art. 917, VI, que trata dos embargos à execução fundada em título extrajudicial, dispõe que o executado poderá alegar "qualquer matéria que lhe seria lícito deduzir como defesa em processo de conhecimento", além de outras matérias típicas do processo executivo, como vícios do título executivo, penhora incorreta, excesso de execução etc. (art. 917, I a V). Vale dizer: quando a execução se apoia em título extrajudicial, os embargos do devedor podem atacar tanto o direito de crédito do exequente como o direito à execução, e, ainda, os atos executivos de *per si*.

III – Arguição de incompetência, suspeição ou impedimento do juízo

A incompetência do juízo, seja ela *absoluta* ou *relativa*, deverá ser arguida na própria impugnação ao cumprimento de sentença (arts. 525, VI, e 535, V), suprimindo-se a necessidade de instauração de incidente pela oposição de exceção em petição apartada, própria da Codificação anterior nas hipóteses de incompetência relativa (art. 742 do CPC/1973).

A suspeição ou o impedimento do juiz, por sua vez, devem ser alegados em petição apartada, no prazo de quinze dias, a contar do conhecimento do fato que lhes deu origem (arts. 535, § 1º, e 917, § 7º). Não cabe formulá-la dentro da impugnação porque se trata de incidente que será encaminhado a julgamento pelo tribunal, sempre que o juiz não reconhecer seu impedimento ou suspeição (art. 146, § 1º), formando um procedimento de competência originária do tribunal (§ 2º).

É por isso que o Código não permite tais alegações como argumento da impugnação ao cumprimento da sentença, e determina que sejam feitas na forma do art. 146 (art. 535, § 1º), isso é, em petição específica dirigida ao juiz do processo, na qual o executado indicará o fundamento da recusa, podendo instruir sua peça com documentos e rol de testemunhas.

Caso a alegação não seja acolhida imediatamente pelo juiz, dará origem a um incidente processual, a ser julgado, na instância superior, com observância do disposto no art. 146 e seus parágrafos.

IV – Duplo grau obrigatório

Mesmo que a decisão venha a desacolher a impugnação da Fazenda embargante, não se aplicará o duplo grau necessário de jurisdição (CPC/2015, art. 496), conforme jurisprudência assentada pelo Superior Tribunal de Justiça.[41] É que o CPC de 1973, em norma conservada pelo CPC/2015, só prevê a remessa necessária para os embargos à execução fiscal julgados procedentes, silenciando-se quanto aos incidentes de outras execuções que envolvam a Fazenda Pública.[42] Com maior razão não se há de pensar no reexame necessário, quando o ente público executado não opuser embargos, já que então nenhuma sentença haverá.[43]

---

[41] "O legislador, ao tratar do reexame necessário, limitou seu cabimento, relativamente ao processo de execução, quando procedentes embargos opostos em execução de dívida ativa, silenciando-se quanto aos outros casos de embargos do devedor" (STJ, Corte Especial, EREsp 241.959/SP, Rel. Min. Sálvio de Figueiredo, ac. 29.05.2003, *DJU* 18.08.2003, p. 149). No mesmo sentido: STJ, Corte Especial, EREsp 251.841/SP, Rel. Min. Edson Vidigal, ac. 25.03.2004, *DJU* 03.05.2004, p. 85.; STJ (REsp 1.107.662/SP, 2ª T., Rel. Min. Mauro Campbell Marques, ac. 23.11.2010, *DJe* 02.12.2010).

[42] Tratando-se de títulos executivos extrajudiciais, "a sentença de rejeição dos embargos à execução opostos pela Fazenda Pública não está sujeita à remessa necessária" (Enunciado nº 158/CEI/CJF).

[43] "No cumprimento de sentença contra a Fazenda Pública, oposta a impugnação e julgada improcedente, não há remessa necessária do CPC 496, pois não houve decisão 'contra' a Fazenda Pública, mas simplesmente confirmou-se a presunção de liquidez, certeza e exigibilidade, que já pesava sobre o título executivo judicial" (NERY JR., Nelson; NERY, Rosa Maria de Andrade. *Código de Processo Civil comentado*. 19.ed. São Paulo: Ed. RT, 2020, p. 1396, nota 5 ao art. 534).

V – Atribuições do Presidente do Tribunal na execução da Fazenda Pública

A execução de sentença por obrigação de quantia certa contra a Fazenda Pública é da competência do juízo da causa em que a condenação se deu, mas o pagamento respectivo depende de precatório expedido pelo Presidente do Tribunal ao ente público devedor (CF, art. 100, *caput*). Entretanto, a função do Presidente se desenvolve no plano administrativo, permanecendo as atribuições jurisdicionais com o juízo da execução, ao qual, por exemplo, cabe julgar a impugnação e os embargos interpostos ao cumprimento da sentença e à execução do título extrajudicial.

No exercício de sua função administrativa, competem ao Presidente do Tribunal, dentre outras, as atribuições previstas no art. 3º da Resolução nº 303/2019 do CNJ, quais sejam:

(a) aferir a regularidade formal do precatório;

(b) organizar e observar a ordem de pagamento dos créditos, nos termos da Constituição Federal;

(c) registrar a cessão de crédito e a penhora sobre o valor do precatório, quando comunicado sobre sua ocorrência;

(d) decidir sobre impugnação aos cálculos do precatório e sobre o pedido de sequestro, nos termos da Resolução nº 303 do CNJ;

(e) processar e pagar o precatório observando a legislação pertinente e as regras estabelecidas na Resolução 303 do CNJ; e

(f) velar pela efetividade, moralidade, impessoalidade, publicidade e transparência dos pagamentos.

Dentro das atribuições administrativas inclui-se a de corrigir erros de digitação cometidos no preenchimento do ofício precatório, configuradores de erro material passível de retificação, perante o Tribunal, sem necessidade de devolução do ofício precatório ao juízo de origem (Resolução nº 303, art. 7º, § 7º).

Entretanto, reclamações sobre diferenças decorrentes de índices de correção monetária e juros, não especificadas nos arts. 21 a 25 da Resolução nº 303, constantes ou não do título executivo, deverão ser objeto de decisão do juízo da execução e, sendo o caso, autorizada a expedição de novo precatório (Resolução nº 303, art. 23).

Em virtude da natureza administrativa das decisões do Presidente do Tribunal, pronunciadas no processamento de precatórios, não cabe recurso extraordinário, nos termos da Súmula nº 733 do STF.

VI – Impugnações e revisões de cálculo perante o Tribunal e perante o juízo da execução

A revisão de cálculos com fundamento no art. 1º-E da Lei nº 9.494/1997 poderá ser pleiteada perante o Presidente do Tribunal quando o questionamento se referir a critérios de atualização monetária e juros aplicados após a apresentação do ofício precatório (Resolução nº 303/CNJ, art. 26, *caput*).

Esse procedimento pode abranger também a apreciação das inexatidões materiais presentes nas contas do precatório, inclusive os cálculos produzidos pelo juízo da execução.[44]

---

[44] "Erro ou inexatidão material abrange a incorreção detectada na elaboração da conta decorrente da inobservância de critério de cálculo adotado na decisão exequenda, assim também considerada aquela exarada na fase de cumprimento de sentença ou execução" (Resolução nº 303/CNJ, art. 28).

Não alcançará, entretanto, sob qualquer aspecto, a análise dos critérios de cálculo (Resolução nº 303, art. 26, § 1º). Tratando-se de questionamento relativo a critério de cálculo judicial, assim considerado aquele resultante das escolhas do julgador, a revisão da conta competirá ao juízo da execução (Resolução nº 303, art. 26, § 2º).

O procedimento de revisão de cálculo, seja perante o Tribunal ou o juízo da execução, deverá respeitar sempre o contraditório e a ampla defesa. A parte incontroversa do precatório, porém, será paga, desde logo (Resolução nº 303, art. 27, § 1º).

A revisão que em caráter definitivo majorar o débito exequendo fará com que a diferença apurada seja objeto de nova requisição de precatório ao Tribunal (Resolução nº 303, art. 29). No caso de redução do valor original, a retificação do débito exequendo ocorrerá sem cancelamento do precatório (Resolução nº 303, art. 30). Decorrendo de decisão do juiz da execução, este apenas a informará ao Presidente do Tribunal (Resolução nº 303, art. 30, § 1º).

Ao requerer a revisão perante o juízo da execução ou Presidente do Tribunal, a parte (credor ou devedor) deverá cumprir os requisitos do art. 27 da Resolução nº 303 303/CNJ:

(a) deverá apontar e especificar claramente quais são as incorreções existentes no cálculo, discriminando o montante que entende correto e devido;

(b) deverá demonstrar que o defeito no cálculo se refere a incorreção material ou a fato superveniente ao título executivo, segundo o CPC;

(c) deverá proceder à demonstração que não ocorreu a preclusão relativamente aos critérios de cálculo aplicados na elaboração da conta de liquidação na fase de conhecimento, liquidação, execução ou cumprimento de sentença, nos termos dos arts. 507 e 508 do CPC.

VII – Revisão do cálculo de juros de mora e coisa julgada

Como está assentado na jurisprudência do STF, a revisão de cálculos de juros moratórios pode compreender a aplicação de juros moratórios inovados por legislação superveniente ao precatório, sem ofensa à coisa julgada. Incide a aplicação imediata da lei nova às situações jurídicas pendentes, em consonância com o princípio *tempus regit actum*, desde que se respeitem os efeitos da sentença até a data da lei nova. Assim, para aplicação dos juros moratórios regulados pela Lei nº 9.494/1997, alterada pela Lei nº 11.960/2009, o STF fixou a seguinte tese: "É aplicável às condenações da Fazenda Pública envolvendo relações jurídicas não tributárias o índice de juros moratórios estabelecido no art. 1º-F da Lei n. 9.494/1997, na redação dada pela Lei n. 11.960/2009, a partir da vigência da referida legislação, mesmo havendo previsão diversa em título executivo judicial transitado em julgado".[45]

98-A. Honorários advocatícios sucumbenciais no cumprimento de sentença contra a Fazenda Pública

A partir da MP nº 2.180-35, de 24.08.2001, que acrescentou o art. 1º-D à Lei nº 9.494/1997, a questão da sucumbência nas execuções contra a Fazenda Pública passou a se submeter a um duplo regime: (*i*) no caso de execução por precatório, não sendo opostos embargos, a Fazenda não se sujeitaria à verba advocatícia sucumbencial; (*ii*) já o mesmo não ocorreria com a execução

---

[45] STF, Pleno, RE 1.317.982/ES, Rel. Min. Nunes Marques, ac. 12.12.2023, *DJe* 08.01.2024.

por meio de requisição de pequeno valor (RPV),[46] hipótese em que os honorários sucumbenciais seriam devidos, independentemente de impugnação.[47]

O entendimento continuou sendo observado pelo STJ, mesmo após a entrada em vigor do CPC/2015,[48] até que a 1ª Seção procedeu à revisão do antigo tratamento da matéria, decidindo que não há razão para se manter a antiga distinção entre sucumbência em execução por precatório e por RPV.[49]

Com efeito, se, no cumprimento de sentença contra particular, o devedor não paga honorários se efetuar o pagamento no prazo de 15 dias previsto no art. 523, § 1º, nada justifica impor tal verba à Fazenda Pública, que, não impugnando a execução, tem assegurado o prazo de dois meses para depositar no banco o valor do débito constante da RPV. Daí ter a 1ª Seção do STJ fixado a seguinte tese, em regime de recurso repetitivo:

> "Na ausência de impugnação à pretensão executória, não são devidos honorários advocatícios sucumbenciais em cumprimento de sentença contra a Fazenda Pública, ainda que o crédito esteja submetido a pagamento por meio de Requisição de Pequeno Valor – RPV".

O fato de o art. 85, § 7º, do CPC só mencionar a isenção dos honorários na execução por precatório não embargada não foi considerado empecilho à interpretação sistemática da matéria, uma vez que, para o STJ, não seria razoável manter-se a distinção superada no julgamento em tela.[50]

99. Execução provisória

Embora não esteja a Fazenda Pública imune, em regra, à execução provisória[51] (CPC/2015, arts. 513, § 1º, e 520),[52] quando se tratar de sentença que tenha por objeto a liberação de recurso, inclusão em folhas de pagamento, reclassificação, equiparação, concessão de aumento ou extensão de vantagens a servidores da União, dos Estados, do Distrito Federal e dos Municípios, inclusive de suas autarquias e fundações, a execução somente será possível após o trânsito em

---

[46] "... Fazenda Pública: execução não embargada: honorários de advogado: constitucionalidade declarada pelo Supremo Tribunal, com interpretação conforme ao art. 1º-D da L. 9.494/97, na redação que lhe foi dada pela MPr 2.180-35/2001, de modo a reduzir-lhe a aplicação à hipótese de execução por quantia certa contra a Fazenda Pública (C. Pr. Civil, art. 730), excluídos os casos de pagamento de obrigações definidos em lei como de pequeno valor (CF/88, art. 100, § 3º)" (STF, Pleno, RE 420.816/PR, Rel. p/ ac. Min. Sepúlveda Pertence, ac. 29.09.2004, *DJU* 10.12.2006, p. 50).

[47] STJ, 1ª Seção, EREsp 676.719/SC, Rel. Min. José Delgado, ac. 28.09.2005, *DJU* 24.10.2005, p. 165.

[48] STJ, 1ª T., AgInt no REsp 2.021.231/SC, Rel. Min. Paulo Sérgio Domingues, ac. 06.03.2023, *DJe* 10.03.2023.

[49] STJ, 1ª Seção, REsp 2.029.636/SP – recurso repetitivo, Rel. Min. Herman Benjamin, ac. 20.06.2024, *DJe* 01.07.2024.

[50] "Note-se: como não pode pagar voluntariamente, a única conduta que o Estado pode adotar em favor do imediato cumprimento do título executivo judicial é o de não impugnar a execução e depositar a quantia requisitada pelo juiz no prazo legal. Não é razoável que o particular que pague voluntariamente a obrigação fique isento do pagamento de honorários sucumbenciais, mas o Poder Público, reconhecendo a dívida (ao deixar de impugná-la) e pagando-a também no prazo legal, tenha de suportar esse ônus" (STJ, REsp 2.029.636/SP – recurso repetitivo, Rel. Min. Herman Benjamin, ac. 20.06.2024, *DJe* 01.07.2024).

[51] Salvo as restrições legais específicas, a Fazenda Pública é reconhecidamente passível de execução provisória, por exemplo, nas medidas de tutela de urgência (STJ, 1ª T., REsp 913.072/RJ, Rel. Min. Teori Albino Zavascki, ac. 12.06.2007, *DJU* 21.06.2007, p. 301; STF, 2ª T., RE 495.740, Rel. Min. Celso de Mello, ac. 02.06.2009, *DJe* 14.08.2009).

[52] "O art. 730 do CPC não impede a execução provisória de sentença contra a Fazenda Pública" (STJ, 1ª T., REsp 56.239-2/PR, Rel. Min. Humberto Gomes de Barros, ac. 15.03.1995, *DJU* 24.04.1995, p. 10.388).

julgado, ou seja, somente se admitirá, na espécie, a execução definitiva (Lei nº 9.494/1997, art. 2º-B, com a redação da Medida Provisória nº 2.180-35, de 24.08.2001).

Com a Emenda Constitucional nº 30, de 13.09.2000, que deu nova redação ao § 1º do art. 100 da CF/1988, ficou claro que, no caso de obrigação por quantia certa, a execução contra a Fazenda Pública, nos moldes do art. 534, somente será possível com base em sentença transitada em julgado, restando, pois, afastada, na espécie, a execução provisória. A Emenda nº 62/2009 manteve igual orientação no texto renovado do atual § 5º que continua prevendo que o regime de precatórios se aplica às "sentenças transitadas em julgado".

O Superior Tribunal de Justiça, todavia, tem interpretado a restrição constitucional de maneira mais branda, ou seja, as emendas nº 30 e nº 62 não teriam eliminado totalmente a execução provisória, a qual poderia ser processada até a fase de impugnação, "ficando suspensa, daí em diante, até o trânsito em julgado do título executivo, se os embargos não forem opostos, ou forem rejeitados".[53]

99.1. Execução definitiva sob forma de precatório

A execução por quantia certa contra a Fazenda Pública, uma vez requerida pelo credor, realizar-se-á por meio de requisição judicial de pagamento, ou seja, mediante precatório expedido pelo presidente do tribunal competente (CF, art. 100, *caput*).

Cabe ao juiz da execução oficiar ao tribunal a que se acha hierarquicamente vinculado (Tribunal de Justiça, no caso de juiz de direito estadual; Tribunal Regional Federal, no caso de juiz federal etc.), a fim de requisitar o processamento administrativo da expedição do precatório a ser encaminhado ao órgão da Administração Pública responsável pelo pagamento previsto na decisão judicial exequenda.

O ofício precatório expedido pelo juízo da execução ao Tribunal, em forma padronizada e por via eletrônica, conterá os dados e informações determinados pelos arts. 5º e 6º da Resolução nº 303/CNJ.[54]

---

[53] STJ, 1ª T., MC 6.489/SP, Rel. Min. Teori Albino Zavascki, ac. 27.05.2003, *DJU* 16.06.2003, p. 261.

[54] Art. 6º No ofício precatório constarão os seguintes dados e informações: I – numeração única do processo judicial, número originário anterior, se houver, e data do respectivo ajuizamento; II – nome(s) do(s) beneficiário(s) do crédito, do seu procurador, se houver, com o respectivo número no Cadastro de Pessoas Físicas – CPF, no Cadastro Nacional de Pessoas Jurídicas – CNPJ ou no Registro Nacional de Estrangeiro – RNE, conforme o caso; III – indicação da natureza comum ou alimentar do crédito; IV – valor total devido a cada beneficiário e o montante global da requisição, constando o principal corrigido, o índice de juros ou da taxa SELIC, quando utilizada, e o correspondente valor; V – a data-base utilizada na definição do valor do crédito; VI – data do trânsito em julgado da sentença ou do acórdão lavrado na fase de conhecimento do processo judicial; VII – data do trânsito em julgado dos embargos à execução ou da decisão que resolveu a impugnação ao cálculo no cumprimento de sentença, ou do decurso do prazo para sua apresentação; VIII – data do reconhecimento da parcela incontroversa, se for o caso; IX – a indicação da data de nascimento do beneficiário, em se tratando de crédito de natureza alimentícia e, na hipótese de liquidação da parcela superpreferencial do crédito alimentar perante o juízo da execução, o registro desse pagamento; X – a natureza da obrigação (assunto) a que se refere à requisição, de acordo com a Tabela Única de Assuntos – TUA do CNJ; XI – o número de meses – NM a que se refere à conta de liquidação e o valor das deduções da base de cálculo, caso o valor tenha sido submetido à tributação na forma de rendimentos recebidos acumuladamente RRA, conforme o art. 12-A da Lei nº 7.713, de 22 de dezembro de 1988; XII – o órgão a que estiver vinculado o empregado ou servidor público, civil ou militar, da administração direta, quando se tratar de ação de natureza salarial, com a indicação da condição de ativo, inativo ou pensionista, caso conste dos autos; e XIII – quando couber, o valor: a) das contribuições previdenciárias, bem como do órgão previdenciário com o respectivo CNPJ; b) da contribuição para o Fundo de Garantia por Tempo de Serviço – FGTS; e c) de outras contribuições devidas, segundo legislação do ente federado.

O procedimento no tribunal tradicionalmente se acha disciplinado pelo regimento interno de cada tribunal. Há também normas uniformizadoras baixadas pelo CNJ, pela Resolução nº 303/2019, alterada pelas Resoluções nos 365/2021 e 390/2021.

Os precatórios correspondem a uma espécie da carta de sentença[55] e deverão ser expedidos individualmente, por credor, ainda que exista litisconsórcio (Resolução nº 303, art. 7º, *caput*). Ao advogado que tem honorários contratuais a receber do beneficiário, um só precatório englobará a parte do credor e a do mandatário (Resolução nº 303, art. 7º, § 1º).[56] Quanto aos honorários sucumbenciais, constarão de precatório individualizado em favor do advogado (Resolução nº 303, art. 8º). A apresentação dos precatórios requisitados ao tribunal e sua comunicação à entidade devedora poderão ser realizadas eletronicamente (Resolução nº 303, arts. 5º, parágrafo único, e 15, § 1º, I).

Prevê a CF (art. 100, § 9º) a possibilidade de compensação do crédito exequendo com débitos líquidos e certos do credor na Fazenda Pública executada, salvo aqueles cuja execução esteja suspensa em virtude de contestação administrativa ou judicial. Cabe ao tribunal, antes da expedição do precatório, solicitar à Fazenda Pública executada informação, com prazo de trinta dias, sobre eventuais débitos nas condições do citado § 9º, sob pena de perda do direito de compensação no bojo do precatório (CF, art. 100, § 10). Entretanto, o STF declarou inconstitucionais os §§ 9º e 10 da CF, os quais haviam sido incluídos no texto da Lei Maior pela EC 62/2009, qualificando-os de embaraço à efetividade da jurisdição (CF, art. 5º, XXXV), desrespeito à coisa julgada material (CF, art. 5º, XXXVI), vulneração à separação dos Poderes (CF, art. 2º) e ofensa à isonomia entre o Poder Público e o particular (CF, art. 5º, *caput*), "cânone essencial ao Estado Democrático de Direito (CF, art. 1º, *caput*)".[57] Prevê, outrossim, o ADCT a possibilidade de leilões de precatórios (art. 97, § 9º), assim como de acordos diretos entre credores e a instituição devedora (art. 97, § 8º, III)[58]. A instituição de Juízo Auxiliar de Conciliação de Precatórios é facultada aos tribunais com a finalidade de buscar a conciliação àqueles submetidos ao regime especial.

Os valores previstos no orçamento para cumprimento dos precatórios serão, de acordo com o § 6º do art. 100 da CF, consignados diretamente ao tribunal respectivo, o qual os administrará, abrindo contas judiciais individualizadas para cada credor. O levantamento pelo titular será efetuado por meio de alvará judicial, uma vez constatada a inexistência de qualquer pendência acerca do crédito constante do precatório.

O CNJ, após julgamento pelo STF das ADIs 4.357 e 4.425, e depois do advento das ECs 94/2016 e 99/2017, e tendo em vista a complexidade do regime especial de pagamentos de precatórios estabelecido pelo atual art. 101 do ADCT, baixou a Resolução nº 303/2019, que

---

[55] ASSIS, Araken de. *Manual da execução*. 18. ed. São Paulo: RT, 2016, n. 488, p. 1.384.
[56] Haverá precatório único, também, no caso de penhora ou de cessão parcial do crédito exequendo (Resolução nº 303, art. 7º, § 1º).
[57] STF, Pleno, ADI 4.425/DF, Rel. p/ ac. Min. Luiz Fux, ac. 14.03.2013, *RT* 944/251. Não se pretendeu, porém, tornar absolutamente impossível a compensação do débito fazendário. A inconstitucionalidade reconhecida pelo STF se deveu à forma arbitrária e autoritária com que a medida fora imposta pela EC 62/2009. A Resolução nº 303/CNJ prevê a compensação desde que realizada no âmbito do órgão fazendário com base em lei do ente federado e limitada ao valor líquido disponível (art. 46). "Considera-se valor líquido disponível aquele ainda não liberado ao beneficiário, obtido após reserva para pagamento dos tributos incidentes e demais valores já registrados junto ao precatório, como a cessão parcial de crédito, compensação anterior, penhora e honorários advocatícios contratuais" (art. 46, § 1º).
[58] Também o art. 97 do ADCT, acrescentado pela EC 62/2009, foi declarado inconstitucional pelo Supremo Tribunal Federal (ADI 4.425, Rel. p/ ac. Min. Luiz Fux, ac. 14.03.2013, *RT* 944/251).

dispôs minuciosamente sobre a gestão dos precatórios e respectivos procedimentos operacionais no âmbito do Poder Judiciário.[59]

A Resolução questionada compõe-se de 87 artigos e entrou em vigor em 1º de janeiro de 2020, tendo sofrido pequenas alterações por meio das Resoluções nº 327/2020; 365/2021; e 390/2021, todas do CNJ. Essas três Resoluções do CNJ cumprem um importante papel na missão institucional de aprimorar o espinhoso procedimento da execução contra a Fazenda Pública, facilitando, na medida do possível, o acesso dos particulares a uma tutela jurisdicional que há muito tempo reclama maior eficiência.

99.2. Execução definitiva na modalidade "requisição de pequeno valor"

O regime de execução de débitos da Fazenda Pública por meio de precatório não se aplica às obrigações que a lei define como de *pequeno valor*, desde que reconhecidas por sentença judicial transitada em julgado (CF, art. 100, § 3º, com a redação determinada pela EC nº 62/2009) (sobre a quantificação do *pequeno valor*, v., adiante, o item n. 101).

As Leis nº 10.259/2001, art. 17, e nº 12.153/2009, art. 13, ao instituírem o Juizado Especial Federal e os Juizados Especiais da Fazenda Pública, respectivamente, dispuseram que, no caso de cumprimento de sentença referente a obrigações de quantia certa de *pequeno valor* contra as entidades integrantes das Fazendas Públicas Federal, Estadual e Municipal, proceder-se-á mediante *requisição judicial*, feita em ofício à autoridade inicialmente citada para a causa, sem necessidade de precatório. O pagamento deverá ser realizado no prazo máximo de sessenta dias (Leis nºs 10.259, art. 17, *caput*; nº 12.153, art. 13, I).

A Resolução nº 458, de 04.10.2017, do Conselho da Justiça Federal, aplicável aos processos da Justiça Federal, faz uma distinção entre os julgados contra a União e suas autarquias e fundações e aqueles em que a condenação for contra as Fazendas Estadual, Distrital ou Municipal, e suas respectivas autarquias e fundações e a Empresa Brasileira de Correios e Telégrafos (EBCT).

No primeiro caso (i.e., Fazenda Federal), a *requisição de pequeno valor* será expedida por meio de *ofício requisitório* endereçado pelo juízo da execução ao presidente do tribunal correspondente, o qual "organizará mensalmente a relação das requisições em ordem cronológica, com os valores por beneficiário", encaminhando-a à Secretaria de Planejamento, Orçamento e Finanças do Conselho da Justiça Federal e ao representante legal da entidade devedora (Resolução CJF nº 458/2017, arts. 3º, § 1º, e 6º).

No segundo caso (Fazendas Estadual, Distrital ou Municipal, e suas autarquias, e a EBCT), a requisição de pequeno valor será encaminhada pelo juiz da execução, diretamente à própria instituição devedora (Resolução nº 458, art. 3º, § 2º): a Resolução do CNJ nº 303/2019, no entanto, permite que, por lei própria ou mediante convênio, seja estabelecida descentralização de recursos orçamentários pela Fazenda Pública, caso em que a requisição de pequeno valor será encaminhada ao Tribunal de Justiça (art. 49, § 4º).

---

[59] O *Título II* da Resolução nº 303 é dedicado especificamente ao precatório e contém os seguintes Capítulos: I – Da expedição, recebimento, validação e processamento; II – Da expedição do ofício requisitório; III – Do aporte de recursos; IV – Do pagamento. O *Título III* compõe-se de Capítulos dedicados à penhora de valores do precatório, à cessão de crédito e à compensação. O *Título IV* ocupa-se do pagamento das obrigações de pequeno valor. Por último, o *Título V* tem um longo capítulo sobre o regime especial de pagamento de precatórios, voltado diretamente para aplicação dos atuais arts. 101 a 105 do ADCT, onde se trata, além do controle administrativo da gestão dos recursos destinados ao cumprimento dos precatórios, de medidas excepcionais como o sequestro de recursos públicos, o cadastro das entidades inadimplentes de precatórios (CEDINPREC), o pagamento de precatórios no regime especial, o pagamento mediante acordo direto, a compensação no regime especial e a extinção do regime especial.

Em ambos os casos, o prazo de pagamento, mediante depósito no Banco do Brasil ou na Caixa Econômica, ou, ainda, em juízo (Justiça Estadual), será de sessenta dias (Lei nº 10.259, art. 17, e Lei nº 12.153, art. 13, I).

As *requisições de pequeno valor* expedidas pelo juízo da execução, sem interferência do tribunal, deverão conter, basicamente, os mesmos dados das requisições de precatório (CPC/2015, art. 534; Resolução CJF nº 458/2017, art. 8º; Resolução CNJ nº 303/2019, art. 49, § 1º).

99.3. Requisição de pequeno valor em caso de crédito alimentar "superpreferencial"

Os créditos alimentares não integram a ordem cronológica geral de pagamento dos precatórios, mas seu pagamento segue o regime comum do art. 100 da CF. Têm preferência sobre os demais credores da Fazenda Pública, mas sujeitam-se a precatórios, formando uma escala cronológica de pagamento própria.

Há, porém, um regime particular para os créditos alimentares qualificados como *superpreferenciais*: são *preferenciais* os créditos de natureza alimentar previstos no art. 100, § 1º, da CF; e *superpreferenciais* os correspondentes à parcela dos créditos alimentares passível de fracionamento e adiantamento dos termos do art. 100, § 2º, da CF e do art. 102, § 2º, do ADCT (Resolução nº 303/CNJ, art. 2º, II e III).

Esse superprivilégio é estabelecido em favor dos titulares (originários ou por sucessão hereditária) de créditos alimentícios, que sejam idosos, portadores de doença grave ou pessoas com deficiência, assim definidos em lei, dentro do limite de um valor equivalente ao triplo fixado em lei como "obrigação de pequeno valor" (Resolução nº 303, art. 9º).

É duplo esse superprivilégio: *(i)* assegura preferência sobre todos os demais credores, inclusive os alimentícios; e, *(ii)* permite o fracionamento do valor da execução, a fim de que a parcela superprivilegiada seja cobrada adiantadamente sob o regime próprio das "obrigações de pequeno valor". Para tanto, o credor formulará requerimento ao juízo da execução, instruído com a prova da idade, da moléstia grave ou da deficiência (Resolução nº 303, art. 9º, § 1º). Ouvida a parte contrária em cinco dias, e sendo deferido o pedido, o juízo da execução expedirá a requisição de pequeno valor, distinta do precatório, a fim de que seja satisfeita a parcela superpreferencial do crédito alimentar nos moldes do art. 535, § 3º, II, do CPC (Resolução nº 303, art. 9º, §§ 3º e 4º).[60]

Havendo remanescente do crédito alimentar, será este objeto de ofício precatório a ser expedido e pago na ordem cronológica de sua apresentação ao Tribunal (Resolução nº 303, art. 9º, § 5º), dentro, porém, da classe própria dos credores de alimentos (CF, art. 100, § 1º).

99.4. Limites do poder normativo dos estados-membros na disciplina dos requisitórios de pequeno valor

A autonomia expressamente reconhecida na Constituição de 1988 e na jurisprudência do Supremo Tribunal Federal aos estados-membros para dispor sobre obrigações de pequeno valor restringe-se à fixação do valor referencial. Pretender ampliar o sentido da jurisprudência e do que está posto nos §§ 3º e 4º do art. 100 da Constituição, de modo a afirmar a competência legislativa do estado-membro para estabelecer também o prazo para pagamento das RPV, é passo demasiadamente largo, na visão do STF. Nesse terreno, a jurisprudência da Suprema Corte confere ampla autonomia ao estado-membro na definição do valor referencial das obrigações de pequeno valor, permitindo, inclusive, a fixação de valores inferiores ao do art. 87 do ADCT (ADI nº 2868, Tribunal Pleno, Rel. Min. Ayres Britto, Rel. p/ ac. Min. Joaquim Barbosa,

---

[60] Os §§ 3º e 7º do art. 9º da Resolução nº 303/2019 acham-se suspensos por Medida Cautelar deferida na ADI 6.556, ainda pendente de julgamento definitivo no STF.

DJ de 12.11.2004). A ultrapassagem dessa limitação, para regular prazos e procedimentos, importa legislar sobre normas de direito processual, com invasão da competência reservada constitucionalmente à União, conforme assentado em ação direta de inconstitucionalidade.[61]

99.5. Pagamento do precatório em parcelas ou por acordo direto

Postos os recursos requisitados à disposição do Tribunal, os beneficiários dos precatórios serão convocados a receber os respectivos créditos, pessoalmente ou através de procurador, com ciência às partes e ao juízo da execução. O pagamento poderá ser realizado mediante saque bancário, ou através de alvará, mandado ou guia de pagamento (Resolução nº 303, art. 31, § 1º).

Em regra, o pagamento é feito por inteiro, de uma só vez, mas os §§ 5º e 20 do art. 100 da CF preveem, também, a hipótese de parcelamento, observável quando um só precatório apresentar valor superior a 15% de todos os precatórios apresentados no exercício. Em tal situação, o ente devedor pode pagar 15% do precatório a fracionar, até o final do ano seguinte, juntamente com os demais precatórios pendentes, e manifestar a forma com que satisfará o remanescente da dívida parcelada, a qual poderá dar-se de duas maneiras, segundo previsão do art. 34 da Resolução nº 303 do CNJ:

I – *Pagamento em cinco parcelas anuais iguais*, acrescidas de juros e correção monetária, exigíveis nos exercícios imediatamente subsequentes com observância do disposto nos §§ 5º e 6º do art. 100 da CF, inclusive em relação à previsão de sequestro, dispensadas novas requisições (Res. 303, art. 34, § 2º, I);

II – Poderá optar, outrossim, por *acordo direto*, destinado à obtenção de um deságio do valor do precatório, ajustado com o credor e homologado pelo Juízo Auxiliar de Conciliação de Precatórios do Tribunal, nos termos do art. 34, § 2º, II, da Resolução 303, o que dependerá das seguintes comprovações:

(a) da vigência da norma regulamentadora do ente federado e do cumprimento dos requisitos dela previstos;

(b) da inexistência de recurso ou impugnação judicial contra o crédito; e

(c) do respeito ao deságio máximo de 40% do valor remanescente e atualizado do precatório (i.e., do saldo superveniente ao resgate da parcela inicial de 15% do valor integral do precatório).

Se o ente devedor não optar expressamente pelo acordo direto, o Tribunal processará o cumprimento do precatório na forma parcelada da opção I, constante do art. 34, § 2º, da Resolução nº 303. Essa última modalidade de pagamento parcelado é opção do devedor, que não pode ser recusada pelo beneficiário do precatório, se presentes os requisitos do § 20 do art. 100 da CF (Resolução nº 303, art. 34, § 3º).

99.6. Opção do credor pelo regime das pequenas causas (RPV)

Para escapar da execução por precatório, reconhece o STJ a possibilidade de o credor demandar opcionalmente perante o Juizado Especial, conforme tese firmada em recurso repetitivo, assim enunciada:

> "Ao autor que deseje litigar no âmbito de Juizado Especial Federal Cível, é lícito renunciar, de modo expresso e para fins de atribuição de valor à causa, ao

---

[61] STF, Pleno, ADI 5.534/DF, Rel. Min. Dias Toffoli, ac. 21.12.2020, *DJe* 12.02.2021.

montante que exceda os 60 (sessenta) salários mínimos previstos no art. 3º, *caput*, da Lei 10.259/2001, aí incluídas, sendo o caso, até doze prestações vincendas, nos termos do art. 3º, § 2º, da referida lei, c/c o art. 292, §§ 1º e 2º, do CPC/2015".[62]

O alcance da tese vinculante, a nosso ver, é o seguinte:

a) para efeito de se valer da execução na forma de Requisição de Pequeno Valor, a renúncia parcial de crédito deve incidir sobre o somatório do crédito vencido ao tempo da propositura da ação e de doze prestações mensais vincendas, com o que a pretensão do autor se acomodaria dentro do teto da competência do Juizado Especial;

b) as prestações que se vencerem após as doze incluídas no cálculo da renúncia, e que se acumularem em virtude da demora da conclusão do processo, não seriam afetadas: somariam ao valor do crédito inicialmente reduzido para permitir o processamento pelo Juizado Especial, mesmo que o somatório final ultrapassasse o valor-teto de competência normal do referido Juizado; é que, por lei, cabe ao Juizado Especial executar as próprias sentenças (Lei nº 10.259, art. 3º, *caput*).

c) ter-se-á, dessa forma, uma execução por Requisitório de Pequeno Valor, sem embargo de a quantificação do crédito exequendo ultrapassar o valor-teto do art. 3º, da Lei nº 10.259/2001,[63] e o valor da causa estipulado pelo art. 292, §§ 1º e 2º, do CPC.[64]

100. Sequestro de verbas públicas

A execução das dívidas da Fazenda Pública, como já se observou, não segue o sistema da penhora e expropriação de bens do devedor, já que o patrimônio público é naturalmente impenhorável. Cumpre-se, portanto, a execução contra a Fazenda, requisitando-se a inclusão da verba necessária no orçamento e aguardando-se que a satisfação do crédito ajuizado se dê de forma voluntária pelo obrigado.

Medida executiva propriamente dita é o sequestro de verbas públicas que a lei primeiramente só permitia quando a Fazenda devedora quebrasse a ordem cronológica dos precatórios, mediante pagamento direto a outro exequente, fora do respectivo grau na escala de preferência.

Com a EC nº 62/2009 a possibilidade de sequestro foi ampliada, tornando-se cabível não só por preterição do direito de preferência, mas também quando não ocorrer a alocação orçamentária do valor necessário à satisfação do débito exequendo (CF, art. 100, § 6º). A nova disposição constitucional não apenas tornou obrigatória a inclusão do valor do precatório no orçamento, como sujeitou a Fazenda devedora a sofrer sequestro de receita, quando o dever legal for descumprido.

Da mesma forma, o § 20 do art. 100 da CF (acrescentado pela EC nº 94/2016) prevê outra hipótese em que o sequestro tem cabimento: a de ocorrência de inadimplemento no devido termo das parcelas em que o valor original do precatório se desdobrou (Resolução nº 303, art. 34, § 2º, I).

---

[62] STJ, 1ª Seção, EDcl no REsp 1.807.665/SC, Rel. p/ ac. Og. Fernandes, ac. 12.05.2021, *DJe* 01.07.2021.

[63] "Compete ao Juizado Especial Federal Cível processar, conciliar e julgar causas de competência da Justiça Federal até o valor de sessenta salários mínimos, bem como executar as suas sentenças" (Lei nº 10.259/2001, art. 3º). "Quando a pretensão versar sobre obrigações vincendas, para fins de competência do Juizado Especial, a soma de doze parcelas não poderá exceder o valor referido no art. 3o, caput" (§ 2º do mesmo art. 3º).

[64] "Quando se pedirem prestações vencidas e vincendas, considerar-se-á o valor de umas e outras" (CPC, art. 292, § 1º). "O valor das prestações vincendas será igual a uma prestação anual, se a obrigação for por tempo indeterminado ou por tempo superior a 1 (um) ano, e, se por tempo inferior, será igual à soma das prestações" (§ 2º do mesmo art. 292).

A ordem de sequestro, cuja natureza é a mesma da penhora, isto é, ato executivo expropriatório para propiciar o pagamento forçado ao credor exequente, deve ser requerida ao Presidente do Tribunal que expediu o precatório.

O art. 78, § 4º, do ADCT, acrescido pela EC nº 30/2000 (que instituiu moratória de dez anos para solução de precatórios pendentes), previu mais um caso de sequestro de recursos financeiros da Fazenda Pública executada. Trata-se do inadimplemento de qualquer das parcelas decorrentes da moratória.[65]

É de se lembrar, ainda, do sequestro autorizado para as execuções da Fazenda Pública, por requisições de pequeno valor (CF, art. 100, § 3º; Lei nº 10.259/2001, art. 17, § 2º), o qual é decretável quando não se verifica o cumprimento da condenação no prazo de sessenta dias após a ordem judicial (Resolução nº 303/CNJ, arts. 10 e 19).

O procedimento da execução da Fazenda Pública, com possibilidade eventual de sequestro de verbas públicas, está previsto apenas para a obrigação por quantia certa (art. 534).

As obrigações de fazer ou de entrega de coisa seguem o procedimento executivo comum, conforme constem de sentença (arts. 536 e ss.) ou de título executivo extrajudicial (art. 806 e ss.), mesmo quando o executado seja o Poder Público.

Quando se trata, porém, de decisão mandamental que impõe ao serviço médico estatal fornecer medicamento a necessitado, o descumprimento da prestação pode ser convertido em outra medida capaz de proporcionar resultado prático equivalente (art. 536, *caput* e § 1º). Entre essas medidas substitutivas e coercitivas, a jurisprudência inclui "até mesmo o sequestro de valores do devedor (bloqueio)", segundo o prudente arbítrio do juiz, "e sempre com adequada fundamentação".[66]

100.1. Procedimento do sequestro

O sequestro, provocado por requerimento do credor, é medida administrativa que cabe ao presidente do tribunal processar e decidir (Resolução CNJ nº 303, art. 20, § 1º). Protocolizado o pedido, será intimado o gestor da entidade devedora para que, em dez dias, comprove o pagamento realizado, promova-o ou preste informações (Resolução CNJ nº 303, art. 20, § 2º). Dar-se-á vista, em seguida, ao representante do Ministério Público, para manifestação em cinco dias (Resolução CNJ nº 303, art. 20, § 3º). Deferido o sequestro da quantia necessária à liquidação integral do valor atualizado devido, sua execução dar-se-á eletronicamente pelo sistema Bacenjud (Resolução CNJ nº 303, art. 20, § 4º).

A medida executória de sequestro, quando for o caso, alcança não só o valor atualizado da requisição inadimplida ou preterida, mas também os valores atualizados dos demais precatórios não quitados precedentes na ordem cronológica (Resolução CNJ nº 303, art. 20, § 5º).

101. Exceções ao regime dos precatórios

O procedimento codificado de execução contra a Fazenda Pública, segundo certa jurisprudência, não deveria ser observado nas ações de desapropriação, onde os precatórios

---

[65] A propósito do art. 78, § 4º, do ADCT, o STJ já decidiu que o sequestro é cabível independentemente de a Fazenda devedora ter ultrapassado em sua mora o prazo total da moratória, bastando que ocorra o inadimplemento de qualquer parcela (STJ, 1ª T., RMS 29.014, Rel. Min. Denise Arruda, ac. 20.11.2009, *DJe*; Precedente citado (RMS 22.205/PR, 1ª T., Rel. Min. Teori Albino Zavascki, *DJU* 21.06.2007).

[66] STJ, 1ª Seção, REsp 1.069.810/RS, Rel. Min. Napoleão Nunes Maia Filho, ac. 23.10.2013, sob regime do art. 543-C do CPC, *DJe* 06.11.2013.

seriam logo processados sem passar pelo contraditório exigido pelo art. 534.[67] Esse entendimento, contudo, não tem sido mais sustentado.[68]

Não se sujeitam ao regime dos precatórios os pagamentos de obrigações definidas em lei como de pequeno valor que a Fazenda Federal, Estadual, Distrital ou Municipal deva fazer em virtude de sentença judicial transitada em julgado (CF, art. 100, § 3º); cabe, pois, à lei ordinária estipular os parâmetros para identificação das causas de pequeno valor, admitindo-se a possibilidade de diferenciação conforme a capacidade de pagamento das entidades de direito público (CF, art. 100, § 4º). Nesses casos, a execução se faz por meio de requisição de pagamento expedida pelo juiz da causa ao órgão estatal competente para efetuá-lo, sem interferência, portanto, do Presidente do Tribunal. Ver no volume II, a disciplina dos Juizados Especiais tanto da União como dos Estados.

O regime das execuções das obrigações de pequeno valor (RPV) aplica-se, inclusive, às sentenças cujo precatório tenha sido expedido antes da EC nº 37/2002. Para tanto, ocorrerá a automática sujeição do pagamento do precatório ao sistema da Requisição de Pequeno Valor (RPV), não se lhe aplicando o parcelamento previsto no art. 78 do ADCT (art. 86, *caput*, do ADCT, acrescentado pela EC nº 37/2002).[69]

101-A. Acordo para pagamento com desconto de precatórios federais

A Lei nº 14.057/2020 disciplina o possível acordo com credores para pagamento com desconto de precatórios federais, assim como o acordo terminativo de litígio contra a Fazenda Pública, dispondo também sobre a destinação dos recursos deles oriundos para o combate à pandemia da Covid-19 durante a vigência do estado de calamidade pública reconhecido pelo Decreto Legislativo nº 6/2020.[70]

A proposta de acordo, cuja iniciativa pode ser da Fazenda Pública ou do devedor, será apresentada ao juízo auxiliar de conciliação de precatórios vinculado ao presidente do tribunal que proferiu a decisão exequenda. Ouvida a parte contrária, ser-lhe-á permitido apresentar contraproposta, respeitado o limite máximo de 40% do crédito atualizado nos termos legais. Formado o consenso, o acordo será homologado pelo juízo auxiliar. A correção monetária e os juros moratórios (CF, art. 100, § 12) em nenhuma hipótese serão excluídos pelo acordo.

Os acordos terminativos de litígio de que tratam o art. 1º da Lei nº 9.469/1997 e o § 12 do art. 19 da Lei nº 10.522/2002 também poderão ser propostos pela Fazenda Pública ou pelos

---

[67] "Desapropriação. Citação. Fazenda Pública. A regra do art. 730 do CPC não se aplica à execução no processo de desapropriação direta, que é especial e não comporta embargos à execução. A apuração da indenização e o pagamento são prévios" (STJ, 1ª T., REsp 160.573/SP, Rel. Min. Garcia Vieira, ac. 17.04.1998, *DJU* 08.06.1998, p. 46).

[68] A jurisprudência do STJ mudou de orientação, mais recentemente: "Também em execução em ação de desapropriação, a execução se faz na forma especial prevista nos arts. 730 do CPC e 100 da CF" (STJ, 1ª T., REsp 210.706/SP, Rel. Min. Garcia Vieira, ac. 22.06.1999, *DJU* 16.08.1999, p. 57). No mesmo sentido: STJ, 2ª T., REsp 127.702/SP, Rel. Min. Ari Pargendler, ac. 15.06.1998, *DJU* 09.08.1999, p. 157. Na verdade, a dispensa do procedimento relativo ao precatório só teria cabimento no tocante ao pagamento antecipado do preço ofertado pela Administração, nunca em relação ao montante imposto pela condenação.

[69] STF, Pleno, RE 587.982/RS, Rel. Min. Edson Fachin, ac. 27.03.2019, *DJe* 12.04.2019: "É harmônica com a normatividade constitucional a previsão no artigo 86 do ADCT na dicção da EC 32/2002 de um regime de transição para tratar dos precatórios reputados de pequeno valor, já expedidos antes de sua promulgação".

[70] A Lei nº 14.057/2020 apoia-se na autorização constitucional para acordos diretos de pagamento de precatórios de grande valor (CF, art. 100, § 20), e cuida também dos acordos terminativos de litígios em complemento às Leis nº 9.469/1997 e nº 10.522/2002.

titulares do direito creditório, sendo permitido o estabelecimento de condições diferenciadas de deságio e de parcelamento. O acordo será processado perante o juízo da causa. O parcelamento, entretanto, não será superior a: (a) oito parcelas anuais e sucessivas, se houver título judicial transitado em julgado; (b) doze parcelas anuais e sucessivas, se ainda não houver título judicial transitado em julgado. Ao Poder Executivo caberá o regulamento da Lei, inclusive com relação à competência do Advogado-Geral da União para assinar os acordos firmados, diretamente ou por delegação.

Cumprindo o preceito constitucional, a Lei nº 10.259, de 12.07.2001, definiu as obrigações de pequeno valor como sendo aquelas que se inserem na competência do Juizado Especial Federal Cível (art. 17, § 1º), ou seja, aquelas cujo valor seja de até 60 (sessenta) salários mínimos (art. 3º, *caput*), regra a ser aplicada para as execuções da esfera federal.[71] Quanto aos demais entes da Federação que, na sistemática do art. 100 da CF/1988, poderão sujeitar-se a limites diferenciados, a Emenda Constitucional nº 37, de 12.06.2002, estabeleceu no art. 87 do Ato das Disposições Constitucionais Transitórias, provisoriamente, os seguintes parâmetros para identificar as causas de pequeno valor: *(i)* quarenta salários mínimos, perante a Fazenda dos Estados e do Distrito Federal; *(ii)* trinta salários mínimos, perante a Fazenda dos Municípios.

Os referidos valores vigorarão "até que se dê a publicação oficial das respectivas leis definidoras pelos entes da Federação" (art. 87 do ADCT). Essa sistemática foi mantida pelo § 12 do art. 97 do Ato das Disposições Constitucionais Transitórias (ADCT), acrescido pela Emenda Constitucional nº 62/2009. Há, contudo, que se observar uma importante ressalva trazida pela EC nº 62: a liberdade dos Estados, do Distrito Federal e dos Municípios não é total na fixação das "dívidas de pequeno valor". O mínimo nunca poderá ser inferior "ao valor do maior benefício do regime geral de previdência social" (CF, art. 100, § 4º). Com isso, evita-se a estipulação de pisos irrisórios que poderiam tornar ilusória a tutela das dívidas de pequeno valor fora do regime dos precatórios.

Dispôs, finalmente, o parágrafo único do art. 87 do ADCT que, "se o valor da execução ultrapassar o estabelecido neste artigo, o pagamento far-se-á, sempre, por meio de precatório, sendo facultada à parte exequente a renúncia ao crédito do valor excedente, para que possa optar pelo pagamento do saldo sem o precatório, da forma prevista no § 3º do art. 100".

De qualquer maneira, não se admite "a expedição de precatórios complementares ou suplementares de valor pago, bem como o fracionamento, repartição ou quebra do valor da execução para fins de enquadramento de parcela do total ao que dispõe o § 3º deste artigo" (§ 8º, com a redação da Emenda Constitucional nº 62, de 2009).

O fracionamento vedado do crédito exequendo tem como objetivo impedir que o mesmo credor utilize simultaneamente do sistema de precatório e de RPV. Não há impedimento, porém, a que vários credores reunidos como litisconsortes numa só ação pretendam receber seus créditos por sistemas distintos, de acordo com o valor que toca a cada um deles[72].

---

[71] A natureza alimentar e previdenciária do crédito não é suficiente para excluí-lo do regime da execução por precatório. É pelo "pequeno valor" que as obrigações da espécie permitem execução direta sobre recursos do tesouro público. Acima daquele valor, o credor, mesmo de verbas previdenciárias (inclusive acidentárias), tem de se submeter ao sistema dos precatórios, muito embora não fique adstrito à ordem cronológica geral (STF, Súmula nº 655) (cf., *retro*, o item nº 97, IV).

[72] STJ, 1ª Seção, REsp 1.347.736/RS, Recurso Repetitivo – tema 608, Rel. Min. Herman Benjamin, ac. 09.10.2013, *DJe* 15.04.2014. O entendimento do acórdão inclui entre os litisconsortes que podem se valer de regime executivo distinto o advogado da causa, relativamente à verba honorária.

102. Autonomia do crédito de honorários sucumbenciais

Sendo autônomo o direito do advogado à verba honorária de sucumbência (Lei nº 8.906/1994, art. 23; CPC/2015, art. 85, § 14), pode ela ser objeto de precatório expedido diretamente em favor do próprio causídico.[73]

Atualmente não mais prevalece no STF o antigo entendimento de que não cabe execução separada dos honorários como crédito de pequeno valor, em face de alterações ocorridas nos parágrafos do art. 100 da CF/1988, retratadas na Súmula Vinculante nº 47[74], sendo certo que a execução dos honorários advocatícios sucumbenciais pode ser processada por meio de RPV, mesmo quando a condenação principal ultrapasse o limite dessa modalidade simplificada de execução contra a Fazenda Pública.[75] O que remanesceu foi a discussão acerca do fracionamento da verba advocatícia em caso de litisconsórcio facultativo, tema que afinal foi superado por decisão do Pleno, que será objeto de tratamento no item 104, adiante.

É interessante lembrar que, para a jurisprudência do STF e do STJ, o crédito de honorários advocatícios tem a natureza de obrigação alimentar, para efeito de seu tratamento preferencial no regime de precatórios (ver, adiante, item nº 475, especialmente o item nº I).

103. Credores litisconsorciados

O atual § 8º do art. 100 da Constituição proíbe a expedição de precatórios complementares ou suplementares de valor já pago assim como o fracionamento do valor da execução para o fim de que parte da obrigação escape do regime dos precatórios e se beneficie da execução direta de "requisição de pequeno valor".

Na verdade, não há necessidade de novo precatório, quando aquele já processado não proporcionou pagamento integral ao respectivo titular. O STF já decidiu que o mesmo precatório serve apenas para autorizar pagamentos complementares quando a insuficiência se deveu a erro material e inexatidão aritmética contidos no precatório original, bem assim da substituição, por

---

[73] STJ, 1ª T., REsp 487.535, Rel. Min. Teori Zavascki, ac. 03.02.2005, *DJU* 28.02.2005, p. 190; STJ, 2ª T., REsp 874.462, Rel. Min. Eliana Calmon, ac. 21.10.2008, *DJe* 18.11.2008.

[74] "Os honorários advocatícios incluídos na condenação ou destacados do montante principal devido ao credor consubstanciam verba de natureza alimentar cuja satisfação ocorrerá com a expedição de precatório ou requisição de pequeno valor, observada ordem especial restrita aos créditos dessa natureza" (Súmula Vinculante 47/STF).

[75] Entre os precedentes que fundamentaram a Súmula Vinculante nº 47, figura o RE 564.132, cuja decisão assentou: "A finalidade do preceito acrescentado pela EC 37/2002 (art. 100, § 4º) ao texto da CF/1988 é a de evitar que o exequente se valha simultaneamente, mediante o fracionamento, repartição ou quebra do valor da dívida, de dois sistemas de satisfação de crédito: o do precatório para uma parte dela e o do pagamento imediato (sem expedição de precatório) para outra. 23. Daí que a regra constitucional apenas se aplica a situações nas quais o crédito seja atribuído a um mesmo titular. E isso de sorte que, a verba honorária não se confundindo com o principal, o preceito não se aplica quando o titular do crédito decorrente de honorários pleiteie o seu recebimento. Ele não sendo titular de dois créditos não incide, no caso, o disposto no art. 100, § 4º, da Constituição do Brasil. 24. A verba honorária consubstancia direito autônomo, podendo mesmo ser executada em separado. Não se confundindo com o crédito principal que cabe à parte, o advogado tem o direito de executar seu crédito nos termos do disposto nos arts. 86 e 87 do ADCT. 25. A única exigência a ser, no caso, observada é a de que o fracionamento da execução ocorra antes da expedição do ofício requisitório, sob pena de quebra da ordem cronológica dos precatórios" (STF, RE 564.132, voto do rel. min. Eros Grau, red. p/ o ac. min. Cármen Lúcia, P, j. 30-10-2014, DJE 27 de 10.02.2015, Tema 18). A execução fracionada da verba principal entre os diversos litisconsortes não implica autorização a que o advogado, diante de uma única condenação sucumbencial, também subdivida a execução de seu crédito único, para escapar do regime de precatórios, conforme ulteriormente veio a assentar o STF em julgamento de plenário (STF, Pleno, RE 919.793 AgR-ED-EDv, Rel. Min. Dias Toffoli, ac. 07.02.2019, *DJe* 26.06.2019).

força de lei, do índice aplicado.⁷⁶ É claro, outrossim, que a execução não se extingue quando a verba orçamentária disponibilizada não cobre o valor integral do precatório pendente. Não há, porém, necessidade de outro precatório para complementar a satisfação do débito. A execução prossegue até que a Fazenda satisfaça a dívida por inteiro.⁷⁷

É perfeitamente possível, no entanto, a expedição de mais de um precatório nos mesmos autos, na hipótese de julgamentos fracionados do litígio, de modo que parte da condenação transite em julgado antes do encerramento total da causa. Essa eventualidade não pode ser tratada, obviamente, como desmembramento ou parcelamento de precatório.⁷⁸

Outra hipótese de legitimidade de múltiplos precatórios ocorre nos processos que versem sobre a obrigação divisível tratada em juízo por meio de litisconsórcio facultativo. Na verdade, em tal conjuntura, congregam-se várias ações e várias condenações, uma para cada litisconsorte. As obrigações desde a origem eram individualizáveis, razão pela qual não se vê no desmembramento da execução posterior à sentença única uma ofensa à regra do atual § 8º do art. 100 da CF (§ 4º, antes da EC nº 62). Diante do litisconsórcio facultativo, portanto, "a execução continuará sob o rito do precatório em relação aos litisconsortes com créditos não classificados como de pequeno valor", e poderá adotar a forma de requisição direta de pagamento para aqueles litisconsortes, cujo crédito se enquadre no conceito legal de *dívida de pequeno valor*. Dessa maneira, não incide a vedação constitucional de fracionamento do precatório, cujo objetivo é impedir que uma mesma dívida seja satisfeita, em parte, na forma de precatório, e em parte como obrigação de pequeno valor.⁷⁹

104. Possibilidade de fracionamento do precatório

A vedação do fracionamento do precatório impede que o mesmo credor pretenda execução separada de verbas diferentes de um só título judicial, como, *v.g.*, a condenação principal e a da restituição das despesas processuais. "A jurisprudência do Supremo Tribunal Federal firmou-se no sentido de que a execução do pagamento das verbas acessórias não é autônoma, havendo de ser considerada em conjunto com a condenação principal. Deve, portanto, ser respeitado, em tal conjuntura, o art. 100, § 8º, da Constituição da República, que veda o fracionamento, a repartição ou a quebra do valor da execução. Nesse sentido, o RE nº 143.802, Rel. Min. Sydney Sanches, Primeira Turma, *DJ* 09.04.1999".⁸⁰

No entanto, a restrição aplica-se apenas aos casos em que a titularidade de todas as verbas da condenação pertença ao mesmo credor. Diversa é a situação em que vários credores sejam contemplados numa só sentença. Aí não haverá lugar para se impedir que cada um deles promova execução própria e distinta para os respectivos créditos. É o que se passa, por exemplo, com as custas e honorários advocatícios. Se é a parte vencedora que executa a sentença para cobrar o principal e o reembolso dos gastos do processo, não será possível o desmembramento

---

⁷⁶ STF, Tribunal Pleno, ADI 2.924, Rel. Min. Carlos Velloso, ac. 30.11.2005, *DJU* 06.09.2007, p. 36.

⁷⁷ Releva notar que, com a EC nº 62/2009, tornou-se possível o sequestro de receita da Fazenda Pública devedora que não inclui no orçamento a verba necessária ao cumprimento do precatório tempestivamente processado (CF, art. 100, § 6º).

⁷⁸ "Longe fica de conflitar com o art. 100, § 4º, da Constituição Federal enfoque no sentido de ter-se a expedição imediata de precatório relativamente à parte incontroversa do título judicial, dando-se sequência ao processo quanto àquela impugnada por meio de recurso" (STF, 1ª T., RE 458.110/MG, Rel. Min. Marco Aurélio, ac. 13.06.2006, *DJU* 29.09.2006, p. 48. No mesmo sentido: STJ, 1ª T., AgRg no REsp 980.560/PE, Rel. Min. José Delgado, ac. 11.12.2007, *DJU* 07.02.2008; *Revista Jurídica* 364/163).

⁷⁹ STF, 1ª T., RE 484.770, Rel. Min. Sepúlveda Pertence, ac. 06.06.2006, *DJU* 01.09.2006, p. 22. "No litisconsórcio facultativo, é possível individualizar o precatório" (Súmula nº 5 do TJSP).

⁸⁰ Decisão singular de 15.06.2007 da Min. Cármen Lúcia no RE 544.479/RS, *DJU* 27.06.2007.

do precatório. Mas se a execução for intentada em nome próprio pelo advogado ou pelo serventuário, será perfeitamente possível a execução individualizada, mesmo que algum deles venha a enquadrar-se na categoria de requisição direta de obrigação de pequeno valor.[81]

Outra flexibilização da indivisibilidade do precatório (CF, art. 100, § 8º) admitida pelo STF, na evolução pela qual tem passado sua jurisprudência mais recente. Se numa ação coletiva em que se busca a satisfação de direitos individuais homogêneos, é lícito a cada interessado executar a sentença individualmente, na parte da condenação que se refere a seu próprio direito subjetivo,[82] decidiu o STF que também o advogado pode fracionar os honorários sucumbenciais, na proporção da "fração de cada um dos substituídos processuais em ação coletiva contra a Fazenda Pública"[83].

Prevaleceu o entendimento explicitado pelo Min. Luís Roberto Barroso, no sentido de que, "em rigor, ele (o substituto processual) ganhou diversas causas vindas de um único processo". Se os direitos individuais homogêneos poderiam ser objeto de ações propostas em separado, pressupõe-se que, reunidos numa ação coletiva, haverá "tantas ações quantos sejam os sujeitos processuais", numa verdadeira "acumulação subjetiva". Por isso, o fracionamento da verba advocatícia, para fins de precatório e requisição de pequeno valor, decorre de "um raciocínio até lógico", no dizer do Min. Luiz Fux. O que, enfim, prevaleceu no julgamento da 1ª Turma do STF foi a possibilidade de o pagamento dos honorários advocatícios sucumbenciais efetuar-se de maneira fracionada "sobre o crédito proporcional à fração de cada um dos litisconsortes facultativos, na forma de requisição de pequeno valor, se couber, ou de precatório".[84]

O caso mais evidente e notório é o do crédito autônomo do advogado sobre a verba de honorários sucumbenciais, que não pode ser vista como simples acessório da condenação principal. Como já visto, atualmente, não mais se discute o tratamento de obrigação principal, por ser legalmente autônomo o crédito do advogado na espécie (ver, *retro*, o item, 102).

No entanto, levado o problema à decisão do Pleno, prevaleceu o entendimento de que, se for global e única a condenação da Fazenda Pública à verba advocatícia, não se pode fracioná-

---

[81] Nesse sentido, o STF decidiu não haver ofensa ao art. 100, § 4º (atual § 8º), da CF, quando o titular do cartório executa o valor das custas do processo, perante a Fazenda Pública sucumbente, porque a parte vencedora, "por ser beneficiária de assistência judiciária gratuita, não as adiantou" (STF, Pleno, RE 578.695-1/RS, Rel. Min. Ricardo Lewandowski, ac. 29.10.2008, *DJe* 20.03.2009). Igual entendimento foi adotado, em regime de repercussão geral, relativamente ao desdobramento do precatório entre o crédito principal e o crédito dos honorários sucumbenciais (STF, Pleno, RE 564.132/RS, Rel. Min. Eros Grau, ac. 30.10.2014, *DJe* 10.02.2015).

[82] STF, 2ª T., RE 648.621 AgR/MA, Rel. Min. Celso de Mello, ac. 19.02.2013, *DJe* 18.03.2013.

[83] STF, 1ª T., RE 919.269 AgR/RS, Rel. Min. Edson Fachin, ac. 15.12.2015, *DJe* 11.04.2016, RJTJRGS 300/35, jun./2016. O Pleno do STF já havia assentado, em regime de repercussão geral, que "a execução ou o pagamento singularizado dos valores devidos a partes integrantes de litisconsórcio facultativo simples não contrariam o § 8º (originariamente § 4º) do art. 100 da Constituição da República. A forma de pagamento, por requisição de pequeno valor ou precatório, dependerá dos valores isoladamente considerados" (STF, Pleno, RE 568.645/SP, Rel. Min. Cármen Lúcia, ac. 24.09.2014, *DJe* 13.11.2014). Especificamente a respeito de honorários advocatícios, também já se decidiu que é firme a jurisprudência do STF "no sentido da possibilidade de execução de honorários sucumbenciais proporcional à respectiva fração de cada um dos substituídos processuais em ação coletiva contra a Fazenda Pública" (STF, 1ª T., RE 913.568 AgR/RS, Rel. Min. Edson Fachin, ac. 15.12.2015, *DJe* 11.04.2016).

[84] Decisão monocrática do Min. Fachin, afinal mantida, em grau de Agravo Regimental, pela 2ª Turma do STF, por maioria de votos (RE 919.269 AgR, Rel. Min. Edson Fachin, ac. 15.12.2015, *DJe* 11.04.2016, RJTJRGS 300/35, jun./2016).

la, para escapar do regime de precatórios, ainda que se trate de litisconsórcio facultativo, superando-se, dessa forma, a posição divergente da 1ª Turma.[85]

105. Cessão e compensação no âmbito dos precatórios

Os créditos constantes de precatórios, mesmo os de natureza alimentar, podem ser livremente cedidos, sem depender da concordância da Fazenda devedora (CF, art. 100, § 13, com a redação da EC nº 62/2009).[86] Entendeu-se, a princípio, que se tal ocorresse em relação a créditos alimentares, o cessionário não se beneficiaria dos privilégios executivos anteriormente conferidos ao cedente. Vale dizer: após a cessão, o crédito perderia sua natureza alimentar, passando à categoria de crédito comum, em face da executada[87]. O STF, entretanto, apreciando o tema 361 em repercussão geral fixou a seguinte tese: "a cessão de crédito alimentício não implica a alteração da natureza". Com isso, prevaleceu o entendimento de que não há "transmudação da natureza de precatório alimentar em normal em virtude de cessão do direito nele estampado"[88]. Há, por outro lado, uma compensação possível entre o crédito que se pretende executar por meio do precatório e o débito líquido e certo acaso mantido pelo exequente em face da executada (CF, art. 100, § 9º). Não se trata de compensação tributária regida pelo CTN, mas de compensação constitucional que nem sequer reclama inscrição prévia em dívida ativa da Fazenda credora. Basta que se trate de obrigação líquida e certa, expressa em valor monetário tal como se dá com o crédito exequendo, pouco importando a fonte de que se tenha originado.

Para se cumprir a compensação constitucional, o Tribunal, antes de expedir o precatório, solicitará à Fazenda devedora que informe sobre os débitos passíveis de compensação. A informação deverá ser prestada no prazo de trinta dias, sob pena de perda do direito de abatimento (CF, art. 100, § 10).[89]

Havendo dívida compensável, o precatório será expedido pela soma líquida, isto é, pelo apurado depois do devido abatimento.

Outra compensação autorizada pela EC nº 62/2009 é aquela que se previu no novo art. 97, § 10, II, do ADCT, para caso de não liberação tempestiva dos recursos relativos ao *regime especial* instituído pelo citado dispositivo transitório.[90] Em tal conjuntura, o credor poderá obter do Presidente do Tribunal ordem de compensação automática com seus débitos líquidos mantidos com a Fazenda executada. Sobejando saldo em favor do exequente, seu valor terá

---

[85] "(...) Nas causas em que a Fazenda Pública for condenada ao pagamento da verba honorária de forma global, é vedado o fracionamento de crédito único, consistente no valor total dos honorários advocatícios devidos, proporcionalmente à fração de cada litisconsorte, sob pena de afronta ao art. 100, § 8º, da Constituição" (STJ, Pleno, RE 919.793 AgR-ED-EDv/RS, Rel. Min. Dias Toffoli, ac. 07.02.2019, *DJe* 26.06.2019).

[86] A eficácia da cessão de precatórios somente ocorrerá após comunicação, por meio de petição protocolizada, ao tribunal de origem e à entidade devedora (CF, art. 100, § 14).

[87] TJRGS, 4ª Câm. Civ.,Ag.Inst. nº 70032645434, Rel. Des. João Carlos Branco Cardoso, *DJe* 12.03.2010.

[88] STF, Pleno, RE 631.537/RS, Rel. Min. Marco Aurélio, ac. 22.05.2020, *DJe* 03.06.2020.

[89] Os §§ 9º e 10, acrescentados ao art. 100 da CF pela EC nº 62/2009, foram declarados inconstitucionais pelo STF (ADI 4.425, Pleno, Rel. Min. Luiz Fux, ac. 14.03.2013, *RT* 944/251).

[90] O art. 97, acrescido ao ADCT pela EC nº 62/2009, foi declarado inconstitucional pelo STF (ADI 4.425, Pleno, Rel. Min. Luiz Fux, ac. 14.03.2013, *RT* 944/251).

automaticamente poder liberatório para pagamento de tributos devidos à executada, até onde se compensarem.[91, 92]

Prevê, por último, a EC nº 62/2009 a possibilidade de utilização do crédito constante de precatório para compra de imóveis públicos do respectivo ente federado. Essa faculdade, todavia, dependerá de futura regulamentação em lei (CF, art. 100, § 11).

106. Execução por quantia certa contra entidade da Administração Pública Indireta

O processo de execução por quantia certa, regulado tanto pelo regime do cumprimento de sentença (art. 534) quanto pela execução autônoma (art. 910), aplica-se às autarquias e demais pessoas jurídicas de direito público interno,[93] como as fundações de direito público, cujos bens, tal como os das autarquias, são impenhoráveis.[94]

O mesmo não acontece com as sociedades de economia mista e as empresas públicas organizadas pelo Poder Público para a prática de operações econômicas em concorrência com as empresas privadas. A essas, a Constituição manda aplicar o regime próprio das empresas privadas, inclusive quanto aos direitos e obrigações civis, comerciais, trabalhistas e tributários (CF, art. 173, § 1º, II, com a redação da EC nº 19/1998). Logo, não se lhes aplica a execução especial dos arts. 534 e 910, devendo seus débitos ser exigidos em juízo no regime comum, ou seja, no regime de penhora e expropriação aplicável a qualquer devedor, conforme o caso.[95]

Igual regime aplica-se à execução de débito de Conselhos de Fiscalização (como CREA, COREN etc.), a qual, segundo jurisprudência do STF, "não se submete ao sistema de precatório",[96] devendo responder por suas dívidas pelas vias executivas comuns. A execução por precatório pressupõe débito da Fazenda Pública. Como os Conselhos de Fiscalização Profissional, embora entidades de direito público (autarquias especiais ou corporativistas), não se incluem no conceito de Fazenda Pública, não há como submetê-las a um regime processual executivo específico das entidades que gerem as finanças públicas, como assentado pela Suprema Corte.

Permanecem, de outro lado, sujeitas ao regime especial dos arts. 534 e 910 as empresas públicas e sociedades de economia mista instituídas não para exploração da atividade econômica própria das empresas privadas, mas para prestar serviço público da competência da União

---

91 Como se vê, "a *compensação* prevista na EC nº 62, é um instituto distinto da compensação tributária prevista no CTN, tanto formalmente, já que tem sede constitucional, quanto materialmente, pois a previsão constitucional confere aos precatórios poder liberatório, com o fim específico de extinguir obrigações tributárias". Além disso, a *imputação em pagamento* que a EC nº 62 prevê como forma de "compensação automática" não segue as regras nem do CTN nem do Código Civil. São regras próprias traçadas pela própria lei constitucional (CALMON, Sacha. Emenda nº 62 à Constituição da República. *Revista pela Ordem*, Belo Horizonte, ano 1, n. 2, p. 32-33, abr. 2010).

92 Como se vê, "a *compensação* prevista na EC nº 62, é um instituto distinto da compensação tributária prevista no CTN, tanto formalmente, já que tem sede constitucional, quanto materialmente, pois a previsão constitucional confere aos precatórios poder liberatório, com o fim específico de extinguir obrigações tributárias". Além disso, a *imputação em pagamento* que a EC nº 62 prevê como forma de "compensação automática" não segue as regras nem do CTN nem do Código Civil. São regras próprias traçadas pela própria lei constitucional (CALMON, Sacha. Emenda nº 62 à Constituição da República. *Revista pela Ordem*, Belo Horizonte, ano 1, n. 2, p. 32-33, abr. 2010).

93 STF, 1ª T., RE 158.694-0/SP, Rel. Min. Celso de Mello, ac. 25.04.1995, *DJU* 15.09.1995, p. 29.523.

94 STJ, 6ª T., MC 633/SP, Rel. Min. Vicente Cernicchiaro, ac. 16.12.1996, *DJU* 31.03.1997, p. 9.641.

95 STJ, 1ª T., REsp 521.047/SP, Rel. Min. Luiz Fux, ac. 20.11.2003, *DJU* 16.02.2004, p. 214; Recomenda-se, apenas, evitar que as medidas executivas comprometam a função atribuída ao ente paraestatal.

96 STF, Pleno, RE 938.837/SP, Rel. p/ ac. Min. Marco Aurélio, ac. 19.04.2017, *DJe* 25.09.2017.

Federal, como é o caso da empresa Brasileira de Correios e Telégrafos.[97] Empresas dessa natureza o STF equipara à Fazenda Pública, excluindo-as do alcance do art. 173, § 1º, da Constituição, e, no campo do processo, as submete ao regime executivo dos precatórios, por força do art. 100 da mesma lei fundamental.[98]

107. O atraso no cumprimento dos precatórios e seus consectários

Um problema que aflige partes e juízes é o da demora no cumprimento dos precatórios pela Administração Pública. É natural que, estando a Administração sujeita a rígido controle orçamentário no que diz respeito à aplicação das Rendas Públicas, o pagamento das execuções só possa se fazer dentro de um prazo mais ou menos longo. Surge, então, uma diferença de acessórios (juros e correção monetária) em detrimento do credor.

Sendo inevitável um espaço de tempo entre a expedição e o cumprimento do precatório, parece-nos curial que o credor não deverá arcar com o prejuízo decorrente dessa defasagem. Mas, também, não é possível admitir que a liquidação e solução da execução se tornem infindáveis, graças a uma sucessiva e infinita apuração de diferenças.

A propósito do tema, a orientação atual da jurisprudência é a seguinte:

(1) admitem-se sucessivos precatórios complementares enquanto houver defasagem de juros e correção monetária entre o requisitório e o efetivo adimplemento da obrigação pelo Poder Público,[99] porque "a expedição do precatório não produz o efeito de pagamento"; os juros moratórios continuarão incidindo, "enquanto não solvida a obrigação";[100]

(2) firmou-se a jurisprudência do STF no sentido de não permitir a expedição de precatório em que o valor da obrigação seja expresso em certa quantidade de ORTNs, para assegurar sua correção monetária automática. O valor do precatório somente pode ser expresso em moeda nacional.[101] Não se impede, porém, que, no precatório, além do valor da obrigação em moeda corrente, se mencione também o seu equivalente em título público capaz de permitir sua ulterior atualização.[102]

Finalmente, as Emendas Constitucionais nº 30/2000 e nº 62/2009, solucionaram de vez o problema da demora no cumprimento, alterando o texto dos parágrafos do art. 100 da Constituição Federal e instituindo as seguintes regras novas:

---

[97] "É aplicável o regime dos precatórios às sociedades de economia mista prestadoras de serviço público próprio do Estado e de natureza não concorrencial. Precedentes" (STF, Pleno, ADPF 387/PI, Rel. Min. Gilmar Mendes, ac. 23.03.2017, *DJe* 25.10.2017).

[98] STF, Pleno, RE 220.906-9/DF, Rel. Min. Mauricio Corrêa, ac. 16.11.2000, *DJU* 14.11.2002, p. 15; STF, 1ª T., RE 136.247/RJ, Rel. Min. Sepúlveda Pertence, ac. 20.06.2000, *RTJ* 176/384; STF, 1ª T., RE 300.449-2/SP, Rel. Min. Moreira Alves, ac. 15.05.2001, *RT* 796/195; STF, 2ª T., AC-REF-MC 2.318-1/AL, Rel. Min. Joaquim Barbosa, ac. 09.06.2009, *DJe* de 01.07.2009; *Rev. Magister de Direito Empresarial* 27/98.

[99] STJ, 1ª T., REsp 20.031-7/SP, Rel. Min. Garcia Vieira, ac. 26.08.1992, *DJU* 19.10.1992, p. 18.217; STJ, AgRg no AI 6.734/SP, 1ª Turma, Rel. Min. Demócrito Reinaldo, ac. 11.09.1991, *DJU* 04.11.1991, p. 15.656; STJ, REsp 65.459-9/DF, 1ª Turma, Rel. Min. Demócrito Reinaldo, ac. 06.09.1995, *DJU* 25.09.1995, p. 31.083.

[100] STJ, 2ª T., REsp 2.625, Rel. Min. Ilmar Galvão, ac. 16.05.1990, *DJU* 04.06.1990, p. 5.055.

[101] STF, RE 107.858/SP, Rel. Min. Carlos Madeira, ac. 29.04.1986, *RTJ* 119/372; STF, RE 109.383/SP, Rel. Min. Aldir Passarinho, ac. 10.06.1986, *RTJ* 119/444; STF, RE 116.961/SP, Rel. Min. Celso de Mello, ac. 17.08.1993, *RTJ* 155/893; STF, RE 117.842-6/SP, Rel. Min. Ilmar Galvão, ac. 15.03.1994, *RT* 710/199.

[102] STJ, 1ª T., REsp 1.374, Rel. Min. José Delgado, ac. 22.11.1990, *RF* 310/122.

(a) o pagamento do precatório deve ser realizado até o final do exercício seguinte ao de sua tempestiva apresentação (§ 5º);

(b) os precatórios terão seus valores atualizados monetariamente na época do pagamento (§ 5º); durante o período previsto no § 5º, não correm juros ou mora sobre os precatórios que nele sejam pagos (STF, Súmula Vinculante nº 17); não sendo adimplida a dívida no prazo constitucional, os juros moratórios passam a fluir a partir do 1º dia do exercício financeiro seguinte ao que deveria ter sido pago o precatório;[103]

(c) o presidente do Tribunal competente que, por ato comissivo ou remissivo, retardar ou tentar frustrar a liquidação regular de precatório incorrerá em crime de responsabilidade e responderá, também, perante o Conselho Nacional de Justiça (§ 7º).

A Resolução nº 303/2019 do CNJ estabelece os seguintes critérios para a atualização dos valores dos precatórios, após sua expedição e até o efetivo pagamento:

(a) os valores requisitados serão atualizados monetariamente até a data do efetivo pagamento, observando-se os indexadores indicados no art. 21 e parágrafos da Resolução 303;

(b) os juros de mora incidirão no período compreendido entre a data base informada pelo juízo da execução (i.e., data utilizada no cálculo de liquidação) e a data da requisição de pagamento (i. e., o dia 1º de julho) (Resolução nº 303, art. 22); a taxa será a indicada no título exequendo e, na falta de tal indicação, incidirão *juros legais* até a data de 1º de julho, se for o caso de precatório, e até a data do envio ao ente devedor, se se tratar de requisição de pequeno valor; depois de tais datas, se for o caso de juros moratórios, o índice será o previsto no § 12 do art. 100 da CF (Resolução nº 303, art. 22, parágrafo único);

(c) não incidirão juros de mora no período compreendido entre o dia 1º de julho e o último dia do exercício seguinte, no caso de precatório; assim como entre a data da apresentação da requisição de pagamento da obrigação de pequeno valor e o fim do prazo legal para seu pagamento (Resolução nº 303, art. 24, *caput*);

(d) vencido o prazo para pagamento, seja o caso de precatório, seja o de requisição de pequeno valor, passam a ser devidos juros de mora (Resolução nº 303, art. 24, parágrafo único);

(e) nas ações de desapropriação podem ser cumulados juros compensatórios e juros moratórios, sem que isto configure anatocismo vedado em lei (Resolução nº 303, art. 25, § 2º); mas os juros compensatórios não incidem após a expedição do precatório (Resolução nº 303, art. 25, *caput*).

Ainda a propósito dos juros devidos pela Fazenda Pública, em razão de atraso no cumprimento do precatório, estatuiu o STF, na Súmula Vinculante nº 17, que, no período compreendido entre a inscrição do precatório no tribunal e o respectivo pagamento (até o final do exercício seguinte), o crédito será corrigido monetariamente, mas não incidirão juros de mora. "No entanto, não havendo pagamento dentro deste período, passam a incidir juros de mora desde 1º de janeiro do ano seguinte até o efetivo pagamento".[104]

---

[103] STF, 1ª T., RE 940.236-AgR/MG, Rel. p/ ac. Min. Roberto Barroso, ac. 25.10.2016, *DJe* 10.08.2017.
[104] CAMBI, Eduardo; DOTTI, Rogéria; PINHEIRO, Paulo Eduardo D'Arce; MARTINS, Sandro Gilbert; KOZIKOSKI, Marcelo. *Curso de processo civil completo*. São Paulo: RT, 2017, p. 1.125.

A incerteza dos critérios a observar na mora do cumprimento do precatório ou da requisição de pequeno valor levou a uma divergência entre o STJ e o STF: enquanto *(i)* o STJ firmara por sua Corte Especial a tese de que incidiriam juros moratórios no período compreendido entre a homologação da conta de liquidação e a requisição de pequeno valor (RPV) ou da expedição do precatório[105]; *(ii)* o STF, em regime de repercussão geral consolidou o entendimento de que *incidem juros de mora no período compreendido entre a data da realização dos cálculos e a expedição de requisição de pagamento e o registro do precatório ou RPV*.[106] Finalmente, a divergência cessou com a capitulação do STJ diante da nova orientação do STF (RE 579.431).[107] Assim, as duas Cortes Superiores estão acordes em que "incidem os juros da mora no período compreendido entre a data da realização dos cálculos e a da requisição ou do precatório".[108]

108. Procedimento para obtenção do precatório complementar

O fato de o retardamento no cumprimento do precatório gerar, para o credor, o direito a um complemento não conduz à necessidade de instauração de uma nova execução contra a Fazenda Pública. Enquanto não ocorrer a total satisfação do crédito exequendo o processo executivo não se encerrará.

Tratando-se de simples apuração de complemento (saldo) do débito aforado, não fica obrigado o credor a promover nova citação executiva, tampouco se permite à devedora manejar novos embargos à execução. Tudo processar-se-á como simples incidente da execução pendente, que se encerrará por simples decisão interlocutória (e não por nova sentença). Não se há, pois, de pensar em apelação nem em remessa *ex officio*. O caso desafiará, quando contrariado o interesse de alguma das partes, recurso de agravo de instrumento.[109] Não há de pensar em protesto por ser inútil, na espécie, essa figura impugnativa, diante da inexistência de posterior apelação para ratificá-la.

108-A. Gestão dos recursos destinados ao cumprimento de precatórios e Requisições de Pequeno Valor (RPV)

A Lei nº 13.463, de 6 de julho de 2017, instituiu o regime a ser observado, na esfera federal, na gestão dos recursos destinados aos pagamentos decorrentes de precatórios e de requisições de pequeno valor (RPV), gestão essa atribuída ao Poder Judiciário e que será operacionalizada através de instituições financeiras integrantes da Administração Pública federal, contratadas pelo gestor (art. 1º).

---

[105] STJ, Corte Especial, REsp 1.143.677/RS, recurso repetitivo temas 291-292, Rel. Min. Luiz Fux, ac. 02.12.2009, *DJe* 04.02.2010.

[106] STF, Pleno, RE 579.431/RS, Rel. Min. Marco Aurélio, ac. 19.04.2017, *DJe* 30.06.2017.

[107] STJ, Corte Especial, AgRg nos EREsp 1.164.967/RS, Rel. Min. Napoleão Nunes Maia Filho, ac. 06.06.2018, *DJe* 14.06.2018.

[108] STJ, Corte Especial, AgInt no AREsp 658.534/RS, Rel. Min. Francisco Falcão, ac. 16.05.2018, *DJe* 23.05.2018.

[109] "Recurso especial. Precatório complementar. Apresentação da conta pelo exequente. Meio de impugnação. Embargos à execução. Inadmissibilidade. Processo uno. (...) Os embargos à execução constituem meio de impugnação incabível contra a conta de atualização apresentada pelo exequente para a expedição de precatório complementar, sob pena de enxertar-se uma infinidade de processos de execução para um único processo de conhecimento, perpetuando-se, assim, a dívida da Fazenda Pública. A execução é um processo uno e foi há muito iniciada, momento em que, na forma do art. 730 do Código de Processo Civil, foi a União citada para oferecer embargos, motivo pelo qual não é necessária uma nova citação para a oposição de novos embargos, basta que se intime a devedora para impugnar a conta" (STJ, 1ª T., REsp 385.413-0/MG, Rel. Min. Franciulli Netto, ac. por maioria, *DJU* 19.12.2002, p. 326, *Ementário Jurisp., STJ*, v. 35, p. 41).

Os valores correspondentes à remuneração do capital recolhido à instituição financeira contratada para operacionalizar a gestão serão empregados no pagamento da remuneração legal devida ao beneficiário do precatório ou da RPV. O que sobejar constituirá receita recolhida em favor do Poder Judiciário, o qual poderá destinar até 10% do total para o pagamento de perícias realizadas em ação popular (Lei nº 13.463, art. 1º, parágrafo único).

Determinou referida lei, outrossim, o cancelamento de todos os precatórios e RPVs federais expedidos e cujos valores não tenham sido levantados pelo credor e estejam depositados há mais de dois anos em instituição financeira oficial (art. 2º, *caput*). O dito cancelamento será operacionalizado mensalmente pela instituição oficial depositária, mediante transferência dos respectivos valores para a Conta Única do Tesouro Nacional (art. 2º, § 1º). A destinação do montante cancelado está, em parte, vinculada às despesas previstas no § 2º do mesmo artigo.

Feito o cancelamento, será dada ciência ao presidente do Tribunal respectivo (§ 3º), a quem competirá comunicar o fato ao juízo da execução, que por sua vez, notificará o credor (§ 4º).

O cancelamento em questão não impede que, a requerimento do credor, seja expedido novo ofício requisitório para pagamento do débito, seja na modalidade de precatório ou de RPV (art. 3º da Lei nº 13.463). O novo precatório ou a nova RPV conservará a ordem cronológica do requisitório anterior e a remuneração correspondente a todo o período (art. 3º, parágrafo único).

O art. 2º, *caput* e § 1º da Lei 13.463/2017, no entanto, foram declarados inconstitucionais pelo Supremo Tribunal Federal com a seguinte fundamentação:

> "A lei impugnada transfere do Judiciário para a instituição financeira a averiguação unilateral do pagamento e autoriza, indevidamente, o cancelamento automático do depósito e a remessa dos valores à Conta Única do Tesouro Nacional. Configurada uma verdadeira burla aos freios e contrapesos indispensáveis ao bom funcionamento dos Poderes. 6. A mora do credor em relação ao levantamento dos valores depositados na instituição financeira deve ser apurada no bojo do processo de execução, sem necessidade de cancelamento automático das requisições em ausência de prévia ciência ao interessado. Violação do devido processo legal (art. 5º, LIV, CF) e do princípio da proporcionalidade. Revela-se desproporcional a imposição do cancelamento automático após o decurso de dois anos do depósito dos valores a título de precatório e RPV. A atuação legislativa não foi pautada pela proporcionalidade em sua faceta de vedação do excesso"[110].

Nada obstante, o STF em grau de embargos declaratórios houve por bem modular os efeitos da declaração de inconstitucionalidade, assentando que a decisão de mérito da ADI "somente produz efeitos a partir da publicação da ata de julgamento meritório (06.7.2022)".[111]

Por sua vez, a 2ª Seção do STJ, tendo em conta os inúmeros cancelamentos preservados pela modulação do STF, houve por bem fixar a seguinte tese a respeito da matéria:

> "A pretensão de expedição de novo precatório ou requisição de pequeno valor, fundada nos arts. 2º e 3º da Lei 13.463/2017, sujeita-se à prescrição quinquenal prevista no art. 1º do Decreto 20.910/32 e tem, como termo inicial, a notificação do credor, na forma do § 4º do art. 2º da referida Lei 13.463/2017"[112].

---

[110] STF, Pleno, ADI 5755/DF, Rel. Min. Rosa Weber, ac. 30.06.2022, *DJe* 04.10.2022.
[111] STF, Pleno, ADI 5755 ED/DF, Rel. Min. Rosa Weber, ac. 29.05.2023, *DJe* 09.06.2023.
[112] STJ, 1ª Seção, REsp 1.944.899/PE, Recurso Repetitivo, Rel. Min. Assusete Magalhães, ac. 25.10.2023, *DJe* 31.10.2023.

108-B. Acordos diretos para pagamento de precatórios no âmbito da União

A Lei nº 14.057/2020 disciplina a possibilidade de acordo com credores para pagamento com desconto de precatórios federais e de acordo terminativo de litígio contra a Fazenda Pública e dispõe sobre a destinação dos recursos deles oriundos para o combate à Covid-19, durante a vigência do estado de calamidade pública reconhecido pelo Decreto Legislativo nº 6, de 20 de março de 2020; e altera a Lei nº 7.689, de 15 de dezembro de 1988, e a Lei nº 8.212, de 24 de julho de 1991.

As propostas de acordo direto para pagamento de precatório, nos termos do § 20 do art. 100 da Constituição Federal, devem ser apresentadas pelo credor ou pela entidade devedora perante o tribunal (art. 2º).

A Lei nº 14.057/2020 não só dispôs sobre os acordos acima como também regulou a destinação dos recursos deles oriundos para combate à Covid-19 durante a vigência do estado de calamidade pública reconhecido pelo Decreto Legislativo nº 6/2020.

Fluxograma nº 4 – Cumprimento de sentença que reconhece a exigibilidade de obrigação de pagar quantia certa pela Fazenda Pública (arts. 534 e 535)

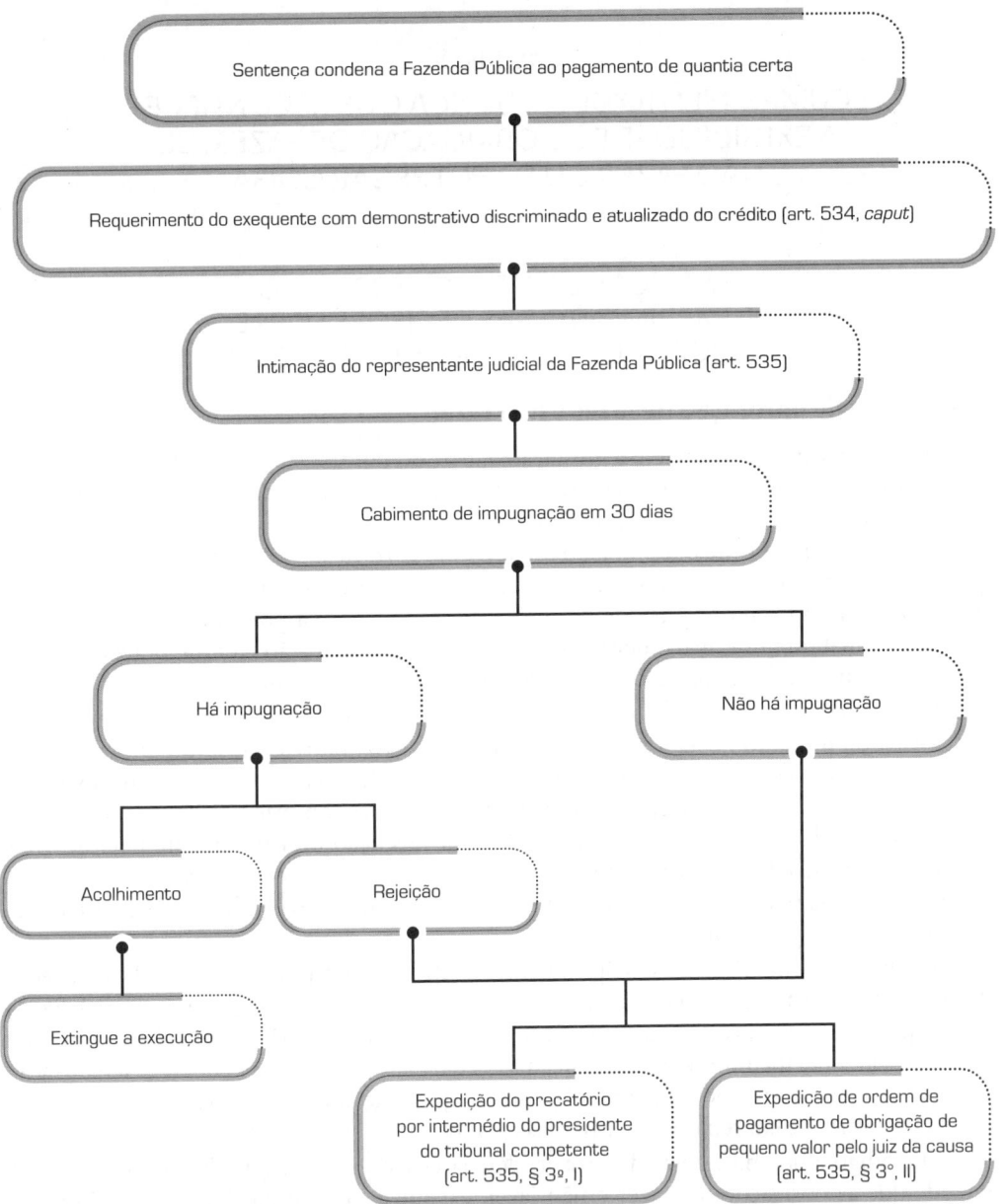

Capítulo V
CUMPRIMENTO DE SENTENÇA QUE RECONHECE A EXIGIBILIDADE DE OBRIGAÇÃO DE FAZER, DE NÃO FAZER OU DE ENTREGAR COISA

§ 12. NOÇÕES INTRODUTÓRIAS AO CUMPRIMENTO DAS DECISÕES SOBRE OBRIGAÇÕES DE FAZER E DE NÃO FAZER

109. Noção de obrigação de fazer e não fazer

As obrigações correspondem à prestação que o devedor fica sujeito a realizar em favor do credor. Dizem-se *positivas* quando a prestação corresponde a uma *ação* do devedor, e *negativas* quando se cumprem por meio de uma *abstenção*. As de *fazer* são típicas obrigações *positivas*, pois se concretizam por meio de "um ato do devedor". A *res debita* corresponde normalmente a prestação de trabalho, que pode ser físico, intelectual ou artístico. Pode também assumir maior sofisticação, como no caso de promessa de contratar, cuja prestação não se resume a colocar a assinatura num instrumento; mas envolve toda a operação técnica da realização de um negócio jurídico (um contrato), em toda sua complexidade, e com todos os seus efeitos.[1]

São exemplos comuns de obrigações de fazer a contratação da pintura de quadro, da reforma de um automóvel, da construção de uma casa, da realização de um espetáculo artístico, da demolição de um prédio e tantos outros modos de criar coisas ou fatos novos. Às vezes a prestação de fazer é *personalíssima*, outras vezes não, conforme só deva ser cumprida pessoalmente pelo devedor, ou admita a respectiva execução indistintamente pelo devedor ou por outra pessoa. Nessa última hipótese, a obrigação de fazer é considerada *fungível*, e, no primeiro caso, ela se diz *infungível*. Essa diferença terá significativo reflexo sobre a execução judicial, como a seguir se verá.

As obrigações de *não fazer* são tipicamente negativas, já que por seu intermédio o devedor obriga-se a uma abstenção, devendo manter-se numa situação omissiva (um *non facere*). É pela inércia que se cumpre a prestação devida. Se fizer o que se obrigou a não fazer, a obrigação estará irremediavelmente inadimplida. A execução forçada, na espécie, não se endereça à realização da prestação devida, mas ao desfazimento daquilo que indevidamente se fez, e se isto não for possível converte-se em reparação de perdas e danos.[2]

O Código atual, na esteira da jurisprudência erigida sob a égide do Código de 1973, entende que as obrigações de fazer e não fazer, exequíveis na forma do atual art. 536 (art. 461 daquele diploma), não são apenas as derivadas de relações negociais privadas. Também aquelas originadas de deveres decorrentes da lei, no terreno tanto do direito privado, como do direito público, podem ser objeto de condenação e execução, sob o procedimento próprio do cumprimento das obrigações de fazer ou não fazer. Tudo o que se há de cumprir mediante um

---

[1] PEREIRA, Caio Mário da Silva. *Instituições de direito civil*. 20. ed. Rio de Janeiro: Forense, 2003, v. II, n. 135, p. 58.
[2] PEREIRA, Caio Mário da Silva. *Instituições de direito civil*. 20. ed. Rio de Janeiro: Forense, 2003, v. II, n. 136, p. 66.

facere ou um *non facere* caberia, processualmente, no regime do vigente art. 536.[3] O Código atual, aliás, tem texto expresso sobre o tema, de sorte a positivar que as regras pertinentes ao cumprimento das obrigações de fazer e não fazer aplicam-se, no que couber, também as sentenças que reconheçam "deveres de fazer e de não fazer de natureza não obrigacional" (art. 536, § 5º).

110. Execução específica e execução substitutiva

I – Técnica processual na legislação atual (tutela específica e tutela subsidiária)

Ao cumprimento forçado, em juízo, da prestação na forma prevista no título da obrigação de fazer ou não fazer e entregar coisa, atribuiu-se o *nomen iuris* de "tutela específica". A execução do equivalente econômico denominou-se "tutela substitutiva" ou "subsidiária".

A orientação normativa do Código de Processo Civil de 2015 segue o regime executivo disciplinado pela legislação de 1973, bem se harmonizando com o sistema de direito material traçado pelo Código Civil para o cumprimento das obrigações de fazer e de não fazer.

O art. 536 do CPC/2015 impõe ao juiz a concessão da tutela específica. A sentença que der provimento ao pedido de cumprimento de obrigação de fazer ou não fazer deve condenar o devedor a realizar, *in natura*, a prestação devida. Para que essa condenação seja dotada de maior efetividade, a norma do art. 497 do CPC/2015 recomenda uma providência prática e funcional: na sentença de procedência do pedido, competirá ao juiz determinar "providências que assegurem a obtenção de tutela pelo resultado prático equivalente".

Dessa maneira, tão logo transitada em julgado a condenação, as providências determinadas na sentença (ou em complemento desta) serão postas em prática por meio de mandado dirigido ao devedor ou por meio de autorização para as medidas a cargo do credor ou de terceiros sob sua direção. Assim, tarefas que, primitivamente, caberiam ao devedor podem ser autorizadas ao próprio credor, que as implementará por si ou por prepostos, como previsto no art. 249 do Código Civil. Concluída a obra, caberá ao credor apresentar nos autos as contas dos gastos efetuados e dos prejuízos acrescidos, para prosseguir na execução por quantia certa. As medidas de cumprimento devem ser, em regra, precedidas de autorização judicial, inseridas na sentença ou em decisão subsequente. Entretanto, nos casos de urgência, como, *v.g.*, na premência de demolir edificação em perigo de ruína, ou diante da necessidade inadiável de afastar riscos ecológicos ou de danos à saúde, e outros, de igual urgência, há autorização legal para que o credor execute ou mande executar o fato, independentemente de autorização judicial, para posteriormente reclamar o cabível ressarcimento (Código Civil, art. 249, parágrafo único).

Os poderes do juiz para fazer cumprir especificamente a obrigação de fazer não ficam restritos à autorização para que o credor realize ou mande realizar por terceiro o fato devido. Poderá o juiz adotar outras providências que, mesmo não sendo exatamente o fato devido, correspondam a algo que assegure o resultado prático equivalente ao do adimplemento. Por exemplo, o fabricante de um aparelho eletrônico ou de um veículo automotor, que deva garantir seu funcionamento durante certo tempo, não efetue a contento os reparos necessários. Diante da gravidade do defeito e da impossibilidade de manter o objeto em condições de funcionamento dentro de um prazo razoável, poderá o juiz ordenar que, em lugar dos fracassados reparos, o fabricante substitua a máquina defeituosa por uma equivalente, mas que esteja em condições de perfeito funcionamento. Outras vezes, diante da insuficiência técnica da oficina que deveria

---

[3] O STJ, por exemplo, tem admitido, nos processos de desapropriação para reforma agrária, que a Fazenda Pública possa ser compelida judicialmente a emitir Títulos da Dívida Agrária (TDAs), sob pena de multa diária pelo descumprimento de dever legal, porquanto "a sua natureza é de obrigação de fazer" (STJ, 2ª T., AgRg no REsp 1.353.924/GO, Rel. Min. Mauro Campbell Marques, ac. 20.02.2014, *DJe* 28.02.2014).

efetuar os reparos, o juiz poderá autorizar o credor a atribuir o serviço a outra oficina. Há, portanto, muitos caminhos para que a tutela específica proporcione ao credor de obrigação de fazer o resultado prático que deveria advir do fiel cumprimento da prestação devida.

II – Fungibilidade de certas obrigações de fazer e não fazer: equivalente econômico

Como ao direito repugna constranger alguém fisicamente a fazer alguma coisa, e como as obrigações de fazer e não fazer dependem sempre de um comportamento pessoal do devedor, regra antiga dispunha que o inadimplemento, na espécie, resolver-se-ia em perdas e danos.

Todavia, considerando que essa solução era, em muitos casos, injusta e insatisfatória, criou-se a concepção da *fungibilidade* de certas obrigações de fazer, que seria aplicável sempre que a prestação devida não fosse personalíssima e pudesse ser cumprida a contento mediante ato de terceiro. Assim, a execução da obrigação poderia ser feita de maneira específica, proporcionando ao credor exatamente o resultado ajustado, mesmo sem a colaboração do devedor. A este, afinal, caberia suportar os custos da realização *in natura* da prestação por obra de outrem. A adjudicação do empreendimento a um terceiro se faz por meio de uma empreitada judicial, segundo o procedimento traçado nos arts. 815 a 823.

Quando a prestação apenas puder ser cumprida pelo devedor, por sua natureza ou convenção, o inadimplemento somente se remediará pela conversão em indenização (art. 816). Nesses casos, a obrigação de fazer ou não fazer é qualificada de *infungível*.

Tal como se passa com as obrigações de fazer e não fazer, o art. 498 do Código atual destina ao julgamento das prestações de entrega de coisa a "tutela específica", ou seja, o devedor haverá de ser condenado a realizar, em favor do credor, a transferência da posse exatamente da coisa devida (*caput*). A conversão da obrigação em perdas e danos ("tutela substitutiva") não é faculdade do juiz e somente acontecerá em duas situações: a) se o próprio credor a requerer, nos casos em que o direito material lhe permita tal opção; ou b) quando a execução específica se mostrar impossível (*v.g.*, perecimento ou desvio da coisa), de modo a torná-la inalcançável pela parte (art. 499).

111. Correta prestação da tutela substitutiva

Conforme já exposto, o credor tem o direito de exigir, por meio da prestação jurisdicional, a tutela específica, de maneira que o juiz não pode, em regra, forçá-lo a se satisfazer com a indenização de perdas e danos. A obrigação, como prevê o art. 499, somente se converterá no equivalente econômico em duas hipóteses:

(a) quando o próprio credor, diante do inadimplemento, prefira pleitear a reparação dos prejuízos, em lugar do cumprimento *in natura*; e

(b) quando a prestação específica, por sua natureza ou pelas circunstâncias do caso concreto, se torne impossível, o mesmo ocorrendo com a obtenção de resultado prático equivalente.

Há quem questione o poder absoluto do credor de exigir o equivalente econômico, quando, conforme a regra da execução segundo o princípio da menor onerosidade para o devedor, seria mais conveniente cumprir a prestação específica, de fazer ou de dar.[4] Não me parece seja este o melhor entendimento, em face da sistemática do direito material aplicável à espécie.

---

[4] Em nome da menor onerosidade, prevista no art. 620 do CPC/1973, Ada Pellegrini Grinover entende que o juiz tenha poderes para contrariar a opção do credor pelas perdas e danos e forçá-lo a aceitar, mesmo tardiamente, a prestação específica, se esta corresponder à execução de forma menos gravosa para o executado (cf. GRINOVER, Ada Pellegrini. Tutela jurisdicional nas obrigações de fazer e não fazer. *Reforma do Código de Processo*

Do inadimplemento nasce para o credor a opção natural entre executar a obrigação em sua prestação específica ou convertê-la em perdas e danos,[5] de maneira que, tendo sido descumprida a obrigação, é ao credor que compete definir o caminho a seguir para reparar a infração cometida pelo inadimplente.[6] Enquanto purgável a mora, ao devedor é possível emendá-la pela oferta da prestação acrescida de perdas e danos (CC, art. 401, I). Depois, entretanto, que, com a propositura da ação, a mora se transformou em inadimplemento absoluto, não há mais oportunidade para o devedor contrariar a vontade legitimamente manifestada pelo credor na demanda deduzida em juízo. O juiz dispõe de poderes oficiais para comandar o processo, inclusive no tocante a impor a execução específica, mas não o pode fazer para modificar o pedido do autor. Pode denegá-lo, se contrário ao direito. Não lhe toca, porém, substituí-lo por outro, nem mesmo a pretexto de fazer justiça ao demandado, se o autor exerce, de forma legítima, o direito subjetivo que a ordem jurídica lhe reconhece.

O art. 805, quando permite ao juiz escolher a forma menos gravosa de realizar a execução, pressupõe a existência de mais de um meio executivo para satisfazer a prestação a que faz jus o exequente. Não se aplica para alterar aquilo que a lei lhe assegura e que somente ele tem o poder de definir: o objeto da ação, o pedido. O caminho para satisfazer o pedido é que o juiz pode alterar, para minimizar o sacrifício que a execução acarreta ao devedor, nunca o próprio objeto do pedido, se legitimamente formulado.[7]

111-A. Possibilidade de o devedor excepcionalmente impor a execução específica em resistência a pretensão do credor às perdas e danos (Lei nº 14.833/2024)

Como deixa claro o art. 499 do CPC, a conversão em perdas e danos das obrigações de fazer ou não fazer, assim como das de entrega de coisa certa, somente se dá por *opção do credor* ou por impossibilidade da tutela específica. Quer isso dizer que a regra geral da lei processual afeiçoa-se à regra de direito material, segundo a qual, descumprida a obrigação contratual, e não sendo mais cabível a purga da mora, cabe à parte lesada pelo inadimplemento pedir a resolução do contrato com perdas e danos, se não preferir exigir-lhe o cumprimento, caso em que também poderá obter o ressarcimento do adimplemento (CC, art. 475).

Assim, tanto para o CPC como para o CC, a regra básica é a de que ao credor toca, com exclusividade, a faculdade de substituir, opcionalmente, a execução específica das obrigações de fazer ou não fazer por perdas e danos.

A Lei nº 14.833/2024, no entanto, acrescentou o parágrafo único ao art. 499 do CPC, para abrir três hipóteses em que o inadimplente e os responsáveis subsidiários e solidários podem se opor à execução requerida pelo credor pelas perdas e danos, exercitando a faculdade tardia de utilizar o "cumprimento da tutela específica". Essa neutralização, pelo devedor, da regular

---

Civil. São Paulo: Saraiva, 1996, p. 259, nota de rodapé nº 25; no mesmo sentido: cf. ALVIM J. E. Carreira. *Tutela específica das obrigações de fazer, não fazer e entregar coisa*. 2. ed. Rio de Janeiro: Forense, 2002, p. 78-79).

[5] Cf. NEVES, Daniel Amorim Assumpção. A tutela específica e o princípio dispositivo – Ampla possibilidade de conversão em perdas e danos por vontade do autor. *Revista Dialética de Direito Processual Civil*, n. 28, p. 42-44, jul./2005.

[6] Código Civil, art. 247: "Incorre na obrigação de indenizar perdas e danos o devedor que recusar a prestação a ele só imposta, ou só por ele exequível".

[7] "O caráter instrumental do processo obsta que regras e princípios venham a alterar os desígnios do direito material. Portanto, já tendo havido violação do direito patrimonial disponível, seu titular é livre para optar pela tutela indenizatória" (TALAMINI, Eduardo. *Tutela relativa aos deveres de fazer e de não fazer*. 2. ed. São Paulo: RT, 2003, p. 331-332).

execução substitutiva das perdas e danos, segundo a inovação da lei processual, poderá acontecer em relação apenas às seguintes responsabilidades contratuais:

(a) a de rejeição das coisas objeto de contrato comutativo, em razão de vícios redibitórios (CC, art. 441);

(b) a de responsabilidade do construtor, por cinco anos, pela segurança e solidez da obra, nos contratos de empreitada de edifícios ou outras construções consideráveis (CC, art. 618); e

(c) a da obrigação de garantia contraída pelo segurador por meio do contrato de seguro (CC, art. 757; Lei 15.040/2024, art. 1º).

Salvo as exceções instituídas pelo novo parágrafo único do art. 499 do CPC, continua vigorando como princípio ou regra geral o *caput* do mesmo dispositivo, ou seja, "após o inadimplemento, o devedor inadimplente não tem direito de forçar o credor a submeter-se ao cumprimento da prestação. Por isso, reconhece-se ao credor, lesado pelo inadimplemento, o *direito de pleitear, desde logo, reparação por perdas e danos*"[8] (g.n.).

A propósito, duas ponderações devem ser feitas:

(a) a oposição do devedor à conversão em perdas e danos só é possível no curso da fase cognitiva do processo, pois, uma vez acolhida a pretensão do credor por sentença definitiva, em princípio não mais será possível, durante a fase de cumprimento da decisão, escapar da força de coisa julgada consolidada;

(b) a referência do parágrafo único do art. 499 do CPC à extensão do privilégio nele estabelecido aos casos de "responsabilidade subsidiária e solidária" não pode ser entendida como abrangente de toda e qualquer obrigação subsidiária, mas apenas daquelas relacionadas às três obrigações principais enunciadas. Do contrário, estabelecer-se-ia uma contradição entre o principal e o complemento, pois não é admissível que o alcance do acessório seja mais amplo que o do principal. Correto, destarte, o entendimento de Medina, no sentido de que "as responsabilidades subsidiária e solidária dizem respeito às hipóteses antes mencionadas no dispositivo, isso é, aquelas previstas nos arts. 441, 618 e 757 do Código Civil".[9]

112. Medidas sub-rogatórias e antecipatórias no cumprimento de sentença

Dispõe o art. 497 do Código atual sobre as sentenças que julgam ações relativas ao cumprimento das obrigações de fazer e de não fazer. Com o objetivo de alcançar maior efetividade

---

[8] "É o que consta, textualmente, do *caput* do art. 499 do CPC, e também decorre de várias disposições do Código Civil, a exemplo dos arts. 389 e 475 do CC. O novo parágrafo único do art. 499 do CPC prevê exceções, assim justificados no relatório aprovado no Senado: (...) 'o projetado dispositivo destina-se a sempre garantir ao devedor o direito de cumprir diretamente a prestação – ou seja, cumprir a tutela específica –, antes da conversão da obrigação em indenização. Essa faculdade deferida ao devedor é restrita aos casos de: a) aquisição de bens com vícios ocultos (vício redibitório) (art. 441 do Código Civil); b) defeitos em construções (art. 618 do Código Civil); c) cobertura securitária (art. 757 do Código Civil); d) responsabilidade subsidiária ou solidária'" (MEDINA, José Miguel Garcia. *A tutela específica mitigada: a alteração do CPC pela Lei 14.833/24*. Disponível em: https://www.migalhas.com.br/depeso/404424/tutela-especifica-mitigada-alteracao-do-cpc-pela-lei-14-833-24. Acesso em: 15 abr. 2024).

[9] MEDINA, José Miguel Garcia. *A tutela específica mitigada: a alteração do CPC pela Lei 14.833/24*. Disponível em: https://www.migalhas.com.br/depeso/404424/tutela-especifica-mitigada-alteracao-do-cpc-pela-lei-14-833-24. Acesso em: 15 abr. 2024.

da tutela jurisdicional e evitar a generalização das condenações em simples perdas e danos, o novo texto legal preconiza, de modo semelhante ao seu antecessor, entre outras medidas, as seguintes:

(a) *tutela específica da obrigação*: o juiz está obrigado a concedê-la como regra geral;

(b) *tutela pelo resultado prático equivalente*: ao condenar o réu ao cumprimento da obrigação de fazer ou não fazer, o juiz deverá determinar providências concretas que assegurem o adimplemento;

(c) *tutela provisória*: admite-se, outrossim, a tutela provisória de urgência ou de evidência, desde que observadas determinadas cautelas (arts. 300 e 311), podendo a medida ser, desde logo, reforçada por imposição de multa diária (art. 537) ou qualquer outra medida considerada adequada para efetivação da tutela provisória (art. 297);

(d) *conversão da tutela específica na tutela substitutiva*: a obrigação originária converter-se-á em perdas e danos, se o autor o requerer, na fase de conhecimento, ou se, na fase de cumprimento da sentença, verificar-se a impossibilidade da tutela específica (CPC/2015, art. 499).

Cabe observar que, para a concessão da tutela específica que se destine a inibir a prática, a reiteração ou a continuação de um ilícito, ou a sua remoção, é irrelevante a demonstração da ocorrência de dano ou da existência de culpa ou dolo (art. 497, parágrafo único). A tutela, na espécie, é preventiva, tem por objetivo evitar o dano ou sua continuação, e não repará-lo.

Diante de tais mecanismos, o objetivo da demanda pode vir a ser completamente realizado ainda no início da fase de cognição, de sorte a tornar desnecessário o procedimento dos arts. 536 e ss. Por meio da tutela provisória, o demandante pode, por exemplo, ser autorizado a concluir, de imediato, obra paralisada pelo réu. Demolições, reparos e interdições, igualmente, podem ocorrer antes do julgamento da causa. Assim, a sentença posterior limitar-se-á a aprovar definitivamente aquilo que já se fez, antecipada e provisoriamente.

Valendo-se de medidas sub-rogatórias, a sentença pode, por outro lado, simplificar o acesso do autor ao fato visado pela obrigação discutida em juízo. Em determinados casos, por exemplo, pode determinar a substituição do bem defeituoso por outro, evitando assim reparos problemáticos e ineficientes; assim como pode autorizar, de imediato, que a prestação de serviço devida pelo réu seja substituída pela locação de serviços equivalentes a cargo de terceiro. Em casos desse jaez, o bem perseguido em juízo será muito mais facilmente alcançado, graças aos expedientes instituídos pelo juiz para assegurar "a obtenção de tutela pelo resultado prático equivalente" (art. 497, *caput*).

112-A. Conversão em perdas e danos

O CPC atual admite que a conversão da obrigação de fazer ou não fazer em perdas e danos se dê em duas hipóteses: (*i*) quando se tornar impossível a tutela específica, ou a obtenção de tutela pelo resultado prático equivalente; e (*ii*) por requerimento do autor (art. 499).

A conversão por impossibilidade material ou jurídica pode se dar em qualquer fase do processo de conhecimento e até mesmo no estágio de cumprimento da sentença, de ofício ou a requerimento da parte (exequente ou executado), sem que isso importe ofensa à coisa julgada.

A conversão por conveniência do credor, entretanto, deverá acontecer em regra no processo de conhecimento, antes da sentença. Depois, da condenação à prestação específica, só poderá ser pleiteada com justificativa adequada, pois àquela altura o devedor teria o direito de cumprir a sentença na forma nela estatuída, salvo sua impossibilidade.[10] Realmente, verificada a

---

[10] "(...) A obrigação somente se converterá em perdas e danos se impossível a tutela específica ou a obtenção do resultado prático correspondente" (STJ, 3ª T., AgInt no AREsp 467.606/MG, Rel. Min. Marco Aurélio Bellizze, ac. 01.12.2016, *DJe* 09.12.2016).

impossibilidade superveniente da execução específica, mesmo que a opção do credor acolhida pela sentença venha a ocorrer, não haverá como se recusar a conversão em perdas e danos, pouco importando a fase em que se encontre o processo.[11] Qualquer que seja o momento da conversão, ela haverá de ser precedida de oportunidade para discussão e análise em torno do cabimento da medida, nos limites em que a lei a permite. A apuração do respectivo *quantum* será feita pelo procedimento de liquidação de sentença ou por incidente processual equivalente.[12]

113. A multa (*astreinte*)

I – Quando cabe a multa por atraso no cumprimento da sentença

Mantendo regime já vigorante ao tempo do Código anterior, o CPC atual prevê a aplicação da multa por atraso no cumprimento de decisão judicial nos seguintes casos:

(a) *sentença condenatória* ao cumprimento de obrigação de fazer ou não fazer ou de entregar coisa (art. 536, § 1º);

(b) *a decisão interlocutória* relativa à tutela provisória deferida durante a fase cognitiva do processo comum ou durante a fase de cumprimento da sentença (art. 537, *caput*), em matéria de obrigações de fazer ou não fazer e de entrega de coisa (art. 537, § 5º);

(c) *medida liminar* em execução de título extrajudicial relativo à obrigação de entrega de coisa certa (art. 806, § 1º) e de fazer ou não fazer (art. 814, *caput*).

A omissão da *astreinte* na decisão exequenda, seja sentença ou interlocutória, não impede o juiz de aplicá-la, de ofício ou a requerimento da parte, como medida coercitiva ou de apoio à função jurisdicional executiva,[13] inclusive contra o Poder Público.[14]

II – Arbitramento da multa

A orientação seguida pelo CPC/2015 não acolhe a limitação da *astreinte* ao valor da obrigação principal. O critério legal é no sentido de que a multa há de ser *suficiente* e *compatível com a obrigação* e sua incidência deve ser precedida do estabelecimento de um *prazo razoável* para o cumprimento do preceito pelo devedor (art. 537, *caput*).[15]

Nessa perspectiva, o STJ reconheceu que se inclui em sua competência rever e reduzir a multa considerada desproporcional em relação à obrigação principal. Ficou, entretanto,

---

[11] "Na linha de pacífica jurisprudência deste Superior Tribunal de Justiça, é possível a conversão da obrigação de fazer em perdas e danos, independentemente do pedido do titular do direito subjetivo, em qualquer fase processual, quando verificada a impossibilidade de cumprimento da tutela específica. Precedentes" (STJ, 1ª T., REsp, Rel. Min. Regina Helena, ac. 03.09.2024, *DJe* 09.09.2024).

[12] CAMBI, Eduardo; DOTTI, Rogéria; PINHEIRO, Paulo Eduardo D'Arce; MARTINS, Sandro Gilbert; KOZIKOSKI, Marcelo. *Curso de processo civil completo*. São Paulo: RT, 2017, p. 1.095.

[13] Em matéria de antecipação de tutela, porém, devem ser excluídas do regime de urgência, e, consequentemente, da sujeição às *astreintes*, as causas enumeradas pelo art. 1º da Lei nº 9.494/1997, "cuja validade constitucional foi integralmente confirmada pelo STF, Pleno, no julgamento da ADC nº 4/DF, Rel. p/ ac. Min. Celso de Mello, ac. 01.10.2008" (STF, 2ª T., RE 495.740/DF, Rel. Min. Celso de Mello, ac. 02.06.2009, *DJe* 14.08.2009).

[14] É permitida a imposição de multa diária (*astreintes*) a ente público para compeli-lo a fornecer medicamentos a pessoa desprovida de recursos financeiros, em nome da garantia fundamental do direito à vida (STJ, 1ª Seção, REsp 1.474.665/RS – Recurso Repetitivo, Rel. Min. Benedito Gonçalves, ac. 26.04.2017, *DJe* 22.06.2017).

[15] "Os critérios referidos no *caput* do art. 537 do CPC devem ser observados no momento da fixação da multa, que não está limitada ao valor da obrigação principal e não pode ter sua exigibilidade postergada para depois do trânsito em julgado" (CEJ/I Jorn. Dir. Proc. Civ., Enunciado nº 96).

esclarecido que "a irrazoabilidade não pode ser aferida pelo simples cotejo entre os valores perseguidos na ação original e o montante acumulado da penalidade, devendo a avaliação tomar em conta as circunstâncias do caso concreto".[16]

Em outros termos, "a medida do arbitramento das *astreintes* é sempre o equilíbrio, a razoabilidade. A fixação de multa em valores ínfimos não tem o condão, por si, de intimidar o devedor a dar cumprimento à ordem judicial, em desprestígio do Poder Judiciário. Por outro lado, o estabelecimento de multa em valor exorbitante, em razão de sua própria intangibilidade e provável (e necessária) reforma pelas instâncias superiores, também não dão (sic) ensejo ao cumprimento voluntário da obrigação judicial. Em comum, a inocuidade do comando".[17]

Cumpre à justiça impedir que a multa se torne abusiva e causadora de enriquecimento sem causa, revelando-se inadequada e incompatível com sua função processual, fato que ocorre quando pela desproporção do valor a que chegou, perde o caráter instrumental que a lei lhe reconhece para tornar-se, em pouco prazo de eventual descumprimento, "substancialmente mais interessante que o próprio pedido principal".[18]

III – Reexame da multa aplicada

Não há definitividade, outrossim, na imposição e arbitramento da *astreinte*, mesmo porque não se trata de verba que integra originariamente o crédito da parte, mas de simples instrumento legal de coerção utilizável em apoio à prestação jurisdicional executiva. É por isso que não há de pensar-se em coisa julgada[19] na decisão que a impõe ou que lhe define o valor, ou lhe determina a periodicidade. E é em consequência desse feitio apenas coercitivo da multa que o § 1º do art. 537 autoriza o juiz, a qualquer tempo, e de ofício, a modificar o valor ou a periodicidade da *astreinte* caso verifique que se tornou insuficiente ou excessiva. Deve-se, porém, evitar a hipótese de *reformatio in pejus*.[20]

Se o juiz verificar que a prestação específica já era impossível desde o tempo da sentença, não poderá manter na execução a exigência da multa indevidamente estipulada pelo inadimplemento da obrigação de fazer.[21] Se a impossibilidade, porém, foi superveniente à condenação e se deveu a fato imputável ao devedor, a multa subsistirá até a data em que a prestação se tornou irrealizável *in natura*. Em tal situação, o credor poderá executar as perdas e

---

[16] STJ, 2ª T., AgRg no AREsp 725.480/PE, Rel. Min. Og Fernandes, ac. 20.06.2017, *DJe* 23.06.2017.
[17] STJ, 3ª T., REsp 1.537.731/MA, Rel. Min. Marco Aurélio Bellizze, ac. 22.08.2017, *DJe* 29.08.2017.
[18] STJ, REsp 1.537.731/MA, Rel. Min. Marco Aurélio Bellizze, ac. 22.08.2017, *DJe* 29.08.2017.
[19] "É firme a jurisprudência do Superior Tribunal de Justiça no sentido de que a multa cominatória deve ser fixada em valor razoável, podendo, em casos como o dos autos, em que desobedecidos os princípios da razoabilidade e da proporcionalidade, ser revista em qualquer fase do processo, até mesmo após o trânsito em julgado da decisão que a fixou, pois tal não constitui ofensa a coisa julgada" (STJ, 2ª Seção, Reclamação 3.897/PB, Rel. Min. Raul Araújo, ac. 11.04.2012, *DJe* 12.06.2012). Pode, por isso, ser modificada a *astreinte*, "a requerimento da parte ou de ofício, seja para aumentar ou diminuir o valor da multa ou, ainda, para suprimi-la" (STJ, 3ª T., REsp 1.691.748/PR, Rel. Min. Ricardo Villas Bôas Cueva, ac. 07.11.2017, *DJe* 17.11.2017).
[20] Entendeu o STJ que, em recurso do devedor, não pode o Tribunal, de ofício, majorar a *astreinte* em prejuízo do recorrente, sem que o credor tenha requerido tal medida, por considerá-la ofensiva ao princípio da *non reformatio in pejus* (STJ, 3ª T., REsp 1.753.224/RS, Rel. Min. Paulo de Tarso Sanseverino, ac. 16.10.2018, *DJe* 19.10.2018).
[21] Poderá, entretanto, ao determinar a conversão da obrigação em perdas e danos, aplicar, daí em diante, a multa própria da execução por quantia certa (art. 475-J). STJ, 4ª T., REsp 1.057.369/RS, Rel. originário Min. Fernando Gonçalves, Rel. p/ acórdão Min. Aldir Passarinho Junior, ac. 23.06.2009; STJ, 3ª T., REsp 1.117.570, Rel. Min. Nancy Andrighi, ac. 09.03.2010, *DJe* 17.03.2010. Já se decidiu, sobre o tema, que "há violação ao art. 461 do CPC/73 [art. 497 do CPC/2015] a imposição de multa cominatória para obrigação de fazer que se afigura impossível de ser cumprida, o que enseja o afastamento das *astreintes*" (STJ, 3ª T., REsp 1.342.640/SP, Rel. Min. Nancy Andrighi, ac. 07.02.2017, *DJe* 14.02.2017).

danos resultantes da conversão da obrigação de fazer em seu equivalente econômico acrescido da multa diária enquanto essa tiver prevalecido (art. 500).

Pode-se concluir que a sistemática da multa coercitiva, tal como prevê o Código de Processo Civil, não segue uma orientação que torne obrigatória e inflexível sua aplicação em todas as causas relativas ao cumprimento das obrigações de fazer ou não fazer e de entrega de coisa. Há de se apurar, em cada caso, a possibilidade, ou não, de a sanção pecuniária ter a força de compelir o devedor a cumprir, de fato, a prestação *in natura*. Se esta não for mais praticável, por razões de fato ou de direito, não cabe a aplicação de *astreinte*. Daí falar a jurisprudência vigente no regime do Código anterior mais em faculdade do magistrado do que propriamente numa imposição ao juiz, quando se analisava teleologicamente o art. 461 do CPC/1973.[22]

IV – Casos de modificação ou exclusão da multa

Prevê o § 1º do art. 537 que a *multa vincenda* pode ser alterada no seu *quantum* e na sua periodicidade, quando o juiz verificar, de ofício ou a requerimento, que se tornou "insuficiente ou excessiva" (inc. I). A alteração pode ser tanto para aumentar como reduzir valor e periodicidade.

Poderá também ocorrer a exclusão da multa, no caso de demonstração pelo executado de justa causa para o descumprimento da obrigação que se invoca para justificar a sanção (inc. II, *in fine*).

Justifica-se a redução, outrossim, quando restar comprovado que ocorreu o cumprimento parcial da sentença (inc. II, 1ª parte).

Pela literalidade do dispositivo legal em exame, somente a multa vincenda poderia ser alterada ou excluída pelo juiz da execução. Sobre a possibilidade de reexame, também das *astreintes* vencidas, numa aplicação menos rígida da norma, trataremos mais adiante (subitens V e VI).

V – A multa e as obrigações personalíssimas

Deve-se ponderar, ainda, que, segundo o art. 247 do Código Civil de 2002, quando se trata de obrigação de fazer, "incorre na obrigação de indenizar perdas e danos o devedor que se recusar à prestação a ele só imposta, ou só por ele exequível". Esse dispositivo da lei material, a nosso sentir, já havia colocado fim à discussão sobre cabimento, ou não, da *astreinte* nas obrigações personalíssimas ou infungíveis no regime do antigo Código. A sanção legalmente estabelecida era a conversão da obrigação de fazer em perdas e danos, pelo que não caberia ao credor impor-lhe multa como meio de coação a realizar a prestação específica. Esta é, claramente, afastada pela lei substancial. Nessa sistemática de direito positivo, portanto, a multa cominatória fica restrita aos casos de obrigações fungíveis, ou seja, aquelas cuja prestação pode ser realizada por terceiro ou substituída por "resultado prático equivalente" determinado pela sentença (CPC/2015, arts. 497 e 536).[23]

---

[22] "Não mais existe a fixação da multa como uma imposição ao juiz, mas, remetendo-se ao art. 461 do CPC, verifica-se que a penalidade é uma faculdade do magistrado, o que impossibilita que esta Corte a determine" (STJ, 5ª T., REsp 585.460/RS, Rel. Min. José Arnaldo, ac. 14.10.2003, *DJU* 17.11.2003, p. 379).

[23] No regime do Código anterior, a doutrina dispunha que, inexistindo meio de se obter, por outras vias, o "resultado prático equivalente" de que cogita o art. 461 do CPC, "estará comprovado que se trata de obrigação que só pelo réu poderá ser cumprida, hipótese em que se converterá a obrigação em perdas e danos, conforme previsto no art. 461, § 1º, do Código de Processo Civil, e no art. 247 do Novo Código Civil" (MESQUITA, José Ignácio Botelho de *et al*. Breves considerações sobre a exigibilidade e a execução das *astreintes*. *Revista Jurídica*, v. 338, dez. 2005, p. 36).

Estando o destino da obrigação de fazer infungível definido pelo direito material, parece-nos que não cabe sequer condenar o devedor inadimplente a cumpri-la *in natura*, mas sempre ao pagamento das perdas e danos, em que legalmente se converter. E se tal condenação for praticada, seu efeito não pode ser outro senão aquele predeterminado pelo art. 247 do Código Civil, qual seja, o da execução pelas equivalentes perdas e danos.[24]

VI – Multa e preclusão da decisão que a impôs

Pode-se pensar em preclusão, que impeça a alteração da multa, quando a parte tenha deixado de recorrer oportunamente da decisão que a cominou? Pensamos que não. A multa não é direito da parte. Na espécie, trata-se de medida judicial coercitiva, utilizada para assegurar efetividade à execução. Interessa muito mais ao órgão judicial do que ao credor, o que lhe assegura o caráter de providência de ordem pública.[25] Esse caráter está bem evidenciado na regra do art. 537, em que o poder-dever do juiz de aplicar a *astreinte* está expressamente previsto como exercitável *independentemente* de requerimento da parte; regra que se completa com a do § 1º do mesmo dispositivo, que, mesmo depois da respectiva fixação, prevê a possibilidade de o juiz de ofício "modificar o valor ou a periodicidade da multa *vincenda*", sempre que verificar "que se tornou insuficiente ou excessiva".[26]

Quando algum acórdão deixa, eventualmente, de conhecer do pedido de redução da multa, sob o argumento de não ter havido oportuno agravo contra sua imposição, o que, na verdade, se afirma é que a matéria, não tendo sido objeto de recurso oportuno, não poderia ser objeto de posterior arguição direta no tribunal. Haveria, se assim não se procedesse, quebra do duplo grau de jurisdição. A solução aparenta ser correta porque, até então, não se tratava de questão enfrentada e solucionada na instância *a quo*, à qual a lei atribui a competência para aumentar ou reduzir a pena. Uma vez, porém, que se cuida de matéria de ordem pública, a falta de agravo não impede que o juiz da causa (ou da execução) exerça o poder de alterar a multa, agindo até mesmo de ofício, como determina o § 1º do art. 537, em relação às parcelas

---

[24] Diante da controvérsia acerca do cabimento, ou não, de condenação a um *facere* ou *non facere* infungível, a solução tradicional é no sentido negativo, porque há uma "correlação necessária entre condenação e execução forçada" da qual deriva a "admissibilidade da condenação somente pelas obrigações (de pagar, de dar, de entregar, de fazer ou não fazer) suscetíveis de execução forçada" (TARZIA, Giuseppe. *Lineamenti del processo civile di cognizione*. 2. ed. Milano: Giuffrè, 2002, n. 55, p. 239). Há na doutrina e jurisprudência, no entanto, corrente que defende a aplicação das *astreintes* também na execução das obrigações infungíveis (BARBOSA MOREIRA, José Carlos. *O novo processo civil brasileiro*. 25. ed. Rio de Janeiro: Forense, 2007, p. 228; STJ, 3ª T., REsp 6.314/RJ; STJ, 4ª T., REsp 6.377/SP; STJ, 1ª T., REsp 1.069.441/PE, Rel. Min. Luiz Fux, ac. 14.12.2010, DJe 17.12.2010, v., *retro*, a nota nº 9).

[25] "É preciso perceber que a multa processual tem por objetivo assegurar a efetividade das decisões do juiz e, portanto, que o seu fim não pode ser confundido com o da indenização ou com o da multa contratual" (MARINONI, Luiz Guilherme. *Técnica processual e tutela dos direitos*. São Paulo: RT, 2004, p. 395). É justamente por isso que "a multa não se submete ao trânsito em julgado que imuniza os efeitos da sentença, ou à preclusão que acoberta o pronunciamento interlocutório que a fixou"; e pode ser alterada, de ofício e a qualquer tempo, devendo o magistrado "fundamentar o pronunciamento que determina a elevação [ou a redução] do valor da multa, demonstrando que a fixação anterior não surtiu o efeito desejado, dizendo respeito ao estímulo ao adimplemento da obrigação específica" (MONTENEGRO FILHO, Misael. *Código de Processo Civil comentado e interpretado*. São Paulo: Atlas, 2008, p. 494).

[26] Relativamente ao Código anterior, tem-se que "Como a multa que deriva do art. 461, a de natureza cominatória, tem como função exercer pressão psicológica sobre o réu, ela deve ser fixada e modelada pelo juiz, atento às circunstâncias fáticas e com os olhos voltados *também* para a predisposição do réu para acatar, ou não, sua determinação. Ela deve ser modificada, no que diz respeito a seu valor e periodicidade, prazo de exigibilidade, tanto quanto as circunstâncias concretas recomendem. É esse o conteúdo do § 6º do art. 461..." (BUENO, Cassio Scarpinella. *Tutela antecipada*. São Paulo: Saraiva, 2004, p. 117).

vincendas da multa. Esse poder, inerente à competência do magistrado que dirige o processo, não desaparece em virtude da inércia da parte, pela simples razão de que a lei, ao instituí-lo, não o subordinou à provocação do litigante.[27]

No regime do Código de 2015, o legislador, alterando um pouco o entendimento da jurisprudência à época da codificação anterior no sentido de que não precluía para o juiz a faculdade de, a qualquer tempo, alterar o valor das *astreintes,* ressalvou expressamente a possibilidade de alteração apenas da parcela *vincenda* da multa (art. 537, § 1º). Com esse preceito, a nosso entender, o CPC/2015 excluiu a redução do montante vencido, seja quando questionado pela parte ou mesmo quando a iniciativa for do juiz. Parece-nos que a intenção da norma é compelir o devedor a questionar logo a multa que ele considera excessiva, evitando impugnações tardias, quando as *astreintes* já teriam se acumulado, sem resistência alguma do obrigado. Muitas vezes, entretanto, é o próprio credor que provoca a progressão da multa. É preciso, portanto, avaliar caso a caso a razão pela qual as multas vencidas se acumularam, para que o art. 537, § 1º, seja aplicado de forma justa e razoável, evitando práticas abusivas e incompatíveis com o princípio a boa-fé.

Esse novo sistema, segundo pensamos, poderá – se tratado como absoluto – gerar distorções nos casos em que, por exemplo, a redução da multa se justifica em razão de o credor, maliciosamente ter deixado passar longo tempo sem executá-la, só o fazendo depois de ter assumido um montante exagerado, capaz de arruinar economicamente o devedor ou de provocar-lhe um dano iníquo e injustificável eticamente. Essa conduta, conforme as proporções que assuma, pode ser qualificada como ofensiva ao dever processual de boa-fé e lealdade, preconizada pelo art. 14, II, do CPC, cabendo ao juiz reprimi-la como litigância de má-fé.[28] Decerto que, em hipóteses tais, mesmo as parcelas vencidas da multa poderiam ser reduzidas, considerando que, como princípio geral, a ninguém é dado beneficiar-se da própria torpeza.

Nessa linha de entendimento, decidiu o STJ, já na vigência do CPC/2015, que: "1. A decisão que fixa a multa cominatória, consoante reiterados pronunciamentos desta Corte, não faz coisa julgada, podendo ser modificada a qualquer tempo, até mesmo na fase executiva, até de ofício. 2. Cumpre esclarecer, todavia, que o órgão julgador somente estará autorizado a conhecer de ofício o tema em questão e emitir pronunciamento de mérito a seu respeito, quando aberta a sua jurisdição".[29] Destacou, ainda, o aresto que, no caso dos autos, "o tribunal de origem não poderia ter reduzido de ofício o valor das *astreintes*, porque a questão foi suscitada em recurso de apelação não conhecido".

É justamente o reconhecimento de que a decisão que impõe astreinte não passa em julgado, nem impede, por preclusão, o seu reexame a qualquer tempo, que nos convence do acerto e razoabilidade do entendimento autorizador da revisão e até do cancelamento da medida coercitiva, inclusive em relação às prestações vencidas, e não apenas às vincendas. Se em princípio o juiz deve velar pela execução pelo meio menos gravoso para o devedor (art. 805), nada justifica a manutenção de multa desnecessária, inútil, ou excessiva diante das particularidades do caso concreto. Se a obrigação de fazer já foi cumprida ou se acha em vias de cumprimento, sem depender da força coativa da *astreinte* nas proporções elevadas com que

---

[27] As omissões ou inércias, na espécie, "são fadadas à ineficácia, em primeiro lugar porque o juiz é dotado, como agente estatal, do poder de conduzir o processo pelos rumos adequados; a ausência de preclusividade também concorre para [evitar] a manutenção de situações jurídico-processuais cuja eliminação contraria a ordem pública" (DINAMARCO, Cândido Rangel. *A instrumentalidade do processo.* 5. ed. São Paulo: Malheiros, 1996, p. 57, nota 28).

[28] Ver, no vol. I, os nos 48 e 75.

[29] STJ, 3ª T., REsp 1.508.929/RN, Rel. Min. Moura Ribeiro, ac. 07.03.2017, *DJe* 21.03.2017.

foi originariamente arbitrada, legítima se nos afigura a pretensão de reduzir ou cancelá-la, nas circunstâncias da execução ajuizada ou por ajuizar.[30]

VII – Execução da multa no regime do Código de 1973

Diante da instabilidade da solução provisória estabelecida em medida antecipatória protegida por *astreinte*, a jurisprudência, ao tempo do Código anterior, ponderava que a cobrança da multa, em regra, deveria acontecer após o trânsito em julgado, ou a partir de quando fosse possível a execução provisória.[31] Exigia-se, portanto, um procedimento de execução da prestação principal para, então, definir-se o efetivo inadimplemento e, por conseguinte, configurar-se a incursão na pena coercitiva da *astreinte*.[32]

VIII – Execução da multa no regime do atual Código

O Código de 2015, porém, coerente com a lógica de efetividade que o orienta, adotou posicionamento (já defendido em nosso Curso[33]) de não se negar imediata executividade à multa imposta para cumprimento de tutela antecipada, já que esta se cumpre de plano, segundo os princípios da execução provisória (art. 297, parágrafo único, do CPC/2015). A posição que sempre defendemos é que, ao promover a execução da antecipação de tutela, havendo retardamento por parte do devedor, torna-se exigível a multa, mesmo antes de a sentença definitiva atingir a coisa julgada. O importante, no entanto, é apurar-se a liquidez e certeza da pena coercitiva, antes de reclamá-la em juízo. O devedor deve, portanto, ser intimado a cumprir a medida decretada em antecipação de tutela, sob pena de incorrer na multa, e o credor tem de comprovar o não cumprimento no prazo marcado, assim como o tempo de duração do inadimplemento. Esses dados não podem ficar apenas na singela afirmação do credor. Cumpre, pois, que sejam adequadamente demonstrados nos autos, quando impugnados. O procedimento, para tanto, é singelo. Não se exige uma "ação de liquidação", mas apenas um incidente processual nos moldes dos arts. 509 a 512 do CPC/2015, submetido a uma decisão interlocutória recorrível por meio de agravo. A execução, após a liquidação, também é sumária, observado o procedimento estabelecido para "cumprimento" de sentença condenatória referente à obrigação de quantia certa (CPC, art. 523 e ss.).

Nessa linha de entendimento, o regime do atual Código adotou expressamente a possibilidade de cumprimento provisório da decisão que fixar multa, como se vê no § 3º do art. 537. Dispôs, todavia, que a multa em tal caso, deverá ser "depositada em juízo, permitindo o levantamento do valor após o trânsito em julgado da sentença favorável à parte".[34] Autoriza-se,

---

[30] Em doutrina, defende-se até mesmo a possibilidade de revisão da multa coercitiva, tanto pela via recursal como através de processo autônomo, posterior ao encerramento daquele em que a sanção foi imposta (SAMPIETRO, Luiz Roberto Hijo. Giuseppe Chiovenda e as astreintes enquanto instrumentos para a efetividade da execução: projeções no direito processual civil brasileiro. *Revista dos Tribunais*, v. 1.039, p. 332-334, São Paulo, maio/2022).

[31] TJBA, 4ª CC., Ap. 12.162-0/1999, Rel. Des. Paulo Furtado, ac. 26.06.2002, *RT* 810/315; STJ, 4ª T., AgRg no REsp 1.094.296/RS, Rel. Min. João Otávio de Noronha, ac. 03.03.2011, *DJe* 11.03.2011; STJ, 1ª T., REsp 1.098.028/SP, Rel. Min. Luiz Fux, ac. 09.02.2010, *DJe* 02.03.2010. No sentido de descabimento de execução provisória (STJ, 3ª T., AgRg no REsp 1.153.033/MG, Rel. Min. Sidnei Beneti, ac. 15.04.2010, *DJe* 07.05.2010).

[32] TJSP, 6ª C. Dir. Privado, AI 242.450-4/3-00, Rel. Des. Sebastião Carlos Garcia, ac. 29.08.2002, *JTJ* 260/314.

[33] THEODORO JÚNIOR, Humberto. *Curso de direito processual civil.* 49. ed. Rio de Janeiro: Forense, 2014, v. II, n. 639-e, p. 37.

[34] O art. 537, § 3º, em sua redação primitiva, permitia o levantamento da multa depositada, mesmo sem o trânsito em julgado, na hipótese de pendência de agravo relacionado com recurso extraordinário ou especial previsto no art. 1.042 do CPC/2015. A Lei nº 13.256/2016 suprimiu esse favor, de maneira que agora só se pode pretender levantar o depósito de *astreinte* depois do trânsito em julgado da sentença favorável à parte exequente.

assim, a execução provisória, mas impede-se ao exequente levantar a multa depositada, enquanto não obtiver julgamento de mérito em seu favor, e em caráter definitivo. Portanto, se o recurso pendente contra a sentença resultar em sua cassação, o valor da multa jamais reverterá em favor do exequente provisório, e será restituído ao executado vitorioso na via recursal.

Cuidando das multas decorrentes de litigância de má-fé, o art. 777 autoriza sua cobrança no próprio processo em que ocorreu a respectiva imposição. A regra, analogicamente, aplica-se também às multas coercitivas, cuja exigência não depende de manejo de uma ação própria, podendo ser efetuada de maneira incidental, como simples fase processual, seja no momento de cumprimento da sentença, seja em incidente limitado apenas à cobrança da multa tornada exigível.[35]

IX – A necessidade de constituir-se um título judicial completo para a execução da multa

A execução não é lugar adequado à comprovação do direito do exequente. Só há possibilidade de se executar um crédito quando este esteja dotado de elementos reveladores de sua *certeza, liquidez* e *exigibilidade* (arts. 783 e 786). Quem conta apenas com a decisão que cominou a multa para o caso do respectivo descumprimento não dispõe ainda de título capaz de certificar o seu direito atual a exigir a pronta satisfação da medida sancionatória. Tal direito subjetivo, para ser incorporado a um título executivo de natureza judicial, depende de um acertamento em juízo.

Lembra Fábio Guidi Tabosa Pessoa, com propriedade, que o fato gerador do direito do credor à multa não se acha na condenação ao cumprimento da obrigação principal, mas num evento ulterior – o descumprimento da prestação a que foi condenado – que é sim o "próprio elemento constitutivo nuclear desse direito" (o direito à multa). Para que, portanto, se possa dar início à cobrança da *astreinte*, como execução de título judicial, é preciso que se certifique em juízo a ocorrência do respectivo fato gerador, com oportunidade ao devedor de um contraditório maior do que aquele permitido na impugnação ao cumprimento da sentença prevista no art. 525, § 1º, do CPC/2015. É necessário dar-lhe oportunidade para demonstrar, se for o caso, que não ocorreu o descumprimento afirmado pelo credor.[36]

De tal sorte, uma solução prática para o problema seria, por exemplo, adotar a intimação para pagar a multa, feita, analogicamente, nos moldes da que se pratica no cumprimento da sentença contra devedor de alimentos (CPC/2015, art. 528), ou seja: o executado será intimado, no prazo que lhe for assinado, a pagar o débito, provar que já o fez ou *justificar* porque não está sujeito a fazê-lo. Se o devedor nada alegar, ou se sua justificativa não for acolhida pelo juiz, a decisão sobre o incidente aperfeiçoará o título executivo judicial para sustentar a execução da multa. Se a defesa for acatada, o título executivo não terá se configurado e nenhuma execução forçada terá lugar.

---

[35] MACÊDO, Lucas Buril de; GÓIS, Filiph de Carvalho. Multa coercitiva no direito brasileiro (parte 3 de 3): questões relacionadas à sua liquidação e execução. *Revista de Processo*, São Paulo, v. 344, p. 144, out. 2023; ASSIS, Araken de. *Processo civil brasileiro*. 3. ed. São Paulo: RT, 2022, v. II, p. 293.

[36] É preciso distinguir entre a condenação principal e a previsão de multa para o seu descumprimento. "No tocante ao arbitramento de multa, não há obrigação alguma desde logo afirmada, no momento da cominação, em torno do crédito pecuniário, apenas no tocante à obrigação principal, de outra ordem. Para a formação do crédito pecuniário, o silêncio não produz consequências automáticas, pois precisará ser valorado e apenas então permitirá afirmação, inovadora, do direito à cobrança de determinada quantia (...). Por derradeiro, parece-nos importante destacar, também sob a ótica do contraditório, a impossibilidade de exigência de multa a partir de requerimento unilateral do credor da obrigação de fazer e da referência singela à decisão cominatória da multa" (PESSOA, Fábio Guidi Tabosa. Novo CPC: reflexões em torno da imposição e cobrança de multas. *Revista do Advogado*, n. 126, AASP, p. 73, maio 2015).

X – Termo inicial e final de incidência da multa

No regime do Código anterior, um requisito havia de ser cumprido para que a execução da *astreinte* se tornasse cabível: mesmo tendo transitado em julgado a imposição da pena, a parte a ela sujeita teria de ser intimada a cumprir a prestação de fazer ou não fazer antes de se lhe exigir a multa por desobediência ao mandamento judicial, estivesse ele contido em decisão interlocutória ou sentença. Quando adveio o CPC/2015, vigorava a Súmula 410 do STJ, que pusera fim à controvérsia que envolveu durante algum tempo a matéria e que deixara assentado que "a prévia *intimação pessoal* do devedor constitui condição necessária para a cobrança de multa pelo descumprimento de obrigação de fazer ou não fazer".

Segundo antiga jurisprudência do STJ não se considerava suficiente a intimação do advogado, de modo que teria de ser a parte pessoalmente intimada a cumprir a obrigação para que sua incursão na multa se tornasse real.[37]

O Código atual deixa claro que a multa é devida "desde o dia em que se configurar o descumprimento da decisão e incidirá enquanto não for cumprida a decisão que a tiver cominado" (art. 537, § 4º). Como o cumprimento de qualquer decisão judicial depende de prévia intimação da parte obrigada, a configuração do descumprimento em questão se dará depois de transcorrido o prazo constante da intimação com que o devedor foi convocado a cumprir a prestação de fazer ou não fazer, sob a cominação de multa progressiva proporcional ao eventual atraso ocorrido. Tudo deveria continuar como previsto na antiga Súmula 410 do STJ, menos quanto à forma da intimação.

É que no regime do Código em vigor não há mais lugar para exigir que a intimação seja sempre pessoal. Existe agora norma geral no art. 513, § 2º, I, autorizadora da intimação do devedor ao cumprimento de sentença "na pessoa de seu advogado".

A nosso ver, portanto, salvo nas exceções dos incs. II e III do citado artigo 513, § 2º, pensamos não haver justificativa para exigir no cumprimento da sentença relativa a obrigações de fazer, não fazer ou entregar coisa, que, no regime do Código de 2015, a intimação executiva seja feita necessariamente na pessoa do devedor.[38]

Sem embargo de nosso entendimento, respaldado em boa doutrina, o tema voltou a debate no Superior Tribunal de Justiça, após a vigência do CPC/2015, tendo aquela Alta Corte, por decisão de sua Corte Especial, reafirmado a velha tese da insuficiência da intimação do advogado do devedor de obrigação de fazer ou não fazer.[39] No entanto, a intimação pessoal obrigatória do devedor refere-se apenas ao cumprimento da decisão que impôs a prestação de fazer, cujo inadimplemento acarretará, em seguida, a sujeição ao pagamento da multa (*astreinte*). Verificado o descumprimento da obrigação de fazer, a multa torna-se objeto de prestação de

---

[37] "A prévia intimação pessoal do devedor constitui condição necessária para a cobrança de multa pelo descumprimento de obrigação de fazer ou não fazer" (Súmula nº 410 do STJ). "A parte a quem se destina a ordem de fazer ou não fazer deve ser pessoalmente intimada da decisão cominatória, especialmente quando há fixação de *astreintes*" (STJ, 3ª T., AgRg no REsp 993.209/SE, Rel.ª Min.ª Nancy Andrighi, ac. 18.03.2008, *DJe* 04.04.2008. No mesmo sentido: STJ, 3ª T., AgRg no REsp 1.067.903/RS, Rel. Min. Sidnei Beneti, ac. 21.10.2008, *DJe* 18.11.2008; STJ, 4ª T., Ag. 1.050.330/RS, Rel. Min. João Otávio de Noronha, ac. 17.06.2010, *DJe* 29.06.2010; STJ, 4ª T., AgRg no Ag. 988.734/RS, Rel. Min. Raul Araújo Filho, ac. 08.06.2010, *DJe* 18.06.2010.

[38] Sobre a possibilidade da intimação executiva na pessoa do advogado, ver, *retro*, o item 13, al. *I*. Cf., também, PEREIRA, Rafael Caselli. Efetividade e unificação dos regimes jurídicos executivos pelo CPC/2015 como fundamento para superação (*overruling*) da Súmula 410 do STJ: o fim da jurisprudência lotérica e a consagração da instabilidade (sic), integridade e coerência dos julgados. *Juris Plenum*, n. 76, p. 31, jul. 2017.

[39] STJ, Corte Especial, EREsp 1.360.577/MG, Rel. p/ac. Min. Luís Felipe Salomão, ac. 19.12.2018, *DJe* 07.03.2019.

quantia certa, cuja execução seguirá o rito do art. 523, o qual se contenta com a intimação do advogado do executado, já então passível do acréscimo da multa legal de 10%, se o débito não for saldado em quinze dias.

Uma séria advertência, contudo, se impõe, diante do precedente estabelecido por meio do acórdão pronunciado pela Corte Especial do STJ no EREsp. 1.360.577: embora esse aresto venha sendo tratado, desde então, pelas diversas Turmas daquele Tribunal Superior como representativo de jurisprudência consolidada,[40] não se lhe pode reconhecer a autoridade de precedente vinculante prevista no art. 927 do CPC/2015, principalmente porque:

(a) o recurso que ensejou o acórdão em questão foi processado e julgado declaradamente sob o regime do CPC/1973,[41] de modo que não cabia àquela altura qualquer abordagem ao CPC/2015 na solução dos embargos infringentes então sob a apreciação da Corte Especial;

(b) a questão da intimação pessoal do devedor foi discutida e resolvida em face das Leis nº 11.232/2005 e 11.382/2006, e da Súmula 410 do STJ, conforme se vê de todos os votos vencedores, sendo de notar que o acórdão impugnado pelos embargos infringentes datava de 2014, dois anos, portanto, antes da vigência do CPC atual;[42]

(c) sem apoio em discussão no julgamento, a menção à sobrevivência da Súmula 410 após a entrada em vigor do CPC/2015 na ementa do acórdão do EREsp 1.360.577 não se deu como *ratio decidendi*, mas como simples *obiter dictum*, incapaz de gerar verdadeiro precedente vinculante, ou mesmo de retratar jurisprudência da casa;

(d) além do mais, a referência feita *en passant* como mera ilustração afrontou norma expressa da lei superveniente: art. 513, § 2º, I.

Ponderadas as observações ora efetuadas, a conclusão que se impõe, em face da sistemática de precedentes estabelecida pelo art. 927 do CPC de 2015, é que o julgado dos Embargos de Divergência *sub examine* pelo STJ não se prestou à formulação de jurisprudência vinculante. O tema é hoje disciplinado por outra legislação e a Súmula 410 resume entendimento construído antes da vigência do Código atual, de modo que o STJ ainda não procedeu a uma real e adequada avaliação do problema. E deve fazê-lo quanto antes para pôr fim a um falso precedente, que, na realidade, apenas e mal retratou em pobre *obiter dictum* e – o que é pior – tem servido para influenciar negativamente a jurisprudência *contra legem* que vem se edificando nos tribunais inferiores.

---

[40] STJ, 3ª T., AgInt no REsp. 1.728.194/MG, Rel. Min. Marco Aurélio Bellizze, ac. 14.10.2019, *DJe* 22.10.2019; STJ, Corte Especial, EREsp. 1.725.487/SP, Rel. Min. Laurita Vaz, ac. 04.12.2019, *DJe* 17.12.2019; STJ, 2ª T., AgInt no REsp. 1.820.385/RS, Rel. Min. Herman Benjamin, ac. 07.11.2019, *DJe* 19.11.2019

[41] "Embora a ementa do acórdão sugira que o conteúdo do enunciado 410 da súmula da jurisprudência do STJ foi especificamente revisitada pela Corte, tendo-se deliberado pela sua conservação, a análise dos votos proferidos [no EREsp 1.360.577/MG] demonstra que isso efetivamente jamais aconteceu nesse caso, ou seja, a súmula 410 do STJ não foi desafiada à luz de nenhum dispositivo do CPC/2015, inaplicável ao caso concreto" (MARCONDES, Gustavo Viegas; PIZZOL, Patrícia Miranda. A utopia da uniformidade, estabilidade, integridade e coerência: análise da eficácia vinculante das decisões, a partir do AREsp. 1.360.577/MG. *Revista de Processo*, São Paulo, v. 317, p. 352, jul. 2021).

[42] "No caso concreto, não apenas o acórdão embargado foi proferido e publicado antes do início da vigência do CPC/2015, como também o próprio recurso de embargos de divergência foi manejado sob a vigência do Código revogado" (MARCONDES, Gustavo Viegas; PIZZOL, Patrícia Miranda. A utopia da uniformidade, estabilidade, integridade e coerência: análise da eficácia vinculante das decisões, a partir do AREsp. 1.360.577/MG. *Revista de Processo*, São Paulo, v. 317, p. 352, jul. 2021).

XI – As astreintes e a tutela provisória

A possibilidade de cominação da multa coercitiva se dá tanto na tutela definitiva quanto na provisória, seja de urgência ou de evidência (art. 267). No entanto, sofre as consequências da natureza provisória e acessória própria desses provimentos, de maneira que as medidas deferidas nesse âmbito vinculam-se à estabilização da tutela ou à sentença final.

Lógica semelhante era aplicada no Código anterior para o procedimento cautelar, entendendo a jurisprudência que "o desacolhimento da pretensão formulada na ação principal esvazia o provimento acautelatório de um dos pressupostos sobre os quais se fundou: a *verossimilhança do direito invocado*".[43] Daí por que não subsiste o direito de exigir a multa depois que a decisão de estabilização da tutela ou sentença de mérito nos embargos do executado se firmaram no sentido da improcedência do pleito principal do credor. É o que se pode deduzir, aliás, do art. 537, § 3º.

XII – Multa diária, correção monetária e juros moratórios

Não há dúvida de que, uma vez cominada a multa diária, seu valor fica sujeito à atualização monetária. Segundo jurisprudência do STJ, "O poder de intimidação refletido no valor arbitrado pelo Juiz a título de multa diária, nos termos do § 4º do art. 461 do CPC [de 1973], deve ser preservado ao longo do tempo – e, portanto, corrigido – a fim de que corresponda, desde então, à expectativa de ser o suficiente para a obtenção da tutela específica. Assim, a partir de sua fixação, o contexto apresentado para o devedor tem de revelar, sempre, que lhe é mais interessante cumprir a obrigação principal que pagar a multa". Quanto ao termo inicial de incidência da correção monetária sobre a multa, "deve ser a data do respectivo arbitramento, como ocorre nas hipóteses de dano moral (Súm. 362/STJ)".[44]

Se é necessário manter atualizado o valor da multa diária, no tocante aos juros moratórios sua incidência não se justifica, porque a sanção pelo retardamento do cumprimento da obrigação é feita justamente por meio das *astreintes*. Não teria, por isso, sentido cumular a multa com os juros. Ainda no entendimento do STJ, "*mutatis mutandis*, os juros de mora estão para a obrigação de pagar quantia certa como a multa está para a obrigação de fazer ou não fazer, são duas faces da mesma moeda, consequências do atraso no cumprimento da prestação". Daí a conclusão de que "aceitar a incidência dos juros moratórios sobre a multa seria admitir a existência de verdadeira 'mora da mora', o que configuraria evidente *bis in idem*".[45]

Em suma, o valor arbitrado para a *astreinte* sujeita-se à correção monetária, mas não se acresce de juros de mora durante o tempo em que a multa for aplicada, sob pena de dupla sanção pelo mesmo atraso no adimplemento.

114. Defesa do executado

Embora seja sumária a execução da sentença prevista no art. 536, não se pode recusar o direito ao executado de se defender contra procedimentos ilegítimos ou ilícitos.

---

[43] STJ, 3ª T., REsp 1.370.707/MT, Rel. Min. Nancy Andrighi, ac. 04.06.2013, *DJe* 17.06.2013. Explicita o acórdão: "Os efeitos da sentença proferida em ação cautelar – demanda de natureza acessória e de efeitos temporários, cujo objetivo é garantir a utilidade do resultado de outra ação – não subsistem diante do julgamento de improcedência do pedido deduzido no processo principal, *o que inviabiliza a execução da multa lá fixada*" (grifamos).

[44] STJ, 3ª T., REsp 1.327.199/RJ, Rel. Min. Nancy Andrighi, ac. 22.04.2014, *DJe* 02.05.2014.

[45] STJ, REsp 1.327.199/RJ, Rel. Min. Nancy Andrighi, ac. 22.04.2014, *DJe* 02.05.2014. No mesmo sentido: STJ, 4ª T., REsp 23.137/RJ, Rel. Min. Aldir Passarinho Júnior, ac. 19.02.2002, *DJU* 08.04.2002, p. 218.

É claro que, diante da sentença que encerrou a fase cognitiva, não é mais possível ao devedor, na fase de cumprimento do julgado, discutir a condenação que lhe foi definitivamente imposta. Mas a própria sentença pode estar contaminada de nulidade, como no caso de falta de citação inicial no procedimento condenatório. Pode, também, acontecer nulidade da execução por inexistência de título executivo, por iliquidez ou incerteza da obrigação, inexigibilidade da prestação, excesso da execução, falta de algum pressuposto processual ou condição de procedibilidade. A execução compõe-se, outrossim, de uma série de atos de agressão patrimonial, todos eles subordinados a requisitos legais, cuja presença não pode faltar, sob pena de comprometer o devido processo legal. É óbvio que o executado tem o direito de controlar a legalidade de todos eles e de evitar que seu patrimônio sofra expropriações injustas.

Se a execução fosse de título extrajudicial, o remédio adequado à defesa contra a execução irregular seriam os embargos do executado (art. 917). No cumprimento de sentença, todavia, não há lugar para essa ação incidental. Como a execução não pode privar a parte da garantia constitucional do contraditório (CF, art. 5º, LV), tem o executado, diante das irregularidades da execução de sentença, o direito de impugná-las, por meio de simples petição, incumbindo ao juiz processar e julgar, de plano, as impugnações formuladas como incidentes do cumprimento da sentença relativa às obrigações de fazer e não fazer.[46] Trata-se da impugnação ao cumprimento de sentença, regulada pelo Código atual no art. 525, cuja aplicação às obrigações de fazer e não fazer se acha expressamente prevista no art. 536, § 4º, do mesmo Código.

Até mesmo questões de mérito, como pagamento, novação, prescrição etc., podem ser suscitadas em impugnação ao cumprimento da sentença, mas somente se permite essa espécie de oposição quando fundada em fatos extintivos ou impeditivos posteriores ao julgado exequendo (art. 525, § 1º, VII).[47] É interessante notar que dois são os requisitos legais de toda execução: o título executivo e o inadimplemento. Desse modo, tendo ocorrido o pagamento ou qualquer outra causa extintiva da obrigação, desaparece uma das condições de procedibilidade *in executivis* (o interesse de agir), tornando-se inadmissível a propositura ou o prosseguimento do "cumprimento da sentença" (art. 788).

Quanto ao prazo para impugnar a execução de obrigação de fazer ou não fazer, prevista em sentença, deve ser utilizado, por analogia, o de quinze dias, previsto nos arts. 523, *caput*. Trata-se, porém, quase sempre, de prazo não preclusivo, já que as matérias geralmente invocáveis se relacionam com pressupostos processuais e condições de procedibilidade, cuja falta deve ser conhecida de ofício pelo juiz a qualquer tempo e grau de jurisdição (art. 485, § 3º).

A solução das impugnações configurará decisão interlocutória, recorrível por meio de agravo, se não acarretar a extinção da execução. Ter-se-á, no entanto, sentença atacável por apelação, se o acolhimento da oposição resultar em pôr fim à execução (art. 925). Merece destacar que, mesmo quando ocorrer o acolhimento parcial da impugnação, em virtude de alguma das matérias tratadas nos arts. 485 e 487 do CPC/2015, a decisão, que não extinguirá por completo a execução, haverá de ser tratada como interlocutória, e o recurso manejável continuará sendo o agravo de instrumento.

---

[46] DIDIER JR., Fredie; BRAGA, Paulo Sarno; OLIVEIRA, Rafael. *Curso de direito processual civil*. Salvador: JusPodivm, 2007, v. 2, p. 367.

[47] No regime do Código anterior, a doutrina dispunha que impugnação ao cumprimento da sentença, com o conteúdo previsto no art. 475-L, e por meio de simples petição, caberia na execução de qualquer modalidade de obrigação corporificada em título judicial, seja ela de quantia certa, fazer ou não fazer, ou entrega de coisa (BASTOS, Antônio Adonias. *A defesa do executado de acordo com os novos regimes da execução*. Salvador: JusPodivm, 2008, p. 123; GRECO, Leonardo. A defesa na execução imediata. In: DIDIER JR., Fredie (org.). *Execução civil*: estudos em homenagem ao Prof. Paulo Furtado. Rio de Janeiro: Lumen Juris, 2006).

§ 13. PROCEDIMENTO DO CUMPRIMENTO DE SENTENÇA QUE RECONHECE A EXIGIBILIDADE DE OBRIGAÇÃO DE FAZER OU DE NÃO FAZER

115. Execução de título judicial e extrajudicial que reconheça obrigação de fazer ou de não fazer

A legislação atual manteve a sistemática anterior (CPC/2015, arts. 536 e 814), que separou os procedimentos a que se devem submeter os títulos judiciais e os extrajudiciais, em tema de obrigações de fazer e não fazer, de forma que *(i)* as sentenças judiciais serão cumpridas, em princípio, de acordo com os arts. 536 e ss.; ao passo que *(ii)* os títulos extrajudiciais sujeitam-se à ação executiva disciplinada pelos arts. 814 a 823.

É bom lembrar que, no art. 497 e seu parágrafo único, o juiz, na fase de cognição do processo, encontra meio de moldar, de maneira individualizada, a solução para o descumprimento da obrigação de fato, preordenando como executar a sentença, caso o devedor não a cumpra voluntariamente. Pode, até mesmo antes da sentença, tomar providências que antecipem os efeitos do provimento previsto para assegurar o direito do autor, lesado ou ameaçado; e pode, ainda, determinar medidas satisfativas que, mesmo não sendo iguais à prestação originária devida, assegurem efeito prático equivalente.

116. Procedimento do cumprimento de sentença

O cumprimento de sentença relativa às obrigações de fazer e não fazer pressupõe que o comando a ser cumprido sempre tenha concedido a tutela específica à parte ou determinado as providências que assegurem o resultado prático equivalente, por força do art. 497 do CPC/2015. Trata-se, pois, de procedimento destinado a implementar as *medidas necessárias à satisfação do exequente*, quando não cumpridas espontaneamente pelo devedor da obrigação de fazer ou não fazer certificada no título executivo judicial (art. 536). Além de determinar de que maneira prática a prestação devida será cumprida, a sentença ordenará as chamadas *medidas de apoio* necessárias, vistas mais adiante no item nº 119.

A propósito, o § 1º do art. 536 dispõe que "o juiz poderá determinar, entre outras medidas, a imposição de multa, a busca e apreensão, a remoção de pessoas e coisas, o desfazimento de obras e o impedimento de atividade nociva, podendo, caso necessário, requisitar o auxílio de força policial".

A aplicação da multa como medida coercitiva já foi examinada em detalhe no item nº 113, *retro*. Para essas medidas, o juiz determinará a expedição do competente mandado, o qual, tratando-se de busca e apreensão de pessoas ou coisas e havendo necessidade de arrombamento, deverá ser cumprido por dois oficiais de justiça, observado o art. 846 e seus parágrafos (art. 536, § 2º).

O executado recalcitrante – desde que regularmente intimado a cumprir a decisão,[48] – deverá justificar o descumprimento da ordem em sua defesa, a ser processada sob a forma de

---

[48] Diante da controvérsia em torno da forma de intimação do devedor de obrigação de fazer, o STJ acabou fixando a tese de que, para cobrar a multa, o credor deverá antes intimar pessoalmente o executado. Deve-se, porém, fazer uma distinção entre a execução da prestação de fazer e a execução da *astreinte*. A intimação pessoal do devedor a que se refere o precedente do STJ justifica-se para o cumprimento da prestação de fazer, não para a exigência do pagamento da multa. Descumprida a prestação principal (de fazer), a execução da multa (astreinte) se processará como as das obrigações de quantia certa, caso em que terá cabimento a intimação para o respectivo pagamento, que poderá ser efetuada na pessoa do advogado, como expressamente autoriza o art. 523, *caput*, do CPC (sobre a possibilidade da intimação executiva na pessoa do advogado, ver, *retro*, os itens 13, al. *I* e 113, al. *IX*).

impugnação nos moldes do art. 525 (art. 536, § 4º). É importante lembrar que é dever da parte "cumprir com exatidão as decisões judiciais (...) e não criar embaraços à sua efetivação" (art. 77, IV). E que a infração de tal dever pode configurar "ato atentatório à dignidade da justiça" (art. 77, § 2º), principalmente quando, no curso do cumprimento de sentença, corresponda a oposição maliciosa à execução ou a resistência injustificada às ordens judiciais (art. 774, II e IV).

Do comportamento censurável aludido resulta a possibilidade de o executado sujeitar-se cumulativamente às sanções pecuniárias da litigância de má-fé e do atentado à dignidade da justiça, a par das sanções penais cominadas ao crime de desobediência (arts. 77, § 2º, 774, parágrafo único, e 536, § 3º).

Conservando-se o devedor inadimplente e sendo infungível a prestação, o credor não terá alternativa senão promover a execução da obrigação subsidiária, ou seja, reclamar perdas e danos, sob o rito de cumprimento de sentença por quantia certa, por aplicação subsidiária do art. 821, parágrafo único.

Se a hipótese, no entanto, é de prestação fungível, caberá ao exequente, vencido o prazo para o cumprimento da obrigação, optar entre:

(a) pedir a realização da prestação por terceiro, à custa do devedor; ou

(b) reclamar perdas e danos, convertendo a prestação de fato em indenização, hipótese em que o respectivo valor deverá ser apurado em liquidação, na forma do disposto nos arts. 509 a 512. Apurado o *quantum debeatur*, prosseguir-se-á como cumprimento de sentença para cobrança de quantia certa (arts. 523 e ss.). Configurada a hipótese, aplicável será a multa de dez por cento prevista no art. 523, § 1º, caso não seja o débito pago nos quinze dias subsequentes à respectiva intimação.

É de se notar, porém, que, em matéria de título judicial, a hipótese de execução *in natura* de prestação de fazer fungível é de raríssima aplicação prática, visto ser remota a possibilidade de sentença de condenação dessa espécie. Comumente, o credor diante da recusa ou mora do devedor, já pleiteia a tutela substitutiva na ação de conhecimento, e a sentença que se obtém manda reparar os danos decorrentes da inexecução contratual. Por consequência, a execução já terá início como de quantia certa e não de obrigação de fazer.

117. Impugnação do executado

No cumprimento de sentença não se admitem embargos à execução, mas ao executado é assegurado o direito de defender-se por meio de impugnação, cabível no prazo de 15 dias a contar da intimação para realizar a prestação de fazer ou não fazer a que foi condenado. O CPC de 1973 era omisso acerca do tema. O Código de 2015 supre essa lacuna normativa e prevê, de forma expressa, a possibilidade de defesa do executado da mesma maneira que se passa com o cumprimento da sentença relativa à obrigação de quantia certa (CPC/2015, art. 536, § 4º, c/c art. 525).

As matérias que se podem suscitar na impugnação, proponível independentemente de segurança do juízo, são aquelas apontadas no § 1º do art. 525, com exceção apenas da incorreção da penhora e da avaliação do bem penhorado, pela razão de que, no cumprimento de obrigação de fazer e não fazer, não ocorrem tais atos executivos. Quando, porém, a execução converter-se na tutela substitutiva e passar para o procedimento das obrigações de quantia certa, a impugnação comportará inclusive a arguição do inc. IV do § 1º do art. 525.

Relembrando o rol do citado dispositivo, vê-se que a impugnação poderá discutir:

(a) falta ou nulidade da citação se, na fase de conhecimento, o processo correu à revelia (inciso I);

(b) ilegitimidade da parte (inciso II);
(c) inexequibilidade do título ou inexigibilidade da obrigação (inciso III);
(d) excesso de execução ou cumulação indevida de execuções (inciso V);
(e) incompetência absoluta ou relativa do juízo da execução (inciso VI);
(f) qualquer causa modificativa ou extintiva da obrigação, como pagamento, novação, compensação, transação ou prescrição, desde que supervenientes ao trânsito em julgado da sentença (inciso VII).

Uma defesa também suscitável pelo devedor de prestação de fato é a relacionada com a impugnação do valor ou da periodicidade da multa por atraso no cumprimento da sentença, em face da norma do § 1º do art. 537. Note-se, porém, que esse questionamento não fica precluso pelo transcurso do prazo normal de impugnação, visto que tem o juiz poderes para alterar as *astreintes*, até mesmo de ofício, sem limitação de tempo (art. 537, § 1º).

Sobre os comentários feitos às diversas defesas autorizadas pelo art. 525, § 1º, ver, *retro*, o item nº 51.

118. Execução das obrigações de não fazer

O art. 536 do Código atual prevê que a efetivação das medidas tendentes à realização da tutela específica das obrigações de fazer ou não fazer, ou de outras medidas capazes de produzir resultado prático equivalente, possa ser determinada, no cumprimento da sentença, pelo juiz, de ofício ou a requerimento do exequente.

A nosso ver, a intimação do executado para cumprir a condenação, no caso das prestações de fato, é quase sempre consequência automática da cominação pronunciada na sentença. O pedido formulado na propositura da ação já contém, de costume, pretensão nesse sentido, de sorte que sua acolhida pelo juiz deságua na expedição de um mandado executivo que não depende de nova postulação do promovente. A sentença, na espécie, assume o caráter mandamental (*i.e.*, apresenta-se como "uma ordem para cumprimento").[49]

Essa força mandamental acha-se consagrada pelo art. 536, § 3º, quando estatui que, na execução das sentenças que imponham prestações de fazer ou de não fazer, "o executado incidirá nas penas de litigância de má-fé quando injustificadamente descumprir a ordem judicial, sem prejuízo de sua responsabilização por crime de desobediência".

Quando, porém, a ordem judicial não tiver sido cumprida pelo executado no prazo assinalado pela intimação, caberá ao exequente requerer as medidas executivas e as coercitivas que entender necessárias e convenientes.[50]

No sistema do Código atual, a condenação à prestação negativa (abstenção de fazer alguma coisa) cumpre-se, ordinariamente, com a simples intimação da sentença ao devedor. Se, porém, houver a prática do ato vedado, o cumprimento forçado da sentença (ou da antecipação de tutela) dar-se-á da mesma maneira que se passa com as condenações pertinentes às prestações positivas (obrigações de fazer). Executa-se o julgado de modo a forçar o desfazimento da obra ilegitimamente realizada. O credor promove a atividade judicial executiva, tendo como objeto o dever do demandado de realizar o desfazimento daquilo que se praticou em contravenção ao comando judicial.

---

[49] AMARAL, Guilherme Rizzo. Comentários aos art. 536 do NCPC. In: WAMBIER, Teresa Arruda Alvim *et al*. *Breves comentários ao novo Código de Processo Civil*. São Paulo: RT, 2015, p. 1.401.

[50] AMARAL, Guilherme Rizzo. Comentários aos art. 536 do NCPC. In: WAMBIER, Teresa Arruda Alvim *et al*. *Breves comentários ao novo Código de Processo Civil*. São Paulo: RT, 2015, p. 1.401.

Desta forma, o credor terá direito de obter mandado que lhe assegure resultado prático equivalente ao do adimplemento. À custa do devedor, e por obra deste ou de outrem, a situação será reposta no seu *statu quo ante*, mediante demolição ou reconstituição. É nesse sentido que se procederá a abertura do procedimento do cumprimento de sentença, intimando o executado a desfazer o que indevidamente fez.

Tornando-se impossível o completo desfazimento do evento contrário à obrigação de não fazer,[51] dar-se-á sua conversão em perdas e danos e o cumprimento da sentença processar-se-á nos moldes da execução das obrigações por quantia certa, sujeitando-se o executado inclusive à multa de dez por cento prevista no art. 523, *caput*.

119. Medidas de apoio

Quando for viável a efetivação da tutela específica (realização do exato fato devido) ou a obtenção do resultado prático equivalente (realizado por meio de algum fato que, na prática, equivalha ao fato inadimplido), o juiz na sentença condenatória (art. 537), ou em ato subsequente (art. 536, § 1º), adotará medidas acessórias ou de apoio, que reforcem a exequibilidade do julgado.

Tais providências não são propriamente medidas executivas, pois não se prestam a realizar, por si mesmas, a satisfação do direito do exequente. Apenas servem de apoio às reais medidas executivas, isto é, aquelas que diretamente proporcionarão o implemento da prestação que o título executivo garante ao credor. São, nessa ordem de ideias, expedientes utilizados para compelir o devedor a realizar a prestação devida ou a facilitar a atividade jurisdicional satisfativa desempenhada pelos órgãos executivos por sub-rogação.

A primeira dessas medidas é a multa diária (*astreinte*), que o juiz pode impor ao devedor, pela demora no cumprimento da prestação, a requerimento do credor ou de ofício. O item nº 113, *retro*, já cuidou de examiná-la em detalhe. Outras medidas são, ainda, previstas pelo § 1º do art. 536, tais como a busca e apreensão, a remoção de pessoas e coisas, o desfazimento de obras e o impedimento de atividade nociva, se necessário com requisição de força policial. A enumeração é, segundo se deduz do dispositivo legal em tela, meramente exemplificativa, tendo, portanto, o juiz poder para tomar outras providências práticas compatíveis com o tipo de obrigação a cumprir e com os princípios que fundamentam o devido processo legal.

É bom lembrar que todas essas medidas práticas são de cunho coercitivo e não integram o patrimônio do credor. Sua adoção depende de decisão judicial, tomável, modificável e revogável, pelo juiz da causa, em nome da utilidade e conveniência que possam representar para concretização da tutela específica da obrigação de fazer e não fazer. Disso decorre que, sendo o caso de conversão necessária da obrigação de fato em equivalente econômico, e já tendo sido operada a conversão (obrigação personalíssima inexequível *in natura* ou que sendo originariamente fungível, se tornou, por qualquer razão, de realização impossível), as medidas de apoio ou coerção se apresentam inaplicáveis.[52] Ao credor caberá promover a liquidação do

---

[51] A sentença que proíbe a concorrência desleal ou o uso de marca ou nome comercial, *v.g.*, quando violada não tem, em regra, como ser executada de forma específica. O inadimplemento é irremediável e somente poderá ser reparado por meio de indenização. Medidas de apoio, no entanto, poderão ser adotadas, como a busca e apreensão dos bens objeto de contrafação, ou a interdição do estabelecimento onde a prática ilícita está se desenvolvendo.

[52] "As obrigações de fazer infungíveis também são objeto de pedido cominatório, eis que irrelevante seja o objeto da prestação fungível ou infungível" (STJ, 3ª T., REsp 6.314/RJ, Rel. Min. Waldemar Zveiter, ac. 25.02.1991, *DJU* 23.05.1991, p. 3.222). "Conquanto se cuide de obrigação de fazer fungível, ao autor é facultado pleitear a cominação da pena pecuniária" (STJ, 4ª T., REsp 6.377/SP, Rel. Min. Barros Monteiro, ac. 25.08.1991, *RSTJ* 25/389). Nesse sentido: STJ, 1ª T., REsp 1.069.441/PE, Rel. Min. Luiz Fux, ac. 14.12.2010, *DJe* 17.12.2010. Como se vê, o STJ, para aplicação da *astreinte*, não

equivalente econômico (se já não estiver previsto na sentença) para que o cumprimento do julgado se faça segundo os moldes das obrigações por quantia certa (arts. 509 e ss.).

119-A. Execução de obrigações de fazer e processo estrutural

O processo estrutural, como instrumento de execução de obrigações de fazer complexas é largamente admitido pelo STF, máxime quando se trata de intervenção do judiciário no domínio das políticas públicas[53]. Conforme abordagem feita no volume I deste Curso, essa figura processual foi introduzida em nosso ordenamento jurídico por obra da jurisprudência e da doutrina, uma vez que dela não cuida o CPC e tampouco a legislação extravagante.

Para se ter uma ideia das características do cumprimento de decisão judicial relativa a obrigações de fazer promovido nos moldes do processo estrutural, é interessante considerar as teses fixadas didaticamente pelo STF, em regime de recurso extraordinário com repercussão geral:

(a) o caso julgado referia-se à imposição por sentença de correções de irregularidades em hospital público municipal do Rio de Janeiro, apuradas em relatório do Conselho Regional de Medicina, dentre as quais se incluía a condenação à abertura de concurso público para provimento de cargos de médico e funcionários técnicos, com prazos certos para realização de obras e nomeação e posse dos profissionais aprovados, tudo sob pena de multa por descumprimento. O acórdão recorrido foi anulado com a determinação do retorno dos autos à origem, para novo julgamento da causa com observância dos parâmetros traçados pela Corte constitucional;

(b) ressaltou o aresto do STF[54] que "a saúde é um bem jurídico constitucionalmente tutelado, por cuja integridade deve zelar o Poder Público, a quem incumbe formular - e implementar - políticas sociais e econômicas que visem a garantir, aos cidadãos, o acesso universal e igualitário às ações e serviços para sua promoção, proteção e recuperação";

(c) advertiu, porém, que "a intervenção casuística do Poder Judiciário, definindo a forma de contratação de pessoal e da gestão dos serviços de saúde, coloca em risco a própria continuidade das políticas públicas de saúde, já que desorganiza a atividade administrativa e compromete a alocação racional dos escassos recursos públicos. Necessidade de se estabelecer parâmetros para que a atuação judicial seja pautada por critérios de razoabilidade e eficiência, respeitado o espaço de discricionariedade do administrador";

---

distingue entre obrigações fungíveis e infungíveis. É necessário, entretanto, que a prestação, fungível ou infungível, ainda seja suscetível de execução *in natura* pelo devedor. Por outro lado, urge ponderar que o efeito previsto pela lei material para o descumprimento da obrigação de fazer infungível é sua automática conversão em perdas e danos, e não a coação para induzir o inadimplente a realizar a prestação que só a ele cabe implementar (Código Civil, art. 247). A execução forçada da prestação devida só está prevista para a obrigação fungível (Código Civil, art. 249), o que autoriza a conclusão de que, no direito brasileiro, a multa coercitiva tem cabimento quando a execução específica é exigível, e não no cumprimento do equivalente econômico em que se converte, necessariamente, a obrigação de prestação infungível, cuja exigência em juízo se dá pelo procedimento da execução por quantia certa.

[53] "Atualmente, dentro da sistemática processual brasileira, vem se desenvolvendo um novo gênero de processo constitucional, voltado para a tentativa de tratamento adequado de conflitos complexos, polimorfos e multipolares. Este método, fortemente marcado pelo caráter prospectivo, visa ressignificar os valores públicos da Constituição, de modo a imprimir a tutela jurídica que melhor se amolde às peculiaridades do conflito" (NUNES, Leonardo Silva; COTA, Samuel Paiva; FARIA, Ana Maria Damasceno de Carvalho. Dos litígios aos processos estruturais: pressupostos e fundamentos. *In*: NUNES, Leonardo Silva (coord.). *Dos litígios aos processos estruturais*. Belo Horizonte - São Paulo: D'Plácido, 2022, p. 15-16).

[54] STF, Pleno, RE 684.612/RJ, Rel. p/ac. Min. Roberto Barroso, ac. 03.07.2023, *DJe* 07.08.2023.

(d) concluiu o julgado fixando as seguintes teses:

"1. A intervenção do Poder Judiciário em políticas públicas voltadas à realização de direitos fundamentais, em caso de ausência ou deficiência grave do serviço, não viola o princípio da separação dos poderes.

2. A decisão judicial, como regra, em lugar de determinar medidas pontuais, deve apontar as finalidades a serem alcançadas e determinar à Administração Pública que apresente um plano e/ou os meios adequados para alcançar o resultado.

3. No caso de serviços de saúde, o déficit de profissionais pode ser suprido por concurso público ou, por exemplo, pelo remanejamento de recursos humanos e pela contratação de organizações sociais (OS) e organizações da sociedade civil de interesse público (OSCIP)".

A essa lição ministrada pela Suprema Corte, ajusta-se bem o que expusemos nos itens 81-A e 81-B do volume I deste *Curso*, para os quais encaminhamos o leitor.

Fluxograma nº 5 – Cumprimento de sentença que reconhece a exigibilidade de obrigação de fazer ou de não fazer (arts. 536 e 537)

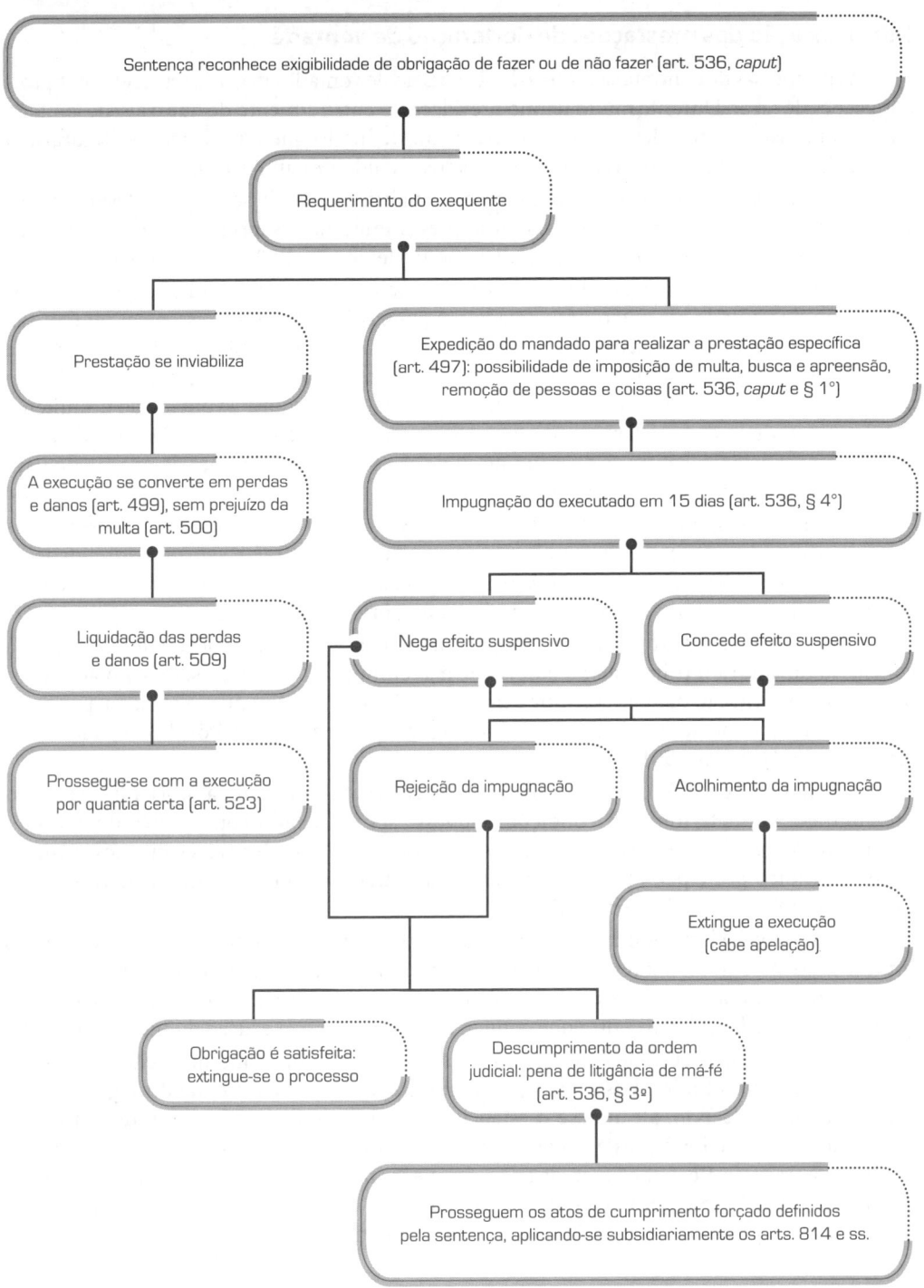

Nota: A decisão que fixa a multa relativa às obrigações de fazer ou não fazer é passível de cumprimento provisório, devendo, porém, ser depositada em juízo para levantamento após o trânsito em julgado da sentença favorável à parte (§ 3º do art. 537 do CPC/2015).

§ 14. A SENTENÇA QUE CONDENA AO CUMPRIMENTO DE OBRIGAÇÃO DE DECLARAR VONTADE

120. Execução das prestações de declaração de vontade

As promessas de contratar, como as de declaração de vontade em geral, representam típicas obrigações de fazer. Durante muito tempo prevaleceu o entendimento de que o ato de vontade era personalíssimo (só o devedor podia prestá-lo), de modo que tais obrigações figurariam entre as *infungíveis* e só ensejariam perdas e danos quando descumpridas.

O Código de 1939, em boa hora, rompeu com a injustificada tradição e esposou tese contrária, isto é, no sentido da *fungibilidade* dessas prestações, admitindo o suprimento da declaração de vontade omitida por uma manifestação judicial equivalente (art. 1.006 e parágrafos).

Assentou-se, assim, o entendimento de que a pretensa infungibilidade das prestações de declaração de vontade até então proclamada era apenas jurídica e não essencial ou natural. Da mesma maneira como nas execuções de dívida de dinheiro o órgão judicial pode, contra a vontade do devedor, agredir o seu patrimônio e expropriar bens para satisfação coativa da prestação a que tem direito o credor, também é lógico que pode suprir a vontade do promitente e realizar o contrato de transferência dominial a que validamente se obrigou. Não há diferença essencial ou substancial entre as duas hipóteses de agressão ao patrimônio do executado para realizar a sanção a que se submeteu juridicamente.

A concordância do devedor, o seu ato de vontade, não é fato ausente das obrigações sob apreciação. Acontece que, firmando o compromisso de contratar, sem a possibilidade de arrependimento, já houve a vontade indispensável para a vinculação do promitente. A execução, por isso, poderá prescindir de nova aquiescência do obrigado.

Do pré-contrato (promessa ou compromisso) nasce, portanto, ao credor o direito à conclusão do contrato principal. Se o devedor não cumpre a obrigação, será lícito ao credor obter uma condenação daquele a emitir a manifestação de vontade a que se obrigou, por meio de uma sentença que, uma vez transitada em julgado, produzirá os efeitos da declaração não emitida (CPC/2015, art. 501).

No Código de 1973, o art. 466-B era de mais largo alcance ainda, pois admitia que o pré-contrato, em determinadas condições, pudesse ser executado com a força do contrato definitivo, ocupando o seu lugar e gerando as consequências e obrigações que adviriam do negócio jurídico principal. Dava-se, então, a eficácia que só poderia existir se houvesse sido firmado o contrato principal prometido.

Isto seria viável quando inexistisse cláusula contratual em contrário e as condições do pré-contrato fossem suficientes para satisfazer as exigências e requisitos do contrato definitivo. Seria oneroso, em tais condições, exigir que primeiro se obtivesse uma sentença para suprir o contrato outorgado, e depois outra que condenasse o devedor à execução do mesmo contrato.

Daí dispor o art. 466-B do CPC/1973 que a sentença "produza o mesmo efeito do contrato a ser firmado", admitindo, dessa forma, a cumulação de duas ações e dando lugar a que o credor, numa só decisão, alcançasse o estabelecimento do vínculo contratual definitivo e a condenação do devedor à prestação do contrato como se já estivesse pactuado efetivamente entre os contraentes. Reconhecia-se, de tal sorte, que "as promessas de contratar são obrigativas desde logo, quanto ao objeto do contrato prometido, se se observarem quanto ao fundo e à forma os pressupostos que a lei exige ao contrato prometido".[55]

---

[55] PONTES DE MIRANDA, Francisco Cavalcanti. *Comentários ao Código de Processo Civil*. Forense: Rio de Janeiro, 1976, v. 10, p. 113.

Embora o antigo dispositivo não tenha sido reproduzido literalmente pela nova legislação, as situações do art. 466-B do CPC/1973 são implicitamente abarcadas pelo art. 501 do Código de 2015, considerando que, mesmo na promessa de conclusão do contrato, o que se tem é a obrigação de se emitir uma declaração de vontade capaz de suprir a falta do contrato prometido. Logo, o art. 501 resolve tais situações pré-contratuais.[56]

Tome-se, por exemplo, o caso de alguém prometer vender, sem possibilidade de arrependimento, um aparelho em vias de montagem, estipulando, desde logo, o prazo, o preço, a data de entrega e tudo mais que se requer para um contrato de compra e venda, ficando a assinatura do documento definitivo apenas na dependência da conclusão da montagem pelo promitente-vendedor. Uma vez concluída a obra por este, e havendo recusa de cumprimento do pré-contrato, o promissário não terá necessidade de obter primeiro a condenação de outorgar o contrato de compra e venda. Poderá, desde logo, obter a condenação a executar o contrato, como se já fora definitivamente estabelecido. Dá-se, no dizer de Pontes de Miranda, um "salto" que permite, no campo processual, e com base no pré-contrato, pedir-se a condenação como se fosse pedida a prestação do contrato.[57] Isso, naturalmente, só é possível se a prestação já se tornou exigível. "Se ainda há de correr prazo, óbvio que só se peça o contrato", "aguardando-se a expiração do prazo para cumprimento dele".[58]

Há casos excepcionais em que a lei brasileira permite executar a obrigação de concluir contrato sem recorrer à sentença. É o que se passa com o compromisso de compra e venda de imóveis loteados, e com a promessa de contratar ou ceder tal compromisso, cujo cumprimento forçado é obtido com a intervenção apenas do oficial do Registro de Imóveis, segundo procedimentos administrativos regulados pelos arts. 26 e 27 da Lei nº 6.766, de 19.12.1979: a) na primeira hipótese, bastará ao promissário exibir o compromisso de compra e venda acompanhado de comprovante de quitação do preço, para que o oficial lhe reconheça valor de título hábil para o registro definitivo da propriedade em favor do adquirente do lote (art. 26, § 6º); b) na segunda hipótese, o oficial notificará o loteador para cumprir o negócio prometido (ou seja, outorgar o compromisso de venda do lote), e após o transcurso do prazo de 15 dias, sem impugnação, procederá ao registro do pré-contrato prometido (isto é, do compromisso de compra e venda), que passará a vigorar entre as partes segundo os termos do contrato padrão (art. 27, *caput*). Em ambos os casos, o alcance do contrato prometido pelo loteador ocorre, para o promissário, independentemente de sentença do juiz para fazer-lhe as vezes. Tudo se resolve na esfera de atribuições do oficial do registro imobiliário.

120-A. Requisitos para exigir em juízo o cumprimento da promessa de contratar

A eficácia do contrato preliminar, ou pré-contrato, depende da presença, em seu conteúdo, de todos os requisitos essenciais ao contrato a ser futuramente concluído, com exceção apenas da forma (CC, art. 462). Se se trata, por exemplo, de promessa de compra e venda, portanto, é indispensável que o pré-contrato contenha o consenso, a identificação da coisa negociada e a especificação do preço. Mesmo que se trate de imóvel, o contrato preliminar pode ser ajustado por escrito particular, já que sua eficácia, legalmente, não depende da forma do contrato prometido.

---

[56] As condições de eficácia e exigibilidade do cumprimento do contrato preliminar em juízo acham-se atualmente reguladas pelo direito material (CC, arts. 462 a 466).
[57] PONTES DE MIRANDA, Francisco Cavalcanti. *Comentários ao Código de Processo Civil (de 1939)*. 2. ed. Rio de Janeiro: Forense, 1960. V. X, p. 117.
[58] PONTES DE MIRANDA, Francisco Cavalcanti. *Comentários ao Código de Processo Civil (de 1939)*. 2. ed. Rio de Janeiro: Forense, 1960. V. X, p. 117.

Assim, para que qualquer das partes compromissadas possa exigir da outra a celebração do contrato definitivo, o Código Civil exige que o interessado faça as seguintes comprovações:

(a) da observância dos requisitos do art. 462 (isto é, presença no pré-contrato de todos os elementos essenciais do contrato definitivo: o contrato preliminar deve ser um "retrato" do definitivo (CC, art. 463);

(b) da constituição em mora do requerido, por meio de interpelação, convocando-o a firmar o contrato definitivo, em prazo estipulado pelo interpelante (CC, art. 463, *in fine*);

(c) da inexistência no pré-contrato de cláusula de arrependimento (CC, art. 463).

Comprovados todos esses requisitos apontados pelo art. 463 do CC, estará o interessado credenciado a obter em juízo sentença que supra a vontade do inadimplente, conferindo caráter definitivo ao contrato preliminar, "salvo se a isto se opuser a natureza da obrigação" (CC, art. 464).[59]

De tal sorte, para que a sentença possa, após o trânsito em julgado, produzir todos os efeitos da declaração definitiva omitida (CPC, art. 501), é indispensável que todos os requisitos acima enumerados sejam rigorosamente cumpridos (CC, arts. 462, 463 e 464).[60]

Diante dessa sistematização de direito substancial, sempre que a negociação, mesmo rotulada de "contrato preliminar", não cumprir todas as exigências ora apontadas, não será juridicamente possível afirmar-se a existência de um autêntico e eficaz contrato. Não terá sido ultrapassado o terreno das negociações preliminares. Faltará fundamento para suprir o contrato definitivo por meio de sentença judicial e a parte que se considerar prejudicada pela recusa imotivada de pactuação do negócio prometido poderá pleitear perdas e danos. Estas, entretanto, se resumirão aos gastos dos atos preparatórios e não aos lucros esperados do contrato que não chegou a ser ajustado.[61]

121. Satisfação da contraprestação a cargo do exequente

Nos casos de condenação a outorga de contrato ou a declaração de vontade, não há execução de sentença. A ação já é executiva, por sua própria natureza, e exaure-se com a sentença, que, uma vez passada em julgado, produz todos os efeitos da declaração não emitida (art. 501).

Se o caso é de contrato sinalagmático (Código Civil, art. 476),[62] como ocorre nas transferências da propriedade de coisas e outros direitos, deve o credor, para obter a sentença que irá substituir o contrato prometido, cuidar de provar que sua contraprestação foi cumprida. Se não o foi ainda, deve oferecê-la, depositando-a como medida preparatória da ação, considerando o regramento civil da matéria já citado (Código Civil, art. 476). Somente quando a contraprestação ainda não for exigível é que será lícito ao credor obter a sentença sem a prévia satisfação da obrigação que lhe toca. O CPC anterior trazia dispositivo expresso

---

[59] O parágrafo único do art. 463 do CC exige, ainda, que o pré-contrato seja levado ao registro competente. Entretanto, essa formalidade deve ser aplicada apenas quando se trate de opor o contrato preliminar a terceiros (Enunciado 30 do CEJ: "A disposição do parágrafo único do art. 463 do novo Código Civil deve ser interpretada como fator de eficácia perante terceiros"). Entre os contratantes, a eficácia decorre dos termos do negócio jurídico, independentemente de qualquer registro ou solenidade especial.

[60] Súmula 413 do STF: "O compromisso de compra e venda de imóveis, ainda que não loteados, dá direito à execução compulsória, quando reunidos os requisitos legais".

[61] "A responsabilidade pré-contratual não decorre do fato de a tratativa ter sido rompida e o contrato não ter sido concluído, mas do fato de uma das partes ter gerado à outra, além da expectativa legítima de que o contrato seria concluído, efetivo prejuízo material" (STJ, 3ª T., REsp 1.051.065/AM, Rel. Min. Ricardo Villas Bôas Cueva, ac. 21.02.2013, DJe 27.02.2013, RT 934/491).

[62] Código Civil: "Art. 476. Nos contratos bilaterais, nenhum dos contratantes, antes de cumprida a sua obrigação, pode exigir o implemento da do outro".

sobre a matéria (art. 466-C), ao passo que o Código atual não cuidou de regular expressamente o tema. Permanecem, não obstante, as mesmas diretrizes, considerando a lei material incidente na espécie.

Nessa trilha, a falta de comprovação do resgate da contraprestação leva à carência da ação e não à sua improcedência,[63] de maneira que não impede a futura renovação de processo com o mesmo fim. O caso é de falta de interesse atual.

De conformidade com as cláusulas e particularidades do negócio, pode haver, também, sentença de eficácia condicionada a contraprestações futuras e ainda inexigíveis (art. 514). Se isto ocorrer, a transcrição da sentença, para os efeitos de transmissão da propriedade imobiliária, é que ficará subordinada à comprovação da oportuna satisfação da prestação do credor. Tratando-se de prova documental, o credor deverá juntá-la ao pedido de expedição do mandado de transcrição da sentença, devendo o juiz ouvir a parte contrária, antes de deferir o requerimento. Se o fato da contraprestação depender de outro tipo de prova, deverá o juiz determinar a diligência cabível, com citação do devedor, proferindo, após, decisão que reconheça o atendimento da condição da sentença. O mandado de transcrição conterá, outrossim, a sentença condenatória e a decisão que reconheceu o cumprimento da contraprestação.[64]

Situação interessante surge quando a contraprestação compõe-se também de declaração negocial de vontade, tal como se dá na permuta. O promissário que entra em juízo não pretende apenas adquirir o bem que lhe prometeu o réu, mas também transferir a este o domínio da coisa prometida em troca.

Se a tradição já se deu negocialmente, antes do ajuizamento da ação, na inicial essa circunstância será afirmada e justificada, para efeito de cumprir a exigência da lei material, conforme se dava com o art. 466-C do CPC/1973. Se tal ainda não ocorreu, o bem será oferecido em depósito, à disposição do demandado. De qualquer modo, com entrega prévia ou incidental, o promovente terá condições de obter sentença que seja apta a produzir o efeito simultâneo do cumprimento das duas obrigações que formam a essência da permuta. O réu será condenado tanto ao cumprimento da transferência dominial devida ao autor como à aceitação daquela que este lhe deve. É que o contrato definitivo, cujo cumprimento forçado ocorre em juízo, compreende a bilateralidade essencial da permuta. Portanto, só se terá por efetivamente cumprido o pré-contrato consistente em promessa de permuta quando a sentença impuser ao réu o aperfeiçoamento da dupla transferência dos bens permutados.

Afinal, a sentença com que se cumpre a obrigação de declaração de vontade tem de produzir, com o trânsito em julgado, "todos os efeitos da declaração não emitida", como expressamente determina o art. 501. Logo, proposta a ação por um dos promitentes da permuta contra o outro, o efeito da sentença será o mesmo do aperfeiçoamento voluntário do contrato de permuta prometido no negócio preliminar. Dela decorrerá o título judicial para transferência de domínio de ambos os imóveis permutados, no Registro Público competente.

122. A execução das sentenças que condenam a declaração de vontade

Já ficou demonstrado que as promessas de declaração de vontade são obrigações de fazer de natureza fungível (a infungibilidade outrora defendida era apenas jurídica). Sujeitam-se, por isso, à execução forçada específica (*in natura*). Se há recusa ou mora do devedor, é possível ao Estado substituí-lo e outorgar ao credor o contrato ou a declaração de vontade que lhe assegurou o pré-contrato ou a promessa de contratar.

---

[63] LIMA, Alcides de Mendonça. *Comentários ao Código de Processo Civil*. Rio de Janeiro: Forense, 1974, v. VI, t. II, n. 1.751, p. 761.
[64] AMERICANO, Jorge. *Comentários ao CPC do Brasil*. 2. ed. São Paulo: Saraiva, 1960, v. IV, p. 275.

Obtida a sentença que condenou o devedor a emitir a prometida declaração de vontade, o atendimento da pretensão do credor não mais dependerá de qualquer atuação do promitente. A própria sentença, uma vez transitada em julgado, substituirá a declaração não emitida, produzindo todos os efeitos jurídicos a que esta se destinava. A sentença, em outras palavras, supre a declaração de vontade sonegada pelo devedor (art. 501). O Código atual, assim como o anterior, agiu corretamente ao deslocar o regime do julgado em questão do campo da execução para o dos efeitos da sentença (Seção IV do Capítulo XIII do Título I do Livro I da Parte Especial do Código de Processo Civil).

Os casos mais comuns de pré-contrato ou promessa de contratar são os compromissos de compra e venda.[65] Mas o art. 501 refere-se a qualquer promessa de contratar, salvo aquelas em que se admitir a possibilidade de arrependimento. Existindo esta faculdade contratual, o devedor deverá exercitá-la na fase da contestação, pois após a sentença condenatória não haverá a oportunidade dos embargos. A sentença é autoexequível e não depende da *actio iudicati* para surtir os efeitos a que se destina.

Nem mesmo no caso de sentença condicional, *i.e.*, de eficácia sujeita a contraprestações do credor, será possível ao devedor alegar o direito de arrependimento fora da contestação, ou no intervalo entre a condenação e a contraprestação. A preclusão terá ocorrido muito antes, como adverte Pontes de Miranda.[66]

O registro da sentença não é propriamente uma forma de execução. Tem apenas a função própria dos atos de registro público: eficácia *erga omnes*, transferência dominial, criação de direito real etc., tal como ocorreria com a transcrição do contrato principal se firmado fosse diretamente pelas partes. Deve o registro, no entanto, ser feito mediante mandado do juiz da ação.

122-A. Adjudicação compulsória extrajudicial

A Lei 14.382/22 acrescentou o art. 216-B à Lei dos Registros Públicos, para permitir a *adjudicação compulsória extrajudicial*. Sobre a matéria, ver, adiante, os itens 318-A e 318-B.

123. Natureza jurídica da sentença

A sentença do art. 501 contém uma condenação, como se depreende da própria estrutura do texto legal, que visa reconhecer uma obrigação de fazer e ao mesmo tempo realizar o seu cumprimento. Trata-se, portanto, de sentença *condenatória*.[67] Mas não apenas de condenação é a sua eficácia. A prestação jurisdicional, na sistemática do Código, a um só tempo condena o réu à declaração de vontade e, com o trânsito em julgado, produz logo "todos os efeitos da declaração não emitida" (art. 501). Criando uma nova situação jurídica material para as partes, grande, sem dúvida, é a carga de constitutividade da sentença prevista no art. 501.

Não há que se falar, destarte, em execução de tal sentença, nem mesmo sob a forma de preceito cominatório. Em face dela, na verdade o devedor "não tem nenhuma liberdade de prestar e de não prestar".[68] Apenas com a sentença o Estado já executa a prestação, enunciando a

---

[65] Sobre as exigências da jurisprudência para admitir a ação de adjudicação compulsória, em caso de compromisso de compra e venda, veja-se nosso *Processo de execução e cumprimento da sentença*. São Paulo: LEUD, 2014, cap. XXXVII, itens nº 477 e ss.

[66] PONTES DE MIRANDA, Francisco Cavalcanti. *Comentários ao Código de Processo Civil (de 1939)*. 2. ed. Rio de Janeiro: Forense, 1960. V. X, p. 123.

[67] LIEBMAN, Enrico Tullio. *Processo de execução*. 3. ed. São Paulo: Saraiva, 1968, n. 99, p. 172.

[68] PONTES DE MIRANDA, Francisco Cavalcanti. *Comentários ao Código de Processo Civil (de 1939)*. 2. ed. Rio de Janeiro: Forense, 1960. V. X, p. 139.

declaração a que estava obrigado o devedor. Pela voz do órgão judicial, "o Estado emite, pelo réu, a declaração, como lhe penhoraria os bens em qualquer ação executiva... e solveria a dívida".[69]

Não há lugar para a *actio iudicati* porque a enunciação da declaração de vontade, feita pela sentença, já é a própria execução que se exaure no momento do trânsito em julgado.

A sentença, nessas condições, deve ser classificada como executiva *lato sensu*, com forma simultânea de "declaração, condenação e execução".[70]

Por outro lado, não tem cabimento pretender executar a obrigação de declarar vontade pelas vias do processo de execução como se se tratasse de um título executivo extrajudicial comum de obrigação de fazer (arts. 815 a 818). Isso porque o regime jurídico de tutela dessa especial modalidade obrigacional não envolve prestações materiais como aquelas que se realizam por meio do processo de execução. Tudo se passa no plano estritamente jurídico.

Do pré-contrato nasce o direito à escritura definitiva (Código Civil, art. 1.418). E, para efetivar a tutela jurisdicional, no caso de inadimplemento do promitente, o remédio processual específico instituído pelo Código de Processo Civil consiste numa *sentença* que supra a vontade do obrigado e produza o mesmo efeito do contrato que por ele deveria ter sido firmado (CPC/2015, art. 501). Como o processo de execução não se destina à prolação de sentença, o cumprimento das obrigações de contratar somente pode ser perseguido pelas vias do processo de conhecimento, isto é, daquela modalidade de tutela jurisdicional apta a produzir a sentença de mérito,[71] no caso autoexequível.

---

[69] PONTES DE MIRANDA, Francisco Cavalcanti. *Comentários ao Código de Processo Civil (de 1939)*. 2. ed. Rio de Janeiro: Forense, 1960. V. X, p. 139.

[70] PONTES DE MIRANDA, Francisco Cavalcanti. *Comentários ao Código de Processo Civil (de 1939)*. 2. ed. Rio de Janeiro: Forense, 1960. V. X, p. 145. Goldschmidt, adverte, contudo, que a condenação de emissão ou declaração de vontade, e, consequentemente, a de transferir a propriedade ou ceder um crédito, não se executa segundo as regras observáveis nas demais obrigações de fazer. Na realidade, a lei "estabelece a ficção de considerar feita a manifestação de vontade quando a sentença transita em julgado, ou seja, que ela, apesar de ser uma sentença de condenação, é tratada como constitutiva" (GOLDSCHMIDT, James. *Derecho procesal civil*. Barcelona: Editorial Labor, 1936, § 110, p. 739).

[71] A peculiaridade da obrigação de emitir declaração de vontade é consistir numa "atividade que não se resolve em uma obra material, razão pela qual não se pode empregar a execução forçada das obrigações de fazer, segundo os arts. 612 e segs." (CAPONI, Remo; PISANI, Andrea Proto. *Lineamenti di diritto processuale civile*. Napoli: Jovene Editore, 2001, n. 32, p. 133).

§ 15. CUMPRIMENTO DE SENTENÇA QUE RECONHECE A EXIGIBILIDADE DE OBRIGAÇÃO DE ENTREGAR COISA

124. Noção de obrigação de dar (entrega de coisa)

As obrigações de *dar* (ou de *entrega de coisa*, como fala o Código de Processo Civil) são modalidade de obrigação *positiva*, cuja prestação consiste na entrega ao credor de um bem corpóreo, seja para transferir-lhe a propriedade, seja para ceder-lhe a posse, seja para restituí-la.[72]

Em qualquer das modalidades da obrigação de dar, ocorrido o inadimplemento, cabível se torna a tutela judicial da execução para entrega de coisa. Não há mais, no direito moderno, razão para distinguir entre a obrigação de dar para transferência da propriedade (tradição da coisa móvel) e a de entregar ou restituir, em cumprimento de vínculo pessoal ou creditício. Toda execução de entrega de coisa, em princípio, deve ocorrer de "forma específica" (art. 498), pouco importando que a prestação decorra de direito real ou pessoal, de obrigação convencional ou legal.

O tema é examinado com maior detalhe no capítulo dedicado à execução de título extrajudicial que contenha obrigação de entregar coisa (item nº 294), ao qual remetemos o leitor para aprofundamento no assunto.

125. Histórico dos títulos especiais de entrega de coisa: ações executivas *lato sensu*

Antes da Lei nº 10.444, de 07.05.2002, poucas eram as sentenças condenatórias que levavam à entrega forçada de coisa, sem passar pela *actio iudicati*. A regra era a submissão geral das obrigações da espécie a dois processos: um de acertamento, para obtenção do título executivo judicial (ação condenatória), e outro para realização forçada da condenação (ação executória).

Sempre houve, porém, exceções. Assim é que, por tradição, nas ações de despejo e de reintegração de posse, embora haja sentença que condena à entrega de coisa certa (prestação de dar ou de restituir), a execução de seus decisórios não seguia o procedimento comum dos arts. 621 e ss. do Código de 1973. É que essas ações, além de condenatórias, são "preponderantemente executivas", no dizer de Pontes de Miranda,[73] de maneira que já tendem à execução de suas sentenças independentemente do processo próprio, da execução forçada.

Assim, no despejo, o locatário, após a sentença de procedência, será simplesmente notificado a desocupar o prédio, e, findo o prazo da notificação, será de logo expedido o mandado de evacuando, sem sequer haver oportunidade para embargos do executado.[74]

Da mesma forma, na reintegração de posse, a execução da sentença faz-se por simples mandado e não comporta embargos do executado.[75]

---

[72] GOMES, Orlando. *Obrigações*. 15. ed. Rio de Janeiro: Forense, 2001, n. 33, p. 37. Explica o civilista: "Na prestação de dar *stricto sensu*, o devedor transfere, pela tradição, a propriedade de uma coisa; na de entregar, proporciona o uso ou o gozo da coisa; na de restituir, devolve a coisa que recebeu do credor" (GOMES, Orlando. *Obrigações*. 15. ed. Rio de Janeiro: Forense, 2001, n. 33, p. 37).

[73] PONTES DE MIRANDA, Francisco Cavalcanti. *Tratado das ações*. São Paulo: RT, 1970, v. I, p. 125.

[74] ANDRADE, Luis Antônio de. *Locação e despejo*. Rio de Janeiro: Forense, 1966, n. 120, p. 97. TJMG, ac. 20.04.1971, *DJMG* 22.05.1971.

[75] TJSP, ac. 23.10.1969, *Rev. For.* 234/139; TACSP, ac. 24.04.1973, *Rev. Tribs.* 445/115; 1º TACivSP, Ap. 753.472-5/00, Rel. Juiz Luiz Antonio de Godoy, ac. 10.03.1998, *JUIS – Saraiva* nº 14; TAMG, Ap. 219.568-0, Rel. Juiz Fernando Bráulio, ac. 05.09.1996, *JUIS – Saraiva* nº 14; TJSP, 23ª Câm. de Direito Privado, APC 9224630132005826 SP 9224630-13.2005.8.26.0000, Rel. José Marcos Marrone, ac. 02.02.2011, *DJSP* 21.02.2011; TJSP, 5ª Câm. de Direito Público, 990103609263 SP, Rel. Franco Cocuzza, ac. 06.12.2010, *DJSP* 06.12.2010.

Trata-se, como já ficou dito, de ações executivas, *lato sensu*, de modo que "sua execução é sua força, e não só efeito de sentença condenatória".[76] Tal mecanismo foi estendido a todas as obrigações de entregar coisa pela reforma do CPC de 1973 operada pela Lei nº 10.444/2002. O Código atual o conserva.

Como não há embargos nessas execuções, o direito de retenção que acaso beneficie o devedor haverá de ser postulado na contestação, sob pena de decair de seu exercício.[77] Note-se que a mesma sistemática, a exemplo da lei anterior, é adotada, como regra geral pelo Código de 2015, sempre que se tratar de sentença que reconheça a exigibilidade de obrigação de entregar coisa. Nessa hipótese, devem ser invocados em contestação tanto a existência de benfeitorias (art. 538, § 1º) quanto o respectivo direito de retenção (art. 538, § 2º).

Registre-se, finalmente, a possibilidade de execução para entrega de pessoa, nos casos de guarda de menores e incapazes, execução essa que se processará sob a forma de mandado de busca e apreensão.

I – A generalização da sentença executiva lato sensu

A legislação de 2015 manteve o procedimento adotado pelo Código anterior, com o advento do art. 461-A instituído pela Lei nº 10.444, de 07.05.2002, tornando regra o que era exceção, de modo que nenhuma sentença de condenação ao cumprimento de obrigação de entrega de coisa se submete ao antigo sistema da duplicidade de ações. Uma única relação processual proporciona o acertamento e a realização do direito do credor de coisa. Generalizou-se, no campo dessas obrigações, a ação executiva *lato sensu*. Apenas se empregará a *ação executiva* para os títulos executivos extrajudiciais (arts. 806 a 813).

O Código vigente assim disciplina o procedimento unitário:

(a) Sempre que o credor reclamar, no processo de conhecimento, a entrega de coisa, o juiz lhe concederá a tutela específica, fixando, na sentença, o prazo para cumprimento da obrigação (art. 498, *caput*),[78] ou seja, para a entrega da coisa devida que pode ser móvel ou imóvel.

(b) Após o trânsito em julgado da sentença, independentemente de nova citação, o executado será intimado a entregar a coisa devida, no prazo assinado na condenação. Questiona-se sobre a exigência ou não dessa intimação.[79] Todavia, o art. 536, § 4º, manda aplicar o disposto no art. 525, à espécie. Este por sua vez, prevê o prazo de quinze dias para o executado apresentar sua impugnação, a contar do término do prazo do art. 523. Por último, o art. 523 estipula que o cumprimento da sentença far-se-á a requerimento do exequente, sendo o executado intimado para cumprir a obrigação (pagar o débito) em quinze dias, devendo o mandado executivo ser

---

[76] PONTES DE MIRANDA, Francisco Cavalcanti. Apud ANDRADE, Luis Antônio de. *Locação e despejo*. Rio de Janeiro: Forense, 1966, n. 119, p. 97.

[77] ANDRADE, Luis Antônio de. *Locação e despejo*. Rio de Janeiro: Forense, 1966, n. 120, p. 97.

[78] Mesmo quando a obrigação seja de coisa genérica (indicada pelo gênero e quantidade), o caráter de ação executiva *lato sensu* perdurará: "[...] o autor individualizá-la-á na petição inicial, se lhe couber a escolha, ou, se a escolha couber ao réu, este a entregará individualizada, no prazo fixado pelo juiz" (art. 498, parágrafo único, correspondente ao CPC/1973, art. 461-A, § 1º).

[79] Guilherme Rizzo Amaral entende que o prazo para impugnação previsto no art. 523, *caput*, aplicável ao cumprimento das obrigações de fazer, bem como das de entrega de coisa, "inicia-se após o término do prazo fixado na sentença para seu cumprimento, seja ele qual for, independentemente de nova intimação" (AMARAL, Guilherme Rizzo. Comentários ao art. 536. In: WAMBIER, Teresa Arruda Alvim *et al. Breves comentários ao novo Código de Processo Civil*. São Paulo: RT, 2015, p. 1.403).

expedido depois de ultrapassado o termo previsto para o pagamento voluntário. Com esse mecanismo remissivo do Código de 2015, parece-nos que o cumprimento da sentença relativo a prestação de entrega de coisa não prescinde de intimação do devedor (que se admite seja feita na pessoa do advogado da parte) para que se alcance o momento adequado à expedição do mandado de busca e apreensão ou de imissão na posse, com que se realizará a prestação satisfativa a que tem direito o exequente.

(c) Comunicado nos autos o transcurso do prazo sem que o devedor tenha cumprido a obrigação, expedir-se-á em favor do credor mandado para sua realização compulsória por oficial de justiça: o mandado será de busca e apreensão, se se tratar de coisa móvel; e de imissão na posse, se o bem devido for coisa imóvel (art. 538). No primeiro caso, o oficial toma fisicamente posse da coisa e a entrega ao credor; no segundo, os ocupantes são desalojados do imóvel, para que o credor dele se assenhoreie. A diligência, portanto, se aperfeiçoa com a colocação do exequente na posse efetiva e desembaraçada do imóvel disputado.

II – Providências cabíveis para reforçar a efetividade da tutela às obrigações de entrega de coisa

O Código de 2015, além de ter suprimido a ação de execução de sentença para as obrigações de entrega de coisa, que se cumprirá por meio de simples mandado expedido por força imediata da própria sentença condenatória, reforçou a exequibilidade com enérgicas medidas de apoio, mandando aplicar-lhes os mesmos procedimentos coercitivos previstos para a execução das obrigações de fazer e não fazer e que se acham elencadas nos arts. 536 e 537 do CPC (art. 538, § 3º).

Tais medidas acessórias foram examinadas no nº 132, adiante, quando se cogitou das sentenças condenatórias, cuja disciplina se tornou comum às obrigações de fazer e não fazer e de entrega de coisa. Dentre elas, a de maior destaque é, sem dúvida, a permissão para empregar-se, também nas ações relativas às obrigações de dar, a multa periódica por retardamento no cumprimento da decisão judicial (*astreintes*). Sobre as medidas de apoio empregadas pelo Código atual, vejam-se os itens nº 773, no volume I, e nº 132, neste volume.

126. Tutela substitutiva nas obrigações de dar: o equivalente econômico

Prevê o Código vigente a possibilidade de substituição da prestação específica por outra que produza o resultado prático equivalente ao adimplemento (art. 497) (ver v. I, nº 775). Não sendo localizada a coisa, haverá a conversão em perdas e danos (como, aliás, dispõe a lei material, no art. 234, *in fine*, do Código Civil).[80] Esta conversão – chamada "tutela substitutiva" – pode ser pleiteada pelo credor *(i)* na petição inicial; ou *(ii)* em petição avulsa, no caso da impossibilidade de se alcançar a coisa devida acontecer durante a fase de cumprimento da sentença, hipótese em que se transformava em incidente da execução. Nesta última eventualidade, será objeto de decisão interlocutória, impugnável por meio de agravo de instrumento, e a iniciativa tanto poderá partir do exequente como do executado. O que não se admite é que o processo caia num impasse insolúvel, quando a prestação originária não mais comporte execução específica. O destino natural do processo será a conversão em indenização, cujo valor será definido e cuja realização se dar no mesmo feito ainda em andamento.

---

[80] Código Civil: "Art. 234. Se, no caso do artigo antecedente, a coisa se perder, sem culpa do devedor, antes da tradição, ou pendente a condição suspensiva, fica resolvida a obrigação para ambas as partes; se a perda resultar de culpa do devedor, responderá este pelo equivalente e mais perdas e danos".

A mudança de rumo da execução, substituindo a entrega da coisa pelo equivalente econômico, não atrita com a imutabilidade da sentença transitada em julgado. É o próprio direito material reconhecido ao credor que traz ínsito o poder de transmudar seu objetivo. Sempre, pois, que se emite uma condenação da espécie, implícita estará a eventualidade de ser cumprida sob a forma de indenização, se a entrega da coisa se tornar impossível. Assim, não encontrada a coisa a ser entregue, resolver-se-á em perdas e danos o caso. O sistema executivo do Código de 2015 não é diferente do anterior, porque ambos instrumentalizam a mesma norma de direito material, qual seja, a de converter-se a execução de entrega de coisa em execução por quantia certa (equivalente econômico) sempre que a apreensão do objeto da obrigação exequenda se inviabilizar, por não se conseguir encontrá-lo.[81]

Todavia, se o credor já na propositura da ação demandou a indenização pelo descumprimento da obrigação de entrega da coisa, a sentença será executada desde logo nos moldes próprios das obrigações de quantia certa: o mandado, expedido após o transcurso do prazo de pagamento voluntário, será para penhora e avaliação dos bens necessários à satisfação do direito do credor (art. 523, § 3º). Aos trâmites dos atos executivos subsequentes aplicar-se-ão os arts. 523 e ss.

Outra hipótese de tutela substitutiva se dá quando, condenado o devedor à prestação específica, o cumprimento da sentença se frustra, porque a coisa devida não é encontrada (pereceu, foi consumida ou desviada), ou o devedor tem, *v.g.*, no caso do art. 252 do Código Civil, o direito de substituir a entrega da coisa pelo pagamento do respectivo preço.[82]

Diante do embaraço – cuja iniciativa pode ser ora do credor, ora do devedor –, caberá ao juiz resolvê-lo por meio de decisão interlocutória, ordenando, se for o caso, a conversão da execução específica em execução do equivalente econômico. O recurso manejável será o agravo de instrumento, tanto no deferimento como no indeferimento da conversão (art. 1.015, parágrafo único).

Liquidado o valor da indenização pela não entrega da coisa, será o executado intimado a pagá-lo ou depositá-lo, e não ocorrendo a satisfação do débito no prazo do art. 523, expedir-se-á o mandado de penhora e avaliação, com que se dará início à execução por quantia certa. Esta liquidação, se houver elementos suficientes nos autos, poderá ser resumida em memória de cálculo preparada pelo credor, nos termos do art. 509, § 2º. Se se exigir mais do que simples cálculo aritmético, observar-se-á o procedimento incidental da liquidação por arbitramento (art. 509, I) ou pelo procedimento comum (art. 509, II). Em qualquer dos casos, o incidente será apreciado por decisão interlocutória, e o recurso cabível será o agravo de instrumento (art. 1.015, parágrafo único).

127. Oportunidade correta para a conversão da tutela específica em tutela substitutiva

Ao regime de tutela executiva das obrigações de entregar coisa o Código atual manda aplicar subsidiariamente a regulamentação traçada para as obrigações de fazer e não fazer (art. 538, § 3º). Assim, a tutela específica é a regra e a sua substituição por perdas e danos é

---

[81] "A matéria foi regulada pelo art. 809 do CPC, que autoriza a conversão obrigatória quando a coisa objeto da tutela não é encontrada e quando ela se deteriorou; e autoriza a conversão voluntária quando o executado se recusa a entregar a coisa ou quando a coisa não for reclamada do poder de terceiro adquirente. Também será caso de conversão voluntária, apesar do silêncio da lei, quando a recusa do executado em entregar a coisa gerar a perda do interesse do exequente, diante de sua inutilidade de sua entrega tardia" (CAMBI, Eduardo, et al. *Curso de processo civil completo*. São Paulo: RT, 2017, p. 1.100).

[82] Código Civil, art. 252: "Nas obrigações alternativas, a escolha cabe ao devedor, se outra coisa não se estipulou".

excepcional, e só se aplicará à execução para entrega de coisa nas estritas hipóteses em que o art. 499 a permite para o cumprimento das obrigações de fato (ver, *retro*, o nº 111). Cogita-se, em sentido inverso, da possibilidade eventual de, depois de deferida por sentença a tutela substitutiva, o devedor optar pela execução da sentença na forma de tutela específica, forçando a transformação do pagamento da indenização em entrega da coisa devida.

De fato, há quem defenda essa tese, em nome do princípio da execução pelo modo menos gravoso para o executado. A ela, entretanto, não damos adesão, conforme exposto no nº 111, em que as razões em que se apoia nosso posicionamento se acham desenvolvidas. Em suma, a escolha entre a tutela específica e a substitutiva cabe naturalmente ao credor e não ao devedor, e, de regra, é exercitada na fase de conhecimento do processo. Após a sentença transitada em julgado, a prestação exequenda é aquela que se tornou firme no título executivo judicial. Nessa altura, somente a impossibilidade de alcançar a coisa devida permitirá a conversão da tutela específica em substitutiva, nunca o contrário, já que a execução pelo equivalente econômico jamais se impossibilita.

128. Procedimento

O Código atual manteve em linhas gerais, o regime do cumprimento da sentença relativa à obrigação de entregar coisa, nos moldes do Código de 1973, regulando-o nos arts. 536 a 538. Mereceu, outrossim, expresso tratamento a questão relacionada com a existência de benfeitorias na coisa a ser entregue.

Pelo novo regramento, a existência de eventuais benfeitorias, como aliás já reconhecia a jurisprudência, precisa ser alegada em sede de contestação, de forma discriminada e com atribuição, sempre que possível e justificadamente, do respectivo valor (art. 538, § 1º). Ou seja, não se admitirá que tal alegação se faça na fase de cumprimento da sentença, ficando preclusa a matéria se não figurar na contestação, oportunidade em que o devedor deverá também invocar o respectivo direito de retenção (art. 538, § 2º). Não quer isso dizer que a omissão elimine o direito material do executado ao ressarcimento dos gastos feitos em benfeitorias. Poderá recuperá-los, mas não na fase de cumprimento da sentença, devendo socorrer-se de ação própria.

Certificada a exigibilidade de obrigação de entrega de coisa, a sentença fixará o prazo para o respectivo cumprimento (art. 498). O início da atividade executiva tendente a provocar o cumprimento forçado da sentença[83] se dará por meio de intimação do executado para cumprir a prestação devida no prazo assinalado no título judicial exequendo.

Ultrapassado o tempo para realização voluntária da entrega da coisa, sem que esta ocorra, expedir-se-á o mandado executivo, em favor do exequente que, de acordo com o art. 538, será:

(a) de *busca e apreensão*, no caso de coisa móvel; ou

(b) de *imissão na posse*, se se tratar de coisa imóvel.

A diferença entre eles é que *(i)* o primeiro mandado se cumpre por meio de deslocamento físico da coisa, que uma vez apreendida é removida, pelo agente judiciário, para ser entregue ao exequente; enquanto *(ii)* no caso de imóvel, não há como pensar em deslocamento da coisa,

---

[83] Já ao tempo do Código de 1973, a eficácia executiva da sentença condenatória dispensava a ação autônoma de execução forçada. A execução, *in casu*, se processava com a "simples expedição e cumprimento de um mandado", como sempre se procedeu nas ações possessórias e de despejo (STJ, 4ª T., REsp 739/RJ, Rel. Min. Athos Carneiro, ac. 21.08.1990, *RSTJ* 17/293). Nesse sentido: STJ, 1ª T., REsp 1.008.311/RN, Rel. Min. Teori Albino Zavascki, ac. 05.04.2011, *DJe* 15.04.2011; STJ, 4ª T., REsp 549.711/PR, Rel. Min. Barros Monteiro, ac. 16.12.2003, *DJU* 05.04.2004.

motivo pelo qual é o exequente que é encaminhado até a situação do bem e, aí, imitido na sua posse, da qual fica, no mesmo ato, afastada a parte contrária, por obra do oficial encarregado do cumprimento do mandado.

Cumprido o mandado, sem impugnação do executado, e procedida à sua juntada aos autos, o juiz dará por encerrada a execução (ver o nº 133).

129. Defesa do executado

Eventuais arguições contra ilegalidade ou irregularidades do cumprimento da sentença serão manifestadas por meio de petição, nos mesmos moldes e prazos da impugnação prevista para o procedimento executivo das obrigações de quantia certa, aplicáveis às demais por força dos arts. 538, § 3º, e 536, § 4º (ver, *retro*, nº 114). Tal impugnação será solucionada por decisão interlocutória ou por sentença, conforme extinga ou não a execução forçada, desafiando, no primeiro caso, agravo de instrumento, e, no segundo, apelação.

No mais, o cumprimento de sentença, conforme dispõe o art. 513, observará, no que couber, o regramento da execução de título extrajudicial que reconheça a obrigação de entregar coisa (arts. 806 e ss.), cujos detalhes são examinados no item nº 296, mais adiante.

130. Obrigação genérica

Quando a obrigação for de coisa genérica (isto é, de coisa determinada pelo gênero e quantidade, *v.g.*, tantas sacas de arroz ou milho, ou tantos bois para abate), cabe, no cumprimento da sentença condenatória, observar a escolha das unidades que irão compor a prestação devida. Esta escolha, conforme o título obrigacional, ou nos termos da lei material, pode competir ao credor ou ao devedor (Código Civil, art. 244).

Se a opção é do credor, a escolha dar-se-á na petição inicial, de sorte que ao acolher o pedido a condenação já imporá ao devedor a entrega das coisas, na forma definida na propositura da causa. Quando, porém, a opção for do devedor, a escolha deste será feita ao dar cumprimento à sentença. No prazo que lhe for assinado para cumprir a condenação, o devedor procederá à individualização do objeto previsto genericamente na condenação e o entregará ao credor, ou o depositará em juízo, à ordem deste (CPC/2015, art. 498, parágrafo único). Urge respeitar o princípio de que nenhuma execução de crédito se processa em juízo sem observância do requisito da certeza, liquidez e exigibilidade da obrigação, seja em forma definitiva ou provisória (art. 783).

Segundo se depreende do precitado parágrafo único do art. 498, o juiz deve policiar o ajuizamento da ação de conhecimento relativa a obrigações genéricas, exigindo do autor que a escolha a seu cargo seja explicitada na petição inicial, recorrendo, se necessário, ao expediente recomendado pelo art. 321. Com isso serão evitadas complicações para a eventual execução da sentença. Se, entretanto, a condenação vier a ser pronunciada sem que o credor tivesse procedido à escolha, a medida haverá de ser tomada antes da expedição do mandado de busca e apreensão, por meio de petição preparatória do cumprimento da sentença. Havendo escolha posterior à sentença, pode acontecer impugnação, tanto quando a iniciativa for do credor como do devedor. Não haverá necessidade de recorrer a embargos. Tudo se resolverá, incidentemente, por decisão interlocutória (aplicam-se os arts. 525, *caput* e § 11, e 1.015, parágrafo único) (ver, *retro*, o item nº 51).

131. Retenção por benfeitorias

O Código de 2015 – que mantém um processo de duas fases, uma para a cognição e outra para a execução da sentença – cuida expressamente da arguição do *ius retentionis* dispondo que esta somente será viável na contestação (art. 538, § 2º). Trata-se, pois, de tema afetado exclusivamente à fase de conhecimento, inadequado, portanto, à suscitação na fase de cumprimento da sentença.

Em sua defesa, o réu, quando invocar o direito de indenização e retenção, deverá se submeter às exigências formais dos embargos estatuídas no § 5º do art. 917, ou seja, a contestação conterá os dados que permitam a identificação das benfeitorias e seus valores, sem os quais não será possível à sentença examinar-lhe o mérito ou tratar da eventual compensação.[84]

Depois da sentença, não haverá mais oportunidade para o expediente. Ou seja, o mandado de busca e apreensão (móveis) ou de imissão de posse (imóveis) será consequência imediata da sentença, sem ensejar novas oportunidades, para qualquer incidente cognitivo ou de acertamento, limitando-se a defesa contra o cumprimento da obrigação de entrega da coisa às matérias arroladas no art. 525, § 1º.

Isto não quer dizer, com efeito, que a parte perca o direito de ser indenizada por eventuais benfeitorias, pelo fato de não tê-lo invocado na fase de conhecimento da ação reipersecutória. Se o tema não foi aventado na litiscontestação, sobre ele não se formou a coisa julgada. Não se impedirá, pois, a execução pura e simples da entrega da coisa, já que não haverá oportunidade para embargos de retenção, mas o titular do direito ao ressarcimento do valor das benfeitorias, poderá exercitá-lo por meio de ação comum, que, nessa altura, porém, não prejudicará o cumprimento do mandado de entrega oriundo da primeira demanda.

132. Multa e outras medidas de apoio na entrega de coisa

O Código atual prevê que no cumprimento das sentenças que determinem a entrega de coisa são utilizáveis todas as medidas sub-rogatórias, ou de apoio, aplicáveis às execuções de fazer e não fazer (art. 538, § 3º), dentre as quais se sobressai a multa (*astreinte*) pelo atraso no cumprimento da prestação devida (art. 536, § 1º). Assim, a intimação executiva será feita para proceder à entrega da coisa, no prazo assinalado na sentença, sob pena de incursão na referida multa, que já poderá constar da condenação, ou ser arbitrada pelo juiz da execução.

A multa, outrora específica das obrigações de fazer e não fazer, é atualmente medida de coerção executiva aplicável também às prestações de entrega de coisa. Sua aplicação cabe tanto nas antecipações de tutela como na sentença definitiva e deverá observar as regras pertinentes às causas sobre obrigações de fazer e não fazer. Para maiores detalhes a respeito do tema, consultar, ainda, no v. I, o nº 775, e neste v. o nº 113.

Desse modo, a multa de que cogitam os arts. 497 e 536 são as *astreintes* impostas para coagir o executado ao cumprimento específico das prestações de fazer ou de entregar coisa. Portanto, ocorrendo a conversão destas em seu equivalente econômico, não cabe desde então aplicar a multa diária por atraso no adimplemento. Caberá, todavia, a multa única de 10% própria da execução por quantia certa, se o pagamento não ocorrer no prazo legal de quinze dias (art. 523, § 1º). Dito prazo para pagamento espontâneo contar-se-á da intimação da decisão que decretar a conversão, se o valor do equivalente econômico já for conhecido. Se necessário apurá-lo, proceder-se-á à liquidação (art. 509), seguindo-se a intimação do devedor para pagamento do *quantum* apurado, fluindo daí os quinze dias do art. 523.

---

[84] "Menção genérica de realização de benfeitorias é insuficiente para a realização de provas e indenização dos melhoramentos, bem como reconhecimento do direito à retenção" (STJ, 3ª T., REsp 20.978/DF, Rel. Min. Cláudio Santos, ac. 20.10.1992, *RSTJ* 43/393. No mesmo sentido: STJ, 4ª T., REsp 66.192-7/SP, Rel. Min. Sálvio de Figueiredo, ac. 21.06.1995, *DJU* 04.09.1995, p. 27.837; STJ, 5ª T., AgRg no REsp 506.831/RJ, Rel. Min. Felix Fischer, ac. 16.05.2006, *DJU* 12.06.2006, p. 532).

133. Encerramento do processo

O cumprimento da sentença, no caso de *executio per officium iudicis*, não exige pronunciamento judicial por meio de nova sentença de mérito para pôr fim ao processo. A causa já está sentenciada e a atividade pós-condenação é simples complemento do comando sentencial.

Cumprido o mandado, cuja expedição decorreu necessariamente da sentença, e não existindo impugnação do executado pendente, o processo se exaure, sendo os autos remetidos ao arquivo. É o que sempre se observou nas ações possessórias e de despejo: "A sentença de procedência tem eficácia executiva *lato sensu*, com execução mediante simples expedição e cumprimento de um mandado".[85]

O encerramento do feito, todavia, não se dará sem que antes o juiz se certifique do fiel cumprimento do mandado executivo, e sem que dele parta a ordem de arquivamento. O processo é uma relação processual que se estabelece e aperfeiçoa sob o comando do juiz e que, por isso mesmo, só pode se encerrar por deliberação dele.

---

[85] STJ, 4ª T., REsp 14.138-0/MS, Rel. Min. Sálvio de Figueiredo, ac. 20.10.1993, *DJU* 29.11.1993, p. 25.882. Especificamente sobre as obrigações de fazer: STJ, 1ª T., REsp 1.008.311/RN, Rel. Min. Teori Albino Zavascki, ac. 05.04.2011, *DJe* 15.04.2011.

Fluxograma nº 6 – Cumprimento de sentença que reconhece a exigibilidade de obrigação de entregar coisa (art. 538)

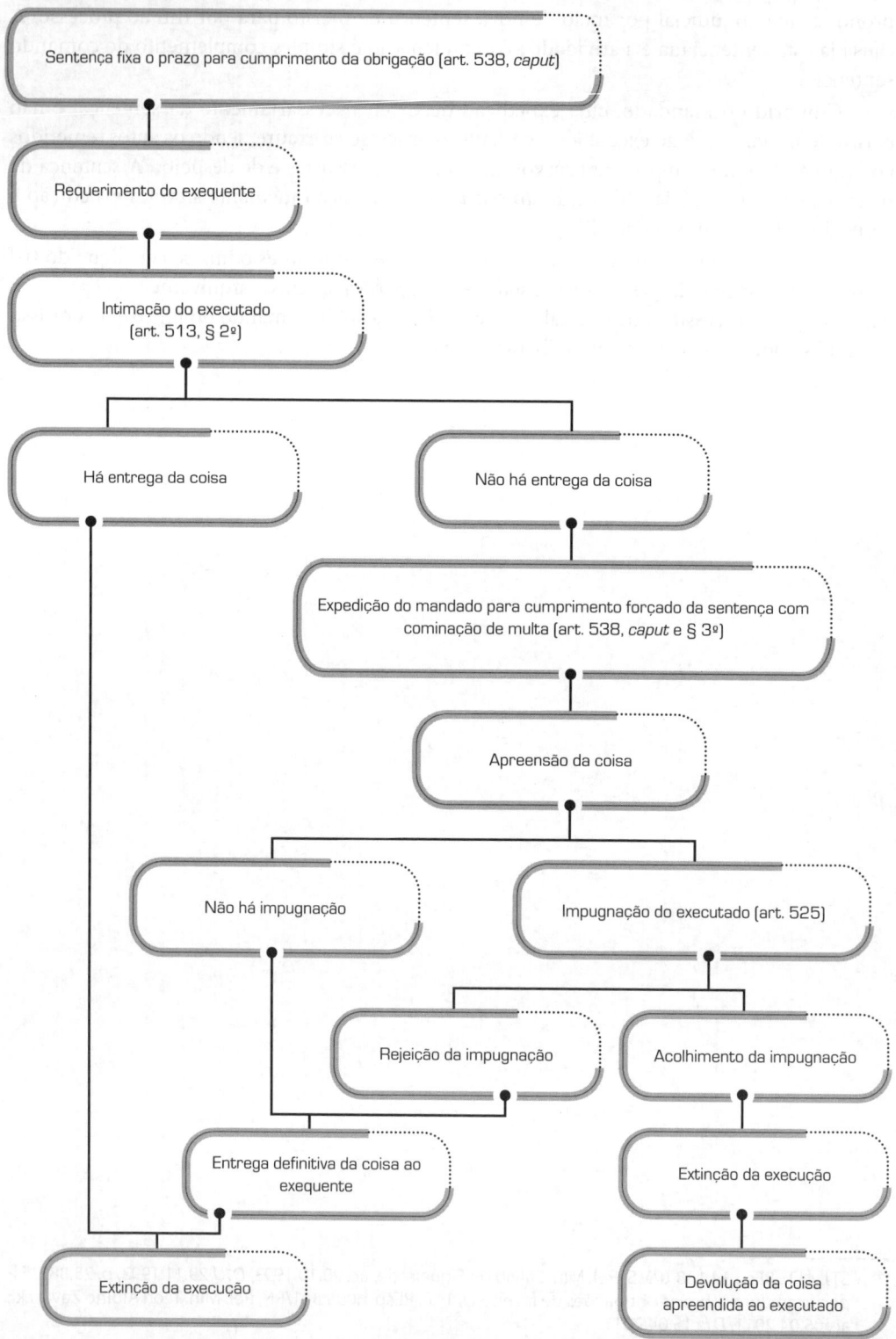

Parte II
Execução dos Títulos Executivos Extrajudiciais

Capítulo VI
PROCESSO DE EXECUÇÃO

§ 16. PRINCÍPIOS GERAIS DA EXECUÇÃO FORÇADA

134. Disposições gerais

O Livro III da Parte Especial do CPC/2015 regula a execução forçada com base em *título executivo extrajudicial*. Suas disposições, nos termos do art. 771, no que couber, aplicam-se também:

(a) *Aos procedimentos especiais de execução*: há vários procedimentos executivos traçados por leis extravagantes, *v.g.*, os relativos à execução hipotecária no âmbito do sistema financeiro de habitação (Lei nº 5.741/1971); à excussão dos bens gravados de alienação fiduciária em garantia (Lei nº 9.514/1997); à recuperação dos adiantamentos efetuados por meio de contratos de câmbio (Lei nº 11.101/2005) etc.; os quais configuram modalidades de *tutela executiva diferenciada*, cuja estrutura se completa com as normas do CPC, subsidiariamente.

(b) *Aos atos executivos realizados no procedimento de cumprimento de sentença*: o cumprimento de sentença não constitui objeto de uma *ação executiva*, é simples incidente do processo em que a sentença foi pronunciada (CPC/2015, arts. 513 a 519), mas os atos executivos praticados nesse incidente regulam-se, no que couber, pelas regras do *processo de execução* (Livro II da Parte Especial) (art. 513, *caput*).

(c) *Aos efeitos de atos ou fatos processuais a que a lei atribui força executiva*: ao longo do curso do processo, muitas medidas de repressão à conduta de má-fé ou à realização das tutelas de urgência, cabendo, na sua implementação, o emprego subsidiário das regras do Livro II da Parte Especial.

Por sua vez, aplicam-se subsidiariamente à execução as disposições reguladoras do processo de conhecimento constante do Livro I da Parte Especial do CPC/2015 (art. 771, parágrafo único).

A aplicação das normas do processo de conhecimento durante o desenvolvimento da execução forçada não tem a força de afastar as regras específicas do processo executivo, mas apenas desempenhar papel complementar. Incide tão somente para disciplinar atos processuais que têm de ser praticados e para os quais não há regra própria no Livro II da Parte Especial.

Pense-se nos requisitos das intimações, na avaliação de provas, na realização de audiências, no respeito ao contraditório etc. O parágrafo único do art. 771, entretanto, não será aplicado, nem mesmo na lacuna do Livro II, quando a regra do processo de conhecimento for incompatível com a natureza do procedimento executivo, comprometendo a tutela que lhe compete prestar. É o caso, por exemplo, da presunção de veracidade decorrente da falta de defesa do demandado (CPC/2015, art. 344) que não se pode aplicar à revelia do exequente na ação de embargos à execução.[1]

A previsão de que cabe aplicar as regras do processo de execução para efetivar atos ou fatos processuais a que a lei atribui força executiva, não equivale a admitir execução forçada sem o pressuposto do título executivo. O que a lei quer dizer é que sempre que houver, por previsão legal, necessidade de atuar concretamente sobre os bens ou o patrimônio da parte, a constrição ou a remoção se dará mediante observância subsidiária das regras do processo de execução. É o que se passa, *v.g.*, com o sequestro, o arresto, a busca e apreensão, a interdição de estabelecimento, a exibição de coisa ou documento etc. Não se trata de efetuar uma execução completa e definitiva, mas apenas de atuar concretamente nos limites do necessário para realizar a medida constritiva ou inibitória que a lei quer seja prontamente cumprida.

135. Vias de execução

O Código de Processo Civil, em sua feição renovada, conhece duas vias para realizar a *execução forçada*: *(i)* a do *cumprimento da sentença* (Livro I, Título II, Capítulos I a VI, da Parte Especial) e *(ii)* a do *processo de execução* (Livro II, com seus diversos títulos e capítulos).

O processo de execução contém a disciplina da *ação executiva* própria para a satisfação dos direitos representados por *títulos executivos extrajudiciais*. Serve também de fonte normativa subsidiária para o procedimento do *cumprimento da sentença* (CPC/2015, art. 771).

A atividade jurissatisfativa pode acontecer como incidente complementar do processo de acertamento, dentro, portanto, da mesma relação processual em que se alcançou a sentença condenatória, ou como objeto principal do processo de execução, reservado este para os títulos extrajudiciais, que, para chegar ao provimento de satisfação do direito do credor titular da ação executiva, prescinde do prévio acertamento em sentença.[2]

136. O processo judicial

Entre o processo de atuação do Poder Jurisdicional e o processo de conduta geral do homem há grande similitude. O homem observa sempre a sequência "saber-querer-agir". Também o órgão judicial, diante da lide a solucionar, primeiro *conhece* os fatos e o direito a eles pertinentes; depois *decide*, *i.e.*, manifesta a vontade de que prevaleça determinada solução

---

[1] "Não serão aplicadas as regras do Livro I da Parte Especial do CPC/2015 quando: *(i)* houver disposição expressa (*v.g.* art. 931, § 3º, do CPC/2015); e *(ii)* incompatibilidade procedimental que comprometa a prestação da tutela executiva (*v.g.* art. 344, do CPC/2015)" (CARVALHO, Fabiano. Comentário ao art. 771. In: WAMBIER, Teresa Arruda Alvim *et al. Breves comentários ao novo Código de Processo Civil*. São Paulo: RT, 2015, p. 1.772).

[2] Observe-se que o cumprimento da sentença sem a *actio iudicati* e como simples cumprimento de mandado expedido nos próprios autos da condenação já vigorava no sistema do CPC, há bastante tempo, para as prestações de fazer, não fazer e de entrega de coisa (arts. 461 e 461-A do CPC/1973; CPC/2015, arts. 497 a 500). Com relação às obrigações de quantia certa, o sistema de processo unitário foi instituído pela Lei nº 11.232, de 22.12.2005, cuja vigência, todavia, se deu a partir de 24.06.2006. O CPC/2015 conserva esse sistema.

para o conflito; e, finalmente, se a parte vencida não se submete espontaneamente à vontade manifestada, *age*, de maneira prática, para realizar, mediante força, o comando do julgado.[3]

Há, pois, no processo judicial a atividade de conhecimento e a de execução, formando os dois grandes capítulos da sistemática jurídica de pacificação social, sob o império da ordem jurídica, cujo objetivo maior é a eliminação das lides ou litígios no relacionamento humano, para tornar possível a vida em sociedade.

Embora haja uma sequência lógica entre o conhecer e o executar, nem sempre a atividade jurisdicional reclama a conjugação dos dois expedientes, de sorte que muitas vezes é bastante a declaração de certeza jurídica para eliminar um litígio. E outras tantas a certeza em torno do direito da parte já está assegurada, por certos mecanismos, que dispensam o processo de conhecimento e permitem a utilização direta da execução forçada em juízo.

137. Processo de conhecimento e processo de execução

Na solução dos litígios, o Estado não age livre e discricionariamente; observa, muito pelo contrário, um método rígido, que reclama a formação de uma relação jurídica entre as partes e o órgão jurisdicional, de caráter dinâmico, e cujo resultado será a prestação jurisdicional, *i.e.*, a imposição da solução jurídica para a lide, que passará a ser obrigatório para todos os sujeitos do processo (autor, réu e Estado).

Esse método, que é o processo, naturalmente, não pode ser o mesmo enquanto se procura conhecer a situação das partes e enquanto se busca realizar concretamente o direito de uma delas, alterando a esfera jurídica da outra. A atuação do órgão judicial, por isso mesmo, no processo de conhecimento é bem distinta daquela observada no processo de execução, razão pela qual existem a regulamentação e a sistemática próprias de cada um deles.

Na ordem cronológica, a declaração de certeza há de preceder à realização forçada da prestação a que se refere a mesma relação jurídica tornada litigiosa. É que, enquanto a declaração se posta apenas no plano das ideias e palavras, a execução entra na área da coação, atingindo a parte devedora em sua esfera privada, no que diz respeito a seu patrimônio.

Assim, a gravidade da atuação executiva e de suas consequências práticas reclama, por si só, a preeminência da cognição sobre a existência do direito do credor, o que, de ordinário, se faz por meio do processo de conhecimento. Somente com a observância dessa prioridade é que se pode evitar o risco de se chegar à agressão patrimonial executiva sem controle da efetiva existência da relação que se há de fazer atuar.[4]

Ad instar do homem imprudente que toma decisões e age sem meditar e sem se certificar da verdade do fato determinante de sua conduta, o processo de execução que fosse desencadeado em juízo sem a precedência da competente declaração de certeza jurídica redundaria em pura arbitrariedade.

Por outro lado, também como se critica o homem tíbio que sabe da verdade de um fato e não age na conformidade dele, censurável seria, da mesma forma, privar o Estado do poder de realizar, concreta e forçadamente, a vontade da lei já declarada ao final do processo de conhecimento.

Eis por que observa Couture, com toda a sabedoria e precisão, que, "na ordem jurídica, execução sem conhecimento é arbitrariedade; conhecimento sem possibilidade de executar a decisão significa tornar ilusórios os fins da função jurisdicional".[5]

---

[3] COUTURE, Eduardo. *Fundamentos del derecho procesal civil*. Buenos Aires: Depalma, 1974, n. 285, p. 439.
[4] ALLORIO, Enrico. *Problemas de derecho procesal*. Buenos Aires: EJEA, 1963, v. II, p. 183.
[5] COUTURE, Eduardo. *Fundamentos del derecho procesal civil*. Buenos Aires: Depalma, 1974, n. 288, p. 444.

A obrigatoriedade da conexão entre conhecer e executar, contudo, não exclui a possibilidade de admitir o conhecimento do direito subjetivo do credor operado em vias extraprocessuais. Assim é que existem procedimentos, fora do campo do processo judicial, que geram título executivo equivalente à sentença condenatória. De qualquer maneira, no entanto, as duas atividades, de conhecer e executar, estarão ainda conectadas, sendo, outrossim, de notar que o título executivo extrajudicial é exceção que só vigora mediante expressa permissão em texto específico de lei. O fato de existir título extrajudicial em favor do credor, mesmo autorizando o acesso imediato à execução forçada, não elimina a eventual discussão e acertamento a respeito do crédito exequendo, por provocação incidental do devedor por meio de embargos.

138. Diferenças entre a execução forçada e o processo de conhecimento

Atua o Estado, na execução, como substituto, promovendo uma atividade que competia ao devedor exercer: a satisfação da prestação a que tem direito o credor. Somente quando o obrigado não cumpre voluntariamente a obrigação é que tem lugar a intervenção do órgão judicial executivo. Daí a denominação de "execução forçada", adotada pelo Código de Processo Civil atual, no art. 778, à qual se contrapõe a ideia de "execução voluntária" ou "cumprimento" da prestação, que vem a ser o adimplemento.

Enquanto no processo de conhecimento o juiz examina a lide para "descobrir e formular a regra jurídica concreta que deve regular o caso", no processo de execução providencia "as operações práticas necessárias para efetivar o conteúdo daquela regra, para modificar os fatos da realidade, de modo a que se realize a coincidência entre as regras e os fatos".[6] Em outras palavras, o processo de conhecimento visa a declaração do direito resultante da situação jurídica material conflituosa, enquanto o processo de execução se destina à satisfação do crédito da parte.[7]

Embora tanto num como noutro a parte exerça perante o Estado o direito subjetivo público de ação, a grande diferença entre os dois processos reside no fato de tender o processo de cognição à pesquisa do direito dos litigantes, ao passo que o processo de execução parte justamente da certeza do direito do credor, atestada pelo "título executivo" de que é portador. Daí por que se diz que "o objeto do processo executivo é a prestação de um fato – descrito no título executivo – não cumprido".[8]

Não há, nessa ordem de ideias, decisão de mérito na ação de execução.[9] A atividade do juiz é prevalentemente prática e material,[10] visando a produzir na situação de fato as modificações necessárias para pô-la de acordo com a norma jurídica reconhecida e proclamada no título executivo. No processo de conhecimento, o juiz julga (*decide*); no processo de execução, o juiz realiza (*executa*).

Na exata lição de Frederico Marques, o processo de conhecimento é processo de *sentença*, enquanto o processo executivo é processo de *coação*.[11]

Ainda porque a declaração de certeza é pressuposto que antecede ao exercício da ação de execução, costuma afirmar-se em doutrina que o processo de execução não seria *contraditório*.[12]

---

6   LIEBMAN, Enrico Tullio. *Processo de execução*. 3. ed. São Paulo: Saraiva, 1968, n. 18, p. 37.
7   CARVALHO, Fabiano. In: WAMBIER, Teresa Arruda Alvim *et al*. *Breves comentários ao novo Código de Processo Civil*. São Paulo: RT, 2015, p. 1.770.
8   CARVALHO, Fabiano. In: WAMBIER, Teresa Arruda Alvim *et al*. *Breves comentários ao novo Código de Processo Civil*. São Paulo: RT, 2015, p. 1.771.
9   DINAMARCO, Cândido Rangel. *Execução civil*. São Paulo: RT, 1973, p. 126.
10 LIEBMAN, Enrico Tullio. *Processo de execução*. 3. ed. São Paulo: Saraiva, 1968, n. 18, p. 37.
11 MARQUES, José Frederico. *Manual de direito processual civil*. Campinas: Bookseller, 1974, v. IV, n. 738, p. 11.
12 "Nosso processo de execução é do tipo denominado pelos processualistas italianos de *contraditório eventual*, de vez que, em razão da natureza do título em que se funda, pode perfeitamente funcionar sem litígio" (CASTRO, Amilcar de. *Comentários ao Código de Processo Civil*. São Paulo: RT, 1974, v. VIII, n. 523,

Com isto se quer dizer que não se trata de um processo dialético, ou seja, de um meio de discutir e acertar o direito das partes, mas apenas um meio de sujeição do devedor à realização da sanção em que incorreu por não ter realizado o direito já líquido e certo do credor. As questões, porém, que eventualmente surgem no curso do processo, a respeito dos atos executivos, são tratadas e solucionadas com observância do contraditório, tal como se passa no processo de conhecimento.

Não é exato, portanto, afirmar-se o caráter não contraditório do processo de execução. Não é de sua índole colocar em contraditório o direito material já acertado no título executivo. Não pode, todavia, fugir do contraditório relacionado com a pretensão e prática dos atos executivos, mesmo porque, por garantia constitucional, nenhum processo, seja de que natureza for, poderá se desenvolver sem o respeito ao contraditório e ampla defesa (CF, art. 5º, LV).

139. Visão unitária da jurisdição

Do exposto é fácil compreender que a declaração de certeza, própria do processo de conhecimento, e a realização material, que se produz na execução forçada, têm finalidades diferentes, mas complementares, de sorte que, consideradas em seu conjunto, proporcionam a visão unitária da função jurisdicional, que, em última análise, vem a ser a de fazer atuar o direito frente a qualquer conflito jurídico relevante.[13]

A soberania que se manifesta na atividade jurisdicional do Estado, que, em síntese, é a jurisdição, pressupõe indissociavelmente ligados o poder de julgar e o de fazer cumprir o julgado, como enfatizava Couture.[14]

140. Realização da sanção: fim da execução forçada

As regras jurídicas são de incidência obrigatória ou coativa. Sob seu império nascem direitos subjetivos de determinadas pessoas a que correspondem obrigações ou deveres de outras. Esse vínculo entre pessoas que dá a umas o poder de exigir e a outras a sujeição a ter de realizar certas prestações é o que se denomina *relação jurídica*.

A coatividade prevista no conteúdo abstrato e genérico da regra de direito transporta-se para o concreto da vida quando uma relação qualquer entre pessoas cai sob a área de incidência da norma.

A coatividade da ordem jurídica, outrossim, tem um sistema especial de manifestação que se denomina *sanção*. Desobedecido o preceito normativo e violado o direito subjetivo do credor, o Estado está sempre pronto a interferir, por meio de seus órgãos adequados, para restaurar a ordem jurídica violada, atribuindo a cada um o que é seu, com ou sem concordância da pessoa responsável pela situação concreta.

A *sanção*, no plano patrimonial, que é o que interessa à execução forçada, traduz-se em medidas práticas que o próprio ordenamento jurídico traça para que o Estado possa invadir a esfera de autonomia do indivíduo e fazer cumprir efetivamente a regra de direito.

Quando se trata do direito público, a sanção criminal consiste em penas que atingem a pessoa do delinquente, no intuito de intimidá-lo e reintegrá-lo na vida social e, ao mesmo tempo, de desestimular os demais a praticar infrações similares. Já as *sanções civis* apresentam

---

p. 383); AMARAL SANTOS, Moacyr. *Primeiras linhas de direito processual civil*. 22. ed. São Paulo: Saraiva, 2008, v. III, n. 986, p. 408; LOPES DA COSTA, Alfredo de Araújo. *Direito processual civil brasileiro*. 2. ed. Rio de Janeiro: Forense, 1959, v. IV, n. 38, p. 45; MICHELI, Gian Antonio. *Derecho procesal civil*. Buenos Aires: Ediciones Jurídicas Europa-América, 1970, v. III, p. 144.

[13] ALLORIO, Enrico. *Problemas de derecho procesal*. Buenos Aires: EJEA, 1963, v. II, p. 181-182.
[14] COUTURE, Eduardo. *Fundamentos del derecho procesal civil*. Buenos Aires: Depalma, 1974, n. 288, p. 444.

um caráter apenas *reparatório* e visam a compensar ao titular do direito subjetivo o prejuízo injustamente causado por outrem.

Em direito processual, a execução forçada destina-se especificamente a realizar, no mundo fático, a sanção. Daí sua definição de "atividade desenvolvida pelos órgãos judiciários para dar atuação à sanção".[15] Mais especificamente, a sanção atuada pelo processo executivo vem a ser a concretização da "responsabilidade patrimonial". Como o devedor não cumpriu o débito, seu patrimônio responderá de maneira forçada, substituindo assim a prestação não adimplida voluntariamente.

141. Espécies de sanções realizáveis por via da execução forçada

A sanção patrimonial nem sempre assume o mesmo conteúdo prático. Por meio dela procura-se realizar para o credor, na medida do possível, o mesmo resultado prático que se obteria com a normal observância da regra jurídica que se descumpriu.

Por meio de execução forçada, o Estado intervém no patrimônio do devedor para tornar efetiva a vontade sancionatória, realizando, à custa do devedor, sem ou até contra a vontade deste, o direito do credor.

Se o culpado pelo ato ilícito não indeniza a vítima, ou se o emitente da nota promissória não a resgata em seu vencimento, a atuação da sanção consistirá em extrair do patrimônio do devedor a quantia necessária e com ela realizar o pagamento do credor, seja da indenização, seja do título de crédito. Da mesma forma, se o injusto possuidor não se dispõe a restituir a coisa ao legítimo dono, a sanção que se lhe aplicará consistirá na tomada dessa mesma coisa e na entrega dela, pelo órgão estatal, ao proprietário.

Muitas vezes, porém, a prestação devida, após o inadimplemento ou a violação do direito do credor, não se revela mais suscetível de realização na própria espécie em que foi convencionada ou estabelecida na fonte da obrigação descumprida. A sanção, por isso, terá de se voltar para uma outra prestação que possa compensar a originária, realizando um efeito que possa equivaler economicamente à que se omitiu.

A execução forçada, por isso, pode atuar de duas maneiras diversas:

(a) como execução *específica*; ou

(b) como execução da *obrigação subsidiária*.

Na execução *específica* realiza o órgão executivo a prestação devida, como, por exemplo, quando entrega ao credor a própria coisa devida ou a quantia que corresponde, precisamente, ao título de crédito.

Na execução da *obrigação subsidiária*, o Estado expropria bens do devedor inadimplente e com o produto deles propicia ao credor um valor equivalente ao desfalque patrimonial derivado do inadimplemento da obrigação originária.

Em qualquer caso, porém, o que faz o Estado, no processo executivo, é sempre a realização da sanção, seja entregando ao credor o bem devido, seja reparando-lhe o prejuízo decorrente da impossibilidade de realizar a prestação *in natura*.

142. Execução forçada, cumprimento voluntário da obrigação e outras medidas de realização dos direitos subjetivos

Só há execução forçada quando o devedor descumpre sua obrigação e deixa de satisfazer o crédito a que se acha sujeito, no tempo e forma devidos. Por isso, o pagamento impede a execução por propor e elide a que já foi proposta (CPC/2015, art. 826).

---

[15] LIEBMAN, Enrico Tullio. *Processo de execução*. 3. ed. São Paulo: Saraiva, 1968, n. 2, p. 4.

Por outro lado, sendo excepcional a forma de execução compulsória em juízo, os atos de execução forçada propriamente ditos não são postos em prática senão depois de uma citação inicial realizada no curso da ação executiva, ou do transcurso de um prazo legal (*tempus iudicati*) contado após a sentença condenatória, em que se confere uma última oportunidade ao devedor para que ele mesmo cumpra sua obrigação perante o credor (arts. 513, § 2º, e 523, *caput*).

Somente depois de ultrapassado o prazo assinado na citação ou na intimação da sentença é que o órgão judicial agredirá o patrimônio privado do devedor, dando início aos atos concretos de realização da sanção a que se sujeitou o inadimplente (arts. 829, § 1º, e 831).[16]

Pode-se distinguir entre *processo de execução e execução forçada*: o processo de execução apresenta-se como o conjunto de atos coordenados em juízo tendentes a atingir o fim da execução forçada, qual seja, a satisfação compulsória do direito do credor à custa de bens do devedor. Esse processo, tal como se dá com o de conhecimento, é, em si mesmo, uma relação jurídica continuativa de direito público, que vincula devedor, credor e o Estado, na pessoa do juiz ou Tribunal. Trata-se, pois, do continente da atividade executiva em juízo.

Por *execução forçada*, outrossim, considera-se o *conteúdo* do processo de execução, que consiste na *realização*, material e efetiva, da vontade da lei por meio da função jurisdicional do Estado. Providências executivas tomam-se de ordinário no processo de execução, cujo único objetivo é realmente a satisfação compulsória do direito do credor atestado no título executivo. Ocorre, porém, execução forçada também no cumprimento da sentença, quando a satisfação do direito violado é imediatamente promovida por atos processuais realizados em sequência à condenação, dentro, portanto, do próprio processo em que se efetuou o acertamento do direito controvertido entre as partes (art. 513, *caput*).

Assim, a *execução forçada*, como forma pública de atuação jurisdicional jurissatisfativa, não se confunde com outras medidas de satisfação ou tutela do crédito, como o adimplemento do devedor, a legítima defesa do credor, as *tutelas provisórias cautelares*, ou as "execuções administrativas" ou "privadas" permitidas por algumas leis especiais, como a do Sistema Financeiro da Habitação e a da alienação fiduciária em garantia.

O *adimplemento* pelo próprio devedor é ato diverso da execução, porque traduz conduta espontânea. A *autodefesa*, hoje quase que totalmente eliminada da esfera patrimonial do direito, só subsiste, em caráter excepcional, em casos expressos como a do desforço imediato para repelir os atentados à posse (Código Civil, art. 1.210, § 1º). É procedimento diverso da execução forçada porque representa emprego de força privada na tutela do direito subjetivo em vias de ser lesado. E, finalmente, as "execuções administrativas" ou "privadas", também excepcionais, não representam execução forçada porque estranhas à atividade jurisdicional e não isentas de posterior revisão em demandas judiciais.

143. Meios de execução

O Estado se serve de duas formas de sanção para manter o império da ordem jurídica: os meios de *coação* e os meios de *sub-rogação*. Entre os meios de coação, citam-se a multa e a prisão, que se apresentam como instrumentos intimidativos, de força indireta, no esforço de obter o respeito às normas jurídicas. Não são medidas próprias do processo de execução, a não ser em feitio acessório ou secundário.

---

[16] No atual Código, a impugnação à execução ou ao cumprimento de sentença não dependem de segurança do juízo, de maneira que "a intimação da penhora e o termo de depósito não mais demarcam o início do prazo para a oposição da defesa do devedor, sendo expressamente disposto, em seu art. 525, *caput*, que o prazo de 15 (quinze) dias para a apresentação da impugnação se inicia após o prazo do pagamento voluntário" (STJ, 3ª T., REsp 1.761.068/RS, Rel. Min. Nancy Andrighi, ac. 15.12.2020, *DJe* 18.12.2020).

Já nos meios de *sub-rogação* o Estado atua como substituto do devedor inadimplente, procurando, sem sua colaboração e até contra sua vontade, dar satisfação ao credor, proporcionando-lhe o mesmo benefício que para ele representaria o cumprimento da obrigação ou um benefício equivalente.[17]

Do ponto de vista estritamente técnico, entende-se por *execução forçada* a atuação da sanção por via dos *meios de sub-rogação*. Destarte, há, realmente, execução forçada quando se dá a "intromissão coercitiva na esfera jurídica do devedor com o fim de obter um resultado real ou jurídico a cuja produção esteja ele obrigado ou pelo qual responda".[18] Quer isto dizer que sem agressão direta sobre o patrimônio do devedor, para satisfazer o direito do credor, não se pode falar tecnicamente em execução forçada.[19]

143-A. Ampliação do uso dos meios coercitivos pelo CPC/2015 (medidas atípicas)

Na execução de sentença relativa às obrigações de fazer e não fazer sempre se autorizou o recurso a meios coercitivos para induzir o devedor a cumprir a prestação devida, a exemplo das *astreintes* (CPC/1973, art. 645; CPC/2015, art. 814), e das diversas providências elencadas exemplificativamente no art. 536, § 1º, do CPC/2015 (busca e apreensão, remoção de pessoas e coisas, desfazimento de obras e impedimento de atividade nociva, inclusive com auxílio de força policial). Havia, no entanto, séria resistência à utilização desses meios coercitivos (apelidados de *medidas de apoio*, segundo uns, ou de *medidas de execução indireta*, segundo outros) nas execuções de obrigações por quantia certa, por falta de autorização expressa em lei.

O CPC/2015 enfrentou o problema e no art. 139, IV, ultrapassou a antiga tese da *tipicidade* dos meios executivos praticáveis na execução das obrigações de quantia certa, que a excluía do alcance dos meios coercitivos atípicos. Agora, o dispositivo do Código de 2015 referido inclui, textualmente, entre os poderes do juiz determinar "todas as medidas indutivas, coercitivas, mandamentais ou sub-rogatórias necessárias para assegurar o cumprimento de ordem judicial, *inclusive nas ações que tenham por objeto prestação pecuniária*" (g.n.).

Instituiu-se, dessa maneira, um *poder geral de efetivação*, "permitindo a aplicação de medidas atípicas para garantir o cumprimento de qualquer ordem judicial, inclusive no âmbito de cumprimento de sentença e no processo de execução baseado em títulos extrajudiciais".[20] Na doutrina moderna, já se formou uma forte corrente a consagrar a tese em questão, para reconhecer, à luz do art. 139, IV, do CPC atual, que "é possível ao juiz determinar medidas coercitivas atípicas para pressionar psicologicamente o devedor de obrigação de pagar quantia certa a cumprir sua obrigação mediante ameaça de piora de sua situação".[21] Com isso, reconhece-se que as *astreintes* e as medidas de coerção, antes apropriadas apenas às obrigações de fazer e não fazer, passaram a caber em qualquer modalidade de execução, inclusive no caso das dívidas de quantia certa.[22]

---

17 REIS, José Alberto dos. *Processo de execução*. Coimbra: Coimbra Ed., 1943, v. I, n. 12, p. 24.
18 GOLDSCHMIDT, James. *Derecho procesal civil*. Barcelona: Editorial Labor, 1936, § 87, p. 575.
19 ROSENBERG, Leo. *Tratado de derecho procesal civil*. Buenos Aires: EJEA, 1955, v. III, p. 4.
20 Enunciado 48 da Escola Nacional de Formação dos Magistrados – ENFAM.
21 NEVES, Daniel Amorim Assumpção. Medidas executivas coercitivas atípicas na execução de obrigação de pagar quantia certa – art. 139, IV, do novo CPC. *Revista de Processo*, v. 265, p. 112, São Paulo, mar. 2017. Nessa linha de pensamento: MARINONI, Luiz Guilherme; ARENHART, Sergio Cruz; MITIDIERO, Daniel. *O novo processo civil*. São Paulo: RT, 2015, p. 373; WAMBIER, Teresa Arruda Alvim; CONCEIÇÃO, Maria Lúcia Lins; RIBEIRO, Leonardo Ferres da Silva; MELLO, Rogério Licastro Torres de. *Primeiros comentários ao novo Código de Processo Civil*. 2. ed. São Paulo: RT, 2016, p. 896; GAJARDONI, Fernando da Fonseca. *Teoria geral do processo*. São Paulo: Método, 2016, p. 458.
22 "(...) Os parâmetros construídos pela Terceira Turma para a aplicação das medidas executivas atípicas encontram largo amparo na doutrina e se revelam adequados também ao cumprimento de sentença

Essa possibilidade de emprego de medidas coercitivas atípicas na execução por quantia certa não deve, porém, transformar-se na liberdade para inseri-las em toda e qualquer execução da espécie. Há um procedimento típico que, em princípio, há de ser observado, e no qual as medidas coercitivas previstas são outras (protesto, registro em cadastro de inadimplentes, multa por atentado à dignidade da justiça, hipoteca judicial etc.). A aplicação do art. 139, IV, portanto, deve ocorrer em caráter extraordinário, quando as medidas ordinárias se mostrarem ineficazes. Primeiro, haverá de observar-se o procedimento típico, amparado basicamente na penhora e na expropriação de bens do devedor.

Além disso, a medida coercitiva tem de amparar-se na possibilidade real de que o devedor tenha condições patrimoniais para saldar o débito,[23] e tem de ser aplicada pelo juiz com moderação e adequação para evitar situações vexatórias incompatíveis com a dignidade da pessoa humana.[24]

Em caráter pedagógico, merece ser lembrado o precedente da Terceira Turma do STJ, *in verbis*: "A adoção de meios executivos atípicos é cabível desde que, verificando-se a existência de indícios de que o devedor possua patrimônio expropriável, tais medidas sejam adotadas de modo subsidiário, por meio de decisão que contenha fundamentação adequada às especificidades da hipótese concreta, com observância do contraditório substancial e do postulado da proporcionalidade".[25]

Interessante adoção de medida atípica foi feita pelo STJ, ao estender aos créditos privados uma medida protetiva criada pelo legislador apenas para o crédito tributário: invocando o art. 139, IV, do CPC, assim como a necessidade de assegurar a efetividade da jurisdição (arts. 4º e 6º do CPC), as Turmas que compõem a 2ª Seção daquela Corte Superior têm decidido pela possibilidade de utilização da Central Nacional de Indisponibilidade de Bens (CNIB),[26] de maneira subsidiária, nas demandas cíveis em geral, isto é, desde que exauridos os meios executivos típicos.[27] Trata-se do mecanismo previsto no art. 185-A do CTN e no art. 30, III,

---

proferida em Ação por Improbidade" (STJ, 2ª T., REsp 1.929.230/MT, Rel. Min. Herman Benjamin, ac. 04.05.2021, *DJe* 01.07.2021) (sobre a matéria, v., no vol. I deste Curso, o item 296).

[23] Não tem sentido, por exemplo, impor *astreinte* ao executado visivelmente insolvente, com todo o patrimônio penhorado e sem perspectiva de fonte alguma para a solução da dívida antes da expropriação dos bens constritos.

[24] "As medidas coercitivas atípicas sugeridas se voltam para o devedor que não paga porque não quer, e que sabe que a blindagem de seu patrimônio torna inútil qualquer tentativa de constrição judicial" (NEVES, Daniel Amorim Assumpção. Medidas executivas Medidas executivas coercitivas atípicas na execução de obrigação de pagar quantia certa – art. 139, IV, do novo CPC. *Revista de Processo*, v. 265, p. 139, São Paulo, mar. 2017).

[25] STJ, 3ª T., REsp 1.788.950/MT, Rel. Min. Nancy Andrighi, ac. 23.04.2019, *DJe* 26.04.2019.

[26] O art. 185-A do CTN estabelece que, "na hipótese de o devedor tributário, devidamente citado, não pagar nem apresentar bens à penhora no prazo legal e não forem encontrados bens penhoráveis, o juiz determinará a indisponibilidade de seus bens e direitos, comunicando a decisão, preferencialmente por meio eletrônico, aos órgãos e entidades que promovem registros de transferência de bens, especialmente ao registro público de imóveis e às autoridades supervisoras do mercado bancário e do mercado de capitais, a fim de que, no âmbito de suas atribuições, façam cumprir a ordem judicial". A CNIB foi instituída para especificamente viabilizar o cumprimento dessa medida tutelar, mas assumiu, na prática, uma dimensão que vai além da proteção dos créditos tributários.

[27] "... 2. Consoante o provimento nº 39/2014 do CNJ, o sistema foi instituído tendo em vista a 'necessidade de racionalizar o intercâmbio de informações entre o Poder Judiciário e os órgãos prestadores de serviços notariais e de registro, visando celeridade e efetividade na prestação jurisdicional e eficiência do serviço público delegado'. 3. A utilização do CNIB de forma subsidiária, após o esgotamento das medidas ordinárias e sempre sob o crivo do contraditório, encontra apoio no art. 139, incisos II e IV do CPC, e não viola os princípios da razoabilidade, proporcionalidade ou da menor onerosidade ao devedor" (STJ, 4ª T., REsp 1.969.105/MG, Rel. Min. Maria Isabel Gallotti, ac. 12.09.2023, *DJe* 19.09.2023).

da Lei nº 8.935/1994, para defesa dos créditos públicos, quando não se encontram bens do devedor a penhorar, e que a jurisprudência do STJ, apoiada em provimento do CNJ, passou a admitir também em prol dos créditos civis em geral.[28]

143-B. A execução das garantias reais e a autossatisfação do credor

Durante muitos séculos, perdurou, no direito de tradição romanística, a proibição do *pacto comissório*, considerando nula a cláusula contratual que autorizasse o credor, no caso de inadimplemento do devedor, a ficar com o bem dado em garantia real, em pagamento do crédito (CC/1916, art. 765; CC/2002, art. 1.428).

A vedação, porém, não era absoluta, porque não impedia a dação em pagamento do bem onerado após o vencimento da obrigação (CC/2002, art. 1.428, parágrafo único) nem recusava validade, no caso do penhor, à cláusula que autorizava o credor a vender, extrajudicialmente, o bem empenhado, após o inadimplemento do devedor (CCom/1850, art. 275; CC/1916, art. 774, III).

Na verdade, o que se proibia era a prática abusiva da usura e do enriquecimento ilícito, configurável através da sumária apropriação da garantia, sem atentar para a necessária equivalência entre a dívida e o valor atual da coisa constitutiva da garantia real. No entanto, o próprio direito romano, que estabeleceu historicamente a nulidade do pacto comissório, acabou acatando o pacto marciano, através do qual se autorizava a apropriação da garantia real pelo credor, desde que feita pelo preço atualizado do bem e com reposição ao devedor do eventual excesso em face da quantia devida pelo inadimplente.

Nessa linha de pacto marciano, nosso direito positivo paulatinamente veio, na segunda metade do século XX, adotando a autossatisfação executiva (pelas vias extrajudiciais), sob influência do que se passava no direito comparado, a exemplo da execução hipotecária dos financiamentos do Sistema Financeiro da Habitação (SFH) (Decreto-lei nº 70/1966, art. 32; atual art. 9º da Lei nº 14.711/2023), da apreensão e venda das coisas móveis objeto de alienação fiduciária em garantia (Decreto-lei nº 911/1969, art. 2º) e da excussão dos imóveis onerados por meio de alienação fiduciária em garantia (Lei nº 9.514/1997, art. 27, *caput* e § 2º-B). Finalmente, adveio a Lei do Marco Legal das Garantias Reais (Lei nº 14.711/2023) que, entre várias inovações, estabeleceu, com amplitude, a execução hipotecária extrajudicial (sobre a matéria, v., adiante, o item 252-B).

Pode-se afirmar, hoje, a presença marcante, no direito positivo nacional e estrangeiro, da autossatisfação executiva das garantias reais, principalmente (mas não exclusivamente) no mercado financeiro, mobiliário e imobiliário. O Código Civil de 2002, por exemplo, cuida da propriedade fiduciária de coisa móvel em garantia de qualquer obrigação financeira (art. 1.361), e a Lei nº 14.711/2023 permite a convenção de execução hipotecária extrajudicial de qualquer obrigação por quantia certa, com exclusão apenas das operações de financiamento da atividade agropecuária (art. 9º, *caput* e § 13).

144. Autonomia do processo de execução

Cognição e execução, em seu conjunto, formam a estrutura global do processo civil, como instrumento de pacificação dos litígios. Ambas se manifestam como formas da jurisdição contenciosa, mas não se confundem necessariamente numa *unidade*, já que os campos de atuação

---

[28] Súmula 560 do STJ: "A decretação da indisponibilidade de bens e direitos, na forma do art. 185-A do CTN, pressupõe o exaurimento das diligências na busca por bens penhoráveis, o qual fica caracterizado quando infrutíferos o pedido de constrição sobre ativos financeiros e a expedição de ofícios aos registros públicos do domicílio do executado, ao Denatran ou Detran".

de uma e outra se diversificam profundamente: o processo de pura cognição busca a *solução*, enquanto o de pura execução vai em rumo à *realização* das pretensões. Daí a antiga afirmação da doutrina tradicional de que a execução forçada não convinha ser tratada como parte integrante do processo em sentido estrito, nem sequer como uma consequência necessária dele.[29]

Importava sempre a execução forçada, segundo a orientação primitiva do Código de Processo Civil de 1973, na exigência de uma relação processual própria e autônoma, ainda quando seu fito fosse o cumprimento coativo de uma sentença condenatória.

Embora modernamente se tenha concebido um sistema processual unitário para a cognição e a execução, em termos de acertamento que culmine por sentença condenatória, continua válida a visão doutrinária em torno da autonomia do processo de execução. O que se dispensou foi o processo de execução, por via de ação própria, para a hipótese de cumprimento forçado da sentença. Esse processo, contudo, continua sendo autônomo plenamente no caso dos títulos executivos extrajudiciais. Com efeito, pode-se ter como evidenciada a autonomia do processo de execução pelos seguintes dados:

(a) o processo de conhecimento em muitos casos se exaure, dando satisfação completa à pretensão do litigante sem necessidade de utilizar o mecanismo do processo de execução (basta lembrar os casos resolvidos por meio de sentenças declaratórias e sentenças constitutivas);

(b) o processo de execução não pressupõe, necessariamente, uma prévia definição por meio do processo de conhecimento (os títulos executivos extrajudiciais permitem o acesso à atividade jurisdicional executiva, sem qualquer acertamento judicial sobre o direito do exequente).

Pode-se, portanto, compor o litígio sem necessidade de utilizar o processo de execução; e pode-se, também, compor o litígio apenas com o processo de execução, sem necessidade de passar pelo prévio acertamento do processo de conhecimento.

Uma coisa, porém, é preciso ficar esclarecida: as atividades de acertamento (definição) e execução (realização) no direito processual moderno não são mais confinadas a processos totalmente estanques. O juiz ao acertar o direito controvertido e ao comprovar a ofensa ocorrida não só deverá declarar a existência do direito subjetivo do litigante como haverá de tomar as providências concretas para defendê-lo e restaurá-lo diante do reconhecimento de sua violação. E, para tanto, não dependerá de instauração, pela parte, de um novo e autônomo processo de execução. Ao proferir a sentença condenatória, ordenará, implicitamente, na própria decisão, a providência executiva necessária à concretização do pronunciamento condenatório.

Há, na quadra atual do direito processual, uma distinção entre atos executivos (execução forçada) e processo de execução (relação processual específica para promoção de atos executivos). Há *atos executivos* (atos de realização material das prestações com que se satisfazem direitos subjetivos violados) e há o *processo de execução* (relação processual específica para realizar a execução forçada dos atos necessários ao cumprimento das prestações correspondentes ao direito subjetivo já acertado em título executivo).

Quem obteve sentença que reconheceu seu direito a receber uma coisa ou uma quantia determinada não precisa recorrer ao processo de execução. A atividade de realização de seu direito se dará na própria relação jurídico-processual em que se proferiu a sentença condenatória, como um complemento da condenação, ou como um efeito imediato dela.

---

[29] ROSENBERG, Leo. *Tratado de derecho procesal civil*. Buenos Aires: EJEA, 1955, v. III, p. 5-6.

Quem, por outro lado, dispõe de um título executivo extrajudicial (uma nota promissória, um cheque, uma hipoteca etc.) tem acesso direto ao processo de execução. Conseguirá promover os atos de realização material de seu crédito sem passar pelo acertamento judicial de seu direito. Em outros termos, não dependerá de sentença para promover a expropriação dos bens do devedor, necessários à satisfação do seu crédito.

145. Cumprimento da sentença e processo de execução

A realização material do direito do credor não é mais objeto exclusivo do processo de execução. O processo de conhecimento quando atinge o nível da condenação não se encerra com a sentença. Prossegue, na mesma relação processual, até alcançar a realização material da prestação a que tem direito o credor e a que está obrigado o devedor. O *cumprimento da sentença* é ato do ofício do juiz que a profere (*executio per oficium iudicis*).

Processo de execução, como relação processual instaurada apenas para realização ou satisfação de direito subjetivo já acertado, é remédio processual que apenas se aplica à execução de títulos executivos extrajudiciais.

Atualmente, no direito processual brasileiro, cumprimento de sentença e processo de execução são realidades distintas e inconfundíveis. Embora o juiz utilize atos e procedimentos do processo de execução para fazer cumprir a sentença condenatória, isto se passa sem a instauração de uma nova relação processual, ou seja, sem a relação própria do processo de execução. Em lugar de receber uma citação para responder por um novo processo, o devedor recebe um mandado para realizar a prestação constante da condenação, sujeitando-se imediatamente à inovação em sua esfera patrimonial, caso não efetive o cumprimento do mandamento sentencial.

Sendo o caso de título extrajudicial, é claro que os atos executivos sobre o patrimônio do devedor somente serão possíveis mediante a instauração de uma relação processual típica, correspondente a uma *ação executiva* em sentido estrito. É que não existirá uma prévia ação de acertamento, em cuja relação processual se poderia prosseguir rumo aos atos de execução.

Em síntese: *(i)* para a sentença condenatória (e títulos judiciais equiparados), o remédio executivo é o procedimento do "cumprimento da sentença"; *(ii)* para o título executivo extrajudicial, cabe o processo de execução, provocável pela ação executiva, que é independente de qualquer acertamento prévio em processo de conhecimento.

A história da gradativa substituição da *actio iudicati* autônoma pelo cumprimento da sentença como simples incidente processual (*executio per officium iudicis*) foi desenvolvida nos itens 6 e 8, *retro*. O Código atual mantém, em toda a linha, o denominado processo sincrético no qual uma só relação processual se presta para a atividade cognitiva e a executiva.

146. Notas sobre a modernização da execução do título extrajudicial

A Lei nº 11.382, de 06.12.2006, inspirada nas modernas garantias de efetividade e economia processual, procedeu, ainda na vigência do CPC/1973 à reforma da execução do título extrajudicial, a única que, realmente, justifica a existência de um processo de execução completamente autônomo frente à atividade cognitiva da jurisdição.

Abriram-se oportunidades de atuação das partes com maior autonomia e mais significativa influência sobre os atos executivos e a solução final do processo. Com isso, reconheceu o legislador, acompanhando o entendimento da melhor doutrina, que as partes não são apenas figurantes passivos da relação processual, mas agentes ativos com poderes e deveres para uma verdadeira e constante cooperação na busca e definição do provimento que, afinal, pela voz do juiz, virá pôr fim ao conflito jurídico. Aliás, ninguém mais do que as partes têm, na maioria das vezes, condições de eleger, ou pelo menos tentar eleger, o melhor caminho para pacificar e harmonizar as posições antagônicas geradoras do litígio, endereçando-as para medidas consentâneas com a efetividade esperada da prestação jurisdicional. Merecem destaque, por exemplo, as inovações introduzidas na nomeação de bens à penhora, cuja iniciativa passou basicamente para o exequente, que também assumiu o comando da expropriação dos bens penhorados, podendo, desde logo, adjudicá-los ou submetê-los à venda particular, evitando os inconvenientes da alienação em hasta pública. Do lado do devedor, ampliaram-se as possibilidades de substituição da penhora, desde que não prejudicado o interesse do credor na pronta exequibilidade da garantia judicial. A defesa do executado, por sua vez, ficou grandemente facilitada, porque não mais dependeria da existência de prévia penhora. Em compensação, o credor passou a ter meios de prosseguir na execução com maior agilidade, porque só por exceção os embargos teriam efeito suspensivo. A execução provisória deixou de depender de carta de sentença nos moldes tradicionais. À própria parte assumiu o encargo de obter e autenticar as cópias de peças necessárias para promovê-la. A prevenção contra fraude do devedor foi bastante ampliada e facilitada pelo remédio singelo da averbação em registro público da distribuição do feito, antes mesmo da citação, graças à pura iniciativa do exequente. Tudo isso e muitas outras medidas práticas e eficientes introduzidas pela reforma da Lei nº 11.382, de 06.12.2006, e mantidas pelo CPC/2015 conferiram ao processo de execução o moderno feitio de instrumento útil à plena cooperação entre partes e juiz, mitigando o excesso de publicismo que vinha minimizando a participação dos litigantes no destino do processo. Em boa hora, o aspecto cooperativo saiu da retórica e entrou no plano prático da execução judicial.

147. Opção do credor entre ação ordinária de cobrança e ação de execução

Por contar o credor com título executivo extrajudicial, capaz de proporcionar-lhe o acesso direto à execução forçada, poder-se-ia pensar que não lhe seria permitido reclamar a satisfação de seu crédito por meio de ação cognitiva condenatória. Isto porque lhe faltaria interesse para justificar a pretensão à obtenção de um título executivo judicial.

As coisas, no entanto, não se passam de maneira tão singela. Primeiro, porque a existência de um título extrajudicial não torna indiscutível o negócio subjacente, de modo que o devedor conserva o direito de questioná-lo em juízo amplamente. Segundo, porque, estando a execução sujeita a requisitos específicos, pode o credor ver seu processo inviabilizado na via executiva, mesmo sendo titular do crédito ajuizado. Bastará ao devedor demonstrar, por exemplo, a iliquidez da obrigação ou a falta de algum requisito formal do título. Assim, cabe ao credor avaliar qual o caminho processual que se apresenta mais seguro para o exercício de sua pretensão. Uma das características do processo moderno é justamente a das chamadas "tutelas diferenciadas", cuja existência faculta à parte escolher aquela que melhor se adapte às características do litígio a compor em juízo.

Se o credor antevê, desde logo, que o devedor vai embargar a execução, para impugnar a dívida exequenda, melhor é antecipar, o próprio credor, o acertamento de sua relação obrigacional antes de ingressar nas vias processuais executivas. Do contrário, a pressa de demandar por meio da ação executiva, em vez de abreviar a solução jurisdicional, poderá protelá-la e encarecê-la.

Logo, é perfeitamente possível que o real interesse do credor esteja mais bem tutelado na ação de conhecimento do que na de execução. Nessa linha de pensamento, o STJ já decidiu que o fato de a lei autorizar o uso da via executiva para cobrança do título de crédito não implica vedação do recurso a "outras medidas legais postas à disposição do credor, como a ação de cobrança".[30]

---

[30] STJ, 3ª T., REsp 1.087.170/GO, Rel. Min. Nancy Andrighi, ac. 11.10.2011, *RT* 915/597-598; jan. 2012.

O CPC/2015, na esteira da jurisprudência do STJ, dispôs, expressamente, em seu art. 785, que "a existência de título executivo extrajudicial não impede a parte de optar pelo processo de conhecimento, a fim de obter título executivo judicial". Em verdade, a utilização pelo credor do processo de conhecimento, mesmo dispondo de título executivo extrajudicial, "gera situação menos gravosa para o devedor, com maior amplitude de defesa".[31]

---

[31] STJ, 2ª T., AgRg no AREsp 260.516/MG, Rel. Min. Assusete Magalhães, ac. 25.03.2014, *DJe* 03.04.2014.

§ 17. PRINCÍPIOS INFORMATIVOS DA TUTELA JURISDICIONAL EXECUTIVA

148. Princípios informativos do processo de execução

O ordenamento jurídico compõe-se de uma verdadeira coleção de regras dos mais variados matizes. Mas, quando se encara um subconjunto dessas normas, destinado a regular um grupo orgânico de fatos conexos, descobrem-se certos pressupostos que inspiraram o legislador a seguir um rumo geral. Encontram-se, dessa maneira, certas ideias, ainda que não explícitas nos textos, mas inquestionavelmente presentes no conjunto harmônico das disposições. Esse norte visado pelo legislador representa os *princípios informativos*, cuja inteligência é de inquestionável importância para a compreensão do sistema e, principalmente, para interpretação do sentido particular de cada norma, que haverá de ser buscado sempre de forma a harmonizá-lo com os vetores correspondentes à inspiração maior e final do instituto jurídico-normativo.

Ao estudarmos o Processo de Conhecimento já abordamos os princípios que são específicos daquele tipo de atividade jurisdicional e os que se aplicam, também, à generalidade da função judicante. Agora, passaremos a examinar princípios gerais específicos da prestação jurisdicional executiva.

A doutrina costuma apontar, para a execução forçada, os seguintes princípios informativos:

(a) toda execução é real;
(b) toda execução tende apenas à satisfação do direito do credor;
(c) toda execução deve ser útil ao credor;
(d) toda execução deve ser econômica;
(e) a execução deve ser específica;
(f) a execução deve ocorrer a expensas do devedor;
(g) a execução deve respeitar a dignidade humana do devedor;
(h) o credor tem a livre disponibilidade da execução.

149. Princípio da realidade: toda execução é real

Quando se afirma que toda execução é *real*, quer-se dizer que, no direito processual civil moderno, a atividade jurisdicional executiva incide, direta e exclusivamente, sobre o patrimônio, e não sobre a pessoa do devedor.[32]

Nesse sentido, dispõe o art. 789 do Código de Processo Civil atual que "o devedor responde com todos os seus bens presentes e futuros para o cumprimento de suas obrigações". Salvo o caso excepcional do devedor de alimentos (Constituição Federal, art. 5º, LXVII), não tolera o direito moderno a prisão civil por dívidas.

Em linha de princípio, portanto, frustra-se a execução e suspende-se o processo quando o devedor não disponha de bens patrimoniais exequíveis (art. 921, III).

---

[32] LOPES DA COSTA, Alfredo Araújo. *Direito processual civil brasileiro*. 2. ed. Rio de Janeiro: Forense, 1959, IV, n. 48, p. 53; GOLDSCHMIDT, James. *Derecho procesal civil*. Barcelona: Editorial Labor, 1936, § 87, p. 575.

150. Princípio da satisfatividade: a execução tende apenas à satisfação do direito do credor

A ideia de que toda execução tem por finalidade apenas a satisfação do direito do credor[33] corresponde à limitação que se impõe à atividade jurisdicional executiva, cuja incidência sobre o patrimônio do devedor há de se fazer, em princípio, *parcialmente*, *i.e.*, não atingindo todos os seus bens, mas apenas a porção indispensável para a realização do direito do credor. Apenas na execução concursal do devedor insolvente é que há uma expropriação universal do patrimônio do devedor. Nas execuções singulares a agressão patrimonial fica restrita à parcela necessária para a satisfação do crédito ajuizado.

Dispõe, assim, o art. 831 do CPC/2015 que serão penhorados "tantos bens quantos bastem para o pagamento do principal atualizado, dos juros, das custas e dos honorários advocatícios". E, quando a penhora atingir vários bens, "será suspensa a arrematação, logo que o produto da alienação dos bens (*alguns deles*, naturalmente) for suficiente para o pagamento do credor e para satisfação das despesas da execução" (art. 899).

151. Princípio da utilidade da execução

Expressa-se esse princípio por meio da afirmação de que "a execução deve ser útil ao credor",[34] e, por isso, não se permite sua transformação em instrumento de simples castigo ou sacrifício do devedor.

Em consequência, é intolerável o uso do processo executivo apenas para causar prejuízo ao devedor, sem qualquer vantagem para o credor. Por isso, "não se levará a efeito a penhora, quando ficar evidente que o produto da execução dos bens encontrados será totalmente absorvido pelo pagamento das custas da execução" (art. 836). Por força do mesmo princípio, o art. 891 do CPC/2015 proíbe a arrematação de bens penhorados, por meio de lance que importe *preço vil*, considerando-se como tal o que for inferior ao mínimo estipulado pelo juiz e constante do edital; e não tendo sido fixado preço mínimo, o que for inferior a cinquenta por cento do valor da avaliação (art. 891, parágrafo único).

152. Princípio da economia da execução

Toda execução deve ser econômica, *i.e.*, deve realizar-se da forma que, satisfazendo o direito do credor, seja o menos prejudicial possível ao devedor.[35] Assim, "quando por vários meios o exequente puder promover a execução, o juiz mandará que se faça pelo modo menos gravoso para o executado" (CPC/2015, art. 805).

153. Princípio da especificidade da execução

A execução deve ser específica[36] no sentido de propiciar ao credor, na medida do possível, precisamente aquilo que obteria, se a obrigação fosse cumprida pessoalmente pelo devedor. Permite-se, porém, a substituição da prestação pelo equivalente em dinheiro (perdas e danos)

---

[33] LOPES DA COSTA, Alfredo Araújo. *Direito processual civil brasileiro*. 2. ed. Rio de Janeiro: Forense, 1959, IV, n. 49, p. 53; GOLDSCHMIDT, James. *Derecho procesal civil*. Barcelona: Editorial Labor, 1936, § 87, p. 576.

[34] LOPES DA COSTA, Alfredo Araújo. *Direito processual civil brasileiro*. 2. ed. Rio de Janeiro: Forense, 1959, IV, n. 50, p. 54.

[35] LIMA, Cláudio Viana de. *Processo de execução*. Rio de Janeiro: Forense, 1973, n. 5, p. 25.

[36] LOPES DA COSTA, Alfredo Araújo. *Direito processual civil brasileiro*. 2. ed. Rio de Janeiro: Forense, 1959, IV, n. 52, p. 54.

nos casos de impossibilidade de obter-se a entrega da coisa devida (CPC/2015, art. 809), ou de recusa da prestação de fato (art. 816).

Em regra, o que prevalece é a inviabilidade, seja de o credor exigir, seja de o devedor impor prestação diversa daquela constante do título executivo, sempre que esta for realizável *in natura*. Por isso mesmo, nas sentenças que condenam ao cumprimento de obrigações de entrega de coisa e de fazer ou não fazer, a lei determina ao juiz que seja concedida, sempre que possível, a tutela específica. Na hipótese de obrigações de fazer ou não fazer, a sentença, portanto, há de determinar providências concretas para assegurar o resultado prático equivalente ao do adimplemento (art. 497, *caput*); e, no caso de obrigações de dar, a recomendação será de expedição, em favor do credor, de mandado de busca e apreensão ou de imissão na posse, conforme se trate de entrega de coisa móvel ou imóvel (art. 806, § 2º). A conversão em perdas e danos somente se dará quando requerida pelo próprio credor, ou quando se tornar impossível a tutela específica (arts. 499).

154. Princípio dos ônus da execução

O fundamento básico da execução forçada, ao lado da existência do título executivo, é o *inadimplemento* do devedor, ou seja, o descumprimento de obrigação líquida e certa em seu termo.

Volta-se, destarte, a execução forçada sempre contra um devedor em *mora*; e a obrigação do devedor moroso é a de suportar todas as consequências do retardamento da prestação, de sorte que só se libertará do vínculo obrigacional se reparar, além da dívida principal, todos os prejuízos que a mora houver acarretado para o credor, compreendidos nestes os juros, a atualização monetária e os honorários de advogado (CC de 2002, arts. 395 e 401).

Por isso, assume o feitio de princípio informativo do processo executivo a regra de que "a execução corre a expensas do executado".[37] E, por consequência, todas as despesas da execução forçada são encargos do devedor, inclusive os honorários gastos pelo exequente com seu advogado (CPC/2015, arts. 826 e 831).

Assim, mesmo nas execuções de títulos extrajudiciais não embargadas, em que inexiste sentença condenatória, o juiz imporá ao devedor a obrigação de pagar os honorários do advogado do credor.[38] Da mesma forma, nos cumprimentos de sentença, o devedor se sujeitará à nova verba de sucumbência, pouco importando haja ou não impugnação. A propósito, o CPC/2015 adotou orientação que já vinha sendo seguida pelo STJ, determinando, no seu art. 85, § 1º, ser devidos honorários advocatícios no cumprimento de sentença, provisório ou definitivo.

Nas execuções de títulos extrajudiciais, impõe-se sempre a condenação em honorários de sucumbência independentemente da oposição de embargos. Ocorrendo tal oposição, torna-se cabível outra condenação, já então em razão do insucesso da ação incidental.[39] Prevê o art. 827, *caput*, do CPC/2015, que o juiz arbitrará honorários de dez por cento no despacho da petição

---

[37] LOPES DA COSTA, Alfredo Araújo *Direito processual civil brasileiro*. 2. ed. Rio de Janeiro: Forense, 1959, IV, n. 109, p. 101.

[38] Simpósio Nacional de Direito Processual Civil, realizado em Curitiba, em 1975, conf. Relato de Edson Prata, *Revista Forense*, n. 257, jan.-mar. 1977, p. 26.

[39] "Pelas normas processuais, não se tem dúvida de que, nas execuções de títulos judiciais ou extrajudiciais, sejam elas embargadas ou não, são devidos honorários (art. 20, § 4º, do CPC [1973])" (STJ, 2ª T., REsp 643.469/RS, Rel. Min. Eliana Calmon, ac. 24.08.2005, *DJU* 13.03.2006, p. 260). No mesmo sentido: STJ, 3ª T., REsp 978. 545/MG, Rel. Min. Nancy Andrighi, ac. 11.03.2008, *DJe* 01.04.2008. Todavia, reconhece-se como justo estabelecer-se, ordinariamente, "como limite máximo total, abrangendo a execução e os embargos, o quantitativo de 20%" (STJ, 4ª T., REsp 97.466/RJ, Rel. Min. Ruy Rosado de Aguiar, ac. 15.10.1996, *DJU* 02.12.1996, p. 47.684), como, aliás, dispõe o § 2º do art. 827 do CPC/2015.

inicial da execução, e que estes poderão ser elevados até vinte por cento no caso de rejeição dos embargos do executado (§ 2º).

155. Princípio do respeito à dignidade humana

É aceito pela melhor doutrina e prevalece na jurisprudência o entendimento de que "a execução não deve levar o executado a uma situação incompatível com a dignidade humana".[40]

Não pode a execução ser utilizada como instrumento para causar a ruína, a fome e o desabrigo do devedor e sua família, gerando situações incompatíveis com a dignidade da pessoa humana.[41] Nesse sentido, institui o Código a impenhorabilidade de certos bens como provisões de alimentos, salários, instrumentos de trabalho, pensões, seguro de vida etc. (CPC/2015, art. 833).

156. Princípio da disponibilidade da execução

Reconhece-se ao credor a livre disponibilidade do processo de execução, no sentido de que ele não se acha obrigado a executar seu título, nem se encontra jungido ao dever de prosseguir na execução forçada a que deu início, até as últimas consequências.

No processo de conhecimento, o autor pode desistir da ação e, assim o fazendo, extingue o processo (CPC/2015, art. 485, VIII). No entanto, uma vez decorrido o prazo de resposta, a desistência só é possível mediante consentimento do réu (art. 485, § 4º). É que, diante da incerteza caracterizadora da lide de pretensão contestada, o direito à definição jurisdicional do conflito pertence tanto ao autor como ao réu.

Outro é o sistema adotado pelo Código no que toca ao processo de execução. Aqui não mais se questiona sobre a apuração do direito aplicável à controvérsia das partes. O crédito do autor é certo e líquido e a atuação do órgão judicial procura apenas torná-lo efetivo. A atividade jurisdicional é toda exercida em prol do atendimento de um direito já reconhecido anteriormente ao credor no título executivo. Daí dispor o art. 775 que "o exequente tem o direito de desistir de toda a execução ou de apenas alguma medida executiva", sem qualquer dependência do assentimento da parte contrária.

Fica, assim, ao alvedrio do credor desistir do processo ou de alguma medida, como a penhora de determinado bem ou o praceamento de outros. Com a desistência, o credor assume, naturalmente, o ônus das custas. Se houver embargos do executado, além das custas terá de indenizar os honorários advocatícios do patrono do embargante (art. 90).

A desistência não se confunde com a renúncia. Aquela se refere apenas ao processo e não impede a renovação da execução forçada sobre o mesmo título. Esta diz respeito ao mérito da causa, fazendo extinguir "a pretensão formulada na ação" (art. 487, III, "c"). Desaparecido o crédito, não será, portanto, possível a reabertura pelo renunciante de nova execução com base no mesmo título executivo (art. 924, III).

Por outro lado, sendo os embargos uma ação de conhecimento em que o autor é o executado, se lhe convier poderá o devedor prosseguir no feito, mesmo que o credor desista da execução, em casos como aquele em que se pretenda a anulação do título executivo ou a declaração de extinção do débito nele documentado (ver, adiante, o nº 515).

Após a desistência da execução, se observará o seguinte (art. 775, parágrafo único):

---

[40] LOPES DA COSTA, Alfredo Araújo. *Direito processual civil brasileiro*. 2. ed. Rio de Janeiro: Forense, 1959, IV, n. 53, p. 55.
[41] LIMA, Cláudio Viana de. *Processo de execução*. Rio de Janeiro: Forense, 1973, n. 5, p. 26.

(a) serão extintos a impugnação e os embargos que versarem apenas sobre questões processuais, pagando o exequente as custas processuais e os honorários advocatícios (inciso I);

(b) nos demais casos, a extinção dependerá da concordância do impugnante ou do embargante (inciso II).

Vale dizer: o exequente pode desistir da execução sem consentimento do executado. Os embargos de mérito, todavia, não se extinguem, se com isso não aquiescer o embargante. Poderá, pois, à falta de consenso, prosseguir nos embargos, mesmo depois de extinta a execução por desistência.

157. Disponibilidade parcial da execução: redução do pedido executivo

O fato de o CPC/2015, art. 775, assegurar ao credor o "direito de desistir de toda a execução" sem prévia anuência do devedor não pode ser interpretado como empecilho à redução unilateral do pedido depois de citado o devedor. É certo que, no processo de conhecimento, o autor não pode alterar o pedido, uma vez ultimado o ato citatório e até o saneamento do processo, sem o assentimento do réu (art. 329) e que as disposições que regem o processo de conhecimento se aplicam subsidiariamente à execução (art. 771, parágrafo único). Naturalmente, isto se dá apenas quando se verifica lacuna na disciplina específica. Existindo, porém, norma própria no processo executivo, não se há de invocar regra diversa do processo cognitivo.[42] Como o problema da disponibilidade da execução encontra sede normativa especial no art. 775, é a partir desse dispositivo e não do art. 329 que se tem de analisar os limites do poder de desistência do exequente.

Ora, quem pode desistir, unilateralmente, de "toda a execução" é claro que pode, também, alterar o pedido, para excluir alguma verba a respeito da qual não mais deseja prosseguir na exigência executiva. Quem pode o mais pode o menos, segundo elementar princípio jurídico. *In casu*, excluir parte do pedido de execução nada mais é do que desistir de parte da execução.

No processo de conhecimento, o autor não pode desistir de parte do pedido, depois da citação, porque isto equivale a alterar o objeto da causa. Sendo o processo destinado ao acertamento de situação jurídica controvertida, o direito de obter dita composição por meio de coisa julgada cabe tanto ao autor como ao réu. Não pode, por isso, o autor, unilateralmente, alterar o pedido original, impedindo a composição da lide por inteiro, sem o consentimento do réu. Essa bilateralidade ação-exceção não existe na execução forçada, onde as partes não se acham alinhadas no mesmo nível e, ao contrário, a prestação jurisdicional realiza-se, fundamentalmente, "no interesse do exequente" (art. 797).

Desse estado de sujeição a que se reduz o devedor dentro do processo executivo decorrem as seguintes consequências:

---

[42] STJ, 4ª T., REsp 767/GO, Rel. Min. Sálvio de Figueiredo Teixeira, ac. 24.10.1989, *RSTJ* 6/419; STJ, 1ª T., AgRg no REsp 542.430/RS, Rel. Min. Denise Arruda, ac. 20.04.2006, *DJU* 11.05.2006; STJ, 4ª T., Resp 1.675.741/PR, Rel. Min. Luiz Felipe Salomão, ac. 11.06.2019, *DJe* 05.08.2019: "1. Em relação à **desistência**, que se opera no plano exclusivamente processual, podendo dar azo, inclusive, à repropositura da execução, o novo CPC previu que 'o **exequente** tem o direito de desistir de toda ou de apenas alguma medida executiva' (art. 775). 2. A **desistência** da execução pelo credor motivada pela ausência de bens do devedor passíveis de penhora, em razão dos ditames da causalidade, não rende ensejo à condenação do **exequente** em honorários advocatícios".

(a) enquanto não embargada a execução, "é o exequente senhor de seu crédito, e dele pode desistir, parcial ou totalmente",[43] sem depender de consentimento do devedor;[44]

(b) pode, igualmente, alterar o pedido, para variar de espécie de execução, sem o assentimento do executado, mesmo após a citação;[45]

(c) se vários são os coexecutados, cabe ao credor o poder de desistir, a qualquer tempo, em relação a um ou alguns deles, já que "tem a livre disponibilidade da execução";[46]

(d) a desistência da execução, no todo ou em parte, depois dos embargos, independe de anuência do executado, mas não impede que este faça prosseguir sua ação incidental, se versar sobre o mérito da dívida.

158. Honorários advocatícios na desistência da execução

A desistência da execução é livre e pode acontecer antes dos embargos, durante a pendência dos embargos e depois de rejeitados os embargos.

Quanto à responsabilidade pela verba advocatícia de sucumbência, não será devida pelo credor, se a desistência total ou parcial acontecer antes da citação, ou depois dela, mas antes dos embargos, em princípio.[47] Se o devedor citado já houver produzido seus embargos, a desistência da execução acarretará forçosamente o encargo para o credor de ressarcir os honorários sucumbenciais.[48] Mesmo antes do aforamento dos embargos, se, depois de citado, o devedor constituiu advogado que ingressou nos autos, *v.g.*, no caso de nomeação de bens à penhora, ou de pedido de extinção do processo, a desistência da execução a essa altura não isentará o credor de repor os honorários do representante do executado.[49]

Que ocorre se o credor desistir depois de julgados improcedentes os embargos? Simplesmente, não haverá sucumbência a reparar, pois o devedor já exerceu sua defesa, já

---

[43] TJSP, 7ª C. Civ., Ag. 7.383, Rel. Des. Benini Cabral, ac. 12.06.1996, *LEX-JTJ* 192/194: "Na execução, não ocorre a bilateralidade ação-exceção, porque não se fala mais em pretensão resistida, senão pretensão insatisfeita. Em decorrência, é o exequente senhor de seu crédito, e dele pode desistir, parcial ou totalmente, sem que surta sucumbência, pois não há vencido, mas faculdade legal, como se observa do art. 569, *caput*, do Código de Processo Civil [CPC/2015, art. 775, *caput*]". O exequente tem a faculdade de, a qualquer tempo, desistir da execução, atento ao princípio segundo o qual a execução existe em proveito do credor, para a satisfação de seu crédito (STJ, 4ª T., REsp 489.209/MG, Rel. Min. Barros Monteiro, ac. 12.12.2005, *DJU* 27.03.2006).

[44] STJ, 4ª T., REsp 75.057/MG, Rel. Min. Ruy Rosado de Aguiar, ac. 13.05.1996, *RSTJ* 87/299; Mas, se houver embargos de mérito, a desistência da execução sem a anuência do executado permite-lhe prosseguir na ação incidental para resolver o litígio em torno do crédito exequendo (STJ, 3ª Seção, AgRg na ExeMS 6.359/DF, Rel. Min. Laurita Vaz, ac. 08.09.2010, *DJe* 14.10.2010).

[45] STJ, 4ª T., REsp 7.370/PR, Rel. Min. Sálvio de Figueiredo, ac. 01.10.1991, *RSTJ* 29/386.

[46] STJ, 4ª T., REsp 767/GO, Rel. Min. Sálvio de Figueiredo Teixeira, ac. 24.10.1989, *RSTJ* 6/419; TJRS, 15ª Câm. Cív., 70020567061/RS, Rel. Des. Paulo Roberto Felix, ac. 16.02.2008, *DJRS* 21.02.2008.

[47] STJ, 3ª T., REsp 125.289/SP, Rel. Min. Waldemar Zveiter, ac. 24.03.1998, *DJU* 11.05.1998, p. 88. Tem o exequente a livre disponibilidade da execução, podendo dela desistir a qualquer momento. E, nos termos do art. 775, parágrafo único, I, ocorrendo antes da oposição dos embargos, prescindirá da anuência do devedor; após dependerá da concordância, caso os embargos não tratem somente de matéria processual, e o Credor arcará com as respectivas custas e honorários advocatícios (STJ, 3ª Seção, AgRg na ExeMS 6.359/DF, Rel. Min. Laurita Vaz, ac. 08.09.2010, *DJe* 14.10.2010; STJ, 2ª T., REsp 1.173.764/RS, Rel. Min. Eliana Calmon, ac. 20.04.2010, *DJe* 03.05.2010).

[48] STJ, 2ª T., AgRg no AgRg no REsp 1.217.649/SC, Rel. Min. Humberto Martins, ac. 04.10.2011, *DJe* 14.10.2011.

[49] STJ, 2ª T., AgRg no REsp 900.775/RS, Rel. Min. Eliana Calmon, 19.04.2007, *DJU* 30.04.2007, p. 307; STJ, 2ª T., AgRg no REsp 1.214.386/RS, Rel. Min. Humberto Martins, ac. 15.03.2011, *DJe* 23.03.2011.

sucumbiu e já foi condenado aos encargos da sucumbência. O exequente, portanto, segundo sua exclusiva conveniência, poderá exercer o poder de desistir do prosseguimento da execução, sem ter de pagar honorários ao executado. Continuará sendo credor, com a vantagem de ter seu título robustecido pela sentença que desacolheu os embargos, com autoridade de coisa julgada. A qualquer tempo poderá voltar a executá-lo, já, então, contando com a indiscutibilidade daquilo que tiver sido acertado pela sentença pronunciada nos embargos, que, nesta altura, estará acobertada pelo manto da *res iudicata*.

§ 18. FORMAS DE EXECUÇÃO E ATOS DE EXECUÇÃO

159. As várias formas de execução

A execução realiza-se segundo diversos procedimentos, variando de acordo com a natureza da prestação assegurada ao credor pelo título executivo. Assim é que o Código prevê:

(a) execução para *entrega de coisa*, com ritos especiais para a prestação de coisa certa (CPC/2015, art. 806) e de coisa incerta (art. 811);
(b) execução das obrigações de fazer (arts. 815 a 821) e não fazer (arts. 822 e 823);
(c) execução por quantia certa (arts. 824 e ss.), com destaques especiais para a execução contra a Fazenda Pública (art. 910) e execução de prestações alimentícias (arts. 911 a 913).

Seja, porém, qual for a modalidade de execução, haverá sempre a característica de visar o processo à efetivação da sanção a que se acha submetido o devedor. Em qualquer dos casos não se cuida de esclarecer situação litigiosa, mas apenas de realizar praticamente a prestação a que tem direito o credor e a que está comprovadamente obrigado o devedor, seja por condenação em prévio processo de cognição, seja pela existência de um documento firmado por ele, a que a lei confira a força executiva.

160. Execução singular e execução coletiva

Ordinariamente, a execução forçada trava-se entre o credor e o devedor apenas, de sorte que aquele que toma a iniciativa da abertura do processo vê reverter em seu benefício todo o fruto da atividade executiva desenvolvida pelo órgão judicial. Trata-se da execução *singular* em que o processo tende unicamente a atender o pagamento a que faz jus o credor promovente. Nela o credor adquire, com a penhora, uma preferência oponível a todos os demais credores quirografários sobre o produto da expropriação judicial operada sobre os bens penhorados.

Existe, porém, outra modalidade de execução forçada, que é a *coletiva* ou *concursal*. Essa execução é sempre precedida de uma sentença que declara a *insolvência* do devedor, ou seja, a impossibilidade de seu patrimônio satisfazer a integralidade das dívidas existentes. São, por isso, convocados para um juízo coletivo todos os credores do insolvente e são, também, arrecadados todos os seus bens penhoráveis, com submissão deles a uma administração judicial, até a efetiva liquidação de todo o patrimônio e pagamento, por rateio, entre todos os credores habilitados.

Enquanto o fito da execução singular é o total pagamento do credor exequente, com a execução coletiva procura-se colocar todos os credores num plano de paridade, a fim de que, excluídos os privilégios legais, todos possam participar proporcionalmente no produto da expropriação executiva.

Sobre o tema, far-se-ão comentários mais detalhados, adiante, na parte relativa à execução por quantia certa (nos itens 319 e ss.).

161. Atos de execução

Enquanto no processo de conhecimento a composição do litígio se faz pela apreciação ideal da norma jurídica e declaração do direito concreto das partes por meio da sentença, na execução a prestação jurisdicional consiste na atuação material dos órgãos da Justiça para a efetiva realização do direito do credor, cuja certeza, liquidez e exigibilidade são atestadas pelo título executivo.

Verifica-se, destarte, no processo de execução uma série de atos, da mais variada índole, desde atos meramente materiais até atos puramente de direito, praticados pelas partes, pelos órgãos judiciários e por terceiros, visando todos à finalidade de "realizar progressivamente a sanção".[50]

Encadeiam-se esses atos executivos numa sucessão que Liebman dividiu em três fases principais:

(a) *a proposição* do processo, em que os interessados fornecem ao órgão judicial os elementos necessários ao estabelecimento da relação processual executiva (petição inicial instruída com título executivo);

(b) a fase de *preparação* ou de *instrução*, que, na maioria dos casos, consiste na "apreensão e transformação" dos bens do executado para obtenção de meios de realização da prestação reclamada pelo credor (penhora e arrematação); e

(c) a fase *final*, ou da entrega do produto da execução ao credor[51] (satisfação do direito exequendo).

Quanto aos atos do juiz, dada a natureza especial do processo de execução, não visam ao julgamento ou decisão de uma controvérsia, e podem ser assim classificados, segundo a lição do mesmo processualista:

(a) *despachos de mero expediente*, os que dispõem sobre a marcha do processo e que são poucos, visto que, na execução forçada, o procedimento é célere e quase automático, conforme o sistema do Código;

(b) *atos executórios em sentido estrito*, que são os mais importantes e característicos da execução, representando a específica atuação da sanção, como a realização da hasta pública, o deferimento da adjudicação, o pagamento ao credor etc.

Estes últimos atos afetam a condição jurídica dos bens sujeitos à execução, com eficácia constitutiva, muito embora não devam ser considerados como *sentenças constitutivas*. Produzem apenas "alguma modificação na condição jurídica dos bens do executado, com a finalidade de preparar ou realizar a satisfação do credor".[52]

Sirva de exemplo o que ocorre na arrematação de um bem penhorado, onde o executado sofre a desapropriação de parte de seu patrimônio, com transferência coativa da propriedade a terceiro (arrematante), como meio de obter o numerário indispensável ao pagamento do credor.

Há, em suma, nos atos tipicamente executivos do processo de execução uma verdadeira agressão ao patrimônio do devedor, para dele extrair-se, sem a sua participação ou consentimento, o bem ou valor necessário à satisfação do crédito do exequente.[53]

Naqueles casos, contudo, em que o juiz é invocado a proferir juízos valorativos e a dirimir questões surgidas no curso da execução, como quando, *v.g.*, decide sobre a ampliação ou redução da penhora, sobre o pedido de remição ou adjudicação, sobre a disputa de preferência entre vários credores, a anulação ou retratação da arrematação, a imposição de multa ao arrematante e fiador remissos, e outras hipóteses análogas, em todas essas eventualidades, não se pode dizer que o juiz apenas profere despacho de expediente, tampouco que pratica atos executivos. Sua atividade, em tal circunstância, resulta em verdadeiras *decisões interlocutórias*, nos precisos termos do art. 203, § 2º, do CPC/2015.

---

[50] LIEBMAN, Enrico Tullio. *Processo de execução*. 3. ed. São Paulo: Saraiva, 1968, n. 23, p. 49-50.
[51] LIEBMAN, Enrico Tullio. *Processo de execução*. 3. ed. São Paulo: Saraiva, 1968, n. 23, p. 50.
[52] LIEBMAN, Enrico Tullio. *Processo de execução*. 3. ed. São Paulo: Saraiva, 1968, n. 24, p. 51.
[53] DINAMARCO, Cândido Rangel. *Execução civil*. São Paulo: RT, 1973, n. 9, p. 84.

O art. 925 fala, outrossim, que o processo de execução há de encerrar-se por sentença. Trata-se, porém, de sentença apenas em sentido formal, ou seja, de ato que, a teor do art. 203, § 1º, põe fim à relação processual, mas sem nenhuma resolução de mérito, tal como ocorre no art. 485, já que a esse título nada há que se julgar no bojo da execução forçada. A sentença, na espécie, é apenas o reconhecimento judicial de que se exauriu a prestação jurisdicional devida ao credor e, por isso, deve findar-se a relação processual por ele provocada.

162. Relação processual executiva

Como em qualquer processo, a pendência da execução forçada é causa de estabelecimento de uma relação jurídica entre as partes e o Estado (na pessoa do juiz). A relação processual, também aqui, é progressiva: primeiro alcança apenas o autor e o juiz, por força do ajuizamento da causa (distribuição da inicial ou despacho do juiz); depois aperfeiçoa-se, pela inclusão do réu, por força da citação.

Cumpre, porém, distinguir entre *processo executivo* e *execução forçada*, propriamente dita. Processo executivo, como relação jurídica trilateral, existe a partir da citação do devedor. Mas execução forçada, que pressupõe atos materiais de agressão ao patrimônio do executado, só existe mesmo a partir da penhora ou depósito dos bens do devedor.

O mandado executivo, malgrado seu nome, não é ainda ato de execução. O primeiro ato de execução é aquele que se segue à citação quando o devedor não cumpre a ordem de adimplir.

A diferença é importante, porque todas as faculdades processuais que pressuponham a existência de *execução* só poderão ser exercidas a partir do primeiro ato executivo e não da simples citação. Assim, os embargos do devedor, que se destinam a atacar a execução forçada, só são admissíveis, em casos como o do executivo fiscal (Lei nº 6.830/1980), após a penhora. Por outro lado, sendo vários os executados, e havendo penhora de bens apenas de um deles, os demais não poderão, em princípio, oferecer embargos, já que não estão sofrendo, ainda, a execução forçada fiscal. Há de notar-se, ainda, que, na sistemática de cumprimento da sentença (título executivo judicial), não há estabelecimento de uma nova relação processual, pois a execução forçada se comporta como simples fase do processo em que se proferiu a condenação.

Em síntese:

(a) o início do *processo executivo* (relação processual completa) se dá com a *citação*; mas

(b) *a execução* forçada só se inicia, mesmo, com a agressão patrimonial ao devedor,[54] a qual, por sua vez, pode acontecer com ou sem relação processual específica, ou seja, tanto pode ocorrer no bojo da ação de execução autônoma como em incidente de outro processo, inclusive de conhecimento, segundo a moderna sistemática do "cumprimento da sentença" (CPC/2015, art. 513).

A citação executiva, nos termos ora expostos, é ato típico da execução dos títulos extrajudiciais. Quando se trata de executar o título judicial (sentença), não há citação executiva, porque o cumprimento da condenação se dá, sem solução de continuidade, na mesma relação processual em que se procedeu ao acertamento do direito do credor. A interpelação para realizar o pagamento se faz, legalmente, pela própria sentença, de modo que ultrapassado o prazo legal estabelecido para cumprimento voluntário, sem o adimplemento, autorizada estará a expedição do mandado executivo (arts. 497, 498, 513 e 523).

---

54 FURNO, Carlo. *La sospensione del processo executivo*. Milano: A. Giuffrè, 1956, n. 9, p. 32 e 37.

163. A citação executiva

Toda relação processual inicia-se com a propositura da ação – que é de iniciativa do autor e que se exercita por meio da petição inicial – e se completa com a citação do réu (*in ius vocatio*) realizada pelo órgão judicial a requerimento do autor.

A citação, portanto, é ato essencial para o aperfeiçoamento da relação processual e para a validade de todos os atos a serem praticados em juízo tendentes a produzir o provimento jurisdicional, com que se irá solucionar o conflito jurídico existente entre as partes (CPC/2015, art. 239) a regra é a mesma, seja o processo de conhecimento ou de execução. Há, todavia, uma grande diferença entre os termos com que o réu é convocado a participar da relação processual, conforme se trate de cognição ou execução forçada. No processo de conhecimento, cujo provimento final se dá por meio de uma sentença de acertamento ou definição da situação jurídica controvertida, a citação é feita como um chamamento do réu para *se defender*, antes que o juiz dite a solução para o litígio. No processo de execução, o título executivo já contém o acertamento necessário da relação jurídica material existente entre as partes. Sabe-se de antemão que o autor é credor de determinada obrigação e que o réu é sujeito passivo dela. O chamamento do devedor a juízo, por isso, não é para se defender, mas para cumprir a prestação obrigacional inadimplida, sob pena de iniciar-se a invasão judicial em sua esfera patrimonial, para promovê-la de maneira coativa.

A citação executiva, nessa ordem de ideias, é para pagar, e não para discutir a pretensão do credor. A discussão, se for instalada, será em ação à parte (embargos), de iniciativa do devedor, mas como incidente eventual, e não como fase natural do processo de execução. Na verdade, o principal objetivo da citação do devedor é confirmar, em juízo, o inadimplemento, requisito necessário para justificar a realização forçada da obrigação.

A citação executiva, porém, ao aperfeiçoar a relação processual típica da execução forçada, produz todos os efeitos normais da *in ius vocatio* cognitiva, ou seja, induz litispendência, torna litigiosa a coisa, constitui em mora o devedor e interrompe a prescrição (art. 240, *caput* e § 1º).

Quanto à forma, não há mais, no CPC/2015, a restrição que impedia o uso da citação pelo correio nas ações executivas (CPC/1973, art. 222, "d"). Dessa maneira, o executado pode ser citado preferencialmente por meio eletrônico, ou, inviabilizado este, pelo correio, pelo oficial de justiça, pelo escrivão ou por edital, como previsto genericamente no art. 246, *caput* e § 1º-A, do CPC/2015, na redação da Lei 14.195/2021.[55]

---

[55] "Na execução de título extrajudicial ou judicial (art. 515, § 1º, do CPC) é cabível a citação postal" (CEJ/I Jorn. Dir. Proc. Civ., Enunciado nº 85).

§ 19. EXECUÇÃO PROVISÓRIA E DEFINITIVA EM MATÉRIA DE EXECUÇÃO DE TÍTULO EXTRAJUDICIAL

164. Procedimento da execução forçada

A execução forçada, quando fundada em título extrajudicial, desenvolve-se em relação processual autônoma. Terá sempre de ser iniciada por provocação do credor em petição inicial, seguindo-se a citação do devedor. No cumprimento de sentença, em regra, não há citação, porque os atos executivos são praticados imediatamente após a condenação, em continuidade à mesma relação processual em que se deu a condenação do devedor (CPC/2015, arts. 497; 498; 513; 513, § 1º; e 523).

O cumprimento definitivo corre nos autos principais. Se se trata da execução de sentença, o processamento se dá, normalmente, no bojo dos autos da própria ação de cognição (art. 513). É normal que o cumprimento de sentença assuma as formas definitiva e provisória. Já em relação aos títulos extrajudiciais a execução é naturalmente definitiva e processada em autuação própria, como ação originária.

Não há execução, *ex officio*, no processo civil, de maneira que, seja provisória, seja definitiva, a execução forçada dependerá sempre de promoção do credor. No caso de execução definitiva de título extrajudicial, a promoção se dará por meio de petição inicial (art. 798), de modo a cumprir os requisitos normais da postulação inaugural de qualquer processo (art. 319). Quando se trata de execução definitiva de título judicial, não há petição inicial, porque se processa como simples incidente da relação processual já existente desde antes da sentença.

Há, pois, execução forçada como objeto de relação processual completa e autônoma, quando se funda em título executivo extrajudicial, e ainda em alguns títulos judiciais, como a sentença estrangeira, a sentença arbitral e a sentença penal. Em todas essas situações, a petição inicial tem de ser instruída com o título executivo (art. 798, I, "a"). À execução definitiva de título judicial essa exigência não se aplica porque não há petição inicial nem há necessidade de qualquer documentação ao ato de promoção do credor, o qual se desenvolve em sequência à própria sentença condenatória.

Os procedimentos executivos são vários e se adaptam à natureza da prestação a executar (obrigações de fazer ou não fazer, de entrega de coisa, e de quantia certa). Procederemos, adiante, ao exame de cada um desses ritos, separadamente.

165. Observações sobre a petição inicial

Embora seja a peça-chave do processo, o que valoriza sobremodo os requisitos legais reclamados para a petição inicial, a jurisprudência, em nome da instrumentalidade e funcionalidade do processo, abranda o rigor da literalidade emergente das normas que disciplinam sua forma. Assim, a própria falta de assinatura do advogado procurador do autor, se passou despercebida quando do despacho da inicial, não é motivo para imediata anulação do processo. Recomenda-se que a medida correta seja assinar prazo para que a falta seja suprida.[56]

Certo o título executivo é documento essencial para o ajuizamento da execução forçada. No entanto, sua não juntada à petição inicial não representa desde logo razão para liminar indeferimento. "Não estando a inicial acompanhada dos documentos indispensáveis, deve o juiz

---

[56] STJ, 2ª T., REsp 199.559/PE, Rel. Min. Ari Pargendler, ac. 23.02.1999, *RSTJ* 119/263; STJ, 4ª T., REsp 440.719/SC, Rel. Min. Cesar Asfor Rocha, ac. 07.11.2002, *DJU* 09.12.2002, p. 352; STJ, 1ª T., REsp 480.614/RJ, Rel. Min. José Delgado, ac. 14.10.2003, *DJU* 09.02.2004, p. 129.

determinar o suprimento e, não, indeferir de plano a inicial."[57] Da mesma forma, a instrução da inicial com cópia do título de crédito soluciona-se com a abertura de oportunidade ao credor de substituí-la, dentro de prazo assinado, pelo original.[58] Ainda na mesma linha, os equívocos cometidos quanto à correta designação das pessoas jurídicas executadas não são defeitos irremediáveis da petição inicial se possível foi a adequada identificação da parte para cumprimento da citação, não tendo havido prejuízo para a defesa, afinal exercida amplamente.[59]

A orientação, enfim, prevalente, é no sentido de que somente quando não suprida a falha da inicial, no prazo assinalado pelo juiz, torna-se cabível o indeferimento da petição ou a extinção do processo por falta de pressuposto processual.[60]

A propósito, o art. 801 é claro: "verificando que a petição inicial está incompleta ou que não está acompanhada dos documentos indispensáveis à propositura da execução, o juiz determinará que o exequente a corrija, no prazo de quinze (15) dias, sob pena de indeferimento".

Censura-se, por outro lado, o acréscimo de exigências para a petição criado por capricho do juiz, assentando-se que "não é lícito ao juiz estabelecer, para as petições iniciais, requisitos não previstos nos arts. 282 e 283 do CPC [CPC/2015, arts. 319 e 320]", tais como autenticações de peças, cópias de CPF etc.[61]

166. Excepcionalidade da execução provisória de título extrajudicial

O CPC/2015 adotou a norma do regime anterior segundo a qual torna-se temporariamente provisória a execução dos títulos extrajudiciais após a apelação interposta contra a sentença que rejeita os embargos do devedor. Essa provisoriedade prevalece enquanto não julgado o recurso e se aplica apenas aos casos em que os embargos tenham sido recebidos com efeito suspensivo. Nesse sentido, a atual codificação dispõe que não tem efeito suspensivo a apelação interposta contra sentença que extingue os embargos à execução sem resolução do mérito, ou os julga improcedentes (art. 1.012, § 1º, III), caso em que o apelado (o exequente) "poderá promover o pedido de cumprimento provisório depois de publicada a sentença". Isto, obviamente, só pode acontecer se os embargos estiverem sendo processados com efeito suspensivo. Caso contrário, não tem sentido falar em execução provisória, porque o efeito suspensivo da apelação nenhuma repercussão terá sobre o procedimento executivo em andamento. Se os embargos não tiverem força de suspender a execução, muito menos terá a apelação contra uma sentença que os rejeitara.

É bom lembrar que, na execução dos títulos extrajudiciais, a regra é a não suspensividade dos embargos (CPC/2015, art. 919). A eficácia suspensiva será excepcional e dependerá de decisão judicial caso a caso, dentro dos condicionamentos do § 1º do art. 919.

Assim, se os embargos se processaram sem suspender a execução do título extrajudicial, a interposição de apelação, também sem efeito suspensivo, nenhuma interferência terá sobre o andamento da execução, que continuará comandada pelo caráter da definitividade. Se, todavia, aos embargos atribuiu-se força suspensiva, a eventual apelação contra a sentença que

---

[57] STJ, 4ª T., REsp 83.751/SP, Rel. Min. Sálvio de Figueiredo Teixeira, ac. 19.06.1997, *RSTJ* 100/197. "É firme a jurisprudência do STJ no sentido de que: 'O simples fato da petição inicial não se fazer acompanhada dos documentos indispensáveis à propositura da ação de execução, não implica de pronto seu indeferimento'" (STJ, 1ª T., AgRg no Ag 908.395/DF, Rel. Min. José Delgado, ac. 27.11.2007, *DJU* 10.12.2007, p. 322).

[58] STJ, 4ª T., REsp 329.069/MG, Rel. Min. Barros Monteiro, ac. 06.09.2001, *DJU* 04.03.2002, p. 265; STJ, 4ª T., REsp 924.989/RJ, Rel. Min. Luis Felipe Salomão, ac. 05.05.2011, *DJe* 17.05.2011.

[59] STJ, 3ª T., REsp 470.529/DF, Rel. Min. Castro Filho, ac. 17.05.2005, *DJU* 06.06.2005, p. 318.

[60] STJ, 1ª T., REsp 295.642/RO, Rel. Min. Francisco Falcão, ac. 13.03.2001, *RSTJ* 157/93; STJ, 1ª T., AgRg no Ag 908.395/DF, Rel. Min. José Delgado, ac. 27.11.2007, *DJU* 10.12.2007, p. 322.

[61] STJ, Corte Especial, EREsp 179.147/SP, Rel. Min. Humberto Gomes de Barros, ac. 01.08.2000, *DJU* 30.10.2000, p. 118.

lhes decretou a improcedência fará que, na pendência do recurso, o andamento da execução seja possível, mas em caráter de execução provisória.

Isso quer dizer que, sendo definitiva a execução, todos os atos executivos serão praticáveis, inclusive a alienação dos bens penhorados e o pagamento ao credor, sem necessidade de caução. Quando for provisória, observar-se-ão os ditames do art. 520 do CPC/2015:[62] praticar-se-ão os atos previstos para a execução definitiva, com a ressalva, porém, de que o levantamento de depósito em dinheiro e os atos que importem transferência de posse ou alienação de propriedade ou de outro direito real, ou dos quais possa resultar grave dano ao executado dependerão de "caução suficiente e idônea, arbitrada de plano pelo juiz e prestada nos próprios autos" (art. 520, IV).

Todavia, encontrando-se o processo em estágio de agravo em recurso extraordinário ou recurso especial perante o STF ou o STJ, pode a execução provisória ocorrer com dispensa da caução, desde que observado o disposto no art. 521, parágrafo único, do CPC/2015. Vale dizer: por expressa ressalva de lei, essa dispensa excepcional de caução não poderá se dar quando presente manifestamente o risco de a execução provisória provocar "grave dano, de difícil ou incerta reparação".

---

[62] "Art. 520. O cumprimento provisório da sentença impugnada por recurso desprovido de efeito suspensivo será realizado da mesma forma que o cumprimento definitivo, sujeitando-se ao seguinte regime: I – corre por iniciativa e responsabilidade do exequente, que se obriga, se a sentença for reformada, a reparar os danos que o executado haja sofrido; II – fica sem efeito, sobrevindo decisão que modifique ou anule a sentença objeto da execução, restituindo-se as partes ao estado anterior e liquidando-se eventuais prejuízos nos mesmos autos; III – se a sentença objeto de cumprimento provisório for modificada ou anulada apenas em parte, somente nesta ficará sem efeito a execução; IV – o levantamento de depósito em dinheiro e a prática de atos que importem transferência de posse ou alienação de propriedade ou de outro direito real, ou dos quais possa resultar grave dano ao executado dependem de caução suficiente e idônea, arbitrada de plano pelo juiz e prestada nos próprios autos."

§ 20. DISPOSIÇÕES GERAIS

167. Aplicação subsidiária de normas do processo de conhecimento ao processo de execução

Processo de conhecimento e processo de execução não são figuras antagônicas e inconciliáveis. Ao contrário, são instrumentos que se completam no exercício da função pública de jurisdição. Subordinam-se a princípios comuns e se destinam a um mesmo fim: manutenção efetiva da ordem jurídica.

O Código de 2015 dividiu sua Parte Especial em três Livros. O Livro I trata do Processo de Conhecimento, cujo procedimento comum deve ser aplicado subsidiariamente aos demais procedimentos especiais e ao processo de execução (CPC/2015, art. 318, parágrafo único). O Livro II cuida do Processo de Execução, cujas normas regulam o procedimento da execução fundada em título extrajudicial e, no que couber, aos procedimentos especiais de execução, aos atos executivos realizados no procedimento de cumprimento de sentença, bem como aos efeitos de atos ou fatos processuais a que a lei atribuir força executiva (art. 771). De qualquer forma, por determinação do parágrafo único do art. 771, aplicam-se subsidiariamente à execução as disposições que regem o processo de conhecimento.

Entre estas podem ser, exemplificativamente, mencionadas as que se relacionam com a exigência de representação das partes por advogado (art. 103), as relativas à substituição de partes e procuradores (arts. 108 a 112), ao litisconsórcio (art. 113), à assistência (art. 119), intervenção do Ministério Público (arts. 176 a 181), regras gerais sobre competência (arts. 42 e 959), sobre poderes, deveres e responsabilidade do juiz (arts. 139 a 148), atribuições dos auxiliares da Justiça (arts. 149 a 164), forma dos atos processuais (arts. 188 a 211), tempo e lugar dos atos processuais (arts. 212 a 217), prazos (arts. 218 a 235), comunicação dos atos (arts. 236 a 275), nulidades (arts. 276 a 283), distribuição, registro e valor dos processos (arts. 284 a 293), formação e suspensão do processo (arts. 312 a 317), petição inicial e seus requisitos (arts. 319 a 332), provas, recursos e tudo mais que, não tendo sido objeto de regulamentação específica no processo de execução (Livro II), possa ser cogitado e aplicado no curso da execução forçada e seus incidentes.

Em contrapartida, quando se trata de atos executivos praticados durante o desenvolvimento da relação processual própria do processo de conhecimento, como os que decorrem da tutela provisória de urgência (art. 300) e o cumprimento forçado da sentença (art. 513), é o processo de execução (Livro II) que atua de forma subsidiária, no que couber, para complementação da disciplina do processo de conhecimento (art. 771, *caput*).

168. Poderes do juiz no processo de execução

É inegável que na execução forçada ocorre um desequilíbrio processual entre as partes, pois o autor é reconhecido *ab initio* como titular de direito líquido, certo e exigível contra o réu: "O exequente tem preeminência" enquanto o executado fica em "estado de sujeição", no dizer do Ministro Alfredo Buzaid.[63]

Sem embargo dessa notória posição de vantagem do exequente, "a execução se presta a manobras protelatórias, que arrastam os processos por anos, sem que o Poder Judiciário possa adimplir a prestação jurisdicional".[64] Daí ter o atual Código, na esteira do anterior, armado o Juiz da execução de poderes indispensáveis à realização da atividade executiva, poderes estes

---

[63] BUZAID, Alfredo. "Exposição de Motivos" do CPC/1973, n. 18.
[64] BUZAID, Alfredo. "Exposição de Motivos" do CPC/1973, n. 18.

de forte conteúdo conciliador, ético e efetivo.[65] Nessa esteira, é dado ao juiz, "em qualquer momento do processo" (CPC/2015, art. 772):

(a) Ordenar o comparecimento das partes (inciso I). O objetivo é facilitar: *(i)* a autocomposição, ou o *(ii)* negócio jurídico processual, para estimular o cumprimento voluntário da obrigação. Com efeito, a ordem de comparecimento se dirige não apenas ao exequente e ao executado, mas, também, a qualquer participante do processo, como, por exemplo, o adquirente do bem alcançável pelo processo de execução, o credor hipotecário etc.[66]

(b) Advertir sobre ato atentatório à dignidade da justiça (inciso II). É dever das partes comportar-se com lealdade e boa-fé, durante toda a relação processual (art. 5º). Assim, sempre que o executado agir de forma atentatória à finalidade da execução, seja sua conduta comissiva ou omissiva, é dever do juiz adverti-lo, para que altere sua postura em face do processo. Ainda sob a égide do Código de 1973, essa advertência era vista pela doutrina como pressuposto para a aplicação da multa prevista no art. 601.[67-68] O STJ, entretanto, já decidiu ser desnecessária a prévia advertência para a aplicação da multa, que fica "a critério do Juiz, podendo ser adotada quando este considerar que será de fato proveitosa".[69] Entendemos que a multa não é consectário da inobservância da advertência, mas decorre imediatamente do próprio ato atentatório, como já decidiu o STJ (sobre o tema, ver item nº 169 a seguir).

(c) Determinar o fornecimento de informações (inciso III). Trata-se do dever fundamental de *cooperação* (art. 6º), que recai sobre as partes e "todos os sujeitos do processo", bem como aos terceiros, que possam, de fato, auxiliar na composição da controvérsia. Por isso é dado ao juiz ordenar a um estranho na relação processual que forneça informações relacionadas ao objeto da execução, tais como documentos ou dados que estejam em seu poder.

O juiz poderá, ainda, de ofício ou a requerimento das partes, determinar as medidas necessárias ao cumprimento da ordem de entrega de documentos e dados (art. 773, *caput*), obrigação esta que pode recair tanto sobre as partes, quanto sobre terceiros. Essas "medidas necessárias" podem ser coercitivas ou executivas, tais como a fixação de multa diária pela não entrega e a busca e apreensão do próprio documento.[70]

Se entre os documentos ou dados apresentados ao juízo constar informação sigilosa, o magistrado deverá adotar as medidas necessárias para assegurar a confidencialidade (art. 773, parágrafo único). Isso, entretanto, não transforma a execução em *processo sujeito a segredo de*

---

[65] CARVALHO, Fabiano. In: WAMBIER, Teresa Arruda Alvim *et al.* (coord.). *Breves comentários ao novo Código de Processo Civil*. São Paulo: RT, 2015, p. 1.773.

[66] CARVALHO, Fabiano. In: WAMBIER, Teresa Arruda Alvim *et al.* (coord.). *Breves comentários ao novo Código de Processo Civil*. São Paulo: RT, 2015, p. 1.774.

[67] CPC/2015, art. 774, parágrafo único.

[68] "Verificando fato enquadrado nos casos do art. 600 [CPC/2015, art. 774], deverá o órgão judiciário, previamente, *advertir o devedor que o seu procedimento constitui ato atentatório à dignidade da justiça* (art. 599, I) [CPC/2015, art. 772, II]. Qualquer punição, em decorrência desta espécie de ato, se aplicará no caso de o executado *persistir na prática dos atos questionados*" (ASSIS, Araken de. *Comentários ao Código de Processo Civil*. Rio de Janeiro: Forense, 2000, v. VI, p. 266).

[69] STJ, 4ª T., AgRg no REsp 1.192.155/MG, Rel. Min. Raul Araújo, ac. 12.08.2014, DJe 01.09.2014.

[70] WAMBIER, Teresa Arruda Alvim *et al. Primeiros comentários ao Código de Processo Civil*. 2. ed. São Paulo: RT, 2016, p. 1.117.

justiça. Apenas o *documento sigiloso* é que será resguardado de publicidade. Assim, o juiz pode determinar que o documento seja arquivado em pasta reservada ou, se se tratar de processo eletrônico, que seja bloqueado o acesso ao referido documento.[71]

169. Coibição dos atos atentatórios à dignidade da Justiça praticáveis durante o processo de execução

O CPC/2015 preza a conduta cooperativa, ética, leal e de boa-fé do juiz, das partes e dos sujeitos do processo (CPC/2015, arts. 5º e 6º). Daí por que elencou, em seu art. 80, um rol de atos que, uma vez praticados pela parte, a tornam litigante de má-fé, sujeita às penas do art. 81.

Em relação à execução, o legislador enumerou cinco condutas que são consideradas atentatórias à dignidade da justiça, ou porque protelam a execução ou tentam frustrar a satisfação do crédito, sujeitando o infrator ao pagamento de multa em montante não superior a vinte por cento do valor atualizado do débito em execução (art. 774 e parágrafo único). Em regra, os atos do art. 774 são praticáveis pelo executado, que, em tese, teria interesse em postergar o cumprimento da obrigação. Há possibilidade, porém, de atos ofensivos à boa-fé serem praticados também pelo exequente, acarretando-lhe sujeição à pena superior a um por cento e inferior a dez por cento do valor corrigido da causa, prevista no art. 81[72].

As condutas repelidas pela lei podem ser comissivas[73] ou omissivas[74] e estão descritas no art. 774 do CPC/2015. Considera-se, portanto, atentatória à dignidade da justiça a conduta do executado que:

(a) *Fraude a execução* (inciso I). Essa conduta não significa apenas "cometer fraude à execução", em que o executado pratica ato de disposição de bens, capaz de reduzi-lo à insolvência. A sua noção é mais ampla, englobando "qualquer tipo de fraude perpetrada pelo executado capaz de frustrar a atividade jurisdicional executiva ou prejudicar o exequente".[75] É o caso, por exemplo, de o executado ocultar sua capacidade econômica, sem alienar bens.[76]

(b) *Opõe-se maliciosamente à execução, empregando ardis e meios artificiosos* (inciso II). Aqui, o que se busca evitar é o manifesto abuso de direito processual, quando o executado extrapola os limites razoáveis do seu direito de se defender, agindo de forma contrária ao fim da execução.[77] É atentatória, portanto, a conduta do executado que se oculta da intimação da penhora; ou que indica bem em evidente desacordo com a ordem estabelecida pelo art. 835.[78]

(c) *Dificulta ou embaraça a realização da penhora* (inciso III). Essa inovação trazida pelo CPC/2015 visa coibir conduta que atrapalhe a efetivação da penhora. Tome-se

---

[71] CARVALHO, Fabiano. In: WAMBIER, Teresa Arruda Alvim *et al.* (coord.). *Breves comentários ao novo Código de Processo Civil*. São Paulo: RT, 2015, p. 1.775.
[72] "A reiteração pelo exequente ou executado de matérias já preclusas pode ensejar a aplicação de multa por conduta contrária à boa-fé" (Enunciado nº 148/CEJ/CJF).
[73] Seria o caso de oposição de embargos sem fundamento legal, manifestamente protelatórios.
[74] Dá-se como exemplo a não revelação dos bens penhoráveis, quando intimado a fazê-lo.
[75] CARVALHO, Fabiano. In: WAMBIER, Teresa Arruda Alvim *et al.* (coord.). *Breves comentários ao novo Código de Processo Civil*. São Paulo: RT, 2015, p. 1.777.
[76] CASTRO, Amílcar de. *Comentários do Código de Processo Civil*. São Paulo: RT, 1974, v. VIII, p. 108.
[77] ZAVASCKI, Teori Albino. *Comentários ao Código de Processo Civil*. São Paulo: RT, 2000, v. 8, p. 310.
[78] CARVALHO, Fabiano. In: WAMBIER, Teresa Arruda Alvim *et al.* (coord.). *Breves comentários ao novo Código de Processo Civil*. São Paulo: RT, 2015, p. 1.777.

como exemplos a ocultação de bens penhoráveis; o fornecimento de informações erradas a respeito de bens; a encoberta de documentos relativos ao bem suscetível de penhora etc.[79]

(d) *Resiste injustificadamente às ordens judiciais* (inciso IV). Essa conduta viola o dever de lealdade e boa-fé processual e, ainda, o dever de cooperação entre as partes e o juízo.

(e) *Intimado, não indica ao juiz quais são e onde estão os bens sujeitos à penhora e os respectivos valores, nem exibe prova de sua propriedade e, se for o caso, certidão negativa de ônus* (inciso V).[80] Trata-se de *dever* – e não mero *ônus* – o da indicação dos bens a penhorar e o da prestação das informações necessárias à sua realização. Aplica-se, aqui também, o *dever de cooperação* (art. 6º). Mesmo quando o executado entenda que só tem bens *impenhoráveis*, deverá informar ao juiz, mediante a ressalva da impenhorabilidade que os afeta.[81]

Considera-se, ainda, conduta atentatória à dignidade da justiça o oferecimento de embargos manifestamente protelatórios (art. 918, parágrafo único). Devem-se analisar os fundamentos dos embargos e verificar se têm a finalidade de apenas protelar o fim da execução.

Praticado o ato atentatório, o juiz fixará multa em montante não superior a vinte por cento do valor atualizado do débito em execução, sem prejuízo de outras sanções de natureza processual ou material, multa essa que reverterá em proveito do exequente e será exigível na própria execução (art. 774, parágrafo único).

Além da pena pelo atentado à dignidade da justiça (art. 774, parágrafo único), sujeita-se também o executado que se opõe maliciosamente à execução forçada à pena do art. 81, que impõe ao litigante de má-fé o dever de indenizar à parte contrária os prejuízos que esta tenha sofrido em decorrência da injustificada resistência ao andamento do processo (art. 80, nº IV), do procedimento temerário (nº V) ou da provocação de incidente manifestamente infundado (nº VI).

Nas execuções por quantia certa, esses prejuízos são facilmente apuráveis, no regime inflacionário em que vive o País, por meio da verificação da desvalorização da moeda enquanto tenha durado o obstáculo maliciosamente oposto pelo executado.

---

[79] CARVALHO, Fabiano. In: WAMBIER, Teresa Arruda Alvim *et al.* (coord.). *Breves comentários ao novo Código de Processo Civil.* São Paulo: RT, 2015, p. 1.778.

[80] O STJ não reconhecia a existência de um dever, para o executado, de relacionar todos os seus bens penhoráveis. O ato atentatório só aconteceria quando houvesse prévia obrigação de apresentar à Justiça bens determinados, como os gravados de garantia real, ou de preservar os que estão sob sua guarda. Fora dessa conduta fraudulenta e desleal, a não indicação de bens pelo devedor era vista como simples abdicação da faculdade de nomear bens à penhora, e não como o ato atentatório de que cuida o art. 600, IV, do CPC (STJ, 4ª T., REsp 152.737/MG, Rel. Min. Ruy Rosado de Aguiar, ac. 10.12.1997, *DJU* 30.03.1998, p. 81). A situação mudou com a Lei nº 11.382, de 06.12.2006, ainda à época do CPC/1973, que alterou o texto do inciso IV do art. 600 [CPC/2015, inciso V do art. 774], deixando claro que, sempre que houver dificuldade no cumprimento do mandado executivo, é dever do executado cooperar com o desempenho da prestação jurisdicional indicando ao juiz "quais são e onde se encontram os bens sujeitos à penhora e seus respectivos valores". A ordem judicial na espécie é mandamental (art. 14, V) [CPC/2015, art. 77, V], de forma que o não cumprimento da respectiva intimação, no prazo assinado pelo juiz, além da pesada multa, poderá sujeitar o executado à sanção penal do crime de desobediência (art. 14, parágrafo único) [CPC/2015, art. 77, § 2º].

[81] NEVES, Daniel Amorim Assumpção. *Manual de direito processual civil.* 6. ed. Rio de Janeiro: Forense, 2014, p. 939.

Assim, já à época do Código anterior, os tribunais nos julgamentos de recursos oriundos de embargos à execução, reveladores da qualidade de litigante de má-fé, vinham impondo ao devedor a pena de pagar correção monetária ao credor, a partir do momento em que a execução fora suspensa pelos embargos manifestamente infundados. E, para tanto, agia-se até mesmo *ex officio*, posto que a pena do art. 81 corresponde a um atentado cometido não só contra o direito do credor, mas principalmente contra a dignidade da Justiça, já que a resistência é oposta diretamente a um ato de soberania estatal, qual seja, a realização executiva dos créditos a que a lei assegura a força de realização coativa pelo processo da execução forçada.

Com o advento da Lei nº 6.899/1981, a aplicação da correção monetária tornou-se medida de caráter geral. Mas a pena do litigante de má-fé serviu, ainda, para fazer retroagir a correção monetária até data anterior à vigência da questionada lei, bem como para exacerbar a verba advocatícia, além de propiciar à parte prejudicada o direito de reclamar ressarcimento de qualquer outro prejuízo comprovadamente suportado em decorrência do ato atentatório à dignidade da Justiça. A dificuldade de apuração dos prejuízos concretos acabou levando o legislador a instituir multas em percentuais sobre o valor da causa, o que torna mais fácil e efetiva a sanção aos atos de litigância de má-fé e de atentado à dignidade da justiça (arts. 81 e 774, parágrafo único).

170. Responsabilidade civil decorrente de execução indevida

Quando a execução for julgada por sentença declarando inexistente, no todo ou em parte, a obrigação que a ensejou, como nas hipóteses de dívida já resgatada ou de falsidade, o exequente, além dos ônus processuais das custas e honorários advocatícios, terá de ressarcir ao executado "os danos que este sofreu" em decorrência do processo (CPC/2015, art. 776). O reconhecimento judicial da inexistência da obrigação poderá ocorrer, também, em ação comum, fora da execução, no seu curso ou depois de seu encerramento.

Trata-se da execução *ilegal*, e não da apenas injusta. A sanção caberá tanto nos casos de títulos judiciais como extrajudiciais, mas a declaração de inexistência da obrigação exequente só gerará a eficácia do art. 776 depois de passada em julgado.

Essa responsabilidade independe do elemento subjetivo "culpa", que no sistema legal é posto à margem, "derivando a responsabilidade do exequente do fato de haver sentença, passada em julgado, declarando inexistente, no todo ou em parte, a obrigação que deu lugar à execução".[82]

O art. 777 do Código atual, circunscrito ao campo do processo de execução, prevê que tanto as multas como as indenizações processuais serão cobradas nos próprios autos em que a sanção for aplicada, o que não ocorria à época da legislação anterior. Na Parte Geral do mesmo Código, consta a regra de que a condenação e a indenização por litigância de má-fé, assim como a respectiva liquidação, se darão "nos próprios autos" (art. 81, *caput* e § 3º).

Sendo, pois, a hipótese de condenação imposta por decisão judicial, o procedimento incidental para exigir o devido pagamento é o do "cumprimento de sentença" (art. 513, §§ 1º e 2º; e arts. 523 e ss.), que independe de ação executiva autônoma. Deve-se lembrar de que o título executivo judicial, que permite a execução forçada por quantia certa, não é apenas a sentença em sentido estrito, mas qualquer decisão proferida no processo civil que reconheça a exigibilidade de obrigação da espécie (art. 515, I).

---

[82] CALMON DE PASSOS, José Joaquim. Responsabilidade do exequente no novo Código de Processo Civil. *Revista Forense Comemorativa – 100 anos*, t. V, p. 284, 2006. No mesmo sentido: CARVALHO, Fabiano. In: WAMBIER, Teresa Arruda Alvim *et al.* (coord.). *Breves comentários ao novo Código de Processo Civil*. São Paulo: RT, 2015, p. 1.782.

171. Cobrança das multas e indenizações decorrentes de litigância de má-fé

A cobrança de multa ou de indenizações decorrentes de litigância de má-fé (arts. 80 e 81), conforme prevê o art. 777 do CPC/2015, será promovida no próprio processo de execução. Releva notar que o art. 96 já prevê que as sanções impostas aos litigantes de má-fé serão revertidas em benefício da parte contrária.

Apurado o valor da obrigação do infrator, a parte credora poderá promover sua execução nos autos do processo executivo em curso, segundo as normas da execução dos títulos judiciais para obrigação de quantia certa. Se a sanção for aplicada ao exequente, será abatida do valor do crédito exequendo, por compensação, sempre que isto se mostre viável. Sendo o executado o responsável pela litigância de má-fé, poderá o montante da multa e (ou) da indenização ser acrescido ao *quantum* do crédito principal, tal como se dá, normalmente, com os juros e custas devidos na execução.

Enfim, a imposição das referidas sanções processuais deve ser efetuada independentemente de uma nova e especial ação de execução. Tudo se passará como simples incidente do processo dentro do qual a condenação do litigante de má-fé se deu, tal como, modernamente, se procede em relação ao cumprimento dos títulos executivos judiciais.[83]

---

[83] "O que o art. 777 do CPC determina é, na verdade, que a execução de multa constitui mera fase processual, integrando-se ao processo como um todo, sem necessidade de ação própria, ou seja, de inaugurar uma nova relação processual com essa exclusiva finalidade" (MACÊDO, Lucas Buril de; GÓIS, Filiph de Carvalho. Multa coercitiva no direito brasileiro (parte 3 de 3): questões relacionadas à sua liquidação e execução. *Revista de Processo*, São Paulo, v. 344, p. 144, out. 2023; ASSIS, Araken de. *Processo civil brasileiro*. 3. ed. São Paulo: RT, 2022, v. II, p. 293).

Capítulo VII
REQUISITOS PARA REALIZAR QUALQUER EXECUÇÃO

§ 21. PRESSUPOSTOS E CONDIÇÕES DA EXECUÇÃO FORÇADA

172. Pressupostos processuais e condições da ação

Realizam-se, por meio do processo de execução, pretensões de direito material formuladas pelo credor em face do devedor. O direito de *praticar* a execução forçada, no entanto, é exclusivo do Estado. Ao credor cabe apenas a faculdade de requerer a atuação estatal, o que se cumpre por via do direito de ação. Sendo, destarte, a execução forçada uma forma de *ação*, o seu manejo sofre subordinação aos *pressupostos processuais* e às *condições da ação*, tal como se passa com o processo de conhecimento.

A relação processual há de ser validamente estabelecida e validamente conduzida até o provimento executivo final, para o que se reclamam a capacidade das partes, a regular representação nos autos por advogado, a competência do órgão judicial e o procedimento legal compatível com o tipo de pretensão deduzida em juízo, além de outros requisitos dessa natureza (v. volume I, nº 87).

As condições da ação, como categorias intermediárias entre os pressupostos processuais e o mérito da causa, apresentam-se como requisitos que a lei impõe para que a parte possa, numa relação processual válida, chegar até a solução final da lide. Sem as condições da ação, portanto, o promovente não obterá sentença de mérito ou o provimento executivo, ainda que o processo se tenha formado por meio de uma relação jurídica válida.

Nosso Código estabelece, expressamente, como condições da ação a legitimidade de parte e o interesse de agir (v. volume I, nº 97).

Para a execução forçada prevalecem essas mesmas condições genéricas, de todas as ações. Mas a aferição delas se torna mais fácil porque a lei só admite esse tipo de processo quando o credor possua título executivo e a obrigação nele documentada já seja exigível (arts. 786 e 783). É, no título, pois, que se revelam todas as condições da ação executiva.

Dessa maneira, pode-se dizer que são condições ou pressupostos específicos da execução forçada:

(a) o *formal*, que se traduz na existência do *título executivo*, donde se extrai o atestado de certeza e liquidez da dívida;

(b) o *prático*, que é a atitude ilícita do devedor, consistente no *inadimplemento* da obrigação, que comprova a *exigibilidade da dívida*.

A esses dois requisitos refere-se expressamente o Código de Processo Civil atual nos arts. 783 a 788, ao colocar o *título executivo* e a *exigibilidade da obrigação* sob a denominação de "requisitos necessários para realizar qualquer execução".

173. O título executivo

Não há consenso doutrinário sobre o conceito e a natureza do título executivo. Para Liebman, é ele um elemento constitutivo da ação de execução forçada; para Zanzuchi, é uma condição do exercício da mesma ação; para Carnelutti, é a prova legal do crédito; para Furno e Couture, é o pressuposto da execução forçada; para Rocco, é apenas o pressuposto de fato da mesma execução etc.

No entanto, em toda a doutrina e na maioria dos textos dos Códigos modernos, está unanimemente expressa a regra fundamental da *nulla executio sine titulo. I.e.*, nenhuma execução forçada é cabível sem o título executivo que lhe sirva de base.

A discussão em torno da natureza do título passa, portanto, a um plano mais filosófico do que prático, já que ninguém contesta que, sem o documento e o respectivo conteúdo que a lei determina, nenhuma execução será admitida.

Nesse sentido, dispunha expressamente o art. 583 do nosso Código de Processo Civil de 1973 que "toda execução tem por base título executivo judicial ou extrajudicial". O dispositivo foi revogado pela Lei nº 11.382, de 06.12.2006, e não foi repetido pelo CPC/2015, mas sua supressão se deveu apenas ao fato de que seu texto fazia referência tanto ao título judicial quanto ao extrajudicial, e à circunstância de que o primeiro foi deslocado para disciplinamento no Livro I, sob a rubrica de "do processo de conhecimento e do cumprimento da sentença". Dita revogação, porém, não abalou o princípio de que a execução forçada somente é cabível com base em título legalmente qualificado como executivo. Continua explícita a exigência, em outro dispositivo, de que a petição inicial deva sempre ser instruída "com o título executivo extrajudicial" (CPC/2015, art. 798, I, "a"), além de o art. 783 prever que "a execução para a cobrança de crédito fundar-se-á sempre em título de obrigação certa, líquida e exigível".

174. Função do título executivo

Porque não pode haver execução sem título executivo, assume ele, no processo de realização coativa do direito do credor, tríplice função, como lembra Rosenberg, ou seja:

(a) a de autorizar a execução;
(b) a de definir o fim da execução; e
(c) a de fixar os limites da execução.

Como lógica e juridicamente não se concebe execução sem prévia certeza sobre o direito do credor, cabe ao título executivo transmitir essa convicção ao órgão judicial. E, nessa ordem de ideias, observa José Alberto dos Reis, não é o título apenas a base da execução, mas, na realidade, sua condição necessária e suficiente. É condição necessária, explica o grande mestre, porque não é admissível execução que não se baseie em título executivo. É condição suficiente, porque, desde que exista o título, pode-se logo iniciar a ação de execução, sem que se haja de previamente propor a ação de condenação, tendente a comprovar o direito do autor.[1]

Diz-se que é o título que define o fim da execução porque é ele que revela qual foi a obrigação contraída pelo devedor e qual a sanção que corresponde a seu inadimplemento, apontando, dessa forma, o fim a ser alcançado no procedimento executivo. Assim, se a obrigação é de pagar uma soma de dinheiro, o procedimento corresponderá à execução por quantia certa; se a obrigação é de dar, executar-se-á sob o rito de execução para entrega de coisa; se a obrigação é de prestar fato, caberá a execução prevista para as obrigações de fazer.

---

[1] REIS, José Alberto dos. *Processo de execução*. Coimbra: Coimbra Ed., 1943, v. I, n. 28, p. 78.

Finalmente, como pressuposto legal indeclinável que é de toda e qualquer execução, cabe ao título executivo fixar os limites objetivos e subjetivos da coação estatal a ser desencadeada. Cabe-lhe, nesse sentido, definir os sujeitos ativo e passivo, assim como o objeto da execução forçada. Por princípio, a execução não se justifica a não ser dentro do indispensável para realizar a prestação a que tem direito o credor perante o devedor. Assim, o conteúdo da obrigação, o seu valor ou seu objeto, os seus acessórios, quem responde pela dívida, quem pode exigi-la, tudo isto há de se definir pelo título executivo.

Como muito bem elucida Liebman, "ao poder executório do Estado e à ação executória do credor corresponde a responsabilidade executiva do devedor, que é a situação de sujeição à atuação da sanção", a qual será realizada em prejuízo de seu patrimônio mediante coação estatal. "Esta responsabilidade – ainda na lição do mestre peninsular – consiste propriamente na destinação dos bens do vencido (devedor) a servirem para satisfazer o direito do credor. Ela decorre do título, exatamente como deste decorre a ação executória correspondente..." Em suma, "a responsabilidade, assim como a ação executória, está ligada imediatamente apenas ao título".[2]

Daí se conclui que, sendo, como se reconhece amplamente, o título executivo a base, o fundamento, ou o pressuposto da execução forçada, a legitimação das partes, tanto ativa como passiva, não pode fugir aos seus limites subjetivos.

Ensina, a propósito, Rocco que "a legitimação ativa e passiva determinam as normas processuais com base na titularidade *ativa*, efetivamente existente, ou apenas afirmada, de uma determinada relação jurídica substancial que seja juridicamente certa ou presuntivamente certa, a respeito dos dois sujeitos (sujeito do direito e sujeito da obrigação jurídica), declaração de certeza que resulte de um *documento* que a consagre", que outro não é senão o título executivo.[3] Enfim, "a ação executiva – observa Liebman – não só nasce com o título, mas tem unicamente nele o seu fundamento jurídico".[4]

175. Efeito prático do título executivo

Como nenhuma execução pode ser admitida sem a prévia declaração de certeza a respeito do direito do credor, esteja ela contida numa sentença ou em outro documento a que a lei reconheça força equivalente à de uma sentença, impõe-se admitir, com base na lição de Ronaldo Cunha Campos, que o título executivo representa "o *acertamento* de um crédito", do qual promana "a certeza necessária para autorizar o Estado a desenvolver o processo onde a sanção se concretiza, em benefício do credor e a expensas do devedor".[5]

"O Estado – prossegue o mesmo processualista – atua a sanção (por meio da execução forçada) após verificar se o preceito se viu desatendido e por quem." Dessa maneira, "a atuação da sanção sempre é precedida pela atividade do órgão jurisdicional que *acerta* (define) a ocorrência de violação". Em regra, portanto, "entre o desatendimento do preceito e a imposição da sanção há um interregno representado pelo processo de conhecimento".[6]

Mesmo quando a lei permite o início da execução sem o prévio processo de conhecimento, o título executivo extrajudicial exerce função equivalente à da sentença condenatória, *i.e.*, representa, por vontade da lei, uma forma de declaração de certeza ou de acertamento da relação

---

[2] LIEBMAN, Enrico Tullio. *Processo de execução*. 3. ed. São Paulo: Saraiva, 1968, n. 35, p. 67.
[3] ROCCO, Ugo. *Tratado de derecho procesal civil*. Buenos Aires: Depalma, 1976, v. IV, p. 133-134.
[4] LIEBMAN, Enrico Tullio. *Le opposizioni di merito nel processo d'esecuzione*. 2. ed. Roma: Soc. Editrice del Foro Italiano, 1936, p. 157-158.
[5] CUNHA CAMPOS, Ronaldo. *Execução fiscal e embargos do devedor*. Rio de Janeiro: Forense, 1978, n. 5, p. 6-7.
[6] CUNHA CAMPOS, Ronaldo. *Execução fiscal e embargos do devedor*. Rio de Janeiro: Forense, 1978, n. 5, p. 7.

jurídica estabelecida entre devedor e credor. É que, na sistemática do direito atual, não apenas o Judiciário, mas também as próprias partes podem dar efetiva aplicação à lei.

Ao criar um documento a que a lei reconhece a força de título executivo, o devedor, além de reconhecer sua obrigação, aceita, no mesmo ato, o consectário lógico-jurídico de que poderá vir a sofrer a agressão patrimonial que corresponde à sanção de seu eventual inadimplemento. O título, portanto, para Carnelutti, torna certa não apenas a existência do fato, mas também a sua eficácia jurídica.[7]

176. Requisitos do título executivo: obrigação certa, líquida e exigível

Já demonstramos que o processo de execução não tem conteúdo cognitivo e que, por isso, todo acertamento do direito do credor deve preceder à execução forçada. Não há, por isso mesmo, execução sem título, *i.e.*, sem o documento de que resulte certificada, ou legalmente acertada, a tutela que o direito concede ao interesse do credor.[8] O título executivo, portanto, é figura complexa – como quer Micheli –, que engloba em seu conteúdo elementos formais e substanciais, e cuja eficácia precípua é a de constituir para o credor o direito subjetivo à execução forçada (direito de ação).

Mas, para que o título tenha essa força, não basta a sua denominação legal. É indispensável que, por seu conteúdo, se revele uma obrigação *certa, líquida e exigível*, como dispõe textualmente o art. 783 do CPC/2015.[9] Só assim terá o órgão judicial elementos prévios que lhe assegurem a abertura da atividade executiva, em situação de completa definição da existência e dos limites objetivos e subjetivos do direito a realizar.

Esses requisitos indispensáveis para reconhecer-se ao título a força executiva legal são definidos por Carnelutti nos seguintes termos: o direito do credor "é certo quando o título não deixa dúvida em torno de sua existência; líquido quando o título não deixa dúvida em torno de seu objeto; exigível quando não deixa dúvida em torno de sua atualidade".[10] Em outras palavras, mas com o mesmo alcance, ensina Calamandrei que ocorre a *certeza* em torno de um crédito quando, em face do título, não há controvérsia sobre sua existência (*an*); a *liquidez*, quando é determinada a importância da prestação (*quantum*); e a *exigibilidade*, quando o seu pagamento não depende de termo ou condição, nem está sujeito a outras limitações.[11]

---

[7] CUNHA CAMPOS, Ronaldo. *Execução fiscal e embargos do devedor*. Rio de Janeiro: Forense, 1978, n. 5, p. 11.

[8] ROCCO, Ugo. *Tratado de derecho procesal civil*. Buenos Aires: Depalma, 1976, IV, p. 137.

[9] O *caput* do art. 586 do CPC/1973 [CPC/2015, art. 783], na sua redação primitiva, falava em "título líquido, certo e exigível". A Lei nº 11.382/2006 a alterou para acomodar o dispositivo à doutrina que entendia serem a certeza, liquidez e exigibilidade atributos da obrigação e não do título. Daí dispor a nova redação do questionado artigo que a execução para cobrança de crédito deverá fundar-se sempre em título de "obrigação certa, líquida e exigível". Alterou-se, também, a ordem dos requisitos. O texto originário falava em "liquidez, certeza e exigibilidade". O texto alterado, e agora repetido pelo novo Código, coloca a certeza em primeiro lugar, atendendo a uma ponderação de Pontes de Miranda ("Além de falar da certeza e da liquidez [embora, erradamente, quanto à colocação dos adjetivos, *título líquido e certo*], o art. 586 alude a ser *exigível*". Cf. PONTES DE MIRANDA, Francisco Cavalcanti. *Comentários ao Código de Processo Civil*. Rio de Janeiro: Forense, 1976, t. IX, p. 401). Com efeito, antes de ser líquida, a obrigação tem de existir. Somente havendo certeza a respeito de sua existência é que se pode cogitar da determinação, ou não, de seu objeto. Por último, para ser exigível, a obrigação terá, antes, de ser certa e líquida. De tal sorte, a ordem lógica dos atributos reclamados para a execução de qualquer obrigação é a da certeza, liquidez e exigibilidade, tal como consta do texto do art. 783, do CPC/2015.

[10] CARNELUTTI, Francesco. *Istituzioni del processo civile italiano*. 5. ed. Roma: Società Editrice del Foro Italiano, 1956, v. I, n. 175, p. 164.

[11] SERPA LOPES, Miguel Maria de. *Exceções substanciais*. Rio de Janeiro: Freitas Bastos, 1959, n. 57, p. 263.

A certeza da obrigação, atestada pelo título, requisito primeiro para legitimar a execução, decorre normalmente de perfeição formal em face da lei que o instituiu e da ausência de reservas à plena eficácia do crédito nele documentado. Certa, pois, é a obrigação cujos elementos essenciais à sua existência jurídica se acham todos identificados no respectivo título.

Não está a certeza, portanto, no plano da vontade ulterior das partes, mas na convicção que o órgão judicial tem de formar diante do documento que lhe é exibido pelo credor. Pouco importa que, particularmente, estejam controvertendo as partes em torno da dívida. A *certeza* que permite ao juiz expedir o mandado executivo é a *resultante* do documento judicial ou de outros documentos que a lei equipare à sentença condenatória.[12] Nessa ordem de ideias, o título há de ser completo, já que não se compreende nos objetivos da execução forçada a definição ou o acertamento de situação jurídica controvertida.

Na sistemática da tutela executiva, o título, quando perfeito, contém o acertamento da obrigação necessário e suficiente para autorizar o manejo, pelo credor, do processo de execução.[13] Por isso, discussões em torno da certeza, liquidez e exigibilidade da dívida exequenda não impedem a abertura do procedimento respectivo, se o título executivo é em si completo quanto aos requisitos formais e substanciais. Eventuais questionamentos em torno do negócio subjacente serão, se for o caso, suscitados e resolvidos na ação de embargos à execução.

"Por suas medidas, brandas ou drásticas" – observa Mendonça Lima – "apenas se tornará efetivo o que já fora anteriormente assegurado". Toda declaração ou reconhecimento do direito do credor há de se conter, por inteiro, no título, visto que a execução "nada agrega, nem diminui e nem amplia: *realiza-o* se não o foi espontaneamente pelo vencido (devedor)".[14]

Não cabendo ao juiz pesquisar em torno da existência e extensão do direito do credor, no curso da execução, toda fonte de convicção ou certeza deve se concentrar no título executivo. "A simples leitura do escrito – na lição de Amílcar de Castro – deve pôr o juiz em condições de saber quem seja o credor, quem seja o devedor, qual seja o bem devido e quando ele seja devido..."[15]

Quanto à liquidez, dispõe o CPC/2015 que a necessidade de simples operações aritméticas para apurar o crédito não retira a liquidez da obrigação do título (art. 786, parágrafo único). Tanto é assim que o art. 509, § 2º, no tocante ao título executivo judicial, dispensa o procedimento de liquidação quando a apuração do valor fixado pela sentença depender apenas de cálculo aritmético, podendo o credor iniciar, imediatamente, o cumprimento de sentença.

Em suma, diante da exigência legal de que o título executivo demonstre obrigação sempre certa, líquida e exigível, um de seus requisitos substanciais é "o de ser completo", tanto objetiva como subjetivamente.[16] Isso, porém, não impede que se agregue ao documento originário

---

[12] ROCCO, Ugo. *Execução fiscal e embargos do devedor*. Rio de Janeiro: Forense, 1978, n. 5, p. 145.

[13] O ponto de partida da ação executiva é o acertamento contido no título, como lembra José Lebre de Freitas: "daí que se diga que [o título] constitui a *base da execução*, por ele se determinando o fim e os limites da ação executiva (art. 105) [...] em face dele [título] se verificando se a *obrigação é certa, líquida e exigível* (art. 713)" (FREITAS, José Lebre de. *Ação executiva à luz do Código de Processo Civil de 2013*. 7. ed. Coimbra: Gestlegal, 2018, n. 3.1, p. 45-47). Em face disso, "do título executivo é frequente dizer-se que é *condição necessária e suficiente da ação executiva*" (FREITAS, José Lebre de. *Ação executiva à luz do Código de Processo Civil de 2013*. 7. ed. Coimbra: Gestlegal, 2018, n. 3.7.2, p. 89. No mesmo sentido: MANDRIOLI, Crisanto. *Corso di diritto processuale civile*. Torino: G. Giapichelli, 1995, v. I, p. 26; CASTRO, Artur Anselmo de. *A acção executiva singular, comum e especial*: Coimbra: Coimbra Ed., 1973, p. 14).

[14] LIMA, Alcides de Mendonça. *Comentários ao Código de Processo Civil*. 2. ed. Rio de Janeiro: Forense, 1974, v. VI, n. 28, p. 14.

[15] CASTRO, Amilcar de. *Comentários ao Código de Processo Civil*. São Paulo: RT, 1974, v. VIII, n. 90, p. 57.

[16] Cf. CASTRO, Amílcar de. *Comentários ao Código de Processo Civil*. São Paulo: RT, 1974, v. VIII, n. 90, p. 57.

outros posteriormente obtidos para se realizar o aperfeiçoamento do título em seus requisitos de certeza, liquidez e exigibilidade. O importante é que estes requisitos emanem de prova documental inequívoca e não estejam ainda a reclamar apuração e acertamento em juízo por diligências complexas e de resultado incerto (cf., por exemplo, a regra do art. 798, I, "d", que autoriza o credor a executar obrigação derivada de contrato bilateral, mediante prova de já ter adimplido a contraprestação a seu cargo).

177. Formas dos títulos executivos

Sob o aspecto *formal*, os títulos que contêm a "declaração imperativa", geradora do direito à execução forçada, podem ser assim classificados:

(a) o *original da sentença* (tanto na condenação como na homologação de acordos), contido no bojo dos autos da ação de cognição, onde também se desenvolverá a execução (CPC/2015, arts. 513 e 523);

(b) a *certidão* ou *cópia autenticada da decisão exequenda*, nos casos de execução provisória (art. 522, parágrafo único, I), e, em geral, de execução civil da sentença penal condenatória (art. 515, VI), da sentença arbitral (art. 515, VII) e da sentença estrangeira homologada (art. 965, parágrafo único), ou *carta de sentença*, em hipóteses como a do formal de partilha (art. 515, IV);

(c) os *documentos extrajudiciais*, públicos ou particulares, sempre sob a forma escrita, a que a lei reconhecer a eficácia executiva (art. 784).

178. A exigibilidade da obrigação

Como já ficou demonstrado, a admissibilidade da execução forçada exige a concorrência de dois requisitos básicos e indispensáveis e que são:

(a) o título executivo, judicial ou extrajudicial (requisito formal) (arts. 515 e 784); e

(b) o inadimplemento do devedor, em relação à obrigação exigível certificada no título (requisito material) (CPC/2015, art. 786).

Não são suficientes, outrossim, nem a situação de um crédito documentalmente provado, nem a situação de uma obrigação descumprida. Só com a conjugação dos dois requisitos *supra* é que se torna viável o manejo do processo de execução, ou o desenvolvimento dos atos de cumprimento da sentença.

A exigência dos requisitos em questão é geral, aplicando-se indistintamente a todas as espécies de execução, sejam das obrigações de pagar quantia certa, sejam das obrigações de dar, de fazer ou não fazer.

Quanto ao requisito que se denomina *material*, a situação de fato que dá lugar à execução consiste sempre "na falta de cumprimento de uma obrigação por parte do obrigado".[17] Pertence ao direito material a conceituação do inadimplemento, no qual se considera devedor inadimplente o que não cumpriu, na forma e no tempo devidos, o que lhe competia segundo a obrigação pactuada.[18]

---

[17] LIEBMAN, Enrico Tullio. *Processo de execução*. 3. ed. São Paulo: Saraiva, 1968, n. 4, p. 6.

[18] ALVIM, Agostinho. *Da inexecução das obrigações e suas consequências*. 3. ed. Rio de Janeiro: Jurídica e Universitária, 1965, n. 4, p. 23-25. Nesse sentido, dispõe o art. 475 do Código Civil que "a parte lesada pelo

Relaciona-se a ideia de inadimplemento com a de exigibilidade da prestação, de maneira que, enquanto não vencido o débito, não se pode falar em descumprimento da obrigação do devedor. Ciente dessa verdade, ensinava Lopes da Costa que, para a execução, torna-se necessário que: *(i)* exista o título executivo; e *(ii)* "que a obrigação esteja vencida".[19]

É evidente que, sem o vencimento da dívida, seja normal ou extraordinário, não ocorre a sua exigibilidade. E, não sendo exigível a obrigação, o credor carece da ação executiva (arts. 783 e 786). Não há, todavia, necessidade de produzir prova do inadimplemento com a inicial; o transcurso do prazo da citação sem o cumprimento da obrigação, como forma de interpelação judicial, é a mais enérgica e convincente demonstração da mora do devedor. Além do mais, a simples verificação, no título, de que já ocorreu o vencimento é a prova suficiente para abertura da execução. Ao devedor incumbe o ônus da prova em contrário, *i.e.*, a demonstração de que inocorreu o inadimplemento, o que deverá ser alegado e provado em embargos à execução (arts. 535, III, e 917, I), ou em impugnação ao cumprimento da sentença (art. 525, § 1º, III).

Salvo a excepcional possibilidade da execução *provisória*, em matéria de sentença (título executivo judicial), só se pode falar em inadimplemento após o trânsito em julgado e a liquidação da condenação, se for o caso. Para os títulos extrajudiciais, não se tratando de obrigação à vista, o inadimplemento se dá após a ultrapassagem do termo ou a verificação da condição suspensiva.

No Código de 2015, a estipulação do primeiro requisito da execução acha-se contida no art. 786, onde se dispõe que ela "pode ser instaurada caso o devedor não satisfaça a obrigação certa, líquida e exigível, consubstanciada em título executivo". O que se quis assentar foi a conotação de inadimplemento no campo da execução. Para que se tenha presente o requisito material da execução forçada, não basta o inadimplemento de qualquer obrigação. É preciso que o descumprimento se refira a uma obrigação corporificada em título executivo definido por lei.

O inadimplemento pressupõe uma situação de inércia culposa do devedor. Por isso mesmo, se ocorre, a qualquer tempo, o cumprimento voluntário da obrigação pelo devedor, "o credor não poderá iniciar a execução" (art. 788). E mesmo que já tenha tido início a execução forçada caberá sempre ao devedor o direito de fazer cessar a sujeição processual por meio do pagamento da dívida, que é, invariavelmente, fato extintivo do processo executivo (arts. 788 e 924, II).

Mas, para desvencilhar-se da execução e obter a quitação da dívida, é imprescindível que o devedor cumpra a prestação exatamente como a define o título executivo. Caso contrário, será lícito ao credor recusá-la e dar curso ao processo de execução (art. 788 do Código de Processo Civil e arts. 245, 249 e 313 do Código Civil). A discussão em torno da regularidade e perfeição do pagamento, se anterior à execução, deverá ser objeto do processo incidente (mas à parte) dos embargos à execução (art. 917, VI), se se tratar de execução fundada em título extrajudicial. Será tratada a matéria em impugnação quando a execução forçada estiver sendo processada como "cumprimento da sentença" (arts. 513 e 525, § 1º, VII). Se o pagamento for oferecido no curso da execução, qualquer divergência em torno dele será apreciada e decidida nos próprios autos.

179. O inadimplemento em contrato bilateral

Há negócios jurídicos em que após seu aperfeiçoamento apenas uma das partes tem obrigações (empréstimo, por exemplo). Em outros, ambas as partes assumem deveres e direitos

---

inadimplemento pode pedir a resolução do contrato, se não preferir exigir-lhe o cumprimento, cabendo, em qualquer dos casos, indenização por perdas e danos".

[19] LOPES DA COSTA, Alfredo Araújo. *Direito processual civil brasileiro*. 2. ed. Rio de Janeiro: Forense, 1959, v. IV, n. 73, p. 71.

recíprocos (compra e venda, parceria agrícola etc.). Diz-se que o contrato é *unilateral* no primeiro caso; e *bilateral* no segundo. Regulando a segunda hipótese, dispõe o Cód. Civil de 2002 que "nos contratos bilaterais nenhum dos contratantes, antes de cumprida a sua obrigação, pode exigir o implemento da do outro" (art. 476).

Prevendo a possibilidade de execução de título que contenha uma obrigação dessa natureza, estatui o Cód. de Processo Civil que, "se o devedor não for obrigado a satisfazer sua prestação senão mediante a contraprestação do credor, este deverá provar que a adimpliu ao requerer a execução, sob pena de extinção do processo" (CPC/2015, art. 787).

Trata-se de aplicação ao processo de execução, da *exceptio non adimpleti contractus*, que é de natureza substancial e que terá lugar sempre que o credor pretender executar o devedor, sem a prévia ou a concomitante realização da contraprestação a seu cargo. Por força dessa exceção, a execução frustrar-se-á, dada a ausência de um dos seus pressupostos indeclináveis – o inadimplemento –, já que a recusa do devedor ao pagamento será justa e, por isso, o credor, enquanto não cumprida sua contraprestação, apresentar-se-á como carente da ação de execução.[20] É que não se poderá falar em *exigibilidade da obrigação* na espécie a não ser depois que o exequente houver cumprido a prestação a seu cargo. Daí exigir o art. 787, *caput*, que a petição inicial da execução seja acompanhada da prova de já ter o exequente satisfeito a prestação a seu cargo.

Na realidade, nos contratos bilaterais não há credor nem devedor, pois ambos os contraentes são, a um só tempo, credores e devedores. Aquele que pretender executar o respectivo crédito terá antes que deixar de ser devedor, solvendo o débito a seu cargo e fazendo cessar a bilateralidade do vínculo contratual. Note-se que a reciprocidade de obrigações, para os fins do art. 787, deverá proceder do mesmo e único título, pois se assim não for as obrigações serão *independentes* e não autorizarão a exceção de contrato não cumprido.

Mesmo sem o prévio adiantamento da contraprestação do exequente, o executado, em vez de opor a exceção, pode preferir cumprir a sua parte no contrato. Ser-lhe-á, então, permitido oferecer a prestação em juízo para exonerar-se da dívida. Isto ocorrendo, o juiz suspenderá a execução e só permitirá ao credor-exequente o respectivo levantamento se "cumprir a contraprestação que lhe tocar" (art. 787, parágrafo único).

Naturalmente, será marcado um prazo pelo juiz para cumprimento da citada obrigação, levando-se em conta a natureza da prestação e as condições do contrato. Decorrido ele, sem providência do exequente, o primitivo executado, agora munido de declaração judicial de exoneração de seu débito, estará em condições de assumir a posição de sujeito ativo e promover a completa execução contra aquele que teve a iniciativa do processo.

Não é, por outro lado, correto pretender que o contrato, por ser bilateral, impede a configuração do título executivo, sob o pretexto de que o direito do credor estaria na dependência de acertamento em torno da contraprestação, reclamando, por isso, processo de conhecimento, e repelindo a execução forçada.

O que descaracteriza o título executivo é a iliquidez ou incerteza relativamente às prestações previstas no título, não a sua bilateralidade. Se estas têm objeto certo e momentos precisos para sua implementação, uma vez comprovado documentalmente o pagamento de uma delas, o contrato se torna unilateral e aquele que já cumpriu a prestação a seu cargo terá contra a outra parte título obrigacional certo, líquido e exigível.

---

[20] LIMA, Alcides de Mendonça. *Comentários ao Código de Processo Civil*. Rio de Janeiro: Forense, 1974, v. VI, t. I, n. 586, p. 266.

Tanto pode o contrato bilateral servir de título executivo, que o art. 798, I, "d", prevê, expressamente, a obrigação do credor de, ao requerer a execução, instruir a inicial com "a prova, se for o caso, de que adimpliu contraprestação que lhe corresponde ou que lhe assegura o cumprimento, se o executado não for obrigado a satisfazer a sua prestação senão mediante a contraprestação do exequente".[21]

---

[21] "O contrato bilateral pode servir de título de pagar quantia certa, desde que definida a liquidez e certeza da prestação do devedor, comprovando o credor o cumprimento integral de sua obrigação" (STJ, 4ª T., REsp 81.399/MG, Rel. Min. Ruy Rosado de Aguiar, *DJU* 13.05.1996, p. 15.561; REsp 170.446/SP, Rel. Min. Ruy Rosado de Aguiar, *DJU* 15.09.1998, p. 82). STJ, 3ª T., AgRg no Ag 454.513/MT, Rel. Min. Vasco Della Giustina, ac. 18.08.2009, *DJe* 01.09.2009.

Capítulo VIII
A RELAÇÃO PROCESSUAL E SEUS ELEMENTOS

§ 22. ELEMENTOS OBJETIVOS E SUBJETIVOS DO PROCESSO DE EXECUÇÃO

180. Elementos do processo executivo

A relação jurídica que se estabelece dentro do processo compõe-se de elementos que costumam ser classificados em *subjetivos* e *objetivos*, posto que toda relação jurídica é sempre vínculo entre pessoas a respeito de bens da vida.

No processo, os elementos *subjetivos* compreendem as *partes* e o *órgão judicial*, que se apresentam como os seus sujeitos principais. Mas há outros sujeitos secundários que atuam como auxiliares no curso da marcha processual, tais como escrivães, oficiais de justiça, depositários, avaliadores, peritos etc. Quanto aos elementos *objetivos*, compreendem ora as *provas*, ora os *bens*, que se revelam como os *objetos* sobre os quais incide a atividade processual.[1]

No processo de conhecimento, o manejo das provas é amplo e, salvo os casos expressos de prova legal, ou necessária, todos os meios de convencimento são válidos para fundamentar o pedido e a sentença. No processo de execução, porém, só o *título executivo* assegura a viabilidade do processo.

Enquanto o processo de conhecimento termina e se exaure com a sentença que declara ou define o direito das partes em conflito, o processo de execução assenta-se no pressuposto de que já existe a certeza do direito do credor e busca apenas a realização material da prestação que lhe assegura o *título executivo*. Daí a distinção que se faz no sentido de que o processo de conhecimento tem, basicamente, como objeto, as *provas*, e o de execução, os *bens*.

O ofício jurisdicional, na execução forçada, atua, portanto, não na definição dos direitos substanciais das partes, mas na obtenção de *bens*, no patrimônio do devedor, para satisfação do crédito do exequente. Impossível, por isso mesmo, é o desenvolvimento do processo executivo sem a existência de bens penhoráveis do devedor. Inexistindo estes, manda a Lei seja suspenso (não extinto) o processo, que assim permanecerá enquanto não surgirem bens excutíveis no patrimônio do devedor (CPC/2015, art. 921, III, com redação da Lei nº 14.195/2021).

Podemos, diante do exposto, apontar como elementos necessários do processo de execução:

I – *subjetivos*:
(a) as *partes*: credor e devedor;
(b) o *juiz*, ou o órgão judicial, e seus auxiliares;

II – *objetivos*:
(a) a *prova* do direito certo, líquido e exigível do credor, representada, obrigatoriamente, pelo *título executivo*;
(b) os *bens* do devedor, passíveis de execução.

---

[1] CARNELUTTI, Francesco. *Istituzioni del proceso civile italiano*. 5. ed. Roma: Società Editrice del Foro Italiano, 1956, v. I, n. 100, p. 97.

Capítulo IX
ELEMENTOS SUBJETIVOS (I)

§ 23. PARTES. LEGITIMAÇÃO ATIVA

181. Nomenclatura

Partes do processo, na conceituação técnica do direito processual, são as pessoas que pedem ou em face das quais se pede a tutela jurisdicional do Estado.[1]

No processo de conhecimento, atribui-se à parte *ativa* (a que pede a tutela jurisdicional) a denominação de *autor*; e à parte *passiva*, ou seja, aquela perante quem se pediu a providência jurisdicional, dá-se o nome de *réu*.

Na execução forçada, as partes ativas e passivas são chamadas tradicionalmente de *exequente* e *executado*. O Código de Processo Civil de 1973, no entanto, preferiu denominá-las simplesmente de *credor* e *devedor*, o que, todavia, não importou banir da linguagem doutrinária e forense as expressões tradicionais de exequente e executado, mesmo porque mais significativas do que aquelas eleitas por aquela nomenclatura legal. Aliás, nas sucessivas reformas por que passou aquela codificação, o legislador voltou a usar, com indiferença, as expressões credor e exequente, devedor e executado (cf., por exemplo, as Leis n.os 11.232, de 22.12.2005, e 11.382, de 06.12.2006, que alteraram o CPC dando nova disciplina às vias executivas).

O CPC/2015 corrigiu essa promiscuidade, adotando a nomenclatura tradicional de *exequente* e *executado* para tratar das partes ativa e passiva da execução, respectivamente. As poucas vezes em que, no Livro II, se referiu a *credor* e *devedor* fê-lo para ressaltar a situação material subjacente ao título executivo (são alguns exemplos os arts. 778, 779, 786 e 787).

182. Legitimação ativa

O Código de Processo Civil atual cuida da legitimação para propor a execução forçada no art. 778. Nesse dispositivo, estão previstas a *legitimação originária* (caput) e a *legitimação superveniente* (§ 1º). Por originária, entende-se a que decorre do conteúdo do próprio título executivo e compreende: *(i)* o *credor*, como tal indicado no título; e *(ii)* o Ministério Público, nos casos prescritos em lei. Legitimação *derivada* ou *superveniente* corresponde às situações jurídicas formadas posteriormente à criação do título e que se verificam nas hipóteses de *sucessão*, tanto *mortis causa* como *inter vivos*.

183. Legitimação ativa originária do credor

Compete a execução, em primeiro lugar, ao credor "a quem a lei confere o título executivo" (CPC/2015, art. 778, *caput*). A força executiva atribuída a determinados títulos de crédito, como se vê, decorre da lei. A legitimação das partes, por sua vez, será extraída, quase sempre,

---

[1] SCHÖNKE, Adolpho. *Derecho procesal civil*. Barcelona: Bosch, 1950, p. 85; MARQUES, José Frederico. *Instituições de direito processual civil*. Rio de Janeiro: Forense, 1958, v. I, n. 339, p. 164.

do próprio conteúdo do título. Assim, no título *judicial*, credor ou exequente será o vencedor da causa, como tal apontado na sentença. E, no título *extrajudicial*, será a pessoa em favor de quem se contraiu a obrigação.

Excepcionalmente, pode a lei admitir modificação ou substituição da figura do credor, sem que o título reflita diretamente a mutação. É o que ocorre, por exemplo, no caso da Lei nº 8.906, de 04.07.1994, que legitima o advogado a executar, em nome próprio, a sentença proferida em favor do seu constituinte, na parte que condenou o adversário ao ressarcimento dos gastos de honorários advocatícios (art. 23).[2]

Por outro lado, o processo de execução acha-se subordinado aos mesmos princípios gerais que fundamentam o processo de conhecimento, como bem esclarece o art. 771, parágrafo único. Por isso, além de ser parte legítima, por figurar no título como credor, ou por tê-lo legalmente sucedido, para manejar o processo de execução o interessado terá ainda que:

(a) *ser capaz*, ou estar representado de acordo com a lei civil pelo pai, tutor ou curador; e
(b) outorgar mandato a *advogado*.

183-A. Legitimação do agente de garantia

O art. 853-A, *caput*, do Código Civil, acrescentado pela Lei nº 14.711/2023 admite que qualquer garantia (por exemplo, a alienação fiduciária em garantia e a hipoteca) possa ser executada por agente de garantia designado pelos credores[3], o qual atuará em nome próprio e em benefício dos credores, judicial e extrajudicialmente (art. 853-A, § 1º).

A figura do agente de garantia foi concebida dentro de um Capítulo novo do Código Civil destinado a regular um contrato típico, também novo, a que se atribuiu o nome de "Contrato de Administração Fiduciária de Garantias" (Capítulo XXI, acrescido pela Lei 14.711/2023 ao Título VI- Das várias espécies de contrato). Dentro dessa disciplina legal, o agente de garantia contratado pelos credores, assume poderes não limitados apenas à execução das garantias, mas que vão desde a sua constituição, gestão, registro, até a realização dos créditos garantidos, pelas vias negociais ou, se necessário, pelas vias executivas, tanto judiciais como extrajudiciais, podendo ainda atuar em qualquer ação judicial que envolva discussões relativas à existência, à validade ou à eficácia do negócio pertinente ao crédito garantido (CC, art. 853-A, *caput* e § 1º).

Processualmente, portanto, trata-se de um substituto processual que atua em juízo em nome próprio, mas em benefício dos credores. Desta forma, esse agente de garantia tem legitimidade, principalmente, mas não apenas, para ajuizar ação executiva, bem como proceder à execução extrajudicial da garantia, quando houver previsão especial na respectiva legislação.

---

[2] O advogado do Poder Público não está impedido de se beneficiar da verba honorária sucumbencial, conforme reconhece o STF: "Nada obstante compatível com o regime de subsídio, sobretudo quando estruturado como um modelo de remuneração por performance, com vistas à eficiência do serviço público, a possibilidade de advogados públicos perceberem verbas honorárias sucumbenciais não afasta a incidência do teto remuneratório estabelecido pelo art. 37, XI, da Constituição Federal (STF, Pleno, ADI 6.053/DF, Rel. Min. Alexandre de Moraes, ac. 22.06.2020, *DJe* 30.07.2020).

[3] "Art. 853-A. Qualquer garantia poderá ser constituída, levada a registro, gerida e *ter a sua execução pleiteada por agente de garantia*, que será designado pelos credores da obrigação garantida para esse fim e atuará em nome próprio e em benefício dos credores, inclusive em ações judiciais que envolvam discussões sobre a existência, a validade ou a eficácia do ato jurídico do crédito garantido, vedada qualquer cláusula que afaste essa regra em desfavor do devedor ou, se for o caso, do terceiro prestador da garantia".

184. Legitimação extraordinária do Ministério Público

Pode, também, promover a execução forçada "o Ministério Público, nos casos previstos em lei" (CPC/2015, art. 778, § 1º, I).

A propósito, convém notar que o Ministério Público é considerado pelo Código ora na função de órgão agente (art. 177), ora de órgão interveniente (art. 178). Quando, nos casos previstos em lei, exercer o direito de ação, caber-lhe-ão, obviamente, os mesmos poderes e ônus que tocam às partes comuns da relação processual (art. 177 do CPC/2015).

Daí a sua legitimidade *ad causam*, também, para promover a execução da respectiva sentença (art. 778, § 1º, I), sempre que for colocado na posição de órgão agente. Como exemplo dessas funções do Ministério Público podem ser citados os casos de tomada de contas de testamenteiro, de arrecadação de resíduos, de cumprimentos de legados pios, da execução, no juízo civil, da sentença condenatória penal, quando a vítima for pobre, para fins de obter a indenização do dano, na forma do art. 68 do Código de Processo Penal etc.

185. Legitimação ativa derivada ou superveniente

O art. 778, § 1º, II, III e IV, do Código de Processo Civil atual completa o elenco das pessoas legitimadas ativamente para a execução forçada, arrolando os casos em que estranhos à formação do título executivo tornaram-se, posteriormente, sucessores do credor, assumindo, por isso, a posição que lhe competia no vínculo obrigacional primitivo.

A modificação subjetiva da lide, em tais hipóteses, tanto pode ocorrer antes como depois de iniciada a execução forçada, e os fatores determinantes da sucessão tanto podem ser *causa mortis* como *inter vivos*, sendo, ainda, indiferente que o título executivo transmitido seja judicial ou extrajudicial.

Sempre que o pretendente a promover a execução não for o que figura na posição de credor no título executivo, para legitimar-se como exequente terá de comprovar, ao ingressar em juízo, que é "o legítimo sucessor de quem o título designa credor".[4]

Consoante o art. 778, § 1º, II, III e IV, os legitimados *supervenientes* para promover a execução, ou nela prosseguir, são:

(a) *o espólio*, os herdeiros ou sucessores do credor, sempre que, por morte deste, lhes for transmitido o direito resultante do título executivo;

(b) *o cessionário*, quando o direito resultante do título executivo lhe for transferido por ato entre vivos;

(c) *o sub-rogado*, nos casos de sub-rogação legal ou convencional.

Destaca-se que a sucessão do exequente, em todos os casos enumerados no referido dispositivo, opera automaticamente, por força da lei, de maneira que independe do consentimento do executado (art. 778, § 2º).

Na vida das pessoas jurídicas também pode ocorrer sucessão de empresas, com transferência ativa e passiva de obrigações, evento que, naturalmente, reflete sobre a legitimação para o processo de execução, por instaurar ou já em andamento. Assim se dá nos casos de incorporação, fusão e cisão de sociedades (Código Civil, arts. 1.113 a 1.122, e Lei nº 6.404/1976, arts. 223 a 234).[5] Uma vez que a sucessão de empresas importa, em regra, extinção da sucedida, torna-se

---

[4] REIS, José Alberto dos. *Processo de execução*. Coimbra: Coimbra Ed., v. I, n. 63, p. 222.

[5] "A empresa incorporadora sucede a incorporada em todos os seus direitos e obrigações, de modo que a indenização por esta devida em processo já em fase de execução constitui obrigação a ser satisfeita

necessário renovar a representação nos processos em curso, visto que os mandatários até então constituídos estarão, após a sucessão, representando pessoa jurídica inexistente. É necessário que a sucessora venha a ocupar a posição de parte na execução, outorgando, para tanto, o competente mandato judicial.[6]

186. Espólio

Por *espólio* designa-se o patrimônio deixado pelo falecido, enquanto não ultimada a partilha entre os sucessores. Admite o nosso sistema jurídico a atuação do espólio em juízo, ativa e passivamente, muito embora não lhe reconheça o caráter de pessoa jurídica. Dá-se, portanto, com o espólio, um caso de *representação anômala*, "uma vez que a lei designa o representante, posto não atribua personalidade ao representado. Não obstante esta ausência de personificação legal, o tratamento dado à herança na qualidade de massa necessária é o de uma pessoa jurídica, ao menos aparente".[7]

Representado, normalmente, pelo inventariante, ou excepcionalmente, pela totalidade dos herdeiros (CPC/2015, art. 75, VII e § 1º), é natural que o espólio possa promover a execução forçada, ou nela prosseguir, se já iniciada em vida pelo *de cujus*, pois o direito de ação também integra a universalidade que compõe a herança, enquanto sucessão aberta (Código Civil, arts. 90 e 91).

Sobrevindo a partilha, desfaz-se a massa necessária da herança indivisa e cada herdeiro ou sucessor, *de per si*, será legitimado à execução quando for contemplado na sucessão do *de cujus* com o título executivo.

Durante, porém, a indivisão que sucede à morte do autor da herança e antecede à partilha, o espólio é representado legalmente pelo inventariante (art. 75, VII). Se, no entanto, este for dativo, não terá a referida representação, que passará à totalidade dos herdeiros (art. 75, § 1º). Mesmo, contudo, quando a representação é exercida pelo inventariante, isto não exclui a participação dos herdeiros, na execução, como litisconsortes facultativos.

A prova da qualidade de inventariante é feita por certidão extraída do processo de inventário, com o esclarecimento de que o interessado se acha no exercício do *munus*. Sendo destituído o primitivo inventariante, com eventual substituição por um *dativo* e estando já em curso de execução, todos os herdeiros deverão habilitar-se para regularizar a representação do espólio.

A omissão do inventariante, outrossim, não impede que qualquer herdeiro tome a iniciativa da defesa dos direitos do espólio em juízo, de sorte que, se o representante legal da massa hereditária não propõe a execução, o herdeiro, como comunheiro dos bens, pode tomar a iniciativa da ação.[8]

187. Herdeiros e sucessores

Reconhece o art. 778, § 1º, II, do CPC/2015 que a execução pode ser ajuizada pelos herdeiros e sucessores do credor morto.

---

pela incorporadora" (STJ, 3ª T., RMS 4.949-3/MG, Rel. Min. Cláudio Santos, ac. 12.12.1994, *RSTJ* 75/159). Nesse sentido: STJ, 2ª T., AgRg no REsp 895.577/RS, Rel. Min. Mauro Campbell Marques, ac. 19.10.2010, *DJe* 27.10.2010.

[6] "A incorporação de uma empresa por outra extingue a incorporada, nos termos do art. 227, § 3º, da Lei das Sociedades Anônimas, tornando irregular a representação processual" (STJ, 4ª T., REsp 394.379/MG, Rel. Min. Sálvio de Figueiredo, ac. 18.09.2003, *DJU* 19.12.2003, p. 471).

[7] PEREIRA, Caio Mário da Silva. *Instituições de direito civil*. Rio de Janeiro: Forense, 1974, v. VI, n. 435, p. 59.

[8] PONTES DE MIRANDA, Francisco Cavalcanti. *Comentários ao Código de Processo Civil*. Rio de Janeiro: Forense, 1974, v. I, 1974, p. 328.

Por *herdeiro* deve-se entender quem sucede ao autor da herança, a título universal, ou seja, recebendo toda a massa patrimonial do *de cujus*, ou uma quota ideal dela, de modo a compreender todas as relações econômicas deixadas, tanto ativas como passivas. E por *sucessor*, simplesmente, tem-se o legatário, que sucede o *de cujus* a título singular, sendo contemplado, no testamento, com um ou alguns bens especificados e individuados.

Os sucessores universais adquirem a propriedade dos bens da herança, inclusive do título executivo acaso existente, automaticamente, logo que aberta a sucessão (art. 1.784 do Código Civil). O sucessor singular, porém, adquire, com a morte do autor da herança, apenas o direito de exigir a entrega da coisa legada.

À vista disso, os herdeiros assumem legitimidade para atuar em nome da herança ou espólio, desde a morte do *de cujus*, enquanto o legatário só pode propor a execução depois que os herdeiros lhe fizerem a entrega do título executivo deixado pelo morto.

Enquanto não partilhada a herança, a representação do espólio é ordinariamente feita pelo inventariante, como se expôs no tópico anterior; e os herdeiros, como condôminos, podem agir em juízo, mas a benefício da comunhão.

Julgada a partilha e ocorrido o trânsito em julgado da sentença, cessam as funções do inventariante e, consequentemente, sua capacidade de representar o espólio. Desaparece, a partir de então, a universalidade da herança e cada herdeiro, dentro da força e dos limites de seu quinhão, será o sucessor universal de todos os direitos e obrigações do *de cujus*. Recebendo do finado o direito ao título executivo, suceder-lhe-á o herdeiro, plenamente, no direito à ação de execução, que exercitará, a partir de então, em nome próprio.

188. Cessionário

Considera-se *cessionário* o beneficiário da transferência negocial de um crédito por ato *inter vivos*, oneroso ou gratuito. Para que haja a transferência negocial do crédito é preciso que a isso não se oponham a natureza da obrigação, a lei ou a convenção entre as partes (Código Civil, art. 286). Casos mais comuns de *cessão* são os de endosso dos títulos cambiais, que se regem por legislação específica e cuja circulabilidade é ampla e da própria natureza das obrigações neles corporificadas.

Com relação à generalidade dos créditos, também, a regra é a possibilidade de cessão. A vedação apresenta-se como exceção. Como exemplo de impedimento pela *natureza* do direito, temos o caso das obrigações personalíssimas. Crédito incedível por determinação da lei é, *v.g.*, o relativo a benefícios da Previdência Social (Lei nº 8.213/1991, art. 114). Finalmente, as partes são livres para convencionar que a obrigação ajustada só seja exigível entre os próprios contraentes, vedada a cessão a estranhos, quer da dívida, quer do crédito.

Para execução forçada, o cessionário, além de exibir o título executivo, terá o ônus de demonstrar a cessão, a fim de legitimar-se à causa. Ao contrário do que se passa no processo de conhecimento, o cessionário do crédito já em execução não depende de anuência do devedor para assumir a posição processual do cedente. A regra a aplicar é especial e consta do art. 778, § 1º, III, do CPC/2015, afastando, pois, a norma geral constante do art. 109, § 1º.[9]

189. Sub-rogado

Diz-se credor *sub-rogado* aquele que paga a dívida de outrem, assumindo todos os direitos, ações, privilégios e garantias do primitivo credor contra o devedor principal e seus fiadores (Código Civil, art. 349).

---

[9] STJ, Corte Especial, REsp 1.091.443/SP, Rel. Min. Maria Thereza de Assis Moura, ac. 02.05.2012, *DJe* 29.5.2012; STJ, 1ª T., AgRg no REsp 1.098.657/RS, Rel. Min. Napoleão Nunes Maia Filho, ac. 18.02.2014, *DJe* 12.03.2014.

A sub-rogação tanto pode ser *legal* como *convencional*. A legal decorre da lei e não depende do consentimento das partes. A convencional é fruto de transferência expressamente ajustada entre os interessados.

O art. 346 do Código Civil enumera os casos de sub-rogação legal, ou de pleno direito, que são aqueles, em suma, "em que o pagamento é feito por um terceiro *interessado* na relação jurídica".[10] É o que ocorre, tipicamente, com o avalista ou fiador que salda a dívida do avalizado ou afiançado. O pagador, assim agindo, sub-roga-se no direito e na ação do credor satisfeito. Se este possuía *título executivo*, será ele transferido para o sub-rogado, ficando-lhe assegurado, por consequência, o manejo do processo de execução para reembolso da importância dispendida, perante o obrigado principal pela dívida. Mantêm-se, nesse caso, todos os elementos da obrigação primitiva, inclusive o prazo prescricional.[11]

A sub-rogação é convencional quando operada em favor de terceiro *não interessado*, e ocorre, segundo o art. 347 do Código Civil, quando:

(a) o credor recebe o pagamento de terceiro e expressamente lhe transfere todos os seus direitos (inciso I); ou

(b) terceira pessoa empresta ao devedor a quantia de que precisa para solver a dívida, sob a condição expressa de ficar o mutuante sub-rogado nos direitos do credor satisfeito (inciso II).

Na primeira hipótese, temos uma verdadeira cessão de crédito e serão aplicáveis os princípios específicos desse instituto jurídico, como determina o art. 348 do Código Civil.

O sub-rogado, em qualquer caso, para demonstrar sua legitimidade para a execução forçada, de par com a exibição do título executivo, terá o ônus de comprovar a sub-rogação.

Como o cessionário que adquire o crédito no curso do processo, o sub-rogado não tem o dever de comparecer à execução pendente para assumir a posição do credor sub-rogante. O feito poderá prosseguir com este na condição de *substituto processual*.[12]

Ocorrida, porém, a sub-rogação incidental, *i.e.*, a do coobrigado que, executado, solve a dívida, cuja responsabilidade principal é de outrem, pode ele requerer que, em vez da extinção do processo, seja determinado o seu prosseguimento contra o devedor principal. O sub-rogado, da posição de executado passa para a de exequente.

Observe-se que nem sequer há necessidade de propor uma nova ação, pois o art. 778 assegura ao sub-rogado não só a legitimação para "promover a execução" como também para "nela prosseguir" (§ 1º do art. 778).

Daí já se ter julgado que o avalista que pagou o débito em execução pode, como sub-rogado, prosseguir contra o devedor avalizado na execução, com aproveitamento dos mesmos autos, a despeito da homologação da desistência do pedido do credor satisfeito, ou seja, daquele que iniciou a execução forçada.[13]

---

[10] WALD, Arnoldo. *Curso de direito civil brasileiro* – obrigações e contratos. 2. ed. São Paulo: Sugestões Literárias, 1969, n. 36, p. 84.

[11] STJ, 3ª T., REsp 1.769.522/SP, Rel. Min. Nancy Andrighi, ac. 12.03.2019, *DJe* 15.03.2019.

[12] LIMA, Alcides de Mendonça. *Comentários ao Código de Processo Civil*. Rio de Janeiro: Série Forense, 1974, v. VI, n. 275, p. 146.

[13] STJ, 4ª T., REsp 4.100/SP, Rel. Min. Barros Monteiro, ac. 26.02.1991, *DJU* 15.04.1991, p. 4.303; TJRS, 15ª Câm. Cív., Apelação 70032380370/RS, Rel. Niwton Carpes da Silva, ac. 06.07.2011, *DJRS* 12.07.2011; TJMG, 14ª Câm. Cív., AI 513605-0, Rel. Des. Heloísa Combat, ac. 18.08.2005, *DJMG* 03.09.2005.

190. Legitimações supervenientes extraordinárias: massa falida, condomínio e herança jacente ou vacante

O Código de 2015, como o anterior, omitiu-se quanto à situação da massa falida, do condomínio e da herança jacente ou vacante, no processo executivo, limitando-se a arrolar o "espólio" como universalidade capaz de promover e sofrer a execução forçada.

Mas é óbvio que a massa falida, o condomínio e a herança jacente ou vacante, como massas necessárias que são e que se equiparam ao espólio, também podem figurar na relação processual da execução. E, em tal se dando, suas representações caberão, respectivamente, ao *administrador judicial* (CPC/2015, art. 75, V), ao administrador ou síndico (art. 75, XI) e ao *curador* (art. 75, VI). O mesmo ocorrerá com a massa do devedor civil insolvente, que é representada em juízo pelo *administrador* (art. 766, II, do CPC/1973, que permanece em vigor em razão do art. 1.052 do CPC/2015), cujo *munus* é o mesmo do administrador judicial na falência do comerciante.

191. Terceiros interessados

Os estranhos ao título executivo, ainda que interessados na solução da dívida, não são partes legítimas para promover a execução, ou seu andamento.[14] Terão, antes, que se sub-rogarem, por alguma forma adequada, no direito à execução, para depois promovê-la. Como exemplo de meio de obter a sub-rogação pelo terceiro interessado, temos o caso, quando possível, da penhora de direito e ação, nos termos do art. 857 do novo Código de Processo Civil de 2015.

192. Desnecessidade de consentimento do executado para o exercício da legitimidade ativa superveniente

O Código atual explicitou tese que já era consagrada pela jurisprudência formada ao tempo do Código anterior, segundo a qual a sucessão prevista no § 1º do art. 778 – isto é, aquela em favor Ministério Público, do espólio e herdeiros, do cessionário e do sub-rogado – independe de consentimento do executado (§ 2º). Em verdade, o dispositivo reproduz entendimento do STJ, reiterado em regime de recurso repetitivo, no sentido de que "a legitimidade ativa superveniente não está vinculada ao consentimento da parte contrária".[15]

---

[14] AMARAL SANTOS, Moacyr. *Primeiras linhas sobre direito processual civil*. 4. ed. São Paulo: Max Limonad, 1973, v. III, n. 816, p. 249.

[15] STJ, Corte Especial, REsp 1.091.443/SP, Rel. Min. Maria Thereza de Assis Moura, ac. 02.05.2012, *DJe* 29.05.2012.

§ 24. LEGITIMAÇÃO PASSIVA

193. Legitimação passiva

O art. 779 do Código atual indica quem pode ser sujeito passivo da execução, arrolando:

(a) o devedor, reconhecido como tal no título executivo (inciso I);

(b) o espólio, os herdeiros ou os sucessores do devedor (inciso II);

(c) o novo devedor que assumiu, com o consentimento do credor, a obrigação resultante do título executivo (inciso III);

(d) o fiador do débito constante em título extrajudicial (inciso IV);

(e) o responsável titular do bem vinculado por garantia real ao pagamento do débito (inciso V); e

(f) o responsável tributário, assim definido em lei (inciso VI).

Dentro da sistemática do Código, a legitimação passiva pode ser dividida em:

(a) *devedores originários*, segundo a relação obrigacional de direito substancial: "devedores" definidos pelo próprio título;

(b) sucessores do devedor originário: espólio, herdeiros ou sucessores, bem como o "novo devedor";

(c) *apenas responsáveis* (e não obrigados pela dívida): o "fiador do débito", o "responsável titular do bem vinculado por garantia real ao pagamento do débito" e o "responsável tributário".

194. Dívida e responsabilidade

Os sucessores, a título universal, praticamente ocupam o mesmo lugar do devedor primitivo e com ele se confundem na qualidade jurídica.

Quanto à admissibilidade de execução contra quem não seja *devedor*, isto se deve à moderna distinção que, no plano jurídico, se faz entre *dívida* e *responsabilidade*.[16]

Sabe-se que o devedor, embora vinculado à obrigação, não pode ser física e corporalmente compelido a cumpri-la. Mas seu patrimônio fica sempre sujeito a sofrer a ação do credor, caso o crédito não seja devidamente satisfeito.

Nota-se, destarte, um desdobramento da obrigação em dois elementos distintos: *(i)* um de caráter *pessoal*, que é a *dívida* ("Schuld"); e *(ii)* outro de caráter *patrimonial*, que é a *responsabilidade* ("Haftung") e que se traduz na sujeição do patrimônio a sofrer a sanção civil.

Para o credor, os dois elementos passivos da obrigação (dívida e responsabilidade) correspondem a dois direitos distintos: *(i)* direito à *prestação*, que se satisfaz pelo cumprimento voluntário da obrigação pelo devedor; e *(ii)* direito de *garantia* ou de *execução*, que se satisfaz mediante intervenção estatal, por meio da execução forçada.[17]

Do lado passivo, normalmente os dois elementos reúnem-se numa só pessoa, o devedor, sendo certo que não pode existir dívida sem responsabilidade. Mas o contrário é perfeitamente

---

[16] LIMA, Alcides de Mendonça. *Comentários ao Código de Processo Civil*. Rio de Janeiro: Forense, 1974, v. VI, n. 282, p. 148; REIS, José Alberto dos. *Processo de execução*. Coimbra: Coimbra Ed. 1943, v. I, n. 7, p. 8-9.

[17] REIS, José Alberto dos. *Processo de execução*. Coimbra: Coimbra Ed. 1943, v. I, n. 7, p. 9.

possível, pois uma pessoa pode sujeitar seu patrimônio ao cumprimento de uma obrigação sem ser o *devedor*. É o que se passa, por exemplo, com o fiador diante da dívida do executado, ou com o sócio solidário frente à dívida da sociedade: "o devedor é um, o responsável é outro".[18]

A propósito, o Código Civil português (de 1966), em seu art. 818, regula expressamente essa situação, dispondo que "o direito de execução pode incidir sobre bens de terceiro quando estejam vinculados à garantia do crédito, ou quando sejam objecto de acto praticado em prejuízo do credor, que este haja procedentemente impugnado".

A norma é completada pelo art. 735 do novo CPC lusitano (de 2013), onde se afirma, no nº 1, que "estão sujeitos à execução todos os bens do devedor suscetíveis de penhora que, nos termos da lei substantiva, respondem pela dívida exequenda". No nº 2 se acrescenta que, "nos casos especialmente previstos na lei, podem ser penhorados bens de terceiro, desde que a execução tenha sido movida contra ele".

Tem-se, aí, a consagração legal evidente da dissociação dos elementos da obrigação, ou seja: a dívida e a responsabilidade.

Há, portanto, profunda diferença de natureza jurídica entre a relação que vincula o devedor ao credor – que é de direito *material* – e a relação que sujeita o responsável ao juízo da execução – que é de direito *processual*. Enquanto na primeira existe *obrigação*, na segunda há *sujeição*. Assim, os bens do responsável (devedor ou não) sofrem os efeitos da execução em virtude de *sujeição* inerente à relação de direito processual, que torna ditos bens destinados à satisfação compulsória do direito do credor.[19]

Para início da execução forçada, sempre que o responsável não for o primitivo obrigado, terá o credor que provar a responsabilidade do executado *initio litis*, já que o processo de execução não apresenta, em seu curso, uma fase probatória, e só pode ser aberto mediante demonstração prévia de direito líquido, certo e exigível do promovente contra o executado.

Não é possível, porém, executar os bens do terceiro responsável sem vinculá-lo à relação processual, mediante regular citação, visto que ninguém pode ser privado de seus bens sem observância do devido processo legal e sem que lhe sejam assegurados o contraditório e os meios ordinários de defesa em juízo (CF, art. 5º, LIV e LV).

Observa-se, por último, que o sujeito passivo da execução, para comparecer em juízo, tem de satisfazer os pressupostos processuais comuns, *i.e.*, deve ser *capaz* ou estar legalmente representado ou assistido, e ainda atuar por meio de advogado.

195. O devedor

O primeiro legitimado passivo para a execução forçada, segundo o art. 779, I, do CPC/2015 é "o devedor, reconhecido como tal no título executivo". Se se trata de execução de sentença, o executado será o vencido no processo de conhecimento e sua identificação far-se-á pela simples leitura do decisório exequendo. Convém lembrar, todavia, que não apenas o réu pode ser vencido, pois também o autor, quando decai de seu pedido, é condenado aos efeitos da sucumbência (custas e honorários advocatícios), assumindo, assim, a posição de vencido e sujeitando-se à execução forçada sob a modalidade de "cumprimento de sentença" (art. 513).

Também o opoente (art. 682), o denunciado à lide (art. 125), o chamado ao processo (art. 130), quando integrados à relação processual e *vencidos*, são partes legítimas para

---

[18] REIS, José Alberto dos. *Processo de execução*. Coimbra: Coimbra Ed. 1943, v. I, n. 60, p. 215.
[19] CARNELUTTI, Francesco. *Diritto e processo*. Napoli: Morano Editore, 1958, n. 196, p. 314 e n. 201, p. 323; LIEBMAN, Enrico Tullio. *Processo de execução*. 3. ed. São Paulo: Saraiva, 1968, n. 35, p. 67; MICHELI, Gian Antonio. *Derecho procesal civil*. Buenos Aires: Ediciones Jurídicas Europa-América, 1970, v. III, p. 131-132.

sofrerem a execução forçada, de acordo com o teor do título executivo judicial (sentença condenatória).

Da mesma forma, se a execução for de título extrajudicial, será sempre legitimado passivo aquele que figurar no documento negocial como devedor.

196. Espólio e sucessores

I – Espólio

A morte é o fim natural e obrigatório da pessoa humana e com ela extinguem-se a personalidade e a capacidade jurídica, transmitindo-se direitos e obrigações do defunto aos sucessores legais.

Enquanto não se ultima a partilha e não se fixa a parcela dos bens que tocará a cada herdeiro ou sucessor, o patrimônio do *de cujus* apresenta-se como uma universalidade que, embora não possua personalidade jurídica, é tida como uma unidade suscetível de estar em juízo, ativa e passivamente. Daí o disposto no art. 796 do CPC/2015, em que se lê que "o espólio responde pelas dívidas do falecido".

Sobre a representação processual do espólio, o assunto foi tratado quando se abordou a legitimação ativa e nada há que se acrescentar (ver, *retro*, item nº 187).

II – Herdeiros

Ultimada a partilha, desaparece a figura da herança ou espólio, como massa indivisa, e cada herdeiro só responderá pelas dívidas do finado, "dentro das forças da herança e na proporção da parte que lhe coube" (art. 796).[20]

Embora o herdeiro suceda automaticamente ao defunto nas relações ativas e passivas, seus patrimônios não se confundem. Por isso, "se a execução não tiver começado ao tempo da sucessão, enquanto o herdeiro não tenha aceitado a herança não poderá incidir execução em seus bens pessoais por obrigação da herança, tampouco executar nesta obrigação do herdeiro".[21]

Mesmo depois de aceita a herança, em homenagem ao princípio de que o patrimônio de terceiro não está sujeito à execução, a penhora por dívida do *de cujus* só deve alcançar os bens que o herdeiro "tenha recebido do autor da herança",[22] salvo, naturalmente, se tiver ocorrido alienação, hipótese em que serão alcançados outros bens do sucessor até a proporção da cota hereditária.

Se a execução já estiver em curso quando ocorrer o óbito do devedor, sua substituição pelo espólio ou pelos sucessores dar-se-á por meio da habilitação incidente, com observância dos arts. 110 e 687 a 692, suspendendo-se o processo pelo prazo necessário à citação dos interessados (art. 313, I e § 1º).

III – Representação do espólio

Ocorrendo a morte antes do início da execução, esta será ajuizada diretamente contra o espólio, representado pelo inventariante, se não houver partilha e se a inventariança não for dativa; ou contra os herdeiros, se o inventariante for dativo ou se já existe partilha. Pode a execução

---

[20] "Após a homologação da partilha e havendo mais de um herdeiro, revela-se incabível a constrição de bem herdado por um deles para a garantia de toda a dívida deixada pelo de cujus, pois a responsabilidade do sucessor é proporcional ao seu quinhão" (STJ, 6ª T., REsp 1.290.042/SP, Rel. Min. Maria Thereza de Assis Moura, ac. 01.12.2011, *DJe* 29.02.2012). Consta do acórdão que a observância da regra acima pressupõe a existência da partilha, mas independe de registro do respectivo formal, já que a transmissão dos bens hereditários não se condiciona à solenidade registral.

[21] GOLDSCHMIDT, James. *Derecho procesal civil*. Barcelona: Editorial Labor, 1936, § 89, p. 599.

[22] REIS, José Alberto dos. *Processo de execução*. Coimbra: Coimbra Ed. 1943, v. I, n. 82, p. 306.

também ser aforada contra o espólio, representado pelo administrador provisório, nos termos dos arts. 613 e 614 do CPC/2015,[23] enquanto não nomeado e compromissado o inventariante.

IV – *Sucessores* causa mortis e inter vivos

O art. 779, II, indica, para o caso de falecimento do devedor, a legitimidade passiva do espólio, dos herdeiros ou sucessores. Como já se explicou, no exame da legitimação ativa, cujos ensinamentos se aplicam inteiramente à legitimação passiva, herdeiros são os sucessores a título universal, por força de lei ou de testamento; e com a expressão "sucessores" abrangeu o Código os "*sucessores mortis causa* a título singular", que são os *legatários*. Os sucessores por ato *inter vivos* acham-se contemplados no inciso III do mesmo artigo[24] ("o novo devedor que assumiu, com o consentimento do credor, a obrigação resultante do título executivo").

V – *Sucessão entre empresas*

Há, também, que se registrar a repercussão sobre a legitimidade passiva das pessoas jurídicas nos casos de sucessão de empresas, em situações como as de incorporação, fusão e cisão, as quais provocam transferência universal de direitos e obrigações (v. item nº 185, *retro*)[25]. Tal como o espólio e os herdeiros, as empresas sucessoras podem ser executadas pelas dívidas constantes de títulos executivos de responsabilidade das empresas extintas ou sucedidas. Haverá, naturalmente, de observar o limite do patrimônio absorvido pela empresa sucessora.

Uma hipótese frequente de sucessão de empresas devedoras é a que se acha contemplada no art. 133 da Lei nº 5.172/1966 (CTN), e que ocorre quando se configura a sucessão de atividade empresarial caracterizada pela aquisição de fundo de comércio ou estabelecimento comercial, com a continuação da respectiva atividade. Não se presta, entretanto, para configurá-la "o simples fato de uma nova sociedade empresária se estabelecer no mesmo endereço antes ocupado pelo devedor e atuar no mesmo seguimento de mercado por este último explorado". Para admitir a sucessão, é necessário seja comprovada que a suposta sucessora dê continuação à atividade antes desenvolvida no local pelo executado. Só assim, ensejará "a responsabilidade tributária da nova locatária" do imóvel antes utilizado pelo devedor tributário.[26]

VI – *Desconsideração da personalidade jurídica*

Pelo incidente da desconsideração da personalidade jurídica, a execução poderá ser redirecionada da pessoa jurídica para os dirigentes e sócios, ou vice-versa, nas hipóteses e formas dos arts. 133 a 137 do CPC/2015[27] (sobre a matéria, ver no vol. I os itens nºˢ 277 a 281 e, ainda, ver neste vol. o item 224).

---

[23] STJ, 3ª T., REsp 1.386.220/PB, Rel. Min. Nancy Andrighi, ac. 03.09.2013, *DJe* 12.09.2013.

[24] LIMA, Alcides de Mendonça. *Comentários ao Código de Processo Civil*. Rio de Janeiro: Forense, 1974, v. VI, n. 304, p. 160-161.

[25] "Na sucessão empresarial, por incorporação, a sucessora assume todo o passivo tributário da empresa sucedida, respondendo em nome próprio pela dívida de terceiro (sucedida), consoante inteligência do art. 132 do CTN – cuidando-se de imposição automática de responsabilidade tributária pelo pagamento de débitos da sucedida, assim expressamente determinada por lei – e, por isso, pode ser acionada independentemente de qualquer outra diligência por parte do credor" (STJ, 1ª T., AgInt no REsp 1.679.466/SP, Rel. Min. Gurgel de Faria, ac. 21.06.2018, *DJe* 07.08.2018). No mesmo sentido: STJ, 1ª T., AgInt no REsp 1.695.313/SP, Rel. Min. Gurgel de Faria, ac. 14.08.2018, *DJe* 06.09.2018.

[26] TJRJ, 18ª C. Civ., Ag Int. no Ag. de Inst. 0018712-19.2012.8.19.0000, Rel. Des. Heleno Ribeiro Pereira Nunes, j. 29.05.2012, *Revista de Direito Civil e Processual Civil* – LEX, n. 57, p. 331, maio-jun. 2012.

[27] É admissível a desconsideração da personalidade jurídica de associação civil; contudo, a responsabilidade patrimonial deve ser limitada apenas aos associados que estão em posições de poder na condução da

197. O novo devedor

O inciso III do art. 779 do CPC/2015 cuida da cessão do débito pelo devedor ou assunção da dívida por terceiro.

O credor, por via de regra, pode ceder livremente seu título executivo. Mormente em casos como o das cambiais e títulos equiparados, a transmissibilidade do crédito é da própria essência do negócio jurídico incorporado no título e não depende da aquiescência do devedor, nem sequer fica subordinada a qualquer comunicação ou notificação a este. Em outras hipóteses, e de maneira geral, o credor continua livre para transferir seus direitos (Código Civil art. 286), devendo, no entanto, notificar o devedor para que a cessão valha em relação a ele (Código Civil art. 290).[28]

Já o mesmo não ocorre com a parte passiva da obrigação. Diversamente do que se passa no direito alemão, inexiste entre nós, como regra, "a cessão de dívida".[29] Por isso, ao devedor não é lícito transferir a dívida assumida, a não ser mediante expresso consentimento do credor.

Daí dizer o art. 779, III, do atual Código de Processo Civil que a execução poderá atingir o "novo devedor que assumiu, *com o consentimento do credor*, a obrigação resultante do título executivo". Também o Código Civil cuida da assunção da dívida por terceiro, sujeitando sua eficácia sempre ao consentimento expresso do credor (art. 299).

A assunção da dívida será possível em duas circunstâncias: *(i)* em ato negocial de que participem o velho e o novo devedor; e *(ii)* em ato unilateral do novo devedor.[30] Em ambas as hipóteses, porém, será sempre indispensável "o consentimento do credor" (art. 779, III). Faltando este, qualquer ajuste do devedor com terceiro, visando a transmitir-lhe a dívida, será tido como *res inter alios acta*, sem qualquer eficácia perante o titular do crédito e sem qualquer efeito em relação à legitimidade das partes para a execução forçada.

Satisfeito o pressuposto do assentimento do credor, a assunção da dívida poderá ocorrer sob três situações distintas:

(a) com exoneração do primitivo devedor e com seu consentimento (novação por *delegação*);

(b) com exoneração do primitivo devedor, mas sem o seu consentimento (novação por *expromissão*);

(c) por assunção pura e simples da dívida pelo novo devedor, sem excluir a responsabilidade do devedor primitivo que, de par com o assuntor, continua vinculado à obrigação, caso em que não se pode falar em novação.[31]

Em todas as três circunstâncias, o credor, ao iniciar a execução, terá de, além da exibição do título executivo, comprovar a assunção da dívida pelo "novo devedor".

Embora a assunção não obrigue o credor sem o seu consentimento, este não precisa ser prévio, nem concomitante ao negócio translatício. Pode ser posterior e, às vezes, até tácito ou

---

entidade, pois seria irrazoável estender a responsabilidade patrimonial a um enorme número de associados que pouco influenciaram na prática dos atos associativos ilícitos (STJ, 3ª T., REsp 1.812.929/DF, Rel. Min. Marco Aurélio Bellizze, ac. 12.09.2023, *DJe* 28.09.2023).

[28] "Cláusula proibitiva de cessão não poderá ser oposta ao cessionário de boa-fé, se não constar do instrumento da obrigação" (Código Civil, art. 286, *in fine*).

[29] LOPES DA COSTA, Alfredo Araújo. *Direito processual civil brasileiro*. 2. ed. Rio de Janeiro: Forense, 1959, v. IV, n. 100, p. 97.

[30] LIMA, Alcides de Mendonça. *Comentários ao Código de Processo Civil*. Rio de Janeiro: Forense, 1974, v. VI, n. 307, p. 161.

[31] MONTEIRO, Washington de Barros. *Curso de direito civil – direito de obrigações*. 1ª Parte. 29. ed. São Paulo: Saraiva, 1997, v. IV, p. 301.

presumido (Código Civil, arts. 299, parágrafo único, e 303). Não se pode, outrossim, qualificar de nula ou ineficaz a assunção não consentida pelo credor. O fenômeno passa-se no plano da eficácia, e não no da validade. Entre os participantes o negócio é perfeitamente válido. Perante o credor é que não produz o efeito desejado pelas partes que o praticaram. Mesmo assim, não se trata de negócio totalmente irrelevante para o credor. Valerá, sempre, como uma "estipulação em favor de terceiro" (Código Civil, art. 436, parágrafo único). Dessa forma, o credor, a qualquer tempo, terá a possibilidade de invocar a assunção do débito para reclamar do assuntor o cumprimento da obrigação assumida, embora não tenha figurado no negócio. Essa atitude, porém, importará para o credor a sujeição às condições estabelecidas no contrato ajustado entre o assuntor e o devedor (Código Civil, art. 436, parágrafo único).

198. Fiador judicial

A *caução* é o meio jurídico de garantir o cumprimento de determinada obrigação. Pode ser *real* ou *fidejussória*. Real é a representada pela hipoteca, penhor etc.; a fidejussória é a garantia pessoal representada pela fiança e pelo aval. A fiança, por sua vez, pode ser *convencional* ou *judicial*, conforme provenha de contrato ou ato processual.

Considera-se, portanto, fiador judicial aquele que presta, no curso do processo, garantia pessoal ao cumprimento da obrigação de uma das partes. São exemplos de fiança judicial os casos dos arts. 895, § 1º, 897, e 559, entre outros.

O fiador judicial responde pela execução sem ser o obrigado pela dívida e a execução contra ele não depende de figurar o seu nome na sentença condenatória. Responde, porém, por título executivo judicial, visto que como tal não se entende apenas a sentença, mas qualquer decisão que reconheça a exigibilidade de obrigação (art. 515, I). Logo, tendo sido a fiança acolhida em processo judicial por decisão do juiz, se for o caso de executá-la, o procedimento será o dos arts. 513 e ss.

Em todos os casos de execução contra o fiador, este, solvendo a dívida ajuizada, terá ação regressiva contra o devedor, sub-rogando-se nos direitos do credor e legitimando-se ao manejo da execução forçada contra o afiançado (Código Civil, art. 832), o qual se dará nos mesmos autos (art. 794, § 2º, do CPC/2015).

No caso de fiança prestada ao arrematante, não sendo o preço pago por este, o fiador poderá preferir a transferência da arrematação a seu benefício, em lugar de executar o afiançado pela importância despendida (art. 898).

Ao fiador, seja convencional ou judicial, é assegurado o benefício da ordem, *i.e.*, a faculdade de nomear à penhora bens livres e desembargados do devedor (art. 794). Assim, a execução incidirá, primeiro, sobre bens do afiançado, e só se estes não forem suficientes é que recairá sobre o patrimônio do fiador. O que, porém, firma a fiança extrajudicial como devedor solidário e principal pagador, renunciando ao benefício de ordem, não pode se valer da preferência executiva constante do art. 828, II, do Código Civil[32] e do art. 794, § 3º, do CPC/2015.

199. Fiador extrajudicial

O CPC/2015 pacificou definitivamente a questão relativa à legitimidade do fiador judicial e do comum para o processo executivo, uma vez que o art. 779, IV, ao arrolar os legitimados passivos para a execução forçada, fala amplamente em "fiador do débito" constante em título extrajudicial sem qualquer discriminação entre fiança judicial ou extrajudicial.

---

[32] STJ, 3ª T., REsp 4.850/SP, Rel. Min. Nilson Naves, ac. 16.10.1990, *DJU* 03.12.1990, p. 14.319; STJ, 6ª T., AgRg no REsp 795.731/RS, Rel. Min. Paulo Gallotti, ac. 14.10.2008, *DJe* 17.11.2008.

Assim, o que se deve exigir do contrato de fiança, para que autorize a coação executiva, é tão somente que seja representativo de obrigação certa, líquida e exigível, conforme dispõe o art. 783 do CPC/2015.

Por outro lado, não admite a lei que a sentença condenatória (título executivo judicial) obtida apenas contra o devedor afiançado seja também exequível contra o fiador, que não tiver participado da fase de conhecimento (art. 513, § 5º). No caso, o título executivo é a sentença e não o contrato de fiança e, na sentença, figura como vencido (devedor) apenas o demandado. Se foi necessária uma sentença, é porque o contrato não era, por si só, título executivo. Ou porque houve necessidade de acertar, contra o devedor principal, algo mais que o valor das prestações previstas no contrato. O fato, porém, de a sentença, na espécie, não ser exequível contra o fiador não impede que o credor lance mão da execução por título extrajudicial, que terá por base o contrato de fiança, se este contiver termos suficientes para se emprestar certeza, liquidez e exigibilidade à obrigação garantida.

Um requisito importante a observar para que a fiança goze da força de título executivo é o que decorre do impedimento, previsto no art. 1.647, III, do Código Civil, a que um dos cônjuges preste garantia fidejussória sem autorização do outro, salvo apenas no caso de casamento sob regime da separação absoluta de bens. Muito já se discutiu sobre se a fiança pactuada sem a referida vênia conjugal seria nula em toda extensão ou se prevaleceria apenas sobre a meação do fiador. O STJ, porém, já superou a divergência e fez inserir em sua jurisprudência sumulada que "a fiança prestada sem autorização de um dos cônjuges implica a ineficácia total da garantia" (Súmula, STJ nº 332). A nulidade da fiança, na espécie, portanto, é de pleno direito e invalida até mesmo a penhora efetivada apenas sobre a meação do prestador da garantia, conforme entendimento consolidado do STJ, cujo fundamento se apoia no art. 166, VII, do Código Civil.[33]

Sem embargo da nulidade atribuída à fiança prestada sem a outorga do outro cônjuge, a jurisprudência consagra a tese de que "a nulidade da fiança só pode ser demandada pelo cônjuge que não a subscreveu, ou por seus respectivos herdeiros". Desse modo, "afasta-se a legitimidade do cônjuge autor da fiança para alegar sua nulidade, pois a ela deu causa". Tal posicionamento, na ótica do STJ, "busca preservar o princípio consagrado na lei substantiva civil segundo o qual não pode invocar a nulidade do ato aquele que o praticou, valendo-se da própria ilicitude para desfazer o negócio".[34]

Por outro lado, é bom ressaltar que o cônjuge que apenas autoriza seu consorte a prestar aval, nos termos do art. 1.647 do Código Civil (outorga uxória), não se torna avalista. Por isso, não havendo sido prestada garantia real, desnecessária é sua citação como litisconsorte, bastando a mera intimação, se a penhora tiver recaído sobre imóvel.[35]

200. Responsável titular do bem vinculado por garantia real ao pagamento do débito

O CPC/2015 incluiu, entre os sujeitos passivos da execução, "o responsável titular do bem vinculado por garantia real ao pagamento do débito" (CPC/2015, art. 779, V). Ou seja, reconheceu a legitimidade passiva para a execução forçada daquele que tenha oferecido em garantia real bem próprio para assegurar o cumprimento de obrigação alheia.

---

[33] STJ, 3ª T., AgRg no REsp 1.447.925/MS, Rel. Min. Sidnei Beneti, ac. 27.05.2014, *DJe* 09.06.2014; STJ, 3ª T., REsp. 525.765/RS, Rel. Min. Castro Filho, ac. 29.10.2003, *DJU* 17.11.2003, p. 325.

[34] STJ, 5ª T., REsp 832.576/SP, Rel. Min. Arnaldo Esteves Lima, *DJU* 22.10.2007; *Revista de Direito Civil e Processo Civil*, n. 51, p. 172. No mesmo sentido: STJ, 4ª T., AgRg nos EDcl no Ag 1.165.674/RS, Rel. Min. Aldir Passarinho Junior, ac. 05.04.2011, *DJe* 08.04.2011.

[35] STJ, 4ª T., REsp 1.475.257/MG, Rel. Min. Maria Isabel Gallotti, ac. 10.12.2019, *DJe* 13.12.2019.

Com efeito, o bem dado em garantia real fica vinculado ao pagamento do débito (art. 1.419 do Código Civil). Destarte, na execução será esse bem preferencialmente penhorado para satisfação do crédito. Ora, se a coisa será penhorada no processo executivo, é evidente que o proprietário deverá integrá-lo. Nesse sentido, a jurisprudência dominante do STJ ao tempo do Código anterior já proclamava: "é necessária a citação do proprietário de bem hipotecado em garantia de dívida alheia. À míngua de tal citação, queda-se nula a penhora".[36] Por esse motivo, o art. 784, V, do CPC/2015, positivando a tese pretoriana, arrola como título executivo extrajudicial o "contrato garantido por hipoteca, penhor, anticrese ou outro direito real de garantia"; e o art. 779, V, reconhece a legitimidade executiva passiva do terceiro garante quando constitui garantia real sobre bem próprio para assegurar débito de outrem.[37]

É certo, contudo, que a responsabilidade do titular do bem dado em garantia *limita-se ao valor da coisa*. Esgotada a garantia real, não subsiste nenhuma responsabilidade pessoal do terceiro garante. Mas, enquanto existir a garantia real, será o terceiro responsável executivamente pela realização da dívida. Trata-se, destarte, de uma responsabilidade patrimonial *limitada*.

201. Responsável tributário

Este sujeito passivo da execução é específico da legislação fiscal e sua presença no art. 779, VI, do CPC/2015 deveu-se à unificação da execução forçada procedida pelo Código de 1973, de forma a abranger também a cobrança da Dívida Ativa da Fazenda Pública.

A Lei nº 6.830, de 22.09.1980, publicada no *Diário Oficial* de 24.09.1980, no entanto, voltou ao sistema de regulamentação apartada para as execuções fiscais. Dessa maneira, a partir de sua vigência, o Código de Processo Civil atual, como já o era o anterior, será aplicado à cobrança judicial da Dívida Ativa apenas subsidiariamente.

Definindo o sujeito passivo da obrigação tributária, a Lei nº 5.172, de 25.10.1966 (Código Tributário Nacional), o conceituou como "a pessoa obrigada ao pagamento do tributo ou penalidade pecuniária" (art. 121, *caput*), classificando-o em duas espécies:

(a) o *contribuinte*, "quando tenha relação pessoal e direta com a situação que constitua o respectivo fato gerador" (art. 121, parágrafo único, I); e

(b) o *responsável*, "quando, sem revestir a condição de contribuinte, sua obrigação decorra de disposição expressa de lei" (art. 121, parágrafo único, II).

A primeira hipótese representa o *devedor* no sentido comum pois atinge diretamente a pessoa "que retira a vantagem econômica" do fato gerador[38] e está abrangida pelo inciso I do art. 779 do Código de Processo Civil de 2015.

Na figura do responsável tributário, o CTN englobou "todas as hipóteses de sujeição passiva indireta", isto é, daquelas situações em que o tributo não é cobrado da pessoa que retira uma vantagem econômica do ato, fato ou negócio tributado, mas sim de pessoa diversa.[39]

---

[36] STJ, 3ª T., AgRg nos EDcl no REsp 341.410/SP, Rel. Min. Humberto Gomes de Barros, ac. 09.05.2006, *DJU* 29.05.2006, p. 227. No mesmo sentido: STJ, 4ª T., AgRg no AREsp 131.437/PR, Rel. Min. Luis Felipe Salomão, ac. 07.05.2013, *DJe* 20.05.2013.

[37] "A execução pode ser promovida apenas contra o titular do bem oferecido em garantia real, cabendo, nesse caso, somente a intimação de eventual coproprietário que não tenha outorgado a garantia" (CEJ/I Jorn. Dir. Proc. Civ., Enunciado nº 97).

[38] SOUZA, Rubens Gomes de. Sujeito passivo das taxas. *Revista de Direito Público*, v. XVI, abr.-jun. 1971, p. 347.

[39] SOUZA, Rubens Gomes de. Sujeito passivo das taxas. *Revista de Direito Público*, v. XVI, abr.-jun. 1971, p. 347.

A responsabilidade tributária, que engloba "todas as figuras de sujeição passiva indireta", pode ocorrer sob duas modalidades principais:

(a) a transferência, "que é a passagem da sujeição passiva para outra pessoa, em virtude de um fato posterior ao nascimento da obrigação contra o obrigado direto; comporta três hipóteses: (i) solidariedade, quando, havendo simultaneamente mais de um devedor, o que paga o total adquire a condição de obrigado indireto quanto à parte que caberia aos demais; (ii) sucessão, quando, desaparecendo o devedor por morte, falência ou cessação do negócio, a obrigação passa para seus herdeiros ou continuadores; (iii) responsabilidade, quando a lei põe a cargo de um terceiro a obrigação não satisfeita pelo obrigado direto"; e

(b) a substituição, que é "a hipótese em que, independentemente de fato novo posterior ao nascimento da obrigação, a lei já define a esta como surgindo desde logo contra pessoa diversa da que seria o obrigado direto, isto é, contra pessoa outra que aquela que auferiu vantagem do ato, fato ou negócio tributário".[40]

O Código Tributário Nacional traçou as linhas gerais da responsabilidade tributária nos arts. 128 a 138, as quais são completadas pela legislação específica de cada tributo em vigor no País. É condição, porém, da execução forçada do crédito tributário a sua regular inscrição em "dívida ativa" na repartição competente, em nome do contribuinte e dos corresponsáveis (Código Tributário Nacional, arts. 201 a 204; Lei nº 6.830/80, art. 2º, § 5º, I).[41]

Destarte, a Fazenda Pública não tem título executivo contra o corresponsável tributário, sem prévia inscrição do débito também em seu nome, pelo menos em princípio.

Mesmo com a quebra de unidade do processo executivo, operada pela Lei nº 6.830/1980, é bom lembrar que a sistemática da execução fiscal continua sendo a da execução forçada por quantia certa, nas mesmas bases estruturais traçadas pelo Código de Processo Civil. Tanto no Código como na Lei nº 6.830/1980, o responsável tributário é alguém que deve sujeitar-se à execução forçada, mas dentro das forças do título executivo e das regras que definem a liquidez e certeza do documento básico e indispensável à atuação do processo de expropriação judicial.

A questão mais ventilada na jurisprudência, a propósito da corresponsabilidade tributária, tem sido a que diz respeito aos cotistas gerentes e diretores de sociedades com débitos inscritos em Dívida Ativa. O entendimento do STF tem sido de que esses responsáveis tributários com base no art. 779, VI, do atual Código de Processo Civil, podem ser atingidos pela penhora, em bens particulares, mesmo não figurando seus nomes na certidão de inscrição da Dívida Ativa. No entanto, o próprio STF ressalva que a questão da corresponsabilidade do sócio poderá ser amplamente discutida nos embargos à execução e que à Fazenda exequente competirá o ônus de provar o fato que, segundo a lei, configurou o suporte legal de sua responsabilidade, i.e., a violação da lei ou contrato social, sem o que a excussão dos seus bens particulares não subsistirá.[42]

A orientação jurisprudencial não merece aplausos porque desnatura o processo executivo, permitindo sua movimentação sem prévio acertamento da obrigação do executado e atribui o ônus da prova, nos embargos, ao demandado (a Fazenda) e não ao autor (o embargante). Disso

---

[40] SOUZA, Rubens Gomes de. Sujeito passivo das taxas. *Revista de Direito Público*, v. XVI, abr.-jun. 1971, p. 347-348.

[41] SILVA, José Afonso da. *Execução fiscal*. São Paulo: RT, 1975, § 8º, p. 34.

[42] STF, RE 97.612, Rel. Min. Soares Muñoz, ac. 21.09.1982, *DJU* 08.10.1982, p. 10.191; RE 98.996, *Rel. Min. Alfredo Buzaid*, ac. 08.02.1983, *DJU* 25.03.1983, apud ADV – Seleções jurídicas, jun. 1983, p. 43, nota 39; STJ, 1ª T., AgRg no REsp 1.080.295/SP, Rel. Min. Denise Arruda, ac. 02.04.2009, *DJe* 04.05.2009.

resulta um enorme tumulto na base do instituto processual da execução forçada, que acaba se transformando num verdadeiro palco de acertamento de obrigações e responsabilidades, que, até o ajuizamento da causa, e até mesmo após a penhora, ainda permaneciam obscuras, imprecisas e controvertidas.

A jurisprudência atual do STJ orienta-se também no sentido de permitir o redirecionamento da execução fiscal contra o sócio-gerente da sociedade executada, sem depender de prévia inclusão de seu nome na inscrição de Dívida Ativa. Dever-se-á, porém, promover sua citação pessoal, atribuindo-lhe regularmente as condições de exercitar o direito de defesa.[43] Além disso, para viabilizar o redirecionamento da execução "é indispensável que a respectiva petição descreva uma das situações caracterizadoras da responsabilidade subsidiária do terceiro pela dívida do executado",[44] previstas em lei.

A posição do STJ, portanto, é a de que não basta à Fazenda exequente invocar a qualidade de sócio-gerente para redirecionar contra ele o executivo antes aforado contra a pessoa jurídica. Nem basta invocar o inadimplemento da obrigação tributária da sociedade, como fato gerador da corresponsabilidade do sócio administrador. "O simples inadimplemento não caracteriza infração legal. Inexistindo prova de que tenha agido com excesso de poderes, ou infração de contrato social ou estatutos, não há falar-se em responsabilidade tributária do ex-sócio a esse título ou a título de infração legal".[45] O ônus da prova é da Fazenda exequente.[46]

202. Revelia do devedor e curador especial

Dispõe o art. 72, II, do CPC/2015 que compete ao juiz da causa dar curador especial ao réu revel citado por edital ou com hora certa. No processo de conhecimento, entende-se por revel o demandado que não oferece contestação (art. 344). E, como na execução, inexiste contestação, uma vez que o devedor não é citado para se defender, mas sim para cumprir a obrigação (art. 829), há julgados no sentido de inexistir revelia no processo executivo, e, por conseguinte, de inexistir nomeação de curador especial para o executado que não se faz representar nos autos, mesmo quando a citação tenha se dado por via de edital ou com hora certa.[47]

---

[43] STJ, 1ª T., REsp 236.131/MG, Rel. Min. Humberto Gomes de Barros, ac. 25.09.2000, *DJU* 03.11.2000, p. 132.

[44] STJ, 1ª T., AgRg no REsp 544.879/SC, Rel. Min. Teori Zavascki, ac. 20.05.2004, *DJU* 07.06.2004, p. 163.

[45] STJ, 1ª Seção, Emb. Div. no REsp 174.532/PR, Rel. Min. José Delgado, ac. 18.06.2001, RT 797/215.

[46] "1. O redirecionamento da execução fiscal, e seus consectários legais, para o sócio-gerente da empresa, somente é cabível quando reste demonstrado que este agiu com excesso de poderes, infração à lei ou contra o estatuto, ou na hipótese de dissolução irregular da empresa"(STJ, 1ª T., AgRg no REsp 720.043/RS, Rel. Min. Luiz Fux, ac. 20.10.2005, *DJU* 14.11.2005, p. 214). A matéria sobre ônus da prova da responsabilidade tributária do sócio ficou muito bem esclarecida no seguinte aresto: "1. Iniciada a execução contra a pessoa jurídica e, posteriormente, redirecionada contra o sócio-gerente, que não constava da CDA, cabe ao Fisco demonstrar a presença de um dos requisitos do art. 135 do CTN. Se a Fazenda Pública, ao propor a ação, não visualizava qualquer fato capaz de estender a responsabilidade ao sócio-gerente e, posteriormente, pretende voltar-se também contra o seu patrimônio, deverá demonstrar infração à lei, ao contrato social ou aos estatutos ou, ainda, dissolução irregular da sociedade. 2. Se a execução foi proposta contra a pessoa jurídica e contra o sócio-gerente, a este compete o ônus da prova, já que a CDA goza de presunção relativa de liquidez e certeza, nos termos do art. 204 do CTN c/c o art. 3º da Lei nº 6.830/80. 3. Caso a execução tenha sido proposta somente contra a pessoa jurídica e havendo indicação do nome do sócio-gerente na CDA como corresponsável tributário, não se trata de típico redirecionamento. Neste caso, o ônus da prova compete igualmente ao sócio, tendo em vista a presunção relativa de liquidez e certeza que milita em favor da Certidão de Dívida Ativa" (STJ, 1ª Seção, EREsp 702.232/RS, Rel. Min. Castro Meira, ac. 14.09.2005, *DJU* 26.09.2005, p. 169). STJ, 1ª Seção, REsp 1.104.900/ES, Rel. Min. Denise Arruda, ac. 25.03.2009, *DJe* 01.04.2009.

[47] TAPR, Ap. 33/75, RT 482/234.

No entanto, não se deve confundir revelia com efeitos da revelia. Revelia há, em sentido lato, sempre que alguém é convocado para integrar uma relação processual e, não obstante, conserva-se inerte, sem comparecer em juízo. Já os efeitos da revelia, previstos no art. 344, consistem na presunção de veracidade dos fatos afirmados pelo autor e não contestados pelo réu.

Ora, a ausência em juízo, que é revelia em sentido próprio, nada tem que ver com a contestação e, por isso, tanto pode ocorrer no processo de conhecimento como no processo de execução. Os efeitos da revelia, indicados pelo art. 344, é que são exclusivos do processo de conhecimento. Tanto não se confunde a revelia com seus eventuais efeitos, que, no próprio processo de conhecimento, há casos em que ocorre a revelia, mas não se verificam os questionados efeitos, como nas lides em torno de direitos indisponíveis. A ninguém, obviamente, ocorrerá negar a existência de revelia e a necessidade de curador especial ao réu que, citado por edital, deixar de se representar numa causa dessa natureza.

Da mesma forma, citado o devedor por edital ou com hora certa, a excussão de seus bens não poderá prosseguir à sua revelia, sem que se lhe dê um curador especial para velar por seus interesses no curso da execução forçada.

O que a lei procura com o instituto da curatela especial do art. 72, II, é assegurar o princípio do contraditório, diante de situações de citação ficta. Como não se tem a certeza de ter o edital chegado ao conhecimento do sujeito passivo do processo, quer a lei que seu prosseguimento só ocorra em presença de alguém que, pelo menos, possa falar em seu nome e evitar atos processuais nocivos a seus interesses.

A jurisprudência dominante adota, a meu ver, com acerto, a tese que ora se expõe e conclui, até mesmo, pela legitimidade do curador especial para opor embargos à execução, se encontrar, nos autos, elementos suficientes para tanto.[48] Nesse sentido é a Súmula nº 196 do Superior Tribunal de Justiça.[49]

---

[48] STJ, 1ª Seção, AgRg no REsp 710.449/MG, Rel. Min. Francisco Falcão, ac. 07.06.2005, *DJU* 29.08.2005, p. 192; STJ, 2ª T., AgRg no REsp 844.958/MG, Rel. Min. Eliana Calmon, ac. 20.08.2009, *DJe* 10.09.2009.

[49] Súmula nº 196 do STJ: "Ao executado que, citado por edital ou por hora certa, permanece revel, será nomeado curador especial, com legitimidade para apresentação de embargos".

§ 25. LITISCONSÓRCIO E INTERVENÇÃO DE TERCEIROS NO PROCESSO DE EXECUÇÃO

203. Litisconsórcio

Há consenso em torno da inexistência, em princípio, do litisconsórcio *necessário*, mormente ativo, no processo de execução, seja fundado em título judicial ou extrajudicial.[50] Mesmo sendo múltipla a titularidade do crédito, com ou sem solidariedade ativa, a cada credor separadamente sempre se reconhece o poder de executar a parte que lhe toca. Poderão, é verdade, os credores agir em conjunto e executar a totalidade da dívida comum, mas fá-lo-ão em *litisconsórcio facultativo*, apenas.

Um caso excepcional de litisconsórcio necessário, temo-lo no concurso universal do devedor insolvente,[51] pois, na execução concursal, há obrigatoriedade de abranger o processo a universalidade dos credores. No entanto, mesmo aí, o litisconsórcio é *sui generis*, porque os efeitos do concurso a todos atingem, mas cada credor *de per si* tem a liberdade de ingressar ou não na execução coletiva para participar do rateio da excussão dos bens arrecadados ao insolvente.

Já, no lado passivo, são frequentes os casos de litisconsórcio necessário, como o de marido e mulher, quando a penhora atinge bem imóvel (CPC/2015, art. 842). Em tais circunstâncias a ausência de participação de um dos cônjuges, na formação da relação processual executiva, é causa de nulidade visceral de todo o processo.[52] Somente não haverá necessidade de citação do cônjuge se forem casados em regime de separação absoluta de bens (art. 842, *in fine*).

A solidariedade ou a corresponsabilidade, no entanto, é motivo de litisconsórcio passivo apenas facultativo, porque aí a execução tanto pode ser proposta contra um como contra diversos ou todos coobrigados.

Uma questão interessante a destacar é a ausência de repercussão do litisconsórcio formado na execução sobre a outra relação processual que se estabelece na ação incidental de embargos à execução. Tratando-se de nova ação, os embargos, mesmo nos casos de litisconsórcio passivo necessário, podem ser ajuizados individualmente apenas por um ou alguns dos executados. É que, para defender-se, nenhum devedor, qualquer que seja sua condição jurídica, depende de anuência de coobrigados ou corresponsáveis.

204. Assistência

A admissibilidade da assistência no processo de execução tem sido motivo de largas controvérsias que, infelizmente, os Códigos de 1973 e 2015 não conseguiram superar. Basta dizer que, em seus comentários ao Estatuto de 73, Pontes de Miranda advoga a admissibilidade da assistência, "qualquer que seja a forma do processo de cognição, ou executivo, ou cautelar", sem restrição de espécie alguma.[53] Já Alcides de Mendonça Lima bate-se energicamente contra a possibilidade da medida no processo de execução, propriamente dito, admitindo-a, apenas,

---

[50] REIS, José Alberto dos. *Código de Processo Civil anotado*. Coimbra: Coimbra Ed., 1952, v. I, p. 97. *Apud* LIMA, Alcides de Mendonça. *Comentários ao Código de Processo Civil*. Rio de Janeiro: Forense, 1974, v. VI, n. 183, p. 108.

[51] MARQUES, José Frederico. *Manual de direito processual civil*. São Paulo: Saraiva 1974, v. I, n. 232, p. 257.

[52] STJ, 3ª T., REsp. 567.091, Rel. Min. Menezes Direito, ac. 28.06.2004, *DJU* 11.10.2004, p. 317; STJ, 4ª T., REsp 252.854/RJ, Rel. Min. Sálvio de Figueiredo, ac. 29.06.2000, *DJU* 11.09.2000, p. 258.

[53] PONTES DE MIRANDA, Francisco Cavalcanti. *Comentários ao Código de Processo Civil*. Rio de Janeiro: Forense, 1974, v. II, p. 62.

em caráter excepcional, nos embargos à execução e, assim mesmo, somente quando se tratar de título extrajudicial.[54]

A *assistência*, como a conceitua o Código, é figura afim do litisconsórcio e consiste na intervenção voluntária de terceiro interessado, em causa pendente entre outras pessoas, para coadjuvar uma das partes a *obter sentença favorável* (CPC/2015, art. 119).

Já ficou demonstrado que o processo de execução não tende à obtenção de sentença, mas apenas se destina à prática dos atos concretos de realização coativa do crédito do autor. Logo, parece-nos intuitivo que, dada inexistência de julgamento de mérito, nunca se poderá falar em assistente do credor ou exequente, quando a execução não sofrer embargos do executado ou terceiros. Isto porque faltaria a possibilidade jurídica de o assistente coadjuvar a parte a obter sentença favorável, que é o objeto específico do instituto da assistência.[55] É nesse sentido que se manifesta a jurisprudência do STJ.[56]

Mas, havendo embargos, instaura-se uma nova relação processual incidente, de natureza diversa da execução, pois o procedimento, que é cognitivo, então, visará a uma sentença com eventual força constitutiva diante do título executivo, podendo, inclusive, neutralizá-lo definitivamente. Sendo assim, o terceiro interveniente poderá, perfeitamente, ter interesse em assistir qualquer das partes – embargante ou embargado –, "pois, aí, será proferida sentença da mesma forma que em qualquer processo de conhecimento".[57]

205. Denunciação da lide

Dentre as figuras de "intervenção de terceiro" no processo, a *denunciação da lide* é o remédio adequado para o adquirente legitimar-se a executar a garantia da evicção contra o alienante, quando se der reivindicação de outrem sobre o bem transmitido (CPC/2015, art. 125, I).

O Código, porém, estendeu a aplicação do instituto, também, à hipótese de asseguração de direito regressivo, genericamente. Assim, é cabível a denunciação da lide ao terceiro que estiver obrigado, por lei ou pelo contrato, a indenizar, em ação regressiva, o prejuízo de quem for vencido no processo (art. 125, II).

A denunciação se dá por meio de citação do terceiro denunciado, devendo o pedido ser formulado, pelo autor, na inicial, e pelo réu, no prazo de contestação (art. 126). Feita a denunciação, é facultado ao terceiro denunciado assumir a posição de litisconsorte ao lado do denunciante, ou negar a qualidade que lhe foi atribuída, ou, ainda, confessar os fatos alegados pelo autor (arts. 127 e 128).

Se o denunciante for vencido na ação principal, o juiz julgará a denunciação. Se, contudo, o denunciante for vencedor, a ação de denunciação não terá o seu pedido examinado (art. 129).

Caberia denunciação da lide em execução forçada de título extrajudicial, como, por exemplo, nos casos de endossantes e endossatários de títulos cambiários? A resposta é negativa, em primeiro lugar porque o direito cambiário já contém um sistema próprio de estabelecer os direitos regressivos, que dispensa a sentença judicial. Em segundo lugar, porque, conforme a lição de Celso Barbi, "examinando as características do procedimento de execução dessa

---

[54] LIMA, Alcides de Mendonça. *Comentários ao Código de Processo Civil*. Rio de Janeiro: Forense, 1974, v. VI, n. 219, p. 125.
[55] LIMA, Alcides de Mendonça. *Comentários ao Código de Processo Civil*. Rio de Janeiro: Forense, 1974, v. VI, n. 206, p. 120.
[56] STJ, 6ª T., REsp 329.059/SP, Rel. Min. Vicente Leal, ac. 07.02.2002, DJU 04.03.2002, p. 306.
[57] LIMA, Alcides de Mendonça. *Comentários ao Código de Processo Civil*. Rio de Janeiro: Forense, 1974, v. VI, n. 207, p. 121.

natureza, verifica-se que nele não há lugar para a denunciação da lide. Esta pressupõe prazo de contestação, que não existe no processo de execução, onde a defesa é eventual e por embargos. Além disso, os embargos são uma ação incidente entre o executado embargante e o exequente, para discussão apenas das matérias em execução. Não comportam ingresso de uma ação indenizatória do embargante com terceiro. A sentença que decide os embargos apenas deve admiti-los ou rejeitá-los, não sendo lugar para decidir questões estranhas à execução".[58]

206. Chamamento ao processo

A figura de intervenção de terceiro denominada *chamamento ao processo*, regulada pelos arts. 130 a 132 do Código de Processo Civil de 2015, consiste "na *faculdade* atribuída ao devedor, que está sendo demandado para o pagamento de determinada dívida, de chamar ao processo os codevedores ou aqueles a quem incumbia precipuamente o pagamento, de modo a torná-los também réus na ação. Além dessa finalidade há outra, qual seja, obter sentença que possa ser executada contra os codevedores ou obrigado principal, pelo devedor que pagar o débito".[59]

Assim, havendo mais obrigados pela dívida do que o acionado, "o chamamento é feito para que a mesma sentença declare as responsabilidades dos obrigados [CPC/2015, arts. 130 e 131], pelo que ela, julgando procedente a ação, condenará todos os devedores; e valerá como título executivo [CPC/2015, art. 515, I] em favor do que satisfizer a dívida para exigi-la, por inteiro, do devedor principal ou de cada um dos codevedores a sua cota, na proporção que lhes tocar [CPC/2015, art. 132]".[60]

Prevê o Código a admissibilidade do chamamento ao processo (art. 130):

(a) do afiançado, na ação em que o fiador for réu (inciso I);

(b) dos demais fiadores, na ação proposta contra um ou alguns deles (inciso II);

(c) dos demais devedores solidários, quando o credor exigir de um ou de alguns, o pagamento da dívida comum (inciso III).

O problema prático que tem surgido é o de estabelecer quais os procedimentos em que teria cabimento o chamamento dos devedores solidários. Nos procedimentos de cognição, comuns ou especiais, é certa e incontroversa sua admissibilidade.

Mas, como adverte Celso Barbi, "no caso do procedimento de execução, fundado em título extrajudicial, não é possível admitir o chamamento, porque várias razões de natureza processual a isso se opõem. A começar pela inexistência de fase adequada para discussão e decisão das divergências entre os vários codevedores. A execução é procedimento do tipo de contraditório eventual, isto é, em que a impugnação pelo executado não é considerada como fase integrante do processo. Se ela surgir, o faz como incidente, em forma de embargos e não de contestação, e para autuação em apenso, como dispõe o art. 736"[61] (CPC/2015, art. 914, § 1º).

Não sendo a execução um procedimento preordenado ao contraditório, porque nasce do pressuposto de liquidez e certeza do direito do credor, atestado pelo título executivo, a ação de

---

58 BARBI, Celso Agrícola. *Comentários ao Código de Processo Civil*. Rio de Janeiro: Forense, 1975, v. I, t. II, n. 425, p. 354. No mesmo sentido: STJ, 3ª T., REsp 1.284/GO, Rel. p/ acórdão Min. Waldemar Zveiter, ac. 07.08.1990, *RSTJ* 24/280; STJ, 2ª T., REsp 691.235/SC, Rel. Min. Castro Meira, ac. 19.06.2007, *DJU* 01.08.2007, p. 435.
59 BARBI, Celso Agrícola. *Comentários ao Código de Processo Civil*. Rio de Janeiro: Forense, 1975, v. I, t. II, n. 433, p. 359.
60 ASSIS, Jacy de. *Procedimento ordinário*. São Paulo: Lael, 1975, n. 66, p. 103-104.
61 BARBI, Celso Agrícola. *Comentários ao Código de Processo Civil*. Rio de Janeiro: Forense, 1975, v. I, t. II, n. 440, p. 364-365.

embargos, de natureza constitutiva, tem por objetivo específico neutralizar a força do título. Por isso, no processo de execução propriamente dito, não há sentença de mérito. Apenas os embargos, quando opostos, é que são julgados procedentes ou não.

O que cabe discutir, destarte, nos embargos é apenas o que é possível opor ao credor para desconstituir seu título executivo. "Inserir nesses embargos matéria de discussão entre o executado e seus codevedores é inteiramente impertinente."[62]

Não há, sequer, julgamento de procedência ou improcedência da ação de execução, em que se deveria, segundo a sistemática do art. 131, declarar a responsabilidade dos devedores solidários chamados ao processo.[63]

Na verdade, não há mesmo necessidade prática do chamamento ao processo para que, no comum dos casos de execução, o devedor obtenha título contra o devedor principal ou os coobrigados. Assim é que fiador e avalista, casos mais frequentes na experiência do foro, já contam com mecanismo de sub-rogação e regresso mais enérgico do que o próprio chamamento ao processo.

O fiador, conforme o art. 794, § 2º, quando é acionado e paga a dívida, pode executar o afiançado nos mesmos autos do processo em que efetuou o pagamento. Que interesse teria, pois, o fiador em introduzir no processo de execução o chamamento ao processo, se a lei já lhe assegura a faculdade de prosseguir, sem nenhuma formalidade, na execução contra o afiançado?

Também os devedores cambiários executados se encontram legalmente sub-rogados no direito do exequente contra o devedor principal, por inteiro, ou contra os coobrigados, por rateio, tornando completa inutilidade o chamamento ao processo, que só viria tumultuar um procedimento que, por sua própria índole, deve ser pronto e enérgico.

Aliás, o *sub-rogado*, como o avalista que paga a dívida em execução, pelo art. 778, § 1º, IV, tem mais do que o direito de propor execução contra o devedor principal ou solidário. Tem, na verdade, e por força do texto expresso do *caput* do § 1º, o direito de aproveitar os próprios autos do feito pendente e prosseguir na execução, assumindo a posição do primitivo credor (*i.e.*, daquele que teve o crédito satisfeito) e fazendo que o rumo dos atos executivos se volte contra o avalizado ou os coobrigados.

Impõe-se, pois, em caráter definitivo, "a conclusão que o chamamento ao processo não pode ser usado no processo de execução",[64] e tampouco no procedimento de cumprimento de sentença.[65]

---

[62] BARBI, Celso Agrícola. *Comentários ao Código de Processo Civil*. Rio de Janeiro: Forense, 1975, v. I, t. II, n. 440, p. 365.

[63] PELUSO, Antonio Cezar. Decisão. *O Estado de S. Paulo*, de 15.06.1974.

[64] BARBI, Celso Agrícola. *Comentários ao Código de Processo Civil*. Rio de Janeiro: Forense, 1975, v. I, t. II, n. 440, p. 366; STF, RE 89.121, Rel. Min. Thompson Flores, ac. 10.04.1979, *Juriscível do STF* 77/189; STJ, 2ª T., REsp 691.235/SC, Rel. Min. Castro Meira, ac. 19.06.2007, *DJU* 01.08.2007, p. 435.

[65] "O chamamento ao processo é instituto típico da fase de cognição, que visa à formação de litisconsórcio passivo facultativo por vontade do réu, a fim de facilitar a futura cobrança do que for pago ao credor em face dos codevedores solidários ou do devedor principal, por meio da utilização de sentença de procedência como título executivo (art. 132, do CPC/2015). Não cabe sua aplicação, assim, em fase de cumprimento de sentença, que se faz no interesse do credor, a quem é dada a faculdade de exigir, de um ou mais codevedores, parcial ou totalmente, a dívida comum (art. 275, do CC)" (STJ, 3ª T., AgInt no AREsp 2.076.758/DF, Rel. Min. Nancy Andrighi, ac. 03.04.2023, *DJe* 10.04.2023).

§ 26. PROCESSO CUMULATIVO

207. Cumulação de execuções

Na execução forçada não se discute mais o mérito do crédito do autor. O título assegura-lhe o caráter de liquidez e certeza. Não importa, portanto, a diversidade de *títulos* para que o credor se valha de um só processo. Todos eles serão utilizados para um só fim: a realização da sanção a que se acha sujeito o devedor.

É por isso que, numa evidente medida de economia processual, admite o art. 780 do CPC/2015 que o credor cumule num só processo várias execuções contra o mesmo devedor, "ainda que fundadas em títulos diferentes", e desde que a sanção a realizar seja de igual natureza, para todos eles.

Quando isto ocorre, "sob o ponto de vista *formal*, a execução é só uma, porque fica correndo um único processo, mas, sob o ponto de vista *substancial*, as execuções são tantas quantas as *dívidas* que o processo se destina a satisfazer".[66] Verifica-se, portanto, pluralidade de lides ou de pretensões insatisfeitas solucionadas dentro de um mesmo processo.

Não obstam à cumulação a desigualdade de valores, nem a diversidade da natureza dos títulos.[67] Podem ser cumulados, por exemplo, títulos cambiários com títulos comuns de confissão de dívida; títulos quirografários com títulos acobertados por garantia real etc.

Trata-se, outrossim, de mera faculdade do credor, que assim não está compelido sempre a unificar suas execuções contra o devedor. Mas, uma vez utilizada a cumulação, é evidente a economia tanto do juízo como do próprio devedor, que terá de arcar com as despesas e ônus de apenas um processo.

Para a admissibilidade da unificação das execuções, exigem-se, de acordo com o art. 780, os seguintes requisitos:

(a) *Identidade do credor* nos diversos títulos. O Código não permite a chamada "coligação de credores" (reunião numa só execução de credores diversos com base em títulos diferentes) a não ser na execução do devedor insolvente. Não impede, porém, o litisconsórcio ativo no caso em que o título executivo conferir o direito de crédito a mais de uma pessoa.

(b) *Identidade de devedor*. As execuções reunidas terão obrigatoriedade de se dirigir contra o mesmo executado. Admite-se o litisconsórcio passivo, mas repele-se a "coligação de devedores", tal como se dá com o sujeito ativo.[68] Entretanto, se um só contrato é garantido por fiança de uma pessoa e por hipoteca de bem de outra, a identidade do devedor principal, permitirá que a execução cumule os vários coobrigados num só processo, embora cada um deles responda por títulos diferentes e por valores diversos.[69]

(c) *Competência do mesmo juízo para todas as execuções*. Se a competência para uma das execuções for apenas relativa, não poderá ser declarada *ex officio*, mas apenas por meio de regular alegação de incompetência. A natureza diversa dos títulos não impede

---

[66] REIS, José Alberto dos. *Processo de execução*. Coimbra: Coimbra Ed., 1943, v. I, n. 71, p. 259.
[67] REIS, José Alberto dos. *Processo de execução*. Coimbra: Coimbra Ed., 1943, v. I, n. 72, p. 260.
[68] LIMA, Alcides de Mendonça. *Comentários ao Código de Processo Civil*. Rio de Janeiro: Forense, 1974, v. VI, t. I, n. 424, p. 205.
[69] "Se o contrato é garantido por título cambial, assim vinculado ao negócio, a execução pode ser feita em um só processo, com base nos dois títulos, coobrigados os que assim figuram no primeiro e como avalista, no segundo" (STJ, 3ª T., REsp 4.367/MG, Rel. Min. Dias Trindade, ac. 05.03.1991, *DJ* 25.03.1991, p. 3.220).

a cumulação, que é perfeitamente viável entre hipoteca e cambial, por exemplo. Atualmente, não há vedação à cumulação de execuções de diversas sentenças contra o mesmo devedor, oriundas de ações diferentes, já que a lei permite a remessa dos autos dos processos de conhecimento a juízos diferentes, segundo a conveniência do exequente (CPC/2015, art. 516, parágrafo único).

(d) *Identidade da forma do processo*. Não se permite cumulação, por exemplo, de execução de obrigação *de dar* com *de fazer*. O tumulto processual decorrente da diversidade de ritos e objetivos seria evidente, caso se reunissem, num só processo, pretensões tão diversas. Não há também como reunir títulos executivos judiciais com títulos extrajudiciais, dada a profunda diversidade do procedimento de cumprimento de sentença e o da execução dos títulos extrajudiciais.[70] A aplicação mais frequente de execução cumulativa ocorre mesmo é com os títulos extrajudiciais de dívida de dinheiro.

Em resumo, "os traços característicos da cumulação são: unidade de exequente, unidade de executado, unidade de processo e pluralidade de execuções".[71] Advirta-se, porém, que "não se exige que exista qualquer conexão ou afinidade entre os créditos que se pretende cumular na mesma execução civil".[72] A cumulação indevida pode ser repelida pelo devedor por meio de embargos, conforme dispõe o art. 917, III, do CPC/2015. Na hipótese geral de cumprimento da sentença, sem *actio iudicati*, e sem embargos, a discussão em torno do cúmulo indevido de execuções será provocada nos próprios autos, em impugnação (art. 525, V).

Sobre a reunião de execuções singulares em que se verifica a intercorrência de penhoras sobre os mesmos bens, veja-se adiante o nº 384.

208. Cumulação sucessiva de execuções

A cumulação originária de várias execuções, ainda que fundadas em títulos diferentes, é expressamente autorizada pelo art. 780 do CPC/2015 e deve ocorrer por iniciativa do exequente no momento da propositura da ação.

Uma vez citado o executado, não cabe mais ao exequente acrescentar, unilateralmente, outras pretensões fundadas em títulos diversos daquele que sustentou a petição inicial. Isto, se admitido, representaria alteração do objeto do processo, o que não se permite em nosso sistema processual civil, a não ser mediante acordo entre as partes (CPC/2015, art. 329). Trata-se do fenômeno da estabilização da relação processual. No entanto, há casos em que a própria lei autoriza que execuções supervenientes se cumulem com a originária. É o que, por exemplo, acontece quando o executado é condenado na pena de ato atentatório à dignidade da justiça, cuja execução será promovida nos próprios autos do processo (art. 777). Igual cumulação sucessiva acontece perante obrigações de trato sucessivo, já que a execução das prestações que se vencem durante o processo pode ser acrescida à originária (art. 323). E, também, nas execuções para entrega de coisa, que se converte em execução por quantia certa, nos próprios autos, quando o bem devido não é encontrado (art. 809); e quando na compensação entre benfeitorias e créditos do exequente houver saldo em seu favor, a respectiva cobrança será feita nos próprios autos da execução de entrega de coisa (art. 810, II).

De certa forma, também se pode falar em cúmulo sucessivo de execuções, quando, na superposição de penhoras promovidas por credores diferentes, sobre o mesmo bem do

---

[70] ABELHA, Marcelo. *Manual de execução civil*. Rio de Janeiro: Forense Universitária, 2006, p. 180.
[71] REIS, José Alberto dos. *Processo de execução*. Coimbra: Coimbra Ed., 1943, v. I, n. 71, p. 258.
[72] RODRIGUES, Marcelo Abelha. *Manual de execução civil*. 5. ed. Rio de Janeiro: Forense, 2015, p. 179.

executado, se torna necessária a reunião das diversas execuções para efetivação do concurso de credores previsto nos arts. 908 e 909 (v., adiante, o item 288).

209. Cúmulo subjetivo

Fenômeno diverso do cúmulo objetivo de execuções (reunião de vários títulos executivos diferentes num só processo) é o do cúmulo subjetivo na execução da mesma dívida, porque por ela respondem diversos coobrigados ou corresponsáveis. É o caso de títulos de crédito com sujeição de emitentes, sacados, endossantes, sacadores, avalistas, ou de obrigação garantida por fiança ou por gravame real constituído por bem de terceiro.

Havendo mais de uma responsabilidade pela dívida, permitido é ao credor fazê-las atuar cumulativamente numa única execução forçada. Os diversos codevedores ou corresponsáveis figurarão como litisconsortes passivos. Esse cúmulo subjetivo é facultativo, não estando o credor jungido a formá-lo sempre que, no plano material, houver mais de uma pessoa sujeita a sofrer a execução. O que não é razoável e, por isso, não se aceita é o paralelo ajuizamento de execuções separadas para cada um dos coobrigados ou corresponsáveis. Essa diversidade de execuções para realizar a mesma dívida oneraria excessivamente os devedores, contrariando o princípio de que toda execução deve ser feita "pelo modo menos gravoso para o executado" (CPC/2015, art. 805).

Por igual fundamento, ao credor que disponha de vários títulos para o mesmo crédito (*v.g.*, contrato de mútuo, carta de fiança, garantia de alienação fiduciária, caução de títulos de crédito, hipoteca, penhor etc.) não é dado ajuizar simultânea e paralelamente uma execução para cada título. Pode a execução, uma única execução, fundar-se em mais de um título extrajudicial (Súmula nº 27/STJ). O que não se admite, segundo jurisprudência do STJ, é afrontar o art. 805 do CPC/2015, utilizando-se simultaneamente duas vias executivas buscando o mesmo efeito satisfativo.[73]

Verificado o abuso da multiplicidade de execuções, deverá o juiz coibi-lo, reduzindo o processo a uma única execução, para evitar que os gastos processuais se repitam inutilmente nos diversos feitos.[74]

---

[73] STJ, 4ª T., REsp 159.808/SP, Rel. Min. Barros Monteiro, ac. 06.02.2001, *DJU* 09.04.2001, p. 365; STJ, 3ª T., REsp 1.167.031/RS, Rel. Min. Massami Uyeda, ac. 06.10.2011, *DJe* 17.10.2011.

[74] STJ, 3ª T., REsp 16.240/GO, Rel. Min. Dias Trindade, ac. 18.02.1992, *RSTJ* 31/460; STJ, 4ª T., REsp 97.854/PR, Rel. Min. Cesar Asfor Rocha, ac. 15.10.1998, *DJU* 30.11.1998, p. 165.

Capítulo X
ELEMENTOS SUBJETIVOS (II)

§ 27. O ÓRGÃO JUDICIAL

210. Juízo competente para a execução

As regras do Código sobre competência, em matéria de execução, têm conteúdo diverso, conforme o título seja judicial ou extrajudicial; e, mesmo se tratando de títulos judiciais, há variações de competência, de acordo com os tipos de sentença a executar.

Em princípio, no entanto, as normas básicas são estas: a competência é *funcional* e *improrrogável* tratando-se de execução de sentença civil condenatória, e é *territorial* e *relativa*, nos demais casos, podendo, pois, sofrer prorrogações ou alterações convencionais, de acordo com as regras gerais do processo de conhecimento (sobre a competência para processar o *cumprimento da sentença*, v. os n°s 40 a 45).

211. Execução de sentença

Para o cumprimento de sentença, a competência foi definida pelo art. 516 do CPC/2015 nos seguintes termos:

O cumprimento da sentença efetuar-se-á perante:

(a) os tribunais, nas causas de sua competência originária (inciso I);

(b) o juízo que decidiu a causa no primeiro grau de jurisdição (inciso II);

(c) o juízo cível competente, quando se tratar de sentença penal condenatória, de sentença arbitral, de sentença estrangeira ou de acórdão proferido pelo Tribunal Marítimo (inciso III).[1-2]

212. Competência para execução de títulos extrajudiciais

O Código atual, ao contrário do anterior, optou por enfrentar hipóteses concretas e variadas de competência de acordo com o título extrajudicial que está sendo executado, em vez de prever, apenas, que a competência será regida pelas regras comuns do processo de conhecimento (CPC/2015, art. 781).[3]

---

[1] Art. 516, parágrafo único, do CPC/2015: "Nas hipóteses dos incisos II e III, o exequente poderá optar pelo juízo do atual domicílio do executado, pelo juízo do local onde se encontrem os bens sujeitos à execução ou pelo juízo do local onde deva ser executada a obrigação de fazer ou de não fazer, casos em que a remessa dos autos do processo será solicitada ao juízo de origem".

[2] Em face do veto oposto ao art. 515, X, o acórdão proferido pelo Tribunal Marítimo é executado no juízo cível como título extrajudicial, e não como sentença (título judicial). O procedimento, portanto, é o da ação executiva autônoma, não se aplicando as regras do cumprimento de sentença.

[3] ARAÚJO, José Henrique Mouta. In: WAMBIER, Teresa Arruda Alvim *et al. Breves comentários ao novo Código de Processo Civil.* São Paulo: RT, 2015, p. 1.791-1.792.

A execução fundada em título extrajudicial será processada perante o juízo competente, observando-se o seguinte (art. 781):

(a) a execução poderá ser proposta no foro de domicílio do executado, no foro de eleição constante do título ou, ainda, no foro de situação dos bens a ela sujeitos (inciso I). Como se vê, a lei não prioriza um foro sobre o outro, cabendo ao exequente optar por aquele que melhor lhe convém;

(b) tendo mais de um domicílio, o executado poderá ser demandado no foro de qualquer deles (inciso II);

(c) sendo incerto ou desconhecido o domicílio do executado, a execução poderá ser proposta no lugar onde for encontrado ou no foro de domicílio do exequente (inciso III);

(d) havendo mais de um devedor, com diferentes domicílios, a execução será proposta do foro de qualquer deles, à escolha do exequente (inciso IV). Trata-se da hipótese de litisconsórcio passivo, em que o exequente poderá escolher, dentre os diversos domicílios dos executados, o que lhe é mais conveniente;

(e) a execução poderá ser proposta no foro do lugar em que se praticou o ato ou em que ocorreu o fato que deu origem ao título, mesmo que nele não mais resida o executado (inciso V).

A escolha, como já se afirmou, cabe ao exequente, uma vez que a execução tem por finalidade a satisfação daquele que a promove. Ou seja, "realiza-se a execução no interesse do exequente", como ressalta o art. 797. A opção dada ao exequente, na realidade, é assinalada por evidente preocupação de ordem pública, pois importa instituir vários foros concorrentes, com o fito de permitir a definição, *in concreto*, daquele que melhores condições de efetividade e eficiência oferece ao desempenho judicial da tutela executiva. Por isso, não há, em regra, nenhuma preferência entre os foros concorrentes. Nem mesmo o foro de eleição afasta a liberdade de escolha legalmente assegurada ao exequente,[4] desde, é claro, que não contaminada por capricho ou má-fé.

213. Competência para a execução fiscal

O Código de Processo Civil de 1973 havia unificado o processo de execução por quantia certa, incluindo em seu bojo a matéria também relativa ao "executivo fiscal". Em decorrência dessa unificação e das particularidades da Dívida Ativa, foram traçadas no art. 578 do CPC/1973[5] normas especiais para a determinação da competência nos casos de execução fiscal.

Posteriormente, a Lei nº 6.830, de 22.09.1980, veio a restabelecer o procedimento especial para a cobrança da Dívida Ativa, reservando para o Código de Processo Civil apenas a função de regulamentar subsidiariamente a execução fiscal. No entanto, as regras sobre competência,

---

[4] Diante das dificuldades práticas que costumam afetar a efetividade da execução, o legislador adotou o sistema de foros de competência concorrente. Ensina Carmona, a propósito, que "opondo o interesse público ao privado, fez opção pelo primeiro: a convenção entre as partes cede lugar à conveniência do Estado de que as medidas executivas se concretizem de forma mais ágil e mais rápida, tudo em prol da eficiente (e veloz) prestação jurisdicional" (CARMONA, Carlos Alberto. Comentários ao art. 781. In: TUCCI, José Rogério Cruz e et al. (Coord.). *Código de Processo Civil anotado*. Rio de Janeiro: GZ, 2016, p. 1.055. No mesmo sentido: CARRETEIRO, Mateus Aimoré. Competência concorrente para execução fundada em título extrajudicial no CPC/2015. In: MARCATO, Ana Cândida Menezes et al. (Coord.). *Reflexões sobre o Código de Processo Civil de 2015*. São Paulo: Verbatim, 2018, p. 573.

[5] CPC/2015, art. 46, § 5º.

instituídas pelo Código, permanecem em vigor, porque a lei nova não contém dispositivo expresso sobre o tema.

Esclarece, todavia, a Lei nº 6.830 que "a competência para processar e julgar a execução da Dívida Ativa da Fazenda Pública exclui a de qualquer outro juízo, inclusive o da falência, da concordata, da liquidação, da insolvência ou do inventário".[6]

As regras especiais do Código de Processo Civil, em matéria de competência para a execução fiscal, obedecem ao seguinte critério de preferência:

(a) normalmente, o devedor fiscal será executado no foro de seu domicílio (CPC/2015, art. 46, § 5º);

(b) se não o tiver, no de sua residência (*idem*);

(c) faltando as duas situações anteriores, será executado "onde for encontrado" (*idem*).

Consigne-se, finalmente, que o domicílio de que aqui se cuida é o civil, sede jurídica da pessoa natural ou moral (Código Civil, arts. 70 a 78), e não o *fiscal*, *i.e.*, aquele que as leis tributárias consideram como o local em que, administrativamente, se pode exigir o recolhimento dos tributos. Para a execução forçada, portanto, não tem relevância o domicílio fiscal do devedor.[7]

214. Título executivo extrajudicial estrangeiro

O título executivo extrajudicial criado no estrangeiro, mas que deva ser cumprido no Brasil, executa-se perante a justiça nacional como qualquer título criado no país (CPC/2015, art. 21, II). Não depende de homologação judicial e segue as mesmas regras de competência para execução dos títulos nacionais (art. 781), apontados no nº 212, *retro*.

215. Competência para deliberação sobre os atos executivos e os atos de apoio à execução

I – Competência do juiz e atribuições do oficial de justiça

Já ficou consignado que a execução se efetiva por meio de uma série de atos ou operações, jurídicos e práticos, tendentes à realização da prestação a que tem direito o credor. "Não dispondo a lei de modo diverso, o juiz determinará os atos executivos, e o oficial de justiça os cumprirá" (CPC/2015, art. 782, *caput*).

A competência para decidir sobre o cabimento, ou não, dos atos executivos e determinar sua realização é sempre do juiz. O cumprimento deles, no entanto, caberá ao oficial de justiça, por via de regra. Assim se passa, por exemplo, com a penhora e a apreensão e entrega da coisa ao depositário. Quem pode determinar tais atos é exclusivamente o juiz. O oficial de justiça, a quem compete realizá-los, não tem autonomia para agir, nem a pedido direto da parte nem por iniciativa própria.

Dentre os atos executivos praticados pelos oficiais de justiça, podem ser citados: a penhora, o arresto, o sequestro, o depósito, a remoção dos bens apreendidos, o praceamento etc.

---

[6] "Com efeito, a Segunda Seção possui firme o entendimento de que embora a execução fiscal não se suspenda, os atos de constrição e de alienação de bens voltados contra o patrimônio social das sociedades empresárias submetem-se ao juízo universal, em homenagem ao princípio da conservação da empresa" (STJ, 2ª Seção, AgInt no CC 159.771/PE, Rel. Min. Luís Felipe Salomão, ac. 24.02.2021, DJe 30.03.2021).

[7] LIMA, Alcides de Mendonça. *Comentários ao Código de Processo Civil*. Rio de Janeiro: Forense, 1974, v. VI, t. I, n. 529, p. 243.

São atos executivos realizados por outros serventuários: a guarda dos bens penhorados, a avaliação, o leiloamento etc.

Podem os oficiais de justiça recorrer ao auxílio da força policial para realização das diligências da execução, quando encontrarem resistência do devedor ou de terceiros. Mas, para tanto, deverão comunicar, primeiramente, a ocorrência ao juiz da causa, porque é a este que compete a requisição da força policial, nos casos em que seu concurso se faz necessário (arts. 782, § 2º, e 846, § 2º).

O CPC/2015 repetiu a regra constante nas intimações e citações do oficial de justiça no processo de conhecimento, permitindo que ele cumpra os atos executivos determinados pelo juiz também nas comarcas contíguas, de fácil comunicação, e nas que se situem na mesma região metropolitana, evitando, assim, a expedição de carta precatória que, certamente, retarda o andamento processual (art. 782, § 1º).

II – Inclusão do executado em cadastro de inadimplentes

Entre as medidas de apoio tomadas para reforçar a autoridade da tutela executiva, o CPC/2015 instituiu a possibilidade de o juiz, a pedido do exequente, determinar a inclusão do nome do executado em cadastros de inadimplentes (art. 782, § 3º).[8-9] Trata-se de mais um meio coercitivo para compelir o executado a cumprir a obrigação, conferindo maior efetividade à execução.[10] Entretanto, se for efetuado o pagamento da dívida, se for garantida a execução, ou se ela for extinta por qualquer outro motivo, a inscrição deverá ser cancelada imediatamente (§ 4º).

A inclusão do nome do executado em cadastro de inadimplentes está prevista pelo § 3º do art. 782 como medida própria da execução de título extrajudicial. O § 5º do mesmo artigo, porém, autoriza sua aplicação a execução de título judicial, mas apenas quando se processar em caráter definitivo.[11] Não se aplica, portanto, ao cumprimento provisório de sentença.[12]

Releva notar, contudo, que a inscrição indevida poderá gerar responsabilidade civil por danos morais, nos termos da jurisprudência do STJ.[13]

---

[8] "O art. 782, § 3º, do CPC não veda a possibilidade de o credor, ou mesmo o órgão de proteção ao crédito, fazer a inclusão extrajudicial do nome do executado em cadastros de inadimplentes" (CEJ/I Jorn. Dir. Proc. Civ., Enunciado nº 98).

[9] "...Tal medida aplica-se tanto à execução de título extrajudicial quanto ao cumprimento definitivo de sentença (art. 782, § 5º, do CPC/2015) e só pode ser determinada mediante prévio pedido do exequente (...). Considerando que, na interpretação das normas que regem a execução, deve-se extrair a maior efetividade possível ao procedimento executório, bem como o fato de que a menor onerosidade ao executado não se sobrepõe à efetividade da execução, se o débito for garantido apenas parcialmente, não há óbice à determinação judicial de inclusão do nome do executado em cadastros de inadimplentes, mediante prévio requerimento do exequente" (STJ, 3ª T., REsp 1.953.667/SP, Rel. Min. Nancy Andrighi, ac. 07.12.2021, *DJe* 13.12.2021).

[10] WAMBIER, Teresa Arruda Alvim; CONCEIÇÃO, Maria Lúcia Lins; RIBEIRO, Leonardo Ferres da Silva; MELLO, Rogério Licastro Torres de. *Primeiros comentários ao novo Código de Processo Civil*. São Paulo: RT, 2015, p. 1.125.

[11] "A inclusão do nome do executado em cadastros de inadimplentes poderá se dar na execução definitiva de título judicial ou extrajudicial" (CEJ/I Jorn. Dir. Proc. Civ., Enunciado nº 99).

[12] WAMBIER, Teresa Arruda Alvim; CONCEIÇÃO, Maria Lúcia Lins; RIBEIRO, Leonardo Ferres da Silva; MELLO, Rogério Licastro Torres de. *Primeiros comentários ao novo Código de Processo Civil*. São Paulo: RT, 2015, p. 1.125.

[13] STJ, 3ª T., AgRg no REsp 748.474/RS, Rel. Min. Ricardo Villas Bôas Cueva, ac. 10.06.2014, *DJe* 17.06.2014; STJ, 4ª T., AgRg no AREsp 456.331/RS, Rel. Min. Luis Felipe Salomão, ac. 18.03.2014, *DJe* 03.04.2014.

Capítulo XI
ELEMENTOS OBJETIVOS DO PROCESSO DE EXECUÇÃO (I)

§ 28. OBJETO DA ATIVIDADE EXECUTIVA

216. Bens exequíveis

A execução se vale de bens do devedor, a dois títulos diferentes: os que se revelam objeto *específico* e os que apenas são utilizados como objeto *instrumental* da atividade jurisdicional satisfativa.

São objeto *específico* aqueles bens que figuram originariamente como objeto da própria obrigação de direito material, como o bem devido nas execuções para entrega de coisa certa.[1]

Objeto *instrumental* são os bens do devedor de que se vale o juiz da execução por quantia certa para obter, por meio de alienação forçada, o numerário necessário ao pagamento do credor.

Pressupondo a execução a responsabilidade executiva do sujeito passivo, não pode, de ordinário, atingir bens que pertençam ao patrimônio de terceiros. Só o devedor é que deve responder por suas obrigações. Há, porém, casos, como o da sucessão ou o da fraude de execução, em que a responsabilidade executiva alcança, também, o patrimônio de terceiro (CPC/2015, arts. 109 e 790).

Por outro lado, sendo a execução, no direito moderno, essencialmente *real*, *i.e.*, tão somente *patrimonial*, dela se exclui a *pessoa* do devedor. Há, no entanto, alguns casos em que a pessoa humana pode ser objeto de execução forçada. Tal se dá nas condenações a entrega de menores ou incapazes para que sua guarda seja exercida por quem determinou a sentença ou a lei.[2]

217. Resquícios da execução pessoal

Embora a execução moderna esteja focalizada no patrimônio do devedor, *i.e.*, no objeto sobre que incide a responsabilidade, subsiste, ainda, dentro de algumas regras da execução forçada civil, a possibilidade de submeter o devedor à prisão civil (dívidas de alimentos). Não se pode, entretanto, considerar tal medida coercitiva como objeto do processo de execução, visto que não se destina diretamente a satisfazer o direito do credor. Sua utilização, em caráter excepcional, pelo órgão jurisdicional executivo, representa apenas medida acessória, cujo escopo se manifesta mais no plano psicológico do que no jurídico. É medida de apoio ou de instrumentalização da atividade executiva. Com ou sem ela, porém, o que se busca na execução continua sendo o bem devido, ou seja, a quantia certa pela qual o devedor está obrigado. Enquanto não proporcionada esta quantia ao exequente, a execução não se consuma, ainda que o executado permaneça preso por todo o tempo do decreto judicial.

---

[1] REIS, José Alberto dos. *Processo de execução*. Coimbra: Coimbra Ed., 1943, v. I, p. 273-274.
[2] REIS, José Alberto dos. *Processo de execução*. Coimbra: Coimbra Ed., 1943, v. I, p. 273, nota 1.

§ 29. RESPONSABILIDADE PATRIMONIAL

218. Obrigação e responsabilidade

O crédito compreende um *dever* para o devedor e uma *responsabilidade* para o seu patrimônio.[3] É da responsabilidade que cuida a execução forçada, ao fazer atuar contra o inadimplente a sanção legal. Sendo, dessa maneira, *patrimonial* a responsabilidade, não há execução sobre a pessoa do devedor, mas apenas sobre seus *bens*.[4] Só excepcionalmente, nos casos de dívida de alimentos, é que a lei transige com o princípio da responsabilidade exclusivamente patrimonial, para permitir atos de coação física sobre a pessoa do devedor, sujeitando-o à prisão civil (CPC/2015, art. 528, § 3º).[5]

Mesmo nessas exceções, a prisão do executado é feita como medida de *coação* para obter do devedor o *cumprimento* da obrigação. Não há *sub-rogação* do Estado para realizar a prestação em lugar do devedor. Não se trata, por isso, propriamente de execução da dívida sobre o corpo do devedor, fato que ocorria nos primórdios do Direito Romano, quando se vendia o executado como escravo para com o produto saldar-se a dívida.

No direito moderno, portanto, "o objeto da execução são os bens e direitos que se encontram no patrimônio do executado".[6] Daí o princípio informativo do processo executivo, já anteriormente indicado: "Toda execução é real" (não pessoal).[7]

Para compreender o mecanismo da execução frente às diversas pessoas cujos patrimônios ficam sujeitos à expropriação executiva, cumpre primeiro fixar o conceito material e processual de responsabilidade.

A obrigação, como dívida, é objeto do direito material. A responsabilidade, como sujeição dos bens do devedor à sanção, que atua pela submissão à expropriação executiva, é uma noção absolutamente processual.[8]

No direito substancial, dívida e responsabilidade podem estar separadas, quando, por exemplo, uma pessoa assume a primeira e outra, a segunda, como nos casos de fiança ou de garantia real outorgada em favor de obrigação de terceiro. O fiador ou o garante não são devedores, mas respondem com seus bens pela dívida cuja garantia assumiram voluntariamente.

No direito processual, vai-se mais longe e admite-se até a responsabilidade patrimonial de quem não é nem devedor nem responsável convencionalmente pelo cumprimento da obrigação. Há casos, assim, em que apenas o patrimônio ou determinados bens de uma pessoa ficam sujeitos à execução, sem que o respectivo dono sequer seja parte no processo (por exemplo: adquirente de objeto de sentença em ação real, de bem alienado em fraude de execução, sócio solidário etc.). Por isso fala-se em *responsabilidade primária*, que é aquela que

---

[3] VON TUHR, Andreas. *Tratado de las obligaciones*. Madrid: Editorial Reus, 1934, v. I, p. 10.
[4] LOPES DA COSTA, Alfredo Araújo. *Direito processual civil brasileiro*. 2. ed. Rio de Janeiro: Forense, 1959, v. IV, n. 48, p. 53.
[5] À época do CPC/1973, o art. 904, parágrafo único, autorizava a prisão do depositário infiel. Ocorre que em virtude da adesão do Brasil aos Tratados Internacionais de Defesa dos Direitos do Homem, o STF vem decidindo que não mais vigoram os dispositivos da legislação interna que autorizavam a prisão civil do depositário infiel (STF, Pleno, RE 349.703/RS, Rel. Min. Carlos Britto, ac. 03.12.2008, *DJe* 05.06.2009). A prisão do devedor, como meio coercitivo indireto, prevalece, portanto, apenas para a execução de dívidas de alimento.
[6] LIEBMAN, Enrico Tullio. *Processo de execução*. 3. ed. São Paulo: Saraiva, 1968, n. 41, p. 78.
[7] COSTA, Alfredo Araújo Lopes da. *Direito processual civil brasileiro*. 2. ed. Rio de Janeiro: Forense, 1959, v. IV, n. 48, p. 53.
[8] MICHELI, Gian Antonio. *Derecho procesal civil*. Buenos Aires: Ediciones Jurídicas Europa-América, 1970, v. III, p. 131-132.

incide regularmente sobre o patrimônio do devedor, e em *responsabilidade secundária*, a que recai sobre bens de terceiro não devedor.[9]

Mesmo nesses casos extremos de responsabilidade sem dívida, os atos finais de expropriação ou transferência não podem ser praticados em juízo, sem que o terceiro dono atual do bem ou titular do direito real sobre ele seja prévia e regularmente intimado (arts. 792, § 4º, 808 e 889). Todavia, o terceiro completamente estranho à relação obrigacional, como o adquirente em fraude de execução, se quiser intervir na execução, para dela excluir o bem adquirido, não poderá usar os embargos de devedor, mas deverá fazê-lo por meio de embargos de terceiro, *i.e.*, de quem não é parte da execução (arts. 674 e 792, § 4º) (ver, adiante, o item nº 222).

Para o direito formal, por conseguinte, a responsabilidade patrimonial consiste apenas na possibilidade de algum ou de todos os bens de uma pessoa serem submetidos à expropriação executiva, pouco importando seja ela devedora, garante ou estranha ao negócio jurídico substancial.

219. Extensão da responsabilidade patrimonial do devedor

I – Bens presentes e futuros

A responsabilidade patrimonial do *devedor* atinge normalmente "todos os seus bens presentes e futuros" (CPC/2015, art. 789). Vale dizer que tanto os bens existentes ao tempo da constituição da dívida como os que o devedor adquiriu posteriormente ficam vinculados à responsabilidade pela execução. Isto decorre de ser o patrimônio uma universalidade como um todo permanente em relação ao seu titular, sendo irrelevantes as mutações sofridas pelas unidades que o compõem. Pouco importa, por isso, se o objeto do devedor a penhorar existia ou não ao tempo em que a dívida foi constituída.

Na realidade, a responsabilidade não se prende à situação patrimonial do devedor no momento da constituição da obrigação, mas no da sua execução. O que se leva em conta, nesse instante, são sempre os *bens presentes*, pouco importando existissem, ou não, ao tempo da assunção do débito. Nesse sentido, não se pode entender literalmente a fórmula legal do art. 789, quando cogita da responsabilidade executiva dos *bens futuros*. Jamais se poderá pensar em penhorar bens que ainda não foram adquiridos pelo devedor. Tampouco se há de pensar que os bens presentes ao tempo da constituição da obrigação permaneçam indissoluvelmente vinculados à garantia de sua realização. Salvo a excepcionalidade da alienação em fraude contra credores, os bens dispostos pelo devedor deixam de constituir garantia para os credores.

Dando maior precisão à linguagem da lei, deve-se compreender a responsabilidade patrimonial como a sujeição à execução de todos os bens que se encontrem no patrimônio do devedor no momento em que se pratica a ação executiva, sem se preocupar com a época em que foram adquiridos.[10]

O patrimônio é, outrossim, composto apenas de bens de valor pecuniário. Não o integram aqueles bens ou valores sem significado econômico, como a honra, a vida, o nome, o pátrio poder, a liberdade e outros bens jurídicos de igual natureza.

II – Bens excluídos da responsabilidade patrimonial

Em algumas circunstâncias especiais, a lei exclui também da execução alguns bens patrimoniais, qualificando-os de impenhoráveis por motivos de ordem moral, religiosa, sentimental, pública etc. (art. 833).

---

[9] SILVA, Ovídio A. Baptista da. *Curso de processo civil*. 5. ed. São Paulo: Ed. RT, 2002, v. 2, p. 69. Para o autor, a responsabilidade é primária quando se trata do patrimônio do obrigado, e secundária, quando envolve o patrimônio de alguém que originariamente não participou da relação obrigacional (p. 72).

[10] CARNELUTTI, Francesco. *Sistema de direito processual civil*. São Paulo: Classic-Book, 2000, v. II, p. 706.

III – Bens de sociedade limitada unipessoal

Em tema de responsabilidade patrimonial, situação interessante foi criada pela Lei nº 12.441, de 11 de julho de 2011, que incluiu entre as pessoas jurídicas a denominada empresa individual de responsabilidade limitada (EIRELI) (Cód. Civil, art. 980-A), a qual se transformou automaticamente em sociedade limitada unipessoal, por força do art. 41 da Lei nº 14.195/2021. À sociedade dessa espécie que como o nome indica se compõe de uma só pessoa, o Código Civil manda aplicar a regra de que a responsabilidade do sócio ficará restrita à integralização do capital social (art. 1.052, com alteração da Lei nº 13.874/2019). Por meio dessa instituição é possível à pessoa física dedicar-se à atividade empresarial sem associar-se com outras pessoas e sem comprometer a totalidade de seu patrimônio[11].

220. Responsabilidade e legitimação passiva para a execução

O sujeito passivo da execução é, normalmente, o vencido na ação de conhecimento ou o devedor que figure como tal no título extrajudicial (CPC/2015, art. 779, I). São seus bens, naturalmente, que se sujeitarão à execução forçada. Outras pessoas também prevê o Código como legitimadas a sofrer a execução, embora não figurem primitivamente no título, como o espólio, os herdeiros, o assuntor da dívida, o fiador judicial, o responsável tributário (art. 779, II a VI). Não são estes, porém, terceiros em relação à dívida, pois na verdade todos eles ou sucederam ao devedor ou assumiram voluntariamente responsabilidade solidária, pelo cumprimento da obrigação. São, de tal arte, *partes legítimas* da execução forçada, sem embargo de não terem o nome constante do título executivo. Seus patrimônios serão alcançados pela execução dentro da mesma responsabilidade que toca ao devedor apontado como tal pelo título.

A defesa, que eventualmente tenham que apresentar, terá de revestir a forma de "embargos de executado" ou "de devedor" (art. 914).

221. Responsabilidade executiva secundária

"Bens de ninguém respondem por obrigação de terceiro, se o proprietário estiver inteiramente desvinculado do caso do ponto de vista jurídico".[12] Há casos, porém, em que a conduta de terceiros, sem levá-los a assumir a posição de devedores ou de partes na execução, torna-os sujeitos aos efeitos desse processo. *I.e.*, seus bens particulares passam a responder pela execução, muito embora inexista assunção da dívida constante do título executivo. Quando tal ocorre, são executados "bens que não são do devedor, mas de terceiro, que não se obrigou e, mesmo assim, respondem pelo cumprimento das obrigações daquele".[13] Trata-se, como se vê, de obrigação puramente processual.

Liebman qualifica a posição desses terceiros como de "responsabilidade executória secundária".[14]

O art. 790 do CPC/2015 enumera as hipóteses em que ocorre essa modalidade secundária de responsabilidade. São sujeitos à execução os bens:

---

[11] Código Civil: "Art. 1.052. Na sociedade limitada, a responsabilidade de cada sócio é restrita ao valor de suas quotas, mas todos respondem solidariamente pela integralização do capital social. § 1º A sociedade limitada pode ser constituída por 1 (uma) ou mais pessoas. (Incluído pela Lei nº 13.874, de 2019) § 2º Se for unipessoal, aplicar-se-ão ao documento de constituição do sócio único, no que couber, as disposições sobre o contrato social. (Incluído pela Lei nº 13.874, de 2019)".

[12] LIMA, Alcides de Mendonça. *Comentários ao Código de Processo Civil*. Rio de Janeiro: Forense, 1974, v. VI, t. II, n. 1.041, p. 471.

[13] LIMA, Alcides de Mendonça. *Comentários ao Código de Processo Civil*. Rio de Janeiro: Forense, 1974, v. VI, t. II, n. 1.042, p. 472.

[14] LIEBMAN, Enrico Tullio. *Processo de execução*. 3. ed. São Paulo: Saraiva, 1968, v. VI, t. II, n. 39, p. 75.

(a) do sucessor a título singular, tratando-se de execução fundada em direito real ou obrigação reipersecutória (inciso I);

(b) do sócio, nos termos da lei (inciso II);

(c) do devedor, ainda que em poder de terceiros (inciso III);

(d) do cônjuge ou companheiro, nos casos em que seus bens próprios ou de sua meação respondem pela dívida (inciso IV);

(e) alienados ou gravados com ônus real em fraude à execução (inciso V);

(f) cuja alienação ou gravação com ônus real tenha sido anulada em razão do reconhecimento, em ação autônoma, de fraude contra credores (inciso VI);

(g) do responsável, nos casos de desconsideração da personalidade jurídica (inciso VII).

As hipóteses das letras *f* e *g* foram acrescidas pelo Código atual. Veremos, em seguida, uma a uma as hipóteses legais.

222. Excussão de bens do sucessor singular

I – Alienação do bem litigioso

O CPC de 2015 estabeleceu com amplitude as dimensões objetiva e subjetiva da responsabilidade do sucessor (do executado) a título singular (por negócio oneroso ou gratuito):

(a) a responsabilidade do adquirente do bem exequível compreende tanto os títulos judiciais como os extrajudiciais;

(b) o bem disputado pode estar sujeito à execução por direito real ou por obrigação reipersecutória.

Se, após a sucessão, a coisa pereceu sem culpa do adquirente ou se foi por ele transmitida a outrem, não subsiste a responsabilidade questionada. É o bem adquirido, e não a pessoa do adquirente, que se vincula à responsabilidade executiva.

O campo de incidência é o das execuções para a entrega de coisa (CPC/2015, art. 498 c/c art. 513, e art. 784, II a IV, c/c arts. 806 a 813). Não importa se o exequente esteja reclamando a entrega com fundamento em direito real ou pessoal. É irrelevante, também, a natureza do título que lhe assegura a entrega, que tanto pode ser sentença (art. 515) como documento extrajudicial dotado de força executiva (art. 784).

A eficácia *erga omnes* é um dos traços característicos do direito real. Dela extrai-se o direito de sequela que permite ao titular do direito de alcançar o bem onde quer que ele esteja.

Aliás, de maneira geral, os atos de disposição de bens praticados durante a pendência sobre eles de ação real, mesmo que ainda inexista a sentença em favor do credor, são sempre ineficazes perante o que afinal sair vencedor (art. 792, I).

II – Ampliação do regime aplicável à alienação do bem litigioso

O art. 790, I, não fica limitado às ações reais e invoca a antiga distinção entre ações *reais* e ações *reipersecutórias*, para colocar ambas como protegidas contra alienações fraudulentas. Reais, na visão civilista, são as que se manejam em face de lesões a algum direito real, que se costumam distinguir em possessórias, reivindicatórias e declarativas.[15] *Reipersecutórias*, por

---

[15] SÁNCHEZ, A. Cabanillas. Verbete "Acción real". *Enciclopédia Jurídica Básica*. Madrid: Editorial Civistas, 1995, v. 1, p. 131.

sua vez, são aquelas em que "o autor demanda coisa que lhe pertence ou lhe é devida e não se encontra em seu patrimônio ou está em poder de terceiro".[16] Não importa o direito em que a demanda se apoia. Se a parte tem direito à entrega ou restituição da coisa, a ação manejável é *reipersecutória*.

O direito real é sempre oponível *erga omnes*, de modo que o terceiro que sucede ao obrigado a entregá-lo ao titular do *jus in re* sempre fica responsável pela respectiva execução. Já o direito pessoal nem sempre é oponível a outrem que não o devedor. Assim, dependerá do regime de direito material a definição do cabimento da execução contra quem adquiriu o bem perseguido em juízo.

Os contratos, em regra, vinculam apenas os contratantes, de maneira que seus efeitos só se opõem a terceiros a partir de sua publicidade por meio de registro público (Código Civil, art. 221). Logo, se o título executivo é extrajudicial e não se refere a direito real, o sucessor singular somente responderá executivamente se existir aludido registro. Pode-se, também, pensar nessa responsabilidade se, mesmo inexistindo o registro, o terceiro adquire o bem de má-fé, *i.e.*, ciente de que sua ação provocará a frustração do direito pessoal de outrem. Esse enfoque lastreia-se na função social que o direito moderno atribui ao contrato (Código Civil, art. 421).

III – Boa-fé do adquirente

Enfim, a exequibilidade do título do credor por entrega de coisa não pode ser fraudada impunemente. Na medida do possível, a norma processual reprime a fraude, tornando o adquirente sujeito a suportar a execução cabível contra o alienante. Estando, todavia, fora do alcance de um direito real, ou de um direito pessoal oponível *erga omnes*, e estando protegido por uma aquisição de boa-fé, não terá o terceiro cometido fraude contra a execução, e, pois, não prevalecerá a regra do art. 790, I, do CPC/2015.

No regime do CPC/2015, a alienação da coisa litigiosa é uma das hipóteses de fraude à execução, sempre que interfere no âmbito do cumprimento da sentença que lhe diz respeito. Assim, para que a sentença defraudada alcance automaticamente o terceiro adquirente (art. 109, § 3º), é preciso que a ação real ou reipersecutória prejudicada tenha sido, antes da alienação, averbada no competente registro público (art. 792, I). Se o bem ou direito litigioso não é daqueles que figuram em registro público, a configuração da fraude ficará na dependência do comportamento do adquirente, a ser avaliado segundo os ditames do § 2º do referido art. 792. Ou seja: *(i)* será havido como terceiro de boa-fé e, portanto, não será atingido pela ineficácia da alienação do bem litigioso, quando comprovar que adotou as cautelas necessárias para a aquisição, mediante certidões negativas de ações, obtidas no domicílio do alienante e no local de situação do bem; *(ii)* se tal cautela (imputada *ex lege* como ônus ao adquirente) não tiver sido observada, não terá como prevalecer da presunção de boa-fé e de escapar da ineficácia da alienação do bem litigioso.

IV – Posição processual do terceiro adquirente

O sucessor não é parte na execução e para defender-se, se o pretender, terá de utilizar os embargos de terceiro.

Não há, para o credor, necessidade de anular a transferência previamente, nem de citar o adquirente como litisconsorte do executado. Para alcançar o bem indevidamente alienado, o credor nem ao menos tem o ônus de provar a irregularidade da alienação. Basta-lhe a situação objetiva do título, reconhecendo em seu favor o direito real ou a obrigação reipersecutória sobre o objeto transferido em desrespeito à sua eficácia.

---

[16] DINIZ, Maria Helena. *Dicionário jurídico*. São Paulo: Saraiva, 1998, p. 73 e 75.

V – Necessidade de intimação do terceiro adquirente

Naturalmente, uma vez penhorado ou apreendido o bem em poder de seu atual proprietário, este será intimado, pois não é admissível ocorrer o ato expropriatório da execução sem respeitar o mínimo de contraditório em face daquele que o tem de suportar. Incide o princípio, que inspirou, entre outros, o dispositivo dos arts. 799, I, 804, 887, § 5º, e 889, V, de maneira que qualquer titular de direito real sobre o bem a excutir terá de ser oportunamente intimado, a fim de que possa se defender pelos meios processuais possíveis. Aliás, em matéria de bem adquirido em fraude à execução, o art. 792, § 4º, é expresso em estabelecer ao juiz que, antes de declarar a sujeição do bem à responsabilidade executiva, determine a intimação do terceiro adquirente, dando-lhe o prazo de quinze dias para opor, querendo, os embargos do art. 674 ("embargos de terceiro").

VI – Defesa do terceiro adquirente

O terceiro adquirente de bens do executado responde pela obrigação deste em duas circunstâncias: *(i)* quando comete fraude contra credores; e *(ii)* quando pratica fraude à execução. Afetados bens do atual proprietário, para responder por dívida do transmitente, a defesa dos interesses do adquirente poderá ser promovida da seguinte maneira:

(a) Na *fraude contra credores*, a defesa se faz em contestação à *ação pauliana* (Código Civil, art. 161). O terceiro adquirente só sofrerá penhora depois de julgada procedente dita ação. Na execução, o atual proprietário do bem penhorado não mais poderá questionar a sujeição do bem adquirido em fraude à responsabilidade executiva, em vista da coisa julgada formada na ação pauliana. O mesmo se pode dizer a respeito da *ação revocatória falimentar*, fundada em conluio entre o falido e o terceiro (Lei de Falência, art. 130);

(b) Na *fraude à execução*, o bem de terceiro é penhorado sem ação prévia para declará-la (CPC/2015, art. 790, V). Portanto, qualquer defesa que o adquirente pretenda exercer haverá de ser manifestada por meio de *embargos de terceiro* (art. 792, § 4º). O mesmo ocorre com a *revogação falimentar* prevista no art. 129 da Lei de Falências.[17]

223. Excussão de bens do sócio

A personalidade, a vida e o patrimônio das pessoas jurídicas são distintos dos de seus associados. Há, no entanto, casos em que os sócios são corresponsáveis pelas obrigações da sociedade, como, por exemplo, se dá nas "sociedades em nome coletivo" (art. 1.039 do Código Civil). A enumeração desses casos é feita pelo direito material, civil e comercial. Representam, também, espécies de responsabilidade sem dívida, pois os sócios solidários respondem subsidiariamente sem que sejam devedores.

Há, outrossim, que se distinguir entre a solidariedade que decorre puramente da lei, por força da natureza da sociedade, e a que decorre por força da lei, mas da prática de certos atos anormais do sócio ou administrador.

No caso de sócios naturalmente solidários é que se dá a responsabilidade executiva secundária, na forma do art. 790, II, cuja atuação é direta e ocorre sem necessidade de condenação do terceiro responsável em sentença própria. A responsabilidade extraordinária, como a

---

[17] A fraude de execução pode ser apreciada nos *embargos de terceiro* "opostos pelo adquirente", para livrar o bem da penhora (CAHALI, Youssef Said. *Fraudes contra credores*. São Paulo: RT, 1989, p. 100).

proveniente de abuso de gestão, violação do contrato, dolo etc., depende de prévio incidente de desconsideração da personalidade jurídica, nos termos dos arts. 133 a 137 do CPC/2015, procedimento de cognição que irá determinar a responsabilização do sócio faltoso.

Nem mesmo a desconsideração da personalidade jurídica que a jurisprudência agasalha em certas circunstâncias, e até mesmo a lei às vezes reconhece, autoriza uma sumária anulação da autonomia obrigacional existente entre a sociedade e os sócios. Em outros termos, "a regra geral continua sendo a da distinção entre o patrimônio da empresa e o dos seus sócios".[18]

Não comprovadas adequadamente em juízo as circunstâncias excepcionais autorizadoras da desconsideração da personalidade jurídica, não há que se cogitar da penhora direta sobre bens do sócio quando a execução se refira a dívida da sociedade.[19]

O redirecionamento da execução da pessoa jurídica para os bens particulares do sócio ou gestor, mesmo quando a lei permite possa ocorrer no curso da execução, depende de citação pessoal daquele que teria desviado os negócios sociais para acobertar seus interesses pessoais (art. 135).[20] O requerimento do credor, em tal situação, deverá obrigatoriamente explicitar o fato ou fatos configuradores do abuso da personalidade jurídica (Código Civil, art. 50), a fim de que aquele a quem se imputa o desvio ou abuso possa exercer o *contraditório* e *ampla defesa* assegurados constitucionalmente (art. 5º, LV).[21]

224. Desconsideração da personalidade jurídica

I – Desconsideração direta

Antes prevista como criação jurisprudencial e doutrinária, a desconsideração da personalidade jurídica, como forma excepcional de imputar aos sócios a responsabilidade por dívidas contraídas pela sociedade, recebeu regulamentação legal, por meio do art. 50 do Código Civil de 2002.

Para o direito positivo atual, o abuso da personalidade jurídica permite que, por decisão judicial, "os efeitos de certas e determinadas relações de obrigações sejam estendidos aos bens particulares dos administradores ou de sócios da pessoa jurídica beneficiados direta ou indiretamente pelo abuso" (CC, art. 50, com a redação da Lei nº 13.874/2019).[22]

---

[18] TJRGS, 14ª C. Civ., Ag. 598199750, Rel. Des. Henrique Osvaldo Poeta Roenick, ac. 22.10.1998, *RJTJRGS* 191/277. O Superior Tribunal de Justiça, entretanto, "tem decidido pela possibilidade da aplicação da teoria da desconsideração da personalidade jurídica nos próprios autos da ação de execução, sendo desnecessária a propositura de ação autônoma" (4ª T., REsp 331.478/RJ, Rel. Min. Jorge Scartezzini, ac. 24.10.2006, *DJU* 20.11.2006, p. 310). Ainda segundo a jurisprudência, não haveria, *in casu*, um processo incidente, mas apenas um incidente processual, sem o estabelecimento de nova relação processual precedida, necessariamente, por citação dos sócios afetados pela desconsideração. O contraditório se aperfeiçoaria, *a posteriori*, "mediante embargos, impugnação ao cumprimento de sentença ou exceção de pré-executividade" (STJ, 4ª T., REsp 1.096.604/DF, Rel. Min. Luís Felipe Salomão, ac. 02.08.2012, *DJe* 16.10.2012).

[19] O TJRGS, no acórdão referido na nota anterior, aponta como exemplos capazes de ensejar a aplicação da teoria da *disregard doctrine*, entre outros, a dissolução irregular da sociedade e a fraude de execução (TJRGS, 14ª C. Civ., Ag. 598199750, Rel. Des. Henrique Osvaldo Poeta Roenick, ac. 22.10.1998, *RJTJRGS* 191/277).

[20] STJ, 1ª T., REsp 236.131/MG, Rel. Min. Humberto Gomes de Barros, ac. 25.09.2000, *DJU* 13.11.2000, p. 132; STJ, 2ª T., REsp 278.744/SC, Rel. Min. Eliana Calmon, ac. 19.03.2002, *DJU* 29.04.2002, p. 220.

[21] STJ, 1ª T., AgRg no REsp 544.879/SC, Rel. Min. Teori Albino Zavascki, ac. 20.05.2004, *DJU* 07.06.2004, p. 163; STJ, 2ª T., REsp 260.077/SC, Rel. Min. Francisco Peçanha Martins, ac. 03.10.2002, *RT* 811/184.

[22] "§ 4º A mera existência de grupo econômico sem a presença dos requisitos de que trata o *caput* não autoriza a desconsideração da personalidade da pessoa jurídica" (parágrafo acrescido ao art. 50 do Cód. Civ., pela citada Lei nº 13.874/2019).

O abuso, que autoriza sejam as obrigações contraídas em nome da sociedade imputadas aos sócios ou administradores, pode caracterizar-se de duas maneiras: *(i)* pelo *desvio de finalidade* (utilização dolosa da pessoa jurídica com o propósito de lesar credores e para a prática de atos ilícitos de qualquer natureza);[23] ou *(ii)* pela *confusão patrimonial* (a ausência de separação de fato entre os patrimônios da sociedade e dos sócios).[24]

A desconsideração não se dá apenas pelo inadimplemento e pela insolvência da sociedade. Depende sempre de uma decisão judicial, que reconheça a concorrência dos requisitos enumerados pelo art. 50 do Código Civil. Para que tal ocorra, todavia, não há necessidade de uma ação autônoma e específica. A pretensão do credor pode ser manifestada incidentalmente no processo de conhecimento ou de execução (CPC/2015, art. 134, *caput*). Haverá, no entanto, de observar-se o contraditório, a ampla defesa e o devido processo legal, nos termos em que a Constituição os garante (art. 5º, LIV e LV) (art. 135).

A resolução do incidente dar-se-á por meio de decisão interlocutória, contra a qual caberá agravo de instrumento ou agravo interno (art. 136).

II – Desconsideração invertida

A possibilidade também da denominada *desconsideração invertida*, qual seja aquela em que se imputa à sociedade obrigação contraída pelos sócios ou administradores individualmente, que antes estava prevista pelo art. 133, § 2º, do CPC, passou a figurar também no § 3º do art. 50 do Cód. Civ., acrescido pela Lei nº 13.874/2019. Trata-se, principalmente, dos casos de confusão patrimonial, em que todo o patrimônio dos sócios se incorpora numa pessoa jurídica, a exemplo do que costuma acontecer nas sociedades entre marido e mulher e outras empresas familiares[25] (sobre o incidente de desconsideração da personalidade jurídica, ver itens nos 277 a 281 do vol. 1).

225. Benefício de ordem na execução de dívida de pessoa jurídica

A regra básica é que os bens dos sócios não devem responder pelas dívidas da sociedade, a não ser naqueles casos expressamente previstos em lei (CPC/2015, art. 795). Mesmo nos casos em tela, a responsabilidade do sócio é de ser vista como excepcional e secundária, a prevalecer apenas quando não for possível cobrar a dívida diretamente da sociedade.

Por isso, quando tais sócios são executados, assegura-lhes o Código o *beneficium excussionis personalis*, ou benefício de ordem, *ad instar* do que ocorre com o fiador. Poderão, de tal sorte, "exigir que sejam primeiro executados os bens da sociedade" (art. 795, § 1º).

A responsabilidade da sociedade é sempre principal; e a dos sócios, quando existente, é sempre subsidiária.[26] Ainda que se trate do chamado sócio solidário, "em primeiro lugar deve

---

[23] "§ 5º Não constitui desvio de finalidade a mera expansão ou a alteração da finalidade original da atividade econômica específica da pessoa jurídica. (NR)" (parágrafo acrescido ao art. 50 do Cód. Civ., pela citada Lei nº 13.874/2019).

[24] "§ 2º Entende-se por confusão patrimonial a ausência de separação de fato entre os patrimônios, caracterizada por: I - cumprimento repetitivo pela sociedade de obrigações do sócio ou do administrador ou vice-versa; II - transferência de ativos ou de passivos sem efetivas contraprestações, exceto o de valor proporcionalmente insignificante; e III - outros atos de descumprimento da autonomia patrimonial" (parágrafo acrescido ao art. 50 do Cód. Civ., pela citada Lei nº 13.874/2019).

[25] STJ, 3ª T., REsp 948.117/MS, Rel. Min. Nancy Andrighi, ac. 22.06.2010, *DJe* 03.08.2010; COMPARATO, Fábio Konder; SALOMÃO FILHO, Calixto. *O poder de controle da sociedade anônima*. 3. ed. Rio de Janeiro: Forense, 1983, cap. II, n. 137.

[26] LIMA, Alcides de Mendonça. *Comentários ao Código de Processo Civil*. Rio de Janeiro: Forense, 1974, v. VI, t. II, n. 1.071, p. 482.

ser executado quem contratou: a sociedade".²⁷ Só se a execução ficar frustrada é que caberá a excussão dos bens particulares dos sócios.²⁸

Para valer-se do benefício de ordem, o sócio executado deverá "nomear quantos bens da sociedade, situados na mesma comarca, livres e desembargados, quantos bastem para pagar o débito" (art. 795, § 2º), o que há de se fazer no prazo de três dias assinado no mandado executivo para pagamento (art. 829, *caput*), visto que, depois disso, o oficial de justiça procederá à penhora na conformidade com o pleiteado pelo exequente na inicial (art. 829, § 1º).

O sócio que sofrer a execução e saldar o débito ficará sub-rogado nos direitos do credor e poderá executar a sociedade nos autos do mesmo processo (art. 795, § 3º).

Finalmente, se se tratar de sociedade *irregular* ou *de fato*, a execução pode, de início, ser dirigida diretamente contra os sócios. Não há benefício de ordem, nem responsabilidade secundária dos sócios. Juridicamente, a pessoa moral não existe e os componentes reputam-se, pessoal e solidariamente, obrigados pelas dívidas assumidas irregularmente em nome da sociedade.

Há quem faça distinção entre sociedade *de fato* e sociedade *irregular*. A primeira seria formada sem contrato escrito, baseando-se em negócios comuns praticados por sócios;²⁹ a segunda contaria com contrato formalizado, mas não registrado.³⁰ A diferenciação é irrelevante para o tema ora enfocado, pois o Código Civil considera como sociedade *em comum* aquela cujos atos constitutivos ainda não foram inscritos no registro público competente e, nesse caso, estatui que "todos os sócios respondem solidária e ilimitadamente pelas obrigações sociais, excluído do benefício de ordem (...) aquele que contratou pela sociedade" (art. 990). Ou seja: tanto na sociedade de fato como na irregular, não opera o benefício de ordem.

Importante ressaltar, outrossim, que a situação descrita nesse dispositivo – responsabilidade solidária do sócio – é diversa da responsabilidade decorrente da desconsideração da personalidade jurídica. Esta decorre da prática de ato abusivo e depende da observância do incidente previsto nos arts. 133 e ss. do CPC/2015 (art. 795, § 4º). Aquela é resultante da solidariedade entre a empresa e o sócio que resulta exclusivamente da lei em razão da natureza da sociedade.³¹ Além disso, o benefício de ordem não pode ser suscitado na hipótese de desconsideração.

226. Bens do devedor em poder de terceiros

Segundo o inciso III do art. 790 do CPC/2015, a posse ou detenção de outrem sobre os bens do devedor não é empecilho à execução. Naturalmente, se o terceiro desfruta uma posse contratual legítima, como é o caso da locação com eficácia perante o adquirente (Código Civil, art. 576, *caput*), a execução contra o locador que atingir o bem arrendado não excluirá a continuidade do exercício dos direitos do locatário até o final do contrato. O arrematante, adquirindo a propriedade do bem, ficará sub-rogado na posição do devedor, *i.e.*, de locador.

---

[27] CASTRO, Amílcar de. *Comentários ao Código de Processo Civil*. 2. ed. Rio de Janeiro: Forense, 1963, v. X, n. 104, p. 114.
[28] No mesmo sentido do CPC, dispõe o art. 1.024 do Código Civil: "Os bens particulares dos sócios não podem ser executados por dívida da sociedade, senão depois de executados os bens sociais".
[29] BATALHA, Wilson de Souza Campos. *Direito processual societário*. Rio de Janeiro: Forense, 1986, n. 1.1.2.1.3, p. 57.
[30] BATALHA, Wilson de Souza Campos. *Direito processual societário*. Rio de Janeiro: Forense, 1986, n. 1.1.2.1.1, p. 48.
[31] CÂMARA JÚNIOR, José Maria. In: WAMBIER, Teresa Arruda Alvim *et al*. *Breves comentários ao novo Código de Processo Civil*. São Paulo: RT, 2015, p. 1.818.

Quando o terceiro possuir o bem do devedor em nome próprio, e não em nome do executado, não poderá haver penhora direta sobre o bem, mas apenas sobre o direito e ação do proprietário contra o possuidor. Se o credor insistir e efetuar a penhora, o terceiro poderá manejar, com êxito, os embargos de terceiro para proteger sua posse (art. 674, § 1º).

227. Excussão de bens de devedor casado ou em união estável: tutela da meação

Sujeitam-se a execução por obrigação de um cônjuge ou companheiro os bens do outro, ou os comuns, "nos casos em que seus bens próprios ou de sua meação respondem pela dívida" (CPC/2015, art. 790, IV). A lei substantiva é que define os casos em questão, como, por exemplo, se vê do Código Civil, art. 1.668, III, dentre outros.

Como regra geral, "pelos títulos de dívida de qualquer natureza, firmados por um só dos cônjuges, ainda que casados pelo regime de comunhão universal, somente responderão os bens particulares do signatário e os comuns até o limite de sua meação" (Lei nº 4.121, de 1962, art. 3º, e Código Civil, arts. 1.644, 1.663, § 1º, 1.664 e 1.666).

A incomunicabilidade das dívidas assumidas por um só dos cônjuges ou companheiros deixa de ocorrer, entre outros casos, quando as obrigações foram contraídas em benefício da família (Código Civil, art. 1.644).

A defesa da meação do cônjuge ou companheiro, na execução de dívida do consorte, faz-se por meio de embargos de terceiro (CPC/2015, art. 674, § 2º, I), mesmo quando tenha sido ele intimado da penhora, que recaiu sobre imóvel. Isto porque, ainda que se torne parte na execução, por força da intimação da penhora, o cônjuge ou companheiro comparece aos embargos com um título jurídico diverso daquele que se põe à base do processo executivo. Assim é que de sua citação decorre o litisconsórcio necessário de ambos os cônjuges que provoca a causa judicial sobre qualquer bem imóvel, durante a constância do casamento. Já, nos embargos, o direito posto em discussão é o de não se sujeitar a meação de um dos cônjuges à dívida exclusiva do outro, o que é, como se vê, matéria diversa da que serviu de causa à execução ajuizada contra o cônjuge devedor.

Portanto, o cônjuge ou o companheiro pode agir tanto como parte da execução como na condição de terceiro. Se pretender discutir a validade ou a eficácia do título firmado pelo devedor, estará agindo como parte e suas arguições só poderão ser feitas por meio de embargos à execução (art. 914). Se, porém, o que se vai discutir é a matéria pertinente à exclusão de sua meação, a condição jurídica do cônjuge ou companheiro é a de terceiro em face da dívida exequenda e da relação executiva que em torno dessa obrigação se instaurou. Essa questão, portanto, terá de ser debatida nos embargos de terceiro (art. 674, § 2º, I).

A circunstância eventual de o cônjuge ou companheiro, intimado da penhora, alegar a questão pertinente à meação em embargos de devedor, em lugar de embargos de terceiro, é, contudo, irrelevante, por não passar de irregularidade formal, que nenhum prejuízo acarreta à parte contrária. O que não se tolera é o contrário, *i.e.*, usar o cônjuge ou companheiro os embargos de terceiro, fora do prazo dos embargos do devedor, para discutir o mérito da dívida do executado. Aí, sim, a preclusão da faculdade de embargar a execução inviabiliza o deslocamento da lide principal para o procedimento acessório. Aliás, a penhora indevida sobre a meação pode ser vista como "penhora incorreta" ou como "excesso de execução", temas que a lei permite sejam discutidos nos embargos à execução (art. 917, II e III). Por isso, não comete erro imperdoável o cônjuge ou companheiro que usa, para defesa da meação, os embargos à execução, e não os embargos de terceiro.

227-A. União estável em regime de separação total de bens

O regime patrimonial da união estável é, por lei, o da comunhão parcial de bens, ressalvando-se, contudo, a possibilidade de convenção diversa ajustada por meio de contrato entre os consortes (CC, art. 1.725). Desse contrato é possível surgir, por exemplo, o regime da separação total de bens, que irá acarretar a irresponsabilidade patrimonial dos bens particulares de cada consorte pelas dívidas contraídas pelo outro, que não tenha revertido em benefício do casal (CC, arts. 1.664 e 1.666).

Como decidiu a terceira Turma do STJ, "a existência de contrato escrito é o único requisito legal para que haja a fixação ou a modificação, sempre com efeitos prospectivos, do regime de bens aplicável a união estável, de modo que o instrumento particular celebrado pelas partes produz efeitos limitados aos aspectos existenciais e patrimoniais da própria relação familiar por eles mantida. Significa dizer que o instrumento particular, independentemente de qualquer espécie de publicidade e registro, terá eficácia e vinculará as partes e será relevante para definir questões *interna corporis* da união estável, como a sua data de início, a indicação sobre quais bens deverão ou não ser partilhados, a existência de prole concebida na constância do vínculo e a sucessão, dentre outras".[32]

Todavia, ainda na dicção da mesma Corte Superior, o contrato escrito na forma de simples instrumento particular e de conhecimento limitado aos contratantes, não é, por si só, capaz de projetar efeitos para fora da relação jurídica mantida pelos conviventes, em especial em relação a terceiros porventura credores de um deles, exigindo-se, para que se possa examinar a eventual oponibilidade *erga omnes*, no mínimo, a prévia existência de registro e publicidade para efeito contra terceiros.[33] Por conseguinte, se a penhora ocorreu sobre bem do consorte que não contraiu a dívida, a pretexto de corresponsabilidade eventual, em data anterior ao lançamento do contrato instituidor do regime de separação de bens, não pode ser invalidada sob argumento apenas contrariedade ao regime convencional da união estável. É que a convenção, embora plenamente válida na esfera do relacionamento entre seus signatários, não se apresentava oponível a terceiros quando da realização da penhora.

228. Bens alienados em fraude à execução e em fraude contra credores

Dispõe o art. 790 do CPC que respondem pela execução os bens alienados ou gravados com ônus real pelo devedor, tanto em fraude à execução (inciso V), como em fraude contra credores (inciso VI). Diferem apenas o modo e o momento em que a fraude deve ser reconhecida, em relação à penhorabilidade do bem transferido a terceiro, como a seguir veremos.

De início, portanto, cumpre não confundir a fraude contra credores com a fraude de execução. Na primeira, são atingidos apenas interesses privados dos credores (arts. 158 e 159 do Código Civil). Na última, o ato do devedor executado viola a própria atividade jurisdicional do Estado (art. 792 do CPC/2015).

Um dos atributos do direito de propriedade é o poder de disposição assegurado ao titular do domínio. Mas o patrimônio do devedor é a garantia geral dos seus credores; e, por isso, a disponibilidade só pode ser exercitada até onde não lese a segurança dos credores.

Daí desaprovar a lei as alienações fraudulentas que provoquem ou agravem a insolvência do devedor, assegurando aos lesados a ação revocatória para fazer retornar ao acervo patrimonial do alienante o objeto indevidamente disposto, para sobre ele incidir a execução. Essa ação, que serve especificamente para os casos de fraude contra credores, comumente denominada *ação pauliana*, funda-se no duplo pressuposto do *eventus damni* e do *consilium fraudis*. Aquele consiste no prejuízo suportado pela garantia dos credores, diante da insolvência do devedor, e este no elemento subjetivo, que vem a ser o conhecimento, ou a consciência, dos contraentes

---

[32] STJ, 3ª T., REsp 1.988.228/PR, Rel. Min. Nancy Andrighi, ac. 07.06.2022, *DJe* 13.06.2022.
[33] STJ, REsp 1.988.228/PR, Rel. Min. Nancy Andrighi, ac. 07.06.2022, *DJe* 13.06.2022.

de que a alienação vai prejudicar os credores do transmitente, desfalcando o seu patrimônio dos bens que serviriam de suporte para a eventual execução. O exercício vitorioso da pauliana restabelece, portanto, a responsabilidade dos bens alienados em fraude contra credores.

É, porém, muito mais grave a fraude quando cometida no curso do processo de condenação ou de execução. Além de ser mais evidente o intuito de lesar o credor, em tal situação "a alienação dos bens do devedor vem constituir verdadeiro atentado contra o eficaz desenvolvimento da função jurisdicional já em curso, porque lhe subtrai o objeto sobre o qual a execução deverá recair".[34] A fraude frustra, então, a atuação da Justiça e, por isso, é repelida mais energicamente.[35] Não há necessidade de *nenhuma ação* para anular ou desconstituir o ato de disposição fraudulenta. A lei o considera simplesmente ineficaz perante o exequente, e o juiz reconhece de plano a inoponibilidade do negócio, nos próprios autos.[36]

Não se cuida, como se vê, de ato nulo ou anulável.[37] O negócio jurídico, que frauda a execução, diversamente do que se passa com o que frauda credores,[38] gera pleno efeito entre alienante e adquirente. Apenas não pode ser oposto ao exequente. Nesse sentido, o § 1º do art. 792 do CPC/2015 é expresso em asseverar que "a alienação em fraude à execução é ineficaz em relação ao exequente".

Assim, a força da execução continuará a atingir o objeto da alienação ou oneração fraudulenta, como se estas não tivessem ocorrido. O bem será de propriedade do terceiro, num autêntico exemplo de responsabilidade sem débito.

Da fraude de execução decorre simples submissão de bens de terceiro à responsabilidade executiva. O adquirente não se torna devedor e muito menos coobrigado solidário pela dívida exequenda. Só os bens indevidamente alienados é que se inserem na responsabilidade que a execução forçada faz atuar; de sorte que, exauridos estes, nenhuma obrigação ou responsabilidade subsiste para o terceiro que os adquiriu do devedor.

Segundo antiga doutrina, que todavia merece acolhida *cum grano salis*, não se requer, para a confirmação da fraude cogitada nos arts. 790, V, e 791, a presença do elemento subjetivo da fraude (*consilium fraudis*) para que o negócio incida no conceito de fraude de execução. Para o mesmo entendimento, pouco importa, também, a boa-fé do adquirente. No dizer de Liebman, "a intenção fraudulenta está *in re ipsa*; e a ordem jurídica não pode permitir que, enquanto pende o processo, o réu altere a sua posição patrimonial, dificultando a realização da função jurisdicional".[39] É irrelevante, finalmente, que o ato seja real ou simulado, de boa ou de má-fé. No entanto, como se esclarece no tópico seguinte, a legislação ulterior ao Código e a exegese jurisprudencial acabaram por dar sensível relevância ao lado psicológico também no que se refere à fraude de execução.

---

[34] LIEBMAN, Enrico Tullio. *Processo de execução*. 3. ed. São Paulo: Saraiva, 1968, n. 45, p. 85.

[35] "Seja como for, na hipótese de o executado dispor de algum bem na pendência de processo, como parece curial, a fraude adquire expressiva gravidade. O eventual negócio não agride somente o círculo potencial de credores. Está em jogo, agora, além dos interesses particulares, a própria efetividade da atividade jurisdicional do Estado. O devedor que adota semelhante expediente pratica fraude à execução, recebendo seu ato reação mais severa e imediata" (ASSIS, Araken de. *Manual da execução*. 12.ed. São Paulo: RT, 2009, nº 46, p. 271).

[36] CAHALI, Youssef Said. *Fraudes contra credores*. São Paulo: RT, 1989, p. 403.

[37] "Na fraude de execução, o ato não é nulo, inválido, mas sim ineficaz em relação ao credor" (STJ, 4ª T., REsp 3.771/GO, Rel. Min. Sálvio de Figueiredo Teixeira, ac. 16.10.1990, *DJU* 05.11.1990, *RJSTJ* 20/282).

[38] Embora se possa também falar de ineficácia do ato praticado em fraude dos credores, esta somente pode ser reconhecida por meio de sentença em ação própria (ação pauliana) (Código Civil, art. 161).

[39] LIEBMAN, Enrico Tullio. *Processo de execução*. 3. ed. São Paulo: Saraiva, 1968, n. 45, p. 85.

Em síntese, tanto a fraude contra credores como a fraude de execução compreendem atos de disposição de bens ou direitos em prejuízo de credores, mas a diferença básica é a seguinte:

(a) a fraude contra credores pressupõe sempre um devedor em estado de insolvência e ocorre antes que os credores tenham ingressado em juízo para cobrar seus créditos; é causa de anulação do ato de disposição praticado pelo devedor, nos moldes do Código Civil (arts. 158 a 165); depende de sentença em ação própria (*idem*, art. 161);

(b) a fraude de execução não depende, necessariamente, do estado de insolvência do devedor e só ocorre no curso de ação judicial contra o alienante; é causa de ineficácia da alienação, nos termos do Código de Processo Civil atual (arts. 790 e 792); opera independentemente de ação anulatória ou declaratória. Pressupõe alienação voluntária praticada pelo devedor, de sorte que não se pode ver fraude à execução nas transferências forçadas realizadas em juízo.[40]

As duas modalidades de fraude resultam em efeito igual no plano da responsabilidade patrimonial, qual seja: engendram responsabilidade patrimonial de terceiro não devedor. A distinção se nota apenas no momento de eficácia dessa responsabilidade:

(a) na fraude à execução, o terceiro se torna responsável executivamente pela dívida exequenda, nos limites do bem adquirido, no momento mesmo em que a aquisição se dá (CPC, art. 790, V);

(b) na fraude contra credores, essa responsabilidade surge quando o ato fraudulento é anulado pela sentença pauliana (CPC, art. 790, VI), fato que, ordinariamente, deve ocorrer antes da penhora, como requisito de sua legitimação[41].

229. Casos de fraude à execução

Vários são os casos reconhecidos como configuradores de alienação ou oneração de bens em fraude à execução pelo CPC/2015. O art. 792 enumera cinco hipóteses em que essa modalidade de fraude pode ocorrer. Analisaremos cada uma delas a seguir:

I – Bens objeto de ação fundada em direito real ou de pretensão reipersecutória

Considera o art. 792, I, em fraude à execução a alienação ou oneração de bem sobre o qual penda ação fundada em direito real ou com pretensão reipersecutória[42]. A hipótese, ressalte-se,

---

[40] "Na hipótese de arrematação ou adjudicação judicial a vontade do devedor é irrelevante, o que obsta a caracterização da fraude" (STJ, 1ª T., REsp 538.656/SP, Rel. Min. Luiz Fux, ac. 16.10.2003, *DJU* 03.11.2003, p. 277).

[41] Sobre reconhecimento excepcional da fraude contra credores em reconvenção à ação de embargos de terceiro, ver, adiante, o item 536.1.

[42] "(...) 3. A regra geral do art. 472 do Código de Processo Civil de 1973 dispõe que a coisa julgada só opera efeito entre as partes integrantes da lide. 4. O art. 109, § 3º, do Código de Processo Civil de 2015 (art. 42, § 3º, do CPC/1973), por exceção, dispõe que, em se tratando de aquisição de coisa ou direito litigioso, a sentença proferida entre as partes originárias estende os seus efeitos ao adquirente ou ao cessionário. 5. Segundo a doutrina especializada, o bem ou direito se torna litigioso com a litispendência, ou seja, com a lide pendente. 6. A lide é considerada pendente, para o autor, com a propositura da ação e, para o réu, com a citação válida. 7. Para o adquirente, o momento em que o bem ou direito é considerado litigioso varia de acordo com a posição ocupada pela parte na relação jurídica processual que sucederia. 8. *Não há falar em extensão dos efeitos da coisa julgada ao adquirente se o bem é adquirido por terceiro de boa-fé antes de configurada a litigiosidade*" (g.n.) (STJ, 3ª T., AgInt no AREsp 1.293.353/DF, Rel. Min. Ricardo Villas Bôas Cueva, ac. 03.12.2018, *DJe* 06.12.2018).

versa sobre alienação de bem litigioso na pendência ou em função de processo de conhecimento, levando em conta o prejuízo que o ato de disposição ou oneração acarretará para o posterior cumprimento da sentença. Condiciona, porém, o reconhecimento da fraude ao requisito de que a pendência do processo tenha sido averbada no respectivo registro público, se houver.

O CPC/2015, dessa maneira, ampliou a possibilidade prevista no Código anterior, ao reconhecer a fraude não só quando cometida contra ação real, mas também em prejuízo das demandas que veiculam "pretensão reipersecutória". Nesta categoria, compreende-se a "ação pessoal em que o autor demanda coisa em poder de terceiro".[43]

Na situação do inciso I, embora a fraude independa da condição de insolvência do devedor, é essencial que o credor tenha promovido a prévia averbação da pendência do processo no registro público (quando houver) em que o bem alienado deva ser inscrito.

Assim, a previsão de fraude contida no inciso I do art. 792 correlaciona-se com a situação jurídica dos bens sujeitos a registro público, caso em que a preexistência de averbação da ação pendente não pode ser dispensada, porque erigida à categoria de pressuposto legal para reconhecimento da fraude à execução.

O regime adotado pelo CPC/2015, como se deduz do inciso I do art. 792, é muito mais rígido do que o do Código anterior, para o qual a averbação do processo facilitava o reconhecimento da fraude, mas não era tratado como requisito indispensável. Agora, havendo registro público (e não apenas registro de imóveis) para inscrição do bem disputado em ação real ou reipersecutória, a aquisição do bem litigioso por terceiro somente será qualificada como em fraude à execução se atendida a exigência da prévia averbação do processo no mesmo registro. Não há mais lugar, portanto, para se distinguir entre terceiro de boa-fé ou de má-fé. Se há a averbação da ação, a alienação do bem litigioso será sempre fraudulenta; se não há, não cabe cogitar-se de fraude à execução, na hipótese identificada no inciso I do art. 792. De qualquer maneira, o dispositivo em questão trata objetivamente da fraude, sem correlacioná-la com o elemento subjetivo qualificador da conduta do terceiro adquirente.[44]

Outro é o regime dos bens litigiosos não sujeitos a registro público. Deles se tratará mais adiante, em apreciação do § 2º do referido art. 792.

II – Bens vinculados a processo de execução

Ajuizada a execução, autoriza o art. 828 do CPC/2015 ao exequente obter certidão de que o processo foi admitido pelo juiz para averbação no registro de imóveis, de veículos ou de outros bens sujeitos a penhora, arresto ou indisponibilidade. Na pendência da execução, feita a averbação no registro adequado, considera-se em fraude a ela a alienação ou oneração do bem que tenha sido constrito (art. 792, II).

Também nesse caso não se cogita de insolvência do executado nem de má-fé do terceiro adquirente. A fraude é presumida *ex lege*. O problema situa-se na eventualidade de não ter sido averbada a execução, mas de ser comprovada a ciência que tinha o adquirente da existência da penhora, do arresto ou da indisponibilidade que incidia sobre o bem negociado.

De fato, diante da literalidade do art. 792, II, não se pode tecnicamente reconhecer que o adquirente, ainda que de má-fé, tenha participado de fraude à execução, uma vez que esta,

---

[43] WAMBIER, Teresa Arruda Alvim; CONCEIÇÃO, Maria Lúcia Lins; RIBEIRO, Leonardo Ferres da Silva; MELLO, Rogério Licastro Torres de. *Primeiros comentários ao novo Código de Processo Civil, artigo por artigo.* São Paulo: RT, 2015, p. 1145.

[44] Sobre a possibilidade de invocar a má-fé do terceiro adquirente do bem litigioso, mesmo no caso de falta de registro da ação, ver o Enunciado nº 149/CEJ e o inciso II deste mesmo item.

por aquele dispositivo legal, pressupõe averbação do processo executivo no registro público a que se sujeita o bem constrito.

Observa, com propriedade, José Miguel Garcia Medina que se o caso não é, pelo CPC/2015, de fraude à execução, configura sem dúvida ato atentatório à dignidade da justiça. Com efeito, dispõe o art. 774 que comete o executado ato da espécie quando "frauda a execução" (inc. I), ou "dificulta ou embaraça a realização da penhora" (inc. III). Se o executado não pode atentar contra a dignidade da justiça, é óbvio que também o terceiro não pode compactuar com ele nessa prática ilícita. Cabendo ao juiz "prevenir ou reprimir qualquer ato contrário à dignidade da justiça" (art. 139, III), não pode permanecer impune a colusão levada a cabo entre executado e seu comparsa, cuja reparação consiste, *in casu*, na decretação de ineficácia do ato nocivo para a execução.[45]

De tal sorte, a má-fé será reprimida e a boa-fé será prestigiada, como manda a norma fundamental do art. 5º do CPC/2015.[46] Em outros termos, o que não se alcança pela regra técnica da fraude à execução (art. 792, II), consegue-se pela disciplina repressora do atentado à dignidade da justiça. O resultado prático é o mesmo.[47]

Ressalve-se, todavia, que, inexistindo averbação no registro público, não se pode presumir a má-fé do terceiro adquirente do bem penhorado ou arrestado. O que de ordinário se presume é a boa-fé. Assim, prevalece a antiga jurisprudência do STJ, com alguma modulação, no sentido de que "o reconhecimento da fraude à execução depende do registro da penhora do bem alienado ou da prova de má-fé do terceiro adquirente" (Súmula nº 375/STJ); e de que "inexistindo registro na penhora na matrícula do imóvel, é do credor o ônus da prova de que o terceiro adquirente tinha conhecimento da demanda...".[48] Levar-se-á em conta, todavia, a demonstração que o terceiro deverá fazer acerca das cautelas necessárias para a aquisição, previstas no § 2º do art. 792.

Nesse passo, a orientação do CPC/2015 reduz um pouco o alcance da Súmula 375 do STJ, visto que não mais imputa, invariavelmente, ao exequente o ônus de provar a má-fé do terceiro adquirente. Ao contrário, é deste último que exige prova de ter adotado as cautelas necessárias para a aquisição, mediante a exibição das certidões pertinentes, obtidas no domicílio do vendedor e no local onde se encontra o bem. É evidente, portanto, a adoção de um regime dinâmico de inversão do ônus da prova tradicional em matéria de fraude e má-fé. Não prevalece mais a presunção clássica de que a boa-fé se presume e a má-fé deve ser sempre provada.

Com isso, impõe-se reconhecer que a Súmula nº 375 perdeu eficácia na parte em que exigia prova da má-fé do adquirente.[49] É bom lembrar que o próprio STJ, em alguns casos

---

[45] Para ocorrer a fraude à execução, nas hipóteses dos incisos I a III do art. 792 do CPC/2015, "faz-se necessário a averbação em registro público, mas isso não impede que se reconheça haver ato atentatório à dignidade da justiça quando o executado aliena bem penhorado, e o terceiro adquirente tem ciência da penhora (...), o reconhecimento do vício deverá conduzir ao mesmo resultado" (MEDINA, José Miguel Garcia. *Novo Código de Processo Civil comentado*. 3. ed. São Paulo: RT, 2015, p. 1.071-1.072).

[46] "A falta de averbação da pendência de processo ou da existência de hipoteca judiciária ou de constrição judicial sobre o bem no registro de imóveis não impede que o exequente comprove a má-fé do terceiro que tenha adquirido a propriedade ou qualquer outro direito real sobre o bem" (Enunciado nº 149/CEJ/CJF).

[47] Embora pronunciada sob o regime do CPC/1973, cabe aqui a tese assentada pelo STJ no sentido de que "realmente, se o bem onerado ou alienado tiver sido objeto de anterior constrição judicial, a ineficácia perante a execução se configurará, não propriamente por ser fraude à execução (CPC, art. 593, II) [de 1973], mas por representar atentado à função jurisdicional" (STJ, 1ª T., REsp 494.545/RS, Rel. Teori Albino Zavascki, ac. 14.09.2004, DJU 27.09.2004, p. 214).

[48] STJ, Corte Especial, REsp repetitivo 956.943/PR, Rel. p/ ac. Min. João Otávio de Noronha, ac. 20.08.2014, *DJe* 01.12.2014.

[49] "Dessarte, com o advento do Novo Código de Processo Civil, entendemos que houve revogação parcial da Súmula n. 375 do Colendo Superior Tribunal de Justiça" (ARRUDA ALVIM, Angélica. Fraude à execução

posteriores à edição da Súmula em questão, já vinha decidindo que a ausência de boa-fé poderia ser provada com a demonstração de que o adquirente não se cercou dos mínimos cuidados inerentes à segurança do negócio jurídico entabulado, de modo que nem sempre se exija do exequente a prova direta da má-fé do terceiro.[50]

A averbação da execução pendente autorizada pelo art. 828 é muito importante para a configuração da fraude principalmente na hipótese de redução do executado à insolvência, porquanto quando efetuada à margem do registro de determinado bem, sua alienação será havida como fraudulenta sem necessidade de demonstrar a efetiva ciência do adquirente sobre a existência da ação executiva. Desde que não haja outros bens do devedor suficientes para a garantia do juízo, a fraude à execução estará objetivamente configurada.

III – Bens sujeitos à hipoteca judiciária ou outro ato de constrição judicial

O Código atual institui mais uma hipótese autônoma de fraude à execução, que consiste na alienação ou oneração de bem submetido à hipoteca judiciária ou outro ato de constrição judicial. Para tanto, exige o art. 792, III, apenas que o gravame tenha sido averbado no registro público, dispensada a comprovação de má-fé e de insolvência do terceiro adquirente.

Mais uma vez o Código vincula a fraude à averbação no registro do bem, ampliando os ônus do credor, que é o maior interessado na preservação do patrimônio do devedor até a satisfação de seu crédito.[51]

O Código de 2015 consagra, mais uma vez, entendimento do STJ, consolidado na Súmula nº 375, transcrita *supra* (ver, porém, as ressalvas sobre a sanção à má-fé comprovada do terceiro adquirente, no caso de gravame não averbado no registro público, constantes do Enunciado nº 149/CEJ-CJF e do inc. II deste mesmo item).

IV – Alienação que produz ou agrava a insolvência do devedor, na pendência do processo

De acordo com o inciso IV do art. 792 do CPC/2015, ocorre fraude à execução quando o devedor aliena ou onera bem, estando respondendo a ação, que, após o ato de disposição, possa reduzi-lo à insolvência. Não importa a modalidade de ação pendente. O que importa é a aptidão do litígio para reconhecer uma obrigação de pagar quantia cuja satisfação se frustre, em razão do desfalque patrimonial verificado. O caso, todavia, refere-se mais propriamente ao processo de cognição, uma vez que o inciso II, do art. 792, contempla norma especial para a configuração da fraude no processo de execução, que se presume a partir da simples averbação no registro do bem da pendência da ação. No entanto, não tendo sido a execução averbada, nem por isso deixará de ser possível a ocorrência da fraude, já então com base no inciso IV, do art. 792. É que a previsão nele contida é a mais ampla possível, não fazendo distinção alguma entre as ações de cunho patrimonial que possam ser prejudicadas pela insolvência do devedor, ocasionada por alienação de bem ocorrida em prejuízo de ação pendente.

---

no novo CPC e a Súmula n. 375/STJ. *Revista Forense*, v. 421, p. 20, jan./jun. /2015). No mesmo sentido: WAMBIER, Teresa Arruda Alvim *et al*. *Primeiros comentários ao novo Código de Processo Civil, artigo por artigo*. São Paulo: RT, 2015, p. 1.146-1.147.

[50] STJ, 3ª T., RMS 27.358/RJ, Rel. Min. Nancy Andrighi, ac. 05.10.2010, *DJe* 25.10.2010. Cf. também: CÂMARA JÚNIOR, José Maria. Comentários ao § 2º, do art. 792. In: WAMBIER, Teresa Arruda Alvim *et al*. *Breves comentários ao novo Código de Processo Civil, artigo por artigo*. São Paulo: RT, 2015, p. 1.814-1.815.

[51] CÂMARA JÚNIOR, José Maria. In: WAMBIER, Teresa Arruda Alvim *et al*. *Breves comentários ao novo Código de Processo Civil*. São Paulo: RT, 2015, p. 1.814.

O tema será mais desenvolvido no item nº 230 a seguir.

V – Alienações sucessivas e fraude à execução

Sobre a ineficácia no caso de sucessivas alienações após a fraude cometida pelo executado, o STJ assentou a seguinte orientação:

> "(...) 9. No que concerne ao requisito do registro da penhora ou da pendência de ação ou, então, da má-fé do adquirente, o reconhecimento da ineficácia da alienação originária, porque realizada em fraude à execução, não contamina, automaticamente, as alienações posteriores. Nessas situações, existindo registro da ação ou da penhora à margem da matrícula do bem imóvel alienado a terceiro, haverá presunção absoluta do conhecimento do adquirente sucessivo e, portanto, da ocorrência de fraude. Diversamente, se inexistente o registro do ato constritivo ou da ação, incumbe ao exequente/embargado a prova da má-fé do adquirente sucessivo. 10. No particular, o imóvel não foi adquirido pelos recorridos (embargantes) diretamente dos executados, mas sim de terceiro que o comprou destes. Embora tenha sido reconhecida a fraude na primeira alienação, isto é, dos executados ao adquirente primitivo, o quadro fático delineado na origem revela que a credora não havia procedido à averbação, na matrícula do imóvel, da pendência de execução, tampouco se desincumbiu de comprovar a má-fé dos adquirentes posteriores; isto é, de que eles tinham conhecimento da existência de ação capaz de reduzir o devedor à insolvência. Não há que se falar, assim, em ineficácia da alienação subsequente."[52]

VI – Demais casos expressos em lei

Nos demais casos expressos em lei (inc. V do art. 792 do CPC/2015). Os demais casos são os que, em outros dispositivos do próprio Código e de outras leis, se consideram como praticados em fraude de execução. No Código de Processo temos os exemplos de penhora sobre crédito, contido no art. 856, § 3º, e da averbação no registro público da execução distribuída (art. 828, § 4º),[53] na Lei dos Registros Públicos, o caso da penhora registrada (art. 240); no Código Tributário Nacional, a alienação ou oneração de bens do sujeito passivo de dívida ativa regularmente inscrita (art. 185).

Da Lei nº 13.097, de 19 de janeiro de 2015, constam regras importantes sobre a necessidade e eficácia das averbações em registro público, com repercussão sobre a configuração da fraude à execução, em suas principais modalidades. Abordaremos, no item nº 239, a seguir, esse diploma legal.

230. Fraude à execução e insolvência do devedor

I – Particularidades da fraude prevista no inciso IV do art. 792 do CPC/2015

Sem dúvida, a hipótese de maior relevância, em matéria de fraude à execução, é a de alienação ou oneração praticada pelo devedor contra o qual corre demanda capaz de reduzi-lo à

---

[52] STJ, 3ª T., REsp 1.863.999/SP, Rel. Min. Nancy Andrighi, ac. 03.08.2021, *DJe* 09.08.2021.

[53] Com a Lei nº 11.382/2006, à época do Código anterior, instituiu-se um novo caso de fraude de execução, configurável após a averbação da distribuição da ação executiva. Antes mesmo da citação e da penhora, o exequente pode prevenir-se contra alienações fraudulentas, averbando o ingresso na via executiva, mediante simples certidão de ter distribuído a petição inicial (CPC/1973, art. 615-A). Esse regime foi mantido pelo CPC/2015, art. 828 c/c art. 792, II. A averbação cabe em qualquer registro público e não apenas no registro de imóveis, e pode ser feita à margem do registro que o exequente escolher.

insolvência (CPC/2015, art. 792, IV). A aplicação do dispositivo deve ser feita distinguindo-se a hipótese em que o bem alienado esteja ou não vinculado especificamente à execução (penhora, direito real ou medida cautelar).

Não havendo a prévia sujeição do objeto à execução, para configurar-se a fraude deverá o credor demonstrar o *eventus damni*, i.e., a insolvência do devedor decorrente da alienação ou oneração. Esta decorrerá normalmente da inexistência de outros bens penhoráveis ou da insuficiência dos encontrados. Observe-se que a insolvência não deve decorrer obrigatoriamente da demanda pendente, mas sim do ato de disposição praticado pelo devedor. Não importa a natureza da ação em curso (pessoal ou real, de condenação ou de execução), desde que o bem não seja ainda objeto de constrição judicial.

Se houver, por outro lado, vinculação do bem alienado ou onerado ao processo fraudado (como, por exemplo: penhora, arresto ou sequestro), a caracterização da fraude de execução independe de qualquer outra prova. O gravame judicial acompanha o bem perseguindo-o no poder de quem quer que o detenha, mesmo que o alienante seja um devedor solvente. A fraude caracterizar-se-á objetivamente nos moldes do inciso III do art. 792, e não do seu inciso IV, sem sujeitar-se ao requisito da insolvência.

II – Jurisprudência formada ao tempo do CPC de 1973

A posição dominante na jurisprudência, firmada ao tempo do Código de 1973, pode ser assim resumida:

(a) Se o terceiro adquire bem judicialmente constrito por meio de penhora ou outro gravame processual equivalente, o ato aquisitivo, em princípio, "é ineficaz, sendo desnecessário demonstrar insolvência do executado".[54]

(b) Quando ainda não se consumou a constrição judicial sobre o bem, *i.e.*, enquanto não existir penhora, arresto ou sequestro, a fraude, nos termos do art. 792, IV, dependerá de prova do requisito objetivo: dano ou prejuízo decorrente da insolvência a que chegou o devedor com a alienação ou oneração de seus bens;[55] e, também, do requisito subjetivo, se a ação pendente não estiver inscrita no registro público, caso em que caberá ao credor "o ônus de provar que o terceiro tinha ciência da demanda em curso".[56]

III – Regime do CPC de 2015

O Código atual, coerente com a Lei nº 13.097/2015, coloca a fraude à execução, em regra, na dependência de estar a ação real ou reipersecutória, assim como o ato constritivo, averbados no registro público, sempre que o bem alienado se achar submetido a esse controle, como no caso dos imóveis, automóveis, aviões, navios etc. (art. 828), como se deduz dos incisos I a III do art. 792.

Se se trata de fraude por ato causador da insolvência do devedor (art. 792, IV), é indispensável que o bem alienado tenha desfalcado o acervo sobre o qual a responsabilidade

---

[54] STJ, 3ª T., REsp 4.198/MG, Rel. Min. Eduardo Ribeiro, ac. 27.11.1990, *DJU* 04.02.1991, p. 574; STJ, 1ª T., REsp 825.861/PR, Rel. Min. Teori Albino Zavascki, ac. 01.06.2006, *DJU* 12.06.2006, p. 454.

[55] STJ, 3ª T., REsp 34.498-9/RS, Rel. Min. Waldemar Zveiter, *DJU* 02.08.1993; STJ, 2ª T., AgRg no REsp 1.117.704/SP, Rel. Min. Humberto Martins, ac. 18.03.2010, *DJe* 30.03.2010.

[56] STJ, 4ª T., REsp 4.132/RS, Rel. Min. Sálvio de Figueiredo, *RSTJ* 26/346; STJ, 3ª T., REsp 312.661/SP, Rel. Min. Ricardo Villas Bôas Cueva, ac. 20.10.2011, *DJe* 26.10.2011.

patrimonial se assentava. Logo, se o devedor dispôs de bem impenhorável não há de se falar em fraude à execução, visto que o objeto da alienação jamais seria excutível pelo credor que se diz prejudicado. Inexistindo possibilidade de penhorá-lo, nenhum interesse teria o credor na arguição de fraude à execução, que, aliás, na realidade nunca existiu.[57] Da irrelevância do bem para a execução decorre a não configurabilidade de fraude no ato de disposição. É o que se passa com o imóvel destinado a moradia do devedor ("bem de família"), que, mesmo sendo impenhorável, figura entre os bens disponíveis. Assim, quando o proprietário resolve vendê-lo, não comete fraude à execução, por não praticar redução na garantia patrimonial com que contavam seus credores. Não importa, *in casu*, a inexistência de outros bens do executado para garantir execução. Não terá sido a alienação do bem de família que criou ou agravou sua insolvabilidade.[58]

IV – Momento de configuração da fraude à execução

Todos os casos de fraude à execução enumerados nos incisos I a III do art. 792 reportam-se a atos de alienação ou oneração de bem ocorridos na pendência de ação de conhecimento ou de execução. A litispendência, que vincula o réu à relação processual, só ocorre a partir da citação válida, como dispõe o art. 240, de sorte que o demandado apenas pode cometer ofensa a processo pendente contra ele depois de ter sido citado. Não existe a fraude à execução na iminência do processo. Antes de ser completamente formalizada a relação processual, seja condenatória ou executória, a fraude, se ocorrer, será apenas contra credores,[59] e o seu tratamento em juízo dar-se-á por meio da ação pauliana (Código Civil, art. 161).

É possível, outrossim, que a fraude ocorra depois de julgada a ação de conhecimento, enquanto se aguarda o início da fase de cumprimento da sentença. Se o devedor dispõe, nesse interregno, dos bens que poderiam assegurar a execução, a fraude estará configurada, mesmo antes de ter o credor requerido a expedição da ordem judicial de pagamento. É bom lembrar

---

[57] "Não há fraude à execução na alienação de bem impenhorável nos termos da Lei nº 8.009/90, tendo em vista que o bem de família jamais será expropriado para satisfazer a execução, não tendo o exequente nenhum interesse jurídico em ter a venda considerada ineficaz" (STJ, 4ª T., REsp 976.566/RS, Rel. Min. Luis Felipe Salomão, ac. 20.04.2010, *DJe* 04.05.2010).

[58] "Em se tratando de único bem de família, o imóvel familiar é revestido de impenhorabilidade absoluta, consoante a Lei 8.009/1990, tendo em vista a proteção à moradia conferida pela CF; segundo a jurisprudência desta Corte, não há fraude à execução na alienação de bem impenhorável, tendo em vista que o bem de família jamais será expropriado para satisfazer a execução, não tendo o exequente qualquer interesse jurídico em ter a venda considerada ineficaz" (STJ, 1ª T., AgRg no AREsp 255.799/RS, Rel. Min. Napoleão Nunes Maia Filho, ac. 17.09.2013, *DJe* 27.09.2013, *Rev. Dialética de Dir. Processual*, n. 129, p. 150-151).

[59] TAC-SP, ac. *in Rev. For.* 234/136. "Para que se tenha por caracterizada a fraude à execução prevista no inciso II do artigo 593 do Código de Processo Civil, faz-se necessário a existência de ação em curso, com citação válida" (STJ, 3ª T., REsp 784.742/RS, Rel. Min. Castro Filho, ac. 21.11.2006, *DJU* 04.12.2006, p. 306). No mesmo sentido: STJ, 2ª T., REsp 604.118/MG, Rel. Min. João Otávio de Noronha, ac. 13.02.2007, *DJU* 08.03.2007, p. 183. Já no regime do CPC/2015: STJ, 3ª T., REsp 1.391.830/SP, Rel. Min. Nancy Andrighi, ac. 22.11.2016, *DJe* 01.12.2016; STJ, 1ª T., AgInt no Resp 1.626.150/RS, Rel. Min. Gurgel de Faria, ac. 18.09.2018, DJe 22.10.2018; STJ, 3ª T., AgInt no AREsp 1.402.956/SP, Rel. Min. Marco Aurélio Bellizze, ac. 02.09.2019, DJe 17.09.2019. Em doutrina, com o mesmo sentido: ZAVASCKI, Teori. Comentários ao Código de Processo Civil, atualização de Francisco Prehn Zavascki. São Paulo: RT, 2018, v. XII, p. 185-186. Em sentido diverso (contagem a partir do protocolo da petição inicial): WELTER, Belmiro Pedro. Fraude de execução. Porto Alegre: Síntese, 1997, p. 37; CAHALI, Yussef Said. Fraudes contra credores. 5. ed. São Paulo: RT, 2013, p. 431 (reconhece esse autor, porém, que a jurisprudência iterativa do STJ é no sentido de que "não há cogitar de fraude à execução sem que exista litispendência, só se verificando esta com a citação") (CAHALI, Yussef Said. Fraudes contra credores. 5. ed. São Paulo: RT, 2013, p. 435).

que esta é apenas uma fase do processo, o qual continuará pendente enquanto não se realizar efetivamente a satisfação do direito declarado na sentença.[60]

V – Negócios jurídicos enquadráveis na fraude à execução

Não é só a venda e outros atos de disposição como a doação que ensejam a fraude de execução. Também os atos de oneração de bens, como a hipoteca, o penhor, promessa irretratável de venda, alienação fiduciária etc., quando causem a insolvência do devedor, ou a agravem, são considerados como fraudulentos e lesivos à execução, apresentando-se, por isso mesmo, ineficazes perante o credor.

VI – Defesa do terceiro adquirente

O adquirente ou beneficiário da oneração, como já se demonstrou, não é parte na execução. Se pretender negar a fraude de execução ou furtar-se às suas consequências, terá de valer-se dos embargos de terceiro (CPC/2015, arts. 674 e 792, § 4º).[61] A Lei marca o prazo de quinze dias para que o terceiro adquirente ou beneficiário se defenda, por meio de embargos preventivos, contra a arguição de fraude à execução. Não se trata, porém, de prazo decadencial suficiente para eliminar o cabimento dos embargos de terceiro, de forma definitiva. O § 4º do art. 792 cogita de embargos destinados a impedir a penhora até então apenas ameaçada. Não propostos tais embargos no prazo de quinze dias, a penhora será efetuada; restarão, todavia, facultados ao terceiro os embargos repressivos, cuja oposição se mostra cabível a qualquer tempo, dentro dos limites fixados pelo art. 675, *caput*.[62]

231. A fraude por meio de negócio financeiro

Como já se observou, qualquer negócio patrimonial, que crie ou agrave a insolvência do devedor, pode configurar fraude de execução. Dessa possibilidade não se excluem os atos de disposição de dinheiro, em caixa ou em depósito.

Uma doação de dinheiro, obviamente, assume feitio fraudulento, se no patrimônio do executado não remanescem outros bens penhoráveis, suficientes para a segurança do processo. A penhora, pelo mecanismo de repressão à fraude de execução, pode alcançar, no patrimônio do donatário, a soma equivalente ao objeto da liberalidade. A responsabilidade do donatário não é a de um coobrigado pela dívida exequenda, mas apenas a de um responsável pela reposição da quantia indevidamente desviada pelo insolvente. Se existir dinheiro disponível no patrimônio do donatário, é sobre ele que a penhora recairá. Se não existir, serão penhorados outros bens, no duplo limite da doação e do montante do débito exequendo.

---

[60] Já decidiu o STJ que, mesmo quando a fraude à execução não tenha sido reconhecida incidentalmente em processo anterior, por falta de prova, não estará o credor inibido de voltar a alegá-la em processo subsequente relativo ao mesmo crédito, seja de natureza executiva ou cognitiva, já, então, sem limitações probatórias e com amplo respeito ao contraditório. Isso porque "a fraude é questão de ordem pública e, assim, declarável de ofício". É que "não há preclusão *pro judicato* quanto às questões de ordem pública, gênero do qual a fraude à execução é espécie" (STJ, 3ª T., REsp 1.654.062/SC, Rel. Min. Nancy Andrighi, ac. 24.04.2018, *DJe* 30.04.2018).

[61] "A falta de oposição dos embargos de terceiro preventivos no prazo do art. 792, § 4º, do CPC não impede a propositura dos embargos de terceiro repressivos no prazo do art. 675 do mesmo Código" (CEJ/I Jorn. Dir. Proc. Civ., Enunciado nº 102).

[62] CPC/2015: "Art. 675. Os embargos podem ser opostos a qualquer tempo no processo de conhecimento enquanto não transitada em julgado a sentença e, no cumprimento de sentença ou no processo de execução, até 5 (cinco) dias depois da adjudicação, da alienação por iniciativa particular ou da arrematação, mas sempre antes da assinatura da respectiva carta".

Quando o desvio cometido pelo devedor tiver consistido em negócio financeiro (empréstimo, aquisição de ativos etc.), não haverá, em regra, fraude de execução, porquanto a penhorabilidade se sub-rogará no crédito derivado da operação. A penhora não terá sido frustrada, já que poderá recair sobre o crédito do executado junto ao terceiro que com ele contratou o empréstimo ou a operação em que o numerário foi investido, segundo os usos regulares do mercado.

É possível, todavia, um negócio oneroso, em que o desvio do dinheiro tenha se dado de má-fé, fora dos padrões do mercado, em um conluio evidente entre o executado e o terceiro partícipe da fraude. Imagine-se que o dinheiro disponível, às vésperas da penhora, é emprestado a um parente ou um amigo íntimo do devedor, a longo prazo, e em condições não usuais no mercado. A penhora do crédito remoto, em tais circunstâncias, não proporcionará a pronta exequibilidade do crédito a que tem direito o exequente e que a ele estaria assegurada, não fosse a manobra fraudulenta realizada em conluio entre o executado e o mutuário. Lícito, portanto, será o exequente obter uma penhora, sobre o patrimônio do *partícips fraudis*, capaz de propiciar satisfação imediata do seu crédito, sem ter de se submeter à longa espera do remoto vencimento do empréstimo pactuado em fraude de execução.

A fraude, reprimida pelo art. 792, IV, nem sempre decorre de uma simples redução quantitativa do patrimônio do devedor. Configura-se, também, quando este sofre uma brusca e inaceitável redução de liquidez, mesmo que o saldo líquido se mantenha o mesmo. Enfim, a avaliação da fraude não pode se restringir a uma operação aritmética de compensação entre ativo e passivo do patrimônio do executado. Haverá de ser feita sempre à luz do caso concreto, e de suas peculiaridades, levando em conta, também, a funcionalidade do processo executivo. É evidente que a penhora de um crédito vencível em dez anos, *v.g.*, não exerce, na execução forçada, a mesma função e a mesma eficiência que seriam desempenhadas pela penhora de um saldo bancário. Daí a possibilidade, em determinados casos, de configuração de fraude em anômalas e maliciosas transformações do ativo financeiro, em manifesto prejuízo da liquidez executiva.

232. A aplicação da teoria da distribuição dinâmica do ônus da prova à fraude à execução

Segundo moderna teoria processual, a distribuição do ônus da prova prevista na sistemática ordinária do direito processual não pode ser invariavelmente feita, numa visão estática de absoluta rigidez. Conforme as particularidades da causa e segundo a evolução do processo, o juiz pode deparar-se com situações fáticas duvidosas em que a automática aplicação da distribuição legal do *onus probandi* não se mostra razoável para conduzi-lo a uma segura convicção acerca da verdade real. Num quadro como este, construiu-se a teoria da *distribuição dinâmica* do ônus probatório. Segundo esta nova concepção, o juiz deve imputar o encargo de esclarecer o quadro fático obscuro à parte que, na realidade, se acha em melhores condições de fazê-lo.

Aplicação dessa teoria tem sido feita, nos últimos tempos, pelo STJ, em matéria de fraude de execução enquadrável no inciso IV do art. 792. Embora não se negue a necessidade de tutelar a boa-fé do terceiro adquirente, já reconhecida por velha e coesa jurisprudência, tanto do STF como do STJ, decisão recente conferiu àquele que afirma não ter conhecimento da insolvência a tarefa de comprovar sua alegação, em certas circunstâncias. Essa postura mereceu adoção pelo CPC/2015, em seu art. 792, § 2º, no qual se impõem cautelas ao terceiro adquirente necessárias para justificar a arguição de boa-fé, com o propósito de elidir a fraude por insolvência do alienante (art. 792, IV).

Na hipótese, *v.g.*, de aquisição de imóveis, é obrigatória a apresentação de certidões negativas de ações para a lavratura do ato notarial, de modo que, se isto não se realiza a contento, a falha é do adquirente que tinha condições e, até mesmo, o dever de se certificar das demandas pendentes contra o alienante, das quais poderia decorrer sua insolvência, para os fins do art. 792,

IV, do CPC/2015. Por isso, ao invocar a boa-fé para eximir-se das consequências da fraude de execução, o terceiro terá de demonstrar que, não obstante o zelo com que diligenciou a pesquisa e certificação de inexistência de ações contra o alienante, não chegou a ter conhecimento daquela que, *in concreto*, existia e, na realidade, acabou sendo fraudada.

Não se trata de impor-lhe prova negativa em caráter absoluto, mas de exigir-lhe comprovação de quadro fático dentro do qual se possa deduzir, com razoabilidade, que não teve conhecimento da insolvência do alienante, nem tinha condições de conhecer a ação ou as ações pendentes contra ele. É o que ocorre, por exemplo, quando as ações tenham sido aforadas em comarca diversa daquela em que ocorreu o negócio averbado de fraudulento, ou quando os protestos tenham sido registrados em cartório fora da localidade em que o transmitente mantém seu domicílio ou a sede de seus negócios habituais. Inexistindo no Brasil um registro público que centralize todas as ações e protestos acontecidos no País, seria injurídico e irrazoável exigir do adquirente de imóvel ou outros bens valiosos que saísse à procura de certidões negativas junto aos milhares e longínquos cartórios espalhados por todo o território nacional.

Exige-se, na ótica do STJ e do CPC/2015, que, na medida do possível, o terceiro adquirente, para safar-se dos efeitos da fraude de execução, demonstre o motivo pelo qual não teve ciência das ações e protestos por que respondia o transmitente na data da aquisição do bem, cuja falta no seu patrimônio acarretou ou agravou a insolvência, que veio a frustrar a execução em curso ou em perspectiva.

Segundo a posição do STJ, "só se pode considerar, objetivamente, de boa-fé o comprador que toma as mínimas cautelas para a segurança jurídica da sua aquisição" (Precedente: REsp 87.547/SP, *DJ* 22.03.1999). Portanto, "as pessoas precavidas são aquelas que subordinam os negócios de compra e venda de imóveis à apresentação das certidões negativas forenses". Motivo pelo qual "tem o terceiro adquirente o ônus de provar, nos embargos de terceiro, que, mesmo constando da escritura de transferência de propriedade do imóvel [como determina a Lei nº 7.433/1985], a indicação da apresentação dos documentos comprobatórios dos feitos ajuizados em nome do proprietário do imóvel, não lhe foi possível tomar conhecimento desse fato".[63]

E, naturalmente, não são apenas as aquisições de imóveis que podem provocar insolvência do transmitente. Coisas móveis e direitos de crédito podem tornar-se objeto de negócios jurídicos de elevado valor e, as vezes, capazes de esvaziar o patrimônio do transmitente. É óbvio que, antes de operações desse porte, tenha de acautelar-se o adquirente com pesquisa adequada acerca da existência de ações em curso contra o alienante.

Esse entendimento inovador, repita-se, não afasta a concepção de que a boa-fé do terceiro adquirente merece tutela e lhe assegura êxito nos *embargos de terceiro* contra a penhora fundada em aquisição em fraude de execução. A presunção geral de boa-fé é que restou abalada, pela imputação ao comprador do ônus, em caso de aquisição de imóveis [e não em toda e qualquer aquisição], de comprovar, objetivamente, que, sem embargo das cautelas dele exigidas por lei, não teve condições práticas de conhecer as ações e protestos que conduziam o alienante à insolvência, ao tempo da transferência.

Nesse mesmo sentido – com relação aos bens não sujeitos a registro, bens móveis, por exemplo –, o CPC/2015 dispôs, no § 2º do art. 792, que o terceiro adquirente tem o ônus de provar que adotou as cautelas necessárias para a aquisição, mediante a exibição das certidões pertinentes, obtidas no domicílio do vendedor e no local onde se encontra o bem. Assim, também aqui haverá inversão do ônus da prova. Ou seja, caberá ao terceiro comprovar que antes da aquisição cuidou de se precaver quanto à possível insolvência do vendedor.

---

[63] STJ, 3ª T., REsp 618.625/SC, Rel. Min. Nancy Andrighi, ac. 19.02.2008, *DJU* 11.04.2008, p. 1.

233. A posição do terceiro adquirente em face da execução

A fraude de execução, como já se demonstrou, é reconhecível incidentemente no curso do processo executivo. Não depende de ação e sentença para ser declarada. O juiz, diante da sumária demonstração, pelo credor, de ocorrência de disposição fraudulenta praticada pelo devedor, simplesmente ordena a expedição do mandado de apreensão ou penhora do bem desviado.

O terceiro, na realidade, não é parte do processo, porque, mesmo após a alienação do bem litigioso, a legitimidade *ad causam* continua retida na pessoa do alienante (CPC/2015, art. 109) e o eventual ingresso do adquirente em juízo somente se dará como assistente litisconsorcial, e não como substituto da parte que lhe transmitiu o bem (art. 109, § 2º).

Sem embargo de não ser parte, o terceiro adquirente, que vai suportar em seu patrimônio os efeitos da execução, tem irrecusável direito ao contraditório, antes de consumar-se a expropriação executiva em benefício do credor. Daí que, nos casos de alienação da coisa litigiosa, o mandado de execução não mais será endereçado à parte primitiva, mas se voltará contra aquele que se tornou o proprietário do bem (art. 808).

Igual medida será cabível contra o que adquiriu bem penhorado ou bem cuja transmissão provocou ou agravou a insolvência do executado. O mandado de constrição terá de ser expedido contra o atual proprietário, para que tenha oportunidade de exercer o contraditório e a ampla defesa, sem os quais não se cumpre a garantia do devido processo legal (CF, art. 5º, LIV e LV).

O CPC/2015, por isso, foi expresso em determinar, no § 4º do art. 792, que, "antes de declarar a fraude à execução, o juiz deverá intimar o terceiro adquirente, que, se quiser, poderá opor embargos de terceiro, no prazo de 15 (quinze) dias". Assim, em vez de manifestar-se nos próprios autos, deverá o adquirente opor embargos de terceiro[64].

Se os simples titulares de direitos reais limitados, como o usufrutuário, o anticrético, o credor hipotecário ou pignoratício etc., têm de ser intimados da penhora sob pena de nulidade da arrematação (arts. 799, I e II, e 804), com muito maior razão igual providência se impõe em face de quem ostenta a qualidade de titular atual do domínio pleno do objeto a excutir. Nula, portanto, será a hasta pública de bem adquirido em fraude de execução se o terceiro-proprietário não for tempestivamente intimado da penhora.[65]

Sobre a possibilidade de o adquirente manejar os embargos de terceiro mesmo depois de ultrapassado o prazo de 15 dias estipulado no art. 792, § 4º, ver, retro, o item 230-VI.

234. Fraude à execução e desconsideração da personalidade jurídica

Com a provocação do incidente de desconsideração da personalidade jurídica, o sócio e o administrador (ou a sociedade) que, originariamente, não eram parte do processo devem ser citados para responder pela obrigação ajuizada. Prevê o art. 137 do CPC/2015 que, no curso do incidente, a alienação ou a oneração de bens pelo requerido poderá ser havida como em fraude de execução, tornando-se ineficaz em relação ao requerente.

---

[64] "O prazo para apresentação de embargos de terceiro tem natureza processual e deve ser contado em dias úteis" (Enunciado nº 132/CEJ/CJF).

[65] O STJ decidiu que é obrigatória a intimação da arrematação ao proprietário atual do imóvel objeto de fraude de execução, antes do respectivo praceamento, pelos mesmos princípios que exigem a citação inicial e todas as demais intimações no curso do processo: "A inobservância desse preceito simplesmente quebra o contraditório e anula a garantia do devido processo legal" (STJ, 3ª T., REsp 2008/SP, Rel. Min. Dias Trindade, ac. 10.06.1991, *Lex-JSTJ* 31/40).

O CPC/2015, seguindo a orientação que já prevalecia na jurisprudência do STJ,[66] segundo a qual a citação válida é pressuposto para o reconhecimento da fraude, dispôs que, "nos casos de desconsideração da personalidade jurídica, a fraude à execução verifica-se a partir da citação da parte cuja personalidade se pretende desconsiderar" (art. 792, § 3º).

Para José Maria Câmara Júnior, essa orientação deve ser aplicada com cautela. "Interpretar que a citação válida representa o critério determinante para considerar que o devedor tinha conhecimento da existência da demanda e, portanto, o momento exato para tornar ineficaz o ato de alienação de bens, significa mitigar o ônus atribuído ao adquirente que pode perfeitamente obter certidões que atestam a pendência do processo antes da citação do devedor".[67]

Exigir, porém, que a fraude à execução somente ocorra depois de já ter sido citado o demandado alienante não equivale a deixar impune a ação fraudulenta praticada pelo terceiro adquirente em conivência como o sujeito processual. A fraude acaso cometida só não será reprimida como *fraude à execução*; poderá, no entanto, ser perfeitamente impugnada como *fraude contra credores*, por meio da ação pauliana prevista pela legislação civil. Não será caso de fraude à execução porque não se pode fraudar um processo cuja litispendência ainda não se estabeleceu, por força da indispensável citação do demandado.

Há quem afirme que se deva considerar, à luz do § 3º do art. 792, como marco inicial da possibilidade de configurar fraude à desconsideração o momento da citação da entidade devedora, no processo principal, e não o da citação do terceiro não devedor para o qual se quer estender a responsabilidade patrimonial. Desse modo, sendo executada a sociedade, o ulterior incidente de desconsideração da personalidade jurídica ensejaria a configuração da fraude à execução pelo sócio, retroativamente, às alienações por ele praticadas desde a citação da pessoa jurídica.[68]

Penso, todavia, que a sistemática da fraude à execução adotada pelo Código não conduz a uma interpretação do § 3º do art. 792 como a que se acaba de expor. Como poderá fraudar a execução quem não é executado, nem demandado em processo algum? Segundo a lógica e a tradição de nosso direito, a fraude, na espécie, pressupõe *litispendência* em que o alienante esteja envolvido, e a litispendência só existe, para o demandado, *a partir de sua citação* (CPC/2015, art. 240).

É imprescindível, outrossim, que a análise da fraude à execução se faça não só do lado do devedor, mas também do lado do terceiro adquirente. Se não existe ação alguma contra o alienante (seja ou não sócio de alguma sociedade), não existirá também registro público de demanda ou de constrição judicial em seu desfavor. Como, então, o adquirente poderia controlar a eventual ocorrência de fraude de execução, *in casu*? Não se pode pensar em proteger, a qualquer custo, o exequente, desamparando o terceiro adquirente de boa-fé. A prova acaso exigível do terceiro seria, no mínimo, duplamente diabólica: (i) apurar se o alienante é sócio de alguma empresa em todo o território nacional; e (ii) apurar se a eventual empresa estaria insolvente, e se os negócios sociais estariam sendo praticados abusivamente de modo a configurar as hipóteses de desconsideração da personalidade jurídica, segundo o direito material.

Daí por que a melhor e mais justa interpretação do § 3º do art. 792 deve ser no sentido de a citação, ali qualificada como marco inicial da possibilidade da fraude, referir-se àquele contra

---

[66] STJ, 4ª T., AgRg no REsp 316.905/SP, Rel. Min. Luis Felipe Salomão, ac. 20.11.2008, *DJe* 18.12.2008; STJ, Corte Especial, REsp 956.943/PR, Rel. p/ ac. Min. João Otávio de Noronha, ac. 20.08.2014, *DJe* 01.12.2014; STJ, 3ª T., AgRg no Ag 907.254/SP, Rel. Min. Sidnei Beneti, ac. 19.05.2009, *DJe* 01.06.2009.

[67] CÂMARA JUNIOR, José Maria. Comentários ao art. 792. In: WAMBIER, Teresa Arruda Alvim *et al*. *Breves comentários ao novo Código de Processo Civil, artigo por artigo*. São Paulo: RT, 2015, p. 1.815.

[68] AMARAL, Guilherme Rizzo. *Comentários às alterações do novo CPC*. São Paulo: RT, 2015, p. 825.

quem se promoveu o redirecionamento da execução, transformando-o, a partir de então, em parte do processo em curso. Só assim a regra legal se conformaria com o princípio fundamental da boa-fé consagrado pelo art. 5º do Código atual, seja no tocante a quem aliena, seja a quem adquire, sem notícia alguma de processo que possa estar sendo prejudicado.

Enfim, seria a suprema injustiça atribuir à instauração pura e simples do incidente de desconsideração da personalidade jurídica o efeito retroativo de tornar fraudulentas todas as alienações, mesmo as feitas em favor do terceiro de boa-fé, que nenhuma condição teria, ao tempo da transferência onerosa, de sequer suspeitar de algum prejuízo para qualquer pleito judicial pendente, capaz de afetar o patrimônio do transmitente. Aliás, o STJ já interpretou o § 3º do art. 792 do CPC/2015, deixando assentado que "a fraude à execução só poderá ser reconhecida se o ato de disposição do bem for posterior à citação válida do sócio devedor, quando redirecionada a execução que fora originariamente proposta em face da pessoa jurídica".[69]

235. Bens sujeitos ao direito de retenção

Há casos, no direito substancial, em que o credor retém legalmente bens do devedor para garantir a satisfação da obrigação, como ocorre, por exemplo, com o credor pignoratício (Código Civil, art. 1.433, I e II), com o depositário (Código Civil, arts. 647 e 648), com o locatário (Código Civil, art. 578), com o mandatário (Código Civil, arts. 664 e 681) etc.

Nessas circunstâncias, o devedor, que já está privado da posse de determinados bens, goza da "*exceptio excussionis realis positiva*, de modo que se tem de executar, primeiro, a coisa que o credor retém ou possui".[70] Só depois de excutidos os bens retidos e havendo saldo remanescente do débito, é que será lícito ao credor penhorar outros bens do devedor.

Quer isto dizer que não é lícito ao credor somar duas garantias: a da retenção e a da penhora de outros bens do devedor. Se já exerce o direito de retenção, é sobre os bens retidos que deverá incidir a penhora, sob pena de praticar-se excesso de execução.

Esse benefício de excussão, cujo assento legal se encontra no art. 793 do Código de Processo Civil de 2015, é invocável pelo executado por meio de embargos à penhora,[71] se a execução for de título extrajudicial. No caso de "cumprimento de sentença", o tema se discute em simples impugnação (art. 525).

236. Excussão de bens do fiador

Nas obrigações garantidas por fiança ocorre a dissociação entre dívida e responsabilidade: quem deve é o obrigado principal, mas respondem tanto ele como o fiador. Não sendo o fiador o devedor, a garantia fidejussória cria uma responsabilidade secundária ou subsidiária. Cabe ao credor, ocorrendo inadimplemento, excutir em primeiro lugar os bens do devedor.

Daí o *beneficium excussionis personalis*, consagrado pelo art. 794 do CPC/2015, que consiste no direito reconhecido ao fiador, quando executado, de "exigir que primeiro sejam executados os bens do devedor situados na mesma comarca, livres e desembargados, indicando-os pormenorizadamente à penhora". Naturalmente, a nomeação deve ser feita no prazo de três dias da citação (art. 829, *caput*).

O benefício de ordem é renunciável expressa e tacitamente. Haverá renúncia expressa quando constar do próprio contrato de fiança; e tácita quando, iniciada a execução contra o

---

[69] STJ, 3ª T., REsp 1.391.830/SP, Rel. Min. Nancy Andrighi, ac. 22.11.2016, *DJe* 01.12.2016.
[70] PONTES DE MIRANDA, Francisco Cavalcanti. *Comentários ao Código de Processo Civil*, 1961, v. XIII, p. 135.
[71] CASTRO, Amílcar de. *Comentários ao Código de Processo Civil*. 2. ed. Rio de Janeiro: Forense, 1963, v. X, n. 70, p. 89.

fiador, este não invocar a exceção no prazo que antecede a penhora (art. 829, *caput*).[72] Havendo renúncia, o fiador não poderá exigir que a execução recaia primeiro sobre os bens do devedor localizados na mesma comarca (art. 794, § 3º).

O benefício em questão apresenta-se apenas como uma exceção dilatória, de maneira que, não sendo suficientes os bens penhorados ao devedor para a satisfação integral do crédito exequendo, subsistirá ao credor o direito de excutir bens particulares do fiador (art. 794, § 1º).

Ao fiador que for compelido a saldar a dívida *sub judice*, o Código faculta executar, regressivamente, o devedor nos próprios autos em que se efetuou o pagamento (art. 794, § 2º). Ocorre uma sub-rogação de pleno direito do fiador nos direitos do credor.[73]

Igual faculdade deve ser reconhecida, também, ao avalista ou coobrigado cambiário, pois este quando solve a dívida exequenda torna-se sub-rogado no direito do credor-exequente, e nessa qualidade pode assumir sua posição processual, voltando-se contra o avalizado.

237. Bens de espólio

Morto o devedor, o seu espólio continua respondendo pelas dívidas (CPC/2015, art. 796). O princípio a ser observado no caso é o de que "as dívidas da herança executam-se nos bens da herança, e não nos outros bens dos herdeiros (Código Civil, art. 1.587)" (Código Civil de 2002, art. 1.821).[74] Por isso, enquanto não se faz a partilha, "só os bens da herança (o espólio) podem ser executados pelas dívidas da herança".[75]

Feita a partilha do acervo entre os herdeiros e sucessores, cada um responde pelas obrigações do *de cujus*, mas apenas na proporção da parte que na herança lhe coube (art. 796 do CPC/2015).

Na relação processual, o espólio é representado pelo inventariante não dativo (art. 75, VII), podendo, no entanto, os herdeiros atuar como litisconsortes.

238. Execução que tenha por objeto bem gravado com direito real de superfície

O direito de superfície é o direito real sobre coisa alheia, por meio do qual o proprietário do terreno (fundeiro) cede a terceiro (superficiário), de modo gratuito ou oneroso, por tempo determinado, mediante escritura pública registrada no Cartório de Registro de Imóveis, o direito de construir ou plantar em seu imóvel (Código Civil, art. 1.369). Esse direito não autoriza obra no subsolo (Código Civil, art. 1.369, parágrafo único).

Uma vez que sobre o imóvel objeto do direito de superfície convivem dois direitos reais distintos – a propriedade plena, de titularidade do fundeiro, e o direito real de propriedade superficiária –, cada um deles responderá, isoladamente, pelas dívidas do respectivo titular. Daí por que o CPC/2015, em seu art. 791, *caput*, dispõe que a penhora ou outro ato de constrição recairá exclusivamente sobre o terreno ou sobre a construção ou a plantação, dependendo de quem seja o devedor.

Os atos de constrição, destarte, serão averbados separadamente na matrícula do imóvel, com a identificação exata do executado, do valor do crédito e do objeto sobre o qual recai o

---

[72] CASTRO, Amílcar de. *Comentários ao Código de Processo Civil*. 2. ed. Rio de Janeiro: Forense, 1963, v. X, n. 101, p. 112. Contra: LIMA, Alcides de Mendonça, para quem só é possível a *renúncia expressa* (*Comentários ao Código de Processo Civil*. Rio de Janeiro: Forense, 1974, v. VI, t. II, n. 1.158, p. 519).

[73] CASTRO, Amílcar de. *Comentários ao Código de Processo Civil*. 2. ed. Rio de Janeiro: Forense, 1963, v. X, n. 70, p. 89, n. 46, p. 65.

[74] PONTES DE MIRANDA, Francisco Cavalcanti. *Comentários ao Código de Processo Civil*, 1961, v. XIII, p. 149.

[75] PONTES DE MIRANDA, Francisco Cavalcanti. *Comentários ao Código de Processo Civil*, 1961, v. XIII, p. 149.

gravame. Por isso, o oficial deverá destacar o bem que responde pela dívida, se o terreno, a construção ou a plantação, para garantir a publicidade da responsabilidade patrimonial de cada um deles pelas dívidas e pelas obrigações que a eles estão vinculadas (art. 791, § 1º). A ideia é individualizar a responsabilidade patrimonial do proprietário e do superficiário.

A separação de responsabilidades ocorrerá, também, em outros institutos de direito civil que também formam duas realidades patrimoniais distintas,[76] quais sejam, a enfiteuse, a concessão de uso especial para fins de moradia e a concessão de direito real de uso (art. 791, § 2º).

238-A. Execução que envolva o direito real de laje

O direito real de laje, instituído pela Lei nº 13.465/2017, que acrescentou ao Código Civil os arts. 1.510-A a 1.510-E, constitui-se mediante cessão, pelo proprietário de uma construção-base, de sua superfície, superior ou inferior, a fim de que o cessionário mantenha unidade distinta daquela originalmente construída sobre o solo (art. 1.510-A, *caput*).

Tratando-se de direito real sobre imóvel alheio, cujo regime se assemelha ao do direito de superfície e, de certa forma, à enfiteuse, aplicam-se ao direito de laje as regras do art. 791 e seus parágrafos, do CPC/2015, no que couber. O mesmo ocorre com as regras dos arts. 804 e 889, III, no que diz respeito às intimações necessárias, quando se tratar de excussão do imóvel onerado com o direito de laje ou quando o próprio direito de laje for o objeto da constrição e alienação judicial.[77]

239. A Lei nº 13.097/2015 e a fraude à execução

A Lei nº 13.097/2015, que cuidou de matéria relacionada ao direito público, contém algumas regras extravagantes que, dispondo sobre averbação de ações e atos executivos em registro público, interferem no regime geral da fraude à execução, as quais bem se prestam a interpretar a nova sistemática do CPC de 2015 sobre a matéria. Eis algumas normas significativas da referida lei:

(a) Não afetam a eficácia dos negócios jurídicos que constituem, transferem ou modificam direitos reais sobre imóveis, *(i)* os atos processuais relativos à citação de ações reais ou pessoais reipersecutórias, bem como *(ii)* os atos de constrição judicial, do ajuizamento de ação de execução ou de fase de cumprimento de sentença, quando não averbados uns e outros no registro de imóveis competente, nos termos do art. 828 do CPC (Lei nº 13.097/2015, art. 54, I e II, com alteração da Lei nº 14.382/2022).

(b) Também não são oponíveis aos negócios de transferência ou oneração de bens, registrados no registro imobiliário, para efeito de responsabilidade patrimonial do adquirente, fundada na redução do alienante à insolvência, quando inexistir averbação da ação capaz de produzir tal consequência, nos termos do art. 593, II, do CPC/1973 (CPC/2015, art. 792, IV).

(c) Não poderão ser opostas situações jurídicas não constantes da matrícula no Registro de Imóveis ao terceiro de boa-fé que adquirir ou receber em garantia direitos reais sobre o imóvel (Lei nº 13.097/2015, art. 54, § 1º, com redação dada pela lei nº 14.382/2022).

---

[76] CÂMARA JÚNIOR, José Maria. In: WAMBIER, Teresa Arruda Alvim *et al*. *Breves comentários ao novo Código de Processo Civil*. São Paulo: RT, 2015, p. 1.812.

[77] "Aplicam-se ao direito de laje os arts. 791, 804 e 889, III, do CPC" (Enunciado nº 150/CEJ/CJF).

(d) Segundo o inciso V acrescido pela Lei nº 14.825/2024 ao art. 54 da Lei nº 13.097/2015, também não será afetada a eficácia dos atos de transferência ou modificação de direitos reais sobre imóveis pelos precedentes atos de constrição judicial sobre eles ou sobre o patrimônio do titular do imóvel, inclusive a proveniente de ação de improbidade administrativa ou a oriunda de hipoteca judiciária, quando não averbados na respectiva matrícula no registro de imobiliário competente.

Diante do regime da fraude de execução estatuído pelas Leis nº 13.097/2015 e nº 14.825/2024, em harmonia com o CPC/2015, arts. 792, 799 e 844, conclui Medina[78] que a subordinação do reconhecimento da fraude à execução nas alienações e onerações dos bens imóveis tem o duplo objetivo de resguardar a boa-fé, sempre que possível, e punir a má-fé em toda e qualquer situação em que se manifeste em juízo, de maneira que:

(a) a *regra geral* é – diante da existência de registro ou averbação do Registro de Imóveis do gravame judiciário sobre o bem alienado em prejuízo da responsabilidade patrimonial do demandado – a impossibilidade de o terceiro adquirente alegar boa-fé para elidir a fraude à execução, e a desnecessidade de o credor demonstrar a má-fé do adquirente para que tal fraude seja reconhecida: esta se manifesta *in re ipsa*, diante da força publicitária dos registros públicos;

(b) mas, uma vez comprovada no processo, a má-fé terá de ser sempre repelida pela Justiça, tenham sido ou não os gravames executivos ou as ações pendentes submetidos a prévia averbação no Registro de Imóveis. Da falta dessa publicidade *erga omnes*, entretanto, decorre o ônus da prova a cargo do credor em torno da má-fé do terceiro adquirente, sendo certo que a má-fé, ao contrário da boa-fé, não se presume;

(c) subsiste válida, enfim, a Súmula nº 375/STJ: "o reconhecimento da fraude à execução depende do registro da penhora do bem alienado ou da prova de má-fé do terceiro adquirente".

À vista desse quadro normativo, fácil é concluir que tanto no regime da lei extravagante aplicável ao Registro de Imóveis como no do Código de Processo Civil atual a fraude à execução, em regra, se acha atualmente subordinada ao requisito da prévia averbação em registro público do processo ou do ato constritivo cuja eficácia tenha sido afetada em razão do negócio qualificado como fraudulento. Todavia, a falta de tal averbação, se poderia impedir a configuração da fraude à execução, não obstará a que o ato prejudicial à jurisdição satisfativa venha, por sua gravidade, configurar atentado à dignidade da justiça. E, se tal ocorrer, a repressão que, a rigor, não se conseguiria por via do incidente de fraude à execução, poderá perfeitamente ser promovida como expediente do combate que ao juiz cabe efetuar sempre aos atos atentatórios à dignidade da justiça, como restou demonstrado no item nº 169.

---

[78] MEDINA, José Miguel Garcia. Processo novo. Impactos processuais da reforma da Lei 14.825/2024 na recuperação de créditos. Disponível em: https://www.conjur.com.br/2024-mar-22/impactos-processuais--da-reforma-da-lei-14-825-2024-na-recuperacao-de-creditos/. Acesso em: 25 mar. 2024.

Fluxograma nº 7 – Redirecionamento da execução para o terceiro adquirente da coisa litigiosa (art. 790)

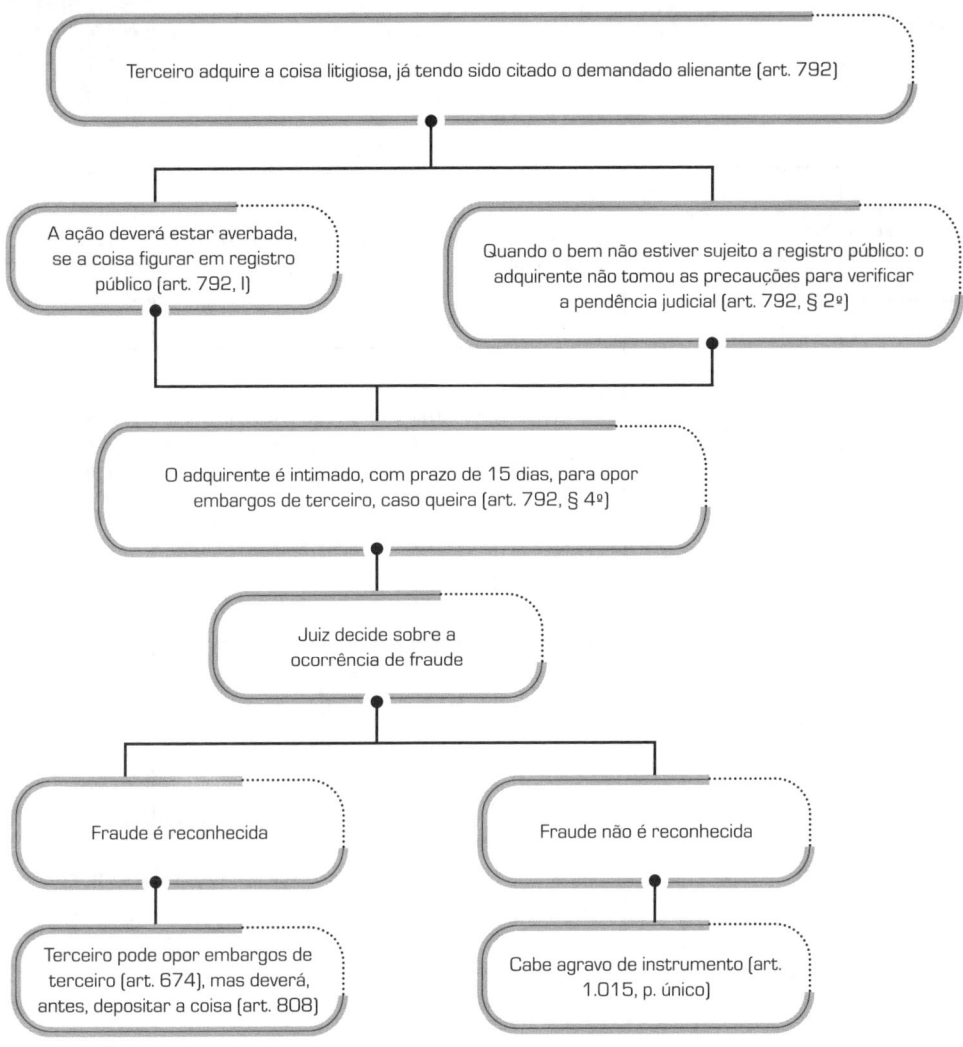

Fluxograma nº 8 – Redirecionamento da execução por quantia certa, no caso de alienação em fraude à execução, do bem penhorado ou penhorável (art. 792)

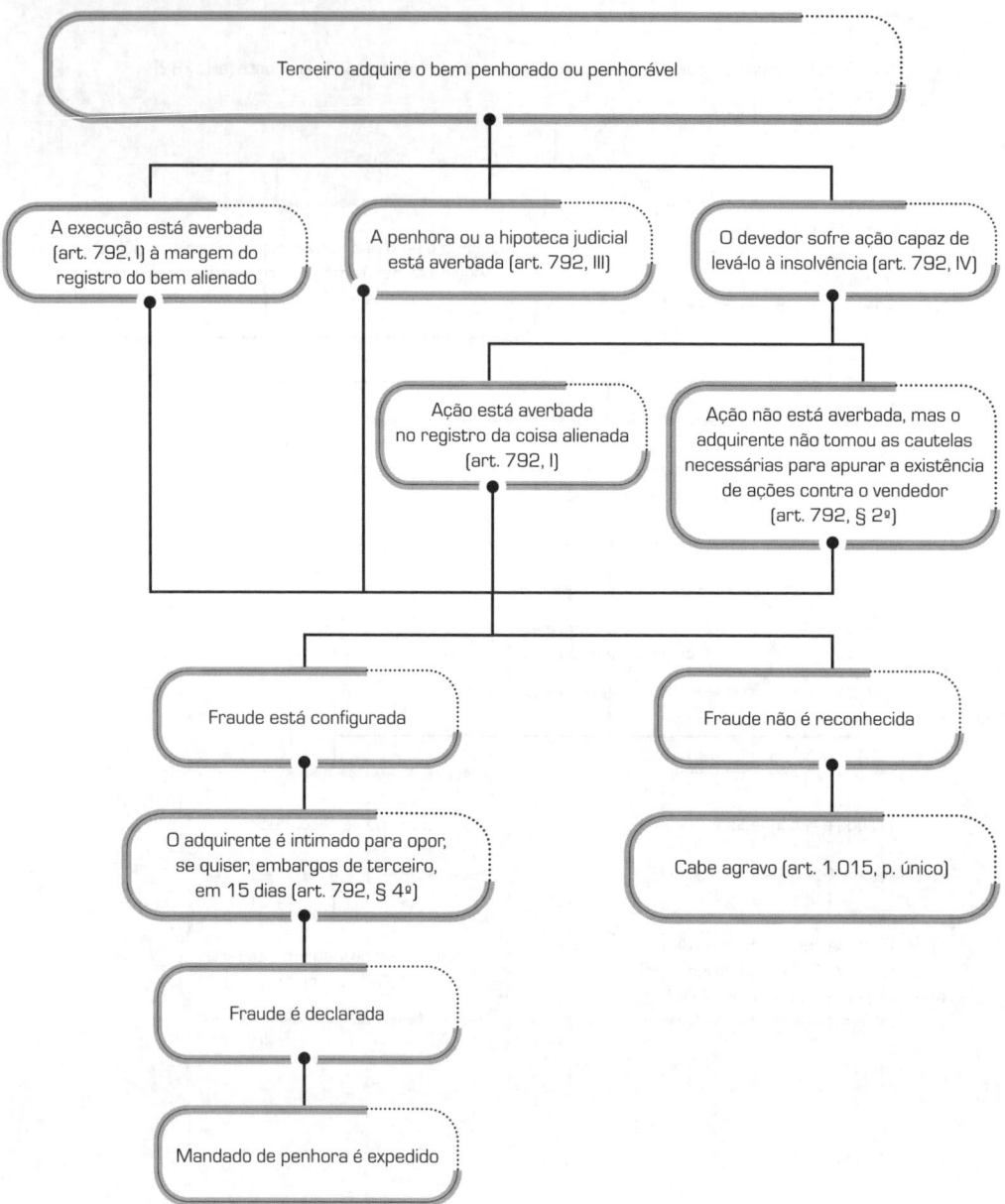

Capítulo XII
ELEMENTOS OBJETIVOS DO PROCESSO DE EXECUÇÃO (II)

§ 30. EXECUÇÃO DE TÍTULOS EXTRAJUDICIAIS

240. Execução de sentença e ação executiva

Antes do Código de Processo Civil de 1973, fazia-se uma distinção entre ação executória e ação executiva. A primeira aplicava-se à execução das sentenças e a última, à dos títulos extrajudiciais.

A ação executória era realmente uma execução forçada, visto que se destinava apenas a realizar a satisfação do direito do credor, sem necessidade de acertamento a seu respeito. A ação executiva, porém, era apenas uma ação comum, com adiantamento de penhora, uma vez que, após a segurança do juízo, havia possibilidade de contestação, obrigatoriedade de despacho saneador, audiência de instrução e julgamento, e finalmente uma sentença de mérito para ratificar o título e declarar subsistente a penhora.

Com o Código de 1973, passou a existir uma verdadeira *ação de execução* também para os títulos extrajudiciais, cujo regime processual era o mesmo das sentenças condenatórias. Isto quer dizer que, no regime implantado por aquele Código, a execução, mesmo fundada em título extrajudicial, só ensejava reação do executado mediante embargos (nunca por contestação), processados fora dos autos da execução, onde não se proferia sentença de mérito. E, por isso mesmo, não havendo embargos de efeito suspensivo, seguiam-se sempre, após a penhora, a avaliação e o praceamento dos bens penhorados, sem a dependência da sentença confirmatória do título executivo, pouco importando fosse ele extrajudicial (CPC/1973, art. 680).[1]

O título de crédito, porém, para alcançar a qualidade de *título executivo extrajudicial*, dependia de expressa definição legal, que tanto podia estar contida no próprio Código como em leis especiais. O critério do legislador era de conveniência prática, predominando, geralmente, a relevância das atividades do comércio e dos instrumentos necessários à eficácia e segurança imediatas de seus negócios, bem como o interesse público que se encontra na solução célere de alguns créditos de natureza e importância especiais.

É assim que, "quando as circunstâncias são de molde a fazer crer que o direito de crédito existe realmente, quando o instrumento de obrigação se encontra revestido de formalidades que dão a garantia de que a execução movida com base nele não será injusta, atribui-se ao título eficácia executiva e poupa-se ao credor o dispêndio de atividade, tempo e dinheiro que representa o exercício da ação declarativa".[2]

241. Conversão de execução forçada em ação ordinária de cobrança

Inexistindo a antiga ação executiva (que, na verdade, era ação de cobrança com adiantamento de penhora, mais a título cautelar), não se pode mais admitir, no sistema do Código atual,

---

[1] CPC/2015, art. 870.
[2] REIS, José Alberto dos. *Processo de execução*. Coimbra: Coimbra Ed., 1943, v. I, n. 29, p. 82.

seguindo o de 1973, a conversão de execução forçada em ação ordinária de cobrança, quando, por exemplo, o credor se revela carente da ação de execução.

É que, não se destinando a execução forçada a condenar o devedor, mas apenas a realizar o direito líquido e certo atestado pelo título do credor, o pedido que a provoca é específico. Dessa forma, a lide deduzida em juízo é apenas de pretensão insatisfeita, e não de pretensão contestada, como acontece com o processo de cognição.

Por isso, o conhecimento do pedido executivo como pretensão de condenação importa julgamento *extra petita*, atingindo matéria estranha à *litis contestatio*.[3] A conversão, na espécie, não fica restrita ao campo do procedimento; altera o próprio *pedido*, o que esbarra no preceito do art. 329 do CPC/2015 (após a citação, é vedado ao autor modificar o pedido ou a causa de pedir, sem o consentimento do réu).[4]

---

[3] Ac. TAMG, Apel. 7.165, de 29.08.1975, *DJMG* 22.11.1975. CALMON DE PASSOS, José Joaquim. *Comentários ao Código de Processo Civil*. 3. ed. Rio de Janeiro: Forense, 1979, v. III, n. 1.784, p. 314; MONIZ ARAGÃO, Egas Dirceu. *Comentários ao Código de Processo Civil*. 3. ed. Rio de Janeiro: Forense, 1979, v. II, n. 381, p. 378-379.

[4] CPC/2015, art. 329, II.

§ 31. TÍTULOS EXECUTIVOS EXTRAJUDICIAIS

242. Títulos executivos extrajudiciais e sua classificação

Podem os títulos executivos extrajudiciais ser classificados em particulares e públicos:

(a) *particular* é o título originado de negócio jurídico privado e elaborado pelas próprias partes;

(b) *público* é o que se constitui por meio de documento oficial, emanado de algum órgão da administração pública.

Só a lei, porém, estipula quais são os títulos executivos e fixa seus característicos formais indispensáveis. Inexiste, em nosso sistema jurídico, a executividade por mera convenção das partes. Só os documentos descritos pelo legislador (no código ou em leis especiais) é que têm essa força.

Segundo o art. 784 do CPC/2015, são os seguintes os títulos executivos extrajudiciais:

(a) a letra de câmbio, a nota promissória, a duplicata, a debênture e o cheque (inciso I);

(b) a escritura pública ou outro documento público assinado pelo devedor (inciso II);

(c) o documento particular assinado pelo devedor e por duas testemunhas (inciso III);

(d) o instrumento de transação referendado pelo Ministério Público, pela Defensoria Pública, pela Advocacia Pública, pelos advogados dos transatores ou por conciliador ou mediador credenciado por tribunal (inciso IV);

(e) contrato garantido por hipoteca, penhor, anticrese ou outro direito real de garantia e aquele garantido por caução (inciso V);

(f) o contrato de seguro de vida em caso de morte (inciso VI);

(g) o crédito decorrente de foro e laudêmio (inciso VII);

(h) o crédito, documentalmente comprovado, decorrente de aluguel de imóvel, bem como de encargos acessórios, tais como taxas e despesas de condomínio (inciso VIII);

(i) a certidão de dívida ativa da Fazenda Pública da União, dos Estados, do Distrito Federal e dos Municípios, correspondente aos créditos inscritos na forma da lei (inciso IX);[5]

(j) o crédito referente às contribuições ordinárias ou extraordinárias de condomínio edilício, previstas na respectiva convenção ou aprovadas em assembleia geral, desde que documentalmente comprovadas (inciso X);

(k) a certidão expedida por serventia notarial ou de registro relativa a valores de emolumentos e demais despesas devidas pelos atos por ela praticados, fixados nas tabelas estabelecidas em lei (inciso XI);

(l) o contrato de contragarantia ou qualquer outro instrumento que materialize o direito de ressarcimento da seguradora contra tomadores de seguro-garantia e seus garantidores (inciso XI-A, incluído pela Lei nº 14.711, de 2023);

(m) todos os demais títulos aos quais, por disposição expressa, a lei atribuir força executiva (inciso XII).

---

[5] A execução da dívida ativa da Fazenda Pública se faz segundo procedimento especial regulado pela Lei nº 6.830/1980, que é objeto de estudo em nosso *Lei de Execução Fiscal*, 14. ed., São Paulo: Saraiva, 2022.

O crédito de serventuário de justiça, de perito, de intérprete ou tradutor, quando as custas, emolumentos ou honorários forem aprovados por decisão judicial, foi colocado, pelo CPC/2015, na condição de título executivo judicial, no art. 515, V (sobre o tema, ver item nº 32, *retro*). Constitui, porém, título executivo extrajudicial, segundo a lei atual, o representativo dos emolumentos das serventias notariais e de registro, documentadas em certidão por elas expedida (CPC/2015, art. 784, XI).

O sistema do Código é o da taxatividade dos títulos executivos, de modo que só se revestem dessa qualidade aqueles instituídos pela lei. Quanto ao rol enunciado pelo art. 784, convém observar que alguns têm todos os requisitos formais e substanciais definidos em lei própria. É o caso dos títulos cambiários (inc. I). Outros são apenas parcialmente identificados, como ocorre com a escritura pública (inc. II) e o documento particular assinado pelo devedor e por duas testemunhas (inc. III). O mesmo se pode dizer dos demais títulos constantes dos incisos IV a XI-A, os quais ora se identificam pela forma documental, ora pelo conteúdo, sem que haja na previsão legal uma completa configuração.

Desse modo, para que se lhes reconheça a plena eficácia executiva, necessário se torna recorrer ao direito material para concluir sobre a retratação da certeza, liquidez e exigibilidade da obrigação titulada. Enquanto a lei cambiária reduz a cártula à fonte única da ação executiva, nos demais títulos do art. 784 tal não ocorre, já que cada um deles apenas aponta para o requisito mínimo da executividade. Quando, por exemplo, se afirma que a escritura pública e o documento particular assinado pelo devedor e duas testemunhas são títulos executivos, nada se esclarece quanto ao conteúdo que devem portar. É por isso que, como já afirmado, a respectiva força executiva dependerá da satisfação de outros requisitos além daqueles indicados nos incisos II e III do art. 784, sem os quais não se atenderão às exigências indispensáveis a qualquer título executivo: certificação de exigibilidade de obrigação certa e líquida (art. 783).

243. Títulos cambiários e cambiariformes

A letra de câmbio, a nota promissória, a duplicata e o cheque são títulos negociais particulares que autorizam a execução forçada. Todos eles fazem exprimir, à primeira vista, a certeza e liquidez da obrigação retratada em seu texto.

Pertence ao direito material a regulamentação dos modos de criar e formalizar esses títulos, bem como de fixar a responsabilidade e as obrigações deles decorrentes. O processo apenas cuida da *ação* competente para a exigência judicial do crédito, quando inocorre o cumprimento voluntário da obrigação.

Cada um dos títulos cambiários enumerados pelo art. 784, I, do CPC/2015 acha-se regulado em lei material própria, sendo que, com relação à letra de câmbio e à nota promissória, a legislação nacional (Dec. nº 2.044/1908) acha-se grandemente alterada pela adesão do Brasil à Convenção de Genebra para adoção de "lei uniforme", que foi posta em vigor, entre nós, pelo Decreto nº 57.663/1966.

A matéria relativa ao cheque, primitivamente disciplinada pelo Decreto nº 2.591, de 1912, passou a ser regulada pela Lei nº 7.357/1985, que incorporou ao direito positivo nacional as normas da Lei Uniforme de Genebra, antes promulgadas pelo Decreto nº 57.595/1966.

A duplicata – título cambiariforme de criação brasileira – tem seu estatuto na Lei nº 5.474, de 18.07.1968, que tratou tanto do direito material como do processual. A parte formal, no entanto, foi revogada com a superveniência do Código de Processo Civil de 1973.

O ingresso no juízo executivo, em relação aos títulos cambiários, exige exibição do original do título executivo, não sendo tolerada a utilização de fotocópias. Estando, porém, o título no bojo de outro processo, de onde não seja permitido o seu desentranhamento, a jurisprudência tem admitido a execução mediante certidão.

A debênture, regulada pela Lei nº 6.404/1976, arts. 52 a 74, como instrumento de captação de recursos pelas sociedades anônimas no mercado de capitais, configura, também, crédito que goza de força executiva (art. 784, I, do CPC/2015).[6]

Em relação a qualquer dos títulos de crédito em exame, a força executiva decorre automaticamente de sua correspondência às exigências formais delineadas pela lei que lhes confere validade e eficácia para fundamentar execução forçada. Dessa maneira, faltando qualquer um dos requisitos específicos, perde a cártula a qualidade de cambial e, consequentemente, de título executivo extrajudicial.

Na forma tradicional, os títulos de crédito têm como elemento essencial a assinatura do emitente e coobrigados. Modernamente, a possibilidade de criação eletrônica desses documentos não oferece margem a controvérsias. O Código Civil prevê, expressamente, que o título de crédito pode "ser emitido a partir dos caracteres criados em computador ou meio técnico equivalente e que constem da escrituração do emitente" (art. 889, § 3º).[7] E o CPC, com igual objetivo, sofreu o acréscimo do § 4º ao seu art. 784, através do qual se assegurou a força executiva ao contrato eletrônico (v. adiante, o item 246.1).

244. Duplicatas

Segundo o regime da Lei nº 5.474, de 18.07.1968, com as modificações da Lei nº 6.458, de 01.11.1977, tanto pode haver execução da duplicata aceita como da não aceita pelo sacado, desde que existam protesto e comprovante da entrega da mercadoria. Até mesmo quando o título for retido pelo sacado, admitir-se-á a execução, à base de simples indicações do credor a respeito de seu conteúdo.

As condições de exequibilidade da duplicata, conforme o direito positivo em vigor, podem ser assim resumidas:

(a) *título aceito:* pode ser executado independentemente de protesto;

(b) *título não aceito:* depende de protesto e de existência de comprovante hábil da entrega e recebimento da mercadoria, e, ainda, da inocorrência de recusa do aceite pelo sacado, no prazo, nas condições e pelos motivos previstos nos arts. 7º e 8º da Lei nº 5.474;

(c) *título retido:* será exequível mediante exibição apenas do protesto tirado com base em indicações do sacador, acompanhado dos mesmos comprovantes *supra*-arrolados.

---

[6] A Lei nº 14.801, de 09 de janeiro de 2024, dispõe, no plano de direito material, sobretudo tributário, acerca de uma modalidade especial de debêntures, denominadas "debêntures de infraestrutura" (art. 2º, *caput*), destinadas à captura de recursos para a "implementação de projetos de investimento na área de infraestrutura ou de produção econômica intensiva em pesquisa, desenvolvimento e inovação considerados como prioritários na forma regulamentada pelo Poder Executivo federal" (art. 2º, § 1º). O regime executivo dessa modalidade de debênture não sofreu modificação, uma vez que a lei nova cogitou apenas o controle administrativo da emissão de tais títulos e o respectivo regime tributário.

[7] "Hoje no Brasil o título é sempre um documento, mas não necessariamente um documento escrito. Quando a lei se refere ao negócio ou à obrigação, como foro ou aluguel (CPC, art. 585, IV), e não ao documento escrito, o título poderá ser outro tipo de documento, como a fita magnética, o disquete de computador ou a mensagem eletrônica transmitida pela internet, desde que aptos a conservar o registro do negócio ou do contrato com permanência e inalterabilidade" (GRECO, Leonardo. *O processo de execução*. Rio de Janeiro: Renovar, 2001, v. 2, n. 7.4.2.3.1, p. 119). "Admite o direito brasileiro a emissão de títulos de crédito em forma eletrônica (...) desde que observados os requisitos mínimos referidos no mesmo preceito legal" [art. 889, § 3º, do Código Civil] (MEDINA, José Miguel Garcia. *Novo Código de Processo Civil comentado*. São Paulo: RT, 2015, p. 1.054). A Lei nº 13.775/2018, que alterou a Lei nº 5.474/1968, autorizou a emissão de duplicata sob a forma escritural para circulação como efeito comercial, disciplinando todos os requisitos de sua adoção e eficácia.

O Superior Tribunal de Justiça, à época do CPC/1973, vinha decidindo que, em matéria de duplicata sem aceite, não era admissível o protesto tirado mediante exibição de simples boleto bancário, sem que se provasse a injustificada retenção do título pelo sacado.[8] No entanto, ocorreu uma mudança de rumo no julgado do REsp 1.024.691/PR, no qual se consagrou a tese inovadora do reconhecimento de que a prática mercantil teria se aliado ao desenvolvimento tecnológico, para desmaterializar a duplicata, transformando-a em "registros eletromagnéticos transmitidos por computador ao banco". Este, por sua vez, passou a fazer a cobrança mediante expedição de mero aviso ao devedor – os chamados "boletos", de tal sorte que o título em si, "na sua expressão de cártula", surge do inadimplemento, diante do aviso bancário. Outrossim, os títulos virtuais, concebidos pelas práticas comerciais, foram regulamentados pela Lei nº 9.497/1997, e, atualmente constam do art. 889, § 3º, do Código Civil. Disso, o STJ extraiu a conclusão de que não se deve negar validade ao protesto de duplicata "emitida eletronicamente", ou seja, tirado com apoio em boleto bancário, que reproduza seus elementos essenciais.[9]

Releva notar que a Lei nº 13.775/2018 autorizou e disciplinou a emissão de duplicata sob a forma escritural, assim como a expedição de extrato do registro eletrônico, pelos gestores dos sistemas eletrônicos de escrituração ou pelos depositários centrais (arts. 3º e 6º). De acordo com o art. 7º da mesma Lei, a duplicata emitida sob a forma escritural e o extrato já mencionado são títulos executivos, observados os requisitos do art. 15 da Lei das Duplicatas[10-11].

244-A. Cheque

O cheque tem uma peculiaridade que o distingue substancialmente da letra de câmbio: nesta o saque não cria, só por si, um dever para o sacado de efetuar o pagamento ordenado pelo sacador, já que inexiste vínculo cambial que o sujeite a tanto, enquanto não houver o aceite (ato unilateral do sacado). Só a partir desse aceite é que surge o vínculo cambial entre o sacado e o beneficiário do saque. Já o cheque corresponde a uma ordem emanada a partir de prévia

---

[8] STJ, 3ª T., REsp 953.192/SC, Rel. Min. Sidnei Beneti, ac. 07.12.2010, *DJe* 17.12.2010.

[9] STJ, 3ª T., REsp 1.024.691/PR, Rel. Min. Nancy Andrighi, ac. 22.03.2011, *DJe* 12.04.2011.

[10] Lei nº 5.474/1968: "Art. 15. A cobrança judicial de duplicata ou triplicata será efetuada de conformidade com o processo aplicável aos títulos executivos extrajudiciais, de que cogita o Livro II do Código de Processo Civil, quando se tratar: (Redação dada pela Lei nº 6.458, de 1º.11.1977) I – de duplicata ou triplicata aceita, protestada ou não; (Redação dada pela Lei nº 6.458, de 1º.11.1977) II – de duplicata ou triplicata não aceita, contanto que, cumulativamente: (Redação dada pela Lei nº 6.458, de 1º.11.1977): a) haja sido protestada; (Redação dada pela Lei nº 6.458, de 1º.11.1977); b) esteja acompanhada de documento hábil comprobatório da entrega e do recebimento da mercadoria, permitida a sua comprovação por meio eletrônico; (Redação dada pela Lei nº 14.301, de 2022) c) o sacado não tenha, comprovadamente, recusado o aceite, no prazo, nas condições e pelos motivos previstos nos arts. 7º e 8º desta Lei. (Redação dada pela Lei nº 6.458, de 1º.11.1977). § 1º Contra o sacador, os endossantes e respectivos avalistas caberá o processo de execução referido neste artigo, quaisquer que sejam a forma e as condições do protesto. (Redação dada pela Lei nº 6.458, de 1º.11.1977); § 2º Processar-se-á também da mesma maneira a execução de duplicata ou triplicata não aceita e não devolvida, desde que haja sido protestada mediante indicações do credor ou do apresentante do título, nos termos do art. 14, preenchidas as condições do inciso II deste artigo. (Redação dada pela Lei nº 6.458, de 1º.11.1977); (...)"

[11] "1. As duplicatas virtuais – emitidas e recebidas por meio magnético ou de gravação eletrônica – podem ser protestadas por mera indicação, de modo que a exibição do título não é imprescindível para o ajuizamento da execução judicial. Lei 9.492/97. 2. Os boletos de cobrança bancária vinculados ao título virtual, devidamente acompanhados dos instrumentos de protesto por indicação e dos comprovantes de entrega da mercadoria ou da prestação dos serviços, suprem a ausência física do título cambiário eletrônico e constituem, em princípio, títulos executivos extrajudiciais" (STJ, 3ª T., REsp 1.024.691/PR, Rel. Min. Nancy Andrighi, ac. 22.03.2011, *DJe* 12,04,2011)."... 7. O protesto de duplicata virtual por indicação apoiada em apresentação do boleto, das notas fiscais referentes às mercadorias comercializadas e dos comprovantes de entrega e recebimento das mercadorias devidamente assinados não descuida das garantias devidas ao sacado e ao sacador" (STJ, 2ª Seção, EREsp 1.024.691/PR, Rel. Min. Raúl Araújo, ac. 22.08.2012, *DJe* 29.10.2012).

obrigação de acatá-la por parte de quem guarda recursos do sacador, mas o vínculo cambiário surge entre sacador e tomador desde o momento do saque. No entanto, a execução cambial entre eles depende da frustração do pagamento pelo banco sacado, sem embargo de este não chegar a estabelecer obrigação cambiária alguma com o tomador.

Assim, a exequibilidade da obrigação cambiária pelo credor, diante do emitente, depende de ter sido o cheque apresentado ao banco sacado, sem acolhida do saque.[12]

245. Responsáveis cambiários

I – Tipicidade das coobrigações cambiárias

A execução é possível contra todos aqueles a que as leis cambiárias atribuem responsabilidade solidária, pela dívida retratada no título, sejam principais (emitentes, aceitantes e avalistas), sejam subsidiários (sacadores e endossantes), observadas quanto a estes, porém, as normas especiais do denominado direito de regresso.

No caso de cheque, deve-se notar que o banco sacado não é coobrigado cambiário, e, portanto, não é legitimado passivo para a execução, ainda quando recuse pagamento sem contraordem ou sem motivo justificado.[13] Ainda quanto ao cheque, prevalece o entendimento de que o seu desnaturamento econômico não afeta sua cambiaridade, já que esta nasce da *forma do título* e não do negócio subjacente. Por isso, o cheque ainda quando pós-datado ou pré-datado, ou dado em garantia de pagamento futuro, não perde sua força executiva.[14]

O endosso posterior ao vencimento do título cambial não gera as consequências do endosso cambiário entre cedente e cessionário. Funciona como simples cessão civil. O cessionário, porém, terá a ação executiva contra os coobrigados anteriormente vinculados à cártula.[15]

O avalista, quando é compelido a saldar a dívida garantida, sub-roga-se nos direitos do credor e pode executar o avalizado.[16] Se forem vários os avalistas, e um só realizar o pagamento, terá este direito de cobrar a parcela que, em rateio, couber aos demais.[17]

Pontes de Miranda e João Eunápio Borges ensinam que o avalista póstumo, isto é, o que presta o aval após o vencimento do título, fica vinculado cambialmente tal como o que tivesse avalizado antes do vencimento, e, destarte, sujeita-se à execução.[18]

As obrigações cambiárias são autônomas e abstratas, de sorte que na circulação dos títulos o negócio subjacente não é oponível aos endossatários. Sua discussão é, em regra, limitada aos participantes da criação da cambial, não podendo o emitente embargar a execução do

---

[12] Nessa ordem de ideias – diante da Lei nº 7.357/1985 (Lei do Cheque) –, é forçoso concluir, com apoio do STJ, que, por materializar o cheque ordem a terceiro para pagamento à vista, "'o seu momento natural de realização é a apresentação (art. 32), quando então a instituição financeira verifica a existência de disponibilidade de fundos (art. 4º, § 1º), razão pela qual a apresentação é necessária, quer diretamente ao sacado quer por intermédio do serviço de compensação de cheques (art. 34)' (...) 'e, como o título tem por característica intrínseca a inafastável relação entre o emitente e a instituição financeira sacada, é indispensável a prévia apresentação da cártula; não só para que se possa proceder à execução do título, mas também para se cogitar do protesto [...]'" (STJ, 2ª Seção, REsp 1.423.464/SC, voto do Relator, Min. Luís Felipe Salomão, Recurso repetitivo, ac. 27.04.2016, DJe 27.05.2016).

[13] TFR, ac. 25.11.1953, *Rev. Dir. Merc.*, v. VI, p. 121-123.

[14] THEODORO JR., Humberto. O problema da exequibilidade do cheque emitido em promessa de pagamento e do cheque sem data. *RT*, v. 561, p. 260-268, jul. 1982.

[15] STJ, 4ª T., REsp 826.660/RS, Rel. Min. Luis Felipe Salomão, ac. 19.05.2011, *DJe* 26.05.2011.

[16] STJ, 3ª T., REsp 139.093/PR, Rel. Min. Ari Pargendler, ac. 10.04.2001, *DJU* 28.05.2001, p. 157.

[17] STJ, 4ª T., REsp 4.100/SP, Rel. Min. Barros Monteiro, ac. 26.02.1991, *DJU* 15.04.1991, p. 4.303; TJRS, 15ª Câm. Cív., Apelação 70032380370, Rel. Niwton Carpes da Silva, ac. 06.07.2011, *DJRS* 12.07.2011.

[18] BORGES, João Eunápio. *Títulos de crédito*. Rio de Janeiro: Forense, 1971, n. 110, p. 92.

endossatário de boa-fé com fundamento no negócio extracambiário. Ressalva-se, porém, a transferência do título nas operações de *factoring*.

O Código Civil de 2002 estabeleceu como requisito de validade do aval o consentimento por parte do cônjuge do avalista (art. 1.647, III). O STJ, todavia, para evitar a descaracterização do aval como instituto cambiário típico, adotou como interpretação mais adequada à sua natureza e à segurança do intercâmbio econômico a de que a norma civil deve ter sua incidência limitada "aos avais prestados aos títulos inominados regrados pelo Código Civil, excluindo-se os títulos nominados regidos por leis especiais".[19]

II – Transferência de títulos cambiários nas operações de "factoring"

No contrato da espécie, a transferência dos créditos cambiários "não se opera por simples endosso, mas por cessão de crédito, hipótese que se subordina à disciplina do art. 294 do Código Civil".[20] Por isso, a faturizadora que adquire duplicatas ou outros títulos de crédito por meio de contrato de cessão de crédito não fica imune às exceções pessoais do executado oponíveis ao emitente das cártulas, quando opostas por meio de embargos à execução. Já se ressalvou, porém, que, tendo o negócio da faturização se realizado em torno de duplicatas previamente aceitas pelo sacado, prevaleceria a regra do direito cambiário, não sendo mais possível a oposição de exceções pessoais ao cessionário de boa-fé.[21]

A respeito de cláusula que, no negócio de *factoring*, estabeleça responsabilidade do fatorizado/cedente pela solvência dos créditos negociados, a jurisprudência do STJ é no sentido de que este "não responde, em absoluto, pela insolvência dos créditos cedidos, afigurando-se nulos a disposição contratual nesse sentido e eventuais títulos de créditos emitidos com o fim de garantir a solvência dos créditos cedidos no bojo de operação de *factoring*, cujo risco é integral e exclusivo da faturizadora. Remanesce, contudo, a responsabilidade da faturizadora pela existência do crédito, ao tempo em que lhe cedeu (*pro soluto*)".[22]

Ainda a propósito de *factoring*, a jurisprudência entende que a vedação à empresa em regime de recuperação judicial de alienar ou onerar bens ou direitos de seu ativo permanente (Lei nº 11.101/2005, art. 66, na redação da Lei nº 14.112/2020) não se aplica à transferência de direitos creditórios por meio de operações de *factoring*.[23]

---

[19] STJ, 3ª T., REsp 1.526.560/MG, Rel. Min. Paulo de Tarso Sanseverino, ac. 16.03.2017, DJe 16.05.2017. No mesmo sentido: STJ, 4ª T., REsp 1.633.399/SP, Rel. Min. Luís Felipe Salomão, ac. 10.11.2016, DJe 01.12.2016. "É firme a jurisprudência desta Corte Superior no sentido de que a exigência da **outorga** conjugal não pode ser estendida, irrestritamente, a todos os títulos de crédito, sobretudo aos típicos ou nominados, que possuem regramento próprio. Precedentes" (STJ, 3ª T., AgInt no AREsp 1.725.638/SP, Rel. Min. Ricardo Villas Bôas Cueva, ac. 05.09.2022, DJe 12.09.2022).

[20] STJ, 3ª T., REsp 1.439.749/RS, Rel. Min. João Otávio de Noronha, ac. 02.06.2015, DJe 15.06.2015.

[21] STJ, 2ª Seção, EREsp 1.439.749/RS, Rel. Min. Maria Isabel Gallotti, ac. 28.11.2018, DJe 06.12.2018.

[22] STJ, 3ª T., REsp 1.711.412/MG, Rel. Min. Marco Aurélio Bellizze, ac. 04.05.2021, DJe 10.05.2021. Entendeu o acórdão que, sendo nula a nota promissória dada em garantia da solvência do cessionário, insubsistente também será o aval aposto naquela cambial.

[23] "(...) 7. De fato, tratando-se de disponibilidades financeiras e de direitos creditórios realizáveis no curso do exercício social subsequente ou após o término deste, tais bens se inserem nas categorias 'ativo circulante' ou 'ativo realizável a longo prazo', conforme se depreende da redação original dos arts. 178, § 1º, 'a', 'b' e 'c' e 179, I e II, da Lei nº 6.404/1976 (vigente à época da edição da Lei nº 11.101/2005). 8. Assim, sejam os direitos creditórios (a depender de seu vencimento) classificados como 'ativo circulante' ou como 'ativo realizável a longo prazo', o fato é que, como tais rubricas não podem ser classificadas na categoria 'ativo permanente', a restrição à celebração de contratos de *factoring* por empresa em recuperação judicial não está abrangida pelo comando normativo do art. 66 da LFRE" (STJ, 3ª T., REsp 1.783.068/SP, Rel. Min. Nancy Andrighi, ac. 05.02.2019, DJe 08.02.2019).

III – Contrato de mútuo feneratício ajustado por empresa de "factoring"

A propósito da possibilidade de a empresa de *factoring* ajustar, fora do padrão típico da fatorização, contrato de empréstimo de dinheiro, o STJ decidiu que, mesmo não se tratando de uma instituição financeira, não há proibição a operações de tal natureza.[24] Deverão, porém, ser afastados, nos contratos da espécie, as regras e os privilégios pertinentes ao sistema financeiro nacional.[25]

É que "no direito civil brasileiro, predomina a autonomia privada, de modo que se confere, em regra, total liberdade negocial aos sujeitos da relação obrigacional. Todavia, na hipótese de contratos típicos, além das regras gerais, incidem as disposições legais previstas especificamente para aquela modalidade de contrato, sendo nulas as cláusulas em sentido contrário quando se tratar de direito indisponível".[26]

Assim, diante da inexistência de vedação legal, o contrato de mútuo feneratício não se contamina, na espécie, de invalidade alguma, pelo simples fato de não ter sido ajustado por instituição financeira. O que não se aplica ao empréstimo concedido por empresa de *factoring* é a liberdade de estipular juros remuneratórios com taxa superior a 12% ao ano (Súmula 596/STF; CC, art. 591 c/c art. 406) e tampouco pactuar capitalização dos juros em periodicidade inferior à anual (Súmula 541/STJ), práticas autorizadas às instituições financeiras, mas que no caso da fatorizadora configuraria usura.[27] Mesmo assim, o contrato de mútuo não seria totalmente nulo, sujeitar-se-ia apenas à redução dos juros ao limite legal.[28] E esse quadro configura-se ainda quando o contrato venha rotulado como contrato de *factoring*, permitindo, no entanto, por seu conteúdo, a descaracterização para contrato de mútuo feneratício.[29]

245.1. Fundos de investimento em direitos creditórios

Os Fundos de Investimento em Direito Creditório – FIDCs –, criados por deliberação da CVM (Res. 2.907/2001), com base na Lei nº 10.198/2001, sujeitam-se também à regulamentação da CVM. Encarregam-se tais Fundos de gerir aplicações dos associados em direitos creditórios e em títulos representativos desses direitos, originários de operações realizadas em segmentos como o financeiro, o comercial, o industrial, o imobiliário etc.

Embora sem personalidade jurídica, o FIDC e outros Fundos similares têm plena capacidade processual para atuar processualmente, inclusive no âmbito do processo de execução,

---

[24] STJ, 4ª T., REsp 1.854.818/DF, Rel. Min. Maria Isabel Gallotti, ac. 07.06.2022, *DJe* 30.06.2022.

[25] "Não há proibição legal para empréstimo de dinheiro (mútuo feneratício) entre particulares (pessoas físicas ou jurídicas não integrantes do Sistema Financeiro Nacional). Nessa hipótese, entretanto, devem ser observados os arts. 586 a 592 do CC/2002, além das disposições gerais, e eventuais juros devidos não podem ultrapassar a taxa de 12% ao ano, permitida apenas a capitalização anual (arts. 591 e 406 do CC/2002; 1º do Decreto nº 22.626/1933; e 161, § 1º, do CTN), sob pena de redução ao limite legal, conservando-se o negócio. Precedentes" (STJ, 3ª T., REsp 1.987.016/RS, Rel. Min. Nancy Andrighi, ac. 06.09.2022, *DJe* 13.09.2022).

[26] STJ, REsp 1.987.016/RS, Rel. Min. Nancy Andrighi, ac. 06.09.2022, *DJe* 13.09.2022.

[27] "Dessa maneira, em que pese não seja usual, não é vedado à sociedade empresária de factoring celebrar contrato de mútuo feneratício com outro particular, devendo apenas serem observadas as regras dessa espécie contratual aplicáveis a particulares não integrantes do Sistema Financeiro Nacional, especialmente quanto aos juros devidos e à capitalização" (STJ, 3ª T., REsp 1.987.016/RS, voto da Relatora Min. Nancy Andrighi, ac. 06.09.2022, *DJe* 13.09.2022).

[28] STJ, 4ª T., AgInt nos EDcl no AREsp 40.581/PR, Rel. Min. Lázaro Guimarães, ac. 18.09.2018, *DJe* 21.09.2018.

[29] STJ, 3ª T., REsp 1.987.016/RS, voto da Relatora, Rel. Min. Nancy Andrighi, ac. 06.09.2022, *DJe* 13.09.2022.

na forma do art. 75, IX, do CPC, sempre que algum título executivo lhe houver sido cedido ou transferido, por ato negocial.[30]

Observe-se que, de modo diverso do que se passa com as operações dos escritórios de *factoring*, o FIDC opera no mercado financeiro mediante securitização de recebíveis, por meio da qual determinado fluxo de caixa futuro é utilizado como lastro para a emissão de valores mobiliários (títulos) colocados à disposição dos investidores.

Enquanto o factorizador atua sob o regime de cessão de crédito comum, o FIDC tanto pode adquirir direitos creditórios por meio de endosso (quando o título é de natureza cambiária), como por meio de cessão civil ordinária de crédito, segundo a disciplina do Código Civil, arts. 286 a 298. Nesse último caso, a cessão pode ser *pro soluto* ou *pro solvendo*, conforme o negócio translativo do direito de crédito, o que virá a interferir, profundamente, nas consequências do inadimplemento do devedor responsável pelo título, no tocante à ocorrência, ou não, do direito de regresso contra o cedente (Código Civil, arts. 295 a 297).[31]

246. Documento público ou particular

Não vigora mais a antiga restrição de que os documentos públicos e particulares só formavam título executivo quando se referiam a obrigação de pagar quantia determinada ou de entregar coisa fungível. Para o Código de 2015, que, nesse passo, manteve a regra da legislação de 1973, qualquer que seja a obrigação corporificada num dos documentos relacionados nos incisos II e III do art. 784, poderá ser exigida diretamente pelo processo de execução, desde que inexistam condições dependentes de fatos por apurar. Sendo, pois, líquido, certo e exigível qualquer título, na situação descrita nos dispositivos enfocados, será tratado como *título executivo extrajudicial*, quer tenha como objeto prestação de dar coisa certa ou genérica, de fazer ou não fazer, ou de quantia certa.[32]

No art. 784, II e III, do CPC/2015, o "documento público" e o "documento particular" estão equiparados na força executiva. Mas, enquanto para o primeiro apenas se requer a autenticação do agente público, para o segundo exige-se mais a assinatura de duas testemunhas.[33]

O documento particular, outrossim, só pode ser firmado, pelo devedor, de próprio punho, ou por procurador bastante. Não tem validade a chamada assinatura *a rogo*. Toda vez que o devedor for analfabeto ou estiver impossibilitado de assinar, terá de constituir mandatário por escritura pública. Essa exigência é inaplicável ao documento público. O termo nos autos ou a escritura pública de confissão de dívida podem perfeitamente ser assinados por terceiro a rogo do devedor.

Independentemente da assinatura de testemunhas, são também considerados títulos executivos extrajudiciais o "instrumento de transação referendado pelo Ministério Público, pela Defensoria Pública, pela Advocacia Pública ou pelos advogados dos transatores" (art. 784, IV). Não se exige, em tais casos, a subscrição dos documentos por testemunhas.

---

[30] TJ/SP, 20ª Câm. Dir. Priv., Ag. Inst. 2141631-05.2017.8.26.0000, Rel. Des. Rebello Pinho, j. 05.03.2018, *DJe* 19.03.2018. Segundo o art. 75, IX, do CPC, têm capacidade processual "a sociedade e a associação irregulares e outros entes organizados sem personalidade jurídica", caso em que serão representados em juízo "pela pessoa a quem couber a administração de seus bens" (g.n.).

[31] STJ, 4ª T., 1.726.161/SP, Rel. Min. Luís Felipe Salomão, ac. 06.08.2019, *DJe* 03.09.2019.

[32] "(...) a operação bancária denominada 'vendor' materializa-se em contratos das mais variadas formas, sendo incorreto afirmar, *a priori* e indistintamente, que não ostentam estes a condição de títulos executivos. No caso, os contratos apresentam valores fixos e determinados e foram assinados pela própria devedora, não havendo dúvida quanto à executoriedade daqueles documentos" (STJ, 4ª T., REsp 1.190.361/MT, Rel. Min. Luis Felipe Salomão, Rel. p/ ac. Min. João Otávio de Noronha, ac. 07.04.2011, *DJe* 25.08.2011).

[33] STJ, 3ª T., REsp 137.895/PE, Rel. p/ ac. Min. Humberto Gomes de Barros, ac. 20.10.2005, *DJU* 19.12.2005, p. 392; STJ, 4ª T., EDcl no Ag 1.386.597/MS, Rel. Min. Raul Araújo, ac. 16.05.2013, *DJe* 25.06.2013.

246.1. Documento eletrônico

O STJ já havia assentado jurisprudencialmente a possibilidade de reconhecer força executiva a contratos assinados eletronicamente, visto que a assinatura dessa espécie "atesta a autenticidade do documento", de maneira satisfatória[34].

O importante, ainda no posicionamento do STJ, era a dispensa de testemunhas para que o contrato eletrônico configurasse título executivo extrajudicial, em virtude da elevada força certificadora de autenticidade ostentada pela assinatura digital[35].

No âmbito do direito material, por sua vez, o Código Civil de 2002 já havia autorizado a emissão de título de crédito "a partir dos caracteres criados em computador" (art. 889, § 3º).

A inovação, agora, ocorreu no direito processual, por meio de acréscimo do § 4º ao art. 784 do CPC, *in verbis*: "Nos títulos executivos constituídos ou atestados por meio eletrônico, é admitida qualquer modalidade de assinatura eletrônica prevista em lei, dispensada a assinatura de testemunhas quando sua integridade for conferida por provedor de assinatura"[36]. As duas medidas modernizadoras ensaiadas pelo STJ foram, como se vê, acolhidas pelo direito positivo: o título executivo formalizado eletronicamente e a dispensa, em tal caso, da assinatura de testemunhas.

246-A. Decisão do Tribunal de Contas

Por força do § 3º do art. 71 da Constituição, as decisões do Tribunal de Contas têm eficácia de título executivo quando imputem débito ou multa a quem tenha causado dano ao Erário. Essa regra editada para o Tribunal da União estende-se aos outros tribunais locais por força do disposto no art. 75, *caput*, da Constituição.

As decisões condenatórias dos Tribunais de Contas são, por si mesmas, títulos executivos extrajudiciais, razão pela qual não se sujeitam à inscrição em dívida ativa para fundamentar execução fiscal nos moldes da Lei nº 6.830/1980[37]. A execução, na espécie, é a comum prevista para obrigações de quantia certa no CPC, recaindo a competência nas varas também comuns da justiça estadual ou federal, de acordo com a entidade credora. Não há de se cogitar de atribuí-la às varas especializadas das execuções fiscais[38].

Não cabe, porém, à Procuradoria do TCU promover diretamente a execução de tais decisões. Segundo jurisprudência do STF, a legitimidade para tal execução compete ao ente público beneficiário da condenação,[39] que atuará por meio de suas próprias procuradorias, usando como título executivo certidão expedida pelo TCU.

247. O instrumento de transação referendado por conciliador ou mediador credenciado por tribunal

O CPC/2015 acrescentou, como título executivo extrajudicial, o instrumento de transação referendado por conciliador ou mediador credenciado por tribunal (art. 784, IV). Esse acréscimo

---

[34] STJ, 3ª T., REsp 1.495.920/DF, Rel. Min. Paulo de Tarso Sanseverino, ac. 15.05.2018, *DJe* 07.06.2018; STJ, 3ª T., AgInt no REsp 1.978.859/DF, Rel. Min. Marco Aurélio Bellizze, ac. 23.05.2022, *DJe* 25.05.2022; STJ, 3ª T., AgInt no AREsp 2.001.080/SP, Rel. Min. Moura Rocha, ac. 03.10.2022, *DJe* 05.10.2022.

[35] STJ, 3ª T., REsp 1.495.920/DF, Rel. Min. Paulo de Tarso Sanseverino, ac. 15.05.2018, *DJe* 07.06.2018.

[36] O § 4º do art. 784, do CPC, foi acrescido pela Lei 14.620/2023.

[37] STJ, 2ª T., REsp 1.390.993/RJ, Rel. Min. Mauro Campbell Marques, ac. 10.09.2013, *DJe* 17.09.2013.

[38] STJ, 2ª T., REsp 1.684.104/RJ, Rel. Min. Francisco Falcão, ac. 11.12.2018, *DJe* 17.12.2018.

[39] STF, 1ª T. RE 606.306 AgR/RS, Rel. Min. Ricardo Lewandowski, ac. 18.06.2013, *DJe* 27.11. 2013. No mesmo sentido: STF, 2ª T., AI 826.676 AgR/MG, Rel. Min. Gilmar Mendes, ac. 08.02.2011, *DJe* 24.02.2011.

está em conformidade com o espírito da nova codificação em estimular a autocomposição (art. 3º, §§ 2º e 3º). Ora, se o CPC/2015 incentiva a autocomposição por meio do auxílio de conciliadores e mediadores, é evidente que as transações que eles auxiliarem a efetivar devem possuir executividade. Nenhum proveito teria para as partes transigir se tivessem que ajuizar ação de cobrança para conferir executoriedade ao acordo.

Assim, basta a presença do conciliador ou mediador para que o acordo seja tido como título executivo extrajudicial, não se exigindo qualquer outra formalidade, nem mesmo a assinatura de testemunhas.

Também a Lei nº 13.140/2015 (Lei da Mediação) prevê que, ocorrendo o consenso entre as partes, no procedimento intermediado pelo mediador, o acordo será reduzido a termo e constituirá *título executivo extrajudicial* (art. 32, § 3º). Naturalmente, se a autocomposição for submetida à homologação judicial – o que, entretanto, não é obrigatório –, tornar-se-á *título executivo judicial* (CPC/2015, art. 515, III).

248. Contrato com convenção arbitral

A convenção inserida em contrato de sujeição ao juízo arbitral exclui sua apreciação no juízo estatal por meio de processo de conhecimento (CPC/2015, art. 485, VII). No entanto, quando se trata da execução forçada, essa restrição não se aplica. Se o contrato configura, por si só, e por suas garantias, um título executivo extrajudicial, o credor não fica inibido de executá-lo judicialmente, mesmo existindo convenção de arbitragem. É que não se insere nos poderes dos árbitros a atividade executiva, mas apenas a de acertamento. Assim, não se pode exigir que todas as controvérsias oriundas de um contrato sejam submetidas à solução arbitral, se, como no caso da execução, a via da arbitragem se revela impotente. É por isso que o STJ já decidiu que "não é razoável exigir que o credor seja obrigado a iniciar uma arbitragem para obter juízo de certeza sobre uma confissão de dívida que, no seu entender, já consta de título executivo".[40]

Da mesma forma, o pedido de falência pode ser ajuizado perante a justiça estatal, sem qualquer passagem obrigatória pelo juízo arbitral, ainda que exista convenção de arbitragem, vigente entre credor e devedor.[41]

249. Confissões de dívida

Enquanto vigorou o Dec.-lei nº 1.042, de 1969, só tinham força executiva as confissões de dívida constantes de escritura pública. As confissões particulares só adquiriam qualidade de

---

[40] "Deve-se admitir que a cláusula compromissória possa conviver com a natureza executiva do título"; donde a "possibilidade de execução de título que contém cláusula compromissória" (STJ, 3ª T., REsp 944.917/SP, Rel. Min. Nancy Andrighi, ac. 49.09.2008, DJe 03.10.2008). "A convenção de arbitragem, que impede a tutela jurisdicional cognitiva por via judicial (art. 267, VII...) [CPC/2015, art. 485, VII], não é impeditiva da execução forçada...; existindo um título executivo extrajudicial, é lícito instaurar o processo executivo perante a Justiça estadual apesar da existência da convenção de arbitragem, porque do contrário a eficácia do título seria reduzida a nada" (DINAMARCO, Cândido Rangel. *Instituições de direito processual civil*. 4. ed. São Paulo: Malheiros, 2004, v. IV, p. 83). No mesmo sentido: CARMONA, Carlos Alberto. Considerações sobre a cláusula compromissória e a cláusula de eleição de foro. In: CARMONA, Carlos Alberto et al. (coord.). *Arbitragem*: estudos em homenagem ao Prof. Guido Fernando da Silva Soares. São Paulo: Atlas, 2007. p. 33-46.

[41] "A convenção de arbitragem prevista em contrato não impede a deflagração do procedimento falimentar fundamentado no art. 94, I, da Lei 11.101/2005. A existência de cláusula compromissória, de um lado, não afeta a executividade do título inadimplido. De outro lado, a falência, instituto que ostenta natureza de execução coletiva, não pode ser decretada por sentença arbitral. Logo, o direito do credor somente pode ser exercitado mediante provocação da jurisdição estatal" (STJ, 3ª T., REsp 1.277.725/AM, Rel. Min. Nancy Andrighi, ac. 12.03.2013, DJe 18.03.2013).

título executivo quando se achavam vinculadas a algum negócio jurídico que lhes justificasse conveniente a *causa debendi*.

O Dec.-lei nº 1.042, no entanto, foi revogado pelo Dec.-lei nº 1.700, de 1979. Assim, não existe mais empecilho à execução das confissões de dívida, por instrumento particular, ainda que puras e simples. A força executiva das confissões de dívida é de reconhecimento tranquilo da jurisprudência do STJ.[42]

O que continua indispensável é que estejam subscritas por duas testemunhas, além do devedor, se for o caso de instrumento particular, ou, tratando-se de instrumento de transação, tenha sido referendado pelo Ministério Público, pela Defensoria Pública, pela Advocacia Pública, ou pelos advogados dos transatores (CPC/2015, art. 784, IV).

250. Contrato de abertura de crédito

Durante muitos anos, mostrou-se consolidada a jurisprudência no sentido de que não havia obstáculo que pudesse se antepor ao reconhecimento da natureza de título executivo extrajudicial aos numerosos contratos de abertura de crédito largamente utilizados no comércio bancário. Mesmo porque a regulamentação do direito positivo referente às múltiplas cédulas de financiamento dos diversos segmentos da economia apontava justamente para a valorização da força executiva dos ajustes de abertura de crédito (*cédulas de crédito rural* – Dec.-lei nº 167, de 14.02.1967; as *cédulas de crédito industrial* – Dec.-lei nº 413, de 09.01.1969; a *cédula de crédito à exportação* e a *nota de crédito à exportação* – Lei nº 6.313, de 16.12.1975; e a *cédula de crédito comercial* e a *nota de crédito comercial* – Lei nº 6.840, de 03.11.1980).

Nada obstante, veio a instalar-se, a certa altura, divergência de jurisprudência entre a Terceira e a Quarta Turmas do Superior Tribunal de Justiça. Enquanto a última reconhecia a qualidade de título executivo para a abertura de crédito, desde que o contrato particular fosse subscrito pelas partes e duas testemunhas, e viesse acompanhado de extrato analítico da conta do financiamento,[43] a Terceira Turma se inclinava para negar ao aludido contrato a mesma qualidade a pretexto de faltar-lhe liquidez e certeza.[44]

Na uniformização da jurisprudência do STJ saiu prestigiada a tese da Terceira Turma, ou seja, a de que "o contrato de abertura de crédito, ainda que acompanhado de extrato da conta--corrente, não é título executivo" (STJ, Súmula nº 233).

O impacto da radical mudança de rumo imposta à jurisprudência sobre a liquidez das operações bancárias foi, sem dúvida, muito grande. Tentando minimizá-lo, a Terceira Turma do STJ passou a decidir que a deficiência do contrato de abertura de crédito poderia ser contornada pelo uso de nota promissória que lhe fosse vinculada, isto porque, segundo velho entendimento doutrinário e pretoriano, a cambial não perde sua liquidez só pelo liame a algum contrato, em face de sua autonomia jurídica.[45]

---

[42] STJ, Súmula nº 300; STJ, 4ª T., REsp 921.046/SC, Rel. Min. Luis Felipe Salomão, ac. 12.06.2012, *DJe* 25.06.2012.

[43] STJ, 4ª T., REsp 9.784, ac. 16.06.1992, *RT* 692/165; STJ, REsp 9.786-0/RJ, ac. 16.03.1993, *DJU* 30.08.1993, p. 17.294; STJ, REsp 9.786-0/RJ, ac. 16.03.1993, *DJU* 30.08.1993, p. 17.294; STJ, REsp 38.125-8/RS, ac. 11.10.1993, *DJU* 29.11.1993, p. 25.890. Essa inteligência era sequência da posição já adotada pelo STF: RE 91.769-1, 1ª T., Rel. Min. Rafael Mayer, ac. 24.11.1981, *RTJ* 101/26.

[44] STJ, 3ª T., REsp 29.597-3/RS, Rel. Min. Eduardo Ribeiro, ac. 10.08.1993, *DJU* 13.09.1993. No mesmo sentido: STJ, 3ª T., REsp 30.445-7/GO, ac. 02.03.1993, *DJU* 05.04.1993, p. 5.837.

[45] STJ, 3ª T., REsp 170.279/RS, Rel. Min. Eduardo Ribeiro, ac. 06.08.1998, *DJU* 09.11.1998, p. 96; STJ, 3ª T., REsp 153.798/PB, Rel. Min. Eduardo Ribeiro, ac. 01.12.1998, *DJU* 29.03.1999, p. 166; STJ, 3ª T., Ag 288.672/SP, Rel. Min. Carlos Alberto Menezes Direito, ac. 12.04.2000, *DJU* 28.04.2000.

Reiterados foram seus acórdãos no sentido de que "a nota promissória é título executivo, ainda quando vinculada a contrato de abertura de crédito e dispensa qualquer anexo para efeito de instruir a ação de execução contra o devedor".

A manobra, todavia, não logrou pleno sucesso. A Quarta Turma, vencida anteriormente quanto à liquidez do contrato de abertura de crédito, radicalizou as consequências da Súmula nº 233: "Da mesma forma que o contrato de abertura de crédito, ainda que acompanhado de demonstrativos dos lançamentos, não constitui título executivo, também a nota promissória emitida para sua garantia e a ele vinculada é desprovida de liquidez e certeza.[46] Por último, a 2ª Seção do STJ pacificou a divergência, esposando a tese oriunda da 4ª Turma, segundo a qual "nota promissória vinculada a contrato de abertura de crédito perde autonomia face a iliquidez do título que a originou".[47] Atualmente a matéria já consta de Súmula do STJ.[48] Ressalva-se, no entanto, que "o contrato de abertura de crédito em conta-corrente, acompanhado do demonstrativo de débito, constitui título hábil para o ajuizamento da ação monitória" (STJ, Súmula nº 247).

A nosso ver, há um equívoco na orientação adotada pelo STJ, com a devida vênia. Se o legislador não encontra obstáculo algum para definir as cédulas de financiamento da agricultura, indústria, comércio e exportação como títulos executivos, no quadro que se acaba de retratar, à evidência não se pode recusar aos usuais contratos de abertura de crédito, tão largamente difundidos no comércio bancário, a mesma natureza jurídica. A estrutura jurídica deles é idêntica à dos negócios de financiamento por via das aludidas cédulas, ou seja: um instrumento inicial abre o crédito, fixando seu valor, determinando a forma de utilização e o prazo de pagamento, tudo vinculado a uma conta gráfica, escriturada na contabilidade do agente financiador, onde se determina o saldo devedor do financiado, representativo de sua dívida líquida, certa e exigível no devido tempo. Sem embargo, forçoso reconhecer que atualmente o posicionamento do Superior Tribunal de Justiça, que se acaba de expor, está firmemente assentado.

De qualquer maneira, uma ressalva há na jurisprudência do STJ em favor da exequibilidade do saldo da abertura de crédito: havendo reconhecimento do débito por parte do creditado, ter-se-á uma confissão de dívida, que, por si só, justificará a configuração do título extrajudicial.[49]

O problema foi, finalmente, solucionado por via legislativa: criou-se a cédula de crédito bancário, como título cambiariforme, dotado de força executiva. Sua estrutura é a da abertura de crédito e sua liquidez decorre de disposição legal, de sorte que não se pode pôr em dúvida sua natureza de *título executivo*, tal como já ocorria com relação às diversas cédulas de crédito utilizadas no mercado.[50]

---

[46] STJ, 4ª T., REsp 201.840/SC, Rel. Min. Ruy Rosado, ac. 18.05.1999, *DJU* 28.06.1999, p. 122; STJ, 4ª T., REsp 197.090/RS, Rel. Min. Barros Monteiro, ac. 11.02.1999, *DJU* 24.05.1999, p. 177; STJ, 4ª T., REsp 167.221/MG, Rel. Min. Aldir Passarinho Júnior, ac. 25.10.1999, *DJU* 29.11.1999, p. 167; STJ, 4ª T., REsp 158.039/MG, Rel. Min. Sálvio de Figueiredo, ac. 17.02.2000, *DJU* 03.04.2000, p. 153.

[47] STJ, 2ª Seção, AgRg nos Emb. Div. no REsp 196.957/DF, Rel. Min. Carlos Alberto Menezes Direito, ac. 14.03.2001, *DJU* 25.05.2001, p. 149. No mesmo sentido: STJ, 2ª Seção, Emb. Div. no REsp 262.623/RS, Rel. Min. Nancy Andrighi, ac. 22.02.2001, *DJU* 02.04.2001, p. 251; STJ, 4ª T., REsp 911.206/SP, Rel. Min. Fernando Gonçalves, ac. 15.04.2010, *DJe* 26.04.2010.

[48] "A nota promissória vinculada a contrato de abertura de crédito não goza de autonomia em razão da iliquidez do título que a originou" (STJ, Súmula nº 258).

[49] "O instrumento de confissão de dívida, ainda que originário de contrato de abertura de crédito, constitui título executivo extrajudicial" (STJ, Súmula nº 300). STJ, 4ª T., AgRg no AgRg no REsp 705.877/PR, Rel. Min. Maria Isabel Gallotti, ac. 20.10.2011, *DJe* 03.11.2011.

[50] As cédulas de crédito bancárias são disciplinadas, atualmente, pela Lei nº 10.931, de 02.08.2004, arts. 26 a 45. Constituem título executivo representativos de operações de crédito de qualquer natureza, mesmo

251. Hipoteca, penhor, anticrese ou outro direito real de garantia e caução

O inciso V do art. 784 do CPC/2015 atribui a qualidade de título executivo extrajudicial ao "contrato garantido por hipoteca, penhor, anticrese ou outro direito real de garantia e aquele garantido por caução", ou seja, de todos os contratos que contem com garantias *reais* ou *pessoais*.

A palavra *caução* é de significado amplo, genérico, e no seu sentido lato significa segurança ou garantia que o devedor oferece ao credor.[51] E, como tal, abrange as garantias reais e a pessoal. Diz-se, por isso, que a caução pode ser *real* (hipoteca, penhor e anticrese) ou *fidejussória* (fiança).

Como essas obrigações só podem ser constituídas por escrito (documentos públicos e particulares), tem-se a impressão, à primeira vista, de que sua exequibilidade já estaria englobada pela hipótese dos incisos II e III do art. 784.

Observe-se, porém, que as garantias, sem embargo de sua natureza acessória, podem ser constituídas por antecipação, mesmo antes de criada a obrigação principal (a dívida[52]); e até podem ser outorgadas por pessoa diversa da do devedor, como comumente ocorre nos contratos bancários de abertura de crédito e nas empreitadas públicas. Opera-se, então, uma dissociação entre o *título* da garantia e o *título* do crédito, sendo que este, às vezes, nem terá o reconhecimento expresso do devedor (exemplo: fiança prestada diretamente ao credor sem a presença do afiançado).

Outra particularidade desse título é a possibilidade de a execução atingir pessoas diversas da do devedor, já que a garantia pode ser dada por terceiro. Normalmente, o contrato com garantia hipotecária ou pignoratícia gera para o credor duas ações:

(a) uma *pessoal*, para exigir do devedor a prestação a que se obrigou, *i.e.*, o pagamento da dívida;

(b) outra *real*, para realizar a garantia real, ou seja, para levar à expropriação, com preferência e sequela, o imóvel gravado de hipoteca, pagando-se com o produto apurado.

Enquanto a pessoal recai sobre todo o patrimônio do devedor, a real atinge apenas o bem gravado, que tanto pode ser do devedor como de terceiro, alcançando-o na posse e propriedade de quem quer que o detenha, pois sua eficácia é *erga omnes*.[53]

Discute-se se, sendo a hipoteca dada por terceiro, teria o credor, ou não, de cumular as duas ações, criando um litisconsórcio necessário entre o devedor e o seu garante. A meu ver, o litisconsórcio *in casu* é apenas facultativo, como o é na execução da fiança.

Na realidade, a outorga de garantia real à dívida alheia é equivalente jurídico de uma fiança (uma fiança *real*, como ensinam Planiol y Ripert). Em lugar de colocar genericamente

---

quando decorram diretamente de contrato de abertura de crédito, rotativo ou não, como o denominado "cheque especial" (STJ, 2ª Seção, REsp 1.283.621/MS, Rel. Min. Luis Felipe Salomão, ac. 23.05.2012, DJe 18.06.2012). No mesmo sentido: STJ, 2ª Seção, REsp 1.291.575/PR, Rel. Min. Luis Felipe Salomão, ac. 14.08.2013, DJe 02.09.2013.

[51] SENE, José Cândido da Costa. Caução. In: CARVALHO SANTOS, J. M. de. *Repertório enciclopédico do direito brasileiro*. Rio de Janeiro: Borsoi, s/d, v. VII, p. 393.

[52] "O direito brasileiro admite a constituição de hipoteca para garantia de dívida futura ou condicional, própria ou de terceiros, bastando que seja determinado o valor máximo do crédito a ser garantido" (STJ, 4ª T., REsp 1.190.361/MT, Rel. p/ ac. Min. João Otávio de Noronha, ac. 07.04.2011, DJe 25.08.2011).

[53] PONTES DE MIRANDA, Francisco Cavalcanti. *Comentários ao Código de Processo Civil*. Rio de Janeiro: Forense, 1976, v. IX, p. 302; NUSSBAUM, Arthur. Tratado de derecho hipotecario alemán. *Revista de Derecho Privado*, Madrid, 1929, n. 12 e 29, p. 56 e 194.

o patrimônio próprio para responder pela dívida alheia, o terceiro hipotecante põe um imóvel determinado de seu patrimônio sujeito à realização da mesma dívida. Assim, o terceiro que presta hipoteca ou outra garantia real, em prol de dívida de outrem, é responsável pela satisfação da dívida, dentro das forças da garantia dada.

Como a lei considera o contrato de garantia real, por si só, como um *título executivo* (art. 784, V), o terceiro garante pode ser executado, individualmente, como "devedor" do aludido contrato que é distinto do contrato de dívida do devedor principal, mesmo quando convencionados ambos num só instrumento.

O que há, na espécie, é uma responsabilidade patrimonial *limitada*. Esgotada a garantia real, não subsiste nenhuma responsabilidade pessoal do terceiro garante. Mas, enquanto existir a garantia, será o terceiro responsável executivamente pela realização da dívida.[54]

Como no processo de execução não há, em regra, litisconsórcio necessário, porque a atividade jurisdicional não se destina à prolação de uma sentença que, nos moldes do art. 114, tenha que ser uniforme para os diversos interessados, não há que se cogitar da obrigatoriedade de ser a execução movida conjuntamente contra o devedor e o terceiro garante.[55]

Porque a situação do terceiro hipotecante, perante o credor, é em tudo igual à do devedor que hipoteca seus próprios bens, ensina Pacifici-Mazzoni que o terceiro não poderá invocar o benefício de ordem, que é próprio da fiança, mas que não é compatível com a garantia real, que é a hipoteca.[56]

Ressalta-se que é totalmente inadmissível pretender-se executar apenas o devedor principal e fazer a penhora recair sobre o bem do terceiro garante. Se a execução vai atingir o bem dado em caução real pelo não devedor, este forçosamente terá de ser parte na relação processual executiva, quer isoladamente, quer em litisconsórcio com o devedor. Jamais poderá suportar a expropriação executiva sem ser parte no processo, como é óbvio.

252. Execução hipotecária

I – Alienação do imóvel hipotecado

Há no direito material algumas regras que refletem significativamente sobre o procedimento da execução hipotecária, que a seguir serão apontadas. O gravame real de hipoteca não torna inalienável o imóvel. Pelo contrário, considera-se nula a cláusula que proíba ao proprietário alienar o imóvel hipotecado (Código Civil, art. 1.475, *caput*). Válida, porém, é a convenção de vencimento antecipado do crédito hipotecário, se o imóvel for vendido (*idem*, parágrafo único). Por isso, ao credor será lícito intentar a execução sobre o imóvel mesmo estando a propriedade sob titularidade do terceiro adquirente tanto no caso de dívida vencida normalmente como no de vencimento antecipado.

---

[54] "O garante de dívida alheia equipara-se ao devedor. Quem deu a garantia deve figurar no polo passivo da execução" (STJ, 4ª T., REsp 212.447/MS, Rel. Min. Barros Monteiro, ac. 17.08.2000, *DJU* 09.10.2000, p. 152; STJ, 4ª T., REsp 404.707/DF, Rel. Min. Aldir Passarinho Junior, ac. 05.06.2007, *DJU* 06.08.2007, p. 493).

[55] "Pode o credor executar o terceiro hipotecante para pagamento da dívida que o bem hipotecado garante sem necessidade da citação do devedor garantido, por não existir litisconsórcio passivo necessário entre o devedor e o terceiro que à dívida deste deu garantia real" (Oliveira Filho, J. de. Parecer. *Rev. Forense*, 74/278). Nesse sentido: STJ, 3ª T., REsp 302.780/SP, Rel. Min. Nancy Andrighi, Rel. p/ acórdão Min. Castro Filho, ac. 18.10.2001, *DJU* 08.04.2002, p. 211.

[56] PACIFICI-MAZZONI, Emidio. *Codice civile italiano commentato com la legge romana*: tratatto dei privilegi e delle ipoteche. 1904, v. I, n. 155, apud OLIVEIRA FILHO, João de. Parecer sobre "hipoteca, terceiro hipotecante". Execução da dívida sem citação do devedor garantido. Litisconsórcio passivo voluntário. *Rev. Forense*, 74, p. 278, 1938.

Ao adquirente, em tal circunstância, cabem duas opções: *(i)* pode exonerar-se da hipoteca (e, consequentemente, dos encargos de sua execução), mediante *abandono* do imóvel (Código Civil, art. 1.479); ou *(ii)* pode liberar o imóvel, por meio de *remição da hipoteca* (Código Civil, art. 1.481).

II – Abandono do imóvel

O abandono pressupõe que o adquirente não tenha se obrigado, na aquisição do imóvel, a pagar o débito do alienante junto ao credor hipotecário. Opera-se por meio de negócio jurídico unilateral receptício. O adquirente notifica o vendedor e o credor hipotecário (ou os vários credores hipotecários, se for o caso). A posse do imóvel é entregue conjuntamente a ambos. Se não se conseguir essa transferência direta aos interessados, o adquirente promoverá seu depósito em juízo, à disposição dos interessados (Código Civil, art. 1.480), valendo-se de um procedimento de jurisdição voluntária. De uma ou de outra forma, estará liberado de todos os encargos da hipoteca e de sua execução.

O prazo para exercer a faculdade do *abandono* começa da aquisição e perdura até 24 horas subsequentes à citação com que se inicia o procedimento executivo (Código Civil, art. 1.480, parágrafo único); ou seja, o abandono deve ser praticado antes de encerrar-se o prazo para pagamento da dívida (CPC/2015, art. 829). Na verdade, já estando proposta a execução, o abandono se dará por meio da nomeação do imóvel à penhora, pelo terceiro adquirente, cabendo o encargo do depósito judicial ao vendedor e ao credor hipotecário. Não haverá necessidade da notificação avulsa a que alude o art. 1.480 do Código Civil. Os interessados serão intimados nos próprios autos da execução.

III – Remição pelo adquirente

Por sua vez, a *remição* do imóvel hipotecado pelo adquirente pode ser feita independentemente da execução, nos trinta dias seguintes ao registro do título aquisitivo, por meio de procedimento judicial de jurisdição voluntária, no qual se requererá a citação dos credores hipotecários, propondo o resgate do bem gravado por preço que não seja inferior ao de sua aquisição (Código Civil, art. 1.481, *caput*). Naturalmente, não se sujeitará o adquirente a pagar ao credor montante maior do que o do crédito hipotecário, mesmo que o preço da aquisição tenha sido superior. Quando se cogita de oferta igual pelo menos ao preço da compra, pressupõe-se que o imóvel tenha sido adquirido por montante menor do que o crédito hipotecário.

Ao credor é permitido impugnar o preço da aquisição ou outro que se tenha oferecido para a remição. Nesse caso, proceder-se-á à venda judicial a quem oferecer maior preço. Ao adquirente do imóvel, porém, caberá preferência em relação ao arrematante, em igualdade de condições (Código Civil, art. 1.481, § 1º).

Quando o credor não impugnar a oferta do remidor, a liberação da hipoteca acontecerá tão logo se dê o pagamento ou o depósito do preço ofertado (Código Civil, art. 1.481, § 2º).

O adquirente que não procede à remição do imóvel hipotecado (nem efetiva o seu oportuno abandono ao credor e ao vendedor) sujeitar-se-á aos encargos da execução, além de responder, perante o credor, pela desvalorização do bem imputada à sua culpa (Código Civil, art. 1.481, § 3º). Disporá, contudo, de ação regressiva contra o vendedor, se for privado do imóvel, ou se sofrer desembolso para resgatar a hipoteca ou suportar a execução (*idem*, § 4º).

IV – Remição pelo executado

Prevê, ainda, o Código Civil a possibilidade de *remição do imóvel por parte do executado*. A lei material também ampliou a possibilidade de remição, estendendo-a, na execução hipotecária, também ao próprio executado, desde que ofereça preço igual ao da avaliação, se não tiver havido licitantes, ou ao de maior lance oferecido (Código Civil, art. 1.482).[57] A antiga remição por terceiros prevista originariamente pelo CPC/1973 não é contemplada pelo CPC/2015, que a substituiu pela adjudicação. Remanesce na lei nova tão somente a remição pelo devedor em execução hipotecária (ver, adiante, o item nº 463).

V – Adjudicação pelo credor

Outra regra inovadora do Código Civil é a que diz respeito à *adjudicação* do imóvel pelo credor hipotecário quando se dá a falência ou insolvência do devedor. Faculta-se-lhe adjudicá-lo, quando avaliado em quantia inferior ao crédito, desde que dê quitação pela sua totalidade (Código Civil, art. 1.484). Essa adjudicação é feita por requerimento do credor, sem concorrência com outros licitantes.

Para dispensar a avaliação em juízo, permite o Código Civil que os interessados façam constar das escrituras o valor entre eles ajustado dos imóveis hipotecados, o qual, devidamente atualizado, servirá de base para as arrematações, adjudicações e remições (art. 1.484).

VI – Superposição de hipotecas sobre o mesmo imóvel

Situação interessante, para efeitos processuais, ocorre quando sobre um mesmo imóvel se superpõem hipotecas em favor de credores distintos. A lei civil admite, expressamente, essa pluralidade de gravames, impondo, porém, a restrição de que, mesmo vencida a segunda hipoteca, não poderá ser executada senão depois de ocorrido o vencimento da primeira (Código Civil, art. 1.477, *caput*). Faculta-se, entretanto, conforme o mesmo dispositivo legal, a execução imediata da segunda hipoteca em seu termo, independentemente do vencimento da primeira, quando o devedor incorrer em insolvência. Para esse fim, não é necessário que a execução coletiva ou concursal esteja instaurada. Basta que não se encontrem outros bens livres do executado a penhorar, segundo a presunção decorrente do art. 750, I, do CPC/1973, cuja vigência se manteve pelo art. 1.052 do CPC/2015.[58-59]

Vencida a primeira hipoteca, o credor da segunda, ao executá-la, terá de respeitar a preferência legal, de sorte que o produto de sua execução reverterá, antes de tudo, à satisfação do titular do primeiro gravame (art. 1.478, parágrafo único). Só o remanescente, se houver, aproveitará ao exequente. Permite, porém, o art. 1.478 do Código Civil (com a redação dada pela Lei nº 14.711/2023) que o segundo credor hipotecário efetue o pagamento, a qualquer tempo, da dívida garantida pela hipoteca anterior, caso em que se sub-rogará nos direitos do *accipiens*[60]. Dessa forma, passará a ser credor hipotecário em primeiro grau, pela soma dos créditos correspondentes às duas hipotecas consolidadas.

---

[57] O art. 1.482 do Código Civil foi revogado pelo art. 1.072, II, do CPC/2015. A remição do bem hipotecado continua sendo permitida pelo art. 877, § 3º, do CPC/2015, que reproduz a antiga norma do Código Civil sobre o assunto.

[58] STF, 2ª T., RE 91.601/MG, Rel. Min. Cordeiro Guerra, ac. 29.10.1979, *RT* 541/268; TAPR, Ap. 1.025/76, Rel. Juiz Schiavon Puppi, ac. 01.06.1977, *RT* 507/245; RIZZARDO, Arnaldo. *Direito das coisas*. Rio de Janeiro: Forense, 2004, n. 37.5, p. 1.066; TJDF, 4ª T. Cível, AGI 20040020098048, Rel. Vera Andrighi, ac. 21.03.2005, *DJU* 14.06.2005, p. 1.417.

[59] "Art. 1.052. Até a edição de lei específica, as execuções contra devedor insolvente, em curso ou que venham a ser propostas, permanecem reguladas pelo Livro II, Título IV, da Lei nº 5.869, de 11 de janeiro de 1973."

[60] "Se o primeiro credor estiver promovendo a execução da hipoteca, o credor da segunda depositará a importância do débito e as despesas judiciais" (art. 1.478, parágrafo único).

252-A. A execução hipotecária extrajudicial do Sistema Financeiro da Habitação (SFH)

Previa o Dec.-lei nº 70/1966 um regime extrajudicial para a venda do imóvel hipotecado em garantia de operação bancária de financiamento de aquisição da casa própria. Independentemente da instauração de procedimento judicial, o credor, em face do inadimplemento do financiado e da sua constituição em mora, podia confiar a um *agente fiduciário*, sem qualquer vínculo com as partes, a cobrança do crédito hipotecário, observadas as instruções regulamentares do SFH (art. 31 do Dec.-lei nº 70).

A Lei nº 14.711/2023 revogou as disposições do Capítulo III do Decreto-lei nº 70/1966, motivo pelo qual a execução da hipoteca e da alienação fiduciária de imóvel passou a reger-se pela disciplina da execução extrajudicial traçada pelo art. 9º da referida Lei 14.711, lei essa que não só criou normas próprias, como inovou a Lei nº 9.514/1997 mediante alterações de texto e acréscimo de dispositivos, os quais serão analisados abaixo.

Não se trata, é bom que se diga, de um procedimento jurisdicional, mas de um sistema privado de alienação do bem hipotecado, sem qualquer intervenção da autoridade judiciária. Por isso, não se deve cogitar de inobservância das garantias constitucionais do devido processo legal, como o da reserva do juiz natural e do contraditório, técnicas próprias da prestação jurisdicional. Não há cabimento para imputar inconstitucionalidade à antiga execução do Dec.-lei nº 70, e muito menos daquela implantada, em substituição, pela Lei nº 14.711/2023, em tais circunstâncias, porque: (a) ao agente fiduciário não são atribuídos poderes de decisão de conflito entre as partes, o que constitui a essência da função jurisdicional;[61] (b) a previsão da venda extrajudicial autorizada antes pelo Dec.-lei 70, e mantida pela Lei 14.711, não inibe o devedor de recorrer às vias judiciais, caso sofra algum dano ou ameaça de dano em virtude da referida alienação;[62] (c) é da tradição de nosso direito comercial a permissão a que as partes convencionem sobre a venda extrajudicial do bem dado em penhor para garantia de obrigações comerciais (e também nas obrigações civis).[63] A constitucionalidade da execução hipotecária extrajudicial (Decreto-lei nº 70/1966) tem sido reconhecida pelo STF, em mais de uma oportunidade, inclusive como tema de repercussão geral[64], e não poderá ser diferente o tratamento dispensado ao tema regulado pela Lei 14.711, principalmente agora que se inseriu no Código Civil, em caráter geral, a possibilidade de todas as garantias contratuais serem administradas por *agente de garantia*,

---

[61] COSTA E SILVA, Paula. A constitucionalidade da execução hipotecária do Decreto-Lei 70, de 21 de novembro de 1966. *Revista de Processo*, v. 284, p. 193, São Paulo, out./2018.

[62] "Nenhuma regra constitucional impõe que a venda de um bem dado em garantia ao credor deva ocorrer através de uma execução judicial (...) sob este prisma, o Decreto-Lei 70/1966 não merece qualquer censura, sendo conforme à Constituição" (COSTA E SILVA, Paula. A constitucionalidade da execução hipotecária do Decreto-Lei 70, de 21 de novembro de 1966. *Revista de Processo*, São Paulo, v. 284, out. 2018, p. 203). Muito antes do Dec.-lei nº 70, nosso direito positivo sempre autorizou a venda extrajudicial do objeto da garantia pignoratícia (Cód. Civ. de 1916, art. 774, III; Cód. Com. de 1850, arts. 275 e 279).

[63] "É o que autoriza o art. 275, *in fine*, do Cód. Comercial, e se pratica diariamente no comércio bancário. (...) A autorização para a venda extrajudicial pode constar do próprio contrato de penhor ou de instrumento subsequente ou ainda de procuração especial" (CARVALHO DE MENDONÇA, J. X. *Tratado de direito comercial brasileiro*. 5. ed. Rio de Janeiro: Liv. Freitas Bastos, 1956, v. VI, Parte II, n. 1.293, p. 630-631). Também, no Cód. Civil atual (como no anterior), está prevista a autorização contratual para a venda amigável do bem apenhado, caso em que "o credor deve entregar ao devedor o que sobejar do preço" (Cód. Civ., arts. 1.435, V, e 1.433, IV) (VENOSA, Sílvio de Salvo. *Direito civil – direitos reais*. 8. ed. São Paulo: Atlas, 2008, p. 526).

[64] "É constitucional, pois foi devidamente recepcionado pela Constituição Federal de 1988, o procedimento de execução extrajudicial, previsto no Decreto-lei nº 70/66" (STF, Pleno, RE 627.106/PR, Rel. Min. Dias Toffoli, ac. 08.04.2021, *DJe* 14.06.2021 – Tema 249).

com poderes de promover, inclusive a execução extrajudicial, desde que prevista em lei (CC, art. 853-A, acrescido pela Lei 14.711/2023).

252-B. A execução hipotecária extrajudicial da Lei nº 14.711/2023

I – Procedimento administrativo perante o oficial do registro de imóveis

A Lei nº 14.711/2023, dispôs, entre outros temas, sobre a execução extrajudicial de créditos garantidos por hipoteca, criando um procedimento específico para que o credor hipotecário satisfaça o seu crédito de forma mais célere, se não preferir realizar a execução judicial. A previsão da excussão extrajudicial, entretanto, deverá constar de previsão expressa do título constitutivo da hipoteca (art. 9º, § 15).

O procedimento para a excussão extrajudicial – que não se aplica às operações de financiamento da atividade agropecuária (art. 9º, § 13) – é o seguinte:

(a) vencida e não paga a dívida, o credor hipotecário ou seu cessionário poderá requerer ao oficial do registro de imóveis da situação do bem hipotecado a intimação pessoal do devedor, do terceiro hipotecante, de seus representantes legais ou procuradores regularmente constituídos, para purgar a mora no prazo de 15 dias, observando o disposto no art. 26 da Lei n.º 9.514/1997[65], que instituiu a alienação fiduciária de coisa imóvel (art. 9º, §1º, da Lei 14.711/2023);

(b) não purgada a mora, o credor poderá, nos 15 dias seguintes ao término do prazo, requerer o início do procedimento de excussão extrajudicial da garantia hipotecária, que ocorrerá por meio de leilão público. Este fato será previamente averbado na matrícula do imóvel (art. 9º, § 2º)

II – Leilão público

a) O próprio credor promoverá, com o concurso de leiloeiro público, alienação do imóvel hipotecado, que pode ser realizada por meio eletrônico, no prazo de 60 dias, contado da averbação da excussão no registro de imóveis. O devedor ou o terceiro hipotecante deverá ser comunicado das datas, dos horários e dos locais dos leilões, por meio de correspondência – física ou eletrônica – dirigida aos endereços constantes do contrato ou posteriormente fornecidos (art. 9º, §§ 3º e 4º, da Lei 14.711/2023).

b) A alienação observará o sistema de dupla licitação, mas somente será realizado o segundo leilão se no primeiro não for oferecido lance igual ou superior: *(i)* ao valor do imóvel estabelecido no contrato para fins de excussão ou *(ii)* ao valor de avaliação realizada pelo órgão público competente para cálculo do imposto sobre transmissão *inter vivos*, o que for maior. Nesse caso, o segundo leilão deverá ocorrer nos 15 dias seguintes (art. 9º, § 5º).

c) No segundo leilão será aceito o maior lance oferecido, desde que seja igual ou superior ao valor integral da dívida garantida pela hipoteca, das despesas, inclusive emolumentos cartorários, dos prêmios de seguro, dos encargos legais, inclusive tributos, e das contribuições condominiais. Caso não haja lance que alcance referido valor, o credor hipotecário, a seu exclusivo critério, poderá aceitar lance que corresponda a, pelo menos, metade do valor de avaliação do bem (art. 9º, § 6º).

---

[65] "Vencida e não paga a dívida, no todo ou em parte, e constituídos em mora o devedor e, se for o caso, o terceiro fiduciante, será consolidada, nos termos deste artigo, a propriedade do imóvel em nome do fiduciário" (Lei 9.514/1997, art. 26, *caput*)

d) A apropriação do imóvel hipotecado pelo credor é autorizada (Lei nº 14.711/2023, art. 9º, § 9º, I). Não pode ser, todavia, praticada imediatamente após a constituição em mora do devedor, tendo em vista a vedação ao ajuste do pacto comissório, prevista no art. 1.428 do Código Civil, a qual subsiste ao regime executivo extrajudicial instituído pela Lei nº 14.711/2023. Mas o que se proíbe é apenas a adjudicação pelo credor fundada simplesmente na falta de pagamento de débito "no vencimento". Na sistemática da Lei nº 14.711, o credor hipotecário, havendo previsão contratual, pode apropriar-se do imóvel garantidor para se pagar, mas só depois da frustração da arrematação no leilão público (Lei nº 14.711/2023, art. 9º, § 9º).

III – Remição da execução

a) Ao devedor ou ao prestador da garantia hipotecária é dado, antes de o bem ser alienado em leilão, remir a execução, efetuando o pagamento integral da dívida, acrescida das despesas relativas ao procedimento de cobrança. O oficial de registro de imóveis está autorizado a receber o valor e transferi-lo ao credor no prazo de 3 dias (art. 9º, § 7º, da Lei 14.711/2023).

IV – Satisfação do direito do exequente

a) Caso o valor arrecadado na alienação da garantia seja superior à dívida, acrescida das despesas de cobrança, a quantia excedente será entregue ao devedor ou terceiro hipotecante, no prazo de 15 dias da efetivação do pagamento do preço da arrematação (art. 9º, § 8º, da Lei 14.711/2023).

b) Se o lance oferecido no segundo leilão não for igual ou superior ao referencial mínimo previsto na lei, o credor poderá, a seu critério: *(i)* apropriar-se do imóvel em pagamento da dívida, a qualquer tempo, pelo valor correspondente ao referencial mínimo devidamente atualizado. O oficial do registro de imóveis procederá às diligências necessárias à transmissão dominial em ato registral único[66]; ou *(ii)* realizar, no prazo de até 180 (cento e oitenta) dias, contado do último leilão, a venda direta do imóvel a terceiro, por valor não inferior ao referencial mínimo, dispensado novo leilão. Nesta hipótese, o credor hipotecário ficará investido de mandato irrevogável para representar o garantidor hipotecário, com poderes para transmitir domínio, direito, posse e ação, manifestar a responsabilidade do alienante pela evicção e imitir o adquirente na posse (art. 9º, § 9º). Qualquer que seja a opção do credor hipotecário (apropriação ou venda direta), somente será praticável depois de frustrado o leilão público.

V – Operações de financiamento da casa própria

Nas operações de financiamento para a aquisição ou a construção de imóvel residencial do devedor, excetuadas aquelas compreendidas no sistema de consórcio, se o produto da excussão da garantia hipotecária não for suficiente para o pagamento da totalidade da dívida e das demais despesas de cobrança, o devedor ficará exonerado da responsabilidade pelo saldo remanescente (art. 9º, § 10, da Lei 14.711/2023).

VI – Título da arrematação (Ata notarial)

Realizada a venda extrajudicial, os autos do procedimento serão distribuídos a tabelião de notas com circunscrição delegada que abranja o local do imóvel para lavratura da ata notarial de arrematação, constituindo título hábil à transmissão da propriedade ao arrematante a ser registrado na matrícula do imóvel (art. 9º, § 11).

---

[66] Nessa hipótese ficará dispensada a lavratura da ata notarial de especialização e a obrigação de entregar a quantia excedente ao hipotecante, prevista no § 8º.

VII – Imissão na posse do credor ou do arrematante. Despesas e encargos

a) Aplicam-se à execução hipotecária as disposições previstas para a execução extrajudicial da alienação fiduciária em garantia relativamente à desocupação do imóvel excutido e à obrigação do fiduciante em arcar com taxa de ocupação, ou seja: é assegurada ao fiduciário, ao seu cessionário ou aos seus sucessores, inclusive ao adquirente do imóvel em leilão público, a reintegração na posse do imóvel, que será concedida liminarmente, para desocupação no prazo de 60 (sessenta) dias, desde que comprovada a consolidação da propriedade em seu nome (art. 30 da Lei 9.514/1997).

b) Despesas e encargos: *(i)* o hipotecante responde pelo pagamento dos impostos, taxas, contribuições condominiais e quaisquer outros encargos que recaiam ou venham a recair sobre o imóvel, cuja posse tenha sido transferida, até a data em que este vier a ser imitido na posse; *(ii)* se à época da arrematação o devedor hipotecante ainda conservar o imóvel em sua posse, fica sujeito ao pagamento da taxa de ocupação prevista pela Lei nº 9.514/1997, art. 37-A (com redação da Lei 14.711/2023), o qual determina sua base de cálculo e sua exigibilidade que, no caso de hipoteca, vai da data da expedição da ata notarial de arrematação, ou se for o caso, do registro da apropriação definitiva do bem pelo credor hipotecário no registro de imóveis, até a data em que este ou seu sucessor vier a ser imitido na posse do imóvel (art. 9º, § 12, da Lei 14.711/2023).

253. Remição da hipoteca e pagamento do débito hipotecário pelo novo proprietário do imóvel

Além da remição da hipoteca (Código Civil, art. 1.481), existe no direito material a possibilidade de o adquirente do imóvel proceder ao pagamento do débito hipotecário, como terceiro interessado (Código Civil, art. 304).

Remição e pagamento produzem o mesmo efeito sobre a hipoteca, ou seja, extinguem a garantia real, liberando o imóvel para a livre-disponibilidade do novo proprietário. Há, no entanto, requisitos procedimentais distintos a observar numa e noutra situação:

(a) a remição somente pode ser praticada nos trinta dias seguintes ao registro do título aquisitivo, mas pode liberar a hipoteca pelo pagamento de importância igual ao preço de aquisição (ou pelo preço de licitação, eventualmente), o que, às vezes, permite ao adquirente desonerar o imóvel, sem necessidade de pagar todo o débito hipotecário (Código Civil, art. 1.481 e § 1º);

(b) já o pagamento, autorizado pelo art. 304 do Código Civil, pode acontecer a qualquer tempo, mas para liberar o imóvel do gravame hipotecário há de ser completo, *i.e.*, o adquirente terá de resgatar a totalidade do débito.

Em ambos os casos, a extinção do gravame se dá em face do credor hipotecário, não em relação ao devedor que alienou o imóvel. Este continuará respondendo pela dívida, perante o adquirente, em razão da sub-rogação legal prevista no Código Civil, art. 346, II. Como a sub-rogação compreende todas as ações, privilégios e garantias da obrigação (Código Civil, art. 349), o *solvens* (adquirente) tornar-se-á titular de hipoteca sobre seu próprio imóvel.

Poder-se-á pensar que seria uma inutilidade essa sub-rogação hipotecária, visto ser impossível ao sub-rogado excutir seu próprio imóvel. A sub-rogação, em tal situação, porém, não visa a atingir o devedor, mas se volta contra outros credores do alienante. Havendo outras hipotecas, além da que foi remida, ou outros credores com penhora ou possibilidade de penhora por débitos do transmitente, ao adquirente que remiu ou resgatou a hipoteca ficará assegurado o direito de preferência inerente ao gravame real sub-rogado. Dessa maneira, instaurado o concurso sobre o imóvel, o adquirente nele figurará em situação de preferência para recuperar o desembolso feito para exonerar o bem da hipoteca. Nisso consiste a grande utilidade da sub-rogação autorizada pelo art. 346, II, do Código Civil.

254. A hipoteca e a prescrição

Segundo a autorizada lição de Pontes de Miranda, a prescrição da pretensão obrigacional não impede a constituição da hipoteca. "A inexigibilidade do crédito não significa inadimplibilidade. Quem deve e está prescrita a pretensão (encoberta a eficácia) pode solver, se quer, e expõe-se a que a atitude do credo, se teria, por exemplo, de contraprestar, lhe possa ser danosa. A dívida prescrita pode ser garantida por penhor, anticrese ou hipoteca, como por fiança."[67] Daí a conclusão de Luciano de Camargo Penteado no sentido de que, tendo o credor hipotecário duas ações para exigir a satisfação de seu crédito – uma de direito real (a hipoteca) e outra de direito pessoal (o contrato de empréstimo) – a perda da pretensão a uma delas não acarreta necessariamente a da outra. Segundo o direito material, "são distintos o vencimento da dívida e o vencimento do gravame. A dívida é relação jurídica obrigacional, o gravame é composto por direito real de garantia".[68] Por isso, "embora unidos o crédito e a garantia, a prescrição eventual daquele em nada afeta essa", como aduz o mesmo autor.[69] Extinta a ação pessoal, restará a ação real para excutir o bem hipotecado e resgatar o débito garantido por um direito real, que permanece vivo enquanto não extinto dentro da sistemática do direito substancial. Não se pode esquecer que a lei confere título executivo diretamente ao crédito garantido por hipoteca, sem vinculá-lo à natureza do débito assegurado (CPC/2015, art. 784, V).

Logo, a conclusão que se impõe é que o credor hipotecário continua tendo à sua disposição a ação real, sem embargo da perda da ação pessoal, de modo que a hipoteca, mesmo depois de vencida a obrigação, subsiste legalmente enquanto não ocorrer a caducidade do registro da garantia real, que só se dá em trinta anos (Código Civil, art. 1.485).

255. Classificação das garantias

I – Cauções reais

A hipoteca pode ser convencional, legal e judicial; e o penhor, convencional e legal. A garantia é convencional quando decorre de contrato; legal quando imposta pela lei, em circunstâncias especiais, como do hóspede diante do hospedeiro e do locatário em face do locador (Código Civil, art. 1.467); e a hipoteca é judicial quando resulta de sentença condenatória, nos casos do art. 495 do Código de Processo Civil atual. Não existe penhor judicial.

As garantias que dão ensejo à execução forçada, pelo só inadimplemento do devedor, são as *convencionais*, segundo se depreende dos termos do art. 784, V, em que apenas se fala em "contrato". A garantia legal depende de especialização e homologação em processo próprio e não dispensa a ação adequada de condenação do devedor. A judicial visa a garantir a execução de sentença condenatória. Portanto, em ambos os casos, a execução será de uma sentença, e não da hipoteca ou do penhor propriamente ditos.

Os direitos reais de garantia criam para o credor o direito de *sequela*, que consiste no poder de perseguir e executar o bem gravado onde quer que ele se encontre, mesmo que o devedor o

---

[67] PONTES DE MIRANDA, Francisco Cavalcanti. *Tratado de direito privado*. Atual. por Nelson Nery Junior e Luciano de Camargo Penteado. São Paulo: RT, 2012, t. XX, § 2.451, n. 5, p. 181.
[68] PENTEADO, Luciano de Camargo. Prescrição do crédito hipotecário não afeta *ipso facto* a garantia. *Revista de Direito Privado*, v. 62, p. 190, abr.-jun.2015.
[69] PENTEADO, Luciano de Camargo. Prescrição do crédito hipotecário não afeta *ipso facto* a garantia. *Revista de Direito Privado*, v. 62, p. 192, abr.-jun.2015.

tenha alienado. Conferem, ainda, ao credor o direito de preferência, de modo que, na execução concursal, o titular do direito real de garantia será sempre satisfeito em primeiro lugar e sem concorrência dos quirografários sobre o produto dos bens gravados.

A execução de hipoteca é ação de natureza *real* e deve ser proposta no foro da situação do imóvel, sendo lícito, porém, ao credor optar pelo foro do domicílio do devedor ou de eleição (art. 47 e § 1º).

A *anticrese* é o direito real de garantia sobre "os frutos e rendimentos" de um imóvel (Código Civil, art. 1.506). É instituto que está em desuso, desde longos anos, na vida prática. O CPC/2015, assim como já o fazia o CPC/1973, para ser fiel ao direito material, incluiu-a no processo executivo ao lado das demais garantias reais.

A execução da anticrese consistirá em obter a entrega do imóvel gravado ao credor, para que este possa obter as rendas necessárias à satisfação do respectivo crédito. O prazo máximo de retenção é de quinze anos (Código Civil, art. 1.423). A ação é real e corre, também, no foro da situação da coisa (art. 47).

O CPC/2015 enumerou a hipoteca, o penhor e a anticrese como exemplos de garantia real, tanto que fez acrescentar, ao inciso, o contrato garantido por "outro direito real de garantia".

II – Cauções fidejussórias

A caução, como já disse, é *real* ou *fidejussória*. Da real já tratamos ao abordar a hipoteca, o penhor e a anticrese. Resta apenas dizer que o Código Civil, entre os bens suscetíveis de penhor, inclui os "direitos e títulos de crédito" (arts. 1.451 a 1.460).

A caução fidejussória consiste na fiança, garantia tipicamente pessoal, e que pode ser *convencional, legal e judicial*, da mesma maneira que a hipoteca.

A execução, quando se volta contra o fiador judicial, incide sobre bens de terceiro, pois este não é o devedor, mas apenas o seu garante. Trata-se de um caso de *responsabilidade sem dívida*.

Note-se que a garantia fidejussória só pode ser dada por escrito; "não está adstrita, porém, a fórmulas obrigatórias, sem dependência de forma especial e de testemunhas para a sua legitimidade".[70]

A propósito da fiança, ver, também, os itens 198, 199, 236, 251 e 255.1.

255.1. Fiança. Extensão da caução fidejussória

A fiança pode ser prestada de maneira integral ou parcial. Se é integral, compreenderá a dívida principal e todos os seus acessórios, inclusive as despesas judiciais (nelas incluídos os honorários advocatícios), desde a citação do devedor (CC, art. 822). Mas, "ao assumir a condição de garante da obrigação, o fiador tem a opção de ficar vinculado a limites previamente definidos (CC, art. 823), os quais podem ser parciais, ou até a integralidade da dívida, podendo ainda estabelecer prazo e condições para sua validade e eficácia".[71]

Ressalva o STJ que, "por se tratar de contrato benéfico, as disposições relativas à fiança devem ser interpretadas de forma restritiva (CC, art. 819), ou seja, da maneira mais favorável ao fiador", de maneira que estabelecido o valor pelo qual o fiador responderá, "forçoso reconhecer que a sua responsabilidade não pode ultrapassar esse valor", no somatório das verbas exequíveis em juízo.

No caso de fiança limitada, ainda no entendimento do mesmo tribunal, "a interpretação mais consentânea com o sentido teleológico da norma é a que exime o fiador do pagamento

---

[70] TJMG, Apel. 39.745, ac. da 1ª Câm. Civil de 19.04.1974, D. Jud. do dia 27.08.1974; TJSP, 38ª Câm. de Direito Privado, Apelação 17202119968260526/SP, Rel. Maia da Rocha, ac. 11.05.2011, *DJSP* 19.05.2011.

[71] STJ, 3ª T., REsp 1.482.565/SP, Rel. Min. Marco Aurélio Bellizze, ac. 06.12.2016, *DJe* 15.12.2016.

das despesas judiciais e, também, dos honorários advocatícios, uma vez que a responsabilidade do garante, que, em regra, é acessória e subsidiária, não pode estender-se senão à concorrência dos precisos limites nela indicados". Ainda que se possa na linguagem do Código processual distinguir entre as despesas do processo e os honorários advocatícios, o fato é irrelevante quando se trate de limites da garantia fidejussória. O enfoque deve se dar sobre o art. 822 do CC, "que trata, especificamente, dos efeitos da fiança limitada, o qual deve prevalecer, como regra de interpretação, sob aquele dispositivo processual que regula, apenas de maneira geral, a fixação dos honorários, ante a observância, inclusive, do princípio da especialidade".[72]

Em suma, não é possível tratar a verba advocatícia sucumbencial como algo não abrangido pelo limite da fiança parcial, não podendo a execução do fiador, a nenhum pretexto, ir além do valor afiançado.

256. Seguros

Na vida moderna existe uma variedade enorme de contratos de seguro, a maioria deles envolvendo situações complexas, de difícil enquadramento no conceito de obrigação líquida, certa e exigível, sem o qual não se pode cogitar da execução forçada.

O CPC/2015 manteve a regra do anterior no sentido de que a força executiva dos contratos de seguro se limita ao seguro de vida, ao prever, no inciso VI, do art. 784 "o contrato de seguro de vida em caso de morte" como título executivo extrajudicial. Deve-se ponderar, todavia, que, se o contrato de acidentes pessoais cobre também o risco de morte, não pode deixar de ser tratado, para fins executivos, como um seguro de vida, pelo menos quando o sinistro acarrete o óbito do segurado. Mesmo, portanto, após a supressão do contrato de seguro de acidentes pessoais do rol dos títulos executivos, ocorrida pela Lei nº 11.382/2006 à época do CPC/1973, continua, a nosso ver, o beneficiário do seguro de acidente cujo sinistro acarretou a morte do segurado com o direito de exigir o pagamento da respectiva indenização por via de execução forçada. Só não é título executivo o seguro de acidentes pessoais de que resulte apenas incapacidade.[73]

De qualquer modo, não se inclui no rol dos títulos executivos o seguro obrigatório (Dec.--lei nº 814/1969), já que a cobrança da indenização, na espécie, deve se fazer pelo procedimento sumário,[74] de acordo com a Lei nº 6.194, de 19.12.1974, art. 10.

Para propor a ação de execução, de que cuida o art. 784, VI, cabe ao beneficiário instruir a inicial com a apólice de seguro e a prova do óbito do segurado.

257. Rendas imobiliárias

O crédito decorrente de foro e laudêmio, nos casos de enfiteuse (CPC/2015, art. 784, VII), pode ser cobrado pela via executiva.

Foro é a pensão anual certa e invariável que o enfiteuta paga ao senhorio direto pelo direito de usar, gozar e dispor do imóvel objeto do direito real de enfiteuse (art. 678 do Código Civil de 1916). Esse direito real foi abolido no Código Civil de 2002, subsistindo em vigor os constituídos anteriormente sob regência do Código anterior até sua extinção (art. 2.038 do Código de 2002).

---

[72] REsp 1.482.565/SP, Rel. Min. Marco Aurélio Bellizze, ac. 06.12.2016, *DJe* 15.12.2016.
[73] MEDINA, José Miguel Garcia. *Novo Código de Processo Civil*. 3. ed. São Paulo: RT, 2015, p. 1.058.
[74] CPC/2015, art. 1.049, parágrafo único: "Na hipótese de a lei remeter ao procedimento sumário, será observado o procedimento comum previsto neste Código, com as modificações previstas na própria lei especial, se houver".

Laudêmio é a compensação que é devida ao senhorio direto pelo não uso do direito de preferência, quando o enfiteuta aliena onerosamente o imóvel foreiro (art. 686 do Código Civil de 1916).

258. Aluguel de imóvel e encargos acessórios

Reveste-se da força de título executivo extrajudicial o crédito, documentalmente comprovado, decorrente de aluguel de imóvel, bem como de encargos acessórios, tais como taxas e despesas de condomínio (CPC/2015, art. 784, VIII).

Aluguel é a renda certa que o proprietário obtém no contrato de locação (Código Civil, arts. 565 e 569, II), à qual a lei permite sejam acrescidas taxas e despesas de condomínio incidentes sobre o imóvel locado.

O Código atual, fiel ao princípio de que só pode haver execução de crédito por título de obrigação certa, líquida e exigível (art. 783), condiciona a configuração de título executivo, na espécie, a que o contrato de locação seja documentalmente comprovado (art. 784, VIII). A força de título executivo é atribuída expressamente ao contrato de locação, sem outra exigência que não a forma escrita, razão pela qual a jurisprudência dispensa, *in casu*, a assinatura de testemunhas.[75]

Ao sublocador também é franqueado o processo de execução frente aos subinquilinos e a executividade abrange tanto as locações urbanas como as rurais, tanto as residenciais e não residenciais como as comerciais simples e as protegidas por direito à renovação compulsória.

Nos casos de aluguel administrado por imobiliárias, a legitimidade para a execução é do próprio locador, pois é este e não o administrador o credor a que a lei confere o título executivo.[76]

Um problema que causou controvérsia na jurisprudência foi o da prorrogação legal do contrato de locação. Questionava-se se em tal conjuntura seria possível continuar tratando a relação locatícia como fundada em instrumento documental. A divergência foi, por fim, superada pela orientação traçada pelo STJ sobre a inteligência do art. 22, X, da Lei nº 8.245/1991: "A execução para cobrança de aluguéis e encargos locatícios deve fundar-se em contrato escrito, que constitui título executivo extrajudicial. (CPC, artigo 585) – É pacífico o pensamento construído no âmbito desta Corte no sentido de que, ainda que vencido o prazo locatício e prorrogado por tempo indeterminado, presume-se subsistente o contrato escrito nos termos anteriormente ajustados, constituindo título executivo extrajudicial adequado a embasar a cobrança dos valores locatícios".[77]

Prorrogado o contrato locatício, perduram as garantias, inclusive a fiança se ajustada para vigorar até a entrega das chaves. Ou seja: "para contratos de fiança firmados a partir de sua vigência, salvo disposição contratual em contrário, a garantia, em caso de prorrogação legal do contrato de locação por prazo indeterminado, também prorroga-se automaticamente (*ope legis*), resguardando-se, durante essa prorrogação, evidentemente, a faculdade de o fiador de exonerar-se da obrigação mediante notificação resilitória".[78]

---

[75] STJ, 5ª T., REsp 578.355/BA, Rel. Min. José Arnaldo da Fonseca, ac. 28.09.2004, *DJU* 25.10.2004, p. 378.
[76] "A administradora de imóveis não é parte legítima para ajuizar ação de execução de créditos referentes a contrato de locação, pois é apenas representante do proprietário, e não substituta processual" (STJ, 3ª T., REsp 1.252.620/SC, Rel. Min. Nancy Andrighi, ac. 19.06.2012, *DJe* 25.06.2012).
[77] STJ, 6ª T., REsp 215.148/SP, Rel. Min. Vicente Leal, ac. 16.05.2000, *DJU* 29.05.2000, p. 194. No mesmo sentido: STJ, 5ª T., REsp 176.422/MG, Rel. Min. Felix Fischer, ac. 16.05.2002, *DJU* 03.06.2002, p. 232.
[78] STJ, 4ª T., REsp 1.326.557/PA, Rel. Min. Luis Felipe Salomão, ac. 13.11.2012, *DJe* 03.12.2012.

Portanto, enquanto não resilida a garantia fidejussória, o locador contará com os dois títulos executivos, o contrato de locação, para cobrar do locatário os aluguéis e encargos acessórios, e o contrato de fiança, para cobrá-los do fiador.

259. Encargo de condomínio

O Código de 2015 pôs fim à controvérsia que existia sobre ser a taxa de condomínio cobrável por ação executiva ou por procedimento sumário. Agora a lei distingue duas situações em que o devedor responde pelas contribuições condominiais: *(i)* a do inquilino que as assume como acessório do aluguel (inc. VIII do art. 784); e *(ii)* a do condômino em sua relação com o condomínio (inc. X do art. 784). Em ambas o devedor tem contra si título executivo extrajudicial.

O inc. VIII do art. 784 prevê expressamente que o crédito correspondente aos encargos acessórios ao aluguel de imóvel, como as taxas e despesas de condomínio, configura título extrajudicial se documentalmente comprovado. É, pois, na qualidade de acessório do aluguel que os encargos de condomínio se revestem da força executiva. É o contrato de aluguel que, como obrigação principal, atrai os encargos acessórios para o seu regime de cobrança executiva, nas relações contratuais estabelecidas entre o condômino (locador) e o locatário da unidade condominial.

Fora do contrato locatício, os encargos, como dívida do condômino ao condomínio, gozam isoladamente de semelhante força jurídica, nos termos do inciso X do art. 784 em comento, que foi acrescentado pelo CPC/2015 (sobre o tema, ver item nº 261 adiante).

260. Dívida ativa da Fazenda Pública

A execução da "dívida ativa fiscal" observava, antes da vigência do Código de 1973, um procedimento especial que era regulamentado pelo Dec.-lei nº 960, de 1938.

O Código de 1973, porém, incluiu em seu âmbito também a execução fiscal, de modo que o Dec.-lei nº 960 ficou subsistindo apenas no que dizia respeito ao direito material.

A Lei nº 6.830, de 22.09.1980, no entanto, voltou ao sistema de regulamentação apartada para as execuções fiscais. Por isso, a partir de sua vigência, o Código de Processo Civil aplica-se à cobrança judicial da Dívida Ativa apenas subsidiariamente.[79]

Embora profundamente alterado o rito da execução fiscal, o certo é que sua estrutura processual continua sendo a da execução por quantia certa, no que toca aos requisitos básicos e à natureza dos atos processuais que o compõem. E o Código de Processo Civil permanece sendo fonte de regulamentação em tudo aquilo que não foi expressamente regulado pela Lei nº 6.830 (art. 1º).

A Lei nº 6.830/1980 tornou o alcance do conceito de Dívida Ativa mais amplo do que aquele previsto no Dec.-lei nº 960, pois abrange todas as receitas da Fazenda Pública, tal como as conceitua a Lei nº 4.320/1964, para fins orçamentários, sejam definidas como tributárias ou não (Lei nº 6.830, art. 2º). Isso quer dizer que "qualquer valor", cuja cobrança seja atribuída por lei à Fazenda Pública Federal, Estadual ou Municipal "será considerado Dívida Ativa" (Lei nº 6.830, art. 2º, § 1º).

---

[79] A Lei nº 6.830/1980 é lei especial, de maneira que suas disposições prevalecem sobre as do CPC, quando divergentes. Por exemplo, não se aplicam ao executivo fiscal as regras do CPC que permitem embargos do devedor sem penhora (CPC/1973, art. 736; CPC/2015, art. 914), porque o art. 16, § 1º, da LEF "exige expressamente a garantia para a apresentação dos embargos à execução fiscal". Já em relação ao efeito suspensivo não reconhecido ordinariamente aos embargos pela regra art. 919 do CPC/2015 (art. 739-A do CPC/1973), o entendimento jurisprudencial é no sentido de sua aplicação ao executivo fiscal, por falta de previsão em contrário na legislação especial. As duas teses foram adotadas em julgamento de recursos repetitivos (art. 543-C do CPC), por unanimidade, pela 1ª Seção do STJ (REsp 1.272.827/PE, Min. Mauro Campbell Marques, ac. 22.05.2013, *DJe* 31.05.2013).

A execução forçada depende, todavia, de ato prévio de controle administrativo da legalidade do crédito fazendário, que se faz por meio de *inscrição*, a cargo do órgão competente para apurar a liquidez e certeza (Lei nº 6.830, art. 2º, § 3º).

O título executivo não é, porém, a inscrição da dívida ou do contrato, mas a *certidão* "correspondente aos créditos inscritos na forma da lei" (CPC/2015, art. 784, IX).

A inscrição, contudo, é que, quando feita em procedimento administrativo regular, confere liquidez e certeza à dívida. Os requisitos da inscrição acham-se arrolados no art. 202 do Código Tributário Nacional, bem como no art. 2º, § 5º, da Lei nº 6.830/1980, e são:

(a) o nome do devedor e, sendo caso, o dos corresponsáveis, bem como, sempre que possível, o domicílio ou a residência de um e de outros;

(b) a quantia devida e a maneira de calcular os juros de mora acrescidos e demais encargos previstos em lei ou contrato;

(c) a origem e a natureza do crédito, mencionada especificamente a disposição da lei em que seja fundado;

(d) a indicação, se for o caso, da sujeição da dívida à correção monetária, com indicação do fundamento legal e do termo inicial para o cálculo;

(e) a data em que foi inscrita;

(f) sendo caso, o número do processo administrativo de que se originar o crédito.

A certidão – que é o título executivo – conterá, além dos requisitos da inscrição, a indicação do livro e da folha em que esta se realizou (CTN, art. 202, parágrafo único).

A inscrição e a extração da certidão de dívida ativa hão de ser feitas com o severo rigor formal.[80] A omissão de qualquer dos requisitos da certidão ou erro a eles relativo são causas de "nulidade da inscrição e do processo de cobrança dela decorrente" (CTN, art. 203).

Admite-se, porém, a substituição do documento defeituoso no curso da execução, reabrindo-se ao devedor o prazo de defesa, a qual, no entanto, somente poderá versar sobre a parte modificada (CTN, art. 203). O saneamento do defeito do título executivo fiscal, obviamente, só poderá ocorrer "até a sentença de primeira instância",[81] conforme já se entendia na legislação revogada e é ratificado pelo § 8º do art. 2º da Lei nº 6.830/1980.

A regularidade do processo administrativo é pressuposto básico da execução, mormente no que diz respeito à intimação inicial do contribuinte e ao exercício do livre direito de defesa. Por isso, "provando-se irregularidades no processo administrativo, que o sacrificaram completamente, sobretudo quanto à *inscrição*, que é formalidade essencial da constituição do débito, a ação proposta não tem cabimento".[82] Padecendo de nulidade a inscrição, o vício "atinge a ação executiva, tornando o processo passível de nulidade *ex radice*, por não se considerar mais a dívida como líquida e certa".[83]

---

[80] BALEEIRO, Aliomar. *Direito tributário brasileiro*. Rio de Janeiro: Forense, 1970, p. 559.

[81] BALEEIRO, Aliomar. *Direito tributário brasileiro*. Rio de Janeiro: Forense, 1970, p. 559; 1º TACSP, ac. 03.05.1973, *RT* 454/161; STJ, 1ª Seção, REsp 1.045.472/BA, Rel. Min. Luiz Fux, ac. 25.11.2009, *DJe* 18.12.2009.

[82] TFR, ac. 10.11.1972, *Rev. Lemi* 64-197; STJ, 1ª T., REsp 816.069/RS, Rel. Min. Luiz Fux, ac. 02.09.2008, *DJe* 22.09.2008.

[83] TAMG, ac. 04.10.1972, *Rev. Lemi* 68/260. "Nulidade da inscrição em dívida ativa é matéria de ordem pública insuscetível de preclusão nas instâncias ordinárias, pois se consubstancia em condição da ação executiva fiscal. Precedentes" (STJ, 2ª T., REsp 830.392/RS, Rel. Min. Castro Meira, ac. 04.09.2007, *DJU* 18.09.2007).

Admite-se, contudo, a supressão do processo administrativo, quando o imposto é reconhecido espontaneamente pelo contribuinte, mediante lançamento em sua própria escrita fiscal.[84] A execução fiscal não admite defesa em compensação de crédito, a não ser quando a iniciativa parta da própria Fazenda.[85]

O crédito fiscal é preferencial e goza, inclusive, de preferência sobre o do credor hipotecário e pignoratício, "ainda que constituídos, anteriormente, a hipoteca e o penhor".[86]

À mulher casada, segundo velho entendimento, não assiste o direito de opor embargos de terceiro para excluir sua meação em execução fiscal ajuizada contra o marido. É que o art. 3º da Lei nº 4.121, de 1962, não alcança dívidas fiscais, mas apenas as obrigações derivadas de negócios jurídicos privados.[87]

"A Fazenda Pública não está sujeita ao pagamento de custas e emolumentos. A prática dos atos judiciais de seu interesse independerá de preparo ou de prévio depósito" (Lei nº 6.830, art. 39).

Aplica-se, porém, ao executivo fiscal a regra comum da sucumbência, de sorte que, "se vencida, a Fazenda Pública ressarcirá o valor das despesas feitas pela parte contrária" (Lei nº 6.830, art. 39, parágrafo único), isto é, as custas desembolsadas e a verba advocatícia.

Sujeita-se o executivo da Fazenda Pública, quando procedentes os embargos, no todo ou em parte, ao duplo grau de jurisdição (antigo recurso *ex officio*), conforme o disposto no art. 496, II, do CPC/2015. Tem-se entendido, desde o anterior regime do Dec.-lei nº 960, que a medida só é aplicável nos julgamentos de mérito, isto é, quando se dá pela improcedência da execução. Se o caso é de extinção do processo apenas, como ocorre com a sentença que decreta a nulidade da execução, não há lugar para o duplo grau de jurisdição obrigatório.[88]

Em matéria de recursos voluntários, a execução fiscal sujeita-se ao regime das *causas de alçada* nas execuções de valor correspondente a até 50 ORTNs.[89] Não cabem, nessas ações de pequeno valor, apelação, nem agravo, nem qualquer outro recurso ordinário para submeter o feito a outros graus de jurisdição. Apenas embargos de declaração e embargos infringentes são manejáveis em primeira instância, para julgamento pelo próprio juiz da causa. Admite-se,

---

[84] TJSP, 7ª Câm. de Direito Público C., Embargos à Execução 9090709-50.2008.8.26.0000, Rel. Des. Ronaldo Frigini, ac. 01.12.2008, *DJSP* 19.12.2008.

[85] TJPR, ac. 09.11.1971, *Rev. For.* 240/214; TJPR, Apel. 2.628, Rel. Des. Cyro Crema, ac. 10.08.1998, *JUIS – Saraiva* n. 14.

[86] STF, ac. 31.08.1973, *RT-Inf.* 96-21; STJ, 2ª T., AgRg no REsp 434.916/SP, Rel. Min. Humberto Martins, ac. 20.11.2007, *DJU* 29.11.2007, p. 268. No regime falimentar existe regra especial que altera a gradação da preferência do crédito tributário na classificação concursal (art. 83 da Lei nº 11.101/2005).

[87] TFR, ac. no Ag. Pet. 36.897, *Rev. Lemi* 87/234; TFR, Ag. 36.909, *Rev. Lemi* 86/232. Mas é iterativa a jurisprudência do STJ que permite "excluir meação da mulher sobre o bem de propriedade do marido, penhorado para pagar débito fiscal da sociedade de que este fazia parte" (STJ, REsp 116.855/SP, Rel. Min. Demócrito Reinaldo, ac. 05.05.1998, *DJU* 08.06.1998, p. 21). A regra é de sujeitar a exclusão notadamente quando o credor não comprovou a existência de benefício do cônjuge com o produto da infração cometida pela empresa devedora (STJ, 1ª T., REsp 641.400/PB, Rel. Min. José Delgado, ac. 04.11.2004, *DJU* 01.02.2005, p. 436).

[88] TJMG, ac. 14.09.1971, *D. Jud.* 07.10.1971; GRINOVER, Ada Pellegrini. *Direito processual civil*. 1974, n. 5, p. 131-132. Veja-se, ainda, sobre duplo grau de jurisdição, o nº 970, adiante. STJ, 1ª T., REsp 927.624/SP, Rel. Min. Luiz Fux, ac. 02.10.2008, *DJe* 20.10.2008.

[89] As primitivas 50 ORTNs correspondem, atualmente, a 311,59 UFIR, consoante fixou o STJ (REsp 85.541/MG, Rel. Min. Ari Pargendler, *DJU* 03.08.1998, p. 175). O valor das 50 ORTN'S (311,59 UFIR) equivale a "R$ 328,27 corrigidos pelo IPCA-E, a partir de janeiro de 2001, valor esse que deve ser observado à data da propositura da execução" (STJ, 2ª T., AgRg no AREsp 13.512/SP, Rel. Min. Humberto Martins, ac. 25.10.2011, *DJe* 04.11.2011).

porém, recurso extraordinário diretamente do juízo singular para o STF.[90] Não se permite, contudo, o recurso especial para o STJ.[91]

Sobre as peculiaridades do procedimento da execução da dívida ativa, consulte-se nosso *Lei de Execução Fiscal*.[92]

260-A. Transação resolutiva de litígio relativa à cobrança de crédito da Fazenda Pública Federal

A Lei nº 13.988/2020 estabelece os requisitos e as condições para que a União e suas autarquias e fundações realizem com os devedores transação resolutiva de litígio relativa à cobrança de créditos de natureza tributária ou não tributária (art. 1º, *caput*). Quando se tratar de créditos de natureza tributária, a transação será realizada nos termos do art. 171 do CTN. São previstas três modalidades de transação: (a) as realizadas por proposta individual ou por adesão, na cobrança de créditos inscritos na dívida ativa da União, de suas autarquias e fundações públicas, ou na cobrança de créditos que seja da competência da Procuradoria-Geral da União (art. 2º, I); (b) as realizadas por adesão, nos demais casos de contencioso judicial ou administrativo tributário (art. 2º, II); e (c) e as efetuadas por adesão, no contencioso tributário de pequeno valor (art. 2º, III).

A proposta de transação deverá expor os meios para a extinção dos créditos nela contemplados e ficará condicionada, no mínimo, à assunção pelo devedor dos compromissos enumerados nos incisos I a V do art. 3º da Lei nº 13.988/2020. Quando a transação envolver moratória ou parcelamento, observar-se-á, para todos os fins, o disposto no art. 151, *caput*, I e VI, da Lei nº 5.172/1966. Os casos de rescisão da transação são enumerados no art. 4º da Lei nº 13.988/2020.

A proposta de transação da cobrança da dívida ativa da Fazenda Pública Federal poderá ser feita, conforme o caso, pela Procuradoria-Geral da Fazenda Nacional, pela Procuradoria--Geral Federal ou, ainda, pela Procuradoria-Geral da União, em relação aos créditos sob sua responsabilidade. Também o devedor poderá postular a transação, por adesão ou iniciativa própria (Lei nº 13.988/2020, art. 10).

As modalidades de benefícios que cabem na transação estão enumeradas nos incisos I a III do *caput* do art. 11 da referida Lei. Os casos em que a transação é vedada constam do § 2º do mesmo art. 11.

Há previsão de competência especial do Ministro de Estado da Economia para propor transação resolutiva de litígios aduaneiros ou tributários decorrentes de relevante e disseminada controvérsia jurídica, o que se fará com base em manifestação da Procuradoria-Geral da Fazenda Nacional e da Secretaria Especial da Receita Federal do Brasil do Ministério da Economia (art. 16 da Lei nº 13.988/2020). Há, ainda, regras especiais para a transação por adesão no contencioso tributário de pequeno valor, constantes dos arts. 23 a 27 da Lei citada, cuja regulamentação é atribuída ao Procurador-Geral da Fazenda Nacional e ao Secretário Especial da Receita Federal do Brasil em seus respectivos âmbitos de atuação (art. 27).

261. O crédito referente às contribuições ordinárias ou extraordinárias de condomínio edilício, previstas na respectiva convenção ou aprovadas em assembleia geral

O CPC/2015 incluiu, expressamente, no rol dos títulos executivos extrajudiciais, o "crédito referente às contribuições ordinárias ou extraordinárias de condomínio edilício, previstas

---

[90] STJ, 1ª Seção, RMS 31.380/SP, Rel. Min. Castro Meira, ac. 26.05.2010, *DJe* 16.06.2010.
[91] STJ, 2ª T., RMS 31.389/SP, Rel. Min. Herman Benjamin, ac. 18.11.2010, *DJe* 04.02.2011.
[92] THEODORO JR., Humberto. *Lei de execução fiscal*. 12. ed. São Paulo: Saraiva, 2011.

na respectiva convenção ou aprovadas em assembleia geral, desde que documentalmente comprovadas" (art. 784, X).[93] A legislação atual, destarte, acabou com a discussão existente ao tempo do Código anterior, acatando a jurisprudência do STJ que já entendia essas verbas como passíveis de execução.[94]

262. Certidão expedida por serventia notarial ou de registro relativa a valores de emolumentos e outras despesas devidas pelos atos por ela praticados

Outra inovação do CPC de 2015 é a atribuição de força executiva à certidão expedida por serventia notarial ou de registro, relativa às despesas e aos emolumentos previstos nas tabelas de serviços. Assim, em caso de inadimplemento, não será necessário o ajuizamento de ação de cobrança, podendo o cartório, munido da certidão, executar imediatamente o devedor, segundo as regras da execução de título executivo extrajudicial.

Já as custas, emolumentos ou honorários dos auxiliares da justiça, derivados de processo, quando aprovadas em decisão judicial, configuram título executivo judicial, de acordo com o art. 515, V.

262-A. Seguro garantia

Na execução por quantia certa, a penhora pode ser substituída por seguro garantia judicial, cujo valor não pode ser inferior ao do débito exequendo, acrescido de trinta por cento (art. 835, § 2º). Ao contratar essa modalidade de seguro, o devedor contrai, pela própria natureza da cobertura ajustada, uma dívida futura perante a seguradora, correspondente ao reembolso da soma por ela dispendida na eventualidade de o segurado não resgatar, no devido tempo, a obrigação cobrada judicialmente. Estabelece-se, dessa maneira, um contrato de contragarantia (ou qualquer outro instrumento equivalente), ao qual a lei atribui a força de título executivo extrajudicial, para materializar o direito da seguradora contra o tomador do seguro garantia e seus eventuais garantidores (art. 784, XI-A, incluído pela Lei nº 14.711/2023).

O regime jurídico do seguro garantia judicial é parecido com o da fiança ou do aval (garantias fidejussórias), quando se encara a sua função de garantia por dívida de outrem, mas não é o mesmo, quando se cuida da maneira com que se torna exigível a cobertura securitária pelo exequente e a contragarantia exigível pela seguradora em face do segurado executado. A propósito, é esclarecedora a jurisprudência do STJ:

> "É firme o entendimento do STJ de que 'no seguro-garantia judicial, a relação existente entre o garantidor (seguradora) e o credor (segurado) é distinta daquela existente entre credor (exequente) e o garantidor do título (coobrigado), visto que no primeiro caso a relação resulta do contrato de seguro firmado e, no segundo, do próprio título, somente sendo devida a indenização se e quando ficar caracterizado o sinistro' (CC 161.667/GO, Relator Ministro Ricardo Villas Bôas Cueva, Segunda Seção, julgado em 26/8/2020, *DJe* de 31/8/2020)".[95]

---

[93] "Interpreta-se a expressão condomínio edilício do art. 784, X, do CPC de forma a compreender tanto os condomínios verticais, quanto os horizontais de lotes, nos termos do art. 1.358-A do Código Civil" (CEJ/I Jorn. Dir. Proc. Civ., Enunciado nº 100).
[94] STJ, 3ª T., REsp 43.318/MG, Rel. Min. Cláudio Santos, ac. 07.11.1995, *DJU* 26.0.1996, p. 4.008.
[95] STJ, 4ª T., AgInt no AREsp 1.556.044/SP, Rel. Min. Raul Araújo, ac. 01.07.2024, *DJe* 02.08.2024.

263. Títulos executivos definidos em outras leis

O inciso XII do art. 784 do Código de Processo Civil de 2015 assegura, finalmente, a execução a "todos os demais títulos aos quais, por disposição expressa, a lei atribuir força executiva".

Só a lei pode dar executoriedade a um determinado título de crédito, mas não apenas o Código de Processo tem essa atribuição. Assim, vários títulos executivos já existiam por definição legal anterior ao Código e outros poderão surgir no futuro, observada sempre a necessidade de definição expressa da lei.

Dentre esses casos especiais de títulos executivos podem ser citados, como exemplo, o contrato de honorários de advogado (Lei nº 8.906/1994, art. 24), os créditos da Previdência Social (Lei nº 8.212/1991, art. 39), as cédulas de crédito rural (Dec.-lei nº 167, de 1967, art. 41), as cédulas de crédito industrial (Dec.-lei nº 413/1969), os contratos de alienação fiduciária em garantia (Dec.-lei nº 911, de 1969, art. 5º), a Cédula de Crédito Imobiliário (CCI) e a Cédula de Crédito Bancário (Lei nº 10.931, de 02.08.2004, arts. 20 e 28); o Certificado de Depósito Agropecuário (CDA), o *Warrant* Agropecuário (WA), o Certificado de Direitos Creditórios do Agronegócio (CDCA), a Letra de Crédito do Agronegócio (LCA), o Certificado de Recebíveis do Agronegócio (CRA) (Lei nº 11.076, de 30.12.2004), o compromisso de ajustamento de conduta (TAC) (Lei nº 7.347/85, art. 5º, § 6º), Certificado de Depósito Bancário (CDB) (Lei nº 13.986/2020, arts. 30 e 36), Nota Comercial (Lei 14.195, de 26 de agosto de 2021) etc.

A Lei nº 13.986/2020 trouxe interessantes inovações no campo da executividade dos títulos extrajudiciais: (a) regulou a constituição do Fundo Garantidor Solidário para garantia das operações de crédito realizadas por produtores rurais (arts. 1º a 6º); (b) facultou ao proprietário de imóvel rural, pessoa natural ou jurídica, a submissão de seu imóvel rural, no todo ou em parte, ao regime de afetação (arts. 7º a 16), vinculando o bem gravado à Cédula Imobiliária Rural (CIR) ou à Cédula de Produto Rural (CPR), de modo a torná-lo impenhorável por outras obrigações do mesmo devedor (art. 10, § 3º); e (c) instituiu um novo título executivo extrajudicial, a Cédula Imobiliária Rural (CIR), submetendo-o, no que couber, às normas de direito cambial (arts. 17 e 29).

264. Concurso de execução forçada e ação de conhecimento sobre o mesmo título

Dispõe o art. 784, § 1º, do CPC/2015 que "a propositura de qualquer ação relativa a débito constante de título executivo não inibe o credor de promover-lhe a execução". Antes, a regra codificada era expressa apenas quanto às execuções fiscais. É obvio, porém, que o princípio se reconhecia aplicável a qualquer título dotado de executividade, mesmo diante do silêncio do texto legal. Agora, o princípio se acha explicitado em toda sua abrangência.

É que não existe entre a execução forçada e a anulatória a figura da litispendência, tal como a conceitua o art. 337, § 3º. Mas a matéria que foi ventilada na ação anulatória pode voltar a ser deduzida perante o juiz executivo, sob a forma de embargos do devedor. Já então ocorrerá a suspensão da execução, até que se solucionem os embargos conexos com a ação anulatória, desde que respeitadas as condições do art. 919, § 1º.

O que se nota, então, é que a controvérsia sobre a *causa debendi* não impede a instauração da execução que deve caminhar normalmente até a penhora; mas pode gerar a suspensão da atividade executiva, quando revestir a forma de embargos (arts. 535 e 917).

Por outro lado, entre os embargos à execução e a anulatória do débito, quando se refiram à mesma obrigação, existe, sem dúvida, a conexão em virtude de identidade de causa de pedir (art. 55). Deverão os respectivos autos ser reunidos para que a decisão das duas ações seja simultânea (art. 55, § 1º).[96]

---

[96] "Executiva fiscal pode ser proposta havendo anulatória sem depósito. Mas depois da penhora aguarda-se decisão da anulatória" (TFR, Apel. 28.0417, ac. 16.04.1973, *DJU* 20.08.1973). "Execução fiscal e anulatória

A regra contida no art. 784, § 1º, permite, outrossim, dupla conclusão:

(a) não é só pelos embargos que o devedor pode questionar o título executivo em juízo; as vias ordinárias sempre lhe estarão franqueadas, sem necessidade de submeter-se aos prazos e demais requisitos da ação incidental de embargos;

(b) só os embargos, porém, têm força para suspender a execução de imediato; os reflexos da ação comum somente atingirão a execução após o trânsito em julgado. Esta última restrição, contudo, somente prevalecerá na hipótese de a ação declaratória superveniente à citação executiva tiver sido aforada além do prazo dos embargos à execução, e o devedor não tiver obtido êxito no pleito de eficácia suspensiva manifestado por meio de medida cautelar ou de antecipação de tutela.[97]

Quando, todavia, a ação de impugnação ao título extrajudicial for anterior à execução, não estará o devedor, segundo jurisprudência do STJ, obrigado a propor embargos simplesmente para repetir os mesmos argumentos da ação preexistente. *In casu*, a própria ação revisional ou anulatória assumirá a função dos embargos à execução e produzirá os efeitos que lhe são próprios. Para, entretanto, produzir o efeito suspensivo dos embargos, necessário será que a penhora se realize, constituindo a segurança do juízo executivo.[98]

Com o art. 914 do CPC/2015, o manejo dos embargos do devedor, em qualquer modalidade de execução forçada, torna-se viável independentemente de penhora, depósito ou caução. Mas sem a segurança do juízo não se obterá a suspensão do feito executivo (art. 919, § 1º). Portanto, a execução fiscal, que é modalidade de execução por quantia certa, dependerá, para ser suspensa, de prévia penhora, fiança bancária ou depósito.[99] Existindo ação anulatória ou embargos do devedor sem a adequada segurança do juízo, a execução fiscal prosseguirá. Uma vez ocorrida a penhora abrir-se-á oportunidade ao executado de pleitear a suspensão dos atos executivos expropriatórios para aguardar-se o julgamento da ação impugnativa preexistente. Essa suspensão, todavia, não é automática, pois dependerá, além da segurança do juízo, da

---

de débito, em juízos diferentes, devem ser apensados" (TFR, Apel. 38.590, ac. 03.12.1976, *DJU* 02.06.1977). No mesmo sentido: STJ, 1ª Seção, CC 38.009/MA, Rel. Min. Luiz Fux, ac. 22.10.2003, *DJU* 19.12.2003, p. 306. Em outros termos: "A ação ordinária em que se discute débito fiscal somente suspende a execução fiscal já proposta se houver garantia do juízo, que é o caso dos autos" (STJ, 2ª T., AgRg no REsp 1.251.021/RJ, Rel. Min. Humberto Martins, ac. 02.08.2011, *DJe* 10.08.2011).

[97] As mesmas razões que justificam o efeito suspensivo dos embargos (art. 739-A, § 1º) [CPC/2015, art. 919, § 1º] podem ser utilizadas para uma liminar na ação anulatória, que faça as vezes dos embargos, desde que seguro o juízo pela penhora (arts. 273 e 798) [CPC/2015, arts. 300 e 297].

[98] "Os embargos à execução, não se discute, têm a natureza de processo de conhecimento. Se já ajuizada ação, tendente a desconstituir o título em que, posteriormente, veio a fundar-se a execução, não se compreende fosse exigível que se apresentassem embargos com o mesmo objetivo (entendo mesmo que isso não seria possível, pois haveria litispendência). A solução será, uma vez feita a penhora, proceder-se ao apensamento do processo já em curso que seria tratado como embargo, com as consequências daí decorrentes, inclusive suspensão da execução. Se apresentados também embargos, versando outros temas, terão eles curso, podendo aí ser reconhecida a conexão para julgamento simultâneo" (STJ, 3ª T., REsp 33.000/MG, Rel. Min. Eduardo Ribeiro, ac. 06.09.1994, *DJU* 26.09.1994, p. 25.646). No mesmo sentido: REsp 435.443/SE, Rel. Min. Barros Monteiro, ac. 06.08.2002, *DJU* 28.10.2002, p. 327; STJ, 4ª T., AgRg no Ag 434.205/TO, Rel. Min. Barros Monteiro, ac. 17.03.2005, *DJU* 09.05.2005, p. 309.

[99] "Em atenção ao princípio da especialidade da LEF, mantido com a reforma do CPC/73, a nova redação do art. 736, do CPC dada pela Lei nº 11.382/2006 – artigo que dispensa a garantia como condicionante dos embargos – não se aplica às execuções fiscais diante da presença de dispositivo específico, qual seja o art. 16, § 1º da Lei nº 6.830/80, que exige expressamente a garantia para a apresentação dos embargos à execução fiscal" (STJ, 1ª Seção, REsp 1.272.827/PE, Rel. Min. Mauro Campbell Marques, ac. 22.05.2013, *DJe* 31.05.2013).

satisfação dos requisitos apontados no § 1º do art. 919, ou seja: *(i)* relevância dos fundamentos dos embargos (ou da ação anulatória); *(ii)* previsão de risco de dano de difícil ou incerta reparação, caso se dê o prosseguimento da execução.[100]

265. Títulos estrangeiros

O título executivo judicial estrangeiro só adquire eficácia em nosso território depois de homologado pelo STJ (CF, art. 105, I, "i", acrescido pela EC nº 45, de 08.12.2004). Quando, porém, se tratar de título extrajudicial, como letra de câmbio, nota promissória, cheque etc., proveniente de outros países, seus efeitos serão produzidos aqui, independentemente de homologação (CPC/2015, art. 784, § 2º).

Os requisitos formais exigíveis são os fixados pela legislação vigente no país de origem. Mas o lugar de cumprimento da obrigação deverá ser alguma localidade brasileira (art. 784, § 3º).

Se a língua utilizada na redação do título não for o português, deverá ele ser traduzido, previamente, por tradutor oficial (art. 192, parágrafo único); e o valor cobrado será vertido para a unidade monetária vigente no Brasil.[101]

É, outrossim, inadmissível a obtenção de *exequatur* para cumprimento, no País, de carta rogatória emanada de execução forçada ajuizada sob jurisdição estrangeira (v. item 35).

---

[100] Em regime de solução de recursos repetitivos, o STJ assentou a tese de que, na execução fiscal, os embargos do devedor não gozam de efeito suspensivo automático (STJ, 1ª Seção, REsp 1.272.827/PE, Rel. Min. Mauro Campbell Marques, ac. 22.05.2013, *DJe* 31.05.2013).

[101] STJ, 3ª T., REsp 4.819/RJ, Rel. Min. Waldemar Zveiter, ac. 30.10.1990, *DJU* 10.12.1990, p. 14.805.

Capítulo XIII
DISPOSIÇÕES GERAIS

§ 32. REGRAS PERTINENTES ÀS DIVERSAS ESPÉCIES DE EXECUÇÃO

266. Organização da matéria no Código de Processo Civil

O Código de 2015, assim como o de 1973, regulou separadamente as execuções dos títulos extrajudiciais tendo em vista a natureza da prestação a ser obtida do devedor, classificando-as em:

(a) execução para a entrega de coisa;
(b) execução das obrigações de fazer e não fazer; e
(c) execução por quantia certa, contra devedor solvente.

O CPC/2015 não cuidou da execução por quantia certa contra devedor insolvente. Entretanto, até que seja editada lei específica, as execuções em curso ou que venham a ser propostas serão reguladas pelos artigos relativos à matéria constantes do CPC de 1973 (CPC/2015, art. 1.052).

Antes, porém, de regular o procedimento e os incidentes de cada espécie de execução, o legislador fixou, em caráter genérico, alguns preceitos básicos e aplicáveis indistintamente a todos os processos executivos. Estão eles contidos nos arts. 797 a 805 e serão analisados a seguir.

267. Direito de preferência gerado pela penhora

A penhora, ato típico e fundamental da execução por quantia certa, tem como objetivo imediato destacar um ou alguns bens do devedor para sobre eles fazer concentrar e atuar a responsabilidade patrimonial. A partir da penhora, portanto, começa-se o procedimento expropriatório por meio do qual o órgão judicial obterá os recursos necessários ao pagamento forçado do crédito do exequente.

O art. 797 do Código atual atribui, ainda, à penhora um especial efeito, que é o de conferir ao promovente da execução "o direito de preferência sobre os bens penhorados". Erigiu-se a penhora, portanto, em nosso atual direito processual civil, à posição de autêntico direito real.[1] Por isso mesmo, "recaindo mais de uma penhora sobre o mesmo bem, cada exequente conservará o seu título de preferência" (art. 797, parágrafo único), *i.e.*, o credor com segunda penhora só exercitará seu direito sobre o saldo que porventura sobrar após a satisfação do credor da primeira penhora. Não haverá concurso de rateio entre eles, mas apenas de preferência (art. 908 e § 2º).

Analisando nosso Direito anterior (Código de 1939), ensinava Lopes da Costa que "na legislação brasileira a penhora nunca deu origem ao direito de penhor",[2] fato outrora verificado

---

[1] LIMA, Alcides Mendonça. *Comentários ao Código de Processo Civil*. Rio de Janeiro: Forense, 1974, v. VI, t. II, n. 1.422, p. 633.
[2] LOPES DA COSTA, Alfredo Araújo. *Direito processual civil brasileiro*. 2. ed. Rio de Janeiro: Forense, 1959, v. IV, n. 119, p. 109.

no direito romano e nas Ordenações Filipinas. O Código de 1973, no que foi seguido pelo de 2015, no entanto, rompeu com a tradição de nosso processo executivo e filiou-se à corrente romanística revivida modernamente pelo direito alemão. Em nosso atual processo, portanto, a penhora confere ao exequente uma preferência, colocando-o na situação de um verdadeiro credor pignoratício. Adquire ele com a penhora "a mesma posição jurídica que adquiriria com um direito pignoratício contratual".[3]

Essa posição do credor penhorante tem efeitos tanto perante o devedor como perante outros credores, permitindo a extração de duas importantes ilações:

(a) a alienação, pelo devedor, dos bens penhorados é ineficaz em relação ao exequente;
(b) as sucessivas penhoras sobre o mesmo objeto não afetam o direito de preferência dos que anteriormente constringiram os bens do devedor comum.

Ressalte-se, porém, que a preferência da penhora é plena apenas entre os credores quirografários e enquanto dure o estado de solvência do devedor. Não afeta nem prejudica em nada os direitos reais e preferências de direito material constituídos anteriormente à execução e desaparece quando os bens penhorados são arrecadados no processo de insolvência.

A prelação de um credor hipotecário ou pignoratício, sobre os bens gravados do devedor, não é atingida pela penhora de terceiro, nem mesmo no caso de insolvência. "O credor privilegiado participará do concurso universal em sua verdadeira posição, independentemente da penhora, que poderá nem se ter verificado, se a execução (dele credor com garantia de direito real) não tiver sido movida."[4]

O sistema germânico adotado por nossa legislação processual já foi criticado ao argumento de que seria injusto e contrário à índole do credor brasileiro, sempre propenso a ensejar uma solução de tolerância, retardando a execução à espera de melhor oportunidade para a satisfação voluntária do devedor. A injustiça consistiria, às vezes, em assegurar preferência a credores mais novos, porém mais espertos, em face de credores antigos, porém tolerantes com o devedor.[5]

Deve-se, no entanto, concluir que a crítica não procede. Há no sistema atual, como nos anteriores, meios eficientes de assegurar a *par condicio creditorum*. O que fez o Código de 2015, seguindo o de 1973, foi dar uma estrutura mais racional ao processo de execução, separando em procedimentos específicos a situação do devedor solvente e a do insolvente.

Enquanto o processo de *insolvência* tem caráter universal, afetando todo o patrimônio do devedor e procurando garantir a *par condicio creditorum*, "a execução singular é movida essencialmente pelo interesse individual do credor exequente".[6]

Se o caso é de simples inadimplemento, a execução é do interesse individual do credor e não há justificativa para que outros credores, sem preferência, venham embaraçar-lhe o exercício do direito de realizar seu crédito sobre o patrimônio do devedor. Outros bens existirão para satisfazer os demais créditos, pois, sendo solvente, o ativo será superior ao passivo.

Se, por outro lado, o caso for de devedor insolvente, a preferência da primeira penhora nenhum prejuízo acarretará ao conjunto dos credores do devedor comum, pois haverá sempre

---

[3] GOLDSCHMIDT, James. *Derecho procesal civil*. Buenos Aires: Labor, 1936, p. 631.
[4] LIMA, Alcides de Mendonça. *Comentários ao Código de Processo Civil*. Rio de Janeiro: Forense, 1974, v. VI, t. II, n. 1.421, p. 632.
[5] ANDRADE, Luís Antônio de. Apud LIMA, Paulo C. A. *Código de Processo Civil*. Rio de Janeiro: Edições Trabalhistas, 1973, p. 323.
[6] MICHELI, Gian Antonio. *Derecho procesal civil*. Buenos Aires: Ediciones Jurídicas Europa-América, 1970, v. III, n. 10, p. 141.

possibilidade do socorro ao concurso universal (CPC/1973, art. 751, III, mantido pelo art. 1.052 do CPC/2015), em que a referida preferência não prevalece, de acordo com a expressa ressalva do art. 797.

Note-se, por outro lado, que o caráter singular da execução não impede que outros credores eventualmente tenham alguma participação nela, como, por exemplo, ocorre nos casos em que a penhora atinge bem hipotecado a terceiro e este credor é convocado para exercitar seu direito de preferência (art. 799, I).

Assim, na execução singular com multiplicidade de interessados a ordem de preferência no resultado da excussão dos bens penhorados ao devedor solvente, será a seguinte:

(a) em primeiro lugar, serão atendidos os credores privilegiados segundo o direito material, cuja preferência, a nosso ver, "independe da penhora";[7] há, contudo, tendência jurisprudencial e doutrinária a entender que também o credor privilegiado, uma vez intimado da penhora, terá de ajuizar a execução de seu crédito para habilitar-se ao concurso de preferências previsto no art. 908.[8]

(b) entre os quirografários e, após a satisfação dos privilegiados, cada credor conservará sua preferência, observada a ordem com que as penhoras foram realizadas (art. 797, parágrafo único).

---

[7] LIMA, Alcides de Mendonça. *Comentários ao Código de Processo Civil*. Rio de Janeiro: Forense, 1974, v. VI, t. II, n. 1.425, p. 635; STJ, 3ª T., REsp 53.311/SP, Rel. Min. Menezes Direito, ac. 26.11.1996, *DJU* 05.05.1997, p. 17.046. "O credor hipotecário, embora não tenha ajuizado execução, pode manifestar a sua preferência nos autos de execução proposta por terceiro. Não é possível sobrepor uma preferência processual a uma preferência de direito material" (STJ, 3ª T., REsp 159.930/SP, Rel. Min. Ari Pargendler, ac. 06.03.2003, *DJU* 16.06.2003, p. 332).

[8] Decisões exigindo que o credor hipotecário tenha execução e penhora para fazer prevalecer seu direito real: STJ, 4ª T., REsp 32.881/SP, Rel. Min. César Rocha, ac. 02.12.1997, *DJU* 27.04.1998, p. 166; STJ, 1ª T., REsp 660.655/MG, Rel.ª Min.ª Denise Arruda, ac. 17.04.2007, *DJ* 24.05.2007, p. 312; STJ, 3ª T., REsp 976.522/SP, Rel.ª Min.ª Nancy Andrighi, ac. 02.02.2010, *DJe* 25.02.2010. Em doutrina, também condicionam a participação do credor preferencial no concurso do art. 908 do CPC/2015 à prévia penhora: José Miguel Garcia Medina (*Novo Código de Processo Civil comentado*. 3. ed. São Paulo: RT, 2015, p. 1.201); Paulo Henrique dos Santos Lucon (Comentários ao art. 908. In: WAMBIER, Teresa Arruda Alvim *et al. Breves comentários ao novo Código de Processo Civil*. 2. ed. São Paulo: RT, 2016, p. 2.016). A nosso ver, essa exigência não se harmoniza com o sistema do concurso de preferências, no qual a lei manda resguardar os privilégios de direito material anteriores à penhora (art. 905, II). Esses privilégios não desaparecem pelo fato de o credor preferencial não ter ainda iniciado sua execução, porque, adjudicado ou alienado o bem penhorado os créditos que recaem sobre o bem "sub-rogam-se sobre o respectivo preço, observada a ordem de preferência" (art. 908, § 1º). Assim, não será possível o levantamento desse preço, sem que se observe a eventual preferência que sobre ele incide, mesmo que o credor preferencial tenha se habilitado ao concurso sem prévia penhora. Correta, portanto, a lição de Marcelo Abelha, segundo a qual o objeto do concurso previsto no art. 908 é duplo: (i) identificar dentre os exequentes que penhoraram o mesmo bem em execuções singulares ou (ii) identificar os credores que tenham privilégios ou preferências legais anteriores à penhora. É assim que se definirá quem tem "primazia no levantamento da quantia obtida com a arrematação do bem penhorado". Tal primazia não decorre necessariamente de um concurso de penhoras, já que "se verifica pelo direito de preferência previsto na lei civil e na lei processual" (RODRIGUES, Marcelo Abelha. *Manual de execução civil*. 5. ed. Rio de Janeiro: Forense, 2015, p. 401-402). A posição do STJ parece ter, nos últimos tempos, chegado a um denominador comum: "Para o exercício da preferência material decorrente da hipoteca, no concurso especial de credores, não se exige a penhora sobre o bem, mas o levantamento do produto da alienação judicial não prescinde do aparelhamento da respectiva execução" (STJ, 3ª T., REsp 1.580.750/SP, Rel. Min. Nancy Andrighi, ac. 19.06.2018, *DJe* 22.06.2018). Vale dizer: o credor hipotecário pode habilitar-se sem penhora. O valor de seu crédito, porém, ficará retido e o levantamento só será autorizado depois de ajuizada a execução e concedida ao devedor a oportunidade de defesa, pelas vias regulares.

268. Tutela aos privilégios emergentes da penhora

O Código de Processo Civil atual dispensa aos privilégios da penhora, adquiridos nos termos do art. 797, tutela equivalente à dos direitos reais de garantia. Assim:

(a) assegura ao exequente, a partir da penhora, preferência no pagamento a ser realizado com o produto da alienação judicial sobre todos os demais credores que estejam em posição inferior na gradação das penhoras; e

(b) garante ao exequente com penhora averbada no Registro Público o direito a intimação relacionada com penhoras supervenientes sobre o mesmo bem, a ser realizada antes da adjudicação ou alienação promovidas por outro credor (CPC/2015, art. 889, V), tal como se passa com os credores que contam com garantia real (sobre o tema, v., adiante, o n°s 384 e 472).

Tudo se passa, portanto, exatamente como na tutela processual aos credores titulares de garantia real.

269. A petição inicial

A execução é um processo e se subordina ao princípio geral da provocação da parte interessada. Não existe execução *ex officio* no processo civil. O credor deverá sempre requerer a execução para estabelecer a relação processual (título executivo extrajudicial), ou para prosseguir nos atos de cumprimento da sentença, dentro da própria relação em que ela foi proferida (título executivo judicial).

A execução será iniciada, destarte, por meio de uma petição inicial que, além de preencher os requisitos do art. 319, deverá indicar (art. 798, II, do CPC/2015):

(a) a espécie de execução de sua preferência, quando por mais de um modo puder ser realizada;

(b) os nomes completos do exequente e do executado e seus números de inscrição no Cadastro de Pessoas Físicas ou no Cadastro Nacional da Pessoa Jurídica; e

(c) os bens suscetíveis de penhora, sempre que possível.

270. A documentação da petição inicial

I – Título executivo extrajudicial

Como não há execução sem título, o ingresso do credor em juízo para realizar obrigação constante de título não judicial só é possível quando a petição inicial estiver acompanhada do competente *título executivo extrajudicial* (CPC/2015, art. 798, I, "a").

Se o caso, entretanto, for de título executivo judicial (sentença), é claro que o credor não o juntará à petição, porquanto a execução forçada correrá nos próprios autos em que se prolatou a decisão exequenda. Bastará, naturalmente, fazer referência ao decisório (título) que já se encontra nos autos (sobre o procedimento especial de cumprimento da sentença, v. os itens n°s 9 a 21). Assim, como já visto, simplesmente não há mais petição inicial nos casos de cumprimento da sentença (mero incidente processual do processo de conhecimento).

II – Prova de que se verificou a condição ou ocorreu o termo

Na hipótese do art. 514 – sentença de condenação condicional ou a termo – ou de qualquer título executivo extrajudicial sob condição ou a termo, o exequente, além de exibir o título, deverá instruir seu pedido executivo com a prova da verificação da condição ou do vencimento da dívida (art. 798, I, "c").

A exigência decorre do princípio de que só o título de obrigação certa, líquida e *exigível* pode dar lugar à execução (art. 783). E sem a prova da verificação da condição ou da ocorrência do termo não se pode falar em *exigibilidade* da dívida, nem muito menos em *inadimplemento* do devedor, que é pressuposto primário da execução (art. 786).

III – Demonstrativo do débito atualizado

Tratando-se de execução por quantia certa, o credor deverá instruir sua pretensão com demonstrativo do débito atualizado até a data da propositura da ação (art. 798, I, "b"). Esse demonstrativo tanto pode ser incluído no texto da própria inicial como em documento a ela apensado. Dita providência, outrossim, será observada em execução de título seja extrajudicial, seja judicial, posto que se aboliu a liquidação por cálculo do contador para a última espécie (Lei nº 8.898, de 29.06.1994, à época do CPC/1973).

O demonstrativo do débito, nos termos do parágrafo único do art. 798 do CPC/2015, deverá conter: *(i)* o índice de correção monetária adotado; *(ii)* a taxa de juros aplicada; *(iii)* os termos inicial e final de incidência do índice de correção monetária e da taxa de juros utilizados; *(iv)* a periodicidade da capitalização dos juros, se for o caso; e *(v)* a especificação de desconto obrigatório realizado. Como se vê, o demonstrativo deverá ser claro e detalhado, de modo a possibilitar ao executado e ao juiz apurarem a correção do valor executado.

IV – Prova de que adimpliu a contraprestação que lhe corresponde

Há casos em que a prestação a que tem direito o credor fica, pela própria lei ou pela sentença, subordinada a uma contraprestação em favor do devedor, como, por exemplo, se se condena à restituição do imóvel, resguardando o direito de retenção do possuidor de boa-fé por benfeitorias.

Outras vezes, a contraprestação é uma decorrência do contrato existente entre as partes, dada a sua natureza sinalagmática, de maneira que "nenhum dos contratantes, antes de cumprida a sua obrigação, pode exigir o implemento da do outro" (Código Civil, art. 476). Na permuta, por exemplo, nenhum dos dois permutantes pode exigir que o outro lhe entregue o bem negociado sem antes oferecer o próprio objeto. Da mesma forma, quem comprou um objeto não pode reclamar a sua entrega sem antes provar que pagou o preço, ou que o depositou, por recusa do vendedor em recebê-lo.

Em ambos os casos, o título executivo tem sua eficácia condicionada à comprovação, pelo credor, do cumprimento da contraprestação que lhe cabe (art. 787).

Essa prova há de ser apresentada com a inicial, como condição de procedibilidade (art. 798, I, "d"). Sua falta, não suprida em quinze dias, dá lugar a indeferimento da petição do credor, por inépcia (art. 801). Se, não obstante, a execução tiver início, o executado poderá libertar-se do processo mediante embargos de excesso de execução, nos termos do art. 917, III, §§ 2º e 3º (v., *retro*, nº 505).

271. Outras providências a cargo do credor

Ao ajuizar a execução, o credor, além de exibir o título executivo, terá em alguns casos, de tomar algumas providências processuais, em função de certas particularidades, seja do próprio título, seja dos bens a excutir.

Essas providências são enumeradas pelos arts. 799 e 800 do CPC/2015 e, a seguir, examinaremos cada uma delas.

272. Obrigações alternativas

Quando o título executivo contiver obrigação alternativa, o credor ao propor a execução deverá, na própria petição inicial, exercer a opção pela prestação que lhe convier (CPC/2015, arts. 800, § 2º, e 798, II, "a").

A alternatividade pode decorrer de cláusula contratual (exemplo: obrigação de entregar uma coisa ou pagar uma multa), ou de imposição da sentença condenatória (como cumprir o contrato ou indenizar perdas e danos). Em qualquer dos casos, a execução da sentença condenatória ou do título negocial deverá ser feita mediante opção liminar do credor por uma das alternativas admissíveis.

Quando, segundo o título, a escolha couber ao executado, a sua citação será para exercer a opção e realizar a prestação eleita nos dez dias seguintes, se outro prazo não lhe foi determinado em lei, no contrato ou na sentença (art. 800, *caput*). Se o devedor não fizer a opção no prazo constante da citação, o direito de escolha ficará transferido para o credor (art. 800, § 1º). Porém, se o credor fizer a escolha, sem respeitar o direito de opção do devedor, a execução nascerá viciada e poderá ser extinta por nulidade, uma vez que não estará respeitando as condições do próprio título executivo.[9]

273. Penhora de bens gravados por penhor, hipoteca, anticrese, alienação fiduciária, usufruto, uso ou habitação

Recaindo a penhora sobre bens gravados por penhor, hipoteca, anticrese, alienação fiduciária, usufruto, uso ou habitação o exequente deverá promover a intimação do terceiro, titular dos referidos direitos reais (CPC/2015, art. 799, I e II).

Essa intimação tem dupla função:

(1ª) enseja oportunidade ao titular do direito real para resguardar seus privilégios durante a execução; e

(2ª) outorga plena eficácia à alienação judicial do bem penhorado, que, sem a ciência do privilegiado, será ato ineficaz perante ele (art. 804, *caput* e §§ 3º e 6º).

274. Penhora que recaia sobre bem cuja promessa de compra e venda esteja registrada

A promessa de compra e venda, em que não se pactuou arrependimento, devidamente registrada no Cartório de Registro de Imóveis do bem constitui direito real à aquisição do imóvel ao promitente comprador, nos termos do art. 1.417 do Código Civil.

Daí por que o promitente comprador deverá ser intimado, quando a penhora recair sobre o bem objeto da promessa (CPC/2015, art. 799, III). A alienação judicial do bem objeto de promessa de compra e venda ou de cessão registrada será ineficaz perante o promitente comprador ou cessionário, se não ocorrer a intimação (art. 804, § 1º).

Por outro lado, se se penhorar o direito aquisitivo derivado da promessa de compra e venda, o promitente vendedor deverá ser intimado (art. 799, IV). Essa intimação constitui requisito de eficácia da alienação judicial do direito aquisitivo sobre a coisa objeto de promessa de venda ou promessa de cessão, sem a qual será ineficaz perante o promitente vendedor, promitente cedente ou proprietário fiduciário (art. 804, § 3º).

---

[9] STJ, 4ª T., REsp 1.680/PR, Rel. Min. Sálvio de Figueiredo Teixeira, ac. 06.03.1990, *DJU* 02.04.1990, p. 2.458; TJDF, 3ª T. Cível, Apelação Cível 602981320058070001/DF, Rel. Mario-Zam Belmiro, ac. 28.10.2009, *DJe* 09.12.2009, p. 98.

275. Penhora de bem sujeita ao regime do direito de superfície, enfiteuse, concessão de uso especial para fins de moradia ou concessão de direito real de uso

Recaindo a penhora sobre imóvel sujeito ao regime do direito de superfície, enfiteuse, concessão de uso especial para fins de moradia ou concessão de direito real de uso, o exequente deverá promover a intimação do terceiro, titular dos referidos direitos reais (CPC/2015, art. 799, V). Da mesma forma, quando a penhora recair sobre o direito do superficiário, do enfiteuta ou do concessionário, o proprietário do terreno deverá ser notificado (art. 799, VI).

Tal como ocorre com o bem sobre o qual recaem outros direitos reais, essa intimação é essencial para a eficácia da alienação judicial, sob pena de se tornar ineficaz em relação àquele interessado não intimado (art. 804, §§ 2º, 4º e 5º).

275-A. Penhora de direitos reais sobre imóvel alheio: direito de superfície e direito de laje

A maior parte dos direitos reais sobre imóvel alheio não representa bem penhorável, pela razão de não corresponder a direitos alienáveis; e o que é inalienável o é, *ipso facto*, segundo a regra geral do art. 833, I, do CPC/2015. Nessa seara entram, entre outros, as servidões, o usufruto, o uso e a habitação.

Há, porém, aqueles que, embora limitados, são disponíveis, como o direito de *superfície* e o direito real de *aquisição* do promitente comprador. Nessa categoria inclui-se um novo direito real imobiliário: o *direito de laje*, instituído pela Lei nº 13.465/2017, que o inseriu no rol do art. 1.225 do Código Civil.

Constitui-se tal direito real imobiliário quando o proprietário de uma construção-base cede a superfície superior ou inferior de sua construção a fim de que o titular da laje mantenha unidade distinta daquela originalmente construída sobre o solo (CC, art. 1.510-A, incluído pela Lei nº 13.465). Reconhece-se a esse direito real a natureza de *unidade imobiliária autônoma* (art. 1.510-A, § 1º) constituída em matrícula própria no Registro de Imóveis, conferindo a lei ao respectivo titular o poder de usar, gozar e dispor da laje (art. 1.510-A, § 3º). Trata-se, portanto, de direito real imobiliário disponível e, consequentemente, penhorável.

Ressalva-se, naturalmente, da penhorabilidade o caso de ser a laje ocupada com moradia do seu proprietário, ou de enquadramento em alguma outra hipótese de impenhorabilidade especial prevista na relação do art. 833 do CPC/2015.

A penhorabilidade do direito de superfície tem igual fundamento, visto que se trata, também, de bem legalmente transmissível, por morte ou negócio *inter vivos* (CC, art. 1.372).

Seja, porém, a alienação da laje ou da superfície deverá sempre respeitar a preferência assegurada aos titulares das unidades superpostas e da construção-base da laje (CC, art. 1.510-D), ou do proprietário-cedente da superfície (CC, art. 1.373).[10] É em razão dessa preferência que, recaindo a penhora sobre tais direitos reais, terá o exequente de requerer a intimação do titular da construção-base e do titular das lajes anteriores, se for o caso de superposição (CPC/2015, art. 799, X, incluído pela Lei nº 13.465/2017); ou do proprietário-cedente da superfície (CPC/2015, art. 799, V).

Sob outro enfoque, a penhora poderá recair não sobre a laje, mas sobre a construção-base, caso em que será obrigatória a intimação do titular ou titulares do direito de laje (CPC/2015, art. 799, XI). De qualquer maneira, é muito importante a promoção dessas intimações em tempo

---

[10] "Se houver mais de uma laje, terá preferência, sucessivamente, o titular das lajes ascendentes e o titular das lajes descendentes, assegurada a prioridade para a laje mais próxima à unidade sobreposta a ser alienada" (CC, art. 1.510-D, § 2º).

hábil para assegurar o exercício da preferência por ocasião da alienação judicial, em qualquer de suas formas. Isto porque, ocorrendo a expropriação sem tal cautela, o ato alienatório será ineficaz perante o titular da preferência, o qual ficará autorizado a exercê-la no prazo decadencial de cento e oitenta dias, contado da data de alienação (CC, art. 1.510-D, § 1º). A contagem far-se-á em dias corridos, e não em dias úteis, uma vez que se trata de prazo de direito material, e não de direito processual (CPC/2015, art. 219, parágrafo único).

275-B. Penhora de cota de bem indivisível

Na alienação de cota ideal de bem indivisível, o condômino tem preferência sobre terceiros (Cód. Civ., art. 504, *caput*). Por isso, recaindo a penhora sobre bem da espécie, cabe ao exequente promover a intimação dos condôminos que não figuram no processo como executados,[11] a exemplo do que se passa com os titulares de direito real sobre bem alheio (art. 799, I a VI).

De qualquer maneira, não se procederá à alienação judicial, *in casu*, sem que seja cientificado, com pelo menos cinco dias de antecedência, o coproprietário de bem indivisível, do qual tenha sido penhorada fração ideal (CPC/2015, art. 889, II). Omitida a diligência, a alienação será tida como ineficaz perante o condômino, que poderá exercer seu direito de preferência, mesmo após a arrematação (Cód. Civ., art. 504 c/c CPC/2015, art. 725, V).

Sobre o procedimento a observar para o exercício do direito de preferência, ver, no vol. II deste *Curso*, os itens nºs 305 a 307.

276. Penhora de quota social ou de ação de sociedade anônima fechada

Caso terceiro alheio à sociedade penhore suas quotas sociais ou ações, a respectiva pessoa jurídica deverá ser intimada (CPC/2015, art. 799, VII). Assim que for cientificada da constrição, a sociedade deverá informar aos sócios a ocorrência da penhora, assegurando-se a estes a preferência na adjudicação ou alienação das quotas sociais ou ações (art. 876, § 7º).

A jurisprudência do STJ, à época do Código de 1973, mas ainda aplicável, firmou-se no sentido de que "deve ser facultado à sociedade, na qualidade de terceira interessada, remir a execução, remir o bem ou conceder-se a ela e aos demais sócios a preferência na aquisição das cotas, a tanto por tanto (CPC, arts. 1.117, 1.118 e 1.119)[12] [refere-se o acórdão ao CPC de 1973], assegurado ao credor, não ocorrendo solução satisfatória, o direito de requerer a dissolução total ou parcial da sociedade".[13]

A propósito do tema, o art. 861 do CPC/2015 prevê que, caso os sócios não se interessem pela preferência na aquisição das quotas ou ações penhoradas, a sociedade poderá:

(a) liquidar contabilmente o valor das quotas ou ações e depositar em juízo o *quantum* apurado em dinheiro, sobre o qual sub-rogará a penhora; ou

(b) adquirir as próprias quotas ou ações; ou, ainda,

(c) deixar que as quotas ou ações sejam levadas a leilão judicial.

277. Medidas acautelatórias

O inciso VIII do art. 799 do CPC/2015 concede ao exequente a faculdade de "pleitear, se for o caso, medidas urgentes". Trata-se de uma simples reafirmação do poder geral de cautela adotado amplamente no art. 297, *caput*, do CPC/2015 (tutela provisória).

---

[11] "O exequente deve providenciar a intimação do coproprietário no caso da penhora de bem indivisível ou de direito real sobre bem indivisível" (Enunciado nº 154/CEJ/CJF).

[12] CPC/2015, sem correspondências precisas.

[13] STJ, 4ª T., REsp 147.546/RS, Rel. Min. Sálvio de Figueiredo Teixeira, ac. 06.04.2000, *DJU* 07.08.2000, p. 109.

É o caso, por exemplo, de arresto de bens móveis, quando o devedor está ausente e sua citação pode demorar, com risco de desaparecimento fraudulento da garantia, ou de depósito de bens abandonados e em risco de deterioração, e outras situações análogas.

Essa faculdade o credor poderá exercitar na própria petição inicial, ou em petição avulsa, e independerá de abertura de um processo separado. As medidas, *in casu*, são simples incidentes da execução e visam a assegurar a prática dos atos executivos do processo em andamento.

A propósito do tema de medidas acautelatórias admitidas liminarmente na execução por quantia certa, o STJ decidiu ser possível o arresto *on-line* sobre saldo do executado em conta bancária, antes da citação do devedor, desde que a medida seja necessária para garantir a futura penhora, a ser realizada, por conversão, após a competente citação, nos moldes do art. 854.[14]

278. Prevenção contra a fraude de execução, por meio de registro público

O CPC/2015 prevê, em seu art. 799, IX, a possibilidade de o exequente proceder à averbação em registro público do ato de propositura da execução e dos atos de constrição realizados, para conhecimento de terceiros. E o exercício dessa faculdade foi disciplinado pelo art. 828.

À época do Código anterior, antes da edição da Lei nº 11.382, de 06.12.2006, que alterou o CPC/1973, havia previsão de registro da penhora, para divulgá-la *erga omnes*, e tornar inoponível a alegação de boa-fé por parte de quem quer que fosse o seu futuro adquirente (CPC/1973, art. 659, § 4º).[15] Previa-se a fraude de execução apenas depois da penhora e tão somente em relação ao objeto da constrição judicial. O art. 615-A, inserido no CPC/1973[16] pela Lei nº 11.382/2006, ampliou muito o uso do registro público nesse campo.

Atualmente, não é mais necessário aguardar o aperfeiçoamento da penhora. Desde a propositura da ação de execução, fato que se dá com o simples protocolo da petição inicial (CPC, art. 312), já fica autorizado o exequente a obter certidão de que a execução foi admitida pelo juiz, para averbação no registro público. Da certidão deverá constar a identificação das partes e o valor da causa.

Não é, pois, apenas a penhora que se registra, é também a própria execução que pode ser averbada no registro de qualquer bem penhorável do executado (imóvel, veículo, ações, cotas sociais etc.). Cabe ao exequente escolher onde averbar a execução, podendo ocorrer várias averbações de uma só execução, mas sempre à margem do registro de algum bem que possa sofrer eventual penhora ou arresto.

A medida é cumprida pelo exequente, que, para tanto, não necessita de mandado judicial.[17] Efetuada a medida, incumbe-lhe comunicar ao juízo da execução a averbação, ou averbações efetivadas, no prazo de dez dias (CPC/2015, art. 828, § 1º).

A medida, que tem forte eficácia cautelar, é provisória, pois, uma vez aperfeiçoada a penhora, as averbações dos bens não constritos serão canceladas pelo exequente, no prazo de dez dias. Apenas subsistirá aquela correspondente ao bem que afinal foi penhorado (§ 2º).

Se o exequente não providenciar o cancelamento no prazo legal, o juiz poderá determiná-lo de ofício ou a requerimento (§ 3º).

---

[14] STJ, 4ª T., REsp 1.370.687/MG, Rel. Min. Antonio Carlos Ferreira, ac. 04.04.2013, *DJe* 15.08.2013; STJ, 3ª T., REsp 1.822.034/SC, Rel. Min. Nancy Andrighi, ac. 15.06.2021, *DJe* 21.06.2021.

[15] CPC/2015, art. 844.

[16] CPC/2015, art. 828.

[17] "O fornecimento de certidão para fins de averbação premonitória (art. 799, IX, do CPC) independe de prévio despacho ou autorização do juiz" (CEJ/I Jorn. Dir. Proc. Civ., Enunciado nº 104).

279. Efeito da averbação

Os bens afetados pela averbação não poderão ser livremente alienados pelo devedor. Não que ele perca o poder de dispor, mas porque sua alienação pode frustrar a execução proposta. Trata-se de instituir um mecanismo de ineficácia relativa. A eventual alienação será válida entre as partes do negócio, mas não poderá ser oposta à execução, por configurar hipótese de fraude à execução (art. 792 do CPC/2015), nos termos do art. 828, § 4º. Não obstante a alienação, subsistirá a responsabilidade sobre o bem, mesmo tendo sido transferido para o patrimônio de terceiro.

Naturalmente, essa presunção legal de fraude de execução, antes de aperfeiçoada a penhora, não é absoluta e não opera quando o executado continue a dispor de bens para normalmente garantir o juízo executivo. Mas se a execução ficar desguarnecida a fraude é legalmente presumida, independentemente da boa ou má-fé do adquirente, graças ao sistema de publicidade da averbação, no registro público, da simples existência de execução contra o alienante.

Em outros termos, a averbação torna a força da execução ajuizada oponível *erga omnes* no tocante aos bens objeto da medida registral, de sorte que, sendo alienados, permanecerão, mesmo no patrimônio do adquirente, sujeitos à penhora, sem que se possa cogitar de boa-fé do terceiro para impedi-la.

280. Abuso do direito de averbação

Após a distribuição do feito executivo está o credor legalmente autorizado a se acautelar contra as alienações fraudulentas mediante averbação em registro público. Não há, de antemão, uma delimitação sobre que bens pode incidir a medida. Caberá ao credor escolher onde será feita a averbação. Como todo direito, o de averbar a execução há de ser exercido sem abusos e desvios, respeitando as necessidades de segurança para a execução proposta.

O uso desarrazoado e desproporcional das averbações pode, eventualmente, causar ao executado prejuízos injustos e desnecessários. Por exemplo: se já existe bem sobre o qual o credor exerce direito de retenção ou garantia real, seria, em princípio, abusiva a averbação sobre outros bens do executado, a não ser que a garantia disponível seja manifestamente insuficiente para cobrir todo o crédito aforado.

Para esses casos de exercício do direito de averbação do art. 828, vigora a sanção prevista em seu § 5º, ou seja: "O exequente que promover averbação manifestamente indevida ou não cancelar as averbações" dos bens não penhorados "indenizará a parte contrária, processando-se o incidente em autos apartados". Não se pode, evidentemente, impor essa sanção apenas porque o bem averbado ou não cancelado é de valor superior ao do crédito exequendo. O que a lei pune é a "averbação manifestamente indevida". É o ato que de maneira alguma encontraria justificativa no caso concreto e que fora praticado por puro intuito de prejudicar o devedor, ou por mero capricho.

281. Petição inicial incompleta ou mal instruída

Na execução forçada, o início da atividade jurisdicional, como em qualquer ação, é provocado pela petição inicial, cujos requisitos se acham indicados no art. 319 do CPC/2015, com os acréscimos eventuais dos arts. 798 e 799. Além disso, deve ser obrigatoriamente instruída com os documentos apontados pelo art. 798, I.

A omissão de algum requisito da petição torna-a incompleta e a ausência de documento indispensável faz que ela esteja mal instruída. Na sistemática do Código, o juiz não pode indeferir liminarmente a petição inicial, nem por defeito de forma, nem por falta de documentos fundamentais. O legislador, por medida de economia processual, determina que seja acolhida a petição, mesmo deficiente, concedendo-se ao exequente o prazo de quinze dias para suprir a falha. Só depois de ultrapassado esse prazo, sem as necessárias providências do interessado, é que o juiz poderá indeferir a petição inepta (art. 801). É claro que a diligência pressupõe defeito sanável. Se se trata de falha irremediável, não há o juiz de ordenar seu suprimento. A petição terá de ser, desde logo, indeferida (pense-se na inicial apoiada em documento que definitivamente não é título executivo, ou na execução proposta por quem não é o credor nem seu substituto processual).

A circunstância de ter sido embargada a execução não impede o juiz de cumprir a regra do art. 801, devendo, porém, após regularização do defeito, reabrir a oportunidade ao exequente para se pronunciar sobre o aditamento dos embargos.[18]

281-A. Inscrição do nome do executado em cadastro de inadimplentes

Além da averbação da propositura da execução em registro público (CPC/2015, art. 799, IX), o exequente pode pleitear do juiz que determine a inclusão do devedor em cadastro de inadimplentes (art. 782, § 3º).

Será cancelada dita inscrição imediatamente quando: (*i*) for efetuado o pagamento da dívida exequenda; (*ii*) a execução for garantida (penhora, caução, depósito etc.); (*iii*) a execução for extinta por qualquer outro motivo (art. 782, § 4º). É encargo do exequente a promoção do cancelamento, já que o registro partiu de iniciativa sua.

O lançamento do nome do executado em registro de serviço de proteção ao crédito cabe tanto nas execuções de títulos extrajudiciais como no cumprimento definitivo de sentença (art. 782, § 5º).[19] Exclui-se, portanto, a execução provisória do título judicial.

282. Execução e prescrição

I – Interrupção da prescrição

Para o autor a execução está proposta desde o despacho da inicial, ou mesmo a partir do protocolo, onde houver mais de uma vara (CPC/2015, art. 312). Contra o réu, porém, a propositura só estará completa quando cumprida a diligência da citação.

Um dos efeitos da propositura da execução é a interrupção da prescrição (art. 802). Para tanto, porém, não basta a distribuição da inicial. Mister se faz que seja deferida pelo juiz e que a citação se realize em observância ao § 2º do art. 240. Se isto ocorrer, entender-se-á que a interrupção ocorreu no dia do despacho do pedido do credor.

O prazo fixado em lei para que o exequente viabilize a citação é de dez dias (art. 240, § 2º), dentro do qual a diligência a seu cargo deverá ser promovida, para que a interrupção da prescrição se considere operada na data da propositura da execução. Na verdade, pode-se afirmar que é a citação válida que tem o poder de interromper a prescrição (art. 240, § 1º); seus

---

[18] STJ, 4ª T., REsp 440.719-0/SC, Rel. Min. Cesar Asfor Rocha, ac. 07.11.2002, *DJU* 09.12.2002, p. 352, *Ementário de Jurisp. STJ*, v. 35, p. 213-214. Ainda na mesma linha: "Inexistindo má-fé ou malícia por parte do exequente, é permitida a juntada do original do título de crédito objeto da execução, mesmo que já tenham sido opostos os embargos do devedor denunciando sua falta. A falta de identificação das testemunhas que subscrevem o título executivo não o torna nulo, somente sendo relevante essa circunstância se o executado aponta falsidade do documento ou da declaração nele contida" (STJ, 3ª T., EDcl. nos EDcl. no AgRg no AI 276.444/SP, Rel. Min. Castro Filho, ac. 28.05.2000, *DJU* 24.06.2002, p. 295).

[19] Segundo jurisprudência do STJ, o *protesto* e a *inscrição do nome do executado em cadastro de inadimplentes* cabem, inclusive, no caso de execução de alimentos devidos a filho menor de idade (STJ, 3ª T, REsp 1.469.102/SP, Rel. Min. Ricardo Villas Bôas Cueva, ac. 08.03.2016, *DJe* 15.03.2016. Precedente: STJ, 4ª T., REsp 1.533.206/MG, Rel. Min. Luis Felipe Salomão, ac. 17.11.2015, *DJe* 01.02.2016).

efeitos é que retroagem à data da propositura da ação, desde que o chamamento do devedor a juízo se dê no prazo legal (art. 802, parágrafo único).

Ultrapassados, todavia, os limites temporais do art. 240, sem que o executado seja citado, não ocorrerá a interrupção da prescrição pela propositura da execução (art. 240, § 2º), *i.e.*, não haverá retroação dos efeitos da citação.

Se, porém, o atraso da citação não decorrer de omissão da parte, mas de deficiências do serviço judiciário, não se poderá aplicar a regra do § 2º do art. 240, visto que "viabilizar a citação" não é o mesmo que realizá-la. A parte "viabiliza" a citação cumprindo as exigências processuais que lhe tocam, como fornecendo o endereço do citando, depositando o montante das despesas da diligência etc. Já o cumprimento efetivo da ordem judicial é ato que lhe escapa, por completo, do poder jurídico de que dispõe no processo.[20] Assim, "a parte não será prejudicada pela demora imputável exclusivamente ao serviço judiciário" (art. 240, § 3º).

Muito se tem controvertido na doutrina sobre qual seria o prazo prescricional após a sentença condenatória, ou seja, sobre o prazo de prescrição da execução. A jurisprudência, hoje, no entanto, é pacífica: "prescreve a execução no mesmo prazo de prescrição da ação" (STF, Súmula nº 150).

II – Prescrição intercorrente

Outra questão importante é a da impossibilidade em regra de prescrição intercorrente, *i.e.*, durante a marcha do processo, cuja citação foi causa da respectiva interrupção. Isto porque, para o Código Civil, a fluência do prazo prescricional só se restabelece a partir "do último ato do processo" (art. 202, parágrafo único, do Código Civil).

A regra vale, porém, apenas para os feitos de andamento normal, pois, se o credor abandona a ação condenatória ou a executiva por um lapso superior ao prazo prescricional, já então sua inércia terá força para combalir o direito de ação dando lugar à consumação da prescrição.[21] Com o Código atual, o cabimento da prescrição intercorrente consta de norma expressa (art. 921, § 4º), similar àquela que já vigorava para os executivos fiscais (Lei nº 6.830/1980, art. 40, § 4º), cuja incidência se dá sobre processo que permanece suspenso por um ano sem que o executado seja citado ou sem que sejam localizados bens a penhorar (CPC/2015, art. 921, § 2º).

Aliás, a possibilidade da prescrição intercorrente é, atualmente, reconhecida no próprio plano do direito positivo material, já que o art. 206-A, do Cód. Civil, com a redação da Lei nº 14.382/2022, dispõe, *in verbis*, que "a prescrição intercorrente observará o mesmo prazo de prescrição da pretensão, observadas as causas de impedimento, de suspensão e de interrupção da prescrição previstas neste Código e observado o disposto no art. 921 da Lei nº 13.105, de 16 de março de 2015 (Código de Processo Civil)".

283. Nulidades no processo de execução

O processo de execução está sujeito ao regime comum das nulidades previstas no processo de conhecimento (CPC/2015, arts. 276 a 283). O art. 803, no entanto, cuida de destacar alguns

---

[20] STJ, 4ª T., RMS 42/MG, Rel. Min. Athos Carneiro, ac. 30.10.1989, *DJU* 11.12.1989, p. 18.140; STJ, 2ª T., REsp 1.109.205/SP, Rel. Min. Eliana Calmon, ac. 02.04.2009, *DJe* 29.04.2009; STJ, 1ª T., AgRg no Ag 1.180.563/SP, Rel. Min. Luiz Fux, ac. 20.05.2010, *DJe* 07.06.2010.

[21] STJ, Emb. Div. no REsp 100.288/PR, Rel. Min. José Delgado, ac. 09.09.1998, *DJU* 26.10.1998, p. 8; STJ, 2ª T., AgRg no Ag 1.005.334/SP, Rel. Min. Castro Meira, ac. 12.08.2008, *DJe* 02.09.2008. A controvérsia, outrora existente, desapareceu depois que a Lei nº 11.051/2004 acrescentou o § 4º ao art. 40 da Lei nº 6.830/1980, justamente para permitir o reconhecimento da prescrição intercorrente quando a execução fiscal permanecer suspensa por falta de bens a penhorar durante o lapso prescricional.

vícios que são *típicos* ou mais relevantes na execução forçada, porque se referem a nulidades que nascem da inobservância das *condições* específicas da ação de execução, ou seja, daqueles pressupostos sem os quais o credor não se legitima a manejar o processo executivo.

Assim, dispõe o referido artigo que é nula a execução:

(a) se o título executivo extrajudicial não corresponder a obrigação certa, líquida e exigível (inciso I);

(b) se o executado não for regularmente citado (inciso II);

(c) se for instaurada antes de se verificar a condição ou de ocorrido o termo (inciso III).

Examinaremos, a seguir, cada um desses vícios do processo de execução, em particular.

284. Imperfeição do título executivo

No processo de execução propriamente dito não há julgamento de qualquer natureza, mas apenas atos judiciais de realização de uma obrigação. A eventual defesa do devedor se faz em outro processo, os embargos, esse sim contraditório e de conhecimento.

Não basta, por isso, que o credor seja portador de um título executivo (uma sentença ou uma escritura pública, por exemplo). Tem ele, para ser admitido a executar, de exibir título que represente obrigação certa, líquida e exigível (CPC/2015, art. 783). E, se não o faz, sua petição deve ser indeferida por inépcia (art. 801). Pode, no entanto, acontecer que, por descuido, o juiz dê seguimento à execução com base em título ilíquido ou inexigível. Se tal ocorrer, todo o processo será nulo de pleno direito e a nulidade poderá ser declarada em qualquer fase de seu curso, tanto a requerimento da parte como *ex officio* (Código Civil, art. 168 e parágrafo único).

O conceito de certeza, liquidez e exigibilidade já ficou demonstrado no tópico sobre os requisitos do título executivo (ver nº 60).

285. Falta de título executivo

Mais grave do que a incerteza, a iliquidez ou a inexigibilidade é a própria ausência do título executivo. É evidente que nenhum credor pode iniciar execução sem título executivo. Mas, se, por descuido do órgão judicial, foi despachada uma petição inicial sem esse pressuposto básico da execução, é claro que será nulo todo o processado (CPC/2015, art. 917, I). O mesmo pode ser dito da desconformidade entre o título executivo e o pedido do credor, como quando o título é de quantia certa e pede-se coisa certa, é de fazer e reclama-se entrega de coisa. Propor execução sem base no conteúdo do título é o mesmo que propô-la sem título. A inicial é inepta e deve ser liminarmente indeferida. Se isto não for feito, o processo estará nulo.[22]

Se, porém, a desconformidade for apenas de *quantidade*, como a do credor de "cem" que pede "duzentos", não será o caso de indeferir a inicial, nem anular o processo. Deverá o juiz apenas ajustar o pedido à força do título, reduzindo a execução ao *quantum* sancionado pelo documento do credor.[23]

---

[22] REIS, José Alberto dos. *Processo de execução*. Coimbra: Coimbra Ed., 1943, v. I, n. 57, p. 198.

[23] REIS, José Alberto dos. *Processo de execução*. Coimbra: Coimbra Ed., 1943, v. I, n. 57, p. 198. Entende o STJ que a inclusão na execução de verbas não previstas na sentença é matéria que pode ser arguida, sem necessidade de embargos, por meio de simples petição de exceção de pré-executividade (STJ, 4ª T., REsp 545.568/MG, Rel. Min. Aldir Passarinho Júnior, ac. 16.10.2003, *DJU* 24.11.2003).

O fato de já ter sido arguido o defeito ou a falta do original do título executivo em embargos do devedor não impede a aplicação do art. 801, de sorte que o exequente poderá, mesmo assim, sanar a falha no prazo legal de dez dias.[24]

286. Nulidade da execução fiscal

A execução fiscal rege-se por princípios comuns à execução por quantia certa. O título executivo da Fazenda Pública, no entanto, apresenta uma particularidade que o distingue de todos os demais títulos executivos extrajudiciais: é o único formado, unilateralmente, pelo credor, sem o reconhecimento do devedor.

Daí a influência que sobre sua validade exerce o procedimento administrativo de formação, de modo que não apenas a regularidade do título, mas de todo o histórico de sua criação, é indispensável para sua eficácia. Destarte, a regularidade do procedimento administrativo é pressuposto básico da execução fiscal, de modo que a nulidade da inscrição repercute em todo o processo executivo, contagiando-o de vício de origem.

Com efeito, é inquestionável o privilégio outorgado à Fazenda Pública de criar por si mesma os próprios títulos executivos, dispensando-se a aceitação pelo devedor.

Isto decorre do fato de que a obrigação do contribuinte não é de natureza contratual, mas sim é um dever legal que nasce de situações predefinidas em lei e das quais não lhe é dado esquivar-se.

Inexistindo, porém, o aceite do devedor na criação do título, toda sua legitimidade se concentra na perfeição formal da inscrição, que, por sua vez, se fundamenta na regularidade do procedimento tributário-administrativo (Código Tributário Nacional, arts. 202, parágrafo único, e 201).

A certidão de dívida ativa é o título que vai abrir à Fazenda Pública a via executiva. Sendo produto direto da inscrição e do procedimento que a precedeu, sofre reflexos imediatos de todo e qualquer defeito que se tenha registrado nesses atos básicos.

Assim, representando a certidão o título executivo da Fazenda Pública, sua nulidade, ou a nulidade de seu antecedente, comunica-se a todo o processo judicial de execução, pela razão inconteste de que o título executivo é o pressuposto indeclinável e insubstituível da relação processual executiva.

287. Vício da citação

A citação válida é indispensável para o completo estabelecimento da relação processual, seja no processo de cognição, seja no de execução (CPC/2015, art. 240). À sua falta, não se pode realizar a prestação jurisdicional reclamada pelo promovente e qualquer decisão proferida pelo juiz não obriga o demandado. É nulo, portanto, o processo que tenha andamento sem o chamamento regular do executado ou devedor para a causa (art. 803, II).

Não apenas a ausência da citação dá lugar à nulidade do processo. Também a citação irregular, *i.e.*, a que não observa os requisitos e solenidades estabelecidos em lei, igualmente anula o processo.

Assim, será nula, por exemplo, a citação pessoal do réu mentalmente incapaz ou enfermo, quando impossibilitado de recebê-la (CPC/2015 art. 245), a do menor púbere sem a necessária assistência, e a do procurador sem poderes especiais (art. 242). Nula, ainda, será a citação feita sem despacho judicial (arts. 154, II), a promovida fora do horário estabelecido pelo Código ou em dia não útil (art. 212); ou quando o mandado não contiver os requisitos do art. 250, bem

---

[24] STJ, 3ª T., EDcl. nos EDcl. no AgRg no AI 276.444/SP, Rel. Min. Castro Filho, ac. 28.05.2000, *DJU* 26.04.2002.

como quando oficial não observar o rito do art. 251. Tratando-se de citação pelo correio, haverá nulidade quando não se utilizar o registro postal com aviso de recepção (art. 248, §§ 1º e 2º) ou quando o ofício do escrivão não for acompanhado de cópia da petição inicial despachada pelo juiz (art. 248, *caput*), e ainda quando a correspondência for entregue a outrem que não o citado (art. 248, §§ 1º e 2º).

Cumpre, porém, ressaltar que a nulidade decorrente da citação é suprível pelo comparecimento espontâneo do demandado em juízo, observado o que dispõe o § 1º do art. 239.

Quando o título executivo é judicial, a falta ou nulidade da citação tanto pode ser detectada no primitivo processo de conhecimento (arts. 525, § 1º, I, e 535, I) como no superveniente procedimento de cumprimento da sentença, no qual a intimação executiva faz as vezes da citação (art. 513, § 2º). Num e noutro caso, o processo executivo será afetado por invalidade.

O que justifica a nulidade do processo por falta de citação é a quebra da garantia fundamental do devido processo legal e do contraditório (CF, art. 5º, LIV e LV). Processo sem citação do devedor é processo nulo *ipso iure*. Portanto, e pelo mesmo princípio, quando a execução atingir bem de terceiro responsável (como sócio ou adquirente em fraude de execução), também haverá nulidade do processo se a expropriação executiva se ultimar sem a intimação do terceiro proprietário do bem. Na linguagem forense usa-se o nome de *exceção de pré-executividade*, ou *objeção de pré-executividade*, para a arguição de nulidade do processo executivo mediante petição avulsa, fora dos embargos do devedor.[25]

288. Verificação da condição ou ocorrência do termo

A condenação exequenda pode ser condicional ou a termo (CPC/2015, art. 514). E se isto acontecer tem o credor de instruir a sua petição executiva com "a prova de que se verificou a condição, ou ocorreu o termo" (art. 798, I, "c"). Se não o faz, a petição é inepta e deve ser indeferida (art. 801), pois falta ao credor uma condição de procedibilidade.

Admitindo-se, porém, o andamento da execução em desobediência ao requisito questionado, abre-se oportunidade ao executado de optar entre duas medidas processuais:

(a) opor embargos de excesso de execução (arts. 535, V, e 917, § 2º, V); ou

(b) pedir simplesmente a declaração de nulidade do processo, com base no art. 803, III, o que, sem dúvida, será mais prático, por dispensar a penhora e a formação da relação processual incidente dos embargos.

A regra do art. 514 menciona a hipótese de influência do termo e da condição apenas no caso de sentença. Mas é claro que a sujeição do credor à observância do termo ou condição se aplica, também, ao título extrajudicial, segundo a regra geral de que toda execução tem de fundar-se em obrigação certa, líquida e exigível (art. 783). É que sem a comprovação de que a condição se realizou ou que o termo já foi atingido, não há ainda dívida exigível. A nulidade poderá atingir, portanto, a execução, nos termos do art. 803, I, se o credor não proceder conforme determina o art. 798, I, "c", juntando aos autos a prova de que se verificou a condição, ou ocorreu o termo, a que se sujeita o crédito exequendo.

---

[25] "A arguição de nulidade de execução, com base no art. 618 do estatuto processual civil [CPC/2015, art. 803], não requer a propositura de ação de embargos à execução, sendo resolvida incidentalmente" (STJ, 3ª T., REsp 3.079, Rel. Min. Cláudio Santos, ac. 14.08.1990, *DJU* 10.09.1990, p. 9.126. No mesmo sentido: STJ, 1ª T., AgRg no REsp 886.626/DF, Rel. Min. Denise Arruda, ac. 24.03.2009, *DJe* 30.04.2009; STJ, 4ª T., REsp 312.520/AL, Rel. Min. Cesar Asfor Rocha, ac. 09.04.2002, *DJU* 24.03.2003, p. 224).

289. A arguição das nulidades

A nulidade é vício fundamental e, assim, priva o processo de toda e qualquer eficácia. Sua declaração, no curso da execução, não exige forma ou procedimento especial. A todo momento, o juiz poderá declarar a nulidade do feito tanto a requerimento da parte como *ex officio*, independentemente de embargos à execução (CPC/2015, art. 803, parágrafo único). Fala-se, na hipótese, em exceção de pré-executividade ou mais precisamente em objeção de não executividade, já que a matéria envolvida é daquelas que o juiz pode conhecer independentemente de provocação da parte.

Não é preciso, portanto, que o devedor utilize dos embargos à execução. Poderá arguir a nulidade em simples petição, nos próprios autos da execução.[26] Quando, porém, depender de mais detido exame de provas, que reclamam contraditório, só por meio de embargos será possível a arguição de nulidade. É o caso, por exemplo, de vícios ligados ao negócio subjacente aos títulos cambiários, que reclamam, quase sempre, complexas investigações só realizáveis dentro do amplo contraditório dos embargos.

Após o encerramento do processo, é preciso distinguir entre os atos que foram ou não objeto de apreciação em embargos. Para os primeiros, existirá a coisa julgada, de sorte que o ataque somente se dará por meio de ação rescisória (CPC, art. 966). Para os demais, será bastante o manejo de ação comum de nulidade, uma vez que os atos executivos em geral não são objeto de sentença (CPC, art. 966, § 4º). Quanto às pessoas que foram alcançadas pela execução sem terem sido citadas ou intimadas regularmente, terão elas sempre a seu dispor a ação ordinária de nulidade, visto que não poderiam, de forma alguma, suportar as consequências de uma relação processual de que não participaram.

290. A arrematação de bem gravado com direito real

O bem enfitêutico ou gravado por penhor, hipoteca, anticrese, alienação fiduciária, usufruto, uso, habitação, direito real de uso, direito real de uso especial para fins de moradia, direito de superfície ou direito de aquisição do imóvel não se torna inalienável só pela existência do gravame. Por isso, poderá ser penhorado em execução promovida por terceiro que não o titular do direito real. Mas esse direito confere a seu titular, além da sequela, uma preferência que a lei procura resguardar, dispondo que a alienação judicial dos bens questionados será *ineficaz* em relação ao senhorio direto, enfiteuta ou ao credor pignoratício, hipotecário, anticrético, usufrutuário, concessionário, superficiário, promitente comprador, promitente vendedor ou proprietário do imóvel sobre o qual tenha sido instituído o direito de superfície que não foi intimado da designação da hasta pública (CPC/2015, art. 804 e seus parágrafos).

A intimação deve ser feita logo após a penhora, mas não se fixa momento exato para sua realização. Apenas não poderá deixar de respeitar a antecedência mínima de cinco dias da alienação judicial, conforme se depreende do art. 889, III a VII.

O art. 804, naturalmente, só tem aplicação quando se tratar de credor estranho ao gravame, como um quirografário ou o titular da segunda hipoteca. Sendo o exequente o próprio credor hipotecário ou pignoratício, é claro que não terá de ser intimado pessoalmente para a hasta pública, por já se achar representado nos autos por seu advogado.

O estranho à execução, no entanto, será intimado pessoalmente ou por seu procurador com poderes especiais, por meio de mandado judicial que o cientificará da penhora, da avaliação, da data, local e horário da arrematação dos bens gravados.

---

[26] REIS, José Alberto dos. *Processo de execução*. Coimbra: Coimbra Ed., 1943, v. I, n. 57, p. 195-196.

A omissão da cautela, todavia, não redunda em nulidade da alienação, nem prejudica o direito real existente. A disposição será apenas *ineficaz* perante o credor ou o titular do direito real. O bem passará ao poder do arrematante conservando o vínculo real em favor do terceiro não intimado.

O arrematante adquirirá o domínio, mas o bem continuará sujeito a ser executado pelo credor hipotecário ou pignoratício para satisfação de seu crédito, porque contra ele a arrematação apresentar-se-á *inoperante*, "não obstante válida entre o executado e o arrematante".[27]

Já, porém, havendo a regular intimação, a alienação judicial extingue o gravame hipotecário ou pignoratício, que ficará sub-rogado no preço, passando o bem livre e desembaraçado ao arrematante.

Com relação ao usufruto, à enfiteuse, ao uso, à habitação, à concessão de direito real de uso e à concessão de direito real especial para fins de moradia não há desaparecimento do gravame, mesmo que o titular do direito real tenha sido intimado da hasta pública. A intimação visa apenas a evitar futuros percalços para o arrematante em face do direito de preferência que assiste principalmente ao senhorio direto.

O direito de superfície se extingue com a arrematação, tendo o superficiário ou o proprietário do imóvel, direito de preferência na aquisição, conforme o caso (Código Civil, art. 1.373).

Deve-se observar, finalmente, que só no caso de *insolvência* do devedor é que será indiscutível o direito de penhorar os bens hipotecados, apenhados ou gravados de anticrese, pois o Código confere ao credor com garantia real a faculdade de embargos de terceiro "para obstar expropriação judicial do objeto de direito real de garantia" (art. 674, § 2º, IV). Tais embargos, no entanto, serão havidos por improcedentes quando o embargado provar a insolvência do devedor (art. 680, I). A insolvência a que se refere o Código, nesse passo, não é a que decorre de declaração judicial na forma do art. 761 do CPC/1973,[28] mas sim a de sentido prático correspondente à inexistência de outros bens do devedor para garantir a execução, conforme a clássica lição de Pontes de Miranda.[29] Ademais, mesmo havendo configuração do estado de insolvência, o credor pode preferir a execução singular, para evitar os percalços do concurso universal, que sempre depende de requerimento e cuja instauração não é obrigatória. Embargada a penhora em tal caso, poderá o credor provar a situação deficitária do devedor, levando o credor hipotecário a decair de sua pretensão, sem que haja necessidade de abrir o processo universal da insolvência. Bastará, em muitos casos, apenas provar a inexistência de *outros bens* livres do devedor (v., adiante, o nº 539).

291. Arrematação de bem sujeito à penhora em favor de outro credor

A intimação prevista no art. 889, III a VII, do CPC/2015, a ser efetuada antes da alienação, em relação aos titulares de direitos reais, sobre o bem penhorado, inclui, também, qualquer outro credor que tenha penhora cumulativa sobre o mesmo objeto, ainda que quirografário.

Aumentou-se, dessa forma, a equiparação dos direitos e preferências oriundos da penhora àqueles produzidos pelos direitos reais de garantia, já que o tratamento processual executivo foi uniformizado. O dever de intimação, todavia, não abrange todo e qualquer credor com

---

[27] CASTRO, Amílcar de. *Comentários ao Código de Processo Civil*. 2. ed. Rio de Janeiro: Forense, 1963, v. X, n. 327, p. 317.
[28] Esse artigo foi mantido pelo CPC/2015, art. 1.052.
[29] PONTES DE MIRANDA, Francisco Cavalcanti. *Tratado de direito privado*. Atual. por Nelson Nery Jr. e Luciano de Camargo Penteado. São Paulo: RT, 2012, t. XX, § 2.557, p. 378-382.

penhora, pois o art. 889, V, torna a diligência obrigatória apenas quando se trate de penhora anteriormente averbada no registro público.

Com relação aos bens cujo gravame não esteja averbado, o juiz da arrematação ou alienação só fica sujeito ao dever de intimar o credor de outro processo quando a penhora houver sido comunicada pelo interessado a fim de que a conexão de constrições judiciais se oficialize perante o juízo em que a expropriação irá se consumar.

Uma vez que seja do conhecimento do juízo a intercorrência de penhoras sobre o mesmo bem em processos diferentes, não se poderá dar a alienação judicial sem que todos os credores com penhora sobre ele tenham sido intimados com a antecedência mínima de cinco dias (art. 889).

292. Execução realizável por vários meios

I – Execução pelo meio menos gravoso

O art. 805 do CPC/2015 dispõe que, "quando por vários meios o exequente puder promover a execução, o juiz mandará que se faça pelo modo menos gravoso para o executado".

É fácil compreender o espírito do legislador, sempre preocupado em resguardar o devedor de vexames e sacrifícios desnecessários. Essa orientação pode ser entrevista quando se outorga ao executado o direito de nomear bens à penhora, quando se estabelece a impenhorabilidade de certos bens, quando se veda a penhora inútil etc.

Por isso, "se a finalidade é esta de obter o Poder Judiciário, à custa do executado, o bem devido ao exequente, é intuitivo que, quando por vários meios executivos puder executar a sentença, *id est*, quando por vários modos puder conseguir para o exequente o bem que lhe for devido, o juiz deve mandar que a execução se faça pelo menos dispendioso".[30]

O dispositivo comentado, todavia, não alcança o rito executivo nem o conteúdo da prestação a que tem direito o credor. Seu campo de incidência restringe-se aos *atos de execução*, ficando de fora as *espécies de execução*. A preocupação do legislador, *in casu*, é quanto ao *modus faciendi* apenas, como ocorreria, *in exemplis*, quando, entre os vários bens penhoráveis, o órgão executivo se deparasse com um automóvel de passeio e um veículo de trabalho. Sendo ambos de valor suficiente para garantir a execução, o juiz, à luz do art. 805, deveria ordenar a penhora do primeiro, porque a privação da posse do último naturalmente seria mais *gravosa* para o devedor.

II – Casos de agravamento da onerosidade da execução

Entende-se, também, como excessivamente onerosa a execução que o credor desdobra em vários processos, um para cada garantia prevista no título (por exemplo: um para a hipoteca, outro para o fiador e outro para a alienação fiduciária).[31] O mesmo se passa com a penhora do capital de giro do empresário, quando se dispõem de outros bens menos gravosos para a segurança do juízo.[32]

A penhora, em desrespeito à menor onerosidade para o devedor, enseja a este a medida de substituição da penhora prevista no art. 847, *caput*, que se pratica como incidente da

---

[30] CASTRO, Amílcar de. *Comentários ao Código de Processo Civil*. 2. ed. Rio de Janeiro: Forense, 1963, v. X, n. 119, p. 123.
[31] STJ, 3ª T., REsp 34.195-8/RS, Rel. Min. Nilson Naves, ac. 22.02.1994, *RF* 330/303; *RSTJ* 66/301; STJ, 4ª T., REsp 24.242-7/RS, Rel. Min. Sálvio de Figueiredo, ac. 08.08.1995, *RSTJ* 79/229; STJ, 4ª T., REsp 40.282-4/PA, Rel. Min. Barros Monteiro, ac. 18.11.1997, *RSTJ* 106/308.
[32] STJ, 1ª T., REsp 37.027-2/SP, Rel. Min. Milton Luiz Pereira, *DJU* 05.12.1994, p. 33.530; STJ, 2ª T., REsp 557.294/SP, Rel. Min. Eliana Calmon, ac. 06.11.2003, *DJU* 15.12.2003, p. 284.

execução provocado por simples petição. Deve a substituição do bem constrito ser pleiteada no prazo dez dias após a intimação da penhora, e que haverá de se basear nos requisitos que o dispositivo enuncia, ou seja: *(i)* a troca não deverá trazer prejuízo algum ao exequente; e *(ii)* deverá proporcionar uma execução menos onerosa para o devedor. A solução dar-se-á por decisão interlocutória atacável por agravo.

Se ainda não houve a penhora, nada impede que o direito do executado a um gravame menos oneroso seja, desde logo, exercido por meio de uma petição de nomeação de bens à penhora, que o juiz apreciará e decidirá antes da efetivação da medida constritiva.

O parágrafo único do art. 805 impõe ao executado que alega ser a medida executiva mais gravosa, o dever de indicar outros meios mais eficazes e menos onerosos. Se não o fizer, serão mantidos os atos executivos já determinados. Ou seja, se é certo que a execução deve ser efetivada do modo menos gravoso ao executado, não se pode, entretanto, olvidar que a finalidade desse tipo de processo é a satisfação integral do credor que, de modo algum, pode ficar prejudicado. Dessa sorte, se o executado não lograr indicar outro meio igualmente eficaz para adimplir sua obrigação, não se aplicará o princípio da menor onerosidade.

293. Peculiaridades da citação executiva

Diversamente do que se passa no processo de conhecimento, em que o réu é citado para se defender, a citação realizada no limiar do processo de execução é uma ordem para que o devedor cumpra a prestação devida (entregue a coisa, faça o que corresponde à obrigação de fazer ou não fazer, pague a quantia devida), sob pena de sofrer a intervenção estatal em seu patrimônio (ato executivo) necessária à satisfação forçada do direito do credor (CPC/2015, arts. 806, 815 e 829).[33]

Os embargos do devedor são eventuais e admissíveis no prazo de quinze dias contado, em cada caso, de acordo com a forma com que a citação foi realizada (por correio, mandado, precatória etc.) (art. 915). Independem de segurança do juízo, por penhora, depósito ou caução (art. 914). A citação não é para esse incidente, que decorre de iniciativa apenas do devedor e tem natureza de verdadeira ação incidental cognitiva, e não de fase do procedimento executivo.

Ao despachar a inicial, especialmente nos casos de execução por quantia certa, o juiz deverá ter em vista que o pagamento a que se acha obrigado o executado tem de compreender o principal da dívida, atualizado monetariamente, mais os acessórios decorrentes da mora e gastos do ajuizamento do feito (custas e honorários advocatícios). Deverá, pois, arbitrar os honorários que se incluirão no valor do débito, caso o devedor se disponha a realizar o pagamento no prazo constante do mandado (art. 827, *caput*). Esse arbitramento é provisório e valerá apenas para a hipótese de adimplemento imediato. Se ocorrerem embargos, nova oportunidade terá o juiz para fixar, já então definitivamente, os honorários da sucumbência.

O arbitramento inicial torna-se definitivo também quando a execução prossegue sem oposição de embargos pelo executado. Entretanto, mesmo sem os embargos, o juiz poderá, ao final do processo executivo, majorar os honorários, levando-se em conta o trabalho realizado pelo advogado do exequente (art. 827, § 2º, *in fine*).

Ocorrendo, porém, o pagamento integral do débito executado no prazo de três dias, assinalado pela citação, a verba honorária será reduzida pela metade (art. 827, § 1º). Por outro

---

[33] "O comparecimento espontâneo da parte constitui termo inicial dos prazos para pagamento e, sucessivamente, impugnação ao cumprimento de sentença" (CEJ/I Jorn. Dir. Proc. Civ., Enunciado nº 84); "Na execução de título extrajudicial ou judicial (art. 515, § 1º, do CPC) é cabível a citação postal" (CEJ/I Jorn. Dir. Proc. Civ., Enunciado nº 85).

lado, esse valor pode ser majorado para até vinte por cento, quando os embargos à execução forem rejeitados (§ 2º, primeira parte).

Convém lembrar que a execução forçada é, por si só, causa justificadora da verba honorária, nos casos de título executivo extrajudicial, pouco importando haja ou não embargos do devedor (art. 85, § 1º). Daí por que não deve a citação executiva ser cumprida sem explicitação da verba arbitrada para o cumprimento da obrigação ajuizada.

Após a implantação da sistemática de "cumprimento da sentença", sem ação executiva, e como simples incidente do processo em que se obteve a condenação, chegou-se a cogitar do não cabimento de novos honorários sucumbenciais na fase executiva. Outra, porém, foi a posição adotada pelo STJ,[34] e acolhida pelo CPC/2015 que, no art. 85, § 1º, deixou expresso serem devidos honorários advocatícios no cumprimento de sentença, provisório ou definitivo (sobre o tema, ver item nº 211, vol. 1).

---

[34] A Corte Especial do STJ chancelou a tese antes esboçada pelas 3ª e 4ª Turmas, de que "esgotado *in albis* o prazo para cumprimento voluntário da sentença, torna-se necessária a realização dos atos tendentes à satisfação forçada do julgado, o que está a exigir nova condenação em honorários, como forma de remuneração do advogado em relação ao trabalho desenvolvido nessa etapa do processo" (STJ, Corte Especial, REsp 1.028.855/SC, Rel. Min. Nancy Andrighi, ac. 27.11.2008, *DJe* 05.03.2009).

Capítulo XIV
EXECUÇÃO PARA ENTREGA DE COISA

§ 33. PROCEDIMENTO PRÓPRIO PARA A EXECUÇÃO DAS OBRIGAÇÕES DE ENTREGA DE COISA

294. Conceito

A execução para a entrega de coisa corresponde às obrigações de dar em geral. Compreende, pois, prestações que costumam ser classificadas em *dar*, *prestar* e *restituir*. Diz-se que a prestação é de *dar* quando incumbe ao devedor entregar o que não é seu, embora estivesse agindo como dono; de *prestar*, quando a entrega é de coisa feita pelo devedor, após a respectiva conclusão; e de *restituir*, quando o devedor tem a obrigação de devolver ao credor algo que recebeu deste para posse ou detenção temporária.[1]

Em qualquer caso, será indiferente a natureza do direito a efetivar, que tanto pode ser *real* como *pessoal*.[2] Por exemplo, no feito – contra o alienante (possuidor direto) – baseado numa escritura pública de aquisição de imóvel, com constituto possessório, devidamente assentada no Registro Imobiliário, o adquirente (possuidor indireto) que reclama a posse direta do bem retido injustamente pelo primeiro, tem-se uma execução lastreada em direito real. Já no caso de o comprador da coisa móvel que o vendedor não lhe entregou, a execução do contrato referir-se-á a um direito pessoal, já que o domínio só será adquirido pelo credor após a tradição. Ambas as hipóteses, no entanto, ensejarão oportunidade ao exercício da execução para entrega de coisa.[3]

Ocorre, porém, que a coisa a ser entregue pode não estar completamente individuada. Se estiver, fala-se em entrega de *coisa certa*. Do contrário, a entrega será de *coisa incerta*. O Código atual separou essas duas situações em seções distintas, a entrega *de coisa certa* (arts. 806 a 810) e a de *coisa incerta* (arts. 811 a 813), já que, no último caso, deve-se passar, preliminarmente, por uma fase de individualização das coisas indicadas no título executivo apenas pelo gênero e quantidade.

295. Evolução da tutela relativa à entrega de coisa certa

A área de abrangência da execução forçada para entrega de coisa certa passou, nos últimos tempos, por marcantes modificações legais, sucessivamente adotadas, ao mesmo tempo em que o respectivo procedimento, antes único, se adaptou ao propósito da busca da maior utilidade e eficácia, graças ao recurso de opções modernas recomendadas pela técnica das tutelas diferenciadas.

---

[1] LIMA, Alcides Mendonça. *Comentários ao Código de Processo Civil*. Rio de Janeiro: Forense, 1974, v. VI, t. II, n. 1.519, p. 676.

[2] AMARAL SANTOS, Moacyr. *Direito processual civil*. 4. ed. São Paulo: Saraiva, 1980, v. III, n. 880, p. 337; ALLORIO, Enrico. *Problemas de derecho procesal*. Buenos Aires: EJEA, II,1963, n. 33, p. 223-239; RODRIGUES, Marcelo Abelha. *Manual de execução civil*. 5. ed. Rio de Janeiro: Forense, 2015, p. 266.

[3] LIEBMAN, Enrico Tullio. *Processo de execução*. 3. ed. São Paulo: Saraiva, 1968, n. 93, p. 163.

Tal como a definia o art. 621 do Código de 1973, em sua redação primitiva, a execução para entrega de coisa certa tinha cabimento contra "quem for condenado a entregar coisa certa". Assim, inicialmente naquele Código, só era admissível essa modalidade de execução forçada nos casos de títulos executivos judiciais.

A Lei nº 8.953, de 13.12.1994, no entanto, modificou o texto do art. 621, eliminando a referência que outrora limitava esse tipo de execução às sentenças condenatórias. De tal sorte, passou a ser cabível a execução de obrigação de dar coisa certa ou incerta tanto com base em *(i) título judicial* como *(ii) extrajudicial*.

Mais tarde, a Lei nº 10.444, de 07.05.2002, separou as execuções de títulos judiciais e extrajudiciais. Apenas para estas destinou o regime da *actio iudicati* (*i.e.*, da ação executiva autônoma), nos moldes dos arts. 621 a 631 do Código de 1973. Para as sentenças condenatórias a entrega de coisa, passou a ser adotado o regime da *executio per officium iudicis*. Ou seja, passou-se ao *cumprimento de sentença*, no lugar da *ação de execução* em sucessivo processo, adotando-se o sistema da sentença executiva *lato sensu*, como já anteriormente se passava com as ações de despejo e com as possessórias, nas quais cognição e execução se realizam numa só relação processual.

A partir de então, ao julgamento do pleito, seguia-se a expedição do mandado de entrega da coisa perseguida pelo autor, sem necessidade da abertura de execução em processo autônomo, como se via no art. 461-A, § 2º, do Código de 1973, com a redação da Lei nº 10.444, de 07.05.2002.

O atual Código de Processo Civil manteve a distinção entre os dois regimes (título judicial e extrajudicial). Destinou, assim, um capítulo próprio para tratar do cumprimento de sentença que reconheça a exigibilidade de obrigação entregar coisa (já examinado no capítulo 15, *retro*) e outro para a execução de obrigação de entrega de coisa constante de título executivo extrajudicial. Em qualquer das duas modalidades de execução, porém, o objeto é a *coisa certa*, isto é, coisa especificada ou individualizada, que pode ser: *(i) imóvel* (casas, terrenos, fazendas etc.); ou *(ii) móvel* (uma joia, um automóvel etc.). Sendo incerta (determinada apenas pelo gênero), a coisa deverá, como visto anteriormente, sofrer especialização, observado o regramento próprio a ser examinado mais adiante.

296. Procedimento

A ação executiva autônoma (apoiada em título extrajudicial) inicia-se sempre por provocação do interessado, mediante petição inicial. Deferida a petição, o devedor será citado para, em quinze dias, satisfazer a obrigação, entregando a coisa prevista no título executivo (art. 806).

O Código atual simplifica o procedimento que era adotado pela legislação anterior, determinando que um só mandado compreenda as duas diligências: citação do devedor a entregar a coisa e apreensão caso a entrega voluntária não ocorra. De posse dele, o oficial procederá à citação e aguardará o transcurso dos quinze dias previstos no art. 806, *caput*. Se a entrega ou depósito se efetivou, completa estará a diligência a seu cargo; caso contrário, prosseguirá na busca do objeto da execução, sem depender de novo mandado. É assim que se deve interpretar o "cumprimento imediato" do mandado executivo, de que fala o § 2º do art. 806.

Como o mandado de citação não retorna aos autos senão depois de ultrapassado o prazo de cumprimento pessoal da obrigação pelo executado, a contagem dos prazos de cumprimento da prestação devida e o de embargos à execução, se dará de forma diversa: *(i)* o de entrega voluntária (ato pessoal do executado) terá como ponto de partida o próprio ato de citação praticado pelo oficial de justiça; *(ii)* já o prazo para oferecimento de embargos pelo executado, por ser ato que depende da intermediação de representante judicial, começará a fluir, segundo a regra geral do Código, da data da juntada aos autos no mandado de citação (art. 915 c/c art. 231[4]) e será de quinze dias úteis (art. 219), independentemente da segurança do juízo (art. 914).

Cumprida a citação, poderão ocorrer quatro situações distintas, a saber:

(a) Entrega da coisa

O devedor, acatando o pedido do credor, entrega-lhe a coisa devida. Lavrar-se-á, então, o competente termo nos autos, dando-se por finda a execução (art. 807). Se houver sujeição, também, ao pagamento de frutos e ressarcimento de perdas e danos, o processo prosseguirá sob a forma de execução por quantia certa. Naturalmente, se o *quantum* for ilíquido, ter-se-á que proceder à prévia liquidação (arts. 509 a 512), medida que, entretanto, só seria viável, em regra, quando se tratasse de execução de título judicial. Havendo iliquidez em título extrajudicial, a questão não se resolve, de ordinário, em incidente da execução. Tem de ser submetida à solução em processo de conhecimento, pelas vias ordinárias. No caso, todavia, de título extrajudicial líquido quanto à coisa devida, e cuja execução específica se frustra por ato do devedor, o Código abre uma exceção e permite a liquidação de seu valor e dos prejuízos sofridos pelo credor em simples incidente, nos moldes dos arts. 509 a 512, tal como se faria ordinariamente com as sentenças ilíquidas (art. 809, § 2º).

(b) Inércia do devedor

O executado deixa escoar o prazo de quinze dias sem entregar a coisa ou depositá-la em juízo. Agora, no lugar de ser expedido novo mandado em favor do credor, deverá o oficial de justiça, para que haja o "cumprimento imediato" da ordem de entrega, aguardar o prazo assinalado para o cumprimento voluntário da obrigação e, então, providenciar, desde logo, a imissão na posse ou a busca e apreensão, conforme o caso (art. 806, § 2º).

(c) Depósito da coisa

Dentro do prazo de quinze dias do recebimento do mandado citatório, o devedor, em lugar de entregar a coisa ao exequente, poderá depositá-la em juízo. Com essa providência, ficará habilitado a pleitear efeito suspensivo para seus embargos, se atendidas as exigências do art. 919, § 1º. O depósito não influi, em nada, na contagem do prazo de embargos, que, como já esclarecido, começa com a juntada do mandado de citação e não da segurança do juízo. A principal função do depósito é impedir que o exequente seja imediatamente imitido na posse do bem exequendo, colocando-o sob custódia judicial até que se julguem os embargos do executado. Uma vez, porém, que nem sempre os embargos terão efeito suspensivo, para que o executado possa, de fato, impedir o exequente de se apoderar, de plano, do objeto da execução, terá, além de depositá-lo em juízo, de obter o deferimento da eficácia suspensiva a que alude o art. 919, § 1º.

---

[4] Há várias outras formas de citação, com reflexo sobre o prazo de embargos do devedor: *(i)* na citação pelo correio, a contagem começa da juntada do aviso de recebimento (art. 231, I); *(ii)* na citação por oficial de justiça, da juntada do mandado cumprido (art. 231, II); *(iii)* na citação pelo escrivão, do termo nos autos (art. 231, III); *(iv)* na citação por edital, do dia útil seguinte ao fim da dilação assinada pelo juiz (art. 231, IV); *(v)* na citação eletrônica, do dia útil seguinte à consulta ao teor da citação, ou ao término do prazo para que a consulta se dê (art. 231, V); *(vi)* na citação por carta, da juntada do comunicado previsto no art. 232, ou, não havendo esse, da juntada da carta aos autos de origem devidamente cumprida (art. 231, VI); *(vii)* na citação pelo Diário da Justiça impresso ou eletrônico, da publicação respectiva (art. 231, VII); *(viii)* na citação por retirada dos autos, da carga respectiva (art. 231, VIII); *(ix)* na citação por mensagem eletrônica, do quinto dia útil seguinte à confirmação do recebimento da citação (art. 231, IX, incluído pela Lei nº 14.195/2021).

(d) Embargos à execução

Juntado o mandado citatório aos autos, o executado terá quinze dias para se defender por meio de embargos (art. 915). Ditos embargos não terão, em regra, efeito suspensivo (art. 919), de sorte que a imissão na posse ou a busca e apreensão conservarão o seu feitio de definitividade. Poderá o executado, contudo, pleitear efeito suspensivo, se demonstrar os requisitos para concessão de tutela provisória (art. 919, § 1º), considerando que a execução já está segura.

Para tanto, o embargante:

(i) na hipótese *de tutela de urgência*, deverá trazer elementos que evidenciem a probabilidade do direito que alega e demonstrar o perigo de dano ou o risco ao resultado útil do processo (art. 300); ou,

(ii) tratando-se de *tutela da evidência*, deverá valer-se de alegações de fato que possam ser comprovadas apenas documentalmente e apoiar-se em tese firmada em julgamento de casos repetitivos ou em súmula vinculante; ou, ainda, instruir a petição inicial com prova documental suficiente dos fatos constitutivos de seu direito, a que o embargado não tenha oposto prova capaz de gerar dúvida razoável (art. 311, IV).

A imissão e a apreensão, diante do efeito suspensivo dos embargos, tornam-se provisórias, ficando a solução definitiva da execução na dependência da decisão do incidente. Se são julgados improcedentes, a posse do credor passará a definitiva; caso contrário, devolver-se-á a coisa ao executado.

297. Cominação de multa diária

Da citação executiva poderá constar a cominação de multa por dia de atraso no cumprimento da obrigação de entrega de coisa (art. 806, § 1º, primeira parte). Essa penalidade já pode ter sido prevista no título executivo. Mas, mesmo que não exista tal previsão, a lei dá ao juiz poder para fixá-la no despacho da inicial da execução. De qualquer forma, o valor a constar do mandado executivo é o que o juiz fixar, ainda que o título extrajudicial preveja outro. A multa, *in casu*, é meio de coerção, e não forma de indenizar prejuízo do credor. A sanção é de ordem pública e não pode ficar sob o controle exclusivo da parte. O juiz não deve, portanto, omitir-se na sua dosagem e na sua aplicação.

É por ser um instrumento da atividade jurisdicional executiva que a lei confere ao juiz o poder de rever, a qualquer tempo, o valor da multa já fixada, tanto para ampliá-lo como para reduzi-lo, caso se torne insuficiente ou excessivo, diante das peculiaridades do processo (art. 806, § 1º, 2ª parte).

Ainda dentro da mesma perspectiva, pode o juiz deixar de aplicar a multa de coerção, ou revogá-la, se estiver evidente a impossibilidade de o devedor cumprir a obrigação de entrega de coisa na sua modalidade específica. Para compelir o obrigado a pagar o equivalente econômico, não prevê a lei o emprego da *astreinte*.[5]

Se, porém, o devedor criou a impossibilidade intencionalmente ou se esta ocorreu por causa do retardamento, terá lugar a cumulação das perdas e danos com a multa cominada, até o momento em que a prestação originária se inviabilizou. É que o art. 500, que também se aplica às obrigações de entrega de coisa, dispõe que a indenização por perdas e danos dar-se-á sem prejuízo da multa.

---

[5] Transformada, porém, a obrigação em indenização, a execução toma a forma de execução por quantia certa. Se o título for judicial, haverá possibilidade de incidir a multa única de 10% se o pagamento não se der em 15 dias (art. 523, § 1º, correspondente ao antigo art. 475-J do CPC/1973).

298. Regime dos embargos do executado

A defesa contra as execuções autônomas deve ser, em regra, manejada na via dos embargos do executado, tema analisado no capítulo 52. Cabe aqui, contudo, examinar os efeitos em que a defesa apresentada pelo executado-embargante é recebida.

O Código atual considera que a eventual oposição de embargos, tal qual acontecia após as últimas reformas do Código anterior, dispensa a garantia do juízo (art. 919), razão pela qual sequer trata do depósito da coisa como requisito para o oferecimento de defesa pelo executado. Isso não quer dizer, porém, que o executado não possa mais fazer o depósito do bem a ser entregue. Pode ser que o devedor tenha sim interesse no depósito, como forma de se promover, com a própria coisa, a garantia do juízo. Afinal, tal garantia permanece como requisito para obtenção de efeito suspensivo aos embargos do executado (art. 919, § 1º).

Dessa forma, havendo a concessão de efeito suspensivo aos embargos, a coisa permanecerá depositada até o julgamento da defesa oferecida pelo executado. Do contrário, terá o credor a faculdade de levantar, desde logo, a coisa depositada pelo devedor.

299. Alienação da coisa devida

Mesmo quando houver alienação da coisa devida a terceiro, se o ato de disposição ocorreu após a propositura da execução, continuará ela alcançável pela constrição judicial (art. 808). O caso é de fraude de execução, de maneira que a transferência do bem (embora válida) apresenta-se ineficaz perante o credor (arts. 790, I, e 792, III). Consultar, ainda, o item nº 228, *retro*.

Nessa hipótese, se aprouver ao credor, o mandado executivo será expedido contra o adquirente (art. 808). Este, se quiser defender sua posse ou domínio, só poderá fazê-lo após depósito da coisa litigiosa (art. 808, *in fine*). Não sendo devedor, o adquirente terá de defender-se por meio de "embargos de terceiro",[6] como deixa certo o art. 792, § 4º.

A responsabilidade executiva do adquirente é, todavia, limitada exclusivamente à entrega da coisa.[7] Se o bem, por qualquer razão, não mais estiver em seu poder, não terá o adquirente a obrigação de indenizar o credor pelo equivalente.[8] A obrigação pelo equivalente é tão somente do devedor.

O credor, é bom notar, não está obrigado a buscar a coisa devida em poder de terceiros. Pode preferir executar o devedor pelo valor da coisa, mais perdas e danos decorrentes da alienação (art. 809).

300. Execução da obrigação substitutiva

O fim específico da execução por coisa certa é a procura do bem devido no patrimônio do devedor, ou de terceiro, para entregá-lo *in natura* ao credor.

Pode, no entanto, ocorrer que o devedor se recuse a entregar a coisa, ou que tenha ela se deteriorado ou haja sido alienada. Se a coisa ainda existe e pode ser materialmente localizada,

---

[6] LIMA, Cláudio Vianna de. *Processo de execução*. Rio de Janeiro: Forense, 1973, n. 3, p. 124; LIMA, Alcides Mendonça. *Comentários ao Código de Processo Civil*. Rio de Janeiro: Forense, 1974, v. VI, t. II, n. 1.590, p. 704; LOPES DA COSTA, Alfredo Araújo. *Direito processual civil brasileiro*. 2. ed. Rio de Janeiro: Forense, 1959, n. 343, p. 250; CASTRO, Amílcar de. *Comentários ao Código de Processo Civil*. 2. ed. Rio de Janeiro: Forense, 1963, n. 407, p. 401.

[7] LIMA, Alcides Mendonça. *Comentários ao Código de Processo Civil*. Rio de Janeiro: Forense, 1974, v. VI, t. II, n. 1.592, p. 705.

[8] AMERICANO, Jorge. *Comentários ao Código de Processo Civil do Brasil*. 2. ed. São Paulo: Saraiva, 1958, v. IV, p. 264.

assiste ao credor o direito de buscá-la e apreendê-la, seja no patrimônio do devedor (art. 806, § 2º), seja no do terceiro adquirente, se a alienação se deu em fraude de execução (art. 808).

Mas, como já anotamos, não está o credor jungido à obrigação de perseguir a coisa sonegada. De maneira que, tanto na destruição como na alienação, fica-lhe aberta a oportunidade de optar pela execução da "obrigação subsidiária" ou "substitutiva", por meio da qual poderá, como no tópico anterior, reclamar quantia equivalente ao valor da coisa, além das perdas e danos (art. 809). Transforma-se, por essa opção, a execução para entrega de coisa certa em execução por quantia certa.[9]

Se a sentença condenatória contiver o valor da coisa, prevalecerá ele para a execução da "obrigação subsidiária". Caso contrário, o credor far-lhe-á a estimativa, que se não for aceita pela parte contrária causará o encaminhamento dos interessados ao processo de liquidação, segundo o rito aplicável às sentenças genéricas (art. 809, § 2º).

O valor da coisa será apurado por arbitramento (art. 809, § 1º) e o das perdas e danos pelo procedimento que se mostrar adequado ao caso (arts. 509 a 512). Quando se tratar de valor determinado pelo próprio título exequendo ou quando for o caso de mercadorias cotadas em bolsa, caberá ao credor instruir seu pedido de conversão em execução por quantia certa com a competente memória de cálculo, que deverá compreender o valor atual da obrigação, isto é, o principal e todos os seus acessórios e acréscimos. Para essas simples operações aritméticas, a partir de dados certos, não haverá necessidade de liquidação por arbitramento e, muito menos, por procedimento comum (liquidação por artigos) (art. 509, § 2º). Se o devedor discordar do cálculo, impugná-lo-á em embargos.[10]

Liquidada a obrigação, por qualquer das formas referidas, intimar-se-á o devedor para pagamento em três dias (art. 829), prosseguindo-se de conformidade com o procedimento da execução por quantia certa. Não há necessidade de nova citação, porque, nessa altura, o procedimento executivo já se acha em andamento e a conversão é apenas um incidente processual.

Embora a conversão em execução por quantia certa tenha sido definida em decisão judicial, a execução continuará sendo de título extrajudicial, pelo que o procedimento seguirá o prazo de pagamento e o meio de defesa previstos nos arts. 829 e 914, respectivamente. Não se pode utilizar, após a conversão, a impugnação ao cumprimento de decisão judicial, porque isto cercearia a defesa do executado que é a mais ampla possível, permitindo arguição de "qualquer matéria que lhe seria lícito deduzir como defesa em processo de conhecimento" (art. 917, VI).

Assim, liquidado o *quantum* correspondente a coisa devida e não encontrada, o executado terá o prazo de três dias para pagá-lo (art. 829), sob pena de penhora, e o prazo de quinze dias para opor embargos à execução por quantia certa (art. 915, *caput*).

301. Execução de coisa sujeita a direito de retenção

O direito de retenção, quando exercido no plano processual, gera a seu titular uma exceção dilatória. Não impede, desse modo, a condenação à entrega da coisa, mas subordina a eficácia

---

[9] "(...) Possibilidade de conversão do procedimento de execução para entrega de coisa incerta para execução por quantia certa na hipótese de ter sido entregue o produto perseguido com atraso, gerando danos ao credor da obrigação" (STJ, 3ª T., REsp 1.507.339/MT, Rel. Min. Paulo de Tarso Sanseverino, ac. 24.10.2017, DJe 30.10.2017).

[10] "(...) 4. A certeza da obrigação deriva da própria lei processual ao garantir, em favor do credor do título extrajudicial, os frutos e o ressarcimento dos prejuízos decorrentes da mora do devedor. 5. A liquidação pode ser por estimativa do credor ou por simples cálculo (art. 627, §§ 1º e 2º, do CPC/1973 ou art. 809, §§ 1º e 2º, do CPC/2015)" (STJ, REsp 1.507.339/MT, Rel. Min. Paulo de Tarso Sanseverino, ac. 24.10.2017, DJe 30.10.2017).

da sentença no processo de conhecimento à prévia satisfação do crédito daquele que detém o *jus retentionis*.[11] No processo de execução de título extrajudicial, da mesma forma, não se dará curso ao feito sem se respeitar o eventual direito de retenção daquele que está obrigado a restituir a coisa.

Por isso, se o título executivo refere-se a entrega de coisa benfeitorizada pelo devedor, ou por terceiro, antes da execução, é obrigatória a liquidação do valor das obras ou melhoramentos a serem indenizados pelo credor (art. 810), o que se fará de acordo com o disposto nos arts. 509 a 512.

A execução só terá início depois do depósito do valor das benfeitorias (art. 810, parágrafo único). O terceiro que pode exercer o direito de retenção é aquele que, sem ser devedor, responde patrimonialmente pela execução, como o que adquire o bem litigioso ou o que comete qualquer forma de fraude à execução (arts. 790, V, e 792).

Poderá haver direitos do credor contra o possuidor, como os provenientes de frutos, do uso da coisa, das perdas e danos etc. Se isto ocorrer, será lícita a compensação entre eles e o crédito das benfeitorias, tendo o exequente que depositar apenas a diferença que se apurar em favor do executado (art. 810, parágrafo único, I).

Se na compensação o saldo favorecer o credor, ficará prejudicado o direito de retenção e será lícito ao exequente cobrar o seu crédito, como execução por quantia certa, nos mesmos autos (art. 810, parágrafo único, II).

O Código atual manteve o regramento anterior, de acordo com a Lei nº 11.382/2006, admitindo que o pedido de retenção pelo devedor seja alegado como simples tema dos embargos à execução (art. 917, IV).

302. Embargos de retenção

O Código de 2015 conservou a mesma lógica do anterior ao restringir o campo de aplicação dos embargos de retenção por benfeitorias apenas às execuções para entrega de coisa fundadas em título extrajudicial (art. 917, IV).

Assim, como não há mais *actio iudicati*, para realizar a condenação contida nas sentenças que impõem o cumprimento das obrigações de dar coisa certa, a arguição do *ius retentionis* somente será viável na contestação, ainda na fase de conhecimento do processo (art. 538, § 1º). Depois da sentença, não haverá mais oportunidade para os questionados embargos. O mandado de busca e apreensão (móveis) ou de imissão de posse (imóveis) será consequência imediata da sentença, sem ensejar novas oportunidades, para qualquer incidente cognitivo ou de acertamento, que não aqueles enquadráveis no regime da impugnação ao cumprimento da sentença (art. 525, § 1º) (ver, *retro*, o item nº 131).

Portanto, o exercício do direito de retenção continua sendo, no sistema do CPC/2015, matéria arguível apenas nos embargos à execução de título extrajudicial que se refira à entrega de coisa certa, caso em que não mais se exigem embargos especiais, mas simples inserção do tema nos embargos comuns do executado.

303. Execução para entrega de coisa incerta

A execução para entrega de coisa incerta está prevista no art. 811. Tem cabimento nos casos de títulos que prevejam a entrega de coisas determinadas pelo gênero e quantidade. Excluem-se da execução das obrigações de dar coisa incerta, naturalmente, as de dinheiro, que, embora sendo fungíveis, são objeto de execução própria, a de quantia certa.

---

[11] FONSECA, Arnoldo Medeiros da. *Direito de retenção*. 3. ed. Rio de Janeiro: Forense, 1957, n. 163, p. 302.

Nas obrigações de coisa incerta, a escolha, segundo o título, pode ser do exequente ou do executado. Se é do exequente, deverá ele individualizar as coisas devidas na petição inicial da execução (art. 811, parágrafo único). Se for do executado, será este citado para entregá-las individualizadas a seu critério (art. 811, *caput*). Não se abre um incidente especial para definir, previamente, a individualização da coisa. A citação é única, e a resposta do executado já deve se dar pela entrega ou depósito da coisa escolhida, no prazo de quinze dias do art. 806.[12]

Tanto a escolha do exequente como a do executado podem ser impugnadas pela parte contrária no prazo de quinze dias (art. 812). O prazo para a escolha do executado é o da citação para a entrega (quinze dias). Tudo se passa dentro do procedimento executivo, sem maiores formalidades.

Os critérios para a escolha são os do art. 244 do Código Civil, isto é, o devedor "não poderá dar a coisa pior, nem será obrigado a prestar a melhor".

A apreciação da impugnação deve ser sumária, decidindo-a o juiz de plano. Se julgar necessário, porém, poderá louvar-se em perito, observando-se o procedimento normal dos exames periciais (art. 812). Trata-se de decisão interlocutória desafiadora do recurso de agravo de instrumento (art. 1.015, parágrafo único).

A omissão do devedor em efetuar a escolha, quando lhe caiba esse direito, importa transferência da faculdade para o credor.[13]

Superada a fase de individualização das coisas genéricas, o procedimento da execução é o mesmo observado na entrega da coisa certa (art. 813).

304. Medidas de coerção e apoio

O Código de 2015 praticamente reproduziu a sistemática do anterior, prevendo as mesmas medidas para o cumprimento das obrigações de fazer e não fazer (art. 536, § 1º), igualmente extensíveis ao cumprimento da obrigação de entrega de coisa (art. 538, § 3º). Ou seja: o juiz pode lançar mão de medidas adequadas para assegurar a eficácia da execução de obrigação de fazer e não fazer, como a cominação de multa por atraso e a busca e apreensão, com emprego da força policial, se necessário.

Nesses dispositivos a atenção normativa está voltada para o processo de conhecimento. Seu objetivo final, todavia, é a execução do provimento jurisdicional. Por isso, mesmo que inexista sentença condenatória, tais meios de coerção têm igual cabimento nas execuções de título extrajudicial, ainda que o art. 806, § 1º, mencione apenas a multa. De fato, não seria razoável pensar que a execução do título extrajudicial fosse dotada de menos efetividade que a do título judicial, quando o Código não faz, em momento algum, qualquer tipo de discriminação no acesso à Justiça pela parte que disponha de título para reclamar a tutela jurisdicional executiva. O empenho do Código em propiciar o efetivo proveito que o título assegura ao credor é um só, seja ele judicial ou extrajudicial.

---

[12] "Não há que se falar em um momento prévio de escolha para posterior entrega, após homologação" (STJ, 3ª T., REsp 701.150/SC, Rel. Min. Nancy Andrighi, ac. 15.12.2005, DJU 01.02.2006, p. 545).

[13] LIMA, Alcides Mendonça. *Comentários ao Código de Processo Civil*. Rio de Janeiro: Forense, 1974, v. VI, t. II, n. 1.629, p. 717.

Fluxograma nº 9 – Execução para entrega de coisa certa com base em título extrajudicial (arts. 806 a 810)

Fluxograma nº 10 – Execução para entrega de coisa incerta com base em título extrajudicial (arts. 811 a 813)

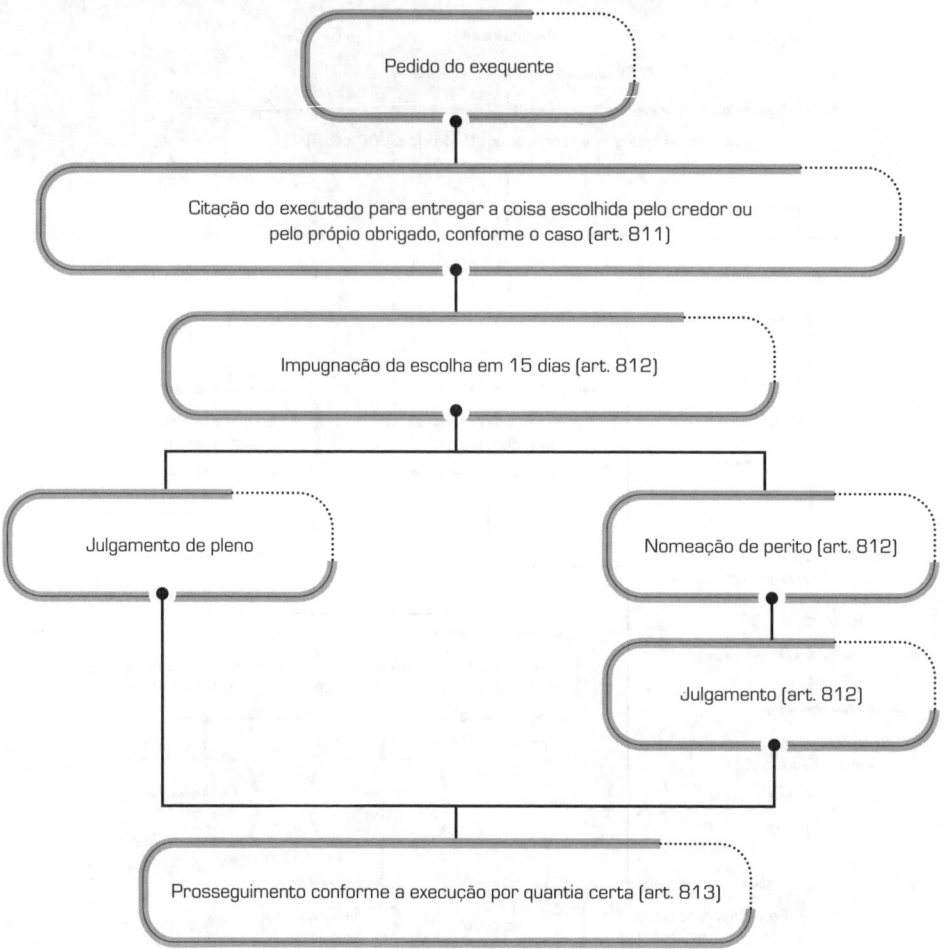

Capítulo XV
EXECUÇÃO DAS OBRIGAÇÕES DE FAZER E NÃO FAZER

§ 34. PROCEDIMENTOS PRÓPRIOS DAS EXECUÇÕES DAS OBRIGAÇÕES DE FAZER E NÃO FAZER

305. O problema da execução das prestações de fato

Conforme já se viu no Capítulo que trata do cumprimento de sentença relativa às obrigações de fazer e não fazer, a primeira é positiva e tem por objeto a realização de um ato do devedor, já a segunda é negativa e importa no dever de abstenção do obrigado, isto é, em não praticar determinado ato. O objeto da relação jurídica, portanto, é um *comportamento* do devedor. Já, nas obrigações de dar, a prestação incide sobre *coisas*, sendo objeto realizáveis de execução *específica*, mesmo quando o devedor se torna inadimplente, pois a interferência do Estado é quase sempre capaz de atingir o *bem devido* para entregá-lo ao credor.

Ocorre que, nas obrigações de fazer acontece o contrário, visto que raramente se conseguirá a atuação compulsória do devedor faltoso para realizar a prestação a que pessoalmente se obrigou.

Há, no caso, razões de ordem prática e ordem jurídica criando obstáculos à execução forçada específica. Subordinado o cumprimento da obrigação a uma atividade ou abstenção do devedor, na ordem prática, fica a prestação na dependência de sua vontade, contra a qual o Estado nem sempre dispõe de meio adequado para exigir o implemento específico. Na ordem jurídica, encontra-se o tradicional repúdio ao emprego da força contra a pessoa para constrangê-la ao cumprimento de qualquer obrigação, retratado no princípio geral de que *nemo potest cogi ad factum*.[1]

Daí o motivo pelo qual o Direito Romano proclamava que o inadimplemento das obrigações de fazer ou não fazer resolver-se-ia sempre em indenização,[2] princípio conservado, em toda pureza, pelo direito medieval e que foi contemplado no Código de Napoleão (art. 1.142).

Com o correr dos tempos, todavia, tornou-se forçosa uma distinção, que veio abrandar o rigor da impossibilidade da execução específica dessas obrigações. Estabeleceu-se, então, a diferença entre as obrigações só exequíveis pelo devedor e aquelas cujo resultado também pode ser produzido por terceiros.

Criou-se, destarte, o conceito de obrigações de fazer *fungíveis* e *infungíveis*, com soluções diversas para cada espécie no processo de execução.[3]

---

[1] AMARAL SANTOS, Moacyr. *Direito processual civil*. 4. ed. São Paulo: Saraiva, 1970, v. III, n. 888, p. 347-348; LIEBMAN, Enrico Tullio. *Processo de execução*. 3. ed. São Paulo: Saraiva, 1968, n. 96, p. 167-168.
[2] CELSO. Iso, *Dig.*, 42, 1, 13.
[3] LIEBMAN, Enrico Tullio. *Processo de execução*. 3. ed. São Paulo: Saraiva, 1968, n. 96, p. 168-169; LIMA, Cláudio Vianna de. *Processo de execução*. Rio de Janeiro: Forense, 1973, n. 2, p. 148-149.

306. Fungibilidade das prestações

Em matéria de obrigação de fazer, entende-se por prestações *fungíveis* "as que, por sua natureza, ou disposição convencional, podem ser satisfeitas por terceiro, quando o obrigado não as satisfaça".[4] São exemplos comuns as empreitadas de serviços rurais, como desmatamentos, plantio de lavouras, e as de construção, limpeza ou reforma de edifícios.

Por outro lado, *infungíveis* "são as prestações que somente podem ser satisfeitas pelo obrigado, em razão de suas aptidões ou qualidades pessoais",[5] como ocorre com o pintor célebre que se obriga a pintar um quadro e de maneira geral com todos os contratos celebrados *intuitu personae*. A infungibilidade pode decorrer simplesmente do contrato, pelo acordo das partes (infungibilidade convencional), ou da própria natureza da prestação (infungibilidade natural).

A grande importância da distinção que ora se faz está em que, sendo fungível a prestação, poderá o credor executá-la especificamente, ainda que contrariamente à vontade do devedor. Utilizar-se-ão, para tanto, os serviços de terceiros e o devedor ficará responsável pelos gastos respectivos (CPC/2015, arts. 816 e 817). Enquadra-se, também, no conceito de prestação fungível a que na forma original não mais se pode alcançar, mas permite substituição por medida capaz de produzir "resultado prático equivalente", segundo decisão judicial (art. 497).

Se, porém, a obrigação for de prestação infungível, a recusa ou mora do devedor importa sua conversão em perdas e danos, gerando a execução pela "obrigação subsidiária" e dando lugar à aplicação do clássico princípio de que "c'est en cette obligation de dommages et intérêts que se résolvent toutes les obligations de faire quelque chose...".[6] Nesse sentido: Código Civil, art. 247.

307. *Astreinte*: a multa como meio de coação

Além da execução por terceiro, que é objeto próprio do processo de execução, o direito moderno criou a possibilidade de coagir o devedor das obrigações de fazer e não fazer a cumprir as prestações a seu cargo mediante a imposição de multas. Respeitada a intangibilidade corporal do devedor, criam-se, dessa forma, forças morais e econômicas de coação para convencer o inadimplente a realizar pessoalmente a prestação pactuada.

O Código prevê, expressamente, a utilização de multa diária para compelir o devedor a realizar a prestação de fazer ou não fazer. Essa multa será aquela prevista na sentença condenatória e, se omissa, a que for arbitrada durante o cumprimento da condenação (art. 536, § 1º). No caso de título executivo extrajudicial, a multa será fixada pelo juiz ao despachar a inicial da execução, oportunidade em que também definirá a data a partir da qual será devida (art. 814). Embora o usual seja o cálculo diário da multa, não está impedido o juiz de fixar ou alterar a periodicidade, com base em outros padrões temporários.[7] Aliás, o CPC/2015, a propósito das obrigações de fazer ou não fazer, não mais fala em multa diária, mas em "multa fixada periodicamente para compelir o réu ao cumprimento específico da obrigação" (art. 500).

Da sujeição às *astreintes* não se exclui o Poder Público, como se acha assentado na jurisprudência[8] e na doutrina.[9]

---

[4] AMARAL SANTOS, Moacyr. *Direito processual civil*. 4. ed. São Paulo: Saraiva, 1970, v. III, n. 889, p. 351.
[5] AMARAL SANTOS, Moacyr. *Direito processual civil*. 4. ed. São Paulo: Saraiva, 1970, v. III, n. 889, p. 351.
[6] POTHIER, Robert Joseph. *Traité des obligations*. Paris: Libr. de L'oeuvre de Saint-paul, 1883, n. 157-158.
[7] ASSIS, Araken de. *Manual da execução*. 9. ed. São Paulo: RT, 2005, n. 209.3, p. 523.
[8] STJ, 5ª T., REsp 464.388/SP, Rel. Min. José Arnaldo da Fonseca, ac. 26.08.2003, *RSTJ* 182/460; STJ, 6ª T., AI 480.864/RS-AgRg., Rel. Min. Paulo Medina, ac. 13.05.2003, *DJU* 09.06.2003, p. 319; STF, 2ª T., RE 495.740/DF, Rel. Min. Celso de Mello, ac. 02.06.2009, *DJe* 14.08.2009.
[9] ASSIS, Araken de. *Manual da execução*. 9. ed. São Paulo: RT, 2005, n. 208, p. 520.

Note-se, contudo, que as multas, como meios coativos, "não têm propriamente caráter executório, porque visam conseguir o adimplemento da obrigação pela prestação do próprio executado, compelido a cumpri-la para evitar as pesadas sanções que o ameaçam".[10] Não há nelas a presença da sub-rogação estatal que configura a essência da execução forçada.[11]

I – Revisão da multa

Confere-se ao juiz da execução poderes, também, para rever a multa antes imposta, ampliando-a ou reduzindo-a, conforme as necessidades da atividade executiva. Nesse sentido, o Código atual confere ao juiz poder para, "de ofício ou a requerimento, modificar o valor ou a periodicidade da multa vincenda ou excluí-la" se se tornar insuficiente ou excessiva e se o obrigado demonstrar cumprimento parcial superveniente da obrigação ou justa causa para o descumprimento (art. 537, § 1º). Sobre o avolumar da *astreinte* derivado do comportamento malicioso do credor, trata-se de abuso de direito processual, que o juiz pode coibir, mediante redução equitativa (ver, *retro*, neste volume, o nº 131, subitem V, e no volume I, o nº 193). Acerca da limitação legal da revisão apenas às multas vincendas, ver, o subitem IV do mesmo nº 131 deste volume.

II – Impossibilidade de realização da prestação

A imposição, bem como a exigibilidade da multa, pressupõe ser factível o cumprimento da obrigação em sua forma originária. Comprovada a impossibilidade da realização da prestação *in natura*, mesmo por culpa do devedor, não terá mais cabimento a exigência da multa coercitiva. Sua finalidade não é, na verdade, *punir*, mas basicamente obter a prestação específica. Se isso é inviável, tem o credor de contentar-se com o equivalente econômico (perdas e danos). No entanto, se essa inviabilidade foi superveniente à imposição da multa diária, a vigência da medida prevalecerá até o momento do fato que impossibilitou a prestação originária.[12]

A revogação da multa, por outro lado, torna-se cabível tanto por impossibilidade *objetiva* da prestação (o fato devido tornou-se materialmente inexequível) como por impossibilidade *subjetiva* do devedor (este caiu, por exemplo, em insolvência).[13]

III – Procedimento para exigência da multa periódica

A exigência da multa se dá por meio do procedimento de execução por quantia certa. Como a sentença (ou o título executivo extrajudicial) que a institui é apenas genérica e subordinada a condição, tem o credor de promover a necessária liquidação antes de dar início à respectiva execução. O rito adequado é, em regra, o da liquidação pelo procedimento comum (liquidação por artigos), pois haverão de ser provados fatos novos, como a constituição em mora do devedor, o descumprimento da prestação, a data em que este ocorreu e a duração do estado de inadimplência. Caberá, em tal procedimento, o juízo de revisão da multa vincenda, para reduzi-la, aumentá-la ou fazê-la cessar, conforme o caso (CPC/2015, arts. 537, § 1º, e 814, parágrafo único) (sobre a referência legal apenas à multa vincenda, ver, *retro*, o nº 113).

---

[10] LIEBMAN, Enrico Tullio. *Processo de execução*. 3. ed. São Paulo: Saraiva, 1968, n. 97, p. 170. Sobre os casos de admissibilidade da imposição de multa ao devedor, veja-se o v. I desta obra, item nº 577. Quanto à duração da multa do art. 536, § 1º, ensina Sálvio de Figueiredo Teixeira que se trata de figura processual equiparada às *astreintes* do direito francês, "que são ilimitadas, podendo levar o devedor à insolvência" (*Código de Processo Civil*. Rio de Janeiro: Forense, 1979, nota, p. 152).

[11] REIS, José Alberto dos. *Processo de execução*. Coimbra: Coimbra Ed., 1943, v. I, n. 12, p. 25.

[12] ASSIS, Araken de. *Manual do processo de execução*. 5. ed. São Paulo: RT, 1998, p. 426.

[13] GUERRA, Marcelo Lima. *Execução indireta*. São Paulo: RT, 1998, p. 203.

Se o credor já dispuser de elementos para demonstrar, de plano, o descumprimento da prestação por ato imputável ao devedor, assim como as datas inicial e final da aplicação da multa já fixada, poderá liquidar o *quantum* a executar por memória de cálculo, na forma do art. 798, I, "b", com a qual instruirá a inicial da execução por quantia certa (sobre o termo inicial de fluência das *astreintes*, v., *retro*, o item nº 113, subitem VIII).

No caso da execução de título extrajudicial, a incidência da multa é muito singela, já que a cominação é feita na própria citação e o termo inicial da *astreinte* coincidirá com o termo final do prazo para cumprimento voluntário da obrigação. Desse momento em diante, a apuração do valor da multa será feita por simples cálculo aritmético. Sobre correção monetária e juros moratórios em matéria de *astreinte*, ver, *retro*, o item nº 113, subitem XI.

308. Distinções preliminares

Para o manejo prático do processo de execução, é importante distinguir, inicialmente, entre as obrigações *positivas* (de fazer) e as *negativas* (de não fazer). O Código regula-as em seções distintas.

Com relação às positivas, cumpre, ainda, distinguir:

(a) as de prestação *fungível*;

(b) as de prestação *materialmente infungível;* e

(c) as de prestação *apenas juridicamente infungível* (obrigações de declaração de vontade).

Isso porque o encaminhamento da execução forçada e o resultado a ser alcançado pelo credor variarão conforme se enquadre a obrigação numa das três espécies *supra*.

309. Princípios comuns

O Código de Processo Civil autoriza a execução das obrigações de fazer ou não fazer tanto para os títulos judiciais como para os extrajudiciais.

O início do procedimento executivo, em caso de título extrajudicial, será sempre por meio da citação do devedor para que cumpra a obrigação em prazo determinado, seja realizando a obra ou o fato, nas prestações positivas (art. 815), seja desfazendo-os, nas negativas (art. 822). Se judicial o título, o cumprimento da condenação não segue o rito ora em apreciação, mas o do art. 536.

Somente depois de verificado em juízo o não cumprimento voluntário da obrigação é que terão lugar os atos judiciais de execução propriamente ditos.

Há, outrossim, para o credor sempre a possibilidade de optar pela reparação das perdas e danos em lugar da obra devida, ainda que se trate de obrigação fungível (arts. 816 e 823), caso em que a execução se transforma em execução por quantia certa.

Também a multa, como meio executivo indireto, ou meio de coação, é remédio aplicável à generalidade das execuções de obrigações de fato, positivas e negativas, bastando que tenha a sanção figurado no título executivo. Mesmo que nele não haja fixação expressa, possível será a imposição de multa pelo juiz da execução (art. 814). Entretanto, o valor fixado não se torna inalterável. Confere-se ao juiz da execução o poder de reduzi-lo, se excessivo diante das particularidades do caso (art. 814, parágrafo único).

Em regra, porém, não se aplica a multa às obrigações de contratar ou declarar vontade, por se tratar de providência executiva totalmente desnecessária. Há, no entanto, cabimento do uso das *astreintes* quando não for possível ao juiz proferir uma sentença que substitua perfeitamente o contrato definitivo, como, por exemplo, se dá na hipótese de compromisso a que falte dado essencial para a lavratura do negócio principal. O adimplemento da obrigação de fazer (firmar o contrato definitivo) dependerá de fato do devedor, ou seja, do fornecimento dos dados em seu poder. A condenação, *in casu*, poderá valer-se da cominação de multa diária para forçar o devedor a adimplir sua obrigação. Já para os casos de aplicação ordinária do art. 501, não tem sentido impor-se multa cominatória ao devedor, porque a sentença atingirá, por si só, o resultado prático da declaração de vontade não prestada, independentemente de qualquer concurso do inadimplente.[14]

310. Sistemas de execução de título judicial e extrajudicial que reconheça obrigação de fazer ou de não fazer

A legislação atual manteve a sistemática do Código anterior, separando os procedimentos a que se devem submeter os títulos judiciais e os extrajudiciais, em tema de obrigações de fazer e não fazer (arts. 536 e 814), de forma que:

(a) as sentenças judiciais: serão cumpridas, em princípio, de acordo com os arts. 536 e ss.;

(b) os títulos extrajudiciais: sujeitam-se à ação executiva disciplinada pelos arts. 814 a 823.

É bom lembrar, conforme já se demonstrou, que no art. 497 e seu parágrafo único o juiz encontra meio de moldar, de maneira individualizada, a solução do descumprimento da obrigação de fato. Pode, até mesmo antes da sentença, tomar providências que antecipem os efeitos da prestação descumprida; e pode, ainda, determinar medidas que, mesmo não sendo iguais à prestação devida, asseguram efeito prático equivalente. Mesmo na execução forçada prevista nos arts. 814 e ss., não fica adstrito apenas à multa periódica e pode se valer de outros mecanismos dos arts. 497, parágrafo único, e 536 e seus parágrafos para dar a melhor, mais justa e efetiva tutela ao credor de obrigação de fazer e não fazer.

311. Execução das prestações fungíveis

O início da execução do título extrajudicial se dá com a citação do devedor, provocada por pedido de credor (petição inicial), convocando o inadimplente a cumprir a prestação em prazo determinado (art. 815).

Esse prazo é variável, podendo constar no *contrato* das partes, na *sentença* ou na *lei*, conforme as particularidades de cada caso concreto.

Se, ao iniciar a execução, ainda não estiver estipulado o prazo por uma das formas *supra*, cumprirá ao juiz assiná-lo ao devedor no ato que ordenar a citação. Para tanto, o credor requererá ao juiz que arbitre o prazo, podendo fazer sugestões de acordo com a natureza da obra a ser realizada pelo devedor.

Como já ficou assentado, as obrigações de fazer podem ser de prestação fungível ou infungível. Qualquer que seja a natureza da obrigação, contudo, se for voluntariamente cumprida no prazo da citação, extinguir-se-á o processo executivo (art. 924, II), fato que constará de termo e será declarado em sentença (art. 925).

Se o devedor conservar-se inadimplente e sendo infungível a prestação, o credor não terá alternativa senão promover a execução da obrigação subsidiária, ou seja, reclamar perdas e danos, sob o rito de execução por quantia certa (art. 821, parágrafo único).

---

[14] BARBOSA MOREIRA, José Carlos. *O novo processo civil brasileiro*. 19. ed. Rio de Janeiro: Forense, 1998, p. 219.

Se a hipótese, no entanto, é de prestação fungível, caberá ao credor, vencido o prazo da citação sem o cumprimento da obrigação, optar entre:

(a) pedir a realização da prestação por terceiro, à custa do devedor; ou

(b) reclamar perdas e danos, convertendo a prestação de fato em indenização, hipótese em que o respectivo valor deverá ser apurado em liquidação, na forma do disposto nos arts. 509 a 512. Apurado o *quantum debeatur*, prosseguir-se-á como execução para cobrança de quantia certa (arts. 824 e ss.).[15]

312. Realização da prestação fungível por terceiro

Se a prestação devida é suscetível de ser realizada por terceiro, pode o juiz, a requerimento do exequente, decidir que um estranho realize o fato à custa do executado (art. 817, *caput*).

Para tanto, o exequente apresentará, com a inicial, uma ou algumas propostas, subscritas por interessados na realização da obra, sobre as quais o juiz ouvirá o executado (art. 817, parágrafo único). Aprovada a proposta pelo juiz, lavrar-se-á termo nos autos, para formalização do contrato respectivo.

Não há obrigatoriedade de uma avaliação prévia como se chegou a exigir na redação primitiva do § 1º do art. 634 do CPC/1973. Eventualmente, para solucionar alguma controvérsia sobre a proposta trazida pelo exequente, poder-se-á lançar mão de instrução probatória, inclusive por meio de prova pericial.

Para viabilizar a obra, toca ao exequente adiantar as quantias previstas na proposta aprovada em juízo (art. 817, parágrafo único).

Segundo se deduz do art. 249 do Código Civil,[16] a execução pelo próprio credor, ou por terceiro de sua escolha, ordinariamente é precedida de autorização judicial, que pode ser incluída na sentença condenatória do cumprimento da obrigação (art. 497), ou durante o procedimento de execução forçada, em caso como o do título extrajudicial ou da sentença que não se pronunciou, originariamente, sobre a medida (art. 817).

O CPC/2015, assim como o anterior, não exige medidas de concorrência pública ou licitação para a realização da obrigação por terceiro.

Assim, qualquer que seja o título executivo (sentença ou contrato), o juiz pode autorizar a execução pelo credor ou por terceiro de sua escolha, orientando-se pelos arts. 815 e ss. e sempre observando as providências que assegurem o resultado prático equivalente ao do adimplemento. Ou seja, o modo de atingir os efeitos do adimplemento fica livre de procedimento rígido, devendo ser deliberado pelo juiz, segundo as particularidades do caso concreto.

É claro que o juiz poderá traçar alguns parâmetros para a obra realizada ou desfeita por diligência do credor, principalmente para evitar gastos e sacrifícios além dos necessários. Poderá até exigir avaliação ou demonstração de custos, antes de autorizar o início da obra,

---

[15] "Pode o exequente – em execução de obrigação de fazer fungível, decorrente do inadimplemento relativo, voluntário e inescusável do executado – requerer a satisfação da obrigação por terceiro, cumuladamente ou não com perdas e danos, considerando que o *caput* do art. 816 do CPC não derrogou o *caput* do art. 249 do Código Civil" (CEJ/I Jorn. Dir. Proc. Civ., Enunciado nº 103).

[16] Código Civil: "Art. 249. Se o fato puder ser executado por terceiro, será livre ao credor mandá-lo executar à custa do devedor, havendo recusa ou mora deste, sem prejuízo da indenização cabível. Parágrafo único. Em caso de urgência, pode o credor, independentemente de autorização judicial, executar ou mandar executar o fato, sendo depois ressarcido".

observando-se o contraditório. O que, definitivamente, ficou abolido foi a inútil, infrutífera e irrealizável concorrência pública antes imposta pelos parágrafos do art. 634 do Código de 1973.

É certo, pois, que a escolha do terceiro e as condições de sua contratação devem partir do exequente, que as submeterá ao juiz para autorizar o início das obras. Não é do juiz, portanto, a escolha. Sua função é apenas a de conferir o projeto do credor com a força do título executivo e evitar qualquer excesso.

A deliberação judicial, por isso, será feita informalmente, sem maiores complexidades procedimentais. Poderá até não ocorrer, caso se dê a urgência de que cogita o parágrafo único do art. 249 do Código Civil. Nessas circunstâncias emergenciais, cabe ao credor decidir pela inadiável realização do fato devido, antes de qualquer consulta ao juiz. O cumprimento forçado será extrajudicial. A pretensão a ser deduzida no processo, então, será a de cobrar o custo dos gastos já efetuados, além de eventuais perdas e danos. Nessa altura, a obrigação de fazer ou não fazer já se terá convertido em seu equivalente econômico. A execução, quando cabível, será por quantia certa.

Concluída a obra, ouvir-se-ão as partes no prazo de dez dias. As eventuais impugnações serão solucionadas de plano. Não havendo impugnação ou estando as impugnações resolvidas, o juiz dará por cumprida a obrigação, pondo fim à execução (art. 818). A recuperação das importâncias adiantadas pelo exequente para custeio da obra dar-se-á com os acréscimos dos gastos processuais (custas e honorários de advogado) por meio de execução por quantia certa, nos próprios autos, uma vez que a realização do fato devido corre à custa do executado (art. 817, *caput*). O procedimento é o dos arts. 523 e ss. c/c 824 e ss.

313. Inadimplência do terceiro contratante

Pode ocorrer que o contratante não preste o fato no prazo convencionado, ou que o realize de modo incompleto ou defeituoso. Se isto acontecer, será lícito ao exequente requerer autorização judicial para concluir a obra ou repará-la (art. 819). Sobre o pedido, que deverá ser formulado nos quinze dias seguintes à entrega da obra, ou ao vencimento do prazo convencionado, o contratante será ouvido em quinze dias (art. 819, parágrafo único).

Estabelece-se, assim, um incidente processual com contraditório entre o exequente e o contratante, para cuja solução, geralmente, o juiz terá de recorrer a uma vistoria. Comprovada a inexecução, total ou parcial, proceder-se-á a uma perícia para avaliar o custo das despesas a serem efetuadas para a conclusão ou reparo da obra, condenando o contratante a pagá-lo (art. 819, parágrafo único).

314. Realização da prestação pelo próprio credor

Uma vez que não é necessária licitação, cabe ao credor apresentar ao juiz a proposta, ou as propostas, de terceiros interessados na realização da obra. Aprovada uma proposta, o normal será a obra ser executada sob controle judicial e mediante verbas adiantadas pelo credor. Concluída a obra, proceder-se-á na forma dos arts. 818 e 819, para ultimar a execução forçada.

Mas o credor não está jungido a ver a obra sempre executada por terceiro autorizado judicialmente. O direito material, como acima se viu, lhe assegura a opção por realizar pessoalmente ou por prepostos os trabalhos respectivos (Código Civil, art. 249), podendo desempenhá-los até sem autorização prévia do juiz, nos casos de urgência (parágrafo único do mesmo artigo).

Daí a previsão de que, apresentada a proposta de terceiro, caberá ao credor a preferência para pessoalmente se encarregar dos trabalhos, dentro dos termos estabelecidos na referida proposta (art. 820). Sua manifestação deverá ocorrer nos cinco dias que se seguem ao depósito da proposta em juízo (art. 820, parágrafo único).

Se o propósito do credor já é requerer a execução por sua conta, desde o seu ajuizamento, deverá trazer manifestação em tal sentido já na petição inicial da ação executiva. Naturalmente, deverá juntar orçamentos, se o custo previsto para a execução for diverso do constante do contrato (título executivo extrajudicial). Se o título já tem dados que permitem a imediata consecução dos serviços, sem necessidade de orçamentos atualizados, o credor pode requerer a permissão judicial para promovê-los sem maiores delongas.

É bom lembrar que o custo das obras nem sempre será integralmente exigível do executado. Isto somente ocorrerá se o credor já houver pagado (ou de qualquer forma compensado) o preço previsto no título. Aí, sim, terá direito de realizar a obra inexecutada pelo devedor, devendo haver a totalidade do custo.

Caso nada tenha pagado, ou apenas tenha realizado pagamento de parte do custo, a execução haverá de limitar-se à recuperação das parcelas pagas, mais o prejuízo do eventual acréscimo de custo e das perdas e danos decorrentes do retardamento na conclusão dos trabalhos para chegar ao cumprimento da obrigação.

Nesta hipótese, o projeto de execução da obrigação de fazer deverá especificar que verbas serão recuperadas do devedor e quais as que serão suportadas pelo exequente.

Se as obras não foram sequer iniciadas pelo devedor e o credor não chegou a fazer desembolso em favor do primeiro, ou apenas o fez em pequenas quantidades, não há praticamente interesse no processo de execução de obrigação de fazer. O caminho adequado será da pretensão de perdas e danos, a desaguar, oportunamente, numa execução por quantia certa.

315. O interesse que justifica a adoção do procedimento previsto no art. 817

Para adequada utilização do procedimento do art. 817, impõe-se distinguir, segundo o plano econômico, duas modalidades de obrigação de fato: *(i)* aquela em que o devedor fica sujeito a realizar a obra ou serviço por sua conta; e *(ii)* aquela em que a prestação do devedor corresponde a uma contraprestação do credor. São exemplos da primeira modalidade a obrigação do vizinho de demolir a edificação que realizou invadindo terreno do confinante; a do inquilino de renovar a pintura do imóvel locado quando de sua restituição ao locador; a do vendedor do veículo de efetuar os reparos necessários durante o período de garantia etc. São exemplos típicos da segunda modalidade os contratos de empreitada e de prestação de serviços.

Portanto, executar a obra à custa do devedor, como prevê o art. 817, corresponde basicamente à hipótese de obrigação unilateral de fazer, porque é em tal situação que o credor tem o direito de exigir do devedor o reembolso dos gastos feitos para obter o resultado correspondente à prestação inadimplida. Em relação às obrigações bilaterais, o credor teria naturalmente que suportar o preço da obra, motivo pelo qual, sendo esta realizada por terceiro, dentro do custo previsto no contrato, não haverá reembolso a ser exigido do contratante inadimplente. O credor, portanto, só poderia reclamar indenização de eventuais danos decorrentes do descumprimento pontual do devedor, não o custo propriamente da obra.

No caso, pois, de obrigação bilateral, a execução do art. 817 somente será interessante se o credor já houver pagado, no todo ou em grande parte, o preço da obra que o devedor deixou de realizar. Fora dessa hipótese, o uso da execução de obrigação de fazer somente gerará complicações, sem resultados práticos compensatórios. Melhor será deslocar a pretensão para o terreno das perdas e danos, que poderão coincidir com cláusula penal (se existente), ou serão pleiteadas e definidas em processo de conhecimento, com sentença sujeita a cumprimento nos moldes dos arts. 523 e ss. (execução por quantia certa de título judicial).

316. Autotutela prevista no atual Código Civil

O Código Civil de 2002, como visto *supra*, abre para o credor de obrigação de fazer ou não fazer a possibilidade de uma autotutela muito mais simples do que a prevista no art. 820 do Código de Processo Civil. De acordo com o parágrafo único do art. 249 do atual Código Civil, "em caso de urgência, pode o credor, independentemente de autorização judicial, executar ou mandar executar o fato, sendo depois ressarcido".

Há, portanto, possibilidade de o credor tomar a iniciativa e se encarregar da realização da obra (objeto da obrigação de fazer), sem necessidade de obter prévio acertamento judicial em processo de conhecimento, ou sem prévia propositura da execução forçada. Essa autotutela empreendida extrajudicialmente sujeita-se, porém, a um requisito: a urgência da obra.

Configurada a urgência, o credor não terá de exigir qualquer alvará ou mandado judicial, tampouco dependerá de autorização do devedor para levar a cabo a obra devida. Comprovará, simplesmente, o seu custo, e exigirá o seu reembolso do devedor. Estando este em mora, não poderá questionar a iniciativa do credor, nem se recusar ao reembolso do custo comprovado.

Poderá, no entanto, demonstrar que teria inexistido urgência para justificar a execução da obra sem prévio acertamento judicial ou extrajudicial. E se assim o fizer terá direito de exigir a apuração do custo normal da prestação, para se sujeitar ao ressarcimento apenas dele, e não dos acréscimos provocados pelo credor afoito, antes do necessário contraditório.

Penso que o credor não perderá o direito ao ressarcimento pelo só fato de se comprovar que a obra não era urgente. Será, entretanto, indenizado apenas pelo valor apurado posteriormente em juízo como sendo o preço justo ou razoável, na hipótese de ter o credor pago preço maior nas condições em que implementou o fato.

Igual autorização de autotutela se vê, também, do parágrafo único do art. 251, do Código Civil, no tocante às obrigações de não fazer, ou seja, em caso de urgência, o credor poderá desfazer ou mandar desfazer aquilo que o devedor tiver feito em descumprimento de sua obrigação negativa. Também para esse desfazimento não há necessidade de prévia autorização judicial, nem prévio entendimento entre credor e devedor. Terá, contudo, de se justificar pela urgência da medida. Sem esse requisito, a demolição unilateral do bem do devedor não se justifica e pode até configurar exercício arbitrário das próprias razões, para fins penais. Aqui a situação é mais grave do que a da obrigação positiva, visto que a demolição importa, em regra, invasão da esfera do devedor e destruição de bens deste, fato que não deve acontecer sem a observância do devido processo legal. Diante das obrigações de fazer, não há essa agressão sumária do patrimônio do devedor. Mesmo quando o credor realiza unilateralmente a obra, o reembolso forçado somente acontecerá depois de ensejado o contraditório ao devedor.

Tanto no caso de urgência da realização de obras como de demolição, o reembolso não pode ser pleiteado diretamente em ação executiva. O credor não dispõe de título executivo, nem se pode considerar certa e líquida e obrigação do devedor, motivo pelo qual será obrigatório o seu prévio acertamento pelas vias do processo de conhecimento.

317. Execução das prestações infungíveis

Cuida o art. 821 das obrigações infungíveis, isto é, daquelas em que a prestação, por natureza ou convenção, só pode ser prestada pessoalmente pelo devedor (Código Civil de 2002, art. 247). É o caso, por exemplo, do pintor famoso que se obrigou a fazer um quadro ou um mural. Não há possibilidade de a obra ser realizada por outrem, já que o contrato visou especificamente a pessoa do artista (contrato *intuitu personae*).

A execução, em tal hipótese, consiste em assinar um prazo ao devedor para cumprir a obrigação, citando-o para tanto (art. 821). Se houver recusa ou mora de sua parte, outra solução não há, senão a de converter a obrigação personalíssima em perdas e danos (obrigação *subsidiária*) (art. 821, parágrafo único). Nesse caso, não tem cabimento a aplicação da multa cominatória (*astreinte*). O próprio direito material determina como sanção aplicável às prestações personalíssimas, ou infungíveis, a substituição por perdas e danos (Código Civil de 2002, art. 247).[17]

Se o contrato não previu o *quantum* da indenização em caso de inadimplemento, o credor utilizará o processo de liquidação da sentença. Uma vez líquido o valor da indenização, a execução forçada tomará as feições de execução por quantia certa.

318. Execução das obrigações de não fazer

Não há mora nas obrigações negativas.[18] Se o dever do obrigado é de abstenção, a prática do ato interdito por si só importa inexecução total da obrigação. Surge para o credor o direito a desfazer o fato ou de ser indenizado quando os seus efeitos forem irremediáveis.

É assim que dispõe o art. 822, em que se lê que, "se o executado praticou ato a cuja abstenção estava obrigado por lei ou por contrato, o exequente requererá ao juiz que assine prazo ao executado para desfazê-lo".

Não há, propriamente, como se vê, uma execução da obrigação de não fazer. Com a transgressão do dever de abstenção, o obrigado criou para si uma obrigação positiva, qual seja, a de desfazer o fato indébito.

Diante dessa situação, o processo executivo tenderá a uma das duas opções: desfazer o fato à custa do devedor ou indenizar o credor pelas perdas e danos (art. 823 e seu parágrafo único). No primeiro caso, teremos uma execução de prestação de fazer, e no segundo uma de quantia certa.

---

[17] MESQUITA, José Ignácio Botelho de et al. Breves considerações sobre a exigibilidade e a execução das astreintes. *Revista Jurídica*, v. 338, p. 36, dez./2005.

[18] ALVIM, Agostinho. *Da inexecução das obrigações e suas consequências*. 3. ed. Rio de Janeiro: Jurídica e Universitária, 1965, n. 105, p. 137-138.

§ 34-A. EXECUÇÃO ADMINISTRATIVA DO COMPROMISSO DE COMPRA E VENDA DE IMÓVEL

318-A. Adjudicação compulsória extrajudicial

A Lei 14.382/2022, que introduziu o art. 216-B à Lei dos Registros Públicos (Lei 6.015/1973), instituiu a adjudicação compulsória extrajudicial, procedimento administrativo a cargo do Registro de Imóveis através do qual, no caso de inadimplemento do compromisso de compra e venda de imóvel, se permite ao promissário comprador obter a transferência definitiva do imóvel compromissado diretamente no Cartório de Registro de Imóveis em que o bem se achar matriculado, sem necessidade, portanto, de sentença ou autorização judicial[19].

Extraem-se da inovação efetivada pela Lei 14.382/2022 os vários pressupostos e requisitos da adjudicação extrajudicial administrativa, que serão indicados a seguir.

318-A.1. Legitimação

Legitimam-se a pleitear a adjudicação compulsória perante o Registro Público as partes signatárias do compromisso de compra e venda ou da cessão de direitos, assim como seus sucessores (Lei de Registros Públicos, art. 216-B, § 1º). A legitimidade, como se vê, é tanto do promissário comprador como do promitente vendedor, pois ambos têm interesse em ver o contrato efetivamente cumprido[20].

Havendo multiplicidade de partes, em cada polo da relação contratual, o requerimento de adjudicação não precisa ser formulado por todos os cointeressados. Cada um deles tem legitimidade própria para promover a medida. Mas os contratantes do polo oposto ao do requerente deverão todos ser notificados, já que entre eles a situação é de litisconsórcio necessário[21].

318-A.2. Participação de advogado

Exige a lei que o requerente da adjudicação extrajudicial se faça representar por advogado (art. 216-B, § 1º).

318-A.3. Instrumento do compromisso de compra e venda

Deve o requerente apresentar o instrumento do compromisso de compra e venda ou da cessão (art. 216-B, § 1º, I). Não há especificação, na lei, da natureza do instrumento, se público ou particular. Na adjudicação por via judicial admite-se, segundo Talamini, o contrato por escrito particular, pois o título que ao final será levado a registro de transferência da propriedade é a

---

[19] A medida se aplica também à cessão de direitos sobre imóveis, negócio atípico e equiparado ao compromisso de compra e venda.

[20] TALAMINI, Eduardo. Adjudicação compulsória extrajudicial: pressupostos, natureza e limites. *Revista de Processo*, São Paulo, v. 336, p. 321, fev. 2023. Anota o autor que a lei fala em sucessores apenas do promitente comprador, mas nada impede o reconhecimento da legitimidade também dos sucessores do promitente vendedor (TALAMINI, Eduardo. Adjudicação compulsória extrajudicial: pressupostos, natureza e limites. *Revista de Processo*, São Paulo, v. 336, p. 321, fev. 2023. p. 322).

[21] A notificação do promitente vendedor deverá alcançar também o seu cônjuge, se for o caso. Sendo o requerimento feito pelo alienante, também deverá contar com a coparticipação do cônjuge no pleito ou com sua prévia anuência. Já no requerimento feito pelo promitente comprador, não é preciso que o seu cônjuge intervenha, "afinal, a escritura definitiva de compra e venda do imóvel dispensa a intervenção do cônjuge do comprador" (TALAMINI, Eduardo. Adjudicação compulsória extrajudicial: pressupostos, natureza e limites. *Revista de Processo*, São Paulo, v. 336, p. 323, fev. 2023).

sentença de adjudicação compulsória. Quando, porém, se trata da adjudicação extrajudicial, o título que será registrado, ainda na lição do mesmo autor, é o próprio compromisso ou a cessão de direitos (art. 216-B, § 3º). Daí sua conclusão: "Logo, ele precisa de ser público, ou seja, se o compromisso de compra e venda passa a ser, pela regra do art. 216-B, negócio que, por si só, viabiliza a transferência do bem imóvel, ele tem de ser público, em observância ao art. 108 do Código Civil"[22].

A nosso ver, entretanto, o invocado art. 108 não deve justificar a exigência formal de que somente se pratique a adjudicação forçada extrajudicial com base em compromisso ajustado através de escritura pública. É que o regime de constituição do direito real de aquisição é especial e, por disposição expressa do Código Civil (art. 1.417), o compromisso de compra e venda que lhe serve de base pode ser celebrado tanto por instrumento público como particular. Se a lei geral se contenta com o escrito particular para ser registrado e assim constituir direito real de aquisição suficiente para obter, a seu tempo, a adjudicação judicial, não há como se impor solenidade maior quando o promissário comprador exerce a faculdade de promover o direito de aquisição através da adjudicação extrajudicial. Leve-se em conta que a lei especial, ao abrir a nova via de cumprimento do compromisso de compra e venda, não fez ressalva alguma que pudesse alterar o regime formal estabelecido pelo art. 1.417 do CC. Enfim, se o Oficial do Registro de Imóveis está legalmente autorizado a registrar o compromisso particular de compra e venda para constituir direito real de aquisição, tal também haverá de entender-se possível quando se tratar de registrar o efeito *ex lege* do mesmo contrato.

318-A.4. Notificação da parte contrária

O requerente promoverá a notificação da parte contrária, por meio do Registro Imobiliário, convocando-a a comparecer a fim de celebrar a escritura definitiva em 15 dias (art. 216-B, § 1º, II), indicando, obviamente, o Cartório de Notas em que o ato será lavrado, ou deixando a escolha a cargo do notificado. A notificação poderá, também, ser realizada através do Cartório de Títulos e Documentos[23].

Se a notificação for acolhida, lavrar-se-á a escritura, ficando prejudicada a adjudicação compulsória. Não comparecendo o notificado, ou comparecendo apenas para questionar o cabimento da pretensão do promovente, sem invocar razão minimamente relevante, a adjudicação compulsória será praticada pelo oficial do Registro de Imóveis, que procederá ao registro da transferência do bem, tomando como base o próprio contrato preliminar e os elementos comprobatórios do aperfeiçoamento do direito adquirido pelo promissário comprador.

318-A.5. Características do título apto à adjudicação extrajudicial

Na sistemática do atual artigo 216-B da Lei 6.015/1973, o compromisso de compra e venda e a cessão de direitos sobre imóveis transformam-se em títulos de transferência da propriedade, independentemente de sentença de adjudicação compulsória. Assim, é preciso que constem do contrato preliminar todos os elementos essenciais do contrato definitivo, ou seja, do contrato de compra e venda, inclusive a outorga marital ou uxória, quando for o caso.

É necessário, outrossim, que o contrato preliminar não seja objeto de qualquer litígio entre as partes, razão pela qual o requerente terá de apresentar certidões negativas de ações

---

[22] TALAMINI, Eduardo. Adjudicação compulsória extrajudicial: pressupostos, natureza e limites. *Revista de Processo*, São Paulo, v. 324, p. 323, fev. 2023.

[23] A exemplo do que se passa no procedimento extrajudicial da usucapião, se o requerido não for encontrado pelo registrador para cumprir a notificação pessoal ou pelo correio (c/AR), a medida poderá ser realizada por edital publicado na imprensa local (art. 216-A, § 13).

que lhe digam respeito no foro do local do imóvel e no foro do domicílio do promovente da adjudicação (art. 216-B, § 1º, IV).

318-A.6. Imposto de Transmissão Imobiliária (ITBI) e Certidão Negativa de Débito (CND)

Assim como se dá na escritura definitiva de compra e venda, a adjudicação compulsória extrajudicial exige também que o requerente comprove o prévio recolhimento do ITBI (art. 216-B, § 1º, V).

Se o promitente vendedor for pessoa jurídica, deverá, ainda, ser apresentada a CND (Lei 8.212/1991, art. 47, I, "b")[24].

318-B. Natureza da função desempenhada pelo Oficial do Registro de Imóveis

A função do Oficial do Registro de Imóveis, no procedimento da adjudicação extrajudicial, é puramente administrativa, sem qualquer traço de jurisdicionalidade. É a mesma que ele desempenha quando analisa o título definitivo (por exemplo: escritura de compra e venda, de permuta ou de locação) para admitir o respectivo registro. Não lhe cabe, pois, dirimir conflito algum acaso existente entre as partes. Sua função cognitiva limita-se à verificação dos pressupostos formais da adjudicação extrajudicial. "Não vai além disso"[25].

Não é necessário, outrossim, que o conflito entre os contratantes esteja aforado na justiça contenciosa. Desde que o requerido apresente impugnação minimamente fundamentada para opor-se à adjudicação administrativa, o Oficial do Registro de Imóveis estará impedido de consumar o procedimento adjudicatório extrajudicial[26]. *Contrario sensu*, se a objeção não tem fundamento algum no plano da juridicidade, e se revela como pura e simples resistência caprichosa do requerido, não nos parece configurado impedimento à consumação do ato administrativo de competência do Oficial do Registro de Imóveis.

---

[24] Na jurisprudência acerca da adjudicação compulsória judicial, há o entendimento (não pacífico) de que a CND não seria obrigatória para o registro da sentença. Sendo diverso o regime legal da adjudicação compulsória extrajudicial, não há lugar para aplicar-se a criação pretoriana formada a respeito do título adjudicatório judicial. Para Talamini, "se faltar a CND, dever-se-á utilizar a via jurisdicional, portanto" (TALAMINI, Eduardo. Adjudicação compulsória extrajudicial: pressupostos, natureza e limites. *Revista de Processo*, São Paulo, v. 324, p. 327, fev. 2023).

[25] TALAMINI, Eduardo. Adjudicação compulsória extrajudicial: pressupostos, natureza e limites. *Revista de Processo*, São Paulo, v. 330, p. 327, fev. 2023.

[26] TALAMINI, Eduardo. Adjudicação compulsória extrajudicial: pressupostos, natureza e limites. *Revista de Processo*, São Paulo, v. 332, p. 327, fev. 2023. O impedimento legal ao cabimento da adjudicação extrajudicial opera *ex lege* (automaticamente), de sorte que "a parte que impugna o compromisso ou sua exigibilidade não precisa obter medida de tutela provisória para impedir a adjudicação extrajudicial" (TALAMINI, Eduardo. Adjudicação compulsória extrajudicial: pressupostos, natureza e limites. *Revista de Processo*, São Paulo, v. 330, p. 334, fev. 2023). É claro, porém, que, manifestado o ilícito propósito do Oficial do Registro de Imóveis de desprezar a impugnação, legítima será a busca da tutela judicial, não só por medida cautelar, mas até mesmo por meio de mandado de segurança, quando atendidos os requisitos especiais dessa ação constitucional.

Fluxograma nº 11 – Execução das obrigações de fazer (prestações fungíveis) com base em título extrajudicial (arts. 815 a 820)

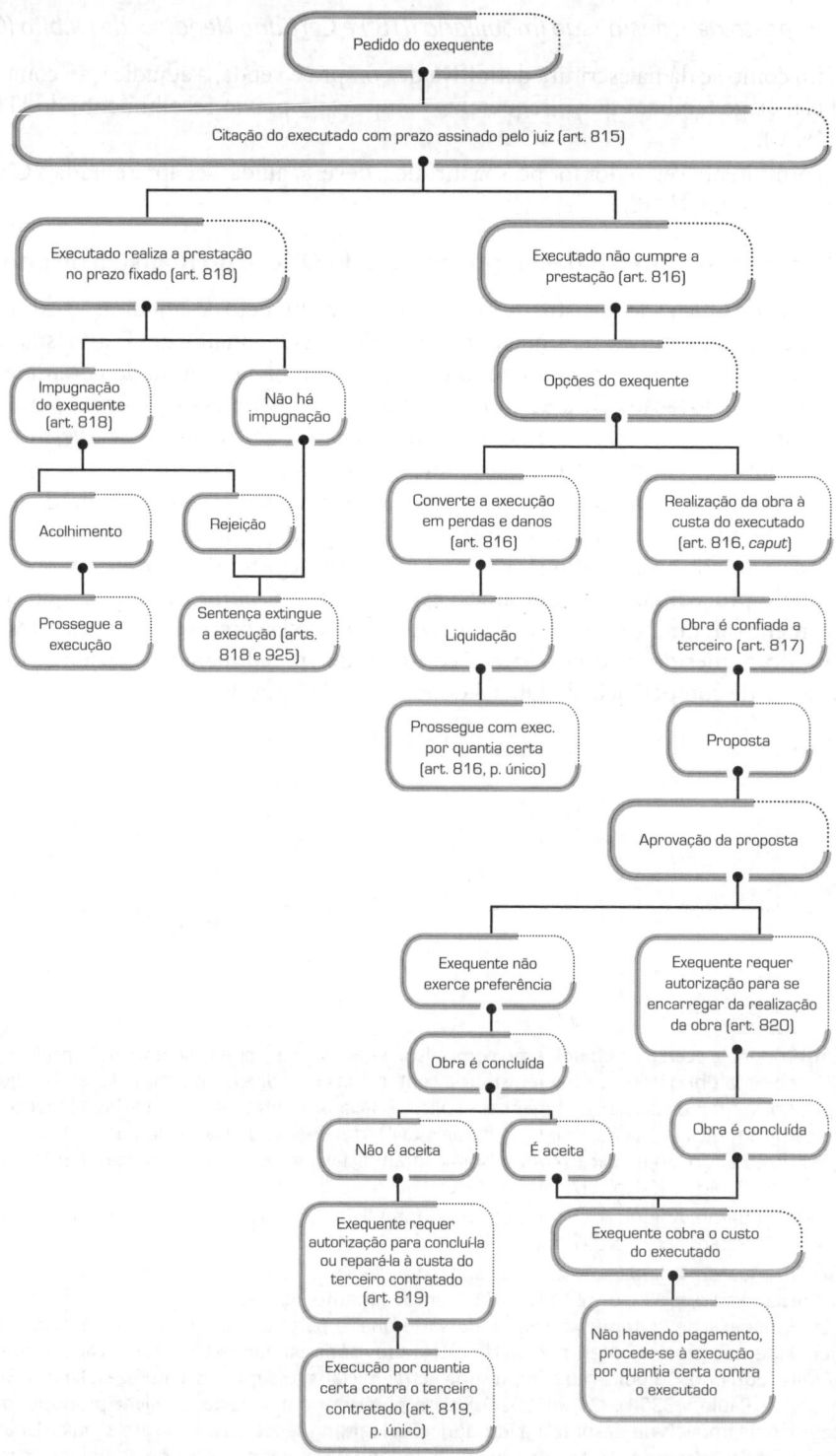

Fluxograma nº 12 – Execução das obrigações de fazer (prestações infungíveis) com base em título extrajudicial (art. 821)

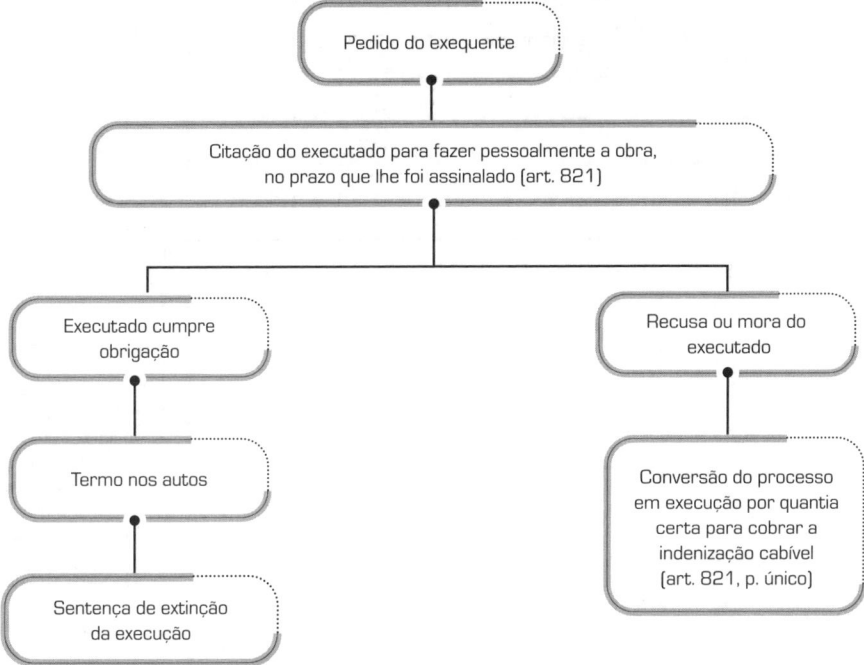

Fluxograma nº 13 – Execução das obrigações de não fazer com base em título extrajudicial (arts. 822 e 823)

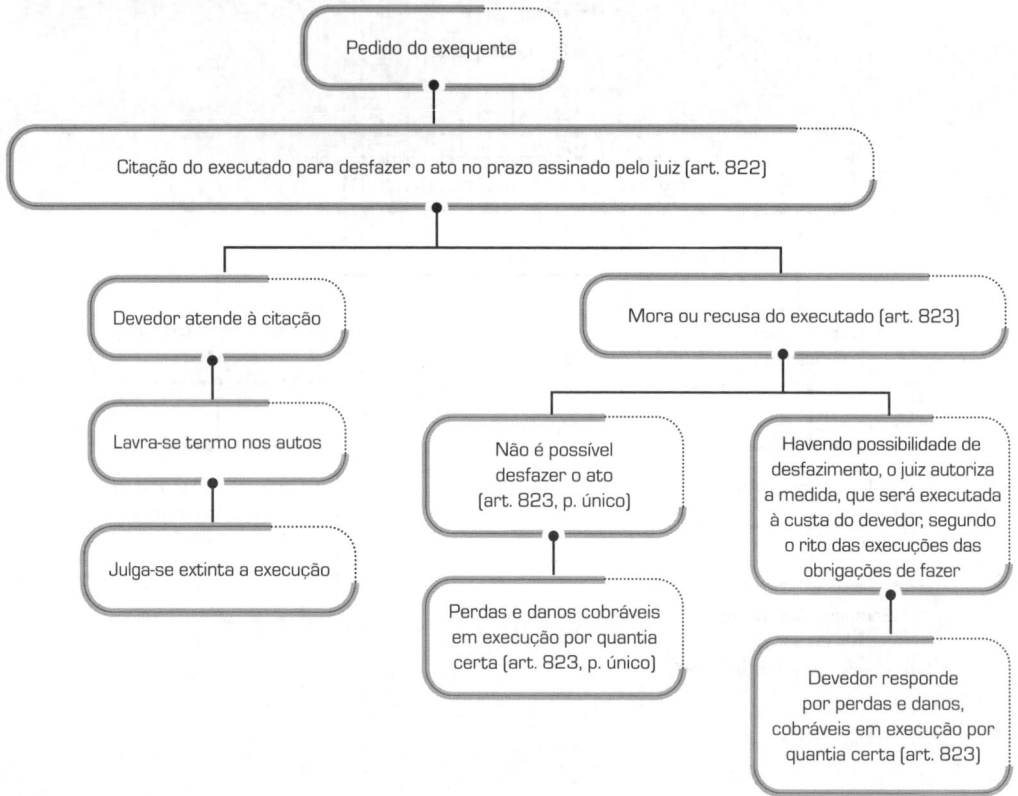

Capítulo XVI
EXECUÇÃO POR QUANTIA CERTA

§ 35. NOÇÕES GERAIS

319. O objetivo da execução por quantia certa

O patrimônio do devedor é a garantia genérica de seus credores (CPC/2015, art. 789).[1] Ao assumir uma obrigação, o devedor contrai para si uma dívida e para seu patrimônio uma responsabilidade.

A dívida é normalmente satisfeita pelo cumprimento voluntário da obrigação pelo devedor. A responsabilidade patrimonial atua no caso de inadimplemento, sujeitando os bens do devedor à execução forçada, que se opera pelo processo judicial.

Quando a obrigação representada no título executivo extrajudicial refere-se a uma importância de dinheiro, a sua realização coativa dá-se por meio da execução por quantia certa (arts. 824 e ss.). Não importa que a origem da dívida seja contratual ou extracontratual, ou que tenha como base material o negócio jurídico unilateral ou bilateral, ou ainda o ato ilícito. O que se exige é que o fim da execução seja a obtenção do pagamento de uma quantia expressa em valor monetário.[2]

Pode a execução por quantia certa fundar-se tanto em título judicial (sentença condenatória) como em título extrajudicial (documentos públicos e particulares com força executiva), muito embora o procedimento regulado nos arts. 824 e ss. seja específico dos títulos extrajudiciais. Para os títulos judiciais, o procedimento executivo é o do "cumprimento da sentença", regulado pelos arts. 520 a 527. Pode, também, decorrer da *substituição* de obrigação de entrega de coisa e da obrigação de fazer ou não fazer, quando a realização específica dessas prestações mostrar-se impossível ou quando o credor optar pelas equivalentes perdas e danos (arts. 809, 816 e 821, parágrafo único, do CPC/2015).

Consiste a execução por quantia certa em expropriar bens do devedor para apurar judicialmente recursos necessários ao pagamento do credor. Seu objetivo é, no texto do Código, a "expropriação de bens do executado" (art. 824), para cumprir sua específica função.[3]

A obrigação de quantia certa é, na verdade, uma obrigação de dar, cuja coisa devida consiste numa soma de dinheiro. Por isso, a execução de obrigação da espécie tem como objetivo proporcionar ao exequente o recebimento de tal soma. Se é possível encontrá-la em espécie no patrimônio do devedor, o órgão judicial a apreenderá para usá-la em pagamento do crédito

---

[1] A execução do título judicial não segue o procedimento da "ação de execução" (CPC/1973, arts. 646 a 729; CPC/2015, arts. 824 a 909), mas o de "cumprimento da sentença" (CPC/1973, arts. 475-J a 475-R; CPC/2015, arts. 513 a 538).

[2] REIS, José Alberto dos. *Processo de execução*. Coimbra: Coimbra Ed., 1943, v. I, n. 16, p. 42.

[3] A *expropriação*, no sentido jurídico-processual, consiste no "ato do Estado que, praticado pelo juiz, transfere bem do devedor a outra pessoa, a fim de satisfazer o direito do credor, mesmo sem a sua anuência" (*Dicionário Houaiss da Língua Portuguesa*, verbete "expropriação", p. 1.290).

do exequente. Não sendo isto possível, outros bens serão apreendidos para transformação em dinheiro ou para adjudicação ao credor, se a este convier assim se pagar. O estabelecimento de procedimento diverso daquele observado na execução de entrega de coisa se deve à dificuldade de proceder da maneira singela com que esta se realiza, ou seja, mediante simples mandado de apreensão e repasse da coisa devida a quem a ela tem direito. A execução por quantia certa tem que passar, necessariamente, por uma fase complexa de apropriação judicial de bens ou valores pertencentes ao executado para munir-se o juiz de meio adequado à satisfação do crédito do exequente.

Tem essa modalidade executiva, portanto, como atos fundamentais a *penhora*, a *alienação* e o *pagamento*,[4] podendo eventualmente redundar na entrega ao credor dos próprios bens apreendidos, em satisfação de seu direito.[5]

319-A. Prestações vincendas

Tratando das ações de conhecimento em que se reclamam prestações sucessivas, o art. 323 prevê que serão consideradas incluídas no pedido, independentemente de declaração expressa do autor e que se compreenderão na condenação, enquanto durar a obrigação, se o devedor, no curso do processo, deixar de pagá-las ou de consigná-las. Esta regra se estende ao processo de execução, por força do parágrafo único do art. 318, aplicando-se tanto ao cumprimento de sentença, como à execução de título extrajudicial, conforme entende o STJ.[6]

Nesse sentido é, também, o Enunciado nº 86 da I Jornada de Direito Processual Civil, do CEJ: "as prestações vincendas até o efetivo cumprimento da obrigação incluem-se na execução de título executivo extrajudicial (arts. 323 e 318, parágrafo único, do CPC)".

A propósito de contribuições condominiais, já decidiu o STJ que "mostra-se possível a inclusão, na execução, das parcelas vincendas no débito exequendo, até o cumprimento integral da obrigação do curso do processo". Ressalvou-se, contudo, que é preciso haver homogeneidade entre as prestações contínuas, de modo que na execução de contribuições ordinárias não podem ser adicionadas contribuições extraordinárias.[7]

320. Execução por quantia certa como forma de desapropriação pública de bens privados

Quando a Administração Pública, no desempenho de suas funções, resolve realizar uma obra pública, à custa de bens do domínio privado, tem que proceder, primeiro, à transferência de ditos bens para o domínio público, a fim de, depois, utilizar-se deles na consecução do serviço projetado. Tal, como é óbvio, não se faz arbitrariamente, mas segundo um plano jurídico-legal que vai desde a definição do bem particular a ser utilizado até sua efetiva utilização no serviço público, mediante prévia e justa indenização ao proprietário.

Para tanto, existe, no ordenamento jurídico, um processo que se inicia nas vias administrativas e pode, eventualmente, se consumar na via judicial, se o particular não concordar com a indenização que lhe oferecer a Administração.

---

[4] REIS, José Alberto dos. *Processo de execução*. Coimbra: Coimbra Ed., 1943, v. I, n. 16, p. 37.

[5] LIEBMAN, Enrico Tullio. *Processo de execução*. 3. ed. São Paulo: Saraiva, 1968, n. 50, p. 91.

[6] "(...) Embora o referido dispositivo legal [art. 323 do CPC/2015] se refira à tutela de conhecimento, revela-se perfeitamente possível aplicá-lo ao processo de execução, a fim de permitir a inclusão das parcelas vincendas no débito exequendo, até o cumprimento integral da obrigação no curso do processo" (STJ, 3ª T., REsp 1.759.364/RS, Rel. Min. Marco Aurélio Bellizze, ac. 05.02.2019, *DJe* 15.02.2019).

[7] STJ, 4ª T., REsp 1.835.998/RS, Rel. Min. Luís Felipe Salomão, ac. 26.10.2021, *DJe* 17.12.2021.

A execução por quantia certa, no âmbito da jurisdição, é um serviço público que o Estado põe à disposição do credor para realizar, coativamente, a benefício deste, mas também no interesse público de manutenção da ordem jurídica, o crédito não satisfeito voluntariamente pelo devedor, na época e forma devidas.

Partindo da regra de que "o devedor responde com todos os seus bens presentes e futuros para o cumprimento de suas obrigações" (CPC/2015, art. 789), a execução por quantia certa tem por objetivo expropriar aqueles bens do devedor inadimplente que sejam necessários à satisfação do direito do credor, como dispõe o art. 824 do mesmo Código.

Essa expropriação executiva para obter o numerário a ser aplicado na realização do crédito exequendo se opera, ordinariamente, por meio da alienação forçada do bem afetado ao processo, seja em favor de terceiros (art. 825, II), seja em favor do próprio credor (art. 825, I). Mas pode, excepcionalmente, limitar-se à apropriação de frutos e rendimentos de empresa ou de estabelecimentos e de outros bens para, assim, conseguir numerário que possa cobrir o crédito insatisfeito (art. 825, III).

O *modus faciendi* da expropriação executiva não é, em essência, diverso do da desapropriação por utilidade ou necessidade pública. A exemplo do que se passa na atividade da Administração Pública que vai se utilizar compulsoriamente de bens particulares, o procedimento complexo de expropriação da execução por quantia certa compreende providências de três espécies, quais sejam:

(a) de *afetação* de bens;
(b) de *transferência forçada* de domínio; e
(c) de *satisfação* de direitos.

Isto, em outras palavras, faz da execução por quantia certa uma sucessão de atos que importam:

(a) a escolha dos bens do devedor que se submeterão à sanção;
(b) a transformação desses bens em dinheiro, ou na sua expressão econômica;
(c) o emprego do numerário ou valor apurado no pagamento a que tem direito o credor.

321. Espécies

O CPC/2015, tal como o Código anterior, tratou diversamente a execução de título executivo extrajudicial por quantia certa, conforme a situação econômico-financeira do devedor. Fixou um procedimento de índole individualista, realizado no interesse particular do credor, com aquisição de direito de preferência através da penhora, e que se destina à execução do devedor solvente (art. 797). Manteve, outrossim (CPC/2015, art. 1.052), o procedimento para o caso do devedor insolvente, nos exatos termos do CPC/1973,[8] ou seja, uma execução coletiva, de caráter universal e solidarista, cujo objetivo é assegurar aos credores daquele que não dispõe de bens suficientes para a satisfação de todas as dívidas, a chamada *par condicio creditorum* (CPC/1973, arts. 748 a 786).

---

[8] Nas Disposições Finais e Transitórias, o CPC/2015 previu, em seu art. 1.052, que a execução contra devedor insolvente deveria futuramente ser objeto de legislação específica. Enquanto tal não ocorresse, manteve em vigor o procedimento estabelecido pelo CPC/1973 destinado à "Execução por Quantia Certa Contra Devedor Insolvente".

A execução contra o devedor solvente (CPC/2015, arts. 824 a 909) inicia-se pela penhora e restringe-se aos bens estritamente necessários à solução da dívida ajuizada. Naquela ajuizada contra o insolvente, há, *ad instar* da falência do comerciante, uma arrecadação geral de todos os bens penhoráveis do devedor para satisfação da universalidade dos credores. Instaura-se a denominada execução por *concurso universal* dos credores do insolvente (CPC/1973, art. 751, III).

Capítulo XVII
EXECUÇÃO POR QUANTIA CERTA CONTRA DEVEDOR SOLVENTE

§ 36. FASE DE PROPOSIÇÃO

322. Execução por quantia certa contra devedor solvente

Devedor solvente é aquele cujo patrimônio apresenta ativo maior do que o passivo. Mas, para efeito da adoção do rito processual em questão, só é insolvente aquele que já teve sua condição de insolvência declarada por sentença,[1] de maneira que, na prática, um devedor pode ser acionado sob o rito de execução do solvente, quando na realidade já não o é. A insolvência não se decreta *ex officio*[2] e o credor não está forçado a propor a execução concursal podendo, a seu critério, preferir a execução singular, mesmo que o devedor seja patrimonialmente deficitário.

A execução por quantia certa contra o devedor dito solvente consiste em expropriar-lhe tantos bens quantos necessários para a satisfação do credor (CPC/2015, art. 789). A sanção a ser realizada *in casu* é o pagamento coativo da dívida documentada no título executivo extrajudicial. Trata-se de uma execução direta, em que o órgão judicial age por sub-rogação, efetuando o pagamento que deveria ter sido realizado pelo devedor, servindo-se de bens extraídos compulsoriamente de seu patrimônio.

Após a provocação do credor (petição inicial) e a convocação do devedor (citação para pagar), os atos que integram o procedimento em causa "consistem, especialmente, na apreensão de bens do devedor (*penhora*), sua transformação em dinheiro mediante desapropriação (*arrematação*) e entrega do produto ao exequente (*pagamento*)".[3]

Essas providências correspondem às fases da *proposição* (petição inicial e citação), da *instrução* (penhora e alienação) e da *entrega do produto* ao credor (pagamento), segundo a clássica divisão do procedimento executivo recomendada por Liebman.[4]

323. Proposição

Não há, no processo civil, execução *ex officio*, de modo que a prestação jurisdicional executiva sempre terá que ser provocada pelo credor, mediante petição inicial, que, com as devidas adaptações, deverá conter os requisitos do art. 319.[5] As partes serão suficientemente identificadas e qualificadas e a fundamentação do pedido será simplesmente a invocação do

---

[1] CASTRO, Amílcar de. *Comentários ao Código de Processo Civil*. São Paulo: RT, 1974, v. VIII, n. 254, p. 191.
[2] Ver, adiante, nº 549.
[3] AMARAL SANTOS, Moacyr. *Primeiras linhas de direito processual civil*. 4. ed. São Paulo: Saraiva, 1970, v. III, n. 831, p. 266.
[4] LIEBMAN, Enrico Tullio. *Processo de Execução*. 3. ed. São Paulo: Saraiva, 1968, n. 23, p. 49-50.
[5] Mesmo nos casos de "cumprimento da sentença" que independe de "ação de execução", o credor deve requerer o mandado executivo, se o devedor não efetuar espontaneamente o pagamento objeto da condenação (CPC/2015, art. 523, § 3º).

título executivo e do inadimplemento do devedor. Quanto ao pedido, apresenta-se ele com duplo objetivo, ou seja, a postulação da medida executiva e da citação do devedor, ensejando-lhe o prazo de três dias para que a prestação seja voluntariamente cumprida, sob a cominação de penhora (art. 829, *caput* e § 1º).

A inicial, conforme o art. 798, será sempre instruída: *(i)* com o título executivo extrajudicial (inc. I, "a"); e *(ii)* com o demonstrativo do débito atualizado até a data da propositura da ação (inc. I, "b"); e *(iii)* indicará os bens suscetíveis de penhora, sempre que possível (inc. II, "c").

A memória de cálculo tem de ser analítica, de modo a demonstrar com precisão a composição do débito, para o que, nos termos do parágrafo único do art. 798, indicará: *(i)* o índice de correção monetária adotado; *(ii)* a taxa de juros aplicada; *(iii)* os termos inicial e final de incidência do índice de correção monetária e da taxa de juros utilizados; *(iv)* a periodicidade da capitalização dos juros, se for o caso; e *(v)* a especificação do desconto obrigatório realizado.

É importante o demonstrativo, com todos os requisitos legais, pois somente assim o devedor terá condições de defender-se contra pretensões eventualmente abusivas ou exorbitantes do título e da lei.

Acolhida a inicial, o órgão judicial providencia a expedição do *mandado executivo*, que consiste na ordem de citação do devedor, intimando-o a, em três dias, cumprir a obrigação, sob pena de penhora (art. 829, *caput* e § 1º).

Conterá o mandado, outrossim, com as necessárias adaptações, os requisitos do art. 250, dentre os quais, e obrigatoriamente, os nomes e endereços das partes, o fim da citação, com as especificações da inicial e do título executivo, a cominação de penhora, a cópia do despacho que deferiu o pedido do credor, e a assinatura do escrivão, com a declaração de que o subscreve por ordem do juiz.

Dada a índole não contraditória do processo de execução, a citação não é feita, propriamente, para convocar o demandado a defender-se, pois a prestação jurisdicional executiva não tende a qualquer julgamento de mérito. O chamamento do devedor é especificamente para pagar, conferindo-lhe, dessa forma, "uma última oportunidade de cumprir sua obrigação e, na falta, submetê-la imediatamente à atuação dos órgãos judiciários que procedem à execução".[6] Cumprida a citação, completa-se a relação processual trilateral "credor-juiz-devedor" e fica o órgão executivo aparelhado para iniciar a expropriação por meio do primeiro ato de agressão contra o patrimônio do devedor que é a penhora.

Não se inclui mais no ato citatório a convocação para nomear bens à penhora, visto que a faculdade de indicar os bens à penhora foi atribuída ao exequente, que pode exercê-la na propositura da execução, ou seja, na própria petição inicial (arts. 798, II, "c", e 829, § 2º). Exercida a faculdade, constarão do mandado de citação os bens a serem penhorados, caso o devedor não pague a dívida nos três dias fixados pelo art. 829.[7]

Em razão do princípio do contraditório, não pode o executado ser privado do direito de defesa, seja em relação ao mérito da dívida exequenda, seja quanto à regularidade ou não dos atos processuais executivos em curso. Mas, para deduzir sua oposição, deverá estabelecer uma

---

[6] LIEBMAN, Enrico Tullio. *Processo de Execução*. 3. ed. São Paulo: Saraiva, 1968, n. 53, p. 92. Porque a citação executiva não é para discutir fatos controvertidos, mas apenas para chamar o devedor a fim de saldar seu débito líquido e certo, não se aplica ao mandado executivo a exigência da advertência de que se presumirão verdadeiros os fatos não contestados.

[7] É claro, outrossim, que o credor não dispõe de um poder absoluto para definir o objeto da penhora. Tem a iniciativa, mas ao devedor cabe o direito de impugnar a nomeação se não obedecer à gradação legal (CPC/2015, art. 835) ou se não respeitar a forma menos gravosa para o executado (CPC/2015, arts. 805 e 847).

nova relação processual incidente, fora do processo executivo propriamente dito, em que ele será o autor e o exequente, o réu: são os embargos à execução (arts. 914 e ss.).[8]

324. Procedimento da penhora e avaliação

I – Realização da penhora

O art. 829 do CPC/2015 traça o procedimento com que se cumpre o mandado de citação na ação de execução por quantia certa, evitando incertezas e diligências procrastinatórias.

Num só mandado, o oficial receberá a incumbência de citar o executado e realizar a penhora e avaliação (art. 829, § 1º). Citado o devedor, com as cautelas próprias do ato, o oficial deverá aguardar o prazo de três dias para pagamento voluntário. Passado o prazo, verificará em juízo se o pagamento ocorreu ou não. Permanecendo o inadimplemento, procederá à penhora, lavrando-se o respectivo auto, com imediata intimação do executado (art. 829, § 1º, *in fine*).

II – Falta de nomeação de bens à penhora

Se o credor exerceu a faculdade de indicar na petição inicial os bens a serem penhorados (arts. 798, II, "c"), o oficial de justiça fará com que a constrição recaia sobre ditos bens (art. 829, § 2º). Não havendo tal nomeação, penhorará os que encontrar, quantos bastem para garantir a satisfação do crédito e acessórios.

Ocorrendo dificuldade na localização de bens penhoráveis, o juiz, de ofício, ou a requerimento do exequente, poderá determinar que o executado seja intimado a indicar bens passíveis de constrição, com especificação dos respectivos valores, prova de propriedade, e certidão negativa de ônus (art. 774, V). A não indicação sem justificativa, em tal caso, representará atentado à dignidade da Justiça, sujeito às penas do parágrafo único do mesmo artigo.

A intimação para indicar bens à penhora pode ser feita ao advogado, se o executado já estiver representado nos autos. Será, entretanto, pessoal ao devedor, se não tiver, ainda, constituído advogado (art. 841, §§ 1º e 2º, analogicamente).[9]

III – Intimação da penhora

Consumada a penhora, a intimação do executado será feita imediatamente e, em regra, na pessoa de seu advogado ou da sociedade de advogados a que ele pertença (art. 841, *caput* e § 1º). Não havendo advogado constituído nos autos, o executado será intimado pessoalmente, de preferência por via postal (art. 841, § 2º). Em relação à essa diligência, o CPC/2015 previu que, mesmo não sendo encontrado o destinatário no endereço constante dos autos, a intimação será havida como realizada "quando o executado houver mudado de endereço sem prévia comunicação ao juízo" (art. 841, § 4º), ou seja, sem ter cumprido a exigência do parágrafo único do art. 274.[10]

---

[8] Não se recorre à ação de embargos quando a execução é de título judicial, visto que a seu respeito não há ação de execução, mas simples cumprimento da sentença, como incidente do processo condenatório, devendo a eventual resistência do devedor ser feita por meio de simples petição de "impugnação" (CPC/2015, art. 525).

[9] A intimação na pessoa do advogado aplica-se até mesmo às execuções iniciadas antes das Leis nº 11.232/2005 e nº 11.382/2006, em virtude da regra de direito intertemporal que determina a imediata aplicação da norma procedimental até mesmo aos processos iniciados antes de sua vigência (STJ, 3ª T., REsp 1.076.080/SC, Rel. Min. Nancy Andrighi, ac. 17.02.2009, *DJe* 06.03.2009).

[10] "Art. 274. (...) parágrafo único: Presumem-se válidas as intimações dirigidas ao endereço constante dos autos, ainda que não recebidas pessoalmente pelo interessado, se a modificação temporária ou defini-

Por outro lado, a intimação do advogado tornar-se-á desnecessária sempre que a constrição se realize na presença do executado. Nessa circunstância, ele se reputará intimado naquele momento (art. 841, § 3º).

325. Arresto de bens do devedor não encontrado

O art. 830, *caput*, do CPC/2015 autoriza uma medida cautelar específica para o caso em que o oficial de justiça não encontrar o executado, que consiste em arrestar imediatamente tantos bens quantos bastem para garantir a execução. Constitui ela dever imposto ao oficial de justiça encarregado do cumprimento do mandado executivo.

A medida cautelar preparatória da penhora poderá incidir em qualquer bem do executado, desde que penhorável. Admite a jurisprudência do STJ que o arresto possa, inclusive, ser efetuado sobre saldo bancário, sob a modalidade *on-line*.[11]

Após essa medida de urgência, tomada *ex officio*, o oficial conservará o mandado em seu poder e durante dez dias procurará o executado, duas vezes em dias distintos, para tentar realizar a citação. Se houver suspeita de ocultação, procederá à citação com hora certa, certificando pormenorizadamente o ocorrido no mandado (art. 830, § 1º).

O exequente deverá requerer a citação por edital, uma vez frustradas a pessoal e a com hora certa (art. 830, § 2º). Aperfeiçoada a citação, seja por qual modalidade for, e transcorrido o prazo de três dias para pagamento, o arresto converter-se-á em penhora, independentemente de termo (art. 830, § 3º).

O arresto previsto no art. 830 é medida que o oficial toma, de ofício, depois de frustradas as tentativas de citação do executado. É possível, porém, que a iniciativa parta do próprio exequente. Havendo justo receio de prejuízo para a execução, é lícito ao exequente pedir, com base no art. 799, VIII, o arresto, logo na petição inicial, para que a apreensão de bens do devedor se realize antes mesmo da diligência citatória. Feito o arresto, o oficial de justiça prosseguirá, citando o executado.

Observe-se, também, que o arresto não elimina o direito de o devedor pretender substituição do bem arrestado, segundo as regras dos arts. 847 e 848, traçadas para a penhora.

A medida acautelatória é tomada, em regra, de ofício pelo oficial de justiça. Pode também o exequente, como já demonstrado, requerer, por antecipação, medida de igual natureza na própria inicial da ação de execução, nomeando o bem a ser arrestado, se houver justificativa para a providência emergencial (ver, *retro*, o item nº 277).

326. Honorários de advogado em execução de título extrajudicial

Na execução por quantia certa, o devedor se libera mediante pagamento da "importância atualizada da dívida acrescida de juros, custas e honorários advocatícios" (CPC/2015, art. 826); e, com ou sem embargos, a verba honorária de sucumbência será fixada nos termos do art. 85, § 1º.

Diante dessa sistemática legal, a jurisprudência sempre entendeu que a citação executiva deveria ser precedida de arbitramento judicial dos honorários do advogado do exequente, já que

---

tiva não tiver sido devidamente comunicada ao juízo, fluindo os prazos a partir da juntada aos autos do comprovante de entrega da correspondência no primitivo endereço".

[11] "(...) 2. Frustrada a tentativa de localização do executado, é admissível o arresto de seus bens na modalidade *on-line* (CPC, art. 655-A, aplicado por analogia) [CPC/2015, art. 854]. 3. Com a citação, qualquer que seja sua modalidade, se não houver o pagamento da quantia exequenda, o arresto será convertido em penhora (CPC, art. 654) [CPC/2015, art. 830, §§ 2º e 3º]" (STJ, 4ª T., REsp 1.370.687/MG, Rel. Min. Antônio Carlos Ferreira, ac. 04.04.2013, *DJe* 15.08.2013). No mesmo sentido: STJ, 3ª T., REsp 1.338.032/SP, Rel. Min. Sidnei Beneti, ac. 05.11.2013, *DJe* 29.11.2013.

o ato citatório tem de conter, na espécie, o comando ao executado para pagar a dívida ajuizada, no prazo estipulado no mandado, sob pena de penhora (art. 829).[12] O art. 827 do CPC/2015 veio explicitar em texto legal o cabimento desse arbitramento que já era recomendado pela jurisprudência.

O arbitramento liminar, feito no despacho da petição inicial, aplicará o percentual fixo de dez por cento previsto no *caput* do art. 827. Não impede, outrossim, que novo arbitramento ocorra quando do julgamento dos embargos à execução. Se estes forem procedentes, a execução extinguir-se-á, desaparecendo com ela os honorários iniciais, para prevalecer apenas a verba da sentença da ação incidental em favor do embargante.

Sendo, porém, improcedentes os embargos, terá direito o credor a dois honorários: um pela execução e outro pela vitória nos embargos, os quais somados não poderão ir além de vinte por cento (art. 827, § 2º).[13] Embora sejam evidentes as duas sucumbências, o que, de maneira prática acontece, é o juiz arbitrar na sentença dos embargos uma verba honorária que amplia e absorve a que anteriormente fora estipulada para a execução apenas. É, aliás, o que recomenda o art. 827, § 2º, do CPC/2015.

Em outros termos: os honorários da execução fixados na citação tornar-se-ão definitivos, não havendo embargos; e poderão ser ampliados, caso nova sucumbência do devedor ocorra na eventual ação de embargos.

Diante de tais termos, torna-se despicienda a discussão sobre ser *única* ou *dupla* a imposição da verba sucumbencial nas ações executivas embargadas, se é certo que em dois processos distintos e em dois momentos diversos o juiz terá de impor tal ônus ao executado. Se elas se somam ou não, dependerá do critério adotado pelo juiz ao definir a segunda sucumbência, *i.e.*, a da ação de embargos. Tanto poderá ele estatuir uma verba distinta para somar à anterior como arbitrar uma nova que se destine a absorver a antiga. São os critérios objetivos da sentença, portanto, que deverão decidir sobre a soma, ou não, dos dois arbitramentos.

327. Redução da verba honorária

O arbitramento feito pelo juiz para figurar na citação executiva prevê o desenvolvimento normal do processo até a expropriação dos bens penhorados e a satisfação do direito do exequente.

Por isso, quando o pagamento se dá de imediato, ou seja, dentro dos três dias que se seguem à citação, a lei concede ao executado o benefício da redução da verba advocatícia para a metade da que fora arbitrada no deferimento da petição inicial (CPC/2015, art. 827, § 1º). A vantagem legal somente se aplica ao pagamento integral dentro do referido prazo. Se o depósito for de importância inferior à quantia realmente devida (principal corrigido, juros, custas e cinquenta por cento dos honorários), não terá cabimento a aludida redução. Mesmo que posteriormente o executado complete a soma devida, perderá direito à redução dos honorários, se a complementação se der além dos três dias previstos no parágrafo *sub examine*.

328. Majoração da verba honorária

Como já anotado, o CPC/2015 previu, ainda, a possibilidade de a verba honorária inicialmente arbitrada ser elevada até vinte por cento, quando o executado opuser embargos à execução e estes forem rejeitados (art. 827, § 2º). A verba poderá ser elevada, também, mesmo não havendo oposição de embargos, se o trabalho realizado pelo advogado do exequente for tal que assim o justifique.

---

[12] STJ, 2ª Seção, REsp 450.163/MT, Rel. Min. Aldir Passarinho Jr., ac. 09.04.2003, *DJU* 23.08.2004, p. 117.
[13] STJ, 1ª T., REsp 467.888/RS-EDcl., Rel. Min. José Delgado, ac. 18.02.2003, *DJU* 24.03.2003, p. 155; STJ, 2ª T., REsp 337.419/RS, Rel. Min. Franciulli Netto, ac. 15.08.2002, *DJU* 31.05.2004, p. 259.

Capítulo XVIII
FASE DE INSTRUÇÃO (I)

§ 37. PENHORA

329. A penhora como o primeiro ato expropriatório da execução forçada por quantia certa

A execução por quantia certa é, como já se afirmou, um serviço público que o Estado realiza dentro da função jurisdicional, à custa de bens particulares.

Assim como o processo de desapropriação por utilidade pública tem seu primeiro ato fundamental no decreto de declaração de utilidade pública do bem particular que vai ser utilizado pela Administração, também no processo executivo de quantia certa há um ato inicial destinado a definir o bem do devedor que vai se submeter à expropriação judicial para realização da sanção, que, no caso, é o serviço público desempenhado pelo órgão judicial.

Esse ato fundamental do processo executivo de que estamos cuidando é a *penhora*. *Ad instar* da declaração de utilidade pública, a penhora é o primeiro ato por meio do qual o Estado põe em prática o processo de expropriação executiva.[1] Tem ela a função de individualizar o bem, ou os bens, sobre os quais o ofício executivo deverá atuar para dar satisfação ao credor e submetê-los materialmente à transferência coativa, como anota Micheli.[2] É, em síntese, o primeiro ato executivo e coativo do processo de execução por quantia certa.[3]

Com esse ato inicial de expropriação, a responsabilidade patrimonial, que era genérica, até então, sofre um processo de *individualização*, mediante apreensão física, direta ou indireta, de uma parte determinada e específica do patrimônio do devedor.[4]

Diz-se, outrossim, que a penhora é um ato de *afetação* porque sua imediata consequência, de ordem prática e jurídica, é sujeitar os bens por ela alcançados aos fins da execução, colocando-os à disposição do órgão judicial para, "à custa e mediante sacrifício desses bens, realizar o objetivo da execução", que é a função pública de "dar satisfação ao credor".[5]

Ressalvada a diferença final de objetivos, há, como se vê, identidade de fenômeno jurídico na expropriação executiva e na desapropriação administrativa comum. E entre a penhora e a declaração de utilidade pública se estabelece paridade de funções nos dois procedimentos cotejados.

---

[1] COSTA, Sergio. *Manuale di diritto processuale civile*. 4. ed. Torino: Editrice Torinese, 1973 n. 389, p. 517.
[2] MICHELI, Gian Antonio. *Derecho procesal civil*. Buenos Aires: Ed. Juridicas Europa-America, 1970, v. III, p. 155.
[3] AMARAL SANTOS, Moacyr. *Primeiras linhas de direito processual civil*. 4. ed. São Paulo: Saraiva, 1970, v. III, n. 837, p. 276.
[4] Cf. MARQUES, José Frederico. *Instituições de direito processual civil*. Rio de Janeiro: Forense, 1960, v. V, n. 1.169, p. 152.
[5] REIS, José Alberto dos. *Processo de execução*. Coimbra: Coimbra Ed., 1943, v. I, n. 16, p. 37-38.

330. Natureza jurídica da penhora

Três correntes principais, na doutrina, procuram definir, de formas diversas, a natureza jurídica da penhora:

(a) uma que a considera como medida cautelar;
(b) outra que lhe atribui unicamente a natureza de ato executivo; e
(c) uma terceira que, em posição intermediária, a trata como ato executivo que tem também efeitos conservativos.[6]

A primeira tese, a nosso ver, deve ser desde logo descartada, pois não é a penhora medida que se tome como eventual instrumento de mera segurança ou cautela de interesse em litígio, como especificamente ocorre com as providências cautelares típicas, *ad instar* do sequestro, do arresto e similares.

Lembra Micheli que, longe da eventualidade e da acessoriedade que caracterizam as medidas cautelares, a penhora "constitui um momento *necessário* do processo executivo (de expropriação)".[7]

Por meio de sua indispensável presença é que se dá o primeiro passo nos atos executivos tendentes a realizar a transferência forçada dos bens do devedor. É ela, a penhora, que realiza a função de individualizar os bens sobre que o juízo executivo deverá proceder para satisfazer a pretensão do credor. É certo que resguarda ditos bens de desvios e deterioração, conservando-os sob custódia até que se ultime a expropriação. Mas "uma coisa é a função cautelar de uma providência, inserta em um processo diverso, e outra coisa é a função cautelar de todo um processo (Carnelutti). Por conseguinte, o fato de que a penhora tenha a função de preservar os bens de subtrações e deteriorações, de modo a fazer possível o posterior desenvolvimento da expropriação, não autoriza a considerar dita penhora como uma providência cautelar, absolutamente igual aos sequestros (conservativos e judiciários), os quais, por sua vez acionam, através de um processo funcionalmente autônomo, uma específica medida cautelar. A penhora, pelo contrário – conclui Micheli –, tem uma finalidade própria bem determinada".[8]

Nem se pode pretender que seja a penhora ato de natureza mista, participando ao mesmo tempo da natureza executiva e cautelar, pois, sendo a prevenção mero efeito secundário do ato, o que importa para definir sua natureza ou essência é o seu objetivo último, que, sem dúvida, é o de iniciar o processo expropriatório.

Daí por que o entendimento dominante na melhor e mais atualizada doutrina é o de que a penhora é simplesmente um *ato executivo* (ato do processo de execução), cuja finalidade é a individuação e preservação dos bens a serem submetidos ao processo de execução, como ensina Carnelutti. Trata-se, em suma, do meio de que se vale o Estado para fixar a responsabilidade executiva sobre determinados bens do devedor.[9]

Ugo Rocco, que também reconhece à penhora a qualidade de um *ato de império* do órgão jurisdicional executivo, julga, no entanto, e na preocupação de levar a análise até às últimas

---

[6] Cf. ROCCO, Ugo. *Tratado de derecho procesal civil*. Buenos Aires: Depalma, 1976, v. IV, p. 178. MICHELI, Gian Antonio. *Derecho processual civil*. Buenos Aires: Ed. Juridicas Europa-America, 1970, v. III, p. 157.
[7] MICHELI, Gian Antonio. *Derecho procesal civil*. Buenos Aires: Ed. Juridicas Europa-America, 1970, v. III p. 157.
[8] MICHELI, Gian Antonio. *Derecho procesal civil*. Buenos Aires: Ed. Juridicas Europa-America, 1970, v. III, p. 155-156.
[9] LIEBMAN, Enrico Tullio. *Processo de execução*. 3. ed. São Paulo: Saraiva, 1968, n. 57, p. 95-98; AMARAL SANTOS, Moacyr. *Primeiras linhas de direito processual civil*. 4. ed. São Paulo: Saraiva, 1970, v. III, n. 838, p. 278.

consequências, que a natureza do ato que estamos examinando não fica suficientemente definida se nos limitarmos a afirmar que se trata de um *ato processual*, ou ato do processo de execução.

Ultrapassando o plano processual, para o ilustre e renomado processualista peninsular, o que define a essência ou a natureza da penhora é ser ela um ato que configura "*declaração de vontade dos órgãos jurisdicionais*, emitida no exercício do poder jurisdicional de império, endereçada à realização coativa do direito, e pertencente à categoria das *ordens positivas* (mandados) ou *negativas* (proibições)".[10]

Encara Rocco, portanto, a penhora em dois planos:

(*1*) no plano de *estrutura*, é o ato processual complexo do órgão executivo, composto de operações de caráter instrumental destinadas à "formulação de uma ordem de indisponibilidade dos bens sujeitos à realização coativa";[11] e

(*2*) no plano da *natureza jurídica* propriamente dita, é declaração de vontade soberana do Estado, por meio de seus órgãos jurisdicionais, no exercício da função de realizar coativamente o direito.

Atentando, porém, à tripartição da função jurisdicional em cognição, execução e prevenção, o certo é que a penhora se manifesta como o primeiro ato executivo com que o Estado, na execução por quantia certa, agride o patrimônio do devedor inadimplente, para iniciar o processo de expropriação judicial necessário à realização coativa do direito do credor.

A declaração de vontade estatal que a penhora revela é a de sujeitar os bens por ela individualizados e apreendidos à expropriação executiva iniciante, subtraindo-os, dessa maneira, à livre disponibilidade do devedor e de terceiros. Não há mesmo que se divisar nesse ato a preocupação apenas de conservar os bens atingidos. "A eficácia conservativa, ou cautelar, dos bens não representa, na espécie, outra coisa que o efeito indireto da indisponibilidade a que se submetem os bens", por força imediata da penhora.[12]

331. Função da penhora

Antes de tudo, a penhora importa *individualização*, *apreensão* e *depósito* de bens do devedor, que ficam à disposição judicial (CPC/2015, arts. 838 e 839), tudo com o objetivo de subtraí-los à livre disponibilidade do executado e sujeitá-los à expropriação. Para esse mister o agente do órgão judicial há, primeiramente, que *buscar* ou *procurar* os bens do devedor, respeitando, porém, a faculdade que a lei confere ao próprio credor de fazer a escolha, desde que obedecidas as preferências e demais requisitos legais de validade da nomeação de bens à penhora (CPC, arts. 798, II, "c", e 829, § 2º).

Individualizados os bens que haverão de dar efetividade à responsabilidade patrimonial, segue-se o ato de *apreensão* deles pelo órgão executivo, e a sua entrega a um *depositário*, que assumirá um encargo público, sob o comando direto do juiz da execução, ficando, assim, responsável pela guarda e conservação dos bens penhorados e seus acessórios, presentes e futuros.

Aperfeiçoada a penhora, pela apreensão e depósito dos bens, bem como pela lavratura do competente termo processual, surge, para o devedor, e para terceiros, a indisponibilidade dos bens afetados pela execução.

---

[10] ROCCO, Ugo. *Tratado de derecho procesal civil*. Buenos Aires: Depalma, 1979, v. V, p. 181.
[11] ROCCO, Ugo. *Tratado de derecho procesal civil*. Buenos Aires: Depalma, 1979, v. V, p. 180.
[12] ROCCO, Ugo. *Tratado de derecho procesal civil*. Buenos Aires: Depalma, 1979, v. V, p. 180, nota 7.

O devedor já não poderá mais realizar, livremente, a transferência de domínio ou posse de ditos bens, sob pena de ineficácia perante o credor exequente, dos atos jurídicos que vier a praticar em tal sentido.

Além disso, no sistema processual alemão, adotado entre nós pelo art. 797 do Código de Processo Civil atual, a penhora cria para o credor que a promove uma *preferência*, que, em face dos demais credores quirografários do devedor comum, equivale a "um direito real sobre os bens penhorados".[13]

Nasce para o exequente, assim, uma verdadeira garantia *pignoratícia*, similar ao penhor convencional ou legal, como "terceira espécie do direito de penhor" (de direito material), de cuja natureza participa, e cujos princípios informativos podem ser-lhe aplicados por analogia, como observa Rosenberg.[14]

Aliás, se se reconhece à penhora a força de *sequela*,[15] representada pela ineficácia das alienações diante do gravame judicial, e se se proclama o direito de *preferência* dela emergente, oponível a qualquer outro credor que não tenha privilégio ou garantia anteriores,[16] não é mesmo difícil equiparar a penhora a uma espécie da figura geral da garantia pignoratícia.

Diante do quadro aqui esboçado, pode-se, enfim, reconhecer à penhora a tríplice função de:

(a) individualizar e apreender efetivamente os bens destinados ao fim da execução;

(b) conservar ditos bens, evitando sua deterioração ou desvio; e

(c) criar a preferência para o exequente, sem prejuízo das prelações de direito material estabelecidas anteriormente.

Observe-se, outrossim, que uma primeira penhora não impede que outras, de diversos credores, venham a atingir o mesmo bem. Mas a ordem ou gradação das penhoras fixa, entre os credores quirografários, a ordem de preferência para os pagamentos, de acordo com o tempo do nascimento do direito pignoratício processual de cada credor, segundo a regra do *prior in tempore, potior in iure* (CPC, art. 797, parágrafo único).

Por fim, cumpre anotar que a preferência da penhora, que não exclui os privilégios e preferências instituídos anteriormente a ela (art. 905, II, do CPC), é de aplicação apenas à execução contra devedor *solvente*, não prevalecendo no concurso contra devedor *insolvente* (art. 797, *caput*), "onde as preferências são apenas as da lei civil" (art. 769 do CPC/1973, mantido pelo art. 1.052 do CPC/2015).

332. Efeitos da penhora perante o credor, o devedor e terceiros

A eficácia da penhora irradia-se em três direções, ou seja, perante o credor, perante o devedor e perante terceiros.

Para o credor, a penhora especifica os bens do devedor sobre que irá exercer o direito de realizar seu crédito, passando a gozar, sobre eles e perante os demais credores quirografários, de um especial direito de prelação e sequela, como já demonstramos.

Para o devedor, a consequência da penhora é a imediata perda da posse direta e da livre disponibilidade dos bens atingidos pela medida constritiva.

---

[13] BUZAID, Alfredo. "Exposição de Motivos", de 1972, n. 22.
[14] ROSENBERG, Leo. *Tratado de derecho procesal civil*. Buenos Aires: EJEA, 1955, v. III, p. 151.
[15] CARDOSO, Eurico Lopes. *Manual da ação executiva*. Coimbra: Almedina, 1964, n. 144, p. 443.
[16] CARDOSO, Eurico Lopes. *Manual da ação executiva*. Coimbra: Almedina, 1964, n. 143, p. 441-442.

A corrente mais antiga que examinava dita eficácia entendia que, pela penhora, paralisava-se o direito *dominial* do devedor, que restava privado do poder de disposição. Privado, portanto, o executado do direito de dispor, os bens seriam inalienáveis, enquanto perdurasse o gravame judicial.

Na realidade, contudo, não é bem isto o que ocorre; o melhor entendimento é aquele que não admite sequer falar em nulidade dos atos de alienação praticados pelo devedor sobre os bens penhorados. A apreensão judicial, decorrente da penhora, não retira os bens da posse (indireta) e do domínio do dono. Ditos bens ficam apenas vinculados à execução, sujeitando-se ao poder sancionatório do Estado.[17] Não se verifica, porém, sua total indisponibilidade ou inalienabilidade. O efeito da penhora, como bem registrou Lopes da Costa, "é o de tornar *ineficaz* em relação ao exequente os atos de disposição praticados pelo executado sobre os bens penhorados".[18]

Por isso mesmo, já decidiu o Tribunal de Justiça de Minas Gerais, com inteiro acerto, que o fato de os bens acharem-se onerados com penhora "não constitui obstáculo ao respectivo registro translatício da propriedade, que, no domínio do novo proprietário, permanecerá suportando os gravames nela incidentes".[19]

Com efeito, o devedor, pela penhora, não deixa de ser o proprietário dos bens apreendidos judicialmente. Só a expropriação final acarretará a extinção de seu direito dominial. Ficam afetados, contudo, seus poderes *diretos* sobre a utilização dos bens.

Esvaziam-se, assim, os poderes jurídico-materiais que definem o gozo direto da coisa, reduzindo-se o executado à situação de nu-proprietário, representada pela detenção de "um simples poder jurídico de disposição do direito".[20]

Se, em razão do depósito decorrente da penhora, decorre a indisponibilidade *material* absoluta, "quanto à disposição *jurídica*, como acaba de dizer-se, rege o princípio oposto da livre disponibilidade do direito, apenas com a limitação da ineficácia dos respectivos atos, para com a execução, independentemente de declaração judicial, isto é, tendo-se os atos como válidos e eficazes em todas as direções menos em relação à execução, para a qual são havidos como se não existissem (*tanquam non essent*)".[21]

Juridicamente, portanto, nada impede que o executado venda, doe, permute, onere seu direito sobre o bem penhorado, pois, nada obstante, "o efeito da penhora não se exerce sobre o *direito* (substancial) do credor, nem correlativamente, sobre a *obrigação* (substancial) do devedor a respeito dele; senão sobre a *responsabilidade* do devedor, correlativamente, sobre a *ação* (*executiva*) do credor, a qual pode continuar exercitando-se como se o devedor não houvesse disposto do bem penhorado; portanto, a penhora atua em prejuízo de terceiros que tenham adquirido um direito real ou pessoal, ou ainda somente um privilégio, sobre o bem penhorado, no sentido de que, não obstante tal aquisição, o bem continua submetido à expropriação em prejuízo do terceiro e em favor do credor exequente e dos credores intervenientes".[22]

A ineficácia da transferência perante o exequente não decorre, no caso, de uma comum fraude de execução, de maneira que seu reconhecimento independe de prova ou mesmo de

---

[17] LIEBMAN, Enrico Tullio. *Processo de execução*. 3. ed. São Paulo: Saraiva, 1968, n. 57, p. 97.
[18] LOPES DA COSTA, Alfredo Araújo. *Direito processual civil brasileiro*. 2. ed. Rio de Janeiro: Forense, 1959, v. IV, n. 120, p. 109.
[19] TJMG, Apel. 32.349, ac. *DJMG* de 15.09.1970.
[20] CASTRO, Artur Anselmo de. *A ação executiva singular, comum e especial*. Coimbra: Coimbra Ed., 1970, n. 35, p. 151.
[21] CASTRO, Artur Anselmo de. *A ação executiva singular, comum e especial*. Coimbra: Coimbra Ed., 1970, n. 35, p. 151-152.
[22] CARNELUTTI, Francesco. *Instituciones del proceso civil*. 2. ed. Buenos Aires: EJEA, 1973, v. III, n. 689, p. 25.

alegação de qualquer prejuízo efetivo sofrido pelo credor. O ato de disposição atenta contra uma situação processual, de natureza pública, violando a função jurisdicional que o Estado exerce na execução forçada. Não há que se cogitar nem de má-fé do devedor, nem de boa-fé do adquirente. A transmissão dos bens penhorados, perante a execução, será sempre inoperante.[23]

Não é cabível, por outro lado, falar em nulidade ou em anulabilidade da alienação. O caso é simplesmente de indisponibilidade relativa, *i.e.*, de atuação apenas em face do credor exequente. A disposição feita pelo devedor em desatenção à penhora é, no entanto, sempre válida como ato jurídico perfeito praticado entre ele e o adquirente. Tanto que, remida a execução pelo pagamento da dívida *sub iudice* e levantada a penhora, nenhum vício se encontrará para obstar a plena eficácia da alienação, que subsistirá inteiramente entre as partes que a realizaram. Houvesse nulidade na disposição dos bens penhorados (por inalienabilidade), nenhum efeito dela resultaria, em qualquer circunstância, segundo o princípio clássico do *quod nullum est, nullum efectus producit*.

Vimos, até agora, os efeitos da penhora perante o credor e, especialmente, perante o devedor. Mas a penhora produz, também, eficácia contra terceiros, em duas circunstâncias, especialmente:

(a) quando o crédito ou bem do executado atingido pela penhora está na posse temporária de terceiro, este fica obrigado a respeitar o gravame judicial, como depositário, cumprindo-lhe o dever de efetuar sua prestação em juízo, à ordem judicial, no devido tempo, sob pena de ineficácia do pagamento direto ao executado ou a outrem (CPC/2015, arts. 855, 856 e 859);

(b) além disso, há o efeito geral e *erga omnes* da penhora que faz que todo e qualquer terceiro tenha que se abster de negociar com o executado, em torno do domínio do bem penhorado, sob pena de ineficácia da aquisição perante o processo e permanência do vínculo executivo sobre o bem, mesmo que passe a integrar o patrimônio do adquirente.

333. Penhora de imóvel, veículos e outros bens sujeitos a registro público

O Código atual mantém a sistemática do anterior, prevendo, em seu art. 844, o cabimento da averbação da penhora não só no registro de imóveis, mas em qualquer outro registro público, no qual a propriedade do bem penhorado esteja assentada. Ou seja, para produzir eficácia perante terceiros, presumindo o seu conhecimento, é necessária a averbação da penhora ou do arresto no "registro competente" (Detran, registro de imóveis, junta comercial etc.).

Destarte, restou superada a antiga dúvida quanto à função do registro em face do aperfeiçoamento do ato processual da penhora. Com efeito, o registro não tem força constitutiva, mas apenas a de dar publicidade à constrição executiva. Assim, pode-se afirmar que:

(a) o ato da penhora sobre imóvel, para o processo, se aperfeiçoa com a lavratura do respectivo auto ou termo;

---

[23] A propósito do elemento subjetivo, a posição da jurisprudência é no sentido de não se indagar da boa ou má-fé do devedor que aliena o bem penhorado. Mas, do lado do terceiro adquirente, a fraude e consequente ineficácia do ato translatício da propriedade somente ocorrerão se a penhora se achar registrada no Registro Público, ou se, independentemente da falta de registro, o adquirente tinha conhecimento do gravame executivo (v., sobre a matéria, os dois itens seguintes).

(b) ao credor, e não ao juízo, incumbe providenciar o registro do gravame processual no Cartório Imobiliário, o qual será feito mediante apresentação de certidão de inteiro teor do ato executivo, independentemente de mandado judicial;

(c) o objetivo do registro é a publicidade *erga omnes* da penhora, de sorte a produzir "presunção absoluta de conhecimento por terceiros". Quer isto dizer que, estando registrada a penhora, o eventual adquirente do imóvel constrito jamais poderá arguir boa-fé para se furtar aos efeitos da aquisição em fraude de execução. A presunção estabelecida pela lei é *juris et de jure*;

(d) o registro, porém, não é condição para que a execução tenha prosseguimento, pois, após a lavratura do auto ou termo de penhora, dar-se-á a intimação do executado para os ulteriores termos do processo executivo. O dispositivo legal, portanto, dissocia completamente o ato processual do ato registral; um para efeito interno no processo, e outro para efeito externo, em relação a terceiros.

Nessa sistemática bifronte, a utilidade do registro, no aspecto de segurança dos atos executivos, corre o risco de perder-se, se o juiz não exigir do exequente que dê cumprimento à divulgação da penhora pelo registro.

Havendo negligência a respeito da averbação, a eventual alienação do bem penhorado ficará na incerteza da ocorrência ou não de boa-fé do adquirente. A fraude de execução só acontecerá se o adquirente a título oneroso tiver, efetivamente, conhecimento do gravame judicial. Sem o registro não se pode presumir sua má-fé, pois, ao contrário, o que de ordinário se presume é a boa-fé.[24] Em outros termos, o exequente que não registra a penhora de imóvel do devedor cria para o terceiro de boa-fé, que negocia a sua compra junto ao legítimo dono, uma aparência que impedirá a configuração de fraude à execução[25] (sobre o regime da fraude à execução no CPC/2015, ver, *retro*, os itens n°s 118 a 134).

Pensamos que, para evitar riscos de litígio e de prejuízos para partes e terceiros, o juiz não deve determinar a praça do bem penhorado sem que antes o exequente junte aos autos o comprovante de ter averbado a penhora no Registro competente.

A averbação no registro de imóveis é, em especial, relevante. É verdade que autos ou termos mal elaborados encontrarão dificuldades para serem registrados. Caberá ao interessado, porém, exigir que o serventuário retifique o ato processual, pois o que não se concebe é a realização de uma arrematação fundada em descrição do imóvel, que jamais virá a permitir a transcrição do respectivo título no Cartório de Imóveis; e, o que é pior, uma venda judicial que possa ter por objeto imóvel já não pertencente ao executado. Para simplificar o ato de publicidade registral da penhora sobre imóvel, o CPC/2015 não exige seu *registro* ou *inscrição*, mas apenas sua *averbação*, que é sabidamente menos formal e muito mais facilmente factível.

Todo o rigor é pouco na preparação do praceamento do imóvel penhorado. O juiz somente deve consentir na sua realização, quando estiver completamente seguro, pelos elementos do processo, de que a venda forçada será um ato perfeito, sem risco algum para os interesses das

---

[24] "Na linha de precedentes desta Corte, não havendo registro da penhora, não há que se falar em fraude à execução, salvo se aquele que alegar a fraude provar que o terceiro adquiriu o imóvel sabendo que estava penhorado" (STJ, 3ª T., REsp 113.666/DF, Rel. Min. Carlos Alberto Menezes Direito, ac. 13.05.1997, *DJU* 30.06.1997, p. 31.031; STJ, 2ª T., REsp 892.117/RS, Rel. Min. Eliana Calmon, ac. 04.11.2008, *DJe* 17.11.2009).

[25] "Sempre que se colocar frente a frente o desleixo do credor em não registrar a constrição ou o ônus que recai sobre o bem e a boa-fé do terceiro adquirente que vivifica o seu desconhecimento da existência de ônus ou constrição, esta deve prevalecer em nome e em acolhimento à teoria da aparência" (SOUZA, Gelson Amaro de. Teoria da aparência e a fraude à execução. *Revista Intertemas*, Faculdades Toledo, v. 5, nov. 2001, Presidente Prudente, p. 148-149).

partes e terceiros. Nessa tarefa, o registro público de penhora desempenha papel fundamental. Não se há, então, de encará-lo como mera formalidade, mas como exigência de ordem pública, que não se deve desprezar ou relegar.

É do interesse do próprio exequente que a averbação da penhora se dê o mais rápido possível, porquanto durante o seu retardamento haverá sempre o risco de atos de disposição do executado que poderão se tornar irreversíveis, se o adquirente estiver de boa-fé. Só a averbação terá a força de tranquilizar o exequente quanto à plena oponibilidade da penhora *erga omnes*. Sem ele, persistirá o risco de os terceiros se esquivarem dos efeitos do ato constritivo, invocando desconhecimento do evento executivo. Daí por que, para se precaver, terá o credor de promover a averbação da penhora o quanto antes.

Entendemos, em suma, que o espírito do art. 844 não pode ser o de encarar a averbação da penhora em registro público (sempre que possível) como mera faculdade do exequente. O ato expropriativo a se consumar pela venda judicial do bem constrito, há de ficar condicionado à consumação da averbação no registro competente (se houver, é claro). Sem ela, não estará o órgão executivo autorizado a alienar um bem cuja aquisição nem sequer se sabe se poderá figurar no Registro Público competente. No tocante ao bem imóvel, é bom lembrar que as alienações judiciais não escapam, em sua eficácia, da sistemática da transmissão da propriedade pela transcrição no Registro de Imóveis, donde a necessidade de zelar para que não se consume sob sua autoridade ato insuscetível de eficácia na dinâmica registral.

Nesse aspecto, é que mais se avulta a significação da exigência legal do registro da penhora de imóveis, já que por ele se define, por antecipação, se a venda judicial vai ou não produzir ato translatício de domínio idôneo para o fim do negócio jurídico-processual a que se propõe o órgão judicial.

334. Averbação da penhora no registro competente

Para coibir a fraude de execução, o CPC/2015 (art. 844), assim como o Código de 1973 (art. 659, § 4º) há muito fazia, adotou a averbação da penhora de imóvel no Ofício competente. A novidade a destacar consistiu em substituir a exigência de *registro* por *averbação* da penhora à margem do registro da respectiva propriedade.

Embora a Lei dos Registros Públicos preveja o registro da penhora de imóveis (Lei nº 6.015/1973, art. 167, I, 5), a opção da lei processual pela averbação certamente se deveu à maior singeleza do último ato registral. O registro é sempre cercado de exigências formais e substanciais que, no caso da penhora, retardariam a publicidade do ato judicial, que a lei empenha seja pronta. De mais a mais, não se trata de ato constitutivo do direito real, e nem mesmo constitutivo do gravame judicial. Sua função é puramente de publicidade perante terceiros. Para tal objetivo, é evidente que a averbação se mostra suficiente e adequada, além de ser mais prontamente factível.[26]

Outra importante medida procedimental, constante do art. 837 do CPC/2015, é a franquia para a utilização da comunicação eletrônica para as averbações de penhora sobre bens que constem de assentos em registros públicos, como imóveis, veículos, ações e cotas sociais, valores mobiliários etc. Entretanto, a utilização da via eletrônica não será imediata e

---

[26] Havia, conforme se nota da jurisprudência, muito atrito entre o juiz-corregedor dos Registros Imobiliários e o juiz das execuções, a propósito de dúvidas quanto ao registro da penhora ordenado por este (cf. STJ, 1ª Seção, CC 32.641/PR, Rel. Min. Eliana Calmon, ac. 12.12.2001, *DJU* 04.03.2002, p. 170; e STJ, 2ª Seção, CC 37.081/SP, Rel. Min. Fernando Gonçalves, ac. 10.08.2005, *DJU* 24.08.2005, p. 118). Em ambos os precedentes, o STJ assentou que decisão administrativa do juiz-corregedor não poderia impedir o registro da penhora ordenado por ato judicial.

livre. Dependerá de adoção pelo Conselho Nacional de Justiça de providências administrativas para estabelecer convênios e normas operacionais que possam conferir segurança e uniformidade aos procedimentos. Essas normas já existem, por exemplo, para as relações entre o poder judiciário e o Banco Central, visando a facilitar a penhora sobre dinheiro em depósito bancário ou em aplicação financeira (CPC/2015, art. 854). Com igual finalidade, foi instituído o Renajud, que é um sistema *on-line* de restrição judicial de veículos criado pelo Conselho Nacional de Justiça (CNJ), que interliga o Poder Judiciário ao Departamento Nacional de Trânsito (Denatran). Essa ferramenta eletrônica permite consultas e envio, em tempo real, à base de dados do Registro Nacional de Veículos Automotores (Renavam), de ordens judiciais de restrições de veículos – inclusive registro de penhora – de pessoas condenadas em ações judiciais.

335. Lugar de realização da penhora

A penhora deverá ser efetuada no local em que se encontrem os bens, ainda que sob a posse, detenção ou guarda de terceiros (CPC/2015, art. 845). É que a constrição executiva importa, em regra, apreensão e depósito judicial do bem penhorado (art. 839). Por isso, quando o executado não tiver bens no foro do processo, a execução deverá ser feita por meio de carta precatória, cabendo ao juízo da situação dos bens proceder à penhora, avaliação e alienação respectivas (art. 845, § 2º).

A essa regra geral, porém, o § 1º do art. 845 abre exceção, em determinadas situações, para a penhora de imóveis e de veículos automotores, como se explicitará no item seguinte.

Em princípio, na execução por precatória, a escolha do bem a ser penhorado é da competência do juiz deprecante, como juiz da causa.[27] Não há, entretanto, empecilho a que, nas circunstâncias do caso concreto, o juiz da execução delegue ao deprecado não só a penhora, mas também a definição do bem a ser conscrito.

Ainda sobre penhora de bens fora da comarca da execução, ver, adiante, o item 353.

336. Penhora de imóvel e veículos automotores localizados fora da comarca da execução

O CPC/2015 (art. 845, § 1º), na esteira da jurisprudência já consolidada e do que já dispunha o Código anterior, dispensa a carta precatória para a penhora de bens, ainda que não situado o imóvel na sua circunscrição territorial.[28] Para a atual legislação, a dispensa ocorre não só para a penhora de imóveis situados fora da comarca ou seção judiciária, como também dos veículos em semelhante localização. Com isso, torna-se possível a penhora no próprio juízo da execução, de qualquer imóvel ou veículo sem indagação acerca de sua localização territorial. A inovação, no regimento do CPC/2015, foi, como se vê, a ampliação do expediente para abarcar, também, a penhora de veículos automotores. Porém, a novidade foi além dos precedentes pretorianos, pois não se exige mais que o bem tenha sido nomeado pelo devedor, nem que esteja vinculado por hipoteca ou outro direito real ao título executivo. Permite-se a penhora qualquer que seja a situação do imóvel ou do veículo, seja por nomeação do executado, seja por indicação do exequente. Basta que se apresente certidão da respectiva matrícula no Registro de Imóveis ou de certidão que ateste a existência de registro do automóvel no órgão público que controle a respectiva circulação.

---

[27] STJ, 3ª T., REsp 1.997.723/SP, Rel. Min. Nancy Andrighi, ac. 14.06.2022, *DJe* 21.06.2022.
[28] *Revista de Crítica Judiciária*, v. 1, p. 95; *JTA* 102/24.

Ao escrivão caberá lavrar o termo de penhora, no qual atribuirá ao devedor, proprietário do bem constrito, o encargo de depositário, considerando que o ato executivo se passa à distância do objeto, e levando em conta o que dispõe o art. 840, § 2º.[29]

O encargo de depositário, embora o art. 845, § 1º, não seja expresso a respeito, será confiado ao executado, ou seja, ao proprietário do bem constrito, pois é este quem de fato e de direito detém sua posse na ocasião da penhora, e a exerce fora do foro da execução. Diante da regra constante do § 2º do art. 840, o executado tem, em princípio, o dever de assumir o encargo de depositário dos bens penhorados em seu poder, quando seja difícil removê-los, norma que bem se aplica à hipótese de imóvel situado em foro diverso do da execução, e às vezes também no caso de veículos, se a tanto consentir o exequente.

Para que a penhora se realize no juízo da própria execução, e não no local do imóvel ou do veículo automotor, é necessária a apresentação de certidão da respectiva matrícula, no caso de imóvel, ou, tratando-se de veículo, certidão da respectiva existência, passada pelo órgão administrativo controlador da sua circulação (art. 845, § 1º).

À falta de tais comprovantes, a penhora terá de ser efetuada por meio de carta precatória, caso em que o juízo deprecado se encarregará não só da penhora, mas também da avaliação e alienação do bem constrito.

Se a penhora se faz apenas com base na certidão da matrícula, pode acontecer que construções, plantações e outras acessões industriais não sejam mencionadas no respectivo termo. A parte poderá comunicar a existência desses bens acessórios para oportuna inclusão no gravame. E, mesmo ocorrendo omissão, será ela suprida por ocasião da avaliação para preparar a arrematação. Ao avaliador, caberá descrever e estimar o imóvel tal como ele se encontrar no momento da perícia, ou seja, com todos os seus acréscimos ou supressões, de modo a retratar a realidade contemporânea à venda judicial.

---

[29] "3. De acordo com o art. 845, § 1º, do CPC/2015, independentemente do local em que estiverem situados os bens, a penhora será realizada por termo nos autos quando (I) se tratar de bens imóveis ou veículos automotores; e (II) for apresentada a certidão da respectiva matrícula do imóvel ou a certidão que ateste a existência do veículo. 4. Nessa hipótese, a competência para decidir sobre a penhora, avaliação e alienação dos imóveis ou veículos será do próprio Juízo da execução, sendo desnecessária a expedição de carta precatória na forma do art. 845, § 2º, do CPC/2015, que se aplica apenas quando não for possível a realização da penhora nos termos do § 1º do mesmo dispositivo. 5. Hipótese em que se trata de penhora de imóveis situados fora da comarca da execução e houve a apresentação das certidões atualizadas das matrículas. Competência do Juízo da execução" (STJ, 3ª T., REsp 1.997.723/SP, Rel. Min. Nancy Andrighi, ac. 14.06.2022, *DJe* 21.06.2022).

§ 38. OBJETO DA PENHORA

337. Bens penhoráveis e impenhoráveis

A penhora visa dar início, ou preparação, à transmissão forçada de bens do devedor, para apurar a quantia necessária ao pagamento do credor. Pressupõe, destarte, a responsabilidade patrimonial e a transmissibilidade dos bens. É o patrimônio do devedor (ou de alguém que tenha assumido responsabilidade pelo pagamento da dívida) que deve ser atingido pela penhora, nunca o de terceiros estranhos à obrigação ou à responsabilidade.

Além do mais, só os bens alienáveis podem ser transmitidos e, consequentemente, penhorados. Nosso Código de Processo Civil é, aliás, expresso em dispor que "não estão sujeitos à execução os bens que a lei considera impenhoráveis ou inalienáveis" (CPC/2015, art. 832). A regra básica, portanto, é que a penhora deve atingir os bens negociáveis, ou seja, os que se podem normalmente alienar e converter no respectivo valor econômico.[30]

Não obstante essa regra de que são penhoráveis os bens alienáveis ou negociáveis do devedor, o certo é que, por razões de outra ordem que não apenas a econômica, há, na lei que regula a execução por quantia certa, a enumeração de bens que, mesmo sendo disponíveis por sua natureza, não se consideram, entretanto, passíveis de penhora, muito embora, ordinariamente, o devedor tenha o poder de aliená-los livremente e de, por iniciativa própria, convertê-los em numerário, quando bem lhe aprouver.

Assim, o art. 833 do Código de Processo Civil atual enumera vários casos de bens patrimoniais disponíveis que são impenhoráveis, como os vestuários e pertences de uso pessoal, os vencimentos e salários, os livros, máquinas, utensílios e ferramentas necessários ao exercício da profissão, as pensões e montepios, o seguro de vida etc.

Essa limitação à penhorabilidade encontra explicação em razões diversas, de origem ético-social, humanitária, política ou técnico-econômica.[31]

A razão mais comum para a impenhorabilidade de origem não econômica é a preocupação do Código de preservar as receitas alimentares do devedor e de sua família. Funda-se num princípio clássico da execução forçada moderna, lembrado, entre outros, por Lopes da Costa, segundo o qual, "a execução não deve levar o executado a uma situação incompatível com a dignidade humana".[32]

Isto quer dizer que, segundo o espírito da civilização cristã de nossos tempos, não pode a execução ser utilizada para causar a extrema ruína, que conduza o devedor e sua família à fome e ao desabrigo, gerando situações aflitivas inconciliáveis com a dignidade da pessoa humana. E não é por outra razão que nosso Código de Processo Civil não tolera a penhora de certos bens econômicos como provisões de alimentos, salários, instrumentos de trabalho, pensões, seguro de vida etc.

É, outrossim, com apoio em princípio análogo ou correlato que deve o juiz da execução impedir atos executivos ruinosos, dos quais nenhum benefício se extraia para o credor, e para o devedor só possam advir ruína e prejuízos injustificáveis, tal como ocorre com a penhora de bens que mal sejam suficientes para as despesas do processo, e com a arrematação de bens a preço vil.[33]

---

[30] ROCCO, Ugo. *Tratado de derecho procesal civil*. Buenos Aires: Depalma, 1979, v. V, p. 190.
[31] ROCCO, Ugo. *Tratado de derecho procesal civil*. Buenos Aires: Depalma, 1979, v. V, p. 191.
[32] LOPES DA COSTA, Alfredo Araújo. *Processual civil brasileiro*. 2. ed. Rio de Janeiro: Forense, 1959, v. IV n. 53, p. 55.
[33] Ver, a propósito, a norma do art. 836, *caput*, do CPC/2015.

Finalmente, além dos bens impenhoráveis, *i.e.*, dos bens que em nenhuma hipótese serão penhorados (Código de Processo Civil, art. 833), prevê a lei outros casos em que a impenhorabilidade se manifesta apenas em caráter relativo. São bens que, por razões especiais, o Código procura preservar em poder do devedor, só autorizando sua excussão à falta de outros valores econômicos disponíveis no patrimônio do executado. O art. 834 do atual Código de Processo Civil aponta, nessa categoria, os frutos e rendimentos dos bens inalienáveis.

338. Bens impenhoráveis

A regulamentação da impenhorabilidade constante do art. 833 do CPC/2015 engloba situações tanto de direito material como processual, declarando impenhoráveis os seguintes bens:

(a) Os bens inalienáveis e os declarados, por ato voluntário, não sujeitos à execução (inciso I): os bens públicos são sempre impenhoráveis, dada a sua intrínseca inalienabilidade (Código Civil, art. 100). Não há penhora na execução contra a Fazenda Pública (CPC/2015, art. 910).

Os bens particulares podem se tornar inalienáveis ou apenas impenhoráveis, em atos de vontade unilaterais ou bilaterais, como nas doações, testamentos, instituição do bem de família etc.[34] Caso de impenhorabilidade de larga aplicação prática é o dos bens vinculados às cédulas de crédito rural enquanto não resgatado o financiamento (Decreto-lei nº 167, de 14.02.1967, art. 69).

Observe-se, a propósito, que o Decreto-lei nº 167, que é lei especial, não foi revogado pelo Código, de maneira que suas normas, que, aliás, não conflitam com as da nova codificação, subsistem em vigor.[35]

Por se não permitir que os bens "objeto de penhor ou hipoteca constituídos pelas cédulas de crédito rural" sejam penhorados, arrestados ou sequestrados por outras dívidas do emitente ou do terceiro empenhador ou hipotecante, o que criou o legislador para os órgãos financiadores da economia rural foi mais do que uma garantia real, pois conferiu-lhes "verdadeira garantia exclusiva".[36]

Essa imunidade executiva que envolve os bens vinculados às cédulas rurais hipotecárias e pignoratícias não é absoluta e deve cessar quando se decreta a insolvência do devedor, já que do concurso universal de credores não se exclui nenhum credor, a não ser a Fazenda Pública;[37] e não prevalece, obviamente, quando a execução é movida pelo próprio titular da garantia cedular.

Outro caso interessante de impenhorabilidade legal é a que prevê o art. 76 da Lei nº 9.610/1998, e que compreende, em matéria de direitos autorais, "a parte do produto dos espetáculos reservada ao autor e aos artistas".

Com a ampla permissão legal para o negócio jurídico processual (art. 190), é possível a convenção entre credor e devedor no sentido de excluir do âmbito da penhorabilidade um ou alguns bens.[38] A eficácia de tal negócio, todavia, só tem efeito entre os contratantes, como

---

[34] Qualquer que seja a inalienabilidade do bem particular, não prevalecerá ela em face das obrigações tributárias (CTN, art. 186). Sobre o bem de família também há exceções à impenhorabilidade legal (v., adiante, item nº 341).

[35] ARRUDA ALVIM, José Manoel. Parecer. *Revista Forense*, n. 246, p. 334-335, abr.-maio-jun. 1974.

[36] ARRUDA ALVIM, José Manoel. Parecer. *Revista Forense*, n. 246, p. 339, abr.-maio-jun. 1974.

[37] 1º TACSP, Apel. 215.321, ac. 17.12.1975, *RT* 487/104. "... a jurisprudência do colendo Superior Tribunal de Justiça relativizou o princípio da impenhorabilidade, permitindo o ato constritivo após o vencimento da cédula de crédito, facultando-se a outro credor obter a penhora do bem, obedecido o direito de prelação do credor rural hipotecário" (TJMG, 11ª Câm. Cív., Agravo Inst. 1.0016.02.022531-0/001, Rel. Des. Duarte de Paula, ac. 11.10.2006, *DJMG* 11.11.2006).

[38] "A penhorabilidade dos bens, observados os critérios do art. 190 do CPC, pode ser objeto de convenção processual das partes" (Enunciado nº 153/CEJ/CJF).

é natural da força obrigatória dos contratos. Terceiros, portanto, não serão afetados por semelhante impenhorabilidade convencional.[39]

(b) Os móveis, os pertences e as utilidades domésticas que guarnecem a residência do executado (inciso II)*:* prevalece o intuito de evitar penhora sobre bens que geralmente não encontram preços significativos na expropriação judicial e cuja privação pode acarretar grandes sacrifícios de ordem pessoal e familiar para o executado. A impenhorabilidade legal, no entanto, sofre limitações instituídas para manter o privilégio dentro do razoável.

Assim, para evitar abusos ou fraudes, excluíram-se da impenhorabilidade: *(i)* os *bens de elevado valor* (como obras de arte, aparelhos eletrônicos sofisticados, tapetes orientais, móveis de antiquário, automóveis etc.); e *(ii)* os *bens que ultrapassem as necessidades comuns correspondentes* a um médio padrão de vida (como uma quantidade maior de televisões, geladeiras, aparelhos de som e projeção etc.).

(c) Os vestuários, bem como os pertences de uso pessoal do executado, salvo se de elevado valor (inciso III): a justificativa, aqui, é a mesma utilizada no inciso II. Também nesse caso o legislador impôs limitação à impenhorabilidade, de modo a dela excluir os bens de elevado valor (como roupas de alta costura, bebidas finas importadas, joias, relógios de ouro).

(d) Os vencimentos e outras verbas de natureza alimentar (inciso IV): a enumeração desse inciso é meramente exemplificativa e engloba qualquer verba que sirva ao sustento do executado e de sua família. O dispositivo detalha e reúne num só inciso as remunerações do trabalho e as verbas de aposentadoria e pensionamento. Tem-se, então, como impenhoráveis, na dicção ampla do inciso, "os vencimentos, os subsídios, os soldos, os salários, as remunerações, os proventos de aposentadoria, as pensões, os pecúlios e os montepios". Estende-se o benefício legal a verbas de finalidades equiparáveis ao pensionamento, como "as quantias recebidas por liberalidade de terceiro e destinadas ao sustento do devedor e sua família".

Também por sua destinação de "socorro ao trabalhador", são absolutamente impenhoráveis as contas vinculadas ao FGTS[40] e ao PIS (Lei nº 8.036/1990, art. 2º § 2º; Lei Complementar nº 26/1975, art. 4º).[41] Em caráter excepcional, o STJ tem admitido a penhora de saldo do FGTS para execução de alimentos *stricto sensu*, "nos casos de comprometimento de direito fundamental do titular do fundo [risco de prisão] ou de seus dependentes" [necessidade de atender às necessidades imediatas da prole].[42]

Em face de antiga divergência jurisprudencial, em torno de serem ou não verbas alimentares os honorários de advogado,[43] o inciso IV do art. 833 qualifica como verba alimentar

---

[39] "O pacto de impenhorabilidade (arts. 190, 200 e 833, I) produz efeito entre as partes, não alcançando terceiros" (Enunciado nº 152/CEJ/CJF).

[40] "Apesar da natureza alimentar dos honorários advocatícios, não é permitido o bloqueio do saldo do Fundo de Garantia por Tempo de Serviço (FGTS) para o pagamento de créditos relacionados a honorários, sejam contratuais ou sucumbenciais, em razão da impenhorabilidade absoluta estabelecida pelo art. 2º, § 2º, da Lei n. 8.036/1990" (STJ, 4ª T., REsp 1.93.811/SP, Rel. Min. Antonio Carlos Ferreira, ac. 10.09.2024, *DJe* 16.09.2024).

[41] Desaparece, porém, a impenhorabilidade, depois que o beneficiário sacou o valor da conta do FGTS e o depositou em conta corrente bancária comum (TJDF, Proc. 2013.00.2.025760-8, Ag de Inst. 745.654, Rel. Des. João Egmont, *DJe-TJDFT* 08.01.2014, p. 248).

[42] STJ, 3ª T., REsp 1.619.868/SP, Rel. Min. Ricardo Villas Bôas Cueva, ac. 24. 10.2017, *DJe* 30.10.2017. Ressalvou o aresto, contudo, que a interpretação ampliativa excepcional, em favor de dívida alimentar, não franqueia a penhora do FGTS para pagamento de honorários advocatícios sucumbenciais e outros honorários devidos a profissionais liberais.

[43] Sobre serem os honorários de sucumbência prestação alimentícia, vejam-se os acórdãos do STF no RE 170.220-6, *DJU* 07.08.1998, p. 41, e *RT* 718/240. Em sentido contrário: STJ, REsp 653.864, *DJU* 13.12.2004, p. 339, e STF, RE 143.802-9/SP-Edcl-Edcl, *DJU* 09.04.1999, p. 34. A antiga divergência, no entanto, foi superada pelo STF e pelo STJ: "Os honorários advocatícios contratuais e sucumbenciais possuem natureza alimentar.

impenhorável todos "os ganhos de trabalhador autônomo e os honorários de profissional liberal". Dessa maneira, a impenhorabilidade legal foi além dos honorários de advogado, para atingir toda e qualquer remuneração obtida por exercício autônomo de trabalho ou profissão.

Aliás, em matéria de precatórios judiciais, a Lei nº 11.033, de 21.12.2004, já reconhecia que, entre os créditos de natureza alimentar, incluíam-se os honorários advocatícios (art. 19, parágrafo único, inc. I). Diante da nova disposição legal, não remanescem dúvidas acerca da natureza alimentar e da impenhorabilidade de todos os honorários ou ganhos obtidos como remuneração do trabalho de profissionais liberais ou não.

Em relação a todas as verbas do inciso IV, há uma ressalva legal que abre possibilidade para a penhora, qual seja: se o débito em execução consistir em prestação de alimentos, torna-se cabível a penhora sobre salários, remunerações e outras verbas equivalentes auferidas por aquele que responda pela pensão alimentícia, independentemente de sua origem, bem como às importâncias excedentes a cinquenta salários mínimos mensais (§ 2º do art. 833[44]). Nesse caso, a penhora deverá respeitar as normas relativas ao cumprimento de sentença que reconheça a exigibilidade de obrigação de prestar alimentos.[45]

Observe-se, porém, que o dispositivo em questão refere-se, na primeira parte, aos créditos alimentares, mas na parte final suspende a impenhorabilidade de todas as verbas remuneratórias do trabalho, no que superarem a cinquenta salários mínimos por mês. Já aí não se fala mais em satisfação de débito de alimentos, sendo, pois, irrelevante a natureza da obrigação exequenda para afastar a impenhorabilidade sobre os grandes salários e remunerações em geral.

O STJ, todavia, ainda sob o regime do Código anterior, procurou abrandar a rigidez da literalidade do art. 649, IV, do CPC/1973 (CPC/2015, art. 833, IV) diante de peculiaridades do caso concreto, valorizando uma interpretação teleológica, para evitar que a aplicação da regra entrasse em conflito com sua própria finalidade e com os princípios que lhe dão suporte. Reconheceu-se, por meio dessa interpretação criativa, que os honorários de advogado poderiam ser executados parcialmente, porque a execução visava satisfação de crédito do cliente vítima de falta de repasse de valores, por parte do próprio causídico. Argumentava-se, ainda, que a parcela de honorários penhorada não comprometia a subsistência do executado.[46]

Muitos outros abrandamentos à impenhorabilidade dos rendimentos do trabalho têm sido admitidos pelo STJ, como se pode ver, exemplificativamente, dos dois arestos a seguir, ambos de teor que continua aplicável dentro do regime do atual Código de Processo Civil:

Divergência jurisprudencial, antes existente neste Tribunal, dirimida após o julgamento do REsp n. 706.331/PR pela Corte Especial. Entendimento semelhante externado pelo Excelso Pretório (RE 470.407, Rel. Min. Marco Aurélio). Reconhecido o caráter alimentar dos honorários advocatícios, tal verba revela-se insuscetível de penhora" (STJ, 2ª T., REsp 865.469/SC, Rel. Min. Mauro Campbell Marques, ac. 05.08.2008, DJe 22.08.2008).

[44] "1. Honorários advocatícios, sejam contratuais, sejam sucumbenciais, possuem natureza alimentar (EREsp 706.331/PR, Rel. Ministro Humberto Gomes de Barros, Corte Especial, DJe 31.03.2008). 2. Mostrando-se infrutífera a busca por bens a serem penhorados e dada a natureza de prestação alimentícia do crédito do exequente, de rigor admitir o desconto em folha de pagamento do devedor, solução que, ademais, observa a gradação do art. 655 do CPC, sem impedimento da impenhorabilidade constatada do art. 649, IV, do CPC. 3. Recurso Especial provido" (STJ, 3ª T., REsp 948.492/ES, Rel. Min. Sidnei Beneti, ac. 01.12.2011, DJe 12.12.2011).

[45] O STJ reconhece, em face da natureza alimentar da verba de honorários advocatícios, a possibilidade de se penhorar salário do devedor de tal verba, respeitado o limite de 30% (trinta por cento) (Súmula 83/STJ) (STJ, 3ª T., Ag.Rg. no AREsp 634.032/MG, Rel. Min. Moura Ribeiro, ac. 20.08.2015, DJe 31.08.2015). No mesmo sentido: STJ, 4ª T., Ag.Rg. no AREsp 632.356/RS, Rel. Min. Luis Felipe Salomão, ac. 03.03.2015, DJe 13.03.2015; STJ, Corte Especial, EDcl. Nos EAREsp 387.601/RS, Rel. Min. Benedito Gonçalves, ac. 26.02.2015, DJe 04.03.2015. A solução do CPC/2015 vai além, pois admite a penhorabilidade das verbas remuneratórias no que ultrapassem cinquenta salários mínimos por mês (art. 833, § 2º).

[46] STJ, 3ª T., REsp 1.326.394/SP, Rel. Min. Nancy Andrighi, ac. 12.03.2013, DJe 18.03.2013.

I - Limitação da impenhorabilidade ao último salário mensal

"1. A Segunda Seção pacificou o entendimento de que a remuneração protegida pela regra da impenhorabilidade é a última percebida – a do último mês vencido – e, mesmo assim, sem poder ultrapassar o teto constitucional referente à remuneração de Ministro do Supremo Tribunal Federal. Após esse período, eventuais sobras perdem tal proteção.

2. É possível ao devedor poupar valores sob a regra da impenhorabilidade no patamar de até quarenta salários mínimos, não apenas aqueles depositados em cadernetas de poupança, mas também em conta-corrente ou em fundos de investimento, ou guardados em papel-moeda.

3. Admite-se, para alcançar o patamar de quarenta salários mínimos, que o valor incida em mais de uma aplicação financeira, desde que respeitado tal limite.

4. Embargos de divergência conhecidos e providos".[47]

II - Limitação da impenhorabilidade a parte da remuneração

"1. É firme nesta Corte Superior o entendimento que reconhece a natureza alimentar dos honorários advocatícios e a impossibilidade de penhora sobre verba alimentar, em face do disposto no art. 649, IV, do CPC.

2. Contudo, a garantia de impenhorabilidade assegurada na regra processual referida não deve ser interpretada de forma gramatical e abstrata, podendo ter aplicação mitigada em certas circunstâncias, como sucede com crédito de natureza alimentar de elevada soma, que permite antever-se que o próprio titular da verba pecuniária destinará parte dela para o atendimento de gastos supérfluos, e não, exclusivamente, para o suporte de necessidades fundamentais.

3. Não viola a garantia assegurada ao titular de verba de natureza alimentar a afetação de parcela menor de montante maior, desde que o percentual afetado se mostre insuscetível de comprometer o sustento do favorecido e de sua família e que a afetação vise à satisfação de legítimo crédito de terceiro, representado por título executivo.

4. Sopesando criteriosamente as circunstâncias de cada caso concreto, poderá o julgador admitir, excepcionalmente, a penhora de parte menor da verba alimentar maior sem agredir a garantia desta em seu núcleo essencial.

5. Com isso, se poderá evitar que o devedor contumaz siga frustrando injustamente o legítimo anseio de seu credor, valendo-se de argumento meramente formal, desprovido de mínima racionalidade prática.

6. Caso se entenda que o caráter alimentar da verba pecuniária recebe garantia legal absoluta e intransponível, os titulares desses valores, num primeiro momento, poderão experimentar uma sensação vantajosa e até auspiciosa para seus interesses. Porém, é fácil prever que não se terá de aguardar muito tempo para perceber os reveses que tal irrazoabilidade irá produzir nas relações jurídicas dos supostos beneficiados, pois perderão crédito no mercado, passando a ser tratados

---

[47] STJ, 2ª Seção, EREsp 1.330.567/RS, Rel. Min. Luis Felipe Salomão, ac. 10.12.2014, *DJe* 19.12.2014.

como pessoas inidôneas para os negócios jurídicos, na medida em que seus ganhos constituirão coisa fora do comércio, que não garante, minimamente, os credores.

7. Recurso especial a que se nega provimento".[48]

O CPC/2015, sensível ao entendimento pretoriano, positivou, no § 2º, do art. 833, a regra de que a impenhorabilidade de salários e outras verbas remuneratórias não prevalece sobre as importâncias que excederem a cinquenta salários mínimos por mês.[49] Observe-se que essa ressalva não se refere às execuções de obrigações alimentícias, mas a obrigações de quantia certa de qualquer natureza.[50] De qualquer maneira, a penhora parcial de salário exige prova de que tal medida não põe em risco a subsistência do executado.[51]

(e) Os bens necessários ou úteis ao exercício de profissão (inciso V): são impenhoráveis os livros, as máquinas, as ferramentas, os utensílios, os instrumentos ou outros bens móveis necessários ou úteis ao exercício da profissão do executado. A matéria foi objeto de várias discussões à época do CPC/1973, sobre a abrangência do privilégio às pessoas jurídicas e bens imóveis, prevalecendo, atualmente, o entendimento relativizado segundo o qual a regra da isenção de penhora pode amparar também as pequenas empresas, em que os sócios pessoalmente desempenhem os misteres para os quais a sociedade se organizara, como, *v.g.*, oficinas de consertos ou de serviços de limpeza, de pintura, de confecções etc.[52]

Quanto aos bens imóveis, a exegese era restritiva, de modo que mesmo entre as pessoas físicas, como os profissionais liberais, não se estendia a impenhorabilidade à casa ou sala onde se instalava o respectivo escritório.[53] Prevalecia, portanto, na visão pretoriana, o entendimento de que os instrumentos de trabalho se confundiam com as ferramentas manejáveis pelo profissional. Apenas coisas móveis poderiam enquadrar-se nesse conceito restritivo.

A reforma da Lei nº 11.382/2006, operada na vigência do CPC/1973 reforçou tal posicionamento. Ao transplantar essa impenhorabilidade, o legislador teve o cuidado de explicitar que, a par das ferramentas e utensílios propriamente ditos, a isenção de penhora compreende outros bens móveis necessários ou úteis ao exercício da profissão do executado. A norma foi encampada pelo inciso V do art. 833 do CPC/2015.

Restou, pois, bem explicitada, a *mens legis* de privilegiar o profissional com preservação apenas do aparelhamento móvel de sua atividade. Os imóveis, ainda que se prestem a sediar o desempenho da profissão, não se inserem no benefício da inexecutabilidade.

---

[48] STJ, 4ª T., REsp 1.356.404/DF, Rel. Min. Raul Araújo, ac. 04.06.2013, *DJe* 23.08.2013.

[49] WAMBIER, Teresa Arruda Alvim *et al. Breves comentários ao novo Código de Processo Civil.* São Paulo: Ed. RT, 2015, p. 1.927.

[50] "As hipóteses de penhora do art. 833, § 2º, do CPC aplicam-se ao cumprimento da sentença ou à execução de título extrajudicial relativo a honorários advocatícios, em razão de sua natureza alimentar" (CEJ/I Jorn. Dir. Proc. Civ., Enunciado nº 105).

[51] "Em situações excepcionais, admite-se a relativização da regra de impenhorabilidade das verbas salariais prevista no art. 649, IV, do CPC/73, a fim de alcançar parte da remuneração do devedor para a satisfação de crédito não alimentar, preservando-se o suficiente para garantir a sua subsistência digna e a de sua família. Precedentes" (STJ, 3ª T., REsp 1.673.067/DF, Rel. Min. Nancy Andrighi, ac. 12.09.2017, *DJe* 15.09.2017).

[52] STJ, 4ª T., REsp 536.544/SP, Rel. Min. César Asfor Rocha, ac. 16.09.2003, *DJU* 03.11.2003, p. 324; STJ, 1ª T., REsp 512.564/SC, Rel. Min. Francisco Falcão, ac. 28.10.2003, *DJU* 15.12.2003, p. 211.

[53] "Imóvel onde funcione escritório de advocacia não se inclui na dicção do art. 649, VI, CPC, nem na sua literalidade e nem no conceito de necessidade, utilidade ou mesmo indispensabilidade que norteia sua interpretação" (STJ, 3ª T., REsp 98.025/RS, Rel. Min. Waldemar Zveiter, ac. 10.02.1998, *DJU* 30.03.1998, p. 41).

A *ratio essendi* do dispositivo não atrita com a orientação que vinha sendo observada pela jurisprudência do STJ, quando estendia a impenhorabilidade às pessoas jurídicas organizadas em pequenas empresas. Dessa maneira, merece ser preservada a orientação daquele Tribunal, desde que se trate realmente de empresa cuja atividade seja desempenhada pessoalmente pelos sócios.

A impenhorabilidade em questão foi estendida expressamente pelo CPC/2015 aos equipamentos, implementos e máquinas agrícolas pertencentes a pessoa física ou empresa individual produtora rural (art. 833, § 3º). A regra, todavia, não se aplica às pessoas jurídicas que se dedicam em escala empresarial ao agronegócio.

(f) O seguro de vida (inciso VI): a função de seguro de vida é criar em favor de terceiro (o beneficiário) "um fundo alimentar".[54] Dessa natureza jurídica é que decorre a impenhorabilidade do seguro de vida.[55]

Estende-se ao pecúlio do plano de previdência privada a impenhorabilidade do seguro de vida, tendo a jurisprudência do STJ,[56] a propósito do tema, assentado que: (*i*) "o contrato de previdência privada com plano de pecúlio por morte assemelha-se ao seguro de vida, estendendo-se às entidades abertas de previdência complementar as normas aplicáveis às sociedades seguradoras, nos termos do art. 73 da LC 109/2001"; (*ii*) "aplica-se ao contrato de previdência privada com plano de pecúlio a regra do art. 794 do CC/2002, segundo a qual o capital estipulado não está sujeito às dívidas do segurado, nem se considera herança para todos os efeitos de direito"; (*iii*) a morte da participante do plano de previdência complementar faz "nascer para os seus beneficiários o direito de exigir o recebimento do pecúlio, não pelo princípio de *saisine*, mas sim por força da estipulação contratual em favor dos filhos, de tal modo que, se essa verba lhes pertence por direito próprio, e não hereditário, não pode responder pelas dívidas da estipulante falecida"; e, por fim, (*iv*) nem mesmo "a vontade manifestada pela participante em vida, ao contrair o empréstimo junto à entidade aberta de previdência complementar oferecendo o pecúlio em garantia, não sobrevive à sua morte, porque não pode atingir o patrimônio de terceiros, independentemente de quem sejam os indicados por ela como seus beneficiários".

(g) Os materiais necessários para obras em andamento, salvo se estas forem penhoradas (inciso VII): os materiais são, por antecipação, parte integrante da obra. Como tal só podem ser penhorados se o todo for.

(h) A pequena propriedade rural (inciso VIII): a exemplo do art. 5º, XXVI, da Constituição, o dispositivo da lei processual preserva de penhora "a pequena propriedade rural, assim definida em lei". Cabe, por isso, à legislação agrária definir o que se deve entender por "pequena propriedade rural". Firmou-se a jurisprudência do STJ no sentido de que a impenhorabilidade, na espécie, incide sobre a propriedade rural cujo tamanho vai até quatro módulos fiscais, respeitada a fração mínima de parcelamento, conforme fixado pelo art. 4º, II, "a", da Lei nº 8.629/1993, alterado pela Lei nº 13.465/2017.[57] Além disso, a pequena propriedade rural, para ser impenhorável, ainda nos termos da Constituição, deve ser "trabalhada pela família". O texto

---

[54] REZENDE FILHO, Gabriel. *Curso de direito processual civil*. 5. ed. São Paulo: Saraiva, 1959, v. III, n. 1.063, p. 243.
[55] CASTRO, Artur Anselmo de. *A ação executiva singular, comum e especial*. Coimbra: Coimbra Ed., 1970, n. 239, p. 229.
[56] STJ, 3ª T., REsp 1.713.147/MG, Rel. Min. Nancy Andrighi, ac. 11.12.2018, DJe 13.12.2018.
[57] STJ, 4ª T., AgRg no Ag 1.050.472/GO, Rel. Min. Luís Felipe Salomão, ac. 04.10.2011, DJe 07.10.2011; STJ, 4ª T., REsp 1.018.635/ES, Rel. Min. Luís Felipe Salomão, ac. 22.11.2011, DJe 1º.02.2012; STJ, 3ª T., REsp 1.284.708/PR, Rel. Min. Massami Uyeda, ac. 22.11.2011, DJe 09.12.2012. Para a jurisprudência do STF e do STJ, a pequena propriedade rural, protegida pela impenhorabilidade, "deve ter tamanho suficiente para garantir o sustento (subsistência), bem como o desenvolvimento socioeconômico da família" (CANAN,

do inciso adapta-se à previsão constitucional, pois declara que o benefício da impenhorabilidade alcançará a pequena propriedade rural, "desde que trabalhada pela família".

É importante ressaltar que nem mesmo a hipoteca permite a quebra da impenhorabilidade incidente sobre a pequena propriedade rural trabalhada pela família. É que, pela Constituição (art. 5º, XXVI), "o bem de família agrário é direito fundamental da família rurícola", constituindo "uma garantia mínima de proteção à pequena propriedade rural, de um patrimônio mínimo necessário à manutenção e à sobrevivência da família".[58]

Para obter o reconhecimento da impenhorabilidade, o agricultor executado terá apenas o ônus de provar que seu imóvel rural se enquadra nas dimensões da pequena propriedade rural. No tocante à exigência da prova de que a propriedade é trabalhada pela família, o STJ admite que há uma presunção de que pelas diminutas dimensões do imóvel, sua exploração esteja a cargo do ente familiar, como "decorrência natural do que normalmente se espera que aconteça no mundo real, inclusive, das regras de experiência (CPC/2015, art. 375)". Diante dessa presunção *juris tantum*, toca ao exequente o encargo de demonstrar a inocorrência da exploração familiar da terra, "para afastar a hiperproteção da pequena propriedade rural".[59]

A impenhorabilidade da pequena propriedade rural não depende de o executado residir no imóvel. O fundamento do benefício constitucional volta-se para a garantia da fonte de subsistência do produtor rural e de sua família, cuja incidência deve dar-se mediante interpretação segundo o princípio hermenêutico da máxima efetividade. Não se permite, portanto, a invocação analógica de restrições que ultrapassem os requisitos expressamente elencados pela própria Constituição e pelo CPC. É por isso que não se pode condicionar essa peculiar impenhorabilidade à comprovação de residência do pequeno proprietário rural no imóvel, requisito não imposto pelo art. 5º, XXVI, da CF, tampouco pelo art. 833, VIII, do CPC.[60]

Cessa dita impenhorabilidade apenas nas ressalvas dos §§ 1º e 2º do art. 833 do CPC/2015, ou seja, quando a dívida exequenda provier da aquisição ou conservação do próprio imóvel, ou corresponder a prestação de alimentos.

(i) Os recursos públicos recebidos por instituições privadas (inciso IX): os recursos públicos não perdem sua impenhorabilidade, mesmo quando recebidos por instituições privadas para aplicação compulsória em educação, saúde ou assistência social. O fato, porém, de uma instituição ser beneficiária de subvenções do Poder Público não torna seu patrimônio imune de penhora. Apenas as verbas públicas, enquanto tais, é que não podem ser bloqueadas por meio de penhora. Os bens particulares da instituição, mesmo de utilidade pública, conservam-se como garantia de seus credores e, assim, podem ser executados para realizar suas obrigações inadimplidas. São os recursos públicos, e apenas estes, que devem ser aplicados nas metas projetadas de educação, saúde e assistência social, sem sofrer embaraço de penhora por dívidas da instituição a que se destinam.

(j) A quantia depositada em caderneta de poupança (inciso X): o dispositivo preserva de penhora a quantia mantida em depósito de caderneta de poupança, atribuindo-lhe uma função de segurança alimentícia ou de previdência pessoal e familiar. A impenhorabilidade, na espécie, porém, não é total, pois vai apenas até o limite de quarenta salários mínimos. Sendo o saldo maior do que esse montante, a penhora pode alcançá-lo. Sempre, porém, será mantida intocável

---

Ricardo. Impenhorabilidade da pequena propriedade rural. *Revista de Processo*, n. 221, p. 144, jul. 2013; GRAU, Eros Roberto. *A ordem econômica na Constituição de 1988*. 8. ed. São Paulo: Malheiros, 2003, p. 213).
58 STJ, 4ª T., REsp 1.408.152/PR, Rel. Min. Luís Felipe Salomão, ac. 01.12.2016, *DJe* 02.02.2017.
59 STJ, 4ª T., REsp 1.408.152/PR, Rel. Min. Luís Felipe Salomão, ac. 01.12.2016, *DJe* 02.02.2017.
60 STJ, 3ª T., REsp 1.591.298/RJ, Rel. Min. Marco Aurélio Bellizze, ac. 14.11.2017, *DJe* 21.11.2017.

pela execução os quarenta salários. A constrição executiva somente atingirá o que deles sobejar.[61] Outrossim, não se reconhece a impenhorabilidade do saldo da caderneta de poupança quando se tratar de execução de prestação alimentícia, qualquer que seja sua origem (art. 833, § 2º).

A previsão do art. 833, X, de impenhorabilidade do saldo depositado em caderneta de poupança até o limite de quarenta salários mínimos, tem sido estendida pela jurisprudência do STJ aos valores constantes de conta-corrente, fundos de investimento ou guardados em papel-moeda.[62]

(k) Os recursos públicos oriundos do fundo partidário (inciso XI): em regra, os bens dos partidos políticos não gozam do privilégio da impenhorabilidade. A novidade restringe-se aos recursos públicos transferidos, na forma da lei, a partir do *fundo partidário*, de sorte que os demais bens integrantes do patrimônio dos partidos políticos continuam respondendo executivamente por suas dívidas.

Uma nova disposição legal que afeta a exequibilidade dos bens partidários foi instituída pela mesma Lei nº 11.694, que introduziu o art. 15-A na Lei nº 9.096, de 19.09.1995, modificado pela Lei nº 12.034/2009. Embora o partido político, como pessoa jurídica, seja uma unidade nacional, para efeito de responsabilidade, a lei o fracionou entre os vários órgãos que atuam em seu nome nas esferas municipal, estadual e nacional. Atribuiu a responsabilidade civil e trabalhista com exclusividade ao órgão partidário municipal, estadual ou nacional que houver descumprido a obrigação, violado o direito ou causado dano a outrem pela prática de ato ilícito, excluída a solidariedade de outros órgãos de direção partidária. Cada órgão responderá individualmente pelos atos que praticar, sujeitando à execução apenas os recursos e bens penhoráveis que lhe pertençam. Expressamente, ressalvou-se a inexistência de solidariedade entre os vários órgãos de direção partidária (sobre penhora de fundos bancários dos partidos políticos, ver, adiante, o item nº 362).

(l) Créditos oriundos de alienação de unidades imobiliárias, sob regime de incorporação imobiliária, vinculados à execução da obra (inciso XII): trata-se de inovação do CPC/2015, que visa resguardar o andamento da obra para sua entrega aos adquirentes. Assim, é impenhorável o crédito vinculado à execução da obra, resultante da alienação da unidade. Protege-se o denominado *patrimônio de afetação*, que a Lei nº 4.591/1964 (alterada pela Lei nº 10.931/2004) declara não se comunicar com os demais bens, direitos e obrigações do patrimônio geral do incorporador, de modo que "só responde por dívidas e obrigações vinculadas à incorporação respectiva" (Lei nº 4.591, art. 31-A, § 1º).

339. Ressalva geral à regra da impenhorabilidade

Nos casos de coisas impenhoráveis contemplados nos incisos I, II, III, V, VII e VIII que tenham sido adquiridos pelo devedor por meio de negócio oneroso, não deve prevalecer o privilégio da impenhorabilidade se o crédito executado provier justamente do preço de aquisição do bem ou do respectivo financiamento.

---

[61] "1. O art. 649, IV, do CPC dispõe serem absolutamente impenhoráveis os saldos. 2. Na hipótese dos autos, o beneficiário utilizou parte do saldo para aplicar em poupança, a qual foi objeto de constrição em Execução Fiscal. 3. A poupança alimentada exclusivamente por parcela da remuneração prevista no art. 649, IV, do CPC é impenhorável – mesmo antes do advento da Lei nº 11.382/2006 –, por representar aplicação de recursos destinados ao sustento próprio e familiar"(STJ, 2ª T., REsp 515.770/RS, Rel. Min. Herman Benjamim, ac. 25.11.2008, *DJe* 27.03.2009; *Rev. de Processo* 183/358).

[62] STJ, 2ª S., EREsp 1.330.567/RS, Rel. Min. Luís Felipe Salomão, ac. 10.12.2014, *DJe* 19.12.2014. No mesmo sentido: STJ, 2ª S., REsp 1.230.060/PR, Rel. Min. Maria Isabel Gallotti, ac. 13.08.2014, *DJe* 29.08.2014; STJ, 3ª T., REsp 1.624.431/SP, Rel. Min. Nancy Andrighi, ac. 01.12.2016, *DJe* 15.12.2016.

Nesse sentido, dispõe o art. 833, § 1º, que "a impenhorabilidade não é oponível à execução de dívida relativa ao próprio bem, inclusive àquela contraída para sua aquisição". Seria sumamente injusto que o credor que propiciou ao atual titular do bem sua própria aquisição não tivesse como haver o respectivo preço. Dar-se-ia um intolerável locupletamento por parte do adquirente.

De duas maneiras pode surgir o crédito em semelhante situação: *(i)* o alienante concede ao adquirente prazo para pagar o preço do bem que lhe é desde logo transferido; ou *(ii)* o adquirente obtém financiamento com terceiro para custear o preço da coisa adquirida. Nos dois casos, configurar-se-á o crédito capaz de elidir a impenhorabilidade legal, como se prevê no atual § 1º do art. 833.

340. Ressalva da impenhorabilidade em relação aos bens móveis úteis ou necessários ao produtor rural

O CPC/2015 prevê que são também impenhoráveis os equipamentos, os implementos e as máquinas agrícolas pertencentes a pessoa física ou a empresa individual produtora rural (art. 833, § 3º). Nesse sentido, abarcou o entendimento do STJ de que estão também protegidos os bens móveis necessários e úteis das pequenas empresas. Entretanto, ressalvou a impenhorabilidade quando tais bens tenham sido objeto de financiamento e estejam vinculados em garantia a negócio jurídico ou quando respondam por dívida de natureza alimentar, trabalhista ou previdenciária.

De qualquer modo, a regra que beneficia o produtor rural com a impenhorabilidade das máquinas e equipamentos agrícolas refere-se expressamente às pessoas físicas e às empresas individuais, não alcança, portanto, as pessoas jurídicas organizadas empresarialmente para a exploração do agronegócio. Merece, porém, conservar o entendimento do STJ de que pequenas sociedades em que os próprios sócios desempenham a atividade rural merecem o tratamento da impenhorabilidade relativa aos instrumentos de trabalho tal como se passa com a pessoa física.[63]

341. A impenhorabilidade do imóvel de residência da família

A Lei nº 8.009, de 29.03.1990, instituiu também a impenhorabilidade do imóvel residencial do casal ou da entidade familiar, por qualquer dívida, salvo apenas as exceções de seus arts. 3º e 4º.[64]

Para os efeitos dessa impenhorabilidade a Lei nº 8.009/1990 considera "residência um único imóvel utilizado pelo casal ou pela entidade familiar para moradia permanente" (art. 5º). Havendo pluralidade de imóveis utilizados para aquele fim, a impenhorabilidade recairá sobre o de menor valor (art. 5º, parágrafo único).[65] A jurisprudência do STJ, no entanto, tem flexibilizado

---

[63] STJ, 1ª T., REsp 512.564/SC, Rel. Min. Francisco Falcão, ac. 28.10.2013, *DJU* 15.12.2003, p. 211; STJ, 2ª T., AgRg no REsp 1.381.709/PR, Rel. Min. Mauro Campbell Marques, ac. 05.09.2013, *DJe* 11.09.2013.

[64] "Execução. Penhora. Bem de Família. Viúva. É impenhorável o imóvel residencial de pessoa solteira ou viúva. Lei nº 8.009/90. Precedentes. Recurso conhecido e provido"(STJ, 4ª T., REsp 420.086/SP, Rel. Min. Ruy Rosado de Aguiar, ac. 27.08.2002, *RSTJ* 165/425). A matéria, aliás, já foi sumulada pelo STJ (Súmula nº 364: "O conceito de impenhorabilidade de bem de família abrange também o imóvel pertencente a pessoas solteiras, separadas e viúvas").

[65] "1. 'A interpretação teleológica do art. 1º da Lei 8.009/1990 revela que a norma não se limita ao resguardo da família. Seu escopo definitivo é a proteção de um direito fundamental da pessoa humana: o direito à moradia' (EREsp 182.223/SP, Corte Especial, Rel. Min. Humberto Gomes de Barros, *DJ* 06.02.2002). 2. A impenhorabilidade do bem de família visa resguardar não somente o casal, mas o sentido amplo de entidade familiar. Assim, no caso de separação dos membros da família, como na hipótese em comento, a entidade familiar, para efeitos de impenhorabilidade de bem, não se extingue, ao revés, surge em du-

a limitação em tela, para estender a impenhorabilidade a mais de um imóvel, quando a família se desdobra e ocupa mais de uma residência, em caso de casamentos sucessivos, em que os filhos do ex-cônjuge e os do novo matrimônio habitem prédios diferentes.[66] É firme, também, a orientação da mesma Corte "no sentido de que a Lei nº 8.009/1990 não retira o benefício do bem de família daqueles que possuem mais de um imóvel".[67]

O benefício da lei em questão atinge o solo, a construção, as plantações, as benfeitorias e todos os equipamentos ou móveis que guarnecem a casa, desde que quitados (art. 1º, parágrafo único).

Também o locatário foi beneficiado pela impenhorabilidade, ficando a medida restrita aos bens móveis que guarneçam sua residência e que sejam de sua propriedade e já se achem quitados (art. 2º, parágrafo único).

Em reiterados acórdãos, o STJ tem admitido que a impenhorabilidade do bem de família alcança, inclusive, o imóvel pertencente à sociedade empresária, quando utilizado para moradia do sócio devedor e sua família. A justificativa invocada é a de que a impenhorabilidade estabelecida pela Lei nº 8.009/1990 decorre de norma cogente, que contém princípio de ordem pública, de sorte que somente é afastada se configurada alguma das hipóteses descritas em seu art. 3º.[68]

As exceções da impenhorabilidade da Lei nº 8.009/1990 (art. 3º) são as seguintes:

(a) veículos de transporte, obras de arte e adornos suntuosos (art. 2º, *caput*);

(b) não prevalece a impenhorabilidade, nem do imóvel, nem dos seus acessórios se a execução for movida (art. 3º):[69]

I – pelo titular do crédito decorrente do financiamento destinado à construção ou aquisição do imóvel, no limite dos créditos e acréscimos constituídos em função do respectivo contrato (inciso II);[70]

II – pelo credor da pensão alimentícia, resguardados os direitos, sobre o bem, do seu coproprietário que, com o devedor, integre união estável ou conjugal, observadas as hipóteses em que ambos responderão pela dívida (inciso III);[71]

III – pela cobrança de impostos, predial ou territorial, taxas e contribuições devidas em função do imóvel familiar (inciso IV);

---

plicidade: uma composta pelos cônjuges e outra composta pelas filhas de um dos cônjuges. Precedentes" (STJ, 3ª T., REsp 1.126.173/MG, Rel. Min. Ricardo Villas Bôas Cueva, ac. 09.04.2013, DJe 12.04.2013).

[66] STJ, 3ª T., REsp 1.126.173/MG, Rel. Min. Ricardo Villas Bôas Cueva, ac. 09.04.2013, DJe 12.04.2013.

[67] STJ, 3ª T., REsp 1.608.415/SP, Rel. Min. Ricardo Villas Bôas Cueva, ac. 02.08.2016, DJe 09.08.2016.

[68] STJ, 4ª T., EDcl no AREsp 511.486/SC, Rel. Min. Raul Araújo, ac. 03.03.2016, DJe 10.03.2016; STJ, 3ª T., REsp 356.077/MG, Rel. Min. Nancy Andrighi, ac. 30.08.2002, DJU 14.10.2002, p. 226.

[69] O inciso I do art. 3º da Lei nº 8.009/1990, que afastava a impenhorabilidade do bem de família no caso de créditos de trabalhadores da própria residência e das respectivas contribuições previdenciárias, foi revogado pela Lei (Revogado pela Lei Complementar nº 150, de 2015).

[70] "Da exegese comando do art. 3º, II, da Lei nº 8.009/90, fica evidente que a finalidade da norma foi coibir que o devedor se escude na impenhorabilidade do bem de família para obstar a cobrança de dívida contraída para aquisição, construção ou reforma do próprio imóvel, ou seja, de débito derivado de negócio jurídico envolvendo o próprio bem. Portanto, a dívida relativa a contrato de empreitada global, porque viabiliza a construção do imóvel, está abrangida pela exceção prevista no art. 3º, II, da Lei nº 8.009/90" (STJ, 3ª T., REsp 1.976.743/SC, Rel. Min. Nancy Andrighi, ac. 08.03.2022, DJe 11.03.2022).

[71] O inciso III do art. 3º da Lei nº 8.009/1990, relativo à execução de prestação alimentícia, teve sua redação alterada pela Lei nº 13.144, de 2015.

IV – para execução de hipoteca sobre imóvel oferecido como garantia real pelo casal ou pela entidade familiar (inciso V);[72-73]

V – por ter sido adquirido com produto de crime ou para execução de sentença penal condenatória a ressarcimento, indenização ou perdimento de bens (inciso VI);

VI – por obrigação decorrente de fiança concedida em contrato de locação; e (inciso VII, incluído pela Lei nº 8.245/1991).[74]

(c) ainda, deixará de incidir a impenhorabilidade quando o devedor, sabendo-se insolvente, adquirir de má-fé imóvel mais valioso para transferir a residência familiar, desfazendo-se ou não da moradia antiga (art. 4º).

---

[72] Segundo abundante jurisprudência do STJ, a penhorabilidade excepcional do bem de família, de que cogita o art. 3º, V, da Lei nº 8.009/1990, só incide em caso de hipoteca dada em garantia de dívida própria, e não de dívida de terceiro, nem mesmo quando a devedora seja empresa de que o garantidor seja sócio: "A impenhorabilidade do imóvel residencial tem como escopo a segurança da família – não o direito de propriedade. Por isso, não pode ser objeto de renúncia pelos danos do imóvel". Assim, "não se aplica a exceção à impenhorabilidade prevista no art. 3º, V, da Lei nº 8.009/1990, se a hipoteca garantiu empréstimo feito por pessoa jurídica. Não se pode presumir que este investimento tenha sido concedido em benefício da família" (STJ, 3ª T., AgRg no Ag 711.179/SP, Rel. Min. Humberto Gomes de Barros, ac. 04.05.2006, *DJU* 29.05.2006, p. 235. No mesmo sentido: STJ, 3ª T., AgRg no Ag 921.299/SE, Rel. Min. Sidnei Beneti, ac. 11.11.2008, *DJe* 28.11.2008; STJ, 4ª T., AgRg no AREsp 252.286/PR, Rel. Min. Luis Felipe Salomão, *DJe* 20.02.2013). "A exceção do art. 3º, inciso V, da Lei nº 8.009/90, que permite a penhora de bem dado em hipoteca, limita-se à hipótese de dívida constituída em favor da família, não se aplicando ao caso de fiança constituída em favor de terceiros" (STJ, 4ª T., REsp 268.690/SP, Rel. Min. Ruy Rosado de Aguiar, ac. 14.12.2000, *RSTJ* 150/395. No mesmo sentido: STJ, 2ª T., REsp 1.059.805/RS, Rel. Min. Castro Meira, ac. 26.08.2008, *DJe* 02.10.2008). "Não se aplica a exceção à impenhorabilidade prevista no art. 3º, inciso V, da Lei nº 8.009/90, se a hipoteca garantiu empréstimo feito por pessoa jurídica" (STJ, 3ª T., AgRg no AgRg no Ag 482.454/SP, Rel. Min. Vasco Della Giustina, ac. 06.10.2009, *DJe* 20.10.2009); nem mesmo quando "a dívida foi contraída pela empresa familiar, ente que não se confunde com a pessoa dos sócios" (STJ, 4ª T., REsp 1.022.735/RS, Rel. Min. Fernando Gonçalves, ac. 15.12.2009, *DJe* 18.02.2010). "Ainda que dado em garantia de empréstimo concedido a pessoa jurídica, é impenhorável o imóvel de sócio se ele constitui bem de família" (STJ, 3ª T., AgRg no Ag 1.067.040/PR, Rel. Min. Nancy Andrighi, ac. 20.11.2008, *DJe* 28.11.2008). No mesmo sentido: STJ, 4ª T., AgRg no Ag 957.818/SP, Rel. Min. Luís Felipe Salomão, ac. 27.04.2010, *DJe* 10.05.2010; STJ, 4ª T., REsp. 1.180.873/RS, Rel. Min. Luís Felipe Salomão, ac. 17.09.2015.

[73] "(...) 2. No ponto, a jurisprudência desta Casa se sedimentou, em síntese, no seguinte sentido: a) o bem de família é impenhorável, quando for dado em garantia real de dívida por um dos sócios da pessoa jurídica devedora, cabendo ao credor o ônus da prova de que o proveito se reverteu à entidade familiar; e b) o bem de família é penhorável, quando os únicos sócios da empresa devedora são os titulares do imóvel hipotecado, sendo ônus dos proprietários a demonstração de que a família não se beneficiou dos valores auferidos. 3. No caso, os únicos sócios da empresa executada são os proprietários do imóvel dado em garantia, não havendo se falar em impenhorabilidade" (STJ, 2ª Seção, EAREsp 848.498/PR, Rel. Min. Luis Felipe Salomão, ac. 25.04.2018, *DJe* 07.06.2018).

[74] O STF declarou inconstitucional a ressalva de penhorabilidade do bem de família no caso do fiador do contrato locatício, sob o argumento de que a impenhorabilidade, na espécie, "decorre de constituir a moradia um direito fundamental". Daí a conclusão de que "o inciso VII do art. 3º da Lei nº 8.009, de 1990, introduzido pela Lei nº 8.245, de 1991, não foi recebido pela CF, art. 6º, redação da EC 26/2000" (STF, RE 352.940/SP, Rel. Min. Carlos Velloso, j. 25.04.2005, *DJU* 09.05.2005, p. 106). Voltou atrás, entretanto, no julgamento do RE 407.688/SP, que teve como relator o Min. Cezar Peluso e que, por maioria de votos, aceitou a constitucionalidade do dispositivo em questão (STF, Pleno, ac. 08.02.2006, com 3 votos vencidos, *DJU* 06.10.2006, p. 33). Decidiu, posteriormente, o STF que a penhorabilidade do bem de família do fiador anteriormente reconhecida se referia restritamente aos contratos de locação residencial. Para a garantia prestada a contrato de locação comercial, deveria prevalecer a impenhorabilidade do imóvel de residência do fiador, nos moldes do art. 1º da Lei nº 8.009/1990 (STF, 1ª T., RE 605.709/SP, Rel. p/ac. Min. Rosa Weber, ac. 12.06.2018, *DJe* 18.02.2019).

(d) o STJ afastou também a impenhorabilidade no caso de imóvel residencial ocupado por um só dos condôminos, no tocante à cobrança das despesas de conservação e da remuneração aos demais coproprietários, aplicando-se ao caso a regra das obrigações de natureza *propter rem*.[75]

(e) ainda no entendimento do STJ, é impenhorável o imóvel cedido pelo proprietário para habitação de parentes, como no caso de sogros.[76]

Por outro lado, a alienação do imóvel de residência da família, não é vedada. A Lei nº 8.009/1990 institui apenas a sua impenhorabilidade e não sua inalienabilidade. Por consequência, o ato de sua disposição, gratuito ou oneroso, não configurará em hipótese alguma fraude de execução ou fraude contra credores, uma vez que o bem de família, sendo impenhorável, não integra o patrimônio de garantia dos credores (CPC/2015, art. 824).[77] Em outros termos, a declaração legal de impenhorabilidade de um bem outro sentido não tem que "o de reconhecer que ele está fora, em todos os casos ou diante de certas condições, do âmbito da responsabilidade patrimonial do devedor".[78]

341-A. Renúncia à impenhorabilidade

Casos como o do bem *inalienável* e o do *bem de família* enfrentam, em princípio, a completa impenhorabilidade. O primeiro, por exigir a lei, como requisito básico da penhora, a alienabilidade do bem a ser constrito (CPC/2015, arts. 832 e 833, I). E o segundo, por decorrer a impenhorabilidade da garantia constitucional à moradia, privilégio que tutela socialmente a família, transcendendo os interesses individuais do devedor.[79] Por isso, não há, na espécie, viabilidade de o executado renunciar à impenhorabilidade absoluta de tais bens.

Há, porém, aqueles casos em que a lei prevê apenas a impenhorabilidade sobre certo bem, do qual o titular conserva a livre disponibilidade. Em semelhante situação, inexiste razão para impedir que o executado o nomeie, voluntariamente, à penhora, renunciando, assim, à tutela do Código dispensada, por exemplo, aos instrumentos úteis ao exercício de atividade profissional. Uma vez aperfeiçoada a constrição executiva por provocação do próprio executado, não lhe será lícito pretender a invalidação do gravame judicial, a pretexto da impenhorabilidade prevista no art. 833, V, do CPC/2015 (dispositivo equivalente ao art. 649, V, do CPC/1973), sob pena de ofensa ao princípio da boa-fé objetiva (art. 5º). A hipótese configuraria comportamento contraditório e injurídico (*venire contra factum proprium*) e, por isso, inaceitável dentro do regime do devido processo legal.[80]

---

[75] STJ, 3ª T., REsp 1.888.863/SP, Rel. Min. Ricardo Villas Bôas Cueva, ac. 10.05.2022, *DJe* 20.05.2022.

[76] "1. Para efeitos da proteção da Lei n. 8.009/1990, de forma geral, é suficiente que o imóvel sirva de residência para a família do devedor, apenas podendo ser afastada quando verificada alguma das hipóteses do art. 3º da referida lei. (...). 3. O imóvel cedido aos sogros da proprietária, que, por sua vez, reside de aluguel em outro imóvel, não pode ser penhorado por se tratar de bem de família" STJ, 3ª T., REsp 1.851.893/MG, Rel. Min. Marco Aurélio Bellizze, ac. 23.11.2021, *DJe* 29.11.2021.

[77] STJ, 4ª T., REsp 976.566/RS, Rel. Min. Luis Felipe Salomão, ac. 20.04.2010, *DJe* 04.05.2010.

[78] PUNZI, Carmine. Limiti Allá pignorabilità e oggetto della responsabilità. *Rivista di Diritto Procesuale*, CEDAM, n. 6, anno LXVIII (seconda serie), p. 1.289, nov.-dic./2013.

[79] "Se a proteção do bem [de família] visa à família, e não apenas ao devedor, deve-se concluir que este não poderá, por ato processual individual e isolado [nomeação do bem de família à penhora] renunciar à proteção, outorgada por lei em norma de ordem pública, a toda a entidade familiar" (STJ, 2ª S., REsp 526.460/RS, Rel. Min. Nancy Andrighi, ac. 08.10.2003, *DJU* 18.10.2004, p. 184).

[80] STJ, 4ª T., REsp 1.365.418/SP, Rel. Min. Marco Buzzi, ac. 04.04.2013, *DJe* 16.04.2013.

342. Impenhorabilidade sucessiva do bem penhorado em execução fiscal

O fato de um bem já estar penhorado em outro processo não impede sua sucessiva constrição em novas execuções. Resolve-se o problema por meio do concurso de preferências (CPC/2015, art. 908).

Quando, porém, a penhora tiver acontecido em execução fiscal movida pela União, suas autarquias e fundações públicas, a Lei nº 8.212, de 24.07.1991, art. 53, § 1º, impõe a automática *indisponibilidade* dos bens constritos. Como a penhora pressupõe disponibilidade dos bens a serem afetados, torna-se impenhorável, por outros credores, o objeto da penhora efetuada em executivo fiscal intentado pela União e suas autarquias e fundações públicas.[81]

A impenhorabilidade sucessiva decorrente da Lei nº 8.212/1991, art. 53, § 1º, beneficia apenas a Fazenda Pública Federal, de sorte que a penhora ocorrida em execução da dívida ativa estadual ou municipal não impede o concurso de outras constrições promovidas por credores diversos.

No entanto, deve-se ponderar que a restrição da Lei nº 8.212/1991 não opera em face das Fazendas Públicas estaduais ou municipais, porquanto o concurso de preferências entre todas as Fazendas decorre de previsão de leis especiais como o Código Tributário Nacional (art. 187, parágrafo único) e a Lei de Execuções Fiscais (art. 30).[82]

Em suma: a penhora da Fazenda Pública Federal acarreta indisponibilidade e consequentemente impenhorabilidade sucessiva por outros credores, porquanto bem indisponível é o mesmo que bem inalienável (CPC/2015, art. 833, I). A impenhorabilidade, todavia, é relativa, pois não opera em face de outras fazendas públicas, mas apenas perante particulares.[83]

342-A. Pode a impenhorabilidade ser instituída por medida cautelar?

A responsabilidade patrimonial do devedor, quando posta em risco, pode ser preservada por iniciativa do credor, através de medida cautelar contra o desvio fraudulento de bens. Há medida típica como o arresto cuja função específica é assegurar futura penhora, em benefício de credor munido de título executivo. Com semelhante provimento preventivo, porém, o bem afetado não se torna inalienável, mas qualquer ato voluntário de disposição praticado pelo devedor não terá eficácia em face do credor. Malgrado passe o bem ao patrimônio do adquirente, continuará o credor com o direito de penhorá-lo. Se o arresto achar-se averbado no registro público competente, a alienação configurará *ipso iure* fraude à execução, sem que o terceiro possa alegar boa-fé (CPC/2015, art. 792, III). Equivale dizer que, embora válida, a

---

[81] TJSP, CSM, Ap. 29.886-0/4, Rel. Des. Márcio Martins, ac. 04.06.1996; Ap. 5.235/0, Rel. Des. Marcos Nogueira Garcez, *apud* COSTA, Daniel Carnio. Execução fiscal da Fazenda Nacional – Inalienabilidade dos bens penhorados. Alcance e aplicação do art. 53, § 1º, da Lei nº 8.212/91. *Síntese Jornal*, n. 72, p. 6, fev. 2003.

[82] "Execução fiscal. O fato dos bens terem sido penhorados na execução fiscal ajuizada pela Fazenda Nacional não impede a penhora na execução fiscal ajuizada pela Fazenda do Estado. Concurso de credores que se resolve pelos arts. 187, parágrafo único, do CTN, e 29 da Lei nº 6.830/80. Inaplicabilidade do disposto no § 1º do art. 53 da Lei nº 8.212/1991. Recurso provido" (TJSP, 8ª CDPúbl. Ag. 65.219-5, Rel. Des. Toledo Silva, ac. 10.12.1997, *JTJ* 205/226). "O Pretório Excelso, não obstante a título de *obiter dictum*, proclamou, em face do advento da Constituição Federal de 1988, a subsistência da Súmula 563 do STF: 'O concurso de preferência a que se refere o parágrafo único do art. 187 do Código Tributário Nacional é compatível com o disposto no art. 9º, I, da Constituição Federal'" (...) "STF, AI 608769 AgR, Rel. Min. Eros Grau, Segunda Turma, julgado em 18.12.2006, *DJ* 23.02.2007" (STJ, 1ª Seção, REsp 957.836/SP, Rel. Min. Luiz Fux, ac. 13.10.2010, *DJe* 26.10.2010).

[83] COSTA, Daniel Carnio. Execução fiscal da Fazenda Nacional – Inalienabilidade dos bens penhorados. Alcance e aplicação do art. 53, § 1º, da Lei nº 8.212/91. *Síntese Jornal*, n. 72, p. 7, fev. 2003.

alienação não será oponível ao credor arrestante, o qual poderá proceder à penhora como se o ato de transferência não tivesse sido praticado, sem necessidade de promover-lhe a anulação.

Outras medidas também podem ser promovidas, dentro do poder geral de cautela, por qualquer credor, ainda que sem título executivo atual, com o fito de precaução contra insolvência (fraude contra credores). É o caso, *v.g.*, da *indisponibilidade de bens* ou do *protesto contra alienação de bens*. Em semelhante conjuntura, uma vez averbada a medida judicial em registro público, e sendo consumada a alienação temida, também a fraude se configurará, sem que o terceiro adquirente possa se defender com a arguição de boa-fé.

Em qualquer hipótese, contudo, o credor munido de título executivo não ficará inibido de promover a execução a que tem direito, e de penhorar o bem mesmo estando afetado pela medida preventiva. É que não se admite que a tutela cautelar seja manejada para vedar ou suprimir o direito de ação; e se o credor tem direito à ação executiva, não será possível impedi-lo de ajuizá-la e de penhorar o bem necessário à segurança do juízo.

Não quer isto dizer que a penhora tornará o exequente imune às discussões em torno de eventual fraude ou de preferência do direito de terceiro sobre o do exequente. Matérias desse jaez poderão, conforme o caso, ser objeto de discussão e acertamento em ação própria, como os embargos e outros remédios processuais ao alcance do terceiro. O que não se pode, no entanto, aceitar é que simples medida cautelar intentada por outro credor se transforme em empecilho insuperável à execução e à penhora por iniciativa de quem nem sequer foi parte na demanda preventiva.

A propósito do tema, o STJ já teve oportunidade de decidir que "a indisponibilidade é medida cautelar atípica, deferida com substrato no poder geral de cautela do juiz, por meio da qual é resguardado o resultado prático de uma ação pela restrição ao direito do devedor de dispor sobre a integralidade do seu patrimônio, sem, contudo, privá-lo definitivamente do domínio e cujo desrespeito acarreta a nulidade da alienação ou oneração".[84] Não suprime a responsabilidade patrimonial que acaso recaia sobre ele, e, por isso mesmo, não redunda em impenhorabilidade.

Aduziu, ainda, o STJ, que "a indisponibilidade cautelar, diferentemente do arresto, da inalienabilidade e da impenhorabilidade, legal ou voluntárias, atinge todo o patrimônio do devedor, e não um bem específico, não vinculando, portanto, qualquer bem particular à satisfação de um determinado crédito". É nesse sentido que se pode ver na medida cautelar referida apenas uma providência preventiva contra eventual fraude em prejuízo do credor que a promoveu, e nunca uma barreira absoluta à negociabilidade e à penhorabilidade.

Além de tudo, a penhora e a transferência judicial de bem do executado não se identificam com negociação contratual privada. Por sua natureza de direito público jurisdicional, representam, na verdade, "ato executivo de transferência forçada de bens [autêntica *expropriação*], razão pela qual não fica impedida pela indisponibilidade cautelar, que se refere à disposição voluntária pelo devedor".[85]

Em suma, medidas cautelares são úteis para coibir alienações em fraude de credores e para facilitar o reconhecimento da fraude à execução, mas nunca serão adequadas a gerar a impenhorabilidade e a inexequibilidade por terceiros legitimamente municiados de título executivo.

---

[84] STJ, 3ª T., REsp 1.493.067/RJ, Rel. Min. Nancy Andrighi, ac. 21.03.2017, *DJe* 24.03.2017. Nesse sentido: "A indisponibilidade de bens é instituto que não suprime o Direito de propriedade (...)" (STJ, 3ª T., REsp 518.678/RJ, Rel. Nancy Andrighi, ac. 16.10.2007, *DJU* 29.10.2007, p. 216).

[85] STJ, REsp 1.493.067/RJ, Rel. Min. Nancy Andrighi, ac. 21.03.2017, *DJe* 24.03.2017.

343. Bens relativamente impenhoráveis

Consideram-se bens relativamente impenhoráveis aqueles cuja penhora a lei só permite quando inexistirem outros bens no patrimônio do devedor que possam garantir a execução.

Nesse sentido, o art. 834 do CPC/2015 qualifica como relativamente impenhoráveis os frutos e rendimentos dos bens inalienáveis. Assim, seguem eles, em princípio, o destino do principal, ou seja, são também impenhoráveis. Os credores comuns do titular do bem inalienável, por isso, não podem penhorar seus frutos e rendimentos. A imunidade, contudo, não é total. Prevalece enquanto seja possível o gravame executivo recair sobre outros bens livres do executado. Faltando os bens livres, cessará a impenhorabilidade, e os frutos e rendimentos a que alude o art. 834 terão de submeter-se à penhora. Daí falar, na espécie, de impenhorabilidade relativa.

344. As quotas ou ações de sociedades empresariais

Registrava-se, desde longa data, na doutrina e jurisprudência, o entendimento de que apenas os fundos líquidos que o sócio tivesse como credor da sociedade comercial poderiam ser penhorados; não assim a sua cota social, que, salvo na hipótese de sociedade anônima, não seria um valor disponível, mas parte do próprio capital da pessoa jurídica, sem o qual esta não poderia subsistir.[86] Daí o corolário inevitável, para os que pensam dessa maneira, de que a cota social do devedor ou "a fração do capital social é *impenhorável*".[87]

Argumentavam, mais, os adeptos desse entendimento que as sociedades, inclusive as limitadas, são formadas *intuitu personae*, de sorte que seria inadmissível que, por via da penhora e consequente arrematação da cota, um estranho viesse a imiscuir-se na sociedade, assumindo a posição de sócio contra ou sem a vontade dos demais participantes do contrato social.[88]

Os argumentos, sem embargo das excelentes autoridades que os prestigiavam, nunca nos convenceram do acerto da radical posição dos que se opunham, intransigentemente, à penhorabilidade da participação do sócio no capital social da empresa econômica. Embora a pessoa jurídica tenha personalidade e patrimônio próprios, a consequência obrigatória desse fato nos parece que é a de que não responderá ela, como pessoa jurídica, pelas dívidas dos sócios, nem vice-versa. Mas não se nos afigura razoável dizer que o capital da sociedade não integra o patrimônio do sócio, a nenhum título.

Ora, o patrimônio de qualquer pessoa natural se compõe de todos os valores de expressão econômica de que possa usufruir e dispor. E nesse sentido é inegável que a criação e manutenção da pessoa jurídica, no plano comercial, se fazem apenas no interesse lucrativo dos respectivos sócios. A sociedade, na verdade, existe para servir aos sócios, para assegurar-lhes lucros e rendimentos. É um instrumento, enfim, da atividade econômica dos seus componentes.

A personalidade jurídica que o direito atribui ao ente criado pelos sócios não lhe retira esse apanágio de criatura dos sócios com o fim único de lhes servir no plano econômico.

Ademais, não perde o sócio o domínio sobre a sua cota social, pois, na dissolução da sociedade, deverá ser reembolsado de parcela do acervo societário que lhe seja correspondente. E, no caso de sucessão hereditária, seus herdeiros receberão ditas cotas, ou pelo menos o seu equivalente econômico, como parcela integrante do inventário e partilha do patrimônio deixado pelo *de cujus*.

---

[86] VAMPRÉ, Spencer; FERREIRA, Waldemar; MENDONÇA, Carvalho de. *Apud* RAZUK, Abrão. *Da penhora*. São Paulo: Saraiva, 1980, p. 79.
[87] 1º TACSP, *Jur. TASP*, 33/257.
[88] TARS, ac. 05.11.1974, *RT* 479/214-218.

A posição do sócio não é, de tal arte, a de alguém que apenas tenha perdido a propriedade dos bens que deu para a formação do patrimônio social. Ao contrário: por não configurar a espécie uma *doação*, a verdadeira posição do sócio é a de real credor, perante a pessoa jurídica, do valor correspondente à sua cota-parte no acervo social. E tanto é, realmente, assim, que o capital social, na contabilidade mercantil figura entre as verbas do *passivo* da empresa.

A nosso entender, o desvio de ótica que cometiam os que negavam a penhorabilidade da cota social se prendia ao fato de focalizarem apenas o *contrato* entre os sócios, deixando de lado o principal, para os credores, que não é o vínculo social, mas a expressão ou o produto que desse vínculo se pode extrair em conversão econômica.

A qualidade de sócio parece-nos que, inegavelmente, é personalíssima e, assim, nas sociedades *intuitu personae*, não pode ser expropriada e transferida a terceiro por arrematação em execução forçada.

Mas a expressão dessa qualidade no patrimônio do devedor, *i.e.*, o que representa essa participação na sociedade para a economia do devedor, esse valor ou esses haveres nos parece que não podem ser sonegados à responsabilidade patrimonial, sob pena de colocar o sócio em posição de suprema e injusta vantagem perante o credor insatisfeito, que não consegue executar seu devedor, por falta de bens particulares, embora seja titular de meios econômicos expressivos empregados em sociedade comercial, não raras vezes detentora de vultosos patrimônios e recursos.

O que urge reconhecer é que a cota do sócio integra o patrimônio da pessoa jurídica apenas enquanto aquele conserva sua condição plena de sócio. Rompida a relação econômica entre os sócios, o valor da cota é um crédito como qualquer outro, que o respectivo titular pode exigir e dispor como o condômino exige seu quinhão e dispõe dele ao dissolver-se a comunhão.

Respeitada, portanto, a impenhorabilidade da qualidade personalíssima de sócio, nunca vimos obstáculo a que a penhora incida sobre a expressão econômica da participação do devedor nos bens sociais.

A arrematação ou adjudicação da cota social, destarte, faz-se por meio de sub-rogação apenas econômica do adquirente sobre os direitos do sócio de requerer a dissolução total ou parcial da sociedade, a fim de receber seus haveres na empresa, nunca, como adverte Amílcar de Castro, como substituição ao devedor, como se fosse, na qualidade de novo sócio, um sucessor do devedor.[89]

Daí por que se nos afigura melhor o entendimento de que a penhora dos fundos líquidos do sócio deve alcançar não apenas os créditos dele perante a sociedade, mas igualmente sua cota-parte no patrimônio social.

A tendência firmada pela jurisprudência à época do Código anterior mereceu consagração do CPC/2015, pois no inciso IX do art. 835 restou expressamente autorizada a penhora de "ações e quotas de sociedades simples e empresárias", sem qualquer ressalva ou limitação (sobre o tema, v., adiante, o nº 371). Vale dizer, atualmente, pode-se afirmar que, sob a liderança do Superior Tribunal de Justiça, a jurisprudência está se firmando no sentido de que "a penhorabilidade das cotas, porque não vedada em lei, é de ser reconhecida".[90]

---

[89] CASTRO, Amilcar de. *Comentários ao Código de Processo Civil*. 2. ed. Rio de Janeiro: Forense, 1963, v. X, n. 241, p. 231.

[90] STJ, REsp 30.854-2/SP, Rel. Min. Sálvio de Figueiredo Teixeira, ac. 08.03.1994, *RT* 712/268. No mesmo sentido: STJ, REsp 39.609-3/SP, Rel. Min. Sálvio de Figueiredo Teixeira, ac. 14.03.1994, *RSTJ* 69/386; "Os efeitos da penhora incidente sobre as cotas sociais devem ser determinados levando em consideração os princípios societários" (STJ, 3ª T., REsp 221.625/SP, Rel. Min. Nancy Andrighi, ac. 07.12.2000, *DJU* 07.05.2001, p. 138).

Nem mesmo a existência de cláusula no contrato social impeditiva de transferência de cotas tem sido reconhecida como obstáculo à penhora. O contrato não pode, na ótica do Superior Tribunal de Justiça, impor vedação que a lei não criou. A defesa do interesse da sociedade contrária à introdução de estranho na empresa deve ser encontrada por outras vias e não pela vedação da penhora das cotas sociais. É que, na verdade, "a penhora não acarreta a inclusão de novo sócio, devendo ser 'facultado à sociedade, na qualidade de terceira interessada, remir a execução, remir o bem e conceder-se a ela e aos demais a preferência na aquisição das cotas, a tanto por tanto (CPC, arts. 1.117, 1.118 e 1.119)' [CPC/2015, sem correspondente], como já acolhido em precedente da Corte".[91]

Sobre a forma de penhorar e expropriar as quotas e ações foram traçadas regras especiais nos arts. 861 e 876, § 7º (ver, sobre a matéria, o item nº 371).

345. Limites da penhora

A execução por quantia certa há de agredir o patrimônio do devedor até apenas onde seja necessário para a satisfação do direito do credor. E deve fazê-lo, também, apenas enquanto tal agressão representar alguma utilidade prática para o fim colimado pela execução forçada.

Em outras palavras, o Código institui dois limites à penhora:

(a) deve atingir apenas os bens que bastem à satisfação do valor atualizado monetariamente do crédito exequendo, com seus acessórios: juros, custas e honorários advocatícios (CPC/2015, arts. 831 e 874); e

(b) não deve ser realizada, nem mantida, quando evidente que o produto da execução dos bens encontrados será totalmente absorvido pelo pagamento das custas da execução (art. 836, *caput*).

Não pode, em suma, a penhora ser *excessiva* nem *inútil*.

346. Valor dos bens penhoráveis

O art. 831 do CPC/2015 limita a penhora a tantos bens quantos bastem para o pagamento da dívida exequenda e os custos da execução. O texto explicita a sujeição do executado à *atualização monetária* do principal constante do título executivo.

Diante da perenização do processo inflacionário da moeda, a correção monetária passou a incidir sobre as obrigações pecuniárias como consequência automática da *mora solvendi* (Código Civil, art. 395). Daí por que a execução de obrigação por quantia certa compreende sempre o valor corrigido da prestação devida, além dos acréscimos dos juros e das despesas processuais (custas e honorários do advogado do exequente).

Como a execução forçada, na espécie, não compreende a expropriação universal do patrimônio do devedor, mas apenas do suficiente para realizar o crédito do exequente, a penhora, para não ser qualificada de excessiva, terá de limitar-se a bens cujo valor corresponda ao suficiente para cobrir o principal atualizado, mais juros e encargos processuais.

Sendo certo que o processo durará algum tempo para proporcionar a satisfação do direito do exequente, é óbvio que os bens penhorados haverão de apresentar uma razoável margem

---

[91] STJ, 3ª T., REsp 234.391/MG, Rel. Min. Menezes Direito, *DJU* 12.02.2001, p. 113. Se não for possível o ingresso do arrematante da cota no quadro social, assegura-se-lhe "o direito de requerer a dissolução total ou parcial da sociedade" (STJ, 4ª T., REsp 147.546, Rel. Min. Sálvio de Figueiredo, ac. 06.04.2000, *RJTJRGS* 216/37).

de excesso sobre o montante contemporâneo do débito, destinado a cobrir os acréscimos vincendos inevitáveis. É impossível estabelecer uma igualdade matemática entre a dívida e a penhora, no momento da constrição executiva. Não se devem tolerar, no entanto, excessos evidentes ou abusos notórios.

347. Escolha dos bens a penhorar

O CPC/2015 atribui ao credor o poder de indicar, na petição inicial da execução por quantia certa, os bens a serem penhorados (CPC/2015, art. 798, II, "c"). Se não o fizer, a penhora atingirá bens que forem encontrados pelo oficial de justiça, até o limite previsto no art. 831.

É claro, outrossim, que o credor não dispõe de um poder absoluto para definir o objeto da penhora. Tem a iniciativa, mas ao devedor cabe o direito de impugnar a nomeação se não obedecer à gradação legal (CPC/2015, art. 835) ou se não respeitar a forma menos gravosa para o executado (art. 805).

Não sendo uma obrigação a escolha de bens na petição inicial, quando o credor não exercer tal faculdade, autorizado estará o executado a indicar ao oficial de justiça o bem que entenda deva ser penhorado dentro da escala de preferência legal (art. 835) e segundo o critério da menor onerosidade da execução (art. 805).

Simplificou-se bastante o procedimento para definir o bem a penhorar. A citação, em regra, já se fará com a escolha consumada por obra do próprio exequente, sem prévia interferência do executado. Transcorrido o prazo de pagamento, o oficial de justiça providenciará a penhora, segundo o que tiver sido previsto na petição inicial, sem que ocorram embaraços à sua diligência. Somente depois de seguro o juízo, por meio da providência executiva consumada, é que o devedor eventualmente poderá pleitear substituição do bem penhorado (arts. 847 e 848). De tal sorte, os problemas em torno da penhora, quando surgem, não tumultuam o processo de execução tampouco influem na contagem do prazo para embargos, cujo transcurso inicia-se com a citação e não depende de segurança do juízo (arts. 914 e 915).

348. A ordem de preferência legal para a escolha dos bens a penhorar

Institui o art. 835 do CPC/2015 uma ordem a ser observada, preferencialmente, na escolha do bem a ser penhorado, que é a seguinte:

(a) dinheiro, em espécie ou em depósito ou aplicação em instituição financeira (inciso I);
(b) títulos da dívida pública da União, dos Estados e do Distrito Federal com cotação em mercado (inciso II);
(c) títulos e valores mobiliários com cotação em mercado (inciso III);
(d) veículos de via terrestre (inciso IV);
(e) bens imóveis (inciso V);
(f) bens móveis em geral (inciso VI);
(g) semoventes (inciso VII);
(h) navios e aeronaves (inciso VIII);
(i) ações e quotas de sociedades simples e empresárias (inciso IX);
(j) percentual do faturamento de empresa devedora (inciso X);
(k) pedras e metais preciosos (inciso XI);
(l) direitos aquisitivos derivados de promessa de compra e venda e de alienação fiduciária em garantia (inciso XII);
(m) outros direitos (inciso XIII).

Não há mais direito do devedor de escolher, no prazo da citação, os bens a serem penhorados. É ao credor que se passou a reconhecer a faculdade de apontar, na petição inicial, os bens que o oficial de justiça penhorará em cumprimento do mandado de citação expedido na execução por quantia certa, fundada em título extrajudicial (art. 798, II, "c").

A ordem de preferência para a escolha dos bens para garantia da execução, instituída pelo art. 835, endereça-se ao exequente. Havendo, porém, desobediência à gradação legal, caberá ao devedor impugnar a escolha feita e pleitear a substituição do bem constrito (art. 848, I).

A jurisprudência, à época do Código anterior, já entendia que a ordem do art. 835 não era absoluta e inflexível.[92] O texto do dispositivo afina-se com a jurisprudência ao estatuir que "a penhora observará, *preferencialmente*", a gradação da lei (e não obrigatória ou necessariamente).

Admite-se, de tal sorte, a justificação da escolha dentro dos parâmetros *(i)* da facilitação da execução e sua rapidez, e *(ii)* da conciliação, quanto possível, dos interesses de ambas as partes. Segundo a posição do Superior Tribunal de Justiça, ora prestigiada pelo texto do art. 835, *caput*, "a gradação legal há de ter em conta, de um lado, o objetivo de satisfação do crédito e, de outro, a forma menos onerosa para o devedor. A conciliação desses dois princípios é que deve nortear a interpretação da lei processual, especificamente os arts. 655, 656 e 620 do CPC [CPC/2015, arts. 835, 848 e 805]".[93]

Não há mais a regra rigorosa que outrora declarava *ineficaz* a nomeação fora da ordem legal, de maneira que dúvida não há de se ter que o direito de escolher o bem a penhorar dentro da gradação do Código não é *absoluto*, mas *relativo*.[94]

As regras do art. 835 devem ser observadas também na penhora relativa ao cumprimento da sentença (*executio per officium iudicis*), em que não há citação de devedor, mas expedição direta do mandado de penhora, após o prazo de cumprimento voluntário. Ao credor, no requerimento da diligência, cabe indicar o bem a penhorar (art. 524, VII).[95]

O crédito do executado perante terceiro figura no último posto da gradação legal de preferência para a penhora (art. 835, XIII: "outros direitos"). Quando, porém, se tratar de crédito do executado contra o próprio exequente, sua liquidez, sendo inconteste, fará que, na relação direta entre as partes da execução, seu posicionamento se equipare ao dinheiro, ou seja, passará a figurar no primeiro grau de preferência para a penhora (ver, adiante, o item nº 367).

349. Outras exigências a serem cumpridas na escolha do bem a penhorar, por qualquer das partes

Além da ordem de preferência, a lei institui outras exigências que interferem na eficácia da escolha do bem que deve suportar a execução por quantia certa.

O CPC/2015 colocou o dinheiro não apenas como o bem preferencialmente penhorável, mas, também, prioritário. Assim é que declara textualmente ser "prioritária a penhora em

---

[92] "A ordem legal estabelecida para a nomeação de bens à penhora não tem caráter rígido, absoluto, devendo atender às circunstâncias do caso concreto, à satisfação do crédito e à forma menos onerosa para o devedor" (STJ, 4ª T., REsp 167.158/PE, Rel. Min. Sálvio de Figueiredo Teixeira, ac. 17.06.1999, *DJU* 09.08.1999, p. 172, *RSTJ* 123/301. No mesmo sentido: STJ, 4ª T., REsp 213.991/SP, Rel. Min. Sálvio de Figueiredo Teixeira, ac. 10.08.1999, *DJU* 13.09.1999, p. 71, *RSTJ* 127/343; STJ, 4ª T., REsp 304.770/MG, Rel. Min. Sálvio de Figueiredo Teixeira, ac. 17.04.2001, *DJU* 25.06.2001, p. 196, *RSTJ* 150/405).

[93] STJ, 4ª T., REsp 167.158/PE, Rel. Min. Sálvio de Figueiredo Teixeira, ac. 17.06.1999, *DJU* 09.08.1999, p. 172, *RSTJ* 123/301; STJ, 4ª T., REsp 304.770/MG, Rel. Min. Sálvio de Figueiredo Teixeira, ac. 17.04.2001, *DJU* 25.06.2001, p. 196; STJ, 3ª T., AgRg no Ag 709.575/RJ, Rel. Min. Nancy Andrighi, ac. 10.11.2005, *DJU* 28.11.2005, p. 287.

[94] STJ, 2ª T., REsp 546.247/DF, Rel. Min. Eliana Calmon, ac. 26.10.2004, *DJU* 17.12.2004, p. 487, *RSTJ* 110/167.

[95] O procedimento da Lei nº 11.232/2005, que instituiu a *executio per officium iudicis* para as sentenças relativas a obrigações de quantia certa, entrou em vigor em 24.06.2006.

dinheiro" (CPC/2015, art. 835, § 1º). A ordem dos demais bens prevista na gradação legal do art. 835 pode, de acordo com as circunstâncias do caso concreto, ser alterada pelo juiz. Releva notar que nem mesmo a prioridade conferida à penhora de dinheiro deve ser entendida como de caráter absoluto, na esteira da Súmula 417 do STJ: "na execução civil, a penhora de dinheiro na ordem de nomeação de bens não tem caráter absoluto". Assim, a ordem legal deve ser ajustada de forma a conciliar, caso a caso, os princípios da máxima utilidade da execução em favor do exequente e da menor onerosidade ao executado.[96]

O CPC/2015 equipara, ainda, ao dinheiro a fiança bancária e o seguro garantia judicial, para fins de substituição da penhora (art. 835, § 2º). A faculdade demonstra que a prioridade da penhora em dinheiro não é absoluta, tanto assim que pode ser substituída por fiança bancária e seguro garantia judicial. Entretanto, para que o executado possa efetivar a substituição, é necessário que oferte valor não inferior ao débito constante da inicial, acrescido de trinta por cento.[97]

Por fim, existindo garantia real, a penhora recairá, preferencialmente, sobre a coisa dada em garantia, pouco importando a posição que ocupe na gradação legal (art. 835, § 3º).

Outras circunstâncias que podem comprometer a eficácia da escolha do bem constam do art. 848, e são as seguintes:

(a) não ter a penhora incidido sobre os bens designados em lei, contrato ou ato judicial para o pagamento (inciso II) (é o caso, por exemplo, do bem já em poder do credor por força do direito de retenção ou do que já foi acolhido em juízo a título de caução);

(b) ter a penhora recaído sobre o bem situado em foro diverso do da execução, quando neste existam outros que possam garantir o juízo (inciso III);

(c) ter a penhora recaído sobre bens já penhorados ou objeto de gravame, havendo disponibilidade de bens livres (inciso IV);

(d) incidir a penhora sobre bens de baixa liquidez (inciso V) (sempre que for possível garantir o juízo com outros de mais fácil exequibilidade).

350. Penhora sobre os bens escolhidos pelo executado

As regras traçadas pelo art. 848, I a V, do CPC/2015 aplicam-se à escolha de bens a penhorar feita tanto pelo exequente como pelo executado, de sorte que a violação cometida por uma das partes permite à outra reclamar a substituição do bem irregularmente nomeado. Outras exigências legais são feitas apenas para a escolha que parta do executado. São as hipóteses do art. 847, § 1º. Atribui o referido dispositivo legal as seguintes incumbências ao executado, necessárias a que sua escolha afaste a do credor:

(a) comprovar, quanto aos bens imóveis, as respectivas matrículas e registros por certidão do correspondente ofício (inciso I);

(b) quanto aos móveis, particularizar o estado e o lugar em que se encontram, além de descrevê-los com todas as suas propriedades e características (inciso II);

---

[96] WAMBIER, Teresa Arruda Alvim; CONCEIÇÃO, Maria Lúcia Lins; RIBEIRO, Leonardo Ferres da Silva; MELLO, Rogério Licastro Torres de. *Primeiros comentários ao novo Código de Processo Civil*. São Paulo: RT, 2015, p. 1.191.

[97] Nesse sentido é a orientação do STJ: 4ª T., REsp 1.043.730/AM, Rel. Min. Fernando Gonçalves, ac. 07.10.2008, *DJe* 20.10.2008; STJ, 3ª T., REsp 1.116.647/ES, Rel. Min. Nancy Andrighi, ac. 15.03.2011, *DJe* 25.03.2011.

(c) quanto aos semoventes, especificá-los, indicando a espécie, o número de cabeças, a marca ou sinal e o local em que se encontram (inciso III);

(d) quanto aos créditos, indicar o devedor, a origem da dívida, o título que a representa e a data do vencimento (inciso IV);

(e) atribuir, em qualquer caso, valores aos bens indicados na penhora, além de especificar os ônus e os encargos a que estejam sujeitos (inciso V).

A não indicação do valor dos bens ou a omissão de qualquer dos dados a que se referem os incisos do art. 847 acarreta a possibilidade de o exequente recusar a pretensão do executado de escolher o bem a figurar na penhora, como dispõe o inciso VII do art. 848.

Em outras palavras, a atual sistemática da execução por quantia certa concede ao credor a iniciativa de escolher os bens a penhorar. Ao executado se ressalva a possibilidade de se opor à escolha feita na petição inicial da execução. Toca-lhe, todavia, o ônus de cumprir fielmente as exigências do art. 847, § 1º, caso pretenda substituir a penhora promovida pelo exequente.

351. Dever de cooperação do executado na busca dos bens a penhorar

Ao requerer a substituição do bem penhorado, o Código impõe ao executado o dever de indicar "onde se encontram os bens sujeitos à execução, exibir a prova de sua propriedade e a certidão negativa ou positiva de ônus, bem como abster-se de qualquer atitude que dificulte ou embarace a realização da penhora". A infringência desse dever configura litigância de má-fé (art. 77, § 2º, do CPC/2015) e ato atentatório à dignidade da Justiça (art. 774 do CPC/2015). Mas, não é só nos casos de substituição dos bens penhorados, que o devedor pode cometer ato atentatório à dignidade da justiça. Não logrando o credor ou o oficial de justiça localizar bens a penhorar, pode o juiz, a requerimento da parte, intimar o executado a prestar as informações de que cogita o art. 774, V. A ordem judicial, *in casu*, é mandamental, e, quando descumprida sem justificação, torna o executado passível de sanções de natureza processual e material (ver, sobre o tema, o item nº 169).

A norma do inciso V do art. 774 torna mais incisiva a repressão à fraude do executado. Se intimado a indicar os bens penhoráveis, bem como a esclarecer sua localização e valor, o devedor deixar escoar o prazo sem tomar a providência que lhe foi ordenada, configurado estará o atentado à dignidade da Justiça e cabível será a aplicação da multa prevista no parágrafo único do art. 774 do CPC/2015. Não se pode mais condicionar a sanção à conduta comissiva e intencional de obstruir a penhora por meio de ocultação dos bens exequíveis. Bastará não cumprir o preceito judicial para incorrer na sanção legal.

As partes têm o dever de cooperar na prestação jurisdicional, inclusive na execução forçada. Não revelar os bens penhoráveis, por isso, é um ato atentatório à dignidade da Justiça.

Claro é que, se não existem bens para garantir a execução, o executado não deverá ser punido por isso. Deverá, contudo, esclarecer, no prazo assinado pela intimação judicial, sua situação patrimonial.[98]

---

[98] "A intimação para indicar bens à penhora advém do princípio da cooperação coadjuvado pelo princípio da boa-fé processual. Dessa forma, o magistrado tem o dever de provocar as partes a noticiarem complementos indispensáveis à solução da lide, na busca da efetiva prestação da tutela jurisdicional" (STJ, 2ª T., AgRg no REsp 1.191.653/MG, Rel. Min. Humberto Martins, ac. 04.11.2010, *DJe* 12.11.2010). "De acordo com o inciso IV do art. 600 do Código de Processo Civil [art. 774, V, do CPC/2015], com a nova redação dada pela Lei 11.382/2006, 'considera-se atentatório à dignidade da Justiça o ato do executado que, intimado, não indica ao juiz, em 5 (cinco) dias, quais são e onde se encontram os bens sujeitos à penhora e seus respectivos valores'. A consequência advinda do descumprimento da referida obrigação está prevista no art. 601 do mesmo diploma legal [CPC/2015, art. 774, parágrafo único]" (STJ, 1ª T., REsp 1.060.511/PR, Rel. Min. Denise Arruda, ac. 06.08.2009, *DJe* 26.08.2009).

352. Situação dos bens a penhorar

O art. 845 do CPC/2015 manteve o princípio de que os bens devem ser penhorados em qualquer lugar, ou seja, "onde se encontrem". Releva notar: *(i)* não mais se condiciona a penhora de bens localizados em repartição pública à requisição do juiz ao respectivo chefe; e *(ii)* a posse, detenção ou guarda de terceiros não impede que os bens do executado sejam alcançados pela penhora. No primeiro caso, a penhora realizar-se-á normalmente, se o bem constrito estiver dentro da repartição pública, mas sob a posse e disponibilidade do executado (por exemplo: dinheiro, joias, rádio, *laptop* e outros valores pessoais). Se o bem estiver em custódia ou sob controle da repartição pública (uma caução ou uma locação do particular em favor da Administração), não é possível removê-lo para o depositário judicial, de imediato. A penhora deverá recair sobre o *direito* do executado sobre o bem, e não sobre este imediatamente. O chefe da repartição, em tal circunstância, será notificado do gravame judicial, após o aperfeiçoamento da penhora por auto ou termo no processo.

353. Bens fora da comarca

Os bens são penhorados no local em que se encontram, pois a penhora compreende sua efetiva apreensão e entrega a um depositário, à ordem judicial (CPC/2015, art. 839). Por isso, quando o devedor não tiver bens no foro da causa, "a execução será feita por carta, penhorando-se, avaliando-se e alienando-se os bens no foro da situação" (art. 845, § 2º).

Isto quer dizer que "a penhora não pode ser efetuada por Oficial de Justiça fora da Comarca em que serve".[99]

Mas, se a nomeação dos bens é feita pelo próprio devedor, que assume o encargo de depositário perante o juiz da execução, permite-se que se lavre o respectivo termo nos autos principais, "mesmo que os bens estejam em outra comarca, independente de precatória".[100] Nesse caso, a carta precatória só será necessária para a avaliação e praceamento do bem penhorado.[101]

Também quando se trata de execução de crédito pignoratício, anticrético ou hipotecário, como a lei determina que a penhora recairá sobre a coisa gravada, independentemente de nomeação, pode a penhora, sem ofensa à lei, ser concretizada no juízo da execução, diverso da situação dos bens, sem necessidade de se expedir carta precatória para a constrição judicial.[102]

No caso de imóvel e de veículo automotor, o art. 845, § 1º, do CPC/2015 criou regra especial para a penhora. Por esse dispositivo, o ato constritivo pode ser lavrado por termo do escrivão da causa, qualquer que seja a localização territorial dos bens, bastando que se tenha exibido a certidão da respectiva matrícula no Registro Imobiliário e certidão que ateste a existência do automóvel (v., *retro*, o nº 336).

Quanto à expedição da carta de arrematação, trata-se de ato que normalmente ficará a cargo do juízo deprecado, mas que, também, poderá ocorrer no juízo deprecante, se os autos da diligência retornarem à origem sem que o arrematante a houvesse requerido (v., adiante, o nº 457).

---

[99] 1º TACSP, Agr. 231.617, Rel. Octávio Stucchi, ac. 13.04.1977, *RT* 504/166; TJMG, Ap. 47.232/4, Rel. Des. Campos Oliveira, *DJMG* 16.08.1996, in: PAULA, Alexandre de. *Código de Processo Civil anotado*. 7. ed. São Paulo: RT, 1998, v. III, p. 2.749. Entretanto, já se decidiu que "não é absolutamente nula a penhora realizada por oficial de justiça, ao invés de carta precatória, em comarca contígua, devendo-se aplicar o princípio de que 'o juiz considerará válido o ato se, realizado de outro modo, lhe alcançar a finalidade' (art. 244 do CPC)" (STJ, REsp 68.264/RS, Rel. Min. Menezes Direito, ac. 12.05.1997, *DJU* 30.06.1997, p. 31.022).

[100] 1º TACSP, Apel. 231.646, Rel. Geraldo Arruda, ac. 23.03.1977, *RT* 501/131; TAMG, Emb. Decl. na Ap. 44.250, Rel. Juiz Pinheiro Lago, ac. 05.09.1989, *DJMG* 26.04.1990.

[101] BARBOSA MOREIRA, José Carlos. *O novo processo civil*. 2. ed. Rio de Janeiro: Forense, 1976, v. II, p. 73.

[102] TJGO, Ap. 39.267/188, 2ª C., Rel. Des. Fenelon Teodoro Reis, ac. 18.06.1996, *RT* 733/314; STJ, 3ª T., REsp 79.418/MG, Rel. Min. Eduardo Ribeiro, ac. 12.08.1997, *DJU* 15.09.1997, p. 44.373.

§ 39. REALIZAÇÃO E FORMALIZAÇÃO DA PENHORA

354. Penhora pelo oficial de justiça

Passados os três dias da citação, o oficial de justiça encarregado do mandado penhorar-lhe-á "tantos bens quanto bastem para o pagamento do principal atualizado, dos juros, das custas e dos honorários advocatícios" (CPC/2015, art. 831). Num só mandado, o oficial receberá a incumbência de citar o executado e realizar a penhora e avaliação.

Citado o devedor, com as cautelas próprias do ato, começará a correr o prazo para pagamento voluntário. Passado esse prazo de três dias, o oficial de justiça verificará em juízo se o pagamento ocorreu ou não. Permanecendo o inadimplemento, procederá à penhora, lavrando-se o respectivo auto, com imediata intimação do executado.

Se o credor exerceu a faculdade de indicar na petição inicial os bens a serem penhorados (art. 798, II, "c"), o oficial de justiça fará que a constrição recaia sobre ditos bens. Não havendo tal nomeação, penhorará os que encontrar, em volume suficiente para garantir a satisfação do crédito e acessórios.

Na escolha dos bens a penhorar, o oficial procurará evitar prejuízos desnecessários ao devedor, atentando para a regra do art. 805, que determina seja a execução feita pelo modo menos gravoso para o executado. Dará preferência aos bens livres e observará, quanto possível, a gradação legal.[103]

Para o Código atual, seguindo a mesma orientação da legislação de 1973, basta, ordinariamente, um só oficial para a realização da penhora, conforme se depreende dos termos do art. 836, § 1º. Somente quando houver resistência (art. 846, § 3º) ou necessidade de arrombamento (art. 846, § 1º) é que a penhora será realizada por dois oficiais.

Efetua-se a penhora "onde se encontrem os bens, ainda que sob a posse, detenção ou guarda de terceiros" (art. 845) (v. *retro*, o item nº 352). Não existe mais a requisição do juiz, do chefe da repartição pública, quando os bens a penhorar estejam ali situados. Convém, contudo, fazer uma distinção: a penhora é livre se o bem constrito estiver dentro da repartição pública, mas sob a posse e disponibilidade do executado (por exemplo: dinheiro, joias, rádio, *laptop* e outros valores pessoais). Se o bem estiver em custódia ou sob controle da repartição pública (uma caução ou uma locação do particular em favor da Administração), não é possível removê-lo para o depositário judicial, de imediato. A penhora deverá recair sobre o *direito* do executado sobre o bem, e não sobre este imediatamente. O chefe da repartição, em tal circunstância, será notificado do gravame judicial, após o aperfeiçoamento da penhora por auto ou termo no processo.

355. Penhora de bens em mãos de terceiro

No caso de penhora de bem do devedor possuído, detido ou custodiado por terceiro, a penhora, em regra, recairá sobre o próprio bem. Se o terceiro o possuir em nome próprio, a penhora não poderá imediatamente privá-lo de sua posse. A penhora deverá recair sobre o direito do devedor; se assim não for, os embargos de terceiro permitirão ao possuidor desconstituí-la, nos termos do art. 674 do CPC/2015. Se se trata, porém, de detentor ou guardião, a posse jurídica é realmente do dono (*i.e.*, do executado), nada havendo que impeça a penhora real (gravame do próprio bem). O mero detentor possui para o preponente, de modo que não tem posse, cabendo essa ao único e verdadeiro possuidor (o executado, titular do bem a penhorar). A penhora haverá de acontecer da mesma maneira que ocorreria sobre os bens em poder

---

[103] LIEBMAN, Enrico Tullio. *Processo de execução*. 3. ed. São Paulo: Saraiva, 1968, n. 61, p. 101.

direto do proprietário. Haverá constrição física e submissão a depósito judicial, inclusive com remoção, se necessária. Já no caso de uma custódia regularmente constituída (como a do credor pignoratício ou dos armazéns gerais), não há razão para deslocamento do bem penhorado. O correto e lógico é confiar o encargo de depositário judicial a quem já custodia negocialmente a coisa, sem deslocá-la de onde já se acha sob adequada guarda.

356. Dificuldade na localização dos bens a penhorar

Ocorrendo dificuldade, na localização de bens penhoráveis, o juiz, de ofício, ou a requerimento do exequente, poderá determinar que o executado seja intimado a indicar bens passíveis de constrição. A não indicação sem justificativa, em tal caso, representará atentado à dignidade da Justiça, sujeito às penas do art. 774, parágrafo único.

A intimação de que cogita o art. 841, § 1º, será feita ao advogado se o devedor já estiver representado nos autos. Somente será pessoal ao devedor se não tiver, ainda, constituído advogado (§ 2º) (v., *retro*, o item nº 351, e, adiante, o item nº 360).

357. Frustração da diligência

Como a execução não visa à ruína do devedor, mas à satisfação do direito do credor, o oficial não realizará a penhora "quando ficar evidente que o produto da execução dos bens encontrados será totalmente absorvido pelo pagamento das custas da execução" (CPC/2015, art. 836, *caput*). Cuida-se de evitar a chamada execução inútil.

Ocorrendo essa hipótese, e também quando não se encontrar quaisquer bens penhoráveis, "o oficial de justiça descreverá na certidão os bens que guarnecem a residência ou o estabelecimento do executado, quando este for pessoa jurídica" (art. 836, § 1º). A medida visa dar ao juiz e ao credor condições de apreciar e controlar a deliberação do oficial de não realizar a penhora.

Elaborada essa lista dos bens que o oficial encontrou, ele nomeará o executado ou seu representante legal depositário provisório deles, até ulterior determinação do juiz (§ 2º). O juiz, destarte, analisando os fatos, vai determinar a penhora total ou parcial dos bens ou sua liberação, conforme o caso. Trata-se, como se vê, de uma medida de segurança, com o intuito de evitar eventual fraude por parte do executado.[104]

358. Resistência à penhora: arrombamento e emprego de força policial

Quando o devedor mantiver fechada a casa, a fim de obstar a penhora dos bens, o oficial não poderá usar violência por iniciativa própria. Deverá comunicar a ocorrência ao juiz, solicitando-lhe ordem de arrombamento (CPC/2015, art. 846), pois a penetração em casa alheia, sem a observância das formalidades legais, mesmo para realização de diligência judicial, configura crime de violação de domicílio (Código Penal, art. 150).

---

[104] Teresa Arruda Alvim Wambier entende que a medida configura-se num arresto provisório, que permite uma avaliação posterior acerca da penhorabilidade dos bens (WAMBIER, Teresa Arruda Alvim *et al. Primeiros comentários ao novo Código de Processo Civil*. São Paulo: RT, 2015, p. 842, p. 1.198). Bruno Garcia Redondo, porém, é contrário ao entendimento de tratar-se de arresto provisório, uma vez que não tem o condão de vincular os bens à execução, mas defende que a medida impõe ao executado uma responsabilidade ao sujeitá-lo ao risco da infidelidade do depósito (REDONDO, Bruno Garcia. In: WAMBIER, Teresa Arruda Alvim; DIDIER JR., Fredie; TALAMINI, Eduardo; DANTAS, Bruno. *Breves comentários ao novo Código de Processo Civil*. São Paulo: RT, 2015, p. 1.932). A divergência é de pequeníssima repercussão prática, pois toda medida cautelar é provisória e fica sujeita a reexame do juiz quanto a sua manutenção, modificação ou extinção. O que a medida do art. 836, § 1º quer é assegurar bens que possam eventualmente sujeitar-se à penhora, segundo oportuno entendimento do juiz da execução. Pouco importa se denomine arresto provisório ou depósito cautelar. A medida é, sem dúvida, cautelar e seu objetivo está claramente enunciado no texto da lei que a determina.

Uma vez autorizado o arrombamento, expedir-se-á novo mandado, cujo cumprimento será feito por dois oficiais de justiça, em presença de duas testemunhas, lavrando-se, a seguir, auto circunstanciado de toda a diligência, que poderá compreender ruptura de portas, móveis e gavetas, onde presumivelmente se acharem os bens procurados (art. 846, § 1º). O auto será assinado pelos oficiais e pelas testemunhas.

A resistência do devedor ao cumprimento do mandado de penhora configura o crime do art. 329 do Código Penal vigente. Quando tal se der, o oficial comunicará o fato ao juiz, a quem compete requisitar a necessária força policial, cuja função será "auxiliar os oficiais de justiça na penhora dos bens" (art. 846, § 2º).

No caso de resistência, como no de arrombamento, a diligência requer o concurso de dois oficiais de justiça e a presença de testemunhas. O auto de resistência será lavrado em duplicata, sendo uma via entregue ao escrivão do processo para ser junta aos autos e outra à autoridade policial, a quem couber a apuração criminal dos eventuais delitos de desobediência ou resistência (art. 846, § 3º). O auto em questão, que servirá de base para o início da ação penal, deverá conter, além da descrição circunstanciada da ocorrência, "o rol de testemunhas, com a respectiva qualificação" (art. 846, § 4º).

359. Auto de penhora pelo oficial de justiça e penhora por termo do escrivão

A penhora implica retirada dos bens da posse direta e livre disposição do devedor. Por isso, será feita "mediante a apreensão e o depósito dos bens", seguindo-se a lavratura de um só auto, redigido e assinado pelo oficial de justiça (CPC/2015, art. 839). Naturalmente, também o depositário terá de assiná-lo.

Se não for possível concluir todas as diligências no mesmo dia, como nas apreensões de mercadorias e outros bens numerosos, lavrar-se-ão autos separados e parciais para as tarefas cumpridas em cada dia. Também, se houver mais de uma penhora, como no caso de vários devedores solidários ou de apreensão de bens situados em locais diferentes, "serão lavrados autos individuais" (art. 839, parágrafo único).

O auto de penhora, de acordo com o art. 838, deve conter:

(a) a indicação do dia, do mês, do ano e do lugar em que foi feita a diligência (inciso I);

(b) os nomes do exequente e do executado (inciso II);

(c) a descrição dos bens penhorados, com as suas características (inciso III);

(d) a nomeação do depositário dos bens (inciso IV).

O mandado executivo, nas obrigações de quantia certa, compreende não só a citação e penhora, mas também a avaliação, conforme prevê o art. 829, § 1º. O auto de penhora, portanto, deverá conter, além da descrição, a avaliação dos bens penhorados (arts. 829, § 1º, e 872) (ver adiante os itens nos 406 e ss.).

Quando a nomeação dos bens é feita em juízo, por petição deferida pelo juiz, não há a diligência do oficial de justiça para realizar a penhora. Aí quem formaliza o ato processual é o escrivão, mediante lavratura de *termo* nos próprios autos do processo. Assim, a diferença entre *auto* e *termo* de penhora é a seguinte:

(a) o *auto* é elaborado pelo oficial de justiça, fora do processo, em diligência cumprida fora da sede do juízo;

(b) o *termo* é redigido pelo escrivão, no bojo do processo, pois, na sede do juízo.

360. Intimação de penhora

Formalizada a penhora, por qualquer dos meios legais, mediante a lavratura do competente auto ou termo (CPC/2015, art. 838), o oficial de justiça intimará o executado imediatamente (art. 841). Não há mais a intimação para embargar, nessa fase, porque desde a sistemática instituída pela Lei nº 11.382, à época do Código anterior, os embargos do executado não dependem de penhora e o prazo para a sua interposição conta-se da citação, ou, mais precisamente, da juntada aos autos do mandado citatório cumprido (arts. 914 e 915). A intimação da penhora consumada pelo oficial será, em regra, feita na pessoa do executado. Furtando-se este à intimação, o fato será certificado pelo encarregado da diligência, para que o juiz decida como realizá-la.

Quando a penhora é feita por termo do escrivão, nos autos do processo, a intimação se confunde com o próprio ato processual, visto que o devedor terá de participar da lavratura do termo, firmando-o, por meio de seu advogado, juntamente com o serventuário da Justiça.

Quanto à penhora de imóvel, o art. 845, § 1º, permite que, em face da exibição de certidão de matrícula do Registro de Imóveis, exibida por qualquer das partes, possa o termo ser lavrado, mesmo sem a presença do devedor ou de seu advogado. Nesse caso, a intimação será feita, pelas vias adequadas, após a formalização do ato constritivo e será pessoal ao executado, se este ainda não tiver procurador nos autos, ou ao seu advogado, caso já o tenha constituído. Da mesma forma, se a penhora recair sobre veículos automotores, apresentada certidão que ateste a sua existência, a constrição também será realizada por termo nos autos.

Recaindo a constrição sobre imóveis ou direitos reais sobre imóvel, e sendo casado o executado, exige a lei que se faça a intimação da penhora também ao seu cônjuge (art. 842). A intimação será dispensada se os cônjuges forem casados em regime de separação absoluta de bens.[105] A *ratio essendi* da norma é a de observar o litisconsórcio necessário de ambos os cônjuges, que a lei impõe em qualquer processo judicial que gire em torno de bem imóvel pertencente à pessoa casada (art. 73, § 1º).

Além da intimação obrigatória do cônjuge, a penhora de imóvel sujeita-se, também, a averbação no Registro Imobiliário, cuja diligência incumbe ao exequente, sem prejuízo da imediata intimação do executado (art. 844).[106]

A intimação da penhora ao executado e ao cônjuge são, portanto, atos anteriores à averbação no Registro Imobiliário, de sorte que o prazo de embargos não fica prejudicado ou protelado pela eventual demora da diligência cartorária na promoção do assento registral.

Não se deve, todavia, prosseguir nos atos finais de expropriação, sem a consumação do assento da penhora no Registro Público, por se tratar de ato que passou a integrar o procedimento executivo, em face principalmente da necessidade de proteger os interesses de todos os que se envolvem nas alienações judiciais.

---

[105] "Impõe-se o reconhecimento da desnecessidade da intimação do ex-cônjuge da penhora calcada em processo de execução, tendo em vista a autonomia do acervo patrimonial da devedora decorrente do regime matrimonial adotado, a saber: o da separação convencional de bens" (STJ, 3ª T., REsp 1.367.343/DF, do voto do Rel. Min. Ricardo Villas Bôas Cueva, ac. 13.12.2016, *DJe* 19.12.2016).

[106] O texto do art. 844 deixa claro que: *(i)* a penhora sobre imóvel se aperfeiçoa com a lavratura do respectivo auto ou termo; *(ii)* ao exequente incumbe providenciar a averbação no Cartório Imobiliário, que será feita mediante apresentação de certidão de inteiro teor do ato, independentemente de mandado judicial; *(iii)* seu objetivo é a publicidade *erga omnes* da penhora, produzindo "presunção absoluta de conhecimento por terceiros"; ou seja, eventual adquirente do imóvel constrito jamais poderá arguir boa-fé para se furtar aos efeitos da aquisição em fraude de execução; *(iv)* a averbação não é condição para que a execução tenha prosseguimento, pois, após a lavratura do auto ou termo de penhora, dar-se-á a intimação do executado para os ulteriores termos do processo executivo. O dispositivo legal, portanto, dissocia completamente o ato processual do ato registral; um para efeito interno no processo, e outro para efeito externo, em relação a terceiros. Esse regime se mantém no CPC/2015.

§ 40. PENHORAS ESPECIAIS

361. Particularidades da penhora de certos bens

A penhora das *coisas corpóreas* (móveis ou imóveis) se faz mediante apreensão física, com deslocamento da posse para o depositário, que é o agente auxiliar do juízo, encarregado da guarda e conservação dos bens penhorados. Assim, lavrado o auto de penhora, depósito e avaliação, perfeita se acha a garantia da execução. Há, porém, outros cuidados e algumas particularidades a observar quando a penhora recai sobre bens incorpóreos ou mesmo algumas coisas corpóreas de natureza especial. Nos arts. 854 e ss., o CPC/2015 regula, com especialização, por exemplo, penhoras como a de dinheiro em depósito ou aplicação financeira, de percentual do faturamento, de créditos, direitos, ações, estabelecimentos etc.

362. Penhora de dinheiro em depósito ou aplicação financeira

I – Penhora on-line

A reforma da Lei nº 11.382/2006 consagrou, no Código de 1973, a denominada penhora *on-line*, por meio da qual o juiz da execução obtém, por via eletrônica, o bloqueio junto ao Banco Central, de depósitos bancários ou de aplicações financeiras mantidas pelo executado.[107] O sistema foi mantido e aperfeiçoado pelo CPC/2015, em seu art. 854.

O art. 835, I e § 1º, do CPC/2015 coloca o dinheiro como bem preferencial e prioritário de penhora, para fins de garantir a execução. Nessa esteira, a penhora *on-line* mostra-se como o meio mais eficaz de realizar a execução no interesse do exequente (art. 797). Releva notar que essa medida não atrita com o princípio da menor onerosidade ao executado, nem exige o exaurimento prévio de diligências para localizar outros bens penhoráveis, conforme já assentado pelo STJ.[108-109]

Uma importante distinção tem sido feita pela jurisprudência, em relação à penhora de fundos bancários: o art. 835, I, do CPC considera penhora de dinheiro tanto aquela que incide sobre "dinheiro em espécie" como aquela que recai sobre "dinheiro em depósito ou em aplicação em instituição financeira". Todas essas modalidades de segurança da execução figuram na

---

[107] Antes da Lei nº 11.382/2006, a jurisprudência majoritária era no sentido de que a penhora *on-line* configurava medida excepcional só manejável após comprovação de não terem sido localizados bens livres e desembaraçados do devedor para segurança do juízo. "Contudo, após o advento da referida Lei, o juiz, ao decidir sobre a realização da penhora *on-line*, não pode mais exigir do credor prova de exaurimento das vias extrajudiciais na busca de bens a serem penhorados" (STJ, 2ª T., REsp 1.254.349/MG, Rel. Min. Mauro Campbell Marques, ac. 02.08.2011, DJe 09.08.2011).

[108] "Após a edição da Lei 11.382/2006, revela-se consolidado o entendimento jurisprudencial sobre a possibilidade de penhora em dinheiro em espécie ou em depósito e aplicação financeira mantida em instituição bancária, sem que isso implique em violação do princípio da menor onerosidade para o executado" (STJ, 4ª T., AgRg no AREsp 315.017/SP, Rel. Min. Luis Felipe Salomão, ac. 24.04.2014, DJe 30.04.2014). "Após o advento da Lei 11.382/2006, o Juiz, ao decidir acerca da realização da penhora *on-line*, não pode mais exigir a prova, por parte do credor, de exaurimento de vias extrajudiciais na busca de bens a serem penhorados" (STJ, Corte Especial, REsp 1.112.943/MS, Rel. Min. Nancy Andrighi, ac. 15.09.2010, DJe 23.11.2010).

[109] "Descabe condicionar o deferimento da medida de indisponibilidade de ativos financeiros à apresentação, pelo exequente, dos dados bancários do executado, da mesma forma que não há que se falar em necessidade de observância de determinada periodicidade ou de demonstração, pelo exequente, de modificação de circunstâncias fáticas para a renovação do pedido de bloqueio na hipótese de a anterior ordem de constrição não ter sido efetiva, uma vez que tais requisitos não possuem autorização legal e não se relacionam, sequer indiretamente, com o crime previsto no art. 36 da Lei nº 13.869/2019" (STJ, 3ª T., REsp 1.993.495/MS, Rel. Min. Nancy Andrighi, ac. 27.09.2022, DJe 30.09.2022).

primeira posição de preferência para a nomeação à penhora. No entanto, nem toda aplicação pode ser qualificada como dinheiro disponível à ordem do aplicador.

A jurisprudência, com sólida razão, entende, por exemplo, que, para os fins do art. 835, I, do CPC/2015, não é possível equiparar as cotas de "fundos de investimento" a "dinheiro em aplicação financeira", quando do oferecimento de bens à penhora. Para o STJ, embora os fundos de investimento sejam uma espécie de "aplicação financeira", eles não se confundem com a expressão "dinheiro em aplicação financeira", a que se refere o aludido dispositivo do CPC/2015. Para se manter a prioridade na gradação legal da penhora, é preciso que a constrição processual atinja numerário *certo* e *líquido*, o qual ficará bloqueado à disposição do juízo da execução. Tal não ocorre com o *valor financeiro* referente a cotas de "fundo de investimento", já que este "não é certo e pode não ser líquido", por depender de fatos futuros que não podem ser previstos, quer pelas partes, quer pelo juízo da execução".[110]

II – Indisponibilidade de ativos financeiros existentes em nome do executado

O CPC/2015 alterou um pouco o procedimento de indisponibilidade de ativos financeiros existentes em nome do executado ao dispor, no *caput* do art. 854, que o juiz determine às instituições financeiras que tornem indisponíveis ativos financeiros existentes em nome do executado. Como se vê, não há mais o requerimento de informações prévias. A determinação já é de imediata indisponibilidade do numerário. Tal situação coloca fim à alegação de que haveria quebra ilegal do sigilo bancário do executado existente à época do Código anterior. Com efeito, não há quebra de sigilo algum, uma vez que o valor depositado em conta do executado ou outras movimentações não são informados ao exequente.[111]

É de destacar, outrossim, que a determinação do juiz às instituições financeiras é feita "*sem dar ciência prévia do ato ao executado*" (art. 854, *caput*). É evidente que o executado não pode ser cientificado do ato previamente, sob pena de frustrar a medida redirecionando os recursos financeiros. Não há que falar em desrespeito ao contraditório. Em verdade, o contraditório será diferido, após a indisponibilidade, oportunidade em que o executado poderá comprovar o excesso da medida ou a impenhorabilidade do numerário (§ 3º).

O *caput* do art. 854 prevê que o juiz vai agir "a requerimento do exequente", o que poderia levar a crer que não poderia agir de ofício para determinar a penhora *on-line*. Entretanto, o entendimento da doutrina é no sentido de ser possível ao magistrado agir sem provocação do exequente. Ora, se é dado ao oficial de justiça, ao cumprir o mandado de citação, penhora e avaliação, fazer a constrição dos bens que encontrar, inclusive dinheiro, sem que necessariamente haja prévia indicação pelo exequente, não há motivo para que o juiz também não possa fazê-lo.[112] Além disso, trata-se de ato prévio de indisponibilidade dos valores depositados, e não de penhora.[113]

---

[110] STJ, 1ª T., REsp 1.346.362/RS, Rel. Min. Benedito Gonçalves, ac. 04.12.2012, DJe 07.12.2012. Para o acórdão, não há violação ao art. 655, I, do CPC [CPC/2015, art. 835, I], na recusa de equiparação, no ato de nomeação à penhora, entre "cotas de fundos de investimento" e "dinheiro em aplicação financeira", muito embora "os fundos de investimento sejam uma espécie de aplicação financeira". Falta-lhes a necessária certeza e liquidez.

[111] PEREIRA, Luiz Fernando Casagrande. In: WAMBIER, Teresa Arruda Alvim; DIDIER JR., Fredie; TALAMINI, Eduardo; DANTAS, Bruno. *Breves comentários ao novo Código de Processo Civil*. São Paulo: RT, 2015, p. 1.956.

[112] PEREIRA, Luiz Fernando Casagrande. In: WAMBIER, Teresa Arruda Alvim; DIDIER JR., Fredie; TALAMINI, Eduardo; DANTAS, Bruno. *Breves comentários ao novo Código de Processo Civil*. São Paulo: RT, 2015, p. 1.956.

[113] WAMBIER, Teresa Arruda Alvim; CONCEIÇÃO, Maria Lúcia Lins; RIBEIRO, Leonardo Ferres da Silva; MELLO, Rogério Licastro Torres de. *Primeiros comentários ao novo Código de Processo Civil*. São Paulo: RT, 2015, p. 1.221.

Recebida a determinação, o Banco Central efetuará o bloqueio e comunicará ao juiz requisitante o valor indisponibilizado, especificando o banco onde o numerário ficou constrito.[114] Eventualmente, o valor poderá ser menor do que o requisitado, se o saldo localizado não chegar ao *quantum* da execução. Em hipótese alguma, porém, admitir-se-á bloqueio indiscriminado de contas e de valores superiores ao informado na requisição. O dispositivo é bastante claro nesse sentido: "limitando-se a indisponibilidade ao valor indicado na execução".

Como se vê, a penhora não é realizada imediatamente. Primeiro o numerário fica indisponível para, somente depois de ouvido o executado, efetivar-se a penhora.

III – Bacen Jud/Sisbajud

O procedimento de formalização da penhora de conta bancária foi grandemente simplificado por meio do Bacen Jud, convênio que o Banco Central mantém com a Justiça Federal e alguns órgãos das justiças estaduais, para viabilizar a penhora *on-line*, o qual passa por aprimoramentos, para superar as deficiências até então observadas, como a multiplicação do bloqueio em diferentes contas do executado e a demora na sua liberação, quando autorizada pelo juiz da execução ("Bacen Jud. 2.0"). Atualmente, a sistemática do Bacen Jud acha-se aprimorada e ampliada pelas inovações criadas pelo novo Sistema de Busca de Ativos do Poder Judiciário-SISBAJUD.

O principal objetivo do desenvolvimento do novo sistema, como divulgou o CNJ, foi atender a necessidade de renovação tecnológica da ferramenta, para permitir inclusão de novas e importantes funcionalidades, o que já não era possível apenas com os instrumentos, do Bacenjud, tendo em vista a natureza defasada das tecnologias nas quais foi originalmente escrito.[115]

IV – Cancelamento de eventual indisponibilidade excessiva

O § 1º do art. 854 do CPC/2015 estabelece que, no prazo de vinte e quatro horas a contar da resposta das instituições financeiras, o juiz deverá determinar o cancelamento de eventual indisponibilidade excessiva. O cancelamento deverá ser cumprido pela instituição também no prazo de vinte e quatro horas.

O descumprimento desse prazo pela instituição torna-a responsável pelos prejuízos causados ao executado (§ 8º).

V – Cumprimento parcial do bloqueio

Segundo o § 3º do art. 13 do Regulamento Bacen Jud 2.0, "cumprida a ordem judicial" na forma do § 2º e não atingido o limite da ordem de bloqueio inicial, caso necessário complementar o valor, a instituição participante deverá efetuar pesquisa, para alcançar o valor determinado, até o horário limite para emissão de uma Transferência Eletrônica Disponível (TED) do dia útil seguinte à ordem judicial.

---

[114] Sobre a possibilidade de arresto *on-line*, antes da citação do executado, ver, *retro*, o item nº 277.

[115] "Além do envio eletrônico de ordens de bloqueio e requisições de informações básicas de cadastro e saldo, já permitidos pelo Bacenjud, o novo sistema permitirá requisitar informações detalhadas sobre extratos em conta corrente no formato esperado pelo sistema SIMBA do Ministério Público Federal, e os juízes poderão emitir ordens solicitando das instituições financeiras informações dos devedores tais como: cópia dos contratos de abertura de conta corrente e de conta de investimento, fatura do cartão de crédito, contratos de câmbio, cópias de cheques, além de extratos do PIS e do FGTS. Podem ser bloqueados tanto valores em conta corrente, como ativos mobiliários como títulos de renda fixa e ações" (CNJ, Informações "Sisbajud").

Por outro lado, com a arquitetura do sistema renovado, programou-se a reiteração automática de ordens de bloqueio (conhecida como "teimosinha"), e a partir da emissão da ordem de penhora *on-line* de valores, permitiu-se ao magistrado registrar a quantidade de vezes que a mesma ordem terá que ser reiterada no Sisbajud até o bloqueio do valor necessário para o seu total cumprimento. Na visão do CNJ, "esse novo procedimento eliminará a emissão sucessiva de novas ordens da penhora eletrônica relativa a uma mesma decisão, como é feito atualmente no Bacenjud" (CNJ, Informações "Sisbajud")[116].

VI – Intimação e defesa do executado

Tornados indisponíveis os ativos financeiros do executado, será ele intimado na pessoa de seu advogado ou, não o tendo, pessoalmente, para se manifestar. Após a cientificação, poderá o executado comprovar, no prazo de cinco dias, que *(i)* as quantias tornadas indisponíveis são impenhoráveis; ou, *(ii)* ainda remanesce indisponibilidade excessiva de ativos financeiros (CPC, art. 854, § 3º).

Esse procedimento tem por finalidade conferir ao executado possibilidade de se defender antes de efetivamente realizada a penhora (contraditório diferido). Com efeito, após a manifestação do executado o exequente deverá ser ouvido, também no prazo de cinco dias, para que se respeite o contraditório.

VII – Indisponibilidade procedida em conta conjunta

Se a indisponibilidade for determinada em conta que não seja apenas de titularidade do executado – observa Luiz Fernando Casagrande Pereira[117] – deverá ser considerada presumida a propriedade de metade do saldo para cada um dos cotitulares. Daí o terceiro prejudicado poderia, no seu entender, utilizar-se da defesa prevista no § 3º do art. 854, em medida de economia processual, para liberar o seu patrimônio da constrição, em alternativa aos embargos de terceiro, seguindo jurisprudência do TJSP que se contenta com simples petição para desconstituir penhora *on-line* quando alcança patrimônio de terceiro.[118]

No entanto, e sem que houvesse unanimidade, o posicionamento do STJ, especificamente sobre a penhora *on-line* de saldo bancário em conta conjunta mantida pelo executado e estranho ao processo, tem, às vezes, outro sentido, e não aquele defendido pelo referido autor, como se pode ver do seguinte acórdão:

> "1. No caso de conta conjunta, cada um dos correntistas é credor de todo o saldo depositado, de forma solidária. O valor depositado pode ser penhorado em garantia da execução, ainda que somente um dos correntistas seja responsável pelo pagamento do tributo.
>
> 2. Se o valor supostamente pertence somente a um dos correntistas – estranho à execução fiscal – não deveria estar nesse tipo de conta, pois nela a importância perde o caráter de exclusividade.
>
> 3. O terceiro que mantém dinheiro em conta corrente conjunta, admite tacitamente que tal importância responda pela execução fiscal. A solidariedade, nesse

---

[116] Disponível em: https://www.cnj.jus.br/sistemas/sisbajud/ .Acesso em 30.11.2023.
[117] PEREIRA, Luiz Fernando Casagrande. Comentários ao art. 854. In: WAMBIER, Teresa Arruda Alvim *et al*. *Breves comentários ao novo Código de Processo Civil*. São Paulo: RT, 2015, p. 1.961-1.962.
[118] TJSP, AgIn 990100870580, Rel. Des. Manoel Justino Ferreira Filho, p. 29.04.2010. In: PEREIRA, Luiz Fernando Casagrande. Comentários ao art. 854. In: WAMBIER, Teresa Arruda Alvim *et al*. *Breves comentários ao novo Código de Processo Civil*. São Paulo: RT, 2015, p. 1.961-1.962.

caso, se estabelece pela própria vontade das partes no instante em que optam por essa modalidade de depósito bancário".[119]

Melhor, a nosso ver, seria o entendimento da 3ª Turma do STJ, in *verbis*:

"(...) 4. Há duas espécies de conta-corrente bancária: (i) individual (ou unipessoal); e (ii) coletiva (ou conjunta). A conta-corrente bancária coletiva pode ser (i) fracionária ou (ii) solidária. A fracionária é aquela que é movimentada por intermédio de todos os titulares, isto é, sempre com a assinatura de todos. Na conta solidária, cada um dos titulares pode movimentar a integralidade dos fundos disponíveis. 5. Na conta-corrente conjunta solidária, existe solidariedade ativa e passiva entre os correntistas apenas em relação à instituição financeira mantenedora da conta-corrente, de forma que os atos praticados por qualquer dos titulares não afeta os demais correntistas em suas relações com terceiros. Precedentes. 6. Aos titulares da conta-corrente conjunta é permitida a comprovação dos valores que integram o patrimônio de cada um, sendo certo que, na ausência de provas nesse sentido, presume-se a divisão do saldo em partes iguais. Precedentes do STJ. 7. Na hipótese dos autos, segundo o Tribunal de origem, não houve provas que demonstrassem a titularidade exclusiva da recorrente dos valores depositados em conta-corrente conjunta. 8. Mesmo diante da ausência de comprovação da propriedade, a constrição não pode atingir a integralidade dos valores contidos em conta-corrente conjunta, mas apenas a cota-parte de cada titular".[120]

Finalmente o tema foi pacificado pela Corte Especial do STJ (tema IAC 12) nos seguintes termos:

"A) É presumido, em regra, o rateio em partes iguais do numerário mantido em conta corrente conjunta solidária quando inexistente previsão legal ou contratual de responsabilidade solidária dos correntistas pelo pagamento de dívida imputada a um deles.

B) Não será possível a penhora da integralidade do saldo existente em conta conjunta solidária no âmbito de execução movida por pessoa (física ou jurídica) distinta da instituição financeira mantenedora, sendo franqueada aos cotitulares e ao exequente a oportunidade de demonstrar os valores que integram o patrimônio de cada um, a fim de afastar a presunção relativa de rateio".[121]

Em suma: a tese definitiva fixada em regime de IAC pela Corte Especial do STJ é que ao saldo da conta conjunta solidária aplica-se, em princípio, o regime do condomínio, de modo que, salvo prova contrária, presume-se a repartição do numerário em partes iguais entre os correntistas, de acordo com o art. 1.315, parágrafo único, do Código Civil.[122]

---

[119] STJ, 2ª T., REsp 1.229.329/SP, Rel. Min. Humberto Martins, ac. 17.03.2011, *DJe* 29.03.2011. No mesmo sentido: STJ, 4ª T., REsp 669.914/DF, Rel. Min. Raul Araújo, ac. 25.03.2014, *DJe* 04.04.2014.

[120] STJ, 3ª T., REsp 1.510.310/RS, Rel. Min. Nancy Andrighi, ac. 03.10.2017, *DJe* 13.10.2017. No mesmo sentido: STJ, 4ª T., REsp 13.680/SP, Rel. Min. Athos Carneiro, ac. 15.09.1992, *DJU* 16.11.1992, p. 21.144.

[121] STJ, Corte Especial, REsp 1.610.844/BA, Rel. Min. Luís Felipe Salomão, ac. unânime 15.06.2022, *DJe* 09.08.2022, (tema IAC 12).

[122] STJ, REsp 1.610.844, Rel. Min. Luís Felipe Salomão, ac. unânime 15.06.2022, *DJe* 09.08.2022, (tema IAC 12), voto do Relator.

VIII – Decisão do juiz

Apresentada defesa pelo executado, o juiz deverá decidi-la. Acolhendo a alegação do executado o juiz determinará o cancelamento da indisponibilidade irregular ou excessiva, que deverá ser cumprido pela instituição financeira em vinte e quatro horas (CPC, art. 854,§ 4º). Como se vê, o Código fixa prazo bastante exíguo para o cancelamento da indisponibilidade de numerário indevida e determina que tudo se proceda sumariamente, dispensando embargos ou outras formas mais solenes.

IX – Conversão da indisponibilidade em penhora

Rejeitada a defesa do executado, ou não apresentada, a indisponibilidade será convertida em penhora, sem necessidade de lavratura de termo. Nesse caso, o juiz determinará à instituição financeira depositária que, no prazo de vinte e quatro horas, transfira o montante bloqueado para conta judicial vinculada ao juízo da execução (CPC, art. 854,§ 5º).

O atual Código, portanto, tornou a penhora *on-line* em ato complexo: primeiro procede-se à indisponibilidade do numerário; e somente após a defesa do executado é que se efetiva a penhora. Essa sistemática tem dupla função: *(i)* evitar que o executado se desfaça de suas aplicações financeiras, para evitar a penhora de suas contas correntes; *(ii)* permitir que o executado demonstre, antes de realizada a constrição, o excesso da indisponibilização ou a impenhorabilidade desses valores.[123]

O retardamento injustificado na transferência do montante bloqueado para a conta judicial vinculada à execução pode ser eventualmente causa de prejuízo ao credor, porque durante o atraso da diligência perde-se a remuneração própria do depósito judicial do numerário penhorado. Entretanto, não podendo ser a demora imputada ao devedor, mas a problemas do próprio serviço forense, incabível é a pretensão de exigir dele que arque com juros de mora e correção monetária pelo período em que o valor permaneceu bloqueado na conta do executado sem nenhuma atualização, conforme já decidiu o STJ.[124]

X – Pagamento da dívida

Se o executado realizar o pagamento da dívida, por qualquer outro meio, o juiz determinará, imediatamente, por sistema eletrônico gerido pela autoridade supervisora do sistema financeiro nacional, a notificação da instituição financeira para que, em até vinte e quatro horas, cancele a indisponibilidade (CPC, art. 854,§ 6º).

Estabelece o Código que todas as transmissões das ordens de indisponibilidade, cancelamento ou penhora sejam realizadas por meio de sistema eletrônico gerido por autoridade supervisora do sistema financeiro nacional (art. 854,§ 7º).

---

[123] WAMBIER, Teresa Arruda Alvim. *Primeiros comentários ao novo Código, artigo por artigo*. 2. ed. São Paulo: RT, 2016, p. 1.220.

[124] "2. A demora de conversão, em depósito judicial vinculado, dos valores constritos pelo sistema de penhora on-line (Bacenjud/Sisbajud)) não pode ser imputada ao devedor-executado (art. 396 do CC/2022), pois, nesse cenário de retardo ao cumprimento da ordem judicial, incumbe à parte exequente apresentar requerimento – ou ao juízo promover diligências, de ofício – no afã de que se transfira o importe para conta bancária à disposição do processo. (AREsp n. 2.313.673/RJ, relator Ministro Benedito Gonçalves, Primeira Turma, julgado em 5/9/2023, *DJe* de 12/9/2023.) 3. Inaplicabilidade do Tema 677 do STJ por ausência de similitude fática e jurídica, configurando-se distinção (*distinguish*) entre os casos" (STJ, 3ª T., AgInt no REsp 1.763.569/RN, Rel. Min. Humberto Martins, ac. 27.05.2024, *DJe* 29.05.2024).

XI – Responsabilidade das instituições financeiras

As instituições financeiras desempenham importante papel de auxiliar o juízo na penhora *on-line*, na medida em que devem tornar indisponível o valor executado, transferir o numerário para conta vinculada ao juízo da execução, liberar o valor excessivo etc. E, com a finalidade de dar celeridade ao processo, o Código confere a elas prazo exíguo, de vinte e quatro horas, para cumprir as determinações judiciais.

É certo que o descumprimento da ordem judicial ou a sua execução de forma falha pode causar prejuízos ao exequente ou ao executado. Assim, o CPC/2015, no § 8º do art. 854, prevê a responsabilidade das instituições financeiras "pelos prejuízos causados ao executado em decorrência da indisponibilidade de ativos financeiros em valor superior ao indicado na execução ou pelo juiz, bem como na hipótese de não cancelamento da indisponibilidade no prazo de vinte e quatro horas, quando assim determinar o juiz". Trata-se de responsabilidade objetiva, que independe da verificação da culpa da instituição, sendo suficiente o excesso no valor indisponibilizado ou a demora no seu cancelamento.

Embora o Código fale apenas do executado, é evidente que o exequente também pode sofrer prejuízos, mormente quando a demora no cumprimento da determinação judicial frustrar a execução. Destarte, também nessa hipótese é evidente a responsabilidade da instituição financeira, que encontra respaldo no Código Civil (art. 927, parágrafo único).

XII – Remuneração da conta bancária judicial

A conta bancária judicial não transforma o banco em responsável integral pela atualização e remuneração do crédito exequendo, de maneira que, afinal, havendo diferença entre as taxas creditadas pela instituição depositária e aquelas previstas no título executivo, continuará o executado obrigado à complementação (ver, adiante, o item 872).

XIII – Penhora on-line de conta de partido político

O § 9º do art. 854 do CPC/2015 instituiu uma disciplina especial para a penhora de fundos bancários dos partidos políticos. Reconheceu autonomia da responsabilidade dos diversos órgãos de representação por meio dos quais o partido atua nas esferas municipal, estadual e nacional (Lei nº 9.096/95, art. 15-A); e, em consequência disso, determinou que a penhora *on-line* ficasse restrita aos ativos financeiros existentes em nome do órgão que tenha contraído a dívida exequenda, ou, de qualquer forma, tenha dado causa à obrigação (violação de direito ou provocação de dano). Portanto, ao requisitar do Banco Central a indisponibilidade preparatória da penhora, o juiz deverá ficar atento, em primeiro lugar, à impenhorabilidade dos recursos originados do fundo partidário; e, em segundo lugar, à limitação da executividade apenas à conta bancária do órgão legalmente responsável pela dívida em execução.

363. Impenhorabilidade do saldo bancário

Se o saldo bancário for alimentado por vencimentos, salários, pensões, honorários e demais verbas alimentares arroladas no art. 833, IV, do CPC/2015, sua impenhorabilidade prevalecerá, não podendo o bloqueio subsistir, conforme ressalva o § 3º do art. 854.

Caberá ao executado, para se beneficiar da impenhorabilidade, o ônus da comprovação da origem alimentar do saldo. Na maioria das vezes, isto será facilmente apurável por meio do extrato da conta. Se os depósitos não estiverem claramente vinculados a fontes pagadoras, terá o executado de usar outros meios de prova para identificar a origem alimentar do saldo bancário.

Os embargos à execução servem de remédio processual para a desconstituição da penhora indevida (art. 917, II). Tratando-se, porém, de necessidade urgente de natureza alimentar, não é de descartar a possibilidade de antecipação de tutela, diante de prova inequívoca da origem do saldo bancário, que o torne impenhorável.

Dispondo o devedor de prova documental suficiente e pré-constituída, a liberação do depósito penhorado eletronicamente poderá ser pleiteada de forma incidental nos autos da execução, sem necessidade dos embargos. É que, sendo o caso de impenhorabilidade absoluta, a penhora que acaso a desrespeite incorre em "nulidade absoluta"; e invalidade desse jaez não preclui, nem exige ação especial para ser reconhecida e declarada, ou seja:

> "Em se tratando de nulidade absoluta, a exemplo do que se dá com os bens absolutamente impenhoráveis (CPC, art. 649) [CPC/2015, art. 833], prevalece o interesse de ordem pública, podendo ser ela arguida em qualquer fase ou momento, devendo inclusive ser apreciada de ofício".[125]

Vale dizer: ao executado é lícito arguir a impenhorabilidade absoluta do bem alcançado pela constrição judicial a todo tempo, "mediante simples petição e independentemente de apresentação de embargos à execução".[126] Desde que o faça no prazo de cinco dias da intimação da indisponibilidade de numerário em suas contas (art. 854, § 3º).

Dessa maneira, só há de pensar em embargos, para invocar a impenhorabilidade do depósito prevista no § 3º do art. 854 em conjugação com o inc. IV do art. 833, quando o executado não dispuser de prova documental pré-constituída e, assim, depender de dilação probatória para demonstrar sua arguição por meio de elementos de convicção complexos.

De qualquer modo, "provada a impenhorabilidade, o juiz tem o dever de ordenar urgente e eletronicamente o desbloqueio da quantia penhorada de maneira indevida, tendo em conta o direito fundamental à igualdade no processo (arts. 5º, I, CRFB, e 125, I, CPC) [CPC/2015, art. 139, I]".[127] E a ordem deverá ser cumprida pela instituição financeira em vinte e quatro horas (art. 854, § 4º, do CPC/2015). Se é pela via expedita da comunicação eletrônica que o exequente atinge o depósito bancário do devedor, haverá de ser, necessariamente, pela mesma via que o executado se livrará da constrição ilegítima.

A previsão do art. 833, X, de impenhorabilidade do saldo depositado em caderneta de poupança até o limite de quarenta salários mínimos tem sido estendida pela jurisprudência do STJ aos valores constantes de conta-corrente, fundos de investimento ou guardados em papel-moeda.[128] Desse modo, o bloqueio pelo sistema *on-line*, contra pessoa física, deverá ser efetuado a partir de tal limite.

Com a superveniência do Sisbajud ficou assentado que não cabe à instituição financeira que cumpre a ordem judicial de bloqueio analisar a origem e destinação do recurso, pois a decisão da impenhorabilidade cabe exclusivamente ao juízo da causa. Restou, outrossim, esclarecido pelo CNJ que, "em razão das normas do Sistema Financeiro Nacional (Sisbacen) ou

---

[125] STJ, 4ª T., REsp 262.654/RS, Rel. Min. Sálvio de Figueiredo Teixeira, ac. 05.10.2000, *RT* 787/215.

[126] STJ, 4ª T., REsp 443.131/PR, Rel. Min. Ruy Rosado de Aguiar, ac. 13.05.2005, *DJU* 04.08.2003, p. 311, *apud* NEGRÃO, Theotonio; GOUVÊA, José Roberto Ferreira. *Código de Processo Civil e legislação processual em vigor*. 39. ed. São Paulo: Saraiva, 2007, p. 820.

[127] MARINONI, Luiz Guilherme; MITIDIERO, Daniel. *Código de Processo Civil comentado artigo por artigo*. São Paulo: RT, 2008, p. 649, nota 5 ao art. 655-A. "Se o sistema *Bacen Jud* garante ao credor *celeridade* e *efetividade*, as mesmas garantias devem ser oferecidas ao devedor que prova ter sido a penhora realizada indevidamente" (CORREIA, André de Luizi. Em defesa da penhora *on-line*. *Revista de Processo*, v. 125, p. 148, jul. 2005).

[128] STJ, 2ª S., EREsp 1.330.567/RS, Rel. Min. Luís Felipe Salomão, ac. 10.12.2014, *DJe* 19.12.2014. No mesmo sentido: STJ, 2ª S., REsp 1.230.060/PR, Rel. Min. Maria Isabel Gallotti, ac. 13.08.2014, *DJe* 29.08.2014; STJ, 3ª T., REsp 1.624.431/SP, Rel. Min. Nancy Andrighi, ac. 01.12.2016, *DJe* 15.12.2016.

pelas regras de negócio do sistema Sisbajud (estabelecidas pelo Comitê Gestor), não é possível identificar e marcar determinado recurso como impenhorável, pois, ... um dos princípios regentes deste sistema é o da neutralidade" (CNJ, Informações sobre as regras negociais do Sisbajud). Desse modo, torna-se certo que "o Sisbajud apenas viabiliza o cumprimento eletrônico de ordem judicial, não podendo ser atribuído a esse, muito menos aos responsáveis pelo seu desenvolvimento, hospedagem, manutenção ou violação a suposta impenhorabilidade de valores que porventura sejam bloqueados"[129].

364. Penhora de créditos e outros direitos patrimoniais

O dinheiro continua ocupando o primeiro lugar na ordem de preferência para sujeição à penhora. É natural que assim seja, pois, se a finalidade da execução por quantia certa é expropriar bens do executado para transformá-los em fonte de obtenção de meios de saldar a dívida exequenda, nada melhor do que, quando possível, fazer recair a penhora diretamente sobre somas de dinheiro. Com isso, elimina-se o procedimento da transformação do bem constrito em numerário, sempre que este se encontre disponível no patrimônio do executado em volume capaz de assegurar o resultado final da execução.

Alterações sensíveis ocorreram, porém, na ordem preferencial da penhora após o dinheiro, por força do art. 835 do CPC/2015. Buscando resultados práticos mais consistentes, a ordem legal de penhora, depois do dinheiro, passou a ser a seguinte: "títulos da dívida pública com cotação em mercado", "títulos e valores mobiliários com cotação em mercado", "veículos de via terrestre", "bens imóveis", "bens móveis em geral", "semoventes", "navios e aeronaves", "ações e quotas de sociedades simples e empresárias", "percentual do faturamento da empresa devedora", "pedras e metais preciosos", "direitos aquisitivos derivados de promessa de compra e venda e de alienação fiduciária em garantia" e "outros direitos". A alteração preocupou-se com ordenar a preferência de penhora segundo a normal liquidez dos bens a constringir. Já à época do CPC de 1973, entretanto, cuidava-se de disciplinar algumas modalidades importantes de penhora que vinham sendo praticadas na praxe forense sem regulamentação legal, como a dos saldos bancários e a do faturamento da empresa executada, ensejando constantes conflitos e reclamações (art. 655-A do CPC/1973).[130]

Continuam penhoráveis os direitos do devedor contra terceiro, quando de natureza patrimonial, desde que possam ser transferidos ou cedidos independentemente do consentimento do terceiro.[131] A penhorabilidade dos direitos exige dois requisitos, portanto:

(a) o valor econômico; e
(b) a livre cessibilidade.[132]

365. Penhora sobre créditos do executado

A penhora sobre crédito do devedor é feita, normalmente, por intimação ao terceiro obrigado (CPC/2015, art. 855, I) para que "não satisfaça a obrigação senão por ordem da

---

[129] STJ, 2ª S., EREsp 1.330.567/RS, Rel. Min. Luís Felipe Salomão, ac. 10.12.2014, DJe 19.12.2014. No mesmo sentido: STJ, 2ª S., REsp 1.230.060/PR, Rel. Min. Maria Isabel Gallotti, ac. 13.08.2014, DJe 29.08.2014; STJ, 3ª T., REsp 1.624.431/SP, Rel. Min. Nancy Andrighi, ac. 01.12.2016, DJe 15.12.2016.
[130] CPC/2015, art. 854.
[131] LIEBMAN, Enrico Tullio. *Processo de execução*. 3. ed. São Paulo: Saraiva, 1968, n. 62, p. 102.
[132] TJMG, ac. 10.12.1953, *Rev. For.* 169/254; TJMG, 11ª Câm. Cív., Agravo Inst. 1.0024.03.965156-7/003, Rel. Des. Duarte de Paula, ac. 13.05.2009, *DJMG* 08.06.2009.

Justiça, tornando-se ele deste momento em diante depositário judicial da coisa ou quantia devida, com todas as responsabilidades inerentes ao cargo".[133] O credor do terceiro (*i.e.*, o executado) também deve ser intimado "para que não pratique ato de disposição do crédito" (art. 855, II).

O CPC/2015, mantendo o sistema do Código anterior, eliminou a publicação de editais que o Estatuto de 1939 exigia para divulgação da penhora perante terceiros interessados (art. 934).

A penhora de crédito representado por letra de câmbio, nota promissória, duplicata, cheque ou outros títulos de crédito realiza-se pela apreensão efetiva do documento, esteja ou não em poder do devedor (art. 856).

Não sendo encontrado o título, mas havendo confissão do terceiro sobre a existência da dívida, tudo se passará como nos casos comuns de penhora de créditos, *i.e.*, o terceiro será "tido como depositário da importância" (art. 856, § 1º), ficando intimado a não a pagar a seu credor (o executado).

O terceiro responsável pelo crédito penhorado só obtém exoneração depositando em Juízo a importância da dívida (art. 856, § 2º). Se ocorrer a hipótese de o terceiro negar o débito, em conluio com o executado, a quitação que este eventualmente lhe der será ineficaz perante o exequente, por configurar fraude de execução (art. 856, § 3º).

Nos casos de penhora de créditos, a fim de esclarecer e definir a situação, pode o exequente requerer que o juiz determine o comparecimento do executado e do terceiro para, em audiência, especialmente designada, tomar os seus depoimentos (art. 856, § 4º).

Entre os créditos penhoráveis incluem-se os representados por precatório contra a Fazenda Pública, seja a execução movida, ou não, pela credora figurante no precatório.[134]

É interessante notar que os títulos de crédito representam bens penhoráveis, mas nem sempre figuram na mesma posição dentro da gradação legal de preferência: se são cotados em Bolsa de Valores, seu posicionamento se dá no inciso III do art. 835. Caso contrário, decaem para última posição na escala do referido artigo (inc. XIII).

O tema tem sido abordado pela jurisprudência, a propósito das debêntures oferecidas à penhora, com maior frequência nas execuções fiscais, em vista de nem sempre serem negociáveis em Bolsa.[135] Em face da baixa gradação do título não cotado em bolsa, difícil tem sido fazer prevalecer a nomeação de debêntures à penhora, quando haja outros bens livres ao alcance da execução, como já reconheceu o STJ no caso das debêntures da Eletrobrás.[136]

Por último, é de observar que, com a reforma da Lei nº 11.382/2006 e, posteriormente com o CPC/2015, a ordem de preferência dos bens penhoráveis foi alterada, e desse modo os títulos de crédito deixaram de figurar nos incisos X (título cotado em bolsa) e XI (título não contado em bolsa), e foram deslocados para os incisos III e XIII, respectivamente.

---

[133] LIEBMAN, Enrico Tullio. *Processo de execução*. 3. ed. São Paulo: Saraiva, 1968, n. 62, p. 103.
[134] STJ, 1ª T., AGREsp 399.557/PR, Rel. Min. José Delgado, j. 18.04.2002, *DJU* 13.05.2002, p. 170; STJ, 1ª T., REsp 480.351/SP, Rel. Min. Luiz Fux, j. 03.06.2003, *DJU* 23.06.2003, p. 260; STJ, 1ª T., AgRg. no REsp 826.260/RS, Rel. p/ ac. Min. Teori Albino Zavascki, j. 20.06.2006, *DJU* 07.08.2006, p. 205.
[135] STJ, 1ª T., REsp 834.885/RS, Rel. Min. Teori Zavaski, ac. 20.06.2006, *DJU* 30.06.2006, p. 203.
[136] "*Processo civil. Tributário. Art. 535 do CPC. Debêntures da Eletrobrás. Nomeação à Penhora*. 1. (...) 2. É absolutamente razoável a recusa do credor quanto à garantia que não expressa efetivamente o valor da execução ou que seja de difícil alienação, conforme disposto no art. 15 da Lei das Execuções Fiscais. Precedentes da Corte. 3. Recurso especial provido em parte" (STJ, 2ª T., REsp 842.128/RS, Rel. Min. Castro Meira, ac. 15.08.2006, *DJU* 25.08.2006, p. 339).

366. Sub-rogação do exequente nos direitos do executado

A penhora em direito e ação sub-roga o exequente nos direitos do executado, até a concorrência do seu crédito (CPC/2015, art. 857), que assim poderá mover contra o terceiro as ações que competiam ao devedor.

Se o exequente, por meio da sub-rogação, não conseguir apurar o suficiente para saldar seu crédito, poderá prosseguir na execução, nos mesmos autos, penhorando outros bens do executado (art. 857, § 2º).

É facultado ao exequente preferir, em vez da sub-rogação, a alienação judicial do direito penhorado, o que se fará por meio de arrematação, devendo, porém, a opção ser exercida nos autos no prazo de dez dias contado da realização da penhora do crédito (art. 857, § 1º).

367. Penhora de crédito do executado frente ao próprio exequente

Dá-se a chamada *penhora de mão própria* quando a constrição judicial recai sobre crédito do executado contra o próprio exequente. Não há disciplina específica para essa modalidade de garantia da execução por quantia certa, mas é inconteste sua viabilidade, diante da previsão geral do art. 855.

Naturalmente, para que essa particular modalidade de penhora de direito seja imposta haverá necessidade de que o crédito do executado, tal como se passa com o crédito exequendo, se apresente como certo, líquido e exigível, visto que, em última instância, o fim visado pelo devedor será uma *compensação de créditos*.

A consequência mais importante da penhora de mão própria situa-se no seu deslocamento do último para o primeiro grau na escala de preferência do art. 835, em paridade com o dinheiro, conforme já decidiu o Superior Tribunal de Justiça: uma vez que dita gradação segue o critério da liquidez, *i.e.*, da maior facilidade de o bem ser utilizado para a quitação da dívida exequenda, nada mais eficiente do que a compensação entre os créditos contrapostos. "Se a compensação opera-se automaticamente, dispensando até mesmo a necessidade de conversão em moeda, conclui-se [na interpretação do STJ] que essa forma de garantia do juízo é a mais eficaz e célere, indo ao encontro dos princípios constitucionais da economia processual e da razoável duração do processo, bem como de realização da execução pelo modo menos gravoso para o devedor".[137]

368. Penhora no rosto dos autos

Quando a penhora alcançar direito objeto de ação em curso, proposta pelo executado contra terceiro, ou cota de herança em inventário, o oficial de justiça, depois de lavrado o auto de penhora, intimará o escrivão do feito para que este averbe a constrição, com destaque, na capa dos autos, a fim de se tornar efetiva, sobre os bens que, oportunamente, "forem adjudicados ou que vierem a caber ao executado" (CPC/2015, art. 860).[138]

Admite-se a penhora no rosto dos autos tanto nos processos contenciosos, como nos de jurisdição voluntária. Até mesmo sobre processo de competência do juízo arbitral é possível proceder a esse tipo de constrição executiva. A deliberação, porém, deve partir do juízo estatal, visto que a execução forçada não se inclui na competência do tribunal arbitral.[139]

---

[137] STJ, 3ª T., REsp 829.583/RJ, Rel. Min. Nancy Andrighi, ac. 03.09.2009, *DJe* 30.09.2009.

[138] "A penhora a que alude o art. 860 do CPC poderá recair sobre direito litigioso ainda não reconhecido por decisão transitada em julgado" (Enunciado nº 155/CEJ/CJF).

[139] "(...) A recente alteração trazida pela Lei 13.129/15 à Lei 9.307/1996, a despeito de evidenciar o fortalecimento da arbitragem, não investiu o árbitro do poder coercitivo direto, de modo que, diferentemente do juiz, não pode impor, contra a vontade do devedor, restrições ao seu patrimônio. (...). Respeitadas as peculiaridades de cada jurisdição, é possível aplicar a regra do art. 674 do CPC/73 (art. 860 do CPC/15), ao procedimento de

Não é, porém, penhora de direito e ação a que se faz sobre bens do espólio em execução de dívida da herança, assumida originariamente pelo próprio *de cujus*. Esta é penhora *real* e filhada, *i.e.*, "feita com efetiva apreensão e consequentemente depósito dos bens do espólio".[140] Não é cabível, nesse caso, falar em penhora no rosto dos autos, ocorrência que só se dá quando a execução versar sobre dívida de herdeiro e a penhora incidir sobre seu direito à herança ainda não partilhada.

369. Penhora sobre créditos parcelados ou rendas periódicas

A penhora pode recair sobre créditos vincendos exigíveis em prestações ou sujeitos a juros periódicos. Quando isto ocorre, o terceiro fica obrigado a depositar em juízo os juros, rendas ou prestações à medida que se vencerem. O exequente, após cada depósito, observado o art. 520, IV, do CPC/2015 (quando for o caso), poderá levantar as importâncias respectivas, abatendo-as parceladamente de seu crédito, conforme as regras da imputação em pagamento, que constam dos arts. 352 a 355 do Código Civil (art. 858 do CPC/2015).

Não tolera a jurisprudência, porém, a penhora indiscriminada sobre a féria diária de um estabelecimento comercial, por afetar o capital de giro da empresa.[141] Devem-se, no caso, observar as cautelas da penhora de estabelecimento (regras especiais do art. 862),[142] que, afinal, foram explicitamente recomendadas pelo art. 866, § 2º (ver, a seguir, o item nº 378).

370. Penhora sobre direito a prestação ou a restituição de coisa determinada

Recaindo a penhora sobre direito a prestação ou a restituição de coisa determinada, o executado será intimado para, no vencimento, depositá-la, correndo sobre ela a execução (CPC/2015, art. 859). O procedimento é um pouco diverso, na medida em que o executado é intimado para depositar a coisa. Feito isso, a execução prossegue normalmente, com a lavratura do auto de penhora da coisa restituída.

---

arbitragem, a fim de permitir que o juiz oficie o árbitro para que este faça constar em sua decisão final, acaso favorável ao executado, a existência da ordem judicial de expropriação, ordem essa, por sua vez, que só será efetivada ao tempo e modo do cumprimento da sentença arbitral, no âmbito do qual deverá ser também resolvido eventual concurso especial de credores, nos termos do art. 613 do CPC/73 (parágrafo único do art. 797 do CPC/15)" (STJ, 3ª T., REsp 1.678.224/SP, Rel. Min. Nancy Andrighi, ac. 07.05.2019, *DJe* 09.05.2019).

[140] CASTRO, Amílcar de. *Comentários ao Código de Processo Civil*. 2. ed. Rio de Janeiro: Forense, 1963, v. X, t. 1º, n. 216, p. 205-206.

[141] STJ, REsp 163.549/RS, Rel. Min. José Delgado, ac. 11.05.1998, *DJU* 14.09.1998, p. 15 "Contudo, em se tratando de penhora sobre capital de giro, a questão ganha outros contornos, pois, conforme estabelecem as disposições do artigo 655-A, § 3º, do CPC [CPC/2015, art. 866, § 2º], há de se atentar para certos requisitos, tais como a nomeação de administrador e o limite da penhora em percentual que permita à empresa a continuidade de suas atividades" (STJ, 4ª T., AgRg no REsp 1.184.025/RS, Rel. Min. João Otávio de Noronha, ac. 10.05.2011, *DJe* 19.05.2011).

[142] "A jurisprudência tem admitido a penhora do faturamento diário da devedora executada tão somente em casos excepcionais" (STJ, REsp 114.603/RS, Rel. Min. Milton Luiz Pereira, ac. 15.06.1998, *DJU* 31.08.1998, p. 17). E nesses casos excepcionais é preciso que não haja "outros bens a serem penhorados" (STJ, REsp 183.725/SP, Rel. Min. Garcia Vieira, ac. 01.12.1998, *DJU* 08.03.1999, p. 129). De qualquer modo, "a penhora sobre a renda da empresa, em uma execução fiscal, pressupõe a nomeação de um administrador (CPC, art. 719, *caput* e seu parágrafo único) [CPC/2015, art. 869], com as prerrogativas insculpidas nos arts. 728 e 678, parágrafo único, do CPC [CPC/2015, art. 863, § 1º], ou seja, mediante apresentação da forma de administração e de um esquema de pagamento" (STJ, REsp 182.220/SP, Rel. Min. José Delgado, ac. 05.11.1998, *DJU* 19.04.1999, p. 87). "Admite-se, em casos excepcionais, a penhora do faturamento de empresa, desde que a) o devedor não possua bens para assegurar a execução, ou estes sejam insuficientes para saldar o crédito; b) haja indicação de administrador e esquema de pagamento, nos termos do art. 677, CPC [CPC/2015, art. 862]; c) o percentual fixado sobre o faturamento não torne inviável o exercício da atividade empresarial. Precedentes" (STJ, 4ª T., REsp 489.508/RJ, Rel. Min. Luis Felipe Salomão, ac. 06.05.2010, *DJe* 24.05.2010).

371. Penhora de ações ou das quotas de sociedades personificadas

I – Procedimento

As ações de sociedades anônimas sempre foram havidas como bens patrimoniais comerciáveis e, como tal, passíveis de penhora. Discutiu-se, no passado, sobre a penhorabilidade, ou não, das quotas de outras sociedades empresárias. A polêmica restou totalmente superada por alteração feita à época do Código de 1973, mantida pela legislação atual (CPC/2015, art. 835, IX), que prevê, expressamente, a penhora sobre "ações e quotas de sociedades empresárias", sem qualquer ressalva ou limitação (ver, *retro*, o nº 344). Além disso, o CPC/2015 trouxe como novidade o estabelecimento de procedimento específico para a realização dessa penhora, descrito no art. 861.

II – Diligências a serem adotadas pela sociedade após a penhora

Penhoradas as quotas ou as ações de sócio em sociedades personificadas (simples ou empresárias), o juiz assinará um prazo razoável, não superior a três meses, para que a sociedade proceda às seguintes diligências: *(i)* apresente balanço especial, na forma da lei; *(ii)* ofereça as quotas ou as ações aos demais sócios, observado o direito de preferência legal ou contratual; e *(iii)* não havendo interesse dos sócios na aquisição das ações, proceda à liquidação das quotas ou das ações, depositando em juízo o valor apurado, em dinheiro (art. 861, *caput*).

Como se vê, o CPC/2015 preocupa-se com a *affectio societatis*, na medida em que garante aos sócios a preferência na alienação das quotas ou ações. Da mesma forma, permite que a sociedade evite a liquidação das quotas ou das ações, adquirindo-as sem redução do capital social e com utilização de reservas, para manutenção em tesouraria (§ 1º).

III – Liquidação das quotas ou ações

Caso ocorra a liquidação das quotas ou ações, para depósito em juízo do valor apurado, o juiz poderá, a requerimento do exequente ou da sociedade, nomear administrador, que deverá submeter à aprovação judicial a forma de liquidação (§ 3º).

O depositário poderá administrar as ações e quotas penhoradas, recolhendo os dividendos e lucros distribuídos à ordem judicial, e evitando manobras que possam fraudar os direitos societários constritos. Não lhe cabe, porém, o direito de voto nas assembleias da pessoa jurídica. O depósito, gerado pela penhora, não é translativo da propriedade das ações, fenômeno que somente acontecerá, no processo executivo, quando ocorrer o ato expropriatório (arrematação, adjudicação etc.). Daí por que a penhora não suspende o direito de voto conservado pelo sócio, enquanto não consumada a expropriação executiva.[143]

IV – Prazo para cumprimento das diligências

O *caput* do art. 861 prevê que o juiz deve fixar prazo, não superior a três meses, para que a sociedade tome as medidas necessárias para depositar o valor das quotas ou ações penhoradas. Entretanto, esse prazo poderá ser ampliado pelo juiz, se o pagamento das quotas ou das ações liquidadas: *(i)* superar o valor do saldo de lucros ou reservas, exceto a legal, e sem diminuição do capital social, ou por doação; *(ii)* colocar em risco a estabilidade financeira da sociedade (§ 4º).

---

[143] PONTES DE MIRANDA, Francisco Cavalcanti. *Tratado de direito privado*. 3. ed. São Paulo: RT, 1984, t. 50, p. 246; PEIXOTO, Carlos Fulgêncio Cunha. *Sociedade por ações*. São Paulo: Saraiva, 1972, v. 2, p. 369; COELHO, Fábio Ulhoa. O direito de voto das ações empenhadas e penhoradas. *Revista dos Tribunais*, v. 920, jun. 2012, p. 160-164.

Essa flexibilização do prazo, contudo, deve ser feita pelo juiz levando-se em conta alguns critérios: *(i)* efetividade da execução; *(ii)* garantia do contraditório e da ampla defesa; *(iii)* prestígio do princípio da preservação da empresa; *(iv)* fundamentação das decisões.[144]

V – Leilão judicial das quotas ou das ações

Como se viu, o CPC/2015 privilegiou a *affectio societatis*, de modo que somente permite o leilão judicial das quotas ou ações da sociedade se não forem elas adquiridas por seus sócios ou pela própria empresa (§ 5º). Nesse caso, se a liquidação das quotas ou ações for excessivamente onerosa para a sociedade, o juiz determinará o leilão judicial.

VI – Procedimento para as sociedades anônimas de capital aberto

As sociedades anônimas de capital aberto, cujas ações são negociadas em bolsa, não seguem o procedimento especial previsto no art. 861. De acordo com o § 2º desse dispositivo, as ações serão adjudicadas ao exequente ou alienadas em bolsa de valores. O gravame judicial deverá ser intimado à sociedade (art. 861, *caput*) e poderá ser averbado, para conhecimento de terceiros, nos registros de ações da companhia e nos assentos da Junta Comercial, onde o contrato social se achar registrado (art. 844).

372. Penhora de direitos e ações

Incluem-se entre os direitos e ações penhoráveis as dívidas ativas, vencidas e vincendas, as ações reais, reipersecutórias, ou pessoais, para cobrança de dívidas, as quotas de herança em inventários, os fundos líquidos do devedor em sociedades civis ou comerciais e todos os demais direitos similares.[145]

Não podem, contudo, ser penhorados os direitos do arrendatário de gleba rural, que decorrem de contrato sinalagmático não transferível.[146] Também o direito real de usufruto não pode ser penhorado, por se tratar de bem jurídico inalienável (Código Civil art. 1.393). Admite-se, todavia, a penhora de frutos e rendimentos de coisa móvel ou imóvel. Pela mesma razão, permite-se a penhora de título de sócio de sociedade civil, quando negociável,[147] bem como do direito de uso de telefone,[148] ou dos direitos decorrentes do compromisso de compra e venda de imóvel.[149] É certo não ser penhorável, por dívida do fiduciante, em ação movida por terceiro, o bem alienado em garantia, visto que, nos negócios da espécie, a propriedade é do credor e não do devedor, enquanto não solvida a obrigação garantida. No entanto, o fiduciante é titular de um direito de aquisição sobre o objeto da alienação fiduciária em garantia, direito esse de natureza patrimonial, de modo a tornar possível sua penhora por parte de outros credores, que não o fiduciário (CPC/2015, art. 835, XII).

---

[144] OLIVEIRA, Guilherme Peres de. In: WAMBIER, Teresa Arruda Alvim; DIDIER JR., Fredie; TALAMINI, Eduardo; DANTAS, Bruno. *Breves comentários ao novo Código de Processo Civil*. São Paulo: RT, 2015, p. 1.971-1.972.

[145] LIEBMAN, Enrico Tullio. *Processo de execução*. 3. ed. São Paulo: Saraiva, 1968, n. 62, p. 103.

[146] "Também não se admite penhora de bem ou direitos de arrendatário em contrato de 'leasing'" antes de exercida a opção de compra pelo devedor (TJMG, 8ª Câm. Cív., Agravo de Inst. 1.0702.07.387911-7/001, Rel. Des. Fernando Botelho, ac. 15.10.2009, *DJMG* 12.01.2010).

[147] TJSP, ac. 03.12.1968, *Rev. For.* 230/164.

[148] No entanto, quando integrante da casa de moradia da família, estende-se a impenhorabilidade do bem de família à linha telefônica dele integrante, nos termos da Lei nº 8.009/90 (STJ, REsp 180.642/SP, Rel. Min. Waldemar Zveiter, ac. 04.03.1999, *DJU* 10.05.1999, p. 171; STJ, REsp 64.629-4/SP, Rel. Min. Eduardo Ribeiro, ac. 14.08.1995, *RSTJ* 76/294; STJ, REsp 70.337/RS, Rel. Min. Nilson Naves, ac. 27.11.1995, *DJU* 26.02.1996, p. 4.013.

[149] STJ, 4ª T., AgRg no REsp 512.011/SP, Rel. Min. Luis Felipe Salomão, ac. 17.03.2011, *DJe* 23.03.2011.

373. Penhora de empresas, de outros estabelecimentos e de semoventes

Quando a penhora recair em estabelecimento comercial, industrial ou agrícola, bem como em semoventes, plantações ou edifício em construção, o depositário será um administrador nomeado pelo juiz (CPC/2015, art. 862, *caput*).

A preocupação do legislador aqui é com a continuidade da exploração econômica, que não deve ser tolhida pela penhora, em face da função social que desempenham as empresas comerciais, industriais e agropastoris. A este administrador incumbe organizar o plano de administração, no prazo de dez dias após a investidura na função (art. 862). Sobre tal plano serão ouvidas as partes da execução, cabendo ao juiz decidir sobre as dúvidas e divergências suscitadas (art. 862, § 1º).

Podem as partes, outrossim, ajustar entre si a forma de administração, escolhendo depositário de sua confiança. Esta solução, naturalmente, só tem cabimento quando haja inteiro e expresso acordo de ambas as partes, caso em que o juiz apenas homologará por despacho a deliberação dos interessados (art. 862, § 2º).

O sistema depositário-administrador visa a impedir a ruína total e a paralisação da empresa, evitando prejuízos desnecessários e resguardando o interesse coletivo de preservar quanto possível as fontes de produção e comércio e de manter a regularidade do abastecimento.

O Código vigente foi omisso a respeito dos emolumentos do administrador, mas é curial que haja uma remuneração para sua quase sempre pesada e onerosa função, a qual, à falta de regulamentação no regime de custas, deverá ser arbitrada pelo juiz.

Como adverte Amílcar de Castro, "o administrador não está exposto à ação de depósito, mas à de prestação de contas, sujeitando-se, por esta, à pena de remoção, sendo sequestrados, os bens sob sua guarda, e glosados quaisquer prêmios ou gratificações a que tenha direito".[150]

A penhora desses bens – empresas, outros estabelecimentos, semoventes, plantações, edifícios em construção, navios, aeronaves, empresas concessionárias de serviços públicos – somente será determinada se não houver outro meio eficaz para a efetivação do crédito (art. 865). Assim, essa penhora tem caráter subsidiário.[151]

374. Penhora de edifícios em construção sob o regime de incorporação imobiliária

O CPC/2015 regulou de modo específico a penhora de edifícios em construção, no art. 862, §§ 3º e 4º, do CPC/2015. A legislação contém regras protetivas dos adquirentes das unidades imobiliárias, uma vez que estabelece que a constrição somente poderá recair sobre "as unidades imobiliárias ainda não comercializadas pelo incorporador" (§ 3º). Essa norma está em consonância com a jurisprudência do STJ, que reconhece a prevalência dos interesses dos compromissários compradores, nas Súmulas 84 e 308.[152]

Além disso, o Código prevê a possibilidade de afastamento do incorporador da administração da incorporação. Nessa hipótese, a administração será exercida pela comissão de representantes dos adquirentes. Se se tratar de construção financiada, a administração será

---

[150] CASTRO, Amílcar de. *Comentários ao Código de Processo Civil*. 2. ed. Rio de Janeiro: Forense, 1963, v. X, t. 1º, n. 275, p. 267.
[151] WAMBIER, Teresa Arruda Alvim; CONCEIÇÃO, Maria Lúcia Lins; RIBEIRO, Leonardo Ferres da Silva; MELLO, Rogério Licastro Torres de. *Primeiros comentários ao novo Código de Processo Civil*. São Paulo: RT, 2015, p. 1.235.
[152] Súmula nº 84: "É admissível a oposição de embargos de terceiro fundados em alegação de posse advinda de compromisso de compra e venda de imóvel, ainda desprovido de registro". Súmula nº 308: "A hipoteca firmada entre a construtora e o agente financeiro, anterior ou posterior à celebração da promessa de compra e venda, não tem eficácia perante os adquirentes do imóvel".

feita por empresa ou profissional indicado pela instituição fornecedora dos recursos para a obra, ouvida a comissão de representantes dos adquirentes (§ 4º).

Outra circunstância especial, relativa à execução de dívidas do incorporador, é aquela verificável em razão do regime de *patrimônio de afetação*, que, nos termos da Lei nº 4.591/1964, pode ser instituído, para apartar o acervo do empreendimento do patrimônio geral do incorporador. Esse patrimônio afetado permanece incomunicável, enquanto não concluída a obra e entregue o edifício aos compradores. Cria-se uma impenhorabilidade relativa, visto que os bens integrantes da obra não são penhoráveis em razão das obrigações comuns do incorporador, mas apenas por aquelas contraídas para custeio e implementação do próprio empreendimento. Se, concluída e entregue a obra, remanescerem bens e valores para o incorporador, retornarão eles livremente ao seu patrimônio geral e só então responderão por suas obrigações, cessando, dessa maneira, o regime de afetação.

375. Empresas concessionárias ou permissionárias de serviço público

Se a executada for empresa que exerça serviço público, sob regime de concessão ou permissão, a penhora, conforme a extensão do crédito, poderá atingir a renda, determinados bens, ou todo o patrimônio da devedora. Mas o depositário ou administrador será escolhido, de preferência, entre seus diretores (CPC/2015, art. 863, *caput*).[153]

A penhora não deve prejudicar o serviço público delegado. O depositário apresentará, portanto, a forma de administração e o esquema de pagamento do exequente, nos casos de penhora sobre renda ou determinados bens (§ 1º). Se versar sobre toda a empresa, a execução prosseguirá até final arrematação ou adjudicação, sendo porém obrigatória a ouvida do poder público concedente, antes do praceamento (art. 863, § 2º).

O sistema de concessão de serviços públicos prevê que, ao final do contrato, os bens vinculados à respectiva prestação, ou seja, os utilizados no objeto da concessão, revertem ao poder concedente, não importando se preexistentes ou incorporados no curso da delegação. Em face do poder de encampação dos serviços da concessão e da reversão dos bens empregados nesses serviços, portanto, a Administração Pública pode impedir a alienação judicial do acervo penhorado da empresa concessionária (Lei nº 8.987/1995, arts. 35, 36 e 37). O interesse público em jogo suplanta o interesse privado dos credores exequentes.

Entretanto, ocorrendo a hipótese de absorção do patrimônio da concessionária pelo Poder Público, terá este, naturalmente, de responder pelas obrigações que o oneram, pelo menos nos limites do acervo incorporado ao patrimônio público. Do contrário, estabelecer-se-ia um intolerável locupletamento do Estado à custa do prejuízo dos credores da concessionária.

376. Penhora de navio ou aeronave

O executado, quando a penhora atingir aeronave ou navio, não ficará impedido de continuar utilizando tais veículos nos seus serviços normais de navegação, enquanto não ultimada a alienação judicial (CPC/2015, art. 864).

O depositário, na espécie, será de preferência um dos diretores da empresa executada. O juiz, porém, ao conceder a autorização para navegar ou operar, condicionará a utilização da regalia à comprovação, pelo executado, da contratação dos seguros usuais, de modo que o navio ou o avião só poderá sair do porto ou do aeroporto depois de atendida essa cautela (art. 864).

---

[153] A penhora recairá sobre a renda da concessionária, "quando não houver outros bens a serem penhorados" (STJ, REsp 183.725/SP, Rel. Min. Garcia Vieira, ac. 01.12.1998, *DJU* 08.03.1999, p. 129). Além da nomeação de um depositário administrador, haverá necessidade de atentar para as "peculiaridades que circundam a executada por tratar-se de empresa concessionária de serviço público de transporte" (STJ, 2ª T., RHC 11.107/SP, Rel. Min. Franciulli Netto, ac. 05.06.2001, *DJU* 10.09.2001, p. 366).

377. Penhora de imóvel integrante do estabelecimento da empresa

O imóvel em que se acha instalada a sede de uma empresa ou uma unidade industrial a ela integrada não se acha acobertado de impenhorabilidade absoluta, tal como ocorre com os instrumentos de trabalho do profissional pessoa física (CPC/2015, art. 833). Entretanto, em face da função social que a Constituição reconhece à empresa, a constrição de bem indispensável ao seu normal funcionamento deve ser praticada com cautela, mesmo porque, sendo possível, toda execução há de ser feita da forma menos gravosa para o executado (art. 805).

Diante dessa realidade, a jurisprudência do STJ se fixou no sentido de que é possível a penhora do imóvel sede da empresa, mas sempre em caráter excepcional, ou seja, apenas quando inexistentes outros bens passíveis de penhora, sem comprometimento da atividade empresarial.[154] A própria lei, quando autoriza de forma expressa a penhora do estabelecimento comercial, industrial ou agrícola, em casos como o da execução fiscal, o faz com a ressalva da excepcionalidade (Lei nº 6.830/1980, art. 11, § 1º). Esse critério deve prevalecer, também, nas execuções disciplinadas pelo Código de Processo Civil.

378. Penhora de parte do faturamento da empresa executada

A jurisprudência, há algum tempo, vinha admitindo, com várias ressalvas, a possibilidade de a penhora incidir sobre parte do faturamento da empresa executada. O CPC/2015 conservou a regra da legislação anterior, disciplinando, porém, essa penhora de forma um pouco mais detalhada em seu art. 866, com o que positivou a orientação que já predominava na jurisprudência do Superior Tribunal de Justiça.[155]

Assim, a penhora sobre parte do faturamento da empresa devedora é permitida, desde que, cumulativamente, se cumpram os seguintes requisitos:

(a) inexistência de outros bens penhoráveis, ou, se existirem, sejam eles de difícil execução ou insuficientes a saldar o crédito exequendo;

(b) nomeação de administrador-depositário com função de estabelecer um esquema de pagamento;

(c) o percentual fixado sobre o faturamento não pode inviabilizar o exercício da atividade empresarial.

A penhora de percentual do faturamento figura em décimo lugar na ordem de preferência do art. 835, de sorte que, havendo bens livres de menor gradação, não será o caso de recorrer à constrição da receita da empresa, que, sem maiores cautelas, pode comprometer o seu capital de giro e inviabilizar a continuidade de sua normal atividade econômica. É por isso que se impõe a nomeação de um depositário administrador que haverá de elaborar o plano de pagamento a ser submetido à apreciação e aprovação do juiz da execução. Com isto, evita-se o comprometimento da solvabilidade da empresa executada.[156] Em outras palavras: "apesar de possível a penhora

---

[154] STJ, Corte Especial, REsp 1.114.767/RS, Rel. Min. Luiz Fux, ac. 02.12.2009, *DJe* 04.02.2010. No mesmo sentido: STJ, 1ª T., REsp 994.218/PR, Rel. Min. Francisco Falcão, ac. 04.12.2007, *DJe* 05.03.2008; STJ, 3ª T., AgRg nos EDcl no Ag 746.461/RS, Rel. Min. Paulo Furtado, ac. 19.05.2009, *DJe* 04.06.2009; STJ, 2ª T., AgRg no REsp 1.341.001/PR, Rel. Min. Mauro Campbell Marques, ac. 19.02.2013, *DJe* 26.02.2013.

[155] STJ, 3ª T., REsp 418.129/SP, Rel. Min. Nancy Andrighi, ac. 16.05.2002, *DJU* 24.06.2002, p. 302; STJ, 1ª T., AgRg. nos EDcl. no REsp 275.954/RJ, Rel. Min. Humberto Gomes de Barros, ac. 11.12.2001, *DJU* 04.03.2002, p. 189, *RT* 801/155; STJ, 2ª T., REsp 728.911/SP, Rel. Min. Castro Meira, ac. 12.04.2005, *DJU* 06.06.2005, p. 308, *RT* 839/202.

[156] "A jurisprudência do Tribunal orienta-se no sentido de restringir a penhora sobre o faturamento da empresa a hipóteses excepcionais (...) Mostra-se necessário, no entanto, que a penhora não comprometa a

sobre faturamento de sociedade empresária, a constrição deve-se dar de maneira excepcional e sem colocar em risco a existência da executada".[157]

Mais recentemente, o STJ, por sua 1ª Seção, em julgamento de regime repetitivo, afastou a penhora de faturamento do âmbito da excepcionalidade, suprimindo a antiga exigência de esgotamento das diligências em busca de outros bens penhoráveis da empresa executada. Estabeleceram-se, então, quatro teses:

> "I – A necessidade de esgotamento das diligências como requisito para a penhora de faturamento foi afastada após a reforma do CPC/1973 pela Lei 11.382/2006;
>
> II – No regime do CPC/2015, a penhora de faturamento, listada em décimo lugar na ordem preferencial de bens passíveis de constrição judicial, poderá ser deferida após a demonstração da inexistência dos bens classificados em posição superior, ou, alternativamente, se houver constatação, pelo juiz, de que tais bens são de difícil alienação; finalmente, a constrição judicial sobre o faturamento empresarial poderá ocorrer sem a observância da ordem de classificação estabelecida em lei, se a autoridade judicial, conforme as circunstâncias do caso concreto, assim o entender (art. 835, § 1º, do CPC/2015), justificando-a por decisão devidamente fundamentada;
>
> III – A penhora de faturamento não pode ser equiparada à constrição sobre dinheiro;
>
> IV – Na aplicação do princípio da menor onerosidade (art. 805, parágrafo único, do CPC/2015; art. 620 do CPC/1973): a) autoridade judicial deverá estabelecer percentual que não inviabilize o prosseguimento das atividades empresariais; e b) a decisão deve se reportar aos elementos probatórios concretos trazidos pelo devedor, não sendo lícito à autoridade judicial empregar o referido princípio em abstrato ou com base em simples alegações genéricas do executado".[158]

A 3ª Turma do STJ, em acórdão isolado, decidiu que a penhora de percentual de créditos futuros, certos e determinados,[159] em execução contra o sacador, não se enquadraria nas regras da penhora de "faturamento" (art. 835, X), mas nas de penhora de "crédito" (arts. 855 a 860). Não se tratando de penhora de "féria diária de um estabelecimento", em que se atingem "todas as receitas empresariais, sem que haja uma individualização de qualquer crédito", entendeu o aresto que não se poderia pensar em penhora de faturamento e, assim, não haveria lugar para a observância das cautelas preconizadas pelo art. 866. Em vez de nomear o administrador

---

solvabilidade da devedora. Além disso, impõe-se a nomeação de administrador e a apresentação de plano de pagamento, nos termos do art. 678, parágrafo único, CPC [CPC/2015, art. 863, § 1º]" (STJ, 4ª T., REsp 286.326/RJ, Rel. Min. Sálvio de Figueiredo, ac. 15.02.2001, *DJU* 02.04.2001, p. 302). É, pois, inadmissível a penhora do faturamento "se não há nos autos informações sobre a tentativa de penhora de outros bens da empresa, restando descaracterizada a situação excepcionalíssima" (STJ, 1ª T., REsp 628.406/BA, Rel. Min. Luiz Fux, ac. 11.05.2004, *DJU* 31.05.2004, p. 249).

[157] STJ, 3ª T., AgRg no EDcl no REsp 1.281.500/SP, Rel. Min. Paulo de Tarso Sanseverino, ac. 05.03.2013, *DJe* 03.04.2013.

[158] STJ, 1ª Seção, REsp 1.666.542/SP – recurso repetitivo, Rel. Min. Herman Benjamin, ac. 18.04.2024, *DJe* 09.05.2024, Tema 769. Esclareceu o voto do relator que "a penhora sobre o faturamento, atualmente, perdeu o atributo da excepcionalidade, pois concedeu-se literalmente à autoridade judicial o poder de – respeitada, em regra, a preferência do dinheiro – desconsiderar a ordem estabelecida no art. 835 do CPC e permitir a constrição do faturamento empresarial, de acordo com as circunstâncias do caso concreto (que deverão ser objeto de adequada fundamentação do juiz)".

[159] O caso correspondia à constrição de 5% de certo fornecimento que periodicamente cabiam à cliente da empresa executada (STJ, 3ª T., REsp 1.035.510/RJ, Rel. Min. Nancy Andrighi, ac. 02.09.2008, *DJe* 16.09.2008).

para elaboração do plano de apropriação das verbas, a penhora haveria de ser feita pela singela "intimação do terceiro *debitor debitoris*".[160]

A diferença entre faturamento na "boca do caixa" e faturamento por meio de "títulos ou duplicatas" é, *data venia*, insustentável. Faturamento, segundo noção elementar de contabilidade, equivale à "receita bruta das vendas de mercadorias e de mercadorias e serviços de qualquer natureza, das empresas públicas ou privadas" (Decreto-lei nº 2.397/1987, art. 22). Não é diferente o sentido léxico do termo: "*faturamento* é o ato ou efeito de faturar", ou seja, de relacionar "mercadorias, com os respectivos preços, vendidas a uma pessoa ou firma".[161]

Faturamento, portanto, é sinônimo de receita obtida pelo empresário com a venda, no mercado de seus produtos ou serviços. É irrelevante, para tanto, que as vendas sejam no balcão, a distância, à vista ou à prazo, mediante expedição de título de saque, ou sem título algum. É com o faturamento que o empresário mantém o capital de giro indispensável à manutenção do seu estabelecimento e ao cumprimento de suas obrigações passivas inadiáveis.

É por isso que a lei não consente na penhora de parte do faturamento sem que se verifique, previamente, a capacidade de pagamento do executado, seja a receita líquida em caixa, seja aquela faturada para pagamento futuro.

A maioria das grandes empresas nem mesmo tem uma "boca de caixa" significativa, visto que seus fornecimentos correspondem, em regra, a vendas a prazo. Penhorar, portanto, indiscriminadamente suas duplicatas equivalerá a desorganizar-lhe o giro financeiro, em detrimento das prioridades de compromissos e obrigações preferenciais. Daí a necessidade de cumprirem-se as cautelas do art. 866, §§ 1º e 2º, tanto nas penhoras de "boca de caixa" como naquelas que atingem as duplicatas e faturas de vendas a prazo.

379. Efetivação do esquema de apropriação das parcelas do faturamento

Prevê o § 2º do art. 866 do CPC/2015 que o administrador-depositário procederá à prestação de contas mensalmente, "entregando em juízo as quantias recebidas, com os respectivos balancetes mensais, a fim de serem imputadas no pagamento da dívida". Essa entrega *pro soluto*, porém, só será cabível se a execução não estiver suspensa por embargos ou não estiver sendo afetada por recurso processado com efeito suspensivo. Em tais circunstâncias, as importâncias arrecadadas mensalmente pelo depositário serão recolhidas em depósito judicial e assim permanecerão até que se tenha condição jurídica de liberá-las em favor do exequente.

O depositário exercerá uma intervenção parcial na gestão da empresa, durante o cumprimento do esquema judicial de pagamento. Tomará providências para recolher as importâncias deduzidas do caixa da empresa, ou descontadas da conta bancária de cobrança das duplicatas. Poderá, até mesmo, encarregar-se da cobrança dos títulos correspondentes ao percentual do faturamento penhorado. O esquema de pagamento poderá explicitar, caso a caso, a forma adequada de apropriação das parcelas estabelecidas.

De qualquer maneira, quando a execução estiver se desenvolvendo em caráter definitivo e sem qualquer embaraço à apropriação de seu produto pelo exequente, o próprio depositário, em seguida à prestação mensal de contas em juízo, cuidará de repassar ao juízo as quantias recebidas, para imputação no pagamento da dívida ajuizada. Trata-se, como se vê, de pagamento parcelado do débito, mediante o depósito mensal de valores do faturamento.

---

[160] "Dispensa-se, nessa circunstância, a nomeação de administrador, figura necessária e indispensável para a penhora sobre o faturamento, que exige rigoroso controle sobre a boca do caixa, o que não é, evidentemente, a hipótese" (STJ, 3ª T., REsp 1.035.510/RJ, Rel. Min. Nancy Andrighi, ac. 02.09.2008, *DJe* 16.09.2008, trecho da ementa).

[161] *Dicionário Houaiss da Língua Portuguesa*. Verbetes "faturamento" e "fatura", p. 1.313.

É importante ressaltar que o CPC/2015 determina que o juiz fixe o percentual da penhora que propicie a satisfação do crédito em tempo razoável, mas que não torne inviável o exercício da atividade empresarial (art. 866, § 1º). O Código, destarte, busca harmonizar o princípio da celeridade processual com o da preservação da empresa.

Por fim, o § 3º do art. 866 determina que se aplique, no que couber, o disposto quanto ao regime de penhora de frutos e rendimentos de coisa móvel e imóvel à penhora de percentual de faturamento de empresa.

380. Penhora *on-line* e preservação do capital de giro da empresa

Embora o dinheiro esteja em primeiro lugar na escala de preferência para a penhora, não se pode ignorar que o depósito bancário normalmente recolhe o capital de giro, sem o qual não se viabiliza o exercício da atividade empresarial do devedor.

Assim, da mesma forma que a penhora do faturamento não pode absorver o capital de giro, sob pena de levar a empresa à insolvência e à inatividade econômica, também a constrição indiscriminada do saldo bancário pode anular o exercício da atividade empresarial do executado. Por isso, lícito lhe será impedir ou limitar a penhora sobre a conta bancária, demonstrando que sua solvabilidade não pode prescindir dos recursos líquidos sob custódia da instituição financeira. Essa objeção dependerá da demonstração da existência de outros bens livres para suportar a penhora sem comprometer a eficiência da execução.

A penhora sobre saldos bancários do executado pode não abalar a atividade das empresas sólidas e de grande porte. Representa, no entanto, a ruína de pequenas empresas que só contam com os modestos recursos da conta corrente bancária para honrar os compromissos inadiáveis e preferenciais junto ao fisco, aos empregados e aos fornecedores. Reclama-se, portanto, do Judiciário, a necessária prudência na penhora prevista no art. 866 do CPC/2015.

Corretíssima, de tal sorte, a orientação do STJ de que, embora a penhora em saldo bancário equivalha à penhora sobre dinheiro, "somente em situações excepcionais e devidamente fundamentadas é que se admite a especial forma de constrição".[162]

Tratando-se da mais onerosa das formas de penhora, sempre que o executado sentir-se abalado no capital de giro de sua empresa pela constrição do saldo bancário, terá direito à substituição por outro bem, que seja suficiente para manter a liquidez da execução e que torne menos gravosa a execução, tal como se acha autorizado no art. 847. O requerimento deverá ser apresentado nos dez dias subsequentes à intimação da penhora e terá de ser apreciado pelo juiz à luz da regra do art. 805, em que se dispõe que o juiz ordenará que a execução se faça pelo "modo menos gravoso para o executado", sempre que haja mais de um meio de promovê-la. É bom lembrar, ainda, que o fato de o dinheiro figurar no primeiro lugar da ordem de preferência para a penhora não impede a substituição quando requerida nos moldes do art. 847, pela razão de que a gradação legal não é absoluta, segundo os próprios termos do art. 835, e o direito de substituição não se condiciona à referida ordem de preferência.

Para o STJ, não basta a falta de nomeação de bens pelo executado, para que se dê automaticamente a penhora *on-line*. Muitas vezes "é necessário exaurir todos os meios de levantamento de dados na via extrajudicial (art. 185-A do CTN). Outrossim, no caso, foi oferecida garantia de fiança bancária pela executada, *ex vi* do art. 15, I, da Lei nº 6.830/1980.

---

[162] STJ, 1ª Seção, Emb. Div. no REsp 791.231/SP, Rel. Min. Eliana Calmon, ac. un. 26.03.2008, *DJU* 07.04.2008, p. 1.

Precedentes citados: AgRg no REsp 779.128-RS, *DJ* 1º/8/2008; REsp 824.488-RS, *DJ* 18/5/2006; REsp 660.288-RJ, *DJ* 10/10/2005, e REsp 849.757-RJ, *DJ* 20/11/2006".[163]

Mesmo não se considerando obrigatória a pesquisa de outros bens penhoráveis para efetuar a constrição do saldo bancário, visto que o dinheiro se coloca no primeiro grau de escala de preferência legal, a jurisprudência do STJ é no sentido de harmonizar o art. 835 com o art. 805, *in verbis*: "Embora não tenha força para, por si só, comprometer a ordem legal de nomeação e substituição dos bens à penhora estabelecida no art. 655 do Código de Processo Civil [CPC/2015, art. 835], o princípio da menor onerosidade (art. 620 do CPC) [CPC/2015, art. 805] pode, em determinadas situações específicas, ser invocado para relativizar seu rigorismo, amoldando-o às peculiaridades do caso concreto".[164]

É inegável que, em nosso direito positivo, vigora o princípio de raízes constitucionais, segundo o qual cabe à empresa uma função social relevante. Por isso, a penhora, em regra, não deve comprometer o capital de giro, cuja falta conduz a empresa a imediato aniquilamento. É que a constrição do saldo bancário, sem maiores cautelas, pode, não raras vezes, se transformar no bloqueio do capital de giro, com supressão da possibilidade de manter-se a empresa em atividade. É preciso, nessa perspectiva, utilizar com parcimônia e adequação a penhora *on-line*, fazendo prevalecer, sempre que necessário, o princípio, de grande relevância no ordenamento jurídico, da "preservação da empresa",[165] com o qual se harmoniza também o princípio da menor onerosidade, destacado pelo art. 805.

Dando correta aplicação ao princípio da menor onerosidade (art. 805), o STJ assentou não ser possível a rejeição da fiança bancária, apenas por existir numerário disponível na conta da empresa executada, para ensejar a penhora *on-line*. É que, aduziu o aresto, a própria lei prevê a faculdade, reconhecida em favor do devedor, de substituir a penhora por "fiança bancária ou seguro garantia judicial, em valor não inferior ao débito, mais 30% (trinta por cento)" (art. 848, parágrafo único, do CPC/2015). Ponderou ainda o acórdão sobre a inconveniência da recusa de substituição da penhora por fiança bancária, argumentando que "a paralisação de recursos, em conta-corrente, superiores a R$ 1.000.000,00 gera severos prejuízos a qualquer empresa que atue em ambiente competitivo".[166]

381. Penhora de frutos e rendimentos de coisa móvel ou imóvel

I – Conceito

O Código prevê a possibilidade de o juiz, em vez de ordenar a penhora sobre bem móvel ou imóvel, determinar que a constrição recaia sobre os frutos ou rendimentos desses bens (CPC/2015, art. 867). É uma forma de conciliar a efetividade da execução com o princípio da menor onerosidade ao devedor. Daí por que a medida somente pode ser instituída quando o juiz "a considerar mais eficiente para o recebimento do crédito e menos gravosa ao executado".

O Código anterior tinha uma figura semelhante, denominada de "usufruto de móvel ou imóvel" (art. 716 do CPC/1973). A legislação estabelecia, assim, um direito real temporário sobre o bem penhorado em favor do exequente. A nova modalidade de penhora instituída pelo

---

[163] STJ, 2ª T., REsp 1.067.630/RJ, Rel. Min. Humberto Martins, ac. 23.09.2008, *DJe* 04.11.2008.
[164] STJ, 1ª T., REsp 741.507/RS, Rel. Min. Teori Zavascki, 02.10.2008, *DJe* 17.02.2008.
[165] É esse princípio o que por exemplo, desacolhe a pretensão de obter o decreto de falência quando o pedido se refere a créditos de valor insignificante (STJ, 3ª T., REsp 870.509/SP, Rel. Min. Nancy Andrighi, ac. 17.02.2009, *DJe* 04.08.2009).
[166] STJ, 3ª T., REsp 1.116.647/ES, Rel. Min. Nancy Andrighi, ac. 15.03.2011, *DJe* 25.03.2011 ("Recurso especial parcialmente conhecido e, nessa parte, provido para o fim de autorizar o oferecimento de Carta de Fiança pelo devedor, desde que esta cubra a integralidade do débito mais 30%").

CPC/2015 é mais ampla, haja vista que estabelece um direito pessoal ao credor, que pode recair sobre qualquer bem que produza frutos e rendimentos. Trata-se de medida prática, porque dispensa a constituição de um direito real (usufruto) para que o credor logre apropriar-se das rendas necessárias à satisfação de seu crédito.

O gravame durará até que os rendimentos auferidos sejam suficientes para resgatar o principal, os juros, as custas e os honorários advocatícios (art. 868, *caput, in fine*).

Consiste, portanto, essa penhora num ato de expropriação executiva em que se institui direito pessoal temporário sobre o bem penhorado em favor do exequente, a fim de que este possa receber seu crédito por meio das rendas que vier a auferir.

Essa forma de expropriação independe de pedido do exequente, estando prevista no art. 867 como integrada à iniciativa do juiz no comando da execução. Naturalmente, poderá o exequente, no exercício da faculdade de nomear o bem a penhorar, requerer que a constrição se faça sobre frutos e rendimentos de determinado bem do executado. Será, também, possível cogitar desse tipo de penhora, nos momentos em que se permite a substituição do bem penhorado, a pedido de qualquer das partes. Na decisão a seu respeito, incumbe ao juiz levar em conta, entre outras, a regra do art. 805, que consagra o princípio da execução sempre pelo modo menos gravoso para o executado.

A finalidade do instituto é realizar a execução segundo o princípio da menor onerosidade para o devedor (art. 805), preservando-lhe, quanto possível, a propriedade ou domínio sobre o bem penhorado.[167]

Trata-se de uma forma aperfeiçoada da antiga *adjudicação de rendimentos* (art. 982 do Código de 1939), assemelhada à arrematação de real a real, do velho direito português, e que Lopes da Costa, com propriedade, denominava "execução mediante administração forçada".[168]

Seus pressupostos, segundo o art. 867, são:

(a) versar a penhora sobre frutos ou rendimentos de coisa móvel ou imóvel;
(b) realizar a execução pelo meio menos gravoso para o executado;
(c) ser a medida eficiente para a satisfação do direito do exequente.

II – Procedimento

Ordenada a penhora, o juiz nomeará um administrador-depositário, que será investido em todos os poderes que concernem à administração do bem e à fruição de seus frutos e utilidades. Com isso, investe-se o exequente no exercício de um direito pessoal temporário de receber os frutos e rendimentos da coisa, perdendo o executado o direito de gozo do bem, até que o exequente seja inteiramente pago com os frutos auferidos (art. 868).

---

[167] "Na expropriação, a apropriação de frutos e rendimentos poderá ser priorizada em relação à adjudicação, se não prejudicar o exequente e for mais favorável ao executado" (CEJ/I Jorn. Dir. Proc. Civ., Enunciado nº 106). Há, porém, que se fazer uma distinção: para que a expropriação dos frutos e rendimentos prefira à adjudicação é necessário que a penhora, previamente, incida sobre aqueles acessórios (art. 867). Se a penhora recair originariamente sobre o próprio imóvel, não há como afastar a preferência do exequente sobre sua adjudicação (art. 876). Assim, para evitar a adjudicação, é preciso que o executado consiga antes a substituição do objeto da penhora, deslocando o gravame do imóvel para seus frutos (art. 847). Mas, para que tal se dê, é preciso que não só a medida seja "menos gravosa ao executado", mas também que se mostre "mais eficiente para o recebimento do crédito" (art. 867).

[168] AMARAL SANTOS, Moacyr. *Primeiras linhas de direito processual civil*. 4. ed. São Paulo: Max Limonad, 1970, v. III, n. 874, p. 329.

Tratando-se de um direito pessoal, não tem eficácia *erga omnes* imediata. Assim, para que a medida seja eficaz também em relação a terceiros, é necessária a publicação da decisão que a concede. No caso de imóvel, a eficácia *erga omnes* reclama, além da publicação da decisão, a sua averbação no Registro de Imóveis (art. 868, § 1º). A averbação deverá ser feita pelo exequente, mediante a apresentação de certidão de inteiro teor do ato, independentemente de mandado judicial (§ 2º).

III – Nomeação do administrador-depositário

Na decisão de instituição dessa penhora, o juiz deverá nomear um administrador, que será investido nos poderes que concernem à administração do bem e à fruição de seus frutos e utilidades (art. 868, *caput*). Poderá a nomeação recair no exequente e até no próprio executado, desde que haja acordo dos interessados (art. 869, *caput*), ou em profissional qualificado para o desempenho da função, não havendo acordo entre as partes.

Essa nomeação, entretanto, não é obrigatória em casos de imóveis arrendados, como se depreende do § 3º do art. 869, que permite ao próprio exequente receber os aluguéis.

IV – O administrador-depositário

Nomeado o administrador, deverá ele submeter à aprovação judicial a forma de administração e de prestação de contas periódicas (art. 869, § 1º). As partes deverão ser ouvidas pelo juiz antes de decidir. Havendo discordância entre elas ou entre as partes e o administrador, o juiz decidirá a melhor forma de administração do bem (§ 2º).

V – Celebração de contrato de locação do móvel ou imóvel

Quando a renda do bem for obtida por meio de locação, e esta preexistir à decretação da penhora, o inquilino passará a pagar o aluguel diretamente ao exequente, ou ao administrador, se houver (art. 869, § 3º).

No caso de locações novas relativas a móveis ou imóveis, o exequente ou o administrador não dependem do consentimento do executado para a respectiva contratação. Deverão, no entanto, ouvi-lo, para respeitar-se o contraditório (art. 869, § 4º).

VI – Pagamento da dívida

As quantias recebidas pelo administrador serão depositadas em juízo à disposição do exequente, e imputadas ao pagamento da dívida (art. 869, § 5º). Por isso, o exequente dará ao executado, por termo nos autos, quitação das quantias recebidas (§ 6º). Trata-se, como se vê, de pagamento parcelado da dívida.

382. Efeitos da penhora de frutos e rendimentos de coisa móvel ou imóvel

O CPC/2015 não prevê o estabelecimento prévio de um prazo para duração da penhora de frutos e rendimentos de coisa móvel e imóvel, ao contrário do que fazia o Código anterior em relação ao usufruto. O art. 722 do CPC/1973 previa que o juiz deveria nomear perito para "avaliar os frutos e rendimentos do bem e calcular o tempo necessário para o pagamento da dívida".

O estabelecimento de um prazo para que o credor desfrutasse do bem, a nosso ver, era necessário, porque a natureza de direito real daquela modalidade executiva de pagamento não poderia ficar na incerteza da diligência do credor na exploração econômica do bem, tampouco, de sua prestação de contas. Assim, quando o juiz deferia o usufruto, como forma de pagamento, já o fazia prevendo o prazo em que o gozo do bem seria suficiente para resgatar a dívida exequenda (art. 722 do CPC/1973). Por isso, sua exploração econômica far-se-ia por conta e risco do usufrutuário. Pouco importava que *in concreto* ele auferisse rendimentos maiores ou menores do que o seu crédito. Findo o prazo assinalado pelo juiz na constituição do gravame, extinguir-se-ia o usufruto e, com ele, o crédito exequendo.[169] Tudo se passava nos moldes de uma dação de posse e usufruição por tempo certo que compensaria, ao final, o crédito do exequente, sem indagação quantitativa das verbas realmente apuradas. A dação era *pro soluto* e não *pro solvendo*.

O regime do Código atual não é o de estabelecimento de direito real sobre a coisa. A penhora se dá apenas e diretamente sobre os frutos e rendimentos que ela produz. O gravame é de natureza pessoal ou obrigacional, embora imposto como instrumento de realização do crédito exequendo. Sua duração, portanto, se estende até que o direito do exequente seja efetivamente satisfeito. A apropriação dos rendimentos, portanto, é *pro solvendo* e não *pro soluto*. O art. 868 do CPC/2015 não deixa dúvida sobre que a fruição dos frutos e rendimentos durará "até que o exequente seja pago do principal, dos juros, das custas e dos honorários advocatícios".

383. Penhora de bem indivisível e preservação da cota do cônjuge ou coproprietário não devedor

Na constância do casamento, os bens da comunhão não respondem, além da meação, pelas dívidas contraídas individualmente por um dos cônjuges, a não ser quando reverterem na cobertura dos encargos da família, das despesas de administração dos próprios bens comuns, ou as decorrentes de imposição legal (Código Civil, art. 1.664). É em razão disso que se confere o remédio dos embargos de terceiro ao cônjuge, para livrar sua meação da penhora quando, em tais circunstâncias, a execução de dívida do outro consorte recair sobre bem comum do casal (art. 674, § 2º, I, do CPC/2015).

Discutia-se, na jurisprudência, sobre a forma de excluir da penhora a meação do cônjuge não devedor ou não responsável pela dívida exequenda. O CPC/2015 ampliou a norma do Código anterior que determinava a penhora sobre a totalidade do bem comum, devendo a meação ser excluída sobre o produto apurado na expropriação executiva. Isto porque o art. 843 abrange também *qualquer coproprietário*, não se limitando apenas ao cônjuge. Em qualquer caso, destarte, o bem indivisível será vendido por inteiro, reservando-se o equivalente à quota-parte do cônjuge ou do coproprietário sobre o produto da alienação. Essa é, pois, a melhor solução em razão da reduzida liquidez representada pela alienação judicial de simples cota ideal de bem comum. É evidente o quase nenhum interesse despertado entre os possíveis licitantes numa hasta pública em tais condições; e quando algum raro interessado aparece só o faz para oferecer preço muito inferior àquele que se apuraria na alienação total do bem.

A penhora, na verdade, não vai além da quota ideal do executado. O imóvel é alienado judicialmente por inteiro, como meio de liquidar a quota penhorada. Mas essa venda, de maneira alguma, poderá afetar a quota do condômino não devedor. Por isso, o § 2º do art. 843 defende o direito real deste, não permitindo que a expropriação por preço menor que o da avaliação prejudique o valor de sua quota ideal. Não se deferirá, portanto, a arrematação por preço que não assegure ao coproprietário "o correspondente à sua quota parte calculado sobre o valor da avaliação".

---

[169] O próprio Amílcar de Castro, que pensava de maneira diversa, fixou sua doutrina, no regime do Código de 1973, no sentido de que "se o credor ao fim do tempo marcado não houver auferido rendimentos suficientes para saldar a dívida, ainda assim, esta considera-se extinta" (CASTRO, Amilcar de. *Comentários ao Código de Processo Civil*. São Paulo: RT, 1974, v. VIII, n. 497, p. 363). Nada impede, contudo, que convencionalmente exequente e executado estipulem condições diversas para o usufruto judicial, acerca da estimativa dos frutos, do prazo de duração e do modo de calculá-lo, podendo, inclusive, dar-lhe o feitio *pro solvendo* (ALVIM, J. E. Carreira; CABRAL, Luciana G. Carreira Alvim. *Nova execução de título extrajudicial*. Curitiba: Juruá, 2007, p. 185-186).

Uma vez que a preservação da meação do comunheiro não executado terá de respeitar a metade do valor da avaliação da totalidade do bem constrito (art. 843, § 2º), o juiz deverá estar particularmente atento às regras que vedam a arrematação por preço vil (art. 891), assim como a execução inútil para o credor (art. 836). Na verdade, embora a penhora atinja o bem indivisível por inteiro, a constrição útil, para os fins executivos, é a que afeta a quota-parte do executado. Portanto, é sobre ela que se terá de apurar a possibilidade de a expropriação configurar alienação por preço vil ou execução inútil.

Se, depois de apartado o valor da meação do não devedor, não houver remanescente do preço apurado, ou se este for consumido pelas despesas processuais (art. 836), estar-se-á diante de frustração total da execução. Nesse caso, a falta de proveito para o credor inviabilizará o aperfeiçoamento da arrematação, diante de ausência de interesse do credor que possa justificá-la. Da mesma forma, haverá de ser denegada a arrematação se a parte útil do preço apurado não alcançar pelo menos cinquenta por cento do valor da avaliação, no tocante à meação do executado, já que isto se enquadrará na hipótese de preço vil (art. 891, parágrafo único).

Outra novidade trazida pelo Código é o direito de preferência do cônjuge ou coproprietário não executado na arrematação do bem, em igualdade de condições (art. 843, § 1º). A norma está em consonância com o Código Civil que prevê o direito de preferência do condômino perante terceiros na alienação do bem indivisível (Código Civil, art. 1.322).

384. Multiplicidade de penhoras sobre os mesmos bens. Reunião das execuções

No sistema do Código de 1939, a incidência de mais de uma penhora sobre os mesmos bens resolvia as execuções em concurso de credores. Para o Código de 1973, só há concurso universal mediante provocação própria (art. 748 e ss. do CPC/1973, mantidos em vigor pelo art. 1.052 do CPC/2015); e a penhora, nas execuções singulares, cria para o credor exequente um direito de preferência que não é afetado pela superveniência de outras penhoras de terceiros (CPC/2015, art. 797).

Mas, como o bem penhorado é *objeto* da ação de execução e sendo ele comum a mais de um processo executivo, é forçoso reconhecer conexão entre as várias ações em que a penhora atinja os mesmos bens do devedor comum, conforme a regra do art. 55 do CPC/2015, que se aplica, também, à execução forçada, *ex vi* do art. 771, parágrafo único, do mesmo Código.

Assim, sempre que houver sujeição dos mesmos bens a várias penhoras, poderá o juiz de competência preventa (arts. 58 e 240) ordenar a reunião das ações propostas em separado, a fim de que sejam ultimadas simultaneamente (art. 55, § 1º). Essa, aliás, é a solução recomendada expressamente pelo direito italiano,[170] e que também entre nós se impõe como necessária, por ser providência que resguarda interesses relevantes das partes e dos terceiros participantes do ato judicial expropriatório, os quais, à falta da unificação do procedimento, poderiam não tomar conhecimento do leilão. Consequentemente, correriam graves riscos, a exemplo dos derivados de pagamentos indevidos, de invalidação da alienação judicial por violação de preferências e outros danos semelhantes.

A par disso, da visão do lado positivo, é evidente a facilitação que a reunião das execuções proporcionará aos trabalhos dos credores concorrentes no acompanhamento dos mecanismos expropriatórios e na defesa de seus direitos em jogo no ulterior concurso de preferências sobre o produto da execução (CPC, art. 908).

---

[170] CARNELUTTI, Francesco. *Instituciones del proceso civil*. 2. ed. Buenos Aires: EJEA, 1973, v. III, n. 731, p. 66, e n. 760, p. 93; SATTA, Salvatore. *Direito processual civil*. Tradução brasileira da 7. ed. Rio de Janeiro: Borsoi, 1973, v. II, n. 370, p. 596, e n. 385, p. 615.

Releva notar que a superposição de penhoras sobre o mesmo bem, por credores diferentes, leva, a seu tempo, à instauração do concurso de preferências, nos moldes dos arts. 908 e 909, o que evidencia a conveniência de que, antes da expropriação executiva, já estejam reunidas as execuções interconectadas. É, aliás, por essa mesma razão que o art. 889, V, exige do novo exequente que promova, após verificada a superposição de penhoras, a intimação do outro credor que tenha "penhora anteriormente averbada" e que não participe, a qualquer título, da nova execução.[171]

384.1. Intimações de outros exequentes com igual penhora

Há duas situações a distinguir no concurso de penhoras de credores diversos: *(i)* a dos que contam com averbação em registro público (CPC/2015, art. 844); e *(ii)* a dos que não contam com esse ato publicitário de eficácia *erga omnes*.

É importante lembrar, ainda, que os outros credores com penhora sobre o mesmo bem, desde que averbada no registro público, terão de ser obrigatoriamente intimados da adjudicação ou alienação, com antecedência de cinco dias, sempre que não forem parte na execução em que o ato expropriatório irá realizar-se (art. 889, V). Em relação a estes, a falta de oportuna comunicação acarretará a nulidade da distribuição do preço apurado na arrematação, ensejando renovação do ato, com participação do prejudicado no novo rateio.[172]

Também será intimado previamente da alienação judicial o credor cuja penhora não foi averbada no registro público, mas que compareceu ao processo alheio para comunicar a existência de seu gravame e, assim, assegurar sua posição na gradação de preferências, no oportuno concurso. Ele passará a figurar em posição processual, equiparável à das partes principais e, por isso, haverá de ser intimado, mas a comunicação não será pessoal e, sim, na pessoa do respectivo advogado. Aqui, também, a omissão da ciência do ato alienatório poderá ensejar sua nulidade, como no exemplo do credor com penhora averbada.

Por outro lado, o credor que não conta com penhora averbada, nem diligenciou sua oportuna inserção na execução em que o bem penhorado veio a ser alienado, nada poderá reclamar contra o leilão e a distribuição já consumada do dinheiro apurado. Terá de procurar outro bem para substituir, em sua execução, aquele que já foi expropriado no processo alheio.[173]

384.2. Requisitos da reunião de execuções

A sistemática do CPC impõe três requisitos para que a reunião das execuções sobre o mesmo bem penhorado ocorra: *(i)* as execuções devem ser contra devedor solvente, ou, se forem contra devedor insolvente de fato, sua insolvência ainda não tenha sido objeto de declaração judicial para fins de execução concursal; *(ii)* a superposição de penhoras do mesmo bem em processos distintos, movidos por credores diversos; *(iii)* a competência relativa do juízo deverá prevalecer diante de todas as execuções conexas.

Concorrendo competências absolutas (Justiça do Trabalho e Justiça Federal) com competência comum (Justiça Estadual), a reunião das execuções não será possível. Os interessados, porém, poderão intervir para resguardar eventuais preferências, naturalmente.

---

[171] Se a primeira penhora não se acha averbada, não há a obrigatoriedade de intimação do exequente anterior após a segunda penhora do mesmo bem. Não ficará o primitivo penhorante, porém, privado de sua preferência legal. Caber-lhe-á, todavia, diligenciar para que a informação acerca de sua preferência seja comunicada ao juiz da segunda penhora, antes da consumação da expropriação e do levantamento do respectivo produto pelo promovente da venda forçada.

[172] ASSIS, Araken de. *Comentários ao Código de Processo Civil*. 2. ed. São Paulo: RT, 2018, v. XIII, p. 35.

[173] ASSIS, Araken de. *Comentários ao Código de Processo Civil*. 2. ed. São Paulo: RT, 2018, v. XIII, p. 36.

Reunidas as execuções, no caso de competência comum, o concurso de preferências será processado no juízo que realizou a alienação forçada, e não necessariamente no juízo em que se deu a primeira penhora.

O natural seria que a reunião das execuções se desse no juízo em que ocorreu a primeira penhora. Mas como a Lei não designa um prazo para que tal ocorra e nem sempre a identidade se dá sobre todos os bens penhorados em uma ou outra execução, o que comumente se vê é que as duas execuções continuem a se desenvolver de maneira independente, permitindo que, eventualmente, a da segunda penhora chegue mais rápido à expropriação. Nesse caso, será preferível, pelo critério da eficiência, que a reunião ocorra perante o juízo que primeiro atingiu a fase da alienação forçada do bem penhorado, sem indagação da ordem em que a constrição executiva aconteceu. Não haveria razão lógico-jurídica para que se paralisasse a execução mais avançada para aguardar que a da primeira penhora atingisse também o nível da expropriação. Por isso, sendo substancialmente independentes as diversas execuções, a que primeiro chegar ao estágio da alienação forçada será aquela no bojo da qual se realizará o concurso de preferências.[174] Isto, porém, como é óbvio, não desvinculará o juiz do concurso do dever de só autorizar o levantamento do produto da arrematação dentro da ordem legal de gradação das penhoras concorrentes.[175]

Se, por acaso, a execução em que houve a primeira penhora estiver paralisada por efeito de embargos suspensivos, tal não será obstáculo a que o juízo da segunda penhora ultime a expropriação do bem constrito e chegue ao concurso de preferências: a quota do exequente preferencial, porém, permanecerá retida em juízo, no aguardo da solução dos embargos pendentes. Ao credor da segunda penhora, que promoveu a alienação forçada, será, desde logo, facultado o levantamento de seu crédito, nos limites do que sobejar ao produto retido em benefício do exequente preferencial.

Tudo isto será assegurado e facilitado em função da oportuna reunião das execuções intervinculadas por penhoras sobre o mesmo bem.

---

[174] GRECO, Leonardo. *O processo de execução*. Rio de Janeiro: Renovar, 2001, v. 2, n. 8.5.3, p. 443.
[175] ASSIS, Araken de. *Comentários ao Código de Processo Civil, Comentários ao Código de Processo Civil*. 2. ed. São Paulo: RT, 2018, v. XIII, p. 37.

Fluxograma nº 14 – Penhora de dinheiro em depósito ou em aplicação financeira (penhora *on-line*) (art. 854)

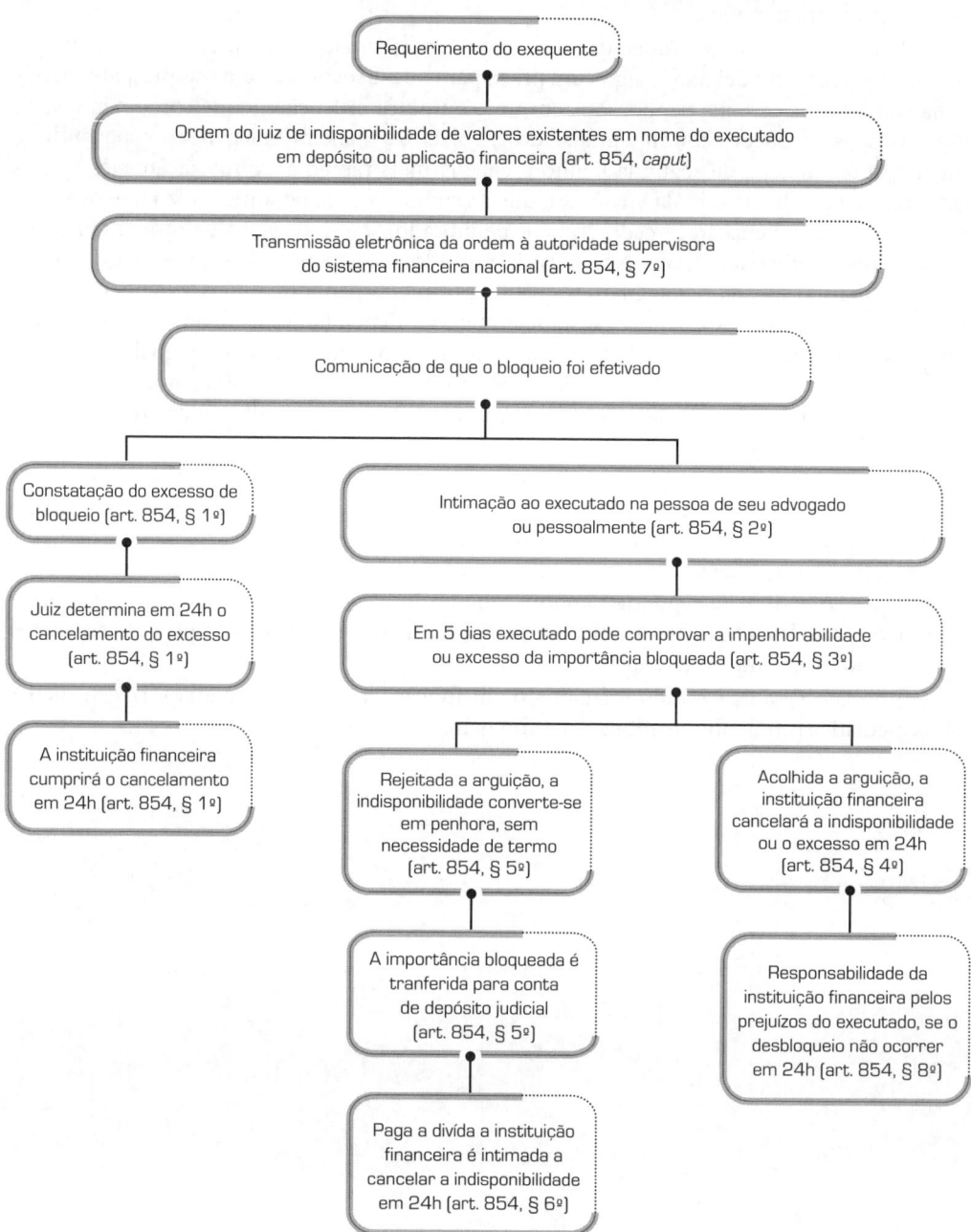

§ 41. ALTERAÇÕES E RESGATE DA PENHORA

385. Modificações da penhora

Apreendido o bem e entregue ao depositário, lavrado o auto ou termo e intimado o devedor, tem-se por perfeita a penhora, que, via de regra, é irretratável (CPC/2015, art. 851).

Admite-se, contudo, em casos especiais, que a penhora possa sofrer modificações, particularmente depois da avaliação, sob as formas de *substituição* de bens, *ampliação* e *redução* de seu alcance e, ainda, por sua *renovação*.

A *substituição* é uma faculdade que o Código confere, ora ao executado, ora ao exequente, de trocar o bem penhorado por dinheiro ou outros bens, liberando aqueles originariamente constritos (arts. 847 e 848).

A *ampliação* da penhora pode ocorrer, conforme o art. 874, II, do CPC/2015, quando, após a avaliação, verificar-se que os bens apreendidos são insuficientes para resgate integral do direito do credor. Pode compreender a apreensão de novos bens para reforço dos já penhorados, ou a substituição destes por outros mais valiosos.[176]

A *redução* da penhora, que, segundo o art. 874, I, também é possível após a avaliação, tem lugar quando se apura que o valor dos bens penhorados é excessivamente superior ao crédito do exequente e acessórios. A redução pode consistir em liberação parcial dos bens avaliados ou em total substituição por outros de menor valor.

Tanto no caso de ampliação como no de redução, e ainda no de substituição, o pedido da parte interessada será manifestado por simples petição ou requerimento, dispensando-se os embargos.[177] Observar-se-á, contudo, o contraditório, ouvindo-se a parte contrária, antes de decidir, de plano, o incidente (art. 847, § 4º).

O CPC/2015 prevê, em seu art. 850, ser admitida a redução ou a ampliação da penhora, bem como sua substituição, se, no curso do processo, o valor de mercado dos bens penhorados sofrer alteração significativa. O Código não define o que configuraria essa modificação significativa, de sorte que caberá ao juiz, de forma proporcional e de acordo com o caso concreto, verificar sua ocorrência ou não.

Releva destacar, outrossim, que sempre que ocorrer a substituição dos bens penhorados lavrar-se-á novo termo de penhora (art. 849).

Finalmente, a *renovação* da penhora é medida de feição extraordinária, que consiste em realizar nova penhora na mesma execução, fato que é possível, quando (art. 851):

(a) for anulada a primeira penhora (inciso I);

(b) executados os bens, o produto da alienação não bastar para o pagamento do exequente (inciso II);

(c) o exequente desistir da primeira penhora, atitude que será lícita por (inciso III): *(i)* serem litigiosos os bens; ou *(ii)* estarem submetidos a constrição judicial.

---

[176] "A ampliação da penhora deve ser precedida da avaliação dos bens penhorados, mesmo porque, tão somente após tal providência é que poderá o juiz, com maior convicção, aferir a necessidade da medida" (STJ, 5ª T., REsp 600.001/SP, Rel. Min. Felix Fischer, ac. 13.04.2004, *DJU* 07.06.2004, p. 273).

[177] LIEBMAN, Enrico Tullio. *Processo de execução*. 3. ed. São Paulo: Saraiva, 1968, n. 65, p. 106.

Outro caso de nova penhora, não indicado pelo Código, mas cuja admissão é irrecusável, é o do perecimento, destruição ou subtração do bem primitivamente penhorado.[178]

386. Substituição da penhora

Há, no atual Código, duas previsões que autorizam o pleito de substituição do bem penhorado:

(a) a do art. 847, que é privativa do executado, e deve ser praticada no prazo de dez dias após a intimação da penhora, e que haverá de basear nos requisitos que o dispositivo enuncia, ou seja: *(i)* a troca não deverá trazer prejuízo algum ao exequente; e *(ii)* deverá proporcionar uma execução menos onerosa para o devedor. Os dois requisitos são cumulativos, *i.e.*, ambos devem ser demonstrados para que o requerimento de substituição da penhora seja acolhido; e

(b) a do art. 848, que não é exclusiva do executado, pois permite a qualquer das partes o requerimento de substituição da penhora já consumada, desde que presente um dos motivos arrolados em um dos seus sete incisos. Ao contrário do que ocorre com o art. 847, qualquer um dos permissivos é, isoladamente, capaz de autorizar a troca do objeto da penhora. É bom destacar, ainda, que o art. 848 não marca prazo para as substituições de que cogita, o que autoriza a conclusão de sua possibilidade enquanto não ocorrer a expropriação judicial.

Outra diferença entre os dois dispositivos situa-se no prazo de requerimento da substituição que é fixado taxativamente pelo art. 847 (dez dias) e não figura na regra do art. 848, autorizando concluir que o primeiro está sujeito à preclusão temporal e o segundo não.

A sistemática adotada na gradação da preferência para a penhora, retratada principalmente nos arts. 847 e 848, põe em destaque a relatividade e a flexibilidade com que a lei trata a matéria. Embora continue impugnável a nomeação de bens à penhora por desrespeito à ordem legal de preferência, certo é que a substituição prevista no art. 847 não se prende a ela quando franqueia ao executado a substituição justificada na menor onerosidade. Da mesma forma, a substituição autorizada ao exequente pelo inciso V do art. 848 leva em conta a baixa liquidez do bem penhorado, sem cogitar da posição que o bem substituto ocupe na escala legal de preferências.

Seguindo tendências já esboçadas há bastante tempo na jurisprudência, a orientação atual do Código faz que as linhas mestras da disciplina da escolha do bem para a penhora sejam traçadas a partir de dois parâmetros mais significativos do que a simples gradação legal, que são aqueles mencionados no art. 847, *caput*: menor onerosidade para o executado e ausência de prejuízo para o exequente.

Do ponto de vista prático, não é a ordem de gradação que influi na troca do bem penhorado, mas a dificuldade de colocação no mercado ou o ônus exagerado que a privação do bem representa para a atividade econômica do executado. Um veículo que, *v.g.*, está na frente do imóvel, na preferência de direito, pode, na circunstância do caso concreto, ser de comercialização mais difícil do que este. Em contrapartida, o executado que sofreu a penhora sobre uma aeronave pode pretender substituí-la por veículo de via terrestre, indiferentemente da gradação mais favorável em que se achava o primeiro bem, em virtude do papel mais relevante que este representa para sua exploração econômica.

---

[178] AMARAL SANTOS, Moacyr. *Primeiras linhas sobre direito processual civil*. 4. ed. São Paulo: Max Limonad, 1970, v. III, n. 876, p. 333.

387. Substituição por iniciativa de qualquer das partes

Sem marcar prazo para a medida, o art. 848 permite, a qualquer das partes, requerer a substituição da penhora, quando:

(a) não tiver sido obedecida a ordem legal (inciso I);

(b) não tiver incidido sobre os bens designados em lei, contrato ou em ato judicial para o pagamento (inciso II);

(c) tiver recaído sobre bens situados em local diverso do foro da execução, se, neste, outros existirem (inciso III);

(d) houver recaído sobre bens penhorados ou objeto de gravame, quando outros livres existirem (inciso IV);

(e) houver incidido sobre bens de baixa liquidez (inciso V);

(f) tiver fracassado a tentativa de alienação judicial do bem (inciso VI).

Por iniciativa do exequente, é possível promover a substituição do bem penhorado, quando o gravame houver sido realizado por nomeação do executado e este não tiver indicado o valor da coisa ou tiver omitido qualquer das indicações previstas em lei (art. 848, VII).

É irrecusável o requerimento do executado, a qualquer tempo, para substituir o bem penhorado por dinheiro, em quantia que garanta adequadamente o valor da execução e seus complementos. Isto porque o dinheiro está em primeiro lugar na escala legal de preferência para a penhora, e nenhum outro bem o suplanta na capacidade de propiciar plena liquidez à execução por quantia certa.

Qualquer que seja a parte que tome a iniciativa de requerer a substituição, o juiz, antes de decidir, ouvirá a outra parte no prazo de três dias (art. 853, *caput*). Não há uma dilação probatória. O requerente deverá demonstrar suas alegações de imediato, argumentando com dados dos autos ou com provas pré-constituídas (ordinariamente, documentos).

No caso de falta de interessados na arrematação do bem penhorado, não há necessidade de se reiterar, em torno do mesmo bem, a tentativa frustrada de alienação. O desinteresse dos possíveis concorrentes, já demonstrado, evidencia a falta de liquidez do objeto constrito. Por isso, a pretensão de substituir a penhora deverá ser, de plano, deferida.

Não se há de pensar em embargos depois da nova penhora que substituiu ou ampliou a primitiva. A oportunidade legal dos embargos não mais leva em conta a ocorrência do gravame processual. O prazo flui da citação, independentemente da existência ou não de penhora, motivo pelo qual (a não ser os eventuais embargos à arrematação) não há lugar para se pensar em embargos à execução apenas porque a penhora se renovou.

388. Substituição por iniciativa do executado

Além das hipóteses do art. 848, que são comuns a ambas as partes, a lei reconhece ao executado, particularmente, o direito de requerer a substituição do bem penhorado por indicação do exequente ou iniciativa do oficial de justiça, na hipótese indicada no art. 847 (ver, *retro*, o item nº 386).

Diante do art. 848 do CPC/2015, é possível obter êxito na pretensão de substituição por qualquer outro tipo de bem, desde que se proporcione menor onerosidade para o executado e se preserve a liquidez para o exequente. O pleito será processado de maneira sumária, baseando-se em simples petição, que será despachada de plano, sempre com prévia audiência da parte contrária (art. 847, § 4º).

A substituição por dinheiro continua sendo irrecusável porque situa-se esse bem no primeiro grau da escala de preferências para a penhora, previsto pelo art. 835. O exequente não tem como obstar a pretensão do executado em tal sentido. Se o objetivo da execução é obter uma quantia para realizar o pagamento a que tem direito o exequente, nada é mais líquido, para tanto, que o dinheiro.

Outros bens que se prestam a uma substituição irrecusável são a fiança bancária e o seguro garantia judicial, cuja liquidez é notoriamente reconhecida (art. 848, parágrafo único) (v., adiante, o item nº 391).

O requerimento de substituição está sujeito a alguns requisitos previstos no § 1º do art. 847. São eles:

(a) quanto aos bens imóveis, devem ser comprovadas as respectivas matrículas e os registros por certidão do correspondente ofício (inciso I);

(b) quanto aos móveis, deverão ser particularizadas as suas propriedades e características, bem como o estado e o lugar em que se encontram (inciso II);

(c) quanto aos semoventes, devem ser especificados, com indicação da espécie, do número de cabeças, de marca ou sinal e do local em que se encontram (inciso III);

(d) quanto aos créditos, deverá ser identificado o devedor, com descrição da origem da dívida, e do título que a representa, e a data do respectivo vencimento (inciso IV);

(e) qualquer que seja o bem indicado para a substituição da penhora, caberá ao executado atribuir-lhe valor, além de especificar os ônus e os encargos a que esteja sujeito (inciso V).

389. Ausência de prejuízo para o exequente na substituição

A primeira exigência do art. 847 é que a substituição pleiteada pelo executado não acarrete prejuízo algum para o exequente. Tal requisito é fora de cogitação quando a troca se faz por dinheiro, fiança bancária ou seguro garantia judicial, em virtude da evidente preferência legal por garantir a execução por meio desses bens dotados de extrema liquidez.

O prejuízo de que cogita o art. 847 corresponde à redução ou ausência de liquidez da execução. A troca por qualquer outro bem que torna a apuração do numerário para resgate da dívida ajuizada mais problemática, demorada ou custosa não pode ser acolhida.

Assim, o art. 847 deve ser, em regra, mas não obrigatoriamente, conjugado com o art. 848. Se a troca pretendida irá contrariar o que o primeiro dispositivo preconiza (*v.g.*, ofensa à gradação legal de preferência ou à garantia vinculada ao pagamento etc.), não merecerá acolhida sob agasalho do segundo dispositivo. De fato, seria contraproducente deferir ao devedor uma substituição (apoiada no art. 847) que, em seguida, se tornaria objeto de novo pedido de substituição, desta vez, pelo exequente (apoiada no art. 848). Daí por que só é de admitir-se o exercício da faculdade assegurada ao executado pelo art. 847 se a nova escolha da penhora não entrar em colisão com os ditames do art. 848.

É claro, porém, que a ordem de preferência legal para a penhora e as regras de sua substituição não são rígidas e absolutas, podendo o juiz, à luz de particularidades do caso concreto e da lógica do razoável, flexibilizá-las quando necessária se fizer a adoção de critérios de maior equidade e justiça.

390. Menor onerosidade para o executado

A redução da onerosidade para o executado é exigência que, cumulativamente com a falta de prejuízo para o credor, deve ser satisfeita para que o pedido de substituição de penhora venha a ser deferido, segundo o previsto no art. 847.

O art. 805 traduz um princípio geral cuja repercussão deve atingir todas as execuções e todos os atos executivos: "Quando por vários meios o exequente puder promover a execução, o juiz mandará que se faça pelo modo menos gravoso para o executado".

Trata-se de uma regra de forma, cuja aplicação não pode afetar o direito material da parte (suprimindo, por exemplo, bens sobre os quais pesam privilégios derivados de direito real de garantia ou outras preferências legais ou contratuais); nem se há de tolerar a sujeição do exequente a seguir formas comprometedoras da normal liquidez do processo executivo. A aferição da menor onerosidade para o executado só será legitimamente feita quando não implicar aumento de onerosidade ou de dificuldade para a realização do direito do exequente.

391. Substituição da penhora por fiança bancária ou seguro

O parágrafo único do art. 848 permite que a penhora, qualquer que seja o seu objeto, possa ser substituída por fiança bancária ou seguro garantia judicial. A experiência já constava da Lei de Execuções Fiscais (art. 15, I) e, sem comprometimento da liquidez da garantia judicial, atende, quase sempre, ao princípio de que a execução deve ser promovida pela forma menos gravosa para o executado (art. 805).[179]

A norma afina-se, também, com a jurisprudência do Superior Tribunal de Justiça, segundo o qual "o art. 15, I, da Lei nº 6.830/80, confere à fiança bancária o mesmo *status* do depósito em dinheiro, para efeitos de substituição da penhora, sendo, portanto, instrumento suficiente para garantia do executivo fiscal".[180]

Pelo texto do parágrafo único do art. 848, a liquidez da fiança bancária é estendida também ao seguro garantia judicial. Ambos se prestam, portanto, a substituir qualquer modalidade de penhora.[181]

A exemplo do dinheiro, a substituição da penhora por fiança bancária ou seguro garantia judiciária, autorizada pelo parágrafo único do art. 848, não está sujeita ao prazo de dez dias do art. 847. Pode ser requerida a qualquer tempo, antes de iniciada a expropriação, pois representa um verdadeiro expediente de incremento da liquidez da execução, mediante facilitação evidente dos meios de apuração do numerário perseguido pela execução por quantia certa.

O seguro garantia judicial, como uma das diversas modalidades de seguro garantia, acha-se regulamentado pela Circular nº 477 da Superintendência de Seguros Privados (SUSEP), de 30

---

[179] "(...) Por serem automaticamente conversíveis em dinheiro ao final do feito executivo, a fiança bancária e o seguro garantia judicial acarretam a harmonização entre o princípio da máxima eficácia da execução para o credor e o princípio da menor onerosidade para o executado, a aprimorar consideravelmente as bases do sistema de penhora judicial e a ordem de gradação legal de bens penhoráveis, conferindo maior proporcionalidade aos meios de satisfação do crédito ao exequente" (STJ, 3ª T., REsp 1.691.748/PR, Rel. Min. Ricardo Villas Bôas Cueva, ac. 07.11.2017, *DJe* 17.11.2017).

[180] STJ, 2ª T., REsp 660.288/RJ, Rel.ª Min.ª Eliana Calmon, ac. 13.09.2005, *DJU* 10.10.2005, p. 311. Cf., também, STJ, 1ª T., REsp 534.710/SC, Rel. Min. Francisco Falcão, ac. 25.11.2003, *DJU* 22.03.2004, p. 229, *RSTJ* 181/108.

[181] A fiança bancária – como já se decidiu – pode substituir a penhora de percentual de faturamento, porque tem o mesmo *status* de garantia desta, e pode ser menos onerosa para o devedor, sendo de evitar-se a penhora sobre a receita, cuja admissibilidade deve dar-se de maneira excepcional, já que interfere diretamente no funcionamento da empresa executada (STJ, 2ª T., REsp 660.288/RJ, Rel.ª Min.ª Eliana Calmon, ac. 13.09.2005, *DJU* 10.10.2005, p. 311). "(...) Dentro do sistema de execução, a fiança bancária e o seguro garantia judicial produzem os mesmos efeitos jurídicos que o dinheiro para fins de garantir o juízo, não podendo o exequente rejeitar a indicação, salvo por insuficiência, defeito formal ou inidoneidade da salvaguarda oferecida" (STJ, 3ª T., REsp, 1.691.748/PR, Rel. Min. Ricardo Villas Bôas Cueva, ac. 07.11.2017, *DJe* 17.11.2017).

de setembro de 2013, devendo garantir o valor inicial da execução mais 30%, conforme exige a parte final do parágrafo único do art. 848 do CPC.

A substituição autorizada pelo dispositivo em foco depende, em primeiro lugar, de requerimento do executado, que virá acompanhado da apólice do seguro especial ajustado nos moldes da Circular nº 477, cuja aceitação em juízo dependerá de sua idoneidade para garantir a execução.[182] Estando em ordem o pedido do executado, não há motivo algum para deixar de acolhê-lo, tendo em conta a equiparação feita pelo CPC/2015 (art. 523, § 1º), para efeito de substituição da penhora, entre o dinheiro e a fiança bancária e o seguro garantia judicial. Ademais, para as obrigações por quantia certa, "dentro do sistema de execução, a fiança bancária e o seguro garantia judicial produzem os mesmos efeitos jurídicos que o dinheiro para fins de garantir o juízo, não podendo o exequente [no entender do STJ] rejeitar a indicação, salvo por insuficiência, defeito formal ou inidoneidade da salvaguarda oferecida".[183]

Decidiu, porém, a Segunda Turma do STJ que, no caso de ação de conhecimento, quando se visa a suspensão da exigibilidade do crédito tributário, não pode a parte pretender usar a fiança bancária em lugar do depósito de dinheiro, visto que, nos termos da Súmula 112/STJ, "o depósito somente suspende a exigibilidade do crédito tributário se for integral e em dinheiro".[184]

391-A. Momento da substituição da penhora por fiança bancária ou seguro--garantia judicial

Os contratos extrajudiciais de fiança bancária ou de seguro-garantia não são penhora, mas negócio jurídico material que podem substituir o ato processual executivo da penhora. Duas são as oportunidades em que o CPC autoriza a substituição da penhora por seus equivalentes, isto é, pela fiança ou pelo seguro-garantia: (*a*) na fase inicial reservada à nomeação de bens à penhora, oportunidade em que a medida extrajudicial funciona em caráter preventivo, afastando a constrição de bens iminente (art. 835, § 2º); e (*b*) nos dez dias subsequentes à intimação da penhora já praticada, caso em que os bens constritos são liberados e a garantia negocial substitui a penhora extinta (art. 848, parágrafo único).[185]

391-B. Liquidação da fiança bancária e do seguro garantia

A liquidação da fiança bancária ou do seguro garantia (*i.e.*, sua conversão em dinheiro) pelo garantidor não é imediata. Deve ocorrer quando o executado deixa de opor embargos à execução no prazo legal, ou após a sentença de rejeição dos embargos tempestivamente propostos.

---

[182] É idônea a garantia do seguro se a apólice for emitida por seguradora em funcionamento regular; tiver prazo de duração para acompanhar todo o desenrolar da execução; não se sujeitar a perda de eficácia em caso de inadimplemento do prêmio; e for apta a proporcionar o efeito imediato correspondente ao depósito da soma garantida, tão logo acionada, a garantia, pelo órgão judicial (cf. MELO, Gustavo de Medeiros. Seguro garantia judicial: aspectos processuais e materiais de uma figura ainda desconhecida. *Rev. Forense*, v. 415, jan.-jun. 2012, p. 429). A exemplo da fiança bancária, o seguro garantia pode substituir qualquer tipo de penhora, inclusive a de dinheiro, desde que demonstre o executado que a segurança atual da execução se revela insuportável, por inviabilizar sua atividade econômica (STJ, 1ª Seção, EREsp 1.077.039/RJ, Rel. p/ ac. Min. Herman Benjamin, ac. 09.02.2011, *DJe* 12.04.2011).

[183] STJ, 3ª T., REsp 1.691.748/PR, Rel. Min. Ricardo Villas Bôas Cueva, ac. 07.11.2017, *DJe* 17.11.2017. Consta, ainda, do acórdão que, "por serem automaticamente conversíveis em dinheiro ao final do feito executivo, a fiança bancária e o seguro garantia judicial acarretam a harmonização entre o princípio da máxima eficiência da execução para o credor e o princípio da menor onerosidade para o executado, a aprimorar consideravelmente as bases do sistema de penhora judicial e a ordem de gradação legal de bens penhoráveis, conferindo maior proporcionalidade aos meios de satisfação do crédito ao exequente".

[184] STJ, 2ª T., REsp 1.737.209/RO, Rel. Min. Herman Benjamin, ac. 01.06.2021, *DJe* 01.07.2021.

[185] Cf., sobre o tema, nosso *Processo de Execução e cumprimento de sentença*, 31. edição, nº 254-II.

A fiança e o seguro, na espécie, funcionam como caução cuja exigibilidade pressupõe o não pagamento do débito exequendo pelo executado, no momento processual que este se torne efetivamente exigível da parte acobertada pela garantia fidejussória ou securitária.

Em relação ao seguro garantia, o sinistro que torna exigível a respectiva cobertura assumida pela seguradora ocorre justamente quando o segurado, no final do processo, tem sua defesa rejeitada por sentença definitiva.

Desse modo, não se pode acolher a pretensão comumente manifestada pela Fazenda Pública Federal nas execuções fiscais de exigir prematuramente a conversão da fiança bancária ou do seguro garantia em depósito judicial, para permitir o imediato repasse à conta única do Tesouro Nacional (Lei nº 9.703/1998, art. 1º, § 2º).[186]

Em doutrina, o entendimento predominante é o mesmo da jurisprudência: "em momento algum, o legislador processual previu a possibilidade de 'liquidação' da fiança bancária ou do seguro garantia, para fins de conversão em depósito judicial".[187]

392. Remição da execução por quantia certa

Remição da execução é o pagamento que se faz após o ajuizamento da execução por quantia certa, compreendendo o principal e todos os seus acessórios, a fim de pôr fim ao processo. Isto tanto pode dar-se por meio de pagamento direto ao exequente como por depósito em juízo. Os efeitos são os mesmos.

Dispõe, a propósito, o art. 826 do CPC/2015 que, "antes de adjudicados ou alienados os bens, o executado pode, a todo tempo, remir a execução, pagando ou consignando a importância atualizada da dívida, acrescida de juros, custas e honorários advocatícios".[188]

Esse poder de remir a execução e impedir a transferência judicial dos bens penhorados é exercitável em qualquer fase do processo enquanto não ultimada a adjudicação ou alienação.

Como as diversas formas de alienação judicial só se consideram perfeitas e acabadas quando é assinado o respectivo auto ou termo (arts. 877, § 1º, 880, § 2º, e 903, *caput*), deve-se entender que, enquanto tal assinatura não ocorre, ainda é possível ao executado remir a execução. Pouco

---

[186] "'1. O levantamento da fiança bancária oferecida como garantia da execução fiscal fica condicionado ao trânsito em julgado da respectiva ação'. 2. A leitura sistemática da Lei nº 6.830/80 aponta que o legislador equiparou a fiança bancária ao depósito judicial como forma de garantia da execução, conforme se depreende dos dispostos dos artigos 9º, § 3º e 15, da LEF, por isso que são institutos de liquidação célere e que trazem segurança para satisfação ao interesse do credor. 3. O levantamento de depósito judicial em dinheiro depende do trânsito em julgado da sentença, nos termos do art. 32, § 2º, daquele dispositivo normativo. Precedentes: REsp 543.442/PI, Rel. Ministra Eliana Calmon, *DJ* 21/06/2004; EREsp 479.725/BA, Rel. Ministro José Delgado, *DJ* 26/09/2005. 4. À luz do princípio *ubi eadem ratio ibi eadem dispositio*, a equiparação dos institutos – depósito judicial e fiança bancária – pelo legislador e pela própria jurisprudência deste e. Superior Tribunal de Justiça impõe tratamento semelhante, o que vale dizer que a execução da fiança bancária oferecida como garantia da execução fiscal também fica condicionada ao trânsito em julgado da ação satisfativa" (STJ, 1ª T., REsp 1.033.545/RJ, Rel. Min. Luiz Fux, ac. 28.04.2009, *DJe* 28.05.2009).

[187] "Mas, para seguir prestigiando o postulado da especialidade normativa, como tradicionalmente o fez a jurisprudência do STJ, *há de ser reconhecida a ausência de autorizativo legal para liquidação antecipada do seguro judicial de maneira indistinta*" (g.n.) (LINS, Roberto Maia; FERNANDES, Pablo Gurgel; REQUE, Taísa Silva. A liquidação antecipada do seguro garantia no processo judicial tributário federal: um mecanismo *sui generis* de execução. *Revista de Processo*, São Paulo, v. 345, nov. 2023, p. 329).

[188] O valor atualizado, de que fala o art. 826 do CPC/2015, é o corrigido monetariamente. Pode acontecer que, no período de atualização, tenha ocorrido deflação em algum momento. Segundo a jurisprudência, os índices negativos, derivados da deflação, serão computados, mas não podem ser utilizados para reduzir o principal da dívida, visto que o valor nominal da obrigação tem de ser preservado (STJ, Corte Especial, REsp 1.265.580/RS, Rel. Min. Teori Zavascki, ac. 21.03.2012, *DJe* 18.04.2012).

importa, nessa ordem de ideias, que o juiz já tenha deferido o pedido de adjudicação ou de alienação, se o auto ou termo não chegaram a ser assinados[189].

A remição da execução, não obstante referir-se o Código, no art. 826, apenas ao executado, pode ser feita, também, por qualquer terceiro, interessado, ou não. Como adverte Amílcar de Castro, "o credor não pode recusar o pagamento, qualquer que seja a pessoa que se proponha saldar a dívida (arts. 930 e segs., 973, I, e 973, III, do Código Civil)" (CC de 2002, arts. 304 e 335, I e III).[190]

Não se confunde a remição da execução com a sub-rogação da penhora em dinheiro, permitida pelo art. 847. A remição visa extinguir a execução, ao passo que a sub-rogação apenas libera o bem penhorado, mas a execução prossegue sobre a quantia depositada. A sub-rogação não tem, portanto, força de resgate, mas apenas de substituição da garantia da execução. O exequente não pode levantar o depósito, para se pagar, enquanto a execução não atingir o estágio normal de satisfação do crédito exequendo.

---

[189] "O legitimado pode remir a execução até a lavratura do auto de adjudicação ou de alienação (CPC, art. 826)" (Enunciado nº 151/CEJ/CJF).

[190] CASTRO, Amilcar de. *Comentários ao Código de Processo Civil*. Rio de Janeiro: Forense, 1961, v. XIII, p. 24.

§ 42. DEPÓSITO E ADMINISTRAÇÃO DOS BENS PENHORADOS

393. Depósito dos bens penhorados

A penhora aperfeiçoa-se mediante apreensão e depósito de bens do devedor (CPC/2015, art. 839). Há, com ela, a retirada dos bens da posse direta do executado, de maneira que o depósito se apresenta como elemento essencial do ato executivo. Penhora sem depósito não produz eficácia alguma, ou, como ensina Pontes de Miranda, "se houve a penhora e o depositário não assinou o auto de penhora, penhora não houve".[191] A regra de incidência obrigatória nas constrições de bens corpóreos não se aplica, porém, aos casos de penhora sobre bens incorpóreos, como o direito de crédito, e naqueles em que o depósito é imposto pela lei, sem depender de consentimento expresso do dono, como se dá em relação aos imóveis (v., adiante, o nº 395).

394. Escolha do depositário

A nomeação do depositário é ato que integra o cumprimento do mandado executivo. Cabe, pois, em princípio, ao próprio oficial de justiça escolher o depositário e atribuir-lhe o encargo judicial, mediante assinatura do termo de depósito, que integra o auto de penhora.

A escolha do depositário, no direito antigo, recaía normalmente sobre a pessoa do executado, e somente em caso de discordância do exequente é que se confiavam os bens penhorados a outro depositário, conforme dispunha o *caput* do art. 666 do CPC/1973, em seu texto primitivo.

Atualmente, não há mais a preferência genérica em favor do executado (*i.e.*, do dono dos bens penhorados). O encargo de depositário somente por exceção ser-lhe-á atribuído. A regra geral é o deslocamento do bem penhorado para a guarda de outrem.

Em três situações excepcionais o executado assumirá o encargo, segundo a previsão do art. 840 do CPC/2015:

(a) quando for penhorado imóvel rural, direitos aquisitivos sobre imóvel rural, máquinas, utensílios e instrumentos necessários ou úteis à atividade agrícola. Mas deverá ser prestada caução idônea (inciso III);

(b) quando houver expressa anuência do exequente, qualquer que seja o bem penhorado; de modo que não é mais a impugnação de exequente que afasta o executado da função de depositário, mas é a liberdade do credor que permite, eventualmente, assunção do encargo processual pelo devedor (art. 840, § 2º);

(c) quando os bens penhorados que forem de difícil remoção (*v.g.*, maquinário industrial instalado e em funcionamento na fábrica ou estabelecimento do devedor) (art. 840, § 2º).

395. Depósito dos bens móveis, semoventes, imóveis urbanos e direitos aquisitivos sobre imóveis urbanos

Dispõe o inciso II do art. 840 do CPC/2015 que os bens móveis, semoventes, imóveis urbanos e direitos aquisitivos sobre imóveis urbanos serão depositados em poder do depositário

---

[191] De acordo com o § 5º do art. 659, acrescentado pela Lei nº 10.444, de 07.05.2002, o depósito do imóvel penhorado, com base em certidão da matrícula no Registro de Imóveis, será confiado ao executado, proprietário do bem (v., *retro*, item nº 811).

judicial. Entretanto, excepcionalmente, não havendo depositário judicial, os bens ficarão em poder do exequente (§ 1º). Assim, a regra é a nomeação de um depositário judicial.

O Código de 2015 adotou, destarte, orientação um pouco diversa da legislação anterior, que constituía o próprio devedor como depositário *ex vi legis*. Atualmente, o imóvel ficará depositado em poder do depositário judicial e, não o havendo, em poder do exequente. O executado, destarte, não é mais depositário de seus bens imóveis, a não ser no caso dos imóveis rurais (art. 840, III).

Nada impede, porém, que o exequente, em nome da economia processual, concorde em que o depósito do imóvel seja confiado ao executado que já detém a respectiva posse. É uma solução de bom senso, que a lei não veda e, ao contrário, autoriza (art. 840, § 2º).[192]

Por outro lado, quando o art. 840, II, fala em confiar ao depositário judicial "os direitos aquisitivos sobre imóveis", não está se referindo ao direito real propriamente dito – pois direito como ente abstrato não se deposita –, mas ao imóvel objeto do referido direito.

396. Depósito no caso de saldo bancário ou aplicação financeira

O depósito do dinheiro penhorado em mãos do executado faz-se, preferencialmente, em estabelecimento oficial de crédito, ou, na falta deste, em qualquer instituição de crédito designada pelo juiz, segundo dispõe o art. 840, I. Entretanto, o STF considerou inconstitucional a exigência do art. 535, § 3º, II, que prevê depósito judicial apenas em banco oficial, e conferiu interpretação conforme à Constituição do mesmo dispositivo para que a expressão "agência" nele referida seja entendida como referente a "instituição financeira pública ou privada". Declarou, ainda, inconstitucional a expressão "na falta desses estabelecimentos" do art. 840, I, de maneira que em interpretação conforme se entenda que poderá a administração do tribunal efetuar os depósitos judiciais: "(a) no Banco do Brasil, na Caixa Econômica Federal ou em banco do qual o Estado ou o Distrito Federal possua mais da metade do capital social integralizado; ou (b) não aceitando o critério preferencial proposto pelo legislador e observada a realidade do caso concreto, os regramentos legais e os princípios constitucionais aplicáveis, realizar procedimento licitatório visando à escolha da proposta mais adequada para a administração dos recursos dos particulares".[193]

No caso, porém, de dinheiro em depósito bancário ou objeto de aplicação financeira, não cabe o deslocamento do numerário para outra instituição de crédito, mesmo não sendo oficial o estabelecimento que o tem em seu poder. A penhora faz-se, *in casu*, mediante bloqueio junto ao Banco Central, com notificação à instituição competente, a qual responderá, daí em diante, perante o juízo da execução, como depositária judicial da soma penhorada.[194] Mas a soma penhorada será transferida para conta especial, vinculada ao juízo da execução (art. 854, § 5º).

---

[192] "A constituição do executado como depositário é medida que tende a agilizar o processo, é menos dispendioso, eliminando gastos com depositário judicial, e, além disso, é medida que atende ao disposto no art. 805 do CPC/2015, já que menos onerosa ao executado" (MEDINA, José Miguel Garcia. *Novo Código de Processo Civil comentado*. 3. ed. São Paulo: RT, 2015, p. 1.139). A jurisprudência estimula essa orientação: "o devedor poderá permanecer na sua posse, exercendo o encargo de depositário, quando a remoção do bem puder lhe causar evidentes prejuízos" (STJ, 3ª T., REsp 1.304.196/SP, Rel. Min. Nancy Andrighi, ac. 10.06.2014, *DJe* 18.06.2014). Pense-se, por exemplo, na penhora sobre a sala de escritório profissional ou do imóvel de residência do executado.

[193] STF, Pleno, ADI 5.737/DF, Rel. p/ac. Min. Roberto Barroso, ac. 25.04.2023, *DJe* 27.06.2023. Constou do acórdão que "a obrigatoriedade de depósitos judiciais e de pagamento de obrigações de pequeno valor em bancos públicos cerceia a autonomia dos entes federados e configura ofensa aos princípios da eficiência administrativa, da livre concorrência e da livre iniciativa".

[194] "Penhora em dinheiro de instituição financeira, devedora em processo de execução. Desnecessidade de que o valor penhorado seja depositado em outra instituição financeira oficial" (STJ, 3ª T., REsp 317.629/SP, Rel. Min. Nancy Andrighi, ac. 07.06.2001, *DJU* 25.06.2001, p. 176).

397. Depósito em caso de penhora sobre joias, pedras e objetos preciosos

Exige o § 3º do art. 840 do CPC/2015 que o depósito de joias, pedras e objetos preciosos, quando penhorados (caso em que serão recolhidos em estabelecimentos bancários, de preferência oficiais), se faça necessariamente "com registro do valor estimado de resgate".

Assim, a qualquer tempo, será facilitada a liberação dos bens preciosos, mediante sub-rogação da penhora no numerário que vier a ser utilizado no respectivo resgate. Fixado previamente o valor de resgate, evitar-se-ão controvérsias ao tempo da liberação, e a liquidez da execução será maior.

398. Função do depositário

Atua o depositário no processo executivo como "auxiliar da justiça" (CPC/2015, art. 159). Não se trata de um vínculo convencional como o do contrato civil de depósito. As funções do depositário dos bens penhorados são de direito público.

O próprio exequente ou executado, quando assume o encargo de depositário, passa a desempenhar duplo papel no processo, figurando, a um só tempo, como parte e como auxiliar do juízo.[195]

Qualquer que seja o depositário, sua posse é sempre em nome do órgão judicial, pois os bens, com a penhora, passam a sofrer uma gestão pública.

A função do depositário é guardar e conservar ditos bens, evitando extravios e deteriorações, enquanto se aguarda o ato expropriatório final (a arrematação ou outra forma legal de alienação), agindo sempre em nome e à ordem do juiz. No caso de penhora de ações de sociedade anônima, ou de quotas de sociedade limitada, o direito de voto não é assumido pelo depositário ou pelo exequente. Conserva-se sob o poder do sócio.[196] Em situações especiais, como a de penhora de empresa ou de rendimentos de bens móveis ou imóveis, o depositário assume encargos de gestor, que ultrapassam a função de singular guardião do bem penhorado. Desempenha, pois, a função de depositário-administrador, devendo sua escolha recair sobre profissional com aptidões técnicas adequadas (art. 869, *caput*).

399. Alienação antecipada dos bens penhorados

A função do depositário é guardar e conservar os bens penhorados até que chegue o momento de sua alienação forçada ou que ocorra algum fato extintivo da execução. Seus poderes são apenas de administração, sendo-lhe vedado dispor dos bens.

Pode, no entanto, haver casos em que a conservação dos bens seja prejudicial às partes e à própria execução. O depositário deverá estar atento, e sempre que os bens estiverem expostos a riscos anormais terá a obrigação de informar ao juiz a situação.

Admite o Código que o juiz autorize antecipadamente a alienação dos bens penhorados, o que é possível em duas hipóteses (CPC/2015, art. 852):

(a) quando se tratar de veículos automotores, de pedras e metais preciosos e de outros bens sujeitos à deterioração ou à depreciação (inciso I); e

(b) quando houver manifesta vantagem (inciso II). É o que se dá, por exemplo, nos casos de depósito dispendioso, capaz de absorver o valor dos bens ou a maior parte

---

[195] BARBI, Celso Agrícola. *Comentários ao Código de Processo Civil*. Rio de Janeiro: Forense, 1975. t. II, v. I, n. 793, p. 606-607.

[196] COELHO, Fábio Ulhoa. O direito de voto das ações empenhadas e penhoradas. *Revista dos Tribunais*, v. 920, jun. 2012, p. 153-165.

dele se retardar a alienação, e outras situações equivalentes. É, ainda, o que se passa com os bens sujeitos a constantes flutuações de preço no mercado e cuja venda se aconselha quando se acham em cotação elevada.

O CPC/2015 explicitou que para o regime de alienação antecipada, os veículos automotores, as pedras e os metais preciosos são bens sujeitos ao risco de depreciação ou deterioração, afastando, desse modo, discussões a esse respeito (art. 852, I).[197]

Tratando-se de bens de fácil deterioração, que estiverem avariados ou exigirem grandes despesas para a sua guarda, a alienação antecipada é medida que poderá ser decretada *ex officio* pelo juiz (art. 730), ou por provocação do depositário e, ainda, por requerimento de quaisquer das partes.

Nos casos, porém, de venda a requerimento de uma das partes, "o juiz ouvirá sempre a outra, no prazo de 3 (três) dias, antes de decidir" (art. 853).

A alienação antecipada observa o regime do *leilão* (art. 730), mas se houver acordo das partes poderá, também, ser feita sob a forma de venda por iniciativa particular.

Todavia, na sistemática implantada para a execução por quantia certa, em que se instituiu uma gradação de preferência para a expropriação dos bens penhorados, entendemos que se deva observar essa disciplina executiva específica, com preferência sobre a da jurisdição voluntária traçada pelo art. 730. Aliás, não se pode esquecer que as regras procedimentais estipuladas para os feitos de jurisdição voluntária não têm sua observância sujeita a critério de legalidade estrita. Como prevê o art. 723, parágrafo único, ao juiz é lícito "adotar em cada caso a solução que considerar mais conveniente ou oportuna".

Assim, a adjudicação e a alienação por iniciativa privada caberão nas alienações antecipadas de bens penhorados, antes que o leilão, desde que o exequente tome a iniciativa de promovê-las.

400. Depositário comum e depositário administrador

Ordinariamente, o objetivo do depósito é a guarda e conservação dos bens penhorados, evitando extravio ou deterioração. Casos ocorrem, contudo, em que a natureza dos bens apreendidos exige a continuidade da sua exploração econômica. O depositário, então, transforma-se também em administrador. É o que ocorre quando a penhora atinge empresas comerciais, industriais ou agrícolas, bem como semoventes, plantações ou edifício em construção (CPC/2015, art. 862).

A função do depositário, em tais casos, é ativa, pois consiste em "manter em atividade e produção o estabelecimento penhorado".[198] Trata-se de realizar uma *gestão* e não uma simples guarda.

A gestão desse depositário segue um plano previamente preparado pelo administrador e aprovado pelo juiz da execução (CPC, art. 862). As rendas auferidas são objeto de prestação de contas periódicas e revertem em benefício da execução. Isto, porém, só acontecerá depois que o administrador houver promovido as aplicações prioritárias, dentro do plano de gestão (tais como obrigações trabalhistas, tributárias, fornecedores e todos os insumos indispensáveis à manutenção da empresa em funcionamento). Sua função não é, em última análise, a de extrair, a qualquer preço, os recursos derivados do faturamento para realizar o pagamento do crédito exequendo. Deverá fazê-lo sem inviabilizar a continuidade da atividade produtiva da empresa penhorada.

---

[197] Justifica-se a alienação antecipada dos veículos automotores porque "como é notório, sujeitam-se a contínua (e, não raro, acentuada) desvalorização e, além disso, se ficam sem funcionamento enquanto depositados, tendem a deteriorar-se rapidamente" (MEDINA, José Miguel Garcia. *Novo Código de Processo Civil comentado*. 3. ed. São Paulo: RT, 2015, p. 1.151).

[198] NEVES, Celso. *Comentários ao Código de Processo Civil*. 7. ed. Rio de Janeiro: Forense, 1999, v. 7, n. 88, p. 161.

401. Responsabilidade do depositário

No exercício da função pública que lhe é afeta, o depositário assume responsabilidade civil e criminal pelos atos praticados em detrimento da execução e de seus objetivos. Apropriando-se o depositário dos bens sob sua custódia, pratica o crime de apropriação indébita, com a agravante do § 1º do art. 168 do vigente Código Penal.[199]

Os atos fraudulentos cometidos pelo devedor para evitar a penhora ou desviar bens já penhorados configuram o crime do art. 179 do Código Penal, que é figura afim do estelionato.

Da responsabilidade civil do depositário decorre a possibilidade de ser ele demandado em ação de depósito e de indenização (ambas em procedimento comum), e de exigir contas (em procedimento especial) (sobre essas ações, ver nosso *Processo de execução*).[200]

402. Entrega de bens após a expropriação executiva

Se a arrematação for a prazo ou a prestações – o que dependerá de autorização do juiz (art. 892) –, é preciso que o arrematante preste a necessária garantia (caução) antes de receber a posse dos bens arrematados (CPC/2015, art. 895, § 1º). Na arrematação de imóvel em prestações, a garantia é a hipoteca do próprio bem adquirido (art. 895, § 1º). O auto de arrematação, nesse caso, constituirá o título do gravame real que será levado a registro no Cartório Imobiliário por meio de carta de arrematação. Constituída a hipoteca, poder-se-á expedir o mandado de imissão na posse, caso o depositário ofereça alguma resistência à entrada do arrematante na posse do bem praceado.[201]

No caso de bens móveis, não há necessidade de carta de arrematação. O juiz, depois de recolhido o preço, ou de caucionado o seu pagamento, expedirá ordem ao depositário para a imediata entrega ao arrematante.

Seja móvel ou imóvel o bem arrematado, não se exige, no caso de resistência à ordem de entrega ao arrematante, o uso de uma ação para compelir o depositário a cumpri-la. Sendo o depositário um agente do juízo, que desempenha a guarda da coisa em nome e sob as ordens

---

[199] Segundo a jurisprudência do STF, não se tipifica o crime de apropriação indébita quando o bem penhorado e desviado se achar depositado em poder do próprio executado ou do administrador da pessoa jurídica executada. É que a penhora não retira o bem da propriedade do devedor, enquanto não ocorre a alienação forçada (expropriação executiva). Assim, o desvio do bem constrito não configura, na espécie, apropriação de "coisa alheia", requisito legal do crime tipificado no art. 168, § 1º, do Código Penal (STF, 2ª T., HC 215.102/PR, Rel. p/ ac. Min. Nunes Marques, ac. 17.10.2023, *DJe* 19.12.2023). Configurará, portanto, o delito em questão a apropriação cometida pelo depositário judicial que se apresentar no processo como não executado, nem seu representante institucional. Poder-se-á pensar no delito de fraude processual que se configura quando a parte inova artificiosamente, na pendência do processo, o estado de lugar ou de coisa, com o fim de induzir a erro o juiz (CP, art. 347). A dificuldade, no entanto, reside na circunstância de que fraude de execução nem sempre exige conduta "artificiosa" do executado, tampouco a indução do juiz a "erro". A incriminação do desvio da garantia da execução por ato do próprio executado, dono do bem penhorado, somente se viabilizará, segundo o tipo penal do art. 347 do CP, quando a parte se valer de expedientes "artificiosos" para induzir o juiz a erro quanto à prática da fraude à execução (por exemplo, forjando a data ou as circunstâncias da alienação com o propósito de levar o juiz a acreditar que o negócio teria sido consumado antes da pendência do processo, impedindo ou tentando impedir, astuciosamente, assim, o reconhecimento da fraude processual).

[200] THEODORO JR., Humberto. *Processo de execução*. 28. ed. São Paulo: Leud, 2014, Cap. XX, n. 256 a 258.

[201] MICHELI, Gian Antonio. *Curso de derecho procesal civil*. Buenos Aires: EJEA, 1970, v. III, p. 54. Decidiu o STF que o poder de disposição do juiz sobre os bens penhorados compreende o de "determinar a sua entrega ao adjudicante", independentemente de ação de imissão de posse (RE 93.716, Rel. Min. Soares Muñoz, ac. 15.09.1981, *RTJ* 104/245). No mesmo sentido: STJ, 2ª Seção, CC 118.185/SP, Rel. Min. Luis Felipe Salomão, ac. 28.09.2011, *DJe* 03.10.2011.

do juiz, a este toca o poder de compeli-lo ao cumprimento da ordem de entrega por meio do mandado de busca e apreensão (móvel) ou de imissão na posse (imóvel) em favor do arrematante. Tudo se dará sumariamente, inclusive com o emprego de força policial, se o oficial de justiça, encarregado da diligência, encontrar resistência física por parte do depositário (seja ele um terceiro ou o próprio executado).[202]

É o que já se achava assentado na jurisprudência[203] e que passou a figurar expressamente no parágrafo único do art. 693 do CPC/1973 e foi mantido no art. 901, § 1º, do CPC/2015. A entrega imediata do bem adquirido é de observar-se tanto na arrematação em hasta pública como nas demais formas de expropriação executiva previstas no art. 825. Em qualquer hipótese, porém, a entrega do bem móvel ou a imissão na posse do bem imóvel somente será determinada depois de depositado o preço da arrematação ou prestadas as garantias de seu pagamento, bem como depois de pagas a comissão do leiloeiro e demais despesas da execução (art. 901, § 1º).

No caso, porém, de relação *ex locato* vigorante sobre o imóvel alienado judicialmente, sua extinção não se dá pelo simples fato da arrematação ou de outra forma expropriatória. O adquirente se sub-roga na posição de locador e somente conseguirá desalojar o locatário por meio de ação de despejo, de acordo com o previsto no art. 5º da Lei nº 8.245/1991. Não é cabível, *in casu*, a imediata imissão na posse em detrimento do locatário.[204]

403. Prisão civil do depositário judicial

Antiga e grande divergência pairava sobre o cabimento da prisão civil como medida coercitiva contra o depositário judicial, independentemente da ação de depósito. A jurisprudência do Superior Tribunal de Justiça[205] e do Supremo Tribunal Federal,[206] no entanto, se inclinava por admitir a sanção, como exercício do poder de polícia do juiz da causa, praticado incidentalmente no processo em que o depósito se aperfeiçoara. Outros tribunais, porém, resistiam a esse entendimento.[207]

A Lei nº 11.382/2006, à época do Código de 1973, pôs fim ao dissídio, adotando no § 3º do art. 666 daquela legislação a orientação que vinha prevalecendo no STJ e no STF. Assim, portanto, constava de disposição expressa do Código de Processo Civil de 1973 a autorização ao juiz para decretar a prisão civil do depositário judicial infiel, sem depender da existência da ação especial de depósito.[208]

---

[202] MICHELI, Gian Antonio. *Curso de derecho procesal civil*. Buenos Aires: EJEA, 1970, v. III, p. 54.

[203] STF, RE 93.716, Rel. Min. Soares Muñoz, ac. 15.09.1981, *RTJ* 104/245; STJ, 4ª T., REsp 742.303/MG, Rel. Min. Aldir Passarinho Junior, ac. 30.05.2006, *DJU* 26.06.2006, p. 160.

[204] STJ, 3ª T., REsp 265.254/SP, Rel. Min. Carlos Alberto Menezes Direito, ac. 30.05.2001, *DJU* de 20.08.2001, p. 461.

[205] "Pacificada a jurisprudência no sentido de que a **prisão** do **depositário** dispensa a instauração da ação de deposito, podendo ser efetivada no próprio processo executivo (STF), Súmula/619" (STJ, 5ª T., RHC 3016/DF, Rel. Min. Jesus Costa Lima, ac. 29.09.1993, *DJU* 18.10.1993, p. 21.882).

[206] STF, 2ª T., RE 103.164/SP, Rel. Min. Carlos Madeira, ac. 07.03.1986, *RTJ* 118/228; STF, 1ª T., HC 71.038.7/MG, Rel. Min. Celso de Mello, ac. 15.03.1994, *DJU* 13.05.1994, *RT* 708/243. "A prisão do depositário judicial pode ser decretada no próprio processo em que se constituiu o encargo, independentemente da propositura de ação de depósito" (STF – Súmula nº 619).

[207] TJSP, 2ª Câm. Cív., HC 169.671-1/9, Rel. Des. Cezar Peluso, ac. 17.03.1992, *RT* 690/77; TJRS, 3ª Câm. Cív., AI 595062472, Rel. Des. Araken de Assis, ac. 25.05.1995, *RJTJERGS* 173/242.

[208] "No depósito judicial, o depositário representa a *longa manus* do juízo da execução, seu auxiliar e órgão do processo executório, com poderes e deveres próprios no exercício de suas atribuições, cumprindo-lhe, no exercício do mister, guardar e conservar os bens apreendidos, estando sempre pronto a apresentá-los em juízo. A falta de argumentos plausíveis a justificar o descumprimento do dever de guarda legitima a

Ocorre que em 23.12.2009 o STF editou a Súmula Vinculante nº 25, no sentido de ser "ilícita a prisão civil de depositário infiel, qualquer que seja a modalidade do depósito". O entendimento daquela Corte se baseou no fato de o Brasil ter aderido ao Pacto Internacional dos Direitos Civis e Políticos e à Convenção Americana sobre Direitos Humanos – Pacto de San José da Costa Rica, que negavam a possibilidade de prisão civil do depositário infiel. O caráter especial desses diplomas internacionais sobre direitos humanos lhes reserva lugar específico no ordenamento, abaixo da Constituição Federal, mas acima da legislação interna. Destarte, "o *status* normativo supralegal dos tratados internacionais de direitos humanos subscritos pelo Brasil torna inaplicável a legislação infraconstitucional com ela conflitante, seja ela anterior ou posterior ao ato de adesão".[209] A partir de 2009, portanto, o STF não mais admitiu a prisão civil do depositário infiel, sendo mantida, apenas, a do devedor inadimplente de pensão alimentícia.

Diante disso, o CPC/2015 não repetiu o dispositivo da legislação anterior que permitia a prisão do depositário infiel.

---

prisão civil do depositário judicial" (STJ, 2ª T., AgRg. no HC 30.045/SP, Rel. Min. João Otávio Noronha, ac. 26.08.2003, *DJU* 06.10.2003, *RT* 823/156).

[209] STF, Pleno, RE 349.703-1/RS, Rel. p/ ac. Min. Gilmar Mendes, ac. 03.12.2008, *DJe* 05.06.2009.

Capítulo XIX
FASE DE INSTRUÇÃO (II)

§ 43. EXPROPRIAÇÃO

404. Conceito

A execução das obrigações de dinheiro é preparada por meio de atos expropriatórios realizados judicialmente sobre o patrimônio do executado (CPC/2015, art. 824). Ressalvam-se desta sistemática as execuções especiais contra a Fazenda Pública, que se realizam sem expropriação de bens, por ser impenhorável o patrimônio das pessoas jurídicas de direito público (art. 910).

Expropriar é o mesmo que *desapropriar* e consiste no ato de autoridade pública por meio do qual se retira da propriedade ou posse de alguém o bem necessário ou útil a uma função desempenhada em nome do interesse público. De ordinário, a desapropriação transfere o bem do domínio privado para o domínio público do próprio órgão expropriante. No processo executivo, a expropriação dá-se por via da alienação forçada do bem que se seleciona no patrimônio do devedor para servir de instrumento à satisfação do crédito exequendo.

Antes de tudo, busca-se com a execução por quantia certa obter-se, à custa dos bens do devedor, o numerário necessário ao pagamento a que tem direito o credor.

Assim, a fase de instrução do processo executivo só se completa quando o órgão judicial consegue apurar a quantia suficiente para efetuar o pagamento.

Se a penhora recaiu sobre dinheiro, ultrapassada a fase dos embargos, passa-se imediatamente ao resgate da dívida exequenda. Mas, se os bens penhorados são de outra natureza, a instrução da execução terá de completar-se com os atos de alienação forçada, por meio dos quais se ultima a expropriação iniciada e preparada pela penhora.

Pode-se, pois, definir a expropriação executiva como o ato estatal coativo por meio do qual o juiz transfere a propriedade do executado sobre o bem penhorado, no todo ou em parte, independentemente da concordância do dono, e como meio de proporcionar a satisfação do direito do credor.

405. Modalidades de expropriação

I – Variações do ato expropriatório

O ato expropriativo pode ser alcançado de três maneiras diferentes, indicadas pelo art. 825 e que são as seguintes:

(a) pela *adjudicação* (art. 876);
(b) pela *alienação*, seja por *iniciativa particular*, seja em *leilão judicial eletrônico ou presencial* (arts. 879 e ss.); e
(c) pela *apropriação de frutos e rendimentos de empresa ou de estabelecimento e de outros bens* (arts. 825, III, e 867).

II – Ordem de preferência entre os meios expropriatórios

O Código atual segue, como o anterior, uma ordem de preferência para a aplicação das diferentes modalidades de expropriação dos bens penhorados. Em vez da alienação dos bens penhorados, a preferência legal se deslocou para a adjudicação, colocada em primeiro lugar na relação das medidas expropriatórias estatuídas pelo art. 825.

A alienação por iniciativa particular ou leilão judicial passa para o segundo lugar na ordem de cabimento dos atos expropriatórios. Se não houver interessado na adjudicação, a expropriação realizar-se-á por meio de "alienação particular", a requerimento do exequente (art. 880).

Introduziu-se, outrossim, a apropriação de frutos e rendimentos de empresa, ou de estabelecimentos e de outros bens do executado, como uma terceira modalidade expropriatória.

Convém notar que a adjudicação está colocada no primeiro lugar da gradação legal entre os meios expropriatórios. A ordem de preferência, todavia, não é impositiva, pois a adjudicação depende de requerimento do credor (art. 876), o mesmo ocorrendo com a alienação por sua própria iniciativa ou por meio de leiloeiro público (art. 880).

Nota-se, por último, que apenas a alienação é ato puramente de instrução da execução por quantia certa, já que a adjudicação e a apropriação de frutos e rendimentos de empresa, estabelecimento ou outros bens, ao mesmo tempo que expropriam bens do devedor, satisfazem também o direito do credor. São, pois, figuras que integram a terceira fase da execução por quantia certa, ou seja, a fase de satisfação ou pagamento.

III – Remição dos bens penhorados

O atual Código, como o anterior, não contempla a figura da remição dos bens penhorados, criando para seus antigos beneficiários o direito de pretender a adjudicação, fora e antes, da hasta pública, com preferência sobre os demais legitimados (art. 876, §§ 5º e 6º). Porém, prevê, para ser fiel ao direito material, a possibilidade de remição do imóvel hipotecado (art. 877, §§ 3º e 4º).

406. Avaliação

Após a penhora, sobrevém a *avaliação* como ato preparatório e necessário à expropriação executiva (CPC/2015, arts. 870 e ss.). Tem ela a finalidade de tornar conhecido a todos os interessados o valor aproximado dos bens a serem utilizados como fonte dos meios com que o juízo promoverá a satisfação do crédito do exequente.[1] É ato de decisiva importância para todas as modalidades expropriatórias, e não apenas para a hasta pública, conforme se depreende dos arts. 876, 880, § 1º, e 886, II e v. É a avaliação que, basicamente, determinará o preço pelo qual os interessados poderão adjudicar os bens penhorados (art. 876), e o preço a partir do qual, na venda por iniciativa particular e na hasta pública, os interessados poderão formular suas propostas ou lances (arts. 880, § 1º, e 886, II).

No caso da *apropriação de frutos e rendimentos de empresa ou de estabelecimento e de outros bens*, a penhora que a prepara (art. 867), importa a nomeação de um depositário-administrador que elaborará o plano submetido a aprovação judicial no qual se delimitará até quando a medida expropriatória durará (art. 869, § 1º).

Se, contudo, a penhora recair sobre títulos da dívida pública, de ações de sociedades e de títulos de crédito negociáveis em bolsa, não haverá necessidade de avaliação, pois o valor a ser anunciado para oferta ao público será o da cotação oficial do dia, comprovada por certidão ou publicação no órgão oficial (art. 871, III).

---

[1] ROSENBERG, Leo. *Tratado de derecho procesal civil*. Buenos Aires: EJEA, 1955, v. III, p. 227.

407. O encarregado da avaliação

A avaliação, nos termos do art. 829, § 1º, do CPC/2015, será realizada, em regra, pelo oficial de justiça, uma vez que do mandado executivo, a ser por ele cumprido, constará a ordem de citação, penhora e avaliação O mandado de citação, portanto, deve conter o prazo para pagamento, a quantia a ser paga, além da ordem para penhora e avaliação de bens, que será cumprido pelo oficial de justiça, independentemente de nova decisão judicial, tão logo seja verificado o não pagamento no prazo assinalado, de tudo lavrando-se auto, com intimação do executado (art. 829, § 1º).

O oficial de justiça, porém, não procederá à avaliação nos seguintes casos:

(a) quando forem necessários conhecimentos especializados para apuração do valor dos bens penhorados (art. 870, parágrafo único);

(b) nos casos em que a avaliação de certos bens é dispensada pela lei (art. 871).

A avaliação pelo oficial de justiça já fora adotada pela Lei nº 6.830/1980, para as execuções fiscais (art. 13), a qual também previa o recurso à perícia por técnico, na hipótese de impugnação por alguma das partes ou pelo Ministério Público (art. 13, §§ 1º e 2º).[2]

A perícia avaliatória, para efeitos executivos, todavia, não deve sujeitar-se aos rigores de uma prova técnica mais complexa, em que as partes formulam quesitos e indicam assistentes técnicos. Para efeito da execução por quantia certa, a perícia é singela, limitando-se à atribuição de valores aos bens penhorados. A lei quer que a diligência se realize no menor prazo possível, cabendo ao juiz que a ordena fixar prazo nunca superior a dez dias para entrega do respectivo laudo. Não há, por isso mesmo, que se dilatar o cumprimento da medida com formulação de quesitos e designação de assistentes técnicos.[3]

Quanto à estimativa do executado, sua prevalência se dá quando o exequente não a impugna, fundamentadamente, ou, ainda, quando o juiz não tenha dúvida sobre o valor que foi atribuído ao bem (art. 873, III). Instalada a discordância entre as partes ou ocorrida a dúvida do juiz, a solução dar-se-á pela perícia avaliatória (art. 871, parágrafo único).

408. Laudo de avaliação

Desde a reforma do CPC/1973, efetuada por meio da Lei nº 11.382/2006, a avaliação dos bens penhorados passou a acontecer, ordinariamente, no momento da realização da própria penhora, por ato do oficial de justiça. As hipóteses de estimativa por perito (avaliador) nomeado pelo juiz correspondem a exceções frente às atribuições normais do oficial de justiça previstas nos arts. 154, V, 829, § 1º, e 870 do CPC/2015.

De qualquer modo, seja realizada pelo oficial de justiça ou pelo avaliador nomeado pelo juiz, a avaliação sempre constará de laudo em que os bens penhorados serão descritos com observância dos requisitos previstos pelo art. 872.

---

[2] "É remansosa a jurisprudência do Superior Tribunal de Justiça no sentido de que a avaliação de bens penhorados por oficial de justiça, sem condições técnicas para tanto, realizada sem mínimos fundamentos, contraria a legislação processual, ainda mais quando desacompanhada do obrigatório Laudo de Avaliação. *In casu*, compete ao juiz da execução nomear perito habilitado técnica e legalmente para proceder à avaliação" (STJ, 1ª T., REsp 351.931/SP, Rel. Min. José Delgado, ac. 11.12.2001, *DJU* 04.03.2002, p. 207).

[3] STJ, 2ª T., RMS 13.038/RS, Rel. Min. Castro Meira, ac. 25.04.2004, *DJU* 09.08.2004, p. 195 ;STJ, 4ª T., RMS 10.994/PE, Rel. Min. Jorge Scartezzini, ac. 21.10.2004, *DJU* 06.12.2004, p. 311.

Quando o avaliador é o oficial de justiça, seu laudo integrará o auto ou termo de penhora. Um só documento conterá a constrição executiva (penhora e depósito) e a estimativa dos valores dos bens penhorados. Embora peça única, o auto ou termo deverá satisfazer as exigências legais tanto da penhora (art. 838) como do laudo avaliatório (art. 872).

Sendo a avaliação efetuada por oficial de justiça, caber-lhe-á elaborar laudo anexado ao auto de penhora. E, em caso de perícia realizada por avaliador nomeado pelo juiz, o laudo deverá ser apresentado no prazo fixado judicialmente. Em ambas as hipóteses, o laudo deve especificar os dados exigidos pelo art. 872. Não se admitirá uma singela atribuição de valores aos bens penhorados. O laudo, peça importante para orientar a alienação judicial, tem de descrever, convenientemente, os bens avaliados, especificando não só suas características como o estado em que se encontram. A estimativa do perito, portanto, tem de se conectar com os dados apontados como caracterizadores dos bens periciados e do seu estado de conservação, e de funcionamento, se for o caso, que são os seguintes:

(a) a descrição dos bens, com suas características;

(b) a indicação do estado em que se encontram; e

(c) a atribuição de valor a cada um deles.

409. Dispensa da avaliação

Quando o bem é indicado à penhora pelo executado, incumbe-lhe a atribuição de valor, além da especificação dos ônus e dos encargos a que estão sujeitos (art. 847, § 1º, V), sob pena de rejeitar-se a nomeação (art. 848, VII). Nos casos em que a penhora se dá sobre bens escolhidos pelo oficial de justiça, a avaliação lhe compete, em regra (art. 870).

O Código atual, todavia, elenca quatro hipóteses em que a avaliação não será realizada (art. 871):

(a) quando uma das partes aceitar a estimativa feita pela outra (inc. I);

(b) quando se tratar de títulos ou de mercadorias que tenham cotação em bolsa, comprovada por certidão ou publicação no órgão oficial (inc. II);

(c) quando se tratar de títulos da dívida pública, de ações de sociedades e de títulos de crédito negociáveis em bolsa, cujo valor será o da cotação oficial do dia, comprovada por certidão ou publicação no órgão oficial (inc. III);

(d) quando se tratar de veículos automotores ou de outros bens cujo preço médio de mercado possa ser conhecido por meio de pesquisas realizadas por órgãos oficiais ou de anúncios de venda divulgados em meios de comunicação, caso em que caberá a quem fizer a nomeação o encargo de comprovar a cotação de mercado (inc. IV).

Na hipótese de aceitação da estimativa feita por uma das partes, ainda assim a avaliação poderá ser realizada quando houver fundada dúvida do juiz quanto ao real valor do bem (parágrafo único do art. 871).

Quanto ao caso da estimativa do executado pelo exequente, que torna necessária a avaliação judicial, a nosso ver, não será o caso de submeter a questão à apreciação técnica de um perito. O melhor caminho, dentro da singeleza ordinária dos bens constritos, é o da avaliação pelo oficial de justiça, já que doravante se insere entre suas atribuições legais a de "efetuar avaliações, quando for o caso" (art. 154, V). Mormente tratando-se de coisas de pequeno valor ou de cotações facilmente apuráveis no mercado, raros serão os casos a reclamar conhecimentos especializados para sua estimativa, sendo bastante a experiência prática reconhecida ao oficial de justiça.

Na verdade, a expropriação reclama sempre a prévia avaliação, uma vez que o preço é elemento essencial e indispensável à alienação judicial dos bens penhorados. O que o art. 871 dispensa é apenas a avaliação por oficial ou perito. Outras formas de estimativa, entretanto, deverão estar presentes nos autos (estimativa da parte ou cotação da Bolsa). Realmente, só não haverá necessidade de avaliação alguma, por razão lógica, quando a penhora recair sobre dinheiro.[4] É que, já estando seguro o juízo por uma soma de dinheiro, não ocorrerá a necessidade de converter o bem penhorado em moeda para satisfação do crédito exequendo.

410. Avaliação de bem imóvel

Como a execução deve ser realizada pela forma menos gravosa para o executado (CPC/2015, art. 805), o avaliador, quando o bem penhorado for imóvel suscetível de cômoda divisão, deverá avaliá-lo por partes, sugerindo os possíveis desmembramentos. É que, às vezes, o fracionamento facilitará o praceamento, e, outras vezes, bastará a alienação de uma parte do imóvel para, eventualmente, proporcionar numerário suficiente para a realização do crédito exequendo (art. 872, § 1º).

Realizada a avaliação e, apresentada a proposta de desmembramento, as partes devem ser ouvidas em cinco dias (art. 872, § 2º). Não há, todavia, necessidade de consenso das partes. Sendo possível o desmembramento, o juiz poderá determiná-lo coativamente.

411. Avaliação e contraditório

O processo de execução, sabidamente, não se acha preordenado à discussão e acertamento do direito do exequente e da obrigação do executado. Tudo já se acha definido no título executivo. O processo é, pois, de sujeição e não de declaração. Isto, contudo, não o torna impermeável à garantia do contraditório, de modo que os diversos atos que preparam e realizam a expropriação executiva e a satisfação do direito do credor não podem ser praticados em juízo sem a ciência e a participação de ambas as partes.

Por isso, após a avaliação, a execução forçada não pode prosseguir sem que as partes tomem conhecimento do laudo e tenham oportunidade de impugná-lo, se houver motivo para tanto.[5] Aliás, o CPC/2015 contém norma expressa sobre o prazo de cinco dias para ouvida das partes, após a juntada do laudo de avaliação (art. 872, § 2º).

412. Repetição da avaliação

I – Cabimento

Em regra, não se repete a avaliação, seja aquela feita pelo oficial de justiça, seja a do perito, ou mesmo a do executado, se não impugnada tempestivamente pelo exequente. O art. 873 do CPC/2015 arrola três situações em que se admite nova avaliação dos bens penhorados, que são as seguintes:

(a) quando, fundamentadamente, se arguir a ocorrência de erro na avaliação ou dolo do avaliador (inciso I);

---

[4] RODRIGUES, Marcelo Abelha. *Manual de execução civil*. 5. ed. Rio de Janeiro: Forense, 2015, p. 357.
[5] "Sem embargo da inexistência de norma expressa a respeito, impõe-se sejam as partes intimadas do laudo de avaliação após sua juntada aos autos, como aliás recomenda a boa doutrina" (STJ, 4ª T., REsp 17.805/GO, Rel. Min. Sálvio de Figueiredo, ac. 09.06.1992, *DJU* 03.08.92, p. 11.327). No mesmo sentido: STJ, 1ª T., REsp 626.791, Rel. Min. Luiz Fux, ac. 15.02.2005, *DJU* 21.03.2005, p. 251.

(b) quando, posteriormente à avaliação, se verificar que houve majoração ou diminuição no valor do bem (inciso II); ou

(c) quando o juiz tiver fundada dúvida sobre o valor atribuído ao bem na primeira avaliação (inciso III).

A primeira hipótese é de suscitação por qualquer das partes, pois o erro ou dolo na diligência avaliatória causa prejuízos processuais a ambos os litigantes. A majoração ou redução do valor do bem, por fatores de mercado, influem sobretudo sobre os interesses do executado. Não deixa, porém, de afetar os do exequente, em menor escala, é verdade. É possível, pois, que o requerimento de nova avaliação, *in casu*, seja também de iniciativa de qualquer das partes. Um valor subestimado evidentemente cria para o executado o risco de uma adjudicação lesiva a seu patrimônio. Já um valor acima das cotações de mercado inibe o exequente de exercitar o direito de adjudicação, ou somente o permite em bases que lhe acarretam prejuízos. Daí a verificação de que estão em jogo no inciso II do art. 873 interesses das duas partes da execução, permitindo a qualquer delas o exercício da pretensão de renovar a avaliação dos bens penhorados que passaram por superveniente depreciação ou valorização.

O último inciso do art. 873, por envolver dúvida do juiz acerca do valor atribuído ao bem nomeado à penhora, pressupõe sempre que tenha havido uma avaliação anterior. Independentemente da arguição de qualquer das partes, poderá o juiz determinar nova avaliação.

O *inciso I* do aludido artigo destaca corretamente que o erro deve ser da avaliação e o dolo, do avaliador. Prevê, ainda, que a arguição pode partir de qualquer das partes, mas sempre deverá apresentar-se fundamentada. Não bastará, portanto, o simples inconformismo. O exequente terá de apoiar o pedido de nova avaliação em prova pré-constituída, ou em argumentação que, de plano, evidencie o erro ou o dolo. Às vezes, a prova ainda não é completa, mas há alegações convincentes acerca do vício da avaliação. O juiz, portanto, poderá ordenar a nova avaliação que, por si mesma, confirmará o defeito imputado à primeira. De qualquer maneira é sempre indispensável a produção de elementos sérios do erro de estimativa ou do dolo praticado pelo avaliador.

O *inciso II*, por sua vez, contempla tanto a redução como a majoração de valor ocorrida após a primeira avaliação. A atual disposição corresponde a antiga reclamação doutrinária que não se conformava com a nova avaliação apenas para o caso de desvalorização. Também a valorização superveniente pode comprometer a expropriação executiva, levando, por exemplo, a arrematação ou adjudicação por valor muito inferior ao real. Se a desvalorização não corrigida dificulta a licitação e inviabiliza a adjudicação, não são menores os inconvenientes da colocação em hasta pública, ou em adjudicação, de bens superavaliados.

II – Realização especial de nova avaliação

O art. 878 ainda prevê outra hipótese em que é possível realizar nova avaliação. "Frustradas as tentativas de alienação do bem, será reaberta oportunidade para requerimento de adjudicação, caso em que também se poderá pleitear a realização de nova avaliação".

III – Regras a observar na segunda avaliação

Sendo o caso de realização de nova avaliação, nos termos do *inciso III* do art. 873, deverão ser aplicadas as regras do art. 480 sobre nova perícia (art. 873, parágrafo único), ou seja:

(a) a determinação do juiz de nova perícia, de ofício ou a requerimento da parte, ocorrerá "quando a matéria não estiver suficientemente esclarecida" (art. 480, *caput*);

(b) a segunda perícia terá como objeto o mesmo da primeira, e destinará "a corrigir eventual omissão ou inexatidão dos resultados a que esta conduziu" (§ 1º);

(c) "a segunda perícia rege-se pelas disposições estabelecidas para a primeira" (§ 2º);

(d) "a segunda perícia não substitui a primeira, cabendo ao juiz apreciar o valor de uma e de outra" (§ 3º).

O teor da regra – pertinente ao dever do executado de atribuir valor aos bens indicados à penhora – não sofreu alteração no regime do atual Código (art. 847, § 1º, V). Portanto, em relação a essa estimativa, também é cogitável a impugnação do exequente, provocando a realização de perícia para rever a avaliação da própria parte (art. 871, parágrafo único).

IV – Impugnação à avaliação

A impugnação deve ser manifestada logo que o laudo ou a estimativa são juntados aos autos. Constará de simples petição, em cuja fundamentação se arguirá um dos motivos previstos no art. 873. A cognição será sumária, devendo o juiz decidir o incidente de plano. Por isso, cumpre ao interessado exibir com a impugnação a prova do alegado.

É da eventual acolhida da impugnação à avaliação ou à estimativa do executado (art. 873) que podem advir as modificações da penhora previstas no art. 874, ou seja, a redução, ampliação ou renovação da penhora.

Resolvidas as eventuais impugnações à avaliação, bem como realizadas as modificações da penhora, se for o caso, estará a execução em condições de passar à expropriação executiva, em que se vai promover a adjudicação ou outra das modalidades de alienação forçada previstas no art. 879 para os bens penhorados. Providenciará o juiz, então, o andamento dos atos executivos pleiteados pelo exequente (art. 875).

413. Reflexos da avaliação sobre os atos de expropriação executiva

Sem a avaliação ou algum sucedâneo como a estimativa do executado e a cotação da bolsa, não se pode dar início aos atos de expropriação. Exerce, outrossim, relevante influência sobre as condições da alienação forçada em todas as suas modalidades.

Na *adjudicação*, o requisito legal de admissibilidade da medida é que o adjudicante ofereça preço não inferior ao da avaliação (CPC/2015, art. 876). O interessado pode superá-lo, mas nunca propor preço menor.

Na *alienação por iniciativa particular*, compete ao juiz traçar os detalhes da transmissão a ser negociada pelo exequente ou por corretor credenciado. O preço mínimo, porém, será o da avaliação (art. 870), conforme dispõe o art. 880, § 1º.

Na *hasta pública*, marcante é a influência exercida pelo valor fixado na avaliação. Assim é que:

(a) dito valor deve figurar no edital de hasta pública, além do preço mínimo pelo qual poderá ser alienado, as condições de pagamento e, se for o caso, a comissão do leiloeiro designado (art. 886, II);

(b) a ausência do preço mínimo no edital não tem maiores repercussões. Não há cominação de nulidade na espécie. O juiz estabelecerá o preço mínimo (art. 885), e não será aceito lance que ofereça preço vil (art. 891), ou seja, preço inferior ao mínimo estipulado pelo juiz. Mas, não tendo sido fixado preço mínimo, considera-se vil o preço inferior a 50% do valor da avaliação;

(c) não será aceito lance que ofereça preço vil, ou seja, inferior o valor mínimo estipulado pelo juiz. Mas, não tendo sido fixado preço mínimo, considera-se vil o preço inferior a 50% do valor da avaliação (art. 891, *caput* e parágrafo único);

(d) se o leilão for de vários bens, adquirirá preferência o licitante que oferecer lance global para todos, em conjunto, desde que ofereça, para os bens que não tiverem lance, preço igual ao da avaliação, e para os demais, preço igual ao do maior lance que, na tentativa de arrematação individualizada, tenha sido oferecido para eles (art. 893);

(e) no leilão de imóvel de incapaz, não se deferirá a arrematação se não houver lance de pelo menos 80% da avaliação. Não havendo quem se interesse pela arrematação, em tal base, a alienação forçada será adiada por prazo de até um ano, ficando o imóvel sob guarda e administração de depositário idôneo escolhido pelo juiz (art. 896);

(f) não há, no CPC/2015, a exigência de duas licitações que, no direito antigo, ocorria quando na primeira hasta pública não se obtinha lance superior ao previsto na avaliação (CPC/1973, art. 686, VI). No entanto, verificada a ausência de interessado na arrematação, na primeira ocasião designada no edital de leilão, uma segunda licitação será processada em data já mencionada no próprio edital (CPC/2015, art. 886, V). Não será, porém, uma oferta a quem mais der, como outrora acontecia. Respeitar-se-á o preço mínimo antes anunciado, ou outro que, nas circunstâncias do caso, o juiz houver por bem estipular.

§ 44. ADJUDICAÇÃO

414. Introdução

A alienação em hasta pública, desde a implantação da sistemática da Lei nº 11.382/2006, deixou de ser a meta normal ou preferencial da expropriação na execução por quantia certa. Antes de chegar a tal modalidade expropriatória, o art. 825, I, do CPC/2015 prioriza a adjudicação dos bens penhorados, a qual pode ser praticada pelo exequente (art. 876, *caput*) ou por outras pessoas previstas no § 5º do mesmo artigo. Antes de chegar ao leilão, há ainda a permissão ao exequente para optar pela alienação por iniciativa particular (art. 880, *caput*). Somente depois de inviabilizadas essas duas modalidades de expropriação é que se passará a cogitar da alienação em leilão judicial, como se depreende do citado art. 880.

Uma vez, portanto, superadas as eventuais questões em torno da penhora e da avaliação (reduções, ampliações e substituições), o juiz dará início aos atos de expropriação do bem (art. 875). Tais atos, como visto, poderão ser o deferimento da adjudicação, se requerida por algum interessado, ou, à sua falta, a autorização para início da alienação por iniciativa particular. Do leilão judicial só se cogitará mais tarde, se não for efetivada a expropriação pelas formas preferenciais conforme explicita a norma do art. 881.

415. Conceito de adjudicação

A adjudicação é uma figura assemelhada à *dação em pagamento*, uma forma *indireta* de satisfação do crédito do exequente, que se realiza pela transferência do próprio bem penhorado ao credor, para extinção de seu direito.[6]

Em lugar da soma de dinheiro, que é objeto específico da execução por quantia certa, na adjudicação o credor recebe bens outros do executado, numa operação, porém, que nada tem de contratual, pois participa da mesma natureza da arrematação, como ato executivo ou de transferência forçada de bens, sob a forma de expropriação. Conceitua-se, portanto, a *adjudicação* como ato de expropriação executiva em que o bem penhorado se transfere in natura para o credor, fora da arrematação. Há situações especiais em que se admite a terceiros, além do exequente, a faculdade de obter a adjudicação, também sem o pressuposto da concorrência em hasta pública (art. 876, § 5º).

Quando o adjudicante é o exequente, a medida pressupõe requerimento de sua parte, não obstante seja a forma preferencial de expropriação na execução por quantia certa. É que, tendo o direito de se pagar em dinheiro, não pode ser compelido, contra sua vontade, a receber coisa diversa para solução de seu crédito.

A adjudicação dos bens penhorados transformou-se, a partir da reforma da Lei nº 11.382/2006, na forma preferencial de satisfação do direito do credor na execução de obrigação por quantia certa, regime conservado pelo CPC/2015 (arts. 825, I, e 881, *caput*). As tradicionais modalidades de apuração de numerário por meio de alienação judicial tornaram-se secundárias. A execução tende, em primeiro lugar, a propiciar ao exequente a apropriação direta dos bens constritos em pagamento de seu crédito. Ao mesmo tempo, a nova sistemática legal ampliou a legitimação dos que podem concorrer à adjudicação, nela incluindo aqueles que, antigamente, podiam exercer a remição (cônjuges, companheiros, ascendentes e descendentes do executado), além de outros interessados (art. 876, § 5º). Desapareceu, pois, a remição como modalidade

---

[6] LIEBMAN, Enrico Tullio. *Processo de execução*. 3. ed. São Paulo: Saraiva, 1968, n. 75, p. 125.

especial de expropriação executiva. O direito dos antigos remidores, porém, não desapareceu; transformou-se em direito à adjudicação.[7]

O conceito de adjudicação, portanto, ampliou-se, tanto na maior dimensão de seu papel na execução por quantia certa como na sua abrangência subjetiva.

Pode-se, diante do novo quadro legal, definir a *adjudicação* como o ato executivo expropriatório, por meio do qual o juiz, em nome do Estado, transfere o bem penhorado para o exequente ou para outras pessoas a quem a lei confere preferência na aquisição. Não se confunde com a arrematação, porque a função precípua da adjudicação, quando a exerce o próprio credor, não é a de transformar o bem em dinheiro, mas o de usá-lo diretamente como meio de pagamento. Contudo, "tanto como na arrematação, há neste ato expropriatório atuação processual executiva do Judiciário, no exercício da tutela jurisdicional".[8] Em regra, não há desembolso de dinheiro por parte do adjudicatário, porque o valor do bem se destina ao resgate do crédito do próprio adquirente. Há, todavia, casos em que o preço da adjudicação, no todo ou em parte, tem de ser depositado em juízo, como nas hipóteses dos §§ 4º e 5º do art. 876.

416. Requisitos da adjudicação

Qualquer que seja a natureza do bem penhorado, sua adjudicação é possível. Mas para ser praticada eficazmente duas exigências são feitas pelo art. 876: *(i)* o *requerimento* do interessado, pois o juiz não pode impor ao credor aceitar em pagamento coisa diversa daquela que constitui o objeto da obrigação exequenda; há, pois, de partir da opção do interessado essa modalidade substitutiva de prestação obrigacional;[9] *(ii)* a oferta do pretendente à adjudicação *não pode ser de preço inferior ao da avaliação*. Se pretender o credor (ou outro legitimado) adquirir o bem por preço inferior ao da avaliação, isto somente será possível em hasta pública, na qual terá de sujeitar-se à licitação com todos os eventuais concorrentes.[10]

417. Intimação do executado

O pleito da adjudicação não pode ser resolvido de plano pelo juiz, sem respeitar o contraditório. Uma vez requerida, o executado deverá ser intimado da pretensão do interessado na adjudicação, para que possa se manifestar e acompanhar o ato expropriatório, assegurando o direito ao contraditório e ampla defesa (art. 876, § 1º).

A intimação será feita nos termos do § 1º do art. 876 por uma das seguintes formas de comunicação processual:

(a) pelo *Diário da Justiça*, na pessoa de seu advogado constituído nos autos (inciso I);

(b) por *carta com aviso de recebimento*, quando representado pela Defensoria Pública ou quando não tiver procurador constituído nos autos (inciso II);

---

[7] O direito de remição apenas remanesceu, para o executado, em relação aos bens hipotecados (CPC/2015, art. 877, §§ 3º e 4º).

[8] MARQUES, José Frederico. *Manual de direito processual civil*. Campinas: Bookseller, 1997, v. IV, n. 896, p. 246.

[9] "Não há adjudicação *invito creditore*: somente se o credor pedir a adjudicação, esta substitui o pagamento em dinheiro" (MARQUES, José Frederico. *Manual de direito processual civil*. Campinas: Bookseller, 1997, v. IV, n. 896, p. 246).

[10] No leilão, o credor pode "arrematar pelo valor inferior ao da avaliação, desde que este não se qualifique como vil, sendo irrelevante; de todo modo, que não haja outros licitantes" (STJ, 4ª T., REsp 243.880/SC, Rel. Min. Barros Monteiro, ac. 10.10.2000, *DJU* 27.11.2000, *RT* 788/212. No mesmo sentido: STJ, 3ª T., REsp 184.717/SP, Rel. Min. Eduardo Ribeiro, ac. 19.11.1998, *DJU* 01.03.1999, *RT* 765/183).

(c) por meio eletrônico, no caso das empresas públicas e privadas, quando não tenham advogado nos autos. É que ditas pessoas jurídicas são obrigadas a manter cadastro nos sistemas de processo em autos eletrônicos, por imposição do art. 246, § 1º, com a redação da Lei nº 14.195/2021.

A intimação por via postal será considerada realizada quando o executado houver mudado de endereço e não tiver previamente comunicado ao juízo – mesmo quando a comunicação não tiver sido recebida pessoalmente pelo interessado, nos termos do art. 274, parágrafo único (art. 876, § 2º).

Fica dispensada a intimação, nos termos previstos no § 1º do art. 876, se o executado, citado por edital, não tiver procurador constituído nos autos (art. 876, § 3º). Observar-se-á a regra geral de que, perante o réu revel, os prazos correm independentemente de intimação, bastando a publicação do ato decisório no órgão oficial (art. 346).

418. Depósito do preço

O exequente, ao exercer o direito de adjudicar, está dispensado de exibir o preço, desde que este seja igual ou inferior ao seu crédito, e não haja concorrência de outros pretendentes com preferência legal sobre o produto da execução.

Se o preço da adjudicação for maior, caberá ao adjudicatário depositar imediatamente a diferença, como condição de apreciação de seu requerimento (art. 876, § 4º, I). Sendo inferior dito preço, a adjudicação se faz sem depósito algum, e sem prejuízo do prosseguimento da execução pelo saldo devedor remanescente. A adjudicação, em tal caso, não importa quitação ou remissão da dívida, que ficará apenas amortizada.

Em algumas situações, o adjudicatário terá de efetuar o depósito integral do preço da adjudicação. É o que ocorre quando há pluralidade de credores ou exequentes com direito sobre o produto da adjudicação. Para essa eventualidade há previsão de um concurso entre os cointeressados que observará a ordem legal de preferências, dos respectivos créditos ou não a havendo, a ordem de anterioridade de cada penhora (art. 908). Nesse tipo de concurso, o exequente só tem direito de levantar o produto da alienação judicial se houver sobra depois de satisfeitos os credores preferenciais. Daí por que, ao requerer a adjudicação, tem de depositar integralmente o valor de avaliação do bem penhorado; para evitar que se frustre o direito de preferência do credor hipotecário ou pignoratício, ou titular de outros privilégios legais.[11]

419. Legitimação para adjudicar

Para designar o beneficiário da adjudicação, o léxico registra tanto o nome de adjudicante como de adjudicatário.[12] O Código atual não fala mais em adjudicante, mas em requerente da adjudicação. E fala em adjudicatário apenas no art. 877, § 1º.

O CPC/2015 ampliou bastante o rol dos legitimados a requerer a adjudicação. De acordo com o disposto no art. 876, *caput* e seus §§ 5º e 7º, são eles os seguintes:

(a) *o exequente*, em primeiro lugar, ou seja, o que promove a execução em cujo andamento ocorreu a penhora dos bens a adjudicar (*caput*);

(b) *as pessoas indicadas no art. 889, II a VIII*, ou seja: *(i)* o coproprietário de bem indivisível do qual tenha sido penhorada fração ideal; *(ii)* o titular de usufruto, uso, habitação,

---

[11] TJSC, 1ª Câm. Cív., AI 3.516, Rel. Des. Protásio Leal, ac. 10.06.1986, *RT* 612/167.

[12] *Adjudicatário*: "diz-se de ou pessoa a quem algo é adjudicado". *Adjudicante*: "mesmo que adjudicatário" (*Dicionário Houaiss da Língua Portuguesa*. Rio de Janeiro: Objetiva, 2006, p. 86).

enfiteuse, direito de superfície, concessão de uso especial para fins de moradia ou concessão de direito real de uso, quando a penhora recair sobre bem gravado com tais direitos reais; *(iii)* o proprietário de terreno submetido ao regime de direito de superfície, enfiteuse, concessão de uso especial para fins de moradia ou concessão de direito real de uso, quando a penhora recair sobre tais direitos reais; *(iv)* o credor pignoratício, hipotecário, anticrético, fiduciário ou com penhora anteriormente averbada, quando a penhora recair sobre bens com tais gravames, caso não seja o credor, de qualquer modo, parte na execução; *(v)* o promitente comprador, quando a penhora recair sobre bem relação ao qual haja promessa de compra e venda registrada; *(vi)* o promitente vendedor, quando a penhora recair sobre direito aquisitivo derivado de promessa de compra e venda registrada; *(vii)* a União, o Estado e o Município, no caso de alienação de bem tombado[13] (art. 876, § 5º, 1ª parte);

(c) *outros credores concorrentes que, também, tenham penhorado o mesmo bem*, caso em que a adjudicação pode ser pretendida mesmo que a alienação esteja sendo viabilizada em execução movida por credor diverso; a eventual disputa entre diversos candidatos à adjudicação resolver-se-á por licitação entre eles (art. 876, § 6º). A ordem das penhoras, releva notar, não cria preferência na adjudicação, mas sobre o produto da expropriação, razão pela qual o adjudicatário, se não for o primeiro na ordem das penhoras, terá de depositar o preço para sobre ele realizar-se o direito de preferência de outros concorrentes;

(d) *o cônjuge, o companheiro, os descendentes ou ascendentes do executado*: os antigos legitimados à remição (art. 787, revogado pela Lei nº 11.382/2006) tornaram-se titulares do direito à adjudicação (CPC/1973, art. 685-A, § 2º; CPC/2015, art. 876, § 5º);[14]

(e) *a sociedade, o sócio, ou o acionista, quando houver penhora de quota social ou de ação de sociedade anônima fechada realizada em favor de exequente alheio à sociedade.* Nesse caso, a sociedade será intimada da penhora (art. 861), ficando, então, responsável por informar a ocorrência aos sócios, assegurando-se a estes a preferência para adjudicação (art. 876, § 7º). O art. 861 não só autoriza expressamente a penhora de quotas e ações,[15] como assegura aos sócios e à própria sociedade a preferência para adquirir as quotas ou ações penhoradas por terceiros,[16] observadas as condições dos seus parágrafos, o que se torna possível por meio da adjudicação, reafirmando teses que já no regime da lei antiga eram acatadas pela jurisprudência.[17]

---

[13] "O credor hipotecário, embora não tenha ajuizado execução, pode manifestar a sua preferência nos autos da execução proposta por terceiro. Não é possível sobrepor uma preferência processual a uma preferência de direito material. O processo existe para que o direito material se concretize" (STJ, 3ª T., REsp 159.930/SP, Rel. Min. Ari Pargendler, ac. 06.03.2003, *DJU* 16.06.2003, p. 332. No mesmo sentido: STJ, 4ª T., REsp 162.464/SP, Rel. Min. Sálvio de Figueiredo Teixeira, ac. 03.05.2001, *DJU* 11.06.2001, *RSTJ* 151/403).

[14] Ainda antes da Lei nº 11.382/2006 já vinha a jurisprudência ampliando a remição para o cônjuge e o descendente do sócio de pessoa jurídica executada; mormente nas empresas de natureza familiar (STJ, 2ª T., REsp 565.414/SP, Rel. Min. Castro Meira, ac. 25.10.2005, *DJU* 14.11.2005, p. 245; STJ, 2ª T., REsp 448.429/SP, Rel. Min. Eliana Calmon, ac. 17.06.2004, *DJU* 13.09.2004, p. 199).

[15] STJ, 4ª T., REsp 316.017/SP, Rel. Min. Aldir Passarinho, ac. 11.06.2002, *DJU* 19.08.2002, p. 173; STJ, 4ª T., REsp 317.651/AM, Rel. Min. Jorge Scartezzini, ac. 05.10.2004, *DJU* 22.11.2004.

[16] STJ, 4ª T., REsp 30.854-2/SP, Rel. Min. Sálvio de Figueiredo Teixeira, ac. 08.03.1994, *RSTJ* 62/250; STJ, 4ª T., REsp 39.609-3/SP, Rel. Min. Sálvio de Figueiredo Teixeira, ac. 14.03.1994, *RSTJ* 69/386.

[17] "A penhora (de quota) não acarreta a inclusão de novo sócio, devendo ser facultado à sociedade, na qualidade de terceira interessada, remir a execução, remir o bem ou conceder-se a ela e aos demais sócios a preferência na aquisição das cotas, a tanto por tanto (CPC, arts. 1.117, 1.118 e 1.119)" (STJ, 3ª T., REsp

420. Adjudicação por credor

Não é apenas o exequente que pode pleitear a adjudicação dos bens penhorados. A lei (CPC/2015, art. 876) confere a três categorias de interessados a legitimação para tanto: *(i)* o credor que promove a execução em que a penhora se deu (art. 876, *caput*); *(ii)* as pessoas indicadas no art. 889, II a VIII (art. 876, § 5º); e *(iii)* outros credores concorrentes que hajam penhorado o mesmo bem (art. 876, § 5º).

A legitimação do credor titular de garantia real independe de execução e penhora em ação própria. Decorre da preferência imanente ao seu direito real. Daí a necessidade de sua intimação após a penhora e antes da alienação executiva, qualquer que seja a modalidade do ato expropriatório (arts. 799, I, e 889, V).

Duas exigências existem na sistemática da lei processual, oponíveis a todos os credores pretendentes à adjudicação, inclusive o hipotecário:

(a) é preciso que a execução não tenha alcançado o estágio da alienação por iniciativa particular (art. 880) ou em leilão judicial (art. 881), porque nessa altura já se ultrapassou o tempo útil para requerer a adjudicação; e

(b) que o preço oferecido pelo pretendente não seja inferior ao da avaliação (art. 876, *caput*).

Não se permite, como outrora fazia o Código de 1939, o pedido de adjudicação em concorrência com o lance do arrematante. No sistema atual, o requerimento do interessado deve ser apresentado logo após a penhora e avaliação, antes, portanto, de que os bens penhorados sejam submetidos à venda por iniciativa particular ou à arrematação. Se o credor pretender adquirir os bens penhorados, já colocados em hasta pública, terá de licitar na disputa com os demais interessados, podendo, conforme o caso, ser dispensado de exibir o preço, se este puder ser compensado com o crédito exequendo (art. 892, § 1º).

Frustrada, porém, a hasta pública, ou a alienação particular, por falta de licitantes ou proponentes, reabre-se a oportunidade para os credores pleitearem, se lhes convier, a adjudicação (art. 878) (v., adiante, o item nº 422).[18]

421. Adjudicação por cônjuge, companheiro, descendente ou ascendente do executado

As condições para adjudicação por cônjuge, companheiro, descendente ou ascendente do executado são as mesmas que se faziam para a antiga remição (CPC/1973, art. 787 – revogado pela Lei nº 11.382/2006), que doravante terão de amoldar-se ao regime de aquisição fora da licitação em hasta pública.

Em lugar de aguardar a arrematação para apresentar o requerimento, como dispunha o revogado art. 788 do CPC/1973, o pleito do cônjuge, companheiro, descendente ou ascendente do executado deverá, no sistema do CPC/2015, ser manifestado logo após a avaliação e antes que a expropriação seja encaminhada para a alienação forçada por iniciativa particular ou em hasta pública (art. 876 c/c os arts. 880 e 881).

234.391/MG, Rel. Min. Menezes Direito, ac. 14.11.2000, *DJU* 12.02.2001, p. 113. No mesmo sentido: STJ, 6ª T., REsp 201.181/SP, Rel. Min. Fernando Gonçalves, ac. 29.03.2000, *DJU* 02.05.2000, *RT* 781/197). Cf. o § 4º do art. 685-A do CPC, com a redação da Lei nº 11.382/2006.

[18] Só para o credor hipotecário é que o Código Civil ainda continua prevendo a possibilidade de adjudicação, preço a preço, depois da hasta pública encerrada, mas antes da assinatura do auto de arrematação (CC, art. 1.482).

Os parentes e o cônjuge ou companheiro têm, para exercício do direito de adjudicação, a mesma oportunidade que cabe ao exequente, mas o farão com preferência sobre todos os credores com penhora sobre os bens a adjudicar (ver, *retro*, o item nº 420).

Entre si, a escala de preferência será: primeiro o cônjuge, depois o companheiro, o descendente e, finalmente, o ascendente. Havendo multiplicidade de pleiteantes no mesmo grau de preferência, realizar-se-á, em juízo, uma licitação entre eles, caso em que a adjudicação será deferida àquele que maior preço oferecer (art. 876, § 6º).

Em relação aos demais concorrentes o cônjuge, companheiro, descendente ou ascendente do executado gozam de preferência na licitação, de modo que não necessitam de superar o lance do estranho. Bastará equipará-lo para saírem vitoriosos na disputa pela adjudicação. Em concorrência, porém, com a sociedade, em caso de penhora de quota social ou de ação de sociedade anônima fechada, penhorada em execução por dívida pessoal do sócio, a preferência legal é dos outros sócios (876, § 7º), ou, na omissão destes, será da própria sociedade (art. 861, § 1º). Essa preferência garantida pelo CPC/2015 tem o objetivo de permitir que a empresa consiga "manter em seus quadros uma homogeneidade societária, evitando-se o ingresso de terceiros na sociedade".[19]

422. Prazo para a adjudicação

Não se estabeleceu um prazo certo para o requerimento da adjudicação. Como só se pode adjudicar com observância do preço mínimo da avaliação, é claro que somente depois de concluída tal diligência, e resolvidas as eventuais questões sobre ela suscitadas, é que se abrirá oportunidade aos interessados para o requerimento de adjudicação.

Tratando de execução fiscal, há entendimento do STF no sentido de que se o devedor tiver oposto embargos, o pleito de adjudicação deverá aguardar o julgamento dessa ação incidental, ou seja, somente se viabilizará a adjudicação após o trânsito em julgado da sentença que rejeitar referida defesa, tenha ou não sido processada com efeito suspensivo.[20] A decisão, todavia, fundou-se em peculiaridades da Lei de Execução Fiscal, que não são adequadas a execução comum, pelo menos na extensão que o STF deu à restrição em foco. Com efeito, o decisório se apoiou nos arts. 19 e 24 do § 2º, do art. 32 da LEF, dos quais se extraiu a regra que a Fazenda Pública poderá adjudicar os bens penhorados antes do leilão, se a execução não for embargada ou se rejeitados os embargos; e, ainda, que só após o trânsito em julgado, o depósito será devolvido ao depositante ou entregue à Fazenda Pública.

Não existe norma similar no regulamento da execução civil e a eventual oposição de embargos do devedor não impede a prática dos atos executivos, inclusive os de expropriação (art. 525, § 6º, do CPC). O que a jurisprudência dos tribunais locais tem reconhecido é a possibilidade de, em face de condições do caso concreto, a suspensão dos atos expropriatórios, em caráter cautelar, até o julgamento definitivo dos embargos.[21]

---

[19] RODRIGUES, Marcelo Abelha. *Manual de execução civil*. 5. ed. Rio de Janeiro: Forense, 2015, p. 376.

[20] "Mesmo quando os embargos à execução fiscal não são dotados de efeito suspensivo pelo juiz, não é possível à Fazenda Pública adjudicar os bens penhorados ou levantar o valor do depósito em juízo antes do trânsito em julgado da sentença dos embargos" (STF, Pleno, ADI 5.165/DF, voto da Rel. Min. Cármen Lúcia, ac. 21.02.2022, *DJe* 24.02.2022).

[21] "Se os embargos à execução ainda não foram julgados, a prudência recomenda que os bens penhorados não sejam levados a leilão, já que constitui medida irreversível" (TJMG, 11ª Câmara Cível, AI: 10000220946529001 MG, Rel. Des. Marcos Lincoln, ac. 13.07.2022, Data de Publicação: 13.07.2022.) No mesmo sentido: TJMG, 10ª Câmara Cível, AI: 09560395220238130000, Rel. Des. Cavalcante Motta, ac. 04.07.2023, Data de Publicação: 10.07.2023.

No entanto, a regra geral acatada, entre outros pelo TJSP, é de que a pendência de recurso de apelação contra sentença de improcedência dos embargos não impede o prosseguimento dos atos expropriatórios, já que, nessa altura, a execução assume o caráter de definitiva.[22] De tal modo, apenas haverá justificativa para suspender a expropriação ou o levantamento do respectivo produto quando presentes os requisitos da tutela cautelar (CPC, art. 300). Ainda assim, é de se observar que ao credor é dada a faculdade de oferecer caução idônea para contornar o embaraço supra, a exemplo do que ocorre com as execuções provisórias (CPC, art. 520, IV) e com o cumprimento definitivo de sentença (art. 525, § 10).

Sendo direito concorrente de vários titulares, não pode o exequente frustrá-los, requerendo a expedição de edital da hasta pública imediatamente após a penhora e avaliação. Haverá de aguardar-se um prazo razoável para exercício da faculdade legal, prazo que, à falta de previsão expressa da lei, será no mínimo de cinco dias (art. 218, § 3º). Não nos parece, outrossim, que dita espera se sujeite a um prazo fatal ou preclusivo. Se a adjudicação é a forma preferencial da lei para promover a expropriação executiva, e se ainda não se realizou o leilão judicial, sempre será de admitir-se o requerimento de adjudicação, seja do exequente ou de outros legitimados, mesmo que passados mais de cinco dias da avaliação. O que se deve evitar é o acréscimo de despesas processuais para o executado pelo retardamento do pedido de adjudicação. Gastos com atos processuais preparatórios da arrematação, por exemplo, devem correr por conta do exequente quando delibera pleitear a adjudicação tardiamente. Nunca se deve esquecer que a lei assegura ao devedor a execução sempre pela forma menos gravosa (art. 805).

Uma vez iniciada a licitação em leilão judicial não há como impedir que o arrematante adquira o bem. Não há na lei concorrência entre adjudicantes e arrematantes. Se, todavia, a alienação frustrar-se por falta de licitantes, não haverá inconveniente em que se prefira a adjudicação em vez de recolocar os bens penhorados em nova hasta pública. Ou seja, "frustradas as tentativas de alienação do bem, será reaberta oportunidade para requerimento de adjudicação, caso em que também se poderá pleitear a realização de nova avaliação" (art. 878) (ver também art. 877, §§ 3º e 4º).

Quando se tratar de penhora de bem hipotecado, mesmo depois de deferida a adjudicação, ficará assegurado ao executado o direito de remição, enquanto não assinado o auto de adjudicação (art. 877, § 3º) (sobre o tema, v., adiante, o item nº 427).

423. Concurso entre pretendentes à adjudicação

A adjudicação pode ser requerida em situações bem diferentes, gerando, ou não, disputa de pretendentes, ou seja, é possível que seja pleiteada:

(a) por um só credor;
(b) por vários credores, com ofertas de preços diferentes;
(c) por vários credores, pelo mesmo preço;
(d) por um ou vários dos legitimados não credores indicados no 876, § 5º;
(e) pelo sócio de empresa cuja quota social ou ação de sociedade anônima foi penhorada em execução movida contra sócio, particularmente (art. 876, § 7º).

---

[22] "Embargos à execução recebidos sem efeito suspensivo e julgados improcedentes. Execução de título extrajudicial que tem natureza definitiva e não provisória. Súmula 317 do STJ. Possibilidade de levantamento do valor bloqueado, não obstante a pendência do julgamento da apelação interposta nos embargos à execução. Decisão mantida" (TJSP, 18ª Câmara de Direito Privado, AI 20562748120228260000, Rel. Des. Helio Faria, Data de Julgamento: 01.08.2022, Data de Publicação: 01.08.2022). No mesmo sentido: TJSP, 24ª Câmara de Direito Privado, Agravo de Instrumento 2261021-61.2020.8.26.0000, Rel. Des. Marco Fábio Morsello, j. 29.11.2021, Data de Registro: 29.11.2021.

No caso de um só pretendente, a solução é simples: resume-se em, deferido o pedido, lavrar-se o auto, após cuja assinatura pelo juiz, pelo adjudicatário, pelo escrivão ou chefe de secretaria, e, se estiver presente, pelo executado, ter-se-á a adjudicação por perfeita e acabada, independentemente de sentença (art. 877, § 1º). Tratando-se de bem imóvel, será expedida a carta de adjudicação e o mandado de imissão na posse; e, sendo bem móvel, será expedida a ordem de entrega ao adjudicatário (art. 877, § 1º, I e II).

Havendo pluralidade de pretendentes, com ofertas de preços diversos, a solução do antigo art. 789 do CPC/1973 (revogado pela Lei nº 11.382/2006) era no sentido de acolher-se a pretensão de maior valor. A regra do atual art. 876, § 6º, não leva em conta o preço constante de cada requerimento. Desde que sejam iguais ou superiores à avaliação, todos os pedidos habilitarão os pretendentes a participar da licitação a ser realizada entre eles. O preço final fixado na licitação é que será considerado pelo juiz para deferimento da adjudicação. Desde, portanto, que haja mais de um pretendente, a licitação em juízo será promovida.

Na disputa pela adjudicação entre os credores, são indiferentes os graus de preferência gerados pela ordem das penhoras. O concurso será resolvido pela licitação e não pela graduação das preferências. Estas, por sua vez, se manifestarão sobre o produto da adjudicação e não diretamente sobre o bem penhorado. Obterá a adjudicação aquele que oferecer maior lance na licitação. Se o adjudicante se achar no primeiro lugar na escala de preferências, recolherá o bem sem necessidade de depositar o preço; havendo, porém, outro credor que se encontre em melhor posição, o preço da adjudicação terá de ser depositado para que sobre ele se realize o concurso de preferências.

Concorrendo, no entanto, o credor hipotecário com os quirografários, sua participação na licitação não exige ultrapasse o lance dos outros disputantes, salvo nas hipóteses dos 876, §§ 6º e 7º. É que o art. 877, § 3º, lhe assegura, na espécie, a preferência para remir o bem hipotecado pelo preço igual ao do maior lance oferecido.[23]

Duas preferências legais, todavia, existem: *(i)* a do cônjuge, companheiro, ou parente do executado, em relação aos estranhos; e *(ii)* a dos sócios sobre a quota social ou ação de sociedade anônima penhorada, em face de qualquer estranho, inclusive os parentes do sócio executado. Nesses casos, os legitimados especiais à adjudicação entram no concurso sem necessidade de superar os lances dos demais, bastando-lhes a equiparação para saírem vitoriosos. Preço por preço a adjudicação ser-lhes-á deferida. A fixação do preço, no entanto, será sempre feita em licitação, mesmo que a disputa inicial se dê entre pretendentes preferenciais e não preferenciais.

A preferência dos sócios é prioritária sobre todos os demais candidatos à adjudicação porque se refere à quota de capital de sociedade de pessoas. Nessas sociedades não tem o terceiro arrematante da quota como forçar seu ingresso no contrato social. Havendo resistência dos demais sócios, o arrematante terá de contentar-se em receber da sociedade o valor dos haveres do sócio cuja quota arrematou. Nem os parentes do sócio executado têm condição de forçar seu ingresso na sociedade, contra a vontade dos outros sócios. Se vão, em última análise, receber

---

[23] A disciplina da hipoteca, no direito material (Código Civil, art. 1.482), confere ao titular dessa garantia real um regime especial de adjudicação, em que se estabelecem dois privilégios: a) possibilidade de remição, antes da assinatura do auto de arrematação, de modo que, para o credor hipotecário, o requerimento de adjudicação (em que se transformou a antiga remição) pode ser formulado mesmo depois da hasta pública, desde que ainda não assinado o respectivo auto; b) ao credor hipotecário é assegurada preferência sobre outros concorrentes, preço a preço, de sorte que não há necessidade de superar o maior lance oferecido por outro concorrente; basta igualá-lo. O art. 1.482 do CC foi revogado pelo art. 1072, II, do CPC/2015, o qual, porém, instituiu em substituição à norma revogada a figura da remição do imóvel hipotecado (CPC/2015, art. 877, § 3º), de alcance similar à antiga regra do CC. Esta preferência, porém, não prevalece sobre cônjuge, companheiro, descendente ou ascendente do executado em virtude da ressalva formulada no § 6º do art. 876 do CPC/2015.

apenas o valor monetário da quota, não há razão para sobrepor seu interesse ao dos outros sócios. Estes, sim, têm preferência natural sobre qualquer outro candidato à adjudicação, porque, já estando dentro da sociedade, poderão evitar o desfalque do capital e a saída de recursos sociais para satisfazer a obrigação particular do sócio executado.

Assim, tratando-se de penhora de quota social ou de ação de sociedade anônima, a preferência para a adjudicação é, antes de tudo, dos demais sócios; depois vem a do cônjuge, companheiro e parentes do executado; por último surgem os credores, que, na verdade, não têm preferência pessoal e hão de disputar na licitação e só sairão vitoriosos à base de maior preço.

Sobre a disputa entre os vários detentores de preferência para adjudicação, em igualdade de oferta, nos termos do art. 876, § 5º, veja-se, ainda, o item nº 421, *retro*.

424. Auto de adjudicação

O deferimento do pedido de adjudicação se dá por meio de decisão interlocutória, impugnável, portanto, por agravo de instrumento. Em face do requerimento do candidato à adjudicação podem surgir questões, as quais deverão ser dirimidas pelo juiz, antes ou no ato de deferir a pretensão. Uma vez superados os eventuais embaraços, ordenará o juiz a lavratura, pelo escrivão ou chefe de secretaria, do auto de adjudicação (art. 877, *caput*). Não há sentença de adjudicação. O que, em qualquer caso, formaliza e aperfeiçoa a adjudicação é o competente auto (art. 877, § 1º, I).

Uma vez que o auto de adjudicação é título material da alienação realizada em juízo, é imprescindível que nele se identifique, adequadamente, o objeto e o preço da operação. Os elementos utilizáveis, para tanto, serão basicamente o auto da penhora, o laudo da avaliação, o requerimento do adjudicante, a eventual licitação e a decisão de deferimento da adjudicação. Alguma falta ocorrida no auto poderá ser suprida quando da expedição da carta de adjudicação (art. 877, § 2º).

425. Aperfeiçoamento da adjudicação

O atual art. 877, *caput*, do CPC/2015 não cogita mais de sentença para deferir a adjudicação ao vencedor. E, havendo apenas um pretendente ou ocorrendo licitação, prevê que, solucionando o pedido único ou os diversos pedidos concorrentes, determinará o juiz a lavratura do auto de adjudicação. Aduz mais, que, sempre, se deverá considerar "perfeita e acabada" a adjudicação pela lavratura e assinatura do auto.[24] Firmam-no o juiz, o adjudicatário e o escrivão ou chefe de secretaria. Eventual e não necessariamente, poderá assiná-lo, também, o executado, se presente ao ato (art. 877, § 1º).

426. Carta de adjudicação

Se o bem adjudicado for imóvel, após lavrado e assinado o auto, expedir-se-ão o mandado de imissão na posse e a *carta de adjudicação*, que será o título utilizável para registro da propriedade em nome do adjudicante no Registro de Imóveis (art. 877, § 1º, I). O auto de adjudicação funciona como o título material da aquisição, e a carta de adjudicação, como o instrumento ou título formal para acesso ao registro competente, onde de fato se dará a transferência da propriedade, segundo o sistema brasileiro de transmissão solene dos direitos reais imobiliários.

---

[24] "Referida adjudicação, tal como a dos bens móveis e imóveis em geral, não dispensa a expedição e assinatura do respectivo auto de adjudicação. Antes disso, não pode ser considerada perfeita e acabada (arts. 826 e 871, § 1º, do CPC)" (STJ, 3ª T., REsp 2.141.421/SP, Rel. Min. Moura Ribeiro, ac. 13.08.2024, *DJe* 15.08.2024).

A carta elaborada pelo escrivão do processo descreverá o imóvel adjudicado, fazendo remissão à sua matrícula e aos seus registros, para permitir que se proceda ao devido assento no Cartório de Imóveis. Além disso, conterá cópia do auto de adjudicação (título material da transferência da propriedade) e a prova de quitação do imposto de transmissão (art. 877, § 2º).

Para evitar qualquer dúvida acerca das obrigações tributárias reclamáveis no ato, o dispositivo legal é bem preciso: a carta deverá conter a prova de pagamento do imposto referente à transferência do imóvel ao adjudicante, e não da quitação de todas as obrigações tributárias do executado. Débitos tributários, acaso existentes, relativos ao imóvel ou a seu antigo dono, sub-rogam-se no preço acaso recolhido no processo. O bem arrematado ou adjudicado nas alienações judiciais passa ao arrematante ou ao adjudicante livre de ônus tributários, que não sejam os decorrentes da própria transmissão operada em juízo.

Quando a aquisição versar sobre bem móvel, não haverá necessidade de carta de adjudicação. Expedir-se-á ordem de entrega ao adjudicatário, a ser cumprida pelo depositário (art. 877, § 1º, II). Com essa entrega, opera-se a tradição, com que a propriedade mobiliária se transfere, definitivamente, para o adquirente, sem depender de documentação em registro público.

Sendo certo que é pelo auto de adjudicação que essa modalidade expropriatória se consuma, prevalecerá, para o executado, o direito de *remir* a execução (*i.e.*, resgatar o débito exequendo) enquanto não lavrado e assinado o *auto de adjudicação*.[25] Uma vez que a adjudicação só se consuma pela lavratura e assinatura do respectivo auto (art. 877, § 1º), enquanto tal não acontece, o executado, a todo tempo, pode pagar ou consignar a importância atualizada da dívida, acrescida de juros, custas e honorários advocatícios, como expressamente autoriza o art. 826.[26] Nisto consiste o direito de remir a execução.

427. Remição do imóvel hipotecado

Prevê o art. 877, § 3º, do CPC/2015 que, versando a penhora sobre bem hipotecado, o devedor pode remi-lo, impedindo a consumação da adjudicação, se o respectivo auto não tiver sido lavrado e assinado. Para tanto, terá de oferecer valor igual ao da avaliação.

Lucon, interpretando o dispositivo, igualou a remição do bem hipotecado à remição da execução (art. 826), de maneira que o executado somente conseguiria liberar o bem penhorado antes de a adjudicação aperfeiçoar-se ofertando valor correspondente ao total da dívida. Isto porque, ao seu sentir, a remição apenas pelo valor de avaliação não impediria que o bem resgatado da hipoteca continuasse penhorável pelo saldo remanescente do débito exequendo.[27]

Com respeitosa vênia, não se podem confundir remição de execução (art. 826) com remição do bem hipotecado (art. 877, § 3º). Remir a execução corresponde a efetuar o pagamento da

---

[25] NOGUEIRA, Pedro Henrique Pedrosa. Parecer. *Rev. Dialética de Direito Processual*, n. 128, p. 139-140, nov. 2015. A situação é a mesma, seja a expropriação efetuada por arrematação ou adjudicação: Diante do art. 651 do CPC, "conclui-se que o direito de remição da execução pode ser exercido até a assinatura do auto de arrematação" (STJ 3ª T., RMS 31.914/RS, Rel. Min. Massami Uyeda, ac. 21.10.2010, *DJe* 10.11.2010), ou do auto de adjudicação.

[26] FUX, Luiz. *Curso de direito processual civil*. 4. ed. Rio de Janeiro: Forense, 2009, v. II, p. 232; NOGUEIRA, Pedro Henrique Pedrosa. Parecer. *Rev. Dialética de Direito Processual*, n. 128, p. 139-140, nov. 2015.

[27] "Na realidade, não se trata de 'remir o bem', mas remir a execução, pagando o que é devido e com isso, não retirando o bem de seu patrimônio. Isso porque se apenas pagar o valor do bem, havendo ainda débito a pagar, nova constrição será feita sobre o mesmo bem e assim sucessivamente" (LUCON, Paulo Henrique dos Santos. Comentários ao art. 877, do CPC/2015. In: WAMBIER, Teresa Arruda Alvim; DIDIER JR., Fredie; TALAMINI, Eduardo; DANTAS, Bruno. *Breves comentários ao novo Código de Processo Civil*. São Paulo: RT, 2015, p. 1.988).

dívida exequenda, de modo que o processo executivo se extingue por desaparecimento do seu objetivo, que era justamente a satisfação do crédito do exequente.

A remição do bem hipotecado, por sua vez, é figura de direito material, apontada pelo art. 1.499, V, do Código Civil como uma das causas de *extinção da hipoteca*. O art. 877, § 3º, do atual Código de Processo Civil contém apenas norma instrumental reguladora da forma com que a *remição* do bem hipotecado se processa, quando já se encontre penhorado em execução do crédito garantido pelo direito real em questão.

Esta medida liberatória, portanto, não se destina a remir a execução, mas sim a excluir o bem penhorado da expropriação em vias de consecução fundada na garantia real que o vincula à dívida exequenda.

Com a remição do bem hipotecado, ele, de fato, não fica imune à responsabilidade patrimonial pelas dívidas do remidor, acaso existentes. Tal responsabilidade, contudo, manifesta-se como relativa a débitos quirografários e não privilegiados. A situação da exequibilidade do bem remido muda completamente após a remição de que cuida o § 3º do art. 877 do CPC/2015.

Após a liberação do bem remido, o ex-credor hipotecário, se pretender submetê-lo à execução pelo eventual saldo credor remanescente, terá de promover nova penhora sobre ele. Nessa altura, o devedor poderá impedi-la, nomeando, por exemplo, outro bem à segurança do juízo que se encontre em melhor posição na gradação legal para penhora (art. 835), ou que lhe proporcione execução por modo menos gravoso (art. 805).

Vê-se, portanto, que remição da execução (art. 826) e remição do bem hipotecado penhorado (art. 877, § 3º) são figuras processuais distintas, com finalidades diversas e que satisfazem diferentes interesses das partes. Não há, assim, como tratar a remição hipotecária como simples modo de ser da remição da execução. Cada qual desempenha papel próprio, justificado por requisitos e efeitos também próprios.[28]

Por último, prevê o § 4º do art. 877 que, caindo o devedor hipotecário em falência ou insolvência, o direito de remição previsto no § 3º do mesmo artigo, "será deferido à massa ou aos credores em concurso, não podendo o exequente recusar o preço da avaliação do imóvel".

---

[28] Tal como se passa com a adjudicação do bem penhorado, a remição do mesmo bem "só pode acontecer pelo valor estabelecido na avaliação" (RODRIGUES, Marcelo Abelha. *Manual de execução civil*. 5. ed. Rio de Janeiro: Forense, 2015, p. 368).

§ 45. ALIENAÇÃO POR INICIATIVA PARTICULAR

428. As atuais dimensões da expropriação judicial por meio de alienação por iniciativa particular

I – Cabimento da alienação por iniciativa particular

Na escala de preferência legal, a primeira forma de expropriação dos bens penhorados é a adjudicação (CPC/2015, art. 876). A segunda é a alienação por iniciativa particular (arts. 879, I, e 880). A última é a alienação em leilão judicial eletrônico ou presencial (arts. 879, II, e 881).

Para se cogitar da alienação por iniciativa particular, portanto, é necessário que não tenha ocorrido a adjudicação, por desinteresse do exequente e dos outros legitimados previstos nos §§ 5º e 7º do art. 876.

Antes da Lei nº 11.382/2006, o art. 700 do CPC/1973 somente autorizava a alienação por iniciativa particular nos casos de imóveis, a qual deveria sempre realizar-se com a intermediação de corretor inscrito na entidade oficial da classe. A sistemática do atual art. 880 segue a mesma orientação da referida lei, mas é muito mais ampla e flexível, pois: *(i)* a alienação particular pode referir-se a qualquer tipo de bem penhorado, e não mais apenas aos imóveis; e *(ii)* a operação pode ser feita, ou não, por meio de corretor ou leiloeiro público, já que se permite ao exequente assumir, ele próprio, a tarefa de promover a alienação.

A experiência de expropriação executiva fora dos padrões da hasta pública judicial já é antiga no direito brasileiro. Por exemplo, contratos do sistema financeiro de habitação permitem à instituição financeira excutir extrajudicialmente os imóveis hipotecados (Lei nº 5.741/1971); o contrato de alienação fiduciária em garantia (bens móveis) enseja ao credor busca e apreensão judicial do bem vinculado, permitindo-lhe, em seguida, aliená-lo extrajudicialmente para se pagar o saldo devedor (Dec.-lei nº 911/1969); o contrato de alienação fiduciária de imóvel dispensa, por sua vez, qualquer procedimento executivo judicial. Após a constituição em mora do devedor, por intimação efetuada por meio do Registro de Imóveis, o credor obtém a consolidação da propriedade por simples averbação na matrícula respectiva, ficando, a partir de então, autorizado a aliená-lo, extrajudicialmente, em leilão público (Lei nº 9.514/1997, arts. 22 a 27, com as alterações da Lei nº 14.711/2023). Vê-se, dessa maneira, que não são raras as execuções de obrigações financeiras realizáveis sem o concurso dos meios expropriatórios judiciais.

Apoiando-se nos bons resultados obtidos fora da arrematação em juízo, a Lei nº 11.382/2006 animou-se a implantar a venda por iniciativa particular na disciplina geral da execução por quantia certa. Sua adoção depende de opção do exequente, que, uma vez aprovado seu projeto pelo juiz, poderá ultimá-lo pessoalmente ou por intermédio de corretor ou leiloeiro público credenciado perante o juízo.

II – Procedimento

Caberá ao exequente, após abrir mão do direito de adjudicar os bens penhorados pelo valor da avaliação, requerer a alienação na modalidade prevista no art. 880. Em seu requerimento proporá as bases da alienação projetada, esclarecendo se pretende ele próprio promover os atos alienatórios, ou se deseja confiá-los à intermediação de um corretor profissional ou leiloeiro público.

Ao juiz competirá aprovar os termos propostos ou alterá-los, na medida da conveniência da execução. Assim, ao deferir a alienação por iniciativa particular, o magistrado definirá: *(i)* o prazo dentro do qual a alienação deverá ser efetivada; *(ii)* a forma de publicidade a ser cumprida; *(iii)* o preço mínimo; *(iv)* as condições de pagamento; *(v)* as garantias; e, ainda, *(vi)* a comissão de corretagem, se for o caso de interveniência de corretor ou leiloeiro público na alienação (CPC/2015, art. 880, § 1º).

III – Escolha do corretor ou leiloeiro público para a alienação por iniciativa particular

Optando o exequente pela intermediação profissional, a escolha deverá recair sobre corretor ou leiloeiro público não só inscrito no órgão específico da classe, mas também inscrito no rol dos credenciados pelo órgão judiciário. O sistema de credenciamento poderá ser regulado por disposições complementares editadas pelos Tribunais, observando-se, em qualquer caso, o exercício mínimo na profissão de três anos. Sistemas eletrônicos de divulgação e licitação poderão ser incluídos na disciplina traçada pelos Tribunais (art. 880, § 3º).

Adotada a alienação por corretor ou leiloeiro público credenciado, sua comissão, aprovada pelo juiz, incluir-se-á nos custos processuais da execução a serem suportados pelo executado. Não haverá tal custo, se o exequente se encarregar pessoalmente da alienação particular.

Nada impede que o exequente, após assumir o encargo da alienação por sua própria conta, venha a ser auxiliado por corretor de sua confiança, fora, portanto, dos quadros credenciados do juízo. Se o exequente pode agir sem o concurso de qualquer intermediário, claro é que poderá também contar com alguma espécie de assessoramento privado. Há, porém, um detalhe: se a corretagem faz parte do programa previamente aprovado pelo juiz, a comissão integra as custas da execução; se, porém, o exequente não quis se submeter aos corretores credenciados do juízo, e preferiu assumir integralmente o encargo da alienação, a despesa que fizer com a remuneração do intermediário profissional de sua confiança não poderá figurar nos custos do processo, e, portanto, não será exigível do executado.

Nas localidades em que não houver corretor ou leiloeiro público credenciado nos termos do § 3º do art. 880, a indicação será de livre escolha do exequente, como prevê o § 4º do mesmo artigo. Segundo a jurisprudência, a indicação do exequente não vincula o juiz, que pode preferir nomear outro de sua confiança.[29]

429. O preço mínimo para a alienação por iniciativa particular

I – Valor a observar na alienação

Não há na regulamentação legal traçada pelo CPC/2015 dispositivo expresso impondo que a alienação se dê com observância do preço mínimo da avaliação. Em lição ministrada ao tempo do CPC/1973, Araken de Assis, contudo, é de opinião que não se admitirá alienação abaixo do preço de avaliação, para não causar prejuízo injusto ao devedor.[30] Na verdade, porém, a técnica atual da alienação dos bens penhorados, não mais se vincula ao valor de avaliação.[31] Este, mesmo no leilão judicial, não impede que a arrematação se dê por lance menor. O valor de avaliação figura apenas como uma referência a observar para que a alienação não se dê por preço vil. É por isso que no edital de leilão figuram os dois dados, o da avaliação e o preço mínimo fixado pelo juiz (art. 886, II). Com isso, permite-se lance abaixo da avaliação, mas nunca abaixo do preço mínimo.

É certo que o CPC não permite que os bens penhorados sejam alienados por preço vil (CPC, art. 891). Contudo, não se pode considerar vil todo preço inferior ao de avaliação. Para que isso ocorra, é necessária uma grande discrepância entre o apurado na avaliação e aquele

---

[29] STJ, 2ª T., REsp 1.354.974/MG, Rel. Min. Humberto Martins, ac. 05.03.2013, *DJe* 14.03.2013.

[30] ASSIS, Araken de. *Manual de execução*. 11. ed. São Paulo: RT, 2007, n. 286.3, p. 733. No mesmo sentido: CÂMARA, Alexandre Freitas. O novo regime da alienação de bens do executado. *Revista de Processo*, v. 148, p. 238, jun. 2007; TALAMINI, Eduardo. Alienação por iniciativa particular como meio expropriatório executivo (CPC, art. 685-C, acrescido pela Lei 11.382/2006). *Revista Jurídica*, v. 385, p. 22-23, nov. 2009.

[31] O art. 880, § 1º, do CPC/2015, ao regular as condições da alienação por iniciativa particular, prevê que o juiz fixará o preço mínimo, sem fazer qualquer menção ao valor da avaliação.

pelo qual se realizou a venda judicial. Superando omissão da legislação anterior, o Código de 2015 define que, em regra, é vil a alienação feita abaixo do preço mínimo fixado pelo juiz. Se não houver tal fixação, vil será a arrematação feita por preço inferior a cinquenta por cento do valor da avaliação (art. 891, parágrafo único).

Assim, na alienação por iniciativa particular, poderá o juiz estipular um limite de oscilação de preço que, em determinadas condições, seja razoável dentro das cotações do mercado, sem, obviamente, ensejar permissão de preço vil.[32]

Diante do sistema mais detalhado e preciso do CPC/2015 (art. 880, § 1º), que referência alguma faz à avaliação, pensamos que a antiga orientação, no sentido de que o preço mínimo, fixado pelo juiz, deveria, em regra, não ser inferior ao da avaliação, não há de prevalecer. O juiz fixará o preço mínimo, naturalmente menor que o da avaliação, levando em conta as particularidades e conveniências do caso concreto.

Pense-se, *v.g.*, no caso em que o prazo de início assinalado se escoou sem que se conseguisse candidato à aquisição pelo preço da avaliação.[33] Seria bastante razoável que o juiz não só abrisse novo prazo, como também estipulasse outro preço mínimo.[34]

Há de se ponderar, também, sobre a eventualidade de a alienação por iniciativa particular ter sido adotada justamente pela frustração da hasta pública.[35] Será mais que justa, em semelhante circunstância, a estipulação, pelo juiz, de um preço mínimo menor que o da avaliação, para os fins do art. 880, § 1º, do CPC/2015.[36]

II – Vantagens da alienação por iniciativa particular reconhecidas doutrinariamente

Não se pode deixar de observar que a alienação por iniciativa particular oferece vantagens evidentes para a efetividade da tutela executiva, tanto no ângulo dos interesses do exequente

---

[32] NEVES, Daniel Amorim Assumpção. *Reforma do CPC-2*. São Paulo: RT, 2007, p. 386-387.

[33] "Não é razoável autorizar, após sete tentativas inócuas, nova hasta pública de imóveis que não têm aceitação no mercado imobiliário local. Hipótese na qual o credor deverá solicitar a substituição do bem penhorado ou alienar os imóveis por iniciativa particular" (TJMG, 1ª C. Civ., AI Cv. 1.0620.03.002493-4/001, Rel. Des. Alberto Vilas Boas, ac. 1º.03.2011, *DJMG* 25.03.2011).

[34] "Nada impede que, de ofício ou a pedido do interessado, o juiz subsequentemente revise as balizas que havia na origem estabelecido, à luz das circunstâncias concretas. As vicissitudes enfrentadas na tentativa de alienação podem convencer o juiz da necessidade de mudança do prazo, condições de pagamento, garantias etc." (TALAMINI, Eduardo. Alienação por iniciativa particular como meio expropriatório executivo (CPC, art. 685-C, acrescido pela Lei 11.382/2006). *Revista Jurídica*, v. 385, p. 18, nov. 2009). No mesmo sentido: KNIJNIK, Danilo *et al. A nova execução de títulos extrajudiciais*: comentários à Lei 11.382, de 06 de dezembro de 2006. Coord. de Carlos Alberto Alvaro de Oliveira. Rio de Janeiro: Forense, 2007, n. 167, p. 249.

[35] "A alienação por iniciativa particular pode ocorrer tanto antes como depois de iniciado o procedimento de venda por hasta pública, desde que ainda não realizada a arrematação" (CUNHA, Leonardo José Carneiro da. A alienação por iniciativa particular. *Revista de Processo*, n.174, p. 57, ago. 2009). "Tal como se passa com a adjudicação, torna-se novamente cabível a alienação por iniciativa privada se a hasta pública não for bem-sucedida" (TALAMINI, Eduardo. Alienação por iniciativa particular como meio expropriatório executivo (CPC, art. 685-C, acrescido pela Lei 11.382/2006). *Revista Jurídica*, v. 385, p. 17, nov. 2009).

[36] Impende registrar, todavia, que a jurisprudência formada antes do CPC/2015, inclinava-se para a tese de que, sem concordância do devedor, a alienação por iniciativa particular não poderia ser praticada por preço inferior ao valor da avaliação (TRF, 4ª Região, 2ª T., AI 2009.04.00.041296-2, Rel. Des. Vânia Hack de Almeida, j. 09.02.2010, *DE* 10.03.2010; TJMG, 8ª C. Civ., AI Cv 1.0460.04.016163-6/001, Rel. Des. Armando Freire, j. 29.06.2010, *DJMG* 16.07.2010; TJMG, 8ª C. Civ., AI Cv. 1.0460.05.017058-4/002, Rel. Des. Teresa Cristina da Cunha Peixoto, j. 30.06.2011, *DJMG* 14.09.2011; TJSP, 29ª C. de Direito Privado, AI 990.09.228680-3, Rel. Des. Oscar Feltrin, j. 1º.12.2010, *DJ* 13.12.2010; TJSP, 21ª C. de Direito Privado, AI 0126637-79.2012.8.26.0000, Rel. Des. Itamar Gaino, j. 1º.10.2012, *DJ* 05.10.2012). Não cremos que esse posicionamento pretoriano vá perdurar na aplicação do atual Código.

como do executado. O Código atual acata e estimula a orientação já adotada à época da legislação revogada.

Na observação feita, a propósito, por Araken de Assis, ressaltam duas vantagens teóricas da alienação por iniciativa particular sobre a alienação por hasta pública: *(i)* em primeiro lugar, a cooptação do adquirente; *(ii)* em segundo lugar, a dispensa dos editais.[37] Há lucros, portanto, no plano da eficiência da execução e no de seus custos.

Não se pode, por fim, deixar de ponderar a maior flexibilidade com que o negócio jurídico processual se desenvolve pela participação direta que partes e juiz podem exercer sobre as condições práticas do ato expropriatório, com maior realce para preços, prazos de pagamento, garantias, adequando-os sempre à natureza dos bens e às peculiaridades do mercado.

Como bem ressalta Talamini, a propósito dessa inovadora modalidade expropriatória, "obviamente, trata-se de uma tentativa de escapar dos percalços burocráticos e do custo elevado da hasta pública, para ampliar as chances de sucesso da expropriação executiva. Nesse sentido, a inovação põe-se ao lado de uma série de outras alterações empreendidas pela Lei 11.382/2006 que buscam fazer com que a expropriação executiva não só efetivamente ocorra o que em grande parte dos casos, no panorama anterior, já seria uma façanha, mas se desenvolva com celeridade e arrecadando a quantia o mais próxima possível do efetivo valor do bem penhorado".[38]

430. Formalização da alienação por iniciativa particular

Seja promovida pelo próprio exequente, seja com o concurso de corretor profissional ou leiloeiro público credenciado, a alienação por iniciativa particular configura uma expropriação judicial dos bens penhorados, porque operada sob a intervenção da autoridade pública e sem o consentimento do respectivo proprietário. É o juiz que, afinal, irá promover a transferência do bem do domínio do executado para o do adquirente.

Esse ato jurídico-processual aperfeiçoa-se por meio de termo lavrado nos autos da execução pelo escrivão do feito e subscrito pelo juiz, pelo exequente e pelo adquirente (CPC/2015, art. 880, § 2º). O exequente, como é natural, será representado por seu advogado. O adquirente não depende de advogado para participar do ato, e poderá assiná-lo pessoalmente.

Prevê o referido dispositivo que, além das assinaturas obrigatórias já referidas, o termo de alienação poderá ser firmado, também, pelo executado, se for presente. Naturalmente, não se trata de exigência necessária para o aperfeiçoamento e validade da alienação, mesmo porque não sendo o executado quem aliena o bem penhorado, mas o juízo, não depende a consumação do ato (que é expropriatório) da participação do devedor. De mais a mais, nunca haveria meio de coagir o executado a firmar o termo, de maneira que seria absurdo imaginar que a falta de sua presença e assinatura pudesse comprometer a eficácia de um ato jurisdicional soberano, como é a expropriação executiva na execução por quantia certa. A assinatura do executado, por isso, é mera eventualidade, cuja falta em nada compromete o aperfeiçoamento da alienação por iniciativa particular.

---

[37] ASSIS, Araken de. *Manual de execução*. 11. ed. São Paulo: RT, 2007, n. 286.3, p. 802.
[38] TALAMINI, Eduardo. Alienação por iniciativa particular como meio expropriatório executivo (CPC, art. 685-C, acrescido pela Lei 11.382/2006). *Revista Jurídica*, v. 385, p. 11-12, nov. 2009.

431. Carta de alienação

I – Alienação de bem imóvel

Uma vez formalizado o termo a que alude o § 2º do art. 880 do CPC/2015, expedir-se-á, em favor do adquirente, *carta de alienação do imóvel*, para ultimar a transferência da respectiva propriedade no Registro Imobiliário correspondente. Tal como se passa com a adjudicação e a arrematação, há também na alienação por iniciativa particular um título *substancial* ou *material* e um *título instrumental* ou *formal*.

O termo nos autos é o aperfeiçoamento do título que irá permitir a posterior transferência da propriedade. Equivale à escritura pública no caso de compra e venda. Mas, como a propriedade não se transfere só com o consenso negocial das partes, haverá de um translado da escritura ser encaminhado ao Registro de Imóveis, para que, então, se dê ali a efetiva passagem do direito real para o comprador.

A carta de alienação é, nessa ordem de ideias, o instrumento de que se vai utilizar o adquirente para obter, junto ao Registro de Imóveis, a transmissão da propriedade prevista no ato substancial praticado entre ele e o órgão judicial executivo. É algo como o traslado da escritura pública, de compra e venda de imóvel.

Devendo desempenhar a mesma função da carta de adjudicação, o conteúdo da carta de alienação será equivalente àquele previsto no art. 877, § 2º, ou seja, conterá a descrição do imóvel, com remissão à sua matrícula e aos seus registros, a cópia termo de alienação, e a prova de quitação do imposto de transmissão.

Se a venda por iniciativa particular for a prazo, a carta transcreverá as respectivas condições, que, aliás, já terão constado do *termo de alienação* previamente lavrado. Em tal caso, será indispensável a estipulação de garantias, aplicando-se, analogicamente, a disposição do § 1º do art. 895: o saldo devedor será garantido por hipoteca sobre o próprio imóvel. Essa garantia e outras acaso ajustadas serão constituídas no termo de alienação, cujo inteiro teor será reproduzido na carta a ser utilizada para registro no Cartório Imobiliário. O termo lavrado nos autos tem força de instrumento público e, por isso, dispensa o recurso à escritura pública em separado para o ajuste da hipoteca.

II – Alienação de bem móvel

Quando o bem penhorado for móvel, a alienação não ensejará a expedição de carta. Uma vez lavrado o termo, expedir-se-á simplesmente mandado de entrega ao adquirente (art. 880, § 2º, II). Se pretender comprovante da aquisição, poderá obter certidão junto à secretaria do juízo.

§ 46. ALIENAÇÃO EM LEILÃO JUDICIAL

432. Conceito de leilão judicial e arrematação

Na concepção jurídica, *hasta pública* (que o CPC/2015 prefere denominar *leilão judicial*), é a alienação de bens em pregão (isto é, em oferta pública) promovida pelo Poder Público (especialmente pelo Poder Judiciário, nos casos disciplinados pelo direito processual civil).[39] Dela se encarrega um agente especializado – o leiloeiro público. A *arrematação*, termo que se usa frequentemente como sinônimo de hasta pública, é, com mais adequação, o ato com que se conclui o pregão, adjudicando os bens ao licitante que formulou o melhor lance.

Na execução por quantia certa a hasta pública é, tecnicamente, o ato de expropriação com que o órgão judicial efetua, a um dos concorrentes da licitação (o autor do lance mais alto), a transferência coativa dos bens penhorados, mediante recebimento do respectivo preço, ou mediante compromisso de resgatá-lo dentro de determinado esquema de pagamento.

Costuma-se falar, a respeito, em *venda judicial* dos bens penhorados. A noção, no estatuto, é inadequada, já que não se pode conceber uma alienação contratual sem o consentimento do dono do bem negociado.

O que de fato ocorre, segundo o magistério de nosso clássico Paula Batista, "é uma desapropriação forçada, efeito da lei, que representa a justiça social no exercício de seus direitos e no uso de suas forças para reduzir o condenado à obediência do julgado".[40]

A conclusão, pois, a que chega a doutrina moderna é que a natureza contratual é incompatível com a arrematação, que só pode ser entendida como "ato de desapropriação", ou seja, como ato processual de soberania do Estado que, pelo órgão judicial, "expropria os bens do executado"[41] e transfere, a título oneroso, sua propriedade a terceiro.[42] É típico ato *executivo*, portanto, ato de direito público, como é a desapropriação nos outros casos em que o Estado interfere no domínio privado por necessidade ou utilidade pública.[43]

433. Espécies de hasta pública

Depois que se aboliu a distinção entre praça e leilão, a transferência forçada dos bens penhorados, quando realizada por meio de hasta pública, admite duas variações, na sistemática do Código:

(a) o *leilão judicial*: regra geral aplicada à alienação de todos os bens penhorados e que pode assumir as formas eletrônica ou presencial (CPC/2015, art. 881, *caput*);

(b) o *pregão da Bolsa de Valores*: quando se tratar de bens cuja alienação fique a cargo de corretores de bolsa de valores (art. 881, § 2º).[44] *Ad instar* do que se passa com o leiloeiro (art. 883), permite-se ao exequente a indicação do corretor da Bolsa de

---

[39] Hasta é o mesmo que *haste* ou *lança* (arma ofensiva de longo cabo e ponta metálica perfurante). A expressão *hasta pública*, segundo os léxicos, provém da circunstância de que, entre os romanos, os leilões eram promovidos em torno de uma lança plantada em praça pública, como sinal de autoridade (Houaiss. *Dicionário de Língua Portuguesa*. Verbete "hasta", p. 1.507).

[40] *Compêndio de teoria e prática do processo civil comparado com o comercial*, § 184, nota I, apud LIEBMAN, Enrico Tullio. *Processo de execução*. 3. ed. São Paulo: Saraiva, 1968, n. 68, nota 31, p. 113-114.

[41] AMARAL SANTOS, Moacyr. *Primeiras linhas de direito processual civil*. 4. ed. São Paulo: Max Limonad, 1970, v., III, n. 852, p. 302.

[42] LIEBMAN, Enrico Tullio. *Processo de execução*. 3. ed. São Paulo: Saraiva, 1968, n. 68, p. 114; REIS, José Alberto dos. *Processo de Execução*. Coimbra: Coimbra Editora, 1943, v. 1º, n. 16, p. 38.

[43] ROSENBERG, Leo. *Tratado de derecho procesal civil*. Buenos Aires: EJEA, 1955, v. III, p. 227.

[44] "Tendo em vista essa disposição, os títulos emitidos por pessoas jurídicas de direito público interno e aqueles que lhes são equiparados têm de ser postos para alienação, na Bolsa de Valores" (MARQUES, José Frederico. *Manual de direito processual civil*. Campinas: Bookseller, 1997, v. IV, n. 886, p. 234).

Valores, que irá se encarregar da alienação, e cuja profissão se rege pelas resoluções do Banco Central.[45]

Qualquer que seja a forma de leilão judicial, o juiz da execução só adotará essa modalidade expropriatória depois que o exequente tiver se desinteressado da adjudicação e da alienação por iniciativa particular (art. 881, *caput*).

Segundo a sistemática do CPC/2015, o leilão judicial realizar-se-á preferencialmente por meio eletrônico. Apenas quando não for possível o leilão eletrônico é que se utilizará o leilão presencial (art. 882).

434. Escolha do leiloeiro ou corretor de bolsa

O art. 883, em regra aplicável também ao corretor de bolsa, dispõe que a designação do leiloeiro público caberá ao juiz, podendo a parte indicá-lo. Segundo jurisprudência firmada no regime do Código anterior, mas que deverá prevalecer para a nova lei, a competência para a nomeação do leiloeiro é realmente do juiz. A parte apenas faz uma indicação, inexistindo para o juiz a obrigação de homologá-la.[46]

De qualquer maneira, os leilões judiciais serão realizados exclusivamente por leiloeiros credenciados perante o órgão judiciário, conforme disposições complementares editadas pelos tribunais (CPC/2015, art. 880, *caput* e § 3º; Resolução do CNJ nº 236/2016). Normas básicas para o credenciamento dos leiloeiros públicos constam dos arts. 2º e 4º da referida Resolução nº 236.

435. Edital do leilão

O leilão judicial, seja eletrônico ou presencial, ou, ainda, por pregão de Bolsa,[47] será sempre precedido de *editais*, isto é, de avisos ao público convocando todos os interessados para que venham participar da licitação. O conteúdo obrigatório dos editais, segundo o art. 886, é o seguinte:

(a) a descrição do bem penhorado, com suas características e, tratando-se de imóvel, sua situação e suas divisas, com remissão à matrícula e aos registros (inciso I);

(b) o valor pelo qual o bem foi avaliado, o preço mínimo pelo qual poderá ser alienado, as condições de pagamento e, se for o caso, a comissão do leiloeiro designado (inciso II)[48]. No caso de títulos da dívida pública e de títulos negociados em bolsa, o valor será o da última cotação (art. 886, parágrafo único);

(c) o lugar onde estiverem os móveis, os veículos e os semoventes e, tratando-se de crédito ou direitos, a identificação dos autos do processo em que foram penhorados (inciso III);

---

[45] ASSIS, Araken de. *Manual da execução*. 10. ed. São Paulo: RT, 2006, n. 316, p. 741.

[46] "Infere-se do art. 706 do CPC (o leiloeiro público será indicado pelo exequente) ser juridicamente possível a indicação de leiloeiro público pelo exequente, o que significa dizer que o credor tem o direito de indicar, mas não de ver nomeado o leiloeiro indicado, porquanto inexiste obrigação de homologação pelo juiz" (STJ, 2ª T., REsp 1.354.974/MG, Rel. Min. Humberto Martins, ac. 05.03.2013, *DJe* 14.03.2013).

[47] A alienação por corretor da Bolsa de Valores segue o mesmo procedimento do leilão comum, devendo ser precedida por edital, nos moldes do art. 686, e o corretor assume os mesmos encargos e responsabilidades do leiloeiro (ASSIS, Araken de. *Manual da execução*. 10. ed. São Paulo: RT, 2006, n. 116, p. 741).

[48] Transcorrido longo prazo entre a avaliação e o leilão, torna-se conveniente a reavaliação, ou pelo menos a correção (atualização) do valor do bem penhorado. A omissão da medida, todavia, não prejudicará a validade da alienação judicial, se inexistirem nos autos, elementos evidenciadores da defasagem do preço fixado pelo laudo avaliatório (STJ, 2ª T., EDcl no REsp 1.551.263/SC, Rel. Min. Humberto Martins, ac. 05.11.2015, *DJe* 13.11.2015).

(d) o sítio, na rede mundial de computadores, e o período em que se realizará o leilão, salvo se este se der de modo presencial, hipótese em que serão indicados o local, o dia e a hora de sua realização (inciso IV);

(e) a indicação de local, dia e hora de segundo leilão presencial, para a hipótese de não haver interessado no primeiro (inciso V);

(f) a menção da existência de ônus, bem como de recurso ou processo pendente sobre os bens a serem leiloados (inciso VI);

O prazo dos editais de arrematação corre nas férias, pois não se trata de prazo assinado à parte para o exercício de faculdade processual. A hipótese é de divulgação perante terceiros, que nada têm que ver com a suspensão dos prazos processuais em período de férias forenses.

436. Leiloeiro público

Todo leilão de bem penhorado deve ser realizado por um leiloeiro público (art. 881, § 1º). Em regra, o leiloeiro é designado pelo juiz. Contudo, sua indicação poderá ser feita por livre escolha do exequente, nas localidades em que não houver corretor ou leiloeiro público credenciado, em exercício profissional há pelo menos três anos (art. 880, §§ 3º e 4º). A faculdade do exequente de indicar o leiloeiro, segundo entendimento do STJ, não vincula o juiz, já que este pode preferir nomear outro, que julgue mais conveniente.[49]

I – Deveres do leiloeiro

Ao leiloeiro público cabem as seguintes providências, previstas no art. 884:

(a) publicar o edital, anunciando a alienação (inciso I);

(b) realizar o leilão onde se encontrem os bens ou no lugar designado pelo juiz (inciso II);

(c) expor aos pretendentes os bens ou as amostras das mercadorias (inciso III);

(d) receber e depositar, dentro de um dia, à ordem do juiz, o produto da alienação (inciso IV);

(e) prestar contas nos dois dias subsequentes ao depósito (inciso V).

Outras responsabilidades do leiloeiro público, além daquelas definidas em lei, acham-se explicitadas na Resolução nº 236/2016 do CNJ, arts. 5º e 6º.

II – Remuneração do leiloeiro

Todo leiloeiro faz jus ao recebimento de uma comissão estabelecida em lei ou arbitrada pelo juiz, que deverá ser paga pelo arrematante (art. 884, parágrafo único).

O Decreto nº 21.981/1932 regulamenta a profissão do leiloeiro e prevê que "a taxa da comissão dos leiloeiros será regulada por convenção escrita que estabelecerem com os comitentes, sobre todos ou alguns dos efeitos a vender. Não havendo estipulação prévia, regulará a taxa de *cinco por cento* sobre móveis, semoventes, mercadorias, joias e outros efeitos e a de *três por cento* sobre bens imóveis de qualquer natureza" (art. 24).[50] E complementa, em seu parágrafo único, que "os compradores pagarão *obrigatoriamente* cinco por cento sobre quaisquer bens arrematados".

---

[49] STJ, 2ª T., REsp 1.354.974/MG, Rel. Min. Humberto Martins, ac. 05.03.2013, *DJe* 14.03.2013.

[50] Entre comitente e leiloeiro, vigoram, à falta de convenção expressa, as taxas do art. 24, *caput*, do Dec. Lei nº 21.981/1932. Se, porém, for o caso de a comissão ser paga pelo arrematante, a taxa será de cinco por cento (parágrafo único).

O STJ já decidiu que a expressão "obrigatoriamente" revela a estipulação de um valor mínimo, não havendo um valor máximo que pode ser pago ao leiloeiro a título de comissão.[51] A Resolução nº 236/2016 do CNJ confirma o entendimento do STJ, dispondo que a comissão do leiloeiro será no mínimo de 5% sobre o valor da arrematação (art. 7º).

Em contrapartida, já decidiu aquela Corte que o direito à comissão surge apenas quando efetivamente realizado o leilão, com a consequente arrematação do bem. Assim, "ante a não efetivação do leilão e a inexistência de previsão expressa no edital acerca de eventual comissão devida se acaso suspensa ou anulada a hasta pública, não é devido nenhum pagamento ao pregoeiro a título de prestação de serviços". Ele faz jus apenas ao recebimento das "'quantias que tiver desembolsado com anúncios, guarda e conservação do que lhe for entregue para vender, instruindo a ação com os documentos comprobatórios dos pagamentos que houver efetuado, por conta dos comitentes e podendo reter em seu poder algum objeto, que pertença ao devedor, até o seu efetivo embolso' (art. 40 do Decreto nº 21.981/1932)".[52]

Daí se conclui que a comissão do leiloeiro público, arbitrada judicialmente para ser paga pelo arrematante, nunca deverá ser inferior a cinco por cento do valor dos bens arrematados (Decreto nº 21.981/1932, art. 24, parágrafo único).

Prevê a Resolução nº 236/2016 do CNJ (art. 7º, § 1º) que "não será devida a comissão ao leiloeiro" na hipótese da desistência da execução pelo exequente (CPC/2015, art. 775), ou de anulação da arrematação bem como no caso de resultado negativo da hasta pública. Em tais situações, o leiloeiro devolverá ao arrematante o valor que houver recebido a título de comissão, devidamente corrigido (art. 7º, § 2º, da Resolução nº 236/2016 do CNJ).

No entanto, na hipótese de acordo ou remição após a realização da alienação, o leiloeiro fará jus à comissão (art. 7º, § 3º, da Resolução nº 236/2016 do CNJ).

As despesas com remoção, guarda e conservação dos bens, desde que documentalmente comprovadas, serão ressarcidas pelo executado, mesmo quando sobrevier substituição da penhora, conciliação, pagamento, remição ou adjudicação (art. 7º, § 7º, da Resolução nº 236/2016 do CNJ).

436-A. Leilão eletrônico (particularidades)

Entre as exigências para credenciamento do leiloeiro público pelo tribunal figura a declaração de possuir infraestrutura para a realização de leilões eletrônicos, bem como a de adotar medidas tecnológicas para garantir a privacidade, a confidencialidade, a disponibilidade e a segurança das informações de seus sistemas informatizados, para homologação pelo tribunal (Resolução nº 236/CNJ, art. 2º, § 1º, IV).

---

[51] "I – A expressão 'obrigatoriamente', inserta no § único do art. 24 do Decreto-lei nº 21.981/32, revela que a intenção da norma foi estabelecer um valor mínimo, ou seja, pelo menos cinco por cento sobre o bem arrematado. II – Não há limitação quanto ao percentual máximo a ser pago ao leiloeiro a título de comissão. III – Não há que se falar na exigência de negociação prévia acerca da remuneração do leiloeiro, pois com a publicação do edital, o arrematante teve ciência de todos os seus termos, oportunidade em que poderia ter impugnado o valor referente à comissão. IV – No caso dos autos, o arrematante não só não impugnou, como também pagou o valor, pois o despacho originário do presente agravo de instrumento determina a devolução do valor considerado pago a maior. Dessa forma, resta claro que sobre montante consentiu e anuiu. V – Não se vislumbra óbice à cobrança da taxa de comissão do leiloeiro no percentual de 10% sobre o valor do bem arrematado. VI – Recurso especial conhecido e provido" (STJ, 5ª T., REsp 680.140/RS, Rel. Min. Gilson Dipp, ac. 02.02.2006, *DJU* 06.03.2006, p. 429).

[52] STJ, 4ª T., REsp 1.179.087/RJ, Rel. Min. Luis Felipe Salomão, ac. 22.10.2013, *DJe* 04.11.2013.

Essa modalidade eletrônica de leilão judicial deverá ser aberta para recepção de lances com, no mínimo, cinco dias de antecedência da data designada para o início do período em que se realizará o leilão (art. 886, IV, do CPC) (Resolução nº 236, art. 11).

O interessado em participar da alienação eletrônica, por meio da *internet*, deverá se cadastrar previamente no *site* respectivo (Resolução nº 236, art. 12). O cadastro de licitantes será eletrônico (*idem,* art. 14, § 1º). Caberá ao juiz ou ao leiloeiro definir a duração do período para realização da alienação, o qual constará do edital cuja publicação deverá ocorrer com antecedência mínima de cinco dias da data inicial do leilão (CPC/2015, art. 887, § 1º; Resolução nº 236, art. 20).

Durante a alienação, os lances serão oferecidos diretamente no sistema do gestor e imediatamente divulgados *on-line*, de modo a viabilizar a preservação do tempo real das ofertas (Resolução nº 236, art. 22, *caput*). Não serão admitidos lances por *e-mail* por posterior registro no *site* do leiloeiro, assim como qualquer outra forma de intervenção humana na coleta e no registro dos lances (*idem,* parágrafo único).

Aceito o lance vencedor, o sistema emitirá guia de depósito judicial identificado vinculado ao juízo da execução (*idem*, art. 23). O acesso imediato do juízo à alienação deverá ser disponibilizado pelo leiloeiro (*idem*, art. 28). Todo o procedimento será gravado em arquivos eletrônicos e de multimídia, com capacidade para armazenamento de som, dados e imagens (*idem*, art. 34).

No leilão eletrônico, da mesma forma que no presencial, é possível a proposta de pagamento parcelado, prevista no art. 895 do CPC/2015. O momento para a apresentação da proposta será aquele anterior ao início do leilão via internet (art. 886, IV)[53]. Aberto o pregão, já não mais será possível tal proposta, a não ser na hipótese de segundo leilão, caso em que se reabrirá a oportunidade de arrematação por preço parcelado (art. 895, II).

437. Publicidade do edital

O art. 887 dispõe sobre a divulgação e publicidade do edital. Inicialmente, o leiloeiro público deverá adotar providências para a ampla divulgação da alienação (art. 887, *caput*). O anúncio da alienação é mesmo o primeiro dos deveres do leiloeiro, previsto no inc. I do art. 884.

O edital necessário deve ser publicado com antecedência mínima de cinco dias da data marcada para o leilão (art. 887, § 1º). Trata-se de prazo processual, que deverá ser contado em dias úteis.

O edital será publicado, em regra, "na rede mundial de computadores, em sítio designado pelo juízo da execução, e conterá descrição detalhada e, sempre que possível, ilustrada dos bens, informando expressamente se o leilão se realizará de forma eletrônica ou presencial" (§ 2º do art. 887). Vê-se, assim, que, mesmo que se trate de leilão *presencial*, a publicação, em regra, deverá se dar por meio eletrônico.

"Não sendo possível a publicação na rede mundial de computadores ou considerando o juiz, em atenção às condições da sede do juízo, que esse modo de divulgação é insuficiente ou inadequado, o edital será afixado em local de costume e publicado, em resumo, pelo menos uma vez em jornal de ampla circulação local" (art. 887, § 3º). Observar-se-á também na divulgação pela imprensa a antecedência mínima de cinco dias determinada pelo § 1º do art. 887.

---

[53] "No leilão eletrônico, a proposta de pagamento parcelado (art. 895 do CPC), observado o valor mínimo fixado pelo juiz, deverá ser apresentada até o início do leilão, nos termos do art. 886, IV, do CPC" (Enunciado nº 157/CEJ/CJF).

"Atendendo ao valor dos bens e às condições da sede do juízo, o juiz poderá alterar a forma e a frequência da publicidade na imprensa, mandar publicar o edital em local de ampla circulação de pessoas e divulgar avisos em emissora de rádio ou televisão local, bem como em sítios distintos dos indicados no § 2º" (art. 887, § 4º).

"Os editais de leilão de imóveis e de veículos automotores serão publicados pela imprensa ou por outros meios de divulgação, preferencialmente na seção ou no local reservados à publicidade dos respectivos negócios" (art. 887, § 5º).

As publicações, por deliberação do juiz, poderão ser reunidas em listas referentes a mais de uma execução, como forma de economia processual (art. 887, § 6º).

438. Intimação da alienação judicial ao devedor

O art. 889 do CPC/2015 dispõe sobre a cientificação da alienação judicial, ou seja, sobre a intimação das partes e demais interessados. A falta da intimação, por exemplo, do credor não exequente, mas com garantia real sobre o bem penhorado, acarretará a ineficácia da alienação do bem gravado, em relação ao credor pignoratício, hipotecário ou anticrético não intimado (arts. 804, *caput*, e 903, § 1º, II).

Assim, além do exequente (na pessoa do seu advogado), deverá, em primeiro lugar, ser intimados da alienação judicial, com pelo menos cinco dias de antecedência, o executado (também por meio do seu advogado). Não tendo procurador constituído nos autos, a intimação se efetuará, por carta registrada, mandado, edital ou outro meio idôneo (art. 889, I).[54] A intimação pessoal só se aplica ao executado com endereço conhecido no juízo, ainda que revel. Ignorado o atual paradeiro do executado, ou seja, "se o executado for revel e não tiver advogado constituído, não constando dos autos seu endereço atual ou, ainda, não sendo ele encontrado no endereço constante do processo, a intimação considerar-se-á feita por meio do próprio edital de leilão" (parágrafo único do art. 889).

Na execução fiscal, além do executado, também o procurador da Fazenda Pública exequente será intimado pessoalmente da arrematação, com antecedência mínima de 10 e máxima de 30 dias (Lei nº 6.830/1980, art. 23, § 2º).

Entre outros meios idôneos, a critério do juiz, para realizar a cientificação ao executado do local, dia e hora da hasta pública podem ser lembrados o telegrama, o telex, e o telefax, com as devidas cautelas.

439. Outras intimações da alienação judicial

O art. 889 do CPC/2015 arrola ainda outras pessoas cuja intimação da alienação judicial se faz necessária. Serão elas apontadas e analisadas a seguir.

---

[54] A só publicação do edital de hasta pública não basta para ter-se o executado revel como intimado para os efeitos do art. 687, § 5º. É preciso que o edital, na espécie, contenha a expressa finalidade de cientificação do devedor. Podem reunir-se num só edital as duas finalidades, desde que fique clara a intimação para os fins do art. 687, § 5º. Isto, porém, somente será admissível no caso de impossibilidade da intimação por meio de advogado, mandado ou carta (STJ, 4ª T., REsp 156.404/SP, Rel. Min. Sálvio de Figueiredo, ac. 25.10.1999, *DJU* 13.12.1999, *RSTJ* 130/356). Nesse sentido: STJ, 3ª T., REsp 944.455/SP, Rel. Min. Humberto Gomes de Barros, ac. 17.03.2008, *DJe* 13.05.2008. Por outro lado: "A intimação pessoal da realização da hasta pública é necessária apenas em relação ao devedor-executado, cujo bem será alienado, sendo desnecessária em relação ao seu cônjuge. Inteligência do § 5º do art. 687 do CPC" (STJ, 3ª T., REsp 981.669/TO, Rel. Min. Nancy Andrighi, ac. 12.08.2010, *DJe* 23.08.2010).

I – Outros credores com direito incidente sobre os bens a leiloar

(a) O credor pignoratício, hipotecário, anticrético, fiduciário ou com penhora anteriormente averbada, quando a penhora recair sobre bens com tais gravames, caso não seja o credor, de qualquer modo, parte na execução (inciso V):

Assim, qualquer bem penhorado sobre o qual recaia alguma garantia real (móvel ou imóvel) provocará a necessidade de intimação do respectivo credor antes da realização do leilão judicial.

(b) Credor com penhora sobre o mesmo bem:

Não é só o direito real de garantia que se há de levar em conta. Também o credor, mesmo quirografário, que tenha penhora anteriormente averbada sobre o bem a ser leiloado, terá de ser intimado da alienação do bem na execução de que não é parte. Para o credor quirografário, todavia, a obrigação de intimação pressupõe que sua penhora tenha sido averbada em registro público, nos moldes do art. 844. Em relação a bens não averbados, para que o juiz de uma execução fique sujeito ao dever de intimar o credor de outro processo, é necessário que a segunda penhora seja comunicada nos autos pelo interessado a fim de que a conexão de constrições judiciais se oficialize perante o juízo em que a alienação irá se efetivar (v., *retro*, o item nº 291).

Uma vez, portanto, que seja do conhecimento do juízo a intercorrência de penhoras sobre o mesmo bem em processos diferentes, não poderá se dar a alienação judicial sem que todos os credores com penhora sobre ele tenham sido intimados com a antecedência mínima de cinco dias (art. 889, V).

A importância da intimação anterior à alienação do bem penhorado está em que a sua omissão permite ao prejudicado, inclusive no caso de outro credor com penhora averbada, pleitear a ineficácia do ato expropriatório (art. 903, § 1º, II). É o caso, por exemplo, do credor, mesmo sendo quirografário, que perde a oportunidade de adjudicação dos bens levados a leilão, ou de exercício do direito de preferência sobre o produto da expropriação, assegurado pela gradação cronológica das penhoras.

(c) Consequência da falta de intimação dos credores concorrentes:

A consequência da não intimação, particularmente para o credor hipotecário, é a nulidade da alienação irregular. Essa medida pode ser postulada por meio de embargos de terceiro (art. 674, § 2º, IV) ou por ação autônoma (art. 903, § 4º). Pode ainda ser alegada, incidentalmente, perante o juízo da execução, se ainda não expedida a carta para registro no Registro de Imóveis (art. 903, § 2º). Não pode ser decretada de ofício, nem a requerimento de outrem, como o executado ou algum terceiro interessado. É que cabe ao credor não intimado escolher entre conservar seu direito real perante o adquirente ou desconstituir a arrematação.[55]

II – Titulares de direito real sobre o bem a leiloar

Além dos credores com garantia real, titulares de outros direitos reais sobre o bem penhorado também devem ser cientificados de sua alienação judicial, com a devida antecedência. São eles, ainda de acordo com o art. 889:

---

[55] TRF, 5ª R., Ap 91.859/SP, Rel. Min. Torreão Braz, ac. 14.04.1986, *Bol. TRF* 124/15. O credor hipotecário não intimado para a arrematação, se quiser invalidá-la deverá interpor em tempo útil os embargos à arrematação. Se não o fizer não lhe será lícito usar embargos de terceiro para obstar a imissão na posse do arrematante. Ocorrerá a "persistência do gravame hipotecário que persegue a coisa dada em garantia com quem quer que esteja, enquanto não cumprida a obrigação assegurada pela sujeição do imóvel ao vínculo real" (STJ, 3ª T., REsp 303.325/SP, Rel. Min. Nancy Andrighi, ac. 26.10.2004, *DJU* 06.12.2004, p. 283).

(a) o coproprietário de bem indivisível do qual tenha sido penhorada fração ideal (inciso II);[56]

(b) o titular de usufruto, uso, habitação, enfiteuse, direito de superfície, concessão de uso especial para fins de moradia ou concessão de direito real de uso, quando a penhora recair sobre bem gravado com tais direitos reais (inciso III);

(c) o proprietário do terreno submetido ao regime de direito de superfície, enfiteuse, concessão de uso especial para fins de moradia ou concessão de direito real de uso, quando a penhora recair sobre tais direitos reais (inciso IV);

(d) o promitente comprador, quando a penhora recair sobre bem em relação ao qual haja promessa de compra e venda registrada (inciso VI);

(e) o promitente vendedor, quando a penhora recair sobre direito aquisitivo derivado de promessa de compra e venda registrada (inciso VII);

(f) a União, o Estado e o Município, no caso de alienação de bem tombado (inciso VIII).

Para cumprir a garantia do devido processo legal – que não permite seja o titular privado de seus direitos sem participar de contraditório e sem oportunidade de defesa (CF, art. 5º, LIV e LV) – não são apenas os credores aludidos no inciso V do art. 889 que haverão de ser intimados antes da arrematação. Todo aquele que tiver algum direito real sobre o bem penhorado terá de ser previamente cientificado pelo juízo acerca do praceamento designado.

Assim, nos casos de alienação em fraude de execução, em que a propriedade se transfere para terceiro adquirente, mas o bem continua sujeito a responder pelo débito do executado (art. 790, V), o atual proprietário não poderá deixar de ser intimado da arrematação, sob pena de nulidade do ato.[57]

Se o mero titular de hipoteca tem de ser intimado, *in casu*, com maior razão haverá de sê-lo quem figure no Registro de Imóveis como o legítimo proprietário do bem posto à arrematação.[58]

440. Adiamento do leilão

O leilão deve realizar-se no horário normal do expediente forense. Por isso, se for ultrapassado o horário de expediente forense, o leilão deverá ser suspenso para prosseguir no dia útil imediato, à mesma hora em que teve início, independentemente de novo edital (CPC/2015, art. 900).

---

[56] A intimação do condômino da coisa indivisível destina-se a assegurar-lhe preferência na aquisição do bem penhorado (STJ, 2ª Seção, REsp 489.860/SP, Rel. Min. Nancy Andrighi, ac. 27.10.2004, *DJU* 13.12.2004, p. 212; STJ, 1ª T., REsp 899.092/RS, Rel. Min. Denise Arruda, ac. 15.02.2007, *DJU* 22.03.2007, p. 320).

[57] "O julgamento da fraude de execução sem a ouvida do devedor (alienante) e do terceiro (adquirente) é inconstitucional por ferir mortalmente o princípio do devido procedimento legal" (SOUZA, Gelson Amaro de. Fraude de execução e o devido processo legal. *Gênesis – Revista de Direito Processual Civil*, v. 16, p. 272, jul./2004). Nesse sentido, decidiu o STJ que a regra do art. 698 do CPC deve ser estendida ao atual proprietário do imóvel a pracear (isto é, àquele que o adquiriu em condições de fraude à execução), para que se respeite a garantia do contraditório. A falta de intimação, na espécie, "anula a garantia do devido processo legal" (STJ, 3ª T., REsp 2.008/SP, Rel. Min. Dias Trindade, ac. 10.06.1991, *Lex-JSTJ* 31/40). No mesmo sentido: STJ, 3ª T., REsp 23.753/SP, Rel. Min. Dias Trindade, ac. 31.08.1992, *DJU* 28.09.1992, p. 16.429.

[58] "Para declarar a ineficácia do negócio em relação ao credor é necessária a intimação do adquirente para fazer parte do processo" (TRF, 1ª R., AI 91.01.125095/MG, 3ª T., Rel. Juiz Vicente Leal, ac. 27.11.1991, *Lex-JSTJ* 35/386). Ainda no sentido da obrigatoriedade da intimação do adquirente em fraude de execução, antes do praceamento, sob pena de nulidade, é o acórdão de 10.06.1991, do STJ, no REsp 2.008/SP, Rel. Min. Waldemar Zveiter (*Lex-JSTJ* 31/40).

Ocorrendo qualquer motivo que impeça a realização do leilão na data marcada, como suspensão extraordinária do serviço forense, doença súbita do leiloeiro etc., não será necessária a designação em edital de nova praça ou leilão; bastará que o juiz publique aviso com as mesmas cautelas previstas no art. 887 informando sobre a transferência (art. 888).

Se o adiamento tiver motivo em culpa do escrivão, do chefe de secretaria, ou do leiloeiro, o culpado ficará responsável pelas despesas da nova publicação, podendo o juiz, ainda, aplicar-lhe a pena de suspensão por cinco dias a três meses, em procedimento administrativo regular (art. 888, parágrafo único).

441. O leilão judicial

A arrematação faz-se em leilão judicial que, na forma presencial, consiste no pregão por meio do qual o agente do juízo (leiloeiro público) anuncia, publicamente e em alta voz, os bens a alienar, convocando os interessados a fazer seus lances.[59]

Licitante, pois, é o que intervém no leilão (interessado ou até o próprio exequente) e faz proposta, por meio de lance, para adquirir o bem penhorado. E *arrematante* é o licitante autor do maior lance, ou seja, aquele ao qual o juiz transfere, por meio da expropriação executiva, o bem penhorado e levado ao leilão judicial.

Na eventualidade de não surgir licitante algum, o primeiro leilão estará frustrado. Lavrar-se-á auto negativo e aguardar-se-á o segundo leilão, cuja designação já terá constado do edital. No novo leilão judicial, a arrematação já não mais estará limitada ao preço de avaliação. Não se admite, contudo, que o preço da arrematação, mesmo na segunda licitação, seja vil (art. 895, II), já que isto frustraria o próprio objetivo da execução forçada, que é o de resgatar a dívida ajuizada, e provocaria uma onerosidade excessiva para o devedor.

A proibição de arrematar o bem penhorado a preço vil, inicialmente de criação pretoriana, passou a texto expresso de lei com o CPC/1973 (art. 692, na redação das Leis nos 6.851/1980 e 8.953/1994). Porém, o CPC/2015 inovou ao quantificar e tarifar o que se entende por preço vil, pondo fim às controvérsias a seu respeito. Prevê o parágrafo único do art. 891 que se considera "vil o preço inferior ao mínimo estipulado pelo juiz e constante do edital, e, não tendo sido fixado preço mínimo, considera-se vil o preço inferior a cinquenta por cento do valor da avaliação".

Recusado o lance por preço vil, é como se o leilão tivesse se encerrado sem licitante. Ficará, assim, aberta ao credor a possibilidade de requerer a adjudicação. O mesmo acontecerá se a arrematação vier a ser anulada por igual motivo. No leilão judicial o pagamento do preço correspondente ao maior lance deve ser imediato. Há no entanto possibilidade de o juiz permitir propostas de pagamento a prazo ou em prestações. É o que examinaremos no tópico seguinte.

Outro caso que pode afetar a validade da arrematação é o do preço defasado em virtude de longo prazo decorrido entre a avaliação e a licitação. O STJ, por exemplo, decidiu que "a realização de leilão mais de dois anos após a data em que feita a avaliação do imóvel é capaz de impor prejuízo ao executado, pois tal lapso temporal é suficiente para alterar substancialmente o valor do bem. 2. Ademais, é de se considerar que a variação do valor de imóveis perante o mercado imobiliário não ocorre pelos mesmos índices aplicáveis à dívida executada, de modo que se torna essencial que o leilão ocorra com base no valor atualizado do bem, para evitar descompasso entre o valor pago pelo arrematante e o verdadeiro valor do bem"[60].

Assim, diante do largo tempo transcorrido depois da avaliação, é medida de prudência a atualização do respectivo valor antes de levar o bem penhorado à hasta pública.

---

[59] O Código de 2015 estimula a adoção, sempre que possível, de leilão por meio eletrônico, recomendando aos tribunais a edição de disposições complementares sobre o respectivo procedimento (art. 880, § 3º), prevendo outrossim que o leilão será presencial, "não sendo possível a sua realização por meio eletrônico" (art. 882, *caput*).

[60] STJ, 4ª T., AgInt no Resp 1.130.982/PB, Rel. Min. Raul Araújo, ac. 15.08.2017, *DJe* 29.08.2017.

442. Aquisição do bem leiloado a prazo

I – Oportunidade para pleitear a aquisição a prazo

O CPC/2015, em seu art. 895, traz novas e importantes regras referentes à apresentação das propostas e do pagamento do preço pelos interessados na aquisição do bem penhorado em prestações.

Até o início do primeiro leilão, os interessados em adquirir o bem penhorado poderão apresentar suas propostas de aquisição do bem, por valor não inferior ao da avaliação (art. 895, I). As propostas deverão ser apresentadas por escrito, e a qualquer momento até antes do início do leilão.

Frustrada a primeira licitação, poderá, ainda, ser apresentada proposta para aquisição em prestações, até o início do segundo leilão, o limite mínimo do preço de avaliação já não será exigível. Não se aceitará, porém, valor considerado vil (art. 895, II). O CPC/2015, pondo fim às polêmicas estabelecidas ao tempo do Código anterior, cuidou de definir o que legalmente configura o preço vil (art. 891, parágrafo único).

II – A proposta

A proposta de aquisição a prazo, apresentada pelos licitantes, deverá conter oferta de pagamento de pelo menos vinte e cinco por cento do valor do lance à vista, e o restante, parcelado em até trinta meses, garantido por caução idônea, quando se tratar de bens móveis, e por hipoteca do próprio bem, quando se tratar de imóveis (art. 895, § 1º).

Havendo o parcelamento, as propostas deverão indicar o prazo, a modalidade, o indexador de correção monetária e as condições de pagamento do saldo (art. 895, § 2º). A proposta nem sempre se referirá a parcelamento, podendo limitar-se a um prazo único para o resgate do remanescente do preço proposto.

Sobre a correção monetária, havia a previsão do § 3º do art. 895, que foi vetada pela Presidência da República. O dispositivo dispunha que "as prestações, que poderão ser pagas por meio eletrônico, serão corrigidas mensalmente pelo índice oficial de atualização financeira, a ser informado, se for o caso, para a operadora do cartão de crédito". A justificativa para o veto foi de que "o dispositivo institui correção monetária mensal por um índice oficial de preços, o que caracteriza indexação. Sua introdução potencializaria a memória inflacionária, culminando em uma indesejada inflação inercial".

III – Mora ou inadimplemento do adquirente

Admitido o parcelamento, a alienação aperfeiçoar-se-á pela lavratura do auto de arrematação, no qual se mencionarão as condições nas quais se deu a alienação do bem (art. 901).

Se o adquirente atrasar no pagamento de qualquer das prestações ajustadas, incorrerá em multa de dez por cento a incidir sobre a soma da parcela inadimplida com as parcelas vincendas (art. 895, § 4º).

Ocorrendo o inadimplemento, autoriza-se o exequente a optar por: *(i)* pedir a resolução da arrematação; ou *(ii)* promover, em face do arrematante, a execução do valor devido, com acréscimo da multa de dez por cento. Ambos os pedidos devem ser formulados nos autos da execução em que se deu a arrematação (art. 895, § 5º).

IV – Realização do leilão, não obstante a proposta de parcelamento

As propostas que contemplam o pagamento parcelado não suspendem o leilão (art. 895, § 6º). A ideia do dispositivo é permitir que haja a realização do leilão, para que se dê verdadeira concorrência entre as propostas apresentadas antecipadamente, com as ofertas feitas durante o leilão. Embora seja admissível o parcelamento, sempre prevalecerá a proposta do pagamento do lance à vista sobre as propostas de pagamento parcelado (art. 895, § 7º).

Recomenda-se, todavia, cautela ao aplicar tal dispositivo. Na prática, podem ocorrer situações em que a proposta parcelada seja mais vantajosa para o exequente. Como exemplo, podemos citar uma proposta que ofereça R$ 25.000,00 à vista, para um bem avaliado em R$ 50.000,00. E, por outro lado, uma proposta parcelada que ofereça R$ 40.000,00, sendo R$ 15.000,00 à vista e R$ 25.000,00 em dez parcelas. Nessa hipótese, a proposta parcelada é mais vantajosa, principalmente quando houver previsão de correção monetária.

Havendo dúvida, será conveniente que o juiz ouça o exequente antes de decidir pela aplicação de tal dispositivo.

O § 8º do art. 895 dispõe sobre a concorrência entre propostas de pagamento parcelado. Neste caso: *(i)* em diferentes condições, o juiz decidirá pela mais vantajosa, assim compreendida, sempre, a de maior valor (inc. I); e *(ii)* em iguais condições, o juiz decidirá pela formulada em primeiro lugar. Também nessas situações, cabe a cautela de ouvir-se o exequente antes de o juiz decidir qual a proposta vencedora.

V – O cumprimento das prestações

Nos respectivos vencimentos o adquirente recolherá em juízo o valor de cada prestação ajustada. Até o limite do crédito exequendo, os valores depositados pertencerão ao exequente, que os levantará durante o curso do cumprimento dos termos previstos na arrematação (art. 895, § 9º).

Uma vez saldado o débito ajuizado, os depósitos subsequentes, se houver, serão destinados ao executado, salvo se outras penhoras pesarem cumulativamente sobre o bem arrematado. Nesse caso, sobre o saldo sobejante da primeira, sub-rogar-se-ão as demais penhoras.

443. Legitimação para arrematar

Podem lançar na hasta pública todos que estiverem na livre administração de seus bens (art. 890, *caput*). Trata-se de negócio jurídico que, obviamente, exige do agente a necessária capacidade de exercício. Não podem, assim, licitar, os incapazes, nem aqueles que juridicamente estejam privados da livre administração de seus bens como o falido, o insolvente e o interdito.

Além desses casos, também não é permitido participar da licitação às seguintes pessoas (art. 890):

(a) tutores, curadores, testamenteiros, administradores ou liquidantes, quanto aos bens confiados à sua guarda e à sua responsabilidade (inciso I);

(b) mandatários, quanto aos bens de cuja administração ou alienação estejam encarregados (inciso II);

(c) juiz, membro do Ministério Público e da Defensoria Pública, escrivão, chefe de secretaria e demais servidores e auxiliares da justiça, em relação aos bens e direitos objeto de alienação na localidade onde servirem ou a que se estender a sua autoridade (inciso III);

(d) servidores públicos em geral, quanto aos bens ou aos direitos da pessoa jurídica a que servirem ou que estejam sob sua administração direta ou indireta (inciso IV);

(e) leiloeiros e seus prepostos, quanto aos bens de cuja venda estejam encarregados (inciso V);

(f) advogados de qualquer das partes (inciso VI).

São ainda impedidos de lançar no novo leilão o arrematante e o fiador remissos (art. 897), fato que ocorre quando o preço da arrematação a prazo não é pago no devido tempo e o exequente não prefere executá-lo.

Os lances de pessoas impedidas não podem ser recebidos pelo pregoeiro. Se porventura ocorrer a sua indevida admissão e o arrematante vier a ser uma dessas pessoas, caberá ao juiz, quando conhecer o vício, deixar de expedir a carta de arrematação.

O credor, também, pode licitar. Atualmente não mais se admite a adjudicação após a arrematação, que somente pode ser realizada quando pleiteada antes do leilão (art. 876), ou depois de frustrado o leilão por falta de licitantes (art. 878). Quando isto não se der, o credor tem que disputar a licitação, se tiver interesse na aquisição dos bens penhorados. Mas, se for o único credor, não fica obrigado a exibir o preço, como os demais licitantes (art. 892, § 1º).

A dispensa pressupõe, porém, que a execução seja feita apenas no interesse do exequente e que não haja excesso de valor do bem sobre o crédito, nem privilégios de terceiros. Terá, assim, de depositar o preço, ou a diferença, quando:

(a) o valor da arrematação superar seu crédito (art. 892, § 1º);

(b) houver prelação de estranhos sobre os bens arrematados (art. 905, II);

(c) a execução for contra devedor insolvente (CPC/1973, arts. 748 e ss.).[61]

A falta de depósito do lance do credor (ou da diferença) nos casos enumerados dá lugar ao desfazimento da arrematação, voltando os bens ao leilão à custa do exequente (art. 892, § 1º).

Já se discutiu ao tempo do Código anterior sobre se o credor, para licitar, estaria sempre obrigado, mesmo na segunda licitação, a arrematar pelo valor mínimo da avaliação. Mas o Supremo Tribunal Federal superou a divergência e fixou o entendimento de que não há discriminação legal contra o exequente, que, também, pode perfeitamente, em pé de igualdade com os demais pretendentes, licitar abaixo do preço de avaliação, no segundo leilão. Portanto, o depósito que o credor arrematante está obrigado a fazer é o correspondente à diferença entre o crédito e o valor do lance vencedor. Tratando-se de segundo leilão, não há falar em valor de avaliação, pois a venda se faz a quem mais der.[62] Todavia, respeitar-se-á sempre a vedação do preço vil (CPC/2015, art. 891).

Se o leilão for de diversos bens e houver mais de um lançador, será preferido aquele que se propuser arrematá-los todos, em conjunto, oferecendo para os bens que não tiverem lance, preço igual ao da avaliação e, para os demais, preço igual ao do maior lance que, na tentativa de arrematação individualizada, tenha sido oferecido para eles (art. 893).

Quando os bens forem sendo parceladamente arrematados, será suspensa a hasta pública, logo que o produto da alienação já se mostrar suficiente para o pagamento do exequente (art. 899).

444. Forma de pagamento e formalização da arrematação

A arrematação é, normalmente, feita com dinheiro à vista. Em regra, e salvo pronunciamento judicial diverso, o pagamento deverá ser realizado de imediato pelo arrematante, por depósito judicial ou por meio eletrônico (art. 892, *caput*). O deferimento de prazo para o pagamento do preço da arrematação é excepcional, e importa exigência de prestação de caução, que pode ser real ou fidejussória.

---

[61] Tais dispositivos continuam em vigor por força do art. 1.052 do CPC/2015.
[62] STF, 1ª T., RE 91.187, Rel. Min. Soares Muñoz, ac. 26.06.1979, *Juriscível do STF* 81/107. No mesmo sentido firmou-se a jurisprudência do STJ 4ª T., REsp 325.291/MS, Rel. Min. Aldir Passarinho, *DJU* 29.10.2001, p. 212.

Tão logo seja concluída a alienação, será imediatamente lavrado auto de arrematação, que poderá abranger bens penhorados em mais de uma execução, nele mencionadas as condições nas quais foi alienado o bem (art. 901). A ordem de entrega do bem móvel ou a carta de arrematação do bem imóvel, com o respectivo mandado de imissão na posse, será expedida depois de cumpridas as seguintes providências: *(i)* depósito do preço da arrematação, ou prestadas as garantias pelo arrematante; e *(ii)* pagamento da comissão do leiloeiro e das demais despesas da execução (§ 1º do art. 901). Se o preço não for pago no prazo estabelecido ou se não for oferecida caução idônea, em caso de pagamento parcelado (art. 895, § 1º), a arrematação poderá ser resolvida (art. 903, § 1º, III).

Diante do inadimplemento do arrematante e de seu fiador, só resta recolocarem-se os bens em novo leilão. A sanção aplicável será a perda da caução eventualmente prestada, em benefício do exequente, e a interdição, para o arrematante e o fiador remissos, de participar do novo leilão (art. 897).

Se o inadimplemento for apenas do arrematante, o fiador que houver pago o valor do lance e a multa poderá requerer ao juiz da execução que a arrematação lhe seja transferida (art. 898).

445. Auto de arrematação

Qualquer que seja a modalidade de leilão, o aperfeiçoamento da arrematação ocorre com a assinatura do auto respectivo, que é lavrado pelo agente que houver promovido o leilão, isto é, o leiloeiro público (CPC/2015, art. 903, *caput*).

O leiloeiro encerrará a hasta pública, lavrando o respectivo auto, que será assinado por ele, pelo arrematante e pelo juiz. Ao escrivão caberá juntá-lo aos autos do processo. Não lhe cabe lavrá-lo nem assiná-lo. Apenas procederá à sua incorporação ao processo, mediante termo de juntada.

Uma importante inovação do CPC/1973, mantida pelo CPC/2015, foi a explicitação de que os embargos do executado, ainda pendentes, não impedem que a arrematação, com o auto, se aperfeiçoe, tornando-se irretratável. Nem mesmo a sentença de procedência dos embargos, proferida ulteriormente à arrematação, comprometerá, por si só, a eficácia da alienação judicial (art. 903). Da mesma forma, a ação autônoma em que se pleiteia a invalidação da arrematação não impede seu aperfeiçoamento (novidade trazida pelo CPC/2015). O efeito operará apenas entre executado e exequente. Em ambos os casos, fica assegurada ao executado a possibilidade de reparação pelos prejuízos sofridos em face do exequente (art. 903, *caput* e § 4º). A execução do título extrajudicial é sempre definitiva, e os embargos do executado não têm, em regra, efeito suspensivo, de modo que, não obstante a oposição deles, a expropriação pode consumar-se de maneira irreversível. Prevê, outrossim, o art. 1.012, § 2º, uma situação em que a execução iniciada como definitiva se torna temporariamente provisória: isto acontece quando os embargos do devedor foram processados com efeito suspensivo e a sentença os julgou improcedentes. A apelação, na espécie, não impedirá que a execução (até aquele momento, suspensa) retome seu curso, mas isto se dará, por previsão legal, em caráter de execução provisória, enquanto não julgado o recurso.

Mesmo em tal situação, a eventual arrematação não sofrerá prejuízo, em sua eficácia, se a apelação do executado-embargante for afinal provida. Tudo se resolverá em perdas e danos, entre as partes da execução, segundo a sistemática do art. 520, § 4º.

A diferença prática entre a execução definitiva e a provisória está na exigência de caução para que, nesta última, se promova a arrematação (art. 520, IV). Não se garante, todavia, o retorno dos bens ao executado quando expropriados em execução provisória. O que se prevê é a responsabilidade do exequente pela reparação das perdas e danos sofridos pelo executado (art. 520, I). A caução que a lei impõe ao exequente tem justamente a função de garantir o ressarcimento dessas perdas e danos, caso a vitória na apelação favoreça o executado.

Em suma: na execução definitiva a arrematação com pagamento à vista se dá sem exigência de caução; mas, na provisória e na arrematação com pagamento parcelado, essa garantia é indispensável. De qualquer modo, com ou sem caução, a eventual arrematação, uma vez autorizada pela lei, não se dará de maneira precária ou resolúvel, mas sempre se tornará, a benefício do terceiro arrematante, ato perfeito, acabado e irretratável, se praticada sem vícios invalidantes. É isto que se acha previsto no art. 520, inc. I, do CPC/2015 de que vem, muito explicitamente, proclamado no *caput* do seu art. 903, quando se ressalta a perfeição e irretratabilidade da arrematação, "ainda que venham a ser julgados procedentes os embargos do executado".[63]

446. Arrematação de imóveis

Existem regras especiais sobre a arrematação de *imóveis* que compreendem, além da alienação por meio de proposta escrita, a proteção especial ao proprietário incapaz, a alienação fracionada do imóvel divisível e a alienação de todo o imóvel indivisível. Vejamos cada uma delas.

(a) Proposta escrita até o início do leilão

A alienação judicial dos imóveis é feita em leilão judicial eletrônico ou presencial (art. 886, IV), seguindo, ordinariamente, a regra do pagamento imediato, por depósito judicial ou por meio eletrônico (art. 892).

Admite-se, porém, a possibilidade de um regime especial de propostas de pagamento parcelado, com oferta de pelo menos 25% à vista (art. 895, § 1º).[64] Para utilizar esse regime excepcional, os interessados deverão apresentar proposta por escrito ao juízo da execução, até o início do leilão, a qual será juntada aos autos para exame e deliberação durante o leilão. Vê-se, pois, que a existência de proposta de aquisição em prestações não suspende o leilão (art. 895, § 6º).[65] Se na praça houver ofertas de pagamento à vista e parcelado, preferirá, sem dúvida, aquela formulada pelo proponente da aquisição mediante pagamento à vista (art. 895, § 7º). Não se deve aplicar essa regra em caráter inflexível e absoluto. Não é, por exemplo, de se desprezar uma proposta de pagamento parcelado que ofereça um preço substancialmente superior ao preço à vista, suficiente para cobrir, com larga margem, os acréscimos de juros e correção do crédito exequendo durante o tempo de espera. Necessária, em tais casos, a ouvida do exequente, antes de o juiz decidir entre o pagamento à vista e o parcelado, dada a excepcionalidade da solução.[66]

---

[63] Na sistemática atual – é importante sublinhar – os embargos do devedor não têm, de ordinário, efeito suspensivo, o que permite o prosseguimento da execução em caráter definitivo, mesmo quando embargada pelo executado (art. 919 do CPC/2015).

[64] No CPC/1973, a arrematação por prestações era admitida apenas para bens imóveis (art. 690, § 1º). O CPC/2015 ampliou essa possibilidade para todos os bens penhorados indistintamente, sejam imóveis ou não (art. 895).

[65] "Na venda por proposta, é obrigatória, sob pena de nulidade, a publicação dos editais de praça (*RTFR* 136/91)" (NEGRÃO, Theotonio; GOUVÊA, José Roberto F. *Código de Processo Civil e legislação processual em vigor*. 38. ed. São Paulo: Saraiva, 2006, p. 815, nota 1 ao art. 700).

[66] "Não é causa de invalidade da arrematação o ulterior acordo entre o credor e o arrematante para parcelamento do preço pago pelo bem arrematado, considerando que este é superior ao da avaliação judicial e que houve a redução imediata e integral do saldo devedor, com a imposição ao credor dos riscos pelo não pagamento das parcelas vincendas (STJ, *RF* 378/279; 3ª T., REsp 557.467)" (NEGRÃO, Theotonio; GOUVÊA, José Roberto F. *Código de Processo Civil e legislação processual em vigor*. 38. ed. São Paulo: Saraiva, 2006, p. 815, nota 2ª ao art. 700).

(b) Imóvel de incapaz

Quando o leilão referir-se a imóvel de incapaz e o preço atingido não alcançar, pelo menos, 80% do valor da avaliação, a hasta pública não se ultimará. O bem será confiado à guarda e à administração de depositário idôneo, ficando a alienação adiada por prazo fixado pelo juiz, não superior a um ano (art. 896, *caput*).

Será lícito ao juiz, também, autorizar a locação do imóvel durante o prazo do adiamento (art. 896, § 3º), caso em que as rendas se aplicarão na amortização do crédito exequendo.

Aparecendo, durante o adiamento, pretendente que assegure, mediante caução idônea, o preço da avaliação, o juiz ordenará, de imediato, a alienação em leilão (art. 896, § 1º). Se vier a arrepender-se da proposta e o imóvel não for arrematado por outrem, o juiz imporá ao proponente multa de vinte por cento sobre o valor da avaliação, em benefício do incapaz, valendo a decisão como título executivo (art. 896, § 2º).

Só depois de vencido o prazo do adiamento é que a alienação do imóvel de incapaz poderá ser submetida a novo leilão (art. 896, § 4º). Nesse segundo leilão, não mais se exigirá a observância do lance mínimo de 80%. Prevalecerá, entretanto, a regra da vedação do preço vil, não inferior a 50% do valor da avaliação.

(c) Imóvel divisível

Quando o imóvel penhorado admitir cômoda divisão, o juiz, a requerimento do executado, ordenará a alienação judicial de parte dele, desde que suficiente para pagar o exequente e para satisfação das despesas da execução (art. 894, *caput*). Se, contudo, não houver lançador para a parte desmembrada, a alienação será feita sobre o imóvel em sua integridade (art. 894, § 1º).

A alienação por partes deverá ser requerida a tempo de permitir a avaliação das glebas destacadas e sua inclusão no edital. Nesse caso, caberá ao executado instruir o requerimento com planta e memorial descritivo subscrito por profissional habilitado.

Essa modalidade de arrematação de imóvel por partes depende, outrossim, de avaliação prévia, também, por partes, sugerindo-se, com a apresentação do memorial descritivo, os possíveis desmembramentos para alienação (art. 872, § 1º).

(d) Imóvel indivisível

Sendo indivisível o bem, a penhora que recair sobre a quota-parte do executado acarretará a alienação de sua integralidade. A meação do cônjuge e a quota de outros condôminos não devedores serão resguardadas, incidindo sobre o produto da alienação do bem (art. 843, *caput*).

447. Requisitos mínimos da proposta de arrematação em prestações

Para a proposta de arrematação em prestações ser admitida, alguns requisitos são impostos pelo art. 895 do CPC/2015:

(a) o preço oferecido na proposta de aquisição, antes de iniciado o primeiro leilão, não pode ser inferior ao da avaliação (inciso I);

(b) até o início do segundo leilão, a proposta de aquisição não se limitará ao valor da avaliação, mas não poderá indicar valor que seja considerado vil (inciso II);

(c) há de ocorrer, em qualquer hipótese, oferta de pagamento de pelo menos vinte e cinco por cento do valor do lance à vista (art. 895, § 1º);

(d) o restante do preço poderá ser parcelado em até trinta meses, e será garantido por caução idônea, quando se tratar de bem móvel, e por hipoteca sobre o próprio bem, se se tratar de imóvel (art. 895, § 1º).

Acolhida a proposta, a alienação se aperfeiçoa independentemente de escritura pública. O auto de arrematação lavrado pelo escrivão do processo será o título constitutivo tanto da alienação como da garantia real (art. 901).

448. Remédios contra os vícios da arrematação

Com a assinatura do *auto*, logo após o encerramento do leilão, qualquer que seja sua modalidade, a *arrematação* é considerada perfeita, acabada e irretratável, ainda que venham a ser julgados procedentes os embargos do executado ou a ação autônoma que pleiteia a invalidação da arrematação. Nesse caso, ficará assegurada a possibilidade de reparação pelos prejuízos sofridos, entre o embargante (executado) e o embargado (exequente) (CPC/2015, art. 903, *caput*). Trata-se de invalidação *sui generis*, porque não atinge o direito adquirido pelo arrematante. A procedência da pretensão de atacar a alienação judicial resolve-se em indenização, e não em restituição do bem alienado ao executado.

Excepcionalmente, no entanto, prevê o CPC/2015 casos de desconstituição da arrematação (art. 903, § 1º):

(a) a arrematação será invalidada, quando realizada por preço vil ou com outro vício (inciso I);

Nesta hipótese, o juiz deverá ser provocado em até dez dias após o aperfeiçoamento da arrematação, por meio do respectivo auto (art. 903, § 2º). O incidente será resolvido nos próprios autos da execução. Passado esse prazo sem que tenha havido qualquer alegação, será expedida a carta de arrematação e, conforme o caso, a ordem de entrega ou o mandado de imissão na posse (art. 903, § 3º). Após a expedição da carta de arrematação ou da ordem de entrega, a invalidação da arrematação só poderá ser pleiteada por ação autônoma, em cujo processo o arrematante figurará como litisconsorte necessário (art. 903, § 4º);

(b) a arrematação será considerada ineficaz, se consumada sem a intimação do credor pignoratício, hipotecário ou anticrético, nos termos do art. 804 (inciso II);

(c) a arrematação será resolvida, se não for pago o preço ou se não for prestada a caução, nos casos de alienação a prazo ou em prestações (inciso III).

O CPC/2015 extinguiu os embargos de arrematação, alienação e adjudicação, previstos no art. 746 do CPC/1973, e, em seu lugar, previu a possibilidade: *(i)* de impugnação em dez dias nos próprios autos (art. 903, § 2º); e *(ii)* de ação autônoma de invalidação, após a expedição da carta de arrematação (art. 903, § 4º). Estes expedientes não estão, outrossim, restritos à arrematação, mas podem dizer respeito também à alienação por iniciativa particular e à adjudicação.

Neles não se comporta uma discussão ampla como a que se faz por meio dos embargos à execução. Apenas os atos executivos da alienação judicial (arrematação e adjudicação) se sujeitam a questionamento nessa altura da execução por quantia certa. Pode, é verdade, arguir-se vício de ordem pública que afete a validade e regularidade do procedimento, mas desde que reflita sobre a validade ou eficácia da expropriação, a exemplo do previsto no art. 518.[67] Por outro lado, ao falar o § 1º do art. 903 em *invalidação, ineficácia* e *resolução* do ato de arrematação, em regra que se estende também à adjudicação, evidenciado fica que todo tipo de vício, anterior ou posterior ao ato alienatório, bem como seus efeitos podem ser atacados pela impugnação autorizada pelo *caput* do mesmo artigo.[68]

---

[67] RODRIGUES, Marcelo Abelha. *Manual de execução civil.* 5. ed. Rio de Janeiro: Forense, 2015, p. 491.
[68] RODRIGUES, Marcelo Abelha. *Manual de execução civil.* 5. ed. Rio de Janeiro: Forense, 2015, p. 493.

449. Desistência da arrematação

O arrematante poderá, no regime do CPC/2015, desistir da arrematação consumada, em determinadas circunstâncias legalmente previstas. Quando tal for possível, ser-lhe-á imediatamente devolvido o depósito que tiver sido feito. Para que a desistência seja eficaz, cumprirá ao arrematante atender a um dos seguintes requisitos (§ 5º do art. 903):

(a) provar, nos dez dias seguintes ao leilão, a existência de ônus real ou de gravame sobre o bem arrematado, não mencionado no edital (inciso I); ou

(b) alegar, antes de expedida a carta de arrematação ou a ordem de entrega, alguma das situações previstas no § 1º do art. 903, ou seja: *(i)* arrematação realizada por preço vil ou com outro vício invalidante; *(ii)* inobservância das intimações do art. 804; ou *(iii)* não pagamento do preço ou não prestação da caução, nos casos de arrematação a prazo (inc. III). Em todos esses casos, a arguição poderá ser feita enquanto não expedida a carta de arrematação ou a ordem de entrega. O inc. II do § 5º do art. 903 não cogita dos dez dias exigidos pelo inciso I, de sorte que, enquanto não acontecer a expedição da carta, ainda será possível ocorrer a desistência; ou ainda

(c) superveniência de ação autônoma de invalidação da arrematação (§ 4º do art. 903). Nesta hipótese, a desistência só será acolhida se o arrematante, citado, apresentá-la ao juízo da execução no prazo de que dispõe para responder àquela ação (inciso III).

450. Invalidade e ineficácia da arrematação no regime do CPC/2015

O CPC de 2015 continua prevendo a ineficácia da arrematação do bem gravado de garantia real, sem prévia intimação do credor privilegiado (art. 903, § 1º, II). Mantém, também, para a mesma espécie, a possibilidade de o credor usar os embargos de terceiro para "obstar expropriação judicial do objeto de direito real de garantia, caso não tenha sido intimado, nos termos legais dos atos expropriatórios respectivos" (art. 674, § 2º, IV). Esses embargos não se inviabilizam diante do fato de o auto de arrematação já ter sido lavrado e assinado. O art. 675 prevê literalmente que eles serão manejáveis até cinco dias depois da adjudicação, da alienação por iniciativa particular ou da arrematação, mas sempre antes da assinatura da respectiva carta. Nessa altura, o auto de arrematação já terá sido lavrado e a alienação judicial já terá se consumado (art. 903, *caput*). Sendo assim, a função dos embargos, quando procedentes, será "constitutiva negativa, cancelando a constrição praticada em benefício do embargado".[69] Sendo assim, não se pode cogitar na espécie de simples ineficácia da alienação embargada. O caso, na sistemática do Código atual, será induvidosamente de *invalidação* da arrematação, não obstante fale o art. 903, § 1º, II, em ineficácia do ato.

A conjugação entre esses dois dispositivos conduz à conclusão de que nem sempre a lavratura do auto que aperfeiçoa a alienação judicial é embaraço à pretensão do credor com garantia real de invalidar, ou desconstituir, a arrematação realizada sem sua prévia intimação.

Na verdade, o que se deduz dos arts. 903, § 1º, II, e 674, § 2º, IV, ambos do CPC/2015, é uma alternativa em favor dos credores com direito real, quando não regularmente intimados da hasta pública:

---

[69] LAMY, Eduardo de Avelar. Comentários ao art. 674. In: WAMBIER, Teresa Arruda Alvim; DIDIER JR., Fredie; TALAMINI, Eduardo; DANTAS, Bruno. *Breves comentários ao novo Código de Processo Civil*. São Paulo: RT, 2015, p. 1.574.

(a) poderão pleitear ao juízo da execução o reconhecimento do vício grave incidente sobre a arrematação e, assim, obterem o retorno do bem ao estado anterior à hasta pública (voltará ao patrimônio do executado, ficando a alienação totalmente privada de efeito); ou

(b) poderão não questionar a alienação judicial, hipótese em que perseguirão o bem gravado para exercício dos direitos reais ou oponíveis *erga omnes*, mesmo no patrimônio do arrematante. Ou seja, manutenção da validade da alienação entre executado e arrematante e ineficácia perante o titular do direito real.

Em princípio, o titular de um direito real de garantia não seria prejudicado pelo simples fato da arrematação feita por terceiro sem sua prévia ciência. A preferência que lhe cabe continuaria sub-rogada no preço apurado. Acontece que nem sempre a alienação sem a participação do credor privilegiado proporciona-lhe satisfação adequada de seus direitos. É por isso que, em outra oportunidade, o Código confere embargos de terceiro ao credor hipotecário, pignoratício ou anticrético, cuja garantia vem a ser penhorada por terceiro, desde que não tenha sido intimado da constrição promovida em execução de outro credor (CPC/2015, art. 674, § 2º, IV).

É dentro desse mesmo prisma que se pode reconhecer ao credor com garantia real: *(i)* a faculdade de não impugnar a arrematação na forma do art. 903, § 1º, para exercer suas preferências legais sobre o produto da arrematação realizada sem sua prévia intimação; ou *(ii)* o poder de voltar-se contra a arrematação irregularmente praticada, a fim de que outra se realize com sua ciência e participação, permitindo-lhe o exercício útil e adequado das preferências legais em torno dos bens sobre os quais mantêm direitos e privilégios oponíveis *erga omnes*, inclusive contra o exequente e o arrematante. Nesse caso, o remédio processual utilizável seriam os embargos de terceiro.

451. Natureza da perda de efeitos da arrematação

Procurando escapar das controvérsias anteriormente estabelecidas sobre a natureza e os efeitos da impugnação à expropriação do bem penhorado, por parte do terceiro interessado, não regularmente intimado, o CPC/2015 discriminou, no art. 903, § 1º, como podem ser diferentes as consequências dos diversos ataques à arrematação.

De início, o dispositivo legal reconhece que há outras situações de invalidação do ato expropriatório previstas pelo Código, além daquelas nele arroladas. Ressalvando-se tais situações, três remédios com eficácia distinta foram elencados:

(a) deve ser *invalidada* a arrematação, "quando realizada por preço vil ou com outro vício" (inciso I);

(b) deve ser considerada *ineficaz*, se a arrematação for realizada sem as intimações previstas no art. 804 (inciso II);

(c) deve ser *resolvida* a arrematação a prazo quando não for pago o preço ou não for prestada a caução (inciso III).

Fugindo das polêmicas que a legislação anterior acarretava em matéria da qualificação dos vícios invalidantes da arrematação, como se vê, o Código de 2015 teve o cuidado de enumerar e distinguir os casos em que ocorre a *anulação*, a *ineficácia*, ou a *resolução*, para que se possam definir os efeitos que ocorrerão em cada uma dessas hipóteses.[70]

---

[70] O negócio nulo ou o que foi anulado é despido de *validade*: não produz os efeitos a que se destinou. Já na hipótese de ineficácia, "o ato é bifronte: válido, em face de determinadas pessoas e ineficaz perante outras" (NONATO, Orosimbo. *Da coação como defeito do ato jurídico*. Rio de Janeiro, 1957, n. 114, p. 219).

Assim, quando a arrematação tiver se consumado por *preço vil*, ou tiver sido contaminada por vício grave, capaz de provocar a nulidade dos negócios jurídicos em geral[71] e particularmente dos atos processuais,[72] sua invalidação importará o retorno das partes do negócio processual ao estado em que antes dele se achavam (Código Civil, art. 182). A ruptura da arrematação, portanto, será completa: o bem arrematado voltará à propriedade do executado e à condição de bem penhorado. Se o preço já houver sido pago, terá de ser restituído ao arrematante.

Se o caso for de arrematação *ineficaz*, como se dá quando é praticada sem prévia intimação do credor com garantia real sobre o bem leiloado, não se procederá à sua anulação, mas apenas se declarará a inoponibilidade de efeitos perante o credor não cientificado. Com isto, a arrematação permanecerá válida, no que se refere à aquisição realizada pelo arrematante, mas não afetará a garantia real que o onerava. O credor não intimado conservará sua garantia e seus privilégios sobre o bem leiloado, sem embargo de agora achar-se na propriedade de terceiro (o arrematante).

A *resolução* é, por fim, meio de desconstituição do negócio jurídico descumprido pelo devedor. Acontece nas arrematações a prazo, quando o arrematante não paga o preço ou não presta a respectiva caução (art. 903, § 1º, III).

As irregularidades processuais, para as quais o arrematante não concorreu, não podem repercutir sobre a arrematação. Se o executado sofreu prejuízo provocado por defeitos processuais, terá direito a ser reparado, mas as perdas e danos somente serão reclamáveis do exequente, responsável pelo vício procedimental.

O sistema do CPC/2015 é, nos termos do art. 903, o da manutenção da arrematação, ainda que os embargos do executado ou a ação de invalidação, decididos após a assinatura do auto respectivo, tenham sido julgados procedentes. Restará ao devedor prejudicado apenas a possibilidade de reparação pelos prejuízos sofridos em virtude da indevida execução, mas terá de pleiteá-la ao exequente e não ao arrematante. A arrematação, nesses termos, realiza-se de modo definitivo, não importando os vícios processuais acaso ocorridos no processo executivo.

Salvo em caso de nulidade provocada pelo próprio arrematante, como se dá, *v.g.*, na arrematação por preço vil[73] (que invalida a própria aquisição do bem leiloado), os problemas em torno de defeitos da execução terão sempre de ser resolvidos "apenas entre as partes, sem que, com isso, se cause prejuízo ao arrematante".[74] A nosso ver, porém, nos casos em que a invalidade decorrer de ato do próprio arrematante, não será possível isentá-lo dos efeitos de sua conduta. O caso, portanto, será de ato anulado perante o próprio agente, que terá de sujeitar-se ao retorno ao estado anterior, como ocorre sempre com atos cuja anulação se reconhece em juízo.

A nulidade parte de uma deficiência *intrínseca*, ao passo que a *ineficácia* decorre de uma deficiência extrínseca do ato jurídico. Sabido que nem todo negócio privado de efeito é necessariamente *nulo* ou *anulável*, pode-se afirmar que invalidade tem valor objetivo, retirando ao ato seus efeitos em todas as circunstâncias, enquanto "só para a ineficácia se pode falar de uma atitude diferente em relação aos diversos sujeitos a quem se dirige" (AURICCHIO, Alberto. *A simulação no negócio jurídico*. Coimbra: Coimbra Ed., 1964, p. 93); dissocia-se o feixe de seus efeitos, de modo que o negócio jurídico subsiste perante os que o realizaram, mas não subsiste *erga omnes*.

[71] Por exemplo: venda de bem inalienável.

[72] Por exemplo: execução em que o devedor não foi citado validamente, tendo o processo corrido à sua revelia.

[73] Medina é de opinião que, mesmo na anulação da arrematação por preço vil, o efeito da impugnação do executado não afetará a transferência do bem leiloado ao arrematante, resolvendo-se a questão por meio de perdas e danos a cargo do exequente (MEDINA, José Miguel Garcia. *Novo Código de Processo Civil comentado*. 3. ed. São Paulo: RT, 2015, p. 1.197).

[74] MEDINA, José Miguel Garcia. *Novo Código de Processo Civil comentado*. 3. ed. São Paulo: RT, 2015, p. 1.197.

Entre os vícios de origem no direito material que podem conduzir a invalidação dos atos expropriatórios, podem ser lembrados: *(i)* a execução de dívida já paga ou extinta ou *(ii)* de pretensão alcançada pela prescrição, desde que a matéria não tenha sido discutida e resolvida nos embargos do devedor. Releva notar que a prescrição não está sujeita a preclusão, podendo ser excepcionada a qualquer tempo e qualquer fase do processo, antes de sua extinção (Código Civil, art. 193). Acolhida, todavia, uma dessas defesas tardias, a eficácia da respectiva procedência não afetará a aquisição feita pelo arrematante, se de qualquer forma não participou do defeito da execução. A impugnação repercutirá apenas nas relações entre exequente e executado cabendo ao primeiro reparar o prejuízo do segundo provocado pela execução nula (CPC/2015, art. 903, *caput*).

Há de se fazer, contudo, uma ressalva para os credores com garantia real que, quando não intimados da alienação (art. 889, V), dispõem de embargos de terceiro para obstar a expropriação judicial e cancelar o ato executivo indevidamente praticado (arts. 674, § 2º, IV, e 681). Esse remédio conferido especificamente a tais credores não pode, por sua própria natureza, ser confundido com uma ação ordinária de invalidação, nos moldes do § 4º do art. 903. Daí que, fazendo adequado uso dos embargos de terceiro, o credor hipotecário, pignoratício ou anticrético logrará o cancelamento da alienação judicial, em qualquer de suas formas, por expressa e específica tutela que o Código lhe proporciona.

452. Invalidação da arrematação por preço vil ou defasado

São fatos distintos a não atualização do preço de avaliação e a arrematação por preço vil. O art. 891 é claro no sentido de que não se pode aceitar, no leilão, lance que ofereça *preço vil*. Por sua vez, prevê o art. 903, § 1º, a *invalidade* da arrematação realizada por preço vil, considerado como tal o inferior ao *preço mínimo* fixado pelo juiz e constante do edital, ou, na sua falta, o *inferior a cinquenta por cento do valor da avaliação* (art. 891, parágrafo único)[75].

Quanto à avaliação antiga, de fato pode ser motivo para exigir-se atualização antes do leilão, sem que isto, entretanto, permita considerar sempre arrematação por preço vil toda aquela que, em tal circunstância, não foi precedida da referida atualização.

É que, a orientação razoável e predominante na jurisprudência é a que aplica a regra do art. 873, a qual admite nova avaliação quando "se verificar, posteriormente à avaliação, que houve majoração ou diminuição no valor do bem", ou seja:

> "Quanto à necessidade de atualização do valor da avaliação do bem penhorado antes do leilão ou da praça, esta é devida, caso demonstrada a incongruência entre o valor avaliado e o preço de mercado, cabendo à parte interessada trazer elementos que comprovem a valorização ou a desvalorização do bem, mormente se decorrido tempo significativo entre a avaliação e a arrematação"[76].

Portanto, para se ter como inválida a arrematação não é suficiente invocar o longo prazo transcorrido entre a avaliação e o leilão; é necessário que se demonstre o cabimento de reavaliação ou de atualização do valor em questão, nos moldes do art. 873, II, com base em elementos constantes dos autos[77].

---

[75] "Orienta-se a jurisprudência do Superior Tribunal de Justiça no sentido de que o preço vil caracteriza-se pela arrematação do bem em valor inferior a menos da metade da avaliação. Nesse sentido: STJ, AgInt no REsp 1.461.951/PR, Rel. Ministro RICARDO VILLAS BÔAS CUEVA, TERCEIRA TURMA, DJe de 24/02/2017" (STJ, 2ª T., AgInt no AREsp 871.115/PR, Rel. Min(a). Assusete Magalhães, ac. 05.06.2018, *DJe* 08.06.2018).

[76] STJ, 2ª T., EDcl no REsp 1.551.263/SC, Rel. Min. Humberto Martins, ac. 05.11.2015, *DJe* 13.11.2015.

[77] "O decurso de tempo entre a avaliação do bem penhorado e a sua alienação não importa, por si só, nova avaliação, a qual deve ser realizada se houver, nos autos, indícios de que houve majoração ou diminuição no valor" (Enunciado nº 156/CEJ/CJF).

453. Alienação de bens gravados com direitos reais em favor de terceiros

O art. 804 do CPC/2015 comina ineficácia para a alienação judicial de bens gravados com direitos reais quando o respectivo titular não houver sido previamente intimado da expropriação. Quer isto dizer que o ato alienatório valerá para o arrematante, mas o direito real se manterá sobre o bem transmitido. Em outros termos: o promissário comprador com contrato registrado conservará o direito real de aquisição; o credor fiduciário não perderá o direito de consolidar a propriedade sobre o bem gravado; o usufrutuário, o usuário e o titular do direito de habitação continuarão com seu direito real sobre o bem alienado; e assim por diante.

Naquelas situações em que o terceiro tenha direito de preferência na aquisição do bem submetido à alienação judicial, como no caso do condômino de bem indivisível, sua intimação prévia é obrigatória (CPC/2015, art. 889, II). Faltando esta, não será o caso de anulação do ato expropriatório. Sua preferência, contudo, perdurará em face do arrematante, se depositar o preço, no prazo de cento e oitenta dias, nos termos do art. 504 do Código Civil.

454. Procedimento para obtenção das medidas do art. 903 do CPC/2015

Em todos os casos do art. 903, § 1º, a impugnação será resolvida de plano pelo juiz, nos próprios autos da execução, desde que o interessado provoque o incidente no prazo de dez dias contados do auto de arrematação e sempre antes de expedida a carta de arrematação (art. 903, §§ 2º e 5º, II). Ultrapassado esse termo, ainda será possível o exercício da pretensão de invalidar a arrematação, mas somente por meio de ação autônoma. Nesse novo processo, as partes da execução e o arrematante serão litisconsortes necessários (art. 903, § 4º).

455. Arrematação realizada antes do julgamento dos embargos do devedor

Os embargos do devedor, em regra, não suspendem a execução (CPC/2015, art. 919, *caput*). É possível, pois, que esta, fluindo em caráter definitivo, alcance a expropriação do bem penhorado antes da solução dos embargos.

Nessa situação, o eventual julgamento de procedência dos embargos pode ocorrer quando terceiro arrematante já tenha se tornado proprietário dos bens postos à arrematação. Em nome da definitividade da execução e em respeito à segurança jurídica estabelecida pela confiança nos atos estatais, o arrematante não sofrerá prejuízo, mesmo que os embargos provoquem o reconhecimento de não sujeição do devedor ao crédito exequendo.

A norma do art. 903, *caput*, do CPC/2015 regula essa situação, dispondo que, uma vez assinado o auto, "a arrematação será considerada *perfeita*, *acabada* e *irretratável*, ainda que venham a ser julgados procedentes os embargos do executado". Ao executado vitorioso nos embargos restará obter a reparação do seu prejuízo junto ao exequente, cuja responsabilidade civil objetiva é, *in casu*, prevista nos arts. 776 e 903, *caput*, *in fine*.

Os efeitos da acolhida dos embargos se farão sentir apenas no relacionamento jurídico entre as partes do processo de execução. A arrematação subsistirá incólume, no tocante aos direitos adquiridos pelo terceiro sobre os bens oferecidos à aquisição na hasta pública.

Ressalva-se apenas o caso em que o arrematante ou adjudicatário tenha sido o próprio exequente, e os bens ainda se achem em seu patrimônio. Nessa conjuntura, como está ele diretamente submetido à força da sentença, não há como se recusar a restituir os próprios bens (*in natura*) ao executado vitorioso nos embargos. Ao executado é que caberá optar, segundo suas conveniências, entre a devolução do preço ou a restituição do próprio bem retido pelo credor embargado.

456. Arrematação em execução provisória de título extrajudicial

Uma situação semelhante à da arrematação ocorrida antes do julgamento dos embargos do executado é aquela verificada após a interposição de apelação contra a sentença que os extinguiu sem apreciação de mérito ou os julgou improcedentes (art. 1.012, § 2º).

Embora a regra seja a ausência de efeito suspensivo para os embargos do devedor sobre a execução de título extrajudicial, é possível que se obtenha excepcionalmente tal eficácia, nos termos do § 1º do art. 919 (*i.e.*, "quando verificados os requisitos para a concessão da tutela provisória e desde que a execução já esteja garantida por penhora, depósito ou caução suficientes").

Como já observamos (item nº 166, *retro*), obtida a suspensão do andamento da execução, a expropriação do bem penhorado não deve realizar-se enquanto não julgados ou rejeitados os embargos. Uma vez, porém, desacolhidos os embargos por sentença, a eventual apelação do executado não impedirá a reabertura da marcha dos atos executivos. O § 2º do art. 1.012, todavia, confere a essa execução a natureza *provisória*, enquanto o recurso não for decidido.

Durante essa execução provisória será possível chegar-se à expropriação do bem penhorado, mas, para tanto, o exequente terá de prestar caução suficiente e idônea, como exige o art. 520, IV. Se o recorrente tiver sucesso na apelação, a execução provisória deverá ser extinta, restituindo-se as partes ao estado anterior (art. 520, II). Isto, no entanto, não importará desfazimento da arrematação. Caberá ao exequente reparar os prejuízos que a execução houver acarretado ao executado (art. 520, § 4º).

457. Carta de arrematação

Com a assinatura do auto de arrematação pelo juiz, pelo arrematante e pelo leiloeiro, a alienação judicial considera-se perfeita, acabada e irretratável (art. 903, *caput*). Ao arrematante, porém, assegura-se a faculdade de desistir da arrematação, nos casos excepcionais previstos no art. 903, § 5º. O executado e terceiros prejudicados também podem impugnar a arrematação consumada, quando verificadas as situações arroladas no § 1º do art. 903.

O auto de arrematação tem a função de formalizar e documentar a arrematação (arts. 901 e 903). Como já restou demonstrado, a arrematação não é ato contratual, é ato processual de transferência coativa; daí a sua irretratabilidade.[78] Também não é sentença, de maneira que não pode ser objeto de recurso nem de ação rescisória.[79] Enseja, porém, impugnação do devedor e embargos de terceiros, nos casos dos arts. 903, § 1º, e 674, a primeira oponível no prazo de dez dias, e o segundo, em cinco dias, ambos contados da assinatura do auto. Da sentença proferida nesses embargos caberá recurso.

A arrematação é *título de domínio*, em sentido material, do arrematante sobre os bens adquiridos na hasta pública. O auto de arrematação funciona como título em sentido *formal*. Mas como a transferência de domínio, em nosso sistema jurídico, se opera pela tradição, além do auto é necessária a *entrega* das coisas móveis, quando a arrematação versar sobre tais bens,[80] ou o *registro* no Registro Imobiliário quando se tratar de bens imóveis.[81]

---

[78] LIEBMAN, Enrico Tullio. *Processo de execução*. 3.ed. São Paulo: Saraiva, 1968, n. 71, p. 118; ROSENBERG, Léo. *Tratado de derecho procesal civil*. Buenos Aires: EJEA, 1955, v. III, p. 227.

[79] LIEBMAN, Enrico Tullio. *Processo de execução*. 3.ed. São Paulo: Saraiva, 1968, n. 71, p. 118; MARQUES, José Frederico. *Instituições de direito processual civil*. Rio de Janeiro: Forense, 1960, v. V, n. 1.219, p. 267.

[80] ROSENBERG, Leo. *Tratado de derecho procesal civil*. Buenos Aires: EJEA, 1955, v. III, p. 165.

[81] AMARAL SANTOS, Moacyr. *Primeiras linhas de direito processual civil*. 4. ed. São Paulo: Max Limonad, 1970, v. III, n. 862, p. 317.

No primeiro caso, a tradição é feita em cumprimento de mandado expedido pelo juiz da execução, determinando ao depositário que entregue os bens ao arrematante. No segundo, a transferência forçada documenta-se com a expedição da *carta de arrematação*, que é o instrumento dela,[82] como o traslado é o instrumento da escritura lavrada nas notas do tabelião.

A carta de arrematação, que se destina ao registro no Registro Imobiliário, é redigida pelo escrivão e subscrita pelo juiz,[83] devendo conter (art. 901, § 2º):

(a) a descrição do imóvel, com remissão à sua matrícula ou individuação e aos seus registros;

(b) a cópia do auto de arrematação;

(c) a prova de quitação do imposto de transmissão; e

(d) a indicação da existência de eventual ônus real ou gravame.

Nos casos de execução por carta (*i.e.*, naqueles em que o imóvel penhorado situa-se fora da circunscrição territorial do juiz da causa), a carta de arrematação será, em regra, expedida no juízo deprecado. Mas, se a precatória retornar ao juízo deprecante, sem que o arrematante a tivesse requerido, nada impede que a expedição se dê por meio do expediente do juízo da execução. Aliás, não se trata de praticar um ato executivo, mas apenas de certificar um ato já praticado e documentado no processo, o que de fato vem a ser o desempenho de atividade meramente administrativa.[84] Naquela altura, quem tem poderes para extrair tal reprodução não é outro senão o escrivão do feito, sob cuja guarda se encontram os autos, e a quem cabe a necessária fé pública para certificação acerca do respectivo conteúdo (art. 901, § 2º). A assinatura do juiz, que se costuma observar apenas por praxe forense, nem sequer é uma exigência legal a que estivesse condicionada a validade da carta de arrematação. É, na verdade, o auto de arrematação que tem a eficácia subordinada à assinatura do juiz que presidiu o ato alienatório, do arrematante e do leiloeiro (art. 903, *caput*), não a carta de arrematação (art. 901, § 2º). Essa carta nada mais é do que um traslado das competentes peças do processo executivo. Daí por que, encerrado a diligência executiva desempenhada pelo juízo deprecado, com o retorno da carta cumprida ao juízo de origem, não haverá outro competente para expedir o título comprobatório da arrematação que não seja o escrivão do juízo da causa.

As despesas da arrematação, da extração da carta, os impostos devidos pela transmissão do imóvel, bem como a indicação da existência de eventual ônus real ou gravame são ônus do arrematante. Os impostos acaso devidos pelo executado não são, porém, cobráveis do arrematante, pois, segundo a sistemática do Código Tributário Nacional, sub-rogam-se no preço da arrematação (art. 130, parágrafo único).[85]

A exigência de que a descrição seja feita com remissão à sua matrícula ou individuação e ao seu registro decorre da circunstância de que a carta se destina a realizar a transmissão da propriedade por meio do Registro Público competente. Não havendo consonância dos elementos do título com os assentos do Registro de Imóveis, inviabilizado estará o respectivo registro.

Por isso mesmo, é importante o oportuno registro da penhora, pois de antemão já estarão verificadas a atualidade do registro do imóvel e a fidelidade do ato constritivo aos termos da matrícula. Aliás, no próprio ato da penhora a lei exige do executado a prova da propriedade,

---

[82] AMARAL SANTOS, Moacyr. *Primeiras linhas de direito processual civil*. 4. ed. São Paulo: Max Limonad, 1970, v. III, n. 862, p. 397.

[83] Não é mais obrigatória a assinatura da carta arrematação pelo juiz, bastando que o seja pelo escrivão.

[84] "A carta de arrematação é simples ato do processo de execução; de sua expedição não cabe apelação" (TRF, 4ª T., AC 114.241, Rel. Min. Armando Rolenberg, ac. 11.02.1987, *DJU* 20.08.1987).

[85] BALEEIRO, Aliomar. *Direito tributário brasileiro*. Rio de Janeiro: Forense, 1970, p. 426.

que, no caso de imóvel, se faz com a comprovação das matrículas e registros por certidão do correspondente ofício (art. 847, § 1º, I). E, quando do leilão, os editais também terão de descrever o imóvel penhorado, com remissão à matrícula e aos registros (art. 886, I). Todas essas cautelas cumprem relevante papel na garantia de eficácia da alienação judicial e no impedimento de fraude à execução.

O § 2º do art. 901 explicita que na carta de arrematação figurará o auto de arrematação por cópia, e não em original, bem como conterá "a prova de pagamento do imposto de transmissão".

Em correta aplicação da legislação tributária (CTN, art. 130, parágrafo único), a jurisprudência, mesmo antes da Lei nº 11.382/2006, já vinha interpretando a exigência do art. 703 do CPC/1973 [CPC/2015, art. 901, § 2º] como se referindo apenas aos impostos incidentes sobre a própria arrematação, isto é, "os impostos sobre a transmissão do bem".[86] As demais obrigações tributárias acaso existentes deverão sub-rogar-se no preço apurado na arrematação, de sorte a permitir que o bem passe ao arrematante livre de qualquer outro encargo tributário, que não seja o imposto de transmissão. O mesmo raciocínio deve ser aplicado ao certificado de quitação da previdência social. Sua exigência só é lícita quando o ato é praticado pela empresa contribuinte ou vinculado ao sistema previdenciário. Sendo a arrematação uma alienação forçada, em que o transmitente é o Estado, e não o executado, não há como condicionar a expedição da carta à exibição de certificado de quitação para com o INPS.[87]

A jurisprudência do STJ, todavia, entende que as contribuições condominiais incidentes sobre o imóvel arrematado obrigam o arrematante, mesmo que anteriores à alienação judicial.[88] Exige-se, porém, que a existência dos débitos figure no edital de praça.[89]

Cumpre, entretanto, ressalvar a hipótese de a execução ter sido promovida pelo condomínio contra o condômino inadimplente. É que, sendo a expropriação executiva realizada justamente para resgatar os encargos condominiais vencidos, não é admissível que o condomínio continue com o direito de penhorar novamente o imóvel arrematado por terceiro. Em tal situação, parece claro que, havendo saldo devedor, não terá o condomínio como penhorar outra vez o imóvel cuja alienação ele próprio realizou. O arrematante, então, receberá o imóvel adquirido em juízo livre da responsabilidade pelo saldo não acobertado pelo preço apurado na alienação judicial.

Situação interessante é a da arrematação indevida de imóvel residencial. Sendo a impenhorabilidade do bem de família matéria de ordem pública, pode ser arguida e apreciada a todo tempo, enquanto não consumada a expropriação executiva. Assim, não pode ser questionada depois de assinado o auto de arrematação, já que, com este, "operam-se plenamente os efeitos do ato de expropriação em relação ao executado e ao arrematante, independentemente

---

[86] STF, 2ª T., RE 87.550/RS, Rel. Min. Cordeiro Guerra, j. 15.12.1978, *RTJ* 89/272; 1º TACivSP, 10ª Câm., Ap. 907.496-2, Rel. Juiz Candido Alem, j. 05.12.2000, *RT* 788/275.

[87] TJMG, 2ª Câm. Cív., Apelação 1.0287.07.034399-4/001, Rel. Des. Jarbas Ladeira, ac. 05.08.2008, *DJMG* 02.09.2008; TJMG, 6ª Câm. Cív., Apelação 1.0024.05.701131-4/001, Rel. Des. Batista Franco, ac. 07.03.2006, *DJMG* 24.03.2006. Com maiores divagações, já analisamos o mesmo tema em *comentário* publicado na *Rev. Bras. de Dir. Processual*, v. 9, p. 96-101. Igual é a orientação do STF (RE 90.313, Rel. Min. Décio Miranda, *Juriscível* 105/145).

[88] STJ, 4ª T., REsp 506.183/RJ, Rel. Min. Fernando Gonçalves, ac. 02.12.2003, *DJU* 25.02.2004, p. 183; STJ, 3ª T., REsp 400.997/SP, Rel. Min. Castro Filho, ac. 06.04.2004, *DJU* 26.04.2004, p. 165.

[89] "3. A responsabilização do arrematante por eventuais encargos omitidos no edital de praça é incompatível com os princípios da segurança jurídica e da proteção da confiança. 4. Considerando a ausência de menção no edital da praça acerca dos ônus incidentes sobre o imóvel, conclui-se pela impossibilidade de substituição do polo passivo da ação de cobrança de cotas condominiais, mesmo diante da natureza *propter rem* da obrigação. 5. Recurso especial provido" (STJ, 3ª T., REsp 1.297.672/SP, Rel. Min. Nancy Andrighi, ac. 24.09.2013, *DJe* 01.10.2013, *Rev. Dialética de Dir. Proc.*, n. 129, p. 113).

de registro imobiliário, o qual se destina a consumar a transferência da propriedade com efeitos em face de terceiros".[90]

458. Arrematação e remição da execução

É muito importante não confundir o ato jurídico com a sua forma. Aquele se realiza pela declaração de vontade. A forma materializa-o, permitindo que o ato passe a existir no mundo do direito e possa produzir os efeitos a que a declaração se destinou. No caso da arrematação, o ato jurídico se completa quando o juiz adjudica o bem leiloado ao licitante. Sua existência e eficácia, porém dependem de uma forma solene, que vem a ser o "auto de arrematação", lavrado no processo executivo, segundo os requisitos exigidos pelos arts. 901 e 902 do CPC/2015.

Depois que a arrematação está perfeita e acabada, o escrivão documenta o arrematante com um novo instrumento cuja função é a de permitir que a transferência do domínio em seu favor se dê por meio do registro no Cartório de Registro Imobiliário. Esta carta, que nada mais é do que o traslado (a cópia) do auto de arrematação, não é, em si, o ato translatício do domínio do bem alienado judicialmente. O ato jurídico, repita-se, é a arrematação consumada no respectivo auto. Logo, se não foi lavrado o auto, impossível é, ao escrivão, expedir a carta de arrematação, e se o fizer, estará produzindo documento despido de valor jurídico; terá documentado ato inexistente.[91]

Como ao executado é assegurado o direito de remição do débito exequendo a qualquer tempo, enquanto não expropriado o bem penhorado (art. 826), pode ele, mesmo depois da praça, impedir a lavratura do auto de arrematação, mediante recolhimento do valor da obrigação ajuizada. É que sem o *auto*, que é *forma essencial* de aperfeiçoar-se o ato expropriatório,[92] ainda não há arrematação. Pouco importa se irregularmente se expediu a carta de arrematação. Enquanto não lavrado o auto, irremediavelmente ainda não há arrematação que possa impedir o devedor de pôr fim à execução, pelo pagamento do débito ajuizado. Mas, para ter-se como aperfeiçoado o auto de arrematação é indispensável que tenha sido assinado pelo juiz, não bastando a assinatura do leiloeiro.[93]

459. Efeitos da arrematação

A arrematação perfeita e acabada produz os seguintes efeitos:

(a) Transfere o domínio do bem ao arrematante.[94]

A transferência é feita, porém, com as limitações que oneravam o direito do devedor sobre a coisa penhorada, como usufruto, servidões, enfiteuse etc. Se o bem não

---

[90] STJ, 4ª T., REsp 1,536.888/GO, Rel. Min. Maria Isabel Gallotti, ac. 26.04.2022, *DJe* 24.05.2022.

[91] "Rigorosamente, a carta de adjudicação representa apenas o documento a permitir o registro da adjudicação no cartório de imóveis. O ato processual de expropriação que corresponde à adjudicação *somente* se aperfeiçoa com lavratura do respectivo auto" (NOGUEIRA, Pedro Henrique Pedrosa. Parecer. *Rev. Dialética de Direito Processual*, n. 128, p. 138, nov. 2015).

[92] GRECO, Leonardo. *O processo de execução*. Rio de Janeiro: Renovar, 2001, v. 2, p. 420.

[93] "5. O direito de remição da execução pode ser exercido até a assinatura do auto de arrematação, conforme interpretação conjunta dos arts. 8º da Lei nº 5.741/1971 e 903 do CPC/2015. 6. Para a remição da execução, é preciso apenas que o executado deposite em juízo a importância que baste ao pagamento da dívida reclamada mais os encargos adicionais, na forma do art. 8º, c/c o art. 2º, III, da Lei nº 5.741/1971. 7. Hipótese em que a executada, antes do auto de arrematação ter sido assinado pelo juiz, mas já assinado pelo leiloeiro e a arrematante, depositou em juízo a quantia solicitada pela exequente, em proposta apresentada nos autos, para quitação da dívida. Depósito remissivo tempestivo e integral (STJ, 3ª T., REsp 1.996.063/RJ, Rel. Min. Nancy Andrighi, ac. 24.05.2022, *DJe* 30.05.2022).

[94] GOLDSCHMIDT, James. *Derecho procesal civil*. Rio de Janeiro: Labor, 1936, § 104, p. 703.

pertencia ao executado, o legítimo dono conservará contra o arrematante o direito de reivindicação, exercitável por embargos de terceiro até cinco dias após a arrematação ou, depois, por ação reivindicatória.[95] Quando, porém, o bem arrematado é imóvel, a consumação da transferência de propriedade só se dá no ato de registro da carta no Registro de Imóveis.[96]

(b) *Transfere ao arrematante direito aos frutos pendentes*, com a obrigação de indenizar as despesas havidas com estes.[97]

(c) *Torna o arrematante e seu fiador devedores do preço*, nos casos em que a arrematação é feita a prazo (art. 895 e §§).

(d) *Obriga o depositário judicial ou particular ou eventualmente o devedor a transferir ao arrematante a posse dos bens arrematados.*[98]

(e) *Extingue as hipotecas inscritas sobre o imóvel* (Código Civil, art. 1.499, VI): o vínculo hipotecário sub-roga-se no preço da arrematação.[99]

A extinção, *in casu*, ocorre, desde que a execução tenha sido promovida pelo próprio credor hipotecário ou, caso contrário, quando tenha ocorrido sua intimação na forma dos arts. 799, I, 804 e 889, V. A omissão dessa intimação, na execução promovida por terceiro, acarreta a *ineficácia relativa* da arrematação perante o titular do direito real e lhe dá, ainda, a opção de privar de efeitos a transferência forçada do imóvel hipotecado, como já se demonstrou (art. 674, § 2º, IV).

(f) *Transfere para o preço depositado pelo arrematante o vínculo da penhora.* O dinheiro *succedit in loco rei*.[100] "O dinheiro pago toma, com efeito, o lugar dos bens arrematados, entra provisoriamente para o patrimônio do executado, mas no mesmo momento fica sujeito ao vínculo da penhora, porque deverá ser distribuído entre os credores depois de pagas as custas; o que sobrar eventualmente será devolvido à livre disposição do devedor".[101]

Sobre o procedimento da entrega dos bens arrematados ao arrematante, veja-se, *retro*, o nº 402.

460. Evicção e arrematação

Consiste a evicção na "perda, total ou parcial, da posse de uma coisa, em virtude de sentença que a garante a alguém que a ela tenha direito anterior".[102]

Nos contratos onerosos, o alienante é obrigado a resguardar o adquirente dos riscos da evicção (Código Civil, art. 447) e quando ela ocorre o prejudicado tem direito à restituição integral do preço, mais as indenizações previstas nos incisos I a III do art. 450 do Código Civil.

---

[95] LIEBMAN, Enrico Tullio. *Processo de execução*. 3. ed. São Paulo: Saraiva, 1968, n. 72, p. 119-120.
[96] Código Civil, art. 1.245, § 1º; Lei nº 6.015/1973, arts. 167, I, 26, e 172.
[97] AMARAL SANTOS, Moacyr. 4. ed. São Paulo: Max Limonad, 1970, v. III, n. 863, p. 317.
[98] LIEBMAN, Enrico Tullio. *Processo de execução*. 3. ed. São Paulo: Saraiva, 1968, n. 72, p. 121; AMARAL SANTOS, Moacyr. 4. ed. São Paulo: Max Limonad, 1970, v. III, n. 863, p. 317; GOLDSCHMIDT, James. *Derecho procesal civil*. Rio de Janeiro: Labor, 1936, § 104, p. 704.
[99] ROSENBERG, Leo. *Tratado de derecho procesal civil*. Buenos Aires: EJEA, v. III, 1955, p. 228.
[100] LOPES DA COSTA, Alfredo Araújo. *Direito processual civil brasileiro*. 2. ed. Rio de Janeiro: Forense, 1959, v. IV, n. 238, p. 191.
[101] LIEBMAN, Enrico Tullio. *Processo de execução*. 3.ed. São Paulo: Saraiva, 1968, n. 72, p. 120.
[102] BEVILÁQUA, Clóvis. *Direito das obrigações*. 9. ed. Rio de Janeiro: Francisco Alves, 1957, § 63, p. 148.

A arrematação, no entanto, não é um contrato, mas uma desapropriação, de sorte que não se pode falar em responsabilidade contratual como é a da garantia da evicção. Mas como a alienação forçada não exclui a ação reivindicatória de titulares do domínio sobre o bem arrematado, desde que estranhos à execução, há de se dar solução ao problema do arrematante que vem a ser privado do bem adquirido em hasta pública.

Aliás, o art. 447 do Código Civil enfrenta tal problema e dispõe que a garantia da evicção subsiste ainda que a aquisição se tenha realizado em hasta pública. Se a alienação de fato foi promovida, pelo titular do domínio, ou por alguém que o represente, a circunstância de consumar-se em juízo não altera a posição jurídica do alienante. O bem do incapaz vendido em hasta pública, por exemplo, não sofre desapropriação judicial; é vendido realmente pelo incapaz, por meio de seu representante legal. Da mesma forma, a alienação de títulos ou mercadorias em pregão de bolsa não deixa de representar um contrato de compra e venda para efeito de garantia da evicção. A situação é, todavia, diferente quando o órgão judicial, contra a vontade do dono, ou independentemente dela, promove a arrematação do bem penhorado. À evidência o proprietário não está vendendo bem algum. A possibilidade, contudo, de o arrematante vir a ser, depois da hasta pública, privado do domínio por ação de terceiro reivindicante não é descartável. Deve-se-lhe, pois, proporcionar um meio de alcançar o ressarcimento dos prejuízos decorrentes da perda do bem arrematado. Uma garantia equivalente à evicção contratual é de lhe ser reconhecida.

Trata-se de indenizar quem efetuou um pagamento sem causa, com injustificado enriquecimento do devedor que teve uma dívida quitada, e do credor que recebeu seu crédito, de quem não era obrigado pela dívida.[103] É inegável, portanto, o direito do arrematante a recuperar o preço indevidamente pago.

A solução mais plausível é, sem dúvida, a oferecida por Frederico Marques, apoiada em Micheli e Liebman; embora não haja compra e venda na arrematação, o executado responde pela evicção, porque, se o seu patrimônio é garantia comum de todos os credores, seria injusto, caso o bem arrematado não lhe pertencesse, fosse o arrematante obrigado a arcar com todo o peso da execução, beneficiando os credores com um enriquecimento injustificado porque obtido à custa de algo que não era devido.[104]

Daí a conclusão de Liebman, de que o primeiro responsável pela reparação do prejuízo do arrematante é o executado e, subsidiariamente, o credor. Para o notável mestre peninsular, "embora não se possa falar de garantia da evicção propriamente dita, porque o executado não vendeu, é inegável o direito do arrematante de reaver o que pagou sem causa. Quem se enriqueceu indevidamente foi o executado que se livrou das dívidas à custa de bens alheios; é ele obrigado a indenizar o arrematante. Mas, às vezes, ele é insolvente; o arrematante poderá, então, repetir dos credores o que receberam, porque, embora tivessem direito ao pagamento, não o tinham a ser pagos pela alienação de bens de terceiros".[105]

461. Vícios redibitórios

Tratando-se de alienação forçada e não de transferência contratual, o arrematante adquire a propriedade do bem praceado na situação em que ele se encontra, não havendo lugar para

---

[103] LIMA, Cláudio Vianna de. *Processo de execução*. Rio de Janeiro: Forense, 1973, n. 6, p. 96.
[104] MARQUES, José Frederico. *Instituições de direito processual civil*. Rio de Janeiro: Forense, 1960, v. n. 1.220, p. 268; CUCHE, Paul; VINCENT, Jean. *Voies d'execution – précis dalloz*. 10. ed., n. 266 e 267, p. 312.
[105] LIEBMAN, Enrico Tullio. *Processo de execução*. 3.ed. São Paulo: Saraiva, 1968, n. 73, p. 124.

a reclamação contra eventuais vícios redibitórios.[106] Em outras palavras, na arrematação, o "arrematante não adquire nenhuma ação de garantia".[107]

O Código Civil de 1916 continha regra expressa excluindo, de forma categórica, a ação redibitória e a ação de abatimento no preço por defeitos ocultos da coisa alienada em hasta pública (art. 1.106). O Código de 2002 eliminou semelhante preceito.

Sem dúvida, o princípio continua vigendo para a generalidade dos casos de vendas judiciais. No entanto, a nova orientação da lei civil enseja uma possibilidade para o juiz enfrentar os casos concretos com mais flexibilidade e sem esbarrar em vedação rígida como a do sistema de 1916.

Dessa maneira, em muitos casos alguma forma de compensação ou ressarcimento poderá ser engendrada, em nome do combate, por exemplo, ao enriquecimento sem causa ou locupletamento ilícito, que em boa hora o Código Civil de 2002 resolveu condenar e reprimir (arts. 884 a 886).

462. Ação anulatória da arrematação

Quando não for mais possível a anulação da arrematação dentro dos próprios autos da execução, a parte interessada terá de propor ação anulatória pelas vias ordinárias (CPC/2015, art. 903, § 4º).

Não há sentença no procedimento da arrematação, de sorte que o ato processual em causa é daqueles que se anulam por ação comum, como os atos jurídicos em geral, e não pela via especial da ação rescisória (art. 966, § 4º).[108]

Por outro lado, encerrada a execução, nenhum vínculo guarda a ação anulatória da arrematação com o juízo em que ela se realizou. Não há conexão, porque tal não ocorre entre processo atual e outro já findo, e não há acessoriedade, porque o art. 61 não inclui, entre as causas de prevenção de competência, a circunstância de ser a ação atual oriunda de ato de outro processo.[109]

Versando, outrossim, a ação anulatória sobre carta de arrematação de imóvel já transcrita no Registro Imobiliário, a competência será do juízo da situação do bem e não daquele do local onde se deu a alienação judicial. A jurisprudência do STF tem reiteradamente afirmado que, para os fins do art. 95 do CPC/1973 [CPC/2015, art. 47], se considera como ação fundada em direito real sobre imóvel a que se volta para a anulação de atos jurídicos e consequente cancelamento de transcrições do Registro Imobiliário; pelo que é de prevalecer, na espécie, a competência do foro da situação do imóvel sobre qualquer outro.[110]

Se, porém, houve interposição de ação anulatória, e o feito se encerrou por sentença de mérito, confirmatória da validade da alienação judicial, é claro que, então, somente por meio da ação rescisória se admitirá reabertura de discussão sobre a matéria. Isto porque somente

---

[106] ROSENBERG, Leo. *Tratado de derecho procesal civil*. Buenos Aires: EJEA, 1955, v. III, p. 165; MARQUES, José Frederico. *Instituições de direito processual civil*. Rio de Janeiro: Forense, 1960. v. V, n. 1.222, p. 272.

[107] GOLDSCHMIDT, James. *Derecho procesal civil*. Rio de Janeiro: Labor, 1936, § 102, p. 693.

[108] VIDIGAL, Luis Eulálio de Bueno. *Comentários ao Código de Processo Civil*. São Paulo: RT, 1974, v. VI, p. 161.

[109] TJSP, ac. 30.09.1976, *Rev. Jur. TJSP*, 43/283; ac. 31.08.1976, *RT* 499/119. Em matéria de arrematação processada pela Justiça do Trabalho, a jurisprudência é no sentido de que a competência para a ação anulatória é da Justiça Especial e não da Justiça Comum (STJ, 2ª Seção, CC 86.065/MG, Rel. Min. Luis Felipe Salomão, ac. 13.12.2010, *DJe* 16.12.2010; STJ, 1ª Seção, CC 99.424/PB, Rel. Min. Benedito Gonçalves, ac. 27.05.2009, *DJe* 10.06.2009).

[110] STJ, REsp 7.272/GO, Rel. Min. Fontes de Alencar, ac. 16.04.1991, *RSTJ* 28/459; STJ, 2ª Seção, CC 34.393/GO, Rel. Min. Antônio de Pádua Ribeiro, ac. 25.05.2005, *DJU* 01.07.2005, p. 362.

por via dessa ação especial se admite a desconstituição da sentença revestida de autoridade da coisa julgada material (art. 966).

Deve-se, outrossim, ter em mente que a relação de direito material emergente da arrematação consumada envolva não apenas as partes do processo executivo, mas também o terceiro arrematante. Por isso, a ação que seja proposta para anulação da alienação forçada reclama a participação, em litisconsórcio necessário, de todos os interessados na controvérsia (arrematante, exequente e executado), já que todos eles ostentam "manifesto interesse jurídico no resultado da demanda". Especialmente ao terceiro arrematante é indiscutível sua legitimidade passiva, na espécie, visto que a ação tem por objetivo justamente a desconstituição do ato judicial que o favoreceu quando da hasta pública impugnada.[111]

462.1. Prazo para propositura da anulatória

A ação de anulação de arrematação é constitutiva, e, como tal, sujeita-se a prazo decadencial, e não prescricional.[112] Resta saber a partir de qual momento começa a fluir dito prazo. Já se decidiu, a propósito de execução fiscal, que o *dies a quo* do prazo para ajuizamento da anulatória seria a lavratura do auto de arrematação.[113] No entanto, melhor entendimento é o que toma como termo inicial do prazo decadencial a data da expedição da carta de arrematação, visto que até então o pedido de anulação deve ser tratado como incidente do próprio processo executivo (CPC/2015, art. 903, §§ 2º e 3º). É após a expedição da carta de arrematação que a ação anulatória se torna a via necessária para a desconstituição da arrematação (art. 903, § 4º).

Enquanto não expedida a carta, não há interesse para justificar a anulação por meio de ação; o problema será solucionável pelo juiz da execução incidentalmente. O prazo extintivo não começará a fluir porque ainda não configurada a *actio nata*. "Não se podendo cogitar da anulação de um ato que ainda é passível de discussão nas vias de impugnação ordinárias (simples petição ou embargos), não há que se falar em fluência do prazo da ação anulatória."[114]

O STJ assentou, outrossim, que o prazo decadencial aplicável à anulatória da arrematação é o previsto no art. 178, II, do CC, ou seja, o de quatro anos. Esse dispositivo, no entanto, refere-se apenas à anulação por vício de consentimento ou fraude. Se a arrematação for anulável ou resolúvel por outro motivo, como, por exemplo, o preço vil ou a falta de pagamento do preço na alienação a prazo, a decadência dar-se-á em dois anos, como previsto no art. 179 do Código Civil.[115]

---

[111] STJ, 1ª T., REsp 927.334/RS, Rel. Min. Luiz Fux, ac. 20.10.2009, *DJe* 06.11.2009.

[112] THEODORO JÚNOR, Humberto. *Comentários ao novo Código Civil*: dos atos jurídicos lícitos. Dos atos ilícitos. Da prescrição e da decadência. Da prova. 4. ed. Rio de Janeiro: Forense, 2008. v. 3, t. 2, n. 307, p. 182. "É antigo o entendimento desta Terceira Turma no sentido de que o direito de pleitear a anulação da arrematação de bem ou hasta pública está submetido ao prazo decadencial de 4 (quatro) anos previsto no art. 178, § 9º, V, 'b', do CC/16 (embora com equivocada referência a prescrição), com correspondência no art. 178, II, do CC/02" (STJ, 3ª T., REsp 1.655.729/PR, Rel. Min. Nancy Andrighi, ac. 16.05.2017, *DJe* 26.05.2017. No mesmo sentido: STJ, 3ª T., EDcl no REsp 1.447.756/PB, Rel. Min. Ricardo Villas Bôas Cueva, ac. 16.04.2015, *DJe* 24.04.2015).

[113] STJ, 2ª T., REsp 1.399.916/RS, Rel. Min. Humberto Martins, ac. 28.04.2015, *DJe* 06.05.2015; STJ, 2ª T., REsp 1.254.590/RN, Rel. Min. Mauro Campbell Marques, ac. 07.08.2012, *DJe* 14.08.2012.

[114] REsp 1.655.729/PR, Rel. Min. Nancy Andrighi, ac. 16.05.2017, *DJe* 26.05.2017. Lê-se no voto da Relatora: "Relembre-se que, segundo o princípio da *actio nata*, 'inicia o prazo de prescrição, como de decadência, ao mesmo tempo que nasce para alguém pretensão acionável (*Anspruch*), ou seja, no momento em que o sujeito pode, pela ação, exercer o direito contra quem assuma situação contrária (...)' (Caio Mário da Silva Pereira, *Instituições de Direito Civil*. 9. ed. Rio de Janeiro: Forense, p. 483)".

[115] "Quando a lei dispuser que determinado ato é anulável sem estabelecer prazo para pleitear-se a anulação, será este de dois anos, a contar da data da conclusão do ato" (CC, art. 179).

463. Remição dos bens arrematados

Tal como ocorre na adjudicação (art. 877, § 3º), o CPC/2015 abriu a possibilidade de o executado, também na arrematação, remir o bem, no caso de leilão de bem hipotecado, até a assinatura do auto de arrematação (art. 902). Para tanto, ele deverá oferecer preço igual ao do maior lance oferecido.

No caso de falência ou insolvência do devedor hipotecário, o direito de remição do bem hipotecado defere-se à massa ou aos credores em concurso, não podendo o exequente recusar o preço da avaliação do imóvel (parágrafo único do art. 902).

Havia, também, a previsão no direito material da remição do bem hipotecado alienado a terceiro, hipótese em que o Código Civil regulava, prevendo direito do executado de resgatá-lo, inclusive no caso arrematação na execução hipotecária (art. 1.482).[116] O dispositivo da lei material foi revogado pela nova lei processual. Isto, porém, não eliminou a remição do bem hipotecado da ordem jurídica nacional, porque a figura jurídica passou a ser regulada pelos arts. 877, § 3º, e 902 do CPC/2015.

O CPC/2015 não permite ao cônjuge/companheiro, descendentes ou ascendentes do executado a possibilidade de remição do bem, por ocasião do leilão, mas apenas lhes assegura o direito de preferência na sua adjudicação (art. 876, § 5º).

Conquanto inegável o direito à remição do imóvel gravado com hipoteca, pouca relevância prática se extrai da medida liberatória. É que, se a remição não for suficiente para solucionar todo o débito exequendo, o imóvel remido continuará sujeito a ser penhorado para complementar o resgate da obrigação. Daí o pouco interesse que a figura de remição desperta na prática (ver sobre a remição do bem hipotecado, item nº 427, *retro*).

---

[116] Código Civil, art. 1.482: "Realizada a praça, o executado poderá, até a assinatura do auto de arrematação ou até que seja publicada a sentença de adjudicação, remir o imóvel hipotecado, oferecendo preço igual ao da avaliação, se não tiver havido licitantes, ou ao do maior lance oferecido. Igual direito caberá ao cônjuge, aos descendentes ou ascendentes do executado".

§ 47. APROPRIAÇÃO DE FRUTOS E RENDIMENTOS

464. Modalidade especial de expropriação

O art. 867 do CPC/2015 estabelece que, em lugar de penhorar a coisa rentável, móvel ou imóvel, o juiz possa ordenar a penhora dos respectivos frutos e rendimentos. O critério para que essa opção seja acatada é, na dicção do dispositivo legal aludido, o reconhecimento de que essa modalidade de segurança da execução se apresente como mais eficiente para o recebimento do crédito e menos gravosa ao executado.

Tratando-se de medida processual que atende a um só tempo os interesses do exequente e do executado, por proporcionar vantagens recíprocas (conservação dos bens na propriedade do devedor e absorção imediata dos rendimentos pela execução, facilitando a satisfação do direito do credor), pode o juiz admiti-la independentemente da gradação legal das preferências para a penhora. Pode ser deferida até para substituir o bem inicialmente penhorado, com apoio no art. 805, que recomenda ao juiz mandar, sempre que possível, seja promovida a execução pelo modo menos gravoso para o executado; assim como no art. 847, onde se autoriza ao executado requerer a substituição do bem penhorado, desde que comprove que lhe será menos onerosa e não trará prejuízo ao exequente.

É da penhora original sobre frutos e rendimentos, ou da substituição da penhora de outros bens pela de suas rendas (art. 867) que se origina a forma expropriatória qualificada como "apropriação de frutos e rendimentos de empresa ou de estabelecimentos e outros bens" (art. 825, III).

Essa expropriação equivale ao levantamento, deferido ao exequente, da soma de dinheiro penhorada. Superada a fase reservada à avaliação, e não estando a atividade executiva obstada por eventuais embargos com efeito suspensivo, os valores dos rendimentos serão repassados pelo depositário-administrador (art. 868), ao exequente, à medida que forem sendo percebidos, até que o crédito exequendo seja inteiramente satisfeito. Depositados em juízo, o levantamento dos rendimentos observará o procedimento da satisfação executiva de "entrega do dinheiro", nos moldes do art. 904, I, do CPC/2015. Tudo passará como se se tratasse de "uma satisfação a prazo, em prestações periódicas".[117]

465. Iniciativa

Segundo se depreende do art. 867 do CPC/2015, a expropriação de frutos e rendimentos pode decorrer de penhora de tais bens deliberada por iniciativa do juiz, de ofício. Não há empecilho, porém, a que a medida seja pleiteada pelo executado ou pelo exequente, ou por ambos.

De quem quer que seja a iniciativa, deverá sempre ser assegurado o contraditório às partes, antes que o juiz decida sobre a questão. Não pode ser caprichoso, nem o requerimento nem a resistência à medida. A eventual controvérsia será solucionada pelo juiz com base nos requisitos previstos no art. 867, ou seja: *(i)* a penhora dos frutos e rendimentos deve ser mais eficiente para o recebimento do crédito; e *(ii)* menos gravosa ao executado.

466. Pressuposto

Para se decidir sobre a conveniência da penhora sobre os frutos e rendimentos é necessário que estes sejam avaliados, quanto à viabilidade de proporcionar a satisfação do crédito exequendo.

---

[117] RODRIGUES, Marcelo Abelha. *Manual de execução civil*. 5. ed. Rio de Janeiro: Forense, 2015, p. 395.

467. Procedimento

A operacionalidade da expropriação por apropriação de frutos e rendimentos depende da nomeação de um depositário-administrador (art. 868), para percebê-los periodicamente e destiná-los ao pagamento parcelado do crédito do exequente, o qual será processado em juízo. Para maiores detalhes do procedimento da penhora sobre frutos e rendimentos, ver, *retro*, o item nº 381.

468. Pagamento ao exequente

À medida que os rendimentos são arrecadados pelo depositário-administrador e recolhidos em juízo, a satisfação, total ou parcial, do crédito do exequente, se processará de conformidade com a modalidade "entrega do dinheiro" (CPC/2015, art. 904, I), observadas as cautelas dos arts. 905 a 909 (sobre a matéria, ver, adiante, o item nº 469).

Capítulo XX
FASE DE SATISFAÇÃO

§ 48. PAGAMENTO AO CREDOR DE QUANTIA CERTA

469. Satisfação do direito do exequente

A fase final da execução por quantia certa compreende o pagamento que o órgão judicial efetuará ao exequente pelos meios obtidos na expropriação dos bens penhorados ao devedor.

Pela própria natureza da obrigação exequenda, a *fase de instrução* deveria encerrar-se, em regra, com a arrematação, e a fase de satisfação resumir-se-ia na entrega, ao credor, da importância arrecadada na alienação judicial, até o suficiente para cobrir o principal e seus acessórios, tal como ocorreria no *cumprimento voluntário* da obrigação pelo devedor. Com esse pagamento forçado extinguir-se-ia a obrigação e, consequentemente, a execução (CPC/2015, art. 924, II).

A entrega do dinheiro ao exequente, porém, não é a única forma de *pagamento* prevista no sistema da execução por quantia certa. Representa a realização da *obrigação originária*, ou seja, o pagamento da *quantia* a que se obrigou o executado, na mesma substância prevista no título executivo. Mas o Código prevê outras formas que também se prestam a satisfazer o direito do credor, mesmo sem lhe entregar a importância de dinheiro inicialmente reclamada em juízo. Aliás, a forma prioritária de satisfação da obrigação exequenda, indicada pelo art. 876 do CPC/2015, como medida prática e de economia processual, é a adjudicação dos próprios bens penhorados, se isto interessar ao exequente. Cabe a este, nesta sistemática processual, optar por abreviar a solução da execução por meio da adjudicação, ou por prosseguir nas formas mais complexas de expropriação para, afinal, obter o pagamento em dinheiro.

De acordo com essa posição adotada pelo CPC/2015, seu art. 825 indica, na ordem de preferência, três modalidades de expropriação para preparar o pagamento, a saber:

(a) adjudicação (que pode ser em favor do exequente ou das pessoas indicadas no § 5º do art. 876) (inciso I);

(b) alienação (que pode ser por iniciativa particular ou por leilão judicial) (inciso II);

(c) apropriação de frutos e rendimentos de empresa ou de estabelecimentos e de outros bens (inciso III).

A essas figuras de expropriação correspondem as formas de pagamento previstas no art. 904, quais sejam:

(a) entrega do dinheiro (apurado na alienação do bem penhorado ou na apropriação de frutos e rendimentos) (inciso I);

(b) a adjudicação dos bens penhorados (inciso II).

Forma pura de pagamento é apenas aquela que se dá por meio da entrega ao exequente do dinheiro apurado na expropriação dos bens penhorados. A outra modalidade a que se refere o art. 904 corresponde a atividade complexa que, simultaneamente, realiza tanto a função de instrução como a de satisfação. A adjudicação, a um só tempo, expropria bens do executado e os transferem para o exequente; daí dizer-se que é forma executiva híbrida, com duplo papel dentro da execução por quantia certa.

O pagamento por adjudicação já foi analisado, portanto, quando se estudou a instrução processual realizada por seu intermédio (v. itens nº 414 e ss.). A seguir será abordado o pagamento por entrega de dinheiro.

470. Última etapa do processo de execução

O pagamento a que alude o art. 904 é a fase culminante do processo de execução por quantia certa. Em qualquer de suas formas, o termo utilizado pelo legislador processual tem a acepção de *cumprimento da obrigação*, mesmo que este não se dê de maneira voluntária ou espontânea.[1] Ao contrário do que se passa no processo de conhecimento, a atividade executiva do juiz não se endereça a um julgado que defina o litígio para fazer atuar a vontade da lei. Toda a energia jurisdicional se concentra em buscar resultado concreto no plano patrimonial, de molde a deslocar bens da esfera jurídica de uma pessoa para a de outra. O processo é de resultado e não de definição.

Não se pode, de maneira alguma, considerar a sentença de que trata o art. 925 como o ato final da prestação executiva. A execução termina, como modalidade típica, quando ocorre a satisfação da obrigação, como deixa claro o art. 924, II. É, pois, o pagamento e não a sentença o ato de prestação jurisdicional praticado no processo de execução.

Inaceitável, nessa ordem de ideias, a tese de que a sentença do art. 925 seria um julgamento de mérito em torno do objeto da execução forçada. O mérito, na espécie, se resolve pelo cumprimento da obrigação exequenda, e nunca pelo ato formal de proclamar o fim da relação processual. Se a sentença declara extinta a execução, ela o faz por constatar que o provimento executivo já anteriormente se encerrara. Não é a sentença que extingue a execução; ela somente reconhece que essa extinção já se deu.

---

[1] BUENO, Cassio Scarpinella. Comentários ao art. 708. In: MARCATO, Antonio Carlos (coord.). *Código de Processo Civil interpretado*. São Paulo: Atlas, 2004, p. 1.994.

§ 49. PAGAMENTO POR ENTREGA DO DINHEIRO

471. Entrega do dinheiro

O pagamento do exequente, pela entrega do dinheiro, que é a forma mais autêntica de concluir a execução por quantia certa, pressupõe, naturalmente, a prévia expropriação dos bens penhorados, por meio de arrematação ou remição, da qual tenha resultado o depósito do preço à ordem judicial. Pode também ocorrer essa forma de pagamento, quando a penhora inicialmente tenha recaído sobre dinheiro, ou quando o devedor tenha efetuado, no curso do processo, o depósito da quantia correspondente à dívida exequenda. O outro meio de satisfação, que é a adjudicação (art. 904), só tem cabimento quando por ele optar o exequente (CPC/2015, art. 876).

O levantamento da quantia apurada se faz em cumprimento de ordem ou mandado do juiz e ao exequente compete firmar termo de quitação nos autos (art. 906).

O atual Código, para agilizar a satisfação do direito do exequente, permite que o mandado de levantamento do valor depositado em juízo possa ser substituído pela transferência eletrônica do valor depositado em conta bancária vinculada ao juízo para outra indicada pelo exequente (art. 906, parágrafo único).

O direito do credor, de levantar o dinheiro depositado, não compreende toda a soma existente, mas apenas o correspondente ao principal atualizado da dívida, juros, custas e honorários advocatícios (art. 826).

É sobre o quantum atualizado da dívida que se calcularão os juros e os honorários. As custas e despesas desembolsadas pelo exequente no curso da execução também sofrerão atualização monetária. Efetuado o pagamento completo, se houver remanescente, será restituído ao executado (art. 907). É bom lembrar que os encargos da mora a serem suportados pelo executado não se transferem para a responsabilidade do banco depositário, no caso de a penhora recair sobre dinheiro. Sendo inferiores os índices aplicáveis à conta bancária, o devedor continuará responsável pela diferença, conforme jurisprudência vinculante do STJ[2] (ver, adiante, o item 872).

Por fim, quanto à entrega do dinheiro, releva destacar a restrição do CPC/2015 que veda, durante o plantão judiciário, a concessão de pedidos de levantamento de importância em dinheiro ou valores ou de liberação de bens apreendidos (art. 905, parágrafo único). Já no regime do CPC/1973 o STJ se orientava nesse sentido, sob o argumento de que: *(i)* "o plantão judiciário objetiva garantir a entrega de prestação jurisdicional nas medidas de *caráter urgente* destinadas à *conservação de direitos*, quando possam ser *prejudicados* pelo adiamento do ato reclamado" (*g.n.*); e *(ii)* decisão de mérito "não se inclui dentre as providências de urgência".[3]

Na mesma linha do art. 905 do CPC/2015, a Resolução nº 71/2009 do CNJ também veda o exame de pedido de levantamento de importância de dinheiro constante de depósito judicial, por juiz de plantão.

---

[2] STJ, Corte Especial, REsp 1.820.963/SP – recurso repetitivo, Rel. Min. Nancy Andrighi, ac. 19.10.2022, *DJe* 16.12.2022.
[3] STJ, 1ª T., AgRg no REsp 750.146/AL, Rel. Min. Luiz Fux, ac. 07.10.2008, *DJe* 03.11.2008.

Em conclusão, tanto o CPC/2015 como a jurisprudência estão acordes em que, não se tratando de medida de caráter urgente, não cabe ao juiz, durante o plantão, autorizar o levantamento de importâncias em dinheiro ou valores, assim como a liberação de bens apreendidos.[4]

471.1. Levantamento a maior

Do montante apurado na expropriação, o exequente e seu advogado levantarão o valor correspondente ao crédito exequendo (principal, juros e correção monetária), honorários sucumbenciais, custas e despesas do processo, com o que se dará a respectiva quitação ao executado.

Havendo levantamentos parciais em momentos diversos, seria necessária, em caso de dúvida, a elaboração de cálculos para determinar a correspondência entre o recebido pelo credor e a dívida do executado. Apurada a eventual ocorrência de levantamento a maior pelo exequente, deverá este ser compelido, por mandado judicial, a restituir ao executado, imediatamente, o excesso, nos próprios autos da execução.[5] Sujeitar-se-á o credor ao procedimento de cumprimento de sentença (penhora, avaliação e expropriação), caso a ordem de restituição seja descumprida.

472. Concurso de preferência sobre o produto da execução

O juiz só autoriza o exequente a levantar, imediatamente, o produto da expropriação executiva se a execução houver corrido a seu exclusivo benefício e não houver privilégio ou preferência de terceiros sobre os bens penhorados, anterior à penhora (CPC/2015, art. 905).

Assim, não poderá dar-se o imediato levantamento:

(a) quando ocorrer a decretação de insolvência do devedor, porque, em tal situação, o produto da execução singular é arrecadado em prol da comunidade dos credores, para posterior rateio no concurso universal do insolvente (art. 762, § 2º, do CPC/1973, mantido pelo art. 1.052 do CPC/2015);[6] e

(b) quando existir qualquer outro privilégio ou preferência instituída sobre os bens alienados judicialmente, como hipoteca, penhor, outra penhora etc., desde que constituídos anteriormente à penhora do exequente (art. 905, II).

Na última hipótese, instaura-se uma espécie de "concurso particular de preferência", cujo objeto é tão somente o produto da arrematação e cujos participantes são apenas o exequente e o credor ou credores que se apresentem como detentores de preferência ou privilégio, por causa jurídica anterior à penhora.

Um dos motivos desse concurso é a intercorrência de penhoras de credores diversos sobre os mesmos bens, caso em que as diversas execuções singulares são reunidas por apensamento,

---

[4] Teresa Arruda Alvim Wambier *et al.* entendem que essa medida pode engessar a atuação do juiz, razão pela qual deve ser flexibilizada à luz do caso concreto. Isto porque, situações há em que, excepcionalmente, se exigirá o imediato levantamento do dinheiro ou a liberação do bem mesmo durante o período de plantão (*Primeiros comentários ao novo Código de Processo Civil*. São Paulo: RT, 2015, p. 1.282).

[5] STJ, 4ª T., REsp 1.057.076/MA, Rel. Min. Maria Isabel Gallotti, ac. 07.12.2017, *DJe* 15.12.2017.

[6] Súmula nº 478 do STJ: "Na execução de crédito relativo a cotas condominiais, este tem preferência sobre o hipotecário".

a fim de unificarem-se os atos executivos e promover-se o concurso de preferências nos autos em que se der a arrematação. Não sendo possível o apensamento, o interessado deverá trazer para os autos onde se processa o concurso, certidão comprobatória da penhora que o habilita a participar do produto da expropriação.

Esse concurso é sumariamente processado como incidente da fase de pagamento, dentro dos próprios autos da execução (art. 908, *caput*).

As preferências, entre credores quirografários, dependem da *ordem das penhoras*. Já as que decorrem de garantias reais são respeitadas no concurso particular *independentemente* de penhora em favor do titular do *ius in re*.[7-8] Sobre essa matéria, ver, *retro*, o item nº 267.

A classificação dos credores, para pagamento, será feita, portanto, dentro do seguinte critério:

(a) independentemente de penhora, devem ser satisfeitos, em primeiro lugar, os que tiverem título legal de preferência, e possuírem, naturalmente, título executivo ("credores com garantia real sobre os bens arrematados");

(b) não havendo preferências legais anteriores, ou depois de satisfeitas estas, os demais credores serão escalonados segundo a ordem cronológica das penhoras.[9] Para o estabelecimento da preferência entre as penhoras que recaem sobre o mesmo bem não se leva em conta a data das eventuais averbações dos atos constritivos em registros públicos. É que tais assentamentos se fazem apenas para conhecimento de terceiros, e não como ato constitutivo da própria penhora. O aperfeiçoamento da medida executiva, para fins processuais, ocorre quando, após a apreensão e o depósito dos bens, se procede à lavratura do respectivo auto (art. 839). É esse, portanto, o dado relevante para a gradação de preferência entre as diversas penhoras, a que alude o art. 908, § 2º.[10]

Não havendo mais o protesto por rateio de que cogitava o direito antigo, os credores quirografários só podem participar do produto da execução de outrem quando houverem também obtido penhora sobre os mesmos bens do devedor comum.

---

[7] Cf. nosso *Processo de execução e cumprimento da sentença*. 28. ed. São Paulo: Leud, 2014, cap. XXV, n. 316, p. 403-404; MOURA ROCHA, José de. *Comentários ao Código de Processo Civil*. São Paulo: RT, 1975, v. IX, p. 215-216. Aos credores privilegiados sem penhora não se reconhece o direito de ingressar diretamente no concurso de preferência. Terão, primeiro, de ajuizar execução "e, recaindo a penhora sobre o bem já penhorado, exercer oportunamente seu direito de preferência" (STJ, 2ª T., REsp 11.657-0/SP, Rel. Min. Antônio de Pádua Ribeiro, ac. 19.08.1992, *RSTJ* 43/315; STJ, 1ª T., REsp 36.862/SP, Rel. Min. Demócrito Reinaldo, ac. 05.12.1994, *RSTJ* 73/274). Em sentido contrário: "O art. 711 do CPC [NCPC, art. 908] não exige que o credor preferencial efetue penhora sobre o bem objeto da execução" (STJ, 3ª T., REsp 293.788/SP, Rel. Min. Humberto Gomes de Barros, ac. 22.02.2005, *DJU* 14.03.2005, p. 318).

[8] A evolução da jurisprudência do STJ, ao que parece, tende a um meio termo: a habilitação do credor hipotecário ao concurso de credores do art. 908 do NCPC decorre de sua preferência de direito material, razão pela qual não se pode condicioná-la à preexistência de penhora. Em decorrência, porém, das garantias processuais do contraditório e ampla defesa, após a ultimação do concurso, o valor do crédito hipotecário permanecerá retido em juízo, e o respectivo levantamento só será autorizado após ajuizamento da execução da garantia real e da abertura de oportunidade de defesa ao executado. Nesse sentido: STJ, 3ª T., REsp 1.580.750/SP, Rel. Min. Nancy Andrighi, ac. 19.06.2018, *DJe* 22.06.2018.

[9] A ordem de gradação das penhoras no concurso independe de averbação no registro público e se estabelece em função do aperfeiçoamento da constrição nos moldes do art. 839 do CPC/2015 [CPC/1973, art. 664]. "Não há exigência de averbação imobiliária ou referência legal a tal registro da penhora como condição para definição do direito de preferência, o qual dispensa essas formalidades" (STJ, 4ª T., REsp 1.209.807/MS, Rel. Min. Raul Araujo, ac. 15.12.2011, *DJe* 15.02.2012).

[10] STJ, 4ª T., REsp 1.209.807/MS, Rel. Min. Raul Araújo, ac. 15.12.2011, *DJe* 15.02.2012.

O credor quirografário que recebe o pagamento em primeiro lugar não é necessariamente o que promove a execução, em cujos autos se deu a arrematação, mas sim o que efetuou a primeira penhora, pois pode acontecer que, por embaraços procedimentais, sua execução sofra atraso com relação a outras de credores com penhora de grau inferior. O que importa é respeitar a ordem das penhoras e não o andamento das diversas execuções concorrentes.[11]

No concurso por intercorrência de várias penhoras sobre os mesmos bens, o pagamento dos credores respeita a ordem cronológica dos gravames de maneira que os subsequentes só recebem se houver sobra após a satisfação do antecedente. O concurso não é de rateio, mas de preferência.

Por fim, estabelece o CPC/2015 que, no caso de adjudicação ou alienação, os créditos que recaem sobre o bem, de qualquer natureza, sub-rogam-se sobre o respectivo preço, observada a ordem de preferência (art. 908, § 1º). Se a adjudicação ou a arrematação for feita por algum credor que não esteja em posição cronológica prioritária, terá ele de depositar o valor de avaliação ou do lance em leilão, a fim de que sobre este se instaure o concurso de preferências.

472.1. Concurso de preferência e crédito da Fazenda Pública

A cobrança judicial da Dívida Ativa da Fazenda Pública não é sujeita a concurso de credores ou habilitação em falência, concordata, liquidação, inventário ou arrolamento (art. 29, da Lei nº 6.830/1980). Dessa maneira, mesmo havendo penhora comum entre execução civil e execução fiscal, não se instaurará o concurso de preferência de que trata o art. 908, do CPC. O executivo fiscal, portanto, prosseguirá autonomamente até a satisfação integral do crédito exequendo.

De acordo com o parágrafo único do art. 29 da LEF, concurso de preferência somente se verificaria entre pessoas jurídicas de direito público, observada a seguinte ordem: I- União e suas autarquias; II – Estados, Distrito Federal e Territórios e suas autarquias, conjuntamente e *pro rata*; III – Municípios e suas autarquias, conjuntamente e *pro rata*. O Supremo Tribunal Federal, entretanto, declarou na ADPF 357, "não recepcionados pela Constituição da República de 1988 as normas previstas no parágrafo único do art. 187 da Lei nº 5.172/1966 (Código Tributário Nacional) e no parágrafo único do art. 29 da Lei nº 6.830/1980 (Lei de Execuções Fiscais)" (*DJe* 07.10.2021), tendo em vista a autonomia dos entes federados e a isonomia que deve prevalecer entre eles, respeitadas as competências estabelecidas pela Constituição, princípios esses qualificados como fundamentos da Federação.[12]

Vale dizer, os créditos de todos os entes públicos, nacionais, estaduais e municipais, além de não se sujeitarem a concurso com créditos particulares (salvo o privilégio dos trabalhistas) serão executados com autonomia, sem verificação de qualquer espécie de preferência entre eles.

---

[11] MARQUES, José Frederico. *Manual de direito processual civil*. v. IV, n. 902, p. 211; THEODORO JÚNIOR, Humberto. *Processo de execução*. 28. ed. São Paulo: Leud, 2014, cap. XXV, n. 316, p. 404.

[12] "1. A arguição de descumprimento de preceito fundamental viabiliza a análise de constitucionalidade de normas legais pré-constitucionais insuscetíveis de conhecimento em ação direta de inconstitucionalidade. Precedentes. 2. A autonomia dos entes federados e a isonomia que deve prevalecer entre eles, respeitadas as competências estabelecidas pela Constituição, é fundamento da Federação. O federalismo de cooperação e de equilíbrio posto na Constituição da República de 1988 não legitima distinções entre os entes federados por norma infraconstitucional. 3. A definição de hierarquia na cobrança judicial dos créditos da dívida pública da União aos Estados e Distrito Federal e esses aos Municípios descumpre o princípio federativo e contraria o inc. III do art. 19 da Constituição da República de 1988. 4. Cancelamento da Súmula n. 563 deste Supremo Tribunal editada com base na Emenda Constitucional n. 1/69 à Carta de 1967. 5. Arguição de descumprimento de preceito fundamental julgada procedente para declarar não recepcionadas pela Constituição da República de 1988 as normas previstas no parágrafo único do art. 187 da Lei n. 5.172/1966 (Código Tributário Nacional) e no parágrafo único do art. 29 da Lei n. 6.830/1980 (Lei de Execuções Fiscais)" (STF, Pleno, ADPF 357, Rel. Min. Cármen Lúcia, ac. 24.06.2021, *DJe* 07.10.2021).

472-A. Das preferências de direito substancial

As disputas de preferências oriundas do direito material, inclusive as de natureza *propter rem*, são exercidas sobre o preço apurado na expropriação do bem alienado na execução. Entre os créditos *propter rem* arrolam-se as despesas condominiais (CC, art. 1.334, I), na proporção da unidade de cada comunheiro. Essa obrigação vincula diretamente o imóvel de cada condômino e o acompanha mesmo nas alienações negociais ou judiciais. Entretanto, entre os diversos privilégios de natureza material, o dos créditos trabalhistas prefere ao condominial, como tem decidido o STJ.[13]

Diante disso, o STJ considera que, como obrigação *propter rem*, a despesa condominial prefere, no concurso executivo particular, até mesmo ao crédito hipotecário, e estabelece a seguinte gradação de preferência, a incidir entre os créditos privilegiados:[14]

(a) o crédito decorrente da legislação do trabalho ou do acidente de trabalho vem em primeiro lugar;

(b) o crédito tributário vem em seguida, preferindo a todos os demais, mesmo aqueles gravados de garantia real ou sujeitos a preferência legal;

(c) em terceiro lugar, com preferência inclusive sobre a hipoteca, coloca-se a obrigação *propter rem* (despesa de condomínio, *v.g.*);

(d) segue, após, o crédito garantido por hipoteca (ou outra garantia real incidente sobre o bem excutido).

Quanto à habilitação do credor privilegiado, segundo o direito material, a jurisprudência do STJ fixou-se no sentido de que seu acesso ao concurso não depende de prévia penhora, "mas o levantamento do produto da alienação judicial não prescinde do aparelhamento da execução pelo credor trabalhista".[15] A regra, naturalmente, se aplicará também aos outros privilégios, como o dos créditos alimentares e tributários. Dessa forma, o valor do crédito habilitado permanecerá retido em juízo, no aguardo de que o credor privilegiado ajuíze sua execução, e encontre solução para os eventuais embargos opostos pelo executado, se for o caso.

473. O privilégio superespecial dos créditos trabalhistas e dos honorários de advogado

Os créditos da Fazenda Pública, uma vez inscritos em Dívida Ativa, não se sujeitam a concurso com outros credores, podendo ser executados individualmente, mesmo quando já instaurada a execução concursal (Lei nº 6.830/1980, art. 29). Esse privilégio, no entanto, cede diante dos créditos trabalhistas e dos referentes aos acidentes do trabalho (CTN, art. 186; LEF, art. 30). Vale dizer que, no concurso de que trata o art. 908 do CPC/2015, os titulares dos referidos créditos, por força do seu privilégio superespecial, serão pagos com preferência

---

[13] "(...) 3. O propósito recursal é definir se há – sobre o produto da arrematação de bem imóvel – preferência de crédito trabalhista ao crédito condominial. 4. Esta Corte entende não ser possível sobrepor uma preferência de direito processual a uma de direito material, preferindo o credor trabalhista aos demais, sobre o crédito obtido na alienação do bem penhorado" (STJ, 3ª T., REsp 1.539.255/SP, Rel. Min. Nancy Andrighi, ac. 27.11.2018, *DJe* 06.12.2018).

[14] STJ, REsp 1.580.750/SP, Rel. Min. Nancy Andrighi, ac. 19.06.2018, *DJe* 22.06.2018.

[15] STJ, 3ª T., REsp 1.411.969/SP, Rel. Min. Nancy Andrighi, ac. 10.12.2013, *DJe* 19.12.2013.

antes da Fazenda Pública e dos credores com garantia real, pouco importando a ordem das respectivas penhoras.[16]

O que determina o superprivilégio em causa não é uma regra processual, mas uma preferência de caráter material, derivada da natureza alimentar do crédito trabalhista.[17]

Uma vez que se atribui aos honorários de advogado, também, a natureza alimentar, firmou-se a jurisprudência no sentido de que se equiparam, em privilégio, aos créditos trabalhistas, no concurso de credores.[18] E esse regime especial aplica-se tanto aos honorários contratuais quanto aos sucumbenciais[19] e, em qualquer hipótese, se sobrepõe aos credores hipotecários e tributários.[20]

Os créditos privilegiados como os fiscais e os trabalhistas, embora não se sujeitem à ordem preferencial das sucessivas penhoras, para efeito de participação no concurso do art. 908, devem também ser objeto de execução. O entendimento do STJ a respeito do tema é no sentido de que, tendo a expropriação se consumado, por meio de remissão ou adjudicação, o credor privilegiado não pode exercitar sua preferência, senão providenciar a oportuna execução e penhora contra o mesmo devedor executado pelo credor quirografário, a tempo de habilitar-se no referido concurso de preferências.[21]

474. Procedimento do concurso particular

Os credores interessados devem formular suas pretensões de preferência em petição, nos autos em que ocorreu a alienação forçada, apresentando suas razões (CPC/2015, art. 909). A disputa entre os credores concorrentes só poderá versar sobre o direito de preferência ou sobre a anterioridade da penhora (art. 909).

Quando surgir questão de alta indagação entre devedores e credores, ou entre os vários credores – como a discussão em torno da validade do próprio título do credor concorrente, vícios do contrato, extinção do crédito etc. –, o juiz poderá sustar o pagamento e remeter os interessados para as vias ordinárias.

Havendo acordo entre os interessados, inclusive o devedor, o juiz simplesmente determinará que o contador prepare o plano de pagamento, segundo a ordem de preferências, autorizando, a seguir, os respectivos levantamentos.

---

[16] "O crédito trabalhista goza de preferência no concurso particular de credores, em relação à penhora, ainda que anteriormente realizada" (STJ, 5ª T., REsp 914.434/SP, Rel. Min. Arnaldo Esteves, ac. 05.02.2009, DJe 09.03.2009. No mesmo sentido: STJ, 3ª T., REsp 267.910/SP, Rel. Min. Humberto Gomes de Barros, ac. 18.12.2003, DJU 07.06.2004, p. 215). O privilégio do credor trabalhista prevalece em relação a qualquer outro, inclusive o hipotecário, pouco importando que sua penhora tenha ocorrido "em momento posterior" à constrição promovida por "credor de categoria diversa" (TJMG, 11ª C.C., Proc. 1.0701.03.051558-2/001, Rel. Des. Selma Marques, ac. 31.10.2007, publ. em 24.11.2007).

[17] TJMG, 14ª C.C., Proc. 1.024.05.783201-6/003, num. única: 7832016-67.2005.8.13.0024, Rel. Des. Renato Martins Jacob, ac. 26.04.2007, publ. 25.05.2007; STJ, Corte Especial, EREsp 706.331/PR, Rel. Min. Humberto Gomes de Barros, ac. 20.02.2008, DJe 31.03.2008.

[18] STJ, 3ª T., REsp 988.126/SP, Rel. Min. Nancy Andrighi, ac. 20.04.2010, DJe 06.05.2010.

[19] STJ, 2ª T., AgRg no REsp 765.822/PR, Rel. Min. Mauro Campbell Marques, ac. 17.12.2009, DJe 04.02.2010.

[20] "Os honorários advocatícios, equiparados aos créditos trabalhistas, preferem aos créditos tributários, nos termos do art. 186, caput, do CTN" (STJ, 2ª T., REsp 941.652/RS, Rel. Min. Herman Benjamin, ac. 19.03.2009, DJe 20.04.2009).

[21] "O pedido de remição feito com base no art. 788 do Código de Processo Civil [de 1973], já estando aperfeiçoado com decisão concessiva transitada em julgado e registro no cartório competente, não deve ser revogado por ter-se apurado posterior crédito privilegiado. A remição já aperfeiçoada indica que houve o depósito em dinheiro em favor do credor e nesse ato é que o exercício do direito de preferência deveria ter sido exercido" (STJ, 3ª T., REsp 1.278.545/MG, Rel. Min. João Otávio de Noronha, ac. 02.08.2016, DJe 16.11.2016).

Apresentadas as razões e ouvidas as partes, para garantir o contraditório, o juiz decidirá as pretensões, apreciando exclusivamente os privilégios disputados e as preferências decorrentes da anterioridade de cada penhora (art. 909, *in fine*). A decisão interlocutória acerca da disputa entre credores sobre o produto da arrematação é passível de impugnação por meio de agravo de instrumento (art. 1.015, parágrafo único).

O Código atual não manteve a regra do art. 712 do CPC/1973 que previa a possibilidade de audiência para produção de provas quando necessárias à solução do concurso.[22] Com isso, tudo indica que se entendeu que a disputa entre os concorrentes há de ser feita apenas com base em prova documental.[23] Observa, com procedência, Lucon, que enquanto o Código de 1973 falava em pretensões e requerimento de provas formulados pelos credores concorrentes (art. 712), o CPC/2015 apenas menciona que os exequentes formularão suas pretensões e que a disputa versará unicamente sobre o direito de preferência e a anterioridade da penhora, seguindo-se a decisão do juiz (art. 909). Essas matérias, de fato, se definem apenas à luz de documentos. Daí sua conclusão de que "não há espaço para audiência".[24]

474-A. A execução extrajudicial da garantia imobiliária em concurso de credores: propriedade fiduciária e hipoteca

A Lei nº 9.514/1997 que cogita do financiamento imobiliário instituiu a alienação fiduciária de coisa imóvel e disciplinou um procedimento administrativo para a execução dessa garantia com curso perante o oficial do registro de imóveis, sem necessidade de intervenção do Poder Judiciário (arts. 26; 26-A; 27; 27-A).

A Lei nº 14.711/2023 estendeu a possibilidade de a execução extrajudicial por meio do registro de imóveis ser aplicada também à garantia hipotecária, o que se deu por meio da especialização de um novo procedimento administrativo (art. 9º). Instituiu, outrossim, um procedimento também especial para execução extrajudicial da garantia imobiliária em concurso de credores (art. 10 e parágrafos).

Assim, havendo mais de um crédito garantido pelo mesmo imóvel, o oficial do registro de imóveis competente, realizadas as averbações de início da excussão extrajudicial da garantia hipotecária ou consolidada a propriedade em decorrência da execução extrajudicial da propriedade fiduciária, intimará simultaneamente todos os credores concorrentes para habilitarem os seus créditos, no prazo de 15 dias, contado da data de intimação (art. 10, *caput*).

O requerimento de habilitação deverá conter (i) o cálculo do valor atualizado do crédito para excussão da garantia, incluídos os seus acessórios; (ii) os documentos comprobatórios do desembolso e do saldo devedor, quando se tratar de crédito pecuniário futuro, condicionado ou rotativo; e (iii) a sentença judicial ou arbitral que tornar líquido e certo o montante devido, quando ilíquida a obrigação garantida.

Decorrido o prazo para habilitação dos credores, o oficial do registro de imóveis lavrará a certidão correspondente, organizará o quadro atualizado de credores, o qual incluirá todos os credores em concurso, especificando os créditos e os graus de prioridade sobre o produto da excussão da garantia, observada a antiguidade do crédito real como parâmetro na definição

---

[22] STJ, 3ª T., REsp 976.522/SP, Rel. Min. Nancy Andrighi, ac. 02.02.2010, *DJe* 25.02.2010.

[23] "A *prova das alegações* se fará, na maioria dos casos, por meio de *prova documental*, mas não se descarta a possibilidade de *prova oral* (testemunhas e depoimento pessoal do devedor) em audiência que deverá ser designada, se for o caso (WAMBIER, Teresa Arruda Alvim *et al. Primeiros comentários ao novo Código de Processo Civil, artigo por artigo*. São Paulo: RT, p. 1.284).

[24] LUCON, Paulo Henrique dos Santos. Comentários ao art. 909. In: WAMBIER, Teresa Arruda Alvim *et al. Breves comentários ao novo Código de Processo Civil*. São Paulo: RT, 2015, p. 2.018.

desses graus de prioridade. Procederá, em seguida, à intimação do garantidor e de todos os credores em concurso quanto ao referido quadro (art. 10, § 1º).

Realizada a alienação extrajudicial do bem, o credor exequente ficará responsável pela distribuição dos recursos obtidos a partir da excussão da garantia aos credores, com prioridade, ao fiduciante ou ao hipotecante. Deverão ser observados os graus de prioridade estabelecidos no quadro de credores e os prazos legais para a entrega ao devedor da quantia remanescente após o pagamento dos credores nas hipóteses, conforme o caso, de execução extrajudicial da propriedade fiduciária ou de execução extrajudicial da garantia hipotecária (art. 10, § 2º).

Sobre a execução extrajudicial da propriedade fiduciária, ver, também, no volume II deste Curso, os itens 635-B a 635-F; 636; 636.1; 636.2; 636.3 e 636-F. Sobre a execução extrajudicial da hipoteca, ver, retro, neste volume, o item 252-B.

Fluxograma nº 15 – Execução por quantia certa com base em título extrajudicial (arts. 824 a 869)[25]

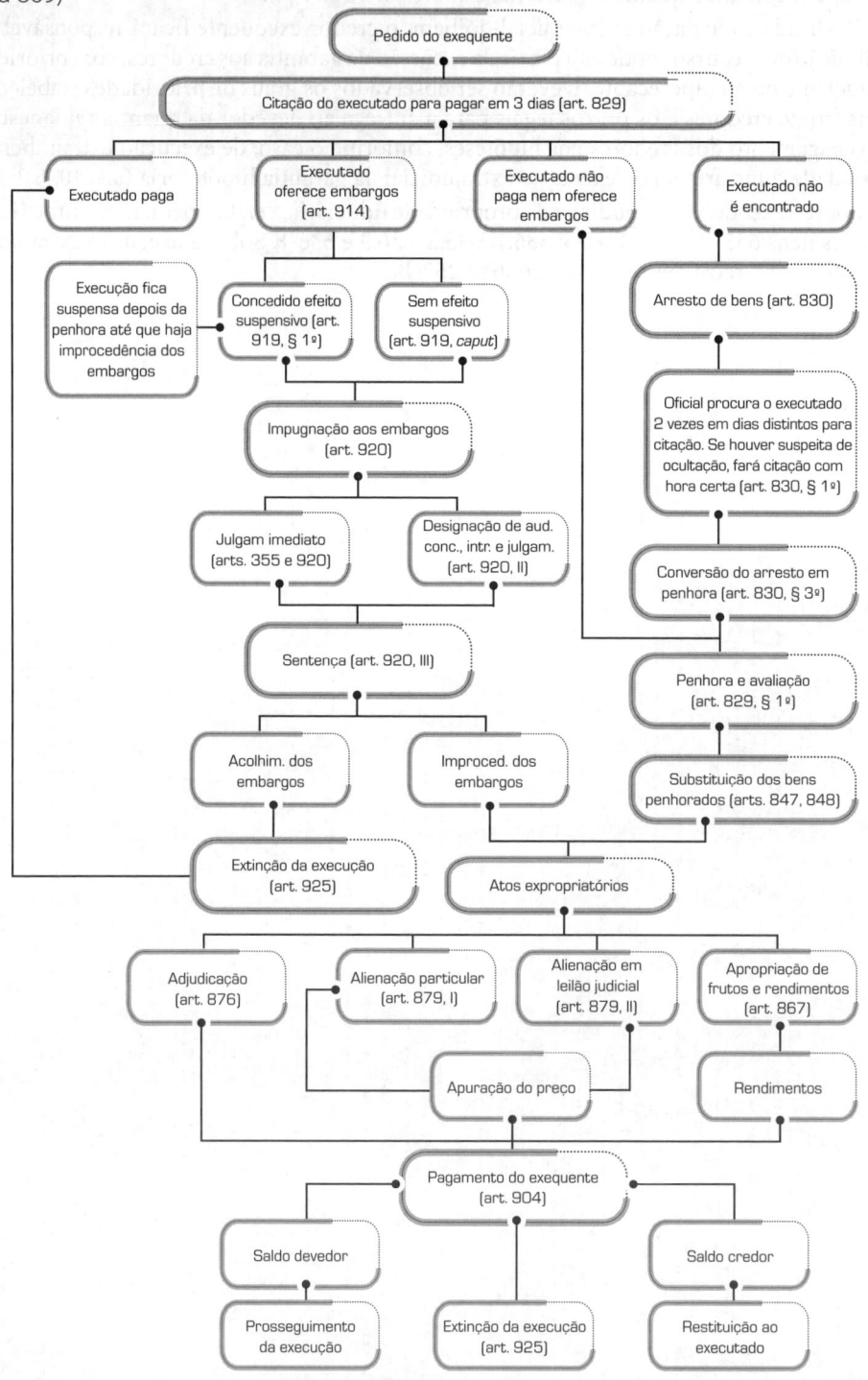

---

[25] Sobre o incidente de prescrição intercorrente, ver o fluxograma nº 23, que se aplica a todas as modalidades de execução por quantia certa, inclusive cumprimento de sentença.

Capítulo XXI
EXECUÇÃO CONTRA A FAZENDA PÚBLICA

§ 50. EXECUÇÃO DE TÍTULO EXTRAJUDICIAL QUE RECONHEÇA A EXIGIBILIDADE DE OBRIGAÇÃO DE PAGAR QUANTIA CERTA A CARGO DO PODER PÚBLICO

475. Execução forçada contra a Fazenda Pública fundada em obrigação de quantia certa

Os bens públicos, *i.e.*, os bens pertencentes à União, Estado e Município, são legalmente *impenhoráveis*. Daí a impossibilidade de execução contra a Fazenda nos moldes comuns, ou seja, mediante penhora e expropriação.

O Código atual separa um procedimento específico tanto para o cumprimento de sentença, inexistente no Código anterior, quanto para as execuções de título extrajudicial contra a Fazenda Pública. No Código de 1973, ambas as hipóteses de título judicial ou extrajudicial davam ensejo ao mesmo procedimento previsto nos arts. 730 e ss. daquele diploma.[1]

Com efeito, não se pode ter como inconstitucional a norma que autoriza a execução de título extrajudicial contra a Fazenda, pelo simples fato de o art. 100 da Constituição regular a sistemática dos precatórios, referindo-se apenas à "sentença judiciária". O STJ já enfrentou, várias vezes, o problema e consolidou em sua súmula o enunciado nº 279, segundo o qual "é cabível execução por título extrajudicial contra a Fazenda Pública". O argumento decisivo da jurisprudência é que a referência do art. 100 da CF à "sentença judiciária" denota apenas "o propósito de disciplinar o pagamento de obrigação da Fazenda reconhecida judicialmente, e não restringir a possibilidade de expedição de precatório nos casos de condenação em processo de conhecimento", de sorte que a expressão constitucional "sentença judiciária" deve ser interpretada como abrangente também da "decisão do juiz que, em execução por título extrajudicial contra a Fazenda, após reconhecer a idoneidade do pedido, proclama o decurso *in albis* do prazo para embargar e autoriza a expedição do requisitório".[2]

O CPC/2015, ao regular separadamente o cumprimento de sentença que reconhece a exigibilidade de obrigação de pagar quantia certa pela Fazenda Pública e a execução por título extrajudicial contra a Fazenda, se pôs em harmonia com a jurisprudência pacífica atual.

A despeito da inovação quanto à separação dos procedimentos de acordo com a espécie de título, a sistemática de ambas as codificações é a mesma: não se realiza atividade típica

---

[1] "A execução por quantia certa contra a Fazenda Pública pode fundar-se em título executivo extrajudicial" (STJ, 3ª T., REsp 42.774-6/SP, Rel. Min. Costa Leite, ac. 09.08.1994, *RSTJ* 63/435; STJ, 3ª T., REsp 79.222/RS, Rel. Min. Nilson Naves, ac. 25.11.1996, *RSTJ* 95/259; TJSP, Ap. 226.879-2, Rel. Des. Mohamed Amaro, ac. 19.05.1994, *JTJ* 160/107). O entendimento consolidou-se na Súmula nº 279 do STJ (STJ, 1ª T., REsp 456.447/MS, Rel. Min. Luiz Fux, ac. 18.03.2003, *DJU* 02.02.2004, p. 271).

[2] TFR, 4ª T., Ag 52108, Rel. Min. Ilmar Galvão, ac. 09.09.1987, *DJU* 24.09.1987.

de execução forçada, uma vez que ausente a expropriação (via penhora e arrematação) ou transferência forçada de bens. O que se tem é a simples requisição de pagamento, feita entre o Poder Judiciário e Poder Executivo, conforme dispõem os arts. 534, 535 e 910 do CPC/2015, observada a Constituição Federal (art. 100).[3]

Na verdade, há tão somente uma *execução imprópria* na espécie, cujo procedimento é, sinteticamente, o seguinte:

I – Título judicial (cumprimento de sentença)

A Fazenda será *intimada* na pessoa de seu representante judicial, por carga remessa ou meio eletrônico, sem cominação de penhora, isso é, limitando-se à convocação para *impugnar* a execução no prazo de trinta dias (art. 535).

Não havendo impugnação, ou sendo esta rejeitada, o juiz, por meio do Presidente de seu Tribunal Superior, expedirá a requisição de pagamento, que tem o nome de *precatório*.

O juiz de primeiro grau, portanto, não requisita diretamente o pagamento, mas dirige-se, a requerimento do credor, ao Tribunal que detém a competência recursal ordinária (Tribunal de Justiça, Tribunal Regional Federal etc.), cabendo ao respectivo presidente formular a requisição à Fazenda Pública executada (art. 910, § 1º).

É obrigatória a inclusão, no orçamento, da verba necessária ao pagamento dos débitos constantes dos precatórios, apresentados até 1º de julho do ano anterior (Constituição Federal, art. 100, § 5º)[4] com os valores devidamente corrigidos.

As importâncias orçamentárias destinadas ao cumprimento dos precatórios ficarão *consignadas* diretamente ao Poder Judiciário, recolhidas nas repartições competentes (Constituição Federal, art. 100, § 6º).[5]

O pagamento, por determinação do Presidente do Tribunal, será feito ao credor na ordem de apresentação do precatório e à conta do respectivo crédito (CPC/2015, art. 910, § 1º), salvo os créditos de natureza alimentícia (CF, art. 100, § 1º).

II – Título extrajudicial

Se o credor da Fazenda Pública dispuser de um título executivo extrajudicial, deverá observar o procedimento do art. 910, cuja diferença do procedimento de cumprimento de sentença consiste basicamente: *(i)* na necessidade de *citação* do ente público (e não apenas a

---

[3] O art. 100 da CF e seus parágrafos foram alterados pela Emenda Constitucional nº 62, de 09.12.2009. O *caput* do dispositivo é, atualmente, o seguinte: "Art. 100. Os pagamentos devidos pelas Fazendas Públicas Federal, Estaduais, Distrital e Municipais, em virtude de sentença judiciária, far-se-ão exclusivamente na ordem cronológica de apresentação dos precatórios e à conta dos créditos respectivos, proibida a designação de casos ou de pessoas nas dotações orçamentárias e nos créditos adicionais abertos para este fim".

[4] O art. 100 da CF e seus parágrafos foram alterados pela Emenda Constitucional nº 62, de 09.12.2009. O § 5º do dispositivo é, atualmente, o seguinte: "É obrigatória a inclusão, no orçamento das entidades de direito público, de verba necessária ao pagamento de seus débitos, oriundos de sentenças transitadas em julgado, constantes de precatórios judiciários apresentados até 1º de julho, fazendo-se o pagamento até o final do exercício seguinte, quando terão seus valores atualizados monetariamente".

[5] O art. 100 da CF e seus parágrafos foram alterados pela Emenda Constitucional nº 62, de 09.12.2009. O § 6º do dispositivo é, atualmente, o seguinte: "§ 6º As dotações orçamentárias e os créditos abertos serão consignados diretamente ao Poder Judiciário, cabendo ao Presidente do Tribunal que proferir a decisão exequenda determinar o pagamento integral e autorizar, a requerimento do credor e exclusivamente para os casos de preterimento de seu direito de precedência ou de não alocação orçamentária do valor necessário à satisfação do seu débito, o sequestro da quantia respectiva".

intimação); *(ii)* na defesa por meio de *embargos a execução* (e não por *impugnação*); e na *(iii)* ampliação da matéria de defesa a ser eventualmente oposta em sede de embargos à execução (art. 910, § 2º). De resto, aplica-se o procedimento previsto nos arts. 534 e 535, por disposição expressa do Código (art. 910, § 3º).

476. Defesa da Fazenda Pública

I – Conteúdo dos embargos à execução

A execução por quantia certa contra a Fazenda Pública, conforme já se registrou, pode fundar-se em título judicial ou extrajudicial (v., *retro*, nº 107), variando o rito executivo conforme o caso. O conteúdo e a forma da defesa do devedor também serão diferentes em cada uma das hipóteses. Nesse sentido, é ampla a matéria discutível frente ao título extrajudicial (arts. 910, § 2º, e 917) e limitada a que se pode opor ao título judicial (art. 535).

A propósito do assunto, dispõe o art. 917, VI, que, nos embargos à execução fundados em título extrajudicial, o executado poderá alegar "qualquer matéria que lhe seria lícito deduzir como defesa em processo de conhecimento", além de outras matérias típicas do processo executivo, como vícios do título executivo, penhora incorreta, excesso de execução etc. (art. 917, I a V).

Quando a execução contra a Fazenda Pública estiver apoiada em título judicial, a regra a observar é a do art. 535. O tema já abordado no comentário relativo à "defesa da Fazenda", no item nº 98, ao qual remetemos o leitor.

Portanto, nos embargos de execução de títulos extrajudiciais contra a Fazenda Pública, os temas suscitáveis pela executada, em síntese são:

(a) Os próprios de quaisquer embargos à execução por quantia certa, consoante o art. 917: *(i)* inexequibilidade do título ou inexigibilidade da obrigação; *(ii)* excesso de execução ou cumulação indevida de execuções; *(iii)* incompetência absoluta ou relativa do juízo da execução; *(iv)* qualquer matéria que seria lícita ao executado deduzir como defesa em processo de conhecimento.

(b) Os específicos da impugnação ao cumprimento da sentença contra a Fazenda Pública (art. 535 aplicável, no que couber, à execução dos títulos extrajudiciais, conforme art. 910, § 3º), a saber: *(i)* ilegitimidade de parte; *(ii)* qualquer matéria modificativa ou extintiva da obrigação, como pagamento, novação, compensação, transação ou prescrição (as demais previsões dos incs. III, IV e V do art. 535 são iguais às do art. 917, acima enumeradas.

II – Cumulação de execuções

Destaque-se, outrossim, que, como regra geral, oriunda da disciplina pertinente aos títulos extrajudiciais, não há vedação a que se cumulem diversas execuções num só processo. Mas o cúmulo só é autorizado pela lei quando ocorre identidade de partes, de competência e de forma processual (art. 780). Fora disso, será ilícita a união de execuções e o devedor prejudicado poderá opor com êxito seus embargos. A defesa, todavia, será de natureza e eficácia meramente formais, já que só atacará o ato processual de cumulação, não impedindo que o credor volte a propor as execuções separadamente.

III – Arguição de incompetência

Quanto à arguição de incompetência do juízo, seja ela *absoluta* ou *relativa*, deverá ser arguida na própria impugnação ao cumprimento de sentença (arts. 525, VI, e 535, V) ou nos embargos à execução (art. 917, V), suprimindo-se a necessidade de instauração de incidente pela oposição de exceção em petição apartada, própria da Codificação anterior nas hipóteses de incompetência relativa (art. 742 do CPC/1973).

IV – Arguição de suspeição ou impedimento

A suspeição ou o impedimento do juiz, por sua vez, devem ser alegados em petição apartada, no prazo de quinze dias, a contar do conhecimento do fato que lhes deu origem (arts. 535, § 1º, e 917, § 7º). Caso a alegação não seja acolhida imediatamente pelo juiz, dará origem a um incidente processual, a ser julgado com observância do disposto no art. 146.

V – Excesso de execução

No tocante ao excesso de execução, a regra a aplicar é a do art. 917, § 2º, que o identifica nas seguintes hipóteses:

(a) quando o exequente pleiteia quantia superior à do título;
(b) quando recai sobre coisa diversa daquela declarada no título;
(c) quando se processa de modo diferente do que foi determinado na sentença;
(d) quando o exequente, sem cumprir a prestação que lhe corresponde, exige o adimplemento da do executado (art. 787);
(e) se o exequente não provar que a condição se realizou.[6]

Sobre os casos de excesso de execução, ver, *retro*, o nº 51.

477. Julgamento

I – Execução embargada

Quando houver defesa pela Fazenda Pública, o que se dará por meio de embargos à execução fundada em título extrajudicial, instruído o processo, o julgamento se dará por sentença de acolhimento ou rejeição. O recurso cabível será a apelação. "A sentença de rejeição dos embargos à execução opostos pela Fazenda Pública não está sujeita à remessa necessária" (Enunciado nº 158/CEJ/CJF).

II – Execução não embargada

No caso de execução de título extrajudicial, entendia a jurisprudência na vigência do Código anterior que o juiz teria, mesmo na ausência dos embargos da Fazenda Pública, de proferir uma sentença para autorizar a expedição do precatório. Argumentava-se que pela sistemática dos precatórios, a execução teria de fundar-se sempre em "sentença judiciária", à luz do art. 100 da CF.[7]

---

[6] Equivale à situação do inciso V a falta de prova de verificação do termo, que também se apresenta como requisito necessário para qualquer execução (art. 514, correspondente ao art. 572 do CPC/1973).

[7] Mesmo após a Emenda Constitucional nº 30, de 13.09.2000, continuou o STF entendendo ser cabível a execução de título extrajudicial contra a Fazenda Pública: "O art. 730, CPC, há de ser interpretado assim: a) os embargos, ali mencionados, devem ser tidos como contestação, com incidência da regra do art. 188, CPC; b) se tais embargos não forem opostos, deverá o juiz proferir sentença, que estará sujeita ao duplo grau de jurisdição (CPC, art. 475, I); c) com o trânsito em julgado da sentença condenatória, o juiz requisitará o pagamento, por intermédio do Presidente do Tribunal, que providenciará o precatório"(STF, 2ª T., AgRg no RE 421.233/PE, Rel. Min. Carlos Velloso, ac. 15.06.2004, *DJU* 06.08.2004).

A orientação seguida pelo Código de 2015 é bem diferente e muito mais singela: "não opostos embargos (...), expedir-se-á precatório ou requisição de pequeno valor em favor do exequente" (art. 910, § 1º). Só exige o dispositivo legal decisão transitada em julgado antes da expedição do precatório, quando os embargos opostos pela executada tiverem sido rejeitados. Logo, inexistindo embargos a julgar, o juiz simplesmente verificará a exequibilidade do título extrajudicial e, por meio de decisão interlocutória determinará a expedição do precatório. Não haverá, portanto, sentença de mérito quanto ao crédito acobertado por título extrajudicial, segundo o regime implantado pela nova legislação processual civil.

Já ao tempo do CPC de 1973 entendia-se que a sentença, na espécie, era meramente formal. Não entrava no exame da relação jurídica material subjacente ao título executivo, porque o título, por si só, a justifica, e a Fazenda executada nada arguiu contra ele. Quando muito, o cálculo de atualização do débito ajuizado seria conferido e homologado antes da remessa do precatório à Administração Pública. Por não ter resistido à execução nem mesmo haveria sucumbência para a Fazenda Pública, por expressa determinação legal. Apenas no julgamento dos eventuais embargos, é que se configuraria a sucumbência justificadora da imposição de honorários advocatícios à Fazenda Pública, se vencida.

III – Honorários advocatícios

Não havendo defesa, não haverá sucumbência, razão pela qual a Lei nº 9.494/1997 dispõe que "não serão devidos honorários advocatícios pela Fazenda Pública nas execuções não embargadas" (art. 1º-D, com a redação da Medida Provisória nº 2.180-35, de 24.08.2001). Esta isenção refere-se a honorários da execução e não exclui, como é óbvio, a verba que tenha sido prevista na sentença exequenda. Essa sistemática já vigia ao tempo do Código anterior e não foi alterada pelo Código atual, devendo ser observada, naturalmente, também nas execuções contra a Fazenda Pública, não embargadas.

Para o Superior Tribunal, porém, a isenção de honorários sucumbenciais, de que trata a Lei nº 9.494/1997, não tem aplicação no âmbito das sentenças coletivas, quando os beneficiários intentam execuções singulares. A posição jurisprudencial encontra-se sumulada com o seguinte enunciado: "São devidos os honorários advocatícios pela Fazenda Pública nas execuções individuais de sentença proferida em ações coletivas, ainda que não embargadas" (STJ, Súmula nº 345).

IV – Erro e excessos nos cálculos homologados

O Presidente do Tribunal não pode rever o conteúdo da sentença passada em julgado. Cabe-lhe, porém, proceder ao exame dos cálculos homologados, para corrigir-lhe eventuais erros ou excessos (Lei nº 9.494/1997, art. 1º-E, com a redação da Medida Provisória nº 2.180-35, de 24.08.2001).

A deliberação do Presidente durante o processamento dos precatórios configura, segundo o Supremo Tribunal Federal, *ato administrativo*, e não *ato jurisdicional*, mesmo quando ocorra exame e ratificação pelo Plenário da Corte de origem.[8] Por isso descabe, na espécie, a interposição de recurso especial ou extraordinário.[9]

---

[8] STF, Pleno, ADI 1.098/SP, Rel. Min. Marco Aurélio, ac. 11.09.1996, *RTJ* 161/796. No mesmo sentido: STJ, Súmula nº 311; STJ, 1ª T., REsp 697.225/RN, Rel. Min. Teori Zavascki, ac. 15.12.2005, *DJU* 13.02.2006, p. 686.

[9] STF, Súmula nº 733; STJ, 1ª T., AgRg. no Ag. 721.024/SP, Rel. Min. José Delgado, ac. 12.09.2006, *DJU* 16.10.2006, p. 296.

V – Ordem de preferência para o cumprimento dos precatórios. Credores idosos ou portadores de doença grave e pessoas deficientes

Os pagamentos a cargo da Fazenda Pública, em virtude de sentença judiciária, deverão ser feitos exclusivamente na ordem cronológica de apresentação dos precatórios e à conta dos respectivos créditos (CF, art. 100, *caput*).

Essa ordem é superada, porém, em duas exceções constitucionais:

a) débitos de natureza alimentícia em geral (CF, art. 100, § 1º);
b) débitos de natureza alimentícia cujos titulares tenham 60 anos de idade, ou sejam portadores de doença grave, ou pessoas com deficiência, assim definidos na forma da lei (CF, art. 100, § 2º).

As obrigações alimentares em geral (§ 1º)[10] serão pagas com preferência sobre os demais débitos (CF, art. 100, § 1º). Mas os débitos alimentícios em favor de idosos (pessoas com 60 anos ou mais) ou de portadores de doença grave ou com deficiência gozarão de preferência sobre todos, inclusive sobre os credores de alimentos de idade inferior (CF, art. 100, § 2º).[11]

A última preferência, porém, prevalecerá até o equivalente ao triplo do teto fixado para as "requisições de pequeno valor" (CF, art. 100, §§ 2º e 3º). O que ultrapassar dito valor será pago na ordem cronológica de apresentação do precatório (art. 100, § 2º). Naturalmente, o remanescente não perderá sua natureza alimentícia e, por isso, será inserido na ordem cronológica específica dos precatórios dessa natureza, e não na ordem geral de todos os precatórios pendentes.

---

[10] "Os débitos de natureza alimentícia compreendem aqueles decorrentes de salários, vencimentos, proventos, pensões e suas complementações, benefícios previdenciários e indenizações por morte ou por invalidez, fundadas em responsabilidade civil, em virtude de sentença judicial transitada em julgado" (CF, art. 100, § 1º).

[11] "Os débitos de natureza alimentícia cujos titulares, originários ou por sucessão hereditária, tenham 60 (sessenta) anos de idade, ou sejam portadores de doença grave, ou pessoas com deficiência, assim definidos na forma da lei, serão pagos com preferência sobre todos os demais débitos, até o valor equivalente ao triplo fixado em lei para os fins do disposto no § 3º deste artigo, admitido o fracionamento para essa finalidade, sendo que o restante será pago na ordem cronológica de apresentação do precatório" (CF, art. 100, § 2º).

Fluxograma nº 16 – Execução contra a Fazenda Pública com base em título extrajudicial (art. 910)[12]

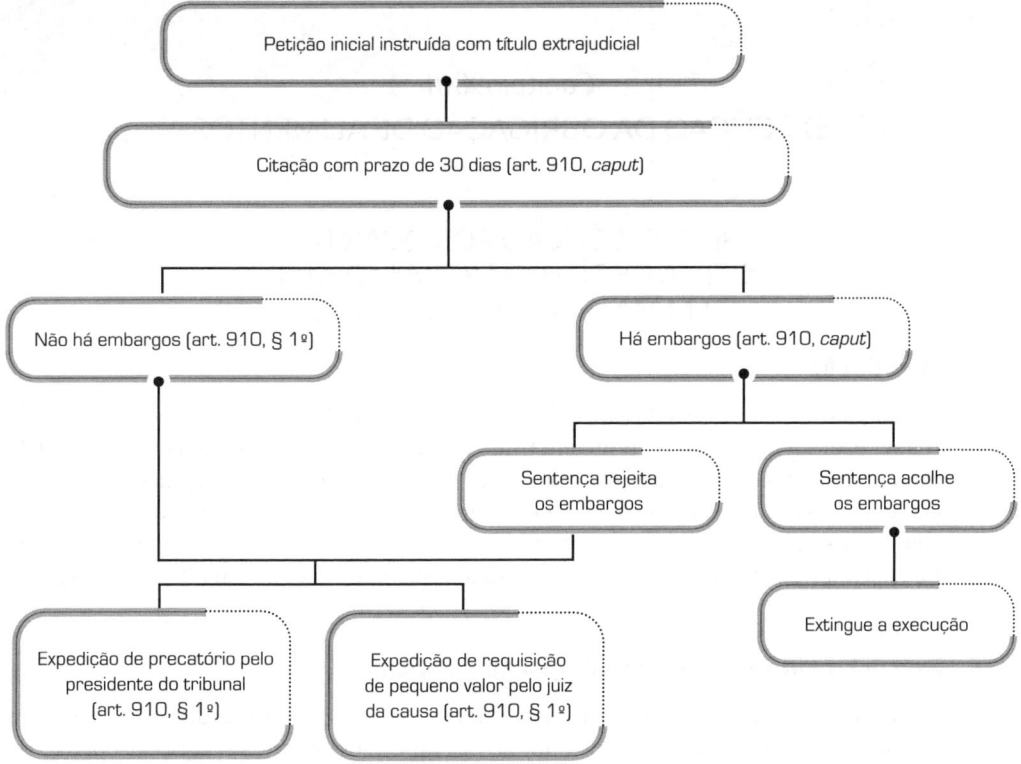

---

[12] Sobre o incidente de prescrição intercorrente, ver o fluxograma nº 23, que se aplica a todas as modalidades de execução por quantia certa, inclusive cumprimento de sentença.

Capítulo XXII
EXECUÇÃO DA OBRIGAÇÃO DE ALIMENTOS

§ 51. EXECUÇÃO POR QUANTIA CERTA DE TÍTULO EXTRAJUDICIAL EM MATÉRIA DE ALIMENTOS

478. Introdução

O atual Código não deixa dúvida sobre a possibilidade de a execução da prestação de alimentos ser promovida com base tanto em título executivo judicial como em extrajudicial. O cumprimento de sentença para dar satisfação a crédito alimentício acha-se regulado pelos arts. 528 a 533, e o de verba da mesma natureza constante de título extrajudicial, pelos arts. 911 a 913. Em ambos os casos, ocorre execução por quantia certa, com variações procedimentais para atender as peculiaridades do regime de direito material a que se acham sujeitas as obrigações da espécie.

479. Execução autônoma da prestação alimentícia

O Código atual rompeu com o modelo anterior de manter o procedimento executivo para alimentos vinculado a uma ação autônoma, nas hipóteses em que se requeria a prisão do devedor (art. 733 do CPC/1973). Anteriormente, abriam-se ao credor de alimentos duas vias executivas: a) a de execução comum de obrigação de quantia certa (art. 732 do CPC/1973); e b) a da execução especial, sem penhora e com sujeição do executado inadimplente à prisão civil (art. 733 do CPC/1973). Ambas eram ações autônomas, pouco importando a natureza do título que fixava a prestação alimentícia, se judicial ou extrajudicial.

Na hipótese do art. 732 do CPC/1973, a execução de sentença processava-se nos moldes do disposto no Capítulo IV do Título II do Livro II daquele Código, no qual se achava disciplinada a "execução por quantia certa contra devedor solvente" (arts. 646 a 724 do CPC/1973), cuja instauração se dava por meio de *citação* do devedor para pagar em três dias (art. 652, *caput*, do CPC/1973), sob pena de sofrer penhora (§ 1º). Como a Lei nº 11.232/2005 não alterou o art. 732 do CPC/1973, continuava prevalecendo nas ações de alimentos o primitivo sistema dual, em que acertamento e execução forçada reclamavam o sucessivo manejo de duas ações separadas a autônomas: uma para condenar o devedor a prestar alimentos e outra para forçá-lo a cumprir a condenação.

A segunda via executiva à disposição do credor de alimentos também não escapava do sistema dual. A redação inalterada do art. 733 do CPC/1973 determinava, expressamente, que na execução de sentença que fixa a pensão alimentícia "o juiz mandará citar o devedor para, em 3 (três) dias, efetuar o pagamento, provar que o fez ou justificar a impossibilidade de efetuá-lo". Logo, tanto na via do art. 732 do CPC/1973 como na do art. 733 do CPC/1973, o credor de alimentos se via sujeito a recorrer a uma nova ação para alcançar a satisfação forçada da prestação assegurada pela sentença. O procedimento executivo era, pois, o dos títulos extrajudiciais (Livro II), e não o de cumprimento da sentença instituído pelos atuais arts. 475-J a 475-Q do CPC/1973.

O Código de 2015 levou para o âmbito do cumprimento de sentença a execução das decisões definitivas ou interlocutórias que fixem alimentos, a teor do art. 528. Dispensa-se, dessa forma, a instauração de nova ação executiva. Para tanto, segue-se no procedimento originalmente instaurado com a intimação do executado, para que este cumpra a obrigação de prestar alimentos, em três dias, ou prove já tê-lo feito, ou, ainda, justifique a impossibilidade de fazê-lo. Assim, quando se tratar de decisão judicial que fixe alimentos, o regime será o do cumprimento de sentença do art. 528. Apenas quando se tratar de título extrajudicial é que o procedimento aplicável será o do art. 911.

479-A. Protesto e inscrição do devedor de alimentos em cadastros de inadimplentes

Em execução de alimentos devidos a filho menor de idade, como reconhece o STJ, é possível o protesto, bem como a inscrição do nome do devedor em cadastros de proteção ao crédito, como, aliás, preveem os arts. 528 e 782 do CPC/2015. Segundo aquela alta Corte, tais medidas encontram apoio também no art. 19 da Lei de Alimentos (Lei nº 5.478/1968), que atribui ao juiz adotar as providências necessárias para a execução da sentença ou do acordo de alimentos, da maneira mais ampla possível, tendo em vista a natureza do direito em discussão, ligado, em última análise à garantia de sobrevivência e dignidade da criança ou adolescente alimentando.[1]

480. Execução de alimentos fundada em título extrajudicial, segundo o CPC/2015

O art. 911 do CPC/2015 institui um procedimento especial para a execução de alimentos, quando o credor se basear em título executivo extrajudicial (contrato, acordo etc.). É bem verdade que a execução da prestação alimentícia fixada em título extrajudicial poderia ser tratada apenas como uma execução por quantia certa subordinada ao mesmo procedimento das demais dívidas de dinheiro (art. 913). Porém, dada a relevância do crédito por alimentos e as particularidades das prestações a ele relativas, o Código permite medidas tendentes a tornar mais efetiva a execução e a atender a certos requisitos da obrigação alimentícia, que vão além das cabíveis na execução comum de quantia certa.

A primeira delas refere-se à hipótese de recair a penhora em dinheiro, caso em que o oferecimento de embargos não obsta a que o exequente levante mensalmente a importância da prestação (art. 913), o que será feito independentemente de caução. Outras são: *(i)* a possibilidade de prisão civil do devedor; *(ii)* o protesto de ofício da sentença; *(iii)* a decisão interlocutória que condene o devedor a prestar alimentos; e *(iv)* o desconto da pensão em folha de pagamento; o que, evidentemente, importa certas alterações no procedimento comum da execução por quantia certa.

Dessa sorte, tratando-se de execução fundada em título executivo extrajudicial que contenha obrigação alimentar, o juiz "mandará citar o executado para, em 3 (três) dias, *(i)* efetuar o pagamento das parcelas anteriores ao início da execução e das que se vencerem no seu curso; *(ii)* provar que o fez; ou *(iii)* justificar a impossibilidade de fazê-lo" (art. 911). Daí em diante, aplica-se, no que couber, o disposto nos §§ 2º a 7º do art. 528, já examinados no tópico nº 91, que cuida do cumprimento de decisão que fixa alimentos.

---

[1] STJ, 3ª T., REsp 1.469.102/SP, Rel. Min. Ricardo Villas Bôas Cueva, ac. 08.03.2016, *DJe* 15.03.2016; STJ, 4ª T., REsp 1.533.206/MG, Rel. Min. Luis Felipe Salomão, ac. 17.11.2015, *DJe* 01.02.2016.

481. Averbação em folha de pagamento

Tratando-se de devedor que exerça cargo público, militar ou civil, direção ou gerência de empresa, bem como emprego sujeito à legislação do trabalho, a execução de alimentos será feita mediante ordem judicial de desconto em folha de pagamento (art. 912, *caput* e § 1º).

Nesses casos, "[...] o juiz oficiará à autoridade, à empresa ou ao empregador, determinando, sob pena de crime de desobediência, o desconto a partir da primeira remuneração posterior do executado, a contar do protocolo do ofício" (art. 912, § 1º).

Uma vez averbada a prestação em folha, considera-se seguro o juízo, como se penhora houvesse, podendo o devedor pleitear efeito suspensivo aos seus eventuais embargos à execução, se for caso (art. 919, § 1º).[2] Será excepcionalíssima esta hipótese, mas não poderá ser descartada, pois sempre haverá possibilidade de decisões absurdas e insustentáveis, mesmo tratando-se de concessão de alimentos.

482. Prisão civil do devedor

Quando não for possível o desconto em folha de pagamento, o devedor será citado para, em três dias, efetuar o pagamento, provar que já o fez, ou justificar a impossibilidade de efetuá-lo (art. 911).

Se o devedor não pagar, nem se escusar, o juiz, além de mandar protestar da decisão na forma do art. 517, decretar-lhe-á a prisão por prazo de um a três meses (art. 911, parágrafo único, c/c art. 528, § 3º).

Essa prisão civil não é meio de *execução*, mas apenas de coação, de maneira que não impede a penhora de bens do devedor e o prosseguimento dos atos executivos propriamente ditos. Por isso mesmo, o cumprimento da pena privativa de liberdade "não exime o devedor do pagamento das prestações vencidas e vincendas" (art. 528, § 5º).

De acordo com a redação original do § 2º do art. 733 do CPC/1973, cumprida a prisão, vedado era ao juiz outra imposição de pena ao mesmo devedor, ainda que houvesse inadimplemento posteriormente de outras prestações da dívida de alimentos. Essa ressalva, todavia, foi excluída pela nova redação que a Lei nº 6.515/1977 deu ao referido dispositivo, tornando o devedor passível de tantas prisões, quantos sejam os inadimplementos, desde, é claro, que não prove sua incapacidade para cumprir a prestação alimentícia a seu cargo.

A mesma sistemática vigora na legislação atual, com a ressalva expressa de que o débito alimentar que autoriza a prisão civil do alimentante é o que compreende até as três prestações anteriores ao ajuizamento da execução e as que se vencerem no curso do processo (art. 528, § 7º).[3] Se, porém, no curso da prisão, a prestação vier a ser paga, o juiz mandará pôr em liberdade o devedor imediatamente (art. 528, § 6º). De modo algum, porém, se admite seja o devedor

---

[2] AMARAL SANTOS, Moacyr. *Primeiras linhas de direito processual civil*. 4. ed. São Paulo: Max Limonad, 1970, v. III, n. 836, p. 271.

[3] STJ, REsp 157.647/SP, Rel. Min. Sálvio de Figueiredo Teixeira, ac. 02.02.1999, *DJU* 28.06.1999, p. 117; STJ, REsp 140.876/SP, Rel. Min. Sálvio de Figueiredo Teixeira, ac. 01.12.1998, *DJU* 15.03.1999, p. 231; STJ, RO em HC 8.399/MG, Rel. Min. Waldemar Zveiter, ac. 04.05.1999, *DJU* 21.06.1999, p. 148; STJ, 4ª T., RHC 8.880/DF, Rel. Min. Sálvio de Figueiredo Teixeira, ac. 23.11.1999, *DJU* 14.02.2000, p. 31; STJ, 4ª T., REsp 216.560/SP, Rel. Min. César Asfor Rocha, ac. 28.11.2000, *DJU* 05.03.2001, p. 169; STJ, 4ª T., RHC 20.394/RS, Rel. Min. Massami Uyeda, ac. 06.02.2007, *DJU* 26.02.2007, p. 590. A matéria acha-se sumulada no STJ: "O débito alimentar que autoriza a prisão civil do alimentante é o que compreende as três prestações anteriores ao ajuizamento da execução e as que vencerem no curso do processo" (Súmula nº 309 do STJ).

"preso novamente em virtude do inadimplemento da mesma dívida",[4] ou mais precisamente, pelas mesmas prestações alimentícias que serviram de base à prisão anterior.

A prisão civil, é importante lembrar, não deve ser decretada *ex officio*. É o credor que "sempre estará em melhores condições que o juiz para avaliar sua eficácia e oportunidade". Deixa-se, pois, ao exequente "a liberdade de pedir, ou não, a aplicação desse meio executivo de coação, quando, no caso concreto, veja que lhe vai ser de utilidade, pois pode bem acontecer que o exequente, maior interessado na questão, por qualquer motivo, não julgue oportuna e até considere inconveniente a prisão do executado".[5] Por se tratar de medida de exclusiva iniciativa do credor, tampouco tem o Ministério Público legitimidade para requerê-la.[6]

Por fim, a dívida que autorize a imposição da pena de prisão é aquela diretamente ligada ao pensionamento em atraso. Não se podem, pois, incluir na cominação de prisão verbas como custas processuais e honorários de advogado.[7]

483. Opção entre a execução comum por quantia certa e a execução especial de alimentos

Cabe ao credor, na abertura da execução de alimentos, optar entre requerer a citação com cominação de prisão (art. 911), ou apenas de penhora (art. 913). Mas a escolha da primeira opção não lhe veda o direito de, após a prisão ou a justificativa do devedor, pleitear o prosseguimento da execução por quantia certa, sob o rito comum das obrigações dessa natureza (art. 913), caso ainda persista o inadimplemento.

Nem o Código nem a Lei nº 5.478/1968 impõem ao credor de alimentos a obrigação de primeiro executar o alimentando pelas vias comuns da execução por quantia certa para só depois requerer as medidas coativas do art. 911, de sorte que pode perfeitamente iniciar-se o processo executivo por qualquer dos dois caminhos legais.[8]

---

[4] STJ, 3ª T., HC 397.565/SP, Rel. Min. Ricardo Villas Bôas Cueva, ac. 27.06.2017, *DJe* 30.06.2017.

[5] CASTRO, Amílcar de. *Comentários ao Código de Processo Civil*. 2. ed. Rio de Janeiro: Forense, 1963, v. X, n. 166, p. 165.

[6] TJSP, Ag. 208.511-1, Rel. Des. Leite Cintra, ac. 09.03.1994, *JTJSP* 158/186. Nem mesmo o juiz pode tomar a iniciativa de ordenar a prisão civil do devedor de alimentos: "Não se concebe, contudo, que a exequente da verba alimentar, maior interessada na satisfação de seu crédito e que detém efetivamente legitimidade para propor os meios executivos que entenda conveniente, seja compelida a adotar procedimento mais gravoso para com o executado, do qual não se utilizou voluntariamente, muitas vezes para não arrefecer ainda mais os laços de afetividade, já comprometidos com a necessária intervenção do Poder Judiciário, ou por qualquer outra razão que assim repute relevante" (STJ, 3ª T., HC 128.229/SP, Rel. Min. Massami Uyeda, ac. 23.04.2009, *DJe* 06.05.2009).

[7] O dispositivo consolida a jurisprudência assentada no Superior Tribunal de Justiça, no sentido de que "em princípio apenas na execução de dívida alimentar atual, quando necessária a preservação da sobrevivência do alimentando, se mostra justificável a cominação de pena de prisão do devedor. Em outras palavras, a dívida pretérita, sem o escopo de assegurar no presente a subsistência do alimentando, seria insusceptível de embasar decreto de prisão. Assim, doutrina e jurisprudência admitiam a incidência do procedimento previsto no art. 733, CPC/73, quando se trata de execução referente às últimas prestações, processando-se a cobrança da dívida pretérita pelo rito do art. 732, CPC/73 (execução por quantia certa). Tem-se por 'dívidas pretéritas' aquelas anteriores a sentença ou a acordo que as tenha estabelecido, não sendo razoável favorecer aquele que está a merecer a coerção pessoal" (STJ, RHC 1.303/RJ, Rel. Min. Carlos Thibau, ac. 26.08.1991, *RSTJ* 25/141; TJRS, Ag. 592117519, Rel. Des. Alceu Binato de Moraes, ac. 09.06.1993, *RJTJRS* 160/292; STJ, RHC 2.998-6/PB, Rel. Min. Flaquer Scartezzini, ac. 13.10.1993, *DJU* 08.11.1993, p. 23.571; STJ, 3ª T., HC 20.726/SP, Rel. Min. Antônio de Pádua Ribeiro, ac. 16.04.2002, *DJU* 13.05.2002, p. 205).

[8] TJPR, Apel. 391/76, PAULA, Alexandre de. *O processo civil à luz da jurisprudência*. Rio de Janeiro: Forense, 1988, n. 13.280, p. 531-551. TJPR, HC 19.335-7, Rel. Des. Troiano Netto, ac. 11.03.1992, in: Alexandre de Paula. *Código de Processo Civil anotado*. 7. ed. São Paulo: RT, 1998, v. III, p. 2.998; TJSP, HC 14.068, Rel. Des.

Segundo jurisprudência mais recente do STJ, reconhece-se caber ao credor, em sua execução, optar pelo rito que melhor atenda à sua pretensão. É, entretanto, cabível "a cumulação das técnicas executivas da coerção pessoal (prisão) e da coerção patrimonial (penhora) no âmbito do mesmo processo executivo de alimentos, desde que não haja prejuízo ao devedor (a ser devidamente comprovado) nem ocorra nenhum tumulto processual no caso em concreto (a ser avaliado pelo magistrado)".[9]

Naturalmente, deverá ser imposto um rito à execução que assegure o direito, prioritário, de justificar a impossibilidade de efetuar o pagamento da pensão, evitando a expropriação de bens eventualmente penhorados antes de resolvida a questão relativa à justificação do devedor. Na verdade, o que o julgado do STJ autoriza é uma cumulação de duas execuções paralelas nos mesmos autos, cada uma delas respeitando o respectivo rito, e evitando tumulto processual entre ambas.[10]

Leite Cintra, ac. 19.06.1996, *RT* 732/222; STJ, 4ª T., REsp 345.627/SP, Rel. Min. Sálvio de Figueiredo Teixeira, ac. 02.05.2002, *DJU* 02.09.2002, p. 194; TJMG, 7ª Câm. Cív., Ag. Inst. 0296600-82.2011.8.13.0000, Rel. Des. Peixoto Henriques, ac. 04.10.2011, *DJMG* 14.10.2011.

[9] STJ, 4ª T., REsp. 1.930.593/MG, Rel. Min. Luis Felipe Salomão, ac. 09.08.2022, *DJe* 26.08.2022.

[10] Esclarece o acórdão do REsp. 1.930.593/MG: "4. Traz-se, assim, adequação e efetividade à tutela jurisdicional, tendo sempre como norte a dignidade da pessoa do credor necessitado. No entanto, é recomendável que o credor especifique, em tópico próprio, a sua pretensão ritual em relação aos pedidos, devendo o mandado de citação/intimação prever as diferentes consequências de acordo com as diferentes prestações. A defesa do requerido, por sua vez, poderá ser ofertada em tópicos ou separadamente, com a justificação em relação às prestações atuais e com a impugnação ou os embargos a serem opostos às prestações pretéritas. 5. Na hipótese, o credor de alimentos estabeleceu expressamente a sua 'escolha' acerca da cumulação de meios executivos, tendo delimitado de forma adequada os seus requerimentos. Por conseguinte, em princípio, é possível o processamento em conjunto dos requerimentos de prisão e de expropriação, devendo os respectivos mandados citatórios/intimatórios se adequar a cada pleito executório".

PARTE II • EXECUÇÃO DOS TÍTULOS EXECUTIVOS EXTRAJUDICIAIS | 547

Fluxograma nº 17 – Execução de prestação de alimentos com base em título extrajudicial (arts. 911 a 913)

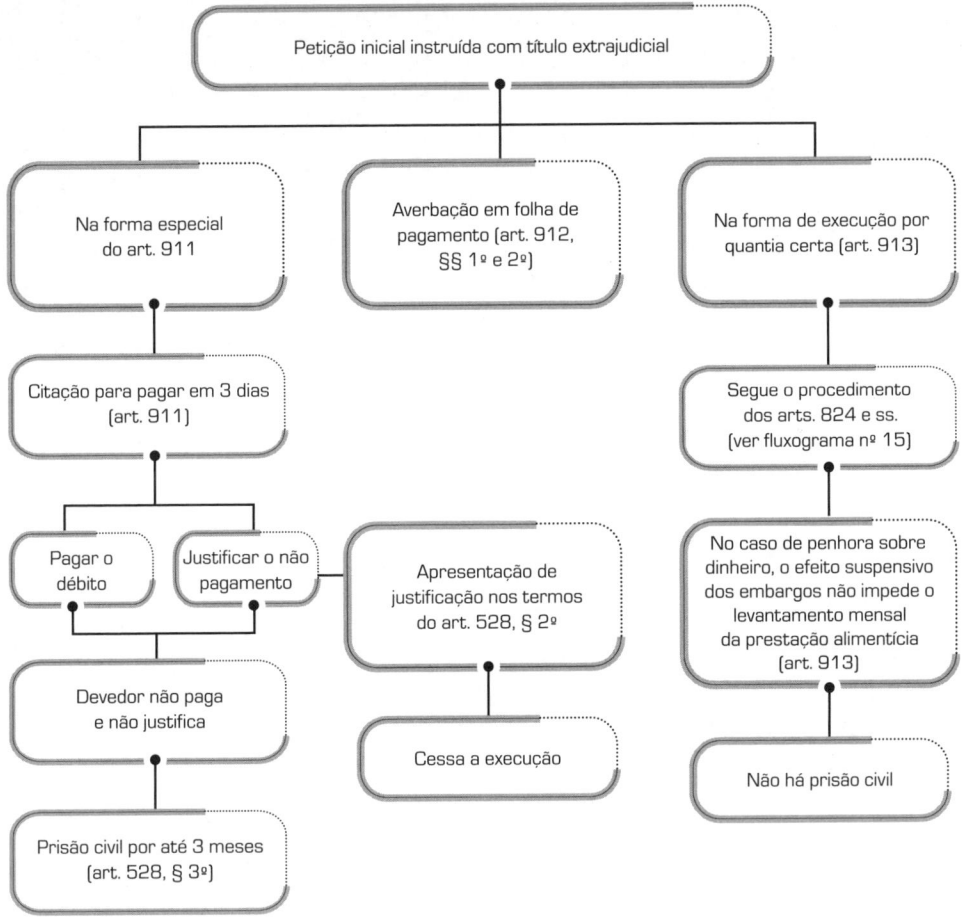

Parte III
Oposição à Execução Forçada

Capítulo XXIII
RESISTÊNCIA DO DEVEDOR E DE TERCEIROS

§ 52. EMBARGOS À EXECUÇÃO

484. Resistência à execução

Não é a execução um processo dialético. Sua índole não se mostra voltada para o contraditório. Quando se cumpre o mandado executivo, a citação do devedor é para pagar a dívida representada no título do credor e não para se defender. Dessa maneira, o transcurso do prazo de citação tem como eficácia imediata a confirmação do inadimplemento, em lugar da revelia que se registra no processo de conhecimento.

Esse caráter específico do processo executivo, todavia, não impede que interesses do devedor ou de terceiro sejam prejudicados ou lesados pela execução. Daí a existência de remédios especiais para defesa de tais interesses e, por meio dos quais, pode-se atacar o processo de execução em razão de *nulidades* ou de *direitos materiais* oponíveis ao do credor.

São os *embargos* a via principal para opor-se à execução forçada. Configuram eles *incidentes* em que o devedor, ou terceiro, procura defender-se dos efeitos da execução, não só visando evitar a deformação dos atos executivos e o descumprimento de regras processuais, como também resguardar direitos materiais supervenientes ou contrários ao título executivo, capazes de neutralizá-lo ou de reduzir-lhe a eficácia, como pagamento, novação, compensação, remissão, ausência de responsabilidade patrimonial etc.

No sistema do Código de Processo Civil atual, como já o era para o Código anterior, os embargos oponíveis à execução podem ser: *(i) embargos do executado* (arts. 910 e 914 a 920); e *(ii) embargos de terceiro* (arts. 674 a 681).

O CPC/2015, ao contrário da lei antiga, não prevê embargos posteriores à adjudicação, alienação ou arrematação, para arguir nulidade ou causa extintiva da execução que for superveniente à penhora.

Agora, as situações de nulidade que poderiam ser arguidas ao modo dos velhos *embargos à adjudicação, alienação ou arrematação* passaram a ser objeto de petição avulsa nos autos da própria execução (arts. 917, § 1º; 803, parágrafo único, e 903, § 2º) ou de *ação autônoma (art. 903, § 4º)*. Dessa forma, após a expedição da carta de arrematação ou da ordem de entrega, a invalidação da arrematação poderá ser pleiteada em novo processo de conhecimento, figurando o arrematante como litisconsorte necessário, como se vê no § 4º do art. 903 do CPC/2015. O dispositivo é aplicável, por analogia, à *alienação* e à *adjudicação*, hipóteses em que o adquirente figurará como litisconsorte passivo necessário, no primeiro caso, e apenas o exequente figurará no polo passivo da demanda, no segundo.

Assim, os *embargos do executado*, atualmente, acham-se subdivididos por especialização procedimental, em apenas dois tipos diferentes: *(i)* os que se referem à execução de *título extrajudicial* contra a *Fazenda Pública* (art. 910); e *(ii)* os oponíveis à execução intentada contra os demais devedores (arts. 914 a 920).

Os *embargos do executado* acham-se regulados dentro da parte que o atual Código reserva para o processo de execução (Livro II da Parte Especial), visto que representam procedimento só ocorrível em face da execução forçada. Já os *embargos de terceiro*, estão disciplinados no Livro I, relativo ao "processo de conhecimento", na parte em que se regulam os "procedimentos especiais", porque são pensados como procedimento que se pode opor a qualquer tipo de ação onde posse ou direito de estranho sofre constrição por ato judicial, mesmo fora do âmbito da execução forçada em sentido estrito. Na execução dos títulos judiciais não cabem os embargos do devedor, porque, tendo o Código de 2015 sedimentado a técnica da *executio per officium iudicis*, as objeções que acaso queira o executado opor ao cumprimento da sentença condenatória deverão figurar em simples impugnação (art. 525) (ver nº 117).

485. Outros meios impugnativos

Tanto no direito nacional como no comparado, reconhecem-se vários meios processuais de que se pode valer o executado para resistir à execução ou a algum ato executivo.

Em Portugal, por exemplo, admite-se a *oposição à execução* por meio de *ação declaratória* (embargos de executado) (CPC/2013, art. 728-1) e também a *oposição por simples requerimento* (CPC/2013, art. 723-1-*d*). Nem sempre o executado tem de submeter-se às solenidades e complexidades da ação de embargos. "Tratando-se de vícios cuja demonstração não carece de alegação de fatos novos nem de prova, o meio da oposição à execução (embargos) seria demasiado pesado, pelo que basta um requerimento do executado em que este suscite a questão no próprio processo executivo. O novo preceito do art. 809-1-*d*[1] (admissibilidade, em geral, do requerimento da parte ao juiz do processo – sem prejuízo da multa a que pode dar lugar quando manifestamente infundado: art. 809-2[2]) não permite duvidar da admissibilidade deste meio",[3] ou seja, de arguir em *oposição por requerimento* as matérias do art. 814 do CPC português,[4] ou mesmo outras ali não contempladas, desde que possam afetar o direito à execução sem depender de maior dilação probatória. Enquanto a oposição à execução por embargos tem a natureza de ação de conhecimento (*ação declaratória*, na linguagem preferida em Portugal),[5] a oposição por requerimento é um simples *incidente* da própria execução.

No direito brasileiro, mesmo sem expressa disciplina no Código anterior, a jurisprudência construiu a figura da *exceção* (ou *objeção*) *de não executividade*, para permitir ao devedor liberar-se da execução indevida, em situações de flagrante ausência de condições de procedibilidade *in executivis*, sem passar pelos percalços da ação de embargos à execução.[6]

O Código atual consagrou a técnica da impugnação para a objeção às execuções de títulos judiciais (*cumprimento de sentença*), que passa a ser o meio próprio mesmo tratando-se

---

[1] O art. 809-1-*d* citado é do CPC português de 1961 e corresponde ao art. 723-1-*d* do Código de 2013.

[2] O art. 809-2 citado é do CPC português de 1961 e corresponde ao art. 723-2 do Código de 2013.

[3] FREITAS, José Lebre de. *A ação executiva depois da reforma*. 4. ed. Coimbra: Coimbra Ed., 2004, n. 12.3, p. 187.

[4] O art. 814 citado é do CPC português de 1961 e corresponde ao art. 729 do Código de 2013.

[5] "Diversamente da contestação da ação declarativa, a oposição à execução, constituindo, *do ponto de vista estrutural*, algo extrínseco à acção executiva, toma o caráter duma *contra-ação* tendente a obstar a produção dos efeitos do título executivo e (ou) da acção que nele se baseia" (FREITAS, José Lebre de. *A ação executiva depois da reforma*. 4. ed. Coimbra: Coimbra Ed., 2004, n. 12.4.1, p. 188).

[6] "A objeção de pré-executividade pressupõe que o vício seja aferível de plano e que se trate de matéria ligada à admissibilidade da execução, e seja, portanto, conhecível de ofício e a qualquer tempo" (STJ, 4ª T., REsp 221.202/MT, Rel. Min. Sálvio de Figueiredo Teixeira, ac. 09.10.2001, *DJU* 04.02.2002, *RSTJ* 163/356. E ainda: STJ, 2ª T., REsp 229.394/RN, Rel. Min. Eliana Calmon, ac. 07.08.2001, *DJU* 24.09.2001, *RSTJ* 152/231).

de sentença contra a Fazenda Pública ou que condene o executado à determinada prestação alimentícia.

De toda sorte, a impugnação, a exemplo da antiga exceção de pré-executividade, é defesa que dispensa o uso de ação, e que se dá por simples "petição incidental", ou "simples *petitio*". O Código atual, portanto, estendeu a impugnação a todos os títulos judiciais e consolidou a prática da objeção por simples "petição incidental" no âmbito do *cumprimento de sentença e das execuções em geral, quando se tratar, na última hipótese, das nulidades elencadas no art. 803.*

486. Embargos e impugnação

A impugnação ao cumprimento de sentença será oferecida nos quinze dias subsequentes ao transcurso do prazo para pagamento ou cumprimento voluntário da obrigação (art. 525). Assim, o Código atual eliminou a aparente contradição existente na legislação anterior que autorizava o executado a manejar os embargos independentemente de penhora, enquanto a impugnação estava prevista para os quinze dias subsequentes à penhora. Tanto, pois, a impugnação como os embargos são, hoje, de livre manejo pelo executado, sem qualquer condicionamento à prévia segurança do juízo.

Andou bem o legislador ao eliminar a possibilidade de controvérsia quanto ao ponto. Até porque, uma vez que o tema da oposição do executado envolva matéria pertinente às condições de procedibilidade *in executivis*, não há momento certo e obrigatório para seu enfrentamento nos autos. A qualquer tempo e em qualquer fase do processo o juiz terá de solucionar a questão que lhe diga respeito, a requerimento da parte, ou mesmo *ex officio*, como já se dava no Código de 1973, por força de seu art. 267, § 3º (atual art. 485, § 3º, do CPC/2015). Devendo extinguir o processo a que faltem os pressupostos processuais, ou as condições da ação, sem atingir a solução de mérito, o juiz não poderá impedir que o executado a qualquer tempo, antes ou depois da penhora, demonstre a impossibilidade de prosseguimento do feito.

Iliquidez, incerteza e inexigibilidade da obrigação retratada no título, seja em decorrência de seu próprio conteúdo, seja em razão de causas extintivas, modificativas ou impeditivas exteriores ao título, são dados que eliminam a possibilidade da execução forçada e que, quando não detectados de início, acarretam a nulidade do processo executivo (art. 803). Logo, sendo evidenciados nos autos, não podem ser desconsiderados pelo juiz, qualquer que seja a fase em que a execução se encontre. Não basta o título executivo para que o credor leve a execução até suas últimas consequências. É tão importante como o título, a configuração da certeza, liquidez e exigibilidade da obrigação nele documentada (art. 783), e, ainda, a conjugação dele com o inadimplemento do devedor (art. 786).

Sem título executivo, não há execução válida. Mas, também, sem inadimplemento, não pode haver execução, mesmo que exista o título do exequente. O credor – dispõe o art. 788 – "não poderá iniciar a execução, ou nela prosseguir se o devedor cumprir a obrigação". E o processo de execução extinguir-se-á quando, a qualquer tempo, se verificar que a obrigação foi satisfeita ou que, por qualquer meio, a dívida exequenda foi remida ou extinta (art. 924).

As condições ou requisitos de existência da execução e da validade dos atos executivos estão sob permanente controle do juízo – porquanto representam condições de legitimidade do próprio exercício da jurisdição –, de maneira que, a seu respeito, não se pode admitir a preclusão temporal (art. 485, § 3º).

Conserva-se atual, embora formulada em relação à codificação anterior, a lição de Luiz Rodrigues Wambier, Teresa Arruda Alvim Wambier e José Miguel Garcia Medina no sentido de que:

> "Como tais matérias podem ser conhecidas *ex officio* pelo juiz, nada impede que este seja provocado pelo executado *antes* da oportunidade processual própria para a apresentação da impugnação. Assim, não obstante o Código es-

tabeleça que o executado deverá apresentar a impugnação *após* a penhora, nada impede que, intimado para cumprimento da sentença, o executado alegue, por exemplo, que a sentença é juridicamente inexistente, em razão da ausência de citação (CPC, art. 475-L, inc. I). A propósito, a ausência de requisitos para a execução ou a invalidade de atos executivos pode ser arguida mesmo após o prazo estabelecido no art. 475-J, § 1º, do CPC. Caso, no entanto, o executado deixe de alegar tais vícios na primeira oportunidade em que lhe incumbe falar nos autos, incidirão as sanções referidas nos arts. 22 e 267, § 3º, do CPC, conforme o caso".[7]

Na mesma linha, e com inteira procedência, preleciona Danilo Knijnik também em relação ao Código anterior que não se poderia impor ao executado aguardar a consumação da penhora para poder demonstrar a ilegalidade ou inviabilidade da execução já esboçada. E a consequência disso é que o entendimento doutrinário e jurisprudencial, que construíra o mecanismo da exceção (ou objeção) de pré-executividade (ou de não executividade) como instrumento impugnativo fora dos embargos e sem sujeição a seus requisitos, persistia válido e útil, mesmo após a reforma da Lei nº 11.232/2005. "Tal como antes, nada impedirá que o devedor compareça antecipadamente nos autos, antes de formalizada qualquer constrição, para arguir matérias que configurem típicas objeções, como vinha sendo reconhecido, até então, pela jurisprudência do STJ, em sede de processo executivo autônomo."[8]

O importante é que, para se admitir a impugnação a qualquer tempo, mesmo depois de vencido o prazo legal para exercício dessa forma de objeção (ou exceção), é necessário que a matéria alegada não dependa de prova a ser produzida em juízo, por se tratar de questão de direito, ou por se apoiar em certificação por prova pré-constituída.[9]

Igual raciocínio pode ser transposto para a Codificação atual. É bom registrar, porém, que a construção jurisprudencial aperfeiçoada pelo Superior Tribunal de Justiça sob a égide da Codificação anterior não limitou o tema da exceção de pré-executividade apenas às questões de ordem pública, mas admitiu também que exceções outras pudessem ser arguidas por seu intermédio, com a condição de que não demandassem a ulterior produção de provas. Enfim: "As matérias passíveis de serem alegadas em exceção de pré-executividade não são somente as de ordem pública, mas também os fatos modificativos ou extintivos do direito do exequente, desde que comprovados de plano, sem necessidade de dilação probatória".[10]

O mesmo raciocínio aplicado à impugnação ao cumprimento da sentença deve prevalecer, também, para a execução de título extrajudicial. A previsão da ação especial de embargos do executado não deve inibir a parte de arguir, por simples petição, a inexistência de pressupostos processuais ou de condições da ação executiva, desde que tais temas são de conhecimento obrigatório pelo juiz, até mesmo de ofício.

É verdade que, desde a codificação anterior, o executado já estava liberado do ônus da penhora para legitimar-se à propositura da ação de embargos. Não se pode, todavia, esquecer que o manejo dos embargos está sujeito à preclusão temporal, e a respectiva propositura corresponde a uma nova ação, com ônus, encargos e riscos que se podem evitar, tornando mais singela a via

---

[7] WAMBIER, Luiz Rodrigues; WAMBIER, Teresa Arruda Alvim; MEDINA, José Miguel Garcia. *Breves comentários à nova sistemática processual civil.* São Paulo: RT, 2006, v. II, p. 152.

[8] KNIJNIK, Danilo. *A nova execução de títulos extrajudiciais:* comentários à Lei 11.382, de 06 de dezembro de 2006. Rio de Janeiro: Forense, 2007, n. 68, p. 150.

[9] "A exceção de pré-executividade tem por objeto a cognição rarefeita das condições da ação e pressupostos processuais da ação de execução, de um lado, e, de outro, das objeções substanciais, todos mediatizáveis pelo título" (KNIJNIK, Danilo. *A exceção de pré-executividade.* Rio de Janeiro: Forense, 2001, p. 192).

[10] STJ, 2ª T., AgRg no REsp 767.677/RJ, Rel. Min. Castro Meira, ac. 13.09.2005, *DJU* 12.12.2005, p. 351.

processual para objetar-se à execução ilegal ou incabível. Basta lembrar que, nos embargos, além da tramitação pesada e inevitável de uma ação de conhecimento, as partes deverão suportar os encargos da eventual sucumbência, inclusive com a imposição de novos honorários advocatícios acumuláveis com os da ação de execução ou da ação principal. A impugnação por simples petição, não passando de mero incidente, favorece à parte excipiente, uma vez que não terá de enfrentar nova verba sucumbencial caso a decisão lhe seja adversa (Súmula 519/STJ: "Na hipótese de rejeição da impugnação ao cumprimento de sentença, não são cabíveis honorários advocatícios". Nesse sentido: STJ, 4ª T., REsp 1.859.220, Rel. Min. Marco Buzzi, ac. 02.06.2020, *DJe* 23.06.2020).[11]

Em conclusão, pode-se afirmar que:

(a) nem no procedimento incidental do cumprimento da sentença, nem na ação autônoma de execução, restou inviabilizado o recurso à exceção (ou objeção) de pré-executividade (ou de não executividade);

(b) dentro dos pressupostos e requisitos da construção doutrinária e jurisprudencial anteriores à reforma da execução forçada, continua cabível a impugnação por simples petição, a qualquer tempo, para impedir a penhora ou para fazer cessar a execução a que faltem pressupostos processuais ou condições da ação.

487. Natureza jurídica dos embargos à execução

Os embargos, tal como indica o léxico, são obstáculos ou impedimentos que o devedor procura antepor à execução proposta pelo credor.

"Enquanto o título estiver de pé, o respectivo beneficiário dispõe da ação executiva, quer tenha, quer não tenha, na realidade, o direito de crédito. Para que o direito à ação executiva se extinga, é necessário anular o título, fazê-lo cair, e para conseguir tal fim tem o executado de mover *uma verdadeira ação declarativa*",[12] ou de cognição, que são os embargos do devedor.

---

[11] Só se considera sentença, e, por isso, redunda em imposição de verbas honorárias ao sucumbente (credor), a solução dada à exceção (impugnação) que extinga a execução . A sucumbência, então, não se verifica propriamente no incidente, mas no processo principal, cuja extinção se decreta. Não há, pois, um tratamento não igualitário para o excipiente e o exceto. Na ação de execução, com ou sem impugnação, o devedor estaria sujeito aos honorários de advogado (arts. 85, § 1º, e 827). Provocando a extinção do processo executivo, o executado torna-se vitorioso no desfecho da ação principal e, por isso, faz jus ao reembolso dos honorários de advogado, como qualquer parte que vence na demanda judicial. Se não logra êxito na exceção, continua o devedor sujeito aos honorários devidos na execução. Não haverá razão, porém, para nova verba sucumbencial, visto que não arrastou o credor para uma nova ação (a de embargos). Tudo se resolveu singelamente em mero incidente da execução (Súmula 519 do STJ). Há, porém, quem entenda aplicável à impugnação ao cumprimento de sentença a regra do art. 827, § 2º, relativa aos embargos à execução, segunda a qual, no caso de rejeição, o valor dos honorários sucumbenciais de início fixados em 10% podem ser elevados até 20%. Pense-se, contudo, que o regime da sucumbência foi objeto de regramento específico para os casos distintos da defesa contra a execução do título extrajudicial e da oposta ao cumprimento de sentença, sendo que a possibilidade de acréscimo do percentual de honorários por insucesso da resistência do executado, só foi prevista no caso dos embargos do devedor. Diante da diversidade de natureza jurídica dos dois meios de resistência à execução, parece-nos que a intenção do legislador foi realmente a de disciplinar de maneira diferente a sucumbência ocorrida em cada um deles. Mesmo porque os embargos do devedor sempre são julgados por sentença, ao passo que a impugnação ao cumprimento de sentença se resolve ora por decisão interlocutória, ora por sentença.

[12] REIS, José Alberto dos. *Processo de execução*. Coimbra: Coimbra Ed., 1943, n. 41, p. 109.

Sua natureza jurídica é a de uma *ação de cognição* incidental[13] de caráter *constitutivo*, conexa à execução por estabelecer, como ensina Chiovenda, uma "relação de causalidade entre a solução do incidente e o êxito da execução".[14]

Não são os embargos uma simples resistência passiva como é a contestação no processo de conhecimento. Só aparentemente podem ser tidos como resposta do devedor ao pedido do credor. Na verdade, o embargante toma uma posição ativa ou de ataque, exercitando contra o credor o *direito de ação* à procura de uma sentença que possa extinguir o processo ou desconstituir a eficácia do título executivo.

Por visar à desconstituição da relação jurídica líquida e certa retratada no título é que se diz que os embargos são uma *ação constitutiva*, uma nova relação processual,[15] em que o devedor é o autor e o credor, o réu.[16]

488. Classificação dos embargos do devedor

Prevê o art. 917 do CPC/2015 que o executado fundamente seus embargos em temas variados, como inexequibilidade do título ou inexigibilidade da obrigação (I), incorreção na penhora, ou avaliação errônea (II), excesso de execução ou cumulação indevida de execuções (III), retenção por benfeitorias (IV), incompetência absoluta ou relativa do juízo da execução (V) e, enfim, qualquer matéria que lhe seria lícito deduzir como defesa em processo de conhecimento (VI). Diante dessa multiplicidade de temas possíveis, podem os embargos do devedor ser classificados em:

(a) embargos ao direito de execução; e

(b) embargos aos atos de execução.

Nos primeiros, o devedor impugna, ao credor, como no caso de pagamento, novação ou remissão da dívida, o direito de propor a execução forçada. "Na essência, com esta oposição procura-se fazer declarar a *inexistência da ação executiva*."[17] Podem ser chamados, também, de *embargos de mérito*, pois com eles se ataca a pretensão de direito material do exequente.

Nos embargos aos atos executivos, o devedor contesta a regularidade formal do título, da citação, ou de algum ato sucessivo do processo, ou sua oportunidade. São, pois, embargos de *rito* ou de *forma*, não de mérito, como ocorre, por exemplo, com as irregularidades da penhora ou da avaliação e a incompetência do juízo.[18] Com eles, o ataque do executado atinge a pretensão de direito processual, no todo ou em parte. Podem ser subdivididos em:

(a) *embargos de ordem*, os que visam a anulação do processo, como os que tratam da impropriedade de forma, a falta do direito de postular em juízo, a ausência do título executivo etc.; e

---

[13] COSTA, Sérgio. *Manuale di diritto processuale civile*. Torino: Editrice Torinese, 1963, n. 450, p. 591.
[14] Apud CASTRO, Amílcar de. *Comentários ao Código de Processo Civil*. 2. ed. Rio de Janeiro: Forense, 1963, v. X, t. II, n. 421, p. 419.
[15] SANTOS, Moacyr Amaral. *Direito processual civil*. 4. ed. São Paulo: Saraiva, 1970, v. III, n. 897, p. 362.
[16] LIEBMAN, Enrico Tullio. *Processo de execução*. 3. ed. São Paulo: Saraiva, 1968, n. 89, p. 158.
[17] COSTA, Sérgio. *Manuale di diritto processuale civile*. Torino: Editrice Torinese, 1963, n. 451, p. 592.
[18] COSTA, Sérgio. *Manuale di diritto processuale civile*. Torino: Editrice Torinese, 1963, n. 452, p. 594.

(b) *embargos elisivos, supressivos ou modificativos dos efeitos da execução*, como os que tratam da impenhorabilidade, do benefício de ordem, do excesso de penhora, da litispendência, do direito de retenção etc.[19]

489. Legitimação

Pode propor os embargos o sujeito passivo da execução forçada, ou seja, o *devedor* contra quem se expediu o mandado executivo. Será ele ordinariamente o apontado como *devedor* no título extrajudicial, bem como o seu sucessor. São, também, legitimados os terceiros com responsabilidade executiva (fiador, sócio, sucessor, sub-rogado etc.), desde que, atingidos pelos atos de execução, assumam a posição de parte na relação processual criada pela ação proposta pelo credor.[20]

O réu da execução (executado) é o autor dos embargos; e o autor do processo principal (exequente) passa a ser o réu no incidente.

O terceiro responsável, como sócio solidário ou o gestor corresponsável da sociedade, ou o prestador de garantia real à dívida ajuizada, ou outras figuras de responsável não devedor, pode figurar no processo originariamente, ou de forma superveniente. No primeiro caso, é citado na abertura da relação processual executiva, como parte do processo e o prazo para embargar contar-se-á na forma do art. 231 do CPC/2015, em regra, da juntada do mandado de citação cumprido (art. 915). Sendo superveniente a inclusão do responsável no processo, o que há é um redirecionamento da execução, cuja prática depende de nova citação a ele endereçada. O prazo para embargos, então, será contado dessa nova citação. Se houver penhora irregular (porque não há penhora sem citação prévia) o terceiro responsável não citado poderá embargar em prazo a ser contado da ciência da penhora. De qualquer maneira, ao se pedir o redirecionamento, o exequente terá a obrigação de identificar o fato gerador da responsabilidade, pois só assim ficará assegurada ao novo executado condição de se defender.

O terceiro não responsável pela execução e que não é parte no feito e nem pode pretender, a qualquer título, a posição da parte na relação processual executiva, não é legitimado para opor embargos de devedor. Se atingido por atos executivos, caberá defender-se por meio de *embargos de terceiro*, que são o remédio processual próprio para repelir os esbulhos judiciais não só na execução como em qualquer outro procedimento (art. 674).

Tema polêmico, no passado, foi o de reconhecer ou não a possibilidade de um dos diversos coexecutados oferecer embargos apoiados em penhora de bens nomeados por outro. Entretanto, o problema, desde muito, desaparecera com a reforma do art. 736 do CPC/1973, pela Lei nº 11.382, de 06.12.2006, e continua não existindo no regime do Código atual, cujo art. 914 dispõe que o executado poderá opor-se à execução por meio de embargos independentemente de penhora. Pouco importa, então, saber, a quem pertencem os bens penhorados numa determinada execução. Cada coexecutado se defende com autonomia e sem condicionamento a qualquer tipo de segurança do juízo executivo.

490. Autonomia dos embargos de cada coexecutado

O litisconsórcio passivo na execução não reflete obrigatoriamente sobre a legitimidade e demais condições da ação incidental de embargos.

---

[19] CASTRO, Amílcar de. *Comentários ao Código de Processo Civil*. 2. ed. Rio de Janeiro: Forense, 1963, v. X, t. II, n. 428, p. 426-427.

[20] Além do devedor, "também o *terceiro responsável* pode oferecer embargos à execução e não apenas embargos de terceiro" (ALVIM, J. E. Carreira; CABRAL, Luciana G. Carreira Alvim. *Nova execução de título extrajudicial*. Curitiba: Juruá, 2007, p. 193).

Deve lembrar-se de que, sendo os embargos *ação* e não simples *contestação* do executado, a esse tipo de ação incidental não se aplicam as regras e princípios que só dizem respeito à resposta típica do processo de conhecimento.

Assim, os embargos de cada devedor têm caráter autônomo e independente, de modo que a falta de citação de um deles na execução, por exemplo, é irrelevante em face da ação incidental, seja no tocante à *regularidade* da relação processual, seja quanto à contagem do prazo de defesa.[21] Vale dizer: estabelecido litisconsórcio passivo facultativo entre dois coobrigados solidários, a falta de citação de um deles não obsta o prosseguimento da execução em relação ao outro, que, citado, deve pagar ou nomear bens à penhora.[22]

Da autonomia dos embargos de cada coexecutado decorrem as seguintes conse-quências:

(a) a ação de cada executado é particular, não estando por isso mesmo subordinada a litisconsórcio ou anuência dos outros codevedores;

(b) o prazo para embargar é individual e nasce, para cada coexecutado, a partir da juntada do respectivo mandado citatório;

(c) a circunstância de não terem sido citados todos os codevedores é irrelevante, por não ser condição para o prosseguimento da execução sobre os bens de outros litisconsortes passivos, de sorte que aquele que recebeu a citação tem de ajuizar logo seus embargos, sem cogitar da situação dos demais (art. 915, § 1º);

(d) em virtude da autonomia dos embargos de cada codevedor, e da circunstância de não se tratar de contestação, nem de simples fala nos autos, não se aplica à espécie a contagem de prazo em dobro quando vários são os executados e diversos os seus advogados (art. 229).

A regra da autonomia da contagem dos prazos dos coexecutados mereceu uma ressalva no § 1º do art. 915, que se refere à situação do litisconsórcio passivo entre cônjuges. Estabelecido este por força da nomeação à penhora de bens imóveis do casal, o prazo de embargos é comum e só começa a fluir, para os dois cônjuges, depois que o último deles for citado ou intimado. Esta ressalva foi feita pelo legislador na regra geral de autonomia constante do § 1º do art. 915. Consagrou-se, mais uma vez, a orientação traçada pela jurisprudência antes da reforma do art. 738 do Código anterior.[23]

É bom lembrar, porém, que a comunhão do prazo não importa formação de litisconsórcio necessário na ação incidental de embargos, de sorte que cada cônjuge pode opor-se à execução, dentro do prazo comum, separadamente, sem depender de anuência do outro.

Ainda da autonomia dos embargos, decorre a regra de que "a concessão de efeito suspensivo aos embargos oferecidos por um dos executados não suspenderá a execução contra os que não embargaram, quando o respectivo fundamento disser respeito exclusivamente ao embargante" (art. 919, § 4º).[24]

---

[21] "Na execução em que há litisconsórcio passivo facultativo, ante a autonomia do prazo para a oposição de embargos do devedor, a ausência da citação de coexecutados não configura óbice oponível ao prosseguimento da execução quanto aos demais já citados, sendo, portanto, inaplicável a regra contida no art. 241 do Código de Processo Civil" (STJ, 5ª T., REsp 760.152/DF, Rel. Min. Laurita Vaz, ac. 10.09.2009, *DJe* 28.09.2009).

[22] STJ, 1ª T., REsp 182.234/SP, Rel. Min. Milton Luiz Pereira, ac. 12.03.2002, *DJU* 29.04.2002, p. 164.

[23] STJ, 3ª T., REsp 681.266/DF, Rel. Min. Nancy Andrighi, ac. 02.06.2005, *DJU* 01.07.2005, p. 530; STJ, 4ª T., REsp 328.635/GO, Rel. Ruy Rosado, ac. 12.03.2002, *DJU* 20.05.2002, p. 150.

[24] CPC/1973, art. 739-A, § 4º, acrescido pela Lei nº 11.382/2006.

Por fim, admite a lei que os embargos sejam apenas sobre parte do crédito exequendo, caso em que o seu eventual efeito suspensivo não impedirá o prosseguimento da execução quanto à parte restante (art. 919, § 3º).

491. Competência

O juízo da ação de embargos, que é incidental, é o mesmo da ação principal, isto é, o da execução (art. 61).

Quando, porém, a penhora é realizada em comarca estranha ao foro da causa (art. 845, § 2º), diz o Código que se dará "a execução por carta" e a competência para processar e julgar os embargos caberá ora ao juízo deprecado, ora ao deprecante, conforme a matéria debatida (art. 914, § 2º).

Será o objetivo visado pelos embargos que, em suma, determinará qual o juízo competente para o respectivo processamento e julgamento.

Se a matéria debatida referir-se "apenas a irregularidades da penhora, da avaliação, ou da alienação", isto é, dos atos delegados ao deprecado, a decisão dos embargos a este caberá. Se disser respeito, contudo, "ao âmago da execução, às exceções ou ao título executivo", a competência "não pode deixar de caber ao juízo deprecante".[25]

Trata-se, portanto, de distinguir entre embargos à *execução* (*mérito* ou *exceções* ligadas ao juízo da ação principal, como a de suspeição, impedimento etc.) e embargos *aos atos executivos* (defesa formal contra irregularidades da penhora, avaliação e praceamento).

Se o executado formular embargos versando matéria que pertence à competência do juiz deprecado, este reterá a precatória até o julgamento da ação incidental, ocasião em que os autos, tanto da carta como dos embargos, serão remetidos ao juízo da execução. Neste caso, o prazo para embargos será contado "da juntada, na carta, da certificação da citação", conforme art. 915, § 2º, I, do CPC/2015.

Uma vez que os embargos de mérito deverão ser opostos perante o juiz da execução e tendo em vista que a restituição da precatória pode demandar longo tempo, determina a lei que, cumprida a citação, o deprecado providenciará imediatamente sua comunicação ao deprecante, inclusive por meios eletrônicos. Nesse caso, a contagem do prazo de embargos dar-se-á a partir da juntada aos autos do processo principal de tal comunicação (art. 915, § 2º, II).

Convém notar que a competência do juiz deprecado é excepcional e somente ocorrerá no caso de defesa limitada "unicamente a vícios ou defeitos da penhora, avaliação ou alienação dos bens". Logo, se tal matéria vier a ser alegada em conjunto com outras arguições, a competência a prevalecer será a do juiz da execução (isto é, o deprecante).

O mais recomendável, porém, é que em tais casos os embargos sejam formulados em peças separadas, já que o processamento do feito que versa sobre o mérito independe de aperfeiçoamento da penhora. Se o executado assim não o fizer, o juiz poderá, a seu critério, ordenar o desmembramento dos embargos.

Há uma regra especial na 1ª parte do § 2º do art. 914 ainda sobre os embargos na execução por carta precatória: mesmo que o juízo deprecado não seja o competente para o processamento dos embargos, o executado poderá ali apresentá-los, para remessa ao juízo deprecante, junto com

---

[25] CASTRO, Amílcar de. *Comentários ao Código de Processo Civil*. Rio de Janeiro: Forense, 1974, v. VIII, n. 261, p. 417. "Nas execuções por carta é competente para julgar os embargos de terceiro o Juízo deprecante, se o bem penhorado foi por este expressamente indicado. Inocorrendo tal indicação, a competência permanece com o Juízo deprecado, se deste partiu a determinação de apreensão do bem (Súmula 33 do TFR)" (TACiv.-RJ, Ag. 1.060/95, Rel. Juiz Eduardo Duarte, *ADV* 09.06.1996, n. 74.147; STJ, 2ª Seção, AgRg nos EDcl no CC 51.389/RJ, Rel. Min. Carlos Alberto Menezes Direito, ac. 14.12.2005, *DJU* 15.03.2006, p. 210).

a precatória cumprida. Trata-se de simples faculdade conferida ao executado, para facilitar-lhe a defesa. Pode, se lhe for conveniente, produzir os embargos diretamente no juízo da execução. De qualquer maneira, o prazo é sempre o mesmo, fluindo da juntada aos autos principais (no juízo deprecante) da comunicação prevista no art. 915, § 2º, II.

492. Generalidades sobre o processamento dos embargos

Tratando-se de uma *nova ação*, sujeita-se à distribuição, registro e autuação próprios (arts. 206 e 284), devendo, também, receber valor de causa, na respectiva petição inicial, como determina o art. 291.

Diante da inegável conexão que se nota entre a execução e os embargos, a distribuição destes é feita por dependência (art. 286).

Submete-se, em regra, a ação de embargos, como qualquer outra, à exigência de preparo prévio, de sorte que o não pagamento das custas iniciais em quinze dias importa cancelamento da distribuição e extinção do processo em seu nascedouro (art. 290[26]).

Os embargos, como ação cognitiva, devem ser propostos por meio de petição inicial, que satisfaça as exigências dos arts. 319 e 320.[27] Submeter-se-ão à distribuição por dependência, ao juízo da causa principal (a ação executiva).

Formarão autos próprios, apartados da ação de execução. Se não ocorrer o deferimento do efeito suspensivo, os embargos deverão tramitar sem prejuízo da marcha normal da execução. Por isso, caberá ao embargante instruir sua petição inicial com cópias das peças do processo principal cujo exame seja relevante para o julgamento da pretensão deduzida na ação incidental (art. 914, § 1º), já que pode acontecer de cada uma das ações tomar rumo diferente, exigindo a prática de atos incompatíveis entre si, e subindo, em momentos diversos, a tribunais distintos. Não devem, à vista disso, faltar na autuação dos embargos peças da execução cujo exame seja indispensável ao julgamento da oposição do executado. Procurações, título executivo, citação, auto de penhora (se já houver) são exemplos de peças cujo traslado comumente haverá de efetuar-se.[28] Com esse novo critério de instrução da petição de embargos, eliminou-se o velho problema, antes existente, da subida dos autos da execução, para processamento da apelação interposta contra a sentença de improcedência dos embargos. Não há mais empecilho algum a que os autos dos embargos sejam desapensados para a subida do recurso ao Tribunal (v., adiante, item nº 596).

---

[26] "Os embargos do devedor constituem ação, não propriamente defesa ou resposta do réu, e assim deve o embargante pagar inicialmente as custas pelo Regimento respectivo exigidas a quem seja autor (CPC[1973], arts. 19 e 736, c/c Tabela I, anexa à Lei nº 6.032, 30.04.74. Regimento de Custas da Justiça Federal)" (STF, RE 92.956, Rel. Min. Décio Miranda, ac. 17.10.1980, Juriscível do STF 99/169). No mesmo sentido: STJ, 3ª T., REsp 1.014.847/PA, Rel. p/ Acórdão Min. Ari Pargendler, ac. 24.03.2008, DJe 26.11.2008. Na Justiça Federal, antigamente, prevalecia a regra de que era necessário realizar o preparo prévio dos embargos. Hoje, porém, este pagamento foi dispensado, conforme dispõe a Lei nº 9.289/1996, art. 7º. Na justiça estadual, o problema se resolve conforme o regimento de custas local dispense ou não dito preparo.

[27] STJ, 3ª Seção, ED no REsp 255.673/SP, Rel. Min. Gilson Dipp, ac. 10.04.2002, DJU 13.05.2002, p. 150. Havendo preparo a realizar-se, segundo o regimento de custas, sujeita-se a ação de embargos ao cancelamento da distribuição, caso não ocorra o pagamento devido, no prazo e nos termos do art. 257 do CPC[1973] (STJ, Corte Especial, ED no REsp 264.895/PR, Rel. Min. Ari Pargendler, ac. 19.12.2001, DJU 15.04.2002, p. 156).

[28] As falhas de translados, todavia, são sanáveis, não devendo ser tratadas como motivo para rejeição liminar dos embargos. Já decidiu o STJ que "sendo o instrumento de mandato juntado à ação de execução e estando esta apensada aos embargos do devedor, não resta configurada a ausência de pressuposto de constituição e desenvolvimento válido do processo" (STJ, 5ª T., AgRg no REsp 1.133.724/RS, Rel. Min. Laurita Vaz, ac. 18.02.2010, DJe 15.03.2010).

Todas as cópias deverão ser autenticadas, mas não há necessidade de interferência do escrivão na autenticação. Permite a lei que as cópias das peças do processo principal sejam declaradas autênticas pelo próprio advogado do embargante, sob sua responsabilidade pessoal (art. 425, IV).

Há duas correntes em torno do modo com que as peças copiadas podem ser consideradas autenticadas pelo advogado:

(a) uma exegese mais formalista e literal exige que devem ser *expressamente autenticadas* pelo advogado que as produz;[29]

(b) outra, menos formalista e mais objetivista, entende que a simples produção da cópia junto à petição subscrita pelo advogado equivale à respectiva autenticação.[30]

A melhor posição é, a nosso ver, a que não se apega ao formalismo injustificado, e contenta-se com a responsabilidade presumida do advogado que faz juntar as cópias ao processo. Afinal, não se trata de ato notarial, mas de simples declaração de origem das peças, circunstância que vem afirmada pelo próprio teor da petição que as faz juntar aos autos. A reprodução, outrossim, não é de documentos desconhecidos do adversário ou do juiz, mas de peças cujos originais já se encontram no processo principal. Dessa maneira, a qualquer momento sua autenticidade poderá ser questionada e aferida, se necessário for. Não se justifica, portanto, o formalismo de um ato solene do advogado a seu respeito. Beneméritá de aplausos a posição do Pleno do STF e da Corte Especial do STJ, ainda sob a égide da Codificação anterior, em favor da inexistência de exigência na lei de que o advogado firme um termo solene e expresso de autenticação, na espécie.[31]

493. Segurança do juízo

Nas execuções por quantia certa ou para entrega de coisa, a admissibilidade dos embargos do devedor sempre foi, na tradição de nosso direito processual civil, condicionada à prévia segurança do juízo, que se fazia pela penhora, no primeiro caso, e pelo depósito da coisa, no segundo.

A sistemática adotada na legislação atual, como se vê nos arts. 914 e 919 do CPC/2015, não eliminou propriamente a segurança do juízo da disciplina dos embargos à execução. Mudou, porém, de papel. Em lugar de condição de procedibilidade, passou a ser requisito do efeito suspensivo, quando pleiteado pelo embargante (art. 919). Assim, embora seja possível opor embargos sem prévia penhora, o efeito suspensivo somente será admissível se o juízo estiver devidamente seguro.

---

[29] STJ, 1ª Seção, Ag. 500.722/SP-AgRg, Rel. Min. Francisco Falcão, ac. 18.12.2003, *DJU* 22.03.2004; STF, 2ª T., AI 172.559-2/SC-AgRg, Rel. Min. Marco Aurélio, ac. 26.09.1995, *DJU* 03.11.1995, p. 37.258.

[30] STF, Pleno, AI 466.032/GO-AgRg, Rel. Min. Sepúlveda Pertence, ac. 19.08.2004, *DJU* 18.03.2005, p. 47; STJ, Corte Especial, AI 563.189/SP-AgRg, Rel. Min. Eliana Calmon, ac. 15.09.2004, *DJU* 16.11.2004, p. 175.

[31] Em doutrina, esta é também a opinião de Athos Gusmão Carneiro: "Em nosso entendimento, *d. v.*, a exigência de autenticação de cópias extraídas 'do mesmo processo' (!) – eis que o agravo implica apenas a bifurcação procedimental, tal exigência vem de encontro à orientação antiformalista prestigiada pela doutrina processual moderna, infensa aos excessos do 'cartorialismo' reinol. As cópias de peças constantes do próprio processo não são, e temos este asserto por curial, aqueles 'documentos particulares' a que se refere o art. 384 do CPC para exigir sua autenticação a fim de que valham como 'certidões'. A lei, outrossim, não exige as 'certidões textuais' extraídas por escrivão, de que cuida o art. 365, I, do CPC, mas se contenta com 'cópias' das peças do processo necessárias ao instrumento de agravo. Estas cópias, se não impugnadas, presumem-se verdadeiras..." (citação no ac. STJ, 1ª T., AI 492.642/SP-AgRg, Rel. Min. Denise Arruda, ac. 02.03.2004, *DJU* 28.04.2004, p. 229).

Quando cabível, realiza-se por meio de penhora, nas execuções por quantia certa, ou de depósito, nas execuções para entrega de coisa (art. 919, § 1º). Pode, ainda, no caso de penhora, ser substituída por caução, representada por fiança bancária ou seguro garantia judicial (art. 848, parágrafo único).

A lei não prevê a segurança do juízo nas execuções das obrigações de fazer ou não fazer. Não se descarta, contudo, a necessidade de se acautelar contra riscos de danos sérios que eventualmente a suspensão de tais execuções possa acarretar para o exequente. Segundo as particularidades do caso concreto, também nas execuções de fazer ou não fazer, o juiz pode impor ao devedor embargante a prestação de caução, para segurança do juízo. Aliás, entre os poderes do credor, nas execuções em geral, figura o de obter, incidentalmente, "medidas urgentes" (art. 799, VIII); e nas ações que tenham por objeto a prestação de fazer e não fazer cabe ao juiz determinar "providências que assegurem a obtenção de tutela pelo resultado prático equivalente" (arts. 497 e 536), entre as quais se incluem medidas acautelatórias ou preventivas (art. 536, § 1º), como a caução, no caso de ser a execução embaraçada por embargos do executado. Não há, como se vê, incompatibilidade entre os embargos à execução das obrigações de fazer ou não fazer e a segurança do juízo quando se pretenda obter a suspensão dos atos executivos (art. 919, § 1º).

494. Prazo para propositura dos embargos do devedor

I – Regra básica da contagem do prazo dos embargos à execução

Uma vez que a segurança do juízo deixou de ser requisito para o exercício da ação incidental de embargos do executado, perdeu relevância, desde então, a data da intimação da penhora ou do depósito da coisa *sub executione para a definição do início da contagem do prazo para oposição do devedor à execução*. Assim, a contagem do prazo de quinze dias para embargos, em qualquer modalidade de execução de título extrajudicial, terá como ponto de partida a citação do executado. E tal como se passa no processo de conhecimento, o *dies a quo* é determinado não pela data do cumprimento do mandado citatório pelo oficial de justiça, mas na forma do art. 231 do CPC/2015.

É, pois, da data da juntada aos autos do mandado com que se cumpriu a citação executiva que se iniciará a fluência do prazo para embargar, aplicando-se a regra geral de que o *dies a quo* não se computa (art. 224), contando-se apenas os dias úteis (art. 219). Não há duas citações, nem há uma citação e uma intimação, uma para o pagamento e outra para os embargos. Da citação única correm dois prazos, o de pagamento e o de embargos à execução (art. 915).

II – Citação por carta precatória

Quando a citação executiva se faz por meio de carta precatória (conforme já examinado no item nº 491, *supra*), o § 2º, II, do art. 915 do CPC/2015 adota uma precaução para que o andamento da execução não sofra maiores embaraços. Ao juiz deprecado incumbe comunicar imediatamente a realização da citação, e da juntada aos autos principais dessa comunicação será contado o prazo para embargos, sem depender do retorno efetivo da carta precatória. Se houver omissão da parte do deprecado quanto ao informe do cumprimento da citação, o prazo para os embargos começará a correr da juntada da precatória cumprida aos autos da execução.[32]

III – Unicidade do prazo de embargos e impugnação a atos executivos posteriores aos embargos

Deve-se, outrossim, observar que o prazo de embargos do devedor é único, pouco importando a eventual multiplicidade de penhoras, principalmente porque, na atual sistemática,

---

[32] Igual raciocínio era sustentado sob a égide da codificação anterior (cf. SANTOS, Ernane Fidélis dos. *As reformas de 2006 do Código de Processo Civil*: execução dos títulos extrajudiciais. São Paulo: Saraiva, 2007, n. 26-a, p. 58).

não é mais contado do ato constritivo, mas da citação do executado. As modificações, substituições ou complementações da penhora, para fins de embargos do devedor, são irrelevantes.³³ Na execução de títulos pertinentes a obrigações de trato sucessivo, porém, a regra deve ser mitigada. As ampliações de penhora para acobertar prestações supervenientemente acrescidas podem ensejar novos embargos desde que limitados a questões ligadas apenas aos acréscimos do *quantum* inicialmente exigido.³⁴ Assim, atualmente, irregularidades da penhora praticada depois de extinto o prazo fixado a partir da citação podem ser impugnadas no curso da própria execução e solucionadas por decisão interlocutória. O CPC/2015 admite a possibilidade genérica de discutir e pronunciar nulidades do processo de execução, "independentemente de embargos" (art. 803, parágrafo único). De qualquer maneira, em hipótese alguma se poderá prevalecer da nova penhora para novos embargos de mérito, cabíveis unicamente nos quinze dias posteriores à juntada do mandado citatório (art. 915).

IV – Tentativa de conciliação e prazo para embargar a execução

Não há na regulamentação do procedimento da execução a previsão de audiência de conciliação, o que não representa uma proibição a que facultativamente se proceda a tal diligência. Entretanto, qualquer iniciativa nesse sentido não interferirá na contagem do prazo para embargar a execução, cujo termo inicial fixado em lei se identifica com a juntada aos autos do documento comprobatório da consumação do ato de citação.³⁵

495. Litisconsórcio passivo e prazo para embargar

Mesmo que vários sejam os codevedores executados no mesmo processo, a ação de embargos de cada um deles será autônoma. Podem, eventualmente, agruparem-se numa só ação, mas isto será facultativo, isto é, o litisconsórcio não será necessário.

Dessa autonomia decorre a independência dos prazos de embargos para os diversos coexecutados. Sendo citados por mandados diferentes, o prazo para cada um deles se contará autonomamente a partir da juntada do respectivo mandado.³⁶

Ressalva-se, contudo, o litisconsórcio necessário formado entre cônjuges ou companheiros, principalmente quando se trata de execução sobre bens do casal (art. 915, § 1º, *in fine*). Nessa hipótese, o prazo é único, conforme demonstrado no item nº 490, *retro*.

Outrossim, porque não se trata de contestação, mas de ação incidental, não há de se aplicar a dobra do prazo previsto para o caso de resposta dos litisconsortes passivos representados

---

33 TJMG, 9ª Câm. Cív., Apelação 2.0000.00.498029-2/000, Rel. Des. Fernando Caldeira Brant, ac. 21.03.2006, *DJMG* 20.04.2006; STJ, 1ª Seção, REsp 1.127.815/SP, Rel. Min. Luiz Fux, ac. 24.11.2010, *DJe* 14.12.2010.

34 No regime do Código anterior, dentre as previstas no art. 741 do CPC/1973, se é possível invocar causa nova em relação às prestações sucessivas, são admissíveis novos embargos, visto que a hipótese "não se confunde com a de segunda penhora, prevista no art. 667 do CPC [1973]" (STJ, 3ª T., REsp 164.930/RS, Rel. Min. Eduardo Ribeiro, ac. 17.09.1998, *DJU* 19.04.1999, p. 137).

35 "(...) 7. Embora não exista uma expressa previsão para a realização de uma audiência de conciliação no processo executivo, a sua ocorrência não é vedada. 8. Ainda que se admita – discricionariamente – a realização desta audiência para a tentativa de composição das partes, tal ato – se requerido pelo executado – somente acontecerá após a oposição dos embargos à execução a serem eventualmente opostos (STJ, 3ª T., REsp 1.919.295/DF, Rel. Min. Nancy Andrighi, ac. 18.05.2021, *DJe* 20.05.2021).

36 A matéria não sofreu maiores alterações em relação ao regramento anterior, a respeito do qual a jurisprudência já assentava que: "Efetivada a citação e penhora do coexecutado, cabe-lhe exercer a sua defesa, através de embargos, independentemente da citação dos demais devedores" (STJ, 4ª T., REsp 73.643-SP, Rel. Min. Ruy Rosado, ac. 21.11.1995, *DJU* 11.03.1996, p. 6.631). O prazo para cada coexecutado "é autônomo, individual" (STJ, 5ª T., REsp 256.439/GO, Rel. Min. Vicente Leal, ac. 07.02.2002, *DJU* 04.03.2002, p. 304). Nesse sentido: STJ, 5ª T., REsp 760.152/DF, Rel. Min. Laurita Vaz, ac. 10.09.2009, *DJe* 28.09.2009.

por advogados diferentes. Opor embargos não é o mesmo que falar nos autos, tampouco é igual a contestar a ação. Isto já estava reconhecido pela jurisprudência erigida no âmbito da codificação anterior.[37] É que o § 3º do art. 915 do CPC/2015 apenas explicitou o que já estava assente nos tribunais: em relação ao prazo para oferecimento dos embargos à execução, não se aplica o disposto no art. 229.

496. Rejeição liminar dos embargos

I – Casos de rejeição liminar dos embargos

Permite-se a rejeição liminar dos embargos do devedor (art. 918):

(a) quando intempestivos;
(b) nos casos de indeferimento da petição inicial e de improcedência liminar do pedido; ou
(c) quando manifestamente protelatórios.

O regramento do CPC/2015, rejeitando liminarmente os embargos *manifestamente protelatórios*, mantém a linha, valorizada pelas últimas reformas do CPC/1973, a qual dispensa enérgico combate ao comportamento processual atentatório à dignidade da justiça.

II – Embargos intempestivos

Reafirmando a orientação da jurisprudência formada à época do Código de 1973, o art. 918, I, do CPC/2015 determina que o juiz rejeitará liminarmente os embargos quando intempestivos. Assim, somente serão considerados intempestivos os embargos que forem ajuizados depois de ultrapassado o prazo legal. Entretanto, os embargos apresentados antes da citação não podem ser indeferidos só por isso, já que não se enquadram na categoria dos "intempestivos".[38] Até porque o comparecimento espontâneo do demandado supre a citação (art. 239, § 1º), pelo que, vindo o executado ao processo para se defender por meio de embargos, sem ter sido ainda citado, sua própria conduta processual produz os efeitos da citação. Ou seja, não se pode pretender sejam intempestivos os embargos assim opostos, já que eles mesmos fazem as vezes tanto do ato citatório como da defesa do executado. O CPC/2015 não deixa subsistir qualquer dúvida a respeito do entendimento exposto, pois seu art. 218, § 4º, dispõe, com ênfase, que "será considerado tempestivo o ato praticado antes do termo inicial do prazo".

III – Inépcia da petição inicial e outros casos de indeferimento

O inciso II do art. 918 prevê a rejeição liminar dos embargos por indeferimento da petição inicial, fato que ocorre, segundo o art. 330, § 1º, nos seguintes casos:

(a) quando *for inepta a petição inicial* (inciso I), isto é, *(i)* se lhe faltar pedido ou causa de pedir; *(ii)* se o pedido for indeterminado, ressalvadas as hipóteses legais em

---

[37] STF, 1ª T., RE 96.361/SP, Rel. Min. Alfredo Buzaid, j. 08.06.1982, *RTJ* 102/855; STF, 1ª T., RE 97.138/SP, Rel. Min. Soares Muñoz, j. 25.06.1982, *RTJ* 103/1.294; STJ, 4ª T., REsp 454/RJ, Rel. Min. Sálvio de Figueiredo, j. 22.08.1989, *RSTJ* 5/498.

[38] "Apresentados os embargos do devedor antes da penhora, ficará o seu processamento condicionado à efetivação ou regularização daquela, adiando-se a admissibilidade dos embargos para o momento em que for seguro o juízo, atendendo-se ao princípio do aproveitamento dos atos processuais"(STJ, 2ª T., REsp 238.132/MG, Rel. Min. Peçanha Martins, ac. 23.10.2001, *DJU* 18.02.2002, p. 295; STJ, 3ª T., REsp 84.856/RJ, Rel. Min. Nilson Naves, ac. 10.06.1997, *DJU* 04.08.1997, p. 34.744).

que se permite o pedido genérico; *(iii)* quando da narração dos fatos não decorrer logicamente a conclusão, ou *(iv)* se contiver pedidos incompatíveis entre si; tudo conforme o § 1º do mesmo art. 330 do CPC/2015).

(b) em caso de *ilegitimidade manifesta da parte* (inciso II);
(c) na hipótese de *carência de interesse processual do autor* (inciso III);
(d) quando *não atender as prescrições dos arts. 106 e 321* (inciso IV), ou seja: *(i)* não constar da inicial o endereço do advogado do exequente, seu nº de inscrição na OAB e o nome da sociedade de advogados da qual participar, para recebimento de intimações (art. 106, I); e *(ii)* quando intimado a emendar ou completar a inicial, em quinze dias, o exequente deixar de fazê-lo (art. 321, parágrafo único).

Esse rol engloba, como se vê, exigências ligadas aos pressupostos processuais e às condições da ação, matéria que compete ao juiz examinar, até mesmo de ofício, a todo tempo, inclusive no despacho da petição inicial (art. 485, § 3º).

IV – Vícios sanáveis

O que se deve ponderar é que as deficiências ou irregularidades da inicial, quando supríveis, não deverão motivar de pronto a rejeição dos embargos. O juiz deverá conceder, primeiro, o prazo de quinze dias para que o devedor emende ou complete a petição inicial (art. 321), decretando a rejeição liminar somente após transcurso do referido lapso sem a necessária providência do devedor (art. 321, parágrafo único).

V – Natureza do indeferimento

A rejeição dos embargos é, na espécie, medida preliminar e unilateral que se faz de plano, fora do contraditório, de maneira que o juiz não tem necessidade sequer de ouvir o credor embargado.[39]

Essa rejeição liminar é forma de indeferimento de petição inicial. Tem força de sentença, por extinguir o processo da ação de embargos do devedor. O recurso cabível, portanto, é o de apelação, nos termos dos arts. 1.009 e 331 do Código de 2015.

A apelação, *in casu*, não afeta o andamento da execução, mesmo porque, repelidos *in limine*, os embargos nem sequer chegaram, em momento algum, a suspender a ação principal.

VI – Embargos manifestamente protelatórios

O art. 918, III, do CPC/2015 determina a rejeição liminar dos embargos quando manifestamente protelatórios. A ideia reforça ainda mais a lógica do sistema anterior – que reprimia energicamente a litigância de má-fé e os atos atentatórios à dignidade da Justiça –, ao estipular a boa-fé e cooperação como normas (deveres) fundamentais dirigidas a todos no processo. Além disso, o art. 77, II, do CPC/2015 impõe às partes o dever de "não formular pretensão ou de apresentar defesa quando cientes de que são destituídas de fundamento"; enquanto o art. 774, II, declara atentatório à dignidade da Justiça o ato do executado que "se opõe maliciosamente à execução, empregando ardis e meios artificiosos".

Sem dúvida, resiste maliciosamente à execução aquele que a embarga com argumentos que, à evidência, não se apoiam no direito. A litigância de má-fé se esboça e o atentado à dignidade da Justiça não pode ser recusado.

---

[39] FADEL, Sérgio Sahione. *Código de Processo Civil comentado*. Rio de Janeiro: José Konfino, 1974, t. IV, p. 124.

A prestação jurisdicional em tempo razoável e a adoção de medidas de celeridade processual representam garantia fundamental consagrada no art. 5º, LXXVIII, da Constituição. Portanto, tumultuar a execução com embargos protelatórios configura agressão ao devido processo legal e ao acesso à Justiça, princípios largamente valorizados pelo moderno Estado Democrático de Direito e expressamente encampados pela parte geral do Código atual.

Aliás, desde o regime do Código anterior, o empenho no combate ao uso temerário ou malicioso de remédios processuais já vinha sendo, de longa data, ressaltado pelo art. 17 do CPC/1973, quando considerava litigante de má-fé a parte que "deduzir pretensão ou defesa contra texto expresso de lei ou fato incontroverso" (inc. I); que "opuser resistência injustificada ao andamento do processo" (inc. IV); que "provocar incidentes manifestamente infundados" (inc. VI); e que "interpuser recurso com intuito manifestamente protelatório" (inc. VII).

Agora, com maior intensidade deve atuar a repressão à resistência temerária ou maliciosa à execução forçada, pois então o que se inibe e frustra não é apenas o direito do exequente, mas a própria atividade executiva do Poder Judiciário. Por isso é que a lei fala, na espécie, em *atentado à dignidade da Justiça*, de preferência à litigância de má-fé (art. 774).

Não se deve, porém, exagerar na repressão aos embargos do executado, sob pena de privá-lo da garantia do contraditório e da ampla defesa. Para que se indefira liminarmente a ação incidental, na espécie, é necessário que o seu caráter procrastinatório se manifeste com evidência notória, seja por contrariar texto expresso de lei, seja por argumentar contra fatos já definitivamente assentados no processo.[40]

É para conter a repressão aos atos de litigância de má-fé dentro de seus necessários limites que o indeferimento liminar dos embargos do executado só deve ocorrer quando o seu caráter protelatório for *manifesto*. Vale dizer: quando o juiz não tiver dúvida em torno de ser a defesa formulada contra direito evidente e contra fatos incontroversos e irrecusáveis.

497. Procedimento

O procedimento dos embargos do devedor acha-se sintetizado no art. 920 do CPC/2015, no qual se lê que "recebidos os embargos" – o que ocorre quando não se verifica a rejeição liminar:

(a) será o exequente ouvido no prazo de quinze dias (inciso I);

(b) a seguir, o juiz julgará imediatamente o pedido (art. 355) ou designará audiência (inciso II); e

(c) encerrada a instrução, o juiz proferirá sentença (inciso III).

Embora sejam os embargos uma ação de conhecimento, em razão de sua incidentalidade, o Código não prevê a citação do sujeito passivo (o exequente) nem atribui à sua resposta a denominação de contestação. Há simples intimação, com que se lhe noticia a propositura dos embargos, com abertura do prazo de quinze dias para se manifestar. Entretanto, não se pode recusar a força de citação a tal intimação, que, no entanto, se fará diretamente ao advogado

---

[40] A esse respeito, vale destacar a jurisprudência erigida ainda sob a égide da Codificação anterior: "A lide temerária somente se caracteriza quando o autor, sabendo que não tem razão, ajuíza ação cuja vitória tem consciência de que jamais poderá alcançar" (TJPR, 7ª Câm. Cív., Ap. 149.606-2, Rel. Des. Accácio Cambi, j. 16.03.2004, *RT* 825/353). A jurisprudência considera, por exemplo, "resistência injustificada ao andamento do processo", e, portanto, litigância de má-fé, entre outros, "suscitar matéria transitada em julgado, ou preclusa", "utilizar expediente protelatório para impedir a realização de leilão"; ou para impedir que o bem penhorado "seja removido" etc. (cf. NEGRÃO, Theotonio; GOUVÊA, José Roberto F. *Código de Processo Civil e legislação processual em vigor*. 37. ed. São Paulo: Saraiva, 2005, p. 137, 138 e 750).

que já representa o exequente nos autos. Também o pronunciamento do embargado, quando impugnar a pretensão do embargante, representará verdadeira contestação.

No seu curso normal, registram-se as mesmas fases que caracterizam o procedimento de cognição, ou seja: a *postulação* (petição inicial e impugnação), o *saneamento* (eliminação de vícios procedimentais), a *instrução* (coleta dos elementos de convicção) e a *sentença* (solução judicial para a lide).

O rito previsto pelo Código, no entanto, é bastante simplificado, de modo a superar o mais rápido possível o empecilho que os embargos representam para o andamento da execução.

Assim, há casos em que o Código dispensa a fase de saneamento e mesmo a de instrução e julgamento e passa da postulação diretamente à sentença.

Por força do art. 920 c/c o art. 355, não haverá audiência quando não houver a necessidade de produção de provas.

Diante da impugnação do credor, pode, eventualmente, ocorrer necessidade da fase de "providências preliminares", prevista nos arts. 347 a 353, que se aplica ao processo de execução, nos termos do art. 771. Haverá, até mesmo, o "saneamento do processo", se for o caso de conduzir o feito à audiência de instrução e julgamento (art. 357).

A audiência, outrossim, continua acontecendo apenas quando não ocorrer a situação prevista no art. 355 do CPC/2015, já que então os embargos terão de ser imediatamente apreciados e julgados, sempre que a questão de dispensar a produção de prova em audiência.

Quanto à sentença, o art. 920 prevê sua prolação quando "encerrada a instrução". Embora não se fale em prazo de julgamento, não deixa o juiz de contar com o prazo de dez dias para elaboração de sua sentença quando verificar que não há necessidade de audiência, porque este é o prazo geral fixado pelo art. 226, II.

498. A multa aplicável aos embargos manifestamente protelatórios

Preocupado com a repressão à litigância de má-fé e com a preservação de efetividade na prestação jurisdicional executiva, o art. 774, II, do CPC/2015 considera atentatório à dignidade da Justiça o ato do devedor que "se opõe maliciosamente à execução, empregando ardis e meios artificiosos", cominando-lhe pena de até 20% do valor atualizado da execução (art. 774, parágrafo único).

Com o mesmo espírito, o parágrafo único do art. 918 do CPC/2015 considera ato atentatório à dignidade da justiça o oferecimento de embargos manifestamente protelatórios, sujeitando-se o embargante a uma multa de até 20% do valor atualizado do débito, tal como previsto no § 2º do art. 77 do CPC/2015.

De fato, embargos com tais características equivalem à maliciosa resistência à execução, de modo a justificar a sanção de ato atentatório à dignidade da Justiça. A um só tempo, os embargos protelatórios foram identificados, de maneira expressa, como figura de atentado à dignidade da Justiça, e ao juiz foi imposto o dever de aplicar a correspondente pena ao embargante. Em que pese o Código de 2015 fazer referência à aplicação de sanção prevista na parte geral (CPC/2015, art. 77, § 2º), igualmente não há faculdade e sim um dever de o juiz aplicar a multa, no caso de embargos manifestamente protelatórios (art. 774, parágrafo único).

Convém lembrar, outrossim, que, além das hipóteses de ato atentatório descritas no art. 77 (descumprimento de decisões provisórias e inovação ilegal no estado do objeto litigioso), outras são especificamente previstas para o processo de execução no art. 774, submetidas a tratamento um pouco diferenciado.

Diferentemente do Código anterior, porém, no qual a multa por má-fé e por ato atentatório à dignidade da justiça se confundiam, no CPC/2015, o legislador diferencia as duas situações. Enquanto para as situações definidas nas disposições gerais do Código (art. 77), a pena aplicada aos atos atentatórios à dignidade da justiça ali definidos, reverte à União ou ao Estado (art. 77, § 3º), o regramento do processo de execução determina que, no atentado cometido na prática de seus atos, a multa "será revertida em proveito do exequente" (art. 774, parágrafo único). Dessa forma, o combate ao atentado à dignidade da Justiça começa com a liminar rejeição dos embargos e se completa com a aplicação da pena correspondente, em favor do exequente. Trata-se, em ambos os casos, de sancionar uma lesão à atividade judiciária por multa que ora pertence ao ente federado, ora à parte prejudicada, conforme o tipo de processo em que o atentado ocorreu.

Já a sanção aplicável ao litigante de má-fé, cuja configuração consta do art. 80 e é distinta dos atos atentatórios à dignidade da Justiça, reverte sempre em favor da parte prejudicada (art. 81). A imposição dessas penalidades será examinada no tópico seguinte.

Uma coisa, porém, deve ser ressalvada: não se pode aplicar nenhuma das multas (de litigância de má-fé ou ato atentatório à dignidade da justiça) apenas porque os embargos foram rejeitados. O direito de embargar a execução corresponde à garantia de contraditório e ampla defesa, assegurada constitucionalmente. Para que seu exercício mereça punição é necessário que tenha sido praticado de forma abusiva, ou seja, contra os objetivos próprios do remédio processual utilizado, e apenas com o nítido propósito de embaraçar a execução.

A norma legal não se contenta em serem protelatórios os embargos, exige que sejam "manifestamente protelatórios". Todos os embargos de alguma forma protelam a execução. O que justifica a repressão legal é não terem outro propósito senão o de embaraçar e protelar a execução. E este aspecto tem de ser *manifesto*, ou seja, tem de estar visível, impossível de ser negado ou ocultado, tem, em suma, de ser evidente ou notório. Erro de direito ou de fato, por si só, não é, em regra, suficiente para impor ao embargante a pecha de litigante de má-fé, sob pena de diminuir muito, ou mesmo anular a garantia de ampla defesa assegurada constitucionalmente.

A sanção do § 2º do art. 77 do CPC/2015 terá de ser aplicada com prudência pelo juiz, para evitar que ocorra desvio de finalidade legal. Mas, uma vez evidenciado o uso abusivo da faculdade processual dos embargos, de maneira manifesta, tem de ser energicamente imposta ao devedor, para que o processo executivo não se torne instrumento de injustiça contra o credor já prejudicado, com gravidade, pelo inadimplemento do devedor, em face de um direito já acertado, líquido e exigível.

Alguns exemplos de embargos manifestamente protelatórios arrolados por Vitor José de Mello Monteiro sob a égide do Código anterior e que podem ser transpostos para a nova Codificação: "litigância contra texto expresso de lei ou fato incontroverso (art. 17, I, do CPC [de 1973]) ou contra súmula vinculante (art. 103-A da Constituição e art. 2º da Lei nº 11.417/2006), a alteração da verdade dos fatos na exposição da causa de pedir dos embargos (arts. 14, I e II, e 17 do CPC [de 1973]), a oposição de resistência injustificada ao andamento da execução (arts. 14, III, e 17, IV e VI, do CPC [de 1973]), bem como a litigância contra teses já consolidadas em enunciados da Súmula da jurisprudência dos tribunais superiores ou pleiteando a aplicação de norma declarada inconstitucional pelo Supremo Tribunal Federal, em sede de controle concentrado da constitucionalidade".[41] São, todavia, apenas parâmetros, de modo que outros casos de embargos protelatórios poderão surgir na aplicação do parágrafo único do art. 918 do CPC/2015, que corresponde a um conceito vago ou a uma cláusula geral, cujo conteúdo haverá de ser definido pelo juiz no exame das situações concretas com que se deparar.

---

[41] MONTEIRO, Vitor José de Mello. Embargos protelatórios (arts. 739-B e 740, parágrafo único). In: GIANNICO, Maurício; MONTEIRO, Vitor José de Mello (coord.). *As novas reformas do CPC e de outras normas processuais*. São Paulo: Saraiva, 2009, p. 201.

499. Cobrança das multas e indenizações decorrentes de litigância de má-fé

A multa decorrente de litigância de má-fé (arts. 80 e 81), como visto *supra*, passou a ser situação distinta da multa aplicada contra conduta atentatória à dignidade da justiça e, conforme prevê o § 3º do art. 81, será cobrada com as respectivas indenizações por dano processual no próprio processo de execução.

Releva notar que o art. 96 do CPC/2015 prevê que as sanções impostas aos litigantes de má-fé sejam incluídas na conta das custas processuais em benefício da parte contrária.

Embora o Código atual não seja explícito a respeito do poder e da forma de o beneficiário da sanção reparatória exigir o respectivo pagamento, é certo que a cobrança da multa seguirá o procedimento de cumprimento de sentença, nos próprios autos dos embargos, nos quais serão exigidas por simples petição. Decerto que, querendo, poderá o exequente, por memória de cálculo, acrescê-la ao débito constante do feito executivo, se assim o quiser. Também poderá o executado reclamar a devida compensação com o montante que lhe é cobrado, se for o caso.

O que deve estar claro é que a imposição das referidas sanções processuais deve ser efetuada independentemente de uma nova e especial ação de execução. Tudo se passará dentro do processo onde a condenação do litigante de má-fé se deu, tal como se procede em relação ao cumprimento dos títulos executivos judiciais.

Da mesma maneira com que se cobra a multa pela litigância de má-fé, executa-se também aquela derivada do atentado à dignidade da Justiça cometido durante o processo de execução. Ressalva-se, todavia, o atentado cometido em outros processos que não o executivo. Nesta última hipótese, a multa pertence, conforme o caso, à União ou ao Estado, os quais, para cobrá-la, procederão à inscrição em dívida ativa e promoverão a competente execução fiscal (art. 77, § 3º).

500. Os embargos à execução e a revelia do embargado

Sempre entendemos que não há lugar para a aplicação dos efeitos da revelia quando o exequente (embargado) deixe de apresentar impugnação aos embargos do executado. Isto porque a revelia, no processo de conhecimento, autoriza o julgamento imediato da lide porque, diante da cominação contida obrigatoriamente no mandado de citação, produz a presunção legal de veracidade dos fatos alegados pelo autor da inicial, como se vê no art. 250, II, do CPC/2015. Assim como já acontecia no sistema do Código anterior, não havendo citação na ação incidental de embargos, não ocorre cominação alguma ao exequente que possa autorizar a presunção dos fatos que o embargante aduz contra um título que, por lei, já desfruta do privilégio da certeza, liquidez e exigibilidade da obrigação nele corporificada.

Daí por que a dispensa da audiência só pode acontecer quando o embargante não necessite produzir provas orais pela natureza da defesa suscitada. A não impugnação dos embargos, diante do título em que se apoia a execução, não dispensa o embargante do ônus da prova, em situação alguma. Logo, se os fatos contrapostos à obrigação constante do título não forem adequadamente provados pelo devedor, subsistirá sempre o título do exequente com seu natural revestimento dos atributos da certeza, liquidez e exigibilidade. É, assim, indiferente que o credor impugne, ou não, os embargos do devedor. Aquele não tem mais o que provar, além ou fora do título. Ao embargante, sim, é que toca demonstrar a defesa capaz de desconstituir a força executiva de que o título ajuizado desfruta por vontade da lei.[42]

---

[42] Persiste a doutrina forjada antes da reforma do Código de 1973 sobre a inocorrência da revelia, em sentido técnico, nos embargos à execução (cf. FAVER, Marcus. A inocorrência da revelia nos embargos de devedor. *Rev. de Processo*, n. 57, p. 55, jan.-mar. 1990; THEODORO JÚNIOR, Humberto. *Curso de direito processual civil*. 40. ed. Rio de Janeiro: Forense, 2006, v. II, n. 907, p. 187).

Mesmo quem admitia, à época do Código anterior, alguma forma de revelia na ação de embargos do devedor só o fazia de maneira mitigada, ou seja, sem as consequências normais verificáveis no processo de conhecimento. É o que, *v.g.*, observava Paulo Henrique Lucon, em lição anterior à reforma do CPC/1973 pela Lei nº 11.382/2006, na qual admitia a verificação de revelia por falta de impugnação do exequente aos embargos do executado, sem entretanto deixar de cotejá-la com a prova já existente no processo, isto é, o título que sustenta o direito do credor. Eis a sua importante doutrina:

> "Assim, nos termos aqui expostos, a revelia é passível de ocorrer ao embargado que deixa de impugnar os embargos à execução. Entretanto, o juiz deve estar atento ao fato de que a favor do embargado existe um título com eficácia executiva que indica uma situação de elevado grau de probabilidade de existência de um preceito jurídico material descumprido (título executivo judicial) ou de grande preponderância de seu interesse sobre o do embargante (título executivo extrajudicial).
>
> Na realidade, existe uma presunção de veracidade dos fatos alegados pelo embargante e não impugnados pelo embargado desde que capazes de inquinar o título executivo, respeitado o poder do juiz de livremente investigar acerca dos fatos narrados".[43]

É bom lembrar que nem mesmo no processo de conhecimento, sede onde a figura da revelia exerce em maior amplitude sua eficácia de prova ficta ou presumida, não se apresenta como fonte de presunção plena ou absoluta.[44] É tranquila a posição da jurisprudência segundo a qual o juiz, no caso de revelia, não pode se contentar com a falta de contestação do réu, e tem o dever de considerar também os demais elementos disponíveis no processo, que bem podem infirmar a presunção relativa (*juris tantum*) surgida da revelia.[45]

Ora, funcionando o título executivo (tanto judicial como extrajudicial) como prova completa do direito do credor, tanto que a lei lhe franqueia o acesso à execução forçada, sem necessidade de maior acertamento, não tem o juiz condição de acolher os embargos do devedor, desacompanhados de prova suficiente para desmerecer a força probante do título do exequente, apenas em função da falta de impugnação às alegações do executado. A presunção relativa derivada da revelia não pode prevalecer contraprova concreta e documental existente em favor do adversário, como aquela que a lei reconhece ao título executivo.

Reconheça-se, ou não, a presença jurídica da revelia nos embargos à execução, a presunção dela emergente sempre esbarraria com a força probante muito maior do título executivo em favor do credor embargado. Enquanto aquele tem mera presunção relativa em seu favor, milita em prol da última prova concreta e efetiva, capaz de suplantar as meras alegações formuladas na inicial dos embargos.

---

[43] LUCON, Paulo Henrique dos Santos. Comentários ao art. 740. In: MARCATO, Antônio Carlos (coord.). *Código de Processo Civil INTERPRETADO*. São Paulo: Atlas, 2004, p. 2.091.

[44] "O efeito da revelia não induz procedência do pedido e nem afasta o exame de circunstâncias capazes de qualificar os fatos fictamente comprovados" (STJ, 4ª T., REsp 38.325-0/PB, Rel. Min. Dias Trindade, j. 11.10.1993, *RSTJ* 53/335). No mesmo sentido: STJ, 3ª T., REsp 723.083/SP, Rel. Min. Nancy Andrighi, ac. 09.08.2007, *DJU* 27.08.2007, p. 223.

[45] "A presunção de veracidade dos fatos alegados pelo autor em face da revelia do réu é relativa, podendo ceder a outras circunstâncias constantes dos autos, de acordo com o princípio do livre convencimento do juiz" (STJ, 4ª T., REsp 47.107/MT, Rel. Min. César Asfor Rocha, ac. 19.06.1997, *DJU* 08.09.1997, *RSTJ* 100/183). No mesmo sentido: STJ, 3ª T., AgRg no Ag 1.088.359/GO, Rel. Min. Sidnei Beneti, ac. 28.04.2009, *DJe* 11.05.2009.

É claro que a falta de impugnação pode reforçar a posição do embargante e facilitar a formação de convencimento do juiz em favor do executado, se algum elemento de prova acompanhar a petição inicial dos embargos. O que, entretanto, não se afigura lógico nem razoável é acatar a revelia como causa de rejeição da força do título do credor apenas em função de uma presunção relativa, que pode sempre cair em face de outras provas existentes no bojo dos autos.

Daí por que o Código atual não alterou o quadro antes esboçado pela jurisprudência em torno do julgamento antecipado da lide por causa da revelia do demandado. Assim, se há provas concretas que desmereçam a presunção legal relativa, não cabe julgar a lide com fundamento na revelia. A audiência tem de ser instalada, para que o direito invocado pelo autor seja realmente comprovado, em seu suporte fático. É esse, sem dúvida, o quadro circunstancial sempre encontrável na ação de embargos do executado. Contra suas alegações sempre atuará a força probante do título executivo do exequente. Somente a prova efetiva (em contrário) será capaz de desmerecê-la, razão pela qual a revelia *in casu* se mostra inoperante.[46]

501. Efeitos dos embargos sobre a execução

"Os embargos à execução não terão efeito suspensivo" segundo a regra clara do art. 919.

Se a execução for definitiva, prosseguirá até final expropriação dos bens penhorados. Havendo julgamento favorável ao embargante, após a alienação judicial, esta não será desfeita. O executado-embargante será indenizado pelo exequente, pelo valor dos bens expropriados (CPC/2015, art. 903, *in fine*). Naturalmente, se os bens tiverem sido adjudicados pelo exequente e ainda se encontrarem em seu patrimônio, terá o executado direito de recuperá-los *in natura*, em vez de se contentar com as perdas e danos. Os terceiros arrematantes é que não serão atingidos pelos efeitos da procedência dos embargos decretada após a alienação judicial. A reposição de perdas e danos decorre justamente da impossibilidade de os bens serem restituídos pelo exequente ao executado. Ocorrendo a viabilidade da restituição, é esta que se deverá realizar, em respeito ao direito de propriedade do executado sobre os bens penhorados e em consequência imediata da injuridicidade da execução promovida pelo credor adjudicatário.

502. Atribuição de efeito suspensivo aos embargos

Em caráter excepcional, o juiz é autorizado a conferir efeito suspensivo aos embargos do executado (art. 919, § 1º). Não se trata, porém, de um poder discricionário. Para deferimento de semelhante eficácia, deverão ser conjugados os mesmos requisitos para concessão de tutela provisória de urgência (CPC/2015, art. 300) ou de evidência (CPC/2015, art. 311). No primeiro caso, é necessário cumulativamente que:

(a) os fundamentos dos embargos sejam *relevantes*, isso é, a defesa oposta à execução deve se apoiar em fatos verossímeis e em tese de direito plausível; em outros termos, a possibilidade de êxito dos embargos deve insinuar-se como razoável; é algo equiparável ao *fumus boni iuris* exigível para as medidas cautelares;

(b) o prosseguimento da execução represente, manifestamente, *risco de dano grave para o executado, de difícil ou incerta reparação*; o que corresponde, em linhas gerais, ao risco de dano justificador da tutela cautelar em geral (*periculum in mora*). A lei,

---

[46] Há uma articulação entre o título e a obrigação exequenda, de sorte que "a existência desta *não é pressuposto da execução*: presumida pelo título executivo, dela não há necessidade de fazer prova (...). Ao exequente mais não compete, relativamente à existência desta obrigação, do que exibir em tribunal o título (executivo) pelo qual ela é constituída ou reconhecida" (FREITAS, José Lebre de. *A ação executiva depois da reforma*. 4. ed. Coimbra: Coimbra Ed., 2004, n. 4.1, p. 81).

portanto, dispensa ao executado, no caso de concessão de efeito suspensivo aos embargos à execução, uma *tutela cautelar incidental*, pois não há necessidade de uma ação cautelar, e tudo se resolve de plano, no próprio bojo dos autos da ação de oposição manejada pelo devedor, como, aliás, ocorre com todas as tutelas de urgência quando deferidas no curso do processo no regime do CPC/2015.

No segundo caso, poderá haver a concessão de efeito suspensivo nas hipóteses dos incisos II e IV do art. 311 do CPC/2015, ou seja, se: *(i)* as alegações de fato do embargante puderem ser comprovadas apenas documentalmente e houver tese firmada em julgamento de casos repetitivos ou em súmula vinculante; ou *(ii)* a petição inicial dos embargos for instruída com prova documental suficiente dos fatos constitutivos do direito do embargante, a que o exequente não oponha prova capaz de gerar dúvida razoável.

Em ambos os casos, deve, ainda, estar seguro o juízo antes de ser a eficácia suspensiva deferida; os embargos podem ser manejados sem o pré-requisito da penhora ou outra forma de caução; não se conseguirá, porém, paralisar a marcha da execução se o juízo não restar seguro adequadamente.

Em suma, "o art. 919, § 1º, do CPC/2015 prevê que o juiz poderá atribuir efeito suspensivo aos embargos à execução quando presentes, *cumulativamente*, os seguintes requisitos: (a) requerimento do embargante; (b) relevância da argumentação; (c) risco de dano grave de difícil ou incerta reparação; e (d) garantia do juízo"[47] (g.n).

Mesmo que os embargos sejam relevantes e que, no final, o ato executivo seja perigoso para o executado, não haverá efeito suspensivo para sustar o andamento da execução, se o devedor não oferecer garantia ao juízo. Aliás, é razoável que assim seja, visto que, se ainda não houver penhora ou outra forma de agressão concreta ao patrimônio do executado, não sofre ele dano atual, nem risco de dano grave e iminente. Logo, não há perigo a ser acautelado, por enquanto. Será depois da penhora e do risco de alienação judicial do bem penhorado que se poderá divisar o perigo de dano necessário para justificar a suspensão da execução.

O deferimento do efeito suspensivo, por outro lado, é provisório e reversível a qualquer tempo (art. 919, § 2º). A cassação, ou modificação, no entanto, deverá ser provocada por requerimento do exequente, a quem incumbirá demonstrar alteração ocorrida no quadro fático das circunstâncias que motivaram a providência cautelar. O juiz, por sua vez, para revogar o efeito suspensivo, terá de proferir decisão adequadamente fundamentada, não podendo fazê-lo laconicamente (art. 919, § 2º). Aliás, ressalte-se que, tanto no deferimento como na revogação da medida, o juiz profere decisão interlocutória, cuja validade depende sempre de fundamentação, por exigência constitucional (CF, art. 93, IX).

A impugnação, num e noutro caso, dar-se-á por agravo de instrumento (CPC/2015, art. 1.015, parágrafo único).

De qualquer maneira, ainda que o executado obtenha efeito suspensivo para seus embargos, tal não impedirá o cumprimento do mandado executivo para ultimação da penhora e avaliação dos bens que formarão a garantia do juízo. A paralisação da execução, portanto, somente acontecerá após a penhora e avaliação (art. 919, § 5º).

503. Embargos parciais

Prevê o § 3º do art. 919 que, "quando o efeito suspensivo atribuído aos embargos disser respeito apenas a parte do objeto da execução, esta prosseguirá quanto à parte restante". De fato,

---

[47] STJ, 3ª T., REsp 1.846.080/GO, Rel. Min. Nancy Andrighi, ac. 01.12.2020, *DJe* 04.12.2020.

se os embargos atacam apenas parte da pretensão do exequente, não há motivo que justifique a paralisação da execução por inteiro, impondo-se o prosseguimento normal quanto à parte não embargada.

Em tal situação, ainda que o embargante consiga efeito suspensivo, a suspensão não poderá ir além do objeto afetado pelos embargos, como é óbvio.

504. Embargos de um dos coexecutados

Configurado litisconsórcio entre vários devedores, a concessão de efeito suspensivo aos embargos oferecidos por algum deles não suspenderá a execução contra os que não embargaram, quando o respectivo fundamento disser respeito exclusivamente ao embargante (art. 919, § 4º). Como é obvio, se a defesa for de tal extensão que afete por inteiro a pretensão executiva, a suspensão recairá sobre a totalidade do processo beneficiando todos os devedores, indistintamente, hajam ou não embargado.

Naturalmente, só se poderá pensar em tal prosseguimento se existir (ou puder vir a existir) penhora recaindo sobre bens de qualquer um dos embargantes, que garanta adequadamente o juízo (art. 919, § 1º.). Além disso, existindo penhora de bens de apenas um devedor, é necessário para suspensão geral que a defesa daquele que suporta a penhora não seja aproveitável senão a ele mesmo. Se, ao contrário, a tese ventilada nos embargos tiver o condão de derrubar por completo o crédito exequendo, não haverá como prosseguir a execução contra quem não embargou, dado o caráter prejudicial da defesa para toda a execução (pense-se na arguição de falsidade do título executivo, no pagamento ou em outras formas de extinção completa da obrigação).

É frequente, diante da execução de confissões de dívida, a arguição genérica em embargos do executado de irregularidades e abusos praticados nos antecedentes do débito consolidado e reconhecido em montante certo e líquido. A jurisprudência do STJ, todavia, considera esse tipo de defesa vaga e imprecisa como incompatível com a disciplina legal dos embargos por excesso de execução, imposta pelo art. 917, § 3º, do CPC/2015.[48]

505. Embargos fundados em excesso de execução

Nas execuções por quantia certa, o Código atual incumbe o credor do dever de instruir a petição inicial com "o demonstrativo do débito atualizado até a data da propositura da ação" (art. 798, I, "b").

Simetricamente, o § 3º do art. 917 imputa igual ônus ao executado, quando seus embargos fundarem-se na arguição de excesso de execução. Sob pena de não serem conhecidos os embargos de tal natureza, o executado deverá juntar à inicial a memória de cálculo do débito que entende correto. A falta de cumprimento dessa exigência legal acarreta a rejeição liminar dos embargos, se o excesso de execução for a única defesa manejada; ou o não conhecimento da objeção, se vier cumulada com outras defesas (CPC/2015, art. 917, § 4º, I e II).

---

[48] "A pretensão de revisar contratos anteriores de forma genérica, sem impugnação específica das ilegalidades ou abusividades existentes, com a apresentação de planilha e indicação do valor do débito, não é mais possível em sede de embargos à execução após a nova redação do art. 739-A, § 5º, do Código de Processo Civil de 1973 [CPC/2015, art. 917, § 3º]" (STJ, 4ª T., AgInt no REsp 1.635.589/PR, Rel. Min. Maria Isabel Gallotti, ac. 16.05.2017, *DJe* 22.05.2017). No mesmo sentido: STJ, 4ª T., AgInt no REsp 1.514.889/MS, Rel. Min. Marco Buzzi, ac. 07.02.2019, *DJe* 19.12.2019; STJ, 4ª T., AgInt no AREsp 1.388.397/PR, Rel. Min. Antônio Carlos Ferreira, ac. 27.05.2019, *DJe* 30.05.2019; STJ, 4ª T., AgInt no AREsp 1.467.674/PR, Rel. Min. Maria Isabel Gallotti, ac. 24.08.2020, *DJe* 27.08.2020.

Assim como não se deve indeferir a inicial da execução sem dar oportunidade ao credor de suprir a falta de memória de cálculo, em quinze dias (art. 801), também não se poderá indeferir sumariamente a petição de embargos do executado, sem ensejar-lhe igual oportunidade de suprimento, caso sua defesa tenha sido formulada sem o demonstrativo analítico do excesso de execução. As partes têm o direito ao tratamento igualitário durante todo o curso do processo (art. 139, I).

506. Arguição de incompetência, suspeição ou impedimento

Arguição de incompetência do juízo para a execução do título extrajudicial, seja ela absoluta ou relativa, far-se-á por meio dos embargos à execução. Não há, no sistema do CPC/2015, exceção de incompetência como incidente apartado (art. 917, V).

Já a alegação de suspeição ou impedimento do juiz continuará a ser feita em incidente próprio, na forma prevista nos arts. 146 e 148 do CPC/2015, cujo julgamento cabe ao Tribunal, se o juiz não acatar a arguição. Daí a necessidade de autos próprios (art. 146, § 1º).

Os casos de suspeição e de impedimento do juiz estão arrolados nos arts. 144 e 145 do CPC/2015. A competência é impessoal e diz respeito ao órgão judicial apontado pela Organização Judiciária como o encarregado da prestação jurisdicional. Já a suspeição e o impedimento relacionam com a pessoa do juiz, mas não afastam o processo do juízo. O substituto legal assumirá o comando do processo em lugar do impedido ou do suspeito.

Não se podem, portanto, elaborar numa só peça os embargos e a arguição de suspeição ou impedimento. É que as duas medidas devem correr necessariamente em autos diversos, diante do que se acha previsto nos arts. 914, § 1º, e 146, § 1º.

507. Embargos de retenção por benfeitorias

Houve tempo em que existia um procedimento especial dos embargos à execução destinado ao exercício do direito de retenção, nas execuções para entrega de coisa (CPC/1973, art. 744 na versão original). O CPC/2015, como já dispunha o Código anterior, coloca o direito de retenção como um dos temas arguíveis dentro da matéria geral dos embargos à execução do título extrajudicial (CPC/2015, art. 917, IV). Sobre direito de retenção relativamente ao cumprimento de sentença, ver, *retro*, nº 131.

508. Matéria arguível nos embargos à execução

Embora o título extrajudicial goze de força executiva igual à da sentença, como fundamento para sustentar a execução forçada independentemente de acertamento em juízo acerca do crédito, não se apresenta revestido da imutabilidade e indiscutibilidade próprias do título judicial passado em julgado. Daí por que o Código (tanto o novo como o anterior), ao regular os embargos manejáveis contra a execução de títulos extrajudiciais, permite ao executado arguir tanto questões ligadas aos pressupostos e condições da execução forçada como quaisquer outras defesas que lhe seriam lícito opor ao credor, caso sua pretensão tivesse sido manifestada em processo de conhecimento. De qualquer forma, vale anotar que, com os embargos, estabelece-se, ou pode estabelecer-se, eventual contraditório, a que o processo de execução não estava, originariamente, preordenado, mas que, uma vez provocado, não pode ser impedido. Fala-se, então, que o contencioso sobre o direito do credor é acidental e não essencial nesse tipo de processo. Cabe ao executado a iniciativa de provocá-lo, e o remédio próprio para isso é a ação incidental de embargos à execução.[49]

---

[49] Compreende-se a possibilidade dos embargos e sua grande amplitude no caso de execução dos títulos não sentenciais porque "o executado não teve ocasião de, em acção declarativa prévia, se defender ampla-

Consoante prevê o art. 917, nos embargos à execução de título extrajudicial, o executado poderá alegar:

(a) inexequibilidade do título ou inexigibilidade da obrigação (inciso I);

(b) penhora incorreta ou avaliação errônea (inciso II);

(c) excesso de execução ou cumulação indevida de execuções (inciso III);

(d) retenção por benfeitorias necessárias ou úteis, nos casos de execução para entrega de coisa certa (art. 810) (inciso IV);

(e) incompetência absoluta ou relativa do juízo da execução (inciso V);

(f) qualquer matéria que lhe seria lícito deduzir como defesa em processo de conhecimento (inciso VI).

Um traço interessante que se observa no cotejo entre os embargos à execução do título extrajudicial e a impugnação ao cumprimento da sentença é detectado na situação temporal dos fatos arguíveis. Segundo o art. 525 do CPC/2015, o executado se defende contra a pretensão do credor fundada em sentença invocando, em regra, apenas fatos posteriores à formação do título (eventos supervenientes com força impeditiva, modificativa ou extintiva).[50] Quando, porém, se cuidava de título extrajudicial, embora a lei lhe assegure força executiva igual à da sentença, o início da execução se dá sem que o órgão judicial tenha feito qualquer acertamento prévio do crédito a executar. Assim, confia-se apenas no título portado pelo exequente. Em razão disso, a instauração de um juízo incidental cognitivo, por meio de embargos, é, no regime do CPC atual, amplo e pode atingir tanto os fatos anteriores à formação do título (a *causa debendi*) como os posteriores, que possam provocar a modificação ou extinção do crédito ou o impedimento à sua exigibilidade. Fala-se, nesse sentido, que na execução do título extrajudicial ocorreria "execução adiantada", com "inversão da ordem das atividades jurisdicionais".[51] Executa-se primeiro, para depois, e apenas eventualmente, realizar a cognição, se provocada pelo devedor por meio de seus embargos.

509. Arguição de nulidade da execução

Toda execução, obrigatoriamente, há de se fundar em título executivo (art. 784), que, além do mais, terá de retratar obrigação certa, líquida e exigível (art. 783).

Só é, outrossim, título executivo aquele que como tal for definido em lei (art. 784). Não será, contudo, executivo um título apenas por figurar no rol da lei. Para ser ungido da força de sustentar a execução, o título terá de retratar obrigação dotada dos atributos da certeza, liquidez e exigibilidade. Uma nota promissória, por exemplo, é, em tese, título executivo extrajudicial (art. 784, I). Se, no entanto, não estiver vencida, faltar-lhe-á autoridade legal para fundamentar uma execução válida, diante da ausência do requisito da exigibilidade.

Prevê, a propósito, o art. 803: "É nula a execução se: I – o título executivo extrajudicial não corresponder a obrigação certa, líquida e exigível". E o art. 917, I, aduz que o executado

---

mente da pretensão do exequente. Pode, pois, o executado alegar nos embargos matéria de *impugnação* e de *excepção*" (FREITAS, José Lebre de. *A ação executiva depois da reforma*. 4. ed. Coimbra: Coimbra Ed., 2004, n. 12.2.2, p. 182-183).

[50] São excepcionais os casos de impugnação com base em fatos pretéritos, como a falta ou nulidade da citação no processo de conhecimento (art. 475-L, I) e a declaração de inconstitucionalidade da lei que serviu de base à sentença exequenda (art. 475-L, § 1º).

[51] MIRANDA, Pontes de. *Comentários ao Código de Processo Civil*. Rio de Janeiro: Forense, 1974, t. IX, p. 63; ZAVASCKI, Teori Albino. *Processo de execução – parte geral*. 3. ed. São Paulo: RT, 2004, p. 273.

pode resistir à execução por meio de embargos, arguindo a "inexequibilidade do título ou inexigibilidade da obrigação". Isto equivale a dizer que a nulidade invocável nos embargos tanto pode consistir na não presença do título no rol daqueles a que a lei enumera como executivo como na ausência dos atributos de liquidez, certeza e exigibilidade, sem embargo de achar-se incluído no aludido rol.

A impugnação à qualidade ou à força do título é defesa processual. Afeta apenas o cabimento da via processual eleita pelo credor. A procedência dos embargos liberará o devedor do processo executivo. Não impedirá, contudo, o retorno do credor a juízo pela via do processo de conhecimento.

Só a impugnação ao mérito do título, negando a existência da obrigação nele documentada, é capaz de produzir no acolhimento dos embargos coisa julgada material com eficácia de inviabilizar definitivamente a cobrança do débito em qualquer outro processo, seja de natureza executiva ou cognitiva.

Convém notar que a falta de título executivo ou a falta de exequibilidade do título correspondem à ausência de condição de procedibilidade *in executivis*. O caso, nessa ordem, envolve matéria cuja abordagem e solução podem, e devem, ocorrer a qualquer tempo, a requerimento da parte, ou por iniciativa do próprio juiz (art. 485, § 3º). Trata-se de suscitar simples *objeção*, e não propriamente de uma verdadeira *exceção*. Vícios nas condições basilares do processo de execução – como a falta de título, ou a carência de certeza, liquidez e exigibilidade – geram nulidade, que a parte pode arguir "independentemente de embargos do devedor, assim como pode e cumpre ao juiz declarar, de ofício, a inexistência desses pressupostos formais contemplados na lei processual civil".[52] E isto pode acontecer a todo tempo, sem se sujeitar à preclusão temporal.[53]

Vê-se, pois, que, embora o art. 917, I, arrole a inexequibilidade do título ou inexigibilidade da obrigação, a matéria é daquelas que tanto pode ser arguida em embargos como em simples petição, no curso do processo, a qualquer tempo.

510. Vícios da penhora e da avaliação

A penhora é feita, normalmente, por indicação do credor (art. 798, II, "c"), e, assim, pode, às vezes, atingir bens impenhoráveis (art. 833) ou pode ofender a ordem legal de preferência (art. 835). Nestes casos, não há necessidade de embargar a execução. A substituição poderá ser pleiteada por petição avulsa, nos moldes dos arts. 848 e 847.

O que pode justificar os embargos é a incorreção jurídica da penhora, por inobservância dos requisitos do próprio ato executivo; e, principalmente, as avaliações errôneas, que podem comprometer a eficácia ou a lisura do ato expropriatório, quer dificultando o interesse de potenciais licitantes, quer favorecendo locupletamento indevido em adjudicação.

O uso do embargo, na espécie, é de escassa aplicação prática, visto que os problemas suscitáveis em torno de irregularidades ou de erros na avaliação, em sua maioria, são perfeitamente apreciáveis e dirimíveis sem as complicações da ação de embargos.

Dentro do espírito da execução civil moderna retratada nas linhas gerais seguidas, a penhora e a avaliação, quando ocorridas supervenientemente aos embargos do executado (casos como o de substituição, ampliação ou renovação da penhora), ou quando somente realizadas depois de esgotado o prazo para os embargos por motivo relacionado com os próprios serviços

---

[52] STJ, 1ª T., EDcl no AgRg no REsp 1.043.561/RO, Rel. p/ ac. Min. Luiz Fux, ac. 15.02.2011, *DJe* 28.02.2011; *RSTJ* 40/447; STJ, 2ª T., REsp 911.358/SC, Rel. Min. Castro Meira, ac. 10.04.2007, *DJU* 23.04.2007, p. 249; STJ, 4ª T., REsp 595.188/RS, Rel. Min. Antonio Carlos Ferreira, ac. 22.11.2011, *DJe* 29.11.2011; STJ, 4ª T., AgRg no Ag 1.354.283/RS, Rel. Min. Raul Araújo, ac. 02.06.2015, *DJe* 25.06.2015.

[53] STJ, 6ª T., EDcl no AgRg no RMS 27.586/RS, Rel. Min. Ericson Maranho, ac. 02.06.2015, *DJe* 11.06.2015.

forenses, não devem ser tratadas como matéria própria para segundos embargos. O caso é típico de incidente executivo cuja discussão se trava sumariamente e se decide de plano, por meio de decisão interlocutória, impugnável por agravo de instrumento. A base normativa para tratamento do incidente não deve ser procurada na disciplina dos embargos à execução, mas na das modificações ou renovações da penhora e da avaliação (CPC/2015, arts. 847, § 4º, e 874).

A boa exegese é a que escolhe o caminho mais simples e não a que prefere o mais complexo e demorado. O que não pode é faltar o contraditório, antes de o juiz apreciar e decidir o incidente; como se deduz das normas fundamentais previstas na parte geral da nova codificação.

Assim, cumprida a audiência bilateral e ensejada a comprovação imediata dos fatos justificadores da impugnação à penhora ou à avaliação supervenientes aos embargos (ou ao prazo de embargos), o juiz decidirá, sem maiores delongas, a questão incidental, proferindo de plano sua decisão interlocutória e adotando, se for o caso, as medidas de correção da penhora ou do laudo avaliatório.

O legislador, quando inseriu as irregularidades da penhora e avaliação no rol das questões arguíveis nos embargos do devedor, tanto no Código anterior quanto no CPC/2015, fê-lo com o propósito de permitir a discussão do tema naquela ação incidental, mas não com o de tornar tal ação o remédio único e exclusivo para sua abordagem. O caso é igual ao das causas extintivas da obrigação exequenda, como o pagamento e a remissão da dívida, e o da falta de condições da ação executiva, que podem ser suscitadas em embargos, mas que também podem, e devem, ser apreciados e dirimidos a qualquer tempo, para pôr fim à execução ou regularizar sua tramitação, sem a dependência necessária da via especial dos embargos (CPC/2015, arts. 485, § 3º, 788 e 924, II e III).

511. Excesso de execução ou cumulação indevida de execuções

Há execução em excesso, para os fins do inc. III do art. 917, em casos como a postulação de quantia maior do que o título permite, ou quando se exige objeto diverso do que nela se prevê.

O art. 917, § 2º, considera, também, configurado o excesso de execução quando:

(a) a execução se processa de modo diferente do que foi determinado no título (inciso III);

(b) o exequente, sem cumprir a prestação que lhe corresponde, exige o adimplemento da prestação do executado" (inciso IV);

(c) bem assim quando o credor não prova que a condição se realizou (inciso V).

Essas hipóteses, na verdade, tornam a obrigação inexigível, e assim infringem o disposto nos arts. 783 e 803. Possibilitam, por conseguinte, a alegação da parte e o conhecimento de ofício do juiz, sem depender, obrigatoriamente, dos embargos à execução. Como, entretanto, podem envolver situações fáticas mais complexas, nada impede que a discussão a seu respeito se trave na via dos embargos. Aliás, sempre que a apreciação do excesso de execução ou da inexigibilidade da obrigação exigir dilação probatória que vá além do simples documento, a observância do procedimento da ação incidental de embargos se tornará obrigatória.

A cumulação de execuções que o inc. III do art. 917 veda não é a que decorre da reunião de vários títulos executivos do mesmo credor contra o mesmo devedor, tendo por objeto obrigação de igual natureza. Há duas circunstâncias em que a expressão "cúmulo de execuções" incorre na censura da jurisprudência e da lei: *(i)* a que decorre da diversidade de procedimentos para os diversos títulos que se pretende cumular numa só execução; e *(ii)* a que decorre do simultâneo ajuizamento de diversas execuções baseadas num mesmo título, quando há garantias diversas e vários coobrigados em torno de uma única dívida.

No primeiro caso, a lei exige para permitir a reunião de várias execuções num só processo sejam todas subordinadas à mesma competência e à mesma forma procedimental, e se travem entre o mesmo credor e o mesmo devedor (art. 780). O cúmulo será indevido, portanto, se algum dos requisitos em questão for inobservado.

No segundo caso, a multiplicação de execuções a partir de um só título ofende o princípio da economia processual e onera desnecessariamente o devedor com o custo e os ônus de um concurso de processos perfeitamente evitável. A reiteração da mesma pretensão em mais de uma execução, *in casu*, esbarra na regra do art. 805 do CPC/2015 que impõe seja a execução, sempre que possível, realizada pelo "modo menos gravoso para o executado". Por isso, não pode o credor promover duas execuções, cobrando a mesma dívida ao mesmo tempo e separadamente, ou seja, cobrando do devedor, com base no contrato, e dos seus garantes, com base na nota promissória vinculada ao contrato. Isto, para o Superior Tribunal de Justiça, seria uma ofensa intolerável ao princípio do *non bis in idem*.[54] A jurisprudência continua atual, pois as diversas execuções contra os vários coobrigados ou versando sobre as diversas garantias poderiam ser resumidas a um único processo, com evidente redução de custos e encargos para o executado.

512. Retenção por benfeitorias

O direito de retenção por benfeitorias corresponde à típica exceção dilatória, prevista em favor de quem tem a coisa alheia em sua posse e nela efetua gastos para conservá-la ou melhorá-la. Por isso, ao ser reclamada por quem de direito, aquele que a deve restituir, tem o direito de recusar a fazê-lo enquanto não ressarcido dos referidos gastos (CC, art. 1.219).

O exercício do direito de retenção, diante da execução para a entrega de coisa com base em título extrajudicial, é praticado por meio de embargos do executado (art. 917, IV), cabendo ao embargante explicitar quais são as benfeitorias por ele realizadas na coisa, objeto da execução, e qual o valor pelo qual deseja ser indenizado. Na definição de tal valor levará em conta as regras do direito material que disciplinam o *jus retentionis*.[55]

Como o Código Civil, art. 1.221, permite compensação entre as benfeitorias e os danos acaso provocados pelo possuidor que introduziu melhoramentos na coisa a restituir, o Código de Processo Civil de 2015, art. 917, § 5º, autoriza o exequente a requerer dita compensação no bojo dos embargos de retenção. Para cumprir essa medida, o juiz determinará a apuração dos respectivos valores por perito. Tratando-se de diligência simples, como a da avaliação dos bens penhorados, não haverá de observar-se a complexidade normal das provas técnicas reguladas pelo processo de conhecimento. Sem necessidade de assistentes técnicos, o juiz nomeará perito de sua confiança e lhe fixará breve prazo para entrega do laudo. É o que singelamente prevê o § 5º do art. 917.

Tratando-se de exceção simplesmente dilatória, cujo único objetivo é somente o de protelar a entrega da coisa devida até que a indenização das benfeitorias se dê, estipula o § 6º do art. 917 que pode ocorrer, a qualquer tempo, a cessação da retenção por meio de imissão do exequente na posse do bem objeto da execução. Bastará que o valor devido (isto é, o das benfeitorias ou o resultante da compensação) seja depositado ou caucionado em juízo.

Esse depósito pode ser para satisfação do direito do embargante, e então os embargos se extinguirão por reconhecimento da procedência do pedido, ou como garantia do juízo (caução),

---

[54] STJ, 4ª T., REsp 24.242-7/RS, Rel. Min. Sálvio de Figueiredo, ac. 08.08.1995, *DJU* 02.10.1995, 79/229; STJ, 4ª T., AgRg no Ag 983.182/RS, Rel. Min. Maria Isabel Gallotti, ac. 16.08.2011, *DJe* 24.08.2011.

[55] Código Civil – "Art. 1.219. O possuidor de boa-fé tem direito à indenização das benfeitorias necessárias e úteis, bem como, quanto às voluptuárias, se não lhe forem pagas, a levantá-las, quando o puder sem detrimento da coisa, e poderá exercer o direito de retenção pelo valor das benfeitorias necessárias e úteis".

caso em que o levantamento pelo embargante dependerá do julgamento dos embargos e da impugnação a eles oposta.

Os embargos que invocam retenção, como todos e quaisquer embargos à execução, correspondem a uma ação de conhecimento, cujo desate há de ser dado por sentença, desafiando recurso de apelação.

513. Defesas próprias do processo de conhecimento

Além das matérias específicas da execução (CPC/2015, art. 917, I a V), prevê a lei que ao executado é permitido oferecer embargos para se defender com invocação de qualquer matéria que lhe seria lícito deduzir contra a pretensão do credor em processo de conhecimento (inciso VI).

Em face da obrigação reclamada pelo exequente, pode o embargante arguir defesas processuais em torno dos pressupostos processuais comuns e das condições gerais da ação; pode, também, invocar defesas lastreadas em fatos extintivos, impeditivos ou modificativos do direito do credor, da maneira mais ampla possível. Como o direito feito valer pelo credor nunca passou por acertamento em juízo, embora documentado em título executivo, tem o executado o direito de erguer contra ele tudo o que poderia objetar contra uma pretensão formulada numa comum ação de conhecimento. O tratamento que a resposta do executado dá à execução do título extrajudicial corresponde a verdadeira transformação da execução em ação ordinária de cobrança, pelo menos enquanto estiver pendente os embargos opostos pelo executado. O crédito passa a ser objeto de ampla indagação e de completo acertamento, tanto positivo como negativo. Tudo isto – é claro – dentro das particularidades do crédito e das objeções e exceções que o direito material prevê e autoriza.

A comparação com a ação de cobrança é, naturalmente, em sentido figurado, porquanto as medidas executivas já praticadas (penhora e avaliação) subsistem sem sofrer impacto do aforamento dos embargos. A própria sequência dos atos executivos ulteriores à penhora não sofre interrupção, a não ser que o juiz defira efeito suspensivo aos embargos. A maior diferença entre a execução embargada e a comum ação de cobrança está em que os embargos são ação e não contestação. É o devedor (e não o credor) que inicia o contencioso incidental sobre a pretensão exercida em juízo. A defesa, assim, realiza-se por ação contra a execução, em lugar da contestação própria do processo de conhecimento. O julgamento dos embargos, todavia, acontecerá como se se estivesse julgando uma ordinária de cobrança contestada, podendo extinguir os efeitos dos atos executivos ou impor a recomposição dos prejuízos que os atos consumados acarretaram ao devedor, se sua impugnação afinal for sentenciada como procedente.

Como a causa é apreciada e julgada na qualidade de uma resposta do executado contra o exequente, as defesas que este produz para excluir ou reduzir o crédito *sub judice* correspondem a fatos extintivos ou modificativos de um direito já anteriormente provado pelo credor. O ônus da prova dos fatos suscitados pelo embargante ficará inteiramente a seu cargo. Mesmo que o credor deixe de impugnar os embargos, não se pode pretender a presunção de sua veracidade. É que já consta dos autos a prova legal do direito do credor por meio do título executivo. A presunção de revelia, mesmo quando esta se dá no genuíno processo de conhecimento, é apenas relativa e não pode prevalecer contra elementos de convencimento já existentes nos autos (ver a respeito a jurisprudência citada no item nº 500).

514. Pagamento em dobro do valor cobrado indevidamente

Prevê o direito material que "aquele que demandar por dívida já paga, no todo ou em parte, sem ressalvar as quantias recebidas ou pedir mais do que for devido, ficará obrigado a pagar ao devedor, no primeiro caso, o dobro do que houver cobrado e, no segundo, o equivalente do que dele exigir, salvo se houver prescrição" (Código Civil, art. 940). No CDC, também há cominação de restituição em dobro das quantias cobradas indevidamente (art. 42, parágrafo único).

Uma controvérsia antiga referia-se à forma processual de impor ao litigante de má-fé a sanção que, aliás, já era prevista no art. 153 do Código Civil de 1916, visto que, às vezes, se exigia o manejo de ação própria ou reconvenção, ora se admitia que o tema fosse arguido em simples defesa ou contestação. O Superior Tribunal de Justiça, depois de alguma divergência interna, ainda no regime do Código anterior, fixou majoritariamente sua jurisprudência no sentido da desnecessidade de reconvenção ou de ação própria, de modo que não há mais dúvida de ser possível a condenação do exequente infrator do art. 940 do atual Código Civil a pagar ao executado o dobro da dívida já paga, mediante pleito formulado nos embargos à execução.[56] Trata-se, pois, de arguição manejável incidentalmente em qualquer processo, e muito especialmente nos embargos, sejam *aqueles opostos* à execução, como os intentados contra a ação monitória.[57]

515. Autonomia dos embargos do devedor em relação à execução

Os embargos, como já se afirmou, não são mera resistência passiva como a contestação. Sua natureza é de verdadeira ação de conhecimento. São eles, na verdade, uma espécie de reconvenção em que o devedor, aproveitando-se da iniciativa do credor, de instaurar a relação processual, tenta desconstituir o título executivo.

A melhor doutrina destaca, como uma das principais características dos embargos, a sua autonomia, que se mostra evidente no caso de desistência da execução pelo credor.

Assim, o fato de extinguir o processo de execução por desistência do exequente não afeta a ação conexa do executado, que pode perfeitamente prosseguir nos embargos à busca de uma sentença que anule o título ou declare a inexigibilidade da dívida nele documentada.[58]

Na sistemática do CPC, faz-se uma distinção entre os embargos puramente processuais (de forma) e aqueles que suscitam questões substanciais (de mérito). No primeiro caso, a desistência da execução acarreta também a extinção dos embargos do devedor, mesmo porque extinta a relação processual executiva ficaria sem objeto a ação de embargos. Ao credor, porém, serão

---

[56] "Embargos à execução. Repetição em dobro de indébito. Possibilidade de requerimento em sede de embargos. 1. A condenação ao pagamento em dobro do valor indevidamente cobrado (art. 1.531 do Código Civil de 1916) prescinde de reconvenção ou propositura de ação própria, podendo ser formulado em qualquer via processual, sendo imprescindível a demonstração de má-fé do credor. Precedentes. 2. Recurso especial provido" (STJ, 4ª T., REsp 1.005.939/SC, Rel. Min. Luis Felipe Salomão, ac. 09.10.2012, *DJe* 31.10.2012. No mesmo sentido: STJ, 3ª T., REsp 608.887, Rel. Min. Nancy Andrighi, ac. 18.08.2005, *DJU* 13.03.2006, p. 315; STJ, 2ª T., REsp 759.929, Rel. Min. Eliana Calmon, ac. 21.06.2007, *DJU* 29.06.2007, p. 537; STJ, 4ª T., REsp 661.945, Rel. Min. Luis Felipe Salomão, ac. 17.08.2010, *DJe* 24.08.2010; STJ, 3ª T., AI 689.254-AgRg, Rel. Min. Sidnei Beneti, ac. 26.08.2008, *DJe* 16.12.2008. Em sentido contrário: STJ, 3ª T., REsp 915.621-EDcl-AgRg, Rel. Min. Ari Pargendler, ac. 04.12.2007, *DJU* 1º.02.2008, p. 1; STJ, 3ª T., AI 326.119-AgRg, Rel. Min. Ari Pargendler, ac. 17.04.2001, *DJU* 04.06.2001, p. 176).

[57] STJ, 3ª T., REsp 608.887 (*DJU* 13.03.2006). Firmou-se, de tal maneira, o entendimento jurisprudencial de que a aplicação da sanção do art. 940 do Código Civil é matéria enquadrável no inciso V do art. 745 do CPC, podendo, perfeitamente, ser veiculada nos embargos do devedor. Para o STJ, "a condenação ao pagamento em dobro do valor indevidamente cobrado pode ser formulado em qualquer via processual, inclusive, em sede de embargos à execução, embargos monitórios e até mesmo reconvenção, prescindindo de ação própria para tanto" (STJ, 3ª T., REsp 1.877.292/SP, Rel. Min.Nancy Andrighi, ac. 20.10.2020, *DJe* 26.10.2020).

[58] SATTA. *L'esecuzione forzata*. 4. ed. Torino: Torinense, 1963, n. 168, p. 233. Ainda sobre o tema da autonomia dos embargos, veja o item nº 436, do nosso *Processo de execução*, 27. ed.

imputados os encargos sucumbenciais, isto é, a responsabilidade pelas custas e honorários advocatícios. No segundo caso, ou seja, nos embargos de mérito, a desistência da execução não afeta a ação do embargante, justamente porque lhe assiste o direito de prosseguir na ação incidental para encontrar uma solução judicial definitiva para o vínculo obrigacional litigioso (CPC/2015, art. 775, parágrafo único).

Não há verba honorária a cargo do exequente, quando desistir da execução não embargada, nem impugnada, a qualquer título pelo devedor. Também não haverá sucumbência a reparar quando o exequente desistir da execução depois de julgados improcedentes os embargos opostos pelo executado. Ainda em razão da autonomia dos embargos e porque a eles se aplicam as regras do processo de conhecimento (art. 771), cabe a sua extinção sem resolução de mérito, quando o embargante abandonar a causa por mais de trinta dias (art. 485, III), hipótese em que cessa a suspensão da execução, retomando essa seu curso normal.[59]

516. Embargos à adjudicação, alienação ou arrematação

O sistema de impugnação à arrematação (que se estende também às demais formas de expropriação executiva) desdobra-se em dois procedimentos:

(a) depois da lavratura do auto e antes da expedição da respectiva carta e da ordem de entrega, o executado pode atacar a arrematação dentro dos próprios autos da execução (art. 903, § 2º);

(b) expedida a carta de arrematação ou a ordem de entrega, a impugnação somente será possível por meio de ação autônoma (art. 903, § 4º).

Para a impugnação nos autos, o Código fixa o prazo de dez dias, a contar do aperfeiçoamento da arrematação, *i.e.*, da assinatura do respectivo auto (art. 903, § 2º). Dessa impugnação, poderá constar pretensão de invalidar, de tornar ineficaz ou de resolver a arrematação (§ 1º), conforme o vício que se imputar-lhe.

A ação autônoma manejável após expirado prazo de alegação interna para invalidação da alienação judicial deverá observar o procedimento comum, e incluirá o arrematante como litisconsorte necessário (art. 903, § 4º). Embora o art. 903 só fale diretamente em invalidar a arrematação, a norma nele contida aplica-se igualmente à adjudicação e à alienação judicial por iniciativa particular, já que também estas integram a expropriação que se realiza na execução por quantia certa.

Antigamente, existiu uma ação incidental a que se atribuía a denominação de "embargos à adjudicação, alienação ou arrematação", a qual se prestava a invalidar os atos executivos praticados após os embargos do devedor, inclusive e principalmente, os das diversas formas de alienação do bem penhorado. Estes embargos desapareceram, de sorte que no sistema atual a arrematação e as outras modalidades expropriatórias ou *(i)* são impugnadas incidentalmente nos dez dias de que cogita o § 2º do art. 903, ou *(ii)* após esse prazo, por meio da ação autônoma cogitada no § 4º do mesmo dispositivo.

De qualquer maneira, portanto, o ponto de partida do prazo da impugnação do art. 903, § 2º, haverá de ser sempre aquele em que se documentou nos autos a transferência forçada do bem penhorado. No caso da adjudicação ou arrematação, será o respectivo auto. Na alienação particular, será o termo. Na venda em bolsa, será a juntada do comprovante apresentado pelo

---

[59] TJMG, 2ª Câm. Cív., Apelação 1.0024.06.102745-4/001, Rel. Des. Brandão Teixeira, ac. 07.04.2009, *DJMG* 13.05.2009.

corretor nos autos; e, na hipótese de apropriação de frutos e rendimentos, será a expedição da ordem judicial de levantamento das respectivas importâncias.[60]

517. Legitimação para a ação autônoma do art. 903, § 4º, do CPC/2015

No sistema de ação de invalidação autônoma, admitida pelo § 4º do art. 903 do CPC/2015, o critério de identificação da legitimidade ativa e passiva é o seguinte: *(i)* o executado ou o responsável, conforme o caso, atuará como autor e *(ii)* o arrematante e o exequente serão os réus, em litisconsórcio necessário.[61]

518. Objeto da ação autônoma do art. 903, § 4º, do CPC/2015

Na ação autônoma do art. 903, § 4º, do CPC/2015 podem ser arguidos, por exemplo: *(i)* nulidade do processo ocorrida após a penhora;[62] *(ii)* nulidade do ato alienatório apenas; *(iii)* fato extintivo da obrigação que não tenha sido repelido no julgamento dos embargos à execução, e que tenha ocorrido após a penhora. Fatos extintivos anteriores devem ser invocados nos embargos à execução e, se não o forem, incorrem em preclusão, pelo menos no juízo da execução.[63]

O Código de 1973, que admitia embargos após a alienação judicial dos bens penhorados, era casuístico e arrolava como defesas manejáveis, ao ensejo dos embargos à arrematação, "pagamento, novação, transação ou prescrição". Tinha o inconveniente de não prever outras causas que também poderiam ensejar a extinção do crédito exequendo, como a remissão, a renúncia, a compensação etc. Tentando evitar os riscos da enumeração incompleta, o texto reformado adotou o critério da generalização, estipulando que o embargante poderá arguir

---

[60] Há jurisprudência que, no regime ainda do Código anterior, não admite possa fluir o prazo do art. 746 do CPC/1973 [CPC/2015, art. 903, § 2º] sem que o executado tenha sido regularmente intimado da arrematação ou da adjudicação. Desrespeitada a regra que impõe a prévia intimação do executado, o prazo para os embargos à arrematação ou adjudicação somente teria início "quando do cumprimento do mandado de imissão na posse", pois seria então o momento de sua ciência do ato alienatório (cf. STJ, 3ª T., REsp 29.033-1/SP, Rel. Min. Dias Trindade, ac. 24.11.1992, *RSTJ* 43/488). Nesse sentido: STJ, 3ª T., AgRg no Ag 1.157.430/DF, Rel. Min. Massami Uyeda, ac. 23.11.2010, *DJe* 07.12.2010. Pondere-se, contudo, que o executado está ciente do ato expropriatório, uma vez que sua intimação é requisito legal de validade da arrematação. Não cabe, por isso, escudar-se na falta de intimação da expedição da carta da expedição da ordem de entrega, que se cumpre, na sistemática do Código, sem necessidade alguma de cientificação do executado. A ordem de entrega, quando ocorre, é destinada ao depositário, em razão de sua função no processo. Quando o executado a recebe, o que é excepcional, isto será devido à circunstância de estar ele encarregado da função de depositário.

[61] "É indispensável a presença do arrematante, na qualidade de litisconsorte necessário, na ação de embargos à arrematação, porquanto o seu direito será discutido e decidido pela sentença" (STJ, 3ª T., REsp 316.441/RJ, Rel. Min. Antônio de Pádua Ribeiro, ac. 25.05.2004, *DJU* 21.06.2004, *RSTJ* 184/242. No mesmo sentido: STJ, 1ª T., REsp 6.284-0/PA, Rel. Min. Garcia Vieira, ac. 04.05.1992, *RSTJ* 36/295; STJ, 4ª T., REsp 45.514-6/MG, Rel. Min. Barros Monteiro, ac. 25.04.1994, *DJU* 06.06.1994, p. 14.281).

[62] Em relação à jurisprudência erigida no âmbito da codificação anterior, é de se ressaltar que se a execução se encontrava contaminada pelas nulidades de que cogitava o art. 618 do CPC/1973, seu reconhecimento, na sistemática do Código atual, não dependerá de ação autônoma e poderá ser feito a requerimento (simples) do devedor ou de ofício pelo juiz (STJ, 2ª T., REsp 911.358/SC, Rel. Min. Castro Meira, ac. 10.04.2007, *DJU* 23.04.2007, p. 249; STJ, 4ª T., REsp 663.874/DF, Rel. Min. Jorge Scartezzini, ac. 02.08.2005, *DJU* 22.08.2005, p. 295).

[63] Também aplicável ao Código atual, por analogia, a doutrina que dispunha: *Os embargos à arrematação* ou "embargos de segunda fase" foram idealizados pelo legislador "com a finalidade precípua de conceder ao executado uma oportunidade de impugnar a validade e a legitimidade dos atos de expropriação", e não de conferir uma segunda oportunidade ao executado "para se defender contra a execução" (MONTEIRO, Vitor José de Mello. Abrangência do instituto. In: GIANNICO, Maurício; MONTEIRO, Vitor José de Mello (coord.). *As novas reformas do CPC e de outras normas processuais*. São Paulo: Saraiva, 2009, p. 219).

"causa extintiva da obrigação", superveniente à penhora. Ocorre que a prescrição não é causa extintiva da obrigação, mas apenas da pretensão, como define o direito material (Código Civil, art. 189). Isto, contudo, não conduzia a rejeitar-se a prescrição como matéria invocável na espécie, visto que, segundo o art. 193 do referido Código, a exceção de que se trata não depende de ação para ser manejada e pode ser alegada em qualquer grau de jurisdição, pela parte a quem aproveita.

Igual sistemática pode ser aplicada, por analogia à ação autônoma do art. 903, § 4º, do CPC/2015. Pouco importa, pois, não seja a prescrição fato extintivo do direito do credor, se é certo que a respectiva exceção paralisa a pretensão deduzida em juízo e afasta a tutela judicial de que o exequente pretendia valer-se para atingir o patrimônio do executado. Tratando-se, então, de pretensão prescrita, com ou sem embargos, o devedor tem a possibilidade de utilizar a exceção a qualquer tempo, enquanto não encerrado o processo de execução do título extrajudicial.

519. A posição especial do arrematante

Se o arrematante atuou de boa-fé e não contribuiu para a nulidade que o executado invoca na impugnação do art. 903, § 2º, do CPC/2015, ou na ação autônoma do § 4º do mesmo artigo, a procedência de uma ou outra, em princípio, não deverá invalidar os direitos adquiridos em razão da alienação judicial. O exequente é que responderá pelo ressarcimento dos prejuízos acarretados ao executado (art. 903, *caput*, *in fine*).

Pode, no entanto, ocorrer a nulidade no próprio ato do arrematante, como, por exemplo, na aquisição por preço vil ou por pessoa impedida de licitar, ou na realização do leilão sem observância dos mínimos preceitos legais pertinentes. Em situações desse jaez, não tem o arrematante como escapar da invalidação do ato aquisitivo.

Reconhece-se, por outro lado, a faculdade de o arrematante evitar o litígio proposto pelo executado por via da ação autônoma. Se não convém disputar a manutenção da arrematação ou outra modalidade de aquisição judicial dos bens penhorados, poderá simplesmente "desistir da arrematação" (§ 5º do art. 903), fazendo-o por meio de simples petição nos autos dos aludidos embargos.

Assim, poderá o arrematante desistir da arrematação se for surpreendido *(i)* pela impugnação da arrematação, nos termos do § 1º do art. 903 ou *(ii)* pela propositura da ação prevista no § 4º do mesmo artigo.

No primeiro caso, a desistência deverá ser formulada antes da expedição da carta ou da ordem de entrega (§ 5º, II). E no segundo, dentro do prazo de resposta à ação de invalidação (§ 5º, III).

Cuidou o legislador, porém, de destacar como ato atentatório à dignidade da justiça a suscitação infundada de vício com o objetivo de ensejar a desistência do arrematante (CPC/2015, art. 903, § 6º). Em hipóteses tais, o suscitante será condenado ao pagamento de multa, a ser fixada pelo juiz em favor do exequente, em montante não superior a vinte por cento do valor atualizado do bem, sem prejuízo da responsabilidade por perdas e danos.

Tomando conhecimento do requerimento abdicativo do adquirente, o juiz o deferirá de plano, declarando prejudicadas a impugnação e a ação autônoma por perda de objeto. Não havendo conluio do adquirente na prática do ato que teria acarretado a nulidade arguida nos embargos, não nos parece que se haja de lhe impor honorários advocatícios de sucumbência. A desistência da aquisição, *in casu*, apresenta-se como faculdade legal cujo objetivo é justamente propiciar ao desistente uma saída para não se envolver no incidente em torno da pretensão de invalidar-se a alienação operada em juízo.

Havendo má-fé do adquirente ou ocorrendo resistência à ação autônoma, ou mesmo diante da não utilização do expediente abdicativo, terá de se sujeitar aos encargos sucumbenciais, caso seja julgado procedente o pedido do executado.

Deferida a desistência, todavia, os efeitos são imediatos. Extingue-se a alienação judicial, e o preço depositado pelo adquirente será liberado em seu favor, *incontinenti*.

520. Exceção de pré-executividade

Não apenas por meio dos embargos o devedor pode atacar a execução forçada. Quando se trata de acusar a falta de condições da ação de execução, ou a ausência de algum pressuposto processual, a arguição pode se dar por meio de simples petição nos próprios autos do processo executivo.

A esse incidente Pontes de Miranda deu o nome de "exceção de pré-executividade".[64] Atualmente, a doutrina tem preferido o *nomen iuris* de "objeção de pré-executividade".[65]

Explica Cândido Dinamarco que o mito de serem os embargos à execução o único remédio à disposição do devedor para se defender contra o processo executivo já não vigora mais, principalmente quando a objeção a ser feita ao cabimento da execução tenha como fundamento matéria que ao juiz incumba conhecer e decidir de ofício.[66] Essa matéria, sendo de ordem pública, não pode ter sua apreciação condicionada à ação incidental de embargos.[67]

Entre os casos que podem ser cogitados na exceção de pré-executividade figuram todos aqueles que impedem a configuração do título executivo ou que o privam da força executiva, como, por exemplo, as questões ligadas à falta de liquidez ou exigibilidade da obrigação, ou ainda à inadequação do meio escolhido para obter a tutela jurisdicional executiva.[68]

Está assente na doutrina e jurisprudência atuais a possibilidade de o devedor usar da exceção de pré-executividade, independentemente de penhora ou depósito da coisa e sem sujeição ao procedimento dos embargos, sempre que sua defesa se referir a matéria de ordem pública e ligada às condições da ação executiva e seus pressupostos processuais.[69]

O que se reclama para permitir a defesa fora dos embargos do devedor é versar sobre questão de direito ou de fato documentalmente provado. Se houver necessidade de maior pesquisa probatória, não será própria a exceção de pré-executividade. As matérias de maior

---

[64] PONTES DE MIRANDA, Francisco Cavalcanti. *Dez anos de pareceres*. Rio de Janeiro: Livraria Francisco Alves Editora S/A, 1974, v. 4, p. 134 e ss. (*vide* Carlos Furno, *Disegno Sistematico*, p. 63).

[65] SHIMURA, Sérgio. *Título executivo*. São Paulo: Saraiva, 1997, n. 1.5.7, p. 69; CÂMARA, Alexandre Freitas. *Lições de direito processual civil*. 2. ed. Rio de Janeiro: Lumen Juris, 1999, v. II, p. 364; NERY JÚNIOR, Nelson. *Princípios do processo civil na Constituição Federal*. 4. ed. São Paulo: RT, 1997, p. 134.

[66] DINAMARCO, Cândido Rangel. *Execução civil*. 5. ed. São Paulo: Malheiros, 1997, p. 451.

[67] ROSA, Marcus Valle Feu. *Exceção de pré-executividade*. Porto Alegre: Sérgio Antônio Fabris Editor, 1996, p. 52; SIQUEIRA FILHO, Luiz Peixoto de. *Exceção de pré-executividade*. Rio de Janeiro: Lumen Juris, 1997, p. 71; CÂMARA, Alexandre Freitas. *Lições de direito processual civil*. 2. ed. Rio de Janeiro: Lumen Juris, 1999, v. II, p. 364.

[68] CÂMARA, Alexandre Freitas. *Lições de direito processual civil*. 2. ed. Rio de Janeiro: Lumen Juris, 1999, v. II, p. 364.

[69] "É admissível exceção de pré-executividade para postular a nulidade da execução, independentemente dos embargos do devedor" (STJ, 3ª T., REsp 220.631/MT, Rel. Min. Antônio de Pádua Ribeiro, ac. 19.03.2001, *DJU* 30.04.2001, p. 131). Com a prescrição, o crédito exequendo perde sua exigibilidade e, consequentemente, impede a respectiva exequibilidade: Assim, a prescrição, dispensando dilação probatória, "pode ser arguida em sede de execução de pré-executividade" (COSTA, Rosalina Moitta Pinto da. O acolhimento da prescrição em sede de execução de pré-executividade. *Revista de Processo*, São Paulo, v. 350, abr. 2024, p. 163).

complexidade, no tocante à análise do suporte fático, somente serão discutíveis dentro do procedimento regular dos embargos.[70]

Deve-se ressaltar que qualquer execução pode ser questionada por meio de exceção de pré-executividade, seja fundada em título extrajudicial ou em sentença. Se, por exemplo, o credor inclui na execução verba que evidentemente não foi contemplada na sentença, o devedor tem direito de impugnar o excesso de plano, porque, nessa parte, estará havendo execução sem título.[71]

Desde que, com a alteração do CPC/1973 pela Lei nº 11.382/2006, se dispensou a penhora para o manejo dos embargos do executado pretendeu que teria desaparecido a exceção de pré--executividade nas execuções de título extrajudicial.

No entanto, a angústia do prazo legal da ação incidental não pode impedir que o executado use a referida exceção quando tenha arguição de falta de condições de procedibilidade, por envolver a matéria questão de ordem pública não sujeita a preclusão e suscetível de apreciação judicial até mesmo de ofício.

De tal sorte, pode-se concluir que, de fato, muito reduzido ficou o campo prático de aplicação da exceção de pré-executividade dentro da sistemática que dispensa a penhora para o manejo dos embargos à execução (CPC/2015, art. 914, *caput*) (ver, *retro*, o item nº 485).

521. Sucumbência na exceção de pré-executividade

Não passando a exceção de pré-executividade de um simples requerimento de conteúdo sujeito à apreciação *ex officio* pelo juiz, não há, em princípio, que se cogitar de imposição de honorários advocatícios sucumbenciais. A jurisprudência, seguindo posição assentada também na doutrina, entende, majoritariamente, que somente quando configurada a sucumbência do exequente, com o acolhimento da exceção, "deve incidir a verba honorária", seja total[72] ou parcial[73] seu efeito extintivo sobre a execução.

Quando a exceção é rejeitada, e a execução prossegue em toda sua dimensão, o entendimento dominante no STJ é de que "descabe a condenação em honorários advocatícios".[74]

A imposição da verba questionada, mesmo no caso de acolhida da exceção de pré--executividade, não está ligada diretamente ao julgamento do incidente. O que a justifica é

---

[70] "A utilização da exceção, em sede de execução fiscal, em face do que dispõe o art. 16 da Lei nº 6.830/80, somente deve ser admitida em hipóteses restritas, quando a demonstração do equívoco do processo executivo possa ser levada a efeito de plano pelo executado, prescindindo de produção de prova. Do contrário, abre-se-lhe, apenas, a via dos embargos à execução" (STJ, 1ª T., REsp 80.4295/MG, Rel. p/ acórdão Min. Luiz Fux, ac. 20.06.2006, *DJU* 18.09.2006, p. 285).

[71] "Identificando-se, de logo, que a capitalização dos juros não foi determinada na sentença transitada em julgado, de sorte que os cálculos de execução discrepam dos limites nela traçados, inovando-se na lide, possível podar-se o excesso mediante exceção de pré-executividade" (STJ, 4ª T., REsp 545.568/MG, Rel. Min. Aldir Passarinho Júnior, ac. 16.10.2003, *DJU* 24.11.2003).

[72] STJ, 4ª T., AgRg nos EDcl. no REsp 434.900/PA, Rel. Min. Fernando Gonçalves, ac. 02.09.2003, *DJU* 15.09.2003, p. 323.

[73] STJ, 3ª T., AgRg no REsp 631.478/MG, Rel. Min. Nancy Andrighi, ac. 26.08.2004, *DJU* 13.09.2004, p. 240.

[74] STJ, 5ª T., REsp 446.062/SP, Rel. Min. Felix Fischer, ac. 17.12.2002, *DJU* 10.03.2003, p. 295. Em sentido de cabimento dos honorários, mesmo na improcedência total da exceção: STJ, 4ª T., REsp 407.057/MG, Rel. Min. Aldir Passarinho Junior, ac. 25.02.2003, *RSTJ* 186/410. Havendo contraditório, os honorários são devidos, "tanto na procedência quanto na improcedência da exceção de pré-executividade" (STJ, 3ª T., REsp 944.917/SP, Rel. Min. Nancy Andrighi, ac. 18.09.2008, *DJe* 03.10.2008). A divergência interna entre as Turmas do STJ foi superada pela posição afinal adotada pela Corte Especial daquele Tribunal, no sentido de que "descabe condenação em honorários advocatícios em exceção de pré-executividade rejeitada (EREsp nº 1.048.043/SP, Corte Especial)" (STJ, 4ª T., REsp 968.320/MG, Rel. Min. Luiz Felipe Salomão, ac. 19.08.2010, *DJe* 03.09.2010).

a "extinção do processo executivo", conforme se acentua em todos os precedentes do STJ, já invocados, aplicáveis à legislação atual. Na verdade, ao ser acolhida a exceção, profere-se "sentença terminativa da execução, onde será o autor condenado nas despesas do processo e nos honorários".[75] É por isso que não se cogita de honorários se, rejeitada a arguição incidental, a execução prossegue normalmente. A última hipótese não é de julgamento de causa principal ou incidental, mas solução de mera questão apreciada em decisão interlocutória, caso em que não tem aplicação o art. 85 do CPC/2015 em qualquer de suas previsões. Se, portanto, "a arguição formulada for rejeitada, responsável pelas custas acrescidas, se houver, será o seu autor (da arguição)",[76] não havendo que se cogitar de honorários.

Quando vários são os executados, e apenas um deles consegue excluir-se da execução por meio de exceção de pré-executividade, tornam-se devidos os honorários de sucumbência, ainda que o processo tenha de prosseguir contra os demais coobrigados.[77] É que, contra o excluído, a execução se encerrou. O mesmo entendimento prevalece quando se trata de exceção de pré-executividade que não acarreta senão a exclusão de uma pretensa responsabilidade de terceiro, haja vista que isso equivale a uma "extinção também parcial da execução".[78] A propósito, a 1ª Seção do STJ assentou, em regime de recursos repetitivos, a seguinte tese: "Observado o princípio da causalidade, é cabível a fixação de honorários advocatícios, em exceção de pré-executividade, quando o sócio é excluído do polo passivo da execução fiscal, que não é extinta",[79] tese que obviamente não se aplica quando a exceção é rejeitada e a execução prossegue, sem qualquer redução objetiva ou subjetiva.

---

[75] ROSA, Marcos Valls Feu. *Exceção de pré-executividade*. Porto Alegre: Sérgio Antonio Fabris, 1996, p. 90.

[76] ROSA, Marcos Valls Feu. *Exceção de pré-executividade*. Porto Alegre: Sérgio Antonio Fabris, 1996, p. 90.

[77] STJ, 5ª T., REsp 784.370/RJ, Rel. Min. Laurita Vaz, ac. 04.12.2009, *DJe* 08.02.2010.

[78] STJ, Corte Especial, REsp 1.134.186/RS, Rel. Min. Luís Felipe Salomão, ac. 01.08.2011, *DJe* 21.10.2011.

[79] STJ, 1ª Seção, REsp 1.358.837/SP – recurso repetitivo, Rel. Min. Assusete Magalhães, ac. 10.03.2021, *DJe* 29.03.2021. "O mesmo se passa quando a Exceção de Pré-Executividade, acolhida, acarreta a extinção parcial do objeto da execução, ou seja, quando o acolhimento da objeção implica a redução do valor exequendo" (precedentes invocados, entre outros, no acórdão do REsp 1.358.837/SP: STJ, 1ª Seção, EREsp 1.084.875/PR, Rel. Min. Mauro Campbell Marques, ac. 24.03.2010, *DJe* 09.04.2010; STJ, 1ª T., AgRg no AREsp 579.717/PB, Rel. Min. Sérgio Kukina, ac. 18.12.2014, *DJe* 03.02.2015; STJ, 2ª T., REsp 1.243.090/RS, Rel. Min. Mauro Campbell Marques, ac. 14.04.2011, *DJe* 28.04.2011). Ou mais explicitamente: "O indeferimento do pedido de desconsideração da personalidade jurídica, tendo como resultado a não inclusão do sócio (ou da empresa) no polo passivo da lide, dá ensejo à fixação de verba honorária em favor do advogado de quem foi indevidamente chamado a litigar em juízo" (STJ, 3ª T., REsp 1.925.959/SP, Rel. p/ ac. Ricardo Villas Bôas Cueva, ac. 12.09.2023, *DJe* 22.09.2023). Mas foi feita a ressalva, no voto vencedor do relator do acórdão, "de que o arbitramento de honorários deve ocorre *apenas nos casos em que o incidente for rejeitado*" (g.n.).

Fluxograma nº 18 – Embargos à execução (arts. 914 a 920)

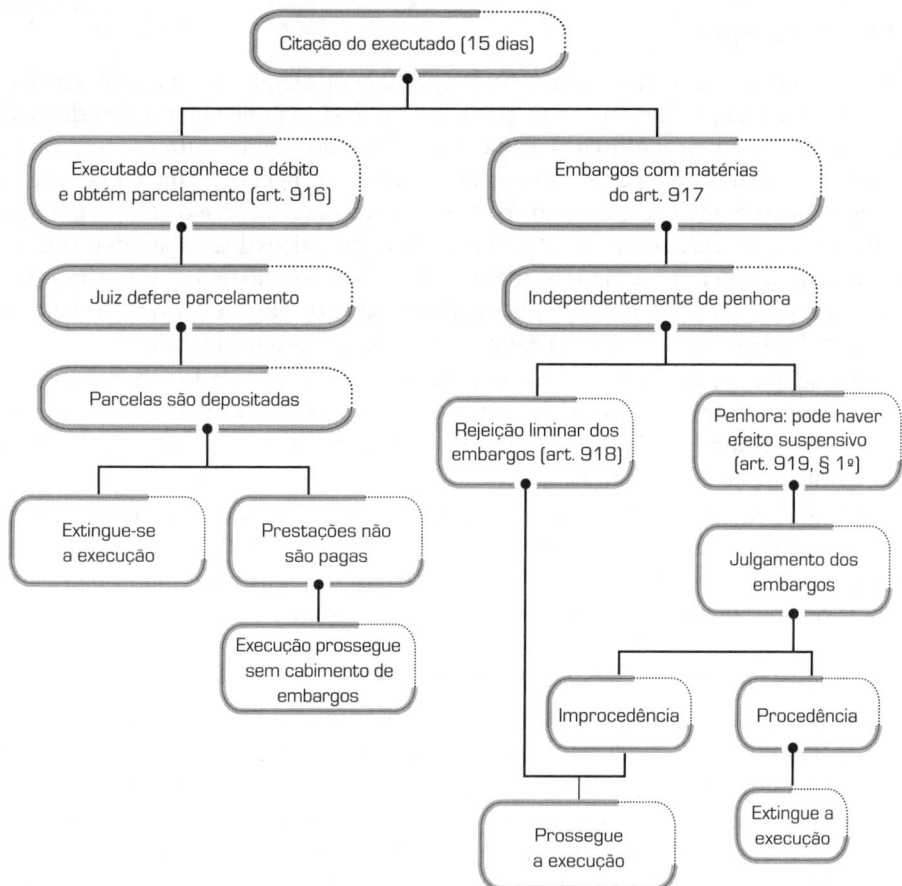

§ 53. PARCELAMENTO JUDICIAL DO CRÉDITO EXEQUENDO

522. Moratória legal

O art. 916 do CPC/2015 institui uma espécie de moratória legal como incidente da execução do título extrajudicial por quantia certa, por meio do qual se pode obter o parcelamento da dívida. A medida tem o propósito de facilitar a satisfação do crédito ajuizado, com vantagens tanto para o executado como para o exequente. O devedor se beneficia com o prazo de espera e com o afastamento dos riscos e custos da expropriação executiva; e o credor, por sua vez, recebe uma parcela do crédito, desde logo, e fica livre dos percalços dos embargos do executado. De mais a mais, a espera é pequena – apenas seis meses, no máximo –, um prazo que não seria suficiente para solucionar os eventuais embargos do executado e chegar, normalmente, à expropriação dos bens penhorados e à efetiva satisfação do crédito ajuizado.

Ensaia-se, por meio do parcelamento, realizar a execução da forma menos onerosa para o executado, e com redução do prazo de duração do processo a benefício do exequente. Trata-se, porém, de uma faculdade que a lei cria para o executado, a quem cabe decidir sobre a conveniência ou não de exercitá-la.

Citado o executado, abre-se o prazo de quinze dias para embargos. Durante esse tempo, escolherá livremente entre embargar ou parcelar o débito. A opção escolhida, qualquer que seja, eliminará a outra faculdade processual. Se se opõem os embargos não cabe mais o parcelamento; se se obtém o parcelamento, extingue-se a possibilidade de embargos à execução.

523. Requisitos para a obtenção do parcelamento

O parcelamento concebido pelo art. 916 é um incidente típico da execução por quantia certa fundada em título extrajudicial, que se apresenta como uma alternativa aos embargos do executado. Figura dentre os dispositivos que regulam os embargos, ação que nem sequer existe na execução de sentença. Aliás, não teria sentido beneficiar o executado condenado por sentença judicial com novo prazo de espera, quando já se valeu de todas as possibilidades de discussão, recursos e delongas do processo de conhecimento. Seria um novo e pesado ônus para o exequente, que teve de percorrer a longa e penosa *via crucis* do processo condenatório, ter ainda de suportar mais seis meses para tomar as medidas judiciais executivas contra o executado renitente.

O que justifica a moratória do art. 916 é a sua aplicação no início do processo de execução do título extrajudicial. Com o parcelamento legal busca-se abreviar, e não procrastinar, a satisfação do direito do exequente que acaba de ingressar em juízo. O credor por título judicial não está sujeito à ação executiva tampouco corre o risco de ação de embargos do devedor. O cumprimento da sentença desenvolve-se sumariamente e pode atingir, em breve espaço de tempo, a expropriação do bem penhorado e a satisfação do valor da condenação. Não há, pois, lugar para prazo de espera e parcelamento num quadro processual como esse.[80] O CPC/2015 é bastante claro ao dispor, expressamente, no § 7º do art. 916, que o parcelamento "não se aplica ao cumprimento da sentença".

---

[80] TJRJ, 9ª CC., AI 70027000488, Rel. Des. Marilene Bonzanini Bernardi, *DOERS* 02.04.2009, p. 46; *Revista Magister de Direito Civil e Direito Processual Civil*, v. 29, p. 150, mar.-abr. 2009. No mesmo sentido: TJRS, 17ª Câm. Cív., AI 70022129605, Rel. Des. Elaine Harzheim Macedo, ac. 14.02.2008, *DJ* 22.02.2008; TJMG, 18ª Câm. Cív., AI 1.0707.98.007585-7/001, Rel. Des. Elpídio Donizetti, ac. 21.10.2008, *DJ* 05.11.2008; TJRS, 8ª Câm. Cív., AI 70022494231, Rel. Des. José Ataídes Siqueira Trindade, ac. 14.02.2008, *DJ* 05.11.2008. No entanto, já se decidiu que "o parcelamento da dívida pode ser requerido também na fase de cumprimento da sentença, dentro do prazo de 15 dias previsto no art. 475-J, *caput*, do CPC [CPC/2015, art. 523, *caput*]" (STJ, 4ª T., REsp 1.264.272/RJ, Rel. Min. Luis Felipe Salomão, ac. 15.05.2012, *DJe* 22.06.2012).

Na execução por quantia certa, fundada em título extrajudicial, é que o terreno se torna propício à moratória legal, cujo deferimento reclama observância dos seguintes requisitos:

(a) *sujeição ao prazo fixado para embargos* (quinze dias contados da citação), sob pena de preclusão da faculdade processual; ultrapassado esse prazo, qualquer parcelamento ou espera dependerá de aquiescência do credor;

(b) *requerimento do executado*, pois o parcelamento não é imposto por lei nem pode ser objeto de deliberação do juiz *ex officio*;

(c) *reconhecimento do crédito do exequente*, com a consequente renúncia do direito aos embargos à execução. O atual Código foi bastante claro quanto à renúncia do executado no § 6º do art. 916: "a opção pelo parcelamento de que trata este artigo importa renúncia ao direito de opor embargos";

(d) *depósito em juízo de trinta por cento do valor em execução* deve preceder o requerimento de parcelamento; além disso, na base de cálculo do depósito incluir-se-ão as custas e honorários de advogado;

(e) *pagamento do saldo em parcelas mensais*, até o máximo de seis, as quais serão acrescidas de correção monetária e juros de um por cento ao mês, contados a partir do levantamento que servir de base para o cálculo das prestações. A lei não impõe um número fixo de prestações. Cabe ao requerente estipular o número de parcelas, mas não poderá ir além de seis.

524. Procedimento do incidente

O parcelamento deve ser requerido em petição simples, no bojo dos autos da execução. Ouvido o exequente, para cumprir-se o contraditório, verificará o juiz a observância das exigências do *caput* do art. 916. Estando satisfeitas, proferirá decisão interlocutória, no prazo de cinco dias (art. 916, § 1º, do CPC/2015), com que deferirá o parcelamento. Não se trata de ato discricionário do juiz.

Sendo deferido o parcelamento, o exequente levantará, desde já, a quantia depositada em preparação da moratória legal (§ 3º).

Enquanto não apreciado o requerimento pelo juiz, o executado deverá depositar as parcelas vincendas, podendo o exequente proceder ao seu levantamento (§ 2º). Caso haja o levantamento por parte do credor, os valores serão abatidos da dívida executada.

Durante o vigor do parcelamento, ficarão suspensos os atos executivos (art. 916, § 3º). Pode acontecer que, quando do requerimento do executado, já esteja consumada a penhora (esta pode ocorrer três dias após a citação e o executado tem quinze dias para pleitear o parcelamento). Em tal circunstância, a suspensão dos atos executivos não invalidará a penhora e vigorará apenas para os atos expropriatórios subsequentes. A situação assemelha-se à dos embargos (art. 919, § 5º). Não nos parece, contudo, que seja obrigatória a realização da penhora, se o pedido de parcelamento for manifestado antes da constrição executiva. É que, na regulamentação do art. 916, não se condiciona o benefício do parcelamento à penhora, nem se ordena que ela se cumpra em seguida. No caso dos embargos com efeito suspensivo, ao contrário, é a própria suspensão que fica subordinada à segurança do juízo (art. 919, § 1º). Daí que, já existindo a penhora, o parcelamento não a cancelará; não existindo, porém, não ficará o executado sujeito àquele ato executivo enquanto estiver prevalecendo o efeito suspensivo gerado pela moratória legal, visto que, sem ressalvas, fica, neste caso, suspensa a prática de atos executivos (art. 916, § 3º).

Em face das circunstâncias do caso, do vulto do crédito, e das condições financeiras do executado, não será descabida a ordem judicial (*ex officio* ou a requerimento do exequente) para que a segurança do juízo se aperfeiçoe antes de despachado o pedido de parcelamento. A providência, em tais circunstâncias, terá caráter cautelar e se justificará – como ocorre sempre com as medidas de urgência – se configurada a necessidade de afastar o perigo de dano à efetividade da execução.[81] É bom lembrar que a partir do terceiro dia após a citação já é cabível a penhora, e a interdição dos atos executivos não antecede ao parcelamento, mas só se verifica depois do seu deferimento.

Todavia, a deliberação judicial de acelerar a diligência constritiva não importa reconhecer ao juiz poder de indeferir o parcelamento por falta de penhora ou mesmo de condicionar seu deferimento à prévia segurança do juízo. A concessão do benefício é direito do executado, subordinado apenas aos requisitos enumerados no *caput* do art. 916.

Se a penhora tiver acontecido antes do parcelamento, prevalecerá enquanto não resgatada integralmente a obrigação exequenda. Por outro lado, se a concessão do benefício se der antes da penhora, esta não poderá ser promovida enquanto o parcelamento estiver sendo regularmente cumprido, já que seu deferimento acarreta suspensão dos atos executivos (arts. 916, § 3º, e 921, V). Os efeitos do deferimento do parcelamento são, entretanto, *ex nunc*, isto é, sem retroação sobre os atos judiciais anteriormente praticados.

Providências de urgência, porém, são praticáveis, a requerimento ou de ofício, a qualquer tempo (arts. 799, VIII, e 830), e até durante a suspensão da execução (art. 923). Daí por que, mesmo após o requerimento de parcelamento, o juiz tem poderes cautelares para reprimir qualquer risco de comprometimento dos objetivos da execução. É nesse sentido que, havendo suspeita de desvio dos bens penhoráveis, o juiz pode retardar o deferimento do pedido de parcelamento, para dar tempo a que o mandado de penhora, já expedido, seja cumprido. Essa providência enquadra-se entre as medidas de urgência, adotáveis a qualquer tempo, inclusive durante a suspensão do processo (art. 923), desde que evidenciado o perigo de dano ou o risco ao resultado útil do processo (art. 300). O sistema do Código pode ser assim esquematizado:

(a) a penhora não se inclui entre os requisitos da concessão de parcelamento da dívida exequenda, que são apenas os arrolados no art. 916, *caput*;

(b) o deferimento do parcelamento acarreta a suspensão da execução e impede que novos atos executivos sejam praticados, enquanto estiver sendo regularmente cumprido o benefício do art. 916;

(c) a penhora pode ser efetuada enquanto não deferido o parcelamento, não sendo impedida pelo simples requerimento do benefício em questão;

(d) o deferimento do parcelamento impede que a penhora, até então não efetuada, seja consumada, mas não é óbice a que se tomem providências de urgência, quando o resultado útil da execução se mostrar em risco.

525. Indeferimento do parcelamento

Não se afigura, *in casu*, um poder discricionário do juiz diante do pedido de parcelamento. Presentes os requisitos legais, é direito do executado obtê-lo. Ausente, contudo, algum desses requisitos, o requerimento haverá de ser indeferido.

Tanto no caso de deferimento como no de indeferimento, ter-se-á uma decisão interlocutória, cuja impugnação recursal dar-se-á por meio de agravo (art. 1.015, parágrafo único).

---

[81] "A tutela de urgência será concedida quando houver elementos que evidenciem a probabilidade do direito e o perigo de dano ou o risco ao resultado útil do processo (art. 300 do CPC)" (TRF, 4ª R., 4ª T., Agr. Inst. 5050625-42.2016.4.04.0000/SC, Rel. Des. Luiz Alberto D'Azevedo Aurvalle, ac. 08.03.2017, *Revista Síntese Direito Civil e Processual Civil*, v. 106, p. 165, mar.-abr. 2017).

Da denegação do parcelamento decorre o prosseguimento normal dos atos executivos, mesmo porque o eventual agravo não terá, em regra, efeito suspensivo. O depósito preparatório da medida frustrada não será devolvido, sendo convertido em penhora (art. 916, § 4º); permanecerá como garantia do juízo e, se já não houver tempo útil para embargos, poderá ser levantado pelo exequente, para amortizar o débito do executado. Deve-se lembrar que ao postular o parcelamento o executado já reconheceu o crédito do exequente. Não terá mais possibilidade de oferecer embargos de mérito. Se houver tempo, poderá apenas, e eventualmente, opor exceções processuais, como as arguições de penhora incorreta e avaliação errônea, o que, na verdade, independe de embargos.

526. Descumprimento do parcelamento

Para se beneficiar da moratória legal, o executado terá de cumprir pontualmente as prestações previstas. Qualquer parcela que não seja paga a seu termo provocará o vencimento antecipado, de pleno direito, de todas as subsequentes, com o restabelecimento imediato dos atos executivos (CPC/2015, art. 916, § 5º, I).

Não há necessidade de uma sentença. O inadimplemento tem efeitos definidos pela própria lei. Diante dele, o juiz simplesmente determina o prosseguimento do processo, "com o imediato início dos atos executivos", até então suspensos (art. 916, § 5º, I).

O executado que descumpre o parcelamento, deixando de resgatar qualquer prestação em seu vencimento, sofrerá, ainda, uma sanção: multa de dez por cento sobre o valor das prestações não pagas (art. 916, § 5º, II).

Não tem o executado, por outro lado, como embargar a execução pelo mérito, uma vez que o requerimento de parcelamento se fez com o expresso reconhecimento do crédito do exequente (art. 916, *caput* e § 6º) e com sujeição ao efeito legal de "renúncia ao direito de opor os embargos" (art. 916, § 6º). A vedação, contudo, atinge os embargos à execução (art. 914), mas não alcança a ulterior impugnação ou arguição de irregularidade nos atos executivos, inclusive a arrematação ou adjudicação, atos estes que se atacam por meio de simples petição (arts. 903, § 2º, e 917, § 1º).

Fluxograma nº 19 – Parcelamento judicial do crédito exequendo (art. 916)

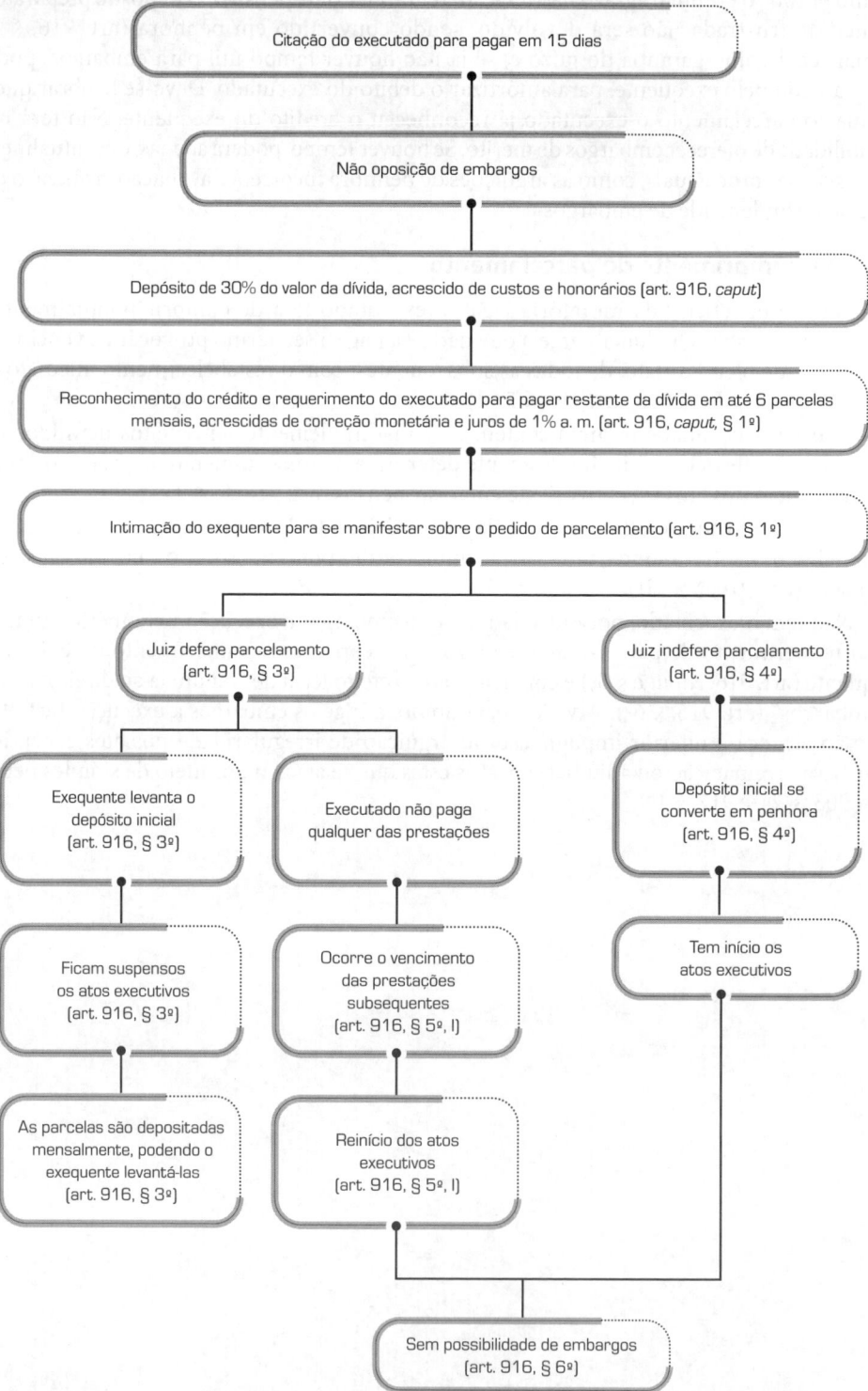

Nota: O parcelamento judicial não se aplica ao cumprimento de sentença (art. 916, § 7º).

§ 54. EMBARGOS DE TERCEIRO

527. Visão geral

Em regra, não se permite que o processo prejudique pessoas que dele não participem, como consta expressamente no art. 506 do CPC/2015, relativamente ao processo de conhecimento. Aquele que, ao contrário das partes, não integra a relação processual é tratado pelo processo como *terceiro*, em geral, estranho à lide. Por isso afirma Barbosa Moreira que o terceiro é: "... quem não seja parte, quer nunca o tenha sido, quer haja deixado de sê-lo em momento anterior àquele que se profira a decisão".[82] Analogamente, no âmbito executivo, aquele que não é parte não pode, como regra geral, sofrer constrição em seu patrimônio. Somente, pois, o patrimônio do devedor dever ficar, em princípio, sujeito à execução (art. 789), embora haja as exceções de responsabilidade de terceiros contempladas no art. 790 do CPC/2015.

Por isso, quando a execução ultrapassar os limites patrimoniais da responsabilidade pela obrigação ajuizada, o terceiro prejudicado pelo esbulho judicial tem a seu dispor o remédio dos *embargos de terceiro* (art. 674).

No conceito de Liebman esses embargos são ação proposta por terceiro em defesa de seus bens contra execuções alheias.[83]

No direito pátrio, os embargos de terceiro visam resguardar àquele que, não integrando determinada relação processual, vê-se diante da constrição judicial de seu patrimônio resultante de decisão proferida naquela mesma relação processual. O procedimento permite proteger tanto a propriedade como a posse e podem fundamentar-se quer em direito real, quer em direito pessoal, dando lugar apenas a uma cognição sumária sobre a legitimidade ou não da apreensão judicial. Pode servir, também, para excluir a constrição de determinado bem do próprio executado, mas que foi dado em garantia real a um terceiro (na relação entre o credor e o devedor executado) que não participou do processo no qual houve dita constrição.

O CPC/2015 deixa claro que os embargos podem ser manejados tanto em caráter repressivo como preventivo, ou seja, podem tanto objetivar a desconstituição do ato judicial impugnado, como impedir aquele apenas ameaçado (art. 674).

A melhor conceituação dos embargos de terceiro é, portanto, a que vê nesse remédio processual uma ação de natureza constitutiva, que busca *desconstituir* o ato judicial abusivo, restituindo as partes ao estado anterior à apreensão impugnada.[84]

528. Natureza da ação

O sistema adotado pelo CPC/2015 é completamente diverso do de 1973: *(i)* o procedimento a observar nos embargos de terceiro não é mais o *sumário*, e sim o *procedimento comum* (art. 679), e *(ii)* a sentença que os acolher determinará o cancelamento do ato de constrição indevido, "com o *reconhecimento do domínio*, da *manutenção da posse* ou da *reintegração definitiva do bem* ou do *direito ao embargante*" (art. 681).

De tal sorte, no regime inovado pelo CPC de 2015, os embargos de terceiro configuram ação autônoma, de natureza constitutiva, e com aptidão para acertamento definitivo e exauriente da lide neles debatida, bem como com força capaz de gerar coisa julgada material em torno do direito dominial ou da posse reconhecido ou negado ao embargante (art. 681).

---

[82] BARBOSA MOREIRA, José Carlos. *Direito processual civil* – ensaios e pareceres. Rio de Janeiro: Borsói, 1971, p. 55.

[83] LIEBMAN, Enrico Tullio. *Processo de execução*. 3. ed. São Paulo: Saraiva, 1968, n. 47, p. 86. Sobre o tema dos embargos de terceiro, ver também no volume II os n°s 200 a 215.

[84] LIMA, Cláudio Vianna de. *Processo de execução*. Rio de Janeiro: Forense, 1973, n. 4, p. 201.

529. Legitimação ativa

Legitimado ativo dos embargos de terceiro é aquele que, não sendo parte no processo, vem a sofrer constrição ou ameaça de constrição sobre bens que possua ou sobre os quais tenha direito incompatível com o ato de apreensão judicial (art. 674).

Considera-se, também, terceiro o cônjuge quando defende a posse de bens dotais, próprios, reservados ou de sua meação (art. 674, § 2º, I). Nessa circunstância, não importa o fato de ter sido, ou não, o cônjuge intimado da penhora, já que seu comparecimento nos embargos se dá a título jurídico diverso daquele com que se lhe fez a intimação. Por isso, ao contemplar a defesa da meação em posição particular, dentre os casos de embargos de terceiro, o Código teve a evidente intenção de reconhecer ao cônjuge, em qualquer tempo, a qualidade de terceiro para demandar a exclusão de seus bens da injusta apreensão judicial.[85]

O cônjuge não poderá interpor embargos de terceiros em defesa de meação ou dos bens reservados quando a ação for proposta diretamente contra ele, na qualidade de *litisconsorte*, sob a afirmação, na inicial, de que se trata de dívida contraída pelo consorte a bem da família (art. 73, § 1º, III). É que, nesse caso, a questão da responsabilidade da meação ou dos bens reservados já, de início, integra o objeto da lide, de maneira que não poderá ser subtraído ao alcance do julgamento da causa principal. Aqui, sim, estará o cônjuge jungido a defender-se apenas nos embargos de devedor. Também não poderá fazê-lo na hipótese do art. 843 do CPC/2015, que trata da penhora de bem indivisível do casal. O montante que compete ao cônjuge que não é parte na execução recairá sobre o produto da alienação do bem, não se podendo impedir a constrição.

Também é parte legítima para os embargos de terceiro aquele que for prejudicado pelo reconhecimento da fraude à execução. Trata-se do adquirente que acreditava estarem livres e desimpedidos os bens que lhe foram alienados, mas que, posteriormente, se deparou com constrição decorrente do reconhecimento, em favor do exequente, de fraude à execução (art. 674, § 2º, II). A jurisprudência já havia assentado, na vigência da codificação anterior, que a fraude contra credores não poderia ser objeto de embargos de terceiro,[86] mas a fraude à execução sim.[87]

Não há, aqui, grande novidade em relação ao regramento anterior. O Código atual apenas encampa esse entendimento jurisprudencial e consigna expressamente a legitimação do terceiro adquirente de bem alienado em fraude, para que este discuta licitude da alienação ou sua boa-fé no ato de aquisição, como se viu nas discussões sobre a Súmula 375[88] do STJ acerca dos arts. 593, II c/c art. 659, § 4º, do CPC/1973.

Há, porém, novidade em relação à legitimidade do sócio ou associado que, diante da desconsideração da personalidade jurídica de sociedade da qual faça parte e não tendo sido parte do incidente mencionado nos arts. 133 a 137 do CPC/2015, sofre constrição judicial de seus bens (art. 674, § 2º, III). Havendo sua participação no incidente de desconsideração da personalidade jurídica, essa será a sede própria para discussão da matéria. Também o credor

---

[85] BARROS, Hamilton de Moraes e. *Comentários ao Código de Processo Civil*. v. IX, p. 295. "Com a vigência do novo Estatuto Processual Civil, dúvida não mais pode subsistir quanto à possibilidade da oposição de embargos de terceiro pelo cônjuge para defesa da posse de sua meação" (TJMG, Ap. 38.919, Rel. Des. Edésio Fernandes, *Rev. Lemi* 82/151; no mesmo sentido: 1º TACSP, Ap. 206.954, Rel. Juiz Octávio Stucchi, *RT* 472/133). "Esta Corte tem entendido que, mesmo intimada da penhora (art. 669 do CPC), o cônjuge feminino pode, para defender sua meação, opor embargos de terceiro. Súmula 134-STJ" (STJ, 2ª T., REsp 314.433/RS, Rel. Min. Castro Meira, ac. 05.05.2005, *DJU* 12.09.2005, p. 263).

[86] Súmula nº 195 do STJ: "Em embargos de terceiro não se anula ato jurídico, por fraude contra credores".

[87] Cf. STJ, 4ª T., AgRg no AREsp 628.392/RJ, Rel. Min. Luis Felipe Salomão, *DJe* 18.03.2015, e AGA 319.442/SP, Rel. Min. Antônio de Pádua Ribeiro, *DJ* 30.09.2002.

[88] Enunciado nº 375 da Súmula de julgados do STJ: "O reconhecimento da fraude à execução depende do registro da penhora do bem alienado ou da prova de má-fé do terceiro adquirente".

com garantia real pode usar os embargos de terceiros para obstar expropriação judicial do objeto de direito real de garantia, desde que não tenha sido intimado, nos termos legais dos atos expropriatórios (art. 674, § 2º, IV).

A mesma faculdade assiste ao compromissário comprador, desde que possua contrato devidamente formalizado, celebrado e inscrito no Registro Público em data anterior à apreensão judicial,[89] com fundamento em seu *direito real de aquisição*. Mesmo que não esteja registrado o compromisso, viável será o manejo dos embargos se o compromissário comprovar posse efetiva sobre o bem desde época anterior à penhora.[90] Nesse caso, defende-se a posse e não diretamente o direito real de aquisição.

Quanto aos embargos em defesa de bens da herança, ainda não partilhados, entende o STJ que a legitimidade ativa é exclusiva do espólio, não detendo o herdeiro, individualmente, condição para defender bem integrante do acervo hereditário[91] (...). A tese, com a devida *venia*, merece ser acolhida *cum grano salis*, visto que o condomínio entre os herdeiros se estabelece automaticamente com o óbito do autor da herança. Sendo o herdeiro condômino não se lhe pode, em princípio, negar a defesa do bem comum, circunstância que se torna mais grave quando, *v.g.*, o inventariante não cuida de fazê-lo. Por isso é antiga e acatada a doutrina da não exclusividade da representação do espólio pelo inventariante, podendo os sucessores agir em concorrência, como com proprietários que são, na espécie.

Nessa mesma linha, assentou o STJ que, assim como se permite a oposição de embargos de terceiro fundados em alegação de posse advinda do compromisso de compra e venda de imóvel, mesmo quando desprovido do registro, deve prevalecer igual entendimento quando a posse é defendida com base em instrumento público de cessão de direitos hereditários.[92]

530. *Provocatio ad agendum*

Quando o juiz da execução delibera atingir bem de terceiro, em casos como, *v.g.*, o daquele que adquiriu o bem litigioso ou do adquirente de bens em fraude de execução, ou de qualquer outro que tenha interesse em embargar, cumpre-lhe ordenar que o terceiro interessado seja intimado pessoalmente (art. 675, parágrafo único).

Assim, ainda que se trate de um terceiro legalmente responsável pela dívida exequenda, como se passa especialmente com quem adquire bem do executado em fraude da execução, a penhora não pode atingir o bem indevidamente desviado, sem prévia observância do contraditório e ampla defesa, razão pela qual antes da declaração da fraude ocorrida, "o juiz deverá intimar o terceiro adquirente, que, se quiser, poderá opor embargos de terceiro, no prazo de 15 (quinze) dias" (art. 792, § 4º).

531. Legitimação passiva

Legitimado passivo é o exequente – isto é, aquele que promove a execução e provoca, em seu proveito, o ato constritivo impugnado –, segundo a regra do art. 677, § 4º, do CPC/2015.

---

[89] STJ, 4ª T., REsp 263.261/MG, Rel. Min. Cesar Asfor Rocha, ac. 12.03.2002, *DJU* 20.05.2002, p. 146.

[90] Súmula nº 84 do STJ: "É admissível a oposição de embargos de terceiro fundados em alegação de posse advinda do compromisso de compra e venda de imóvel, ainda que desprovido do registro"; STJ, 4ª T., REsp 263.261/MG, Rel. Min. César Asfor Rocha, ac. 12.03.2002, *DJU* 20.05.2002, p. 146; STJ, 1ª T., REsp 599.970/SC, Rel. Min. Luiz Fux, ac. 21.10.2004, *DJU* 29.11.2004, p. 241. Trata-se de entendimento já sumulado (Súmula nº 84 do STJ).

[91] STJ, 3ª T., REsp 1.622.544/PE, Rel. Min. Nancy Andrighi, ac. 22.09.2016, *DJe* 04.10.2016.

[92] STJ, 3ª T., REsp 1.809.548/SP, Rel. Min. Ricardo Villas Bôas Cueva, ac. 19.05.2020, *DJe* 27.05.2020.

Às vezes, também o executado pode enquadrar-se nessa categoria, quando, *v.g.*, a nomeação de bens partir dele. A participação do devedor, em qualquer caso, é de ser sempre admitida, desde que postulada como assistente, na forma dos arts. 119 a 124 do CPC/2015.

532. Valor da causa

O valor da causa, nos embargos de terceiro, deve ser, em regra, o dos bens pretendidos e não o valor dado à causa onde foram eles objeto de apreensão judicial, consoante jurisprudência fixada por nossos tribunais no regime do Código anterior.[93] Não poderá, entretanto, superar o valor do débito exequendo, já que, em caso de eventual alienação judicial, o que ultrapassar esse valor será destinado ao embargante e não ao exequente embargado.[94]

Se a penhora impugnada já se acha consumada, o valor dos embargos levará em conta a avaliação constante do processo executivo. Se isto ainda não ocorreu, o embargante estimará o valor do bem, podendo conforme o caso basear-se na avaliação oficial para lançamento do imposto que sobre ele recaia.

533. Competência

A competência para processamento e julgamento dos embargos de terceiros é do juiz que ordenou a constrição (art. 676), isto é, do que expediu o mandado de penhora ou de apreensão judicial. Nos casos de carta precatória, a competência é do juiz deprecado.[95]

Quando, porém, a designação do bem a penhorar é feita, expressamente, pelo juiz deprecante, como, por exemplo, se dá nas execuções de garantia reais, falece ao juiz deprecado competência para examinar e decidir embargos de terceiros que tenham por objetivo o bem penhorado. Só o próprio juiz deprecante poderá rever seu ato executivo.

534. Oportunidade

A oportunidade para interposição dos embargos de terceiro ocorre a qualquer tempo no curso da execução, desde a determinação da apreensão judicial até cinco dias depois da arrematação, adjudicação ou alienação particular, mas sempre antes da assinatura da respectiva carta (art. 675). Sobre a matéria, ver o desenvolvimento realizado no item nº 212, no vol. II deste *Curso*.

535. Julgamento e recurso

A decisão que julga os embargos de terceiro põe fim a um processo incidente, mas de objeto próprio: é sentença (art. 203, § 1º). Desafia, portanto, apelação (art. 1.009), que terá apenas efeito devolutivo no caso de improcedência (art. 1.012, § 1º, III).

536. Procedimento

A distribuição dos embargos de terceiro é feita por dependência ao juízo que ordenou o ato constritivo, mas a autuação será apartada (art. 676).

---

[93] STJ, 1ª T., AgRg no Ag 1.052.363/CE, Rel. Min. Denise Arruda, ac. 06.11.2008, *DJe* 04.12.2008.
[94] STJ, 4ª T., REsp 787.674/PA, Rel. Min. Jorge Scartezzini, ac. 03.08.2006, *DJU* 12.03.2007, p. 245; STJ, 3ª T., AgRg no Ag 1.057.960/SP, Rel. Min. Massami Uyeda, ac. 05.11.2008, *DJe* 18.11.2008.
[95] LIMA, Cláudio Vianna de. *Processo de execução*. Rio de Janeiro: Forense, 1973, n. 6, p. 207; STJ, 2ª Seção, CC 44.223/GO, Rel. Min. Jorge Scartezzini, ac. 22.06.2005, *DJU* 01.08.2005, p. 313. Trata-se de matéria sumulada (Súmula nº 33 do extinto TFR).

O procedimento é semelhante ao das ações possessórias, podendo haver até justificação sumária da posse com possibilidade de reintegração liminar em favor do embargante (arts. 677 e 678).

O embargado deve ser citado regularmente, pois os embargos são formas de *ação*. Estando representado nos autos, o ato citatório será feito na pessoa do advogado. Somente haverá citação pessoal, quando o embargado não tiver procurador constituído nos autos da ação principal (art. 677, § 3º).[96]

Pode haver julgamento de plano, nos casos de revelia e quando as questões a decidir forem apenas de direito ou quando as provas forem puramente documentais.

Havendo contestação, a ser oferecida no prazo de quinze dias, o rito a observar é o do procedimento comum (art. 679), respeitada, inclusive, a fase dos debates ou alegações finais dos litigantes, no caso de produção de prova oral.[97]

536.1. Reconhecimento de fraude contra credores em reconvenção a embargos de terceiro

Sob o regime do CPC anterior, duas teses foram largamente adotadas pela doutrina e principalmente pela jurisprudência:

(a) os embargos de terceiro não poderiam ensejar reconvenção porque se tratava então de ação sumária, submetida ao rito das medidas cautelares (CPC/1973, art. 1.053)[98];

(b) daí a conclusão inserida na Súmula nº 195/STJ: "em embargos de terceiro não se anula ato jurídico por fraude contra credores". Por conseguinte, só pela via própria da ação pauliana autônoma era que poderia ser decretada a anulação do negócio jurídico, na espécie. Mesmo porque outro empecilho ainda existia: a ação de embargos de terceiro, desenvolvendo-se apenas entre o embargante e o exequente, não poderia ser palco adequado para anular um contrato firmado entre o terceiro e o executado, por ser este um estranho à relação processual estabelecida paralelamente à execução[99].

A situação mudou bastante sob o regime do CPC/2015, uma vez que agora, a partir da contestação, os embargos de terceiro seguem o procedimento comum, como prevê o seu art. 679. Não prevalecendo mais o rito sumário do CPC/1973, tornou-se viável a reconvenção[100]. Por outro lado, o fato de o executado não ser, em princípio, parte necessária dos embargos de terceiro, não impede sua inclusão na ação reconvencional, como litisconsorte, quando o embargado se

---

[96] A jurisprudência já admitia que a citação pudesse ser feita, nos embargos de terceiro, ao advogado do embargado, a exemplo do que se passa na oposição (art. 57), na reconvenção (art. 316), na liquidação de sentença (art. 603, parágrafo único) e na habilitação (art. 1.057, parágrafo único).

[97] TJSP, Embs. 176.471, Rel. Des. Góes Nobre, *ver. For.* 236/121; TJRS, Ap. 595.149.295, Rel. Des. Paulo Heerdt, ac. 12.06.1996, *RJTJRS* 179/280. O debate oral é uma garantia do contraditório e sua falta pode conduzir à nulidade da sentença. A lei, entretanto, faculta sua substituição por memoriais. A falta da diligência, todavia, "somente acarreta a nulidade da sentença quando for demonstrada a ocorrência de prejuízo ao interessado" (STJ, 1ª T., REsp 819.024/SP, Rel. Min. Teori Zavascki, ac. 24.06.2008, *DJe* 01.07.2008). No mesmo sentido: STJ, 2ª T., AgRg no AI 987.853/PE, Rel. Min. Mauro Campbell, ac. 02.12.2008, *DJe* 17.12.2008.

[98] "A teor dos artigos 803 e 1.053 do CPC/1973, os embargos de terceiro, após a fase de contestação, seguem o rito especial previsto para as medidas de natureza cautelar, o que impede o oferecimento de reconvenção por incompatibilidade procedimental" (STJ, 3ª T., REsp 1.578.848/RS, Rel. Min. Ricardo Villas Bôas Cueva, ac. 19.06.2018, *DJe* 25.06.2018).

[99] NERY JÚNIOR, Nelson. Fraude contra credores e embargos de terceiro. *Revista de Processo*, São Paulo, v. 23, p. 95, jul-set.1981.

[100] DIDIER JR., Fredie; CABRAL, Antonio do Passo; CUNHA, Leonardo Carneiro da. *Por uma nova teoria nos procedimentos especiais*. 2.ed. Salvador: JusPodivm, 2021, p. 75.

defender mediante arguição de fraude contra credores, para sustentar a penhora. Essa inclusão de terceiros no processo reconvencional em litisconsorte passivo com o reconvindo, atualmente, acha-se autorizada de forma expressa pelo art. 343, § 3º, do Código vigente.

Portanto, no sistema do CPC/2015, em que os embargos de terceiro passaram a seguir o procedimento comum, permitindo assim a reconvenção em seu bojo, tornou-se – segundo forte corrente doutrinária –, também cabível a dedução, pela via reconvencional, da "pretensão de anulação de negócio jurídico celebrado em fraude contra credores, desde que atendidos os requisitos para a admissão do pedido reconvencional"[101].

Dentro desse prisma, é razoável reconhecer que o pedido de declaração de fraude contra credores tanto pode ser objeto de ação pauliana autônoma como de reconvenção do exequente contra embargos de terceiro. Lembre-se, a propósito, que a fraude à execução – cujo efeito (restaurar a garantia patrimonial a que tem direito o credor) e cuja causa (ofensa à responsabilidade patrimonial do devedor) são os mesmos da fraude contra credores –, é reconhecível incidentemente dentro da própria execução (CPC, art. 792, § 4º)[102]. Logo, não há, em princípio, razão para impedir em caráter absoluto a declaração incidental também da fraude contra credores, desde, é claro, que se observe um procedimento em contraditório e com oportunidade à ampla defesa, equiparável ao da ação pauliana.

Destaque-se, no entanto, que a pretensão de declaração incidental da fraude contra credores no custo de embargos de terceiro suscita questão prejudicial à exequibilidade do bem já penhorado, de modo que a execução, em relação a ele, não poderá prosseguir enquanto o negócio fraudulento não for anulado por sentença (CPC, art. 921, I c/c art. 313, V, "a").

Há, entretanto, uma ressalva a ser feita: o fato de ser viável a discussão sobre a fraude contra credores no bojo de embargos de terceiro, não equivale ao reconhecimento do direito do credor de obter liminarmente a penhora de bens de terceiro, mediante a simples alegação de ter havido aquisição sujeita à anulação com base no questionado vício. Se o bem reconhecidamente se acha na posse e domínio do terceiro adquirente, sua sujeição a execução contra o alienante só se legitimará após anulação da alienação em ação própria (a pauliana), como dispõe o art. 790, VI, do CPC e preveem o arts. 161 e 165 do CC.

De tal sorte, para que se pense em declaração da fraude em incidente de embargos de terceiro, é preciso que o bem constrito continue, de alguma forma, sob a disponibilidade do alienante ao tempo da penhora, de maneira que a transferência da propriedade não seja conhecida do juízo da execução, ou mesmo não tenha ainda se consumado juridicamente. Se for evidente o domínio do terceiro, não será lícito autorizar a penhora, pois em se tratando de negócio apenas anulável, o retorno do bem ao patrimônio do devedor alienante somente ocorrerá após a respectiva anulação por sentença, como deixa claro o disposto nos arts. 790, VI, do CPC e 165, *caput*, do CC.

Assim, só se há de equiparar a reconvenção em embargos de terceiro à ação pauliana quando a alienação fraudulenta só vier a ser conhecida no juízo da execução após os próprios embargos, ou seja, quando a penhora se apresentar como fato consumado àquele tempo.

---

[101] BUFFULIN, Augusto Passamani; PUPPIN, Ana Carolina Bouchabki; ENCARNAÇÃO, Paulo Vitor da. A viabilidade de reconhecimento de fraude contra credores em embargos de terceiro. *Revista dos Tribunais*, São Paulo, v. 1.055, p. 212, set. 2023. Cf. também BAYEUX FILHO, José Luiz. Fraude contra credores e fraude de execução. *Revista de Processo*, São Paulo, v. 61, p. 252, jan-mar. 1991. A matéria acha-se tratada também no vol. II deste Curso, itens 204 e 204-A, com referência a vários outros autores pró e contra a tese ora exposta.

[102] BUFFULIN, Augusto Passamani; PUPPIN, Ana Carolina Bouchabki; ENCARNAÇÃO, Paulo Vitor da. A viabilidade de reconhecimento de fraude contra credores em embargos de terceiro. *Revista dos Tribunais*, São Paulo, v. 1.055, p. 212, set.

É muito perigoso facilitar a penhora de bens de terceiros não responsáveis, à base de arguição de fatos ainda não acertados regularmente em juízo. Impõe-se evitar que a ampliação das vias de defesa do credor degenere em práticas abusivas capazes de fragilizar injustificadamente a proteção constitucional do direito de propriedade (CF, art. 5º, XXII) e a segurança dos negócios jurídicos (CF, art. 5º, *caput*).

537. Efeitos dos embargos quando há deferimento da liminar

O efeito dos embargos sobre a execução forçada, quando ocorre concessão de liminar, é a suspensão do processo principal. Isto quando, naturalmente, os embargos versarem sobre todos os bens constritos ou ameaçados de constrição. Se forem parciais, a execução prosseguirá com referência aos bens não embargados.

Entretanto, para que a suspensão se dê *initio litis*, é preciso que o embargante a requeira e que o juiz reconheça, por decisão fundamentada, que o domínio ou a posse estão suficientemente provados. Só então determinará a suspensão das medidas constritivas sobre os bens litigiosos objeto dos embargos, bem como a manutenção ou a reintegração provisória da posse (CPC/2015, art. 678).

Configurado o cabimento da liminar, o parágrafo único do art. 678 do CPC/2015 autoriza que o juiz condicione a ordem de manutenção ou de reintegração provisória de posse à prestação de caução pelo embargante. A medida tem o objetivo de resguardar o exequente de futuros prejuízos, caso os embargos sejam julgados improcedentes.

538. Efeitos do julgamento do mérito dos embargos

Na sistemática inovadora do CPC de 2015 o acolhimento dos embargos de terceiro acarreta a desconstituição do ato constritivo, se já consumado, ou o mandado proibitório, se a constrição se acha apenas ameaçada.

No regime do Código anterior, o julgamento não passava do desfazimento ou proibição do ato impugnado, não chegando à declaração definitiva acerca da existência ou inexistência do domínio ou da posse do embargante. Agora, para o CPC/2015, o procedimento deixou de ser sumário e passou a ser o comum, permitindo, outrossim, um acertamento exauriente sobre o direito material do autor. Nesse sentido, dispõe o art. 681 que "acolhido o pedido inicial, o ato de constrição judicial indevida será cancelado, com o reconhecimento do domínio, da manutenção da posse ou da reintegração definitiva do bem ou do direito ao embargante".

539. Embargos de terceiro opostos por credor com garantia real

Permite a lei que o credor hipotecário ou pignoratício embargue a alienação judicial do bem gravado, quando penhorado por outro credor. Não se trata, porém, de instituir a impenhorabilidade do bem hipotecado ou apenhado, mas apenas de evitar que se penhore tal bem quando outros livres existam em condições de garantir as execuções dos credores quirografários.[103]

---

[103] "O credor com garantia real tem o direito de impedir, por meio de embargos de terceiro, a alienação judicial do objeto da hipoteca; entretanto, para o acolhimento dos embargos, é necessária a demonstração pelo credor da existência de outros bens sobre o quais poderá recair a penhora" (STJ, 3ª T., REsp 578.960/SC, Rel. Min. Nancy Andrighi, ac. 07.10.2004, *DJU* 08.11.2004, p. 226).

No caso de embargos do credor com garantia real, por isso, o Código limita a defesa do credor embargado, que só poderá alegar que (art. 680):

(a) o devedor comum é *insolvente* (inciso I);
(b) o título é nulo ou não obriga a terceiro (inciso II);
(c) outra é a coisa dada em garantia (inciso III).

Para a hipótese do 1º item, que é a mais polêmica, não é preciso que esteja o devedor sofrendo a "execução por quantia certa contra o devedor insolvente" (arts. 748 e ss. do CPC/1973),[104] porque, se isto se der, nem sequer haverá penhora, mas sim arrecadação de todos os bens do insolvente, livres e onerados. Para repelir os embargos do credor hipotecário ou pignoratício, bastará ao embargado demonstrar a situação patrimonial deficitária do executado, ou a inexistência de outros bens a penhorar, como sempre ensinou, com maestria, Pontes de Miranda.[105] Aliás, pelo próprio Código, o simples fato de só possuir o devedor bens gravados já funciona como presunção legal de insolvência (art. 750, I, do CPC/1973, mantido em vigor pelo art. 1.052 do CPC/2015).

Os embargos do credor hipotecário ou pignoratício devem ser propostos antes da alienação judicial, pois sua destinação é justamente impedir que ela ocorra. Se o ato expropriatório já se consumou, não terá mais como se insurgir contra ele. Deverá contentar-se com o direito de sequela oponível ao adquirente.[106]

540. Sucumbência na ação de embargos de terceiro

O reconhecimento da procedência dos embargos de terceiros gera para o embargado os ônus da sucumbência (custas e honorários advocatícios), mesmo que não tenha contestado a ação ou tenha concordado com o levantamento da penhora (reconhecimento do pedido), na forma dos arts. 82 e 85 e 90.[107]

Se, porém, a penhora foi realizada por iniciativa apenas do Oficial de Justiça, sem nomeação ou mesmo sem ciência do exequente, e este, logo ao tomar conhecimento dos embargos, reconhece o direito do embargante e pede o levantamento da penhora, não é justo imputar, em tal circunstância, ao embargado o ônus da sucumbência, porquanto o incidente decorreu de um ato judicial que não lhe pode ser imputado, a título algum. A falha, *in casu*, seria apenas do aparelhamento judiciário e só o Poder Público há de responder por suas consequências.[108]

Para obviar problemas como esse ou mesmo para evitar inúteis ou desnecessários ajuizamentos de embargos de terceiro, de *lege ferenda* seria recomendável condicionar o manejo desse remédio processual a um prévio pedido de liberação do bem, formulado pelo terceiro por

---

[104] "Até a edição de lei específica, as execuções contra devedor insolvente, em curso ou que venham a ser propostas, permanecem reguladas pelo Livro II, Título IV, da Lei no 5.869, de 11 de janeiro de 1973" (CPC/2015, art. 1.052).

[105] PONTES DE MIRANDA, Francisco Cavalcanti. *Tratado de direito privado*. Atual. por Nelson Nery Jr. e Luciano de Camargo Penteado. São Paulo: RT, 2012, t. XX, § 2.557, p. 381, *in verbis*: "Ainda que não esteja vencida a hipoteca, podem os credores quirografários penhorar o bem gravado, *se há* insolvência, ou *se não há outros bens*". Sobre o tema, consulte-se nosso *Processo de execução*. 28. ed. São Paulo: Leud, 2014, n. 392, p. 489.

[106] STJ, 3ª T., REsp 303.325/SP, Rel. Min. Nancy Andrighi, ac. 26.10.2004, *DJU* 06.12.2004, p. 283.

[107] STJ, 1ª T., AgRg no Ag 355.830/RS, Rel. Min. Francisco Falcão, ac. 04.02.2003, *DJU* 07.04.2003, p. 225.

[108] SANTOS, Ernane Fidelis dos. *Procedimentos especiais*. São Paulo: Leud, 1976, p. 276-277.

meio de simples petição, nos autos principais. Só quando o exequente não concordasse com a liberação sumária é que o terceiro estaria legitimado a propor a sua ação de embargos. Com isso, atender-se-ia ao princípio da economia processual, tão valorizado pelo direito formal de nossos tempos. A jurisprudência erigida ainda na vigência do Código anterior, aliás, tem sido sensível a esse problema, decidindo que se o exequente não tiver contribuído com culpa para que a penhora recaísse sobre bens de terceiro não se lhe pode impor os honorários sucumbenciais, mesmo porque, em casos de simples e involuntário equívoco, bastaria uma simples petição do interessado para liberar o bem indevidamente constrito.[109]

---

[109] Se a penhora, por exemplo, se deu por iniciativa apenas do oficial de justiça, os embargos de terceiro, mesmo sendo procedentes, não acarretam, necessariamente, os encargos de sucumbência para o embargado, por que não estaria configurada, tecnicamente, a sucumbência, por falta de causalidade entre a constrição e a conduta do exequente (STJ, 3ª T., REsp 70.401-0/RS, Rel. Min. Costa Leite, ac. 11.09.1995, *RSTJ* 76/300), "à míngua de derrota objetiva", ou porque, em tal espécie, o exequente "não dá causa ao processo", pelos honorários sucumbenciais ele não responde (STJ, 3ª T., REsp 45.727-0/MG, ac. 28.11.1994, *RSTJ* 78/202); mormente, quando, não havendo resistência do exequente, "a desconstituição da penhora poderia ter sido postulada através de simples petição nos autos da execução" (STJ, 3ª T., REsp 148.322/RS, Rel. Min. Waldemar Zveiter, ac. 03.03.1998, *DJU* 11.05.1998, p. 93). Pelo princípio da causalidade, mesmo quando a penhora é feita por indicação do exequente, a jurisprudência entende que, tratando-se de título ainda não registrado, os ônus da procedência dos embargos não devem recair sobre ele, já que a responsabilidade pela consumação da penhora seria do próprio embargante que não cuidou de dar publicidade à aquisição por meio do registro público. "É que a imposição dos ônus processuais, no Direito Brasileiro pauta-se pelo princípio da sucumbência, norteado pelo princípio da causalidade, segundo o qual aquele que deu causa à instauração do processo deve arcar com as despesas dele decorrentes." Com isso, "afasta-se a aplicação do enunciado sumular 303/STJ" (STJ, 1ª T., REsp 848.070/GO, Rel. Min. Luiz Fux, ac. 03.03.2009, *DJe* 25.03.2009).

Fluxograma nº 20 – Embargos de terceiro (arts. 674 a 681)

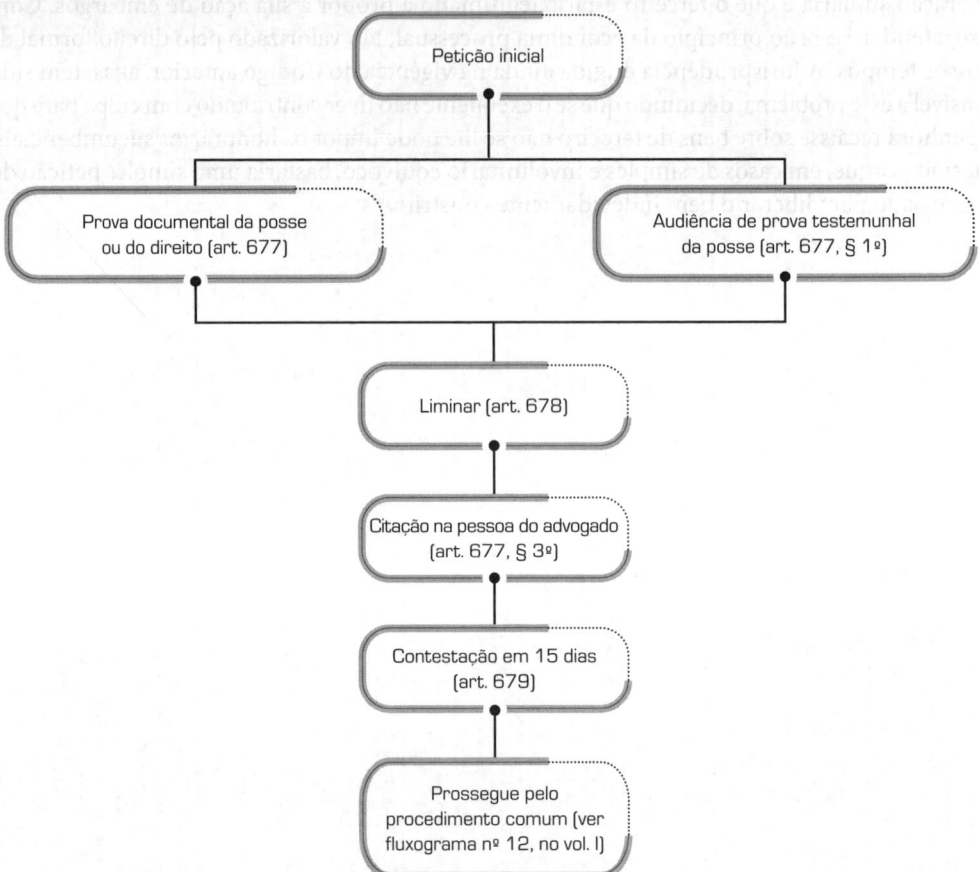

Parte IV
Insolvência Civil

Capítulo XXIV
EXECUÇÃO POR QUANTIA CERTA
CONTRA DEVEDOR INSOLVENTE

§ 55. EXECUÇÃO CONCURSAL

541. Introdução

O Código de 2015 previu a futura edição de uma lei especial para regular a execução por quantia certa contra devedor insolvente. Entretanto, resguardou, no art. 1.052, que, enquanto não editada referida lei, permanecem vigentes as disposições do Livro II, Título IV, do Código de 1973 (arts. 748 a 786-A do CPC/1973). Assim, a insolvência civil será tratada adiante, reportando-se, sempre, aos artigos do Código de 1973. Quando quisermos nos reportar ao atual Código, será acrescida aos dispositivos a menção ao CPC/2015.

542. Execução coletiva e execução singular

O Código de Processo Civil de 1973, sob o *nomen juris* de "execução por quantia certa contra o devedor insolvente", instituiu o concurso universal de credores com feição de verdadeira falência civil.[1]

Diversamente do que se passava ao tempo do Código de 1939, o concurso creditório deixou de ser mero incidente da execução singular, para assumir a posição de processo principal, autônomo, independente, figurando no rol das várias formas especiais de execução catalogadas pelo legislador.[2] Não se pode pretender a declaração de insolvência como mero incidente no bojo de execução singular, em razão de não serem localizados bens a penhorar. "O processo de insolvência é autônomo, de cunho declaratório-constitutivo, e busca um estado jurídico para o devedor, com as consequências de direito processual e material, não podendo ser confundido com o processo de execução, em que a existência de bens é pressuposto de desenvolvimento do processo".[3]

---

[1] O CPC 2015 não criou um novo procedimento para a insolvência civil. Em suas "Disposições Transitórias", todavia, estatuiu que as regras da execução contra devedor insolvente, do CPC/1973, permanecerão em vigor, até que uma lei específica seja editada (art. 1.052).

[2] NEVES, Celso. *Comentários ao Código de Processo Civil*. 7. ed. Rio de Janeiro: Forense, v. 7, 1999, n. 113, p. 260.

[3] STJ, 3ª T., REsp 1.823.944/MS, Rel. Min. Nancy Andrighi, ac. 19.11.2019, *DJe* 22.11.2019.

Trata-se, na verdade, de um juízo universal, com características peculiares, marcado pelos pressupostos básicos da situação patrimonial deficitária do devedor e da disputa geral de todos os seus credores num só processo.

Como espécie da execução forçada por quantia certa, subordina-se a execução do insolvente aos mesmos princípios fundamentais que lastreiam aquela forma de atuação jurisdicional,[4] quais sejam:

(a) responsabilidade patrimonial incidindo sobre bens presentes e futuros do devedor (art. 789 do CPC/2015);

(b) objetivo da execução consistente na expropriação de bens do devedor para satisfação dos direitos dos credores (art. 824 do CPC/2015); e

(c) fundamentação do processo sempre em título executivo, judicial ou extrajudicial (arts. 783 e 786 do CPC/2015).

Mas a estrutura e os objetivos práticos da execução concursal são bem diversos dos da execução singular. Enquanto nesta última o ato expropriatório executivo inicia-se pela penhora e restringe-se aos bens estritamente necessários à solução da dívida ajuizada, na executiva universal há, *ad instar* da falência do comerciante, uma arrecadação geral de todos os bens penhoráveis do insolvente para satisfação também da universalidade dos credores.

Além disso, o critério de tratamento dos diversos credores é feito pelo Código de maneira diferente, conforme a situação econômico-financeira do devedor comum. Se o executado é *solvente*, o procedimento é de índole individualista, realizado no interesse particular do credor, assegurando-lhe a penhora direito de preferência perante os demais credores quirografários, segundo a máxima *prior tempore potior jure* (art. 797 do CPC/2015). Mas, se o devedor é insolvente, o princípio que rege a execução já se inspira na solidariedade e universalidade, dispensando o legislador um tratamento igualitário a todos os credores concorrentes, tendente a realizar o ideal de *par condicio creditorum*.

Inspira-se essa modalidade de execução, segundo Prieto-Castro, num princípio de justiça distributiva que exigiu do legislador a criação de um processo que fosse apto a evitar que credores mais diligentes ou espertos viessem a agir arbitrariamente, antecipando-se em execuções singulares ruinosas e prejudiciais à comunidade dos credores do devedor comum.[5]

Dessa forma, por meio do processo executivo concursal, impõe-se um princípio de ordem, fazendo que todos os bens do devedor comum se integrem numa massa para responder pelo conjunto de créditos, até onde alcance o produto da execução, de modo a assegurar a observância de regras equitativas de distribuição, capazes de evitar que o patrimônio do insolvente seja dilapidado inútil ou nocivamente, com desigualdade e prejuízos à ordem econômica geral. Daí a conclusão do mesmo Prieto-Castro de que essa execução coletiva atua como garantia do princípio de comunhão de perdas a observar entre vários credores do insolvente.[6]

Diante da autonomia e especificidade do processo concursal, deve-se concluir que não é admissível a pretensão de converter-se execução singular em insolvência civil, dadas as peculiaridades de cada procedimento e a natureza concursal da execução do insolvente,

---

[4] MONIZ DE ARAGÃO, Egas Dirceu. Execução contra o devedor insolvente. *Rev. Forense*, v. 246, p. 68, abr.-jun. 1974.
[5] PRIETO-CASTRO Y FERRÁNDIZ, Leonardo. *Derecho concursal*. Madrid: Tecnos, 1974, n. 1, p. 21.
[6] PRIETO-CASTRO Y FERRÁNDIZ, Leonardo. *Derecho concursal*. Madrid: Tecnos, 1974, n. 1, p. 21.

implicando, eventualmente, até mesmo diferentes competências de foco, de acordo com a jurisprudência do STJ.[7]

543. Pressupostos da execução coletiva

Pode-se definir a execução coletiva ou concursal como o processo "que se observa quando existe um patrimônio que há de responder por um conjunto de dívidas, constitutivas de outros tantos créditos em favor de uma pluralidade de credores, e é insuficiente, no momento, para satisfazer a todos esses créditos em sua integralidade".[8]

Tratando-se de procedimento executivo, subordina-se, em princípio, aos pressupostos ou requisitos necessários a toda e qualquer execução, ou seja: o título executivo e o inadimplemento do devedor (art. 786 do CPC/2015).

Mas, cuidando-se de forma especial de execução, há um pressuposto, igualmente extraordinário, reclamado para sua admissibilidade, que é o estado de insolvência do executado, verificável sempre que "as dívidas excederem à importância dos bens do devedor" (art. 748).

Não bastam, portanto, o título e o inadimplemento. Três são, de tal sorte, os pressupostos da execução coletiva: o título, a mora e a declaração judicial de insolvência,[9] reveladora da situação patrimonial do devedor de *impotência* para satisfazer integralmente todas as obrigações exigíveis.

Esse pressuposto específico é definido pelo Código de maneira puramente *objetiva* e sob critério diverso daquele seguido pela legislação falimentar. Enquanto a Lei nº 11.101/2005 considera configurada a insolvência do comerciante pela simples falta de pagamento, no vencimento, de obrigação constante de título que autorize a execução forçada, ainda que o ativo do devedor possa superar seu passivo (LF, art. 94, I), para o Código de Processo Civil a insolvência não pode basear-se tão somente no inadimplemento de obrigação documentada em título executivo.[10] Diversamente, o Código exige o pressuposto efetivo do desequilíbrio patrimonial, "decorrente de um ativo inferior ao passivo, sem o qual a execução jamais seria contra devedor insolvável".[11] Para a insolvência civil, de tal forma, o inadimplemento nada mais é do que um dos requisitos de admissibilidade, mas não condição suficiente.

Aliás, em muitos casos, pode-se até dispensar o inadimplemento como pressuposto da execução coletiva.

Assim é que Moura Rocha lembra que, mesmo "havendo o devedor suspendido os seus pagamentos, mas sendo o seu ativo superior ao seu passivo, não será declarada a insolvência. Contrariamente, se não suspendeu os pagamentos, existindo fatos outros indicativos da sua insolvência, então será esta declarada e dará lugar à execução coletiva".[12]

Como exemplos de situação em que a insolvência pode ser declarada na ausência de títulos vencidos, podemos arrolar: *(i)* a autoinsolvência, porquanto o art. 759 assegura ser lícito ao devedor ou ao seu espólio requerê-la *a todo tempo*;[13] e *(ii)* a insolvência requerida após serem arrestados bens do devedor, com fundamento no art. 813, I, II e III, já que a medida cautelar,

---

[7] STJ, 3ª T., REsp 1.823.944/MS, Rel. Min. Nancy Andrighi, ac. 19.11.2019, *DJe* 22.11.2019.
[8] PRIETO-CASTRO Y FERRÁNDIZ, Leonardo. *Derecho concursal*. Madrid: Tecnos, 1974, n. 1, p. 21.
[9] MONIZ DE ARAGÃO, Egas Dirceu. Execução contra o devedor insolvente. *Rev. Forense*, v. 246, p. 68, abr.-jun. 1974, p. 71.
[10] MOURA ROCHA, José de. *Comentários ao Código de Processo Civil*. São Paulo: RT, 1975, v. IX, p. 12.
[11] NEVES, Celso. *Comentários ao Código de Processo Civil*. 7. ed. Rio de Janeiro: Forense, v. 7, 1999, n. 114, p. 262.
[12] ROCHA, José de Moura. *Comentários ao Código de Processo Civil*. São Paulo: RT, 1975. v. IX, p. 20-21.
[13] Moniz de Aragão assim interpreta o texto do art. 759: "O *a todo tempo* parece-me cláusula que exonera o devedor da necessidade de aguardar o vencimento do título. Poderá o devedor, antes mesmo de estar

nas circunstâncias em foco, não depende de vencimento da dívida e autoriza a decretação de insolvência, conforme dispõe o art. 750, II.[14-15]

Note-se, outrossim, que, mesmo existindo a situação fática da insolvência, não está o credor obrigado a lançar mão da execução concursal. Assiste-lhe o direito de optar entre os dois remédios previstos em lei, de sorte que poderá "buscar a satisfação de seus direitos de crédito tanto com o processo de execução singular quanto através de um processo de execução concursal".[16]

É claro que a opção vigora apenas enquanto inexistir sentença declaratória do estado de insolvência do devedor, porquanto esta é de eficácia constitutiva *erga omnes*, gerando para o devedor a privação da administração dos próprios bens e para os credores a vinculação obrigatória ao juízo universal do concurso.

Na verdade, antes da declaração de insolvência não existe execução contra o insolvente, mas apenas um processo de cognição tendente a verificar a existência ou não da insolvabilidade. Como lembra Moniz de Aragão, "o processo da execução se inicia, como resulta do art. 751, nº III, através da declaração da insolvência".[17] É assim, a partir do citado momento que se ingressa no campo da execução propriamente dita, com agressão ao patrimônio do devedor, visando sua partilha entre os credores segundo a força dos títulos de cada um deles.

Por último, há de atender-se, para a insolvência civil, um requisito de *ordem subjetiva*: a qualidade *civil* do devedor. Isto porque só pode haver a execução coletiva universal regulada pelo Código de Processo Civil quando o insolvente não for comerciante ou *empresário*, na linguagem do Cód. Civil de 2002.

544. Efeitos da declaração de insolvência

Da declaração de insolvência decorrem efeitos análogos ao da falência do empresário, que se fazem sentir objetiva e subjetivamente, tanto para o devedor como para seus credores.

Efeitos objetivos são o vencimento antecipado de todas as dívidas; a arrecadação de todos os seus bens penhoráveis, tanto os atuais como aqueles que vieram a ser adquiridos no curso do processo; e a execução coletiva ou juízo universal do concurso dos credores.

Esses efeitos atingem os credores de várias maneiras, merecendo maior destaque a perda de eficácia das penhoras existentes, pois a força atrativa do juízo universal da insolvência não só arrasta para seu bojo todas as execuções singulares existentes, como impede que outras sejam iniciadas.

As próprias execuções em curso são obstadas em seus efeitos porque as penhoras individuais perdem toda eficácia e privilégio diante da arrecadação geral dos bens do devedor.

---

em mora, pretender a declaração da sua própria insolvência" (MONIZ DE ARAGÃO, Egas Dirceu. Execução contra o devedor insolvente. *Rev. Forense*, v. 246, p. 68, abr.-jun. 1974, p. 69).

[14] Esse art. 750, II, se reporta ao art. 813, que não tem correspondente no CPC/2015. Entretanto, os casos a que se reporta esse dispositivo para justificar a presunção de insolvência são os seguintes: "I. quando o devedor sem domicílio certo intentar ausentar-se ou alienar os bens que possui, ou deixa de pagar a obrigação no prazo estipulado; II. Quando o devedor que tem domicílio: a) se ausenta ou tenta ausentar-se furtivamente; b) caindo em insolvência, aliena ou tenta alienar bens que possui; contrai ou tenta contrair dívidas extraordinárias; põe ou tenta pôr os seus bens em nome de terceiros; ou comete outro qualquer artifício fraudulento, a fim de frustrar a execução ou lesar credores; III. Quando o devedor, que possui bens de raiz, tenta aliená-los, hipotecá-los ou dá-los em anticrese, sem ficar como algum ou alguns, livres e desembargados, equivalentes às dívidas".

[15] CARVALHO MANGE, Roger de. A insolvência do novo Código de Processo Civil. *Rev. dos Tribs.*, v. 464, p. 34, jun. 1974.

[16] MOURA ROCHA, José de. *Comentários ao Código de Processo Civil*. São Paulo: RT, 1975, v. IX, p. 58.

[17] MONIZ DE ARAGÃO, Egas Dirceu. Execução contra o devedor insolvente. *Rev. Forense*, v. 246, p. 68, abr.-jun. 1974, p. 71.

O maior efeito da declaração de insolvência é, porém, o de caráter *subjetivo* e que se faz sentir sobre a pessoa do devedor. Trata-se da perda do direito de administrar os seus bens e dispor deles, até a liquidação total da massa (art. 752), interdição essa que, na verdade, perdura até a sentença declaratória de extinção de todas as obrigações do insolvente, conforme esclarece o art. 782.

Com a abertura da insolvência, o patrimônio do devedor passa a representar uma massa vinculada à satisfação da universalidade de credores e, por isso mesmo, submetida à administração judicial. A figura do administrador não é, assim, a de um representante do insolvente, mas a de um auxiliar da justiça que atua no interesse geral dos credores comuns, exercendo função pública.

A situação do insolvente é a mesma do falido. A perda da administração, no entanto, não pode ser equiparada à perda da capacidade ou da personalidade do insolvente, uma vez que conserva ele a plenitude da aptidão para exercer todos os direitos não patrimoniais e mesmo os de natureza patrimonial que se refiram a bens não penhoráveis. Nem sequer a arrecadação importa em perda da propriedade do devedor sobre os bens confiados à gestão do administrador. A perda, enquanto não ocorre a expropriação executiva final, refere-se apenas e tão somente à disponibilidade e administração dos mesmos bens.[18]

Não só a gestão administrativa e financeira é afastada do devedor, mas também a atividade judicial lhe é restringida. Embora possa assistir e fiscalizar as ações em que tenha interesse patrimonial, o insolvente perde a capacidade processual ou a de ser parte.[19] Não pode, por isso, estar em juízo, nem na qualidade de autor nem na de réu,[20] já que toda a representação da massa compete ao administrador (art. 766, II).

Questão não abordada pelo Código foi a da eficácia da declaração de insolvência sobre os contratos bilaterais do devedor. Na Lei de Falências existe dispositivo expresso que exclui a resolução dos contratos bilaterais da eficácia da sentença declaratória da quebra. Mas, diante da identidade de situações, a doutrina já reconhece que, *ad instar* do art. 117 da Lei nº 11.101/2005, também a declaração de insolvência não resolve os contratos bilaterais, competindo ao administrador dar-lhe cumprimento, se houver conveniência para a massa.[21]

Interessante aplicação desse entendimento é o que se refere ao contrato de alienação fiduciária, regulado pelo Decreto-lei nº 911, de 1969, que, conforme a lição de Paulo Restiffe Neto, não deve ser considerado antecipadamente vencido, da mesma maneira que se dá nos casos de falência. Inexistindo mora do devedor, "poderá o administrador, se achar conveniente para a massa, prosseguir na execução normal do contrato, pagando em dia as prestações vincendas".[22]

545. Características da execução coletiva

As principais características do processo de insolvência[23] são:

(a) a *universalidade* por alcançar a execução a totalidade dos bens do devedor, constituindo a *massa* de bens do insolvente;

---

18   MOURA ROCHA, José de. *Comentários ao Código de Processo Civil*. São Paulo: RT, 1975, v. IX, p. 193.
19   PRIETO-CASTRO Y FERRÁNDIZ, Leonardo. *Derecho concursal*. Madrid: Tecnos, 1974, n. 16, p. 39.
20   MOURA ROCHA, José de. *Comentários ao Código de Processo Civil*. São Paulo: RT, 1975, v. IX, p. 193.
21   NEVES, Celso Neves. *Comentários ao Código de Processo Civil*. 7. ed. Rio de Janeiro: Forense, 1999, v. 7, n. 129, p. 288; RESTIFFE NETTO, Paulo. *Garantia fiduciária*. São Paulo: RT, 1975, n. 133, p. 569. O tema acha-se mais amplamente apreciado em nosso *A insolvência civil*. 2. ed. Rio de Janeiro: Forense, 1984, n. 234 e 256, p. 267-291. O art. 43 do Decreto-lei nº 7.661, citado no texto, corresponde ao art. 117 da nova Lei de Falências (Lei nº 11.101, de 09.02.2005).
22   RESTIFFE NETTO, Paulo. *Garantia fiduciária*. São Paulo: RT, 1975, n. 133, p. 569.
23   LIMA, Cláudio Vianna de. *Processo de execução*. Rio de Janeiro: Forense, 1973, p. 251-252.

(b) o caráter de *execução coletiva*, pois "ao juízo da insolvência concorrerão todos os credores do devedor comum" (art. 762) e nele será realizada a transferência forçada de toda a massa para pagamento, em rateio, dos concorrentes, com observância da *par condicio creditorum*;

(c) a convocação geral dos credores, por editais (*provocatio ad agendum*) (art. 761, II), como medida de ampla publicidade do estado de insolvência do devedor e como elemento delimitador da oportunidade de os credores reclamarem seus direitos no juízo universal da insolvência, sob pena de perda de preferências e de direito a cotas na realização do ativo;

(d) a nomeação de *administrador* para a massa, com poderes de representação, ativa e passiva, em juízo e fora dele, e com exclusão do devedor da gestão e disponibilidade de seus bens (arts. 752 e 763);

(e) a *extinção das obrigações* do insolvente, ainda que não inteiramente resgatadas (art. 778).

546. Algumas diferenças entre a falência e a insolvência civil

Muito embora a insolvência, no âmbito do Código de Processo Civil, seja similar à falência,[24] desempenhando, de fato, função análoga à do processo falimentar, notam-se algumas diferenças entre o tratamento legal da insolvência mercantil e da insolvência civil, que em linhas gerais podem ser assim resumidas:

(a) Enquanto a falência produz efeitos diversos, conforme seja classificada em *fraudulenta* ou *fortuita*, a insolvência civil não sofre influência de tal classificação. Apenas no direito ao pensionamento durante o processo é que o Código cogita da falta de culpa do devedor por sua ruína financeira (art. 785).

(b) Como decorrência da irrelevância de ter sido fortuita ou fraudulenta a insolvência civil, não institui o legislador figuras penais análogas aos crimes falimentares para o devedor civil. E por isso mesmo inexiste o inquérito judicial, que é obrigatório na falência.

(c) Diversamente do que se passa com a falência, a sentença de declaração de insolvência não estipula um período suspeito, nem goza de eficácia retroativa e muito menos gera para os credores remédios processuais revocatórios especiais de atos do insolvente. Assim, a impugnação ou desconstituição de negócios jurídicos fraudulentos ou lesivos do devedor, realizados anteriormente à sentença declaratória, só podem ser postuladas segundo as normas gerais do Direito Civil referentes a ações comuns de fraude contra credores.[25]

(d) O comerciante insolvente tem o dever de requerer a autofalência (Lei nº 11.101/2005, arts. 94 e 105). Já o devedor civil desconhece tal obrigação, pois o que o Código lhe dá é a *faculdade* de lançar mão do processo de insolvência (art. 759).

(e) Para evitar a falência, há remédios legais que a antiga Lei de Falências denominava de concordata, e que a Lei nº 11.101/2005 classificou como "recuperação judicial"

---

[24] No direito comparado, há ordenamentos jurídicos que tratam a insolvência num único estatuto legal, disciplinando-a indistintamente em face tanto do devedor empresário como do devedor civil. É o caso, por exemplo, da Alemanha, cujo *direito das falências* prevê um processo de insolvência uniforme (Insolvenzordnung – InsO).

[25] PRIETO-CASTRO Y FERRÁNDIZ, Leonardo. *Derecho concursal*. Madrid: Tecnos, 1974, n. 92, p. 121-122.

da empresa (arts. 47 e ss.). Na regulamentação da insolvência civil inexiste figura análoga, embora se admita, após a aprovação do "Quadro Geral dos Credores", a possibilidade de acordo entre o insolvente e os credores habilitados, com o objetivo de estabelecer uma forma consensual de pagamento dos créditos concursais (CPC/1973, art. 783).

(f) Porque, ao contrário da falência, não se baseia a insolvência civil na cessação de pagamentos ou na impontualidade do devedor, não há obrigatoriedade de ser a petição inicial instruída com o *protesto* do título insatisfeito.

Sem embargo do que se vem de ser relacionado, nota-se que há mais afinidade do que incompatibilidade entre a insolvência do devedor civil e a falência do devedor empresarial. De modo que se reconhece a necessidade de diálogo (ainda que adaptado) entre as disposições do CPC e os regramentos previstos na Lei nº 11.101/2005, que regula a falência e a recuperação judicial, "tendo em vista que, a partir de pontos de uniformidade, deve-se admitir o traslado de técnicas".[26]

Esse diálogo de fontes se impõe principalmente no terreno das lacunas do CPC quanto a detalhes procedimentais importantes, que podem ser complementados pela disciplina da insolvência regulada pelo Código Civil e, mormente pela lei de Falências.[27] A propósito, o STJ já decidiu que a execução contra o devedor insolvente "tem nítida feição de falência civil".[28]

---

[26] MAZZEI, Rodrigo. Inventário sucessório: declaração de insolvência do espólio postulada pelo inventariante. *Revista Nacional de Direito de Família e Sucessões*, v. 46, p. 140, Porto Alegre, jan.-fev./2022.

[27] MAZZEI, Rodrigo. Inventário sucessório: declaração de insolvência do espólio postulada pelo inventariante. *Revista Nacional de Direito de Família e Sucessões*, v. 147, p. 140, Porto Alegre, jan.-fev./2022.

[28] STJ, 4ª T., REsp 1.257.730/RS, Rel. Min. Luís Felipe Salomão, ac. 03.05.2016, *DJe* 30.05.2016.

§ 56. PRIMEIRA FASE DO PROCESSO DE INSOLVÊNCIA

547. Apuração ou verificação da insolvência. Natureza jurídica do processo

Tal como ocorre no processo falimentar, a execução do devedor insolvente compreende duas fases: uma inicial, que tende à verificação do estado de insolvência do devedor, e uma subsequente, em que são executados seus bens para saldar os créditos concorrentes.

Como ensina Prieto-Castro, o processo concursal está convocado a realizar fins que são próprios de processo de cognição, de processo de execução e até de processo cautelar.[29]

Com efeito, o estado de insolvência, com seus efeitos inerentes, não o pode criar o devedor por si mesmo e só a sentença judicial tem poderes para produzir semelhante *status*, como se passa, aliás, em todos os casos em que no mundo jurídico se reclama uma sentença constitutiva.[30]

Por isso, na primeira fase do processo de insolvência não se pode, ainda, falar em execução forçada, pois a atividade jurisdicional então desenvolvida é tipicamente de cognição, encontrando sua culminância na sentença que declara, ou não, o estado de insolvência do devedor.

Se não se prova o *déficit* patrimonial, a demanda será rejeitada por improcedência e a sentença terá a natureza de decisão declaratória negativa. Se o pedido é acolhido, com o reconhecimento da insolvência, a sentença terá, segundo o melhor entendimento, força *constitutiva*, donde nascerá o processo de execução coletiva do insolvente.

Daí dizer Celso Neves que "à atividade *jurisdicional* que culmina com a sentença declaratória da insolvabilidade segue-se, *incontinenti*, a atividade *juris satisfativa* própria da execução concursal", que se inicia com a nomeação de administrador, a arrecadação de bens e a convocação geral dos credores.[31]

Na primeira fase da insolvência não há sequer universalidade, já que o pronunciamento jurisdicional se dá apenas diante de um pedido unilateral do devedor (jurisdição voluntária) ou de uma lide travada entre um credor e o devedor (jurisdição contenciosa).

É, pois, a sentença que decreta a insolvência que abre ou inicia a execução, gerando nova relação processual, já então aberta à participação da generalidade dos credores.

Do reconhecimento do estado de insolvência decorrem várias medidas de resguardo aos interesses da massa, como o afastamento do devedor da administração dos bens e a entrega destes a um administrador judicial, medidas essas a que Prieto-Castro reconhece o cunho de providências cautelares ou preventivas.[32]

A constitutividade da sentença de decretação da insolvência é preponderante, pois, "após ela, há um estado jurídico que antes não existia".[33] Basta lembrar que por força dela ocorre o vencimento antecipado das dívidas do insolvente, a arrecadação de seus bens e a perda da administração e disponibilidade do devedor sobre os mesmos bens.

Aberta a insolvência, cria-se um juízo duplamente universal, por abranger a universalidade dos bens do devedor e a universalidade de seus credores. Diz-se, por isso, que a universalidade da insolvência é tanto objetiva como subjetiva.[34]

---

[29] PRIETO-CASTRO Y FERRÁNDIZ, Leonardo. *Derecho concursal*. Madrid: Tecnos, 1974, n. 4, p. 23-24.
[30] PRIETO-CASTRO Y FERRÁNDIZ, Leonardo. *Derecho concursal*. Madrid: Tecnos, 1974, n. 21, p. 45.
[31] NEVES, Celso. *Comentários ao Código de Processo Civil*. 7. ed. Rio de Janeiro: Forense, 1999, v. 7, n. 127, p. 284.
[32] PRIETO-CASTRO Y FERRÁNDIZ, Leonardo. *Derecho concursal*. Madrid: Tecnos, 1974, n. 4, p. 23-24.
[33] PONTES DE MIRANDA, Francisco Cavalcanti. *Tratado das ações*, v. III, 1972, § 95, p. 375.
[34] PONTES DE MIRANDA, Francisco Cavalcanti. *Tratado das ações*, v. III, 1972, § 94, p. 369.

Nessa execução coletiva, "liquida-se para que todos os credores sejam satisfeitos com todos os bens e para que se saiba o que restou de bens ou o que faltou para que a satisfação fosse completa. Parte-se do princípio da *par condicio creditorum* ou princípio do igual tratamento dos credores e somente se atendem as exceções que a lei crie a esse princípio",[35] com os direitos reais de garantia e os privilégios especiais de certos credores.

A universalidade objetiva consiste na *expropriação* ou *transferência forçada* de todo o patrimônio do insolvente para apurar-se o numerário com que pagar os credores concorrentes. Naturalmente, só os bens alienáveis podem ser penhorados, de maneira que o concurso universal não atinge aqueles legalmente inalienáveis, nem os restritamente impenhoráveis (art. 751, II).

Nos processos de execução coletiva, como a falência e a insolvência, não há apenas uma relação processual, mas várias e sucessivas, enfeixadas numa relação maior, que é a iniciada com a decretação do estado de quebra ou insolvência e que só vai terminar com a sentença final de encerramento do processo. Essa relação maior é, no dizer de Pontes de Miranda, "a estrada larga" aberta pela decretação de insolvência, em cujo leito caminharão outras relações menores, como a de verificação de contas, a dos procedimentos para a admissão de credores, as concordatas etc.

O concurso de credores, propriamente dito, é apenas um incidente da execução do devedor insolvente, no qual os credores disputarão entre si o direito ao rateio e suas preferências, culminando com o julgamento do quadro geral. Sua natureza é de processo de cognição, pois visa apreciar, discutir e definir direitos dos concorrentes.[36]

548. Caracterização da insolvência

A insolvência, como pressuposto da execução concursal, para o Código, pode ser *real* ou *presumida*.

É *real* aquela definida pelo art. 748 e que se dá, efetivamente, "toda vez que as dívidas excederem a importância dos bens do devedor". Revela-se por meio do balanço concreto da situação patrimonial do obrigado.

A insolvência é *presumida* pela lei, nos casos do art. 750, *i.e.*, quando:

(a) o devedor, ao ser executado, não possuir outros bens livres e desembaraçados para nomear à penhora (inciso I), o que se verifica por já estarem todos os seus bens penhorados em outras execuções ou por não possuir bens penhoráveis; ou, ainda, por estarem onerados todos os seus bens;

(b) forem arrestados bens do devedor, com fundamento no art. 813, I, II e III[37] (inciso II), ou seja:

(1) quando o devedor sem domicílio certo intenta ausentar-se ou alienar os bens que possui, ou deixa e pagar a obrigação no prazo estipulado;

(2) quando o devedor, que tem domicílio: *(i)* se ausenta ou tenta ausentar-se furtivamente; *(ii)* caindo em insolvência, aliena ou tenta alienar bens que possui; contrai ou tenta contrair dívidas extraordinárias; põe ou tenta pôr os seus bens em nome de terceiros; ou comete outro qualquer artifício fraudulento, a fim de frustrar a execução ou lesar credores;

---

[35] PONTES DE MIRANDA, Francisco Cavalcanti. *Tratado das ações*, v. III, 1972,, § 94, p. 370.
[36] THEODORO JÚNIOR, Humberto. O concurso de credores e a execução singular. *Rev. dos Tribs.*, v. 437, p. 40, mar. 1972; CASTRO, Amílcar de. *Comentários ao Código de Processo Civil*. 2. ed. Rio de Janeiro: Forense, 1963, v. X, n. 516, p. 510; REDENTI, Enrico. *Profili pratici del diritto processuale civile*. Milano: A. Giuffrè, 1939, n. 326 e 344, p. 563-564 e 594.
[37] As hipóteses do art. 813 para cabimento do arresto estão discriminadas na nota ao item nº 543.

(3) quando o devedor, que possui bens de raiz, intenta aliená-los, hipotecá-los ou dá-los em anticrese, sem ficar com algum ou alguns, livres e desembargados, equivalentes às dívidas.

Nas hipóteses de admissibilidade de arresto já apontadas, o credor de título não vencido poderá legitimar-se extraordinariamente a propor a insolvência do devedor, mediante utilização do procedimento cautelar como preparatório (art. 750, II). "Obtido o arresto e efetivado este, o credor terá o prazo do art. 806 do CPC [CPC/2015, art. 308] (30 dias) para ajuizar o pedido de decretação da insolvência."[38]

Cabe ao credor promovente o ônus de provar o fato de que decorre a presunção de insolvência. E mesmo diante dessa prova a presunção, em todos os casos, é *juris tantum*, sendo lícito ao devedor ilidi-la mediante produção de prova em contrário que consistirá em demonstrar que seu ativo supera o passivo.

A prova efetiva do balanço patrimonial do devedor é impossível de ser exigida do credor. Por isso o que lhe compete é apenas a demonstração de fatos que façam presumir a situação deficitária do devedor.[39]

Diante do interesse social envolvido nas ações de insolvência, pois a decretação tem eficácia *erga omnes* e atinge credores que não figuram na relação processual inicial, admite-se que o juiz desenvolva investigação *inquisitória e* não fique vinculado aos princípios comuns de ônus da prova para a solução do caso.[40]

---

[38] CARVALHO MANGE, Roger de. A insolvência do novo Código de Processo Civil. *Rev. dos Tribs.*, v. 464, p. 34, jun. 1974.
[39] Sobre o tema, consulte-se nosso *A insolvência civil*. 2. ed. Rio de Janeiro: Forense, 1984, n. 118, p. 141-142.
[40] MOURA ROCHA, José de. *Comentários ao Código de Processo Civil*. São Paulo: RT, 1975, v. IX, p. 155, apoiando--se na lição de Satta.

§ 57. ESPÉCIES DE PROCEDIMENTOS CONCURSAIS E INICIATIVA DO PROCESSO

549. Legitimação

Tomando por base a provocação inicial do processo, a insolvência pode ser, segundo a classificação de Prieto-Castro, *voluntária* ou *necessária*, conforme sua decretação se dê em virtude de manifestação do próprio devedor, ou seja, requerida pelos credores.[41]

Nosso Código conhece as duas espécies de insolvência, pois o art. 753 admite que sua declaração possa ser requerida:

(a) por qualquer credor quirografário (inciso I);

(b) pelo devedor (inciso II); e

(c) pelo inventariante do espólio devedor (inciso III).

No caso de iniciativa do credor estabelece-se um contraditório, ficando o credor promovente como sujeito ativo e devedor como passivo, indo culminar a cognição numa sentença de mérito que, acolhendo o pedido, constituirá para o demandado uma nova situação jurídica: a de insolvente, com todos os consectários de direito.

Nos casos dos itens II e III, não há controvérsia ou contraditório, pois o próprio devedor, ou seu espólio, reconhece o estado deficitário de seu patrimônio e pede a declaração judicial a respeito com a posterior convocação geral dos credores. Trata-se da *autoinsolvência*, similar da *autofalência*, em que a relação processual inicial é apenas bilateral (devedor-juiz), configurando, assim, uma espécie de procedimento de jurisdição voluntária.

Por outro lado, para os fins de legitimação ao juízo concursal, a expressão *devedor* há de ser tomada em sentido amplo, de modo a abranger não só o devedor *stricto sensu*, mas também o apenas *responsável* por obrigação alheia, como fiador, sócio solidário e equivalentes.

O Código não prevê a decretação de insolvência *ex officio* pelo juiz, nem como iniciativa originária de processo, nem como incidentes de execução singular. Prova disso é que o fato de não serem encontrados bens a penhorar não conduz ao reconhecimento da insolvência do devedor, mas apenas à suspensão da execução singular, como dispõe expressamente o art. 921, III, do CPC/2015.

Dessarte, e tendo presente o princípio geral do *ne proceda judex ex officio*, esposado pelo art. 2º do CPC/2015, a possibilidade de iniciativa do juiz para a declaração de ofício de insolvência deve ser repelida.

"Nula", portanto – como decidiu o Tribunal de Justiça de Minas Gerais – "se revela a decisão que admite a transformação do processo de ação iniciada como execução contra devedor solvente em execução contra devedor insolvente, transformação esta alicerçada no simples fundamento de não se encontrarem bens ou forem estes insuficientes para satisfação da dívida executada. É que a declaração de insolvência exige processo de conhecimento que não é processo de execução, e cujo rito se inscreve na lei como procedimento ordinário", o que torna "incabível a transformação".

Por fim, somente os não empresários, pessoas físicas e jurídicas, é que se submetem ao regime da insolvência civil, sob o rito da execução por quantia certa contra devedor insolvente.

---

[41] PRIETO-CASTRO Y FERRÁNDIZ, Leonardo. *Derecho concursal*. Madrid: Tecnos, 1974, n. 87, p. 118.

550. Insolvência requerida pelo credor

Só o credor quirografário (isto é, o que não possui garantia de direito real ou privilégio especial) é legitimado a requerer a insolvência do devedor. O credor privilegiado carece de interesse processual para propô-la, visto que sua preferência é resguardada e executável independente do juízo universal, bastando lançar mão de execução singular ou de simples incidente na fase de pagamento, caso algum credor quirografário tenha se antecipado na propositura de ação executiva singular (arts. 908 e 909 do CPC/2015). Contra as preferências de direito material, não prevalece a da penhora (art. 905, II, do CPC/2015).

O credor privilegiado, porém, pode vir a requerer a insolvência desde que tenha previamente renunciado à sua qualidade ou à garantia real, mediante expressa comunicação ao devedor, caso em que se transformará em quirografário.

A insolvência integra o processo de execução por quantia certa, como de início se demonstrou. Por isso, o credor, ao intentar sua decretação, há de satisfazer os seus pressupostos, instruindo o pedido com título executivo judicial ou extrajudicial (art. 754), pelo qual se verifique ser o crédito certo, líquido e exigível (art. 783 do CPC/2015).[42]

Mas a execução concursal é de natureza especial, de modo que não bastam os pressupostos ordinários da execução por quantia certa: título executivo e inadimplemento. É indispensável a verificação de um terceiro requisito, que é o estado de insolvência do devedor (art. 748).

Esse último requisito, todavia, não depende de prova pré-constituída. Sua apuração pode ser feita na fase de cognição, dentro da própria ação de insolvência civil.

Com relação à insolvência existem duas situações reconhecidas pelo Código: a *real*, apurável pelo efetivo balanço patrimonial (art. 748), e a *presumida*, que se apoia em situações concretas que façam induzir a impotência patrimonial do devedor para satisfazer a totalidade dos credores, como é o caso do executado, com bens penhorados, que não disponha de outros bens livres para nova penhora (art. 750, I).

Somente nos casos de insolvência presumida é que tem o credor condições de demonstrar *initio litis* a situação patrimonial deficitária do devedor, mas o Código não restringe a decretação de insolvência aos casos em que esta se presume.

Daí ter o Código instituído um juízo de conhecimento prévio, onde, "a fim de verificar se o devedor é ou não é insolvente, está-se examinando uma das condições da ação no processo da insolvência", segundo o magistério de Moniz de Aragão.[43]

Por não ser a insolvência civil incidente da execução singular, mas processo autônomo e diverso, inadmissível é exigir que o credor primeiro promova a execução singular para comprovar a inexistência de bens livres a penhorar e só depois requeira a execução coletiva. A falta de bens livres é presunção de insolvência, mas nunca requisito ou pressuposto obrigatório da declaração de insolvência no regime do Código de Processo Civil.[44]

551. Caráter facultativo da ação concursal

Não há, outrossim, obrigatoriedade para o credor de promover a execução concursal, mesmo que o devedor esteja notoriamente insolvente. Conforme a lição de Provinciali, inexiste

---

[42] NEVES, Celso. *Comentários ao Código de Processo Civil*. 7. ed. Rio de Janeiro: Forense, 1999, v. 7, n. 120, p. 273-274.

[43] MONIZ DE ARAGÃO, Egas Dirceu. Execução contra o devedor insolvente. *Rev. Forense*, v. 246, abr.-jun. 1974, p. 69.

[44] Cf. nosso *Processo de execução e cumprimento da sentença*. 28. ed. São Paulo: Leud, 2014, cap. XXX, n. 403, p. 503; e, ainda, nosso: *A insolvência civil*. 2. ed. Rio de Janeiro: Forense, 1984, n. 140, p. 164-166.

"qualquer diferenciação entre a promoção da execução singular e a concursal", de modo que "o credor pode, para a recuperação do seu crédito, adotar, entre os meios que a lei lhe põe à disposição, aquele que mais convém ou interessa".[45]

Naturalmente, se a opção foi pelo processo concursal, ocorre para o credor a impossibilidade de voltar a utilizar a execução singular contra o mesmo devedor, posto que a sentença declaratória de insolvência é constitutiva e gera um estado novo e irreversível para o devedor.[46]

552. Insolvência de cônjuges

No sistema introduzido pela Lei nº 4.121, de 1962, as dívidas individuais de cada cônjuge não obrigam os bens do outro nem os comuns além da meação do devedor (art. 3º; e Código Civil, art. 1.666).

Mas o cônjuge não devedor pode assumir responsabilidade pela obrigação do consorte, quer tomando-a para si na própria origem da dívida, quer aderindo ao vínculo obrigacional por meio de garantias como o aval e a fiança, ou por posterior assunção do débito.

Há, ainda, a responsabilidade comum provinda da própria natureza da obrigação, pois as dívidas contraídas individualmente, mas a benefício da família, sempre se comunicam e afetam toda a comunhão e até os bens reservados de ambos os cônjuges, como se deduz do disposto no Código Civil, arts. 1.644, 1.663, § 1º, e 1.664.

O art. 749 permite que a declaração de insolvência de ambos os cônjuges seja feita no mesmo processo, desde que:

(a) o outro esposo tenha assumido a dívida, legal ou voluntariamente; e
(b) os bens próprios do devedor direto não sejam suficientes para o resgate do débito.

A insolvência conjunta dos cônjuges, todavia, é exceção e não regra, de maneira que, ordinariamente, apenas o devedor será declarado insolvente e terá os seus bens arrecadados, provocando uma verdadeira *dissolução* da comunhão universal, posto que a meação do outro consorte deverá ser apartada e excluída do processo concursal executivo.

Para obter a exclusão de sua meação da insolvência do marido, a mulher, se não atendida voluntariamente pelos credores, poderá se valer dos embargos de terceiro (art. 674, § 2º, I, do CPC/2015).

553. Ausência de bens penhoráveis do devedor

Tem-se afirmado que não seria admissível o processamento da insolvência civil quando, anteriormente, em execução singular tivesse sido comprovada a inexistência de bens penhoráveis. Isto porque não se concebe execução sem objeto, e o objetivo da execução, seja do devedor solvente ou do insolvente, é o de expropriar bens para satisfazer o direito dos credores.

A tese não merece acolhida, a nosso ver. O processo de insolvência civil não nasce como uma execução forçada, mas como um procedimento típico de cognição, que nada tem a ver com a existência ou inexistência de bens do devedor. Na primeira fase, o que se busca é a decretação de um estado jurídico novo para o devedor, com consequências de direito processual e material, tanto para o insolvente como para seus credores.

Não se pode, portanto, falar em ausência de interesse das partes, pelo simples fato da ausência de bens penhoráveis. Da declaração de insolvência decorrem consequências

---

[45] Apud MOURA ROCHA, José de. *Comentários ao Código de Processo Civil*. São Paulo: RT, 1975, v. IX, p. 97.
[46] MOURA ROCHA, José de. *Comentários ao Código de Processo Civil*. São Paulo: RT, 1975, v. IX, p. 99.

importantes, como a eliminação de preferência por gradação de penhoras, enquanto durar o estado declarado, o vencimento antecipado de todas as dívidas; e, ainda, o afastamento do devedor da gestão patrimonial, dos bens presentes e futuros, o que evitará a disposição sub-reptícia de valores acaso adquiridos após a sentença, a qualquer título, inclusive *causa mortis*; e a mais importante de todas, que é a extinção das dívidas do insolvente.

Só isto já é mais do que suficiente para demonstrar que o processo da insolvência civil, em sua primeira fase, não pode ser obstado pela simples inexistência de bens penhoráveis. Apenas na segunda fase, que se abre com a arrecadação, é que o processo de insolvência se torna executivo. Aí, então, à falta de bens penhoráveis, ocorrerá a suspensão dos atos executivos e a declaração de encerramento do feito, para contagem do prazo de extinção das obrigações do insolvente.

Como se vê, a inexistência de bens penhoráveis não impede o ajuizamento da autoinsolvência nem da insolvência requerida pelos credores.

§ 58. PROCEDIMENTOS DA EXECUÇÃO COLETIVA

554. Procedimento da insolvência requerida pelo credor

O procedimento da insolvência, quando promovida pelo credor, tem início com a citação do devedor para opor embargos em dez dias (art. 755). Tratando-se de procedimento de cognição, melhor teria sido qualificar a resposta do réu, *in casu*, como *contestação*, posto que embargos representam, tecnicamente, ação cognitiva do devedor ou terceiro incidentemente instaurada no curso da execução.

A opção do legislador, no entanto, pela defesa por meio de embargos simplifica o problema dos ônus da prova. Assim, sendo o devedor o autor da ação de embargos, a ele caberá o ônus da prova sempre que se opuser à pretensão do credor, mediante afirmação de ser superavitário o seu patrimônio.

Cumprida a citação, podem ocorrer cinco situações diferentes, com consequências naturalmente diversas, a saber:

(a) O devedor *paga a dívida* em que se baseia o promovente, o que, além de demonstrar sua solvabilidade, importa em extinção da execução no próprio nascedouro (art. 924, II, do CPC/2015);

(b) o devedor *silencia-se*, deixando de opor embargos no prazo legal: o juiz proferirá, então, em dez dias, sua sentença (art. 755), que ordinariamente acolherá o pedido, pois, pela sistemática do Código, basta a revelia para terem-se como verdadeiros os fatos arrolados pelo autor (art. 344 do CPC/2015). Pode, no entanto, ocorrer que o título exibido pelo credor não satisfaça os requisitos de certeza, liquidez ou exigibilidade, ou que o próprio enunciado da inicial evidencie que o caso não é de insolvência. Nessas hipóteses, malgrados a revelia, o juiz denegará o pedido de insolvência.[47] Ressalva-se, também, e mais uma vez, o poder inquisitório do juiz em tais procedimentos, o qual não fica obrigatoriamente jungido ao sistema de ônus da prova e sempre que julgar conveniente pode exigir ou promover *ex officio* a investigação da veracidade dos fatos alegados;

(c) o devedor formula *embargos*, visando o não pagamento da dívida, caso em que poderá manejar a matéria cabível nos embargos comuns do devedor solvente (arts. 535 e 917 do CPC/2015 e 756, I, do CPC/1973). Não está obrigado a nomear bens à penhora, nem a depositar o valor da dívida, mas, se for vencido, a insolvência fatalmente será decretada;

(d) o devedor opõe *embargos* apenas para provar que seu passivo é menor do que o ativo, vale dizer, procura ilidir o pedido demonstrando sua solvabilidade (art. 756, II). Aqui, também, não está obrigado a garantir a execução, sujeitando-se, porém, à decretação da insolvência, caso seus embargos sejam improcedentes;

(e) no prazo de embargos, o devedor *deposita* a importância do crédito do requerente, para discutir-lhe a legitimidade ou o valor, caso em que a insolvência já estará, desde logo, ilidida (art. 757).

Com o depósito prévio terá o devedor evidenciado seu estado de solvência, de maneira que, qualquer que seja o resultado dos embargos, não será mais possível a decretação da insolvência.

---

[47] LIMA, Cláudio Vianna de. *Processo de execução*. Rio de Janeiro: Forense, 1973, p. 255.

Trata-se de depósito *pro solvendo*, que desfigura a lide inicialmente posta em juízo, passando a controvérsia a girar não mais em torno da insolvabilidade do devedor, mas em torno da matéria exposta nos embargos, que assumem feição de ação declaratória incidental sobre "a relação creditícia que se torna, então, litigiosa".[48]

Se julgados procedentes os embargos, o devedor levantará o depósito, sendo o credor condenado nas custas e honorários advocatícios, em virtude da sucumbência. Se rejeitados, ao credor será deferido o levantamento do depósito, correndo os ônus da sucumbência a cargo do devedor, mas não haverá a decretação de insolvência.

Em todos os casos de embargos, o juiz tem dez dias para sentenciar, desde que não se faça necessária a produção de provas (art. 758, 1ª parte), circunstância que ocorre quando a discussão gira em torno apenas de questões de direito ou quando a prova documental existente é suficiente para formar a convicção do julgador.

Havendo, contudo, necessidade de outras provas, o juiz designará audiência de instrução e julgamento, com as formalidades do procedimento comum (art. 758, 2ª parte).

Da sentença que decide os embargos caberá recurso de apelação, que não terá efeito suspensivo se a decisão for de rejeição da defesa (art. 1.012, III, do CPC/2015).

555. Insolvência requerida pelo devedor ou seu espólio

Inexiste para o devedor civil a obrigação de promover a própria insolvência.[49] Diversamente do que se passa com o empresário, que é *obrigado* a requerer a *autofalência* (Lei nº 11.101/2005, arts. 94 e 105), o devedor civil, ou seu espólio, tem apenas a *faculdade* de requerer a *autoinsolvência*, segundo se depreende do art. 759, em que se lê que "*é lícito* ao devedor ou ao seu espólio, a todo tempo, requerer a declaração de insolvência".

Deve a petição inicial conter, além dos requisitos comuns, mais os seguintes dados (art. 760, I a III):

(a) a relação nominal de todos os credores, com a indicação do domicílio de cada um, bem como da importância e da natureza dos respectivos créditos (inciso I);

(b) a individuação de todos os bens, com a estimativa do valor de cada um (inciso II);

(c) o relatório do estado patrimonial, como a exposição das causas que determinam a insolvência (inciso III).

Tratando-se de uma confissão de insolvência, é preciso, como se vê, que a petição do devedor contenha todos os elementos caracterizadores de seu estado patrimonial deficitário, pois será com base nela que a sentença declaratória de insolvência será proferida (art. 761).

A confissão de insolvência importa, ainda, renúncia implícita à administração e disponibilidade dos próprios bens, de modo que a procuração outorgada para seu procedimento depende de poderes especiais.[50]

Muito se tem discutido, em doutrina, a propósito da natureza jurídica do pedido de autoinsolvência.

---

[48] NEVES, Celso. *Comentários ao Código de Processo Civil*. 7. ed. Rio de Janeiro: Forense, 1999, v. 7, n. 123, p. 277.

[49] MOURA ROCHA, José de. *Comentários ao Código de Processo Civil*. São Paulo: RT, 1975, v. IX, p. 87.

[50] NEVES, Celso. *Comentários ao Código de Processo Civil*. 7. ed. Rio de Janeiro: Forense, 1999, v. 7, n. 126, p. 282.

Em seus recentes "Comentários ao Código de Processo Civil", o douto Professor Celso Neves ensina que no sistema do código de 1973 o requerimento do devedor, de declaração da própria insolvabilidade, denota exercício de direito de ação, de que resulta o procedimento preambular, tipicamente jurisdicional, a que se segue, uma vez acolhido o pedido, "a execução por concurso universal" (art. 751, III).[51]

O Ministro Buzaid, escrevendo ao tempo do Código revogado, mas em termos que se aplicam perfeitamente à sistemática do Código atual, ensinava que "o executado não exerce *ação*, antes pede o reconhecimento judicial do seu estado de insolvência, a fim de permitir que os credores compareçam e deduzam os seus direitos. O poder de pedir a abertura do concurso não lhe confere a qualidade de *autor*. Deverá continuar como executado. Provoca a execução coletiva, mas não a dirige".[52]

Em lição atualizadíssima, Moura Rocha invoca a opinião de Adolfo Parry para afirmar que "a iniciativa do insolvente é o modo normal de abertura do juízo de concurso". Porém, "a declaração do devedor é considerada não como uma verdadeira instância processual, mas uma denúncia do próprio estado de insolvência, a fim de dar oportunidade ao juiz para decretar, se diria de ofício, a abertura do concurso".[53]

No direito italiano, Bonelli sustenta, por isso, que a autofalência tem antes a natureza de *jurisdição voluntária*, já que o devedor pratica um ato de disposição análogo ao da *cessio bonorum*.[54]

Consideram-na também procedimento de jurisdição voluntária, entre outros, Carnelutti, Oetker e Redenti.[55]

A objeção que se faz à conceituação da autofalência como medida de jurisdição voluntária consistiu unicamente em dizer que o devedor comerciante não dispõe de liberdade para exercer uma manifestação voluntária, que seria necessária para a efetiva configuração do procedimento em tela; isto porque a lei falimentar lhe impõe o *dever de pedir* a abertura da própria falência.[56] O argumento, no entanto, não atinge a insolvência civil, porque a autoinsolvência, em nosso sistema, é realmente uma *faculdade* e não um dever, como já se demonstrou.

Fala Celso Neves em uma figura especial de ação, em que a pretensão à tutela jurisdicional se apresentaria sem angularidade. "A relação aí", segundo o eminente processualista, "seria *linear*: do devedor ao juiz e do juiz ao devedor, sem a *in ius vocatio*, imprescindível, apenas, nos casos de angularidade necessária".[57]

O próprio enunciador da tese, todavia, reconhece que a figura "é de difícil explicação doutrinária". E a nós nos parece mesmo que a melhor posição é a que vê na autoinsolvência uma forma de procedimento de jurisdição voluntária.

Falar em *ação* sem partes ou em relação processual litigiosa sem angularidade ou sem contraditório se me afigura tentativa de construção de imagem que não se amolda bem aos padrões ordinariamente seguidos em Direito Processual.

---

[51] NEVES, Celso. *Comentários ao Código de Processo Civil*. 7. ed. Rio de Janeiro: Forense, 1999, v. 7, n. 125, p. 281.
[52] BUZAID, Alfredo. *Do concurso de credores no processo de execução*. São Paulo: Saraiva, 1952, n. 243, p. 289.
[53] MOURA ROCHA, José de. *Comentários ao Código de Processo Civil*. São Paulo: RT, 1975, v. IX, p. 135.
[54] BONELLI, Andre. Del falimento. I, n. 63, apud BUZAID, Alfredo. *Do concurso de credores no processo de execução*. São Paulo: Saraiva, 1952, n. 241, p. 288.
[55] MOURA ROCHA, José de. *Comentários ao Código de Processo Civil*. São Paulo: RT, 1975, v. IX, p. 159-160.
[56] BUZAID, Alfredo. *Do concurso de credores no processo de execução*. São Paulo: Saraiva, 1952, n. 241, p. 288.
[57] NEVES, Celso. *Comentários ao Código de Processo Civil*. 7. ed. Rio de Janeiro: Forense, 1999, v. 7, n. 126, p. 282.

Uma das funções precípuas, senão a verdadeira função, da ação de cognição é gerar a *coisa julgada*. E isto jamais seria possível numa relação linear, visto que a *res judicata* limita sua eficácia subjetiva aos sujeitos da relação processual (art. 506 do CPC/2015). A quem o devedor poderia opor o caso julgado?

O que, segundo a mais atual doutrina, distingue a atividade da jurisdição voluntária das ações constitutivas é justamente a presença, nestas, da *contenda*, ou da pretensão ao exercício de um direito *contra outrem*, ao passo que "na jurisdição voluntária não existe parte adversária e só se trata de uma *fixação*, de valor substancial em si e por si".[58]

Frederico Marques aponta as seguintes características para a jurisdição voluntária: "*a*) como função estatal, ela tem natureza administrativa, sob o aspecto material, e é ato judiciário, no plano subjetivo-orgânico; *b*) em relação às suas finalidades, é função preventiva e também constitutiva".[59]

Pressuposto da jurisdição voluntária é, no dizer do mesmo processualista, "um negócio ou ato jurídico, e não, como acontece na jurisdição contenciosa, uma *lide* ou *situação litigiosa*. O contraditório entre as partes é traço exterior da jurisdição contenciosa... Inexistindo lide, a jurisdição voluntária é, por isso mesmo, um procedimento que se desenvolve sem partes".[60]

Daí a conclusão de Alcalá-Zamora de que na jurisdição voluntária não há litígio, mas negócio jurídico; não há partes, mas simples participantes; nem há ação, mas apenas pedido.[61]

Em conclusão, há procedimento de jurisdição voluntária, quando, conforme Prieto Castro, os órgãos judiciais são convocados a desempenhar uma função administrativa destinada "a tutelar a ordem jurídica mediante a constituição, asseguramento, desenvolvimento e modificação de estados e relações jurídicas com caráter geral, ou seja, frente a todos".[62]

É justamente o que se passa com o pedido de insolvência dirigido unilateralmente pelo devedor ao juiz: não há parte contrária e da sentença surge um estado jurídico novo, com efeitos *erga omnes*.

Sem contraditório, sem partes, sem litígio ou lide, mas com simples relação processual linear, não se pode ver em tal pedido o exercício de pretensão jurisdicional configurador de *ação*, tudo não passando de mero e típico procedimento de jurisdição voluntária ou graciosa.

A conceituação da autoinsolvência como um procedimento de jurisdição voluntária tem a relevante consequência de permitir a anulação da sentença que a decretar irregularmente por meio de ação ordinária, dispensando-se a rescisória (art. 966, § 4º, do CPC/2015), pois "os atos de jurisdição graciosa ou voluntária, como não produzem coisa julgada, não podem ser objeto de ação rescisória"; de modo que, "na lição de Chiovenda, os interessados podem sempre obter a revogação deles dirigindo-se aos mesmos órgãos que os prolataram, desde que os convençam de haverem errado".[63]

555-A. Particularidades da insolvência do espólio

A autoinsolvência do espólio tem cabimento nos casos de herança negativa, ou seja, quando o balanço do acervo hereditário apresenta bens e créditos em volume menor do que o das obrigações passivas.

---

[58] PRIETO-CASTRO Y FERRÁNDIZ, Leonardo. *Derecho concursal*. Madrid: Tecnos, 1974, n. 135, p. 180.
[59] MARQUES, José Frederico. *Manual de direito processual civil*. São Paulo: Saraiva, 1974, v. I, n. 62, p. 79.
[60] MARQUES, José Frederico. *Manual de direito processual civil*. São Paulo: Saraiva, 1974, v. I, n. 62, p. 79-80.
[61] *Apud* MARQUES, José Frederico. *Manual de direito processual civil*. São Paulo: Saraiva, 1974, v. I, n. 62, p. 79-80.
[62] PRIETO-CASTRO Y FERRÁNDIZ, Leonardo. *Derecho concursal*. Madrid: Tecnos, 1974, n. 135, p. 179-180.
[63] VIDIGAL, Luís Eulálio de Bueno. *Comentários ao Código de Processo Civil*. São Paulo: RT, 1974, v. VI, p. 154-155.

Cabe ao inventariante a legitimidade para requerer a declaração de insolvência do espólio, que poderá ser processada no próprio juízo sucessório ou em vara especializada, conforme dispuser a organização judiciária local. O que não pode é dito processamento ocorrer dentro do procedimento especial do inventário e partilha, por incompatibilidade dos respectivos ritos. De qualquer maneira, declarada a insolvência, o processo sucessório terá de ser paralisado. Mazzei entende que, na espécie, o inventário deva ser encerrado.[64] Melhor, entretanto, é apenas submetê-lo à suspensão, já que por várias eventualidades – como falta de habilitação de credores, insucesso de habilitações impugnadas, prescrição ou decadência de obrigações passivas, bem como valorização dos bens ativos etc. –, pode acontecer a remanescência de bens a partilhar depois de encerrado o concurso universal de credores.

Na omissão do inventariante, a insolvência do espólio pode ser requerida por algum credor ou herdeiro, citando-se todos os demais sucessores. O mesmo ocorrerá quando não houver abertura do inventário e consequente inexistência de inventariante nomeado.[65]

Embora possua o inventariante a autorização legal para requerer a insolvência do espólio, trata-se de ato extraordinário que ultrapassa a mera administração, devendo, por isso, praticá-lo mediante necessária audiência de todos os herdeiros.

A estes, por exemplo, será possível oporem-se ao concurso universal de credores, mediante demonstração de que a massa hereditária detém bens ativos maiores do que os débitos deixados pelo autor da herança.

Tratando-se de faculdade e não de obrigatoriedade, a omissão do inventariante em requerer a insolvência do espólio não autoriza, em princípio, nem aos credores, nem aos herdeiros reclamar reparação de eventuais prejuízos, mesmo porque uns e outros também são titulares de igual legitimação para promover a pertinente declaração judicial.[66]

---

[64] MAZZEI, Rodrigo. Inventário sucessório: declaração de insolvência do espólio postulada pelo inventariante. *Revista Nacional de Direito de Família e Sucessões*, v. 46, p. 146, Porto Alegre, jan.-fev./2022.

[65] MAZZEI, Rodrigo. Inventário sucessório: declaração de insolvência do espólio postulada pelo inventariante. *Revista Nacional de Direito de Família e Sucessões*, v. 46, p. 146, Porto Alegre, jan.-fev./2022. O testamenteiro, quando estiver na posse e administração da herança, exercerá as atribuições da inventariança, e, assim, estará também legitimado a requerer a insolvência do espólio (SILVA, Clóvis do Couto e. *Comentários ao Código de Processo Civil*. São Paulo: Ed. RT, 1997, v. XI, t. I, p. 274; MAZZEI, Rodrigo. Inventário sucessório: declaração de insolvência do espólio postulada pelo inventariante. *Revista Nacional de Direito de Família e Sucessões*, v. 46, p. 146, nota 28, Porto Alegre, jan.-fev./2022.

[66] THEODORO JÚNIOR, Humberto. *A insolvência civil*. Rio de Janeiro: Forense, 1980, p. 195; FISCHMANN, Gerson. *Comentários ao Código de Processo Civil*. São Paulo: Ed. RT, 2000, v. 14, p. 70; MAZZEI, Rodrigo. Inventário sucessório: declaração de insolvência do espólio postulada pelo inventariante. *Revista Nacional de Direito de Família e Sucessões*, v. 46, p. 147, Porto Alegre, jan.-fev./2022.

§ 59. COMPETÊNCIA PARA A EXECUÇÃO CONCURSAL

556. Competência

A competência para processamento da *autoinsolvência* está expressamente determinada pelo Código e cabe ao juízo da Comarca onde o devedor tem seu domicílio (art. 760, *caput*). Não o prejudica o foro contratual, nem a convenção de local diverso para pagamento de dívidas.[67]

Com relação ao pedido de insolvência formulado por credor, a competência é fixada pela regra geral de que o réu deve ser demandado em seu domicílio (art. 46 do CPC/2015). Também aqui não influi o foro contratual nem o local de cumprimento da obrigação, visto que o procedimento de declaração de insolvência não se confunde com a ação de cobrança, por ter objeto e finalidade diversos. Como lembra Prieto-Castro, a doutrina jurisprudencial estabelece como foro o do domicílio do insolvente presuntivo. E "a competência territorial, no processo de insolvência, não pode ter o caráter dispositivo, no sentido de que não são admissíveis os pactos de prorrogação ou submissão".[68] É fácil de compreender que assim o seja, dada a circunstância de que os efeitos da insolvência não se restringem aos participantes da relação de conhecimento inicialmente travada em juízo entre credor e devedor, mas atingem, ao contrário, toda a universalidade subjetiva dos credores do insolvente.

Observe-se que, consoante o art. 92, I, do CPC/1973,[69] só os *juízes de direito*, *i.e.*, os *togados*, com as garantias constitucionais, é que podem funcionar nos processos de insolvência. Essa exigência, todavia, foi derrogada pelo art. 22, § 2º, da Lei Complementar nº 35/1979 (Lei da Magistratura), ao dispor que os juízes, "mesmo que não hajam adquirido a vitaliciedade, poderão praticar todos os atos reservados por lei aos juízes vitalícios".

Uma vez decretada a insolvência, ocorre o mesmo fenômeno que se dá com a falência: o juízo concursal exerce *vis atractiva* sobre todas as ações patrimoniais contra o insolvente.

"O desígnio fundamental do processo de execução coletiva se frustraria se à margem dele continuassem subsistindo outros processos singulares anteriores contra o insolvente, de conteúdo patrimonial, que afetassem à massa passiva (de credores) e chegassem a seu fim com execução separada, consagrando discriminação contrária à regra da *par conditio creditorum*. Este resultado insatisfatório é evitado mediante a aplicação de uma norma de cumulação que atende à conexão que se origina entre os processos pendentes e o concursal."[70]

Ademais, perdendo o devedor insolvente a capacidade processual, as ações passam a correr contra o administrador da massa, que atua sob a supervisão permanente do juiz do concurso.

---

[67] FADEL, Sérgio Sahione. *Código de Processo Civil comentado*. Rio de Janeiro: José Konfino-Editor, 1974, t. IV, p. 159-160; RESTIFFE NETO, Paulo. *Garantia fiduciária*. São Paulo: RT, 1975, n. 133, p. 570.
[68] PRIETO-CASTRO Y FERRÁNDIZ, Leonardo. *Derecho concursal*. Madrid: Tecnos, 1974, n. 7, p. 28.
[69] CPC/2015, sem correspondência.
[70] PRIETO-CASTRO Y FERRÁNDIZ, Leonardo. *Derecho concursal*. Madrid: Tecnos, 1974, n. 8, p. 28.

§ 60. SENTENÇA DECLARATÓRIA DE INSOLVÊNCIA

557. Declaração judicial de insolvência

Acolhido o pedido do credor ou do próprio devedor (ou de seu espólio), o juiz proferirá sentença, encerrando a fase preliminar ou de cognição do processo de insolvência.

Essa sentença, embora tenha a função evidente de declarar um estado de fato do devedor (a insuficiência patrimonial para cobrir todas as dívidas), reveste-se, também, de preponderante eficácia constitutiva, criando uma situação jurídica nova para o devedor e para os credores.

Basta dizer que, por força da sentença de insolvência, o devedor perde a administração e disponibilidade dos bens e que os credores perdem os privilégios decorrentes de penhoras anteriores e são arrastados pela força atrativa do concurso universal.

Ensina Celso Neves que os efeitos questionados dependem do trânsito em julgado da sentença, ou, excepcionalmente, da pendência de apelação apenas devolutiva.[71]

Como, no entanto, das sentenças que julgam improcedentes os embargos, a apelação sempre tem apenas o efeito devolutivo (art. 1.012, § 1º, III), força é convir em que a decretação de insolvência, ordinariamente, produzirá eficácia imediata.

Desde que a execução coletiva não pode ser instaurada sem a sentença declaratória da insolvência, exerce ela, além da função de encerrar a fase vestibular do processo, a importantíssima eficácia de produzir a "execução por concurso universal".[72] Pois é com ela que se iniciam os autos executivos propriamente ditos, representados pela apreensão de bens para preparar a transferência forçada e a satisfação dos direitos dos credores.

Daí a procedência da lição de Satta e Provinciali no sentido de que em tal sentença há "uma declaração constitutiva, onde se encontra caráter probatório de título executivo",[73] isto é, a sentença de insolvência "exercita a função que na execução singular tem o título executivo, para abertura de expropriação coletiva, enquanto lhe declara as condições de legitimidade".[74]

Na mesma sentença, o juiz, ao declarar a insolvência, nomeará, dentre os maiores credores, um administrador da massa (art. 761, I) e mandará expedir edital, convocando todos os credores para que apresentem, no prazo de vinte dias, a declaração de crédito acompanhada do respectivo título (art. 761, II).

Embora não conste expressamente do Código, é intuitivo que os credores domiciliados no foro da causa devem ser preferidos para a administração da massa. A publicação do edital será feita segundo a regra geral do art. 257, parágrafo único, do CPC/2015: em jornal local de ampla circulação ou por outros meios, considerando as peculiaridades da comarca.

A universalidade do juízo da insolvência, como já ficou ressaltado, atrai para seu âmbito todos os credores do insolvente, sejam privilegiados ou quirografários (art. 762). A execução é coletiva e concursal. Excetuam-se unicamente os créditos fiscais, que não se sujeitam aos juízos universais por expressa disposição de lei (CTN, art. 187), mas que devem, contudo, ser reclamados perante o administrador da massa e não em face do devedor insolvente.

---

[71] NEVES, Celso. *Comentários ao Código de Processo Civil*. 7. ed. Rio de Janeiro: Forense, 1999, v. 7, n. 118, p. 269.
[72] NEVES, Celso. *Comentários ao Código de Processo Civil*. 7. ed. Rio de Janeiro: Forense, 1999, v. 7, n. 117, p. 267.
[73] Apud MOURA ROCHA, José de. *Comentários ao Código de Processo Civil*. São Paulo: RT, 1975, v. IX, p. 161.
[74] PROVINCIALI, Renzo. Fallimento. *Novíssimo Digesto Italiano*. Torino: UTET, apud NEVES, Celso. *Comentários ao Código de Processo Civil*. 7. ed. Rio de Janeiro: Forense, 1999, v. VII, n. 117, p. 243.

Mesmo os credores de cédulas rurais hipotecárias e pignoratícias, cujas garantias se revestem de impenhorabilidade perante os credores quirografários do devedor comum (Dec.-lei nº 167, de 14.02.1967, art. 69), não se excluem do juízo universal da insolvência.[75]

Todas as execuções individuais serão remetidas para o juízo comum da insolvência (art. 762, § 1º). As penhoras perdem a eficácia e os exequentes os privilégios de ordem de penhora. As execuções são neutralizadas, cessando os respectivos cursos, salvo apenas no caso de existir praça ou leilão já designados, quando, então, a alienação judicial será realizada, mas o produto não beneficiará mais o exequente singular, visto que entrará para a massa (art. 762, § 2º).

A perda da capacidade processual do devedor e a representação da massa pelo administrador judicial fazem que a universalidade do juízo concursal atinja toda e qualquer ação patrimonial instaurada contra o insolvente, inclusive aquelas em que haja intervenção da União ou Território, na forma do art. 51 do CPC/2015.[76] A atração do juízo da insolvência exerce-se sobre todas as ações patrimoniais movidas contra o insolvente, exceto as execuções fiscais (arts. 5º e 29 da Lei nº 6.830/1980). Não afeta aquelas que forem ajuizadas pela massa contra devedores do insolvente. Estas se sujeitarão às regras comuns de competência fixadas no CPC.

---

[75] 1º TACSP, Apel. 215.321, ac. 17.12.1975, *RT* 487/104.
[76] NEVES, Celso. *Comentários ao Código de Processo Civil*. 7. ed. Rio de Janeiro: Forense, 1999, v. 7, n. 128, p. 285.

§ 61. ADMINISTRAÇÃO DA MASSA

558. O administrador da massa

Com a decretação de insolvência, o devedor perde a administração e disponibilidade de seu patrimônio, sendo todos os bens penhoráveis arrecadados e entregues a um *administrador* designado pelo juiz da execução (art. 761).

A arrecadação é ato de natureza e eficácia similares às da penhora na execução singular, isto é, apresenta-se como medida processual executiva tendente a vincular os bens ao processo executivo, preparando a expropriação com que se apurará o numerário para resgate dos créditos concorrentes.

Com a arrecadação, opera-se a subtração dos bens à disponibilidade física do devedor, já que a indisponibilidade jurídica decorre simplesmente de sentença de insolvência.[77]

A função do administrador na insolvência é a mesma do síndico na falência (ou "administrador judicial" na nomenclatura da Lei nº 11.101/2005). Incumbe-lhe conservar e administrar com diligência os bens da massa, procurando assegurar que produzam as rendas, frutos ou produtos habituais, até que chegue o momento da alienação forçada. Sua administração é feita sob direção e superintendência do juiz (art. 763).

Exerce o administrador uma função pública, de natureza processual, agindo como um auxiliar extraordinário do juízo. Substitui o devedor na administração dos bens arrecadados, mas não é representante dele. É, na verdade, um órgão do processo de execução coletiva, agindo mais propriamente como um "delegado da autoridade judiciária".[78] De tal arte, não há representação nem do devedor nem dos credores, mas exercício de função própria, visando ao interesse comum da universalidade dos credores e até mesmo do devedor.

Com a perda da gestão e disponibilidade de bens sofrida pelo insolvente, compete ao administrador a representação ativa e passiva da *massa*, mas não desfruta de liberdade de deliberação, pois seu cargo é exercido sob a direção e superintendência do juiz. Seus planos e decisões, por isso, devem ser submetidos à apreciação judicial, antes de postos em prática. A última palavra é do juiz.[79]

Logo após a publicação da sentença de declaração da insolvência, e independentemente de trânsito em julgado, o escrivão intimará o administrador nomeado a firmar, em vinte e quatro horas, o termo de compromisso de desempenhar bem e fielmente o cargo (art. 764).

O compromisso, que constará de termo assinado pelo juiz e pelo escrivão, é exigência que provém do caráter público da função a ser exercida e da ausência de pré-vinculação judicial do administrador.[80] Dele decorrem direitos, deveres e proibições.

As obrigações mais evidentes são as de bem administrar e conservar os bens arrecadados e a de prestar contas da gestão. Pela atividade desenvolvida no processo, o administrador faz jus a uma remuneração que será arbitrada pelo juiz, atendendo à diligência do gestor, ao trabalho e à responsabilidade da função, e à importância da massa (art. 767). A lei não fixa limites máximos nem mínimos, de modo que a remuneração dependerá do prudente arbítrio

---

[77] PRIETO-CASTRO Y FERRÁNDIZ, Leonardo. *Derecho concursal*. Madrid: Tecnos, 1974, n. 24, p. 49-50.
[78] MOURA ROCHA, José de. *Comentários ao Código de Processo Civil*. São Paulo: RT, 1975, v. IX, p. 182.
[79] FADEL, Sérgio Sahione. *Código de Processo Civil comentado*. Rio de Janeiro: José Konfino-Editor, 1974, t. IV, p. 163.
[80] NEVES, Celso. *Comentários ao Código de Processo Civil*. 7. ed. Rio de Janeiro: Forense, 1999, v. 7, n. 129, p. 287-288.

do juiz.⁸¹ E é da massa que deverão ser extraídos os recursos para remunerar o administrador. Do arbitramento, podem os credores ou o próprio administrador recorrer por meio de agravo de instrumento (art. 1.015, parágrafo único, do CPC/2015).

Pelos prejuízos que causar à massa, por dolo ou culpa, o administrador responderá civilmente, além de perder a remuneração que lhe foi arbitrada (art. 161 do CPC/2015).

Como proibição decorrente do exercício do cargo de administrador, cita-se a de não poder participar da arrematação dos bens arrecadados (art. 890, I, do CPC/2015).

No próprio ato da assinatura do compromisso, caberá ao administrador entregar sua declaração de crédito, acompanhada do título executivo. Pode ocorrer, todavia, que o título de crédito não esteja em seu poder. Se isto se der, a apresentação imediata da declaração terá de ser feita, mas permitir-se-á a juntada do título posteriormente, no prazo de vinte dias previsto para as habilitações dos demais credores (art. 765). Não será viável, contudo, a assunção do cargo sem a concomitante declaração de crédito. Será, outrossim, destituído o administrador que se compromissou sem o título e não o exibiu posteriormente no prazo legal.

559. Atribuições do administrador

Investido no *munus*, cumprirá ao administrador (art. 766):

(a) arrecadar todos os bens do devedor, onde quer que estejam, requerendo para esse fim as medidas judiciais que se fizerem necessárias (inciso I), como busca e apreensão, arresto, carta precatória etc. Com exclusão dos impenhoráveis, todos os bens patrimoniais do insolvente são recolhidos pelo administrador para sujeitarem-se à alienação forçada e ao concurso universal dos credores;

(b) representar a massa, ativa e passivamente: deverá, naturalmente, contratar advogado, cujos honorários, no entanto, serão previamente ajustados e submetidos à aprovação do juiz da execução (inciso II);

(c) praticar todos os atos conservatórios de direitos e ações, bem como promover a cobrança das dívidas ativas (inciso III);

(d) alienar em praça ou em leilão, com autorização judicial, os *bens da massa* (inciso IV): a praça é a forma de alienação dos imóveis, e o leilão, a dos móveis, conforme dispõem os arts. 886, IV, e 881, § 2º, do CPC/2015.⁸²

O Código não estipula o momento certo da alienação, cuja escolha, em cada caso concreto, ficará, assim, a critério do administrador, sob a supervisão do juiz. Normalmente ocorrerá após a aprovação do Quadro Geral de Credores porque é nessa fase que se permite o acordo do devedor com os credores para suspender a execução com estabelecimento de uma forma especial de pagamento (art. 783).

No entanto, desde a arrecadação já existe a possibilidade de alienação dos bens, que não depende obrigatoriamente da finalização do concurso de credores, tanto assim que o art. 770 prevê que no Quadro Geral já possa figurar a cota que no rateio caberá a cada concorrente. Esta medida, sem dúvida, é a melhor quando a massa compuser-se de bens móveis ou perecíveis, ou de onerosa custódia.

---

81 LIMA, Cláudio Vianna de. *Processo de execução*. Rio de Janeiro: Forense, 1973, p. 261.
82 Tendo o CPC/2015 unificado a forma de alienação judicial na figura do leilão (art. 881), não se justifica manter na execução coletiva do insolvente a duplicidade de praça e leilão, devendo prevalecer o regime da lei nova.

§ 62. CONCURSO DE CREDORES

560. Verificação e classificação dos créditos

Todos os credores do insolvente devem concorrer na execução coletiva, declarando seus créditos e suas preferências no prazo de vinte dias contados do edital a que se refere o art. 761, II.

Mesmo os credores com garantia real e os demais privilegiados estão sujeitos ao juízo universal da insolvência.[83] O mesmo acontece com os credores de ação executiva singular anterior, que não ficam isentos de habilitar os créditos na insolvência. Só a Fazenda Pública não está obrigada a declarar a dívida ativa na insolvência.[84]

Sobre a forma da habilitação, nada dispôs o Código, a não ser que deverá ser instruída com o respectivo título executivo (arts. 765 e 768). Será feita, portanto, segundo a forma habitual de petição, firmada por advogado, contendo os requisitos indispensáveis do nome e qualificação dos interessados (devedor e credor), a origem e natureza do crédito, assim como seu valor e sua classificação.[85]

Vencido o prazo de habilitação, que é de vinte dias (art. 761, II), o escrivão colocará em ordem as declarações de crédito, autuando-as, separadamente, cada uma com seu respectivo título (art. 768). Na verdade, cada habilitação tem o conteúdo de uma ação incidente contra a massa. Depois dos competentes registros (art. 284 do CPC/2015), as diversas autuações serão apensadas ao processo principal.

Isto feito, providenciará o escrivão a intimação, por edital, de todos os credores para, no prazo de vinte dias, que lhes é comum, alegarem as suas preferências ou apresentarem suas impugnações aos créditos declarados, que poderão versar sobre nulidade, simulação, fraude ou falsidade de dívidas e contratos (art. 768).

Cada impugnação funciona como um contraditório gerando ações incidentais de cognição. Aos credores abre-se oportunidade de ampla pesquisa sobre a legitimidade dos créditos concorrentes, para evitar burlas, fraudes ou conluios maliciosos tendentes a frustrar a *par condicio creditorum*. O próprio título judicial (sentença condenatória) pode ser atacado pelos credores na impugnação de crédito.[86] Como ensina Buzaid, "o executado não pode impugnar a sentença, porque lhe veda a autoridade da coisa julgada; não assim o terceiro, que só está obrigado a reconhecer o julgado, quando este é legítimo. Mas, se a sentença é proferida em

---

[83] MOURA ROCHA, José de. *Comentários ao Código de Processo Civil*. São Paulo: RT, 1975, v. IX, p. 217.

[84] Código Tributário Nacional, art. 187. STJ, REsp 45.634/MG, Rel. Min. Sálvio de Figueiredo, ac. 26.05.1997, *DJU* 25.08.1997, p. 39.374. Na hipótese de já ter sido previamente declarada a insolvência, poderá o Fisco optar entre declarar seu crédito ou iniciar execução autônoma, caso em que a penhora será feita no rosto dos autos, com intimação do *administrador da massa*, para embargar (cf. ac. do TFR, de 29.11.1972, *Rev. Lemi* 65/187; e *Jur. Mineira* 52/201). "A Fazenda Pública goza de foro privilegiado para cobrar seus créditos, por rito próprio e específico, não se sujeitando à habilitação de seu crédito no processo de quebra ou insolvência, consoante o art. 5º e o art. 29 da LEF" (TJMG, 6ª Câm. Cív., Apelação 1.0000.00.311165-5/000, Rel. Des. Célio César Paduani, ac. 31.03.2003, *DJMG* 22.08.2003).

[85] Celso Neves ensina: "O comparecimento a juízo, mediante declaração de crédito – ato jurídico-processual de inserção efetiva no juízo universal do concurso – depende de *legitimatio ad causam* comprovável pela exibição do título de crédito, e de *capacidade postulacional*, esta segundo a disciplina dos arts. 36 *usque* 40 do Código" (NEVES, Celso. *Comentários ao Código de Processo Civil*. 7. ed. Rio de Janeiro: Forense, 1999, v. 7, n. 127, p. 285).

[86] Moniz de Aragão entende como Buzaid, "que não é possível opor-se aos demais credores habilitados a sentença que provém de um processo de conhecimento anterior, ainda que transitada em julgado, se neste processo não foram eles partes, o que não significa, entretanto, que a sentença fique desprovida da sua força executiva" (MONIZ DE ARAGÃO, Egas Dirceu. Execução contra o devedor insolvente. *Rev. Forense*, v. 246, abr.-jun. 1974, p. 72).

processo simulado, que resultou de colusão entre credor e devedor, o terceiro tem legitimidade para impugnar os seus efeitos".[87]

A classificação dos créditos habilitados far-se-á, finalmente, segundo os critérios de privilégios previstos no Código Civil (arts. 955 a 965), depois de observados os preconizados pela legislação trabalhista e tributária. Prevalece, em síntese, a seguinte classificação: *(i)* créditos trabalhistas e de acidentes do trabalho; *(ii)* créditos tributários; *(iii)* créditos com garantia real; *(iv)* créditos com privilégio especial; *(v)* créditos com privilégio geral; *(vi)* créditos quirografários.

Na falência, de modo particular, e por força do CTN, art. 186, parágrafo único (acrescido pela LC nº 118), bem como da Lei de Recuperação de Empresa e Falência, arts. 83 e 84, a classificação dos créditos obedece à seguinte ordem:

(a) *créditos extraconcursais* (credores da massa, art. 84);[88]

(b) *créditos concursais* (art. 83):

   (b-1) créditos trabalhistas, limitados a 150 salários mínimos, e os decorrentes de acidente do trabalho (imputados ao empregador por culpa ou dolo);

   (b-2) créditos com garantia real, até o limite do bem gravado;

   (b-3) créditos tributários, exceto os créditos extraconcursais e as multas tributárias;

   (b-4) créditos quirografários;

(c) *créditos que concorrem, somente após satisfeitos os quirografários* (art. 83, VIII), ditos "subordinados":

   (c-1) multas tributárias e penas pecuniárias legais ou contratuais;

   (c-2) créditos de sócios e administradores (sem vínculo empregatício) da sociedade falida;

   (c-3) s juros vencidos após a decretação da falência, conforme previsto no art. 124 da Lei de Falência.

561. Credores retardatários e credores sem título executivo

Só os credores com título executivo podem habilitar-se na execução do insolvente. E deverão fazê-lo no prazo legal (art. 761, II), sob pena de não serem admitidos ao rateio, ainda que gozem de direito real de preferência ou de algum privilégio especial.

Permite, porém, o Código que o retardatário demande a massa, em ação direta, desde que o faça antes do rateio final, para obter o reconhecimento do direito de prelação ou de cota proporcional ao seu crédito (art. 784). Essa pretensão, todavia, será pleiteada em processo à parte, fora da execução, observado o procedimento comum (ordinário ou sumário), de maneira a não suspender nem prejudicar a marcha do concurso.

---

[87] BUZAID, Alfredo. *Do concurso de credores no processo de execução*. São Paulo: Saraiva, 1952, n. 231, p. 277-278.

[88] São considerados pelo art. 84 da Lei nº 11.101/2005 (alterados pela Lei nº 14.112/2020) créditos extraconcursais e serão pagos com precedência sobre os mencionados no art. 83, na ordem a seguir, aqueles relativos: *(i)* às quantias referidas nos arts. 150 e 151 desta Lei (as despesas cujo pagamento antecipado seja indispensável à administração da falência, e *(ii)* os créditos trabalhistas de natureza estritamente salarial vencidos nos 3 (três) meses anteriores à decretação da falência, até o limite de 5 (cinco) salários mínimos por trabalhador; e *(iii)* demais créditos arrolados nos inciso I-B a I-E, do citado art. 84.

Realizado o rateio, nenhum direito contra os concorrentes terá o credor retardatário que permaneceu inerte, mesmo que seu crédito gozasse de privilégio legal.[89] Daí ensinar Celso Neves que a inação tem "consequência de índole *processual* e *material*".[90]

Mas, se julgada procedente a ação direta proposta antes do rateio, o retardatário terá assegurada sua participação na massa, inclusive com a prelação que lhe conferir a natureza jurídica do seu crédito.

A situação do credor sem título executivo é análoga à do retardatário: não goza de acesso ao concurso universal. Para tanto terá de lançar mão de ação direta, em tudo semelhante à do retardatário.[91] Uma vez obtida a sentença condenatória, estará habilitado a participar do rateio.

562. Quadro geral de credores

Findo o prazo das declarações de crédito, incumbe sejam definidos quais os credores que, realmente, têm direito de participar na execução coletiva. Para tanto, organizar-se-á o quadro geral de credores, que, uma vez homologado por sentença, dará aos nele figurantes a habilitação necessária para o concurso.

Com a sentença homologatória do quadro geral, finda-se uma das várias relações processuais de cognição que, incidentemente, se enfeixam no processo principal da insolvência, qual seja, a do concurso de credores.

Contra ela o recurso interponível é a apelação, no duplo efeito de direito.

A execução coletiva, portanto, depende de dois títulos judiciais sucessivos: a sentença de abertura com que se declara a insolvência do devedor, cuja força é de *título executivo geral*, em prol da comunidade dos credores diante do devedor comum insolvável; e a sentença do quadro geral, que opera como *título executivo especial e particular* de cada credor habilitado, de modo a legitimar a respectiva atuação dentro da execução coletiva.

A maneira de elaborar o Quadro de Credores é mais ou menos complexa, conforme haja ou não impugnação a créditos declarados:

I – Quando não há impugnação de créditos

Na falência, todas as declarações de crédito são julgadas individualmente, com ou sem impugnação. Na insolvência civil, só há julgamento da habilitação quando ocorre impugnação.

Dessa forma, inexistindo impugnação no prazo legal, os autos das diversas declarações de crédito são encaminhados diretamente ao contador, que se encarregará de organizar o quadro geral dos credores, observando, quanto à classificação dos créditos e dos títulos legais de preferência, o que dispõe a lei civil (art. 769). Se os concorrentes forem todos

---

[89] CASTRO, Amílcar de. *Apud* MOURA ROCHA, José de. *Comentários ao Código de Processo Civil*. São Paulo: RT, 1975, v. IX, p. 281. A obrigação dos credores privilegiados de disputarem suas pretensões no concurso de credores é, aliás, da tradição de nosso direito. O Regulamento 737, reproduzindo norma haurida nas Ordenações Manuelinas, já dispunha em seu art. 613 que "para a preferência devem ser citados os credores conhecidos com a cominação de perderem a prelação que lhes compete" (cf. BUZAID, Alfredo. *Do concurso de credores no processo de execução*. São Paulo: Saraiva, 1952, n. 313, p. 349-350).

[90] Celso Neves: "... *Processual*, porque veda a ação direta após o pagamento final, segundo a *par condicio creditorum*. *Material*, porque perde o retardatário o direito de participar do rateio" (NEVES, Celso. *Comentários ao Código de Processo Civil*. 7. ed. Rio de Janeiro: Forense, 1999, v. 7, n. 149, p. 312).

[91] Garbagnati considera que "a ação proposta por um sujeito privado de título executivo não difere, quanto ao seu conteúdo, da demanda do credor que intervém munido de um título. Tratar-se-ia de 'demanda para participar da soma recebida', nas palavras do art. 499 do Cód. italiano..." (GARBAGNATI, Edoardo. *Apud* MOURA ROCHA, José de. *Comentários ao Código de Processo Civil*. São Paulo: RT, 1975, v. IX, p. 277).

os credores quirografários, a formulação do quadro observará a ordem alfabética apenas (art. 769, parágrafo único).

II – Quando há impugnação de crédito

Se, todavia, algum credor ou o devedor impugnar crédito concorrente, o contador não poderá organizar o quadro geral antes de solucionado o caso por decisão judicial.

Versando a impugnação sobre questão de direito tão somente, ou apoiada em prova documental suficiente, o juiz, ouvido o credor impugnado, proferirá de plano sua sentença, deferindo ou não a habilitação (art. 772).

Se, porém, se fizer necessária a produção de outras provas, o juiz as autorizará e só depois da sua apreciação proferirá a decisão. Quando a prova deferida for oral (depoimento de partes, inquisição de testemunhas, esclarecimentos de peritos etc.), haverá designação de audiência de instrução e julgamento (art. 772, § 1º), na qual, além de coleta dos elementos probatórios, proceder-se-á ao debate oral e à prolação da sentença.

Cada crédito habilitado terá de ser impugnado separadamente, correndo a disputa nos autos da respectiva declaração. Haverá, em consequência, uma instrução e uma sentença para cada impugnação.

Só após o trânsito em julgado de todas as sentenças é que será organizado, pelo contador, o quadro geral dos credores (art. 772, § 2º).

Ao organizar o quadro, em qualquer das duas hipóteses expostas, se os bens da massa já tiverem sido alienados, o contador indicará a percentagem que caberá a cada credor no rateio (art. 770).

Sobre o quadro geral poderão opinar todos os interessados (devedor e credores concorrentes). Para tanto, o juiz mandará abrir vista, em cartório, pelo prazo comum de dez dias, a todos eles (art. 771). Não há, como na falência, publicação do quadro por edital.

As eventuais reclamações só poderão versar sobre equívocos ou incorreções materiais ocorridas na feitura do quadro, como erro de conta ou de classificação dos concorrentes, já que as questões de mérito estão preclusas desde o encerramento da fase das impugnações. O juiz apreciará de plano as alegações.

Haja ou não impugnação, o quadro geral será objeto de sentença (art. 771), que se limitará ao reconhecimento do direito de participarem os credores habilitados do rateio sobre o produto da execução coletiva, segundo a força e na proporção de cada crédito admitido. Nessa altura, já não mais se questiona sobre o deferimento ou não das habilitações, mas apenas sobre a posição de cada credor no rateio.

§ 63. SATISFAÇÃO DOS DIREITOS DOS CREDORES E FINALIZAÇÃO DO PROCESSO

563. Apuração do ativo e pagamento dos credores

Compete ao administrador apurar o ativo da massa, promovendo a alienação dos bens arrecadados, com prévia anuência do juiz da causa (art. 766, IV). No texto do CPC/1973, a venda judicial deveria ser efetuada por meio da praça, realizada pelo oficial porteiro, para a transferência forçada dos bens imóveis (art. 686, IV), ou pelo leilão, a cargo de leiloeiro (agente comercial), quando se tratasse de bens móveis (art. 704). Atualmente, no regime do Código atual, a alienação judicial se submete apenas ao leilão (CPC/2015, art. 881).

A hasta pública realizar-se-á com observância das regras ordinárias das arrematações, previstas nos arts. 879 a 903 do CPC/2015.

O fim último da execução concursal é a satisfação, quando possível, dos direitos dos credores. Diferentemente da execução singular, que admite meios indiretos de satisfação (adjudicação de imóveis ou usufruto de empresas), a execução coletiva só conhece a transferência forçada como meio de obter os recursos para ultimar seus objetivos.[92]

Apurado o preço das arrematações, e atendidos previamente aos encargos da massa como custas, remuneração do administrador, débitos fiscais etc., segue-se, *incontinenti*, o pagamento dos credores que observará a gradação de preferência e os quocientes estabelecidos no quadro geral de credores. Assim como a realização do ativo pode ser fracionada em vários atos de disposição, também o pagamento aos credores não é obrigatoriamente efetuado numa só oportunidade e pode ser levado a efeito paulatinamente à medida das disponibilidades do juízo concursal.

O Código não fixa um momento certo e determinado para a alienação. O art. 770 admite expressamente a possibilidade de ter a arrematação ocorrido antes da elaboração do quadro geral dos credores. E do conteúdo do art. 773 conclui-se que o juiz determinará a realização de praça e leilão dos bens da massa após o julgamento do quadro, somente quando a alienação não tiver ocorrido antes de sua organização.

Deduz, assim, que a arrematação é ato de administração da massa, que não se subordina à resolução das questões jurídicas a serem solucionadas no curso do processo. Ultimada a arrecadação e avaliação dos bens, se nada contraindicar, estará o administrador preparado para realizar a apuração do ativo. Obtida a anuência do juiz, poderá realizar a hasta pública, segundo a sistemática das "arrematações" (arts. 879 a 903 do CPC/2015) e "alienações judiciais" (art. 730 do CPC/2015).

Não havendo razões especiais, porém, deve-se aguardar o julgamento do quadro geral de credores, porque é nessa fase que se enseja oportunidade ao devedor de se compor com os credores habilitados para negociar um plano de pagamento, evitando a alienação forçada do patrimônio arrecadado.

564. Encerramento e suspensão do processo

O processo de insolvência pode terminar de três maneiras diversas:

(a) sem chegar à execução coletiva, quando os embargos do devedor são acolhidos, na primeira fase do processo;

---

[92] PRIETO-CASTRO Y FERRÁNDIZ, Leonardo. *Derecho concursal*. Madrid: Tecnos, 1974, n. 43, p. 67. A adjudicação, extraordinariamente, pode ocorrer, quando frustrada a arrematação; mas o credor adjudicatário terá de depositar o preço da adjudicação para submeter-se ao rateio com os demais concorrentes habilitados.

(b) pelo cumprimento do acordo de pagamento ajustado entre devedor e credores, na forma do art. 783; e

(c) por ter atingido o seu fim próprio e específico que é a liquidação total do ativo e rateio de todo o produto apurado entre os credores concorrentes.

Qualquer que seja a forma de término da insolvência, há sempre uma sentença de encerramento, cujo trânsito em julgado, nos casos de incompleta satisfação dos credores, funcionará como marco do reinício do curso das prescrições (art. 777) e como ponto de partida do prazo de extinção das obrigações do insolvente (art. 778).

Seria conveniente que tal sentença fosse publicada por edital, como acontece na falência. No entanto, o Código não instituiu essa modalidade de publicação, de forma que os credores terão de ser intimados na forma usual.

A suspensão da execução concursal se dá, segundo Prieto-Castro, em três oportunidades diferentes, todas elas caracterizadas pela paralisação momentânea do processo, com possibilidade de reinício posterior do respectivo curso, a saber:

(a) quando ocorre a convenção entre devedor e credores para estabelecimento de um plano de pagamento (art. 783);

(b) de maneira geral, quando o produto da realização do ativo não é suficiente para a solução integral dos créditos concorrentes, dada a possibilidade de reabertura da execução caso o devedor venha a adquirir novos bens penhoráveis (arts. 775 e 776);[93]

(c) e, finalmente, quando não se encontram bens a arrecadar ou o ativo da massa não se mostra suficiente sequer para atender os gastos processuais da insolvência (CPC/2015 arts. 836 e 921, III).[94]

Equivale, também, a uma suspensão a falta de habilitação de credores no prazo legal. A execução não pode ter andamento sem os sujeitos ativos. A reabertura, se aparecer algum futuro interessado, será feita sob a forma de habilitação retardatária de crédito, após o que a insolvência retomará o curso normal.

565. Saldo devedor

A sentença de encerramento, embora ponha momentaneamente fim à execução, não desobriga, de pronto, o devedor pelo remanescente dos débitos da insolvência. Continua ele, pois, obrigado pelo saldo (art. 774).

Diante do princípio de que o devedor responde pelas obrigações com todos os seus bens presentes e futuros (art. 789 do CPC/2015), dispõe o Código que pelo pagamento do saldo insatisfeito responderão os bens que o insolvente vier a adquirir enquanto não declarada a extinção de suas obrigações, na forma do art. 778, desde que sejam bens penhoráveis (art. 775).

---

[93] Não obstante a sentença de encerramento, que tem função de marcar o ponto inicial do prazo de reabilitação do insolvente, na verdade, "o processo de execução só se encerra, de fato, com a sentença declaratória que tenha por objeto a extinção das obrigações do devedor"... Neste sentido basta que se atente ao art. 776 quando os bens do devedor poderão ser arrecadados nos autos do mesmo processo, quando se procederá à sua alienação e à distribuição do produto entre os credores, na proporção dos seus saldos... o processo de execução continua existindo portanto (MOURA ROCHA, José de. *Comentários ao Código de Processo Civil*. São Paulo: RT, 1975, v. IX, p. 261).

[94] PRIETO-CASTRO Y FERRÁNDIZ, Leonardo. *Derecho concursal*. Madrid: Tecnos, 1974, n. 51, p. 75-76.

Não há início de outra execução contra o devedor. Aparecendo novos bens, a arrecadação deles será feita nos próprios autos da insolvência, que serão reabertos a requerimento de qualquer dos credores incluídos no quadro geral (art. 776). Enquanto não satisfeitos todos os créditos ou não extintas as obrigações, pode-se dizer que "subsiste o processo concursal".[95]

Não é lícito, porém, o procedimento *ex officio* do juiz da execução. E também os terceiros, ainda que interessados, não são legitimados a promover a medida do art. 776, se não figuraram no quadro geral dos credores.

Pode, naturalmente, o devedor defender-se contra essas novas arrecadações arguindo, por exemplo, a impenhorabilidade dos bens supervenientes, a inexistência de saldo de seu débito ou a prescrição dos direitos dos credores. O incidente será sumariamente processado, e se improcedente seguir-se-á a alienação judicial para imediata distribuição do produto, entre os credores, na proporção de seus saldos (art. 776), conforme plano que o contador do juízo organizará.

O administrador, para a reabertura do feito, salvo impedimento, continuará a ser o que figurou na fase primitiva do processo de insolvência.[96]

566. Extinção das obrigações

A execução por quantia certa contra o insolvente é uma autêntica falência civil, culminando, por isso, com a extinção das obrigações, ainda que não inteiramente satisfeitas, tal como ocorre com o comerciante submetido ao regime falimentar típico.

Como advertia o Min. Buzaid, nenhuma razão justificava o tratamento desigual antigamente dispensado ao devedor civil e ao comerciante, em matéria de extinção de dívidas quando verificada a insolvência. Com a equiparação feita pelo Código atual, decorridos cinco anos, contados da data do encerramento do processo de insolvência, "consideram-se extintas as obrigações do devedor" (art. 778).

O *dies a quo* da contagem deste prazo é, portanto, o do trânsito em julgado da sentença proferida após o pagamento dos credores concorrentes com o produto apurado na arrematação dos bens arrecadados.[97]

Com a instauração do concurso universal de credores, interrompe-se a prescrição de todas as obrigações do insolvente. Só a partir do trânsito em julgado da sentença de encerramento é que se reinicia a fluência do prazo prescricional (art. 777), com referência aos saldos insatisfeitos na execução.

Esses prazos são variáveis, conforme a natureza do título de cada credor, e decorrem de disposições do direito material. Podem, outrossim, ser novamente suspensos ou interrompidos conforme prevê o Código Civil (arts. 197 e 204).

Mas, ultrapassado o prazo de cinco anos da referida sentença, haja ou não verificado a prescrição, todas as obrigações do devedor insolvente serão consideradas extintas (art. 778). Esse prazo é decadencial, ou fatal, de modo que não admite suspensão nem interrupção, preterindo qualquer outro mais longo previsto de maneira específica para o crédito de algum concorrente à execução.

A extinção alcança todos os créditos que concorreram no processo de insolvência, privilegiados ou não, e também aqueles outros que tinham condições de concorrer, mas não

---

[95] MOURA ROCHA, José de. *Comentários ao Código de Processo Civil*. São Paulo: RT, 1975, v. IX, p. 243.
[96] LIMA, Cláudio Vianna de. *Processo de execução*. Rio de Janeiro: Forense, 1973, p. 265.
[97] NEVES, Celso. *Comentários ao Código de Processo Civil*. 7. ed. Rio de Janeiro: Forense, 1999, v. 7, n. 144, p. 306.

foram habilitados pelos interessados. A extinção no caso é direito inconteste do devedor, e resulta do simples decurso do prazo legal,[98] mas depende de declaração judicial para operar seus efeitos jurídicos (art. 782).

Não pode o juiz declará-la *ex officio*, nem de plano. Caberá ao devedor requerer ao juiz da insolvência a extinção de suas obrigações, o qual, apreciando o pedido, junto aos autos da execução, determinará a expedição de edital, com prazo de trinta dias, a ser publicado no órgão oficial e em outro jornal de grande circulação (art. 779). Abre-se, assim, mais um procedimento de cognição incidental na execução coletiva.[99]

O pedido de extinção, de ordinário, será fundado no transcurso do prazo decadencial de cinco anos previsto no art. 778, mas não é esse o único fundamento invocável, pois as obrigações podem extinguir-se em prazo prescricional menor, ou mediante resgate integral antes do termo questionado. Nessas hipóteses especiais, o pedido poderá ser feito antes dos cinco anos.

Publicado o edital, e sendo o fundamento do pedido o simples decurso do prazo do art. 778, poderão os credores, em trinta dias, impugnar a pretensão, arguindo:

(a) o não transcurso de cinco anos da data do encerramento da insolvência;
(b) a aquisição de bens pelo devedor, sujeitos à arrecadação: a aquisição de bens penhoráveis pelo insolvente, após o encerramento da execução, sem a competente arrecadação, é fato impeditivo da decretação de extinção das obrigações não prescritas e não inteiramente resgatadas. Carecerá, porém, de interesse processual, para obstar a extinção, o impugnante já satisfeito em seu direito, bem como aquele cujo crédito já prescreveu.[100]

O incidente será processado sumariamente: o juiz ouvirá o devedor sobre a impugnação, em dez dias, e decidirá de plano. Somente quando houver necessidade de provas é que designará audiência de instrução e julgamento (art. 781).

A sentença poderá acolher o pedido do devedor, caso em que julgará extintas todas as suas obrigações, ou receber a impugnação, denegando a extinção, caso em que o insolvente terá de aguardar a complementação do prazo de cinco anos para submeter-se à arrecadação dos bens adquiridos, para só então poder voltar a pleitear o provimento judicial extintivo.

Observe-se que, enquanto não declaradas extintas suas obrigações por sentença (art. 782), o devedor está privado da livre gestão de seus bens (art. 752). As alienações porventura feitas após o encerramento do processo, mas antes da sentença liberatória, serão, portanto, ineficazes, configurando fraude de execução e propiciando aos credores o direito de arrecadar os bens em poder dos terceiros adquirentes, sem necessidade de prévia ação anulatória.

O fato de ter sido a insolvência fraudulenta, e mesmo o de ter sido o devedor condenado criminalmente pela fraude, não foram contemplados pelo Código como obstativos da extinção das dívidas do insolvente, ao cabo do prazo do art. 778.

---

[98] NEVES, Celso. *Comentários ao Código de Processo Civil*. 7. ed. Rio de Janeiro: Forense, 1999, v. 7, n. 144, p. 306.
[99] NEVES, Celso. *Comentários ao Código de Processo Civil*. 7. ed. Rio de Janeiro: Forense, 1999, v. 7, n. 144, p. 307.
[100] "No concurso de credores, comum ou falencial, a dívida cuja pretensão prescreveu não é admitida, porque falta a eficácia da ação condenatória, que o concurso supõe" (PONTES DE MIRANDA, Francisco Cavalcanti. *Tratado de direito privado*. 2. ed. v. VI, § 672, p. 163).

A sentença que declarar extintas as obrigações será publicada por edital e só transitará em julgado, se não houver recurso, após a ultrapassagem do prazo estipulado na publicação, que será o comum das intimações-editais (art. 257, III, do CPC/2015).

Trata-se de sentença *constitutiva* e não meramente declarativa, pois dependem dela a eficácia da extinção das dívidas do insolvente e a reabilitação do devedor para praticar livremente todos os atos da vida civil (art. 782).[101]

Do exposto, é de concluir que, na verdade, "o processo de execução só se encerra com a sentença declaratória que tenha por objeto a extinção das obrigações do devedor".[102]

---

[101] PRIETO-CASTRO Y FERRÁNDIZ, Leonardo. *Derecho concursal.* Madrid: Tecnos, 1974, n. 54, p. 78.
[102] MOURA ROCHA, José de. *Comentários ao Código de Processo Civil.* São Paulo: RT, 1975, v. IX, p. 261.

§ 64. DISPOSIÇÕES GERAIS

567. Concordata civil

A insolvência levada às últimas consequências gera a ruína do devedor. Para obviar esse mal, quando ainda remediável, a antiga Lei de Falências previa a possibilidade da concordata (preventiva ou suspensiva), que é a moratória deferida ao devedor para lhe propiciar exoneração das dívidas sem encerramento da atividade comercial e sem ruína total da empresa (a Lei nº 11.101/2005 instituiu um sistema de múltiplos remédios para tentar recuperar a empresa em dificuldades, inclusive a moratória).

Para o devedor civil, o art. 783 prevê também um sucedâneo da antiga concordata suspensiva, como uma forma especial de reabilitar-se o devedor antes que a insolvência atinja a liquidação de todo o ativo. Segundo aquele dispositivo, o devedor insolvente poderá, depois da aprovação do quadro geral, acordar com seus credores, propondo-lhes a forma de pagamento.

Apresentada a proposta de liquidação, o juiz ouvirá todos os credores habilitados, assinando-lhes prazo razoável para pronunciamento. Se não houver oposição, o juiz aprovará a proposta por sentença (art. 783), aperfeiçoando-se, assim, "a concordata do devedor civil, mediante negócio jurídico-processual".[103]

Não se requer a concordância expressa dos credores, pois basta a tácita, representada pela ausência de oposição, conforme se deduz do art. 783, *in fine*. Mas será suficiente a oposição de um ou alguns credores, ainda que em minoria, para que fique frustrada a concordata do devedor civil.[104] Sua admissibilidade e estruturação pelo Código foram, como se vê, tímidas e pouco práticas.

A sentença de aprovação da concordata na insolvência é homologatória apenas, de sorte que não extingue, por si só, as obrigações do devedor, nem elimina a possibilidade de ser restabelecida a execução, caso haja descumprimento do acordo.[105] Provoca, portanto, a suspensão apenas da execução coletiva.

567-A. Lei do Superendividamento nas relações de consumo (Lei nº 14.181/2021)

Em 1º de julho de 2021, foi editada a Lei nº 14.181/2021, que acrescentou vários artigos ao Código de Defesa do Consumidor com o duplo objetivo de prevenir e solucionar o problema do superendividamento do consumidor. A nova lei, de um lado, oferece aos consumidores que não conseguem pagar seus empréstimos e crediários em geral uma forma de renegociação consensual ou compulsória das dívidas e de recuperação de sua saúde financeira. E, de outro lado, como meio de prevenção do superendividamento, a lei obriga o fornecedor de crédito a prestar informações prévias e adequadas sobre a operação, a fim de que o consumidor tenha total conhecimento de todos os custos do negócio, de modo a obter um crédito responsável (CDC, arts. 54-B, 54-C, 54-D e 54-G). Tudo isso se passa fora do processo de execução do devedor insolvente e sem prejuízo dele (art. 104-A, § 5º, do CDC).

---

[103] NEVES, Celso. *Comentários ao Código de Processo Civil*. 7. ed. Rio de Janeiro: Forense, 1999, v. 7, n. 311. Também para Moura Rocha, "a aceitação das proposições formadoras do acordo implicará a constituição de contrato processual de índole novativa" (MOURA ROCHA, José de. *Comentários ao Código de Processo Civil*. São Paulo: RT, 1975, v. IX, p. 272).

[104] MOURA ROCHA, José de. *Comentários ao Código de Processo Civil*. São Paulo: RT, 1975, v. IX, p. 271.

[105] FADEL, Sérgio Sahione. *Código de Processo Civil comentado*. Rio de Janeiro: José Konfino-Editor, 1974, t. IV, p. 188.

Entende-se por superendividamento, segundo a Lei, "a impossibilidade manifesta de o consumidor pessoa natural, de boa-fé, pagar a totalidade de suas dívidas de consumo, exigíveis e vincendas, sem comprometer seu mínimo existencial" (art. 54-A, § 1º, do CDC). As dívidas abrangidas pela Lei são "quaisquer compromissos financeiros assumidos decorrentes de relação de consumo, inclusive operações de crédito, compras a prazo e serviços de prestação continuada" (§ 2º). São as chamadas dívidas de consumo, a exemplo das contas de água, luz, empréstimos e financiamentos.

Não se beneficiam, contudo, dessa Lei os consumidores "cujas dívidas tenham sido contraídas mediante fraude ou má-fé, sejam oriundas de contratos celebrados dolosamente com o propósito de não realizar o pagamento ou decorram da aquisição ou contratação de produtos e serviços de luxo de alto valor" (art.54-A, § 3º, do CDC).

Além das dívidas fraudulentas, excluem-se do regime especial do superendividamento, também, aquelas provenientes de "contratos de crédito com garantia real, de financiamentos imobiliários e de crédito rural" (art. 104-A, § 1º, CDC).

A grande novidade trazida pela Lei n.º 14.181/2021 é a possibilidade de o consumidor fazer uma negociação em bloco de todas as suas dívidas, com o que viabilizará o pagamento do "conjunto das suas dívidas com sua única fonte de renda", pondo fim ao "tormento psicológico de pagar uma dívida e faltar dinheiro para pagar outras"[106]. Trata-se de uma espécie de recuperação judicial para o consumidor pessoa física.

O procedimento traçado pela inovação do CDC pode ser assim esquematizado:

(a) O juízo competente para processar e julgar a repactuação do consumidor superendividado é o do domicílio do autor, segundo a regra geral do art. 101, I, do CDC. Por outro lado, como decidido pelo STJ, "cabe à justiça comum estadual e/ou distrital processar e julgar as demandas oriundas de ações de repactuação de dívidas decorrentes de superendividamento – ainda que exista interesse de ente federal – porquanto a exegese do art. 109, I, do texto maior, deve ser teleológica de forma a alcançar, na exceção da competência da Justiça Federal, as hipóteses em que existe o concurso de credores".[107]

(b) Na expectativa de obter uma solução consensual, o consumidor requererá ao juiz a designação de audiência conciliatória presidida pelo magistrado ou por conciliador credenciado no juízo, para a qual serão chamados a participar todos os credores, pessoalmente ou por procurador com poderes especiais e plenos para transigir. Na oportunidade, o consumidor apresentará proposta de plano de pagamento com prazo máximo de 5 (cinco) anos, preservados o mínimo existencial, as garantias e as formas de pagamento originalmente pactuadas (art. 104-A do CDC).

(c) O credor que não comparecer, injustificadamente, à audiência, terá a exigibilidade do crédito suspensa, com a interrupção dos encargos da mora. A sua ausência (ou do procurador) também poderá acarretar a sujeição compulsória ao plano de pagamento da dívida, se o montante de seu crédito for certo e conhecido do consumidor, devendo o pagamento a esse credor ocorrer apenas após a quitação de todos os credores presentes à audiência (art. 104-A, § 2º, do CDC).

(d) A conciliação será feita, havendo ou não adesão de todos os credores. Com qualquer número de aderentes, lavrar-se-á termo de acordo contendo o plano de pagamento

---

[106] Informativo do CHJ. CNJ Serviço: o que muda com a lei do superendividamento. *Revista Síntese direito civil e processual civil*, nº 133, set.-out./2021, p. 66.
[107] STJ, 2ª Seção, CC 193.066/DF, Rel. Min. Marco Buzzi, ac. 22.03.2023, *DJe* 31.03.2023.

da dívida, o qual, uma vez homologado pelo juiz, adquirirá entre os signatários eficácia de título executivo e força de coisa julgada (art. 104-A, § 3º, do CDC).

(e) Do plano constarão: (i) medidas de dilação dos prazos de pagamento e de redução dos encargos da dívida ou da remuneração do fornecedor, entre outras destinadas a facilitar o pagamento da dívida; (ii) referência à suspensão ou à extinção das ações judiciais em curso; (iii) data a partir da qual será providenciada a exclusão do consumidor de bancos de dados e de cadastros de inadimplentes; e (iv) condicionamento de seus efeitos à abstenção, pelo consumidor, de condutas que importem no agravamento de sua situação de superendividamento (art. 104-A, § 4º, do CDC).

(f) O pedido de renegociação não importará declaração de insolvência civil e poderá ser repetido após o prazo de dois anos, "contado da liquidação de todas as obrigações previstas no plano de pagamento homologado" (art. 104-A, § 5º, do CDC).

(g) Não havendo êxito na conciliação em relação a qualquer credor, o juiz, a pedido do consumidor, "instaurará processo por superendividamento para revisão e integração dos contratos e repactuação das dívidas remanescentes mediante plano judicial compulsório", promovendo a citação de todos os credores cujos créditos não foram incluídos no acordo porventura celebrado (art. 104-B, *caput*, do CDC).

(h) Citados, os credores terão 15 dias para juntar documentos e expor as razões da negativa de aceder ao plano voluntário ou de renegociar (art. 104-B, § 2º, do CDC).

(i) O juiz poderá nomear um administrador, se isso não onerar as partes, o qual, em até 30 dias, deverá apresentar um plano de pagamento que contemple medidas de temporização ou de atenuação de encargos (art. 104-B, § 3º, do CDC). Esse plano judicial compulsório deverá assegurar aos credores, no mínimo, o valor do principal, corrigido monetariamente por índices oficiais de preço, com prazo de pagamento de, no máximo, 5 anos, assegurando ao devedor até 180 dias para o pagamento da primeira parcela. O restante da dívida deverá ser pago em parcelas mensais iguais e sucessivas (art. 104-B, § 4º, do CDC).

(j) Por fim, é facultado aos órgãos públicos integrantes do Sistema Nacional de Defesa do Consumidor realizar a fase conciliatória e preventiva do processo de repactuação de dívidas. Os acordos firmados com a participação desses órgãos registrarão a data a partir da qual será providenciada a exclusão do consumidor do banco de dados e cadastros de inadimplentes, bem como o condicionamento de seus efeitos "à abstenção, pelo consumidor, de condutas que importem no agravamento de sua situação de superendividamento, especialmente a de contrair novas dívidas" (art. 104-C, §§ 1º e 2º, do CDC).

567-B. Superendividamento do consumidor e insolvência civil

O pedido de repactuação de dívida, nos moldes da Lei nº 14.181/2021, não importa confissão de insolvência para efeito de execução concursal contra devedor civil (art. 104-A, § 5º, do CDC). Por sua vez, os credores de obrigações sujeitas à referida repactuação, aderindo ou não ao plano, ficam impedidos de recorrer ao procedimento comum da insolvência civil: (i) os aderentes, porque se sujeitam aos tempos e condições de pagamento do plano de repactuação; (ii) os não aderentes, porque somente terão retomada a exigibilidade de seus créditos após cumprido o plano de repactuação.

Ocorrendo, porém, descumprimento do acordo homologado, autorizada estará a sua resolução e consequentemente aberta estará a oportunidade para a execução singular ou coletiva contra o consumidor inadimplente.

Os efeitos do plano de repactuação não atingem os credores excepcionados pelo art. 104-A, § 1º (débitos provenientes de contratos de crédito com garantia real, de financiamento imobiliário e de crédito rural), motivo pelo qual não ficam impedidos de promover a execução cabível.

Registre-se, outrossim, que a moratória compulsória assegurada pela Lei nº 14.181/2021 (CDC, arts. 104-A a 104-C) é apenas dilatória, já que não inclui redução das dívidas (remissão de parte do *quantum debeatur*), a não ser mediante acordo ajustado entre o devedor inadimplente e seus credores. Por isso, quando não se chega a um acordo, e a reestruturação se torna objeto de processo judicial contencioso, o juiz, em regra, nomeará um administrador (técnico), com o encargo de apresentar plano de pagamento que contemple medidas de temporização ou de atenuação dos encargos (art. 104- B, § 3º) (apenas os encargos podem ser reduzidos; o principal terá de ser parcelado para pagamento integral em até cinco anos). Quando a capacidade de pagamento do devedor não for suficiente para o resgate, dentro do quinquênio legal, de todas as obrigações inadimplidas, e não tiver ocorrido acordo com os credores de remissão parcial dos débitos, evidenciada estará a situação de insolvência do endividado. Inviabilizada a reestruturação programada pelo CDC, abrir-se-á caminho concursal do CPC, próprio para a insolvência civil. Aliás, o próprio devedor, ciente de sua incapacidade econômica de honrar um escalonamento quinquenal para seus compromissos inadimplidos, pode optar, desde logo, pelo procedimento da autoinsolvência civil como possível saída da crise econômico-financeira em que se envolveu.

Se a Lei não confere poderes ao juiz para compulsoriamente reduzir o montante das dívidas, e se o insolvente não consegue transacionar com os credores tal redução, seria contraproducente exigir dele que tentasse solucionar sua crise de solvabilidade por meio de requerimento da reestruturação judicial prevista no CDC. Semelhante pretensão estaria fadada a inevitável rejeição.

567-C. Recuperação judicial do produtor rural, nos moldes da Lei nº 11.101/2005

A recuperação judicial disciplinada pela Lei nº 11.101/2005 (Lei de Falências) é um benefício destinado apenas ao empresário e à sociedade empresária (LF, art. 1º). Portanto, o devedor civil não organizado em empresa não pode recorrer à recuperação judicial para superar eventual crise de insolvência.

O produtor rural nem sempre organiza sua atividade econômica em forma empresarial e, na maioria das vezes, atua em regime de economia familiar sem qualquer organização mercantil. Há, porém, aqueles que se organizam como verdadeiros empresários, equiparando-se às empresas mercantis. O produtor rural, de tal sorte, pode atuar tanto como empresário como não empresário.

Por sua vez, o Código Civil dispensa à atividade agropecuária um tratamento particular, segundo o qual os agentes desse ramo econômico gozam da liberdade de escolha entre inscrever-se ou não no Registro Público de Empresas Mercantis, vale dizer, de operar ou não como empresários. Assim, optando pela inscrição e uma vez consumada a medida, "ficará equiparado, para todos os efeitos, ao empresário sujeito a registro" (Cód. Civ., art. 971).

Em sequência, o art. 48 da Lei nº 11.101/2005 dispõe que apenas após tal inscrição é que o produtor rural poderá se valer da recuperação judicial, desde que comprovadamente também venha se dedicando à sua atividade de forma empresarial por mais de dois anos.

Discutiu-se muito sobre a cumulatividade temporal dos dois requisitos, isto é, se os dois anos de exploração empresarial deveriam se contar, ou não, a partir do registro. A controvérsia, no entanto, acha-se superada pela jurisprudência vinculante do Superior Tribunal de Justiça, que, em regime de recurso repetitivo, firmou a seguinte tese:

"Ao produtor rural que exerça sua atividade de forma empresarial há mais de dois anos é facultado requerer a recuperação judicial, desde que esteja inscrito na Junta Comercial no momento em que formalizar o pedido recuperacional, independentemente do tempo de seu registro."[108]

Em outros termos: para fazer jus à recuperação judicial, o produtor rural deve ter registro na Junta Comercial anterior ao requerimento do referido benefício; mas a comprovação da regularidade da atividade empresarial por dois anos é requisito que independe da anterioridade do questionado registro. "O que a lei pretende, em verdade, é assegurar a utilização do instituto a empresas já consolidadas. A *contrario sensu*, uma vez comprovado, por quaisquer meios, o exercício consolidado da atividade pelo período determinado pela lei, atestada estará a relevância da empresa rural, qualificando-a, assim, ao deferimento do processamento da recuperação".[109]

567-D. Recuperação judicial e concomitância de execução singular

O empresário sob regime de recuperação judicial nem sempre ficará imune às execuções singulares. Assim, por exemplo, "os créditos constituídos após o deferimento do pedido de recuperação judicial, por serem extraconcursais, não se submetem aos seus efeitos, sendo facultado ao credor propor a respectiva execução, que se processa pelas regras ordinárias aplicáveis a qualquer outro feito executivo e perante o juízo competente, a quem cabe promover todos os atos processuais, exceto a apreensão e a alienação de bens".[110]

Portanto, de acordo com a mesma orientação jurisprudencial, "compete ao juízo da recuperação acompanhar e autorizar a excussão de bens da empresa em recuperação, ainda que destinados à satisfação de créditos extraconcursais", incorrendo em nulidade a expropriação executiva praticada em juízo diverso. De tal sorte, "anulada a adjudicação de bem imóvel em virtude da efetiva competência do juízo recuperacional para acompanhar e autorizar a excussão de bens da empresa e convolada a recuperação em falência, não resta outra alternativa à credora senão habilitar seu crédito nos autos da falência, observada, se for o caso, a preferência legal estabelecida no art. 84 da Lei nº 11.101/2005".[111]

568. Pensão para o devedor no processo de insolvência

"O devedor que caiu em estado de insolvência sem culpa sua pode requerer ao juiz, se a massa o comportar, que lhe arbitre uma pensão, até a alienação dos bens" (art. 785).

Trata-se de regalia *pietatis causa* semelhante à do art. 38 da antiga Lei Falimentar, cujos pressupostos são:

(a) a ausência de culpa do devedor pela insolvência; e
(b) a capacidade da massa para comportar o pensionamento.

Sua duração vai apenas até a alienação dos bens arrecadados. E sobre o pedido do devedor o juiz ouvirá os credores concorrentes e proferirá, em seguida, decisão, concedendo ou não a pensão (art. 785).

---

[108] STJ, 2ª Seção, REsp 1.905.573/MT- recurso repetitivo- tema 1145, Rel. Min. Luís Felipe Salomão, ac. 22.06.2022, *DJe* 03.08.2022.
[109] Voto do Relator no REsp 1.905.573/SP, Rel. Min. Ricardo Villas Bôas Cueva, ac. 21.09.2021, *DJe* 23.09.2021.
[110] STJ, 3ª T., REsp 1.935.022/SP, Rel. Min. Ricardo Villas Bôas Cueva, ac. 21.09.2021, *DJe* 23.09.2021.
[111] STJ, 3ª T., REsp 1.935.022/SP, Rel. Min. Ricardo Villas Bôas Cueva, ac. 21.09.2021, *DJe* 23.09.2021.

É bastante difícil apurar quando a massa comporta tal encargo, pois, tratando-se de insolvente, em princípio os bens já não são suficientes sequer para o pagamento integral das dívidas existentes.

A nosso ver, a pensão será cabível apenas quando a massa possuir capacidade de produzir frutos ou rendimentos, dos quais se possa destacar a ajuda para o devedor, sem diminuição efetiva dos bens arrecadados. Não será deferida, *a contrario sensu*, quando importar necessidade de dispor de bens arrecadados, em prejuízo imediato da massa.[112]

569. Insolvência de pessoas jurídicas

As pessoas jurídicas que não se dediquem às práticas empresariais – sociedades civis *lato sensu*, ou mais precisamente *sociedades não empresárias* – não são incluídas no âmbito da Lei Falimentar, cuja aplicação se restringe, na dicção da Lei nº 11.101/2005, ao *empresário* e à *sociedade empresária* (art. 1º).

Daí ter o Código estendido o instituto da insolvência também às *sociedades civis*, qualquer que seja a sua forma (art. 786).

Com a expressão "sociedades civis" quis o legislador abranger genericamente todos os entes morais de direito privado não compreendidos no âmbito de incidência da falência e da liquidação extrajudicial prevista em certas leis especiais.[113]

Entre estas podem ser citadas as sociedades de prestação de serviços, desde que não organizadas como empresas, as associações de fins recreativos, culturais, assistenciais ou religiosos e as fundações de direito privado.

O processamento da insolvência dessas pessoas jurídicas será feito segundo o mesmo rito preconizado para a execução concursal da pessoa natural.

570. Editais

Os diversos editais previstos pelo Código para o processamento da insolvência civil, no caso de possuir o devedor mais de um centro de atividade, serão publicados nos órgãos oficiais dos Estados em que tiver filiais ou representantes (art. 786-A, acrescentado pela Lei nº 9.462, de 19.06.1997).

---

[112] Para Celso Neves, "tal fixação terá em conta, precipuamente, a massa ativa patrimonial, arrecadada e os eventuais rendimentos que produza ou possa produzir" (NEVES, Celso. *Comentários ao Código de Processo Civil*. 7. ed. Rio de Janeiro: Forense, 1999, v. 7, n. 150, p. 314-315). Cf., também, nosso *Insolvência civil*. 2. ed. 1984, n. 206, p. 232-233.

[113] NEVES, Celso. *Comentários ao Código de Processo Civil*. 7. ed. Rio de Janeiro: Forense, 1999, v. 7, n. 151, p. 316; PRIETO-CASTRO Y FERRÁNDIZ, Leonardo. *Derecho concursal*. Madrid: Tecnos, 1974, n. 108, p. 139. Também assim Moniz de Aragão: "Desde que não esteja abrangido por liquidação extrajudicial e não seja comerciante, o devedor insolvente ficará sujeito ao tipo de processo que o Código trata no Livro II, correspondente à execução, no seu Título IV" (MONIZ DE ARAGÃO, Egas Dirceu. Execução contra o devedor insolvente. *Rev. Forense*, v. 246, p. 68, abr.-jun. 1974, p. 68). Cf., também, nosso *A insolvência civil*. 2. ed. Rio de Janeiro: Forense, 1984, n. 90 a 99, p. 113-123.

Fluxograma nº 21 – Execução por quantia certa contra devedor insolvente (arts. 748 a 773 do CPC/1973)

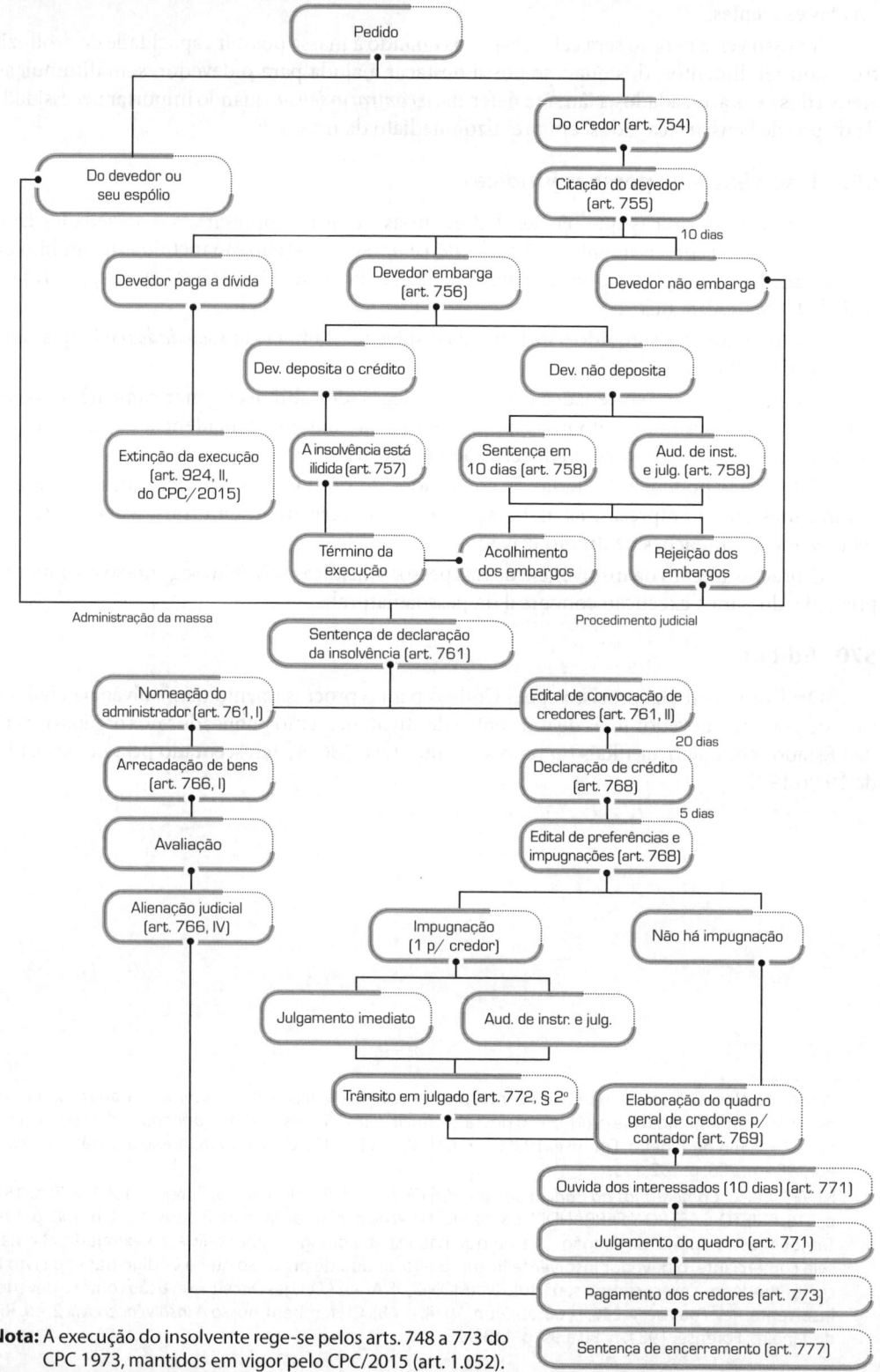

Nota: A execução do insolvente rege-se pelos arts. 748 a 773 do CPC 1973, mantidos em vigor pelo CPC/2015 (art. 1.052).

PARTE IV • INSOLVÊNCIA CIVIL | 641

Fluxograma nº 22 – Extinção das obrigações do insolvente (arts. 777 a 782 do CPC/1973)

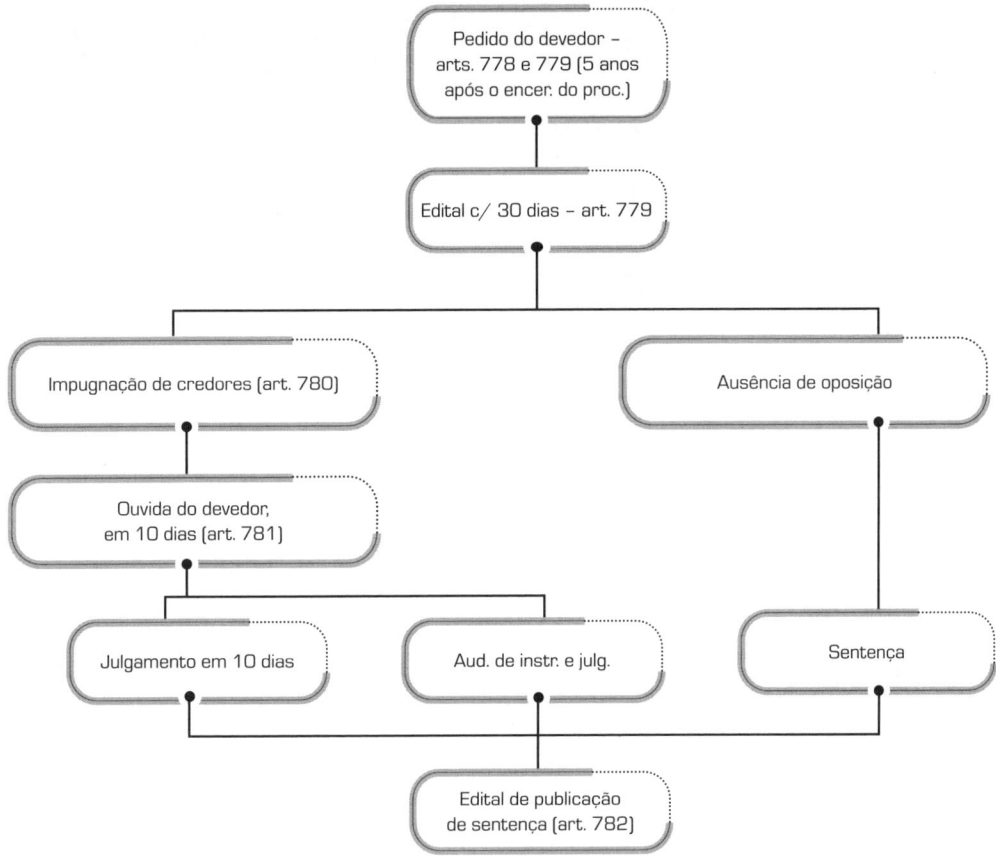

Nota: O CPC/2015 (art. 1.052) manteve em vigência os dispositivos do CPC de 1973 que regulam a execução do devedor insolvente.

Parte V
Crises da Execução e Sistema Recursal

Capítulo XXV
SUSPENSÃO E EXTINÇÃO DO PROCESSO DE EXECUÇÃO

§ 65. VICISSITUDES DO PROCESSO EXECUTIVO

571. Suspensão da execução

Consiste a *suspensão da execução* numa situação jurídica provisória e temporária, durante a qual o processo não deixa de existir e produzir seus efeitos normais, mas sofre uma paralisação em seu curso, não se permitindo que nenhum ato processual novo seja praticado enquanto dure a referida crise.[1] A eficácia da suspensão é, pois, a de "congelar o processo",[2] de sorte que, cessada a causa que a motivou, o procedimento retoma, automaticamente, seu curso normal, a partir da fase ou momento processual em que se deu a paralisação.

Às vezes, no entanto, a causa de suspensão pode, ao seu termo, transmudar-se em causa de extinção da execução, como, por exemplo, se dá quando os embargos do devedor são julgados procedentes.

Classifica-se a suspensão da execução em:

(a) necessária; e
(b) voluntária.

É *necessária* ou *ex lege* a suspensão imposta pela lei, de forma cogente, diante de uma determinada situação processual, como no caso de morte de qualquer das partes (CPC/2015, art. 313, I); de arguição de impedimento ou suspeição do juiz (art. 313, III) e das demais hipóteses contempladas no art. 313.

É *voluntária* ou *convencional* a que decorre de ato de vontade ou ajuste entre as partes (art. 922).

---

[1] FURNO, Carlo. *La sospensione del processo esecutivo*. Milano: A. Giuffrè, 1956, n. 8, p. 30.
[2] D'ONOFRIO, Paolo. *Commento al Codice di Procedura Civile*. Torino: Unione tipografico-editrice torinense, 1953, v. I, p. 419.

A suspensão de que se trata ocorre após o ajuizamento do feito e a jurisprudência tem repelido a possibilidade de uso de medida provisória de urgência (art. 294) para suspender, preventivamente, o direito de ajuizar a execução forçada antes mesmo de sua propositura. Semelhante medida importaria restrição incabível ao direito de ação, que goza da condição de garantia constitucional, de maneira que, dispondo o credor de título executivo, será direito seu irrecusável o de propor a respectiva execução forçada. A suspensão incidental é admissível, mas somente ocorrerá nos casos expressamente previstos em lei.[3] E isto poderá dar-se por várias vias, como medida cautelar, ação cognitiva, embargos à execução ou impugnação ao cumprimento de sentença, sempre com apoio em razões especiais autorizadas por lei.[4]

Poder-se-ia pensar que prejudicialidade externa (*i.e.*, a que decorre da pendência de outra ação capaz de desconstituir a validade ou eficácia do título exequendo) estaria excluída do rol das causas de suspensão da execução, por não ter figurado no item nº I do art. 921. Não é isto, porém, o que se passa na espécie. As normas do processo de conhecimento são todas subsidiariamente aplicáveis ao processo de execução (art. 771, parágrafo único). Somente quando incompatíveis com a natureza da execução, ou quando expressamente afastadas por alguma regra expressa do Livro II, é que se há de recusar a incidência dos preceitos do Livro I da Parte Especial no âmbito da execução forçada.

Nada há, em princípio, na disciplina da suspensão da execução que se mostre incompatível com o art. 313, V, "a". Aliás, a ação anulatória, quando precedente à execução, tem sido equiparada pela jurisprudência aos embargos do devedor.[5] Assim, a possibilidade de suspensão da execução de ação da espécie é a mesma que se reconhece aos embargos. Configurados os requisitos da relevância do objeto da causa e o risco de dano grave e de difícil reparação gerado pelo prosseguimento da execução, a ação prejudicial terá, sem dúvida, força para justificar a suspensão da execução, exatamente como se passa com os embargos.[6] Advirta-se, todavia, que os próprios embargos à execução, em regra, não têm efeito suspensivo, mas apenas em casos especiais (art. 919, § 1º).

572. Casos de suspensão

Os casos comuns de suspensão do processo previstos para o processo de cognição aplicam-se, também, à execução forçada, mas há casos particulares que só ocorrem com referência a esta última espécie de processo.

Daí prever o art. 921 do CPC/2015 a suspensão da execução nos seguintes casos:

(a) nas hipóteses dos arts. 313 e 315, no que couber (inciso I);

(b) no todo ou em parte, quando recebidos com efeito suspensivo os embargos à execução (inciso II);

---

[3] "Extrapola do poder geral de cautela o deferimento de cautelar para impedir o credor de ajuizar a execução" (STJ, 3ª T., REsp 406.803/SE, Rel. Min. Carlos Alberto Menezes Direito, ac. 27.08.2002, *DJU* 28.10.2002, p. 310).

[4] Mesmo no caso de ação declaratória manejada contra o título executivo extrajudicial, em regra, "não deve [a execução] resultar paralisada à espera de definição do pedido declaratório, até porque a doutrina não avaliza a suspensão da execução em casos fora do rol legal" (TJMG, 15ª Câm. Cív., Agravo de Inst. 2.0000.00.322376-9/000, Rel. Des. Pedro Quintino do Prado, ac. 23.11.2000, *DJMG* 13.12.2000).

[5] "Cumpre a ele [juiz prevento], se for o caso, dar à ação declaratória ou anulatória anterior o tratamento que daria à ação de embargos com idêntica causa de pedir e pedido, inclusive, se garantido o juízo, com a suspensão da execução" (STJ, 1ª Seção, CC 38.045/MA, Rel. p/ Acórdão Min. Teori Albino Zavascki, ac. 12.11.2003, *DJU* 09.12.2003, p. 202).

[6] STJ, 4ª T., REsp 466.129/MT, Rel. Min. Aldir Passarinho Júnior, ac. 16.10.2007, *DJU* 12.11.2007, p. 218.

(c) quando não for localizado o executado ou bens penhoráveis (inciso III, com a redação da Lei nº 14.195/2021);

(d) se a alienação dos bens penhorados não se realizar por falta de licitantes e o exequente, em quinze dias, não requerer a adjudicação nem indicar outros bens penhoráveis (inciso IV);

(e) quando concedido o parcelamento de que trata o art. 916 (inciso V).

Examiná-lo-emos, a seguir, separadamente.

573. Suspensão prevista nos arts. 313 e 315 do CPC/2015

I – Previsões do art. 313

As hipóteses do art. 313 do CPC/2015 para o processo de conhecimento, e que o art. 921, I, manda aplicar, também, ao processo de execução, compreendem:

(a) a *morte* ou *perda da capacidade processual* de qualquer das partes, de seu representante legal ou de seu procurador (inciso I);

(b) a *convenção das partes* (inciso II), pelo prazo máximo de seis meses (art. 313, § 4º). Na execução forçada, todavia, o art. 922 prevê a suspensão do processo por acordo das partes, sem a restrição de prazo, desde que a convenção vise a estabelecer um prazo determinado para cumprimento voluntário da obrigação pelo executado;

(c) a *arguição de impedimento ou de suspeição* (inciso III). A arguição do juiz da causa se processará na forma do art. 146;

(d) a *admissão de incidente de resolução de demandas repetitivas* (inciso IV). Nesse caso, os processos pendentes, individuais ou coletivos, que tramitam no estado ou na região, identificados como relativos à mesma questão de direito são paralisados até que o tribunal de segundo grau julgue a tese comum, com eficácia para todo o conjunto de demandas. O Código admite, todavia, a realização de atos urgentes para evitar dano irreparável (art. 314);

(e) a *prejudicialidade*, que ocorre quando a sentença de mérito (inciso V): *(i)* depender do julgamento de outra causa ou da declaração de existência ou de inexistência de relação jurídica que constitua o objeto principal de outro processo pendente; ou, *(ii)* tiver de ser proferida somente após a verificação de determinado fato ou a produção de certa prova, requisitada a outro juízo;

(f) o *motivo de força maior* (inciso VI);

(g) a discussão em juízo de questão decorrente de *acidentes e fatos da navegação de competência do tribunal marítimo* (inciso VII). Por tribunal marítimo entende-se o órgão administrativo que cuida de certos problemas ocorridos durante a navegação. O processo judicial pode referir-se a pretensões apoiadas em fatos que se encontrem sob a averiguação e regulação de órgão dessa natureza, donde a previsão para que se suspenda o processo;

(h) os *demais casos que o Código regula* (inciso VIII);

(i) o *parto e a concessão de adoção*, quando a advogada responsável pelo processo constituir a única patrona da causa (inciso IX, inserido pela Lei nº 13.363/2016). A suspensão na espécie durará por trinta dias a contar da data do parto ou da concessão da adoção (art. 313, § 6º);

(j) *quando o advogado responsável pelo processo constituir o único patrono da causa e tornar-se pai* (inciso X, inserido pela Lei nº 13.363/2016). A duração da suspensão, nesse caso, será de oito dias a contar desde a data do parto ou da concessão da adoção (art. 313, § 7º).

Sobre as consequências e peculiaridades das suspensões em cogitação, veja-se o que ficou exposto no volume I, nos 524 a 532, deste *Curso*.

II – Previsão do art. 315

A hipótese do art. 315 diz respeito à situação em que o conhecimento do mérito depender de verificação da existência de fato delituoso. Nesse caso, o juiz poderá determinar a suspensão do processo até que a justiça criminal se pronuncie. Para que o processo não fique paralisado eternamente, o CPC/2015 estabelece que, se a ação penal não for proposta no prazo de três meses, contado da intimação do ato de suspensão, o processo prosseguirá, cabendo ao juiz cível examinar incidentalmente a questão prévia. O prazo máximo para a paralisação da ação, caso seja ajuizada a ação penal, é de um ano (sobre essa hipótese de suspensão, veja no volume I, item nº 534, deste Curso).

III – Suspensão convencional

As partes estão autorizadas, pelo art. 922, *caput*, a convencionar a suspensão da execução para estabelecer um prazo destinado ao cumprimento voluntário do débito exequendo. Ocorrendo, de fato, o resgate, a execução se extinguirá definitivamente. Se, porém, a dilação concedida pelo exequente transcorrer sem que o devedor solva o débito, o processo executivo simplesmente retomará o seu curso (art. 922, parágrafo único).

IV – Suspensão para parcelamento legal do débito

O art. 916 instituiu outra hipótese de suspensão da execução para propiciar condições especiais de pagamento pelo executado. Ao contrário do art. 922, que cogita de um prazo de pagamento convencional, a nova regra legal prevê a concessão de um prazo para pagamento parcelado que é deferível pelo juiz independentemente de consentimento do exequente. Uma vez deferido o benefício legal, suspendem-se os atos executivos enquanto o parcelamento estiver sendo regularmente cumprido (ver, *retro*, o item nº 580).

V – Suspensão por transação

A transação, no processo executivo, pode ser causa de extinção ou de suspensão do feito. Se, por ela se concede quitação ao executado, com sua homologação, extinta estará a execução forçada. Se, porém, o que se nova é o valor do débito ou a forma de cumprir a obrigação criando, por exemplo, um parcelamento da mesma obrigação novada, o caso será de simples suspensão do processo, para aguardar-se o cumprimento do acordo. No primeiro caso, aplica-se o art. 924, II, e, no segundo, o art. 922.

574. Suspensão provocada por embargos

Atualmente, a regra básica é que os embargos do executado "não terão efeito suspensivo" (CPC/2015, art. 919, *caput*). Somente em circunstâncias especiais é que o juiz poderá atribuir, a requerimento do executado, efeito suspensivo aos embargos (art. 919, § 1º).

Sobre as condições para que a situação excepcional de eficácia suspensiva ocorra, ver, *retro*, o item nº 502.

Deve-se observar que há possibilidade de os embargos referirem-se apenas à parte da obrigação exequenda. Se isto ocorrer, mesmo que o embargante obtenha efeito suspensivo, a execução não paralisará totalmente, mas apenas no tocante às verbas impugnadas. No mais, terá prosseguimento normal (art. 919, § 3º). Também quando um só dos coexecutados oferece embargos e obtém deferimento de efeito suspensivo, a execução terá prosseguimento quanto aos que não embargaram. Isto só não acontecerá se o fundamento dos embargos disser respeito a todos os litisconsortes (art. 919, § 4º).

575. Suspensão por inexistência de bens penhoráveis

O objeto da execução forçada são os bens do executado, dos quais se procura extrair os meios de resgatar a dívida exequenda. Não há, no processo de execução, provas a examinar, nem sentença a proferir. Daí por que a falta de bens penhoráveis do devedor importa suspensão da execução pelo prazo de um ano, período em que se suspenderá, também, a prescrição (CPC/2015, art. 921, III e § 2º). A falta de bens a penhorar – destaque-se – não acarreta a definitiva frustração da execução por quantia certa. Inviabiliza, no entanto, o prosseguimento momentâneo dessa modalidade executiva, cujo objetivo consiste em apreender e expropriar bens patrimoniais do executado para realizar a satisfação do crédito do exequente. Sem que se conte com bens expropriáveis, não há, obviamente, como dar sequência ao curso do processo. O impasse, porém, é episódico, visto que podem surgir, mais tarde, no patrimônio do executado, bens exequíveis, tornando viável a retomada da marcha da execução. Deve-se lembrar que a responsabilidade patrimonial em que se apoia a execução por quantia certa abrange tanto os bens atuais do executado como os futuros (art. 789). Por isso, a lei prevê que, não se encontrando bens a penhorar, a execução será suspensa (art. 921, III), e não extinta.

575-A. Suspensão por não localização do executado

A não localização do executado, para cumprimento da citação executiva, não é, por si só, motivo suficiente para a suspensão da execução. O credor poderá promover a citação por edital ou com hora certa, conforme o caso.

Mas, se além de não localizado o executado, também não se encontram bens penhoráveis para viabilizar o andamento da execução, inevitável será a suspensão do processo (CPC, art. 921, III, com a redação da Lei nº 14.195/2021).

Essa suspensão não impedirá o executado de comparecer em juízo, enquanto não extinto o processo, para opor embargos à execução, já que esse procedimento não se subordina ao requisito da segurança do juízo por meio da penhora (art. 914). O interesse do embargante pode justificar-se através de exceções, tanto processuais, como substanciais, já que os embargos à execução de títulos extrajudiciais comportam todas as defesas cabíveis nas ações cognitivas comuns (art. 917, VI). Assim, será possível ao devedor, através dos embargos, transformar a suspensão provisória em extinção definitiva da execução, se comprovar motivo jurídico para se liberar da pretensão do exequente.

576. Suspensão e prescrição intercorrente

I – Execução por quantia certa

Decorrido o prazo de um ano da suspensão da execução por quantia certa, sem que seja localizado o executado ou que sejam encontrados bens penhoráveis, os autos serão arquivados em caráter provisório (art. 921, § 2º), podendo ser reativados a qualquer tempo, desde que surjam bens a executar (§ 3º).

O primeiro problema provocado pela suspensão é definir até quando perdurará a paralisia do processo. E o segundo é saber que destino terá a execução quando a suspensão durar mais do que o prazo legal de prescrição da obrigação exequenda.

O CPC/2015 enfrentou esses problemas no art. 921 (com as alterações e acréscimos da Lei nº 14.195/2021) e deu-lhes as seguintes soluções:

(a) A suspensão decretada por falta de bens a penhorar é destinada a prevalecer inicialmente durante o prazo fixo de um ano, dentro do qual permanecerá também suspensa a prescrição (§ 1º).

(b) A suspensão, depois de ultrapassado um ano, acarretará o arquivamento dos autos (§ 2º), sem entretanto, acarretar a extinção do processo.

(c) No curso do processo, a prescrição da execução tem como *termo* inicial a ciência (pelo exequente) da primeira tentativa infrutífera de localização do devedor ou de bens penhoráveis, e será *suspensa* por uma única vez, pelo prazo máximo de um ano previsto no § 1º do art. 921 (é o que dispõe o § 4º do mesmo artigo, com a redação da Lei nº 14.195/2021).

(d) Efetivada a citação, a intimação do devedor ou a constrição de bens penhoráveis, interrompido será o prazo de prescrição, o qual não corre durante o tempo necessário à citação e à intimação do devedor, bem como às formalidades da penhora, desde que o credor cumpra os prazos previstos na lei processual ou fixados pelo juiz (§ 4º-A, acrescido pela Lei nº 14.195).

(e) Transcorrido prazo suficiente para aperfeiçoar-se a prescrição da pretensão do credor, o juiz, depois de ouvidas as partes, no prazo de quinze dias, poderá, de ofício, reconhecer a prescrição intercorrente extinguindo o processo, sem ônus para as partes (§ 5º, alterado pela Lei nº 14.195/2021).

Observe-se que, uma vez consumado o lapso prescritivo, a audiência das partes não se destina a convocá-las a dar prosseguimento à execução. Nessa altura, se não demonstrada alguma causa de interrupção da prescrição, outro destino não terá o processo senão a sua extinção por força da perda legal da pretensão do exequente (Código Civil, art. 189).

A prévia intimação do exequente ao decreto da prescrição já ocorrida resulta apenas do dever de obediência ao contraditório em seu aspecto moderno da *não surpresa*. Serve, portanto, para dar-lhe oportunidade "tão somente, de demonstrar suposto equívoco do julgador na contagem do prazo, ou causa interruptiva ou suspensiva da prescrição, sem supressão de instância".[7]

Essa dinâmica da contagem da prescrição intercorrente sujeita-se a uma regra especial de direito intertemporal, que consiste em ter como termo inicial do respectivo prazo a data de vigência do Código atual (art. 1.056), para os processo já suspensos no regime da lei anterior.

Justifica-se a prescrição intercorrente com o argumento de que a eternização da execução é incompatível com a garantia constitucional de duração razoável do processo e de observância de tramitação conducente à rápida solução dos litígios (CF, art. 5º, LXXVIII). Tampouco se pode admitir que a inércia do exequente, qualquer que seja sua causa, redunde em tornar imprescritível uma obrigação patrimonial. O sistema de prescrição, adotado por nosso ordenamento jurídico, é incompatível com pretensões obrigacionais imprescritíveis. Nem mesmo se subordina a prescrição civil a algum tipo de culpa por parte do credor na determinação da inércia no exercício da pretensão. A prescrição, salvo os casos legais de suspensão ou interrupção, flui objetivamente, pelo simples decurso do tempo.[8]

---

[7] REIS, José Maria dos; REIS, Francis Vanine de Andrade. Da prescrição intercorrente na execução civil: incompletude do texto do inciso III do art. 791 do CPC. *AMAGIS Jurídica*, Belo Horizonte, ano VI, n. II, p. 69, jul.-dez. 2014.

[8] Não entra na definição o elemento subjetivo. Dois apenas são os seus elementos essenciais: "o tempo e a inércia do titular". Nada mais do que isto (PEREIRA, Caio Mário da Silva. *Instituições de direito civil*. 20. ed. Rio de Janeiro: Forense, 2004, v. I, n. 121, p. 683).

Daí a criação pretoriana da apelidada *prescrição intercorrente*, agora adotada expressamente pelo CPC/2015 (art. 921, § 4º, com a redação da Lei nº 14.195/2021), que se verifica justamente quando a inércia do processo perdure por tempo superior ao lapso da prescrição prevista para a obrigação disputada em juízo. Assim é que, decorrido o prazo de um ano da ciência da primeira tentativa infrutífera de localização do devedor, ou de bens penhoráveis sem que o exequente se manifeste, retoma curso o prazo de prescrição suspenso desde quando se inviabilizou o prosseguimento da execução pelos motivos arrolados no § 1º do referido art. 921. Mas, para que a prescrição se aperfeiçoe e seja decretada, acarretando a extinção do processo, o juiz deverá ouvir previamente as partes, no prazo de quinze dias (§ 5º, alterado pela Lei nº 14.195/2021), a fim de que seja cumprida a garantia do contraditório. Naturalmente, essa audiência só se dará apenas na pessoa do exequente, se o executado não tiver se feito presente nos autos, por meio de advogado.

Poder-se-ia objetar que, interrompida pela citação, a prescrição somente deveria voltar a correr, de acordo com o direito material, depois de encerrado o processo (Código Civil, art. 202, parágrafo único). A regra, no entanto, pressupõe processo que esteja em andamento regular, não aquele que, anomalamente, tenha sido acometido de paralisação por longo tempo, isto é, por tempo superior àquele em que a obrigação seria atingida pela prescrição.[9]

O CPC/2015 acabou, também, com a divergência que existia à época do Código anterior, quanto à possibilidade de o juiz reconhecer a prescrição superveniente, sem a provocação do executado. O art. 194 do Código Civil, que vedava ao juiz o pronunciamento *ex officio* da prescrição, foi revogado pela Lei nº 11.280/2006. O art. 487, II, do CPC/2015 admite, por isso, que possa ser declarada de ofício pelo juiz, embora não deva fazê-lo sem antes dar oportunidade às partes de manifestar-se (art. 487, parágrafo único).

Quanto à possibilidade de a prescrição ser decretada pelo juiz de ofício, a jurisprudência do STJ faz uma interessante distinção:

(a) quando se trata de prescrição intercorrente, em execução fiscal, sob regência do art. 40, § 4º, da Lei nº 6.830/1980, antes de decretá-la no processo suspenso por falta de bem a penhorar, o juiz deverá ouvir a Fazenda exequente (e não o executado), para ensejar-lhe a arguição e comprovação de algum fato obstativo ou suspensivo do efeito da prescrição (a observação vale também para a prescrição intercorrente na execução civil, tendo em vista o disposto no art. 921, § 5º, do CPC, alterado pela Lei 14.195);

(b) quando, porém, se trata de prescrição consumada antes da citação do devedor, o seu reconhecimento, poderá ser feito de ofício no despacho de indeferimento da petição inicial, sem depender de alegação ou audiência de qualquer das partes (CPC, arts. 332, § 1º c/c 487, parágrafo único).[10] Nesse caso, entretanto, a prescrição não é intercorrente, pois se consumou antes do ajuizamento da ação.

---

[9] THEODORO JÚNIOR, Humberto. *Comentários ao novo Código Civil Brasileiro*. 4. ed. Rio de Janeiro: Forense, 2008, n. 364, p. 330-331.

[10] "1. A prescrição pode ser decretada pelo juiz *ex officio* por ocasião do recebimento da petição inicial do executivo fiscal, ou antes de expedido o mandado de citação, porquanto configurada causa de indeferimento liminar da exordial, nos termos do art. 295, IV, c/c art. 219, § 5º, do CPC, bem assim de condição específica para o exercício do direito da ação executiva fiscal, qual seja a exigibilidade da obrigação tributária materializada na CDA. (...) 5. O advento da aludida lei possibilita ao juiz da execução decretar *ex officio* a prescrição intercorrente, desde que previamente ouvida a Fazenda Pública para que possa suscitar eventuais causas suspensivas ou interruptivas do prazo prescricional (Precedentes: REsp 803.879 – RS, Relator Ministro José Delgado, Primeira Turma, DJ de 03 de abril de 2006; REsp 810.863 – RS, Relator Ministro Teori Albino Zavascki, Primeira Turma, DJ de 20 de março de 2006; REsp 818.212 – RS, Relator Ministro Castro Meira, Segunda Turma, DJ de 30 de março de 2006) (...)" (STJ, 1ª T., REsp 1.004.747/RJ, Rel. Min. Luiz Fux, ac. 06.05.2008, DJe 18.06.2008).

II – Nulidade do procedimento de decretação da prescrição intercorrente

O art. 921 e seus parágrafos estabelecem um procedimento a ser cumprido para legitimar a extinção da execução em virtude da prescrição intercorrente, voltado especificamente para a modalidade das execuções por quantia certa, tanto as fundadas em títulos extrajudiciais, como as relativas a cumprimento de sentença (art. 921, § 7º, acrescido pela Lei nº 14.195/2021).[11] A inobservância desse procedimento pode acarretar sua nulidade, desde que verificado efetivo prejuízo para as partes. Apenas a inexistência de intimação acerca do insucesso da localização do devedor ou de bens penhoráveis (art. 921, § 4º) é que autoriza presunção de prejuízo para o exequente (§ 6º). Outras irregularidades procedimentais só serão acatadas como causa de nulidade quando o interessado comprovar efetivo prejuízo.

Na apreciação da prescrição intercorrente, o juiz pronunciará decisão interlocutória quando negar a respectiva decretação, caso em que o recurso manejável será o agravo de instrumento (art. 1.015, parágrafo único). Extinta a execução pelo reconhecimento da prescrição através de sentença (art. 925), desafiado estará o recurso de apelação (art. 1.009).

III – Outras modalidades de execução

O art. 921, § 4º, do CPC/2015 (com redação da Lei nº 14.195/2021) disciplina a prescrição intercorrente da execução por quantia certa por falta de bens a penhorar ou por não localização do devedor. Isto, porém, não quer dizer que essa modalidade de prescrição somente possa ocorrer em relação às obrigações de prestação em dinheiro.

Toda pretensão derivada de obrigação descumprida se sujeita à extinção por prescrição depois de perdurar a inércia do credor pelo tempo estabelecido em lei (Código Civil, art. 189), o qual varia conforme o tipo de obrigação (Código Civil, art. 205). A prescrição, por outro lado, tanto pode referir-se à pretensão condenatória como à executória, de modo que, mesmo depois de exercida a ação de conhecimento dentro do prazo prescricional previsto, uma nova prescrição começa a correr após o trânsito em julgado e que diz respeito à pretensão de executar a sentença. Se tal não se der, ocorrerá a segunda prescrição em face de uma só obrigação. E esta prescrição pode acontecer em torno de qualquer pretensão executiva, não havendo motivo para admiti-la tão somente em referência às obrigações de pagar quantia certa. Imagine-se o caso em que o locador, depois de obter sentença de despejo, deixa de promover a desocupação do prédio locado, mantendo a relação *ex locato* por mais de dez anos. Não poderá, obviamente, requerer a expedição do mandado *de evacuando* depois de prazo tão longo. Para recuperar a posse do imóvel, terá de ajuizar nova ação de despejo, porquanto a pretensão de exigir cumprimento para a primitiva sentença terá se extinguido por força da prescrição da pretensão executiva não exercida em prazo hábil após o trânsito em julgado do título judicial.

Enfim, seja judicial ou extrajudicial o título, a execução sujeita-se à prescrição em prazo igual àquele que antes se aplicava à pretensão exercitável no processo de conhecimento. As regras do art. 921 e parágrafos do CPC/2015 são específicas para as obrigações cuja execução depende de penhora. Para as demais, bastará a paralisação do processo executivo, sem qualquer justificativa, por tempo suficiente para configurar a prescrição intercorrente.[12]

---

[11] No plano do direito material, o art. 206-A do Cód. Civil (redação da Lei 14.382/2022) dispõe: "A prescrição intercorrente observará o mesmo prazo de prescrição da pretensão, observadas as causas de impedimento, de suspensão e de interrupção da prescrição previstas neste Código e observado o disposto no art. 921 da Lei nº 13.105, de 16 de março de 2015 (Código de Processo Civil)".

[12] "Incide a prescrição intercorrente, quando o exequente permanece inerte por prazo superior ao de prescrição do direito material vindicado, conforme interpretação extraída do art. 202, parágrafo único, do Código Civil de 2002" (STJ, 3ª T., REsp 1.589.753/PR, Rel. Min. Marco Aurélio Bellizze, ac. 17.05.206, DJe

577. A prescrição intercorrente e a jurisprudência do STJ anterior ao CPC/2015

A prescrição intercorrente não era regulada no CPC/1973 como fenômeno aplicável à execução civil, mas acabou sendo acatada pela jurisprudência, como necessidade evidente de evitar a eternização das obrigações ajuizadas, isto é, de impedir o estabelecimento de dívidas imprescritíveis.

À falta de tratamento legislativo para o tema, a jurisprudência estabeleceu alguns requisitos para a decretação dessa modalidade prescricional, os quais se embasaram analogicamente na disciplina do abandono da causa (CPC/1973, art. 267, II: "extingue-se o processo, sem resolução de mérito (...) quando ficar parado durante mais de um ano por *negligência das partes*").

Nessa linha de entendimento, restou assentado pelo STJ[13] que:

(a) "Não flui o prazo da prescrição intercorrente no período em que o processo de execução fica suspenso por ausência de bens penhoráveis".

(b) "A prescrição intercorrente pressupõe desídia do credor que, intimado a diligenciar, se mantém inerte".

(c) Não tendo sido constatado comportamento negligente do exequente ou abandono da causa, "não há como se reconhecer a ocorrência de prescrição".

(d) O reconhecimento da prescrição intercorrente pressupõe abandono da causa pela parte, cuja configuração requer "intimação pessoal dela para que desse seguimento ao feito".

Em síntese, a jurisprudência consolidada daquela alta Corte era no sentido de que, "para reconhecimento da prescrição intercorrente, é imprescindível a comprovação da inércia do exequente, bem como sua intimação pessoal para diligenciar nos autos".[14] A nosso ver, essa orientação pretoriana, construída sob o regime da lei velha, foi inteiramente superada pela regulamentação com que o CPC/2015 preencheu a lacuna do anterior e que consta do art. 921, III e §§ 1º a 7º, com a redação da Lei nº 14.195/2021.[15]

Com efeito, para a nova e expressa disciplina normativa, verificada a ausência de bens penhoráveis, cabe ao juiz, de ofício, suspender a execução pelo prazo de um ano, durante o qual também a prescrição ficará suspensa (art. 921, § 1º). Ultrapassado esse limite, os autos serão arquivados, se até então não surgiram bens a penhorar (§ 2º). Nessa altura, uma vez que o processo tenha permanecido, sem manifestação do exequente durante um ano a contar do insucesso da citação ou da penhora (§ 1º), começará *ex lege* a correr o prazo de prescrição intercorrente (§ 4º). Em nenhum momento a disciplina do CPC/2015 cogita de inércia culposa

---

31.05.2016). Ressalva, porém, o acórdão que "o contraditório é princípio que deve ser respeitado em todas as manifestações do Poder Judiciário, que deve zelar pela sua observância, inclusive nas hipóteses de declaração de ofício da prescrição intercorrente, devendo o credor ser previamente intimado para opor algum fato impeditivo à incidência da prescrição".

[13] STJ, 4ª T., REsp 774.034/MT, Rel. Min. Raul Araújo, ac. 18.06.2015, *DJe* 03.08.2015.

[14] STJ, 4ª T., AgRg no REsp 1.521.490/SP, Rel. Min. Maria Isabel Gallotti, ac. 12.05.2015, *DJe* 19.05.2015. No mesmo sentido: STJ, 4ª T., AgRg no AREsp 277.620/DF, Rel. Min. Antonio Carlos Ferreira, ac. 17.12.2013, *DJe* 03.02.2014; STJ, 3ª T., AgRg no AREsp 593.723/SP, Rel. Min. Marco Aurélio Bellizze, ac. 14.04.2015, *DJe* 24.04.2015.

[15] Também o Cód. Civil se alinhou com o CPC, reconhecendo a possibilidade e os requisitos da prescrição intercorrente (CC, art. 206-A, com a redação da Lei nº 14.382/2022) (cf., retro, os itens 282, II, e 576, II, e, adiante, o item 587).

ou de abandono da causa pelo exequente. Parte, ao contrário, apenas da inviabilidade objetiva de penhorar bens do executado.

Portanto, tudo flui automaticamente no esquema legal. Não há necessidade de apurar culpa ou razão para explicar a inércia processual. Tudo se analisa e avalia objetivamente em face da ocorrência de um processo arquivado e não reativado pelo exequente durante o prazo estatuído em lei. Fácil, em suma, é verificar que a opção do legislador não foi, na espécie, punir inércia culposa ou abandono da causa por parte do exequente. Apenas o decurso do tempo e a inércia processual foram por ele levados em consideração. Sua preocupação foi única e exclusivamente submeter a obrigação inserida num processo inviabilizado a um regime que não lhe confira a indesejável condição de imprescritibilidade prática.

Convém ressaltar que já na vigência do Código de 2015 o STJ, diante de controvérsias que não chegaram a ser superadas totalmente ao tempo do Código anterior, houve por bem uniformizar o tratamento a ser dado aos processos pendentes, ao tempo da entrada em vigor do Código atual, principalmente em face da regra transitória disposta no art. 1.056, do CPC/2015. Assim, restaram fixadas as seguintes teses em Incidente de Assunção de Competência:

"1.1 Incide a prescrição intercorrente, nas causas regidas pelo CPC/73, quando o exequente permanece inerte por prazo superior ao de prescrição do direito material vindicado, conforme interpretação extraída do art. 202, parágrafo único, do Código Civil de 2002.

1.2 O termo inicial do prazo prescricional, na vigência do CPC/1973, conta-se do fim do prazo judicial de suspensão do processo ou, inexistindo prazo fixado, do transcurso de um ano (aplicação analógica do art. 40, § 2º, da Lei 6.830/1980).

1.3 O termo inicial do art. 1.056[16] do CPC/2015 tem incidência apenas nas hipóteses em que o processo se encontrava suspenso na data da entrada em vigor da novel lei processual, uma vez que não se pode extrair interpretação que viabilize o reinício ou a reabertura de prazo prescricional ocorridos na vigência do revogado CPC/1973 (aplicação irretroativa da norma processual).

1.4. O contraditório é princípio que deve ser respeitado em todas as manifestações do Poder Judiciário, que deve zelar pela sua observância, inclusive nas hipóteses de declaração de ofício da prescrição intercorrente, devendo o credor ser previamente intimado para opor algum fato impeditivo à incidência da prescrição"[17].

578. Suspensão da execução e possibilidade de embargos do devedor

Releva destacar a atual desvinculação dos embargos do devedor da prévia segurança do juízo.[18] Com ou sem penhora o executado pode embargar a execução nos quinze dias que se seguem à citação.[19] Assim, mesmo fadada à suspensão por inexistência de bens penhoráveis, a execução poderá ser palco da ação incidental do executado tendente a atacar o título executivo e a extinguir o processo de execução.

Até mesmo quando eventualmente tenha se expirado o prazo dos embargos, terá ainda o devedor possibilidade de, por meio de ação anulatória comum, invalidar o título executivo e desconstituir a relação obrigacional subjacente. Isto porque a previsão da ação

---

[16] Art. 1.056, do CPC/2015: "Considerar-se-á como termo inicial do prazo da prescrição prevista no art. 924, inciso V, inclusive para as execuções em curso, a data de vigência deste Código".

[17] STJ, 2ª Seção, REsp. 1.604.412/SC, Rel. Min. Marco Aurélio Bellizze, ac. 27.08.2018, DJe 22.08.2018.

[18] CPC/2015, art. 914, caput: "O executado, independentemente de penhora, depósito ou caução, poderá se opor à execução por meio de embargos".

[19] CPC/2015, art. 915: "Os embargos serão oferecidos no prazo de 15 (quinze) dias, contado, conforme o caso, na forma do art. 231".

especial de embargos não exclui a legitimidade do devedor de se defender em juízo pelas vias ordinárias.[20]

579. Suspensão da execução por falta de interessados na arrematação dos bens penhorados

Em dispositivo atual, o CPC de 2015 prevê outro caso de suspensão do processo, que ocorre quando a alienação dos bens já penhorados não se realizar por falta de licitantes e o exequente não requerer, em quinze dias, a adjudicação deles, nem indicar outros bens penhoráveis. Nessa situação, o exequente não terá seu crédito satisfeito, mas a execução não poderá prosseguir pela inexistência de outros bens penhoráveis do executado, tal como se dá no inciso III do art. 921.[21] A situação processual equivale à de ausência de bens penhoráveis para efeito de suspensão da execução e aplicação da prescrição intercorrente.

580. Suspensão em razão do parcelamento do débito

A última hipótese de suspensão da execução trazida pelo art. 921 do CPC/2015 é a concessão do parcelamento do débito, nos termos do art. 916. Deferido o pedido de parcelamento pelo juiz, o processo se suspende, pelo prazo máximo de seis meses, até que o executado pague as parcelas do débito estabelecidas (sobre o tema, ver capítulo 53 *retro*).

580-A. Suspensão e extinção de executivos fiscais de pequeno valor

Os créditos da Fazenda Pública, inscritos em Dívida Ativa, são cobráveis através de um procedimento especial, a execução fiscal, que é uma modalidade de execução por quantia certa, disciplinada pela Lei 6.830/1980, havendo ainda um regime particular para os débitos de pequeno valor.

Prevê o art. 20 da Lei nº 10.522/2002 (redação da Lei nº 11.033/2004, alterada pela Lei nº 13.874/2019) o arquivamento provisório, sem baixa na distribuição, mediante requerimento do Procurador da Fazenda Nacional, dos autos das execuções fiscais de débitos inscritos como Dívida Ativa da União, de valor consolidado igual ou inferior àquele estabelecido em ato do Procurador-Geral da Fazenda Nacional.[22] Ocorrendo reunião de processos contra o mesmo devedor (art. 28 da LEF), para os fins de que trata o limite indicado no *caput* do art. 20, será considerada a soma dos débitos consolidados das inscrições reunidas (art. 20, § 4º, incluído pela Lei nº 11.033/2004).

Durante o arquivamento, se o valor do débito, pelo crescimento dos acessórios respectivos, ultrapassar o referido limite, os autos da execução serão reativados (Lei nº 10.522, art. 20, § 1º).

Naturalmente, o arquivamento provisório não poderá durar eternamente. Por analogia deve-se observar o sistema do § 4º do art. 40 da Lei nº 6.830/1980, ou seja: "se da decisão

---

[20] "Em curso processo de execução, não há impedimento a que seja ajuizada ação, tendente a desconstituir o título em que aquela se fundamenta" (STJ, 3ª T., REsp 135.355/SP, Rel. Min. Eduardo Ribeiro, ac. 04.04.2000, *RSTJ* 134/269). No mesmo sentido: STJ, 4ª T., REsp 234.809/RJ, Rel. Min. Ruy Rosado de Aguiar, ac. 25.04.2000, *DJU* 12.02.2001, p. 121.

[21] WAMBIER, Teresa Arruda Alvim; CONCEIÇÃO, Maria Lúcia Lins; RIBEIRO, Leonardo Ferres da Silva; MELLO, Rogério Licastro Torres de. *Primeiros comentários ao novo Código de Processo Civil*. São Paulo: RT, 2015, p. 1.306.

[22] Súmula nº 583/STJ: "O arquivamento provisório previsto no art. 20 da Lei 10.522/2002, dirigido aos débitos inscritos como dívida ativa da União pela Procuradoria-Geral da Fazenda Nacional ou por ela cobrados, não se aplica às execuções fiscais movidas pelos conselhos de fiscalização profissional ou pelas autarquias federais".

que ordenar o arquivamento tiver decorrido o prazo prescricional, o juiz, depois de ouvida a Fazenda Pública, poderá, de ofício, reconhecer a prescrição intercorrente e decretá-la de imediato".

Por outro lado, dispõe a mesma Lei nº 10.522 que, a requerimento do Procurador da Fazenda Nacional, deverão ser extintas todas as execuções fiscais que versem exclusivamente sobre honorários de valor igual ou inferior a R$ 1.000,00 (um mil reais), devidos à Fazenda Nacional (art. 20, § 2º, incluído pela Lei nº 11.033).

Ressalte-se, mais uma vez, que o regime especial instituído pelo art. 20 da Lei nº 10.522 aplica-se apenas aos executivos fiscais da Dívida Ativa da União e demais créditos executados pela Procuradoria Geral da Fazenda Nacional.

581. Efeitos da suspensão

Suspensa a execução, não serão praticados atos processuais. O juiz poderá, entretanto, ordenar providências urgentes (CPC/2015, art. 923). Quando a suspensão decorrer de arguição de impedimento ou de suspeição, as medidas urgentes não poderão ser deliberadas pelo juiz da causa. Os interessados deverão requerê-las ao substituto legal (art. 146, § 3º). Tal posicionamento está em consonância com o art. 314 do mesmo diploma, que, na dúvida sobre a legitimidade da atuação do juiz, determina a abstenção da prática de atos processuais, inclusive aqueles urgentes com a finalidade de evitar danos irreparáveis, até que a situação se defina pelos meios adequados. Ou seja, o juiz, cuja suspeição ou impedimento foi alegado, não pode, em nenhuma circunstância, praticar qualquer ato, enquanto não solucionado o incidente que acarretou a suspensão do processo. Por isso, caso haja necessidade de atos urgentes, deverão ser requeridos ao substituto legal (art. 146, § 3º) (sobre o tema, ver itens nos 305 e 526 do volume I deste *Curso*).

Durante a suspensão nenhum ato executivo novo pode ser praticado, sob pena de nulidade.[23] Subsistem, contudo, os efeitos do processo no que diz respeito à relação processual pendente e aos atos processuais já praticados, como, por exemplo, a penhora e depósito dos bens excutidos.[24]

Além disso, em caráter excepcional, pode o juiz determinar medidas provisórias de urgência, como a alienação de bens avariados, ou perecíveis, a remoção de bens, a prestação de caução etc., medidas essas adotáveis *ex officio* ou por provocação da parte (art. 923).

A eficácia da suspensão é *ex nunc*. Atinge o processo na fase ou situação em que se encontrar, projetando seus efeitos a partir de então e só para o futuro. Inibe o prosseguimento da marcha processual, mas preserva intactos os atos já realizados.

Ao final da crise de suspensão, o processo retoma seu curso normal a partir da fase em que se deu a paralisação, salvo se, como ficou ressalvado no número anterior, a causa de suspensão transmudar-se, a seu termo, em causa de extinção da execução.

582. Extinção da execução

A execução forçada termina normalmente com a exaustão de seus atos e com a satisfação do seu objetivo, que é o pagamento do credor.[25] Pode, porém, encontrar termo de maneira anômala e antecipada, como nos casos em que se extingue o próprio direito de crédito do exequente,

---

[23] COSTA, Sergio. *Manuale di diritto processuale civile*. 4. ed. Torino: Editrice Torinese, 1973, n. 459, p. 606.
[24] COSTA, Sérgio. *Manuale di diritto processuale civile*. 4. ed. Torino: Editrice Torinese, 1973, n. 459, p. 606.
[25] COSTA, Sérgio. *Manuale di diritto processuale civile*. 4. ed. Torino: Editrice Torinese, 1973, n. 461, p. 607.

por qualquer dos meios liberatórios previstos no direito material, ainda que ocorridos fora do processo (ex.: pagamento, novação, remissão, prescrição etc.).

O art. 924 do CPC/2015 prevê, expressamente, a extinção da execução, quando:

(a) a petição inicial for indeferida (inciso I);
(b) a obrigação for satisfeita (inciso II);
(c) o executado obtiver, por qualquer outro meio, a extinção total da dívida (inciso III);
(d) o exequente renunciar ao crédito (inciso IV);
(e) ocorrer a prescrição intercorrente (inciso V).

583. Extinção por indeferimento da petição inicial

A petição inicial pode ser indeferida quando (CPC/2015, art. 330):

(a) *for inepta* (inciso I);
(b) *a parte for manifestamente ilegítima* (inciso II);
(c) *o autor carecer de interesse processual* (inciso III);
(d) não atendidas as prescrições dos arts. 106 e 321 (inciso IV): ou seja, quando o autor não proceder à diligência determinada pelo juiz para sanar omissões, defeitos ou irregularidades da petição inicial.

Entende-se por inepta a petição inicial quando (art. 330, § 1º):

(a) faltar-lhe *pedido* ou *causa de pedir* (inciso I);
(b) o pedido for *indeterminado*, ressalvadas as hipóteses legais em que se permite o pedido genérico (inciso II);
(c) da narração dos fatos não decorrer logicamente a conclusão (inciso III);
(d) contiver pedidos *incompatíveis* entre si (inciso IV).

O Código atual não mais considera inepta a petição inicial quando o pedido for juridicamente impossível, porquanto essa matéria é tratada como pertencente ao mérito da causa, ou, às vezes, se confunde com a falta do interesse.

Não se recomenda uma interpretação ampliativa, ou extensiva, das hipóteses legais de indeferimento sumário da inicial. O correto será estabelecer-se, primeiro, o contraditório, sem o qual o processo, em princípio, não se mostra completo e apto a sustentar o provimento jurisdicional nem a solução das questões incidentais relevantes. O indeferimento liminar e imediato da petição inicial, antes da citação do executado, é de se ver como exceção.

Mesmo quando faltar o título executivo ou qualquer outro documento indispensável à propositura da execução, caberá ao juiz determinar ao exequente que a corrija, no prazo de quinze dias, sob pena de indeferimento (art. 801).

584. Extinção por satisfação da obrigação (remição da execução)

O fim da execução é a satisfação coativa do direito do exequente. Se o pagamento é obtido, seja voluntária ou forçadamente, exaurida está a missão do processo. O pagamento, no curso da ação, quando se trata de execução por quantia certa, faz-se por meio da *remição da execução*, e deve compreender o principal atualizado, juros, custas e honorários advocatícios (CPC/2015, art. 826).

A extinção da execução pelo pagamento, no dizer do Ministro João Otávio de Noronha, só pode se dar diante de sua necessária comprovação nos autos. Não há lugar para presunção, em face da mera alegação do devedor, ainda que o exequente, intimado, não se pronuncie a respeito. Presunção de pagamento só pode acontecer nas hipóteses autorizadas por lei, a exemplo daquelas previstas nos arts. 322, 323 e 324 do Código Civil.[26]

585. Extinção da dívida por qualquer outro meio

Fala o art. 924, III, que a execução se extingue quando o executado obtiver, por qualquer outro meio, a extinção total da dívida. O dispositivo corrigiu erro terminológico do Código anterior, que tratava a transação como remissão da dívida. Agora, a extinção da dívida por ocorrer por "qualquer outro meio", tais como: remissão, transação, novação, confusão, compensação etc.

Transação é meio liberatório que consiste em prevenir ou terminar o litígio mediante concessões mútuas dos interessados (Código Civil, art. 840). *Remissão* é forma de perdão ou de liberação gratuita do devedor, ou seja, *renúncia* de direito.

Extinguindo-se o direito material de crédito do exequente, é lógico que também desaparece a ação de execução, que se destinava justamente a realizá-lo.

586. Extinção por renúncia

A renúncia, em sentido lato, é o ato de abandono voluntário de um direito; é o desligamento espontâneo do titular em face de seu direito subjetivo. Nesse aspecto, é a forma mais completa de remissão de dívida, e assim já se acha compreendida nos termos amplos e genéricos do art. 924, III, pelo que foi ociosa sua menção no inciso IV.

587. Extinção pela prescrição intercorrente

O CPC/2015 tratou expressamente da prescrição intercorrente nos §§ 4º e 5º do art. 921, com a redação da Lei nº 14.195/2021 (ver, *retro*, os itens nos 576 e 577).[27] A não localização de bens penhoráveis e a inércia do exequente para superação do obstáculo à exigência do seu crédito, dão ensejo à suspensão da execução e, subsequentemente, à prescrição intercorrente. Caso transcorra o lapso temporal da prescrição, correspondente à obrigação exequenda, extinguir-se-á a execução pela perda da pretensão deduzida em juízo pelo exequente (art. 924, V). Para tal fim e em regime de direito intertemporal, estabeleceu o art. 1.056, que o critério de determinação do termo inicial da prescrição intercorrente nas execuções em curso paralisadas será a data de vigência do Código atual.

Questão que gerou, durante bastante tempo, conflito jurisprudencial, inclusive entre acórdãos do STJ, foi a relativa ao cabimento ou não da verba advocatícia sucumbencial no caso de extinção da execução pela decretação da prescrição intercorrente por ausência do devedor e de bens penhoráveis.

A divergência, porém, foi reconhecida e superada pela Corte Especial nos Embargos de Divergência em Agravo no REsp 1.854.589, nos seguintes termos:

> "1. A controvérsia cinge-se em saber se a resistência do exequente ao reconhecimento de prescrição intercorrente é capaz de afastar o princípio da causalidade na fixação dos ônus sucumbenciais, mesmo após a extinção da execução pela prescrição.

---

[26] STJ, 3ª T., REsp 1.513.263/RJ, decisão monocrática do Rel. Min. João Otávio de Noronha, *DJe* 23.05.2016.
[27] Também o Cód. Civil tratou da prescrição intercorrente, correlacionando-a à disciplina formal do CPC, conforme se vê no disposto no art. 206-A, do primeiro Código (cf., *retro*, os itens 282, II, e 576, II).

2. Segundo farta jurisprudência desta Corte de Justiça, em caso de extinção da execução, em razão do reconhecimento da prescrição intercorrente, mormente quando este se der por ausência de localização do devedor ou de seus bens, é o princípio da causalidade que deve nortear o julgador para fins de verificação da responsabilidade pelo pagamento das verbas sucumbenciais.

3. Mesmo na hipótese de resistência do exequente – por meio de impugnação da exceção de pré-executividade ou dos embargos do executado, ou de interposição de recurso contra a decisão que decreta a referida prescrição –, é indevido atribuir-se ao credor, além da frustração na pretensão de resgate dos créditos executados, também os ônus sucumbenciais com fundamento no princípio da sucumbência, sob pena de indevidamente beneficiar-se duplamente a parte devedora, que não cumpriu oportunamente com a sua obrigação, nem cumprirá.

4. A causa determinante para a fixação dos ônus sucumbenciais, em caso de extinção da execução pela prescrição intercorrente, não é a existência, ou não, de compreensível resistência do exequente à aplicação da referida prescrição. É, sobretudo, o inadimplemento do devedor, responsável pela instauração do feito executório e, na sequência, pela extinção do feito, diante da não localização do executado ou de seus bens.

5. A resistência do exequente ao reconhecimento de prescrição intercorrente não infirma nem supera a causalidade decorrente da existência das premissas que autorizaram o ajuizamento da execução, apoiadas na presunção de certeza, liquidez e exigibilidade do título executivo e no inadimplemento do devedor.

6. Embargos de divergência providos para negar provimento ao recurso especial da ora embargada".[28]

Duas observações, entretanto, se impõem para que bem se defina o alcance do julgado da Corte Especial ora lembrado: (*i*) em primeiro lugar, a sentença que, no caso julgado, extinguiu a execução por prescrição intercorrente foi pronunciada antes da vigência da Lei nº 14.195/2021 e imputou à exequente a verba advocatícia sucumbencial; (*ii*) em grau de embargos de divergência, a Corte Especial do STJ, por unanimidade, reformou o acórdão da Turma julgadora que havia declarado que "o reconhecimento da prescrição intercorrente não permite a condenação da *parte exequente* em honorários advocatícios com base no princípio da causalidade", quando não houver de sua parte resistência ao *pedido* de extinção processual *formulado, em defesa, pelo executado*; mas, "ao revés, havendo oposição do credor, a *verba honorária será* devida, com respaldo no princípio da *sucumbência*".

Portanto, a controvérsia enfrentada pelo STJ no acórdão da Corte Especial cingiu-se "em saber se a *resistência do exequente* ao reconhecimento da prescrição intercorrente é capaz de afastar o princípio da causalidade na fixação dos ônus sucumbenciais, mesmo após a extinção da execução pela prescrição" (ementa do acórdão dos Embargos de Divergência).

Essa questão, que versava apenas sobre a responsabilidade sucumbencial do exequente, como bem evidenciou o voto-vista da Min. Nancy Andrighi, só mereceu enfrentamento pela Corte Especial porque versava sobre caso anterior à Lei nº 14.195/2021, visto que o § 5º do art. 921 do CPC, com a redação dada pela referida lei, eliminou por completo a controvérsia até então existente, ao dispor, taxativamente, que, após a inovação legislativa, "o reconhecimento da prescrição intercorrente *não acarretará ônus para as partes*" (g.n.).[29]

---

[28] STJ, Corte Especial, EAREsp 1.854.589/PR, Rel. Min. Raul Araújo, ac. 09.11.2023, *DJe* 24.11.2023.
[29] STJ, Corte Especial, EAREsp 1.854.589/PR, Rel. Min. Raul Araújo, ac. 09.11.2023, *DJe* 24.11.2023, voto vista da Min. Nancy Andrighi.

Em suma, a jurisprudência atual do STJ sobre a matéria consolidou-se da seguinte maneira:

(a) se a extinção da execução, decretada antes da Lei nº 14.195/2021, se dá por força de prescrição intercorrente, com ou sem provocação do devedor, não há *sucumbência do exequente* para justificar-se a sujeição dos honorários advocatícios, nem mesmo sob o fundamento do princípio da causalidade; embora se possa, em nome desse princípio, cogitar da responsabilidade do *executado*, por ter sido ele quem *causou a propositura da execução*;[30]

(b) após o advento da Lei nº 14.195/2021, ou seja, para as prescrições decretadas a partir de 26.08.2021, não cabe a condenação ao pagamento dos encargos sucumbenciais, nem ao exequente, nem ao executado.[31]

588. Outros casos de extinção da execução

Faltaram, na enumeração do art. 924, dois casos muito comuns da extinção do processo executivo, ou seja:

(a) *a desistência da execução*, que é uma faculdade expressamente assegurada ao exequente pelo art. 775;
(b) *a improcedência da execução*, por decorrência de acolhimento de embargos do devedor.

Com a *renúncia ao crédito* não se confunde a *desistência do processo*. Enquanto a primeira é a de direito material, fazendo extinguir o próprio direito à prestação obrigacional, a segunda é um ato meramente formal, que apenas põe fim à relação processual pendente, sem atingir o direito substancial da parte. Quem *renuncia* não pode mais voltar a demandar a obrigação que definitivamente se extinguiu. Mas quem *desiste* pode voltar a disputar a mesma prestação em nova relação processual.

A desistência da execução é faculdade unilateral do exequente exercitável, pois, sem prévio consentimento do executado. Pode ser total ou parcial, *i.e.*, referente a toda pretensão executiva ou apenas parte dela (v., *retro*, nºs 156 e 157).

Por outro lado, a ação de embargos, que é um incidente do processo de execução, "tem por objeto obter a declaração de improcedência, total ou em parte, da execução com base no título apresentado pelo credor".[32]

Por isso, "a ação de execução, enquanto direito de justiça material, extingue-se, também, pelo desaparecimento da ação civil que lhe serve de base", o que o executado consegue por meio da "ação de embargos".[33]

É verdade que na maioria dos casos o que se reconhece nos embargos é a satisfação da dívida ou a liberação do executado por alguma forma especial de resgate ou remissão do débito, hipóteses essas que já estariam compreendidas nos itens do art. 924. Acontece, porém, que se admite o acolhimento de embargos e a rejeição do processo executivo por motivos outros, muito diversos da satisfação ou resgate da obrigação, como, *verbi gratia*, a falta ou nulidade da citação

---

[30] "A causa determinante para a fixação dos ônus sucumbenciais, em caso de extinção da execução pela prescrição intercorrente (...) É, sobretudo, o inadimplemento do devedor, responsável pela instauração do feito executório..." (EAREsp 1.854.589/PR, Rel. Min. Raul Araújo, ac. 09.11.2023, DJe 24.11.2023).
[31] STJ, 3ª T., REsp 2.075.761/SC, Rel. Min. Nancy Andrighi, ac. 03.10.2023, *DJe* 09.10.2023.
[32] GOLDSCHMIDT, James. *Derecho procesal civil*. Buenos Aires: Labor, 1936, § 92, p. 618.
[33] GOLDSCHMIDT, James. *Derecho procesal civil*. Buenos Aires: Labor, 1936, § 92, p. 615.

no processo de conhecimento, a inexigibilidade do título, a ilegitimidade de parte, a cumulação indevida de execuções (art. 535) e alguns casos de excesso de execução (art. 917, § 2º, IV e V).

Além dos casos já enumerados, que são típicos do processo executivo, pode ele extinguir-se em outras hipóteses previstas para o processo de conhecimento, mas que também se aplicam à execução forçada (art. 771, parágrafo único), como as de:

(a) indeferimento da inicial (art. 485, I);
(b) paralisação do feito por desídia do credor ou de ambas as partes (art. 485, II e III);
(c) ausência de pressupostos processuais (art. 485, IV);
(d) carência de ação (art. 485, VI).

Em todos esses exemplos, a extinção pode ser provocada por simples petição da parte, independentemente de embargos, e o juiz tem poderes para decretá-la mesmo de ofício, já que se relacionam com requisitos procedimentais de ordem pública.

589. Sentença de extinção

Qualquer que seja o motivo, a extinção da execução só produz efeitos quando declarada por sentença (CPC/2015, art. 925). No caso de embargos, a declaração fica contida na própria sentença de acolhimento da ação do executado, que é constitutiva e importa na declaração de inexistência da ação de direito material ou da executiva, bem como na expedição de um mandamento proibitório da execução, no dizer de Goldschmidt.[34]

Nos demais casos, a sentença é meramente declaratória e visa apenas a produzir efeitos processuais perante a execução.

Não há, realmente, nenhum provimento de mérito, na espécie, mas apenas o reconhecimento de que a relação processual se exauriu, nada mais havendo que realizar no processo, em termos de execução forçada. O provimento executivo é o ato de satisfação do direito do exequente. É ele, e não a sentença do art. 925, que exaure a prestação jurisdicional específica do processo de execução.

O recurso cabível é, outrossim, a apelação, porque qualquer que seja a natureza da sentença contra ela sempre cabe apelação (art. 1.009).

Uma distinção, no entanto, deve ser feita: não contém julgamento de mérito a sentença que apenas declara extinta a execução, sem solucionar questão alguma suscitada pelas partes. Se, todavia, eclode, dentro da própria execução, uma controvérsia em torno de, *v.g.*, ter, ou não, ocorrido o pagamento ou qualquer outra causa extintiva do crédito exequendo, não se pode recusar que a solução de semelhante questão de direito substancial configure um julgamento de mérito, capaz de produzir coisa julgada material.

Na verdade, quando se fala que não é de mérito a sentença proferida no processo de execução, o que se afirma não é a inexistência de mérito em tal processo, mas apenas que não é apreciável o seu mérito (crédito exequendo) no bojo da execução, porque o local apropriado para o respectivo enfrentamento são os embargos.[35] Ali é que, ordinariamente, portanto, se

---

[34] GOLDSCHMIDT, James. *Derecho procesal civil*. Buenos Aires: Labor, 1936, § 92, p. 619.
[35] "O afastamento das questões de mérito [para os embargos] não significa, porém, que inexista mérito no processo executivo. Há mérito representado pela pretensão executiva deduzida mediante a demanda inicial" (DINAMARCO, Cândido Rangel. *Fundamentos do processo civil moderno*. 2. ed. São Paulo: RT, 1987, n. 112, p. 207). "Só em casos muito especiais proferirá o juízo da execução alguma sentença que se possa reputar 'de mérito': assim, *v.g.*, quando indefira a inicial por verificar, desde logo, a ocorrência de prescrição

produz o julgamento de mérito em torno do objeto da execução. Mas, se, por qualquer razão de direito, a extinção do crédito ou sua inexistência vem a ser apreciada dentro do próprio procedimento executivo, a natureza do julgamento será idêntica à da sentença dos embargos.[36] É emblemático o que, por exemplo, ocorre com a execução de sentença, contra a qual não cabe embargos, mas o devedor pode se defender, internamente, por simples impugnação, alegando, inclusive questões de mérito (pagamento, compensação, prescrição etc.) (art. 525, § 1º, VII).

A decisão desse incidente é qualificada por lei como sentença sempre que provocar extinção da execução (art. 203, § 1º); e haverá, sem dúvida, de ser classificada como sentença de mérito quando contiver acertamento judicial sobre a extinção da obrigação exequenda.

590. Coisa julgada

Em regra, a sentença que extingue a execução, a teor do art. 925, não assume a autoridade de coisa julgada material, a respeito do direito do exequente, porque este em nenhum momento esteve em litígio dentro da execução forçada, mesmo porque esta não gera um processo de índole contraditória, nem se destina a julgamento ou acertamento de relações jurídicas controvertidas.

A indiscutibilidade e imutabilidade da sentença trânsita em julgado são fenômenos que dizem respeito ao elemento declaratório das sentenças de mérito, que só podem se localizar no processo de conhecimento.[37]

O resultado da execução é em tudo equivalente ao pagamento voluntário da obrigação pelo devedor. Sua perfeição e eficácia subordinam-se, portanto, aos mesmos princípios da validade do pagamento.

Por isso, se uma execução foi promovida com base em título ilegítimo, do ponto de vista do direito material, mesmo depois de extinto o processo por sentença, lícito será ao devedor intentar contra o exequente uma ação de *repetição do indébito*, na forma do art. 876 do Código Civil.

Só não se poderá mais discutir o pagamento executivo quando a matéria de legitimidade da dívida houver sido debatida em embargos, porque aí a sentença da ação incidental será de mérito e, como tal, fará coisa julgada material (CPC/2015, art. 502), tornando imutável e indiscutível a solução dada à lide e às questões apreciadas (art. 503).

(arts. 295, nº IV, e 598)" (BARBOSA MOREIRA, José Carlos. *Comentários ao Código de Processo Civil*. 14. ed. Rio de Janeiro: Forense, 2008, v. V, n. 69, p. 112).

[36] O STJ tem admitido rescisão de sentença que extingue a execução por reconhecer a satisfação do crédito exequendo, o que configuraria decisão de "conteúdo material" (CPC, art. 794, I) (STJ, 6ª T., REsp 238.059/RN, Rel. Min. Fernando Gonçalves, ac. 21.03.2000, *DJU* 10.04.2000, p. 144; STJ, 6ª T., REsp 147.735/SP, Rel. Min. Vicente Leal, ac. 23.05.2000, *DJU* 12.06.2000, p. 139). A rescindibilidade, todavia, como adverte Yarshell, não se baseia na simples extinção do processo, mas depende do "objeto" do julgado e do "grau de cognição" com que a *questão* do pagamento ou da extinção da obrigação se deu. "Se no processo de execução não houve cognição adequada e suficiente porque (i) aí não foram deduzidas alegações defensivas ou (ii) as alegações aí apresentadas exigiam cognição incompatível com aquela possível e adequada à estrutura e fins desse processo, então, realmente, não há que se cogitar de julgamento do mérito, e, nessa medida, descarta-se a ocorrência de coisa julgada material" (YARSHELL, Flávio Luiz. *Ação rescisória*. São Paulo: Malheiros, 2005, p. 216-217). Quer isto dizer que a extinção por pagamento ocorrido durante o curso do processo não é suficiente, por si só, para transformar em sentença de mérito a que apenas põe fim à execução (CPC/2015, art. 924, II). Para que isto ocorra é necessário que sobre o pagamento tenha havido controvérsia (questão) e que o juiz a tenha dirimido (sentença de mérito), proferindo, aí sim, julgamento de mérito, capaz de produzir sentença passível de rescisão (CPC/2015, art. 966).

[37] NEVES, Celso. *Coisa julgada civil*. São Paulo: RT, 1971, p. 500-501.

Na ausência de embargos, contudo, nada há que impeça o devedor de vir a juízo, em ação de repetição de indébito, reclamar a reposição do prejuízo que lhe acarretou uma execução injusta.[38]

Semelhante ação não ataca os atos executivos, nem a eficácia propriamente dita da execução forçada.[39] Não é a nulidade da execução que se busca, mas o reembolso apenas daquilo que reverteu em enriquecimento ilícito do exequente.[40] Os atos de expropriação, como a arrematação, permanecerão íntegros, porque realizados dentro de um processo executivo formalmente perfeito. A nova ação limitar-se-á à lide do enriquecimento sem causa, estritamente entre devedor e credor.

Aliás, a possibilidade dessa ação de repetição do indébito encontra lastro no art. 776 do CPC/2015, em que se estatui que "o exequente ressarcirá ao executado os danos que este sofreu, quando a sentença transitada em julgado, declarar inexistente, no todo ou em parte, a obrigação que ensejou a execução".[41]

Por fim, é bom lembrar que a coisa julgada não é apanágio da sentença. Qualquer decisão em processo contencioso que solucione questão ligada ao mérito da causa fará coisa julgada. Ao conceituar a coisa julgada material, o art. 502 do CPC/2015 não mais alude à *sentença*, mas à *decisão de mérito*, no evidente propósito de admitir que tanto as sentenças como as decisões interlocutórias são capazes de se revestir da autoridade da *res iudicata*. Bastará que tenham enfrentado e resolvido questão de mérito.

É por isso que, mesmo no bojo do processo de execução, que naturalmente não é voltado para declarar ou negar o direito material do credor, pode eventualmente essa matéria ser suscitada. E, se o for, e se o juiz, em contraditório, enfrentá-la, a decisão interlocutória pronunciada será *decisão de mérito*, e, como tal, formará coisa julgada, nos exatos termos do art. 502 do CPC/2015.

---

[38] Ressalva-se, porém, a hipótese de resolução interna de questão de mérito, mencionada no item nº 964, em que a coisa julgada se forma, excepcionalmente, dentro da própria execução.
[39] COUTURE, Eduardo J. *Fundamentos del derecho procesal civil*. Buenos Aires: Depalma, 1974, n. 310, p. 475.
[40] LIEBMAN, Enrico Tullio. *Embargos do executado*. 2. ed. São Paulo: Saraiva, 1968, n. 140, p. 211; COUTURE, Eduardo J. *Fundamentos del derecho procesal civil*. Buenos Aires: Depalma, 1974, n. 310, p. 475; THEODORO JÚNIOR, Humberto. *Processo de execução*. 28. ed. São Paulo: Leud, 2014, n. 441, p. 556.
[41] THEODORO JÚNIOR, Humberto. *Processo de execução*. 28. ed. São Paulo: Leud, 2014, n. 442, p. 556-557.

Fluxograma nº 23 – Suspensão do processo e prescrição intercorrente (art. 921, III)

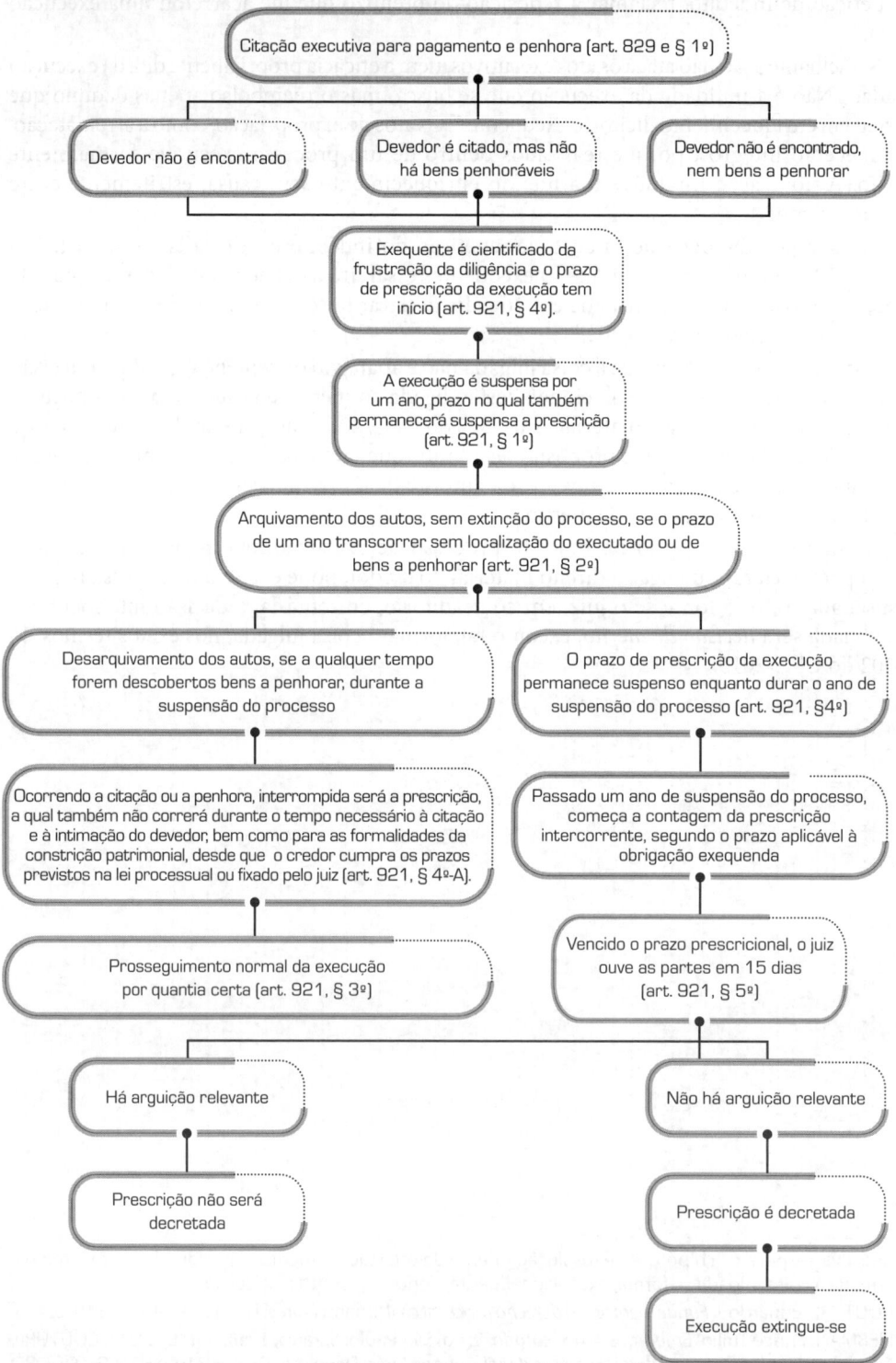

Nota: O incidente de prescrição intercorrente aplica-se a todas as execuções por quantia certa, inclusive ao cumprimento de sentença (art. 921, § 7º)

§ 66. RECURSOS NO PROCESSO DE EXECUÇÃO

591. O problema recursal na execução

Não há regras específicas para o tema dos recursos no processo de execução. Rege-se ele, pois, pelas normas comuns do processo constantes do Título II do Livro III do CPC/2015 – Dos Processos nos Tribunais e dos Meios de Impugnação das Decisões Judiciais.

O sistema recursal é bastante singelo e, quanto ao primeiro grau de jurisdição, pode ser resumido em três proposições fundamentais:

(a) contra as *sentenças*, o recurso é a *apelação*, qualquer que seja a matéria decidida (CPC/2015, art. 1.009);

(b) contra as *decisões interlocutórias*, cabe, em regra, o *agravo de instrumento* (art. 1.015, parágrafo único), ou, em alguns casos, a impugnação em preliminar de apelação ou em contrarrazões desse recurso (art. 1.009, § 1º);

(c) contra os *despachos* nenhum recurso é admitido (art. 1.001).

A conceituação, outrossim, do que seja sentença, decisão interlocutória e despacho de expediente é fornecida pelo próprio Código, no art. 203 e seus parágrafos.

Destarte, para aplicar o sistema recursal do processo de conhecimento à execução forçada, impõe-se classificar, antes de mais nada, as deliberações que o juiz da execução forçada normalmente profere, seja no processo principal, seja nos seus incidentes.

592. Sentenças e decisões em matéria de execução e seus incidentes

Na execução forçada propriamente dita não há sentença, a não ser a que declara extinto o processo, que, entretanto, é meramente formal e não contém julgamento de mérito. É que a prestação jurisdicional na espécie não é de declaração, mas de realização de direito do credor.

Os incidentes da execução geralmente são discutidos em processos à parte, como os embargos do devedor e de terceiros. Estes sim, como ações de conhecimento, terminam por verdadeiras sentenças de mérito, quase sempre de natureza constitutiva (quando procedentes), por atacarem e modificarem atos jurídicos processuais como a penhora, a arrematação e adjudicação, ou situações jurídicas de direito material como o próprio título executivo.

Há, no entanto, algumas decisões de valor que ocorrem incidentemente nos próprios autos da execução, como, por exemplo, as relativas à ampliação ou redução da penhora, à prestação de caução, à adjudicação etc.

Na sistemática atual do Código, a liquidação de sentença que, às vezes, precede sua execução, é mero incidente do processo de conhecimento em que ocorre a sentença genérica. Daí ter se tornado o agravo o recurso manejável contra a decisão que define o *quantum debeatur* (art. 1.015, parágrafo único).

No caso de adjudicação, a qualidade de decisão interlocutória emprestada ao julgamento do respectivo pedido acha-se implicitamente reconhecida pelo próprio Código, ao prever, no parágrafo único do art. 1.015 caber o agravo contra decisões interlocutórias proferidas no processo de execução. O mesmo entendimento deve prevalecer para as decisões relativas às alienações por iniciativa particular.

Na execução por quantia certa contra o devedor insolvente há, na verdade, dois grandes processos cumulados: um de declaração do estado de insolvência (de cognição) e outro executivo concursal, subsequente. A declaração de insolvência é, pois, uma sentença, visto que encerra o processo preliminar de conhecimento. Cada declaração de crédito funciona, outrossim, como uma ação incidente, passível de julgamento por sentença caso haja impugnação. Também o julgamento do quadro geral dos credores resolve outra ação incidental de conhecimento, que é a do concurso universal de credores propriamente dito, declarando por *sentença* o direito de cada concorrente ao produto de execução coletiva (art. 771 do CPC/1973, mantido pelo art. 1.052 do CPC/2015).

Por outro lado, sem constituir ações, várias questões incidentes são igualmente resolvidas no correr da insolvência, por meio de decisões interlocutórias, como as relativas à substituição de administrador, à restituição de bens, ao pedido de pensão para o devedor etc.

593. Casos de cabimento da apelação

Toda vez que o julgamento tiver o objetivo de extinguir a execução, sua natureza processual será a de *sentença* (CPC/2015, art. 203, § 1º) e, por conseguinte, desafiará o recurso de *apelação* (art. 1.009).

Diante dessa visão simplificada do problema, podem ser apontados como sentenças que, durante a execução, ou em função dela, ensejarão o recurso de apelação: a declaração de extinção da execução, a homologação da desistência do exequente, o julgamento dos embargos do devedor ou de terceiros, a declaração de insolvência, o julgamento da impugnação de crédito declarado na insolvência, a homologação do quadro geral dos credores, a decretação de extinção das obrigações do insolvente, a homologação da proposta de pagamento (concordata suspensiva) etc. Contra todas estas, o recurso admissível é a apelação.

594. Casos de agravo de instrumento

Se o juiz resolve qualquer questão que lhe é proposta no curso do feito, mas não põe fim ao processo de execução, seu ato decisório é uma *decisão interlocutória* (art. 203, § 2º), e o recurso oponível, o *agravo de instrumento* (art. 1.015, parágrafo único).

São exemplos de decisões interlocutórias no processo de execução e seus incidentes: as que determinam ampliação ou redução de penhora, deferem a adjudicação ou a alienação, resolvem a impugnação à avaliação, decidem sobre o pedido de pensão do insolvente, autorizam levantamento de dinheiro etc., todas elas impugnáveis por meio de agravo de instrumento.

É caso, também, de agravo o da decisão em torno da atualização do valor do crédito, nas execuções de título extrajudicial, assim como a que prepara a execução do título judicial, quando a condenação é proferida de forma genérica (decisão de liquidação).

Ao contrário do que se passa no processo de conhecimento, em que nem todas as decisões interlocutórias podem ser atacadas por agravo de instrumento, no processo de execução todas as decisões da espécie são agraváveis (art. 1.015, parágrafo único).

595. Efeitos dos recursos

Quanto aos efeitos dos recursos na execução, verificam-se as seguintes particularidades:

(a) O agravo de instrumento corre à parte e não obsta ao andamento do processo (CPC/2015, art. 995). Entretanto, o agravante poderá, excepcionalmente, requerer ao relator que suspenda a execução da medida até o pronunciamento definitivo da turma ou câmara competente para decidir o recurso, quando houver, diante da decisão impugnada, risco de dano grave, de difícil reparação, e ficar demonstrada a probabilidade de provimento do recurso (art. 995, parágrafo único).

(b) A apelação normalmente tem efeito suspensivo e devolutivo (art. 1.012). Será, entretanto, recebida só no efeito devolutivo e por isso não impedirá o prosseguimento da execução, quando interposta da sentença que julgar improcedentes os embargos opostos à execução (art. 1.012, § 1º, III). Ficam sob a dupla eficácia, por isso, a decisão que julga procedentes os embargos, a que indefere o pedido de insolvência, a que homologa a concordata proposta pelo insolvente, a que julga extinto o processo, a que declara a extinção das obrigações do insolvente etc.

Acarreta apenas a devolução do conhecimento da causa ao Tribunal a apelação interposta da sentença que rejeita embargos opostos à execução pelo executado ou por terceiros, bem como a que decreta a insolvência, a que rejeita impugnação ao crédito habilitado no concurso de credores e a que aprova o quadro geral de credores, por que são da mesma natureza da que conclui para improcedência dos embargos (art. 1.012, § 1º, III).

596. Desapensamento dos autos dos embargos para tramitação da apelação

Quando se interpunha apelação da sentença de improcedência dos embargos, negava-se, na jurisprudência, a possibilidade de desapensamento para subida apenas dos autos dos embargos. O argumento principal era de que a execução poderia prosseguir em autos suplementares ou carta de sentença, enquanto a não remessa dos autos principais prejudicaria, muitas vezes, o exame de questões relevantes para o julgamento da apelação, dado que peças e atos decisivos, como a citação, a penhora, a intimação, as procurações etc., permaneciam nos autos da execução.[42]

O problema se encontra superado pela sistemática de formação dos autos dos embargos, preconizada pela redação do art. 914, § 1º, do CPC/2015, segundo o qual todas as peças processuais relevantes haverão de ser trasladadas por cópias, pelo embargante, junto da inicial, cuja autenticidade poderá ser declarada pelo próprio advogado, sob sua responsabilidade pessoal.[43]

Essa técnica faz que, na apelação, seja possível o desapensamento, com a consequente subida apenas dos autos dos embargos. E, além disso, facilita o prosseguimento da execução, se for o caso, sem os ônus da carta de sentença. Desvincula-se, assim, a tramitação das duas ações durante a pendência da apelação, sem que nenhuma delas sofra maiores prejuízos.

597. Causas de alçada

Em matéria de execução fiscal, o sistema de recursos do Código de 1973 sofreu alteração introduzida pela Lei nº 6.830/1980, art. 34, que eliminou a apelação nos processos de valor igual ou inferior a 50 ORTNs, caso em que os únicos recursos cabíveis serão os embargos de declaração e os embargos infringentes, cujo efeito não é devolutivo, cabendo o julgamento, portanto, ao próprio juiz da causa.

Nessas execuções não vigora a dualidade de instâncias, de sorte que nem o agravo de instrumento nem o duplo grau necessário de jurisdição (recurso *ex officio*) têm cabimento.

598. Recursos extraordinário e especial

Não há regras particulares para as decisões do processo de execução, quanto ao regime dos recursos extraordinário e especial (ver sobre esses recursos os itens n°s 817 a 842, *adiante*).

---

[42] Admitindo o desapensamento em circunstâncias especiais: STJ, REsp 38.201/PR, Rel. Min. Sálvio de Figueiredo, ac. 26.09.1994, *DJU* 31.10.1994, p. 29.503.
[43] "Sendo o instrumento de mandato juntado à ação de execução e estando esta apensada aos embargos do devedor, não resta configurada a ausência de pressuposto de constituição e desenvolvimento válido do processo" (STJ, 5ª T., AgRg no REsp 1.133.724/RS, Rel. Min. Laurita Vaz, ac. 18.02.2010, *DJe* 15.03.2010).

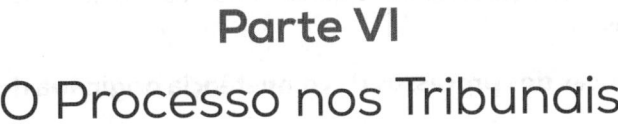

Parte VI
O Processo nos Tribunais

Capítulo XXVI
NOÇÕES GERAIS

§ 67. O PROCESSO NOS TRIBUNAIS

599. Duplo grau de jurisdição

Para a generalidade dos casos decididos pelos juízos de primeiro grau, em nosso sistema processual, vigora o princípio da dualidade de jurisdição, segundo o qual as causas decididas pelos juízes de direito são passíveis de reexame e novo julgamento pelos Tribunais de segundo grau, mediante provocação por meio da apelação. Há, também, na sistemática do atual Código, além do voluntário, um duplo grau de jurisdição necessário, que ocorre nos casos do art. 496 (antigo recurso *ex officio*).

Certos processos, porém, acham-se excluídos da competência dos juízes de primeiro grau. Considerações em torno da natureza especial da lide, e da condição das pessoas em litígio, bem como razões de ordem política, levam o legislador a atribuir alguns feitos à apreciação originária (ou direta) dos Tribunais.

600. Competência dos tribunais

Os Tribunais, os órgãos colegiados do segundo grau de jurisdição, exercem sua competência, portanto, em três situações distintas: *(i)* em grau de recurso; *(ii)* em reexame no duplo grau de jurisdição necessário (remessa necessária); e *(iii)* em processos de competência originária.

Particularmente, o Supremo Tribunal Federal, órgão máximo do Poder Judiciário nacional, decide em matéria recursal tanto a título ordinário como extraordinário (CF, art. 102, II e III).

São ordinários os recursos de agravo e apelação interpostos pelo vencido em decisão de juiz de primeiro grau para obter reexame da matéria decidida em seu prejuízo. O pressuposto objetivo de admissibilidade do recurso ordinário, seja entre o primeiro e o segundo grau de jurisdição, seja naquelas hipóteses em que o apelo se endereça aos tribunais superiores, é a inconformação do vencido com a decisão.

Diz-se extraordinário o recurso interposto com base em permissivo constitucional, das decisões dos Tribunais para o Supremo Tribunal Federal, visando apenas e tão somente à apreciação da tese de direito federal aplicada no julgamento do órgão judiciário local. É extraordinário porque não cabe na generalidade dos casos decididos por tribunais, mas apenas nas situações específicas previstas na Carta Magna da República. O fim dessa especial modalidade de recurso é essencialmente político e se prende à tutela que a Federação exerce para manter o respeito à Constituição e preservar a unidade das leis federais (art. 102, III, da CF).

Da mesma natureza e objetivo é o recurso especial, previsto pela Constituição Federal de 1988, interponível para o Superior Tribunal de Justiça (art. 105, III). A diferença está em que o recurso extraordinário, manejável perante o Supremo Tribunal Federal, cuida de solucionar questão federal no terreno das normas constitucionais, enquanto o especial, endereçado ao Superior Tribunal de Justiça, versa sobre questões travadas em torno da legislação federal infraconstitucional.

601. Características dos processos de competência originária dos tribunais

Não vigora, em princípio, para os processos de competência originária dos tribunais a dualidade de jurisdição. São eles julgados em uma única instância, *i.e.*, não desafiam recursos ordinários[1] em decorrência do simples fato da sucumbência.

Dão ensejo, porém, em circunstâncias especiais, à interposição do recurso extraordinário para o Supremo Tribunal Federal ou de recurso especial para o Superior Tribunal de Justiça, impugnação essa que é típica dos julgamentos de Tribunais locais (Constituição Federal, arts. 102, III, e 105, III).

Note-se, porém, que o recurso extraordinário tanto é cabível contra os acórdãos proferidos em grau de recurso como nos de processos de competência originária. O mesmo se dá com o recurso especial.

Há, porém, previsão excepcional de recurso ordinário para o Supremo Tribunal Federal, de julgamentos em única instância dos Tribunais Superiores, quando ocorrer denegação de mandado de segurança, *habeas data* e mandado de injunção (Constituição Federal, art. 102, II, "a"). Há, igualmente, recurso ordinário para o Superior Tribunal de Justiça, de julgamentos em única instância proferidos em mandados de segurança pelos Tribunais Regionais Federais ou pelos Tribunais dos Estados, Distrito Federal e Territórios (Constituição Federal, art. 105, II, "b").

602. Casos de competência originária dos tribunais

I – Supremo Tribunal Federal

Compete originariamente ao Supremo Tribunal Federal, em matéria civil, processar e julgar (Constituição Federal, art. 102, I):

(a) a ação direta de inconstitucionalidade de lei ou ato normativo federal ou estadual;

(b) o litígio entre Estado estrangeiro ou organismo internacional e a União, o Estado, o Distrito Federal ou o Território;

(c) as causas e os conflitos entre a União e os Estados, e União e o Distrito Federal, ou entre uns e outros, inclusive as respectivas entidades da administração indireta;

(d) a revisão criminal e a ação rescisória de seus julgados;

(e) a reclamação para a preservação de sua competência e garantia da autoridade de suas decisões;

(f) a execução de sentença nas causas de sua competência originária, facultada a delegação de atribuições para a prática de atos processuais;

---

[1] AMARAL SANTOS, Moacyr. *Primeiras linhas de direito processual civil* 4. ed. São Paulo: Max Limonad, 1973, v. III, n. 931, p. 414.

(g) a ação em que todos os membros da magistratura sejam direta ou indiretamente interessados, e aquela em que mais da metade dos membros do tribunal de origem estejam impedidos ou sejam direta ou indiretamente interessados;

(h) os conflitos de competência entre o Superior Tribunal de Justiça e quaisquer tribunais, entre Tribunais Superiores, ou entre estes e qualquer outro tribunal;

(i) o pedido de medida cautelar das ações diretas de inconstitucionalidade;

(j) o mandado de injunção, quando a elaboração da norma regulamentadora for atribuição do Presidente da República, do Congresso Nacional, da Câmara dos Deputados, do Senado Federal, das Mesas de uma dessas Casas Legislativas, do Tribunal de Contas da União, de um dos Tribunais Superiores, ou do próprio Supremo Tribunal Federal;

(l) as ações contra o Conselho Nacional de Justiça e contra o Conselho Nacional do Ministério Público.

II – Superior Tribunal de Justiça

É da competência originária do Superior Tribunal de Justiça processar e julgar, em matéria civil (Constituição Federal, art. 105, I):

(a) os mandados de segurança e os *habeas data* contra ato de Ministro de Estado ou do próprio Tribunal;

(b) os conflitos de competência entre quaisquer tribunais, ressalvado o disposto no art. 102, I, *o*, bem como entre tribunal e juízes a ele não vinculados e entre juízes vinculados a tribunais diversos;

(c) as revisões criminais e as ações rescisórias de seus julgados;

(d) a reclamação para a preservação de sua competência e garantia da autoridade de suas decisões;

(e) os conflitos de atribuições entre autoridades administrativas e judiciárias da União, ou entre autoridades judiciárias de um Estado e administrativas de outro ou do Distrito Federal, ou entre as deste e da União;

(f) o mandado de injunção, quando a elaboração da norma regulamentadora for atribuição de órgão, entidade ou autoridade federal, da administração direta ou indireta, excetuados os casos de competência do Supremo Tribunal Federal e dos órgãos da Justiça Militar, da Justiça Eleitoral, da Justiça do Trabalho e da Justiça Federal;

(g) a homologação de sentenças estrangeiras e a concessão de *exequatur* às cartas rogatórias.

III – Tribunais Regionais Federais

São da competência originária dos Tribunais Regionais Federais (Constituição Federal, art. 108, I):

(a) as revisões criminais e as ações rescisórias de julgados seus ou dos juízes federais da região;

(b) os mandados de segurança e os *habeas data* contra ato do próprio Tribunal ou de juiz federal;

(c) os conflitos de competência entre juízes federais vinculados ao Tribunal.

IV – Tribunais dos Estados e do Distrito Federal

Para os Tribunais Estaduais, dispõe o art. 44 do CPC/2015 que, obedecidos os limites estabelecidos pela Constituição Federal, a competência é determinada pelas normas previstas no Código ou em legislação especial, pelas normas de organização judiciária e, no que couber, pelas constituições dos Estados. A norma codificada, portanto, está em conformidade com a Constituição Federal, que remeteu a matéria para as Constituições estaduais e leis de organização judiciárias (art. 125, § 1º). De maneira que, em questões cíveis, a competência originária é aquela traçada pelas respectivas organizações judiciárias, em sentido lato.

Atualmente, no Estado de Minas Gerais, a competência originária do Tribunal de Justiça, exercida pelo Órgão Especial, compreende o processamento e julgamento dos seguintes feitos civis:

(a) a ação direta de inconstitucionalidade de lei ou ato normativo estadual e de lei ou ato normativo municipal, em face da Constituição do Estado, e os incidentes de inconstitucionalidade;

(b) o mandado de segurança contra ato do Governador do Estado, da Mesa e da Presidência da Assembleia Legislativa, do próprio Tribunal ou de seus órgãos diretivos ou colegiados e do Corregedor-Geral de Justiça;

(c) o mandado de injunção, quando a elaboração da norma regulamentadora for atribuição do Governador do Estado, da Assembleia Legislativa ou de sua Mesa, do próprio Tribunal de Justiça, do Tribunal de Justiça Militar ou do Tribunal de Contas do Estado;

(d) o *habeas data* contra ato de autoridade diretamente sujeita à sua jurisdição;

(e) a ação rescisória de seus julgados;

(f) a reclamação para preservar a competência do Tribunal ou garantir a autoridade das suas decisões;

(g) decidir dúvida de competência entre tribunais estaduais, câmaras de uniformização de jurisprudência, câmaras cíveis e criminais de competência distinta ou seus desembargadores, bem como conflito de atribuições entre desembargadores e autoridades judiciárias ou administrativas, salvo os que surgirem entre autoridades estaduais e da União, do Distrito Federal ou de outro estado;

(h) julgar, em feito de sua competência, suspeição oposta a Desembargador ou ao Procurador-Geral de Justiça;

(i) julgar restauração de autos perdidos e outros incidentes que ocorrerem em processos de sua competência;

(j) julgar recurso interposto contra decisão jurisdicional do Presidente do Tribunal, do Primeiro Vice-Presidente, do Segundo Vice-presidente ou do Terceiro Vice-Presidente do Tribunal de Justiça, nos casos previstos em lei ou neste regimento;

(k) executar acórdão proferido em causa de sua competência originária, delegando a Juiz de Direito a prática de ato ordinatório;

(l) julgar embargos em feito de sua competência;

(m) julgar agravo interno contra decisão do Presidente que deferir pedido de suspensão de execução de liminar ou de sentença proferida em mandado de segurança;

(n) julgar agravo interno contra decisão do Presidente que deferir ou indeferir pedidos de suspensão de execução de liminar ou de sentenças proferidas em ação civil pública, ação popular e ação cautelar movidas contra o poder público e seus agentes, bem como as decisões proferidas em pedidos de suspensão de execução de tutela antecipada deferidas nas demais ações movidas contra o poder público e seus agentes;

(o) deliberar sobre a inclusão de enunciados na súmula, bem como sua alteração ou cancelamento.

O Regimento também dispõe sobre a competência dos Grupos de Câmaras e das Câmaras Isoladas.

603. Posição da matéria no Código de Processo Civil de 2015

O atual Código reserva, na Parte Especial, dois Títulos do Livro III (Dos Processos nos Tribunais e dos Meios de Impugnação das Decisões Judiciais) (Títulos I e II) para regular o processamento dos feitos de competência dos Tribunais.

No Título I são regulados o procedimento para a Valorização da Jurisprudência (Capítulo I), o Incidente de Assunção de Competência (Capítulo III), o Incidente de Arguição de Inconstitucionalidade (Capítulo IV), o Conflito de Competência (Capítulo V), a Homologação de Decisão Estrangeira e a Concessão do *Exequatur* à Carta Rogatória (Capítulo VI), a Ação Rescisória (Capítulo VII), o Incidente de Resolução de Demandas Repetitivas (Capítulo VIII) e a Reclamação (Capítulo IX). No Capítulo II fixa-se a "ordem dos processos no Tribunal", com pertinência à matéria de recurso e feitos de competência originária. As normas desse capítulo não se aplicam inteiramente ao Supremo Tribunal Federal, em virtude de antiga previsão constitucional, que assegurava, àquela Corte, o poder normativo para estabelecer em seu Regimento Interno o procedimento a ser observado nos feitos "de sua competência originária ou de recurso". Embora a norma não tenha sido reproduzida na Constituição atual, as disposições regimentais editadas ao tempo da vigência da Carta de 67/69 continuam em vigor até que alguma lei venha a revogá-las.[2]

No Título II são minuciosamente definidos e disciplinados os recursos cabíveis, tanto em decisões de primeiro grau como de graus superiores de jurisdição, por meio de seis capítulos.

604. O funcionamento dos tribunais

No sistema processual civil brasileiro, os juízes de primeiro grau são singulares e os órgãos de segundo grau são coletivos. O modo de julgar, portanto, pela própria natureza de cada espécie de juízo, há de ser muito diverso: enquanto no primeiro caso será a manifestação de vontade unipessoal do juiz singular, no segundo será a conjugação das opiniões dos vários membros do Tribunal. Daí a denominação de "acórdão" (derivado do verbo acordar) que se aplica às decisões dos colegiados de grau superior de jurisdição.

Os tribunais nem sempre decidem pela totalidade de seus membros. Na prática, há uma divisão de trabalho e função entre seus integrantes, que se agrupam em Câmaras Cíveis e Câmaras Criminais. Referidas Câmaras poderão, conforme a natureza das decisões a proferir, funcionar como Câmaras isoladas ou como Câmaras Reunidas. Quando atua o tribunal como um todo, tem-se o Tribunal Pleno.

A Lei de Organização Judiciária fixa a competência do Pleno, das Câmaras isoladas e das Câmaras Reunidas. O Regimento Interno, por sua vez, determina o sistema de processamento e julgamento dos feitos perante cada órgão do tribunal.

---

[2] STF, Pleno, AO 32-7 AgR/DF, Rel. Min. Marco Aurélio, ac. 30.08.1990, *RTJ* 133/3.

Como adverte Lopes da Costa, cada um desses órgãos "não representa um juiz colegiado diverso do Tribunal, mas é o mesmo Tribunal de Justiça. A divisão em órgãos não quebra a unidade do organismo".[3]

É sempre o Tribunal que decide, seja pelo Pleno, seja apenas por uma Câmara isolada. Tanto é assim que os recursos são endereçados ao Tribunal, e não às Câmaras. O presidente é que, após o recebimento, os distribui ao órgão competente para conhecer da medida pleiteada, de conformidade com o Regimento.

Em alguns casos, o Código atribui ao relator competência para decidir, singularmente, questões incidentais durante a tramitação do feito no tribunal, e até mesmo para admitir, inadmitir e julgar recursos (CPC/2015, art. 932). Mas, quando isso acontece, a decisão é sempre passível de agravo interno, que permite ao colegiado reanalisar, em caráter definitivo, o julgamento (art. 1.021).

Também no conflito de competência é permitido o julgamento singular do relator quando sobre a questão suscitada já houver pronunciamento da jurisprudência dominante do Tribunal (art. 955, parágrafo único), sempre, porém, desafiando agravo interno.

O STJ, ao adaptar o Regimento Interno ao CPC/2015, ampliou os poderes do relator, visando a agilizar as decisões monocráticas, de modo a reconhecer que lhe é possível proferir decisões singulares sempre que se fundar em jurisprudência dominante do STF ou do próprio STJ (art. 34 do RISTJ).[4]

605. O sistema de julgamento dos tribunais

Tanto o Pleno como cada uma das Câmaras em que se subdivide o Tribunal têm o seu presidente, que é o magistrado que dirige os trabalhos da sessão de julgamento do órgão colegiado.

Durante a tramitação do processo há um membro do colegiado que assume posição de relevo, por caber-lhe a direção do feito, inclusive no que toca à coleta das provas. Trata-se do *relator*, que é escolhido por sorteio (distribuição), caso a caso, entre os componentes do órgão julgador.

Compete ao relator, em caráter principal: *(i)* ordenar as intimações; *(ii)* receber contestação; *(iii)* despachar os requerimentos das partes; *(iv)* delegar competência a juiz de primeiro grau para ouvida de testemunhas ou realização de perícia; *(v)* fazer o relatório geral do processo (CPC/2015, arts. 931 e 932, I).

A última função é de grande importância para o julgamento da causa. Na verdade, não são todos os membros do órgão colegiado que examinam os autos antes do julgamento. Esse minucioso exame é feito apenas pelo relator, que faz o histórico do caso *sub judice* perante os demais julgadores. No regime do Código anterior, em hipótese de maior relevância, funcionava um revisor que fiscalizava o trabalho do relator, o que não foi mantido pela legislação atual. Agora, concluído o relatório, o processo será encaminhado ao presidente, para designação de dia para o julgamento, ordenando a publicação da pauta no órgão oficial (art. 934).

606. A relevante função do relator

O CPC/2015 amplia as funções do relator, tanto nos recursos quanto nas ações de competência originária do Tribunal, permitindo-lhe, em muitos casos, decidir os processos

---

[3] LOPES DA COSTA, Alfredo Araújo. *Direito processual civil brasileiro*. 2. ed. Rio de Janeiro: Forense, 1959, v. IV, n. 7, p. 20.

[4] "O relator, monocraticamente e no Superior Tribunal de Justiça, poderá dar ou negar provimento ao recurso quando houver entendimento dominante acerca do tema" (Súmula nº 568/STJ).

por meio de decisão monocrática, ou seja, sem que ocorra o julgamento colegiado, com a participação de outros juízes. As funções do relator podem se revestir de natureza de gestão processual ou de decisão.[5]

Assim, incumbe ao relator (CPC/2015, art. 932):

I – Funções de natureza de gestão processual

(a) *dirigir e ordenar o processo no tribunal, inclusive em relação à produção de prova, bem como, quando for o caso, homologar autocomposição das partes* (inciso I). Essa atividade tem por fim dar regular andamento ao processo, proporcionando e abreviando a sua resolução;

(b) *determinar a intimação do Ministério Público, quando for o caso* (inciso VII);

(c) *exercer outras atribuições estabelecidas no regimento interno do tribunal* (inciso VIII). Trata-se de cláusula aberta que deve ser preenchida pelo regimento interno dos tribunais.[6]

II – Funções de natureza decisória

(a) *apreciar o pedido de tutela provisória nos recursos e nos processos de competência originária do tribunal* (inciso II). Essa função não tem o condão de colocar fim ao litígio, que será posteriormente julgado pelo próprio relator ou pelo órgão colegiado, mas contém força decisória no tocante à medida urgente (CPC, arts. 311, I; 1.012, § 4º; e 1.026, § 1º);[7]

(b) *não conhecer de recurso inadmissível, prejudicado ou que não tenha impugnado especificamente os fundamentos da decisão recorrida* (inciso III). Essa função tem por finalidade desestimular as partes de interpor recursos manifestamente inadmissíveis ou que não impugnem especificamente a decisão recorrida;[8]

(c) *negar provimento a recurso que for contrário a* (inciso IV): *(i)* súmula do Supremo Tribunal Federal, do Superior Tribunal de Justiça ou do próprio tribunal; *(ii)* acórdão proferido pelo Supremo Tribunal Federal ou pelo Superior Tribunal de Justiça em julgamento de recursos repetitivos; *(iii)* entendimento firmado em incidente de resolução de demandas repetitivas ou de assunção de competência. O CPC/2015 prestigia, em todos esses casos, a autoridade da jurisprudência, quando a ela se confere força vinculante. Trata-se, também, de uma função de caráter decisório, com nítida preocupação de simplificar e abreviar a prestação jurisdicional (CF, art. 5º, LXXVIII);

(d) *depois de facultada a apresentação de contrarrazões, dar provimento ao recurso se a decisão recorrida for contrária a* (inciso V): *(i)* súmula do Supremo Tribunal Federal, do Superior Tribunal de Justiça ou do próprio tribunal; *(ii)* acórdão proferido pelo

---

[5] A legitimidade constitucional da atribuição de poderes ao relator para decidir monocraticamente os recursos já foi, há muito tempo, e em várias ocasiões, reconhecida pelo STF, desde que assegurado agravo para o Colegiado (STF, 2ª T., MI 595 AgR/MA, Rel. Min. Carlos Velloso, ac. 17.03.1999, *DJU* 23.04.1999, p. 15; STF, 2ª T., RE 293.970 AgR/DF, Rel. Min. Carlos Velloso, ac. 06.08.2002, *DJU* 30.08.2002, p. 113).

[6] WAMBIER, Teresa Arruda Alvim *et al*. *Primeiros comentários ao novo Código de Processo Civil*. São Paulo: RT, 2015, p. 1.328.

[7] A competência do relator compreende a *tutela provisória*, em sentido amplo, ou seja, tanto a tutela de urgência como a tutela da evidência (v., sobre a matéria, o item 498-VI, no v. I deste Curso).

[8] WAMBIER, Teresa Arruda Alvim *et al*. *Primeiros comentários ao novo Código de Processo Civil*. São Paulo: RT, 2015, p. 1.327.

Supremo Tribunal Federal ou pelo Superior Tribunal de Justiça em julgamento de recursos repetitivos; *(iii)* entendimento firmado em incidente de resolução de demandas repetitivas ou de assunção de competência. Também aqui, por meio dessa função decisória, prestigia-se o entendimento jurisprudencial já sedimentado e a celeridade processual preconizada pela Constituição;[9]

(e) *decidir o incidente de desconsideração da personalidade jurídica, quando este for instaurado originariamente perante o tribunal* (inciso VI). Isto poderá ocorrer principalmente nas execuções de sentença proferidas em processos de competência originária do tribunal.

A propósito de falhas ou deficiências da peça recursal, dispõe o Código que o relator, antes de inadmitir o recurso, deverá conceder o prazo de cinco dias ao recorrente para que seja sanado o vício ou complementada a documentação exigível. Somente após essa diligência e não tendo sido sanada a falha, é que será possível a inadmissão (art. 932, parágrafo único). Com isso se reafirma a posição fundamental do novo direito processual de que o processo deverá, sempre que possível, ser solucionado pelo mérito, e só em casos extremos inevitáveis é que se admitirá sua extinção por defeitos formais.

Nos casos em que o relator é autorizado a decidir monocraticamente o recurso, deverá fazê-lo de imediato, em seguida à distribuição e conclusão dos autos, ou depois de colhido o parecer do Ministério Público, quando funcione como "custos legis". Se o relatório já foi produzido e se aguarda designação de dia para julgamento, já não cabe mais o julgamento unipessoal, uma vez que o recurso ingressou no regime de decisão coletiva.[10]

(f) incluir o recurso no procedimento de *julgamento virtual*, no STF e no STJ, quando se tratar de embargos de declaração ou agravo interno (RISTF, arts. 337, § 3º, e 317, § 5º, acrescidos pela Em. Reg. nº 51/2016; RISTJ, art. 184-A, acrescido pela Em. Reg. nº 27/2016).[11]

III – Ocorrência de fato superveniente à decisão recorrida ou existência de questão apreciável de ofício pelo tribunal

Se o relator constatar a ocorrência de fato superveniente à decisão recorrida ou a existência de questão apreciável de ofício ainda não examinada que devam ser considerados no julgamento do recurso, intimará as partes para, em cinco dias, se manifestarem (art. 933). Embora não houvesse previsão expressa nesse sentido no CPC/1973, a jurisprudência já permitia essa diligência pelo relator.

Se o relator verificar esses fatos durante a sessão de julgamento, deverá suspendê-lo imediatamente, para que as partes possam se manifestar sobre a questão (art. 933, § 1º).[12] Trata-se de aplicação prática do princípio do contraditório efetivo e da não surpresa, que impede o

---

[9] O CPC/1973 tratava dos poderes decisórios do relator de maneira mais restritiva, visto que o improvimento do recurso em decisão singular cabia com fundamento em súmula ou jurisprudência dominante dos tribunais superiores e do tribunal local; enquanto o provimento só era possível se a decisão recorrida estivesse em manifesto confronto com súmula ou jurisprudência do STF ou do STJ (art. 557, *caput* e § 1º-A).

[10] CARVALHO, Fabiano. *Comentários ao Código de Processo Civil*. São Paulo: Saraiva, 2022, v. XIX, n. 42, p. 105.

[11] O julgamento virtual vem sendo adotado pelos tribunais de justiça, até com maior amplitude do que no STF e STJ, porque preveem sua aplicação, de forma geral, aos recursos e processos de competência originária (RITJRJ, art. 60-A; RITJMG, art. 118).

[12] "É direito das partes a manifestação por escrito, no prazo de cinco dias, sobre fato superveniente ou questão de ofício na hipótese do art. 933, § 1º, do CPC, ressalvada a concordância expressa com a forma oral em sessão" (CEJ/I Jorn. Dir. Proc. Civ., Enunciado nº 60).

juiz de decidir sobre questão que não foi debatida nos autos pelas partes, ainda que de ordem pública e conhecível de ofício (art. 10).

Se a constatação for feita por outro juiz ao ter vista dos autos, deverá encaminhá-los ao relator para que possa abrir vista às partes para manifestação e, em seguida, solicitar ao presidente que inclua o processo em pauta para julgamento. Essa questão superveniente ou apreciável de ofício deverá ser submetida ao órgão colegiado para decisão (art. 933, § 2º).

IV – Vícios sanáveis

Se for constatada pelo relator, ou pelo órgão competente para o julgamento do recurso, a ocorrência de vício sanável, inclusive aquele que possa ser conhecido de ofício, determinará a realização ou a renovação do ato processual, no tribunal ou no juízo de primeiro grau, intimando devidamente as partes, para que seja respeitado e cumprido o indispensável contraditório (art. 938, §§ 1º e 4º). Após a diligência, o relator, sempre que isso for possível, prosseguirá no julgamento do recurso (art. 938, § 2º), cumprindo assim o princípio da primazia da resolução do mérito, dominante na sistemática do processo civil moderno (art. 317). Sobre a matéria, v. também, no vol. I deste Curso, os itens 296-XI e 757.

V – Necessidade de produção de prova

Quando for reconhecida a necessidade de produção de prova, o relator, ou o órgão colegiado competente, converterá o julgamento em diligência para a conclusão da instrução, que se realizará no tribunal ou em primeiro grau de jurisdição. Finalizada a diligência, o recurso será decidido (art. 938, §§ 3º e 4º). Nesse caso, o que a lei quer é que não se anule sentença, nem se rejeite recurso, diante de instrução incompleta da causa. Integrada a instrução, o recurso será decidido pelo mérito, evitando, dessa maneira, nova sentença e nova apelação.

607. O rito do processamento e julgamento de causa no Tribunal

O rito observado no julgamento a cargo dos Tribunais pode ser assim resumido:

I – Registro e distribuição

Uma vez interposto o recurso pela parte perante o tribunal, ou remetido o processo ao órgão *ad quem* pelo juiz de primeiro grau, os autos serão recebidos e registrados no protocolo, no dia de sua entrada (CPC/2015, art. 929). A critério do tribunal, o serviço de protocolo poderá ser descentralizado (parágrafo único). Para tanto, terá cada tribunal, dentro de sua circunscrição, de delegar o processamento de atos de seu protocolo a ofícios de justiça de primeiro grau. Implantada a descentralização, o recurso, a petição ou os autos que forem protocolados no ofício de primeiro grau com endereçamento ao tribunal serão havidos como protocolados no próprio tribunal, para todos os efeitos, inclusive os de controle dos prazos recursais.

Recebidos os autos, a secretaria ordená-los-á, procedendo à imediata distribuição para Câmara ou Turma (se for o caso) e relator, de acordo com o regimento interno do respectivo tribunal, observando-se o critério da alternatividade, o sorteio eletrônico e a publicidade (art. 930, *caput*).

II – Prevenção

O relator sorteado para o primeiro recurso protocolado no tribunal torna-se prevento para eventuais recursos subsequentes no mesmo processo ou em processo conexo (art. 930, parágrafo único).[13] Trata-se da prevenção por conexão. Haverá, também, prevenção ao relator

---

[13] "A distribuição de recurso anterior, ainda que não conhecido, gera prevenção, salvo na hipótese de incompetência em razão da matéria, cuja natureza é absoluta" (Súmula 158/TJSP). Embora o art. 930,

que decidir o pedido de concessão de efeito suspensivo à apelação, formulado pelo apelante ao tribunal competente para julgar o recurso, no período compreendido entre a sua interposição perante o juízo de primeiro grau e a distribuição no órgão *ad quem* (art. 1.012, § 3º, I).

III – Relatório e voto do relator

Assim que o recurso for distribuído, os autos serão enviados, imediatamente, ao relator, para análise e elaboração do voto. Os autos, com o respectivo relatório, serão devolvidos à secretaria, no prazo de trinta dias (art. 931). O relatório será redigido de maneira a historiar o recurso, expondo os pontos relevantes da controvérsia, a exemplo do que se faz no julgamento por sentença (art. 489, I). A divulgação do voto do relator dar-se-á na sessão de julgamento, após a leitura do relatório.

IV – Designação de dia para julgamento

Após a apresentação do relatório e o retorno dos autos à secretaria, o recurso será encaminhado ao presidente do órgão, que designará dia para julgamento e ordenará a publicação da pauta no órgão oficial, diligência esta necessária em todos os recursos distribuídos no tribunal (art. 934). No sistema do Código anterior, os embargos de declaração eram postos em mesa para julgamento, independentemente de inclusão em pauta. Tal praxe foi abolida pelo CPC/2015, de sorte que todos os feitos, inclusive os embargos de declaração, constarão da pauta, para maior controle e participação das partes nos respectivos julgamentos.

O Código prevê um interstício mínimo de cinco dias entre a data de publicação da pauta e a da sessão de julgamento. Os processos que eventualmente não tenham sido julgados na sessão designada serão reincluídos em nova pauta, respeitando-se o prazo mínimo de cinco dias. Está dispensada a reinclusão em pauta os processos que tiverem sido expressamente adiados para a primeira sessão seguinte (art. 935).

Publicada a pauta, os autos não mais sairão da secretaria, e os advogados que desejarem vista, somente a terão em cartório (art. 935, § 1º).

A pauta de julgamento, além da publicação no órgão oficial, deverá ser afixada na entrada da sala em que se realizar a sessão de julgamento (art. 935, § 2º).

V – Ordem de julgamento

O atual Código estabelece uma ordem de preferência para o julgamento dos feitos incluídos em pauta (recursos, remessa necessária e processos de competência originária). Ressalvadas as preferências legais e regimentais, os julgamentos obedecerão a seguinte sequência (art. 936):

(a) primeiro serão julgados os processos nos quais houver sustentação oral, que será realizada seguindo a ordem dos requerimentos (inciso I);

(b) depois, passa-se ao julgamento dos requerimentos de preferência apresentados até o início da sessão de julgamento, vale dizer, até a abertura da sessão pelo presidente da câmara ou turma (inciso II);

(c) posteriormente, são decididos os recursos cujo julgamento tenha sido iniciado em sessão anterior (inciso III); e

(d) por fim, os demais casos da pauta (inciso IV).

---

parágrafo único, preveja a prevenção do relator de recurso, a distribuição de incidente ou de petição inicial de processo de competência originária do tribunal também fixa a prevenção do relator, em face do disposto nos arts. 59 e 286 do CPC (CARVALHO, Fabiano. *Comentários ao Código de Processo Civil*. São Paulo: Saraiva, 2022, v. XIX, n. 26, p. 75).

Determina ainda o Código que o agravo de instrumento será julgado sempre antes da apelação interposta no mesmo processo (art. 946, *caput*). E, se ambos os recursos houverem de ser julgados na mesma sessão, o agravo terá precedência (art. 946, parágrafo único).

VI – Sustentação oral

Na sessão de julgamento, os advogados e o membro do Ministério Público, nos casos de sua intervenção, poderão nos casos previstos em lei ou no regimento interno do tribunal, fazer sustentação oral de suas razões, pelo prazo improrrogável de quinze minutos cada, depois da exposição da causa pelo relator (art. 937). O CPC/2015 (art. 937) enumera os seguintes casos de cabimento da sustentação oral:

(a) recurso de apelação (inciso I);

(b) recurso ordinário (inciso II);

(c) recurso especial (inciso III);

(d) recurso extraordinário (inciso IV);

(e) embargos de divergência (inciso V);

(f) ação rescisória, mandado de segurança e reclamação (inciso VI);

(g) agravo de instrumento contra decisões interlocutórias sobre tutelas provisórias de urgência ou da evidência (inciso VIII);

(h) outras hipóteses previstas em lei ou no regimento interno do tribunal (inciso IX).

Portanto, não haverá sustentação oral em embargos declaratórios, em agravo interno e agravo de instrumento que não tenha sido interposto contra decisões que versem sobre tutelas provisórias de urgência ou da evidência, salvo autorização especial de regimento interno.[14] Permite-se, porém, a sustentação oral no agravo interno, quando interposto contra decisão singular do relator que extinga a ação rescisória, o mandado de segurança ou a reclamação (art. 937, § 3º; Estatuto da OAB, art. 7º, § 2º-B, VI, incluído pela Lei nº 14.365/2022).

O procurador que desejar proferir sustentação oral poderá requerer, até o início da sessão, que o processo seja julgado em primeiro lugar, observadas as preferências legais (art. 937, § 2º). Sendo vários os requerentes, os julgamentos preferenciais seguirão a ordem dos pedidos. Note-se que o atual Código não mais prevê o pedido de adiamento para julgamento com preferência na sessão seguinte. A sustentação oral quando oportunamente pleiteada deverá ser produzida com preferência, mas na mesma sessão. Assim, pôs-se fim a antiga polêmica sobre ser ou não um direito da parte o adiamento para preferência de julgamento em outra sessão.[15]

---

[14] "Deve ser franqueado às partes sustentar oralmente as suas razões, na forma e pelo prazo previsto no art. 937, *caput*, do CPC, no agravo de instrumento que impugne decisão de resolução parcial de mérito (art. 356, § 5º, do CPC)" (CEJ/I Jorn. Dir. Proc. Civ., Enunciado nº 61).

[15] Discutia-se sobre ser o adiamento direito da parte, ou faculdade do relator, conforme os motivos aduzidos pelo advogado. O STJ, entretanto, ao tempo do CPC/1973, tomou posição firme sobre o tema: "1. Nos termos da jurisprudência desta Corte, o teor do art. 565 do CPC é no sentido de se dar preferência ao julgamento do processo, não conferindo direito à parte ao adiamento da sessão de julgamento, o que ocorrerá ou não conforme prudente avaliação do magistrado. 2. Ademais, 'A falta de decisão acerca de pleito, visando adiar sessão de julgamento, não enseja nulidade, porquanto o pedido de sustentação oral tem o único efeito de imprimir ao processo respectivo uma preferência de julgamento na sessão originariamente agendada, da qual as partes e seus advogados já estão devidamente cientificados' (EDcl no REsp 520.547/SP, 4ª T., Min. Fernando Gonçalves, DJ 16/02/2004)" (STJ, 2ª T., AgRg no REsp 1.323.145/MG, Rel. Min. Mauro Campbell Marques, ac. 20.02.2014, *DJe* 28.02.2014).

Inovação interessante do CPC atual, diz respeito à possibilidade de o advogado com domicílio profissional em cidade diversa daquela em que esteja sediado o tribunal, de realizar sua sustentação oral por meio de videoconferência ou outro recurso tecnológico de transmissão de sons e imagens em tempo real (art. 937, § 4º). Mas essa faculdade somente será deferida se o requerimento for feito até o dia anterior ao da sessão de julgamento.

VII – Sustentação oral nos incidentes de resolução de demandas repetitivas

O Código atual disciplina, de forma especial, a sustentação oral no incidente de resolução de demandas repetitivas (art. 937, § 1º). Nesses julgamentos, poderão sustentar oralmente, não apenas o autor e o réu do processo originário e o Ministério Público, mas, também, quaisquer interessados. As partes e o Ministério Público terão trinta minutos (art. 984, II, "a"). Os terceiros interessados, rol que compreende partes de outros processos de igual objeto, entidades públicas ou privadas com interesse na repercussão geral do incidente, inclusive o *amicus curiae*, também terão prazo de trinta minutos para sustentação oral, devendo dividi-lo entre si (art. 984, II, "b"). Todavia, caso o número de inscritos seja elevado, o prazo para sustentação oral poderá ser ampliado (art. 984, § 1º).

VIII – Julgamento do colegiado

A causa submetida à competência de órgão colegiado do tribunal é decidida pelo voto de todos que compõem a turma julgadora. Após a leitura do relatório e a sustentação oral, se houver, procede-se à votação dos juízes. O primeiro voto é o do relator, seguindo-se o dos demais juízes. Note-se que o julgamento da apelação e do agravo de instrumento será tomado apenas pelo voto de três juízes, ainda que a câmara ou turma se componha de maior número (art. 941, § 2º).[16]

A causa é apreciada e decidida por etapas, segundo a ordem lógica das questões ventiladas no processo: primeiro, as questões preliminares ou prejudiciais, e depois o mérito. Votam-se separadamente aquelas e este (art. 938). Em preliminar, o órgão julgador decidirá *conhecer* ou não do caso. Só depois de superada a preliminar é que julgará o mérito, dando pela *procedência*, ou não, da pretensão do promovente. Se se tratar de feito recursal, a decisão será de *provimento*, ou não, do recurso; ou seja: *improvendo* o recurso, a decisão recorrida ficará "confirmada" ou "mantida"; *provendo-o*, a decisão de origem será "reformada" ou "invalidada", conforme o caso. Nas duas etapas, *i.e.*, nas preliminares e no mérito, votam todos os componentes da turma julgadora, de modo que, conhecida a causa, o eventual vencido no juízo de admissibilidade, terá, nada obstante, também de apreciar as questões de mérito, ao lado dos demais pares (art. 939).

IX – Pedido de vista dos julgadores

Qualquer juiz que não se considerar habilitado a proferir imediatamente o seu voto poderá requerer vista dos autos, por prazo não superior a dez dias, prorrogável uma única vez pelo mesmo período (art. 940 e § 1º).[17] A dúvida que desencadeia o pedido de vista pode surgir

---

[16] No STJ, o julgamento pela Turma se faz pelo voto de todos os seus componentes. Mas não é necessária a presença de todos para que a sessão de julgamento se realize. Pelo menos três Ministros, no entanto, deverão estar presentes. A decisão, por sua vez, será tomada não pelo voto da maioria dos presentes, mas pelo da maioria absoluta dos membros da Turma. Se, pela ausência de alguns, não se lograr dita maioria, será adiado o julgamento até que seja possível configurá-la (*RISTJ*, arts. 179 e 181; Lei nº 8.038, de 28.05.1990, art. 41-A, incluído pela Lei nº 9.756, de 17.12.1998).

[17] O STJ, ao adaptar-se ao Regimento Interno ao CPC/2015, houve por bem manter o prazo de vista de até 60 dias (prorrogáveis por mais 30), constante do art. 162 do seu RI, ao argumento de que os 10 dias previstos

durante a sessão, em decorrência do debate ou mesmo da sustentação oral. Após o decurso de referido prazo, o recurso será reincluído em pauta para julgamento na sessão seguinte à data da devolução.

É óbvio, outrossim, que não é qualquer juiz do tribunal, ou mesmo do órgão que está em sessão de julgamento, que tem o poder de vista dos autos, mas apenas aqueles que compõem o órgão no momento do julgamento do feito e, na mesma ocasião, não se consideram aptos a votar.[18]

Caso os autos não sejam devolvidos no prazo ou se não for solicitada pelo juiz a sua prorrogação, o presidente do órgão julgador requisitará o processo para que ocorra o seu julgamento na sessão ordinária subsequente, com publicação da pauta em que for incluído (art. 940, § 1º).

Para impedir delongas inaceitáveis e cumprir o mandamento constitucional da duração razoável do processo, se o juiz que pediu vista do processo ainda não se sentir habilitado a votar, o presidente convocará substituto para proferir voto, nos termos do regimento interno do respectivo tribunal (art. 940, § 2º).

O CPC/2015 não faz a distinção que havia no regime anterior entre julgamento de processo adiado com ou sem inclusão em pauta (CPC/1973, art. 555, §§ 2º e 3º). Agora, diante de qualquer adiamento a retomada do julgamento ocorrerá sempre mediante inclusão em pauta (CPC/2015, art. 940).

X – Retratação de voto

O julgamento do colegiado não se encerra enquanto o respectivo resultado não é anunciado pelo presidente. Por isso, o Código dispõe, de forma expressa, que o voto de qualquer juiz, poderá ser alterado até o momento da proclamação do resultado pelo presidente (art. 941, § 1º).[19] A regra, contudo, não se aplica ao substituto daquele que se afastou da turma julgadora após ter pronunciado o respectivo voto. Essa faculdade, segundo jurisprudência firme do STJ, "é pessoal, de modo que a alteração do voto proferido antes da proclamação do resultado não pode ser feita por outro julgador que atue em substituição ao magistrado ausente ".[20]

A restrição à modificabilidade, pelo substituto, do voto dado pelo substituído antes do adiamento da sessão, aplica-se a toda e qualquer causa de afastamento do juiz, inclusive impedimento, aposentadoria ou falecimento. No caso de impedimento, a vedação de voto do substituto só ocorre quando a causa do afastamento for posterior ao voto, já que, sendo anterior, o voto do impedido será nulo, o que acarretará a necessidade do substituto emitir

---

pelo Código se referem apenas aos Tribunais locais de apelação. Tendo em vista que ao STJ cumpre definir tese jurídica e sua interpretação se destina à aplicação por todos os demais tribunais, o prazo de 10 dias seria inviável para os julgadores se aprofundarem no estudo dos casos.

[18] Pode parecer que o texto, tal como redigido, seria desnecessário em face da obviedade do direito de vista só caber a quem tem o direito de voto na sessão. A experiência, todavia, demonstra que situações absurdas acontecem em alguns tribunais. Em certo Tribunal do Norte do País, o presidente do Colegiado, que não tinha direito de voto, diante de um julgamento, por quórum suficiente, já encerrado, mas não proclamado, pediu vista, para aguardar (sic) a posse de um novo Desembargador, que em seguida foi admitido no processo, após a investidura, e empatou os votos, permitindo assim que o Presidente usasse o voto de minerva e mudasse o teor do julgamento fixado na sessão anterior (!).

[19] STJ, 4ª T., REsp 1.229.421/MA, Rel. Min. Maria Isabel Gallotti, ac. 21.06.2016, DJe 27.06.2016; STJ, 2ª T., REsp 1.086.842/PE, Rel. Min. Mauro Campbell Marques, ac. 14.12.2010, DJe 10.02.2011; STJ, 4ª T., AgRg no REsp 704.775/SC, Rel. Min. Luis Felipe Salomão, ac.04.03.2010, DJe 29.03.2010.

[20] STJ, 3ª T., REsp 1.416.635/SP, Rel. p/ ac. Min. João Otávio de Noronha, ac. 07.04.2015, DJe 22.04.2015. No mesmo sentido: STJ, 5ª T., HC 225.082/PI, Rel. Min. Laurita Vaz, ac. 10.12.2013, DJe 03.02.2014.

seu voto, como é óbvio. O mesmo ocorre com a suspeição, inclusive a de foro íntimo, porque a consequência do reconhecimento dessa causa de afastamento do julgador também é a nulidade dos atos decisórios, quando por ele praticados já em presença dos motivos da suspeição (CPC, art. 146, § 7º).

XI – Resultado do julgamento

Proferidos os votos, o presidente anuncia o resultado do julgamento, devendo o acórdão ser redigido pelo relator. Se este ficar vencido, designa-se o autor do primeiro voto vencedor para a função de redigir o acórdão (art. 941). O resultado da votação é apurado pela maioria dos votos no mesmo sentido. Normalmente, basta a maioria relativa (*i.e.*, dois votos convergentes numa turma de três juízes). No caso de decretação de inconstitucionalidade, exige-se, porém, a maioria absoluta do tribunal ou do respectivo órgão especial (*i.e.*, mais da metade dos seus membros) (Constituição Federal, art. 97). Os juízes vencidos nas preliminares não ficam dispensados de voltar a votar na solução do mérito (art. 939), sob pena de invalidar o julgamento coletivo em caso de omissão.

XII – Relevância do voto vencido

Inovação interessante diz respeito ao voto vencido, que passou no regime do atual Código a ser considerado como parte integrante do acórdão, "para todos os fins legais, inclusive de prequestionamento" para recursos ao Superior Tribunal de Justiça e ao Supremo Tribunal Federal (art. 941, § 3º). Por isso, é necessária a declaração do voto vencido no acórdão, de sorte que "os fatos que dele constarem complementarão a descrição que consta do acórdão" e, por conseguinte, poderão ser levados em consideração pelos Tribunais Superiores em eventual recurso posterior.[21] Essa regra, destarte, tem grande relevância, justamente por facilitar o prequestionamento, essencial para a admissibilidade dos recursos especial e extraordinário.

XIII – Julgamento prolongado: decisão não unânime de apelação, de ação rescisória e de agravo de instrumento (substitutivo dos extintos embargos infringentes)

O CPC de 1973, para o caso de apelação provida, por voto de maioria, para reformar sentença de mérito, previa o cabimento do recurso de embargos infringentes, endereçado a órgão fracionário maior do próprio tribunal. O CPC atual eliminou essa figura recursal. Adotou, porém, um sistema inovador de julgamento da apelação, que, de certa forma, pode fazer as vezes dos embargos infringentes (art. 942): não se trata de um novo recurso, mas de simples "julgamento prolongado", com ampliação do quórum de julgadores, medida que independe de requerimento e é de observância obrigatória, *ex lege*, para que o julgamento se complete e se torne eficaz. Essa ampliação de quórum, além de necessária, não se limita à ocorrência de reforma da sentença. Basta que a decisão da turma julgadora não seja unânime, de modo que a medida será observada em qualquer julgamento de apelação, mesmo quando a divergência se refira ao juízo de admissibilidade do recurso.[22]

Com efeito, dispõe o art. 942 que, não sendo unânime o resultado da apelação, o julgamento não se encerrará com a coleta dos votos dos três juízes que formam a turma julgadora. Terá prosseguimento em nova sessão para a qual serão convocados outros julgadores, na forma do regimento interno, em número suficiente para "garantir a possibilidade de inversão do resultado

---

[21] WAMBIER, Teresa Arruda Alvim *et al. Primeiros comentários ao novo Código de Processo Civil.* São Paulo: RT, 2015, p. 1.340.
[22] STJ, 3ª T., REsp 1.798.705/SC, Rel. Min. Paulo de Tarso Sanseverino, ac. 22.10.2019, *DJe* 28.10.2019.

inicial" (art. 942). Assim, no julgamento por turma de três juízes, dois serão convocados para o prosseguimento do julgamento, em sessão que assegurará às partes o direito de sustentar oralmente suas razões perante os novos julgadores (art. 942, *caput, in fine*).

Nos tribunais em que as câmaras forem compostas por cinco ou mais juízes, o prosseguimento do julgamento, sendo possível, dar-se-á na mesma sessão, colhendo-se os votos de outros julgadores presentes integrantes do mesmo colegiado (art. 942, § 1º).

O mesmo regime de prosseguimento do julgamento não unânime aplica-se ao agravo de instrumento quando provido por maioria para reformar decisão interlocutória proferida em solução parcial do mérito (art. 942, § 3º, II). Estende-se, também, à ação rescisória, mas somente quando o resultado não unânime for de rescisão da sentença. Nesse caso, o prosseguimento do julgamento só será possível se no regimento interno do tribunal estiver previsto órgão de maior composição do que aquele que decidiu a rescisória (art. 942, § 3º, I). É de se ressaltar que "se o recurso do qual se originou a decisão embargada comportou a aplicação da técnica do art. 942 do CPC, os declaratórios eventualmente opostos serão julgados com a composição ampliada" (Enunciado nº 137/CEJ/CJF).

Já se pretendeu que o julgamento prolongado do art. 942 do CPC/2015 seguiria, no julgamento não unânime da apelação, as mesmas limitações outrora aplicadas aos extintos embargos infringentes, ou seja: *(i)* apenas poderia se referir às *sentenças de mérito*[23] e *(ii)* o complemento de julgamento só poderia dizer respeito à *divergência* estabelecida entre o voto vencido e os votos vencedores, no *julgamento do mérito*, tal como previsto no § 3º para a rescisória e o agravo de instrumento.[24] Tais limitações, a nosso ver, não procedem, por vários motivos:

(a) Em primeiro lugar, o julgamento prolongado da apelação não é um novo recurso, mas apenas a ampliação de um julgamento iniciado e não encerrado, justamente para que novos juízes possam participar de seu prosseguimento e de sua conclusão. O texto do *caput* do art. 942 é claríssimo, não deixando margem para dúvida quanto à unidade do julgamento, na espécie. Diante da divergência no seio da turma julgadora, "o julgamento terá prosseguimento" em outra sessão, "com a presença de outros julgadores, que serão convocados nos termos previamente definidos no Regimento Interno". É o que literalmente se acha disposto no enunciado legal[25].

(b) Sem a conclusão do julgamento iniciado, não se pode tratar o incidente do art. 942 como um recurso, seja porque não existe decisão de que se possa recorrer, seja porque o incidente nem sequer é fruto de provocação da parte[26].

(c) Os limites da matéria apreciável permanecem os mesmos do recurso sob julgamento, uma vez que o *caput* do art. 942 nada restringiu quanto ao alcance do incidente,

---

[23] MEDINA, José Miguel Garcia. *Novo Código de Processo Civil comentado*. 4. ed. São Paulo: RT, 2016, p. 1.348.

[24] MEDINA, José Miguel Garcia. *Novo Código de Processo Civil comentado*. 4. ed. São Paulo: RT, 2016, p. 1.348; NEVES, Daniel Amorim Assumpção. *Novo Código de Processo Civil. Inovações, alterações e supressões comentadas*. São Paulo: Método, 2015, p. 567.

[25] "(...) O art. 942 do CPC/2015 não configura uma nova espécie recursal, mas, sim, uma técnica de julgamento, a ser aplicada de ofício, independentemente de requerimento das partes, com o objetivo de aprofundar a discussão a respeito de controvérsia, de natureza fática ou jurídica, acerca da qual houve dissidência" (STJ, 3ª T., REsp 1.771.815/SP, Rel. Min. Ricardo Villas Bôas Cueva, ac. 13.11.2018, *DJe* 21.11.2018). No mesmo sentido: STJ, 4ª T., REsp 1.733.820/SC, Rel. Min. Luís Felipe Salomão, ac. 02.10.2018, *DJe* 10.12.2018.

[26] "(...) Constatada a ausência de unanimidade no resultado da apelação, é obrigatória a aplicação do art. 942 do CPC/2015, sendo que o julgamento não se encerra até o pronunciamento pelo colegiado estendido, ou seja, inexiste a lavratura de acórdão parcial de mérito" (STJ, REsp 1.771.815/SP, Rel. Min. Ricardo Villas Bôas Cueva, ac. 13.11.2018, *DJe* 21.11.2018).

quando se trata de apelação. Somente no caso de rescisória e agravo de instrumento é que o prosseguimento do julgamento não unânime restou limitado aos casos de decisão de mérito (§ 3º). Segundo elementar critério de hermenêutica, não cabe interpretar norma restritiva para estender sua aplicação a situações não previstas, a pretexto de analogia. Logo, limitações enunciadas diretamente para a rescisória e para o agravo, como exceções, não podem se generalizar para reduzir a regra específica da apelação, na qual o legislador não inseriu ressalva alguma. O prosseguimento do julgamento não concluído da apelação dar-se-á, portanto, nos termos com que teve início. Não importa que a divergência instalada se refira a questão de mérito ou de preliminar processual. Tudo aquilo que estava em julgamento pela turma julgadora inicial permanecerá como objeto de apreciação no prolongamento do art. 942[27], quer pelos primitivos julgadores, quer pelos novos acrescidos no incidente.[28]

(d) Esse caráter unitário do julgamento do recurso de apelação é evidenciado pela previsão explícita de que "os julgadores que já tiverem votado poderão rever seus votos por ocasião do prosseguimento do julgamento" (art. 942, § 2º).[29]

Em síntese:

(a) A técnica de julgamento ampliado da apelação prevista no art. 942 do CPC/2015 aplica-se a qualquer julgamento que chegue à turma julgadora de forma não unânime.

(b) A técnica em questão não se restringe à sentença de mérito, nem fica limitada às dimensões da divergência instalada no início do julgamento pela turma originária.[30] As restrições feitas para a rescisória e o agravo de instrumento (§ 3º) não podem ser estendidas à apelação, justamente por se tratar de normas restritivas insuscetíveis de aplicação analógica.

(c) Os limites do julgamento ampliado são os mesmos do julgamento iniciado, tanto que a lei permite que os julgadores da turma primitiva possam rever seus votos, em face do pronunciamento dos novos juízes convocados (art. 942, § 2º).[31]

---

[27] "(...) Os novos julgadores convocados não ficam restritos aos capítulos ou pontos sobre os quais houve inicialmente divergência, cabendo-lhes a apreciação da integralidade do recurso" (STJ, REsp 1.771.815/SP, Rel. Min. Ricardo Villas Bôas Cueva, ac. 13.11.2018, *DJe* 21.11.2018).

[28] "Na apelação, a regra aplica-se a qualquer resultado não unânime. Não admitida, por maioria de votos, a apelação, aplica-se a regra. Admitida, para ser provida ou não provida, seja ou não de mérito a sentença recorrida, pouco importa. Se o resultado não for unânime, aplica-se a técnica de julgamento prevista no art. 942 do CPC" (DIDIER JÚNIOR, Fredie; CUNHA, Leonardo Carneiro da. *Curso de direito processual civil*. 13. ed. Salvador: JusPodivm, 2016. v. 3, p. 79).

[29] "Vale registrar que é o próprio art. 942 do CPC/15, no seu *caput*, que expressamente informa que o julgamento ainda não se encerrou e, no seu § 2º, autoriza a revisão do voto por aqueles que já julgaram (exatamente porque ainda não ocorreu o encerramento do julgamento)" (CÂMARA, Bernardo Ribeiro. O julgamento ampliado do art. 942: polêmicas sobre aplicação e limitação da matéria em discussão. In: JAYME, Fernando Gonzaga; MAIA, Renata C. Vieira; REZENDE, Ester Camila Gomes Norato; FIGUEIREDO, Helena Lanna (coord.). *Inovações e modificações do Código de Processo Civil. Avanços, desafios e perspectivas*. Belo Horizonte: Del Rey, 2017, p. 437).

[30] STJ, 3ª T., REsp 1.798.705/SC, Rel. Min. Paulo de Tarso Sanseverino, ac. 22.10.2019, *DJe* 28.10.2019.

[31] CÂMARA, Bernardo Ribeiro. O julgamento ampliado do art. 942: polêmicas sobre aplicação e limitação da matéria em discussão. In: JAYME, Fernando Gonzaga; MAIA, Renata C. Vieira; REZENDE, Ester Camila Gomes Norato; FIGUEIREDO, Helena Lanna (coord.). *Inovações e modificações do Código de Processo Civil. Avanços, desafios e perspectivas*. Belo Horizonte: Del Rey, 2017, p. 431-442.

(d) O julgamento ampliado é imposição legal, de maneira que sua inobser-vância conduz à nulidade da decisão do tribunal.[32]

Por último, o CPC/2015 exclui a aplicação do prosseguimento de julgamento na forma analisada, em três hipóteses:

(a) no julgamento do incidente de assunção de competência e no de resolução de demandas repetitivas (art. 942, § 4º, I);
(b) no julgamento da remessa necessária (idem, II);
(c) nas decisões não unânimes proferidas, nos tribunais, pelo plenário ou pela corte especial (idem, III).

XIV – Acórdão e publicação

Uma vez completo o julgamento, o acórdão será redigido pelo relator ou por quem suas vezes fizer, nos termos do art. 941 ou do disposto no regimento interno. Para facilitar futuras pesquisas de precedentes jurisprudenciais, todo acórdão conterá ementa que sintetize a matéria decidida (art. 943, § 1º). Num sistema de valorização do precedente, como é o adotado pelo atual Código, o cuidado técnico na elaboração da ementa é de grande significado, pois será a partir dela que se chegará a identificar os acórdãos existentes em torno da questão que interessa ao caso concreto deduzido em juízo.[33]

Lavrado o acórdão, dar-se-á a publicação de sua ementa no órgão oficial dentro de dez dias (art. 943, § 2º). As partes serão consideradas intimadas pela referida publicação (art. 272) e dela passará a fluir o prazo para eventual recurso (art. 1.003, *caput*).

Há dois atos de publicação no julgamento colegiado de Tribunal: o primeiro se dá quando se completa a votação e o presidente proclama, na sessão de julgamento, o resultado a que a turma julgadora chegou (*i.e.*, a conclusão do "acórdão"); nesse momento se tem por cumprida e acabada a prestação jurisdicional a cargo do Tribunal, motivo pelo qual não mais poderão os juízes alterar seus votos (art. 941 e § 1º). O segundo ato de publicação se dá depois que o relator redige o texto do acórdão já proclamado na sessão pública de julgamento, e consiste na divulgação das respectivas conclusões pela imprensa oficial (art. 943, § 2º). Sua função não é a de dar existência e eficácia ao julgamento, mas apenas a de intimar as partes, para efeito de abrir-lhes o prazo para eventual recurso.

XV – Documentação eletrônica do julgamento

A documentação do julgamento do tribunal e a redação do acórdão poderão ser grandemente simplificadas se o Tribunal sistematizar suas sessões pelas regras do processo eletrônico. Em função dessa nova perspectiva, o art. 943 prevê que os votos, acórdãos e demais atos processuais praticados durante a tramitação do feito perante o tribunal poderão

---

[32] STJ, 3ª T., REsp 1.798.705/SC, Rel. Min. Paulo de Tarso Sanseverino, ac. 22.10.2019, *DJe* 28.10.2019.

[33] Além da experiência empírica da longa prática dos tribunais, existe literatura técnica que orienta a elaboração de ementas, de modo a demonstrar todo o cuidado e proveito proporcionável por meio desse expediente (cf. PIMENTEL, Kalyani Muniz Coutinho. *Ementas jurisprudenciais*. Manual para identificação de teses e redação de enunciados. Curitiba: Juruá, 2015; AGUIAR JÚNIOR, Ruy Rosado. Ementas e sua técnica. *Revista de Doutrina da 4ª Região*, Porto Alegre, n. 27, dez. 2008; CAMPESTRINI, Hildebrando. *Como redigir ementas*. São Paulo: Saraiva, 1994; GUIMARÃES, José Augusto. *Elaboração de ementas jurisprudenciais*: elementos teórico-metodológicos. Série Monografias do Conselho da Justiça Federal. Brasília: CEJ, v. 9, 2004).

ser registrados em documento eletrônico inviolável e assinados eletronicamente, na forma da lei, sempre que o processo for eletrônico. Se o processo ainda não for totalmente eletrônico, mesmo assim o Tribunal poderá se valer dos recursos da informática para documentar os atos da sessão de julgamento. Nessa última hipótese, depois de armazenados eletronicamente em arquivo inviolável, os votos e o acórdão serão impressos para juntada aos autos do processo de feitio tradicional (art. 943, *caput, in fine*).

XVI – Não publicação do acórdão no prazo de trinta dias

Se o acórdão não for publicado no prazo de trinta dias, contado da data da sessão de julgamento, o CPC/2015 determina que ele será substituído pelas notas taquigráficas, para todos os fins legais, independentemente de revisão (art. 944). Nesse caso, o presidente do tribunal lavrará imediatamente as conclusões e a ementa do acórdão, e mandará publicá-lo (parágrafo único). Essa regra visa evitar atrasos no andamento processual, geralmente imputados ao acúmulo de serviço.

XVII – Julgamento por meio eletrônico

Outra inovação trazida pelo CPC/2015 dizia respeito à possibilidade de o julgamento dos recursos e dos processos de competência originária ser realizado por meio eletrônico. Essa forma de sessão virtual teria cabimento, a critério do órgão julgador, nos recursos e processos de competência originária que não admitem sustentação oral (art. 945, *caput*). Nesse caso, o relator deveria dar ciência às partes, pelo Diário da Justiça, de que o julgamento seria feito por meio eletrônico (§ 1º). Feito isso, qualquer das partes poderia, no prazo de cinco dias, apresentar memoriais ou discordância do julgamento por esse meio (§ 2º). Para tal oposição não se exigiria qualquer motivação, sendo suficiente o simples protesto para determinar que o julgamento fosse feito em sessão presencial (§ 3º).

Se, durante o julgamento eletrônico, ocorresse divergência entre os integrantes do órgão julgador, este ficaria imediatamente suspenso, devendo a causa ser apreciada em sessão presencial (§ 4º). Vale dizer, a forma eletrônica somente deveria prevalecer havendo decisão unânime dos julgadores.

No entanto, a Lei nº 13.256/2016 simplesmente revogou o art. 945 do CPC/2015, antes de sua entrada em vigor, impedindo, assim, que o sistema de julgamento colegiado eletrônico fosse introduzido, por lei, entre nós. A matéria, todavia, vem sendo enfrentada, paulatinamente, por meio dos Regimentos Internos, em que prevalece a autonomia procedimental dos Tribunais (CF, art. 96, I, "a").

XVIII – Julgamento virtual, por disciplina regimental

O STF, já antes do CPC/2015, adotava o julgamento eletrônico, ou virtual, para a arguição de relevância no recurso extraordinário (RISTF, arts. 323 a 325). Após o advento do atual Código, o STF e o STJ estenderam esse tipo de julgamento também para o agravo interno (antigo agravo regimental) e para os embargos de declaração, por meio de emendas regimentais (Emenda nº 51/2016, no caso do STF, e Emenda nº 27/2016, no caso do STJ). Não se previu a aplicação aos processos de competência originária.

O RISTJ, que foi mais minucioso no tratamento regimental do procedimento virtual, prevê o funcionamento de órgãos técnicos, com a função de instrumentá-lo junto à Corte Especial, às Seções e às Turmas [excetuando do regime eletrônico os recursos de natureza criminal (art. 184-A, *caput*, incluído pela Em. Reg. nº 27/2016)].

As sessões virtuais compreendem quatro etapas, de acordo com o novo art. 184-C do RISTJ:

I - *inclusão* do processo, pelo relator, na plataforma eletrônica para julgamento;

II - *publicação* da pauta no *DJe*, com a informação da inclusão;

III - *início* das sessões virtuais, que coincidirá com as sessões ordinárias dos respectivos Órgãos Colegiados. No caso, porém, das Turmas, o início das sessões virtuais coincidirá apenas com as sessões ordinárias de terça-feira;

IV - *fim* do julgamento, no sétimo dia corrido do início da sessão virtual.

A inclusão do recurso na plataforma eletrônica compreenderá os dados do processo e a indicação do Órgão Julgador, acompanhados do *relatório* e do *voto* do relator (art. 184-D, *caput*). Durante cinco dias, reservados para apresentação de memoriais ou impugnação das partes ao julgamento eletrônico e à manifestação do Ministério Público e dos Defensores Públicos (art. 184-D, parágrafo único, II), a consulta dos interessados se limitará aos dados do processo. A liberação de acesso aos Ministros do órgão julgador ao relatório e voto do relator se dará automaticamente após os cinco dias referidos (art. 184-E).

Nos sete dias subsequentes, os integrantes do Órgão Julgador poderão não concordar com o julgamento virtual (art. 184-D, parágrafo único, I). O processo será excluído da pauta de julgamento virtual em três hipóteses (art. 184-F, § 2º): *(a)* quando, nos cinco dias anteriores ao início da sessão, qualquer membro do órgão julgador expressar sua não concordância com o julgamento virtual; *(b)* quando for deferido pedido de sustentação oral, no mesmo prazo; e *(c)* quando for acolhida oposição feita, no mesmo prazo, por qualquer das partes, pelo defensor público ou pelo Ministério Público.

Assim, o julgamento virtual não acontecerá, automaticamente, quando houver discordância de algum ministro julgador. Nos demais casos, a exclusão da pauta de julgamento virtual dependerá de decisão que acolha a oposição ou o pedido de sustentação oral, formulado por qualquer dos interessados arrolados no art. 184-D, parágrafo único, II, do RISTJ.

Iniciada a sessão, o julgamento se encerrará ao fim de sete dias corridos. O Ministro que não se manifestar eletronicamente dentro desse período será havido como aderente integral ao voto do relator (art. 184-F). Escoado dito prazo, "o sistema contará os votos e lançará, de forma automatizada, na plataforma eletrônica, o resultado do julgamento" (art. 184-G).

À Coordenadoria do Órgão Julgador compete a finalização do acórdão, lavrando e disponibilizando-o para assinatura dos Ministros (art. 184-H). A publicação dar-se-á no *DJe* no prazo de quarenta dias (art. 103, § 4º).

Nos tribunais locais também já se registra a introdução do julgamento eletrônico por meio dos respectivos regimentos, como, por exemplo, ocorreu nos Tribunais de Justiça de Minas Gerais e do Rio de Janeiro, entre outros (RITJMG, arts. 118 a 120, com a redação da ER nº 06/2016 e RITJRJ, art. 60-A, incluído pela Resolução nº 05/2016).

Fluxograma nº 24 – Julgamento nos Tribunais (arts. 929 a 946)

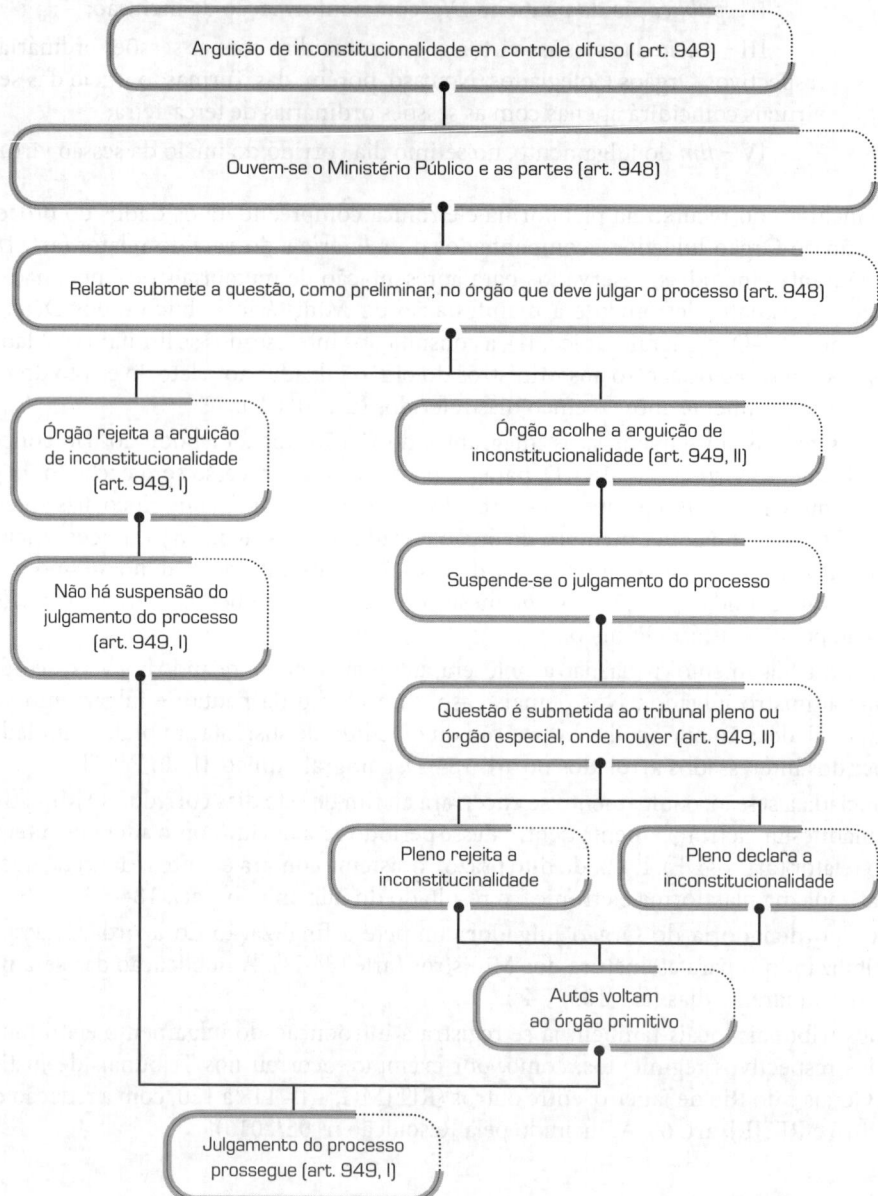

§ 68. VALORIZAÇÃO DA JURISPRUDÊNCIA

608. A valorização da jurisprudência e o sistema de súmulas

Num país tradicionalmente estruturado no regime do *civil law*, como é o nosso, a jurisprudência dos tribunais não funciona como fonte primária ou originária do direito. Na interpretação e aplicação da lei, no entanto, cabe-lhe importantíssimo papel, quer no preenchimento das lacunas da lei, quer na uniformização da inteligência dos enunciados das normas (regras e princípios) que formam o ordenamento jurídico (direito positivo). Com esse sistema o direito processual prestigia, acima de tudo, a segurança jurídica, um dos pilares sobre que assenta, constitucionalmente, o Estado Democrático de Direito.[34] A partir, porém, da progressiva atribuição de força vinculante que o próprio direito positivo vem reconhecendo à jurisprudência (CF, art. 103-A; CPC, art. 927) – aproximando-se, de alguma forma, ao sistema do common law –, não cabe mais recusar-lhe o caráter de fonte do direito. O direito jurisprudencial, todavia, não chega ao nível de fonte primária, que, no regime constitucional brasileiro, continua reservado à lei emanada do Poder Legislativo (CF, art. 5º, II). No entanto, ao concretizar a norma legal genérica e abstrata, adequando seus enunciados às contingências da infinita variação dos fatos da convivência humana, o juiz desempenha, na verdade, uma função criativa, que não se confunde com a do legislador, mas que nela se insere, em papel complementar e secundário. Ou seja, não pode o julgador negar ou ignorar a norma legislada, mas pode e deve complementá-la, nas lacunas e nas aplicações e interpretações exigidas pela visão sistemática da ordem jurídica como um todo organizado e coerente.

O judicialismo, na conceituação ontológica do direito, ocupa na moderna filosofia jurídica um papel fundamental na definição da essência do que vem a ser realmente o direito. Este não é mais visto nos limites de um fenômeno configurador de um ser em si, que o jurista tenha simplesmente que descobrir. A visão jurisprudencialista abriu um novo horizonte à concepção do direito, que lhe reconhece o caráter de obra humana que nunca está acabada, "pois é criado e recriado num trabalho permanentemente executado, à medida que o ser humano cria e recria sua própria essência".[35]

A ciência do direito, nessa perspectiva, não se restringe à interpretação lógica da norma, nem tampouco da vontade do legislador positivada na norma legal.

O direito não preexiste à sua concreta aplicação à realidade fática da vida. Ele é construído caso a caso pelo aplicador, de modo que o direito não é o princípio, mas a realização do princípio: "não é pressuposto da experiência, é a experiência mesma que se realiza pelo exercício jurisdicional", segundo observa Luiz Fernando Coelho. Para o jurisprudencialismo, portanto, o momento em que o direito se manifesta como experiência viva (o Dasein da juridicidade) "é a concreta decisão judicial".[36]

---

[34] "Conquanto a jurisprudência não possa ser tecnicamente considerada fonte formal de direito nos sistemas jurídicos de *civil Law*, observa-se inegável tendência no sentido de se difundir a jurisprudência dominante como um privilegiado vetor interpretativo a serviço da aplicação do Direito, mesmo no tronco romano-germânico, haja vista que a segurança jurídica é considerada valor caríssimo a qualquer sistema jurídico que logre subsumir-se à noção de Estado de Direito" (STRÄTZ, Murilo. *Reclamação da jurisdição constitucional*. Santa Cruz do Sul: Essere nel Mondo, 2015, p. 17).

[35] COELHO, Luiz Fernando. *Teoria crítica do direito*. 5. ed. Curitiba: Bonijuris, 2019, p. 10.

[36] COELHO, Luiz Fernando. *Teoria crítica do direito*. 5. ed. Curitiba: Bonijuris, 2019, p. 302. É falsa a objetividade que vê o direito como criação do passado, uma vez que "o direito é permanentemente constituído pela experiência social" (COELHO, Luiz Fernando. *Teoria crítica do direito*. 5. ed. Curitiba: Bonijuris, 2019, p. 312-313). O direito, em seu dinamismo dialético, assim como os referenciais que o envolvem e os que são por ele envolvidos, "jamais se consolidam no passado, pois é sempre o presente que constrói o futuro"

Realmente, se o direito se concretiza pela indispensável conexão dialética entre fato, norma e valor, é muito relevante a função da jurisprudência na criação prática da ordem jurídica, não se podendo recusar-lhe a inserção entre as fontes do direito. Daí a importância da valorização dos precedentes levada a cabo pelo art. 927 do atual CPC.

A implantação do sistema de precedentes entre nós não tem sido feita de forma servil ao modelo do common law. Ao contrário, suas raízes e feições foram construídas historicamente de maneira original, afeiçoando-se a praxes e experiências bem típicas. Dentro desse prisma, para que a função normativa pretoriana fosse bem desempenhada, vem sendo implantado, de longa data, o critério de sumular, principalmente nos tribunais superiores, os entendimentos que, pela reiteração e uniformidade, assumem a capacidade de retratar a jurisprudência consolidada a respeito de determinados temas.

Inicialmente, as súmulas jurisprudenciais foram adotadas sem força vinculativa, mas com evidente autoridade para revelar os posicionamentos exegéticos pretorianos (CPC/1973, art. 479). Com o passar do tempo, o fenômeno ingressou, mais profundamente, no ordenamento jurídico, atingindo nível de verdadeira fonte normativa complementar, já que a Constituição, por meio da Emenda nº 45, de 2004, criou a chamada *súmula vinculante*, com o fito de submeter todos os tribunais e juízes, bem como a administração pública, às decisões reiteradas do STF sobre matéria constitucional. Passaram, assim, a coexistir duas modalidades de súmula: as *vinculantes* e as *não vinculantes*. As primeiras, com força de lei, e as segundas, como indicativas da jurisprudência dominante no STF, no STJ e nos demais Tribunais do país.

Mesmo, porém, as súmulas não vinculantes tiveram seu papel muito ampliado, uma vez que reformas do direito processual as adotaram como fator decisivo para simplificar e agilizar os julgamentos sumários em primeiro grau de jurisdição (sentenças *prima facie*)[37] e as decisões monocráticas dos relatores, em grau de recurso, nos tribunais.[38]

(...) "pois o direito somente é positivo na medida em que viceja em determinada época e lugar" (p. 308). Martin Heidegger (*Ser e tempo*. 2. ed. Petrópolis: Vozes, 1998, Parte II, *passim*) usa o termo filosófico *Dasein* "para conceituar a constituição fundamental do existir humano, ou seja, *o ser no mundo*, cujo significado é *manter-se aberto para as possibilidades daquilo que aparece*. O que caracteriza o Dasein é o *poder-ser*, algo não passível de objetivação" (Disponível em: https://michaelis.uol.com.br/busca?id=Q7Vx-. Acesso em: 21 mar. 2024) (g.n.). Explica Luciano da Silva Roberto: "o Dasein é um '*poder-ser*' sempre, a existência do Dasein nunca é algo já feito. O Dasein permanece sempre em construção, pois é projeto para o seu futuro. Ele é um ser que busca planejar, pois sabe que não está pronto. Está sempre inacabado e diante de inúmeras possibilidades. O verdadeiro ser consiste em objetivar aquilo que ainda não é. O Dasein, como ente, é um *ainda-não*, que deve ser assumido por ele, que lançado na existência reside na *não-totalidade*" (ROBERTO, Luciano da Silva. Os modos de ser do "Dasein" a partir da analítica existencial heideggeriana. Disponível em: https://pensamentoextemporaneo.com.br/?p=489. Acesso em: 21 mar. 2024) (g.n.). Assim como o homem (Dasein) que o cria, o Direito é sempre "um poder-ser" inacabado, um projeto incompleto, cuja objetivação competirá ao aplicador nas múltiplas e distintas circunstâncias da convivência social.

[37] Segundo entendimento do STJ, "A aplicação do art. 285-A do CPC, mecanismo de celeridade e economia processual, supõe alinhamento entre o juízo sentenciante, quanto à matéria repetitiva, e o entendimento cristalizado nas instâncias superiores, sobretudo junto ao Superior Tribunal de Justiça e Supremo Tribunal Federal" (STJ, 4ª T., REsp 1.109.398/MS, Rel. Min. Luís Felipe Salomão, ac. 16.06.2011, *DJe* 01.08.2011. No mesmo sentido: STJ, 3ª T., REsp 1.225.227/MS, Rel. Min. Nancy Andrighi, ac. 28.05.2013, *DJe* 12.06.2013; STJ, 2ª T., REsp 1.279.570/MG, Rel. Min. Mauro Campbell Marques, ac. 08.11.2011, *DJe* 17.11.2011). Essa orientação foi transformada em condição expressa do julgamento prima facie de mérito pelo CPC/2015 (art. 332). Ou seja: o juiz, de acordo com o aludido direito positivo legal, fica autorizado a julgar improcedente o pedido, liminarmente e sem citação do réu, se o pleito contrariar enunciado de Súmula do STF, do STJ ou do Tribunal de Justiça, ou ainda, acórdão ou entendimento firmados em incidente de resolução de demandas ou recursos repetitivos.

[38] Entre os casos em que o art. 557 do CPC/1973 permitia ao relator negar seguimento ou dar provimento a recurso figurava, entre outros, aqueles em que ocorria o contraste com súmulas ou jurisprudência dominante do STF e do STJ, Essa orientação continua prevalecendo no novo CPC/2015 (art. 932, IV e V).

Uma coisa, enfim, é incontestável diante da valorização da jurisprudência levada a efeito pelos arts. 926 e 927 do CPC atual: acha-se expressamente conferida aos precedentes judiciais e súmulas jurisprudenciais, em determinadas circunstâncias, força vinculativa suficiente para atribuir à jurisprudência, principalmente dos tribunais superiores, a qualidade de fonte de direito.[39] Nesse sentido, ensina Reale que, muitas vezes, a jurisprudência, mesmo em sistema de *civil law*, se vê compelida a suprir lacunas da lei e a estabelecer "normas que não se contêm estritamente na lei", para construir a norma adequada ao caso concreto, completando, assim, "o sistema objetivo do Direito".[40]

É lastreada nessa realidade jurídica, que o art. 927, do CPC de 2015, reconhece os vários casos em que a jurisprudência assume, em nosso ordenamento, a função de fonte de direito, vinculando juízes e tribunais a observá-la obrigatoriamente, na prestação da tutela jurisdicional.

608-A. Presença marcante do sistema de precedente ao longo de todo o CPC/2015

O papel do precedente com força normativa não foi apenas anunciado pelo Código de Processo Civil de 2015. Sua presença e influência manifestam-se a todo momento, ao longo de toda a sistemática do Código, voltada sempre para o objetivo geral de acelerar os procedimentos e aumentar a eficiência da prestação jurisdicional.

Eis uma resenha feita por Pedro Augusto Silveira Freitas que, com fidelidade, bem evidencia a presença significativa do precedente em momentos decisivos da marcha processual, não como ocorrência episódica, mas como elemento profundamente enraizado no espírito e na dinâmica funcional do atual Código.[41] Assim é que a existência de precedente em torno do processo a decidir :

(i) afasta a regra do julgamento por ordem cronológica de conclusão, autorizando o imediato julgamento de processos em bloco para aplicação de tese jurídica firmada em julgamento de casos repetitivos, bem como nos casos de julgamento dos próprios recursos repetitivos ou de incidente de resolução de demandas repetitivas (incisos II e III do § 2º do art. 12 do CPC/2015);

(ii) permite a concessão de tutela da evidência, independentemente da demonstração de perigo de dano ou de risco ao resultado útil do processo, quando houver comprovação documental das alegações fáticas e houver tese firmada em julgamento de casos repetitivos ou em súmula vinculante (inciso II do art. 311 do CPC/2015);

(iii) viabiliza o julgamento liminar do pedido quando contrariar precedentes (incisos I, II, III e IV do art. 332 do CPC/2015);

(iv) afasta a necessidade da remessa necessária quando a sentença estiver fundada em precedentes judiciais (incisos I, II e III do § 4º do art. 496 do CPC/2015);

---

[39] Para Reale, a jurisprudência é "a forma de revelação do direito que se processa através do exercício da jurisdição, em virtude de uma sucessão harmônica de decisões dos tribunais" (REALE, Miguel. *Lições preliminares de direito*. 3. ed. São Paulo: Saraiva, 1976, p. 167).
[40] REALE, Miguel. *Op. cit*, p. 168.
[41] FREITAS, Pedro Augusto Silveira. Tutela jurisdicional mediante precedente judicial: a adequada proteção do ordenamento jurídico no modelo do justo processo. Dissertação (Mestrado) – UFMG. Belo Horizonte, 2020, n. 8, p. 175-177.

(v) dispensa a prestação de caução, no âmbito do cumprimento provisório de sentença, relativamente ao levantamento de depósito em dinheiro, e a prática de atos que importem transferência de posse ou alienação de propriedade ou de outro direito real, ou dos quais possa resultar grave dano ao executado, quando a sentença a ser provisoriamente cumprida estiver em consonância com súmula da jurisprudência do Supremo Tribunal Federal ou do Superior Tribunal de Justiça ou em conformidade com acórdão proferido no julgamento de casos repetitivos (inciso IV do art. 521 do CPC/2015);

(vi) concede ao relator o poder de decidir de forma monocrática, seja para negar provimento a recursos que forem contrários ao precedente judicial, seja para dar provimento ao recurso quando a decisão recorrida for contrária ao precedente judicial, seja para julgar monocraticamente o conflito de competência (alíneas "a", "b" e "c" dos incisos IV e V do art. 932 e incisos I e II do parágrafo único do art. 955, todos do CPC/2015);

(vii) autoriza o cabimento de ação rescisória quando a decisão de mérito violar manifestamente norma jurídica, aí compreendida a hipótese de decisão baseada em enunciado de súmula ou acórdão proferido em julgamento de casos repetitivos que não tenha considerado a existência de distinção entre a questão discutida no processo e o padrão decisório que lhe deu fundamento (inciso V e § 5º do art. 966 do CPC/2015, incluído pela Lei nº 13.256, de 2016);

(viii) permite o cabimento de reclamação contra decisão que aplica indevidamente a tese jurídica ou que não procede à sua aplicação aos casos que a ela correspondam (incisos III e IV do art. 988 do CPC/2015);

(ix) admite a exequibilidade imediata da sentença que confirma, concede ou revoga tutela provisória de evidência (inciso V do § 1º do art. 1.012 c/c inciso II do art. 311, ambos do CPC/2015);

(x) autoriza o presidente ou o vice-presidente do Tribunal recorrido a negar seguimento a recurso extraordinário que discuta questão constitucional à qual o Supremo Tribunal Federal não tenha reconhecido a existência de repercussão geral ou a recurso extraordinário interposto contra acórdão que esteja em conformidade com entendimento do Supremo Tribunal Federal exarado no regime de repercussão geral, bem como a recurso extraordinário ou a recurso especial interposto contra acórdão que esteja em conformidade com entendimento do Supremo Tribunal Federal ou do Superior Tribunal de Justiça, respectivamente, exarado no regime de julgamento de recursos repetitivos (alíneas "a" e "b" do inciso I do art. 1.030 do CPC/15, incluídas pela Lei nº 13.256, de 2016);

(xi) permite ao presidente ou ao vice-presidente do Tribunal recorrido encaminhar o processo ao órgão julgador para realização do juízo de retratação, se o acórdão recorrido divergir do entendimento do Supremo Tribunal Federal ou do Superior Tribunal de Justiça exarado, conforme o caso, nos regimes de repercussão geral ou de recursos repetitivos (inciso II do art. 1.030 do CPC/2015, incluído pela Lei nº 13.256, de 2016);

(xii) viabiliza que o presidente ou o vice-presidente do Tribunal recorrido suspenda o recurso que versar sobre controvérsia de caráter repetitivo ainda não decidida pelo Supremo Tribunal Federal ou pelo Superior Tribunal de Justiça, conforme se trate de matéria constitucional ou infraconstitucional (inciso III do art. 1.030 do CPC/2015, incluído pela Lei nº 13.256, de 2016);

(xiii) automatiza o reconhecimento de repercussão geral no recurso extraordinário nos casos em que a decisão impugnada atingir súmula ou precedente do Supremo Tribunal Federal (inciso I do § 3º do art. 1.035 do CPC/2015).

Diante desse amplíssimo espectro da presença funcional do precedente no processo civil ordenado e sistematizado pelo CPC/2015, vê-se que essa notável figura consolidada pela ordem jurídica brasileira em vigor permite-nos reconhecer que a jurisdição, doravante, passa a exercer, em colaboração com a legislação,[42] "a tutoria do ordenamento jurídico, por intermédio de pronunciamentos jurisdicionais altamente qualificados".[43]

609. Jurisprudência e normas principiológicas e enunciadoras de cláusulas gerais

Diante do caráter ostensivamente ético dos princípios e fundamentos da Constituição de 1988, o Código de Defesa do Consumidor (de 1990) e o Código Civil (de 2002) adotaram, amplamente, a técnica das normas positivadoras de *princípios* e de *cláusulas gerais*, em convivência com as tradicionais *regras casuísticas* cuja incidência ocorreria por meio de simples subsunção do caso concreto à tipicidade estabelecida pela lei.

Por sua vez, as cláusulas gerais, prestigiadas universalmente pela cultura jurídica da segunda metade do século XX, consistem numa técnica legislativa que abre o sistema normativo a *valores e fatores externos*, como os econômicos e os sociais (a exemplo da confiança, da boa-fé, da lealdade, dos bons costumes, da segurança jurídica etc.),[44] tornando-o "mais maleável às mudanças sociais", em consonância com os anseios do Estado Democrático de Direito.[45]

Se a jurisprudência sempre foi influente no campo da interpretação do direito positivo, seu papel assume proporções muito maiores diante dos ordenamentos jurídicos materiais de nossos dias. É que a lei, de tempos a esta parte, tem se ocupado em escala sempre crescente de

---

[42] MITIDIERO, Daniel Francisco. *Cortes superiores e cortes supremas:* do controle à interpretação da jurisprudência ao precedente. 3. ed. São Paulo: RT, 2017, p. 75. MARINONI, Luiz Guilherme. *O STJ enquanto corte de precedentes:* recompreensão do sistema processual da corte suprema. 2. ed. São Paulo: RT, 2014, p. 111.

[43] "As inúmeras leis positivadas, os diversos princípios e as suas multiformes cargas normativas, as cláusulas gerais e os conceitos jurídicos indeterminados, as considerações doutrinárias e científicas, os próprios textos judiciais editados pelos Tribunais, bem como os valores que reinam em sociedade, passam, todos, a serem alinhavados e amarrados pelo precedente judicial, de modo a assegurar a unidade, a racionalidade, a integridade e a coerência do sistema jurídico, dada a abrangência e a complexidade a ele inerentes. Implica reconhecer, portanto, que a jurisdição deixa o lugar que sempre lhe foi relegado, de tutela da lei, para ser promovida ao posto de tutora do ordenamento jurídico, mediante a reconstrução dos significados contidos nos enunciados normativos" (FREITAS, Pedro Augusto Silveira. *Tutela jurisdicional mediante precedente judicial*: a adequada proteção do ordenamento jurídico no modelo do justo processo. Dissertação (Mestrado) – UFMG. Belo Horizonte, 2020, n. 8, p. 179); "a Corte deixa de ser tribunal de tutela da lei para ser tribunal de atribuição de sentido à lei não só em virtude da percepção de que o legislativo não tem capacidade de produzir sozinho o direito, mas sobretudo em razão de que se constata que a tarefa interpretativa é valorativa, revelando também vontade, e que, portanto, a decisão não é uma mera consequência lógica do que é produzido pelo legislador, mas uma verdadeira reconstrução de sentido que adere à ordem legislativa, revelando o direito que deve orientar a sociedade e pautar as decisões dos tribunais ordinários" (MARINONI, Luiz Guilherme. *O STJ enquanto corte de precedentes:* recompreensão do sistema processual da corte suprema. 2. ed. São Paulo: RT, 2014, p. 145).

[44] MARTINS-COSTA, Judith. O direito privado como sistema em construção: as cláusulas gerais no projeto do Código Civil brasileiro. *Revista de Informação Legislativa*, v. 139, Brasília, jul.-ago./1998; e *A boa-fé no direito privado*. São Paulo: RT, 2000, *passim*.

[45] FERMANN, Rodrigo Papaléo. A interpretação das cláusulas gerais: dificuldades para a concreção de conceitos abertos. *Revista Síntese – Direito Civil e Processual Civil*, v. 116, p. 12, São Paulo, nov.-dez./2018.

incorporar princípios éticos em suas normas, aproximando em grande volume regras jurídicas de preceitos e valores morais. Com isso, tornaram-se bastante frequentes enunciados legais que contêm cláusulas gerais[46] e que positivam normas principiológicas.[47]

Ora, princípios e cláusulas gerais que os adotam correspondem a normas jurídicas flexíveis e incompletas, em razão de seu conteúdo muito genérico e impreciso, e por inocorrência da explicitação dos efeitos e sanções que podem decorrer da respectiva infração. Em face de semelhante postura legislativa, é natural que caiba à jurisprudência, na sua força criativa complementar, estabelecer na sequência das demandas julgadas o melhor e mais adequado entendimento acerca da inteligência da cláusula geral e dos limites necessários de sua interpretação, bem como de seus efeitos práticos, diante de cada caso.[48]

Aliás, é a própria postura normativa substancial da Constituição de nosso tempo (comprometida em profundidade com valores humanos e princípios éticos) que exige do Poder Judiciário um papel que vai além do de simples aplicador das leis editadas pelo Poder Legislativo, para transformá-lo, em certos limites, também em fonte complementar do direito, na medida em que lhe cabe, na aplicação dos princípios e cláusulas gerais, a missão de interpretá-los e dimensioná-los, de acordo com as necessidades e exigências da concreta convivência social.[49]

---

[46] "A cláusula geral é norma legislativa que conscientemente confere espaço para o Judiciário participar da elaboração da norma jurídica" (MARINONI, Luiz Guilherme. Cláusula geral e recurso especial. *Revista de Processo*, São Paulo, v. 352, jun. 2024, p. 176).

[47] "A propósito, observa-se interessante dado na confluência entre as funções legislativa e jurisdicional, vez que se desponta a firme tendência de elaboração de normas de textura aberta a conferir maior responsabilidade e poder ao juiz na perscrutação de valores captados a partir do caso contrato em sintonia com o ordenamento jurídico como um todo, sobretudo de acordo com os ditames constitucionais" (NAGAO, Paulo Issamu. *O papel do juiz na efetividade do processo civil contemporâneo de acordo com o CPC/2015 e a Lei 13.256/16*. São Paulo: Malheiros, 2016). "Nesse contexto, a ampliação dos poderes do juiz previstos no Código de 1973 para o Código de 2015 vem refletir diretamente esse caminho que vem sendo trilhado pelo legislador, ainda que de modo imperfeito, muitas vezes, no sentido de atribuição de sistemas mais abertos, a fim de permitir uma interpretação não só literal, mas também valorativa e principiológica, admitindo a concatenação de diversos pontos do ordenamento jurídico que propiciam, diante dessa análise, uma solução justa e adequada a cada caso em concreto, sem realizar o desvio das normas e da melhor técnica jurídica" (CABRAL FILHO, Alcides Lourenço. Poderes e deveres do juiz no novo CPC: a oitiva pessoal a fim de esclarecer questão relacionada aos fatos da causa. *Revista de Processo*, v. 317, p. 81, São Paulo, jul./2021).

[48] "Há uma relação direta entre a presença de cláusulas gerais em determinado ordenamento jurídico e o papel representado pelos juízes, no sentido de que, a partir de sua adoção, o magistrado terá um incremento na sua função de intervenção nos negócios jurídicos privados" (MENKE, Fabiano. A interpretação das cláusulas gerais: a subsunção e a concreção dos conceitos. *Revista de Direito do Consumidor*, v. 50, p. 11, São Paulo, abr-jun/2004). Nota-se, nesse regime normativo, uma "valorização da atividade jurisdicional", já que produz a "ampliação da margem interpretativa conferida aos juízes em razão da abertura do sistema a fatos que antes a ele eram externos" (FERMANN, Rodrigo Papaléo. A interpretação das cláusulas gerais: dificuldades para a concreção de conceitos abertos. *Revista Síntese – Direito Civil e Processual Civil*, v. 116, p. 104, São Paulo, nov.-dez./2018). O principal, porém, é a permissão autorizada pelas cláusulas gerais a que "princípios fundamentais previstos na Constituição Federal desçam à órbita infraconstitucional", bem como "direitos fundamentais irradiem efeitos para todas as relações privadas, inclusive as contratuais, conferindo, no entanto, maior poder de reflexão e interpretação ao julgador" (FERMANN, Rodrigo Papaléo. A interpretação das cláusulas gerais: dificuldades para a concreção de conceitos abertos. *Revista Síntese – Direito Civil e Processual Civil*, v. 111, p. 104, São Paulo, nov.-dez./2018; CUNHA, Daniel Sica. A força obrigatória dos contratos. In: MARQUES, Cláudia Lima (coord.). *A nova crise dos contratos: estudos sobre a nova teoria contratual*. São Paulo: Ed. RT, 2007, p. 278).

[49] "Na passagem do Estado legislativo para o Estado constitucional, operou-se uma profunda e radical transformação no papel a ser desempenhado, no ordenamento jurídico, pelo Poder Judiciário. Se no Estado legislativo o Poder Judiciário era mantido (pelo menos no plano do discurso teórico, deixando-se de lado o plano empírico) sob o império (o mais estrito possível) da lei, reservando-lhe um papel acentuadamente técnico – juiz boca da lei, mero 'conhecedor' do Direito posto pelo legislador – no Estado constitucional o

Com efeito, pode-se, sem dificuldade, reconhecer que, num quadro como o ora apontado, só a jurisprudência dos tribunais, coerente e estável – o que se busca alcançar principalmente por meio do regime dos enunciados sumulares –, terá condições de resguardar a segurança jurídica e a confiança das ideologias pessoais, e evitar confusão da justiça programada pela norma legal com a justiça concebida no íntimo de seu puro subjetivismo[50].

É importante ressaltar que a valorização da jurisprudência, seja por meio das súmulas, seja por força dos precedentes, não amplia os poderes do juiz, pelo contrário, é uma forma de garantir limites à atividade criativa do julgador.[51] Assim, a jurisprudência não se transforma em fonte primária ou originária de direito. Sua função sempre foi, e continua sendo, interpretar, clarear e uniformizar a aplicação da lei.[52]

Sem dúvida, portanto, caberá importante papel interpretativo à doutrina e principalmente à jurisprudência na construção das respostas reclamadas pela aplicação das cláusulas gerais aos casos concretos, o qual nunca será livre, pois sempre terá o julgador de levar em conta a finalidade concreta da norma, o consenso existente sobre as razões de decidir e ainda o *entendimento jurisprudencial* aplicável ao caso *sub judice*, tendo em conta o elevado apreço que o atual CPC dedica à força dos precedentes jurisprudenciais.[53]

Judiciário passa a ser convocado a uma atuação cada vez mais criativa, no sentido de não se limitar mais a uma mera reprodução (técnica) do Direito posto, mas a completar, lado a lado com o Poder Legislativo, a tarefa de densificar o ordenamento jurídico, já delineado em linhas axiológicas fundamentais pela própria Constituição. Tal mudança do papel reservado ao Judiciário é algo que se impõe, seja advertido, como um corolário do reconhecimento de plena força normativa às cartas constitucionais (decorrentes de uma mudança de concepção ideológica sobre as Constituições), o qual pressiona por uma mudança de concepção ideológica sobre o próprio Poder Judiciário. Com efeito, é a própria estrutura aberta reconhecida às normas jusfundamentais que exige esta mudança paradigmática quanto à atuação jurisdicional. É ineliminável, portanto, uma margem maior e crescente de poderes atribuídos ao juiz, *precisamente na concretização dos Direitos Fundamentais*" (GUERRA, Marcelo Lima. Sobre a formação de Magistrados. *Revista de Processo*, v. 243, p. 328. São Paulo, maio/2015).

[50] A vagueza semântica, principal característica da cláusula geral, muitas vezes causa insegurança, já que a complexidade dos fatos assim regulados não permite "a fixação *a priori*, de um suporte fático e sua correspondente consequência jurídica" (...), sendo mesmo "impossível estabelecer, de antemão, tudo o que nela se encaixa e o que nela não se encaixa". Ao utilizar a cláusula geral, o legislador opta por deixar para o julgador "a tarefa de analisar, no caso concreto, se houve ou não obediência à norma" (FERMANN, Rodrigo Papaléo. A interpretação das cláusulas gerais: dificuldades para a concreção de conceitos abertos. *Revista Síntese – Direito Civil e Processual Civil*, v. 113, p. 104, São Paulo, nov.-dez./2018). A respeito, por exemplo, da cláusula da boa-fé e da lealdade, "sempre haverá margem para o juiz considerar uma conduta alcançada ou não pelo preceito, em razão da vaguidão proposital da expressão usada pelo legislador" (COELHO, Fábio Ulhoa. *Curso de direito civil* – contratos. São Paulo: Saraiva, 2010, v. III, p. 48).

[51] MACÊDO, Lucas Buril de. O regime jurídico dos precedentes judiciais no projeto do novo Código de Processo Civil. *Revista de Processo*, São Paulo, n. 237, p. 373, n. 39, nov. 2014.

[52] THEODORO NETO, Humberto. A relevância da jurisprudência no novo CPC. In: THEODORO JÚNIOR, Humberto et al. (coord.). *Primeiras lições sobre o novo direito processual civil brasileiro: de acordo com o novo Código de Processo Civil, Lei 13.105, de 16 de março de 2015*. Rio de Janeiro: Forense, 2015, p. 667. "Contudo, importante ressalvar que o intérprete não está – como nunca esteve – autorizado a expressar suas convicções pessoais ao analisar o contrato, sendo-lhe exigida a observância de padrões objetiva e socialmente aceitos, os quais inclusive deverão estar explicitados nas decisões" (FERMANN, Rodrigo Papaléo. A interpretação das cláusulas gerais: dificuldades para a concreção de conceitos abertos. *Revista Síntese – Direito Civil e Processual Civil*, v. 116, p. 104, São Paulo, nov.-dez./2018). Importante, nesse sentido, é o disposto no art. 489, 1º, III e V, do CPC sobre a fundamentação de sentença lastreada em conceitos jurídicos indeterminados ou com invocação de precedente ou enunciado de súmula.

[53] FERMANN, Rodrigo Papaléo. A interpretação das cláusulas gerais: dificuldades para a concreção de conceitos abertos. *Revista Síntese – Direito Civil e Processual Civil*, v. 118, p. 104, São Paulo, nov.-dez./2018; MITIDIERO, Daniel. *Cortes superiores e cortes supremas* – Do controle à interpretação, da jurisprudência ao precedente. São Paulo: RT, 2013, passim.

Será principalmente por meio dos mecanismos de julgamentos de casos e recursos repetitivos, com força vinculante, que se poderá superar, ou, pelo menos, mitigar, os riscos da segurança jurídica gerados pelo sistema normativo de cláusulas gerais.[54]

Por último, convém registrar que ao atribuir força vinculante à jurisprudência em determinadas circunstâncias – explica Strätz –, o direito processual brasileiro se apresenta como "composto por um complexo sistema que combina elementos das tradicionais famílias jurídicas, o que o torna sui generis. Com efeito, o nosso modelo jurisdicional não adota um modelo de precedentes, nem mesmo após a promulgação do Novo Código de Processo Civil (CPC/2015), pois aqui é a própria lei que serve de fundamento de validade ao precedente".[55] Com isso, deve-se respeitar as tradições e peculiaridades do nosso sistema legal de um direito judicial formado por meio de precedentes e súmulas, evitando sua confusão com a diversa sistemática observada pelo direito anglo-americano.

A propósito, Taruffo considera mesmo inadequada a elaboração de uma teoria geral do precedente que se restrinja a uma simples "versão adaptada do *common law*",[56] tendo em vista as notórias diferenças entre os regimes do *civil law* e do *common law* relacionadas à organização judiciária, à teoria das fontes do direito, à concepção do papel do juiz, à cultura dos juristas e à prática, "pois todas elas também concorrem para a impertinência da simples importação de uma teoria dos precedentes".[57] Portanto, é evidente, para o jurista italiano, "a inadequação de uma teoria geral do precedente que seja apenas uma *versão adaptada* da teoria (ou de uma teoria) do precedente de *common law*".[58]

De igual teor, é, entre nós, a lição de Sabrina Nasser de Carvalho, a propósito da sistemática do CPC/2015, voltada para a valorização da jurisprudência no plano das fontes de direito: "A integração dos precedentes judiciais nos países de cultura *civil law* deve ocorrer sem que os operadores do direito se descurem das diferenças que marcam a sua polarização com o *common law*".[59]

Deve-se, portanto, ter em mente que nosso CPC, ao inserir o sistema de precedentes no direito processual civil brasileiro, o fez a partir do mecanismo da identificação da *tese* e não do

---

[54] "... a mitigação do problema é possível pela distinção entre as técnicas de subsunção e de concreção. Para a correta concreção, que atenda à necessidade de se dar segurança e necessidade às relações jurídicas, recomendável é a aplicação do método de grupos de casos, que permite, com o tempo, a minimização da imprevisibilidade que naturalmente decorre da utilização de conceitos vagos. Com o passar do tempo e a propagação de decisões nas relações privadas, em outros termos, espera-se que sejam assentados os arquétipos de conduta esperados e exigidos pela sociedade, os quais, por consequência, passarão a ser adotados no âmbito das relações privadas" (FERMANN, Rodrigo Papaléo. A interpretação das cláusulas gerais: dificuldades para a concreção de conceitos abertos. *Revista Síntese – Direito Civil e Processual Civil*, v. 116, p. 120, São Paulo, nov.-dez./2018).

[55] STRÄTZ, Murilo. Aportes à desmistificação do art. 927 do Novo Código de Processo Civil. Revista de Processo, v. 269, p. 438. Destaca o autor: Entre nós, "o valor jurídico deste [do precedente] é dado pelo Legislativo, e não pelo Judiciário, ao contrário do que se dá no Common Law, em que o valor do precedente é reconhecido por si só, sem intermediação legal. Nossa fonte formal do direito continua sendo, portanto, a lei, já que é esta que confere autoridade aos pronunciamentos judiciais elencados no art. 927 do Novo Código" (STRÄTZ, Murilo. Aportes à desmistificação do art. 927 do Novo Código de Processo Civil. *Revista de Processo*, v. 269, p. 438).

[56] TARUFFO, Michele. *Páginas sobre justiça civil*. Barcelona: Marcial Pons, 2009, p. 542-543.

[57] CARVALHO, Sabrina Nasser de. Decisões paradigmáticas e dever de fundamentação: técnica para a formação e aplicação dos precedentes judiciais. *Revista de Processo*, v. 249, p. 445, São Paulo, nov./2015.

[58] TARUFFO, Michele. *Páginas sobre justiça civil*. Barcelona: Marcial Pons, 2009, p. 543.

[59] CARVALHO, Sabrina Nasser de. Decisões paradigmáticas e dever de fundamentação: técnica para a formação e aplicação dos precedentes judiciais. *Revista de Processo*, v. 249, p. 446, São Paulo, nov./2015. Para a autora, "por esta razão, a aproximação entre eles deve ocorrer de forma gradual, respeitando-se a tradição histórica e cultural do sistema jurídico de cada país. Isso, no entanto, não impede que eles se influenciem mutuamente, tornando-os permeáveis aos benefícios e às vantagens que cada um pode oferecer".

caso, mas traçou regras importantíssimas destinadas ao aprimoramento da técnica de formação dos julgados e de sua fundamentação, bem como de formulação dos enunciados da súmula jurisprudencial (entre os diversos dispositivos acerca da matéria, destacam-se os arts. 936; 489, § 1º; 926, § 2º; 1.037, I; 947, § 3º; 976).

O sistema de precedentes brasileiro, em suma, inspira-se, de alguma forma, no exemplo do *common law*, mas não se limita a uma simples versão do instituto anglo-americano. Respeita as peculiaridades da construção histórica de nosso ordenamento jurídico, dos movimentos doutrinários, bem como da experiência que, em torno da matéria, nossa lei e nossos tribunais têm vivenciado.[60]

Todavia, é importante enfatizar que o cotejo entre o nosso sistema de precedentes e o do *common law*, revela que efetivamente "os provimentos judiciais vinculantes do CPC 927 não consubstanciam um verdadeiro sistema de precedentes no modelo inglês/norte-americano; trata-se antes de uma forma de gestão da litigiosidade repetitiva"[61]. Razão pela qual o estudo e compreensão dos precedentes regulados pelo CPC não devem ser feitos a partir da preferência por elementos e conceitos preconizados pelo modelo concebido pelo *common law*, cuja repercussão em nosso sistema é de ser tratada apenas como indireta e remota. O direito constitucional e processual brasileiro construiu historicamente um sistema de jurisprudência vinculante próprio, cujos fundamentos e instrumentos específicos devem ser levados em consideração, antes daqueles extraídos do direito estrangeiro.[62]

609-A. Precedentes e princípios jurídicos

Os princípios, mormente os acolhidos pela Constituição, são inquestionavelmente normas jurídicas, sem contudo ostentar a completude e densidade das regras. Atuam no mundo das relações de direito em caráter complementar, no papel de promover a otimização das regras a serem individualizadas na solução dos casos concretos submetidos ao processo de interpretação e aplicação sistemática do ordenamento jurídico. Não se há de pensar numa relação de superioridade e inferioridade entre a autoridade do precedente e a do princípio jurídico, mas de integração e aprimoramento recíprocos, de modo que um revela, basicamente, a dimensão prática ou concreta do outro.

Dessa maneira, o julgamento do caso concreto não pode fundar-se apenas e tão somente em princípios, mormente quando esses veiculam objetivos políticos dificilmente traduzíveis em autênticas normas de direito. Cabe, pois, à prática jurisdicional, diante do anseio geral do sistema jurídico de fazer justiça em face do caso concreto, dar densidade à aplicação complementar dos princípios.

---

[60] O tema foi mais amplamente desenvolvido em nosso estudo *Common law* e *civil law* – Aproximação – Papel da jurisprudência e precedentes vinculantes no novo Código de Processo Civil – Demandas repetitivas. *Processo em jornadas – XI Jornadas Brasileiras de Direito Processual – XXV Jornadas Ibero-Americanas de Direito Processual*. Salvador: JusPodivm, 2016, p. 454-465; e *O novo direito processual civil brasileiro* – Estudos em homenagem ao Prof. José de Albuquerque Rocha. Rio de Janeiro: Lumen Juris, 2017, p. 281-295.

[61] ABBOUD, Georges; AIRES, Pedro França; KROSCHINSKY, Matthäus. Arguição de relevância em recurso especial: sistematização do conceito de jurisprudência dominante. *Revista dos Tribunais*, São Paulo, v. 1.045, p. 259, nov. 2022.

[62] "É necessário reconhecer que o Brasil possui uma história e uma cultura jurídica próprias em torno dos usos das decisões judiciais pretéritas como argumento, refletida em regras de precedente cuja dimensão constitucional conduz a um projeto reflexivo e crítico permanente acerca da promoção do Estado Democrático de Direito na dimensão processual. Nesse sentido, os procedimentos especiais de formação de precedentes qualificados [entendidos como tais aqueles a que a lei atribui força vinculante] vêm se agregar a um histórico pátrio de busca da coerência e integridade processuais ..." (FREITAS, Lucas Daniel Chaves de. Regras de precedente no direito brasileiro e a superação da dicotomia entre precedentes vinculantes e persuasivos. In: CRUZ, Rogerio Schietti Machado *et al* (orgs.). *A cultura de precedentes no Brasil: desafios e perspectivas*. Belo Horizonte: Ed. D'Plácido, 2024, p. 112).

Com isso, torna-se possível desvendar, diante da resolução dos diversos casos em que o princípio é convocado a atuar, o seu sentido e alcance, graças ao esforço construtivo de aplicá-lo casuisticamente em harmonia com os propósitos sistemáticos do ordenamento e de acordo com a técnica que assegura a autonomia do direito.

Desatenta a tal contingência, a aplicação discricionária e isolada dos princípios, conduziria, por certo e em razão da sua própria fluidez, a um universo desconexo de *topoi* rarefeitos normativamente, propensos a tudo permitir, culminando por instalar um *verdadeiro caos jurisdicional*.

É assim que se impõe ao julgador do novo caso, o respeito ao precedente construído nos casos similares antes decididos em torno da aplicação de um mesmo princípio. Com tal orientação, extraída da experiência jurisdicional concreta, torna-se possível evitar a temida e intolerável dispersão caótica já referida, que a aplicação direta e isolada de um princípio pode ensejar:

> "Pois a verdade é que em abstrato, e sem referência à prática precedente, os critérios normativos disponíveis permitem que se dê a um caso *quase qualquer solução* que se queira, dando ensejo a que qualquer orientação nova se instaure como se estivesse o juiz apenas a aplicar o direito. Isso, evidentemente, ainda se agrava quando àqueles critérios são acrescentados *valores, princípios* e *prescrições programáticas* que não têm uma índole autenticamente jurídica não foram prático-prudencialmente classificados com intenção ao direito e podem, portanto, ser livremente mobilizados para dar expressão normativa, e realizar jurisdicionalmente os mais variados projetos e objetivos político-sociais, comprometendo a autonomia do direito".[63]

Num tempo em que a ordem jurídica do Estado Democrático de Direito, a partir da programação constitucional amplia cada vez mais a normatização por meio de princípios, cláusulas gerais e valores éticos e morais, a relevância do papel dos precedentes jurisprudenciais se avulta. É de extrema atualidade a advertência de Esser, segundo a qual não se pode imaginar uma decisão apenas "segundo princípios" e sem atentar para a casuística dos precedentes. Por conseguinte, é uma imposição lógico-jurídica que "nunca sejam negligenciados os critérios normativos mais próximos da prática e de maior densidade normativa, que são, evidentemente, os critérios que deram solução a séries de *precedentes casos análogos* e que, portanto, mais seguramente indicam aquele princípio que tanto se integra ao sistema quanto melhor se ajusta à concreta problemática do caso".[64]

609-B. Pode-se pensar em predomínio atual do Judiciário?

Nos primórdios do século XIX, sob os impactos recentes da Revolução Francesa, Savigny identificava a "vocação" de seu tempo para a legislação e a ciência jurídica. A partir, todavia, da segunda metade do século XX, a situação política e social se complicou, na organização

---

[63] MACHADO, Fábio Cardoso. A autonomia intencional do Direito e a normativa exigência de uma máxima aderência à prática precedente. *Revista dos Tribunais*, v. 1.029, p. 254, jul./2021.

[64] ESSER, Josef. *Principio y norma en la elaboración jurisprudencial del derecho privado*. Barcelona: Bosch, 1961, p. 353. Apud MACHADO, Fábio Cardoso. A autonomia intencional do Direito e a normativa exigência de uma máxima aderência à prática precedente. *Revista dos Tribunais*, v. 1.029, p. 255, jul./2021: Os precedentes, segundo o último, "devem vir elevados à condição de fonte *operativamente* primeira do saber a mobilizar pela jurisdição". Com efeito, a realização do direito se concentra na atribuição, a cada um, do que é seu, em uma infinidade de circunstâncias, de modo que é esse "'justo concreto' afinal que há de ser determinado pela jurisdição". Então, a solução do caso deve ser buscada *primeiro* nos critérios mais próximos da prática e de maior densidade normativa, ou seja, naqueles que tenham sido consagrados pela jurisprudência para a solução de casos análogos. "A argumentação jurídica será, então, *centralizada nos precedentes*" (MACHADO, Fábio Cardoso. A autonomia intencional do Direito e a normativa exigência de uma máxima aderência à prática precedente. *Revista dos Tribunais*, v. 1.029, p. 255, jul./2021).

do mundo ocidental, diante da derrocada do autoritarismo governamental e da elevação do papel confiado ao Judiciário na implementação dos direitos e garantias fundamentais. Já no início do século XXI, Picardi pôde então constatar que a "vocação" de nosso tempo é para a jurisdição e a doutrina jurídica.

"Com efeito, hoje se verifica um estado de ânimo tendente a revalorizar o *momento jurisprudencial do direito*". Difundiu-se, então, amplamente a convicção de que "a tarefa de adequar o direito à realidade histórico-social pertença também ao juiz", de sorte a ensejar, ainda segundo Picardi, a corrente jurídica reconhecedora da obra do judiciário "como fonte concorrente e instrumental de produção jurídica". Ressalta o processualista italiano:

> A jurisdição assume, por outro lado, o papel de fonte subsidiária e flexível; fala-se, a propósito, de "source delicieuse" ou de "direito dócil". Trata-se de uma linha de tendência que – de forma mais ou menos acentuada – parece comum à civilização jurídica ocidental.[65]

Contribuíram para o incremento dos poderes normativos da jurisdição, de um lado tanto a multiplicação exagerada das leis como a queda da respectiva qualidade técnica, o que acarretou uma *redução de efetividade* e reclamou da jurisprudência a missão de *sistematizar* o pesado complexo legislativo, além da tradicional função de preencher lacunas da lei; de outro lado, relevante para esse fenômeno foram, principalmente, as novas técnicas que o legislador tem lançado mão para formalizar as leis, frequentemente redigidas com *cláusulas gerais* e *conceitos jurídicos indeterminados*, acarretando, com isso, "vagueza das normas". Esse complexo de técnicas legislativas incompletas e imprecisas acaba – na observação de Picardi – "por delegar ao juiz escolhas que o legislador não pode ou não quer fazer".[66]

Entretanto, não se pode falar numa superioridade hierárquica da obra do juiz sobre a do legislador, e tampouco num poder discricionário no exercício da jurisdição como fonte complementar do direito. Mesmo quando se trata de preencher lacunas da lei ou de aplicar cláusulas gerais ou normas calcadas em conceitos indeterminados, a liberdade reguladora dos tribunais é vinculada pela técnica jurídica. A norma concreta elaborada judicialmente há de ser construída, sem ignorar a obra legislada preexistente, através da argumentação dialética e da justificação jurídica. Estas, por sua vez, passam pelas técnicas interpretativas e, quando necessário, se completam com o recurso aos postulados da razoabilidade e da proporcionalidade, principalmente em face da ponderação em torno de valores e princípios.

Ao contrário do que ocorre com o legislador que goza de ampla liberdade para criar a lei, encontrando barreira apenas na necessidade de respeito às regras e princípios constitucionais, os tribunais, no campo normativo, atuam por meio de poderes vinculados (sobretudo através de técnicas interpretativas e valorativas). Tornam explícitos, portanto, os elementos já contidos no ordenamento jurídico, iniciando com o constitucional e desenvolvendo coerentemente os elementos racionais imanentes no ordenamento.[67]

O direito jurisdicional, assim, não pode se contrapor ao direito legislado. Ao contrário, deve se harmonizar com ele, completando-o nas lacunas e interpretando-o evolutivamente para adaptá-lo às contingências da variabilidade imprevisível dos fatos e dos valores sociais, ao longo do tempo, dos lugares e dos costumes. Embora a vocação de nosso tempo seja para a maior valorização da jurisprudência, mesmo no âmbito do *civil law*, não se pode admitir que

---

[65] PICARDI, Nicola. *Jurisdição e processo*. Rio de Janeiro: Forense, 2008, p. 2-3.
[66] PICARDI, Nicola. *Jurisdição e processo*. Rio de Janeiro: Forense, 2008, p. 7.
[67] PICARDI, Nicola. *Jurisdição e processo*. Rio de Janeiro: Forense, 2008, p. 19.

o Judiciário esteja usurpando poderes do Legislativo, pois apenas tem recebido, na partilha das funções estatais, atribuições normativas de caráter complementar àquelas que tipicamente cabem ao legislador, e que, de maneira alguma, incluem o poder de revogar ou modificar a lei validamente editada pelo Poder competente.

Em suma, a técnica implantada pelo CPC de 2015, no terreno da normatividade jurisprudencial não acolhe o precedente *contra legem*, salvo apenas nos processos de controle da constitucionalidade. Mas aí o que se passa não é bem o estabelecimento de precedente, mas uma específica e definitiva invalidação da lei contrária à Constituição.

Não há, nessa ordem de ideias, predomínio ou hierarquização entre as funções normativas hoje exercidas pelo Legislativo e pelo Judiciário, mas complementariedade e integração entre funções autônomas e harmônicas.

610. Características do sistema sumular

O sistema uniformizador da jurisprudência adotado entre nós, é bom esclarecer, não é exatamente o mesmo dos *precedentes*, observado nos países regidos pelo *common law*. Na tradição anglo-saxônica o confronto se dá entre casos, ou seja, o precedente se impõe quando o novo caso a ser resolvido seja igual a outro anteriormente julgado por tribunal, no respeitante a seus elementos essenciais.

Mantém-se, no atual Código brasileiro, a tradição do regime de súmulas, com o qual o direito positivo nacional, inclusive no plano constitucional, já se acha familiarizado, e que, à evidência, não é o mesmo do direito anglo-saxônico.

Nesse sentido, está determinado por nosso atual CPC que, uma vez verificado o estabelecimento de jurisprudência qualificada como dominante, entre seus julgamentos, os tribunais brasileiros "editarão enunciados de súmula", com observância dos pressupostos fixados no regimento interno (art. 926, § 1º). Também na disciplina dos procedimentos predestinados especificamente à formação de precedentes vinculantes, diante de casos repetitivos – IRDR, IAC e recursos extraordinário e especial repetitivos – está prevista a formulação da *tese* em que o julgamento do tribunal se fundamentou e que vinculará a solução de futuros processos sobre a mesma questão jurídica (CPC, arts. 947, § 3º; 984, § 2º; 985, § 1º; 987, § 2º; 1.038, § 3º; e 1.039, *caput*). Nesses enunciados de súmula ou de tese dotados de força vinculante geral e abstrata reside a maior e essencial distinção entre os precedentes reconhecidos pelo art. 927 do CPC brasileiro e aqueles próprios do *common law*.

Esses enunciados procuram reproduzir a tese que serviu de fundamento ao entendimento dominante no tribunal acerca de determinado problema jurídico. Não é o *caso* em sua inteireza e complexidade que o enunciado sumulado reproduz, mas apenas a *ratio decidendi* em que os precedentes se fundamentaram.[68]

Embora o regime de direito jurisprudencial em construção entre nós não seja o mesmo do *common law*, por razões intrínsecas da própria diversidade histórica dos dois sistemas de estabelecimento da ordem jurídica positiva, não há como negar a preocupação dos países de *civil law* de se aproximarem, na medida do possível, da técnica e experiência dos anglo-saxônicos no

---

[68] Destaca Bustamante que atualmente tanto os magistrados do *common law* quanto os do *civil law* se preocupam com os precedentes jurisprudenciais. No entanto, a atitude de uns e outros varia. Enquanto juízes do *common law* buscam estabelecer uma comparação entre o precedente e o caso a julgar a partir dos chamados "fatos materiais", os do *civil law* buscam extrair dos julgados anteriores um pronunciamento em forma de *regra*, tratando-o de forma *abstrata*, como *norma* (cf. BUSTAMANTE, Thomas da Rosa de. *Teoria do precedente judicial*: a justificação e a aplicação de regras jurisprudenciais. São Paulo: Noeses, 2012, *in Revista de Processo*, v. 260, p. 31, out. 2016).

que toca aos precedentes. E na matéria é de se ter em conta que, na tradição do *common law*, "todo precedente judicial é composto por duas partes distintas: *a)* as circunstâncias de fato que embasam a controvérsia; e *b)* a tese ou o princípio jurídico assentado na motivação (*ratio decidendi*) do provimento decisório".[69] Não obstante de maneira diferente, esses dois elementos figuram também no sistema de precedentes sumulados programado pelo atual Código brasileiro, como a seguir veremos.

Um grande traço diferenciador do sistema sumular, frente ao precedente do *common law*, de caráter prático, reside em que no direito anglo-americano a *ratio decidendi* tem de ser pesquisada e revelada *a posteriori*, quando do julgamento de outros processos sobre questão semelhante, enquanto no regime adotado entre nós nem sempre é necessário proceder a uma anatomia minuciosa do caso paradigma para descobrir a *ratio decidendi* e definir sobre sua aplicação, ou não, à nova demanda. O enunciado de súmula aplicável em processos futuros deve, tecnicamente, ser elaborado pelo próprio tribunal em que se formou a jurisprudência com força vinculativa, de maneira a demonstrar a tese firmada no precedente, evidenciando as circunstâncias fáticas que motivaram sua criação, como determina o art. 926, § 2º, do CPC. Vale dizer, a *ratio decidendi* é revelada no próprio enunciado de súmula, quando o tribunal cumpre com fidelidade o mandamento do referido dispositivo do CPC.[70]

Pode acontecer, e, aliás, é frequente tal ocorrência, que os enunciados sumulares sejam impropriamente redigidos como regras genéricas e abstratas, tal como se fossem dispositivos de lei. Se a situação for essa, é claro que sua aplicação terá de ser precedida de uma investigação sobre o precedente que a gerou, para descobrir quais foram as circunstâncias fáticas e jurídicas em que se baseou a *ratio decidendi* e que não chegaram a ser reveladas pela súmula (ou tese) vinculante.

Não é necessário, porém, descobrir a completa identidade entre os fatos apreciados no precedente e os do novo processo pendente de julgamento. É, sim, necessário apenas apurar, nas circunstâncias do precedente, qual o alcance da respectiva *ratio decidendi*, para, numa análise comparativa, concluir pela sua aplicabilidade, ou não, ao caso superveniente.[71]

611. A posição do atual CPC sobre a força normativa da jurisprudência

I – Harmonização entre o CPC e a Constituição

O atual CPC dispensou grande atenção ao fenômeno jurisprudencial, por reconhecer a relevante influência político-institucional que a interpretação e aplicação do direito positivo pelos órgãos judiciais exercem sobre a garantia fundamental de segurança jurídica, em termos de uniformização e previsibilidade daquilo que vem a ser o efetivo ordenamento jurídico vigente no País.[72]

---

69 TUCCI, José Rogério Cruz e. *Precedente judicial como fonte de direito*. São Paulo: RT, 2004. p. 12.

70 "Obviamente, quando a própria Corte Suprema se encarrega de elaborar – a partir do caso – o precedente, enunciando-o em *súmula* ou *tese*, facilita a sua cognoscibilidade, promovendo com maior intensidade o princípio da segurança jurídica. Por essa razão, aliás, o ideal é que a própria Corte Suprema colabore o máximo possível na sua vivificação" (MITIDIERO, Daniel. *Superação para frente e modulação de efeitos*. São Paulo: Ed. RT, 2021, p. 41-42).

71 "Os precedentes devem ser objeto de interpretação, inclusive para verificação da possibilidade de sua superação ou a existência de circunstâncias que distinga os casos. É exatamente na identificação das semelhanças, do princípio ou padrão estabelecido no precedente, a regra de relevância, que se permite a aplicação do precedente. Isto só se faz mediante interpretação. Nenhum evento é exatamente igual ao outro. Para uma decisão ser um precedente para outra não se exige que os fatos da anterior e da posterior sejam absolutamente idênticos" (JOBIM, Marco Félix; OLIVEIRA JR, Zulmar Duarte de. *Súmula, jurisprudência e precedente: da distinção à superação*. 2. ed. Porto Alegre: Livraria do Advogado, 2021, p. 64).

72 "Com[o] se pode perceber, há sério comprometimento do sistema de jurisprudência adotado no Brasil [antes do CPC/2015], porquanto a insegurança e a intranquilidade da interpretação do direito ficam patente[s] tanto *interna corporis* como em uma escala vertical, no âmbito do judiciário, deixando o jurisdicionado apre-

Entretanto, para que essa função seja efetivamente desempenhada, a primeira condição exigível é que os tribunais velem pela coerência interna de seus pronunciamentos. Por isso, o CPC/2015 dedica tratamento especial ao problema da valorização da jurisprudência, dispondo, em primeiro lugar, que "os tribunais devem *uniformizar* sua jurisprudência e mantê-la estável,[73] íntegra[74] e coerente"[75] (art. 926, *caput*).[76]

---

[73] ensivo diante de um direito que pode ter mais de uma interpretação" (SANTIAGO, Nestor Eduardo Araruna; MAGALHÃES, Átila de Alencar Araripe. Novo Código de Processo Civil e função qualitativa dos precedentes: um debate necessário. *Revista Magister de Direito Civil e Processual Civil*, v. 74, p. 81, set. 2016). Registra ZANETI que no sistema seguido pelo CPC/1973, o que, em geral, se observava era que as decisões, com muita frequência, se caracterizavam como contraditórias, gerando instabilidade nos posicionamentos dos tribunais na interpretação e aplicação da lei (ZANETI JÚNIOR, Hermes. Precedentes [*treat like cases alike*] e o novo Código de Processo Civil. *Revista de Processo*, v. 235, p. 295, São Paulo, set. 2014). "A exigência de estabilidade da jurisprudência indica que linhas de decisões constantes e uniformes a respeito de determinadas matérias não podem ser simplesmente abandonadas ou modificadas arbitrária ou discricionariamente (...). É evidente que linhas jurisprudenciais constantes podem ser modificadas (e ou §§ 3º e 4º do art. 927 expressamente referem tal possibilidade). Isto, porém, exige fundamentação adequada e específica, de modo que sejam respeitados os princípios da segurança jurídica, da proteção da confiança e da isonomia (art. 927, § 4º)" (CÂMARA, Alexandre Freitas. *O novo processo civil brasileiro*. 2. ed. São Paulo: Atlas, 2016, p. 429).

[73] O tribunal, para *uniformizar* sua jurisprudência, deve, antes de tudo, evitar a sustenção sumultânea de mais de uma orientação sobre o mesmo tema (MACEDO, Lucas Buril. *Precedentes judiciais e o direito processual civil*. Salvador: JusPodivm, 2016, p. 329). Para *estabilizá-la*, deverão os tribunais cumprir a vinculação horizontal, ou seja, deverão sujeitar-se à própria interpretação que deu ao direito em casos pretéritos. Visa-se com isto concretizar o binômio "segurança jurídica-previsibilidade e legítima confiança do jurisdicionado", o que impõe ao tribunal ponderar sempre o reflexo que a pensada alteração de orientação jurisprudencial poderá ter no plano da segurança jurídica (RIBEIRO II, Ricardo Chamon. O modelo dos precedentes normativos formalmente vinculantes proposto pelo CPC/2015: em busca de uma dogmática substancial. *Revista de Processo*, v. 319, p. 363, São Paulo, set./2021).

[74] A integralidade reclama do julgador que atente não só para as regras relacionadas diretamente com o caso, mas que tenha sempre uma visão da inteireza dos princípios estruturantes do ordenamento jurídico (FREIRE, Alexandre; FREIRE, Alonso. Elementos normativos para a compreensão do sistema de precedentes judiciais no processo civil brasileiro. *RT*, vol. 950, dez. 2014, p. 219-220). Ou seja, essa exigência explica "por que os juízes devem conceber o corpo do direito que administram como um todo, e não como uma série de decisões distintas que eles são livres para tomar ou emendar uma por uma, como nada além de um interesse estratégico pelo restante" (DWORKIN, Ronald. *Law's empire*. Cambrige, Mass.: Harvard University Press, 1986, p. 167). A jurisprudência, enfim, deve ser construída como um todo sistemático, adequando-se ao ordenamento jurídico como um todo, incluindo-se nisto não apenas a Constituição, mas todos os textos normativos; com o que o Poder Judiciário cumprirá o dever de guardar a unidade do Direito (MACEDO, Lucas Buril. *Precedentes judiciais e o direito processual civil*. Salvador: JusPodivm, 2016, p. 329, p. 331).

[75] "A coerência pressupõe que o juiz ou tribunal julgue conforme a orientação adotada em julgamentos anteriores envolvendo causas iguais ou semelhantes em seu conteúdo e teses. Traz, com isso, estabilidade e segurança jurídica, portanto" (THEODORO NETO, Humberto. A relevância da jurisprudência no novo CPC. In: THEODORO JÚNIOR, Humberto *et al.* (coord.). *Primeiras lições sobre o novo direito processual civil brasileiro*: de acordo com o novo Código de Processo Civil, Lei 13.105, de 16 de março de 2015. Rio de Janeiro: Forense, 2015, p. 678). "O dever de *coerência* (coerência em sentido estrito) impõe congruência entre a norma aplicada e a norma-precedente originária, para que não haja um desvirtuamento da *ratio decidendi* originariamente formada. Esse dever sugere o teste da não contradição, que confronta o conteúdo do caso atual com o dos casos precedentes" (RIBEIRO II, Ricardo Chamon. O modelo dos precedentes normativos formalmente vinculantes proposto pelo CPC/2015: em busca de uma dogmática substancial. *Revista de Processo*, v. 319, p. 364, São Paulo, set./2021; ZANETI JR., Hermes. *O valor vinculante dos precedentes*: teoria dos precedentes normativos formalmente vinculantes. 3. ed. Salvador: JusPodivm, 2017, p. 397-398).

[76] Para implantar racionalmente a sistemática do CPC/2015, o STJ criou primeiro, através da Portaria STJ/GP nº 475/2016, a Comissão Temporária Gestora de Precedentes. Revogando dita Portaria, baixou-se a Portaria STJ/GP nº 299/2017 que definiu a composição da Comissão Gestora de Precedentes (art.

A súmula, nessa ordem de ideias, reproduz, abstrata e genericamente, a tese de direito que se tornou constante ou repetitiva numa sequência de julgamentos. O tribunal não legisla primariamente, mas ao aplicar, no processo, as normas do direito positivo, determina o sentido e alcance que lhes corresponde, segundo a experiência de sua atuação sobre os casos concretos.

Não corresponde, a súmula, a uma reprodução global do precedente (*i.e.*, do caso ou casos anteriores julgados). Nela se exprime o enunciado que uniforme e repetitivamente tem prevalecido na interpretação e aplicação pretoriana de determinada norma do ordenamento jurídico vigente. Uma vez, porém, que os tribunais não se pronunciam abstratamente, seus julgados sempre correspondem a apreciação de casos concretos, cujos elementos são fatores importantes na elaboração da norma afinal aplicada à solução do objeto litigioso. Assim, embora o sistema de súmulas não exija a identidade dos casos sucessivos, não pode deixar de levar em conta a situação fático-jurídica que conduziu à uniformização da tese que veio a ser sumulada.[77]

É importante, pois, que, ao editar enunciados de súmula, o tribunal procure ater-se às "circunstâncias fáticas" em que os casos paradigma foram resolvidos (art. 926, § 2º). Em outras palavras, a súmula, em regra identificará a *ratio decidendi*, que serviu de fundamento dos diversos casos que justificaram o enunciado representativo da jurisprudência sumulada. Como a causa de decidir envolve necessariamente questões de direito e de fato, também as súmulas haverão de retratar esses dois aspectos nos seus enunciados.[78] É preciso considerar que dentro de um julgado se desenvolvem vários tipos de raciocínio e argumento. Não são, todavia, todos eles que se revestem da qualidade de precedente jurisprudencial passível de figurar em enunciado de súmula ou de assumir a categoria de jurisprudência dominante. Apenas a tese nuclear que conduziu à conclusão do decisório de acolhimento ou rejeição da pretensão deduzida em juízo, é que merece o tratamento de *fundamento* da decisão judicial. Os argumentos laterais que esclarecem e ilustram o raciocínio do julgador não se inserem no terreno da *ratio decidendi*. Configuraram apenas *obiter dicta*, e, nessa categoria, não merecem o tratamento de fundamento jurídico do julgado. Figuram apenas como *motivo* e não como *causa* de decisão. É nesse sentido que a lei dispõe não fazerem coisa julgada "os *motivos*, ainda que importantes para determinar o alcance da parte dispositiva da sentença" (art. 504, I).

A propósito da necessidade de distinguir entre *ratio decidendi* e *obiter dictum*, não há diversidade substancial entre o precedente do *common law* e o direito jurisprudencial concebido pelo nosso CPC/2015. Aqui, também, se exige a extração, dos casos paradigma, de uma *tese*

1º), atribuindo, por delegação, ao presidente, as seguintes competências: "I – despachar, antes da distribuição, em recursos indicados pelos Tribunais de origem como representativo da controvérsia; II – decidir, resolvendo os incidentes que suscitarem, os requerimentos de suspensão de todos os processos individuais ou coletivos em curso no território nacional que versem sobre a questão objeto de incidente de resolução de demandas repetitivas em tramitação; III – entender-se com outras autoridades ou instituições sobre assuntos pertinentes às atribuições previstas no art. 46-A do Regimento Interno" (art. 2º).

[77] "Não é exigível identidade absoluta entre casos para a aplicação de um precedente, seja ele vinculante ou não, bastando que ambos possam compartilhar os mesmos fundamentos determinantes" (CEJ/I Jorn. Dir. Proc. Civ., Enunciado nº 59).

[78] O art. 926 do CPC/2015 é *a chave de leitura* do direito jurisprudencial brasileiro e visa estabelecer premissas mínimas para a aplicação dos precedentes em nosso direito. "Louvável ressaltar o § 2º do art. 926 do CPC/2015 que determina que qualquer enunciado jurisprudencial, precedente ou súmula *somente poderá ser aplicado e interpretado levando-se em consideração os julgados que o formaram*" (g.n) (COTA, Samuel Paiva; BAHIA, Alexandre Gustavo Melo Franco de Moraes. Modelo constitucional de processo e suas benesses: a reconstrução da teoria dos precedentes no direito brasileiro vs. a compreensão equivocada do seu uso no Brasil. *Revista de Processo*, v. 260, p. 29, out. 2016).

de direito e de fato (súmula), que tenha sido o fundamento dos julgamentos anteriores e que possa ser adotada na resolução das causas iguais posteriores (art. 926, §§ 1º e 2º).[79]

É dessa forma que a contribuição normativa da jurisprudência – harmonizando os enunciados abstratos da lei com as contingências dos quadros fáticos sobre os quais tem de incidir –, será realmente útil para o aprimoramento da aplicação do direito positivo, em clima de garantia do respeito aos princípios da *legalidade*, da *segurança jurídica*, da *proteção*, da *confiança* e da *isonomia*. Até mesmo a garantia de um processo de duração razoável e orientado pela maior celeridade na obtenção da solução do litígio (CF, art. 5º, LXXVIII) resta favorecida quando a firmeza dos precedentes jurisprudenciais permite às partes antever, de plano, o destino certo e previsível da causa.[80]

Na verdade, o sistema de precedentes de força vinculativa, mais do que a proteção particular dos direitos individuais da parte, visa, sobretudo, à defesa do próprio ordenamento jurídico, promovendo-lhe *unidade, coerência e integridade*, resguardando, com efetividade, a *segurança jurídica*, em benefício geral da sociedade, que, assim, pode melhor compreender o direito positivo e ter mais confiança nele.[81]

Não se deve, outrossim, acusar o sistema de precedentes de permitir ao Judiciário invadir a esfera de competência do Legislativo, desrespeitando o princípio da legalidade. É que mesmo estando o juiz vinculado apenas à lei, isto não afasta a necessidade de uma teoria dos precedentes, como modelo normativo formal, tanto no aspecto de classificação de cláusulas gerais, conceitos jurídicos indeterminados e princípios, quanto na correlata função interpretativa e de preenchimento de lacunas e de resolução de antinomias, especialmente porque a função dos precedentes não é a criação de direito novo, mas sim "o aumento de racionalidade, igualdade, previsibilidade e efetividade do direito".[82]

---

[79] "A técnica da análise comparativa de casos possui laços diretos com a determinação da *ratio decidendi* do precedente e do *obiter dictum*, a fim de possibilitar a aplicação apenas dos fundamentos determinantes da decisão do passado no momento de se interpretar o caso concreto, se excluindo linhas argumentativas secundárias e sem relevância à lide" (COTA, Samuel Paiva; BAHIA, Alexandre Gustavo Melo Franco de Moraes. Modelo constitucional de processo e suas benesses: a reconstrução da teoria dos precedentes no direito brasileiro vs. a compreensão equivocada do seu uso no Brasil. *Revista de Processo*, v. 260, p. 29, out. 2016, p. 38).

[80] "O reforço de autoridade da jurisprudência liga-se ainda ao propósito de controle do volume crescente de demandas judiciais – em especial as demandas repetitivas de grande número – e de encontrar meios de abreviar a solução dos processos, sem perda de qualidade na prestação jurisdicional. Busca-se, assim, atender aos reclamos do princípio da celeridade e à garantia constitucional de duração razoável dos processos administrativos e judiciais" (THEODORO NETO, Humberto. A relevância da jurisprudência no novo CPC. In: THEODORO JÚNIOR, Humberto et al. (coord.). *Primeiras lições sobre o novo direito processual civil brasileiro*: de acordo com o novo Código de Processo Civil, Lei 13.105, de 16 de março de 2015. Rio de Janeiro: Forense, 2015, p. 677).

[81] "Não se trata, portanto, de uma tutela voltada à proteção individual dos direitos dos cidadãos ou mesmo dos direitos coletivos dos diversos grupos sociais. Ao revés, trata-se de uma tutela jurisdicional prestada em caráter estritamente objetivo e não particularizada, exclusivamente *voltada à proteção da própria ordem jurídica*, de sua *unidade, coerência e integridade*, atributos os quais não podem ser renegados e nem desprezados no Estado Democrático de Direito" (g.n.) (FREITAS, Pedro Augusto Silveira. Tutela jurisdicional mediante precedente judicial: a adequada proteção do ordenamento jurídico no modelo do justo processo. Dissertação (Mestrado) – UFMG. Belo Horizonte, 2020, n. 8.1, p. 158-159). Em sentido igual: MITIDIERO, Daniel Francisco. A tutela dos direitos como fim do processo civil no Estado constitucional. *Revista de Processo*, v. 229, p. 51-74, São Paulo, mar. 2014.

[82] ZANETI JR., Hermes. O valor vinculante dos precedentes: teoria dos precedentes normativos formalmente vinculantes. 2. ed. Salvador: JusPodivm, 2016, p. 293-294. Lembra o autor que, inspirando-se a teoria na interpretação e na defesa dos direitos fundamentais, "cabe aos juízes e tribunais garantir a aplicação direta e imediata das normas constitucionais autoaplicáveis com eficácia imediata" (ZANETI JR., Hermes. *O valor vinculante dos precedentes*: teoria dos precedentes normativos formalmente vinculantes. 2. ed. Salvador: JusPodivm, 2016, p. 300-301).

Por outro lado, a força que o atual Código confere à jurisprudência, manifesta-se em dois planos: *(i)* o *horizontal*, de que decorre a sujeição do tribunal à sua própria jurisprudência, de modo que os órgãos fracionários fiquem comprometidos com a observância dos precedentes estabelecidos pelo plenário ou órgão especial (art. 927, V); *(ii)* o *vertical*, que vincula todos os juízes ou tribunais inferiores às decisões do STF em matéria de controle concentrado de constitucionalidade e de súmulas vinculantes; aos julgamentos do STF e do STJ em recursos extraordinário e especial repetitivos; aos enunciados de súmulas do STF e do STJ; e, finalmente, à orientação jurisprudencial relevante de todo tribunal revisor das respectivas decisões, a exemplo das decisões nas resoluções de demandas repetitivas e nos incidentes de assunção de competência (art. 927, I a IV).

São esses, enfim, os princípios constitucionais que, aplicados em conjunto e segundo os critérios da proporcionalidade e razoabilidade, se prestam a sustentar o regime da uniformização jurisprudencial da incidência do direito positivo, na composição dos litígios.

A objeção que às vezes tem sido feita em doutrina à constitucionalidade do sistema de jurisprudência vinculante do CPC/2015 procura apoio, principalmente, no princípio de legalidade. Argumenta-se que só a lei pode obrigar a todos, genérica e abstratamente (CF, art. 5º, II). Acontece que nenhum princípio, nem mesmo constitucional, é absoluto, e, necessariamente, todo princípio tem que coexistir e harmonizar-se com os demais que incidem sobre o mesmo fato. Na espécie, não se pode cogitar apenas do princípio da legalidade, mesmo porque o sistema jurisprudencial em causa foi instituído por lei, e, ainda, porque vários outros princípios, também constitucionais, justificam a uniformização vinculativa dos precedentes jurisdicionais. Se alguma colisão puder ser detectada entre eles, a solução jamais será dada à supervalorização do princípio da legalidade ou de qualquer outro isoladamente. Esse conflito, apenas aparente, resolve-se, na técnica constitucional, pelo critério hermenêutico da proporcionalidade, o qual, na espécie, aponta, razoavelmente, para a prevalência da garantia constitucional da segurança jurídica, da igualdade de todos perante a lei, da duração razoável do processo, bem como na necessidade lógica de unidade e coerência do ordenamento jurídico.[83]

II – O direito jurisdicional visto pela doutrina e jurisprudência

Registre-se, outrossim, que os tribunais e a doutrina amplamente majoritária prestigiam o chamado "direito jurisdicional" reconhecendo e aplaudindo a força normativa que a lei brasileira confere aos precedentes, em perfeita sintonia com os direitos fundamentais, princípios e valores tutelados pela Constituição, podendo ser citados os seguintes exemplos de autoridade:

(a) Em primeiro lugar, é necessário distinguir quando os tribunais funcionam como Cortes de Justiça e quando atuam como Cortes de Precedentes, a fim de reconhecer que, nessa última função, é fundamental a importância da atividade desempenhada "quanto ao controle e à interpretação da lei, bem como quanto da formação de precedentes com eficácia vinculante".[84] É emblemática, a propósito, a lição da Larenz:

---

[83] GRINOVER, Ada Pellegrini. *Ensaio sobre a processualidade*. Brasília: Gazeta Jurídica, 2016. p. 161. Também Strätz, na mesma linha, entende que "embora o nosso Direito continue tendo como fonte formal por excelência, o direito aplicado pelos tribunais, sobretudo os de superposição, passa agora a ocupar um papel de proeminência na interpretação jurídica, já que esta, a partir do Novo Código, deverá debruçar-se também sobre os textos produzidos pelos Tribunais Superiores. Se assim não for, de que adiantará a lei ser a mesma para todos? Sê-lo-á apenas no papel, se os juízes puderem, cada um à sua moda, aplicarem-na do modo que quiserem e sem respeito ao sentido interpretativo fixado pelas Cortes de vértice" (STRÄTZ, Murilo. Aportes à desmistificação do art. 927 do Novo Código de Processo Civil. *Revista de Processo*, v. 269, p. 459).

[84] WELSCH, Gisele Mazzoni. A autoridade dos precedentes judiciais e a unidade do direito: uma análise comparada Brasil-Alemanha (II). *Revista de Processo*, v. 313, p. 344-345, mar./2021: "Portanto, percebe-se

"Os tribunais resolvem casos concretos (...). De fato os tribunais, especialmente os tribunais superiores, procuram orientar-se em grande medida por tais resoluções paradigmáticas – *pelos precedentes* –, o que é útil à *uniformidade* e à continuidade da jurisprudência e, ao mesmo tempo, sobretudo, à *segurança jurídica*"[85] (g.n.).

(b) Mais do que uniformizar a jurisprudência, o sistema de precedente do CPC brasileiro tem como meta promover "a *unidade do Direito* mediante a formação de *precedentes vinculantes*": Com isso – destaca Mitidiero –, "a atuação dessas Cortes Supremas [o STF e o STJ] situa-se na raiz do Estado Constitucional na medida em que a regra do *stare decisis* implicada na adoção de um sistema de precedentes visa a assegurar a *igualdade* de todos perante o Direito e a promover a *segurança jurídica*".[86]

(c) Para o STJ "a estratégia político-jurisdicional do precedente, mercê de timbrar a interpenetração dos sistemas do *civil law* e do *common law*, consubstancia técnica de aprimoramento da aplicação isonômica do Direito, por isso que para 'casos iguais', 'soluções iguais'".[87] A importância da uniformização e estabilidade da jurisprudência foi assim ressaltada pela mesma Corte Superior: "O STJ foi concebido para um escopo especial: orientar a aplicação da lei federal e unificar-lhe a interpretação, em todo o Brasil. Se assim ocorre, é necessário que a sua jurisprudência seja observada, para se manter firme e coerente".[88]

(d) Os Tribunais de hoje, notadamente os Superiores, já sinalizam há algum tempo que "não pretendem continuar sendo Cortes de varejo, mas, ao contrário, querem apreciar *teses, leading cases*, exercendo sua função *nomofilácica* de forma talvez mais pura e eficaz"[89]. Nesse quadro, prioriza-se, cada vez mais, "a função de os Tribunais

---

que o sistema jurídico brasileiro tem passado por uma série de mudanças e redefinições quanto a modelos e a técnicas a serem observadas e praticadas na busca da *uniformização da jurisprudência* e *unidade do Direito*, primando pela *segurança jurídica*, com forte inspiração no modelo de precedentes judiciais do sistema de 'common law', e determinando às Cortes Superiores a reformulação de seus papeis e funções no *controle, interpretação* e *aplicação da lei*" (g.n.).

[85] LARENZ, Karl. *Metodologia da ciência do direito*. Trad. de José Lamego. 3. ed. Lisboa: Fundação Calouste Gulbenkian, 1997, p. 610-611.

[86] MITIDIERO, Daniel. *Cortes Superiores e Cortes Supremas*: do controle à interpretação da jurisprudência ao *precedente*. São Paulo: RT, 2013, p. 113: "O Supremo Tribunal Federal e o Superior Tribunal de Justiça têm por função *interpretar* de forma adequada a Constituição e a legislação infraconstitucional federal, promovendo a *unidade do Direito* mediante a formação de *precedentes vinculantes*". Nessa perspectiva, o *civil law* e o *common law*, apesar das diversidades estruturais, perseguem *objetivos coincidentes*, "pois buscam a garantia da *estabilidade* e *previsibilidade* do Direito" (WELSCH, Gisele Mazzoni. A autoridade dos precedentes judiciais e a unidade do direito: uma análise comparada Brasil – Alemanha (II). *Revista de Processo*, São Paulo, v. 313, mar. 2021, p. 345; ARRUDA ALVIM, Teresa. Estabilidade e adaptabilidade como objetivos do direito: *civil law* e *common law*. *Revista de Processo*, v. 172, p. 121, São Paulo, jun./2009).

[87] STJ, Corte Especial, REsp 1.111.743/DF. Rel. p/ac. Min. Luiz Fux, ac. 25.02.2010, *DJe* 21.06.2010.

[88] STJ, Corte Especial, AgRg nos EREsp 228.432/RS, Rel. Min. Humberto Gomes de Barros, ac. 01.02.2002, *DJU* 18.03.2002, p. 163.

[89] Para Mancuso, as Cortes Superiores têm o papel de preservar a ordem jurídica (nomofilácica), de fornecer parâmetros decisórios para os demais órgãos judiciais (paradigmática) e resolver com justiça o caso concreto (função dikelógica) (cf. MANCUSO, Rodolfo de Camargo. *Sistema brasileiro de precedentes*: natureza; eficácia; operacionalidade. 2.ed. São Paulo: Ed. RT, 2016, p. 542; CÔRTES, Osmar Mendes Paixão; BARROS, Janete Ricken Lopes de. A força normativa dos atos do CNJ e o tratamento dos precedentes: Recomendação 134/2022. *Revista de Processo*, São Paulo, v. 334, p. 349-362, dez.2022). Esclarece Zavascki, a propósito da identificação da função nomofilácica, no conjunto das diversas funções do Poder Judiciário, que a *nomofilaquia* como a conceitua Calamandrei, é "destinada a aclarar e integrar o sistema normativo, proporcionando-lhe uma aplicação uniforme – funções essas com finalidades 'que se entrelaçam e se iluminam reciprocamente' e que têm como pressuposto lógico inafastável a força expansiva *ultra partes*

firmarem *teses* e, assim, controlarem e preservarem a ordem jurídica, já que se viu que resolver todos os casos concretos com justiça é [humanamente] impossível"[90] (g.n.), principalmente se se limitar apenas à aplicação da vontade da lei declarada nos seus enunciados editados pelo legislador.

(e) O papel de Cortes Supremas reconhecido ao STF e ao STJ, na função constitucional, do primeiro, de guardião e intérprete da Constituição Federal, e do segundo, de igual encargo em relação à legislação federal infraconstitucional, é institucional e evidente. Competindo-lhes a última palavra na interpretação e aplicação do direito positivo na esfera de competência constitucional de cada uma dessas Cortes Supremas (ou de Vértice), fácil é reconhecer-lhes a função de instituir precedentes vinculantes, com o fito de garantir a uniformidade e autoridade da ordem jurídica federal, ensejando a todos o respeito à isonomia e à segurança jurídica. Mas, é bom lembrar, que as Cortes de Justiça também podem dar a última palavra em algumas questões, como acontece com os Tribunais de Justiça, quando se trata da interpretação e aplicação da legislação local. Em tal caso, assumem obviamente o papel de Cortes de Vértice e, portanto, podem criar precedentes com força vinculante no âmbito das respectivas unidades federativas.[91]

(f) Mesmo a respeito da aplicação de lei federal, não se pode negar o poder do Tribunal estadual de estabelecer precedente, a exemplo do que acontece, entre outras hipóteses, nos incidentes de resolução de demandas repetitivas (IRDR) e de assunção de competência (IAC). É claro que não se trata de dar, na espécie, a última palavra, pois poderá a Corte Suprema federal assentar tese diferente daquela firmada pelo Tribunal estadual. Entretanto, enquanto a Corte Superior não tomar posição diversa, prevalecerá o precedente da Corte de Justiça local, mesmo versando sobre questão de direito federal.[92]

(g) É importante perceber, à luz dos ensinamentos de Marinoni e Mitidiero, que o Código de 2015, ao introduzir o conceito de precedentes e ressignificar os conceitos de jurisprudência e de súmulas, rigorosamente não tratou de matéria atinente a apenas ao direito processual civil. Na verdade, foi muito além e cuidou de conceitos ligados à teoria geral do direito. Penetrou fundo e especificamente na teoria da norma, tendo construído, por isso, conceitos transsetoriais, importantes para todo o ordenamento jurídico brasileiro.[93]

---

dos seus precedentes" (voto do Min. Teori Zavascki no julgamento da Rcl 4.335/AC, Pleno, do STF, ac. 20.03.2014, *DJe* 22.10.2014).

[90] CÔRTES, Osmar Mendes Paixão, *apud* CÔRTES, Osmar Mendes Paixão; BARROS, Janete Ricken Lopes de. A força normativa dos atos do CNJ e o tratamento dos precedentes: Recomendação 134/2022. *Revista de Processo*, São Paulo, v. 334, p. 349-362, dez.2022, p.356.

[91] ZANETI JR., Hermes. *O valor vinculante dos precedentes: teoria dos precedentes normativos formalmente vinculantes*. 3. ed. Salvador: JusPodivm, 2017, p. 406-407.

[92] "O conceito de precedente deve ser encarado em uma acepção ampla que se coadune com a admissibilidade de sua formação não apenas nas Cortes Supremas, mas também nas Cortes de Justiça, sem que isso implique deturpação hierárquica ou funcional dos órgãos jurisdicionais ou do modelo de competência na administração judiciária (CAMARGO, Daniel Marques de; SANTOS, Hugo Rafael Pires dos; WAISS, Mikael de Oliveira. O modelo teórico das Cortes Supremas: fragilidades e adaptações necessárias à construção de uma teoria precedentalista nacional. *Revista de Processo*, v. 325, p. 425. São Paulo, mar./2022).

[93] "Vale dizer: os arts. 489, § 1º, V e VI, 926 e 927, do CPC/2015, são normas gerais que devem guiar a interpretação e aplicação do direito no Brasil como um todo. É por essa razão que esses conceitos impõem uma reconstrução da nossa ordem jurídica no plano das *fontes* e devem ser analiticamente trabalhados" (MARINONI, Luiz Guilherme; MITIDIERO, Daniel. *Comentários ao Código de Processo Civil- arts. 926 ao 975*. 2.ed. São Paulo: Ed. RT, 2018, v. XV, p. 53).

611-A. Enfim, o sistema de precedentes do CPC está, ou não, fundado na técnica da *ratio decidendi*?

Muito se tem discutido sobre se o sistema de precedentes brasileiro, explicitado pelo art. 927 do CPC, estaria fundamentado, ou não, na técnica da *ratio decidendi* de casos anteriores ou no sistema de teses formuladas em julgamentos de caso paradigma. Na verdade, porém, nosso sistema é típico, complexo e *sui generis*. Empenhado em atribuir força normativa vinculante a certos julgamentos judiciais e, a um só tempo, perseguir a uniformização da jurisprudência, o Código conjuga meios heterogêneos para definir quando se estabelece um precedente reconhecido como tal em nosso direito processual civil.

Reúnem-se, assim, *(i)* casos de decisões com eficácia *erga omnes* – como as das ações de controle concentrado da constitucionalidade (art. 927, I) –; *(ii)* de teses fixadas no julgamento de casos repetitivos e nos acórdãos de IRDR e IAC (art. 927, III); ou *(iii)* de enunciados de súmula de sucessivos casos sobre questão comum (art. 927, IV). Nesse quadro, as ações de controle de constitucionalidade, por sua própria natureza, não geram efeitos *inter partes*, quando declaram a validade ou invalidade de uma norma em face da Constituição, mas o fazem em caráter geral ou universal (art. 927, I). A rigor, não se identificam com a ideia de precedente, nos moldes do direito anglo-americano; o CPC as inclui no rol do art. 927, apenas para completar o rol das hipóteses de decisões de força vinculante geral.

Já quanto à "orientação do plenário ou do órgão especial" dos tribunais em geral que obrigam os juízes a eles subordinados (art. 927, V), é bem o caso de precedentes que vinculam pela *ratio decidendi*.

É fácil de ver, portanto, que, embora na maioria dos casos repetitivos, prevaleça a forma de vinculação por tese (incisos II, III e IV), há outras hipóteses no art. 927 do CPC em que a forma de vinculação se dá por meio de pesquisa da *ratio* (incisos I e V)[94].

612. Uniformização da jurisprudência e causas de massa

I – Sistema de enfrentamento das causas repetitivas

O atual Código, em suas linhas fundamentais, contém um sistema que prestigia a *jurisprudência* como fonte de direito, a qual, para tanto, como já visto, terá de contar com uma política dos tribunais voltada para a uniformização, estabilidade, integridade e coerência (art. 926).

A par dessa sólida jurisprudência, que muito contribuirá para a solução mais rápida dos processos, o CPC/2015 instituiu mecanismos de enfrentamento das causas repetitivas, cuja função é não só simplificar e agilizar o julgamento em bloco das ações e recursos seriados, mas também participar, de modo efetivo, do programa de minimização do grave problema dos julgamentos contraditórios.

Todo esse conjunto normativo forma um sistema procedimental inspirado na economia processual, que objetiva, de imediato, o cumprimento da garantia constitucional de um processo de duração razoável e organizado de modo a acelerar o encontro da solução do litígio (CF, art. 5º, LXXVIII). A meta, entretanto, desse sistema vai muito além da mera celeridade processual, pois o que, sobretudo, se persegue é implantar o respeito à segurança jurídica e ao tratamento

---

[94] "Um dos pontos relevantes desse artigo foi a nossa tentativa de distinguir entre diferentes *formas de vinculação que existem* no Brasil: há precedentes que vinculam pela *ratio*, e outros que vinculam pela *tese*" (ARRUDA ALVIM, Teresa . Papel criativo da jurisprudência, precedentes e formas de vinculação. *Revista de Processo*, São Paulo, v. 333, p. 402, nov.2022).

igualitário de todos perante a lei, tornando mais pronta e previsível a resolução dos conflitos jurídicos.

Esse sistema, altamente compromissado com as garantias constitucionais do *processo justo* engloba: *(i)* de início, a atribuição de *força vinculante* à jurisprudência, que para seu prestígio haverá de ser mantida dentro dos padrões da uniformidade, estabilidade, integridade e coerência (arts. 926 a 928); e *(ii)* em seguida se completa pelo *incidente de resolução de demandas repetitivas* (art. 976 a 987); e *(iii)* pela técnica de *julgamento dos recursos extraordinário e especial repetitivos* (arts. 1.036 a 1.041); e *(iv)* por último, pelo incidente de *assunção de competência* (art. 947), aplicável ao julgamento, nos tribunais, de recurso, de remessa necessária ou de processo de competência originária, sempre que se achar envolvida "relevante questão de direito, com *grande repercussão social*", mesmo não existindo ainda a repetição em múltiplos processos.

Diante dos termos com que o CPC/2015 sistematiza os instrumentos especificamente destinados à uniformização da jurisprudência, com vistas a disciplinar os casos em que se lhe hão de conferir força vinculatória, deve-se reconhecer que houve, legalmente, a implantação de um *sistema de formação de precedentes*, o qual se acha formado por:

(a) incidente de resolução de demandas repetitivas (IRDR);
(b) incidente de assunção de competência (IAC); e
(c) procedimento de julgamento dos *recursos extraordinário e especial repetitivos*.

Tal constatação é importante, uma vez que leva à admissão de que existem necessariamente requisitos comuns de aplicação indiscriminada a todos os remédios processuais integrantes do microssistema. Dessa maneira, mecanismos e exigências detalhados para um ou alguns deles devem ser estendidos a todos, por razões lógicas e de coerência interna do conjunto voltado para um mesmo e único objetivo.[95] Por exemplo, as medidas de publicidade em cadastro eletrônico previstas no art. 979 para o procedimento do incidente de resolução de demandas repetitivas (IRDR) devem ser adotadas também no incidente de assunção de competência (IAC), assim como nos recursos extraordinário e especial repetitivos, e até mesmo na formação das súmulas comuns de observância obrigatória, nos termos do art. 927, IV.[96]

Em síntese, pensamos que as providências legitimadoras da eficácia *erga omnes*, segundo os padrões decisórios impostos pelo art. 927, são, pelo menos, as seguintes:

(a) ampla e específica publicidade, através de cadastro eletrônico no CNJ e no tribunal processante (art. 979 e parágrafos);
(b) debate ampliado em juízo para permitir que interessados não figurantes na relação processual possam participar da formação da jurisprudência ou da súmula (art. 973);
(c) acesso de *amicus curiae* (pessoas, órgãos e entidades com interesse na controvérsia) (art. 983, *caput*);

---

[95] CÂMARA, Alexandre Freitas. *Por um modelo deliberativo de formação e aplicação de padrões decisórios vinculantes* (tese de doutoramento). Belo Horizonte: PUC-Minas Gerais, 2017, n. 5.3.5, p. 271 e ss; IDEM, *O novo processo civil brasileiro*. 2. ed. São Paulo: Atlas, 2016, n. 23.3, p. 455; DIDIER, Fredie; CUNHA, Leonardo Carneiro da. Comentário ao art. 947, *in* CABRAL, Antônio do Passo; CRAMER, Ronaldo. *Comentários ao novo Código de Processo Civil*. Rio de Janeiro: Forense, 2015, p. 1.367.

[96] Nessa mesma linha, o Enunciado nº 65 da I Jornada de Direito Processual Civil, promovida pelo CEJ, dispõe que, a exemplo do que se passa com o IRDR (art. 976, § 1º), "a desistência do recurso pela parte não impede a análise da questão objeto do incidente de assunção de competência".

(d) audiência pública, quando a natureza e a complexidade da questão evidenciarem a conveniência de abrir ao máximo a ouvida da sociedade, por meio de "depoimentos de pessoas com experiência e conhecimento" sobre a matéria discutida (art. 983, § 1º); e

(e) intervenção necessária do Ministério Público (art. 982, III).

II – Combate ao exercício abusivo ou predatório do direito de ação

O abuso do direito de qualquer natureza, inclusive o de ação, se dá quando o titular ou usa fora da sua função ou objetivo. Esse desvio funcional corresponde a ato ilícito cuja punição se efetua por meio da responsabilidade civil *ex delicto*[97] e da repressão à litigância de má-fé e aos atentados à dignidade da justiça.[98]

No campo dessas iniquidades, inclui-se o uso do processo pelas partes para a prática de ato simulado ou para conseguir fim vedado pela lei, caso em que caberá ao juiz proferir "decisão que impeça os objetivos das partes, aplicando, de ofício, as penalidades da litigância de má-fé" (CPC, art. 142).

Mas, além dos atos isolados típicos de má-fé processual, que sem dúvida concorrem para a demora na prestação jurisdicional e para o acúmulo exagerado de processos pendentes na justiça brasileira, existe um outro problema sério a desafiar o Poder Judiciário na crônica e até hoje insolúvel crise de morosidade da prestação jurisdicional. Contam-se aos milhões os processos que permanecem nos escaninhos forenses por dezenas e dezenas de anos, sem perspectiva alguma de superação de um impasse que a muitos se afigura sem saída próxima, nem mesmo razoável.[99]

No âmbito da apelidada "litigância predatória", que muito contribui para a crise atual da justiça, insere-se o malefício do abuso do direito de ação caracterizado pela litigância de má-fé, dominada por demandas veiculadoras de pretensões desprovidas de fundamento na realidade dos fatos (litigância, portanto, criada artificialmente, de maneira temerária ou fraudulenta). Inclui-se, principalmente, a propositura sistemática e em volume sempre crescente de ações predatórias, que abarrotam os serviços judiciários, por obra de certos escritórios advocatícios que adotam como modelo operacional a propositura fragmentária de múltiplas ações individuais, exatamente iguais, em torno de um mesmo conflito de massa. Embora não sejam tão numerosos os profissionais que se dedicam especificamente a essa prática, os efeitos de sua atuação são de

---

[97] "Também comete ato ilícito o titular de um direito que, ao exercê-lo, excede manifestamente os limites impostos pelo seu fim econômico ou social, pela boa-fé ou pelos bons costumes" (Cód. Civil, art. 187). "Responde por perdas e danos aquele que litigar de má-fé como autor, réu ou interveniente"(CPC, art. 79). "De ofício ou a requerimento, o juiz condenará o litigante de má-fé a pagar multa, que deverá ser superior a um por cento e inferior a dez por cento do valor corrigido da causa, a indenizar a parte contrária pelos prejuízos que esta sofreu e a arcar com os honorários advocatícios e com todas as despesas que efetuou" (CPC, art. 81, *caput*).

[98] "O juiz dirigirá o processo conforme as disposições deste Código, incumbindo-lhe: ... II- velar pela duração razoável do processo; III- prevenir ou reprimir qualquer ato atentatório à dignidade da justiça e indeferir postulações meramente protelatórias..." (CPC, art. 139, III). "A todos, no âmbito judicial e administrativo, são assegurados a razoável duração do processo e os meios que garantam a celeridade de sua tramitação" (CF, art. 5º, LXXVIII).

[99] "Trata-se de problema com causas múltiplas, dentre as quais podem ser citados o reconhecimento de diversos direitos fundamentais pela Constituição Federal de 1988 e as falhas do Estado em efetivá-los, o aumento do acesso ao mercado de consumo, a massificação das relações sociais e ainda cada vez mais intensa prática de litigância predatória" (VIEIRA, Mônica Silveira. O papel estratégico do judiciário atual e a litigância predatória. In: Decisão, ed. 248, Belo Horizonte: AMAGIS, p. 20, set./2022).

grande extensão, contribuindo e muito para o acúmulo desproporcional de processos responsável pela quase falência da prestação jurisdicional tempestiva, entre nós.

Ciente da gravidade do problema, o CNJ preconizou, pela Resolução nº 349/2020, a criação nos tribunais do país, de Centros de Inteligência do Poder Judiciário, que entre suas funções têm as de identificar e propor medidas de gestão para prevenção e repressão da litigância protelatória e estimular, juízes e tribunais, ao empenho no combate efetivo ao excesso de litigiosidade e a litigância repetitiva e de massa, abusiva, fraudulenta, predatória, agressora e procrastinatória.[100]

Avulta, sem dúvida, nessa dura missão o papel atribuído ao sistema de precedentes judiciais de resolução de causas repetitivas, graças à viabilização de teses vinculantes de aplicação geral a todos os processos atuais e futuros em torno de uma mesma questão de fato e de direito.

Com semelhante prática cumprem-se, a um só tempo, as metas de uma jurisprudência capaz de proporcionar efetividade às garantias constitucionais de segurança jurídica, justiça e igualdade de todos perante a lei, e, ainda, a de realizar, na medida do possível, o ideal do processo justo e tempestivo. Mas, para tanto, é imperioso que as técnicas de valorização da jurisprudência uniformizada e vinculante sejam finalisticamente interpretadas e flexivelmente utilizadas levando em conta a função que a lei lhes atribui, sem perder-se na sujeição a requisitos meramente formais de valor secundário diante da relevância institucional que a ordem jurídica lhes confere.[101]

612-A. Uniformização da jurisprudência nos Tribunais Superiores por meio do regime especial de recursos repetitivos

Em qualquer tribunal haverão de ser buscadas sempre a uniformização e a estabilização da jurisprudência, como exigência das garantias constitucionais da isonomia, da segurança jurídica e da confiança. O problema mostra-se mais sério quando se trata da jurisprudência dos Tribunais Superiores diante da função constitucional de intérpretes da Constituição e da legislação federal, como última palavra em defesa do direito positivo federal.

Lamentavelmente, nem sempre essa uniformidade tem prevalecido. Por exemplo, há evidente divergência de entendimento entre a Primeira e a Segunda Seções do STJ, ao tentarem uniformizar a jurisprudência quanto ao tema relativo à repetição de indébito de valores cobrados indevidamente. Enquanto a Primeira Seção estabeleceu o prazo decenal para a cobrança de valores pagos a maior por empresa pública prestadora de serviços de água e esgoto, a Segunda Seção reconhece aplicável o prazo trienal, do enriquecimento ilícito, para hipótese semelhante, em que a cobrança indevida se deu em razão de cláusula abusiva inserida em contrato de plano de saúde.

Importante ressaltar, por oportuno, que o fundamento da técnica de julgamento segundo precedente reside na ideia lógico-jurídica de que causas iguais não podem ser julgadas de maneira diferente, sob pena de violação de importantes princípios constitucionais, como os da segurança jurídica, da confiança e da isonomia.

O primeiro problema a ser enfrentado pelo julgador obrigado a respeitar o precedente é o da constatação da ocorrência, ou não, de igualdade entre a causa pendente de julgamento e

---

[100] VIEIRA, Mônica Silveira. O papel estratégico do judiciário atual e a litigância predatória. In: Decisão, ed. 248, Belo Horizonte: AMAGIS, p. 20, set./2022.

[101] "Considero necessário estimular os magistrados de primeira e segunda instâncias a fazerem bom uso dos precedentes construídos nos Tribunais Superiores e no Tribunal de Justiça através do IRDR e do IAC. Isto poderá auxiliar a conter *as demandas repetitivas e diminuir o fluxo de processos* para a segunda instância" (g.n.) (VILAS BOAS, Alberto. Inteligência judiciária (entrevista). *In: Decisão*, ed. 248, Belo Horizonte: AMAGIS, p. 21, set./2022).

o precedente invocado. As causas, obviamente, não se apresentam como entidades simples. Ao contrário, são sempre complexas e integradas por múltiplos elementos subjetivos e objetivos fáticos e jurídicos. Essa grande complexidade faz com que a igualdade absoluta seja realmente impossível de se configurar.

Não é, portanto, a completa identidade o que impõe a prevalência do precedente. É no plano lógico-jurídico que se localiza a necessidade de uniformidade de solução judicial. Se se tem de seguir necessariamente o mesmo plano racional para equacionar a solução de diversas demandas, é óbvio que não se deve conviver com decisões contraditórias. Mesmo que as demandas não se apresentem completamente iguais, o quadro lógico-jurídico não pode ser desviado das conclusões iguais. A ordem jurídica é sistemática e ávida de coerência interna. Daí que a meta a ser alcançada pela técnica dos precedentes é, sobretudo, a de evitar a contradição entre os julgamentos dos tribunais e juízes.

Entretanto, já houve, por exemplo, contradição entre os julgamentos sobre a mesma questão da Primeira e da Segunda Seções do STJ, *data maxima venia*, como a seguir tentaremos demonstrar.

A Segunda Seção, diante de controvérsias instaladas sobre a repetição de pagamento indevido subsequente à anulação de cláusula abusiva inserida em contrato de plano de saúde, uniformizou a jurisprudência em julgamento de recurso repetitivo, mediante reconhecimento da aplicabilidade da prescrição trienal própria da pretensão de "ressarcimento de enriquecimento sem causa" (CC, art. 206, § 3º, IV). A *ratio decidendi*, portanto, partiu do raciocínio de que, sendo o pagamento indevido apenas uma espécie do gênero "enriquecimento sem causa", o prazo de prescrição aplicável haveria de ser o previsto para esta última figura, e não o prazo geral do art. 205 do CC, estatuído para os casos em que não tenha previsto prazo próprio.[102]

Entretanto, a Primeira Seção da alta Corte, ao julgar cobrança indevida de preço por empresa pública prestadora de água e esgoto, também em regime de recurso repetitivo, partiu do mesmo raciocínio jurídico adotado pela Segunda Seção: o caso estava sob o regime do Código Civil, e não do direito tributário, devendo ser solucionado pelas normas de direito privado reguladoras da repetição do indébito. No entanto, a solução alcançada foi a de aplicar o prazo prescricional maior (dez anos), ao argumento de que haveria falta, no Código Civil, de prazo menor específico para a pretensão de repetição do indébito. Tudo isso sem embargo de ter constado, na fundamentação do acórdão, a afirmação de que a cobrança de preço indevido gerava para a prestadora do serviço público um "enriquecimento sem causa". Sendo, porém, a repetição do pagamento sem causa regulada pelo Código Civil separadamente do enriquecimento sem causa, a prescrição específica da pretensão relativa a esta última figura não poderia se estender para a primeira. Daí o enquadramento da repetição de indébito não na prescrição trienal do enriquecimento sem causa (CC, art. 206, § 3º, IV), e sim na prescrição maior, própria das hipóteses para as quais a lei não tenha previsto prazo específico menor (CC, art. 205).[103]

Tendo as duas tentativas de uniformização jurisprudencial se filiado ao mesmo esquema lógico-jurídico, acabaram por chegar a resultados diferentes e contraditórios. As causas, de fato, não eram exatamente iguais, porque uma envolvia empresa pública e prestação de serviço público, enquanto a outra se referia a empresa privada prestadora de serviços públicos. A solução, em ambas as hipóteses, reclamava enfrentamento de uma única questão jurídica – a prescrição da repetição do pagamento indevido – a partir da mesma disciplina legal do Código Civil, e

---

[102] STJ, 2ª Seção, REsp 1.361.182/RS, Rel. p. acórdão Min. Marco Aurélio Bellizze, ac. 10.08.2016, *DJe* 19.09.2016.
[103] STJ, 1ª Seção, REsp 1.532.514/SC, Rel. Min. Og Fernandes, ac. 10.05.2017, *DJe* 17.05.2017.

o modo de aplicar a prescrição específica da pretensão de ressarcimento do dano derivado do enriquecimento sem causa.

Descumprindo-se a técnica da uniformização de jurisprudência traçada pelo CPC/2015, acabou-se estabelecendo dois precedentes vinculantes contraditórios entre si, no tocante à racionalidade jurídica inobservada. Esse inconveniente teria sido perfeitamente evitado se, em lugar de a Primeira Seção ter resolvido o recurso repetitivo de maneira diferente do que fizera a Segunda Seção, tivesse encaminhado a divergência à Corte Especial, por meio do incidente de assunção de competência (CPC/2015, art. 947). Aí, sim, ter-se-ia logrado a formação de um precedente capaz de cumprir sua dupla função de uniformizar a tese jurisprudencial e de banir a indesejável contradição entre julgados de um mesmo tribunal.

Felizmente, essa grave divergência a propósito da prescrição da repetição de indébito, entre a 1ª e 2ª Seções, foi, mais tarde, afastada em julgamento de novo processo pela Corte Especial do STJ, relativo à mesma questão lógico-jurídica, quando aplicada à cobrança indevida de tarifa de telefonia fixa. Prevaleceu, então, a tese antes adotada para os serviços públicos de água e esgoto (prescrição geral de 10 anos), e não a específica do enriquecimento sem causa (prescrição especial de três anos).[104]

613. Decisões e súmulas vinculantes e não vinculantes

Há dois graus de força normativa atribuída à jurisprudência, segundo a sistemática prestigiadora da uniformização pretoriana da interpretação e aplicação do direito positivo: *(i)* as hipóteses em que a jurisprudência vincula todos os julgamentos futuros que envolvam a mesma tese normativa (*i.e.*, a mesma *ratio decidendi*), reprimindo as insubmissões eventuais com remédio enérgico e de eficácia imediata, qual seja, a *reclamação*; e *(ii)* aquelas em que o Código preconiza a observância dos precedentes judiciais, sem, entretanto, coibir de imediato as transgressões cometidas pelos juízes e tribunais obrigados à respectiva sujeição. Não nos parece, todavia, razoável considerar a vinculação prevista nos incisos IV e V do art. 927 como meramente persuasiva, já que o comando do dispositivo legal impõe a sujeição dos órgãos judicantes, em caráter imperativo, ao conteúdo de todas as hipóteses nele indicadas. O que se manifesta de maneira diferente é a reação prevista pelo Código para as diversas situações de contrariedade às súmulas e precedentes.[105]

Quando a jurisprudência é vinculante em grau máximo, a sua infringência enseja *reclamação* da parte prejudicada ao tribunal que deferiu o respectivo enunciado, o qual promoverá o necessário para que a força de sua jurisprudência seja prontamente restabelecida e respeitada (art. 988, III e IV). Se os precedentes não gozam de tal força (vinculação fraca), a parte, inconformada com sua inobservância, terá de impugnar a decisão pelas vias recursais

---

[104] O fundamento adotado pela Corte Especial foi o de que não havia razão para justificar solução diferente para conjunturas iguais. Assim, foi assentada pelo Colegiado maior do STJ a tese geral de que a repetição de indébito, em cobranças de preços excessivos, sujeita-se ao prazo decenal do art. 205 do Código Civil, e não ao trienal do art. 206, § 3º, IV, do mesmo Código (STJ, Corte Especial, EAREsp 738,991/RS, Rel. Min. Og Fernandes, ac. 20.02.2019, DJe 11.06.2019). Também a 3ª T. assentou que, segundo a tese vencedora, "a discussão acerca da cobrança indevida de valores constantes de relação contratual e eventual repetição de indébito não se enquadra na hipótese do art. 206, § 3º, IV, do Código Civil/2002, seja porque a causa jurídica, em princípio, existe (relação contratual prévia em que se debate a legitimidade da cobrança), seja porque a ação de repetição de indébito é ação específica" (STJ, 3ªT., REsp 1.708.326/SP, Rel. Min. Nancy Andrighi, ac. 06.08.2019, DJe 08.08.2019). Sobre a questão, v. nosso *Prescrição de Decadência*. 2. ed. Rio de Janeiro: Forense, 2020, n. 107.3, p. 276-284).

[105] Da diversidade de reações à força dos padrões decisórios elencados no art. 927, decorre a distinção entre obrigatoriedade *forte* e obrigatoriedade *fraca* (WAMBIER, Teresa Arruda Alvim *et al. Primeiros comentários ao novo Código de Processo Civil*. 2. ed. São Paulo: RT, 2016, p. 1.460).

ordinárias ou extraordinárias, para tentar escapar da insurgência do julgador contra o padrão decisório, salvo se o seu afastamento apoiar-se em razão de direito suficiente (distinção e superação do precedente) (art. 489, § 1º, VI).

O fato de o sistema de precedentes vinculantes estatuído pelo CPC/2015 compreender hipóteses algumas protegidas e outras não protegidas pelo remédio processual da *reclamação* não afeta a obrigatoriedade de observância de todo o elenco do art. 927 pelos juízes e tribunais. Apenas permite qualificar os tutelados pelo remédio especial da reclamação como "precedentes qualificados", na linguagem do Regimento Interno do STJ (art. 121-A). Mas força vinculativa das normas jurídicas (sejam legais, sejam judiciais) de modo algum deve se deduzir da conexão com a possibilidade, ou não, de manejo de reclamação. Basta lembrar que as mais enérgicas normas, como as da Constituição e as das leis infraconstitucionais, quando violadas, não desfrutam da reação tutelar da reclamação.[106]

A sujeição dos juízes e tribunais à jurisprudência dos órgãos jurisdicionais superiores, dar-se-á com observância da seguinte *gradação hierárquica*, traçada pelo art. 927 do CPC/2015, ou seja, todos os órgãos judiciais observarão:

(a) As decisões do Supremo Tribunal Federal pronunciadas em controle concentrado de constitucionalidade (CF, art. 102, § 2º), caso em que a força vinculante decorre imediatamente do aresto definitivo, sem necessidade de inserção em enunciado de súmula (inciso I).[107]

(b) Os enunciados de Súmula vinculante, editados pelo STF, como prevê o art. 103-A da CF, a respeito de decisões reiteradas sobre matéria constitucional (inciso II).[108]

(c) Os acórdãos em (i) incidente de assunção de competência, (ii) ou de resolução de demandas repetitivas[109] e (iii) em julgamento de recursos extraordinário e especial repetitivos (aqui, também, não há necessidade de súmulas, embora possam elas existir). O efeito vinculante decorre da própria natureza do julgamento,[110] cuja função

---

[106] "Rigorosamente, caso se use a expressão 'vinculante' em sentido amplíssimo, pode-se dizer que todos os pronunciamentos referidos no art. 927 e no art. 489, § 1º, V e VI do CPC/2015 o são, já que nenhum juiz ou Tribunal está autorizado a desprezar súmulas (mesmo que não vinculantes, em sentido estrito), precedentes (ainda que não vinculantes, em sentido estrito) e jurisprudência dominante, invocados pelas partes" (MEDINA, José Miguel Garcia. *Prequestionamento, repercussão geral da questão constitucional, relevância da questão federal*. 7. ed. São Paulo: Ed. RT, 2017, p. 104).

[107] "Art. 102. Compete ao Supremo Tribunal Federal, precipuamente, a guarda da Constituição, cabendo-lhe: (...) III – julgar, mediante recurso extraordinário, as causas decididas em única ou última instância, quando a decisão recorrida: (...) § 2º As decisões definitivas de mérito, proferidas pelo Supremo Tribunal Federal, nas ações diretas de inconstitucionalidade e nas ações declaratórias de constitucionalidade produzirão eficácia contra todos e efeito vinculante, relativamente aos demais órgãos do Poder Judiciário e à administração pública direta e indireta, nas esferas federal, estadual e municipal".

[108] "Art. 103-A. O Supremo Tribunal Federal poderá, de ofício ou por provocação, mediante decisão de dois terços dos seus membros, após reiteradas decisões sobre matéria constitucional, aprovar súmula que, a partir de sua publicação na imprensa oficial, terá efeito vinculante em relação aos demais órgãos do Poder Judiciário e à administração pública direta e indireta, nas esferas federal, estadual e municipal, bem como proceder à sua revisão ou cancelamento, na forma estabelecida em lei".

[109] Nos casos de IRDR, a força vinculante limita-se aos juízos subordinados ao Tribunal que julgou o incidente. O efeito, porém, se estenderá a todo o território nacional, se a decisão do tribunal local for mantida pelo STF ou pelo STJ (art. 987, § 2º).

[110] Para os fins do CPC, "considera-se julgamento de casos repetitivos a decisão proferida em: I – incidente de resolução de demandas repetitivas; II – recursos especial e extraordinário repetitivos. Parágrafo único. O julgamento de casos repetitivos tem por objeto questão de direito material ou processual" (CPC/2015, art. 928).

é legalmente a de estabelecer enunciado de tese a prevalecer nos vários casos iguais ao paradigma[111] (inciso III).

(d) *Os enunciados das súmulas do Supremo Tribunal Federal em matéria constitucional e do Superior Tribunal de Justiça em matéria infraconstitucional* (nesse caso, trata-se de súmulas comuns, despidas de força vinculante máxima)[112] (inciso IV).

(e) *A orientação do plenário ou do órgão especial aos quais estiverem vinculados* (inciso V). *In casu*, também não se exige a existência de enunciado de súmula. Basta que a tese de direito tenha sido a *ratio decidendi* de acórdão emanado do plenário ou do órgão especial que faça suas vezes (CF, art. 93, XI). Não ocorre, porém, a força vinculante máxima da orientação, de modo que, embora seja obrigatória a observância pelos órgãos judiciais inferiores (vinculação fraca), o desvio de entendimento acaso verificado não ensejará reclamação ao tribunal cuja orientação não se acolheu. Somente por meio de impugnação recursal se conseguirá reparar a ofensa ao precedente inobservado.

As súmulas aprovadas pelo Plenário dos Tribunais locais vinculam apenas os juízes subordinados a cada um deles. Para outros juízes, funcionam somente como precedentes persuasivos, portanto, sem força vinculativa.[113]

A demonstração da constitucionalidade do sistema de "direito jurisprudencial" instituído pelo CPC/2015 foi efetuada com maior desenvolvimento em nosso ensaio Demandas repetitivas. Direito jurisprudencial. Tutela plurindividual, segundo o atual Código de Processo Civil: incidente de resolução de demandas repetitivas e incidente de assunção de competência.[114]

---

[111] 1) CPC/2015: "Art. 947. É admissível a assunção de competência quando o julgamento de recurso, de remessa necessária ou de causa de competência originária envolver relevante questão de direito, com grande repercussão social, sem repetição em múltiplos processos (...) § 3º O acórdão proferido em assunção de competência vinculará todos os juízes e órgãos fracionários, exceto se houver revisão de tese". 2) CPC/2015: "Art. 985. Julgado o incidente, a tese jurídica será aplicada: I – a todos os processos individuais ou coletivos que versem sobre idêntica questão de direito e que tramitem na área de jurisdição do respectivo tribunal, inclusive àqueles que tramitem nos juizados especiais do respectivo estado ou região; II – aos casos futuros que versem idêntica questão de direito e que venham a tramitar no território de competência do tribunal, salvo revisão na forma do art. 986. § 1º. Não observada a tese adotada no incidente, caberá reclamação". 3) Também no caso de recursos especial e extraordinário repetitivos, a tese assentada no julgamento do caso paradigma se aplicará, necessariamente, aos demais recursos que versem sobre idêntica controvérsia (CPC/2015, arts. 1.039 e 1.040).

[112] Para o STF, a súmula (não vinculante) não é lei, de sorte que sua violação não autoriza ação rescisória (STF, Pleno, AR 1.049/GO, Rel. Min. Moreira Alves, ac. 09.02.1983, *RTJ* 107/19). Igual tese prevalece no STJ (1ª Seção, AR 433/SP, Rel. Min. Demócrito Reinaldo, ac. 31.10.1995, *RSTJ* 84/31). A súmula, entretanto, revela o sentido que o Tribunal Superior atribui ao enunciado legal, de modo que a violação deste pode ser detectada através da inobservância da súmula. Ademais, no regime do CPC/2015, a força obrigatória da jurisprudência sumulada do STF e do STJ foi ampliada, de modo a não mais limitá-la às súmulas vinculantes (CF, art. 103-A). Nesse âmbito, portanto, não há mais razão para distinguir entre obrigatoriedade de súmulas vinculantes e persuasivas. Sendo editadas pelos Tribunais Superiores, todas obrigam de forma universal e igual (CPC/2015, art. 927, II e IV).

[113] "(...) 3- A regra do art. 489, § 1º, VI, do CPC/15, segundo a qual o juiz, para deixar de aplicar enunciado de súmula, jurisprudência ou precedente invocado pela parte, deve demonstrar a existência de distinção ou de superação, somente se aplica às súmulas ou precedentes vinculantes, mas não às súmulas e aos precedentes apenas persuasivos, como, por exemplo, os acórdãos proferidos por Tribunais de 2º grau distintos daquele a que o julgador está vinculado" (STJ, 3ªT., REsp 1.698.774/RS, Rel. Min. Nancy Andrighi, ac. 01/09/2020, *DJe* 09.09.2020).

[114] *Revista do Tribunal Regional Federal da 1ª Região*, v. 28, n. 9/10, p. 65-77, set.-out./2016.

No mesmo sentido, entre outras, são as lições de Arruda Alvim,[115] Mancuso,[116] Arruda Alvim Wambier,[117] Grinover,[118] Gaio Júnior,[119] Zaneti Júnior[120] e Carvalho.[121] Em sentido contrário, pensam, entre outros, Marinoni,[122] Bueno[123] e Nery Junior.[124]

Afinal, protegido ou não por *reclamação* o precedente, será ele, na escala vertical do art. 927, de observância obrigatória por juízes e tribunais.[125] Não cabe, outrossim, ao julgador superveniente exercer um juízo crítico sobre o conteúdo da súmula ou do precedente, de modo a recusá-los, preferindo entendimento próprio acerca da tese neles assentada.[126]

Quando a lei recobre a autoridade de um precedente com a tutela da reclamação (força *máxima*), não quer dizer que seja ele mais obrigatório que outros desprovidos de semelhante proteção (força *menor*). Todos aqueles constantes do rol do art. 927 são igualmente obrigatórios. O que varia é apenas o instrumento processual a que se pode recorrer para fazer prevalecer a força obrigatória de uns e outros padrões decisórios. Aliás, não é porque a *norma legal*, quando violada, não se acha protegida pela reclamação que se haverá de pensar que a lei vincula menos que o acórdão de um recurso especial repetitivo ou o julgado de um IRDR. A falta de admissibilidade da reclamação, *in casu*, é apenas um critério político de definir a conveniência de se contentar com o sistema impugnativo comum de recurso para repelir a ilegalidade. Observe-se que nem mesmo a ofensa à Constituição enseja reparação por meio de reclamação, o que,

---

[115] ARRUDA ALVIM, José Manoel. *Novo contencioso cível no CPC/2015*. São Paulo: RT, 2016, p. 521-531.

[116] MANCUSO, Rodolfo de Camargo. *Incidente de resolução de demandas repetitivas*. São Paulo: RT, 2016, p. 25-34.

[117] WAMBIER, Teresa Arruda Alvim. Súmula vinculante: desastre ou solução? *Revista de Processo*, v. 98, p. 295-306, abr.-jun. 2000.

[118] GRINOVER, Ada Pellegrini. *Ensaio sobre a processualidade*. Brasília: Gazeta Jurídica, 2016, especialmente capítulo VIII.

[119] GAIO JÚNIOR, Antônio Pereira. Considerações acerca da compreensão do modelo de vinculação às decisões judiciais: os precedentes no novo Código de Processo Civil brasileiro. *Revista de Processo*, v. 257, p. 343-370, São Paulo, jul. 2016.

[120] ZANETI JÚNIOR, Hermes. Precedentes (*treat like cases alike*) e o novo Código de Processo Civil. *Revista de Processo*, v. 235, p. 293-349, São Paulo, set. 2014.

[121] CARVALHO, Sabrina Nasser de. Decisões paradigmáticas e dever de fundamentação: técnica para a formação e aplicação dos precedentes judiciais. *Revista de Processo*, v. 249, p. 421-448, São Paulo, nov. 2015.

[122] MARINONI, Luiz Guilherme. O "problema" do incidente de resolução de demandas repetitivas e dos recursos extraordinário e especial repetitivos. *Revista de Processo*, v. 249, p. 399-419, São Paulo, nov. 2015.

[123] BUENO, Cassio Scarpinella. *Manual de direito processual civil*. São Paulo: Saraiva, 2015, p. 538.

[124] NERY JUNIOR, Nelson; NERY, Rosa Maria de Andrade. *Comentários ao Código de Processo Civil*. São Paulo: RT, 2015, p. 1.837.

[125] "Como já dito, o art. 927 não atribuiu um mero dever do magistrado de levar em consideração aqueles precedentes, mas, sim, implementou uma obrigação de aplicá-los quando se tratar de caso idêntico, e que não comporte, evidentemente, *distinghishing* ou *overruling* (...) Saliente-se que o STJ já se manifestou ao menos três vezes no sentido de que o rol de precedentes fixados no art. 927 do CPC é vinculante (AgInt no AREsp 1.427.771/SP, Rel. Min. Luís Felipe Salomão, 4ª T., j. 24.06.2019, *DJe* 27.06.2019; AgInt no AREsp 1.491.014/SP, Rel. Min. Antônio Carlos Ferreira, 4ª T., j. 24.08.2020, *DJe* 28.08.2020; e AgInt no AREsp 1.515.655/DF, Rel. Min. Antônio Carlos Ferreira, 4ª T., j. 23.03.2020, *DJe* 26.03.2020)" (MELLO, Felipe Varela. O art. 927 do Código de Processo Civil e o seu rol de precedentes vinculantes. *Revista de Processo*, v. 330, p. 310, São Paulo, ago./2022).

[126] Na verdade, "o precedente obrigatório deve ser observado independentemente de o aplicador reputá-lo bom ou ruim, justo ou injusto. Em princípio, somente nos casos de *overruling* (revogação) e de *distinguishing* (distinção) o precedente não será seguido. Mesmo assim, seja para distinguir, seja para superar, permanece um dever de sério enfrentamento. Essa é, em termos simplistas, a doutrina do precedente vinculante ou do *stare decisis et non quieta movere* (respeitar o que já foi decidido e não perturbar o que está estabelecido)" (SANTOS, Ramon Ouais; PUGLIESE, William Soares. A teoria dos precedentes como uma teoria normativa da jurisdição. *Revista de Processo*, v. 272, ano 42, p. 381, São Paulo, out. 2017).

de forma alguma, autoriza pensar em redução ou ausência da força obrigatória dos preceitos constitucionais, como é óbvio.

Quando se cumula algum precedente com a defesa instrumentalizada em reclamação, o que se manifesta, também no aspecto político-normativo, é o intuito de lançar mão de mecanismo de mais pronta reação contra determinadas violações à ordem jurídica. Ao proteger o direito de crédito violado, ora por ação cognitiva, ora por ação executiva, o direito processual opta, da mesma forma, por remédios tutelares de diferentes forças, no plano da imediatidade de reação. Nem por isso se irá afirmar que as normas legais aplicadas na composição dos litígios em questão são menos obrigatórias ou mais vinculantes umas do que outras.

O comando do art. 927, *caput*, do CPC/2015 é único e aplica-se indistintamente a todos os precedentes arrolados em seus vários incisos. Não há, portanto, como distinguir, entre eles, precedentes obrigatórios e precedentes apenas persuasivos.[127] Todos são igualmente dotados de força obrigatória. Cumpre, porém, distinguir entre as súmulas editadas antes e depois da vigência do CPC/2015: as primeiras, que nasceram como persuasivas, conservam essa natureza; somente as súmulas da jurisprudência dominante do STF (em matéria constitucional) e do STJ (em matéria infraconstitucional) são as que se revestem de força vinculativa (art. 927, IV).

613.1. Decisão do STF em regime de repercussão geral: formação de precedente vinculante

É interessante observar que o art. 927, ao estipular a força vinculante dos precedentes do STF, não fez menção aos julgados proferidos em recursos extraordinários sob regime de repercussão geral, o que poderia levar à dedução de que a vinculação disciplinada pelo CPC/2015, fora do âmbito do controle concentrado de constitucionalidade e dos recursos repetitivos, só alcançaria as decisões do Plenário da Suprema Corte (art. 927, V), assim mesmo, com certas restrições.

Uma vez que os recursos extraordinários com repercussão geral podem ser decididos tanto pela Turma como pelo Pleno, o precedente vinculante só aconteceria quando, por meio do incidente de assunção de competência, o julgamento do recurso de questão de repercussão geral reconhecida fosse afetado ao Plenário do STF. Acontece, porém, que o art. 1.030, I, *a*, do mesmo Código, dispõe que o recurso extraordinário terá seu seguimento negado, no tribunal de origem, quando interposto contra acórdão que esteja em conformidade com entendimento do STF exarado no regime de repercussão geral.

Além disso, o art. 1.042 dispõe que não cabe agravo contra a decisão local que não admite recurso extraordinário fundada na aplicação de entendimento firmado pelo STF em regime de repercussão geral. Conjugados os arts. 1.030 e 1.042, é possível divisar um tratamento dispensado pelo CPC/2015 que, de alguma forma, equipara a repercussão geral aos recursos repetitivos, para efeito dos precedentes vinculantes categorizados pelo art. 927.[128]

---

[127] "Se dois juízes bem intencionados e com vasta bagagem jurídica podem chegar a conclusões distintas sobre o mesmo caso, é sinal de que a objetividade no plano da interpretação não tem sido uma empreitada de sucesso. Por isso, doutrinas do precedente estão imbuídas de um pragmatismo que obtém suporte na realidade: *o direito admite múltiplas versões, sendo pouquíssimo provável alcançar os ideais de igualdade, coerência, estabilidade e segurança jurídica sem respeito às decisões do passado*" (g.n). (SANTOS, Ramon Ouais; PUGLIESE, William Soares. A teoria dos precedentes como uma teoria normativa da jurisdição. *Revista de Processo*, v. 272, ano 42, p. 381, São Paulo, out. 2017.).

[128] "Assim, a orientação firmada pelo Supremo Tribunal Federal no julgamento de recurso extraordinário com repercussão geral reconhecida *também deve ser observada pelos juízes*, a despeito de a hipótese não encontrar-se prevista no art. 927 do CPC/2015. O art. 988, § 5º, II (também na redação da Lei 13.256/2016), por sua vez, dispõe que *cabe reclamação* contra decisão que desrespeitar acórdão de recurso extraordinário com repercussão geral reconhecida, circunstância que impõe que se reconheça a força vinculante de tal precedente" (MEDINA, José Miguel Garcia. *Prequestionamento, repercussão geral da questão constitucional, relevância da questão federal*. 7. ed. São Paulo: Ed. RT, 2017, p. 105).

É de advertir, contudo, que o julgamento de recurso em regime de repercussão geral quando ocorrido em turma não impede a ocorrência de divergência jurisprudencial dentro do próprio STF. Isto, naturalmente, reduz a aptidão dessa modalidade recursal a cumprir, com rigor, a função confiada ao precedente jurisprudencial. Talvez tenha sido por esse motivo que o CPC/2015 não incluiu a repercussão geral como fator suficiente, por si só, a gerar a jurisprudência vinculante organizada pelo art. 927. De fato, se a mesma questão submetida a regime de repercussão geral for resolvida de maneira diversa pelas duas Turmas do STF será impossível descobrir jurisprudência vinculante na espécie. Uma coisa, contudo, é certa: se cada Turma, em regime de repercussão geral, decide de maneira diversa a mesma questão de direito, é evidente que o STF não terá produzido precedente vinculante. Entretanto, mesmo julgando separadamente, se as duas Turmas assentarem a mesma tese, aí, sim, poder-se-á cogitar de jurisprudência uniforme e vinculante, no âmbito dos recursos com repercussão geral, porque a manifestação da totalidade do Tribunal terá ocorrido.

Assim, para bem aplicar o regime instituído pelo sistema em análise (direito jurisprudencial), o mais correto seria entender que, sendo o acórdão de turma, a tese nele fixada com repercussão geral haveria de ser acatada, nos limites do art. 1.030,[129] mas não com força de imposição *erga omnes* e fora do controle por meio de *reclamação* endereçada ao STF, em caso de inobservância em futuros processos.

A doutrina majoritária, todavia, reconhece que a própria natureza de julgamento da Corte Suprema sobre tema de reconhecida repercussão geral conduz à conclusão de que em se tratando de julgamento de matéria constitucional, por si só, evidencia a sua categorização de precedente vinculante.[130]

É, a nosso ver, inconteste que a repercussão geral, como requisito de admissibilidade do recurso extraordinário, foi implantada no processo brasileiro em ambiente constitucional (EC 45/2004), com o fito de que só os casos de maior relevância social ascendessem ao Supremo Tribunal Federal, e de que a solução dada ao tema constitucional repercutisse amplamente para além dos interesses individuais discutidos no processo. Por isso, o julgamento do recurso pelo STF, em tal situação, teria força definitiva, impedindo a rediscussão do mesmo tema, seja no processo pendente, seja em qualquer outro.[131]

É, destarte, da essência dessa modalidade recursal, o credenciamento do STF, diante do caso socialmente relevante, a formular provimento qualificado, com força de precedente

---

[129] A vinculação ocorreria apenas "sobre os recursos sobrestados", e não teria força de "precedente em casos futuros" (LEMOS, Vinícius Silva. A repercussão geral no novo CPC: a construção da vinculação da decisão de mérito proferida em repercussão geral pelo STF. *Revista Jurídica Lex*, v. 82, p. 114, São Paulo, jul.-ago. 2016).

[130] "Apesar de não constar no rol do art. 927 do CPC/2015, o entendimento adotado pelo STF em sede de recurso extraordinário com repercussão geral reconhecida deve ser acompanhado por todos os tribunais pátrios, por força do art. 1.030, II, do CPC/2015" (REMOR, Ivan Pereira. A repercussão geral e a superação da súmula vinculante no sistema de precedentes do CPC/2015. *Revista dos Tribunais*, v. 1.033, p. 317. São Paulo, nov./2021). No mesmo sentido: ALVIM, Teresa Arruda. *Recurso especial, recurso extraordinário e ação rescisória*. 2. ed. São Paulo: Ed. RT, 2008, p. 291; CÔRTES, Osmar Mendes Paixão. A evolução da repercussão geral. In: NERY JR., Nelson; ALVIM, Teresa Arruda; OLIVEIRA, Pedro Miranda de (org.). *Aspectos polêmicos dos recursos cíveis e assuntos afins*. São Paulo: Ed. RT, 2018, p. 309; DANTAS, Bruno. *Repercussão geral: perspectiva histórica, dogmática e de direito comparado: questões processuais*. 3.ed. São Paulo: Ed. RT, 2012, p. 271; OLIVEIRA, Pedro Miranda de. *Recurso extraordinário e requisito da repercussão geral*. São Paulo: Ed. RT, 2013, p. 271; MARINONI, Luiz Guilherme; MITIDIERO, Daniel. *Recurso extraordinário e recurso especial: do Jus Litigatoris ao Jus Constitutionis*. São Paulo: Ed. RT, 2019, p. 2.014; MITIDIERO, Daniel. *Cortes superiores e cortes supremas: do controle à interpretação da jurisprudência ao precedente*. 3. ed. São Paulo: Ed. RT, 2017, p. 85.

[131] PEREIRA, João Sérgio dos Santos; VALE, Luís Manoel Borges do. A formação concentrada de precedentes no STF e o julgamento no plenário virtual: dilemas e perspectivas. *Revista de Processo*, v. 329, p. 377-378, São Paulo, jul./2022.

vinculante.¹³² E, se assim é, o recurso extraordinário com repercussão geral deve ser apreciado pelo STF de maneira a que de fato se evite em definitivo divergência interna na própria Corte de precedentes, sempre, pois, através de julgamento do plenário.¹³³

Um caminho para reforçar a autoridade dessa modalidade de jurisprudência do STF e evitar o inconveniente indesejável do conflito interno de jurisprudência seria o delineado pelo *incidente de assunção de competência* (art. 947), de modo que, sempre que a repercussão geral for reconhecida em recurso não repetitivo processado perante turma, proceder-se-ia, se conveniente, ao deslocamento do respectivo julgamento, por provocação do relator, para o Plenário do STF, assegurando-se, ao acórdão, com isso, "a total inserção no sistema de precedentes obrigatórios" instituído pelo CPC/2015.¹³⁴ Com tal providência, independentemente da pendência de múltiplos recursos repetitivos, o julgamento do Pleno sobre questão de repercussão geral assumirá, nos moldes do art. 927, III, o caráter incontestre de precedente obrigatório, para aplicação por todos os tribunais em processos atuais e futuros que versem sobre a mesma matéria.

Enfim, o próprio STF deu solução ao problema, reconhecendo que com a adoção do sistema que submete o conhecimento do recurso extraordinário ao requisito da repercussão geral, por opção política de ordem constitucional, operou-se a consolidação de suas funções de Corte Constitucional, com abandono da função de Corte de Revisão, no âmbito do recurso extraordinário.¹³⁵ Por conseguinte, "as decisões proferidas pelo Plenário do Supremo Tribunal Federal quando do julgamento de recursos extraordinários com repercussão geral vinculam os demais órgãos do Poder Judiciário na solução, por estes, de outros feitos sobre idêntica controvérsia".¹³⁶ Não há dúvida, portanto, em torno da formação de precedente vinculante no julgamento de mérito do recurso extraordinário com repercussão geral.

No entanto, o expediente escolhido pelo STF, que pode não ser visto como o mais técnico, mas que na prática se apresenta como suficiente para remediar o problema tem sido o de processar o recurso extraordinário, diante da repercussão geral, observando os moldes dos recursos repetitivos e afetando a decisão de mérito formadora de tese vinculante sempre ao Plenário da Corte.

613.2. Esvaziamento da Súmula Vinculante

Com a adoção do sistema do CPC/2015 de incluir entre os precedentes vinculantes os acórdãos do STF pronunciados em recursos extraordinários com repercussão geral ou em

---

¹³² A evidência da formação de precedente vinculante é demonstrada pelo disposto no art. 988, III, do CPC, que garante, por meio de reclamação, proferido em observância do acórdão proferido em recurso extraordinário com repercussão geral, da mesma forma do que acontece com os recursos extraordinários repetitivos (art. 988, § 5º, II).

¹³³ "Quando a decisão do recurso extraordinário forma precedente constitucional, instituindo *ratio decidendi* firmada pela maioria absoluta dos membros da Corte, a vinculação dos órgãos do Poder Judiciário e da Administração Pública é uma simples consequência. A eficácia vinculante do precedente firmado em sede de recurso extraordinário é *resultado da instituição da repercussão geral*, da função que por meio dela é desenvolvida e da conhecida irracionalidade de poder a Corte decidir a questão constitucional sem fazê-la respeitar" (MARINONI, Luiz Guilherme. Abstrativização do controle concreto ou concretização do controle abstrato? *Revista de Processo*, v. 329, p. 394, São Paulo, jul./2022).

¹³⁴ LEMOS, Vinícius Silva. A repercussão geral no novo CPC: a construção da vinculação da decisão de mérito proferida em repercussão geral pelo STF. *Revista Jurídica Lex*, v. 82, p. 117, São Paulo, jul.-ago. 2016. No mesmo sentido: CUNHA, Leonardo José Carneiro da; DIDER JÚNIOR, Fredie. *Curso de direito processual civil*. 13. ed. Salvador: JusPodivm, 2016. v. III, p. 371-372.

¹³⁵ STF, Pleno, AI 760.358 QO/SE, Rel. Min. Gilmar Mendes, ac. 19.11.2009, *DJe* 19.02.2010.

¹³⁶ STF, Pleno, Rcl 10.793/SP, Rel. Min. Ellen Gracie, ac. 13.04.2011, *DJe* 06.06.2011. No mesmo sentido: Rcl 12.600 AgR/SP, Rel. Min. Ricardo Lewandowisk, ac. 17.11.2011, *DJe* 07.12.2011.

caráter repetitivo, aconteceu, na prática, um esvaziamento da figura da Súmula Vinculante instituída pela Emenda Constitucional nº 45/2004. É que é muito complexo o processo de formação das súmulas da espécie, enquanto se revela muito singela a tramitação dos recursos extraordinários repetitivos ou com repercussão geral, com possibilidade de uniformizar a jurisprudência do STF e torná-la vinculante, com a mesma eficácia prevista pela EC nº 45/2004.[137]

614. Regras a serem cumpridas pelos tribunais a respeito das respectivas jurisprudências

O primeiro dever imposto aos tribunais é o de uniformizar sua jurisprudência e de mantê-la estável, íntegra e coerente (art. 926, *caput*), de modo a permitir a edição de enunciados de súmula correspondentes a sua jurisprudência dominante (art. 926, § 1º).[138] Sempre, pois, que se estabeleça alguma divergência interna, deverão ser acionados os mecanismos legais e regimentais destinados a promover a uniformização jurisprudencial. E uma vez fixada a tese uniformizadora, as opiniões minoritárias abster-se-ão de insistir nos entendimentos vencidos, enquanto não sobrevier fato novo relevante para justificar a reabertura do debate.

Diante do regime de valorização da autoridade dos procedentes jurisprudenciais, os juízes e tribunais quando decidirem de acordo com ele (*i.e.*, com observância dos padrões preconizados pelo art. 927), terão de observar o seguinte:

(a) *Cumprirão o disposto no art. 10 do CPC/2015*. Vale dizer, caso o debate processual ainda não tenha abordado o precedente visado pelo juiz, ter-se-á de resguardar o contraditório, ensejando às partes oportunidade de se manifestar, previamente, a respeito do fundamento contido na tese jurisprudencial que se pretenda aplicar ao julgamento da causa (CPC/2015, art. 927, § 1º).

(b) *Deverão cumprir, também, o previsto no art. 489, § 1º, V*. Ou seja, não se limitarão a invocar precedente ou enunciado de súmula, mas haverão de identificar seus fundamentos determinantes e demonstrar que o caso sob julgamento se ajusta àqueles fundamentos (CPC/2015, art. 927, § 1º).[139]

(c) Tendo a parte invocado *enunciado de súmula, jurisprudência ou precedente*, o juiz somente poderá se recusar a observá-los, mediante demonstração da existência de *distinção* no caso em julgamento, ou da *superação* do entendimento (CPC/2015, art. 927, § 1º, c/c art. 489, § 1º, VI).

---

[137] Cf. REMOR, Ivan Pereira. A repercussão geral e a superação da súmula vinculante no sistema de precedentes do CPC/2015. *Revista dos Tribunais*, v. 1.033, p. 307-323. São Paulo, nov./2021.

[138] "O dispositivo aponta, primordialmente, para a inadmissibilidade de qualquer tribunal sustentar mais de uma orientação simultaneamente. Obviamente, não se afasta a possibilidade de diferença *temporal* entre as *rationes decidendi* assumidas, desde que com o devido cuidado, mas não é possível tolerar que o mesmo tribunal, ou mesmo que tribunais distintos, venham a sustentar, ao mesmo tempo, posições distintas" (MACÊDO, Lucas Buril de. O regime jurídico dos precedentes judiciais no projeto do novo Código de Processo Civil. *Revista de Processo*, n. 237, v. 39, p. 380, nov. 2014).

[139] Pode-se lembrar aqui a chamada autorreferência que, no sistema do *stare decisis*, impõe o dever de fundamentação específica, em que o juiz deverá, obrigatoriamente, se referir ao que foi julgado anteriormente por seus pares para decidir, de forma adequada, uma questão similar. Vale dizer, "se trata de regra jurídica que determina a adequação da fundamentação aos precedentes pertinentes ao caso" (MACÊDO, Lucas Buril de. O regime jurídico dos precedentes judiciais no projeto do novo Código de Processo Civil. *Revista de Processo*, São Paulo, n. 237, p. 376, n. 39, nov. 2014). Embora o sistema do CPC/2015 não seja o de precedentes construído pelo *commom law*, as súmulas não devem ser aplicadas literalmente, sem nenhuma remissão ao quadro concreto a respeito do qual a jurisprudência se formou.

Enfim, o sistema de direito jurisprudencial adotado pelo CPC/2015 não obriga o juiz a uma aplicação mecânica e indiscutível do precedente. Impõe, ao contrário, o ônus de enfrentá-lo, mostrando, se for o caso, com análise do caso concreto e da releitura do ordenamento, a ocorrência das particularidades que podem afastar sua incidência e que exigem a *distinção* entre os casos comparados, ou que permitem seja o precedente havido como *superado* ou *equivocado*. Assim, a par da garantia da segurança jurídica, efetuada por meio da previsão de que os casos iguais serão resolvidos de forma igual, enquanto presentes os mesmos fundamentos, o sistema do direito brasileiro procura evitar o empobrecimento jurídico argumentativo, "permitindo rupturas e dissensos devidamente fundamentados".[140]

Em outra perspectiva, não se pode deixar de ressaltar que a uniformização de jurisprudência nos moldes programados pelo CPC/2015 conclama os tribunais à observância de um regime de maior rigor em relação à técnica de fundamentar os julgados, que seja capaz de fornecer à sociedade balizas mais seguras para a aplicação do direito em todas as instâncias do Judiciário, de molde a criar um "ambiente de *previsibilidade* para os jurisdicionados"[141] (sobre as exigências legais da adequada fundamentação das decisões judiciais, ver, no v. I, o item 766).

614-A. Otimização do sistema de precedente

I – Aspectos qualitativos do precedente

É preciso evitar que os tribunais se limitem a utilizar o sistema de precedentes com vistas tão somente aos princípios da duração razoável dos processos e do tratamento isonômico das demandas massificadas. Para sucesso do programa alvitrado pelo CPC/2015, é importante o empenho na formulação de precedente e de sua aplicação à luz de soluções não apenas quantitativas, mas também e principalmente qualitativas.

O reconhecimento da força do precedente deve ir além dos aspectos formais que aproximem casos aparentemente iguais. Para que o julgado de um caso mereça o reconhecimento de precedente vinculante haverão de ser analisadas suas qualidades intrínsecas, como, por exemplo, a uniformidade dos fundamentos jurídicos invocados para sustentar a tese e a coesão entre os diversos julgadores, em maioria significativa na sua acolhida. Não se pode visualizar apenas a tese de direito assentada. A verdadeira qualidade do precedente não pode ser detectada apenas na exegese da norma de direito aplicada, sendo indispensável a observância de sua conotação com o quadro fático em que o julgamento aconteceu.[142]

Não se presta a uma adequada e justa formação de precedente apenas as razões em que o julgador fundamentou seu decisório, porque elas podem ser incorretas ou imprecisas, ou porque foram formuladas de modo muito amplo, ou muito restrito. É imprescindível o desdobramento da tese jurídica em volta de sua *ratio* e de sua possível distinção em face do novo caso a decidir. Não se tolera a compreensão da *ratio decidendi* sem investigar-se os fatos relevantes para a

---

[140] Enquanto a não aplicação da tese do precedente, por meio da *distinção*, é feita por qualquer juiz, "apenas o Tribunal que cria o precedente deve superá-lo" (COTA, Samuel Paiva; BAHIA, Alexandre Gustavo Melo Franco de Moraes. Modelo constitucional de processo e suas benesses: a reconstrução da teoria dos precedentes no direito brasileiro vs. a compreensão equivocada do seu uso no Brasil. *Revista de Processo*, v. 260, p. 39, out. 2016).

[141] FUX, Luiz; BODART, Bruno. Notas sobre o princípio da motivação e a uniformização da jurisprudência no novo Código de Processo Civil à luz da análise econômica do direito. *Revista de Processo*, v. 269, p. 422, São Paulo, jul. 2017.

[142] TARUFFO, Michele. Precedente e jurisprudência. *Revista de Processo*, v. 199, p. 139-155. São Paulo, set./2011.

resolução da causa. Há de ir-se além da própria escolha feita no precedente, para se aquilatar o que em sua fundamentação ganha dimensões suficientes para universalização.

Os novos casos nunca serão exatamente iguais ao precedente, razão pela qual "a ideia de um sistema de precedentes somente se deixa explicar mediante concepções que conectem a resolução do caso concreto a razões universalizáveis, de modo que sempre que as mesmas razões se repitam, o mesmo direito se realize".[143]

Assim, não pode o uso do sistema de precedentes ser efetuado tão somente como mero instrumento de uniformizar jurisprudência, "mas, sobretudo, como uma ferramenta prática para que, na dimensão dos argumentos e dos fundamentos jurídicos, e não apenas na dos resultados, casos iguais sejam tratados de forma igual e casos diferentes obtenham respostas diferentes. Nessa dimensão, precedentes atraem soluções para casos que não sejam narrativamente idênticos, desde que envolvam os mesmos conceitos e institutos jurídicos".[144]

Pressuposto da funcionalidade, eficiência e prestígio do sistema de precedentes instituído pelo CPC atual – é importante lembrar –, é antes de tudo o cumprimento pelos tribunais do dever, imposto pelo art. 926, do referido Código, de "*uniformizar* sua jurisprudência e mantê-la *estável, íntegra e coerente*".

As súmulas, nesse campo, são remédio eficaz na uniformização da jurisprudência, mas perdem sua natural força se não contar com a estabilidade dos posicionamentos do tribunal que as edita. Jurisprudência *estável*, para os objetivos do CPC, "é aquela que não é alterada constantemente, respeita os precedentes definidos pelos tribunais superiores ou pelo próprio tribunal".[145]

A *coerência* reside na aplicação, aos novos casos, dos mesmos preceitos e princípios observados anteriormente em hipóteses iguais. Com esse expediente, procura-se assegurar a igualdade de tratamento jurídico dispensado pelo Poder Judiciário a todos que demandam a tutela jurisdicional, "impedindo que o juiz atue de forma arbitrária e discricionária".[146]

A exigência de que a jurisprudência seja *íntegra*, por sua vez, diz respeito à necessidade de os precedentes e súmulas serem enunciados, interpretados e aplicados em harmonia com todas as demais normas que formam o sistema do direito vigente.[147] O art. 926 do CPC, portanto, quando exige *integridade* da jurisprudência, o faz, segundo a sempre lembrada lição de Dworkin, segundo a qual os operadores do direito devem se comportar de modo a fazer com que as leis, as decisões judiciais e todos os atos jurídicos se tornem "um conjunto moralmente coerente, protegido contra a parcialidade, as fraudes, as propostas conciliatórias e o favoritismo".[148]

---

[143] SANTOS, Ramon Ouais; PUGLIESE, William Soares. A teoria dos precedentes como uma teoria normativa da jurisdição. *Revista de Processo*, v. 272, ano 42, p. 393, São Paulo, out. 2017.

[144] SANTOS, Ramon Ouais; PUGLIESE, William Soares. A teoria dos precedentes como uma teoria normativa da jurisdição. *Revista de Processo*, v. 272, ano 42, p. 393, São Paulo, out. 2017.

[145] PANUTO, Peter; GONÇALVES, Kenedy Anderson Pereira. Uma análise crítica das súmulas à luz do CPC/15. *Revista de Processo*, v. 327, p. 398, São Paulo, mai./2022.

[146] PANUTO, Peter; GONÇALVES, Kenedy Anderson Pereira. Uma análise crítica das súmulas à luz do CPC/15. Revista de Processo, v. 327, p. 398, São Paulo, mai./2022.

[147] "A integridade exige que os juízes construam seus argumentos de forma integrada ao conjunto do direito, construindo uma garantia contra arbitrariedades interpretativas..." (STRECK, Lenio Luiz *O que é isto? Decido conforme minha consciência?* 5. ed. São Paulo: Livraria do Advogado, 2015, p. 99).

[148] DWORKIN, Ronald. *Apud* NUNES, Dierle José Coelho; *et al*. Os precedentes judiciais, o art. 926 do CPC e suas propostas de fundamentação: um diálogo com concepções contrastantes. *Revista de Processo*, São Paulo, v. 263, p. 335-396, jan.2017.

Nessa ordem de ideias, os principais requisitos para que o regime de precedentes cumpra o papel que o CPC/2015 lhe reserva, são: *(a)* o compromisso dos tribunais com a política de coerência, estabilidade e segurança jurídica na formação de sua jurisprudência (art. 926); *(b)* a elaboração de enunciados de súmula com atenção às circunstâncias fáticas dos precedentes que motivaram sua criação (art. 926, § 2º); *(c)* a compreensão e o emprego adequado das noções de *ratio decidendi*; de identificação entre causas com base nas respectivas fundamentações de fato e de direito; e de *distinção* e *superação* de precedentes[149].

Assim acontecendo, poderemos contar com um sistema de precedentes apto a valorizar, realmente, a função jurisdicional, impregnando-a daquilo que lhe assegure racionalidade e justiça na realização, em juízo, da ordem jurídica.

II – Recomendações do CNJ

Constam da Recomendação nº 134/2022 recompilada pela de nº 143/2023, instruções importantes do CNJ visando orientar a boa aplicação do sistema de precedentes instituído pelo CPC, dentre as quais, exemplificativamente, figuram as seguintes:

(a) "Recomenda-se aos membros de um órgão colegiado que, ao redigir decisões que possam servir como precedente obrigatório ou persuasivo, indiquem tese que espelhe a orientação a ser seguida" (art. 11).

(b) "Recomenda-se que as teses: I – sejam redigidas de forma clara, simples e objetiva; II – não contenham enunciados que envolvam mais de uma tese jurídica; III – indiquem brevemente e com precisão as circunstâncias fáticas as quais diz respeito; Parágrafo único. Recomenda-se que os tribunais desenvolvam na PDPJ ferramentas de busca eficientes para localização do(s) acórdão(s) de que resultou a tese" (art. 13).

(c) "Recomenda-se aos tribunais que se atenham, no juízo de admissibilidade do Incidente de Resolução de Demandas Repetitivas, somente aos requisitos legalmente estabelecidos no art. 976 do CPC/2015, levando em consideração a análise da conveniência quanto à quantidade de processos e ao risco à isonomia" (art. 34, *caput*).

(d) "Recomenda-se que os tribunais analisem a pertinência da realização de audiências públicas e/ou de oitiva de *amici curiae* para fixação de modulação, quando necessária, da tese fixada" (art. 48).

III – Democratização do processo de formação do precedente

Do precedente instituído pelo direito processual brasileiro resultam regras de força *erga omnes*, aplicáveis, além do processo em que a tese for fixada, a todos os demais em que questão igual for repetida. É indispensável, pois, que haja um estágio democrático do processo, no qual se abra oportunidade a um debate público compatível com a multiplicidade de interesses a serem afetados pelo julgamento padrão, antes que esse seja pronunciado.

Por isso, a doutrina especializada preconiza que – na sistemática de julgamento de casos repetitivos e na generalidade dos processos destinados a formar precedente vinculante –, deva ser maximizada a abertura do debate, facilitando a manifestação de terceiros interessados,

---

[149] Advirta-se mais uma vez, no entanto, que é preciso evitar a interpretação de nosso sistema original de precedentes como se tivesse o CPC simplesmente adotado a técnica do *common law*. O sistema nacional é, de fato, o de teses e não o de casos, de modo que o sucesso do esforço de compreensão e aprimoramento do instituto está apenas na dependência de os tribunais desenvolverem, cada vez mais, a técnica de bem redigir as teses e súmulas que coroam o processo formativo dos precedentes previstos nos arts. 926 e 927 do CPC.

principalmente através de audiências públicas e de participação mais ampla e sistemática de *amicus curiae*[150]. O Conselho Nacional de Justiça, por sua vez, nas recomendações endereçadas aos tribunais do país sobre medidas e procedimentos tendentes ao aprimoramento da funcionalidade do sistema de precedentes instituído pelos arts. 926 e 927 do CPC, tem destacado a pertinência de realização de audiências públicas e/ou de oitiva de *amici curiae* quando necessário modular efeitos de tese jurisprudencial, a teor do previsto no art. 927, § 2º, e vários outros dispositivos do CPC.[151]

614-B. Identidade entre o precedente e a causa nova

O fundamento da técnica de julgamento segundo precedente reside na ideia lógico-jurídica de que causas iguais não podem ser julgadas de maneira diferente, sob pena de violação de importantes princípios constitucionais, como os da segurança jurídica, da confiança e da isonomia.

O primeiro problema, portanto, a ser enfrentado pelo julgador obrigado a respeitar o precedente é o da constatação da ocorrência, ou não, de igualdade entre a causa pendente de julgamento e o precedente invocado. As causas, obviamente não se apresentam como entidades simples. Ao contrário, são sempre complexas e integradas por múltiplos elementos subjetivos e objetivos, fáticos e jurídicos. Essa grande complexidade faz que a igualdade absoluta entre diversas demandas seja realmente impossível de se configurar.

O sistema de precedentes implantado pelo CPC/2015 consiste, basicamente, no estabelecimento, em determinados julgamentos, de *tese jurídica*, na qual se revelará a *ratio decidendi*, a ser observada, obrigatoriamente, em casos semelhantes posteriores. Acolheu, portanto, como destaca Luís Roberto Barroso, "a concepção de que os casos *se identificam* ou *se diferenciam* com base: *(i)* nos seus *fatos relevantes*; *(ii)* na *questão jurídica* que submetem à decisão dos tribunais e *(iii)* nos *fundamentos adequados* para enfrentá-la e respondê-la (g.n.).[152]

---

[150] Lembra Cássio Scarpinella Bueno – em análise do IRDR, mas que se aplica a todos os procedimentos formativos de precedentes vinculantes –, que "as audiências públicas e a oitiva do *amicus curiae* merecem ser tratadas como as duas faces de uma mesma moeda, isto é, como técnicas que permitem a democratização (e, consequentemente, a legitimação) das decisões jurisdicionais tomadas em casos que, por definição, tendem a atingir uma infinidade de pessoas que não necessariamente far-se-ão representar pessoal e diretamente no processo em que será fixada a interpretação da questão jurídica que justifica a instauração do incidente ... Aquelas providências, destarte, devem ser compreendidas como medidas *impositivas* para o hígido desenvolvimento do incidente ..." (BUENO, Cássio Scarpinella. *Curso sistematizado de direito processual civil*. 10.ed. São Paulo: Saraiva, 2021, v. 2, p. 520-521). Didier e Temer também falam na necessidade de "ser maximizada", na espécie, "a participação do *amicus curiae* e dos interessados" (DIDER JR., Fredie; TEMER, Sofia. A decisão de organização no incidente de resolução de demandas repetitivas: importância, conteúdo e o papel do regimento interno do tribunal. *Revista de Processo*, São Paulo, v. 258, p. 257-278, ago.2016). Cf., ainda, MENDES, Aluísio Gonçalves de Castro; TEMER, Sofia. O incidente de resolução de demandas repetitivas no Código de Processo Civil, *Revista de Processo*, São Paulo, v. 243, p. 283-331, mai.2015; FERRAZ, Taís Schilling. Intervenções no fluxo de formação e aplicação de precedentes: efeitos sistêmicos das escolhas em demandas repetitivas. *Revista de Processo*, São Paulo, v. 342, p. 339-361, ago.2023.

[151] Recomendação nº 134/CNJ, de 09.09.2022, recompilada pela Recomendação nº 143/CNJ, de 25.08.2023. Tratam da matéria, entre outros, os arts. 138 (repercussão social da controvérsia); 983, § 1º (IRDR); 927, § 2º (alteração de tese ou súmula); 1.038, II (recursos especial e extraordinário repetitivos).

[152] BARROSO, Luís Roberto. O controle de constitucionalidade no direito brasileiro. 8. ed. São Paulo: Saraiva, 2019, p. 129. Segundo o autor, o CPC "previu que fatos diferentes podem ensejar o debate sobre questões diversas (CPC/2015, art. 966, §§ 5º e 6º). E determinou que um precedente só deverá ser aplicado quando o caso subsequente versar sobre a mesma questão de direito do caso anterior e desde que os fundamentos utilizados para decidir o precedente sejam aplicáveis à solução da nova demanda. Do contrário, deve-se proceder à distinção entre os casos (CPC/2015, art. 1.037, §§ 9º e 12)" (BARROSO, Luís Roberto. *O controle de constitucionalidade no direito brasileiro*. 8. ed. São Paulo: Saraiva, 2019, p. 129-130) (g.n.).

Não é, de tal sorte, a completa identidade que impõe a prevalência do precedente. É no plano lógico-jurídico que se localiza a necessidade de uniformidade de solução judicial. Se se tem de seguir, necessariamente, o mesmo plano racional para equacionar a solução de diversas demandas, é óbvio que não se deve conviver com decisões contraditórias. Mesmo que as demandas não se apresentem completamente iguais, o quadro lógico-jurídico, sendo o mesmo, não pode ser desviado das conclusões iguais. A ordem jurídica é sistemática e ávida de coerência interna. Daí que a meta a ser alcançada pela técnica dos precedentes é, sobretudo, a de evitar a contradição entre os julgamentos dos tribunais e juízes, quando produto de um mesmo esquema lógico-jurídico de resolução. A observância do precedente, em tal situação, é imperiosa como remédio não só de uniformização jurisprudencial, mas sobretudo como exigência de impedir a crise inaceitável dos julgamentos contraditórios.

Eis um exemplo concreto que bem explica essa visão do sistema de precedentes:

(a) A 2ª Seção do STJ, diante de controvérsias instaladas no âmbito das Turmas de direito privado sobre a repetição de pagamento indevido subsequente à anulação de cláusula abusiva inserida em contrato de plano de saúde, uniformizou sua jurisprudência em julgamento de recurso repetitivo, mediante reconhecimento da aplicabilidade da prescrição trienal própria da pretensão de "ressarcimento de enriquecimento sem causa" (Cód. Civ., art. 206, § 3º, IV). A *ratio decidendi*, portanto, partiu do raciocínio de que, sendo o pagamento indevido apenas uma espécie do gênero "enriquecimento sem causa", o prazo de prescrição aplicável haveria de ser o previsto para esta última figura, e não o prazo geral do art. 205, estatuído para os casos em que a lei não tenha previsto prazo próprio.[153]

(b) Problema jurídico semelhante surgiu também entre as Turmas de Direito Público do STJ, já então a propósito de cobrança de preço indevido por empresa pública prestadora de serviços de água e esgoto. O julgamento uniformizador da 1ª Seção, em regime de recurso repetitivo, partiu do mesmo raciocínio jurídico adotado pela 2ª Seção: o caso estava sob o regime do Código Civil, e não do direito tributário, devendo ser solucionado pelas normas de direito privado reguladoras da *repetição do indébito*. No entanto, a solução alvitrada foi a de aplicar o prazo prescricional maior (10 anos), ao argumento de que haveria falta, no Código Civil, de prazo menor específico para a pretensão de repetição de indébito. Tudo isso sem embargo de ter constado na fundamentação do acórdão a afirmação de que a cobrança de preço indevido gerara para a prestadora do serviço público um "enriquecimento sem causa". Sendo, porém, a repetição do pagamento sem causa regulada pelo Código Civil separadamente do enriquecimento sem causa, a prescrição específica da pretensão relativa a esta última figura não poderia se estender para a primeira. Daí o enquadramento da repetição do indébito não na prescrição trienal do enriquecimento sem causa (CC, art. 206, § 3º, IV), e sim na prescrição maior, própria das hipóteses para as quais a lei não tenha previsto prazo específico menor (CC, art. 205).[154]

Tendo as duas tentativas de uniformização jurisprudencial se filiado ao mesmo esquema lógico-jurídico, acabaram por chegar a resultados diferentes e contraditórios. As causas, de fato, não eram exatamente iguais, porque uma envolvia empresa pública e prestação de

---

[153] STJ, 2ª Seção, REsp 1.361.182/RS, Rel. p/ ac. Marco Aurélio Bellizze, ac. 10.08.16, *DJe* 19.09.16.
[154] STJ, 1ª Seção, REsp 1.532.514/SP, Rel. Min. Og. Fernandes, ac. 10.05.2017, *DJe* 17.05.2017, Recurso repetitivo, Tema 932.

serviço público, enquanto a outra se referia a empresa privada prestadora de serviços privados. Entretanto, isso era sem relevância, uma vez que a solução em ambas as hipóteses reclamava enfrentamento de uma única questão jurídica – a prescrição da repetição do pagamento indevido – a partir da mesma disciplina legal, o Código Civil e o modo de aplicar a prescrição específica da pretensão de ressarcimento do enriquecimento sem causa.

Descumprindo-se, todavia, a técnica da uniformização de jurisprudência traçada pelo CPC/2015, as duas Seções do STJ acabaram estabelecendo dois precedentes vinculantes contraditórios entre si, sem embargo de deduzidos dentro da mesma racionalidade jurídica. Esse inconveniente teria sido perfeitamente evitado se, em lugar de a 1ª Seção ter resolvido o recurso repetitivo de maneira diferente do que o fizera a 2ª Seção, tivesse encaminhado a divergência à Corte Especial, por meio do incidente de assunção de competência (CPC, art. 947). Aí sim, ter-se-ia logrado a formação de um precedente capaz de cumprir sua dupla função de uniformizar a tese jurisprudencial e de banir a indesejável contradição entre julgados de um mesmo tribunal.

O que não se compatibilizava com o sistema de precedentes era justamente o que afinal acabou acontecendo: duas causas não absolutamente idênticas, mas cuja resolução reclamava a observância da mesma *ratio decidendi* (ou seja, o mesmo esquema lógico-jurídico de decisão), jamais deveriam conviver com soluções tão diferentes como as encontradas pela 1ª e 2ª Seções do STJ, na espécie considerada.

Em suma, causas iguais, para efeito de se cumprir as exigências do regime de precedentes vinculantes, são aquelas que reclamam para solução a observância obrigatória do mesmo raciocínio lógico-jurídico. As eventuais diferenças de elementos presentes nos sujeitos e objeto do processo são irrelevantes, se não interferem na *ratio decidendi*. Se o que se decide é a determinação do prazo de prescrição em relação à repetição de pagamento indevido, pouco importa que uma demanda se refira a empresa pública e outra, a empresa privada; que uma se refira a preço de serviço público de fornecimento de água, e outra, a preço de serviço privado de seguro saúde. Deparamo-nos com duas demandas iguais, para efeito do mecanismo de precedente porque ambas terão de ser solucionadas a partir da aplicação do mesmo sistema jurídico material e das mesmas normas dele extraídas. Qualquer diferença de resultado, *in casu*, produz contradição lógico-jurídica, que o sistema de precedentes não tolera.

Registre-se que a grave divergência noticiada a propósito da prescrição da repetição de indébito, entre a 1ª e a 2ª Seções, foi, posteriormente, afastada em julgamento da Corte Especial do STJ relativo à mesma questão lógico-jurídica, quando aplicada à cobrança indevida de tarifa de telefonia fixa. Prevaleceu, então, a tese antes adotada para os serviços públicos de água e esgoto (prescrição geral de dez anos), e não a específica do enriquecimento sem causa (prescrição especial de três anos), justamente porque não havia razão que justificasse solução diferente para conjunturas iguais. O Colegiado maior do STJ, portanto, assentou a tese geral de que a repetição de indébito, em cobrança de preços excessivos sujeita-se ao prazo decenal do art. 205 do CC, e não ao trienal do art. 206, § 3º, IV, daquele mesmo Código.[155] Eis como a correta identificação da *ratio decidendi* se presta, entre decisões de casos não inteiramente iguais, à fixação de precedente em torno de solução da mesma questão fático-jurídica.

614-C. Precedente e analogia

Já se argumentou que a igualdade de casos, entre o paradigma e o pendente de julgamento, seria obrigatória para que o precedente possa ser utilizado como *norma vinculante* na resolução da nova demanda. Como o tribunal não emite juízos abstratos, mas sempre decide sobre fatos concretos,

---

[155] STJ, Corte Especial, EAREsp 738.991/RS, Rel. Min. Og Fernandes, ac. 20.02.2019, *DJe* 11.06.2019.

a *ratio decidendi* tornada tese obrigatória, tem de ser apurada sempre através de uma comparação entre casos, de que resulte a identidade entre eles, e não apenas uma aproximação analógica.

Assim, defende-se que o precedente, quando é estabelecido em juízo, corresponderia à solução de determinada situação jurídica, que é justamente aquela contida na estrutura completa do caso paradigma, composta a partir da *causa de pedir* (fatos e fundamentos), do *pedido* e demais *circunstâncias* do caso concreto. Ao invocar o precedente, portanto, não seria possível fracioná-lo, "excluindo-o de sua origem",[156] isto é, abordando apenas a tese "abstrativada" dele extraída sem correlacioná-la com a inteireza da situação fático-jurídica cogitada no julgado paradigma.

A afirmação procede, no que se refere à restrição à analogia, mas não pode ser levada ao extremo de condicionar a força do precedente à completa identidade de pedido, causa de pedir e de "todas as circunstâncias" relacionadas com o caso paradigma. O precedente é extraído de um julgado, e o que o decisório resolve limita-se às *questões* (pontos controvertidos de fato e de direito) debatidas no processo. Portanto, o quadro abarcado pelo julgado nem sempre se identifica com todo o cenário fático-jurídico dentro do qual se instalou o conflito que se fez objeto do processo e, consequentemente, da sentença.

O que tem força de lei dentro de um julgado é, na verdade, a resolução da *questão principal* do processo (CPC, art. 503). As circunstâncias que não se tornaram controvertidas no processo não configuraram questão e, por conseguinte, não influíram, pelo menos em princípio, no resultado do julgamento.

Correto, pois, é que a tese extraída do precedente não pode ser aplicada com força vinculante à solução de *questão* que não tenha sido objeto do decisório paradigmático, mesmo porque o limite da autoridade da sentença é o da questão de mérito solucionada. Circunstâncias fáticas e jurídicas que, embora presentes no caso paradigma, nenhuma influência exerceram sobre a formação do precedente, não podem, à evidência, ser tratadas como dado relevante na operação de interpretação e aplicação da tese judicial formulada por meio da *ratio decidendi*. A razão é singela: se sobre a questão não se pronunciou a decisão paradigma, sobre ela não se estabeleceu precedente algum. A *ratio decidendi* dela não sofreu influência alguma.

Pense num caso de alimentos em que se discuta a forma de quantificá-los e de executá-los por averbação em folha de pagamento: a circunstância de o alimentante ser brasileiro numa ação, e estrangeiro noutra, de ser enfermeiro, ou bancário, de residir ou não no mesmo Estado, tudo isto, coincidindo ou não nos dois casos comparados, nenhuma repercussão teria na identificação da *ratio decidendi*, se questão alguma a seu respeito foi cogitada na resolução do caso paradigma. A circunstância fática ou jurídica, cuja variação afasta a aplicação vinculativa da tese extraída do precedente, é, repita-se, somente aquela configuradora de questão resolvida ou a resolver.[157]

Correta, enfim, a assertiva de que o precedente vinculante se aplica aos casos iguais e não aos casos análogos, desde que se entenda por iguais aqueles que envolvam a mesma questão, e por análogos aqueles que tratam de questões não totalmente iguais, mas sim apenas semelhantes

---

[156] LÍSIAS, Andressa Paula Senna. Quais os elementos vinculantes do precedente produzido pelos recursos repetitivos? *Revista de Processo*, v. 323, p. 360, jan./2022.

[157] Imagine-se que numa demanda movida por um banco, o tribunal fixou uma tese sobre como contar o prazo de prescrição da ação executiva cambiária. Posteriormente, um credor não banqueiro discutiu com um mutuário a mesma questão prescricional. Para a interpretação e aplicação do precedente que influência teria ser o credor um banco ou um não banqueiro, se essa qualificação do demandante não foi sequer cogitada pelo caso paradigma, no plano decisório; nem está inserida nas questões propostas na nova demanda?

ou equiparadas por argumentos ou raciocínios de equivalência. Nesse último caso, é razoável admitir que o precedente continua invocável, porém, em caráter persuasivo e não vinculativo.[158]

Na verdade, quando se recorre à analogia para decidir à luz de norma constante de precedente, o que de fato acontece é a constatação judicial de que há uma lacuna no direito jurisprudencial, cujo preenchimento o julgador realiza no caso concreto (diverso daquele anteriormente resolvido), valendo-se da técnica da analogia, e não propriamente da subsunção do caso litigioso à norma estatuída no precedente.[159] Assim, argumentar com o precedente não é o mesmo que aplicar o precedente, nem fazer valer a força vinculante do precedente, muito embora não reste diminuída sua autoridade de fonte de direito.

Mas uma coisa é certa: a importância de cuidar para que restrições à força vinculante do precedente, programada com ênfase, pelo sistema modernizador da eficiência da tutela jurisdicional civil implantado pelo CPC/2015, não sofra restrições e limitações interpretativas desnecessárias e inconvenientes. Quando se trata de garantia fundamental, como a de maior agilidade e eficiência da prestação jurisdicional, as interpretações devem antes ser ampliativas do que restritivas, ou seja, devem cumprir o princípio da máxima efetividade, como ensina Canotilho.[160]

614-D. Técnica operacional do sistema de precedentes: identificação, distinção e superação

I – Identificação

Já vimos que a aplicação do precedente requer o trabalho de identificar a *ratio decidendi* presente na solução dada à questão fundamental debatida na causa anterior e verificar se essa tese também se aplica, com adequação, à resolução pretendida ao objeto do novo processo. Em outras palavras: é preciso verificar se a mesma questão nuclear se repete na demanda atual para justificar que sua resolução se identifique com a definida no precedente[161].

---

[158] Lísias identifica a existência de situações que, embora não julgadas no recurso repetitivo, possam ser beneficiadas pelo aproveitamento racional da fundamentação jurídica da solução do precedente. No entanto, por não terem sido objeto do caso paradigma, entende que "o precedente produzirá apenas influência persuasiva no convencimento do órgão julgador, sem vinculá-lo" (LÍSIAS, Andressa Paula Senna. Quais os elementos vinculantes do precedente produzido pelos recursos repetitivos? *Revista de Processo*, v. 323, p. 361, jan./2022).

[159] "Em se tratando de precedentes judiciais, a utilização da analogia e da redução teleológica pressupõe a existência de uma lacuna no direito jurisprudencial, que se configura quando surge uma questão jurídica nova, que não conta com regulação por nenhum precedente... *a aplicação de uma* ratio decidendi *só existe quando se configurar a mesma questão jurídica que a dirimida pelo precedente*. Só nesse caso haverá incidência de norma precedental" (CHAVES, Marcelo Luz. Aplicação dos precedentes judiciais (III): aplicação da *ratio decidendi* X argumentação com o precedente. *Revista de Processo*, São Paulo, v. 348, fev. 2024, p. 343) (grifos do autor).

[160] CANOTILHO J. J., Gomes. *Direito constitucional e teoria da constituição*. 4. ed. Coimbra: Almedina, s/d, p. 1.187.

[161] "Recomenda-se que os acórdãos proferidos no julgamento do incidente de assunção de competência, de resolução de demandas repetitivas e no julgamento de recursos extraordinário e especial repetitivos contenham: I – indicação de todos os fundamentos suscitados, favoráveis e contrários à tese jurídica discutida; II – delimitação dos dispositivos normativos relevantes relacionados à questão jurídica; III – identificação das circunstâncias fáticas subjacentes à controvérsia, em torno da questão jurídica; IV – enunciação da tese jurídica firmada pelo órgão julgador em destaque, evitando a utilização de sinônimos de expressões técnicas ou em desuso" (art. 12, da Recomendação/CNJ nº 134/2022 recompilada pela Recomendação/CNJ nº 143/2023).

Como evitar que o novo julgamento sofra influência indevida ou imprópria de um precedente mal invocado? Duas operações são praticáveis com esse intuito: *(i)* a *distinção* e *(ii)* a *superação*.

II – Distinção

A distinção (*distinguishing*) – como registra Bortoluci[162] – consiste no principal elemento de *diferenciação* entre o precedente e o novo caso concreto a ser judicialmente solucionado. É a análise comparatística promovida visando à detecção de diferenças substanciais (de fato e de direito) entre os casos cotejados, de modo a evidenciar a *inaptidão* da norma construída no julgamento anterior para conduzir a resolução do novo caso, abrindo, assim, caminho para que este se submeta a um tratamento diferenciado pelo julgador. "Em outras palavras – conclui a referida autora –, as diferenças entre o caso paradigma e o caso em julgamento são tão expressivas, que inviabilizam a aplicação da decisão do passado".[163]

Opera-se a distinção, afastando a incidência do precedente, "quando o caso concreto não tem a mesma tese jurídica do precedente, isto é, o caso concreto não tem fatos semelhantes ou não tem os mesmos fundamentos jurídicos do caso precedente".[164]

Nosso sistema de precedentes encaminha-se, por tradição, para a técnica de estabelecerem-se teses vinculantes naqueles processos pré-ordenados à formação de precedentes (CPC, arts. 926, § 1º; 927, *caput*, inc. II e IV, e §§ 2º e 4º; 984, § 2º; 985, *caput* e § 1º; 986; 987, § 2º; 988, inc. III e § 4º; 1.038, § 3º; 1.039, *caput*; 1.040, inc. III). Muitas vezes, a tese, redigida com respeito à recomendação do art. 926, § 2º, do CPC, revela bem a *ratio decidendi* observada pelo precedente, nos aspectos tanto de direito como de fato. Para a distinção, em tais situações, bastará o cotejo da tese paradigmática com o novo caso a julgar. Mas não são poucos os exemplos de enunciados de teses jurisprudenciais que não identificam por completo as circunstâncias fáticas que influíram na formação da *ratio decidendi* do precedente. E, portanto, o *distinguishing* exigirá uma investigação comparatística com elementos não revelados na tese, mas que foram decisivos para a definição do conflito no rumo identificado pelo enunciado paradigma.

O sistema de teses é uma ferramenta prática e muito útil para facilitar a identificação da jurisprudência dominante e para incrementar a uniformização da interpretação e aplicação da lei, fator relevantíssimo para a segurança jurídica e a confiança no ordenamento positivo do direito. É necessário, porém, que a revelação da atividade normativa complementar desempenhada pela jurisprudência não seja sempre buscada apenas no terreno das teses assentadas pelos Tribunais, mas que, na medida do possível, se faça também através da avaliação de todos os dados circunstanciais, de fato e de direito, que possam ter influenciado, substancialmente, na formação do precedente, no tocante à sua ratio decidendi.[165]

---

[162] BORTOLUCI, Lygia Helena Fonseca. Os precedentes judiciais no Código de Processo Civil de 2015: a operacionalização do *distinguishing* a partir da identificação dos conceitos de *ratio decidendi* e tese jurídica. *Revista de Processo*, v. 322, p. 410, São Paulo, dez/2021.

[163] "Raciocinar por precedentes é, essencialmente, raciocinar por comparações. Comparam-se situações, fatos, hipóteses, qualidades e atributos, e, ao serem feitas as comparações, analogias e contra-analogias são elaboradas para que se possa concluir se tais comparações são fortes o suficiente para que coisas diferentes sejam tratadas de forma igual, ou se são fracas o bastante para que coisas diferentes não sejam tratadas de forma desigual" (HORTA, André Frederico; NUNES, Dierle. Aplicação dos precedentes e *distinguishing* no CPC/2015: uma breve introdução. *In*: DIDIER JR., Fredie *et al.* (coord.). *Precedentes*. Salvador: Ed. JusPodivm, 2015, p. 310).

[164] CRAMER, Ronaldo. *Precedentes judiciais: teoria e dinâmica*. Rio de Janeiro: Forense, 2016, p. 143-145.

[165] "... a aplicação dos precedentes, mediante a técnica da distinção, tem similaridades com a aplicação da lei: primeiro, a partir da interpretação do texto normativo (lei ou precedente), busca-se o suporte fático

Em última análise – esclarece Lucca –, "interpretar e aplicar precedentes em quase nada difere da interpretação e aplicação de normas jurídicas. Em ambos os casos, há um parâmetro decisório prévio que será utilizado se a situação concreta amoldar-se à *fattispecie*. A vantagem do precedente está em proporcionar um parâmetro fático palpável para a compreensão da norma jurídica que se pretende aplicar e garantir que essa norma seja aplicada da forma mais homogênea possível pelos juízes".[166] Mas a operação de identificar a *ratio decidendi* não exige um levantamento completo de todos os dados fáticos do caso paradigmático, mas apenas se deve levar em conta "os fatos relevantes" do caso precedente para cotejo com os fatos igualmente relevantes do caso novo. São relevantes, nessa ordem de ideias, os fatos utilizados, expressa ou implicitamente, como "fundamento" da decisão a que se pretende atribuir a função de precedente, no julgamento do caso superveniente. A *ratio decidendi*, portanto, se estabelece em torno das circunstâncias de fato e de direito que foram determinantes para o julgado pretérito. É, pois, na comparação entre "os fatos relevantes", num e noutro caso, que se viabiliza a operação de identificar e aplicar o precedente, ou de rejeitá-lo por meio da "distinção".

A distinção, em síntese, se dá em torno do quadro circunstancial integrante da questão essencial resolvida no precedente, e tem como objetivo demonstrar que a questão fundamental a ser solucionada compõe-se de elementos de fato e de direito que não coincidem, no todo ou em parte, com os do caso paradigmático. Não cabe, por isso, aplicar a tese (*ratio decidendi*) fixada no precedente ao julgamento do novo processo.[167]

É de se ter em conta, todavia, que, no sistema do *civil law*, a questão que justificou a criação da tese com força de precedente pode ser uma questão puramente de direito, como a controvérsia que se desenvolve em torno da interpretação de um enunciado de lei de sentido impreciso ou lacunoso, ensejando dúvidas e entendimentos contraditórios.

Por outro lado, nos sistemas de *civil law*, a argumentação judicial, principalmente nas Cortes Supremas, é mais ligada à demonstração do enquadramento dos fatos em conceitos jurídicos prévios, quase sempre previstos em lei. É o que a doutrina de direito comparado registra nos sistemas jurídicos de países como Noruega, França, Alemanha, Itália e Espanha, cujas Cortes Superiores (especialmente as não constitucionais) "não costumam detalhar os fatos do caso em julgamento", como registram Summers, Eng, Maccormick, lembrados por Marcelo Luz Chaves.[168]

Ressalte-se, ademais, que esse desapego à factividade, inclusive no Brasil, é institucionalizado, no tocante aos recursos extremos dirigidos ao STF e ao STJ, os quais não comportam discussão sobre questões fáticas, mas apenas sobre as de direito. É por esse motivo, entre outros, que

---

da norma e seu respectivo consequente normativo; depois verifica-se se os fatos do caso se subsomem àquele suporte fático" (CHAVES, Marcelo Luz. A aplicação dos precedentes judiciais (II): distinguindo os casos. *Revista de Processo*, São Paulo, v. 347, jan. 2024, p. 269, nota 10).

[166] LUCCA, Rodrigo Ramina de. *O dever de motivação das decisões judiciais: Estado de direito, segurança jurídica e teoria dos precedentes*. 2. ed. Salvador: JusPodivm, 2016, p. 309-310.

[167] A comparação de casos para fins de aplicação ou não da Súmula é a essência do *distinguishing* e jamais poderá ser vista como manobra de inobservância do precedente, pois "essa é a própria racionalidade intrínseca ao seu uso". De modo que: *(i)* "não aplicar uma súmula porque os fatos de dado caso [fatos determinantes] são estranhos aos fatos que, na origem, justificaram sua edição é a atitude esperada e que resulta da operação aqui em destaque" [a distinção]; e *(ii)* "inobservar súmula é deixar de aplicá-la quando há identidade de fatos entre os que levaram à sua edição e aqueles considerados no novo julgamento. É não aplicá-la quando ela, pela identidade fática e jurídica, merece ser aplicada" (BUENO, Cássio Scarpinella. Dinâmica do direito jurisprudencial no âmbito do CARF (Conselho Administrativo de Recursos Fiscais): interpretação e distinção a partir de sua Súmula 11. *Revista de Processo*, v. 323, p. 377-378, São Paulo, jan./2022).

[168] CHAVES, Marcelo Luz. A aplicação dos precedentes judiciais (II): distinguindo os casos. *Revista de Processo*, São Paulo, v. 347, jan. 2024, p. 267.

a tradição de nosso direito é a formação de precedentes através de teses e não por meio de comparação de julgados, caso a caso.[169]

O CNJ, através da Recomendação nº 134/2022 recompilada pela Recomendação nº 143/2023, traça importantes orientações a respeito do distinguishing, que merecem ser destacadas:

> "Art. 14. Poderá o juiz ou tribunal, excepcionalmente, identificada distinção material relevante e indiscutível, afastar precedente de natureza obrigatória ou somente persuasiva, mediante técnica conhecida como distinção ou distinguishing.
>
> § 1º Recomenda-se que, ao realizar a distinção (distinguishing), o juiz explicite, de maneira clara e precisa, a situação material relevante e diversa capaz de afastar a tese jurídica (ratiodecidendi) do precedente tido por inaplicável.
>
> § 2º A distinção (distinguishing) não deve ser considerada instrumento hábil para afastar a aplicação da legislação vigente, bem como estabelecer tese jurídica (ratiodecidendi) heterodoxa e em descompasso com a jurisprudência consolidada sobre o assunto.
>
> § 3º Recomenda-se que o distinguishing não seja confundido e não seja utilizado como simples mecanismo de recusa à aplicação de tese consolidada.
>
> § 4º Recomenda-se considerar imprópria a utilização do distinguishing como via indireta de superação de precedentes (overruling).
>
> § 5º A indevida utilização do distinguishing constitui vício de fundamentação (art. 489, § 1º, VI, do CPC/2015), o que pode ensejar a cassação da decisão."

III – Superação

O precedente, como fonte de direito (direito jurisdicional), tende à vigência duradoura, mas pode ser extinto ou revogado, a qualquer tempo, tal qual se passa com a lei em sentido estrito. Quem teve poder para estabelecer um precedente tem, naturalmente, poder para revogá-lo ou alterá-lo[170].

No direito anglo-americano, berço do sistema de precedentes, fala-se em *overruling*, quando um precedente perde totalmente sua força vinculante, e em *overriding*, quando ocorre uma limitação do âmbito de aplicação de determinado precedente. Ou seja: pode um precedente ser superado por inteiro, ou apenas em parte.

São exemplos práticos de superação de precedente: a) a *inovação legislativa*, operada pelo advento de lei nova com disciplina diversa daquela traçada pelo precedente; ou pela revogação ou alteração da lei cuja interpretação servia de fundamento ao precedente; b) a *inovação tecnológica* ou mudança do estado da técnica em todas as fases da vida – métodos de produção, métodos

---

[169] "Esse maior apego a juízos de abstração acaba por diminuir o uso do raciocínio 'caso a caso': na argumentação com precedentes no *civil law*, costuma-se recorrer mais a afirmações abstratas sobre questões jurídicas, feitas pela corte ao fundamentar julgamentos anteriores, do que propriamente à aproximação dos fatos materiais de casos precedente e presente. Essa constatação acaba por colocar em xeque, ao menos no contexto do *civil law*, a ideia de que o método da distinção se trata (sic) de um raciocínio puramente analógico" (CHAVES, Marcelo Luz. A aplicação dos precedentes judiciais (II): distinguindo os casos. *Revista de Processo*, São Paulo, v. 347, jan. 2024, p. 267).

[170] "A superação da tese jurídica firmada no precedente pode acontecer de ofício, pelo próprio tribunal que fixou a tese, ou a requerimento dos legitimados para suscitar o incidente, isto é, pelas partes, pelo Ministério Público ou pela Defensoria Pública" (art. 45 da Recomendação/CNJ nº 134/2022 recompilada pela Recomendação/CNJ nº 143/2023).

bélicos, métodos político-administrativos etc.; c) a *mudança de valores* sociais e culturais; e d) o *equívoco interpretativo* desde o seu início.[171]

Pode-se afirmar, em suma, que se mostra possível a superação de um precedente sempre que houver "novas circunstâncias relevantes e intrinsecamente relacionadas a ele, ocasião em que se produzirá um novo precedente", em princípio.[172]

A técnica de superação é indispensável para evitar que o sistema de precedentes provoque o engessamento da ordem jurídica. Assim, como se exige fundamentação adequada e participação ampla na edição de súmulas vinculantes e na formulação de teses nos procedimentos de repercussão geral, como nas ações de controle de constitucionalidade, nos incidentes de resolução de causas repetitivas e nos julgamentos de recursos especial e extraordinário repetitivos, o mesmo cuidado há de ser observado quando da superação ou da alteração do precedente. A mesma preocupação de estabilidade da interpretação e aplicação do direito positivo que levou à concepção do precedente vinculante, se faz presente na oportunidade em que se cogita de seu cancelamento ou modificação.[173] Nada recomenda uma volatividade que justifique alterações de precedentes solidamente estabelecidos, sem que argumentos relevantes demonstrem a conveniência e a necessidade da inovação, e sem que os interessados tenham oportunidade de manifestação.

IV – Procedimentos de superação do precedente

O CPC não traça um procedimento geral para a revisão e superação de precedente vinculante. Prevê, contudo, que a alteração de *tese jurídica* adotada em enunciado de súmula ou em julgamento de casos repetitivos poderá ser precedida de audiências públicas e da participação de pessoas, órgãos ou entidades que possam contribuir para a rediscussão da tese (CPC, art. 927, § 3º).

Dispõe, ainda, que a modificação de *enunciado de súmula, de jurisprudência pacificada* ou de *tese adotada em julgamento de casos repetitivos* observará a necessidade de *fundamentação adequada e específica*, considerando os princípios da segurança jurídica, da proteção da confiança e da isonomia (CPC, art. 927, § 4º).

Dessa forma, qualquer que seja a oportunidade e o processo em que a revogação ou alteração de tese ou súmula vinculante seja posta em discussão, as cautelas e providências preconizadas pelos §§ 3º e 4º do art. 927 do CPC são de observância recomendável.

Da visão sistemática com que o Código cuida da matéria, ao longo da disciplina dos vários institutos específicos de formação de precedentes, conclui-se que há possibilidade de a respectiva *superação* ser alcançada por meio de controle tanto *concentrado* como *difuso*:

---

[171] ROSITO, Francisco. *Teoria dos precedentes judiciais: racionalidade da tutela jurisdicional*. Curitiba: Juruá, 2012, p. 309.

[172] ALVAREZ, Anselmo Prieto; MORTATI, Lucas Cavina Mussi; CURY, Augusto Jorge. Superação da tese jurídica integrante do precedente. In: DANTAS, Marcelo Navarro Ribeiro *et al.* (coord.). *Temas atuais de direito processual*: Estudos em homenagem ao Professor Eduardo Arruda Alvim, São Paulo: ed. RT, 2021, p. 877.

[173] "Como se viu, a própria legislação demonstra que não há risco de engessamento do sistema de precedentes no Brasil, que poderão ser revistos em outra oportunidade. Apesar da intenção de garantir a estabilidade, é sempre possível que a tese seja revista, *muito embora isso não seja desejável a curto prazo e sem alteração das circunstâncias sob as quais se baseou a decisão*" (g.n.) (ALVAREZ, Anselmo Prieto; MORTATI, Lucas Cavina Mussi; CURY, Augusto Jorge. Superação da tese jurídica integrante do precedente. In: DANTAS, Marcelo Navarro Ribeiro *et al.* (coord.). *Temas atuais de direito processual*: Estudos em homenagem ao Professor Eduardo Arruda Alvim, São Paulo: ed. RT, 2021, p. 894.

a) O controle é *concentrado* quando se instaura um procedimento diretamente voltado para rever o precedente, como se estabelece para a revisão de súmulas vinculantes (o procedimento é previsto na Lei 11.417/2006, e no Regimento Interno do STF). Quanto às súmulas não vinculantes e decisões que reconhecem a constitucionalidade de lei em controle concentrado, embora não exista regra que discipline a respectiva superação, o procedimento da Lei 11.417/2006, relativo à revisão das súmulas vinculantes, deve também ser-lhes aplicado por analogia.[174] Há dispositivos sobre o procedimento de revisão de enunciados de Súmula, tanto no Regimento Interno do STJ (arts. 125-127) como no do STF (art. 103).

Os legitimados para propor cancelamento ou revisão de enunciados de súmula vinculante são os mesmos a que a Lei nº 11.417/2006 (art. 3º) confere legitimação para pleitear a edição desses enunciados. A revisão ou cancelamento poderão também ser promovidos de ofício pelo STF (Lei nº 11.417/2006, art. 2º).

b) A superação é *difusa*, quando ocorre incidentalmente no julgamento de um processo individual ou coletivo, em que, a partir do caso concreto, se provoca a revisão de tese anteriormente editada com autoridade de precedente vinculante.

A superação difusa tanto pode partir de iniciativa do Tribunal como de demanda da parte. Há que se fazer, contudo, uma ressalva importante: enquanto a distinção pode ser acatada por qualquer juiz, a superação, total ou parcial, só cabe ao próprio Tribunal que assentou o precedente vinculante.

E mesmo no controle difuso, realizado no bojo de ação individual ou coletiva, recomenda-se que a superação seja decidida mediante prévio e amplo debate, envolvendo democraticamente os vários segmentos sociais interessados na questão de direito em jogo, de maneira a enriquecê-lo e, por via de consequência, legitimando o resultado e o efeito vinculante[175] (CPC, art. 927, §§ 2º, 3º e 4º).

V – Superação ou revisão de tese vinculante formada no sistema de recursos repetitivos

Importantíssimo, nem precisa reiterar, é o papel reservado à jurisprudência na formação, interpretação e integração da ordem jurídica no mundo atual.

Na observação de Luhmann, os julgamentos dos tribunais não se limitam à vinculação apenas à lei. Evidentemente, não podem ignorar as regras editadas pelo legislador. "No entanto, a legislação e a jurisprudência participam do processo da formação e da modificação, da condensação e da confirmação de regras genericamente válidas"[176]. Daí a assertiva – tão mais relevante quando o sistema de precedentes se acha de maneira expressa positivado, como entre

---

[174] CANOTILHO, J. J. Gomes; MENDES, Gilmar Ferreira; SARLET, Ingo Wolfgang; STRECK, Lenio Luiz. *Comentários à Constituição do Brasil*. São Paulo: Saraiva, 2014, p. 1.398; ALVAREZ, Anselmo Prieto; MORTATI, Lucas Cavina Mussi; CURY, Augusto Jorge. Superação da tese jurídica integrante do precedente. In: DANTAS, Marcelo Navarro Ribeiro *et al.* (coord.). *Temas atuais de direito processual*: Estudos em homenagem ao Professor Eduardo Arruda Alvim, São Paulo: ed. RT, 2021, p. 891.

[175] ALVAREZ, Anselmo Prieto; MORTATI, Lucas Cavina Mussi; CURY, Augusto Jorge. Superação da tese jurídica integrante do precedente. In: DANTAS, Marcelo Navarro Ribeiro *et al.* (coord.). *Temas atuais de direito processual*: Estudos em homenagem ao Professor Eduardo Arruda Alvim, São Paulo: ed. RT, 2021, p. 892.

[176] LUHMANN, Niklas. A posição dos tribunais no sistema jurídico. *Ajuris*, Porto Alegre, n. 49, p. 164, jul.1990.

nós (CPC, art. 927) –, de que hoje "o direito deve ser entendido como um 'tripé', formado pela *lei, jurisprudência e doutrina* (princípios)"[177] (g.n.).

Revelada a norma pelo precedente, sua força é a mesma ostentada pelos enunciados da lei, de modo que passa a vigorar, impondo-se à observância não apenas dos juízes inferiores hierarquicamente (força vertical), como do próprio tribunal que a pronunciou como tese vinculante.

Não decorre disso, é óbvio, a impossibilidade definitiva de revisão do precedente eficazmente definido. Mas, para que tal ocorra é indispensável que alterações relevantes verificadas nas circunstâncias de incidência da norma justifiquem a nova tomada de posição normativa jurisprudencial. Não basta, por exemplo, invocar a nova composição do colegiado julgador, e muito menos o inconformismo dos defensores da tese vencida, para se renovar o debate sobre a norma concretizada no precedente legitimamente estatuído. O CPC, com efeito, ao mesmo tempo que reconhece aos tribunais o poder de criar, através de seus julgados, precedentes vinculantes (art. 927), lhes impõem, em função da isonomia e da segurança jurídica, o dever de "uniformizar sua jurisprudência e mantê-la *estável, íntegra e coerente*" (art. 926)[178].

Portanto, para que nova posição seja tomada após a fixação da tese vinculante, é indispensável que a Corte Superior se depare com as circunstâncias técnicas de inaplicabilidade do precedente, "seja por meio da *distinção* – em que se leva em consideração a análise fática do caso concreto a acarretar diferenças na subsunção dos elementos factuais ao precedente (norma) –, seja por meio da *superação* – reservada para a Corte definidora do precedente diante de elementos novos e/ou não considerados expressamente na discussão da tese"[179].

É oportuno destacar a séria advertência doutrinária de que "o magistrado que decide em desacordo com precedentes, sem observância das regras próprias do *overruling*, para satisfazer preferências pessoais, agendas políticas ou até mesmo para que suas habilidades argumentativas ganhem destaque, ameaça diretamente o capital consubstanciado no arcabouço jurisprudencial. A proliferação dessa conduta assistemática transmuda o Judiciário em aparelho disfuncional para a multiplicação de regras socialmente ineficientes"[180].

VI – Necessidade de interpretar e aplicar os precedentes segundo as características do sistema positivado pelo nosso CPC

Encontra-se entre os processualistas quem defenda a ideia de que não basta uma decisão figurar no rol do art. 927 do CPC para que se tenha um verdadeiro precedente. Seria necessária a efetiva observância dos elementos estruturantes idealizados pela doutrina como indispensáveis

---

[177] FAVER, Scilio. O respeito aos precedentes vinculantes e o Tema 1076 do STJ: ausência de motivos para a sua superação. *Revista de Processo*, São Paulo, v. 341, p. 306, jul.2023.

[178] Eis uma significativa lição do STF: "5. A vinculação vertical e horizontal decorrente do stare decisis relaciona-se umbilicalmente à segurança jurídica, que 'impõe imediatamente a imprescindibilidade de o direito ser *cognoscível, estável, confiável e efetivo*, mediante a formação e o respeito aos precedentes como meio geral para obtenção da tutela dos direitos' (g.n.). (MITIDIERO, Daniel. Cortes superiores e cortes supremas: do controle à interpretação, da jurisprudência ao precedente. São Paulo: Revista do Tribunais, 2013) (...) 7. Nessa perspectiva, a superação total de precedente da Suprema Corte depende de demonstração de circunstâncias (fáticas e jurídicas) que indiquem que a continuidade de sua aplicação implicam ou implicarão inconstitucionalidade. 8. A inocorrência desses fatores conduz, inexoravelmente, à manutenção do precedente já firmado" (STF, Pleno, RE 655.265/DF, Repercussão Geral, Rel. p/ac. Min. Edson Fachin, ac. 13.04.2016, *DJe* 05.08.2016).

[179] FAVER, Scilio. O respeito aos precedentes vinculantes e o Tema 1076 do STJ: ausência de motivos para a sua superação. *Revista de Processo*, São Paulo, v. 341, p. 323, jul.2023.

[180] BODART, Bruno; FUX, Luiz. *Processo civil e análise econômica*. Rio de Janeiro: Forense, 2019, p. 162.

à formação da norma do precedente. Desse modo, seria errada, por exemplo, "a redução da *ratio decidendi* à tese jurídica ou à súmula"[181].

Incensurável tal advertência se tivesse sido feita em face do sistema jurídico do *common law*, onde o precedente é construído fundamentalmente sobre a técnica de investigar e definir *a posteriori* a *ratio decidendi* de uma decisão já ocorrida. É que o órgão julgador primitivo, em tal sistemática, não se acha encarregado – ao decidir um caso individual concreto – da normatização, que, no futuro, outros juízes poderão eventualmente extrair do fundamento nuclear da sentença pretérita.

O sistema de precedentes vinculantes do art. 927 do nosso CPC, mormente no que se refere aos casos de repercussão geral e de recursos repetitivos, está programado basicamente para enfrentar o problema das demandas repetitivas, que são causas iguais que se replicam em torno de um mesmo e único problema jurídico. Daí que, desde o momento em que, no próprio processo individual, a repetição é detectada, ou a repercussão geral é antevista, o procedimento toma um rumo especial. Cumulam-se, então, duas metas no bojo do mesmo processo: resolver o conflito individual e fixar, desde logo, a tese generalizante para todas as causas iguais, pendentes e futuras. As teses e os enunciados de súmulas então elaborados pelo órgão julgador, além de criar normas jurídicas complementares à lei e aos costumes, funcionarão como importante instrumento de *uniformização* da jurisprudência do Tribunal e de contribuição necessária para mantê-la *estável, íntegra* e *coerente*, como quer o art. 926, *caput*, do CPC.

É em razão dessa sistemática normativa dos Tribunais de vértice, que o art. 926, § 2º, do CPC, determina que os enunciados de súmula (e obviamente as teses relacionadas com o julgamento de casos repetitivos) atenham-se "às circunstâncias fáticas dos precedentes que motivaram sua criação". Assim, não se pode qualificar como errada a acolhida do enunciado de súmula ou tese, sem a demonstração analítica da *ratio decidendi* das causas de onde se extraíram o precedente. Quando se pretenda afastar, por distinção, a incidência do precedente sumulado, é realmente útil, e às vezes até mesmo necessário, reportar-se à interpretação da tese vinculante, segundo suas origens circunstanciais, tudo no afã de demonstrar que o caso atual não pode ser visto como hipótese inserível no mesmo quadro jurídico paradigmático. A situação, porém, é outra, quando se trata apenas de submeter positivamente uma questão ao enunciado normativo de uma súmula ou tese editada dentro das cautelas do § 2º do art. 926 do CPC. Bastará que se constate a pertinência da tese, por seus próprios termos, à solução do novo caso trazido a julgamento.

Essa é a sistemática do regime de precedentes, típico do *civil law*, quando adotado o regime de precedentes assentado em enunciados de súmula ou teses, como expressamente o faz nosso atual CPC. A operação de aplicação da tese não é diferente daquela em que a decisão se apoia em enunciado de lei. Basta ter em conta o evidenciado pela Constituição, quando acata a súmula vinculante em matéria constitucional (CF, art. 103-A, *caput*)[182] e pelo CPC quando adota igual sistemática no plano do direito infraconstitucional (CPC, arts. 927, IV e 927, III; c/c 984, § 2º, e 985): em todos esses casos a força vinculante é, invariavelmente, atribuída diretamente ao enunciado de súmula ou à tese resultante dos casos repetitivos.

Não se alegue que o art. 927, III, do CPC, atribui força obrigatória aos acórdãos em IAC, IRDR e em julgamento de recursos extraordinário e especial. É que ao disciplinar o julgamento

---

[181] MIRANDA, Victor Vasconcelos. *Precedentes judiciais*: construção e aplicação da *ratio decidendi*. São Paulo: Ed. RT, 2022, p. 284-285.

[182] "O Supremo Tribunal Federal poderá, de ofício ou por provocação, mediante decisão de dois terços dos seus membros, após reiteradas decisões sobre matéria constitucional, aprovar *súmula* que, a partir de sua publicação na imprensa oficial, terá *efeito vinculante* em relação aos demais órgãos do Poder Judiciário e à administração pública direta e indireta, nas esferas federal, estadual e municipal, bem como proceder à sua revisão ou cancelamento, na forma estabelecida em lei" (art. 103-A da CF/88) (g.n.).

desses casos, o Código explicita que o próprio acórdão fixará a *tese* jurídica (*ratio decidendi*) que será de aplicação obrigatória a todos os processos que envolvam a mesma questão de direito (CPC, arts. 985 e 1.040, III).[183]

É claro que se a tese for deficientemente formalizada poderá oferecer dúvida quanto a circunstâncias fáticas em que o julgamento paradigma se deu. Aí sim, a identificação da *ratio decidendi* exigirá a investigação detalhada das referidas circunstâncias, o que não acontecerá quando o Tribunal redigir a tese atento "às circunstâncias fáticas dos precedentes" (sobre esse problema, ver, retro, o subitem II, deste mesmo item).

A nosso ver, portanto, em lugar de negar força imediata às súmulas e teses jurisprudenciais, seria muito mais útil ao aprimoramento do sistema de precedentes adotado pelo art. 927 do CPC, que a doutrina se empenhasse em orientar e estimular os Tribunais Superiores, ou de vértice, a se esmerar na técnica redacional, de modo a bem cumprir a regra do § 2º, do art. 926, do CPC, o que, sem dúvida, muito contribuiria para a maior eficiência dos precedentes vinculantes no processo civil brasileiro.

615. Publicidade e alteração da jurisprudência

Cumpre aos tribunais dar publicidade a seus precedentes. Para facilitar o respectivo conhecimento e melhor alcançar sua compreensão, serão eles organizados por questão jurídica decidida e sua divulgação dar-se-á, preferencialmente, na rede mundial de computadores (CPC/2015, art. 927, § 5º).[184] Em cumprimento a esse mandamento legal, o STJ mantém em seu portal eletrônico as ferramentas de busca "jurisprudência em tese" e "precedentes (vinculantes)", através das quais se procede à divulgação, organizada por matéria, das teses assentadas em sua jurisprudência dominante e nos precedentes vinculantes, seguidas da indicação dos acórdãos em que os enunciados se fundamentaram.

A jurisprudência dominante, mesmo quando sumulada, não se torna imutável. Há, sem dúvida, situações em que o tribunal realmente se vê no dever de mudar a orientação jurisprudencial, em razão de alterações objetivas nas condições históricas, econômicas e sociais. O que ocorre muitas vezes – mas que cumpre evitar – é a modificação de entendimento em função apenas das convicções pessoais do juiz, diante do caso concreto.[185] Algumas cautelas, nessa linha de preocupação, deverão ainda ser adotadas, principalmente quando se cuida de alterar teses reduzidas a enunciados de súmula ou resultantes de julgamento de casos repetitivos. Assim é que:

(a) O tribunal poderá promover audiências públicas, ou recorrer à participação de pessoas, órgãos ou entidades que possam contribuir para a rediscussão da tese sumulada ou assentada em casos repetitivos (art. 927, § 2º). Será uma oportunidade para que a

---

[183] "O IRDR e os Recursos Extraordinário e/ou Especial repetitivos são procedimentos que integram o microssistema de julgamento de casos repetitivos, que visam [especificamente] a promover o adequado tratamento da litigiosidade repetitiva, *a partir da fixação de uma tese jurídica* para aplicação uniforme em todos os casos análogos" (g.n.) (OLIVEIRA JR., Délio Mota de. Participação e a pluralidade de litigantes nos procedimentos de litigiosidade repetitiva: o controle da legitimidade da intervenção dos membros de grupo. *Revista de Processo*, São Paulo, v. 356, p. 216, out. 2024).

[184] "A presença do *stare decisis* exige dois fatores: *(a)* sistema institucionalizado, ou seja, organização de juízes e tribunais em forma hierarquizada; *(b)* existência de sistema de divulgação e publicação com autoridade e oficialidade das decisões para consulta e vinculação no julgamento dos casos futuros" (ZANETI JR., Hermes. *O valor vinculante dos precedentes:* teoria dos precedentes normativos vinculantes. 2. ed. Salvador: JusPodivm, 2016, p. 312).

[185] PEREIRA, Jean Claude O'Donnell Braz; GUEDES, Jefferson Carús. Aspectos da vinculação de precedente no STF. *Revista dos Tribunais*, v. 1.042, p. 227, São Paulo, ago./2022.

importante intervenção do *amicus curiae* ocorra a benefício do aprimoramento da prestação jurisdicional (art. 138).

(b) Admite-se que o tribunal possa modular os efeitos da alteração no interesse social e no de segurança jurídica, na hipótese de modificação de jurisprudência dominante do STF e dos Tribunais Superiores, ou quando oriunda de julgamento de casos repetitivos (art. 927, § 3º).[186]

(c) A modificação de enunciado de súmula, de jurisprudência pacificada ou de tese adotada em julgamento de casos repetitivos observará a necessidade de fundamentação adequada e específica, em respeito aos princípios da segurança jurídica, da proteção da confiança e da isonomia (art. 927, § 4º).[187]

615.1. Modulação da jurisprudência vinculante

Há casos em que fica a critério do Tribunal reconhecer, ou não, a eficácia retroativa da decisão vinculante, segundo um juízo crítico acerca das exigências de repercussão social e de segurança jurídica (ex.: declaração direta de inconstitucionalidade de lei, nos termos do art. 27 da Lei nº 9.868/1999). Há outros, porém, em que, mesmo sem manifestação expressa do Tribunal, é inadmissível pensar em mudança de orientação jurisprudencial com efeitos retroativos, em face, por exemplo, das garantias fundamentais que resguardam os atos jurídicos perfeitos, o direito adquirido e a coisa julgada (CF, art. 5º, XXXVI). E mesmo quando não estejam em jogo estas garantias fundamentais, situações há em que os princípios da segurança jurídica e da defesa da confiança assumem proporções tais que a Constituição não toleraria a aplicação retroativa da alteração do precedente judicial.

É que ocorre universal reconhecimento na atualidade de que a tutela da confiança é vista como *garantia fundamental*, por ser inerente à *segurança jurídica*, que, por sua vez, se apresenta como um dos fundamentos do próprio Estado Democrático de Direito (CF, Preâmbulo) e como alicerce da declaração constitucional dos Direitos e Garantias Fundamentais (CF, art. 5º, *caput*).[188]

Assim, a modulação é necessária, e não apenas facultativa, nos casos de alteração de jurisprudência estabelecedora de precedente vinculante, como, *v.g.*, o gerado por recursos especial e extraordinário repetitivos. É que, na espécie, o precedente assume força normativa, e portanto não pode a sua supressão ou modificação prejudicar os efeitos produzidos sob a regência da tese ulteriormente desconstituída. Tal como a inovação legislativa não pode ter eficácia retroativa, também não pode tê-la a alteração da jurisprudência vinculante. É por isso que, *in casu*, se impõe a modulação com o fito de evitar surpresa e prejuízo para aqueles que

---

[186] "A mutação jurisprudencial tributária de que resulta oneração ou agravamento de oneração ao Contribuinte somente pode produzir efeitos a partir da sua própria implantação, não alcançando, portanto, fatos geradores pretéritos, consumados sob a égide da diretriz judicante até então vigorante (...)" (STJ, 1ª T., REsp 1.596.978/RJ, Rel. Min. Napoleão Nunes Maia Filho, ac. 07.06.2016, *DJe* 01.09.2016).

[187] A necessidade de fundamentação adequada e específica decorre do "imperativo de estabilidade das relações jurídicas" (STRÄTZ, Murilo. Comentário ao REsp 1.416.635/SP. *Revista dos Tribunais*, vol. 957, p. 280, jul. 2015).

[188] Segundo lição de Renato Lopes Becho (*Ativismo jurídico em processo tributário: crise, teoria dos precedentes e efeitos do afastamento da legalidade estrita*. São Paulo: Ed. RT, 2021, capítulo II, p. 49-76), "o fato de a segurança jurídica constar no preâmbulo do texto constitucional faz com que sirva como pressuposto de existência da própria Constituição Federal, regendo toda a interpretação do seu desenvolvimento" (ARAÚJO, Taís Santos de. Superação de precedentes e tutela de confiança depositada na orientação anterior: os casos hipotéticos da falta de modulação e da modulação com critério ilegítimo. *Revista de Processo*, São Paulo, v. 357, p. 388, nov. 2024).

realizaram negócios e ajuizaram demandas confiados no direito jurisprudencial consolidado. Trata-se de uma exigência de segurança jurídica que leva a alteração da jurisprudência vinculante a ter eficácia *ex nunc* e não *ex tunc*. A modulação necessária aqui se impõe como autêntica norma de direito transitório ou intertemporal.[189]

Com efeito, modular a eficácia da jurisprudência vinculante é estabelecer a partir de que momento a norma fixada judicialmente adquirirá força de norma jurídica de aplicação por juízes e tribunais, tendo em vista a necessidade de respeitar a segurança jurídica e a manter a confiança no ordenamento jurídico.

Assim, se a definição do precedente ocorre em momento que o problema jurídico se achava envolvido em clima de franca divergência nos tribunais, a pacificação jurisprudencial tem força declarativa, cuja eficácia alcança todos os conflitos pendentes e aqueles que venham a se estabelecer futuramente. Não tem cabimento cogitar-se de modulação, porque o pronunciamento judicial apenas interpreta norma preexistente, cuja inteligência pela primeira vez se estabeleceu em juízo, de forma definitiva. É que não há situações jurídicas individuais a proteger em razão de terem sido preestabelecidas em confiança à norma jurídica estável, de sentido unívoco e atestado por interpretação consolidada pelo Poder Judiciário.

Em situações como essa, só excepcionalmente se haverá de impor modulação para o futuro, ou seja, mediante determinação de que o precedente só se aplique para os casos surgidos a partir da edição do precedente vinculante. A modulação dependerá de motivação séria, caso a caso, a revelar especiais circunstâncias que, concretamente, comprometam a segurança jurídica, a confiança e a isonomia (art. 927, § 4º). A regra a prevalecer, *in casu*, será, pois, o não cabimento de modulação, regra que só muito excepcionalmente será afastada.

Se, porém, preexistir jurisprudência estável, segura, capaz de gerar confiança geral no entendimento estabelecido pelos tribunais, e, principalmente, se estiver configurado precedente vinculante, nos termos do art. 927, § 4º, do CPC, a modulação, na virada de entendimento judicial, necessariamente terá de acontecer, para não desestabilizar injustamente as situações jurídicas estabelecidas sob a proteção legítima da jurisprudência anterior. Aqui, a modulação, portanto, é regra e não faculdade.[190]

Mesmo que a inovação do precedente vinculante não contenha a cláusula modulante, a nova norma jurisprudencial jamais poderá retroagir para prejudicar o ato jurídico perfeito, o direito adquirido e a coisa julgada, aperfeiçoados sob a regência do precedente revogado ou modificado, tendo em vista a proteção constitucional de que desfrutam (CF, art. 5º, XXXVI). Como adverte Mitidiero, "o limite à retroatividade da alteração do precedente é a existência de coisa julgada em sentido contrário",[191] assim como – acrescentamos – de ato jurídico perfeito ou direito adquirido, os quais se acham acobertados pela mesma garantia que a coisa julgada. A razão para tanto, em todas essas hipóteses é clara, ainda conforme Mitidiero: "sem superação

---

[189] A Lei nº 13.655/2018 incluiu na Lei de Introdução às Normas do Direito Brasileiro (Decreto-lei nº 4.657/1942), o art. 24, que veda, inclusive na esfera judicial, a revisão de ato, contrato, ajuste, processo ou norma administrativa, que tenham produzido efeito definitivo (situações plenamente constituídas) levando em conta "as orientações gerais da época". Cuida-se, portanto, de positivação de norma que, à evidência, se aplica à modulação das inovações jurisprudenciais e administrativas.

[190] MOHRER, Michelie Ris. A modulação puramente prospectiva na alteração do precedente vinculante e da jurisprudência dominante como forma autêntica de preservar os princípios da isonomia e da proteção à confiança. *Revista de Processo*, v. 323, p. 444. São Paulo, jan./2022: "a aplicação da modulação puramente prospectiva para os casos em que há alteração de uma pauta de conduta confiável deve ser a regra, assim como a ausência de modulação quando o precedente nasce de uma questão anteriormente controversa também deve ser a regra".

[191] MITIDIERO, Daniel. *Superação para frente e modulação de efeitos*. São Paulo: Ed. RT, 2021, p. 54.

para frente, a alteração do precedente pode acarretar violação dos princípios da segurança jurídica, da liberdade e da igualdade".[192]

615.2. Modulação abusiva

Na sistemática do controle incidental de constitucionalidade pelo STF e do julgamento de casos repetitivos pelo STJ, o objetivo principal da modulação é, em nome da segurança jurídica, preservar os atos consumados à luz da confiança na pauta de conduta estabelecida pela jurisprudência dominante ao tempo de sua prática (CPC, art. 927, § 3º). É, pois, de todo inadmissível que o Tribunal se valha de tal expediente para legitimar atos que nunca se apoiaram quer em lei, quer em pauta jurisprudencial, mediante invocação de falso pretexto como o de evitar prejuízo ao erário. Mais injustificável ainda é, sob semelhante motivação, declarar a ilegalidade de certa pretensão tributária e modular os efeitos do julgado não só para manter os lançamentos ilícitos efetuados antes da decisão, como também autorizar lançamentos novos igualmente viciados e – o que é pior –, permitir a renovação de lançamentos anteriormente invalidados por sentença passada em julgado.[193] Tudo isso configura, com certeza, séria afronta aos princípios fundamentais da confiança, da segurança jurídica e da irretroatividade das leis e das inovações jurisprudenciais, numa completa subversão do papel institucional atribuído ao mecanismo da modulação possível no controle judicial da constitucionalidade e na edição ou revisão de precedentes vinculantes. Trata-se de puro abuso do poder de modular os efeitos temporais da jurisprudência normativa.

616. A uniformização de jurisprudência no âmbito dos Juizados Especiais

Não sendo cabível o recurso especial para levar ao Superior Tribunal de Justiça as divergências de interpretação e aplicação das leis federais pelos Juizados Especiais, a legislação extravagante que rege a atuação desses juizados concebeu um mecanismo especial de uniformização de jurisprudência para superar o problema do conflito exegético entre as diversas Turmas Recursais que realizam o segundo grau de jurisdição no âmbito dos aludidos Juizados.

Esse remédio aparece no art. 14 da Lei nº 10.259/2001, relativamente ao Juizado Especial da Justiça Federal, e nos arts. 18 e 19 da Lei nº 12.153/2009, no que se refere ao Juizado Especial da Fazenda Pública em vias de implantação na Justiça dos Estados.

A grande novidade é que, sob o nome de "uniformização de jurisprudência", a legislação especial instituiu um meio impugnativo cuja dinâmica é a dos recursos e não a de um incidente que anteceda ao julgamento do recurso pendente, como acontecia no sistema dos arts. 476 a 479 do CPC/1973. No regime da legislação dos Juizados Especiais, a uniformização ocorre *a posteriori* e é provocada pela parte vencida no julgamento do recurso apreciado pela Turma Recursal. O que o impugnante pretende (e pode obter) é o rejulgamento pelo órgão competente para resolver o conflito de entendimentos jurisprudenciais. A exemplo do que se passa nos embargos de divergência, o colegiado competente para a uniformização vai além da definição da tese de direito e pode cassar ou reformar o acórdão que deu origem ao incidente.

Daí a conclusão de que as Leis nºs 10.259/2001 e 12.153/2009 na verdade criaram um novo recurso que a parte vencida pode manejar para, a pretexto de superar a divergência jurisprudencial, alcançar uma nova instância de reapreciação e rejulgamento, com possibilidade de o novo julgamento substituir aquele atacado pelo impugnante.

---

[192] MITIDIERO, Daniel. *Superação para frente e modulação de efeitos*. São Paulo: Ed. RT, 2021, p. 63.
[193] STF, Pleno, RE 1.489.562 RG/PE, Rel. Min. Luís Roberto Barroso, ac. 18.10.2024, *DJe* 23.10.2024; STJ, 1ª Seção, REsp 2.054.759/RS, Rel. Min. Gurgel de Faria, ac. 11.09.2024, *DJe* 22.10.2024.

Quanto à competência, a legislação especial a atribuiu, em regra, a um colegiado formado dentro dos próprios Juizados reunindo as Turmas Recursais entre as quais se estabeleceu a divergência. A Turma de Uniformização, quando o dissídio se travar entre Turmas Recursais subordinadas ao mesmo Tribunal de segundo grau, atuará sob presidência de um juiz coordenador designado pelo Tribunal entre seus membros (Lei nº 10.259/2001, art. 14, § 1º; Lei nº 12.153/2009, art. 18, § 1º).

Se a divergência envolver Turmas Recursais de diferentes regiões dos Tribunais Federais e de diferentes Estados, há previsão legal de competência de colegiados nacionais:

(a) Na Justiça Federal, a Turma Nacional de Uniformização – TNU será composta por dez juízes federais indicados pelos Tribunais Regionais, sob a presidência do Coordenador da Justiça Federal, que é um Ministro do Superior Tribunal de Justiça (Lei nº 10.259, art. 14, § 2º – Regimento Interno, art. 1º). Se a decisão uniformizadora contrariar súmula ou jurisprudência dominante no Superior Tribunal de Justiça, a parte interessada (*i.e.*, o sucumbente) poderá provocar a manifestação do referido Tribunal, a quem competirá a palavra final na solução da divergência (Lei nº 10.259, art. 14, § 4º);

(b) Na Justiça Estadual, a previsão de Uniformização de Jurisprudência só ocorre na Lei nº 12.153/2009, qual seja aquela que regula os Juizados Especiais da Fazenda Pública. A Lei nº 9.099/1995, que disciplina os Juizados Especiais civis, nada dispõe sobre divergência jurisprudencial. A Lei nº 12.153/2009 prevê que a uniformização, em caráter nacional, ou seja, em torno de divergência entre Turmas Recursais de Estados diferentes, ficará a cargo do Superior Tribunal de Justiça (art. 18, § 3º).[194] Também, quando a decisão de Turma Recursal divergir diretamente de súmula do Superior Tribunal de Justiça, o pedido de uniformização será desde logo submetido àquele Tribunal, independentemente da existência de divergência prévia entre Turmas Recursais dos Juizados da Fazenda Pública (Lei nº 12.153/2009, art. 19).

Segundo dispõe o art. 13 do Regimento Interno da Turma Nacional de Uniformização – TNU, que funciona junto ao Conselho da Justiça Federal, o incidente de uniformização, no âmbito dos Juizados Especiais da Justiça Federal deverá ser suscitado, no prazo de quinze dias da publicação do acórdão, perante o Presidente da Turma Recursal ou o Presidente da Turma Regional, conforme o caso.

Como a divergência dos Juizados Especiais Civis Estaduais com a jurisprudência do Superior Tribunal de Justiça não poderia ficar sem solução, o Supremo Tribunal Federal, de uma forma criativa, decidiu que o problema haveria de ser enfrentado e dirimido por meio da reclamação constitucional (CF, art. 105, I, "*f*"),[195] enquanto legislativamente não fosse instituído um mecanismo específico para regular a matéria.[196]

---

[194] Tanto na Lei nº 10.259/2001 como na Lei nº 12.153/2009, a previsão do incidente de uniformização de jurisprudência se restringe às questões de direito material.

[195] Art. 105 da CF: "Compete ao Superior Tribunal de Justiça: I – processar e julgar, originariamente: (...) f) a reclamação para a preservação de sua competência e garantia da autoridade de suas decisões".

[196] STF, Pleno, EDcl no RE 571.572-8/BA, Rel. Min. Ellen Gracie, ac. 26.08.2009, *DJe* 27.11.2009.

Para disciplinar o procedimento da reclamação, na espécie, o Superior Tribunal de Justiça editou a Resolução nº 12, de 14.12.2009,[197] cujo art. 1º prevê que a reclamação deverá ser oferecida no prazo de quinze dias, contados da ciência da decisão impugnada, sendo endereçada ao Presidente do STJ, independentemente de preparo (§ 1º).

Conforme entendimento do STJ lastreado na Resolução nº 12/2009, "somente se admite o ajuizamento de reclamação contra deliberações de Turmas Recursais estaduais quando estiver em confronto com a jurisprudência do Superior Tribunal de Justiça, suas súmulas ou orientações decorrentes do julgamento de recursos especiais processados na forma do art. 543-C do Código de Processo Civil"[198] [CPC/1973], ou seja, nos casos de julgamento de recursos especiais repetitivos. Estabelece o STJ, além disso, outros requisitos para a admissibilidade da reclamação, *in casu*: *(i)* não se conhece da reclamação ajuizada com base na referida resolução quando não indicado na inicial a súmula ou o julgamento divergente sobre o tema, na forma dos recursos repetitivos;[199] *(ii)* tampouco quando a matéria nela suscitada não tenha sido objeto de debate e julgamento na origem, nem sequer quando da apreciação de embargos de declaração opostos.[200]

Por outro lado, a decisão monocrática do relator que não admite a reclamação ou que a julga improcedente nos termos da Resolução nº 12/2009, é havida pelo STJ como irrecorrível.[201]

616.1. A reclamação para o STJ após o advento do CPC/2015

Após a revogação da Resolução nº 12/2009, a matéria relativa à reclamação para o STJ passou a ser regulada por seu Regimento Interno, no que diz respeito à adequação ao CPC/2015, e pela Resolução STJ/GP nº 3/2016, no pertinente às divergências oriundas dos Juizados Especiais, entre as decisões prolatadas em grau de recurso pelas Turmas Recursais Estaduais ou do Distrito Federal e a jurisprudência do STJ.

A regulamentação da matéria, portanto, está assim distribuída pelo STJ:

(a) Regula-se pelos arts. 187 a 192 do RISTJ o procedimento da reclamação "para preservar a competência do Tribunal, garantir a autoridade de suas decisões e a observância de julgamento proferido em incidente de assunção de competência" (art. 187).

(b) Pela Resolução nº 3/2016 foi atribuída às Câmaras Reunidas ou à Seção Especial dos Tribunais de Justiça a competência para "processar e julgar as Reclamações destinadas a dirimir divergência entre acórdão prolatado por Turma Recursal Estadual e do Distrito Federal e a jurisprudência do Superior Tribunal de Justiça" (art. 1º, 1ª parte). Delimitou, a mesma Resolução, o âmbito da divergência justificadora da reclamação endereçada aos Tribunais de Justiça, especificando que tal só ocorrerá quando o conflito pretoriano envolver "jurisprudência consolidada" do STJ, devendo ser considerada como tal aquela assentada em:

---

[197] STJ, *DJe* 16.12.2009. A Resolução nº 12/2009 veio a ser revogada pela Emenda Regimental nº 22/2016, incorporando, assim, a matéria ao Regimento Interno do STJ.
[198] STJ, 3ª Seção, AgRg na Rcl 19.451/SP, Rel. Min. Rogerio Schietti Cruz, ac. 27.05.2015, *DJe* 02.06.2015.
[199] STJ, 2ª Seção, AgRg na Rcl 24.584/SP, Rel. Min. Moura Ribeiro, ac. 27.05.2015, *DJe* 02.06.2015.
[200] STJ, 2ª Seção AgRg na Rcl 24.362/SP, Rel. Min. Moura Ribeiro, ac. 27.05.2015, *DJe* 02.06.2015.
[201] STJ, 2ª Seção, AgRg na Rcl 18.168/GO, Rel. Marcos Buzzi, ac. 27.05.2015, *DJe* 02.06.2015; STJ, 2ª Seção, AgRg na Rcl 14.909/MG, Rel. Min. Maria Isabel Gallotti, ac. 13.05.2015, *DJe* 19.05.2015; STJ, 1ª Seção, EDcl na Rcl 23.977/BA, Rel. Min. Napoleão Nunes Maia Filho, ac. 13.05.2015, *DJe* 21.05.2015.

(i) incidentes de assunção de competência (IAC) e de resolução de demandas repetitivas (IRDR);

(ii) julgamentos de recursos especiais repetitivos;

(iii) enunciados das súmulas do STJ; e

(iv) precedente do STJ de observância obrigatória.

No processamento das reclamações em defesa da jurisprudência do STJ, endereçadas aos Tribunais de Justiça, será aplicado, no que couber, o disposto nos arts. 988 a 993 do CPC/2015 bem como as regras regimentais locais pertinentes (Resolução nº 3/2016, art. 2º).

Cumpre destacar que, na sistemática implantada pelo CPC/2015, o cabimento da reclamação não se limita às hipóteses constitucionais referentes apenas ao STF e ao STJ. Agora, a reclamação tem cabimento, no âmbito dos Juizados Especiais, não só para garantir a autoridade e a competência dos Tribunais Superiores, mas de qualquer outro Tribunal, e, especificamente, para "garantir a observância de acórdão proferido em julgamento de incidente de resolução de demandas repetitivas ou de incidente de assunção de competência" (art. 988, IV).[202]

Destacam-se as seguintes cautelas a serem observadas nas reclamações contra atos das Turmas Recursais dos Juizados Especiais:

(a) quando afrontada a autoridade das decisões do STJ, caso que compreende os enunciados da Súmula do STJ e os seus precedentes firmados em recurso especial repetitivo, dever-se-á observar o esgotamento das instâncias ordinárias dos Juizados Especiais (art. 988, § 5º, II);[203]

(b) quando a ofensa for contra precedente do STJ firmado em assunção de competência, a reclamação caberá desde logo, independentemente do esgotamento das vias ordinárias (art. 988, IV);[204]

(c) em qualquer caso, porém, é preciso que a reclamação seja interposta antes que a decisão impugnada transite em julgado (art. 988, § 5º, I);[205] como muitas vezes o questionamento se volta contra decisão da Turma Recursal, da qual não cabe recurso, o STJ estabeleceu jurisprudencialmente o prazo de quinze dias para ajuizamento da reclamação, a ser contado da ciência da parte da decisão impugnada.[206-207]

---

[202] Prevê o art. 985, I, do CPC/2015, expressamente, que a tese fixada no julgado do IRDR deverá ser aplicada inclusive aos processos individuais ou coletivos que tramitem nos juizados especiais do respectivo Estado ou região.

[203] DIDIER JÚNIOR, Fredie; CUNHA, Leonardo Carneiro da. *Curso de direito processual civil*. 13. ed. Salvador: JusPodivm, 2016. v. 3, p. 555. Segundo jurisprudência do STJ, anterior ao CPC/2015, caberia reclamação, excepcionalmente, quando o órgão recursal do Juizado Especial pronunciasse decisão *teratológica manifesta*, diante de pronunciamentos consolidados do STJ (STJ, 2ª Seção, AgInt na Rcl 9.932/SP, Rel. Min. Raul Araújo, ac. 23.11.2016, *DJe* 02.02.2017).

[204] DIDIER JÚNIOR, Fredie; CUNHA, Leonardo Carneiro da. *Curso de direito processual civil*. 13. ed. Salvador: JusPodivm, 2016. v. 3, p. 555.

[205] DIDIER JÚNIOR, Fredie; CUNHA, Leonardo Carneiro da. *Curso de direito processual civil*. 13. ed. Salvador: JusPodivm, 2016. v. 3, p. 556.

[206] STJ, 1ª Seção, AgInt na Rcl 8.853/PB, Rel. Min. Gurgel de Faria, ac. 26.10.2016, *DJe* 29.11.2016.

[207] Por exemplo, o STJ, antes do CPC/2015, entendia que não se incluíam no âmbito da reclamação formulada com base na Resolução nº 12/2009 "as questões de ordem processual" (STJ, 2ª Seção, AgRg na Rcl 4.682/AL, Rel. Min. Maria Isabel Gallotti, ac. 25.05.2011, *DJe* 1º.06.2011; STJ, 1ª Seção, AgRg na Rcl 7.765/SP, Rel. Min. Herman

617. Súmula jurisprudencial

Ao uniformizar sua jurisprudência, o tribunal deverá editar "enunciados de súmula correspondentes a sua jurisprudência dominante" (art. 926, § 1º, *in fine*). A súmula, embora tradicionalmente não dotada de força de lei, agora sob o regime do CPC/2015, funciona, para os casos futuros, como precedente jurisdicional, a exemplo que se passa com o julgamento de casos repetitivos ou de incidente de assunção de competência (art. 988, IV). E nos demais casos, tem-se apresentado sempre como instrumento de dinamização dos julgamentos e valioso veículo de uniformização jurisprudencial, como evidencia a prática do Supremo Tribunal Federal e do Superior Tribunal de Justiça.[208] Reforçando essa linha, o CPC/2015 vai além e impõe, como regra, o dever de os juízes e os tribunais observarem "os enunciados das súmulas do Supremo Tribunal Federal em matéria constitucional e do Superior Tribunal de Justiça em matéria infraconstitucional (art. 927, IV). Observe-se que a norma legal aqui não fica restrita às sumulas vinculantes instituídas pelo art. 103-A da CF. Abrange todas as súmulas, inclusive as representativas da jurisprudência dominante, aludidas no art. 926, § 1º, do CPC (CPC/2015, art. 927, IV).

A utilidade da súmula é evidenciada, ainda, pelo art. 932, IV, "a", e V, "a", que, para simplificar o julgamento dos recursos, permite ao próprio relator negar-lhes ou dar-lhes seguimento, sem necessidade de ouvir o órgão colegiado, quando a pretensão do recorrente estiver apoiada em tese contrária à súmula do respectivo tribunal ou de Tribunal Superior, ou quando a decisão recorrida for contrária à súmula dos tribunais. O mesmo critério serve, no caso de inadmissão do recurso extraordinário e recurso especial (CPC/2015, art. 1.042). Interposto agravo para o Supremo Tribunal Federal ou para o Superior Tribunal de Justiça, o relator poderá, após prover o agravo para admitir o recurso principal, julgá-lo monocraticamente, tanto para provê-lo como para improvê-lo, conforme a decisão recorrida esteja em confronto ou em consonância com a súmula jurisprudencial dos aludidos Tribunais (CPC/2015, art. 1.042, § 5º, c/c art. 932, IV, "a", e V, "a").

Afinal, o atual Código coloca a súmula, senão como fonte primária de direito, ao menos como fonte subsidiária ou complementar. Daí o rigor com que os tribunais deverão elaborá-la, de maneira que retrate, com adequação, a tese firmada no acórdão, evitando sempre incluir observações secundárias não integrantes do mérito do julgamento retratado no respectivo dispositivo e que não passaram de meros *obiter dicta*.

618. Súmula vinculante

Enquanto as súmulas comuns, antes do CPC/2015, possuíam força obrigatória, ou, em muitos casos, força apenas persuasiva, para juízes e tribunais, a súmula vinculante, instituída

---

Benjamin, ac. 25.04.2012, *DJe* 22.05.2012). Agora, a reclamação é admissível tanto para as questões de direito processual como material, como se deduz do art. 928, parágrafo único do CPC/2015 (DIDIER JÚNIOR, Fredie; CUNHA, Leonardo Carneiro da. *Curso de direito processual civil*. 13. ed. Salvador: JusPodivm, 2016, p. 555).

[208] "Quem quiser conhecer o Direito tal como é realmente aplicado e 'vive', não pode contentar-se com as normas, tem de se inquirir do entendimento que lhe é dado pela jurisprudência. Os precedentes são, pois, uma fonte de conhecimento do Direito. Não, porém, uma fonte de normas jurídicas imediatamente vinculativas" (LARENZ, Karl. *Metodologia da ciência do direito*. Lisboa: Fundação Gulbenkian, 1969, p. 499). Por isso, salvo as constitucionalmente vinculantes, "súmula é cristalização de jurisprudência", não constituindo, em si mesma, uma "norma jurídica" (STF, 1ª T., RE 116.116/MG, Rel. Min. Moreira Alves, ac. 02.09.1988, *DJU* 07.10.1988, p. 25.713) Perante o CPC/2015, entretanto, todos os enunciados de súmulas do STF e do STJ, no âmbito de suas competências constitucionais, adquiriram força vinculante para todos os juízes e tribunais (art. 927, IV), mas essa autoridade refere-se, naturalmente, às súmulas posteriores ao novo CPC.

por meio da Emenda Constitucional nº 45, de 30.12.2004, assumiu força vinculativa que ultrapassa até mesmo a esfera judicial.

Assim, pelo art. 103-A incluído na Constituição pela Emenda nº 45, a súmula de decisões reiteradas do STF, em matéria constitucional, terá *efeito vinculante* em relação aos demais órgãos do Poder Judiciário e perante a "administração pública direta e indireta, nas esferas federal, estadual e municipal".

Para adquirir essa força vinculante, exige-se que a súmula, de ofício ou por provocação, seja aprovada por decisão de dois terços dos membros do STF. Tal eficácia dar-se-á a partir de publicação na imprensa oficial e se restringe à matéria constitucional.

Atribuiu-se à lei ordinária disciplinar o processo de aprovação, revisão e cancelamento das súmulas vinculantes, de acordo com o art. 103-A, *caput*. O art. 7º da Emenda nº 45 marcou o prazo de 180 dias para que o Congresso, por comissão especial mista, elaborasse os projetos necessários à regulamentação da matéria nela tratada.

Quanto às súmulas anteriores, a Emenda nº 45 não lhes conferiu força vinculante. Permitiu, porém, que tal possa vir a acontecer, se o STF as confirmar por dois terços de seus integrantes, e as fizer publicar, em seguida, pela imprensa oficial (art. 8º da Emenda).

É bom ressaltar que o regime especial de súmulas vinculantes foi instituído para aplicação restrita ao STF, não podendo ser estendido ao STJ, muito embora, por lei ordinária, tenha servido como critério simplificador de julgamentos de recursos por meio de decisões singulares de relatores (CPC/2015, art. 932) e para afastar o duplo grau obrigatório de jurisdição (CPC/2015, art. 496, § 4º). Na verdade, porém, a nova sistemática de precedentes vinculantes do CPC veio atribuir a todas as súmulas, tanto do STF como do STJ, força obrigatória, independentemente de sua edição ocorrer nos moldes do art. 103-A da CF (CPC/2015, art. 927, IV). Essa força ampliada, no entanto, alcança as súmulas simples apenas em relação àquelas editadas posteriormente à vigência do Código de 2015.

A norma constitucional instituidora da súmula vinculante foi, finalmente, regulamentada pela Lei nº 11.417, de 19 de dezembro de 2006, publicada no *DOU* de 20.12.2006, com *vacatio legis* de 3 (três) meses. Recomendou-se, ainda, ao STF estabelecer, por meio de seu Regimento Interno, as normas regulamentares necessárias à execução da nova lei, cuja repercussão se deu no âmbito do recurso extraordinário (ver, adiante, o item nº 619).

A diferença atual entre a súmula comum e a vinculante, determinada pelo CPC, reside em que a autoridade desta se protege por meio de reclamação (art. 988, IV), em qualquer tempo, enquanto aquela, mesmo quando de observância obrigatória, não conta com uma tutela tão enérgica e específica. Tampouco, se pode impor à súmula comum observância extraprocessual obrigatória pela Administração Pública (art. 103-A do CF). A vinculação oriunda do art. 927, IV, do CPC/2015 é endereçada apenas aos julgamentos de juízes e tribunais[209].

619. Regulamentação da súmula vinculante

A Lei nº 11.417, de 19.12.2006, regulamentou o art. 103-A da Constituição, com vigência programada para três meses após a respectiva publicação, que se deu no *DOU* de 20.12.2006. O objetivo básico da lei foi o de disciplinar "a edição, a revisão e o cancelamento de súmula vinculante pelo Supremo Tribunal Federal" (art. 1º). Outras providências normativas também foram tomadas, sempre em torno do papel e da força jurídica atribuídos à súmula vinculante. O RISTF tratou do procedimento de edição, revisão ou cancelamento de súmula vinculante

---

[209] O art. 30, da lei de Introdução às Normas do Direito Brasileiro (LINDB) (dispositivo acrescido pela Lei 13.655/2018), prevê que as autoridades públicas também podem editar *súmulas administrativas (caput)*, as quais terão *força vinculante* em relação ao órgão ou entidade a que se destinam, até ulterior revisão (parágrafo único).

nos arts. 354-A a 354-G (acrescidos pela Emenda Regimental nº 46/2011). São os seguintes os pontos relevantes da regulamentação:

I – Destinatários

O efeito obrigatório do enunciado da súmula vinculante do STF, de acordo com a previsão constitucional, se dará não apenas em relação aos demais órgãos do Poder Judiciário, mas alcançará, também, a administração pública direta e indireta, em todas suas esferas (art. 2º).

II – Objeto

A súmula vinculante será extraída de decisões do STF sobre *matéria constitucional* (art. 2º, *caput*) e terá por objeto "a validade, a interpretação e a eficácia de normas determinadas, acerca das quais haja, entre órgãos judiciários ou entre esses e a administração pública, *controvérsia atual* que acarrete grave *insegurança jurídica* e relevante *multiplicação de processos* sobre idêntica questão" (art. 2º, § 1º).

O teor da súmula obriga como lei, mas só atua em campo de interpretação de norma legal já existente. O STF não está autorizado a proceder como órgão legislativo originário. Não pode criar, pelo mecanismo sumular, norma que não tenha sido instituída pelo poder legislativo, nem mesmo a pretexto de suprir lacuna do direito positivo. Na verdade, o que obriga é a lei interpretada pelo STF em súmula de seus julgados. A súmula apenas revela o sentido que tem a norma traçada pelo legislador. Como a Constituição confere autoridade ao STF para tanto, descumprir o enunciado de uma súmula vinculante equivale a violar a lei que a inspirou. Daí falar-se em súmula com efeitos vinculantes.

O STF é uma Corte constitucional, mas nem tudo o que decide se passa à luz de regras constitucionais. No exercício de sua competência, muitas questões serão resolvidas com base em normas de direito comum, em matéria tanto de processo como de direito substancial. Neste terreno, não lhe será permitido estabelecer as súmulas vinculantes de que trata o art. 103-A da CF. Somente as questões de direito constitucional ensejam tais súmulas. Outras questões limitadas ao direito infraconstitucional poderão ser sumuladas, mas sem a força vinculante judicial e extrajudicial, ou seja, nos moldes das súmulas tradicionais, como aquelas a que aludem os arts. 926, § 1º, e 927, IV, do CPC/2015.

III – Pressupostos

Para edição da súmula vinculante exige-se (art. 2º, *caput*, da Lei nº 11.417):

(a) existência de *reiteradas* decisões sobre a matéria no STF (sempre de ordem constitucional);

(b) ocorrência de *controvérsia*, entre órgãos judiciários ou entre esses e a administração pública, que tenha por objeto a *validade*, a *interpretação* e a *eficácia* de normas determinadas; estas podem ser infraconstitucionais, mas as controvérsias a seu respeito devem ter raízes constitucionais;

(c) reflexos da controvérsia que acarretem (i) grave *insegurança jurídica* e (ii) relevante *multiplicação de processos* sobre idêntica questão. Vê-se, mais uma vez, o caráter excepcional da súmula vinculante: nem mesmo o objeto constitucional é suficiente para sua edição; hão de concorrer outros fatores condicionantes, como os riscos para a segurança jurídica e os inconvenientes da intolerável multiplicação de processos em torno de uma só questão constitucional.

IV – Procedimento

A edição, a revisão e o cancelamento de súmula de efeito vinculante não se dão de forma automática. Há um procedimento especial que exige provocação de agente legítimo e que contará sempre com manifestação prévia do Procurador-Geral da República, se dele não tiver sido a proposta (art. 2º, § 2º). Dito procedimento, esboçado pela Lei nº 11.417/2006, se completa com o disposto nos arts. 354-A a 354-G do Regimento Interno do STF (art. 10).[210]

A decisão, tanto para aprovar a edição como a revisão ou o cancelamento da súmula vinculante, dependerá do voto convergente de dois terços dos membros do STF, em sessão plenária (art. 2º, § 3º).

Dentro de dez dias da sessão que editar, rever ou cancelar a súmula vinculante, o enunciado respectivo será publicado, em seção especial, duas vezes: uma no *Diário da Justiça*, e outra no *Diário Oficial da União* (art. 2º, § 4º). É dessa publicação que decorrerá o seu efeito vinculante, e não da sessão do STF que deliberou a seu respeito.

V – Legitimação

A edição de súmula com efeito vinculante pode se dar por deliberação do STF, tomada de ofício, em sessão plenária (art. 2º, *caput*). O mesmo, obviamente, acontece com a revisão ou cancelamento.

O procedimento, seja para editar, rever ou cancelar a súmula vinculante, também pode ser provocado por agente exterior ao STF. Prevê o art. 3º da Lei nº 11.417/2006 que a proposta possa partir dos seguintes legitimados:

(a) Presidente da República;

(b) Mesa do Senado Federal;

(c) Mesa da Câmara dos Deputados;

(d) Procurador-Geral da República;

(e) Conselho Federal da Ordem dos Advogados do Brasil;

(f) Defensor Público-Geral da União;

(g) Partido Político com representação no Congresso Nacional;

(h) Confederação sindical ou entidade de classe de âmbito nacional;

(i) Mesa de Assembleia Legislativa ou da Câmara Legislativa do Distrito Federal;

(j) Governador de Estado ou do Distrito Federal;

(k) Tribunais Superiores, Tribunais de Justiça dos Estados e do Distrito Federal e Territórios, Tribunais Regionais Federais, Tribunais Regionais do Trabalho, Tribunais Regionais Eleitorais e Tribunais Militares.

O Município, diversamente dos legitimados do *caput* do art. 3º, não pode propor a instauração de procedimento autônomo de edição, revisão ou cancelamento de súmula de efeitos vinculantes. Pode, no entanto, fazê-lo, incidentalmente, no curso de processo em que seja parte, sem que isto autorize a suspensão do processo (art. 3º, § 1º).

---

[210] De acordo com o art. 2º da Emenda Regimental nº 46, de 06.07.2011, o procedimento das Súmulas Vinculantes aplica-se às não vinculantes, no que couber.

VI – Amicus curiae

Nos procedimentos de edição, revisão ou cancelamento de enunciados de súmula vinculante, o relator poderá admitir, por decisão irrecorrível, a manifestação de terceiros na questão, observado o que, a propósito, dispuser o Regimento Interno do STF (art. 3º, § 2º).

VII – Vigência

Uma vez publicada na imprensa oficial, a súmula vinculante tem eficácia imediata. O STF, entretanto, pode, por decisão de dois terços de seus membros, alterar o marco inicial dos efeitos vinculantes, designando-o para outro momento. A deliberação haverá de ser fundada em razões de *segurança jurídica* ou de excepcional *interesse público* (art. 4º).[211]

VIII – Processos pendentes

A proposta de edição, revisão ou cancelamento de enunciado de súmula vinculante *não autoriza a suspensão dos processos* em que se discuta a mesma questão (art. 6º).

IX – Processo administrativo

Obrigando a Administração Pública, terão os processos administrativos de se amoldarem aos enunciados das súmulas vinculantes do STF, sob pena de as autoridades envolvidas se sujeitarem à "responsabilização pessoal nas esferas cível, administrativa e penal" (art. 64-B, acrescentado à Lei nº 9.784/1999 pelo art. 8º da Lei nº 11.417/2006).

X – Reclamação

O remédio impugnativo da *reclamação* (CF, art. 102, I, "l") é manejável contra ato judicial ou ato administrativo que contrariar enunciado de súmula vinculante, negar-lhe vigência ou aplicá-lo indevidamente (CF, art. 103-A, § 3º). Observar-se-ão, no processamento da reclamação, as seguintes particularidades preconizadas pela Lei nº 11.417/2006:

(a) a utilização da reclamação, em função de ato praticado em processo judicial ou administrativo, não prejudica o cabimento dos recursos ou outros meios admissíveis de impugnação (art. 7º, *caput*);

(b) quando se tratar de ato da administração pública (comissivo ou omissivo), o uso da reclamação só será admitido após esgotamento das vias administrativas (art. 7º, § 1º).

Julgando procedente a reclamação, o STF poderá: *(i)* anular o ato administrativo; *(ii)* cassar a decisão judicial impugnada, caso em que determinará que outra seja proferida com ou sem aplicação da súmula, conforme o caso.

Se o órgão judicial deixou de aplicar, quando devia, a súmula vinculante, a hipótese é de mandar que outra decisão seja proferida "com aplicação da súmula". Se, porém, a súmula foi indevidamente utilizada, o caso será de ordenar a renovação do julgamento, já, então, "sem aplicação da súmula".

---

[211] A súmula vinculante é de efeito imediato e se aplica aos processos pendentes de julgamento, mesmo aqueles referentes a fatos ocorridos anteriormente a sua edição (STF, Tribunal Pleno, Rcl 8.321, Rel. Min. Ellen Gracie, ac. 13.04.2011, *DJe* 02.06.2011).

Releva notar, outrossim, que o CPC/2015 ampliou o cabimento da reclamação para o âmbito de qualquer tribunal, e não apenas do STJ e do STF, permitindo, assim, que a competência e autoridade de todos eles sejam preservadas e protegidas (art. 988, IV e § 1º).

A reclamação, segundo jurisprudência consolidada do STF, não fica prejudicada pela preexistência de recursos ou outras impugnações judiciais. Não cabe, porém, valer-se dela para atacar decisão judicial transitada em julgado, mesmo que se tenha cometido ofensa a súmulas e precedentes daquela Corte Superior (Súmula nº 734 do STF).[212]

A reclamação, porém, é admissível contra a inobservância apenas da Súmula Vinculante (CF, art. 103-A). As súmulas comuns do STF e do STJ, embora de força obrigatória para juízes e Tribunais, não contam com a garantia imediata da reclamação (CPC/2015, art. 988, III).

---

[212] STF, 2ª T., EDcl. na Rcl 17.788/PR, Rel. Min. Ricardo Lewandowski, ac. 05.08.2014, *DJe* 18.05.2014.

§ 69. INCIDENTE DE ASSUNÇÃO DE COMPETÊNCIA

620. Conceito

Os tribunais raramente decidem com a participação de todos os seus membros. Em regra, os julgamentos são pronunciados por órgãos fracionários, cuja composição numérica varia de acordo com a natureza da causa e conforme as regras do respectivo regimento interno.

O incidente previsto no art. 947 do CPC/2015 tem como objetivo incitar órgão colegiado maior a assumir o julgamento, em determinadas circunstâncias, de causa que normalmente seria de competência de órgão fracionário menor do mesmo tribunal. Presta-se o expediente à prevenção contra o risco de divergência entre os órgãos internos do tribunal em torno de questões de repercussão social que ultrapassam o interesse individual das partes e, por isso, exigem um tratamento jurisdicional uniforme.

O incidente de assunção de competência não é instituto novo no processo civil brasileiro, embora tenha sido tratado com maior cuidado e especificidade no atual CPC. Embora sem o rótulo novo, esse mecanismo processual já era conhecido nos procedimentos do STF e do STJ, e agora se amplia para os julgamentos de todos os Tribunais. Sempre que a matéria discutida em julgamento de recurso, de remessa necessária ou de processo de competência originária envolver relevante questão de direito, revestida de repercussão social, ou a respeito da qual seja conveniente a prevenção ou a composição de divergência entre câmaras ou turmas do tribunal, o relator, de ofício ou a requerimento da parte, do Ministério Público ou da Defensoria Pública, poderá suscitar o incidente, propondo que o processo seja julgado pelo órgão colegiado indicado pelo regimento interno do Tribunal (CPC/2015, art. 947, *caput* e § 1º).

Trata-se de um deslocamento interno de competência, para que o órgão colegiado especial, com *quorum* representativo, julgue o processo com força vinculativa a todos os juízes e órgãos fracionários a ele ligados. O incidente mostra-se em consonância com o espírito do CPC/2015 de uniformizar a jurisprudência, a fim de garantir a segurança jurídica e a previsibilidade da interpretação do ordenamento jurídico vigente no país, evitando que matérias semelhantes sejam decididas de forma conflitante nos diversos tribunais.

Cumpre, de certa forma, o mesmo objetivo do incidente de resolução de demandas repetitivas, com um destaque, todavia, visto que a assunção ocorre em caráter preventivo, quando ainda não se instalou a pluralidade de entendimentos em decisórios de diferentes processos (art. 947, *in fine*), dado este que é requisito do último incidente. Esclarece o art. 947, a propósito, que a assunção cabe diante de questão de direito, com grande repercussão social, mas "sem repetição em múltiplos processos" (para melhor distinção entre os casos de cabimento do incidente de assunção de competência e de resolução de demandas repetitivas, ver o item nº 699, a seguir).

A assunção de competência possui clara afinidade procedimental com a arguição de inconstitucionalidade, eis que o julgamento da matéria também é direcionado ao órgão superior àquele que, inicialmente, era o competente para decidir, a fim de conferir-lhe força vinculativa. Entretanto, os incidentes se distinguem no que se refere à extensão do objeto da análise. Enquanto na arguição de inconstitucionalidade o órgão colegiado analisará somente a tese que fundamenta a controvérsia, sem imiscuir-se nas especificidades do caso concreto, na assunção de competência o objeto do julgamento será a própria lide levada a conhecimento ao Poder Judiciário. Mas é justamente a relevância e a repercussão social da questão de direito envolvida, bem como a potencialidade de gerar (ou a já existente) divergência entre as câmaras ou turmas do tribunal que justificam e até mesmo impõem a sua análise por um colegiado maior.

620-A. Natureza jurídica

Diversamente do que se passa com o incidente de demandas repetitivas (IRDR) – que se destina, precipuamente, à fixação de uma *tese de direito* e que tem como pressuposto a preexistência de *várias causas* a envolver a mesma *questão de direito*, podendo a *tese* ser definida até mesmo sem julgamento da causa principal se a parte desistir dela –, o incidente de assunção de competência (IAC) se destina a extrair da solução de *um caso concreto*, o enunciado que permita aplicação normativa a futuros processos em que surja questão igual à do caso paradigma.

Dessa maneira, o IRDR cumpre sua função uniformizadora da jurisprudência de maneira objetiva, e não necessariamente mediante o julgamento de um caso padrão. Já o incidente de assunção de competência opera como mecanismo de transformação do julgamento de um caso subjetivamente resolvido, em precedente vinculativo. Desse modo, extrai-se uma *ratio decidendi* utilizável para todos os casos futuros em que a mesma questão volte a ser objeto de disputa.

Tem-se, portanto, no IAC, um procedimento incidental, em que se resolve uma *causa*, subjetivamente identificada, de cuja resolução, entretanto, se extrai um padrão decisório para causas similares.

É, pois, o que se pode qualificar juridicamente como técnica de julgamento de *causa-piloto*, qual seja aquele em que o tribunal resolve um litígio subjetivo, fixando um padrão decisório para outras demandas em que a mesma questão volte a se fazer presente.[213]

621. Pressupostos

Diante da norma do art. 947 do CPC/2015, conclui-se que a assunção de competência está condicionada aos seguintes pressupostos:

(a) o processo, para justificar o incidente, deverá encontrar-se em estágio de julgamento em curso, de sorte que, se o resultado já foi proclamado, não haverá mais possibilidade de instaurar-se o incidente;

(b) a divergência não pode ser entre posições de juízes e tribunais diversos, haverá de ser apenas entre órgãos do próprio tribunal;

(c) o incidente ocorre sobre questão que não se repete ainda em múltiplos processos.

622. Procedimento

I – Requisitos

Não é todo e qualquer recurso, remessa necessária ou processo de competência originária que poderá ser objeto de assunção de competência. É essencial que a questão de direito envolvida na lide *(i)* seja relevante, *(ii)* tenha grande repercussão social, *(iii)* não haja sido repetida em múltiplos processos, *(iv)* de modo a tornar conveniente a *prevenção* ou a *composição* de divergência entre câmaras ou turmas do tribunal.

II – Legitimidade

O incidente pode ser suscitado pelo relator, de ofício, ou a requerimento da parte, do Ministério Público ou da Defensoria Pública (art. 947, § 1º). Como se vê, o CPC/2015 ampliou o rol dos legitimados, uma vez que o art. 555, § 1º, do CPC/1973 conferia legitimidade tão somente ao relator.

---

[213] Para melhor compreensão da diferença entre *causa-modelo* e *causa-piloto*, ver, adiante, o item 695.

O IAC é instaurável em processo em curso perante qualquer tribunal, inclusive os Tribunais Superiores (RISTJ, art. 14, III; RISTF, art. 22, parágrafo único).

III – Fases do procedimento

O incidente se desdobra em duas fases, cabendo ao relator, na primeira, deliberar, de ofício ou a requerimento, sobre o cabimento e a conveniência da submissão da causa ao julgamento do órgão regimentalmente encarregado da uniformização da jurisprudência do tribunal (art. 947, § 1º).

Numa segunda fase, os autos são remetidos àquele órgão maior, a quem caberá a decisão sobre a ocorrência ou não do interesse público na assunção de competência proposta (art. 947, § 2º). Negada esta, o processo retornará ao órgão fracionário primitivo. Reconhecida, o colegiado *ad quem* julgará o recurso, a remessa necessária ou o processo de competência originária, de onde surgiu o incidente (art. 947, § 2º).

Integrando a assunção de competência o microssistema instituído pelo CPC/2015 para o estabelecimento de precedentes jurisprudenciais vinculantes, parece-nos razoável entender que se aplica, analogicamente, ao incidente do art. 947, a regra dos arts. 976, § 1º, e 998, parágrafo único, segundo a qual a desistência do recurso não impede o exame da questão que o motivou.[214] Aliás, os diversos procedimentos destinados à formação de precedentes ou padrões decisórios formam, dentro do sistema do CPC/2015, um microssistema que permite uma comunhão de requisitos, de procedimentos e de efeitos (ver, *retro*, o item 612).

IV – Julgamento do IAC

Dever-se-ão observar no IAC as mesmas etapas do julgamento do IRDR:[215]

(a) o relator exporá a questão objeto da assunção de competência;

(b) os interessados poderão produzir sustentação oral, nos moldes do inc. II do art. 984;

(c) seguir-se-á o pronunciamento do voto do relator, no qual, sendo acolhido o IAC, proporá a tese que irá assumir a força de precedente vinculante, a exemplo do que se passa com o julgamento do IRDR (art. 985) e dos recursos repetitivos (art. 1.039);

(d) colhidos os votos dos membros do colegiado, lavrando-se o acórdão que poderá acolher ou não o IAC, e, em caso positivo, fixará a tese, correspondente à *ratio decidendi* que sustentou a solução do caso paradigma, para os fins do art. 927, III.

623. Efeitos da decisão

O acórdão proferido pelo órgão colegiado competente vinculará todos os juízes e órgãos fracionários. Referida vinculação apenas não ocorrerá se houver revisão de tese pelo próprio órgão colegiado que o julgou (art. 947, § 3º). De tal sorte, o incidente, além de coibir divergências internas no tribunal, cumprirá a função de expandir a tese assentada, tornando-a vinculante para todos os seus órgãos, bem como para todos os juízes a ele subordinados (sobre a revisão da tese firmada pelo tribunal, ver nº 615, *retro*).

Contra qualquer decisão proferida, em qualquer processo e grau de jurisdição – dentro da circunscrição presidida pelo tribunal responsável pela edição do precedente obrigatório oriundo de IAC, IRDR ou recursos especial ou extraordinário repetitivos –, que se recuse a respeitá-lo,

---

[214] LEMOS, Vinícius Silva. O incidente de assunção de competência: o aumento da importância e sua modernização no Novo Código de Processo Civil. *Revista Dialética de Direito Processual*, nº 152, p. 116.

[215] CARVALHO, Fabiano. *Comentários ao Código de Processo Civil*. São Paulo: Saraiva, 2022, v. XIX, n. 254, p. 436-438.

caberá *reclamação*, nos moldes do art. 988, IV, enquanto o decisório impugnado não transitar em julgado (art. 988, § 5º, I) (sobre essa reclamação, v., adiante, o item 713).

O julgamento do IAC faz coisa julgada, no que se relaciona aos efeitos da resolução do mérito da causa paradigma, entre as partes da ação originária. A tese fixada não assume tal autoridade, embora seja de observância *erga omnes* em processos de objeto similar. É que se sujeita à revisão e superação, a qualquer tempo, nos seus efeitos externos ao processo de que se originou.

Mas, enquanto não for revista ou superada, a tese firmada no IAC terá sua autoridade garantida por meio de reclamação endereçada ao tribunal que a editou.[216]

---

[216] CARVALHO, Fabiano. *Comentários ao Código de Processo Civil*. São Paulo: Saraiva, 2022, v. XIX, n. 97, p. 181.

§ 70. INCIDENTE DE ARGUIÇÃO DE INCONSTITUCIONALIDADE

624. O controle da constitucionalidade no direito brasileiro

No direito brasileiro, o controle da constitucionalidade das leis é feito de duas maneiras distintas pelo Poder Judiciário: pelo controle *incidental* e pelo controle *direto*. Dá-se o primeiro quando qualquer órgão judicial, ao decidir alguma causa de sua competência, tenha que apreciar, como preliminar, a questão da constitucionalidade da norma legal invocada pela parte. A segunda espécie de controle é da competência apenas do Supremo Tribunal Federal e dos Tribunais dos Estados e refere-se à apreciação da lei em tese. Aqui, o vício da inconstitucionalidade é diretamente declarado, como objeto de ação específica; por isso, fala-se em "ação declaratória de inconstitucionalidade".

Ao Supremo Tribunal Federal compete, com exclusividade, a declaração direta de inconstitucionalidade de leis ou atos normativos federais ou estaduais, em face da Carta Magna federal (Constituição Federal, art. 102, I, "a", alterado pela Emenda Constitucional nº 3, de 17.03.1993). E aos Tribunais de Justiça dos Estados, a de leis ou atos normativos estaduais e municipais, em face da Constituição local (Constituição Federal, art. 125, § 2º). Na competência do Supremo Tribunal Federal, figuram duas ações: uma de natureza impugnativa, que é a *ação direta de inconstitucionalidade* e outra de feitio afirmativo, que vem a ser a *ação declaratória de constitucionalidade*.[217] Para a Justiça estadual, a Constituição apenas prevê a ação repressiva, ou seja, a de declaração de inconstitucionalidade.

Diversamente do que se passa nas ações diretas de inconstitucionalidade, a declaração incidental, em qualquer tribunal do país, pode acontecer em relação a qualquer lei ou ato normativo, e não apenas aos locais. Assim, uma lei federal pode perfeitamente ser recusada como inconstitucional por tribunal estadual, mas a declaração somente operará efeito para o caso dos autos. De maneira alguma, um acórdão de tribunal inferior ao STF anulará lei federal por inconstitucionalidade, com eficácia *erga omnes*.

625. Regulamentação legal

I – Ação de declaração de inconstitucionalidade (controle direto)

O controle direto ou por via principal, de competência do Supremo Tribunal, era subordinado, ao tempo da Constituição de 1967, à representação privativa do Procurador-Geral da República. A disciplina legal dessa representação consta da Lei nº 4.337, de 01.06.1964, modificada pela Lei nº 5.778, de 16.05.1972. O procedimento acha-se previsto no Regimento Interno do Supremo Tribunal. Após a Constituição de 1988 (art. 103, com as alterações da Emenda Constitucional nº 45, de 30.12.2004), a legitimação para propor a ação direta de declaração de inconstitucionalidade, perante a Suprema Corte, foi ampliada para:

      I – o Presidente da República;

      II – a Mesa do Senado Federal;

      III – a Mesa da Câmara dos Deputados;

---

[217] A arguição de descumprimento de preceito fundamental é outro remédio de controle da Constitucionalidade em que o Supremo Tribunal Federal pode atuar contra atos ofensivos a Constituição, mesmo quando não se trate de lei, ou seja, quaisquer atos do Poder Público que se venham contrastar com preceitos fundamentais editados pela Lei Suprema. Sua regulamentação consta da Lei nº 9.882, de 03.12.1999. Entre as ações de controle direto da constitucionalidade, há, ainda, a ação direta de inconstitucionalidade por omissão (Lei nº 9.868/1999, c/ o acréscimo da Lei nº 12.063, de 27.10.2009).

IV – a Mesa da Assembleia Legislativa ou da Câmara Legislativa do Distrito Federal;

V – o Governador de Estado ou do Distrito Federal;

VI – o Procurador-Geral da República;

VII – o Conselho Federal da Ordem dos Advogados do Brasil;

VIII – partido político com representação no Congresso Nacional;

IX – confederação sindical ou entidade de classe de âmbito nacional.

Nos casos em que a ação não seja de sua iniciativa, o Procurador-Geral deverá ser previamente ouvido pelo Supremo Tribunal Federal (Constituição Federal, art. 103, § 1º).

A defesa da lei federal arguida de inconstitucionalidade caberá ao Advogado-Geral da União, que, para tanto, será citado (Constituição Federal, art. 103, § 3º).

II – Incidente de declaração de inconstitucionalidade (controle indireto)

A declaração incidental de inconstitucionalidade em tribunal só é possível, por regra constitucional, quando pronunciada pelo voto da maioria absoluta de seus membros ou dos membros do respectivo órgão especial (art. 97 da CF).

O preceito, todavia, deve ser aplicado de modo a ajustar-se ao rigor formal preconizado pelo Supremo Tribunal Federal, que não admite a declaração de inconstitucionalidade senão quando o Plenário ou o Órgão Especial tenha se reunido "com o fim específico de julgar a inconstitucionalidade de uma lei ou ato normativo".[218] Para se cumprir a orientação do STF, a "reserva de plenário" exigida pelo art. 97 da Constituição só será validamente observada quando a convocação do Pleno ou do Órgão Especial tiver sido feita para o enfrentamento da arguição incidental de inconstitucionalidade. Mesmo, portanto, quando o processo pendente corra perante o Tribunal Pleno, a convocação para a sessão de julgamento haverá de incluir, com destaque, o incidente de declaração de inconstitucionalidade, a ser apreciado e decidido em caráter prejudicial.

A aplicação do que nele resultar assentado poderá, por economia processual, dar-se, em sequência na mesma sessão, no julgamento do processo principal, mas sempre depois de ter sido cumprido o prévio procedimento dos arts. 948 a 950 do CPC/2015. Somente não se procederá à instauração do incidente de inconstitucionalidade, perante o Pleno do Tribunal local ou o órgão especial, se anteriormente já houver pronunciamento deste ou do Pleno do STF sobre a questão da inconstitucionalidade (art. 949, parágrafo único).

Aos Estados compete disciplinar a ação declaratória de inconstitucionalidade perante a carta local. A Constituição Federal recomenda apenas que não se pode enfeixar a legitimação para agir em um único órgão (art. 125, § 2º).

626. O incidente de arguição de inconstitucionalidade nos tribunais

Como já visto, por disposição da Carta Magna da República, a inconstitucionalidade de lei ou ato do poder público só pode ser declarada pelo voto da maioria absoluta dos membros do Tribunal (art. 97). Assim, quando a apreciação do caso principal estiver afeto à Câmara, Turma ou outro órgão parcial do tribunal, o incidente de inconstitucionalidade determinará a suspensão do julgamento para a ouvida do Tribunal Pleno, tal como, em regra, ocorre com o incidente de resolução de demandas repetitivas (CPC/2015, art. 982, I).

---

[218] STF, Pleno, Rcl 7.218-AgR/AM, Rel. Min. Ricardo Lewandowski, ac. 24.11.2010, *DJe* 11.02.2011.

Se o caso principal já estiver sob a apreciação do Pleno, é claro que não haverá qualquer protelação do julgamento, pois a preliminar será decidida na própria sessão de julgamento do feito.

Nos Tribunais de Justiça muito numerosos (com mais de vinte e cinco membros), autoriza a Constituição que as atribuições do Pleno sejam exercidas por um órgão interno especial, composto de no mínimo onze e no máximo de vinte de cinco juízes, provendo-se metade das vagas por antiguidade e a outra metade por eleição do Tribunal Pleno (art. 93, XI, com as alterações da Emenda Constitucional nº 45, de 30.12.2004).

Se a questão de inconstitucionalidade já houver sido decidida anteriormente pelo colegiado ou pelo Supremo Tribunal Federal, não é necessário reiterá-la em cada novo processo que verse sobre a mesma matéria. Os órgãos fracionários, a que couber a competência para o recurso ou a causa, proferirão o julgamento, sem suscitar o incidente do art. 949, parágrafo único.

627. Objeto da arguição de inconstitucionalidade

A arguição pode ser sobre a inconstitucionalidade de lei ou ato normativo do poder público (CPC/2015, art. 948). Atingem-se, portanto, a lei ordinária, a lei complementar, a emenda à Constituição, as Constituições estaduais, a lei delegada, o decreto-lei, o decreto legislativo, a resolução, o decreto ou outro ato normativo baixado por qualquer órgão do poder público.

Para verificação do incidente, não se distingue entre lei estadual, federal ou municipal. E o conflito também pode ser entre a lei local e a Constituição tanto do Estado como da União. O processamento do incidente será sempre da mesma forma.

628. Iniciativa de arguição

Cabe a iniciativa de propor o incidente de inconstitucionalidade às partes do processo, inclusive aos assistentes. Igual poder assiste ao Ministério Público, seja como parte, seja como *custos legis*. Finalmente, é legítima também a suscitação *ex officio* do incidente pelo relator ou por outros juízes do órgão do tribunal encarregado do julgamento da causa principal.

629. Momento da arguição

Enseja a arguição qualquer processo sujeito a julgamento pelos tribunais: recursos, causas de competência originária ou casos de sujeição obrigatória ao duplo grau de jurisdição.[219]

Tratando-se de matéria de direito, não há preclusão da possibilidade de provocar a apreciação da inconstitucionalidade. Pode, pois, a parte argui-la na inicial, na contestação, nas razões de recurso, em petição avulsa e até "em sustentação oral, na sessão de julgamento".[220]

O Representante do Ministério Público poderá formular a arguição em qualquer momento que lhe caiba falar no processo.

Os juízes componentes do tribunal poderão suscitar *ex officio* o incidente como preliminar de seus votos na sessão de julgamento do feito. A estes, porém, cabe apenas a proposição do incidente, não, porém, a decisão singular da respectiva instauração. Ao órgão colegiado fracionário do Tribunal é que toca deliberar, coletivamente, sobre o encaminhamento, ou não, do processo para o Órgão Especial, competente para apreciação e julgamento do incidente.

---

[219] O incidente, como é óbvio, não tem aplicação no primeiro grau de jurisdição. Isso não exclui, todavia, a possibilidade de o juiz singular acolher arguição da espécie, ao decidir causas em primeira instância.
[220] BARBOSA MOREIRA, José Carlos. *Comentários ao Código de Processo Civil*. 11. ed. Rio de Janeiro: Forense, 2003, v. V, n. 28, p. 37.

Salvo caso em que a provocação seja de sua própria iniciativa, o Ministério Público será sempre ouvido sobre a arguição de inconstitucionalidade, antes da decisão pela Turma ou Câmara, a que tocar o conhecimento do processo (CPC/2015, art. 948). As partes também, em qualquer caso, serão ouvidas, para cumprir a garantia do contraditório.

630. Competência para apreciar o cabimento do incidente

A arguição é feita perante o órgão do tribunal encarregado do julgamento do processo (Turma ou Câmara). Esse órgão parcial não tem competência para declarar a inconstitucionalidade, mas pode perfeitamente reconhecer a constitucionalidade da norma impugnada e a irrelevância da arguição dos interessados.

Assim, "se a arguição for rejeitada, prosseguirá o julgamento" da causa (CPC/2015, art. 949, I). E a decisão é irrecorrível.

Mas, se o órgão judicial der acolhida à arguição, a questão será submetida ao plenário do tribunal ou ao seu órgão especial, onde houver (CPC/2015, art. 949, II).

Quando o incidente tiver sido provocado pelas partes com a necessária antecedência, o Ministério Público já terá sido ouvido antes da sessão de julgamento. Mas quando suscitado no voto de algum juiz, na própria sessão, a decisão do incidente terá que ser adiada para cumprir-se o disposto no art. 948, que manda ouvir-se, previamente, o Ministério Público e as partes.

631. O julgamento da arguição

Compete ao Tribunal Pleno, ou ao órgão especial que fizer as suas vezes, julgar a prejudicial de inconstitucionalidade de lei ou ato normativo do poder público. O julgamento é puramente de direito, em torno da questão controvertida. Não há devolução da matéria de fato, nem de outras questões de direito não atingidas pela arguição de inconstitucionalidade.

O tribunal, no entanto, não fica adstrito aos fundamentos atribuídos à pretensa inconstitucionalidade pelo suscitante do incidente. Como ensina Barbosa Moreira, "não há que cogitar de vinculação do tribunal a uma suposta *causa petendi*, até porque a arguição não constitui pedido em sentido técnico, e as questões de direito são livremente suscitáveis, *ex officio*, pelos órgãos judiciais, na área que lhes toque exercer atividade cognitiva".[221]

Por isso, o tribunal pode não reconhecer a incompatibilidade alegada pela parte, mas declarar a inconstitucionalidade da lei frente a outro dispositivo de natureza constitucional. Os votos dos membros do tribunal para atingirem a maioria absoluta hão de ser homogêneos, pois, como ensina Pontes de Miranda, "não se somam como parcelas quantidades heterogêneas".[222] Só os que tiverem os mesmos fundamentos podem ser somados, portanto.

Não basta, outrossim, que a maioria dos membros do Tribunal participe do julgamento. Para reconhecimento da inconstitucionalidade é indispensável que haja votos homogêneos em tal sentido proferidos por número de juízes superior à metade do total dos membros do tribunal, ou do órgão especial a que alude o art. 93, XI, da Constituição. Se o reconhecimento for apenas de maioria simples (*i.e.*, maioria dos votantes, mas não do tribunal ou do órgão especial), a lei ou ato impugnado não será declarado inconstitucional.

A decisão do Pleno ou do órgão equivalente, que acolhe a arguição de inconstitucionalidade, é irrecorrível. Só caberá recurso da decisão que posteriormente a Turma ou Câmara vier a proferir, com base na tese fixada pelo Pleno (Súmula nº 513 do STF).

---

[221] BARBOSA MOREIRA, José Carlos. *Comentários ao Código de Processo Civil*. 11. ed. Rio de Janeiro: Forense, 2003, v. V, n. 35, p. 47.

[222] PONTES DE MIRANDA, Francisco Cavalcanti. *Comentários à Constituição de 1967, com a Emenda nº 1, de 1969*. Rio de Janeiro: Forense, 1987, v. III, p. 610.

O órgão do tribunal encarregado da decisão do caso que motivou o incidente ficará vinculado ao entendimento fixado pelo Tribunal Pleno ou pelo órgão que fizer as suas vezes. O julgamento do incidente figurará como "premissa inafastável" da solução que a Turma ou Câmara vier a dar.

Um aspecto interessante do incidente é aquele previsto pelo § 3º do art. 950, acerca da eventual intervenção de outros órgãos ou entidades no debate em torno da inconstitucionalidade suscitada. Ao relator cabe o poder de admitir, enquanto não posto o caso em julgamento, a manifestação de entes estranhos ao processo, tendo em vista a relevância da matéria e a representatividade do manifestante. Trata-se da figura que, em processo, se denomina *amicus curiae*, que tanto pode ser pessoa física como jurídica, de direito público ou privado, ou até mesmo órgãos despersonalizados, desde que demonstrem o interesse social despertado pelos possíveis reflexos do tema constitucional em discussão. O *amicus curiae*[223] não formula pedido nem pode alterar o objeto da causa ou do recurso. Apenas apresenta sua opinião (manifestação), em busca de colaborar com o Tribunal no equacionamento da questão de ordem constitucional *sub iudice* (sobre o *amicus curiae*, ver o § 36 do curso I).

---

[223] A propósito da sustentação oral decidiu o STJ: "Em questão de ordem, a Corte Especial, por maioria, firmou a orientação de não reconhecer o direito do *amicus curiae* de exigir a sua sustentação oral no julgamento de recursos repetitivos, a qual deverá prevalecer em todas as Seções. (...) o tratamento que se deve dar ao *amicus curiae* em relação à sustentação oral é o mesmo dos demais atos do processo: o STJ tem a faculdade de convocá-lo ou não. Se este Superior Tribunal entender que deve ouvir a sustentação oral, poderá convocar um ou alguns dos *amici curiae*, pois não há por parte deles o direito de exigir sustentação oral" (STJ, QO no REsp 1.205.946/SP, Rel. Min. Benedito Gonçalves, em 17.08.2011, Informativo 481). O STF, contudo, tem visto como participação normal do *amicus curiae* a realizada por meio de sustentação oral. Na dicção do Ministro Celso de Mello, ocorre "a necessidade de assegurar, ao *amicus curiae*, mais do que o simples ingresso formal no processo de fiscalização abstrata de constitucionalidade, a possibilidade de exercer a prerrogativa da sustentação oral perante esta Suprema Corte" (STF, Pleno, ADI 2.321 MS/DF, Rel. Min. Celso de Mello, ac. 24.10.2000, *DJU* 10.06.2005, p. 4).

Fluxograma nº 25 – Incidente de arguição de inconstitucionalidade (arts. 948 a 950)

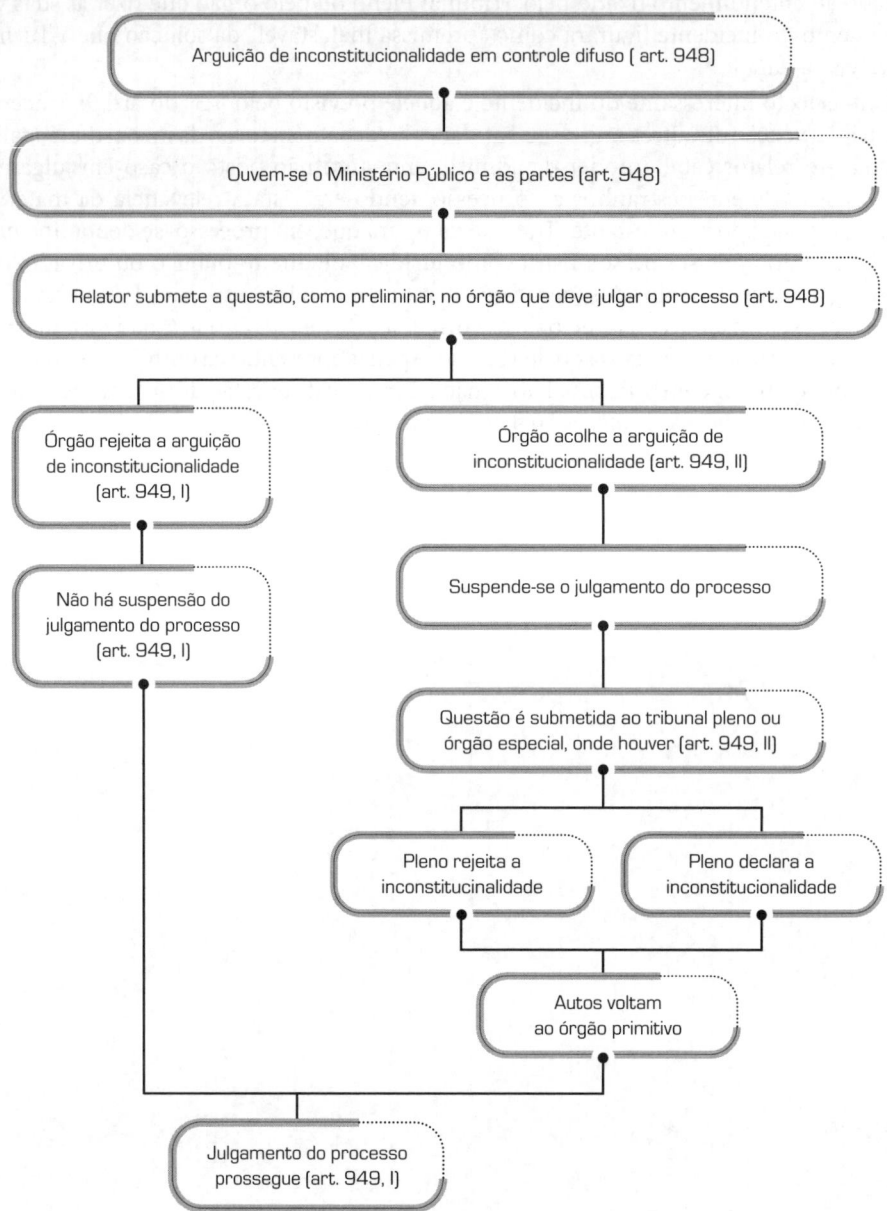

§ 71. CONFLITO DE COMPETÊNCIA

632. Conflito de competência

A cada causa corresponde a competência de um juiz ou tribunal. Vários órgãos judiciários, no entanto, podem ser convocados a atuar sucessivamente, em graus hierárquicos diversos num mesmo processo, em razão do recurso interposto pela parte ou mesmo *ex officio*, nos casos de duplo grau de jurisdição necessário (CPC/2015, art. 496). Mas é inadmissível que, simultaneamente, mais de um órgão judiciário seja igualmente competente para processar e julgar a mesma causa.

Acontece, na prática, que, às vezes, diversos juízes se dão por competentes para um mesmo processo ou todos se recusam a funcionar no feito, dando origem a um conflito, que o Código soluciona por meio do incidente denominado "conflito de competência" (arts. 66 e 951 a 959).

Para o Código, há conflito de competência quando (art. 66):

(a) dois ou mais juízes se declaram competentes (inciso I);

(b) dois ou mais juízes se consideram incompetentes, atribuindo um ao outro a competência (inciso II);

(c) entre dois ou mais juízes surge controvérsia acerca da reunião ou separação de processos (inciso III).

Há, pois, conflitos positivos e negativos. Para dar surgimento ao conflito positivo, não é necessário que haja decisão expressa de um ou de ambos os juízes a respeito da própria competência e da incompetência de outro. Basta que os diferentes juízes pratiquem atos em causa idêntica, com reconhecimento implícito da própria competência. Haverá, por sua vez, conflito negativo quando um juiz atribuir a competência ao outro e vice-versa (art. 66, II).

A competência para julgar o conflito é do Tribunal hierarquicamente superior aos juízes conflitantes. Se, porém, a divergência for entre tribunais, bem como entre tribunal e juízes a ele não vinculados e entre juízes vinculados a tribunais diversos, competirá ao Superior Tribunal de Justiça a respectiva solução (Constituição Federal, art. 105, I, "d").

A competência será do Supremo Tribunal Federal quando o conflito se instalar entre o Superior Tribunal de Justiça e qualquer outro Tribunal, ou entre Tribunais Superiores (TST, TSE e STM), ou ainda entre Tribunal Superior e qualquer outro Tribunal (Constituição Federal, art. 102, I, "o").

A legitimação para suscitar o conflito cabe:

(a) ao juiz;

(b) à parte;

(c) ao Ministério Público (art. 951).

O Código prevê, também, o conflito entre autoridade judiciária e autoridade administrativa. Em tal caso, o processo e julgamento do incidente observarão o regimento interno do tribunal competente (art. 959).

Caso recente de conflito de competência que gerou muita repercussão nos tribunais foi o provocado pela nova disciplina instalada pela Emenda Constitucional nº 45, de 30.12.2004, que ampliou as atribuições da Justiça do Trabalho, para incluir as ações de responsabilidade civil decorrentes das relações laborais. Como a competência inovada era de ordem pública e, portanto, absoluta, problemas complexos surgiram em torno de ações já atingidas pela coisa julgada na justiça estadual. Diante deles, o STJ, em caráter de direito intertemporal, traçou a seguinte orientação:

"1. Em face do advento da Emenda Constitucional 45, de 30.12.2004, a competência para conhecer das ações oriundas da relação de trabalho, abrangidos entes de Direito Público externo e da Administração Pública Direta e Indireta da União, dos Estados, do Distrito Federal e dos Municípios, passou a ser da Justiça do Trabalho.

2. Essa modificação de competência, no entanto, somente atinge os processos que já se encontravam em trâmite na Justiça Estadual, se ainda pendente de julgamento de mérito; após proferida a sentença de mérito, o feito deve prosseguir na jurisdição que originalmente o apreciou, até seu trânsito em julgado e posterior execução".[224]

Sobre o conflito de competência e seu procedimento, ver o § 23 do Curso I.

---

[224] STJ, 3ª Seção, CC 101.341/SP, Rel. Min. Napoleão Nunes Maia Filho, ac. 27.05.2009, *DJe* 09.06.2009.

§ 72. HOMOLOGAÇÃO DE DECISÃO ESTRANGEIRA E CONCESSÃO DO *EXEQUATUR* À CARTA ROGATÓRIA

633. A eficácia da decisão estrangeira

Uma das formas de manifestação da soberania do Estado é a jurisdição, que se realiza por meio do processo, onde, em face de situações reais da vida, "o direito dita o preceito concreto que os indivíduos estão obrigados a observar".[225]

Tal como a soberania de onde promana, "a jurisdição do Estado tem por limite o seu próprio território".[226] A sentença, que é o instrumento pelo qual se exterioriza o comando jurisdicional, vale como ato de soberania, produzindo os efeitos que lhe são próprios, dentro das fronteiras do Estado em que foi proferida.[227]

Diante do problema da sentença estrangeira, a posição das nações não é uniforme, havendo as que admitem um reconhecimento imediato de eficácia da jurisdição estrangeira e outras que negam qualquer validade em seus territórios aos pronunciamentos jurisdicionais de outros Estados.

A Holanda, por exemplo, nenhum efeito atribui às decisões proferidas em tribunais de outros países. A Alemanha e a Espanha, por outro lado, apenas exigem a reciprocidade, *i.e.*, reconhecem a eficácia da sentença estrangeira, desde que o país de origem adote critério recíproco. Na Inglaterra e nos Estados Unidos, a sentença dos juízes estrangeiros é havida como prova do direito por ela declarado. Mas o interessado terá que obter novo julgamento pelos juízes locais.[228]

634. O sistema nacional

No direito brasileiro adotou-se o sistema proveniente da Itália, denominado "juízo de delibação", ao qual a sentença estrangeira deve ser submetida para que possa gozar de eficácia no País.

Verifica-se, por meio desse crivo por que passa o julgado, se está ele regular quanto à forma, à autenticidade, à competência do órgão prolator, bem como se penetra na substância da sentença para apurar se, frente ao direito nacional, não houve ofensa à ordem pública e aos bons costumes.

Esse exame ocorre mediante um processo, no qual a Justiça do país, por meio do Superior Tribunal de Justiça, confere à sentença estrangeira a plena eficácia em nosso território, proferindo uma decisão homologatória.

Não há revisão de mérito do julgado.[229] Pela homologação, o Estado "não indaga da justiça ou injustiça da sentença estrangeira"; verifica apenas se preenche determinadas condições, frente às quais "a nacionaliza e lhe confere eficácia no seu território".[230]

---

[225] LIEBMAN, Enrico Tullio. *Corso di diritto processuale civile*. Milano: A. Giuffrè, 1952, p. 11.
[226] MARTINS, Pedro Batista. *Recursos e processos da competência originária dos tribunais*. Rio de Janeiro: Forense, 1957, n. 11, p. 25.
[227] AMARAL SANTOS, Moacyr. *Primeiras linhas de direito processual civil*. 4. ed. São Paulo: Max Limonad, 1973, v. III, n. 936, p. 421.
[228] AMARAL SANTOS, Moacyr. *Primeiras linhas de direito processual civil*. 4. ed. São Paulo: Max Limonad, 1973, v. III, n. 937, p. 424.
[229] BARBOSA MOREIRA, José Carlos. *Comentários ao Código de Processo Civil*. 11. ed. Rio de Janeiro: Forense, 2003, vol. V, n. 43, p. 60.
[230] AMARAL SANTOS, Moacyr. *Primeiras linhas de direito processual civil*. 4. ed. São Paulo: Max Limonad, 1973, v. III, n. 939, p. 426.

Dispõe o *caput* do art. 960 do CPC/2015 que a homologação de decisão estrangeira será requerida por meio da ação de homologação de decisão estrangeira. Entretanto, referida ação poderá ser dispensada se existir disposição especial em sentido contrário prevista em tratado. A regra geral, portanto, é a obrigatoriedade de ação homologatória da decisão estrangeira, para que seja executada no país.

635. A homologação da decisão estrangeira

Dispõe o art. 961 do CPC/2015 que "a decisão estrangeira somente terá eficácia no Brasil após a homologação de sentença estrangeira ou a concessão do *exequatur* às cartas rogatórias". Ressalvou, conduto, a hipótese de existir disposição em sentido contrário de lei ou tratado.

A competência, que primeiramente era do Supremo Tribunal Federal, foi alterada pela Emenda Constitucional nº 45, de 30.12.2004, que a deslocou para o Superior Tribunal de Justiça (CF, art. 105, I, nova alínea "i"). Assim, o § 2º do art. 960 do CPC/2015 estabelece que a homologação deverá obedecer ao que dispuserem os tratados em vigor no Brasil e o Regimento Interno do Superior Tribunal de Justiça.

Os artigos 216-A a 216-N do RISTJ (acrescidos pela ER nº 24/2016) regulam, atualmente, o procedimento a ser observado nos "Processos Oriundos de Estados Estrangeiros", especificamente no que diz respeito à "Homologação de Decisão Estrangeira".

636. Decisões estrangeiras homologáveis

I – Decisão judicial definitiva e decisão não judicial que teria natureza jurisdicional no Brasil

O CPC/2015 deixa claro que não são apenas as sentenças estrangeiras, em sentido técnico, que podem ser homologadas no Brasil. Outras decisões de mérito também merecem igual tratamento. O remédio processual não é mais denominado "homologação de sentença estrangeira", mas "homologação de decisão estrangeira" (art. 960).

A decisão judicial estrangeira, para ser homologada no país, ao contrário do exigido pela legislação antiga, não depende do caráter da *definitividade*, ou seja, o trânsito em julgado no exterior não é mais condição de eficácia no Brasil (art. 961, § 1º).[231] Restou revogado, tacitamente, o art. 216-D, III, do Regimento Interno do STJ, já que no regime atual basta a eficácia da sentença no país de origem, o que torna possível a homologação de título autorizador de execução provisória, mesmo que o processo homologatório tenha sido instaurado na vigência da lei revogada.[232]

Mas o CPC/2015 é claro ao estatuir ser, também, passível de homologação a decisão que, embora não seja judicial, tenha natureza jurisdicional pela lei brasileira. Dessa forma, para que uma decisão estrangeira seja homologada no país, é essencial que se analise o seu conteúdo, para verificar se se enquadra ou não no conceito de sentença, extraído do art. 203, § 1º, do CPC/2015. Vale dizer, não importa a natureza da decisão no país de origem – que pode ser judicial ou administrativa –, o que se mostra relevante é a natureza que lhe seria conferida pelo ordenamento jurídico brasileiro. Nessa esteira, é perfeitamente possível a homologação

---

[231] Ao tempo do CPC anterior, decidia o STJ que a prova do trânsito em julgado da decisão que se pretendia homologar era ônus do requerente, sem a qual dever-se-ia indeferir o pedido (STJ, CE, SEC 113/DF, Rel. Min. João Otávio de Noronha, ac. 18.06.2008, *DJe* 04.08.2008). O que não mais prevalece no regime do CPC atual.

[232] STJ, Corte Especial, SEC 14.812/EX, Rel. Min. Nancy Andrighi, ac. 16.05.2018, *DJe* 23.05.2018.

de decisões proferidas pelo Contencioso Administrativo, existente na França e na Itália, por exemplo.[233]

O CPC/2015 adotou a mesma orientação do Regimento Interno do STJ, que estabelece, no art. 216-A, § 1º, que "serão homologados os provimentos não judiciais que, pela lei brasileira, tiverem natureza de sentença".[234]

II – Decisão estrangeira para fins de execução fiscal

A decisão que condena alguém ao pagamento de tributo a país estrangeiro somente poderá ser homologada no Brasil se houver previsão em tratado internacional ou, então, se existir promessa de reciprocidade apresentada à autoridade brasileira (art. 961, § 4º).

III – Decisão arbitral estrangeira

A decisão arbitral estrangeira é também passível de homologação. Entretanto, o procedimento deverá observar o disposto em tratado e em lei, aplicando-se, subsidiariamente, as disposições do CPC/2015 (art. 960, § 3º). No mesmo sentido é o art. 34 da Lei nº 9.307/1996: "a sentença arbitral estrangeira será reconhecida ou executada no Brasil de conformidade com os tratados internacionais com eficácia no ordenamento interno e, na sua ausência, estritamente de acordo com os termos desta Lei".

Tendo em vista que o Brasil ratificou a Convenção de Nova York sobre o reconhecimento e a execução de sentenças arbitrais estrangeiras de 1958, por meio do Decreto nº 4.311/2002, o procedimento de homologação da decisão arbitral deverá observar esse instrumento. Todavia, a Convenção limita-se a traçar alguns requisitos que a petição inicial deverá preencher, razão pela qual deve-se aplicar a Lei nº 9.307/1996, que determina sejam atendidas as regras do CPC, no que couber (art. 36, da referida lei).[235] Assim, o procedimento deverá observar o Regimento Interno do STJ, nos termos do art. 960, § 2º, do CPC/2015.

Vale ressaltar, outrossim, que a homologação da decisão arbitral está sujeita a requisitos próprios, que se acham elencados no art. 38 da Lei nº 9.307/1996,[236] e não àqueles comuns, previstos no art. 963 do CPC/2015. É, entretanto, não homologável sentença arbitral estrangeira incompatível com a garantia do devido processo legal prevista na Constituição brasileira,

---

[233] WAMBIER, Teresa Arruda Alvim; CONCEIÇÃO, Maria Lúcia Lins; RIBEIRO, Leonardo Ferres da Silva; MELLO, Rogério Licastro Torres de. *Primeiros comentários ao novo Código de Processo Civil*. São Paulo: RT, 2015, p. 1.358.

[234] "O provimento extrajudicial – acordo sobre guarda de menor homologado por órgão administrativo alemão –, quando, em conformidade com o ordenamento jurídico estrangeiro, possuir a mesma eficácia de decisão judicial, pode perfeitamente subsidiar a pretensão de se estender os seus efeitos para o território brasileiro. Precedentes do STF" (STJ, Corte Especial, SEC 5.635/DF, Rel. Min. Laurita Vaz, ac. 18.04.2012, *DJe* 09.05.2012).

[235] A lei determina que se apliquem, no que couber, as normas dos arts. 483 e 484 do CPC/1973 (arts. 960 a 965 do CPC/2015).

[236] "Art. 38. Somente poderá ser negada a homologação para o reconhecimento ou execução de sentença arbitral estrangeira, quando o réu demonstrar que: I – as partes na convenção de arbitragem eram incapazes; II – a convenção de arbitragem não era válida segundo a lei à qual as partes a submeteram, ou, na falta de indicação, em virtude da lei do país onde a sentença arbitral foi proferida; III – não foi notificado da designação do árbitro ou do procedimento de arbitragem, ou tenha sido violado o princípio do contraditório, impossibilitando a ampla defesa; IV – a sentença arbitral foi proferida fora dos limites da convenção de arbitragem, e não foi possível separar a parte excedente daquela submetida à arbitragem; V – a instituição da arbitragem não está de acordo com o compromisso arbitral ou cláusula compromissória; VI – a sentença arbitral não se tenha, ainda, tornado obrigatória para as partes, tenha sido anulada, ou, ainda, tenha sido suspensa por órgão judicial do país onde a sentença arbitral for prolatada."

como entende o Superior Tribunal de Justiça. À vista disso, aquela Corte negou homologação em caso no qual não teria sido observado o requisito da imparcialidade do julgador no juízo arbitral estrangeiro. Ressaltou o acórdão que "ofende a ordem pública nacional a sentença arbitral emanada de árbitro que tenha, com as partes ou com o litígio, algumas das relações que caracterizam os casos de impedimento ou suspeição de juízes (arts. 14 e 32, II, da Lei nº 9.307/1996)".[237]

IV – Pendência de ação no Brasil

É firme a jurisprudência do STJ no sentido de que "a existência de ação ajuizada no Brasil com as mesmas partes, o mesmo pedido e a mesma causa de pedir não obsta a homologação de sentença estrangeira transitada em julgado. Hipótese de competência concorrente (arts. 88 a 90 do Código de Processo Civil), inexistindo ofensa à soberania nacional".[238]

O STJ tem relativizado sua jurisprudência pertinente à recusa de homologação da sentença estrangeira, quando a decisão da justiça brasileira, em sentido diverso, é mais recente e versa sobre interesses de menores, em procedimentos como o de busca e apreensão e de guarda.[239]

637. Decisões estrangeiras que dispensam homologação

A sentença estrangeira de divórcio consensual produz efeitos no Brasil, dispensando a homologação pelo Superior Tribunal de Justiça (CPC/2015, art. 961, § 5º). Trata-se de inovação do atual Código, na medida em que essas decisões, ao tempo da legislação anterior, obrigatoriamente deveriam passar por homologação para terem eficácia no país.

Importante analisar a situação dos divórcios consensuais realizados no estrangeiro, por meio de simples ato administrativo local. À época do Código de 1973, a jurisprudência do STJ admitia a homologação desses atos, embora não se qualificassem como sentença estrangeira, tendo em vista que seus efeitos, no país de origem, eram semelhantes ao de uma sentença no ordenamento brasileiro. Não seria razoável negar a homologação a esses atos, inviabilizando

---

[237] STJ, Corte Especial, SEC 9.412/EX, Rel. Min. Felix Fischer, ac. 19.04.2017, DJe 30.03.2017.

[238] STJ, Corte Especial, SEC 14.518/EX, ac. 29.03.2017, DJe 05.04.2017. Precedente: STJ, Corte Especial, AgRg na SE 4.091/EX, Rel. Min. Ari Pargendler, ac. 29.08.2012, DJe 06.09.2012. No mesmo sentido: STJ, Corte Especial, AgInt na SEC 15.022/EX, Rel. Min. Francisco Falcão, ac. 04.04.2018, DJe 09.04.2018.

[239] " (...) 4- Conquanto haja julgados desta Corte no sentido de ser admissível a homologação de sentença estrangeira cujo conteúdo contrarie uma decisão judicial brasileira sobre a mesma questão, condicionando--se a sua eficácia e exequibilidade a ulterior verificação daquela que primeiro transitou em julgado ou à consideração do juízo em que tramitará a execução, é certo que a superveniência de decisão proferida pelo Poder Judiciário do Brasil sobre tema que também fora examinado na sentença estrangeira é causa de improcedência da ação de homologação da sentença estrangeira, quer seja porque as sentenças relacionadas à guarda de menores ou à alimentos não transitam em julgado propriamente ditas, havendo a presunção de que a decisão mais recente é aquela que retrata mais fielmente a situação atual do menor e o seu melhor interesse, quer seja porque relegar a solução da controvérsia somente para o momento da execução geraria severas incompatibilidades procedimentais quanto à competência, a disparidade de fases processuais e a reunião e conexão de processos" (STJ, Corte Especial, HDE 1.396/EX, Rel. Min. Nancy Andrighi, ac. 23.09.2019, DJe 26.09.2019). Nesse sentido: "3. Tal realidade fragiliza a eficácia e a definitividade que porventura se pudesse extrair da sentença homologanda, sobretudo diante da jurisprudência consolidada nesta Corte, no sentido de que a mera pendência de ação judicial no Brasil não impede a homologação da sentença estrangeira; mas a existência de decisão judicial proferida no Brasil contrária ao conteúdo da sentença estrangeira impede a sua homologação (HDE 1.396/EX, Rel. Ministra Nancy Andrighi, Corte Especial, j. 23/09/2019, DJe 26/09/2019)" (STJ, Corte Especial, AgInt na SEC 6362/EX, Rel. Min. Jorge Mussi, ac. 01.06.2022, DJe 03.06.2022).

sua eficácia no Brasil, quando a legislação estrangeira expressamente permitia o divórcio por meio administrativo.[240]

O entendimento, ao que nos parece, deverá ser adequado à nova legislação pátria. Se, atualmente, até mesmo a sentença de divórcio consensual tem sua homologação dispensada pelo Código, não se poderá exigir o procedimento para que se confira eficácia aos atos administrativos de mesmo conteúdo. Ainda mais em razão da Lei nº 11.441/2007, que passou a admitir, entre nós, o divórcio por meio de escritura pública, se o casal não tiver filhos menores ou incapazes. Dessa forma, não apenas a sentença, mas também, o ato administrativo de divórcio consensual deve ter sua homologação dispensada no regime do CPC/2015. A orientação se coaduna com o art. 27, VI, do CPC/2015, que prevê a cooperação jurídica internacional que tenha por objeto "qualquer outra medida judicial ou extrajudicial não proibida pela lei brasileira".

Contudo, a dispensa de homologação, na espécie, não inviabiliza o exame de validade da decisão estrangeira pelo Poder Judiciário nacional. Se a questão for suscitada, qualquer juiz poderá decidi-la no processo de sua competência, em caráter incidental ou principal, sem que a competência se desloque para o Superior Tribunal de Justiça (art. 961, § 6º).

638. Homologação parcial da decisão estrangeira

A decisão estrangeira pode ser apenas parcialmente homologada pelo Superior Tribunal de Justiça (CPC/2015, art. 961, § 2º). Isso porque, se a sentença se compõe de capítulos distintos, cada um deve ser considerado em separado, para fins de homologação.[241] Seria a hipótese, por exemplo, de um dos capítulos da decisão ser homologado e o outro não, por tratar de matéria de competência exclusiva da jurisdição brasileira (CPC/2015, art. 964, *caput*).

O STJ já decidiu, a propósito, que

> "1. a ausência de autenticação consular do acordo de separação impede a ratificação da sentença estrangeira quanto ao ponto, mas não impede a homologação quanto ao desfazimento do vínculo conjugal.
>
> 2. Preenchidos os requisitos legais no tocante ao divórcio, possível a internalização do provimento alienígena.
>
> 3. Deferido o pedido de homologação de sentença estrangeira apenas quanto ao divórcio; indeferida a homologação do acordo de separação".[242]

639. Requisitos da homologação de decisão estrangeira

Os requisitos indispensáveis à homologação da decisão estrangeira no Brasil foram traçados no art. 963 do CPC/2015 e são os seguintes:

(a) haver sido proferida por juiz competente (inciso I);

(b) ser precedida de citação regular, ainda que verificada a revelia (inciso II);

(c) ser eficaz no país em que foi proferida (inciso III);

---

[240] "Prevendo a legislação alienígena o divórcio mediante simples ato administrativo, cabível é a sua homologação para que surta efeitos no território brasileiro" (STJ, CE, ARg na SE 456-JP, Rel. Min. Barros Monteiro, ac. 23.11.2006, *DJU* 05.02.2007, p. 171).

[241] BARBOSA MOREIRA, José Carlos. *Comentários ao Código de Processo Civil*. 17. ed. Rio de Janeiro: Forense, 2013, v. 5, p. 68.

[242] STJ, Corte Especial, SEC 6.142/EX, Rel. Min. Maria Thereza de Assis Moura, ac. 05.11.2014, *DJe* 17.11.2014.

(d) não ofender a coisa julgada brasileira (inciso IV);

(e) estar acompanhada de tradução oficial (inciso V). Esta exigência não será feita se tratado a dispensá-la;

(f) não conter manifesta ofensa à ordem pública (inciso VI).

Os requisitos elencados pelo CPC/2015 são, em sua essência, os mesmos previstos no art. 15 da Lei de Introdução às Normas de Direito Brasileiro, que regulava a matéria ante a ausência de normatização específica no CPC/1973.

A decisão estrangeira deve, primeiramente, ter sido prolatada respeitando as regras de competência do país de origem. O CPC/2015 exige, ainda, que o processo tenha se instaurado de forma regular, com a citação do réu. Não é essencial que tenha havido, efetivamente, o contraditório, com a apresentação de defesa pelo demandado. Mas a sua convocação para participar da demanda deve ter sido realizada de forma correta, visto que a citação é requisito indispensável para a validade do processo (art. 239, *caput*).[243]

A lei determina, também, que a decisão seja eficaz no país em que foi proferida. Ou seja, o *decisum* deve preencher todos os requisitos necessários para iniciar sua execução no estrangeiro. Além disso, não pode ofender a coisa julgada brasileira. Daí se extrai que, se a ação for daquelas cuja competência do país é concorrente, transitando em julgado a sentença pátria, não se poderá mais homologar a decisão proferida no exterior.[244]

O pedido de homologação deverá ser acompanhado de tradução oficial da decisão estrangeira. A exigência não será feita se houver tratado internacional, do qual o Brasil seja signatário, dispensando a diligência. A matéria objeto da decisão que se pretende homologar não poderá, ainda, ofender a ordem pública. Não se exige que a decisão esteja em perfeita harmonia com o direito pátrio, mas não poderá ofender os princípios fundamentais do nosso ordenamento.[245] Destarte, não serão homologadas as sentenças estrangeiras quando, embora apoiados na legislação do país de origem, ofenderem a soberania nacional, a ordem pública e os bons costumes.[246]

Outro requisito para a homologação está disposto no art. 964, que determina não poder ser homologada a decisão estrangeira, se a matéria objeto da lide for de competência exclusiva da autoridade judiciária brasileira (art. 23).

---

[243] "Homologação de sentença estrangeira. (...) 1. Há evidente irregularidade na citação da ora Requerida para a ação alienígena que ensejou a decretação do seu divórcio com o Requerente, na medida em que, a despeito de ter residência conhecida no Brasil, não houve a expedição de carta rogatória para chamá-la a integrar o processo, mas mera publicação de edital em jornal libanês. Resta desatendido, pois, requisito elementar para homologação da sentença estrangeira, qual seja, a prova da regular citação ou verificação da revelia. Precedentes: SEC 980/FR, Rel. Ministro João Otávio de Noronha, Corte Especial, julgado em 06/09/2006, *DJ* 16/10/2006, p. 273; SEC 2493/DE, Rel. Ministro Arnaldo Esteves Lima, Corte Especial, julgado em 28/05/2009, *DJe* 25/06/2009; SEC 1483/LU, Rel. Ministro Ari Pargendler, Corte Especial, julgado em 12/04/2010, *DJe* 29/04/2010" (STJ, Corte Especial, SEC 10.154/EX, Rel. Min. Laurita Vaz, ac. 01.07.2014, *DJe* 06.08.2014).

[244] WAMBIER, Teresa Arruda Alvim *et al*. *Primeiros comentários ao novo Código de Processo Civil*. 2. ed. São Paulo: RT, 2016, p. 1.364.

[245] WAMBIER, Teresa Arruda Alvim *et al*. *Primeiros comentários ao novo Código de Processo Civil*. 2. ed. São Paulo: RT, 2016, p. 1.364.

[246] "A jurisprudência mais recente desta Corte é orientada no sentido de que a existência de decisão no judiciário brasileiro acerca de guarda e alimentos, ainda que após o trânsito em julgado da sentença estrangeira, impede a sua homologação na parte em que versa sobre os mesmos temas, sob pena de ofensa aos princípios da ordem pública e soberania nacional" (STJ, Corte Especial, SEC 6.485/EX, Rel. Min. Gilson Dipp, ac. 03.09.2014, *DJe* 23.09.2014).

Por outro lado, como já visto, "a existência de ação ajuizada no Brasil com as mesmas partes, o mesmo pedido e a mesma causa de pedir não obsta a homologação de sentença estrangeira transitada em julgado".[247]

639-A. Concorrência entre processos estrangeiro e nacional

Nas hipóteses de competência concorrente (CPC/2015, arts. 21 e 22), a eventual existência de uma ação ajuizada, sobre a mesma lide, perante um tribunal estrangeiro, "não induz litispendência e não obsta a que a autoridade judiciária brasileira conheça da mesma causa e das que lhe são conexas, ressalvadas as disposições em contrário de tratados internacionais e acordos bilaterais em vigor no Brasil" (art. 24).

Nada impede, portanto, que a ação, em tal conjuntura, depois de proposta em outro país, venha também a ser ajuizada perante nossa justiça, salvo se já ocorreu a *res iudicata*, pois então será lícito à parte pedir a homologação do julgado para produzir plena eficácia no território nacional (art. 961).

O problema da concorrência de ações sobre um mesmo litígio na justiça brasileira e na estrangeira não vinha sendo decidido de maneira uniforme pelo Superior Tribunal de Justiça. Havia decisões que se recusavam a homologar sentença estrangeira pelo simples fato de já existir julgamento por tribunal local relacionado com o objeto da causa, mesmo que tal julgamento não tivesse ainda feito coisa julgada.[248] Pretendia-se, com esse entendimento, preservar a soberania nacional.[249] Outros, adotando posicionamento antigo do Supremo Tribunal Federal,[250] decidiam que o ajuizamento de ação perante a justiça brasileira, após o trânsito em julgado das referidas sentenças proferidas pela justiça estrangeira, não constituía óbice à homologação destas.[251] O atual Código supera a divergência adotando a tese clara de que "a pendência de causa perante a jurisdição brasileira não impede a homologação de sentença judicial estrangeira quando exigida para produzir efeitos no Brasil" (art. 24, parágrafo único).[252]

O que, portanto, impede a homologação, para o atual CPC, é apenas a ofensa cometida pela sentença estrangeira à "coisa julgada brasileira" como deixa bem claro o seu art. 963, IV.

O entendimento exposto refere-se, como já explicitado, aos casos de competência internacional concorrente. Completamente diversa é a norma a observar quando se cuida de competência exclusiva. Nenhum efeito produz a coisa julgada estrangeira em questão de matéria pertinente à competência exclusiva da Justiça brasileira (art. 23), já que a sentença,

---

[247] STJ, Corte Especial, SEC 14.518/EX, Rel. Min. Og Fernandes, ac. 29.03.2017, *DJe* 05.04.2017.
[248] STJ, Corte Especial, SEC 819/FR, Rel. Min. Humberto Gomes de Barros, ac. 30.06.2006, *DJU* 14.08.2006, p. 247; STJ, Corte Especial, SEC 2.576/FR, Rel. Min. Hamilton Carvalhido, ac. 03.12.2008, *DJe* 05.02.2009.
[249] STJ, Corte Especial, Sentença Estrangeira Contestada 819/EX, Rel. Min. Humberto Gomes de Barros, ac. 30.06.2006, *DJU* 14.08.2006, p. 247; STJ, Corte Especial, SEC 826/KR, Rel. Min. Hamilton Carvalhido, ac. 15.09.2010, *DJe* 14.10.2010.
[250] "A identidade de objeto entre a sentença estrangeira trânsita em julgado e a ação em curso no Brasil não é de molde a obstacularizar a homologação" (STF, Pleno, SEC 5.116/PG, Rel. Min. Marco Aurélio, ac. 14.05.1998, *DJU* 07.08.1998, p. 23).
[251] STJ, Corte Especial, SEC 3.932/EX, Rel. Min. Felix Fischer, ac. 06.04.2011, *DJe* 11.04.2011; STJ, Corte Especial, SEC 393/US, Rel. Min. Hamilton Carvalhido, ac. 03.12.2008, *DJe* 05.02.2009.
[252] Eis um acórdão pronunciado já na exigência do CPC/2015: "A existência de ação ajuizada no Brasil com as mesmas partes, o mesmo pedido e a mesma causa de pedir não obsta a homologação de sentença estrangeira transitada em julgado. Hipótese de competência concorrente (arts. 88 a 90 do Código de Processo Civil), inexistindo ofensa à soberania nacional. Precedente: AgRg na SE 4.091/EX, Rel. Min. Ari Pargendler, Corte Especial, ac. 29.08.2012, *DJe* 06.09.2012" (STJ, Corte Especial, SEC 14.518/EX, ac. 29.03.2017, *DJe* 05.04.2017).

em semelhante circunstância, nunca poderá ser homologada por expressa determinação do art. 964 do atual CPC.[253]

640. Natureza da decisão homologatória

O processo de homologação de sentença estrangeira é de natureza jurisdicional.[254] Não é meramente gracioso ou de jurisdição voluntária. Confere a um julgado estrangeiro força e eficácia de decisão nacional. Trava-se, inclusive, um contraditório entre o que pede a atribuição de eficácia à sentença estrangeira e a parte contrária que pode negá-la, revelando, assim, a "lide" ou "conflito de interesses por pretensão resistida".

Nesse sentido, ensina Pontes de Miranda que "a ação de homologação de sentença estrangeira é em exercício da *pretensão à homologação*. Não é continuação da ação exercida no estrangeiro; é *outra ação*".[255]

Há sempre decisão de mérito, portanto, quando o Superior Tribunal de Justiça examina os requisitos legais da homologação para acolher, ou não, a pretensão de atribuir eficácia em nosso país à sentença estrangeira.[256]

Quanto à decisão que acolhe o pedido homologatório, entende a doutrina dominante que se trata de sentença constitutiva, pois não só reconhece a validade do julgado como lhe acrescenta um *quid novis*, uma eficácia diferente da original e que consiste em produzir efeitos além dos limites territoriais da jurisdição do prolator.[257]

É declaratória negativa a decisão que nega a homologação.

Em ambos os casos, haverá o efeito da coisa julgada. Homologada a sentença estrangeira, não será lícito às partes discutir novamente a lide em processo promovido perante a Justiça nacional. Também, se já houver decisão brasileira transitada em julgado sobre a mesma controvérsia, não será viável a pretensão de homologar decisão estrangeira sobre a questão.

Mas a decisão que simplesmente nega a homologação não impede que a Justiça nacional venha a examinar a lide em processo originário, porque, *in casu*, o que transitou em julgado "foi apenas a declaração da inexistência da *pretensão a homologar*, e não a declaração da existência ou inexistência do *direito* postulado no processo alienígena, estranho ao objeto do *juízo de delibação*".[258]

640.1. Objeto do processo homologatório

Segundo entendimento consolidado do STJ,[259] "a homologação de decisão estrangeira, mesmo quando contestada, é causa meramente formal, na qual a Corte Superior exerce tão somente de delibação, não adentrando o mérito da disputa original, tampouco averiguando eventual injustiça do decisum alienígena (CPC, arts. 960 a 965)".

---

[253] CPC/2015, art. 964: "não será homologada a decisão estrangeira na hipótese de competência exclusiva da autoridade judiciária brasileira".

[254] BARBOSA MOREIRA, José Carlos. *Comentários ao Código de Processo Civil*. 17. ed. Rio de Janeiro: Forense, 2013, v. 5, p. 68, n. 56, p. 83.

[255] PONTES DE MIRANDA, Francisco Cavalcanti. *Comentários ao Código de Processo Civil* (de 1939). 2. ed. Rio de Janeiro: Forense, 1960, v. X, p. 390.

[256] BARBOSA MOREIRA, José Carlos. *Comentários ao Código de Processo Civil*. 17. ed. Rio de Janeiro: Forense, 2013, v. 5, p. 68, n. 57, p. 85.

[257] AMARAL SANTOS, Moacyr. *Primeiras linhas de direito processual civil*. 4. ed. São Paulo: Max Limonad, 1973, v. III, n. 943, p. 433, com apoio em Chiovenda, Liebman, Morelli, Monaco e outros.

[258] Barbosa Moreira, José Carlos. *Comentários ao Código de Processo Civil*. 17. ed. Rio de Janeiro: Forense, 2013, v. 5, p. 68, n. 62, p. 97, com apoio em Liebman, Morelli e Monaco.

[259] STJ, Corte Especial, HDE 1.809/EX, Rel. Min. Raúl Araújo, ac. 22.04.2021, *DJe* 14.06.2021.

Por isso mesmo, ainda segundo aquela Alta Corte, "descabe examinar, entre outras questões envolvidas com o mérito e já examinadas e decididas no juízo estrangeiro, a legitimidade da requerente para instaurar o procedimento de arbitragem ou a correção do valor da condenação".[260]

640.2. Honorários advocatícios sucumbenciais

Em razão da natureza e do objeto do procedimento, o arbitramento da verba advocatícia sucumbencial, segundo jurisprudência do STJ, deve, na homologação da sentença estrangeira, observar o critério equitativo autorizado pelo § 8º do art. 85 do CPC, levando em conta as referências indicadas pelo § 2º do mesmo dispositivo. Não se deixará de levar em conta, nas causas de expressão econômica, o valor da causa, não, porém, para tomá-lo como base objetiva do arbitramento e, sim, como elemento indicativo da "importância da causa" (art. 85, § 2º, III) a ser correlacionado com os outros indicativos apontados pelos demais incisos do mesmo parágrafo.

Considerando que há sentenças estrangeiras que tanto resolvem relações jurídicas de natureza existencial como de índole patrimonial, entende o STJ que a estipulação dos honorários advocatícios devidos no procedimento do art. 960 do CPC será sempre feita por equidade, observada, contudo, a seguinte distinção: "a) nas causas de cunho existencial, poderão ser fixados sem maiores incursões nos eventuais valores apenas reflexamente debatidos, por não estar a causa diretamente relacionada a valores monetários, mas sobretudo morais; b) nas causas de índole patrimonial, serão fixados levando em conta, entre outros critérios, os valores envolvidos no litígio, por serem estes objetivos e inegáveis da importância da causa para os litigantes".[261]

641. O procedimento da homologação

I – Requerimento

O Regimento Interno do Superior Tribunal de Justiça, nos seus arts. 216-A a 216-N, cuida do procedimento da homologação da decisão estrangeira. Para comprovação da autenticidade da sentença estrangeira, exige que o processo seja instruído com o original ou cópia autenticada da decisão homologanda, devidamente traduzidos por tradutor oficial ou juramentado no Brasil e chancelados pela autoridade consular brasileira competente, quando for o caso (art. 216-C).

II – Arquivamento do pedido

Se a petição inicial não preencher os requisitos legais ou apresentar defeitos ou irregularidades que dificultem o julgamento do mérito, mas que sejam sanáveis, o Presidente do STJ assinará prazo razoável para que o requerente a emende ou a complete (art. 216-E, *caput*). Na hipótese de o requerente não promover o ato ou a diligência que lhe for determinado no curso do processo, será ele arquivado (art. 216-E, parágrafo único).

---

[260] "É irrelevante para o exame do pedido de homologação de decisão estrangeira o fato de a sociedade empresária requerida encontrar-se submetida a processo de recuperação judicial no Brasil. Afinal, somente após a eventual homologação será possível à requerente deduzir qualquer pretensão executiva perante o Judiciário. E, nessa outra fase procedimental, é que eventualmente poderão incidir os ditames da Lei 11.101/2005, caso venha a ser o crédito submetido ao processo do juízo recuperacional" (STJ, HDE 1.809/EX, *cit*).

[261] "Não se confunda, porém, a utilização do valor da causa como mero critério para arbitramento, minimamente objetivo, de honorários sucumbenciais por equidade, conforme o discutido § 8º do art. 85, com a adoção do valor da causa como base de cálculo para apuração, aí sim inteiramente objetiva, dos honorários de sucumbência, de acordo com a previsão do § 2º do mesmo art. 85 do CPC. São coisas bem diferentes" (STJ, HDE 1.809/EX, *cit*).

Se o caso for de vício insanável (como ofensa à coisa julgada brasileira, à ordem pública ou à competência exclusiva da justiça nacional), será liminarmente negada a homologação com o imediato arquivamento do feito.

III – Citação e defesa

Estando devidamente formalizada, determinar-seá a citação do réu para contestar a pretensão em quinze dias (art. 216-H).

A contestação só poderá versar sobre a inteligência da decisão alienígena e sobre a observância dos requisitos legais da homologação (art. 216-H, parágrafo único). Não é admissível, pois, reapreciar o mérito da decisão alienígena, a sua justiça ou injustiça.

Deixando o promovido de contestar o pedido ou se for incapaz, ser-lhe-á dado curador à lide (art. 216-I). Havendo contestação, o promovente será ouvido sobre ela em cinco dias, podendo, novamente, o réu manifestar-se, em tréplica, também em cinco dias (art. 216-J).

IV – Manifestação do Ministério Público Federal

Haja ou não defesa pelas partes, o Ministério Público Federal sempre terá vista dos autos pelo prazo de dez dias, podendo impugnar o pedido (art. 216-L).

V – Competência para o julgamento

O julgamento é de atribuição do Presidente do Superior Tribunal de Justiça (art. 216-A), que o pronunciará por meio de decisão monocrática, depois de citada a parte interessada e não tendo sido apresentada contestação ou impugnação pelo Ministério Público.

Havendo contestação ou impugnação, a competência será deslocada para a Corte Especial (art. 216-K), que resolverá a questão por meio de decisão colegiada. Nesse caso, o processo será distribuído a um relator, que deverá praticar os atos relativos ao andamento e à instrução do processo.

Entretanto, se já houver jurisprudência consolidada da Corte Especial a respeito do tema, o relator poderá decidir o pedido monocraticamente (parágrafo único do art. 216-K).

Acolhido o pedido homologatório, expedir-se-á, de forma eletrônica, após o respectivo trânsito em julgado, carta de sentença para cumprimento da sentença estrangeira. A carta será precedida da lavratura de um termo que conterá "os elementos de identificação e o número das folhas do processo de homologação, bem como chave eletrônica de acesso para consulta ao inteiro teor dos autos respectivos no sítio do Tribunal na rede mundial de computadores" (Instrução Normativa STJ/GP nº 11 de 11.04.2019, art. 2º, parágrafo único). "Após a assinatura do termo, a carta de sentença será disponibilizada eletronicamente nos autos" (idem, art. 3º).

VI – Recurso contra o julgamento

Das decisões do Presidente ou do relator, cabe agravo interno para a Corte Especial, pelo prazo regimental de cinco dias (arts. 216-M e 258). Não há previsão regimental de recurso contra a decisão da Corte Especial. Entretanto, se houver violação à Constituição Federal, caberá Recurso Extraordinário para o STF, nos moldes do art. 102, III, "a", da CF.

642. A execução

Depois de homologada a sentença estrangeira, sua execução será feita no Juízo Federal competente (CPC/2015, art. 965). Embora o Regimento Interno do STJ determine, em seu art. 216-N, que a execução se processe mediante carta de sentença, o parágrafo único do art. 965 do CPC/2015 simplifica o procedimento, permitindo que o pedido encaminhado à Justiça Federal seja instruído apenas com cópia autenticada da decisão homologatória.

Com o juízo de delibação cria-se um título executivo judicial (CPC/2015, art. 515, VIII). E a execução, no País, será promovida segundo as regras estabelecidas para o cumprimento de decisão nacional (CPC/2015, art. 965, *caput, in fine*).

O processamento da execução será da competência, em primeiro grau de jurisdição, dos juízes federais, segundo o art. 109, X, da Constituição da República.

643. Pedidos de urgência

Questão controvertida à época do Código anterior dizia respeito à possibilidade ou não de se deferir medidas urgentes na homologação de sentença estrangeira. O STF entendia ser descabido o pedido, uma vez ser inadmissível conceder efeito executivo à sentença estrangeira antes de sua homologação no País.[262] Posteriormente, o STF passou a admitir essas medidas, quando houvesse tratado ou convenção autorizando o seu deferimento.[263]

O STJ também já decidiu a matéria negando as medidas urgentes, haja vista que dependia "de sentença, previamente homologada pela Justiça brasileira" que as decretasse.[264] Recentemente, contudo, reconheceu que a decisão estrangeira, ainda que pendente de homologação, "constitui prova literal de dívida líquida e certa", o que permitiria a concessão da tutela de urgência.[265]

O CPC/2015 resolveu a divergência, autorizando, expressamente, o deferimento de medidas de urgência e a realização de atos de execução provisória no processo de homologação de decisão estrangeira (art. 961, § 3º). A mesma orientação encontra-se no Regimento Interno do STJ, em seu art. 216-G. Assim, é possível que a decisão estrangeira seja provisoriamente executada no país, antes do trânsito em julgado da decisão do STJ que a homologa.

643-A. Rescisão da sentença estrangeira

A sentença estrangeira, antes ou depois da homologação, somente pode ser rescindida pelo Estado que a pronunciou. É insuscetível de sofrer rescisão pela Justiça brasileira. Mas a decisão de homologação, "que é prestação jurisdicional do Estado brasileiro", pode ser objeto de ação rescisória perante nossa Justiça, isto é, perante o STF ou o STJ, conforme tenha sido proferida por uma ou outra dessas Cortes.[266]

O fato de ter sido rescindida a sentença no país de origem não afeta, por si só, a decisão homologatória brasileira transitada em julgado. Para que isso ocorra é necessário que a sentença rescisória estrangeira também seja homologada pelo STJ. Enfim, nem o Brasil pode rescindir a sentença estrangeira, nem o país que a pronunciou pode anular ou rescindir a decisão nacional que a homologou. Portanto, enquanto não homologada a sentença rescisória estrangeira, a decisão primitiva homologada pela Justiça brasileira continua valendo entre nós.

---

[262] STF, Pleno, SE 3.408 AgR/EU, Rel. Min. Cordeiro Guerra, ac. 01.08.1984, *DJU* 17.08.1984, p. 12.908.
[263] STF, CR 11.531/México, Rel. Min. Nelson Jobim, ac. 28.10.2004, *DJU* 22.11.2004, p. 25.
[264] STJ, Corte Especial, AgRg na CR 998/IT, Rel. Min. Edson Vidigal, ac. 06.12.2006, *DJU* 30.04.2007, p. 258.
[265] STJ, Corte Especial, AgRg na MC 17.411/DF, Rel. Min. Ari Pargendler, ac. 20.08.2014, *DJe* 01.09.2014.
[266] PONTES DE MIRANDA. *Tratado da ação rescisória das sentenças e de outras decisões*. 5. ed. Rio de Janeiro: Forense, 1976, p. 357-358. Até a Emenda Constitucional nº 45/2004, a competência para homologar a sentença estrangeira era do STF. Por força da referida Emenda, passou para o STJ. Mesmo no regime atual, a rescisória pode ser atribuída ao STF, se o mérito da homologação tiver sido apreciado por ele, em grau de recurso extraordinário.

Os pressupostos da rescisão da sentença estrangeira são os da lei de seu país; os da rescisão da decisão homologatória são os da lei brasileira.[267]

644. A concessão do *exequatur* à carta rogatória

A carta rogatória é o instrumento de intercâmbio processual utilizado quando as relações internacionais envolvem a necessidade de cooperação entre as justiças de diferentes países. Aplica-se ao cumprimento de decisões interlocutórias estrangeiras (CPC/2015, art. 960, § 1º) e será regida por tratado do qual o Brasil seja parte e observará os requisitos do CPC/2015, art. 26. À falta de tratado, poderá realizar-se com base em reciprocidade, manifestada por via diplomática (art. 26, § 1º).

No Brasil, o cumprimento das rogatórias estrangeiras depende de *exequatur* (CPC/2015, art. 960) a ser obtido em procedimento que deve observar o disposto no Regimento Interno do Superior Tribunal de Justiça (arts. 216-O a 216-X).

A rogatória, como adverte Leonardo Greco, não implica necessariamente uma ação, diversamente da homologação da sentença estrangeira – cujo requerimento inaugura ação especial perante a jurisdição nacional –, mas, também, no cumprimento da carta rogatória deverão satisfazer-se os requisitos necessários ao respeito à ordem pública, para não violação da soberania nacional.[268]

"A exemplo da carta precatória, na carta rogatória podem vir a ser oferecidas diversas modalidades de defesa contra a execução da ordem rogada."[269] Beneti arrola, exemplificativamente, as seguintes defesas possíveis:

(a) *nulidades formais*, relativas ao processo e ao procedimento da rogatória, segundo a lei nacional, e de acordo com a lei estrangeira, no tocante à competência do órgão expedidor da carta;

(b) *desbordamento dos limites da ordem rogada*: quando o cumprimento, no plano *subjetivo*, atinge terceiros não alcançáveis pelo processo de origem; e no plano *processual*, quando forem suscitadas questões relacionadas com pressupostos processuais, condições da ação, e até pertinente ao próprio mérito, em situação, por exemplo, de ofensa à ordem pública.[270]

Existe também no sistema jurídico brasileiro a autorização para o procedimento do *auxílio direto* compreendido no regime de cooperação internacional (arts. 28 a 34 do CPC/2015). Tal expediente é destinado ao intercâmbio entre órgãos judiciais e administrativos de Estados diversos, cuja prática independe de carta rogatória ou de homologação de sentença estrangeira, "sempre que reclamar de autoridades nacionais atos sem conteúdo jurisdicional".[271]

Ainda sobre cartas rogatórias e *exequatur*, ver no volume I, deste Curso, os itens 122 a 126.

---

[267] PONTES DE MIRANDA, Francisco Cavalcanti. *Comentários ao Código de Processo Civil* (de 1939). 2. ed. Rio de Janeiro: Forense, 1960, v. X, p. 128-129.

[268] GRECO, Leonardo. *Instituições de processo civil*. Rio de Janeiro: Forense, 2015, v. III, p. 406.

[269] BENETI, Sidnei. *Homologação de decisão estrangeira por delibação no processo civil* (tese de livre-docência). São Paulo: USP, 2017, p. 350; COSTA, Ridalvo. A execução forçada de sentença arbitral estrangeira. *Revista do TRF- 5ª Região*, v. 37, p. 17, jul.-set. 1999.

[270] BENETI, Sidnei. *Homologação de decisão estrangeira por delibação no processo civil* (tese de livre-docência). São Paulo: USP, 2017, p. 351-360.

[271] SILVA, Ricardo Perlingeiro Mendes da. Cooperação jurídica internacional e auxílio direto. *Revista CEJ*, n. 32, p. 78, jan.-mar. 2006; LOPES, Inez. A família transnacional e a cooperação jurídica internacional. *Revista dos Tribunais*, v. 990, Caderno Especial, p. 99, abr. 2018.

645. Execução de medida de urgência estrangeira

O CPC/2015 dispõe, em seu art. 962, que a execução de decisão estrangeira que concede medida de urgência, deve ser feita no país por meio de carta rogatória (§ 1º). Não cabe ao STJ manifestar qualquer juízo acerca da urgência da medida, uma vez que a matéria é de competência exclusiva da autoridade jurisdicional prolatora da decisão estrangeira (§ 3º). Em outras palavras, o juízo estrangeiro é quem decide se há ou não urgência na execução da medida liminar deferida em sua jurisdição.

A medida de urgência concedida sem a audiência da parte contrária pode ser executada no Brasil, mas deverá ser garantido o contraditório em momento futuro (§ 2º). A justiça brasileira verificará, portanto, a existência de norma no país de origem que preveja o oportuno contraditório.

Nas situações em que é dispensada a homologação da sentença estrangeira (item nº 637 *supra*), a execução de medida de urgência dependerá do reconhecimento de validade do decisório pelo juiz competente para dar-lhe cumprimento no país (§ 4º). Vale dizer, nesses casos, a tutela de urgência somente produzirá efeitos no Brasil após ter sua validade admitida pela autoridade brasileira.

646. Procedimento do *exequatur*

O procedimento para a concessão do *exequatur* está previsto no Regimento Interno do STJ (arts. 216-O a 216-X). O *exequatur* poderá ser concedido para cartas rogatórias que tenham por objeto atos decisórios e atos não decisórios (art. 216-O, § 1º).

I – Requisitos para o exequatur

A concessão do *exequatur* depende dos mesmos requisitos para a homologação da decisão estrangeira, quais sejam (art. 963):

(a) haver sido proferida por juiz competente (inciso I);

(b) ser precedida de citação regular, ainda que verificada a revelia (inciso II);

(c) ser eficaz no país em que foi proferida (inciso III);

(d) não ofender a coisa julgada brasileira (inciso IV);

(e) estar acompanhada de tradução oficial (inciso V). Esta exigência não será feita se tratado a dispensá-la;

(f) não conter manifesta ofensa à ordem pública (inciso VI);

(g) e não ofender a competência exclusiva da autoridade judiciária brasileira (parágrafo único, do art. 964).

II – Competência

A competência para conceder *exequatur* a cartas rogatórias é do Presidente do STJ (art. 216-O), que, contudo, poderá determinar que o julgamento seja realizado pela Corte Especial, se houver impugnação ao pedido de carta rogatória de ato decisório (art. 216-T). Diferentemente do que ocorre com a homologação da decisão estrangeira, mesmo havendo impugnação do *exequatur* a competência pode permanecer com o Presidente do STJ, se assim o desejar, não se deslocando, obrigatoriamente, para a Corte Especial. Se a competência for deslocada para a Corte Especial, será designado um relator para praticar os atos relativos ao andamento e à instrução do processo.

III – Manifestação do Ministério Público Federal

O Ministério Público Federal sempre terá vista dos autos pelo prazo de dez dias, podendo impugnar o pedido de concessão do *exequatur* (art. 216-S).

IV – Recurso contra decisão do Presidente

Das decisões do Presidente ou do relator na concessão de *exequatur* caberá agravo interno para a Corte Especial, pelo prazo regimental de cinco dias (arts. 216-U e 258). Não há previsão regimental de recurso contra a decisão da Corte Especial. Entretanto, se houver violação à Constituição Federal, caberá Recurso Extraordinário para o STF, nos moldes do art. 102, III, "a", da CF.

V – Execução após o exequatur

Depois de concedido o *exequatur*, a execução da decisão estrangeira será feita no Juízo Federal competente (CPC/2015, art. 965). O pedido de execução será instruído apenas com cópia autenticada do *exequatur* (parágrafo único do art. 965). Não há mais exigência de carta de sentença.

§ 73. AÇÃO RESCISÓRIA

647. Conceito

A sentença pode ser atacada por dois remédios processuais distintos: pelos recursos e pela ação rescisória.

O que caracteriza o recurso é ser, na lição de Pontes de Miranda, uma "impugnativa dentro da mesma relação jurídico-processual da resolução judicial que se impugna".[272] Só cabem recursos, outrossim, enquanto não verificado o trânsito em julgado da sentença. Operada a coisa julgada, a sentença torna-se imutável e indiscutível para as partes do processo (CPC/2015, art. 502).

Mas a sentença, tal como ocorre com qualquer ato jurídico, pode conter um vício ou uma nulidade. Seria iniquidade privar o interessado de um remédio para sanar o prejuízo sofrido. É por isso que a ordem jurídica não deixa esse mal sem terapêutica. E, "quando a sentença é nula, por uma das razões qualificadas em lei, concede-se ao interessado ação para pleitear a declaração de nulidade".[273]

Trata-se da ação rescisória, que não se confunde com o recurso justamente por atacar uma decisão já sob o efeito da *res iudicata*. Estamos diante de uma ação contra a sentença, diante de um remédio "com que se instaura outra relação jurídica processual", como ressalta Pontes de Miranda.[274]

Recurso, coisa julgada e ação rescisória são três institutos processuais que apresentam profundas conexões.

O *recurso* visa a evitar ou minimizar o risco de injustiça do julgamento único. Esgotada a possibilidade de impugnação recursal, a *coisa julgada* entra em cena para garantir a estabilidade das relações jurídicas, muito embora corra o risco de acobertar alguma injustiça latente no julgamento. Surge, por último, a *ação rescisória* que colima reparar a injustiça da sentença trânsita em julgado, quando o seu grau de imperfeição é de tal grandeza que supere a necessidade de segurança tutelada pela *res iudicata*.

A ação rescisória é tecnicamente *ação*, portanto. Visa a rescindir, a romper, a cindir a sentença como ato jurídico viciado. Conceituam-na Bueno Vidigal e Amaral Santos como "*a ação pela qual se pede a declaração de nulidade da sentença*".[275] Assim, hoje, não se pode mais pôr em dúvida que a rescisória "é ação tendente à sentença constitutiva"[276] (muito embora o direito atual a afaste do campo das nulidades propriamente ditas).

O termo "nulidade", usualmente empregado pelos processualistas antigos para caracterizar a sentença rescindível, tem, na verdade, um significado diferente daquele que se atribui aos vícios dos demais atos jurídicos. O que é nulo, como se sabe, nenhum efeito produz e não reclama desconstituição judicial.

Não obstante, salvo o caso de sentença inexistente – como aquela à que falta o dispositivo –, a sentença rescindível, mesmo nula, como a classificavam vários doutores, produz os efeitos da *res iudicata* e apresenta-se exequível enquanto não revogada pelo remédio

---

[272] PONTES DE MIRANDA, Francisco Cavalcanti. *Tratado das ações*. São Paulo: RT, 1973, v. IV, p. 527.
[273] MARTINS, Pedro Batista. *Recursos e processos de competência originária dos tribunais*. Rio de Janeiro: Forense, 1957, n. 54, p. 78.
[274] PONTES DE MIRANDA, Francisco Cavalcanti. *Tratado das ações*. São Paulo: RT, 1973, v. IV, p. 527.
[275] AMARAL SANTOS, Moacyr. *Primeiras linhas de direito processual civil*. 4. ed. São Paulo: Max Limonad, 1973, v. III, p. 446.
[276] VIDIGAL, Luís Eulálio de Bueno. *Comentários ao Código de Processo Civil*. São Paulo: RT, 1974, v. VI, p. 39.

próprio da ação rescisória.²⁷⁷ Em outras palavras, enquanto não rescindido, o julgado prevalece.²⁷⁸

Se fosse o caso de adotar a classificação civilística das invalidades, a mais adequada colocação da rescindibilidade da sentença seria, como adverte Barbosa Moreira, entre os atos anuláveis, pois sua eficácia invalidante só opera depois de judicialmente decretada.²⁷⁹ Na verdade, porém, não se trata nem de sentença nula nem de sentença anulável, mas de sentença que, embora válida e plenamente eficaz, porque recoberta da coisa julgada, pode ser rescindida. Rescindir, em técnica jurídica, não pressupõe defeito invalidante. É simplesmente romper ou desconstituir ato jurídico, no exercício de faculdade assegurada pela lei ou pelo contrato (direito potestativo). A se comparar com os mecanismos do direito privado, a rescisão da sentença tem a mesma natureza da rescisão do contrato por inadimplemento de uma das partes. Desfaz-se o contrato válido porque, em tal conjuntura, a lei confere à parte prejudicada o direito de desconstituir o vínculo obrigacional. Assim, também, acontece com a parte vencida por sentença transitada em julgado, se presente alguma das situações arroladas no art. 966.

Nessa ordem de ideias, o CPC/2015 (art. 966), reproduzindo norma do Código de 1973 (art. 485), age com melhor técnica, ao substituir a superada afirmativa do CPC/1939 (art. 798), de ser "nula" a sentença rescindível pela de que "a sentença de mérito transitada em julgado pode ser rescindida" nas hipóteses que menciona. Consolidou-se, assim, a superação da imprópria qualificativa de sentença "nula", outrora aplicada à decisão suscetível de revogação em ação rescisória.

Na verdade e com exclusão das sentenças inexistentes, após o trânsito em julgado, há apenas poucos casos em que a sentença, formalmente perfeita, apresenta-se, no entanto, eivada de nulidade absoluta. É, por exemplo, o caso em que a decisão foi proferida sem o pressuposto da citação inicial válida ou mediante citação inicial nula, sendo revel o demandado. Mas, em tal situação, em decorrência da natureza do vício do processo e, em consequência, da sentença, não terá a parte prejudicada de valer-se, obrigatoriamente, da rescisória, para furtar-se aos efeitos da *res iudicata*. Nos próprios embargos à execução (CPC/2015, art. 535, I), ou em simples impugnação (art. 525, § 1º, I), conseguirá a declaração de nulidade de todo o processo, inclusive da sentença.

Sobre a impropriedade da qualificativa de nulidade para a sentença rescindível convergem as lições mais recentes dos processualistas brasileiros, como as de José Inácio Botelho de Mesquita,²⁸⁰ Sérgio Sahione Fadel²⁸¹ e Frederico Marques.²⁸²

Por afastar o inconveniente de identificar a sentença rescindível com o ato nulo e por abranger a possibilidade de cumulação do *judicium rescindens* com o *judicium rescissorium*, agora expressamente adotada pelo Código, deve-se reconhecer como completa a definição de Barbosa Moreira, para quem:

> "Chama-se *rescisória* à ação por meio da qual se pede a desconstituição de sentença trânsita em julgado, com eventual rejulgamento, a seguir, da matéria nela julgada".²⁸³

---

[277] PONTES DE MIRANDA, Francisco Cavalcanti. *Comentários ao Código de Processo Civil* (de 1939). 2. ed. Rio de Janeiro: Forense, 1960, v. X, p. 149.
[278] VIDIGAL, Luís Eulálio de Bueno. *Comentários ao Código de Processo Civil*. São Paulo: RT, 1974, v. VI, p. 36.
[279] BARBOSA MOREIRA, José Carlos. *Comentários ao Código de Processo Civil*. 11. ed. Rio de Janeiro: Forense, 2003, v. V, n. 68, p. 107.
[280] MESQUITA, José Inácio Botelho de. *Da ação civil*. São Paulo: RT, 1975, p. 99.
[281] FADEL, Sérgio Sahione. *Código de Processo Civil comentado*. Rio de Janeiro: J. Konfino, 1974, v. III, p. 72.
[282] MARQUES, José Frederico. *Manual de direito processual civil*. Campinas, Bookseller, 1997, v. III, n. 704, p. 257.
[283] BARBOSA MOREIRA, José Carlos. *Comentários ao Código de Processo Civil*. 11. ed. Rio de Janeiro: Forense, 2003, v. V, n. 54, p. 95.

648. Pressupostos

Além dos pressupostos comuns a qualquer ação, a rescisória, para ser admitida, pressupõe dois fatos básicos indispensáveis:

(a) uma decisão de mérito transitada em julgado;[284] e

(b) a invocação de algum dos motivos de rescindibilidade dos julgados taxativamente previstos no Código (CPC/2015, art. 966).

I – Decisão de mérito transitada em julgado

O atual Código aprimora o texto permissivo da ação rescisória contido no CPC/1973, dispondo que é suscetível de rescisão "a decisão de mérito" transitada em julgado. Quatro consequências podem-se extrair do dispositivo legal inovador:

(a) o mérito não é solucionável apenas pela sentença, ou pelo acórdão que a substitui, em caso de recurso. Pode, também, ser enfrentado, pelo menos em parte, em decisão incidental (CPC/2015, art. 356, I), que não ponha termo ao processo (pense-se no indeferimento em parte da petição inicial pelo reconhecimento da prescrição de algumas das pretensões cumuladas pelo autor, e nos pedidos cumulados, quando apenas um ou alguns são contestados);

(b) decidindo parte do litígio antes da sentença, a decisão interlocutória fará coisa julgada material (CPC/2015, art. 502) e se tornará suscetível de eventual ataque por ação rescisória; o mesmo se passa com a decisão de liquidação da sentença, que o Código considera interlocutória;[285]

(c) nos tribunais, o conceito amplo de decisão de mérito, abrange, além do acórdão,[286] as decisões monocráticas do relator, já que este está autorizado, em muitos casos, a julgar o mérito do recurso ou do processo (art. 932).[287] Observe-se, porém, que, perante os tribunais, os recursos se apresentam com mérito que, nem sempre, se confunde com o mérito da causa, de maneira que, mesmo dando ou negando provimento ao apelo, o acórdão ou a decisão monocrática podem não resolver a questão de mérito da causa. Por isso, a exigência legal para que uma decisão judicial possa ser impugnada por meio de ação rescisória é que, nesses casos, "a decisão monocrática ou colegiada, eivada de um dos vícios do art. 485 do CPC [CPC/2015, art. 966], tenha analisado o mérito da questão, e que seja ela transitada em julgado, isto é, que dessa decisão não caiba mais recurso algum";[288]

---

[284] "A parte não é obrigada a esgotar todos os recursos, para só depois propor a rescisória (*JTA* 98/93)" (NEGRÃO, Theotonio. *Código de Processo Civil e legislação processual em vigor*. 30. ed. São Paulo: Saraiva, 1999, p. 461, nota 12 ao art. 495).

[285] "As decisões que julgam antecipadamente um dos pedidos, e as que põem fim à liquidação de sentença, não são propriamente sentenças, mas são rescindíveis" (WAMBIER, Teresa Arruda Alvim. Da ação rescisória. In: WAMBIER, Luiz Rodrigues; WAMBIER, Teresa Arruda Alvim (coord.). *Temas essenciais do novo CPC*. São Paulo: RT, 2016, p. 617).

[286] STJ, 1ª Seção, AR 14/DF, Rel. Min. Pedro Acioli, ac. 03.10.1989, *RSTJ* 6/55.

[287] NEGRÃO, Theotonio; GOUVÊA, José Roberto F.; BONDIOLI, Luis Guilherme A.; FONSECA, João Francisco N. da. *Código de Processo Civil e legislação processual em vigor*. 46. ed. São Paulo: Saraiva, 2014, p. 616. STJ, 3ª Seção, AR. 702/DF, Rel. Min. Gilson Dipp, ac. 24.05.2000, *DJU* 19.06.2000, p. 102..

[288] STJ, 2ª T., AgRg no REsp 1.211.661/MG, Rel. Min. Humberto Martins, ac. 07.12.2010, *DJe* 14.12.2010.

(d) o ataque à decisão de mérito tem de ser completo, de modo que, estando ela apoiada em dois fundamentos, não será viável a rescisória procedente apenas quanto a um deles. É que o julgado se manteria pelo fundamento não atacado.[289]

II – Prazo decadencial

A par desses pressupostos, o cabimento da ação rescisória sujeita-se a um prazo decadencial, pois o direito de propô-la se extingue em dois anos, contados do trânsito em julgado da última decisão proferida no processo (art. 975, *caput*) (v., adiante, o nº 687).

III – Sentenças terminativas

O atual Código adotou, como regra geral, o regime da legislação anterior (diverso do CPC/1939), permitindo a ação rescisória apenas nos casos de decisão de mérito (art. 966). É que as sentenças *terminativas* não fazem coisa julgada sobre a lide e, por isso, não impedem que a parte renove a propositura da ação (art. 486). E, não ocorrendo a *res iudicata*, não há como falar em ação rescisória. No entanto, o CPC/2015 contempla algumas hipóteses em que a decisão que não enfrenta o mérito da causa pode ser atacada por rescisória, por impedir a nova propositura da demanda, ou por inadmitir recurso cabível contra decisão de mérito (art. 966, § 2º) (ver, adiante, item 650).

IV – Decisões interlocutórias de mérito

Em contrapartida, a coisa julgada não é fenômeno exclusivo da sentença em sentido estrito. Uma vez que questões de mérito podem, eventualmente, ser resolvidas em decisões interlocutórias, também estas podem revestir-se da autoridade de coisa julgada material, e, sendo o caso, podem ser objeto de ação rescisória. Assim, a expressão "decisão de mérito, transitada em julgado", a que alude o art. 966, deve ser entendida como compreensiva de um gênero que alcança todas as decisões judiciais definitivas, sejam singular ou coletiva, ocorridas em qualquer grau de jurisdição, compreendendo, pois, sentenças, decisões interlocutórias, acórdãos e julgamentos monocráticos permitidos nas instâncias superiores, desde, é claro, que contenham resolução total ou parcial do mérito.

V – Identificação das decisões de mérito

Outrossim, por decisão de mérito, em função de seu conteúdo, devem-se entender aquelas proferidas nas hipóteses taxativamente enumeradas pelo art. 487, *i.e.*, as que solucionam o objeto do processo, fato que ocorre quando:

(a) o juiz acolhe ou rejeita o pedido formulado na ação ou na reconvenção;

(b) o juiz decide, de ofício ou a requerimento, sobre a ocorrência de decadência ou prescrição;

(c) o juiz homologa o reconhecimento da procedência do pedido formulado na ação ou na reconvenção;

---

[289] "Havendo outros fundamentos a dar suporte às conclusões tomada na decisão rescindenda, não é possível desconstituí-la e nem adentrar-se ma justiça ou na injustiça de suas conclusões" (STJ, 2ª Seção, AR 3.045/SP, Rel. Min. Paulo de Tarso Sanseverino, ac. 08.06.2011, *DJe* 16.06.2011).

(d) o juiz homologa a transação;[290]

(e) o juiz homologa a renúncia à pretensão formulada na ação ou na reconvenção.

Na técnica processual moderna, o mérito da causa é a própria lide, ou seja, o fundo da questão substancial controvertida.

Em outras palavras, a conceituação carneluttiana define a lide como "o conflito de interesses qualificado pela pretensão de um dos litigantes e pela resistência do outro. O julgamento desse conflito de pretensões, mediante o qual o juiz, acolhendo ou rejeitando o pedido, dá razão a uma das partes e nega-a à outra, constitui uma decisão definitiva de mérito".[291]

O que importa para uma decisão ser qualificada como *de mérito* não é a linguagem usada pelo julgador, mas o conteúdo do ato decisório, ou seja, a *matéria* enfrentada pelo juiz. É comum, na experiência do foro, o uso, por exemplo, da expressão *carência de ação* em situações nas quais o autor não produz prova alguma de seu pretenso direito. O que na verdade se está examinando, *in casu*, não é uma condição de procedibilidade, mas o próprio *pedido*. Embora usando linguagem própria de decisão de preliminar, o que faz o magistrado é *rejeitar o pedido*. Logo, haverá decisão de mérito e cabível será a ação rescisória, malgrado o emprego da expressão "carência de ação".[292]

Por esse mesmo motivo, não importa se ato decisório era atacável por apelação ou por agravo, se foi decisão singular ou coletiva, nem se ocorreu em instância originária ou recursal. Se se enfrentou matéria de mérito (como, *v.g.*, o saneador que decreta prescrição parcial da dívida ajuizada, ou que nega o direito de evicção contra o denunciado à lide), mesmo sob a forma de decisão incidental, terá havido, para efeito da ação rescisória, decisão de mérito. Sob esse enfoque, o Supremo Tribunal Federal decidiu que "é cabível ação rescisória contra *despacho do relator* que, no STF, nega seguimento a agravo de instrumento, apreciando o mérito da causa discutido no recurso extraordinário".[293]

Mas, embora a decisão tenha que ser de mérito, o seu vício pode ser de natureza procedimental, como no caso em que o juiz reconhecesse efeito de revelia em causa de estado. A decisão seria, então, rescindível por violação de norma jurídica (art. 966, V, c/c art. 345, II).

VI – Trânsito em julgado

Exige-se, outrossim, apenas o requisito do trânsito em julgado, mas não o esgotamento prévio de todos os recursos interponíveis (Súmula nº 514 do Supremo Tribunal Federal).

---

[290] A jurisprudência, porém, fixou-se no sentido de que, sendo atacado o acordo, o objeto da rescisão é um negócio jurídico, que deverá ser invalidado por ação ordinária (CPC/2015, art. 966, § 4º) e não pela ação rescisória.

[291] BUZAID, Alfredo. *Do agravo de petição no sistema do Código de Processo Civil*. 2. ed. rev. e aum. São Paulo: Saraiva, 1956, n. 48, p. 103. Entre os julgados de mérito, passíveis de ação rescisória, figuram os que decidem a liquidação de sentença (STJ, 1ª T., REsp 866.298/PA, Rel. Min. José Delgado, ac. 24.04.2007, *DJU* 15.10.2007, p. 242).

[292] "Quando a sentença deu pela carência não por falta de pressuposto processual ou condição da ação, mas tendo em vista a extinção do próprio direito material, é igual à de improcedência, sendo cabível, pois, a ação rescisória" (2º TACivSP, AR 187.712-1, Rel. Juiz Gildo dos Santos, ac. 02.02.1988, *RT* 628/162). Nesse sentido: STJ, 2ª T., REsp 216.478/SP, Rel. Min. João Otávio de Noronha, ac. 19.04.2005, *DJU* 01.08.2005, p. 370; STJ, 1ª T., REsp 784.799/PR, Rel. Min. Teori Albino Zavascki, ac. 17.12.2009, *DJe* 02.02.2010; STJ, 2ª Seção, AR 336/RS, Rel. Min. Aldir Passarinho Júnior, ac. 24.08.2005, *DJU* 24.04.2006, p. 343.

[293] STF, Tribunal Pleno, AR 1.352 AgR, Rel. Min. Paulo Brossard, ac. 1º.04.1993, *DJU* 07.05.1993. Nesse sentido: STJ, 3ª T. REsp 628.464/GO, Rel. Min. Nancy Andrighi, ac. 05.10.2006, *DJU* 27.11.2006, p. 275.

649. Ação rescisória: decisão de mérito e decisão incidental de questão prejudicial

I – Coisa julgada sobre questão principal e questão prejudicial

A rescisória, como se viu, deve ter por objeto decisão de mérito transitada em julgado (CPC/2015, art. 966). É bom lembrar, no entanto, que não é só a resolução da *questão principal* que se reveste da autoridade de coisa julgada. Isto pode acontecer também com as questões prejudiciais incidentais (art. 503, § 1º). A rescisória, portanto, seria manejável contra coisa julgada, tanto quando referir-se a questões principais, como a questões prejudiciais incidentais.

II – Distinção entre os regimes da coisa julgada referente à questão principal e à questão incidental

A *questão principal* é aquela que constitui o núcleo da demanda formulada na petição inicial e que se concentra na *causa petendi* identificada originariamente. A seu respeito fala-se em *objeto litigioso do processo*. Em torno dela, a formação da coisa julgada material é automática, ou seja, decorre imediatamente da decisão de mérito, qualquer que seja a resolução dada pelo juiz. Acolhido ou rejeitado o pedido, a situação jurídica enunciada no *objeto litigioso*, após a sentença definitiva, revestir-se-á da autoridade da *res iudicata* (CPC/2015, art. 503).

Já quanto à questão prejudicial que veio a ser *incidentalmente* proposta,[294] e que, por isso mesmo, não integrava a lide, tal como identificada no objeto litigioso proposto originariamente pelo autor, a respectiva solução judicial nem sempre fará coisa julgada material, visto que sua apreciação poderá ter sido apenas no plano da argumentação, ou seja, dos *motivos* da sentença. Para que sobre a questão surgida incidentalmente venha recair a força da *res iudicata*, não é necessário requerimento da parte. Será indispensável, entretanto, a observância dos requisitos especiais do art. 503, § 1º, do CPC/2015, ou seja:

(a) da resolução da questão incidental deve depender real e substancialmente o julgamento do mérito da causa;

(b) sobre a questão incidental deve ter ocorrido contraditório prévio efetivo, não sendo suficiente a revelia;

(c) o juiz da causa deve ter competência *ratione materiae* e *ratione personae* para resolver a questão incidental como principal.

Em outros termos, não passa em julgado aquilo que a sentença apreciou como *obiter dictum* sem subordinar, lógica e necessariamente, a resolução do mérito da causa. Nem basta que sobre a arguição de uma parte tenha sido ouvida a outra. Exige a lei que ambas as partes tenham, de fato, se manifestado sobre a questão prejudicial e que o juiz tenha apreciado as manifestações como *ratio decidendi*.[295]

---

[294] A questão prejudicial quando arrolada na petição inicial torna-se parte da *causa petendi*, e sua apreciação se dará como questão principal: é o caso em que o pedido se refere à cobrança de prestação vencida, diante da qual a existência e validade do contrato se apresentam como antecedentes lógicos da demanda. A prejudicial incidental é a que surge no curso do processo sobre ponto que não era cogitado na petição inicial, mas que irá interferir necessariamente na resolução do objeto litigioso, como a alegação de pagamento ou a arguição de falsidade da quitação, a existência contratual da obrigação compensável como a reclamada pelo autor etc.

[295] "Percebe-se a diferença significativa em relação ao regime jurídico da coisa julgada da resolução das questões principais, que ocorre mesmo nos casos de revelia. O legislador foi mais exigente para a formação da coisa julgada em relação à questão incidental, supondo, certamente, que em relação a elas o debate não foi ou não teria sido tão intenso como ocorreria caso fosse uma questão principal" (DIDIER

Por outro lado, a atribuição de força de coisa julgada à resolução de questão prejudicial incidental, tal como previsto no § 1º do art. 503 do CPC/2015, eliminou a necessidade da antiga ação declaratória incidental (CPC/1973, art. 5º). Este remédio processual, todavia, não desapareceu por completo, pois o CPC/2015, no tocante à arguição de falsidade de documento, continua prevendo que essa modalidade de impugnação pode ocorrer como simples *argumento de defesa* (questão meramente incidental) ou como *pretensão à obtenção de sentença de mérito* (questão principal) (CPC/2015, art. 430, parágrafo único). Dessa maneira, sobre a falsidade a coisa julgada material somente ocorrerá quando proposta a ação declaratória incidental.

Enfim, a ação rescisória pode versar apenas sobre a decisão da questão prejudicial incidental, mas, para tanto, é preciso que essa questão tenha se tornado objeto litigioso, com observância de todos os requisitos do art. 503, § 1º).

649-A. Sentença civil em contradição com sentença criminal

A responsabilidade civil é independente da criminal (CC, art. 935), de sorte que, para a vítima do crime, ou seus dependentes, demandar a competente indenização, não há necessidade de aguardar o desfecho da ação penal. No entanto, há casos em que o julgamento criminal interfere no plano da responsabilidade civil, pois:

(a) a condenação criminal, transitada em julgado, independentemente de qualquer ação civil, tem força de título executivo judicial no cível (CPC, art. 515, VI; CPP, art. 63);

(b) negada a autoria do débito ou reconhecida a excludente de criminalidade, não mais se poderá discutir a respeito desses fatos no cível (CC, art. 935, 2ª parte; CPP, arts. 66 e 67).

Assim, reconhece a jurisprudência que há uma intercomunicação entre as jurisdições civil e criminal e que esta repercute de modo absoluto na primeira "quando reconhece o fato ou a autoria". E, desse modo, "a sentença condenatória criminal constitui título executório no cível". Também, se a sentença penal negar o fato ou a autoria, de modo categórico, impedirá que, no juízo cível, se volte a questionar o fato. Diferente, contudo, será quando a sentença absolutória criminal apoiar-se em ausência ou insuficiência de provas, ou na inconsciência da ilicitude. Já então, remanescerá a avaliação do ilícito civil.[296]

Para obviar conflitos entre a sentença civil e a penal, nesse terreno, o CPC prevê a possibilidade de suspensão do processo civil, quando o conhecimento do mérito depender de verificação da exigência do fato delituoso, a fim de aguardar-se o pronunciamento da justiça criminal (art. 315). Mas essa suspensão não poderá eternizar-se, não devendo ultrapassar o prazo máximo de um ano (§§ 1º e 2º do mesmo artigo do CPC).

Assim, diante do prosseguimento da ação cível nem sempre é possível evitar que o julgamento da ação indenizatória se dê antes da sentença do juízo criminal. Em tais circunstâncias, já se decidiu, por exemplo, que "a sentença penal absolutória de legítima defesa, proferida posteriormente à decisão judicial indenizatória que, por si só, modifica o acórdão rescindendo, é considerada *documento novo*, apto a embasar ação rescisória".[297]

JR., Fredie; OLIVEIRA, Rafael Alexandria de; BRAGA, Paulo Sarno. *Curso de direito processual civil*. 10. ed. Salvador: JusPodivm, 2015, v. 2, n. 9.8.5.2, p. 537).

[296] STJ, 2ª T., REsp 975/RJ, Rel. Min. Vicente Cernichiaro, ac. 07.02.1990, *RSTJ* 7/400.

[297] TJRS, 3º Grupo C. Civs., AR 70.005.774.419, Rel. Des. Umberto Guaspari Sudbrack, ac. 05.03.2004, *RJTJRS* 244/148. No mesmo sentido: STJ, 4ª T., REsp 51.811/SP, Rel. Min. Barros Monteiro, ac. 03.11.1998, *DJU* 14.12.1998.

No entanto, o que tem prevalecido no STJ, é a recusa à rescindibilidade da sentença civil, na espécie, numa condescendência com a subsistência do conflito entre os julgamentos díspares ocorridos nas jurisdições civil e criminal em torno do mesmo ato ilícito.

Ou seja:

> I – A ocorrência de decisões contraditórias no cível e no juízo criminal não induzem necessariamente a uma ação rescisória se nenhum dos incisos do art. 485, do CPC, se subsumem a espécie.
>
> II – No ponto, cabível a execução da própria sentença criminal transitada em julgado, conforme dispõe o art. 584, II, do CPC.[298]

No caso de absolvição criminal posterior à condenação civil disciplinar, decidiu o STJ que a sentença penal absolutória não configuraria documento novo capaz de autorizar a rescisão do julgamento cível.[299]

Dessa maneira, a simples contradição entre julgados seria insuficiente para sustentar a rescisória da decisão civil. Na ótica jurisprudencial, para a rescisão, além da contradição seria indispensável que a sentença civil configurasse uma das hipóteses em que o CPC autoriza a ação rescisória (art. 966).[300]

650. Decisões terminativas rescindíveis

I – Rescindibilidade excepcional de decisão que não resolveu o mérito

Terminativas são as sentenças (ou acórdãos) que extinguem o processo sem resolução do mérito da causa, como as que o fazem em reconhecimento da falta de pressuposto processual ou de condição da ação (CPC/2015, art. 485, IV e VI).[301]

Diante de sentenças dessa natureza não se forma a coisa julgada material, razão pela qual, a parte não fica impedida de repropor a ação, desde que suprida a falha processual cometida na primeira demanda (CPC/2015, art. 486, § 1º). Com isso, faltaria interesse para justificar a ação rescisória. Daí restringir a lei o cabimento dessa ação especialíssima aos casos de sentença ou decisão de mérito.

---

[298] STJ, 3ª T., AgRg no Ag 93.815/MG, Rel. Min. Waldemar Zveiter, ac. 11.03.1996, *DJU* 17.06.1996, p. 21.489: admitiu o acórdão que mesmo estando em contradição com a decisão cível anterior, a sentença penal condenatória configuraria título executivo na esferal civil, nos termos do art. 584, II, do CPC/1973.

[299] "Processual civil. Fundamento não impugnado. Súmula 283/STF. Ação rescisória. Ação criminal posterior. Sentença absolutória (...) 3. Ademais, a jurisprudência do STJ entende que não é documento novo aquele produzido após o julgamento da causa e que a ocorrência de decisões contraditórias no cível e no juízo criminal não induzem necessariamente a uma ação rescisória, ausentes as hipóteses mencionadas no art. 485 do Código de Processo Civil/1973 (art. 966 do CPC/2015). AgRg no Ag 1069357/RS, Rel. Ministro Carlos Fernando Mathias (Juiz Federal Convocado do TRF 1ª região), Quarta Turma, *DJe* 16/02/200; AgRg na MC 8.310/MG, Rel. Ministro Carlos Alberto Menezes Direito, Terceira Turma, *DJ* 25/10/2004, p. 333" (STJ, 2ª T., REsp 1.645.864/MS, Rel. Min. Herman Benjamin, ac. 07.03.2017, *DJe* 20.04.2017).

[300] TEPEDINO, Gustavo et al. *Fundamentos do direito civil*. Rio de Janeiro: Forense, 2020, v. 4, p. 299.

[301] "'Por não impugnar decisão de mérito, não cabe ação rescisória contra decisão que apenas extinguiu o processo, pela ocorrência de ilegitimidade ativa *ad causam*' (Supremo Tribunal Federal, QO na AR nº 1.203/PR, Tribunal Pleno, Rel. Min. Ellen Gracie, *DJ* de 02.05.03)" (STJ, 1ª Seção, AR 2.381/RJ, Rel. Min. Castro Meira, ac. 09.12.2009, *DJe* 01.02.2010).

Já ao tempo do CPC de 1973, porém, se ensaiava abrir exceção para permitir a rescisória contra sentença que não era de mérito, mas que impedia a renovação da ação, como se passa, por exemplo, com a que extingue o processo por ofensa à coisa julgada.[302] O posicionamento do STF era, no entanto, contrário à tese.[303]

O CPC/2015 toma posição expressa sobre o problema, dispondo que, nas hipóteses previstas para a rescindibilidade, admitir-se-á seja rescindida, também, "a decisão transitada em julgado que, embora não seja de mérito, impeça nova propositura da demanda" ou inadmita recurso contra o julgamento de mérito (art. 966, § 2º).[304]

II – Decisão terminativa que impede o reexame do mérito

Ainda sob o regime do CPC de 1973, defendíamos o entendimento de que poderia acontecer a necessidade de recorrer-se à rescisória, quando a decisão última (rescindenda), embora não sendo de mérito, importou tornar preclusa a questão de mérito decidida no julgamento precedente.

Assim, se, por exemplo, o Tribunal recusou conhecer de recurso mediante decisão interlocutória que violou disposição literal de lei, não se pode negar à parte prejudicada o direito de propor a rescisória, sob pena de aprovar-se flagrante violação da ordem jurídica. É certo que a decisão do Tribunal não enfrentou o mérito da causa, mas foi por meio dela que se operou o trânsito em julgado da sentença que decidiu a lide e que deveria ser revista pelo Tribunal por força da apelação não conhecida.

Não se pode, outrossim, dizer que, se na sentença existir motivo para a rescisória, esta deveria ser requerida contra a decisão de primeiro grau, e não contra o acórdão do Tribunal, cujo conteúdo teria sido meramente terminativo. É que nem sempre é possível fazer o enquadramento da sentença nos permissivos da rescisória (CPC/2015, art. 966). Mas, se houve o *error in iudicando* no acórdão, o apelante sofreu violento cerceamento do direito de obter a revisão da sentença de mérito, pela via normal da apelação, que é muito mais ampla do que a da rescisória.

Tendo-se em vista a instrumentalidade do processo e considerando-se que o *error in iudicando*, embora de natureza simplesmente processual, afetou diretamente uma solução de mérito, entendo que, nessa hipótese excepcional, a *mens legis* deve ser interpretada como autorizadora da ação rescisória, a fim de que, cassada a decisão ilegal do Tribunal, se possa completar o julgamento de mérito da apelação, cujo trancamento se deveu à flagrante negação de vigência de direito expresso.[305]

---

[302] Admitindo a rescisória, na espécie: cf. YARSHELL, Flávio Luiz. *Ação rescisória*. São Paulo: Malheiros, 2005, p. 163-164; SOUZA, Bernardo Pimentel. *Introdução aos recursos cíveis e à ação rescisória*. 2. ed. Belo Horizonte: Mazza Edições, 2001, p. 501. Na jurisprudência a tese também já foi acolhida: "(...) 3. O rigor da expressão 'sentença de mérito' contida no *caput* do artigo 485, do CPC [CPC/2015, art. 966], tem sido abrandado pela doutrina e jurisprudência. 4. O acórdão confirmatório de sentença que decreta extinto o processo sob alegação de incidência de coisa julgada, quando esta não ocorreu, é passível de reforma via ação rescisória" (STJ, 1ª T., REsp 395.139/RS, Rel. Min. José Delgado, ac. 07.05.2002, *DJU* 10.06.2002, p. 149).

[303] STF, AR 1.056-6/GO, Rel. Min. Octavio Gallotti, *DJU* 25.05.2001; *REPRO* 104/263-272.

[304] O TJSP, diante de caso complexo de extinção do processo sem solução do mérito (ilegitimidade *ad causam*), decidiu, mesmo na ausência de coisa julgada material, mas havendo impedimento à "reabertura do litígio em cognição convencional", ser cabível em caráter excepcional a rescisória, a fim de que se desse oportunidade de decidir as questões de mérito consideradas relevantes (TJSP, 2º Gr. Dir. Priv., AR 2 0378962-18.2010.8.26.0000, Rel. Des. Ênio Santarelli Zuliani, ac. 07.07.2011, *Rev. Jur. LEX*, n. 52, p. 321, jul.-ago. 2011).

[305] Nessa linha, o STJ chegou a decidir: "Ação rescisória. Apelação não conhecida por deserção. Precedentes da Corte. 1. Precedentes da Corte considerando admissível a rescisória quando não conhecido o recurso por intempestividade, autorizam o mesmo entendimento em caso de não conhecimento da apelação

Na linha do posicionamento exposto, o caso excepcional de cabimento da rescisória contra decisão terminativa *sub examine* foi contemplado pelo CPC/2015, que, de maneira expressa, prevê tal possibilidade quando a decisão, embora não tenha sido sobre o mérito, impediu, ilegalmente, o reexame recursal do mérito (art. 966, § 2º, II). É o que se passa, por exemplo, nas incorretas decisões sobre descabimento ou deserção de recurso. Rejeitou o atual Código, dessa forma, a tese, às vezes defendida pela jurisprudência, de que a rescisória só poderia se voltar contra a decisão de mérito recorrida, e nunca contra a decisão terminativa que ilegalmente não admitira o recurso.[306]

Como se vê, o atual CPC é mais liberal no trato dos casos de cabimento da rescisória, enfrentando e superando as polêmicas existentes cuja solução jurisprudencial era, quase sempre, de cunho restritivo, muito embora nem sempre se mostrassem razoáveis em seu rigorismo.[307]

651. Rescisão parcial

Outra hipótese não contemplada no Código de 1973, e que mereceu acolhida pelo atual Código, é a de autorização expressa para que a rescisória se limite a apenas algum capítulo destacado da sentença (art. 966, § 3º, CPC/2015). Mesmo sem previsão legal, ao tempo do direito antigo já havia consenso acerca da viabilidade da rescisão parcial da sentença. "O NCPC abandonou de vez o dogma de que a decisão de mérito deve ser *una*." Logo, se o mérito pode ser fracionado em diversas decisões, também a sentença única pode ser analisada por capítulos, quando independentes entre si. Se o ataque à coisa julgada volta-se apenas contra um dos seus capítulos, ter-se-á a rescisória dita parcial.

652. Casos de admissibilidade da rescisória

Os casos de rescindibilidade da decisão no CPC/2015 são os mesmos elencados no Código anterior e são os seguintes (CPC/2015, art. 966):

(a) quando se verificar que foi proferida por força de prevaricação, concussão ou corrupção do juiz (inciso I);

(b) se for proferida por juiz impedido ou por juízo absolutamente incompetente (inciso II);

(c) se resultar a decisão de dolo ou coação da parte vencedora em detrimento da parte vencida ou, ainda, de simulação ou colusão entre as partes, a fim de fraudar a lei (inciso III);

---

por deserção. Ressalva do Relator. 2. Recurso especial conhecido e provido" (STJ, 3ª T., REsp 636.251/SP, Rel. Min. Menezes Direito, ac. 03.02.2005, *DJU* 11.04.2005). Em sentido contrário: STJ, 4ª T., REsp 489.562/SE, Rel. Min. Cesar Asfor Rocha, ac.19.08.2003, *DJU* 06.10.2003, p. 277.

[306] STJ, 4ª T., REsp 489.562/SE, Rel. Min. Cesar Asfor Rocha, ac. 19.08.2003, *DJU* 06.10.2003, p. 277.

[307] Ainda no regime do CPC/1973, entendia-se que nem sempre a decisão terminativa escapava da rescisão com base no art. 485, V: "as decisões puramente processuais não neutralizam o poder de ação, muito menos eliminam o direito material. No entanto, as decisões fundadas no inciso V, do art. 267, do CPC [CPC/2015, art. 485, V] produzem exatamente o efeito da inação, de maneira que a ação rescisória é o meio adequado para emprestar a interpretação compatível com o atual sistema processual. Por esse motivo, em sede doutrinária, o saudoso e sempre lembrado Ministro Sálvio de Figueiredo Teixeira afirmou que 'em alguns casos pode-se admitir a ação rescisória em se tratando de acórdão que, por equívoco, extingue o processo sob o fundamento de coisa julgada (CPC, art. 267, V), uma vez que, em tal hipótese, não há possibilidade de renovar-se a causa em primeiro grau por força do disposto no art. 268, do CPC [CPC/2015, art. 486]'" (CARVALHO, Fabiano. Ação rescisória contra decisão processual fundada em coisa julgada. *Revista de Processo*, n. 236, p. 166-167, out. 2014).

(d) quando ofender a coisa julgada (inciso IV);

(e) se violar manifestamente norma jurídica (inciso V);

(f) se for fundada em prova cuja falsidade tenha sido apurada em processo criminal ou venha a ser demonstrada na própria ação rescisória (inciso VI);

(g) quando, depois do trânsito em julgado, o autor obtiver prova nova cuja existência ignorava, ou de que não pôde fazer uso, capaz, por si só, de lhe assegurar pronunciamento favorável (inciso VII);

(h) se for fundada em erro de fato verificável do exame dos autos (inciso VIII).

Examinaremos, a seguir, cada um dos casos, observando a nomenclatura do atual Código e a ordem com que foram arrolados no art. 966.

Note-se, outrossim, que os fundamentos da rescindibilidade previstos no art. 966 são taxativos, sendo impossível cogitar-se da analogia para criarem-se novas hipóteses de ataque à *res iudicata*.[308]

Tampouco se admite que os defeitos que tornam rescindível a decisão possam ser alegados em simples embargos à execução. Só a ação rescisória tem força adequada para desconstituir a coisa julgada.[309]

653. Prevaricação, concussão ou corrupção do juiz (art. 966, I)

O atual Código, assim como o anterior, harmoniza-se com a linguagem do Código Penal e especifica a conduta do juiz subornado segundo a nomenclatura técnica do referido Código. Assim, fala o art. 966, I, que será rescindível a decisão de mérito quando "se verificar que foi proferida por força de prevaricação, concussão ou corrupção do juiz".

Segundo a lei penal, os casos de delito por peita são definidos da seguinte maneira:

(a) *Prevaricação* consiste em "retardar ou deixar de praticar, indevidamente, ato de ofício, ou praticá-lo contra disposição expressa de lei para satisfazer interesse ou sentimento pessoal" (art. 319);

(b) *Concussão* vem a ser a exigência, "para si ou para outrem, direta ou indiretamente, ainda que fora da função ou antes de assumi-la, mas em razão dela", de vantagem indevida (art. 316);

(c) *Corrupção* (passiva) é definida como "solicitar ou receber, para si ou para outrem, direta ou indiretamente, ainda que fora da função ou antes de assumi-la, mas em razão dela, vantagem indevida, ou aceitar promessa de tal vantagem" (art. 317).

Para que a rescisória seja favoravelmente acolhida não é necessário que o juiz tenha sido previamente condenado no juízo criminal. Permite-se que a prova do vício seja feita no curso da própria rescisória.[310]

---

[308] "A rescisória deve ser reservada a situações excepcionalíssimas ante a natureza de cláusula pétrea conferida pelo constituinte ao instituto da coisa julgada. Disso decorre a necessária interpretação e aplicação estrita dos casos previstos no art. 485 (CPC/2015, art. 966) do Código de Processo Civil..." (STF, Pleno, RE 590.809/RS, Rel. Min. Marco Aurélio, ac. 22.10.2014, *DJe* 21.11.2014).

[309] VIDIGAL, Luís Eulálio de Bueno. *Comentários ao Código de Processo Civil*. São Paulo: RT, 1974, v. VI, p. 39-40.

[310] AMARAL SANTOS, Moacyr. *Primeiras linhas de direito processual civil*. 4. ed. São Paulo: Max Limonad, 1973, v. III, n. 958, p. 450.

Não se deve, também, ater rigidamente ao princípio da tipicidade dos delitos, como ocorre no campo do Direito Penal. Para a rescisão prosperar basta que "o comportamento do juiz corresponda a um desses tipos penais".[311]

A procedência da rescisória, nessa hipótese, não acarreta apenas a invalidação da sentença. "Se a peita for reconhecida pelo Tribunal Superior, este deverá anular todo o processo a partir da instrução da causa",[312] porquanto toda a fase de busca e apuração da verdade estará irremediavelmente contaminada da nódoa de suspeita de irregularidade ou parcialidade.

Por último, ressalte-se que é irrelevante a natureza da vantagem ilícita aproveitada pelo juiz peitado, que, assim, não fica limitada às quantias de dinheiro ou bens equivalentes. Como lembrava Odilon de Andrade, o suborno pode variar desde as promessas de dinheiro, empréstimos, facilidades ou preferências em negócios, promoções na carreira do magistrado, até empregos para seus familiares e outros expedientes similares.[313]

654. Impedimento ou incompetência absoluta do juiz (art. 966, II)

O atual Código distingue claramente entre impedimento e suspeição (arts. 144 e 145).

O impedimento *proíbe* o juiz de atuar no processo e invalida os seus atos, ainda que não haja oposição ou recusa da parte. A suspeição *obsta* a atuação do juiz apenas quando alegada pelos interessados ou acusada pelo julgador *ex officio*.[314]

Para admitir ação rescisória, cogitou o Código apenas do impedimento do juiz (art. 966, II). Está claro, portanto, que "só o impedimento, e não a suspeição, torna rescindível a sentença".[315]

Os casos de impedimento do julgador acham-se relacionados nos arts. 144 e 147 do Código vigente.

Quanto à incompetência, deve-se distinguir entre a *absoluta* e a *relativa*. A relativa pode ser derrogada, quer por acordo das partes (foro de eleição) (art. 63), quer por prorrogação, em virtude de ausência da alegação da incompetência no prazo legal (art. 65).

Qualquer que seja o critério da fixação da competência absoluta, ela se apresenta sempre como inderrogável pela vontade das partes. Dentre os casos da espécie, o art. 62 cita a competência *ratione materiae, ratione personae* e a de hierarquia.

São exemplos da competência relativa a fixada em razão do valor da causa e a em razão do território (art. 63).

Em matéria de rescisão, somente a sentença proferida por juiz absolutamente incompetente é que dá lugar à ação do art. 966. A limitação prende-se ao fato de que na hipótese de incompetência apenas relativa cabe à parte interessada o dever de excepcionar o juízo em tempo hábil (art. 64), sob pena de prorrogar-se sua competência (art. 65), tornando-se, assim, o juízo competente por força da própria lei. Há, na prática, portanto, uma verdadeira impossibilidade de prolação de decisão por juiz relativamente incompetente. Apenas em caso teratológico, como o de sentença proferida por juiz cuja incompetência relativa já havia sido antes declarada por

---

[311] BARBOSA MOREIRA, José Carlos. *Comentários ao Código de Processo Civil*. 11. ed. Rio de Janeiro: Forense, 2003, v. V, n. 73, p. 121.

[312] VIDIGAL, Luís Eulálio de Bueno. *Comentários ao Código de Processo Civil*. São Paulo: RT, 1974, v. VI, p. 60, nota 82.

[313] AMARAL SANTOS, Moacyr. *Primeiras linhas de direito processual civil*. 4. ed. São Paulo: Max Limonad, 1973, v. III, n. 958, p. 450.

[314] João Mendes Júnior, citado por VIDIGAL, Luís Eulálio de Bueno. *Comentários ao Código de Processo Civil*. São Paulo: RT, 1974, v. VI, p. 63.

[315] BARBOSA MOREIRA, José Carlos. *Comentários ao Código de Processo Civil*. 11. ed. Rio de Janeiro: Forense, 2003, v. V, n. 74, p. 123.

tribunal, é que se poderia cogitar de rescisória. Mas, então, a hipótese seria enquadrável, mais propriamente, em ofensa manifesta à legalidade (art. 966, V).

655. Dolo ou coação da parte vencedora (art. 966, III)

Compete às partes e seus procuradores proceder, no processo, com lealdade e boa-fé (CPC/2015, art. 5º). Viola esse dever a parte vencedora que "haja impedido ou dificultado a atuação processual do adversário, ou influenciado o juízo do magistrado, em ordem a afastá-lo da verdade".[316]

O Código de 1973 autorizava a rescisória quando a decisão tivesse resultado *(i)* de dolo da parte vencedora em detrimento da parte vencida, ou *(ii)* de colusão entre as partes, a fim de fraudar a lei (CPC/1973, art. 485, III). O atual Código ampliou as duas hipóteses: *(i)* não só o dolo, mas também a coação praticada pelo vencedor, pode autorizar a rescisão; e *(ii)* além da colusão entre as partes, também a simulação, quando arquitetada para fraudar a lei é causa justificadora da rescisória (CPC/2015, art. 966, III).

A configuração do dolo – ato voluntário da parte vencedora em prejuízo do vencido – não mais exige, na evolução do direito processual, necessariamente, a má-fé do litigante, bastando seja revelada uma ofensa ao princípio da boa-fé objetiva, que o atual Código adota, como "norma fundamental" (art. 5º). Assim, para efeito da rescisão da sentença, bastará, por exemplo, em determinadas circunstâncias, o silêncio ou a conduta omissiva da parte vencedora, acerca de fato ou comportamento relevante para a solução da causa, para que sua conduta desleal e desonesta, frente ao adversário sucumbente se torne causa para a rescisão do decisório.[317] É importante, todavia, que a conduta ou omissão intencional do litigante seja tal que induza a parte contrária a assumir uma conduta processual que lhe seja nociva. A rescisória, portanto, será cabível se a parte demonstrar que o resultado desfavorável da causa teve como motivo comportamento seu induzido, todavia, maliciosamente por ato do adversário.

O dolo da parte vencedora, invocável para rescindir a sentença, "abrange, também, o dolo do representante legal"[318] e, naturalmente, o de seu advogado, ainda quando sem o assentimento ou a ciência do litigante.

Torna-se indispensável, para êxito da rescisória, na espécie em exame, que ocorra nexo de causalidade entre o dolo (violação da lealdade e da boa-fé) e o resultado a que chegou a decisão, como se depreende do texto do art. 966, III.

---

[316] BARBOSA MOREIRA, José Carlos. *Comentários ao Código de Processo Civil*. 11. ed. Rio de Janeiro: Forense, 2003, v. V, n. 75, p. 124; LIEBMAN, Enrico Tullio. *Appunti sulle Impugnazioni*. Milano: Cisalpino Goliardica, 1967, p. 45.

[317] Sobre a aplicação da boa-fé objetiva no julgamento de ação rescisória fundamentada em dolo processual, cf. DIDIER JÚNIOR, Fredie; CUNHA, Leonardo Carneiro da. *Curso de direito processual civil*. 13. ed. Salvador: JusPodivm, 2016, v. III, p. 418-419. Na mesma linha, para o STJ restou configurado dolo processual no caso em que as partes ajustaram transação mediante a qual cumprida certa condição por uma delas, a outra desistiria da demanda. No entanto, malgrado cumprida a condição pelo réu, o autor deixou de requerer a desistência, acabando a ação por ser julgada procedente nos termos da inicial, por falta de defesa. Assentou o acórdão do STJ: "4 – *In casu*, o réu foi induzido a quedar-se inerte na esfera da ação originária, o que culminou com a decretação de sua revelia e a prolação de sentença que julgou procedentes os pedidos insertos na inicial, o que evidencia a violação ao art. 485, III, 1ª parte, do diploma processual civil [CPC/1973] [CPC/2015, art. 966, III]. 5 – A doutrina interpreta que a noção de dolo traz ínsita, ainda, a ideia de que parte sucumbente sofreu impedimento ou gravame em sua atuação processual para que reste delimitada a causa de rescindibilidade, tal como se descortina no presente caso. 6 – Assim, uma vez constatada a ocorrência de afronta ao dispositivo indicado, dá-se provimento ao presente recurso especial para determinar a desconstituição da r. sentença de mérito, com a retomada do julgamento da ação originária pelo órgão jurisdicional de 1º grau" (STJ, 4ª T., REsp 656.103/DF, Rel. Min. Jorge Scartezzini, ac. 12.12.2006, *DJU* 26.02.2007, p. 595).

[318] VIDIGAL, Luís Eulálio de Bueno. *Comentários ao Código de Processo Civil*. São Paulo: RT, 1974, v. VI, p. 83.

Não se deve, outrossim, ver dolo na simples omissão de prova vantajosa à parte contrária, tampouco no mero silêncio sobre circunstância que favoreça o adversário. Para verificação da situação legal, o vencedor deverá ter adotado procedimento concreto para intencionalmente ter obstado o vencido de produzir prova que lhe fosse útil.[319] É de ter-se em conta que a parte não está legalmente obrigada a produzir prova contrária a seus interesses (art. 379, *caput*), razão pela qual o dolo autorizador da rescisória não pode se limitar à não revelação de fato ou prova favorável ao adversário, mas terá de se dar por meio de comportamento que o leve a não diligenciar a descoberta e utilização do meio de convencimento que lhe propiciaria a vitória processual.

Deve-se, porém, atentar para o fato de que o dolo autorizador da rescisória não abrange os atos de máfé anteriores ao processo, mas apenas o *dolo processual*, que vem a ser aquele praticado por meio de ato de litigância maliciosa durante a tramitação da causa em juízo.

656. Simulação ou colusão para fraudar a lei (art. 966, III)

Cabe ao juiz impedir que as partes utilizem o processo para, maliciosamente, obterem resultado contrário à ordem jurídica. Quando concluir o magistrado que as partes estão manejando a relação processual para "praticar ato simulado ou conseguir fim proibido por lei", deverá proferir "decisão que impeça os objetivos das partes" (CPC/2015, art. 142). Nem sempre, porém, o juiz tem meios para impedir, a tempo, que os fraudadores atinjam o fim colimado.

Exemplo de processo em tal situação seria a ação movida pela concubina contra o concubinário casado para obter a transferência de um bem móvel valioso que este desejaria doar-lhe com infração do art. 550 do Código Civil. Deixando o réu que o feito corra à revelia e não havendo meio de o juiz impedir a condenação à transferência do bem litigioso, estaremos diante de uma sentença provocada por conluio em fraude da lei. Os prejudicados, após o trânsito em julgado, poderão rescindi-la de acordo com o art. 966, III, do atual Código.

São comuns, também, os exemplos de colusão para obter anulação de casamento, fora dos limites permitidos pela lei.

Podem promover a rescisória, em todos os casos de simulação ou colusão, tanto os sucessores de qualquer das partes do processo fraudulento, o terceiro juridicamente interessado, como também o Ministério Público (art. 967).

Colusão (ou conluio) e simulação são ambas figuras de fraude na atividade processual, sempre com a finalidade de fraudar a lei. A diferença está em que a colusão se dá sempre por meio de ato bilateral, envolvendo as duas partes do processo, enquanto a simulação pode ser praticada por ambas ou apenas uma delas. Além disso, a colusão pode consumar-se mediante ato puramente omissivo, quando, por exemplo, autor e réu combinam em que a ação de cobrança de dívida inexistente não será contestada com o objetivo de fraudar credores. Já a simulação exige atividade concreta de criação de um negócio jurídico que aparente conferir ou transmitir direitos a pessoas diversas daquelas às quais realmente se conferem ou transmitem (Código Civil, art. 167, § 1º, I); ou em que conste declaração, confissão, condição ou cláusula não verdadeira (idem, II); ou ainda, aqueles cujos instrumentos sejam antedatados ou pós-datados (idem, III).

657. Ofensa à coisa julgada (art. 966, IV)

A coisa julgada material, na definição do Código, é o caráter de que se reveste a decisão de mérito já não mais sujeita a recurso, tornando-a imutável e indiscutível (CPC/2015, art. 502).

---

[319] BARBOSA MOREIRA, José Carlos. *Comentários ao Código de Processo Civil*. 11. ed. Rio de Janeiro: Forense, 2003, v. V, n. 75, p. 124.

Para as partes do processo, a decisão vem a ter força de lei nos limites da questão principal expressamente decidida (art. 503).

Após o trânsito em julgado, cria-se para os órgãos judiciários uma impossibilidade de voltar a decidir a questão que foi objeto da sentença. Qualquer nova decisão, entre as mesmas partes, violará a intangibilidade da *res iudicata*. E a decisão, assim obtida, ainda que confirme a anterior, será rescindível, dado o impedimento em que se achava o juiz de proferir nova decisão.

A rejeição da exceção de coisa julgada no curso da ação originária, bem como a ciência da parte vencida da existência de anterior decisão e a omissão de arguir a competente exceção, não são obstáculos ao manejo da ação rescisória com fundamento no inciso IV do art. 966.

Havendo conflito entre duas coisas julgadas, prevalecerá a que se formou por último, enquanto não se der sua rescisão para restabelecer a primeira.[320] Duas atitudes poderia o legislador ter adotado diante desse conflito: *(i)* negar validade à segunda decisão, qualificando-a de nula; ou *(ii)* tê-la como anulável, e, por isso, desconstituível. O Código de Processo optou pela última saída, quando qualificou como rescindível a decisão que ofende a coisa julgada. Se se trata de sentença rescindível, inocorre nulidade, e o segundo decisório permanecerá válido e eficaz enquanto não rescindido.

Que se fazer quando duas decisões transitadas em julgado resolveram a mesma lide, e já não é mais cabível a rescisória, pelo decurso do tempo? É óbvio que, sendo contraditórias, não se haverá de admitir ambas como operantes. Também, sendo de igual teor, inadmissível será tê-las como válidas para condenar, por exemplo, duas vezes a parte a cumprir a mesma prestação. Dentro do sistema do Código, a solução somente pode ser uma: apenas a última decisão transitada em julgado representará a solução definitiva da lide. Ela é válida e somente deixaria de sê-lo se tempestivamente rescindida. Como não foi, nem mais poderá ser rescindida, sua validade reconhecida pela lei faz que a última definição da lide ocupe o lugar da que se adotou no primeiro julgado, que, no conflito, perderá, irremediavelmente, toda sua eficácia.

Há, deve-se reconhecer, corrente doutrinária que considera a previsão da lei de rescindibilidade da decisão ofensiva da coisa julgada como inócua, visto que o manejo da ação rescisória seria dispensável, por se tratar de julgado *juridicamente inexistente*.[321] Na jurisprudência, a 3ª Turma do STJ, recentemente, aplicou esse entendimento,[322] contrariando precedentes daquela própria Corte, inclusive reafirmados pela 2ª Turma após a questionada dissidência.[323] A tese da inexistência, *de lege ferenda*, até poderia ser uma boa solução para o conflito de duas coisas julgadas. Acontece que, no direito positivo atual, não foi essa a opção do legislador. Cremos, por isso, que não se pode descartar tão sumariamente a regra legal, que não é nova, e que assegura expressamente a submissão de decisão da espécie ao regime da ação rescisória (CPC/1939, art. 798, I, "b"; CPC/1973, art. 485, IV; CPC/2015, art. 966, IV). Não se pode, obviamente, criticar a lei atual, que nada mais fez do que dar sequência a um instituto que

---

[320] PONTES DE MIRANDA, Francisco Cavalcanti. *Comentários ao Código de Processo Civil*. 3. ed. Rio de Janeiro: Forense, 1998, t. VI, p. 212; STJ, 1ª Seção, AR 3.248/SC, Rel. Min. Castro Meira, ac. 09.12.2009, *DJe* 01.02.2010; STJ, 6ª T., AgRg no REsp 643.998/PE, Rel. Min. Celso Limongi, ac. 15.12.2009, *DJe* 01.02.2010.

[321] WAMBIER, Teresa Arruda Alvim; CONCEIÇÃO, Maria Lúcia Lins; RIBEIRO, Leonardo Ferres da Silva; MELLO, Rogério Licastro Torres. *Primeiros comentários ao novo Código de Processo Civil*. São Paulo: RT, 2015, p. 1.374.

[322] "*Coisa julgada dúplice. Conflito entre duas sentenças transitadas em julgado* (...) 4. Inexistência de direito de ação e, por conseguinte, da sentença assim proferida. Doutrina sobre o tema. 5. Analogia com precedente específico desta Corte, em que se reconheceu a inexistência de sentença por falta de interesse jurídico, mesmo após o transcurso do prazo da ação rescisória (REsp 710.599/SP). 6. Cabimento da alegação de inexistência da segunda sentença na via de exceção de pré-executividade. 7. Recurso Especial desprovido" (STJ, 3ª T., REsp 1.354.225/RS, Rel. Min. Paulo de Tarso Sanseverino, ac. 24.02.2015, *DJe* 05.03.2015).

[323] STJ, 2ª T., REsp 1.524.123/SC, Rel. Min. Herman Benjamin, ac. 26.05.2015, *DJe* 30.06.2015.

se pode afirmar clássico no direito processual brasileiro, e que foi interpretado por abalizada doutrina[324] e consolidada jurisprudência.[325]

Se há coisa julgada na primeira sentença, a ser protegida, também no segundo processo formou-se coisa julgada que a lei, de modo expresso, só entende afastável por meio de ação rescisória. Num e noutro caso ocorreu coisa julgada, igualmente relevante para a ordem jurídica. O caminho para atacar a última *res iudicata* é a ação rescisória, por vontade clara da lei. Como não podem subsistir os dois julgados conflitantes, a solução adotada pelo direito positivo foi a de estabelecer um prazo decadencial (CPC/2015, art. 975, *caput*) para que se possa rescindir a coisa julgada aperfeiçoada por último, como único meio de restabelecer a primitiva (art. 966, IV).[326] Daí a conclusão firme da jurisprudência no sentido de que "havendo conflito entre duas coisas julgadas, prevalecerá a que se formou por último, enquanto não se der sua rescisão para restabelecer a primeira".[327]

658. Violação manifesta de norma jurídica (art. 966, V)

I – Sistema do antigo CPC

O Código de 1973 admitia a rescisória da decisão que violava "literal disposição de *lei*" (art. 485, V), o que provocava dificuldades interpretativas na doutrina e jurisprudência. Agora, a nova regra fala em "violar manifestamente *norma jurídica*" (CPC/2015, art. 966, V). Já era esse o entendimento preponderante assentado na vigência do Código anterior:

> "'Lei', no dispositivo sob exame [art. 485, V] há de entender-se em sentido amplo. Compreende, à evidência, a Constituição, a lei complementar, ordinária ou delegada, a medida provisória, o decreto legislativo, a resolução (Carta da Re-

---

[324] PONTES DE MIRANDA, Francisco Cavalcanti. *Tratado da ação rescisória*. 4. ed. Rio de Janeiro: Forense, 1964, p. 185-186; GRINOVER, Ada Pellegrini. *Direito processual civil*. São Paulo: José Bushatsky, 1975, p. 85; DIDIER JR., Fredie; CUNHA, Leonardo Carneiro da. *Curso de direito processual civil*. 20. ed. Salvador: Ed. JusPodivm, 2023, v. 3., p. 646-647; TALAMINI, Eduardo. *Coisa julgada e sua revisão*. São Paulo, Ed. RT, 2005, p. 156; DINAMARCO, Cândido Rangel. *Instituições de direito processual civil*. 7.ed. São Paulo: Malheiros, 2017, v. III, p. 397; YARSHELL, Flávio Luiz. *Ação rescisória*: juízos rescindente e rescisório. São Paulo: Malheiros, 2005, p. 318.

[325] STJ, 1ª Seção, AR 3.248/SC, Rel. Min. Castro Meira, ac. 09.12.2009, *DJe* 01.02.2010; STJ, 2ª T., REsp 598.148/SP, Rel. Min. Herman Benjamin, ac. 25.08.2009, *DJe* 31.08.2009; STJ, 6ª T., REsp 400.104/CE, Rel. Min. Paulo Medina, ac. 13.05.2003, *DJU* 09.06.2003, p. 313. A posição do STJ consolidou-se no sentido da prevalência da última coisa julgada, por decisão uniformizadora de sua Corte Especial (EAREsp 600.811/SP, Rel. Min. Og Fernandes, ac. 04.12.2019, *DJe* 07.02.2020). A propósito, ressaltou a 2ª Turma do STJ: "Contudo, referida regra deve ser afastada nos casos em que já executado o título formado na primeira coisa julgada, ou se iniciada sua execução, hipótese em que deve prevalecer a primeira coisa julgada em detrimento daquela formada em momento posterior, consoante expressamente consignado na ementa e no voto condutor do EARESP nº 600.811/SP, proferido pelo em. Ministro Og Fernandes" (AgInt nos EDcl no REsp 1.930.955/ES, Rel. Min. Mauro Campbell Marques, ac. 08.03. 2022, *DJe* 25.03.2022). Além disso, assentou a 3ª Seção, ainda com base em ressalva formulada no próprio aresto da Corte Especial, que não há conflito de coisas julgadas quando são elas convergentes e não contraditórias (STJ, EDcl no AgInt nos EDcl nos EmbExeMs, Rel. Min. Joel Ilan Paciornik, ac. 22.03.2023, *DJe* 29.03.2023).

[326] Não exercitado o direito e a pretensão à rescisão da segunda sentença, em tempo hábil, "a segunda sentença, tornada irrescindível, *prepondera*. Em consequência, desaparece a eficácia de coisa julgada da primeira sentença" (PONTES DE MIRANDA, Francisco Cavalcanti. *Tratado da ação rescisória*. 4. ed. Rio de Janeiro: Forense, 1964, p. 186).

[327] STJ, 6ª T., AgRg no REsp 643.998/PE, Rel. Min. Celso Limongi, ac. 15.12.2009, *DJe* 01.02.2010; STJ, 2ª T., AgRg no AREsp 200.454/MG, Rel. Min. Og Fernandes, ac. 17.10.2013, *DJe* 24.10.2013.

pública, art. 59), o decreto emanado do Executivo, o ato normativo baixado por órgão do Poder Judiciário".[328]

II – Sistema do CPC/2015

Andou bem o atual CPC ao substituir, nos casos de cabimento da rescisória, violação "da lei" por violação da "norma jurídica", pois, como bem advertia Cassio Scarpinella Bueno, a propósito do Código de 1973:

> "Doutrina e jurisprudência não divergem quanto à ampla abrangência que deve ser dada ao termo *lei* referido no inc. V do art. 485. *Lei*, tal qual empregada no dispositivo, é sinônimo de *norma jurídica*, independentemente de seu escalão. Isto é, tanto pode se conceber a rescisória para impugnar decisão que violou a Constituição, leis propriamente ditas (incluindo as medidas provisórias que têm força de lei), bem assim atos infralegais como decretos, regulamentos. O STJ já admitiu a rescisória calcada no inciso V do art. 485 por ofensa a dispositivo de seu próprio Regimento Interno".[329]

Andou bem, ainda, o atual Código quando substituiu, no permissivo da rescisória, a expressão violação de "literal disposição de lei" (que sempre foi polêmica) por violação "manifesta". Doutrina e jurisprudência já se harmonizavam em torno do entendimento de que, para o fim de cabimento da rescisória, "viola-se a lei não apenas quando se afirma que a mesma não está em vigor, mas também quando se decide em sentido diametralmente oposto ao que nela está posto, não só quando há afronta direta ao preceito, mas também quando ocorre exegese induvidosamente errônea".[330]

Quando a lei anterior falava em violação à literalidade de disposição de lei, queria realmente exigir, para cabimento da rescisória, que a sentença houvesse cometido uma ofensa *frontal*, *evidente*, à norma legal, de *modo aberrante* ao preceito nela contido; e não cogitava do modo com que os fatos fossem analisados, tampouco do modo de interpretar a lei, quando mais de um entendimento dela se poderia extrair.[331]

Violação *manifesta*, referida pelo art. 966, V, do atual Código exprime bem a que se apresenta *frontal* e *evidente* à norma, e não a que decorre apenas de sua interpretação diante

---

[328] BARBOSA MOREIRA, José Carlos. *Comentários ao Código de Processo Civil*. 15. ed. Rio de Janeiro: Forense, 2009, v. V, n. 78, p. 131.

[329] BUENO, Cassio Scarpinella. *Código de Processo Civil interpretado*. Coord. por Antônio Carlos Marcato. São Paulo: Atlas, 2004, p. 1.477.

[330] STJ, 2ª Seção, AR 236/RJ, Rel. Min. Sálvio de Figueiredo, ac. 31.10.1990, *DJU* 10.12.1990, p. 14.790; STJ, 3ª Seção, AR 3.382/PR, Rel. Min. Arnaldo Esteves Lima, ac. 23.06.2010, *DJe* 02.08.2010.

[331] "Não cabe rescisória por ofensa a literal disposição de lei, quando a decisão rescindenda se tiver baseado em texto legal de interpretação controvertida nos tribunais" (Súmula 343 do STF). "A rescisão baseada no art. 485, V, do CPC [CPC/2015, art. 966, V] só se mostra possível quando a lei é ofendida em sua clara literalidade, evidenciando exegese absurda" (STJ, 2ª Seção, AgRg na AR 4.180/RS, Rel. Min. Sidnei Benetti, ac. 25.03.2009, *DJe* 02.04.2009). "Para que a ação rescisória fundada no art. 485, V, do CPC [CPC/2015, art. 966, V], prospere é necessário que a interpretação dada pelo *decisum* rescindendo seja de tal modo *aberrante* que viole o dispositivo legal em sua literalidade. Se, ao contrário, o acórdão rescindendo elege uma dentre as interpretações cabíveis, ainda que não seja a melhor, a ação rescisória não merece vingar, sob pena de tornar-se 'recurso' ordinário com prazo de interposição de dois anos (REsp 9.086/SP). A ação rescisória não se destina a revisar a justiça da decisão" (STJ, 2ª Seção, AR 464/RJ, Rel. Min. Barros Monteiro, ac. 28.05.2003, *DJU* 19.12.2003, p. 310. No mesmo sentido: STJ, 1ª Seção, AR 3.244/SC, Rel. Min. Luiz Fux, ac. 11.02.2009, *DJe* 30.03.2009).

da incidência, sobre determinado quadro fático.³³² Reconhece-se que toda norma tem um *núcleo mínimo* ou *específico* de compreensão, mesmo quando esteja formulada em termos vagos ou imprecisos. É esse núcleo que não pode ser ignorado ou ultrapassado pelo intérprete e aplicador da norma. Ir contra seu conteúdo implica, segundo Sérgio Bermudes, proferir sentença "inequivocamente contrária à norma", justificando-se a rescisória por sua *manifesta violação*.³³³

Por último, repita-se, também andou corretamente o novo Código quando optou por apontar, com vistas ao cabimento da rescisória, para a violação à norma jurídica, e não mais para a violação à disposição de lei. Na moderna concepção jurídica, norma e enunciado de lei são coisas diversas. O texto legislado é apenas um "projeto" ou "fórmula" da norma, cujo aperfeiçoamento só se dará quando de sua interpretação realizada pelo ente encarregado de sua aplicação. E nessa operação não prevalecerá o simples significado literal do texto constante do enunciado legal, nem a dedução lógico formal. Terão importante e decisivo papel os juízos de valor que o intérprete, necessariamente, terá de empreender para revelar a norma extraída do enunciado, e que seja a aplicável, in concreto, ao caso a resolver.³³⁴

A violação manifesta, a que se refere o inciso V do art. 966, não leva em conta a literalidade do enunciado do legislador, mas o sentido jurídico revelado pela valoração interpretativa.

Dispositivo é texto, mero enunciado, que pode servir de caminho para, por meio da interpretação, descobrir e revelar a norma a ser aplicada em determinado caso. Mas pode existir norma que não esteja expressa em texto explícito e direto, como acontece com a aplicação dos princípios gerais e com o preenchimento das lacunas da lei. Assim, "normas não são textos nem o conjunto deles, mas os sentidos construídos a partir da interpretação sistemática de textos normativos".³³⁵

Nessa esteira, o legislador reconheceu que o juiz decide com base no tripé: lei, doutrina e jurisprudência.³³⁶ De tal sorte que haverá violação da norma jurídica quando a decisão ofender princípio jurídico ou entendimento dos tribunais, por exemplo.³³⁷

---

³³² "É incabível ação rescisória por violação de lei se, para apurar a pretensa violação, for indispensável reexaminar matéria probatória debatida nos autos" (STJ, 1ª Seção, AgRg na AR 3.731/PE, Rel. Min. Teori Zavascki, ac. 23.05.2007, *DJU* 04.06.2007, p. 283). "A decisão que viola disposição literal de lei e enseja, portanto, a ação rescisória, é somente aquela que desrespeita a lei de forma flagrante, indiscutível, dispensando argumentos para demonstrá-lo" (MACHADO, Hugo de Brito. Cabimento da ação rescisória por violação de literal disposição de lei. *Revista Dialética de Direito Processual*, n. 146, São Paulo, p. 64, maio 2015).

³³³ BERMUDES, Sérgio. *CPC de 2015*: inovações. Rio de Janeiro: Mundo Jurídico, 2016, p. 395. Para Bernardo Barboza, a melhor leitura da expressão *violar manifestamente ordem jurídica*, positivada pelo CPC/2015, é "a que considera como violada inequivocamente a norma quando feita interpretação contrária ao seu *núcleo específico*" (BARBOZA, Bernardo. Ação rescisória e núcleos inequívocos de significado: quando uma norma é "manifestamente" violada? *Revista de Processo*, v. 279, p. 259, São Paulo, maio 2018).

³³⁴ "As diretivas interpretativas não constituem regras lógicas [apenas], mas critérios eleitos e preenchidos a partir de *opções* e *valorações*. A decisão não é determinada pela fórmula legislativa, mas é fruto da valoração e da vontade racionalmente justificada do juiz" (MARINONI, Luiz Guilherme. Ação rescisória baseada em violação de norma jurídica. *Revista do TRF-1ª R.*, v. 29, n. 11/12, p. 73, nov.-dez. 2017).

³³⁵ ÁVILA, Humberto. *Teoria dos princípios* – da definição à aplicação dos princípios jurídicos. 5. ed. São Paulo: Malheiros, 2006, p. 30.

³³⁶ WAMBIER, Teresa Arruda Alvim *et al*. *Primeiros comentários ao novo Código Civil*. 2. ed. São Paulo: RT, 2016, p. 1.375.

³³⁷ Em razão da distinção entre *dispositivo de lei* e *norma jurídica*, o CPC/2015 admite, claramente, que a rescisória seja exercitada contra decisão ofensiva a norma constante de súmula ou precedente de observância obrigatória (art. 966, § 5º, acrescido pela Lei nº 13.256/2016). Com efeito, "o precedente que outorga sentido à lei agrega algo de novo à ordem jurídica legislada, fixando a interpretação da lei que deve orientar a vida social e regular os casos futuros. Como consequência, o sentido do direito delineado pela Corte não pode deixar de pautar a solução dos casos iguais ou similares, vinculando ou obrigando os juízes e tribunais" (MARINONI, Luiz Guilherme. Ação rescisória baseada em violação de norma jurídica. *Revista do TRF-1ª R.*, v. 29, n. 11/12, p. 78, nov.-dez. 2017).

Assim, com a adoção da ideia de *normas jurídicas*, em lugar de *disposição de lei*, o atual Código supera a divergência outrora existente sobre ser cabível ou não a rescisória por violação de *princípio*. Se tanto regras (leis) como princípios são normas, restou certo que o regime atual autoriza a rescisória para a *violação manifesta* tanto das regras legais como dos princípios gerais.[338]

Além disso, a partir da implantação da força vinculante dos precedentes e súmulas jurisprudenciais, efetuada pelo art. 927 do CPC/2015, não há mais dúvida de que através dessas medidas judiciais se estabelecem normas jurídicas (complementárias e integrativas). Violar, pois, normas da espécie enquadra-se no conceito de "violação manifesta de norma jurídica", para o fim de autorizar a ação rescisória prevista no inciso V do art. 966. Superada, portanto, a resistência antiga dos tribunais à rescisória de sentença contrária a enunciados de súmulas dos Tribunais Superiores.[339] Aliás, os §§ 5º e 4º, acrescentados ao art. 966 do CPC pela Lei 13.256/2016, não deixam dúvida sobre o cabimento da rescisória na espécie.

Um aspecto da rescisória autorizada pelo inciso V do art. 966 merecedor de destaque é o de que não se pode utilizá-la como oportunidade à ampliação ou reavaliação da prova. O objeto da ação é, aqui, a própria norma, de modo que a arguida ofensa manifesta há de ser constatada a partir da inteligência e aplicação que a sentença impugnada lhe deu, sem necessidade, portanto, de qualquer atividade probatória. O qualificativo "manifesta", com que se identifica a violação arguida, decorre da pronta demonstração, que só ocorrerá quando passível de imediata evidenciação, sem depender, pois, de diligência probatória.[340]

III – Inovação da Lei nº 13.256/2016

A Lei nº 13.256/2016, que acrescentou dois novos parágrafos ao art. 966 do CPC/2015, superou a divergência acerca de ser ou não possível a rescisória por manifesta violação à lei, quando fundada em divergência com enunciado de súmula jurisprudencial.

Em primeiro lugar, o sistema do atual Código adota expressamente a força obrigatória das teses assentadas nos moldes do art. 927 não só das súmulas vinculantes, mas *(i)* de todos os julgamentos do STF pronunciados no controle concentrado de constitucionalidade; *(ii)* nos acórdãos dos diversos tribunais em incidente de assunção de competência ou de resolução de demandas repetitivas; *(iii)* nos acórdãos do STF e do STJ em julgamento de recursos extraordinário e especial repetitivos; *(iv)* dos enunciados das súmulas do STF em matéria constitucional, e do STJ em matéria infraconstitucional.

---

[338] "A interpretação do art. 485, V, do CPC [art. 966, V, do CPC/2015] deve ser ampla e abarca a analogia, os costumes e os princípios gerais de direito" (STJ, 1ª Seção, AR 822/SP, Rel. Min. Franciulli Netto, ac. 26.04.2000, *RSTJ* 135/49).

[339] Norma jurídica, cuja violação justifica a ação rescisória, não se restringe ao enunciado de lei ou outro ato normativo. "A norma jurídica é o resultado da interpretação das fontes de direito, em especial das prescrições normativas à luz da Constituição, dos princípios, dos direitos fundamentais e do preenchimento de cláusulas gerais e/ou de conceitos indeterminados à luz do caso concreto. Assim, quando se diz que uma norma jurídica foi violada, o que se violou foi a interpretação dada às fontes do direito aplicadas no caso concreto" (SANTOS, Welder Queiroz dos. *Ação rescisória por violação a precedente*. São Paulo: Ed. RT, 2021, p. 249).

[340] "A norma jurídica violada pode ser de direito material ou de direito processual, de direito público ou de direito privado, pode ter origem internacional, nacional, legal, jurisdicional ou consuetudinária. O que interessa é que sua violação seja *manifesta*, isto é, *não demande atividade probatória no processo para sua demonstração*" (g.n.) (MARINONI, Luiz Guilherme; MITIDIERO, Daniel. *Ação rescisória: do juízo rescindente ao juízo rescisório*. São Paulo: Ed. RT, 2017, p. 181).

Diante desse quadro normativo, a Lei nº 13.256/2016 instituiu duas regras para os casos de rescisória em que a decisão rescindenda tenha solucionado a causa com base em *enunciado de súmula* ou em *acórdão proferido em julgamento de casos repetitivos*:

(a) De acordo com o atual § 5º, acrescido ao art. 966, se a decisão aplicou a súmula ou o precedente, de caso repetitivo, sem considerar a existência de distinção entre a questão discutida no processo e o padrão decisório que lhe deu fundamento, o caso será enquadrável no cabimento de ação rescisória com base no inc. V do art. 966 (violação manifesta de norma jurídica).

(b) A petição inicial da rescisória fundada no citado § 5º do art. 966 deverá cumprir um requisito específico: terá de conter a demonstração, fundamentada, de que a situação enfrentada pela decisão rescindenda retrata hipótese fática distinta ou envolve questão jurídica não examinada, "a impor outra solução jurídica" (§ 6º, acrescentado pela Lei nº 13.256/2016).

O critério para admitir a rescisória, na espécie, foi o mesmo que sempre se adotou a propósito da violação ou negação de vigência à lei: uma norma jurídica é violada não somente quando é ignorada pelo julgador, mas também quando é aplicada à situação fática que não corresponde ao alcance da regra invocada individualmente pelo decisório. Assim, fundamentar uma sentença numa súmula ou num precedente que não corresponde à hipótese sob análise no processo equivale a ofender a norma consubstanciada na jurisprudência de observância necessária.

Na mesma perspectiva, impõe-se concluir que deixar de aplicar, no julgamento, entendimento jurídico jurisprudencial de observância obrigatória, nos limites do art. 927 do CPC, tem de ser visto como ofensa manifesta a norma jurídica, para fins de ação rescisória (art. 966, V).[341]

IV – Rescisão da sentença no capítulo relativo aos honorários advocatícios sucumbenciais

Tem a natureza de decisão de mérito o capítulo da sentença que arbitra os honorários de advogado sucumbenciais. Por isso, é possível manejar a ação rescisória quando o juiz estipula tal verba sem atentar para os critérios definidos na lei disciplinadora da matéria. Para a jurisprudência do STJ, "é adequada a via da ação rescisória para discutir o regramento objetivo relacionado à fixação de honorários advocatícios se houver desrespeito aos critérios definidos em lei para a quantificação dessa verba".[342]

A rescindibilidade, na espécie, enquadra-se na hipótese do inciso V do art. 966 do CPC/2015 (violação manifesta de norma jurídica). Entendeu o STJ, no acórdão acima, que ofendera literalmente o art. 20, § 4º, do CPC/1973 (CPC/2015, art. 85, § 8º) a decisão do tribunal de origem que reduzira os honorários advocatícios impostos pela sentença de primeira instância, sem proceder "a nenhum juízo de valor segundo os critérios previstos nas alíneas *a*, *b* e *c*, do § 3º do art. 20 do CPC [1973]", cuja observância era imposta pelo § 4º do mesmo preceito legal.

658-A. Natureza da norma violada

Para justificar a ação rescisória, com base no inc. V do art. 966 do CPC/2015, a violação não se restringe ao direito material incidente sobre o objeto litigioso. Qualquer preceito normativo

---

[341] Sobre o tema, cf. CORTÊS, Osmar Mendes Paixão. O cabimento da ação rescisória para fazer cumprir decisão em recurso repetitivo: observância do padrão decisório. *Revista de Processo*, v. 284, p. 295-316, São Paulo, out./2018.

[342] STJ, 3ª Seção, AR 4.143/DF, Rel. Min. Rogério Schietti Cruz, ac. 24.02.2016, *DJe* 02.03.2016.

pode ser aventado, seja ele de direito público ou privado, substancial ou processual. O que importa é a relevância da norma para a manutenção da sentença de mérito que se pretende atacar com a ação rescisória. Esta tem, ordinariamente, que ser uma sentença de mérito transitada em julgado, como exige o art. 966, *caput*. O vício de que padece, todavia, pode decorrer da ofenda a um preceito de direito processual.

São exemplos típicos de cabimento da rescisória por ilegalidade cometida no plano processual os casos de sentença de mérito que se lastreiam na revelia, na confissão ficta, no ônus da prova, na preclusão, mas que o fazem de modo a violar manifestamente o sentido e alcance da regra instrumental. Merecem, ainda, ser arroladas entre as sentenças rescindíveis por defeito processual as *extra* ou *ultra petita*, já que ofendem frontalmente os arts. 141 e 492 do CPC/2015.

658-B. Ofensa à norma reguladora dos honorários advocatícios sucumbenciais

Já se discutiu sobre cabimento, ou não, de ação rescisória para atacar o capítulo da sentença relativa à condenação da parte vencida ao pagamento de honorários do advogado do vencedor. Entretanto, a jurisprudência do Superior Tribunal de Justiça firmou-se no sentido de que a decisão, na espécie, envolve matéria de mérito, mesmo quando a sentença é meramente terminativa, e, como tal, "é adequada a via da ação rescisória para discutir o regramento objetivo relacionado à fixação de honorários advocatícios se houver desrespeito aos critérios definidos em lei para a quantificação dessa verba".[343] A rescisória é admitida, *in casu*, mesmo quando a verba honorária sucumbencial "não tenha sido objeto de anterior irresignação recursal" (Súmula 514/STF).[344]

Impõem-se, todavia, uma distinção: *(i)* a ação rescisória "é cabível somente para discutir violação a *direito objetivo*", ou seja, ofensa a "regras que dizem respeito à disciplina geral dos honorários" como a dos parâmetros definidos pelo CPC para a sua quantificação; *(ii)* por outro lado, se a avaliação se deu com observância dos critérios legais, e a discordância se trava sobre o resultado desse arbitramento, "incabível é a ação rescisória, pois implicaria a discussão de direito subjetivo decorrente da má apreciação dos fatos ocorridos no processo pelo juiz e do juízo de equidade daí originado" (caso de injustiça do julgado, e não ofensa objetiva à regra legal). "Nestes casos – entende o STJ –, o autor é carecedor da ação por impossibilidade jurídica do pedido".[345] Nessa mesma linha, não se tem admitido ação rescisória para discutir a irrisoriedade ou exorbitância de verba honorária, se não estiver em jogo o desrespeito aos parâmetros objetivos da lei.[346]

659. Ofensa manifesta a norma e oscilação da jurisprudência

Em jurisprudência sumulada antiga, o STF assentou que "não cabe rescisória por ofensa a literal disposição de lei, quando a decisão rescindenda se tiver baseado em texto legal de

---

[343] STJ, 3ª Seção, AR 4.143/DF, Rel. Min. Rogério Schietti Cruz, Rev. Min. Nefi Cordeiro, ac. 24.02.2016, *DJe* 02.03.2016.

[344] STJ, 3ª T., REsp 1.099.329/DF, Rel. p/ ac. Min. Paulo de Tarso Sanseverino, ac. 22.03.2011, *DJe* 17.05.2011. Para Pontes de Miranda, a despeito de o CPC falar em *sentença de mérito*, "qualquer sentença que extinga o processo [sem julgamento do mérito- art. 267] e dê ensejo a algum dos pressupostos do art. 485, I-X, pode ser rescindida" (Tratado de ação rescisória. Campinas: Bookseller, 1998, p. 171).

[345] STJ, 2ª T., REsp 1.403.357/PE, Rel. Min. Mauro Campbell Marques, ac. 27.02.2018, *DJe* 02.03.2018.

[346] STJ, 1ª Seção, AR 3.754/RS, Rel. Min. José Delgado, ac. 28.05.2008, *DJe* 23.06.2008; STJ, 2ªT., REsp 1.264.329/RS, Rel. Min. Mauro Campbell Marques, ac. 20.11.2012, *DJe* 26.11.2012; STJ, 3ª T., REsp 802.548/CE, Rel. Min. Sidnei Beneti, ac. 15.12.2009, *DJe* 18.12.2009; STJ, 2ª T., REsp 1.403.357/PE, Rel. Min. Mauro Campbell Marques, ac. 27.02.2018, *DJe* 02.03.2018.

interpretação controvertida nos tribunais" (Súmula nº 343). Muito, porém, se tem discutido sobre a subsistência de tal súmula, no regime atual de constitucionalização do direito processual.

A nosso ver, enquanto perdura a controvérsia nos tribunais acerca da interpretação de uma lei, é razoável admitir que permanece válida a tese da Súmula nº 343, visto que a decisão que eventualmente opte por um dos entendimentos em confronto não tem condições de ser qualificada como *manifestamente* violadora da norma de sentido não unívoco.[347] Não se enquadra em tal categoria, diante da questionada Súmula, "a decisão que, embora divergindo de outras decisões e dando ao dispositivo da lei uma interpretação diversa daquela que veio a predominar no judiciário, especialmente se na época em que foi proferida aquela decisão não havia ainda uma interpretação firmada a respeito".[348]

Uma vez, porém, que a jurisprudência se pacifique (mormente por meio de súmulas ou de posicionamento firme dos tribunais superiores), não haverá mais razão para cogitar-se das controvérsias do passado para continuar negando cabimento à rescisória.[349]

Desde que a decisão rescindenda seja conflitante com a jurisprudência consolidada, tornar-se-á passível de rescisão. Mas, em nome da segurança jurídica, a consolidação jurisprudencial não deverá ter eficácia retroativa. Se ao tempo do julgamento a sentença não poderia ser qualificada como contrária a literal disposição de lei, não haverá de sê-lo posteriormente à coisa julgada, em virtude de entendimento pretoriano novo que, na maioria das vezes, retratará as condições de momento, sob impacto de forças e valores jurídicos sociais renovados e redirecionados em processo evolutivo constante.

Dir-se-á que, negada a rescisória para os casos pretéritos, estabelecer-se-ia, diante dos processos novos, a desigualdade de tratamento legal, entre aqueles que foram julgados antes da consolidação jurisprudencial e os que se submeteram a decisões posteriores. Isto, porém, é fato inevitável, no plano da prestação jurisdicional. A própria segurança jurídica, ao impor a indiscutibilidade dos julgamentos transitados em julgado, sem perquirir de sua justiça ao não, e ao só permitir, muito excepcionalmente, sua rescisão, em casos restritos, e sujeita a prazo decadencial curto, assinala para a possibilidade, frequente, de perdurarem imutáveis e intangíveis decisões intrinsecamente injustas e conflitantes. É uma contingência da justiça humana, que jamais poderá alcançar a perfeição, e nem mesmo pode pautar-se, invariavelmente, pelo compromisso com o justo absoluto. Quando é a segurança jurídica a razão de ser de um instituto processual, ficam em plano inferior, lamentavelmente, questionamentos em torno de justiça e isonomia.

Da mesma forma, que não é razoável rescindir, por ofensa manifesta a norma jurídica, sentença transitada em julgado que tenha se lastreado em lei envolvida em clima de controvérsia interpretativa nos tribunais, também não se há de agir de outra forma diante das mudanças radicais da jurisprudência anteriormente consolidada. Seria atentatório à confiança depositada pelo jurisdicionado, de maneira justa, na orientação firme dos tribunais, permitir que o decisório,

---

[347] "Assim, se nem mesmo o legislador pode atingir, com uma lei nova, a coisa julgada, é um verdadeiro absurdo admitir-se a possibilidade de rescisão de uma sentença que aplicou a lei a um caso concreto, embora a interpretação adotada não fosse pacificamente adotada pelos tribunais" (MACHADO, Hugo de Brito. Cabimento da ação rescisória por violação de literal disposição de lei. *Revista Dialética de Direito Processual*, n. 146, São Paulo, p. 63, maio 2015).

[348] MACHADO, Hugo de Brito. Cabimento da ação rescisória por violação de literal disposição de lei. *Revista Dialética de Direito Processual*, n. 146, São Paulo, p. 64, maio 2015.

[349] "A Súmula n. 343/STF não obsta o ajuizamento de ação rescisória quando, muito embora tenha havido dissídio jurisprudencial no passado sobre o tema, a sentença rescindenda foi proferida já sob a égide de súmula do STJ que superou o mencionado dissenso e se firmou em sentido contrário ao que se decidiu na sentença primeva" (STJ, 4ª T., REsp 1.163.267/RS, Rel. Min. Luis Felipe Salomão, ac. 19.09.2013, *DJe* 10.12.2013).

trânsito em julgado em consonância com a jurisprudência de seu tempo, se tornasse, da noite para o dia, ilícito e vulnerável, apenas porque a exegese pretoriana tenha, ulteriormente, alterado seu modo de interpretar a norma aplicada.

O problema das divergências e das oscilações da jurisprudência é complexo e de difícil solução, quando se busca encontrar regra geral para o respectivo equacionamento. O mais razoável é deixar seu enfrentamento à decisão dos casos concretos, submetendo-o sempre a um balanceamento entre as exigências dos princípios de justiça e de segurança, a ser feito à luz dos interesses públicos e particulares em jogo na demanda. Importante é o juízo de ponderação a ser feito segundo os critérios da razoabilidade e proporcionalidade, aplicáveis sempre que a interpretação se passe em torno de princípios constitucionais.

Assim, deve-se tomar como ponto de partida que a rescisória é remédio excepcional não concebido como instrumento de uniformização da jurisprudência, mas apenas para eliminar ilegalidades e injustiças graves, cometidas por sentenças definitivas e, em princípio, intocáveis e imodificáveis, vícios esses arrolados e identificados pela lei de forma taxativa.

Em respeito à segurança jurídica – razão de ser da garantia constitucional da coisa julgada –, nada aconselha tratar a ação rescisória com excessiva liberalidade, sob risco de transmudá-la em nova instância recursal, a todos os títulos inconveniente e indesejável. A rescindibilidade, ou não, da sentença que sofreu, após a *res iudicata*, impacto de divergência jurisprudencial superveniente ou de mudança de entendimento dos tribunais, não convém ser submetida a regra apriorística rígida. Melhor será abordar o problema caso a caso, procurando visualizar *in concreto* os interesses em jogo, bem como avaliar as proporções da repercussão que a ruptura da coisa julgada acarretará sobre os princípios e garantias constitucionais aplicáveis à espécie.

660. Ofensa à norma constitucional (ainda o art. 966, V)

Como vimos, quando uma lei enfrenta dissídio interpretativo nos tribunais, não se pode afirmar que a sentença, optando por aplicar um dos diversos entendimentos presentes na jurisprudência, pratique violação manifesta à ordem jurídica. As múltiplas correntes interpretativas decorrem ou de deficiência da linguagem da própria norma ou de dificuldade de compreensão oriunda de divergências geradas pelos próprios tribunais. Em ambas as hipóteses, não se pode responsabilizar o sentenciante pelo desfecho dado ao processo, em meio ao ambiente de dúvidas e oscilações reinante na jurisprudência. O Estado Democrático de Direito, porém, dispensa ao ordenamento constitucional uma tutela particular e qualificada, segundo a qual dos juízes se exige uma fidelidade e uma observância que assegure sempre aos seus preceitos o máximo de efetividade. Se uma lei comum pode, eventualmente, permitir mais de uma interpretação razoável, o mesmo é inconcebível diante dos textos constitucionais. O juízo acerca da conformidade de uma lei ordinária com a Constituição resulta sempre num juízo sobre a validade da lei. O ato normativo que se contraponha à Constituição simplesmente não vale, é nulo, é despido de qualquer força jurídica.

Não se pode, por isso, adotar, em matéria de inconstitucionalidade – segundo entendimento que por longo tempo perdurou na jurisprudência –, atitudes de perplexidade ou dúvida, ou a lei é constitucional ou não o é. No plano da constitucionalidade, portanto, uma lei não pode ter mais de uma interpretação. Uma única exegese é possível e haverá, necessariamente, de ser aquela que conduzir à harmonização com a Constituição ou à sua incompatibilidade com esta.

Nessa perspectiva, não se aplica à ação rescisória fundada em ofensa à Constituição a Súmula nº 343 do Supremo Tribunal Federal.[350] Invocado o inciso V do art. 966 do CPC, o

---

[350] "A jurisprudência do STF emprega tratamento diferenciado à violação da lei comum em relação à da norma constitucional, deixando de aplicar, relativamente a esta, o enunciado de sua Súmula 343, à con-

Tribunal não se escusará de julgar o mérito da rescisória a pretexto de existir controvérsia na jurisprudência. A questão constitucional teria de ser enfrentada, para se firmar a interpretação da norma debatida, que não poderia persistir no estágio de dúvida e imprecisão.[351] É que, para o STF, pouco importava que a decisão rescindenda tivesse acontecido em clima de interpretação controvertida, anteriormente à orientação por ele fixada. A Súmula nº 343/STF teria de ser afastada e a rescisória admitida porque "a manutenção de decisões das instâncias ordinárias divergentes da interpretação adotada pelo STF revela-se afrontosa à força normativa da Constituição e ao princípio da máxima efetividade da norma constitucional".[352]

Numa revisão de posicionamento diante da jurisprudência controvertida, o STF, em julgado recente, afastou-se da antiga posição que negava peremptoriamente aplicação da Súmula nº 343 às questões constitucionais, sob o argumento de que:

> "A rescisória deve ser reservada a situações excepcionalíssimas, ante a natureza de cláusula pétrea conferida pelo constituinte ao instituto da coisa julgada. Disso decorre a necessária interpretação e aplicação estrita dos casos previstos no artigo 485 do Código de Processo Civil, incluído o constante do inciso V [CPC/2015, art. 966, V], abordado neste processo. Diante da razão de ser do verbete, não se trata de defender o afastamento da medida instrumental – a rescisória – presente qualquer grau de divergência jurisprudencial, mas de prestigiar a coisa julgada se, quando formada, o teor da solução do litígio dividia a interpretação dos Tribunais pátrios ou, com maior razão, se contava com óptica do próprio Supremo favorável à tese adotada. Assim deve ser, indiferentemente, quanto a ato legal ou constitucional, porque, em ambos, existe distinção ontológica entre texto normativo e norma jurídica".[353]

Repeliu o aresto do STF, em princípio, a possibilidade de transformar a ação rescisória em remédio unificador de jurisprudência, pelo único fundamento de tratar-se de divergência sobre tema constitucional, mormente nos casos em que a tese diversa da adotada pelo julgado

---

sideração de que, em matéria constitucional, não há que se cogitar de interpretação apenas razoável, mas sim de interpretação juridicamente correta" (STJ, 1ª T., REsp 512.050/DF, Rel. Min. Teori Albino Zavascki, ac. 17.08.2004, *DJU* 30.08.2004, p. 206; *RSTJ* 183/102). STF, Tribunal Pleno, AR 1.578, Rel. Min. Ellen Gracie, ac. 26.03.2009, *DJe* 21.08.2009.

[351] "Preliminar de descabimento da ação por incidência da Súmula STF 343. Argumento rejeitado ante a jurisprudência desta Corte que elide a incidência da Súmula quando envolvida discussão de matéria constitucional" (STF, Pleno, AR 1.409, Rel. Min. Ellen Gracie, ac. 26.03.2009, *DJe* 15.05.2009). "A manutenção de decisões das instâncias ordinárias divergentes da interpretação adotada pelo STF revela-se afrontosa à força normativa da Constituição e ao princípio da máxima efetividade da norma constitucional. Cabe ação rescisória por *ofensa à literal disposição constitucional*, ainda que a decisão rescindenda tenha se baseado em interpretação controvertida ou seja anterior à orientação fixada pelo Supremo Tribunal Federal" (STF, Pleno, ED no RE 328.812/AM, Rel. Min. Gilmar Mendes, ac. 06.03.2008, *DJe* 02.05.2008).

[352] STF, Pleno, AR 1.478/RJ, Rel. Min. Ricardo Lewandowski, ac. 17.11.2011, *DJe* 01.02.2012.

[353] STF, Pleno, RE 590.809/RS, Rel. Min. Marco Aurélio, ac. 22.10.2014, *DJe* 24.11.2014. Nesse sentido, lição de Luiz Guilherme Marinoni: "Imaginar que a ação rescisória pode servir para unificar o entendimento sobre a Constituição é desconsiderar a coisa julgada. Se é certo que o Supremo Tribunal Federal deve zelar pela uniformidade na interpretação da Constituição, isso obviamente não quer dizer que ele possa impor a desconsideração dos julgados que já produziram coisa julgada material. Aliás, se a interpretação do Supremo Tribunal Federal pudesse implicar na desconsideração da coisa julgada – como pensam aqueles que não admitem a aplicação da Súmula 343 nesse caso –, o mesmo deveria acontecer quando a interpretação da lei federal se consolidasse no Superior Tribunal de Justiça" (*Processo de conhecimento*. 6. ed. São Paulo: RT, 2007, p. 657).

rescindendo tenha sido objeto de "posterior declaração incidental de constitucionalidade", que, na lição de Ada Pellegrini Grinover, "nada nulifica, não se caracterizando a categoria da inexistência", para a sentença de sentido diverso anteriormente transitada em julgado.[354] Assim, a Súmula nº 343 não deixa de se aplicar, invariavelmente, às ações rescisórias, cujo objeto envolva tema constitucional. Mas o que não se justifica é o seu afastamento em caráter absoluto na aplicação do art. 966, V, do CPC/2015, quando se cogitar de ofensa à norma constitucional.

O entendimento do STF afina-se com a doutrina de Ada Pellegrini Grinover,[355] no sentido de que, para rejeitar o princípio enunciado genericamente pela súmula, devem ser analisadas, caso a caso, as características do decisório rescindendo em face da ulterior declaração de constitucionalidade ou inconstitucionalidade por parte da Suprema Corte. Vale dizer, deve-se levar em conta se o controle foi concentrado ou difuso, se operou *inter partes* ou *erga omnes*. Nessa linha de pensamento, o acórdão do plenário do STF aplicou a Súmula nº 343 para caso em que, embora versasse a divergência sobre tema constitucional, a decisão rescindenda se inclinava para posicionamento, à época, para rumo coincidente com o então sinalizado pela Suprema Corte em controle difuso.[356] *A contrario sensu*, se a nova posição decorrer de controle concentrado[357] e, por isso, de eficácia *erga omnes*, com poder nulificante da norma que serviu de fundamento para a decisão atacada, a rescisória haverá de ser admitida, sem sofrer o embaraço da Súmula nº 343.[358]

Verifica-se, outrossim, a questão constitucional na rescisória, tanto quando o decisório rescindendo aplica lei inconstitucional como quando se recusa a aplicar lei constitucional a pretexto de sua inexistente desconformidade com a Constituição.[359]

Enfim, é importante lembrar que o cabimento da ação rescisória por ofensa à Constituição contida na lei aplicada pela decisão rescindenda não depende, necessariamente, de prévia declaração da inconstitucionalidade pelo Supremo Tribunal Federal, mesmo porque o seu

---

[354] GRINOVER, Ada Pellegrini. Ação rescisória e divergência de interpretação em matéria constitucional. *Revista de Processo*, n. 87, São Paulo: RT, p. 37-47, jul.-set. 1997.

[355] GRINOVER, Ada Pellegrini. Ação rescisória e divergência de interpretação em matéria constitucional. *Revista de Processo*, n. 87, São Paulo: RT, p. 37-47, jul.-set. 1997.

[356] Controle difuso de constitucionalidade é aquele através do qual qualquer juiz ou tribunal reconhece, incidentalmente, a constitucionalidade ou inconstitucionalidade da lei que deve ser aplicada ao julgamento da causa (CF, art. 97).

[357] Controle concentrado de constitucionalidade é o que o STF exerce através das ações direta de inconstitucionalidade e declaratória de constitucionalidade (CF, art. 102, I, *a*).

[358] "O afastamento da Súmula nº 343 do Supremo Tribunal Federal justifica-se apenas caso estejam presentes determinados pressupostos (e não de forma generalizada), sob pena de resultar em situação de insegurança jurídica ainda mais danosa do que a própria cristalização de interpretações divergentes em matéria constitucional (...) enquanto o Supremo Tribunal Federal não dá a palavra final a respeito da constitucionalidade ou inconstitucionalidade de determinada lei ou ato normativo, não pode pender sobre as questões transitadas em julgado a 'ameaça' de sua desconstituição, como verdadeira espada de Dâmocles sobre a cabeça daqueles por elas beneficiados, a lhes tirar a tranquilidade e segurança que deveria ser proporcionada pela coisa julgada" (YOSHIKAWA, Eduardo Henrique de Oliveira. Ação rescisória por violação a norma jurídica (art. 485, V, do CPC) em matéria constitucional: o prévio exercício pelo Supremo Tribunal Federal de sua função nomofilácica como pressuposto para o afastamento da Súmula nº 343. *Revista Dialética de Direito Processual*, n. 140, p. 44, nov. 2014).

[359] "Declarando inconstitucional lei conformada ao texto constitucional, o julgado aplica a Constituição, equivocadamente. É preciso que isso fique claro: a sentença que aplica lei inconstitucional tem a mesma natureza daquela que deixa de aplicar lei constitucional, lesando em ambos os casos a Constituição" (STJ, Pleno, EREsp 687.903/RS, Rel. Min. Ari Pargendler, ac. 04.11.2009, *DJe* 19.11.2009 – voto do relator).

pronunciamento costuma ser bastante demorado e, não raro, ocorre depois de já consumido o prazo da rescisória.[360] Além do que, "mesmo não havendo precedente do STF, será admissível a ação rescisória em matéria constitucional, sem os empecilhos da Súmula 343".[361]

660-A. Decisão que se fundamentou em lei posteriormente declarada inconstitucional pelo STF

É comum, principalmente em matéria tributária, que após a edição da lei venha ela a ser declarada inconstitucional pelo STF. Ocorre que, enquanto não declarada a inconstitucionalidade, podem ter sido proferidas decisões fundamentadas nesses atos normativos. Em tais situações, indaga-se se haveria possibilidade de se rescindir as decisões proferidas com base na lei inconstitucional.

Certo é que a declaração de inconstitucionalidade opera efeitos retroativos. Vale dizer, é como se a lei nunca tivesse integrado o sistema jurídico. Entretanto, razões "de segurança jurídica ou de excepcional interesse social" podem levar o STF a restringir os efeitos da declaração ou "decidir que ela só tenha eficácia a partir de seu trânsito em julgado ou de outro momento que venha a ser fixado" (Lei nº 9.868/1999, art. 27). Não havendo a modulação dos efeitos pelo STF, é perfeitamente possível a rescisória, uma vez que a lei inconstitucional não produz efeito, nem gera direito, desde o seu início.[362] Todavia, se a Corte Superior determinar que a inconstitucionalidade se opere *ex nunc*, não se poderá utilizar a rescisória para desconstituir a decisão fundamentada na lei declarada inconstitucional.[363]

660-B. Decisão que deixou de aplicar lei por considerá-la inconstitucional, mas cuja constitucionalidade foi posteriormente declarada pelo STF

É de admitir, também, a ação rescisória contra decisão que afastou a aplicação de determinada lei que, posteriormente, foi declarada constitucional pelo STF. Na hipótese, terá havido negativa de vigência à lei federal que, como é cediço, "é mais do que mera contrariedade à lei", trata-se da "forma mais violenta de se a violar".[364]

660-C. Ofensa à jurisprudência uniformizada pelo STJ

A orientação do STJ, no tocante à aplicação da Súmula nº 343/STF em face de acórdão rescindindo divergente do posicionamento ulteriormente adotado para pacificação da divergência jurisprudencial, tem admitido certa flexibilização da tese sumulada, também no terreno do direito infraconstitucional. A 1ª Seção já assentou que "a ação rescisória é cabível, se, à época do julgamento originário cessara a divergência, hipótese em que o julgado divergente,

---

[360] STJ, Corte Especial, EDREsp 687.903/RS, Rel. Min. Ari Pargendler, ac. 04.11.2009, *DJe* 19.11.2009 – voto do Rel. Min. Ari Pargendler.
[361] ZAVASCKI, Teori Albino. *Eficácia das sentenças na jurisdição constitucional*. São Paulo: RT, 2001, p. 140-141.
[362] "Continua a dominar no Brasil a doutrina do princípio da *nulidade* da *lei inconstitucional*. Caso o Tribunal não faça nenhuma ressalva na decisão, reputa-se aplicado o efeito retroativo" (STF, Pleno, ADI 3.601 ED, Rel. Min. Dias Toffoli, ac. 09.09.2010, *DJe* 15.12.2010).
[363] WAMBIER, Teresa Arruda Alvim; CONCEIÇÃO, Maria Lúcia Lins; RIBEIRO, Leonardo Ferres da Silva; MELLO, Rogério Licastro Torres de. *Primeiros comentários ao novo Código de Processo Civil*. São Paulo: RT, 2015, p. 1.376-1.379.
[364] WAMBIER, Teresa Arruda Alvim. *Primeiros comentários ao novo Código de Processo Civil artigo por artigo*. São Paulo: RT, 2015, p. 1.379.

ao revés de afrontar a jurisprudência, viola a lei que confere fundamento jurídico ao pedido".³⁶⁵ E a 2ª Seção também se posicionou no sentido de que "nas hipóteses em que, após o julgamento, a jurisprudência, ainda que vacilante, tiver evoluído para sua pacificação, a rescisória pode ser ajuizada".³⁶⁶

No REsp 1.655.722/SC, decidido pela 3ª Turma, o STJ deu adesão à tese da flexibilização da Súmula nº 343/STF, diante da estabilização do entendimento de sua jurisprudência em sentido diverso do adotado pelo decisório rescindendo. Fez, entretanto, uma restrição: a rescisória só deverá ser acolhida quando a ofensa se der em relação a decisão dotada de *força vinculante*, segundo o regime do CPC/2015. Se a tese fixada constar de acórdão capaz de exercer apenas efeito *persuasivo*, a vedação da Súmula nº 343 continuará sendo obstáculo à rescisão do julgado pronunciado ao tempo em que perdurava a divergência jurisprudencial.

Em síntese, a orientação preconizada foi a de que "a coisa julgada só há de ser rescindida, com base no art. 485, V, do CPC/73 [art. 966, V, do CPC/2015], caso a controvérsia seja solucionada pelo STJ em sentido contrário ao do acórdão rescindendo por meio de precedente com eficácia vinculante (art. 543-C do CPC/73 ou art. 927 do CPC/15), que unifica a interpretação e aplicação da lei".³⁶⁷ Os precedentes a que alude o STJ são os acórdãos proferidos em incidentes de assunção de competência, em julgamento de recurso especial repetitivo e nos arestos do plenário ou do órgão especial (CPC/2015, art. 927).³⁶⁸

661. Falsidade de prova (art. 966, VI)

A decisão é rescindível "sempre que, baseada em prova falsa, admitiu a existência de fato, sem o qual outra seria necessariamente a sua conclusão".³⁶⁹ Não ocorrerá a rescindibilidade "se houver outro fundamento *bastante*, para conclusão".³⁷⁰

Lembra Pontes de Miranda que, às vezes, a falsidade da prova pode atingir o fundamento apenas da decisão de um dos pedidos. "Então, a rescisão é rescisão parcial. O que foi julgado, sem se apoiar em prova falsa, fica incólume à eficácia da sentença rescindente".³⁷¹

A prova da falsidade tanto pode ser a apurada em processo criminal como a produzida nos próprios autos da ação rescisória. Se houver a sentença criminal declaratória da falsidade, sobre esse vício não mais se discutirá na rescisória. A controvérsia poderá girar apenas sobre ter sido, ou não, a prova falsa o fundamento da decisão rescindenda.³⁷²

---

365 STJ, 1ª Seção, AgRg nos EREsp 772.233/RS, Rel. Min. Humberto Martins, ac. 27.04.2016, *DJe* 02.05.2016.
366 STJ, 2ª Seção, AR 3.682/RN, Rel. Min. Nancy Andrighi, ac. 28.09.2011, *DJe* 19.10.2011.
367 STJ, 3ª T., REsp 1.655.722/SC, Rel. Min. Nancy Andrighi, ac. 14.03.2017, *DJe* 22.03.2017.
368 "(...) a despeito do nobre papel constitucionalmente atribuído ao STJ, de guardião da legislação infraconstitucional, não há como autorizar a propositura de ação rescisória – medida excepcionalíssima – com base em julgados que não sejam de observância obrigatória, sob pena de se atribuir eficácia vinculante a precedente que, por lei, não o possui" (STJ, 3ª T., REsp 1.655.722/SC, Rel. Min. Nancy Andrighi, ac. 14.03.2017, *DJe* 22.03.2017).
369 VIDIGAL, Luís Eulálio de Bueno. *Da ação rescisória dos julgados*. São Paulo: Saraiva, 1948, p. 92.
370 BARBOSA MOREIRA, José Carlos. *Comentários ao Código de Processo Civil*. 11. ed. Rio de Janeiro: Forense, 2003, v. V, n. 79, p. 133.
371 PONTES DE MIRANDA, Francisco Cavalcanti. *Tratado da ação rescisória*. 5. ed. Rio de Janeiro: Borsoi, 1976, § 25, p. 316.
372 BARBOSA MOREIRA, José Carlos. *Comentários ao Código de Processo Civil*. 11. ed. Rio de Janeiro: Forense, 2003, v. V, n. 79-80, p. 133.

Toda e qualquer espécie de prova pode ser arguida de falsa.[373] Nem se deve distinguir entre a falsidade material e a ideológica.[374] Também é irrelevante o prequestionamento do fato no processo em que foi prolatada a sentença a rescindir.[375]

662. Prova nova (art. 966, VII)

Inspirado no Código italiano, o art. 485, VII, do Código de 1973 admitia hipótese de rescindibilidade da sentença, que consistia na obtenção pelo autor da rescisória, após a existência da decisão rescindenda, de documento novo, "cuja existência ignorava, ou de que não pôde fazer uso, capaz, por si só, de lhe assegurar pronunciamento favorável". O atual Código amplia o permissivo, substituindo *documento novo* por *prova nova* (CPC/2015, art. 966, VII).

A jurisprudência, no regime anterior, já vinha ampliando a concepção de *documento novo*, de modo a compreender outras provas que não fossem testemunhais. As perícias de DNA, por exemplo, mesmo quando realizadas após a coisa julgada, passaram a ser admitidas como "documento novo", capaz de autorizar a rescisão de sentenças sobre paternidade.[376] A doutrina aplaudiu essa exegese pretoriana, reconhecendo que se procedeu a uma flexibilização conceitual "perfeitamente razoável", do que se poderia ter como "documento novo" para efeito de ação rescisória.[377]

O art. 966, VII, do atual CPC consolidou e ampliou a tendência jurisprudencial, prevendo o cabimento da rescisória, não mais com fundamento em *documento novo*, mas em *prova nova*, que seja capaz, por si só, de reverter o julgamento anterior. Qualquer prova, portanto, inclusive a testemunhal, pode ser utilizada para tal fim. O que importa é a força de convencimento do novo elemento probatório, diante da qual seria injusta a manutenção do resultado a que chegou a sentença.

O dispositivo atual, embora tenha ampliado a possibilidade de recorrer a provas novas, conserva a exigência de que *(i)* sua existência fosse ignorada pela parte; ou *(ii)* mesmo sendo de seu conhecimento, não lhe tenha sido possível utilizá-las antes do trânsito em julgado da sentença rescindenda. Logo, não será lícito pretender completar a força de convencimento do documento novo com outras provas cuja produção se intente realizar, originariamente, nos autos da rescisória.

---

[373] AMARAL SANTOS, Moacyr. *Primeiras linhas de direito processual civil*. 4. ed. São Paulo: Max Limonad, 1973, v. III, n. 963, p. 457.

[374] BARBOSA MOREIRA, José Carlos. *Comentários ao Código de Processo Civil*. 11. ed. Rio de Janeiro: Forense, 2003, v. V, n. 79, p. 133. Nesse sentido, o entendimento do STJ: "o laudo técnico incorreto, incompleto ou inadequado que tenha servido de base para a decisão rescindenda, embora não se inclua perfeitamente no conceito de 'prova falsa' a que se refere o art. 485, inciso VI, do CPC [CPC/2015, art. 966, VI], pode ser impugnado ou refutado na ação rescisória, por falsidade ideológica" (STJ, 1ª Seção, AR 1.291/SP, Rel. Min. Luiz Fux, ac. 23.04.2008, *DJe* 02.06.2008); "A eventual falsidade das premissas adotadas pelo perito implica falsidade do próprio laudo, sobretudo se ficar comprovado que seus cálculos foram realizados com base em área de fato inexistente, ou ao menos, jamais inundada" (STJ, 3ª T., REsp 1.290.177, Rel. Min. Nancy Andrighi, ac. 27.11.2012, *DJe* 18.12.2012).

[375] PONTES DE MIRANDA, Francisco Cavalcanti. *Tratado da ação rescisória*. 5. ed. Rio de Janeiro: Borsoi, 1976, § 25, p. 308-309.

[376] STJ, 2ª Seção, REsp 300.084/GO, Rel. Min. Humberto Gomes de Barros, ac. 28.04.2004, *DJU* 06.09.2004, p. 161; STJ, 4ª T., REsp 653.942/MG, Rel. Min. Honildo Amaral de Mello Castro, ac. 15.09.2009, *DJe* 28.09.2009.

[377] BARBOSA MOREIRA, José Carlos. Considerações sobre a chamada "relativização" da coisa julgada material. *Revista Forense*, v. 377, p. 56-57, mar. 1967. Cf., também, DIDIER JR., Fredie; CUNHA, Leonardo José Carneiro da. *Curso de direito processual civil*. Salvador: JusPodivm, 2006, v. 3, p. 439-440; THEODORO JÚNIOR, Humberto. *Curso de direito processual civil*. 55. ed. Rio de Janeiro: Forense, 2014, v. I, n. 610, p. 794-795.

Note-se que apenas a prova (documento) é que deve ser nova, não os fatos probandos. Não é lícito, portanto, ao vencido, a pretexto de exibição de documento novo, inovar a *causa petendi* em que se baseou a decisão (ex.: provar uma novação quando a sentença se fundou em pedido de compensação ou pagamento).

Não se deve conservar o entendimento de que a prova constituída após a sentença não se presta para a rescisória. O que não se tolera é o não uso tempestivo da prova disponível, quando nada impedia a parte de produzi-la na instrução da causa, a tempo de influir no respectivo julgamento.

Se, porém, a testemunha-chave só veio a ser encontrada depois da coisa julgada, ou se o julgamento criminal decisivo para a solução da lide civil só veio a ser pronunciado também posteriormente ao encerramento do processo civil, nada impede que essas provas sejam tomadas como base para rescisão da decisão injusta.[378] Afinal, não tinha o demandante mesmo como fazer uso de tais provas enquanto pendia a ação de que resultou a sentença injusta.

Não condiz, portanto, com o conceito de processo justo e tutela efetiva, prevalente no acesso à justiça assegurado pelo Estado Democrático de Direito, a tese antiga de que o documento formado após a sentença não poderia ser considerado *documento novo* para efeito de autorizar a rescisória.

De tal sorte, a partir da evolução jurisprudencial operada no STJ – de que foi exemplo o tratamento dispensado à perícia de DNA[379] e aos documentos exigidos para comprovação dos requisitos para aposentadoria dos trabalhadores rurais, por idade[380] –, "a correta interpretação da expressão *documento novo* [para efeito de ação rescisória] deve ser tal, que possa atingir a proteção de um terreno mais amplo aos direitos dos jurisdicionados. Dessarte, o fato de ser posterior ao trânsito em julgado da ação originária não é empecilho para fundamentar ação rescisória".[381]

Outra novidade do atual Código é a substituição do momento de disponibilidade do documento (ou prova) pela parte. O Código anterior falava em documento obtido "depois da sentença", enquanto o CPC/2015 refere-se a documento obtido "posteriormente à coisa julgada". A intenção da norma inovadora, destarte, é não considerar documento novo aquele obtido após a sentença, mas a tempo de ser utilizado em recurso contra ela. Aliás, existia previsão no próprio Código de 1973, repetida pelo atual, que autoriza a produção de documento novo na fase recursal (art. 397 do CPC/1973; art. 435 do CPC/2015).

Logo, se por desleixo a parte não produziu o documento disponível por ocasião do recurso, não poderá utilizá-lo como base para a ação rescisória. Terá ele perdido a qualidade de *documento novo*, para os fins de ataque à decisão transitada em julgado. Essa restrição, contudo, só se aplica aos recursos ordinários, porque são apenas eles que devolvem ao tribunal *ad quem* a reapreciação do suporte fático e probatório da decisão impugnável. No estágio dos recursos extraordinários,

---

[378] STJ, 4ª T., REsp 51.811-3, Rel. Min. Barros Monteiro, ac. 03.11.1998, *DJU* 14.12.1998, p. 242.

[379] "(...) O laudo do exame de DNA, mesmo posterior ao exercício da ação de investigação de paternidade, considera-se 'documento novo' para aparelhar ação rescisória (CPC, art. 485, VII) [CPC/2015, art. 966, VII]" (STJ, 2ª Seção, REsp 300.084/GO, Rel. Min. Humberto Gomes de Barros, ac. 28.04.2004, *DJU* 06.09.2004, p. 161). No mesmo sentido: STJ, 4ª T., REsp 653.942/MG, Rel. Min. Honildo Amaral de Mello Castro, ac. 15.09.2009, *DJe* 28.09.2009.

[380] STJ, 3ª Seção, AR 1.427/MS, Rel. Min. Gilson Dipp, ac. 08.09.2004, *DJU* 11.10.2004, p. 231; STJ, 3ª Seção, AR 1.135/SP, Rel. Min. Hamilton Carvalhido, ac. 28.04.2004, *DJU* 01.07.2004, p. 169.

[381] OLIVEIRA, Pedro Miranda. A rescisória fundada em documento novo e o início da contagem do prazo decadencial. In: AURELLI, Arlete Inês *et al.* (coords.). *O direito de estar em juízo e a coisa julgada* – Estudos em homenagem a Thereza Alvim. São Paulo: RT, 2014, p. 939.

a descoberta de documento capaz de modificar a convicção formada no decisório recorrido, mesmo sendo anterior à formação da coisa julgada, não ensejaria sua reforma.

Assim, embora a regra geral seja a desqualificação, para a rescisória, de documento obtido antes do trânsito em julgado, haverá casos em que a literalidade do art. 966, VII, do CPC/2015 não será observada: tal acontecerá quando a descoberta do documento acontecer em momento que o priva da possibilidade de influir no recurso especial ou extraordinário. Segundo o objetivo institucional da ação rescisória, que é o de invalidar a decisão contaminada de grave injustiça, a regra em exame terá de ser flexibilizada para recepcionar como documento novo aquele obtido mesmo antes do trânsito em julgado do decisório rescindendo.

662-A. Momento de produção da prova nova

Segundo o art. 966, VI, o autor tem direito de promover a rescisão da sentença quando obtém, após a coisa julgada, prova nova adequada à sua pretensão de alterar o julgamento anterior. A prova não precisa de ter sido constituída antes da coisa julgada. Mas, em se tratando de requisito de admissibilidade da rescisória, deve ser exibida em juízo junto com a respectiva petição inicial.[382] Quando se tratar de prova originariamente não documental, como testemunha ou perícia, terá de ser objeto de produção antecipada, de modo a possibilitar que a documentação pertinente instrua a inicial da rescisória.[383]

663. Erro de fato (art. 966, VIII)

A admissão da rescisória no caso de erro de fato cometido pelo julgador vinha merecendo, desde o Código anterior, censura da doutrina por desnaturar o instituto da coisa julgada.[384]

Deve-se, por isso, interpretar restritivamente a permissão de rescindir a decisão por erro de fato e sempre tendo em vista que a rescisória não é remédio próprio para verificação do acerto ou da injustiça da decisão judicial, tampouco meio de reconstituição de fatos ou provas deficientemente expostos e apreciados em processo findo.[385]

Segundo definição do próprio Código, só haverá erro autorizativo da rescisória "quando a decisão rescindenda admitir fato inexistente ou quando considerar inexistente fato efetivamente

---

[382] CARVALHO, Fabiano. Ação rescisória fundada em prova nova e a teoria da prova. *In:* FERREIRA, William Santos; JOBIM, Marco Félix (coord.). *Grandes temas do novo CPC: direito probatório*. Salvador: Ed. JusPodivm, 2015; ARSUFFI, Arthur Ferrari; TAKEISHI, Guilherme Toshihiro. A ação rescisória fundada em prova nova: o conceito de novidade no CPC 2015 e o termo inicial do prazo decadencial do § 2º do art. 975. *Revista de Processo*, v. 328, p. 201-201, São Paulo, jun./2022.

[383] BARIONI, Rodrigo Otávio. Ação rescisória fundada em documento novo e a necessidade de exibição. In: NERY JÚNIOR, Nelson; WAMBIER, Teresa Arruda Alvim (coord.). Aspectos polêmicos e atuais dos recursos cíveis e assuntos afins. São Paulo: Ed. RT, 2007, v. 11, p. 373. Se o documento estiver em poder de terceiro, o autor deverá promover a exibitória antes de propor a rescisória (RIZZI, Sérgio. Ação rescisória. São Paulo: Ed. RT, 1979, p. 184; BARIONI, Rodrigo Otávio. Ação rescisória fundada em documento novo e a necessidade de exibição. In: NERY JÚNIOR, Nelson; WAMBIER, Teresa Arruda Alvim (coord.). *Aspectos polêmicos e atuais dos recursos cíveis e assuntos afins*. São Paulo: Ed. RT, 2007, v. 11, p. 373).

[384] ANDRADE, Luís Antônio de. *Aspectos e inovações do Código de Processo Civil*. Rio de Janeiro: F. Alves, 1974, n. 256, p. 214-215; BARBOSA MOREIRA, José Carlos. Considerações sobre a chamada "relativização" da coisa julgada material. *Revista Síntese de Direito Civil e Processual Civil*, v. 33, p. 130, jan.-fev. 2005.

[385] A simples adoção equivocada de índice de correção monetária "não pode ser admitida como erro de fato a justificar curso de rescisória" (STJ, AgRg na AR 533/DF, Rel. Min. José Delgado, ac. 11.02.1998, *DJU* 01.06.1998, p. 23). A aplicação correta do art. 485, IX [CPC/2015, art. 966, VIII], se deu no seguinte acórdão: "Como a decisão rescindenda desconsiderou os elementos fáticos colacionados aos autos (...), cabível, a rescisão do aresto com fundamento em erro de fato" (STJ, 3ª Seção, AR 4.579/SP, Rel. Min. Gilson Dipp, ac. 10.08.2011, *DJe* 18.08.2011).

ocorrido, sendo indispensável, em ambos os casos, que o fato não represente ponto controvertido sobre o qual o juiz deveria ter se pronunciado" (CPC/2015, art. 966, § 1º).[386]

São os seguintes os requisitos para que o erro de fato dê lugar à rescindibilidade da decisão:

(a) o erro deve ser a causa da conclusão a que chegou a decisão;

(b) o erro há de ser apurável mediante simples exame das peças do processo, "não se admitindo, de modo algum, na rescisória, a produção de quaisquer outras provas tendentes a demonstrar que não existia o fato admitido pelo juiz ou que ocorrera o fato por ele considerado inexistente";[387]

(c) não pode ter havido controvérsia entre as partes, nem pronunciamento judicial no processo anterior sobre o fato.

Deve-se concluir, com Barbosa Moreira, que "o pensamento da lei é o de que só se justifica a abertura de via para rescisão quando seja razoável presumir que, se houvesse atentado na prova, o juiz não teria julgado no sentido em que julgou. Não, porém, quando haja ele julgado em tal ou qual sentido, por ter apreciado mal a prova em que atentou".[388] Se houve discussão e manifestação judicial a seu respeito, descabida será a ação rescisória fundada no inciso VIII do art. 966. Nesse caso, se o erro foi a respeito da qualificação jurídica do fato analisado, será possível a rescisão, fundada, porém, no inciso V (violação manifesta à norma jurídica).

664. Ação anulatória: atos judiciais não sujeitos à ação rescisória

Só as decisões de mérito podem ser rescindidas, nos moldes do art. 966, *caput*. Em consequência, os atos de disposição de direitos, configuradores de negócios jurídicos praticados no curso do processo, mesmo quando homologados pelo juiz, bem como os atos homologatórios realizados durante a execução, estão sujeitos à anulação e, não, à ação rescisória (CPC/2015, art. 966, § 4º).

Os atos processuais comuns independem de ação para decretação de invalidade, resolvendo-se em decisão interlocutória pelo juiz da causa, ou pelo tribunal, em grau de recurso. Há, porém, aqueles que integram verdadeiros negócios jurídicos processuais, com geração de direitos subjetivos para a parte e até para terceiros. Para desconstituí-los, a lei exige ação própria, que se desenvolverá conforme o procedimento comum, a qual se atribui a denominação de *ação anulatória*, para distingui-la da ação rescisória, cujo objeto é a sentença de mérito transitada em julgado (CPC/2015, art. 966, *caput*).

---

[386] "Sem a demonstração, mesmo em tese, desse pressuposto para a rescisória, não há de se dar curso a tal ação, por ausência de pressuposto fundamental: possibilidade jurídica" (STJ, AgRg na AR 572/DF, Rel. Min. José Delgado, ac. 11.02.1998, *DJU* 01.06.1998, p. 23). Nesse sentido: STJ, 2ª Seção, AR 3.118/RS, Rel. Min. Luis Felipe Salomão, ac. 22.06.2011, *DJe* 05.08.2011.

[387] BARBOSA MOREIRA, José Carlos. Considerações sobre a chamada "relativização" da coisa julgada material. *Revista Síntese de Direito Civil e Processual Civil*, v. 33, p. 148, jan.-fev. 2005, apoiado em Butera e Andrioli; STJ, AR 434/DF, Rel. Min. Humberto Gomes de Barros, ac. 26.09.1995, *RSTJ* 81/33; STJ, 1ª Seção, AR 3.868/SP, Rel. Min. Mauro Campbell Marques, ac. 09.02.2011, *DJe* 16.02.2011.

[388] BARBOSA MOREIRA, José Carlos. Considerações sobre a chamada "relativização" da coisa julgada material. *Revista Síntese de Direito Civil e Processual Civil*, v. 33, n. 88, p. 152, jan.-fev. 2005. "A rescisória não se presta a apreciar a boa ou má interpretação dos fatos, ao reexame da prova produzida ou a sua complementação. Em outras palavras, a má apreciação da prova ou a injustiça da sentença não autorizam a ação rescisória" (STJ, REsp 147.796/MA, Rel. Min. Sálvio de Figueiredo Teixeira, ac. 25.05.1999, *DJU* 28.06.1999, p. 117). Nesse sentido: STJ, 1ª Seção, AR 1.084/SP, Rel. Min. Mauro Campbell Marques, ac. 10.02.2010, *DJe* 15.03.2010.

A ação anulatória, no Código anterior, estava prevista no art. 486,[389] e também se situava dentro do capítulo referente à ação rescisória. O artigo era muito criticado pela doutrina, porque sua redação confusa dava ensejo a diversos questionamentos. Além disso, sua inserção no capítulo da rescisória induzia uma possível semelhança entre os institutos que, em verdade, são bem distintos. Enquanto a ação anulatória visava atacar o ato judicial homologado ou não pela sentença, a ação rescisória tem por finalidade impugnar a própria sentença de mérito.[390]

A legislação atual manteve a colocação da matéria no Capítulo da rescisória. Entretanto, conferiu nova redação ao instituto, dirimindo as dúvidas anteriormente existentes. Assim dispõe o art. 966, § 4º: "os atos de disposição de direitos, praticados pelas partes ou por outros participantes do processo e homologados pelo juízo, bem como os atos homologatórios praticados no curso da execução, estão sujeitos à invalidação, nos termos da lei".

O dispositivo agora fala em "atos de disposição de direitos, praticados pelas partes ou por outros participantes do processo e homologados pelo juízo", deixando bastante claro que o objeto da ação anulatória é o *ato praticado pelas partes ou terceiros* e, não, a sentença proferida pelo juiz. Esta ação, portanto, "não pretende a anulação de atos judiciais, entendidos como 'atos praticados pelo magistrado', mas sim, 'atos praticados, ou inseridos, pelas partes em juízo'",[391] nos quais a intervenção do juiz ocorre apenas em caráter integrativo ou homologatório. As decisões de mérito devem ser objeto de rescisória (art. 966, *caput*).

664-A. Divergência doutrinária acerca do cabimento da ação anulatória

Exclui o art. 966, § 4º, do CPC/2015 os atos negociais das partes, praticados no processo e homologados pelo juiz, do âmbito da ação rescisória, remetendo-os ao procedimento comum de anulação. Entendem, nada obstante, Fredie Didier Júnior e Leonardo Carneiro da Cunha que, sendo decisões de mérito as que homologam a autocomposição do litígio, se sujeitariam à ação rescisória, e não à ação anulatória.[392]

De fato, a lei reconhece, na espécie, a ocorrência de "resolução de mérito". Tal resolução, todavia, é obra de *negócio jurídico das partes*, e não de *decisão do juiz*. Este apenas homologa o convencionado pelas partes para que assuma a condição de ato processual extintivo do litígio e, consequentemente, do processo. Falta ao ato judicial homologatório *qualquer conteúdo decisório* que pudesse conferir-lhe a qualidade de ato de "*resolução do mérito*" da causa.[393]

---

[389] "Os atos judiciais, que não dependem de sentença, ou em que esta for meramente homologatória, podem ser rescindidos, como os atos jurídicos em geral, nos termos da lei civil" (CPC/1973, art. 486).

[390] MAGRI, Berenice Soubhie Nogueira. *Ação anulatória*: art. 486, do CPC. São Paulo: RT, 1999. Coleção de Estudos de Direito de Processo Enrico Tullio Liebman, col. 41, p. 41. No mesmo sentido: BARBOSA MOREIRA, José Carlos. *Comentários ao Código de Processo Civil*. 15 ed. Rio de Janeiro: GEN/Forense, 2010, v. V, n. 91, p. 159; BUENO, Cassio Scarpinella. *Curso sistematizado de direito processual civil*. São Paulo: Saraiva, 2008, v. 5, p. 405.

[391] NUNES, Guilherme Nascentes. Ação anulatória do art. 485 do CPC: hipóteses de cabimento. Quais as alterações trazidas pelo art. 284 do CPC projetado? *Revista de Processo*, v. 39, n. 235, p. 192, set. 2014.

[392] DIDIER JÚNIOR, Fredie; CUNHA, Leonardo Carneiro da. Ação rescisória e ação de invalidação de atos processuais prevista no art. 966, § 4º, do novo CPC. In: LUCON, Paulo Henrique dos Santos; OLIVEIRA, Pedro Miranda de. *Panorama atual do novo CPC*. Florianópolis: Empório do Direito, 2016. p. 178-179.

[393] Ver, adiante, o item 665 deste Curso. PONTES DE MIRANDA, Francisco Cavalcanti. *Tratado da ação rescisória*. 4. ed. Rio de Janeiro: Forense, 1964. p. 292-293, *apud* BARBOSA MOREIRA, José Carlos. *Comentários ao Código de Processo Civil*. Rio de Janeiro: Forense, 1974. v. V, n. 74, p. 139).

Quando se busca invalidar ou romper esse ato que resolveu o mérito, não é a sentença do juiz o objeto do ataque, mas o negócio ocorrido entre as partes que solucionou o litígio.[394]

O Código de 1973, por arrolar entre os casos de rescisória a existência de "fundamento para invalidar (...) transação, em que se baseou a sentença" (art. 485, VIII), ensejou enorme conflito interpretativo. A jurisprudência, afinal, superou a divergência, interpretando a rescisória prevista no aludido inciso VIII como aplicável apenas ao caso em que a transação tivesse servido de "fundamento" para a sentença de mérito, "influindo no conteúdo do *comando judicial*".[395] O dispositivo legal, portanto, não cuidava de rescindir a transação homologada, e sim a sentença de acolhida ou rejeição do pedido, que teria, de alguma forma, se apoiado em transação entre as partes, homologada ou não em juízo.

Por isso, "a sentença meramente homologatória de transação" não estaria incluída na hipótese do art. 485, VIII, do CPC/1973, cujo alcance se endereçava à "desconstituição de *decisão* [de mérito] *cujas conclusões se baseiam em transação*".[396] Se o juiz não resolveu o mérito da causa, mas foram as próprias partes que o fizeram mediante autocomposição do litígio, "a ação anulatória, prevista no art. 486 do CPC [de 1973], é sede própria para a discussão a respeito dos vícios na transação homologada judicialmente".[397]

O CPC/2015, atento à polêmica travada nos primeiros anos de vigência do CPC/1973, e prestigiando a jurisprudência consolidada do STJ, simplesmente retirou do rol dos casos de rescisória (atual art. 966) a menção aos vícios da transação e de outras formas de resolução consensual do litígio (antigo inciso VIII do art. 485 do CPC anterior). No atual Código, a referência a *atos de disposição de direitos* praticados pelas partes e *homologados pelo juiz* constou apenas da autorização a que fossem eles submetidos à "*anulação*, nos termos da lei civil" (art. 966, § 4º).

A previsão legal não teve outro propósito senão o de excluir a sentença meramente homologatória do campo de incidência da ação *rescisória*, relegando à ação *anulatória* comum a pretensão de invalidar a transação e outras formas de resolução consensual do litígio. Vale dizer: aplicou-lhe o regime comum de desconstituição dos negócios jurídicos em geral.

Portanto, a nosso ver, o regime expressamente adotado pelo Código de 2015 manteve intacta a concepção clássica da doutrina e jurisprudência, no sentido de faltar na sentença homologatória conteúdo decisório que pudesse ser objeto de ação rescisória, enquanto o ato judicial permanecer na função apenas *integrativa* da eficácia do negócio jurídico tratado no processo.

A tentativa de Didier e Cunha de ignorar o § 4º do art. 966 do atual CPC, e tratar a sentença homologatória como decisão de mérito para fins de rescisória – além de afrontar disposição expressa de lei –, reacende, desnecessariamente, discussão há muito superada pela jurisprudência. Não há na interpretação lógica, nem na teleológica, e muito menos na sistemática, justificativa razoável para nos afastarmos do posicionamento firme do STJ, construído sobre a égide do Código anterior e que se amolda com precisão à lei nova.

---

[394] "No caso de sentenças meramente homologatórias, estas não têm, como ensina BATISTA MARTINS, *conteúdo próprio*" (Ver o item 665 deste Curso). "Realmente, o seu conteúdo outro não é que o ato jurídico realizado pelas partes". O julgamento é de caráter apenas formal, pois se limita à fiscalização das formalidades extrínsecas. "Valendo não por si mesmas, mas pelo ato jurídico que certificam, tais sentenças não geram coisa julgada em sentido formal e material, não sendo, por isso, rescindíveis" (MARTINS, Pedro Batista. *Recursos e processos de competência originária dos tribunais*. Rio de Janeiro: Forense, 1957, n. 73, p. 108). No mesmo sentido: RIZZI, Sérgio. *Ação rescisória*. São Paulo: Ed. RT, 1979, p. 04.

[395] STJ, 4ª T., REsp 13.102/SP, Rel. Min. Athos Gusmão Carneiro, ac. 02.02.1993, *DJU* 18.03.1993, p. 3.119.

[396] STJ, 3ª T., REsp 151.870/SP, Rel. Min. Antônio de Pádua Ribeiro, ac. 19.05.2005, *DJU* 13.06.2005, p. 287.

[397] STJ, 3ª T., AgRg no REsp 596.271/RS, Rel. Min. Nancy Andrighi, ac. 20.04.2004, *DJU* 17.05.2004, p. 226. No mesmo sentido: STJ, 2ª, REsp 1.197.027/RJ, Rel. Min. Humberto Martins, ac. 16.09.2010, *DJe* 27.10.2010.

Não obstante a clareza do art. 996, § 4º, do CPC/2015, que exclui da rescisória os negócios de disposição de bens e direitos praticados pela parte no curso do processo, objeto apenas de homologação judicial (art. 487, III), a 3ª Turma do STJ, já na vigência da lei atual, decidiu que:

> "A decisão que homologa a renúncia ao direito em que se funda a ação tem natureza de sentença de mérito, desafiando, para a sua impugnação, o ajuizamento de ação rescisória"[398] (registre-se, todavia, que o julgamento refere-se a ação ajuizada ainda ao tempo do CPC/1973).

O único fundamento do acórdão do STJ, para afastar a ação anulatória e impor a ação rescisória, foi o de que o art. 269, V, do CPC/1973 preceituava: haverá *resolução de mérito* quando o autor renunciar ao direito sobre o qual se funda a ação. De fato, poder-se-ia reconhecer controvertida a matéria, no regime anterior, porquanto o Código de então só falava, de maneira expressa, em homologação do negócio jurídico quanto à transação, e não quanto à renúncia ao direito substancial (cf. art. 584, III, do CPC/1973). Isso levou uma corrente doutrinária ao entendimento de que, fora do caso da transação, o negócio das partes que provocasse resolução de mérito por autocomposição não dispensava a sentença de extinção do processo mediante pronunciamento de procedência ou improcedência do pedido.[399]

Daí ter o STJ, depois da muita divergência, assentado que:

(a) no caso de transação, a sentença seria meramente homologatória e se sujeitaria, para invalidação, à ação anulatória;[400] e

(b) no caso da renúncia ao direito substancial pelo autor, a sentença de extinção do processo, configuraria julgamento de mérito, devendo sua desconstituição ocorrer por meio da ação rescisória.[401]

Agora, porém, que o CPC/2015 submete, expressamente, à sentença homologatória tanto o reconhecimento da procedência do pedido e a transação, como a renúncia à pretensão formulada na ação ou na reconvenção (art. 487, III, *a*, *b*, e *c*); e que o § 4º do art. 966 dispõe que os atos de disposição de direitos homologados pelo juiz podem se sujeitar à ação anulatória; nenhum motivo subsiste para se insistir em ver a rescisória como o único remédio processual apto a invalidar o negócio dispositivo de direitos praticados durante o processo.[402]

---

[398] STJ, 3ª T., REsp 1.674.240/SP, Rel. Min. Nancy Andrighi, ac. 05.06.2018, *DJe* 07.06.2018.

[399] Cf., por exemplo, a lição de Moacyr Lobo da Costa, apoiada em Chiovenda (Instituições de direito processual civil. 2. ed. São Paulo: Saraiva, 1965, v. II, n. 263, p. 355); apud MONIZ DE ARAGÃO, Egas Dirceu. *Comentários ao Código de Processo Civil*. 3. ed. Rio de Janeiro: Forense, 1979, v. II, n. 551, p. 546. Nesse mesmo sentido, ensinava Fadel: "Renunciando o autor ao direito, o juiz profere sentença meritória extinguindo o processo" (FADEL, Sérgio Sahione. *Código de Processo Civil comentado*. 7. ed. Rio de Janeiro: Forense, 2003, n. 269, p. 313). Entretanto, Moniz de Aragão doutrinava que o pronunciamento do juiz sobre a renúncia do autor ao direito disputado em juízo era apenas homologatório, sem declarar a improcedência do pedido, de maneira que a resolução do mérito era decorrência direita do ato de disposição da própria parte (MONIZ DE ARAGÃO, Egas Dirceu. *Comentários ao Código de Processo Civil*. 3. ed. Rio de Janeiro: Forense, 1979, v. II, n. 552, p. 547).

[400] STJ, 4ª T., AgRg no REsp 915.705/SP, Rel. Min. Luís Felipe Salomão, ac. 07.10.2010, *DJe* 13.10.2010.

[401] STJ, 1ª Seção, AR 3.506/MG, Rel. Min. Teori Zavaschi, ac. 26.05.2010, *DJe* 16.06.2010.

[402] "Não se justifica, dessa forma, à luz do art. 966, § 4º, do CPC/2015, que, na doutrina e jurisprudência, ainda haja vozes que pretendam manter a *discussão*, insistindo no cabimento da *ação rescisória* [apenas] por que se estaria em face de sentença de mérito, nos termos do art. 487 do mesmo diploma legal. Nada se diz, na lei, quanto à impossibilidade de sentenças de mérito ficarem sujeitas à ação anulatória" (ARRUDA ALVIM, Teresa; CONCEIÇÃO, Maria Lúcia Lins. Transação homologada: anulatória ou rescisória? Fonte:

664-B. Autocomposição e título executivo judicial

Argumenta-se que a sentença homologatória de transação ou de outros negócios das partes capazes de resolver o conflito por meio consensual seria categorizável como *decisão de mérito*, em virtude de o CPC qualificá-la como *título executivo judicial* (art. 515, II), e, por isso, seria desconstituível por ação rescisória, e não por ação anulatória.

Acontece que, por força da vontade de lei, afinada com a tradição doutrinária e jurisprudencial, os atos negociais das partes que resolvem o litígio haverão de se submeter à ação anulatória comum (CPC/2015, art. 966, § 4º), justamente porque a resolução do mérito encontra-se na *autocomposição*, e não no ato judicial *homologatório*.

A qualificação de título judicial não muda a *natureza da coisa*, definida pelo negócio resolutório (autocomposição), que constitui o *conteúdo* do ato processual, e não pelo *continente* que o reveste (a decisão homologatória). A qualificação adotada pelo art. 515, II, do CPC/2015 tem função apenas no plano da execução (cumprimento de sentença). Atribuindo à autocomposição homologada em juízo a possibilidade de ser executada como título judicial, o que quis o legislador foi simplesmente que se observasse, na espécie, o procedimento mais enérgico e mais singelo do cumprimento de sentença.

Com isso, serão evitadas a instauração de ação executiva própria para a cobrança dos títulos extrajudiciais e a inconveniência de questionamentos amplos sobre o mérito da obrigação no bojo do procedimento executivo.

Sendo assim, a execução forçada do conteúdo da autocomposição homologada prescindirá de ação executiva autônoma e não ensejará ao devedor (durante o cumprimento da sentença homologatória) defender-se amplamente para tentar a eventual invalidação do negócio processual contido no título exequendo. A impugnação permitida, ao executado, de tal sorte, não poderá ir além das matérias arguíveis contra os títulos judiciais, em fase de cumprimento da sentença (CPC/2015, arts. 525, § 1º, e 535).

Isso não importa transformar a autocomposição em ato indiscutível e imutável em juízo, como acontece em relação às decisões judiciais de mérito passadas em julgado. Os vícios invalidantes da autocomposição, quaisquer que sejam eles, poderão ser questionados na *ação comum* de que fala o § 4º do art. 966 do CPC/2015, e nunca em sede de oposição à execução.[403]

665. Atos sujeitos à ação anulatória

Entre os atos processuais que não dependem de sentença e podem ser objeto de ação ordinária de anulação figuram a arrematação e a adjudicação.[404] Também a remição não reclama ação rescisória para invalidação, já que não ocorre julgamento de questão de mérito na sua concessão, mas simples ato executivo, de cunho administrativo. Com efeito, a parte final do § 4º é expresso em afirmar ser anulável os atos homologatórios praticados no curso da execução.

Entre as sentenças que não impedem a ação comum de anulação do ato judicial citam-se as de jurisdição voluntária (como a que homologa a separação amigável) e a de partilha em inventário,[405] quando objeto de acordo entre os próprios herdeiros, maiores e capazes.

---

https://www.migalhas.com.br/dePeso/16,MI287442,41046-Transacao+homologada+anulatoria+ou+re scisória. Acesso em: 06.08.2019.

[403] STJ, 2ª, AgRg no REsp 693.376/SC, Rel. Min. Humberto Martins, ac. 18.06.2009, *DJe* 01.07.2009; STJ, 3ª T., REsp 187.537/RS, Rel. Min. Ari Pargendler, ac. 23.11.2000, *DJU* 05.02.2001. THEODORO JÚNIOR, Humberto. *Curso de direito processual civil*. 48. ed. Rio de Janeiro: Forense, 2016. v. III, n. 58, p. 96.

[404] VIDIGAL, Luís Eulálio de Bueno. *Comentários ao Código de Processo Civil*. São Paulo: RT, 1974, v. VI, p. 161-163.

[405] VIDIGAL, Luís Eulálio de Bueno. *Comentários ao Código de Processo Civil*. São Paulo: RT, 1974, v. VI, p. 156. "A ação rescisória, tendo por finalidade elidir a coisa julgada, não é meio idôneo para desfazer decisões

No caso de sentença meramente homologatória, estas não têm, como ensina Batista Martins, conteúdo próprio. "Realmente, o seu conteúdo outro não é que o ato jurídico realizado pelas partes." O julgamento é de caráter apenas formal, pois se limita à fiscalização das formalidades extrínsecas. "Valendo não por si mesmas, mas pelo ato jurídico que certificam, tais sentenças não geram a coisa julgada em sentido formal e material, não sendo, por isso, rescindíveis."[406]

A rescisão, ou anulação, é do ato homologado. Daí a conclusão de Seabra Fagundes, hoje esposada expressamente pelo Código, no sentido de que "para a anulação das sentenças de caráter meramente homologatório é incabível a ação rescisória".[407]

Os vícios dos atos em que a sentença não resolve questão litigiosa serão apreciados e julgados em ação anulatória. Na realidade, não se ataca o ato judicial propriamente dito, mas os atos das partes praticados no processo, "refletindo-se, *rescindentemente*, no ato judicial".[408]

Da mesma forma, sujeitam-se à anulatória os atos que não dependem de sentença, tais como a outorga de procuração ou substabelecimento, atos de renúncia ou desistência ao direito de recorrer, a aceitação expressa da decisão.[409]

666. Atos não sujeitos à ação anulatória, pois demandam rescisória

As decisões de mérito só podem ser objeto da rescisória. Assim, quando, no inventário, a partilha for judicial, a sentença que a homologa é decisão de mérito, visto que o Código arrola o inventário e a partilha entre os procedimentos especiais de jurisdição contenciosa. Destarte, essa decisão está sujeita à rescisória, porquanto a partilha resulta de deliberação do próprio juiz e, não, de acordo entre os sucessores.

Na execução ou no cumprimento de sentença, os atos de alienação dos bens penhorados configuram negócio jurídico processual, cuja invalidação, em regra, desafia ação anulatória comum. Quando, porém, após a expropriação dos bens penhorados, o executado impugnar incidentalmente a arrematação, nos termos do art. 903, §§ 1º e 2º, ou quando o terceiro manejar os embargos do art. 674, e tais impugnações forem rejeitadas, a desconstituição do ato expropriatório passará a depender de ação rescisória. É que já então terá sido objeto de

---

proferidas em processos de jurisdição voluntária e graciosa, não suscetíveis de trânsito em julgado" (STF, RE 86.348, Rel. Min. Cunha Peixoto, ac. 06.06.1978, *RTJ* 94/677; STJ, Corte Especial, AgRg na IJ 114/SP, Rel. Min. Hamilton Carvalhido, ac. 12.04.2010, *DJe* 12.05.2010). "Na jurisdição voluntária, devido à sua própria natureza, já não existe a coisa julgada material" (CASTRO FILHO, José Olympio de. *Comentários ao Código de Processo Civil*. 2. ed. Rio de Janeiro: Forense, 1976, v. X, n. 23, p. 61). Na jurisdição voluntária, geralmente o que se anula não é diretamente a sentença que autorizou ou homologou o negócio jurídico, mas o próprio negócio realizado defeituosamente (ex.: o acordo da separação consensual, a venda do bem comum indivisível, a alienação do bem do incapaz etc.). Tornando-se contenciosa a questão inicialmente proposta como de jurisdição voluntária, torna-se possível a ação rescisória (STJ, 4ª T., REsp 103.120/ES, Rel. Min. Aldir Passarinho Junior, ac. 01.09.2005, *DJU* 24.04.2006, p. 399).

[406] MARTINS, Pedro Batista. *Recursos e processos de competência originária dos tribunais*. Rio de Janeiro: Forense, 1957, n. 73, p. 108. No mesmo sentido: RIZZI, Sérgio. *Ação rescisória*. São Paulo: RT, 1979, p. 4.

[407] *Apud* MARTINS, Pedro Batista. *Recursos e processos de competência originária dos tribunais*. Rio de Janeiro: Forense, 1957, n. 73, p. 109. Já se decidiu que, em se tratando de decisão homologatória de divisão, se revela incabível a ação rescisória intentada contra a mesma cuja jurisdição é de natureza meramente graciosa e, pois, sujeita simplesmente à anulação do respectivo ato judicial. Nesse sentido: STJ, 1ª T., REsp 450.431/PR, Rel. Min. Luiz Fux, ac. 18.09.2003, *DJU* 20.10.2003, p. 185.

[408] PONTES DE MIRANDA, Francisco Cavalcanti. *Tratado da ação rescisória*. 4. ed. Rio de Janeiro: Forense, 1964, p. 292-293, *apud* BARBOSA MOREIRA, José Carlos. *Comentários ao Código de Processo Civil*. Rio de Janeiro: Forense, 1974, v. V, n. 74, p. 139.

[409] COUTO, Mônica Bonetti. Ação anulatória, ação rescisória e transação: uma chance para a fungibilidade? In: AURELLI, Arlete Inês *et al.* (coord). *O direito de estar em juízo e a coisa julgada* – Estudos em homenagem a Thereza Alvim. São Paulo: RT, 2014, p. 923.

um procedimento contencioso em volta da questão de sua validade ou não, e o julgamento da impugnação ou dos embargos, assegurando a legitimidade da arrematação ou adjudicação, terá sido, realmente, uma decisão de mérito.[410]

667. Fundamentos da ação anulatória

Os fundamentos da ação anulatória deverão ser procurados no direito material. A expressão "nos termos da lei", do art. 966, § 4º, é mais acurada do que aquela adotada pelo Código anterior – "nos termos da lei civil" (art. 486) –, pois não deixa dúvidas quanto à abrangência de todos os ramos do direito material. Nesse sentido, já era a antiga lição de Barbosa Moreira, ao ensinar que "deve entender-se que os motivos de anulabilidade são os previstos em quaisquer normas de direito material. Seja qual for o ramo do direito material a que pertença a norma, se o ato homologado lhe estiver sujeito e nela se previr algum motivo de anulabilidade, caberá a ação do art. 486 [CPC/2015, art. 966, § 4º]".[411]

668. Prazo para ajuizamento da ação

O prazo para a anulação do negócio jurídico homologado judicialmente é aquele previsto na lei civil para a modalidade do ato negocial impugnado e do vício que lhe é imputado. Por exemplo, se se tratar de vício de consentimento, a ação anulatória decairá em quatro anos (Código Civil, art. 178). Para os casos de anulabilidade acerca dos quais não haja prazo estipulado em lei, aplica-se prazo genérico do art. 179 do Código Civil, qual seja, o de dois anos a contar da data do ato.

669. Natureza da ação

A ação anulatória tem natureza *constitutiva negativa* ou *desconstitutiva*, uma vez que tem por finalidade a desconstituição do ato praticado pelas partes ou por participantes do processo. Se julgada procedente, é o ato impugnado que será anulado, e não a sentença que porventura o tenha homologado, embora indiretamente esta seja desconstituída. "A sentença, em si, não é anulada, mas, sim, esvaziada, pois inconcebível permitir-se que a sentença homologatória possa continuar a surtir efeitos se o ato se desfez."[412]

Entretanto, se a sentença for de improcedência do pedido, sua natureza será *declaratória negativa*, uma vez que ocorrerá a manutenção do ato impugnado.

Por fim, os efeitos da anulatória são *ex tunc*, vale dizer, retroagem "apagando os efeitos anteriores provocados pelo ato desconstituído".[413]

670. Sentença homologatória em processo contencioso

A ação prevista no § 4º do art. 966 do CPC/2015 funda-se em vício no direito material das partes e nas causas de anulabilidade comuns dos negócios jurídicos. Já na ação rescisória o que se julga é o próprio "julgamento anterior", como ato jurisdicional imperfeito. Assim, como visto, nos atos homologados pelo juízo a ação anulatória vai atingir diretamente o ato das partes, e não propriamente o decisório judicial. Na separação consensual, que é caso típico

---

[410] VIDIGAL, Luís Eulálio de Bueno. *Comentários ao Código de Processo Civil*. São Paulo: RT, 1974, v. VI, p. 162-163.
[411] BARBOSA MOREIRA, José Carlos. *Comentários ao Código de Processo Civil*. Rio de Janeiro: Forense, 1974, v. V, n. 74, p. 168.
[412] NUNES, Guilherme Nascentes. Ação anulatória do art. 485 do CPC: hipóteses de cabimento. Quais as alterações trazidas pelo art. 284 do CPC projetado? *Revista de Processo*, v. 39, n. 235, p. 224, set. 2014.
[413] MAGRI, Berenice Soubhie Nogueira. *Ação anulatória*: art. 486, do CPC. São Paulo: RT, 1999. Coleção de Estudos de Direito de Processo Enrico Tullio Liebman, col. 41, p. 134-135.

de jurisdição voluntária, o que se anula é o *acordo de vontade dos cônjuges*. Quando, porém, o acordo de vontades dos litigantes (transação, por exemplo) importa solução de uma lide que já é objeto de um processo contencioso em andamento na Justiça, a sentença que o homologa sempre foi tratada como ato de encerramento do processo com *julgamento do mérito* apto a produzir a *coisa julgada material*. Porque a autocomposição da lide era jurisdicionalizada, *in casu*, pela homologação do juiz, chegou-se a entender, à época do CPC anterior, que a sentença a encampava e chancelava como se fora uma solução dada pela própria decisão. Daí ter antiga exegese assentado que o ataque à *res iudicata* gerada pela sentença que homologa a transação haveria de ser feito somente pela via da *ação rescisória*.[414]

Porém, ainda sob o CPC anterior, a jurisprudência inclinou-se majoritariamente para a tese que admitia o cabimento da ação comum de anulação de negócio jurídico para a hipótese de transação homologada em juízo. Esse o entendimento que veio a ser abarcado pelo atual Código, de maneira clara, uma vez que não mais elenca a decisão fundamentada em confissão, desistência ou transação no rol dos decisórios rescindíveis.

Assim, os atos de transação realizados entre as partes, mesmo após sua homologação pelo juiz, devem ser objeto de ação anulatória, e não de rescisória, pois o que se busca invalidar, *in casu*, é o próprio negócio jurídico, e não o *decisum*.

670-A. Anulação e rescisão de partilha

O CPC/2015 estabelece a regra básica para a invalidação da partilha: a partilha amigável, por envolver negócio jurídico, é atacável mediante ação anulatória (art. 966, § 4º, c/c art. 657). Mesmo que a partilha negocial tenha sido homologada pelo juiz, continua sujeita à ação anulatória e não à rescisória. A atuação judicial terá sido meramente homologatória, não se podendo cogitar, na espécie, de *partilha decidida em juízo*.[415]

Por sua vez, submete-se à ação rescisória a partilha que houver sido *decidida* pelo juiz (art. 658). Assim, o Código atual supera quaisquer dúvidas que ocorriam ao tempo da lei anterior, prestigiando o posicionamento jurisprudencial adotado pelo STJ.[416]

671. Legitimação

O atual Código dispõe de maneira expressa quanto à legitimação de parte para a ação rescisória, afirmando que sua propositura pode partir de (CPC/2015, art. 967):

(a) quem foi parte no processo ou o seu sucessor a título universal ou singular (inciso I);

(b) o terceiro juridicamente interessado (inciso II);

---

[414] "Toda e qualquer sentença homologatória de transação só se rescinde por ação rescisória", porque se trata de "ato que encerra o processo com julgamento de mérito" (MARQUES, José Frederico. A rescisão de sentença que homologa transação. *O Estado de S. Paulo*, de 10.02.1985, coluna "Tribunais"). O STF, no entanto, fixou o entendimento de que a transação homologada em juízo pode ser atacada por ação comum de anulação ou nulidade, porque, "na espécie, a ação não é contra a sentença...", mas "insurge-se a autora contra o que foi objeto da manifestação de vontade das partes, a própria transação, alegando vício de coação" (RE 100.466-5-SP, Rel. Min. Djaci Falcão, ac. 28.02.1986, *ADV-Boletim nº 16-1986*, n. 27.317, p. 253).

[415] "A jurisprudência do STJ firmou-se no sentido de que o meio impugnativo da sentença proferida em partilha judicial é a ação rescisória, ao passo que a partilha amigável, na qual a sentença é meramente homologatória, pode ser invalidada por ação anulatória" (STJ, 3ª T., REsp 1.238.684/SC, Rel. Min. Nancy Andrighi, ac. 03.12.2013, *DJe* 12.12.2013).

[416] ÁVILA, Henrique. Ação anulatória. In: WAMBIER, Luiz Rodrigues; WAMBIER, Teresa Arruda Alvim (coord.). *Temas essenciais do novo CPC*. São Paulo: RT, 2016, p. 633.

(c) o Ministério Público (inciso III): *(i)* nos casos de omissão de sua audiência, quando era obrigatória sua intervenção; *(ii)* e quando a decisão rescindenda é o efeito de simulação ou de colusão das partes, a fim de fraudar a lei; *(iii)* e, outros casos em que se imponha sua atuação;

(d) aquele que não foi ouvido no processo em que lhe era obrigatória a intervenção (inciso IV).

A parte do processo em que se deu a decisão tanto pode ser o autor como o réu e ainda o assistente. O réu da ação rescisória será a parte contrária do processo em que se proferiu a sentença impugnada, ou seus sucessores. A circunstância de ter atuado no processo primitivo um *substituto processual*, no polo ativo ou passivo, suscita um problema no plano da rescisória: da ação de ataque à coisa julgada deverá participar o substituto ou o substituído? Como o substituto, na forma prevista no art. 18 do CPC/2015, não depende de autorização do substituído para promover a ação de conhecimento e fazer executar a respectiva sentença, também se apresentará como detentor de legitimação própria para promover e sofrer a ação rescisória. É o que ensina com maestria Barbosa Moreira:

> "O princípio geral, parece-nos, é o de que devem integrar o contraditório [da rescisória] todos aqueles que eram partes no feito anterior, ao ser proferida a sentença (*lato sensu*) rescindenda... Não necessariamente, observa-se, todos aqueles para quem ela produziu efeitos no plano material: se, no outro processo, havia substituição processual, ocupando algum legitimado extraordinário a posição de autor ou de réu, e subsiste a legitimação extraordinária, é da participação *desse substituto*, que se tem de cogitar na rescisória – sem que fique *a priori* excluída a possibilidade de intervir, como assistente, o titular da relação jurídica substantiva, deduzida no feito precedente (isto é, a pessoa que nele fora substituída)".[417]

Quem, por exemplo, recebe a legitimação constitucional para defender, em nome próprio, os direitos e interesses de uma categoria profissional, não perde essa legitimidade *ad causam*, quando se depara com ação rescisória de sentença pronunciada em razão justamente de demanda proposta e patrocinada pela entidade sindical. Dessa ação rescisória não são, a meu ver, litisconsortes necessários os integrantes da massa formadora da categoria tutelada pelo sindicato. Poderão participar, mas na categoria de litisconsortes facultativos ou assistentes.

Conspira para tal conclusão a circunstância de que o *substituto processual* – no dizer de Manoel Severo Neto – "é titular do direito de ação... não exerce um direito de ação do substituído, mas dele próprio". É por isso que a doutrina majoritária ensina que a coisa julgada se forma tanto em face do substituto como do substituído. E, por conseguinte, se a ação rescisória visa a desconstituir a coisa julgada e a promover um novo julgamento da lide decidida perante o substituto, é ele o primeiro e principal legitimado para o juízo rescisório, seja na posição ativa seja na passiva[418] (sobre o conceito e os efeitos da *substituição processual*, v. itens nos 185 e 227 do v. I).

Se houve sucessão *inter vivos* ou *mortis causa* na relação jurídica que foi objeto da decisão, o sucessor da parte também é legitimado a propor a rescisória. O terceiro só será legitimado quando tiver interesse jurídico (arts. 124 e 996, parágrafo único). Não é suficiente um simples

---

[417] BARBOSA MOREIRA, José Carlos. *Comentários ao Código de Processo Civil*. 15. ed. Rio de Janeiro: Forense, 2009, v. V, n. 101, p. 174-175. De igual sentido é o pensamento de ASSIS, Araken de. Substituição processual. *Revista Síntese de Direito Civil e Processual Civil*, n. 26, p. 61, nov. 2003.

[418] SEVERO NETO, Manoel. *Substituição processual*. São Paulo: Ed. Juarez de Oliveira, 2002, p. 78 e 207.

interesse *de fato*.⁴¹⁹ Sobre o conceito técnico de "terceiro juridicamente interessado", vejam-se o item nº 813 do v. I e o item e 745 adiante.

672. Legitimação do Ministério Público

O Código de 1973 (art. 487) previa a legitimação do Ministério Público para propor a ação rescisória, além do caso em que fosse parte no processo primitivo, em duas outras situações: *(i)* quando não fosse ouvido no processo, em que lhe era obrigatória a intervenção; e *(ii)* quando a sentença fosse efeito de *colusão* das partes, a fim de fraudar a lei.

O atual Código traz duas novidades:

(a) a legitimação do MP não se dá apenas quando *não foi ouvido*, mas ocorre também em relação ao julgamento de todo processo em que sua atuação fosse obrigatória, tenha sido ou não ouvido (CPC/2015, art. 967, III, "c"). Portanto, se a sentença incorreu em algum dos vícios autorizadores da ação rescisória (CPC/2015, art. 966), e a causa era daquelas em que o Ministério Público teria de atuar como *custos legais*, sempre terá legitimação para promover-lhe a rescisão.

(b) não sendo autor, o Ministério Público será ouvido nas rescisórias das sentenças oriundas de processos em que, nos termos do art. 178, cabe sua atuação como fiscal da lei (CPC/2015, art. 967, parágrafo único). Ressalva, porém, a lei nova, tal como já vinha entendendo a jurisprudência,⁴²⁰ que "a participação da Fazenda Pública não configura, por si só, hipótese de intervenção do Ministério Público" (CPC/2015, art. 178, parágrafo único).

O Código anterior não cuidava expressamente da intervenção do Ministério Público na ação rescisória, como *custos legis*. Nada obstante, a doutrina entendia ser obrigatória, em função da "natureza da lide".⁴²¹ Pensamos que, tendo o atual CPC disciplinado a matéria,

---

⁴¹⁹ BARBOSA MOREIRA, José Carlos. *Comentários ao Código de Processo Civil*. 15. ed. Rio de Janeiro: Forense, 2009, v. V, n. 99, p. 169. Por terceiro juridicamente interessado só se pode entender aquele que, não sendo parte no feito, tem com uma delas um vínculo jurídico dependente do direito debatido e submetido à coisa julgada. O interesse do terceiro, para autorizar a propositura da ação rescisória, tem de ser o de restaurar o direito subjetivo negado à parte vencida, porquanto sem essa restauração não terá condições de exercer o seu direito (não envolvido no processo) contra a parte sucumbente. Se o direito do terceiro pode ser discutido, contra a parte vencedora ou contra o vencido, sem embargo da coisa julgada, por inexistir dependência jurídica entre as duas relações, caso não será de ação rescisória. O terceiro discutirá sua pretensão pelas vias ordinárias. Para admitir a rescisória promovida por terceiro exige-se um inter-relacionamento entre a situação jurídica decidida pela sentença e a invocada por este, de tal modo que não tenha, "perante o direito material, fundamento para recompor a situação anterior por meio de ação própria" (STJ, REsp 10.220/SP, Rel. Min. Sálvio de Figueiredo, ac. 23.06.1992, *DJU* 03.08.1992, p. 11.322. No mesmo sentido: STJ, 1ª T., REsp 867.016/PR, Rel. Min. Luiz Fux, ac. 05.05.2009, *DJe* 06.08.2009). É o caso, por exemplo, do promissário comprador a quem se deve reconhecer legitimidade para propor rescisória contra sentença em ação de reivindicação contrária ao promitente vendedor (*RJTJSP* 131/407).

⁴²⁰ "O interesse público, hábil a determinar a intervenção obrigatória do Ministério Público, não se configura pela simples propositura de ação em desfavor da Fazenda Pública" (STJ, 5ª T., REsp 702.875/RJ, Rel. Min. Arnaldo Esteves Lima, ac. 19.02.2009, *DJe* 16.03.2009); "A intervenção do *Parquet* não é obrigatória nas demandas indenizatórias propostas contra o Poder Público. Tal participação só é imprescindível quando se evidenciar a conotação de interesse público, quer não se confunde com o mero interesse patrimonial-econômico da Fazenda Pública. Precedentes deste Tribunal e do Pretório Excelso" (STJ, 2ª T., REsp 465.580/RS, Rel. Min. Castro Meira, ac. 25.04.2006, *DJU* 08.05.2006, p. 178. No mesmo sentido: STJ, 1ª T., REsp 801.028/DF, Rel. Min. Denise Arruda, ac. 12.12.2006, *DJU* 08.03.2007, p. 168).

⁴²¹ BARBOSA MOREIRA, José Carlos. *Comentários ao Código de Processo Civil*. 15. ed. Rio de Janeiro: Forense, 2009, v. V, n. 120, p. 201; DIDIER JR., Fredie; CUNHA, Leonardo Carneiro da. *Curso de processo civil*. 10. ed. Salvador: JusPodivm, 2012, p. 466.

prevendo que tal intervenção se daria nas hipóteses do art. 178, não o fez no sentido de generalizar a atuação do Ministério Público. Se fosse essa a intenção do legislador, a norma simplesmente teria disposto que sua audiência se daria em toda ação rescisória, em que o *parquet* não fosse autor.

Se, todavia, a regra legal condicionou sua intervenção aos limites do art. 178, prevalecerão para a rescisória, as restrições que este dispositivo traça, como, por exemplo, a de que a participação da Fazenda Pública não configura por si só, hipótese de intervenção do Ministério Público (parágrafo único do art. 178). Portanto, se o regime interventivo do MP na ação rescisória é o geral do processo civil, não se pode ter como obrigatória a sua atuação de fiscal da lei em toda demanda da espécie, mas apenas naquelas em que o interesse público se fizer efetivamente presente. Esse é o regime geral traçado para a atuação do Ministério Público em processo *inter alios*, definido pelo art. 178 do CPC/2015, e que o parágrafo único do art. 967 manda observar também nas ações rescisórias.

673. Legitimação passiva

A ação rescisória tem natureza constitutiva e visa ao reconhecimento da existência de uma das hipóteses listadas no art. 966, do CPC/2015, que autorizam a rescisão do ato decisório. Note-se que não se trata de ação declaratória de nulidade. A decisão transitada em julgado, a despeito de rescindível, é ato jurídico que já se formou válido e eficaz.

Quanto à legitimação passiva, tem-se que é imprescindível, ademais, que o autor chame a compor a lide todas as partes que a coisa julgada vincula, porque a rescisão do *decisum* que se pretende desconstituir há de ser *decidida com eficácia perante* todos os sujeitos da situação jurídica revestida da indiscutibilidade e imutabilidade geradas pela *res iudicata*.[422]

Nesses casos, reza o art. 114, a eficácia da sentença dependerá da citação de todos que devam ser litisconsortes, de modo que, omitida a citação de algum deles, o processo extinguir-se-á sem solução do mérito (art. 115, parágrafo único).

Não há dúvida: a rescisão de uma decisão transitada em julgado, necessariamente, acaba por atingir a esfera jurídica dos vários partícipes da relação processual original, constituindo ou modificando obrigações entre elas, alterando o conteúdo da coisa julgada antes formada.

Não se trata de meramente alterar um ato processual, mas de *desconstituir uma situação jurídica material* porque da coisa julgada decorre a indiscutibilidade e imutabilidade daquilo que se assentou em torno do mérito da causa. Vale dizer, a coisa julgada opera materialmente no plano das relações substanciais. Daí por que o prazo para propor ação rescisória não é propriamente um prazo para o exercício de um direito de ação, mas o prazo para o exercício de um *direito potestativo material*, qual seja, o direito de inovar a relação jurídica material estabelecida definitivamente pela sentença passada em julgado.

A desconstituição dessa situação jurídica, como é óbvio, não pode ser intentada senão em face de todos os sujeitos jurídicos que a ela se vinculam. Não basta propor ação contra um dos interessados. Se o direito que está em jogo pertence a outras pessoas além dele, a desconstituição reclama a presença de todos no processo.

---

[422] Uma vez que a verba honorária sucumbencial pertence ao advogado e não à parte vencedora (CPC, art. 85, IV, § 14), a ação rescisória que intente reverter o resultado do processo porá em risco o crédito do patrono da causa. Mesmo não se tratando de parte da ação originária, a pretensão de desconstituir a respectiva sentença deverá ser exercida não apenas contra o titular do crédito principal reconhecido em juízo, mas também contra o advogado em favor de quem foi fixada a verba honorária. É que, se o advogado pode vir a ser prejudicado com o julgamento da rescisória, detém, inegavelmente, legitimidade passiva para a causa (STJ, 3ª T., REsp 1.651.057/CE, Rel. Min. Moura Ribeiro, ac. 16.05.2017, *DJe* 26.05.2017).

Sem que todas as partes da ação primitiva sejam chamadas a integrar a nova lide, não será possível emitir um julgado oponível a todos os envolvidos na relação jurídica material litigiosa e, consequentemente, não se logrará uma solução eficaz no litígio.

A privação da eficácia da sentença, nessas circunstâncias, é total. Atinge não apenas o litisconsorte excluído da lide, mas igualmente aqueles que participaram do processo. A nulidade atinge todo o processo. Trata-se de nulidade *ab initio*.[423]

É certo que, em princípio, deparando-se com a falta de chamamento de um litisconsorte necessário por parte do autor, antes de simplesmente extinguir o processo sem julgamento de mérito, cabe ao juiz intimar a parte para sanar a nulidade. Em face da instrumentalidade do processo, a sua extinção, por vício de pressuposto ou ausência de condição da ação só deve ter lugar quando o defeito detectado pelo juiz for insuperável, ou quando ordenado o saneamento sem que a parte promova-o no prazo assinalado (art. 115, parágrafo único). Tudo, porém, terá de acontecer em prazo útil.

674. Citação tardia do litisconsorte necessário

A citação do litisconsorte pleiteada tardiamente, depois de escoado o prazo de dois anos, sem embargo de ser capaz de, em tese, regularizar a relação processual, não cria condições de prosseguimento da ação até a solução da pretensão do autor, qual seja, rescindir a decisão transitada em julgado. É que contra o litisconsorte tardiamente citado já decaiu o autor do direito de rescindir a situação jurídica de direito material cristalizada pela coisa julgada material.

Tanto assim que o STJ é categórico ao afirmar incabível mesmo a própria alteração do polo passivo da relação processual quando escoado o biênio legal, porque inútil a providência.[424]

A ação rescisória é direito que se deve exercitar, todavia, nos estritos termos da lei, dentro do prazo estipulado. Ou se exercita com todos os seus pressupostos e de forma adequada no curso de dois anos, ou se extingue o direito potestativo.

É por isso que a jurisprudência é tranquila em assentar que a citação dos litisconsortes na ação rescisória tem que ser *requerida* e *promovida* pelo autor dentro do prazo fatal de dois anos do art. 975. E, se não foi regularizado o processo nesse prazo, a citação tardia de litisconsorte necessário é *inútil* e o vício processual *insanável*, conduzindo à *extinção do processo sem resolução de mérito*, conforme farta e tranquila jurisprudência do STJ.[425]

---

[423] STJ, 5ª T., AgRg no Ag 434.844/DF, Rel. Min. Jorge Scartezzini, j. 21.10.2003, *DJU* 19.12.2003, p. 558.

[424] "1. Na ação rescisória é indispensável a citação de todas as partes que figuraram no polo ativo da ação originária cujo julgado se pretende desconstituir. 2. Não sendo demandada, e consequentemente citada, uma das partes que foi coautora na ação originária, fica caracterizada a inexistência do litisconsórcio passivo necessário, ocorrendo a decadência em virtude do transcurso do prazo previsto no art.495 do Código de Processo Civil. 3. Ação rescisória julgada extinta" (AR 505/PR, 3ª Seção, Rel. Min. Paulo Gallotti, j. 12.02.2003, *DJU* 13.10.2003, p. 225). No mesmo sentido: STJ, 1ª Seção, AR 3.282/SP, Rel. Min. Teori Albino Zavascki, ac. 09.05.2007, *Revista Dialética de Direito Processual*, n. 52, p. 184; STJ, 3ª Seção, AR 3.070/AL, Rel. Min. Felix Fischer, decisão do relator de 29.11.2006, *DJU* 06.12.2006. Barbosa Moreira aplaude a posição do STJ, consignando que a convocação do litisconsorte necessário na ação rescisória pode ser intentada, "desde que ainda não esgotado o prazo decadencial em relação ao faltante" (BARBOSA MOREIRA, José Carlos. *Comentários ao Código de Processo Civil*. 16. ed. Rio de Janeiro: Forense, 2012, v. V, n. 101, p. 173).

[425] STJ, 1ª Seção, AR 2.009/PB, Rel. Min. Teori Albino Zavascki, ac. 14.04.2004, *DJU* 03.05.2004, p. 86STJ, 3ª Seção, AgRg na AR 3.070/AL, Rel. Min. Felix Fischer, ac 28.02.2007, *DJU* 02.04.2007, p. 225; STJ, 2ª T., REsp 115.075/DF, Rel. Min. Castro Meira, ac. 05.04.2005, *DJU* 23.05.2005, p. 185.

A doutrina também não diverge, concluindo que "todos os partícipes da relação processual oriunda da ação matriz devem ser citados, como litisconsortes necessários, já que o acórdão que será nela proferido atingirá a esfera jurídica de todos".[426]

675. Rescisão de decisão objetivamente complexa

O litisconsórcio passivo necessário se modifica quando a decisão rescindenda for objetivamente complexa (formada por diversos capítulos autônomos), caso em que desnecessária será a citação daquele que, mesmo tendo sido parte no processo originário, não lhe diga respeito o capítulo impugnado na rescisória.[427]

676. Caução

Dispõe o art. 968, II, do CPC/2015, assim como o fazia o art. 488, II, do CPC/1973, que o ajuizamento da rescisória deve ocorrer mediante depósito de cinco por cento do valor da causa, para garantir pagamento de multa aplicável no caso de improcedência ou inadmissibilidade da demanda, decretada por unanimidade de votos pelo tribunal competente. Essa exigência, que funciona como pressuposto processual, é afastada quando a rescisória for proposta pela União, Estado, Município, Distrito Federal ou Ministério Público (art. 968, § 1º, do CPC/2015).

O atual CPC amplia a isenção, estendendo-a para a União, os Estados, o Distrito Federal, os Municípios, suas respectivas autarquias e fundações de direito público, o Ministério Público, a Defensoria Pública e todos os beneficiários da gratuidade de justiça.

Por outro lado, o valor da caução, e consequentemente da multa, fica submetido a um teto, não podendo ultrapassar a mil salários mínimos (art. 968, § 2º).

677. Competência

O Código de Processo Civil coloca a ação rescisória entre os feitos integrantes dos "processos de competência originária dos Tribunais" (Capítulo VII, Título I, do Livro III da Parte Especial). Trata-se, pois, de ação que não se submete aos dois graus ordinários de jurisdição. Sua propositura e julgamento ocorrem em instância única, perante os Tribunais.

Essa sistemática decorre de previsão constitucional, onde se acha expressamente estabelecido que compete: *(i)* ao STF processar e julgar, originariamente, a ação rescisória de seus julgados (CF, art. 102, I, "j"); *(ii)* ao STJ assim proceder em relação aos seus julgados (CF, art. 105, I, "e"); e *(iii)* aos Tribunais Regionais Federais processar e julgar as rescisórias de seus acórdãos e das sentenças dos juízes federais das respectivas regiões (CF, art. 108, I, "b"). Por simetria, cabe aos Tribunais de Justiça, no âmbito das Justiças Estaduais, a competência para a rescisão de seus acórdãos e das sentenças dos juízes de primeiro grau do respectivo Estado.

---

[426] DIDIER JÚNIOR, Fredie; CUNHA, Leonardo José Carneiro da. *Curso de direito processual civil.* 7. ed. Salvador: JusPodivm, 2009, v. 3, p. 372. No mesmo sentido: FUX, Luiz. *Curso de direito processual civil.* Rio de Janeiro: Forense, 2001, p. 749; NERY JUNIOR, Nelson; NERY, Rosa Maria de Andrade. *Código de Processo Civil comentado e legislação extravagante.* 9. ed. São Paulo: RT, 2006, p. 689; CÂMARA, Alexandre Freitas. *Ação rescisória.* Rio de Janeiro: Lumen Juris, 2007, p. 132-133; YARSHELL, Flávio Luiz. *Ação rescisória*: juízo rescindente e rescisório. São Paulo: Malheiros, 2005, p. 139.

[427] BARBOSA MOREIRA, José Carlos. *Comentários ao Código de Processo Civil.* 16. ed. Rio de Janeiro: Forense, 2012, v. V, n. 101, p. 173.

Como, em razão do recurso, o julgado do tribunal *ad quem* substitui, para todos os efeitos, a decisão recorrida (art. 1.008), o objeto da ação rescisória é o acórdão que apreciou o recurso e não a sentença recorrida.

Na instância do STF e do STJ, todavia, o julgamento dos recursos extraordinário e especial nem sempre provoca a substituição em tela, de maneira que, mesmo subindo o processo àquelas Cortes, há situações em que a rescisória continua na esfera de competência do Tribunal de segundo grau (Tribunal Regional Federal ou Tribunal de Justiça dos Estados). Assim é quando o julgamento do STF ou do STJ não passa do juízo negativo de admissibilidade do recurso, ou seja, quando é inadmitido em razão de preliminares puramente processuais.

Só as decisões de mérito sujeitam-se à ação rescisória, como se acha previsto no art. 966, *caput*, do CPC/2015. Se, portanto, o último julgamento de mérito foi proferido pelo Tribunal de segundo grau, a competência para processar e decidir a rescisória será sua, e não do STF ou do STJ, ainda que, por força do extraordinário ou do especial, tenha ocorrido julgamento de recurso nas instâncias superiores. Para que surja a competência do STF ou do STJ em matéria de causa submetida à tramitação de recurso especial ou extraordinário é necessário que a questão federal (mérito) tenha *in concreto* sido apreciada e dirimida pelas instâncias superiores.[428]

Diversamente do que ocorre nos Tribunais de segundo grau, que sempre são competentes para a ação rescisória no campo de sua circunscrição territorial, haja ou não julgamento de recurso contra as sentenças dos juízes de primeiro grau, a competência do STF e do STJ somente alcança seus próprios acórdãos. Sem que o recurso especial ou extraordinário tenha provocado um julgamento de mérito nas instâncias superiores, não surge a competência do STF e do STJ em matéria de ação rescisória.

Em outros termos, pode-se afirmar que os tribunais de segundo grau de jurisdição conservam o caráter de competência hierárquica para a ação rescisória das sentenças dos Juízos de primeiro grau, tal como se passa com os recursos ordinários. Já a competência do STF e do STJ nada tem das feições hierárquicas, haja vista que somente podem rescindir seus próprios julgados e nunca os dos Tribunais inferiores.

É bem verdade que, excepcionalmente, pode ocorrer prorrogação de competência do STJ e do STF, de modo a incluir, na rescisória, questões de mérito que não chegaram a ser examinadas por aquelas Cortes. De qualquer maneira, a competência do STJ ou do STF só se firmará a partir do fato de ser objeto da rescisória alguma questão de mérito por eles enfrentada e decidida (sobre o tema, ver, adiante, o nº 692).

Regra importante, asseguradora do princípio de economia processual e de garantia de efetivo acesso à tutela jurisdicional, foi instituída pelo § 5º do art. 968 do CPC/2015: o reconhecimento da incompetência do tribunal a que a rescisória foi endereçada não será motivo de imediata extinção do processo, sem resolução de mérito. Caberá ao Tribunal, ou ao relator, em tal circunstância, intimar o autor "para emendar a petição inicial, a fim de adequar o objeto da ação rescisória", tanto no que diz a identificação correta do decisório rescindendo quanto ao órgão judicial competente. Corrigido o equivocado endereçamento da ação, os autos serão encaminhados ao tribunal que realmente detém a competência para processar e julgar a rescisória. Trata-se de salutar regra ligada aos princípios de economia processual e de efetividade da prestação jurisdicional. O espírito dominante em todo o atual Código é o do compromisso com a resolução do mérito da causa (art. 4º), que exige um clima de cooperação tanto das partes com o tribunal, como deste com os litigantes (art. 6º). De sorte que todo esforço dos

---

[428] STF, Súmulas nºs 249 e 515.

tribunais e juízes deve ser no sentido de superar as deficiências formais e privilegiar sempre a composição das causas pelo mérito.[429]

A regra de salvamento da rescisória mal proposta aplica-se aos seguintes casos:

(a) ação em que se postula equivocadamente rescisão de decisão que não apreciou o mérito, e, pois, não se enquadra nas hipóteses do § 2º do art. 966 (CPC/2015, art. 968, § 5º, I), havendo, no entanto, como identificar no processo o julgado que, de fato, compôs o litígio, pelo mérito;

(b) ação rescisória que se volta erroneamente para decisão que tenha sido posteriormente substituída por outra, como ocorre nos julgamentos recursais (CPC/2015, art. 1.008),[430] sendo perfeitamente possível localizar o acórdão que haverá de ser o objeto da rescisão pretendida.[431]

A norma, como se vê, visa contornar a propositura de demanda mediante erro do autor cometido na indicação do decisório que realmente pretende desconstituir. De várias maneiras isto pode acontecer: *(i)* quando, por exemplo, a decisão é confirmada por tribunal superior, e a rescisória é proposta contra o acórdão da instância de segundo grau e não contra o acórdão do STJ ou do STF; *(ii)* quando o autor visa desconstituir acórdão que não chegou a ser reexaminado pelo tribunal superior, em virtude de não conhecimento do recurso, e não obstante a ação rescisória é proposta perante o tribunal que pronunciou o último acórdão, que não passou do juízo de admissibilidade; *(iii)* quando o ato judicial é daqueles que devem ser objeto de ação anulatória comum e não de ação rescisória; e *(iv)* qualquer outro caso em que, observado o correto enquadramento do objeto da pretensão rescisória, a competência caberá a outro órgão jurisdicional, que não aquele ao qual o autor endereçou sua demanda.

A diligência prevista no § 5º do art. 968, na verdade, tem duplo objetivo: primeiro, corrigir o defeito da petição que configurou mal o objeto do pleito rescisório; depois, definir adequadamente o tribunal competente, que, uma vez melhor identificado o objeto litigioso, será outro, e não aquele perante o qual a ação foi aforada. Nesse caso, após a retificação da inicial, será permitido ao réu complementar os fundamentos de defesa e, em seguida, os autos serão remetidos ao tribunal competente (§ 6º do art. 968).

---

[429] Apreciando caso em que o TJMS extinguiu ação rescisória a pretexto de que a competência seria do STJ, esta Corte Superior, com base no § 5º do art. 968 do CPC decidiu: "De rigor, assim, a devolução dos autos ao Tribunal de Justiça do Estado de Mato Grosso do Sul para que seja oportunizado ao autor a emenda da inicial e, posteriormente, ao réu a complementação dos argumentos de defesa, com a subsequente remessa do feito a esta Corte Superior para processamento e julgamento da ação rescisória em comento" (STJ, 3ª T., REsp 1.756.749/MS, Rel. Min. Marco Aurélio Bellizze, ac. 24.11.2020, *DJe* 03.12.2020).

[430] "Art. 1.008. O julgamento proferido pelo tribunal substituirá a decisão impugnada no que tiver sido objeto de recurso."

[431] "(...) 2. Existência de julgados desta Corte Superior no sentido de que esse vício conduziria à impossibilidade jurídica do pedido rescindente, pois não seria possível a rescisão de sentença que já fora substituída pelo acórdão que a manteve. 3. Julgados específicos, porém, tanto do STF, como desta Turma, além de entendimento doutrinário, no sentido de que a extinção da rescisória com base nesse vício seria excesso de formalismo. 4. Possibilidade de se compreender na palavra 'sentença' a referência também ao acórdão que a substituiu. 5. Reforma do acórdão recorrido no caso concreto para afastar a preliminar de impossibilidade jurídica do pedido rescindente. 6. Entendimento em consonância com a nova disciplina dada à matéria pelo CPC/2015" (STJ, 3ª T., REsp 1.569.948/AM, Rel. Min. Paulo de Tarso Sanseverino, ac. 11.12.2018, *DJe* 14.12.2018).

678. O pedido: *judicium rescindens* e *judicium rescissorium*

A petição inicial, endereçada ao tribunal, deve satisfazer às exigências comuns de todo pedido inaugural de processo e que são as do art. 319 do CPC/2015.

O art. 968 impõe, contudo, duas providências especiais ao autor da rescisória: *(i)* cumular ao pedido de rescisão, se for o caso, o de novo julgamento do processo; *(ii)* depositar a importância de cinco por cento sobre valor da causa, que se converterá em multa, caso a ação seja, por unanimidade de votos, declarada inadmissível ou improcedente.

Denomina-se *judicium rescindens* o enfrentamento do pleito de desconstituição do julgamento primitivo, e *judicium rescissorium*, o novo julgamento da causa, para substituir aquele que for invalidado. A cumulação dessas duas pretensões é desejável, em regra, mas nem sempre se mostra cabível. O art. 968, I, impõe o cúmulo da pretensão rescisória com a de novo julgamento do processo primitivo, mas o faz com a ressalva de que "se for o caso".

Aliás, na prática só há três hipóteses em que a cumulação não ocorrerá: *(i)* a de ofensa à coisa julgada (art. 966, IV), onde a ação rescisória apenas desconstituirá a sentença impugnada; *(ii)* a de juiz peitado (art. 966, I); e *(iii)* a de juiz impedido ou absolutamente incompetente (art. 966, II); porque, nos dos últimos casos, toda a instrução do processo será anulada e o feito terá de ser renovado em primeira instância.

Também não haverá rejulgamento da causa quando na decisão da ação rescisória tiver ocorrido nulidade em decorrência de irregularidade anterior à prolação do acórdão, como, por exemplo, no cerceamento de defesa cometido pela obstaculização da sustentação oral na sessão de julgamento. É que a superação da nulidade só acontecerá se o processo retroceder ao momento em que o cerceamento se consumou, motivo pelo qual, o procedimento terá de ser retomado na instância de origem para que o ato sonegado seja adequadamente praticado.[432]

A omissão do autor, na petição inicial, do pedido de rejulgamento da causa, no entanto, não autoriza seu imediato indeferimento por inépcia. Aplica-se à espécie a regra geral do art. 321 que obriga a prévia intimação do autor para suprir deficiências da inicial. Desse modo, "apenas após o transcurso do prazo estabelecido para que o autor emende a inicial, sem que este o tenha feito, é que poderá o relator indeferir a petição inicial".[433]

678-A. Valor da causa

Segundo antigo entendimento jurisprudencial, o valor da causa em ação rescisória deve, em regra, corresponder ao da ação originária, corrigido monetariamente.[434] Acontece que, muitas vezes, o interesse econômico demonstrado ao tempo do ajuizamento da rescisória suplanta o valor da ação primitiva, mesmo submetido à atualização.

---

[432] "6. Em nome do princípio da economia processual, em regra, a competência para o rejulgamento da causa, em etapa subsequente à desconstituição do julgado, é do mesmo órgão julgador que proferiu o juízo rescindente, não havendo espaço para se falar em supressão de instância. A regra cede, contudo, nos casos em que o pronto rejulgamento da causa pelo mesmo órgão julgador é incompatível com a solução dada ao caso, como, por exemplo, nas hipóteses de reconhecimento da incompetência absoluta ou nos casos de declaração de nulidade de algum ato jurídico que precisa ser renovado. 7. No caso de verificação de nulidade de ato processual gerador de cerceamento de defesa, impõem-se o retorno dos autos para correção do vício e o posterior prosseguimento regular do processo, sob pena de o Tribunal incorrer no mesmo erro que ensejou a rescisão do julgado. Recurso especial provido" (STJ, 3ª T., REsp. 1.982.586/SP, Rel. Min. Ricardo Villas Bôas Cueva, ac. 15.03.2022, *DJe* 31.03.2022).

[433] STJ, 2ª T., AgRg no REsp 1.227.735/RS, Rel. Min. Humberto Martins, ac. 22.03.2011, *DJe* 04.04.2011.

[434] STJ, 3ª Seção, PET 5.541/SP, Rel. Min. Arnaldo Esteves Lima, ac. 15.12.2008, *DJe* 06.02.2009; STJ, 1ª Seção, AgRg na AR 4.277/DF, Rel. Min. Eliana Calmon, ac. 28.10.2009, *DJe* 10.11.2009.

Verificada essa discrepância, deve prevalecer na rescisória o interesse econômico atual. É o que ocorre, por exemplo, quando a sentença rescindenda passou por liquidação, hipótese em que o valor da ação rescisória terá de corresponder ao *quantum debeatur* liquidado, "tendo em vista que este é o valor perseguido pelo requerente".[435]

A Corte Especial do STJ adotou, para uniformizar o critério de arbitramento de honorários advocatícios nas homologações de decisão estrangeira, em acórdão de 22.04.2021, o entendimento de que se deve observar a norma do § 8º do art. 85 do CPC, ou seja, a fixação da verba sucumbencial será feita por equidade, e não segundo "o valor da condenação", o valor "do proveito econômico obtido" ou o "valor atualizado da causa". Levou-se em consideração a circunstância de que o procedimento de homologação da sentença estrangeira não tem natureza condenatória nem proveito econômico imediato que possam servir de base para o referido arbitramento. Isto porque o mérito da decisão homologanda não é objeto de deliberação do STJ, de modo que tal decisão em si se apresenta como fator exógeno ao julgamento do Tribunal nacional, de natureza predominantemente homologatória. Ao levar-se em conta o critério equitativo, entretanto, não se ignorará, por completo, o valor econômico em disputa na ação originária, quando versar sobre relações patrimoniais, já que, mesmo nas apreciações equitativas do § 8º do art. 85 o Código manda ao julgador atentar para o disposto nos incisos do § 2º do citado artigo, que, entre outros parâmetros, inclui "a natureza e a importância da causa".

Conclui o aresto do STJ *sub cogitatione* que, quando a decisão de mérito envolve relações patrimoniais, o valor atribuído à causa é sempre indicativo do relevo, da importância que tem a causa para os litigantes. Então, nessa hipótese de ação sobre relação patrimonial, o valor da causa será observado como um dos critérios de arbitramento dos honorários sucumbenciais equitativos, nos moldes do próprio § 8º do art. 85 do CPC. O que se afasta é a imposição de sujeitar-se o arbitramento aos limites de 10% a 20% aplicáveis às pretensões condenatórias estipulados no § 2º do mesmo artigo.[436]

678-B. Restituição dos honorários advocatícios fixados na sentença quando a rescisória é acolhida

Há entendimento, a nosso ver razoável, no sentido de que, mesmo ocorrendo a procedência da rescisória, o advogado da parte primitivamente vencedora não ficaria obrigado a devolver os honorários sucumbenciais já percebidos, em razão do caráter alimentar de tal verba.[437]

O STJ, no entanto, por sua Terceira Turma, assentou tese diversa, recusando na hipótese a aplicação do princípio da irrepetibilidade dos alimentos, *in verbis*:

> "Recurso especial. Honorários advocatícios. Levantamento pelo causídico. Posterior redução do valor em rescisória. Ação de cobrança. Restituição do excedente. Possibilidade. Irrepetibilidade de alimentos e vedação ao enriquecimento sem causa. Flexibilização. Princípio da razoabilidade. Máxima efetividade das decisões judiciais.

---

[435] STJ, 4ª T., AgInt no REsp 896.571/SE, Rel. Min. Raul Araújo, ac. 02.06.2016, *DJe* 17.06.2016. No mesmo sentido: STJ, 2ª Seção, PET 4.543/GO, Rel. Min. Humberto Gomes de Barros, ac. 22.11.2006, *DJU* 03.05.2007, p. 216.

[436] STJ, Corte Especial, HDE 1.809/EX, Rel. Min. Raul Araújo, ac. 22.04.2021, *DJe* 14.06.2021.

[437] "Os honorários advocatícios, tanto os contratuais quanto os sucumbenciais, têm natureza alimentar (...). Por isso mesmo, são bens insuscetíveis de medidas constritivas (penhora ou indisponibilidade) de sujeição patrimonial por dívidas do seu titular" (STJ, Corte Especial, EREsp 724.158/PR, Rel. Min. Teori Albino Zavascki, ac. 20.02.2008, *DJe* 08.05.2008). Sua impenhorabilidade está assegurada pelo art. 833, IV, do CPC/2015, e sua natureza alimentar é declarada pelo art. 85, § 14, do mesmo Código.

1. É possível e razoável a cobrança dos valores atinentes aos honorários advocatícios de sucumbência já levantados pelo causídico se a decisão que deu causa ao montante foi posteriormente rescindida, inclusive com redução da verba.

2. O princípio da irrepetibilidade das verbas de natureza alimentar não é absoluto e, no caso, deve ser flexibilizado para viabilizar a restituição dos honorários de sucumbência já levantados, tendo em vista que, com o provimento parcial da ação rescisória, não mais subsiste a decisão que lhes deu causa. Aplicação dos princípios da vedação ao enriquecimento sem causa, da razoabilidade e da máxima efetividade das decisões judiciais.

3. Recurso especial provido".[438]

Sem embargo do brilhantismo do voto vencedor, entendemos, *concessa venia*, que a razão está com o voto vencido, porquanto se os honorários advocatícios são de natureza alimentar e não se incluem na responsabilidade patrimonial por dívida de quem os percebeu, não há como ordenar que o beneficiário que já os percebeu (e provavelmente os consumiu) tenha de restituí-los, porque a sentença trânsita em julgado foi rescindida. Se a sentença já executada, em ação de alimentos, não obriga a restituição, nem mesmo quando reformada em grau de recurso, por que haveria de ser diferente no caso de honorários já percebidos em virtude de sentença passada em julgado, submetida a ação rescisória? É pela natureza e destinação dos alimentos que sua irrepetibilidade se impõe, mais do que por simples regra de direito.

Se o advogado não chegou a receber os honorários antes do acolhimento da rescisória, é natural que a cassação da sentença condenatória faça extinguir o direito àquela verba também afetada pela rescisão. O mesmo, contudo, não é de ser observado em relação aos honorários levantados e percebidos de boa-fé, enquanto subsistia a coisa julgada acobertando a respectiva condenação. Tratando-se de alimentos, definidos como tais por lei, e uma vez consumidos, não se lhes pode ignorar a irrepetibilidade inerente à sua própria natureza e destinação. O quadro circunstancial em que o aresto do STJ admitiu a restituição imposta depois de rescindida a sentença condenatória torna mais preocupante a tese aplicada. É que a imposição se fez perante advogado já falecido, cabendo à viúva e herdeiros restituir o valor dos alimentos percebidos pelo causídico muitos anos antes da rescisória. A prevalecer tal orientação pretoriana, nenhum advogado mais terá segurança jurídica para levantar honorários sucumbenciais, mesmo quando autorizado por sentença transitada em julgado. Pesará sobre ele sempre o risco de ter de restituí-los por força de eventual ação rescisória. Isto, obviamente, não condiz com a natureza e destinação de toda e qualquer verba alimentar, e muito menos com aquelas que representam remuneração de trabalho profissional.

679. Multa de 5% sobre o valor da causa

O CPC/2015 coibe os abusos na propositura da ação rescisória por meio de duas medidas práticas: *(i)* instituição de uma multa; e *(ii)* redução do prazo decadencial do direito de postular a rescisória, que ficou limitado a dois anos.

Assim é que o 968, II, do CPC/2015 criou a obrigatoriedade para o autor de fazer, *initio litis*, um depósito de cinco por cento sobre o valor da causa, a título de multa, caso a ação seja, por unanimidade de votos, declarada inadmissível ou improcedente. A sanção v.g., incide quando o autor abandona a causa acarretando a extinção do processo sem apreciação do mérito, assim como quando desiste da ação.[439] Verificada a situação *supra*, a multa reverterá em favor

---

[438] STJ, 3ª T., REsp 1.549.836/RS, Rel. p/ac. Min. João Otávio de Noronha, ac. 26.04.2016, *DJe* 06.09.2016. Relator vencido Min. Ricardo Villas Bôas Cueva.

[439] STJ, 1ª T., REsp 914.128/RS, Rel. Min. Luiz Fux, ac. 18.08.2009, *DJe* 10.09.2009.

do réu, sem prejuízo do direito que este ainda tem, como vencedor de reembolso das custas e honorários advocatícios (art. 974, parágrafo único).

Julgada procedente a ação, ou não sendo unânime o julgamento contrário à pretensão do autor, o depósito ser-lhe-á restituído (art. 974, *caput*).[440] Em caso de renúncia ao direito em que se funda a rescisória, o STJ entende que o depósito também deve ser restituído ao autor.[441]

A União, os Estados, o Distrito Federal, os Municípios, e suas respectivas autarquias e fundações de direito público não se sujeitam ao depósito em questão. Mas o favor não se estende as empresas públicas e as sociedades de economia mista uma vez que seu regime jurídico--processual é o mesmo das empresas privadas, quando concorrem com estas na exploração do domínio econômico (CF, art. 173, § 1º, II). Às entidades isentas do depósito inicial também não se pode aplicar, afinal, a pena de multa, mesmo sendo a rescisória julgada improcedente.[442]

Também dos beneficiários da assistência judiciária não se pode exigir o depósito do art. 968, II, para não inviabilizar o pleno acesso à jurisdição assegurado constitucionalmente àqueles cujas disponibilidades econômicas são nulas ou escassas (CF, art. 5º, XXXV).[443]

680. A execução da sentença rescindenda

A propositura da ação rescisória nenhuma consequência tem sobre a exequibilidade da sentença impugnada. Dispõe expressamente o art. 969 do CPC/2015 que "a propositura da ação rescisória não impede o cumprimento da decisão rescindenda". A regra, aliás, é da tradição de nosso direito. Admitir-se o contrário seria violar a garantia constitucional da intangibilidade da coisa julgada enquanto não desconstituída a sentença.

Em caso de gravidade acentuada e de manifesta relevância da pretensão de rescindir a sentença contaminada por ilegalidade, a jurisprudência tem admitido, com acerto, tutela provisória com o fito de suspender, liminarmente, a exequibilidade do julgado rescindendo.[444] Tornou-se, enfim, pacífico que a sentença,[445] por se revestir da autoridade de coisa julgada, não gera efeitos imunes às medidas preventivas manejáveis em torno da ação rescisória.[446]

---

[440] Segundo entendimento do STJ, "se a ação rescisória é julgada monocraticamente pelo relator em desfavor do autor, o valor do depósito lhe é restituído, na medida em que não há contra ele julgamento unânime de órgão colegiado" (STJ, 1ª Seção, AgRg na AR 839/SP, Rel. Min. Nancy Andrighi, ac. 19.06.2000, *DJU* 01.08.2000, p. 183). Mas, se a decisão monocrática do relator é objeto de agravo regimental, julgado pelo órgão colegiado, de forma unânime, ratificando a improcedência ou a inadmissibilidade da ação, o valor do depósito será entregue ao réu (STJ, 2ª Seção, AgRg na PET na AR 3.756/SP, Rel. Min. Luis Felipe Salomão, ac. 09.10.2013, *DJe* 14.10.2013).

[441] STJ, 2ª T., REsp 754.254/RS, Rel. Min. Castro Meira, ac. 21.05.2009, *DJe* 01.06.2009.

[442] STJ, 1ª Seção, AR 419/DF, Rel. Min. Franciulli Netto, ac. 24.10.2001, *DJU* 13.05.2002, p. 138.

[443] STJ, 3ª T., REsp 1.052.679/RS, Rel. Min. Nancy Andrighi, ac. 08.06.2010, *DJe* 18.06.2010; GRINOVER, Ada Pellegrini. *Os princípios constitucionais e Código de Processo Civil*. São Paulo: Bushatsky, 1975, § 8.6, p. 67; PONTES DE MIRANDA, Francisco Cavalcanti. *Comentários ao Código de Processo Civil*. Rio de Janeiro: Forense, 1975, t. VI, p. 408; BARBOSA MOREIRA, José Carlos. *Comentários ao Código de Processo Civil*. 16. ed. Rio de Janeiro: Forense, 2012, v. V, n. 106, p. 181.

[444] STF, Pet. 147/SP, Rel. Min. Nelson Jobim, ac. 19.09.1997, in Theotonio Negrão, *Código de Processo Civil*, 30. ed., p. 485, nota 4 ao art. 489; STJ, 5ª T., REsp 396.450/CE, Rel. Min. Edson Vidigal, ac. 02.04.2002, *DJU* 29.04.2002, p. 309.

[445] STJ, 3ª Seção, AgRg na AR 2.130/SP, Rel. Min. Paulo Gallotti, Rel. p/ Acórdão Min. Hamilton Carvalhido, ac. 13.08.2003, *DJU* 24.10.2005, p. 168.

[446] "A concessão da antecipação da tutela em ação rescisória é possível quando presentes cumulativamente os requisitos autorizadores do art. 273 do CPC [CPC/2015, art. 300] (art. 489 do CPC [CPC/2015, art. 969])" (STJ, 2ª Seção, AgRg na AR 4.490/DF, Rel. Min. Vasco Della Giustina (Desembargador Convocado do TJ/RS), ac. 25.08.2010, *DJe* 01.09.2010).

O referido art. 969, aliás, é expresso ao afirmar que o fato de o ajuizamento da ação rescisória não impedir o cumprimento da sentença ou acórdão rescindendo não exclui "a concessão da tutela provisória".

O que a regra do art. 969 deixa claro é que o simples ajuizamento da rescisória não tem o condão de suspender a execução da decisão nela atacada. Uma vez, porém, que os pressupostos da tutela provisória se façam presentes, claro é que a competente medida de urgência haverá de ser tomada, para impedir que o resultado da ação rescisória perca sua utilidade para a parte e para a própria jurisdição.

As tutelas emergenciais não são simples faculdades do órgão judicial; são necessidades inafastáveis do acesso à justiça, quando seus pressupostos se configuram. Não as deferir, nesses casos, seria uma verdadeira denegação da tutela jurisdicional assegurada constitucionalmente.

681. Indeferimento da inicial

A petição inicial da rescisória pode ser liminarmente indeferida pelo relator do processo nos casos comuns do art. 330 e, ainda, quando não efetuado o depósito, exigido pelo art. 968, II (cinco por cento sobre o valor da causa). É o que determina o § 3º do art. 968 do CPC/2015. Não há exigência legal de que ocorra prévia intimação pessoal da parte a regularizar o feito, quando se trata de extinguir-se o processo da rescisória, sem resolução de mérito, no caso de indeferimento da petição inicial por falta de recolhimento do depósito previsto no art. 968, II, ou por falta do preparo inicial aludido no art. 290. As únicas hipóteses de extinção do processo em que essa cautela é imposta pela lei são aquelas correspondentes ao abandono da causa pelas partes e que constam dos incisos II e III do art. 485, situação em que não se inclui o indeferimento da petição inicial (inciso I do mesmo dispositivo legal).[447]

A intimação que o CPC/2015 exige, nos termos do art. 290, é apenas aquela feita à parte na pessoa de seu advogado: "será cancelada a distribuição do feito se a parte, intimada na pessoa de seu advogado, não realizar o pagamento das custas e despesas de ingresso em quinze dias" (art. 290).

Isso, todavia, não exclui a aplicação da regra geral do art. 321, em que se determina que os defeitos da petição não acarretam seu imediato indeferimento, devendo sempre se conceder o prazo de quinze dias ao autor para que a emende ou a complete. O indeferimento, por isso, somente poderá ocorrer se a parte não cumprir a diligência (parágrafo único do mesmo artigo). Assim, a aplicação do art. 968, § 3º, não exige prévia intimação *pessoal* do autor da rescisória, mas deverá ser precedida de regular intimação ao seu advogado, para os fins do art. 321.

Contra a decisão do relator na espécie é cabível o agravo interno (art. 1.021).

682. Procedimento

Trata-se de procedimento de competência originária dos tribunais. Seu julgamento se dá, portanto, em uma única instância.

A petição inicial é endereçada ao próprio tribunal que proferiu o acórdão rescindendo ou ao tribunal de segundo grau de jurisdição no caso de sentença de juiz de primeiro grau. E será escolhido um relator que, sempre que possível, será juiz que não haja participado do julgamento rescindendo (CPC/2015, art. 971, parágrafo único).

Verificando o relator que a petição inicial está em ordem ou que já foram sanadas as irregularidades eventualmente encontradas, mandará citar o réu, com observância das regras comuns de convocação do demandado (mandado, edital etc.). O prazo de resposta do réu é fixado pelo relator, mas não poderá ser inferior a quinze dias nem superior a trinta (CPC/2015, art. 970).

---

[447] STJ, 3ª T., REsp 1.286.262/ES, Rel. Min. Paulo de Tarso Sanseverino, ac. 18.12.2012, *DJe* 04.02.2013 (precedente citado: STJ, 2ª Seção, AgRg na AR 3.223, *DJe* 18.11.2010).

Na resposta, o demandado poderá defender-se amplamente, tanto por meio de contestação, como reconvenção.

Findo o prazo de defesa, com ou sem resposta, o feito prosseguirá com observância do procedimento comum, funcionando o relator em posição equivalente ao juiz de primeiro grau (art. 970, *in fine*).

Aplica-se o sistema das "providências preliminares", do "julgamento antecipado da lide" (arts. 347 a 356) e da improcedência liminar do pedido (art. 968, § 4º). Dentro dos poderes do relator de dirigir e ordenar o processo (art. 932, I), compreende-se, naturalmente, o de indeferir a petição inicial pelas razões elencadas no art. 330 e pela falta do depósito de cinco por cento sobre o valor da causa, determinado pelo art. 968, II (art. 968, § 3º). Prevendo, outrossim, o art. 968, § 4º, que se aplica à rescisória a improcedência liminar do pedido, na forma do art. 332, a qual pode ser decretada antes mesmo da citação do réu, fica o relator também autorizado a usar dito poder, para trancar o feito no nascedouro, em decisão singular, contra a qual, porém, caberá agravo interno para o colegiado (art. 1.021).

Os casos em que esse julgamento monocrático de improcedência liminar do pedido são autorizados ao relator constam dos incisos do art. 332 e são os seguintes:

(a) pedido contrário a enunciado de súmula do Supremo Tribunal Federal ou do Superior Tribunal de Justiça (inciso I);

(b) pedido contrário a acórdão proferido pelo Supremo Tribunal Federal ou pelo Superior Tribunal de Justiça em julgamento de recursos repetitivos (inciso II); ou

(c) a entendimento firmado em incidente de resolução de demandas repetitivas ou de assunção de competência (inciso III); ou, finalmente,

(d) contrário a enunciado de súmula de tribunal de justiça sobre direito local (inciso IV).

Nos casos de extinção do processo sem resolução de mérito, verificado o manifesto descabimento da rescisória, por falta de possibilidade jurídica do pedido (falta de interesse) ou por ausência de outros pressupostos e condições da ação, também caberá decisão monocrática do relator, contra a qual será manejável agravo interno (art. 1.021).

A não contestação da ação rescisória, no prazo assinado ao réu pelo relator, acarretaria a presunção prevista no art. 344 e levaria ao julgamento antecipado da lide, nos termos do art. 355, II? A resposta deve ser negativa. Sendo a coisa julgada questão de ordem pública, a revelia do demandado em ação rescisória é inoperante e não dispensa o autor do ônus de provar o fato em que se baseia sua pretensão (art. 345, II).[448]

É que o objeto *imediato* da ação rescisória não é propriamente a lide outrora existente entre as partes e que já foi composta pela decisão rescindenda. O que se ataca na ação rescisória é a *decisão*, ato oficial do Estado, e que se acha sob o manto da *res iudicata*. Apenas *mediatamente*, *i.e.*, por reflexo, é que será atingida a situação jurídica das partes emergentes da antiga lide.

---

[448] "Não incidem, aqui, os efeitos da revelia. Ainda que, no novo sistema, não se exija sempre a existência de coisa julgada como requisito de admissibilidade para a ação rescisória, exige-se, sempre – evidentemente – situação já *estabilizada* [sujeita, portanto, pelo menos à coisa julgada formal]. Esta estabilização – ainda que não seja a estabilização máxima, ou seja, a coisa julgada [material] – gera situação favorável àquele a quem favorece. Este favorecimento desequilibra a situação, impedindo que a ausência de contestação dispense o autor de comprovar as alegações que faz na petição inicial da ação rescisória, como ocorreria se de outra ação qualquer se tratasse" (WAMBIER, Teresa Arruda Alvim; CONCEIÇÃO, Maria Lúcia Lins; RIBEIRO, Leonardo Ferres da Silva; MELLO, Rogério Licastro Torres de. *Primeiros comentários ao novo Código de Processo Civil*. São Paulo: RT, 2015, p. 1.392).

Sobre o objeto imediato da ação rescisória inexiste disponibilidade das partes. Logo, não pode ocorrer confissão, transação ou disposição de qualquer outra forma. Diante da indisponibilidade sobre o objeto da causa, não cabe, na rescisória, a audiência de conciliação ou de mediação de que trata o art. 334.

Pela mesma razão, não é admissível o reconhecimento da procedência do pedido rescisório pelo réu, com as consequências a que alude o art. 487, III, "a", posto que o ato de vontade incidiria sobre bem jurídico indisponível.

Assim, o julgamento antecipado da lide, em ação rescisória, só será possível quando "não houver necessidade de produção de outras provas" (art. 355, I), tal como se dá nos casos em que a controvérsia gira apenas em torno de elementos documentais ou de questões puramente de direito.

Se houver necessidade de produção de provas (perícias, testemunhas, depoimentos pessoais etc.), o relator poderá delegar a competência ao órgão que proferiu a decisão rescindenda, marcando prazo de um a três meses para a devolução dos autos (art. 972). A regra, que é um pouco diferente da que constava do art. 492 do CPC/1973, é facilmente compreensível quando se trata de rescisão em curso perante tribunal de segundo grau, sobre sentença prolatada em primeira instância. Quando, porém, o objeto da rescisória for acórdão de tribunal de segundo grau, a delegação de instrução ao "órgão que proferiu a decisão rescindenda" enfrentará dificuldades operacionais graves, pois dito órgão não dispõe, ordinariamente, de estrutura para colher depoimentos pessoais e realizar perícias. Melhor, porém, é ver no art. 972 do CPC/2015 uma regra de possibilidade a ser aplicada conforme as particularidades do caso, sem, pois, imposição absoluta.

Releva notar, a propósito principalmente de provas orais, que as testemunhas, em regra, não estão sujeitas a deslocamentos onerosos para serem ouvidas fora do juízo de seu domicílio. O meio normal previsto pelo Código, para contornar o problema, é o mecanismo da cooperação nacional entre os órgãos jurisdicionais, por meio das cartas precatórias ou de ordem, entre cujas destinações legais figura justamente "a obtenção de provas e a coleta de depoimentos", fora da sede do juízo da causa (CPC/2015, art. 69, § 2º, II). Portanto, quando a instrução da rescisória envolver coleta de tais provas e os depoentes residirem fora da sede do tribunal, o instrumento a ser utilizado pelo relator haverá de ser a carta de ordem, endereçada ao juiz de primeiro grau que jurisdicione o local de residência da testemunha. O mesmo pode, em determinadas circunstâncias, ser aplicado à prova pericial.

A prova documental, contudo, deve sempre ser produzida perante o próprio tribunal da ação rescisória.

Encerrada a instrução, abre-se, no tribunal, um prazo de dez dias para cada parte apresentar suas razões finais (art. 973, *caput*).

Vencido o prazo *supra*, deve-se ouvir o Ministério Público nas demandas em que seja obrigatória a sua intervenção (art. 178) (ver, *retro*, o item nº 672). Depois os autos irão ao relator, que elaborará o relatório e, posteriormente, os levará a julgamento pelo colegiado competente (art. 973, parágrafo único). Antes, porém, a secretaria do tribunal expedirá cópias do relatório e as distribuirá entre os juízes que compuserem o órgão competente para julgamento (art. 971, *caput*).

Aplica-se a técnica de ampliação do quórum de decisão quando esta for não unânime e houver decretado a rescisão da sentença, caso em que o prosseguimento dar-se-á perante órgão de maior composição previsto no Regimento Interno (art. 942, § 3º, I)[449] (ver, adiante, os itens 721, 724.2, 780 e 780.1, onde o procedimento adequado acha-se explicitado).

---

[449] "A técnica de que trata o art. 942, § 3º, I, do CPC aplica-se à hipótese de rescisão parcial do julgado" (CEJ/I Jorn. Dir. Proc. Civ., Enunciado nº 63).

682-A. Revisor no processamento da ação rescisória, perante o STJ

O STJ, embora admita que o CPC/2015 eliminou, em caráter geral, a figura do revisor, outrora exigida para os procedimentos da apelação, dos embargos infringentes e da ação rescisória (CPC/1973, art. 551), decidiu, em deliberação não unânime de sua Corte Especial, que, por força da Lei nº 8.038, de 1990, art. 40, prevalece, para o STJ, a exigência do revisor nas ações rescisórias. O entendimento majoritário daquela Corte fundou-se em que tal necessidade decorre de previsão em dispositivo de lei especial não revogado pelo CPC/2015.[450]

Não me parece, *data venia*, benemérito de aplausos o entendimento do STJ, que se contrapõe à letra e ao espírito inovador do CPC/2015, comprometido fundamentalmente com os princípios de economia processual, de eficiência e de duração razoável do processo.

O art. 40 da Lei nº 8.038/1990 não pode ser interpretado fora de seu contexto histórico. Antes da CF de 1988, era o Regimento Interno do STF que, com força de lei processual, regulava, fora do CPC/1973, os procedimentos dos recursos e ações originárias de sua competência. Com o advento da Constituição de 1988 duas inovações relevantes aconteceram: *(i)* o STF foi desdobrado, dando origem ao STJ, dividindo-se entre as duas Cortes as competências antes atribuídas ao STF; e *(ii)* o STJ surgiu sem o poder (antes reconhecido ao STF) de dispor, com força de lei, sobre o procedimento das causas e recursos de sua competência.

A nova conjuntura institucional levou o legislador ordinário a optar pela não inserção imediata dos recursos e causas originárias das duas Cortes mais elevadas, pura e simplesmente, no bojo da disciplina processual codificada. Foi assim que surgiu a Lei nº 8.038, a qual, a par de regras especiais, dispôs expressamente em seu art. 24, que, entre outras ações originárias do STF e do STJ, seria aplicada à ação rescisória a legislação processual em vigor. Isto é, o procedimento de tal ação seria aquele constante do CPC/1973, cujo art. 551 já previa, em caráter geral, a necessidade de revisão no processamento da rescisória. Nas disposições gerais, o art. 40 da referida Lei – explicitando o que já era objeto de norma geral – dispôs que haveria revisão no procedimento da ação rescisória de competência originária do STJ. Não se trata, portanto, de regra especial, mas de simples reiteração ou explicitação daquilo que a lei geral aplicável à espécie já previa.

O CPC/2015, tal como já acontecia com o anterior, abarca por completo o procedimento da rescisória, qualquer que seja o tribunal a que caiba processá-la. E no atual regime processual foi abolida a revisão por completo, não apenas nas ações rescisórias, mas em todos os recursos e ações de competência originária dos tribunais, em nome de princípios fundamentais do processo justo, como o da economia processual, o da eficiência da jurisdição e o da duração razoável do processo.

A ação rescisória processada pelo STJ já se achava completamente regulada pela lei processual geral, desde os tempos da Lei nº 8.038/1990, e continua a sê-lo no regime do CPC/2015, que é traçado de maneira ampla e exaustiva, para a ação de que se cuida.

Ainda que se admita, para argumentar, que o art. 40 da Lei nº 8.038 seja visto como lei especial, nem por isso se poderia atribuir-lhe vigência após o surgimento do CPC/2015. É que a lei geral também revoga a especial, "quando seja com ela incompatível ou quando regule inteiramente a matéria de que tratava a lei anterior" (Lei de Introdução, art. 2º, § 1º).

É justamente este o quadro de confronto entre a Lei nº 8.038/1990 e o CPC/2015: Se o art. 40 daquele velho diploma legal não foi expressamente revogado pelo Código, dúvida não

---

[450] "Assim, embora o CPC/2015, como dito, tenha suprimido a revisão como regra geral no processo civil e tenha também revogado explicitamente diversos preceitos da Lei 8.038/1990, não o fez quanto ao art. 40, que permanece em vigor e, por isso, as ações rescisórias processadas e julgadas originariamente no Superior Tribunal de Justiça continuam a submeter-se a tal fase procedimental" (STJ, Corte Especial, AR 5.241/DF, Rel. Min. Mauro Campbell Marques, ac. 05.04.2017, *DJe* 12.05.2017).

pode haver de que este regula inteiramente o procedimento da ação rescisória processável em qualquer tribunal; e, ainda, de que esse procedimento deve desenvolver-se sem lugar para a intervenção procrastinadora de revisor; e de que, por isso, mostra-se incompatível com o atual Código preceito diverso, editado numa época em que a matéria apenas episodicamente foi tratada por norma não codificada.

Enfim, com a devida vênia à autoridade do STJ, pensamos que sua orientação ora comentada burocratiza e alonga, injustificada e desnecessariamente, o processamento da rescisória de sua competência originária, na contramão dos fundamentos constitucionais do processo justo, efetivo e eficiente.

683. Natureza e conteúdo da decisão

Julga-se a rescisória em três etapas: primeiro, examina-se a admissibilidade da ação (*questão preliminar*); depois, aprecia-se o mérito da causa, rescindindo ou não a decisão impugnada (*judicium rescindens*); e, finalmente, realiza-se, quando possível, novo julgamento da matéria que fora objeto da decisão rescindida (*judicium rescissorium*).

Cada uma das etapas funciona como prejudicial da seguinte, de maneira que a rescisão só será decretada ou repelida no mérito se se reconhecer a admissibilidade da ação; e o rejulgamento do mérito só ocorrerá se a rescisão for decretada.

Para admitir a rescisória, basta apurar se o pedido do autor se enquadra numa das hipóteses do art. 966 e se estão atendidos os requisitos processuais para o legítimo exercício da ação.

Para procedência do pedido (mérito), deverá resultar provado que a decisão contém, de fato, um ou alguns dos vícios catalogados no art. 966. Acolhendo o pedido, a decisão do tribunal pode completar-se com a simples desconstituição da decisão, como ocorre no caso de violação da *res iudicata* (art. 966, IV). O mero *judicium rescindens* exaure, assim, a prestação jurisdicional, restaurando a autoridade da primeira decisão trânsita em julgado.

Em outros casos, rescindida a decisão, permanece pendente a questão de mérito do processo em que a decisão impugnada foi proferida. Cumpre, então, ao tribunal completar o julgamento, decidindo-a, também, por meio do *judicium rescissorium* (art. 974). Por exemplo: rescindiu-se uma decisão condenatória por erro de fato do juiz que não atentou para a prova de pagamento produzida pelo réu. O tribunal não apenas anulará a decisão, como também julgará improcedente o pedido da ação condenatória.

A decisão que nega admissibilidade à pretensão de rescindir decisão é meramente *processual* ou *terminativa*.

No *judicium rescindens*, é *constitutiva* a decisão que acolhe o pedido, pois cria situação jurídica nova, ao desfazer a autoridade da coisa julgada.[451] A que o julga improcedente é de natureza *declaratória* (negativa), pois se limita a declarar a inexistência do motivo legal para desconstituir a decisão impugnada.

No *judicium rescissorium*, o pronunciamento do tribunal substitui a decisão primitiva e terá, naturalmente, a mesma natureza dela, se coincidir com o seu teor. Mas poderá ser de sentido contrário, hipótese em que as respectivas naturezas serão diversas. A decisão do tribunal, destarte, poderá assumir todas as feições admissíveis, quais sejam: declaratória, constitutiva ou condenatória, conforme a prestação jurisdicional apresentada às partes.

---

[451] PONTES DE MIRANDA, Francisco Cavalcanti. *Tratado da ação rescisória, da sentença e de outras decisões*. 5. ed. Rio de Janeiro: Borsoi, 1976, § 16, n. 6, p. 117.

683-A. A verba sucumbencial da sentença rescindenda: custas e honorários de advogado

A autonomia da condenação aos honorários advocatícios sucumbenciais, para efeito de ação rescisória, já foi reconhecida em acórdão do STJ, por maioria, nos seguintes termos: "a total desvinculação dos honorários advocatícios sucumbenciais força concluir que a rescisão do julgado originário, na parte em que se refere à relação jurídica formada apenas entre as partes demandantes (autor e réu), não induz à automática e necessária desconstituição da condenação no pagamento da verba honorária, na medida em que esta última resulta de vínculo cuja existência, após o trânsito em julgado da decisão que o estabeleceu, independe da manutenção do liame obrigacional criado entre os litigantes originários".[452]

Em decisão posterior, todavia, foi feita distinção para a hipótese de ação rescisória fundamentada do vício da coisa julgada (fundamento da ação), uma vez que "tal vício, em tese, invalida a própria relação processual em que alicerçados os capítulos de mérito e de honorários, desconstituindo ambos simultaneamente". Mas, para que tal ocorra, necessário se faz que os advogados figurem no polo passivo da rescisória, devendo deduzir-se pedido expresso de rescisão do capítulo dos honorários.[453]

683-B. Tutela provisória

De acordo com o art. 969 do CPC, a propositura da ação rescisória não impede o cumprimento da decisão rescindenda, "ressalvada a concessão de tutela provisória". Quer isto dizer que, em regra, a rescisória não é empecilho à execução do julgado objeto dessa ação desconstitutiva da *res iudicata*. É, entretanto, excepcionalmente admissível que, estando presentes os requisitos das medidas provisórias de urgência, seja suspensa, em caráter liminar ou incidental, a exequibilidade da decisão impugnada na ação rescisória.

Esses requisitos são "a probabilidade do direito" e o "perigo de dano ou o risco ao resultado útil do processo" (art. 300 do CPC), ou seja, os tradicionais *fumus boni iuris* e *periculum in mora*. Dessa maneira, entende a jurisprudência do STJ que a obtenção de liminar em ação rescisória, estará condicionada, à demonstração no caso concreto: *(i)* da probabilidade do direito alegado pelo autor da ação, ou seja, a probabilidade de acolhida da rescisória, segundo os termos em que foi proposta; e *(ii)* do risco de dano ao resultado útil da rescisória, caso seja executado o decisório rescindendo[454].

Em outros termos, o *fumus boni iuris* decorre da relevância dos fundamentos invocados e demonstrados na petição inicial da rescisória, em face dos casos legais autorizadores desse tipo especial de demanda (CPC, art. 966). O *periculum in mora*, por sua vez, está na própria função da execução, que se opera pela imediata agressão patrimonial infligida ao executado, cujos efeitos concretos a decisão da rescisória dificilmente reparará a contento. A suspensão da execução da sentença rescindenda, por força de ação rescisória, segue a mesma regra que permite efeito suspensivo aos embargos à execução em geral (CPC, art. 919, § 1º).

---

[452] STJ, 2ª Seção., AR 5.160/RJ, Rel. p/ ac. Min. Paulo de Tarso Sanseverino, ac. 28.02.2018, *DJe* 18.04.2018 (trecho citado do voto vencedor do Min. Antônio Carlos Ferreira).

[453] "(...) Legitimidade passiva dos advogados para figurarem no polo passivo da ação rescisória fundamentada no vício da coisa julgada, em que deduzido pedido de rescisão do capítulo dos honorários" (STJ, 3ª T., REsp 1.457.328/SC, Rel. Min. Paulo de Tarso Sanseverino, ac. 26.06.2018, *DJe* 29.06.2018).

[454] STJ, 2ª Seção, AgInt na AR 6.542/DF, Rel. Min. Marco Buzzi, ac. 03.12.2019, *DJe* 11.12.2019.

684. A rescisória e os direitos adquiridos por terceiros de boa-fé

Rescindida uma decisão, pode sua desconstituição afetar domínio ou outro direito que, antes do juízo rescisório, a parte transmitira a terceiro de boa-fé. Por exemplo: o réu da rescisória havia saído vitorioso numa ação reivindicatória, ou numa ação de petição de herança, ou, ainda, teria obtido sentença de declaração de usucapião extraordinário, tendo sido o julgado base para o registro do imóvel em seu nome no Registro Imobiliário competente.

A invalidação do título do alienante, operada pela rescisória, *in casu*, repercutiria sobre seus sucessores *inter vivos*?

Duas premissas devem ser levadas em conta: *(i)* a natureza do defeito que contamina a decisão rescindível; e *(ii)* a situação do terceiro de boa-fé, em face da teoria da aparência.

Não se aceita mais a velha doutrina que tratava a decisão rescindível como *nula*. Trata-se de decisão *válida* e perfeitamente eficaz enquanto não rescindida. Se se tivesse de enquadrá-la no plano bipolarizado entre *nulidade* e *anulabilidade*, como consta do Código Civil, seria mais adequado aproximá-la dos atos anuláveis do que dos nulos. O caso é, pois, de desconstituição de ato válido e revestido da autoridade de coisa julgada. A *rescisão*, na verdade, é fenômeno que se passa perante negócio jurídico afetado menos por vício de formação do que por defeito exterior que lhe comprometa a desejada duração no plano eficacial. Por isso, a validade do negócio não está prejudicada desde logo. Os seus efeitos irradiam-se normalmente desde seu aperfeiçoamento e só se extinguem depois que a parte interessada lhe promova a competente desconstituição.

Sendo assim, e porque a rescindibilidade é equiparável à anulabilidade – e não à nulidade –, o vício não se traduz numa falha estrutural que impeça o negócio de produzir seus efeitos naturais e necessários. Para o direito português, nos casos de rescisão, a lei concede ao interessado o *direito potestativo* de impugnar o negócio.[455]

Nesse contexto em que a ineficácia da decisão rescindível somente se opera após judicialmente decretada, produzindo os seus efeitos até então, a sua desconstituição não pode alcançar o terceiro que, de boa-fé e a título oneroso, contrata com a parte afetada pela ulterior rescisão. Trata-se da aplicação necessária, e até mesmo natural, da teoria da aparência, instituto este que já se encontra sedimentado pela legislação e jurisprudência pátrias em casos análogos, como o do herdeiro aparente e do estelionato.

Com efeito, a anulação de um negócio jurídico envolve a nulidade dos negócios subsequentes. Todavia, pelo desdobramento das teorias da aparência e da confiança, que devem reger e nortear todos os negócios jurídicos, os terceiros de boa-fé têm o seu direito resguardado. Isto porque o estado de fato, muitas vezes, não coincide com o estado de direito; todavia, por estar fortemente revestido de uma aparência real, merece tutela.

Nesse sentido o entendimento da 1ª Câmara do TJMG, ao decidir questão análoga:

> "No mundo jurídico o estado de fato nem sempre corresponde ao estado de direito; mas o estado de fato, por considerações de ordem diversas, merece o mesmo respeito do estado de direito e em determinadas condições e, em relação a determinadas pessoas, *gera consequências não diferentes daquelas que surgem do estado de direito. Um desses casos é a aparência do Direito*".[456]

---

[455] CORDEIRO, Antônio Menezes. *Tratado de direito civil português*. 2. ed. Coimbra: Almedina, 2000, t. I, p. 647.
[456] TJMG, Ap. 42.106, Rel. Des. Helvécio Rosenburg, ac. 30.06.1974, *RF* 249/237. Na mesma linha de entendimento reconhece-se que "pela aplicação da teoria da aparência, é válido o pagamento realizado de boa-fé a credor putativo" (STJ, 4ª T., REsp 1.044.673/SP, Rel. Min. João Otávio de Noronha, ac. 02.06.2009, *DJe* 15.06.2009). Com igual fundamento admite-se "válida a citação feita via mandado no domicílio da

Essas teorias encontram-se muito difundidas em legislações estrangeiras. Para a doutrina portuguesa, a teoria da aparência será utilizada toda vez que existir "um estado de facto não correspondente àquele de direito e a *convicção do terceiro, derivada de um erro desculpável, que o estado de facto espelha a realidade jurídica*".[457]

A tutela da situação jurídica, segundo a teoria da aparência, justifica-se, naquele ordenamento, na legítima e "justificada expectativa do terceiro diante de uma situação não conforme à realidade mas que parece razoavelmente fundamentada, visto que não poderia ser percebida de outro modo através de suas manifestações exteriores".[458] Em outros termos, quando o terceiro contrata baseado em erro escusável – acreditando que o estado de fato correspondia à realidade jurídica –, não pode ser atingido pela eventual anulação do negócio.

Esse entendimento também é adotado pela doutrina italiana, que tutela o direito do terceiro que contrata de boa-fé confiando na aparência da manifestação de outrem. A teoria da aparência é aplicada, assim, toda vez que o interessado tenha tido justo motivo para acreditar na aparência do negócio celebrado: "*La tutela dell'affidamento si basa specialmente sopra questa valutazione oggettiva delle situazioni, quando l'interessato abbia avuto motivi di credere alle apparenze*".[459]

Para o caso específico da compra e venda de imóveis, em que o comprador se funda na fé pública emanada do competente registro, "vale o artigo 291º: não são prejudicados os direitos de terceiros, adquiridos de boafé e a título oneroso"[460] –, segundo a doutrina portuguesa.

O ordenamento pátrio não desconhece as teorias da aparência e da confiança, essenciais para a segurança e estabilidade dos negócios jurídicos e a garantia da circulação das riquezas, aplicando-as, entre outros, aos casos de estelionato e de herdeiro aparente, que podem, por analogia, ser perfeitamente utilizadas *in casu*.

Nos casos de estelionato, que corresponde ao dolo civil, para efeito de anulabilidade, onde o bem abusivamente adquirido é repassado a terceiro de boa-fé, é antiga e reiterada a jurisprudência no sentido de que o bem, mesmo após a anulação, não sairá da esfera do terceiro e a reposição do equivalente ficará a cargo de quem cometeu o estelionato. Nesse sentido:

> "O art. 521 do CC protege o proprietário do veículo que tenha sido vítima de furto, isto é, que tenha perdido o bem pela tirada do bem contra a sua vontade, podendo reavê-lo das mãos de quem o detenha, ainda que terceiro de boa-fé. No entanto, quando a perda decorre de fraude, para a qual concorreu a vontade do proprietário, ainda que viciada, a prevalência é para a proteção do terceiro de boa-fé, adquirente do veículo, cujo direito de propriedade não deve ser atingido pela apreensão ordenada pela autoridade policial, se esta não apresentar outras razões para a medida excepcional senão o próprio fato da fraude".[461]

---

ré e lá recebida por funcionária sua, sem qualquer ressalva" (STJ, 4ª T., REsp 931.360/MA, Rel. Min. Aldir Passarinho Junior, ac. 02.09.2008, *DJe* 29.09.2008).

[457] Comunicação apresentada por Claudio Caponne e Luzia Leite, com base na lição de Guido Alpa. In: MONTEIRO, Antônio Pinto (coord.). *Contratos:* actualidade e evolução. Porto: Universidade Católica Portuguesa, 1997, p. 105.

[458] MONTEIRO, Antônio Pinto (coord.). *Contratos:* actualidade e evolução. Porto: Universidade Católica Portuguesa, 1997, p. 106.

[459] TRABUCCHI, Alberto. *Istituzioni di diritto civile*. 38. ed. Padova: Cedam, 1998, p. 191.

[460] CORDEIRO, Antônio Menezes. *Tratado de direito civil português*. 2. ed. Coimbra: Almedina, 2000, t. I, p. 647, p. 660.

[461] STJ, REsp 56.952-4/SP, 4ª T., Rel. Min. Ruy Rosado de Aguiar, ac. 25.04.1995, *DJU* 18.09.1995, p. 29.959. A propósito de benfeitorias "construídas de boa-fé até o julgamento da rescisória": STJ, 4ª T., REsp 272.531/RJ, Rel. Min. Ruy Rosado de Aguiar, ac. 21.11.2000, *DJU* 05.03.2001, p. 173.

O mesmo raciocínio é utilizado nos casos relativos a herdeiro aparente, assim entendido aquele que se encontra na posse de bens hereditários como se fosse o legítimo titular do direito à herança. Se o bem é transmitido a terceiro, de boa-fé e a título oneroso, o adquirente "não é obrigado a restituí-lo ao herdeiro real (...) *protege-se a boa-fé do adquirente*".[462]

Quem, pois, de boa-fé, adquiriu bem cujo título de origem sofra ulterior invalidação não estará, por meio de ação rescisória, alcançado pelos efeitos reflexos do novo julgado. As partes da sentença desconstituída, diante da impossibilidade da rescisão ser oposta ao terceiro de boa-fé, terão de resolver a questão entre elas em perdas e danos, tal como se passa nos casos de bens transmitidos por estelionatário ou por herdeiro aparente.

Até mesmo nos casos de anulabilidade de contrato (e não pode ser diferente na rescisão), o Código Civil, que manda serem as partes restituídas ao estado anterior ao negócio invalidado, ressalva que, não sendo isto possível, serão as partes "indenizadas com o equivalente" (art. 182). Ou seja: se o bem ou direito a restituir já não mais se encontra na titularidade da parte do negócio anulado, mas foi transferido a terceiro de boa-fé, a anulação (e, com maior razão, a rescisão) se resolve em perdas e danos. Só assim se realiza o moderno princípio da segurança que exige resguardo às situações de aparência e boa-fé no tráfico jurídico.

685. Preservação de efeitos da sentença rescindida

Quando se acolhe a rescisória, a decisão atacada se desfaz, cabendo ao tribunal, em regra, proceder a um novo julgamento da causa objeto do processo primitivo (CPC/2015, art. 974, *caput*). Esse rejulgamento da causa cria uma nova situação jurídica material para as partes que virá prevalecer em lugar daquela anteriormente definida pela decisão rescindida. Todos os efeitos que esta acaso tenha produzido caem e, em seu lugar, surgem os efeitos da nova resolução do litígio, cuja incidência retroage, naturalmente, ao ajuizamento da causa originária. A consequência desse rejulgamento, portanto, é a invalidação de tudo quanto se estabeleceu em cumprimento da primitiva decisão.

Nem sempre, entretanto, se deve levar essa invalidação aos extremos de uma imposição absoluta. A ordem jurídica, no Estado Democrático de Direito, se encontra subordinada a alguns valores fundamentais, que ao intérprete e aplicador da lei não é dado ignorar. Entre esses valores éticos, assegurados pela Constituição, sobressaem a *justiça* e a *segurança jurídica*, cuja atuação se revela mais veemente quando se põem em jogo a ordem pública, o interesse social e a boa-fé (CPC/2015, arts. 1º, 5º e 8º).

Nessa linha ético-política, o mais grave vício jurídico, que é o da inconstitucionalidade de uma lei ou ato normativo, quando reconhecido em ação direta pelo Supremo Tribunal Federal, pode ter sua eficácia invalidante modulada no tempo, de modo a preservar efeitos produzidos anteriormente à ação declaratória. É o que permite o art. 27 da Lei nº 9.868, de 10.11.1999, sempre que se reconheçam *razões de segurança jurídica* ou de *excepcional interesse social*.

Esse critério, sempre em caráter excepcional, merece ser adotado também no rejulgamento da causa cuja decisão veio a ser invalidada em ação rescisória. É, aliás, o que reiteradamente faz o Superior Tribunal de Justiça quando, em nome da boa-fé e da segurança das relações jurídicas, decide não ser devida "a restituição ao erário, pelos servidores públicos, de valores de natureza alimentar recebidos por força de sentença transitada em julgado e posteriormente desconstituída em ação rescisória, por estar evidente a boa-fé do servidor".[463]

---

[462] GOMES, Orlando. *Sucessões*. 11. ed. Rio de Janeiro: Forense, 2001, p. 241; STJ, 3ª T., AgRg na MC 17.349/RJ, Rel. Min. Nancy Andrighi, ac. 28.06.2011, *DJe* 01.08.2011.

[463] STJ, 2ª T., AgRg no REsp 1.200.437/RJ, Rel. Min. Humberto Martins, ac. 23.11.2010, *DJe* 01.12.2010. Precedentes: STJ, 6ª T., REsp 828.073/RN, Rel. Min. Celso Limongi, ac. 04.02.2010, *DJe* 22.02.2010; STJ, 5ª T.,

O mesmo caráter de segurança jurídica e boa-fé pode ser facilmente reconhecido em outras ações rescisórias, como, *v.g.*, as que envolvem decisão sobre obrigações tributárias, contribuições sociais, prestação de serviços de longa duração, contratos de trato sucessivo em geral, entre outros, justificando, pois, a preservação de alguns efeitos pretéritos do alcance do rejulgamento da causa.

686. Rescisória de rescisória

No Código de 1939 previa-se, expressamente, a possibilidade de rescindir-se a decisão proferida em ação rescisória, salvo apenas quando fundamento desta fosse a ofensa à literal disposição de lei (Código de Processo Civil de 1939, art. 799).

O dispositivo era duplamente criticado, *i.e.*, pela desnecessidade de previsão específica da rescindibilidade da sentença de rescisória e pela injustificável restrição feita ao caso de ofensa à literal disposição de lei.

O Código de 1973 não tratou do problema e mereceu elogios da doutrina pela orientação seguida. Conforme ressalta Luís Antônio de Andrade, "andou bem o novo estatuto em silenciar a respeito, tornando, assim, sempre possível a rescisão do julgado que, em ação rescisória, incidir em qualquer dos vícios enumerados no art. 485 [CPC/2015, art. 966]".[464] A regra também não foi repetida pelo Código de 2015.

É importante notar, porém, que a rescisória de rescisória não pode se apresentar como simples reiteração da matéria decidida na ação anterior. A pretensão de atacar o acórdão que julgou a primeira ação rescisória somente terá cabimento se algum dos fatos mencionados no art. 966, I a VIII, do CPC/2015, tiver ocorrido na relação processual da ação rescisória antecedente. Fora daí, inadmissível será o ataque ao julgado de uma ação rescisória por meio de nova demanda da mesma natureza.[465]

687. Prazo de propositura da ação rescisória

O prazo decadencial de dois anos para propor a ação rescisória (CPC/1973, art. 495) foi mantido pelo atual Código (art. 975). Não se dá, em face do caráter decadencial, a possibilidade de suspensão ou interrupção do prazo extintivo do direito de propor a rescisória, ao contrário do que ocorre com a prescrição.[466]

AgRg no Ag 1.127.425/RS, Rel. Min. Felix Fischer, ac. 13.08.2009, *DJe* 08.09.2009; STJ, 6ª T., AgRg no EDcl no REsp 701.075/SC, Rel. Min. Maria Thereza de Assis Moura, ac. 02.10.2008, *DJe* 20.10.2008; STJ, 5ª T., REsp 673.598/PB, Rel. Min. Arnaldo Esteves Lima, ac. 17.04.2007, *DJU* 14.05.2007, p. 372.

[464] ANDRADE, Luís Antônio. *Aspectos e inovações do Código de Processo Civil*. Rio de Janeiro: F. Alves, 1974, n. 270, p. 223.

[465] STF, AR 1.130, Rel. Min. Soares Muñoz, ac. 15.02.1984, *RTJ* 110/19; STJ, 6ª T., REsp 210.356/PE, Rel. Min. Maria Thereza de Assis Moura, ac. 15.03.2007, *DJU* 09.04.2007, p. 280.

[466] "'Em se tratando de prazo decadencial, o ajuizamento da ação rescisória em Tribunal incompetente não suspende ou interrompe o lapso temporal em que deve ser exercido esse direito'(STJ, 3ª Seção, AR 1.435/CE, Rel. Min. Gilson Dipp, ac. 14.04.2004, *DJU* 10.05.2004, p. 161). Recaindo, porém, o termo inicial em dia sem expediente forense, dar-se-á sua prorrogação para o primeiro dia útil subsequente (CPC/2015, art. 975, § 1º). "(...) 2. O termo final do prazo para o ajuizamento da ação rescisória, embora decadencial, prorroga-se para o primeiro dia útil subsequente, se recair em dia de não funcionamento da secretaria do Juízo competente. Precedentes. 3. 'Em se tratando de prazos, o intérprete, sempre que possível, deve orientar-se pela exegese mais liberal, atento às tendências do processo civil contemporâneo – calcado nos princípios da efetividade e da instrumentalidade – e à advertência da doutrina de que as sutilezas da lei nunca devem servir para impedir o exercício de um direito'" (STJ, Corte Especial, REsp 1.112.864, Recurso Repetitivo, Rel. Min. Laurita Vaz, ac. 19.11.2014, *DJe* 17.12.2014).

O CPC/2015 estipulou, porém, que a contagem do prazo decadencial se daria, não mais do trânsito em julgado da decisão rescindenda, e, sim, a partir do "trânsito em julgado da última decisão proferida no processo" (CPC/2015, art. 975, *caput*). Com isso, pretendeu-se seguir aparentemente a orientação preconizada pela Súmula nº 401 do STJ, segundo a qual a rescisória não obedece ao fracionamento da solução do mérito por capítulos, em diversas decisões, devendo ocorrer uma única vez, ou seja, depois que o processo já tenha se encerrado, mesmo que a última decisão transitada em julgado não tenha sido um julgamento de mérito.

Esse entendimento, todavia, atrita com a clássica posição da doutrina e do Supremo Tribunal Federal, que sempre consideraram possível o fracionamento do julgamento do mérito, do qual decorreria a formação também fracionária da coisa julgada e, consequentemente, o estabelecimento de prazos distintos para manejo de rescisória contra cada um dos capítulos autônomos com que a resolução do objeto litigioso se consumou.

Aliás, o dispositivo do art. 975, a prevalecer a unificação do prazo da ação rescisória, sem respeitar a formação parcelada da *res iudicata*, padeceria de inconteste inconstitucionalidade. O STF, analisando justamente a Súmula nº 401 do STJ, que serviu de base para a regra do CPC/2015, abordou o seu conteúdo para, reconhecendo a natureza constitucional do tema, reafirmar que, à luz da garantia do art. 5º, XXXVI, da CF, não é possível recusar a formação de coisa julgada parcial, quando as questões de mérito se apresentem como autônomas e independentes entre si, e foram submetidas a julgamento que fracionadamente se tornaram definitivos em momentos processuais distintos.[467]

Entre os fundamentos do aresto do STF, merecem destaque os seguintes:

(a) Precedente recente da Suprema Corte havia concluído pela executoriedade imediata de capítulos autônomos de acórdão condenatório, reconhecendo o respectivo trânsito em julgado, com exclusão apenas daqueles capítulos que teriam sido objeto de embargos infringentes.[468]

(b) O mesmo entendimento estaria contido nas Súmulas 354 ("em caso de embargos infringentes parciais, é definitiva a parte da decisão embargada em que não houve divergência na votação") e 514 ("admite-se ação rescisória contra sentença transitada em julgado, ainda que contra ela não se tenha esgotado todos os recursos").

(c) O STF admite a coisa julgada progressiva, ante a recorribilidade parcial prevista no processo civil.[469]

(d) No plano constitucional, a coisa julgada, reconhecida no art. 5º, XXXVI, da CF, como cláusula pétrea, constitui aquela que pode ocorrer de forma progressiva, quando fragmentada a sentença em partes autônomas.

(e) Ao ocorrer, em datas diversas, o trânsito em julgado de capítulos autônomos da sentença ou do acórdão, ter-se-á a viabilidade de rescisórias distintas, com fundamentos próprios. Em tal caso, a extensão da ação rescisória não seria dada pelo pedido, mas pela sentença, que comporia o pressuposto da rescindibilidade.

(f) O acórdão do STF, por fim, prestigiou a Súmula nº 100 do TST, cujo inciso II dispõe que "havendo recurso parcial no processo principal, o trânsito em julgado dá-se em momentos e em tribunais diferentes, contando-se o prazo decadencial para a

---

[467] STF, 1ª T., RE 666.589/DF, Rel. Min. Marco Aurélio, ac. 25.03.2014, *DJe* 03.06.2014.
[468] STF, Pleno, AP 470-11ª QO/MG, Rel. Min. Joaquim Barbosa, ac. 13.11.2013, *DJe* 19.02.2014.
[469] "Art. 1.002. A decisão pode ser impugnada *no todo ou em parte*"."Art. 1.008. O julgamento proferido pelo tribunal substituirá a decisão impugnada *no que tiver sido objeto de recurso*" (g.n.).

ação rescisória do trânsito em julgado de cada decisão, salvo se o recurso tratar de preliminar ou prejudicial que possa tornar insubsistente a decisão recorrida, hipótese em que flui a decadência a partir do trânsito em julgado da decisão que julgar o recurso parcial".

Em suma, como é possível que num só processo ocorram, em momentos diferentes, várias decisões de mérito autônomas e independentes, cada uma delas transitará em julgado também em tempo diverso. Possível será, portanto, a propositura de ação rescisória para cada qual em prazo próprio, que haverá de ser contado separadamente a partir de quando se deu o trânsito em julgado de cada decisório questionado.

A redação do enunciado do art. 975, na verdade, enfocou a situação corrente em que cada processo se encerra mediante uma só decisão de mérito, razão pela qual se afirmou que "o direito à rescisão se extingue em dois anos contados do trânsito em julgado da última decisão proferida no processo". É claro que sendo único o julgamento de mérito, enquanto houver algum recurso pendente, não se haverá de cogitar de sua rescindibilidade. Correta, portanto, a interpretação do art. 975, *caput*, no caso de processos complexos, no sentido de que a expressão "última decisão proferida no processo" quer dizer "a última decisão sobre a questão que se tornou indiscutível pela coisa julgada – a decisão que substituiu por último (art. 1.008. CPC)".[470] Dito de outra maneira, a regra do art. 975, *caput*, será aplicada, quando ocorrerem várias decisões de mérito independentes num só processo, não somente uma vez após o encerramento do feito, mas tantas vezes quanto forem os momentos diferentes em que cada uma das referidas decisões passou em julgado.

Sem embargo dos substanciosos fundamentos do julgado do RE 666.589, o STF, posteriormente, apreciou o tema e acabou por adotar posição contrária, ao lado do STJ:

> "... **Ação rescisória. Alegada formação da coisa julgada por capítulos. Decadência.** 1. Agravo em que se impugna acórdão do Superior Tribunal de Justiça que, aplicando a Súmula 401 de sua jurisprudência dominante, afirmou que o direito de ajuizar ação rescisória contra capítulos decisórios autônomos de sentença decai somente com o trânsito em julgado da última decisão proferida nos autos. 2. Não possui natureza constitucional a controvérsia acerca da correta contagem de prazo decadencial para a propositura de ação rescisória. O exame dos pressupostos de admissibilidade da ação rescisória depende da análise da legislação processual. 3. Ainda que assim não fosse, decisões isoladas do Supremo Tribunal Federal não podem retroagir para prejudicar a parte que confiou na jurisprudência dominante e sumulada do Superior Tribunal de Justiça, agora positivada no art. 975 do CPC/2015".[471]

Como em matéria de direito infraconstitucional a última palavra é do STJ, a interpretação do art. 975 que prevalece, atualmente, é a do prazo único para o ajuizamento da rescisória, em caso de julgamento fracionado do mérito da causa, contado a partir do trânsito em julgado, não de cada decisão, mas da última proferida no processo (Súmula nº 401/STJ).

---

[470] DIDIER JÚNIOR, Fredie; CUNHA, Leonardo José Carneiro da. *Curso de direito processual civil*. 13. ed. Salvador: JusPodivm, 2016, v. 3, n. 5.4, p. 462-463; PEIXOTO, Ravi. *Ação rescisória e capítulos de sentença: a análise de uma relação conturbada a partir do CPC/2015*. In: BURIL, Lucas de Macedo; et al (org.). Processos nos tribunais e meios de impugnação às decisões judiciais. Salvador: JusPodivm, 2015, p. 168-169.

[471] STF, 1ª T., ARE 1.081.785 AgR/SP, Rel. p/ ac. Min. Roberto Barroso, ac. 19.10.2021, *DJe* 15.12.2021.

Observe-se, por último, que a ação anulatória de sentença meramente homologatória não é ação de rescisão de sentença em sentido próprio e, por isso, não se subordina ao prazo de dois anos previsto no art. 975, mas, sim, aos prazos normais de decadência das ações comuns de anulação dos atos jurídicos.

688. Rescisão de sentença complexa ou de coisa julgada formada progressivamente

Ao tratarmos da coisa julgada total ou parcial (item nº 799, vol. I), demonstramos que a sentença de mérito pode ser simples ou complexa, conforme resolva uma só questão de fundo, ou se componha de vários capítulos, cada um deles contendo solução para questão autônoma em face das demais. O reflexo de tais julgamentos complexos se faz sobre a formação da coisa julgada e sobre a ação rescisória, principalmente quando se pretenda atacar apenas algum capítulo da sentença e não toda sua extensão. É claro que, *in casu*, o interessado poderá, perfeitamente, endereçar a ação rescisória para desconstituir apenas a parte do decisório que entenda enquadrável no art. 966, e terá de ajuizá-la, no Tribunal competente, que será aquele perante o qual se formou a coisa julgada sob ataque (CPC/2015, art. 966, § 3º).

É longa e consolidada a tradição de nosso direito processual civil, segundo a qual as partes do julgado que resolvam questões autônomas formam de *per si* decisões que ostentam vida própria, podendo cada qual ser mantida ou reformada sem prejuízo para as demais. Explicava Ramalho, com universal acatamento: "Considera-se no julgado tantas sentenças, quantos são os artigos distintos".[472] Daí acrescentava Amílcar de Castro, em comentário ao Código de 1939, que, "sendo a sentença impugnada em parte (art. 811), ainda que o recurso seja recebido em ambos os efeitos, poderá a parte não impugnada ser executada, uma vez seja possível separá-la da outra". Para o processualista, a possibilidade de separação, para tratamento autônomo, ocorria sempre que a parte exequenda e a parte apelada fossem distintas, "e a execução da primeira nenhuma influência possa ter sobre a segunda".[473]

A separação dos capítulos da sentença torna-se mais significativa, do ponto de vista teórico e prático, quando se depara com recursos manejados apenas contra algum ou alguns tópicos do decisório de mérito, hipótese expressamente prevista nos arts. 1.002 e 1.013, *caput*, do CPC/2015.

Numa hipótese, *v.g.*, de ação indenizatória, em que se pleiteiam verbas para reparação de danos materiais, lucros cessantes e danos morais, as três postulações de mérito podem encontrar soluções definitivas em momentos processuais distintos, assim imaginados:

(a) os *danos materiais* podem se tornar certos e líquidos na sentença de primeiro grau, uma vez que o réu interponha apelação apenas em face da solução relativa aos lucros cessantes e aos danos morais (segundo o art. 1.013 a apelação somente devolve ao Tribunal o conhecimento da matéria impugnada);

(b) os *lucros cessantes*, por sua vez, podem ter sua apreciação judicial encerrada no Tribunal de segundo grau, se o recurso especial levar ao exame do Superior Tribunal de Justiça apenas a matéria relacionada com o dano moral (nesse caso, o acórdão do Tribunal, proferido em grau de apelação, teria substituído, em caráter definitivo, apenas um capítulo da sentença de primeiro grau, qual seja, o dos lucros cessantes, conforme a regra do art. 1.008: "O julgamento proferido pelo tribunal substituirá a decisão impugnada *no que tiver sido objeto de recurso*");

---

[472] RAMALHO, Joaquim Ignácio. *Praxe brasileira*. São Paulo: Typographia do Ypiranga, 1869, § 364, p. 605.
[473] CASTRO, Amílcar de. *Comentários ao Código de Processo Civil*. 2. ed. Rio de Janeiro: Forense, 1963, v. X, t. I, p. 30.

(c) finalmente, o Superior Tribunal de Justiça, conhecendo do especial, definirá a solução de mérito, referente aos *danos morais* (única questão cujo conhecimento lhe foi devolvido), e o que decidir substituirá aquilo que a decisão de primeiro grau e o acórdão da apelação haviam estatuído a respeito.

Daí a inevitável conclusão de que três julgamentos de mérito, de natureza definitiva, teriam sido proferidos por juízos distintos e em momentos diversos, dentro de um só processo, provocando preclusões e formando coisas julgadas em estágios diferentes da marcha processual.

Se, conforme adverte Pontes de Miranda, questões de mérito precluíram nas instâncias locais, antes que a terceira e última instância conhecesse da questão restrita ao objeto do recurso especial ou extraordinário, ter-seá julgamento distinto para cada questão em uma das três instâncias, porque o processo passou e haveria cabimento para "tantas ações rescisórias quanto as instâncias".[474]

A 2ª Turma do STJ, em decisão não unânime, entendeu, certa ocasião, que, em razão de ser una e indivisível a ação, a sentença não haveria de ser fracionada. Por isso, não ocorreria a chamada *coisa julgada parcial*, dando-se a consumação do trânsito em julgado apenas depois de julgados todos os recursos interpostos, quer fossem eles totais ou parciais. Concluiu, então, o aresto do STJ que, "consoante o disposto no art. 495 do CPC [CPC/2015, art. 975], o direito de propor ação rescisória se extingue após o decurso de dois anos contados do trânsito em julgado da última decisão proferida na causa".[475] Trata-se, porém, de julgado que supúnhamos esporádico, divorciado da doutrina e jurisprudência clássicas. Se é evidente que a sentença pode ter capítulos diferentes e que a lei admite recurso parcial, é claro que se tornarão preclusos os capítulos não recorridos. Portanto, não há como fugir da possibilidade de contar-se o prazo da rescisória a partir do trânsito em julgado de cada um dos capítulos em que se dividiu a sentença, se nem todos foram uniformemente afetados pelos diversos recursos manejados.[476]

Posteriormente, a Corte Especial do STJ, por julgamento não unânime, endossou a posição da 2ª Turma, apoiando-se no argumento de que não seria possível entrever mais de uma coisa julgada material num só processo.[477] Esta se formaria uma única vez após o julgamento irrecorrível da última instância recursal. Com isto pretendeu-se, na ordem prática, a eliminação do suposto inconveniente da multiplicidade de rescisórias em tempos diversos, em torno de um mesmo processo. Para alcançar tal desiderato, o acórdão se afastou da clássica doutrina das sentenças complexas, onde cada capítulo distinto poderia gerar a coisa julgada material separadamente e ensejar o correspectivo cabimento de ação rescisória também individualizada, como sempre ensinaram, entre outros, Pontes de Miranda e Barbosa Moreira.

De forma inusitada, o aresto do STJ passou a qualificar, ao arrepio das tradições processuais, como coisas julgadas *formais* (e não mais *materiais*) aquelas derivadas das preclusões relativas às questões de mérito decididas ao longo do curso do processo e antes do decisório do Tribunal de última instância. Formando, assim, coisa julgada material apenas o acórdão do STJ que decidisse o recurso especial (mesmo que o seu objeto fosse distinto daquele tema precluído nas

---

[474] PONTES DE MIRANDA, Francisco Cavalcanti. *Tratado da ação rescisória, da sentença e de outras decisões*. 5. ed. Rio de Janeiro: Borsoi, 1976, p. 353.

[475] STJ, 2ª T., REsp 404.777/DF, Rel. Min. Peçanha Martins, ac. 21.11.2002, *RSTJ* 168/215.

[476] Nesse sentido: STJ, 3ª T., REsp 267.451/SP, Rel. Min. Menezes Direito, ac. 22.05.2001, *RSTJ* 152/334; STJ, 6ª T., REsp 237.347/RS, Rel. Min. Hamilton Carvalhido, ac. 14.08.2001, *RSTJ* 153/544; STJ, 5ª T., REsp 278.614/RS, Rel. Min. Jorge Scartezzini, ac. 04.09.2001, *DJU* 08.10.2001, p. 240; STJ, 6ª T., REsp 212.286/RS, Rel. Min. Hamilton Carvalhido, ac. 14.08.2001, *DJU* 29.10.2001, p. 276; STJ, 3ª T., REsp 331.573/RS, Rel. Min. Edson Vidigal, ac. 13.03.2002, *DJU* 22.04.2002, p. 233.

[477] STJ, Corte Especial, Emb. Div. no REsp 404.777/DF, Rel. p/ acórdão Min. Peçanha Martins, ac. 03.12.2003, *DJU* 11.04.2005, p. 169.

instâncias locais), somente a partir de sua irrecorribilidade começaria a fluir o prazo único (de dois anos) para a propositura da ação rescisória acerca de todo o mérito da causa (inclusive, pois, as questões atingidas por preclusão fora e antes do recurso especial).

Barbosa Moreira, em excelente estudo, demonstra, com a costumeira erudição e reconhecida argúcia, a insustentabilidade jurídico-processual, por várias e irrefutáveis razões técnicas, da orientação adotada pelo STJ.[478] Duas objeções, porém, são suficientes para demolir a estranha e inusitada tese (esposada pelo STJ), da *unidade da coisa julgada* e da *unidade da ação rescisória*:

(a) Se se admite a formação de coisa julgada apenas formal sobre as questões de mérito não decididas na sentença de primeiro grau, ou no acórdão do Tribunal de Justiça, e que não foram devolvidas ao Superior Tribunal de Justiça, contra elas jamais caberia ação rescisória, já que, reconhecidamente, esse tipo de ação se refere à coisa julgada material (art. 966, *caput*). Seria um absurdo pretender unificar a ação rescisória para atacar decisões que não teriam sido objeto de coisa julgada material e que, assim, mesmo versando sobre o mérito da causa, ficariam imunes à rescisão do art. 966 (outro absurdo).

No exemplo já aventado de ação indenizatória, ter-se-ia coisa julgada material apenas sobre os danos morais. Os danos materiais emergentes e os lucros cessantes teriam sido objeto apenas de coisa julgada formal e, por conseguinte, não poderiam ensejar ação rescisória, ainda que presente alguma situação enquadrável nos incisos do art. 966.

(b) De outro lado, se se admitir que as coisas julgadas "formais" também sejam alcançáveis pela rescisória e que só haja um único prazo para a ação do art. 966, a unificação desse prazo a contar do trânsito em julgado ocorrido no Superior Tribunal de Justiça, não impediria, por si só, a multiplicidade de ações rescisórias, se questões de mérito houvessem precluído nas instâncias locais e apenas alguma ou algumas delas tivessem sido devolvidas à instância especial. Como o STJ não tem competência para rescindir acórdãos de outros tribunais ou juízos, a teoria da unidade da rescisória tornaria irrescindíveis todas as decisões de mérito que não chegassem a ser objeto de recurso especial, o que se mostra de todo incompatível com o regime do CPC.

Se é, portanto, o suposto inconveniente de múltiplas ações rescisórias em face de um só processo que se pretende obter com a exegese do prazo único esposada pelo STJ, isto jamais será atingido, ainda que se adote a estranha e insustentável tese de unidade da coisa julgada material.[479]

Convém notar, ainda, que a corrente vencedora no comentado acórdão do STJ fez uma aplicação da ideia de coisa julgada formal completamente divorciada de sua verdadeira natureza jurídica. A coisa julgada, seja formal ou material, é sempre um fenômeno preclusivo, cuja eficácia consiste em tornar imutável e indiscutível uma situação jurídica já apreciada e resolvida em juízo (art. 502). Diz-se *formal* quando a imutabilidade e indiscutibilidade operam internamente, *i.e.*, prevalecem apenas para o processo em que o pronunciamento judicial se deu. Diz-se *material* quando a imutabilidade e indiscutibilidade devem projetar-se além dos limites do processo que ensejou a decisão, de forma a impedir a reabertura da questão em qualquer outro processo que, entre as mesmas partes, possa vir a ser instaurado ou renovado. A distinção entre uma e outra coisa julgada não é de essência, mas de dimensão: a coisa julgada

---

[478] BARBOSA MOREIRA, José Carlos. Sentença objetivamente complexa. Trânsito em julgado e rescindibilidade. *Revista Dialética de Direito Processual*, v. 45, p. 52-62.

[479] É antigo em nossa doutrina o entendimento de que "a extensão da ação rescisória não é dada pelo pedido. É dada pela sentença em que se compõe o pressuposto da rescindibilidade. Se a mesma petição continha três pedidos e o trânsito em julgado, a respeito do julgamento de cada um, foi em três instâncias, há tantas ações rescisórias quanto as instâncias" (PONTES DE MIRANDA, Francisco Cavalcanti. *Tratado da ação rescisória, da sentença e de outras decisões*. 5. ed. Rio de Janeiro: Borsoi, 1976, p. 353).

formal, como o nome indica, é um fenômeno instrumental, que impede o processo já existente de servir de instrumento para rediscussão do tema vencido pela preclusão processual. Opera, portanto, no plano da relação processual existente. A coisa julgada *material*, como se deduz do próprio qualificativo, é fenômeno do plano substancial, a impor autoridade à resolução de questão de mérito (ou de fundo) que deva prevalecer, indiscutivelmente, tanto dentro do processo em que foi dada como fora dele.

Daí ser inadequada a qualificação de coisa julgada formal para a resolução de uma questão, que faz parte do mérito da causa, apenas porque consolidada antes que outras questões também de mérito viessem a encontrar solução definitiva no mesmo processo. Se a questão resolvida prende-se ao mérito (*litígio* revelado pelo pedido do autor), a decisão, qualquer que seja o momento em que ocorra, terá de fazer coisa julgada material, porque logicamente assumirá autoridade que impeça sua rediscussão no processo atual ou em outros supervenientes. A solução do pedido (mérito) necessariamente tem de prevalecer dentro e fora do processo. Logo, tem de fazer coisa julgada material, porque material é o plano em que opera, e sendo material não pode restar confinado aos limites instrumentais da coisa julgada apenas formal. Não é, nessa ordem de ideias, o momento da decisão, mas o seu conteúdo que determina a formação da coisa julgada material ou formal. Há, pois, uma contradição *in terminis* na qualificação de coisa julgada formal atribuída pelo acórdão do STJ às decisões de mérito quando preclusas nas instâncias inferiores à do julgamento do recurso especial.

Por isso, sem embargo de reconhecer a autoridade do STJ, Barbosa Moreira continuou a ensinar, com acerto, que:

> "a) Ao longo de um mesmo processo, podem suceder-se duas ou mais resoluções de mérito, proferidas por órgãos distintos, em momentos igualmente distintos; b) todas essas decisões transitam em julgado ao se tornarem imutáveis e são aptas a produzir coisa julgada *material*, não restrita ao âmbito do feito em que emitidas; c) se em relação a mais de uma delas se configurar motivo legalmente previsto de rescindibilidade, para cada qual será proponível uma ação rescisória individualizada; d) o prazo de decadência terá de ser computado caso a caso, a partir do trânsito em julgado de cada decisão".[480]

Pondo fim, aparentemente, a qualquer dúvida que pairasse sobre a matéria, o CPC de 2015 admitiu, expressamente, a possibilidade do julgamento fracionado do mérito da causa (art. 356, caput), e previu também a aptidão de cada pronunciamento parcelado transitar em julgado individualizadamente (art. 356, § 3º).

É, outrossim, bom lembrar que muitos são os casos em que a própria lei institui o julgamento escalonado do mérito da causa, desdobrando o procedimento em fases ou estágios, cada um deles sujeito à sentença e trânsito em julgado distintos (*v.g.*, ação de prestação de contas, de divisão e demarcação, de inventário e partilha, ação condenatória com parte líquida e parte ilíquida, ação de consignação em pagamento em caso de dúvida quanto ao verdadeiro credor etc.). Enfim, o Código atual, como já visto, prevê de maneira expressa a possibilidade de julgamento antecipado parcial de mérito, por meio de decisão interlocutória proferida na fase do "Julgamento Conforme o Estado do Processo" (art. 356).

Se foi possível encerrar capítulos da lide antes de chegar a causa ao STJ, não haveria inconveniente algum em que as rescisórias tratassem separadamente de cada um dos capítulos

---

[480] BARBOSA MOREIRA, José Carlos. Sentença objetivamente complexa. Trânsito em julgado e rescindibilidade. *Revista Dialética de Direito Processual*, v. 45, p. 62.

perante o tribunal competente para apreciá-los. Não haveria contradição ou interferência dos julgados de um nos de outros tribunais, justamente porque a demanda fracionara-se em questões distintas e autônomas. Nada impediria que a solução de uma persistisse, mesmo sendo rescindida a de outra. Forçoso reconhecer, nada obstante, que o STF, como visto no item anterior, reformou seu posicionamento tradicional para adotar, mais recentemente, o ponto de vista do STJ.

689. A Súmula nº 401 do Superior Tribunal de Justiça

Sem embargo da resistência doutrinária, o STJ, por sua Corte Especial, ainda na vigência do CPC de 1973, aprovou a Súmula nº 401, em que se proclamava que "o prazo decadencial da ação rescisória só se inicia quando não for cabível qualquer recurso do *último pronunciamento judicial*". Tomou-se por base, entre outros julgados, o EREsp 441.252, segundo o qual, a sentença é uma e indivisível e só transita em julgado depois do último recurso, ainda que este tenha se limitado a decidir questão meramente processual, como, *v.g.*, a tempestividade do apelo. Inadmissível, na ótica do STJ, a existência de várias ações rescisórias no bojo de um só processo, pouco importando que capítulos do mérito da causa tenham sido questionados e solucionados em recursos diferentes, por tribunais diversos e em momentos distintos.

Lamentamos, na ocasião, o grande problema que fatalmente a Súmula nº 401 iria provocar: Se o STJ apenas decidir, em grau de recurso especial, sobre tempestividade de um agravo ou de uma apelação julgados nas instâncias inferiores, quem seria competente para a rescisão do julgamento do mérito? Jamais haveria de ser o STJ, que nunca se pronunciou sobre qualquer parcela do mérito da causa, porquanto, pela Constituição, somente lhe cabe rescindir seus próprios acórdãos (CF, art. 105, I, "e"). Por mais que tenha querido *unificar* a coisa julgada e sua rescisão, o intento do STJ esbarrará sempre numa barreira constitucional: se capítulos da sentença foram decididos em última instância por outro tribunal, só esse tribunal terá competência para rescindir o respectivo acórdão. O STF e o STJ, por mais altas que sejam suas competências na hierarquia constitucional, não dispõem de poder para rescindir acórdãos de outros tribunais. Eis aí a grande confusão institucional e procedimental criada pela Súmula nº 401 do STJ.

A unicidade da rescisória e do prazo de sua propositura, a partir do trânsito em julgado do último recurso interposto no processo, somente poderá acontecer quando todos os diversos julgamentos parciais de mérito estiverem encadeados por vínculos de prejudicialidade perante o último decisório recursal, hipótese em que seria indiferente a indagação em torno da matéria nele tratada, se de mérito ou apenas da natureza processual. Tão somente o vínculo lógico e jurídico de subordinação pode justificar que um recurso de conteúdo meramente formal impeça o trânsito em julgado de decisão de mérito contra a qual não se interpôs recurso algum.

É, portanto, no plano da autonomia dos respectivos objetos que se há de reconhecer a ocorrência, ou não, de coisas julgadas múltiplas e independentes. É a autonomia, ou não, dos julgamentos sucessivos e parciais das questões de mérito que, num só processo, autorizará pensar, *in concreto*, em unicidade ou pluralidade de coisas julgadas. Somente assim se encontrará meio de resolver o problema da competência absoluta que cada tribunal tem para rescindir seus próprios acórdãos, quando se apresentem autônomos e independentes em relação à matéria discutida no recurso especial ou extraordinário.

Sem embargo de sumulada a matéria pelo STJ em sentido diverso, continuamos entendendo que a melhor compreensão do problema continua sendo a do STF, segundo a qual é descabida a tese da linear indivisibilidade da coisa julgada e da ação rescisória. Desde que o acórdão se componha de capítulos autônomos, é perfeitamente viável a rescisão de um ou alguns deles, separadamente.[481]

---

[481] STF, Pleno, AR 1.699-AgRg/DF, Rel. Min. Marco Aurélio, ac. 23.06.2005, *DJU* 09.09.2005, p. 34; STF, Pleno, AR 9.03/SP, Rel. Min. Moreira Alves, ac. 17.06.1982, *DJU* 17.09.1982, p. 9.097.

Aliás, releva notar que o Supremo Tribunal Federal, em recurso extraordinário manifestado contra a tese da Súmula nº 401 do Superior Tribunal de Justiça, abordou o tema, reconhecendo sua natureza constitucional, e reafirmou o entendimento de que, à luz da garantia do art. 5º, XXXVI, da CF, não é possível recusar a formação de coisa julgada parcial, quando as questões de mérito se apresentem como autônomas e independentes entre si, e foram submetidas a julgamentos que fracionadamente se tornaram definitivos em momentos processuais distintos.[482]

Com efeito, a questão relativa à contagem do prazo para ajuizamento da ação rescisória é constitucional, uma vez que diz respeito à coisa julgada, instituto expressamente tutelado pela Constituição Federal. Conta-se o prazo bienal somente a partir do trânsito em jugado da última decisão proferida no processo equivale a postergar indefinidamente a rescindibilidade da decisão, fragilizando a relevância que a Carta Magna confere à coisa julgada. Uma medida excepcional como a ação rescisória não pode ser manipulada pelo legislador ordinário a ponto de deixar indeterminado o momento em que se pode romper a indiscutibilidade da decisão. Sem embargo da firmeza do pronunciamento do STF contra a posição do STJ traduzida na Súmula nº 401, o CPC/2015 preferiu adotar em seu art. 975, *caput*, o prazo único de dois anos para a rescisória, contado do "trânsito em julgado da última decisão proferida no processo". Com isso, o novo dispositivo, reproduzindo, aparentemente, a tese da questionada súmula, teria incorrido na mesma inconstitucionalidade que a esta fora cominada pela Suprema Corte, ainda na vigência do Código anterior.[483] Esse vício só será evitado se o art. 975 for interpretado como aplicável apenas às ações em que o mérito da causa foi decidido em julgamento único ou quando for aplicado separadamente para cada uma das decisões parciais de mérito passadas em julgado em ocasiões diferentes (v., itens nºs 687, 688 e 689-A).

Analisando o tema à luz do CPC/2015, Délio Mota de Oliveira Júnior conclui, acertadamente, que não podem prevalecer a Súmula nº 401 do STJ, nem a interpretação literal do art. 975, já que a interpretação adequada e constitucional cabível há de ser no sentido de "o prazo decadencial de dois anos para propor a ação rescisória iniciar a partir do trânsito em julgado do capítulo autônomo e independente da sentença objeto da rescisão".[484]

Data maxima venia, ousamos manter o entendimento exposto nos itens 688 e 689, acompanhando a sólida doutrina invocada, construída ao longo da história da ação rescisória originalmente formada pelo direito brasileiro, consoante conclusões a seguir arroladas.

689-A. A interpretação constitucionalmente correta do art. 975 do CPC

A única interpretação do art. 975 que se mostra conforme a proteção constitucional da coisa julgada é aquela que restringe o alcance de seu preceito aos decisórios de mérito cujo trânsito em julgado dependiam da resolução de recurso ou questão objeto do último julgamento no processo. As decisões transitadas em julgado anteriormente, em razão mesmo de sua autonomia, sujeitar-se-ão a prazo de rescisão próprio, que haverá de ser contado sem vínculo algum com o trânsito em julgado de outras questões de mérito antes solucionadas.

---

[482] STF, 1ª Turma, RE 666.589/DF, Rel. Min. Marco Aurélio, ac. 25.03.2014, *DJe* 03.06.2014.

[483] "No ponto, assim, torna-se necessária uma reformulação do entendimento sufragado pelo Superior Tribunal de Justiça no Enunciado de Súmula nº 401, para que prevaleçam orientações jurisprudenciais condizentes com essa posição, tais como aquela constante do Recurso Extraordinário nº 666.589/DF" (FRANCO, Marcelo Veiga. Algumas reflexões sobre o termo inicial do prazo decadencial de ajuizamento de ação rescisória no Código de Processo Civil de 2015. In: JAYME, Fernando Gonzaga et al. *Inovações e modificações do Código de Processo Civil*. Belo Horizonte: Del Rey, 2017, p. 300-301).

[484] OLIVEIRA JÚNIOR, Délio Mota de. A formação progressiva da coisa julgada material e o prazo para o ajuizamento da ação rescisória: contradição do novo Código de Processo Civil. *In*: DIDIER JÚNIOR, Fredie (coord.). *Processo nos tribunais e meio de impugnação às decisões judiciais*. 2. ed. Salvador: JusPodivm, 2016, p. 152.

Em outros termos, para que o prazo de rescisão de decisão anterior se conte do trânsito em julgado da última decisão proferida no processo (art. 975), é necessário que essa última decisão tivesse força prejudicial sobre a decisão parcial de mérito antes resolvida definitivamente. Não havendo prejudicialidade alguma entre elas, cada decisão de mérito transita em julgado independentemente da outra, e o prazo de rescisão corre autonomamente para cada qual. É assim que deverá ser interpretada e aplicada a regra do art. 975 do CPC, para que não seja ofendida a tutela constitucional dispensada à coisa julgada.

690. Contagem do prazo

I – Vencimento em férias forenses, recesso, feriados ou dia em que não houver expediente

Embora decadencial (e, por isso, fatal), o prazo para propor a rescisória não vence durante férias forenses, recesso, feriados ou em dia em que não houver expediente, como deixa claro o § 1º do art. 975 do CPC/2015. Ocorrida a hipótese, o vencimento dar-se-á no primeiro dia útil imediatamente subsequente à ultrapassagem do embaraço.

II – Termo inicial diferenciado

Outra novidade é a previsão do termo inicial diferenciado, estabelecido em função da *causa petendi*:

(a) A regra geral é contar-se o prazo da ação rescisória a partir da data do trânsito em julgado (art. 975, *caput*).

(b) No caso, porém, do inc. VII do art. 966 (obtenção de prova após o trânsito em julgado), "o termo inicial do prazo será a *data de descoberta da prova nova*". Não se poderá, todavia, eternizar a possibilidade de descobrir tal prova, porque isto fragilizaria, excessivamente, a segurança jurídica que é a base da garantia constitucional prestada à coisa julgada. À vista disso, o dispositivo que permite contar o prazo da rescisória a partir da descoberta da prova nova, estabelece o prazo máximo para que ação seja proposta, que é o de cinco anos, contados do trânsito em julgado (art. 975, § 2º). Atingido esse marco, encontrada ou não a prova nova, consumada estará a caducidade do direito potestativo de propor a ação rescisória.

(c) Outra regra especial é a que, na hipótese de rescisória baseada em *simulação* ou *colusão* das partes, prevê a contagem do prazo em cogitação a partir do momento em que se tem ciência da fraude. Mas essa alteração do *dies a quo* aplica-se apenas ao terceiro prejudicado, e ao Ministério Público, quando não tenha intervindo no processo (art. 975, § 3º). Àquele que figurou como parte ou interveniente no feito em que se pronunciou a decisão rescindenda (inclusive o MP) não se estende a contagem privilegiada.

A lei nova não repetiu, no § 3º, a estipulação de prazo máximo, tal como havia feito no § 2º, relativamente à descoberta da prova nova. A razão de deixar aberto ilimitadamente o prazo para a rescisória, enquanto os estranhos ao processo não têm ciência da simulação ou da colusão para fraudar a lei, prende-se à circunstância de se deparar com atos contaminados por *nulidade* e não apenas por anulabilidade (Código Civil, arts. 166, VI, e 167), agravados ainda, pelos reflexos nocivos produzidos para além dos interesses dos sujeitos da relação processual.

(d) No caso de sentença baseada em lei ou ato normativo considerado inconstitucional pelo STF, ou fundada em aplicação ou interpretação da lei ou do ato normativo tido pelo STF como incompatível com a Constituição, em controle de constitucionalidade concentrado ou difuso, a lei dispensa a rescisória, podendo a inexigibilidade da obrigação respectiva ser arguida em simples impugnação ao cumprimento da sentença (CPC/2015, art. 525, § 12). A regra, todavia, exige que a decisão do STF tenha acontecido antes do trânsito em julgado do aresto exequendo (art. 525, § 14). Se tal decisão tiver sido proferida após o trânsito em julgado, o caso será de ação rescisória e, não, de simples impugnação. Nessa hipótese, o prazo decadencial para o ajuizamento da rescisória começará a fluir a partir do trânsito em julgado do julgamento do STF (art. 525, § 15).

III – Casos problemáticos

(a) O primeiro problema enfrentado pela jurisprudência refere-se ao recurso especial ou extraordinário não conhecido na instância superior. Em princípio, a tese pretoriana é no sentido de que o prazo da rescisória começa após o julgamento do tribunal superior, seja conhecido ou não o recurso extremo.[485] Explica-se esse posicionamento pela circunstância da complexidade do juízo de admissibilidade dos recursos em questão, cuja palavra final cabe ao STJ ou ao STF.

(b) O entendimento aludido, todavia, ressalva as situações de recurso intempestivo e de recurso inadmissível por absoluta ausência de previsão legal, embora não haja uniformidade e firmeza na orientação jurisprudencial. A linha majoritária é de que tais hipóteses não podem autorizar a contagem do prazo da rescisória a partir do acórdão da instância final, dado que o trânsito em julgado do aresto rescindendo teria ocorrido, obrigatória e automaticamente, antes da interposição do apelo intempestivo ou descabido.[486]

(c) Decide-se, porém, que há de ser feita uma distinção entre a litigiosidade da própria intempestividade ou do descabimento do recurso. Se o tema faz parte do próprio recurso especial, e não foi suscitado de má-fé, não há de se fugir da orientação geral de que o prazo da rescisória deve ser contado após o trânsito em julgado da decisão final do STJ, mesmo que esta venha a não conhecer do recurso por intempestivo.[487] Em outras palavras, "não demonstrada a má-fé do recorrente, que visa reabrir prazo recursal já vencido, o início do prazo decadencial se dará após o julgamento do recurso tido por intempestivo".[488]

(d) Em matéria de deserção, o entendimento do STJ é firme: a contagem do biênio para a propositura da ação rescisória terá início a partir do fim do prazo para se impugnar o acórdão que não conheceu do apelo deserto.[489]

(e) Tratando-se de prazo estipulado em ano, a decadência da ação rescisória ocorrerá em igual dia e mês do início de sua contagem (Código Civil, art. 132, § 3º), *i.e.*, o biênio se encerrará no mesmo dia do mês em que transitou em julgado o decisório rescindendo.[490]

---

[485] STJ, 2ª Seção, AgRg na AR 4.567/PR, Rel. Min. João Otávio de Noronha, ac. 13.04.2011, *DJe* 19.04.2011; STJ, 1ª T., AgRg no AREsp 79.082/SP, Rel. Min. Arnaldo Esteves Lima, ac. 05.02.2013, *DJe* 08.02.2013, STJ, 5ª T., AgRg no REsp, 79.877/SP, Rel. Min. Gilson Dipp, ac. 12.06.2001, *DJU* 13.08.2001, p. 196.

[486] STJ, 1ª Seção, AgRg no EDcl na AR 3.758/SP, Rel. Min. Herman Benjamin, ac. 28.04.2010, *DJe* 30.06.2010.

[487] STJ, Corte Especial, EREsp 441.252/CE, Rel. Min. Gilson Dipp, ac. 29.06.2005, *DJU* 18.12.2006, p. 276.

[488] STJ, 3ª T., AgRg no Ag 1.218.222/MA, Rel. Min. Sidnei Beneti, ac. 22.06.2010, *DJe* 01.07.2010; STJ, 5ª T., AgRg no Ag 1.147.332/BA, Rel. Min. Laurita Vaz, ac. 12.06.2012, *DJe* 25.06.2012; STJ, Corte Especial, Edcl no AgRg nos Ediv em Ag. 1.218.222/MA, Rel. Min. Gilson Dipp, ac. 05.12.2011, *DJe* 15.02.2012.

[489] STJ, 5ª T., REsp 203.067/PR, Rel. Min. Felix Fischer, ac. 14.12.1999, *DJU* 14.02.2000, p. 59; STJ, 1ª T., AgRg no REsp 654.368/RJ, Rel. Min. Luiz Fux, ac. 15.03.2005, *DJU* 25.04.2005, p. 242.

[490] STF, Pleno, AR 1.412/SC, Rel. Min. Cezar Peluso, ac. 26.03.2009, *DJe* 26.06.2009.

(f) O CPC/2015 superou a antiga jurisprudência que entendia não suspender o prazo da rescisória o seu ajuizamento perante tribunal incompetente.[491] Em sentido contrário, dispõe o art. 968, § 5º, do CPC/2015, que, nos casos enumerados por seus incisos, "reconhecida a incompetência do tribunal para julgar a ação rescisória, o autor será intimado para emendar a petição inicial, a fim de adequar o objeto da ação rescisória" (ver item nº 677, *retro*).

691. Extinção da ação rescisória por abandono da parte

Por jurisprudência do Supremo Tribunal Federal, o abandono do processo pelo autor, por prazo superior ao fixado pela lei para exercício da ação rescisória, acarreta efeito similar ao da prescrição intercorrente (Súmula 264 do STF).

Todavia, para que se tenha como configurada uma prescrição intercorrente, é necessário que a paralisação do feito tenha sido consequência exclusiva de ato ou omissão da parte.[492] Assim, não opera a prescrição intercorrente quando o autor não deu causa à paralisação do feito[493] tampouco quando quem a invoca foi o próprio culpado pela inatividade procedimental.[494] Cumpre, todavia, advertir que o prazo de propositura da ação rescisória não é prescricional, e sim decadencial. Por isso é fatal, não se sujeitando a suspensões e interrupções, como se passa com os prazos de prescrição propriamente ditos.

692. Prorrogação de competência do STF e do STJ em matéria de rescisória

É verdade que, envolvendo a rescisória, questões decididas algumas pelo Tribunal Superior e outras pelo inferior, é, em alguns casos, possível o julgamento pela instância maior.[495] Mas se isto se explica pelas regras de conexão, que provocam a ampliação de competência nos casos de competência territorial (CPC/2015, art. 54), sem maiores dificuldades, o mesmo não se dá em casos de competência absoluta como é o das rescisórias. Aqui somente se há de ampliar a competência do STJ ou do STF quando as questões decididas nos diversos graus de jurisdição estiverem interligadas por prejudicialidade.

Se as questões julgadas definitivamente no tribunal de segundo grau forem autônomas em relação àquelas devolvidas ao STJ ou ao STF, cada tribunal conservará a competência absoluta para rescindir seus próprios acórdãos. Não haverá como pretender que o prazo para propositura dessas distintas rescisórias seja uno e dependa do trânsito em julgado do decisório do último recurso apreciado na última instância.

Quando se reconhece que o prazo decadencial da rescisória deva ser contado a partir do último ato decisório em recurso apreciado pelo STJ ou STF, a afirmação somente é correta se aquele último recurso tivesse eventual força de prejudicar o resultado do acórdão do Tribunal *a quo*. Aí sim, mesmo que o recurso tivesse como objeto mera questão processual, não seria admissível considerar transitado em julgado, antes dele, o decisório de mérito de onde se originou o recurso levado à última instância.

---

[491] STJ, 3ª Seção, AR 1.435/CE, Rel. p/ ac. Min. Gilson Dipp, ac. 14.04.2004, *DJU* 10.05.2004, p. 161.
[492] STJ, 4ª T., REsp 777.305/CE, Rel. Min. Aldir Passarinho Júnior, ac. 09.03.2006, *DJU* 24.04.2006, p. 408.
[493] STJ, 6ª T., AgRg no Ag 442.953/SP, Rel. Min. Nilson Naves, ac. 16.09.2004, *DJU* 29.11.2004, p. 418.
[494] STJ, 1ª T., REsp 15.334/RJ, Rel. Min. Garcia Vieira, ac. 04.12.1991, *DJU* 23.03.1992, p. 3.440.
[495] "Sendo o STF competente para julgar um dos aspectos da rescisória, sua competência se prorroga àqueles que por ele não foram examinados" (STF, Pleno, AR 1.006/MG, Rel. Min. Moreira Alves, ac. 08.09.1977, *RTJ* 86/67). Nesse sentido: STF, Tribunal Pleno, AR 1.098, Rel. Min. Soares Munoz, ac. 10.12.1981, *DJU* 06.05.1982, p. 4.222, *RTJ* vol. 104-02 p. 468; STF, Tribunal Pleno, AR 1.274, Rel. Min. Sydney Sanches, ac. 28.03.1996, *DJU* 20.06.1997.

Não se pode, contudo, generalizar a afirmação de que sempre que houver recurso especial ou agravo pendentes, não terá ocorrido coisa julgada sobre as questões de mérito solucionadas ao longo do processo. O que importa é apurar se as decisões parceladas eram ou não autônomas. Se eram autônomas, transitaram em julgado quando se esgotou a seu respeito a possibilidade de qualquer recurso. Se não eram autônomas, *i.e.*, se mesmo fora do objeto do recurso especial ou do agravo, permaneciam passíveis de efeitos daquilo que eventualmente fosse decidido no recurso pendente, não se configurou a coisa julgada parcial.

No primeiro caso – questões autônomas – não há como condicionar a fluência do prazo decadencial da ação rescisória ao julgamento final do recurso interposto ao STJ ou STF, pela sua total inocuidade diante do decisório transitado em julgado no tribunal inferior. A coisa julgada material irrecusavelmente se aperfeiçoou antes do acesso do recurso ao STJ ou STF. No segundo caso – questões interdependentes – simplesmente não se aperfeiçoa a coisa julgada enquanto não for definitivamente julgado o recurso interposto ao STJ ou STF. Pouco importa tenha esse último recurso objeto ligado ao mérito ou a aspecto de natureza processual. De qualquer modo a questão de mérito estará suscetível à influência do resultado do recurso e, por isso, não terá transitado em julgado. Aí, sim, o prazo para a rescisória somente será calculado a partir do esgotamento do recurso processado pelo STJ ou STF. Será esse o momento em que o julgamento de mérito do tribunal *a quo* transitará em julgado, ou será desconstituído pelo eventual efeito prejudicial daquilo que tiver decidido o STJ ou o STF.

Mesmo nesta última hipótese a competência para a rescisória não será do STJ ou do STF, mas do Tribunal *a quo*, se a questão de mérito a ser enfrentada na rescisória não tiver sido objeto de apreciação na instância final.[496]

A questão foi muito bem apreciada pelo STF, que soube, com precisão, enfrentar as hipóteses de decisões de pretensões autônomas, pronunciadas por diferentes tribunais. Restou claro que o provimento de um dos pedidos da ação principal através de recurso extraordinário não é suficiente para atrair a competência da Suprema Corte para a rescisão da resolução de outros *pedidos independentes*, os quais "sequer foram conhecidos" na última instância. Para que a competência do STF fosse expandida – destacou o Relator – seria necessária uma subordinação entre o pedido julgado naquela Corte e os demais. Isto, porém, não ocorreu, uma vez que os vários pedidos eram "absolutamente independentes", tanto que "cada um deles poderia consubstanciar uma ação específica". Restou, por isso, limitada a competência do STF apenas ao pedido apreciado no acórdão do recurso extraordinário.[497]

---

[496] "Em tema de ação rescisória, é essencial que o acórdão rescindendo, proferido pelo STF, tenha efetivamente apreciado a questão federal controvertida, quer acolhendo-a, quer repelindo-a. É essa circunstância que define, para efeito do procedimento rescisório, a competência originária do STF. Súmula nº 515" (STF, Pleno, AR 1.302-6/SP, Rel. Min. Celso de Mello, ac. 03.06.1992, *RT* 701/224). Nesse sentido: STF, Tribunal Pleno, AR 1.778 AgR, Rel. Min. Cármen Lúcia, ac. 23.06.2010, *DJe* 20.08.2010.

[497] "O provimento, pelo acórdão rescindendo, de um dos pedidos da ação principal não é suficiente para atrair a competência desta Corte para o julgamento de outros pedidos independentes, que sequer foram conhecidos" (STF, Pleno, AR 1800 AgR/SP, Rel. Min. Eros Grau, ac. 23.03.2006, *DJU* 05.05.2006, p. 4. No mesmo sentido: STF, Pleno, AR 1780 AgR/CE, Rel. Min. Eros Grau, ac. 02.02.2006, *DJU* 03.03.2006, p. 70). Em doutrina, Ravi Peixoto ensina que, diante da coisa julgada formada progressivamente sobre capítulos independentes da causa, "a cada tribunal incumbe rescindir tão somente os capítulos que tenha efetivamente conhecido, seja em grau originário ou recursal" (PEIXOTO, Ravi. Primeiras linhas sobre a disciplina da ação rescisória no CPC/15. *In*: DIDIER JÚNIOR, Fredie (coord.). *Processo nos tribunais e meios de impugnação às decisões judiciais*. 2. ed. Salvador: JusPodivm, 2016, p. 242).

693. Sentença nula de pleno direito

A rescindibilidade, que autoriza a ação rescisória, nos termos do art. 966, do CPC/2015, não se confunde com a nulidade da sentença. A rescisória, portanto, não supõe decisão nula, mas, ao contrário, decisão válida, que tenha produzido a coisa julgada. Rescindir, ensina Pontes de Miranda, não é decretar nulidade, nem anular; é partir, partir até embaixo, cindir.[498] Vale dizer: é desconstituir o ato até então válido e eficaz.

A sentença é nula *ipso iure* quando a relação processual em que se apoia acha-se contaminada de igual vício. Para reconhecê-lo não se reclama a ação rescisória, posto que dita ação pressupõe coisa julgada que, por sua vez, reclama, para sua configuração, a formação e existência de uma relação processual válida.

Se a sentença foi dada à revelia da parte, por exemplo, sem sua citação ou mediante citação nula, processo válido inexistiu e, consequentemente, coisa julgada não se formou. Assim, em qualquer tempo que se pretender fazer cumprir o julgado, lícito será à parte prejudicada opor a exceção de nulidade da sentença (arts. 525, § 1º, I, e 535, I).

Em regra, as nulidades dos atos processuais, observa Liebman, "podem suprir-se ou sanar-se no decorrer do processo". E, "ainda que não supridas ou sanadas, normalmente não podem mais ser arguidas depois que a sentença passou em julgado. A coisa julgada funciona como sanatória geral dos vícios do processo".

"Há, contudo" – adverte o processualista – "vícios maiores, vícios essenciais, que sobrevivem à coisa julgada e afetam a sua própria existência. Neste caso a sentença, embora se tenha tornado formalmente definitiva, é coisa vã, mera aparência e carece de efeitos no mundo jurídico".[499]

Dá-se, então, a nulidade *ipso iure*, "tal que impede à sentença passar em julgado".[500] É por isso que "em todo tempo se pode opor contra ela, que é nenhuma", tal se pode também nos embargos à execução".[501]

Nenhuma necessidade se tem de ação rescisória para se obter o reconhecimento da nulidade *pleno iure* de um julgado.[502] Ensina Liebman que "todo e qualquer processo é adequado para constatar e declarar que um julgado meramente aparente é na realidade inexistente e de nenhum efeito. A nulidade pode ser alegada em defesa contra quem pretende tirar da sentença um efeito qualquer; assim como pode ser pleiteada em processo principal, meramente declaratório. Porque não se trata de reformar ou anular uma decisão defeituosa, função esta reservada privativamente a uma instância superior (por meio de recurso ou ação rescisória); e sim de reconhecer simplesmente como de nenhum efeito um ato juridicamente inexistente".[503]

---

[498] PONTES DE MIRANDA, Francisco Cavalcanti. *Tratado da ação rescisória, da sentença e de outras decisões*. 5. ed. Rio de Janeiro: Borsoi, 1976, p. 148.

[499] LIEBMAN, Enrico Tullio. *Estudos sobre o processo civil brasileiro*. São Paulo: Saraiva, 1947, p. 182.

[500] LOBÃO, Manuel de Almeida e Souza de. *Segundas linhas sobre o processo civil*. Lisboa: Imprensa Nacional, v. I, nota 58, 1868, *apud* LIEBMAN, Enrico Tullio. *Estudos sobre o processo civil brasileiro*. São Paulo: Saraiva, 1947, p. 183.

[501] LIEBMAN, Enrico Tullio. *Estudos sobre o processo civil brasileiro*. São Paulo: Saraiva, 1947, p. 183.

[502] REIS, José Alberto dos. *Código de Processo Civil anotado*. 1952, v. V, p. 123-124; PACHECO, José da Silva. *Direito processual civil*. São Paulo: Saraiva, 1976, v. II, n. 1.657, p. 428-429.

[503] LIEBMAN, Enrico Tullio. *Estudos sobre o processo civil brasileiro*. São Paulo: Saraiva, 1947, p. 186. Decidiu o TJRJ a respeito da sentença inexistente: *a)* "há imprescritibilidade da ação de declaração de nulidade absoluta e, *a fortiori*, da existência de atos jurídicos"; *b)* "a sentença inexistente, por lhe faltar o pressuposto essencial, como o dispositivo, independe de ação rescisória para ser anulada" (*RT* 550/186). "Nula a citação, não se constitui a relação processual e a sentença não transita em julgado podendo, a qualquer tempo, ser declarada nula,

Entre outros exemplos de nulidade absoluta da sentença, pode-se citar, além do caso de falta ou nulidade da citação do réu revel, aquele do processo que teve curso e julgamento sem a participação de todos os litisconsortes necessários.[504]

Outra hipótese de sentença *inexistente*, e por isso incapaz de produzir eficácia no mundo jurídico, é a do decisório proferido com violação da partilha constitucional da jurisdição.

Quando um órgão judicante avança além das atribuições que lhe traça a Constituição (um julgamento de causa civil por tribunal trabalhista, ou vice-versa), não estamos diante apenas de uma incompetência absoluta ou *ratione materiae*, mas sim perante uma total e completa ausência de jurisdição. E sem jurisdição não se pode cogitar de processo, e, muito menos, de sentença válida e capaz de gerar a coisa julgada.

Acometida de nulidade absoluta, para o STJ, é também a decisão da causa proferida pelo tribunal sem a intimação do procurador do recorrente acerca dos atos praticados no segundo grau de jurisdição, caso em que se dispensa a rescisória para invalidá-la.[505]

A parte prejudicada pela sentença nula *ipso iure* ou inexistente, para se furtar aos seus indevidos efeitos, não precisa usar a via especial da ação rescisória, como bem alerta Liebman. Para tanto, bastará:

(a) opor embargos quando a parte vencedora intentar execução da sentença (art. 535, I); ou

(b) propor qualquer ação comum tendente a reexaminar a mesma relação jurídica litigiosa, já que a causa anterior é *nenhuma*.[506]

Entre os casos de sentença contaminada por nulidade que a coisa julgada não consegue sanar, está o do decisório ofensivo à Constituição. É que a mácula da inconstitucionalidade torna absolutamente ineficaz o ato, seja ele uma lei, uma providência administrativa ou uma sentença judicial. Por isso, o § 5º do art. 535 incluiu entre as defesas manejáveis por impugnação ao cumprimento de sentença a *inexigibilidade* da decisão proferida com base em lei considerada inconstitucional pelo STF ou com apoio em aplicação ou interpretação tida como incompatíveis com a Constituição Federal pelo STF, em controle de constitucionalidade difuso ou concentrado (ver, *retro*, v. II, nº 51, III, "c").

---

em ação com esse objetivo, ou em embargos à execução, se o caso (CPC, art. 741, I) [CPC/2015, art. 535, I]" (STJ, REsp 7.556/RO, Rel. Min. Eduardo Ribeiro, ac. 13.08.1991, *DJU* 02.09.1991, p. 18.811). Nesse sentido: STJ, 1ª Seção, AR 569/PE, Rel. Min. Mauro Campbell Marques, ac. 22.09.2010, *DJe* 18.02.2011.

[504] A falta de litisconsorte necessário já foi qualificada como um dos defeitos processuais "que retiram da sentença a sua sedimentação, tornando-a nula de pleno direito ou inexistente, (e) "podem ser corrigidos, como os demais atos jurídicos, pela relatividade da coisa julgada nula ou inexistente (...). O ataque à coisa julgada nula fez-se (sic) *incider tantum*, por via de execução ou por ação de nulidade. Mas só as partes no processo é que têm legitimidade para fazê-lo" (STJ, 2ª T., REsp 445.664/AC, Rel. p/ acórdão Min. Eliana Calmon, ac. 15.04.2004, *Revista Dialética de Direito Processual* 26/145, *DJU* 07.03.2005, p. 194). Nesse sentido: STJ, 2ª T., REsp 1.105.944/SC, Rel. Min. Mauro Campbell Marques, ac. 14.12.2010, *DJe* 08.02.2011.

[505] STJ, 3ª T., REsp 1.456.632/MG, Rel. Min. Nancy Andrighi, ac. 07.02.2017, *DJe* 14.02.2017.

[506] Para o caso de falta ou nulidade de citação, "havendo revelia persiste, no direito positivo brasileiro, a *querela nullitatis*, o que implica dizer que a nulidade da sentença, nesse caso, pode ser declarada em ação declaratória de nulidade, independentemente do prazo para a propositura da ação rescisória, que, em rigor, não é cabível para essa hipótese" (*RTJ* 107/778). "Uma sentença dada sem regular citação do réu é insuscetível de ser sanada pelo trânsito em julgado, sendo cabível, nesse caso, a ação declaratória de nulidade absoluta e insanável da sentença, de competência dos juízes de primeiro grau de jurisdição" (*JTJSP* 172/266). Nesse sentido: STJ, 1ª Seção, AR 569/PE, Rel. Min. Mauro Campbell Marques, ac. 22.09.2010, *DJe* 18.02.2011.

Embora não haja necessidade de se valer da ação rescisória para obter a parte prejudicada o reconhecimento da nulidade ou inexistência do julgado, no caso ora apreciado, não será correto omitir-se o tribunal de apreciar a questão, se a parte lançar mão da ação do art. 966 do CPC/2015. É que as nulidades *ipso iure* devem ser conhecidas e declaradas independentemente de procedimento especial para esse fim, e podem sê-lo até mesmo incidentalmente em qualquer juízo ou grau de jurisdição, até mesmo de ofício segundo o princípio contido no art. 168 e seu parágrafo do Código Civil.[507]

Em semelhante conjuntura, o tribunal conhecerá da rescisória não para rescindir o julgado *nulo* (pois só se rescinde o que é *válido*), mas apenas para declarar-lhe ou decretar-lhe a nulidade absoluta e insanável, "porque – no dizer de Pontes de Miranda – é o ensejo que se lhe oferece, segundo os princípios".[508]-[509]

---

[507] "(...) 4. A exclusividade da *querela nullitatis* para a declaração de nulidade de decisão proferida sem regular citação das partes, representa solução extremamente marcada pelo formalismo processual. Precedentes. 5. A desconstituição do acórdão rescindendo pode ocorrer tanto nos autos de ação rescisória ajuizada com fundamento no art. 485, V, do CPC/73 quanto nos autos de ação anulatória, declaratória ou de qualquer outro remédio processual" (STJ, 3ª T., REsp 1.456.632/MG, Rel. Min. Nancy Andrighi, ac. 07.02.2017, DJe 14.02.2017).

[508] PONTES DE MIRANDA, Francisco Cavalcanti. *Tratado da ação rescisória, da sentença e de outras decisões*. 5. ed. Rio de Janeiro: Borsoi, 1976, § 17, p. 147-148. "A sentença proferida em processo nulo por falta de citação deve ser atacada pela ação prevista no artigo 486 do Código de Processo Civil; mas, sem prejuízo da ação rescisória proposta equivocadamente, o Tribunal pode, nos próprios autos desta, declarar a nulidade da indigitada citação" (STJ, 3ª T., REsp 1.130.91/MG, Rel. Min. Ari Pargendler, ac. 10.04.2000, DJU 22.05.2000, p. 105). No mesmo sentido: STJ, 4ª T., REsp 330.293/SC, Rel. Min. Ruy Rosado de Aguiar, ac. 07.03.2002, DJU 06.05.2002, p. 295.

[509] Para maiores divagações sobre o tema, consultar nosso estudo "Nulidade, inexistência e rescindibilidade da sentença". *Revista Juriscível do STF*, v. 95, p. 20-41.

Fluxograma nº 26 – Ação rescisória (arts. 966 a 975)

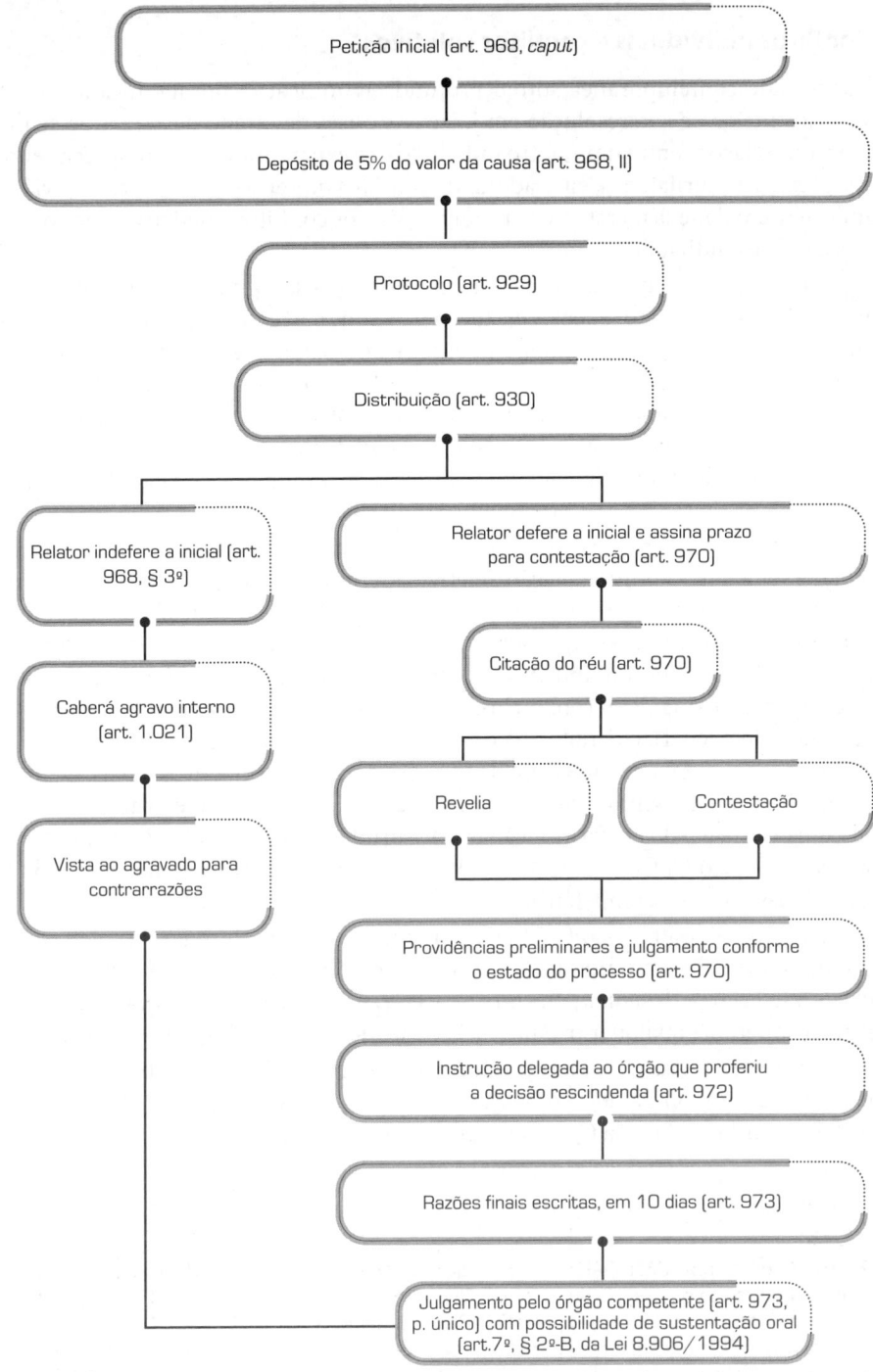

Nota: O prazo para ajuizamento é de dois anos contados do trânsito em julgado da última decisão proferida no processo (art. 975).

§ 74. INCIDENTE DE RESOLUÇÃO DE DEMANDAS REPETITIVAS

694. Conflitos individuais e conflitos coletivos

A sociedade contemporânea sofreu profunda modificação no que toca aos conflitos jurídicos e aos meios de sua resolução em juízo. As crises de direito deixaram de se instalar apenas sobre as relações entre um e outro indivíduo e se expandiram para compreender outras numerosas relações plurilaterais, ensejadoras de conflitos que envolvam toda a coletividade ou um grande número de seus membros. Surgiram, assim, os conflitos coletivos, a par dos sempre existentes conflitos individuais.

É que o relacionamento social passou, cada vez mais, a girar em torno de interesses massificados, interesses homogêneos, cuja tutela não pode correr o risco de ser dispensada pela Justiça de maneira individual e distinta, isto é, com a possibilidade de soluções não idênticas, caso a caso. Esse risco põe em xeque a garantia basilar da democracia, qual seja, a de que, perante a lei, todos são necessariamente iguais. Se assim é, no plano dos direitos materiais, também assim haverá de ser no plano do acesso à justiça e da tutela jurisdicional proporcionada a cada um e a todos que demandam. A igualdade em direitos seria quimérica, se na solução das crises fossem desiguais as sentenças e os provimentos judiciais.

Os tribunais modernos, portanto, têm de se aparelhar de instrumentos processuais capazes de enfrentar e solucionar, com adequação e efetividade, os novos litígios coletivos, ou de massa. Dessa constatação da realidade, nasceram diversos tipos de tutela judicial coletiva, ora como modalidade de *ações coletivas* (em que num só processo se define solução uniforme e geral para um grupo de titulares de direitos individuais, semelhantes), ora como *incidente* aglutinador de ações originariamente singulares (por meio do qual uma só decisão se estende às diversas causas individuais de objeto igual). Exemplo típico de *ação coletiva* é a ação civil pública manejada por um só autor, mas em defesa de um grupo de titulares de direitos subjetivos iguais, qualificados como *direitos individuais homogêneos*. Exemplo típico de *incidente* de potencial efeito expansivo a mais de uma causa é o de uniformização de jurisprudência do CPC/1973, assim como o do sistema instituído pelo CPC/2015 de julgamento de recursos repetitivos, no âmbito do STF e do STJ, e o de assunção de competência.

O atual Código de Processo Civil deu um grande passo no terreno da coletivização da prestação jurisdicional instituindo um novo incidente processual, a que atribuiu o nome de *incidente de resolução de demandas repetitivas* (arts. 976 a 987), e cuja aplicação é ampla, já que pode acontecer perante qualquer tribunal, seja da Justiça dos Estados, seja da Justiça Federal.

O mecanismo unificador ora implantado no ordenamento jurídico brasileiro encontra precedentes no direito comparado, como o *Musterverfahren* alemão, a *Group Litigation* inglesa e o *Pilot-Judgment Procedure* da Corte Europeia de Direitos Humanos.[510]

---

[510] BARBOSA, Andrea Carla; CANTOARIO, Diego Martinez Fervenza. O incidente de resolução de demandas repetitivas no Projeto de Código de Processo Civil: apontamentos iniciais. In: FUX, Luiz (coord.). *O novo processo civil brasileiro*: direito em expectativa. Rio de Janeiro: Forense, 2011, p. 471; CONSOLO, Cláudio; RIZZARDO, Dora. Duemodi di mettere le azioni colletive alla prova: Inghilterra e Germania. *Rivista Trimestrale di Diritto e Procedura Civile*, Milano: Giuffrè, ano LX, p. 901, 2006. ANDREWS, Neil. *O moderno processo civil*: formas judiciais e alternativas de resolução de conflitos na Inglaterra. São Paulo: RT, 2012, p. 539 e ss.; CABRAL, Antônio do Passo. O novo procedimento modelo (*Musterverfahren*) alemão: uma alternativa às ações coletivas. *Revista de Processo*, São Paulo, n. 147, maio 2007; LEVY, Daniel de Andrade. O incidente de resolução de demandas repetitivas no anteprojeto do Novo Código de Processo Civil: exame à luz da *Group Litigation order* britânica. *Revista de Processo*, São Paulo, n. 196, p. 165-203, jun. 2011.

695. Natureza jurídica do incidente

O incidente autorizado pelo art. 976 do CPC/2015 é um instrumento processual destinado a produzir eficácia pacificadora de múltiplos litígios, mediante estabelecimento de tese aplicável a todas as causas em que se debata a mesma questão de direito. Com tal mecanismo se intenta implantar uniformidade de tratamento judicial a todos os possíveis litigantes colocados em situação igual àquela disputada no caso padrão. Cumpre-se, por seu intermédio, duplo objetivo: a par de racionalizar o tratamento judicial das causas repetitivas (arts. 976; 980 a 984), o incidente visa formar precedente de observância obrigatória (art. 985).[511]

Trata-se, portanto, de remédio processual de inconteste caráter coletivo. Não se confunde, entretanto, com as conhecidas ações coletivas, que reúnem num mesmo processo várias ações propostas por um único substituto processual em busca de um provimento de mérito único que tutele os direitos subjetivos individuais homogêneos de todos os interessados substituídos. O incidente de resolução de demandas repetitivas não reúne ações singulares já propostas ou por propor. Seu objetivo é apenas estabelecer a tese de direito a ser aplicada em outros processos, cuja existência não desaparece, visto que apenas se suspendem temporariamente e, após, haverão de sujeitar-se a sentenças, caso a caso, pelos diferentes juízes que detêm a competência para pronunciá-las. O que, momentaneamente, aproxima as diferentes ações é apenas a necessidade de aguardar o estabelecimento da tese de direito de aplicação comum e obrigatória a todas elas. A resolução individual de cada uma das demandas, porém continuará ocorrendo em sentenças próprias, que poderão ser de sentido final diverso, por imposição de quadro fático distinto. De forma alguma, entretanto, poderá ignorar a tese de direito uniformizada pelo tribunal do incidente, se o litígio, à evidência, se situar na área de incidência da referida tese.

A distinção básica entre a ação coletiva e o incidente de resolução de demandas repetitivas consiste em que naquela os litígios cumulados são solucionados simultaneamente, enquanto no incidente apenas se delibera, em Tribunal, sobre idêntica questão de direito presente em várias ações, as quais continuam a se desenvolver com independência entre si.[512]

Nesse sentido, é lícito afirmar que "o teor da decisão do Tribunal é [apenas] *ponto de partida* para que os juízos singulares decidam seus processos".[513]

Não se trata, portanto, de um julgamento tecnicamente qualificável sempre como julgamento de causa-piloto.[514]

O que o incidente se propõe a produzir não é, propriamente, transformar o julgamento de uma causa subjetivamente identificável em decisão vinculante para demandas similares. O incidente pode redundar até em pura fixação de tese de direito, se, por exemplo, a parte desistir do recurso ou da causa principal de onde surgiu o IRDR, em situação como a prevista

---

[511] "O incidente de resolução de demandas repetitivas visa à prolação de uma decisão única que fixe tese jurídica sobre uma determinada controvérsia de direito que se repita em numerosos processos" (TEMER, Sofia. *Incidente de resolução de demandas repetitivas*. Salvador: JusPodivm, 2016, p. 39).

[512] Trata-se não de uma *ação*, mas realmente de um *incidente processual*, entendido este como o "conjunto de atos formalmente coordenados a serem realizados no curso do processo", apresentando-se como "um *pequeno procedimento* inserido no contexto do procedimento maior" (DINAMARCO, Cândido Rangel; LOPES, Bruno Vasconcelos Carrilho. *Teoria geral do novo processo civil*. São Paulo: Malheiros, 2016, p. 242).

[513] WAMBIER, Teresa Arruda Alvim *et al*. *Primeiros comentários ao novo Código de Processo Civil*: artigo por artigo. São Paulo: RT, 2015, p. 1.396.

[514] O que distingue o julgamento de *causa-piloto* de um julgamento de *causa-modelo*, é que neste último caso, do julgamento de um litígio subjetivo se extrai uma tese vinculante, enquanto no julgamento de *causa-piloto* não se chega necessariamente ao julgamento do litígio subjetivo, mas se fixa, desde logo, em tese de direito padronizada, para o caso pendente e outros similares. É a hipótese, por exemplo, dos incidentes de arguição de inconstitucionalidade (CPC, arts. 948 a 950).

no art. 998, parágrafo único. Daí ser admissível a qualificação do incidente como julgamento de *causa-modelo*, principalmente quando o seu julgamento não abrange nenhum caso concreto pendente. Mesmo quando o tribunal, ao fixar a tese uniformizadora de direito, passa a resolver os casos subjetivos que ensejaram o incidente, duas decisões são pronunciadas distintamente: a do IRDR, em que se fixa a tese vinculativa e a que resolve as causas repetitivas pendentes, à luz da tese uniformizadora já definida. Portanto, o IRDR funciona, basicamente, como instrumento de *causa-modelo*, naquilo em que se atém a decidir, objetivamente, sobre a tese de direito a prevalecer para todas as demandas que envolvam a mesma questão de direito.[515]

696. Força de coisa julgada e força executiva

Por não ocorrer composição de lide, o acórdão pronunciado pelo tribunal na resolução do incidente de demandas repetitivas não faz coisa julgada material. Terá, porém, força vinculativa *erga omnes*, fazendo que a tese de direito assentada seja uniformemente aplicada a todo aquele que se envolver em litígio similar ao retratado no caso padrão.

Por outro lado, embora o enunciado paradigmático seja de observação obrigatória nos diversos processos individuais similares, não se pode cogitar de força executiva na espécie. É que nele não se procedeu à certificação da existência do direito ou da obrigação de ninguém. No incidente, enfim, "o que vincula é o próprio precedente que dali se origina. A projeção *erga omnes* não é dos efeitos da coisa julgada, mas da *ratio decidendi*".[516]

696-A. O conteúdo do julgamento que acolhe o incidente de resolução de demandas repetitivas

No julgamento acontecido no incidente em apreciação, o Tribunal não decide lide alguma. Seu pressuposto são *demandas repetitivas*, mas o que o incidente se predispõe a solucionar são questões repetitivas. A cognição relevante "é *predominantemente* de direito", de modo que se pode afirmar que "o objeto do IRDR será uma questão jurídica repetida".[517]

Por certo que o quadro fático em que a questão repetitiva se instalou é importante e será levado em consideração no julgamento do IRDR. O Tribunal, no entanto, não o apreciará para julgar o caso concreto, do qual se originou o incidente, mas como *fato-tipo*, ou *modelo*. Afinal, não se presta a *tese de direito* assentada no julgamento do IRDR a se aplicar a *qualquer* fato, mas tão só aos fatos jurídicos iguais àquele tomado como paradigma.

É claro que, embora se destine à fixação de uma *tese de direito*, a função do incidente é elaborar tese destinada a ser aplicada a todas as questões fático-jurídicas iguais à que serviu de motivo para a instauração do IRDR.

Por isso é que o acórdão proferido no incidente em exame devendo gerar um *padrão decisório* para todos os *casos similares* terá de avaliar a *questão-tipo*, de forma obrigatoriamente contextualizada. Só assim se permitirá a exata compreensão jurídica da tese fixada no IRDR.[518]

---

[515] WANDERLEY, João Flávio Vidal. O objeto e a natureza do incidente de resolução de demandas repetitivas: as situações jurídicas repetitivas e os direitos individuais homogêneos no cerne do debate. *Revista de Processo*, v. 285, p. 261, nov./2018.

[516] BARBOSA, Andrea Carla; CANTOARIO, Diego Martinez Fervenza. O incidente de resolução de demandas repetitivas no Projeto de Código de Processo Civil: apontamentos iniciais. In: FUX, Luiz (coord.). *O novo processo civil brasileiro*: direito em expectativa. Rio de Janeiro: Forense, 2011, p. 503.

[517] TEMER, Sofia. *Incidente de resolução de demandas repetitivas*. Salvador: JusPodivm, 2016, p. 203.

[518] "Para compreensão da tese jurídica fixada no IRDR, portanto, é preciso identificar: a) a categoria fática em relação à qual a questão de direito é apreciada; b) o raciocínio empreendido pelo tribunal na análise dos fundamentos aventados; c) a conclusão sobre a controvérsia jurídica, apontando para uma só solução.

Não é uma *súmula* que se busca formalizar, na espécie, é um acórdão que irá figurar num cadastro mantido pelo Conselho Nacional de Justiça, no qual serão inseridas as *teses jurídicas* assentadas no julgamento padrão, contendo, no mínimo, "os *fundamentos determinantes da decisão* e os *dispositivos normativos* a ela relacionados" (CPC/2015, art. 979, § 2º). Esse cadastro e o teor de seus assentos têm precisamente, na dicção da lei, o objetivo de "possibilitar a identificação dos processos abrangidos pela decisão do incidente".[519]

Não basta, em suma, que o tribunal do incidente defina uma tese de direito. É indispensável seja ela contextualizada no plano fático-jurídico, o que só se alcançará se do acórdão vinculante constar a identificação da *causa de pedir* presente nas diversas demandas *repetitivas*.

697. Cabimento do incidente

Na sistemática do CPC/2015 (art. 976), cabe a instauração do incidente de resolução de demandas repetitivas quando, cumulativamente, se verificarem os seguintes requisitos:

(a) ocorrer "efetiva repetição de processos que contenham controvérsia sobre a mesma questão *unicamente de direito*";[520]

(b) configurar-se "risco de ofensa à *isonomia* e à *segurança jurídica*";[521] e

(c) inexistir afetação da mesma questão em recursos especial ou extraordinário repetitivos.

A questão de direito, na realidade, nunca se desliga de um pressuposto fático, de sorte que a lei quando cogita, para efeito do incidente em exame, de "questão unicamente de direito", quer que a controvérsia existente em juízo gire tão somente sobre *norma*, uma vez que os fatos sobre os quais deva incidir não são objeto de questionamento algum.[522] Nesse sentido, deve-se considerar *questão de direito* aquela que diga respeito à *qualificação jurídica de fato*,[523] desde que este não seja objeto de controvérsia.

Apenas pela análise contextualizada é que se pode compreender a tese e, assim, expandir sua aplicação aos casos em que se enquadrem nessa moldura" (TEMER, Sofia. *Incidente de demandas repetitivas*. Salvador: JusPodivm, 2016, p. 212).

[519] "O legislador demonstrou preocupação com esta questão, positivando no § 2º a regra de que o registro das teses deverá conter os fundamentos determinantes da decisão e os dispositivos normativos relacionados" (MENDES, Aluisio Gonçalves de Castro; TEMER, Sofia Orberg. Comentários ao art. 979. In: STRECK, Lenio Luiz *et al* (coord.). *Comentários ao Código de Processo Civil*. São Paulo: Saraiva, 2016, p. 1.281).

[520] "O incidente de resolução de demandas repetitivas somente pode abranger questão unicamente de direito e o tema submetido no tribunal necessita que não exista controvérsia sobre questão de fato" (TJMG, 1ª Seção Cível, IRDR – Cv nº 1.0000.16.018615-1/001, Rel. Des. Alberto Vilas Boas, decisão publicada em 24.06.2016).

[521] "O incidente de resolução de demandas repetitivas é instrumento criado pelo novo Código de Processo Civil que objetiva, no caso de efetiva repetição de processos sobre uma mesma questão jurídica, garantir um julgamento que propicie tratamento isonômico e segurança jurídica à coletividade" (TJMG, 1ª Seção Cível, IRDR – Cv nº 1.0000.16.032832-4/000, Rel. Des. Alberto Vilas Boas, decisão publicada em 24.06.2016).

[522] "Questão *unicamente* de direito", na dicção da lei, equivale a questão "*eminentemente* de direito", o que ocorre quando a compreensão da hipótese fática independe de dilação probatória e se extrai "exclusivamente da análise dos documentos indispensáveis à propositura da demanda" (FICHTNER, José Antônio; MONTEIRO, André Luis. Sentença de julgamento imediato do mérito: algumas considerações sobre o art. 285-A, do CPC. *Revista Dialética de Direito Processual*, São Paulo, n. 76, p. 52, jul. 2009). Não há, propriamente, *in casu*, "uma questão *unicamente* de direito", mas, sim, uma questão, no máximo, "*predominantemente* de direito", porque, na espécie, "a situação de fato não traz, em si, maiores questionamentos quanto à sua existência, seus contornos e seus limites" (BUENO, Cassio Scarpinella. *Curso sistematizado de direito processual civil*. São Paulo: Saraiva, 2007, v. 2, t. I, p. 127).

[523] MEDINA, José Miguel Garcia. *Direito processual civil moderno*. 2. ed. São Paulo: RT, 2016, p. 1.481.

Como não se pode estabelecer tese jurídica totalmente abstrata, o IRDR, como os demais incidentes previstos no CPC para a formação de precedentes, mesmo quando se afirme que o propósito legal seja resolver apenas questões de direito, tem-se de entender que se cogita de questões de direito enfocadas a partir de "um modelo que represente a controvérsia",[524] nos seus componentes tanto de fato como de direito.

A questão base enfrentada no IRDR, para gerar tese jurisprudencial vinculante, há de ser apreciada em seus aspectos circunstanciais, levando a cabo a descrição de uma *situação fática-tipo*, a qual "será vislumbrada como *modelo* fático para posterior aplicação da tese",[525] a outras causas semelhantes, num processo comparativo.

A propósito de reparação de danos homogêneos que afetem grande número de vítimas, como ocorreu, por exemplo, no conhecido caso do rompimento da barragem da Samarco em Mariana e da barragem da Vale em Brumadinho, o *common law* adota a técnica da *rough justice* ("justiça do possível"). Para evitar milhares de demandas individuais, utiliza-se uma padronização dos danos justa e equilibrada, já que a resolução caso a caso impediria a reparação célere e isonômica do dano suportado pelo grupo multitudinário. Leva-se em conta, ainda, que a apuração do dano individual, além de gerar muita disparidade quantitativa, acarretaria às vítimas mais vulneráveis dificuldade grave na comprovação e mensuração exatas dos danos particulares de cada uma. Tratada a reparação em termos globais, muito facilitada se torna a indenização de todos e de cada um dos integrantes do grupo de vítimas do mesmo dano. Embora a decisão coletiva possa não ser a mais justa, em termos absolutos, é sem dúvida a que corresponde à *justiça possível* (a *rough justice*), ou seja, a *praticável* e *útil*, nas particularidades do caso concreto.

No processo da Samarco, essa técnica unificadora da reparação do dano coletivo levou a eliminação de mais de 200 mil ações individuais, cuja manutenção, certamente, acabaria por eternizar e inviabilizar, na prática, a reparação buscada pelas vítimas apenas através das vias ordinárias do processo comum. É interessante registrar que o emprego da *rough justice* pelo Poder Judiciário brasileiro levou a Justiça inglesa à extinguir a ação coletiva paralelamente proposta perante ela, sob o argumento de que a Justiça brasileira estaria enfrentando o problema de Mariana com esforço e progresso consistentes, por meio da adoção de uma matriz de danos justa e equilibrada.[526]

O estabelecimento por via judicial de pagamento de indenização a grupos específicos de vítimas de dano comum, em valores pré-determinados, é um exemplo exitoso de emprego do IRDR para dar solução isonômica a conflitos que envolvam não só teses apenas de direito, mas também teses de fato e de direito, que são as que angustiam os litigantes com maior frequência, no concreto da vida forense.

---

[524] TEMER, Sofia. *Incidente de resolução de demandas repetitivas*. 3. ed. Salvador: JusPodivm, 2018, p. 76.

[525] TEMER, Sofia. *Incidente de resolução de demandas repetitivas*. 3. ed. Salvador: JusPodivm, 2018, p. 76: "No incidente, o tribunal deverá abstrair as circunstâncias concretas, concentrar os elementos homogêneos e recompor a imagem a fim de projetar um *fato-tipo*, para, a partir daí, fixar a tese jurídica". Em outros termos, "o tipo – como elemento da previsão do fato – deve abranger em especial a parte objetiva da conduta" (KARAM, Munir. A jurisprudência dos tipos, apud TEMER, Sofia. *Incidente de resolução de demandas repetitivas*. 3. ed. Salvador: JusPodivm, 2018, p. 76). Uma das funções do tipo, portanto, é o "enquadramento de certos fenômenos ou comportamentos, independentemente de mais profundas indagações objetivas ou subjetivas das situações concretas. Trata-se de estabelecer modelos com o objetivo de generalizar" (YARSHELL, Flávio Luiz. *Tutela jurisdicional*. São Paulo: Atlas, 1999, p. 51).

[526] Decisões referendam uso de matriz de danos para desastre ambiental. Disponível em: <https://www.conjur.com.br/2020-nov-09/trf-referenda-uso-sistema-indenizatorio-simplificado>. Acesso em: 17 nov. 2020.

Por outro lado, a mera discussão teórica sobre o sentido e alcance da norma não justifica a abertura do incidente. Tampouco é suficiente a perspectiva de multiplicidade futura de processos a respeito de sua aplicação. Exige o CPC/2015 que seja atual a efetiva pluralidade de processos, com decisões díspares acerca da interpretação da mesma norma jurídica. O incidente, em outros termos, não foi concebido para exercer uma função *preventiva*, mas *repressiva* de controvérsias jurisprudenciais preexistentes.

Correta a advertência de que a lei não exige o estabelecimento do caos interpretativo entre milhares de causas.[527] Basta que haja "repetição de processos" em número razoável para, diante da disparidade de entendimentos, ficar autorizado o juízo de "risco de ofensa à *isonomia* e à *segurança jurídica*". Naturalmente, para que semelhante juízo ocorra é mister a existência de vários processos e de decisões conflitantes, quanto à aplicação da mesma norma.

Pela própria natureza unificadora da medida, não haverá possibilidade da concomitância de vários incidentes de demandas repetitivas sobre a mesma tese de direito, num só tribunal.[528] Igual impedimento prevalecerá quando outro expediente procedimental já tiver sido acionado com o fito de gerar precedente unificador de jurisprudência, como o incidente de assunção de competência. Subsiste aqui o mesmo princípio que veda o bis in idem, nas hipóteses de litispendência.

Tampouco se admitirá a promoção do incidente de resolução de demandas repetitivas na esfera do tribunal local, quando um tribunal superior (STF ou STJ) já houver afetado recurso para definição da mesma tese, sob regime de recursos extraordinário e especial repetitivos (CPC/2015, art. 976, § 4º). É que já estará em curso remédio processual de função geradora de precedente, a cuja eficácia todos os tribunais inferiores restarão vinculados (art. 927). Tem-se, portanto, *in casu*, um feito prejudicial externo.[529]

O fato, porém, de ter sido denegada a formação do incidente por falta de seus pressupostos de admissibilidade, não impede seja ele novamente suscitado, desde que satisfeito o requisito inatendido na propositura anterior (CPC/2015, art. 976, § 3º).

Por outro lado, não é preciso que a *repetição* se dê entre processos em curso no tribunal. Essa exigência chegou a ser cogitada durante a tramitação parlamentar do Projeto, mas foi excluída do texto que afinal se tornou o CPC/2015. Assim é que o próprio juiz de uma das causas repetitivas está autorizado a provocar o incidente oficiando ao presidente do tribunal de segundo grau. Terá, contudo, de demonstrar a divergência de entendimento sobre a questão comum, divergência essa estabelecida não doutrinariamente, mas entre decisões judiciais já pronunciadas, as quais poderão ter acontecido na primeira ou na segunda instância. A lei, pois, não exige que o dissídio interpretativo se dê obrigatoriamente nos tribunais.[530]

---

[527] WAMBIER, Teresa Arruda Alvim et al. *Primeiros comentários ao novo Código de Processo Civil*: artigo por artigo. São Paulo: RT, 2015, p. 1.397-1.398.

[528] CAMARGO, Luiz Henrique Volpe. O incidente de resolução de demandas repetitivas no projeto de novo CPC: a comparação entre a versão do Senado Federal e a da Câmara dos Deputados. In: FREIRE, Alexandre et al. (org.). *Novas tendências do processo civil*. Salvador: JusPodivm, 2014, v. 3, p. 287.

[529] Se não são idênticos os institutos do incidente de resolução de demandas repetitivas e dos recursos extraordinário e especial repetitivos, "têm, com certeza, a mesma razão de ser e a mesma correlata finalidade. Não faz, portanto, sentido que, por meio de ambos os institutos, possa-se estar resolvendo, *simultaneamente, a mesma questão de direito*. Até porque, além do desperdício da atividade jurisdicional, há o risco de decisões conflitantes" (WAMBIER, Teresa Arruda Alvim et al. *Primeiros comentários ao novo Código de Processo Civil*: artigo por artigo. São Paulo: RT, 2015, p. 977).

[530] MENDES, Aluísio Gonçalves de Castro. *Incidente de resolução de demandas repetitivas – contribuição para a sistematização, análise e interpretação do novo instituto processual* (tese). Rio de Janeiro: UERJ, 2017, p. 131-135.

698. Objetivos do incidente

O incidente de resolução de demandas repetitivas nem sempre ocorre dentro do processo que legitimou sua instauração. Diferentemente do sistema dos recursos especial e extraordinário repetitivos, que também viabilizam uniformização de jurisprudência vinculante, a partir do julgamento do recurso adotado como padrão, o incidente do art. 976 se processa, em princípio, separadamente da causa originária, e sob a competência de órgão judicial diverso (art. 978, *caput*). Esse órgão será sempre o tribunal de segundo grau, cuja competência se restringe ao julgamento do incidente, sem eliminar a dos órgãos de primeiro ou segundo grau para julgar a ação ou o recurso, cujo processamento apenas se suspende, para aguardar o pronunciamento normatizador do tribunal.

Há quem só admite a instauração do incidente quando já exista processo pendente no tribunal a respeito da questão controvertida. Não me parece, todavia, que tal requisito se ache implícito nas exigências do art. 976 do CPC/2015.[531]

Diante da multiplicação de demandas individuais iguais, o incidente em questão persegue dois objetivos:

(a) abreviar e simplificar a prestação jurisdicional, cumprindo os desígnios de duração razoável dos processos e de observância dos princípios de economia e efetividade da prestação jurisdicional, já que, uma vez resolvida pelo tribunal a questão de direito presente em todos os múltiplos processos individuais, a solução destes se simplifica, podendo rapidamente ser definida;[532]

(b) uniformizar a jurisprudência, de modo a garantir a isonomia e proporcionar efetividade à segurança jurídica, tornando previsível a postura judicial diante da interpretação e aplicação da norma questionada.[533]

Convém ressaltar, por fim, que a divergência jurisprudencial a ser superada pelo incidente em causa tanto pode versar sobre tese de direito material como processual, segundo explicita o art. 976, § 4º.

---

[531] ""Segundo pensamos, não é necessário que haja processo pendente no tribunal, que verse sobre a questão. A existência de processo (ou processos) no tribunal que versem sobre a questão, no entanto, poderá ser sintoma de que os pressupostos referidos na lei para que se admita o incidente encontram-se presentes" (MEDINA, José Miguel Garcia. *Direito processual civil moderno*. 2. ed. São Paulo: RT, 2016, p. 1.482). O STJ, todavia, já decidiu que o IRDR só é cabível como incidente de recurso ou processo de competência originária em tramitação perante o Tribunal Superior (STJ, 2ª T., REsp 2.023.892/AP, Rel. Min. Herman Benjamin, ac. 05.03.2024, *DJe* 16.05.2024).

[532] Muito antes do CPC/2015, voz abalizada reclamava a introdução no sistema processual brasileiro de instrumento capaz, a um só tempo, de unificar a jurisprudência e reduzir a pletora de recursos nos tribunais sobre uma mesma questão de direito: "é preciso que se crie um mecanismo de rápida formação da jurisprudência superior nos casos repetitivos, a fim de que venha a célere orientação, antes que o repetido julgamento de casos idênticos nos escalões judiciários antecedentes alimente a máquina recursal (...). É preciso dinamizar o tipo de julgamento, a fim de que, quando venha a súmula, vinculante ou não, já se tenha, em um Tribunal Federal como este, ou em Tribunais como os de Alçada de São Paulo, julgado centenas ou milhares de processos desencadeado igual e inimaginável número de recursos" (BENETI, Sidnei Agostinho. *Da conduta do juiz*. 2. ed. São Paulo: Saraiva, 2000, p. 204).

[533] O combate à insegurança jurídica derivada da disparidade e inconstância da jurisprudência "é pressuposto do incidente" (CAMARGO, Luiz Henrique Volpe. O incidente de resolução de demandas repetitivas no Projeto de novo CPC: a comparação entre a versão do Senado Federal e a da Câmara dos Deputados. In: FREIRE, Alexandre *et al.* (org.). *Novas tendências do processo civil*. Salvador: JusPodivm, 2014, v. 3, p. 287).

699. Incidente de resolução de demandas repetitivas e incidente de assunção de competência

O incidente de assunção de competência visa à formação de precedente vinculante, mas tem papel preventivo, já que se aplica antes de configurado o indesejável dissídio jurisprudencial. Baseia-se na relevância da questão de direito e na grande repercussão social que sua solução possa acarretar. Daí a conveniência de que o julgamento do recurso, da remessa necessária ou do processo de competência originária se dê perante órgão colegiado maior, previsto regimentalmente para as decisões dotadas de força vinculante universal.

Se já existem múltiplos processos que repetem a mesma questão de direito, em curso em primeiro e segundo grau, a uniformização da tese de direito (necessária porque já se estabeleceram entendimentos conflitantes) não deve ser postulada, em princípio, pelo incidente de assunção de competência, como, aliás, ressalva o art. 947, *caput*, *in fine*. O caminho processual a seguir, por mais adequado, será o do incidente de resolução de demandas repetitivas (art. 976, I). Há, contudo, uma exceção que afasta esta regra geral, para dar preferência inversa ao incidente de assunção de competência sobre o de resolução de demandas repetitivas, mesmo existindo repetição do tema em múltiplos processos, exceção essa contemplada pelo § 4º do art. 947.

A aplicação da norma excepcional se dá quando a divergência atual se achar instalada entre processos já julgados entre câmaras ou turmas do próprio tribunal. Nessa situação, não haverá necessidade de se recorrer ao incidente de resolução de demandas repetitivas. A superação do dissídio sobre relevante questão de direito, ou sua prevenção, será mais facilmente alcançável por via do incidente de assunção de competência, manejado diante de novos casos acaso sobrevindos ao conhecimento do tribunal envolvendo a mesma questão (art. 947, § 4º).

Diante do exposto, pode-se afirmar que as hipóteses de cabimento dos dois incidentes confrontados não se confundem e acham-se nitidamente delineadas pelo Código. Não convém usar indiscriminadamente um pelo outro, porque os procedimentos são diversos e as cautelas de publicidade e controle são muito mais complexas no incidente do art. 976, do que no do art. 947. Para preservar a economia processual e assegurar a duração razoável do processo, sempre que a divergência interpretativa se resumir ao âmbito interno do tribunal e não houver necessidade de suspensão de numerosos processos em andamento fora do tribunal, a preferência deve, naturalmente, inclinar-se para o incidente de assunção de competência, que tem condições, de uma só vez, não só de resolver a questão pertinente à tese de direito controvertida, como de solucionar os próprios processos em curso no tribunal.

Já quando o problema agudo se localizar no universo incontrolável da multiplicidade inumerável de feitos em curso nos mais diferentes juízos de primeiro grau, o remédio a ser adotado, sem dúvida, haverá de ser o do incidente de resolução de demandas repetitivas, no qual se estabelece um campo de debate de proporções amplas e compatíveis com a pluralidade dos interesses afetados.

O relator do recurso, portanto, não pode transformar *ex propria autoritate* o seu julgamento em resolução de demandas repetitivas, sumariamente processada e decidida. Antes terá de propor a instauração do incidente em ofício endereçado ao presidente do tribunal, com os documentos comprobatórios dos requisitos legais do feito (art. 977). Admitido o procedimento incidental, passará a correr perante o órgão indicado pelo regimento interno como responsável pela uniformização de jurisprudência do tribunal (art. 978). E o julgamento não acontecerá senão depois de observada a mais ampla e específica divulgação e publicidade recomendada pelo art. 979 e parágrafos, e de ter sido franqueada a intervenção do Ministério Público e de todos os interessados, inclusive os *amici curiae*. Desse modo é que se formará a tese de direito cuja aplicação caberá ao juízo dos processos suspensos, para julgar individualmente cada uma das demandas que envolvem a mesma questão (art. 985, I) e que servirá de paradigma, também, para as causas futuras de semelhante objeto (art. 985, II).

O incidente de assunção de competência, como se deduz do art. 947, é preventivo e não observa procedimento capaz de atender às exigências próprias da resolução de causas repetitivas já existentes e em vias de resultados colidentes. Todavia, "é possível a conversão de incidente de assunção de competência em incidente de resolução de demandas repetitivas, se demonstrada a efetiva repetição de processos em que se discute a mesma questão de direito" (Enunciado nº 141/CEJ/CJF).

700. Legitimidade para a promoção do incidente

O pedido de instauração do incidente de resolução de demandas repetitivas, segundo o art. 977 do CPC/2015, poderá ser formulado:

(a) pelo juiz da causa, quando o processo ainda tramita no primeiro grau de jurisdição;

(b) pelo relator, quando o processo, por força de recurso, estiver em andamento perante o tribunal;

(c) pelas partes, em qualquer grau de jurisdição; não se exige que ambas as partes formulem o pedido, podendo uma só delas tomar a iniciativa;

(d) pelo Ministério Público ou pela Defensoria Pública.

A legitimação do Ministério Público para postular a abertura do incidente não decorre de estar atuando no processo como *custos legis*. Resulta de sua legitimidade institucional para promover a ação civil pública em defesa de direitos individuais homogêneos, sempre que assuma relevância social.[534] Da mesma forma, a Defensoria Pública legitima-se ao requerimento do IRDR, independentemente de atuar em um processo especificamente. Bastará a existência de numerosas causas sobre a mesma questão, pondo em risco a isonomia e a segurança jurídica em torno de temas previstos em sua esfera de atuação, de acordo com o art. 4º da LC nº 80/1994. É nessa linha, por exemplo, que se lhe confere legitimidade para propor, em nome próprio, a ação civil pública (Lei nº 7.347/1985, art. 5º, II).

701. Incidente instaurado a partir de processo já em curso no tribunal de segundo grau

O incidente, como já visto, pode ser instaurado por provocação do juiz de primeiro grau ou pelo relator de recurso ou processo de competência do tribunal (art. 977, I). Nesta última hipótese, há algumas particularidades a ressaltar, conforme o estágio em que se encontre a demanda.

Com efeito, o tribunal pode enfrentar o incidente de resolução de demandas repetitivas antes que o recurso tenha provocado a devolução de competência para rejulgamento da causa em segundo grau, como pode fazê-lo em relação a recurso ou causa de competência originária já em tramitação na instância superior. No primeiro caso, o processo causador do incidente fica suspenso no juízo originário, no aguardo do pronunciamento do tribunal, que se restringirá à definição da tese de direito a ser posteriormente aplicada nos julgamentos de todas as demandas que versem sobre a mesma questão. O tribunal, portanto, não avança até a solução das causas ainda não resolvidas nos juízos de primeiro grau. Esse julgamento permanecerá sob a competência do juiz originário da causa (CPC/2015, art. 985).

Quando, porém, o recurso, a remessa necessária ou o processo de competência originária já se encontrarem em andamento na instância superior, o tribunal ao decidir o incidente julgará também a causa que lhe deu origem (art. 978, parágrafo único).

Observe-se, outrossim, que o fato de o art. 977 atribuir ao relator a competência para iniciar o incidente de resolução de demandas repetitivas não quer dizer que, no tribunal, só ele tenha

---

[534] STJ, 2ª T., AgRg no AREsp 562.857/RS, Rel. Min. Humberto Martins, ac. 06.11.2014, *DJe* 17.11.2014; STJ, 4ª T., AgRg no REsp 1.038.389/MS, Rel. Min. Antônio Carlos Ferreira, ac. 25.11.2014, *DJe* 02.12.2014; STJ, 6ª T., AgRg no REsp 1.174.005/RS, 2012, *DJe* 01.02.2013.

esse poder. No colegiado, as decisões singulares do relator são tomadas em nome do órgão de que participa, de modo que o deliberado monocraticamente pode sempre ser reexaminado e modificado ou cassado pelo órgão coletivo. Assim, se o relator, instado, se recusa a propor a instauração do IRDR, o colegiado poderá decidir de modo diverso, deliberando a abertura do respectivo procedimento.

Na verdade, o juízo de admissibilidade definitivo é sempre do órgão julgador coletivo, pois mesmo quando a iniciativa parte do relator, sua decisão fica sujeita ao crivo do "órgão colegiado competente para julgar o incidente" (art. 981). Mas, ainda que a deliberação negativa do relator tenha sido tomada antes da chegada do processo ao órgão competente para julgar o IRDR, a matéria poderá ser suscitada perante o colegiado com competência para julgar o recurso, o qual terá possibilidade de, contra a posição do relator, acolher a provocação do incidente. Enfim, a competência, in casu, é originariamente do órgão colegiado e apenas é adiantada ao relator, por economia processual, sem que a última palavra lhe seja dada.

701-A. Sistema de causa-modelo ou de causa-piloto?

Discute-se sobre se teria nosso Código adotado o sistema de "causa-modelo" ou o de "causa-piloto"; ou seja, o IRDR só teria cabimento quando seu processamento ficasse atrelado ao julgamento de uma causa pendente, ou se poderia acontecer isoladamente, visando tão apenas o estabelecimento de tese utilizável em causas futuras.

A 2ª Turma do STJ, com apoio no art. 978, parágrafo único, do CPC, que prevê o julgamento conjunto pelo Tribunal, do IRDR e do recurso ou do processo de competência originária de onde adveio o incidente, fixou o entendimento radical de que tal dispositivo de lei inviabilizaria o IRDR processado de forma autônoma, "sem vinculação a um processo pendente". Assim, para aquela Alta Corte, a regra do parágrafo único do art. 978 conteria não apenas a previsão, mas a exigência de julgamento concomitante do IRDR e do recurso, remessa necessária ou processo de competência originária que lhe pudesse ter dado origem.[535] Sem, pois, um processo principal em curso no Tribunal, seria inadmissível o incidente do art. 976 do CPC.

Entretanto, o que, a nosso ver, se extrai do parágrafo único do art. 978 não é o vínculo obrigatório do julgamento do IRDR à decisão do recurso ou processo que lhe deu causa. Do contrário, como se entenderia a regra do § 1º do art. 976, que, textualmente, declara que "a desistência ou abandono do processo não impede o exame de mérito do incidente"? Como se explicaria, outrossim, a disposição do § 2º do mesmo artigo que, diante da desistência da ação originária pelo autor, determina o prosseguimento do IRDR já então sob a titularidade do Ministério Público? E, ainda, a regra do art. 986, que admite um processo puramente destinado à revisão de tese anteriormente fixada em IRDR, a essa altura, sem liame algum com qualquer outro procedimento?

Na verdade, o IRDR, como incidente que é, nasce naturalmente de um processo já existente e que envolve questão repetitiva de direito de solução controvertida na jurisprudência (art. 976). Mas a previsão de que o julgamento do incidente no Tribunal será feito simultaneamente com o do recurso ou do processo do qual se originou o IRDR (art. 978, parágrafo único) só se aplica quando os dois feitos estejam de fato pendentes de apreciação no mesmo grau de jurisdição. Tanto é assim que a desistência do recurso ou do processo gerador do incidente não impede o julgamento do IRDR (art. 976, § 1º); e a instauração do incidente pode ser provocada pelo juiz de primeiro grau, antes mesmo de sentenciar a causa, permanecendo sobrestado o processo, enquanto se aguarda o pronunciamento do Tribunal competente para apreciar e solucionar o IRDR (art. 977, I; e art. 982, I).

O regime do IRDR, portanto, é o mesmo dos recursos especial e extraordinário repetitivos, já que todos integram a categoria dos casos repetitivos formadores de teses vinculantes (arts.

---

[535] STJ, 2ª T., REsp 2.023.892/AP, Rel. Min. Herman Benjamin, ac. 05.03.2024, *DJe* 16.05.2024.

927, III, e 928, I e II). Esse escopo – formação de teses vinculantes – é que caracteriza a essência do IRDR e não a obrigatória e invariável extração da *ratio decidendi* do julgamento de uma causa-piloto. Daí que o IRDR nasce, em regra, como incidente de outra causa, mas assume vida própria, podendo chegar à tese vinculante a cargo do Tribunal mesmo após a extinção do processo originário, e eventualmente até antes que este tenha sido sentenciado.

Enfim, o sistema do IRDR estruturado pelo nosso CPC não é o de causa-piloto, em que a tese vinculante tenha sempre de ser obrigatoriamente formada dentro do julgamento de mérito de determinado processo principal; mas o de causa-modelo, em que uma demanda comum serve de ponto de partida para o incidente uniformizador da interpretação judicial em torno de questões até então conflituosas, sem que isso se transforme sempre em palco para julgamento simultâneo obrigatório dos dois processos, o originário e o incidental.

O papel da causa-modelo, na espécie, é apenas o de identificar a questão de solução controvertida a reclamar padronização jurisprudencial; esta, todavia, pode ser definida tanto no julgamento do mérito da causa originária como em decisão autônoma, conforme as circunstâncias do estágio de cada procedimento. Não se nos afigura, por isso, razoável a tese adotada pela 2ª Tuma do STJ, segundo a qual não cabe o IRDR se os dois processos não se acharem pendentes, no mesmo estágio, perante o mesmo Tribunal, ou seja, perante aquele competente para o julgamento do IRDR. Ao interpretar isoladamente o parágrafo único do art. 978, o acórdão referido não atendeu a importante regra de hermenêutica que preconiza a denominada interpretação sistemática. Os artigos de lei fazem parte de um organismo normativo, de modo que o sentido de cada um só é bem compreendido quando focalizado em relação e harmonia com todo o conjunto. Lembra Maximiliano que "cada preceito, portanto, é membro de um grande todo; por isso do exame em conjunto resulta bastante luz para o caso em apreço".[536]

A interpretação isolada do parágrafo único do art. 978, adotada pelo STJ, aconteceu justamente em razão de não ter sido levado em conta o sistema de precedentes construído pela lei nacional com fidelidade às raízes do *civil law*. Se no *common law* só aparece o precedente no julgamento de uma causa, no âmbito do *civil law*, como é o caso do direito brasileiro, as teses jurisdicionais vinculantes tanto se formam em decisões de demandas como em procedimentos eventualmente autônomos, a exemplo do IRDR (art. 927, III) e das súmulas dos tribunais superiores, STF e STJ (art. 927, II e IV). A partir, pois, do sistema do nosso CPC, não se sustenta o atrelamento à técnica da causa-piloto, como princípio geral e absoluto, como se vivêssemos sob o regime típico do *common law*. Ao contrário, o sistema nacional formou-se historicamente segundo o mecanismo das súmulas, adotado inclusive em nível constitucional, e das teses expressamente previstas para serem enunciadas nos processos repetitivos, seja em conjunto com a solução da causa originária, seja em momento de autonomia, conforme as circunstâncias processuais.[537]

---

[536] MAXIMILIANO, Carlos. *Hermenêutica e aplicação do direito*. 18. ed. Rio de Janeiro: Forense, 1999, p. 128. "Enfim, para o método sistemático, cada preceito legal é membro de um grande todo, motivo pelo qual não se deve, em princípio, interpretá-lo isoladamente, mas sempre à luz do conjunto no qual tem de figurar harmonicamente" (THEODORO JÚNIOR, Humberto. *Fraude contra credores*: a natureza da sentença pauliana. 2. ed. Belo Horizonte: Del Rey, 2001, p. 35-36).

[537] A regra do § 2º do art. 976 do CPC, que manda o Ministério Público assumir a titularidade do IRDR em caso de desistência ou abandono do processo pela parte, não pode ser vista como medida excepcional ou eventual, mas sim como consectário do sistema brasileiro de tratamento dispensado aos litígios de massa, construído em função da ordem pública, da isonomia e da segurança jurídica. É, na verdade, uma das características funcionais do sistema (CALDEIRA, Marcus Flávio Horta. O Incidente de Resolução de Demandas Repetitivas (IRDR) brasileiro e o procedimento-modelo (*Musterverfahren*). *Revista de Processo*, São Paulo, v. 350, abr. 2024, p. 417). A inspiração da regra é a mesma presente na disciplina da ação popular (Lei nº 4.717/1965, art. 9º) e na ação civil pública (Lei nº 7.347/1985, art. 5º, § 3º), no tocante à desistência infundada ou ao abandono da ação pela parte e sua substituição pelo representante do Ministério Público.

702. Desistência ou abandono do processo pela parte

É notório o interesse público em jogo no incidente de resolução de demandas repetitivas, como se deduz dos seus objetivos, ligados intimamente à política de perseguição do aprimoramento e racionalização da uniformização da jurisprudência e do aceleramento da prestação jurisdicional, gerando maior previsibilidade e confiança na interpretação e aplicação da lei.

Portanto, uma vez instaurado o incidente, àquele que o provocou não cabe o poder de impedir o respectivo julgamento. Nesse sentido, dispõe expressamente o § 1º do art. 976 do CPC/2015 que "a desistência ou o abandono do processo não impede o exame de mérito do incidente". Não é, com efeito, o interesse individual, mas o coletivo, que predomina e justifica o instituto processual em foco. A sistemática e a razão de ser são as mesmas que se aplicam aos recursos extraordinário e especial repetitivos, em relação aos quais a desistência do recorrente é inócua perante o julgamento que vai fixar a tese de direito aplicável aos inúmeros processos cuja solução se dará com fundamento na mesma norma submetida à análise interpretativa do tribunal superior (CPC/2015, art. 998, parágrafo único).

Verificada a desistência do promovente, tocará ao Ministério Público assumir a titularidade do incidente, como determina o § 2º do art. 976.

703. Participação do Ministério Público

O Ministério Público tem legitimidade para requerer a instauração do incidente de resolução de demandas repetitivas, tendo em conta o evidente *interesse público e social* presente na medida (art. 977, III).

Por isso, se não for como requerente, a intervenção do Ministério Público dar-se-á obrigatoriamente no incidente, como *custos legis* (art. 976, § 2º, primeira parte). Essa intervenção fiscalizadora se transformará em assunção da titularidade do incidente, caso o requerente originário desista do processo ou o abandone (art. 976, § 2º, *in fine*).

De qualquer forma, cabe ao Ministério Público não apenas emitir um parecer. Pelo grande relevo social do IRDR, do qual podem surgir teses de aplicação geral a futuros processos sobre a mesma matéria, cabe-lhe atuar diligentemente em todos os trâmites e debates do procedimento, requerendo diligências, proferindo sustentação oral e participando das audiências públicas, mesmo quando não for parte, estando, em suma, sempre preparado para assumir a titularidade do incidente, caso o requerente o abandone ou seja negligente em sua conclusão.[538]

704. Competência

O pedido de instauração do incidente é endereçado ao Presidente do Tribunal sob cuja jurisdição corra o processo, seja de forma recursal ou originária. No caso de competência recursal, não é preciso que o processo já se ache transitando pelo tribunal, nem se exige que algum recurso já tenha sido interposto. O incidente é cabível mesmo que o processo se ache sob a direção do juiz de primeiro grau, durante seu trâmite normal.

Quando a iniciativa for da autoridade judicial (juiz da causa ou relator do recurso), o pedido será formulado por meio de ofício, ao qual se anexarão, conforme o parágrafo único do art. 977, os documentos comprobatórios do preenchimento dos pressupostos de cabimento do incidente, enunciados pelo art. 976.

---

[538] LEONEL, Ricardo de Barros. Intervenção de demandas repetitivas. *Revista Jurídica da Escola Superior do Ministério Público de São Paulo*, v. 1, p. 183, apud DORNELAS, Henrique Lopes. Incidente de resolução de demandas repetitivas (IRDR): busca da segurança jurídica e da celeridade processual. *Revista Síntese de Direito Civil e Processual Civil*, n. 125, p. 77, maio-jun. 2020.

As partes formularão seu pedido por meio de petição, que não será endereçada ao juiz da causa ou ao relator, mas diretamente ao presidente do tribunal competente. A petição será instruída com a mesma documentação exigida para o ofício do juiz ou do relator (art. 977, parágrafo único).

O Ministério Público e a Defensoria Pública procederão da mesma forma que as partes, ou seja, mediante petição e documentação já explicitadas.

O julgamento do incidente caberá ao órgão colegiado designado pelo regimento interno, dentre aqueles responsáveis pela uniformização de jurisprudência do tribunal (CPC/2015, art. 978). O órgão competente decidirá, em regra, apenas sobre a tese de direito aplicável aos diversos processos suspensos. Quando, todavia, o incidente recair sobre feito já afetado à competência do tribunal, o órgão competente para fixação da tese de direito julgará, também, o recurso, a remessa necessária ou o processo de competência originária onde o incidente se originou (art. 978, parágrafo único).

Consoante a regra do art. 978, o tribunal local tem autonomia para definir o órgão fracionário que se encarregará do julgamento do IRDR. No caso, porém, em que se der arguição de inconstitucionalidade de lei, ter-se-á de observar a reserva de plenário determinada pelo art. 97 da Constituição, de modo que a competência se deslocará para o plenário ou para o órgão especial que fizer as suas vezes.

705. Detalhes do procedimento

I – Registro e autuação

Provocado o incidente por petição das partes ou do Ministério Público, durante a tramitação de processo no primeiro grau de jurisdição, haverá registro e autuação próprios no tribunal, por decisão do respectivo presidente. Quando, porém, o incidente for suscitado em processo que já tramita pelo tribunal, seu processamento dar-se-á dentro dos próprios autos, a exemplo do que se passa com os embargos de declaração e o agravo interno.

II – Publicidade

Em função da repercussão universal do incidente de resolução de demandas repetitivas, a lei determina a criação de cadastros eletrônicos locais e nacional, impondo as seguintes medidas de publicidade, a serem promovidas pelo tribunal:

(a) A instauração e o julgamento do incidente serão sucedidos da mais ampla e específica publicidade, por meio de *registro eletrônico no Conselho Nacional de Justiça* (art. 979, caput).

(b) O banco eletrônico de dados, instalado em cada tribunal, manterá as informações específicas atualizadas sobre as *questões de direito nele submetidas ao incidente*. Toda inserção local será comunicada imediatamente ao Conselho Nacional de Justiça para inclusão no cadastro geral ali mantido (art. 979, § 1º).

(c) Do registro eletrônico cadastral constarão, no mínimo, *(i)* os fundamentos determinantes da decisão; *(ii)* os dispositivos normativos por ela aplicados. Essa exigência justifica-se pela necessidade de permitir a identificação dos processos que serão abrangidos pela decisão do incidente (art. 979, § 2º).

(d) As mesmas regras de publicidade e cadastramento eletrônico serão aplicadas ao julgamento de recursos repetitivos e da repercussão geral em recurso extraordinário, já que esses institutos processuais participam da mesma função e objetivos do incidente de resolução de demandas repetitivas (art. 979, § 3º).

As medidas de publicidade do art. 979 têm dupla função: *(i)* dar ampla divulgação aos incidentes propostos e julgados, de modo a evitar a continuidade e o julgamento das ações individuais homogêneas, sem atentar para necessidade de sujeição à tese de direito definida, ou em vias de definição no tribunal; e *(ii)* impedir a multiplicidade de incidentes de igual natureza ou de igual força uniformizadora sobre uma mesma questão de direito, o que enfraqueceria a própria função do instituto, comprometendo-lhe a utilidade e eficácia.[539]

III – Primeiras deliberações do relator

O procedimento do incidente de resolução de demandas repetitivas compreende duas fases que se desenvolvem perante o colegiado competente, de acordo com o Regimento Interno do Tribunal. Na primeira, delibera-se sobre o cabimento do incidente (art. 981) e, na segunda, sendo positivo o resultado da primeira, realiza-se o julgamento de seu mérito (art. 984).

Assim, o juízo de admissibilidade do incidente, em caráter definitivo, cabe ao colegiado competente para julgá-lo (art. 981). Porém, como se passa com os procedimentos de curso perante tribunal, o relator também procede ao mesmo juízo, logo após a distribuição e antes de dar sequência ao incidente de resolução de demandas repetitivas. Trata-se, no entanto, de deliberação provisória, visto que passível de reapreciação pelo colegiado. Inadmitido o incidente por decisão monocrática do relator, contra esta será manejável agravo interno (CPC/2015, art. 1.021). Entendendo cabível o incidente, o relator o levará à apreciação do colegiado competente para proceder coletivamente à realização do juízo de admissibilidade (art. 981).

Admitido o incidente pelo colegiado, o relator tomará as seguintes providências:

(a) *Suspenderá os processos pendentes*[540] que possam ser afetados pela decisão do incidente. Essa medida compreenderá tanto os processos individuais como os coletivos e terá força dentro da circunscrição territorial do tribunal (*i.e.*, o Estado, no caso dos Tribunais de Justiça, e a região, na hipótese de Tribunal Regional Federal) (art. 982, I).[541] Um tribunal local não pode suspender processo que corra sob a jurisdição de outro tribunal do mesmo nível hierárquico. Tal poder somente será exercitável por tribunais que, dentro dos limites de sua competência, exerçam jurisdição sobre todo o território nacional, como o STF e o STJ. Apenas, portanto, com a intervenção desses tribunais superiores a suspensão provocada pelo incidente do art. 976 do CPC/2015 pode, eventualmente, ultrapassar a circunscrição territorial do tribunal local em que sua instauração ocorreu (art. 982, § 3º).

Quanto à suspensão dos processos sobre os quais a decisão do plenário poderá interferir, trata-se de medida enquadrável no poder cautelar genericamente conferido ao relator, em todo e qualquer processo que tramite pelos tribunais superiores (art. 932, II). Observe-se, outrossim, que o relator decreta a suspensão de forma geral, pois não tem contato direto com todos os processos ainda em curso nos juízos originários, nem tem condições, dentro dos limites do incidente, de identificá-los. Divulgada a ordem genérica do relator, caberá ao juízo perante o qual o processo se encontra

---

[539] WAMBIER, Teresa Arruda Alvim *et al. Primeiros comentários ao novo Código de Processo Civil*: artigo por artigo. São Paulo: RT, 2015, p. 1.403.

[540] "A suspensão de processos pendentes, individuais ou coletivos, que tramitem no Estado ou na região prevista no art. 982, I, do CPC não é decorrência automática e necessária da admissão do IRDR, competindo ao relator ou ao colegiado decidir acerca da sua conveniência" (Enunciado nº 140/CEJ/CJF).

[541] "Não se aplica a suspensão do art. 982, I, do CPC ao cumprimento de sentença anteriormente transitada em julgado e que tenha decidido questão objeto de posterior incidente de resolução de demandas repetitivas" (CEJ/I Jorn. Dir. Proc. Civ., Enunciado nº 107).

a decisão de identificá-lo e de submetê-lo efetivamente à suspensão ordenada pelo relator. É, dessa forma, o juiz da causa quem promove *in concreto* a suspensão do processo decretada, no bojo do IRDR, pelo relator. Nessa altura, as partes terão de ser intimadas e poderão, se for o caso, requerer a cessação da medida, demonstrando que o caso dos autos não veicula a mesma questão de direito objeto do IRDR[542].

(b) Se necessário, *requisitará informações* ao juízo perante o qual se discute o objeto do incidente. Em quinze dias, deverão ser prestados os esclarecimentos cabíveis (art. 982, II). Essa diligência é excepcional e só se justifica quando o pedido de instauração do incidente e a documentação que o instruíram não foram suficientes, a juízo do relator, para a completa identificação da questão de direito repetida nas diversas ações e para a comprovação da multiplicidade de soluções que lhe vem sendo aplicadas, pondo em risco o tratamento igualitário de todos perante a lei, em detrimento, ainda, da segurança jurídica.

(c) *Determinará*, quando não for o autor do pedido da medida, *a intimação do Ministério Público* para, querendo, manifestar-se no prazo de quinze dias, como *custos legis* (art. 982, III). A diligência prende-se ao evidente interesse público e social que o incidente envolve, como já restou destacado.

IV – A incomum amplitude do contraditório

Embora o incidente não esteja programado para unificar a interpretação da tese de direito senão para os processos em curso sob a jurisdição do tribunal que o instaurou, é possível que a mesma tese esteja sendo objeto de aplicação controvertida por outros juízos, fora de sua circunscrição. Ocorrendo a hipótese, a medida de suspensão pode ser estendida a todos os processos individuais ou coletivos em curso no território nacional, que versem sobre a mesma questão tratada no incidente já instaurado no tribunal local.

Para que essa ampliação se dê, algum dos legitimados previstos no art. 977 (parte, Ministério Público, Defensoria Pública, juiz ou relator) poderá endereçar pedido ao STF ou ao STJ – como medida preparatória de futuro e eventual recurso extraordinário ou especial – pleiteando que a suspensão seja estendida a todos os processos similares em andamento no território nacional (art. 982, § 3º).[543]

A *parte* que pode requerer a extensão da suspensão de processos para além dos juízos da circunscrição territorial do tribunal do incidente não é a parte da demanda de que este se originou; é a parte de outro processo não alcançável pela competência do órgão que preside o incidente, mas em que se discute a mesma questão do objeto do referido incidente. O sentido da norma enunciada no § 4º do art. 982 é, em outras palavras, o de que quem quer que seja

---

[542] "Determinada a suspensão decorrente da admissão do IRDR (art. 982, I), a alegação de distinção entre a questão jurídica versada em uma demanda em curso e aquela a ser julgada no incidente será vinculada por meio do requerimento previsto no art. 1.037, § 10" (Enunciado nº 142/CEJ/CJF).

[543] De acordo com o art. 271-A do RISTJ, "poderá o Presidente do Tribunal, a requerimento do Ministério Público, da Defensoria Pública ou das partes de incidente de resolução de demandas repetitivas em tramitação, considerando razões de segurança jurídica ou de excepcional interesse social, suspender, em decisão fundamentada, todos os processos individuais ou coletivos em curso no território nacional que versem sobre a questão objeto do incidente". Observe-se, porém, que "somente é possível ao presidente do STJ analisar pedido de suspensão de processos em todo o território nacional decorrente de IRDR após a admissão do incidente pelo tribunal de segunda instância, com as consequências previstas nos incisos do art. 982, em especial a determinação de suspensão dos 'processos pendentes, individuais ou coletivos, que tramitam no Estado ou na região, conforme o caso' (inciso I)" (STJ, Comissão Gestora de Precedentes, Suspensão em IRDR nº 2-SE, decisão de 12.12.2016, do Min. Paulo de Tarso Sanseverino, Presidente da Comissão Gestora de Precedentes, *DJe* 01.02.2017).

parte nas ações cujo procedimento não for suspenso, por correr perante juízos sediados fora do Estado ou da Região de competência do tribunal processante do incidente do art. 976, pode requerer a ampla suspensão de que cogitam os §§ 3º e 4º do art. 982.[544]

Essa suspensão ampla durará enquanto se permanecer na expectativa de interposição dos recursos especial e extraordinário. Portanto, julgado o incidente e não sendo manifestado recurso da espécie em tempo hábil, contra o acórdão respectivo, cessará a medida suspensiva provisória (art. 982, § 5º).

V – Intervenções no incidente

O relator intimará para pronunciarem sobre o incidente instaurado, em primeiro lugar, as partes do processo que lhe deu origem. O prazo para essa manifestação é de quinze dias e corre em comum (art. 983, *caput*).

No mesmo prazo, o relator ouvirá "os demais interessados", conceito que engloba sobretudo as partes dos outros processos sobrestados, além daquele de onde se originou o incidente. Entram, porém, no mesmo conceito, além das citadas partes, a figura do *amicus curiae*, categoria em que se inserem "pessoas, órgãos e entidades com interesse na controvérsia" (art. 983, *caput*).

As partes dos "outros" processos suspensos, intervirão, querendo, em situação equivalente à do assistente litisconsorcial, já que o respectivo interesse equivale ao das partes da causa geradora do incidente. Já o interesse dos *amici curiae* é especial e essencial, mas muito diferente dos portados pelos demandantes. Manifestam-se não em proveito próprio, mas em prol de interesses sociais de determinados grupos ou de algum seguimento da comunidade. Nada postulam, em sentido próprio. Trazem, contudo, ao processo dados capazes de possibilitar que a decisão de mérito seja pronunciada "mais rente à realidade social subjacente à questão jurídica que se discute e que se há de definir".[545]

O prazo concedido aos "demais interessados" (inclusive o *amicus curiae*) é o mesmo dos interessados principais, ou seja, quinze dias comuns a todos eles, sendo-lhes facultado requerer a juntada de documentos, bem como as diligências necessárias para a elucidação da questão de direito controvertido (art. 983, *caput*).

Uma última oportunidade para intervenção de terceiros no procedimento do incidente de resolução de demandas repetitivas pode acontecer por meio da *audiência pública*, que o § 1º, do art. 983 autoriza ao relator designar, quando considerar conveniente abrir, mais ainda, a ouvida da sociedade, por meio de "depoimentos de pessoas com experiência e conhecimento" sobre a matéria discutida no incidente.

VI – Encerramento das diligências

Cumpridas todas as diligências ordenadas pelo relator, será dada oportunidade ao Ministério Público para manifestar-se, também, em quinze dias (art. 983, *caput*). Em seguida, o relator solicitará dia para o julgamento do incidente (art. 983, § 2º).

VII – Sessão de julgamento

De acordo com o art. 984, *caput*, o julgamento do incidente começará pela exposição do respectivo objeto, feita pelo relator (inciso I).

---

[544] WAMBIER, Teresa Arruda Alvim *et al. Primeiros comentários ao novo Código de Processo Civil*: artigo por artigo. São Paulo: RT, 2015, p. 1.407.

[545] BUENO, Cassio Scarpinella. *Amicus curiae*: um terceiro enigmático. São Paulo: Saraiva, 2008, *passim*; WAMBIER, Teresa Arruda Alvim *et al. Primeiros comentários ao novo Código de Processo Civil*: artigo por artigo. São Paulo: RT, 2015, p. 1.408.

Em seguida, proceder-se-á à sustentação oral pelos advogados do autor e do réu do processo originário e pelo Ministério Público, durante trinta minutos, ou seja, dez minutos para cada um (inciso II, "a"). Poderão também sustentar oralmente os *demais interessados*, que dividirão entre si o prazo comum de trinta minutos. Mas somente terão permissão para tal sustentação os que se inscreverem com dois dias de antecedência (inciso II, "b").

Considerando o número de oradores inscritos, o prazo das partes e dos demais interessados poderá ser ampliado pela presidência da sessão (art. 984, § 1º).

Regra especial reclama particular atenção para a redação do julgado do incidente: o acórdão deverá abranger a análise de "todos os fundamentos suscitados concernentes à tese jurídica discutida" sejam eles *favoráveis* ou *desfavoráveis* ao entendimento adotado pelo tribunal (art. 984, § 2º). O acórdão, portanto, deverá expor, explicitamente, os fundamentos adotados, bem como mencionar, um a um, aqueles que foram rejeitados, analisando, de forma expressa, uns e outros.

VIII – Acórdão

O órgão colegiado competente, em regra, limita-se a fixar a tese de direito aplicável a todas as causas repetitivas, atuais e futuras (art. 985). Se a causa ou recurso de que se originou o IRDR se encontrar no tribunal, o órgão encarregado de seu processamento julgará, além do incidente, o processo ou recurso primitivo (art. 978, parágrafo único). Esse cúmulo, porém, é restrito, de sorte que não se pode atribuir ao órgão do incidente o encargo de julgar todos os feitos pendentes no tribunal versando sobre a mesma questão de direito, mas apenas aquele ou aqueles de que se originou o incidente. Fixada a tese comum, o julgamento dos processos suspensos caberá, no tribunal, ao órgão a que originariamente cada um se vinculou.

IX – Prazo para o julgamento do incidente

O incidente deverá ser julgado no prazo de um ano, prevendo o art. 980, *caput*, que ele terá preferência sobre os demais feitos, ressalvados os que envolvam réu preso e os pedidos de *habeas corpus*. Se o prazo não for cumprido, cessa a suspensão dos processos pendentes, individuais ou coletivos, que versam sobre a mesma matéria e que estejam em curso no Estado ou na Região da circunscrição do respectivo tribunal (art. 980, parágrafo único, primeira parte). Entretanto, caso o relator entenda necessário poderá prorrogar a referida suspensão, por meio de decisão fundamentada (art. 980, parágrafo único, *in fine*).

O prazo de um ano previsto para o julgamento do incidente engloba, inclusive, eventuais recursos extraordinário e especial contra a decisão proferida pelo tribunal local ou federal. Caso o tribunal superior não consiga julgar o recurso dentro desse prazo, o relator lá designado terá poder para ampliá-lo, em decisão fundamentada, nos termos do parágrafo único do art. 980. Não se pode, entretanto, admitir uma prorrogação que eternize a situação de paralisação das ações individuais.

705.1. Padronização de procedimentos administrativos relacionados com o julgamento dos casos repetitivos e do incidente de assunção de competência

Considerando a necessidade de aprimorar as atividades de gerenciamento de dados pertinentes ao acervo de processos sobrestados em decorrência dos institutos da repercussão geral e dos casos repetitivos, bem como do incidente de assunção de competência, o CNJ, através da Resolução nº 235, de 13 de julho de 2016, cuidou de adotar, em face do disposto no art. 979 do CPC/2015, duas medidas importantes para a otimização do sistema de julgamento dos casos repetitivos e de formação concentrada de precedentes obrigatórios:

(a) criou o banco nacional de dados, no âmbito do próprio CNJ, para conter as informações relativas à repercussão geral, aos casos repetitivos e aos incidentes de

assunção de competência do STF, do STJ, do TST, do TSE, do STM, dos TRFs, dos TRTs e dos TJs dos Estados e do Distrito Federal;

(b) determinou ao STJ, ao TST, ao TSE, ao STM, e aos Tribunais da Justiça Federal, da Justiça do Trabalho e da Justiça Estadual a organização de Núcleo de Gerenciamento de Precedentes (Nugep).

Para melhor funcionamento do banco de dados, dispôs que seria ele alimentado continuamente pelos tribunais, com a padronização e as informações detalhadas na padronização traçada nos anexos da Resolução nº 235. Previu, outrossim, que seriam disponibilizadas, pelo CNJ, informações para toda a comunidade jurídica, separando em painéis específicos os dados relativos à repercussão geral, aos recursos repetitivos, ao incidente de resolução de demandas repetitivas e ao incidente de assunção de competência admitidos e julgados pelos tribunais (art. 5º, *caput* e §§ 1º e 2º).

Marcou o prazo de noventa dias, contados da publicação da Resolução, para que os tribunais implantassem os Nugeps, aos quais atribuiu as funções principais enumeradas no art. 7º da referida Resolução. Recomendou, também, a criação de *grupos de representativos* (GR), para permitir a padronização, a organização e o controle dos recursos representativos da controvérsia encaminhados ao STF, ao STJ e ao TST, bem como daqueles que permanecem sobrestados no Estado ou na Região, nas turmas e colégios recursais e nos juízos de execução fiscal (art. 9º). Por *grupo de representativos* a Resolução entende "o conjunto de processos enviados ao STF, ao STJ ou ao TST, nos termos do § 1º, do art. 1.036, do CPC" (art. 9º, § 1º).

Determinou a mesma Resolução que o STJ, o TST, o TSE, o STM, os TRFs, os TRTs e os TJs mantenham, em sua página na internet, banco de dados pesquisável com os registros eletrônicos dos temas, para consulta pública, com informações padronizadas de todas as fases percorridas dos incidentes de assunção de competência ajuizados no respectivo tribunal, banco esse que conterá no mínimo as informações previstas no Anexo III da Resolução.

706. Força vinculante da decisão do incidente

O art. 985 do CPC/2015 deixa evidente a força vinculante do assentado no julgamento do incidente de resolução de demandas repetitivas. Com efeito, determina, de forma imperativa, que a tese jurídica proclamada no julgado em foco "será aplicada":

(a) "a todos os processos individuais ou coletivos que versem sobre idêntica questão de direito e que tramitem na área de jurisdição do respectivo tribunal, inclusive àqueles que tramitem nos juizados especiais do respectivo Estado ou região" (inciso I); bem como,

(b) "aos casos futuros que versem idêntica questão de direito e que venham a tramitar no território de competência do tribunal", enquanto não operada a revisão da tese pelo mesmo tribunal (inciso II).

Estabelece, ainda, o mesmo dispositivo legal, remédio enérgico para corrigir as decisões que se insurjam contra a tese de direito assentada no incidente, que vem a ser a *reclamação* (art. 985, § 1º).

Os textos legais são de meridiana clareza, e não importa que se afastem do sistema de precedentes do direito anglo-saxônico ou de mecanismo unificador do direito alemão. Trata-se de instituto concebido e aperfeiçoado pelo direito brasileiro, sem qualquer ofensa ao sistema do processo constitucional idealizado por nossa Carta Magna.

Tal como a súmula vinculante, a tese firmada por meio do incidente de resolução de demandas repetitivas tem eficácia *erga omnes* dentro da circunscrição territorial do tribunal que o processou e julgou. E esses efeitos, por sua vez, não se restringem aos processos em tramitação ao tempo da instauração do incidente. Projetam-se, por vontade da lei, para o futuro, de modo a atingir todas as demandas posteriores, equiparando-se, o regime do novo Código, ao dos *precedentes vinculantes*.[546]

706.1. Força vinculante e teoria da distinção

O julgamento do IRDR deve ser completo, enfrentando todos os argumentos deduzidos no processo capazes de, em tese, infirmar a conclusão adotada pelo julgador (art. 489, § 1º, IV). A força de lei derivada de qualquer decisão judicial incide sobre as questões resolvidas à luz dos respectivos fundamentos (art. 503, *caput*). Por isso, o efeito vinculante previsto no art. 985 fica limitado às questões e fundamentos que tenham sido suscitados e analisados no IRDR.

Uma vez firmada a tese vinculante, o julgamento de causas singulares ou coletivas exigirá do juízo uma operação de enquadramento da espécie dos autos à hipótese definida no IRDR. Não haverá uma observância automática e inevitável do afirmado no incidente. Se o julgamento deste não enfrentou a questão trazida ao processo ou não apreciou o fundamento ora proposto pela parte, o juiz não estará jungido à solução do IRDR. Poderá dela se afastar, se acolher fundamento não avaliado no incidente. Essa operação judicial é a que se denomina *distinção*. Com ela o sentenciante reconhece e demonstra que a questão do processo novo é distinta daquela resolvida no IRDR. Em tal caso, quando muito, o precedente poderá ter força persuasiva, mas nunca vinculativa.

Aliás, configura sentença *não fundamentada* a que se limita a aplicar precedente sem identificar seus fundamentos determinantes "nem demonstrar que o caso sob julgamento se ajusta àqueles fundamentos" (art. 489, § 1º, V). O mesmo acontece com a decisão que deixa de seguir o precedente invocado pela parte, "sem demonstrar a existência de *distinção* no caso em julgamento ou a superação do entendimento" (art. 489, § 1º, VI).[547]

É, enfim, dever do magistrado sentenciante:

(a) observar, fundamentadamente, a tese do IRDR, se o julgamento for de causa igual à do precedente;

(b) deixar de observar, mediante adequada motivação, a tese fixada no IRDR, se a parte demonstrar razão convincente que não tenha sido avaliada na formação do precedente.

706.2. Identidade de questão e não de causa

O objetivo do IRDR – como de resto se passa com os outros mecanismos de uniformização de jurisprudência sistematizados pelo CPC/2015 – não é só o estabelecimento de decisões iguais

---

[546] BARBOSA, Andrea Carla; CANTOARIO, Diego Martinez Fervenza. *O incidente de resolução de demandas repetitivas* no Projeto de Código de Processo Civil: apontamentos iniciais. In: FUX, Luiz (coord.). *O novo processo civil brasileiro*: direito em expectativa. Rio de Janeiro: Forense, 2011, p. 480; WAMBIER, Teresa Arruda Alvim *et al*. *Primeiros comentários ao novo Código de Processo Civil*: artigo por artigo. São Paulo: RT, 2015, p. 1.411.

[547] Qualquer *tese* fixada em juízo a que a lei atribua força vinculativa, para solução de casos similares futuros, exigirá sempre interpretação de seu enunciado, em face das inevitáveis variações dos quadros fático-jurídicos em que o precedente é invocado a servir de paradigma de julgamento. A similitude e as diferenças hão de ser invariavelmente apuradas pelo julgador, tanto para aplicar a tese jurisprudencial como para recusar-lhe aplicação: "*distinguir* casos diversos uns dos outros é inerente a um sistema que, como quer o Código de Processo Civil de 2015 quer emprestar a determinadas decisões efeitos paradigmas" (BUENO, Cassio Scarpinella. Mandado de segurança, compensação tributária e prova pré-constituída do indébito: discussões a partir da sistemática dos recursos especiais repetitivos. *Revista de Processo*, São Paulo, v. 296, p. 253, out. 2019).

para causas iguais. O que se busca é, realmente, o estabelecimento de *teses* aplicáveis à solução das mesmas *questões de direito* repetidas em múltiplos processos (art. 976, I).

Como bem anota Cassio Scarpinella Bueno, certamente, nesse âmbito, nem mesmo é de se supor que os casos apresentados a julgamento devam sempre ser iguais de forma a se amoldar, sempre e invariavelmente, à solução jurídica fixada com anterioridade. "Em rigor, é o oposto que ocorre: os casos, porque são diferentes, podem ou não se amoldar à *tese* jurídica preexistente. O ato de julgar, neste caso, não pode deixar de atentar, com os pormenores e as dificuldades inerentes a ele, ao que o caso contém e ao que não contém e que seja apto a justificar a aplicação ou não da mesma tese jurídica".[548]

O grande problema da técnica de precedentes reside justamente no trabalho a ser desempenhado pelo julgador de novas causas no sentido de identificar quando a mesma questão se repete, ou não, em novo processo. Não importa se as demandas são as mesmas, o que é decisivo é o esforço de identificar ou diversificar as questões de direito objeto do precedente e da nova causa. É tão importante a identificação quanto a distinção, para a correta utilização da tese prefixada no incidente de resolução de demandas repetitivas (IRDR). Se os fundamentos do novo caso sob julgamento se identificarem aos fundamentos determinantes do precedente (IRDR), a tese paradigmática terá de ser observada, cabendo ao juiz demonstrar a questionada identidade de fundamentos (art. 489, § 1º, V, c/c art. 927, III). Se, ao contrário, o precedente invocado pela parte não for acatado, terá o juiz, obrigatoriamente, de proceder à demonstração de que o novo caso se distingue, nos fundamentos, daquele que gerou a tese paradigma, ou, que o entendimento nela trazido já se acha superado (art. 489, § 1º, VI, c/c art. 927, III, e § 1º).

707. Publicidade especial

Além da inserção no cadastro eletrônico regulado pelo art. 979, sempre que o objeto do incidente versar sobre questão relativa à prestação de serviço público concedido,[549] permitido ou autorizado, o tribunal comunicará o resultado do julgamento "ao órgão, ao ente ou à agência reguladora competente para fiscalização da efetiva aplicação por parte dos entes sujeitos a regulação, da tese adotada" (art. 985, § 2º).

708. Recursos

O acórdão que julga o incidente de resolução de demandas repetitivas pode ser impugnado por recurso especial ou por recurso extraordinário, conforme a natureza da questão de direito solucionada (CPC/2015, art. 987). O recurso será processado excepcionalmente com efeito suspensivo (art. 987, § 1º) e só terá cabimento em face de julgamento do mérito do IRDR, sendo inadmissível quando a decisão tiver sido de descabimento do incidente, como deixa claro o art. 987, *caput*. Os processos suspensos preliminarmente, todavia, não retomam curso, salvo se ultrapassado o prazo de um ano previsto no art. 980. É que as medidas de urgência não são afetadas pela superveniência de recurso, em regra.

Para facilitar o acesso ao STF, que é importante para que a uniformização jurisprudencial, em matéria constitucional, atinja todo o território nacional, o art. 987, § 1º, presume a repercussão

---

[548] BUENO, Cassio Scarpinella. Mandado de segurança, compensação tributária e prova pré-constituída do indébito: discussões a partir da sistemática dos recursos especiais repetitivos. *Revista de Processo*, São Paulo, v. 296, p. 256, out. 2019.

[549] Sobre os conceitos de concessão, permissão e autorização, no direito administrativo, ver MELLO, Celso Antônio Bandeira de. *Curso de direito administrativo*. 23. ed. São Paulo: Malheiros, 2007, p. 651-764; MEIRELLES, Hely Lopes. *Direito administrativo brasileiro*. 27. ed. São Paulo: Malheiros, 2002, p. 378-382; DI PIETRO, Maria Sylvia Zanella. *Direito administrativo*. 18. ed. São Paulo: Atlas, 2005, p. 284-287.

geral do tema definido pelo tribunal de origem no incidente de decisões repetitivas. Há quem afirme a indispensabilidade da arguição de repercussão geral, para que o recurso extraordinário possa ser admitido pelo STF, visto tratar-se de requisito constitucional (CF, art. 102, § 3º), que ao legislador ordinário não é dado dispensar.[550]

É evidente que todo recurso extraordinário, cuja admissibilidade é regulada pela própria Constituição, deve atender ao requisito da repercussão geral. É o que expressamente prevê o texto da Lei Maior. Mas o que o CPC/2015 faz, no tocante ao recurso contra a decisão do incidente de resolução de demandas repetitivas, não é dispensar a repercussão geral. É apenas dispensar sua demonstração, visto que decorre necessariamente das dimensões sociais do ato judicial, já que pronunciado para valer *erga omnes*, indo muito além, portanto, dos interesses interindividuais disputados no processo originário.

A demonstração da repercussão geral, por isso mesmo, constará do simples registro de que o decisório recorrido ocorreu em incidente de resolução de demandas repetitivas. Diante da presunção legal, estará o recorrente dispensado de buscar outros argumentos para demonstrar, *in concreto*, a presença da repercussão geral já reconhecida pelo próprio legislador.[551]

O próprio objetivo do recurso extraordinário, na espécie, não é outro senão assegurar que o efeito local do julgamento do incidente se expanda por todo o território nacional, atingido todos os processos individuais ou coletivos em andamento e que venham a ser ajuizados, envolvendo a mesma questão de direito definida no acórdão recorrido (CPC/2015, art. 987, § 2º). A repercussão geral, assim, está *in re ipsa*, na natureza ou essência da própria causa e da decisão que a resolveu. Daí a justeza da norma que a presume *ex vi legis*.

É bom lembrar que, preparando a eficácia nacional do incidente, o Código prevê medida de natureza cautelar junto ao STF e ao STJ, para suspender em todo o território nacional todas as ações que versem sobre a questão jurídica em debate perante o tribunal local (art. 982, § 3º).[552] Reconhecida preventivamente essa repercussão geral do incidente, necessária será a oportuna interposição do recurso especial ou extraordinário, para que a medida provisória se torne definitiva (art. 987, § 2º).[553] Caso contrário, a eficácia nacional do decidido no incidente cessará como consequência da própria omissão do recurso (art. 982, § 5º). Esse mecanismo procedimental é, por si só, evidenciador da presença da repercussão geral, que torna não apenas cabível recurso extraordinário, mas que também o faz necessário para que o incidente atinja sua meta universal.

Sem o recurso para os tribunais superiores, o incidente ficaria com eficácia restrita aos órgãos jurisdicionais subordinados ao tribunal local que o julgou. A uniformização da interpretação e aplicação da ordem jurídica ficaria incompleta e imperfeita no resguardo da isonomia e da segurança jurídica. Daí a importância da política de facilitar e não embaraçar formalmente o manejo dos recursos extraordinários e especial, na espécie.

Poder-se-á objetar que o recurso extraordinário ou especial não estaria, como quer a Constituição, atacando decisão ofensiva a dispositivo dela ou da lei ordinária. De fato, o recurso

---

[550] CAMARGO, Luiz Henrique Volpe. O incidente de resolução de demandas repetitivas no projeto de Novo CPC: a comparação entre a versão do Senado Federal e a da Câmara dos Deputados. In: FREIRE, Alexandre et al. (org.). *Novas tendências do processo civil*. Salvador: JusPodivm, 2014, v. 3, p. 305.

[551] CUNHA, Leonardo José Carneiro da. Anotações sobre o incidente de resolução de demandas repetitivas previsto no projeto do novo Código de Processo Civil. *Revista de Processo*, São Paulo, n. 193, p. 255-280, mar. 2011.

[552] Se o recurso subir ao STF ou ao STJ sem a medida cautelar prevista no art. 982, § 3º, caberá ao relator naqueles tribunais superiores determinar a extensão da suspensão dos processos alcançáveis pelo incidente em todo o território nacional, a exemplo do permitido pelo art. 1.037, II, a propósito dos recursos repetitivos.

[553] CPC/2015, art. 987, § 2º: "Apreciado o mérito do recurso, a tese jurídica adotada pelo Supremo Tribunal Federal ou pelo Superior Tribunal de Justiça será aplicada no território nacional a todos os processos individuais ou coletivos que versem sobre idêntica questão de direito".

no caso do art. 987 do CPC/2015 não depende de ter sido improcedente o incidente. Mesmo sendo acolhido o pedido de uniformização da tese jurídica, maltratada terá sido a norma constitucional ou infraconstitucional interpretada, por não ter o tribunal como observar a garantia completa da isonomia e da segurança jurídica para todo o território nacional, e como assegurar a autoridade e a uniformidade da aplicação da lei federal, também para todo o território nacional. O recurso extraordinário ou o especial permitirá ao tribunal superior sanar o vício da incompletude – além de ensejar a correção de eventual erro na definição da tese afirmada no incidente – indesejável do decisório local, que, por impotência institucional do órgão julgador, acabou por criar precedente discriminatório, se sua eficácia permanecer restritiva ao território do tribunal local.

Segundo o STJ, para fins de processamento do recurso especial em julgamento de mérito do IRDR, será observado, necessariamente, o rito previsto para os recursos repetitivos, visto que uns e outros visam aos mesmos efeitos, ou seja, produção de acórdão com força de precedente qualificado (art. 927, III).[554]

709. Reclamação

O efeito vinculante da tese de direito definida no julgamento do incidente de resolução de demandas repetitivas é ressaltado pela previsão do cabimento de *reclamação* contra os atos judiciais que não a observem (art. 985, § 1º).[555]

Muito se tem discutido sobre a possibilidade ou não de a lei ordinária instituir casos de jurisprudência de força vinculativa geral, fora das previsões constitucionais. O STF, no entanto, já considerou constitucional, por exemplo, a Lei nº 9.868/1999, que estabeleceu efeito vinculante para todas as ações de controle de constitucionalidade, quando, a seu tempo, a Constituição só previa tal eficácia para as ações declaratórias de constitucionalidade de lei ou ato normativo federal. Restou reconhecida pela Corte Suprema que "o fato de a Constituição prever expressamente tal efeito somente no que toca à ação declaratória não traduz, por si só, empecilho constitucional a que se reconheça também, por lei, tal resultado à ação direta".[556]

Não havendo razão para afirmar a inconstitucionalidade da regra que prevê a força vinculante do resultado do incidente de resolução de demandas repetitivas, esta se manifestará nas seguintes dimensões:

(a) se o julgamento definitivo do incidente ocorreu no segundo grau de jurisdição, a tese jurídica uniformizadora deverá ser aplicada, em primeira e segunda instância, na área de jurisdição do tribunal que a definiu, a todos os processos, singulares ou coletivos, que versem sobre a mesma questão de direito;

(b) se o recurso extraordinário ou especial, originado do incidente, for julgado pelo mérito pelo tribunal superior, a tese terá de ser aplicada a todos os processos que versem idêntica questão de direito e que tramitem em todo o território nacional.[557]

---

[554] STJ, 2ª Seção, REsp 1.729.593/SP, Rel. Min. Marco Aurélio Bellizze, ac. 25.09.2019, *DJe* 27.09.2019.

[555] DORNELAS, Henrique Lopes. Incidente de resolução de demandas repetitivas (IRDR): busca da segurança jurídica e da celeridade processual. *Revista Síntese de Direito Civil e Processual Civil*, n. 125, p. 85, maio-jun. 2020.

[556] STF, Pleno, Rcl 1.880 AgR, Rel. Min. Maurício Corrêa, ac. 07.11.2002, *DJU* 19.03.2004. Cf. CAMARGO, Luiz Henrique Volpe. O incidente de resolução de demandas repetitivas no Projeto de novo CPC: a comparação entre a versão do Senado Federal e a da Câmara dos Deputados. In: FREIRE, Alexandre *et al.* (org.). *Novas tendências do processo civil*. Salvador: JusPodivm, 2014, v. 3, p. 307.

[557] CAMARGO, Luiz Henrique Volpe. O incidente de resolução de demandas repetitivas no Projeto de novo CPC: a comparação entre a versão do Senado Federal e a da Câmara dos Deputados. In: FREIRE, Alexandre *et al.* (org.). *Novas tendências do processo civil*. Salvador: JusPodivm, 2014, v. 3, p. 307.

A reclamação, como instrumento de garantia da força vinculante da decisão do incidente, variará de destino, conforme o tribunal que a pronunciou: *(i)* se foi o tribunal de segundo grau que proferiu o julgamento definitivo, a ele deverá ser destinada a reclamação, quando cabível; *(ii)* se foi o incidente encerrado por julgamento de recurso extraordinário ou especial, a reclamação contra a inobservância da tese assentada será dirigida ao STF ou ao STJ, conforme o caso. Sobre o manejo da reclamação, ver, adiante, os itens 713, 714 e 715.

O STJ, no entanto, faz uma distinção: a reclamação, segundo o art. 988, IV, do CPC, cabe quando se trata de garantir a observância de acórdão proferido em julgamento do IRDR; não quando a ofensa tenha sido cometida contra acórdão de recurso extraordinário ou especial interposto diante de julgamento de IRDR[558].

710. Revisão da tese firmada no incidente

A tese de direito definida pelo incidente de resolução de demandas repetitivas torna-se obrigatória para os processos atuais e futuros. Não é, porém, eterna e intocável.

Sua revisão é possível, e, segundo o art. 986, poderá ser feita pelo próprio tribunal que a assentou. A iniciativa poderá partir do tribunal mesmo, ou de provocação de algum dos legitimados para requerer a instauração do incidente (juiz, relator, partes, Ministério Público ou Defensoria Pública) (art. 986 c/c art. 977, III).

Partes que se legitimam a pleitear a revisão – é bom notar – não são aquelas do processo do qual se originou o incidente. São as partes do novo processo ainda não julgado e que verse sobre a mesma questão de direito sobre a qual se estabeleceu o anterior julgamento vinculante.[559-560]

Quanto ao procedimento de revisão, pode se apresentar como incidente de algum julgamento do Tribunal que assentou a tese, por requerimento da parte, do Ministério Público ou da Defensoria Pública, ou, ainda, por iniciativa do relator ou outro membro do Colegiado Julgador (caso em que a revisão se dará pelo Tribunal, de ofício).[561] Reconhece-se, também, a possibilidade de revisão por meio de um procedimento autônomo instaurado perante o Tribunal, caso em que será lícito, inclusive, formalizá-lo segundo o rito do próprio IRDR.[562]

Acolhida a revisão, a tese poderá ser revogada, por total incompatibilidade com a evolução do direito positivo, ou poderá ser parcialmente modificada. A modificação de entendimento atentará para a necessidade de respeitar as garantias de segurança jurídica e confiança legítima dos jurisdicionados. Poder-se-á, para tanto, modular os efeitos temporais da inovação, preservando-se a situação das relações jurídicas estabelecidas à base da tese vinculante, no todo ou em parte, conforme os ditames da boa-fé e do respeito às justas expectativas.

Naturalmente, toda publicidade e cautela previstas para o processamento do incidente de resolução de demandas repetitivas haverão de ser cumpridas também na revisão das teses vinculantes (art. 979).

---

[558] STJ, Corte Especial, Rcl 36.476/SP, Rel. Min. Nancy Andrighi, ac. 05.02.2020, *DJe* 06.03.2020.

[559] WAMBIER, Teresa Arruda Alvim *et al. Primeiros comentários ao novo Código de Processo Civil*: artigo por artigo. São Paulo: RT, 2015, p. 1.412.

[560] "A revisão da tese jurídica firmada no incidente de resolução de demandas repetitivas pode ser feita pelas partes, nos termos do art. 977, II, do CPC/2015" (Enunciado nº 143/CEJ/CJF).

[561] Enunciado nº 473 – FPPC: "A possibilidade de o Tribunal revisar de ofício a tese jurídica do incidente de demandas repetitivas autoriza as partes a requerê-la".

[562] DORNELAS, Henrique Lopes. Incidente de resolução de demandas repetitivas (IRDR): busca da segurança jurídica e da celeridade processual. *Revista Síntese de Direito Civil e Processual Civil*, n. 125, p. 86, maio-jun. 2020.

PARTE VI • O PROCESSO NOS TRIBUNAIS | 871

Fluxograma nº 27 – Incidente de resolução de demandas repetitivas (arts. 976 a 987)

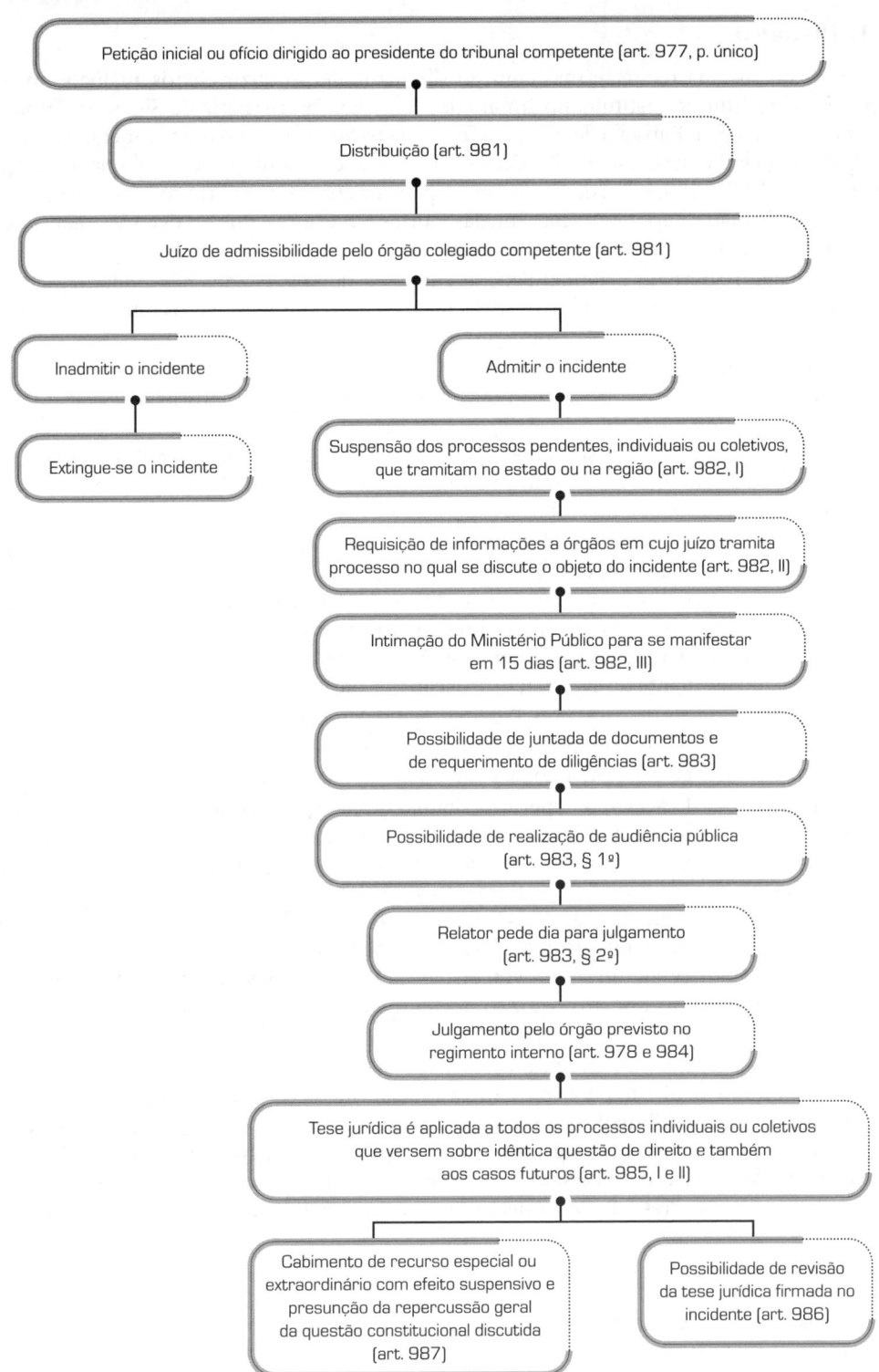

§ 75. RECLAMAÇÃO

711. Histórico

Fora do sistema recursal, mas com possibilidade de produzir efeitos análogos aos do recurso, a Constituição instituiu, no âmbito da competência originária do Supremo Tribunal Federal e do Superior Tribunal de Justiça, a figura da *reclamação*, cujo procedimento veio a ser disciplinado pela Lei nº 8.038, de 28.05.1990. Trata-se de remédio processual que, na dicção dos arts. 102, I, "l", e 105, I, "f", da Lei Maior, se presta a aparelhar a parte com um mecanismo processual adequado para denunciar àquelas Cortes Superiores atos ou decisões ofensivos à sua competência ou à autoridade de suas decisões.

De início o Supremo Tribunal Federal entendeu que os Estados não poderiam adotar igual expediente por meio de suas Constituições, leis locais ou regimentos internos, uma vez que somente à União cabe legislar sobre processo civil.[563]

Posteriormente, no entanto, houve uma guinada na jurisprudência do Supremo Tribunal Federal, que qualificou a reclamação não entre os recursos tampouco entre as ações e incidentes processuais, e a situou "no âmbito do direito constitucional de petição previsto no art. 5º, XXXIV, da Constituição Federal". E, assim entendendo, concluiu que sua adoção pelos Estados, por meio de lei local, "não implica invasão da competência privativa da União para legislar sobre direito processual (art. 22, I, da CF)".[564]

Fundamentou-se o novo entendimento do Supremo Tribunal Federal no argumento de que "a reclamação constitui instrumento que, aplicado no âmbito dos Estados-membros, tem como objetivo evitar, no caso de ofensa à autoridade de um julgado, o caminho tortuoso e demorado dos recursos previstos na legislação processual, inegavelmente inconvenientes quando já tem a parte uma decisão definitiva. Visa, também, à preservação da competência dos Tribunais de Justiça estaduais, diante de eventual usurpação por parte de juízo ou outro Tribunal local".

Concluiu o aresto do Supremo Tribunal Federal por reconhecer que "a adoção desse instrumento pelos Estados-membros, além de estar em sintonia com o princípio da simetria, está em consonância com o princípio da efetividade das decisões judiciais".[565]

Em julgado da 1ª Seção, o Superior Tribunal de Justiça assentou que, para preservar a autoridade e a competência dos Tribunais Estaduais e Regionais Federais, pode-se recorrer ao instituto da *reclamação*, mesmo sem previsão legal a seu respeito. Trata-se, na ótica do STJ, de "poder implícito dos tribunais". Seu cabimento, no entanto, deve ficar restrito ao necessário para garantir a autoridade de suas decisões em face dos atos de juízes a eles vinculados. Não pode, pois, ser utilizado diante de outros tribunais, nem das autoridades administrativas em geral. Estas, estando de algum modo vinculadas ao processo, haverão de ser compelidas ao cumprimento do julgado, por ato do juiz competente para a respectiva execução, sem depender do remédio extraordinário da reclamação.[566]

Impõe-se, no entanto, uma distinção a respeito da reclamação contra autoridade administrativa: se a pessoa jurídica de direito público a que ela se acha vinculada é ou foi parte do processo em que se deu a decisão do tribunal, não há espaço para tolerar ato administrativo que a desconheça ou a afronte. Pouco importa que o agente responsável pelo ato impugnado tenha ou não figurado a qualquer título na relação processual. Seu ato de autoridade será sempre ato da pessoa jurídica vinculada ao processo. Presentes os requisitos legais da reclamação, essa terá de ser acolhida, para

---

[563] STF, Pleno, Rp. 1.092/DF, Rel. Min. Djaci Falcão, ac. 31.10.1984, *RTJ* 112/504.
[564] STF, Pleno, ADI 2.212/CE, Rel. Min. Ellen Gracie, ac. por maioria de 02.10.2003, *RTJ* 190/122.
[565] STF, Pleno, ADI 2.212/CE, Rel. Min. Ellen Gracie, ac. por maioria de 02.10.2003, *RTJ* 190/122.
[566] STJ, 1ª Seção, REsp 863.055/GO, Rel. Min. Herman Benjamin, ac. 27.02.2008.

garantir a autoridade da decisão do tribunal pronunciada contra a entidade pública. É que não se pode ter, *in casu*, a reclamação como voltada contra quem não se acha sob a autoridade da *res iudicata*. A atuação dos vários órgãos da pessoa jurídica é, com efeito, ato da própria pessoa que é ou foi parte da relação processual em que a decisão do tribunal aconteceu. Nem será justificativa para recusar a reclamação, o fato de ser possível medida executiva judicial contra o ato reclamado. Muitas são as circunstâncias conhecidas que tornam insuficientes as providências ordinárias da execução para impedir de pronto os efeitos graves e imediatos decorrentes de abuso de autoridade cometido em detrimento do direito da parte e da autoridade do tribunal. Daí a necessidade de se recorrer à reclamação para se obter da justiça a tutela justa e efetiva que o caso merece.

Embora admitindo a possibilidade de adoção da reclamação no âmbito de outros tribunais, além do STF e do STJ, o entendimento assentado pelo STF é no sentido de ser imprescindível lei para introduzir o mecanismo processual, ainda que seja lei local. Inadmissível fazê-lo por simples norma de regimento interno.[567]

O atual CPC, na esteira do entendimento do STJ e do STF, ampliou, agora por lei processual federal, a possibilidade de interposição da reclamação para "qualquer tribunal", atribuindo o seu julgamento "ao órgão jurisdicional cuja competência se busca preservar ou cuja autoridade se pretenda garantir" (art. 988, § 1º).

712. Natureza da reclamação

Uma vez que se presta não apenas para questionar atos ou decisões judiciais, mas qualquer ato de poder que se enquadre numa das hipóteses dos incisos do art. 988 do CPC/2015, a tendência doutrinária e jurisprudencial é negar à reclamação a natureza de recurso, preferindo qualificá-la como ação.[568-569] Justamente por não se tratar de recurso é que se admite seu manejo concomitante com o remédio recursal acaso cabível.[570]

Com o nome também de reclamação, leis locais costumam qualificar a correição parcial, medida disciplinar instituída com o fim de reparar tumulto procedimental. A reclamação de que cuida o novo Código nada tem a ver com a disciplina corrigível por meio de correição. A natureza do remédio agora regulado pelo art. 988 é a mesma da reclamação constitucional concebida como instrumento de defesa da competência e autoridade das decisões do STJ e do STF. O que fez o CPC/2015 foi apenas ampliar a aplicação do mesmo instrumento processual para defesa da competência e da autoridade das decisões de todos os tribunais.

713. Cabimento

I – Casuísmo legal

Na previsão do art. 988 do CPC/2015 (com a redação da Lei nº 13.256/2016), a reclamação é cabível para:

---

[567] STF, Pleno, RE 405.031/AL, Rel. Min. Marco Aurélio, ac. un. de 15.10.2008, *Rev. Dialética de Direito Processual*, v. 76, p. 170, jul. 2009.

[568] WAMBIER, Teresa Arruda Alvim *et al*. *Primeiros comentários ao novo Código de Processo Civil*: artigo por artigo. São Paulo: RT, 2015, p. 1.414.

[569] "(...)2. Com a vigência do Código de Processo Civil de 2015, consolidou-se o entendimento doutrinário e jurisprudencial no sentido de que o instituto da reclamação possui natureza de ação, de índole constitucional, e não de recurso ou incidente processual. 3. O novo *Códex*, inovando a disciplina legal do instituto, passou a prever a angularização da relação processual na reclamação, com a citação do beneficiário da decisão impugnada, para apresentar sua contestação, nos termos do art. 989, III, do CPC/15" (STJ, 2ª Seção, EDcl na Rcl 33.747/SP, Rel. Min. Nancy Andrighi, ac. 12.12.2018, *DJe* 14.12.2018).

[570] STJ, 3ª Seção, Rcl. 19.838/PE, Rel. Min. Gurgel de Faria, ac. 22.04.2015, *DJe* 06.05.2015.

(a) *preservar a competência do tribunal* (inciso I);
(b) *garantir a autoridade das decisões do tribunal* (inciso II);

Os dois primeiros incisos do art. 988 cuidam de proteger e garantir a competência e a autoridade de qualquer tribunal, e não apenas do STF ou do STJ;

(c) *garantir a observância de enunciado de súmula vinculante e de decisão do Supremo Tribunal Federal em controle concentrado de constitucionalidade* (inciso III). Ou seja, visa à reclamação, na espécie, *(i)* assegurar a observância das teses contidas nas súmulas vinculantes;[571] *(ii)* garantir o respeito ao decidido em ação direta de inconstitucionalidade; ou *(iii)* em ação declaratória de constitucionalidade; ou, ainda, *(iv)* em ação de descumprimento de preceito fundamental. A hipótese engloba a aplicação indevida da tese jurídica definida por meio dessas ações, bem como sua não aplicação aos casos que a ela correspondam (art. 988, § 4º);

(d) *garantir a observância de acórdão proferido em julgamento de incidente de resolução de demandas repetitivas ou de incidente de assunção de competência* (inciso IV). Nessas hipóteses, a reclamação presta-se a defender a autoridade das decisões de observância necessária, emanadas de qualquer tribunal, inclusive do STF e do STJ. Também aqui é de entender-se desrespeitado o posicionamento do tribunal tanto quando aplicado indevidamente a hipótese que não lhe correspondia, como quando não aplicado a caso em que sua observância era devida.[572]

II – Abrangência da reclamação

Podendo o manejo da reclamação se voltar contra atos tanto da administração como do judiciário (CF, art. 103-A, § 3º), sua maior serventia se dá no combate à insubordinação do Poder Público contra a autoridade dos atos do Poder Judiciário, praticados na esfera dos tribunais. Dentro do sistema de valorização dos precedentes judiciais, a reclamação vai além da defesa de decisões individuais, e se presta também para assegurar a força vinculante da jurisprudência, nos casos em que o Código a reconhece (súmulas vinculantes do STF, incidente de demandas repetitivas e de assunção de competência, ações de controle de constitucionalidade etc.).

O STJ, no entanto, após ter decidido, em interpretação da Lei 13.256/2016, que não cabe reclamação contra a ofensa a acórdão de recurso especial repetitivo, ampliou a restrição, para inadmitir também a reclamação contra decisões contrárias a tese assentada em recurso especial oriundo de incidente de resolução de demandas repetitivas e de incidente de assunção de competência[573]. Restou, porém, ressalvada a possibilidade de insurgir-se contra a ofensa aos precedentes em questão por meio de agravo interno e ação rescisória[574].

---

[571] O STF acolheu reclamação, para cassar acórdão do TRF da 2ª Região que deixou de aplicar lei tributária reconhecida como constitucional na Súmula Vinculante nº 10, mandando outro julgamento fosse proferido com a observância da aludida lei (STF, Rcl 15.731, Rel. Min. Teori Zavascki, decisão monocrática, 12.12.2016, *DJe* 14.12.2016).

[572] Não cabe reclamação para controle de aplicação de entendimento firmado pelo STJ em recurso especial repetitivo. A hipótese chegou a ser prevista no texto primitivo do art. 988, IV, do CPC/2015, mas foi excluída pela Lei nº 13.256/2016, antes que o Código entrasse em vigor (STJ, Corte Especial, Rcl 36.476/SP, Rel. Min. Nancy Andrighi, ac. 05.02.2020, *DJe* 06.03.2020).

[573] STJ, Rcl 36.476/SP, Rel. Min. Nancy Andrighi, ac. 05.02.2020, *DJe* 06.03.2020.

[574] A 1ª T., do STJ, por sua vez, chegou a admitir o cabimento excepcional do mandado de segurança contra a decisão do agravo interno que negasse seguimento de recurso especial no regime repetitivo, quando caracterizada a irrecorribilidade e em caso de teratologia no emprego da tese repetitiva (STJ, 1ª T., AgInt no RMS 53.790/RJ, Rel. Min. Gurgel de Faria, ac. 17.05.2021, *DJe* 26.05.2021).

Essa quebra da sistemática do CPC de proteção da autoridade dos precedentes vinculantes por meio da reclamação, não retirou, entretanto, a força obrigatória dos mesmos precedentes, pois não é o modo de reagir contra a ofensa à tese jurisprudencial repetitiva que lhe confere a autoridade de precedente vinculante. O que importa é o reconhecimento do CPC de quando um julgamento acarreta criação de tese de observância obrigatória por juízes e tribunais (art. 927, III, e 988, IV, e § 5º, II, do CPC)[575]. Sobre a matéria, v., retro, o item 613.

Como se vê, a reclamação é o remédio processual previsto para garantir que as decisões jurisdicionais sejam devidamente respeitadas e cumpridas. Entretanto, a medida é cabível somente até o trânsito em julgado da decisão (art. 988, § 5º, I). Em outras palavras, a coisa julgada impede a reclamação[576]. De tal sorte que, segundo Teresa Arruda Alvim Wambier, transitando em julgado a decisão, a reclamação já ajuizada será extinta, sem julgamento de mérito.[577] O risco de que tal ocorra, no entanto, pode ser prevenido por meio de liminar, que suspenda o ato impugnado, impedindo assim venha a ser acobertado pela coisa julgada antes do julgamento da reclamação (art. 989, II).

Por outro lado, é bom advertir que apenas a coisa julgada material prejudica a reclamação. Não estando em jogo o mérito da causa no ato judicial impugnado, eventual recurso contra ele interposto não prejudica a reclamação, mesmo que seu julgamento se dê antes desta.

Na verdade, trata-se de remédio com inteira independência frente ao regime recursal, tanto que o art. 988, § 6º, estatui, expressamente, que "a inadmissibilidade ou o julgamento do recurso interposto contra a decisão proferida pelo órgão reclamado não prejudica a reclamação". Claro que a regra pressupõe a manutenção contra o decisório questionado, pois se o julgamento do recurso cassá-lo, a reclamação ficará sem objeto.

III – Inadmissibilidade da reclamação

A Lei nº 13.256/2016 deu novo texto ao § 5º, do art. 988, para deixar bem claro quais são os casos em que a reclamação se apresenta como inadmissível. De acordo com essa norma, é ela inadmissível:

(a) *quando proposta após o trânsito em julgado da decisão reclamada* (inciso I); ou
(b) *quando proposta em face de decisão proferida em processo em que ainda não foram esgotadas as instâncias ordinárias* (inciso II). Essa restrição, todavia, só se aplica aos casos em que a tese inobservada pela decisão reclamada tenha sido firmada em *(i) acórdão de recurso extraordinário com repercussão geral reconhecida;* ou *(ii)* em *acórdão proferido em julgamento de recursos extraordinário ou especial repetitivos.*[578] Nas

---

[575] GONÇALVES, Mauro Pedroso. A estrutura dos precedentes vinculantes após o Superior Tribunal de Justiça impedir o cabimento de reclamação para impugnar a aplicação de tese de recursos repetitivos. *Revista de Processo*, São Paulo, v. 334, p. 345, dez.2022.

[576] "Não cabe reclamação quando já houver transitado em julgado o ato judicial que se alega tenha desrespeitado decisão do Supremo Tribunal Federal" (Súmula nº 734/STF).

[577] WAMBIER, Teresa Arruda Alvim *et al. Primeiros comentários ao novo Código de Processo Civil:* artigo por artigo. São Paulo: RT, 2015, p. 1.420. Súmula 734/STF.

[578] "1. O objeto da presente demanda consiste em definir se o Juízo reclamado descumpriu acórdão do Superior Tribunal de Justiça proferido no Incidente de Assunção de Competência n. 5 (REsp n. 1.799.343/SP), ao afastar a competência da Justiça do Trabalho para o julgamento da ação proposta pelos ora interessados, em que a discussão ressoa na validade de Acordo Coletivo de Trabalho – ACT que alterou os benefícios relativos a auxílio à saúde fornecido anteriormente na modalidade autogestão. 2. Nas reclamações direcionadas a este Tribunal Superior, o exaurimento das instâncias ordinárias constitui pressuposto ao seu conhecimento apenas quando proposta com a finalidade de preservar a competência do Tribunal, nos termos do que se depreende dos arts. 988 do CPC/2015 e 187 do RISTJ" (STJ, 2ª Seção, Rcl. 40.617/GO, Rel. Min. Marco Aurélio Bellizze, ac. 24.08.2022, *DJe* 26.08.2022).

demais hipóteses previstas no art. 988, *caput*, a reclamação pode ser manejada a qualquer tempo e em qualquer fase do processo, encontrando obstáculo apenas na coisa julgada (art. 988, § 5º, I).

Observe-se, entretanto, que mesmo nas duas situações contempladas no § 5º, II, do art. 988, é necessário esgotarem-se as instâncias ordinárias, mas não a ponto de formar-se a coisa julgada sobre a decisão a impugnar via reclamação.

O interessado terá, sempre, de agir com presteza, para evitar que a reclamação não se frustre diante do aperfeiçoamento da *res iudicata*. Mas a interposição do recurso cabível, para evitar a coisa julgada, não é empecilho a que, paralelamente se ajuíze a reclamação, que, quando cabível, é tecnicamente, de eficácia imediata e de consequências mais enérgicas do que aquelas proporcionáveis pela impugnação recursal.

Ressalte-se que a coisa julgada capaz de impedir o manejo da reclamação (art. 988, § 5º, I) é a que preexistia à sua interposição, não a que veio a se aperfeiçoar na pendência da própria reclamação. Isto porque o julgamento do recurso pendente, na espécie, "não prejudica a reclamação", por expressa ressalva do § 6º do art. 988 do CPC/2015.[579]

Enfim, proclama o STF que ocorre inadequação do "emprego da reclamação como sucedâneo de ação rescisória, de recursos ou de ações judiciais em geral".[580]

IV – Reclamação durante o cumprimento do acórdão

Normalmente, os desvios cometidos contra o acórdão na fase de execução podem ser obstados pelos mecanismos impugnativos do procedimento de cumprimento da decisão judicial, não havendo, em regra, justificativa para se recorrer à reclamação. Todavia, há casos em que a lesão ao direito da parte e à força e autoridade do julgado do tribunal é tão imediata e grave que os expedientes de defesa ordinários não são suficientes para impedir prontamente o gravame. Pense-se, por exemplo, no desrespeito de uma decisão declaratória ou constitutiva transitada em julgado, sem que haja procedimento executivo em curso. A parte prejudicada, pelo descumprimento da decisão judicial, não teria outro caminho a seu dispor senão o da reclamação. Também nas execuções promovidas pelo credor de forma completamente diversa da recomendada pelo acórdão, é de admitir a reclamação se das medidas executivas decorrerem prejuízo sério e imediato para a parte.[581]

V – Existência de outros remédios processuais

A possibilidade de o prejudicado utilizar outros remédios processuais, como a ação ordinária, o recurso sem efeito suspensivo ou o mandado de segurança, não é empecilho ao manejo da reclamação.

O processo moderno acha-se comprometido com a justa e efetiva tutela aos direitos ameaçados ou lesados, do que decorre o sistema de tutelas diferenciadas, cabendo à parte optar pelo remédio processual, dentre os vários a seu alcance, que se revele mais adequado à situação conflituosa concreta.

---

[579] "Ajuizada a reclamação antes do trânsito em julgado da decisão reclamada, e não suspenso liminarmente o processo principal, a eficácia de tudo quanto nele se decidir ulteriormente, incluído o eventual trânsito em julgado do provimento que se tacha de contrário à autoridade do STF, será desconstituído pela procedência da reclamação" (STF, Pleno, Rcl 509/MG, Rel. Min. Sepúlveda Pertence, ac. 17.12.1999, *DJU* 04.08.2000).

[580] STF, 2ª T., Rcl 23.838 AgR/SP, Rel. Min. Celso de Mello, ac. 15.09.2017, *DJe* 17.11.2017.

[581] "5. No caso, a decisão determinando a execução de forma diversa da fixada por esta Corte Superior de Justiça retira-lhe a eficácia do decidido, *ferindo a autoridade do acórdão proferido em sede de recurso especial*. 6. Reclamação julgada procedente." (STJ, 2ª Seção, Rcl 2.826/BA, Rel. p/ac. Min. Luís Felipe Salomão, ac. 10.12.2010, *DJe* 30.03.2011).

Por exemplo, o mandado de segurança e a ação ordinária são remédios que podem ser aplicáveis ao mesmo caso. Todavia, o fato de ser o *mandamus* previsto como procedimento destinado a proteger direito líquido e certo ofendido por ato de autoridade pública, não impede que o interessado, mesmo sendo titular de direito líquido e certo, prefira, nas circunstâncias particulares, propor ação ordinária.

Do mesmo modo, o terceiro prejudicado pela sentença tem a seu alcance o recurso, os embargos de terceiro e a ação ordinária, cabendo-lhe fazer a escolha, segundo suas próprias conveniências.[582]

Não é diverso o uso da reclamação, de que pode valer-se a parte, mesmo quando cabível o mandado de segurança, ou até mesmo depois de interposto o recurso pertinente.[583] Tanto é assim que – embora não se possa reclamar contra ato decisório transitado em julgado – "a inadmissibilidade ou o julgamento do recurso interposto contra a decisão proferida pelo órgão reclamado *não prejudica a reclamação*" (CPC/2015, art. 988, § 6º).[584]

VI – Reclamação em matéria de juízo de admissibilidade dos recursos ordinários

O art. 1.028, § 2º, do CPC, dispõe que o recurso ordinário endereçado ao STF ou ao STJ será interposto perante o tribunal de origem, mas, uma vez passado o prazo de contrarrazões, determina o § 3º do mesmo artigo que os autos subirão ao respectivo tribunal superior, "independentemente de juízo de admissibilidade".

Cabe, portanto, ao Tribunal *ad quem* a competência para apreciar as matérias pertinentes ao cabimento ou não dos recursos ordinários. Se, eventualmente, o tribunal *a quo* se aventurar a negar-lhes subida, cometerá ofensa à competência do tribunal superior, ofensa essa reparável pela via da reclamação (art. 988, I).[585]

---

[582] Outros exemplos de tutelas diferenciadas à disposição do credor: a) *opção entre ação executiva e ação de cobrança*: a Lei nº 8929/1994 "autoriza o uso da *via executiva* para cobrança da CPR [Cédula de Produto Rural], porém, não veda a utilização de outras medidas legais postas à disposição do credor, como *a ação de cobrança*" (STJ, 3ª T., REsp 1.087.170/GO, Rel. Min. Nancy Andrighi, ac. 11.10.2011, *DJe* 25.10.2011); b) *opção entre ação executiva e ação monitória*: "o credor que tem em mãos título executivo pode dispensar o *processo de execução* e escolher a *ação monitória*" (STJ, 4ª T., REsp 394.695/RS, Rel. Min. Barros Monteiro, ac. 22.02.2005, *DJU* 04.04.2005, p. 314. No mesmo sentido: STJ, 3ª T., REsp 210.030/RJ, Rel. Min. Nilson Naves, ac. 09.12.1999, *DJU* 04.09.2000, p. 149); c) *opção entre ação executiva e ação de conhecimento*: "(...) a jurisprudência da Casa é firme acerca da possibilidade de propositura de *ação de conhecimento* pelo detentor de título executivo – uma vez não existir prejuízo ao réu em procedimento que lhe franqueia ampliados meios de defesa (...)" (STJ, 4ª T., REsp 981.440/SP, Rel. Min. Luís Felipe Salomão, ac. 12.04.2012, *DJe* 02.05.2012); d) *opção entre procedimento sumário e procedimento ordinário*: "Não há nulidade na adoção do rito *ordinário* ao invés do *sumário*, salvo se demonstrado prejuízo, notadamente porque o ordinário é mais amplo do que o sumário e propicia maior dilação probatória" (STJ, 3ª T., AgRg no REsp 918.888/SP, Rel. Min. Nancy Andrighi, ac. 28.06.2007, *DJU* 01.08.2007, p. 487. No mesmo sentido: STJ, 4ª T., REsp 604.555/SP, Rel. Min. Aldir Passarinho Júnior, ac. 27.09.2005, *DJU* 07.11.2005, p. 293).

[583] O uso do mandado de segurança é um direito individual assegurado entre as garantias fundamentais proclamadas pela Constituição. O recurso a essa especial tutela não é, porém, uma imposição que exclua outras vias processuais disponíveis. O ofendido por ilegalidade ou abuso de poder cometidos por autoridade tem a opção de se defender tanto pelas vias ordinárias como pelo remédio excepcional previsto no art. 5º, LXIX, da CF (THEODORO JÚNIOR, Humberto. *Lei do mandado de Segurança comentada artigo por artigo*. Rio de Janeiro: Forense, 2014, p. 68).

[584] STF, Pleno, Rcl 509/MG, Rel. Min. Sepúlveda Pertence, ac. 17.12.1999, *DJU* 04.08.2000.

[585] "Diante da determinação legal de imediata remessa dos autos do recurso ordinário ao Tribunal Superior, independentemente de juízo prévio de admissibilidade, a negativa de seguimento ao recurso pelo Tribunal *a quo* configura indevida invasão na esfera de competência do STJ, atacável, portanto, pela via da reclamação constitucional" (STJ, 2ª Seção, Rcl 35.958/CE, Rel. Min. Marco Aurélio Bellizze, ac. 10.04.2019, *DJe* 12.04.2019).

Igual entendimento deve prevalecer em relação ao recurso de apelação: se o juiz de primeiro grau inadmite o apelo, deixando de remeter os autos ao Tribunal de segunda instância (art. 1.009, § 3º), também haverá lugar para reclamação, já que este remédio de preservação de competência hoje tem lugar em face de qualquer tribunal, e não apenas das Cortes Superiores (art. 988, § 1º).

VII – Reclamação contra inobservância de precedente obrigatório oriundo de resolução de casos repetitivos

De conformidade com o art. 927, III, do CPC, constituem precedentes de observância obrigatória os acórdãos pronunciados em Incidente de Assunção de Competência (art. 947) ou de Resolução de Demandas Repetitivas (art. 976), e em julgamento de recursos extraordinário e especial repetitivos (art. 1.036).

Contra atos de qualquer autoridade que, em qualquer processo ou instância, se recuse a observar os precedentes obrigatórios constituídos em Incidentes de Assunção de Competência ou de Resolução de Demandas Repetitivas, caberá *reclamação* do prejudicado ou do Ministério Público, dirigida diretamente ao Tribunal que fixou a tese vinculante (art. 988, IV), enquanto o decisório impugnado não transitar em julgado (art. 988, § 5º, I).

No caso de desrespeito a precedente oriundo de acórdão de recurso extraordinário com repercussão geral ou de acórdão de recurso extraordinário ou especial, o regime da reclamação seria, à primeira vista, um pouco diferente: esse remédio impugnativo especialíssimo não caberia enquanto não esgotadas as instâncias ordinárias (art. 988, § 5º, II). Portanto, só se poderia cogitar, na espécie, de reclamação para o STF ou para o STJ, depois da interposição e julgamento do último recurso ordinário manejável perante o tribunal de segundo grau de jurisdição. Seria preciso, entretanto, que isso não tivesse ocorrido antes que a decisão questionada transitasse em julgado (art. 988, § 5º, I).

Entretanto, sem embargo de o art. 988, § 5º, II, fazer referência a reclamação contra inobservância de acórdão proferido em julgamento de recursos extraordinário ou especial repetitivos, a Corte Especial do STJ decidiu pela inadmissibilidade de reclamação para impugnar julgado de tribunal inferior, em tal circunstância. O argumento básico utilizado foi o de que, não obstante a referência indireta constante do texto daquele dispositivo (que cuida do descabimento da reclamação), o certo seria que o rol dos casos de cabimento da reclamação (art. 988, *caput*, I a IV) efetivamente não inclui o da garantia de observância de acórdão proferido em julgamento de recurso especial repetitivo. Ter-se-ia, assim, estabelecido uma certa contradição entre o *caput* e o § 5º, II, do mesmo artigo, contradição essa que o STJ solucionou pela prevalência do primeiro, que conteria o rol taxativo das hipóteses de admissibilidade da reclamação. Logo, não se poderia admitir reclamação contra inobservância de acórdão do STJ assentado em julgamento de recurso especial repetitivo[586].

A partir do precedente da Corte Especial, a 2ª Seção do STJ concluiu que não havendo previsão de reclamação contra ofensa cometida em face de acórdão de recurso especial repetitivo, em caráter geral, não se pode entender como cabível a medida em caso de confronto contra acórdão do STJ pronunciado em recurso especial contra julgamento de IRDR. O que a lei prevê é o cabimento de reclamação contra ofensa direta a acórdão de IRDR. "Portanto,

---

[586] "Sob um aspecto topológico, à luz do disposto no art. 11 da LC 95/98, não há coerência e lógica em se afirmar que o parágrafo 5º, II, do art. 988 do CPC, com a redação dada pela Lei 13.256/2016, veicularia uma nova hipótese de cabimento da reclamação. Estas hipóteses foram elencadas pelos incisos do *caput*, sendo que, por outro lado, o parágrafo se inicia, ele próprio, anunciando que trataria de situações de inadmissibilidade da reclamação" (STJ, Corte Especial, Rcl 36.476/SP, Rel. Min. Nancy Andrighi, ac. 05.02.2020, DJe 06.03.2020).

revela-se descabida a reclamação dirigida ao Superior Tribunal de Justiça com fundamento em inobservância de acórdão proferido em recurso especial em IRDR, aplicando-se-lhe o entendimento da Corte Especial exarado na Rcl n. 36.476/SP, dada a equivalência da natureza, regramento e efeitos daquele recurso com o recurso especial repetitivo"[587].

Em suma, para a jurisprudência do STJ, cabe reclamação em caso de contrariedade a acórdão de IRDR, mas não de acórdão de recurso especial interposto contra decisão de IRDR.

714. Legitimidade

Legitimada a propor a reclamação é, em primeiro lugar, a parte que o art. 988, *caput* chama de "parte interessada", que vem a ser a pessoa prejudicada pela decisão que usurpou a competência do Tribunal, ou desrespeitou sua autoridade.[588] Igual legitimação se reconhece ao Ministério Público, porque, na espécie, sempre estará em jogo questão de ordem pública.

Por outro lado, legitimado passivo é quem praticou o ato impugnado por meio da reclamação, que, nos termos do art. 103-A, § 3º, da CF, poderá ser autoridade judicial (juiz ou tribunal), ou administrativa. A previsão genérica da reclamação, em defesa da competência e autoridade do STF e do STJ não discrimina que tipo de autoridade pode ser sujeito passivo da medida (CF, arts. 102, I, "l"; e 105, I, "f"), tampouco o faz a legislação regulamentadora infraconstitucional (Lei nº 8.038/1990, arts. 13 a 18; CPC/2015, arts. 988 a 993). Porém, o art. 103-A introduzido na CF pela Emenda nº 45/2004, ao regular a Súmula Vinculante do STF, dispôs em seu § 3º ser cabível a reclamação contra ato judicial ou administrativo que contrariar dita Súmula. O CPC/2015 ampliou a força vinculante da jurisprudência dos tribunais superiores, e na defesa dessa força previu cabimento de reclamação contra atos que contrariem os precedentes firmados em julgamentos de casos repetitivos ou em incidente de assunção de competência (art. 988, IV). Diante disso, a reclamação deve assumir dimensões objetiva e subjetiva iguais em todas as referidas situações equiparadas pela lei, sendo de admiti-la tanto em face de autoridade judiciária, como administrativa.

Outra observação é importante: impõe-se distinguir entre autoridade administrativa integrante da pessoa jurídica que foi parte no processo em que a decisão judicial foi proferida e aquela pertencente a pessoa jurídica de direito público estranha ao referido processo. No primeiro caso, na maioria das vezes, não haverá interesse de recorrer à reclamação, visto que o juiz da causa terá competência e condições de fazer atuar o decisório do tribunal superior pelas vias executivas de cumprimento de sentença. Em alguns casos, porém, a natureza do julgado não é daquelas que ensejam a formação de título executivo judicial. Verificada a hipótese, outra saída não haverá senão a da reclamação para fazer valer a autoridade da decisão do tribunal.

Se a autoridade reclamada integra a pessoa jurídica sujeita à coisa julgada, pouco importa tenha ela integrado ou não o processo, pessoalmente. Seu ato incompatível com a força do provimento judicial e com a competência do tribunal da causa é, na verdade, ato de insubordinação da própria pessoa jurídica obrigada a agir nos limites da decisão jurisdicional. Se a infração não é reparável pelas vias da execução forçada, cabível será a reclamação que, na espécie, não se voltará contra quem não se acha fora da autoridade da *res iudicata*. A ação dos vários órgãos da pessoa jurídica é, com efeito, ato da própria pessoa que é ou foi parte no processo.

---

[587] STJ, 2ª Seção, Rcl 43.019/SP, Rel. Min. Marco Aurélio Bellizze, ac. 28.09.2022, DJe 03.10.2022

[588] "Reclamação – Alegado desrespeito a decisões proferidas pelo Supremo Tribunal Federal em processos de índole subjetiva que versaram casos concretos nos quais a parte reclamante não figurou como sujeito processual – Inadmissibilidade (...)" (STF, 2ª T., Rcl 23.838 AgR/SP, Rel. Min. Celso de Mello, ac. 15.09.2017, DJe 17.11.2017).

715. Procedimento

I – Petição inicial

A petição inicial deverá obedecer ao disposto no art. 319 e será dirigida ao presidente do Tribunal, cuja decisão foi desrespeitada (CPC/2015, art. 988, § 1º). Não se admite a dilação probatória, razão pela qual a petição deverá ser instruída com prova documental da usurpação de competência ou do descumprimento da decisão (§ 2º).

II – Autuação e distribuição

Assim que a reclamação for recebida no tribunal, será autuada e, sempre que possível, distribuída ao relator do processo principal, do qual resultou a decisão que se pretende preservar (art. 988, § 3º). Haverá livre sorteio de relator quando o ato impugnado for, por exemplo, de inobservância, por juiz de direito ou autoridade administrativa, de súmula vinculante ou de declaração de inconstitucionalidade em ação direta transitada em julgado.

III – Atos do relator

Assim que receber a petição, caberá ao relator (CPC/2015, art. 989):

(a) requisitar informações à autoridade a quem foi imputada a prática do ato impugnado, que terá o prazo de dez dias para resposta (inciso I). Referido prazo é peremptório;

(b) ordenar a suspensão do processo ou do ato impugnado para evitar dano irreparável, caso seja necessário (inciso II);

(c) determinar a citação do beneficiário da decisão impugnada, que terá o prazo de quinze dias para apresentar sua contestação (inciso III). Nesse caso, o beneficiário transformar-se-á em réu da reclamação, ao lado do órgão judicial, cuja decisão se ataca, estabelecendo-se um litisconsórcio passivo necessário.

Entre os poderes do relator compreende-se o de, após a suspensão do ato impugnado, conceder tutela provisória satisfativa correspondente à decisão originária cuja autoridade tiver sido violada.[589]

IV – Impugnação do pedido

Dispõe o art. 990 do CPC/2015 que "qualquer interessado poderá impugnar o pedido do reclamante". Interessado, aqui, não é o prolator da decisão que motivou a reclamação, pois ele é o legitimado passivo; tampouco o beneficiário da decisão impugnada, pois que também é litisconsorte passivo citado como réu (art. 989, III); mas qualquer outra pessoa que, de alguma forma, será atingida em sua esfera jurídica pelo julgamento da reclamação. Sua posição deve se justificar da mesma forma com que se faz para as intervenções do assistente e do recorrente como terceiro prejudicado.

V – Participação do Ministério Público

Quando o Ministério Público não for autor da reclamação, deverá atuar, necessariamente, como *custos legis*, sendo ouvido, no prazo de cinco dias, após o decurso do prazo para informações e para a contestação (art. 991).

---

[589] CEJ/I Jorn. Dir. Proc. Civ., Enunciado nº 64.

VI – Procedência da reclamação

Se a reclamação for julgada procedente, o tribunal deverá restabelecer a sua competência e autoridade. Para tanto, cassará a decisão exorbitante de seu julgado ou determinará a realização das medidas adequadas à solução da controvérsia (art. 992).

VII – Acórdão

Realizado o julgamento da reclamação, o presidente do tribunal determinará o imediato cumprimento da decisão, antes mesmo da lavratura do acórdão, que ocorrerá posteriormente (art. 993). Ou seja, o julgamento gera efeitos imediatos, independentemente da publicação do acórdão. A sistemática legal, portanto, é a de prestigiar a autoridade dos tribunais de plano, desvinculando o cumprimento da resolução da medida até mesmo de sua publicação. Na própria sessão de julgamento será emitida a ordem executória da resolução.

VIII – Honorários de advogado

Entendimento antigo do STF e do STJ recusava cabimento, na reclamação, da verba advocatícia sucumbencial, a exemplo do que se passa com o mandado de segurança.[590] Entretanto, à luz do novo procedimento instituído pelo CPC/2015 para o remédio constitucional, a Suprema Corte reviu sua posição, como se vê do seguinte aresto:

> "... 2. O CPC/2015 promoveu modificação essencial no procedimento da reclamação, ao instituir o contraditório prévio à decisão judicial (art. 989, III). Nesse novo cenário, a observância do princípio da causalidade viabiliza a condenação do sucumbente na reclamação ao pagamento dos respectivos honorários, devendo o respectivo cumprimento da condenação ser realizado nos autos do processo de origem, quando se tratar de impugnação de decisão judicial".[591]

Ressalva-se, porém, que a imposição da verba advocatícia pressupõe que o procedimento da reclamação tenha provocado a angularização da relação processual[592].

---

[590] STF, 1ª T., AI 766.650-AgR/PI, Rel. Min. Marco Aurélio, ac. 07.03.2017, *DJe* 10.04.2017; STJ, 3ª Seção, Rcl 2.017/RS, Rel. Min. Jane Silva, ac. 08.10.2008, *DJe* 15.10.2008.

[591] STF, 1ª T., Rcl 24.417/SP, Rel. Min. Roberto Barroso, ac. 07.03.2017, *DJe* 24.04.2017. No mesmo sentido: STJ, 2ª Seção, EDcl na Rcl 33.747/SP, Rel. Min. Nancy Andrighi, ac. 12.12.2018, *DJe* 14.12.2018.

[592] "I – O posicionamento pacífico no âmbito do Supremo Tribunal Federal é de que são devidos honorários advocatícios nas reclamações julgadas a partir da vigência do CPC/2015, quando angularizada a relação processual. Julgados: Rcl nº 24.417/SP-AgR, STF, Primeira Turma, Rel. Min. Roberto Barroso, *DJe* de 24/4/2017 e Rcl 25160 AGR-ED/SP, STF, Primeira Turma, Rel. Min. Dias Toffoli, julgado em 06.10.2017. Ainda nesse sentido são os precedentes desta Corte: Reclamação n. 34.704/PI, Rel. Ministro Mauro Campbell Marques, julgado em 13/11/2017; e EDcl no AgInt na Rcl 33.971/DF, Rel. Ministro Paulo de Tarso Sanseverino, Segunda Seção, julgado em 23/5/2018, *DJe* 28/5/2018" (STJ, 1ª Seção, EDcl nos EDcl na Rcl 28.431/DF, Rel. Min. Francisco Falcão, ac. 12.09.2018, *DJe* 20.09.2018).

Parte VII
Recursos

Capítulo XXVII
SISTEMA RECURSAL DO PROCESSO CIVIL

§ 76. RECURSOS

716. Conceito

Em linguagem jurídica a palavra recurso é usualmente empregada num sentido lato para denominar "todo meio empregado pela parte litigante a fim de defender o seu direito", por exemplo, a ação, a contestação, a reconvenção, as tutelas provisórias.[1] Nesse sentido, diz-se que a parte deve *recorrer* às vias ordinárias, ou deve *recorrer* às tutelas de urgência e da evidência, ou deve *recorrer* à ação reivindicatória etc.

Mas, além do sentido lato, recurso em direito processual tem uma acepção técnica e restrita, podendo ser definido como o meio ou remédio impugnativo apto para provocar, dentro da relação processual ainda em curso, o reexame de decisão judicial, pela mesma autoridade judiciária, ou por outra hierarquicamente superior, visando a obter-lhe a reforma, invalidação, esclarecimento ou integração.[2]

Não se deve, porém, confundir o recurso com outros meios autônomos de impugnação da decisão judicial, como a ação rescisória e o mandado de segurança (*vide*, adiante, nº 717).

Caracteriza-se o recurso como o meio idôneo a ensejar o reexame da decisão dentro do mesmo processo em que foi proferida, antes da formação da coisa julgada.[3]

717. Recursos e outros meios impugnativos utilizáveis contra decisões judiciais

Não é o *recurso* o único instrumento utilizável para atacar a decisão judicial. Além do recurso existem *ações autônomas de impugnação*. No sistema jurídico brasileiro, o que caracteriza o recurso é a sua inserção na própria relação jurídica processual em que o direito de ação está sendo exercido,[4] enquanto as ações de impugnação, como a rescisória, o mandado

---

[1] REZENDE FILHO, Gabriel José Rodrigues de. *Curso de direito processual civil*. 5. ed. São Paulo: Saraiva, 1959, v. III, n. 876.
[2] AMARAL SANTOS, Moacyr. *Primeiras linhas de direito processual civil*. 4. ed. São Paulo: Max Limonad, 1973, v. III, n. 694, p. 103.
[3] BARBOSA MOREIRA, José Carlos. *Comentários ao Código de Processo Civil*. 11. ed. Rio de Janeiro: Forense, 2003, v. V, n. 135, p. 232-233.
[4] No dizer de Barbosa Moreira, o recurso é "simples aspecto, elemento, modalidade ou extensão do próprio direito de ação exercido no processo" (BARBOSA MOREIRA, José Carlos. *Comentários ao Código de Processo Civil*. 16. ed. Rio de Janeiro: Forense, 2012, v. V, n. 137, p. 235-236). Vale dizer: "O direito de recor-

de segurança, os embargos de terceiro etc., representam a instauração de uma nova relação jurídica processual.

Os remédios impugnativos do segundo tipo às vezes são manejados até mesmo depois da extinção do processo em que se proferiu a decisão atacada, ou seja, depois de consumada a coisa julgada, como se dá com a *ação rescisória*. Outras vezes, podem ser exercidos antes da coisa julgada, como no mandado de segurança contra ato judicial. Em qualquer dos casos, porém, não é possível identificá-los como simples incidente ou mera extensão do processo precedente. Sempre produzirão a instauração de processo *distinto* daquele em que se proferiu a decisão impugnada.[5]

Entre os recursos e as ações de impugnação, costuma-se reconhecer a existência de alguns *sucedâneos recursais*, que não se enquadrando na categoria de recursos nem na de ação autônoma, permitem, assim mesmo, alguma forma de impugnação a decisões judiciais. Exemplos dessa categoria processual seriam encontrados no *pedido de reconsideração*,[6] no *pedido de suspensão da segurança* (Lei nº 12.016/2009, art. 15), na *remessa necessária* (CPC/2015, art. 496) e na *correição parcial* (regimentos internos dos tribunais).[7]

Diante do quadro jurídico brasileiro, destarte, o conceito de recurso formalizado por Barbosa Moreira é expressivo e merece acolhida, ou seja, recurso é "o remédio voluntário idôneo a ensejar, dentro do mesmo processo, a reforma, a invalidação, o esclarecimento ou a integração de decisão judicial que se impugna".[8]

A hipótese mais frequente é a do recurso que busca a *reforma* da decisão impugnada, tentando obter em novo pronunciamento, do mesmo órgão judicial, ou de um tribunal superior, uma solução concreta diversa daquela contida no julgado primitivo. Outras vezes, o intento do recorrente não é, de pronto, o novo julgamento da questão já decidida, mas apenas a sua *invalidação*, ou *eliminação*, para que outro, futuramente, seja proferido em condições de validade. Por fim, é possível que o propósito do recorrente não seja o de reformar, nem o de cassar, a decisão impugnada, mas apenas o de *aperfeiçoá-la*, mediante eliminação de obscuridade, contradição e omissão.[9]

---

rer é conteúdo do direito de ação (e também do direito de exceção), e o seu exercício revela-se como desenvolvimento do direito de acesso aos tribunais" (DIDIER JR., Fredie; CUNHA, Leonardo José Carneiro da. *Curso de direito processual civil*. 10. ed. Salvador: JusPodivm, 2012, v. 3, p. 20).

[5] BARBOSA MOREIRA, José Carlos. *Comentários ao Código de Processo Civil*. 16. ed. Rio de Janeiro: Forense, 2012, n. 135, p. 232.

[6] O Código anterior previa, de maneira expressa, a possibilidade de reconsideração no caso de decisão monocrática do relator do agravo de instrumento que lhe atribuísse efeito suspensivo ou que determinasse sua conversão em agravo retido (art. 527, parágrafo único). O Código atual não contém dispositivo semelhante, de maneira que os pedidos de reconsideração se incluem na área genérica do direito de petição, sem qualquer interferência no curso do processo e da preclusão a que se acha sujeito o direito de recorrer pelas vias adequadas.

[7] ASSIS, Araken de. Introdução aos sucedâneos recursais. In: WAMBIER, Teresa Arruda Alvim; NERY JR., Nelson (coord.). *Aspectos polêmicos e atuais dos recursos e de outros meios de impugnação às decisões judiciais*. São Paulo: RT, 2002, v. 6, p. 17-19; DIDIER JUNIOR, Fredie; CUNHA, Leonardo José Carneiro da. *Curso de direito processual civil*. 10. ed. Salvador: JusPodivm, 2012, v. 3, p. 26.

[8] BARBOSA MOREIRA, José Carlos. *Comentários ao Código de Processo Civil*. 16. ed. Rio de Janeiro: Forense, 2012, n. 135, p. 233. No mesmo sentido: PONTES DE MIRANDA, Francisco Cavalcanti. *Comentários ao Código de Processo Civil de 1973*. Rio de Janeiro: Forense, t. VIII, p. 277; ALVIM, Carreira. *Elementos de teoria geral do processo*. Rio de Janeiro: Forense, 1989, p. 379; THEODORO JÚNIOR, Humberto. *Curso de direito processual civil*. 55. ed. Rio de Janeiro: Forense, 2014, v. I, n. 522, p. 615.

[9] BARBOSA MOREIRA, José Carlos. *Comentários ao Código de Processo Civil*. 16. ed. Rio de Janeiro: Forense, 2012, n. 135, p. 233.

718. Classificação dos recursos

Várias são as maneiras de classificar os recursos. Eis os principais critérios classificatórios:

I – Quanto ao fim colimado pelo recorrente

(a) *de reforma*, quando se busca uma modificação na solução contida no decisório impugnado, de maneira a alcançar, no julgamento recursal, um pronunciamento mais favorável ao recorrente;

(b) *de invalidação*, quando não se busca um novo julgamento, dentro do recurso, para a matéria decidida no ato impugnado, mas, sim, a sua cassação pura e simples, ensejando, posteriormente, volte a mesma matéria a ser julgada em novo decisório que não contenha os vícios que provocaram a anulação do primeiro julgamento. Ocorre esse tipo de recurso, geralmente, nas hipóteses de inobservância de requisitos de validade do julgamento, como a incompetência, o cerceamento de defesa, as decisões *citra*, *extra* e *ultra petita*, e, enfim, a ausência de qualquer pressuposto processual ou condição da ação;

(c) *de esclarecimento ou integração*: são os embargos de declaração, onde o objetivo recursal específico não é o rejulgamento da matéria decidida tampouco a invalidação do ato impugnado, mas sim e tão somente o seu aperfeiçoamento, o que se alcança eliminando a falta de clareza ou a contradição nele verificada, ou suprindo-lhe alguma omissão no tratamento das questões suscitadas no processo. Eventualmente, ter-se-á de introduzir alguma inovação no decisório embargado. Isto, porém, haverá de ser feito nos estritos limites da meta de eliminar a dúvida, a contradição ou suprir a omissão, e nunca com a dimensão de um amplo reexame e rejulgamento daquilo que já restara solucionado no ato judicial anterior.

II – Quanto ao juízo que se encarrega do julgamento

(a) *devolutivos ou reiterativos*, quando a questão julgada por um órgão judicial é devolvida ao conhecimento de outro órgão. É o que se passa com o recurso ordinário, o especial, o extraordinário, a apelação;

(b) *não devolutivos ou iterativos*, quando a impugnação é julgada pelo mesmo órgão que proferiu a decisão recorrida, tal como se passa nos embargos de declaração;

(c) *mistos*, quando tanto permitem o reexame pelo órgão superior como pelo próprio prolator do ato decisório impugnado, como é o caso do agravo.[10]

A classificação dos recursos em *devolutivo* e *não devolutivo* prende-se a uma concepção antiga da ação de *devolver*, que a identificava com o ato de "transferir a outrem" um direito.[11]

---

[10] No sistema do CPC/2015 há pelo menos quatro casos em que o juiz de primeiro grau tem a faculdade de retratar seu decisório, em razão de recurso: *(i)* o agravo de instrumento (art. 1.018, § 1º); *(ii)* a apelação contra o ato de indeferimento da petição inicial (art. 331); *(iii)* os embargos de declaração, com efeito inovativo (art. 1.023, § 2º); e *(iv)* a apelação contra a decretação de improcedência liminar do pedido (art. 332, § 3º). Fora do CPC/2015, há regime recursal específico no Estatuto da Criança e do Adolescente (Lei nº 8.069, de 13.06.1990), onde se assegura o juízo de retratação de forma ampla, ou seja, em todos os recursos (apelação e agravo), no prazo de cinco dias, antes pois de se determinar a subida dos autos (ECA, art. 198, VII). Nos graus superiores de jurisdição, o juízo de retratação é previsto no agravo interno, manejável contra decisões monocráticas de relator (CPC/2015, art. 1.021, § 2º).

[11] CALDAS AULETE. *Dicionário contemporâneo da língua portuguesa*, verbete "Devolver", v. II, p. 1.488.

Daí falar em recurso de efeito *devolutivo* ou *não devolutivo*, no sentido de transferir, ou não, de um órgão judicial para outro, a função de reexaminar a decisão judicial.

Mas *devolver* sempre teve, também, o sentido de "restituir"[12] ou "entregar de volta".[13] Uma vez que os processos são dominados, em sua marcha, pelo princípio da preclusão, as decisões judiciais, uma vez pronunciadas, têm como efeito extinguir o poder de reexaminar a questão decidida. A regra vem expressa no art. 505 do CPC/2015, em que se lê que, em princípio, "nenhum juiz decidirá novamente as questões já decididas, relativas à mesma lide", salvo em alguns casos expressos na lei. E um desses casos é justamente o recurso, cuja interposição adequada e tempestiva afasta a possibilidade de preclusão, *reabrindo* ou *restituindo* o poder de examinar, mais uma vez, a matéria já decidida, reexame esse que poderá ser feito pelo próprio juiz autor da decisão questionada ou por outro órgão hierarquicamente superior.

No sentido técnico, portanto, é lícito afirmar que todo recurso sempre possui efeito *devolutivo*, pois, qualquer que seja ele, afasta ou impede a preclusão, ensejando nova oportunidade de julgamento, no todo ou em parte, da questão decidida no ato judicial impugnado.

Nessa perspectiva, é melhor classificar os recursos, quanto ao órgão a quem compete julgá-los, em *(i) recursos reiterativos* e *(ii) recursos iterativos*, em lugar de falar em *devolutivos* e *não devolutivos*. Isso porque, do ponto de vista técnico, a devolutividade é característica comum a todo e qualquer recurso admitido em direito processual.

III – Quanto à extensão do reexame de um órgão sobre a matéria decidida por outro

(a) *total*, quando o recurso ataca a decisão como um todo, requerendo sua reforma integral;

(b) *parcial*, quando o inconformismo do recorrente é restrito a uma ou algumas questões dentre todas solucionadas no decisório recorrido. Nessa hipótese, não terá poder, o órgão recorrido, para introduzir qualquer alteração na parte não impugnada. *Tantum devolutum quantum appelatum*. É que a parte não atacada da sentença transita em julgado, desde logo, se versar sobre o mérito da causa, ou incorre em preclusão, se se tratar de questões processuais.

Nos recursos reiterativos, o julgamento do tribunal *ad quem* substitui a decisão recorrida, no que tiver sido objeto de recurso (CPC/2015, art. 1.008). Para todos os efeitos, o único julgamento existente será o do recurso. Se, por exemplo, se tiver de realizar a execução forçada ou se se intentar a ação rescisória, o ato básico será o acórdão que julgou o recurso e não a sentença recorrida. Isto, porém, pressupõe que tenha ocorrido julgamento de mérito, que tenha confirmado ou reformado a decisão recorrida. Se o caso for de anulação ou de pura cassação, não se pode cogitar de substituição, porque, ao próprio juízo de origem competirá proferir nova sentença para substituir a primitiva, que o Tribunal invalidar.

IV – Quanto aos motivos da impugnação

(a) há recursos de *fundamentação livre*, que são aqueles cuja admissibilidade não se prende a matérias preordenadas pela lei; e

(b) há recursos de *fundamentação vinculada*, que são aqueles só admissíveis quando se invoca tema enquadrado na previsão legal de cabimento do remédio recursal.

---

[12] CALDAS AULETE. *Dicionário contemporâneo da língua portuguesa*, verbete "Devolver", v. II, p. 1.488.
[13] HOUAISS. *Dicionário Houaiss da Língua Portuguesa*, verbete "devolver", p. 1.026.

Os recursos em geral se prestam ao questionamento de qualquer matéria jurídica, seja de mérito ou de preliminar processual. Há, porém, os que, como os embargos de declaração, o recurso extraordinário e o especial, somente são admissíveis quando a respectiva fundamentação for enquadrável nos permissivos da lei, ou seja:

(a) Para recorrer por meio dos embargos de declaração, a parte somente pode alegar a ocorrência de obscuridade, lacuna, contradição no conteúdo do ato judicial impugnado ou erro material (CPC/2015, art. 1.022);

(b) Para manejar o recurso extraordinário, a parte haverá de apontar um dos defeitos de natureza constitucional arrolados no art. 102, III, da CF;

(c) O recurso especial só será admitido quando fundado num dos questionamentos, relacionados à lei federal, autorizados pelo art. 105, III, da CF.

V – Quanto à marcha do processo rumo à execução da decisão impugnada

(a) *suspensivos*: os que impedem o início da execução provisória ou definitiva;

(b) *não suspensivos*: os que, mesmo na pendência do recurso, permitem seja processada a execução provisória, e, às vezes, até a execução definitiva, da sentença ou decisão interlocutória impugnada.[14]

No sistema do Código os recursos em geral não impedem o prosseguimento do feito e, por isso, autorizam a execução provisória (art. 995). Entretanto, a apelação, em regra, suspende os efeitos da sentença impugnada, não ensejando execução provisória, a não ser nos casos excepcionais arrolados em lei (art. 1.012, § 1º).

No caso de apelação contra a sentença que extingue sem resolução do mérito os embargos do devedor ou os julga improcedentes, o recurso não tem efeito suspensivo (art. 1.012, § 1º, III). O atual Código conserva a mesma orientação do CPC/1973, ao prever que a apelação não tem efeito suspensivo quando a sentença extinguir os embargos à execução, com ou sem resolução de mérito, caso em que se permite ao exequente "promover o pedido de cumprimento *provisório* depois de publicada a sentença" (grifamos) (art. 1.012, § 2º). Vale dizer: o Código vigente continua adotando a tese de que a execução definitiva de título extrajudicial transmuda-se em provisória enquanto não encerrados, por decisão trânsita em julgado, os embargos do devedor.

719. Fundamento e natureza do direito ao recurso

"Psicologicamente – lembra Gabriel Rezende Filho – o recurso corresponde a uma irresistível tendência humana".[15] Na verdade, é intuitiva a inconformação de qualquer pessoa diante do primeiro juízo ou parecer que lhe é dado. Naturalmente, busca-se uma segunda ou terceira opinião, sempre que a primeira não seja favorável ao ponto de vista do consulente, não importa o terreno do conhecimento em que a indagação ocorra (filosófico, literário, artístico, sociológico, político, pedagógico, médico, religioso e qualquer outro que inquiete o espírito humano). Não poderia ser diferente no que diz respeito às divergências de ordem jurídica, plano em que os conflitos são constantes e de soluções sempre problemáticas.

---

[14] É o caso, por exemplo, da execução de prestação de alimentos, a qual não se restitui mesmo quando a obrigação é negada no julgamento do recurso. Isto se dá porque as prestações alimentícias são insusceptíveis de compensação e repetição (STJ, 2ª Seção, EREsp 1.181.119/RJ, Rel. p/ ac. Min. Maria Isabel Gallotti, ac. 27.11.2013, *DJe* 20.06.2014).

[15] REZENDE FILHO, Gabriel José Rodrigues de. *Curso de direito processual civil*. 5. ed. São Paulo: Saraiva, 1959, v. III, n. 877.

Isso posto, numa síntese feliz, o mesmo processualista resume a origem dos recursos processuais em duas razões: "*a)* a reação natural do homem, que não se sujeita a um único julgamento; *b)* a possibilidade de erro ou máfé do julgador".[16] No plano sociológico, essas razões são as que basicamente explicam a presença dos recursos nos sistemas processuais de todo o mundo civilizado, muitos deles erigindo-os à categoria de um dos direitos e garantias fundamentais, ou seja, um dos *direitos do homem*.

Discute-se a propósito da natureza jurídica do recurso, chegando alguns a qualificá-lo de uma ação distinta e autônoma em relação àquela em que se vinha exercitando o processo.[17]

A corrente dominante, no entanto, prefere conceituar o poder de recorrer "como simples aspecto, elemento ou modalidade do próprio direito de ação exercido no processo".[18] Em outros termos, corresponde a um incidente, ou desdobramento do processo, em que o direito de ação é praticado.

Apresenta-se, também, o recurso como ônus processual, porquanto a parte não está obrigada a recorrer do julgamento que a prejudica. Mas, "se o vencido não o interpuser, consolidam-se e se tornam definitivos os efeitos da sucumbência".[19]

720. Atos sujeitos a recurso

No processo são praticados os chamados atos processuais, ora pelas partes, ora por serventuários da Justiça, ora por peritos, ora por terceiros e ora pelo juiz. Apenas dos atos do juiz é que cabem os recursos. E, ainda, não de todos, mas de alguns atos do juiz.

De acordo com o art. 203, os pronunciamentos do juiz consistirão em "sentenças", "decisões interlocutórias" e "despachos". Todos eles figuram na categoria dos atos de autoridade, mas nem todos ensejam a interposição de recurso.

As *sentenças* e *decisões* são sempre recorríveis, qualquer que seja o valor da causa (arts. 1.009 e 1.015). Dos *despachos*, *i.e.*, dos atos judiciais que apenas impulsionam a marcha processual, sem prejudicar ou favorecer qualquer das partes, não cabe recurso algum (art. 1.001).[20]

O CPC de 2015 mantém a possibilidade do duplo grau de jurisdição voluntário em qualquer causa e não prevê, no âmbito de sua regulamentação as chamadas "causas de alçada" (ações não sujeitas ao duplo grau de jurisdição). O regime de causas dessa natureza, no entanto, é preservado fora do Código de Processo Civil, em procedimentos especiais como o da execução fiscal (Lei nº 6.830/1980) e o das ações trabalhistas (Lei nº 5.584/1970, alterada pela Lei nº 7.402/1985).[21]

---

[16] REZENDE FILHO, Gabriel José Rodrigues de. *Curso de direito processual civil*. 5. ed. São Paulo: Saraiva, 1959, v. III, n. 877.

[17] BETTI, Emílio. *Diritto processuale civile italiano*. 2. ed. Roma: Società editrice del "Foro Romano", 1936, p. 638.

[18] BARBOSA MOREIRA, José Carlos. *Comentários ao Código de Processo Civil*. 16. ed. Rio de Janeiro: Forense, 2012, n. 137, p. 235-236, com apoio em Carnelutti, Zanzucchi, Rocco, Ugo etc.

[19] MARQUES, José Frederico. *Instituições de direito processual civil*. São Paulo: Saraiva, 1976, v. IV, n. 868, p. 20.

[20] Houve época em que o ato judicial não recorrível se qualificava como "despacho de mero expediente" (CPC/1973, texto primitivo do art. 504). O qualificativo foi havido como injustificável, porque a noção de despacho pressupõe o caráter não decisório e apenas de expediente ordinatório da marcha processual (CPC/1973, art. 504 após a alteração da Lei nº 11.276, de 07.02.2006). O Código atual conserva essa linha de concepção, pois só se refere a despacho no art. 1.001, ciente de que não há outra espécie de despacho que não seja o ordinatório do processo.

[21] As causas de alçada e o sistema de embargos infringentes em primeiro grau de jurisdição foram restaurados pelas Leis nºˢ 6.825 e 6.830, ambas de 1980, e que versam sobre causas de competência da Justiça Federal e execuções fiscais, respectivamente. Para as primeiras, o limite é de cem ORTN, e para as últimas, é de cinquenta ORTN, de sorte que estando o valor da causa compreendido dentro desses tetos, não cabe recurso algum

721. Recursos admissíveis

I – No primeiro grau de jurisdição (juízo de primeira instância), o CPC/2015 admite os seguintes recursos

(a) apelação (arts. 994, I e 1.009);

(b) agravo de instrumento (arts. 994, II, e 1.015);

(c) embargos de declaração (arts. 994, IV, e 1.022).

Verifica-se que não houve alteração em relação ao Código de 1973.

II – Quanto aos acórdãos dos tribunais, admite o atual Código os seguintes recursos

(a) embargos de declaração (arts. 994, IV, e 1.022);

(b) recurso ordinário, para o Superior Tribunal de Justiça e para o Supremo Tribunal Federal (arts. 994, V, e 1.027);

(c) recurso especial (arts. 994, VI, e 1.029);

(d) recurso extraordinário (arts. 994, VII, e 1.029);[22]

(e) embargos de divergência no Supremo Tribunal Federal e no Superior Tribunal de Justiça (arts. 994, IX, e 1.043).

A alteração em relação ao Código de 1973 consistiu em supressão dos embargos infringentes (CPC/1973, arts. 496, III, e 530). Embora o recurso tenha sido eliminado, o aprimoramento das decisões colegiadas tomadas por escassa maioria de votos passou a ser alcançável por meio de simples prosseguimento do julgamento da apelação, com a inclusão de outros julgadores convocados, a fim de conseguir maioria mais ampla no resultado final do acórdão (CPC/2015, art. 942).[23] Essa ampliação dos julgadores em caso de acórdão não unânime aplica-se também: *(a)* à ação rescisória quando o resultado for a rescisão da sentença, caso em que seu prosseguimento ocorre em órgão de maior composição previsto no regimento interno; e *(b)* ao agravo de instrumento quando houver reforma da decisão que julgar parcialmente o mérito (art. 942, § 3º).[24] Sobre o tema do julgamento com quórum ampliado, v., retro, também o item 607- XIII, e, adiante, os itens 724.1; 724.2 e 724.3.

---

para a instância superior, nem mesmo o recurso *ex officio*, devendo a causa ser inteiramente julgada em instância única, pelo juiz de primeiro grau de jurisdição. Os embargos infringentes das causas da alçada da Justiça Federal foram extintos pela Lei nº 8.197, de 27.06.1991. Prevalece o regime de "causas de alçada" em primeiro grau nas execuções fiscais (Lei nº 6.830, art. 34), com valor limitado até cinquenta ORTN. Quanto a este valor, o STJ, para atualizá-lo, fixou a seguinte equivalência a ser observada na data de extinção da UFIR (jan./2001): "50 ORTN= 50 OTN = 308,50 BTN = 308,50 UFIR = R$ 328,27 a partir de janeiro/2001". Daí em diante a correção deverá utilizar "o índice substitutivo utilizado para a atualização monetária dos créditos do contribuinte com a Fazenda", isto é, "o IPCA-E, divulgado pelo IBGE (Res. nº 242/2001-CJF)" (STJ, 1ª Seção, REsp 1.168.625/MG repetitivo, Rel. Min. Luiz Fux, ac. 09.06.2010, *DJe* 01.07.2010). Também no processo trabalhista as causas de pequeno valor (até duas vezes o salário mínimo) são insuscetíveis de recurso para a segunda instância (Lei nº 5.584/1970, art. 2º, § 4º, com a redação dada pela Lei nº 7.402/1985).

[22] A Constituição Federal de 1988 instituiu o recurso especial, que absorveu uma parte da matéria antes cabível no recurso extraordinário (art. 105, III).

[23] "Aplica-se a técnica prevista no art. 942 do CPC no julgamento de recurso de apelação interposto em mandado de segurança" (CEJ/I Jorn. Dir. Proc. Civ., Enunciado nº 62).

[24] Não se aplica a técnica de julgamento do art. 942 nos seguintes casos: *(a)* incidente de assunção de competência e incidente de resolução de demandas repetitivas; *(b)* remessa necessária; *(c)* julgamento não unânime, nos tribunais, pelo Plenário ou pela Corte Especial (art. 942, § 4º).

III – Para as decisões de segundo grau, diferentes de acórdão, o atual Código prevê os seguintes recursos

(a) agravo interno (arts. 994, III, e 1.021);

(b) agravo em recurso especial ou extraordinário (arts. 994, VIII, e 1.042).

Verifica-se que a nova codificação admitiu o agravo interno contra qualquer decisão proferida pelo relator, e não mais em casos restritos como fazia o Código/1973.

722. Reclamação

Fora do sistema recursal, mas com possibilidade de produzir efeitos análogos aos do recurso, a Constituição instituiu, no âmbito da competência originária do Supremo Tribunal Federal e do Superior Tribunal de Justiça, a figura da *reclamação*, cujo procedimento veio a ser originariamente disciplinado pela Lei nº 8.038, de 28.05.1990,[25] e agora pelos arts. 988 a 993 do CPC/2015. Atualmente, a admissão desse remédio impugnativo se dá com amplitude muito maior, pois se presta a tutelar a autoridade e competência de todos os tribunais e não mais apenas das Cortes superiores (ver, *retro*, item nº 713).

723. Correição parcial

Por mais completo que seja o sistema recursal do Código, hipóteses haverá em que a parte se sentirá na iminência de sofrer prejuízo, sem que haja um remédio específico para sanar o dano que o juiz causou a seus interesses em litígio.

Por isso, engendrou a praxe forense, encampada por algumas leis locais de organização judiciária e regimentos internos de tribunais, a *correição parcial* ou *reclamação*, como providência assemelhada ao recurso, sempre que o ato do juiz for irrecorrível e puder causar dano irreparável para a parte. Sua natureza é mais disciplinar que processual, embora possa ter reflexos sobre a normalização da marcha tumultuada do processo.[26]

"Trata-se" – como adverte Rogério Lauria Tucci – "de medida *sui generis*, não contemplada na legislação processual civil codificada ou extravagante, cuja finalidade precípua é a de coibir a inversão tumultuária da ordem processual, em virtude de erro, abuso ou omissão do juiz".[27]

Assim, contra os despachos, não permite o Código nenhum recurso (art. 1.001). Mas, às vezes, um simples despacho pode tumultuar completamente a marcha processual, lesando irreparavelmente os interesses do litigante. Nesses casos, e, em geral, nas omissões do juiz, contra as quais não se pode cogitar de agravo, haverá de ter lugar a correição parcial para eliminar os *errores in procedendo*.[28]

São, pois, pressupostos da *correição parcial*, ou *reclamação*:

(a) existência de um ato ou despacho, que contenha erro ou abuso, capaz de tumultuar a marcha normal do processo;

---

[25] Os arts. 13 a 18, 26 a 29 e 38 desta lei foram revogados pelo CPC/2015, porque a matéria foi absorvida pelos arts. 988 a 993 do Código atual.

[26] Embora às vezes se atribua à correição parcial a denominação reclamação, não se pode confundi-la com a verdadeira reclamação, de natureza constitucional, instituída para preservar a competência do STJ e do STF e para garantir a autoridade de suas decisões (ver, *retro*, itens nºs 722 e, *infra*, 844).

[27] TUCCI, Rogério Lauria. *Curso de direito processual* – processo civil de conhecimento – II. 11. ed. São Paulo: J. Bushatsky, 1976, p. 343.

[28] BARBOSA MOREIRA, José Carlos. *Comentários ao Código de Processo Civil*. 16. ed. Rio de Janeiro: Forense, 2012, v. V, n. 267, p. 487-488.

(b) o dano, ou a possibilidade de dano irreparável, para a parte;

(c) inexistência de recurso para sanar o *error in procedendo*.[29]

As leis de organização judiciária têm atribuído ora ao Conselho Superior da Magistratura, ora aos próprios Tribunais Superiores, a competência para conhecer e julgar as correições parciais ou reclamações. Seu procedimento, outrossim, tem sido o mesmo do agravo de instrumento.

Em Minas Gerais, a regulamentação da correição parcial está contida no art. 24, IX, do Regimento Interno do Conselho da Magistratura (Resolução nº 420/2003), que assim dispõe: "Compete ao Conselho da Magistratura (...) proceder, sem prejuízo do andamento do feito e a requerimento dos interessados ou do Ministério Público, a *correições parciais* em autos, para emenda de erros ou abusos, quando não haja recurso ordinário, observando-se a forma do processo de agravo de instrumento".

No âmbito da Justiça Federal, segundo a Lei nº 5.010, de 30.05.1966, a correição parcial está inserida na competência do Conselho da Justiça Federal (art. 6º, I), havendo previsão de poderes do relator para, liminarmente, suspender o ato ou despacho impugnado por até trinta dias, "quando de sua execução possa decorrer dano irreparável" (art. 9º).

724. A técnica de julgamento dos recursos

O recurso tem um *objeto*, que é o pedido de reforma ou de integração da decisão impugnada. Sua apreciação, pelo órgão revisor, todavia, depende de pressupostos e condicionamentos definidos na lei processual. Cabem ao órgão a que se endereçou o recurso duas ordens de deliberação: *o juízo de admissibilidade* e *o juízo de mérito*.

No juízo de admissibilidade resolvem-se as preliminares relativas ao cabimento, ou não, do recurso interposto. Verifica-se se o recorrente tem legitimidade para recorrer, se o recurso é previsto em lei e se é adequado ao ato atacado, e, finalmente, se foi manejado em tempo hábil, sob forma correta e com atendimento dos respectivos encargos econômicos. Se a verificação chegar a um resultado positivo, o órgão revisor "conhecerá do recurso". Caso contrário, dele "não conhecerá", ou seja, o recurso será rejeitado, sem exame do pedido de novo julgamento da questão que fora solucionada pelo decisório recorrido. Dá-se a morte do procedimento recursal no estágio das preliminares.

As preliminares, na espécie, apresentam questões *prejudiciais* ao julgamento de mérito, já que este só acontecerá se o recurso for conhecido no juízo de admissibilidade. Superado, com êxito, esse primeiro estágio da apreciação, o julgamento de mérito consistirá em dar ou negar *provimento* ao recurso. Se se confirma o decisório impugnado, nega-se provimento ao recurso. Se se altera o julgamento originário, dá-se provimento ao recurso.

Sendo dois julgamentos distintos e inconfundíveis, todos os participantes da turma julgadora votarão tanto no juízo de admissibilidade como no juízo de mérito do recurso (CPC/2015, art. 939). Não se exime de votar no mérito nem mesmo aquele que, na fase preliminar, votou vencido contra o cabimento do recurso. A norma do art. 939 é expressa no tocante a essa exigência, e Barbosa Moreira considera que a não completude dos votos na fase de mérito compromete a higidez do julgamento.[30] A jurisprudência, por sua vez, considera julgamento

---

[29] TUCCI, Rogério Lauria. *Curso de direito processual* – processo civil de conhecimento – II. 11. ed. São Paulo: J. Bushatsky, 1976, p. 346.

[30] BARBOSA MOREIRA, José Carlos. *Comentários ao Código de Processo Civil*. 16. ed. Rio de Janeiro: Forense, 2012, v. V. n. 376, p. 703.

omisso o que se encerra sem colher, no mérito, o voto do vencido na preliminar de cabimento do recurso, podendo a falha ser corrigida por meio de embargos de declaração.[31]

O mérito do recurso, outrossim, não se confunde com o mérito da causa determinado pelo pedido do autor formulado na petição inicial e que envolve sempre uma questão de direito material. No recurso, também, há sempre um pedido – o de novo julgamento, para reformar, anular ou aperfeiçoar a decisão impugnada. Esse pedido – mérito do recurso – pode ou não referir-se a uma questão de direito material. Às vezes a pretensão de invalidação da sentença, formulada pelo recorrente, envolverá questão puramente processual. Seu julgamento, porém, não será de preliminar, mas de mérito, mérito não da causa e sim do recurso. Preliminares do recurso são apenas as questões que antecedem a apreciação do pedido contido no próprio recurso, são as que se localizam no juízo de admissibilidade.

O julgamento de mérito, no juízo recursal, pode ser, ainda, de acolhida total ou parcial da impugnação. Vale dizer: o órgão revisor pode manter ou reformar toda a decisão recorrida, ou pode limitar-se a modificá-la em parte.

Salvo em caso de não conhecimento do recurso, o acórdão que o julga *substitui* o decisório impugnado, nos limites da impugnação (art. 1.008). Ao substituí-lo, acarreta praticamente sua cassação, até mesmo quando o confirma (ou mantém), pois o novo julgamento ocupa no processo, para todos os efeitos, o lugar da sentença ou acórdão que tiver sido objeto do recurso.[32]

724.1. Julgamento ampliado, em caso de falta de unanimidade

Está programado pelo art. 941, § 2º, que o julgamento, no tribunal, da apelação e do agravo de instrumento será feito pela tomada de decisão por três juízes. Esse quórum, todavia, será ampliado quando o decisório do Colegiado não for unânime, caso em que "o julgamento terá prosseguimento em sessão a ser designada com a presença de outros julgadores (...), em número suficiente para garantir a possibilidade de inversão do resultado inicial" (art. 942).

Conforme assentado pela jurisprudência do STJ, o art. 942 do CPC/2015 não estabelece uma nova espécie recursal, mas sim uma técnica de julgamento, a ser aplicada de ofício, independentemente de requerimento das partes, com o objetivo legalmente definido de aprofundar a discussão a respeito de controvérsia a respeito de questões fáticas ou jurídicas, desde que a seu respeito tenha se registrado dissidência entre os julgadores.[33]

Ainda sob a ótica da referida Corte Superior, "o art. 942 do CPC/2015 possui contornos excepcionais e enuncia uma técnica de observância obrigatória pelo órgão julgador, cuja aplicabilidade só se manifesta de forma concreta no momento imediatamente posterior à colheita dos votos e à constatação do resultado não unânime, porém anterior ao ato processual formal subsequente, qual seja a publicação do acórdão".

Não há, portanto, dois julgamentos distintos, mas sim um único, que se compõe de dois momentos, aquele em que se registra a solução com divergência na primitiva turma julgadora,

---

[31] STJ, 4ª T., REsp 277.843/RJ, Rel. Min. Sálvio de Figueiredo Teixeira, j. 28.08.2001, *DJU* 22.10.2001, p. 327. Pelo mesmo fundamento, o STJ, no REsp 942.453/RJ, acolheu arguição de vício em julgamento de apelação adesiva por falta de voto do juiz que o julgara prejudicado por ter acolhido a apelação principal, reconhecendo que "o relator, vencido quanto ao provimento da apelação (isto é, vencido na preliminar), deveria ter prosseguido e se manifestado sobre o mérito de recurso adesivo, como exigem os arts. 560 e 561 do CPC" (STJ, 3ª T., REsp 942.453/RJ, j. 09.06.2008).

[32] A rigor, só não há cassação, nem substituição, se não for conhecido o recurso, já que então fica intacta a decisão original (cf. DINAMARCO, Cândido Rangel. *A reforma do Código de Processo Civil*. 5. ed. São Paulo: Malheiros, 2001, p. 128 e ss.).

[33] STJ, 3ª T., REsp 1.762.236/SP, Rel. Min. Marco Aurélio Bellizze, ac. 19.02.2019, *DJe* 15.03.2019. No mesmo sentido: STJ, 4ª T., REsp 1.733.820/SC, Rel. Min. Luís Felipe Salomão, ac. 02.10.2018, *DJe* 10.12.2018.

e um outro, em que a turma é ampliada, e o julgamento tem prosseguimento até a decisão completa do recurso e lavratura de um único acórdão.

724.2. Julgamento ampliado, em caso de agravo de instrumento e de ação rescisória

Não se deve entender o julgamento ampliado, no caso da apelação, como restrito aos casos de reforma da sentença de mérito, como se entendia ao tempo do regime dos embargos infringentes. Há, porém, uma restrição maior à aplicação do art. 942 nos casos de julgamentos não unânimes de ação rescisória e agravo de instrumento, uma vez que a sistemática de decisão com quórum ampliado, nesses dois procedimentos, fica expressamente limitada aos casos de rescisão ou modificação da decisão parcial de mérito (art. 942, § 3º).[34]

724.3. Julgamento ampliado em caso de embargos de declaração

Os embargos de declaração correspondem a um complemento da decisão embargada, formando o julgamento do recurso primitivo e o dos declaratórios uma unidade, para os fins do art. 942. Assim, se o voto divergente ocorreu na decisão de embargos de declaração, é cabível a ampliação do quórum de julgamento, mas se deverá observar as particularidades de cada modalidade do recurso principal, ou seja:

(a) se se tratar de apelação, a divergência que justifica o julgamento ampliado pode se referir tanto à questão de mérito como às preliminares do recurso principal, mas não às relacionadas com o cabimento dos próprios embargos declaratórios;[35]

(b) se o recurso principal for agravo de instrumento, a ampliação de quórum do art. 942, na fase dos embargos de declaração, somente ocorrerá se a divergência se der a respeito de questão de mérito decidida no acórdão do agravo.[36]

---

[34] STJ, REsp 1.762.236/SP, Rel. Min. Marco Aurélio Bellizze, ac. 19.02.2019, *DJe* 15.03.2019. No mesmo sentido: STJ, 4ª T., REsp 1.733.820/SC, Rel. Min. Luís Felipe Salomão, ac. 02.10.2018, *DJe* 10.12.2018.

[35] "Por último, será caso de ampliar o colegiado quando houver divergência no julgamento de embargos de declaração contra acórdão proferido em *apelação* (já que a decisão dos embargos se integra ao julgamento embargado, e na hipótese da apelação qualquer divergência acarreta a ampliação do órgão julgador)" (CÂMARA, Alexandre Freitas. A ampliação do colegiado em julgamentos não unânimes. *Revista de Processo*, v. 282, p. 264, ago./2018).

[36] "No caso do agravo de instrumento, a convocação de outros julgadores somente ocorrerá se os embargos de declaração forem acolhidos para modificar o julgamento originário e, consequentemente, alterar a decisão parcial de mérito então proferido pelo juízo de primeira instância" (DIDIER JR., Fredie; CUNHA, Leonardo Carneiro da. *Curso de direito processual civil*. 15. ed. Salvador: JusPodivm, 2018, v. 3, p. 99). Nesse sentido: STJ, 3ªT., REsp 1.841.584/SP, Rel. Min. Ricardo Villas Bôas Cueva, ac. 10.12.2019, *DJe* 13.12.2019).

§ 77. PRINCÍPIOS GERAIS DOS RECURSOS

725. Princípios fundamentais dos recursos civis

Prestigiosa doutrina costuma, em matéria de princípios do direito processual civil, dividi-los em dois grupos: a dos princípios *informativos* e a dos princípios *fundamentais*.[37]

Os *informativos* dispensam demonstração por se apresentarem "quase que como axiomas" a prescindirem de maiores indagações, já que se baseiam em critérios estritamente *lógicos* e *técnicos*, sem ostentar, praticamente, nenhum conteúdo ideológico.[38] Compreendem os princípios: *(i) lógico, (ii) jurídico, (iii) político* e *(iv) econômico*.[39] A todos eles sujeitam-se os recursos, aplicando-se-lhes, portanto, a teoria e a técnica expostas nos itens nº 29 e ss. do vol. I.

Já os *princípios fundamentais* – explica o Professor Nery Junior – "são aqueles sobre os quais o sistema jurídico pode fazer opção, considerando aspectos políticos e ideológicos. Por essa razão, admitem que em contrário se oponham outros, de conteúdo diverso, dependendo do alvedrio do sistema que os está adotando".[40]

Para Alexy, *regras* e *princípios* são igualmente *normas* para o direito. A diferença está em que as regras são "*normas que só podem ser cumpridas ou não*" por conterem "*determinações no âmbito do fático e juridicamente possível*". Sendo válidas, o que nelas se determina há de ser realizado de maneira absoluta. Os *princípios*, por sua vez, são "normas que ordenam que algo seja realizado na maior medida possível, dentro das possibilidades jurídicas e reais existentes". Daí falar-se que são *mandados de otimização*. Diferentemente das regras, os princípios podem ser cumpridos em graus diferentes, dependendo do contexto (fático e jurídico) em que se aplicam.[41] Na mesma linha de pensamento, Dworkin proclama que o direito não se reduz a regras estritas, mas se compõe também de princípios hauridos deste modo de ser próprio da comunidade política, e que se encontram de maneira especial na Constituição. De tal maneira, prevalece "a promessa de que o direito será escolhido, desenvolvido e interpretado de um modo global, fundado em princípios, estabelecendo uma ideia de *integridade* do sistema dentro de uma 'comunidade de princípios'".[42]

---

[37] MANCINI-PISANELLI-SCIALOJA. *Comentário del Codice di Procedura Civile per gli Stati Sardi*. Torino, v. I, parte II, p. 7; e v. II, p. 10, apud NERY JUNIOR, Nelson. *Princípios fundamentais* – teoria geral dos recursos. 4. ed. São Paulo: RT, 1997, n. 2.1, p. 32.

[38] Arruda Alvim classifica os princípios universais como "informativos", e os específicos do direito processual como "princípios fundamentais". Os primeiros podem ser considerados "quase que axiomas, porque prescindem de demonstração maior" (o lógico, o jurídico, o político e o econômico). Os últimos apresentam densa carga ideológica, podem ser contraditórios entre si e dependem, em sua adoção, de opção política do legislador (ARRUDA ALVIM NETO, José Manoel. *Manual de direito processual civil*. 8. ed. São Paulo: RT, 2003, v. 1, p. 22-23).

[39] NERY JUNIOR, Nelson. *Princípios fundamentais* – teoria geral dos recursos. 4. ed. São Paulo: RT, 1997, n. 2.1, p. 33.

[40] NERY JUNIOR, Nelson. *Princípios fundamentais* – teoria geral dos recursos. 4. ed. São Paulo: RT, 1997, n. 2.1, p. 33. O direito processual, em primeiro lugar, não se presta a autorizar um tipo qualquer de composição para um conflito cuja solução seja submetida à justiça estatal. No Estado regido por constituição democrática como a brasileira, figura entre os direitos do homem a garantia fundamental de que "ninguém será obrigado a fazer ou deixar de fazer alguma coisa senão em virtude de lei" (CF, art. 5º, II). É nisso que consiste o princípio da legalidade, que vale para limitar o exercício do poder público em qualquer terreno de atuação, e assegurar a todos "a inviolabilidade do direito à vida, à liberdade, à igualdade, à segurança e à propriedade" (CF, art. 5º, *caput*).

[41] ALEXY, Robert. *Teoria de los derechos fundamentales*. Madrid: Centro de Estudos Constitucionais, 1993, p. 86-87; PEREIRA, Rodolfo Viana. *Hermenêutica filosófica e constitucional*. Belo Horizonte: Del Rey, 2001, p. 144-145.

[42] DWORKIN, Ronald. *O império do direito*. São Paulo: Martins Fontes, 1999, p. 242 e 258; PEREIRA, Rodolfo Viana. *Hermenêutica filosófica e constitucional*. Belo Horizonte: Del Rey, 2001, p. 140-141.

Outra particularidade dos princípios fundamentais está na sua elasticidade e consequente possibilidade de sofrer mutações conceituais e eficaciais com o passar do tempo e dos lugares de sua aplicação, podendo até mesmo lograr consequências práticas e teóricas "diferentes daquelas imaginadas e queridas por seus idealizadores e, máxime, pela lei que os adotou".[43]

Cumpre, ainda, fazer uma distinção entre *princípio constitucional* e *princípio geral*. O primeiro, quando traduzido em norma pela Constituição, não pode ser afrontado por lei ordinária, limita, portanto, a liberdade do legislador. Já o princípio geral comum, cuja presença no ordenamento jurídico é deduzida sistematicamente pela doutrina e jurisprudência, esse não veda ao legislador afastá-lo, em determinadas circunstâncias, por questão de ordem política, ou de conveniência prática. A ofensa, portanto, a um princípio constitucional acarreta a nulidade da lei que a tenha praticado; já o afastamento do princípio geral, por decisão política do legislador, em caso excepcional, não macula a obra legislativa.

Por exemplo, a legalidade das formas processuais é um princípio geral que permite, diante de qualquer norma procedimental, a instituição de regras que justifiquem sua inobservância, fazendo prevalecer a funcionalidade do processo, em lugar da obrigatoriedade do respeito ao rito definido em lei.

Da mesma forma que os princípios *informativos*, os *fundamentais* do direito processual civil incidem, necessariamente, sobre os recursos e sua aplicação (ver, sobre o tema, §§ 4º e 5º do vol. I deste curso).

726. Enumeração dos princípios fundamentais observados pela sistematização legal dos recursos civis

Segundo doutrina predominante, aplicam-se, com especificidade, aos recursos do processo civil brasileiro, os seguintes princípios fundamentais:

(a) Princípio do *duplo grau de jurisdição*;
(b) Princípio da *taxatividade*;
(c) Princípio da *singularidade*;
(d) Princípio da *fungibilidade*;
(e) Princípio da *dialeticidade*;
(f) Princípio da *voluntariedade*;
(g) Princípio da *irrecorribilidade* em separado das interlocutórias;
(h) Princípio da *complementaridade*;
(i) Princípio da *vedação* da *reformatio* in *pejus*;
(j) Princípio da *consumação*.

Cada um deles será examinado, separadamente, nos tópicos que se seguem.

727. Princípio do duplo grau de jurisdição

Com a sujeição da matéria decidida, sucessivamente, a dois julgamentos procura-se prevenir o abuso de poder do juiz que tivesse a possibilidade de decidir sem sujeitar seu

---

[43] BAUR, Fritz. *Studi in Onore di Tito Carnacini*. Milano, v. II, t. I, 1984, p. 25-40 *apud* NERY JUNIOR, Nelson. *Princípios fundamentais* – teoria geral dos recursos. 4. ed. São Paulo: RT, 1997, p. 34.

pronunciamento à revisão de qualquer outro órgão do Poder Judiciário. O princípio do duplo grau, assim, é um antídoto contra a tirania judicial.[44]

Não é que se tenha sempre como melhor e mais justo o julgamento de segundo grau. É que, em face da falibilidade do ser humano, não é razoável supor que o juiz seja imune de falhas no seu mister de julgar. Daí ser natural que se questione o ato judicial quanto à sua fundamentação, que, aliás, é uma condição *sine qua non* de sua validade (CF, art. 93, IX; CPC/2015, art. 11).

De outro lado, é também da natureza humana o inconformismo diante de qualquer decisão desfavorável, de sorte que o vencido é sempre inclinado a pretender um novo julgamento sobre a matéria já decidida. Ademais, se o moderno processo justo assegura aos litigantes participar ativa e efetivamente da formação do provimento judicial, submetendo ao crivo do contraditório não só as partes, mas também o juiz, é óbvio que terá de haver um mecanismo processual que permita a crítica ou censura ao decisório que primeiro avaliou e decidiu o conflito. O julgamento da causa, portanto, não pode deixar de considerar as alegações relevantes das partes e, sob pena de nulidade, não lhe será lícito omitir na resposta adequada às arguições de fato e de direito levantadas regularmente por meio das referidas alegações. A consequência desse contraditório democrático é que o diálogo processual não pode encerrar-se no provimento do primeiro grau de jurisdição. Se assim fosse, as partes não teriam como assegurar sua efetiva participação na formação do ato decisório. O julgamento em instância única deixaria incólume a sentença afrontosa ao contraditório. Indispensável, portanto, se torna o acesso da parte prejudicada ao tribunal para demonstrar a ilegalidade do julgado abusivo pronunciado no primeiro grau de jurisdição.

A não ser assim, a opinião isolada e autoritária do juiz poderia prevalecer imune diante do diálogo construtor do provimento. A vontade da autoridade judicial acabaria por ter a força de ignorar o debate das partes, assumindo, sem remédio, a qualidade de fonte única da regra concreta imposta à solução do litígio.

Fala-se, nesta linha de argumentação, que "o princípio do duplo grau é, por assim dizer, *garantia fundamental de boa justiça*".[45]

A ordem constitucional em vigor, de fato, não contém uma declaração expressa da obrigatoriedade do duplo grau. No entanto, da organização que a Carta Magna prevê para o Poder Judiciário consta a instituição obrigatória de juízes de primeiro grau e de tribunais de grau superior, cogitando de recursos ordinários e extraordinários entre uns e outros. É o suficiente para ter como implantado entre nós o princípio fundamental da dualidade de instâncias.

No entanto, a própria Constituição prevê processos de competência originária de tribunais, sem superpor-lhes uma instância revisora. E, mais ainda, prevê juizados especiais em que o recurso, acaso interposto, não sobe a um tribunal superior, mas é examinado por grupo de juízes de primeiro grau, integrados ao próprio juizado.

Isto quer dizer que o princípio do duplo grau está naturalmente implantado entre nós, mas não em termos absolutos, cabendo ao legislador ordinário dar-lhe os contornos práticos que se mostrarem convenientes.

Com efeito, o CPC/2015, ao tratar do tema, mais especificamente do chamado "duplo grau de jurisdição necessário", dispôs, no art. 496, não haver a remessa necessária de decisões proferidas contra a União, os Estados, o Distrito Federal, os Municípios e suas respectivas

---

[44] VEIGA, Pimenta da. *Direito público brasileiro e análise da Constituição do Império*. Rio de Janeiro, 1958, reimp. da ed., 1857, n. 470, p. 331.

[45] NERY JUNIOR, Nelson. *Princípios fundamentais* – teoria geral dos recursos. 4. ed. São Paulo: RT, 1997, p. 37; PERROT, Roger. Le principe du double degré de jurisdicion et son évolution en droit privé français. *Studi in Onore di Enrico Tullio Liebman*. Milano, 1979, v. III, p. 1971.

autarquias e fundações de direito público, quando: *(i)* a condenação ou o proveito econômico obtido na causa for de valor pequeno (§ 3º); ou *(ii)* a sentença estiver fundada em súmula de tribunal superior; acórdão proferido pelo STF ou STJ, em julgamento de recursos repetitivos; entendimento firmado em incidente de resolução de demandas repetitivas ou assunção de competência; e entendimento coincidente com orientação vinculante firmada no âmbito administrativo do próprio ente público, consolidado em manifestação, parecer ou súmula administrativa. Mesmo, portanto, quando o Código impõe a observância do duplo grau, fora do âmbito recursal, muitas exceções são abertas à exigência legal.

Assim, as leis, como a de Execução Fiscal, que tornem não sujeitos à apelação (mas apenas a embargos para o próprio prolator) sentenças de até um determinado valor, não devem ser havidas inexoravelmente como inconstitucionais. O problema é de política legislativa, que pode ora ampliar ora reduzir o alcance prático do princípio geral do duplo grau de jurisdição. Nesse sentido, o STF já decidiu ser constitucional o art. 34 da Lei nº 6.830, de 22.09.1990, quando exclui o cabimento da apelação em execuções fiscais de pequeno valor.[46]

Na verdade, porém, o que a lei processual pode fazer é criar mecanismo recursal que não leve a sentença ao obrigatório reexame do tribunal de segunda instância. Essa reavaliação, em situações especiais, pode ser atribuída a entidade coletiva formada por juízes de primeiro grau, como acontece nos juizados especiais, ou até mesmo ao próprio juiz prolator da sentença, como se passa nos executivos fiscais de pequeno valor. O que não se tolera, num processo justo, é a negativa de oportunidade à parte vencida de obter um rejulgamento da causa cuja decisão lhe foi adversa. Nessa concepção de direito à dupla apreciação da causa, quando primitivamente decidida por juízo singular, nenhum processo pode ser privado do duplo grau de jurisdição.

Quanto às causas que a própria Constituição atribui a juízo único dos tribunais, o afastamento do julgamento por exclusiva vontade individual é obtido por meio da estrutura coletiva da entidade judicante. A decisão, na espécie, é fruto da concorrência de votos de diversos juízes, de modo que cada um revê o daquele ou daqueles que o precederam. De outra maneira, portanto, resta assegurada às partes o juízo múltiplo de suas pretensões, o que, afinal, cumpre função similar à do duplo grau de jurisdição entre o juiz de primeiro grau e o tribunal.

Assim, não é de acolher a tese de que a Constituição não agasalha o princípio do duplo grau de jurisdição, deixando ao alvedrio da legislação processual aplicá-lo ou não em determinados processos. Na verdade, não há uma *garantia* nominal na ordem constitucional a seu respeito. Há, porém, o *princípio* na Constituição que o utiliza na estruturação dos órgãos da Justiça em diversos graus de hierarquia, e na consagração expressa da *garantia* do contraditório, como demonstra a corrente doutrinária a que nos filiamos, ao lado de vozes abalizadas como as de Calmon de Passos e Nelson Nery Junior, entre muitos outros.[47]

Os que recusam a obrigatoriedade da observância do duplo grau de jurisdição como imposição de ordem constitucional acusam-no de dificultar o acesso à justiça, uma vez que o recurso seria "uma boa desculpa para o réu que não tem razão retardar o processo",[48] contribuindo, assim, para comprometer a *efetividade* da tutela jurisdicional, sem que haja uma

---

[46] STF, 2ª T., Ag 114.709-1-AgRg/CE, Rel. Min. Aldir Passarinho, ac. 29.05.1987, *DJU* 28.08.1987, p. 17.578.

[47] CALMON DE PASSOS, José Joaquim. *Direito, poder, justiça e processo*. Rio de Janeiro: Forense, 2000, p. 67-70; NERY JUNIOR, Nelson. *Princípios do processo civil na Constituição Federal*. 3. ed. São Paulo: RT, 1966, p. 163; WAMBIER, Luiz Rodrigues; WAMBIER, Teresa Arruda Alvim. *Breves comentários à segunda fase da reforma do Código de Processo Civil*. 2. ed. São Paulo: RT, 2002, p. 140; DIDIER JR., Fredie; CUNHA, Leonardo Carneiro da. *Curso de direito processual civil*. 10. ed. Salvador: JusPodivm, 2012, v. 3, p. 24-26.

[48] MARINONI, Luiz Guilherme. *Tutela antecipatória, julgamento antecipado e execução imediata da sentença*. 2.ed. São Paulo: RT, 1998, p. 213.

certeza de que os julgados dos tribunais sejam melhores e mais justos do que os pronunciados pelos juízes de primeiro grau.

Antes de tudo, os recursos não estão à disposição apenas do réu, mas de ambas as partes, e não raro é o autor que dele se serve para corrigir o erro cometido pelo decisório primitivo, que, sem a faculdade do reexame recursal, deixaria o autor, vítima de denegação da tutela a que faz jus, totalmente privado do acesso à justiça.

O fato de ser possível a protelação do desfecho do processo por meio de recursos abusivos não é, por si só, um argumento para desprestigiar por inteiro o duplo grau de jurisdição. Para os abusos de direito, há sempre instrumentos coercitivos na ordem jurídica. No caso específico dos recursos, existem expedientes capazes de impedir o recurso de má-fé, ou, pelo menos, de anular suas consequências maléficas, de maneira satisfatória. Basta lembrar as multas pela litigância de má-fé, a ampliação da verba advocatícia pela sucumbência recursal, a tutela de urgência satisfativa, a supressão do efeito suspensivo, a ampliação do cabimento da execução provisória e tantos outros expedientes que inibem o uso procrastinatório dos recursos e mitigam a sua influência indesejável sobre a duração razoável do processo e a efetividade da tutela jurisdicional.

Entre a garantia do contraditório e da efetividade do processo, não há incompatibilidade. Cabe à técnica processual reconhecer que ambas são indispensáveis para se ter um autêntico e justo acesso à justiça, e, assim sendo, preconizar a observância harmônica de ambas, segundo os critérios da razoabilidade e da proporcionalidade. O que não se pode fazer é centrar toda a dinâmica da prestação jurisdicional na busca da celeridade, sacrificando a essência do *processo justo*, que hoje se situa fundamentalmente no contraditório pleno e na cooperação e influência de todos os sujeitos do processo na formação do provimento judicial.

O duplo grau – como modernamente se concebe – decorre imediatamente da garantia do contraditório, que, além de seus aspectos tradicionais, compreende, sem dúvida, o direito de fiscalizar, controlar e criticar a decisão judicial. E esse objetivo do contraditório nunca será atingido sem o acesso ao duplo grau de jurisdição, e, por isso mesmo, sem o concurso instrumental dos recursos.[49-50]

728. Princípio da taxatividade

O cabimento e a forma do recurso não dependem de arbítrio da parte. "É indispensável que a lei processual haja instituído o recurso que se interpõe como meio normal de impugnação das decisões gravosas. Pelo sistema atual do Código, os recursos existentes são os que estão consignados no art. 994 do CPC/2015, não sendo possível, pois, cogitar de alguma impugnação, a título de recurso, que não se amolde a qualquer deles. Por outro lado, não basta que exista o

---

[49] Devido processo constitucional jurisdicional envolve, na lição de Calmon de Passos, "um complexo de garantias mínimas contra o subjetivismo e o arbítrio dos que tem o poder de decidir". Dentre essas garantias irrecusáveis, figura a indispensabilidade dos recursos, principal mecanismo de "controle" das decisões, "possibilitando-se, sempre, a correção da ilegalidade praticada pelo decisor e sua responsabilização pelos erros inescusáveis que cometer". Impedir o acesso à via recursal equivale, imediatamente, a suprimir ou reduzir o devido processo legal, e não apenas a agilizar o procedimento e prestigiar a efetividade da tutela, como pensam alguns. Representa, na realidade, segundo o saudoso jurista baiano, favorecer "o poder, não os cidadãos" dilatando-se o espaço dos governantes e restringindo-se o dos governados. E isso – em conclusão –, "se me afigura a mais escancarada antidemocracia que se pode imaginar" (CALMON DE PASSOS, José Joaquim. *Direito, poder, justiça e processo*. Rio de Janeiro: Forense, 2000, p. 70).

[50] Sobre as maiores dimensões do princípio do duplo grau de jurisdição, no processo assegurado como direito fundamental pelo Estado Democrático de Direito, ver o item nº 35 do vol. I do nosso *Curso de direito processual civil*. 56. ed. Rio de Janeiro: Forense, 2015.

recurso, para que ele seja admissível. Faz-se mister, igualmente, que ele seja o recurso adequado para a impugnação pretendida."[51]

Embora se tenha o art. 994 como taxativo, o certo é que outras leis também cuidam de recursos, no âmbito de sua incidência especial, criando modalidades recursais diferentes daquelas codificadas. É, por exemplo, o caso do *recurso inominado* da Lei dos Juizados Especiais Civis (art. 41).

O princípio da *taxatividade*, é bom registrar, não repele o princípio da *fungibilidade* entre os recursos enunciados pela lei em *numerus clausus*, em circunstâncias especiais, como mais adiante será demonstrado.[52]

729. Princípio da singularidade

Pelo princípio da *singularidade*, também chamado de princípio da *unirrecorribilidade* ou da *unicidade*, para cada ato judicial recorrível há um só recurso admitido pelo ordenamento jurídico.

O Código não diz, expressamente, ter adotado esse princípio, mas disciplinou a recorribilidade de tal maneira prática que o adotou implicitamente. Com efeito, pelo art. 203 do CPC/2015, os atos decisórios do juiz foram agrupados em duas espécies: a *sentença*, quando o julgador põe fim à fase cognitiva do procedimento comum ou extingue a execução, decidindo ou não o mérito da causa (§ 1º); e a *decisão interlocutória*, quando, no curso do processo, e, portanto, sem extingui-lo, resolve questão incidente (§ 2º). Para cada um destes atos previu um recurso próprio ou específico: a apelação, para a sentença (art. 1.009), e o agravo, para a decisão interlocutória (art. 1.015).[53]

Num sistema como o nosso, não se indaga, para classificar o ato judicial, sobre a natureza da questão decidida. O que importa para ter-se como configurada uma *sentença* ou uma *decisão interlocutória* é o "conteúdo finalístico" do ato[54] (sobre o tema, ver itens n°s 349 e 351 do vol. I).

É irrelevante que o juiz tenha apenas se limitado a questões preliminares. Se a decisão encerrou o processo, ou, pelo menos, pôs fim à fase cognitiva ou extinguiu a execução, o caso será de sentença. Se, ao contrário, o exame foi de matéria substancial como a ocorrência ou não de prescrição e decadência, que se dirimiu sem pôr termo ao processo, o caso será de decisão interlocutória.

Como para a sentença o único recurso previsto é a apelação, e para a decisão interlocutória, o agravo, não há fugir do princípio da unirrecorribilidade no processo civil brasileiro, pelo menos quanto aos julgamentos de primeiro grau de jurisdição.

Uma exceção aparente a esse princípio, todavia, encontra-se no art. 1.029 do CPC, que prevê a simultânea propositura do recurso especial e do extraordinário, para o Superior Tribunal

---

[51] SILVA, Antônio Carlos Costa e. *Dos recursos em primeiro grau de jurisdição*. São Paulo: Ed. Juriscredi, 1974, n. 5.1, p. 18.

[52] O STF, por exemplo, entende que os embargos de declaração não são cabíveis contra decisão singular do relator, pois o caso seria de agravo interno. No entanto, acolhe os embargos impróprios como agravo, dando, assim, aplicação ao princípio da fungibilidade (STF, 2ª Turma, AI 278.549 ED/SP, Rel. Min. Celso de Mello, ac. 21.11.2000, *DJU* 30.03.2001, p. 113; STJ, 4ª T., EDcl no AREsp 304.487/SP, Rel. Min. Raul Araújo, ac. 27.05.2014, *DJe* 20.06.2014).

[53] O CPC/2015 adotou o sistema casuístico de cabimento de agravo de instrumento para impugnar as decisões que não se enquadram no conceito de sentença (art. 1.015, I a XIII). Para as decisões não arroladas no referido artigo, o CPC/2015 admite que sua impugnação se dê nas razões ou contrarrazões de apelação (art. 1.009, §§ 1º a 3º).

[54] NERY JUNIOR, Nelson. *Princípios fundamentais* – teoria geral dos recursos. 4. ed. São Paulo: RT, 1997, n. 2.4, p. 92.

de Justiça (questão federal) e para o Supremo Tribunal Federal (questão constitucional), tudo com referência a um só acórdão. Todavia, as questões atacadas em cada um dos recursos, serão distintas, não ocorrendo, portanto, dupla impugnação sobre a mesma matéria.

Fora daí não há que se cogitar de seccionamento da sentença em capítulos para analisá-la, quanto à recorribilidade, segundo o conteúdo de cada um deles. Pouco importa, à luz do art. 203, se o juiz, a um só tempo, resolveu questões preliminares e julgou o mérito; ou se, decidindo questões somente de natureza processual, encerrou o processo; ou se, decidindo questão de mérito, o fez em caráter incidental, sem extinguir o processo. Sempre será pelo conteúdo finalístico que o ato decisório se classificará como sentença ou decisão interlocutória. E, portanto, configurada a sentença, o recurso cabível somente será a apelação (art. 1.009); e configurada a decisão interlocutória, o recurso cabível apenas será o agravo (art. 1.015).

Outra aparente exceção à unirrecorribilidade dá-se contra a decisão dúbia, contraditória ou lacunosa, porque além do recurso comum caberá também o de embargos de declaração (art. 1.022, *caput*), cuja interposição interromperá o prazo do primeiro (art. 1.026). Na realidade, porém, os dois recursos não são simultâneos, e, sim, sucessivos, tendo cada um deles objetivos diversos.

Em todas essas situações excepcionais a quebra do princípio da unirrecorribilidade provém da lei e não da vontade da parte, de sorte que, fora da permissão legal expressa, não é dado ao vencido interpor senão um recurso contra cada decisão, ou seja, o "recurso adequado", aquele indicado pela lei "para o reexame da decisão que se impugna".[55] Além disso, ainda quando a lei permite a pluralidade de recursos contra uma só decisão, não o faz para autorizar a veiculação reiterada da mesma pretensão impugnativa em remédios paralelos. Cada recurso terá objetivo próprio e um não poderá, evidentemente, repetir a matéria do outro.[56]

730. Princípio da fungibilidade

O CPC de 2015, tal como o anterior, não contém regra geral sobre a fungibilidade dos recursos, o que, no passado, não impediu a formação de uma teoria que acolheu a sistemática própria para superar as dúvidas e controvérsias práticas verificadas acerca de um ou outro recurso em caso concreto. Para que um recurso impróprio fosse excepcionalmente admitido como próprio, a jurisprudência estabeleceu os seguintes requisitos: *(i)* dúvida objetiva acerca de qual o recurso manejável; *(ii)* inexistência de erro grosseiro na interposição de um recurso pelo outro; *(iii)* observância do prazo próprio do recurso adequado, sempre que este fosse menor do que o do recurso erroneamente interposto. Quanto a este último requisito, Nelson Nery Junior, defendia a tese de que se o erro fosse escusável, o princípio da fungibilidade validaria a impugnação segundo os requisitos do recurso interposto, sem atentar para os do recurso omitido.[57] Sua tese, a nosso ver, merecia, e ainda merece, acolhida, pois se há dúvida objetiva para justificar a fungibilidade, não pode a parte ser penalizada pelo emprego de um recurso pelo outro; e se escolheu um deles, é o prazo do escolhido que haverá de ser computado, já que válida foi a sua interposição. Embora fosse volumosa a jurisprudência no sentido de exigir-se, na fungibilidade, a observância do prazo do recurso próprio (não manejado), o STJ, em várias

---

[55] MARQUES, José Frederico. *Instituições de direito processual civil*. Rio de Janeiro: Forense, 1960, v. IV, p. 55.

[56] No caso de interposição simultânea de recurso extraordinário e recurso especial contra o mesmo acórdão, este se desdobra em vários capítulos e, "para fins de recorribilidade cada capítulo é considerado como uma decisão *per se*" (BARBOSA MOREIRA, José Carlos. *Comentários ao Código de Processo Civil*. 16. ed. Rio de Janeiro: Forense, 2012, v. V, n. 141, p. 249).

[57] NERY JUNIOR, Nelson. *Princípios fundamentais* – teoria geral dos recursos. 4. ed. São Paulo: RT, 1997, p. 138-140.

ocasiões, já prestigiou a tese de que, sendo escusável o erro da parte, deve prevalecer a eficácia do recurso impróprio ainda que "haja sido interposto após findo o prazo para o recurso próprio".[58]

Disso decorre que, na realidade, um único requisito se deve exigir para incidência do princípio da fungibilidade em matéria de recurso: o da *dúvida objetiva e fundada*, como, aliás, se pode notar em acórdãos recentes do STJ.[59] Esse regime, construído na experiência do Código anterior, mantém-se válido e aplicável dentro do sistema do atual CPC, ainda que este continue, como o velho, a não conter regra geral expressa sobre a fungibilidade recursal. Já no regime do CPC/2015 o STJ, em uniformização de jurisprudência, assentou que a aplicação do princípio da fungibilidade recursal é possível nas hipóteses de "dúvida objetiva", fundada em divergência doutrinária ou jurisprudencial acerca do recurso cabível. Incluiu o aresto, no âmbito da "dúvida objetiva", o caso em que a própria decisão impugnada tenha induzido a parte recorrente ao erro quanto ao recurso a interpor. Tratava-se de decisão interlocutória de extinção de exceção de pré-executividade, à qual o juiz deu tratamento de sentença, assim rotulando-a e registrando. A interposição de apelação, acolhida e processada como tal, no juízo *a quo*, não se deu por erro grosseiro ou má-fé do recorrente, justificando, portanto, a aplicação excepcional do princípio da fungibilidade recursal.[60]

Porém, há de se ter em conta a expressa previsão na nova legislação sobre a fungibilidade, no tocante à interposição de recurso especial e extraordinário (CPC/2015, arts. 1.032 e 1.033). Isso porque permitiu que o relator, no STJ, entendendo que o recurso especial versa sobre questão constitucional, conceda prazo de quinze dias para que o recorrente demonstre a existência de repercussão geral (requisito para o recurso extraordinário) e se manifeste sobre a questão constitucional. Da mesma forma, determinou que o relator, no STF, considerando como reflexa a ofensa à Constituição Federal afirmada no recurso extraordinário, o remeta ao STJ para julgamento como recurso especial. O atual Código previu, ainda, a fungibilidade entre os embargos de declaração e o agravo interno, uma vez que dispõe, no art. 1.024, § 3º, que o "órgão julgador conhecerá dos embargos de declaração como agravo interno se entender ser este o recurso cabível". Nesse caso, deverá intimar previamente o recorrente para, no prazo de cinco dias, complementar as razões recursais, para que se ajustem às exigências feitas para a interposição do agravo interno, E, posteriormente, cumprirá o contraditório, por meio da intimação do agravado para manifestar-se.

Com isto, restou claro para o CPC/2015, no campo dos recursos excepcionais, ser irrelevante o equívoco da parte em usar o especial em lugar do extraordinário e vice e versa, pois sempre será possível a conversão do inadequado no adequado. Se tal é autorizado perante esses recursos, nada impedirá que a fungibilidade seja também observada em relação aos recursos ordinários.

Por último, deve-se lembrar que a adoção de um recurso pelo outro, quando preservados os requisitos de conteúdo daquele que seria o correto, e não constatados a má-fé nem o erro grosseiro, resolve-se em erro de forma; e, para o sistema de nosso Código, não se anula, e, sim, adapta-se à forma devida o ato processual praticado sem sua estrita observância (CPC/2015, arts. 277 e 283, parágrafo único).

---

[58] STJ, Corte Especial, EREsp 281.366/SP, Rel. Min. Felix Ficher, ac. 18.12.2002, *DJU* 19.05.2003; STJ, 6ª T., REsp 180.598/SP, Rel. Min. Hamilton Carvalhido, ac. 03.04.2001, *DJU* 27.08.2001, p. 419; STJ, 2ª T., Pet no REsp 1.211.913/MT, Rel. Min. Humberto Martins, ac. 09.08.2011, *DJe* 17.08.2011; STJ, 3ª T., Ag Rg no EDcl no Ag 1.303.939/SP, Rel. Min. Sidnei Beneti, ac. 09.08.2011, *DJe* 22.08.2011.

[59] STJ, Corte Especial, AgRg no RO nos EDcl no AgRg no MS 10.652/DF, Rel. Min. Ari Pargendler, ac. 12.04.2010, *DJe* 03.05.2010. Na mesma linha decidiram: STJ, 1ª T., (EDcl no REsp 1.106.143/MG, *DJe* 26.03.2010); 2ª T. (AgRg no REsp 599.458/RS, *DJe* 11.11.2009), 3ª T. (AgRg no REsp 1.067.946/RN, *DJe* 07.12.2010) e 4ª T. (REsp 1.035.169/BA, *DJe* 08.02.2010).

[60] STJ, 2ª Seção, EAREsp 230.380/RN, Rel. Min. Paulo de Tarso Sanseverino, ac. 13.09.2017, *DJe* 11.10.2017.

731. Princípio da dialeticidade

Por dialética entende-se, numa síntese estreita, o sistema de pensar fundado no diálogo, no debate, de modo que a conclusão seja extraída do confronto entre argumentações empíricas, quase sempre contraditórias.

Pelo princípio da dialeticidade exige-se, portanto, que todo recurso seja formulado por meio de petição na qual a parte, não apenas manifeste sua inconformidade com ato judicial impugnado, mas, também e necessariamente, indique os motivos de fato e de direito pelos quais requer o novo julgamento da questão nele cogitada, sujeitando-os ao debate com a parte contrária.

Na verdade, isto não é um princípio que se observa apenas no recurso. Todo o processo é dialético por força do contraditório que se instala, obrigatoriamente, com a propositura da ação e com a resposta do demandado, perdurando em toda a instrução probatória e em todos os incidentes suscitados durante o desenvolver da relação processual, inclusive, pois, na fase recursal.

Para que se cumpram o contraditório e ampla defesa assegurados constitucionalmente (CF, art. 5º, LV), as razões do recurso são *elemento indispensável* a que a parte recorrida possa respondê-lo e a que o tribunal *ad quem* possa apreciar-lhe o mérito. O julgamento do recurso nada mais é do que um cotejo lógico-argumentativo entre a motivação da decisão impugnada e a do recurso. Daí por que, não contendo este a fundamentação necessária, o tribunal não pode conhecê-lo.[61]

O atual Código se refere à necessidade da motivação do recurso em vários dispositivos (arts. 1.010, II e III; 1.016, II e III; 1.023; 1.028; e 1.029, I e III) e doutrina e jurisprudência estão acordes em que se revela *inepta* a interposição de recurso que não indique a respectiva fundamentação.[62] Por isso, abundantes são os precedentes jurisprudenciais no sentido de que não se pode conhecer do recurso despido de fundamentação.[63]

O mais relevante na dialeticidade é o papel da argumentação desenvolvida pelas partes e pelo juiz, já que, pelo princípio da cooperação (CPC/2015, art. 6º), a decisão judicial não pode deixar de levar em conta as alegações e fundamentos produzidos pelos litigantes. Se não os acolher, tem de contra-argumentar, explicitando as razões pelas quais formou seu convencimento de maneira diversa da pretendida por um ou por ambos os litigantes. O atual CPC confere a qualidade de norma fundamental do direito processual a que determina a necessidade de serem as decisões *adequadamente fundamentadas*, e a de que nenhuma das razões de decidir seja adotada sem prévia submissão ao debate com as partes (CPC/2015, arts. 9º e 10). Não admite, outrossim, qualquer fundamentação, mas para cumprir-se o contraditório efetivo, no qual se inclui também o juiz ou tribunal, caberá ao julgador responder, de maneira expressa e adequada, a todas as arguições e fundamentos relevantes formulados pelas partes (art. 489, § 1º, I a VI).

732. Princípio da voluntariedade

O direito de recorrer participa do caráter *dispositivo* do próprio *direito de ação*. O Poder Judiciário não toma, na matéria, a iniciativa. Sem a provocação da parte, não há prestação

---

[61] BARBOSA MOREIRA, José Carlos. Juízo de admissibilidade no sistema dos recursos civis. *Rev. da Proc.-Geral do Estado da Guanabara*, v. 19, 1968, p. 170-172; SATTA, Salvatore. *Comentario al Codice di Procedura Civile, Libro secondo, Parte seconda*. Milano, 1966, p. 117-118; NERY JR., Nelson. *Atualidades sobre o processo civil*. São Paulo: RT,1995, p. 147).

[62] MARQUES, José Frederico. *Manual de direito processual civil*. 13. ed. São Paulo: Saraiva, 1990, v. III, n. 606, p. 126; FAGUNDES. Seabra. *Dos recursos ordinários em matéria cível*. Rio de Janeiro: Forense, 1946, n. 106, p. 101; NERY JUNIOR, Nelson. *Atualidades sobre o processo civil*. São Paulo, 1995, n. 39, p. 92.

[63] STJ, 1ª T., AgInt no RMS 58.200/BA, Rel. Min. Gurgel de Faria, ac. 23.10.2018, *DJe* 28.11.2018; STJ, 3ª T., AgRg no REsp 1.241.594/RS, Rel. Min. Sidnei Beneti, ac. 21.06.2011, *DJe* 27.06.2011.

jurisdicional (CPC/2015, art. 2º). Quer isto dizer que, sem a formulação do recurso pela parte, não é possível que o tribunal o aprecie. O juiz não tem o poder de, *ex officio*, recorrer pela parte, ainda que se trate de incapaz.⁶⁴ Aliás, transcorrido o prazo estatuído para a interposição do recurso, ocorre a preclusão ou a coisa julgada, conforme o caso. Mas, de qualquer forma, a decisão em ambas as hipóteses escapa a novas discussões e reapreciações judiciais.⁶⁵ Vale dizer: sem o recurso, não se devolve ao juiz ou ao tribunal a possibilidade de rejulgar as questões já decididas, dentro da sistemática própria dos recursos civis. Correta, portanto, a tese de que só às partes e aos terceiros prejudicados (e eventualmente o Ministério Público) é concedido pela lei o direito de recorrer.

Ainda em decorrência do mesmo princípio, não é dado ao tribunal prosseguir no processamento do recurso se a parte dele desiste (art. 998).

Andou corretamente, portanto, o Código quando excluiu do campo dos recursos a remessa dos autos à instância superior para "reexame necessário" (art. 496), já que a subida do processo, na espécie, não é provocada por impugnação alguma à sentença, mas apenas para submeter-se a um juízo integrativo de ratificação ou de alteração pelo tribunal.

733. Princípio da irrecorribilidade em separado das interlocutórias

Pelos princípios de economia processual, de celeridade e da oralidade, que dominam todo o processo moderno, não se tolera a interrupção da marcha processual para apreciação de recursos contra decisões de questões incidentais (*i.e.*, *decisões interlocutórias*). É o que faz o Código brasileiro, que admite agravo contra algumas decisões interlocutórias (art. 1.015) e só excepcionalmente, diante de situação de risco grave e de difícil reparação, permite ao relator atribuir-lhe eficácia suspensiva (art. 1.019, I). Ou seja, as decisões são recorríveis, mas os recursos não têm efeito suspensivo e os autos não saem do juízo da causa, não havendo prejuízo para o desenvolvimento normal do processo.

O Código de 1973 previa o agravo retido para essas situações, cujo procedimento previa a análise pelo tribunal, apenas se o juiz de primeiro grau não reconsiderasse sua decisão. O sistema do CPC/2015 é um pouco diverso. Estabeleceu um rol das decisões interlocutórias sujeitas à impugnação por meio de agravo de instrumento que, em regra, não tem efeito suspensivo (CPC/2015, art. 1.015). Não há mais agravo retido para as decisões não contempladas no rol da lei. A matéria, se for o caso, será impugnada pela parte prejudicada por meio das razões ou contrarrazões da posterior apelação interposta contra a sentença superveniente (art. 1.009, § 1º). Dessa forma, o atual Código valoriza o princípio da irrecorribilidade das interlocutórias, mais do que o Código de 1973.

734. Princípio da complementaridade: inaplicabilidade aos recursos civis

No processo penal admite-se a interposição de recurso relegando a apresentação dos motivos para fase ulterior (art. 578 c/c arts. 588 e 600). A isto se chama *princípio da complementaridade*, o qual, todavia, não vigora em nosso regime de processo civil.

Na sistemática do CPC, o recurso necessariamente terá de ser produzido em petição na qual figurem seus fundamentos de fato e de direito. "O protesto por oportuna apresentação de

---

64   NERY JR, Nelson. *Princípios fundamentais* – teoria geral dos recursos. 4. ed. São Paulo: RT, 1997, p. 149.
65   "É vedado à parte discutir no curso do processo as questões já decididas a cujo respeito se operou a preclusão" (CPC/2015, art. 507). "Nenhum juiz decidirá novamente as questões já decididas, relativas à mesma lide", salvo hipóteses previstas em lei (CPC/2015, art. 505).

razões não é admissível nos recursos cíveis, segundo a sistemática processual vigente",[66] uma vez que se reconhece como defeito insanável o do recurso apresentado "sem razões".[67]

No entanto, o STJ, em julgado antigo, já teve oportunidade de abrandar o rigor do princípio, tolerando que o recorrente suprisse a falta de fundamentação, desde que, ainda, dentro do prazo de interposição do recurso.[68]

735. Princípio da vedação da *reformatio in pejus*

Ensina Barbosa Moreira que ocorre a *reformatio in pejus* quando "o órgão *ad quem*, no julgamento de um recurso, profere decisão mais desfavorável ao recorrente sob o ponto de vista prático, do que aquela contra a qual se interpôs o recurso".[69]

Nosso sistema processual repele tal prática, visto que, quando uma só parte recorre, entende-se que tudo que a beneficia no decisório e, consequentemente, prejudica a parte não recorrente, tenha transitado em julgado.[70] O tribunal *ad quem*, portanto, somente poderá alterar a decisão impugnada dentro do que lhe pede o recurso. O recurso funciona, assim, como causa e limite de qualquer inovação que o tribunal entenda de fazer no decisório. Não se admite em outras palavras, que o julgamento recursal venha a piorar a situação do recorrente.

Note-se, porém, que há questões de ordem pública, como as condições da ação, os pressupostos processuais, a intangibilidade da coisa julgada, a decadência etc., que devem ser conhecidas de ofício, em qualquer fase do processo e em qualquer grau de jurisdição. Para essas questões, cujo exame independe de provocação da parte, é claro que não constitui embaraço para o tratamento da matéria a falta de provocação da parte, tampouco incide na vedação de *reformatio in pejus* a deliberação que redunde em prejuízo para o recorrente.

Entretanto, mesmo quando é o caso de conhecer e decidir questão de ordem pública, o que o juiz ou o tribunal têm o dever de ofício de resolver, com ou sem provocação da parte, não lhe será lícito fazê-lo, sem antes cumprir o contraditório, assegurado aos litigantes pela Constituição como direito fundamental (CF, art. 5º, LV). Por isso, deparando-se com o problema dessa natureza, cabe ao julgador abrir oportunidade para prévia manifestação das partes, para só depois pronunciar-se.

Assim, no art. 9º do CPC/2015 vem disposto que "não se proferirá decisão contra uma das partes sem que esta seja previamente ouvida". O art. 10, por sua vez, aduz que "o juiz não pode decidir, em qualquer grau de jurisdição, com base em fundamento a respeito do qual não se tenha dado às partes oportunidade de se manifestar, *ainda que se trate de matéria sobre a qual deva decidir de ofício*". Dessa maneira, o *contraditório efetivo* (assegurado pelo art. 7º) é visto, além de sua dimensão tradicional, como *garantia de não surpresa*, seja no tocante às questões novas, seja em relação aos fundamentos novos aplicados à solução das questões velhas.

No direito brasileiro, mesmo inexistindo norma expressa a respeito da proibição da *reformatio in pejus*, o princípio é considerado como inerente ao sistema, por meio da conjugação do princípio dispositivo, da necessidade de sucumbência para poder recorrer e do efeito

---

[66] STJ, 4ª T., RMS 751/RO, Rel. Min. Sálvio de Figueiredo, ac. 09.04.1991, *DJU* 13.05.1991, p. 6.084.
[67] STJ, 1ª T., REsp 1.065.412/RS, Rel. Min. Luiz Fux, ac. 10.11.2009, *DJe* 14.12.2009.
[68] STJ, 3ª T., REsp 2.586/CE, Rel. Min. Eduardo Ribeiro, ac. 05.06.1990, *RSTJ* 10/471.
[69] BARBOSA MOREIRA, José Carlos. *Comentários ao Código de Processo Civil*. 7. ed. Rio de Janeiro: Forense, 1998, p. 426.
[70] "Em caso algum, porém, a decisão do juiz da apelação sobre a demanda de mérito poderá redundar mais desfavorável ao apelante e mais favorável ao apelado do que a decisão de primeira instância (proibição da *reformatio in pejus*); a não ser que o apelado seja ao mesmo tempo apelante" (CHIOVENDA, Giuseppe. *Instituições de direito processual civil*. 3. ed. São Paulo: Saraiva, 1969, v. III, n. 399, p. 262).

devolutivo do recurso.⁷¹ Com efeito, o objeto do recurso não é senão o que pede o recorrente, pelo que ao tribunal não é dado senão acolher ou rejeitar sua postulação, e nunca ir além de sua pretensão para piorar-lhe a situação jurídica diante do que já fora assentado na decisão recorrida. Valer-se do recurso para agravar a situação do recorrente importa, em outros termos, decidir *extra* ou *ultra petita*, atuar jurisdicionalmente de ofício, e violar a coisa julgada ou a preclusão, no tocante àquilo que se tornou definitivo para a parte que não recorreu.

736. A possível piora da situação do recorrente na hipótese do § 3º do art. 1.013 do CPC/2015

O § 3º do art. 1.013 do CPC/2015, a exemplo do que já ocorria no Código de 1973 (art. 515, § 3º), permite que o tribunal, ao julgar o recurso de apelação, decida desde logo o mérito da causa, sem aguardar o pronunciamento do juízo de 1º grau, quando: *(i)* reformar sentença que não tenha resolvido o mérito; *(ii)* decretar a nulidade da sentença por não ser ela congruente com os limites do pedido ou da causa de pedir; *(iii)* constatar a omissão no exame de um dos pedidos; e *(iv)* decretar a nulidade por falta de fundamentação. Técnica esta que se estendeu para o caso de o tribunal reformar a sentença que houver reconhecido a decadência ou a prescrição, quando for possível o exame das demais questões debatidas, sem retorno do processo ao juízo de primeiro grau (art. 1.013, § 4º). Veja-se que o Código atual ampliou a possibilidade de julgamento de mérito da causa pelo tribunal, bastando que esta esteja "em condições de imediato julgamento". É o que se costuma chamar de "causa madura", entendida como tal aquela cujo objeto já foi suficientemente debatido na instância de origem, mesmo que nela não se tenha decidido o mérito.

A regra, quando inserida na lei anterior, referia-se apenas à cassação da sentença terminativa e gerou uma séria polêmica sobre se estaria ou não, a instância de segundo grau autorizada a tanto, mesmo sem pedido da parte recorrente ou recorrida.

A nosso ver, uma coisa é a *competência* atribuída ao Tribunal, outra é o *objeto* do recurso sobre o qual tem de julgar. Toda atividade jurisdicional está sempre subordinada a pressupostos e condições traçadas pela lei. Assim, ampliar o julgamento do recurso para questões não suscitadas e, por isso mesmo, não debatidas entre as partes na via recursal, resultaria em violação não apenas dos limites legais da jurisdição, mas sobretudo da garantia do contraditório. E o princípio do contraditório é consagrado pela ordem constitucional como direito fundamental, impondo-se à observância não só das partes como também do juiz. Mesmo nos casos em que o juiz pode apreciar, de ofício, certas questões, não lhe é dado fazê-lo sem antes submetê-las ao debate das partes (CPC/2015, art. 10). Dessa forma, o julgamento do mérito, a nosso ver, somente seria admitido quando pleiteado pelo recorrente, fosse em razão do princípio dispositivo, fosse da garantia do contraditório.

Nosso posicionamento reforça-se diante do prestígio que o CPC/2015 dedica aos princípios constitucionais do processo, enunciados com ênfase no rol de suas normas fundamentais, onde merecem destaque o princípio dispositivo (art. 2º) e a garantia do contraditório efetivo (arts. 9º e 10), os quais vedam o julgamento sobre questões não propostas pela parte e as decisões sobre questões não previamente submetidas à audiência de ambas as partes, bem como as decisões com base em fundamento a respeito do qual não se lhes tenha dado oportunidade de se manifestar, ainda quando se trate de matéria sobre a qual se deva decidir de ofício.

Entretanto, o STJ, responsável pela uniformização da lei federal, resolveu a controvérsia, à época do CPC de 1973, entendendo que:

---

71 NERY JUNIOR, Nelson. *Princípios fundamentais* – teoria geral dos recursos. 4. ed. São Paulo: RT, 1997, p. 155; ASSIS, Araken de. *Manual de recursos*. 2. ed. São Paulo: RT, 2008, p. 107-108.

(a) "A aplicação prática do art. 515, § 3º [CPC/2015, art. 1.013, § 3º], independe de pedido expresso do apelante, basta que o tribunal considere a causa pronta para julgamento";[72]

(b) "No julgamento do mérito subsequente à cassação da sentença terminativa, é permitido ao tribunal decretar a improcedência da demanda, sem que isso esbarre nas vedações à *reformatio in pejus*".[73]

Ao ampliar as hipóteses do CPC/1973, o atual Código prestigiou a tese da "causa madura", como único fundamento explícito para que o tribunal, no julgamento da apelação, uma vez cassada a sentença, passe logo a enfrentar o mérito da causa, sem enunciar os requisitos procedimentais para que tal se dê. Penso que a jurisprudência do STJ, de certa maneira, foi acatada pela nova lei processual, o que, todavia, não afasta a possibilidade de sua releitura à luz da principiologia constitucional valorizada sensivelmente pelo CPC de 2015, e que, a nosso ver, nos autoriza a continuar defendendo o ponto de vista já exposto.[74]

É bom lembrar que a aplicação indiscriminada da técnica de julgamento único de mérito pelo tribunal de segundo grau, em fase de apelação, já demonstrou o que temíamos ao tempo da modificação do CPC de 1973 pela Lei nº 10.352/2001, ou seja, a prática abusiva, por alguns juízes de primeiro grau, da extinção do processo por sentença terminativa, como expediente de liberar-se da resolução de lides mais complexas. A praxe, evidentemente, atrita com os princípios básicos da dualidade de instâncias e do juiz natural, sobrecarregando os tribunais com a análise complicada da matéria probatória que competia ser feita originariamente, e em melhores condições, pelo juiz da causa. Eis aí um exemplo que desestimula a aplicação liberal e indiscriminada do efeito expansivo previsto no art. 1.013, § 3º, do CPC/2015.

737. Princípio da consumação

O princípio da consumação contrapõe-se ao princípio da variabilidade do recurso dentro do prazo de sua interposição, ou seja, enquanto corre o prazo de impugnação, a parte pode desistir do recurso interposto para substituí-lo por outro. Essa faculdade era assegurada pelo art. 809 do CPC de 1939. Os Códigos de 1973 e de 2015 não a repetiram.

A melhor doutrina considera o princípio incompatível com o sistema da preclusão consumativa, que somente poderia ser afastado mediante regra excepcional expressa. Como o vigente Código não fez semelhante ressalva, prevalece a extinção da faculdade de interpor novo e diferente recurso como consequência da prática recursal precedente.[75]

Uma exceção à regra da preclusão consumativa ocorre na sucumbência recíproca, porque a lei permite à parte, que não recorreu no prazo normal, valer-se do prazo de contrarrazões para manifestar *recurso adesivo* ao do adversário (CPC/2015, art. 997, §§ 1º e 2º).

---

[72] STJ, 4ª T., REsp 836.932/RO, Rel. Min. Fernando Gonçalvez, ac. 06.11.2008, DJe 24.11.2008. Nesse sentido: STJ, 1ª T., REsp 1.102.897/DF, Rel. Min. Denise Arruda, ac. 09.06.2009, DJe 05.08.2009; STJ, 3ª T., AgRg no Ag 836.287/DF, Rel. Min. Humberto Gomes de Barros, ac. 18.10.2007, DJU 31.10.2007, p. 325. Em sentido contrário: STJ, 5ª T., RMS 18.910/RJ, Rel. Min. Arnaldo Esteves Lima, ac. 06.09.2005, DJU 10.10.2005, p. 398.

[73] STJ, 2ª T., REsp 859.595/RJ, Rel. Min. Eliana Calmon, ac. 21.08.2008, DJe 14.10.2008. Nesse sentido: STJ, 5ª T., REsp 645.213/SP, Rel. Min. Laurita Vaz, ac. 18.10.2005, DJU 14.11.2005, p. 382; STJ, 1ª T., AgRg no REsp 1.261.397/MA, Rel. Min. Arnaldo Esteves Lima, ac. 20.09.2012, DJe 03.10.2012; STJ, 4ª T., REsp 704.218/SP, Rel. Min. Luis Felipe Salomão, ac. 15.03.2011, DJe 18.03.2011.

[74] O entendimento que defendemos acha-se mais amplamente exposto em nosso *Curso de direito processual civil*. 55. ed. Rio de Janeiro: Forense, 2014, v. I, n. 543.a-2, p. 653-655.

[75] ARAGÃO, Paulo Cezar. *Recurso adesivo*. São Paulo, 1974, n. 81, p. 55-56.

O princípio geral, porém, continua sendo o de que a faculdade de interpor recurso se extingue (preclui) tanto pelo fato de não ter sido manifestado no prazo legal (preclusão *extintiva*) como pelo fato de já ter sido exercido de forma imprópria ou por via inadequada (preclusão *consumativa*).

A preclusão consumativa, que se funda no regime traçado pelo art. 507 do Código atual, decorre do fato de "já ter sido realizado um ato [pela parte], não importa se com mau ou bom êxito".[76] A consequência é não ser possível "tornar a realizá-lo".[77] É com base nessa regra, que se entende que se a parte escolheu errado o recurso interposto, a faculdade de recorrer já teria sido exercida e exaurida, por força da preclusão consumativa, donde a impossibilidade de desistir do recurso interposto, para substituí-lo por outro.

O princípio da *unirrecorribilidade* e o da *preclusão consumativa* têm sido aplicados, com frequência, pelo STJ e pelo STF, principalmente quando, por insegurança quanto ao melhor meio de impugnar a decisão, a parte lança mão, sucessiva ou simultaneamente, de dois recursos.[78]

---

[76] MONIZ DE ARAGÃO, Egas Dirceu. *Comentários ao Código de Processo Civil*. 9. ed. Rio de Janeiro: Forense, 1998, v. II, n. 116, p. 97.

[77] MONIZ DE ARAGÃO, Egas Dirceu. *Comentários ao Código de Processo Civil*. 9. ed. Rio de Janeiro: Forense, 1998, v. II, n. 116, p. 97.

[78] STJ, Corte Especial, AgRg nos EREsp 511.234/DF, Rel. Min. Luiz Fux, ac. 04.08.2004, *DJU* 20.09.2004, p. 176. No mesmo sentido: STJ, 4ª T., AgRg no Ag 1.268.337/RS, Rel. Min. João Otávio de Noronha, ac. 16.06.2011, *DJe* 24.06.2011; STJ, 3ª T., AgRg no REsp 588.766/RS, Rel. Min. Paulo de Tarso Sanseverino, ac. 28.09.2010, *DJe* 06.10.2010; STF, 1ª T., AI 771.806 AgR-segundo/MT, Rel. Min. Luiz Fux, ac. 13.03.2012, *DJe* 02.04.2012; STF, 2ª T., RE 553.657 AgR-ED/RJ, Rel. Min. Celso de Mello, ac. 16.11.2010, *DJe* 17.12.2010.

§ 78. DISPOSIÇÕES GERAIS RELATIVAS AOS RECURSOS CIVIS
738. Juízo de admissibilidade e juízo de mérito dos recursos

As pretensões deduzidas em juízo sujeitam-se sempre a um duplo exame pela autoridade judicial: *(i)* preliminarmente, apura-se se, em tese, é cabível processualmente aquilo que postula a parte; *(ii)* reconhecido tal cabimento, passa-se ao juízo de mérito, que consiste em enfrentar o conteúdo da postulação, para, de sua análise, concluir pela procedência ou não daquilo que a parte pretende obter do juízo. Portanto, sem que se reconheça a legitimidade processual da postulação (juízo de admissibilidade), a análise de seu conteúdo (objeto) não se dará (juízo de mérito). Daí falar que o juízo de *admissibilidade* tem prioridade *lógica* sobre o juízo de *mérito*,[79] ou seja: "O juízo de admissibilidade é sempre preliminar ao juízo de mérito: a solução do primeiro determinará se o mérito será ou não examinado".[80]

Interposto, portanto, um recurso, passará ele de início pelo juízo de admissibilidade, que poderá ser *positivo* ou *negativo*, *i.e.*, no primeiro caso, o recurso será admitido e viabilizado estará o exame de seu mérito; caso isto não se dê, o recurso terá seu andamento trancado, desde logo, pelo reconhecimento de seu descabimento, no caso concreto, tornando-se, assim, impossível a apreciação do pedido do recorrente.

O Código de 1973 previa a realização do juízo de admissibilidade em duas ocasiões: *(i)* primeiramente, o cabimento do recurso seria apreciado pelo próprio órgão judicial prolator do decisório impugnado (juízo *a quo*); e *(ii)* mais adiante seria renovado pelo tribunal *ad quem*, *i.e.*, por aquele a quem o recurso fora endereçado. Quando isto se dava, o primeiro juízo de admissibilidade era *provisório*, pois prevaleceria apenas enquanto o tribunal *ad quem* não se manifestasse.

O atual Código se orientou no sentido de abolir o juízo de admissibilidade provisório, já que tanto na apelação como no agravo de instrumento, o exame do cabimento do recurso foi atribuído ao tribunal *ad quem*. O § 3º do art. 1.010 do CPC/2015 dispõe que após as contrarrazões à apelação e à apelação adesiva, se houver, os autos serão remetidos ao tribunal pelo juiz, "independentemente de juízo de admissibilidade". Já o art. 1.016 c/c o art. 932, III, estabelecem que o agravo de instrumento será dirigido diretamente ao tribunal, cabendo ao relator não conhecer de recurso inadmissível. Quanto aos recursos extraordinário e especial, o parágrafo único do art. 1.030, em sua redação original, determinava que os autos seriam remetidos ao STJ ou STF independentemente de juízo de admissibilidade. Desta forma, a sistemática geral do CPC/2015 era originariamente a de um só juízo de admissibilidade. Todavia, a Lei nº 13.256/2016, que introduziu várias modificações no texto da codificação, antes mesmo de sua entrada em vigor, veio a restabelecer o duplo juízo de admissibilidade para os recursos especial e extraordinário. Com a nova redação atribuída ao art. 1.030, quebrou-se o regime unitário de admissão recursal, mas apenas no tocante àqueles recursos extremos para os Tribunais Superiores. Para os manejados entre o primeiro e o segundo graus de jurisdição, entretanto, conservou-se o regime de concentrar o juízo de cabimento dos recursos comuns no tribunal *ad quem*.

Na instância superior, portanto, o julgamento sobre a admissibilidade do recurso será sempre efetuado como preliminar indispensável ao exame de mérito. Trata-se, pois, de um juízo *necessário* e *definitivo*, em torno do cabimento, ou não, do recurso, cabendo a última palavra ao colegiado do tribunal competente para julgá-lo.

---

[79] BARBOSA MOREIRA, José Carlos. *Comentários ao Código de Processo Civil*. 16. ed. Rio de Janeiro: Forense, 2012, v. V, n. 144, p. 261.

[80] DIDIER JÚNIOR, Fredie; CUNHA, Leonardo José Carneiro da. *Curso de direito processual civil*. 10. ed. Salvador: JusPodivm, 2012, v. 3, p. 43.

No tribunal *ad quem*, a lei permite que o juízo de admissibilidade seja feito, preliminarmente, por decisão singular do relator. Se for negativa essa decisão, caberá sempre agravo interno para o órgão colegiado, *i.e.*, aquele encarregado do julgamento do recurso (art. 1.021, *caput*) (sobre o processamento do agravo interno, ver, adiante, o item nº 795).

739. Objeto do juízo de admissibilidade: requisitos intrínsecos e requisitos extrínsecos

Segundo a acatada lição de Barbosa Moreira, os requisitos avaliados no juízo de admissibilidade do recurso, dividem-se em dois grupos: *(i) requisitos intrínsecos (ou subjetivos)*, que são os concernentes à própria existência do poder de recorrer, quais sejam: cabimento, legitimação, interesse e inexistência de fato impeditivo ou extintivo do poder de recorrer; *(ii) requisitos extrínsecos (ou objetivos)*, que são os relativos ao modo de exercício do direito de recorrer: a recorribilidade da decisão e a adequação, a singularidade, o preparo e a tempestividade, a regularidade formal e a motivação do recurso.

Cada um desses requisitos será objeto de análise nos tópicos que se seguem.

740. Cabimento: atos judiciais recorríveis

No processo são praticados os chamados atos processuais, ora pelas partes, ora por serventuários da Justiça, ora por peritos, ora por terceiros e ora pelo juiz. Apenas dos atos do juiz é que cabem os recursos. E, ainda, não de todos, mas de alguns atos do juiz.

De acordo com o art. 203 do CPC/2015, os pronunciamentos do juiz, durante o curso do processo, são *sentenças, decisões interlocutórias* e *despachos*. Todos eles figuram na categoria dos atos chamados *deliberatórios*, mas nem todos ensejam a interposição de recurso. Apenas os realmente *decisórios* se mostram passíveis dessa modalidade impugnativa. As *sentenças e decisões interlocutórias* são sempre recorríveis, quaisquer que sejam a natureza da questão resolvida e o valor da causa (arts. 1.009 e 1.015). Dos *despachos*, *i.e.*, daqueles pronunciamentos judiciais que apenas impulsionam a marcha processual, sem prejudicar ou favorecer interesse de qualquer das partes, não cabe recurso algum (art. 1.001). Nas instâncias superiores são recorríveis os acórdãos (art. 204) e as decisões singulares de relator (art. 1.021). Não são recorríveis os atos judiciais, mesmo que dotados de conteúdo decisório, quando tenham sido proferidos em última instância, ou seja, no nível em que já não mais haja previsão legal de recurso algum a manejar.

Quando se trata de não cabimento de recurso, podem ser considerados os casos de recursos subjetivamente ou objetivamente inadmissíveis. Ou seja, fala-se em descabimento do recurso *subjetivamente* (requisitos intrínsecos), cuidando-se do recurso efetivamente manejado pela parte e de sua impertinência diante do ato judicial impugnado – por exemplo, a sentença era, em si, apelável, mas o recorrente aviou o recurso sem condições pessoais de fazê-lo: *(i)* seja por ter antes aceito, expressa ou tacitamente, o decisório (art. 1.000); *(ii)* seja, por se achar precluso o seu direito, em razão de anterior interposição de outro recurso indevidamente utilizado contra a mesma decisão; *(iii)* seja por não ser parte vencida do processo; *(iv)* nem terceiro juridicamente prejudicado (art. 996).

Quando, por outro lado, se tem o recurso incabível *objetivamente*, o que se analisa é a impossibilidade de ser o ato decisório, em si mesmo, atacável pela via recursal, nas condições em que o processo se encontra, como no caso de ato judicial: *(i)* considerado irrecorrível por lei, ou *(ii)* de ocorrência de coisa julgada, ou *(iii)* de intempestividade do recurso, ou *(iv)* de falta de preparo ou de fundamentação etc.

741. Tempestividade do recurso

Esgotado o prazo estipulado pela lei torna-se precluso o direito de recorrer. Trata-se de prazo peremptório, insuscetível, por isso, de dilação convencional pelas partes (CPC/2015, art. 223), embora se admita a renúncia à sua utilização, quando o litígio verse sobre direitos disponíveis e se trave entre pessoas maiores e capazes (art. 999). Pode, todavia, haver suspensão ou interrupção do prazo de recurso nos casos expressamente previstos em lei (arts. 220 e 221) (obstáculos criados pela parte contrária, férias forenses etc.) e ainda nas hipóteses do art. 1.004 (falecimento da parte ou de seu advogado).[81]

De acordo com o § 5º do art. 1.003, o prazo de quinze dias, a contar da intimação da decisão impugnada, é a regra geral observável para interposição de qualquer recurso. Excetuam-se apenas os embargos de declaração, cujo prazo é de cinco dias (art. 1.023). Assim, cada espécie de recurso tem um prazo próprio, que é idêntico e comum para ambas as partes. Por exceção, entretanto, concede-se à Fazenda Pública (art. 183), ao Ministério Público (art. 180), e à parte representada pela Defensoria Pública (art. 186)[82] o prazo em dobro para recorrer e responder ao recurso.

Haverá também contagem em dobro do prazo, quando houver litisconsortes não representados pelo mesmo advogado ou escritório de advocacia (art. 229). Nessa última hipótese, a contagem em dobro do prazo para recorrer, cessará quando, havendo só dois réus, a defesa tiver sido oferecida apenas por um deles (CPC/2015, art. 229, § 1º).[83] Também, a duplicidade de prazo não se aplica quando se tratar de processos em autos eletrônicos (art. 229, § 2º).

O prazo para interpor recurso começa a correr da data em que os advogados, a sociedade de advogados, a Advocacia Pública, a Defensoria Pública ou o Ministério Público são intimados da decisão (art. 1.003). Se a decisão for proferida em audiência, as partes consideram-se intimadas na ocasião (art. 1.003, § 1º).[84] Entretanto, se a audiência for realizada sob o método da estenotipia, não haverá como aplicar literalmente a regra do art. 1.003, § 1º, visto que, como já reconhecido pelo STJ, "as partes, ao saírem da audiência, não tiveram acesso aos termos da sentença, que somente passou a efetivamente existir após a transcrição e disponibilização nos autos". Sendo reconhecido às partes o direito de impugnar a transcrição da audiência, somente após conclusão de tal formalidade é que poderia ter início a contagem do prazo recursal.[85]

Há, porém, algumas particularidades que o Código estabelece a respeito da matéria, que abordaremos em seguida:

---

[81] Nos casos de suspensão (art. 220: recesso de fim de ano; art. 221: obstáculo judicial, força maior e qualquer das hipóteses do art. 313), uma vez cessada a causa de paralisação do prazo de recurso, sua contagem é retomada, mas apenas pelo saldo. Nos casos de interrupção (art. 1.004: morte da parte ou de seu advogado), ultrapassado o motivo da paralisação, o prazo recursal será restituído à parte ou ao seu sucessor por inteiro, depois da respectiva intimação.

[82] LC 80/1994, art. 44, I.

[83] STF/Súmula nº 641: "Não se conta em dobro o prazo para recorrer, quando só um dos litisconsortes haja sucumbido". A jurisprudência do STJ é no mesmo sentido, ou seja, desfaz-se o litisconsórcio, para fins da contagem em dobro do prazo recursal, quando, um só dos interessados interpôs recurso especial, de modo que o agravo contra seu indeferimento não se enquadrará na hipótese do art. 191 do CPC/1973 (CPC/2015, art. 229) (STJ, 2ª T., AgRg no Ag 982.267/SC, Rel. Min. Mauro Campbell Marques, ac. 03.09.2009, DJe 21.09.2009). Também está assente na doutrina e jurisprudência que: "'para que exista direito ao prazo em dobro, há que se observarem dois requisitos cumulativos: existência de litisconsórcio e de prazo comum para os litisconsortes praticarem o ato processual. Se, por qualquer razão, não há prazo comum, mas exclusivo para apenas um dos litisconsortes, não há que se cogitar de prazo em dobro. Por esse motivo, se na sentença, por exemplo, apenas um dos litisconsortes sucumbir, o prazo será contado de forma simples para a apelação, nos termos da Súmula 641 do STF'. (Roque, Gajardoni et al. *Teoria Geral do Processo*: Comentários ao CPC de 2015. Parte Geral. São Paulo: Forense, 2015. p. 709)" (STJ, 3ª T., REsp 1.709.562/RS, Rel. Min. Nancy Andrighi, ac. 16.10.2018, DJe 18.10.2018).

[84] Sobre as regras de contagem do prazo recursal, ver, no volume I, o item nº 370.

[85] STJ, 3ª T., REsp 1.257.713/RS, Rel. Min. Nancy Andrighi, ac. 18.04.2013, DJe 30.04.2013.

I – Prazo para o réu ainda não citado

Se a decisão for proferida antes mesmo da citação do réu, o prazo para a interposição do recurso contra ela cabível contar-se-á da juntada aos autos do documento comprobatório da intimação (art. 1.003, § 2º), observados os detalhes dos incisos I a VI do art. 231 (sobre o tema, ver item nº 368 do vol. I).

II – Prazo para o réu revel

Para o revel correrão todos os prazos, independentemente de intimação, a partir da publicação do ato decisório no órgão oficial (art. 346), inclusive os de recurso.[86] A aplicação dessa regra cessa, contudo, se após a caracterização da revelia o réu tenha se feito representar no processo, cessando, assim, a contumácia.[87] Em outras palavras, como não há intimação do revel, o prazo para recurso, em relação a ele, correrá da publicação da sentença ou da decisão no órgão oficial. Inexistindo essa publicação, prevalecerá aquela feita pelo próprio escrivão, por termo, nos autos do processo.[88]

III – Recurso remetido pelo correio

Estabelece o Código vigente que o recurso remetido pelo correio será considerado interposto na data de postagem (art. 1.003, § 4º). A orientação adotada pelo STJ e STF à época do Código anterior era diversa, na medida em que a tempestividade do recurso se aferia pelo registro no protocolo da Secretaria (Súmula nº 216 do STJ).[89] Agora é irrelevante a data do protocolo, regendo-se o cálculo pela postagem.

IV – Comprovação de feriado local

Prevê, ainda, o CPC, que a parte recorrente deve comprovar a ocorrência de feriado local no ato de interposição do recurso, para fins de atestar a sua tempestividade (art. 1.003, § 6º). A inovação operada parece de pequena monta, mas, em verdade, tem grande significado quando se leva em conta a segurança dos litigantes no manejo de suas faculdades processuais, que fazem parte da garantia do devido processo legal e, mais especificamente, do moderno conceito de processo justo. É que o STF e o STJ, ao exigirem a prova do feriado local, eram bastante radicais. Sem lei que estipulasse a obrigação, a parte era frequentemente surpreendida pelo não conhecimento do recurso (o mesmo que antes fora admitido como tempestivo pelo tribunal

---

[86] "É assente nesse STJ o entendimento de que, nos termos do art. 322 do CPC [CPC/2015, art. 346], o prazo recursal para o revel corre a partir da publicação da sentença em cartório, independentemente de sua intimação" (STJ, 2ª T., REsp 1.027.582/CE, Rel. Min. Herman Benjamin, ac. 05.11.2008, *DJe* 11.03.2009). No mesmo sentido: STJ, 3ª T., REsp 799.965/RN, Rel. Min. Sidnei Beneti, ac. 07.10.2008, *DJe* 28.10.2008. Se não houver publicação em audiência, o prazo fluirá da publicação na imprensa oficial, quando houver.

[87] "A dispensa de intimação para os atos processuais, no caso de revelia, só ocorre enquanto permanecer a contumácia do réu" (STJ, 3ª T., REsp 545.482/DF, Rel. Min. Antônio de Padua Ribeiro, ac. 06.04.2004, *DJU* 17.05.2004, p. 218). No mesmo sentido: STJ, 1ª T., REsp 876.226/RS, Rel. Min. Luiz Fux, ac. 25.03.2008, *DJe* 14.04.2008.

[88] "O prazo para o revel recorrer da sentença se inicia com a sua publicação em cartório, e não a partir de sua publicação na imprensa oficial" (STJ, Corte Especial, ED no REsp 318.242, Rel. Min. Franciulli Netto, ac. 17.11.2004, *DJU* 27.06.2005, p. 204).

[89] STF, Pleno, AgRg em EDiv em EDcl em AgRg em AI 164.512-1/RJ, Rel. Min. Marco Aurélio, ac. 14.05.1998, *DJU* 07.08.1998, p. 23; STJ, 3ª T., AgRg no AgRg nos EDcl no Ag 482.484/RJ, Rel. Min. Humberto Gomes de Barros, ac. 29.11.2006, *DJU* 18.12.2006, p. 361.

de origem) e nem sequer se tolerava que a justificativa do feriado se desse posteriormente à interposição do apelo e da subida dos autos ao STF ou STJ.[90]

Ora, uma restrição como essa, de tão graves consequências para o contraditório e ampla defesa, não poderia ser instituída sem lei, sendo certo que os tribunais, mesmo os Superiores, não dispõem de poderes constitucionais para criar regras de processo e suprimir direitos que o Código regula de maneira diversa e mais consentânea com o princípio da legalidade e, sobretudo, com o princípio da instrumentalidade das formas processuais.

Agora, porém, passando a existir norma clara em torno da obrigatoriedade de o recorrente comprovar a ocorrência de feriado local durante a contagem do prazo relativo ao recurso manejado, não poderá deixar de cumpri-la. Tampouco poderá se queixar de surpresa quando o STJ e o STF recusarem conhecer do apelo interposto sem a comprovação do art. 1.003, § 4º.

Todavia, é bom de ver que a orientação do processo democrático valoriza sempre a solução de mérito, procurando, na medida do possível, evitar a saída pelas anulações ou decisões terminativas, de cunho meramente formal. Nessa linha, o STJ e o STF já vinham abrandando o rigor com que de início se exigia do recorrente a prévia comprovação do feriado local, permitindo que a omissão pudesse ser sanada em agravo interno contra a inadmissão do recurso pelo relator.[91] Não obstante preveja o CPC/2015 que dita prova deva ser feita na interposição do recurso, desde que não ocorrendo má-fé do recorrente, nada impedirá que a falha seja suprida na instância superior, como, aliás, se dá com as omissões sanáveis em geral (art. 352) e até mesmo com o recurso, no tocante à falta ou insuficiência do preparo (art. 1.007).

Nada obstante o princípio da primazia do julgamento de mérito e da repulsa ao formalismo que obstaculiza o acesso à composição do litígio (fundamentos do processo justo), vem o STJ decidindo que, diante da literalidade do art. 1.003, § 6º, que prevê a comprovação do feriado local no ato da interposição do recurso, a falta de tal medida na oportunidade devida, "impossibilita a regularização posterior".[92] Todavia, debatido o tema na I Jornada de Direito Processual Civil do CEJ, restou aprovado o Enunciado nº 66, em sentido contrário.[93] De fato, o art. 932, parágrafo único, sem fazer qualquer ressalva, determina que "antes de considerar inadmissível o recurso, o relator concederá o prazo de 5 (cinco) dias ao recorrente para que seja sanado vício ou complementada a documentação exigível". Assim, só se pode atribuir a

---

[90] "1. A jurisprudência dominante do STJ estabelece que para fins de demonstração da tempestividade do recurso, incumbe à parte, no momento da interposição, comprovar a ocorrência de suspensão dos prazos processuais em decorrência de feriado local ou de portaria do Presidente do Tribunal a quo. Prescreve, ademais, que não há de se admitir a juntada posterior do documento comprobatório" (STJ, Corte Especial, EREsp 299.177/MG, Rel. Min. Eliana Calmon, ac. 11.02.2008, DJe 29.05.2008). "1. A tempestividade do recurso em virtude de feriado local ou de suspensão dos prazos processuais pelo Tribunal a quo que não sejam de conhecimento obrigatório da instância ad quem deve ser comprovada no momento de sua interposição" (STF, Pleno, AI 621.919/PR, Rel. Min. Ellen Gracie, ac. 11.10.2006, DJU 19.12.2006, p. 35).

[91] STJ, Corte Especial, AgRg no AREsp 137.141/SE, Rel. Min. Antônio Carlos Ferreira, ac. 19.09.2012, DJe 15.10.2012. No mesmo sentido: STJ, 6ª T., AgRg no REsp 1.080.119/RJ, Rel. p/ ac. Min. Sebastião Reis Júnior, ac. 05.06.2012, DJe 29.06.2012; STF, Pleno, RE 626.358/AgR, Rel. Min. Cezar Peluso, ac. 22.03.2012, DJe 23.08.2012.

[92] STJ, 2ª T., AgInt no REsp 1.634.393/SC, Rel. Min. Francisco Falcão, ac. 08.08.2017, DJe 17.08.2017.

[93] Enunciado nº 66: "Admite-se a correção da falta de comprovação do feriado local ou da suspensão do expediente forense, posteriormente à interposição do recurso, com fundamento no art. 932, parágrafo único, do CPC". Esse entendimento encontra amparo na jurisprudência do STJ traduzida no seguinte aresto: "O processo tem de viabilizar, tanto quanto possível, a decisão sobre o mérito das causas. Complicar o procedimento, criando diferenças desvinculadas de causas objetivas, implicaria prestar enorme desserviço à administração da justiça" (STJ, 3ª T., REsp 975.807/RJ, Rel. p/ ac. Min. Nancy Andrighi, ac. 02.09.2008, DJe 20.10.2008. No mesmo sentido: STJ, 2ª T., REsp 1.806.756/MA, Rel. Min. Herman Benjamin, ac. 21.05.2019, DJe 17.06.2019).

posição atual do STJ como uma lamentável tentativa de ressuscitar a execrável jurisprudência defensiva, que o atual Código se empenhou em sepultar.[94]

Para tanto, lança mão de um insustentável argumento, *in casu*, o de que a intempestividade do recurso é vício insanável, porque alcançado pela preclusão. De fato, não interposto o recurso em tempo hábil, extingue-se definitivamente o direito de recorrer. Mas, uma coisa é recorrer intempestivamente, outra é comprovar a tempestividade do recurso já interposto em tempo regular. Enquanto a intempestividade incide peremptoriamente sobre a essência do direito de recorrer, a comprovação da tempestividade à apenas uma exigência de ordem formal. Daí que, por dizer respeito à regularidade formal, a falta de comprovação do feriado local no momento da interposição do recurso (art. 1.003, § 6º) corresponde a falha que comporta regularização no momento previsto na regra geral do art. 932[95].

Mais lamentável, ainda, é a constatação de que a interpretação excessivamente restritiva adotada na compreensão do art. 1.003, § 6º, entra em contradição frontal com aquilo que o próprio STJ, em antiga e firme jurisprudência, consolidada desde o tempo do CPC/1973, preconizava, ou seja:

> "Em se tratando de prazos, o intérprete, sempre que possível, deve orientar-se pela exegese mais liberal, atento às tendências do processo civil contemporâneo – calcado nos princípios da efetividade e da instrumentalidade – e à advertência da doutrina de que as sutilezas da lei nunca devem servir para impedir o exercício de um direito".[96]

No julgamento da Questão de Ordem no REsp 1.813.684/SP, a Corte Especial do STJ ressalvou que a restrição de não se poder comprovar o feriado local após a interposição do recurso especial não prevalece em relação ao feriado de segunda-feira de carnaval.[97]

Toda essa injustificável celeuma, por fim, veio a ser superada pelo legislador através da Lei nº 14.939, de 30 de julho de 2024, que alterou o texto do § 6º do art. 1.003, para dispor que, ocorrida a não comprovação do feriado local no ato de interposição do recurso, o Tribunal não poderá inadmiti-lo de plano, mas terá, antes, de determinar a correção do vício formal, tal como se passa com todos os defeitos de procedimento (art. 932, parágrafo único). Mais do

---

[94] As dificuldades de comprovação do feriado local, criadas pelo STJ, chegam, às vezes, ao extremo de não aceitar tal comprovação por meio da "juntada de cópia do Diário da Justiça eletrônico", ao qual se recusou a fé pública (STJ, 3ª T., AgRg no REsp 1.537.263/PR, Rel. Min. João Otávio de Noronha, ac. 10.05.2016, *DJe* 23.05.2016). Para aquela Corte, a referida comprovação só seria possível "por meio de documento oficial ou certidão expedida pelo próprio Tribunal de origem" (STJ, 6ª T., AgRg no AREsp 541.077/MG, Rel. Min. Nefi Cordeiro, ac. 22.08.2017, *DJe* 31.08.2017).

[95] "Portanto, apesar de não ser possível sanar a intempestividade, é sim possível que a parte comprove posteriormente, mediante a juntada de atos normativos locais, que o recurso é de fato tempestivo" (MUNHOZ, Manoela Virmond. Reflexões sobre a (in)sanabilidade de vícios relacionados à tempestividade recursal. *Revista de Processo*, São Paulo, v. 332, p. 155, out. 2022). No mesmo sentido: TALAMINI, Eduardo. Dever de prevenção no âmbito recursal. *Migalhas de peso*. Disponível em: https://www.migalhas.com.br/depeso/235964/dever-de-prevencao-no-ambito-recursal. Acesso em: 16.02.2023; FLECK, Augusto Caballero. Ônus de comprovar a tempestividade recursal e dever de prevenção. *Revista de Processo*, São Paulo, v. 287, p. 5, jan. 2019).

[96] STJ, 4ª T., REsp 11.834/PB, Rel. Min. Sálvio de Figueiredo, ac. 17.12.1991, RSTJ 34/362. No mesmo sentido: STJ, 2ª T., REsp 1.229.833/PR, Rel. Min. Castro Meira, ac. 05.05.2011, DJe 12.05.2011, STJ, Corte Especial, REsp 1.112.864/MG, Recurso repetitivo – tema 552, Rel. Min. Laurita Vaz, ac. 19.11.2014, DJe 17.12.2014.

[97] "Questão de ordem resolvida no sentido de reconhecer que a tese firmada por ocasião do julgamento do REsp 1.813.684/SP é restrita ao feriado de segunda-feira de carnaval e não se aplica aos demais feriados, inclusive aos feriados locais" (STJ, Corte Especial, QO no REsp 1.813.684/SP, Rel. Min Nancy Andrighi, ac. 03.02.2020, *DJe* 28.02.2020).

que isso, a falta de comprovação no momento da interposição do recurso será simplesmente desconsiderada caso a informação já conste do processo eletrônico (art. 1.003, § 6º, *in fine*) (v., adiante, o item 818).

V – Vista dos autos para a interposição do recurso

É direito da parte a vista dos autos para preparar seu recurso. Só não podem ser retirados os autos de cartório se ambas as partes forem sucumbentes, porque, então, o prazo de recurso será comum. Mas, se o vencido for apenas um dos litigantes, nenhum óbice existe à retirada dos autos, quer para interposição do recurso, quer para contra-arrazoá-lo. Qualquer que seja a circunstância, os autos, durante o prazo recursal, devem permanecer à disposição do recorrente, de sorte que sua ausência no cartório constitui obstáculo criado em seu detrimento, o que acarreta a suspensão daquele prazo (art. 221), que só voltará a fluir depois de superado o embaraço.

O vencimento do prazo, outrossim, ocorre em cartório, de sorte que, "se a petição é despachada pelo juiz dentro do prazo legal, mas sua apresentação em cartório se dá depois de esgotado o prazo, o recurso é intempestivo". Por outro lado, se a entrega em cartório foi dentro do prazo legal, pouco importa se o despacho do juiz foi após o seu vencimento (art. 1.003, § 3º).[98] Permite-se, porém, que o recurso seja remetido por via postal (art. 1.003, § 4º) ou por protocolo em juízo diverso do da causa, havendo previsão em norma de organização judiciária ou em regra especial (art. 1.003, § 3º). Em tais situações, a tempestividade será aferida independentemente da data em que o recurso chegar ao juízo ou tribunal de destino.

742. Recurso interposto antes da publicação do julgado

O prazo do recurso corre no interesse do recorrente, pois destina-se a assegurar a oportunidade à parte de impugnar a decisão que lhe é desfavorável. A seu termo final, por efeito preclusivo, extingue-se o direito de recorrer. Conta-se, dito prazo, que é peremptório, a partir da *intimação* feita ao advogado da parte vencida, à Advocacia Pública, à Defensoria Pública ou ao Ministério Público (CPC/2015, art. 1.003, *caput*).

Que ocorre se o sucumbente não aguarda a intimação e se antecipa, ajuizando o recurso tão logo toma conhecimento do julgado? Poder-se-ia pensar que antes da intimação o prazo ainda não começou a fluir e, assim, o recurso prematuro estaria fora do prazo, não merecendo apreciação pelo Tribunal. Aquém ou além do prazo, dar-se-ia a mesma coisa, ou seja, o recurso seria intempestivo.[99]

A jurisprudência à época do Código de 1973, majoritariamente, entendia que a ciência inequívoca do decisório era suficiente para deflagrar o curso do prazo recursal, tornando despicienda a intimação da parte.[100]

O atual Código adotou o mesmo posicionamento, acabando com a polêmica existente, ao estabelecer, no § 4º do art. 218, ser "considerado tempestivo o ato praticado antes do termo inicial do prazo". Andou bem o legislador, pois se o conhecimento inequívoco da parte supre a

---

[98] TJMG, Ap. 16.035, Rel. Des. Cunha Peixoto, *Jur. Mineira* 31/268.

[99] "A intempestividade dos recursos tanto pode derivar de impugnações prematuras (que se antecipam à publicação dos acórdãos) quanto decorrer de oposições tardias (que se registram após o decurso dos prazos recursais)" (STF, Pleno, Emb. Div. na ADIn 2.075-7/RJ, *DJU* 27.06.2003, *Revista Dialética de Direito Processual*, v. 6, p. 131). No mesmo sentido: STJ, 6ª T., REsp 210.522/MS-EDcl, Rel. Min. Hamilton Carvalhido, ac. 23.10.2001, *DJU* 25.02.2002, p. 456; STJ, 1ª T., AI 242.107/DF-AgRg, Rel. Min. José Delgado, ac. 25.04.2000, *DJU* 22.05.2000, p. 83; STJ, 5ª T., AgRg no Ag 1.387.519/SP, Rel. Min. Laurita Vaz, ac. 13.09.2011, *DJe* 28.09.2011.

[100] STJ, 2ª T., REsp 249.895/SC, Rel. Min. Francisco Peçanha Martins, ac. 08.04.2003, *DJU* 26.05.2003, p. 295; STJ, 4ª T., REsp 578.861/SP, Rel. Min. Jorge Scartezzini, ac. 08.11.2005, *DJU* 28.11.2005, p. 294.

intimação, claro é que, recorrendo antes que esta se dê, o advogado da parte está oficialmente dando-se por ciente do decisório e, dessa maneira, suprido resta o ato intimatório.[101] Praticam-se e justificam-se os atos processuais segundo sua finalidade. O prazo para recorrer não pode ser interpretado e aplicado fora de sua destinação legal, que é a de permitir a impugnação da parte vencida. O importante não é o prazo em si, mas o efeito que por seu intermédio se busca alcançar. Se esse objetivo – a impugnação do ato judicial – pode acontecer até o último dia do prazo, nada impede que seja alcançado mais rapidamente, antes mesmo de o prazo começar a fluir. Essa percepção do tema foi muito bem captada pelo STF, sob o voto do Ministro Luiz Fux, que entendeu não fazer sentido punir o recorrente diligente, que contribuiu para a celeridade do processo:

> "As preclusões se destinam a permitir o regular e célere desenvolvimento do feito, por isso que não é possível penalizar a parte que age de boa-fé e contribui para o progresso da marcha processual [interpondo seu recurso antes mesmo de intimada da decisão] com o não conhecimento do recurso, arriscando conferir o direito à parte que não faz jus em razão de um purismo formal injustificado. (...)
>
> A finalidade da publicação do acórdão de julgamento é dar ciência à parte do teor da decisão, de modo que a interposição anterior do recurso denota que o referido propósito foi atingido, por outros meios".[102]

Lembra Arruda Alvim, em aplausos ao pronunciamento do Ministro Fux, as palavras com que este defendeu sua posição no acórdão aludido: no direito processual moderno, abandona-se o "apego exagerado a questiúnculas procedimentais", que "gera uma crise de efetividade dos direitos e põe em xeque, em última análise, a sobrevivência dos poderes instituídos".[103]

743. Recurso interposto antes do julgamento de embargos de declaração pendentes

Uma situação frequente no foro é a interposição do recurso principal paralelamente aos embargos de declaração quase sempre porque uma parte, quando recorre, ignora que a outra já havia lançado mão dos declaratórios. A jurisprudência do STJ à época do Código de 1973 costumava afirmar, em regra, que "é prematura a interposição de recurso especial antes do

---

[101] "(...) pacífica a orientação deste Tribunal Superior no sentido de que, 'demonstrada **ciência inequívoca** do executado quanto à penhora on-line, é desnecessária sua *intimação* formal para que se tenha início o prazo para o ajuizamento dos embargos de execução' (AgInt no REsp 1756662/SP, Rel. Ministra Regina Helena Costa, Primeira Turma, julgado em 08/04/2019, DJe 11/04/2019) (STJ, 1ªT., AgInt nos EDcl no REsp 1.846.270/ SP, Rel. Min. Benedito Gonçalves, ac. 26.04.2021, *DJe* 28.04.2021).

[102] Voto vencedor do Min. Luiz Fux, no acórdão do STF, 1ªT., proferido no HC 101.132-EDcl/MA (ac. 24.04.2012, *DJe* 22.05.2012), no qual se consignou que "o formalismo desmesurado ignora, ainda, a boa-fé processual que se exige de todos os sujeitos do processo, inclusive, e com maior razão, do Estado-Juiz". Assim, segundo a lição de Cândido Dinamarco, lembrada e prestigiada pelo acórdão da Suprema Corte, "a supervalorização do procedimento, à moda tradicional e sem destaques para a relação jurídica processual e para o contraditório, constitui postura metodológica favorável a essa cegueira ética que não condiz com as fecundas descobertas da ciência processual nas últimas décadas" (cf. OLIVEIRA, Bruno Silveira de. A remoção de óbices econômicos e de óbices técnicos à tutela jurisdicional: contrastes na jurisprudência dos Tribunais de Superposição. *Rev. de Processo*, n. 225, p. 233, nov. 2013; DINAMARCO, Cândido Rangel. *A instrumentalidade do processo*. 12. ed. São Paulo: Malheiros, 2005, p. 267; BEDAQUE, José Roberto dos Santos. *Efetividade do processo e técnica processual*. São Paulo: Malheiros, 2006, p. 130).

[103] ARRUDA ALVIM NETTO, José Manoel de. STF ruma para flexibilização da jurisprudência defensiva. *Revista Consultor Jurídico*, out. 2012. Disponível em: http://www.conjur.com.br/2012-out-15/arruda-alvim--supremo-rumo-flexibilizacaojurisprudencia-defensiva. Acesso em: 28 out. 2015.

julgamento dos embargos de declaração, momento em que ainda não esgotada a instância ordinária e que se encontra interrompido o lapso recursal".[104] Esse posicionamento consolidou-se na Súmula 418, que dispôs ser inadmissível "o recurso especial interposto antes da publicação do acórdão dos embargos de declaração, sem posterior ratificação". Corresponde, também, à jurisprudência do STF.[105] De fato, devendo o julgado dos embargos integrar o decisório embargado, inclusive, com argumentos novos e até com eventual modificação de suas conclusões, não se mostra conveniente considerar oportuno o recurso principal voltado contra um julgado ainda não estabilizado no juízo de origem. Daí a recomendação rotineira de que a parte que recorre antes dos embargos proceda à respectiva ratificação depois do julgamento destes.

Mas uma coisa é a utilidade da ratificação outra é a desconsideração total do recurso apenas porque precedeu aos embargos. Se, *in concreto*, nada se alterou no acórdão primitivo, razão não haverá para despir de eficácia o recurso interposto por quem nem mesmo conhecimento tinha dos embargos da outra parte. É melhor que o problema seja examinado caso a caso, para que não se anule ato que nenhum prejuízo acarretou ao adversário, e muito menos ao Judiciário. Afinal, o processo moderno é infenso às nulidades estéreis e aos formalismos injustificáveis. O ato processual é avaliado pelos seus objetivos e sua validade é sempre preservada se os seus fins são atingidos (ver, adiante, o item nº 809).

Em face dessas circunstâncias, ainda sob a égide do Código anterior, doutrina[106] e jurisprudência começaram a admitir a mitigação da Súmula 418, do STJ, dispondo que a influência dos embargos de declaração sobre a oportunidade e admissibilidade do recurso principal deve ser analisada mediante distinção entre os casos em que se altere ou não o resultado do decisório embargado.[107] Assim, ocorrendo alteração substancial do julgado, o recurso principal não poderá, de fato, ser conhecido, dado o descompasso entre o apelo e a decisão recorrida. Daí a necessidade de sua ratificação posteriormente à resolução dos declaratórios. Quando, porém, nenhuma alteração ocorreu na situação jurídico-processual da parte recorrente, não se encontra respaldo em qualquer regra ou princípio jurídico para justificar a exigência de que o recorrente reitere o recurso principal, sob fundamento de ter sido manejado intempestivamente.

É importante ressaltar que o Supremo Tribunal Federal vinha ensaiando modernizar seu posicionamento, fazendo distinção entre os casos de embargos declaratórios interpostos pela mesma parte ou pela outra, e, ainda, entre o julgamento dos embargos que introduz ou não alterações na decisão embargada. Ou seja,

(a) No julgamento da AR 1.668, o Plenário do STF "manifestou-se pela desnecessidade de ratificação do recurso extraordinário quando a parte adversa opõe embargos

---

[104] STJ, Corte Especial, REsp 776.265/SC, Rel. p/ acórdão Min. César Asfor Rocha, ac. 18.04.2007, *DJU* 06.08.2007, p. 445.

[105] "A jurisprudência da Corte é pacífica no sentido de ser extemporâneo o recurso extraordinário interposto, sem que haja a ratificação oportuna do ato, antes do julgamento de todos os recursos interpostos na instância de origem, mesmo que os referidos recursos tenham sido manejados pela parte contrária" (STF, 1ª T., ARE 764.438 AgR/PR, Rel. Min. Dias Toffoli, ac. 30.09.2014, *DJe* 14.11.2014).

[106] WAMBIER, Teresa Arruda Alvim. *Recurso especial, recurso extraordinário e ação rescisória*. 2. ed. São Paulo: RT, 2008, p. 272. No mesmo sentido: DUTRA, Carlos Roberto de Sousa. Intempestividade do recurso por ser prematuro: embargos de declaração. *Juris Plenum*, n. 58, p. 103, jul. 2014.

[107] A orientação da Súmula nº 418 do STJ "afigura-se exagerada, não sendo compatível com a garantia constitucional do amplo acesso à justiça, além de não soar razoável. Se a parte já interpôs seu recurso, já manifestou seu interesse, não sendo adequado exigir uma posterior ratificação apenas porque houve julgamento de embargos de declaração" (DIDIER JR., Fredie; CUNHA, Leonardo José Carneiro da. *Curso de direito processual civil*. 10. ed. Salvador: JusPodivm, 2012, v. 3, p. 226).

declaratórios", ressaltando que a necessidade de ratificação somente ocorre no caso em que a mesma pessoa, o mesmo vencido, o mesmo que tenha interesse jurídico em recurso, o interponha e, em seguida, avia embargos de declaração;[108]

(b) No julgamento do AgR no RE 680.371/SP, a 1ª Turma, vencido apenas o Relator, assentou que o recurso interposto antes do julgamento dos embargos de declaração não é extemporâneo e nem precisa ser ratificado. Poderá, apenas, ficar prejudicado, se os declaratórios forem providos com modificação do objeto do extraordinário.[109]

Essa moderna orientação do STF adapta-se bem ao regime do CPC/2015, que, no § 5º do art. 1.024, foi expresso em dispensar a ratificação do recurso quando os embargos forem rejeitados ou não alterarem a conclusão do julgamento anterior. Por outro lado, se o acolhimento dos embargos implicar modificação da decisão embargada, determina o Código que "o embargado que já tiver interposto outro recurso contra a decisão originária tem o direito de complementar ou alterar suas razões, nos exatos limites da modificação, no prazo de 15 (quinze) dias" (art. 1.024, § 4º). Ou seja, a nova legislação corrigiu o equívoco cometido pela jurisprudência dos tribunais superiores, em adotar um critério extremamente formalista para inadmitir recurso interposto antes do julgamento dos embargos de declaração. Com isso, pode ter-se como revogada a Súmula nº 418 do STJ, o que, aliás, foi proclamado pela Corte Especial daquele Tribunal na sessão de 1º.07.2016.

A nova orientação nos parece mais afinada com a efetividade do processo moderno, ao distinguir os casos em que há ou não alteração do resultado do julgamento, para determinar se haverá necessidade de ratificação do recurso principal. Diante da instrumentalidade das formas e da circunstância de não ocorrer prejuízo algum para o recorrido, não há razão para distinguir entre o caso de terem sido os embargos declaratórios interpostos pela mesma parte que ingressou com recurso principal ou pela outra parte. Poder-se-ia pensar que uma só parte estaria impedida, pelo princípio da irrecorribilidade, de interpor simultaneamente os dois recursos. Acontece que dito princípio cogita de inviabilizar dupla interposição de recursos contra a mesma decisão e com o mesmo objetivo. Não é o caso do concurso entre recurso principal e embargos de declaração, já que cada um deles tem objetivo muito diferente: enquanto um visa à reforma ou invalidação do decisório, o outro apenas procura clarear ou aperfeiçoar a decisão embargada. Não havendo colisão ou atrito entre eles, lugar não há para se cogitar do princípio da irrecorribilidade, na espécie, e tampouco de preclusão consumativa entre o manejo dos embargos e a interposição do recurso principal, pela mesmíssima razão.

Por outro lado, é irrelevante que o § 5º do art. 1.024 se refira, literalmente, apenas ao recurso principal interposto pelo embargado. A justificação lógica é a mesma, seja ou não o embargante quem tenha interposto o outro recurso: por expressa opção do legislador, em caráter geral, não se pode considerar intempestivo o ato praticado antes do termo inicial do respectivo prazo (art. 218, § 4º).

744. Casos especiais de interrupção do prazo de recurso

O CPC/2015 dispõe, em seu art. 1.004, que, "se, durante o prazo para a interposição do recurso, sobrevier o falecimento da parte ou de seu advogado ou ocorrer motivo de força maior

---

[108] STF, Pleno, AR 1.668/RJ, Rel. Min. Ellen Gracie, ac. 14.10.2009, *DJe* 11.12.2009.
[109] STF, 1ª T., AgR no RE 680.371/SP, Rel. p/ ac. Min. Marco Aurélio, ac. 11.06.2013, *DJe* 16.09.2013.

que suspenda o curso do processo, será tal prazo restituído em proveito da parte, do herdeiro ou do sucessor, contra quem começará a correr novamente depois da intimação".

Ocorre suspensão quando o curso do prazo sofre paralisação temporária, mas sem prejuízo do lapso já vencido. Verifica-se a interrupção quando vencido o obstáculo, o prazo reinicia a correr por inteiro.

São casos de suspensão do prazo recursal:

(a) o recesso do período compreendido entre 20 de dezembro e 20 janeiro (art. 220);[110]

(b) o obstáculo criado em detrimento da parte (art. 221), entendido como tal qualquer embaraço provocado pela parte contrária ou pela justiça,[111] como suspensão extraordinária dos serviços judiciários, greves,[112] incêndio no prédio do fórum etc.;

(c) qualquer das hipóteses de suspensão do processo, previstas no art. 313.

Em todas essas hipóteses, superado o obstáculo, o restabelecimento do curso do prazo suspenso se dará apenas pelo saldo remanescente.

Casos típicos de interrupção do prazo recursal são aqueles previstos no art. 1.004 (óbito da parte ou do advogado e força maior que suspenda o curso do próprio processo), e, também, os embargos de declaração (art. 1.026). Após os fatos mencionados, reinicia-se a contagem integral do prazo de recurso.[113]

Para ter a eficácia interruptiva, é indispensável que o fato ocorra dentro do prazo de recurso. O interessado deverá provar, nos autos, a verificação do evento, para que o juiz admita a interrupção, restituindo-lhe o prazo que voltará a fluir a partir da intimação da decisão. O efeito interruptivo, obviamente, depois de reconhecido pelo juiz, retroagirá à data do acontecimento que o provocou (à data da morte da parte, por exemplo). A nova contagem, porém, iniciar-se-á da intimação do ato judicial que acolheu a arguição de interrupção.

A devolução do prazo será requerida pela parte logo ao término do empecilho à prática do ato desejado. Não existindo prazo especial na lei para esse requerimento, aplica-se o disposto na norma geral do § 3º do art. 218, de sorte que, em regra, no máximo até cinco dias do evento, terá de ser requerida a reabertura do prazo sob pena de preclusão.

745. Legitimação para recorrer

I – Generalidades

A lei confere legitimidade para interpor recurso à *parte* do processo em que a decisão foi proferida, ao representante do *Ministério Público*, quando atua no feito (ou nele pode atuar) e ao *terceiro prejudicado*, por efeito reflexo do decisório (CPC/2015, art. 996, *caput*).

A legitimidade para recorrer decorre ordinariamente da posição que o inconformado já ocupava como sujeito da relação processual em que se proferiu o julgamento a impugnar. A lei, no entanto, prevê, em determinadas circunstâncias, legitimação recursal extraordinária

---

[110] Não há mais férias coletivas, mas o CPC/2015 prevê um recesso da justiça no período de 20 de dezembro a 20 de janeiro, no qual fica suspenso o curso dos prazos processuais.

[111] STJ, 1ª T., REsp 316.293/RJ, Rel. p/ac. Min. Luiz Fux, ac. 09.03.2004, *DJU* 28.06.2004, p. 188; STJ, 3ª T., REsp 1.191.059/MA, Rel. Min. Nancy Andrighi, ac. 01.09.2011, *DJe* 09.09.2011.

[112] STJ, 4ª T., REsp 504.952/SP, Rel. Min. Aldir Passarinho Júnior, ac. 08.04.2008, *DJU* 05.05.2008, p. 1.

[113] "A oposição de embargos de declaração por qualquer das partes interrompe o prazo recursal tanto para as partes, como para eventuais terceiros (...)" (STJ, 3ª T., REsp 712.319/MS, Rel. Min. Nancy Andrighi, ac. 25.09.2006, *DJU* 16.10.2006, p. 365).

para quem não seja parte, como o Ministério Público e o terceiro prejudicado. As condições de procedibilidade na via recursal não se resumem, todavia, apenas à legitimidade.

Também para recorrer se exige a condição do interesse, tal como se dá com a propositura da ação. "O que justifica o recurso é o prejuízo, ou gravame, que a parte sofreu com a sentença."[114] O interesse, porém, não se restringe à necessidade do recurso para impedir o prejuízo ou gravame; compreende também a sua utilidade para atingir o objetivo visado pelo recorrente. Dessa maneira, o recurso manifestado tem de apresentar-se como *necessário* e *adequado*, na situação concreta do processo, para ser admitido.

Embora o interesse, *in casu*, decorra, em regra, da derrota processual sofrida pelo litigante, um clássico exemplo de recurso manejável independentemente do pressuposto da sucumbência é o dos embargos de declaração (art. 1.022), os quais visam aprimorar a decisão, superando obscuridade, eliminando contradição, suprindo omissão ou corrigindo erro material, e que, por isso mesmo, podem ser interpostos tanto pelo vencido como pelo vencedor, indistintamente.

II – Requisito da sucumbência

Só o vencido, no todo ou em parte, tem, em regra, interesse para interpor recurso (art. 996). Apenas no caso particular de embargos de declaração, a lei dispensa a sucumbência para definir o interesse em recorrer, porque não se trata de um recurso de reforma ou invalidação, mas de aperfeiçoamento do julgado, e ambas as partes, indistintamente, têm direito a uma decisão clara, precisa e completa.[115] Pode ocorrer sucumbência recíproca: então ambas as partes serão legitimadas para recorrer.

III – Litisconsórcio unitário

Interessante é, outrossim, a situação do litisconsórcio unitário, em que, havendo sucumbência, qualquer dos litisconsortes poderá interpor recurso separadamente; e, devendo ser uniforme a decisão para os litisconsortes, o recurso interposto por um deles a todos aproveita (CPC/2015, art. 1.005, *caput*). A norma do Código atual repete literalmente a regra do art. 509 do CPC/1973, inclusive na ressalva de que o efeito expansivo do recurso entre os litisconsortes só não ocorre quando "distintos ou opostos os seus interesses". Essa exceção compreende o litisconsórcio não unitário e se presta a reafirmar que a regra principal do dispositivo só leva em conta o litisconsórcio unitário, como, aliás, sempre foi reconhecido pela jurisprudência[116] (sobre o tema, ver item nº 242 do v. I).

---

[114] AMARAL SANTOS, Moacyr. *Primeiras linhas de direito processual civil*. 4. ed. São Paulo: Max Limonad, 1973, v. IV, n. 697. A circunstância de tratar-se de sentença homologatória de transação não impede que se configure a situação de sucumbência para legitimar o recurso de um dos signatários do próprio acordo. Assim, depois do ajuste, pode surgir controvérsia a respeito de sua legitimidade ou validade, levando uma das partes a divergir da sentença que o homologou indevidamente. Não é a simples denúncia unilateral do acordo, nem a alegação de vícios de consentimento, que pode autorizar a cassação da sentença homologatória. Mas casos ocorrem em que a parte pode perfeitamente obter êxito no ataque à sentença homologatória, pela via recursal, como, por exemplo: acordo mal redigido e impreciso; existência de cláusula nula ou injurídica; incidência do acordo sobre direito indisponível; ilicitude da avença; incapacidade da parte; falta de poderes do representante da parte; ilegitimidade de parte para o acordo etc.

[115] "Os embargos declaratórios não têm caráter substitutivo da decisão embargada, mas sim integrativo ou aclaratório" (STJ, 1ª Seção, EREsp 234.600/PR, Rel. Min. João Otávio de Noronha, ac. 28.04.2004, *DJU* 10.05.2004, p. 159).

[116] "A extensão aos demais dos efeitos do recurso interposto por um dos litisconsortes, prevista no art. 509, C. Pr. Civ. [CPC/2015, art. 1.005], é restrita à hipótese do litisconsórcio unitário" (STF, 1ª T., RE 149.787/ES, Rel. Min. Sepúlveda Pertence, ac. 03.03.1995, *DJU* 01.09.1995, p. 27.392). No mesmo sentido: STJ, 5ª T., RMS

Aspectos interessantes se destacam no litisconsórcio em disputa sobre obrigações solidárias: *(i)* se a solidariedade é passiva, o recurso de um devedor aproveita aos demais, desde que verse sobre defesa comum a todos os litisconsorciados (CPC, art. 1.005, parágrafo único); *(ii)* quando a solidariedade é ativa, o recurso de qualquer litisconsorte, em regra, beneficia a todos os cocredores. Somente quando o recurso se fundar em exceção pessoal do recorrente é que o seu efeito não alcançará os outros credores solidários (CC, art. 274).

IV – Discordância da fundamentação do julgado

Ressalte-se que inconformidade com a fundamentação da sentença não é, por si só, causa para recurso, se a parte saiu vencedora, *i.e.*, não teve o pedido repelido, total ou parcialmente. Só a sucumbência na ação é que justifica o recurso, não a diversidade dos fundamentos pelos quais foi essa mesma ação acolhida.[117]

V – Recurso do vencedor

Embora a condição de vencido sempre legitime o recurso, reconhece a boa doutrina que, mesmo vencedor, o litigante pode excepcionalmente ter interesse na revisão da decisão que o favoreceu. É o caso em que a possível solução da causa tenha condições de proporcionar-lhe "melhor situação" do que aquela adotada no julgamento. Segundo Barbosa Moreira, quando for viável a otimização da composição do conflito, deve-se reconhecer ao vencedor o interesse em recorrer, sem embargo de não ter sido a parte vencida.[118] São exemplos de tal situação: a acolhida de um dos pedidos sucessivos que não seja o mais interessante para o autor vencedor; ou o julgamento de improcedência do pedido por falta de prova, nos casos em que a lei não admita a formação de coisa julgada material na espécie; o interesse do réu vencedor pode residir na tentativa de alcançar uma sentença que mantenha a improcedência do pedido, mas que o faça com julgamento de mérito[119] (ver desenvolvimento do tema no item nº 748, a seguir).

VI – Terceiro prejudicado

Embora não seja vencido, por não ser parte no processo, o terceiro pode vir a sofrer prejuízo em decorrência da sentença. Isto se dá quando ocorre "a possibilidade de a decisão sobre a relação jurídica submetida à apreciação judicial atingir direito de que se afirme titular ou que possa discutir em juízo como substituto processual" (art. 996, parágrafo único).

Para que o terceiro interfira no processo por meio de recurso, sempre se entendeu ser necessário demonstrar uma relação jurídica com o vencido que pudesse sofrer prejuízo, em decorrência da sentença. Seu interesse para recorrer "seria resultante do nexo entre as duas relações jurídicas: de um lado, a que é objeto do processo, e, de outro, a de que é titular, ou de

---

15.354/SC, Rel. Min. Arnaldo Esteves Lima, ac. 26.04.2005, *DJU* 01.07.2005, p. 561; STJ, 1ª T., REsp 827.935/DF, Rel. Min. Teori Albino Zavascki, ac. 15.05.2008, *DJe* 27.08.2008; STJ, 3ª T., AgRg no REsp 908.763/TO, Rel. Min. Ricardo Villas Bôas Cueva, ac. 18.10.2012, *DJe* 24.10.2012.

[117] "No direito brasileiro, o recurso é admitido contra o dispositivo, não contra a motivação" (STJ, 3ª T., REsp 623.854/MT, Rel. Min. Carlos Alberto Menezes Direito, ac. 19.04.2005, *DJU* 06.06.2005, p. 321).

[118] BARBOSA MOREIRA, José Carlos. *O juízo de admissibilidade no sistema dos recursos civis*. Rio de Janeiro: Borsoi, 1968, p. 75. No mesmo sentido: DIDIER JÚNIOR, Fredie; CUNHA, Leonardo Carneiro da. *Curso de direito processual civil*. 10. ed. Salvador: JusPodivm, 2012, v. III, p. 52.

[119] DIDIER JÚNIOR, Fredie; CUNHA, Leonardo Carneiro da. *Curso de direito processual civil*. 10. ed. Salvador: JusPodivm, 2012, v. III, p. 53; BARBOSA MOREIRA, José Carlos. *Comentários ao Código de Processo Civil*. 12. ed. Rio de Janeiro: Forense, 2005, v. V, p. 302.

que se diz titular o terceiro".[120] Como exemplo pode ser citado o interesse do locatário frente à sentença que resolve o domínio do locador.

O atual Código, em enunciado inovador sobre o tema, subordina o recurso subordina o recurso do *terceiro prejudicado* à demonstração da "possibilidade de a decisão sobre a relação jurídica submetida à apreciação judicial atingir direito de que se afirme titular" o recorrente estranho ao processo (art. 996, parágrafo único).

À primeira vista, o esquema de legitimação teria sido alterado, já que não se parte literalmente de uma interdependência entre o direito do terceiro e o objeto do processo, ou seja, com a relação jurídica submetida a julgamento. Agora, fala-se em decisão que, ao resolver a relação jurídica objeto do processo, tenha possibilidade de "atingir direito de que o terceiro se afirme titular".

Dentro desse ângulo, é possível divisar, aparentemente, uma amplitude maior para a intervenção recursal do terceiro. Já que não será uma interdependência entre duas relações jurídicas que o recorrente terá de demonstrar, mas uma possibilidade de a própria decisão "atingir direito" do estranho ao processo. Assim, uma pessoa completamente desvinculada da relação jurídica litigiosa poderia ter uma situação jurídica própria passível de invocação em grau de recurso, desde que, de alguma forma, tenha sido ou possa ser atingida pela decisão proferida *inter alios*.

Com isso, o recurso do terceiro prejudicado seria mais amplo do que a assistência, permitindo uma defesa própria do recorrente contra a decisão prejudicial a seu direito estranho ao processo. A medida recursal mais se aproximaria da oposição e dos embargos de terceiro, haja vista não atuar o recorrente, necessariamente, na defesa de um dos sujeitos do processo, mas de seu próprio direito.

Não se pode, todavia, ampliar tanto o recurso do terceiro prejudicado até o ponto de transformar sua pretensão em parte integrante do objeto do processo já julgado entre as partes da relação originária. O que o terceiro recorrente pode pleitear não é a declaração de seu direito, mas o reconhecimento de que há a possibilidade de um direito não deduzido em juízo ser atingido pela decisão pronunciada na disputa entre autor e réu.

Em dois sentidos, portanto, estaria o terceiro autorizado a recorrer:

(a) Para assistir uma das partes na busca de definir a relação jurídica litigiosa de maneira a não prejudicar outra relação, de que participa e não figurou (nem deveria ter figurado) no processo, mas que por um liame prático está numa situação de dependência da vitória de um dos litigantes. Pense-se no locatário em relação à demanda reivindicatória que põe em risco o domínio do locador sobre o imóvel alugado. Se o senhorio perder a causa, o locatário não terá como manter a posse e usufruição do bem locado. Nesse caso, o recurso procurará tratar da defesa do locador, e não diretamente da defesa de sua posição contratual.

(b) No entanto, o novo dispositivo contido no parágrafo único do art. 996 do CPC/2015 abre oportunidade, também, para que o terceiro prejudicado invoque um prejuízo não reflexo, mas direto, caso em que o seu recurso atacará a decisão em defesa pró-

---

[120] ANDRADE, Luís Antônio de. *Aspectos e inovações do Código de Processo Civil*. Rio de Janeiro: F. Alves, 1974, n. 276. "O terceiro prejudicado, legitimado a recorrer por força do nexo de interdependência com a relação *sub judice* (art. 499, § 1º, do CPC) [CPC/2015, art. 996, parágrafo único], é aquele que sofre um prejuízo na sua relação jurídica em razão da decisão" (STJ, Corte Especial, REsp 1.091.710/PR, Rel. Min. Luiz Fux, ac. 17.11.2010, *DJe* 25.03.2011). "O recurso de terceiro prejudicado está condicionado à demonstração de prejuízo jurídico da decisão judicial, e não somente do prejuízo econômico" (STJ, 1ª T., AgRg no REsp 1.180.487/RJ, Rel. Min. Benedito Gonçalves, ac. 12.04.2011, *DJe* 15.04.2011). No mesmo sentido: STJ, 6ª T., AgRg no REsp 782.360/RJ, Rel. Min. Maria Thereza de Assis Moura, ac. 17.11.2009, *DJe* 07.12.2009.

pria e não de uma das partes da relação processual. Nesse caso, o que na maioria das vezes deverá acontecer será uma cassação da sentença com reconhecimento de nulidade processual por falta de parte legítima (necessária) na disputa travada anteriormente ao julgamento da causa. Pense-se numa decisão de divisão em que um condômino não foi citado; ou no inventário e partilha sem a presença de um herdeiro; ou na reivindicação de um bem adquirido, pelo autor a *non domino*, na qual o *verus dominus* não foi convocado a título algum; ou numa possessória manejada contra o simples preposto sem qualquer ciência ao preponente (legítimo e único possuidor), e em tantas outras situações de igual ou assemelhado teor.

Não há, porém, segundo pensamos, nem mesmo nessas situações de afronta inconteste à situação jurídica de quem não foi parte do processo, condições de um julgamento de mérito em face do direito do terceiro recorrente, pela simples razão de não ser o seu direito material parte do objeto litigioso fixado anteriormente à sentença. O recurso não é momento processual adequado para modificar o objeto do processo e para provocar um acertamento exauriente e definitivo sobre uma questão tardiamente trazida à consideração judicial. Por isso, a previsão do dispositivo que permite ao terceiro recorrer não leva em conta a efetiva lesão de um direito dele, mas apenas a de que a decisão sobre o objeto do processo possa atingir direito de que seja titular o recorrente. Invalidando-se, na via recursal, o julgamento ofensivo aos interesses do terceiro, a discussão e o acertamento definitivo em torno do seu direito permanecerá em aberto e poderá acontecer depois da instauração de procedimento capaz de permitir, se necessário, um contraditório amplo e um julgamento exauriente da controvérsia.

746. Particularidades do recurso de terceiro

O recurso do terceiro interessado apresenta-se como forma ou modalidade de "intervenção de terceiro" na fase recursal. Equivale à assistência, para todos os efeitos, inclusive de competência.

Na lição de Liebman, seguida por nosso Código, "são legitimados a recorrer apenas os terceiros que teriam podido intervir como assistentes", ou seja, aqueles que mantenham uma relação jurídica com a parte assistida, e que possam sofrer prejuízo em decorrência do resultado adverso da causa (CPC/2015, arts. 119 e 996).

Essa interferência se justifica pelos mesmos princípios que inspiram os casos gerais de intervenção, que, além da economia processual, atendem também ao desígnio de criar meios de evitar reflexos do processo sobre relações mantidas por alguma das partes com quem não esteja figurando na relação processual.

Assim, o direito de recorrer, conferido ao estranho ao processo, justifica-se pelo reconhecimento da legitimidade do seu interesse em evitar efeitos reflexos da sentença sobre relações interdependentes, ou seja, relações que, embora não deduzidas no processo, dependam do resultado favorável do litígio em prol de um dos litigantes. Dessa maneira, o terceiro que tem legitimidade para recorrer é aquele que, antes, poderia ter ingressado no processo como assistente ou litisconsorte.

É importante ressaltar que o recurso de terceiro não se equipara aos embargos de terceiro ou a uma espécie de rescisória, em que o recorrente pudesse exercer uma *ação nova*, alegando e defendendo direito próprio, para modificar, em seu favor, o resultado da sentença. Mesmo porque seria contrário a todo o sistema do devido processo legal vigente entre nós imaginar que o terceiro pudesse iniciar, sem forma nem figura de juízo, uma ação nova já no segundo grau de jurisdição.

Exata, a respeito da matéria, é a lição de Vicente Greco Filho:

> "O recurso de terceiro prejudicado é puro recurso, em que se pode pleitear a nulidade da sentença por violação de norma cogente, mas não acrescentar nova lide ou ampliar a primitiva. Ao recorrer, o terceiro não pode pleitear nada para si,

porque ação não exerce. O seu pedido se limita à lide primitiva e a pretender a procedência ou improcedência da ação como posta originariamente entre as partes. Desse resultado, positivo ou negativo para as partes, é que decorre o seu benefício, porque sua relação jurídica é dependente da outra".[121]

Assim, o compromissário-comprador não pode recorrer para fazer seu direito prevalecer sobre a pretensão reivindicatória de quem saiu vitorioso em causa contra o promitente-vendedor. Pode apenas pleitear a reforma da sentença para que o resultado em prol do promitente-vendedor seja também útil para sua relação interdependente (*i.e.*, a que se origina do compromisso de compra e venda).

Mesmo quando o litisconsorte necessário não citado intervém pela via recursal – caso que se pode imaginar abrangido pela maior extensão dada ao recurso de terceiro prejudicado, pelo art. 996, parágrafo único –, não se dará o exercício do direito de ação, mas apenas se buscará a invalidação da sentença para que, mais tarde, o terceiro possa propor a ação que lhe couber, ou para que a ação pendente retorne à fase de postulação e o recorrente, então, possa exercer, regularmente, seu direito de contestá-la.

Em suma: o recurso de terceiro prejudicado continua sendo, no regime do Código atual, uma forma de intervenção de terceiro em grau de recurso ou, mais propriamente, uma *assistência* na fase recursal, porque, no mérito, o recorrente jamais pleiteará decisão a seu favor, não podendo ir além do pleito em benefício de uma das partes do processo ou de invalidação do julgado recorrido.[122] É que o assistente nunca intervém para modificar o objeto do processo, mas para ajudar "uma das partes a ganhar a causa", pois é a vitória do assistido que, em princípio, beneficiará indiretamente o assistente.[123]

Como interveniente, apenas para coadjuvar a parte assistida, o terceiro que recorre no processo alheio não pode defender direito próprio que exclua o direito dos litigantes. Isto só é possível por meio da ação de *oposição* (art. 682), ou de uma nova ação após a invalidação daquela que prejudicou direito seu.

O recurso do terceiro, portanto, há de ser utilizado, em princípio, com o fito de defender a parte sucumbente, segundo a doutrina clássica.[124] O advogado, porém, tendo direito autônomo a executar a verba sucumbencial de honorários, pode recorrer em defesa de interesse próprio, das decisões relativas ao tema. Atuará, na condição de "terceiro interessado", mesmo quando a execução da sentença for promovida pelo "credor principal" (a parte).[125]

O prazo do terceiro, para recorrer, é o mesmo da parte a que ele assiste, muito embora não tenha o assistente, *in casu*, recebido qualquer intimação da decisão. O *dies a quo*, portanto, fixa-se pela data da intimação da parte assistida. Sobre o tema, deve-se consultar, também, o item nº 258 do vol. I.

Embora se reconheça ao recurso do terceiro prejudicado uma forma especial de intervenção, não se deve transformá-lo numa forma típica e duradoura de assistência capaz de fazer do recorrente parte permanente do processo. Sua qualidade de terceiro interveniente se reduz aos

---

[121] GRECO FILHO, Vicente. *Da intervenção de terceiros*. 2. ed. São Paulo: Saraiva, 1986, p. 103.
[122] GRECO FILHO, Vicente. *Da intervenção de terceiros*. 2. ed. São Paulo: Saraiva, 1986, p. 103-104.
[123] MONIZ DE ARAGÃO, Egas Dirceu. Parecer. *Revista Forense*, v. 251, p. 164, ago.-set./1975; BARBOSA MOREIRA, José Carlos. *Direito processual civil* – ensaios e pareceres. Rio de Janeiro: Borsói, 1971, p. 25.
[124] LIEBMAN, Enrico Tullio, nota a CHIOVENDA, Giuseppe. *Instituições de direito processual civil*. 3. ed. São Paulo: Saraiva, 1969, v. III, n. 408, p. 285.
[125] STJ, 3ª T., REsp 1.140.511/SP, Rel. Min. Sidnei Beneti, ac. 01.12.2011, *Rev. Dialética de Direito Processual*, v. 110, p. 148.

fins limitados do recurso manejado, não tendo "condição de parte que lhe autorize a participação fora daqueles limites". Daí em diante, "ele intervirá como assistente se quiser, mas a assistência dependerá de uma nova iniciativa sua e novo juízo de admissibilidade pelo juiz".[126]

747. Recurso de terceiro e coisa julgada

Participando da natureza da assistência, o julgamento do recurso do terceiro prejudicado, em princípio, não gera coisa julgada a favor nem contra o recorrente, mas apenas impede-o de, em processo posterior, discutir a justiça da decisão, nos moldes do art. 123 do CPC/2015.

Somente há de admitir a formação da *res iudicata* quando a intervenção do terceiro recorrente se der na qualidade de assistente litisconsorcial, porque aí a questão por ele debatida já constituía parte do objeto litigioso (mérito da causa principal). Nessa perspectiva, pode-se entrever uma completa similitude entre o recurso do terceiro prejudicado e as demais modalidades de intervenção de terceiros. Donde a doutrina extrai as seguintes conclusões:

(a) se o vínculo jurídico do terceiro com o objeto da lide for direto, como na assistência litisconsorcial, estará ele sujeito à autoridade da coisa julgada;

(b) se, porém, tal vínculo se apresente apenas como indireto (relação jurídica conexa ou prejudicial com a relação jurídica objeto do processo), o terceiro recorrente ficará sujeito somente à indiscutibilidade dos fundamentos da decisão em futura demanda (assistência simples).[127]

748. Interesse de recorrer e extinção do processo por meio de decisão em favor do recorrente

É sabido que o interesse que justifica o recurso liga-se ao dispositivo do decisório e não às razões adotadas pelo julgador, de sorte que à parte vencedora falta interesse capaz de justificar a pretensão de reforma de um decisório, quando visa apenas substituir sua motivação.

Situação diversa, contudo, é aquela em que a parte, embora vencedora, não tenha alcançado toda utilidade que a solução judicial da causa lhe poderia ter proporcionado. Analisando-se o julgado, quanto aos seus efeitos, é possível justificar o interesse recursal, independentemente da não configuração de sucumbência, desde que a pretensão não seja apenas a de alterar o fundamento de decisório impugnado, mas o de dar-lhe maior dimensão no plano material. Assim, se, por exemplo, o processo foi extinto por falta de interesse, porque a dívida não estava vencida ao tempo do ajuizamento da ação (carência de ação), mas o vencimento ocorreu no curso do processo, o réu pode recorrer para que sua defesa de mérito seja apreciada e a improcedência do pedido seja declarada. Com isto, evitaria que o autor da ação extinta voltasse a propô-la, visto que se alcançaria a formação da coisa julgada material, que a mera extinção por falta de interesse processual não acarreta.

Dentro dessa perspectiva, o requisito da "parte vencida", para permitir o recurso (CPC/2015, art. 996, *caput*), adquire significado finalístico ou prático mais amplo do que o meramente literal.[128] Como observa Barbosa Moreira, "também se considerará *vencida* a parte

---

[126] DINAMARCO, Cândido Rangel. *Instituições de direito processual civil*. São Paulo: Malheiros, 2009, v. II, p. 396.

[127] FREITAS JÚNIOR, Horival Marques de. Recurso de terceiro no processo civil brasileiro: limites da intervenção do terceiro e extensão da coisa julgada material. *Revista Dialética de Direito Processual*, n. 112, São Paulo, p. 69, jul. 2012.

[128] Enunciado nº 67 da I Jornada de Direito Processual Civil do CEJ: "Há interesse recursal no pleito da parte para impugnar a multa do art. 334, § 8º, do CPC por meio de apelação, embora tenha sido vitoriosa na demanda".

quando a decisão não lhe tenha proporcionado, pelo prisma prático, *tudo* que ela poderia esperar, pressuposta a existência do feito".[129]

Sob outro aspecto, a questão solucionada em decisão interlocutória não agravável também oferece interessante exemplo de manifestação recursal por parte do vencedor. Com efeito, prevê o art. 1.009, § 1º, a possibilidade de o recorrido (portanto o vencedor), nas contrarrazões à apelação, pretender que questões prejudiciais decididas incidentalmente sejam reapreciadas, na hipótese de eventual provimento do apelo do adversário. Embora não se nomeie, esta manifestação, de recurso, na verdade é um verdadeiro recurso condicional e subordinado, cuja apreciação se dará na dependência do destino do apelo do outro litigante. Assim, pode se ter nesse incidente mais um exemplo de recurso do vencedor.

749. Legitimidade do Ministério Público para recorrer

O Ministério Público tem legitimidade para recorrer assim no processo em que é parte como naqueles em que oficia como fiscal da ordem jurídica (art. 996, *caput*, *in fine*).[130]

O atual Código, assim como o de 1973, eliminou a controvérsia quanto à admissibilidade do recurso do Ministério Público também nos casos em que funciona como *custos legis*.[131]

Ao recorrer, o representante do Ministério Público assume, no procedimento recursal, a condição de parte, com os mesmos poderes e ônus, tal qual ocorre quando exerce o direito de ação (CPC/2015, art. 177). Há, contudo, benefícios especiais em seu favor, por exemplo, a dispensa de preparo e do porte de remessa e de retorno nos recursos por ele interpostos (CPC/2015, art. 1.007, § 1º).[132]

750. Singularidade do recurso

Pelo princípio da unirrecorribilidade, para cada ato judicial recorrível há um só recurso admitido pelo ordenamento jurídico. Sobre o tema, ver, *retro*, o item nº 729.

---

[129] BARBOSA MOREIRA, José Carlos. *Comentários ao Código de Processo Civil*. 13. ed. Rio de Janeiro: Forense, 2006, v. V, n. 167, p. 300. O exemplo dado pelo autor é bastante significativo: na ação popular julgada improcedente ao fundamento de "insuficiência de prova", o demandado terá interesse para recorrer porque a sentença, nas condições em que foi dada, não se reveste da autoridade de coisa julgada, não impedindo novo pleito com o mesmo objetivo (Lei nº 4.717, art. 18). Nesse sentido também é a lição de Medina: "Há interesse de recorrer quando o recorrente puder esperar, em tese, do julgamento do recurso, situação jurídica e pragmaticamente mais vantajosa que aquela decorrente da decisão impugnada e quando seja necessário usar as vias recursais para alcançar esse objetivo. Essa concepção, bastante abrangente, tem a vantagem de considerar haver interesse recursal não apenas quando o que se pediu não foi concedido, mas também quando, embora vencedora, a parte tenha, ainda assim, perspectiva concreta de melhora em sua situação jurídica" (MEDINA, José Miguel Garcia. *Direito processual civil moderno*. 2. ed. São Paulo: RT, 2016, p. 1.276).

[130] "Os Ministérios Públicos estaduais não estão vinculados nem subordinados, no plano processual, administrativo e/ou institucional, à Chefia do Ministério Público da União, o que lhes confere ampla possibilidade de atuação autônoma nos processos em que forem partes, inclusive perante os Tribunais Superiores" (STF, 1ª T., ACO 2.351 AgR/RN, Rel. Min. Luiz Fux, ac. 10.02.2015, *DJe* 05.03.2015).

[131] "Nos termos da Súmula nº 99 deste Superior Tribunal de Justiça, o 'Ministério Público tem legitimidade para recorrer no processo em que oficiou como fiscal da lei, ainda que não haja recurso da parte'" (STJ, 2ª T., REsp 434.535/SC, Rel. Min. Franciulli Netto, ac. 16.12.2004, *DJU* 02.05.2005, p. 263). Nas ações de estado sobre paternidade, movidas em nome de menor, o Ministério Público, funcionando como *custos legis*, não perde a legitimidade para recorrer quando o autor se torna maior (STJ, 3ª T., REsp 1.516.986/GO, Rel. Min. Paulo de Tarso Sanseverino, ac. 09.05.2017, *DJe* 31.05.2017).

[132] BARBOSA MOREIRA, José Carlos. *Comentários ao Código de Processo Civil*. 13. ed. Rio de Janeiro: Forense, 2006, v. V, n. 165, p. 295-297.

751. Adequação e fungibilidade dos recursos

Há um recurso próprio para cada espécie de decisão. Diz-se, por isso, que o recurso é cabível, próprio ou adequado quando corresponda à previsão legal para a espécie de decisão impugnada.

Quem quiser recorrer "há de usar a figura recursal apontada pela lei para o caso; não pode substituí-la por figura diversa".[133] Em face do princípio da adequação, não basta que a parte diga que quer recorrer, mas deve interpor em termos o recurso que pretende.[134]

No tocante à fungibilidade, como se viu, o Código de 1973 não previa expressamente esse princípio, embora a jurisprudência entendesse viável, desde que preenchidos certos requisitos. O CPC/2015, ao contrário, previu expressamente a fungibilidade dos recursos, no tocante à interposição de recurso especial e extraordinário e em relação aos embargos de declaração e o agravo interno (arts. 1.024, § 3º, 1.032 e 1.033). Sobre a ampliação do cabimento da fungibilidade para outros recursos, ver, *retro*, o item nº 730.

752. Preparo

I – Preparo e deserção

Consiste o preparo no pagamento, na época certa, das despesas processuais correspondentes ao processamento do recurso interposto, que compreenderão, além das custas (quando exigíveis), os gastos do porte de remessa e de retorno se se fizer necessário o deslocamento dos autos (CPC/2015, art. 1.007, *caput*).

A falta de preparo gera a deserção, que importa trancamento do recurso, presumindo a lei que o recorrente tenha desistido do respectivo julgamento (art. 1.007, *caput, in fine*, §§ 4º, 6º e 7º). Se o preparo for feito a menor, não se decretará de imediato a deserção. O recorrente será sempre intimado, na pessoa de seu advogado, a completá-lo em cinco dias e somente no caso de não fazê-lo é que será trancado o recurso (art. 1.007, § 2º).[135] O STJ, já à época do Código anterior, decidia que o preparo incompleto (limitado ao porte de remessa e retorno) poderia ser posteriormente complementado com o posterior recolhimento das custas judiciais devidas na origem.[136]

São dispensados de preparo alguns recursos: *(i)* embargos de declaração (art. 1.023); e *(ii)* todos os recursos interpostos pelo Ministério Público, pela União, pelo Distrito Federal, pelos Estados, pelos Municípios e respectivas autarquias, e pelos que gozam de isenção legal, como os que litigam sob o amparo da assistência judiciária (art. 1.007, § 1º).[137]

Dispensa-se, ainda, o recolhimento do porte de remessa e de retorno no processo em autos eletrônicos, uma vez que não haverá o seu deslocamento físico para a instância superior (art. 1.007, § 3º).

---

[133] BARBOSA MOREIRA, José Carlos. *Comentários ao Código de Processo Civil*. 13. ed. Rio de Janeiro: Forense, 2006, v. V, n. 165, p. 295-297. O mesmo autor ensinou que "a despeito da inexistência de regra expressa, deve entender-se aproveitável, em princípio, e processar-se como o cabível, o recurso impropriamente interposto no lugar deste" (*O novo processo civil brasileiro*, 1976, v. I, p. 181). As decisões judiciais, porém, têm considerado erro grosseiro a interposição de um recurso por outro, diante da expressa previsão legal do meio impugnativo da decisão. E, por isso, não se tem tomado conhecimento de agravos interpostos em casos de cabimento de apelação (STJ, 2ª T., AgRg no Ag 533.154/RS, Rel. Min. João Otávio Noronha, ac. 05.10.2004, *DJU* 22.11.2004, p. 307; STJ, 2ª T., Pet no REsp 1.230.072/SC, Rel. Min. Mauro Campbell Marques, ac. 09.08.2011, *DJe* 17.08.2011).

[134] "Assim, recurso incabível é aquele incorretamente interposto à luz da decisão recorrida" (STJ, 1ª T., REsp 1.178.060/MG, Rel. Min. Luiz Fux, ac. 19.10.2010, *DJe* 17.11.2010).

[135] STJ, 2ª T., AgRg no REsp 1.207.631/SC, Rel. Min. Humberto Martins, ac. 09.11.2010, *DJe* 17.11.2010.

[136] STJ, Corte Especial, REsp. 844.440/MS, Rel. Min. Antônio Carlos Ferreira, ac. 06.05.2015, *DJe* 11.06.2015.

[137] Súmula nº 483 do STJ: "O INSS não está obrigado a efetuar depósito prévio do preparo por gozar das prerrogativas e privilégios da Fazenda Pública".

De acordo com a lei, o preparo dos recursos deve ser feito previamente, juntando o recorrente o respectivo comprovante à petição recursal. Na Justiça Federal, há um regime próprio de preparo, estabelecido pela Lei nº 9.289/1996, art. 14, II, com a redação alterada pelo art. 1.060 do CPC/2015. Ou seja, as custas devidas à União são pagas pela metade na propositura da ação. A outra metade cabe ao recorrente, cujo recolhimento será comprovado no ato de interposição do recurso.

II – Inovações do CPC/2015 em relação à deserção

O atual CPC, inspirado pelas ideias de processo justo e de eficácia da prestação jurisdicional, abriu mão do formalismo exacerbado, a fim de que se atinja, sempre que possível, a finalidade última do processo, que é servir de instrumento para solucionar o litígio (mérito). É que foi erigido à categoria de norma fundamental o direito das partes de obter em prazo razoável a solução integral do mérito (art. 4º). Nessa esteira, o CPC/2015, acima de tudo, se compromete com a superação de problemas formais, para que seja preferencialmente alcançada a composição definitiva do litígio. Eis a razão pela qual o rigor excessivo com que a jurisprudência, ao tempo do Código anterior, tratava a obrigação do recolhimento prévio do preparo e do porte de remessa e de retorno foi agora abrandado:[138]

(a) Possibilidade de recolhimento do preparo após a interposição do recurso: o § 4º do art. 1.007 permite que o recorrente que não comprovar o recolhimento do preparo e do porte de remessa e retorno no ato de interposição do recurso, será intimado, na pessoa de seu advogado, para realizar o recolhimento em dobro, sob pena de deserção. Ou seja, admitiu, expressamente, o CPC/2015 que a parte recolha o preparo após a interposição do recurso, desde que o faça em dobro, como uma espécie de punição pela falta[139]. Adotou, portanto, posicionamento contrário à jurisprudência predominante do STJ, à época do Código anterior, no sentido de que a parte não pode preparar o recurso depois da sua interposição, nem mesmo quando esta houver se dado antes do esgotamento do prazo legal para recorrer.[140] Entretanto, o CPC/2015 veda a complementação permitida pelo § 2º, se o preparo tardiamente efetuado em dobro não tiver sido completo (§ 5º).[141]

---

[138] "Nos termos da jurisprudência consolidada no Superior Tribunal de Justiça, a comprovação do recolhimento das custas judiciais faz-se no ato de interposição do recurso, segundo a regra do art. 511, *caput*, do CPC, sendo incabível posterior regularização" (STJ, 4ª T., REsp 1.126.639/SE, Rel. Min. Luis Felipe Salomão, ac. 21.06.2011, *DJe* 01.08.2011).

[139] "4. A impossibilidade de comprovação do preparo no ato de interposição do recurso atrai a incidência do art. 1.007, § 4º, do CPC/2015, permitindo que tal vício seja sanado mediante o recolhimento em dobro do preparo. 5. O art. 1.007, § 4º, do CPC/2015 abrange as hipóteses em que o recorrente (I) não recolheu o preparo; (II) recolheu, mas não comprovou no ato de interposição; e (III) recolheu e tentou comprovar no ato de interposição, mas o fez de forma equivocada. Em todas essas situações, o recorrente deverá ser intimado para realizar o recolhimento em dobro, sob pena de deserção. Nas duas últimas hipóteses, ou se comprova o preparo já pago e o recolhe mais uma vez, ou se recolhe o valor em dobro, se assim preferir o recorrente" (STJ, 3ª T., REsp 1.996.415/MG, Rel. Min. Nancy Andrighi, ac. 18.10.2022, *DJe* 21.10.2022).

[140] "A comprovação do preparo deve ser feita no ato de interposição do recurso, conforme determina o art. 511 do Código de Processo Civil – CPC – [CPC/2015, art. 1.007], sob pena de preclusão, não se afigurando possível comprovação posterior, ainda que o pagamento das custas tenha ocorrido dentro do prazo recursal" (STJ, 2ª T., REsp 655.418/PR, Rel. Min. Castro Meira, ac. 03.02.2005, *DJU* 30.05.2005, p. 308).

[141] O atual Código atende a um clamor geral, de que é espelho a doutrina de Daniel Mitidiero, formulada com apoio no caráter cooperativo do processo do Estado Constitucional Democrático. Se já existia lei expressa permitindo a possibilidade de complementação do depósito insuficiente antes do decreto de deserção (CPC/1973, art. 511, § 2º), não haveria razão para que o mesmo não fosse observado nos casos de falta de preparo (MITIDIERO, Daniel. *Colaboração no processo civil*. 2. ed. São Paulo: RT, 2011, p. 154).

(b) *Justo impedimento para o não recolhimento do preparo:* ao recorrente é assegurado o direito de comprovar justo impedimento para o não recolhimento tempestivo do preparo. Caberá ao relator apreciar e decidir a alegação, e se procedente, relevará a pena de deserção, por decisão irrecorrível, na qual fixará o prazo de cinco dias para a efetivação do preparo (art. 1.007, § 6º).

(c) *Equívoco no preenchimento da guia de custas:* rejeitando a chamada "jurisprudência defensiva" dos tribunais superiores, ao tempo do Código anterior, o CPC/2015 desautoriza a aplicação da pena de deserção fundada em equívoco no preenchimento da guia de custas (art. 1.007, § 7º).[142] Caberá ao relator, caso haja dúvida quanto ao recolhimento, intimar o recorrente para sanar o vício em cinco dias. Com isso, abrandou-se o rigor da jurisprudência predominante do STJ, que decretava, de imediato, a deserção do recurso em razão de defeito da espécie.[143] A oportunidade a ser dada obrigatoriamente ao recorrente para esclarecer a dúvida ou sanar o vício detectado pelo relator no preenchimento da guia corresponde ao dever de colaboração e prevenção que toca ao órgão jurisdicional em relação aos atos processuais das partes, dever esse que o Código muito bem prestigia ao definir os "princípios e garantias fundamentais do processo civil", especialmente nos arts. 7º, 9º e 10, onde se asseguram o contraditório efetivo, a cooperação necessária e a não surpresa, mesmo nos casos em que a matéria comporte decisão de ofício.

753. Motivação e forma

Constitui, ainda, pressuposto do recurso a motivação, pois "recurso interposto sem motivação constitui pedido inepto". Daí estar expressa essa exigência no tocante à apelação (art. 1.010, II, III e IV), ao agravo de instrumento (art. 1.016, II e III), aos embargos de declaração (art. 1.023) e aos recursos extraordinário e especial (1.029, I, II e III). Disse muito bem Seabra Fagundes que, se o recorrente não dá "as razões do pedido de novo julgamento, não se conhece do recurso por formulado sem um dos requisitos essenciais".[144]

---

[142] As falhas (ou supostas falhas) no preenchimento das guias de preparo tornaram-se palco de uma tremenda política de exclusão de recursos, numa orientação que recebeu a curiosa denominação de "jurisprudência defensiva", que na verdade não defendia interesses legítimos de ninguém e apenas justificava uma redução drástica da viabilidade dos recursos, principalmente dos endereçados aos Tribunais Superiores. A critério dos relatores impunham-se às partes restrições completamente contrárias ao espírito do processo justo, comprometido sobretudo com as soluções de mérito e avesso às armadilhas formais de toda natureza. Bastava, muitas vezes, um simples equívoco na indicação do número do processo, ou procedimento manuscrito de um claro da guia impressa, ou uma divergência quantitativa no recolhimento devido, para que inapelavelmente o recurso fosse inadmitido in limine, sem qualquer oportunidade de esclarecimento ou suprimento das pequenas dúvidas formais suscitadas. O § 7º do art. 1.007 do CPC/2015 vem com o propósito claro de coibir essa política abusiva dos Tribunais, declarar que "o equívoco no preenchimento da guia de custas não implicará a aplicação da pena de deserção".

[143] "Ausente a indicação de número de referência que vincule o documento de cobrança do porte de remessa e retorno ao feito em apreço, aplica-se o instituto da deserção, pois torna-se impossível aferir se as custas foram regularmente recolhidas" (STJ, 3ª T., AgRg no Ag. 740.447/SP, Rel. Min. Vasco Della Giustina, ac. 26.05.2009, *DJe* 08.06.2009). No mesmo sentido: STJ, Corte Especial, AgRg no REsp 924.942, Rel. Min. Mauro Campbell Marques, ac. 03.02.2010, *DJe* 18.03.2010.

[144] MARQUES, José Frederico. *Manual de direito processual civil.* Rio de Janeiro: Forense, 19959, v. III, n. 606; TUCCI, Rogério Lauria. *Curso de direito processual* – processo civil de conhecimento- II. São Paulo: J. Bushatsky, 1976, p. 221; STJ, 3ª T., AgRg no REsp 1.241.594/RS, Rel. Min. Sidnei Beneti, ac. 21.06.2011, *DJe* 27.06.2011.

É que sem explicitar os motivos da impugnação, o Tribunal não tem sobre o que decidir e a parte contrária não terá do que se defender. Por isso é que todo pedido, seja inicial seja recursal, é sempre apreciado, discutido e solucionado a partir da causa de pedir (*i.e.*, de sua motivação).[145]

Finalmente, para ser admitido e conhecido, o recurso há de ser proposto sob a forma preconizada em lei. Se, por exemplo, se exige que o recurso seja formulado por petição, não é admissível sua interposição por termo nos autos, ou mediante simples cota no processo.[146]

Sendo interposto sob a forma de petição, é natural a exigência da assinatura do advogado do recorrente na peça processual respectiva. Ocorre, não raras vezes, no entanto, que o recurso entre nos autos sem a firma do representante da parte, muito embora não se possa pôr em dúvida a origem da petição. De maneira geral, a jurisprudência entende que o caso corresponde à irregularidade sanável, devendo, quando ausente a conduta de má-fé, ser fixado prazo para que se supra a omissão, na forma do art. 76 do CPC/2015.[147] O estranho, porém, é que o STJ somente admite a sanação da falha, se o recurso for da competência das instâncias ordinárias, de modo que, tratando-se de recurso especial, seria incabível a providência saneadora. Apresentando-se como irremediável a falta de assinatura do advogado, na instância especial dos Tribunais Superiores, o recurso teria de ser havido, em tais circunstâncias, como *inexistente*.[148]

Não se pode, com todo respeito, endossar a orientação preconizada pelo STJ, uma vez que, como adverte Barbosa Moreira, não há na lei base para sustentar a pretensa distinção entre o regime de tramitação de recurso nas instâncias ordinárias e nas extraordinárias. A regra existente é única, e "nenhum texto legal consagra, em termos explícitos ou implícitos, a diferença de tratamento".[149]

Essa exegese arbitrária, que ainda perdura na jurisprudência do STJ, felizmente tem encontrado melhor equacionamento por parte do STF, para quem, nos últimos tempos, a falta de assinatura do recurso não deve prejudicar o seu conhecimento, quando inexistir dúvida quanto à identificação do advogado subscritor.[150] O caso, nessa atual postura da Suprema Corte, é tratado como *erro material*, se, em face dos dados dos autos, não há motivo para pôr em dúvida a origem da petição recursal juntada ao processo.[151]

---

[145] Sobre a importância da motivação dos recursos, dentro da garantia do contraditório e ampla defesa, ver item nº 51 do vol. I.

[146] STJ, 1ª T., REsp 1.065.412/RS, Rel. Min. Luiz Fux, ac. 10.11.2009; *DJe* 14.12.2009; STJ, 3ª T., AgRg no Ag 1.239.016/MG, Rel. Min. Vasco Della Giustina, ac. 15.06.2010, *DJe* 29.06.2010.

[147] STJ, 4ª T., AgRg no REsp 833.415/RS, Rel. Min. Raul Araujo, ac. 19.06.2012, *DJe* 29.06.2012; STJ, 5ª T., REsp 293.043/RS, Rel. Min. Felix Fischer, ac. 06.03.2001, *DJU* 26.03.2001, p. 466.

[148] STJ, Corte Especial, AI 660.368-AgRg, Rel. p/ ac. Min. João Otávio de Noronha, ac. 16.08.2006, *DJU* 08.10.2007, p. 191.

[149] BARBOSA MOREIRA, José Carlos. Restituições ilegítimas ao conhecimento de recursos. *Temas de direito processual* (9ª Série). São Paulo: Saraiva, 2007, p. 278. No mesmo sentido: DINAMARCO, Cândido Rangel. Recurso extraordinário não assinado. *Fundamentos do processo civil moderno*. 6. ed. São Paulo: Malheiros, 2010, t. II, p. 1.052.

[150] STF, 2ª T., AI 639.938 AgR/MS Rel. Min. Eros Grau, ac. 04.12.2007, *DJe* 01.02.2008; STF, 1ª T., RE 363.946 AgR/MG, Rel. Min. Carlos Britto, ac. 28.11.2006, *DJU* 20.04.2007, p. 93; STF, 2ª T., AI 519.125/SE AgR, Rel. p/ ac. Min. Gilmar Mendes, ac. 12.04.2005, *DJU* 05.08.2005, p. 94.

[151] Se se dispõe de dados – como rubrica das folhas das razões recursais, timbre do escritório no papel utilizado na elaboração do recurso etc. – capazes de fornecer "elementos de convicção suficientes para identificar-se a autoria da peça, a falta de assinatura não trará prejuízo algum. Havendo nos autos procuração outorgada a esse advogado (subscritor do recurso não assinado), a ausência de sua firma na última lauda da petição assumirá contornos de mera irregularidade, pormenor que sequer carece de ratificação" (OLIVEIRA, Bruno Silveira de. A remoção de óbices econômicos e de óbices técnicos à tutela jurisdicional: contrastes na jurisprudência dos tribunais de superposição, *Revista de Processo*, n. 225, p. 237-238, nov. 2013).

Outra questão que tem sido tratada com bastante rigor pelo STJ é a que diz respeito à assinatura do advogado digitalizada. Segundo o entendimento daquela Corte, o substabelecimento de procuração (e, portanto, da petição recursal) pode perfeitamente ser firmado por *assinatura digital*, mediante o competente certificado (Med. Prov. nº 2.200-2/2001, art. 10). Não se admite, porém, a simples assinatura digitalizada ou escaneada "por se tratar de mera inserção de imagem em documento", sem garantia alguma de autenticidade.[152]

753-A. Recurso total e recurso parcial

I – Recurso parcial

Ao recorrente, é lícito impugnar a decisão no todo ou em parte, como se depreende do art. 1.013 do CPC, caso em que a devolução de conhecimento ao tribunal *ad quem* ficará limitada à questão apontada pela parte, e seus eventuais reflexos sobre outras questões a ela vinculadas por nexo de dependência ou prejudicialidade.

Essa possibilidade de recurso parcial de limitado efeito devolutivo pressupõe decisão composta de capítulos, ou seja, de unidades elementares e autônomas dentro do respectivo dispositivo. A autonomia dos capítulos, pressuposto do recurso parcial, tem amplo significado: "*(i)* o da possibilidade de cada parcela do *petitum* ser objeto de um processo separado, sendo meramente circunstancial a junção de várias pretensões em um único processo; e *(ii)* o da regência de cada pedido por pressupostos próprios, 'que não se confundem nem por inteiro com os pressupostos dos demais'".[153]

II – Recurso parcial e efeito devolutivo

Sendo efetivamente autônomo e independente o capítulo recorrido, os demais transitarão em julgado como prevê o § 3º do art. 356, e, por isso, não se submeterão ao efeito devolutivo do recurso manejado, restando vedada a sua reapreciação pelo tribunal. É, por exemplo, o que se passa com a sentença que resolve sobre a taxa dos juros moratórios e o índice de correção monetária sobre prestação contratual inadimplida. A questão pertinente aos juros pode ser resolvida sem qualquer repercussão sobre a que se refere à atualização do montante do principal devido. O recurso que se limitar aos juros não permitirá ao tribunal reexaminar a taxa de correção, ainda que alguma ilegalidade a seu respeito tenha sido cometida pela sentença. A coisa julgada parcial impedirá que a matéria seja reapreciada (art. 502).

III – Recurso parcial e efeito expansivo

É possível que coexistam numa só sentença capítulos independentes e capítulos dependentes. Em tal caso, o recurso contra o capítulo principal reflete automaticamente sobre os capítulos dependentes, sem necessidade de requerimento específico do recorrente nesse sentido (art. 1.013, § 1º). Mas, se a impugnação se limitar apenas ao capítulo dependente, a matéria do capítulo principal transitará em julgado e ficará fora do efeito suspensivo do recurso parcial (art. 356, § 3º). Tudo se resolve, na espécie, pela relação de prejudicialidade aplicável no confronto entre pretensões principais e pretensões subordinadas. A resolução do recurso sobre a questão principal refletirá sobre a questão dependente, mesmo que a parte não tenha recorrido explicitamente a seu respeito. O contrário, porém, não será solucionado da mesma maneira: se o recurso só impugnou o capítulo secundário da sentença, a resolução da questão principal (independente) permanecerá incólume, qualquer que seja o provimento

---

[152] STJ, 4ª T., AgRg no Ag no REsp 439.771/PR, Rel. Min. Luis Felipe Salomão, ac. 27.05.2014, *DJe* 15.08.2014.
[153] STJ, Corte Especial, EREsp 1.424.404/SP, Rel. Min. Luís Felipe Salomão, ac. 20.10.2021, *DJe* 17.11.2021.

do recurso parcial. Imagine-se a ação em que a questão principal está retratada no pedido de rescisão de um contrato, ao qual se adicionou a pretensão de multa e perdas e danos. A sentença rescindiu o contrato e condenou o infrator ao pagamento da multa convencional, negando, porém, a verba de perdas e danos. A questão principal (rescisão do contrato) não foi impugnada, restringindo-se o recurso a insistir no cabimento da cumulação das perdas e danos com a cláusula penal. O julgamento de tal recurso não poderá senão decidir sobre o acréscimo das perdas e danos à condenação. As questões sobre a rescisão e a multa não guardam dependência alguma em face da discussão travada no recurso parcial intentado contra a solução do pedido de perdas e danos. É impossível divisar prejudicialidade da solução da causa secundária em face da solução da questão principal que não foi objeto de recurso e, assim, transitou em julgado. Já diferente seria se o recurso tivesse se restringido a negar cabimento à rescisão do contrato: nessa situação, as questões dependentes (multa e perdas e danos) não se sujeitariam ao efeito da coisa julgada, enquanto não se resolvesse a questão prejudicial da rescisão do contrato, objeto do recurso interposto. *In casu*, o julgamento do tribunal que procedesse à revisão da matéria prejudicada não seria *extra petita*, por envolver consequência obrigatória da resolução da questão principal.

IV – Recurso contra decisão única com multiplicidade de fundamentos

Urge, por fim, fazer uma distinção entre decisão fracionada em capítulos autônomos e julgamento de questão única deduzida em juízo com mais de um fundamento. Se o pedido é acatado pela sentença apenas por um dos fundamentos, o recurso devolverá ao tribunal o conhecimento de todos aqueles originariamente invocados pelo recorrente, tenham ou não sido acolhidos pela sentença recorrida (art. 1.013, § 2º). Se, todavia, a sentença contiver mais de um fundamento para sustentar a solução de uma só questão, não será admissível que o recorrente impugne um dentre os múltiplos fundamentos invocados na motivação do provimento judicial, silenciando-se sobre os demais. É que se à sentença cabe enunciar, sob pena de nulidade, os fundamentos de fato e de direito de sua conclusão (art. 489, II), é claro e lógico que o recurso que venha a censurá-la também tem necessariamente de expor, de forma adequada, as razões do pedido da respectiva reforma (art. 1.010, III).

E, como é óbvio, só se pode desconstituir uma decisão atacando todos os seus fundamentos, pela simples razão de que, invalidando apenas um deles, a conclusão do julgamento permaneceria sustentada pelos demais não afetados pelo recurso. Assim, como o réu tem de alegar na contestação toda a matéria de defesa, expondo as razões de fato e de direito com que impugna o pedido do autor (art. 336), sob pena de presumirem-se verdadeiras as alegações fáticas não impugnadas (art. 341), também o recorrente tem de formular impugnação completa aos motivos judiciais e fáticos em que se fundamenta o julgado recorrido (art. 1.010, III). Se apenas um fundamento é questionado, ocorrerá a aceitação tácita dos demais pelo recorrente. E quem, expressa ou tacitamente, aceita uma decisão, perde o direito de recorrer (art. 1.000, *caput*). Em conclusão, queira ou não, aquele que não impugna o fundamento do julgado suficiente para sustentar sua conclusão, formula recurso descabido e que, por isso, não ultrapassará, no tribunal, o juízo preliminar de inadmissibilidade.

754. Renúncia e desistência em matéria de recursos

I – Fatos impeditivos

São fatos impeditivos dos recursos a renúncia e a aceitação da sentença, ocorridas antes de sua interposição; extingue o recurso a desistência manifestada durante o seu processamento e antes do respectivo julgamento.

II – Desistência do recurso

Dá-se a *desistência* quando, já interposto o recurso, a parte manifesta a vontade de que não seja ele submetido a julgamento. Vale por revogação da interposição.[154] A desistência, que é exercitável a qualquer tempo, não depende de anuência do recorrido ou dos litisconsortes (CPC/2015, art. 998), tampouco sua eficácia depende de homologação judicial (art. 200).

III – Desistência dos recursos em tramitação no STJ e no STF

O poder de disponibilidade ampla de que trata o art. 998 foi limitado pelo parágrafo único do mesmo artigo, no que toca à desistência relacionada aos recursos cuja questão tenha sido reconhecida como de repercussão geral pelo STF e aquela objeto de julgamento de recursos extraordinários ou especiais repetitivos, tanto na esfera de atribuições do STF como do STJ.

Assim, nos casos dos recursos endereçados ao Supremo Tribunal Federal e ao Superior Tribunal de Justiça, a desistência haverá de não impedir o exercício da função política daquelas Cortes na defesa e uniformidade da interpretação e aplicação da Constituição e da legislação federal. É nessa linha que, depois de manter a regra tradicional da faculdade que tem a parte de livremente desistir do recurso interposto, o parágrafo único do art. 998 do CPC/2015 ressalva ao STF e ao STJ – nos recursos repetitivos e naqueles em que a repercussão geral já tenha sido reconhecida –, o poder de resolver as questões jurídicas neles suscitadas, sem embargo da desistência manifestada pelo recorrente. Isso porque, naquela altura, há um interesse maior em jogo, que afeta a coletividade e não mais se restringe a quem interpôs o recurso que veio a inserir-se numa cadeia repetitiva.

Não são, porém, todos os recursos endereçados ao STF e ao STJ que ensejam julgamento após a desistência do recorrente. São apenas os extraordinários em que a repercussão geral já tenha sido reconhecida (art. 1.035) e os especiais e os extraordinários a que já se atribuiu a qualidade de recurso padrão de uma série de causas iguais (art. 1.036, § 1º).

Semelhante tese já era antes defendida doutrinariamente, entre outros, por Marinoni e Mitidiero, sob o argumento de que "com o reconhecimento da repercussão geral e com a escolha do recurso como paradigma de recursos repetitivos julga-se a partir do caso para a obtenção da unidade do direito". Dessa maneira, "pouco importa o caso individual em si, sobrelevando o interesse na obtenção da unidade do direito. Daí a razão pela qual, ainda que se deva admitir a desistência do recurso para os efeitos de excluir o recorrente da eficácia da decisão daquele recurso, tendo em conta o princípio da demanda – expressão processual do valor que a ordem jurídica reconhece à liberdade de agir em juízo e à autonomia privada –, a desistência não tem o condão de impedir a resolução de questão com repercussão geral e a fixação de precedente em processos repetitivos, dado o interesse público primário na obtenção da unidade do direito mediante atuação do Supremo Tribunal Federal e do Superior Tribunal de Justiça".[155]

Portanto, após a desistência do recorrente, o STF e o STJ prosseguirão no julgamento do recurso repetitivo e de repercussão geral, não mais a benefício da parte que o promoveu, porque em sua referência o feito se extinguiu, formando-se a coisa julgada, nos termos do decidido pelo tribunal de origem; mas em busca de fixação de uma tese de direito a prevalecer, uniformemente, na política constitucional judiciária, para todos os casos a que tenha aplicação.

---

[154] BARBOSA MOREIRA, José Carlos. *Comentários ao Código de Processo Civil*. 11. ed. Rio de Janeiro: Forense, 2003, v. V, n. 180, p. 329-330.

[155] MARINONI, Luiz Guilherme; MITIDIERO, Daniel. *Código de Processo Civil comentado artigo por artigo*. 2. ed. São Paulo: RT, 2010, p. 523. MARINONI, Luiz Guilherme; MITIDIERO, Daniel. O *projeto do CPC*. Crítica e propostas. São Paulo: RT, 2010, p. 179-180.

IV – Renúncia do recurso

Ocorre a *renúncia* quando a parte vencida abre mão previamente do seu direito de recorrer.[156] A desistência é posterior à interposição do recurso. A renúncia é prévia.

Para o art. 999 do CPC, a desistência do recurso já interposto, independe da aceitação da outra parte, ou do litisconsorte. Há duas espécies de renúncia ao direito de recurso: *(i)* a *tácita*, que decorre da simples decadência do prazo recursal; e *(ii)* a *expressa*, que se traduz em manifestação de vontade da parte.

É da segunda que cogita o art. 999, admitindo-a, independentemente da anuência da parte contrária, ou do litisconsorte, por se tratar de ato unilateral.

A renúncia pode manifestar-se em petição, ou mesmo oralmente na audiência. A lei não exige forma especial. A desistência deve ser pedida em petição. O advogado, para renunciar ao recurso, ou dele desistir, depende, naturalmente, de poderes especiais. Não há necessidade de homologação judicial, em face do disposto no art. 200, *caput*. A exigência especial do parágrafo único daquele dispositivo, que condiciona os efeitos do ato da parte à homologação judicial refere-se unicamente à desistência da ação[157].

V – Aspectos comuns da desistência e da renúncia

Da desistência do recurso ou da renúncia ao direito de interpô-lo, decorre o trânsito em julgado da sentença.

Fica, todavia, assegurado o direito ao renunciante ou desistente de valer-se do recurso adesivo, caso venha a outra parte a recorrer após a renúncia ou desistência.[158] Finalmente, havendo desistência do recurso principal, torna-se insubsistente o recurso adesivo.[159] *Accessorium sequitur principale*.

755. Aceitação expressa ou tácita da sentença

Acatando antiga lição doutrinária, o art. 1.000 do CPC/2015 assentou: "a parte que aceitar expressa ou tacitamente a decisão não poderá recorrer". Por conseguinte, após a aceitação, a parte que a praticou "não poderá recorrer",[160] nem de forma principal, nem de forma adesiva.[161]

É *expressa* a aceitação que se traduz em manifestação dirigida ao juiz da causa, ou à parte contrária, diretamente.[162] "Considera-se aceitação *tácita* a prática, sem nenhuma reserva, de ato incompatível com a vontade de recorrer" (art. 1.000, parágrafo único).

---

[156] BARBOSA MOREIRA, José Carlos. *Comentários ao Código de Processo Civil*. 11. ed. Rio de Janeiro: Forense, 2003, v. V, n. 184, p. 339.

[157] BARBOSA MOREIRA, José Carlos. *Comentários ao Código de Processo Civil*. 16. ed. Rio de Janeiro: Forense, 2012, v. V, n. 182, p. 332-333; NERY JUNIOR, Nelson; NERY, Rosa Maria de Andrade. *Comentários ao Código de Processo Civil*. São Paulo: Ed. RT, 2015, p. 2.020; MEDINA, José Miguel Garcia. *Novo Código de Processo Civil comentado*. São Paulo: Ed. RT, 2015, p. 1.361.

[158] No sentido do texto são, entre outras, as lições de Pontes de Miranda (PONTES DE MIRANDA, Francisco Cavalcanti. *Comentários ao Código de Processo Civil*. 3. ed. Rio de Janeiro: Forense, 1999, t. VII, p. 84 e 87); de NERY JUNIOR, Nelson (*Teoria geral dos recursos*. 6. ed. São Paulo: RT, 2004, p. 414-415 e 423) e FERREIRA FILHO, Manoel Caetano (*Comentários ao Código de Processo Civil*. São Paulo: RT, 2001, v. 7, p. 63).

[159] BARBOSA MOREIRA, José Carlos. *Comentários ao Código de Processo Civil*. 11. ed. Rio de Janeiro: Forense, 2003, v. V, n. 182, p. 336.

[160] FERREIRA FILHO, Manoel Caetano. *Comentários ao Código de Processo Civil*. São Paulo: RT, 2001, v. 7, p. 63.

[161] BARBOSA MOREIRA, José Carlos. *Comentários ao Código de Processo Civil*. 11. ed. Rio de Janeiro: Forense, 2003, v. V, n. 186, p. 343.

[162] BARBOSA MOREIRA, José Carlos. *Comentários ao Código de Processo Civil*. 11. ed. Rio de Janeiro: Forense, 2003, v. V, n. 188, p. 345.

"Desde que o exercício da pretensão de recorrer e o ato da parte são incompatíveis, houve renúncia".[163] É o que se dá, por exemplo, com a execução voluntária da sentença ainda não transitada em julgado. O terceiro interessado também pode renunciar, tácita ou expressamente, ao direito de recorrer, nas mesmas circunstâncias do vencido.

> "Tal qual a desistência do recurso e a renúncia ao direito de recorrer, e pelas mesmas razões a aceitação da decisão é ato unilateral independente do assentimento da parte contrária. Tampouco há que cogitar da lavratura de termo ou de homologação judicial (art. 158) [CPC/2015, art. 200]".[164]

Com a aceitação expressa ou tácita, extingue-se o direito de recorrer e, inexistindo outros obstáculos, dá-se o imediato trânsito em julgado da sentença.

756. Recurso adesivo

I – Características do recurso adesivo

O recurso adesivo é facultado à parte que não recorreu no devido tempo da decisão que provocara sucumbência recíproca. Com esse remédio processual, restaura-se o direito de recorrer, mas, exclusivamente, no caso de sucumbência recíproca (art. 997).[165] É comum, em tais circunstâncias, uma das partes conformar-se com a decisão no pressuposto de que igual conduta será observada pelo adversário. Como, no entanto, o prazo de recurso é comum, pode uma delas vir a ser surpreendida por recurso da outra no último instante. Para obviar tais inconvenientes, admite o Código que o recorrido faça sua adesão ao recurso da parte contrária, depois de vencido o prazo adequado para o recurso próprio. Adesão, na espécie, não quer dizer que o recorrente esteja aceitando o teor e as razões do apelo da parte contrária. Significa, apenas, que o novo recorrente se vale da existência do recurso do adversário para legitimar a interposição do seu, fora do tempo legal.

São características dessa modalidade especial de recurso:

(a) O prazo para a interposição do recurso adesivo é o mesmo de que a parte dispõe para responder ao recurso principal (art. 997, § 2º, I).

---

[163] PONTES DE MIRANDA, Francisco Cavalcanti. *Comentários ao Código de Processo Civil* (de 1939). Rio de Janeiro: Revista Forense, 1960, t. XI, p. 108. A aceitação tanto pode ser anterior como posterior à interposição do recurso. Se ocorre antes, impede o seu processamento, acarretando-lhe o indeferimento; se ocorre após sua interposição, impede o seu conhecimento pelo Tribunal. O TJMG considerou como aceitação tácita da sentença a transação feita entre as partes a respeito do cumprimento da condenação, o que foi havido como causa de extinção do recurso pendente (Apel. 49.150, Rel. Des. Humberto Theodoro). Para o STJ, requerida pelo executado a expedição de guia para pagamento da dívida exequenda, torna-se inadmissível o recurso nos termos do art. 503 do CPC/1973 [CPC/2015, art. 1.000, parágrafo único], diante da aceitação tácita da sentença (STJ, 4ª T., REsp 708.188/RJ, Rel. Min. Aldir Passarinho Junior, ac. 04.08.2009, *DJe* 02.09.2009).

[164] BARBOSA MOREIRA, José Carlos. José Carlos. *Comentários ao Código de Processo Civil*. 11. ed. Rio de Janeiro: Forense, 2003, v. V, n. 189.

[165] A jurisprudência do STJ tem sido liberal na interpretação da sucumbência recíproca de que fala o art. 500 do CPC – [CPC/2015, art. 997], de maneira a admitir uma aplicação teleológica da norma, evitando inteligências restritivas incompatíveis com a celeridade e economia perseguidas na solução dos litígios. Assim, "julgadas extintas a ação e a reconvenção, por ausência de condição da ação, não descaracteriza a sucumbência recíproca apta a propiciar o manejo do recurso adesivo, pois [a] 'sucumbência recíproca' há de caracterizar-se à luz do teor do julgamento considerado em seu conjunto; não exclui a incidência do art. 500 – [CPC/2015, art. 997] o fato de haver cada uma das partes obtido vitória total neste ou naquele capítulo" (STJ, 4ª T., REsp 1.109.249/RJ, Rel. Min Luis Felipe Salomão, ac. 07.03.2013, *DJe* 19.03.2013).

(b) Só tem cabimento na apelação, no recurso especial e no recurso extraordinário (art. 997, § 2º, II).

(c) A Fazenda Pública também pode interpor recurso adesivo, quando a parte contrária interpuser recurso principal.

(d) Havendo sucumbência recíproca e subindo os autos apenas para realização do duplo grau de jurisdição, como determina o art. 496, não se pode admitir o recurso adesivo. É que a subida dos autos em tais casos (anteriormente denominada de "recurso *ex officio*") não se dá propriamente por força de recurso, mas por "simples medida de caráter administrativo".[166]

(e) Aplicam-se ao recurso adesivo as mesmas regras do recurso independente, quanto às condições de admissibilidade e julgamento no tribunal (art. 997, § 2º). O CPC/2015, ao contrário do Código anterior, não faz menção expressa ao preparo, e de fato não haveria motivo para fazê-lo. Isto porque o silêncio da norma não pode ser entendido como dispensa desse encargo, uma vez que faz parte dos requisitos gerais dos recursos, que devem ser observados também pelo adesivo, como determina a lei nova.

(f) Excluem-se o terceiro interessado e o Ministério Público, como simples *custos legis*, da legitimação para interpor recurso adesivo, já que o § 1º do art. 997 só fala em "autor" e "réu".[167]

(g) O processamento é o mesmo do recurso principal, devendo, após o recebimento, abrirse vista por quinze dias ao recorrido para contrarrazões.

(h) O recurso adesivo é um acessório do recurso principal. Por isso, "não será conhecido, se houver desistência do recurso principal ou se for ele considerado inadmissível" (art. 997, § 2º, III).

(i) No tribunal superior, os dois recursos se submetem a procedimento uno, sendo apreciados e julgados na mesma sessão. O não conhecimento do recurso principal torna prejudicado o recurso adesivo.[168]

(j) Havendo litisconsórcio facultativo e interposição de recurso por apenas um deles, a parte contrária, que não usou o recurso principal, só poderá usar o adesivo em relação àquele que recorreu, e não contra os outros litisconsortes que aceitaram a sentença, deixando de impugná-la. Não se pode usar o remédio excepcional do art. 997, § 1º, com o fito de atacar a situação processual dos litisconsortes não recorrentes, pois faltará em relação a estes um recurso principal que possa servir de suporte para a adesão.[169] Vale dizer, se o recurso for interposto por um dos litisconsortes, o recorrido "somente poderá aderir ao recurso em relação a este litisconsorte que recorreu, e não em relação aos demais".[170] Lícito será buscar resultado mais favorável, baseado na sucumbência recíproca, mas tão somente em relação ao litisconsorte

---

[166] ANDRADE, Luís Antônio de. *Aspectos e inovações do Código de Processo Civil*. Rio de Janeiro: F. Alves, 1974, n. 298.

[167] BARBOSA MOREIRA, José Carlos. José Carlos. *Comentários ao Código de Processo Civil*. 11. ed. Rio de Janeiro: Forense, 2003, v. V, n. 173.

[168] BARBOSA MOREIRA, José Carlos. José Carlos. *Comentários ao Código de Processo Civil*. 11. ed. Rio de Janeiro: Forense, 2003, v. V, n. 179.

[169] "Havendo litisconsórcio facultativo, apensa se admite o recurso adesivo quando está caracterizada a sucumbência recíproca entre a parte que recorreu e aquela que manejou o apelo adesivamente" (STJ, 2ª T., REsp 1.251.267/PR, Rel. Min. Castro Meira, ac. 28.08.2012, DJe 04.09.2012).

[170] FERREIRA FILHO, Manoel Caetano. *Comentários ao Código de Processo Civil*. São Paulo: RT, 2001, v. III, p. 51-52.

que recorreu. De forma alguma se pode valer do pretexto do recurso adesivo para discutir a relação do recorrente com quem não usou o recurso principal. O recurso adesivo se presta apenas para discutir a relação jurídica do recorrente principal com o aderente.[171]

II – Recurso adesivo em ação de reparação do dano moral

De acordo com jurisprudência sumulada do STJ, "na ação de indenização por dano moral, a condenação em montante inferior ao postulado na inicial não implica sucumbência recíproca" (Súmula 326/STJ).

No entanto, quando se trata da admissibilidade do recurso adesivo, o STJ faz uma distinção entre sucumbência *formal* e sucumbência *material*. Esta é verificável, por exemplo, quando o montante da indenização arbitrada é irrisório, e aquela quando se depara apenas com a inconformidade do autor com o valor da condenação menor do que o pretendido na petição inicial.

A Súmula 326, que nega a ocorrência de sucumbência recíproca no caso de condenação menor do que a postulada, reporta-se à sucumbência formal, com vistas à imposição das despesas processuais e dos honorários advocatícios à parte vencida. O que resulta da tese sumulada é, portanto, a impossibilidade de se condenar o autor a pagar os honorários do advogado do réu, simplesmente por ter sido a indenização do dano moral arbitrada judicialmente em *quantum* inferior à expectativa do demandante.

Diferente é a situação quando se cogita de recurso adesivo. Já então é inegável que a sentença que acolhe o pedido indenizatório, mas por valor menor do que o postulado, impõe sucumbência *material* revelando o interesse do autor na continuidade do processo em busca da complementação da reparação a que se julga com direito. Portanto, na ótica do STJ, não se lhe pode recusar o acesso ao recurso adesivo, na espécie[172].

757. Julgamento singular e coletivo do recurso em segundo grau

Quando se maneja o recurso com efeito devolutivo, entre órgãos de diferentes graus de jurisdição, o julgamento cabe, em princípio, a um Tribunal superior e será obtido pelo pronunciamento coletivo de seu plenário, ou de algum órgão fracionário que atua em seu nome, mas também como colegiado. O relator dirige o procedimento na instância recursal mas não julga sozinho, de ordinário. No entanto, o Código lhe atribui, em alguns casos, o poder de decidir, em julgamento singular, valendo seu ato como decisão do Tribunal, tanto em matéria de preliminar como de mérito.[173] Essas eventualidades são a seguir expostas.

Em qualquer tipo de recurso, o relator pode, de acordo com o art. 932:

---

[171] "O recurso adesivo somente será admitido, no caso de litisconsórcio, quando caracterizada a sucumbência recíproca entre a parte que recorreu e a parte que interpôs o recurso adesivamente" (STJ, 4ª T., REsp 908.440/MT, Rel. Min. João Otávio de Noronha, ac. 02.02.2010, *DJe* 11.02.2010).

[172] "O **recurso adesivo** pode ser **interposto** pelo **autor** da **demanda indenizatória**, julgada procedente, quando arbitrado, a título de danos morais, valor inferior ao que era almejado, uma vez configurado o interesse recursal do demandante em ver majorada a condenação, hipótese caracterizadora de sucumbência material" (STJ, Corte Especial, REsp 1.102.479/RJ, Rel. Min. Marco Buzzi, ac. 04.03.2015, *DJe* 25.05.2015- recurso repetitivo). Consta do aresto a ressalva da "ausência de conflito com a Súmula 326/STJ, a qual se adstringe à sucumbência ensejadora da responsabilidade pelo pagamento das despesas processuais e honorários advocatícios".

[173] "O art. 557 do CPC [CPC/2015, art. 932], que autoriza o relator a decidir o recurso, alcança o reexame necessário" (STJ, Súmula nº 253).

(a) por motivo de ordem processual: não conhecer de recurso inadmissível, prejudicado ou que não tenha impugnado especificamente os fundamentos da decisão recorrida (inciso III);

(b) por motivo de mérito: negar provimento a recurso que for contrário a (inciso IV):

- *(i)* súmula do Supremo Tribunal Federal, do Superior Tribunal de Justiça ou do próprio tribunal;
- *(ii)* acórdão proferido pelo Supremo Tribunal Federal ou pelo Superior Tribunal de Justiça em julgamento de recursos repetitivos;
- *(iii)* entendimento firmado em incidente de resolução de demandas repetitivas ou de assunção de competência;

Nas hipóteses da letra b, basta a existência de súmula nos moldes comuns do STF ou de algum outro Tribunal Superior, bem como o entendimento firmado em incidente de resolução de demandas repetitivas. Aliás, até mesmo a simples configuração de jurisprudência dominante naqueles Tribunais Superiores ou no próprio Tribunal de origem, em sentido contrário ao defendido pelo recorrente, será suficiente para autorizar o seu improvimento por decisão singular do relator.

Em qualquer tipo de recurso, o relator pode, de acordo com o inciso V do art. 932, *dar-lhe provimento* se a decisão recorrida for contrária a:

(a) súmula do Supremo Tribunal Federal, do Superior Tribunal de Justiça ou do próprio tribunal;

(b) acórdão proferido pelo Supremo Tribunal Federal ou pelo Superior Tribunal de Justiça em julgamento de recursos repetitivos;

(c) entendimento firmado em incidente de resolução de demandas repetitivas ou de assunção de competência.

Já aqui o atual CPC inovou ao permitir que a decisão singular que provê o recurso se torne viável também se restar demonstrado que o julgamento recorrido contiver contradição com súmula dos Tribunais de 2º grau.

A norma em questão, ao prestigiar a jurisprudência sumulada, não tem como escopo criar, propriamente, o caráter vinculante da súmula jurisprudencial, mas, sim, o propósito de simplificar a tramitação do recurso, propiciando sua solução pelo próprio relator. Na verdade, deve ser entendida apenas como regra autorizativa de decisão singular em segundo grau de jurisdição, nas condições que especifica.

Convém observar que o atual CPC não fez mais distinção entre as hipóteses que permitem ao relator negar provimento ao recurso ou dar-lhe provimento, por decisão singular. A nova legislação igualou as situações.

Em relação aos recursos extraordinário e especial, assim como aos agravos contra sua inadmissão, deve-se aplicar a regra geral do art. 932 quanto à possibilidade de julgamento pelo relator, de forma singular.

Embora decidindo em nome do Tribunal, o relator nem sempre dá a palavra final quando profere sua decisão singular, uma vez que o Código prevê agravo interno para o competente colegiado em quinze dias (art. 1.021). Nesse particular o atual CPC também inovou, ao permitir o agravo interno para qualquer decisão proferida pelo relator e, não apenas em situações específicas, como ocorria com o art. 557 do CPC/1973.

Com o intuito de simplificar a tramitação do agravo, o Código permite a retratação do relator, de modo a evitar o julgamento do colegiado, sempre que possível (art. 1.021, § 2º). E, para coibir o uso do agravo com fins meramente procrastinatórios, cuidou a mesma lei de instituir uma pena pecuniária severa para o recorrente temerário ou de máfé. Assim, quando levado o recurso contra a decisão do relator ao julgamento coletivo, o Tribunal, ao declará-lo manifestamente inadmissível ou improcedente, por votação unânime, imporá ao agravante "multa fixada entre um e cinco por cento do valor atualizado da causa" (art. 1.021, § 4º, *in fine*[174]). Além disso, o litigante ímprobo ficará, na espécie, sujeito a recolher o valor da multa como condição para a interposição de qualquer outro recurso no processo (art. 1.021, § 5º). Excetuam-se dessa obrigação a Fazenda Pública e o beneficiário de gratuidade da justiça, que farão o pagamento ao final (art. 1.021, § 5º, *in fine*).

A tendência ao aumento da competência do relator para julgar os recursos singularmente é notória na evolução do direito processual, embora haja opiniões que a resistam, ao argumento de contrariar o caráter colegiado inerente aos julgamentos do segundo grau de jurisdição. O Supremo Tribunal Federal, no entanto, não se opõe aos julgamentos individuais, uma vez que a colegialidade sempre será preservada ante a possibilidade de submissão da decisão singular ao controle recursal dos órgãos colegiados no âmbito do Tribunal a que o recurso se endereçou.[175] Para o STF as atribuições do relator, que o autorizam a decidir singularmente, são exercidas mediante delegação e se justificam pelas exigências de celeridade e de racionalização do processo decisório.[176]

Por fim, a regra que permite o julgamento monocrático aplica-se a qualquer modalidade de recurso, em qualquer tribunal. Trata-se, porém, de uma faculdade e não de um dever imposto ao relator que, a seu critério, pode preferir levar o caso a julgamento pelo órgão colegiado.[177]

758. A recorribilidade necessária da decisão singular do relator

Como há uma tendência a ampliar os casos em que os diversos recursos endereçados aos tribunais possam ser julgados singularmente pelo relator (sistema antigo já aplicado pelo Supremo Tribunal Federal e pelo Superior Tribunal de Justiça em agravos e até mesmo nos recursos extraordinários e especiais), convém, de alguma forma, reservar ao recorrente a possibilidade de acesso ao colegiado.

É importante destacar, antes de mais nada, que, nos casos de competência recursal dos tribunais, o relator, quando decide singularmente, atua como delegado do colegiado, e o faz por economia processual sem, entretanto, anular a competência originária do ente coletivo.

Daí se segue que o atual CPC previu expressamente a possibilidade do agravo interno (art. 1.021), de modo que a lei ordinária e o regimento do Tribunal não podem trancar o procedimento no julgamento singular, declarando-o insuscetível de recurso ao colegiado a que se endereçava constitucionalmente o apelo. Negar-se um meio processual de levar o recurso a

---

[174] "Se, de um lado, a sanção do § 4º do art. 1.021 do CPC visa coibir os excessos, os abusos e os desvios de caráter ético-jurídico, sem, de outro lado, frustrar o direito de acesso ao Poder Judiciário, como decidiu o STF, a interpretação que melhor atende à finalidade da norma insculpida no § 5º do mesmo dispositivo legal é a de que a multa imposta como requisito de admissibilidade para novos recursos somente obsta o conhecimento das irresignações supervenientes que tenham por objetivo discutir matéria já apreciada e com relação a qual tenha ficado reconhecida a existência de abuso no direito de recorrer" (STJ, REsp 2.109.209/CE, Rel. Min. Nancy Andrighi, ac. 06.02.2024, *DJe* 09.02.2024). No acórdão, o STJ considerou descabida no juízo de admissibilidade da apelação a exigência do pagamento prévio da multa que fora aplicada no agravo interno relativo ao agravo de instrumento contra a denegação de medida liminar. Reconheceu-se, portanto, a completa diversidade de matéria entre os dois julgamentos.

[175] STF, 2ª T., RE 222.285 no AgRg/SP, Rel. Min. Carlos Velloso, ac. 26.02.2002, *DJU* 22.03.2002, *RTJ* 181/1.133.

[176] Min. Celso de Mello, decisão de 16.12.2010 no HC 102.147/GO, *DJe* 03.02.2011.

[177] NERY JUNIOR, Nelson; NERY, Rosa Maria de Andrade. *Código de Processo Civil comentado e legislação extravagante*. 9. ed. São Paulo: RT, 2006, p. 816.

exame coletivo importaria subtrair à parte o acesso ao seu juiz natural, incorrendo, por isso, em inconstitucionalidade.[178]

Há quem chegue a afirmar que o agravo interno ou regimental na espécie nem sequer seria um recurso propriamente dito, mas, sim, um mecanismo de conferência da delegação junto ao colegiado, já que se revelaria injurídico privar a parte de ser ouvida pelo verdadeiro destinatário do recurso principal.[179]

De qualquer forma, seja ou não recurso em sentido técnico, o certo é que o relator não pode se transformar no representante único do Tribunal. Inconstitucional, por isso, será qualquer barreira regimental imaginada para impedir o reexame das decisões singulares do relator pelo colegiado competente para a apreciação do recurso primitivo.[180]

Enfim, "onde quer que se principie por dar ao relator a oportunidade de manifestar-se sozinho, tem-se de permitir que à sua voz venham juntar-se, desde que o requeira o interessado, a dos outros integrantes do órgão".[181]

---

[178] MONIZ DE ARAGÃO, Egas Dirceu. Do agravo regimental. *Revista dos Tribunais*, 315, p. 130, jan. 1962; FAGUNDES, Seabra. *Dos recursos ordinários em matéria cível*. Rio de Janeiro: Forense, 1946, p. 372; TALAMINI, Eduardo. Decisões individualmente proferidas por integrantes dos tribunais: legitimidade e controle – agravo interno. *Informativo Incijur*, n. 25, p. 9, ago. 2001.

[179] MONIZ DE ARAGÃO, Egas Dirceu. Do agravo regimental, *RT* 315/130. O agravo regimental, *in casu*, é "um meio de promover a integração da vontade do colegiado que o relator representa" (STF, 1ª T., AI-AgRg 247.591/RS, Rel. Min. Moreira Alves, ac. 14.03.2000, *DJU* 23.02.2001, p. 84).

[180] "O reconhecimento dessa competência monocrática, deferida ao Relator da causa, não transgride o postulado da colegialidade, pois sempre caberá, para os órgãos colegiados do Supremo Tribunal Federal (Plenário e Turmas), recurso contra as decisões singulares que venham a ser proferidas por seus Juízes" (STF, Tribunal Pleno, MS 28.097 AgR, Rel. Min. Celso de Mello, ac. 11.05.2011, *DJe* 30.06.2011).

[181] BARBOSA MOREIRA, José Carlos. *Temas de direito processual (sétima série)*. São Paulo: Saraiva, 2001, p. 76.

§ 79. EFEITOS DA INTERPOSIÇÃO DO RECURSO

759. Efeitos básicos do recurso: devolutivo e suspensivo

Os recursos podem ter, em princípio, dois efeitos básicos: o devolutivo e o suspensivo. Pelo primeiro, reabre-se a oportunidade de reapreciar e novamente julgar questão já decidida; e, pelo segundo, impede-se ao decisório impugnado produzir seus naturais efeitos enquanto não solucionado o recurso interposto.

Em regra, nenhuma questão, depois de solucionada em juízo, pode ser novamente decidida, porque se forma em torno do pronunciamento jurisdicional a preclusão *pro iudicato* (CPC/2015, art. 505, *caput*), requisito necessário a que o processo caminhe sempre para frente, sem retrocesso, rumo à solução do litígio. O mecanismo dos recursos, porém, tem sempre a força de impedir a imediata ocorrência da preclusão e, assim, pelo efeito devolutivo, inerente ao sistema, dá-se o restabelecimento do poder de apreciar a mesma questão, pelo mesmo órgão judicial que a decidiu ou por outro hierarquicamente superior. Não se pode, logicamente, conceber um recurso que não restabeleça, no todo ou em parte, a possibilidade de rejulgamento. E nisso consiste o denominado *efeito devolutivo* dos recursos.

Já o efeito suspensivo (impedimento da imediata execução do decisório impugnado), que era a regra geral para o Código de 1973, passou a ser a exceção no atual CPC, prevista apenas para a apelação (art. 1.012, *caput*).[182] Assim é que o art. 995 dispõe que "os recursos não impedem a eficácia da decisão, salvo disposição legal ou decisão judicial em sentido diverso". Apenas excepcionalmente a decisão será suspensa, "se da imediata produção de seus efeitos houver risco de dano grave, de difícil ou impossível reparação, e ficar demonstrada a probabilidade de provimento do recurso" (parágrafo único do art. 995). Isto, todavia, dependerá sempre de decisão do relator, caso a caso.

Admite-se, também, a possibilidade de suspensão, pelo relator, da eficácia da decisão recorrida, mesmo sem o risco de dano, quando configurada a situação de recurso abusivo ou procrastinatório, tornando previsível o seu provimento (CPC, arts. 311, I; 1.012, § 4º; e 1.026, § 1º) (Cf., item 498-VI no v. I).

760. Efeito substitutivo

A par dos efeitos devolutivo e suspensivo, outro efeito – o substitutivo – é atribuído pelo art. 1.008 do CPC/2015 aos recursos em geral. Consiste ele na força do julgamento de qualquer recurso de substituir, para todos os efeitos, a decisão recorrida, nos limites da impugnação. Trata-se de um derivativo do efeito devolutivo. Se ao órgão *ad quem* é dado reexaminar e redecidir a matéria cogitada no decisório impugnado, torna-se necessário que somente um julgamento a seu respeito prevaleça no processo. A última decisão, portanto, *i.e.*, a do recurso, é que prevalecerá.

Para que a substituição ocorra, todavia, hão de ser observados alguns requisitos:

(a) o recurso deverá ter sido conhecido e julgado pelo mérito; se o caso for de não admissão do recurso, por questão preliminar, ou se o julgamento for de anulação do julgado recorrido, não haverá como o decidido no recurso substituir a decisão originária;

(b) deverá o novo julgamento compreender todo o tema que foi objeto da decisão recorrida; se a impugnação tiver sido parcial, a substituição operará nos limites da devolução apenas.

---

[182] Mesmo no caso da apelação, o CPC/2015 exclui do efeito suspensivo numerosas situações, como, por exemplo, a da sentença que confirma, concede ou revoga tutela provisória e a que julga improcedentes os embargos do executado (art. 1.012, § 1º, III e V).

É irrelevante, *in casu*, que o recurso julgado pelo mérito tenha sido provido ou improvido. Em qualquer caso (até mesmo quando de fato resulte "confirmada" a decisão recorrida), o decidido na instância recursal é que prevalecerá e que irá fazer coisa julgada.

É possível, outrossim, que a mesma matéria seja objeto de sucessivas impugnações recursais no mesmo processo. Ocorrendo tal, cada julgamento substitui o precedente e apenas o último prevalece para operar a coisa julgada e para submeter-se a eventual rescisória. No caso de a sentença recorrida cogitar do mérito e ter acarretado revogação de anterior antecipação de tutela, já se decidiu que a cassação do julgado, em via recursal, "implica o restabelecimento dos efeitos da medida antecipatória".[183] Mesmo que não o diga expressamente, o efeito maior do julgamento substitutivo, alcança a restauração completa do *status quo*, inclusive a medida tutelar de urgência, no entendimento do TJMG.[184]

761. Efeito translativo

Por força do efeito devolutivo, em regra o recurso transfere o conhecimento da causa para o juízo recursal nos limites da impugnação formulada pelo recorrente, uma vez que se admite o ataque à decisão "no todo ou em parte" (CPC/2015, art. 1.002), e que o julgamento do tribunal deva substituir a decisão impugnada "no que tiver sido objeto do recurso" (art. 1.008).

Reconhece-se que o recurso, como desdobramento do direito de ação, rege-se pelo princípio dispositivo. Daí que cabe à parte definir o objeto da impugnação, limitando a devolução de conhecimento da causa ao tribunal àquilo que o recorrente lhe haja transferido por meio do efeito devolutivo.

Além, contudo, da transferência compreendida nos termos do recurso, existem matérias de que o tribunal *ad quem* poderá conhecer, independentemente da devolução operada pela vontade impugnante do recorrente. Trata-se das questões de ordem pública, como aquelas ligadas às condições da ação e aos pressupostos processuais, e outras que, por força de lei, os tribunais têm de apreciar e resolver *ex officio*, a qualquer tempo e em qualquer grau de jurisdição (art. 485, § 3º).

A afetação de tais temas à cognição do tribunal *ad quem* recebe da doutrina a denominação de efeito *translativo* do recurso, para diferenciar do efeito *devolutivo* provocado pela vontade do recorrente. Enquanto o efeito devolutivo emana do princípio dispositivo (que impera enquanto se acham em jogo interesses disponíveis da parte), o efeito translativo (que de certa forma conecta-se com o efeito devolutivo) é uma decorrência direta do princípio inquisitivo, que atua no direito processual nos domínios do interesse coletivo, ultrapassando a esfera dos interesses individuais em conflito no processo.

Essa eficácia recursal, que é comum a todos os recursos, inclusive o extraordinário e o especial, faz que, uma vez conhecido o recurso, o tribunal superior, constatando a ausência de algum pressuposto processual, de alguma condição da ação, possa apreciá-la de ofício.[185] Em outros termos, o efeito translativo, que amplia e complementa o efeito devolutivo, se apresenta

---

[183] TJMG, 8ª Câm. Cível, Ap. 1.0024.08.196814-1/011, Rel. Des. Edgard Penna Amorim, ac. 05.07.2012, *DJe* 17.07.2012.

[184] TJMG, 8ª Câm. Cível, Ap. 1.0024.08.196814-1/011, Rel. Des. Edgard Penna Amorim, ac. 05.07.2012, *DJe* 17.07.2012.

[185] OLIVEIRA, Gleydson Kleber Lopes de. *Recurso especial*. São Paulo: RT, 2002, p. 342; SOUZA, Bernardo Pimentel de. *Introdução aos recursos cíveis e à ação rescisória*. Brasília: Brasília Jurídica, 2000, p. 313; PESSOA, Roberto D'Orea. Juízo de mérito e grau de cognição nos recursos de estrito direito. In: NERY JR., Nelson; WAMBIER, Teresa Arruda Alvim (coord.). *Aspectos polêmicos e atuais dos recursos cíveis e assuntos afins*. São Paulo: RT, 2006, v. 10, p. 502.

como consectário do caráter publicista do processo contemporâneo, para permitir ao órgão de superior instância o exame, mesmo sem constar das razões ou contrarrazões recursais, de questões de ordem pública, nos termos dos arts. 485, § 3º, e 1.013, I a IV.

Não há, na Constituição (que define os casos de admissibilidade dos recursos extraordinário e especial), nada que vede a incidência do efeito translativo nos domínios dos recursos excepcionais endereçados aos Tribunais Superiores. O que se acha definido na Constituição são os casos de admissibilidade de tais recursos. O seu alcance e seus efeitos são matérias que se comportam na disciplina do Código de Processo Civil e na legislação infraconstitucional que cuidam do tema.

O efeito translativo, definido na lei comum, nada tem a ver com o poder da parte de definir o objeto da impugnação recursal, que se presta para justificar a exigência de prequestionamento dos temas cabíveis no objeto dos recursos especial e extraordinário. O efeito em questão é algo que existe primariamente na esfera de atribuições de qualquer órgão jurisdicional que assuma a função de decidir em qualquer processo, não importa o grau de jurisdição em que ele esteja tramitando.[186] Por isso, "uma vez conhecido o recurso extraordinário/especial, poderá o tribunal examinar todas as matérias que possam ser examinadas a qualquer tempo, inclusive a prescrição, a decadência e as questões de ordem pública de que trata o § 3º, do art. 267 do CPC [CPC/2015, art. 485, § 3º]".[187]

Embora não haja uniformidade de entendimento na jurisprudência do STF e do STJ, a boa doutrina tem prevalecido, pelo menos na área do STJ, como se vê do seguinte aresto, que pode ser qualificado como emblemático:

> "Em virtude da sua natureza excepcional, decorrente das limitadas hipóteses de cabimento (Constituição, art. 105, III), o recurso especial tem efeito devolutivo restrito, subordinado à matéria efetivamente prequestionada, explícita ou implicitamente, no tribunal de origem.
>
> 2. Todavia, embora com devolutividade limitada, já que destinado, fundamentalmente, a assegurar a inteireza e a uniformidade do direito federal infraconstitucional, o recurso especial não é uma via meramente consultiva, nem um palco de desfile de teses meramente acadêmicas. Também na instância extraordinária o Tribunal está vinculado a uma causa e, portanto, a uma situação em espécie (Súmula 456 do STF; Art. 257 do RISTJ).
>
> 3. Assim, quando eventual nulidade processual ou falta de condição da ação ou de pressuposto processual impede, a toda evidência, que o julgamento do recurso cumpra sua função de ser útil ao desfecho da causa, cabe ao tribunal, mesmo de ofício, conhecer da matéria, nos termos previstos no art. 267, § 3º e no art. 301, § 4º do CPC. Nesses limites é de ser reconhecido o efeito translativo como inerente também ao recurso especial".[188]

---

[186] Em relação à cognoscibilidade das questões de ordem pública no âmbito dos recursos extraordinário e especial, "o quesito do prequestionamento pode ter-se por *inexigível*, até em homenagem à lógica do processo e à ordem jurídica justa" (MANCUSO, Rodolfo de Camargo. *Recurso extraordinário e recurso especial*. 10. ed. São Paulo: RT, 2007, p. 311).

[187] DIDIER JR., Fredie; CUNHA, Leonardo José Carneiro da. *Curso de direito processual civil*: meios de impugnação às decisões judiciais e processo nos tribunais. 5. ed. Salvador: JusPodivm, 2008, v. 3, p. 281. Nesse sentido: GOES, Gisele Santos Fernandes. Recurso especial, extraordinário e embargos de divergência: efeito translativo ou correlação recursal? *Revista Dialética de Direito Processual*, n. 22, São Paulo, p. 64, jan. 2005.

[188] STJ, 1ª T., REsp 609.144/SC, Rel. Min. Teori Albino Zavascki, ac. 06.05.2004, *DJU* 24.05.2004, p. 197.

762. Efeito expansivo

Outra variação do efeito devolutivo do recurso é o denominado *efeito expansivo*, que é explicitado na disciplina da apelação. O efeito em questão, que delimita a área de cognição e decisão dos Tribunais Superiores, na espécie, consiste em reconhecer que a devolução operada pelo recurso "não se restringe às questões resolvidas na sentença, compreendendo também as que poderiam ter sido decididas, seja porque suscitadas pelas partes, seja porque conhecíveis de ofício (§ 2º do art. 515/CPC) [CPC/2015, art. 1.013, § 2º]".[189]

É possível, em doutrina, falar-se em duas dimensões para a expansão do efeito recursal: *(i)* uma no plano *horizontal*, que permite a abordagem pelo tribunal *ad quem* de questões novas, como as de ordem pública e os pedidos que não chegaram a ser enfrentados pelo julgado recorrido (art. 1.013, § 2º); e, *(ii)* outra no plano *vertical*, que atinge as questões precedentes levantadas no processo e que interferem, ou deveriam interferir, em caráter prejudicial, na decisão recorrida (art. 1.013, § 1º).

A regra cogitada foi traçada para o recurso de apelação, mas sua extensão para os recursos especial e extraordinário se impõe, visto que também nestes o tribunal *ad quem*, uma vez admitido o apelo, terá de "julgar o processo, aplicando o direito" (CPC/2015, art. 1.034, *caput*).

Dessa nova disposição legal – que manda "julgar o processo", e não apenas reexaminar o "julgamento da causa" realizado na instância de origem –, decorre a necessidade de o Tribunal Superior apreciar, de ofício, os pressupostos processuais e as condições da ação, porque verificada sua inobservância não será possível o pronunciamento válido sobre o mérito do processo.[190] Haverá, também, de enfrentar e decidir os pedidos que acaso não chegaram a ser apreciados pelo decisório recorrido, sempre que tal se imponha para que a resolução do mérito, agora a seu cargo, seja completa. Faltando condições para que isto se dê, pelo menos o processo não será extinto na instância extraordinária ou especial. Os autos baixarão ao juízo local, a fim de se solucionarem as questões remanescentes ao julgado do recurso excepcional.[191] O tema será mais extensamente abordado quando se analisar o recurso de apelação (item nº 767).

---

[189] STJ, 4ª T., REsp 136.550/MG, Rel. Min. Cesar Asfor Rocha, ac. 23.11.1999, *DJU* 08.03.2000, p. 118. No mesmo sentido: STJ, 3ª T., REsp 536.964/RS, Rel. Min. Humberto Gomes de Barros, ac. 04.05.2006, *DJU* 29.05.2006, p. 230.

[190] De fato, não ocorre preclusão em matéria de apreciação da ausência de pressupostos processuais e condições da ação: dessa matéria o juiz conhecerá de ofício em qualquer tempo e grau de jurisdição, mas apenas enquanto não ocorrer o trânsito em julgado (CPC, art. 485, § 3º). Logo, se alguma decisão interlocutória resolveu parte do mérito da causa e passou em julgado, não terá o tribunal competência para invalidar por inteiro o processo, ainda que eventual falta de pressuposto ou de condição de procedibilidade pudesse afetar, em tese, a validade da decisão definitiva de parte do objeto litigioso, em virtude da intangibilidade da *res iudicata*. Pouco importa que haja prejudicialidade do tema apreciado no recurso posterior, em face da decisão parcial de mérito precedente. Somente por ação rescisória se haverá de veicular a pretensão de desconstitui-la. Daí porque o efeito expansivo do recurso não pode atingi-la.

[191] A apelação devolve ao tribunal as questões impugnadas pelas partes, as apreciadas de ofício (questões de ordem pública) "e aquelas suscitadas e não examinadas" (STJ, 2ª T., REsp 1.189.458/RJ, Rel. Min. Humberto Martins, ac. 25.05.2010, *DJe* 07.06.2010). Diante de pedidos sucessivos, "o Tribunal, ao julgar a apelação, deve observar os ditames do art. 515 do CPC [CPC/2015, art. 1.013, § 2º], podendo examinar as teses suscitadas e discutidas no processo, mesmo que a sentença não as tenha julgado por inteiro" (STJ, 2ª T., REsp 363.655/MS, Rel. Min. Eliana Calmon, ac. 19.09.2002, *DJU* 16.06.2003, p. 280).

§ 80. A APELAÇÃO

763. Conceito

São sentenças finais ou simplesmente "sentenças" os pronunciamentos judiciais que encerram a fase cognitiva do procedimento comum, bem como extinguem a execução. Distingue a doutrina entre sentença *definitiva* e sentença *terminativa*, conforme o encerramento da relação processual se dê com ou sem julgamento do mérito da causa.

O CPC unifica os conceitos de sentença e de recurso cabível, estabelecendo uma correlação prática entre um e outro: se põe termo ao processo, ou à fase cognitiva do procedimento, haja ou não decisão do mérito, o caso será sempre de *sentença* (CPC, art. 203, § 1º). E o recurso interponível também será sempre um só: o de *apelação* (CPC, art. 1.009). *Apelação*, portanto, é o recurso que se interpõe das sentenças dos juízes de primeiro grau de jurisdição para levar a causa ao reexame dos tribunais do segundo grau, visando a obter uma reforma total ou parcial da decisão impugnada,[192] ou mesmo sua invalidação (art. 1.010, III).

São apeláveis tanto as sentenças proferidas em procedimentos contenciosos como as dos feitos de jurisdição voluntária. Também nos procedimentos incidentes ou acessórios, como habilitação, restauração de autos etc., a apelação é o recurso cabível contra a sentença que os encerrar. O mesmo, todavia, não ocorre com o julgamento de simples incidentes do processo, a exemplo da exibição de documento ou coisa e das tutelas provisórias, já que *in casu* ocorrem apenas decisões interlocutórias, desafiadoras de agravo de instrumento e não de apelação (art. 1.015, I e VI).

764. O CPC/2015 e a superação das dificuldades conceituais do Código anterior em relação à sentença

A unificação das atividades cognitivas e executivas num só processo, ocorrida por meio de alteração do Código de Processo Civil de 1973, levou a uma nova definição legal de sentença que a configurava impropriamente como ato judicial pronunciado nas circunstâncias previstas para a extinção do processo com ou sem resolução de mérito (art. 162, § 1º, alterado pela Lei nº 11.232/2005). A imperfeição desse conceito prendia-se ao fato de que no procedimento unificado a sentença nem sempre punha fim ao processo.

O atual CPC, sem embargo de continuar adotando o caráter de procedimento unitário para a cognição e a execução, logrou definir a sentença levando em conta as fases de desenvolvimento do processo unificado, sem embaraçar-se com o objeto decidido. Com efeito, para a lei atual, sentença é "o pronunciamento por meio do qual o juiz, com fundamento nos arts. 485 e 487, *põe fim à fase cognitiva do procedimento comum, bem como extingue a execução* (art. 203, § 1º).

Como se vê, a nova lei foi bastante clara e objetiva na conceituação. Assim, se o ato decisório é proferido durante a marcha processual, sem colocar fim à fase cognitiva ou à execução, trata-se de decisão interlocutória, que desafia o recurso de agravo de instrumento. Se, contudo, a decisão finaliza a atividade jurisdicional da primeira instância, é sentença, contra a qual deve ser interposto o recurso de apelação.

O entendimento é complementado pelo § 5º do art. 356, que determina que a decisão que julga parcialmente o mérito, de forma antecipada, é impugnável por meio de agravo de instrumento. Ou seja, a decisão que, julgando parcialmente o mérito, não coloca fim à fase de cognição, desafia agravo de instrumento e, não, apelação. Ao contrário, a decisão que extingue

---

[192] AMARAL SANTOS, Moacyr. *Primeiras linhas de direito processual civil*. 4. ed. São Paulo: Max Limonad, 1973, v. III, n. 708.

o processo – seja de conhecimento ou de execução –, bem como a que encerra a fase cognitiva do procedimento unitário, é sempre sentença, apreciando ou não o mérito da causa. O recurso, portanto, será a apelação, qualquer que sejam as questões decididas (CPC/2015, art. 1.009).

765. Apelação e decisões incidentais excluídas das hipóteses de agravo de instrumento

O CPC/2015 aboliu a figura do agravo retido, interposto em face de decisão proferida pelo juiz de primeiro grau, que, se não fosse reformada pelo magistrado, era objeto de análise pelo tribunal, caso o recurso fosse reiterado em preliminar de apelação ou de contrarrazões de apelação (art. 523 do Código anterior).

A sistemática atual, embora de efeitos práticos semelhantes, afasta a necessidade de interposição imediata de recurso, para impedir a preclusão. Agora, se a matéria incidental decidida pelo magistrado *a quo* não constar do rol taxativo do art. 1.015, que autoriza a interposição de agravo de instrumento, a parte prejudicada deverá aguardar a prolação da sentença para, em preliminar de apelação ou nas contrarrazões, requerer a sua reforma (art. 1.009, § 1º). Vale dizer, a preclusão sobre a matéria somente ocorrerá se não for posteriormente impugnada em preliminar de apelação ou nas contrarrazões.

Se a parte prejudicada pela decisão interlocutória for vencida na ação, deverá arguir a matéria em preliminar de apelação, sendo a parte contrária intimada para contra-arrazoar. Se, contudo, a sentença lhe for favorável, a impugnação poderá ocorrer em sede de contrarrazões de eventual apelação interposta pela parte contrária. Nessa última hipótese, o vencedor manejaria, na verdade, um recurso eventual e subordinado, visto que só seria apreciado caso o recurso do vencido fosse provido para reformar a sentença. Ou seja, a impugnação do apelado teria o papel de condicionar o julgamento da pretensão do apelante ao prévio exame das preliminares suscitadas nas contrarrazões da parte vencedora no decisório de primeiro grau.

Outrossim, para cumprir o contraditório, sendo a matéria suscitada em preliminar de contrarrazões, o apelante será intimado para, em quinze dias, manifestar-se a respeito (art. 1.009, § 2º).

766. Interposição da apelação

O recurso de apelação (art. 1.009, *caput*) será interposto contra a sentença, perante o próprio juiz que a prolatou (art. 1.010, *caput*). Como se viu (itens nºs 349 e 351, vol. I), a sistemática atual não classifica a sentença em razão do conteúdo das questões nela decididas, mas, sim, em função do momento no qual foi proferida. Se a decisão puser fim à fase cognitiva do procedimento comum ou extinguir a execução (art. 203, § 1º), desafiará apelação. Nessa esteira, ainda que a questão decidida em sentença seja daquelas impugnáveis por meio de agravo, nos termos do art. 1.015 do CPC/2015, deverá ser interposto o recurso de apelação para discuti-la (art. 1.009, § 3º).

Imagine-se, assim, que o juiz tenha cassado a tutela provisória na própria sentença. Muito embora a matéria conste do inciso I, do art. 1.015, como sendo impugnável por meio de agravo de instrumento, deverá ser abrangida pela apelação. Vale dizer, não haverá interposição de dois recursos distintos contra a mesma decisão. Nesse sentido, o § 5º do art. 1.013 é expresso: "o capítulo da sentença que confirma, concede ou revoga a tutela provisória é impugnável na apelação".

O apelante deve manifestar seu recurso por meio de petição dirigida ao juiz de primeiro grau, que conterá (art. 1.010):

(a) os nomes e a qualificação das partes (inciso I);

(b) a exposição do fato e do direito (inciso II);

(c) as razões do pedido de reforma ou de decretação de nulidade (inciso III); e

(d) o pedido de nova decisão (inciso IV).

"A apelação deve ser interposta, obrigatoriamente, por petição, não se podendo considerar tal aquela que é feita por cota lançada em espaço em branco dos autos."[193]

A jurisprudência tem, porém, admitido a interposição do recurso por telegrama, desde que atendidos os requisitos legais. E a Lei nº 9.800, de 26.05.1999, franqueou, também, o uso de fac-símile (ou "fax") para todas as petições, inclusive as dos recursos, desde que se faça chegar ao tribunal, até cinco dias depois do fim do respectivo prazo, o original da peça retransmitida magneticamente (ver item nº 338 do vol. I).

O pedido de nova decisão pode referir-se a um novo pronunciamento de mérito favorável ao apelante, ou apenas à invalidação da sentença por nulidade. "A falta das razões do pedido de nova decisão impede o conhecimento da apelação."[194]

Quanto ao prazo para interposição do recurso, o atual Código, na esteira do anterior, pôs fim à controvérsia que existia sobre o tema. Não basta ser despachada a petição dentro do prazo legal. É preciso que o recurso seja protocolado no Cartório dentro do citado prazo. Se foi submetida a prévio despacho do juiz, é indispensável que seja entregue em cartório antes do vencimento do prazo de recurso (CPC/2015, art. 1.003, § 3º).

Documentos, em regra, só poderão acompanhar a petição da apelação, ou suas contrarrazões, quando se destinarem a provar fatos novos, dentro da exceção permitida pelos arts. 435 e 1.014.

A doutrina preconizava que nessa hipótese e somente nela é lícito ao apelante que já era parte no processo produzir documentos com a interposição do recurso. Documentos que se refiram a fatos já alegados perante o órgão *a quo* devem ter sido juntos aos autos pelas partes nas oportunidades próprias, consoante as regras dos arts. 434 e 435 do CPC/2015. "O terceiro prejudicado que apela, naturalmente, pode sempre instruir o recurso com os documentos de que disponha: visto que não era parte, não teve qualquer oportunidade anterior de produzir prova, e contra ele não se operou preclusão"[195] (veja-se o nº 732 do vol. I).

A jurisprudência atual, todavia, adota posição mais liberal, entendendo que "as restrições dos arts. 396 e 397 [CPC/2015, arts. 434 e 435] só se aplicam, a rigor aos documentos tidos como pressupostos da causa, de sorte que quanto aos demais podem ser produzidos a qualquer tempo, desde que não haja má-fé e se respeite a regra do contraditório".[196]

A sistemática do atual Código retirou do juiz de primeiro grau a competência para realizar o juízo de conhecimento da apelação, de modo que, após as formalidades previstas nos §§ 1º e 2º do art. 1.010, o recurso será remetido ao tribunal, independentemente de juízo de admissibilidade (art. 1.010, § 3º). Sobre o tema, ver item 724 retro.

---

[193] STJ, 1ª T., REsp 1.065.412/RS, Rel. Min. Luiz Fux, ac. 10.11.2009, *DJe* 14.12.2009.

[194] STF, RE 68.710, Rel. Min. Amaral Santos, *RTJ* 56/112; STJ, 1ª T., REsp 1.065.412/RS, Rel. Min. Luiz Fux, ac. 10.11.2009, *DJe* 14.12.2009.

[195] BARBOSA MOREIRA, José Carlos. *Comentários ao Código de Processo Civil*. 11. ed. Rio de Janeiro: Forense, 2003, v. V, n. 235, p. 425. O STF decidiu que "a norma excludente da suscitação de novas questões de fato, na apelação, não impede que se juntem documentos às razões, para que os aprecie a instância recursal" (RE 75.946, Rel. Min. Rodrigues Alckmin, *RTJ* 67/852). "A juntada de documentos com a apelação é possível, desde que respeitado o contraditório e inocorrente a má-fé, com fulcro no art. 397 do CPC [CPC/2015, art. 435]" (STJ, 4ª T., AgRg no REsp 785.422/DF, Rel. Min. Luis Felipe Salomão, ac. 05.04.2011, *DJe* 12.04.2011).

[196] STJ, 4ª T., REsp 431.716/PB, Rel. Min. Sálvio de Figueiredo Teixeira, ac. 22.10.2002, *DJU* 19.12.2002, p. 370; STJ, 4ª T., AgRg no REsp 785.422/DF, Rel. Min. Luis Felipe Salomão, ac. 05.04.2011, *DJe* 12.04.2011.

767. Efeitos da apelação

A apelação tem, ordinariamente, duplo efeito: o devolutivo e o suspensivo.

I – Efeito devolutivo

"A apelação devolverá ao tribunal o conhecimento da matéria impugnada" (CPC/2015, art. 1.013, *caput*). Visa esse recurso a obter um novo pronunciamento sobre a causa, com reforma total ou parcial da sentença do juiz de primeiro grau. As questões de fato e de direito tratadas no processo, sejam de natureza substancial ou processual, voltam a ser conhecidas e examinadas pelo tribunal.

A apelação, no entanto, pode ser parcial ou total, conforme a impugnação atinja toda a sentença ou apenas parte dela. Sendo parcial, a devolução abrangerá apenas a matéria impugnada.[197]

Nem mesmo a circunstância de se tratar de matéria de ordem pública deve ensejar reexame livre pela instância recursal. Se o tema corresponde a um capítulo distinto da sentença e o recurso ataca apenas outro capítulo, não se pode deixar de reconhecer a formação de coisa julgada a impedir o rejulgamento pelo Tribunal no tocante ao que não foi objeto de recurso. A matéria de ordem pública se devolve por força de *profundidade* do efeito da apelação, quando figura como *antecedente lógico* do tema deduzido no recurso e, quando, além disso, não esteja afetada pela coisa julgada. É importante ter em conta que o recurso pode compreender, em profundidade, matérias prejudiciais não tratadas na impugnação formulada pelo recorrente. Não pode, todavia, desempenhar função rescisória diante dos capítulos da sentença já transitados em julgado, mesmo que esteja em jogo questão de ordem pública, pois as decisões em torno de questões dessa natureza não são imunes ao princípio da coisa julgada.

Dentro do âmbito da devolução, o tribunal apreciará todas as questões suscitadas e discutidas no processo, ainda que não tenham sido solucionadas pela sentença recorrida, desde que relativas ao capítulo impugnado (art. 1.013, § 1º).[198]

Em matéria de efeito devolutivo, portanto, urge fazer uma distinção entre a *extensão* e a *profundidade* da devolução:

(a) A *extensão* é limitada pelo *pedido* do recorrente, visto que nenhum juiz ou órgão judicial pode prestar a tutela jurisdicional senão quando requerida pela parte (art. 2º); por isso, o art. 1.013 afirma que a apelação devolverá ao tribunal a "matéria impugnada", o que quer dizer que,

---

[197] Se o recurso se restringe a um determinado ponto, "não é lícito à Superior Instância se pronunciar sobre assunto extravagante ao âmbito do pedido de nova decisão" (TJMG, Apel. 13.444, *D. Jud. MG*, de 27.04.1960). Pela mesma razão, "não pode o tribunal pronunciar, no seu julgamento, nulidade não arguida na respectiva interposição" (STF, RE 77.360, Rel. Min. Xavier de Albuquerque, *D. Jud. MG* de 26.04.1974). "A apelação transfere ao conhecimento do tribunal a matéria impugnada, nos limites dessa impugnação, salvo matérias examináveis de ofício pelo juiz" (STJ, REsp 48.357/MG, Rel. Min. Sálvio de Figueiredo Teixeira, ac. 13.02.1996, *DJU* 15.04.1996, p. 11.537). No mesmo sentido: STJ, REsp 52.991-3/SP, Rel. Min. Barros Monteiro, ac. 04.10.1994, *DJU* 14.11.1994, p. 30.962; STJ, REsp 7.143-0/ES, Rel. Min. César Rocha, ac. 16.06.1993, *DJU* 16.08.1993, p. 15.955; STJ, 2ª T., REsp 761.534/PR, Rel. Min. Castro Meira, ac. 01.10.2009, *DJe* 09.10.2009.

[198] Segundo antigo entendimento, quando o julgamento de primeiro grau houvesse se restringindo a questões preliminares, não poderia o tribunal, por força da apelação, apreciar desde logo o mérito da causa, sob pena de abolir o duplo grau de jurisdição (BARBOSA MOREIRA, José Carlos. *Comentários ao Código de Processo Civil*, vol. V, n. 244, p. 444; MARQUES, José Frederico. *Manual de direito processual civil*, vol. III, p. 620). Esse entendimento, entretanto, está superado (art. 1.013, § 3º, do CPC/2015). O alcance, porém, da nova regra deve ser definido em harmonia com o *caput* do artigo, onde se define o objeto da apelação, cujo conhecimento é devolvido ao tribunal. Adiante, no texto principal, essa harmonização será mais bem explicada (v. item nº 767).

em seu julgamento, o acórdão deverá se limitar a acolher ou rejeitar o que lhe for requerido pelo apelante (por exemplo: se se requereu a reforma parcial, não poderá haver a reforma total; se pediu a improcedência da demanda, não se poderá decretar a prescrição, contra a vontade do apelante; se pediu apenas a prescrição, não caberá a improcedência da causa; se se pediu para excluir juros, não se poderá cancelar correção monetária ou multa, e assim por diante.

(b) A *profundidade* abrange os antecedentes lógico-jurídicos da decisão impugnada, de maneira que, fixada a extensão do objeto do recurso pelo requerimento formulado pela parte apelante, todas as questões suscitadas no processo que podem interferir assim em seu acolhimento como em sua rejeição terão de ser levadas em conta pelo tribunal (art. 1.013, § 1º).[199]

Nessa ordem de ideias, qualquer que seja o pedido do recorrente, terá sempre o tribunal possibilidade de examinar as questões pertinentes aos pressupostos processuais e às condições da ação, visto que são matérias de ordem pública condicionadoras da formação e desenvolvimento válidos do processo, bem como de qualquer provimento jurisdicional de mérito (motivo pelo qual são conhecíveis e solucionáveis a qualquer tempo e grau de jurisdição, a requerimento de parte ou de ofício) (art. 485, § 3º).[200] Não pode, entretanto, o exame da falta de pressuposto processual ou condição da ação afetar a coisa julgada acaso formada sobre anterior decisão parcial de mérito.[201]

Não são, portanto, apenas as questões preliminares que se devolvem implicitamente. São, também, todas as prejudiciais de mérito propostas antes da sentença e que deveriam influir na acolhida ou rejeição do pedido, ainda que o juiz *a quo* não as tenha enfrentado ou solucionado (art. 1.013, § 1º). É o que se passa, por exemplo, com a cumulação de pedidos conexos e consequentes. O juiz, negando o primeiro, deixa de examinar os demais. Recorrendo a parte vencida e logrando reformar a sentença para acolher o primeiro pedido, terá o tribunal de completar o julgamento decidindo os demais pedidos conexos prejudicados pela decisão de primeira instância. Por exemplo: pedia-se, originariamente, a anulação do contrato, a condenação a perdas e danos, e restituição do bem negociado, e lucros cessantes. Como a sentença denegou a anulação, todos os demais pedidos do autor nem sequer foram por ela cogitados. Ao tribunal, porém, não é lícito limitar o julgamento da apelação ao tema da anulação. Se entender que é o caso de acolhê-la, terá também de prosseguir na análise das outras pretensões consequenciais

---

[199] "Por força da amplitude e profundidade do efeito devolutivo da apelação, todas as questões suscitadas e discutidas no processo devem ser objeto de apreciação do Tribunal quando do julgamento da apelação, mesmo que o Juiz tenha acolhido apenas um dos fundamentos do pedido ou da defesa (art. 515, §§ 1º e 2º, do CPC) [CPC/2015, art. 1.013, §§ 1º e 2º]" (STJ, 2ª T., REsp 1.008.249/DF, Rel. Min. Eliana Calmon, ac. 15.10.2009, DJe 23.10.2009).

[200] Questões de ordem pública são aquelas que envolvem interesses que escapam à disponibilidade das partes, por afetarem "interesses públicos", cuja inobservância conduz, no caso do processo, a nulidades absolutas e cuja decretação independe de provocação da parte. Podendo, ou devendo ser examinadas de ofício pelo tribunal, há quem veja, a seu respeito, um efeito recursal distinto do efeito devolutivo, que, por sua vez, ficaria restrito ao pedido formulado pelo recorrente. Fala-se em efeito *translativo*. O problema, porém, é apenas terminológico. Se é efeito devolutivo o fenômeno de deslocar o conhecimento da causa, no todo ou em parte, do juízo *a quo*, para o tribunal *ad quem*, não há pecado lógico na inclusão das matérias de ordem pública no âmbito da devolução de competência operada por força do recurso. Quando muito, se poderia especificar um efeito devolutivo em sentido *estrito*, compreendendo o pedido formulado pelo recorrente e um efeito devolutivo em sentido *lato* abarcando, genericamente, a extensão do conhecimento transferido, em suas múltiplas dimensões, de modo a compreender o suscitado pela parte e tudo o mais que a lei permite ao tribunal apreciar, em razão do conhecimento do recurso. Assim, o efeito dito translativo não seria mais do que um dos aspectos do efeito devolutivo *lato sensu*.

[201] "O juiz conhecerá de ofício da matéria constante dos incisos IV, V, VI e IX, em qualquer tempo e grau de jurisdição, *enquanto não ocorrer o trânsito em julgado*" (g.n.) (CPC, art. 485, § 3º).

(perdas e danos, restituição, lucros cessantes), pouco importando que tais temas não tenham sido julgados na instância de origem.

Ainda, em matéria de profundidade do efeito devolutivo, o § 2º do art. 1.013 cuida do caso de multiplicidade de fundamentos para o pedido. O juiz acolheu apenas um e deu pela procedência da ação. Impugnada a sentença em apelação, o tribunal pode reconhecer a procedência do apelo quanto ao fundamento da sentença, mas deixar de dar-lhe provimento, porque a matéria não acolhida pelo juiz de primeiro grau se apresenta suficiente para assegurar a procedência da ação. O mesmo pode acontecer, também, com a defesa, quando se fundamente em razões múltiplas e seja acolhida em face de apenas uma delas.[202]

(c) Efeito translativo: competência originária do tribunal para julgar em instância única o mérito da causa

Se o juiz extingue o processo sem julgamento de mérito, naturalmente o objeto da sentença ficou restrito a questão preliminar. Recorrendo a parte para impugnar tão somente o conteúdo do decisório de primeiro grau, não poderia, a nosso ver, o tribunal, depois de cassada a sentença, passar a julgar o mérito da causa, sem que a parte o tivesse requerido. Aí já não se trataria de se aprofundar no julgamento das questões que lhe foram devolvidas pelo recurso, mas de ampliar o seu objeto, dando-lhe extensão maior do que lhe emprestara o requerimento da parte.

Sempre entendemos que era preciso estar atento para não ofender o princípio da disponibilidade da tutela jurisdicional e o da adstrição do julgamento ao pedido (princípio da congruência).

Entretanto, o § 3º do art. 1.013 permite que o tribunal, ao julgar o recurso de apelação, decida desde logo o mérito da causa, sem aguardar o pronunciamento do juízo de primeiro grau, quando: *(i)* reformar sentença que não tenha resolvido o mérito; *(ii)* decretar a nulidade da sentença por não ser ela congruente com os limites do pedido ou da causa de pedir; *(iii)* constatar a omissão no exame de um dos pedidos; e *(iv)* decretar a nulidade por falta de fundamentação. Tal técnica se estende para o caso de o tribunal reformar a sentença que houver reconhecido a decadência ou a prescrição, quando for possível o exame das demais questões debatidas, sem retorno do processo ao juízo de primeiro grau (art. 1.013, § 4º).[203] Isso, porém, ainda sob nosso ponto de vista, não queria dizer que a questão de mérito não suscitada na apelação pudesse ser inserida de ofício pelo tribunal no julgamento do recurso. O objeto do recurso quem define é o recorrente. Sua extensão mede-se pelo pedido nele formulado. A profundidade da apreciação do pedido é que pode ir além das matérias lembradas nas razões recursais; nunca, porém, o próprio objeto do apelo. No entanto, como já informamos, o entendimento do STJ, formado no regime do Código de 1973, era muito liberal ao permitir o julgamento do mérito no caso ora em apreciação e, ao que parece, o CPC/2015 inclina-se pela tese do julgamento da "causa madura", sem expressa exigência de esgotamento do primeiro grau de jurisdição, a seu respeito. Entretanto, sempre pensamos que a exegese da regra legal mereceria uma releitura em face das normas fundamentais, como procuramos demonstrar no item nº 770 adiante.

(d) Vedação de suscitar novas questões de fato

Quanto às questões de fato, a regra é que a apelação fica restrita às alegadas e provadas no processo antes da sentença. O recurso devolve o conhecimento da causa tal qual foi apreciada pelo juiz de primeiro grau. Pode, todavia, ter ocorrido impossibilidade de suscitação do fato

---

[202] O exame dos "demais" fundamentos a que alude o art. 515, § 2º, do CPC [CPC/2015, art. 1.013, § 2º], "independe de recurso próprio ou de pedido específico formulado em contrarrazões" (STJ, 1ª T., REsp 1.201.359/AC, Rel. Min. Teori Albino Zavascki, ac. 05.04.2011, *DJe* 15.04.2011).

[203] A nova regra tem evidente caráter de economia processual, com o fito de abreviar a solução do processo. Também o novo Código de Processo Civil francês, de 1975, contém norma de igual sentido (art. 568).

pelo interessado, antes da sentença. Assim provada a ocorrência de força maior, poderá o apelante apresentar fato novo perante o tribunal (art. 1.014). Caberá, todavia, ao recorrente provar não só o fato como o motivo de força maior que o impediu de arguí-lo no momento processual adequado.[204]

Não cabe ao juiz *a quo* interferir na questão do fato novo, nem impedir a subida do recurso que nele se baseie. A questão será inteiramente apreciada e decidida pelo tribunal *ad quem*.

(e) A *reformatio in pejus* não é admitida, embora omisso o Código a respeito do tema. A doutrina é uniforme em repelir o julgamento do tribunal que piore a situação do apelante, sem que tenha a outra parte também recorrido. Como lembra Rogério Lauria Tucci, "não se pode perder de vista que, tanto quanto o juiz de primeira instância, o órgão colegiado de segundo grau, apesar de investido dos mesmos poderes para conhecer do processo e da lide, não pode manifestar-se sobre o que não constituía objeto do pedido – do 'pedido de nova decisão'... e, outrossim, que, com a instituição do apelo incidental sob a rubrica de recurso adesivo, previsto no art. 500... [CPC/2015, art. 997], já não mais pode subsistir qualquer dúvida sobre a vedação da reforma para pior". Com efeito, na observação de Barbosa Moreira, "a função do recurso adesivo é justamente a de levar ao conhecimento do tribunal matéria que, só por força do recurso principal, não se devolveria".[205] Sobre a parte da sentença que não foi objeto de recurso pelo adversário do apelante, e que eventualmente poderia ser alterada em prejuízo deste, incidiu a coisa julgada, diante de inércia daquele a que a reforma da sentença favoreceria. Assim, não há que se pensar em *reformatio in pejus*, já que qualquer providência dessa natureza esbarraria na *res iudicata*.

II – Efeito suspensivo

A apelação normalmente suspende os efeitos da sentença, seja esta condenatória, declaratória ou constitutiva. "Efeito suspensivo, assim, consiste na suspensão da eficácia natural da sentença, isto é, dos seus efeitos normais",[206] em decorrência da interposição da apelação.

Via de regra, a apelação tem o duplo efeito suspensivo e devolutivo. Há exceções, no entanto. O § 1º do art. 1.012 enumera seis casos em que o efeito de apelação é apenas devolutivo, de maneira que é possível a execução provisória enquanto estiver pendente o recurso. Assim, será recebida só no efeito devolutivo a sentença que:

(a) homologa a divisão ou demarcação de terras (inciso I);

(b) condena a pagar alimentos (inciso II);

(c) extingue sem resolução do mérito ou julga improcedentes os embargos do executado (inciso III);

(d) julga procedente o pedido de instituição de arbitragem (inciso IV);

(e) confirma, concede ou revoga tutela provisória (inciso V)[207];

(f) decreta a interdição (inciso VI).

---

[204] Quanto às questões de fato alegáveis originariamente na apelação, ou até mesmo depois de sua interposição, devem ser incluídas as autorizadas pelo art. 462 do CPC [CPC/2015, art. 493], ou seja, as relativas a fato superveniente. A regra em referência é de aplicar-se não só ao juízo de 1º grau, mas também ao tribunal (STJ, 4ª T., REsp 500.182/RJ, Rel. Min. Luis Felipe Salomão, ac. 03.09.2009, *DJe* 21.09.2009).

[205] TUCCI, Rogério Lauria. *Curso de direito processual* – Processo civil de conhecimento-II. São Paulo: J. Bushastsky, 1976, p. 247.

[206] AMARAL SANTOS, Moacyr. *Primeiras linhas de direito processual civil*. 4. ed. São Paulo: Max Limonad, 1973, v. III, n. 711.

[207] "No caso de apelação, o deferimento de tutela provisória em sentença retira-lhe o efeito suspensivo referente ao capítulo atingido pela tutela" (Enunciado nº 144/CEJ/CJF).

Mesmo nas hipóteses expressamente previstas em que a apelação tem efeito apenas devolutivo, diante das particularidades da causa, demonstrando o apelante a probabilidade de provimento do recurso, evidenciada pela relevância de sua fundamentação, e havendo risco de dano grave ou de difícil reparação, pode o relator determinar a suspensão da eficácia da sentença (art. 1.012, § 4º). Para tanto, o apelante formulará o requerimento em petição separada, com a seguinte destinação:

(a) o pedido será dirigido ao tribunal, se feito no período compreendido entre a interposição da apelação e sua distribuição. Nessa hipótese, será sorteado um relator para apreciá-lo, ficando ele prevento para a apelação;

(b) endereçar-se-á ao relator da apelação, se já distribuída no tribunal (art. 1.012, § 3º).

O pedido de suspensão terá de demonstrar: *(i)* a probabilidade de provimento do recurso; e *(ii)* a ocorrência de risco de "dano grave ou de difícil reparação" (§ 4º). Em outros termos, caberá ao apelante demonstrar a configuração do *fumus boni iuris* e do *periculum in mora*, em grau que não permita aguardar o normal julgamento do recurso. Procede-se, pois, como se passa com as medidas cautelares em geral.

Observe-se que, em matéria de efeito suspensivo da apelação, há cabimento tanto da tutela de urgência como da tutela da evidência. No primeiro caso, a parte terá de demonstrar cumulativamente o *fumus boni iuris* (probabilidade de provimento da apelação) e o perigo de dano grave durante a espera de julgamento do recurso (*periculum in mora*). Já no caso de tutela da evidência, deferível principalmente ao recorrido, para se liberar do efeito suspensivo decorrente da lei, a medida provisória se fundamentará apenas no caráter abusivo ou procrastinatório da defesa infundada exercitada na via recursal pelo adversário do requerente.

Enfim, as tutelas provisórias, na espécie, sejam de tutela de urgência ou de tutela da evidência, podem ser utilizadas tanto para permitir a execução imediata da sentença como para impedir que ela ocorra durante a pendência do recurso (sobre o tema, v. o item n. 498-VI do v. I).

Nos casos em que a apelação não é recebida no efeito suspensivo, o apelado poderá promover o pedido de cumprimento provisório do julgado, logo após a publicação da sentença (art. 1.012, § 2º). Não dependerá, pois, de aguardar o trânsito em julgado para se beneficiar do decidido na sentença. Obviamente, se o caso é daqueles em que a apelação tem efeito suspensivo (art. 1.012, § 1º), não haverá lugar para se cogitar de execução imediata do decisório recorrido, nem mesmo em caráter provisório. Há casos em que a sentença é complexa, envolvendo capítulos que solucionam questões de natureza diferente, alguns desafiadores de apelação com efeito apenas devolutivo, outros sujeitos ao duplo efeito legal. Nesse passo, um só recurso será recebido sob efeitos diferentes conforme a matéria decidida em cada um de seus distintos capítulos. Suponha-se uma sentença que, além de solucionar o mérito da causa, revoga medida cautelar deferida anteriormente nos mesmos autos. A apelação, envolvendo impugnação ao que se resolveu nos dois capítulos, cindirá seus efeitos: (a) suspenderá a eficácia do capítulo relativo ao mérito (art. 1.012, *caput*), e (b) não suspenderá a eficácia imediata daquilo que se decidiu em matéria de tutela provisória (art. 1.012, § 1º, V).

768. Questão relevante a respeito do efeito devolutivo da apelação contra sentença terminativa

Conforme visto no item nº 767 *retro*, o § 3º do art. 1.013 do CPC/2015, a exemplo do que já ocorria no Código de 1973 (art. 515, § 3º), permite que o tribunal, ao julgar o recurso de apelação, decida desde logo o mérito da causa, sem aguardar o pronunciamento do juízo de primeiro grau, quando: *(i)* reformar sentença que não tenha resolvido o mérito; *(ii)* decretar a nulidade da sentença por não ser ela congruente com os limites do pedido ou da causa de pedir (sentenças *ultra* ou *extra petita*); *(iii)* constatar a omissão no exame de um dos pedidos; e *(iv)* decretar a nulidade por falta de fundamentação. Essa técnica também se estendeu para o caso de o tribunal reformar a sentença que houver reconhecido a decadência ou a prescrição, quando for possível o exame das demais questões debatidas, sem retorno do processo ao juízo de primeiro grau (art. 1.013, § 4º).

O atual Código, destarte, ampliou a possibilidade de julgamento de mérito da causa pelo tribunal, bastando que esta esteja "em condições de imediato julgamento". É o que se costuma chamar de "causa madura", entendida como tal aquela cujo objeto já foi suficientemente debatido na instância de origem, mesmo que nela não se tenha decidido o mérito.

Não basta, portanto, que a questão de mérito a decidir seja apenas de direito; é necessário que o processo esteja maduro para a solução do mérito da causa. Mesmo que não haja prova a ser produzida, não poderá o Tribunal enfrentá-lo no julgamento da apelação formulada contra a sentença terminativa, se uma das partes ainda não teve oportunidade processual adequada para debater a questão de mérito. Estar o processo em condições de imediato julgamento significa, em outras palavras, não apenas envolver o mérito da causa questão só de direito que se deve levar em conta, mas também a necessidade de cumprir o contraditório. Tomem-se como exemplos os casos de extinção por indeferimento da inicial, ou os ocorridos na fase de saneamento antes de completar o debate sobre o mérito e sobre as provas cabíveis. Em casos como estes, obviamente, o processo não terá ainda alcançado o momento apropriado para o julgamento do mérito. Os autos terão de retornar ao juízo de origem a fim de que o debate e a instrução probatória se completem.

Se, todavia, o debate amplo já se deu em primeiro grau entre os litigantes, o Tribunal estará em condições de julgar o mérito, e deverá fazê-lo, sempre que for afastada a preliminar causadora da sentença terminativa, e que a parte interessada o requeira.

Nisso não há ofensa à garantia do duplo grau de jurisdição, mesmo porque tal garantia não é absoluta nem figura expressamente entre as que a Constituição considera inerentes ao devido processo legal.[208]

O CPC/2015 incluiu, expressamente, em tal possibilidade, as sentenças incompletas, como as *citra petita* e as que acolhem preliminar de mérito, sem solucionar as demais questões de fundo propostas pelas partes (art. 1.013, § 3º, II). Se o tribunal está autorizado a julgar o mérito da causa, quando o juiz extingue o processo sem apreciá-lo, razão não há para impedi-lo de assim agir quando o juiz tenha sentenciado apenas sobre parte das questões de fundo. O

---

[208] Ainda no regime do CPC anterior, para Bedaque, a autorização da lei a que o tribunal julgue o mérito da causa – mesmo que a apelação tenha sido manifestada contra sentença apenas terminativa – indica que o direito positivo, sem ofender o princípio do contraditório, porquanto a causa já teria sido suficientemente debatida no juízo de primeiro grau, superou o rigor do duplo grau de jurisdição, excepcionalmente, "em nome da celeridade processual". E por ficar o tribunal autorizado a enfrentar originariamente o mérito da causa, inclusive no tocante a pedido não decidido pelo juízo *a quo*, teria o legislador, até mesmo, afastado, também excepcionalmente, a vedação da *reformatio in pejus*: a parte que recorreu contra uma sentença terminativa poderia ver não só cassada a decisão, como ainda rejeitada sua pretensão de mérito, que não fora colocada como objeto do recurso (BEDAQUE, José Roberto dos Santos. Apelação: questões sobre admissibilidade e efeitos. In: WAMBIER, Teresa Arruda Alvim; NERY JUNIOR, Nelson (coord.). *Aspectos polêmicos e atuais dos recursos cíveis e de outros meios de impugnação às decisões judiciais*. São Paulo: RT, 2003, p. 454). Já na interpretação do CPC/2015, Sandro Marcelo Kozikoski adota o mesmo entendimento de Bedaque (O CPC 2015 e a relativização do princípio da proibição da *reformatio in pejus*. In: DIDIER JR., Fredie (coord.). *Processo nos tribunais e meios de impugnação às decisões judiciais*. 2. ed. Salvador: JusPodivm, 2016, p. 648-649).

fim de economia processual justificador da regra do art. 1.013, § 3º, está tão presente no caso da apelação contra sentença terminativa quanto na sentença definitiva parcial ou incompleta.

A regra estatuída pelo § 3º do art. 515 do CPC/1973, e mantida no § 3º do art. 1.013 do CPC/2015, tem sido estendida analogicamente pelo STJ ao recurso ordinário, no caso de extinção de mandado de segurança de competência originária dos tribunais de segundo grau de jurisdição.[209] O STF, todavia, entende não ser aplicável a medida ao recurso ordinário interposto contra acórdão do STF em relação a mandado de segurança, para prestigiar a competência definida, na espécie, no próprio texto constitucional, evitando-se, assim, o salto de grau de jurisdição.[210]

769. Questão de fato e questão de direito

Diferentemente do Código anterior, que só permitia o mecanismo de julgamento de mérito direto pelo Tribunal quando a causa versasse apenas sobre questão de direito, o Código atual exige tão somente que o processo esteja "em condições de imediato julgamento" (art. 1.013, § 3º). Com isso, superada restou a antiga divergência, prevalecendo a orientação outrora traçada pelo STJ, no sentido de que, na espécie, equivalia a julgamento de questão de direito aquela verificada em processo, no qual já se teria cumprido o contraditório e a ampla defesa, com regular e completa instrução probatória, mesmo que para o julgamento de mérito o Tribunal tivesse que proceder à apreciação do acervo probatório[211].

Enfim, a medida autorizada pelo art. 1.013, § 3º, depende somente de achar-se a causa "madura" para resolução do mérito.[212]

770. Vinculação do tribunal ao dever de julgar o mérito na hipótese do § 3º do art. 1.013

A polêmica travada ao tempo do Código anterior, sobre se o julgamento imediato da lide pelo Tribunal seria uma faculdade ou um dever, foi superada pelo atual CPC: dispõe, expressamente, o § 3º do art. 1.013, que, "se o processo estiver em condições de imediato julgamento, o tribunal *deve* decidir desde logo o mérito". Não obstante, é de se ressaltar o prestígio que o CPC/2015 dedica aos princípios constitucionais do processo, enunciados com ênfase no rol de suas normas fundamentais, onde merecem destaque o princípio dispositivo (art. 2º) e a garantia do contraditório efetivo (arts. 9º e 10). Com isso, resta vedado o julgamento sobre questões não propostas pela parte, assim como decisões sobre questões não previamente submetidas à audiência de ambas as partes, e, ainda, decisões com base em fundamento a respeito do qual não se lhes tenha dado oportunidade de se manifestar, ainda quando se trate de matéria sobre a qual se deva decidir de ofício.

---

[209] STJ, 1ª T., RMS 15.877, Rel. Min. Teori Zavascki, ac. 18.05.2004, *DJU* 21.06.2004, p. 163; STJ, 5ª T., RMS 17.891, Rel. Min. Laurita Vaz, ac. 24.08.2004, *DJU* 13.09.2004, p. 264; STJ, 2ª T., RMS 17.220, Rel. Min. Eliana Calmon, ac. 28.09.2004, *DJU* 13.02.2004, p. 266; STJ, 1ª T., RMS 20.675/RJ, Rel. Min. José Delgado, ac. 14.03.2006, *DJU* 03.04.2006, p. 225.

[210] STF, 1ª T., RO em MS 24.789/DF, Rel. Min. Eros Grau, ac. 26.10.2004, *DJU* 26.11.2004, *RT* 834/176; STF, 1ª T., RE 621.473, Rel. Min. Marco Aurélio, ac. 23.11.2010, *DJe* 23.03.2011.

[211] STJ, 4ª T., REsp 1.179.450/MG, Rel. Min. Luís Felipe Salomão, ac. 15.05.2012, *RT* 926/840.

[212] "(...) Ao tribunal será permitido julgar o recurso, decidindo, desde logo, o mérito da causa, sem necessidade de requisitar ao juízo deprimeiro grau manifestação acerca das questões. Considera-se o processo em condições de imediato julgamento apenas se ambas as partes tiveram oportunidade adequada de debater a questão de mérito que será analisada pelo tribunal" (STJ, 4ª T., REsp 1.909.451/SP, Rel. Min. Luís Felipe Salomão, ac. 23.03.2021, *DJe* 13.04.2021).

Ora, se a parte vencida recorre pedindo apenas a anulação ou cassação da sentença que extinguiu o processo sem apreciação do mérito, não nos parece lícito ao tribunal o enfrentamento de questão de mérito que não tenha integrado o pedido do recorrente e, por isso, não tenha passado pelo contraditório da apelação.[213]

Deve-se ressaltar, sempre, que "a devolutividade da apelação e, de resto, a de qualquer recurso é definida pela parte recorrente".[214] Se a profundidade com que se examinam as questões recursais é definida pela lei (art. 1.013, § 1º), a *extensão* do efeito devolutivo cabe exclusivamente à parte. "A extensão é, repita-se, fixada pelo recorrente, nas razões de seu apelo".[215] A lei, aliás, exige que da petição recursal conste o "pedido de nova decisão" e "a exposição do fato e do direito", que o justifiquem (CPC, art. 1.010, II e IV).

Daí por que "o Tribunal, concordando ser caso de análise do mérito, somente poderá dele conhecer após dar provimento ao apelo na parte que impugna a sentença terminativa, na hipótese de o apelante requerê-lo expressamente em suas razões recursais".[216]

Ao se atribuir ao Tribunal, em exegese ao § 3º do art. 1.013, o poder de proferir decisão de mérito sobre tema (o mérito) que não foi objeto de requerimento e debate no procedimento recursal, estar-seá afrontando direito das partes, sobretudo do litigante que vier a experimentar derrota.[217]

Em sentido contrário, pensa Cândido Dinamarco que o Tribunal, mesmo julgando o mérito sem pedido do apelante e contra sua posição no litígio, não haverá "quebra do *due process of law*, nem exclusão do contraditório, porque o julgamento feito pelo Tribunal incidirá sobre o processo precisamente no ponto em que incidiria a sentença do juiz inferior".[218] É certo que, já estando maduro o processo para sentença de mérito, o retorno dos autos para que o juiz de primeiro grau decidisse o mérito, não se reabrirá instrução e debate no juízo *a quo*. Mas a parte sucumbente terá oportunidade de rediscutir a causa perante o tribunal, enriquecendo o debate, com nova argumentação. É certo, também, que o duplo grau de jurisdição pode ser suprimido pela lei. Mas isto deverá ser feito por dispositivo expresso e de fundo razoável. Não é aceitável, todavia, que podendo o apelante definir a extensão do recurso, venha o Tribunal a decidir questão que intencionalmente a parte recorrente não quis incluir na devolução recursal. Cabendo-lhe o poder legal de fixar o conteúdo da apelação (art. 1.013, *caput*), não é de aplicar-se o § 3º do mesmo art. 1.013, quando o recurso contra a sentença terminativa não contenha pedido de apreciação do mérito da causa.

Mais benemérita de acolhida se me afigura a lição do próprio mestre Cândido Dinamarco quando recomenda, em princípio, o prevalecimento da disposição contida no art. 1.013 *caput*, em relação também aos casos regidos por seu § 3º "em nome das razões sistemáticas inerentes à regra da correlação entre a decisão e o pedido (arts. 128 e 460) [CPC/2015, arts. 141 e

---

[213] "O pedido do apelante para que o tribunal julgue o mérito da causa é requisito intransponível para que seja aplicado o novo § 3º do art. 515 [CPC/2015, art. 1.013, § 3º], sob pena de violação ao art. 2º do Código de Processo Civil [CPC/2015, art. 2º], aplicado analogicamente aos recursos. A incidência do princípio dispositivo, e consequentemente do efeito devolutivo, neste caso é plena e obrigatória" (JORGE, Flávio Cheim. *Teoria geral dos recursos cíveis*. Rio de Janeiro: Forense, 2003, p. 268). DIDIER JÚNIOR, Fredie; CUNHA, Leonardo José Carneiro da. *Curso de direito processual civil*. Salvador: JusPodivm, 2006, v. III, n. 4.2, p. 88.

[214] CUNHA, Leonardo José Carneiro da. *Inovações no processo civil*. São Paulo: Dialética, 2002, n. 6.4, p. 85.

[215] CUNHA, Leonardo José Carneiro da. *Inovações no processo civil*. São Paulo: Dialética, 2002, n. 6.4, p. 85.

[216] CUNHA, Leonardo José Carneiro da. *Inovações no processo civil*. São Paulo: Dialética, 2002, n. 6.4, p. 85.

[217] TUCCI, José Rogério Cruz e. *Lineamentos da nova reforma do CPC*: Lei 10.352. de 26.01.2001, Lei nº 10.358, de 27.12.2001. São Paulo: RT, 2002, p. 60.

[218] DINAMARCO, Cândido Rangel. *A Reforma da Reforma*. São Paulo: Malheiros, 2002, p. 160.

492]".[219] Releva notar, porém, que a Corte Especial do STJ enfrentou e solucionou a divergência instalada entre a 2ª e a 4ª Turma, assentando que "a regra do art. 515, § 3º, do CPC [CPC/2015, art. 1.013, § 3º] deve ser interpretada em consonância com a preconizada pelo art. 330, I, do CPC [CPC/2015, art. 355, I], razão pela qual, ainda que a questão seja de direito e de fato, não havendo necessidade de produzir prova (causa madura), poderá o Tribunal julgar desde logo a lide, no exame da apelação interposta contra a sentença que julgara extinto o processo sem resolução de mérito".[220] O aresto uniformizador da jurisprudência daquela Alta Corte, porém, não se deteve sobre a necessidade ou não de o apelante requerer a apreciação do mérito em recurso voltado contra decisão interlocutória que apenas cogitou de questões preliminares.

770-A. Posição consolidada do STJ

Através de julgamento da Corte Especial, o STJ consolidou seu entendimento acerca da apelação contra sentença terminativa pronunciada diante de "causa madura" para enfrentamento do mérito, de forma originária pelo tribunal de segundo grau. Superando todas as objeções doutrinárias lembradas nos itens 767 e 770, *retro*, aquela Alta Corte firmou as seguintes teses:[221]

(a) "A novidade representada pelo § 3º do art. 515 do Código de Processo Civil [§ 3º do art. 1.013 do CPC/2015] nada mais é do que um atalho, legitimado pela aptidão a acelerar os resultados do processo e desejável sempre que isso for feito sem prejuízo a qualquer das partes".

(b) A medida "constituiu mais um lance da luta do legislador contra os males do tempo e representa a ruptura com um velho dogma, o do duplo grau de jurisdição, que por sua vez só se legitima quando for capaz de trazer benefícios, não demoras desnecessárias".

(c) "Diante da expressa possibilidade de o julgamento da causa ser feito pelo tribunal que acolher a apelação contra sentença terminativa, é ônus de ambas as partes prequestionar em razões ou contrarrazões recursais todos os pontos que depois pretendam levar ao Supremo Tribunal Federal ou ao Superior Tribunal de Justiça. *Elas o farão, do mesmo modo como fariam se a apelação houvesse sido interposta contra uma sentença de mérito.*"

(d) Constando o sistema de norma expressa do direito positivo, em sua observância "não se vislumbra o menor risco de mácula à garantia constitucional do *due process of law*, porque a lei é do conhecimento geral e a ninguém aproveita a alegação de desconhecê-la, ou de não ter previsto a ocorrência de fatos que ela autoriza (LICC, art. 3º)".

(e) "A doutrina admite aplicação do art. 515, § 3º, do CPC [art. 1.013, § 3º, do CPC/2015] aos Agravos de Instrumento."

---

[219] DINAMARCO, Cândido Rangel. *A Reforma da Reforma*. São Paulo: Malheiros, 2002, pp. 159-160. O STJ, porém, já decidiu que, à luz do art. 515, § 3º, do CPC, o tribunal pode, independentemente de requerimento da parte, analisar o mérito da causa, ou determinar a baixa dos autos para que o juiz de 1º grau o faça (REsp 657.407, 2ª T., Rel. Min. Castro Meira, ac. 21.06.2005, *DJU* 05.09.2005, p. 365). No mesmo sentido: STJ, 4ª T., REsp 836.932/RO, Rel. Min. Fernando Gonçalves, ac. 06.11.2008, *DJe* 24.11.2008; STJ, 3ª T., AgRg no Ag. 836.287/DF, Rel. Min. Humberto Gomes de Barros, ac. 18.10.2007, *DJU* 31.10.2007, p. 325. No sentido de ser necessário o pedido da parte: STJ, 5ª T., REsp 645.213/SP, Rel. Min. Laurita Vaz, ac. 18.10.2005, *DJU* de 14.11.2005, p. 382; STJ, 5ª T., RMS 18.910/RJ, Rel. Min. Arnaldo Esteves Lima, ac. 06.09.2005, *DJU* de 10.10.2005, p. 398.

[220] STJ, Corte Especial EREsp 874.507/SC, Rel. Min. Arnaldo Esteve Lima, ac. 19.06.2013, *DJe* 01.07.2013.

[221] STJ, Corte Especial, REsp 1.215.368/ES, Rel. Min. Herman Benjamin, ac. 01.06.2016, *DJe* 19.09.2016.

(f) "Por fim, de essencial relevância destacar que a jurisprudência do STJ admite a não aplicação da teoria da causa madura quando for prejudicada a produção de provas pela parte de forma exauriente."

771. Prescrição e decadência

Superando alguma divergência suscitada ao tempo do Código anterior, o CPC de 2015 estabeleu no § 4º do art. 1.013 que: "quando reformar sentença que reconheça a decadência ou a prescrição, o tribunal, se possível, julgará o mérito, examinando as demais questões, sem determinar o retorno do processo ao juízo de primeiro grau".

Naturalmente, será necessário atentar para o estágio do processo em que se acolheu a prejudicial, bem como sobre a necessidade de provas ainda por colher para se examinar o restante das questões de mérito. A causa pode ainda não se encontrar madura para julgamento dessas novas questões. A lei prevê acolhida da prescrição e da decadência até na decisão de indeferimento da petição inicial. Em qualquer caso de aplicação do § 4º do art. 1.013 o Tribunal terá de ficar atento para não violar o contraditório e não impedir o direito das partes à ampla defesa. Nesse sentido, é importante ressaltar que o CPC/2015 prevê, na hipótese de rejeição da prescrição e da decadência, o julgamento do mérito pelo tribunal, "se possível", e não genericamente em qualquer hipótese.

772. A apelação e as nulidades sanáveis do processo

Observando o princípio da primazia das resoluções de mérito, o CPC recomenda que não se deve frustrar o objetivo da apelação e dos recursos em geral a pretexto de irregularidades procedimentais, sem antes abrir oportunidade ao respectivo saneamento, quando possível. Dispõe, a propósito, o § 1º do art. 938 que, "constatada a ocorrência de vício sanável, inclusive aquele que possa ser conhecido de ofício, o relator determinará a realização ou a renovação do ato processual, no próprio tribunal ou em primeiro grau de jurisdição, intimadas as partes". E o § 2º determina que, cumprida a diligência, sempre que possível, o relator prosseguirá no julgamento do recurso.

A diligência funda-se no princípio de economia processual. Preocupa-se em evitar a anulação de sentenças ou de recursos, quando o vício detectado mostrar-se sanável. Em lugar de frustrar o recurso com a imediata decretação de nulidade, o tribunal converterá o julgamento em diligência, determinando a realização do ato faltante ou a renovação do ato defeituoso, intimando-se as partes para as providências cabíveis.[222]

Somente se não for sanada a nulidade é que seu pronunciamento será feito pelo tribunal. Superado o defeito, o recurso será apreciado normalmente em seu mérito. Sempre que possível, portanto, serão evitados a invalidação e o retrocesso do processo a estágios anteriores à sentença, com repetição de atos e decisões no juízo de origem.

As nulidades sanáveis de que cogita o § 2º do art. 938 tanto podem ser suscitadas pela parte como conhecidas de ofício pelo tribunal. O que importa é a sua sanabilidade, a tempo de salvar a sentença, para seu reexame no julgamento do recurso que já alcançou o tribunal.

Alguns exemplos de nulidades sanáveis: havendo litisconsórcio necessário, a sentença ou o recurso foram intimados apenas a um ou alguns deles; o advogado que subscreveu o recurso não juntou o competente substabelecimento; o preparo do recurso ficou incompleto,

---

[222] Também no atual Código de Processo Civil francês, de 1975, há regra similar à do atual § 1º do art. 938 de nosso CPC/2015, conferindo ao tribunal, no caso de reconhecimento da nulidade de sentença, o poder de, em grau de apelação, conhecer do pedido e julgar a causa.

mas o apelante não foi intimado a completá-lo; o recurso subiu sem ter dado oportunidade ao apelado para contrarrazões; o apelado juntou documento novo às contrarrazões sem ouvida do apelante; a apelação foi processada sem que o juiz decidisse os embargos declaratórios tempestivamente interpostos etc.

773. Tutela provisória e o efeito suspensivo da apelação

Ao elenco dos casos em que a apelação não tem efeito suspensivo (CPC/2015, art. 1.012), destaca-se o inciso V, que contempla a sentença que "confirma, concede ou revoga tutela provisória".

Isso quer dizer que, existindo medida provisória (conservativa, cautelar ou de evidência) já deferida nos moldes dos arts. 300 e 311, e que venha a ser mantida pela sentença, a apelação terá de ser recebida apenas no efeito devolutivo, de maneira a não pôr em dúvida a subsistência do provimento antecipatório.

O texto do art. 1.012, V, cogita da sentença que *confirma, concede ou revoga* a tutela provisória. Mas não deve ser diferente o efeito da apelação em caso de a tutela ser deferida na própria sentença. Uma vez que a tutela provisória não tem momento prefixado em lei para deferimento, e pode acontecer em qualquer fase do processo e em qualquer grau de jurisdição, não há motivo para negar ao juiz a possibilidade de decidi-la em capítulo da própria sentença, desde que o faça apoiado nos seus pressupostos. E, se a sentença for expressa a respeito de tal provimento, a apelação acaso manejada haverá de ser recebida apenas no efeito devolutivo.

À época do Código anterior, já havia jurisprudência sobre a possibilidade de a sentença conter capítulos distintos para o mérito e a antecipação de tutela.[223] O Código atual contém previsão expressa de que a concessão, a confirmação, ou a revogação da tutela provisória podem constar de capítulo da sentença, caso em que será impugnável por apelação e não por agravo de instrumento (CPC/2015, art. 1.013, § 5º). Em qualquer caso, portanto, em que a sentença mantenha (ou defira ou revogue) a tutela provisória, a apelação não a suspenderá.[224]

Não se há, contudo, de pensar que, doravante, o simples fato de o juiz julgar procedente uma demanda já o autoriza, imediatamente, a deferir a antecipação dos efeitos da sentença, sem aguardar o julgamento da apelação eventualmente interposta. Em qualquer circunstância em que se atenda a requerimento da tutela provisória, ter-se-á sempre de observar os requisitos dos arts. 300 e 311.

De qualquer modo, pouco importa que a tutela provisória tenha sido, ou não, o tema único da sentença. Sempre que esta tenha resolvido questão sobre concessão, confirmação ou revogação de tutela provisória, ainda que apenas em capítulo da sentença, a impugnação terá de ser feita por meio da apelação, sendo totalmente impróprio fazê-lo por meio de agravo de instrumento.[225]

Incide, na espécie, o princípio da unirrecorribilidade, o qual, todavia, não acarreta a unitariedade dos efeitos do recurso cabível. Se o caso é de sentença heterogênea que enfrentou, por capítulos, matérias de natureza diversa, em razão do tema de cada um deles, o efeito recursal poderá ser diferente. Assim, para a impugnação da sentença que decide questão sobre tutela cautelar, a apelação tem efeito apenas devolutivo (art. 1.012, § 1º, V), enquanto o recurso contra

---

[223] TJDF, AI 8.741/97, Rel. Des. Mário Machado, *Revista Jurídica*, v. 246/74; STJ, 3ª T., AgRg no Ag 1.217.740/SP, Rel. Min. Sidnei Beneti, ac. 17.06.2010, *DJe* 01.07.2010.
[224] CUNHA, Leonardo José Carneiro da. *Inovações no processo civil*. São Paulo: Dialética, 2002, n. 6.6, p. 89-90.
[225] "Se a tutela antecipada é concedida no próprio bojo da sentença terminativa de mérito da ação ordinária, o recurso cabível para impugná-la é a apelação, pelo princípio da unirrecorribilidade, achando-se correto o não conhecimento do agravo de instrumento pelo Tribunal *a quo*" (STJ, 4ª T., REsp 645.921/MG, Rel. Min. Aldir Passarinho Jr., ac. 24.08.2004, *DJU* 14.02.2005, p. 214).

a sentença que resolve o mérito da causa tem, em regra, o duplo efeito devolutivo/suspensivo (art. 1.012, *caput*, c/c art. 995).

Disso decorre: (a) a apelação única poderá, na hipótese, impedir o cumprimento imediato do que a sentença decidir sobre o mérito, graças ao efeito suspensivo previsto no art. 1.012, *caput*; e, ao mesmo tempo, (b) poderá permitir o efeito imediato do decidido acerca da tutela provisória, por força do disposto no § 1º, V, do mesmo art. 1.012.

Vale dizer, "no caso de apelação, o deferimento de tutela provisória em sentença retira-lhe o efeito suspensivo referente ao capítulo atingido pela tutela",[226] mas esse efeito prevalecerá em relação ao decidido em outros capítulos da mesma sentença. É possível, destarte, que a uma só apelação sejam atribuídos efeitos diferentes, capítulo por capítulo.

774. Recebimento da apelação

I – Pelo juiz de primeiro grau

A petição da apelação é dirigida ao juiz prolator da sentença impugnada. No sistema do Código anterior, ao recebê-la deveria o juiz declarar os efeitos do recurso (art. 518). O atual Código alterou profundamente essa sistemática, uma vez que ao juiz de primeiro grau cabe, apenas, processar o recurso, abrindo vista à parte contrária para contra-arrazoar. Depois de realizada essa formalidade, "os autos serão remetidos ao tribunal pelo juiz, independentemente do juízo de admissibilidade" (art. 1.010, § 3º).

O recebimento da apelação e a declaração de seus efeitos, portanto, são feitos única e exclusivamente pelo tribunal *ad quem*.

Assim, interposta a apelação, o juiz intimará o apelado para apresentar contrarrazões, no prazo de quinze dias (art. 1.010, § 1º). Se o recorrido interpuser apelação adesiva, o apelante será intimado para apresentar resposta (art. 1.010, § 2º). Realizadas essas formalidades, o juiz remeterá os autos ao tribunal (§ 3º).

Convém lembrar que, uma vez prolatada a sentença e interposto o recurso, o juiz não tem, em regra, como rever ou modificar o julgado.[227] Todavia, casos especiais há em que o próprio Código permite o juízo de retratação, como, *v.g.*, o do indeferimento da petição inicial (art. 331 e § 1º) e o da improcedência liminar do pedido (art. 332, § 3º) (a respeito dessa sistemática, ver itens nºs 564 a 568 do v. I deste Curso).

II – Pelo tribunal ad quem

Recebido o recurso no tribunal, será ele imediatamente distribuído ao relator, que deverá: *(i)* pronunciar-se sobre sua admissibilidade, ou não, e seus efeitos (arts. 932, III, e 1.012, § 3º, II); *(ii)* decidi-lo monocraticamente, se for o caso; ou, *(ii)* elaborar seu voto para julgamento do recurso pelo órgão colegiado (art. 1.011). Sobre as hipóteses em que o relator poderá julgar monocraticamente a apelação, veja o item nº 606, *retro*.

Da decisão do relator que admite ou não o recurso, ou que o julga monocraticamente, caberá agravo interno para o colegiado (art. 1.021).

Quanto aos efeitos do recurso, omitindo o relator declaração a respeito, a decisão que recebe a apelação deve ser tida como portadora do duplo efeito legal.[228] Já se decidiu que, "julgados pela

---

[226] Enunciado nº 144/CEJ/CJF.
[227] STJ, 2ª T., REsp 135.520/SP, Rel. Min. Franciulli Netto, ac. 19.04.2001, *DJU* 13.08.2001, p. 85.
[228] BARBOSA MOREIRA, José Carlos. *Comentários ao Código de Processo Civil*. 11. ed. Rio de Janeiro: Forense, 2003, v. V, n. 258, p. 467.

mesma sentença ações conexas, uma comportando recurso em seus dois efeitos, outra no devolutivo apenas, será aplicável o princípio processual do maior benefício e, assim, atribuído a tal recurso, para ambas as demandas, também o efeito suspensivo".[229] No entanto, é mais razoável a tese segundo a qual nada impede que uma decisão recorrida se submeta por partes a efeitos recursais distintos. Assim, se numa só sentença são julgadas duas causas, o recurso interposto pode suspender o efeito dado a uma delas e não o fazer em relação a outra, se diversa é a eficácia particular que a lei prevê para as duas situações congregadas: deferida, por exemplo, tutela provisória e julgada procedente, ao mesmo tempo, a ação principal, a apelação única suspenderá a execução da parte relativa ao mérito da causa, mas não impedirá a efetivação da medida preventiva.[230]

775. A irrecorribilidade da sentença proferida em conformidade com súmula do STJ ou do STF

Não repetiu o Código atual a regra do anterior, que permitia o não reconhecimento do recurso quando a sentença apelada estivesse em conformidade com súmula do STF ou do STJ.

Substituiu-a, entretanto, pelos amplos poderes dados ao relator no tribunal, dentre os quais se inclui o de decidir monocraticamente os recursos, para dar ou negar-lhes provimento, quando a decisão recorrida ou o apelo forem contrários a súmulas do STJ, STF ou do próprio tribunal; ou a acórdãos proferidos pelo STJ e STF em julgamento de recursos repetitivos, bem como a entendimento firmado em incidente de resolução de demandas repetitivas ou de assunção de competência (CPC/2015, art. 932, IV e V).

O raciocínio determinante é no sentido de que, se se admite que uma súmula vincule juízes e tribunais, impedindo-os de julgamento que a contrarie, válido é, também, impedir a parte de exigir, invariavelmente, que a apelação seja sempre julgada pelo órgão colegiado de segunda instância. O que se destaca é a grande relevância que o CPC/2015 confere à jurisprudência sumulada pelos dois mais altos tribunais do país. Nos dois casos está em jogo o mesmo valor, qual seja, o prestígio da Súmula do STJ e do STF pela ordem jurídica.

Afinal, a regra dos incisos IV e V do art. 932 do CPC/2015 não é nada mais do que a previsão de uma hipótese de sumarização do regime do duplo grau de jurisdição. É bom lembrar que o trancamento ou o provimento da apelação pelo relator, *in casu*, pressupõe inteira fidelidade da sentença à súmula do STJ, do STF ou do próprio tribunal. É preciso que a decisão seja toda ela assentada na súmula, e não apenas em parte, de modo que se esta serviu tão só de argumento utilizado pelo sentenciante, para solucionar parte das questões deduzidas no processo, havendo outros dados influentes na motivação do julgado, não será o caso de julgar o recurso monocraticamente. Fora do tema da súmula, restariam questões passíveis de ampla discussão recursal, sem risco de contradizer a matéria sumulada.

---

[229] 2º TACiv-SP, M. Seg. 3.894, Rel. Juiz Marino Falcão, *RT* 452/151; 1º TACiv-SP, Ap. 711.410-7, Rel. Juiz Cyro Bonilha, ac. 11.03.1998, *JTACiv-SP* 171/90.

[230] No mesmo sentido: NERY JUNIOR, Nelson. *Código de Processo Civil comentado*. 3. ed. São Paulo: RT, 1997, p. 753: "Da sentença que julga ações conexas, para as quais estão previstos recursos com efeitos diferentes (para uma: só devolutiva; para outra: duplo efeito), deve ser recebida também (a apelação) com efeitos diferentes para cada capítulo. É comum o juiz julgar, na mesma sentença, ação principal e cautelar. Como o CPC, 520, V [de 1973], prevê apenas o efeito devolutivo da sentença da cautelar, deve receber o recurso, nessa parte, somente no efeito devolutivo e no duplo efeito na parte que julgou a ação principal". Este entendimento também tem sido adotado pelo Superior Tribunal de Justiça: "Julgados concomitantemente a ação principal e a cautelar, interposta apelação global, ao Juiz cabe recebê-la com efeitos distintos, a correspondente medida cautelar tão somente no efeito devolutivo (art. 520, inciso IV, do CPC [de 1973])" (REsp 81.077, 4ª T., Rel. Min. Barros Monteiro, ac. 26.06.1996, *RF* 339/298). No mesmo sentido: STJ, 4ª T., AgRg no REsp 707.365/SP, Rel. Min. Cesar Asfor Rocha, ac. 27.09.2005, *DJU* 13.02.2006, p. 823.

Quanto à hipótese de equívoco do relator em considerar a sentença adequável ao entendimento da súmula, não acarretará ele uma irremediável supressão do direito da parte de acesso ao colegiado. É que, segundo o art. 1.021 do CPC/2015, cabe agravo interno contra a decisão monocrática proferida pelo relator.

Mediante o adequado manejo do agravo interno, portanto, a parte prejudicada pela equivocada aplicação de súmula para sumarizar a decisão de segundo grau, encontra remédio eficiente para corrigir o *error in iudicando* cometido monocraticamente pelo relator e fazer chegar o apelo ao exame do órgão colegiado.

776. Juízo de retratação: reexame da matéria decidida na sentença apelada por ato de seu próprio prolator

Publicada a sentença, tem-se como encerrada a tarefa de acertamento a cargo do juiz. Torna-se, por isso, inalterável o decisório por ato do respectivo julgador, a não ser que haja erro material ou de cálculo a corrigir ou que tenham sido interpostos embargos de declaração para eliminar obscuridade, contradição ou omissão da sentença (art. 494 do CPC/2015). A possibilidade de reforma do conteúdo do julgado depende de interposição do recurso de apelação e somente competirá ao Tribunal de segundo grau, em regra. O efeito devolutivo do recurso, na espécie, redundará no deslocamento da causa para o órgão judicante hierarquicamente superior. A apelação, de regra, é um recurso *reiterativo*, e não *iterativo*.

Há, no entanto, alguns casos excepcionais em que, interposta a apelação, a lei abre oportunidade ao juiz para rever sua sentença, podendo, assim, impedir a subida do processo ao tribunal. Quando, por exemplo, a decisão consistir em indeferimento da petição inicial, o art. 331 do CPC/2015 faculta ao juiz, diante da apelação formulada pelo autor, reformar sua própria sentença, no prazo de cinco dias. Somente se o juízo de retratação não ocorrer é que os autos serão encaminhados ao tribunal. Se o juiz se retratar, a apelação ficará sem objeto.

Também na hipótese de processos seriados, em que o juiz é autorizado a proferir sentença de improcedência *in limine litis* do pedido, antes mesmo da citação do réu (art. 332), há previsão legal de que, ocorrendo apelação do autor, terá o juiz a faculdade de, em cinco dias, "retratar-se". Nesse caso, determinará o prosseguimento do processo (art. 332, §§ 3º e 4º).

Por fim, o CPC/2015 também admitiu a retratação do juiz na apelação interposta contra a decisão que julga o processo, sem resolução de mérito (art. 485, § 7º). Trata-se, pois, de mais um caso em que o juízo de retratação em primeiro grau se torna possível, no curso da apelação.[231]

777. Deserção

Denomina-se deserção o efeito produzido sobre o recurso pelo não cumprimento do requisito do preparo no prazo devido. Sem o pagamento das custas devidas, o recurso torna-se descabido, provocando a coisa julgada sobre a sentença apelada.[232]

---

[231] Enunciado nº 68 da I Jornada de Direito Processual Civil do CEJ: "A intempestividade da apelação desautoriza o órgão *a quo* a proferir juízo positivo de retratação".

[232] BARBOSA MOREIRA, José Carlos. *Comentários ao Código de Processo Civil*. 11. ed. Rio de Janeiro: Forense, 2003, v. V, n. 219. O prazo de 10 dias, para preparo da apelação, foi reduzido para 5 dias, pela Lei nº 6.032/1974, art. 10, II, nas causas de competência da Justiça Federal. As custas do preparo são somente as do recurso e não todas as vencidas no processo. Mas o recorrente está sujeito ao pagamento dos gastos de primeira e segunda instâncias, relacionados com a tramitação do recurso, segundo o regimento de custas, e não apenas os de remessa e retorno dos autos (TJMG, AI 17.207, Rel. Des. Humberto Theodoro). STJ, 2ª T., REsp 1.216.685/SP, Rel. Min. Castro Meira, ac. 12.04.2011, *DJe* 27.04.2011.

O art. 1.007 do CPC/2015 abrandou o rigor da deserção, admitindo, inclusive, o pagamento em dobro do preparo e do porte de remessa e retorno, quando o recorrente interpuser o recurso sem o seu devido recolhimento (§ 4º) (sobre o tema, ver item nº 752 *retro*).

Segundo a sistemática atual, que retirou do juiz de primeiro grau a competência para realizar, em toda a extensão, o juízo de admissibilidade da apelação, caberá ao relator a decretação ou não da deserção. Poder-se-ia argumentar que, para as partes, seria mais fácil que a análise e o saneamento da falta ou deficiência do preparo ficassem a cargo do juiz *a quo*, e não do relator. A lei, no entanto, não excepcionou nenhuma parcela do juízo de admissibilidade, relegando-o, por completo, à instância superior. Se fosse dado ao juiz inadmitir o recurso por deserção, também teria de ser competente para indeferi-lo nos casos de intempestividade ou de manifesto descabimento. Ademais, com a adoção do protocolo integrado (art. 929, parágrafo único), a parte não teria maior dificuldade em regularizar o recolhimento do preparo e do porte de remessa e retorno, já que poderia fazê-lo na comarca de origem e encaminhar o comprovante ao tribunal, sem necessidade de deslocamento do advogado para a capital. Por outro lado, ao se tolerar que o juiz pudesse decretar a deserção, estar-se-ia num dilema grave, pois o Código não prevê recurso contra essa espécie de decisão, já que não a menciona no rol do art. 1.015, tampouco haveria como o apelante suscitar o questionamento em preliminar de apelação (art. 1.009, § 1º), afinal, a decisão, na espécie, seria ato posterior àquele recurso.

778. Prazo para interposição da apelação

O prazo legal é de quinze dias, tanto para apelar como para contra-arrazoar a apelação (art. 1.003, § 5º, do CPC/2015). Em verdade, o Código estabeleceu prazo único para todos os recursos, excetuados, apenas, os embargos de declaração. Se, todavia, o prazo é ultrapassado em razão de obstáculo do serviço forense, não pode a parte ficar prejudicada, dado que, durante o embaraço judicial, não flui nenhum prazo.[233]

O prazo vence-se, outrossim, em cartório. De sorte que, "sem embargo de haver sido despachada no prazo legal, a apelação fica prejudicada pelo retardamento da respectiva juntada, por culpa da parte interessada".[234] Mas "não fica prejudicada a apelação entregue em cartório no prazo legal, embora despachada tardiamente".[235]

779. Interposição de apelação antes do julgamento dos embargos de declaração

Como já visto no item nº 743 *retro*, o STJ editou a Súmula nº 418, à época do Código anterior, reconhecendo ser inadmissível o recurso especial interposto antes da publicação do acórdão dos embargos de declaração, sem posterior ratificação. Muito embora o entendimento sumulado versasse sobre o recurso especial, aquela Corte Superior o aplicava indiscriminadamente, também, à apelação.[236] A orientação justificava-se pelo fato de que, à semelhança do que ocorre com o recurso especial, o apelo dirige-se contra o pronunciamento último do juiz de primeiro grau, razão pela qual a decisão dos embargos integra a sentença, fazendo-se necessária a ratificação da apelação.[237]

---

[233] STJ, 2ª T., REsp 200.482/PR, Rel. Min. João Otávio de Noronha, ac. 01.04.2003, *DJU* 28.04.2003, p. 181; STJ, 3ª T., REsp 1.191.059/MA, Rel. Min. Nancy Andrighi, ac. 01.09.2011, *DJe* 09.09.2011.

[234] "Não deve ser considerada intempestiva a protocolização da Apelação, no prazo legal, em Vara diversa do mesmo Foro, inexistindo má-fé ou intuito de conseguir vantagem processual" (STJ, 2ª T., AgRg no Ag 775.617/RS, Rel. Min. Herman Benjamin, ac. 27.05.2008, *DJe* 13.03.2009).

[235] STF, Súmula nº 428.

[236] STJ, 4ª T., REsp 659.663/MG, Rel. Min. Aldir Passarinho Júnior, ac. 01.12.2009, *DJe* 22.03.2010.

[237] NETTO, José Laurindo de Souza; CARDOSO, Cassiana Rufato. A ratificação da apelação após o julgamento dos embargos de declaração: uma exigência nem sempre necessária. *Revista de Processo*, n. 229, São Paulo, p. 234, mar. 2014.

Ainda à época do Código anterior, esse entendimento era questionado pela doutrina, na medida em que existem diferenças substanciais entre o objetivo da apelação e do recurso especial, o que afastaria a aplicação analógica da Súmula às duas espécies recursais. Enquanto o recurso ao tribunal superior visa a estabilização da jurisprudência, sendo vedado o simples reexame das provas, a apelação busca a correção da justiça da sentença, ampliando a extensão da impugnação.

O CPC/2015 solucionou a controvérsia, afastando a necessidade de ratificação de qualquer recurso interposto antes da publicação do julgamento dos embargos, se eles forem rejeitados ou não alterarem a conclusão do julgamento anterior (art. 1.024, § 5º). Por outro lado, caso haja modificação da decisão recorrida, o embargado que já tiver interposto outro recurso contra a decisão originária poderá complementar ou alterar suas razões, nos exatos limites da modificação, no prazo de quinze dias (art. 1.024, § 4º). Diante disso, a Corte Especial do STJ, na sessão do dia 1º.07.2016, cancelou a Súmula 418.

780. Julgamento em segunda instância

O tribunal *ad quem*, antes de apreciar a apelação, deverá decidir os agravos de instrumento porventura interpostos no mesmo processo (CPC/2015, art. 946).

A competência funcional para julgar o recurso é de câmara ou turma do tribunal, mas o voto é tomado apenas de três juízes, que formam a denominada "turma julgadora" (art. 941, § 2º). Há, porém, possibilidade de o relator, em casos de relevante questão de direito, com grande repercussão social, sem repetição em múltiplos processos, propor seja o recurso julgado por um colegiado maior previsto no regimento interno, dando lugar ao incidente de assunção de competência (art. 947) (v. o item nº 605).

780.1. Julgamento com quorum *ampliado*

"Quando o resultado da apelação for não unânime, o julgamento terá prosseguimento em sessão a ser designada com a presença de outros julgadores, que serão convocados nos termos previamente definidos no regimento interno, em número suficiente para garantir a possibilidade de inversão do resultado inicial, assegurado às partes e a eventuais terceiros o direito de sustentar oralmente suas razões perante os novos julgadores" (art. 942, *caput*). Não se trata de um recurso, como outrora acontecia com os embargos infringentes. O que acontece é apenas a continuidade do julgamento da apelação, que só concluirá após os votos dos julgadores convocados para ampliação do quórum de decisão. Por isso, enquanto não anunciada a conclusão do julgamento, os julgadores que já tiverem votado poderão rever seus votos. A discussão e votação após a ampliação do quórum não se limitará ao ponto divergente, mas compreenderá todo o objeto do recurso.

Sendo os embargos de declaração parte integrante do julgado embargado, sempre que a apelação (ou agravo, se for o caso) houver sido submetida ao quórum ampliado do art. 942, também os declaratórios terão de ser apreciados e decididos com igual composição da turma julgadora.[238] Essa composição, todavia, prevalecerá apenas no aspecto quantitativo, não sendo vedado que algum julgador figurante no acórdão embargado venha a ser substituído, por revisão dos embargos, em caso de impedimento, ausência, aposentadoria e outros embaraços similares.

Sobre a matéria, v., *retro*, o item 607, inc. XIII.

---

[238] "Se o recurso do qual se originou a decisão embargada comportou a aplicação da técnica do art. 942 do CPC, os declaratórios eventualmente opostos serão julgados com a composição ampliada" (Enunciado nº 137/CEJ/CJF).

PARTE VII • RECURSOS | 963

Fluxograma nº 28 – Apelação (arts. 1.009 a 1.014)

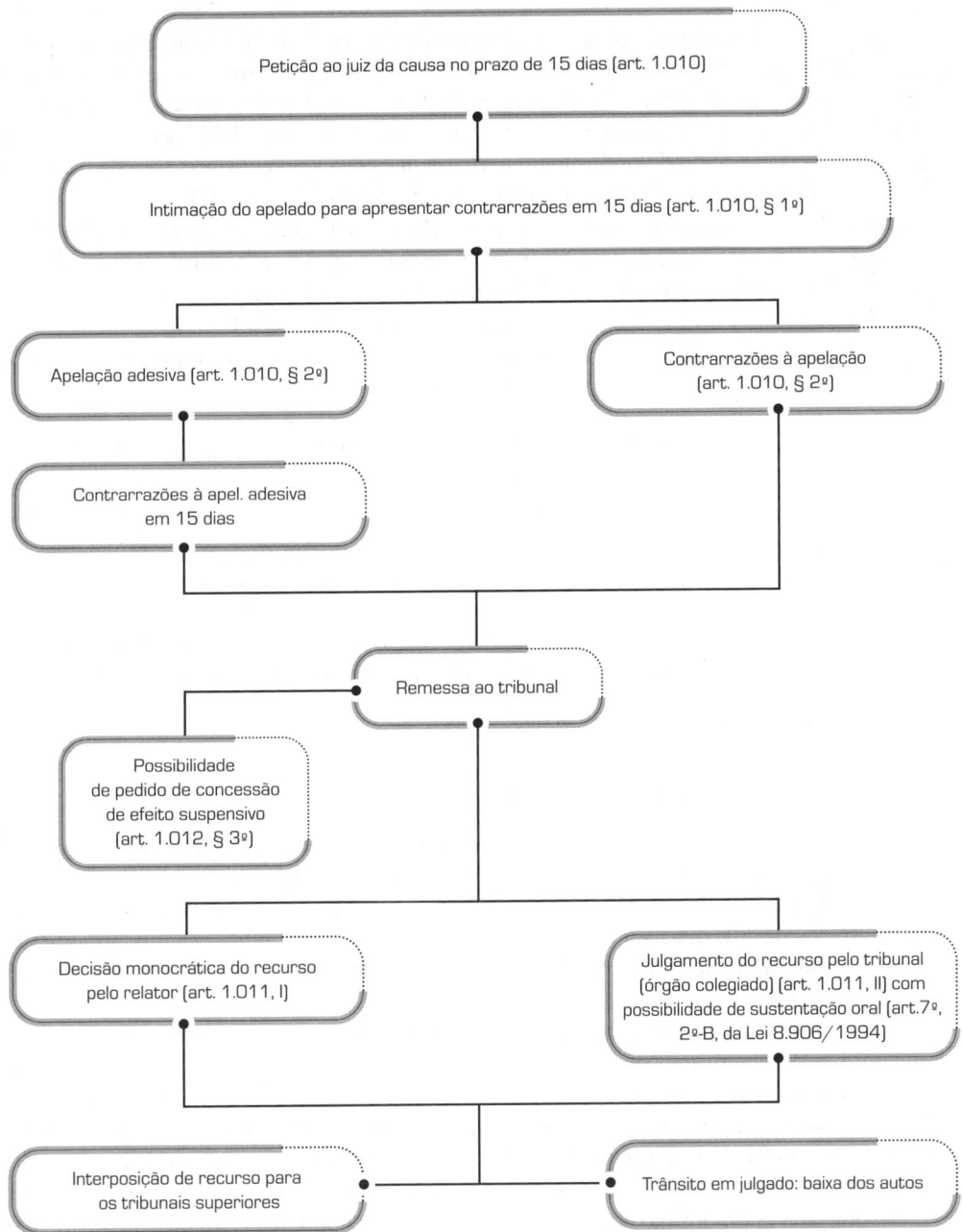

§ 81. AGRAVO DE INSTRUMENTO

781. Conceito

Agravo de instrumento é o recurso cabível contra decisão interlocutória (CPC, art. 1.015, *caput*), ou seja, contra os pronunciamentos decisórios do juiz de primeiro grau de jurisdição que não se enquadrem no conceito de sentença (art. 203, § 2º). Nem toda decisão dessa natureza, porém, desafia agravo de instrumento, uma vez que, fora do rol do art. 1.015, as interlocutórias só serão acatáveis por meio de preliminar suscitada nas razões ou contrarrazões de posterior apelação interposta contra a sentença do mesmo processo (art. 1.009, § 1º).

Diz-se "de instrumento" porque o recurso em questão não se processa no bojo dos autos em que a decisão agravada foi pronunciada, mas em outros autos formados no tribunal especialmente para processamento do agravo, e para os quais são transladadas peças do processo principal necessárias à compreensão e resolução da impugnação (art. 1.017).

São traços caracterizadores do sistema do CPC atual disciplinador da impugnação recursal das decisões interlocutórias via agravo de instrumento:

(a) estabelecimento de um rol taxativo dos casos em que o agravo de instrumento é admissível (art. 1.015, *caput* e parágrafo único);

(b) desaparecimento do agravo retido;

(c) fora das hipóteses arroladas no art. 1.015, as interlocutórias serão impugnáveis em preliminar da apelação ou de suas contrarrazões (art. 1.009, § 1º).

O agravo é, outrossim, cabível em todo e qualquer tipo de processo, inclusive no de execução, assim como no procedimento comum e nos especiais (de jurisdição voluntária ou contenciosa).

782. Espécies de agravo

I – Agravo de instrumento e agravo interno

Não há mais as duas modalidades de agravo, manejáveis durante a tramitação do processo em primeiro grau de jurisdição: *(i)* agravo *retido* ou *(ii)* agravo de *instrumento*. O CPC/2015, como se viu, aboliu o agravo retido, substituindo-o pela impugnação em preliminar de apelação ou de contrarrazões de apelação (sobre o tema, ver item nº 765, *retro*). Assim, atualmente, contra a decisão interlocutória proferida pelo juiz *a quo* cabem o agravo de instrumento ou a apelação, conforme o caso.

Não é, porém, somente a decisão interlocutória do juiz de primeira instância que desafia agravo. Também nos tribunais superiores há situações em que se verificam decisões interlocutórias com previsão, no Código, do cabimento de agravo, que, entretanto, não é de *instrumento*. Pela peculiaridade desses casos, há uma disciplina própria a ser observada (CPC/2015, art. 1.021). A linguagem do atual Código, para distinguir o agravo utilizável contra decisões singulares proferidas em segunda instância, passou a nominá-lo de *agravo interno*.

O Código de 1973 admitia o agravo interno apenas para impugnar algumas poucas decisões monocráticas proferidas nos tribunais. A nova legislação ampliou a utilização do recurso, admitindo-o contra qualquer "decisão proferida pelo relator" (art. 1.021, *caput*).

Na verdade, os agravos interponíveis perante tribunais nem sempre se limitam a decisões interlocutórias. Dispondo os relatores de poder para proferir, em alguns casos, julgamento de mérito, *o agravo interno* então manejável terá como objeto decisão que, obviamente, não será interlocutória, mas definitiva ou final (é o que ocorre nas situações previstas no art. 932, III a V, do CPC/2015).

II – Agravo em recurso especial e em recurso extraordinário

Ainda nos tribunais há o *agravo em recurso especial e em recurso extraordinário*, que não é *interno* nem *de instrumento*. Cabe contra certas decisões singulares que, no tribunal de origem, inadmitem os recursos extraordinários e especiais intempestivos ou não os excluam da retenção provocada pelos mecanismos da repercussão geral ou dos recursos repetitivos (art. 1.042). Não é interno porque não é julgado pelo colegiado local, mas pelo Supremo Tribunal Federal ou pelo Superior Tribunal de Justiça, conforme se trate de recurso extraordinário ou de recurso especial. A peculiaridade desse agravo é que seu processamento se dá dentro dos autos do processo em que o acórdão recorrido foi pronunciado. A exemplo do que se passa com o recurso de apelação em primeiro grau, o agravo do art. 1.042 provoca a subida dos autos em sua totalidade ao tribunal a que for endereçado o recurso (a regra vale tanto para o recurso extraordinário como para o recurso especial).

III – Casos de agravo interno

Eis alguns exemplos mais frequentes de decisões singulares pronunciadas em tribunal que desafiam agravo interno:

(a) decisão do relator que nega seguimento a recurso inadmissível, prejudicado ou que não tenha impugnado especificamente os fundamentos da decisão recorrida (art. 932, III);

(b) decisão do relator que nega provimento a recurso contrário a súmula do STF, do STJ ou do próprio tribunal (art. 932, IV, "a");

(c) decisão do relator que dá provimento ao recurso se a decisão recorrida for contrária a súmula do Supremo Tribunal Federal, do Superior Tribunal de Justiça ou do próprio tribunal (art. 932, V, "a").

(d) qualquer decisão, no âmbito do Supremo Tribunal Federal e Superior Tribunal de Justiça, proferida por Presidente do Tribunal, de Seção, de Turma, ou de Relator, que cause gravame à parte (Lei nº 8.038, de 28.05.1990, art. 39).

IV – Síntese

Em síntese, existem três variações do agravo no Código de Processo Civil atual:

(a) o agravo de *instrumento*;

(b) o agravo em recurso especial e em recurso extraordinário;

(c) o agravo *interno*.

O primeiro é próprio para atacar algumas decisões interlocutórias proferidas em primeiro grau de jurisdição, e os dois últimos, para impugnar decisões singulares ocorridas nos tribunais. Observe-se que, nos tribunais não há agravo contra julgamentos de órgãos colegiados, mesmo quando decidam questões incidentais.

783. Recorribilidade das decisões interlocutórias

É impróprio afirmar que há decisões irrecorríveis no sistema do CPC/2015, apenas pelo fato de ter sido abolido o agravo retido e de o agravo de instrumento não abranger todas as decisões interlocutórias proferidas pelos juízes. Com efeito, todas as interlocutórias são passíveis de impugnação recursal. O que há são decisões imediatamente atacáveis por agravo de instrumento (CPC/2015, art. 1.015) e outras que se sujeitam, mais remotamente, ao recurso de apelação (art. 1.009, § 1º).

De tal sorte pode-se reconhecer que todas as sentenças desafiam apelação e todas as decisões interlocutórias são recorríveis, ora por meio de agravo de instrumento, ora por meio de apelação.

Por outro lado, a manifestação recursal contra a decisão não agravável não é privativa da parte vencida e que tem legitimidade para interpor apelação contra a sentença definitiva ou terminativa (art. 1.009, *caput*). O vencido recorre contra as decisões interlocutórias que, antes da sentença, lhe foram adversas, por meio de preliminares inseridas na apelação, enquanto ao vencedor é facultado impugná-las nas contrarrazões (art. 1.009, § 1º).[239]

Quanto ao vencedor, sem embargo de não lançar mão formalmente de um recurso, na realidade veicula autêntico recurso por meio das contrarrazões da apelação aforada pelo vencido. *In casu*, numa só peça o vencedor pratica dois atos processuais: *(i)* responde à apelação do vencido; e *(ii)* recorre das decisões interlocutórias não agraváveis pronunciadas antes da sentença.[240]

O recurso do vencedor, todavia, não é autônomo, visto que adere à apelação do vencido e sua apreciação, em regra, dependerá do resultado a que chegar a apelação. Trata-se, pois, de um recurso *subordinado* e *condicionado*; *i.e.*, o interesse do vencedor perdura enquanto subsistir a apelação do vencido. Inadmitida esta ou extinta sem decisão de seu mérito, desaparece a possibilidade de apreciação da impugnação contida nas contrarrazões. Daí falar em recurso *subordinado*. Por outro lado, se improvida a apelação, quase sempre, desaparecerá também o interesse do vencedor na apreciação do recurso embutido nas contrarrazões, que somente fora manifestado levando em conta a eventualidade de a sentença ser reformada em benefício do apelante (ou seja, sob tal condição). Por isso, se reconhece que o remédio impugnativo previsto no art. 1.009, § 1º, do CPC/2015 é, a um só tempo, recurso *subordinado* e recurso *condicional*.[241]

Admite-se, todavia, que em circunstâncias excepcionais, possa o vencedor exigir o julgamento das contrarrazões, quando estas envolverem pretensões independentes em face do julgamento da apelação, e cuja solução corresponda a legítimo interesse da parte vencedora, ainda que a apelação do vencido seja desprovida.[242]

Mais do que isto, deve-se ponderar a situação em que o vencido não se manifesta interessado em recorrer, enquanto o vencedor tem legítimo interesse em impugnar decisão interlocutória não enquadrada no rol do art. 1.015. *Quid juris*? Uma vez que a decisão interlocutória é sempre recorrível, mesmo quando não cabível o agravo de instrumento, o caso será daqueles em que a apelação se tornará, excepcionalmente, manejável pelo vencedor na sentença (v., retro, o

---

[239] "O recurso de que se serve a parte para impugnar as interlocutórias não sujeitas a agravo de instrumento, portanto, é a apelação. Se for vencido, apelará, impugnando estas decisões e a sentença. Se for vencedor, deve impugná-las por meio de contrarrazões, e *estas desempenharão o papel de recurso*" (WAMBIER, Teresa Arruda Alvim *et al. Primeiros comentários ao novo Código de Processo Civil, artigo por artigo*. São Paulo: RT, 2015, p. 1.440).

[240] CUNHA, Leonardo Carneiro da; DIDIER JÚNIOR, Fredie. Apelação contra decisão interlocutória não agravável: a apelação do vencido e a apelação subordinada do vencedor. *Revista de Processo*, n. 241, São Paulo, p. 237, mar. 2015.

[241] CUNHA, Leonardo Carneiro da; DIDIER JR., Fredie. Apelação contra decisão interlocutória não agravável: a apelação do vencido e a apelação subordinada do vencedor. *Revista de Processo*, n. 241, São Paulo, p. 239, mar. 2015.

[242] Cita-se como exemplo o caso da revisão do valor da causa, deliberada pelo juiz durante o curso do processo, e que foi objeto de impugnação em contrarrazões do recorrido à apelação interposta pelo vencido. Mesmo que a apelação não tenha vingado, o apelado continua tendo interesse legítimo na revisão da respectiva decisão interlocutória não agravável que lhe foi adversa e cujos efeitos subsistem sobre o cálculo da verba honorária, qualquer que tenha sido a solução do apelo (cf. WAMBIER, Teresa Arruda Alvim; CONCEIÇÃO, Maria Lúcia Lins; RIBEIRO, Leonardo Ferres da Silva; MELLO, Rogério Licastro Torres de. *Primeiros comentários ao novo Código de Processo Civil*. São Paulo: RT, 2015, p. 1.440).

item 748).²⁴³ Mas, para que tal se justifique é necessário que o prejuízo acarretável ao vencedor pela interlocutória não tenha sido sanado pela sentença que lhe foi favorável na resolução do mérito. Se não remanescer dano algum por reparar, também inexistirá interesse do vencedor para recorrer da interlocutória²⁴⁴.

Há, todavia, que se pensar no controle da tempestividade da apelação do vencedor nessa excepcional situação. Quando se trata de recorrer em caráter de subordinação ao apelo do vencido (art. 1.009, § 1º), o vencedor somente tem interesse na impugnação feita através das contrarrazões à apelação do vencido. Logo, o prazo recursal se confunde com o prazo das contrarrazões. Entretanto, quando o interesse do vencedor em impugnar a interlocutória não agravável se mostra independente da interposição, ou não do apelo do vencido, o prazo de sua apelação autônoma deveria, em tese, correr simultaneamente com o do recurso do sucumbente na sentença. Mas, isto não prevalecerá, porque a lei já marcou, explicitamente, o tempo em que o vencedor pode impugnar a decisão interlocutória não agravável, qual seja, o das contrarrazões da apelação do adversário.

Por isso, enquanto não decorrido o prazo da apelação do vencido não começará a fluir o da apelação da parte vencedora, mesmo que aquele deixe esgotar *in albis* seu tempo recursal. Sendo autônomo na espécie o direito do vencedor, não pode a conduta omissiva do vencido interferir no cabimento e na oportunidade legais do exercício respectivo. Desse modo, fazendo as vezes das contrarrazões, o apelo autônomo da parte vencedora será manejável nos quinze dias subsequentes ao termo do prazo em que a apelação deveria ter sido interposta pelo sucumbente na sentença.

783-A. Decisão interlocutória e mandado de segurança

No regime primitivo do CPC de 1973, como o agravo de instrumento não tinha efeito suspensivo e sua tramitação era longa e demorada, tornou-se pacífico o entendimento jurisprudencial de que, nos casos de urgência, o mandado de segurança era o remédio ao alcance da parte ameaçada de lesão grave e iminente para obter a pronta suspensão dos efeitos da decisão recorrida.²⁴⁵

Todavia, depois que o agravo de instrumento passou a ser processado diretamente no tribunal *ad quem*, com possibilidade de liminar de plano pelo relator, inclusive para atribuir efeito suspensivo ao recurso (CPC/1973, art. 527, III), desapareceu a possibilidade de usar a ação mandamental, como antes se permitia. O próprio recurso, desde então, contava com mecanismo expedito para atingir o efeito suspensivo, quando necessário.²⁴⁶

---

[243] Em doutrina, Arruda Alvim também ensina que "haverá, todavia, situações em que o interesse em recorrer de decisão interlocutória subsistirá de forma autônoma para a parte, ainda que esta não venha a ser sucumbente na causa. Nesse caso, a apelação contra a decisão interlocutória pode ser interposta na modalidade principal. Interposta a apelação, nessa hipótese, ou como nas contrarrazões, terá natureza autônoma" (ARRUDA ALVIM, José Manoel. *Manual de direito processual civil*. 18.ed. São Paulo: Ed. RT, 2019, nº 32.5.4). Na jurisprudência pode-se citar: "A decisão cominatória da multa do art. 334, §8º, do CPC, à parte que deixa de comparecer à audiência de conciliação, sem apresentar justificativa adequada, não é agravável, não se inserindo na hipótese prevista no art. 1.015, inciso II, do CPC, podendo ser, no futuro, objeto de recurso de apelação, na forma do art. 1.009, §1º, do CPC" (STJ, 3ª T., REsp 1.762.957/MG, Rel. Min. Paulo de Tarso Sanseverino, ac. 10.03.2020, DJe 18.03.2020).

[244] É exemplo, entre outros, de cabimento da apelação autônoma contra decisão interlocutória não agravável aquela que impõe multas processuais à parte afinal vencedora na sentença de mérito.

[245] STJ, 2ª T., RMS 353/SP, Rel. Min. Luiz Vicente Cernicchiaro, ac. 31.10.1990, RT v. 672, p. 197, out./1991; STF, Pleno, RE 76.909/RS, Rel. Min. Xavier de Albuquerque, ac. 05.12.1973, *DJU* 17.05.1974, p. 3.250; STF, 1ª T., RE 92.107/SP, Rel. Min. Oscar Corrêa, ac. 14.09.1982, *DJU* 08.10.1982, p. 10.189.

[246] STJ, 4ª T., RMS 12.017/DF, Rel. Min. Sálvio de Figueiredo Teixeira, ac. 19.08.2003, *DJU* 29.09.2003, p. 252; STJ, 1ª T., RMS 7.246/RJ, Rel. Min. Humberto Gomes de Barros, ac. 05.09.1996, *DJU* 21.10.1996, p. 40.201; STJ, 1ª T., RMS 6.685/ES, Rel. Min. Humberto Gomes de Barros, ac. 16.12.1996, RSTJ n. 95, p. 56, jul./1997; STJ, 4ª T, REsp 299.433/RJ, Rel. Min. Sálvio de Figueiredo Teixeira, ac. 09.10.2001, *DJU* 04.02.2002, p. 381.

A sistemática procedimental do agravo de instrumento continua sendo a mesma no Código de 2015. Mas, embora o processamento ainda se dê diretamente no tribunal, surgiu um novo problema: o agravo de instrumento não é mais admissível perante todas as decisões interlocutórias, já que o regime do CPC/2015 é o do casuísmo, em *numerus clausus*. Fora das hipóteses expressamente enumeradas pela lei, as decisões interlocutórias não são impugnáveis, senão depois da sentença, através de preliminar ou contrarrazões da apelação. Não há, pois, nesses casos, recurso capaz de atacar, de imediato, a ilegalidade ou o abuso de poder praticado em decisão interlocutória.

Como a Lei nº 12.016/2009 permite a impetração do mandado de segurança contra ato judicial em face do qual não caiba recurso com efeito suspensivo (art. 5º, II), parece irrecusável o enquadramento das decisões não agraváveis nesse permissivo da lei especial. De fato, se o recurso manejável (a apelação) é remoto e problemático, a conclusão é de que o decisório, na verdade, não se apresenta como passível de suspensão imediata pela via recursal. Logo, estando demonstrada a lesão de direito líquido e certo da parte, causada pela decisão interlocutória não agravável, o remédio com que o lesado pode contar será mesmo o mandado de segurança, nos termos do art. 5º, II, da Lei nº 12.016/2009.[247] Não será admissível, dentro do processo justo e efetivo, garantido pela ordem constitucional, deixar desamparado o titular de direito líquido e certo ofendido por ato judicial abusivo ou ilegal. Daí o cabimento do *mandamus*, nos termos do direito fundamental assegurado pelo art. 5º, LXIX, da Constituição.

Uma vez, porém, que o meio normal de ataque às decisões judiciais são os recursos previstos na legislação processual, mesmo quando estes não contem com efeito suspensivo, o manejo do mandado de segurança é excepcional, só se justificando quando ocorra evidente violação de direito líquido e certo, praticada por abuso de autoridade por meio de decisão teratológica, aberrante da legalidade.[248]

784. Agravo de instrumento

O Código de 1973 impunha como regra a interposição de agravo retido contra as decisões interlocutórias, admitindo a modalidade de instrumento apenas quando a decisão fosse suscetível de causar à parte lesão grave e de difícil reparação, bem como nos casos de inadmissão da apelação e nos relativos aos efeitos em que a apelação era recebida (art. 522 do CPC/1973). A orientação do atual Código de Processo Civil foi diversa, na medida em que enumerou um rol taxativo de decisões que serão impugnadas por meio de agravo de instrumento. Aquelas que não constam dessa lista ou de outros dispositivos esparsos do Código deverão ser questionadas em sede de preliminar de apelação ou contrarrazões de apelação.

---

[247] "Não havendo previsão de medida eficiente contra o ato ilegal, deverá ser admitido o mandado de segurança. Deve-se admitir o mandado de segurança como sucedâneo do agravo de instrumento contra decisões interlocutórias proferidas em 1º grau de jurisdição, à luz do Código de Processo Civil de 2015, sempre que se demonstrar a inutilidade do exame do ato acoimado de ilegal apenas por ocasião do julgamento da apelação" (MEDINA, José Miguel de Garcia. *Direito processual civil moderno*. 2. ed. São Paulo: RT, 2016, p. 1.334).

[248] "Interpretando a *contrario sensu* o art. 5º, II da Lei 1.533/51 e a Súmula 267/STF, consolidou-se na jurisprudência desta Corte o entendimento no sentido de ser cabível mandado de segurança contra ato judicial quando este não está sujeito a recurso e é *teratológico ou manifestamente abusivo* (Precedentes: MS 9.304/SP, Corte Especial, Min. Arnaldo Esteves Lima, *DJ* de 18.02.2008; AgRg no MS 12.954/DF, Corte Especial, Min. Eliana Calmon, *DJ* de 26.11.2007; RMS 21.565/SP, 1ª Turma, Min. José Delgado, *DJ* de 28.05.2007)" (g.n.) (STJ, 1ª T., RMS 26.693/AM, Rel. Min. Rel. Min. Teori Albino Zavascki, ac. 17.06.2008, *DJe* 30.06.2008).

Segundo o art. 1.015 do CPC/2015, o agravo de instrumento será cabível apenas quando se voltar contra decisão que verse sobre:

(a) tutelas provisórias (inciso I);[249-250]

(b) mérito do processo (inciso II);[251]

(c) rejeição da alegação de convenção de arbitragem (inciso III);[252]

(d) incidente de desconsideração da personalidade jurídica (inciso IV);[253]

(e) rejeição do pedido de gratuidade da justiça ou acolhimento do pedido de sua revogação (inciso V);[254]

(f) exibição ou posse de documento ou coisa (inciso VI);[255]

---

[249] Tutelas provisórias são aquelas que o atual Código prevê como urgentes (medidas cautelares ou antecipatórias) e medidas de tutela da evidência (arts. 300 e 311). O agravo nesses procedimentos cabe tanto das decisões que deferem como das que indeferem as medidas provisórias, no todo ou em parte. Justifica-se o agravo de instrumento na espécie, "dada a urgência dessas medidas e os sensíveis efeitos produzidos na esfera de direitos e interesses das partes", de sorte que "não haveria interesse em se aguardar o julgamento da apelação" (STJ, 3ª T., RMS 31.445/AL, Rel. Min. Nancy Andrighi, ac. 06.12.2011, DJe 03.02.2012). "É agravável o pronunciamento judicial que postergar a análise de pedido de tutela provisória ou condicioná-la a qualquer exigência" (CEJ/I Jorn. Dir. Proc. Civ., Enunciado nº 70).

[250] "(...) O conceito de 'decisão interlocutória que versa sobre tutela provisória' abrange as decisões que examinam a presença ou não dos pressupostos que justificam o deferimento, indeferimento, revogação ou alteração da tutela provisória e, também, as decisões que dizem respeito ao prazo e ao modo de cumprimento da tutela, a adequação, suficiência, proporcionalidade ou razoabilidade da técnica de efetiva da tutela provisória e, ainda, a necessidade ou dispensa de garantias para a concessão, revogação ou alteração da tutela provisória" (STJ, 3ª T., REsp 1.752.049/PR, Rel. Min. Nancy Andrighi, ac. 12.03.2019, DJe 15.03.2019).

[251] Questão de mérito é qualquer ponto controvertido que interfira no objeto principal do processo, retratado no pedido e na causa de pedir (sobre o tema ver itens nºs 77 e 759 do vol. I). Decisão de mérito que desafia agravo ocorre quando o Código admite fracionamento da resolução das questões que compõem o objeto do processo (meritum causae). O art. 356 do CPC/2015 arrola vários casos em que, na fase do julgamento conforme o estado do processo, o juiz está autorizado a pronunciar julgamento antecipado parcial do mérito. São estes exemplos das decisões interlocutórias agraváveis, na forma do art. 1.015, II. Além deles, em qualquer outra situação que uma questão de mérito for submetida a decisão imediata do juiz, sem prejuízo do prosseguimento do processo, o agravo de instrumento caberá (por exemplo, a solução da questão de redução ou ampliação do pedido, ou do reconhecimento parcial dele pelo réu, o indeferimento liminar da reconvenção etc.). A propósito, anota Roberto Antônio Malaquias que "o ato de indeferimento da ação de reconvenção é uma decisão interlocutória que estaria suscetível ao recurso denominado *agravo de instrumento*" (MALAQUIAS, Roberto Antônio Darós. Agravo de instrumento contra o indeferimento liminar da reconvenção à luz do princípio do duplo grau de jurisdição e das garantias processuais. *Revista de Processo*, n. 239, São Paulo, 2015, p. 189).

[252] A alegação de convenção de arbitragem se faz em preliminar da contestação, como ausência de pressuposto processual para formação e desenvolvimento válido do processo em juízo (art. 337, X). A decisão interlocutória que rejeita a arguição se dá normalmente na fase de saneamento e organização do processo (art. 357, I).

[253] O incidente de desconsideração de personalidade jurídica figura entre os casos de intervenção de terceiro, cabendo em qualquer tipo de processo (arts. 133 a 137). O agravo será admissível tanto quando for deferida, como indeferida a medida.

[254] O pedido de assistência gratuita pode ser formulado na petição inicial, na contestação, na petição para ingresso de terceiro no processo, em recurso ou em petição simples (art. 99). A impugnação, por sua vez, poderá ocorrer na contestação, na réplica, nas contrarrazões de recurso ou por meio de petição simples (art. 100).

[255] A exibição de documento ou coisa integra a fase probatória do processo e regula-se pelos arts. 396 a 404, cabendo agravo de instrumento contra a decisão que defere ou indefere o pedido. Para o STJ, a hipótese do inciso VI do art. 1.015 "abrange a decisão que resolve o incidente processual de exibição instaurado em

(g) exclusão de litisconsorte (inciso VII);[256]

(h) rejeição do pedido de limitação do litisconsórcio (inciso VIII);[257]

(i) admissão ou inadmissão de intervenção de terceiros (inciso IX);[258]

(j) concessão, modificação ou revogação do efeito suspensivo aos embargos à execução (inciso X);[259]

(k) redistribuição do ônus da prova nos termos do art. 373, § 1º (inciso XI);[260]

(l) outros casos expressamente referidos em lei (inciso XIII).[261]

Admitem, ainda, agravo de instrumento as decisões proferidas na fase de liquidação de sentença ou de cumprimento de sentença, no processo de execução e no processo de inventário (art. 1.015, parágrafo único). Isso porque esses procedimentos terminam por decisões que não comportam apelação. Assim, as interlocutórias ali proferidas não poderão ser impugnadas por meio de preliminar do apelo ou de suas contrarrazões.[262]

Com efeito, no processo de execução e no cumprimento de sentença não há a perspectiva de uma nova sentença sobre o mérito da causa, já que o provimento esperado não é o acertamento do direito subjetivo da parte, mas sua material satisfação, que se consumará antes de qualquer sentença, e nem mesmo *a posteriori* se submeterá a uma sentença que lhe aprecie o conteúdo e validade. Daí que os atos executivos preparatórios e finais, que provocam imediatamente repercussões patrimoniais para os litigantes, reclamam pronta impugnação por agravo de instrumento.

---

face de parte, a decisão que resolve a ação incidental de exibição instaurada em face de terceiro e, ainda, a decisão interlocutória que versou sobre a exibição ou a posse de documento ou coisa, ainda que fora do modelo procedimental delineado pelos arts. 396 e 404 do CPC/15, ou seja, deferindo ou indeferindo a exibição por simples requerimento de expedição de ofício feito pela parte no próprio processo, sem a instauração de incidente processual ou de ação incidental" (STJ, 3ª T., REsp 1.798.939/SP, Rel. Min. Nancy Andrighi, ac. 12.11.2019, *DJe* 21.11.2019).

[256] A exclusão de litisconsorte ocorrida na fase de saneamento, sem encerrar o processo, configura decisão interlocutória agravável.

[257] A limitação do litisconsórcio por decisão judicial cabe quando este é facultativo e envolva número excessivo de colitigantes, capaz de comprometer a rápida solução do litígio ou dificultar a defesa ou o cumprimento da sentença. E a decisão a esse respeito pode ocorrer na fase de conhecimento, na liquidação de sentença ou na execução (art. 113, § 1º). O agravo é manejável quando o pedido de limitação é rejeitado, não quando deferido.

[258] As intervenções de terceiro consistem na assistência (art. 121), na denunciação da lide (art. 125), no chamamento ao processo (art. 130), na desconsideração da personalidade jurídica (art. 133) e na participação do *amicus curiae* (art. 138). O agravo cabe assim na admissão, como na inadmissão, da intervenção.

[259] Em regra, os embargos à execução não têm efeito suspensivo (art. 919, *caput*). Entretanto, este poderá ser, excepcionalmente, concedido, nos termos do art. 919, § 1º. "É cabível o recurso de agravo de instrumento contra a decisão que indefere o pedido de atribuição de efeito suspensivo a Embargos à Execução, nos termos do art. 1.015, X, do CPC" (CEJ/I Jorn. Dir. Proc. Civ., Enunciado nº 71).

[260] A redistribuição do ônus da prova se dá por meio de decisão interlocutória, na fase de saneamento e organização do processo (art. 357, III). "É admissível a interposição de agravo de instrumento tanto para a decisão interlocutória que rejeita a inversão do ônus da prova, como para a que defere" (CEJ/I Jorn. Dir. Proc. Civ., Enunciado nº 72).

[261] Por exemplo, é agravável a interlocutória que decide requerimento de distinção em afetação por recurso repetitivo, para que o recurso especial ou extraordinário da parte não tenha seu andamento sobrestado (art. 1.037, § 13, I; CPC/1973, sem correspondência). É, também, agravável a decisão do juiz de primeiro grau que conceder ou denegar a liminar em mandado de segurança (Lei nº 12.016/2009, art. 7º, § 1º).

[262] CEJ/I Jorn. Dir. Proc. Civ., Enunciado nº 69: "A hipótese do art. 1.015, parágrafo único, do CPC abrange os processos concursais, de falência e recuperação".

No inventário, a fase que discute a admissão ou não de herdeiros, termina por decisão interlocutória e, não, por sentença. O mesmo acontece na fase de liquidação da sentença.[263] É por isso que os incidentes desses dois procedimentos devem ser objeto de agravo de instrumento.

A necessidade de comprovação de risco de lesão grave e de difícil reparação, não é mais, no regime do CPC/2015, requisito para o cabimento do agravo. Sua admissibilidade ocorre pela configuração de alguma das hipóteses nele elencadas.

784.1. Taxatividade dos casos questionáveis por meio de agravo de instrumento

Embora seja evidente o propósito da lei de estabelecer um rol taxativo para o cabimento excepcional do agravo de instrumento (a regra geral é a recorribilidade diferida através da apelação), não se pode deixar de registrar a ocorrência de uma séria reação contra a norma positivada pelo art. 1.015 do CPC/2015. A pretexto de existirem casos análogos não contemplados pelo referido dispositivo legal, defendem alguns uma visão que transforme aquilo que a lei quis taxativo em meramente exemplificativo. Recorrem os que assim pensam ao critério analógico.

Acontece, no entanto, que a analogia é critério integrativo observável apenas para preencher lacunas do ordenamento jurídico (Lei de Introdução às Normas do Direito Brasileiro, art. 4º),[264] e nunca um meio interpretativo capaz de alterar o conteúdo explicitamente dado à norma pelo legislador.

Se o sistema codificado é completo no tratamento do regime recursal que define os casos em que a decisão interlocutória será atacável via apelação e aqueles outros em que o recurso será o agravo, não há espaço para usar analogia com o objetivo de ampliar o cabimento deste último remédio processual. A se admitir tal liberdade interpretativa, não se estaria na verdade interpretando a lei, e sim modificando-a, pois o aplicador teria tratado de maneira diferente aquilo que a lei, sem lacuna, já disciplinara de maneira exaustiva.

Se o sistema legal não é o melhor, e se outra regra poderia corrigir-lhe os defeitos, não será pela criação de norma pelo pretenso intérprete da *voluntas legis* que se aprimorará o direito positivo. No Estado de Direito uma lei só se revoga ou modifica por outra lei (LINDB, art. 2º).[265] Por isso, se o Código não andou bem no disciplinamento dos casos de cabimento do agravo de instrumento, *legem habemus*, e será esta lei que terá de ser aplicada pelos tribunais, enquanto o poder competente não modificá-la.

Ademais, é importante ponderar sobre o risco de comprometimento da segurança jurídica caso a jurisprudência, por invocação inadequada da analogia, acabe por tornar meramente exemplificativas as hipóteses que a lei sistematizou como taxativas. Essa mudança pretoriana introduzida, de maneira imprópria, no direito positivo deixaria perplexo o litigante, que, a ser assim, não teria mais confiança no sistema da lei de diferenciação entre as situações em que o decidido interlocutoriamente estaria, ou não, sujeito aos efeitos da preclusão imediata. A tendência natural seria o uso geral e indiscriminado do agravo de instrumento, anulando por completo o regime legal de recorribilidade diferida instituída pelo art. 1.009, § 1º, com o claro propósito de refrear a utilização exagerada, tumultuária e desnecessária do agravo.

Sem embargo das ponderações ora feitas, a questão foi apreciada, com força de uniformização da jurisprudência, pela Corte Especial do STJ, resultando nas seguintes conclusões:

---

[263] Sobre a recorribilidade do julgamento do incidente de liquidação de sentença, ver no vol. I deste *Curso*, o item 831.
[264] Dec.-lei nº 4.657/1942: "Art. 4º Quando a lei for omissa, o juiz decidirá o caso de acordo com a analogia ...".
[265] Dec.-lei nº 4.657/1942: "Art. 2º Não se destinando à vigência temporária, a lei terá vigor até que outra a modifique ou revogue".

(a) Não é aceitável a tese de que o rol do art. 1.015 do CPC seria meramente exemplificativo, porque "resultaria na repristinação do regime recursal das interlocutórias que vigorava no CPC/73 e que fora conscientemente modificado pelo legislador do novo CPC", de modo que, ao adotá-la, "estaria o Poder Judiciário substituindo a atividade e a vontade expressamente externada pelo Poder Legislativo".

(b) Entretanto, a taxatividade absoluta do rol do art. 1.015 seria incompatível com as normas fundamentais do processo civil, "na medida em que sobrevivem questões urgentes fora da lista do art. 1.015 do CPC" e que tornam inviável sua interpretação restritiva.

(c) Nos termos do art. 1.036 e seguintes do CPC/2015, foi fixada a seguinte tese jurídica: "O rol do art. 1.015 do CPC é de taxatividade mitigada, por isso admite a interposição de agravo de instrumento quando verificada a urgência decorrente da inutilidade do julgamento da questão no recurso de apelação". Estabeleceu-se, outrossim, "um regime de transição que modula os efeitos da presente decisão, a fim de que a tese jurídica somente seja aplicável às decisões interlocutórias proferidas após a publicação do presente acórdão".[266]

Não se pode negar que a orientação traçada pelo STJ trará incertezas para os litigantes e algum risco imediato para a segurança jurídica. A esperança é que essa situação incômoda seja transitória e possa ser superada por obra pretoriana. Com efeito, além de recomendarem a observância do princípio da fungibilidade recursal para as hipóteses mais controvertidas, os defensores da "taxatividade mitigada", em nome do postulado da "razoabilidade" e com base, ainda, na força normativa atribuída à jurisprudência dos Tribunais Superiores, esperam que o STJ consiga, ao longo do tempo, definir com objetividade os casos mais frequentes em que se pode admitir, ou não admitir, a interposição do agravo de instrumento, fora do rol do art. 1.015 do CPC. Assim seria possível minimizar o perigo de comprometimento da segurança jurídica gerado pela mitigação da taxatividade do referido rol.[267]

O STJ, por exemplo, já assentou que há justificativa para o agravo imediato diante das decisões sobre competência[268] e saneamento[269], assim como nas decisões interlocutórias dos processos de recuperação judicial e falência[270]; e que não há urgência suficiente para a admissibilidade excepcional do questionado recurso quando se discute sobre valor da causa,[271] pagamento de custas,[272] aplicação de multa por não comparecimento à audiência,[273] homologação de honorários periciais[274] e indeferimento de prova.[275]

---

[266] STJ, Corte Especial, REsp 1.704.520/MT, Recurso repetitivo – tema 988, Rel. Min. Nancy Andrighi, ac. 05.12.2018, *DJe* 19.12.2018.

[267] PANTOJA, Fernanda Medina. Cabimento do agravo de instrumento. Alguns mitos. *Revista de Processo*, v. 322, p. 230-231. São Paulo, dez./2021.

[268] STJ, 3ª T., AgInt no REsp 1.761.696/DF, Rel. Min. Ricardo Villas Bôas Cueva, ac. 24.08.2020, *DJe* 31.08.2020; STJ, 4ª T., REsp 1.679.909/RS, Rel. Min. Luís Felipe Salomão, ac. 14.11.2017, *DJe* 01.02.2018.

[269] STJ, 4ª T., REsp 1.703.571/DF, Rel. Min. Antônio Carlos Ferreira, ac. 22.11.2022, *DJe* 07.03.2023.

[270] STJ, 2ª Seção, Resp 1.717.213/MT, Tema 1.088, Rel. Min. Nancy Andrighi, ac. 03.12.2020, *DJe* 10.12.2020.

[271] STJ, 3ª T., AgInt no REsp 1.760.535/SP, Rel. Min. Ricardo Villas Bôas Cueva, ac. 13.05.2019, *DJe* 21.05.2019.

[272] STJ, 3ª T., AgInt no REsp 1.794.606/SP, Rel. Min. Ricardo Villas Bôas Cueva, ac. 19.08.2019, *DJe* 27.08.2019.

[273] STJ, 3ª T., REsp 1.762.957/MG, Rel. Min. Paulo de Tarso Sanseverino, ac. 10.03.2020, *DJe* 18.03.2020.

[274] STJ, 2ª T., AgInt no RMS 60.885/SC, Rel. Min. Francisco Falcão, ac. 16.11.2020, *DJe* 18.11.2020.

[275] STJ, 4ª T., AgInt no REsp 1.836.038/RS, Rel. Min. Antônio Carlos Ferreira, ac. 01.06.2020, *DJe* 05.06.2020.

"Como se vê, em que pese a adoção da tese da taxatividade mitigada, em um primeiro momento, atente contra a segurança jurídica, as hipóteses de cabimento ou descabimento vêm sendo gradualmente definidas pelo STJ, a abrandar, cada vez mais, a situação de instabilidade".[276]

784.2. Decisões interlocutórias do processo de recuperação judicial e falência

Questiona-se sobre o cabimento, ou não, do agravo de instrumento contra decisão interlocutória proferida no curso de ação de recuperação judicial e de falência, quando a LRF não preveja recurso específico. Enfrentando a controvérsia, o STJ assentou que "a Lei nº 11.101/2005 tem normas de direito material e processual, instituindo um regime recursal próprio. Esse regramento não é exaustivo, prevendo a lei a aplicação supletiva do Código de Processo Civil quando for cabível". Aduziu mais que "nas hipóteses em que a lei especial apontar o recurso próprio, esse é o que deve ser utilizado, somente se cogitando da incidência das normas adjetivas se não houver previsão expressa do remédio aplicável".[277]

Observou-se, outrossim, que a situação do processo falimentar é a mesma do processo de execução singular, ou seja, as questões resolvidas no curso do juízo universal, e que não se enquadrarem nos incisos do art. 1.015 do CPC/2015, não teriam oportunidade de revisão em eventual apelação, na forma prevista no art. 1.009, § 1º, do referido Código. Assim, não havendo na recuperação judicial e na falência uma sucessão ordenada de atos que termina na sentença, é preciso que se observe o mesmo critério que o CPC recomenda a admissão do agravo de instrumento contra todas as decisões interlocutórias do processo executivo (CPC/2015, art. 1.015, parágrafo único), mesmo porque a falência não é outra coisa que um processo executivo coletivo. A tese enfim adotada pelo STJ é de que a norma codificada, ora lembrada, "deve ser aplicada por interpretação extensiva aos processos de recuperação e falência".[278]

784.3. O cabimento do agravo fora do rol taxativo da lei, segundo a teoria da "derrotabilidade" das normas jurídicas

O STJ, em decisão paradigmática de sua Corte Especial – sem embargo de admitir o *caráter taxativo* do rol de cabimento do agravo de instrumento constante do art. 1.015 –, qualificou tal taxatividade de *mitigada*, de modo a não impedir a interposição do referido recurso contra decisão interlocutória não contemplada naquele rol, quando verificada a urgência decorrente da inutilidade do julgamento da questão no recurso de apelação. A decisão foi tomada em questão de competência relativa, de modo que seria muito vaga a qualificação de inútil a sua solução se dada por ocasião do julgamento da posterior apelação. Além disso, é muito fácil qualificar de urgente qualquer discussão em torno dos temas mais frequentemente aventados nas decisões interlocutórias em geral, e com isso considerar inútil sua impugnação apenas por ocasião da apelação. Daí o conflito da tese do STJ com os princípios constitucionais em jogo, diante de uma norma legal válida e sustentada, entre outros, pelos princípios constitucionais da legalidade, da eficiência, da prestação jurisdicional, da duração razoável do processo e da celeridade da marcha procedimental rumo à solução de mérito (CF, art. 5º, II e LXXVIII; e art. 37, *caput*).

---

[276] PANTOJA, Fernanda Medina. Cabimento do agravo de instrumento. Alguns mitos. *Revista de Processo*, v. 322, p. 231. São Paulo, dez./2021.

[277] STJ, 3ª T., REsp 1.786.524/SE, Rel. Min. Ricardo Villas Bôas Cueva, ac. 23.04.2019, *DJe* 29.04.2019.

[278] STJ, REsp 1.786.524/SE, Rel. Min. Ricardo Villas Bôas Cueva, ac. 23.04.2019, *DJe* 29.04.2019. No mesmo sentido: STJ, 4ª T., REsp 1.722.866/MT, Rel. Min. Luís Felipe Salomão, ac. 25.09.2018, *DJe* 19.10.2018.

É certo que os princípios constitucionais e as normas jurídicas que neles se assentam não podem jamais ser vistos como absolutos, e, por isso mesmo, não impedem colisões entre eles. A superação desses conflitos, mais aparentes que reais, se dá por meio de postulados hermenêuticos, entre eles o da razoabilidade, que permite harmonizar, por juízo de ponderação, os diversos princípios incidentes sobre a mesma situação jurídica, definindo racionalmente qual deles deve ser preferencialmente observado nas circunstâncias do caso concreto.

Trata-se de técnica especialmente concebida para aplicação em torno de normas abertas e de limites imprecisos, como os princípios e as regras instituídas como cláusulas gerais.

Essa ponderação, naturalmente, não é discricionária e deve ser feita e justificada segundo pesos argumentativos, que, no caso de afastamento de norma legal válida, exige "ótimas razões" para tanto. Fala-se então, no plano da filosofia do direito, em "derrota" da norma, que somente será admissível por razões relevantíssimas capazes de atingir "um *standard* argumentativo extremamente alto, visto que normas jurídicas possuem uma força presuntiva, e sua aplicação ao caso concreto deve ser a *regra, e não a exceção*"[279].

Com base em Humberto Ávila, chega-se à afirmação de que, no caso do agravo de instrumento, o afastamento da taxatividade de seu cabimento (art. 1.015) seria exceção à regra geral da recorribilidade imediata das decisões interlocutórias apenas nos casos legalmente enumerados. Daí porque sua admissão teria de ser demonstrada, com gigantesco esforço argumentativo fundado nas "razões de ser da própria norma", ou num "princípio instituidor de razão contrária". Com isso, se poderia pretender que, sendo a função do agravo de instrumento permitir reanálise urgente de questões que, "caso aguardassem o julgamento final, poderiam representar grave prejuízo à parte", seria possível justificar o agravo em situação não arrolada pelo art. 1.015, mediante demonstração argumentativa de que, no caso excepcional do processo, a observância do dispositivo legal referido estaria "impedindo o reexame urgente de questão que apresenta risco ao resultado útil do julgamento".[280]

Essa argumentação, todavia, não é fácil, na prática processual, nem pode ser liberalizada, indiscriminadamente, pelo intérprete e aplicador da norma, sob pena de, na prática, acabar anulando a vontade normativa validamente enunciada na lei. Além disso, o juízo sobre o risco representado pela postergação da recorribilidade de algumas decisões interlocutórias já foi feito pelo próprio legislador, quando enumerou taxativamente as hipóteses de admissibilidade do agravo de instrumento, no art. 1.015 do CPC. Disso decorre que não é só a demora na apreciação do inconformismo com a decisão interlocutória, nem somente os naturais transtornos e prejuízos que esse regime recursal obviamente acarreta, que justificará o afastamento da regra limitativa do art. 1.015. Enfim, é tão difícil e perigoso superar a força de uma regra processual, por meio de questionamento feito a partir das razões da própria norma positiva e válida, que é melhor quase sempre curvar-se diante da sua irrecusável taxatividade, fazendo prevalecer a regra e não a problemática e rara exceção apenas abstratamente idealizada.

Se é em algum princípio constitucional que se procura fundamento para a "derrotabilidade" da regra do art. 1.015, das duas uma: ou a contrariedade ao princípio é total, e a regra restritiva será inválida, por inconstitucionalidade, ou, caso contrário, terá ela em seu favor, na ponderação, a presunção argumentativa de maior densidade do que a feita em prol do princípio, o que torna também muito problemático o afastamento da regra no caso concreto.

---

[279] VASCONCELOS, Ronaldo; CARNAÚBA, César Augusto Martins. Derrotabilidade da regra de cabimento do agravo de instrumento. *Revista de Processo*, v. 308, p. 189, São Paulo, out./2020.

[280] VASCONCELOS, Ronaldo; CARNAÚBA, César Augusto Martins. Derrotabilidade da regra de cabimento do agravo de instrumento. *Revista de Processo*, v. 308, p. 189, São Paulo, out./2020.

Há doutrinariamente, em princípio, a possibilidade, em tese, de tal afastamento de uma norma legal válida, "mas, para tanto, é necessário desincumbir-se de um *ônus* argumentativo bastante elevado". Vale dizer que "para desincumbir de tal ônus, é necessário que o sopesamento dos princípios voltado à *derrotabilidade* da norma jurídica apresente *fundamentação robusta* no que toca a aspectos *metodológicos, técnicos e institucionais*"[281] (g.n.).

Na verdade, a nosso sentir, o afastamento da regra positiva e válida, só é conveniente e justo, quando a medida excepcional for empregada para superar uma *lacuna axiológica*, do enunciado da lei, evitando, assim, a manutenção de uma decisão realmente "má" ou "injusta". Fala-se em lacuna axiológica, em teoria da interpretação e aplicação do direito, quando uma norma de alta abrangência deixa de enunciar hipótese, que mereça inclusão, segundo as mesmas razões de ser da própria regra positivada. Entretanto, o regime restritivo da recorribilidade via agravo ostensivamente adotado pelo CPC/2015 revela, da parte do legislador, a presunção de acerto das decisões interlocutórias, o que resulta em reduzir bastante as chances de ocorrência de lacuna axiológica na sistemática normativa em que se insere o rol taxativo do art. 1.015. Dentro desta perspectiva do direito positivo, merece acolhida o entendimento de que a presunção legal ínsita na técnica instituída por aquele dispositivo só é de ser afastada naqueles casos extremos em que a fundamentação da decisão interlocutória a impugnar se apresente absurdamente precária ou até mesmo inexistente, permitindo a qualificação de *decisão teratológica*, a exemplo do que sempre se fez na justificativa de admissibilidade extraordinária do mandado de segurança contra decisão judicial.

O aplicador da lei processual, deparando-se, *in concreto*, com uma decisão interlocutória teratológica, abusiva e extremamente afrontosa ao direito, e, ainda, acarretadora de dano grave e imediato a um dos litigantes, teria, mesmo fora do elenco do art. 1.015, condição de provocar o reconhecimento de uma lacuna axiológica na sistemática legal, para justificar o agravo de instrumento contra o ato decisório flagrantemente abusivo e incompatível cm o ordenamento jurídico positivo. Franqueado, *in casu*, o acesso ao agravo de instrumento, proporcionar-se-ia, ainda, uma consequência relevante: eliminar-se-ia o inconveniente recurso ao mandado de segurança diante dos decisórios teratológicos.[282]

Em suma, é inegável que os postulados da proporcionalidade e da razoabilidade são acatados pelo direito positivo brasileiro na área do processo civil: basta ver-se a referência expressa que lhes faz o art. 8º do CPC/2015, dentro das normas fundamentais do processo civil. Mas a força "derrotadora" de norma existente e válida é mais apropriada quando se trata de problemas em torno da aplicação de princípios ou de regras concebidas como cláusulas gerais. A norma taxativa e categórica do art. 1.015 do CPC não entra nessa modalidade preceptiva, de sorte que seu eventual afastamento pelo julgador, a pretexto de ponderação permitida pelos critérios hermenêuticos da razoabilidade e da proporcionalidade, é medida que, em princípio, se deve evitar, pelo abalo indesejável que pode representar às garantias fundamentais da segurança jurídica, da confiança nas leis válidas e vigentes, assim como o da razoável duração do processo e da celeridade do procedimento judicial (CF, art. 5º, II, XXXV, LIV e LXXVIII; CPC, arts. 1º, 3º, 4º e 6º).

Portanto, somente a necessidade imperiosa do pronto combate às decisões abusivas e teratológicas, por afrontar gritantemente a legalidade, é que, em regra e em caráter excepcional, justificariam, caso a caso, o agravo de instrumento fora das hipóteses taxativamente arroladas no

---

[281] VASCONCELOS, Ronaldo; CARNAÚBA, César Augusto Martins. Derrotabilidade da regra de cabimento do agravo de instrumento. *Revista de Processo*, v. 308, p. 189, São Paulo, out./2020. Cf. também, SILVA, Virgílio Afonso da. Ponderação e objetividade na interpretação constitucional. *In:* MACEDO JR., Ronaldo Porto *et al.* (coord.). *Direito e interpretação: racionalidades e instituições*. São Paulo: Saraiva, 2011, p. 363-380.

[282] VASCONCELOS, Ronaldo; CARNAÚBA, César Augusto Martins. Derrotabilidade da regra de cabimento do agravo de instrumento. *Revista de Processo*, v. 308, p. 189, São Paulo, out./2020.

art. 1.015 do CPC em vigor. E isso se explicaria, principalmente, pela necessidade de evitar que a vítima do abuso de autoridade tivesse de lançar mão do complexo e oneroso remédio da ação constitucional do mandado de segurança: se há recurso manejável pela parte, com possibilidade de eficácia suspensiva, não há que se pensar no *mandamus* (Lei nº 12.016/2009, art. 5º, II).

Sobre a importância do papel da jurisprudência na objetivação dos casos excepcionais de admissibilidade do agravo fora do rol taxativo do art. 1.015, v., retro, o item 784.1.

785. Prazo de interposição

O agravo de instrumento segue o prazo geral de quinze dias previsto para a generalidade dos recursos (CPC/2015, art. 1.003, § 5º). A apuração de sua tempestividade far-se-á de maneira diversa, conforme a modalidade de interposição escolhida pela parte. Se for por protocolo integrado ou direto, a petição terá de ser ajuizada dentro dos quinze dias, apurados pela autenticação da entrada no serviço competente. Caso se utilize o serviço postal, o recurso será considerado interposto na data de sua postagem (art. 1.003, § 4º). Na hipótese de remessa eletrônica, a tempestividade será aferida pela data em que a petição for encaminhada por aquela via. Se o agravante utilizar o fac-símile, terá que proceder à transmissão dentro do prazo legal do recurso. Além disso, a tempestividade do agravo ficará na dependência de o original da petição e os documentos que a instruem serem protocolados no tribunal até cinco dias depois de findo aquele prazo (Lei nº 9.800, art. 2º).

É interessante notar que o prazo, como ocorre em todas as modalidades recursais, é peremptório e, por isso, não se suspende nem se interrompe diante de eventual pedido de reconsideração submetido ao prolator da decisão recorrida. A previsão legal de um juízo de retratação na espécie, não interfere na fluência do prazo de interposição do agravo, porque se trata de medida aplicável depois de interposto o recurso.

786. Formação do instrumento do agravo

I – Conteúdo e instrução do recurso

Interposto agravo por instrumento, o recurso será processado fora dos autos da causa onde se deu a decisão impugnada. O instrumento será um processado à parte formado com as razões e contrarrazões dos litigantes e com as cópias das peças necessárias à compreensão e julgamento da impugnação.[283] A autenticação das peças reproduzidas no instrumento não depende de certificação do escrivão ou do chefe de secretaria, cabendo ao próprio advogado declará-la, sob sua responsabilidade pessoal (CPC/2015, art. 425, IV).

O recurso será dirigido *diretamente ao tribunal competente*, por meio de petição que deverá conter os seguintes requisitos (art. 1.016):

(a) os nomes das partes (inciso I);

(b) a exposição do fato e do direito (inciso II);

(c) as razões do pedido de reforma ou de invalidação da decisão e o próprio pedido (inciso III);

(d) o nome e endereço completo dos advogados constantes do processo.

---

[283] Já antes da dispensa legal, o STJ decidia que a formalidade da autenticação solene não tinha amparo jurídico (STJ, 4ª T., REsp 248.341/RS, Rel. Min. Ruy Rosado de Aguiar, ac. unânime de 02.05.2000, *DJU* 28.08.2000. No mesmo sentido: STJ, 1ª T., REsp 1.122.560/RJ, Rel. Min. Luiz Fux, ac. 23.03.2010, *DJe* 14.04.2010).

Atualmente, assim como já ocorria ao tempo do Código anterior, cabe ao próprio agravante obter previamente as cópias dos documentos do processo principal que deverão instruir o recurso. Por isso, a petição de agravo será, conforme o art. 1.017, instruída da seguinte maneira:

(a) peças obrigatórias: (i) cópias da petição inicial, da contestação, da petição que ensejou a decisão agravada, da própria decisão agravada, da certidão da respectiva intimação ou outro documento oficial que comprove a tempestividade, e das procurações outorgadas aos advogados das partes (inciso I). A novidade do CPC/2015 diz respeito à possibilidade de se juntar "outro documento oficial" para comprovar a tempestividade do recurso. Como, por exemplo, o protocolo do agravo feito no prazo de quinze dias úteis a contar da data da decisão. A omissão da certidão de intimação, nessa hipótese, é perfeitamente suprida pela força probante do próprio protocolo. Com efeito, a jurisprudência à época do Código anterior já admitia essa situação, que foi apenas positivada pela nova lei;[284] *(ii)* declaração de inexistência de qualquer desses documentos acima referidos, feita pelo advogado do agravante, sob pena de sua responsabilidade pessoal (inciso II); *(iii)* tratando-se de causa de interesse da Fazenda Nacional, admite-se que o termo de vista pessoal ao seu procurador possa fazer as vezes da certidão de intimação da decisão agravada, atentando-se ao princípio da instrumentalidade das formas;[285]

(b) peças facultativas: quaisquer outras que o agravante reputar úteis para a melhor compreensão da questão discutida no agravo (inciso III).

Havendo custas e despesas de porte de retorno, será obrigatória a instrução da petição de agravo, também, com o *comprovante do respectivo preparo,* conforme tabela publicada pelos tribunais (art. 1.017, § 1º).

II – Meios para a interposição do agravo

Controlar-se-á a tempestividade do recurso pelo protocolo, pelo registro postal ou por fac-símile, conforme a via utilizada para interposição do agravo. Com efeito, o recurso poderá ser interposto: *(i)* por protocolo realizado diretamente no tribunal competente para julgá-lo; *(ii)* por protocolo na própria comarca, seção ou subseção judiciárias (protocolo integrado); *(iii)* por postagem, sob registro, com aviso de recebimento; *(iv)* por transmissão de dados tipo fac-símile, nos termos da lei; ou, *(v)* por outra forma prevista em lei, como, por exemplo, por meio eletrônico, quando se tratar de autos da espécie (art. 1.017, § 2º). Essa multiplicidade de formas corresponde à intenção do Código novo de facilitar ao máximo o acesso à justiça.

Se a parte interpuser o recurso por fax, o original deverá ser juntado aos autos até cinco dias do término do prazo recursal (Lei nº 9.800, art. 2º). Os documentos obrigatórios ao agravo somente deverão ser juntados nessa oportunidade, ou seja, no momento do protocolo da peça original (art. 1.017, § 4º).

Se se tratar de autos eletrônicos, o agravante é dispensado de anexar as peças obrigatórias, facultando-lhe, contudo, anexar outros documentos não constantes do processo, que entender úteis para a compreensão da controvérsia (§ 5º).

---

[284] O STJ, para os efeitos uniformizadores do art. 543-C do CPC [CPC/2015, art. 1.036], fixou o seguinte entendimento: "A ausência da cópia da certidão de intimação da decisão agravada não é óbice ao conhecimento do Agravo de Instrumento quando, por outros meios inequívocos, for possível aferir a tempestividade do recurso, em atendimento ao princípio da instrumentalidade das formas" (STJ, 2ª Seção, REsp 1.409.357/SC, Rel. Min. Sidnei Beneti, ac. 14.05.2014, *DJe* 22.05.2014).

[285] STJ, Corte Especial, REsp 1.383.500/SP, Rel. Min. Benedito Gonçalves, ac. 17.02.2016, *DJe* 26.02.2016.

III – Vícios sanáveis ou ausência de peças obrigatórias no instrumento

Uma vez que o CPC/2015 dá prevalência aos julgamentos que resolvem o mérito, em lugar de simplesmente extinguir o processo por questões formais, o art. 1.017, § 3º, determina que, antes de considerar inadmissível o recurso por ausência de peças obrigatórias ou por algum outro vício sanável, o relator intime o recorrente para que, em cinco dias: *(i)* complete a documentação, ainda que a falta seja de peça obrigatória, ou, *(ii)* corrija o defeito.

Entre os vícios corrigíveis a jurisprudência do STJ tem incluído a falta de assinatura do advogado na petição recursal, sendo, pois, caso de "ser concedido prazo para suprimento da irregularidade, conforme art. 13, do CPC [CPC/2015, art. 76]".[286]

787. Efeitos do agravo de instrumento

Trata-se de recurso que, normalmente, limita-se ao efeito devolutivo: "os recursos não impedem a eficácia da decisão, salvo disposição legal ou decisão judicial em sentido diverso" (art. 995).

No entanto, o efeito suspensivo poderá, em determinados casos, ser concedido pelo relator. Dois são os requisitos da lei, a serem cumpridos cumulativamente, para a obtenção desse benefício: *(i)* a imediata produção de efeitos da decisão recorrida deverá gerar risco de dano grave, de difícil ou impossível reparação; e *(ii)* a demonstração da probabilidade de provimento do recurso (arts. 995, parágrafo único, e 1.019, I).

Na lei anterior havia uma especificação de vários casos de presunção de risco de dano grave, como a prisão civil, a adjudicação e remição de bens e o levantamento de dinheiro sem caução idônea (art. 558 do CPC/1973). O Código novo não repete tal previsão, mas é fácil entender que se trata de casos em que não haverá dificuldade maior em configurar o motivo de suspensão. O regime atual parece confiar ao relator a prudente averiguação de maior ou menor risco no caso concreto, sem limitá-lo ao casuísmo de um rol taxativo.

Em outros termos: os requisitos para obtenção do efeito suspensivo no despacho do agravo serão os mesmos que, já à época do Código anterior, a jurisprudência havia estipulado para a concessão de segurança contra decisão judicial, na pendência de recurso com efeito apenas devolutivo: o *fumus boni iuris* e o *periculum in mora*.[287]

Para que o efeito suspensivo seja dado, terá o agravante de formular requerimento ao relator, o qual poderá ser incluído na petição do agravo ou em peça separada. A liminar em questão é ato da exclusiva competência do relator que, de plano, a concederá, ou não, ao despachar a petição do agravante (art. 1.019, *caput*).

O relator poderá, ainda, deferir, em antecipação de tutela, total ou parcialmente, a pretensão recursal (art. 1.019, I). Para tanto, deverão estar presentes os mesmos requisitos para a concessão do efeito suspensivo, quais sejam, o *fumus boni iuris* e o *periculum in mora*. Com efeito, não se pode negar ao relator o poder de também conceder medida liminar positiva, quando a decisão agravada for denegatória de providência urgente e de resultados gravemente danosos para o agravante. No caso de denegação, pela decisão recorrida, de medida provisória cautelar ou antecipatória, por exemplo, é inócua a simples suspensão do ato impugnado. Caberá, portanto,

---

[286] STJ, 1ª T., AgRg no REsp 1.288.052/PE, Rel. Min. Benedito Gonçalves, ac. 20.03.2012, *DJe* 23.03.2012. No mesmo sentido: STJ, 4ª T., AgRg no REsp 1.260.676/RN, Rel. Min. Antônio Carlos Ferreira, ac. 12.11.2012, *DJe* 20.11.2012.

[287] "A jurisprudência do STJ pacificou entendimento no sentido de que aviar *mandamus* ao escopo de emprestar efeito suspensivo a recurso ou a medida cautelar só tem guarida quando se possam vislumbrar presentes no ato judicial os princípios do *fumus boni iuris* e do *periculum in mora*" (STJ, 3ª T., RMS 5.576-0/RJ, Rel. Min. Waldemar Zveiter, ac. unân. de 13.06.1995, *DJU* 09.10.1995, p. 33.547). No mesmo sentido: STJ, 2ª T., Ag 784.662/AL, Rel. Min. João Otávio de Noronha, ac. 07.11.2006, *DJU* 14.12.2006, p. 332.

ao relator tomar a providência pleiteada pela parte, para que se dê o inadiável afastamento do risco de lesão, antecipando o efeito que se espera do julgamento do mérito do agravo. É bom ressaltar que o poder de antecipação de tutela instituído pelo art. 300 não é privativo do juiz de primeiro grau e pode ser utilizado em qualquer fase do processo e em qualquer grau de jurisdição. No caso do agravo, esse poder está expressamente previsto ao relator no art. 1.019, I.

Se for deferido o efeito suspensivo ou concedida a antecipação de tutela, o relator ordenará a imediata comunicação ao juiz da causa, para que, de fato, se suste o cumprimento da decisão interlocutória (art. 1.019, I, *in fine*).

788. Processamento do agravo de instrumento

I – Juntada de cópia do agravo no juízo de primeiro grau

O recorrente, após encaminhar o agravo diretamente ao tribunal, requererá, em três dias, a juntada, aos autos do processo, da cópia da petição recursal, com a relação dos documentos que a instruíram, e, ainda, o comprovante de sua interposição (art. 1.018, *caput* e § 2º). Essa diligência não tem o objetivo de intimar a parte contrária, porque sua cientificação será promovida diretamente pelo tribunal (art. 1.019, II). Sua função é apenas de documentação e, também, serve como meio de provocar o magistrado ao juízo de retratação (art. 1.018, § 1º), que, se ocorrido, tornará prejudicado o agravo.

A jurisprudência do STJ, à época do Código anterior, após uma certa oscilação, se fixou no sentido de considerar não prejudicial ao conhecimento do agravo o não cumprimento da diligência em questão.[288] O CPC/2015 ignorou a antiga orientação do STJ, uma vez que, num apego ao formalismo, a exemplo da Lei nº 10.352, previu, expressamente, que o descumprimento da juntada em primeiro grau da cópia do recurso, "importa inadmissibilidade do agravo de instrumento". Todavia, o rigor da regra formal foi abrandado pela ressalva de que a inadmissão não poderá ser declarada de ofício pelo relator, já que ficará condicionada à arguição e comprovação pelo agravado (art. 1.018, § 3º).[289]

II – Atos do relator

A distribuição do agravo, no tribunal, deve ocorrer *incontinenti*, ou seja, como ato imediato ao protocolo ou ao recebimento do registrado postal. Quando utilizada a via postal, o invólucro do recurso, onde se acha o registro feito pelo Correio, deverá ser mantido nos autos para facilitar o exame do relator sobre a tempestividade do recurso. Caso não seja possível, por qualquer razão, o uso desse meio de controle, haverá sempre o comprovante de remessa cuja juntada aos autos de origem é obrigatória, nos termos do art. 1.018. Para esse fim se aplicará ao relator a obrigação de abrir prazo ao agravante para completar a demonstração dos requisitos do recurso (art. 1.017, § 3º).

Efetuada a distribuição, os autos do agravo serão imediatamente conclusos ao relator sorteado. No despacho da petição poderá ocorrer (art. 1.019):

(a) *o não conhecimento do recurso*, por ser ele: (i) *inadmissível* (*v.g.*, fora do prazo legal; ou sem o comprovante do pagamento das custas, quando for o caso; ou, ainda, quando

---

[288] STJ, 3ª T., REsp 299.064/MA, Rel. Min. Nancy Andrighi, ac. 20.02.2001, *DJU* 16.03.2001, p. 630; STJ, 5ª T., REsp 307.575/RJ, Rel. Min. José Arnaldo da Fonseca, ac. 07.11.2002, *DJU* 02.12.2002, p. 332.

[289] "Para efeito de não conhecimento do agravo de instrumento por força da regra prevista no § 3º do art. 1.018 do CPC, deve o juiz, previamente, atender ao art. 932, parágrafo único, e art. 1.017, § 3º, do CPC, intimando o agravante para sanar o vício ou complementar a documentação exigível" (CEJ/I Jorn. Dir. Proc. Civ., Enunciado nº 73).

o ato impugnado não for agravável, como se dá com o despacho de expediente e a sentença; enfim, sempre que não se puder conhecer do agravo); *(ii) prejudicado* (o agravo perdeu o objeto, em situação como a de ter o juiz de origem retratado a decisão impugnada, ou por ter sido decidida questão prejudicial em outra sede, ou, ainda, por ter havido desistência do agravante); ou, *(iii) não impugnar especificamente os fundamentos da decisão agravada* (art. 932, III);

(b) *o improvimento do recurso*, se: *(i)* for ele contrário a súmula do STF, do STJ ou do próprio tribunal; *(ii)* for ele contrário a acórdão proferido pelo STF ou STJ em julgamento de recursos repetitivos; ou, *(iii)* se contrariar entendimento firmado em incidente de resolução de demandas repetitivas ou de assunção de competência (art. 932, IV). O trancamento do recurso é permitido não apenas no despacho da inicial, mas também posteriormente, quando apurado o fato que legalmente o autoriza, antes de chegar o feito ao julgamento do órgão colegiado competente;

(c) *o deferimento do processamento do agravo*, caso em que, em cinco dias, o relator deverá:

(i) ordenar a intimação do agravado pessoalmente, por carta com aviso de recebimento, quando não tiver procurador constituído, ou pelo Diário da Justiça ou por carta com aviso de recebimento dirigida ao seu advogado, para que responda no prazo de quinze dias, facultando-lhe juntar a documentação que entender necessária ao julgamento do recurso (art. 1.019, II);

(ii) determinar a intimação do Ministério Público, preferencialmente por meio eletrônico, quando for o caso de sua intervenção, para que se manifeste em quinze dias (art. 1.019, III).

Havendo requerimento de efeito suspensivo, formulado pelo agravante, será, também, na fase de despacho da petição de agravo que o relator o apreciará (art. 1.019, I). O relator suspenderá a decisão impugnada, quando cabível a providência, até o pronunciamento do colegiado sobre o agravo. De ordinário, a suspensão da decisão é suficiente para afastar o risco de dano, porque o ato do juiz de primeiro grau deixará, temporariamente, de produzir seus efeitos. Mas, quando se tratar de decisão negativa, será inócua sua suspensão. Aí, havendo o risco de dano grave e de difícil reparação, justamente pela falta do deferimento, pelo juiz *a quo*, da pretensão do agravante, caberá ao relator afastar o perigo, por meio de uma liminar positiva, de natureza antecipatória.

Cabe também ao relator, segundo a regra geral do art. 932, V, dar provimento ao agravo, em decisão singular, quando a decisão recorrida: *(i)* for contrária a súmula do STF, do STJ ou do próprio tribunal; *(ii)* for contrária a acórdão proferido pelo STF ou STJ em julgamento de recursos repetitivos; ou, *(iii) se* contrariar entendimento firmado em incidente de resolução de demandas repetitivas ou de assunção de competência. Em tal hipótese, porém, haverá de ser resguardado o contraditório, mediante prévia intimação do agravado para responder ao recurso. Sem essa providência, a decisão singular de provimento do agravo será nula por "quebra dos princípios do contraditório e do devido processo legal".[290]

---

[290] STJ, 5ª T., REsp 629.441/DF, Rel. Min. Felix Fischer, ac. 17.06.2004, *DJU* 13.09.2004, p. 285; STJ, 1ª T., REsp 917.564/RS, Rel. Min. José Delgado, ac. 28.08.2007, *DJU* 13.09.2007. p. 173. Só não há necessidade de ouvida do agravado, quando o pronunciamento singular é de rejeição ou improvimento do agravo, já que, *in casu*, a decisão é dada em seu benefício. Todavia, "a intimação para a resposta é condição de validade da decisão monocrática que vem em prejuízo do agravado, ou seja, quando o relator acolhe o recurso, dando-lhe provimento (art. 557, § 1º-A).

Para contrabalançar os amplos poderes conferidos ao relator, o art. 1.021 prevê, contra suas decisões singulares, o cabimento de *agravo interno* para o órgão colegiado competente, no prazo de quinze dias. Por outro lado, para coibir o manejo abusivo desse agravo interno, o § 4º do referido dispositivo comina multa entre um e cinco por cento do valor da causa atualizado, sempre que o recurso seja declarado manifestamente inadmissível ou improcedente, por votação unânime do colegiado.[291]

A observância efetiva da sistemática de processamento e julgamento do agravo de instrumento pelo relator tem condições de proporcionar um significativo passo rumo à desburocratização e celeridade do processo de que tanto se queixa na atualidade.

A possibilidade de o relator requisitar informações ao juiz da causa (CPC/1973, art. 527, IV) não foi repetida no CPC/2015, certamente por considerá-la pouco relevante para o julgamento do recurso, diante das peças que o instruem, e para evitar delongas desnecessárias ao seu processamento. Diante do caso concreto, porém, podem surgir dúvidas que justifiquem a iniciativa do relator, mesmo com o silêncio da lei.

789. O contraditório

Para garantir o contraditório e o tratamento isonômico das partes, o art. 1.019, II, prevê que o agravado será intimado a responder em quinze dias, prazo igual ao conferido ao agravante para interpor seu recurso. Na oportunidade, poderá o recorrido juntar a documentação que entender necessária ao julgamento do recurso.

Como o agravo é processado diretamente no tribunal, e, portanto, quase sempre longe do foro onde corre o processo de origem, instituiu a lei duas modalidades de intimação do advogado do agravado:

(a) *intimação pelo correio*, com aviso de recebimento, sempre que se tratar de comarca diversa daquela em que se encontra a sede do tribunal, e cujo expediente não seja divulgado pelo *Diário da Justiça*;

(b) *intimação pelo órgão da imprensa oficial*, quando se tratar de processo em curso na comarca da sede do tribunal ou em outra comarca, desde que o respectivo expediente seja divulgado pelo *Diário da Justiça*.

Se o agravado ainda não tiver procurador constituído nos autos, deverá ser intimado *pessoalmente*, por carta, com aviso de recebimento.

Em qualquer uma das hipóteses, o marco inicial do tempo útil de resposta será aquele previsto na regulamentação comum do Código sobre a contagem de prazos: data da publicação na imprensa ou juntada do aviso de recebimento da intimação postal (arts. 272 e 231, I).

Para tornar viável a sistemática, ao agravante se impôs a obrigação de, na petição do recurso, indicar o nome e o endereço completo de todos os advogados, constantes do processo (art. 1.016, IV); e, ainda, incluir entre os documentos obrigatórios da petição recursal as cópias das procurações outorgadas tanto ao advogado do próprio agravante como ao do agravado (art. 1.017, I, *in fine*).

---

[291] Agravo inadmissível, por exemplo, é aquele interposto fora do prazo legal ou contra mero despacho ordinatório, bem como, aquele a que não correspondam os pressupostos legais de admissibilidade do recurso. Por agravo manifestamente improcedente, tem-se aquele "interposto com a formulação de pretensões contrárias ao texto legal ou a interpretações consagradas na jurisprudência, ou contrárias às provas produzidas nos autos" (NOTARIANO JÚNIOR, Antônio; BRUSCHI, Gilberto Gomes. *Agravo contra as decisões de primeiro grau*. 2. ed. São Paulo: Método, 2015, p. 42). No mesmo sentido: DINAMARCO, Cândido Rangel. *A reforma da reforma*. São Paulo: Malheiros, 2002, p. 186.

Ao responder, o agravado terá oportunidade de anexar às contrarrazões, que serão encaminhadas também diretamente ao tribunal, a documentação que entender conveniente, e que, a seu critério, possa ser útil à solução do recurso. Com isso, manteve-se a ampliação, realizada pelo Código de 1973, da possibilidade de instrução das contrarrazões do agravado, que poderá ser feita não apenas com cópias de outras peças do processo, mas com qualquer documento que sirva para contrapor aos fundamentos do decisório agravado.

Diante dessa ampliação do poder instrutório do agravado, não poderá o agravo ser julgado sem que previamente seja ouvido o agravante sobre a documentação nova (*i.e.*, aquela que não seja simples reprodução de peças já existentes no processo principal) (arts. 435 e 437, § 1º).

Incumbe a cada um deles o ônus processual de instruir seus arrazoados com as peças que forem necessárias ou convenientes. Fora desse momento, não há mais oportunidade de produzir outros traslados, salvo embaraço dos serviços forenses ou da parte contrária, devidamente justificado (força maior), caso em que se observará o art. 221.

A tempestividade da resposta será aferida segundo o mesmo critério empregado para a interposição do recurso. Levar-seá em conta o momento do protocolo no tribunal ou do registro no correio, se se utilizar a via postal. Vale dizer: o agravado, a exemplo do que se passa com o agravante, pode protocolar sua resposta junto ao tribunal ou enviá-la pelo correio, sob registro com aviso de recebimento, por fax (observada a Lei nº 9.800, art. 2º) ou por meio eletrônico (art. 1.017, § 2º).

790. Juízo de retratação do magistrado *a quo*

O juízo de retratação, previsto no Código anterior, permanece na atual legislação, como eventualidade, já que o atual Código nem sequer prevê a necessidade de o relator requisitar informações ao juiz da causa.

Assim, desde que o agravante, nos três dias subsequentes à remessa direta ao tribunal, junte ao processo a cópia do agravo, está o juiz autorizado a rever o ato impugnado, independentemente de ficar aguardando a resposta do agravado, mesmo porque esta não lhe será endereçada, mas sim ao tribunal.

De qualquer maneira, a comprovação de que houve o recurso funciona como mecanismo de impedimento da preclusão, deixando o tema da decisão interlocutória em aberto para nova apreciação do magistrado. Convencido do equívoco cometido, o juiz poderá emendá-lo desde logo, comunicando a retratação ao tribunal. Nessa hipótese, o relator considerará prejudicado o recurso (art. 1.018, § 1º).

Como a retratação funciona apenas como expressa causa de extinção do agravo (art. 1.018, § 1º), a nova deliberação do juiz de origem, como outra decisão interlocutória que é, desafiará novo agravo a ser aviado por aquele que se tornou vencido no incidente. Se, porém, ao retratar a decisão agravada, o juiz extinguir o processo, seu ato configurará sentença. O recurso, então, haverá de ser a apelação.

791. Julgamento do recurso pelo colegiado

I – Prazo para julgamento

Para ressaltar o empenho da lei na solução rápida dos agravos de instrumento, o art. 1.020 fixou em um mês, contado da intimação do agravado, o prazo máximo para ser pedido pelo relator "dia para julgamento" (*i.e.*, a inclusão do feito em pauta). Trata-se, como é óbvio, de um prazo meramente administrativo, sem nenhum efeito preclusivo, porque estabelecido para o tribunal e não para as partes.

II – Intervenção do Ministério Público

O Ministério Público, quando o agravo disser respeito a processo onde deva dar-se sua intervenção, terá o prazo de quinze dias para pronunciar-se (art. 1.019, III).

III – Sustentação oral

Na sessão de julgamento, os advogados e o membro do Ministério Público, nos casos de sua intervenção, poderão nos casos previstos em lei ou no regimento interno do tribunal, fazer sustentação oral de suas razões, pelo prazo improrrogável de quinze minutos cada, depois da exposição da causa pelo relator (art. 937). O CPC/2015 (art. 937) enumera os casos de cabimento da sustentação oral, dentre os quais está o agravo de instrumento contra decisões interlocutórias sobre tutelas provisórias de urgência ou da evidência (inciso VIII). Portanto, não são todos os agravos de instrumento que admitem a sustentação oral.[292]

IV – Ampliação de julgamento

A Turma julgadora será ampliada quando ocorrer decisão não unânime do agravo de instrumento, nos termos do art. 942, quando se tratar de reforma da decisão que houver julgado parcialmente o mérito (ver, *retro*, os itens 721, 724.2, 780 e 780.1).

792. Encerramento do feito

Como se trata de feito processado originariamente no tribunal, caberá a seu regimento determinar o destino dos autos do agravo de instrumento, *i.e.*, se permanecerão em seus arquivos ou se serão encaminhados ao juízo de primeiro grau para apensamento aos autos principais. Na primeira hipótese, o tribunal deverá oficiar ao juiz da causa, encaminhandolhe cópia da decisão do relator ou do acórdão, conforme o caso. Na segunda, não haverá necessidade de comunicação apartada, porque os próprios autos do agravo servirão como veículo de transmissão do teor do decisório de segundo grau.[293]

793. Formação da coisa julgada antes do julgamento do agravo

Uma vez que o agravo não tem efeito suspensivo, pode acontecer que o processo chegue à sentença antes do julgamento, pelo Tribunal, do recurso manejado contra a decisão interlocutória. Se a parte vencida interpuser apelação, o órgão recursal deverá julgar primeiro o agravo, por seu caráter prejudicial em face da sentença apelada (CPC/2015, art. 946). É que, sendo provido o agravo, cairá a sentença, ficando prejudicada a apelação.

Diversa, porém, é a sorte do agravo, se o vencido na sentença deixar de interpor a apelação. Já então prejudicado restará o agravo, porquanto da inércia da parte perante o julgamento que põe fim ao processo emana a coisa julgada, ou seja, torna-se imutável e indiscutível a solução dada à causa (art. 502).

Aplica-se, analogicamente, a regra do art. 1.000, ou seja, a aceitação expressa ou tácita da sentença pelo vencido importa renúncia ao direito de recorrer. Ora, se a aceitação é superveniente ao recurso, o efeito sobre ele não pode ser diferente; terá de ser tratado como desistência do agravo pendente. O princípio a ser observado é o que manda levar-se em conta o fato superveniente,

---

[292] "Deve ser franqueado às partes sustentar oralmente as suas razões, na forma e pelo prazo previsto no art. 937, *caput*, do CPC, no agravo de instrumento que impugne decisão de resolução parcial de mérito (art. 356, § 5º, do CPC)" (CEJ/I Jorn. Dir. Proc. Civ., Enunciado nº 61).

[293] No Tribunal de Justiça de Minas Gerais prevalece a praxe de remeter os autos do agravo já julgado para arquivamento na comarca de origem.

modificativo ou extintivo, que possa influir no julgamento da causa (art. 493). Parece claro que, deixando de apelar, o vencido aceita a sentença e a faz intangível pela força de coisa julgada. Logo, terá adotado supervenientemente atitude incompatível com a vontade de manter o agravo contra decisão interlocutória anterior à sentença não impugnada.[294-295]

Pode-se considerar dominante no Superior Tribunal de Justiça a corrente que entende a superveniência da coisa julgada sobre o mérito da causa como motivo para prejudicar o agravo anteriormente interposto e que permanece pendente de julgamento.[296]

Diversa é, porém, a situação do processo em que a parte vencida apela da sentença antes de ser definitivamente julgado o seu agravo de instrumento anteriormente manifestado contra decisão interlocutória sobre questão prejudicial à solução contida na sentença (como, *v.g.*, a exclusão de litisconsorte arguição de incompetência do juízo prolator da sentença). Sendo apreciada a apelação antes do agravo, não se pode dizer que o trânsito em julgado da sentença prejudique o agravo. Na verdade, persistindo a litispendência, nem mesmo se chega a formar a coisa julgada, ou, se se entender que tal ocorreu, ter-seá uma coisa julgada meramente formal e sujeita à condição resolutiva: se improvido o agravo, consolida-se o decidido na sentença; se provido, resolve-se a sentença, por ele prejudicada, voltando o processo ao estágio em que se encontrava no momento em que a decisão agravada for proferida. No caso de incompetência proclamada pelo acórdão do agravo, os autos principais serão encaminhados ao novo juízo, para que outra sentença seja prolatada pelo juiz reconhecido como competente pela instância superior.[297]

---

[294] "A não interposição do recurso de apelação contra a sentença faz coisa julgada material, não obstante pendente de julgamento ou provido o agravo, já que a situação determinada pela sentença permanecerá imutável" (STJ, 2ª T., REsp 204.348/PE, Rel. Min. Francisco Peçanha Martins, ac. 27.04.2004, *RSTJ* 181/147). No mesmo sentido: STJ, 4ª T., REsp 292.565/RS, Rel. Min. Sálvio de Figueiredo, ac. 27.11.2001, *DJU* 05.08.2002, p. 347; Em doutrina, merece destaque a lição de Teresa Arruda Alvim Wambier, no sentido de que não pode prevalecer o agravo, na espécie, porque, "escoados os quinze dias dentro dos quais a apelação deveria ter sido interposta, há o trânsito em julgado" (NERY JUNIOR, Nelson; WAMBIER, Teresa Arruda Alvim. *Aspectos polêmicos e atuais dos recursos cíveis*. São Paulo: RT, 2003, v. 7, p. 697).

[295] O STJ já decidiu que o reconhecimento da prejudicialidade da falta de apelação em face do agravo anterior pode ser afastado, em razão de peculiaridades do caso concreto (STJ, 4ª T., REsp 1.389.194/SP, Rel. Min. Luis Felipe Salomão, ac. 20.11.2014, *DJe* 19.12.2014). A posição dominante consolidada daquela Corte, porém, é no sentido de que, em regra, "a superveniência do trânsito em julgado da sentença proferida no feito principal enseja a perda de objeto de recursos anteriores que versem sobre questões resolvidas por decisão interlocutória combatida via agravo de instrumento" (STJ, 3ª T., Rel. Min. Ricardo Villas Bôas Cueva, ac. 28.04.2015, *DJe* 08.05.2015). No mesmo sentido: STJ, 3ª T., REsp 1.074.149/RJ, Rel. Min. Nancy Andrighi, ac. 01.12.2009, *DJe* 11.12.2009; STJ, 1ª T., AgRg no REsp 899.315/PR, Rel. Min. Denise Arruda, ac. 18.12.2007, *DJU* 07.02.2008, p. 265.

[296] "(...) A despeito da divergência doutrinária e do dissenso jurisprudencial entre as Turmas do Superior Tribunal de Justiça, é inadmissível o agravo de instrumento interposto contra decisão interlocutória quando sobrevém sentença que não é objeto de recurso de apelação da parte, pois a formação da coisa julgada, ainda que formal, é óbice intransponível ao conhecimento do agravo, na medida em que é imprescindível que o processo ainda esteja em curso para que os recursos dele originados venham a ser examinados, quer seja diante da inviabilidade de reforma, invalidação ou anulação da decisão interlocutória proferida quando há subsequente sentença irrecorrida e, por isso mesmo, acobertado pela imutabilidade e pela indiscutibilidade, quer seja porque o agravo de instrumento não possui automático efeito suspensivo *ex vi legis*, nem tampouco efeito obstativo expansivo que impediria a preclusão ou a coisa julgada sobre a decisão recorrida e sobre as decisões subsequentes" (STJ, 3ª T., REsp 1.750.079/SP, Rel. Min. Nancy Andrighi, ac. 13.08.2019, *DJe* 15.08.2019).

[297] "O efeito devolutivo do agravo de instrumento, interposto contra o despacho saneador, faz com que a sentença, proferida na causa, fique com sua eficácia condicionada ao desprovimento do agravo, no que concerne às questões nele ventiladas" (STF, 1ª T., RE 89.980/SP, Rel. Min. Soares Muñoz, ac. 24.10.1978, *DJU*

É preciso, portanto, diferenciar as duas situações: *(i)* a de aquiescência ou aceitação da sentença, pela parte vencida, posterior ao agravo pendente, postura que realmente faz extinguir os agravos ainda não decididos por incompatibilidade com a coisa julgada material formada em torno da posterior sentença. Aí, sim, haverá perda de objeto do recurso anterior, e o agravante não terá mais interesse para justificar seu julgamento; e *(ii)* a de não aceitação da sentença impugnada pelo próprio agravante por apelação oportuna. Nesse caso, o agravante não poderá ser tido como renunciante ao julgamento do agravo e, mesmo após decisão adversa da apelação, conservará o interesse em ver julgada a questão prejudicial tratada na interlocutória antes agravada, pois, com seu desate, poderá obter a resolução da sentença, dada em processo onde a coisa julgada anterior ainda não se aperfeiçoou, justamente em razão do agravo pendente.[298] Se houve inversão na ordem cronológica de encerrar-se na segunda instância a apreciação dos recursos de agravo e apelação, isto se deveu a problemas ou deficiências do próprio serviço forense, não podendo, de maneira alguma, redundar em prejuízo para o direito do agravante de ver eficazmente apreciada e julgada a questão prejudicial suscitada no agravo, com seus necessários efeitos sobre a sentença apelada.

10.11.1978, p. 8.950; *RTJ* 91/320). No mesmo sentido: STF, 1ª T., RE 94.344/BA, Rel. Min. Soares Muñoz, ac. 16.06.1981, *RTJ* 101/386.

[298] A sentença, quando proferida na pendência de recurso interposto contra decisão interlocutória, é considerada doutrinariamente "como um dos mais notáveis casos de *sentença condicional*" (VASSALI, Filippo E. *La sentenza condizionale*: studio sul processo civile. Roma: Athenaeum, 1916, n. 14, p. 45. *Apud* NERY JUNIOR, Nelson. Parecer. *Revista de Processo*, n. 130/168, dez. 2005).

Fluxograma nº 29 – Agravo de instrumento (arts. 1.015 a 1.020)

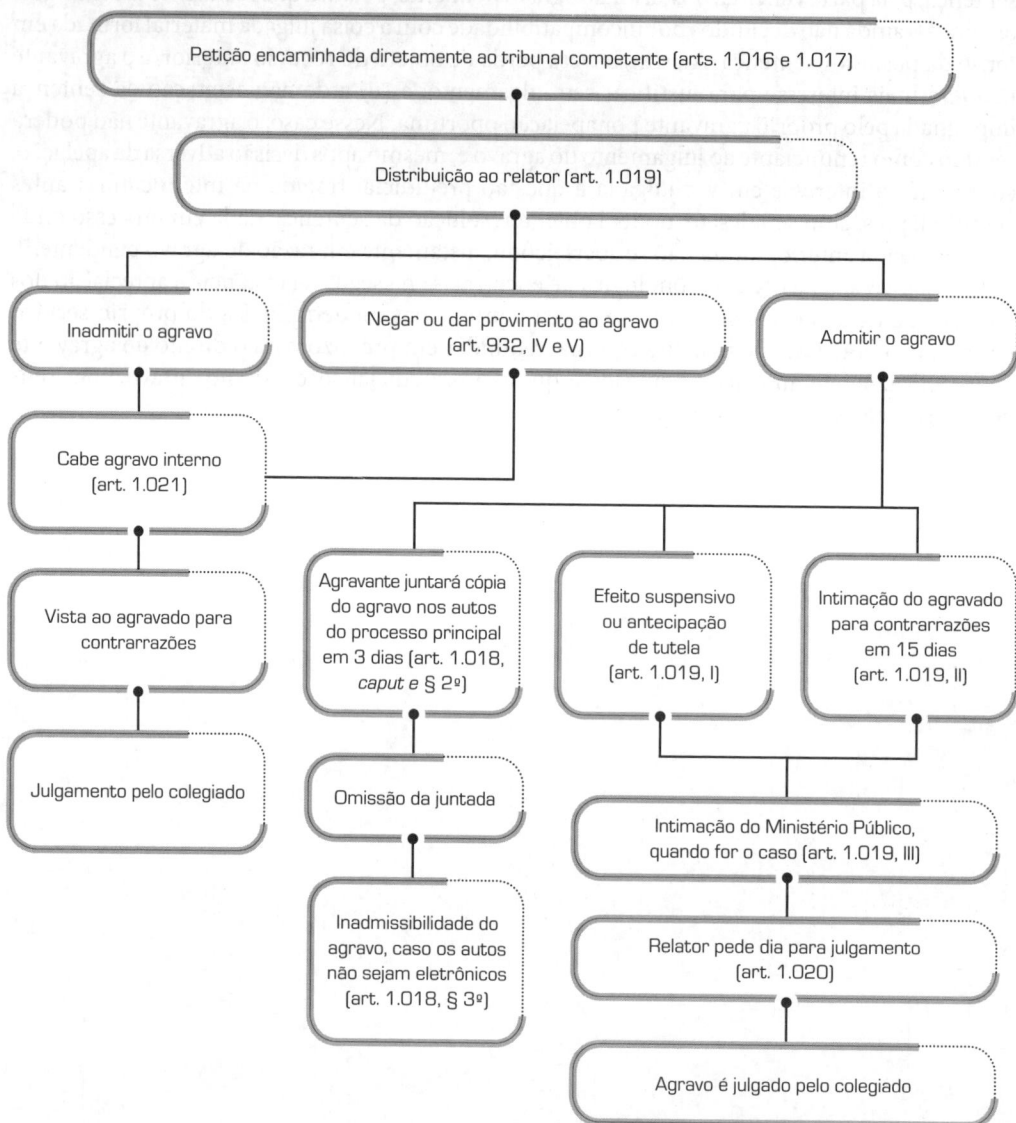

§ 82. AGRAVO INTERNO

794. Conceito

Conforme visto no item nº 782 *retro*, segundo o CPC/2015, não existe mais decisão monocrática irrecorrível prolatada pelo relator. Nos termos do art. 1.021, *caput*, "contra decisão proferida pelo relator caberá agravo interno para o respectivo órgão colegiado". Isso porque mostra-se inconstitucional qualquer barreira regimental imaginada para impedir o reexame dos *decisuns* singulares do relator pelo colegiado competente para a apreciação do recurso primitivo.[299]

O agravo interno, destarte, preserva o princípio da colegialidade, garantindo que decisões singulares sejam revistas pelo órgão colegiado a quem toca o recurso.[300] Afinal, os recursos e as causas de competência originária são endereçados ao tribunal, e não ao relator, de sorte que suas decisões singulares, embora autorizadas, não suprimem a competência principal do colegiado.

795. Procedimento

Esse recurso é disciplinado pelo art. 1.021 do CPC/2015, mas o seu processamento será regulado pelos regimentos internos dos tribunais, como determinado pela parte final do *caput* do referido dispositivo. Eis, em linhas gerais, o procedimento básico do agravo interno:

(a) Ao interpor o recurso, *o recorrente deverá impugnar, especificadamente, os fundamentos da decisão agravada* (art. 1.021, § 1º). Não se admitem, destarte, impugnações genéricas que dificultem a defesa ou a decisão pelo tribunal;[301]

(b) O agravo será dirigido ao relator que, tão logo receba a petição, intimará o agravado para manifestar-se no prazo de quinze dias, a fim de cumprir o contraditório (art. 1.021, § 2º);

(c) Após a resposta do recorrido, ao relator é dado retratar-se. Não havendo retratação, o relator levá-lo-á a julgamento pelo órgão colegiado, incluindo o recurso em pauta (art. 1.021, § 2º, *in fine*);

(d) O julgamento do agravo interno, pelo colegiado, dependerá da prévia inclusão do recurso em pauta (art. 934 c/c art. 1.021, § 2º), com intimação das partes na pessoa de seus advogados, por meio do Diário da Justiça, observada a antecedência mínima de cinco dias úteis (art. 212 c/c art. 935);

(e) Tratando-se de recurso contra decisão do relator, o agravo interno não pode ser julgado, no mérito, pelo seu próprio prolator. Aliás, o § 2º do art. 1.021 deixa claro que, não sendo o caso de retratação, "o relator levá-lo-á a julgamento pelo órgão colegiado". Portanto, apenas em caso de manifesto descabimento do recurso, como se passa com a intempestividade, é que o relator estará em condições de inadmiti-lo. O § 3º do art. 1.021, que veda ao relator julgar improcedente o agravo interno limitando-se à reprodução dos fundamentos da decisão agravada, aplica-se ao voto condutor do julgamento

---

[299] STF, Pleno, Repres. 1.299/GO, Rel. Min. Célio Borja, ac. 21.08.1956, *RTJ* 119/980; STF, 1ª T., RE 85.201/MT, Rel. Min. Rodrigues Alckmin, ac. 06.05.1977, *RTJ* 83/240; STF, 1ª T., RE 112.405/GO, Rel. Min. Oscar Corrêa, ac. 24.03.1987, *RTJ* 121/373.

[300] MENDONÇA, Ricardo Magalhães de. Revisão das decisões monocráticas do relator no julgamento antecipado do recurso: breve análise do agravo interno previsto nos Códigos de Processo Civil vigente e projetado. *Revista Dialética de Direito Processual*, n. 145, p. 101, abr. 2015.

[301] WAMBIER, Teresa Arruda Alvim *et al*. *Primeiros comentários ao novo Código de Processo Civil, artigo por artigo*. São Paulo: RT, 2015, p. 1.464.

do colegiado. Não corresponde, portanto, a uma autorização a que o relator julgue monocraticamente o recurso procedente ou improcedente. O julgamento de mérito do agravo interno compete ao colegiado, não podendo o acórdão limitar-se a reproduzir a decisão agravada para julgá-lo improcedente, como se deduz do § 3º do art. 1.021. Para tanto, é indispensável que o tribunal enfrente todos os argumentos deduzidos pelo agravante, contra o decisório recorrido, e que em tese sejam capazes de infirmar sua conclusão, "sob pena de se reputar não fundamentada a decisão proferida";[302]

(f) Quando, em votação unânime, o órgão colegiado declarar o agravo interno manifestamente inadmissível ou improcedente, condenará o agravante a pagar ao agravado multa fixada entre um e cinco por cento do valor atualizado da causa. Aplicação dessa multa, todavia, "não é automática, não se tratando de mera decorrência lógica do não provimento do agravo interno em votação unânime". Como já acentuou o STJ, pressupõe em cada caso concreto análise que conclua, de plano, pelo reconhecimento de ter sido a interposição do agravo "abusiva ou protelatória". A decisão deverá ser fundamentada (art. 1.021, § 4º), de modo a demonstrar a manifesta inadmissibilidade ou improcedência do recurso ao colegiado;[303]

(g) Fixada a multa, a interposição pela parte de qualquer outro recurso estará condicionada ao depósito prévio do valor estipulado pelo órgão colegiado. Entretanto, estão dispensados do pagamento prévio a Fazenda Pública e o beneficiário de gratuidade da justiça, cujo pagamento será feito somente ao final (art. 1.021, § 5º).

796. Efeitos do agravo interno

A regra geral é de que, salvo a apelação, os recursos não tenham efeito suspensivo, permitindo, pois, a imediata execução do decisório impugnado (CPC/2015, art. 995, *caput*). Aplicada ao agravo interno, poder-se-ia pensar que seu efeito seria sempre o de não impedir o cumprimento da decisão monocrática recorrida. No entanto, há um aspecto particular a ser ponderado: o agravo interno, no comum dos casos, incide sobre o julgamento de outro recurso, que se poderia considerar o principal. Se este suspendeu a eficácia do julgado primitivamente impugnado, não poderia o incidente do agravo interno gerar efeito diverso. Assim, "se o recurso julgado pelo relator já detinha efeito suspensivo da eficácia da decisão recorrida, o agravo apenas prolongará esse efeito na sua pendência; diversamente, se não detinha esse efeito, não será o agravo interno que o conferirá".[304] Se convier à parte suspender os efeitos que o recurso principal não afetou, nem o agravo interno o fez, deverá manejar pedido cautelar para obtê-lo.[305]

797. Sustentação oral

Na sessão de julgamento colegiado do agravo interno, em regra, não se admite a sustentação oral dos advogados e do membro do Ministério Público, nos casos de sua intervenção (CPC/2015,

---

[302] STJ, 3ª T., REsp 1.622.386/MT, Rel. Min. Nancy Andrighi, ac. 20.10.2016, *DJe* 25.10.2016.

[303] STJ, 2ª Seção, AgInt nos EREsp 1.120.356/RS, Rel. Min. Marco Aurélio Bellizze, ac. 24.08.2016, *DJe* 29.08.2016. "O termo 'manifestamente' previsto no § 4º do art. 1.021 do CPC se refere tanto à improcedência quanto à inadmissibilidade do agravo" (CEJ/I Jorn. Dir. Proc. Civ., Enunciado nº 74).

[304] MENDONÇA, Ricardo Magalhães de. Revisão das decisões monocráticas do relator no julgamento antecipado do recurso: breve análise do agravo interno previsto nos Códigos de Processo Civil vigente e projetado. *Revista Dialética de Direito Processual*, n. 145, p. 105, abr. 2015.

[305] MENDONÇA, Ricardo Magalhães de. Revisão das decisões monocráticas do relator no julgamento antecipado do recurso: breve análise do agravo interno previsto nos Códigos de Processo Civil vigente e projetado. *Revista Dialética de Direito Processual*, n. 145, p. 105, abr. 2015.

art. 937). Quando, porém, o recurso for interposto contra decisão singular do relator que extinga a ação rescisória, o mandado de segurança ou a reclamação, o CPC/2015 permite, excepcionalmente, a sustentação oral (art. 937, § 3º).

798. Fungibilidade

O atual CPC previu mais um caso de fungibilidade recursal, agora especificamente entre os embargos de declaração e o agravo interno (art. 1.024, § 3º). Assim, caso o órgão julgador entenda que os embargos de declaração opostos pela parte não são o meio impugnativo adequado, poderá conhecê-los como agravo interno. Nesse caso, deverá determinar previamente a intimação do recorrente para que, no prazo de cinco dias, complemente as razões recursais, a fim de que adequá-las ao art. 1.021, § 1º, ou seja, para que impugne especificadamente os argumentos da decisão recorrida.

A nova regra processual teve duplo propósito de combater: *(i)* a chamada jurisprudência defensiva que, no caso, considerava inadmissíveis embargos declaratórios contra decisões singulares do relator; e *(ii)* a má aplicação do princípio da fungibilidade, conhecendo, na espécie, os embargos declaratórios como agravo regimental, de imediato.[306] A um só tempo, o CPC/2015 entende cabíveis os declaratórios se a decisão singular do relator se enquadrar nos permissivos do art. 1.022, ou seja, for obscura, omissa, contraditória ou contiver erro material; e admite a fungibilidade entre eles e o agravo interno se a parte manejá-los com finalidade infringente.

O principal da nova sistemática legal consiste no resguardo da ampla defesa e do contraditório, na aplicação da fungibilidade permitida. Como acontecia na praxe antiga, o conhecimento direto dos declaratórios como agravo interno causava inegável cerceamento de defesa ao embargante, uma vez que a matéria arguida em embargos de declaração é enfocada e discutida de maneira muito mais restrita do que aquela que deve constar do recurso adequado (*i.e.*, o agravo interno). Daí ter o § 3º do art. 1.024 determinado que, ao proceder à fungibilidade, o relator deverá intimar o recorrente para, no prazo de cinco dias, complementar as razões recursais, de maneira a ajustá-las às exigências do recurso de agravo interno.

---

[306] "Em homenagem aos princípios da economia processual e da fungibilidade, devem ser recebidos como agravo regimental os embargos de declaração que contenham exclusivo intuito infringente" (STJ, 4ª T., EDcl no AREsp 678.883/PR, Rel. Min. Maria Isabel Gallotti, ac. 16.06.2015, *DJe* 22.06.2015).

Fluxograma nº 30 – Agravo interno (art. 1.021)

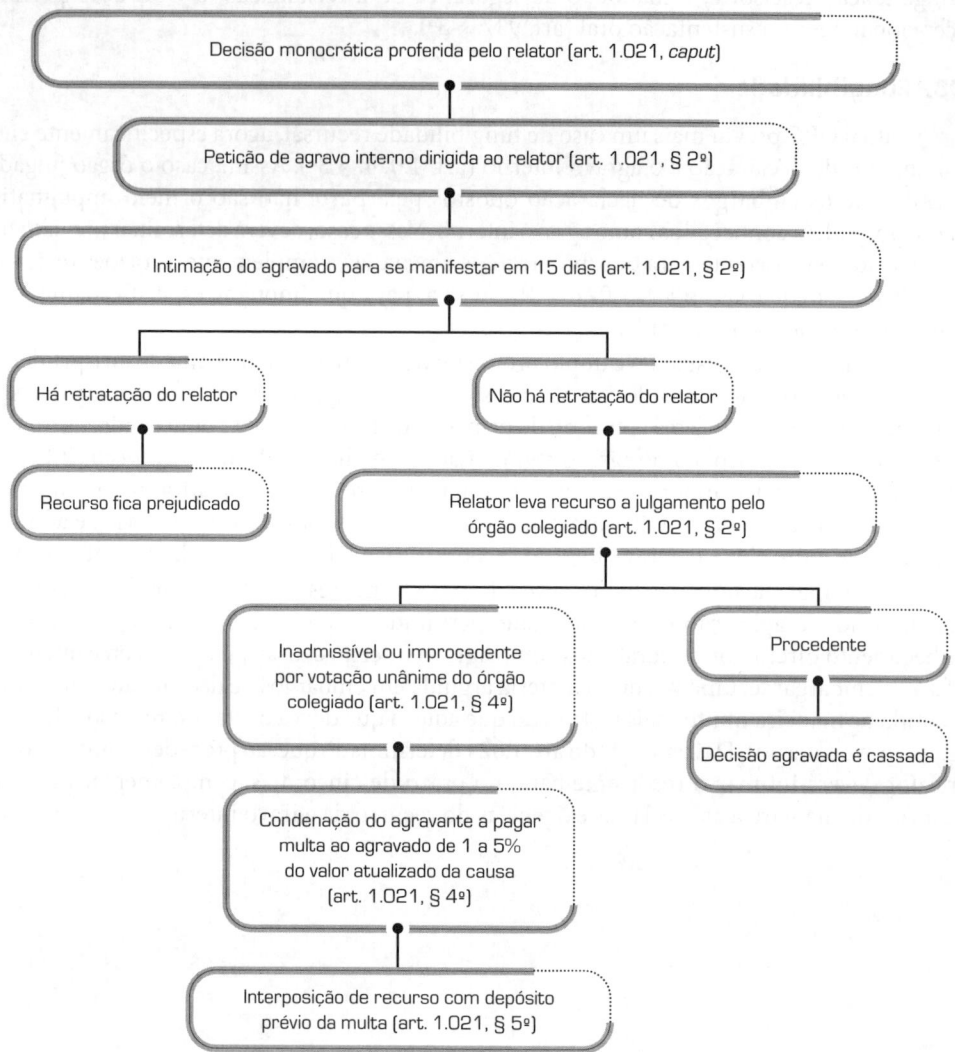

Nota: Cabe também agravo interno contra decisão do presidente ou do vice-presidente do tribunal local, nos casos de negação de seguimento a recurso especial ou extraordinário com base no art. 1.030, I, e de sobrestamento de recursos em regime repetitivo, com base no art. 1.030, III.

§ 83. EMBARGOS DE DECLARAÇÃO

799. Conceito e cabimento

Dá-se o nome de embargos de declaração ao recurso destinado a pedir ao juiz ou tribunal prolator da decisão que afaste obscuridade, supra omissão, elimine contradição existente no julgado ou corrija erro material.[307]

Qualquer decisão judicial comporta embargos declaratórios, porque, como destaca Barbosa Moreira, é inconcebível que fiquem sem remédio a obscuridade, a contradição a omissão ou o erro material existente no pronunciamento jurisdicional. Não tem a mínima relevância ter sido a decisão proferida por juiz de primeiro grau ou tribunal superior, monocrática ou colegiada, em processo de conhecimento ou de execução; nem importa que a decisão seja terminativa, final ou interlocutória.[308]

São cabíveis ditos embargos até mesmo da decisão que tenha solucionado anteriores embargos declaratórios, desde, é claro, que não se trate de repetir simplesmente o que fora arguido no primeiro recurso. É preciso que se aponte defeito (obscuridade, omissão, contradição ou erro material) no julgamento dos próprios embargos.

A disciplina estabelecida pelo CPC atual para os embargos de declaração é única, aplicando-se tanto às decisões de primeiro grau como às manifestadas nos tribunais. O art. 1.022 dispõe, em caráter geral, que "cabem embargos de declaração contra *qualquer decisão judicial*" (g.n).

Releva destacar que se trata de recurso com fundamentação vinculada, vale dizer, somente pode ser oposto nas hipóteses restritas previstas em lei.[309] Se a decisão embargada não contiver os vícios elencados no art. 1.022, a parte haverá de interpor outro recurso, mas não os embargos de declaração. Ademais, como o seu objetivo não é reformar ou cassar a decisão, mas, tão somente, aclará-la, qualquer das partes tem interesse para utilizá-lo, seja o vencedor ou o vencido.

800. Pressupostos dos embargos de declaração

O pressuposto de admissibilidade dessa espécie de recurso é a existência de obscuridade ou contradição na decisão; de omissão de algum ponto sobre que devia pronunciar-se o juiz ou tribunal, ou erro material (CPC/2015, art. 1.022, I, II e III).

Se o caso é de omissão, o julgamento dos embargos supri-la-á, decidindo a questão que, por lapso, escapou à decisão embargada. No caso de obscuridade ou contradição, o decisório será expungido, eliminando-se o defeito nele detectado.[310] Tratando-se de erro material, o juiz vai corrigi-lo.

---

[307] AMARAL SANTOS, Moacyr. *Primeiras linhas de direito processual civil*. 4. ed. São Paulo: Max Limonad, 1973, v. III, n. 761.

[308] BARBOSA MOREIRA, José Carlos. *Comentários ao Código de Processo Civil*. 11. ed. Rio de Janeiro: Forense, 2003, v. V, n. 306.

[309] WAMBIER, Teresa Arruda Alvim *et al*. *Primeiros comentários ao novo Código de Processo Civil, artigo por artigo*. São Paulo: RT, 2015, p. 1.466.

[310] Caso interessante de contradição foi reconhecido pelo STJ, num acórdão em que, a um só tempo, proclamava a necessidade de prova pericial como indispensável à elucidação da controvérsia, e se concluía julgando a causa, em sentido contrário ao apurado na prova técnica, sem fazer qualquer apreciação em torno da existência do laudo técnico e de suas conclusões. Suscitada a contradição, o STJ reconheceu a "violação do art. 535, I, do CPC [CPC/2015, art. 1.021, I], por permanecer omisso [o Tribunal *a quo*] no ponto, mesmo após a interposição dos aclaratórios". O recurso especial foi provido "para cassar o acórdão" e determinar que outro fosse proferido "em atenção às conclusões exaradas no laudo pericial" (STJ, 3ª T., REsp 1.143.851, Rel. Min. Nancy Andrighi, ac. 24.05.2011, *DJe* 02.08.2011).

Em qualquer caso, a substância do julgado será mantida, visto que os embargos de declaração não visam à reforma do acórdão,[311] ou da sentença. No entanto, será inevitável alguma alteração no conteúdo do julgado, principalmente quando se tiver de eliminar omissão ou contradição. O que, todavia, se impõe ao julgamento dos embargos de declaração é que não se proceda a um novo julgamento da causa, pois a tanto não se destina esse remédio recursal. As eventuais novidades introduzidas no decisório primitivo não podem ir além do estritamente necessário à eliminação da obscuridade ou contradição, ao suprimento da omissão ou à correção do erro material.[312]

801. Obscuridade no julgamento

A obscuridade caracteriza-se pela falta de clareza, pela confusão das ideias, pela dificuldade no entendimento de algo. Como registra Bondioli, para os fins dos embargos de declaração, "decisão obscura é aquela consubstanciada em texto de difícil compreensão e ininteligível na sua integralidade. É caracterizada, assim, pela impossibilidade de apreensão total de seu conteúdo, em razão de um defeito na fórmula empregada pelo juiz para a veiculação de seu raciocínio no deslinde das questões que lhe são submetidas".[313]

Não há obscuridade apenas quando o julgador, na decisão, utiliza má redação, segundo as regras gramaticais ou mediante emprego de palavras inadequadas para precisar o enunciado sentencial; ela está presente também quando, na composição do texto, se depara com uma conjuntura lógico-jurídica que evidencia "imperfeições na própria ideia que norteia o julgamento". Ou seja: os enunciados confusos, no plano jurídico, se apresentam como "consequência de desordem, hesitação nas convicções do julgador".[314] O quadro, em seu conjunto é de obscuridade, não de palavras ou frases, mas das ideias reveladas caoticamente na formulação do decisório.[315]

É farta a inteligência doutrinária acerca do tema. Para Araújo Cintra, por exemplo, a obscuridade cogitada no art. 1.022, I, do CPC/2015, tanto pode decorrer da simples imperfeição na "expressão do pensamento do juiz" como pode "proceder da incompleta formação do convencimento do juiz a respeito das questões de fato ou de direito submetidas à sua apreciação".

---

[311] "Os embargos declaratórios não são cabíveis para a modificação do julgado que não se apresenta omisso, contraditório ou obscuro" (STJ, 2ª T., EDcl no AgRg no REsp 1.230.127/SP, Rel. Min. Humberto Martins, ac. 24.05.2011, DJe 01.06.2011). Nesse sentido: STF, 2ª T., RE 567.673 AgR-ED, Rel. Min. Ellen Gracie, ac. 14.12.2010, DJe 07.02.2011. Já se decidiu, contudo, que "Os embargos declaratórios são cabíveis nas hipóteses de omissão, obscuridade, contradição, ou ainda, quando verificado erro material no julgado" (STJ, 2ª T., EDcl no REsp 1.177.092/RJ, Rel. Min. Mauro Campbell Marques, ac. 02.06.2011, DJe 09.06.2011; STF, Pleno, AI 775.798 AgR-ED, Rel. Min. Cezar Peluso, ac. 23.02.2011, DJe 11.04.2011. Advirta-se, porém, que "a dúvida que enseja a declaração não é a dúvida subjetiva, residente tão só na mente do embargante, mas aquela objetiva resultante de ambiguidade, dubiedade ou indeterminação das proposições, inibidoras da apreensão do sentido" (STF, AI 90.344, Rel. Min. Rafael Mayer, RTJ 105/1.047; RE 94.988, Rel. Min. Moreira Alves, RTJ 104/360). STJ, 1ª Seção, PET nos EDcl nos EDcl nos EDcl nos EDcl no AgRg nos EREsp 611.938/RS, Rel. Min. Humberto Martins, ac. 10.12.2008, DJe 19.12.2008.

[312] "Os embargos de declaração só podem ter efeitos infringentes quando estes resultarem diretamente de omissão ou contradição do acórdão" (STJ, EDcl. em AGMC 1.228/SP, Rel. Min. Ari Pargendler, ac. 23.09.1998, DJU 16.11.1998, p. 3). No mesmo sentido: STJ, EDcl. no Emb. Div. no REsp 19.683/SP, Rel. Min. Peçanha Martins, ac. 06.11.1998, DJU 29.03.1999, p. 59; STJ, 3ª T., EDcl no AgRg no CC 98.778/SP, Rel. Min. Sebastião Reis Júnior, ac. 24.08.2011, DJe 02.09.2011.

[313] BONDIOLI, Luis Guilherme Aidar. Embargos de declaração. São Paulo: Saraiva, 2005, p. 101.

[314] BONDIOLI, Luis Guilherme Aidar. Embargos de declaração. São Paulo: Saraiva, 2005, p. 101.

[315] Um exemplo de sentença obscura por imperfeição do enunciado é aquela que condena o réu ao pagamento de indenização de perdas e danos segundo as verbas constantes de certo documento dos autos, do qual, porém, contém valores heterogêneos, muitos deles imprestáveis ou inadequados para a correta quantificação dos danos a reparar.

De maneira que "se o pensamento do magistrado hesita quanto à melhor solução a dar a uma determinada questão, a expressão do seu pensamento tende a refletir a sua vacilação".[316]

No mesmo sentido, ensina Vicente Greco Filho que a obscuridade impugnável pelos embargos de declaração "pode decorrer de simples defeito redacional ou mesmo de má formulação de conceitos".[317] Também Moniz de Aragão entrevê a falta de clareza na simples expressão do juízo, como vício da sentença, e a obscuridade como vício localizado no "próprio raciocínio" utilizado pelo julgador (*i.e.*, "um vício de julgamento").[318]

Essas ilogicidades, incongruências e dubiedades na formulação do ato sentencial, quando conduzem a um alto grau de obscuridade, ensejam o emprego dos embargos de declaração, com possibilidades maiores do que o mero aclaramento do julgado; a atuação do juiz, na supressão da ambiguidade, pode se prestar "para atribuir efeitos modificativos aos embargos",[319] se estes forem consequência do saneamento da decisão embargada.

É importante ressaltar, outrossim, que a dubiedade a ser corrigida pelos embargos não é exclusiva do dispositivo da sentença. Pode situar-se na fundamentação, no dispositivo ou em ambos, como advertem Barbosa Moreira[320] e Pontes de Miranda.[321]

802. Contradição

A decisão judicial é um ato lógico, de maneira que entre as conclusões e suas premissas não pode haver contradição alguma. Os argumentos e os resultados do decisório devem ser harmônicos e congruentes. Se no decisório acham-se presentes "proposições entre si inconciliáveis", impõe-se o recurso aos embargos de declaração.[322]

Distingue-se a contradição da obscuridade: aquela ocorre quanto são inconciliáveis duas ou mais proposições do decisório. A conclusão, por exemplo, não pode contradizer a fundamentação da sentença.[323] Mas, se os fundamentos são imprecisos ou incompreensíveis, tornando difícil sua harmonização com o dispositivo da sentença, o caso não é, propriamente, de julgamento contaminado por contradição, mas sim por obscuridade.[324]

---

[316] ARAÚJO CINTRA, Antônio Carlos de. Sobre os embargos de declaração. *Revista dos Tribunais*, v. 595, p. 15, maio 1985.

[317] GRECO FILHO, Vicente. *Direito processual civil brasileiro*. 9. ed. São Paulo: Saraiva, 1995, v. II, n. 55, p. 237.

[318] MONIZ DE ARAGÃO, Egas Dirceu. Embargos de declaração. *Revista dos Tribunais*, v. 633, jul. 1988, p. 15-16.

[319] BONDIOLI, Luis Guilherme Aidar. *Embargos de declaração*. São Paulo: Saraiva, 2005, p. 102.

[320] BARBOSA MOREIRA, José Carlos. *Comentários ao Código de Processo Civil*. 10. ed. Rio de Janeiro: Forense, 2002, v. V, n. 300, p. 545.

[321] PONTES DE MIRANDA, Francisco Cavalcanti. *Comentários ao Código de Processo Civil*. 3. ed. Rio de Janeiro: Forense, 2000, t. VII, p. 323.

[322] BARBOSA MOREIRA, José Carlos. *Comentários ao Código de Processo Civil*. 10. ed. Rio de Janeiro: Forense, 2002, v. V, p. 537. "O dispositivo deve sempre ser um consequente lógico da fundamentação e com ela estar afinado na sua integralidade. E os fundamentos expressos nas razões de decidir também devem ser coerentes entre si, assim como a parte dispositiva deve manter uma coerência interna" (BONDIOLI, Luis Guilherme Aidar. *Embargos de declaração*. São Paulo: Saraiva, 2005, p. 110).

[323] A motivação e o dispositivo devem ser "lógicos e congruentes, de modo a constituírem elementos inseparáveis de um ato unitário, que se interpretam e se iluminam reciprocamente" (LIEBMAN, Enrico Tullio. *Manuale di diritto processuale civile*. Milano: A. Giuffrè, 1974, v. II, n. 270, p. 212-213).

[324] "A contradição estendida da fundamentação ao dispositivo representa um caso não só de *contradição*, mas também de *obscuridade*, tendo em vista que será impossível determinar em que direção tencionou decidir o magistrado, pois estarão convivendo lado a lado no mesmo ato decisório duas linhas de argumentação que conduzem a soluções díspares, com a expressão de ambas na parte dispositiva, em situação semelhante à de decisão passível de mais de uma interpretação" (BONDIOLI, Luis Guilherme Aidar. *Embargos de declaração*. São Paulo: Saraiva, 2005, p. 113).

Para Calamandrei a consequência da contradição, assim como da obscuridade, é a ineficácia do julgado e sua inaptidão para pacificar o litígio, em total prejuízo do "acesso à ordem jurídica justa". A sentença contaminada por proposições contraditórias se torna ineficaz porque elas reciprocamente se neutralizam e se eliminam. Em outras palavras, a ineficácia da sentença assim viciada decorre do fato de a "indecisão" (o litígio) ter sido acertada com a "incerteza".[325]

Enfim, a contradição é sempre um gravíssimo vício da decisão judicial, mesmo quando fique restrita à fundamentação. É que fundamentação contraditória se equipara à própria ausência de motivação, na lição de Calamandrei.[326]

803. Omissão

Configura-se a omissão quando o ato decisório deixa de apreciar matéria sobre o qual teria de manifestar-se.[327] É induvidoso, portanto, o direito processual de nosso tempo, que "é direito da parte obter [da Justiça] comentário sobre todos os pontos levantados nos embargos declaratórios", de modo que "é nulo, por ofensa ao art. 535, do CPC [CPC/2015, art. 1.022], o acórdão que silencia sobre questão formulada nos embargos declaratórios".[328]

No processo justo, instituído e garantido pelo Estado Democrático, o contraditório deve ser completo, desde o diálogo da propositura da demanda até a resposta jurisdicional. Como o acesso à justiça há de ser pleno (CF, art. 5º, XXXV), pois não é dado ao litigante praticar a autotutela mediante suas próprias forças, nenhuma questão relevante para a justa composição do litígio pode deixar de ser apreciada e ponderada pelo juiz. A resposta do órgão judicial não é arbitrária, nem mesmo discricionária. Tem de ser "suficiente e adequada" diante das pretensões contrapostas, devendo a motivação do decisório abarcar as questões de fato e de direito integrantes do litígio. As garantias do processo e da tutela jurisdicional constituem direitos fundamentais assegurados pela Constituição, com destaque ao dever de proferir decisões adequadamente fundamentadas, sob pena de nulidade do julgamento (CF/1988, art. 93, IX).[329]

Grave não é apenas a falta de resposta a um pedido do autor ou a uma defesa do réu; é também igualmente grave a análise incompleta dos fundamentos das pretensões deduzidas em juízo. Nesta última situação, há uma resposta judicial àquelas pretensões, mas uma resposta imperfeita e insuficiente para cumprir o dever constitucional de fundamentação imposto ao Judiciário em todas as suas decisões.

---

[325] CALAMANDREI, Piero. La cassazione civile. *Opere giuridiche*. Napoli: Morano, 1976, v. II, parte III, n. 114, p. 319-320.

[326] "Tanto vale a absoluta falta de motivação, quanto uma motivação apenas *aparente*, que seja uma série de frases insignificantes ou contraditórias, as quais em substância não dão justificação alguma ao dispositivo" (CALAMANDREI, Piero. La cassazione civile. *Opere giuridiche*. Napoli: Morano, 1976, v. II, parte 4ª, n. 121, p. 350).

[327] DINAMARCO, Cândido Rangel. *Instituições de direito processual civil*. São Paulo: Malheiros, 2001, v. III, n. 1.238, p. 686.

[328] STJ, 1ª T., REsp 152.347/SP, Rel. Min. Humberto Gomes de Barros, ac. 19.11.1998, *DJU* 15.03.1999, p. 96. Segundo igual entendimento, assentou a Suprema Corte que "os provimentos judiciais, como ato de inteligência, devem mostrar-se *completos* (g.n.), expungidas as dúvidas nefastas ao entendimento que lhes é próprio. Por isso mesmo, o órgão investido do ofício judicante deve receber os embargos declaratórios como *oportunidade ótima* (g.n.) para possível elucidação quanto ao alcance do que for decidido" (STF, Pleno, ADIn 1.098 EDcl/SP, Rel. Min. Marco Aurélio, ac. 25.05.1995, *DJU* 29.09.1995, p. 31.904).

[329] "Ofende o art. 535, II, do CPC, o acórdão que, em resposta lacônica, rejeita os embargos declaratórios, sem tratar das questões neles formuladas" (STJ, 1ª T., REsp 67.943/RS, Rel. Min. Humberto Gomes de Barros, ac. 13.12.1995, *DJU* 04.03.1996, p. 5.361).

Se decidir aquém da demanda, reduzindo indevidamente o pedido ou os fundamentos postos pelas partes, ou por alguma delas, o juiz infringirá a garantia constitucional da ação e de acesso à justiça (CR/1988, art. 5º, XXXV), como adverte Cândido Dinamarco.[330]

Decorre diretamente da garantia do devido processo legal (CR/1988, art. 5º, LIV) a obrigatoriedade de que a motivação da decisão judicial (CR/1988, art. 93, IX) tenha extensão e profundidade para "justificar suficiente e racionalmente o deslinde dado à causa".[331] E isto só acontecerá quando, no dizer de Taruffo, a sentença ostentar a completeza da motivação.[332]

Qualquer falha ou omissão no campo da apreciação das pretensões e respectivos fundamentos deduzidos em juízo vicia a sentença em elemento essencial à sua validade e eficácia. Ainda que alguns argumentos tenham sido trabalhados pelo juiz, a análise incompleta diante das questões propostas pelas partes significa que a fundamentação não terá sido adequada, o que "implica insuficiência de motivação e autoriza a oposição de embargos de declaração". Se tal se passa no primeiro grau de jurisdição, muito mais grave se torna a lacunosidade dos julgamentos dos tribunais, visto que, as instâncias especiais e extraordinárias não apreciam recursos sobre matérias não enfrentadas pelo segundo grau de jurisdição.[333]

Não merece acolhida a tese, às vezes invocada pela jurisprudência à época do Código anterior, de que o tribunal não está obrigado a responder a todos os argumentos da parte, bastando justificar as razões adotadas para chegar à conclusão adotada pelo decisório. O CPC/2015 foi bem claro, no art. 489, § 1º, IV, não se considerar fundamentada a decisão que "não enfrentar todos os argumentos deduzidos no processo capazes de, em tese, infirmar a conclusão adotada pelo julgador".

Se remanesce alguma questão arguida pelo litigante cuja solução se apresente potencialmente capaz de influir na eventual composição do litígio, o tribunal não pode deixar de enfrentá-la. Se se ignorar essa imposição do sistema do contraditório e da completude obrigatória da apreensão e resolução do conflito deduzido em juízo e se der ao privilégio de escolher as questões a compor, dentre as diversas formuladas pelo litigante, o juiz ou tribunal estará proferindo decisão incompleta, deficiente e passível de nulidade. Os embargos de declaração são, *in casu*, o remédio recursal, específico para sanar esse tipo de vício de julgamento, e completar o ato judicial, tornando-o congruente com as questões validamente deduzidas no processo. Com isso, alcança-se não só um decisório completo, como se cumpre o dever constitucional de que as decisões judiciais sejam sempre adequadamente fundamentadas, sob pena de nulidade (CF, art. 93, IX).

O atual Código foi expresso, ainda, em determinar serem cabíveis os embargos para suprir omissão de ponto ou questão sobre a qual o juiz deveria pronunciar *de ofício* (art. 1.022, II). Resolveu, assim, controvérsia que existia à época da legislação anterior acerca da possibilidade ou não de a parte arguir em embargos matéria não debatida ainda nos autos, mas que, por ser de ordem pública, podia ser conhecida pelo magistrado de ofício.[334] Em tal hipótese, os embargos

---

[330] "Tal é a fórmula sistemática e global da regra de *correlação entre o provimento jurisdicional e a demanda*, a qual se apresenta com a dupla face de *veto a excessos* e de *exigência de inteireza* na oferta da tutela jurisdicional" (DINAMARCO, Cândido Rangel. *Instituições de direito processual civil*. São Paulo: Malheiros, 2001, v. II, n. 456, p. 139).

[331] BONDIOLI, Luis Guilherme Aidar. *Embargos de declaração*. São Paulo: Saraiva, 2005, p. 120.

[332] TARUFFO, Michele. *La motivazione della sentenza civile*. Padova: CEDAM, 1975, p. 55.

[333] Para Barbosa Moreira, é inegável o interesse da parte diante do julgado de segunda instância, em instar o tribunal a manifestar-se sobre inapreciados fundamentos a seu favor (até mesmo quando vencedora), a fim de possibilitar discussões em torno do assunto perante o órgão *ad quem* (*Comentários ao Código de Processo Civil*. 10. ed. Rio de Janeiro: Forense, 2002, v. V, n. 301, p. 547).

[334] O Superior Tribunal de Justiça já entendeu ser possível a oposição de embargos para suscitar questão que o juiz poderia ter conhecido de ofício (STJ, 6ª T., EDcl no AgRg no REsp 982.011/SC, Rel. Min. Rogério

assumem feitio infringente, para permitir a cassação do julgamento impugnado, podendo, outrossim, determinar, se for o caso, nova apreciação do recurso principal.[335]

804. Hipóteses de omissão

O atual Código deu maior e mais explícita dimensão às decisões omissas, passando no parágrafo único do art. 1.022 a considerar como tais os seguintes julgados:

(a) o que deixe de se manifestar sobre tese firmada em julgamento de casos repetitivos ou em incidente de assunção de competência aplicável ao caso sob julgamento (inciso I);

(b) o que incorra em qualquer uma das seguintes condutas (inciso II):

   (i) o que se limite à indicação, à reprodução ou à paráfrase de ato normativo, sem explicar sua relação com a causa ou a questão decidida;

   (ii) o que empregue conceitos jurídicos indeterminados, sem explicar o motivo concreto de sua incidência no caso;

   (iii) o que invoque motivos que se prestariam a justificar qualquer outra decisão;

   (iv) o que não enfrente todos os argumentos deduzidos no processo capazes de, em tese, infirmar a conclusão adotada pelo julgador;

   (v) o que se limite a invocar precedente ou enunciado de súmula, sem identificar seus fundamentos determinantes nem demonstrar que o caso sob julgamento se ajusta àqueles fundamentos; e,

   (vi) o que deixe de seguir enunciado de súmula, jurisprudência ou precedente invocado pela parte, sem demonstrar a existência de distinção no caso em julgamento ou a superação do entendimento (art. 489, § 1º)[336] (tratamos mais detalhadamente do tema no item nº 766 do v. I).

A legislação nova foi severa e minuciosa na repulsa à tolerância com que os tribunais vinham compactuando com verdadeiros simulacros de fundamentação, em largo uso na praxe dos juízos de primeiro grau e nos tribunais superiores. Por isso a enumeração explícita do CPC/2015 das situações em que não se deva considerar como fundamentada a decisão, sendo ela, portanto, omissa. Em todas essas situações, são cabíveis os embargos de declaração, para forçar o órgão judicante a completar o decisório.

Schietti, ac. 19.09.2013, DJe 27.09.2013; STJ, 2ª T., REsp 1.225.624/RJ, Rel. Min. Castro Meira, ac. 18.10.2011, DJe 03.11.2011). Entretanto, também já decidiu que não se pode inovar nos embargos para trazer questão jamais debatida nos autos (STJ, 2ª T., AgRg no AREsp 557.560/PB, Rel. Min. Mauro Campbell Marques, ac. 07.10.2014, DJe 15.10.2014; STJ, 2ª T., EDcl no REsp 1.343.129/SC, Rel. Min. Herman Benjamin, ac. 01.04.2014, DJe 15.04.2014).

[335] "(...) As questões cognoscíveis de ofício na instância ordinária devem ser analisadas nos embargos declaratórios apresentados na origem, independentemente da ocorrência de omissão" (STJ, 3ª T., AgRg no REsp 1.218.007/MT, Rel. Min. Moura Ribeiro, ac. 05.05.2015, DJe 13.05.2015).

[336] "É considerada omissa, para efeitos do cabimento dos embargos de declaração, a decisão que, na superação de precedente, não se manifesta sobre a modulação de efeitos" (CEJ/I Jorn. Dir. Proc. Civ., Enunciado nº 76).

805. Erro material

O atual CPC acrescentou outra hipótese ao rol de cabimentos dos embargos, estabelecendo, expressamente, serem admissíveis para corrigir erro material, ou seja, aquele manifesto, visível, facilmente verificável (CPC/2015, art. 1.022, III).[337] A jurisprudência, à época da codificação anterior, já vinha ampliando as hipóteses de cabimento desse recurso, de modo a permitir seu emprego com o fim corrigir erro material no *decisum*.[338] De tal sorte que a nova legislação apenas positivou o entendimento jurisprudencial dominante.

A rigor, o erro material consiste na "dissonância flagrante entre a vontade do julgador e a sua exteriorização; num defeito mínimo de expressão, que não interfere no julgamento da causa e na ideia nele veiculada (por exemplo, 2 + 2 = 5)".[339] Ocorre essa modalidade de erro quando a declaração, de fato, não corresponde à vontade real do declarante. Assim, e ainda a rigor, não se enquadram nessa categoria a inobservância de regras processuais e os erros de julgamento, vale dizer, o *error in procedendo* e o *error in iudicando*.[340] E desse modo, o CPC/2015, visto em sua literalidade, não teria chegado a incluir entre os casos de embargos de declaração, os chamados "erros evidentes", que acontecem quando o juiz, ao decidir, incorre em *equívoco manifesto* na análise dos *fatos* ou na aplicação do *direito*.

Lembra Rodrigo Mazzei, a propósito, que o erro admitido pelo CPC/2015 como corrigível por meio dos declaratórios poderia, a exemplo do que se passa no Código português, incluir o *error in iudicando*.[341] Assim, no conceito de *erro*, para efeito dos embargos, estaria incluída a *premissa equivocada*, que a jurisprudência já vinha dando como vício corrigível no espaço dos declaratórios,[342] inclusive no âmbito da justiça do trabalho.[343]

Ressalte-se, no entanto, que além de se prestar ao reconhecimento de nulidade de ordem pública e da correção do erro material, os embargos de declaração têm sofrido uma ampliação de cabimento por obra pretoriana, em nome dos modernos princípios da instrumentalidade e da efetividade do processo. Em caso, por exemplo, de contraste entre o acórdão embargado e a jurisprudência pacífica do STJ, já decidiu aquela alta Corte que a modificação do julgado pelo tribunal de origem, embora ofenda o art. 1.022, não merece ser sancionada com a decretação de nulidade. A prevalência da regra instrumental somente retardaria e tornaria mais cara e penosa a obtenção da tutela jurisdicional. Cassar um julgamento, para que a mesma matéria retorne, por meio do recurso especial, ao conhecimento do STJ, para afinal receber solução exatamente igual a que prevaleceu no julgamento dos declaratórios, entraria em atrito com a

---

[337] WAMBIER, Teresa Arruda Alvim; CONCEIÇÃO, Maria Lúcia Lins; RIBEIRO, Leonardo Ferres da Silva; MELLO, Rogério Licastro Torres de. *Primeiros comentários ao novo Código de Processo Civil*. São Paulo: RT, 2015, p. 1.475.

[338] STJ, 3ª T., EDcl. no AgRg no AREsp 523.100/RJ, Rel. Min. Marco Aurélio Bellizze, ac. 04.12.2014, *DJe* 11.12.2014; STJ, Corte Especial, EDcl na SEC 2.410/EX, Rel. Min. Nancy Andrighi, ac. 21.05.2014, *DJe* 28.05.2014.

[339] BONDIOLI, Luis Guilherme Aidar. Novidades em matéria de embargos de declaração no CPC de 2015. *Revista do Advogado*, São Paulo, n. 126, p. 153, maio 2015.

[340] BONDIOLI, Luis Guilherme Aidar. Novidades em matéria de embargos de declaração no CPC de 2015. *Revista do Advogado*, São Paulo, n. 126, p. 153, maio 2015.

[341] MAZZEI, Rodrigo. Embargos de declaração e agravo interno no Projeto de CPC (Substitutivo de Lavra do Deputado Paulo Teixeira): algumas sugestões para retificações do texto projetado. *Revista de Processo*, v. 221, p. 255, jul./2013. O dispositivo do atual Código Português (2013) que trata da matéria é o art. 616º, nº 2: "2 – Não cabendo recurso da decisão, é ainda lícito a qualquer das partes requerer a reforma da sentença quando, por *manifesto lapso do juiz* (g.n.): a) Tenha ocorrido erro na determinação da norma aplicável ou na qualificação jurídica dos factos; b) Constem do processo documentos ou outro meio de prova plena que, só por si, impliquem necessariamente decisão diversa da proferida".

[342] MONTEIRO NETO, Nelson. Âmbito dos embargos de declaração. *Revista de Processo*, 232, p. 203, jun. 2014.

[343] MAZZEI, Rodrigo. Comentários ao art. 1.022. In: WAMBIER, Teresa Arruda Alvim; DIDIER JR., Fredie; TALAMINI, Eduardo; DANTAS, Bruno. *Breves comentários ao novo Código de Processo Civil*. São Paulo: RT, 2015, p. 2.276.

teleologia do processo justo, fundada na garantia de celeridade, efetividade e razoabilidade da duração do processo.³⁴⁴ Com isso, o STJ preferiu manter, na particularidade do caso, um acórdão de tribunal inferior, que na literalidade da lei processual estaria exorbitando os limites do art. 535 do CPC/1973 (CPC/2015, art. 1.022), mas que, à evidência, aplicou no mérito tese corretíssima, avaliada pela própria jurisprudência da Corte Superior. Nota-se, portanto, uma tendência de reconhecer, na jurisprudência, um papel mais prático e mais amplo aos embargos de declaração, sem, é claro, ignorar os limites do art. 1.022 do CPC/2015, na ausência de razões relevantes que justifiquem sua pontual inobservância.

Nessa mesma perspectiva, nos últimos tempos, os tribunais superiores têm admitido que os embargos de declaração se prestem a corrigir decisão contaminada por "escancarado engano" formado a partir do desconhecimento de determinada circunstância evidente nos autos ou de premissa totalmente *equivocada*. O equívoco, em tais casos, seria tão acentuado que o reparo não exigiria um verdadeiro reexame nem um profundo rejulgamento da causa. Um *simples alerta* mostrar-se-ia suficiente para a necessária reformulação do entendimento equivocadamente manifestado. Esse avançado emprego dos embargos de declaração não pode ser desprezado na aplicação do atual Código, como já se advertiu em doutrina.³⁴⁵

Merecendo acolhida – como de fato merece –, esta visão funcional e prática dos embargos de declaração justifica a tese que vem sendo doutrinariamente defendida no sentido de que a prolação de decisão *ultra petita* ou *extra petita* equipara-se à decisão contaminada por erro material, merecedora, portanto, de ser corrigida pela via dos declaratórios.³⁴⁶ Registre-se, ainda, que a orientação da jurisprudência do STJ não é diferente da doutrina, no que toca à corrigenda do julgado *extra petita* por meio de embargos de declaração. Em tal caso, os embargos têm a força de adequar a decisão aos limites do objeto litigioso, extirpando o excesso ocorrido em relação ao pedido do autor.³⁴⁷

806. Compreensão extensiva do cabimento dos embargos de declaração

O art. 1.022 do CPC/2015 alargou as hipóteses de cabimento dos embargos de declaração, seguindo a tendência da jurisprudência à época da legislação anterior de ampliação do cabimento dos declaratórios de modo a alcançar situações que, a rigor, não se enquadrariam no casuísmo

---

³⁴⁴ "Seria excessivo rigor processual restabelecer um acórdão incorreto, meramente para privilegiar a aplicação pura do art. 535 do CPC [CPC/2015, art. 1.022]. Tal medida obrigaria a parte, que atualmente sagrou-se vitoriosa no processo, a interpor um novo recurso especial, movimentando toda a máquina judiciária, para atingir exatamente o mesmo resultado prático que já obteve. Isso implicaria um desperdício de tempo e de recursos públicos incompatível com a atual tendência em prol de um processo efetivo" (STJ, 3ª T., REsp 970.190/SP, Rel. Min. Nancy Andrighi, ac. 20.05.2008, *DJe* 15.08.2008). O aresto apoiou-se na mesma linha de praticidade e efetividade anteriormente adotada pela mesma Turma julgadora, a propósito das nulidades processuais em geral: "O processo civil foi criado para possibilitar que se profiram decisões de mérito, não para ser, ele mesmo, objeto das decisões que proporciona. A extinção de processos por meros óbices processuais deve ser sempre medida de exceção" (STJ, 3ª T., REsp 802.497/MG, Rel. Min. Nancy Andrighi, ac. 15.05.2008, *DJe* 24.11.2008).

³⁴⁵ BONDIOLI, Luis Guilherme Aidar. Novidades em matéria de embargos de declaração no CPC de 2015. *Revista do Advogado*, São Paulo, n. 126, maio 2015, p. 153. Para Rodrigo Mazzei, o fato de nos arts. 1.023 e 1.025 o CPC/2015 falar simplesmente em "erro" e não mais em "erro material", autoriza a interpretação de que está admitindo o cabimento dos embargos de declaração para "outros tipos de erro" além dos limites estritos do erro material (MAZZEI, Rodrigo. Comentários ao art. 1.022. In: WAMBIER, Teresa Arruda Alvim; DIDIER JR., Fredie; TALAMINI, Eduardo; DANTAS, Bruno. *Breves comentários ao novo Código de Processo Civil*. São Paulo: RT, 2015, p. 2.276).

³⁴⁶ DIDIER JR., Fredie; CUNHA, Leonardo Carneiro da. *Curso de direito processual civil*. 13. ed. Salvador: JusPodivm, 2016, p. 256.

³⁴⁷ STJ, 1ª T., EDcl no REsp. 971.803/SP, Rel. Min. Benedito Gonçalves, ac. 04.03.2010, *DJe* 12.03.2010; STJ, 2ª T., EDCl no REsp. 1.706.148/RJ, Rel. Min. Herman Benjamin, ac. 19.03.2019, *DJe* 22.04.2019; STJ, 1ª T., EDcl no RMS 61.317/MG, Rel. Min. Sérgio Kukina, ac. 17.11.2020, *DJe* 236.11.2020.

do art. 535 do CPC/1973. De longa data os tribunais construíram a tese de ser o erro material passível de correção por intermédio dos embargos de declaração, o que agora está expresso no CPC/2015. Não se deteve, porém, a criação jurisprudencial apenas no erro material. Mais ampliou o uso do recurso do art. 1.022 para alcançar o erro de fato e até de direito, quando qualificável como "erro manifesto".[348] Argumenta-se, para justificar a correção do equívoco grave e evidente, com o princípio da economia processual, já que os embargos teriam, nesses casos especialíssimos, o papel de evitar o ajuizamento de futura ação rescisória, de efeitos facilmente previsíveis.

Em dois outros acórdãos, o STJ assentou:

(a) em caso de ter sido reconhecido um contrato no pressuposto de que havia um início de prova escrita, os embargos, que demonstraram só existir no processo prova testemunhal, foram providos para modificar o julgamento de mérito, por ter sido resultado de "erro manifesto";[349]

(b) em caso de deferimento de índice de atualização monetária não pleiteado pelo recorrente, também foram acolhidos e providos os embargos para "corrigir o erro evidente".[350]

A invocação de *premissas equivocadas* no acórdão tem sido reiteradamente admitida como "erro material", ou "erro de fato" capaz de justificar a reforma do acórdão por meio de embargos de declaração.[351]

Tomando como ponto de partida a jurisprudência do STJ e a nova redação do art. 1.022 do CPC/2015, parece certo que, em relação aos casos legais de cabimento dos embargos de declaração, deve-se evitar a interpretação literal e restritiva, para fazer prevalecer maior utilidade e funcionalidade do recurso integrativo. Por exemplo, cabem as seguintes ponderações:

(a) a *obscuridade* do julgado não deve ser visualizada apenas nas palavras e frases do decisório, mas também na forma desconexa de organizar o raciocínio na construção dos fundamentos que devem alicerçar as conclusões do julgado;

(b) nas *contradições*, deve-se avançar a avaliação para além dos contrastes entre conclusões e premissas. A coerência deve instalar-se sobre todo o arcabouço lógico da sentença, tanto na apreciação dos fatos e provas como das questões de direito, em razão da conduta de boa-fé e lealdade exigida, pelo moderno processo justo, não só das partes, mas também dos juízes e tribunais. Não se admite contradição

---

[348] Teresa Arruda Alvim Wambier cita exemplo da jurisprudência do STJ em que os embargos de declaração foram admitidos para corrigir decisão acerca de correção monetária, que, se prevalecesse, geraria intolerável enriquecimento sem causa. O erro cometido foi qualificado de "manifesto" (STJ, 4ª T., EDREsp 259.260/RS, Rel. Min. Sálvio de Figueiredo Teixeira, ac. 26.06.2001, *DJU* 20.08.2001, p. 472; WAMBIER, Teresa Arruda Alvim. *Omissão judicial e embargos de declaração*. São Paulo: RT, 2005, p. 97).

[349] STJ, 5ª T., EDREsp 255.709/SP, Rel. Min. José Arnaldo da Fonseca, ac. 13.09.2000, *DJU* 23.10.2000, p. 169.

[350] STJ, 5ª T., REsp 199.046/SP, Rel. Min. Gilson Dipp, ac. 16.03.2000, *DJU* 10.04.2000, p. 108.

[351] STJ, 1ª T., AgRg nos EInf nos EDcl no REsp 912.564/SP, Rel. Min. Teori Albino Zavascki, ac. 08.04.2008, *DJe* 17.04.2008; STJ, 3ª T., REsp 883.119/RN, Rel. Min. Nancy Andrighi, ac. 04.09.2008, *DJe* 16.09.2008. O TJMG já teve oportunidade de adotar a orientação traçada pelo STJ: "É permitido ao julgador, em caráter excepcional, atribuir efeitos infringentes aos embargos de declaração, para correção de premissa equivocada, com base em erro de fato, sobre o qual tenha se fundado o julgado embargado, quando tal for decisivo para o resultado do julgamento" (TJMG, 10ª Câm. Cív., ED-Cv 1.0024.01.566861-9/004, Rel. Des. Paulo Roberto Pereira da Silva, j. 26.02.2013).

entre a conduta que antecede à sentença e aquela que se observou no julgamento de mérito;[352]

(c) por fim, as *omissões* justificadoras dos embargos de declaração podem referir-se tanto aos pedidos como aos seus fundamentos, e podem se apresentar como falta total de consideração à questão de fato ou de direito arguida no processo, como na apreciação apenas de parte das pretensões e respectivos fundamentos. A fundamentação do decisório há de conter resposta *completa* e *adequada* a todos os argumentos relevantes deduzidos em juízo. Assim, a omissão a corrigir por meio de embargos declaratórios pode ser total ou parcial, referindo-se aos pedidos ou aos fundamentos que os sustentem;

(d) são cabíveis, ainda os embargos de declaração para corrigir erro material ou de fato, configurador de premissa *falsa* ou *equivocada* adotada pela decisão embargada.[353] Observa Shimura que, "se há erro material, só aparentemente pode se falar em modificação do decidido ou em efeito infringente, haja vista que o que se terá feito na verdade é adequar a decisão àquilo que o juiz efetivamente quisera dizer". E, para melhor robustecer sua afirmação, invoca a conceituação, manifestada em voto proferido em julgado do STF, pelo Ministro Cézar Peluso, na qual se reconhece a real dimensão do erro material corrigível por meio dos embargos de declaração: "erro material não são apenas os defeitos exteriores ocorrentes na documentação do juízo ou na formação do documento, mas também *toda divergência ocasional entre a ideia e a sua representação, objetivamente reconhecível, que demonstre não traduzir o pensamento ou a vontade do prolator*"[354] (g.n.).

Com esse comportamento, a jurisprudência tem transformado os embargos de declaração num poderoso e eficiente instrumento de extirpação dos erros cometidos nas decisões, de maneira grave e evidente. Segundo o espírito da tutela justa e efetiva, assegurada pela ordem constitucional democrática, não há justificativa para se recusar a aplicação de um procedimento idôneo para superar, de pronto, tais erros judiciais, principalmente quando não houver outro recurso para a reforma do decisório equivocado, ou quando o recurso existente for de problemática eficácia para evitar o prejuízo imediato e certo do litigante.

---

[352] O STJ, por exemplo, reconheceu contradição, num acórdão em que, a um só tempo, proclamava a necessidade de prova pericial como indispensável à elucidação da controvérsia, e concluía julgando a causa, em sentido contrário ao apurado na prova técnica, sem fazer qualquer apreciação em torno da existência do laudo técnico e de suas conclusões. Suscitada a contradição, o STJ reconheceu a "violação do art. 535, I, do CPC [CPC/2015, art. 1.022, I], por permanecer omisso [o Tribunal *a quo*] no ponto, mesmo após a interposição dos aclaratórios". O recurso especial foi provido "para cassar o acórdão" e determinar que outro fosse proferido "em atenção às conclusões exaradas no laudo pericial" (STJ, 3ª T., REsp 1.143.851, Rel. Min. Nancy Andrighi, ac. 24.05.2011, *DJe* 02.08.2011).

[353] "Embargos declaratórios. Erro material. Prescrição. 1 – Demonstrado o erro material, deve o recurso de embargos de declaração ser acolhido para integrar o acórdão. 2 – Embargos de declaração acolhidos com efeitos infringentes para reduzir o julgamento aos termos do pedido formulado no recurso especial" (STJ, 2ª T., EDcl nos EDcl nos EDcl no REsp 357.317/SP, Rel. Min. João Otávio de Noronha, *DJU* 22.11.2007). "Embargos de declaração. Equívoco. Existência. Efeitos infringentes. Cabimento. I – Constatado equívoco na decisão embargada, é possível a concessão de efeitos modificativos aos embargos de declaração. II – Tempestividade do agravo demonstrada por meio de documento trazido na formação do instrumento, em razão de feriado municipal. Embargos acolhidos, com efeitos infringentes, para dar provimento ao agravo de instrumento, determinando sua convolação em recurso especial" (STJ, 3ª T., EDcl no AgRg no Ag 640.808/PR, Rel. Min. Castro Filho, *DJU* 10.09.2007).

[354] SHIMURA, Sérgio Seiji; GARBI JR., Carlos Alberto. Os efeitos infringentes dos embargos de declaração. *Revista de Processo*, v. 319, p. 257, São Paulo, set./2021.

Nessa quadra evolutiva do direito processual civil, os erros conspícuos, mesmo ultrapassando literalmente os estritos limites dos erros materiais, têm sido tratados como sanáveis em sede de embargos de declaração, e tudo conspira para que devam continuar a sê-lo no regime do atual CPC, com as devidas cautelas.

Convém, por último, registrar que as duas turmas do STF, em decisões recentíssimas, pronunciadas no final da *vacatio legis*, do CPC/2015 e nos primeiros dias de sua vigência, acentuaram a tendência jurisprudencial de elastecer os casos de admissibilidade dos embargos declaratórios, admitindo seu emprego para corrigir erros evidentes, ainda que não enquadrados com exatidão no casuísmo do Código. Trata-se de interpretação e aplicação dos instrumentos processuais, de maneira funcional e teleológica, mais atenta às metas da tutela jurisdicional justa do que à subserviência às formalidades legais. Nessa linha:

(a) a 1ª Turma acolheu os embargos de declaração para reconhecer o erro cometido no provimento do recurso, consistente em aplicar "teto financeiro" a empregado de sociedade de economia mista estadual (CEDAE), quando, na verdade, "possui autonomia financeira". O recurso extraordinário que não havia sido conhecido, por força dos declaratórios acabou sendo conhecido e provido;[355]

(b) a 2ª Turma, por sua vez, através de decisão do Relator Min. Teori Zavascki, acolheu embargos declaratórios para reconhecer o erro cometido acerca do índice de correção monetária aplicado no julgamento do recurso extraordinário e reformou a decisão embargada, dando dessa forma efeito infringente aos embargos.[356]

807. Procedimento

I – Proposição dos embargos

Os embargos de declaração devem ser propostos no prazo de cinco dias, tanto no caso de decisão de primeiro grau como de tribunal. Contar-se-á em dobro se houver litisconsortes, com diferentes advogados.[357]

A petição do embargante será endereçada ao juiz ou ao relator, com precisa indicação do erro, obscuridade, contradição ou omissão (art. 1.023 *caput*). Que justifique a pretendida declaração. Não há preparo.

II – Requisito de admissibilidade dos embargos de declaração

O STJ chegou a considerar descabidos os embargos quando não especificado o inciso do art. 1.022 em que o recurso declaratório estaria fundado, por invocação da antiga Súmula nº 284/STF aplicável ao recurso extraordinário por deficiência de fundamentação, de modo a não permitir a exata compreensão da controvérsia. Procedeu, entretanto, o STJ a uma reavaliação da matéria, tendo em conta o art. 927, V, do CPC/2015, e em prestígio ao princípio da instrumentalidade das formas e à *ratio decidendi* adotada pela Corte Especial no julgamento do EAREsp 1.672.966/MG, segundo a qual a inobservância à regra processual que pode gerar o não conhecimento é apenas aquela passível de comprometer a compreensão da tese jurídica desenvolvida. Fixou-se, então, o seguinte entendimento:

---

[355] STF, 1ª T., ARE 660.089 ED/RJ, Decisão do Relator Min. Roberto Barroso de 15.02.2016, *DJe* 23.02.2016.
[356] STF, 2ª T., RE 817.100 ED/RS, Decisão do Relator Min. Teori Zavascki de 04.04.2016, *DJe* 08.04.2016.
[357] CPC/2015, art. 229.

"... IV – Superação do óbice contido na Súmula n. 284/STF, mitigado o rigor processual e assentada a cognoscibilidade do Recurso Especial quando a alegação de violação ao art. 1.022 do CPC/2015 vier desacompanhada da indicação do(s) inciso(s) correspondente(s), desde que, inequivocamente demonstrado, nas razões recursais, de qual(ais) vício(s) integrativo(s) padeceria o provimento jurisdicional recorrido e sua importância para a solução da controvérsia.

V – *In casu,* não obstante a ausência de indicação dos incisos I e II do art. 1.022 do CPC/2015 das razões do Recurso Especial extrai-se, de forma inequívoca, tais requisitos".[358]

III – Julgamento

Em regra, sem audiência da parte contrária, o juiz decidirá o recurso em cinco dias.

Nos tribunais, o julgamento caberá ao mesmo órgão que proferiu o acórdão embargado. Para tanto, o relator apresentará os embargos em mesa na sessão subsequente, proferindo seu voto. Se não houver julgamento nessa sessão, o recurso será incluído em pauta automaticamente (art. 1.024, § 1º). Quer isso dizer que o relator do acórdão impugnado continuará sendo o relator para o julgamento dos embargos declaratórios. Não lhe cabe, portanto, julgar monocraticamente embargos de declaração opostos a decisório do colegiado.

O CPC/2015, contudo, tem regra no sentido de que se o recurso for oposto contra decisão singular do relator ou outra unipessoal proferida em tribunal, o prolator da decisão embargada decidi-lo-á monocraticamente (art. 1.024, § 2º). Vale dizer, nesses casos, não há cabimento de serem os embargos julgados pelo órgão especial. O recurso será sempre decidido pelo mesmo órgão singular que proferiu a decisão impugnada.[359]

IV – Contraditório

Em regra, não há contraditório após a interposição do recurso, pois os embargos de declaração não se destinam a um novo julgamento da causa, mas apenas ao aperfeiçoamento do decisório já proferido.

Havendo, porém, casos em que o suprimento de lacuna ou a eliminação do erro ou da contradição possa implicar modificação da decisão embargada, deverá o juiz intimar o embargado para, querendo, manifestar-se no prazo de cinco dias (art. 1.023, § 2º).

Registre-se que há uma corrente que defende entendimento muito mais amplo, segundo o qual o contraditório deveria ser observado em qualquer situação, e não apenas nos casos em que se pleiteia modificação da decisão embargada.[360]

808. Prequestionamento

O atual Código superou o drama frequentemente enfrentado pela parte que tem de atender a exigência de prequestionamento como requisito de admissibilidade do recurso especial e do recurso extraordinário, e encontra resistência do tribunal *a quo* a pronunciar-se sobre os embargos de declaração, havidos como necessários pela jurisprudência do STF e do STJ.

---

[358] STJ, 1ª T., AgInt no AREsp 1.935.622/SP, Rel. Min. Gurgel de Faria, ac. 05.09.2023, *DJe* 21.09.2023.
[359] WAMBIER, Teresa Arruda Alvim *et al. Primeiros comentários ao novo Código de Processo Civil, artigo por artigo.* São Paulo: RT, 2015, p. 1.478.
[360] MAZZEI, Rodrigo. Embargos de declaração e agravo interno no Projeto de CPC (Substitutivo de Lavra do Deputado Paulo Teixeira): algumas sugestões para retificações do texto projetado. *Revista de Processo,* v. 221, jul. 2013, p. 269.

Para não deixar desamparado o recorrente, dispôs o art. 1.025: "consideram-se incluídos no acórdão os elementos que o embargante suscitou, para fins de pré-questionamento, ainda que os embargos de declaração sejam inadmitidos ou rejeitados, caso o tribunal superior considere existentes erro, omissão, contradição ou obscuridade".

Com essa inovação, desde que se considere realmente ocorrente no acórdão embargado, erro, omissão, contradição ou obscuridade, considerar-se-ão prequestionados os elementos apontados pelo embargante, ainda que o Tribunal de origem não admita os embargos. Vale dizer, o Tribunal Superior deverá considerar "incluídos no acórdão os elementos que o recorrente afirma deverem constar, se os embargos de declaração tiverem sido indevidamente inadmitidos".[361]

Com essa postura, o atual CPC adotou orientação que já vinha sendo aplicada pelo STF, segundo sua Súmula nº 356,[362] no sentido de ser suficiente a oposição de embargos de declaração pela parte, para se entender realizado o prequestionamento necessário para a viabilidade do recurso extraordinário.

A nosso ver, a tese do atual CPC a respeito do prequestionamento se afina com o posicionamento que já vinha sendo adotado pelo STF, segundo o qual, se o tribunal de origem se recusa a suprir, em embargos declaratórios devidamente manifestados, omissão efetivamente ocorrida, deve o requisito do prequestionamento ser dado como superado.[363] Portanto, à luz do art. 1.025 do CPC/2015, o julgamento do recurso extraordinário ou especial não deve limitar-se ao reconhecimento da ofensa cometida às regras dos declaratórios, a fim de impor ao tribunal de origem outro julgamento ao recurso aclarador, como prevalecia na jurisprudência do STJ anteriormente ao Código atual.[364]

Nos termos da lei nova, o que ocorre é o reconhecimento de estar superado o requisito do prequestionamento, na espécie, malgrado a omissão indevida cometida pelo tribunal *a quo*. Caberá, assim, ao tribunal superior (STF ou STJ) julgar o recurso extraordinário ou especial e não devolver o processo à inferior instância para novo julgamento dos embargos.

809. Efeito interruptivo

Quanto ao reflexo imediato ocorrido sobre a decisão embargada, esclarece o art. 1.026 que "os embargos de declaração não possuem efeito suspensivo e interrompem o prazo para a interposição de recurso".[365]

Após o julgamento dos declaratórios, portanto, recomeça-se a contagem por inteiro do prazo para interposição do outro recurso cabível na espécie contra a decisão embargada. A

---

[361] WAMBIER, Teresa Arruda Alvim. *Embargos de declaração e omissão do juiz*. 2. ed. São Paulo: RT, 2014, p. 225.

[362] "O ponto omisso da decisão, sobre o qual não foram opostos embargos declaratórios, não pode ser objeto de recurso extraordinário, por faltar o requisito do prequestionamento" (Súmula nº 356 do STF).

[363] "A falta de manifestação do tribunal *a quo* sobre as normas discutidas no recurso extraordinário não impede, em princípio, o seu exame pelo STF, se a parte buscou o suprimento da omissão mediante embargos declaratórios (Súmula nº 356) (...)" (STF, 1ª T., AI 198.631 AgR/PA, Rel. Min. Sepúlveda Pertence, ac. 11.11.1997, *DJU* 19.12.1997, p. 48).

[364] STJ, 1ª T., REsp 1.111.976/DF, Rel. Min. Benedito Gonçalves, ac. 06.08.2009, *DJe* 19.08.2009; STJ, 5ª T., REsp 509.953/RS, Rel. Min. Jorge Scartezzini, ac. 04.12.2003, *DJU* 08.03.2004, p. 319.

[365] Está assentado pela Corte Especial do STJ (EREsp n. 302.177/SP) "o entendimento de que os Embargos de Declaração, mesmo quando incabíveis ou de caráter manifestamente infringente, interrompem o prazo para a interposição de outros recursos, a não ser na hipótese de os Embargos não serem conhecidos por intempestividade, o que não se aplica à espécie" (STJ, 3ª T., AgRg no REsp 1.128.286/GO, Rel. Min. Sidnei Benetti, ac. 16.04.2013, *Dje* 06.05.2013). Quando, porém, o recurso for extemporâneo, não haverá a interrupção, mesmo porque o prazo teria vencido antes da manifestação dos declaratórios (STJ, 3ª T., AgRg no REsp 816.537/PR, Rel. Min. Humberto Gomes de Barros, ac. 25.09.2007, *DJU* 15.10.2007, p. 258).

reabertura do prazo deve beneficiar todos que tenham legitimação para recorrer, e não apenas o embargante. Interrompe-se o prazo do recurso principal na data do ajuizamento dos embargos e permanece sem fluir até a intimação do aresto que os decidir.[366]

Considerando que os embargos de declaração não se destinam ao reexame das questões já decididas, o Superior Tribunal de Justiça tem acentuado, reiteradamente, que se a parte usar o recurso fora dos permissivos do art. 1.022, e o empregar para simplesmente encobrir o verdadeiro *pedido de reconsideração*, será o caso de não lhes reconhecer a força interruptiva do prazo do recurso principal prevista no art. 1.026.[367] Ou seja: a jurisprudência do STJ no sentido de que "os embargos de declaração, ainda que rejeitados, interrompem o prazo recursal não pode servir para mascarar meros pedidos de reconsideração nomeados de 'embargos de declaração'".[368]

Todavia, instalada divergência entre as Turmas,[369] a questão foi levada à apreciação da Corte Especial do STJ, a qual, por decisão unânime, repeliu a tese da possibilidade de tratar os embargos declaratórios como mero "pedido de reconsideração". Ainda que o objetivo tenha sido puramente infringente da decisão embargada, aquela Alta Corte considerou a tese em foco como violadora do art. 538 do CPC/1973 (art. 1.026 do CPC/2015).

Os fundamentos do acórdão da Corte Especial, que teve o fito de uniformizar a jurisprudência do STJ, foram os seguintes:

> "(...) 2. Tal descabida mutação: a) não atende a nenhuma previsão legal, tampouco aos requisitos de aplicação do princípio da fungibilidade recursal; b) traz surpresa e insegurança jurídica ao jurisdicionado, pois, apesar de interposto tempestivamente o recurso cabível, ficará à mercê da subjetividade do magistrado; c) acarreta ao embargante grave sanção sem respaldo legal, qual seja a não interrupção de prazo para posteriores recursos, aniquilando o direito da parte embargante, o que supera a penalidade objetiva positivada no art. 538, parágrafo único, do CPC.
>
> 3. A única hipótese de os embargos de declaração, mesmo contendo pedido de efeitos modificativos, não interromperem o prazo para posteriores recursos é a de intempestividade, que conduz ao não conhecimento do recurso.
>
> 4. Assim como inexiste respaldo legal para se acolher pedido de reconsideração como embargos de declaração, tampouco há arrimo legal para se receber os

---

[366] O prazo para os embargos de declaração começa a ser contado no primeiro dia útil seguinte ao que foi publicada a decisão embargada, observada a regra geral de que a contagem se faz sem computar o *dies a quo* e incluindo o *dies ad quem* (art. 224, *caput*), devendo ambos ocorrerem em dia útil (§ 1º). "com a exclusão do dia em que se deu a intimação da decisão proferida nos embargos" (STF, RE 92.781, Pleno, Rel. Min. Cunha Peixoto, ac. 23.10.1980, *Boletim Jurídico da CEF*, n. 22 mar. 1981, p. 2-3).

[367] "Os embargos de declaração com a finalidade de pedido de reconsideração não interrompem o prazo recursal" (STJ, 2ª T., REsp 1.073.647/PR, Rel. Min. Humberto Martins, ac. 07.10.2008, *DJe* 04.11.2008. No mesmo sentido: STJ, 1ª T., REsp 984.724/MG, Rel. Min. Teori Albino Zavascki, ac. 20.05.2008, *DJe* 02.06.2008; STJ, 6ª T., AgRg no REsp 1.108.166/SC, Rel. Min. Og Fernandes, ac. 20.10.2009, *DJe* 09.11.2009; STJ, 2ª T., REsp 1.214.060/GO, Rel. Min. Mauro Campbell, ac. 23.11.2010, *DJe* 28.09.2010; STJ, 2ª T., REsp 1.214.060/PR, Rel. Min. Herman Benjamin, ac. 23.11.2010, *DJe* 04.02.2011; STJ, 1ª T., AgRg no Ag no REsp 187.507/MG, Rel. Min. Arnaldo Esteves Lima, ac. 13.11.2012, *DJe* 23.11.2012).

[368] STJ, 2ª T., REsp 964.235/PI, Rel. Min. Castro Meira, ac. 20.09.2007, *DJU* 04.10.2007, p. 226.

[369] No sentido da tese antiga: STJ, 4ª T., AREsp 468.743/RJ, Rel. Min. Raul Araújo, ac. 08.04.2014, *DJe* 13.05.2014; STJ, 3ª T., AgRg no REsp 1.505.346/SP, Rel. Min. Marco Aurélio Bellizze, ac. 02.06.2015, *DJe* 16.06.2015. Rejeitando a tese: STJ, 2ª T., AgRg no Ag 1.433.214/RJ, Rel. Min. Herman Benjamin, ac. 28.04.2015, *DJe* 1º.07.2015; STJ, 3ª T., AgRg nos EDcl no AREsp 101.940/RS, Rel. Min. Paulo de Tarso Sanseverino, ac. 12.11.2013, *DJe* 20.11.2013; STJ, 1ª T., REsp 1.213.153/SC, Rel. Min. Napoleão Nunes Maia Filho, ac. 15.09.2011, *DJe* 10.10.2011.

aclaratórios como pedido de reconsideração. Não se pode transformar um recurso taxativamente previsto no art. 535 do CPC em uma figura atípica, 'pedido de reconsideração', que não possui previsão legal ou regimental".[370]

Relevante, por fim, é a distinção feita pelo STJ entre o efeito dos embargos de declaração diante dos prazos de recurso e de contestação, quando, por exemplo, se está perante decisão de medida liminar anterior à citação. Para aquela Corte "os embargos de declaração interrompem o prazo para a interposição de outros recursos, por qualquer das partes, nos termos do art. 538 do CPC/73". "Tendo em vista a natureza jurídica diversa da contestação e do recurso, não se aplica a interrupção do prazo para oferecimento da contestação, estando configurada a revelia." Fundamentou-se, o aresto, no argumento de que "a contestação possui natureza jurídica de defesa. O recurso, por sua vez, é uma continuação do exercício do direito de ação, representando remédio voluntário idôneo a ensejar a reanálise de decisões judiciais proferidas dentro de um mesmo processo. Denota-se, portanto, que a contestação e o recurso possuem naturezas jurídicas distintas (...)".[371] Daí por que não se pode aplicar uma suspensão específica do prazo de recurso a um prazo típico de defesa.

810. Recurso interposto antes dos embargos de declaração

Que ocorre se uma parte já havia interposto o recurso principal, quando a outra lançou mão dos embargos de declaração? Duas são as situações a considerar: *(i)* o objeto dos embargos não interfere no do recurso principal, de maneira que o julgamento daqueles nada alterou quanto à matéria impugnada no último; *(ii)* o objeto dos embargos incide sobre questões enfocadas no recurso principal. No primeiro caso, não haverá necessidade de ser renovado ou ratificado o recurso anteriormente interposto;[372] no segundo, todavia, a reiteração faz-se necessária porque, uma vez julgados e acolhidos os embargos, a decisão recorrida já não será a mesma que o recurso principal antes atacara (ver, *retro*, o nº 743).

O problema que suscitou divergências no passado, no regime do CPC/2015 é objeto de regulação clara e precisa: não pode o recurso interposto antes dos embargos de declaração ser tratado como intempestivo e sujeito à obrigatória reiteração após resolução dos aclaratórios. Mesmo que haja modificação da decisão originária, ter-se-á de abrir, obrigatoriamente, prazo de quinze dias para que o recorrente possa alterar suas razões, compatibilizando-as com o teor do último julgado (CPC/2015, art. 1.024, § 4º). Por outro lado, o atual Código é também expresso na previsão de que, independentemente de ratificação, o primitivo recurso será normalmente conhecido e julgado, "se os embargos de declaração forem rejeitados ou não alterarem a conclusão do julgamento anterior" (art. 1.024, § 5º). Sobre o tema, ver, *retro*, o item nº 743.

O STJ chegou a sumular sua jurisprudência, com o seguinte enunciado: "É inadmissível o recurso especial interposto antes da publicação do acórdão dos embargos de declaração, sem posterior ratificação" (Súmula nº 418). A Corte Especial daquele tribunal, no entanto, em questão de ordem suscitada no REsp 1.129.215/DF, firmou entendimento de que "a única interpretação cabível para o enunciado da Súmula 418 do STJ é aquela que prevê o ônus da ratificação do

---

[370] STJ, Corte Especial, REsp 1.522.347/ES, Rel. Min. Raul Araújo, ac. 16.09.2015, *DJe* 16.12.2015.
[371] STJ, 3ª T., REsp 1.542.510/MS, Rel. Min. Nancy Andrighi, ac. 27.09.2016, *DJe* 07.10.2016.
[372] "Pelas peculiaridades da espécie, não se tem por extemporânea a apelação interposta antes do julgamento dos declaratórios apresentados pela parte contrária, uma vez que os pontos da sentença que foram atacados na apelação em nada foram alterados pelo *decisum* dos aclaratórios, que, por ser meramente integrativo, apenas complementou o primeiro decisório, sem dar-lhe qualquer outro conteúdo, principalmente modificativo, no atinente àqueles tópicos" (STJ, 4ª T., REsp 280.427/RJ, Rel. Min. César Rocha, ac. 19.02.2002, *DJU* de 26.08.2002, p. 226).

recurso interposto na pendência de embargos declaratórios apenas quando houver alteração na conclusão do julgamento anterior".[373] Após o advento do CPC/2015, a Súmula em questão veio a ser cancelada por decisão da Corte Especial, em sessão de 1º.07.2016.

811. Efeito suspensivo especial

A regra básica do CPC/2015 é que todo recurso, em princípio, tem apenas o efeito devolutivo, não suspendendo a eficácia da decisão recorrida (CPC/2015, art. 995), de modo que não impede a preclusão nem o imediato cumprimento da decisão judicial impugnada. Enquanto o efeito devolutivo é constante, o suspensivo só ocorre quando a lei o preveja ou o autorize em norma especial, como ressalva o citado art. 995, no *caput* e no parágrafo único.

Ao tratar especificamente dos embargos de declaração, a lei nova dispôs que eles "não possuem efeito suspensivo" (art. 1.026, *caput*, primeira parte). Afastou-se, portanto, de forte doutrina existente à época do Código anterior, que reconhecia a força suspensiva desse recurso.[374] Destarte, os embargos de declaração não têm o condão de suspender a eficácia da decisão recorrida.

Com a nova disciplina, a oposição de embargos não impede a interposição do recurso principal. Todavia, o conhecimento e o processamento deste último se darão apenas depois de julgados os embargos, criando-se assim um intervalo suspensivo no tocante ao recurso principal apenas, já que se estabelece uma relação de condicionamento ou de prejudicialidade lógica entre os dois recursos manejáveis contra a mesma decisão.

É nulo, portanto, o julgamento do recurso principal antes de decididos os embargos de declaração. Isto porque é vedada a prática de atos processuais enquanto suspenso o processo. O ato atingido pelos embargos fica com o seu teor condicionado ao resultado dos declaratórios.

Julgar o recurso principal antes dos embargos declaratórios importa julgar algo sem objeto definido, ou seja, julgar algo que pode ser ou não ser aquilo que se ataca pela via recursal. Enquanto não se resolvem os embargos, não se tem o que rejulgar em segundo grau. E, se tal acontecer, ter-se-á configurado o risco de decidir, no tribunal, sobre ato diverso daquele que efetivamente foi praticado na instância inferior.

Esse efeito suspensivo especial dos declaratórios, que não afeta o processo como um todo, mas apenas o recurso principal, é uma imposição lógica e necessária, para evitar a incongruência e a contradição que podem advir da concomitância do processamento e resolução dos declaratórios e do recurso principal diante da mesma decisão.

811-A. Possibilidade de concessão de efeito suspensivo

Muito embora os embargos de declaração não tenham, em regra, efeito suspensivo – permitindo por isso o imediato cumprimento da decisão embargada –, o § 1º do art. 1.026 autoriza, em caráter excepcional, a suspensão da eficácia da referida decisão em duas hipóteses:

(a) quando demonstrada a probabilidade de provimento dos embargos; ou
(b) quando relevante a fundamentação dos embargos, houver risco de dano grave ou de difícil reparação, que naturalmente não possa aguardar o julgamento do recurso.

---

[373] STJ, Corte Especial, AgRg nos EAREsp 300.967/SP, Rel. Min. Luis Felipe Salomão, ac. 16.09.2015, *DJe* 20.11.2015.
[374] BARBOSA MOREIRA, José Carlos. *Comentários ao Código de Processo Civil*. 11. ed. Rio de Janeiro: Forense, 2003, v. V, n. 306, p. 559.

Ocorre, por exemplo, o caso da letra *(a)* quando a probabilidade de reforma da decisão embargada se torna evidente, diante de inocultável contradição ou omissão, nela contida, de sorte que o sentido e alcance efetivos do decisório somente se determinem e se fixem depois de solucionados os embargos.

A hipótese da letra *(b)* pode ser exemplificada com a ocorrência de embargos de efeitos infringentes, manejados com relevante fundamentação, num quadro processual em que a imediata execução da decisão embargada crie, para o embargante, risco de dano grave ou de difícil reparação. Trata-se, portanto, de conjuntura autorizadora da tutela de urgência, em que a suspensão dos efeitos da decisão embargada ocorre a partir da conjugação dos requisitos do *fumus boni iuris* (relevante fundamentação dos embargos) e do *periculum in mora* (risco de dano grave e iminente).

Naturalmente, nunca se haverá de conceder efeito suspensivo quando os embargos tiverem sido manifestados fora das hipóteses do art. 1.022 e com evidente intenção procrastinatória. É bom lembrar que em certos casos, a intensa má-fé do recorrente torna inútil a multa do art. 1.026, §§ 2º e 3º; e autorizada se torna, segundo o STF e o STJ, a recusa até mesmo do efeito interruptivo dos declaratórios. Em tal situação, provoca-se o trânsito em julgado do decisório embargado, bem como sua imediata execução.[375] O novo Código endossa tal orientação quando determina que "não serão admitidos novos embargos de declaração se os 2 (dois) anteriores houverem sido considerados protelatórios" (art. 1.026, § 4º). Com essa reação firme, a lei procura reprimir o abuso processual.

812. Efeito integrativo

O julgamento dos embargos de declaração não goza de autonomia em face da decisão embargada. O seu papel é de complementá-la ou aperfeiçoá-la, tornando-se parte integrante dela. Fala-se, a propósito, no *efeito integrativo* ostentado por esta particular modalidade recursal.

O Superior Tribunal de Justiça interpretou muito bem a natureza dos embargos de declaração, *in verbis*:

> "A decisão proferida em grau de embargos declaratórios (tenha ou não efeito modificativo) é meramente integrativa do acórdão embargado, não possuindo natureza autônoma, sem liame com este".[376]

Isso quer dizer que não se pode recorrer separadamente da decisão embargada e da decisão dos embargos. Uma vez julgados os embargos, somente existe uma decisão recorrível: aquela

---

[375] "Descabimento de embargos protelatórios que constitui abuso do direito de recorrer e autoriza a imediata devolução dos autos à origem para a imediata execução do acórdão no recurso especial embargado. Precedentes do Supremo Tribunal Federal" (STJ, 5ª T., EDcl nos EDcl nos EDcl nos EDcl nos EDcl no AgRg no REsp 731.024/RN, Rel. Min. Gilson Dipp, ac. 26.10.2010, *DJe* 22.11.2010. No mesmo sentido: STJ, 3ª T., EDcl nos EDcl nos EDcl no AgRg no Ag 720.839/GO, Rel. Min. Sidnei Beneti, ac. 07.06.2011, *DJe* 08.06.2011). "A reiteração de embargos de declaração, sem que se registre qualquer dos pressupostos legais de embargabilidade (CPC, art. 535 – CPC/2015, art. 1.022), reveste-se de caráter abusivo e evidencia o intuito protelatório que anima a conduta processual da parte recorrente (...) constitui fim ilícito que desqualifica o comportamento processual da parte recorrente e que autoriza, em consequência, o imediato cumprimento da decisão emanada desta Colenda Segunda Turma, independentemente da publicação do acórdão consubstanciador do respectivo julgamento e de eventual interposição de novos embargos de declaração ou de qualquer outra espécie recursal. Precedentes" (STF, 2ª T., AI 222.179 – AgR-ED-ED-ED-ED, Rel. Min. Celso de Mello, ac. 09.03.2010, *DJe* 09.04.2010).

[376] STJ, 1ª T., EDcl no REsp 15.072/DF, Rel. Min. Demócrito Reinaldo, ac. 17.02.1993, *DJU* 22.03.1993, p. 4.510, *DJ* 31.05.1993, p. 10.628).

resultante do somatório dos dois decisórios. Não se há de pensar sequer em efeito substitutivo, tal como ocorre, por exemplo, com o recurso de apelação ou os recursos especial e extraordinário.

Mesmo quando, por meio dos embargos, se chega excepcionalmente a alguma modificação do que fora anteriormente decidido, não se pode retirar dos declaratórios a natureza integrativa da sentença ou do acórdão embargado. Continuará o novo julgamento a ser parte integrante daquele que o antecedeu e justificou o pronunciamento complementar.[377]

813. Embargos manifestamente protelatórios

I – Sanções aplicáveis aos embargos protelatórios

Os embargos de declaração terão sempre efeito de impedir o fluxo do prazo de outros recursos. Mas, quando o embargante utilizar o recurso como medida manifestamente protelatória, o juiz ou o tribunal, reconhecendo a ilicitude da conduta, condenará o embargante a pagar ao embargado multa, que não poderá exceder de dois por cento sobre o valor atualizado da causa (CPC/2015, art. 1.026, § 2º). No caso, porém, de reiteração dos embargos protelatórios, a multa será elevada a até dez por cento do valor atualizado da causa, e, além disso, o embargante temerário, para interpor qualquer outro recurso, ficará sujeito ao depósito do valor da multa (CPC/2015, art. 1.026, § 3º).[378] Só estão liberados do depósito prévio a Fazenda Pública e o beneficiário de gratuidade da justiça, que recolherão a multa ao final.

À época do Código anterior, a fim de uniformizar a configuração dos embargos que provocam a aplicação da multa prevista no art. 538, parágrafo único, do CPC/1973,[379] o STJ fixou, de acordo com o art. 543-C do CPC/1973,[380] o seguinte entendimento: "Caracterizam-se como protelatórios os embargos de declaração que visam rediscutir matéria já apreciada e decidida pela corte de origem em conformidade com súmula do STJ ou STF ou, ainda, precedente julgado pelo rito dos arts. 543-C e 543-B, do CPC".[381] O entendimento continua perfeitamente aplicável à nova legislação, muito embora outras situações também possam configurar o manejo protelatório do referido recurso, segundo apreciação de peculiaridades dos casos concretos. O enunciado do precedente do STJ deve ser visto como exemplificativo e não exaustivo.

---

[377] "Conceber-se um acórdão pertinente aos embargos declaratórios como autônomos, sem liame algum com o originário da apelação, é tarefa evidentemente impossível, ante o sistema processual vigente" (voto condutor do ac. dos EDcl no REsp 15.072/DF, Rel. Min. Demócrito Reinaldo, ac. 17.02.1993, *DJU* 22.03.1993, p. 4.510, *DJ* 31.05.1993, p. 10.628).

[378] Segundo jurisprudência do STJ, "a parte final do parágrafo único do art. 538 do CPC – CPC/2015, art. 1.026, que condiciona ao prévio depósito da multa a 'interposição de qualquer outro recurso', deve ser interpretada restritivamente, alcançando apenas 'qualquer outro recurso' da mesma cadeia recursal. É que a sanção prevista na norma tem a evidente finalidade de inibir a reiteração de recursos sucessivos sobre a questão *já decidida* no processo. Não é legítima, portanto, a sua aplicação à base de interpretação ampliativa, para inibir também a interposição de recursos contra novas decisões que venham a ser proferidas no processo". Assim, "a falta de depósito da multa imposta em face de reiteração de embargos declaratórios de acórdão que julgou decisão interlocutória não inibe a interposição de apelação contra a superveniente sentença que julgou a causa" (STJ, 1ª T., REsp 1.129.590/MS, Rel. Min. Teori Zavascki, ac. 20.10.2011, *DJe* 25.10.2011). Em doutrina Nelson Monteiro Neto, invocando precedentes do STF, critica a interpretação restritiva do STJ, com argumentação consistente (Reiteração de embargos protelatórios, multa processual e admissibilidade "de qualquer outro recurso". *Revista Dialética de Direito Processual*, n. 107, p. 65-70, fev. 2012).

[379] CPC/2015, art. 1.026, §§ 2º e 3º.

[380] CPC/2015, art. 1.036.

[381] STJ, 2ª Seção, REsp 1.410.839/SC, Rel. Min. Sidnei Beneti, ac. 14.05.2014, *DJe* 22.05.2014.

II – Embargos de prequestionamento para recursos especial e extraordinário

Não devem ser qualificados como protelatórios, segundo a jurisprudência, os embargos manifestados com o propósito de atender à exigência de prequestionamento para recurso especial ou extraordinário.[382] Também, salvo o caso de evidente má-fé, não se pode considerar "pedido de reconsideração" sem força interruptiva do prazo de recurso, aquele formulado por meio de embargos de declaração para obter o referido prequestionamento (aplicação da Súmula nº 98 do STJ).

III – Aplicação da penalidade aos embargos protelatórios

A aplicação da penalidade em análise deve se fazer *ex officio* pelo tribunal ou pelo juiz. Se houver omissão a respeito da pena, o embargado poderá lançar mão de novos embargos declaratórios para compelir o órgão judicial a suprir a falta.[383] Em qualquer caso a decisão sancionatória deverá ser devidamente fundamentada, como ressalta o § 2º do art. 1.026 do CPC/2015.

Segundo entendimento consolidado do STJ, para fins do art. 1.036 do CPC/2015, "a multa prevista no artigo 538, parágrafo único, do Código de Processo Civil (CPC/2015, art. 1.026, §§ 2º e 3º) tem caráter eminentemente administrativo – punindo conduta que ofende a dignidade do tribunal e a função pública do processo –, sendo possível sua cumulação com a sanção prevista nos artigos 17, VII, e 18, § 2º, do Código de Processo Civil (CPC/2015, arts. 80, VII e 81, § 3º), de natureza reparatória".[384]

Releva destacar, outrossim, que o STJ já decidiu pela interpretação restritiva da aplicação da multa, alcançando apenas "qualquer outro recurso da mesma cadeia recursal", inibindo a reiteração "de recursos sucessivos sobre a questão já decidida no processo", não sendo admissível inibir "também a interposição de recursos contra novas decisões que venham a ser proferidas no processo".[385]

Por fim, dispôs a nova legislação não serem admitidos novos embargos de declaração se os dois anteriores tiverem sido considerados protelatórios (art. 1.026, § 4º). O consectário desse preceito é que os novos embargos abusivamente manejados não terão força de impedir o trânsito em julgado da decisão indevidamente recorrida.

---

[382] STJ, Súmula nº 98.
[383] BARBOSA MOREIRA, José Carlos. *Comentários ao Código de Processo Civil*. 11. ed. Rio de Janeiro: Forense, 2003, v. V, n. 307, p. 561-562. Uma vez que os embargos declaratórios se destinam a aperfeiçoar a prestação jurisdicional, não se deve aplicar, com excessivo rigor, a pena prevista para recurso manifestamente protelatório. "A multa cominada no art. 538, parágrafo único, do CPC [CPC/2015, art. 1.026, §§ 2º e 3º], reserva-se à hipótese em que se faz evidente o abuso" (STJ, 1ª T., REsp 8.970/SP, Rel. Min. Gomes de Barros, ac. 18.12.1991, *RSTJ* 30/379). Mas é cabível a aplicação da multa por expediente protelatório quando "o embargante não demonstrou qualquer dos vícios do art. 535 do CPC [CPC/2015, art. 1.022], mas apenas revelou a intenção de rediscutir, com efeitos infringentes, a tese lançada no voto" (STJ, 1ª Seção, EDcl no REsp 1.104.775/RS, Rel. Min. Castro Meira, ac. 14.10.2009, *DJe* 22.10.2009).
[384] STJ, Corte Especial, REsp 1.250.739/PA, Rel. p/ ac. Min. Luís Felipe Salomão, ac. 04.12.2013, *DJe* 17.03.2014.
[385] STJ, 1ª T., REsp 1.129.590/MS, Rel. Min. Teori Albino Zavascki, ac. 20.10.2011, *DJe* 25.10.2011.

Fluxograma nº 31 – Embargos de declaração no primeiro grau de jurisdição (arts. 1.022 a 1.026)

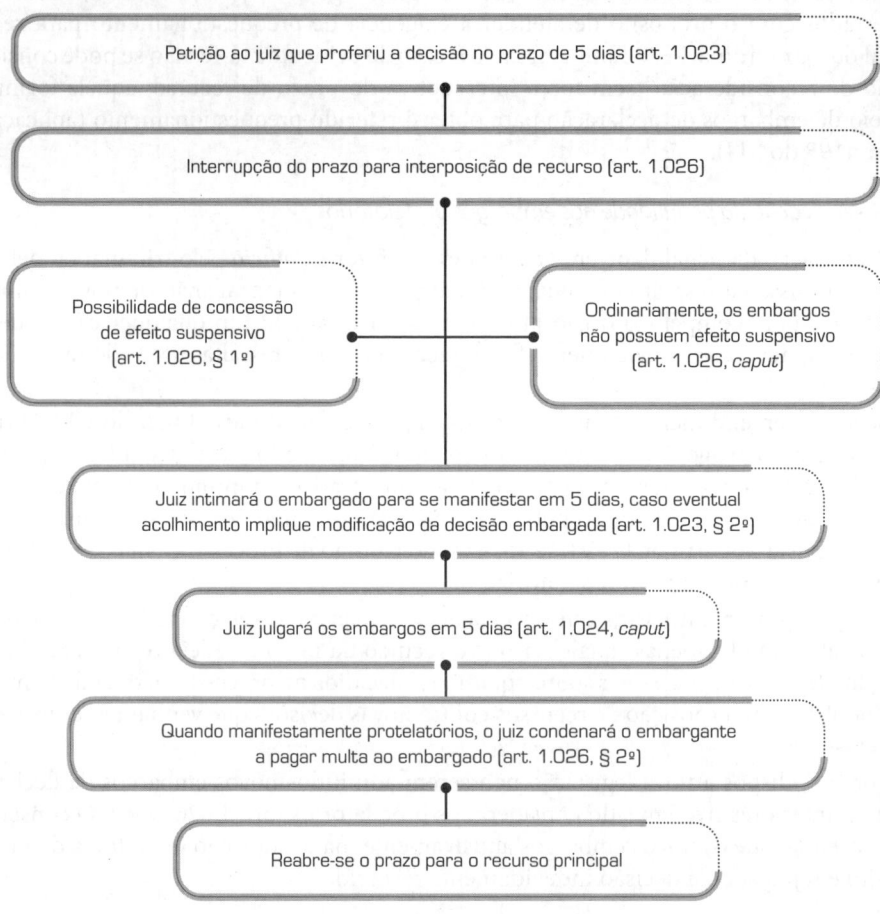

PARTE VII • RECURSOS | 1011

Fluxograma nº 32 – Embargos de declaração a julgados de tribunal (arts. 1.022 a 1.026)

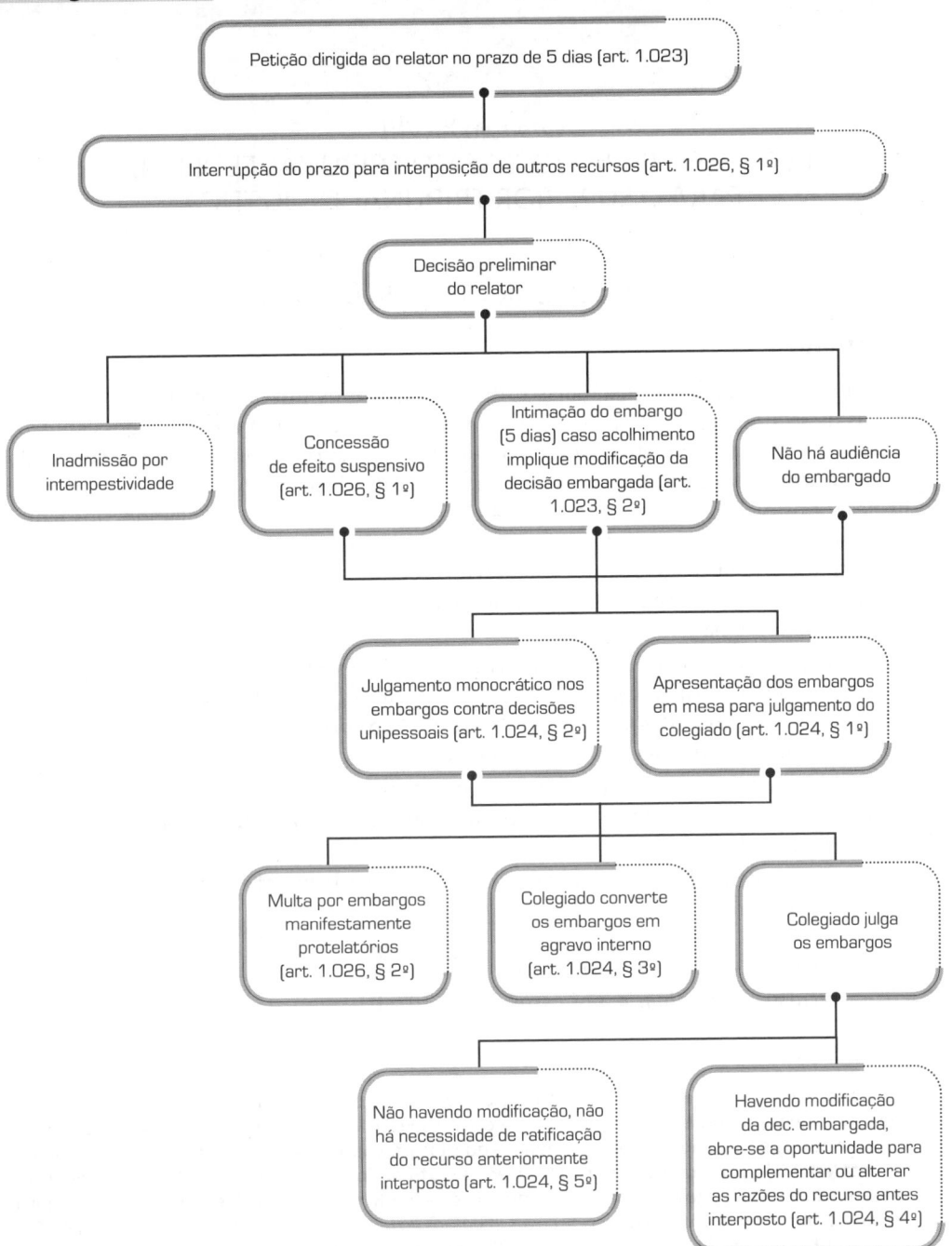

Capítulo XXVIII
RECURSOS PARA O SUPREMO TRIBUNAL FEDERAL E PARA O SUPERIOR TRIBUNAL DE JUSTIÇA

§ 84. RECURSO ORDINÁRIO

814. Introito

Além da dualidade de instâncias ordinárias, entre os juízes de primeiro grau e os Tribunais de segundo grau, existe, também, no sistema processual brasileiro, a possibilidade de recursos extremos ou excepcionais, para dois órgãos superiores que formam a cúpula do Poder Judiciário nacional, ou seja, para o Supremo Tribunal Federal e para o Superior Tribunal de Justiça. O primeiro deles se encarrega da matéria constitucional e o segundo, dos temas infraconstitucionais de direito federal. Cabe-lhes, porém, em princípio, o exame não dos fatos controvertidos, tampouco das provas existentes no processo, nem mesmo da justiça ou injustiça do julgado recorrido, mas apenas e tão somente da revisão das teses jurídicas federais envolvidas no julgamento impugnado.

Mas, admitido o recurso extraordinário ou o recurso especial, e uma vez acertada a tese de direito à luz dos fatos certificados pelo tribunal de origem, a Corte Suprema julgará o processo, aplicando o direito (art. 1.034), dentro do quadro fático-jurídico enfrentado pelo decisório recorrido e no limite das questões transferidas por força do efeito devolutivo do recurso extremo[1].

A par dessa revisão puramente jurídica das questões debatidas, há na Constituição Federal previsão de alguns casos em que se admitem recursos ordinários também para os dois mais elevados Tribunais do País.

Em matéria civil, a Carta Magna prevê, para o Supremo Tribunal Federal, então, dois tipos de competência recursal, a saber:

(a) *recurso ordinário*, nos casos do art. 102, II, "a";
(b) *recurso extraordinário*, nos casos do art. 102, III.

---

[1] "O recurso extraordinário e o recurso especial versam sobre questões decididas e devidamente impugnadas pela parte, que tem o ônus de fundamentação recursal específica. Isso quer dizer que, ressalvadas as situações em que o não acolhimento de determinada questão provoque um exame do caso em profundidade distinta (art. 1.034, parágrafo único, do CPC), o recurso extraordinário e o recurso especial não comportam o exame de questões não decididas e não impugnadas" (MARINONI, Luiz Guilherme; MITIDIERO, Daniel. *Recurso extraordinário e recurso especial: do jus litigatoris ao jus constitutionis*. Versão Ebook proview. São Paulo: ed. RT, 2020, p. RB – 9.2; PEREIRA FILHO, Benedito Cerezzo; NERY, Rodrigo. *Fato e direito no recurso especial*: o mito da distinção. São Paulo: RT, 2022, p. 65. Para o STJ, "A ausência de controvérsia durante a tramitação do processo sobre determinada questão impede que ela seja suscitada para julgamento da causa de recurso especial, conforme interpretação do art. 1.034 do CPC/2015 c/c art. 255, § 5º do RISTJ" (STJ, 4ª T., REsp 1.710.369/SP, Rel. p/ac. Min. Maria Isabel Galotti, ac. 21.11.2019, *DJe* 03.02.2020). Nem mesmo a matéria de ordem pública escapa da "necessidade de que ela esteja prequestionada para que sua análise se viabilize na instância extraordinária" (STJ, 1ª T., AgInt no REso 1.581.513/SC, Rel. Min. Sérgio Kukina, ac. 20.09.2016, *DJe* 07.10.2016. No mesmo sentido: STJ, 4ª T., EDcl no REsp 1.930.162/SP, Rel. Min. Antônio Carlos Ferreira, ac. 20.09.2021, *DJe* 23.09.2021).

Com a criação do Superior Tribunal de Justiça, a Constituição Federal de 1988 transferiu-lhe parte da competência originária e recursal antes confiada ao Supremo Tribunal Federal, que, então, assumiu quase que apenas a função de Corte constitucional.

Para o Superior Tribunal de Justiça, os recursos previstos na atual Carta são os seguintes, em matéria civil:

I – *recurso ordinário*, em duas hipóteses, a saber:

(a) nos casos de mandado de segurança, denegados em julgamento de única instância pelos Tribunais Regionais Federais ou pelos Tribunais dos Estados, Distrito Federal e Territórios (art. 105, II, "b");

(b) nas causas, julgadas em primeiro grau pela Justiça Federal, em que forem partes Estado estrangeiro ou organismo internacional, de um lado, e, de outro, Município ou pessoa residente ou domiciliada no País (art. 105, II, "c");

II – *recurso especial*, nas causas decididas em única ou última instância, pelos Tribunais Regionais Federais ou pelos Tribunais dos Estados, do Distrito Federal e Territórios, nas três hipóteses do art. 105, III, da Constituição Federal, que serão examinados no tópico seguinte.

Nos recursos ordinários, ao contrário do que se passa nos extraordinários e especiais, a devolução ao Tribunal *ad quem* é a mais ampla possível. Abrange tanto a matéria fática como a de direito, ensejando, por isso, uma completa revisão, em todos os níveis, do que se decidiu no Tribunal inferior. E a admissibilidade do recurso não se limita a situações específicas como as dos arts. 102, III, e 105, III, da Constituição. Alcança todo e qualquer caso de sucumbência. Basta estar vencida a parte para poder interpor o recurso ordinário, como acontece em qualquer situação comum de dualidade de graus de jurisdição.

O prazo para interposição do recurso ordinário, em todos os casos de seu cabimento, é de quinze dias úteis, segundo a regra do art. 1.003, § 5º, do CPC.

A disciplina procedimental de todos os recursos para o Supremo Tribunal Federal e Superior Tribunal de Justiça constava da Lei nº 8.038, de 28.05.1990, cujos arts. 13 a 18, 26 a 29 e 38 foram revogados pelo CPC/2015. Com a Lei nº 8.950, de 13.12.1994, foi o tema reincorporado ao texto codificado, constando atualmente dos arts. 1.027 a 1.043 do CPC/2015, no que toca aos recursos ordinário, extraordinário, especial, ao agravo em recurso especial e extraordinário, bem como aos embargos de divergência. Apenas para os embargos de declaração prevalece o prazo de cinco dias (art. 1.023).

815. Recurso ordinário para o STF

I – Cabimento

As ações de mandado de segurança, *habeas data* e mandado de injunção, quando julgadas em única instância pelos Tribunais Superiores (STJ, TST, STM e TSE), desafiam, normalmente, recurso extraordinário para o Supremo Tribunal Federal, se atendidos os requisitos do art. 102, III, da Constituição Federal. Se, porém, forem denegadas, haverá possibilidade de *recurso ordinário* para a Suprema Corte (Constituição Federal, art. 102, II, e Lei nº 12.016/2009, art. 18), ficando totalmente inviável o manejo do recurso extraordinário, na espécie.

Só as decisões coletivas dos Tribunais, e não as singulares de Relatores e Presidentes, desafiam recurso ordinário. Assim, a decisão do agravo interno interposto contra *decisum* do relator é que será objeto de recurso ordinário. Por outro lado, não interessa a natureza da questão jurídica enfrentada no acórdão, se constitucional ou se infraconstitucional. Se se trata de decisão enquadrada no art. 102, II, da Carta Magna, o caso é de recurso ordinário e não de recurso extraordinário.

Convém ficar bem claro que não são todas as decisões de mandados de segurança de competência originária de tribunais superiores que desafiam recurso ordinário para o STF, mas unicamente aquelas de caráter denegatório (CF, art. 102, II). Por decisão denegatória, entende-se, na espécie, tanto a que não admite a ação de segurança como a que a julga improcedente.[2]

II – Requisitos de admissibilidade

Para o recurso ordinário, os requisitos de admissibilidade são os comuns a qualquer recurso e não aqueles especiais exigidos para o recurso extraordinário. Assim, ao autor, repelido em sua pretensão, bastará apoiar-se na sucumbência para demonstrar seu interesse de recorrer e sua legitimidade para tanto.

III – Interposição

O recurso ordinário deve ser interposto perante o Tribunal Superior de origem. Ao receber o recurso, o presidente ou vice-presidente intimará o recorrido para que, em quinze dias, apresente suas contrarrazões (CPC/2015, art. 1.028, § 2º). O contraditório, destarte, será realizado no órgão *ad quem*.

Findo o prazo de contrarrazões, os autos serão remetidos ao STF, "independentemente de juízo de admissibilidade" (art. 1.028, § 3º). Tal como se dá com a apelação e o agravo de instrumento, o atual Código aboliu o juízo de admissibilidade provisório, já que o exame do cabimento do recurso foi atribuído unicamente ao tribunal *ad quem*. Desta forma, a sistemática do CPC/2015 é a de um só juízo de admissibilidade.[3]

Distribuído o recurso, poderá o Relator, nos termos do art. 932, III, IV e V (RISTF, art. 21, XX, § 1º), não conhecer dele, negar-lhe ou dar-lhe provimento, em decisão monocrática, da qual caberá agravo interno para o Colegiado (CPC/2015, art. 1.021) (sobre o cabimento da decisão singular, na espécie, ver, *retro*, o item 606). A audiência do Ministério Público no STF ocorrerá nas hipóteses previstas no RISTF (art. 52).

IV – Julgamento do mérito

Uma vez que o recurso ordinário se assemelha à apelação, o CPC/2015 autoriza, expressamente, que o STF decida, desde logo, o mérito do recurso (art. 1.013, § 3º), ainda quando a extinção do processo tenha ocorrido sem resolução do mérito, sempre que a ação estiver em condições de imediato julgamento (art. 1.027, § 2º) (ver item nº 770 *retro*).

---

[2] WAMBIER, Teresa Arruda Alvim *et al*. *Primeiros comentários ao novo Código de Processo Civil artigo por artigo*. São Paulo: RT, 2015, p. 1.487. Cabe, por exemplo, recurso ordinário contra acórdão: *(i)* que julga extinto o processo de mandado de segurança, sem apreciação do mérito (STJ, 4ª T., RMS 37.775; Rel. Min. Marco Buzzi, ac. 06.06.2013, *DJe* 02.09.2013); *(ii)* que pronuncia a decadência (STF, 1ª T, RMS 21.363-9, Rel. Min. Sepúlveda Pertence, ac. 08.09.1992, *DJU* 25.09.1992); *(iii)* que declara incabível a segurança (STJ, 2ª T., RMS 11.537, Rel. Min. Eliana Calmon, ac. 06.02.2001, *DJU* 29.10.2001); *(iv)* que concede parcialmente a segurança (STJ, 4ª T., RMS 30.781, Rel. Min. Raúl Araújo, ac. 18.04.2013, *DJe* 26.04.2013). Não cabe, porém, o recurso ordinário contra decisão monocrática do relator que indefere liminarmente a segurança (STJ, 4ª T., RMS 12.117, Rel. Min. Jorge Scartezzini, ac. 26.10.2004, *DJU* 06.12.2004). Nesse último caso o recurso cabível é o agravo interno (art. 1.021).

[3] "Diante da determinação legal de imediata remessa dos autos do recurso ordinário ao Tribunal Superior, independentemente de juízo prévio de admissibilidade, a negativa de seguimento ao recurso pelo Tribunal *a quo* configura indevida invasão na esfera de competência do STJ, atacável, portanto, pela via da reclamação constitucional" (STJ, 2ª Seção, Rcl 35.958/CE, Rel. Min. Marco Aurélio Bellizze, ac. 10.04.2019, *DJe* 12.04.2019).

V – Concessão de efeito suspensivo

O recurso ordinário, como os recursos em geral, não possui efeito suspensivo. Entretanto, o recorrente poderá pedir a suspensão dos efeitos da decisão impugnada com base no art. 1.027, § 2º c/c o art. 1.029, § 5º:

(a) o pedido se dirigirá ao STF (na pessoa de seu presidente), no período compreendido entre a publicação da decisão de admissão do recurso e sua distribuição (art. 1.029, § 5º, I), ou
(b) ao relator, no STF, se o recurso já houver sido distribuído (art. 1.029, § 5º, II).

Quando o pedido de efeito suspensivo é dirigido ao STF, procede-se ao sorteio de um relator para o incidente, o qual ficará prevento para o posterior processamento do extraordinário (CPC/2015, art. 1.029, § 5º, I).

Para alcançar a suspensão em causa não há necessidade de uma ação cautelar, nos moldes tradicionais. Embora se trate de providência tipicamente cautelar ou antecipatória, a pretensão da parte é veiculada por simples petição, cabendo o julgamento ao relator, com recurso de agravo interno para o colegiado competente.

VI – Fungibilidade

Segundo jurisprudência do STF, consolidada sob o regime do CPC/1973, ocorre erro grosseiro na interposição de recurso ordinário quando cabível o extraordinário, o que impossibilita a aplicação do princípio da fungibilidade recursal, por inexistente dúvida objetiva a respeito de qual o recurso adequado.[4] O tema consta de Súmula do STF e tem prevalecido também na jurisprudência majoritária do STJ.[5]

816. Recurso ordinário para o STJ

I – Cabimento

O art. 1.027, II, "a" e "b", do CPC/2015 repetiu as hipóteses de cabimento do recurso ordinário para o STJ constantes na Constituição Federal. Convém ressaltar que somente as decisões coletivas dos Tribunais, e não as singulares de Relatores e Presidentes, desafiam recurso ordinário. Assim, a decisão do agravo interno interposto perante o colegiado contra *decisum* monocrático do relator é que poderá ser objeto de recurso ordinário, nunca a própria decisão singular.

II – Requisitos de admissibilidade

Os recursos ordinários interpostos nos processos em que forem partes, de um lado, Estado estrangeiro ou organismo internacional e, de outro, Município ou pessoa residente ou domiciliada no País, processam-se segundo o rito comum de apelação e de agravo de instrumento (quando a decisão for daquelas elencadas no art. 1.015), inclusive no que diz

---

[4] STF, 2ª T., ARE 673.726/RO, Rel. Min. Teori Zavascki, ac. 19.09.2013, *DJe* 01.10.2013.
[5] Súmula 272/STF: "Não se admite como ordinário recurso extraordinário de decisão denegatória de mandado de segurança". É nesse sentido também a jurisprudência predominante do STJ, em relação ao conflito entre recurso especial e recurso ordinário, no caso de decisão denegatória de mandado de segurança (STJ, 5ª T., AgRg no Ag 1.167.840/MS, Rel. Min. Arnaldo Esteves Lima, ac. 20.10.2009, *DJe* 16.11.2009; STJ, 1ª T., AgRg no RMS 32.817/RJ, Rel. Min. Benedito Gonçalves, ac. 28.06.2011, *DJe* 01.07.2011).

respeito aos requisitos de admissibilidade, aplicando-se as disposições do CPC/2015 relativas àqueles recursos e do Regimento interno do STJ, conforme determina o art. 1.028, *caput* e § 1º, do CPC/2015.

Aliás, no caso da letra "c" do art. 105, II, da Constituição, o recurso ordinário é a própria apelação que se interpõe diretamente da sentença de primeiro grau para o Superior Tribunal de Justiça, em lugar do Tribunal Regional Federal (RISTJ, art. 249); o mesmo ocorre em relação ao agravo de instrumento interposto das decisões interlocutórias proferidas em tais demandas (RISTJ, art. 253). Na verdade, nas causas da Justiça Federal de primeira instância, em que o Estado estrangeiro ou organismo internacional atuarem como parte, o STJ desempenha, de forma ordinária, o papel de órgão de segundo grau de jurisdição.[6] Daí por que não se deve empregar, *in casu*, a denominação de recurso ordinário, mas a de *apelação* e de *agravo*, pois não são outros os recursos cabíveis segundo a previsão do art. 105, II, "c", da Constituição; e é assim que os nomeia o Regimento Interno do STJ (arts. 249 e 253).

Já nos casos de mandado de segurança, aludidos no art. 105, II, "b", da Constituição (art. 1.027, II, "a", do CPC/2015), não se pode falar em apelação, porque o recurso ordinário é manejado contra acórdão, e a definição legal de apelação é a de recurso interponível contra sentença (CPC/2015, art. 1.009). Por isso, o RISTJ, ao classificar os diversos recursos ordinários, fala em *recurso ordinário em mandado de segurança*, e *apelação civil*, e *agravo de instrumento*, nos demais casos (arts. 249 e 254), harmonizando-se, assim, com o disposto no art. 1.028, § 1º, do CPC.

III – Interposição

O recurso ordinário contra decisão proferida, em instância única, por tribunal de segundo grau, em mandado de segurança, deve ser interposto perante o tribunal de origem. Ao receber o recurso, o presidente ou vice-presidente intimará o recorrido para que, em quinze dias, apresente suas contrarrazões (art. 1.028, § 2º). O contraditório, destarte, será realizado no órgão *ad quem*.

Findo o prazo de contrarrazões, os autos serão remetidos ao STJ, "independentemente de juízo de admissibilidade" (art. 1.028, § 3º). Tal como se dá com a apelação e o agravo de instrumento, o atual Código aboliu o juízo de admissibilidade provisório no juízo da causa, já que o exame do cabimento do recurso foi atribuído unicamente ao tribunal *ad quem*. Desta forma, a sistemática do CPC/2015 é a de um só juízo de admissibilidade.

O RISTJ dispõe separadamente sobre detalhes do procedimento do recurso ordinário em *habeas corpus* (arts. 244 a 246); em mandado de segurança (arts. 247 a 248); e, em processo em que for parte Estado Estrangeiro (arts. 249 a 251), durante sua tramitação no STJ, destacando-se:

A) *Recurso ordinário em "habeas corpus"*:

- (a) distribuído o recurso, será dada vista ao Ministério Público pelo prazo de dois dias, por ato de iniciativa da Secretaria (art. 245, *caput*);
- (b) conclusos os autos ao Relator, este submeterá o feito a julgamento na primeira sessão seguinte à data da conclusão (art. 245, parágrafo único);
- (c) em *habeas corpus* originário ou recursal, havendo empate, prevalecerá a decisão mais favorável ao paciente (Lei nº 8.038/1990, art. 41-A, parágrafo único).

---

[6] STJ, 3ª T., Ag. 12.262/GO, Rel. Min. Nilson Naves, ac. 09.12.1991, *RSTJ* 36/37; STJ, 6ª T., Ag 1.199.659/SP, Rel. Min. Og Fernandes, ac. 14.04.2011, *DJe* 02.05.2011.

B) *Recurso ordinário em mandado de segurança:*

   (a) a Secretaria, por sua própria iniciativa, logo após a distribuição do recurso abrirá vista ao Ministério Público, pelo prazo de cinco dias (art. 248 do RISTJ);
   (b) conclusos os autos ao Relator, este pedirá dia para julgamento (art. 248, parágrafo único).

C) *Recurso ordinário em processo em que for parte Estado Estrangeiro:*

   (a) após a distribuição, será aberta vista ao Ministério Público por vinte dias (art. 250 do RISTJ);
   (b) cabe ao Relator pedir dia para julgamento do recurso (art. 250, parágrafo único);
   (c) o recurso ordinário não será incluído em pauta antes do agravo de instrumento interposto do mesmo processo (art. 251).

IV – Recurso adesivo

Nos casos de sucumbência recíproca prevê a lei a possibilidade de uma das partes aderir ao recurso da outra, no prazo de contrarrazões (CPC/2015, art. 997, § 2º I), tratando-se apenas de apelação, recurso extraordinário e recurso especial (art. 997, § 2º, II). Diante de tal limitação, admissível é o adesivo ao recurso ordinário interposto nas causas em que figurem como partes Estado estrangeiro ou organismo internacional, uma vez que a esse recurso se aplica toda a sistemática da apelação (art. 1.028, *caput*). Já quanto ao recurso ordinário em mandado de segurança, não há como enquadrá-lo nas regras de cabimento da adesão recursal, pela impossibilidade de tratá-lo, quer como apelação, quer como recurso extraordinário ou especial. Não se lhe estende, portanto, o regime excepcional do art. 997, §§ 1º e 2º.

V – Julgamento do mérito

Ao relator, além do juízo sobre o cabimento do recurso ordinário, cabe julgá-lo pelo mérito, nos casos do art. 932, IV e V, do CPC/2015, e art. 34, XVIII, do RISTJ. Dessa decisão monocrática caberá agravo interno (art. 1.021, *caput*).

Não tendo sido inadmitido nem resolvido pelo mérito preliminarmente, o relator, ouvido o Ministério Público, pedirá dia para o julgamento do colegiado (RISTJ, arts. 250 e 254).

Uma vez que o recurso ordinário, em essência, se assemelha à apelação, fica o STJ, no julgamento colegiado, autorizado a decidir, desde logo, o mérito da causa (art. 1.013, § 3º), ainda quando a decisão recorrida tenha decretado a extinção do processo sem resolução do mérito, sempre que a ação estiver *madura*, ou seja, em condições de imediato julgamento (art. 1.027, § 2º)[7] (ver item nº 770 *retro*).

VI – Concessão de efeito suspensivo

O recurso ordinário, como os recursos em geral, não possui efeito suspensivo. Entretanto, o recorrente poderá pedir a suspensão dos efeitos da decisão impugnada, endereçando-se: *(i)* diretamente ao STJ, no período compreendido entre a interposição do recurso e sua distribuição; ou *(ii)* ao relator, no STJ, se já distribuído o recurso (art. 1.027, § 2º).

---

[7] STJ, 3ª T., RMS 20.541/SP, Rel. Min. Humberto Gomes de Barros, ac. 08.03.2007, *DJU* 28.05.2007, p. 319.

Fluxograma nº 33 – Recurso ordinário para o STF e para o STJ (arts. 1.027 e 1.028)

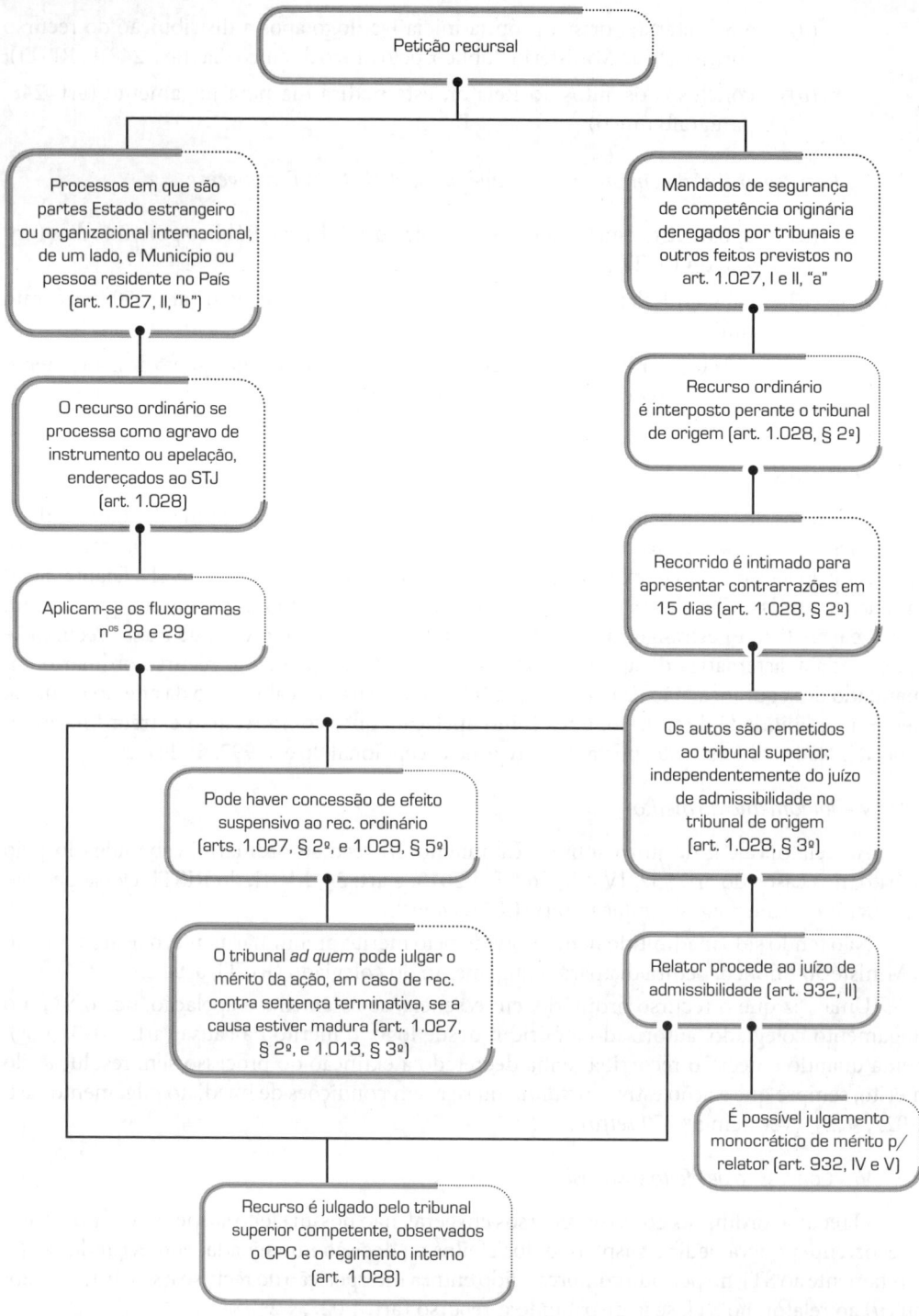

Nota: O recurso ordinário assume a forma de agravo de instrumento ou de apelação naquelas ações que correm no 1º grau de jurisdição, com o 2º grau atribuído constitucionalmente ao STJ (CF, art. 105, II, "c"; CPC/2015, art. 1.027, II, "b" e § 1º, e 1.028, *caput*).

§ 85. RECURSOS EXTRAORDINÁRIO E ESPECIAL

817. Recurso extraordinário

Entre nós, o recurso extraordinário se apresenta como uma criação do Direito Constitucional brasileiro, inspirado no *Judiciary Act* do Direito norte-americano. Sua finalidade é manter, dentro do sistema federal e da descentralização do Poder Judiciário, a autoridade e a unidade da Constituição.[8]

O cabimento do recurso está previsto no art. 102, III, "a", "b", "c" e "d", da Constituição da República, que o admite nas causas julgadas por outros órgãos judiciais, em única ou última instância, quando a decisão recorrida:

(a) contrariar dispositivo da Constituição Federal;[9]

(b) declarar a inconstitucionalidade de tratado ou lei federal;

(c) julgar válida lei ou ato do governo local contestado em face da Constituição;[10]

(d) julgar válida lei local contestada em face de lei federal.[11]

Trata-se de um recurso excepcional, admissível apenas em hipóteses restritas, previstas na Constituição com o fito específico de tutelar a autoridade e aplicação da Carta Magna. Dessas características é que adveio a denominação de "recurso extraordinário", adotada inicialmente no Regimento Interno do Supremo Tribunal Federal, e, posteriormente, consagrada pelas diversas Constituições da República, a partir de 1934.

Desde a EC nº 45/2004, além dos requisitos enumerados nas alíneas do inciso III do art. 102 da CF, ficou a admissibilidade do recurso extraordinário dependente de demonstração, pela parte, de repercussão geral das questões constitucionais discutidas no caso (CF, art. 102, § 3º) (v., adiante, os itens nºs 819 a 822).

---

[8] AMARAL SANTOS, Moacyr. *Primeiras linhas de direito processual civil*. 4. ed. São Paulo: Max Limonad, 1973, v. III, n. 779. Pode haver recurso extraordinário de decisão de qualquer outro tribunal, até mesmo do Superior Tribunal de Justiça. Por outro lado, a Constituição revogada somente admitia recurso extraordinário contra acórdãos de tribunais. A Carta 1988, no entanto, de um lado limita o recurso à matéria constitucional apenas, e de outro fala genericamente em "causas decididas em única ou última instância" (art. 102, III). Logo, passou a caber o apelo extremo contra qualquer sentença de instância única, inclusive de juiz singular, em hipótese de julgamento irrecorrível (causas de alçada) desde, é claro, que o objeto da impugnação recursal seja matéria constitucional federal.

[9] "É inadmissível o recurso extraordinário, quando a decisão recorrida assenta em mais de um fundamento suficiente e o recurso não abrange todos eles" (STF, Súmula nº 283).

[10] "Interposto o recurso extraordinário por mais de um dos fundamentos indicados no art. 101, nº III, da Constituição, a admissão apenas por um deles não prejudica o seu conhecimento por qualquer dos outros" (STF, Súmula nº 292). Na CF atual a referência da Súmula corresponde ao art. 102, III.

[11] A hipótese da letra *d* foi acrescida pela Emenda Constitucional nº 45, de 30.12.2004. Prevaleceu, na inovação, o critério de tratar como *questão constitucional* o conflito de lei local com lei federal. Anteriormente, o tema figurava na competência do STJ (CF, art. 105, III, "b"). "Ora, se entre uma lei federal e uma lei estadual ou municipal, a decisão optar pela aplicação da última por entender que a norma central regulou matéria de competência local, é evidente que a terá considerado inconstitucional, o que basta à admissão do recurso extraordinário pela letra *b* do art. 102, III, da Constituição, como aliás ocorreu neste processo" (STF, Pleno, AI 132.755, QO/SP, Rel. Min. Moreira Alves, Rel. p/acórdão Min. Dias Toffoli, ac. 19.11.2009, *DJe* 26.02.2010).

818. Pressupostos do recurso extraordinário

A admissibilidade do recurso extraordinário pressupõe:

(a) O julgamento da causa, em última ou única instância, entendida como causa tanto a que envolve decisão final de mérito, como a questão resolvida em decisão interlocutória. Excluem-se, no entanto, da área de cabimento do extraordinário, os acórdãos que deferem tutela provisória, uma vez que a definição de *periculum in mora* e *fumus boni iuris*, além de precária, envolve essencialmente matéria fática, não compatível com o objetivo daquele recurso (STF, Súmula nº 735).

A Constituição, outrossim, não condiciona o cabimento do extraordinário à ocorrência de julgamento final de tribunal. Exige apenas que se trate de causa *decidida em única ou última instância*. Em hipótese de *causas de alçada*, portanto, pode haver recurso de sentença do juízo de primeiro grau diretamente para o Supremo Tribunal Federal.[12]

Portanto, causa, para justificar o cabimento do recurso extraordinário (e também do especial) não é sinônimo de processo nem de ação. Para esse fim, "causa é toda questão decidida por meio de atividade jurisdicional, em última ou única instância".[13]

Cabe, pois, o apelo extremo, para atacar julgados tanto sobre questões de mérito, como sobre questões processuais; tanto os pronunciados em ações originárias, como em recursos (sejam estes apelação, agravo de instrumento, agravo interno ou qualquer meio impugnativo decidido em única ou última instância).[14]

Nessa ordem de ideias, é preciso apenas que o apelo extremo seja manifestado "quando já esgotadas todas as possibilidades recursais nas instâncias ordinárias".[15]

(b) A existência de questão federal constitucional, i.e., uma controvérsia em torno da aplicação da Constituição da República. A questão apreciável pela via do recurso extraordinário somente pode ser uma *questão de direito*, i.e., um ponto controvertido que envolva diretamente a interpretação e aplicação da lei. Se o que se debate são os fatos (e sua veracidade), tem-se a *questão de fato* que é prejudicial à questão de direito[16] e que não pode ser renovada por meio do extraordinário.[17] A questão federal, para justificar o cabimento do recurso extraordinário, não exige prévia suscitação pela parte, mas deve já figurar no decisório recorrido; *i.e.*, deve ter sido anteriormente enfrentada pelo tribunal *a quo*. Nesse sentido, fala-se em *prequestionamento* como requisito de admissibilidade do extraordinário. É, aliás, o que se extrai da regra constitucional que exige, para ser conhecido esse recurso, verse ele sobre "causa decidida", na instância de origem.

---

[12] STF, 1ª T., RE 140.075/DF, Rel. Min. Sydney Sanches, ac. 06.09.1995, *DJU* 22.09.1995, p. 30.599; 2ª T., AI 153.367-AgRg, Rel. Min. Carlos Velloso, ac. 04.10.1993, *RTJ* 156/644; 2ª T., RE 140.427/DF, Rel. Min. Carlos Velloso, ac. 31.05.1994, *RTJ* 159/963. Também dos julgados dos Juizados Especiais, que não desafiam apelação ou agravo para os Tribunais de Justiça, cabem recurso extraordinário para o Supremo Tribunal Federal (STF, Pleno, Recl. 476/GO, Rel. Min. Carlos Velloso, ac. 20.09.1995, *RTJ* 162/830). A matéria já se acha sumulada: "É cabível recurso extraordinário contra decisão proferida por juiz de primeiro grau nas causas de alçada, ou por turma recursal de juizado especial cível e criminal" (STF, Súmula nº 640). Mas é indispensável que, contra a sentença, antes se tenha interposto o recurso interno para a turma de que cogita o art. 41, § 1º, da Lei nº 9.099, de 26.09.1995, pois sem isso não se terá configurado o julgamento "em última instância", exigido pela CF para viabilizar o recurso extraordinário (art. 102, *caput*) [CPC/2015, art. 54].

[13] NERY JR, Nelson et al. Comentários ao Código de Processo Civil. São Paulo: RT, 2015, p. 2.154.

[14] "O conceito de 'causa' decidida em única ou última instância para efeito do cabimento de recurso extraordinário (CF, art. 102, III) alcança as decisões interlocutórias de caráter terminativo" (STF, Pleno, RE 210.917-7, Rel. Min. Sepúlveda Pertence, ac. 12.08.1998, DJU 18.06.2001, p. 12).

[15] NERY JR, Nelson et al. Comentários ao Código de Processo Civil. São Paulo: RT, 2015, p. 2.155.

[16] Sobre a distinção entre questão de fato e questão de direito, ver adiante o item 834.

[17] "*Inadmissibilidade* de reexame de provas e fatos *em sede* recursal extraordinária (Súmula nº 279/STF)" (STF, 2ª T., AgR no RE c/ Ag 705.643/MS, Rel. Min. Celso de Mello, ac. 16.10.2012, *DJe* 13.11.2012, p. 34).

(c) *A demonstração da repercussão geral das questões constitucionais discutidas no caso*, requisito esse que, todavia, somente prevalece em relação aos recursos extraordinários interpostos contra decisões publicadas a partir da regulamentação da matéria pelo RISTF.[18]

(d) *A observância do prazo legal* de interposição do recurso extraordinário, que é de quinze dias, a contar da intimação do julgamento impugnado (CPC/2015, art. 1.003, *caput* e § 5º). O STF, no regime do CPC/1973, considerava intempestivo o recurso manifestado antes do julgamento dos embargos de declaração, se não fosse posteriormente ratificado.[19] Essa questão foi superada por regulamentação diversa adotada pelo CPC/2015, cujo art. 218, § 4º, dispõe textualmente que "será considerado tempestivo o ato praticado antes do termo inicial do prazo" (ver, *retro*, item nº 742).

(e) *A existência do prequestionamento.* Quanto à *questão constitucional*, não pode ela ser suscitada originariamente no próprio recurso extraordinário. O apelo extremo só será admissível se o tema nele versado tiver sido objeto de debate e apreciação na instância originária. Por isso, se a decisão impugnada tiver sido omissa a seu respeito ou se a pretensa ofensa à Constituição tiver origem em posicionamento do órgão julgador adotado pela vez primeira no próprio julgado recorrido, deverá a parte, antes de interpor o recurso extraordinário, provocar o pronunciamento sobre a questão constitucional por meio de embargos de declaração.[20] Mesmo quando a alegada ofensa à Constituição surge na prolação do próprio acórdão, "impõe-se a imposição de embargos declaratórios, a fim de que seja suprido o requisito do prequestionamento"[21] (sobre o prequestionamento realizado em embargos de declaração, ver itens nºs 808, *retro*, e 836, *infra*).

Para ter-se configurada a questão constitucional é ainda necessário que a ofensa invocada pelo recorrente tenha-se dado diretamente contra a regra traçada pela Constituição, e não tenha decorrido, intermediariamente, de atentado às regras infraconstitucionais. É o que se acha sintetizado na Súmula nº 636 do STF, *in verbis*:

> "Não cabe recurso extraordinário por contrariedade ao princípio constitucional da legalidade, quando a sua verificação pressuponha rever a interpretação dada a normas infraconstitucionais pela decisão recorrida".

Justifica-se a exigência do *prequestionamento* da questão constitucional (tese debatida na decisão recorrida) porque a Constituição instituiu o recurso extraordinário para apreciação

---

[18] "Assim sendo, a exigência da demonstração formal e fundamentada, no recurso extraordinário, da repercussão geral das questões constitucionais discutidas só incide quando a intimação do acórdão recorrido tenha ocorrido a partir de 03 de maio de 2007, data da publicação da Emenda Regimental nº 21, de 30 de abril de 2007" (STF, Pleno, AI 664.567 QO/RS, Rel. Mil. Sepúlveda Pertence, ac. 18.06.2007, *DJU* 06.09.2007, p. 37).

[19] STF, 2ª T., RE 447.090 AgRg, Rel. Min. Carlos Velloso, ac. 31.05.2005, *DJU* 24.06.2005, p. 68; STF, 1ª T., AI 742.611 AgRg, Rel. Min. Ricardo Lewandowski, ac. 23.03.2011, *DJe* 13.04.2011.

[20] "É firme a jurisprudência desta Corte no sentido de que, se a ofensa à Lei Maior exsurgir com a prolação do acórdão dissentido, faz-se necessária a oposição de embargos declaratórios para propiciar o debate da matéria perante o juízo *a quo*. Tendo sido observada essa providência pela embargante, não há que falar na impossibilidade de se conhecer do recurso extraordinário devido à ausência de prequestionamento da matéria constitucional suscitada" (STF, EDcl. no RE 223.521-1/RS, 2ª T., Rel. Min. Maurício Corrêa, *DJU* 09.04.1999, p. 33). "A teor da Súmula 456, o que se reputa não prequestionado é o ponto indevidamente omitido pelo acórdão primitivo sobre o qual 'não foram opostos embargos declaratórios'. Mas, se opostos, o Tribunal *a quo* se recuse a suprir a omissão, por entendê-la inexistente, nada mais se pode exigir da parte" (STF, RE 176.626-3/SP, Rel. Min. Sepúlveda Pertence, *DJU* 11.12.1998. No mesmo sentido: RE 210.638-1/SP, Rel. Min. Sepúlveda Pertence, *DJU* 19.06.1998, p. 11). STF, 1ª T., RE 231.452, Rel. Min. Sepúlveda Pertence, ac. 31.08.2004, *DJU* 24.09.2004, p. 43.

[21] STF, 1ª T., RE 230.109 AgR, Rel. Min. Ellen Gracie, ac. 18.03.2003, *DJU* 04.04.2003.

de "causas decididas em única ou última instância" (art. 102, III). Cumpre, pois, ao recorrente demonstrar, necessariamente, que a questão ventilada no extraordinário (*i.e.*, a *causa*) foi objeto de apreciação e julgamento na instância ordinária. O que se busca com esse remédio excepcional é, na verdade, um rejulgamento da causa, no tocante à questão de direito nela contida. Isso, obviamente, só pode acontecer em face de questão anteriormente já decidida. Daí a exigência do STF de *prequestionamento*, na origem, da tese constitucional, como requisito de admissibilidade do recurso extraordinário (Súmulas nos 282 e 356).[22] Mesmo as questões de ordem pública que os tribunais, nas instâncias ordinárias, podem conhecer de ofício, quando se trata do recurso extraordinário não são apreciáveis pelo STF, se não passaram pelo crivo do prequestionamento. É tranquila a jurisprudência daquela Alta Corte sobre essa matéria.[23] Também no STJ o entendimento é pacífico no sentido de que "mesmo as matérias de ordem pública se sujeitam ao requisito do prequestionamento, para fins de viabilizar o acesso à via *especial*".[24]

No regime do Código anterior, não se tinha como prequestionada a matéria constante apenas de algum voto vencido (Súmula nº 320/STJ). O Código de 2015 adotou orientação em sentido contrário, dispondo que "o voto vencido será necessariamente declarado e considerado parte integrante do acórdão para todos os fins legais, inclusive de *prequestionamento*" (art. 941, § 3º).

(f) Quanto à tempestividade do recurso extraordinário (quinze dias, conforme o art. 1.003), o STF, ao tempo do Código anterior, impunha ao recorrente o ônus de comprovar, no ato da respectiva interposição na instância de origem, a eventual ocorrência de feriado local que pudesse ter influenciado na determinação do término do prazo legal.[25] A jurisprudência da referida Corte considerava inadmissível que tal evento fosse demonstrado posteriormente, quando o processo já se encontrasse na superior instância.[26] A orientação foi adotada pelo CPC/2015, que, no § 6º do art. 1.003, impõe ao recorrente comprovar a ocorrência de feriado local no ato de interposição do recurso. A regra, todavia, não deve ser aplicada de forma excessivamente rígida.

Em função da instrumentalidade das formas e da garantia constitucional de acesso à justiça, o Supremo Tribunal Federal, ainda à época do CPC/1973, houve por bem rever sua antiga jurisprudência, passando a permitir que o feriado local ou a suspensão de expediente do tribunal de origem pudessem ser comprovados posteriormente à interposição do extraordinário, inclusive em sede de agravo regimental.[27]

Em seguida, o Superior Tribunal de Justiça, que acompanhava em matéria de recurso especial a mesma orientação, adotou também a mudança de entendimento ocorrida no Supremo Tribunal Federal.[28] Portanto, atualmente, admite-se, tanto no processamento do recurso extraordinário como do especial, que a causa de prorrogação do prazo recursal, por motivo local, seja comprovada não só no ato de interposição do recurso, mas também ulteriormente,

---

[22] "Questão não decidida na instância inferior não enseja revisão por meio de RE: o que não foi decidido não pode ser redecidido (revisto). Daí por que tem razão o STF quando exige o prequestionamento da questão constitucional, para que possa conhecer do RE (STF 282 e 356)" (NERY JUNIOR, Nelson; NERY, Rosa Maria de Andrade. *Código de Processo Civil comentado*. 10. ed. São Paulo: RT, 2007, p. 924).

[23] STF, 1ª T., ARE 822.344-AgRg/SP, Rel. Min. Roberto Barroso, ac. 10.02.2015, *DJe* 09.03.2015; STF, 2ª T., RE 554.680-AgR/AM, Rel. Min. Ricardo Lewandowski, ac. 05.08.2014, *DJe* 15.08.2014; STF, 1ª T., RE 801.065-AgR/PR, Rel. Min. Luiz Fux, ac. 13.05.2014, *DJe* 29.05.2014.

[24] STJ, 2ª T., EDcl no REsp 1.613.591/PR, Rel. Min. Herman Benjamin, ac. 08.11.2016, *DJe* 29.11.2016.

[25] STF, Pleno, AI-AgRg 621.919/PR, Rel. Min Ellen Gracie, ac. 11.10.2006, *DJU* 19.12.2006, p. 35; STF, 2ª T., AI 680.906/MG, Rel. Min. Cezar Peluso, ac. 25.11.2008, *DJe* 19.12.2008.

[26] STF, Pleno, RE 536.881/MG – AgRg, Rel. Min. Eros Grau, ac. 08.10.2008, *DJe* 12.12.2008.

[27] STF, Pleno, AgRg no RE 626.358/MG, Rel. Min. Cezar Peluso, ac. 22.03.2012, *DJe* 23.08.2012.

[28] STJ, Corte Especial, AgRg no Ag no REsp 137.141/SE, Rel. Min. Antônio Carlos Ferreira, ac. 19.08.2012, *DJe* 15.10.2012.

quando a dúvida a seu respeito surgir, durante a tramitação do processo no Tribunal *ad quem*.[29] Sem embargo da regra do § 6º do art. 1.003 do CPC/2015, a orientação deve permanecer no regime da nova legislação, uma vez que o § 3º do art. 1.029 do mesmo estatuto, permite que o STF determine a correção de vícios que não se reputem graves, desestimulando a jurisprudência defensiva e estimulando a sanação de falhas formais.[30]

Estranhamente, surgiu, no entanto, divergência no seio do STJ quanto à possibilidade, já no regime do CPC/2015, de ser a comprovação do feriado local efetuada durante a tramitação do recurso especial naquela Corte Superior. Mais estranhamente, ainda, a questão foi solucionada pela Corte Especial, mediante adoção, por voto de maioria, da tese que "a jurisprudência construída pelo STJ à luz do CPC/73 não subsiste ao CPC/15: ou se comprova o feriado local no ato da interposição do respectivo recurso, ou se considera intempestivo o recurso, operando-se em consequência, a coisa julgada".[31]

A motivação do reposicionamento do STJ – *data venia*, equivocada – é dupla: *(i)* o CPC/2015, diferentemente do CPC/1973, é expresso no sentido de que "o recorrente comprovará a ocorrência de feriado local no ato de interposição do recurso" (art. 1.003, § 6º); e *(ii)* não tolera, outrossim, o Código atual o saneamento da inobservância do requisito da tempestividade do recurso (art. 1.029, § 3º).

Com esse argumento, o STJ afastou, na espécie, a aplicação do parágrafo único do art. 932 do CPC/2015, que determina ao relator, antes de considerar inadmissível o recurso, conceder o prazo de cinco dias ao recorrente "para que seja sanado vício ou complementada a documentação". Dita regra, na consideração da referida Corte, estaria reservada "às hipóteses de vícios sanáveis", entre as quais não se incluiria a falta de oportuna exibição do comprovante do feriado local, nos moldes do § 6º do art. 1.003.

Ora, a falta de juntada do comprovante do feriado local no momento da interposição do recurso não o torna, de forma alguma, intempestivo, se quando da sua protocolização o prazo para a impugnação recursal não estava efetivamente ultrapassado. O que teria ocorrido, na verdade, fora apenas a falta de um documento exigido pela lei para demonstração do cumprimento de um dos requisitos da admissibilidade do apelo. A exibição posterior do comprovante faltoso corresponde, justamente, à complementação de documentos autorizada pelo parágrafo único do art. 932. Nunca, portanto, haver-se-á de se considerar que a medida estaria conferindo tempestividade a um recurso manifestado fora da oportunidade legal.

O que o CPC/2015 nega ao Tribunal é a invocação do permissivo de "desconsiderar vício formal" (art. 1.029, § 3º) para admitir recurso ajuizado depois de vencido o prazo de interposição. A regra, porém, a observar não pode ser outra que a do parágrafo único do art. 932, já que o vício constatável na espécie é a ausência de documento necessário e jamais a convalidação de recurso interposto além do prazo de lei.

Os prazos, por sua própria natureza, são limitações de direitos processuais e, por isso mesmo, não podem ser interpretados e aplicados de forma a ampliar a restrição legal. Ainda quando haja dúvida, a exegese a prevalecer será sempre a mais benéfica à parte interessada. É

---

[29] STF, Pleno, AgRg no RE 626.358/MG, Rel. Min. Cezar Peluso, ac. 22.03.2012, *DJe* 23.08.2012.
[30] WAMBIER, Teresa Arruda Alvim *et al. Primeiros comentários ao novo Código de Processo Civil artigo por artigo*. São Paulo: RT, 2015, p. 1.498.
[31] STJ, Corte Especial, AgInt no AREsp 957.821/MS, Rel. p/ac. Min. Nancy Andrighi, ac. 20.11.2017, *DJe* 19.12.2017. No mesmo sentido, tem decidido o STF, através de sua 2ª Turma (ARE 1.052.492/PB, Rel. Min. Ricardo Lewandowski, ac. 08.06.2017, *DJe* 12.06.2017; ARE 1.051.286/RJ, Rel. Min. Edson Fachin, ac. 31.05.2017, *DJe* 02.06.2017). Atente-se, todavia, para a inexistência de obrigação do STJ, *in casu*, de atrelar sua jurisprudência à posição do STF, visto que é ao STJ, e não ao STF, que a Constituição confere a função de interpretar e uniformizar a aplicação da lei federal infraconstitucional (CF, art. 105, III, "c").

uma linha sempre privilegiada pelo CPC/2015, em nome do princípio da primazia da solução de mérito sobre a aplicação de nulidades ou soluções meramente terminativas do processo (arts. 4º; 6º; 139, IX; 282, §§ 1º e 2º; 283; 317; 321; 488; 932, parágrafo único; 1.029, § 3º). Daí por que a orientação do STJ de não permitir a comprovação do feriado local após o ajuizamento da petição recursal se põe, com todo o respeito, em contraste direto com a regra do parágrafo único do art. 932 e atrita, além disso, com todo o sistema do CPC/2015, que é infenso ao formalismo, valorizando sobremaneira a prioridade da decisão de mérito.[32]

Se é certo que o CPC/2015 prevê que o recorrente produzirá o comprovante do feriado local no momento da interposição do recurso (art. 1.003, § 6º), não é menos certo que a exigência legal está desacompanhada de sanção para o caso de descumprimento, seja no plano das nulidades, seja no terreno das preclusões. Sendo assim, não se pode ter como inválida a interposição do recurso sem a simultânea comprovação da referida exigência, se esta veio aos autos em outra oportunidade, de modo a evidenciar o cumprimento da obrigação legal de outra forma que a do § 6º do art. 1.003. No sistema do Código, portanto, não há como ignorar a superação da irregularidade formal, na espécie, já que, sem cominação de nulidade absoluta para o defeito ocorrido – além do afastamento da preclusão pelo parágrafo único do art. 932 – o reconhecimento de sua invalidade é vedado pelo art. 277. Com efeito, esse dispositivo, segundo o princípio da instrumentalidade das formas, determina cogentemente que:

> "Quando a lei prescrever determinada forma, o juiz considerará válido o ato se, realizado de outro modo, lhe alcançar a finalidade".

À vista da letra e do espírito do atual Código, legítima é, a nosso sentir, a comprovação do feriado local tanto no momento da interposição do recurso (art. 1.003, § 6º) como em diligência ulterior (art. 932, parágrafo único). Atualmente, a injustificável jurisprudência do STJ e do STF, ora criticada, acha-se completamente superada pela Lei nº 14.939, de 30 de julho de 2024, que deu nova redação ao § 6º do art. 1.003, para deixar bem claro o dever do Tribunal de não recusar o recurso interposto sem o comprovante do feriado local, cabendo-lhe, isto sim, abrir o prazo de cinco dias de que fala o art. 932, parágrafo único, para ensejar ao recorrente a possibilidade de sanar referido defeito formal (v., *retro*, o item 741, IV).

Ainda no tocante à tempestividade, o STF já decidiu que o carimbo ilegível do protocolo não é motivo, por si só, para a declaração de intempestividade do recurso, quando for possível aferir a tempestividade por outros meios. Entende a Corte Superior que o defeito, nesse caso, é do órgão jurisdicional, de tal sorte que se a tempestividade do recurso puder ser aferida por outros elementos acostados aos autos, não pode "a parte jurisdicionada sofrer prejuízo por um defeito ao qual não deu causa".[33]

Sobre a comprovação do feriado da segunda-feira de carnaval, o STJ, por sua Corte Especial, entendeu que não prevalece sua jurisprudência assentada sobre a indispensabilidade da prova de feriado local no momento da interposição do recurso especial (v., retro, o nº 741, IV).

---

[32] "De acordo com esse princípio [*primazia da decisão de mérito*], deve o órgão julgador priorizar a decisão de mérito, tê-la como objetivo e fazer o possível para que ocorra. A demanda deve ser julgada – seja ela a demanda principal (veiculada pela petição inicial), seja um recurso, seja uma demanda incidental" (DIDIER JR., Fredie. *Curso de direito processual civil*. 18. ed. Salvador: JusPodivm, 2016, v. 1, p. 137). "Se o defeito pode ser corrigido, não há razão para que o STF ou o STJ não determine a sua correção" (DIDIER JR., Fredie; CUNHA, Leonardo Carneiro da. *Curso de direito processual civil*. 13. ed. Salvador: JusPodivm, 2016, v. 3, p. 319. No mesmo sentido: MARINONI, Luiz Guilherme. *Comentários ao Código de Processo Civil*. São Paulo: Ed. RT, 2016, v. XVI, p. 257).

[33] STF, 1ª T., RE 611.743 AgR/PR, Rel. Min. Luiz Fux, ac. 25.09.2012, *DJe* 06.11.2012.

819. Repercussão geral das questões constitucionais debatidas no recurso extraordinário

O regime da Constituição anterior ensejou a criação da arguição de relevância como mecanismo de filtragem do recurso extraordinário, expediente que a Carta de 1988 repeliu.

A matriz constitucional do recurso extraordinário veio, porém, a sofrer significativas alterações por força da Emenda nº 45, de 30.12.2004, dentre elas a que figurou no novo § 3º acrescido ao art. 102 da Constituição. Por força desse dispositivo, doravante caberá à parte fazer, em seu recurso, a demonstração da "repercussão geral das questões constitucionais discutidas no caso". À luz desse dado, o STF poderá, por voto de dois terços de seus membros, "recusar" o recurso. Ou seja: está o Tribunal autorizado a não conhecer do recurso extraordinário se, preliminarmente, entender que não restou demonstrada a "repercussão geral" das questões sobre que versa o apelo extremo.[34]

Foi, sem dúvida, a necessidade de controlar e reduzir o sempre crescente e intolerável volume de recursos da espécie que passou a assoberbar o Supremo Tribunal a ponto de comprometer o bom desempenho de sua missão de Corte Constitucional, que inspirou e justificou a reforma operada pela EC nº 45. Essa preocupação com a redução do número de recursos endereçados às Cortes Supremas de Justiça não é um fenômeno local, já que tem se manifestado em vários países. Lembra, a propósito, Andrea Proto Pisani, a respeito do direito italiano, que as Cortes de Cassação, gênero a que se filiam em certos aspectos tribunais como o STF e o STJ brasileiros, se destinam institucionalmente a garantir a uniformidade da aplicação da lei federal nos Estados organizados de maneira federativa, e com isso cumprir-se a garantia constitucional de igualdade de todos perante a lei. Acontece que o acesso indiscriminado a esses tribunais provoca seu crescimento numérico e o congestionamento de seus serviços, com o que, além da intolerável demora na resposta jurisdicional definitiva, se acaba por produzir decisões divergentes entre os diversos órgãos fracionários em que a Corte se vê forçada a instituir. De tal maneira o tratamento igualitário que justificaria a existência desses tribunais superiores acaba sendo inviabilizado, diante da inevitabilidade de divergência interna na interpretação e aplicação da lei federal. É assim que se justifica a adoção de critérios de redução drástica do volume de processos que vão ter aos tribunais de último grau de jurisdição, limitando-os apenas àqueles que versem sobre questões relevantes de alta repercussão nacional.[35]

A regulamentação do dispositivo constitucional encontra-se no art. 1.035 do CPC/2015 e seus parágrafos, em que foram traçadas regras de definição do que se deva entender por *repercussão geral* das questões constitucionais debatidas no processo; e instituíram-se regras simplificadoras da tramitação de outros extraordinários pendentes com veiculação de igual controvérsia.

Disciplinando o direito intertemporal, à época do CPC/1973, o art. 4º da Lei nº 11.418/2006 dispôs que sua aplicação se daria aos recursos interpostos a partir do primeiro dia de sua vigência, ou seja, a partir do dia 18.02.2007. Continuam fora da sistemática da repercussão geral todos os recursos extraordinários pendentes antes daquela data, que estejam tramitando nas instâncias locais ou no STF.[36]

---

[34] No âmbito da legislação trabalhista ocorreu, anteriormente, introdução na CLT do art. 896-A, pela Medida Provisória nº 2.226, de 04.09.2001, que instituiu o requisito da "transcendência" da matéria tratada no Recurso de Revista interposto para o TST. Há, porém, a ADI nº 2.527 interposta pela OAB contradita Medida Provisória, ainda não julgada pelo STF.

[35] PISANI, Andrea Proto. Principio d'eguaglianza e ricorso per cassazione. *Revista de Processo*, São Paulo, v. 191, p. 201-210, jan. 2011.

[36] Como a aplicação da exigência da repercussão geral ficou subordinada a estabelecimento de normas necessárias a serem introduzidas no Regimento Interno do Supremo Tribunal Federal (Lei nº 11.418/2006,

É de ressaltar que o controle de admissibilidade criado pelo novo § 3º do art. 102 da Constituição é específico do recurso extraordinário, pelo que não poderá ser estendido ao recurso ordinário perante o STF, tampouco ao especial e a outros recursos manejáveis no âmbito do STJ.

A apreciação da ocorrência (ou não) de repercussão geral é *exclusiva* do STF (art. 1.035, § 2º). A competência é do Pleno, por decisão de pelo menos oito de seus onze Ministros (art. 102, § 3º, da CF). Essa decisão é irrecorrível (CPC/2015, art. 1.035, *caput*). Não obstante, é inequívoca a possibilidade de oposição de embargos de declaração, se presentes os requisitos legais dessa modalidade recursal, porque incide na espécie, a norma do art. 93, IX, da Constituição, que obriga a fundamentação adequada das decisões judiciais.[37]

820. Conceituação legal de decisão que oferece repercussão geral

Para justificar o recurso extraordinário, não basta ter havido discussão constitucional no julgado recorrido. O STF não conhecerá do recurso "quando a questão constitucional nele versada não tiver repercussão geral" (CPC/2015, art. 1.035, *caput*).

Por repercussão geral a lei entende aquela que se origina de questões "que ultrapassem os interesses subjetivos do processo", por envolver controvérsias que vão além do direito individual ou pessoal das partes. É preciso que, objetivamente, as questões repercutam fora do processo e se mostrem "relevantes do ponto de vista econômico, político, social ou jurídico" (art. 1.035, § 1º). Para que o extraordinário, portanto, tenha acesso ao STF, incumbe ao recorrente demonstrar, em preliminar do recurso, a existência da repercussão geral (art. 1.035, § 2º). Não pode se dar de ofício tal reconhecimento. A arguição pela parte é pressuposto processual, de maneira que, não cumprido, o recurso será fatalmente não conhecido. A apreciação da matéria, por outro lado, será exclusiva do STF, isto é, não passará pelo crivo do tribunal de origem; e seu pronunciamento se dará em decisão irrecorrível (art. 1.035, *caput*).[38]

A avaliação da repercussão geral *in concreto* faz-se sobre a questão debatida no recurso. Não há necessidade da coexistência de numerosos processos sobre a mesma questão. Ainda que só um recurso extraordinário exista entre partes singulares, é possível que a matéria nele cogitada envolva tema cuja solução ultrapasse o interesse individual delas, repercutindo significativamente no plano social e jurídico.[39] Vale dizer: embora inexistente a multiplicidade

---

art. 3º), entendeu aquela Corte que o referido pressuposto de admissibilidade seria exigido apenas para os recursos extraordinários interpostos de acórdãos publicados a partir de 3 de maio de 2007, data da entrada em vigor da Emenda Regimental 21/07 ao RISTF (QO AI nº 664.567/RS), que estabeleceu as normas necessárias à execução das disposições legais e constitucionais sobre o novo instituto. Assim, os recursos extraordinários anteriores não devem ter seu seguimento denegado por ausência da demonstração da repercussão geral. No entanto, os recursos extraordinários anteriores e posteriores, quando múltiplos, sujeitam-se a sobrestamento, retratação e reconhecimento de prejuízo, podendo ser devolvidos à origem, se já pendentes no STF, sempre que versarem sobre temas com repercussão geral reconhecida pelo STF (art. 543-B, §§ 1º e 3º [CPC/2015, art. 1.036], RE-QO AI 715.423, Min. Gilmar Mendes; RE-QO 540.410, Rel. Min. Cézar Peluso). Nesse sentido: STF, 2ª T., RE 478.450, Rel. Min. Cezar Peluso, ac. 11.01.2008, *DJe* 05.12.2008.

[37] PINHO, Humberto Dalla Bernardina; SANTANA, Ana Carolina Squadri. O *writ of certiorari* e sua influência sobre o instituto da repercussão geral do recurso extraordinário. *Revista de Processo*, n. 235, São Paulo, set. 2014, p. 396.

[38] De acordo com o STF, não basta ao recorrente alegar que a matéria ventilada no recurso extraordinário tem repercussão geral. "Cabe à parte recorrente demonstrar de forma expressa e clara as circunstâncias que poderiam configurar a relevância – do ponto de vista econômico, político, social ou jurídico – das questões constitucionais invocadas no recurso extraordinário", sob pena de inviabilizá-lo (STF, 1ª T., AgRg no RE c/ Ag 637.634/GO, Rel. Min. Luiz Fux, ac. 07.02.2012, *Rev. Jurídica LEX* 55/212).

[39] WAMBIER, Teresa Arruda Alvim. *Primeiros comentários ao novo Código de Processo Civil artigo por artigo*. São Paulo: RT, 2015, p. 1.506.

de recursos, deverá a questão de direito envolver interesses de um grande número de pessoas, ainda que não configurado o *interesse de massa*.[40]

Há na lei a previsão de alguns casos em que a repercussão geral é categoricamente assentada. São eles, de acordo com o art. 1.035, § 3º, I e III: *(i)* qualquer decisão recorrida que tenha contrariado súmula ou jurisprudência dominante do STF (inciso I); *(ii)* decisão de qualquer tribunal que tenha reconhecido a inconstitucionalidade de tratado ou de lei federal, nos termos do art. 97 da Constituição Federal (inciso III).[41] A súmula, *in casu*, não precisa ser a vinculante, mas apenas a que retrate jurisprudência assentada, pois, mesmo sem súmula, a repercussão geral estará configurada em qualquer julgamento que afronte "jurisprudência dominante" do STF.

Por jurisprudência dominante deve-se ter a que resulta de posição pacífica, seja porque não há acórdãos divergentes, seja porque as eventuais divergências já tenham se pacificado no seio do STF.

O STF, em sua página na Internet, divulga vários casos em que a repercussão geral, diante de processos múltiplos, já foi reconhecida naquela Corte, versando em sua maioria sobre questões tributárias e previdenciárias (RE 559.607, 559.943, 560.626, 561.908, 566.471, 564.413 e 567.932), e algumas de remuneração de servidores públicos (RE 561.836 e 570.177) ou problemas de saúde, na ordem social (RE 566.471).[42]

Por fim, presume-se haver repercussão geral se o recurso impugnar acórdão que tenha reconhecido a inconstitucionalidade de tratado ou lei federal, proferida pelo voto da maioria absoluta dos membros do Pleno ou do órgão especial de Tribunal de segundo grau (art. 97 da CF).

821. Procedimento no STF

Ao Plenário compete declarar a ausência de repercussão geral, por voto de dois terços de seus membros (CF, art. 102, § 3º). Pelo menos oito dos onze ministros do STF devem negar a repercussão, para que o recurso extraordinário não seja admitido.[43] Por força do art. 93, IX, da CF, a decisão que negar a ocorrência de repercussão geral deverá ser fundamentada, sob pena de nulidade. "Contudo – como adverte Luís Roberto Barroso – o mecanismo, por sua própria natureza e funções, não comporta a exigência de fundamentação exaustiva", bastando uma justificação "simples e sucinta".[44]

---

[40] STJ, PETREQ no REsp 1.060.210, Decisão monocrática, Rel. Min. Luiz Fux, j. 29.11.2010, *DJe* 16.12.2010.

[41] O texto primitivo do art. 1.035, § 3º, II, incluía entre os casos de repercussão geral as decisões proferidas em julgamento de casos respectivos. O dispositivo, todavia, foi revogado pela Lei nº 13.256/2016.

[42] Tomando como exemplo os casos mais frequentes de repercussão geral admitida, o STF tem reconhecido a relevância jurídica da questão sobre tributos, quase sempre "tendo em conta os princípios constitucionais tributários da isonomia e da uniformidade geográfica", princípios esses que, obviamente, envolvem interesses gerais, e que transcendem o interesse individual do recorrente (STF, Pleno, QO no AgRg no RE 614.232/RS e no RE 614.406/RS, Rel. Min. Ellen Gracie, ac. 20.10.2010, *DJe* 04.03.2011; STF, Pleno, RE 540.829/SP, Rel. Min. Gilmar Mendes, ac. 26.08.2010, *DJe* 15.10.2010).

[43] Não adotou o CPC/2015 a regra do art. 543-A, § 4º, do CPC/1973, de que a decisão da existência da repercussão geral por, no mínimo, quatro votos da Turma, dispensaria a remessa do recurso à apreciação do Plenário. No sistema atual, portanto, o extraordinário sempre irá ao Plenário, a fim de avaliação da preliminar de repercussão geral suscitada pela parte.

[44] BARROSO, Luís Roberto. *O controle de constitucionalidade no direito brasileiro*. 8. ed. São Paulo: Saraiva, 2019, p. 160-161. Explica o autor: "Na verdade, só é capaz de produzir os efeitos pretendidos – racionalizar a pauta do STF – se o juízo de admissibilidade não exigir o dispêndio excessivo de tempo. Do contrário, a adoção do requisito da repercussão geral acabaria por produzir efeito inverso ao pretendido, tornando ainda mais complexo o trabalho da Corte".

Negada a repercussão geral, a decisão do Pleno valerá para todos os recursos sobre matéria idêntica, ainda pendentes de apreciação. O presidente ou vice-presidente do tribunal de origem negará seguimento a todos os recursos sobrestados na origem que versem sobre matéria idêntica (art. 1.035, § 8º).

Pode o relator, durante a análise da repercussão geral, permitir intervenção de terceiros interessados, por meio de procurador habilitado, de acordo com o que dispuser o Regimento Interno do STF (art. 1.035, § 4º). Essas manifestações se justificam em face da repercussão que o julgamento pode ter sobre outros recursos, além daquele *sub apretiatione* no momento (art. 1.036). É um dos casos, outrossim, em que a intervenção do *amicus curiae* se torna cabível.

Depois de certa vivência da repercussão geral, o Supremo Tribunal Federal, pelo seu Pleno, em 11.06.2008, tomou deliberações acerca do procedimento de aplicação desse requisito do recurso extraordinário, principalmente em relação à jurisprudência já pacificada da Corte, que podem ser assim sintetizadas:

(a) *Simplificação do procedimento*: decidiu que o dispositivo da repercussão geral, criado em 2004 pela Emenda Constitucional 45, poderá ser aplicado pelo Plenário da Corte a recursos extraordinários que discutem matérias já pacificadas pelo STF, sem que esses processos tenham de ser distribuídos para um relator.

(b) *Preconizou quatro medidas possíveis a observar em relação aos recursos extraordinários*:
   (i) versando os recursos sobre matérias já julgadas pelo STF, serão eles enviados para a Presidência do Tribunal, que, antes da distribuição do processo, levará a questão ao Plenário;
   (ii) no Plenário, caberá aos Ministros aplicar a jurisprudência da Corte; ou
   (iii) rediscutir a matéria; ou então
   (iv) simplesmente determinar o seguimento normal do recurso, caso se identifique que a questão não foi ainda discutida pelo Plenário.

(c) *Reflexos sobre outros recursos*: nos casos em que for confirmada a jurisprudência dominante, o STF negará a distribuição ao recurso e a todos os demais que tratem sobre a mesma matéria. Com isso, os Tribunais poderão exercer o chamado juízo de retratação, ou seja:
   (i) aplicar a decisão do STF; ou
   (ii) considerar prejudicados os recursos sobre a matéria, quando o Supremo não reformar a decisão.

O objetivo da decisão do Plenário da Suprema Corte foi declaradamente acelerar o trâmite dos recursos extraordinários e evitar a subida de outro tipo de recurso ao STF – o agravo nos próprios autos, de que cogita o art. 544 do CPC/1973 (CPC/2015, art. 1.042).

822. Reflexos da decisão acerca da repercussão geral

I – Sobre processos em curso em grau inferior de jurisdição

"Reconhecida a repercussão geral, o relator no Supremo Tribunal Federal determinará a suspensão do processamento de todos os processos pendentes, individuais ou coletivos, que versem sobre a questão e tramitem em território nacional" (CPC/2015, art. 1.035, § 5º). A regra tem o duplo objetivo de economia processual, simplificando a resolução dos múltiplos casos pendentes, e de assegurar a isonomia, proporcionando condição a que todos sejam solucionados segundo a mesma tese.

II – Sobre outros recursos extraordinários em curso

Reconhecida a repercussão geral em um recurso extraordinário, havendo no STF outros que versem sobre questão igual, observar-se-á a sistemática do julgamento dos recursos repetitivos (CPC/2015, arts. 1.036 e ss.). A propósito, prevê o art. 1.036, *caput*, que ao Regimento Interno do STF cabe disciplinar o modo de tratar a multiplicidade de recursos com fundamento em idêntica controvérsia, tendo em vista permitir que o julgamento de um caso possa refletir sobre os demais, simplificando as respectivas tramitações.

Havendo diversos recursos extraordinários em processamento na origem, que tratam da mesma controvérsia, deverá o tribunal local selecionar dois ou mais recursos que a representem para encaminhá-los ao STF. Os demais ficarão sobrestados na origem até o pronunciamento definitivo do Supremo (art. 1.036, § 1º).

Duas situações distintas podem ocorrer no pronunciamento do STF: *(i)* pode ser negada a repercussão geral; ou *(ii)* pode ela ser reconhecida. Na primeira, o extraordinário não será apreciado pelo STF (CPC/2015, art. 1.035, *caput*); e, na segunda, será julgado pelo mérito, por aquela Corte Superior (art. 1.035, § 9º). Acontecerão, nesse último caso, duas decisões, em acórdãos distintos, uma sobre a admissibilidade do recurso extraordinário e outra sobre sua procedência ou não.

Ocorrendo a negativa de repercussão geral, pelo STF, todos os recursos sobrestados na origem "serão considerados automaticamente inadmitidos" (art. 1.039, parágrafo único). Não chegarão, pois, a subir ao STF.

Se o STF julgou o mérito do extraordinário, poderão surgir nos tribunais de origem, duas situações: os acórdãos recorridos retidos poderão estar em conformidade ou desconformidade com a tese firmada pela Suprema Corte. Caberá às instâncias locais,[45] uma das seguintes decisões:

(a) se o julgado recorrido estiver conforme ao que decidiu o STF, o recurso extraordinário suspenso no tribunal de origem, terá seu seguimento negado pelo presidente ou vice-presidente daquele tribunal (CPC/2015, art. 1.040, I);

(b) se estiver em desacordo, os autos retornarão ao órgão do tribunal local que proferiu o acórdão recorrido, para juízo de reexame daquilo que tiver sido decidido no processo de competência originária, na remessa necessária, ou no recurso anteriormente julgado (art. 1.040, II).

Como se vê, a repercussão geral, editada com o fito de reduzir o excessivo e intolerável volume de recursos a cargo do STF, não teve como objeto principal e imediato os extraordinários manejados de maneira isolada por um ou outro litigante. O que se ataca, de maneira frontal, são, quase sempre, as causas seriadas ou a constante repetição das mesmas questões em sucessivos processos, que levam à Suprema Corte milhares de recursos substancialmente iguais, o que é muito frequente, *v.g.*, em temas de direito público, como os pertinentes aos sistemas tributário e previdenciário, e ao funcionalismo público. A exigência de repercussão geral em processos isolados, e não repetidos em causas similares, na verdade, não reduz o número de processos no STF, porque, de uma forma ou de outra, teria aquela Corte de enfrentar todos os recursos para decidir sobre a ausência do novo requisito de conhecimento do extraordinário.

---

[45] As instâncias locais que poderão apreciar os recursos sobrestados e, eventualmente, exercitar o juízo de retratação são os Tribunais Federais ou Estaduais, as Turmas de Uniformização de Jurisprudência, nos Juizados Especiais Federais (Lei nº 10.259/2001, art. 14, § 2º), e as Turmas Recursais, nos Juizados Especiais Federais ou Estaduais (Lei nº 9.099/1995, art. 41, § 1º; Lei nº 10.259/2001, art. 14, *caput*).

O grande efeito redutor dar-se-á pelos mecanismos de represamento dos recursos iguais nas instâncias de origem, os quais, à luz do julgado paradigma do STF, se extinguirão sem subir à sua apreciação (art. 1.039, parágrafo único); e ainda pela extensão do julgado negativo do STF de um recurso a todos os demais em tramitação sobre a mesma questão (art. 1.035, § 8º). A página do STF na Internet, a título de orientação aos jurisdicionados, ressalta que a exigência da "repercussão geral", como requisito de admissibilidade do recurso extraordinário, tem as seguintes finalidades: "a) firmar o papel do STF como Corte Constitucional e não como instância recursal; b) ensejar que o STF só analise questões relevantes para a ordem constitucional, cuja solução extrapole o interesse subjetivo das partes; c) fazer com que o STF decida uma única vez cada questão constitucional, não se pronunciando em outros processos com idêntica matéria".

III – Efeitos sobre decisão transitada em julgado

A Segunda Turma do Superior Tribunal de Justiça decidiu que não cabe ao juízo da execução alterar os parâmetros do título judicial, ainda que o objetivo seja adequá-los a uma decisão do Supremo Tribunal Federal no regime da repercussão geral. Só haverá possibilidade de alteração quando a coisa julgada for desconstituída.[46]

O precedente da Suprema Corte, datado ao tempo ainda de vigência do CPC/1973, em que se apoiou o STJ, assentou, de fato, que "[...] a decisão do Supremo Tribunal Federal declarando a constitucionalidade ou a inconstitucionalidade de preceito normativo não produz a automática reforma ou rescisão das sentenças anteriores que tenham adotado entendimento diferente; para que tal ocorra, será indispensável a interposição do recurso próprio ou, se for o caso, a propositura da ação rescisória própria, nos termos do art. 485, V, do CPC, observado o respectivo prazo decadencial (CPC, art. 495)".[47]

Daí a conclusão do STJ de que "sem que a decisão acobertada pela coisa julgada tenha sido desconstituída, não é cabível ao juízo da fase de cumprimento de sentença alterar os parâmetros estabelecidos no título judicial, ainda que no intuito de adequá-los à decisão vinculante do STF".[48] Entretanto, o próprio STF, após a vigência do CPC/2015, considerou constitucional os dispositivos do art. 525, § 1º, III, e §§ 12 e 14, bem como do art. 535, § 5º, dispositivos estes que autorizam a arguição de inexigibilidade da sentença, mesmo quando passada em julgado, em impugnação ao respectivo cumprimento, sem cogitar de prévia rescisão, *desde que, o reconhecimento da inconstitucionalidade pelo STF tenha decorrido de julgamento anterior ao trânsito em julgado da sentença exequenda*[49].

Dessa maneira, a rescisória na espécie só se torna necessária quando a declaração de inconstitucionalidade do STF for posterior à sentença exequenda, como expressamente dispõem o art. 525, § 15, e o art. 535, § 8º, ambos do CPC/2015.

IV – Desistência do recurso após reconhecimento da repercussão geral

Como o julgamento do recurso extraordinário de repercussão geral se destina, quase sempre, a repercutir sobre uma série de outros recursos sobrestados para aguardar o pronunciamento definitivo do STF (art. 1.035, § 5º), surge o problema de ser possível ou não à parte desistir do recurso adotado pelo tribunal como padrão.

---

[46] STJ, 2ª T., REsp 1.861.550/DF, Rel. Min.Og Fernandes, ac. 16.06.2020, *DJe* 04.08.2020.
[47] STF, Pleno, RE 730.462, Rel. Min. Teori Zavascki, ac. 28.05.2015, *DJe* 09.09.2015- repercussão geral.
[48] STJ, 2ª T., REsp 1.861.550/DF, Rel. Min.Og Fernandes, ac. 16.06.2020, *DJe* 04.08.2020.
[49] STF, Pleno, ADI 2.418, Rel. Min. Teori Zavascki, ac. 04.05.2016, *DJe* 12.11.2016.

Muito se discutiu sobre o tema ao tempo do CPC/1973. O atual Código enfrentou expressamente a matéria, adotando, a nosso ver, o melhor entendimento, em seu art. 998, segundo o qual o fato de o processo estar inserido na cadeia de recursos repetitivos, por si só, não priva a parte do direito de desistir de seu apelo, direito esse amplamente assegurado pelo *caput* do dispositivo. Sua deliberação, todavia, não impedirá o STF de prosseguir na apreciação da tese de direito envolvida na arguição de repercussão geral. Na dinâmica dos recursos repetitivos e daqueles que contêm repercussão geral, o julgamento do objeto do extraordinário ultrapassa o interesse do recorrente, como se vê do disposto no § 1º do art. 1.035. Logo, mesmo que ocorra a desistência do recurso padrão, persistirá o interesse coletivo, relacionado com os demais recursos que se acham sobrestados, no aguardo do pronunciamento do STF (art. 1.036, § 1º). É o que determina, de forma clara, o parágrafo único do art. 998, ao assegurar que a questão, cuja repercussão geral já tenha sido reconhecida, será examinada pelo STF, sem embargo de ter a parte desistido de seu recurso.

823. O procedimento regimental de apreciação da arguição de repercussão geral pelo Plenário do STF

O atual Código de Processo Civil confere ao Regimento Interno do STF regulamentar as atribuições dos Ministros, das Turmas e de outros órgãos daquele Tribunal na análise da repercussão geral, principalmente quando inserida na sistemática dos recursos repetitivos (CPC/2015, arts. 1.035, § 5º, e 1.036, *caput*).

A Emenda Regimental nº 21/2007 cuidou de disciplinar a matéria dentro do RISTF e, assim, estipulou como o relator acolheria a manifestação do Plenário recomendada pelo art. 102, § 3º, da Constituição. Para tanto, instituiu-se um procedimento eletrônico de comunicação entre o relator do extraordinário e os demais Ministros que compõem o Plenário, o qual prescinde de sessão de julgamento e lavratura de acórdão específico para o incidente da arguição de repercussão geral da questão constitucional debatida.

Após recebimento da manifestação do Relator, os demais Ministros terão o prazo de seis dias úteis para encaminhar-lhe seus pronunciamentos, também por meio eletrônico sobre a questão da repercussão geral (RISTF, art. 324, com redação dada pela ER nº 58/2022). "Somente será analisada a repercussão geral da questão se a maioria absoluta dos ministros reconhecerem a existência de matéria constitucional" (RISTF, art. 324, § 1º, com redação dada pela ER nº 54/2020).

Se, por falta de manifestação de alguns Ministros no prazo regimental, não se alcançar o quórum necessário "para o reconhecimento da natureza infraconstitucional da questão ou da existência, ou não, de repercussão geral, o julgamento será suspenso e automaticamente retomado na sessão em meio eletrônico imediatamente seguinte, com a coleta das manifestações dos ministros ausentes" (art. 324, § 4º, com redação dada pela ER nº 54/2020).

A súmula da decisão sobre a repercussão geral, de acordo com o § 11 do art. 1.035 do CPC/2015, será publicada no *Diário Oficial* e valerá como acórdão.

Pode-se estranhar o processamento e julgamento do incidente sem a realização de uma sessão do Plenário no sentido tradicional e sem a lavratura de acórdão específico. Acontece que a Constituição, ao cuidar da repercussão geral, não exigiu nada além da "manifestação de dois terços" dos membros do STF para recusar os recursos que não evidenciassem tal repercussão. Não se impôs, assim, que a solenidade da sessão de julgamento e a lavratura de acórdão fossem requisitos indispensáveis para decidir o incidente. Aliás, a desnecessidade de acórdão foi prevista, expressamente, no art. 1.035, § 11, do CPC/2015, onde se contenta com a publicação de súmula da decisão a respeito da preliminar em torno da repercussão. Ademais, já consta de lei a autorização para a ampla adoção do processo eletrônico na Justiça brasileira, cujos moldes práticos de implantação foram confiados à regulamentação dos Tribunais na esfera de suas circunscrições (Lei nº 11.419, de 19.12.2006, art. 18).

Não se entrevê, portanto, ilegalidade na sistemática de intercâmbio eletrônico adotado pelo RISTF para formação do *quórum* de rejeição, ou não, do incidente *sub apretiatione*.

Havendo processos ou recursos sobrestados, nos termos do art. 1.035, § 5º, e após a resolução do caso-padrão, proceder-se-á quanto aos demais segundo as regras gerais dos recursos extraordinários repetitivos (arts. 1.036 e ss.). A tese fixada no julgamento do recurso extraordinário em que se reconheceu a repercussão geral assume força de precedente vinculante, como se depreende da equiparação feita pelo art. 1.030, I, a, e II, do CPC, entre o RE com repercussão geral e o RE repetitivo.[50]

823-A. Inovações da Emenda Regimental 54/2020

A Emenda n. 54/2020 alterou os arts. 323 e 324, e respectivos parágrafos, do RISTF com duas importantes inovações em matéria do processamento da repercussão geral: *(i)* estatuiu que, antes de deliberar sobre a questão da repercussão geral, os membros do Pleno do STF apreciarão a existência ou não de matéria constitucional (art. 324, § 1º); e *(ii)* admitiu casos em que o processamento da repercussão geral se dará antes da distribuição do recurso, funcionando, na espécie, o Presidente do STF como relator (art. 323, § 1º c/c art. 13, V, "c" e "d").

O julgamento virtual, portanto, se desenvolve em duas etapas, de modo que reconhecida a presença da questão constitucional passar-se-á à apreciação da existência ou não da repercussão geral. Mas, qualificada a matéria como infraconstitucional, prejudicada estará a avaliação de repercussão geral. O efeito, no entanto, equivale ao reconhecimento da inexistência de repercussão geral: "a inadmissibilidade daquele recurso representativo da controvérsia e também dos demais recursos extraordinários análogos e o impedimento de rediscutir a matéria em outros recursos extraordinários com os mesmos fundamentos" (art. 324, § 2º).[51]

Outra inovação de grande repercussão da Emenda Regimental 54/2020 deu-se através da inclusão do § 1º do art. 326 do RISTF, que passou a autorizar o relator a negar, em decisão monocrática, repercussão geral "com eficácia apenas para o caso concreto", ou seja, sem repercussão negativa sobre outros processos relacionados com o mesmo tema. Ao contrário da negação de repercussão geral efetuada pelo Pleno, que é irrecorrível (art. 326, *caput*), a decisão monocrática do relator desafia recurso para o Colegiado, que para confirmá-la deverá contar com a votação de dois terços dos ministros componentes do Tribunal (art. 326, § 2º). "Caso a proposta do relator não seja confirmada por dois terços dos ministros, o feito será redistribuído, na forma do art. 324, § 5º, deste Regimento Interno, sem que isso implique reconhecimento automático da repercussão geral da questão constitucional discutida no caso" (§ 3º do art. 326, incluído pela Emenda Regimental nº 54/2020).[52]

---

[50] "É de se reconhecer que um dos objetivos da repercussão geral é uniformizar a interpretação constitucional" (REMOR, Ivan Pereira. A repercussão geral e a superação da súmula vinculante no sistema de precedentes do CPC/2015. *Revista dos Tribunais*, São Paulo, v. 1.033, p. 317, nov. 2021). É que "a existência do filtro da repercussão geral está intimamente ligada à transformação do Supremo Tribunal Federal em uma Corte Suprema" (MARINONI, Luiz Guilherme; MITIDIERO, Daniel. *Recurso extraordinário e recurso especial: do Jus Litigatoris ao Jus Constitutionis*. São Paulo: Ed. RT, 2019, p. 2.014). A igual conclusão chega também REMOR (A repercussão geral e a superação da súmula vinculante no sistema de precedentes do CPC/2015. *Revista dos Tribunais*, São Paulo, v. 1.033, p. 317, nov. 2021).

[51] RODRIGUES, Marco Antônio; LEMOS, Vinícius Silva. A Emenda Regimental 54/2020 ao Regimento Interno do STF, a repercussão geral e a busca pela evolução sistêmica. *Revista de Processo*, v. 326, p. 248, São Paulo, abr./2022.

[52] "Essas duas alterações no Regimento Interno do STF impactam a relação entre o recurso extraordinário e a própria repercussão geral, com o intuito de melhor sistematizar essa relação e, assim, tornar mais clara a utilização do instituto como meio de formação de precedente vinculante, quando for uma decisão de reconhecimento da repercussão geral ou da discricionariedade em determinar que a ausência de reper-

824. Formas de solução tácita da arguição de repercussão geral

Por meio de disposições de seu Regimento Interno, o Supremo Tribunal Federal instituiu o apelidado "plenário eletrônico", segundo o qual a comunicação entre o relator e os demais ministros, para deliberar acerca da negativa de repercussão geral, será feita por via eletrônica (RISTF, arts. 323 e 324). Dentro dessa sistemática virtual, algumas formas de solução tácita ou implícita foram originalmente adotadas para propiciar que o simples silêncio dos membros do colegiado fosse havido como manifestação eficaz na solução do incidente. A Emenda Regimental nº 54/2020, entretanto, alterou os parágrafos do art. 324 do RISTF, de modo a eliminar as presunções derivadas do silêncio, restando, agora, obrigatória a manifestação efetiva de votos suficientes para que se reconheça a natureza infraconstitucional da questão e a ausência de repercussão geral da mesma questão.

Cabe ao relator, de início, fazer a distinção entre recurso que enfrenta matéria efetivamente constitucional e aquele que, na verdade, discute direito infraconstitucional, a pretexto de arguir ofensa à norma constitucional. Feita distinção do tema central do extraordinário, passar-se-á à ouvida do plenário por via eletrônica, devendo os ministros se manifestar, perante o relator, no prazo de seis dias úteis, pela mesma via (RISTF, art. 324, *caput*). A partir da ER nº 54/2020, a solução do incidente não pode mais decorrer por meio do simples silêncio dos Ministros.

825. Procedimentos a serem adotados após o reconhecimento da repercussão geral

I – Sobrestamento dos processos que versem sobre a mesma questão

Uma vez que a repercussão geral caracteriza-se por ser questão relevante, que ultrapasse os interesses subjetivos do processo, o seu reconhecimento pelo STF pode impactar outras ações em andamento perante os diversos tribunais pátrios. Destarte, reconhecida a repercussão geral, o relator no STF determinará a suspensão do processamento de todos os processos pendentes, individuais ou coletivos, que versem sobre a questão e tramitem no território nacional (CPC/2015, art. 1.035, § 5º).

Embora a lei não estabeleça expressamente, o relator do STF deverá comunicar os tribunais pátrios, de preferência por meio eletrônico, acerca da matéria considerada de repercussão geral, para que os presidentes ou vice-presidentes possam cumprir a determinação de suspensão dos processos em curso perante sua jurisdição, em primeira ou segunda instâncias.

Decidiu o STF que a suspensão cogitada no art. 1.035, § 5º, "não consiste em consequência automática e necessária do reconhecimento da repercussão geral realizada com fulcro no *caput* do mesmo dispositivo, sendo da discricionariedade do relator do recurso extraordinário paradigma determiná-la"[53].

II – Recurso contra decisão de sobrestamento

Não prevê a lei recurso manejável contra a deliberação do Relator no STF que ordena a suspensão prevista no § 5º do art. 1.035. À falta de recurso próprio a ser endereçado ao STF, o caso será de adotar-se o agravo interno, previsto no art. 1.021 do CPC/2015.

---

cussão geral seja analisada caso a caso, sem um descarte da matéria de maneira sumária, com um efeito cascata" (RODRIGUES, Marco Antônio; LEMOS, Vinícius Silva, p. 254).

[53] STF, Pleno, RE 966.177 RG-QO/RS, Rel. Min. Luiz Fux, ac. 07.06.2017, *DJe* 01.02.2019.

Destarte, se tiver ocorrido equívoco na inserção do processo na série dos recursos repetitivos, visto que a parte discute questão que, na verdade, não se iguala àquela em que se trava o debate sobre a repercussão geral, o interessado lançará mão do agravo interno para que o próprio relator ou o órgão colegiado reveja a decisão.

A hipótese ora aventada, no entanto, será de rara aplicação prática no STF, uma vez que a ordem de suspensão é dada pelo relator de forma genérica, sem individualizar um ou outro recurso pendente. Na maioria das vezes, a suspensão será concretizada por deliberação de órgão do tribunal local, contra quem, portanto, se deverá manejar o agravo interno. O recurso somente será cogitável perante o STF quando o relator do extraordinário de repercussão geral individualizar o processo a ser suspenso, nos termos do art. 1.035, § 5º. Aos demais casos aplicar-se-á a regra do art. 1.037, § 13, II, que prevê o agravo interno contra decisão do relator que indefere o pedido de exclusão do recurso extraordinário que se pretende de objeto distinto daquele cogitado no caso paradigma.

III – Recurso contra decisão de sobrestamento de recurso intempestivo

A fim de evitar o indevido atraso do trânsito em julgado de recursos extraordinários intempestivos, o atual Código permite que o interessado requeira, ao presidente ou vice-presidente do tribunal de origem, que exclua o processo da decisão de sobrestamento e inadmita o apelo extremo intempestivo (art. 1.035, § 6º). Antes, porém, da decisão, atendendo ao princípio do contraditório, deverá ser ouvido o recorrente, em cinco dias.

Portanto, o presidente ou vice-presidente do tribunal *a quo*, quando provocado por requerimento do recorrido, poderá adotar uma das seguintes soluções: *(i)* acolher o pedido, inadmitindo o recurso extraordinário extemporâneo; ou *(ii)* indeferir o requerimento e, por conseguinte, manterá o sobrestamento do andamento do recurso até ulterior decisão do STF. Na segunda hipótese, a decisão de indeferimento desafiará agravo interno (art. 1.021), conforme previsão expressa do art. 1.035, § 7º. Na hipótese de inadmissão do extraordinário, até então sobrestado, o recurso cabível será ora agravo para o STF, ora agravo interno para o colegiado local, conforme o fundamento adotado pelo julgador monocrático (arts. 1.042 e 1.035, § 7º, com a redação da Lei nº 13.256/2016 (sobre o agravo, ver itens n°s 851 a 856 a seguir).

IV – Julgamento do recurso extraordinário cuja repercussão geral foi reconhecida

Para impedir a eternização dos processos paralisados (art. 1.035, § 5º), o CPC/2015 prevê o prazo máximo de um ano para que o STF julgue o recurso, cuja repercussão geral tiver sido reconhecida (art. 1.035, § 9º). É certo que referido prazo é impróprio, não trazendo consequências para o STF em caso de descumprimento. Mas, para facilitar o julgamento dentro do referido prazo, prevê a nova legislação que o apelo extremo, enquadrável nessa situação, terá preferência sobre os demais feitos em trâmite perante a Corte Suprema. Essa preferência apenas não existirá em face de processos que envolvam réu preso e os pedidos de *habeas corpus* (§ 9º, *in fine*).

O art. 1.035, § 10, previa que, se o julgamento do recurso extraordinário não ocorresse no prazo de um ano a contar do reconhecimento da repercussão geral, deveria cessar, em todo o território nacional, a suspensão dos processos que versavam sobre a questão, ficando restabelecido o seu curso normal. A Lei nº 13.256/2016, no entanto, revogou o dispositivo, de modo que agora não existe predeterminação legal da duração do sobrestamento ordenado pelo art. 1.035, § 5º.

V – Questões já resolvidas pela jurisprudência do STF

A propósito de recurso extraordinário que envolva matéria já assentada em jurisprudência pacífica do STF, admite aquela Corte o reconhecimento da repercussão geral, caso em que o recurso será levado ao Plenário Virtual tão somente para reafirmação da jurisprudência dominante. Uma vez, porém, julgado dessa forma o mérito da repercussão geral pelo STF – segundo a nota Luís Roberto Barroso –, "os demais órgãos jurisdicionais deverão seguir a orientação firmada". Donde sua conclusão que enfatiza "a importância de que os julgamentos sejam efetivamente concluídos com a explicitação da tese que serviu de base para decisão, como determinado pelo art. 543-A, § 7º, do CPC/1973, e, atualmente, art. 1.035, § 11, do CPC/2015, a fim de não suscitarem dúvidas quanto ao entendimento da Corte e de facilitarem a aplicação do precedente pelas demais instâncias".[54]

826. Função do recurso extraordinário

O Supremo Tribunal Federal, diante dos pressupostos do recurso extraordinário, realiza, por meio desse remédio processual, a função de tutelar a *autoridade* e a *integridade* da lei magna federal.[55]

Tem, assim, o recurso extraordinário uma finalidade "eminentemente política". Mas, nada obstante, essa função especial não lhe retira o "caráter de instituto processual destinado à impugnação de decisões judiciárias, a fim de se obter a sua reforma".[56] Isso porque, conhecendo do recurso e dando-lhe provimento, a Suprema Corte, a um só tempo, terá tutelado a autoridade e unidade da lei federal (especificamente das normas constitucionais), bem como proferido nova decisão sobre o caso concreto.[57]

Diante dessa dupla função exercida pelo Supremo Tribunal Federal, por meio do recurso extraordinário, a doutrina costuma qualificar esse *remedium juris* como "um instituto de direito processual constitucional" (Frederico Marques).

827. Efeitos do recurso extraordinário

I – Efeito apenas devolutivo

A interposição e o recebimento do recurso extraordinário geram efeitos de natureza apenas devolutiva, limitados à "questão federal" controvertida. Não fica a Suprema Corte investida de cognição quanto à matéria de fato, nem quanto a outras questões de direito não abrangidas pela impugnação do recorrente e pelos limites fixados pela Constituição para o âmbito do recurso.[58]

Por não apresentar eficácia suspensiva, o recurso extraordinário não impede a execução do acórdão recorrido (CPC/2015, art. 995). Nesse caso, a execução será provisória. No regime

---

[54] BARROSO, Luís Roberto. *O controle de constitucionalidade no direito brasileiro*. 8. ed. São Paulo: Saraiva, 2019, p. 165. Observa o autor que o STF, ao decidir o extraordinário com repercussão geral, encara a questão constitucional de maneira objetiva, isto é, aprecia a questão objeto da repercussão, mesmo que, por exemplo, a pretensão do recorrente não mereça acolhida em decorrência de prescrição (STF, Pleno, RE 583.523/RS, Rel. Min. Gilmar Mendes, ac. 03.10.2013, DJe 22.10.2014).

[55] PONTES DE MIRANDA, Francisco Cavalcanti. Apud AMARAL SANTOS, Moacyr. *Primeiras linhas de direito processual civil*. 4. ed. São Paulo: Max Limonad, 1973, v. III, n. 784.

[56] AMARAL SANTOS, Moacyr. *Primeiras linhas de direito processual civil*. 4. ed. São Paulo: Max Limonad, 1973, v. III, n. 784.

[57] "Admitido o recurso extraordinário ou o recurso especial, o Supremo Tribunal Federal ou o superior Tribunal de Justiça julgará o processo, aplicando o direito" (CPC/2015, art. 1.034, *caput*).

[58] "Não se conhece de recurso extraordinário contra acórdão da justiça local que, examinando fatos e dando as razões de seu convencimento, decide não ter havido simulação na venda de ascendente a descendente" (STF, RE 51.438, Rel. Gonçalves de Oliveira, *Revista Forense* 209/86). "Não se conhece do recurso extraordinário contra decisão que, baseada nas provas dos autos, anula nota promissória eivada de simulação fraudulenta" (STF, RE 37.722, Rel. Min. Barros Monteiro, *Revista Forense* 202/137). Nesse sentido: STF, 2ª T., RE 632.973 AgR, Rel. Min. Celso de Mello, ac. 02.08.2011, DJe 31.08.2011.

do CPC de 1939, o STF editou a Súmula nº 228, que considerava definitiva a execução de sentença na pendência do recurso extraordinário. A motivação de tal entendimento ligava-se ao fato de que aquele velho Código nada dispunha a respeito dos efeitos do questionado recurso. Desde, porém, o Código de 1973 que se tornou certo que o recurso extraordinário, como a generalidade dos recursos, não tem efeito suspensivo e que a execução provisória se aplica às decisões impugnadas por meio de recurso apenas devolutivo. Essa situação normativa é mantida pelo CPC/2015 (arts. 520 e 995). Daí o acerto dos ensinamentos de Luiz Antônio de Andrade[59] e Barbosa Moreira[60] de que, desde o CPC/1973, é provisória a execução de sentença na pendência do recurso extraordinário, não mais prevalecendo o enunciado da Súmula nº 228/STF.

O juízo competente para a execução, contudo, nunca será o do recurso, mas sempre o da causa (CPC/2015, art. 516, I e II), a quem a parte deverá recorrer se lhe interessar promover, por conta e risco, a execução provisória, observado o procedimento constante do art. 522.

II – Tutela de urgência no recurso extraordinário para obtenção do efeito suspensivo

O recurso especial e o extraordinário não gozam de eficácia suspensiva, por isso permitem que a decisão recorrida possa ser de imediato posta em execução. Se do temor desse cumprimento provisório surge o perigo para a eficácia do julgamento final do apelo, configurado estará o primeiro requisito da tutela de urgência, o *periculum in mora*.

Mas, para obter a medida cautelar de suspensão da decisão recorrida, cumprirá, ainda, à parte demonstrar o *fumus boni iuris*, que, na espécie, se revelará pela relevância dos fundamentos do recurso, ou seja, a possibilidade aparente de cassação ou reforma do acórdão impugnado.

A previsão de cabimento da concessão cautelar de efeito suspensivo aos recursos extraordinário e especial, além de enquadrar-se na teoria geral das tutelas de urgência, encontra apoio específico no art. 1.029, § 5º, do CPC/2015.

O atual Código aboliu a ação cautelar, de modo que a parte interessada formulará, incidentemente no processo, por meio de petição avulsa, o requerimento de atribuição de efeito suspensivo aos recursos em tela, quando cabível.

Matéria de muita discussão, ao tempo do Código de 1973, era a relacionada com a competência para processar e decidir o pedido de efeito suspensivo para os recursos extraordinário e especial. O STF chegou a sumular seu entendimento, estabelecendo que a competência em questão caberia ao presidente do Tribunal de origem, enquanto não pronunciado o juízo de admissibilidade do recurso (Súmula nº 635). Somente após tal juízo é que a competência cautelar se firmaria no STF (Súmula nº 634). O atual Código tratou do tema, de modo explícito e claro, nos termos do art. 1.029, § 5º, I, II e III (redação alterada pela Lei nº 13.256/2016), estatuindo o seguinte:

(a) O requerimento de concessão do efeito suspensivo a recurso extraordinário ou a recurso especial será processado no tribunal superior respectivo, "no período compreendido entre a publicação da decisão de admissão do recurso e sua distribuição". Nesse caso, o *relator designado* para o exame da medida cautelar ficará prevento para o julgamento do recurso (inciso I).

(b) Se o recurso já tiver sido distribuído no tribunal superior, a competência para a medida cautelar caberá ao respectivo *relator* (inciso II).

---

[59] ANDRADE, Luis Antonio de. *Aspectos e inovações do Código de Processo Civil*. Rio de Janeiro: Francisco Alves, 1974, n. 327, p. 276.
[60] BARBOSA MOREIRA, José Carlos. *Comentários ao Código de Processo Civil*. 16. ed. Rio de Janeiro: Forense, 2012, v. V, n. 158, p. 284.

(c) No período compreendido entre a interposição do recurso e a publicação da decisão que o admitir, a competência caberá ao *presidente ou vice-presidente do tribunal recorrido* (inciso III). Essa competência, por força do mesmo dispositivo, prevalece, ainda, para o caso de *recurso sobrestado*, nos termos do art. 1.037 (recursos repetitivos).

É bom registrar que o sobrestamento do recurso, para aguardo da resolução de caso representativo da controvérsia no STJ, já foi, no regime do Código anterior, reconhecido como não impedimento a que a parte requeira a medida cautelar para suspender os efeitos do acórdão recorrido, se o requisito do *periculum in mora* se afigure presente, assim como a relevância dos fundamentos do recurso.[61]

Também o STF já havia decidido que, na mesma circunstância, era possível a ação cautelar, atribuindo-a, porém, ao Tribunal de origem, "quando o apelo extremo estiver sobrestado em face do reconhecimento da existência de repercussão geral da matéria constitucional nele tratada".[62]

No Tribunal Superior, a competência para conhecer do pedido de tutela de urgência é do relator, ao qual foi distribuído o recurso (art. 1.029, § 5º, II). Se ainda não houve a distribuição do recurso, será designado relator para a medida cautelar, que ficará prevento para julgá-lo (art. 1.029, § 5º, I, *in fine*, com a redação da Lei nº 13.256/2016).

Ocorrida interposição simultânea dos recursos especial e extraordinário, caberá ao STJ o exame do pedido de efeito suspensivo, porque é para ele que os autos serão remetidos (art. 1.031). O STF só tomará conhecimento da causa depois de concluído o julgamento do STJ (art. 1.031, § 1º).

Observe-se, por fim, que o efeito suspensivo pleiteado, em regra é apenas negativo, ou seja, destina-se tão somente a impedir a execução do acórdão recorrido; pode, porém, ser também ativo; vale dizer, à parte é dado requerer a tutela antecipada, para que o STF conceda, provisoriamente, o que se pediu, mas que foi indeferido pela decisão recorrida.[63]

828. Processamento do recurso extraordinário

I – Interposição

A parte vencida terá o prazo de quinze dias para interpor o recurso extraordinário (CPC/2015, art. 1.003, § 5º), perante o presidente ou vice-presidente do tribunal onde se pronunciou o acórdão recorrido (art. 1.029).

Já à época do Código anterior, com a alteração do art. 542 feita pela Lei nº 10.352, fora eliminada a obrigatoriedade de ser a petição do extraordinário protocolada na secretaria do tribunal de origem, abrindo-se oportunidade ao uso dos protocolos descentralizados, desde que o tribunal delegasse tais atribuições a ofícios de justiça de primeiro grau (CPC/1973, art. 547, parágrafo único). Após alguma divergência entre as Cortes Superiores, assentou-se que os protocolos integrados aplicavam-se a todos e quaisquer recursos, inclusive o extraordinário e o especial.[64]

O CPC/2015 adotou a mesma orientação do anterior, ao estabelecer, no parágrafo único do art. 929, que "a critério do tribunal, os serviços de protocolo poderão ser descentralizados, mediante delegação a ofícios de justiça de primeiro grau".

---

[61] STJ, 2ª T., MC 15.142/SP, Rel. Min. Humberto Martins, ac. 04.11.2010, *DJe* 17.11.2010.
[62] STF, Pleno, AC 2.177 MC-QO, Rel. Min. Ellen Gracie, Humberto Martins, ac. 12.11.2005, *DJe* 20.02.2009..
[63] WAMBIER, Teresa Arruda Alvim; CONCEIÇÃO, Maria Lúcia Lins; RIBEIRO, Leonardo Ferres da Silva; MELLO, Rogério Licastro Torres de. *Primeiros comentários ao novo Código de Processo Civil*. São Paulo: RT, 2015, p. 1.497.
[64] STF, Pleno, AgRg. no AI 476.260/SP, Rel. Min. Carlos Britto, ac. 23.02.2006, *DJU* 16.06.2006, p. 5; STF, 2ª T., RE 420.618 AgR, Rel. Min. Ayres Britto, ac. 26.04.2011, *DJe* 02.09.2011; STJ, Corte Especial, AgRg no Ag 792.846/SP, Rel. Min. Francisco Falcão, Rel. p/ Acórdão Min. Luiz Fux, ac. 21.05.2008, *DJe* 03.11.2008.

II – Contraditório

Recebida a petição do recurso, o recorrido será intimado para apresentar contrarrazões no prazo de quinze dias (art. 1.030, *caput*).

III – Juízo de admissibilidade

O CPC/2015, em seu texto original, pretendeu uniformizar o sistema de um único regime de admissibilidade, a ser exercitado apenas pelo tribunal destinatário do recurso (ver, *retro*, o nº 738). Previa, nesse sentido, o primitivo parágrafo único do art. 1.030 que, apresentadas as contrarrazões pelo recorrido, a remessa do recurso extraordinário ou especial ao tribunal superior dar-se-ia "independentemente de juízo de admissibilidade", no tribunal de origem.

Antes, porém, que o Código atual entrasse em vigência, a Lei nº 13.256/2016 alterou o regime procedimental dos recursos em questão, para reimplantar a duplicidade de juízo de admissibilidade, dispondo, o novo texto do art. 1.030, V, que ao presidente ou ao vice-presidente do tribunal recorrido compete "realizar o juízo de admissibilidade e, se positivo, remeter o feito ao Supremo Tribunal Federal ou ao Superior Tribunal de Justiça".[65]

Continua, portanto, condicionada a subida dos recursos extremos aos tribunais superiores, ao conhecimento do apelo pelo presidente ou vice-presidente do tribunal no qual a decisão impugnada foi pronunciada. Trata-se, porém, de um juízo provisório, destinado a sofrer reexame pelo tribunal superior, a quem a lei reserva o poder de dar a última palavra sobre a matéria, sem ficar vinculado ao primitivo juízo de admissibilidade acontecido no tribunal *a quo*.

IV – Casos em que não ocorrerá o juízo de admissibilidade no tribunal recorrido, com a subida do feito ao tribunal superior

Prevê o art. 1.030, V, do CPC/2015, na redação da Lei nº 13.256/2016, que, para realizar-se juízo de admissibilidade do recurso extraordinário ou do recurso especial, na instância de origem, com remessa do feito ao tribunal superior competente, é necessário:

(a) que o recurso ainda não tenha sido submetido ao regime de *repercussão geral* ou de *julgamento de recursos repetitivos* (art. 1.030, V, "a"), pois, se o apelo tiver como tema questão já figurante em tal sistemática, o seu destino será o sobrestamento para aguardar a solução dos casos paradigma; ou

(b) que "o recurso tenha sido selecionado como representativo da controvérsia" (art. 1.030, V, "b"), o que, naturalmente, pressupõe tenha sido positivo o juízo de admissibilidade (art. 1.030, V); ou

(c) que, após a fixação do entendimento do STF (ou do STJ, se for o caso) em regime de repercussão geral ou de recurso repetitivo, o órgão julgador local prolator do acórdão em sentido diverso "tenha refutado o juízo de retratação" (art. 1.030, V, "c").

V – Juízo de admissibilidade negativo no tribunal recorrido

Prevê o art. 1.030, em seu atual texto, algumas situações em que o presidente ou o vice-presidente do tribunal recorrido deverá *negar seguimento* ao recurso extraordinário ou especial. Fala-se, na espécie, em "não admissibilidade" do recurso decretada na instância ordinária. Essa competência será exercida quando ocorrer uma das seguintes hipóteses:

---

[65] "Cabem embargos declaratórios contra decisão que não admite recurso especial ou extraordinário, no tribunal de origem ou no tribunal superior, com a consequente interrupção do prazo recursal" (CEJ/I Jorn. Dir. Proc. Civ., Enunciado nº 75).

(a) quando o *recurso extraordinário* versar sobre questão constitucional a que o STF já recusou o reconhecimento de repercussão geral (art. 1.030, I, "a", primeira parte);

(b) quando o *recurso extraordinário* tenha sido interposto contra acórdão "que esteja em conformidade com entendimento do Supremo Tribunal Federal exarado no *regime de repercussão geral*" (art. 1.030, I, "a", segunda parte);

(c) quando o *recurso extraordinário* (ou, também, o *recurso especial*) impugna acórdão proferido em conformidade com entendimento do STF exarado no *regime de recursos repetitivos*. Igual regra aplica-se ao recurso especial, perante entendimento do STJ, também manifestado no mesmo regime recursal (art. 1.030, I, "b")

VI – Recursos manejáveis em face do juízo que inadmite o recurso extraordinário (ou o especial)

Com base na sistemática que a Lei nº 13.256/2016 introduziu no CPC/2015, o juízo de admissibilidade dos recursos extraordinário e especial, sujeita-se ao seguinte regime:

(a) o juízo positivo (*i. é*, aquele com que o presidente ou o vice-presidente acolhe o recurso extremo) é irrecorrível, embora o tribunal superior continue com o poder de revê-lo;

(b) quando o juízo for negativo, ou seja, quando o recurso for inadmitido no tribunal de origem, a decisão do presidente ou do vice-presidente será sempre recorrível, mas nem sempre pela mesma via impugnativa, pois: *(i)* o recurso será o *agravo interno*, se o fundamento da inadmissão consistir em aplicação de entendimento firmado em regime de *repercussão geral*; ou em *recursos repetitivos*; caso em que a solução será dada pelo colegiado do tribunal local, sem possibilidade de o caso chegar à apreciação dos tribunais superiores (CPC/2015, art. 1.030, I); *(ii)* se a negativa de seguimento do recurso extraordinário ou do especial, se der por razão que não se relacione com teses oriundas de decisão proferidas em regime de repercussão geral, ou de recursos repetitivos, caberá o *agravo* endereçado diretamente ao tribunal superior destinatário do recurso inadmitido (CPC/2015, art. 1.042, *caput*).

VII – A relevância da distinção feita pela lei entre "negativa de seguimento" e "inadmissão" dos recursos extraordinário e especial

Embora desconhecida na tradição de nossos recursos extremos às Cortes Superiores, o CPC atual faz uma distinção – que reflete imediatamente sobre o recurso manejável contra a decisão do Presidente ou Vice-presidente do Tribunal local – entre *(i)* a decisão que *nega seguimento* ao RE e ao REsp e *(ii)* a que lhe *nega admissibilidade*.

A negativa de seguimento corresponde a juízo definitivo cuja eficácia se esgota no âmbito do Tribunal recorrido, sem possibilidade de recurso para o Tribunal Superior *ad quem*. O recurso contra a decisão monocrática que nega seguimento ao apelo extremo é o agravo interno solucionável pelo Colegiado maior do próprio Tribunal recorrido (art. 1.030, § 2º). O seguimento do recurso é negado com base em exame do respectivo mérito, por meio do qual se faz a avaliação de sua conformidade, ou não, com teses assentadas pelo STF, em matéria constitucional, ou pelo STJ, em matéria infraconstitucional, com as especificações indicadas no V deste mesmo item.[66]

---

[66] "Embora a proposta da modificação legislativa [Lei nº 13.256/2016] tenha sido a de trazer de volta o juízo de admissibilidade provisório, o que efetivamente ocorreu foi a fixação de competência para o presidente ou vice-presidente do tribunal de origem realizar, além do juízo de admissibilidade propriamente dito, também a análise do próprio mérito recursal" (MACEDO, Lucas Buril de. A análise dos recursos excepcionais pelos tribunais

Quando não for o caso de negação de seguimento definitiva (art. 1.030, I), ou de sobrestamento do curso do RE ou REsp (art. 1.030, II), cabe ao Presidente ou Vice-presidente do Tribunal *a quo* proceder ao *juízo de admissibilidade* do recurso extremo, com análise dos requisitos gerais reclamados para qualquer recurso e dos requisitos específicos impostos constitucionalmente ao cabimento do RE e do REsp.

Esse juízo de admissibilidade propriamente dito é feito provisoriamente no Tribunal de origem, sem vincular o Tribunal Superior destinatário do recurso. O tema será reapreciado pelo Tribunal *ad quem*, aí sim em caráter definitivo. Se a inadmissão for pronunciada em decisão monocrática do relator, manejável será o agravo interno para o órgão colegiado do Tribunal Superior competente para o julgamento do apelo extremo (art. 1.021).

Pode-se, em suma, reconhecer que, na sistemática implantada pelo CPC/2015, o controle de cabimento dos recursos excepcionais (RE e REsp) passa por duas fases: "o *juízo de seguimento* (aferição de precedentes qualificados em sede de repercussão geral ou repetitivos) e o *juízo de admissibilidade* (aferição dos requisitos intrínsecos, e extrínsecos e específicos)".[67]

VIII – Outros poderes do presidente ou vice-presidente do tribunal recorrido

(a) Fixado o entendimento do STF no regime de *repercussão geral* ou de *recursos repetitivos*, se o presidente ou vice-presidente do tribunal recorrido se deparar com recurso manifestado contra acórdão divergente da tese assentada pela Suprema Corte nos referidos regimes, caber-lhe á "encaminhar o processo ao órgão julgador para realização do *juízo de retratação*" (art. 1.030, II). Esse juízo de retratação faz parte da dinâmica procedimental do julgamento dos recursos extraordinário e especial e é preconizado pelo art. 1.040, II.[68]

(b) Uma vez deflagrado o processamento de recursos em caráter repetitivo, e não tendo ainda ocorrido a decisão do STF sobre a questão constitucional discutida, caberá ao presidente ou vice-presidente do tribunal de origem *sobrestar* o recurso extraordinário que volte a debater a mesma matéria (art. 1.030, III). Igual providência caberá em relação às questões infraconstitucionais disputadas, perante o STJ, em recursos especiais repetitivos.[69]

(c) Compete, ainda, ao presidente ou vice-presidente referido selecionar recurso representativo de controvérsia constitucional ou infraconstitucional, para remessa aos tribunais superiores, nos moldes do § 6º do art. 1.036 (art. 1.030, IV). Tal diligência pressupõe requisição do relator, no tribunal superior, autorizada pelo art. 1.037, III, dos recursos repetitivos, para ampliar o espectro dos paradigmas.

---

intermediários: o pernicioso art. 1.030 e sua inadequação técnica como fruto de uma compreensão equivocada do sistema de precedentes vinculantes. *Revista de Processo*, v. 262, p. 189, São Paulo, dez./2016).

[67] OLIVEIRA, Pedro Miranda de; RODRIGUES, Luiza Silva. As duas faces da análise dos recursos excepcionais pelo Presidente ou Vice-presidente do Tribunal local: juízo de seguimento e juízo de admissibilidade. *Revista de Processo*, v. 319, p. 232, São Paulo, set./2021).

[68] "A ausência de retratação do órgão julgador, na hipótese prevista no art. 1.030, II, do CPC, dispensa a ratificação expressa para que haja o juízo de admissibilidade e a eventual remessa do recurso extraordinário ou especial ao tribunal superior competente, na forma dos arts. 1.030, V, "c", e 1.041 do CPC" (Enunciado nº 139/CEJ/CJF).

[69] "A suspensão do recurso prevista no art. 1.030, III, do CPC deve se dar apenas em relação ao capítulo da decisão afetada pelo repetitivo, devendo o recurso ter seguimento em relação ao remanescente da controvérsia, salvo se a questão repetitiva for prejudicial à solução das demais matérias" (CEJ/I Jorn. Dir. Proc. Civ., Enunciado nº 78).

PARTE VII • RECURSOS | 1041

829. O preparo dos recursos para o STF e para o STJ

Os recursos para o Supremo Tribunal Federal, inclusive o extraordinário, sempre se sujeitaram a preparo, que compreende o pagamento de custas e despesas de remessa e retorno. Em resolução, o STF fixa e revê periodicamente as tabelas de custas e despesas recursais, cujo recolhimento se faz antecipadamente, junto ao tribunal de onde se origina o recurso.

O recurso especial não se sujeitava a custas, mas apenas às despesas de remessa e retorno. A partir, entretanto, da Lei nº 11.636, de 28.12.2007, regulamentada pela Resolução nº 1, do Superior Tribunal de Justiça, publicada no *DJU* de 18.01.2008, as custas também são devidas no recurso especial, assim como em outros recursos interpostos para aquele tribunal. Segundo a referida Resolução, a cobrança das custas entrou em vigor no dia 27 de março de 2008. O valor de tais custas consta de tabela baixada pela própria Lei nº 11.636, que prevê sua correção anual segundo a variação do IPCA do IBGE (Lei nº 11.636, art. 2º, parágrafo único). O STJ promove a atualização periódica por meio de Resolução, tal como se passa no STF.

O formulário e a conta de recolhimento das despesas recursais constam de Resoluções do STF e do STJ, relativas às tabelas de custas e de porte de remessa e devolução dos autos.[70]

Tanto na esfera do STF como na do STJ, excluem-se da obrigatoriedade do preparo os recursos que, por expressa disposição de lei, sejam isentos desses gastos, ou de antecipação de despesas processuais. É o caso, *v.g.*, dos feitos amparados pela assistência judiciária gratuita (CPC/2015, art. 82), bem como dos recursos em geral quando interpostos pela Fazenda Pública ou pelo Ministério Público (art. 91).

830. O recurso extraordinário por via eletrônica

O STF, de acordo com a autorização do art. 18 da Lei nº 11.419/2006, instituiu o *e-STF* (*software*) como instrumento de processamento eletrônico do recurso extraordinário, que assim pode ser resumido: *(i)* a petição física endereçada ao tribunal de origem será nele digitalizada e, em seguida, transmitida eletronicamente ao Supremo Tribunal Federal, por meio do *e-STF* (Resolução nº 427, de 20.04.2010, art. 23); *(ii)* o mesmo acontecerá com as peças que formarão o processo eletrônico para apreciação do recurso extraordinário pelo STF (Res. nº 427, art. 24); *(iii)* os autos físicos não mais subirão ao STF (Res. nº 427, art. 28); *(iv)* uma vez transitado em julgado o recurso extraordinário, o STF transmitirá à origem os autos virtuais, para fins de impressão e juntada aos autos físicos (parágrafo único do citado art. 28).

831. Julgamento do recurso e julgamento da causa

O último recurso autorizado pelo processo, para atingir o Tribunal maior da estrutura do Poder Judiciário, nem sempre exerce mesmo papel. Em alguns países, a corte suprema cumpre função que consiste apenas em anular o julgamento irregular proferido no tribunal inferior.

---

[70] A jurisprudência do STJ tem sido no sentido de recusar, nos recursos que lhe são endereçados, a comprovação do preparo por meio de "comprovantes bancários emitidos pela internet", ao argumento de que esses documentos "somente possuem veracidade entre a agência bancária e o correntista, não possuindo fé pública e, tampouco, aptidão para comprovar o recolhimento do preparo recursal" (STJ, 3ª T., AgRg no AREsp 55.918/DF, Rel. Min. Ricardo Villas Bôas Cueva, ac. 21.03.2013, *DJe* 26.03.2013). No mesmo sentido: STJ, 2ª T., AgRg no AREsp 315.018/MG, Rel. Min. Castro Meira, ac. 27.08.2013, *DJe* 04.09.2013; STJ, 3ª T., AgRg no AREsp 200.925/SC, Rel. Min. Paulo de Tarso Sanseverino, ac. 02.05.2013, *DJe* 08.05.2013. No entanto, a 4ª Turma diverge, para reconhecer a possibilidade da comprovação do preparo por meio de guia (GRU simples) paga por meio da internet, como, aliás, se acha autorizado no *site* do Tesouro Nacional, a que se reporta a Resolução do STJ nº 4/2010 (STJ, 4ª T., AgRg no REsp 1.232.385/MG, Rel. Min. Antonio Carlos Ferreira, ac. 06.06.2013, *DJe* 22.08.2013).

Atribui-se a esse órgão superior a denominação de Tribunal de Cassação. O rejulgamento da causa não é feito por ele, de modo que, cassada a decisão recorrida, o processo é enviado a outro tribunal a quem se atribui a competência de julgar a questão anteriormente tratada no acórdão invalidado.

No Brasil, o recurso extraordinário (e também o especial) destina-se tanto a *invalidar* julgamento impugnado como, se necessário, a *rejulgar* a causa. Vale dizer: entre nós, o Supremo Tribunal Federal e o Superior Tribunal de Justiça têm poder tanto de cassação como de revisão do julgamento da causa.

É o que declara a Súmula nº 456 do STF: "O Supremo Tribunal Federal, conhecendo do recurso extraordinário, julgará a causa, aplicando o direito à espécie".

No mesmo sentido, dispõe o art. 257 do regimento interno do STJ, a propósito do recurso especial: "No julgamento do recurso especial, verificar-se-á, preliminarmente, se o recurso é cabível. Decidida a preliminar pela negativa, a Turma não conhecerá do recurso; se pela afirmativa, julgará a causa, aplicando o direito à espécie".

O CPC/2015 positivou o entendimento sumular do STF e do regimento interno do STJ, ao dispor, no art. 1.034, que "admitido o recurso extraordinário ou o recurso especial o Supremo Tribunal Federal ou o Superior Tribunal de Justiça julgará o processo, aplicando o direito".

No novo julgamento da causa, o STF e o STJ, naturalmente, terão de examinar o fato em que se achava apoiada a decisão cassada. Isto, porém, não quer dizer que possa reavaliar os fatos para formar nova e diversa convicção sobre a respectiva veracidade.[71] Os fatos que são levados em conta são exatamente aqueles fixados pelo tribunal de origem. O novo exame se limita a verificar qual foi a versão fática assentada no julgado originário para sobre ela fazer incidir a tese de direito considerada correta, em lugar da tese incorreta aplicada pelo tribunal inferior.[72] É *soberana* a decisão local sobre a questão fática, de sorte que, de acordo com o STF, se apresenta inadmissível o reexame de provas e fatos em sede de recurso extraordinário.[73]

Julgar a causa, dentro do recurso extraordinário ou especial, portanto, tem sentido menor do que aquele referente ao ato do tribunal de origem. Este, sim, examina amplamente todas as questões de fato e de direito que a causa envolve. Os tribunais superiores não fazem, senão sobre a questão de direito, uma avaliação e um julgamento amplo. Fixada a tese de direito, esta será simplesmente aplicada sobre os fatos acertados no decisório originário, para que o rejulgamento da causa se realize.[74]

---

[71] "Para simples reexame de prova não cabe o recurso extraordinário" (STF, Súmula nº 279). "A pretensão de simples reexame de prova não enseja recurso especial" (STJ, Súmula nº 7).

[72] Eduardo Ribeiro, analisando a hipótese em que o acórdão recorrido não havia esgotado as questões de mérito, observou que o STJ, depois de prover o recurso especial, haveria de "prosseguir no exame da causa para saber se o acórdão não deveria ser mantido por alguma outra razão que não foi objeto de consideração na origem". A parte, obviamente, não poderia ser privada da apreciação de "relevante fundamento de seu direito" oportunamente invocado. Daí que, no exemplo analisado, o STJ passou ao exame da referida matéria, "não importando que, para isso, tivesse de examinar matéria de fato". Alertou, todavia, para o limite a ser respeitado: "o que não se pode, no especial é modificar os fundamentos fáticos da decisão recorrida, rever provas já analisadas" (OLIVEIRA, Eduardo Ribeiro de. Recurso Especial. In: FONTES, Renata Barbosa (coord.). *Temas de direito:* homenagem ao Ministro Humberto Gomes de Barros. Rio de Janeiro: Forense, 2000, p. 56).

[73] STF, 2ª T., AgR no RE c/ Ag 705.643/MS, Rel. Min. Celso de Mello, ac. 16.10.2012, *DJe* 13.11.2012, p. 34.

[74] "Superado o juízo de admissibilidade e verificada a efetiva ocorrência do *error iuris* atacado pelo recurso, o tribunal de superposição deve julgar a causa com base em todos os elementos de prova constantes nos autos, ainda que não mencionados no acórdão recorrido, desde que respeite dois limites. O primeiro consiste na garantia do *direito à prova*, assegurado constitucionalmente pela cláusula do devido processo legal, de modo que se o julgamento integral da causa, após a fixação da tese jurídica correta, depender

É importante, todavia, respeitar o direito à prova, o contraditório e a ampla defesa. Se para avançar sobre a solução de questões não apreciadas pelo tribunal *a quo* o STF depende de provas ainda por colher, ou se o processo ainda não está maduro, por inexistência de debate adequado sobre as questões novas a enfrentar, não lhe compete julgá-las. A Corte Superior, depois de provido o extraordinário, haverá de remeter o feito à instância originária, atribuindo-lhe a incumbência de completar a instrução probatória ou o contraditório, bem como de julgar a causa novamente, segundo as exigências do devido processo legal.

Somente em casos especiais os recursos extraordinários e especiais levam em conta fatos não avaliados pela instância anterior. É o que, por exemplo, se dá quando a causa compreende vários pedidos e a decisão cassada solucionou apenas aquele que tinha natureza prejudicial em face dos demais. Ocorrendo a cassação, o Tribunal Superior terá de julgar os demais pedidos, *i.e.*, aqueles que não chegaram a ser decididos no acórdão originário, e cuja solução, na última instância, dependerá, naturalmente, de avaliação de suporte fático próprio, até então não enfrentado no processo.[75] O mesmo se dá com as causas em que o pedido ou a defesa se apresenta apoiada em causa de pedir (fundamentação) múltipla.[76] Tudo, porém, haverá de corresponder a uma causa madura, na sua totalidade, ou seja, as novas questões a enfrentar no julgamento do recurso extraordinário ou especial já deverão ter passado por suficiente contraditório e provas.

Em tais excepcionalidades, o STF ou o STJ examinará a prova dos autos, mas não a reexaminará a ponto de ignorar as questões de fato já definitivamente julgadas pelo tribunal *a quo*.

Se se apresenta admissível a sujeição dos recursos extraordinário e especial ao efeito devolutivo previsto nos §§ 1º e 2º do art. 1.013 do CPC/2015, o mesmo não se passa com o § 3º daquele dispositivo. É que, tendo o tribunal de origem julgado apenas questão processual própria de sentença terminativa, não teria o STF ou o STJ como enfrentar o mérito da causa. Não tendo havido nem mesmo começo de exame das questões de mérito na instância de origem, faltaria o pressuposto do prequestionamento, ou seja, não se estaria diante de *causa* decidida

---

de prova ainda não produzida, o tribunal de superposição deve devolver os autos para que o juízo de primeira instância, ou o tribunal de origem, complete a instrução probatória e profira nova decisão. O segundo limite são os pontos de fato já decididos pelo tribunal local, porque este é soberano quanto à matéria fática *decidida* no acórdão – é vedado o reexame, não o exame. Aliás, tais fatos já foram aceitos como verdadeiros pelo tribunal de superposição no momento de verificar a existência de uma questão de direito que superasse a barreira de admissibilidade, especialmente se o recurso invocou erro na subsunção do fato à norma (qualificação jurídica do fato)" (FONSECA, João Francisco Naves da. *Exame dos fatos nos recursos extraordinário e especial*. São Paulo: Saraiva, 2012, n. 24, p. 100-102).

[75] O recurso especial ou o extraordinário, quando tenha de ensejar o "julgamento da causa", observará, analogicamente, a regra do § 1º do art. 515 do CPC [CPC/2015, art. 1.013, § 1º], traçada para a apelação, segundo o qual, por força de efeito devolutivo, serão objeto de apreciação e julgamento pelo tribunal "todas as questões suscitadas e discutidas no processo, ainda que a sentença não tenha julgado por inteiro".

[76] Recorre-se à regra do § 2º do art. 515 do CPC [CPC/2015, art. 1.013, § 2º]: "Quando o pedido ou a defesa tiver mais de um fundamento, e o juiz acolher apenas um deles, a apelação devolverá ao tribunal o conhecimento dos demais". Por isso, também nas instâncias extraordinárias, "se o tribunal local acolheu apenas uma das causas de pedir declinadas na inicial, declarando procedente o pedido formulado pelo autor, não é lícito ao STJ, no julgamento de recurso especial do réu, simplesmente declarar ofensa à lei e afastar o fundamento em que se baseou o acórdão recorrido para julgar improcedente o pedido. Nessa situação, deve o STJ aplicar o direito à espécie, apreciando as outras causas de pedir lançadas na inicial, ainda que sobre elas não tenha se manifestado a instância precedente, podendo negar provimento ao recurso especial e manter a procedência do pedido inicial" (STJ, Corte Especial, ED no REsp 58.265, Rel. p/ ac. Min. Barros Monteiro, ac. 05.12.2007, *DJU* 07.08.2008).

em única ou última instância (CF, arts. 102, II, e 105, III).⁷⁷ Em outros termos: "Sob pena de supressão de instância e de desrespeito à necessidade de prequestionamento, este Superior Tribunal de Justiça não se encontra autorizado a avançar no exame da matéria de fundo que não foi debatida no acórdão recorrido, ainda que se trate de 'causa madura'".⁷⁸

Essa tendência a não apreciar, na via do recurso especial, as alegações e provas que não chegaram a ser examinadas e decididas pelo Tribunal de origem, parece se acentuar, nos últimos tempos, na jurisprudência do STJ. Nos casos em que se reúnem vários pedidos ou várias alegações e o acórdão recorrido resolveu apenas a questão prejudicial, o que tem assentado aquela Corte é que, provido o especial, há "necessidade de retorno dos autos ao Tribunal de origem para que continue no exame do recurso de apelação interposto pelo recorrido de modo a analisar as demais alegações formuladas pelos fiadores a depender da análise das provas coligidas, não podendo esta Corte Superior sobre elas avançar".⁷⁹ Este, porém, não é exatamente o entendimento do STF.⁸⁰

832. Julgamento incompleto do recurso extraordinário, no juízo de revisão

O fato de o extraordinário não ter no direito constitucional brasileiro apenas a natureza de recurso de cassação (como ocorre geralmente na Europa), mas também de revisão, gera muita controvérsia, tanto na doutrina como na jurisprudência, e na prática do Supremo Tribunal Federal (e também no Superior Tribunal de Justiça, quando se trata de recurso especial) é muito comum prevalecer apenas a função de cassação, ou seja: o recurso é provido para invalidar o decisório impugnado, voltando o processo ao tribunal de origem para que a causa seja por ele rejulgada.

O certo, contudo, é que, em hipótese alguma, pode o recorrente, vitorioso no juízo de cassação, ficar privado do rejulgamento da causa (Súmula nº 456/STF; RISTJ, art. 257). O STF tem tomado, nos últimos tempos, posição firme a respeito, que se acha retratada, por exemplo, no RE 346.736/DF:

> "1. Em nosso sistema processual, o recurso extraordinário tem natureza revisional, e não de cassação, a significar que 'o Supremo Tribunal Federal, conhecendo o recurso extraordinário, julgará a causa, aplicando o direito à espécie' (Súmula 456). Conhecer, na linguagem da Súmula, significa não apenas superar positivamente os requisitos extrínsecos e intrínsecos de admissibilidade, mas também afirmar a existência de violação, pelo acórdão recorrido, da norma constitucional invocada pelo recorrente. 2. Sendo assim, o julgamento do recurso do extraordinário comporta, a rigor, três etapas sucessivas, cada uma delas subordinada à superação positiva da que lhe antecede: (a) a do juízo de admissibilidade,

---

⁷⁷ STJ, 1ª T., AgRg no REsp 988.034/DF, Rel. Min. Luiz Fux, ac. 22.04.2008, DJe 08.10.2008; STJ, 2ª T., EDcl. no REsp 524.889/PR, Rel. Min. Eliana Calmon, ac. 06.04.2006, DJU 22.05.2006, p. 179. Há, no entanto, acórdãos do STJ em sentido contrário: STJ, 1ª T., REsp 761.379, Rel. Min. José Delgado, ac. 16.08.2005, DJU 12.09.2005, p. 256; STJ, 3ª T., REsp 337.094, Rel. Min. Humberto Gomes de Barros, ac. 29.11.2005, DJU 19.12.2005, p. 393; STJ, 1ª T., EREsp 1.062.962/SP, Rel. Min. Benedito Gonçalves, ac. 28.10.2009, DJe 06.11.2009.
⁷⁸ STJ, 2ª T., AgRg. no REsp 1.063.110/SP, Rel. Min. Castro Meira, ac. 06.11.2008, DJe 01.12.2008.
⁷⁹ STJ, 3ª T., REsp 1.798.924/RS, Rel. Min. Paulo de Tarso Sanseverino, ac. 14.05.2019, DJe 21.05.2019.
⁸⁰ O STF tem entendido que, no "julgar a causa" após conhecer o extraordinário, cabe a opção entre apreciar as alegações ainda não resolvidas pela instância de origem, ou remeter o processo ao tribunal local para que este complete o julgamento da apelação, no tocante às questões que não chegaram a ser enfrentadas pelo acórdão recorrido (STF, 2ª T., RE 346.736 AgR-ED/DF, Rel. Min. Teori Zavascki, ac. 04.06.2013, DJe 18.06.2013. No mesmo sentido: STF, 1ª T., RE 483.110 AgR/RJ, Rel. Min. Alexandre de Moraes, ac. 17.09.2018, DJe 25.09.2018).

semelhante à dos recursos ordinários; (b) a do juízo sobre a alegação de ofensa a direito constitucional (que na terminologia da Súmula 456/STF também compõe o juízo de conhecimento); e, finalmente, se for o caso, (c) a do julgamento da causa, 'aplicando o direito à espécie'. 3. Esse 'julgamento da causa' consiste na apreciação de outros fundamentos que, invocados nas instâncias ordinárias, não compuseram o objeto do recurso extraordinário, mas que, 'conhecido' o recurso (vale dizer, acolhido o fundamento constitucional nele invocado pelo recorrente), passam a constituir matéria de apreciação inafastável, sob pena de não ficar completa a prestação jurisdicional. Nada impede que, em casos assim, o STF, em vez de ele próprio desde logo 'julgar a causa, aplicando o direito à espécie', opte por remeter esse julgamento ao juízo recorrido, como frequentemente o faz".[81]

O CPC/2015 acolheu esse entendimento do STF, no parágrafo único do art. 1.034, ao dispor que, "admitido o recurso extraordinário ou o recurso especial por um fundamento, devolve-se ao tribunal superior o conhecimento dos demais fundamentos para a solução do capítulo impugnado".

Assim, perante o dever de rejulgar a causa, após o provimento do recurso extraordinário, não pode o STF escusar-se de enfrentar nem mesmo questões não decididas pelo tribunal de origem, se este decidira apenas parte do objeto litigioso, por meio de acolhimento de matéria prejudicial a outras questões ligadas à *res in iudicium deducta*.[82] "É que, tendo acolhido o fundamento constitucional invocado pelo recorrente (ou, no dizer da Súmula nº 456, tendo 'conhecido' o recurso), cumpre ao STF o dever indeclinável de 'julgar a causa, aplicando o direito à espécie'", como consta do referido aresto. Aduz mais o voto do Min. Zavascki:

> "Alarga-se, portanto, em casos tais o âmbito horizontal de devolutividade do recurso extraordinário, para abranger todas as questões jurídicas submetidas à cognição do acórdão recorrido, mesmo as que, por desnecessário, não tenham sido por ele examinadas. Aplica-se, aqui, analogicamente, por inafastável imposição do sistema, o disposto no § 2º do art. 515 do CPC [CPC/2015, art. 1.013, § 2º]: 'quando o pedido ou a defesa tiver mais de um fundamento e o juiz acolher apenas um deles, a apelação devolverá ao tribunal o conhecimento dos demais'".[83]

Segundo esse posicionamento jurisprudencial, nada impede que, em alguns casos, o STF, em vez de ele próprio "julgar a causa", desde logo, opte por remeter esse julgamento ao juízo recorrido, o que, aliás, ocorre com frequência. "Todavia, o que não pode, sob pena de incorrer em grave insuficiência na prestação jurisdicional, é dar por definitivamente julgada a causa, sem efetuar, ou propiciar que o tribunal recorrido efetue, o exame de um fundamento legitimamente invocado e que pode conduzir a um juízo favorável à parte que o invocou."[84]

---

[81] STF, 2ª Turma, EDcl no AgRg no RE 346.736/DF, Rel. Min. Teori Zavascki, ac. 04.06.2013, *DJe* 18.06.2013, *Rev. de Processo* 223/406, set. 2013.

[82] Segundo Nelson Nery Junior, "aplicar o direito à espécie é exatamente julgar a causa, examinando amplamente todas as questões suscitadas e discutidas nos autos, inclusive as de ordem pública que não tiverem sido examinadas pelas instâncias ordinárias. (...) removido o óbice constitucional da *causa decidida* (CF 102, III e 105, III), o que só se exige para o *juízo de cassação* dos RE e REsp, o STF e o STJ ficam libres para amplamente, *rever* a causa" (NERY JUNIOR, Nelson. *Teoria geral dos recursos*. 7. ed. São Paulo: RT, 2014, p. 422).

[83] STF, acórdão *cit.*, RP 223/410.

[84] STF, acórdão *cit.*, RP 223/410.

Verificada essa deficiência no aresto do STF (ou do STJ), o caso é de aperfeiçoá-lo, mediante a acolhida de embargos de declaração, com efeitos infringentes, cujo resultado haverá de ser o suprimento da lacuna, seja por imediato julgamento da causa na própria instância extraordinária, seja por ordem de retorno do processo ao tribunal de origem a fim de que este examine a questão não enfrentada no acórdão recorrido.[85]

833. Poderes do relator

Em todos os feitos do Supremo Tribunal Federal e do Superior Tribunal de Justiça, a lei reconhece ao relator o poder de decisão singular, enfrentando até mesmo as questões de mérito, em situações de manifesta improcedência do pedido ou do recurso, especialmente quando a pretensão contrariar Súmula jurisprudencial do respectivo Tribunal.

À época do Código anterior, o art. 38 da Lei nº 8.038 dispunha expressamente que "o relator, no Supremo Tribunal Federal ou no Superior Tribunal de Justiça, decidirá o pedido ou o recurso que haja perdido seu objeto, bem como negará seguimento a pedido ou recurso manifestamente intempestivo, incabível ou improcedente, ou, ainda, que contrariar, nas questões predominantemente de direito, Súmula do respectivo Tribunal". Contra essa decisão, a parte poderia agravar, no prazo de cinco dias, para o colegiado (art. 39 da referida Lei).

É certo que o art. 38 da Lei nº 8.038 foi revogado pelo inciso IV do art. 1.072 do CPC/2015. Essa circunstância, contudo, não afetou os poderes conferidos ao relator no STJ e no STF, uma vez que estão expressamente previstos no art. 932, III, IV e V, do CPC/2015, que trata, de maneira geral, das prerrogativas do relator.

Assim, é dado ao relator (art. 932):

(a) não conhecer de recurso inadmissível, prejudicado ou que não tenha impugnado especificamente os fundamentos da decisão recorrida (inciso III);

(b) negar provimento a recurso que for contrário a (inciso IV): *(i)* súmula do STF, do STJ ou do próprio tribunal; *(ii)* acórdão proferido pelo STF ou pelo STJ em julgamento de recursos repetitivos; *(iii)* entendimento firmado em incidente de resolução de demandas repetitivas ou de assunção de competência;

(c) dar provimento ao próprio recurso, se a decisão recorrida for contrária a (inciso V): *(i)* súmula do STF, do STJ ou do próprio tribunal; *(ii)* acórdão proferido pelo STF ou pelo STJ em julgamento de recursos repetitivos; *(iii)* entendimento firmado em incidente de resolução de demandas repetitivas ou de assunção de competência.

Da decisão do relator caberá agravo interno para o colegiado, no prazo de quinze dias (art. 1.021).

834. Recurso especial para o STJ

I – Cabimento do recurso especial

A função do recurso especial, que antes era desempenhada pelo recurso extraordinário, é a manutenção da *autoridade* e *unidade* da lei federal, tendo em vista que na Federação existem múltiplos organismos judiciários encarregados de aplicar o direito positivo elaborado pela União.[86]

---

[85] STF, acórdão *cit.*, RP 223/410.

[86] O Recurso Especial somente é admissível contra acórdão de tribunais. Não se admite sua interposição contra julgamento de juiz singular, mesmo quando proferido em causa de alçada (instância única). Também "não cabe recurso especial contra decisão proferida, por órgão de segundo grau dos Juizados Especiais"

Daí que não basta o inconformismo da parte sucumbente para forçar o reexame do julgamento de tribunal local pelo Superior Tribunal de Justiça, por meio do recurso especial. Dito remédio de impugnação processual só terá cabimento dentro de uma função política, qual seja, a de resolver uma *questão federal* controvertida. Por meio dele não se suscitam nem se resolvem questões de fato nem questões de direito local.

Entretanto, é preciso fazer uma distinção entre a verificação da ocorrência do fato e o exame dos efeitos jurídicos do fato certo ou inconteste. Saber se ocorreu ou não, ou como ocorreu certo fato, é matéria própria da análise da prova; é o que tecnicamente se denomina *questão de fato*, que não se inclui no âmbito do recurso especial. Quando, porém, a controvérsia gira não em torno da ocorrência do fato, mas da atribuição dos efeitos jurídicos que lhe correspondem, a questão é *de direito*, e, portanto, pode ser debatida no especial.[87]

Afinada com esse entendimento, a 1ª Turma do STJ teve oportunidade de decidir que, "restando incontroversa a moldura fática delineada pelas instâncias ordinárias, o juízo que se impõe em sede recursal especial, quanto à verificação da presença do elemento anímico do agente implicado, cinge-se à requalificação jurídica que se deva emprestar aos fatos delineados no acórdão local, o que afasta, no caso concreto, a incidência da Súmula 7/STJ".[88]

É de observar que duas súmulas retratam o posicionamento tradicional do STJ acerca das questões de fato desautorizadoras do cabimento do recurso especial: *(a)* a Súmula nº 5/STJ e *(b)* a Súmula nº 7/STJ. Pelo enunciado da primeira, "a simples interpretação de cláusula contratual não enseja recurso especial"; e, pelo teor da segunda, "a pretensão de simples reexame de prova não enseja recurso especial".

Ambas, no entanto, merecem ser interpretadas e aplicadas com restrições, visto que, como afirmado, não é questão de fato, mas de direito, a qualificação jurídica de um fato certo e indiscutível nos autos.[89] Também não é questão de fato, mas de direito, a que se relaciona com a ofensa a regra ou princípio aplicável na valorização da prova.[90]

Da mesma forma, não se pode continuar entendendo que, segundo a literalidade da Súmula nº 5/STJ, toda e qualquer interpretação de contrato corresponde a questão de fato, cuja abordagem se veda em recurso especial. É que, na atualidade, numerosas são as disposições legais que cuidam de interpretação dos negócios jurídicos. Assim, interpretar o contrato de maneira ofensiva a uma regra de direito incidente na espécie não pode ser visto senão como violação da mesma regra. De sorte que, para efeito de cabimento do recurso especial, tal caso envolverá questão de direito, e não simples questão de fato. Há vários precedentes do STJ que, na

---

(STJ, Súmula nº 203). Diverso é o regime do recurso extraordinário, cujo manejo a Constituição autoriza para impugnação de "causas decididas em única ou última instância" (CF, art. 102, III), sem restringi-las à hipótese de julgados de tribunais, como o faz para o recurso especial (CF, art. 105, III). Daí por que pode caber recurso de turma recursal dos Juizados Especiais (STF, Súmula nº 640) e não se admite recurso especial na espécie (STJ, Súmula nº 203).

[87] Tem-se como questão de direito a "qualificação jurídica das situações decorrentes dos fatos provados, o confronto das situações jurídicas resultantes da qualificação com as situações previstas na lei e a determinação do efeito jurídico" (GRINOVER, Ada Pellegrini. O controle do raciocínio judicial pelos tribunais superiores brasileiros. *Ajuris* 50/18, nov. 1990; VIDIGAL, Luís Eulálio de Bueno. *Comentários ao Código de Processo Civil*. São Paulo: RT, 1974, v. VI, p. 106-107).

[88] STJ, 1ª T., AgInt no AREsp 557.471/GO, Rel. Min. Sérgio Kukina, ac. 28.11.2017, *DJe* 05.12.2017.

[89] STJ, Corte Especial, AgRg nos EREsp 134.108/DF, Rel. Min. Eduardo Ribeiro, ac. 02.06.1999, *DJU* 16.08.1999, p. 36; STJ, 1ª T., AgRg no AREsp 240.491/CE, Rel. p/ac. Ari Pargendler, ac. 17.12.2013, *DJe* 22.04.2014.

[90] "(...) A errônea valoração da prova que enseja a incursão desta Corte na questão é a de direito, ou seja, quando decorre de má aplicação de regra ou princípio no campo probatório e não para que se colham novas conclusões sobre os elementos informativos do processo" (STJ, 4ª T., AgInt no AREsp 1.183.003/MS, Rel. Min. Maria Isabel Gallotti, ac. 19.06.2018, *DJe* 01.08.2018).

matéria, se afastam do rigor da Súmula nº 5, para admitir em recurso especial a rediscussão de cláusula contratual, à luz de regra legal de interpretação desobservada pelo julgado recorrido.[91]

No entanto, é forçoso reconhecer que, em linha geral, a aplicação literal da Súmula nº 5 predomina no STJ, representando um dos principais obstáculos ao acesso de recursos especiais àquela Corte. Há, portanto, uma grave contradição no interior de sua jurisprudência, que reclama correção mediante distinção entre, de um lado, a atividade probatória segundo exame de elementos de convicção geradores de convencimento acerca do objeto de determinado contrato (isto sim, trata-se de questão fático-probatória insuscetível de reapreciação no especial), e, de outro, a interpretação do negócio jurídico propriamente dita (esta, por sua vez, uma típica questão de direito, apreciável no especial segundo as regras jurídicas da interpretação).[92]

É alentadora, todavia, a frequência com que as diversas Turmas do STJ vêm, nos últimos tempos, reafirmando a tese de que "a redefinição do enquadramento jurídico dos fatos expressamente mencionados no acórdão hostilizado constitui mera revaloração, afastando a incidência da Súmula 7 desta Corte Superior".[93] Essa nova postura jurisprudencial só tem merecido aplausos da doutrina.[94]

II – Elasticidade do conceito de questão de direito

A limitação de apreciação apenas às questões de direito no âmbito do recurso especial somente pode ser vista como relativa, já que, na maioria dos casos, é quase impossível examinar a questão jurídica deduzida em juízo sem vinculá-la ao respectivo suporte fático. Daí considerar a jurisprudência do STJ como questão de direito aquela relacionada à valoração dos fatos incontroversos ou bem delineados no processo.[95]

---

[91] STJ, 4ª T., REsp 1.013.976/SP, Rel. Min. Luís Felipe Salomão, ac. 17.05.2012, DJe 29.05.2012; STJ, 3ª T., REsp 268.701/MS, Rel. Min. Ari Pargendler, ac. 05.03.2002, DJU 03.06.2002, p. 200; STJ, 3ª T., REsp 1.249.701/SC, Rel. Min. Paulo de Tarso Sanseverino, ac. 04.12.2012, DJe 10.12.2012.

[92] O recurso especial, com efeito, não cabe quando se cuida apenas de violação de cláusula contratual. É, porém, perfeitamente admissível quando a ofensa tenha sido "a disposição de lei federal que disponha sobre interpretação de negócio jurídico" (CUNHA, Leonardo Carneiro da; TERCEIRO NETO, João Otávio. Recurso especial e interpretação do contrato. Revista de Processo, v. 275, p. 268, jan. 2018).

[93] STJ, 4ª T., AgInt no AREsp 1.372.598/SP, Rel. Min. Marco Buzzi, ac. 26.08.2019, DJe 30.08.2019. No mesmo sentido: STJ, 4ª T., AgInt no AREsp 676.041/RJ, Rel. Min. Maria Isabel Gallotti, ac. 17.06.2019, DJe 27.06.2019; STJ, 2ª T., AREsp 1.342.583/MS, Rel. Min. Francisco Falcão, ac. 23.05.2019, DJe 07.06.2019; STJ, 2ª T., AREsp 1.421.772/RS, Rel. Min. Og Fernandes, ac. 06.06.2019, DJe 12.06.2019; STJ, 1ª T., AgInt no AgInt no REsp 1.733.541/AM, Rel. Min. Sérgio Kukina, ac. 25.06.209, DJe 01.07.2019; STJ, 3ª T., REsp 1.342.955/RS, Rel. Min. Nancy Andrighi, ac. 18.02.2014, DJe 31.03.2014.

[94] "A jurisprudência do STJ é pacífica quanto a considerar possível que em recurso especial se postule a valoração da prova [STJ, REsp 734.541/SP] – tal como, aliás, já se manifestava a jurisprudência do STF, anteriormente à Constituição de 1988" (WAMBIER, Teresa Arruda Alvim; DANTAS, Bruno. Recurso especial, recurso extraordinário e a nova função dos tribunais superiores no direito brasileiro. 3. ed. São Paulo: RT, 2016, p. 358). "Vinculados à verificação das alegações de fato ocorrida nas instâncias ordinárias, podem o STF e o STJ rever a interpretação e a aplicação de normas de direito probatório" (MARINONI, Luiz Guilherme; MITIDIERO, Daniel. Comentários ao Código de Processo Civil: artigos 976 ao 1.044. In: MARINONI, Luiz Guilherme (Dir.). ARENHART, Sérgio Cruz; MITIDIERO, Daniel (Coord.). Comentários ao Código de Processo Civil. 2. ed. São Paulo: RT, 2018, v. XVI, p. 259).

[95] "O conhecimento do recurso especial como meio de revisão do enquadramento jurídico dos fatos realizado pelas instâncias ordinárias se mostra absolutamente viável; sempre atento, porém, à necessidade de se admitirem esses fatos como traçados pelas instâncias ordinárias, tendo em vista o óbice contido no enunciado nº 07 da Súmula/STJ" (STJ, 3ª T., REsp 1.119.886/RJ, Rel. p/ac Min. Nancy Andrighi, ac. 06.10.2011, DJe 28.02.2012). No mesmo sentido: STJ, 2ª T., REsp 135.542/MS, Rel. Min. Castro Meira, ac. 19.10.2004, DJU 29.08.2005, p. 233; STJ, 4ª T., REsp 783.139/ES, Rel. Min. Massami Uyeda, ac. 11.12.2007, DJU 18.02.2008, p. 01.

Além disso, há de se ter em conta a utilização crescente pelo direito positivo contemporâneo de "conceitos juridicamente indeterminados", "conceitos vagos" e "cláusulas gerais". Conceitos, por exemplo, como de "boa-fé objetiva", "função social do contrato", "usos e costumes", "crise econômica", "intenção manifestamente protelatória", "conduta desleal" e tantos outros presentes a toda hora nos textos normativos exigem do aplicador da lei enfocar diretamente a situação fática sobre que incidem, sob pena de não ter como definir e aplicar o próprio comando legal.

As controvérsias surgem justamente no esforço exegético para subsumir ou não o mundo fático à compreensão do próprio alcance da regra de direito. A atividade intelectual, *in casu*, nunca ficará restrita à interpretação apenas ao texto da lei. São os fatos que, na experiência jurisprudencial, conduzirão o Tribunal a considerar, por exemplo, abusiva uma cláusula contratual, ou excessiva uma verba honorária, ou, ainda, irrisória uma reparação de dano moral.

Nestas e tantas outras hipóteses regidas por normas veiculadoras de cláusulas gerais ou fundadas em conceitos vagos, será impossível ao STJ avaliar a ofensa à lei federal sem a análise adequada dos fatos sobre os quais se apoiou o decisório recorrido. O mesmo se diz em torno da prática recorrente observada pelo legislador moderno de editar normas com alto teor principiológico com o intuito de positivar na ordem jurídica infraconstitucional princípios e valores tutelados pela Constituição.

Aliás, o STJ tem se mostrado sensível à necessidade de observar tal orientação em várias situações particulares, embora não tenha ainda logrado estabelecer um posicionamento mais amplo e generalizante em torno da matéria,[96] como pensamos se deva fazer.

Enfrentando o problema ora abordado, Taruffo[97] resume a técnica de distinguir questão de fato de questão de direito, nos seguintes termos:

(a) "é fato tudo e apenas aquilo que se refere ao acertamento da veracidade ou falsidade dos fatos empíricos relevantes". Exclui-se, porém, o concernente à "aplicação de normas relativas à admissibilidade e à assunção das provas, ou de normas de prova legal" (matéria que, sem dúvida, se inclui no campo do *direito*, e não do *fato*).

(b) "é *direito* tudo aquilo que concerne à aplicação de normas, ou seja, em particular: (b1) a escolha da norma aplicável ao caso; (b2) a interpretação de tal norma; (b3) a qualificação jurídica dos fatos e a subsunção desses na 'fattispecie astratta' [*hipótese da lei*]; (b4) a determinação das consequências jurídicas previstas pela norma e aplicáveis ao caso concreto".

---

[96] A) "O entendimento pacificado no Superior Tribunal de Justiça é de que o valor estabelecido pelas instâncias ordinárias a título de indenização por danos morais pode ser revisto tão somente nas hipóteses em que a condenação se revelar irrisória ou exorbitante, distanciando-se dos padrões de razoabilidade ..." (STJ, 4ª T., AgRg no AREsp 209.841/RS, Rel. Min. Raul Araújo, ac. 09.10.2012, *DJe* 06.11.2012). No mesmo sentido: STJ, 3ª T., AgRg no Ag 792.100/SP, Rel. Min. Vasco Della Giustina, ac. 24.11.2009, *DJe* 01.12.2009. B) "É pertinente no recurso especial a revisão do valor dos honorários de advogado quando exorbitantes ou ínfimos" (STJ, Corte Especial, EREsp 494.377/SP, Rel. Min. José Arnaldo da Fonsecal, ac. 06.04.2005, *DJU* 01.07.2005, p. 353). C) "Constatado evidente exagero ou manifesta irrisão na fixação, pelas instâncias ordinárias, do montante da pensão alimentícia, em flagrante violação ao princípio da razoabilidade, às regras de experiência, ao bom senso e à moderação, distanciando-se, por conseguinte, das finalidades da lei, é possível a revisão, nesta Corte, de aludida quantificação, sem mácula aos ditames da Súmula 7, a exemplo do que ocorre com a estipulação de valor indenizatório por danos morais e de honorários advocatícios" (STJ, 4ª T., Resp 665.561/GO, Rel. Min. Jorge Scartezzini, ac. 15.03.2005, *DJU* 02.05.2005, p. 374).

[97] TARUFFO, Michele. *Il vertice ambiguo*: saggi sulla Cassazione Civile. Bologna: Il Mulino, 1991, p. 118.

Resumindo o debate em torno do tema, e levando em conta principalmente as normas principiológicas, conclui Teresa Arruda Alvim que parece evidente "a possibilidade de se atacar, pela via do recurso extraordinário ou do recurso especial, decisões judiciais em que há desrespeito a princípios jurídicos". Se se tem como acatado pelo ordenamento jurídico, o princípio afrontado pela decisão judicial recorrida, "de questão de direito se tratará, sob o ponto de vista de sua essência"[98].

III – Casuísmo constitucional

Nos precisos termos do art. 105, III, da Constituição, somente caberá o recurso especial, quando o acórdão recorrido:

(a) contrariar tratado ou lei federal, ou negar-lhe vigência;
(b) julgar válido ato de governo local contestado em face de lei federal;[99]
(c) der à lei federal interpretação divergente da que lhe haja atribuído outro tribunal.

Em todas essas hipóteses constitucionais o cabimento do recurso especial pressupõe ofensa à legislação federal infraconstitucional, de sorte que não será admissível essa modalidade recursal se a violação cometida for contra dispositivo constitucional.[100] Entretanto, o eventual equívoco do recorrente não conduzirá à imediata inadmissão do recurso, pois prevê o art. 1.032, *caput*, que o relator, no STJ, ao entender que o especial versa sobre questão constitucional, deverá conceder quinze dias ao recorrente para demonstração da existência de repercussão geral e manifestação sobre a questão constitucional. Cumprida a diligência, o recurso será remetido ao STF, que dará a última palavra sobre se a hipótese é de recurso especial ou extraordinário (art. 1.032, parágrafo único).

O procedimento a observar na tramitação do recurso especial é, em regra, o mesmo previsto para o recurso extraordinário (v. *retro* os nos 828 e ss.). As diferenças surgem no tocante aos pressupostos particulares da repercussão geral, no caso do extraordinário (v., *retro*, os nos 819, 820 e 821), e às peculiaridades das causas repetitivas, no âmbito do recurso especial (v. adiante os nos 845, 846 e 847).

Quanto ao controle da tempestividade do recurso especial, cuja interposição é cabível no prazo de quinze dias (CPC/2015, art. 1.003, § 5º) veja-se o item nº 818, *retro*, onde se aborda, principalmente, o problema da prorrogação do termo final do referido prazo, quando provocado por feriado local ou suspensão de expediente forense no Tribunal de origem.

---

[98] ARRUDA ALVIM, Teresa. Questão de fato, questão de direito nos recursos para os Tribunais Superiores. *Revista de Processo*, São Paulo, v. 332, p. 358, out. 2022. Ressalva a autora, todavia, que às vezes o quadro fático não foi adequado e completamente retratado no julgamento do tribunal de origem. Aí, sim, o recurso extremo, se admitido, exigiria do Tribunal Superior um exame dos fatos numa amplitude que não se comporta nos limites dos recursos extraordinário ou especial. É que, nessa situação, o debate recursal se daria sobre questões de fato, e não apenas sobre questões de direito, segundo o entendimento de Teresa Arruda Alvim (ARRUDA ALVIM, Teresa. Questão de fato, questão de direito nos recursos para os Tribunais Superiores. *Revista de Processo*, São Paulo, v. 332, p. 358, out. 2022).

[99] A Emenda Constitucional nº 45, de 30.12.2004, alterou a alínea "b" do art. 105, III, da CF, que anteriormente compreendia conflito "de lei ou ato de governo local" com lei federal. O atrito entre leis de esferas diversas de competência foi deslocado para o campo do recurso extraordinário (CF, art. 102, III, nova alínea "d"), recebendo, assim, tratamento de *questão constitucional*. Quando, porém, a decisão recorrida julgar válido ato de governo local contestado em face da lei federal a questão não é considerada constitucional, permanecendo o STJ competente para apreciá-la em recurso especial (CF art. 105, III, "b").

[100] STJ, 3ª T., REsp 1.680.357/RJ, Rel. Min. Nancy Andrighi, ac. 10.10.2017, *DJe* 16.10.2017.

IV – Requisito básico

Tal como se passa com o recurso extraordinário, o recurso especial exige que o julgado impugnado corresponda a *decisão de causa em última ou única instância*. Enquanto, porém, o extraordinário pode versar sobre causa decidida em última instância (indiferentemente a ser esta um juízo de primeiro grau ou um tribunal de segundo grau), o recurso especial, por imposição constitucional, somente pode referir-se a decisões últimas de tribunal (CF, art. 105, III).

O conceito de *causa*, para justificar o recurso especial, é o mesmo observado para admissão do extraordinário (v., retro, o nº 818), de modo que tanto se considera decisão de causa a resolução de questão de mérito como a de questão processual, desde que pronunciada em procedimento contencioso, depois de esgotada a via recursal ordinária.[101]

V – Inovação no regime de admissibilidade do recurso especial instituída pela EC 125/2022: relevância das questões de direito federal

Em julho de 2022 foi editada a Emenda Constitucional nº 125, para alterar, significativamente, o regime de admissibilidade do recurso especial, objeto do artigo 105 da Constituição Federal.

Agora, além de atender aos requisitos do art. 105, III, da Constituição, o recurso especial deverá conter a demonstração da "relevância das questões de direito federal infraconstitucional discutidas no caso, nos termos da lei, a fim de que a admissão do recurso seja examinada pelo tribunal" (CF, art. 105, § 2º, acrescido pela EC 125/2022).[102]

O regime de recurso especial, dessa forma, aproximou-se do regime do recurso extraordinário, para cuja admissão a Constituição já reclamava a demonstração de "repercussão geral das questões constitucionais discutidas no caso" (CF, art. 102, § 3º, acrescido pela EC 45/2004). Em ambos os casos, cabe ao Tribunal Superior destinatário do recurso examinar a satisfação do requisito de admissibilidade, exigindo-se quórum especial para que a relevância seja recusada: (i) dois terços dos membros do STF (CF, art. 102, § 3º); e (ii) dois terços dos membros do órgão competente para julgamento do recurso, no STJ (CF, art. 105, § 2º).

Tanto no recurso extraordinário (CPC, art. 1.035, § 3º) como no recurso especial, (CF, art. 105, § 3º, acrescentado pela EC 125), existe previsão de hipóteses de relevância ou repercussão geral presumidas *ex lege*.

A atual implantação, efetuada pela EC 125, de um filtro para controlar e, sobretudo, reduzir o volume exagerado de recursos especiais que sobem ao Superior Tribunal de Justiça, é o prosseguimento natural e necessário da política legislativa constitucional iniciada pela EC 45/2004, no terreno do recurso extraordinário, por meio da repercussão geral. Tal como se passava, em relação ao STF ao tempo da EC 45, proclama-se agora a existência de grave "crise judiciária" também no seio do STJ, a dificultar o cumprimento, com efetividade e qualidade,

---

[101] Súmula nº 86/STJ: "Cabe recurso especial contra acórdão proferido no julgamento de agravo de instrumento".

[102] "A partir da promulgação da referida emenda, sem previsão de *vacatio legis*, a nova regra impõe ao recorrente o ônus de demonstrar a relevância da questão ou questões federais infraconstitucionais deduzidas como fundamento do recurso especial. O conhecimento desse meio de impugnação fica agora condicionado, além do preenchimento dos outros requisitos de admissibilidade, a tal demonstração, que, na prática, deve ser deduzida num capítulo preambular das razões recursais, no qual o recorrente apontará a transcendência da matéria" (CRUZ E TUCCI, José Rogério. Relevância da questão federal como requisito de admissibilidade do REsp. https://www.conjur.com.br/2022-jul-19/questao-federal-admissibilidade--recurso-especial-stj).

das funções que lhe foram confiadas pela Constituição.[103] E é para debelar essa crise que se concebeu o filtro ora inserido no regime constitucional do recurso especial.

Entretanto, é preciso atentar para a advertência da própria Emenda Constitucional que, ao inserir o § 2º ao art. 105 da CF, fez constar de seu texto a necessidade de que a relevância das questões de direito federal infraconstitucional discutidas no caso fosse demonstrada "nos termos da lei". A exemplo do que já havia acontecido com a repercussão geral do recurso extraordinário, ficou evidente que a exigência da nova condição de admissibilidade restou dependente de regulamentação através de legislação ordinária.

Confirmando esse entendimento, o STU, por seu Pleno, baixou o Enunciado Administrativo nº 8, nos seguintes termos: "A indicação, no recurso especial, dos fundamentos de relevância da questão de direito federal infraconstitucional somente será exigida em recursos interpostos contra acórdãos publicados após a data de entrada em vigor da lei regulamentadora prevista no art. 105, § 2º, da Constituição Federal".

VI – Caracterização da relevância da questão federal

Enquanto a repercussão geral (requisito de admissibilidade do recurso extraordinário), de acordo com o art. 1.035, § 1º, do CPC (regulamento do art. 102, § 3º, da CF), deve ser avaliada em função do ponto de vista econômico, político, social ou jurídico, e sempre que se ultrapassem os interesses subjetivos do processo, a relevância exigida pelo art. 105, § 2º da CF, como requisito do recurso especial, nem sempre se liga ao interesse transindividual, uma vez que pode ser configurada até com base exclusivamente no valor da causa (CF, art. 105, § 3º, III).

É evidente, pois, que o legislador ordinário, ao regulamentar a relevância em matéria de recurso especial, não estará limitado a identificá-la a partir apenas do pressuposto da ultrapassagem dos interesses subjetivos em jogo no processo. Com efeito, o valor da causa, à evidência, não é parâmetro adequado à configuração de interesse público, e sim de puro dimensionamento do interesse singular em disputa.

Com isso, a regulamentação do inovador regime da EC 125 terá liberdade para incluir no rol das questões federais relevantes as que bem aprouverem ao legislador infraconstitucional, dentro do credenciamento outorgado pelo § 3º, inc. VI, da CF (acrescido pela EC 125/2022).

VII – Relevância e valor da causa

A questão enfocada na perspectiva da sociedade para a relevância da questão federal não é tão importante, porque o maior ou menor valor da causa só se revela relevante para as próprias partes. Portanto, "neste ponto em especial, o perfil da relevância parece ganhar contornos um pouco diversos da repercussão geral".[104]

---

[103] Arruda Alvim, entre outros, muitos anos antes da EC 45, já defendia, com sérios argumentos, a necessidade de restabelecer um filtro, como outrora existiu no regime do recurso extraordinário, a fim de que as Cortes Superiores pudessem cumprir efetivamente a sua função, lembrando que tal solução já era adotada no direito comparado (ARRUDA ALVIM NETTO, José Manoel. O recurso especial na Constituição Federal de 1988 e suas origens. In: WAMBIER, Teresa Arruda Alvim (coord.). *Aspectos polêmicos e atuais do recurso especial e do recurso extraordinário*. São Paulo: ed. RT, 1997, p. 13-47; ARRUDA ALVIM NETTO, José Manoel. A alta função jurisdicional do Superior Tribunal de Justiça no âmbito do recurso especial e a relevância das questões. In: *Revista de Processo*, v. 96, p. 37-44. São Paulo, out.-dez./1999). E mais recentemente: ARRUDA ALVIM NETTO, José Manoel. *Manual de direito processual civil*: teoria geral do processo, processo de conhecimento, recurso e precedentes. São Paulo: ed. RT, 2021, p. 1.600-1.605.

[104] ALVIM, Eduardo Arruda; CUNHA, Igor Martins da. A relevância da questão federal no recurso especial. Disponível em: https://www.migalhas.com.br/depeso/370187/a-relevancia-da-questao-federal-no--recurso-especial. Acesso em: 09 ago. 2022.

VIII – Relevância a demonstrar e relevância presumida

Pela nova sistemática introduzida pela EC 125 através dos §§ 2º e 3º do art. 105 da CF, o requisito da relevância da questão federal comporta a distinção em duas categorias: (i) a das hipóteses em que a relevância depende de demonstração, caso a caso, pelo recorrente (§ 2º); e (ii) aquelas em que o próprio dispositivo constitucional declara a respectiva relevância (§ 3º).

Tratando-se de presunção *ex lege*, o recorrente, nos casos enumerados no § 3º do art. 105, não estará obrigado a demonstrar a relevância propriamente dita da questão discutida no processo, mas apenas fará sua identificação com alguma das situações presuntivas enumeradas pelo referido dispositivo constitucional. São elas:

I – ações penais;[105]

II – ações de improbidade administrativa;[106]

III – ações cujo valor da causa ultrapasse 500 (quinhentos) salários mínimos;[107]

IV – ações que possam gerar inelegibilidade;

V – hipóteses em que o acórdão recorrido contrariar jurisprudência dominante do Superior Tribunal de Justiça;[108]

VI – outras hipóteses previstas em lei.

---

[105] A presunção de relevância abrange toda e qualquer ação penal, alcançando não só os julgamentos de mérito, como todos os incidentes do processo criminal.

[106] As ações de improbidade administrativa atualmente acham-se melhor detalhadas graças às amplas remodelações procedidas pela Lei nº 14.230/2021 sobre o primitivo texto da Lei nº 8.429/1992. A estranheza causada pela simultânea facilitação do recurso especial pela relevância presumida (art. 105, § 3º, II, da CF) e a possibilidade de o prazo prescricional correr durante o curso do processo de improbidade (art. 23, §§ 4º e 5º, da Lei nº 8.429/1992), nos conduz à suspeita de que as ações da espécie estarão, na maioria, fadadas a findar-se pela consumação da prescrição.

[107] Como o recurso pode acontecer em processos antigos, ajuizados muito antes da vigência da EC 125/2022, o art. 2º dessa Emenda autoriza a parte a proceder à atualização do valor da causa, de modo a contemporizá-lo com a entrada em vigor do novo regime constitucional do recurso especial, previsto no art. 105, § 3º, III. Para os processos novos, que se iniciarem já na vigência da EC nº 125/2022, pensamos que o elemento valor da causa para determinação da relevância da questão federal será mesmo o estipulado na ocasião do ajuizamento da ação, ou seja, deverá corresponder a mais de 500 salários mínimos na abertura do processo.

[108] *Dominante*, a nosso ver, é a jurisprudência que prevalece em um tribunal, contra a qual não tem ocorrido insurgência no seio do próprio órgão que a criou. Está em jogo aqui algo correlato à estabilidade que conduz à uniformidade da jurisprudência, de que cogita o art. 926 do CPC. Assim, a noção de dominância serviria para identificar a jurisprudência *uniforme* (entendimento pacífico) em cotejo com a jurisprudência *divergente* (entendimento não pacificado). E nessa linha, não é significativa a ocorrência de muitos julgados ou apenas de um ou poucos precedentes. O importante é a firmeza com que o entendimento foi estabelecido. "De fato, ainda que tenha o STJ se manifestado numa única vez sobre determinada questão jurídica, vale dizer, num único precedente acórdão, isso já poderia ser chamado de 'jurisprudência dominante' para fins do inciso V do § 3º do artigo 105 da Constituição, exatamente porque não há definição legal, nem constitucional, dessa locução e não há outro acórdão do STJ em sentido contrário àquele que foi contrariado pelo acórdão recorrido proferido por tribunal local ou regional situado topologicamente no art. 92 da Constituição abaixo do STJ e, por isso mesmo, o acórdão recorrido divergente do acórdão do STJ não pode, evidentemente, prevalecer, porque a competência constitucional de dar a última palavra sobre interpretação do direito federal é exclusivamente do STJ, pouco importando se essa palavra tenha sido dita uma única vez" (MOREIRA, Fernando Mil Homens. Disponível em: https://www.conjur.com.br/2022-jul-22/mil-homens-moreira-perplexidades-emenda-125. Acesso em: 09 ago. 2022).

IX – Direito intertemporal

O art. 2º da EC 125 prevê que a relevância será exigida nos recursos especiais interpostos após a entrada em vigor da Emenda Constitucional que instituiu esse novo requisito de admissibilidade recursal.

No entanto, como a dependência de lei regulamentadora consta do § 2º acrescentado ao art. 105 da CF, o art. 2º da EC 125 deve ser interpretado como se referindo à entrada em vigor da lei que regulamentar o aludido dispositivo.[109]

Na interpretação de Leonardo Carneiro da Cunha,[110] para que não se ofenda o direito adquirido, a obrigatoriedade da demonstração de relevância dar-se-ia em função da data de publicação do acórdão recorrido, e não da data de interposição do recurso especial, malgrado a textual disposição do art. 2º da EC 125.

De fato, é regra sempre lembrada em direito intertemporal que a parte adquire o direito de recorrer no momento em que a decisão é publicada, de modo que a lei aplicável ao recurso interponível é, com efeito, a do tempo da decisão, e não a do tempo da interposição do recurso.[111] Trata-se, no entanto, de regra pertinente aos conflitos típicos verificáveis entre leis processuais comuns, inadequada, portanto, à solução dos problemas que se passam no campo constitucional.

Releva notar, de início, que a Constituição protege o direito adquirido especificamente contra a irretroatividade da lei infraconstitucional,[112] mas não conceitua quando e como se configura o direito adquirido, na ordem prática.[113] Logo, a Constituição não se subordina, em caráter absoluto, à conceituação de direito adquirido formulada pela lei ordinária. Pode, em determinada circunstância, determinar a retroatividade de uma norma constitucional, sem ater-se à conceituação de direito adquirido feita pelo legislador infraconstitucional.

Acontece que a inovação do regime do recurso especial ora analisada ocorreu não por meio de simples lei processual, mas através de norma constitucional e, como é de larga sabença, nem sempre há direito adquirido contra disposições constitucionais.[114] Se, pois, é uma norma constitucional que determina o regime novo do recurso especial aplicável a todo aquele interposto após a entrada em vigor da inovação da ordem jurídica constitucional, lugar não

---

[109] "Se surge uma nova previsão normativa, a criar um requisito de admissibilidade, este somente será exigido a partir das decisões proferidas após o início de sua vigência. Se, porém, a nova previsão normativa depende de regulamentação, é preciso aguardar a regulamentação. Feita a regulamentação, o novo requisito de admissibilidade poderá ser exigido dos recursos a serem interpostos das decisões proferidas depois do início de vigência da regulamentação" (CUNHA, Leonardo Carneiro da. Relevância das questões de direito federal em recurso especial e direito intertemporal. Disponível em: https://www.conjur.com.br/2022-jul-16/cunha-direito-federal-recurso-especial-direito-intertemporal). Acesso em: 09 ago. 2022.

[110] CUNHA, Leonardo Carneiro da. Relevância das questões de direito federal em recurso especial e direito intertemporal. Disponível em: https://www.conjur.com.br/2022-jul-16/cunha-direito-federal-recurso-especial-direito-intertemporal). Acesso em: 09 ago. 2022.

[111] Quando da entrada em vigor do CPC/2015, o STJ teve o cuidado de orientar, em cinco enunciados normativos, a aplicação do direito intertemporal aos processos em curso, esclarecendo que "o momento que determina o cabimento e o regime do recurso é a data da publicação do ato judicial" (Cf. THEODORO JÚNIOR, Humberto. Curso de direito processual civil. 55. ed. Rio de Janeiro: Forense, 2022, v. III, nº 865, p. 1.023).

[112] "O disposto no art. 5, XXXVI, da Constituição Federal se aplica a toda e qualquer lei infraconstitucional, sem qualquer distinção entre lei de direito público e lei de direito privado, ou entre lei de ordem pública e lei dispositiva" (STF, Pleno, ADI 493/DF, Rel. Min. Moreira Alves, ac. 25.06.1992, DJU 04.09.1992, p. 14.089).

[113] "(...) 2. É pacífica a jurisprudência da Corte no sentido de que os conceitos dos institutos do direito adquirido, do ato jurídico perfeito e da coisa julgada não se encontram na Constituição Federal, senão na legislação ordinária, mais especificamente na Lei de Introdução às Normas do Direito Brasileiro" (STF, Pleno, RE 657.871/SP RG, Rel. Min. Dias Toffoli, ac. 29.05.2014, DJe 17.11.2014).

[114] Basta lembrar o que tem ocorrido com os prazos de cumprimento dos precatórios, sucessivas vezes protelados por emendas constitucionais, após configuração do direito adquirido e até mesmo da coisa julgada (EC 30/2000; EC 62/2009; EC 94/2016; EC 99/2017; EC 109/2021 e EC 114/2021).

há para se exigir respeito ao direito adquirido ao processamento do recurso sob o regime da lei do tempo da decisão judicial. É a Constituição que está impondo o novo regime, e contra a Constituição, repita-se, não cabe falar em direito adquirido.[115]

835. Jurisprudência formada antes da Constituição de 1988

Por se tratar de mero desdobramento do antigo recurso extraordinário, deverá prevalecer, também para o recurso especial, a jurisprudência assentada pelo STF, pelo menos enquanto o STJ não adotar, eventualmente, outro posicionamento em face de algum ou outro tema específico. Eis alguns exemplos de orientação traçada para o recurso extraordinário e que tem sido adotada no recurso especial:

(a) decisão que deu razoável interpretação à lei, ainda que não seja a melhor, não autoriza recurso extraordinário por negativa de vigência de lei federal (STF, Súmula nº 400);

(b) julgados do mesmo tribunal não servem para fundamentar recurso extraordinário por divergência jurisprudencial (STF, Súmula nº 369);

(c) é inadmissível recurso extraordinário quando a deficiência na sua fundamentação não permitir a exata compreensão da controvérsia (STF, Súmula nº 284);

(d) é inadmissível recurso extraordinário quando não ventilada, na decisão recorrida, a questão federal suscitada (STF, Súmula nº 282), salvo se houver impossibilidade do prequestionamento, por ter a violação à lei federal ocorrido no próprio julgamento em que se proferiu o acórdão recorrido (exemplo: julgamento *ultra* ou *extra petita*, julgamento nulo etc.) (STF, acs. *in RT* 620/216, 626/239 e 614/232);[116]

(e) não se conhece do recurso extraordinário interposto sem especificação do permissivo constitucional;[117]

(f) interposto o recurso extraordinário por mais de um dos fundamentos previstos na Constituição, a admissão apenas por um deles não prejudica o seu conhecimento por qualquer dos outros (STF, Súmula nº 292). Também quando o recurso envolver várias questões autônomas e for admitido, na instância de origem em relação apenas a parte delas, o STF não ficará impedido de apreciar todas, independentemente de interposição de agravo de instrumento (STF, Súmula nº 528);

(g) simples interpretação de contrato não dá lugar a recurso extraordinário (STF, Súmula nº 454);

(h) é inadmissível o recurso extraordinário, quando couber, na Justiça de origem, recurso ordinário da decisão impugnada (STF, Súmula nº 281);

(i) para simples reexame da prova não cabe recurso extraordinário (STF, Súmula nº 279). Mas admite-se sua interposição para corrigir inexata valoração jurídica da prova disponível no processo.[118]

---

[115] "Não há direito adquirido contra disposição normativa inscrita no texto da Constituição, eis que situações inconstitucionais, por desprovidas de validade jurídica, não podem justificar o reconhecimento de quaisquer direitos. Doutrina" (STF, 1ª T., RE 172.082/PA, Rel. Min. Celso de Mello, ac. 12.12.1995, *DJe* 13.02.2009).

[116] NEGRÃO, Theotonio. *Código de Processo Civil e legislação processual em vigor*. 19. ed. São Paulo: RT, 1982, p. 973-974, nota 2 ao art. 321 do RJSTF.

[117] STF, RE 105.081, *RTJ* 113/1.409; RE 113-342-2, *DJU* 26.06.1987, p. 13.250; RE 117.551-6, *DJU* 15.04.1987; STF, 2ª T., AI 804.624 AgR, Rel. Min. Ellen Gracie, ac. 08.09.2010, *DJe* 22.10.2010.

[118] STF, 2ª T., AI 563.948 AgR, Rel. Min. Joaquim Barbosa, ac. 14.09.2010, *DJe* 08.01.2010.

836. Jurisprudência do STJ formada após a Constituição de 1988

Após longo tempo de funcionamento do STJ, a experiência nos revela que algumas exigências traçadas com muito rigor pela antiga jurisprudência do STF foram, de certa forma, abrandadas pelo novo Tribunal. Assim, por exemplo, o prequestionamento não foi dispensado, mas teve sua configuração admitida em termos muito mais flexíveis. Eis a posição do STJ a respeito do tema:

(a) "É o prequestionamento pressuposto de cabimento do recurso. À sua falta, torna-se inadmissível o recurso especial".[119] Esse entendimento já se consolidou no Superior Tribunal de Justiça, encontrando apoio em jurisprudência sumulada.[120]

(b) "Em tema de prequestionamento, o que deve ser exigido é apenas que a questão haja sido posta na instância ordinária. Se isto ocorreu, tem-se a figura do prequestionamento implícito, que é o quanto basta."[121]

(c) "Para efeito de prequestionamento, não basta que a questão federal seja suscitada pela parte, sendo necessário o seu debate pelo tribunal de origem."[122] O tema chegou a se transformar em barreira sumulada pelo STJ.[123]

(d) "Incompleto o julgamento, conquanto interpostos os embargos declaratórios, persistente a omissão, o conhecimento do recurso especial exige a arguição de contrariedade ou negativa de vigência ao art. 535, I e II, CPC [CPC/2015, art. 1.022, I e II], a fim de que, se procedente, a instância ordinária ultime o exame pedido."[124] *In casu*, o provimento do especial provoca a nulidade do aresto impugnado, "para que outro acórdão seja proferido com o esclarecimento das omissões".[125] Não pode o STJ enfrentar a questão omitida na instância de origem, por ausência do indispensável prequestionamento.[126] Essa orientação, contudo, não vai mais prevalecer, uma vez

---

[119] STJ, 2ª T., AgRg no AREsp 5.219/SE, Rel. Min. Castro Meira, ac. 19.05.2011, *DJe* 02.06.2011.

[120] ARRUDA ALVIM NETTO, José Manoel de. Direito processual civil. Recurso especial. Ausência de prequestionamento. Ocorrência de coisa julgada incidente sobre prejuízos já devidamente apurados, a impedir a realização de uma liquidação. *Revista Autônoma de Processo*, n. 3, p. 372, abr.-jun. 2007; STJ, Súmulas nºˢ 211 e 320.

[121] "Para que a matéria tenha-se como prequestionada, não é indispensável que a decisão recorrida haja mencionado os dispositivos legais que se apontam como contrariados. Importa que a questão jurídica, que se pretende por eles regulada, tenha sido versada" (STJ, REsp 1.871/RJ, Rel. Min. Eduardo Ribeiro, ac. 17.04.1990, *DJU* 23.04.1990). Em termos gerais, porém, o STJ tem adotado posições que revelam sua fidelidade à antiga orientação traçada para o recurso extraordinário pelo STF. Nesse sentido: "O recurso especial não pode ser conhecido quando a indicação expressa do dispositivo legal violado está ausente" (STJ, 3ª T., AgRg no AREsp 15.412/SC, Rel. Min. Nancy Andrighi, ac. 15.09.2011, *DJe* 20.09.2011).

[122] STJ, 4ª T., E. Decl. no REsp 155.944/SP, Rel. Min. Sálvio de Figueiredo, ac. 16.04.1998, *DJU* 10.08.1998, p. 74; STJ, 4ª T., EDcl no REsp 986.779/PR, Rel. Min. Maria Isabel Gallotti, ac. 13.09.2011, *DJe* 20.09.2011.

[123] "Inadmissível recurso especial quanto à questão que, a despeito da oposição de embargos declaratórios, não foi apreciada pelo tribunal *a quo*" (Súmula 211/STJ). "Cumpre registrar ainda que a previsão do art. 1.025 do Código de Processo Civil de 2015 não invalidou o enunciado n. 211 da Súmula do STJ (Inadmissível recurso especial quanto à questão que, a despeito da oposição de embargos declaratórios, não foi apreciada pelo Tribunal a quo)" (STJ, 2ª T., EDcl no AgInt no AREsp 2.222.062/DF, Rel. Min. Francisco Falcão, ac. 21.08.2023, *DJe* 23.08.2023).

[124] STJ, 1ª T., REsp 195.401/SC, Rel. Min. Milton Luiz Pereira, ac. 23.02.1999, *DJU* 10.05.1999, p. 116; STJ, 2ª T., REsp 1.249.228/RS, Rel. Min. Mauro Campbell Marques, ac. 28.06.2011, *DJe* 03.08.2011.

[125] STJ, Corte Especial, EDcl. no REsp 129.027/SP, Rel. Min. José Arnoldo da Fonseca, ac. 08.04.1999, *DJU* 10.05.1999, p. 96; STJ, 2ª T., REsp 1.255.327/RJ, Rel. Min. Mauro Campbell Marques, ac. 18.08.2011, *DJe* 25.08.2011.

[126] STJ, 4ª T., REsp 132.693/MG, Rel. Min. Sálvio de Figueiredo Teixeira, ac. 21.05.1998, *DJU* 29.06.1998, p. 193; STJ, 4ª T., REsp 547.358/MG, Rel. Min. Cesar Asfor Rocha, ac. 09.05.2006, *DJU* 26.06.2006, p. 149; STJ, 3ª T., AgRg no REsp 908.421/RJ, Rel. Min. Massami Uyeda, ac. 04.08.2011, *DJe* 19.08.2011.

que o art. 1.025 do CPC/2015 determina que "consideram-se incluídos no acórdão os elementos que o embargante suscitou, para fins de prequestionamento, ainda que os embargos de declaração sejam inadmitidos ou rejeitados, caso o tribunal superior considere existentes erro, omissão, contradição ou obscuridade".[127]

(e) Quando não se trata de omissão, mas de vício ou defeito intrínseco do próprio acórdão recorrido, a jurisprudência do STJ oscila: às vezes dispensa o prequestionamento,[128] outras vezes exige o prévio manejo dos embargos declaratórios.[129] A meu ver, a melhor corrente é aquela que, na espécie, dispensa os embargos de declaração, por inúteis e desnecessários.[130] Mas, se se cumprir a exigência de tais embargos, não será razoável que, à vista da recusa de conhecê-los pelo Tribunal *a quo*, venha o STJ a anular o julgamento, tal como faz na hipótese de questão omitida. Mais razoável é a solução que tem sido adotada pelo STF, qual seja, tem-se como satisfeito o prequestionamento, com ou sem o pronunciamento do Tribunal de origem quanto ao defeito intrínseco de seu acórdão, porque a parte fez o que lhe competia para configuração do requisito do prequestionamento e não pode ser punida pela desídia que não a sua (cf. item nº 818 e suas notas). Essa é a orientação do CPC/2015, art. 1.025.

(f) Discute-se sobre ser, ou não, o prequestionamento condição para que o Superior Tribunal de Justiça examine questão de ordem pública não enfrentada pelo acórdão impugnado por meio de recurso especial, havendo correntes em ambos os sentidos.[131] O entendimento que se coloca numa posição intermediária parece ser bem razoável: o STJ poderia apreciar, de ofício, questão de ordem pública como as condições da ação, desde que tenha sido conhecido o especial, caso em que lhe cabe aplicar o direito à espécie. O tema incluir-se-ia no efeito devolutivo em profundidade, que abrange os

---

[127] "Buscando a consolidação das técnicas processuais estabelecidas pelo Código de Processo Civil de 2015, voltadas, essencialmente, à celeridade, à economia e à efetividade processuais, e revendo a abrangência da orientação fixada pelo enunciado nº 211 da Súmula do Superior Tribunal de Justiça, a Segunda Turma passa a admitir o prequestionamento ficto, uma vez observadas as condições que emergem do disposto no art. 1.025 do referido diploma legal, sobretudo em relação à natureza da matéria e à competência desta Corte Superior" (STJ, 2ª T., REsp 1.667.087/RS, Rel. Min. Og Fernandes, ac. 07.08.2018, *DJe* 13.08.2018).

[128] STJ, 3ª T., REsp 14.696/BA, Rel. Min. Waldemar Zveiter, ac. 25.11.1991, *RSTJ* 39/496; STJ, 5ª T., REsp 39.733-2/RJ, Rel. Min. Assis Toledo, ac. 06.04.1994, *RSTJ* 79/279.

[129] STJ, 4ª T., REsp 7.191/RJ, Rel. Min. Cesar Asfor Rocha, ac. 03.12.1996, *RSTJ* 95/271; STJ, 2ª T., REsp 7.541/SP, Rel. Min. José de Jesus Filho, ac. 12.06.1991, *DJU* 28.10.1991, p. 15.234.

[130] No entanto, a jurisprudência mais atual do STJ é no sentido da indispensabilidade dos embargos de declaração, mesmo que a questão federal tenha surgido no acórdão recorrido (STJ, Corte Especial, ED no REsp 241.052 AgRg, Rel. Min. Fernando Gonçalves, ac. 01.08.2003, *DJU* 18.08.2003; STJ, 5ª T., REsp 492.979, Rel. Min. Felix Ficher, ac. 16.03.2004, *DJU* 03.05.2004).

[131] "As questões de ordem pública também devem estar pré-questionadas no Tribunal *a quo* para serem analisadas em sede de recurso especial (cf. Agr. Reg. no Agravo nº 309.700-RJ, Relatora Ministra Eliana Calmon, *in DJ* de 24/2/2003)" (STJ, 2ª T., REsp 426.397/AC, Rel. Min. Franciulli Netto, ac. 05.06.2003, *DJU* de 08.09.2003, p. 282). No mesmo sentido: STJ, 3ª T., AgRg no REsp 318.672/SP, Rel. Min. Carlos Alberto Menezes Direito, ac. 26.03.2002, *DJU* 23.09.2002, p. 352; STJ, 4ª T., REsp 450.248/DF, Rel. Min. Aldir Passarinho Junior, ac. 03.10.2002, *DJU* 16.12.2002, p. 346; STJ, 4ª T., AgRg no AgRg no Ag 1.033.070/RS, Rel. Min. Aldir Passarinho Junior, ac. 16.09.2010, *DJe* 30.09.2010. Em sentido contrário: "A matéria de ordem pública pode ser suscitada em qualquer fase do processo, até mesmo no recurso extraordinário ou recurso especial e ainda que não prequestionada. Consoante a doutrina e jurisprudência dos Tribunais Superiores, é dever do juiz pronunciá-la de ofício (*RTJ* 56/642)" (STJ, 3ª T., REsp 66.567/MG, trecho do voto do Rel. Min. Waldemar Zveiter, ac. 25.03.1996, *DJU* 24.06.1996, p. 22.754). No mesmo sentido: STJ, 2ª T., REsp 173.421/AL, Rel. Min. Francisco Peçanha Martins, ac. 25.04.2000, *DJU* 28.10.2002, p. 263.

pressupostos do julgamento a ser reexaminado.[132] Esse, a certa altura, aparentava ser o pensamento predominante no STJ. Advertia-se, no entanto, sobre a necessidade de entendê-lo *cum grano salis*, para que fosse mantida a fidelidade ao sistema recursal traçado pela Constituição, e se evitasse que o recurso especial se tornasse palco de uma terceira e ampla instância, o que desfiguraria, por completo, sua função institucional.[133] No entanto, convocada a pacificar a controvérsia interna sobre a matéria, a Corte Especial do STJ, em embargos de divergência, firmou a tese de que, mesmo para a apreciação das questões de ordem pública em sede de recurso especial, "é necessário o cumprimento do requisito do prequestionamento".[134] Ou seja, o STJ passou a adotar a mesma posição que o STF segue, em matéria de recurso extraordinário.

(g) Ainda sobre o mesmo tema, entende-se que o prequestionamento deve ser pesquisado no acórdão recorrido, e não em voto individual discordante, ou seja, "a questão federal somente ventilada no voto vencido não atende ao requisito do prequestionamento" (STJ, Súmula nº 320). Esse entendimento sumulado, todavia, foi repelido pelo CPC/2015, cujo art. 941, § 3º, dispõe expressamente que "o voto vencido será necessariamente declarado e considerado parte integrante do acórdão para todos os fins legais, inclusive de *prequestionamento*". Não vigora mais, portanto, o enunciado da Súmula nº 320 do STJ.

Merece, outrossim, registrar a tomada de posição do STJ a respeito de algumas questões referentes ao novo recurso especial, como, *v.g.*:

(a) "A pretensão de simples reexame de prova não enseja recurso especial"[135] (Súmula nº 7 do STJ). "Somente o erro de direito quanto ao valor da prova, *in abstrato*, dá azo ao conhecimento do recurso especial."[136]

---

[132] "(...) a posição majoritária da jurisprudência é no sentido de só ser possível reconhecer de ofício matéria de ordem pública se conhecido o recurso. (...) Aberto o juízo de mérito, pelo conhecimento do recurso, de ofício levanto a preliminar de litisconsórcio necessário do agente financeiro com a CEF, o que leva à incompetência absoluta da Justiça Estadual" (STJ, 2ª T., REsp 698.061/MG, trecho do voto da Rel. Min. Eliana Calmon, ac. 08.03.2005, *DJU* 27.06.2005, p. 337). Nesse sentido: STJ, 1ª T., REsp 869.534, Rel. Min. Teori Zavascki, ac. 27.11.2007, *DJU* 10.12.2007; STJ, 2ª T., REsp 799.780, Rel. Min. Eliana Calmon, ac. 07.05.2007, *DJU* 08.06.2007; STJ, 5ª T., REsp 906.839, Rel. Min. Arnaldo Esteves, ac. 21.08.2008, *DJe* 29.09.2008.

[133] Ruy Rosado de Aguiar Júnior faz minuciosa análise da jurisprudência do STJ para concluir que a posição nela dominante é a de que "aberta a possibilidade de o Tribunal enfrentar o mérito da causa, deverá, antes disso, reconhecer a existência de questão de ordem pública, ainda que não prequestionada (dispensa de prequestionamento) e ainda que não provocada da parte (reconhecimento de ofício)" (AGUIAR JÚNIOR, Ruy Rosado de. Recurso Especial: questão de ordem pública. Prequestionamento. Revista de Processo, 132/285-286, fev. 2006). O autor faz, porém, uma judiciosa distinção: "o conhecimento que permite apreciação de questão de ordem pública é o conhecimento do recurso especial por fundamento que levará à apreciação do mérito da demanda. Se o conhecimento for de questão diferente do mérito, não caberia o reconhecimento da questão de ordem pública (...). Não me parece cabível julgar contra o interesse do único recorrente, fundado em questão de ordem pública, que não foi apreciada pela parte, nem suscitada pela parte, para piorar a situação do recorrente" (AGUIAR JÚNIOR, Ruy Rosado de. Recurso Especial: questão de ordem pública. Prequestionamento. *Revista de Processo*, 132, fev. 2006, p. 286).

[134] STJ, Corte Especial, AgRg nos ED no REsp. 947.231/SC, Rel. Min. João Otávio Noronha, ac. 23.04.2012, *DJe* 10.05.2012.

[135] STJ, 2ª T., REsp 1.199.506/RJ, Rel. Min. Mauro Campbell Marques, ac. 02.08.2011, *DJe* 09.08.2011.

[136] STJ, AgRg no AI 3.952/PR, Rel. Min. Sálvio de Figueiredo, ac. 23.10.1990, *DJU* 19.11.1990, p. 13.262. Prevalece na jurisprudência do STJ o entendimento antes firmado pelo STF no sentido de que é *erro de direito* o cometido "quanto ao valor da prova abstratamente considerado", porque, em tal conjuntura, se ofende "direito federal sobre prova", justificando-se, assim, o recurso extraordinário ou especial (STF, 1ª

Dessa maneira, não se considera, para fins de recurso especial, como matéria de fato ou de reexame de prova, mas como questão de direito, a arguição de recusa de efeito a uma perícia realizada com rigorosa observância dos procedimentos legais.[137] E, da mesma forma, se, dentro do quadro probatório dos autos, o fato é certo, e o que se questiona, no especial, é a não aplicação a ele do dispositivo legal pertinente, o que houve foi, realmente, negativa de vigência do referido preceito.[138]

Por outro lado, o STJ tem feito uma distinção entre juízo de admissibilidade e juízo de mérito, no processamento do recurso especial. Para decidir sobre o cabimento ou não do especial, o juízo deve restringir-se às questões de direito, mas, "superado o juízo de admissibilidade, o recurso especial comporta efeito devolutivo amplo, porquanto cumpre ao Tribunal julgar a causa, aplicando o direito à espécie (art. 257 do RISTJ; Súmula nº 456 do STF)".[139] Vale dizer: ao decidir o mérito do especial, o STJ realiza um juízo de *revisão*, não tendo como evitar o exame dos fatos sobre os quais haverá de aplicar as regras de direito material pertinentes.[140]

(b) "Inexiste espaço, no âmbito do recurso especial, para apreciação de acórdão, no ponto em que interpretou norma estadual."[141]

(c) "Inadmite-se o recurso especial, quando o aresto recorrido assenta em mais de um fundamento suficiente, autônomo, e o mesmo não abrange todos eles."[142] Por igual motivo, "é inadmissível recurso especial, quando o acórdão recorrido assenta em fundamentos constitucional e infraconstitucional, qualquer deles suficiente, por si só, para mantê-lo, e a parte vencida não manifesta recurso extraordinário".[143]

(d) "A simples interpretação de cláusula contratual não enseja recurso especial" (Súmula nº 5, do STJ).

T., RE 84.699/SE, Rel. Min. Rodrigues Alckmin, ac. 14.12.1946, *RTJ* 86/554). Nesse sentido: STJ, 5ª T., REsp 730.934/DF, Rel. Min. Laurita Vaz, ac. 04.08.2011, *DJe* 22.08.2011.

[137] GRINOVER, Ada Pellegrini. O controle do raciocínio judicial pelos tribunais superiores brasileiros. *Ajuris* 50, ano XVII, Porto Alegre, nov. 1990, p. 19.

[138] GRINOVER, Ada Pellegrini. O controle do raciocínio judicial pelos tribunais superiores brasileiros. *Ajuris* 50, ano XVII, Porto Alegre, nov. 1990, p. 19.

[139] STJ, 4ª T., REsp 917.531/RS, Rel. Min. Luís Felipe Salomão, ac. 17.11.2011, *DJe* 01.02.2012. No mesmo sentido: STJ, 1ª T., EDcl no AgRg no REsp 1.043.561/RO, Rel. p/ ac. Min. Luiz Fux, ac. 15.02.2011, *DJe* 28.02.2011; STJ, 2ª Seção, EREsp 41.614/SP, Rel. Min. Nancy Andrighi, ac. 28.10.2009, *DJe* 30.11.2009; STJ, 2ª T., AgRg no REsp 1.065.763/SP, Rel. Min. Mauro Campbell Marques, ac. 10.03.2009, *DJe* 14.04.2009; STJ, 1ª T., REsp 869.534/SP, Rel. Min. Teori Albino Zavascki, ac. 27.11.2007, *DJe* 10.12.2007; STJ, 3ª T., EDcl no Ag 961.528/SP, Rel. Min. Massami Uyeda, ac. 21.10.2008, *DJe* 11.11.2008; STJ, 5ª T., AgRg no REsp 1.129.101/RS, Rel. Min. Laurita Vaz, ac. 01.12.2009, *DJe* 15.12.2009; STJ, Corte Especial, AgRg no EREsp 1.088.405/RS, Rel. Min. Félix Fischer, ac. 17.11.2010, *DJe* 17.12.2010.

[140] No sistema dos recursos extraordinário e especial, o tribunal *ad quem* (STF ou STJ), depois de admitido o recurso, verificada a procedência da alegação de que o tribunal *a quo* infringiu a Constituição ou lei federal, "cassará o acórdão recorrido [juízo de cassação] e, numa segunda fase do julgamento (*juízo de revisão*), aplicará o direito à espécie, podendo ingressar no mérito do caso concreto, apreciar as provas e dar o direito a quem o tem (STF 456)" (NERY JUNIOR, Nelson; NERY, Rosa Maria de Andrade. *Código de Processo Civil comentado*. 11. ed. São Paulo: RT, 2010, p. 963, notas 8 e 9). Conferir também FONSECA, João Francisco Naves da. *Exame dos fatos nos recursos extraordinário e especial*. São Paulo: Saraiva, 2012, n. 24, p. 100-102.

[141] STJ, 2ª T., REsp 1.207.381/MG, Rel. Min. Mauro Campbell Marques, ac. 09.08.2011, *DJe* 17.08.2011.

[142] STJ, REsp 1.696/SP, Rel. Min. Geraldo Sobral, ac. 19.04.1990, *DJU* 07.05.1990; STJ, Corte Especial, EREsp 147.187/MG, Rel. Min. Fernando Gonçalves, ac. 01.04.2002, *DJU* 12.08.2002, p. 160.

[143] STJ, REsp 79.573/SC, Rel. Min. Peçanha Martins, ac. 18.08.1997, *RSTJ* 103/109; STJ, 2ª T., REsp 1.260.655/MA, Rel. Min. Mauro Campbell Marques, ac. 23.08.2011, *DJe* 30.08.2011; STJ, Súmula nº 126.

(e) O acórdão que dá razoável interpretação à lei federal (Súmula nº 400 do STF) não autoriza a interposição de recurso especial.[144] Registra-se, contudo, uma tendência no STJ a afastar a incidência da Súmula nº 400 do STF, que já chegou a ser considerada como "incompatível com a teleologia do sistema recursal introduzido pela Constituição de 1988".[145]

(f) "O conhecimento do recurso especial, tendo como causa dissídio de jurisprudência, requer demonstração analítica para comprovar a identidade do suporte fático."[146]

(g) "A divergência entre julgados do mesmo Tribunal não enseja recurso especial" (Súmula nº 13 do STJ).

(h) Ocorre inépcia do recurso especial, "quando apontadas como divergentes – alínea 'c' – decisões do primeiro grau".[147]

(i) Admite-se o recurso especial por ofensa à lei federal nos casos de arbitramento de reparação de dano moral, sob o argumento de que esse tipo de indenização "não pode escapar ao controle do Superior Tribunal de Justiça".[148] No entanto, a jurisprudência do STJ, é pacífica no sentido de que, "em sede de recurso especial, a revisão da indenização por dano moral somente é possível quando o montante arbitrado nas instâncias originárias se revelar irrisório ou exorbitante, de modo a afrontar os princípios da proporcionalidade e razoabilidade".[149] Ainda, sobre a mesma matéria, a mesma Corte tem considerado incabível a análise do recurso especial fundado em divergência pretoriana, ao argumento de que "ainda que haja grande semelhança nas características externas e objetivas, no aspecto subjetivo, os acórdãos são distintos".[150]

(j) "Não cabe recurso especial contra decisão proferida por órgão de segundo grau dos juizados especiais" (Súmula nº 203 do STJ). A razão desse enunciado prende-se à regra constitucional que somente autoriza o recurso especial contra causas decididas por tribunais de segunda instância (CF, art. 105, III). Como as Turmas Recursais dos Juizados Especiais dos Estados não são Tribunais, suas decisões ficam fora do âmbito de cabimento do recurso especial. O STF, no entanto, decidiu que não pode persistir divergência dos Juizados Especiais com a jurisprudência assentada pelo STJ, tendo em conta sua função constitucional de intérprete máximo da lei federal ordinária. Por isso, verificada a contradição de teses oriundas das Turmas Recursais com o

---

[144] STJ, AgRg no AI 2.038/SP, Rel. Min. Garcia Vieira, ac. 04.04.1990, *DJU* 30.04.1990, p. 3.522; STJ, REsp 10.974/MG, Rel. Min. Nilson Naves, ac. 12.08.1991, *DJU* 09.09.1991, p. 12.200.

[145] STJ, REsp 5.936/PR, Rel. Min. Sálvio de Figueiredo Teixeira, ac. 04.06.1991, *DJU* 07.10.1991, p. 13.971; STJ, Ag 5.474/RJ, Rel. Min. Gueiros Leite, *DJU* 05.11.1990, p. 12.454; STJ, 2ª T., EDcl no REsp 229.189/RJ, Rel. Min. Francisco Peçanha Martins, ac. 02.10.2003, *DJU* 19.12.2003, p. 386.

[146] STJ, 2ª T., AgRg no REsp 1.257.260/PE, Rel. Min. Humberto Martins, ac. 23.08.2011, *DJe* 01.09.2011.

[147] STJ, REsp 2.304/DF, Rel. Min. Athos Carneiro, ac. 10.04.1990, *DJU* 30.04.1990, p. 3.529; STJ, 2ª T., REsp 231.992, Rel. Min. Peçanha Martins, ac. 21.02.2002, *DJU* 12.08.2002; STJ, 2ª T., REsp 562.230, Rel. Min. Franciulli Netto, ac. 19.08.2004, *DJU* 01.02.2005 (Os dois últimos acórdãos referem-se a divergência entre decisões monocráticas de desembargadores e ministros).

[148] STJ, REsp 5.332-1/RJ, Rel. Min. Nilson Naves, ac. 16.09.1997, *DJU* 24.11.1997, p. 61.192; STJ, 4ª T., REsp 1.065.747/PR, Rel. Min. Fernando Gonçalves, ac. 15.09.2009, *DJe* 23.11.2009; STJ, 2ª T., REsp 1.147.513/SC, Rel. Min. Herman Benjamin, ac. 17.08.2010, *DJe* 28.04.2011.

[149] STJ, 4ª T., AgInt no AREsp 1.158.356/DF, Rel. Min. Luís Felipe Salomão, ac. 12.12.2017, *DJe* 19.12.2017.

[150] STJ, 3ª T., AgRg no AREsp 651.108/RS, Rel. Min. João Otávio de Noronha, ac. 12.05.2015, *DJe* 18.05.2015. No mesmo sentido: STJ, 4ª T., AgInt no AREsp 1.158.356/DF, Rel. Min. Luís Felipe Salomão, ac. 12.12.2017, *DJe* 19.12.2017.

posicionamento do STJ, o impasse haverá de ser superado por meio da reclamação constitucional prevista no art. 105, I, *f*, da CF.[151]

(k) "É inadmissível o recurso especial interposto antes da publicação do acórdão dos embargos de declaração, sem posterior ratificação" (Súmula nº 418 do STJ). Essa orientação, contudo, não poderá prevalecer com a vigência do CPC/2015, em razão do disposto no art. 1.024, § 5º, que dispõe ser desnecessária a ratificação se os embargos de declaração forem rejeitados ou não alterarem a conclusão do julgamento anterior (ver item nº 810). Em face do posicionamento do CPC/2015, a Súmula 418 foi cancelada pela Corte Especial do STJ em sessão de 1º.07.2016.

Quanto ao procedimento do recurso especial, o Código o submete à mesma tramitação do recurso extraordinário, seja na instância de origem, seja na de destino (arts. 1.029 e 1.030). Aplica-se, destarte, ao recurso especial tudo o que se expôs nos itens n°s 828 e 829, *retro*.

A técnica e o objeto do julgamento do recurso especial, que conjugam possibilidade de cassação do acórdão impugnado e rejulgamento da causa, observam a mesma sistemática já exposta em relação ao recurso extraordinário (v., *retro*, o nº 831).

836-A. Juízo de cassação e juízo de reexame, no âmbito do recurso especial. Controle de constitucionalidade

Como já visto no item 831, o STJ, ao julgar o recurso especial, pelo mérito, não se restringe ao juízo de *cassação*, pois pode ir até o rejulgamento da causa (juízo de *reexame*).

Devendo, após admitido o recurso especial, ser julgado o processo, "aplicando o direito" (CPC/2015, art. 1.034), não há como impedir o STJ de analisar os aspectos da constitucionalidade da norma que se pretende aplicar à solução do litígio. Ao julgar a causa, "aplicando o direito", é claro que qualquer tribunal terá, necessariamente, de verificar a validade da norma que fundamenta a pretensão do recorrente.

No Estado de Direito, submetido à supremacia da Constituição, o controle difuso da constitucionalidade é dever que toca a todo juiz. Não é possível, pois, que o STJ, como Corte Superior que é, tenha menos poder que um juiz de primeiro grau. Não há, no reconhecimento de tal poder ao STJ, invasão alguma à competência do STF, mas apenas afirmação de exercício comum de controle constitucional difuso confiado, pela própria Carta Magna, a todo e qualquer juiz ou tribunal. É que o STJ para cumprir o art. 1.034 do CPC/2015 e aplicar o direito infraconstitucional ao julgamento do processo, como todos os órgãos jurisdicionais, realiza uma atividade de concretização da norma ordinária, na qual "estará envolvida, de forma explícita ou não, uma operação mental de controle da constitucionalidade", na lição de Luís Roberto Barroso. Explica o constitucionalista:

> "A razão é simples de demonstrar. Quando uma pretensão jurídica funda-se em uma norma que não integra a Constituição – uma lei ordinária –, o intérprete, antes de aplicá-la, deverá certificar-se de que ela é constitucional".[152]

É certo que o recurso especial, endereçado ao STJ, está previsto constitucionalmente para combater as ofensas à legislação infraconstitucional, assim como o recurso extraordinário tem

---

[151] STF, Pleno, EDcl no RE 571.572-8/BA, Rel. Min. Ellen Gracie, ac. 26.08.2009, *DJe* 27.11.2009.
[152] BARROSO, Luís Roberto. *O controle de constitucionalidade no direito brasileiro*. 4. ed. São Paulo: Saraiva, 2009. p. 1. No mesmo sentido: STRECK, Lenio Luiz. *Jurisdição constitucional e decisão jurídica*. 4. ed. São Paulo: RT, 2014. p. 529.

por função garantir a autoridade da Constituição. Mas como defender o direito comum sem aferir sua validade perante a ordem suprema da Constituição?

De fato, não se pode interpor um recurso especial tendo como objeto apenas a inconstitucionalidade da lei aplicada no julgamento do tribunal *a quo*. Recurso de tal natureza não passaria pelo filtro do juízo de admissibilidade. No entanto, se o especial foi conhecido por reconhecimento de ofensa manifesta à lei infraconstitucional, a questão de sua validade diante da Constituição terá de ser, necessariamente, avaliada pelo STJ, antes de proceder à respectiva aplicação no julgamento do processo, preconizado pelo art. 1.034 do CPC/2015.

Em conclusão: não se pode, sem ferir a estrutura constitucional do Poder Judiciário, suprimir do STJ, no julgamento de mérito do recurso especial que passou pelo juízo de admissibilidade, nos termos do art. 1.034 do CPC/2015, o poder de realizar o necessário "contraste do direito infraconstitucional à Constituição da República, base e fundamento das demais leis presentes no nosso ordenamento",[153] porque, "num ordenamento jurídico que se pauta pela supremacia da Constituição, a averiguação da constitucionalidade da lei infraconstitucional é decorrência do desempenho normal da função judicial, que comporta na interpretação e na aplicação do Direito.[154] E não há de ser diferente no julgamento do recurso especial pelo STJ.

836-A.1. Duplo juízo de admissibilidade do recurso especial

Tal como se passa com o recurso extraordinário, o recurso especial é interposto perante o presidente ou vice-presidente do tribunal *a quo* (CPC, art. 1.029), a quem compete, desde logo, proferir o juízo de admissibilidade do recurso (CPC, art. 1.030, V). Trata-se de decisão provisória, porquanto, subindo o processo para o Tribunal Superior, o cabimento do recurso especial (a exemplo do extraordinário) será novamente apreciado, dessa vez, em caráter definitivo, pelo Tribunal *ad quem* (RISTJ, art. 255, § 5º), a partir de prévia decisão monocrática do relator (CPC, art. 932, III; RISTJ, art. 255, § 4º, I). Dessa decisão caberá agravo interno para o colegiado quando se tratar de inadmissão do recurso (CPC, art. 1.021). Admitido o recurso pelo relator, não será cabível o agravo interno, porque o tema, automaticamente, poderá ser rediscutido perante o colegiado competente para julgar o recurso especial (CPC, art. 934).

O que tem sido objeto de infindáveis questionamentos doutrinários é a permissão, ou não, de exame de mérito no juízo de admissibilidade do recurso especial realizado no tribunal de origem. O tema, no entanto, encontra-se pacificado na jurisprudência recorrente do STJ:

> "Consoante pacífica jurisprudência do Superior Tribunal de Justiça, é possível a incursão no mérito da lide pelo Tribunal local quando necessária à análise dos pressupostos constitucionais de admissibilidade do recurso especial, nos moldes do preconizado no enunciado n. 123 da Súmula desta Corte, sem que isso configure usurpação de competência"[155]

---

[153] ABBOUD, Georges; BARBOSA, Rafael Vinheiro Monteiro; OKA, Juliano Mieko Rodrigues. Controle de constitucionalidade pelo Superior Tribunal de Justiça: uma medida *contra legem*? *Revista de Processo*, v. 260, p. 558.

[154] ABOOUD, Georges; BARBOSA, Rafael Vinheiro Monteiro; OKA, Juliano Mieko Rodrigues. Controle de constitucionalidade pelo Superior Tribunal de Justiça: uma medida contra legem? *Revista de Processo*, v. 260, p. 555.

[155] STJ, 4ª T., AgInt no AREsp 2.125.389/ES, Rel. Min. Marco Buzzi, ac. 06.03.2023, *DJe* 10.03.2023. No mesmo sentido: STJ, 3ª T., AgInt no AREsp 1.101.924/RS, Rel. Min. Marco Aurélio Bellizze, ac. 20.05.2019, *DJe* 24.05.2019; STJ, 6ª T., AgRg no AREsp 2.032.402/SP, Rel. Min. Laurita Vaz, ac. 03.05.2022, *DJe* 06.05.2022; STJ, 1ª T., AgRg no Ag 1.205.512/SC, Rel. Min. Hamilton Carvalhido, ac. 05.11.2009, *DJe* 17.11.2009; STJ, 2ª T., AgRg no AREsp 505.039/MG, Rel. Min. Herman Benjamin, ac. 10.06.2014, *DJe* 14.08.2014.

O fundamento desse entendimento pretoriano prende-se ao fato de a previsão constitucional de cabimento do recurso especial reportar-se a julgamento que tenha contrariado lei federal ou lhe tenha negado vigência (CF, art. 105, III, "a").

Assim, não há como apreciar a admissibilidade do recurso em questão, sem avaliar o conteúdo do acórdão recorrido, ou seja, sem pesquisar se, pelo menos aparentemente, o recorrente invoca uma ofensa ao direito demandado no processo. Isso, porém, não corresponde a julgar o mérito, invadindo a competência do STJ, pois o exame feito pelo tribunal *a quo* é superficial, nos limites apenas dos requisitos de admissibilidade do procedimento recursal, tal como ocorre com a análise das condições da ação (legitimação e interesse)[156].

Por exemplo, se o exame de mérito evidencia que o acórdão recorrido julgou a causa aplicando tese consagrada, pelo STF ou pelo STJ, o caso é de negar seguimento ao recurso especial pelo próprio presidente do tribunal local, evitando a subida dos autos (CPC, art. 1.030, I, "b").

837. Recurso especial fundado em dissídio jurisprudencial

Na hipótese de recurso especial fundado em dissídio jurisprudencial (CF, art. 105, III, "c"), impunha o parágrafo único do art. 541 do CPC/1973 ao recorrente a necessidade de provar a divergência, instruindo sua petição com certidão ou cópia autenticada, ou ainda utilizando citação de repositório de jurisprudência, oficial ou credenciado, em que tiver sido publicada a decisão divergente, tudo seguido de menção às circunstâncias "que identifiquem ou assemelhem os casos confrontados".

De acordo com o art. 1.029, § 1º, do CPC/2015, (art. 255, § 1º, do Regimento Interno do STJ, alterado pela ER 22/2016), não mais se exige a autenticação das cópias dos acórdãos divergentes: "quando o recurso fundar-se em dissídio jurisprudencial, o recorrente fará a prova da divergência com a certidão, cópia ou citação do repositório de jurisprudência, oficial ou credenciado, inclusive em mídia eletrônica em que houver sido publicado o acórdão divergente, ou ainda com a reprodução de julgado disponível na rede mundial de computadores, com indicação da respectiva fonte". Manteve o dispositivo, ainda, a exigência de o recurso mencionar "as circunstâncias que identifiquem ou assemelhem os casos confrontados".

Assim, o recorrente hoje pode, para tanto, utilizar: *(i)* certidão do acórdão-paradigma passada pela secretaria judicial; *(ii)* citação de texto publicado em repositório de jurisprudência, oficial ou credenciado; *(iii)* cópia obtida na rede mundial de computadores, em fonte do próprio tribunal ou credenciada para a divulgação de seus acórdãos.[157]

O CPC/2015, na redação original do § 2º de seu art. 1.029, dispunha que o recurso especial, quando fundado em dissídio jurisprudencial, não poderia ser inadmitido mediante "fundamento genérico" de serem diferentes às circunstâncias fáticas nas duas decisões cotejadas. O desconhecimento do recurso, *in casu*, teria de ser feito mediante demonstração da necessária "existência da distinção". Tal dispositivo foi revogado pelo art. 3º, II, da Lei nº 13.256/2016. O expediente legislativo, no entanto, foi inútil, visto que subsiste a regra geral, aplicável a toda e qualquer decisão, que considera não fundamentada aquela que se limita genericamente a indicar, reproduzir ou parafrasear ato normativo, "sem explicar sua relação com a questão decidida" (CPC/2015, art. 489, § 1º, I).

Logo, continua contaminada de nulidade por *falta de fundamentação* (CF, art. 93, IX), a decisão que rejeita o recurso especial, em caso de dissídio jurisprudencial, sem demonstrar como

---

[156] "Para postular em juízo é necessário ter interesse e legitimidade" (CPC, art. 17).

[157] O Superior Tribunal de Justiça, com certeza, regulamentará o uso das fontes da Internet, para os efeitos previstos no parágrafo único do art. 541 [CPC/2015, art. 1.029, § 1º], submetendo-as ao regime de credenciamento, quando não forem oficiais.

são diferentes os suportes fáticos das decisões confrontadas. Nem se diga que se está imputando tarefa impossível ou difícil ao julgador. Para declarar que inexiste identidade quadro fático, bastará que, em poucas linhas, se apontem quais foram os fatos em que se apoiou o acórdão paradigma (cuja cópia obrigatoriamente constará dos autos) e quais os constantes da motivação do decisório recorrido. Trata-se de exigência singela, mas que assume alta significação para respeitar-se o contraditório efetivo e facilitar à parte o exercício do direito de impugnar, adequadamente, o decisório que lhe foi adverso, por via do recurso cabível. Aliás, o dever imposto ao julgador é simétrico ao que o art. 1.029, § 1º, atribui ao recorrente, de "mencionar as circunstâncias que identifiquem ou assemelhem os casos confrontados". Se a parte deve demonstrar analiticamente a semelhança, o juiz que a recusa também há de fazê-lo da mesma maneira.

Uma restrição interessante ao cabimento do recurso especial, na modalidade em destaque, tem sido feita pelo STJ, o qual não tem admitido o recurso fundado em divergência pretoriana nos casos de responsabilidade civil por dano moral, ao argumento de que o exame envolveria sempre questão eminentemente fática (ver, *retro*, o item 836).

838. Obtenção de efeito suspensivo excepcional para o recurso especial

O recurso especial, assim como o extraordinário, tem efeito apenas devolutivo (CPC/2015, art. 995). Contudo, a ele também é dado conferir efeito suspensivo, nos termos do art. 1.029, § 5º, sempre que houver risco de dano grave, de difícil ou impossível reparação, e restar demonstrada a probabilidade de provimento do apelo. Caberá ao recorrente requerer a concessão de efeito suspensivo:

(a) ao STJ, no período compreendido entre a publicação da decisão de admissão do recurso e sua distribuição. Nesse caso, o relator designado para decidir o requerimento ficará prevento para julgar o apelo;

(b) ao relator, se já distribuído o recurso; ou,

(c) ao presidente ou vice-presidente do tribunal recorrido, no período compreendido entre a interposição do recurso e a publicação da decisão de admissão do recurso. Igual competência prevalece, também, para os casos de recursos repetitivos sobrestados (art. 1.029, § 5º, com a redação da Lei nº 13.256/2016) (sobre o tema, ver item nº 827 *retro*).

839. Concomitância de recurso extraordinário e recurso especial

Um só acórdão local pode incorrer tanto nas hipóteses do recurso extraordinário como nas do recurso especial. Quando isto se der, o prazo de quinze dias será comum para a interposição de ambos os recursos, mas a parte terá de elaborar duas petições distintas (CPC/2015, art. 1.029, *caput, in fine*). O recorrido também produzirá contrarrazões separadas e o presidente ou vice-presidente, uma vez admitidos os recursos, enviará os autos ao Superior Tribunal de Justiça (art. 1.031, *caput*).

Na sistemática do Código, apresentadas ou não as contrarrazões aos dois recursos, os autos subirão em primeiro lugar ao STJ, para julgamento do especial. Depois de decidido este, é que haverá a remessa para o STF, para apreciação do extraordinário, salvo se, com a solução do primeiro, restar prejudicado o segundo (art. 1.031, § 1º).

O relator do STJ pode entender que a matéria do recurso extraordinário é prejudicial ao recurso especial. Permite-se, em tal conjuntura, o sobrestamento do recurso a cargo do STJ, com a remessa dos autos ao STF, invertendo-se, então, a ordem de apreciação dos recursos (art. 1.031, § 2º). O Supremo Tribunal, todavia, não fica submetido forçosamente ao que se deliberou no STJ, pois a lei reconhece ao relator do STF o poder de reexame da questionada prejudicialidade e, se concluir pela sua inexistência, devolverá os autos, por meio de decisão irrecorrível, a fim de que o recurso especial seja julgado normalmente em primeiro lugar (art. 1.031, § 3º). Entre o que decide o relator do recurso especial e o que pronuncia o relator do extraordinário, como se vê, a última palavra é dada por este. Não há conflito, nem é preciso ouvir-se o Tribunal. O que decidir o relator do recurso extraordinário, em decisão singular, prevalecerá a respeito da ordem de julgamento dos dois recursos concorrentes.

840. Fungibilidade entre o recurso especial e o recurso extraordinário

O atual Código consagrou, nos arts. 1.032 e 1.033, a fungibilidade no tocante à interposição de recurso especial e extraordinário. O objetivo do legislador foi evitar a jurisprudência defensiva, em que um tribunal afirmava ser a competência para julgar o recurso do outro e, em razão disso, nenhum dos dois julgava.[158]

Com efeito, muitas vezes, a questão discutida no acórdão recorrido pode ser analisada sob a ótica constitucional e infraconstitucional. Ocorre que nem sempre é fácil verificar claramente a distinção entre uma e outra. É o que se verifica quando o recorrente alega não ter sido respeitado o contraditório nas instâncias ordinárias. A matéria, embora constitucional (art. 5º, LV), também encontra disposição na legislação infraconstitucional (CPC/2015, arts. 7º e 9º). Assim, o recorrente interpõe o recurso especial e o extraordinário para que as Cortes Superiores analisem a questão. Entretanto, nenhum dos tribunais admite o respectivo recurso, por entender que a competência para analisar o tema é da outra corte.

Para resolver situações como essa é que o CPC/2015 permite que o relator, no STJ, entendendo que o recurso especial versa sobre questão constitucional, conceda prazo de quinze dias para que o recorrente demonstre a existência de repercussão geral (requisito para o recurso extraordinário) e se manifeste sobre a questão constitucional (art. 1.032). É preciso, outrossim, assegurar o contraditório ao recorrido.[159] Cumprida essa exigência, o relator remeterá o recurso ao STF que, em juízo de admissibilidade, poderá devolvê-lo ao STJ (parágrafo único).

Por outro lado, determina que o relator, no STF, considerando como reflexa a ofensa à Constituição Federal afirmada no recurso extraordinário, o remeta ao STJ para julgamento como recurso especial (art. 1.033), assegurando previamente às partes a complementação de suas razões e contrarrazões.[160]

Com isso, restou claro para o CPC/2015, no campo dos recursos excepcionais, ser irrelevante o equívoco da parte em usar o especial em lugar do extraordinário e vice-versa, pois sempre será possível a conversão do inadequado no adequado.

840-A. Cabimento de recurso extraordinário contra decisão do STJ em recurso especial

Ocorrendo no acórdão do tribunal de segundo grau ofensa tanto à Constituição como à lei infraconstitucional, o manejo dos recursos extraordinário e especial deve ser simultâneo

---

[158] WAMBIER, Teresa Arruda Alvim et al. *Primeiros comentários ao novo Código de Processo Civil artigo por artigo*. São Paulo: RT, 2015, p. 1.499.

[159] "Na hipótese do art. 1.032 do CPC, cabe ao relator, após possibilitar que o recorrente adite o seu recurso para inclusão de preliminar sustentando a existência de repercussão geral, oportunizar ao recorrido que, igualmente, adite suas contrarrazões para sustentar a inexistência da repercussão" (CEJ/I Jorn. Dir. Proc. Civ., Enunciado nº 79).

[160] "Quando o Supremo Tribunal Federal considerar como reflexa a ofensa à Constituição afirmada no recurso extraordinário, deverá, antes de remetê-lo ao Superior Tribunal de Justiça para julgamento como recurso especial, conceder prazo de quinze dias para que as partes complementem suas razões e contrarrazões de recurso" (CEJ/I Jorn. Dir. Proc. Civ., Enunciado nº 80).

(CPC/2015, art. 1.031). Não se admite que a parte vencida interponha apenas o especial e deixe para questionar a matéria constitucional depois do julgamento do STJ, na eventualidade do insucesso do recurso que lhe foi endereçado.

Sendo o recurso extraordinário cabível desde a época do decisório do tribunal de origem, ocorre preclusão do direito de manejá-lo – como é de tranquilo entendimento jurisprudencial – se a parte não o interpuser no momento adequado. E mesmo que tenham sido oportunamente manifestados os dois apelos extremos, mas o especial tenha sido inadmitido na origem, sem que o recorrente tivesse interposto o necessário agravo, o STF não conhecerá do extraordinário, em virtude da preclusão do apelo dirigido ao STJ, visto como questão prejudicial.[161] É que se o acórdão tem fundamentos, tanto suficientes no direito infraconstitucional como no direito constitucional, não cabe ao STF apreciar a questão constitucional. O decisório recorrido, com efeito, poderá substituir apenas pela base infraconstitucional, cujo exame haveria de ter sido feito pelo STJ, e não mais será possível realizá-lo porque o especial não foi interposto ou não foi conhecido, e o STF não tem competência para fazê-lo.

No entanto, há caso em que se torna viável o extraordinário para atacar diretamente o acórdão do STJ pronunciado em julgamento de recurso especial. Isto ocorrerá quando a ofensa à norma constitucional for cometida não pelo acórdão do tribunal de segundo grau, mas pelo próprio STJ. *In casu*, não se poderia exigir da parte que manejasse o extraordinário simultaneamente com o especial, pois nenhum ultraje à ordem constitucional teria sido praticado pelo tribunal de origem.

Explica-se, em tal conjuntura, o cabimento do extraordinário porque o STJ, ao decidir o especial, teria enveredado pelo terreno constitucional, área de exclusiva competência do STF. A hipótese de cabimento do extraordinário posterior ao julgamento do especial, portanto, se verifica quando o STJ aplica originariamente norma constitucional, a pretexto de julgar o especial, transbordando do tema infraconstitucional, e o faz de maneira ofensiva ao preceito da Lei Maior.[162]

Outro caso em que o acórdão do STJ desafia recurso extraordinário para o STF é aquele em que o recurso especial não é conhecido, com apoio em "premissas que conflitem, diretamente com o que dispõe o art. 105, III, da Carta Política".[163]

De um modo geral, pode-se afirmar que, na ótica do STF, "da decisão do STJ no recurso especial, só se admitirá recurso extraordinário se a questão constitucional objeto do último *for diversa daquela resolvida pela instância ordinária*" (g.n.).[164] Vale dizer: no julgamento do especial o STJ deverá ter pronunciado decisão de alcance constitucional, sobre tema nascido, originariamente, na instância daquela Alta Corte. Portanto, se a alegação for de "questão nascida no segundo grau" (*i.e.*, no tribunal local), "não cabe recurso extraordinário contra decisão do STJ em recurso especial".[165]

---

[161] STF, 1ª T., RE 532.116/ AgR/SP, Rel. Min. Marco Aurélio, ac. 26.05.2009, *DJe* 26.06.2009.

[162] "Recurso extraordinário contra acórdão do STJ em recurso especial: hipótese de cabimento, por usurpação da competência de Supremo Tribunal para o deslinde da questão" (STF, 1ª T., RE 419.629/DF, Rel. Min. Sepúlveda Pertence, ac. 23.05.2006, *DJU* 30.06.2006, p. 16). Também o STJ, reconhece que: "Fundando-se o acórdão recorrido em interpretação de matéria eminentemente constitucional – princípios do contraditório e da ampla defesa (CF, art. 5º, incs. LIV e LV) – descabe a esta Corte examinar a questão, porquanto reverter o julgado significaria usurpar competência que, por expressa determinação da Carta Maior pertence ao Colendo STF, e a competência traçada para este Eg. STJ restringe-se unicamente à uniformização da legislação infraconstitucional" (STJ, 1ª T., REsp 617.722/MG, Rel. Min. Luiz Fux, ac. 19.08.2004, *DJU* 29.11.2004, p. 247).

[163] STF, 2ª T., AI 452.174/GO AgR, Rel. Min. Celso de Mello, ac. 09.09.2003, *DJU* 17.10.2003, p. 33.

[164] STF, 1ª T., ARE 951.702 AgR/DF, Rel. Min. Edson Fachin, ac. 14.10.2016, *DJe* 04.11.2016.

[165] STF, 1ª T., Rcl 23.923 AgR/SP, Rel. Min. Roberto Barroso, ac. 21.10.2016, *DJe* 09.11.2016.

Em síntese: "a matéria constitucional que enseja recurso extraordinário de acórdão do STJ, que decide REsp, *é aquela que surge no julgamento deste*"[166] (g.n).

840-B. Reclamação concomitante ao recurso extraordinário

Verificada a usurpação de competência, por ter o STJ julgado questão constitucional afeta ao STF (CF, art. 105, III), torna-se cabível não só o recurso extraordinário, como também a concomitante reclamação (CF, art. 102, I, *l*). É antiga a jurisprudência do STF, no sentido de que a recorribilidade ou a efetiva interposição de recurso da decisão reclamada não ilide o cabimento da reclamação.[167] Aliás, o recurso extraordinário, na espécie, é quase sempre um pressuposto de admissibilidade da própria reclamação, já que de sua não interposição poderá ocorrer a coisa julgada sobre o decisório do STJ; e contra a *res iudicata*, o CPC/2015 impede expressamente o manejo da reclamação (art. 988, § 5º, I). Assim também já entendia o STF, mesmo antes do advento do atual Código Processual, ao argumento de não ser a reclamação um "sucedâneo de ação rescisória".[168]

Entende, porém, Nabor A. Bulhões que não seria o caso de reclamação quando o STJ decide questão constitucional no bojo de recurso especial, sem que exista recurso extraordinário pendente sobre a matéria. Isto porque, a seu ver, a violação teria sido à competência do próprio STJ e não do STF. Em tal caso caberia recurso extraordinário apenas.[169] No entanto, ao ultrapassar sua própria competência o STJ teria também, a meu sentir, invadido a competência do STF, e assim legitimado estaria o acesso concomitante à reclamação. Penso que, em matéria de garantias constitucionais, a interpretação e aplicação devem se dar sempre à luz do princípio da máxima eficiência, evitando sempre os critérios restritivos ou limitativos, como ensina a melhor doutrina.[170] É bom lembrar a lição do STF (Rcl 329/SP), retratada em voto do Ministro Sepúlveda Pertence, no sentido de que a reclamação cabe contra decisões judiciais, quaisquer que sejam elas, se se alega que invadiram a competência ou desrespeitaram a autoridade da decisão do STF. Observa o mesmo aresto que a cognição mais ampla que propicia a simplicidade do rito e a eficácia mais pronta, de que está dotada, tornam, de regra, a reclamação, um *remédio insubstituível pelo recurso*, particularmente, pelo recurso extraordinário, de âmbito restrito de admissibilidade, procedimento mais complexo e efeitos limitados e meramente devolutivos.

Distinta é a situação em que o questionamento, fora do campo de prévio recurso extraordinário, veio a aflorar durante a tramitação da causa no STJ, por meio do incidente de arguição de inconstitucionalidade do dispositivo de lei debatido no recurso especial (CPC/2015, arts. 948 a 950). O exercício desse controle incidental ou difuso de inconstitucionalidade cabe a todo tribunal, dele não podendo ser privado o STJ. A sua inserção no curso do processamento do recurso especial, portanto, não pode ser considerada invasão da competência do STF. Julgado o recurso especial, a matéria objeto do incidente de inconstitucionalidade não poderá ser

---

[166] STF, 2ª T., AI 364.277 AgR/SP, Rel. Min. Carlos Velloso, ac. 28.05.2002, *DJU* 28.06.2002, p. 134.
[167] STF, Pleno, Rcl 329/SP, Rel. Min. Sepúlveda Pertence, ac. 30.05.1990, *DJU* 29.06.1990, p. 6.219; BULHÕES, Nabor A. Aspectos relevantes de recursos extraordinários em face de decisões do Superior Tribunal de Justiça em recursos especiais. *Revista TRF-1*, v. 28, n. 11/12, p. 99, Brasília, nov.-dez. 2016.
[168] STF, Pleno, Rcl 365/MG, Rel. Min. Moreira Alves, ac. 28.05.1992, *DJU* 07.08.1992, p. 11.778.
[169] BULHÕES, Nabor A. Aspectos relevantes de recursos extraordinários em face de decisões do Superior Tribunal de Justiça em recursos especiais. *Revista TRF-1*, v. 28, n. 11/12, p. 100, Brasília, nov.-dez. 2016.
[170] CANOTILHO, J. J. Gomes. *Direito constitucional e teoria da constituição*. 4. ed. Coimbra: Almedina, s/d, p. 1.187.

tratada como própria de reclamação, e somente poderá ser levada ao STF, por meio de recurso extraordinário, observados, naturalmente, seus pressupostos e requisitos de admissibilidade.[171]

Sem que antes tenha havido motivo para o recurso extraordinário (por exemplo: o acórdão atacado no especial não havia tratado da questão constitucional e, portanto, faltava requisito para interposição do extraordinário na instância originária), faltará condição para manejar a reclamação contra o julgado do STJ que enfrentou, originariamente, o tema constitucional. Mas, se o tema já se fazia presente no processo desde o tempo do decisório recorrido, não pode o STJ enfrentá-lo sem que cometa absorção da competência do STF. Aí, sim, a impugnação só seria cabível mediante recurso extraordinário contra o acórdão do tribunal de segundo grau. O uso do especial, na espécie, não legitima o STJ a fazer as vezes do STF, apreciando e julgando a inconstitucionalidade só arguível, nas circunstâncias, pelo extraordinário não interposto oportunamente. Se o fez, o STJ, sem dúvida, invadiu competência do STF. Daí o cabimento concomitante do extraordinário e da reclamação para o STF, por violação de sua competência.

841. Preferência do julgamento do mérito dos recursos especial e extraordinário

O atual Código adotou posição menos formalista do que a legislação anterior preferindo, sempre que possível, o julgamento da causa pelo mérito (arts. 4º e 6º). Para tanto, admite a superação de defeitos meramente formais, sempre que isto não causar prejuízo às partes e viabilizar o julgamento definitivo da lide.

Nessa esteira, o art. 1.029, § 3º, autoriza que o STF e o STJ desconsiderem vício formal de recurso tempestivo ou determine sua correção, desde que não o repute grave. Essa inovação do Código visa desestimular a jurisprudência defensiva que se instaurou sob a égide da legislação anterior, numa tentativa de diminuir os recursos interpostos para as Cortes Superiores.

É o chamado efeito consuntivo das formas e das formalidades do processo. Deste modo, "a imperfeição é elipticamente desconsiderada, pela eficácia consuntiva, conhecendo-se o recurso e julgando seu mérito, sem qualquer consideração ou ligação entre o beneficiado pelo descompasso e o resultado do julgamento".[172]

842. Recurso especial e recurso extraordinário adesivo

Conforme salientamos no § 78, sobre as disposições gerais relativas a recursos civis, quando houver sucumbência recíproca, as duas partes podem impugnar a decisão. Algumas vezes, contudo, embora não completamente satisfeita, a parte poderia conformar-se com o julgamento da ação se tivesse a certeza de que a outra também o aceitaria. Uma vez que não existe garantia nesse sentido, o CPC/2015, a exemplo do anterior, previu a figura do recurso adesivo (art. 997). Com esse remédio processual, o recorrido pode fazer sua adesão ao recurso da parte contrária, depois de vencido o prazo adequado para o recurso próprio. Adesão, na espécie, significa que o novo recorrente se vale da existência do recurso do adversário para legitimar a interposição do seu, fora do tempo legal.

O recurso adesivo é admissível na apelação, no recurso extraordinário e no recurso especial (art. 997, II). Em qualquer uma dessas modalidades recursais, os requisitos do apelo adesivo são os mesmos: *(i)* deve haver sucumbência recíproca; *(ii)* fica subordinado ao recurso principal; e, *(iii)* aplicam-se a ele as mesmas regras do recurso independente quanto às condições de admissibilidade e de julgamento no tribunal (sobre o tema, ver item nº 756 *retro*).

---

[171] BULHÕES, Nabor A. Aspectos relevantes de recursos extraordinários em face de decisões do Superior Tribunal de Justiça em recursos especiais. *Revista TRF-1*, v. 28, n. 11/12, p. 102, Brasília, nov.-dez. 2016.

[172] OLIVEIRA JÚNIOR, Zulmar Duarte de. Eficácia consuntiva no novo CPC e os recursos augustos e angustos. In: FREIRE, Alexandre *et al.* (org.). *Novas tendências do processo civil*. Salvador: JusPodivm, 2013, p. 675.

No tocante ao recurso especial e extraordinário adesivo, é importante ressaltar o que a doutrina denomina de *recurso adesivo condicionado cruzado*, vislumbrado para a hipótese de a decisão admitir a interposição de mais de um recurso. Nessa situação, a parte pode aderir a espécie recursal diversa, cujo apelo será analisado apenas se o recurso principal for acolhido. Pense-se no caso de o pedido se fundar em questão constitucional e federal. A decisão, embora favorável ao autor, baseou-se no fundamento federal, repelindo o constitucional. Não terá ele, portanto, interesse em interpor recurso extraordinário imediatamente. Entretanto, caso o recurso especial aviado pela parte contrária seja provido, o autor terá interesse para discutir a questão constitucional, que poderá lhe favorecer. Nessa hipótese, a doutrina admite que o autor interponha *recurso extraordinário adesivo a recurso especial*, que será "condicionado, isto é, interposto *ad cautelam*, para ser julgado *unicamente* no caso de convencer-se o órgão *ad quem* da procedência do pedido principal".[173]

---

[173] BARBOSA MOREIRA, José Carlos. *Comentários ao Código de Processo Civil*. 12. ed. Rio de Janeiro: Forense, 2005, v. 5, p. 329. No mesmo sentido: DIDIER JR., Fredie; CUNHA, Leonardo Carneiro da. *Curso de direito processual civil*. 10. ed. Salvador: JusPodivm, 2012, v. 3, p. 100-101; CARDOSO, Oscar Valente. Recurso extraordinário: recurso adesivo, poderes do relator e tutela de urgência. *Revista Dialética de Direito Processual*, n. 134, p. 98, maio 2014.

Fluxograma nº 34 – Recurso extraordinário (arts. 1.029 a 1.035)

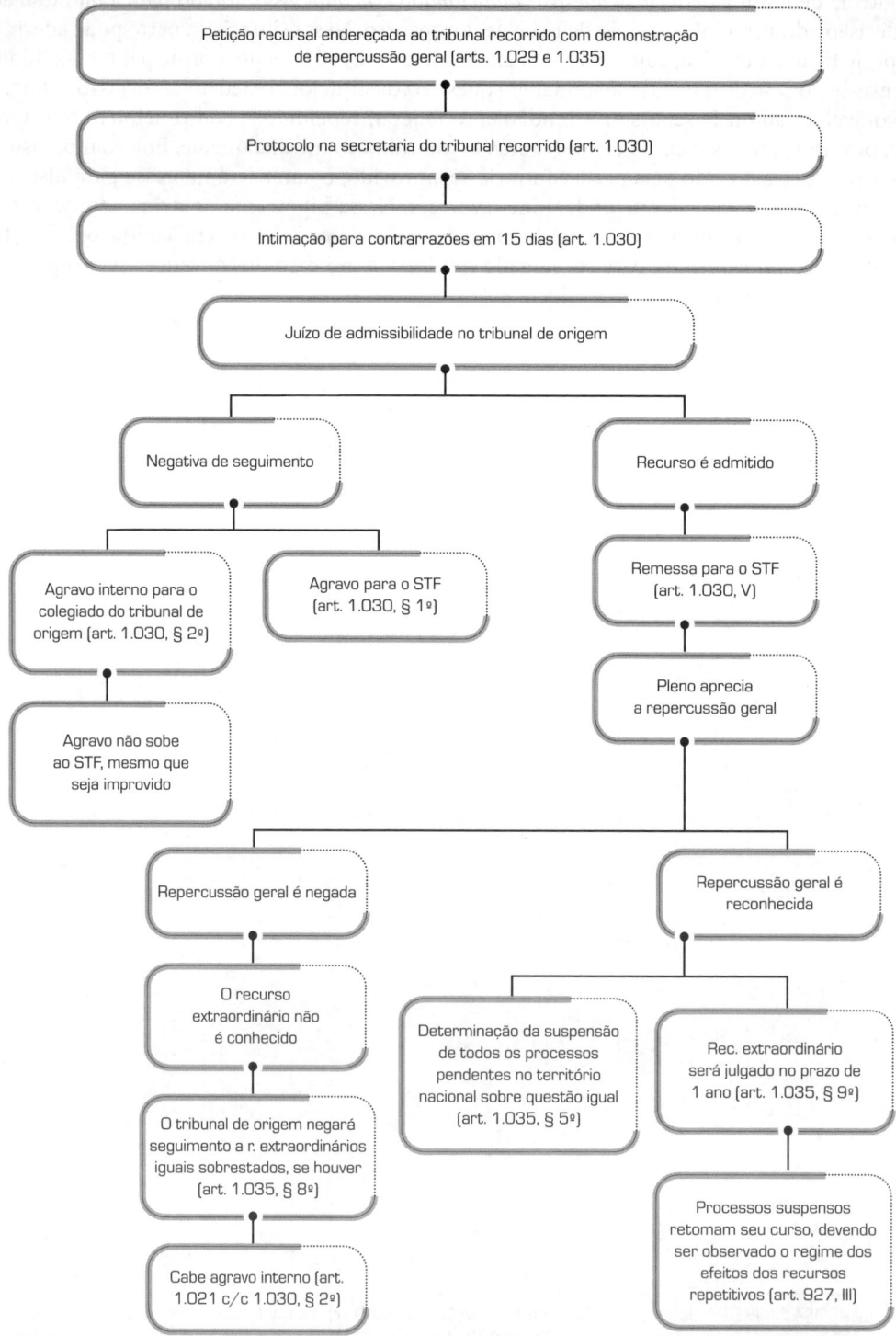

Nota: Há possibilidade de concessão de efeito suspensivo ao recurso extraordinário: a) pelo presidente ou vice-presidente do tribunal local, antes do juízo de admissibilidade (art. 1.029, § 5º, III).

PARTE VII • RECURSOS | 1071

Fluxograma nº 35 – Recurso especial (arts. 1.029 a 1.035)

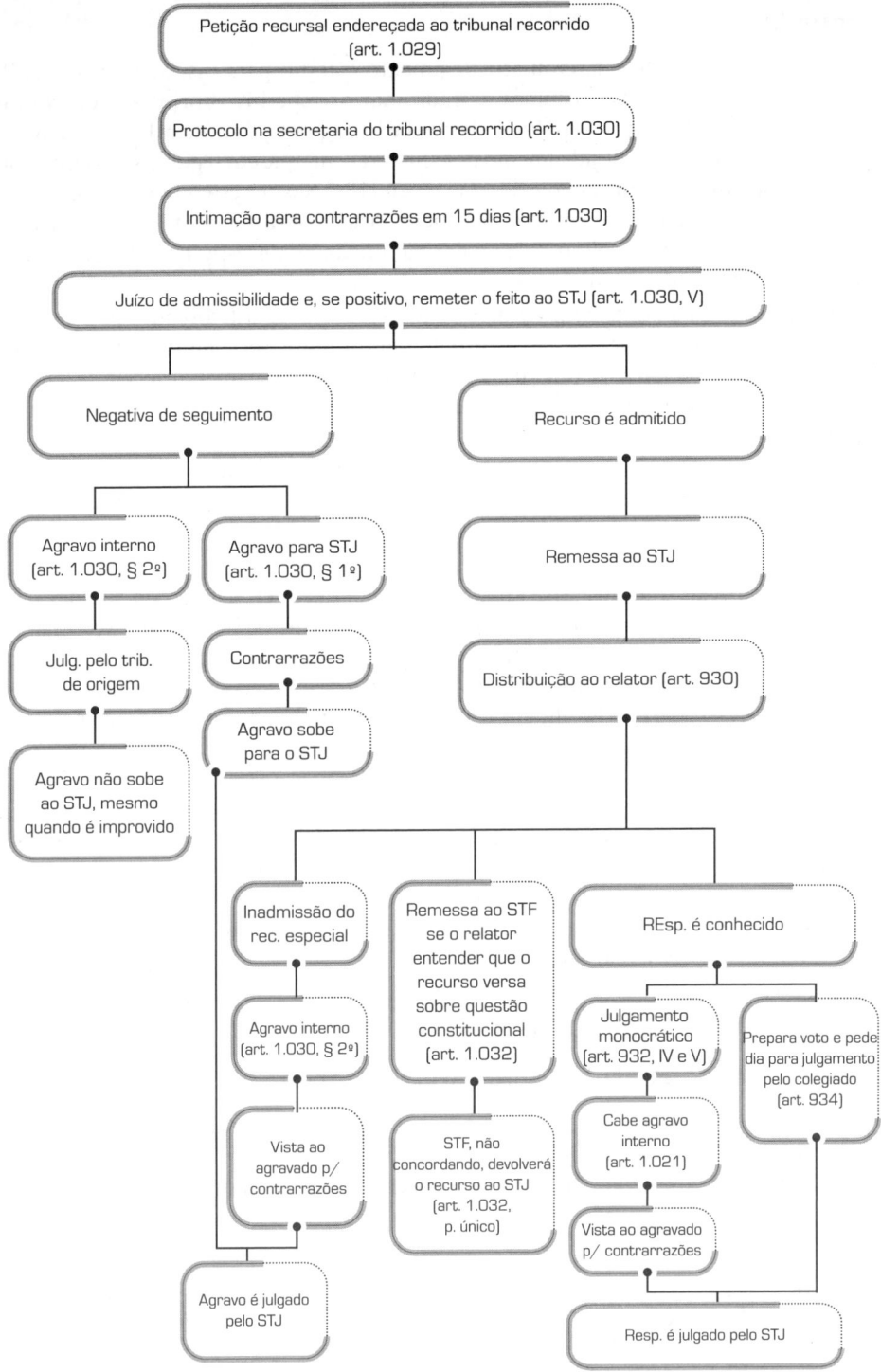

Nota: Há possibilidade de concessão de efeito suspensivo ao recurso especial: a) pelo presidente ou vice-presidente do tribunal local, antes do juízo de admissibilidade (art. 1.029, § 5º, III). b) por relator sorteado no STJ antes da subida dos autos (art. 1.029, § 5º, I). c) por relator do REsp após a subida dos autos (art. 1.029, § 5º, II).

§ 86. RECURSOS ESPECIAL E EXTRAORDINÁRIO REPETITIVOS

843. Introdução

Quando em 2003 o STF alterou seu Regimento Interno para instituir um mecanismo apropriado ao julgamento dos recursos extraordinários repetitivos oriundos dos Juizados Especiais Federais, o Ministro Sepúlveda Pertence,[174] logo seguido pelo Professor Barbosa Moreira,[175] cunhou a expressão "julgamento por amostragem", que em seguida seria amplamente acatada pela doutrina, máxime depois de a Lei n° 11.418/2006, ter estendido a mesma técnica para todos os extraordinários repetitivos, por meio do art. 543-B acrescido ao CPC de 1973.[176] Em 2008, essa sistemática ampliou-se também para os recursos especiais (CPC, art. 543-C, inserido pela Lei n° 11.672/2008).

A expressão retrata muito bem a dinâmica dos recursos repetitivos, que consiste – diante da constatação de uma mesma questão de direito figurar numa série numerosa de recursos –, na possibilidade de selecionar-se um ou alguns deles para seu julgamento servir de padrão ou paradigma. Dessa maneira, julgado o caso padrão, a tese nele assentada prevalecerá para todos os demais de idên.ico objeto.

O regime específico de tratamento processual dispensado aos recursos extraordinário e especial repetitivos integra um sistema mais amplo que o CPC/2015 adotou na política de valorização da jurisprudência como instrumento comprometido com a segurança jurídica e o tratamento isonômico de todos perante a lei.

Por isso, o mecanismo dos arts. 1.036 a 1.041 não deve ser visto como simples técnica de combater o enorme volume de recursos que se acumulam de forma cada vez maior nos tribunais superiores. Integra ele um grande sistema processual voltado, precipuamente, para uniformizar e tornar previsível a interpretação e aplicação da lei, com vistas à segurança jurídica, que por sua vez pressupõe previsibilidade e repugna a instabilidade da ordem normativa. Esse sistema dentro do CPC/2015 – além do prestígio dispensado à jurisprudência como fonte do direito (arts. 926 a 928) – compreende, basicamente, três mecanismos organizados com igual objetivo: *(i)* a técnica de julgamento dos recursos extraordinário e especial repetitivos (arts. 1.036 a 1.041); *(ii)* o incidente de demandas repetitivas (arts. 976 a 987); e *(iii)* o incidente de assunção de competência (art. 947). Os dois primeiros nascem da pluralidade de processos sobre questão igual, caracterizando-se imediatamente pelo objetivo de evitar decisão contraditória; e o último se justifica pela repercussão social que o julgamento haverá de ter sobre a relevante questão de direito em discussão no processo.

Em todos eles, portanto, a proteção à segurança jurídica e à isonomia se faz presente, justificando a adoção de medidas processuais aptas a preservá-las.

844. Os recursos especial e extraordinário repetitivos

O CPC/2015, na esteira do Código anterior, contempla procedimento para os recursos especial e extraordinário repetitivos (arts. 1.036 a 1.041), destinados a produzir eficácia pacificadora de múltiplos litígios, mediante estabelecimento de tese aplicável a todos os recursos

---

[174] Cf. MENDES, Gilmar; PFLUG, Samantha Meyer. Passado e futuro da súmula vinculante: considerações à luz da Emenda Constitucional 45/2004. In: RENAULT, S. R. T.; BOTTINI, P. (org.). *Reforma do Poder Judiciário*: comentários à Emenda Constitucional n. 45/2004. São Paulo: Saraiva, 2005, n. 3.3, p. 351.

[175] BARBOSA MOREIRA, José Carlos. Súmula, jurisprudência, precedente: uma escalada e seus riscos. *Revista Dialética de Direito Processual*, v. 27, n. 4, p. 53, 2005.

[176] TALAMINI, Eduardo. Direitos individuais homogêneos e seu substrato coletivo: ação coletiva e os mecanismos previstos no Código de Processo Civil de 2015. *Revista de Processo*, n. 241, p. 351, mar. 2015.

em que se debata a mesma questão de direito. Assim como ocorre com o incidente de resolução de demandas repetitivas (arts. 976 a 987), esse mecanismo, entre outros objetivos (como, *v.g.*, os resguardados pelos princípios de economia e celeridade processual, bem como os da segurança jurídica e da confiança) intenta implantar uniformidade de tratamento judicial a todos os possíveis litigantes colocados em situação igual àquela disputada no caso padrão. Diferencia-se, contudo, daquele instituto, porque ocorre dentro do processo que legitimou sua instauração. O incidente de demandas repetitivas se processará separadamente da causa originária. Trata-se, portanto, de remédio processual de inconteste caráter coletivo. Seu objetivo, contudo, é apenas estabelecer a tese de direito a ser aplicada em outros recursos, cuja existência não desaparece, visto que apenas se suspendem temporariamente e, após, haverão de sujeitar-se a decisões, caso a caso, pelos diferentes desembargadores que detêm a competência para pronunciá-las.

O mecanismo foi instituído pelo art. 543-C do CPC/1973, mantido pelo art. 1.036 do CPC/2015, para os recursos especial e extraordinário manifestados em face do fenômeno das causas *repetitivas* ou *seriadas*. Têm-se como repetitivas as causas, quando se verificar *(i) multiplicidade de recursos, (ii)* com fundamento em *idêntica questão de direito*, caso em que o processamento do apelo extremo deixa de seguir o procedimento comum dos arts. 1.029 a 1.035 do CPC/2015, para observar o dos arts. 1.036 a 1.041.

A finalidade do instituto, à evidência, atende aos reclamos de economia processual. Busca-se evitar os inconvenientes da enorme sucessão de decisões de questões iguais, em processos distintos, com grande perda de energia e gastos, em tribunais notoriamente assoberbados por uma sempre crescente pletora de recursos.[177] Como os recursos especial e extraordinários não são instrumentos de revisão dos julgamentos dos tribunais locais em toda extensão da lide, mas apenas de reapreciação da tese de direito federal ou constitucional em jogo, não se pode considerar, em princípio, ofensiva ao acesso àqueles recursos constitucionais a restrição imposta ao seu julgamento diante das causas seriadas ou repetitivas. Basta que o Pleno se defina uma vez sobre a tese de direito repetida na série de recursos especiais ou extraordinários pendentes, para que a função constitucional daquelas Cortes Superiores – que é manter, por meio do remédio do recurso especial, a autoridade e a uniformidade da aplicação da lei federal, e do recurso extraordinário, a autoridade da Constituição – se tenha por cumprida.

Uma vez assentada a interpretação da lei constitucional ou infraconstitucional no aresto do STJ ou do STF, seus reflexos repercutirão sobre o destino de todos os demais recursos especiais e extraordinários pendentes que versem sobre a mesma *questão de direito* (art. 1.040).[178] Questão esta que tanto pode ser de direito material, como processual (art. 928, parágrafo único).

O mecanismo de processamento dos recursos especial e extraordinário diante de causas seriadas caracteriza-se pelos seguintes objetivos:

(a) evitar a subida dos recursos especiais e extraordinários repetitivos, represando-os provisoriamente no tribunal de origem;

---

[177] A inovação procedimental, sem dúvida, representa um esforço da redução da demora que aflige a prestação jurisdicional no Brasil, em sintonia com a garantia constitucional de "duração razoável" do processo e de observância de meios que "garantam a celeridade de sua tramitação" (CF, art. 5º, LXXVIII).

[178] "Os recursos repetitivos ganharam nova e mais elaborada regulamentação nos arts. 1.036 e seguintes do atual Código de Processo Civil. No contexto da objetivação da recorribilidade, a intenção do instrumento do recurso repetitivo é pacificar com eficácia *erga omnes* determinada tese, evitando a tramitação e a multiplicação de recursos sobre a mesma matéria" (CÔRTES, Osmar Mendes Paixão. Natureza e efeitos da decisão em recurso repetitivo: uma tentativa de sistematizar a observância à tese firmada na decisão paradigma. *Revista de Processo*, v. 273, p. 406, nov./2017).

(b) julgamento de questão repetitiva numa única e definitiva manifestação da STJ ou do STF;

(c) repercussão do julgado definitivo da Corte Superior sobre o destino de todos os recursos represados, sem necessidade de subirem ao STJ ou STF, sempre que possível.

Por fim, não há motivo para entrever inconstitucionalidade na sistemática do recurso especial e extraordinário instituída sem emenda à Constituição. É que a sistemática criada pela Lei nº 11.672/2008 e mantida pelo CPC/2015, não cuidou de impor condição de admissibilidade diferente daquelas previstas na Constituição (art. 105, III). Apenas instituiu procedimento especial a ser observado na tramitação do recurso, quando inserido no episódio das causas repetitivas ou seriadas.

845. Procedimento traçado nas causas repetitivas para observância do tribunal de origem

I – Iniciativa do procedimento

Caberá, em primeiro lugar, ao Presidente ou Vice-Presidente do Tribunal de origem (estadual ou federal) detectar a presença de recursos especiais e extraordinários seriados. Diante da constatação positiva da ocorrência, deverá aquela autoridade selecionar dois ou mais recursos que serão encaminhados, dentro do procedimento normal, ao Superior Tribunal de Justiça ou Supremo Tribunal Federal, para fins de "afetação" (art. 1.036, § 1º). Essa afetação nada mais é do que a escolha de recursos paradigmas, cuja solução vinculará todos os demais atinentes à mesma questão. A remessa que deveria ser promovida sem o juízo de admissibilidade dos recursos selecionados, nos termos do primitivo parágrafo único, do art. 1.030, após a reforma prosseguida pela Lei nº 13.256/2016, só acontecerá após realização positiva do juízo de cabimento dos aludidos recursos (art. 1.030, V).

A iniciativa, contudo, poderá ser, também, do próprio Tribunal Superior, quando o relator selecionar, dentre processos que já ali tramitam, dois ou mais recursos representativos da controvérsia para julgamento da mesma questão de direito (art. 1.036, § 5º).

II – Escolha dos recursos representativos

Uma vez que a decisão proferida nos recursos repetitivos irá afetar todos os processos pendentes que versem sobre idêntica questão, a escolha dos apelos representativos não pode ser feita de modo aleatório ou sem qualquer critério. Assim é que o § 6º do art. 1.036 determina que somente podem ser escolhidos os "recursos admissíveis que contenham abrangente argumentação e discussão a respeito da questão a ser decidida". Ou seja, o relator deve fazer uma análise, ainda que rápida e superficial, da qualidade das peças iniciais, para fins de afetação,[179] de modo a ensejar a avaliação mais ampla possível dos argumentos suscitados em torno da questão a ser solucionada de maneira paradigmática e *erga omnes*.

III – Suspensão e retenção dos recursos que versem sobre causa idêntica

Todos os demais processos pendentes, individuais ou coletivos, que tramitem no Estado ou na região, que se fundamentem na mesma questão de direito, ficarão retidos e suspensos no tribunal *a quo*, para aguardar o pronunciamento definitivo do STJ ou do STF sobre a tese comum a todos eles (art. 1.036, § 1º, *in fine*).

---

[179] WAMBIER, Teresa Arruda Alvim et al. *Primeiros comentários ao novo Código de Processo Civil artigo por artigo*. São Paulo: RT, 2015, p. 1.513.

Essa suspensão pressupõe que todos os recursos especiais ou extraordinários retidos sejam realmente veiculadores apenas de uma única e mesma questão de direito. Se no recurso superveniente à questão, embora nascida da aplicação da mesma norma, envolva suporte fático diverso ou esteja em correlacionamento sistemático com outros preceitos legais que possam alterar-lhe a interpretação no caso dos autos, o recurso especial não poderá ser paralisado em sua marcha apenas porque um dos seus diversos fundamentos coincida com o de outro recurso da espécie. A aplicação dos arts. 1.036 a 1.041 pressupõe identidade total de fundamento de direito entre todos os recursos, para que possam ser classificados como seriados ou repetitivos, e assim, ser suspensos os não escolhidos como paradigma.

A suspensão dos processos, na espécie, tem o objetivo de preservação da isonomia, da segurança jurídica e da eficácia do futuro precedente a ser estabelecido no julgamento do recurso paradigma. Evita-se, desde logo, que nos outros processos pendentes venha a se consolidar situação eventualmente incompatível com a isonomia visada pelo sistema de uniformização de jurisprudência através da técnica dos recursos repetitivos[180]. Trata-se, pois, de providência de caráter preventivo.

IV – Decisão em torno da suspensão do processamento dos recursos extraordinário e especial, dentro do regime repetitivo. Recorribilidade

A submissão dos recursos extraordinário e especial ao regime repetitivo passa por dupla avaliação:

(a) Primeiro, o presidente (ou o vice-presidente) do tribunal de origem, reconhecendo que há multiplicidade de recursos fundados na mesma questão de direito, seleciona alguns para encaminhamento ao STF ou ao STJ. Nesse momento, determina a suspensão tanto dos demais recursos iguais como de todos os processos, cujo objeto inclua a mesma matéria, em tramitação no Estado ou Região sob sua jurisdição (art. 1.036, § 1º).

(b) Subindo os recursos paradigma ao tribunal superior, o relator reaprecia a ocorrência, ou não, do requisito da multiplicidade de casos sobre idêntica questão de direito (art. 1.036, *caput*), e a reconhecendo, profere a *decisão de afetação*, ou seja, a de que todos eles se sujeitem ao regime de resolução de recursos extraordinário ou especial repetitivos (art. 1.037). Nesse caso, a decisão de suspensão de todos os processos similares será ampliada, pelo relator, para todo o território nacional (art. 1.037, I).

Confirmada no tribunal superior a sujeição dos recursos repetitivos ao regime do art. 1.036, aos terceiros prejudicados pela suspensão de seus processos é assegurado o direito de requerer o reconhecimento da distinção da questão neles versada perante aquele objeto da afetação definida pelo relator no STF ou no STJ (art. 1.037, § 9º). Esse requerimento tem a finalidade de obter o restabelecimento do curso do processo, liberando-o da suspensão gerada pelo regime dos recursos repetitivos.

---

[180] A suspensão dos processos pendentes (que ocorre também no caso de recurso extraordinário com repercussão geral reconhecida, conforme o art. 1.034, § 5º) não é automática nem obrigatória, "sendo da discricionariedade do relator do recurso extraordinário paradigma determiná-la" (STF, Pleno, RE 966.177 RG-QO/RS, Rel. Min. Luiz Fux, ac. 07.06.2017, *DJe* 01.02.2019). O posicionamento encontrou respaldo também na doutrina: "Então, o Código não criou uma regra absoluta, para que seja adaptável às diversas situações contemporâneas" (FUX, Luiz; CASTRO, Aluísio Gonçalves de; FUX, Rodrigo. Sistema brasileiro de precedentes: principais características e desafios. *Revista de Processo*, São Paulo, v. 332, p. 322, out. 2022).

Observe-se que o requerimento em questão não é cabível logo em seguida à decisão do presidente ou vice-presidente do tribunal local, que provoca a retenção dos diversos recursos de objeto igual, mas apenas depois que o processamento dos recursos paradigma sob regime repetitivo vem a ser admitido pelo relator no STF ou no STJ. Isto porque só após o despacho de afetação, no Tribunal Superior, é que se fixa com precisão a questão a ser submetida a julgamento (art. 1.037, *caput*, I).

A petição, porém, não será endereçada ao relator do caso paradigma no tribunal superior, nem ao presidente do tribunal de origem, sem embargo de ter partido deles a ordem de suspensão. O comando dessas autoridades judiciais é apenas genérico, de sorte que o enquadramento efetivo da medida fica a cargo da autoridade judicial sob que se acha, no momento, o processo a ser alcançado pela suspensão geral. Daí a previsão, no art. 1.037, § 10, dos casos em que o juízo de distinção haverá de ser feito pelo juiz de primeiro grau ou pelo relator, ora do tribunal de origem, ora do tribunal superior *ad quem*.[181]

Portanto, quando o recurso especial ou extraordinário estiver retido no tribunal *a quo*, o relator local (*i.e.*, o relator do acórdão recorrido), reconhecendo a distinção pleiteada, comunicará sua decisão ao presidente ou vice-presidente que houver determinado o sobrestamento, a fim de que o recurso seja destrancado e encaminhado ao tribunal superior, independentemente de juízo de admissibilidade (art. 1.037, § 12).

Da decisão do relator, acolhendo ou rejeitando a distinção, caberá agravo interno para o colegiado local (art. 1.037, § 13, II).[182]

Sobre o destrancamento de outros processos que não aqueles em que o recurso extraordinário ou especial já proposto e se acha retido num tribunal de origem, trataremos mais adiante, ao analisar, em toda extensão, o disposto no art. 1.037 e seus treze parágrafos.

V – Recurso contra a decisão de sobrestamento de recurso intempestivo

Na sistemática do art. 1.036, § 1º, do CPC/2015, uma vez admitido o recurso padrão, todos os recursos extraordinário ou especial que versem sobre a matéria objeto de afetação pela Corte Superior deverão ser sobrestados para aguardar o julgamento do recurso repetitivo perante a Corte Superior, mesmo que intempestivos.

Entretanto, a fim de evitar o indevido atraso do trânsito em julgado da decisão questionada em recursos extraordinários ou especiais extemporâneos, o atual Código permite que o interessado (o recorrido) requeira, ao presidente ou vice-presidente do tribunal de origem, a exclusão do processo dos efeitos da decisão de sobrestamento, inadmitindo o apelo extremo intempestivo. Antes, porém, da decisão, atendendo ao princípio do contraditório, deverá ser ouvido o recorrente, em cinco dias (art. 1.036, § 2º).

A lei, assim, não quer que permaneça simplesmente paralisado o recurso interposto além do prazo legal, seja ele integrante ou não da série de repetitivos em processamento no Tribunal Superior. A reconhecida intempestividade é motivo para sua imediata inadmissão no tribunal de origem, liberando a parte recorrida do entrave paralisador que impedia a retomada do curso processual, durante a espera da resolução do recurso repetitivo no STJ ou no STF.

O presidente ou vice-presidente do tribunal *a quo* poderá, portanto, adotar uma das seguintes soluções: *(i)* acolher o pedido, inadmitindo o recurso extraordinário ou especial

---

[181] Quando o juízo de distinção é feito pelo juiz de primeiro grau de jurisdição (caso de processos sustados em primeira instância), o recurso manejável é o agravo de instrumento interposto perante o tribunal de segunda instância (CPC/2015, art. 1.037, § 13, I).

[182] RODRIGUES, Marco Antônio dos Santos. A decisão de suspensão de recursos repetitivos em razão de recurso representativo de controvérsia – Impugnabilidade e proteção em face de risco de dano. *Rev. Brasileira de Direito Processual*, n. 79, p. 125, jul.-set. 2012.

extemporâneo; ou, *(ii)* indeferir o requerimento e, por conseguinte, sobrestar o andamento do recurso até ulterior decisão do STF ou STJ. Na segunda hipótese, a decisão de indeferimento desafiará apenas agravo interno, nos termos do art. 1.036, § 3º (com a redação da Lei nº 13.256/2016). Vale dizer: a questão deverá ficar restrita ao tribunal de origem, sem subir aos tribunais superiores. Não caberá, portanto, agravo para o STJ ou para o STF.

VI - Não vinculação da Corte Superior aos recursos escolhidos pelo tribunal local

A escolha, feita pelo presidente ou vice-presidente do tribunal de justiça ou do tribunal regional federal dos recursos especial ou extraordinário paradigmas, não vincula o relator no STJ ou no STF. Vale dizer, este ministro poderá selecionar outros recursos, já em andamento naquelas cortes superiores, os quais entenda serem também representativos da controvérsia (art. 1.036, § 5º).

846. Ampliação da técnica de julgamento de processos repetitivos aos demais tribunais

O atual Código expande a técnica dos "julgamentos por amostragem" a todos os tribunais, aos quais se autoriza o manejo do "incidente de resolução de demandas repetitivas", que, em alguns casos, prescinde até mesmo da existência de recursos. Trata-se de um procedimento de competência originária do tribunal de segundo grau (estadual ou federal), que permite fixar tese de direito para vincular o julgamento de numerosas demandas envolvendo a mesma questão, com "risco de ofensa à isonomia e à segurança jurídica", caso sejam apreciadas e julgadas separadamente (CPC/2015, art. 976).

A diferença mais significativa entre a técnica dos recursos extraordinário e especial repetitivos e a do incidente de resolução de demandas repetitivas reside na circunstância de que o STF e o STJ quando fixam a tese padrão, o fazem julgando os casos selecionados; enquanto os tribunais locais, ao julgar o incidente do art. 976, apenas apreciam a tese de direito, que os juízes subordinados haverão de aplicar nas sentenças das diversas causas repetitivas (art. 985, I).

847. Desistência do recurso-padrão

Quando a lei ordena que apenas uns ou alguns recursos iguais serão encaminhados ao STJ ou ao STF, permanecendo sobrestados os demais para aguardar o pronunciamento definitivo daquelas Cortes, o incidente gera, na verdade, um cúmulo de procedimentos, a envolver interesses distintos: há o interesse individual, deduzido no recurso padrão, e há também o interesse coletivo presente na solução que afinal irá recair sobre todos os processos sobrestados. Disso decorre o entendimento já esposado pelo STJ de que, instaurada a coletivização do procedimento recursal, por meio da escolha e subida do acórdão padrão, não é dado à parte desistir do recurso singular, porque isso redundaria em frustração da técnica idealizada para resolução dos recursos repetitivos, que, sabidamente, é de ordem pública.[183]

Não é, porém, necessário negar à parte a faculdade de desistir de seu recurso – que, aliás, é irrestritamente assegurada pelo art. 998 do CPC/2015 –, para se alcançar o objetivo da sistemática dos recursos repetitivos. Basta que o Tribunal prossiga na apreciação da tese veiculada no recurso padrão, mesmo depois da desistência do recurso, tendo em vista sua aplicação aos demais feitos sobrestados.

Isso é possível porque, conforme já assentou o próprio STJ, com apoio em boa doutrina, quando o procedimento recursal se coletiviza, para abarcar toda a série de causas repetitivas, o que de fato ocorre é um cúmulo de dois procedimentos no interior do recurso especial

---

[183] STJ, Corte Especial, QO no REsp 1.063.343/RS, Rel. Min. Nancy Andrighi, ac. 17.12.2008, *DJe* 04.06.2009.

selecionado para funcionar como paradigma:[184] um que envolve interesse individual daquele que interpôs o recurso adotado como padrão, e outro que gira em torno do interesse coletivo presente no conjunto de processos sobrestados para aguardar o pronunciamento do STJ, que virá a fixar a tese aplicável a todos eles.[185]

A desistência do recurso paradigma não precisa ser negada (mesmo porque se acha amplamente assegurada pelo art. 998) para que o procedimento coletivizado nos moldes do art. 1.036 alcance o seu objetivo de interesse público. Bastará que o Tribunal, mesmo após a desistência do recurso singular, se pronuncie no sentido de fixar a tese de direito aplicável a todos os recursos repetitivos represados. É assim que se pode interpretar o acórdão da 2ª Seção do STJ no REsp 1.067.237 que concluiu por proclamar que a desistência da demanda não inibe o julgamento do correlato recurso especial processado nos moldes do art. 1.036, "que apenas ficaria sem efeito para o caso concreto".[186]

O posicionamento do STJ acabou se transformando em norma expressa do atual Código, segundo a qual a desistência do recurso não impede a análise da questão "objeto de julgamento de recursos extraordinários ou especiais repetitivos" (art. 998, parágrafo único).

848. Procedimento traçado nas causas repetitivas para observância do STJ e do STF

O art. 1.036 do CPC disciplina a tramitação especial dos recursos repetitivos a partir do que denomina *decisão de afetação*. Reconhece, porém, que essa tramitação não se apresenta completa nos dispositivos do Código, devendo, ainda, ser observado o que, sobre a matéria, se acha disposto no Regimento Interno do STF e do STJ, conforme se trate de recurso extraordinário ou especial, respectivamente (CPC, art. 1.036, *caput, in fine*). No presente item, cuidaremos das regras gerais editadas pelo Código para o procedimento em questão, relegando para o item seguinte o que no RISTJ se acrescenta para o completo detalhamento da marcha e julgamento do recurso especial repetitivo no Superior Tribunal de Justiça.

No STF, a tramitação do recurso extraordinário repetitivo deve em linhas gerais observar as disposições já existentes para aferição da repercussão geral, com as devidas adaptações (RISTF, arts. 322 a 329).

I – Decisão de afetação

Ao receber os recursos representativos enviados pelo tribunal de justiça ou tribunal federal regional, o relator no STF ou STJ deverá fazer um exame prévio acerca da viabilidade de se processá-los sob o regime dos recursos repetitivos. Caso verifique a existência dos pressupostos autorizadores da instauração do procedimento, proferirá decisão de afetação, em que (art. 1.037 do CPC/2015):

(a) *Identificará com precisão a questão a ser submetida a julgamento* (inciso I). A identificação exata da matéria que será objeto de julgamento reduz o risco de serem afetadas ações que não versem sobre a mesma questão de direito, além de limitar a extensão objetiva da análise pelos tribunais superiores, os quais apenas poderão decidir e aplicar às outras ações a matéria específica destacada na decisão

---

[184] STJ, 2ª Seção, REsp 1.067.237/SP, Rel. Min. Luis Felipe Salomão, ac. 24.06.2009, *DJe* 23.09.2009; DIDIER JR., Fredie; CUNHA, Leonardo José Carneiro da. *Curso de direito processual civil*. 10. ed. Salvador: JusPodivm, 2012, v. III, p. 323-324.

[185] TALAMINI, Eduardo. Direitos individuais homogêneos e seu substrato coletivo: ação coletiva e os mecanismos previstos no Código de Processo Civil de 2015. *Revista de Processo*, n. 241, p. 352, mar. 2015.

[186] NEGRÃO, Theotonio *et al. Código de Processo Civil e legislação processual em vigor*. 44. ed. São Paulo: Saraiva, 2012, p. 736, nota 2 ao art. 543-C [CPC/2015, art. 1.036].

de afetação.[187] Essa precisa identificação do objeto de julgamento do caso paradigma é, ainda, muito importante para permitir à parte, se for o caso, o requerimento de exclusão do sobrestamento do recurso intempestivo para imediata inadmissão (art. 1.036, § 2º), assim como, para obter o prosseguimento do processo suspenso, mediante juízo de distinção (art. 1.037, § 9º).

(b) *Determinará a suspensão do processamento de todos os processos pendentes, individuais ou coletivos, que versem sobre a questão e tramitem no território nacional* (inciso II). Releva notar que essa suspensão, ao contrário daquela efetivada pelo presidente ou vice-presidente do tribunal local, engloba *todo o território nacional*, pois esta é a abrangência da competência das Cortes Superiores. A suspensão deverá ser comunicada às partes dos processos atingidos, por meio do respectivo juiz ou relator (art. 1.037, § 8º). Isso porque, embora o ministro relator *determine* a suspensão das ações pendentes, quem a *efetiva* é o magistrado *a quo*.[188]

(c) Se necessário for, *requisitará aos presidentes ou aos vice-presidentes dos tribunais de justiça ou dos tribunais regionais federais a remessa de um recurso representativo da controvérsia* (inciso III). Trata-se, na lição de Teresa Arruda Alvim Wambier, de uma forma de se "reduzir o *déficit* democrático na formação de precedente com força obrigatória";[189] pois a regra do inc. III decorre da que a precedeu no inc. II, na qual se estabeleceu a possibilidade de "suspensão do processamento de todos os processos pendentes, individuais ou coletivos, que versem sobre a questão e *tramitem no território nacional*". Da repercussão universal que irá ter o julgamento padrão é que se aconselha a remessa de outros recursos de objeto igual eventualmente aviados perante todos os demais tribunais de segundo grau (um de cada tribunal).[190]

II – Não afetação dos recursos selecionados

Se o relator no STF ou STJ entender que os recursos selecionados não preenchem os requisitos para afetação, comunicará o fato ao presidente ou vice-presidente que os houver enviado, para que seja revogada a decisão de suspensão realizada no âmbito local (art. 1.037, § 1º). Os processos desafetados serão imediatamente devolvidos ao tribunal de origem.[191]

III – Prevenção do Ministro relator

O CPC/2015 estabelece regra de prevenção para a hipótese de ocorrer mais de uma afetação sobre a mesma questão jurídica. Nesse caso, será considerado prevento o relator que proferiu a primeira decisão de afetação (art. 1.037, § 3º). Evita-se, destarte, que recursos repetitivos afetados sejam relatados por Ministros diferentes e julgados de forma diversa, o que desvirtuaria o instituto, que tem por finalidade estabilizar e uniformizar o entendimento dos tribunais.

---

[187] FARIA, Marcela Kohlbach de. Recursos repetitivos no novo Código de Processo Civil. Uma análise comparativa. *Revista de Processo*, n. 209, São Paulo, jul. 2012, p. 343.

[188] WAMBIER, Teresa Arruda Alvim et al. *Primeiros comentários ao novo Código de Processo Civil artigo por artigo*. São Paulo: RT, 2015, p. 1.516.

[189] WAMBIER, Teresa Arruda Alvim et al. *Primeiros comentários ao novo Código de Processo Civil artigo por artigo*. São Paulo: RT, 2015, p. 1.515.

[190] A medida ampliativa cogitada pelo inc. III, do art. 1.037, tem como objetivo proporcionar "uma abordagem da questão afetada em âmbito federativo" (NUNES, Dierle. Comentários ao art. 1.037. In: WAMBIER, Teresa Arruda Alvim *et al*. *Breves comentários ao novo Código de Processo Civil*. São Paulo: RT, 2015, p. 2.329).

[191] "A devolução dos autos pelo Superior Tribunal de Justiça ou Supremo Tribunal Federal ao tribunal de origem depende de decisão fundamentada, contra a qual cabe agravo na forma do art. 1.037, § 13, II, do CPC" (CEJ/I Jorn. Dir. Proc. Civ., Enunciado nº 81).

IV – Prazo para julgamento dos recursos afetados

Tal como ocorre com a repercussão geral nos recursos extraordinários (art. 1.035, § 9º), a legislação atual fixa o prazo máximo de um ano, a contar da publicação da decisão de afetação, para o julgamento dos recursos afetados. Assim, para facilitar o cumprimento do prazo pelas Cortes Superiores, os recursos repetitivos terão preferência sobre os demais feitos. O julgamento não precederá somente em relação aos processos que envolvam réu preso e aos pedidos de *habeas corpus* (art. 1.037, § 4º).

Constava do § 5º do art. 1.037 a previsão de que não ocorrendo o julgamento no prazo determinado pela lei, cessariam automaticamente, em todo o território nacional, a afetação e a suspensão dos processos pendentes, os quais retomariam seu curso normal. A regra, porém, não chegou a entrar em vigor, visto que a Lei nº 13.256/2016 simplesmente a revogou em seu art. 3º, II. Não há, pois, limite temporal para a suspensão em causa, já que o prazo de um ano para a resolução dos recursos repetitivos é impróprio e não fatal.

V – Existência de várias questões de direito nos recursos requisitados aos presidentes ou vice-presidentes dos tribunais de justiça ou dos tribunais regionais federais

Uma vez que um processo pode abranger mais de uma questão de direito, é possível que os recursos representativos da controvérsia enviados pelos presidentes ou vice-presidentes dos tribunais de justiça ou dos tribunais regionais federais ao relator do STJ ou do STF contenham, além da matéria objeto de afetação, outras específicas do caso concreto. Essa circunstância não inviabiliza o julgamento do recurso pelo procedimento do art. 1.036, mas impõe a realização de julgamentos distintos: um para a matéria afetada e, depois, outro para as questões diversas. Em razão disso, serão lavrados acórdãos específicos para cada processo, no tocante à matéria estranha ao objeto do julgamento repetitivo (art. 1.037, § 7º).

VI – Ausência de identidade entre a questão afetada e a discutida no recurso especial ou extraordinário suspenso

A parte cujo processo foi suspenso por determinação do ministro relator do STJ ou STF poderá requerer o prosseguimento do feito, se comprovar a ausência de identidade entre a questão ventilada em sua ação e aquela discutida nos processos afetados (art. 1.037, § 9º). Há que se demonstrar, destarte, que a tese jurídica observada no paradigma não é a mesma versada no processo suspenso, não podendo, por isso, ser-lhe aplicada.

A competência para decidir o pleito varia de acordo com o momento processual em que a ação teve seu seguimento sobrestado. Assim, nos termos do art. 1.037, § 10, o requerimento deverá ser dirigido:

(a) ao *juiz*, se o processo sobrestado estiver em primeiro grau (inciso I);

(b) ao *relator*, se o processo estiver em trâmite perante o tribunal de origem (inciso II);

(c) ao *relator do acórdão recorrido*, caso o recurso especial ou extraordinário tenha sido sobrestado no tribunal de origem (inciso III);

(d) ao *relator, no tribunal superior*, de recurso especial ou extraordinário sobrestado naquela instância (inciso IV).[192]

---

[192] Fazendo distinção entre o sobrestamento de recurso retido antes da subida ao tribunal superior (competência do relator do acórdão recorrido) e aquele ocorrido quando o recurso já se encontrava no STF ou no STJ (competência do relator do recurso no tribunal superior), o CPC/2015 supera problema que

Antes que o requerimento seja decidido pelo magistrado competente, a parte contrária deverá ser ouvida, no prazo de cinco dias, cumprindo-se, assim, o contraditório (art. 1.037, § 11).

Se for reconhecida a distinção das teses jurídicas tratadas nos recursos, o processo deverá ter regular prosseguimento, na instância em que foi suspenso (art. 1.037, § 12). Desta forma, o próprio juiz, o relator no tribunal de origem ou o relator na Corte Superior dará seguimento ao feito. Se, contudo, o recurso especial ou extraordinário tiver sido sobrestado no tribunal de origem, o respectivo relator deverá comunicar ao presidente ou vice-presidente do tribunal sua decisão de dar prosseguimento ao feito, para que o apelo seja encaminhado à Corte Superior competente, cumprido o juízo de admissibilidade (art. 1.030, V, com redação da Lei nº 13.256/2016).

A decisão que reconhece ou não a distinção poderá ser atacada: *(i)* por meio de agravo de instrumento, se o processo estiver em primeiro grau; *(ii)* por meio de agravo interno, se a decisão for de relator do tribunal de origem ou de Corte Superior (art. 1.037, § 13).

VII – Outros poderes do relator na Corte Superior

O relator do recurso especial ou extraordinário afetado poderá, nos termos do art. 1.038, *caput*, do CPC/2015:

(a) *Admitir manifestação de pessoas, órgãos ou entidades com interesse na controvérsia, desde que haja relevância da matéria e segundo disposição do regimento interno do Tribunal Superior* (inciso I). Trata-se da intervenção do *amicus curiae*, cuja presença se justifica pela multiplicidade de interessados na tese a ser definida pelo STJ ou STF e pela repercussão que o julgado virá a ter sobre os recursos de estranhos à causa a ser decidida como paradigma. Sindicatos, associações, órgãos públicos e até pessoas físicas ou jurídicas privadas poderão habilitar-se como *amicus curiae*, desde que demonstrem algum interesse no julgamento do especial submetido ao regime do art. 1.036.[193] O interesse, aqui, não é o jurídico em sentido técnico. A intervenção se justifica à base de qualquer interesse, inclusive o econômico, o moral, o social, o político, desde que sério e relevante.[194]

(b) *Designar audiência pública para ouvir depoimentos de pessoas com experiência e conhecimento da matéria, com a finalidade de instruir o procedimento* (inciso II).

(c) *Requisitar informações aos tribunais inferiores a respeito da controvérsia, se houver necessidade de algum esclarecimento, além daqueles já constantes da subida dos recursos escolhidos pelo presidente ou vice-presidente do Tribunal* (inciso III). As informações deverão ser prestadas em quinze dias, preferencialmente por meio eletrônico (art. 1.038, § 1º). Não são solicitadas apenas ao tribunal de origem; poderão ser pedidas a outros ou a todos os tribunais federais ou estaduais, onde se tenha notícia de recursos da mesma série.

---

a jurisprudência encontrava dificuldade em resolver no regime do CPC/1973 (WAMBIER, Teresa Arruda Alvim et al. *Primeiros comentários ao novo Código de Processo Civil artigo por artigo*. São Paulo: RT, 2015, p. 1.517).

[193] "Quando houver pluralidade de pedidos de admissão de *amicus curiae*, o relator deve observar, como critério para definição daqueles que serão admitidos, o equilíbrio na representatividade dos diversos interesses jurídicos contrapostos no litígio, velando, assim, pelo respeito à amplitude do contraditório, paridade de tratamento e isonomia entre todos os potencialmente atingidos pela decisão" (CEJ/I Jorn. Dir. Proc. Civ., Enunciado nº 82).

[194] Sobre o *amicus* curiae, ver THEODORO JÚNIOR, Humberto. *Curso de direito processual civil*. 56. ed. Rio de Janeiro: Forense, 2015, v. I, n. 284, p. 406-407.

(d) Intimar o Ministério Público para manifestar-se em quinze dias, tendo em conta o interesse público ou coletivo que a tramitação do especial ou do extraordinário possa ter (inciso III). Sempre que possível, a manifestação deverá se dar por meio eletrônico (§ 1º).

Realizadas essas diligências, o relator deverá elaborar seu relatório e enviar cópia aos demais ministros (art. 1.038, § 2º, primeira parte).

VIII – Julgamento

Enviada cópia do relatório aos ministros, haverá inclusão em pauta para julgamento, cuja competência será definida pelo Regimento Interno do STF ou do STJ (art. 1.036, *caput*). Deverá o julgamento em regime de recursos repetitivos ocorrer com preferência sobre os demais feitos, ressalvados apenas os que envolvam réus presos e os pedidos de *habeas corpus* (art. 1.038, § 2º).

O conteúdo do acórdão deverá ser o mais amplo possível, abrangendo todos os fundamentos da tese jurídica discutida (art. 1.038, § 3º, com redação da Lei nº 13.256/2016). A Lei nº 13.256/2016 suprimiu as palavras "favoráveis ou contrários", com que o texto primitivo qualificava os fundamentos da tese enfrentada nos recursos repetitivos. A alteração, todavia, afigura-se-nos inócua, uma vez que, prevalecendo no texto mantido a norma de que *todos os fundamentos* deverão ser analisados, é claro que o exame judicial continuará compreendendo tanto os "favoráveis" como os "contrários".

IX – Diversas possibilidades do julgamento dos recursos repetitivos

As possibilidades do julgamento dos recursos repetitivos são diferentes, conforme se trate de recurso extraordinário ou de recurso especial:[195]

(a) Recurso extraordinário

    (i) o STF, no julgamento do *recurso extraordinário*, poderá *não reconhecer a repercussão geral*, e, por isso, não será conhecido o apelo. Nesta hipótese todos os recursos sobrestados automaticamente serão considerados inadmitidos e não serão processados e enviados ao STF;

    (ii) poderá, outrossim, *reconhecer a existência de repercussão geral e dar provimento ao recurso extraordinário*; uma vez que ocorrer a reforma da decisão recorrida, o STF comunicará aos Tribunais de origem o teor do julgado, cabendo a esses tribunais a retratação e reforma dos outros arestos recorridos, cuja conclusão esteja em desconformidade com o pronunciamento da Suprema Corte. Se o processo suspenso ainda estiver pendente de julgamento, em primeiro ou segundo graus, retomará seu curso para decisão e *aplicação da tese firmada;*

    (iii) o STF, por fim, poderá *reconhecer a existência de repercussão geral e negar provimento ao recurso extraordinário*, caso em que; mantida a decisão recorrida, a circunstância será comunicada ao Tribunal de origem e a este caberá indeferir os demais recursos em divergência com a tese firmada.

(b) Recurso especial

    (i) o STJ, julgando o especial repetitivo, poderá *dar-lhe provimento*, reformando o acórdão paradigma; o teor da decisão será comunicado aos Tribunais de

---

[195] CÔRTES, Osmar Mendes Paixão. Natureza e efeitos da decisão em recurso repetitivo: uma tentativa de sistematizar a observância à tese firmada na decisão paradigma. *Revista de Processo*, v. 273, nov./2017, p. 409-410.

origem, cabendo a estes retratar-se e reformar as outras decisões recorridas, cujas conclusões estejam em desconformidade com o pronunciamento da Corte Superior. Se o processo suspenso ainda estiver pendente de julgamento, em primeiro ou segundo graus, retomará seu curso para decisão e *aplicação da tese firmada*;

(ii) por outro lado, o STJ poderá *negar provimento ao especial* e manter o acórdão recorrido, caso em que o teor da decisão será comunicado ao Tribunal de origem, o qual se encarregará de indeferir os demais recursos em divergência com a tese firmada.[196]

X – Síntese esquemática das etapas do processamento e julgamento dos recursos repetitivos

No que respeita ao julgamento de recursos repetitivos, o procedimento contempla cinco etapas básicas, segundo o CPC/2015:[197]

(a) a seleção dos paradigmas (art. 1.036, § 1º);[198]

(b) a afetação da questão repetitiva (art. 1.037);[199]

(c) a instrução da controvérsia (art. 1.038, *caput*);[200]

(d) a decisão da questão repetitiva (art. 1.038, § 3º);[201] e

(e) a irradiação dos efeitos da decisão para os demais casos idênticos (art. 1.039).[202]

No plano das impugnações ao sobrestamento, dois incidentes são previstos, em face do presidente ou vice-presidente do Tribunal local, durante o processamento dos recursos repetitivos:

(a) o requerimento de exclusão do recurso extraordinário interposto intempestivamente (art. 1.035, § 6º), com possibilidade de agravo para o STF, caso o pleito seja indeferido na origem (idem, § 7º); e

---

[196] "O Tribunal Superior [STF ou STJ], assim, no rito repetitivo, limitar-se-á a apreciar o leading case. A operacionalidade pós-decisão fica a cargo das Cortes de origem. Apenas no caso de o Tribunal de origem manter uma decisão contrária à tomada no caso paradigma é que os autos serão remetidos ao STF/STJ para reformar o acórdão contrário à orientação tomada" (CPC/2015, art. 1.041, caput) (CÔRTES, Osmar Mendes Paixão. Natureza e efeitos da decisão em recurso repetitivo: uma tentativa de sistematizar a observância à tese firmada na decisão paradigma. Revista de Processo, v. 273, nov./2017, p. 410).

[197] BARROSO, Luís Roberto. *O controle de constitucionalidade no direito brasileiro*. 8. ed. São Paulo: Saraiva, 2019, p. 170-171.

[198] A seleção será feita, de início, pelo presidente ou vice-presidente do tribunal de origem, e, no Tribunal Superior, poderá ser alterada pelo relator (art. 1.036, caput, §§ 4º e 5º).

[199] Os objetivos principais da decisão de afetação compreendem: *(i)* a identificação precisa da questão a ser decidida; e *(ii)* a suspensão do processamento de todos os processos pendentes, que versem sobre a questão, no território nacional (art. 1.037, I e II).

[200] A instrução pode compreender: a manifestação de *amicus curiae*, a realização de audiência pública, a requisição de informações aos tribunais inferiores e a ouvida do Ministério Público (art. 1.038, I, II e III).

[201] "O conteúdo do acórdão abrangerá a análise dos fundamentos relevantes da tese jurídica discutida" (art. 1.038, § 3º).

[202] "Decididos os recursos afetados, os órgãos colegiados declararão prejudicados os demais recursos versando sobre idêntica controvérsia ou os decidirão aplicando a tese firmada" (art. 1.039, caput). "Negada a existência de repercussão geral no recurso extraordinário afetado, serão considerados automaticamente inadmitidos os recursos extraordinários cujo processamento tenha sido sobrestado" (art. 1.039, parágrafo único).

(b) o requerimento de exclusão do recurso, por ser distinta a questão nele tratada daquele objeto do paradigma (art. 1.036, § 2º), hipótese em que caberá do indeferimento agravo interno para o colegiado do Tribunal local (idem, § 3º).

848.A. Procedimento regimental da tramitação do recurso especial repetitivo no STJ

I – Competência

Nos termos do art. 1.036 do CPC, o processamento dos recursos especial e extraordinário observará, além das regras dos arts. 1.036 a 1.041 do próprio Código, o disposto no Regimento Interno do STJ e do STF.

Sobre a competência interna (funcional), o RISTJ prevê que o recurso especial repetitivo será, em regra, julgado pela Seção, podendo o relator, no entanto, propor que o processo seja submetido à Corte Especial do STJ (RISTJ, arts. 34, XII, e 256-I, *caput*).[203]

II – Atribuições do Presidente do STJ e do Relator

O Presidente do STJ, regimentalmente, exerce competência sobre o recurso especial, antes de sua distribuição a um relator, como ocorre, v.g., com a autorização para: *(i)* não conhecer, em decisão monocrática, de recurso inadmissível, prejudicado ou naqueles em que o recorrente não tiver impugnado especificadamente todos os fundamentos da decisão recorrida (RISTJ, art. 21-E, inc. V); ou *(ii)* quando houver motivo para, liminarmente, negar ou dar provimento, no mérito, ao recurso (RISTJ, art. 21-E, VI e VII).[204]

Por isso, os recursos especiais qualificados como repetitivos, chegando ao STJ, são, antes de tudo, encaminhados ao Presidente da Casa, ou a quem faça suas vezes,[205] o qual determinará a abertura de vista ao Ministério Público, para opinar em quinze dias sobre a observância das exigências do art. 256 do RISTJ (art. 256- B, II, do mesmo RI). Essas exigências são aquelas já enumeradas no art. 1.036 do CPC: multiplicidade de recursos extraordinários ou especiais fundados em idênticas questões de direito. Em seguida, com ou sem o parecer do MP, o Presidente do Tribunal pronunciará a decisão de admissão, ou não, do processamento do recurso na modalidade repetitiva. Sendo positiva a decisão, encaminhar-se-á o recurso à distribuição, com

---

[203] Os casos de remessa obrigatória à Corte Especial acham-se indicados no art. 16 do RISTJ e são: *(i)* o acolhimento pela Seção da arguição de inconstitucionalidade, em torno de matéria que ainda não foi decidida pela Corte Especial; *(ii)* a proposta de algum Ministro de revisão da jurisprudência assentada em súmula pela Corte Especial; *(iii)* a conveniência de ouvir a Corte Especial em razão da relevância da questão ou da necessidade de prevenir divergência entre as Seções.

[204] Os casos de julgamento liminar de mérito do recurso pelo Presidente do STJ, antes da distribuição, são os proferidos para: *(i) negar provimento* a recurso que for contrário a súmula do STF ou do STJ, a acórdão proferido em julgamento de recursos repetitivos ou a entendimento firmado em incidente de assunção de competência (RISTJ, art. 21-E, VI); ou *dar provimento* a recurso contra decisão que contrarie a súmula do STF ou do STJ, ou, ainda, em contradição com acórdão proferido em julgamento de recursos repetitivos, ou com entendimento firmado em incidente de assunção de competência (RISTJ, art. 21-E, VII).

[205] "O Presidente do Tribunal poderá delegar ao Vice-Presidente e aos Presidentes das Seções, dentro de suas respectivas áreas de atuação, a análise das matérias previstas neste artigo [art.21-E], observado o que dispõem os §§ 1º e 2º" (RISTJ, art. 21-E, § 3º). Essa delegação é feita mediante ato do Presidente do Tribunal, se houver concordância dos delegatários (idem, § 4º). Por sua vez, os Presidentes das Seções poderão indicar ao Presidente do Tribunal, para subdelegação, um membro integrante da respectiva Seção (idem, § 5º).

as cautelas do art. 256-D: distribuição por dependência de todos os recursos representativos da controvérsia sobre a mesma questão de direito.

III – Deliberações do Relator

O reconhecimento de cabimento do julgamento dos recursos na modalidade repetitiva feito pelo Presidente do Tribunal é superficial e provisório, já que caberá ao Relator, em sessenta dias, a contar da conclusão do processo, reexaminar a admissibilidade do recurso (RISTJ, art. 256-E) oportunidade em que poderá: *(i)* rejeitar, de maneira fundamentada, a indicação do recurso como representativo da controvérsia; ou *(ii)* propor à Corte Especial ou à Seção a afetação do recurso especial ao regime de julgamento sob o rito dos recursos repetitivos.[206]

Observe-se que o reconhecimento pelo relator do cabimento do procedimento próprio dos recursos repetitivos resulta, na verdade, numa proposta endereçada ao colegiado competente para deliberar em definitivo acerca da matéria (a Seção ou a Corte Especial) (RISTJ, art. 256.1). Tal proposta será processada eletronicamente, cabendo aos demais Ministros do órgão competente o prazo de 7 dias corridos para se manifestar sobre a proposição do relator (RISTJ, art. 257-A).[207]

Se a maioria dos votantes decidir, na seção eletrônica, pelo não preenchimento dos requisitos regimentais, não haverá a afetação para o regime de julgamento repetitivo, e os autos retornarão ao relator para decisão (RISTJ, art. 257-A, § 3º). Admitido o cabimento do regime proposto pelo relator, por voto de maioria simples dos Ministros, o recurso especial será encaminhado ao julgamento de mérito pela Corte Especial ou pela Seção, conforme o caso (RISTJ, art. 257-C).

Caso não ocorra o cancelamento do tema – cuja consequência é a retomada do curso normal de todos os processos suspensos –, tocará ao Relator promover as diversas diligências cabíveis, que poderão compreender manifestação de *amicus curiae*, audiência pública, requisições de informações aos tribunais inferiores (CPC, art. 1.038). Será aberta vista ao Ministério Público, pelo prazo de quinze dias (§ 1º) e, em seguida redigir-se-á o relatório, do qual será encaminhada cópia aos demais ministros (§ 2º).[208]

IV – Julgamento dos repetitivos

O RISTJ dá destaque aos seguintes itens a observar no julgamento dos recursos repetitivos:

(a) o julgamento será incluído na pauta da Seção ou da Corte Especial, conforme o caso, uma vez liberado pelo relator (art. 256-N, *caput*);

(b) o julgamento terá preferência sobre os demais processos, ressalvados os casos de réu preso e os pedidos de *habeas corpus* e de mandado de segurança (art. 256-N, § 1º);

---

[206] A rejeição de que cogite o art. 256-I do RISTJ não importa, desde logo, trancamento do julgamento em regime de recursos repetitivos, pois o Relator poderá: *(i)* indicar outros recursos especiais de seu acervo para substituir o inadmitido; ou *(ii)* determinar ao Tribunal de Origem a remessa de dois ou mais recursos aptos à substituição (RISTJ, art. 256-F).

[207] Entre outros, serão verificados pelos Ministros os seguintes requisitos: se a matéria discutida no recurso é de competência do STJ, se estão preenchidos os pressupostos recursais genéricos e específicos e se ocorre a multiplicidade de processos com idêntica questão de direito ou potencial de multiplicidade (RISTJ, art. 257-A, § 1º).

[208] V., retro, o nº 848, sobre a disciplina do CPC relativa ao procedimento e julgamento dos recursos repetitivos.

(c) o prazo máximo para o julgamento do tema repetitivo é de um ano, a contar da data da publicação da afetação (art. 256-N, § 2º);[209]

(d) no julgamento de mérito do tema repetitivo, o relator do processo ou o ministro designado relator para o acórdão, procederá à delimitação objetiva da tese que afinal veio a ser firmada pelo órgão julgador (RISTJ, art. 256-Q, *caput*), devendo o acórdão ser redigido com observância das normas do art. 104-A do RISTJ.

849. Efeitos do acórdão do STJ ou do STF nas causas repetitivas

I – Recursos sobrestados no STJ ou STF

Decididos os recursos afetados, os órgãos colegiados do STJ ou do STF poderão tomar uma das seguintes medidas em relação aos demais recursos "não afetados", que versem sobre idêntica controvérsia: *(i)* julgá-los prejudicados, porque a decisão recorrida está de acordo com o posicionamento adotado pelo Tribunal Superior; ou *(ii)* decidi-los aplicando a tese firmada (art. 1.039, *caput*).

II – Recursos sobrestados no tribunal de origem

O julgamento da questão comum pelo tribunal superior, uma vez publicado, produzirá os seguintes efeitos sobre os recursos sobrestados na origem:

(a) se o acórdão recorrido coincidir com a orientação traçada pelo julgamento do STJ ou do STF, caberá ao presidente ou vice-presidente do tribunal de origem negar seguimento ao recurso até então suspenso (art. 1.040, I);

(b) em caso de divergência entre o acórdão recorrido e a orientação do tribunal superior, haverá reexame do processo de competência originária, da remessa necessária ou do recurso anteriormente decidido pelo órgão julgador local, podendo ocorrer, ou não, retratação (inciso II). Os autos, portanto, voltarão ao órgão colegiado prolator do acórdão, para realizar uma reapreciação do tema, cuja solução se revelou divergente do entendimento assentado pelo STJ ou pelo STF.

O juízo de revisão será obrigatório, embora o órgão julgador local não esteja vinculado a decidir pela modificação do acórdão recorrido. Poderá, no reexame, alterar ou manter o julgado anterior. No entanto, será inútil e inconveniente a rebeldia do tribunal de origem à tese assentada pelo tribunal superior, diante da regra que manda juízes estaduais observarem os acórdãos pronunciados em julgamento de recursos extraordinário e especial repetitivos (art. 927, III). Na verdade, só será legítima a divergência do órgão julgador local, diante do precedente assentado pelo tribunal superior nos recursos repetitivos, se feita com fundamento em *distinção* ou *superação* da tese vinculativa, mediante adequada motivação (art. 489, § 1º, VI).

Verificada a retratação, o recurso especial ou extraordinário ficará prejudicado.[210] Entretanto, a alteração do acórdão divergente poderá ensejar a necessidade de se analisar outras

---

[209] Para controlar a observância do prazo de julgamento, quando ultrapassados oito meses, o Presidente do órgão julgador determinará seja dada ciência ao relator ou ao ministro que tiver pedido vista (RISTJ, art. 256-P, parágrafo único).

[210] Contra o novo acórdão também não prosperará o especial acaso manifestado, visto que a definição da questão federal em jogo já teria sido assentada no pronunciamento anterior do STJ. Assim, a parte vencida

questões que não haviam sido decididas. Nesse caso, o tribunal deverá analisar e julgá-las (art. 1.041, § 1º).

Ocorrendo, todavia, a manutenção do decisório local no juízo de reexame, e sendo positivo o juízo de admissibilidade, proceder-se-á à remessa dos autos à instância superior, para que lá seja apreciado o recurso (art. 1.041, caput). É de se notar, porém, que fatalmente haverá o especial ou extraordinário de ser admitido, porque o acórdão estará fundado em tese já definida pelo STJ ou STF, em sentido contrário àquele observado pelo Tribunal de segundo grau.

Nesses termos, chegando à Corte Superior, o recurso será liminarmente provido, por decisão singular do relator, na forma do art. 932, V, "b", do CPC/2015, uma vez que o acórdão terá sido proferido contra acórdão lavrado pelo STJ ou STF em julgamento de recursos repetitivos, cuja força vinculante é determinada pelo art. 927, III.

Por fim, se o recurso especial ou extraordinário interposto contra o acórdão do tribunal local que foi divergente à tese firmada no recurso representativo também versar sobre outras questões, deverá ser encaminhado à Corte Superior para que proceda ao seu julgamento. O presidente do tribunal de origem determinará a remessa ao STJ ou ao STF depois de realizado o juízo de retratação pelo tribunal local, e uma vez solucionado positivamente o juízo de admissibilidade (art. 1.041, § 2º, com redação da Lei nº 13.256/2016). A subida do processo independente de ratificação do recurso, mas não prescinde do juízo de admissibilidade, como dispõe o novo texto do art. 1.041, alterado pela Lei nº 13.256/2016.

III – Ampliação do juízo de revisão no tribunal de origem

Negada pelo tribunal de origem a retratação de que cogita o art. 1.040, II, pode acontecer que o novo acórdão resolva questões outras não enfrentadas pelo anterior, objeto do recurso extraordinário suspenso (art. 1.041, § 1º). Nesse caso, não é necessário que novo recurso para o tribunal superior seja interposto. Ao recorrente, porém, será permitida a complementação das razões do recurso primitivo. Aliás, um novo recurso seria até mesmo incabível, na ótica do STJ.[211]

Ao presidente do tribunal local nessa situação caberá, se admitir o recurso, determinar a remessa ao tribunal superior para julgamento das questões acrescidas, independentemente de ratificação do recurso especial ou extraordinário.[212]

IV – Processos sobrestados em primeira instância ou no tribunal de origem

Se a suspensão ocorreu enquanto o processo estava em primeira instância ou aguardando julgamento no tribunal local, o feito, após a decisão do caso padrão, terá regular prosseguimento

---

não poderá invocar ofensa à lei federal, pois o julgamento de retratação terá consistido, justamente, na aplicação da norma legal no exato sentido adrede definido pelo STJ.

[211] STJ, 3ª T., REsp 1.946.242/RJ, Rel. Min. Paulo de Tarso Sanseverino, ac. 14.12.2021, DJe 16.12.2021.

[212] "(...) 2. Nos termos do art. 1.041 do CPC/2015, 'mantido o acórdão divergente pelo tribunal de origem, o recurso especial ou extraordinário será remetido ao respectivo tribunal superior [...]. 3. Desnecessidade de interposição de um segundo recurso especial na hipótese de não retratação do acórdão recorrido, devendo o recurso já interposto ascender a esta Corte Superior 'ex vi legis'. 4. Possibilidade, contudo, de complementação das razões do recurso especial, com o fim exclusivo de impugnar eventuais novos fundamentos agregados ao acórdão recorrido. Doutrina sobre o princípio da complementariedade recursal. 5. Conhecimento do segundo recurso especial como aditamento às razões do primeiro recurso" (STJ, 3ª T., REsp 1.946.242/RJ, Rel. Min. Paulo de Tarso Sanseverino, ac. 14.12.2021, DJe 16.12.2021). O princípio da complementariedade adotado pelo acórdão do STJ é acatado na doutrina, para a hipótese supra, por Nelson Nery Júnior (Teoria geral dos recursos. 6. ed. São Paulo: Ed. RT, 2004, p. 182). E por Araken de Assis (Manual dos recursos. Livro eletrônico, 4. ed. São Paulo: Ed. RT, 2021, parte II, capítulo 13, n. 94.2).

para aplicação da tese firmada pela Corte Superior (art. 1.040, III). Aplica-se aqui a regra de vinculação aos precedentes estabelecida pelo art. 927, III.

V – Questão atinente à prestação de serviço público objeto de concessão, permissão ou autorização

O CPC/2015 instituiu a necessidade de ser o resultado do julgamento de recursos repetitivos que versem sobre questão relativa à prestação de serviço público objeto de concessão, permissão ou autorização seja comunicado ao órgão, ao ente ou à agência reguladora competente. Esta diligência permitirá que estes agentes fiscalizem a efetiva aplicação da tese adotada pelo STJ ou STF por parte dos entes sujeitos à regulação (art. 1.040, IV).

VI – Os recursos e os princípios da isonomia e da segurança jurídica

O instituto dos recursos extraordinário e especial repetitivos enquadra-se na técnica de proporcionar igualdade jurídica a todos que se vejam envolvidos em questões similares, participando, assim, da preocupação do Código atual com a política de valorização da jurisprudência, que, nos termos do art. 926, haverá de manter-se estável, íntegra e coerente. Com isso, cria-se o clima de confiança na interpretação e aplicação da lei pelos tribunais.

Como não deve o jurisdicionado ser surpreendido com mudança de entendimentos pretorianos abruptos, quando já exista posição anterior pacífica e consolidada, autoriza o CPC/2015 que, sendo necessária a tomada de nova orientação pelos tribunais superiores, possam eles fazê-lo, nos julgamentos de casos repetitivos, de modo a respeitar as situações jurídicas estatuídas no passado à luz da jurisprudência então dominante. Para tanto, o STF e o STJ poderão modular, no tempo, os efeitos da alteração gerada nesse tipo de remédio processual, "no interesse social e no da segurança jurídica" (art. 927, § 3º).[213]

Em qualquer caso, a modificação será sempre lastreada em fundamentação adequada e específica, considerando justamente "os princípios da segurança jurídica, da proteção da confiança e da isonomia" (art. 927, § 4º) e constará de ampla publicidade, preferencialmente por meio da rede mundial de computadores (§ 5º).

849-A. Revisão da tese firmada em recursos especial e extraordinário repetitivos

Não disciplinou o CPC/2015 o procedimento a observar para revisão de tese firmada nos recursos repetitivos. Sendo irrecusável a possibilidade de semelhante ocorrência, deve-se adotar, por analogia, a norma contida no art. 986, disciplinadora da revisão das teses assentadas por meio do *incidente de resolução de demandas repetitivas*, as quais são dotadas de força vinculante, tal como as decorrentes dos recursos extraordinário e especial repetitivos.

---

[213] "O juiz do caso concreto e o tribunal de justiça, em eventual grau recursal, podem afastar a aplicação do novo precedente, ainda que não tenha ocorrido a modulação, para tutelar adequadamente a confiança depositada no primeiro padrão decisório. Essa atuação é justificada, fundamentalmente, pelos arts. 23 e 24 da LINDB... o novo precedente é afastado não por uma modulação temporal realizada pelo juiz do caso concreto, mas, sim, por um exercício de *distinção* entre os fatos do caso concreto (praticados em consonância com a primeira orientação) e os fatos do novo precedente (que são fundamentalmente distintos daqueles que dão origem à primeira pauta de conduta), o que justifica a sua não aplicação para preservar a confiança" (ARAÚJO, Taís Santos de. Superação de precedentes e tutela de confiança depositada na orientação anterior: os casos hipotéticos da falta de modulação e da modulação com critério ilegítimo. *Revista de Processo*, São Paulo, v. 357, p. 409, nov. 2024).

Assim, a revisão será da competência do mesmo tribunal que firmou a tese vinculante, o qual poderá promovê-la de ofício ou a requerimento dos legitimados mencionados no art. 977, inciso III, quais sejam, o Ministério Público e a Defensoria Pública.

Em relação ao recurso especial, o STJ, através da Emenda Regimental nº 24, de 28 de setembro de 2016, estabeleceu, em seu Regimento Interno, o procedimento observável para a revisão em tela (arts. 256-S a 256-V). Dessa regulamentação regimental consta que a legitimidade para a revisão das teses firmadas por meio de recursos especiais repetitivos fica limitada aos Ministros do STJ e ao Ministério Público Federal (RISTJ, art. 256-T).

Às partes, embora faleça legitimidade para promover o incidente autônomo de revisão, não se pode negar, em casos concretos, o direito de arguir a *distinção* em face do precedente ou a *superação* do enunciado, diante de inovações ocorridas no estado de direito e de fato, supervenientemente (CPC/2015, art. 489, § 1º, V e VI).

850. Desistência da ação em primeiro grau de jurisdição

A nova legislação criou mecanismo para estimular as partes a desistir de ações que estejam discutindo questões já decididas pelas Cortes Superiores em recursos repetitivos, evitando a prolação de sentença de mérito desfavorável (art. 1.040, § 1º). Se a desistência for requerida antes da contestação, o autor ficará isento do pagamento de custas e de honorários de sucumbência (§ 2º).

Releva notar que a desistência independe do consentimento do réu, mesmo que já tenha sido ofertada a contestação (§ 3º), excepcionando, assim, a regra geral do art. 485, § 4º. Mas, nesse caso, o autor arcará com os encargos da sucumbência.

A dispensa da anuência do réu para a desistência da ação, na espécie, aliada à isenção de custas e honorários representam medida política de redução de litigiosidade e do volume de processos na justiça, numa situação em que a preexistência do julgamento dos recursos repetitivos predetermina o fatal insucesso da demanda. Daí o favorecimento à extinção do processo, por desistência, sem os ônus e condicionamentos que normalmente vigoram nesse tipo de encerramento da ação sem resolução de mérito.

Fluxograma nº 36 – Recursos extraordinário e especial repetitivos (arts. 1.036 a 1.041)

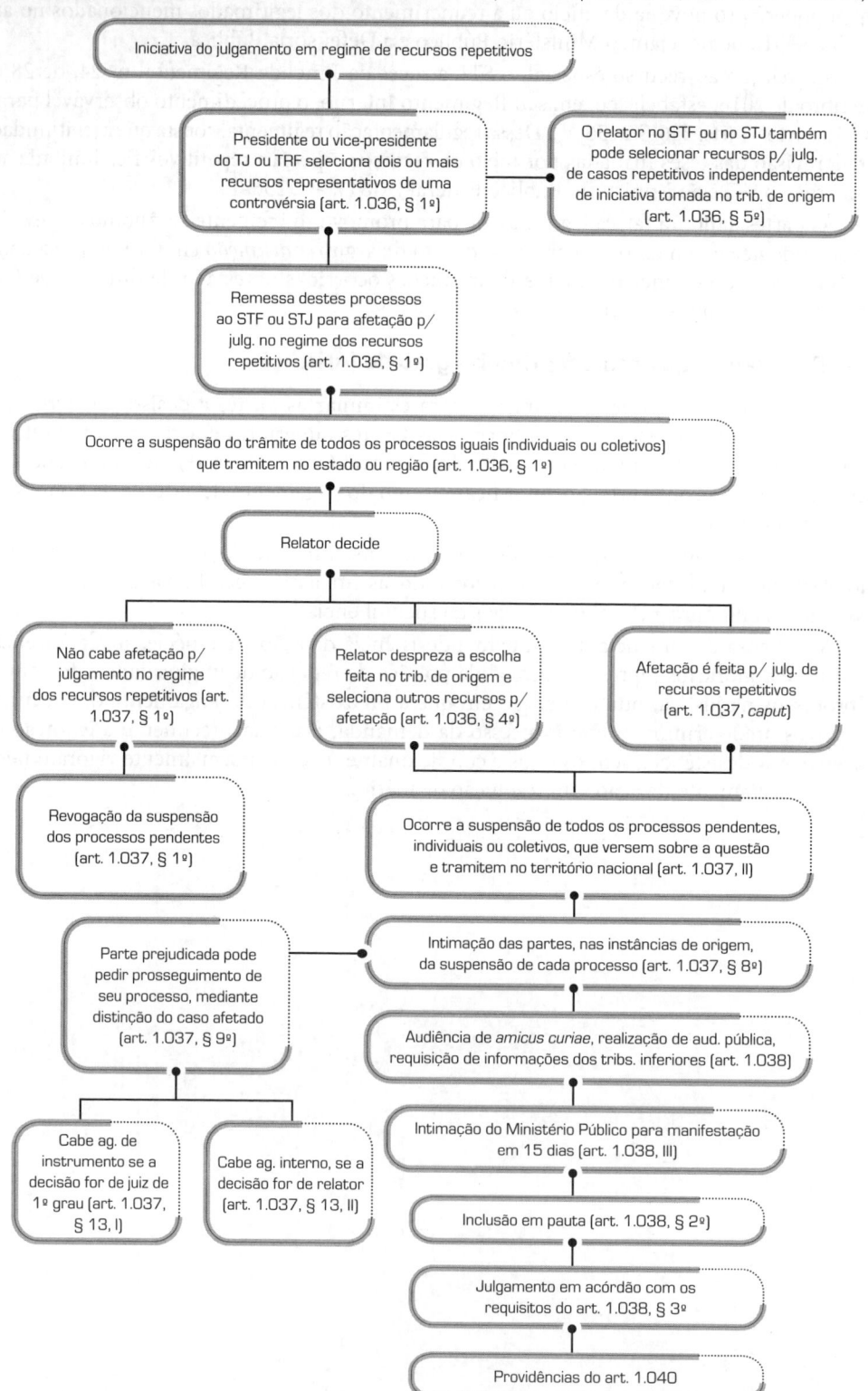

§ 87. AGRAVO EM RECURSO ESPECIAL E EXTRAORDINÁRIO

851. O agravo em recurso especial e em recurso extraordinário

No sistema antigo a impugnação à decisão que inadmitisse o recurso extraordinário e o recurso especial na origem fazia-se por meio de *agravo nos próprios autos*. Não havia, assim, autuação separada para o recurso, já que tanto o agravo como as contrarrazões eram juntados aos autos do processo em que se achava o acórdão recorrido. Seu procedimento, portanto, independia de cópias ou traslados e se desenvolvia de maneira similar ao da apelação. No Supremo Tribunal Federal, o julgamento do agravo obedecia ao disposto no seu Regimento Interno (art. 544, § 4º). No caso do recurso especial, o Regimento era o do Superior Tribunal de Justiça.

O CPC/2015 pretendeu, originariamente, abolir a duplicidade no exame de admissibilidade dos recursos especial e extraordinário, afetando-o apenas ao tribunal superior (redação primitiva do art. 1.030, parágrafo único), regime que, praticamente, faria desaparecer o antigo *agravo nos próprios autos* (CPC, 1973, art. 544). Acontece, porém, que a Lei nº 13.256/2016, reformando toda a redação do referido art. 1.030, reimplantou o sistema dual, tornando, por isso, agravável a decisão do presidente ou do vice-presidente do tribunal de origem que nega seguimento aos referidos recursos extremos.

Nota-se, entretanto, uma diversidade de competência em relação ao tribunal que haverá de conhecer do agravo e dar-lhe solução:

(a) O caso é de *agravo interno* (art. 1.030, § 2º) a ser julgado pelo colegiado do tribunal de origem, *(i)* se a decisão local negar seguimento ao extraordinário, por estar o recurso atritando com precedente do STF que tenha recusado *repercussão geral* ao tema em discussão; ou *(ii)* quando o acórdão recorrido estiver em conformidade com entendimento do STF exarado no regime de *repercussão geral* (art. 1.030, I, "a"); ou, ainda, *(iii)* quando o extraordinário ou o especial se opuser a acórdão fundado em entendimento do STF ou do STJ exarado no regime de *recursos repetitivos* (art. 1.030, I, "b").

(b) Cabível será o *agravo* endereçado ao tribunal superior *ad quem* (art. 1.030, § 1º), quando a negativa de seguimento ao recurso extraordinário não se enquadrar nas hipóteses do inc. V, "a" e "b", do art. 1.030 (ou seja: não envolver entendimentos sedimentados pelo STF ou pelo STJ em regime de repercussão geral ou de recursos repetitivos) (art. 1.030, V).

O atual Código prevê, ainda, o cabimento de *agravo interno* contra a decisão local que decide pedido de exclusão de sobrestamento acarretado pelo regime de repercussão geral (art. 1.035, § 7º, com redação da Lei nº 13.256/2016), ou de recursos repetitivos (art. 1.036, § 3º, também, com redação da Lei nº 13.256/2016)[214] (sobre o tema, ver, *retro*, os nºˢ 845-V e 845-VI).

---

[214] "Para impugnar decisão que obsta trânsito a recurso excepcional e que contenha simultaneamente fundamento relacionado à sistemática dos recursos repetitivos ou da repercussão geral (art. 1.030, I, do CPC) e fundamento relacionado à análise dos pressupostos de admissibilidade recursais (art. 1.030, V, do CPC), a parte sucumbente deve interpor, simultaneamente, agravo interno (art. 1.021 do CPC) caso queira impugnar a parte relativa aos recursos repetitivos ou repercussão geral e agravo em recurso especial/extraordinário (art. 1.042 do CPC) caso queira impugnar a parte relativa aos fundamentos de inadmissão por ausência dos pressupostos recursais" (CEJ/I Jorn. Dir. Proc. Civ., Enunciado nº 77).

852. Cabimento do agravo para o tribunal superior e para o tribunal de origem

Prevê o art. 1.042 (redação da Lei nº 13.256/2016) que, em regra, a decisão do presidente ou do vice-presidente do tribunal de origem que inadmite o recurso extraordinário ou especial desafia agravo endereçado ao tribunal superior (hipótese que a jurisprudência denomina de *agravo em recurso extraordinário* ou *agravo em recurso especial*).

Ressalva o mesmo dispositivo que o recurso não será o agravo para o STF ou para o STJ, mas o *agravo interno* para o próprio tribunal local, quando a inadmissão do extraordinário ou do especial se der com fundamento em entendimento dos tribunais superiores firmado em regime de *repercussão geral* ou em *julgamento de recursos repetitivos*. Incide, na espécie, o disposto no art. 1.030, § 2º, com a redação da Lei nº 13.256/2016.

853. Interposição e contraditório

O agravo deverá ser interposto no prazo de quinze dias e a petição será dirigida ao presidente ou vice-presidente do tribunal de origem. O recurso independe do pagamento de custas e despesas postais (art. 1.042, § 2º).

A fim de se cumprir o contraditório, o agravado será intimado para apresentar contrarrazões, também no prazo de quinze dias (art. 1.042, § 3º).

Aplica-se ao procedimento do agravo em questão o regime de repercussão geral e de recursos repetitivos, inclusive quanto à possibilidade de sobrestamento e do juízo de retratação, conforme prevê o atual texto do § 2º, do art. 1.042, estabelecido pela Lei nº 13.256/2016.

No entanto, "prazo em dobro previsto no art. 229 do CPC/2015, correspondente ao art. 191 do CPC/1973, não se aplica para o agravo interposto contra a decisão que nega seguimento a recurso especial, mesmo que haja litisconsortes com procuradores diversos, porquanto somente o autor dessa irresignação possuirá interesse e legitimidade para recorrer".[215]

854. Remessa à Corte Superior

Após o prazo para contrarrazões, sendo elas oferecidas ou não, o presidente ou vice-presidente do tribunal de origem poderá se retratar. Não havendo retratação, o agravo será remetido ao tribunal superior competente (art. 1.042, § 4º). Releva notar que o presidente ou vice-presidente do tribunal *a quo* não poderá obstar o agravo, ainda que tenha sido interposto extemporaneamente, pois o juízo de admissibilidade é de competência exclusiva da Corte Superior. Se o recurso for obstado na origem, caberá Reclamação para o STF ou STJ, por usurpação de competência (art. 988, I, do CPC/2015).

855. Julgamento

O agravo poderá, conforme o caso, ser julgado com o recurso especial ou extraordinário interposto. Nessa hipótese, será assegurada a realização de sustentação oral pelo recorrente, observando-se o disposto no regimento interno do tribunal competente (art. 1.042, § 5º).

856. Interposição conjunta de recursos extraordinário e especial

Havendo sido interpostos, simultaneamente, recurso extraordinário e recurso especial, o agravante deverá interpor um agravo para cada recurso não admitido pelo presidente ou

---

[215] STJ, 2ª T., AgInt no AREsp 1.081.447/GO, rel. Min. Heman Benjamin, ac. 24.10.2017, *DJe* 19.12.2017). No mesmo sentido: STJ, 2ª T., AgInt no AREsp 1.250.938/SP, Rel. Min. Og Fernandes, ac. 09.10.2018, *DJe* 15.10.2018.

vice-presidente do tribunal (art. 1.042, § 6º). Nessa situação, os autos serão encaminhados, primeiramente, ao Superior Tribunal de Justiça (art. 1.042, § 7º). Finalizado o julgamento naquela Corte, tanto do agravo como do recurso especial, se for o caso, os autos serão remetidos ao STF, independentemente de pedido nesse sentido, para apreciação dos recursos a ele endereçados (art. 1.042, § 8º). Os autos somente não serão encaminhados ao STF se o agravo em recurso extraordinário ficar prejudicado pela decisão prolatada no agravo em recurso especial.

Fluxograma nº 37 – Agravo em recursos extraordinário e especial (art. 1.042)

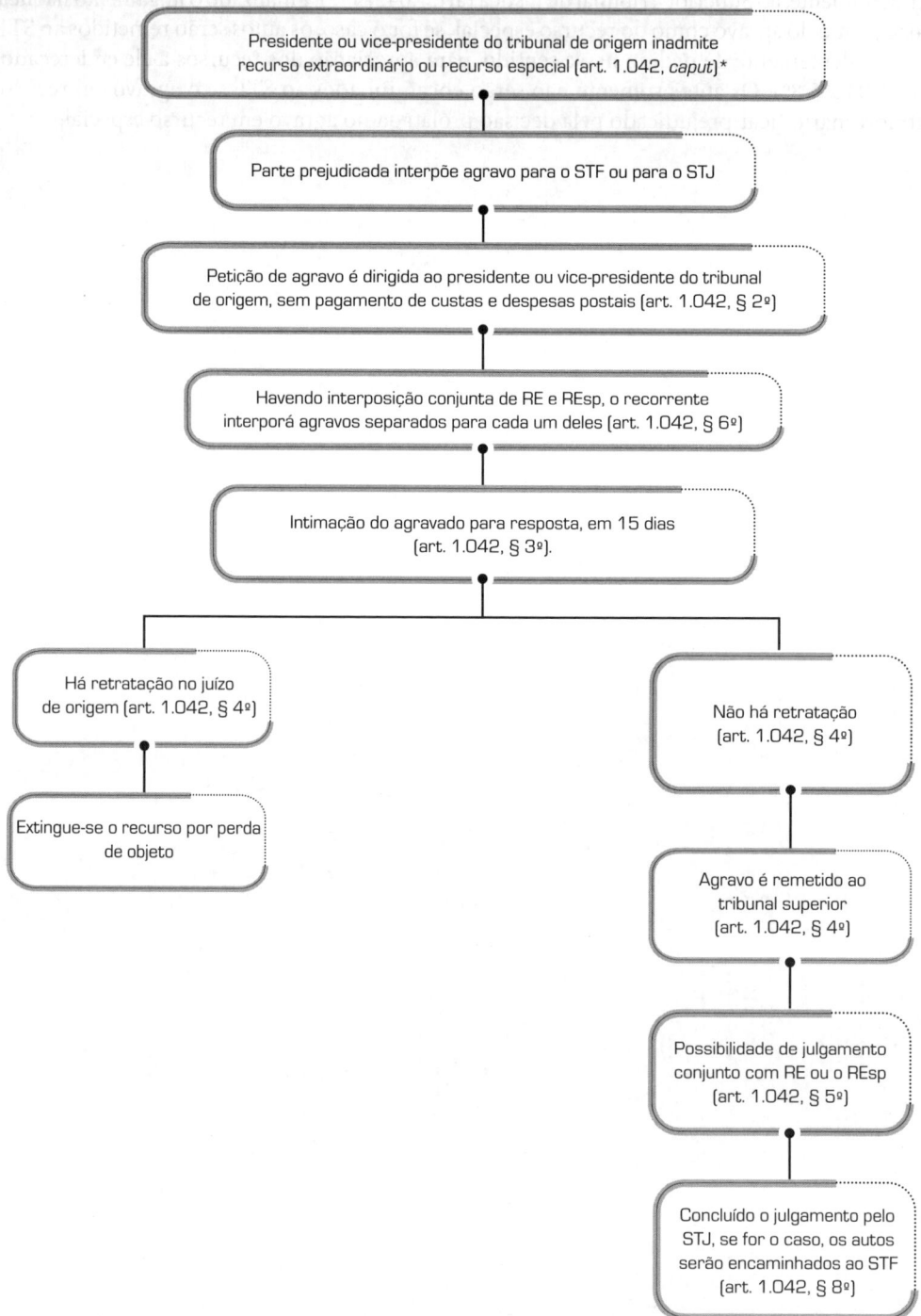

* O agravo previsto no art. 1.042 não se aplica se a decisão local de inadmissão estiver fundada na aplicação de entendimento firmado em regime de repercussão geral ou em julgamento de recursos repetitivos (CPC/2015, art. 1.042, *caput*). Nesta última hipótese, o recurso é o agravo interno (CPC/2015, art. 1.021) dirigido ao Colegiado do Tribunal Local (1.030, I) (Ver Fluxograma nº 30).

§ 88. EMBARGOS DE DIVERGÊNCIA NO STF E NO STJ

857. Embargos de divergência no STF e no STJ

I – Cabimento

Os embargos de divergência, já previstos no Código anterior (CPC/1973, art. 546), têm a função de uniformizar a jurisprudência interna das Cortes Superiores. Isto porque o seu cabimento se dá sempre que houver divergência de entendimento entre turmas ou outros órgão fracionários do Supremo Tribunal Federal ou do Superior Tribunal de Justiça.

O CPC/2015, por outro lado, não só manteve esses embargos, como ampliou as hipóteses de seu cabimento (art. 1.043, I e III),[216] numa forma de desestimular os recursos para o STJ ou STF. Com efeito, a existência de teses jurídicas divergentes num mesmo tribunal é campo fértil para instigar a interposição de recursos. Assim, quanto maior a uniformidade na jurisprudência interna das Cortes Superiores, maior é a tendência de reduzir o número de recursos interpostos.[217]

Cabem os embargos de divergência quando no STJ ou no STF um órgão fracionário decide a mesma questão anteriormente enfrentada por outro órgão do mesmo tribunal, dando-lhe solução diferente. Para estes embargos, é irrelevante a existência ou não de unanimidade nas decisões confrontadas.

Nesse contexto, o art. 1.043, com o texto decorrente da Lei nº 13.256/2016, prevê os embargos divergentes contra acórdão de órgão fracionário do STF ou do STJ, nas seguintes hipóteses, sempre em relação a julgamentos de recurso extraordinário ou especial:

(i) quando a divergência se estabelecer entre acórdãos de *mérito* (inciso I);
(ii) quando a divergência se manifestar entre um acórdão de *mérito* e outro que *não conheceu do recurso*, mas apreciou a controvérsia (inciso III).

A previsão de embargos de divergência em relação a julgamentos de processos de competência originária dos tribunais superiores, que chegou a constar do texto original do art. 1.043, IV, do CPC/2015, não vingou diante da revogação do dispositivo pela Lei nº 13.256/2016. Cabem os embargos, todavia, quando a divergência se estabelecer entre a tese adotada no julgamento do recurso especial ou extraordinário e a observada em acórdão de ação de competência originária (CPC/2015, art. 1.043, § 1º)[218]. A decisão embargada não pode ser de ação de competência originária, mas a decisão paradigma sim.

Há uma novidade do Código de 2015 que merece destaque: enquanto o estatuto anterior se limitava a autorizar os embargos de divergência apenas para enfrentar conflitos ocorridos entre julgamento de recurso extraordinário e entre julgamento de recurso especial, por órgãos diversos do mesmo tribunal (CPC, 1973, art. 546), o atual Código é explícito em permitir a interposição do recurso não só quando a divergência se instala entre julgamentos de mérito, mas também entre acórdão de mérito e outro que, embora sem conhecer do recurso, tenha apreciado a controvérsia (CPC/2015, art. 1.043, I e III).

---

[216] O texto original do CPC/2015 admitia embargos de divergência em torno do juízo de admissibilidade (inc. II, do art. 1.043) e entre julgamentos de processos de competência originária (inc. IV, do referido art. 1.043). Esses elastérios do cabimento dos aludidos embargos foram revogados pela Lei nº 13.256/2016 em seu art. 3º, II.

[217] WAMBIER, Teresa Arruda Alvim; CONCEIÇÃO, Maria Lúcia Lins; RIBEIRO, Leonardo Ferres da Silva; MELLO, Rogério Licastro Torres de. *Primeiros comentários ao novo Código de Processo Civil*. São Paulo: RT, 2015, p. 1.526-1.527.

[218] NERY JÚNIOR, Nelson; NERY, Rosa Maria de Andrade. *Comentários ao Código de Processo Civil*: novo CPC – Lei 13.105/2015. 2ª tir., São Paulo: Revista dos Tribunais, 2015, p. 2.230.

II – Prazo

O prazo para interposição dos embargos de divergência e para a prestação das contrarrazões é o geral, de quinze dias (art. 1.003, § 5º).

III – Comprovação da divergência

Ao opor esses embargos, o recorrente deve comprovar a divergência, por meio de certidão, cópia ou citação de repositório oficial ou credenciado de jurisprudência, inclusive em mídia eletrônica, onde foi publicado o acórdão divergente, ou com a reprodução de julgado disponível em rede de computadores, indicando a respectiva fonte (§ 4º do art. 1.043). É indispensável, ainda, que mencione "as circunstâncias que identificam ou assemelham os casos confrontados". Vale dizer, deverá o embargante demonstrar, de forma analítica, a similitude ou identidade do suporte fático.[219]

Outrossim, "conforme a jurisprudência, é irrelevante para o conhecimento dos embargos de divergência o fato de não estar o acórdão paradigma transitado em julgado".[220]

IV – Decisão de inadmissão do recurso

Na esteira da preocupação do atual Código com a fundamentação das decisões (CPC/2015, art. 489, § 1º), o tribunal não poderá inadmitir o recurso com base em fundamentação genérica de que as circunstâncias fáticas são diferentes. A norma do § 5º do art. 1.043, em seu texto original, previa, literalmente, que, na espécie, a decisão de inadmissão dos embargos deveria demonstrar a existência da distinção. A Lei nº 13.256/2016 revogou o questionado § 5º, sem que isto, entretanto, representasse uma liberação para fundamento genérico de simples afirmação de inocorrência de base fática similar nos acórdãos cotejados. A razão da exigência de confrontação analítica é a mesma que já demonstramos no tópico relacionado com a inadmissão do recurso especial fundado em divergência de jurisprudência (ver, *retro*, o nº 837). Incide aqui, também, a regra que não considera fundamentada a decisão que se restringe genericamente a indicar, reproduzir ou parafrasear ato normativo, sem explicar sua relação com a questão decidida (art. 489, § 1º). Aliás, se se imputa ao recorrente a obrigação de mencionar "as circunstâncias que identificam ou assemelham os casos confrontados" (art. 1.043, § 4º), é lógico que a recusa do julgador em admitir tal identidade para inadmitir os embargos, só será legítima se procedida, também, mediante fundamentação analítica em sentido contrário.

V – Interrupção do prazo para interposição de recurso extraordinário

A oposição de embargos de divergência interrompe o prazo para interposição do recurso extraordinário contra o acórdão proferido pelo STJ (art. 1.044, § 1º). Entretanto, se a parte contrária interpuser o extraordinário antes do julgamento dos embargos, não será necessário ratificá-lo, caso os embargos sejam desprovidos ou não alterarem a conclusão do julgamento anterior (art. 1.044, § 2º). A técnica é a mesma adotada para o recurso interposto antes de decididos os declaratórios (art. 1.024, § 5º).

No entanto, havendo alteração das conclusões do julgamento anterior, motivada pela decisão dos embargos, "o recorrido que já tiver interposto o recurso extraordinário terá o direito de complementar ou alterar suas razões, nos exatos limites da modificação, no prazo de quinze dias".[221]

---

[219] STF, Pleno, AgRg nos EDiv. no AgRg no AgIn 646.081/SP, Rel. Min. Celso de Mello, ac. 22.10.2014, *DJe* 13.11.2014.

[220] STJ, 1ª Seção, EREsp 1.575.846/SC, Rel. Min. Og Fernandes, ac. 26.06.2019, DJe 30.09.2019.

[221] "O prazo de quinze dias será contado da intimação da decisão dos embargos de divergência" (CEJ/I Jorn. Dir. Proc. Civ., Enunciado nº 83).

858. Alguns problemas superados pelo CPC/2015

O CPC/1973, como já visto, somente cogitava de embargos de divergência diante de acórdãos de recursos extraordinário e especial que contivessem resolução de mérito. O CPC/2015 expressamente amplia o cabimento desse recurso para os casos de juízo de admissibilidade daqueles recursos.

O conflito, porém, deve estabelecer-se entre o acórdão que decidiu o mérito e o outro que, não conhecendo do recurso, tenha também apreciado a controvérsia ventilada no conteúdo do primeiro aresto (art. 1.043, III). Sem que esse pressuposto se configure, o cabimento dos embargos de divergência que envolva acórdão que se limitou ao juízo de inadmissibilidade continua vetado.[222]

Havia, na jurisprudência do STJ à época do Código anterior, uma posição firme no sentido de que os embargos de divergência teriam seu cabimento restrito aos casos em que ocorreu julgamento do mérito do recurso especial, de modo que seria inadequado para as hipóteses de recurso não conhecido por questões técnicas próprias do juízo de inadmissibilidade.[223] Na doutrina, entretanto, o tema oferecia palco para divergências.[224] Agora, com a nova legislação, não há dúvidas acerca do cabimento dos embargos em que o acórdão decidiu sobre a admissibilidade do recurso, embora a hipótese se subordine a algumas particularidades, como já advertimos.

O inc. III do art. 1.043 do CPC/2015 traz uma inovação relevante, ao permitir os embargos de divergência diante de conflito entre acórdão que decide o mérito e outro que apenas tenha inadmitido o recurso. Mas para que tal ocorra será necessário que no julgamento de inadmissibilidade tenha sido apreciado o tema que o faz conflitar com o do acórdão de mérito. Dessa maneira, a divergência justificadora dos embargos de divergência nunca se dará em torno das regras técnicas de admissibilidade dos recursos, mas exigirá sempre uma controvérsia acerca de temas do mérito, ainda que se aplique o permissivo do inc. III do art. 1.043. O mérito de que se cuida, no entanto, não é o mérito da demanda, ligado quase sempre ao direito material, mas o do recurso, que tanto pode versar sobre direito material como processual (art. 1.043, § 2º). Por exemplo, o mérito do recurso pode travar-se sobre regras formais relativas à validade da citação, ao cerceamento de defesa, à nulidade de sentença não fundamentada, à distribuição do ônus

---

[222] "Não fica caracterizada a divergência jurisprudencial entre acórdão que aplica regra técnica de conhecimento e outro que decide o mérito da controvérsia" (STJ, 2ª Seção, AgInt nos EREsp 1.120.356/RS, Rel. Min. Marco Aurélio Bellizze, ac. 24.08.2016, *DJe* 29.08.2016. Nota: o julgamento do STJ, embora acontecido na vigência do CPC/2015, apreciou os embargos de divergência "à luz do CPC/73", conforme constou, expressamente, do acórdão).

[223] "A Eg. Corte Especial desta Corte já possui pensamento reiterado no sentido de que não são pertinentes os Embargos de Divergência calcados em eventual inobservância de regras técnicas alusivas ao conhecimento do recurso especial" (STJ, Corte Especial, AgRg nos EREsp 354.434/RS, Rel. Min. Gilson Dipp, ac. 17.11.2004, *DJU* 13.12.2004, p. 190). No mesmo sentido: STJ, Corte Especial, AgRg na Pet. 6.146/RS, Rel. Min. Gilson Dipp, ac. 01.08.2008, *DJe* 06.10.2008; STJ, Corte Especial, Pet. 5.398/RJ, Rel. p/ acórdão Min. Fernando Gonçalves, ac. 04.06.2008, *DJe* 04.08.2008; STJ, 1ª Seção, AgRg nos EREsp 918.298/RN, Rel. Min. Mauro Campbell Marques, ac. 11.02.2009, *DJe* 27.02.2009; STJ, Corte Especial, AgRg na Pet 6.146/RS, Rel. Min. Gilson Dipp, ac. 01.08.2008, *DJe* 06.10.2008.

[224] Em doutrina, Eduardo Ribeiro de Oliveira (Embargos de divergência. In: NERY JUNIOR, Nelson; WAMBIER, Teresa Arruda Alvim (coord.). *Aspectos polêmicos e atuais dos recursos cíveis*. São Paulo: RT, 2006, v. 9, p. 148-149) endossa a posição do STJ. Admitem os embargos de divergência também em relação ao juízo de admissibilidade do recurso especial Barbosa Moreira (BARBOSA MOREIRA, José Carlos. *Comentários ao Código de Processo Civil*. 14. ed. Rio de Janeiro: Forense, 2008, n. 340, p. 640), Nelson Nery Junior e Rosa Maria Nery (NERY JUNIOR, Nelson; NERY, Rosa Maria. *Código de Processo Civil comentado e legislação extravagante*. 10. ed. São Paulo: RT, 2007, p. 949-950) e Nelson Luiz Pinto (PINTO, Nelson Luiz. *Recurso especial para o Superior Tribunal de Justiça*. 2. ed. São Paulo: Malheiros, 1996, p. 153).

da prova, e assim por diante, sempre no terreno das normas processuais. Em situações como estas, a controvérsia estabelecida entre os acórdãos confrontados para efeito dos embargos de divergência configurará *divergência de mérito*, mesmo girando em torno de regras processuais.

O regime restritivo do CPC/1973 afinal prevaleceu, no que toca ao conflito entre acórdãos limitados ao juízo de admissibilidade dos recursos extraordinário e especial, conforme já decidiu o STJ:

> "É vedada a utilização dos embargos de divergência para refutar a aplicação de regra técnica de admissibilidade do recurso especial, *também após a vigência do CPC/2015*, tendo em vista que o inciso II do seu art. 1.043, que previa essa possibilidade, foi revogado pela Lei nº 13.256/2016".[225]

O CPC/2015 consignou, outrossim, que a divergência pode verificar-se na aplicação do direito material ou do direito processual (§ 2º). Outra novidade trazida pelo atual Código diz respeito à possibilidade de a divergência ser suscitada quando o acórdão paradigma for da mesma turma que proferiu a decisão embargada. Entretanto, é essencial que a composição da turma tenha sofrido alteração em mais da metade de seus membros (§ 3º). Nessa hipótese, em rigor, não será o "mesmo" órgão julgador.[226]

859. Procedimento no STJ

O procedimento dos embargos de divergência observará o estabelecido no regimento interno do STJ (CPC/2015, art. 1.044, *caput*).

Pelo Regimento Interno, o julgamento é feito pela Seção, se a divergência se deu em seu interior; ou pelo Órgão Especial, se a divergência for entre Turmas de Seções diversas, ou entre Turma e outra Seção, ou com a Corte Especial.

Na petição recursal, o embargante deverá provar, "a divergência com certidão, cópia ou citação de repositório oficial ou credenciado de jurisprudência, inclusive em mídia eletrônica, em que foi publicado o acórdão divergente, ou com a reprodução de julgado disponível na internet, indicando a respectiva fonte". Mencionará, expressamente, "as circunstâncias que identificam ou assemelham os casos confrontados" (RI, art. 266, § 4º, incluído pela ER nº 22/2016; e CPC/2015, art. 1.043, § 4º, *in fine*).

O relator sorteado "poderá indeferir os embargos de divergência liminarmente": *(i)* se intempestivos; *(ii)* se não comprovada ou não configurada a divergência jurisprudencial atual. Poderá também negar-lhes provimento caso a tese deduzida no recurso seja contrária: *(i)* a tese fixada em julgamento de recurso repetitivo ou de repercussão geral: *(ii)* a entendimento firmado em incidente de assunção de competência; *(iii)* a súmula do Supremo Tribunal Federal ou do Superior Tribunal de Justiça ou; *(iv)* a jurisprudência dominante acerca do tema. (RI, art. 266-C, incluído pela ER nº 22/2016).

Se forem admitidos pelo relator, em decisão fundamentada, "promover-se-á a publicação, no Diário da Justiça eletrônico, do termo de vista ao embargado, para apresentar impugnação nos quinze dias subsequentes" (RI, art. 267, *caput*). "Impugnados ou não os embargos, serão os autos conclusos ao relator, que pedirá a inclusão do feito na pauta de julgamento" (RI, art. 267, parágrafo único).

Está assente na jurisprudência do STF que "nos embargos de divergência não servem como padrão de discordância os mesmos paradigmas invocados para demonstrá-la, mas repelidos

---

[225] STJ, Corte Especial, AgInt nos EREsp 1.473.968/RS, Rel. Luis Felipe Salomão, ac. 17.08.2016, *DJe* 30.08.2016.
[226] WAMBIER, Teresa Arruda Alvim. *Primeiros comentários cit.*, p. 1.528.

como não dissidentes no julgamento do recurso extraordinário" (STF, Súmula nº 598); regra que se deve observar, também, em relação ao recurso especial, por força da Súmula nº 316 do STJ.

De acordo com a Súmula nº 599 do STF, seriam incabíveis embargos de divergência de decisão de Turma, em agravo regimental, ou seja, quando o acórdão revise decisão singular de relator.

No entanto, depois das Leis nºs 9.139/1995 e 9.756/1998, surgiu uma situação nova, que ampliou os poderes do relator do recurso especial e do extraordinário, o que levou o STJ a rever o alcance da Súmula nº 599 do STF. Eis a nova posição adotada diante do tema:

> "1. Antes das reformas processuais impostas, notadamente pelas Leis nºs 9.139/95 e 9.756/98, não havia julgamento monocrático do mérito do recurso especial. Daí a plena aplicação do enunciado da Súmula nº 599/STF.
>
> 2. Atualmente, pode o relator do STJ julgar, monocraticamente, o mérito do recurso especial, cuja decisão poderá ser revista pelo Colegiado via agravo regimental.
>
> 3. A aplicação da Súmula nº 599 do STF merece temperamentos. São cabíveis os embargos de divergência contra acórdão proferido em agravo regimental, se julgado o mérito do recurso especial em agravo de instrumento ou interposto o mesmo contra decisão monocrática do relator em recurso especial".[227]

À vista das razões expostas, o STF finalmente cancelou a Súmula nº 599 em 26.04.2007, no julgamento do AgRg dos RE 285.093, 283.240 e 356.069.

860. Procedimento no STF

Para os embargos de divergência, o procedimento acha-se disciplinado pelos arts. 330 a 336 do Regimento Interno do STF, sendo de 15 dias o prazo para sua interposição (art. 334, *caput*).

Os requisitos da demonstração da divergência são, segundo o art. 331, os mesmos exigidos pelo CPC/2015, art. 1.043, § 4º.

Ao julgar os embargos de divergência, o Plenário julgará a matéria restante. Somente não haverá tal julgamento quando se tratar de agravo,[228] caso em que se determinará a subida do recurso principal (Regimento Interno, art. 336, parágrafo único).

---

[227] STJ, 1ª Seção, EREsp 133.541/SP, Rel. Min. Eliana Calmon, ac. 10.04.2000, *DJU* 21.08.2000, p. 89. No mesmo sentido: STJ, Corte Especial, EREsp 258.616/PR, Rel. Min. Sálvio de Figueiredo, ac. 07.03.2001, *DJU* 12.11.2001, p. 121; STJ, Corte Especial, AgRg na Pet 3.312/RS, Rel. Min. Hamilton Carvalhido, ac. 03.08.2005, *DJU* 26.09.2005, p. 161.

[228] Art. 336, parágrafo único, RISTF: "Parágrafo único. Recebidos os embargos de divergência, o Plenário julgará a matéria restante, salvo nos casos do art. 313, I e II, quando determinará a subida do recurso principal". Art. 313, RISTF: "Caberá agravo de instrumento: I – de decisão de juiz de primeira instância nas causas a que se refere o art. 6º, III, d, nos casos admitidos na legislação processual. II – de despacho de Presidente de Tribunal que não admitir recurso da competência do Supremo Tribunal Federal".

Fluxograma nº 38 – Embargos de divergência (arts. 1.043 e 1.044)

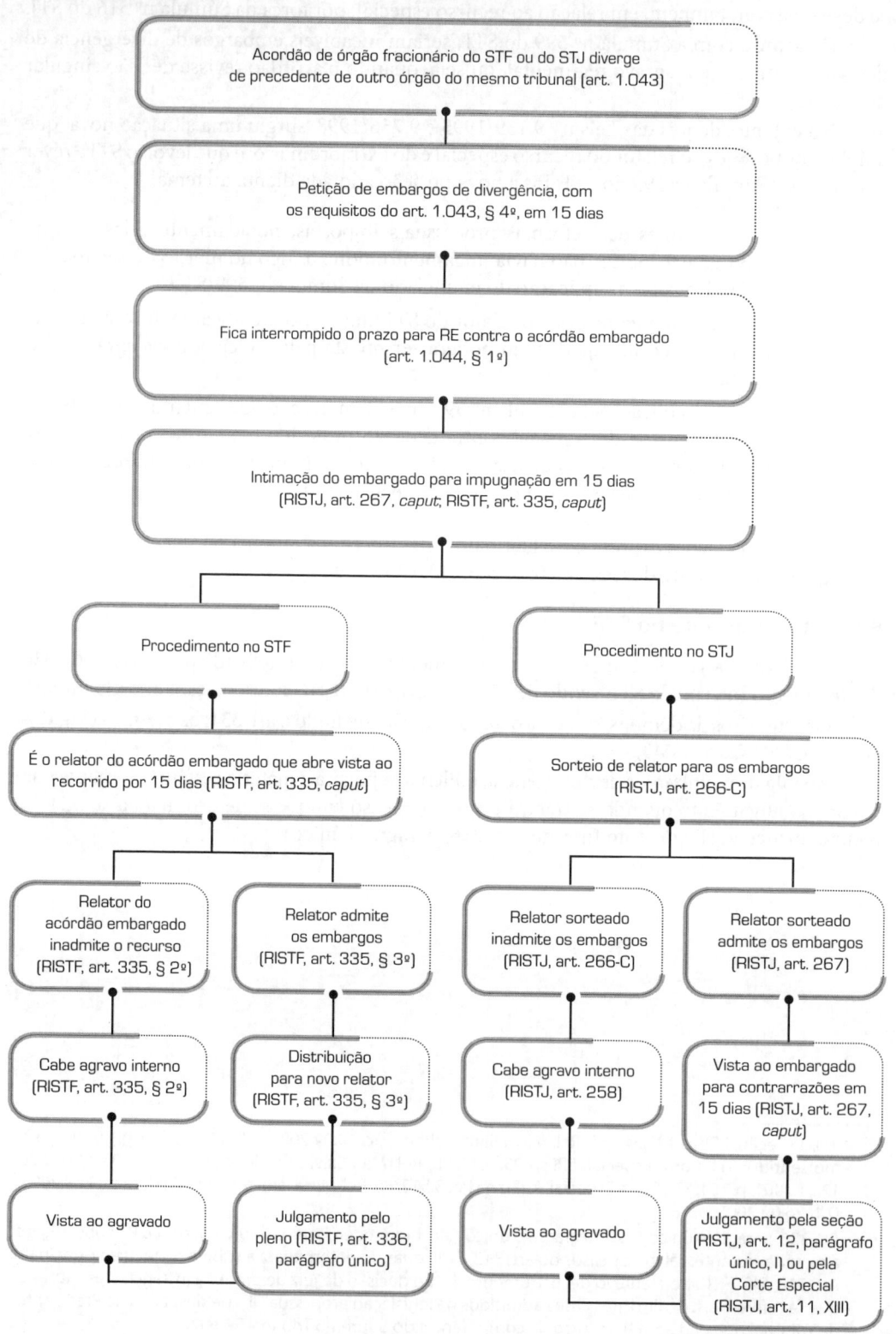

§ 89. O SISTEMA RECURSAL E A AUTORIDADE NORMATIVA DOS TRIBUNAIS SUPERIORES

861. Força vinculante da jurisprudência exercida por meio dos recursos

I – Fundamentos do Estado Democrático de Direito

O moderno Estado Democrático de Direito – de que é exemplo a República Federativa do Brasil – tem entre seus fundamentos o compromisso com a segurança jurídica e a justiça (preâmbulo de nossa Constituição).

Por isso, na declaração dos direitos e garantias fundamentais, a Carta Magna brasileira assegura o acesso de todos ao Poder Judiciário (CF, art. 5º, XXXV), exercitável por meio do devido processo legal (CF, art. 5º, LIV), que hoje se prefere classificar como *processo justo* – entendido como tal, aquele que, fiel às garantias constitucionais, seja capaz de solucionar os litígios por meio de "decisão de mérito *justa* e *efetiva*" (CPC/2015, art. 6º).

A consecução desses desígnios fundamentais, numa República Federativa como a nossa, só se alcança através da atuação dos tribunais superiores nacionais, que, ao prestarem a tutela jurisdicional definitiva, proporcionam o real convívio com a segurança e a justiça.

Peça básica dessa garantia é o sistema recursal por cujo intermédio os tribunais superiores logram proporcionar a garantia da *autoridade* da Constituição e das leis federais, bem como a *uniformidade* de sua interpretação e aplicação. Trata-se de função e competência definidas e asseguradas pela própria Constituição, e não de simples expedientes concebidos pelas leis ordinárias (CF, art. 102, *caput* e III; e art. 105, III).

Todavia, muito pouco representaria o direito de acesso ao STF por meio do recurso extraordinário, e ao STJ, por intermédio do recurso especial, se a força uniformizadora dos respectivos decisórios não se espraiasse perante todos. Somente com o reconhecimento da força vinculante das teses jurídicas assentadas por aquelas altas cortes de justiça se torna viável, de fato, o cumprimento da missão constitucional que o Estado Democrático de Direito lhes confiou.

É por fidelidade a essa tarefa fundamental da justiça estatal que o atual Código de Processo Civil define a autoridade normativa complementar da jurisprudência uniformizadora emanada dos tribunais superiores, dispondo:

- *(a)* que "os tribunais devem uniformizar sua jurisprudência e mantê-la estável, íntegra e coerente" (art. 926, *caput*);
- *(b)* e que "os juízes e os tribunais observarão", entre outras, "as decisões do Supremo Tribunal Federal em controle concentrado de constitucionalidade" (art. 927, I), assim como "os enunciados das súmulas do Supremo Tribunal Federal em matéria constitucional e do Superior Tribunal de Justiça em matéria infraconstitucional" (art. 927, IV).[229]

A tudo isso se chega principalmente por graça e força do sistema recursal organizado pela Constituição e regulamentado pelas leis infraconstitucionais de natureza processual. É, pois, à vista de tal constatação que se deve recordar, ao coroar a análise dos recursos previstos no atual Código de Processo Civil, com uma visão panorâmica sobre a evolução do mecanismo de

---

[229] Não são apenas as *súmulas vinculantes do STF* que exercem o poder uniformizador da interpretação e aplicação da lei. Igual força é reconhecida às simples súmulas que resumem os entendimentos predominantes, em matéria de direito, nos julgados do STF e do STJ, e, ainda, aos acórdãos proferidos, pelos mesmos tribunais, em julgamento de recursos extraordinário e especial repetitivos (CPC/2015, art. 927, III).

atribuição de força obrigatória à jurisprudência consolidada, principalmente por intermédio do sistema recursal integrado à garantia do devido processo legal (CF, art. 5º, LIV e LV). É o que se fará a seguir.

II – Evolução do reconhecimento da força vinculante das decisões do Supremo Tribunal Federal

Força vinculante é a que primariamente compete à norma legal, que obriga todos, inclusive o próprio Estado, tanto nos atos da vida pública como privada, sejam negociais, administrativos ou jurisdicionais. O particular não se esquiva de cumprir a lei, porque fica sujeito à sanção de nulidade, para seus negócios jurídicos. A Administração sofre a vinculação da lei, porque não pode praticar senão os atos que esta prevê e autoriza. E a jurisdição não pode julgar os litígios senão aplicando-lhes a norma legal pertinente, sendo-lhe permitido recorrer aos princípios gerais, à analogia e costumes apenas nas lacunas do ordenamento positivo.

Quando, pois, se cogita de atribuir força vinculante também a julgados de tribunal, o que realmente se quer é atribuir-lhes autoridade para funcionar com força normativa igual à da lei, que a todos obriga e de cujo império não podem fugir os juízes, em suas decisões, a Administração, em seus atos e processos, e os particulares, em sua vida negocial.

Nessa ordem de ideias, o enunciado de um julgamento de tribunal a que a Constituição atribui força vinculante representa preceito geral e abstrato que deve figurar, dentro do respectivo alcance, ao lado das fontes ordinárias do direito positivo (lei e regulamentos). Como, entretanto, a atividade do Judiciário não é, de ordinário, de criação, mas de aplicação da norma legal, a força vinculante da jurisprudência, quando cabível, atua basicamente na esfera de interpretação do direito positivo. Ter-se-á, então, como vinculante (obrigatória) a declaração do julgamento sobre "a validade, a *interpretação* e a *eficácia*" de determinada norma (CF, art. 103-A, § 1º, acrescentado pela Emenda nº 45/2004).

Anteriormente à Emenda Constitucional, já se reconhecia força vinculante às decisões definitivas de mérito, proferidas pelo Supremo Tribunal Federal, nas ações declaratórias de constitucionalidade de lei ou de ato normativo federal, força que, além da eficácia *erga omnes*, deveria operar pela sujeição normativa ao declarado, capaz de condicionar, de futuro, a atuação dos demais órgãos do Poder Judiciário e do Poder Executivo (CF, art. 102, § 2º, na redação da Emenda nº 3, de 17.03.1993).[230]

Com a Emenda nº 45, de 2004, o quadro constitucional da força vinculante dos julgamentos do Supremo Tribunal Federal ampliou-se e passou a compreender duas situações distintas:

(a) nas *ações de controle concentrado de constitucionalidade*, a força vinculante emerge diretamente do julgamento de mérito da causa, que, por natureza, produz "eficácia contra todos" e pela Emenda nº 45 deve produzir "*efeito vinculante*, relativamente aos demais órgãos do Poder Judiciário e à administração pública direta e indireta, nas esferas federal, estadual e municipal" (CF, art. 102, § 2º, na redação da Emenda nº 45);

---

[230] O texto do § 2º do art. 102 da CF fala em efeito vinculante "relativamente aos demais órgãos do Poder Judiciário", o que parece, à primeira vista, excluir desse efeito o próprio STF, o qual teria liberdade, no futuro, de decidir a mesma questão constitucional de maneira diversa. Essa, porém, não pode ser a inteligência do dispositivo constitucional, primeiro porque o efeito do julgado em ação de controle constitucional opera *erga omnes*, dele não ficando excluído, portanto, o STF. Segundo, porque a estrutura do controle direto da constitucionalidade se dá por meio de ação, cujo provimento se recobre de coisa julgada. Logo a indiscutibilidade e imutabilidade são atributos normais e necessários do julgamento definitivo do STF nas ações da espécie. Nenhum outro julgamento poderá voltar a ser proferido sobre o objeto do pronunciamento final da ação de controle de constitucionalidade, seja por qualquer tribunal inferior, seja pelo próprio STF (CPC, art. 471) [CPC/2015, art. 505].

(b) *no controle difuso da constitucionalidade*, em que a questão constitucional não é *objeto*, mas motivo, do julgado do Supremo Tribunal Federal, também poderá surgir a força vinculante. Esta, todavia, não emergirá diretamente do julgado, mas dependerá de inclusão do entendimento em Súmula extraída da reiteração de decisões sobre a mesma matéria constitucional (CF, art. 103-A, acrescido pela Emenda nº 45).

Para tanto, a nova regra constitucional impõe a observância dos seguintes requisitos:

(a) o tema, para tornar-se objeto da força vinculante, deve envolver sempre *matéria constitucional*;

(b) a súmula vinculante terá de ser aprovada por decisão de dois terços dos membros do STF;

(c) a aprovação da súmula se dará "depois de reiteradas decisões" sobre a matéria constitucional enfocada. Não se admite, portanto, a sumulação após o primeiro caso decidido ou *apenas uns poucos pronunciamentos* pelo Supremo Tribunal. É preciso que o tema amadureça;

(d) a súmula deve ser publicada na imprensa oficial; a partir do que advém sua força vinculante.

Somente a respeito de norma preexistente se há de instituir súmula vinculante. Não é função do STF fixar súmulas como atividade normativa primária, mas como intérprete que trabalha sobre regras legais trazidas à sua apreciação exegética, para solução de casos concretos. Nesse sentido, a norma constitucional criada pela Emenda nº 45 (CF, art. 103-A, § 1º) é esclarecedora: "A súmula terá por objeto a *validade*, a *interpretação* e a *eficácia* de normas determinadas, acerca das quais haja controvérsia atual entre órgãos judiciários ou entre esses e a administração pública que acarrete grave insegurança jurídica e relevante multiplicação de processos sobre questão idêntica". Mais uma vez se faz presente a ideia inspiradora do *processo justo*, aquele que com efetividade tutela o direito subjetivo ofendido ou ameaçado, com baixo custo (economia processual) e com presteza (celeridade processual). A regra inovada pelo art. 103-A, § 1º, da Constituição, de certa forma se harmoniza com o novo direito fundamental proclamado pelo inciso LXXVIII inserido no art. 5º da mesma Carta.

Para evitar o engessamento da interpretação constitucional sumulada, foi prevista, no próprio dispositivo que a criou, a possibilidade do STF proceder à sua revisão ou cancelamento, na forma que a lei estabelecer (art. 103-A, *caput*). Antes mesmo que a lei regulamentadora fosse editada, a Constituição assegurou que a aprovação, revisão ou cancelamento poderá ser provocado por aqueles que podem propor a ação direta de inconstitucionalidade (art. 103-A, § 2º), ou seja, pelas entidades arroladas no atual art. 103 (modificado, também, pela Emenda nº 45).

Reforçando a força vinculante da Súmula aprovada na forma do *caput* do art. 103-A, estatuiu seu § 3º o cabimento de *reclamação* ao STF contra o ato administrativo ou a decisão judicial que contrariar a Súmula aplicável ou que a aplicar indevidamente. Julgando-a procedente, o STF "anulará o ato administrativo ou cassará a decisão judicial reclamada, e determinará que outra seja proferida com ou sem a aplicação da súmula, conforme o caso".[231]

---

[231] A reclamação cabe, porém, no caso de ato contrário ao assentado nas ações diretas de declaração de constitucionalidade ou inconstitucionalidade; e sendo acolhida a reclamação o Supremo Tribunal Federal desconstituirá o ato de desrespeito à sua autoridade (STF, Pleno, ADC 8/DF-M. Caut., Rel. Min. Celso de Mello, ac. 13.10.1999, *DJU* 04.04.2003, p. 38; STF, Pleno, Recl. 847-3/RJ, Rel. Min. Celso Mello, ac. 05.06.2002, *RT* 807/177).

Dessa força vinculante, porém, escapa o Poder Legislativo (salvo em seus atos de natureza administrativa), que não fica inibido de revogar ou modificar a lei que serviu de base à Súmula. Entretanto, a inovação por meio de lei ordinária não pode se contrapor à interpretação dada pelo STF à norma constitucional, porque aí estaria em jogo a competência exclusiva daquela Corte de interpretar e tutelar a Constituição. Também o Supremo Tribunal Federal não se sujeita a uma invencível vinculação às suas próprias Súmulas, mesmo porque existe, a seu cargo, um processo de revisão e revogação legalmente estabelecido. O que não se pode aceitar é a conduta do STF de simplesmente ignorar a súmula vinculante por ele regularmente editada. Para se liberar dela terá de proceder à sua modificação ou revogação, de forma regular, por meio de decisão formal em que justifique a atual insubsistência da súmula.[232]

O art. 103-A da CF foi regulamentado pela Lei nº 11.417/2006, que disciplinou todo o procedimento para a edição, revisão e cancelamento da súmula vinculante (v., *retro*, o item nº 619).

862. Ampliação da força vinculante da jurisprudência

O atual CPC prestigia a jurisprudência em dimensão ampla, criando um sistema hierárquico entre os tribunais e juízes no tocante à interpretação consolidada nas cortes superiores e, ainda, instituindo mecanismos processuais destinados a julgamentos por amostragem capazes de gerar força assemelhada à das súmulas vinculantes. É o caso do incidente de demandas repetitivas, do julgamento dos recursos extraordinário e especial repetitivos e do incidente de assunção de competência. No geral, a jurisprudência dos tribunais se impõe aos juízes que lhes são subordinados, não havendo, porém, cabimento da reclamação para cassação direta dos julgados discordantes. A correção dependerá das vias recursais ordinárias. Tratando-se, porém, de súmula vinculante e de precedente proferido em julgamento de casos repetitivos, ou em incidente de assunção de competência, a obrigatoriedade da observância da jurisprudência para todos os juízes e tribunais é garantida pelo mecanismo da reclamação (art. 988, IV, do CPC/2015).

Na estrutura do CPC/2015, portanto, a autoridade da jurisprudência como fonte normativa complementar vai além das súmulas vinculantes do STF. Sobre essa ampla valorização da jurisprudência, ver os itens nºs 608 a 619, *retro*.

A observância de acórdãos de recurso extraordinário com repercussão geral reconhecida ou de acórdão proferido em julgamento de recursos extraordinário ou especial repetitivos também se reveste de caráter obrigatório. Mas, quando desrespeitado por decisão judicial em outro processo, a reclamação não se mostra de pronto exercitável. Há de se aguardar, para sua interposição, o esgotamento das instâncias ordinárias (CPC/2015, art. 988, § 5º, II, com a redação da Lei nº 13.256/2016).

---

[232] MARCATO, Antônio Carlos. *Crise da justiça e influência dos precedentes judiciais no direito processual civil brasileiro* (Tese). São Paulo: Fac. de Dir. da USP, 2008, p. 182-184.

§ 90. DIREITO INTERTEMPORAL EM MATÉRIA DE RECURSOS

863. Posição do atual Código de Processo Civil

O CPC/2015 segundo a tradição do direito intertemporal adotou o regime de isolamento dos atos processuais para imediata incidência da lei nova sobre os processos em curso. Dispôs, nesse sentido, que, ao entrar em vigor o atual Código, "suas disposições se aplicarão desde logo aos processos pendentes" (art. 1.046, *caput*).

Trata-se da consagração do tradicional princípio da "imediatidade" da eficácia das leis de processo frente aos feitos em curso,[233] ressalvado, porém, o necessário respeito à teoria do "isolamento dos atos processuais", para reconhecer a eficácia daqueles consumados no regime da lei anterior e que merecem tratamento de "atos jurídicos perfeitos" (CF, art. 5º, XXXVI). Esclarece o art. 14 do CPC, a propósito das inovações legislativas, que "a norma processual não retroagirá e será aplicável imediatamente aos processos em curso, respeitados os atos processuais praticados e as situações jurídicas consolidadas sob a vigência da norma revogada". Observa-se, de tal sorte, o princípio *tempus regit actum*.

No que toca especificamente aos recursos, as normas de transição constantes do CPC de 2015 nada estatuíram. Cabe, portanto, ao aplicador valer-se das fontes doutrinárias e jurisprudenciais para se orientar na matéria.

864. Princípios norteadores do direito intertemporal dos recursos

I – Normas gerais

Fornece-nos a doutrina os seguintes critérios para solucionar o conflito intertemporal das normas de processo sobre recursos:

1º – A recorribilidade regula-se pela lei da data da sentença. "Os recursos não podem ser definidos senão pela lei em vigor no dia do julgamento."[234] Mais precisamente pela lei da data da publicação do julgado, já que é pela publicação que o decisório se integra ao processo e se torna suscetível de impugnação por recurso.[235]

---

[233] PONTES DE MIRANDA, Francisco Cavalcanti. *Comentários ao Código de Processo Civil* (de 1939). 2. ed. Rio de Janeiro: Forense, 1961, v. XV, p. 245. "A lei regente do recurso é a em vigor na data da publicação da sentença ou decisão" (Súmula 26 do TRF/1ª Região).

[234] ROUBIER, Paul. *Les conflits de lois dans le temps*. Paris: Recueil Sirey, 1929, v. II, p. 728; CASTRO, Amílcar de. *Comentários ao Código de Processo Civil* (de 1939). 2. ed. Rio de Janeiro: Forense, 1963, v. X, n. 593. "O direito ao recurso, com todos os seus predicamentos, é o da lei vigente na data em que é proferida a decisão, visto considerar-se direito adquirido o que 'o seu titular, ou alguém por ele possa exercer'" (Lei de Introdução às normas do Direito Brasileiro, art. 6º, § 2º) (TFR, Apel. Cív. 32.228, Rel. Min. Décio Miranda, *Rev. Lemi* 69/218); STJ, REsp 6.187/SP, Rel. Min. Nilson Naves, ac. 04.06.1991, *RF* 320/79; STJ, CComp. 1.133/RS, Rel. Min. Sálvio de Figueiredo Teixeira, ac. 11.03.1992, *LEX JSTJ* 39/22; STJ, 2ª T., REsp 1.205.159/ES, Rel. Min. Castro Meira, ac. 15.02.2011, *DJe* 28.02.2011.

[235] Em doutrina a tese dominante é no sentido de que o cabimento do recurso é regido pela lei do dia da publicação da sentença (NERY JUNIOR, Nelson. *Teoria geral dos recursos*: princípios fundamentais. 6. ed. São Paulo: RT, 2004, p. 493; WAMBIER, Luiz Rodrigues; WAMBIER, Teresa Arruda Alvim; MEDINA, José Miguel Garcia. *Breves comentários à nova sistemática processual civil*. 2. ed. São Paulo: RT, 2006, p. 291-292; CRAMER, Ronaldo. Comentários ao art. 1.046. In: WAMBIER, Teresa Arruda Alvim; DIDIER JR., Fredie; TALAMINI, Eduardo; DANTAS, Bruno. *Breves comentários ao novo Código de Processo Civil*. São Paulo: RT, 2015, p. 2.362). A jurisprudência não tem sido uniforme sobre a lei de regência do procedimento, embora se entenda que a admissibilidade do recurso é sempre regulada pela lei da data da publicação do decisório. O melhor entendimento é o defendido por Barbosa Moreira, para quem, se o recurso foi alterado, mas não extinto, não tem sentido subtraí-lo do procedimento novo, sob pena de impor-se um longo e injustificável período de ultratividade à norma velha (*Comentários ao Código de Processo Civil*. 7. ed. Rio de Janeiro: Forense, 1998, v. V, p. 266-267). De fato, se o regime de direito intertemporal processual é o da incidência imediata da lei nova, inclusive sobre os processos

A fixação do dia da publicação requer um esclarecimento: publicação não se confunde com intimação. Pela *publicação* o ato judicial passa a integrar o processo, que é todo ele, e em todos os momentos, público, para todos os efeitos de direito (CF, art. 93, IX; CPC/2015, art. 11). Não é a *intimação* que provoca a inserção da decisão no processo. Serve ela apenas para dar início à contagem do prazo de interposição do recurso cabível. Não é insubstituível, nem mesmo nessa função específica, pois a ciência inequívoca da parte interessada acerca do decisório faz as vezes da intimação e determina, desde logo, a abertura do prazo de recurso.[236] Por isso mesmo, o atual Código superou qualquer dúvida acaso existente, declarando tempestivo o recurso interposto antes da abertura formal do respectivo prazo, por meio da intimação (art. 218, § 4º).

Enfim, a decisão *existe*, para os fins de direito, desde que *publicada* no processo, mesmo que as partes ainda não tenham sido *intimadas*. É por essa razão que, em direito intertemporal, vigora o princípio de que o recurso cabível é aquele regulado pela lei do tempo da *publicação* do ato a impugnar. Irrelevante é, nessa perspectiva, a data em que se efetivou a intimação das partes.[237]

Duas consequências do princípio: *a)* se a lei nova concedeu recurso que não cabia no Código revogado, a decisão permanece irrecorrível; *b)* se houve no Código atual supressão de recurso admissível pelo sistema revogado, continua interponível o recurso, desde, é claro, que o prazo para impugnação não tenha se esgotado antes da vigência da nova lei.[238]

2º – Se a recorribilidade define-se pela lei do tempo da publicação do decisório, também o prazo para a interposição do recurso, uma vez iniciado, "não poderá ser alterado pela lei nova e será regido integralmente pela lei revogada".[239]

3º – O processamento e julgamento dos recursos substituídos ou extintos deverão se concretizar sob a égide da lei da data da sentença. Ex.: o recurso de embargos infringentes, hoje extinto, mas ainda pendente, será julgado de acordo com o Código de 1973. O agravo contra decisão local de inadmissão do recurso extraordinário ou especial, cujo regime foi alterado pela Lei nº 13.256/2016, para o de agravo interno, continuará sendo processado e julgado nos termos da lei vigente ao tempo de sua interposição.

4º – O procedimento alterado para os recursos mantidos, todavia, ficará subordinado à lei nova, já que se trata de simples aplicação do princípio da imediata incidência das leis processuais.[240] Não há direito adquirido a formas processuais.[241]

---

em andamento, não há razão para deixar de aplicar o procedimento novo ao recurso interposto ao tempo da lei anterior. Para o STJ, tem prevalecido o entendimento de que "o recurso rege-se pela lei do tempo em que proferida a decisão, assim considerada nos órgãos colegiados a *data da sessão de julgamento* em que anunciado pelo Presidente o resultado, nos termos do art. 556 do Código de Processo Civil [art. 941, *caput*, do CPC/2015]. É nesse momento que nasce o direito subjetivo à impugnação" (g.n.) (STJ, Corte Especial, EREsp 649.526/MG, Rel. Min. Carlos Alberto Menezes Direito, ac. 15.06.2005, *DJU* 13.02.2006, p. 643).

[236] Ver, *retro*, o item 742.

[237] Já na vigência do CPC/2015, o STJ assentou o seguinte: "(...) o cabimento e o regime recursal devem ser regidos, na hipótese, pela lei vigente ao tempo da proclamação do resultado do julgamento" (STJ, 3ª T., REsp 1.720.309/RJ, Rel. Min. Nancy Andrighi, ac. 07.08.2018, *DJe* 09.08.2018). No mesmo sentido: STJ, 2ª T., REsp 1.846.670/PR, Rel. Min. Herman Benjamin, ac. 17.12.2019, *DJe* 19.12.2019.

[238] BARBOSA MOREIRA, José Carlos. *Comentários ao Código de Processo Civil*. 11. ed. Rio de Janeiro: Forense, 2003, v. V, n. 150-151.

[239] CRAMER, Ronaldo. Comentários ao art. 1.046. In: WAMBIER, Teresa Arruda Alvim; DIDIER JR., Fredie; TALAMINI, Eduardo; DANTAS, Bruno. *Breves comentários ao novo Código de Processo Civil*. São Paulo: RT, 2015, p. 2.363.

[240] BARBOSA MOREIRA, José Carlos. *Comentários ao Código de Processo Civil*. 11. ed. Rio de Janeiro: Forense, 2003, v. V, n. 150-151.

[241] LOPES DA COSTA, Alfredo Araújo. *Direito processual civil brasileiro*. 2. ed. Rio de Janeiro: Forense, 1959, vol. I, n. 278.

5º – A competência, também, é de imediata observância. O recurso pendente perante um órgão que perdeu a respectiva competência terá que ser encaminhado àquele que se tornou competente perante o atual Código.[242]

6º – A dilatação de prazos da lei nova não se aplica aos recursos cabíveis contra as sentenças proferidas no regime do Código anterior.[243]

7º – Os efeitos do recurso regulam-se pelo Código atual. Assim, o recurso que passou pela lei nova a ter apenas o efeito devolutivo, dará lugar à execução provisória, ainda que interposto na vigência do sistema anterior, no qual vigorava também o efeito suspensivo.

8º – A extinção da remessa necessária faz desaparecer a competência do tribunal de segundo grau para o reexame da sentença. Incide imediatamente, impedindo o julgamento dos casos pendentes. É o que se passa com as sentenças condenatórias dentro dos valores ampliados pelo § 3º do art. 496 do CPC/2015 para supressão do duplo grau obrigatório. Os processos que versem sobre valores inferiores aos novos limites serão simplesmente devolvidos ao juízo de primeiro grau, cuja sentença terá se tornado definitiva pelo sistema do atual Código, ainda que proferida anteriormente à sua vigência.[244]

II – Observações particulares sobre o agravo de instrumento

A propósito do agravo de instrumento, que sofreu significativas alterações no regime do atual Código, Antônio Notariano Júnior e Gilberto Gomes Bruschi[245] fazem interessantes observações de direito intertemporal, das quais reputamos mais importantes as seguintes:

a) De acordo com o princípio *tempus regit actum*, é a data da intimação da decisão interlocutória que determinará se o agravo de instrumento estará sujeito ao regime do Código de 1973 ou ao do Código de 2015.

b) Se o CPC/2015 entrou em vigor quando o recurso já estava interposto, ou já era interponível, será processado e julgado segundo a lei do tempo da propositura do agravo ou da intimação da decisão agravável, ainda que a lei nova o tenha abolido.

c) Se a decisão for proferida em audiência, durante a *vacatio legis* do CPC/2015, continuará sujeita a agravo retido, na forma oral, tal como prevê o CPC/1973.

d) Se a decisão tiver sido proferida durante a *vacatio legis* e não for atacada por agravo retido, em caso de ser este o previsto pelo CPC/1973, não poderá ser objeto de questionamento em preliminar da apelação ou das contrarrazões.

e) Se o agravo foi interposto no regime do CPC/1973, mas o relator só o examinou na vigência do Código atual, não será cabível convertê-lo em agravo retido, recurso já então inexistente. Terá de ser julgado pelo mérito, na forma do CPC/2015.

f) Já com relação à decisão do relator a propósito do efeito suspensivo ou antecipatório, que era irrecorrível ao tempo do CPC/1973, ficará sujeita ao agravo interno, se pronunciada após a entrada em vigor do CPC/2015.

Uma só ressalva é de ser feita: onde os autores falam em "data da intimação" do ato decisório, para determinação do regime do recurso interponível, deve-se entender "data da publicação" do referido ato, como antes já esclarecemos.

---

[242] BARBOSA MOREIRA, José Carlos. *Comentários ao Código de Processo Civil*. 11. ed. Rio de Janeiro: Forense, 2003, v. V, n. 150-151 CARNELUTTI, Francesco. *Sistema di diritto processuale civile*. Padova: CEDAM, 1936, v. I, p. 98.

[243] LACERDA, Galeno. *O novo direito processual civil e os feitos pendentes*. Rio de Janeiro: Forense, 1974, p. 85.

[244] LACERDA, Galeno. *O novo direito processual civil e os feitos pendentes*. Rio de Janeiro: Forense, 1974, p. 82.

[245] NOTARIANO JR., Antônio; BRUSCHI, Gilberto Gomes. *Agravo contra as decisões do primeiro grau*. São Paulo: Método, 2015, p. 131-133.

III – Observações particulares sobre os embargos de declaração

Os embargos de declaração correspondem a um recurso de aprimoramento, e não de reforma da decisão questionada. Entretanto, ao eliminar contradição, suprir omissão ou corrigir erro material (art. 1.022, *caput*), pode, eventualmente, acarretar modificação da decisão embargada (art. 1.024, § 4º). Sendo assim, o recurso principal pode ser, por exemplo, contra uma sentença publicada na vigência da lei velha, enquanto os embargos de declaração só vieram a ser julgados na vigência da lei nova. Qual seria, na espécie, o regime a observar quanto à apelação [ou qualquer outro recurso] a ser interposta, após os declaratórios? Deve-se, antes de tudo, verificar *in concreto* quais foram os efeitos da decisão dos embargos sobre a sentença embargada:

(a) se os declaratórios nada alteraram na decisão embargada, o regime do recurso principal continuará sendo o da lei do tempo da sentença, já que nenhuma substituição de julgado teria ocorrido;

(b) mas, se o julgamento dos embargos tiver provocado alterações no conteúdo da sentença, terá ocorrido substituição do decisório velho pelo novo (art. 1.008). Nessa hipótese, o regime de cabimento e processamento do recurso principal será o do tempo da decisão dos declaratórios.[246]

IV – Instruções administrativas do STJ

Antes da entrada em vigor do atual Código, o STJ, para orientar a aplicação do direito intertemporal no campo das inovações verificadas em matéria de recursos, editou, administrativamente, por deliberação do Pleno, alguns enunciados. Todos eles procuram cumprir o princípio *tempus regit actum* (ver, adiante, o item 865-II).

---

[246] TST, Subseção I, Pr. nº TST-E-ED-Ag-RR 36200-18.2014.5.13.0005, Rel. Min. Aloysio Corrêa da Veiga, ac. 28.04.2016. http://www.tst.jus.br/validador sob código 100127CIC82807CA15. Para Dinamarco, entretanto, o recurso principal terá sempre por alvo "o acórdão aclarado e só em segundo plano o aclarador; o direito de opô-lo será, como sempre, regido pela lei do tempo da publicação do acórdão e não pela nova" (DINAMARCO, Cândido Rangel. *A reforma da reforma*. 6. ed. São Paulo: Malheiros, 2003, p. 208).

§ 91. DISPOSIÇÕES FINAIS E TRANSITÓRIAS

865. Direito intertemporal

I – Sistema adotado pelo CPC/2015

O art. 1.045 do CPC/2015 fixou o prazo de um ano para a *vacatio legis*, como determina o art. 8º, § 2º, da Lei Complementar nº 95/1998, que dispõe sobre a elaboração, a redação, a alteração e a consolidação das leis. Como a Lei nº 13.105/2015 foi publicada no *Diário Oficial da União* em 17.03.2015, o atual Código entrou em vigor no dia 18.03.2016.[247]

Ao iniciar sua vigência, as normas do CPC/2015 se aplicarão, desde logo, a todos os processos pendentes, ficando revogado o Código de 1973 (Lei nº 5.869) (art. 1.046, *caput*). É a aplicação da regra segundo a qual *tempus regit actum*, vale dizer, a lei processual nova aplica-se imediatamente aos processos em curso,[248] mas sem efeito retroativo, uma vez que serão respeitados os atos processuais praticados anteriormente.[249] Essa norma, porém, não foi adotada de modo absoluto pelo CPC/2015, que fez as seguintes ressalvas:

(a) as disposições do CPC/1973 relativas ao procedimento sumário e aos procedimentos especiais que forem revogadas continuarão a ser aplicadas às ações propostas e não sentenciadas até o início da vigência do CPC/2015 (art. 1.046, § 1º);

(b) permanecem em vigor as disposições especiais dos procedimentos regulados em outras leis, aos quais se aplicará supletivamente o atual Código (§ 2º).

Com relação àqueles procedimentos mencionados no art. 1.218 do CPC/1973 que ainda não tiverem sido incorporados por lei especial ou pelo próprio CPC/2015 – como as arribadas forçadas, os protestos formados a bordo –, submeter-se-ão ao procedimento comum previsto na nova legislação (§ 3º).

Como naturalmente não há correspondência numérica exata entre os dispositivos do Código de 1973 e do atual, as remissões que alguma lei extravagante façam àquele deverão ser entendidas como relacionadas aos artigos equivalentes no texto do CPC/2015, se houver (§ 4º).

---

[247] "Observando o disposto na Lei n. 810/1.949 c/c Lei Complementar 95/1.998, a vigência do novo Código de Processo Civil, instituído pela Lei n. 13.105, de 16 de março de 2015, iniciou-se em 18 de março de 2016 (Enunciado Administrativo n. 1, aprovado pelo Plenário do Superior Tribunal de Justiça em 2/3/2016)" (STJ, 4ª T. AgInt no AREsp 1.339.922/SC, Rel. Min. Luís Felipe Salomão, ac. 19.03.2019, *DJe* 26.03.2019).

[248] "Ocorre que, por mais que a lei processual seja aplicada imediatamente aos processos pendentes, deve-se ter conhecimento que o processo é constituído por inúmeros atos. Tal entendimento nos leva à chamada 'Teoria dos Atos Processuais Isolados', em que cada ato deve ser considerado separadamente dos demais para o fim de se determinar qual a lei que o rege, recaindo sobre ele a preclusão consumativa, ou seja, a lei que rege o ato processual é aquela em vigor no momento em que ele é praticado. Seria a aplicação do Princípio *tempus regit actum*. Com base neste princípio, temos que a lei processual atinge o processo no estágio em que ele se encontra, onde a incidência da lei nova não gera prejuízo algum às parte, respeitando-se a eficácia do ato processual já praticado. Dessa forma, a publicação e entrada em vigor de nova lei só atingem os atos ainda por praticar, no caso, os processos futuros, não sendo possível falar em retroatividade da nova norma, visto que os atos anteriores de processos em curso não serão atingidos" (STJ, 1ª Seção, REsp 1.404.796/SP, Rel. Min. Mauro Campbell Marques, ac. 26.03.2014, *DJe* 09.04.2014).

[249] O princípio *tempus regit actum* aplica-se ao processo em curso, com as peculiaridades da técnica do *direito adquirido processual*, a qual, diante da lei nova, resguarda a eficácia dos atos praticados e situações consolidadas na vigência da lei velha. "Por isso é útil a noção de *direito adquirido processual*: a norma que incide é aquela em vigor no momento em que se adquire o direito à prática de um ato. Este há de ser praticado de acordo com a norma em vigor, não no momento em que será praticado, mas no momento em que foi gestado" (WAMBIER, Teresa Arruda Alvim et al. Direito intertemporal. In: *Temas essenciais do novo CPC*, cit., p. 636).

Por fim, para se cumprir o disposto no art. 12 do CPC/2015, que determina que os juízes obedeçam preferencialmente à ordem cronológica de conclusão para proferir sentença ou acórdão, estabelece o art. 1.046, § 5º, que, no início de vigência do atual Código, seja elaborada uma lista com os processos já conclusos, observando-se a antiguidade da distribuição.

II – Recursos e processos de competência originária dos tribunais

Preparando a entrada em vigor do CPC/2015, o plenário de STJ, em sessão realizada no dia 16.03.2016, estabeleceu alguns enunciados administrativos, destinados a definir importantes questões de direito intertemporal relacionadas com os recursos e processos de sua competência originária. São eles:

Recursos para o STJ

(a) *Enunciado nº 2*: "Aos recursos interpostos com fundamento no CPC/1973 (relativos a decisões publicadas até 17 de março de 2016) devem ser exigidos os requisitos de admissibilidade na forma nele prevista, com as interpretações dadas, até então, pela jurisprudência do Superior Tribunal de Justiça".

(b) *Enunciado nº 3*: "Aos recursos interpostos com fundamento no CPC/2015 (relativos a decisões publicadas a partir de 18 de março de 2016) serão exigidos os requisitos de admissibilidade recursal na forma do novo CPC".

(c) *Enunciado nº 5*: "Nos recursos tempestivos interpostos com fundamento no CPC/1973 (relativos a decisões publicadas até 17 de março de 2016), não caberá a abertura de prazo prevista no art. 932, parágrafo único, c/c o art. 1.029, § 3º, do novo CPC". Esse enunciado refere-se à necessidade de vista à parte para sanar vício do recurso (art. 932), e à desconsideração de vício formal do recurso, ou vista para a respectiva correção (art. 1.029).

(d) *Enunciado nº 6*: "Nos recursos tempestivos interpostos com fundamento no CPC/2015 (relativos a decisões publicadas a partir de 18 de março de 2016), somente será concedido o prazo previsto no art. 932, parágrafo único, c/c o art. 1.029, § 3º, do novo CPC para que a parte sane vício estritamente formal".

(e) *Enunciado nº 7*: "Somente nos recursos interpostos contra decisão publicada a partir de 18 de março de 2016, será possível o arbitramento de honorários sucumbenciais, na forma do art. 85, § 11, do novo CPC".

Nos cinco enunciados do STJ citados, além de prestigiar o princípio do *tempus regit actum*, teve-se o cuidado de especificar que o momento que determina o cabimento e o regime do recurso é a data da publicação do ato judicial, e não a da sua intimação às partes. Por publicação, na espécie, entende-se o momento em que a decisão integra o processo, seja pelo seu pronunciamento em audiência, seja pela juntada dos autos, pelo escrivão, do decisório elaborado pelo juiz em peça avulsa (ver, *retro*, o item 864-I).

Processos de competência originária do STJ

Enunciado nº 4: "nos feitos de competência civil originária e recursal do STJ, os atos processuais que vierem a ser praticados por julgadores, partes, Ministério Público, procuradores, serventuários e auxiliares da Justiça a partir de 18 de março de 2016, deverão observar os novos procedimentos trazidos pelo CPC/2015, sem prejuízo do disposto em legislação processual especial".

III – Procedimentos recursais

É aceito, de forma pacífica, que o recurso cabível é o da data da decisão que se pretende impugnar, conforme esclarecimentos já feitos no item 864, I, *retro*. Para Teresa Arruda Alvim Wambier, o direito adquirido ao recurso abrangeria não só os requisitos de admissibilidade, mas também todo o procedimento previsto na lei revogada para aquele recurso.[250] A nosso ver, porém, o direito adquirido se concentra apenas na definição do recurso e das exigências de seu cabimento. Não há, todavia, como preservar as regras de puro procedimento da lei velha para a tramitação ulterior ao juízo de admissibilidade. Afinal, está assente em direito intertemporal que não há direito adquirido a procedimento, incidindo, na espécie, o princípio geral da incidência imediata da lei nova. A não ser assim, a lei velha impediria a aplicação da nova legislação processual e eternizaria a vigência dos preceitos antigos em todos os procedimentos iniciados antes das normas inovadoras. O que é importante é distinguir os efeitos do direito adquirido processual (direito ao recurso) e a sujeição dos atos procedimentais isoláveis, praticáveis depois de admitido o recurso.

Nessa perspectiva, é interessante notar que os enunciados administrativos do STJ, anteriormente lembrados, só cuidam de preservar as regras de admissibilidade dos recursos aplicáveis na transição do regime do CPC/1973 para o CPC/2015. Nada impõem acerca do procedimento a ser desenvolvido já na vigência do atual Código, autorizando, assim, a conclusão de que, para os atos subsequentes, verificáveis no processamento do recurso admitido com base na lei antiga, prevalecerá a regra geral da aplicação imediata da lei nova (arts. 14 e 1.046, *caput*).

No caso de sentença publicada na vigência do CPC/1973, mas que se submeteu a embargos de declaração decididos no regime do CPC atual, decidiu o STJ que o prazo da apelação deve ser regido pela lei nova, já que ocorrida a interrupção provocada pelos embargos, o reinício do referido prazo só aconteceu na vigência do novo regime processual. Para todos efeitos, a sentença a recorrer está integrada pelos declaratórios, formando um único julgado, justificando, dessa maneira, a qualificação de decisão concluída e publicada, segundo a lei de sua prolação.[251]

IV – Honorários advocatícios sucumbenciais

A sucumbência, como entende o STJ, rege-se pela lei em vigor à data da sentença que a impõe,[252] ou seja, sendo contemporânea a vigência do CPC/1973, são as regras deste, relativas à verba honorária, que prevalecerão, ainda que, em grau de recurso, o julgamento venha a ocorrer depois que o CPC/2015 já estivesse vigorando.

866. Direito probatório

Com relação ao direito probatório, o CPC/2015 estabeleceu uma exceção à regra *tempus regit actum*, prevendo que as novas disposições sobre provas somente serão aplicadas àquelas requeridas ou determinadas de ofício a partir da data de início de sua vigência (CPC/2015, art. 1.047). Ou seja, o Código de 1973 continua a ser aplicado às provas requeridas ou determinadas de ofício antes da entrada em vigor da nova legislação.

867. Procedimento comum como regra geral

O atual Código previu como regra geral a utilização do procedimento comum. Por isso, sempre que a lei especial remeter a procedimento previsto na lei processual sem especificá-lo, será observado o procedimento comum regulado pelo CPC/2015 (art. 1.049, *caput*).

---

[250] WAMBIER, Teresa Arruda Alvim et al. Direito intertemporal, *cit.*, p. 637.
[251] STJ, 3ª T., REsp 1.691.373/MG, Rel. Min. Nancy Andrighi, ac. 04.12.2018, *DJe* 07.12.2018.
[252] STJ, 2ª T., AgInt no AREsp 1.572.214/PE, Rel. Min. Mauro Campbell Marques, ac. 10.03.2020, *DJe* 17.03.2020.

Tendo em vista que o procedimento sumário foi revogado pela nova legislação, se a lei especial remeter-se a ele, deverá ser observado o procedimento comum do CPC/2015, com as modificações previstas na própria lei especial, se houver (art. 1.049, parágrafo único).

868. Cadastramento das pessoas jurídicas públicas e privadas para efeito dos atos de comunicação processual por via eletrônica

O atual Código, para efeito de recebimento de citações e intimações, impôs às empresas públicas e privadas a obrigação de manter cadastro junto aos sistemas de processo em autos eletrônicos (CPC/2015, art. 246, § 1º). O art. 1.051 do Código atual concedeu o prazo de trinta dias, a contar da data de inscrição do ato constitutivo da pessoa jurídica, para que ela providencie o respectivo cadastro perante o juízo onde tenha sede ou filial. Para aquelas já existentes, o prazo, naturalmente, será contado a partir da entrada em vigor do Código de 2015. Ressalvou o dispositivo, contudo, as microempresas e as empresas de pequeno porte, que ficam liberadas do referido cadastramento (art. 1.051, parágrafo único).

A mesma obrigação foi também imposta à União, aos Estados, ao Distrito Federal e aos Municípios e às entidades da administração indireta (art. 246, § 2º), bem como ao Ministério Público, à Advocacia Pública e à Defensoria Pública (art. 270, parágrafo único), para que realizem o cadastramento junto ao Tribunal no qual atuem. A fim de dar cumprimento a essa determinação legal, o art. 1.050 do CPC/2015 estabeleceu o prazo de trinta dias, após a entrada em vigor da nova legislação, para que referidas instituições providenciem este cadastramento.

869. Execução contra devedor insolvente

O atual Código previu a futura edição de uma lei especial para regular a execução por quantia certa contra devedor insolvente. Entretanto, resguardou, no art. 1.052, que, enquanto não editada referida lei, permanecem vigentes as disposições do Livro II, Título IV, do Código de 1973 (arts. 748 a 786-A do CPC/1973).[253]

870. Atos processuais eletrônicos e certificação digital

A legislação atual, atentando-se à implantação do processo eletrônico no ordenamento jurídico, inseriu uma seção para disciplinar a prática eletrônica dos atos processuais (CPC/2015, arts. 193 a 199), explicitando que suas regras podem ser aplicadas, no que couber, também à prática de atos notariais e de registro. Entretanto, ressalvou que os atos processuais praticados por meio eletrônico até a transição definitiva para certificação digital ficam convalidados, ainda que não tenham observado os requisitos mínimos estabelecidos pelo CPC/2015, se: *(i)* tiverem atingido sua finalidade; e *(ii)* não tiverem causado prejuízo à defesa de qualquer das partes (art. 1.053).

Um problema gerado no plano do direito intertemporal é o referente à não aplicação do prazo em dobro para os litisconsortes representados por procuradores distintos, quando o processo for eletrônico. O § 2º do art. 229 do CPC/2015 dispõe que não haverá a contagem em dobro dos prazos nos autos eletrônicos. A jurisprudência, porém, já assentou que, enquanto perdurar o regime do Código de 1973, a contagem dupla prevista em seu art. 191 continuará a ser aplicada, ainda que o processo se desenvolva sob a forma eletrônica. O prazo simples para tais processos só se aplicará depois que a *vacatio legis* do CPC/2015 tiver sido ultrapassada.[254]

---

[253] "O processo de insolvência é autônomo, de cunho declaratório-constitutivo, e busca um estado jurídico para o devedor, com as consequências de direito processual e material, não podendo ser confundido com o processo de execução, em que a existência de bens é pressuposto de desenvolvimento do processo" (STJ, 3ª T., REsp 1.823.944/MS, Rel. Min. Nancy Andrighi, ac. 19.11.2019, *DJe* 22.11.2019).

[254] "Em respeito ao princípio da legalidade e à legítima expectativa gerada pelo texto normativo vigente, enquanto não houver alteração legal, aplica-se aos processos eletrônicos o disposto no art. 191, do CPC.

871. Trânsito em julgado de questões prejudiciais

O Código de 1973 entendia que as questões prejudiciais, por situarem-se como antecedentes lógicos da conclusão da sentença e não pertencerem imediatamente ao litígio deduzido em juízo, não eram abrangidas pelo dispositivo da sentença e, portanto, não ficavam abarcadas pela *res iudicata*. A solução da questão prejudicial, contudo, poderia, excepcionalmente, apresentar a eficácia da coisa julgada, quando a parte interessada requeresse a declaração incidental a que aludiam os arts. 5º, 325 e 470 do CPC/1973, porque, nesse caso, a lide teria sido ampliada para englobá-la, também, como uma de suas questões internas.

O atual Código alterou esse entendimento. Não existe mais a ação declaratória incidental. O que era tratado naquela extinta ação passa a ser uma pura alegação no curso do processo e se resolve na sentença, juntamente com o mérito da ação, por nele influir necessariamente. Assim, a legislação atual permite que a coisa julgada abranja a resolução de questão prejudicial, decidida expressa e incidentalmente, desde que observados os requisitos do art. 503, § 1º, do CPC/2015.[255]

Em razão da alteração substancial de entendimento, o atual Código previu uma regra de transição: a nova regulamentação da questão prejudicial somente se aplica aos processos iniciados após a vigência do CPC/2015, permanecendo aplicável aos anteriores o disposto nos arts. 5º, 325 e 470 do CPC/1973 (art. 1.054 do CPC/2015).

872. Depósito judicial

Com relação aos depósitos judiciais, o art. 1.058 do CPC/2015 estabeleceu que, quando houver recolhimento de importância em dinheiro, esta será depositada em nome da parte ou do interessado, em conta especial movimentada por ordem do juiz, nos termos do art. 840, I, do CPC/2015. Ou seja, as quantias deverão ser depositadas preferencialmente no Banco do Brasil, na Caixa Econômica Federal ou em banco do qual o Estado ou o Distrito Federal possua mais da metade do capital social integralizado. E, na falta desses estabelecimentos, em qualquer instituição de crédito designada pelo juiz. Sobre a inconstitucionalidade da imposição legal de que o depósito seja feito apenas em estabelecimento oficial, ver, retro, o item 396.

Está assente em jurisprudência sumulada do STJ que: *(i)* "o estabelecimento de crédito que recebe dinheiro, em depósito judicial, responde pelo pagamento da correção monetária relativa aos valores recolhidos" (Súmula nº 179); e que *(ii)* "a correção monetária dos depósitos judiciais independe de ação específica contra o banco depositário" (Súmula nº 271).[256] Além disso, "a correção monetária dos depósitos judiciais deve incluir os expurgos inflacionários".[257]

(...) A inaplicabilidade do prazo em dobro para litisconsortes representados por diferentes procuradores em processo digital somente ocorrerá a partir da vigência do novo Código de Processo Civil" (STJ, 3ª T., REsp 1.488.590/PR, Rel. Min. Ricardo Villas Bôas Cueva, ac. 14.04.2015, *DJe* 23.04.2015).

[255] "Art. 503. A decisão que julgar total ou parcialmente o mérito tem força de lei nos limites da questão principal expressamente decidida. § 1º O disposto no *caput* aplica-se à resolução de questão prejudicial, decidida expressa e incidentemente no processo, se: I – dessa resolução depender o julgamento do mérito; II – a seu respeito tiver havido contraditório prévio e efetivo, não se aplicando no caso de revelia; III – o juízo tiver competência em razão da matéria e da pessoa para resolvê-la como questão principal."

[256] "Para fins do art. 543-C do Código de Processo Civil [1973] fixa-se a seguinte tese: 'a correção monetária dos depósitos judiciais deve incluir os expurgos inflacionários'" (STJ, Corte Especial, REsp 1.131.360/RJ, Rel. p/ ac. Maria Thereza de Assis Moura, ac. 03.05.2017, *DJe* 30.06.2017). Nota: o artigo citado do CPC/1973 corresponde ao art. 1.036 do CPC/2015.

[257] STJ, Corte Especial, REsp 1.131.360/RJ, Rel. p/ ac. Min. Maria Thereza de Assis Moura, ac. 03.05.2017, *DJe* 30.06.2017.

A par da questão relativa à correção monetária, instalou-se discussão sobre a responsabilidade, ou não, do banco depositário pelos juros moratórios e compensatórios previstos no título executivo judicial ou extrajudicial. O problema foi enfrentado e solucionado, através de recurso repetitivo, pela Corte Especial do STJ, no sentido de que o depósito judicial por si só não afasta os efeitos da mora em que o devedor se acha incurso e, muito menos, os transfere para o depositário judicial:

> "... 8. Dessa maneira, considerando que o depósito judicial em garantia do Juízo – seja efetuado por iniciativa do devedor, seja decorrente de penhora de ativos financeiros – não implica imediata entrega do dinheiro ao credor, tampouco enseja quitação, não se opera a cessação da mora do devedor. Consequentemente, contra ele continuarão a correr os encargos previstos no título executivo, até que haja efetiva liberação em favor do credor".[258]

Por isso, se os índices de atualização e remuneração do depósito não cobrirem por inteiro a responsabilidade moratória do executado, este continuará sujeito ao pagamento da necessária complementação. No final da execução, o montante a ser levantado pelo credor será calculado respeitando a atualização e os juros, exatamente como previstos no título executivo. Deduzir-se-ão, porém, as verbas creditadas pelo banco na conta judicial a esse título. Enfim, o STJ alterou o teor do entendimento firmado no Tema 677, fixando-lhe a seguinte redação:

> "Na execução, o depósito efetuado a título de garantia do juízo ou decorrente da penhora de ativos financeiros não isenta o devedor do pagamento dos consectários de sua mora, conforme previstos no título executivo, devendo-se, quando da efetiva entrega do dinheiro ao credor, deduzir do montante final devido o saldo da conta judicial".[259]

873. Custas devidas à União, na Justiça Federal

O art. 1.060 do CPC/2015 alterou a redação do art. 14, II, da Lei nº 9.289/1996, adequando-o aos §§ 1º a 7º do art. 1.007 do Código. Assim, a nova redação do art. 14, II de referida lei é a seguinte: "aquele que recorrer da sentença adiantará a outra metade das custas, comprovando o adiantamento no ato de interposição do recurso, sob pena de deserção, observado o disposto nos §§ 1º a 7º, do art. 1.007, do CPC" (ver item nº 752, *retro*).

874. Procedimentos dos juizados especiais cíveis

Os arts. 1.062 a 1.066 do CPC/2015 regulam os procedimentos dos juizados especiais cíveis que foram atingidos pela nova legislação. Assim, deve-se ressaltar que:

(a) o incidente de desconsideração da personalidade jurídica, previsto nos arts. 133 a 137 do CPC/2015, aplica-se ao processo de competência dos juizados especiais (art. 1.062);

(b) uma vez que o procedimento sumário foi extinto pela nova legislação, o art. 1.063 do CPC/2015 previa que, *até a edição de lei específica*, os juizados especiais cíveis continuariam competentes para o processamento e julgamento das causas previstas no

---

[258] STJ, Corte Especial, REsp 1.820.963/SP – recurso repetitivo, Rel. Min. Nancy Andrighi, ac. 19.10.2022, *DJe* 16.12.2022.

[259] STJ, Corte Especial, REsp 1.820.963/SP – recurso repetitivo, Rel. Min. Nancy Andrighi, ac. 19.10.2022, *DJe* 16.12.2022.

art. 275, II, do CPC/1973. Ou seja, aqueles juizados continuariam tendo competência para julgar as causas, qualquer que fosse o valor: de arrendamento rural e de parceria agrícola; de cobrança ao condômino de quaisquer quantias devidas ao condomínio; de ressarcimento por danos em prédio urbano ou rústico; de ressarcimento por danos causados em acidente de veículo terrestre; de cobrança de seguro, relativamente aos danos causados em acidente de veículo, ressalvado o disposto em legislação especial; que versem sobre revogação de doação. Tinha-se, diante da previsão de uma posterior legislação definitiva sobre o tema, que a competência dos juizados especiais cíveis para as ações de procedimento sumário teria sido mantida apenas provisoriamente. O texto do art. 1.063, todavia, foi alterado pela Lei nº 14.976, de 18.09.2024, para deixar claro que a referida competência continua vigente, independentemente de qualquer legislação reguladora da matéria;

(c) o art. 48 da lei dos juizados especiais foi alterado para adequar as hipóteses de cabimento dos embargos de declaração desta lei àquelas do regime do CPC/2015, de modo a uniformizá-las. Destarte, serão cabíveis embargos de declaração contra sentença ou acórdão proferido pelos juizados especiais, nos casos previstos no CPC (art. 1.064). Ou seja, obscuridade, contradição, omissão ou erro material;

(d) nessa mesma linha, os embargos de declaração opostos nos juizados especiais cíveis passam a contar, expressamente, com o efeito interruptivo do prazo de interposição de recurso (art. 1.065). Alterou-se, destarte, o art. 50 da Lei nº 9.099/1995;

(e) o procedimento de embargos de declaração foi estendido ao procedimento penal sumaríssimo previsto na Lei nº 9.099/1995 (art. 1.066).

875. Embargos de declaração da Justiça Eleitoral

O CPC/2015 também modificou as regras do Código Eleitoral (Lei nº 4.737/1965), a fim de unificar o procedimento de embargos de declaração. Assim, o art. 275 daquela lei especial passa a ter a seguinte redação:

> "Art. 275. São admissíveis embargos de declaração nas hipóteses previstas no Código de Processo Civil.
>
> § 1º Os embargos de declaração serão opostos no prazo de 3 (três) dias, contado da data de publicação da decisão embargada, em petição dirigida ao juiz ou relator, com a indicação do ponto que lhes deu causa.
>
> § 2º Os embargos de declaração não estão sujeitos a preparo.
>
> § 3º O juiz julgará os embargos em 5 (cinco) dias.
>
> § 4º Nos tribunais:
>
> I – o relator apresentará os embargos em mesa na sessão subsequente, proferindo voto;
>
> II – não havendo julgamento na sessão referida no inciso I, será o recurso incluído em pauta;
>
> III – vencido o relator, outro será designado para lavrar o acórdão.
>
> § 5º Os embargos de declaração interrompem o prazo para a interposição de recurso.
>
> § 6º Quando manifestamente protelatórios os embargos de declaração, o juiz ou o tribunal, em decisão fundamentada, condenará o embargante a pagar ao embargado multa não excedente a 2 (dois) salários mínimos.

§ 7º Na reiteração de embargos de declaração manifestamente protelatórios, a multa será elevada a até 10 (dez) salários mínimos".

876. Alteração do Código Civil

O CPC/2015, além de revogar alguns dispositivos do Código Civil, alterou o texto dos arts. 274 e 2.027, *caput*, para dar-lhes redação mais clara. Assim, segundo o art. 1.068 do CPC/2015, referidos dispositivos passam a ter a seguinte redação:

"Art. 274. O julgamento contrário a um dos credores solidários não atinge os demais, mas o julgamento favorável aproveita-lhes, sem prejuízo de exceção pessoal que o devedor tenha direito de invocar em relação a qualquer deles".

"Art. 2.027. A partilha é anulável pelos vícios e defeitos que invalidam, em geral, os negócios jurídicos."

877. Conselho Nacional de Justiça

Prevê o art. 1.069 do CPC/2015 que o Conselho Nacional de Justiça promoverá, periodicamente, pesquisas estatísticas para avaliação da efetividade das normas previstas no Código. Essa regra visa à obtenção de dados para apurar a efetividade da nova legislação.

878. Uniformização do prazo para agravo previsto em lei especial ou em regimento interno de tribunal

O CPC/2015, buscando uniformizar procedimentos, estabeleceu que, havendo, em regimento interno de tribunal ou em lei especial, previsão de prazo distinto para a interposição de agravo, prevalecerá o estipulado pelo atual Código. Ou seja, será sempre de quinze dias o prazo para a interposição de qualquer agravo, inclusive o regimental (art. 1.070).

879. Instituição do reconhecimento extrajudicial de usucapião

A exemplo da desjudicialização do inventário, da partilha, da separação e do divórcio, ocorrida já à época do Código anterior, a lei nova autoriza o reconhecimento extrajudicial de usucapião, que se processará diretamente perante o cartório do registro de imóveis da comarca em que estiver situado o imóvel usucapiendo (CPC/2015, art. 1.071).

Para tanto, foi introduzido, pela Lei nº 13.105/2015 o art. 216-A à Lei de Registros Públicos (Lei nº 6.015/1973), com a seguinte redação alterada pela Lei nº 13.465/2017:

"Art. 216-A. Sem prejuízo da via jurisdicional, é admitido o pedido de reconhecimento extrajudicial de usucapião, que será processado diretamente perante o cartório do registro de imóveis da comarca em que estiver situado o imóvel usucapiendo, a requerimento do interessado, representado por advogado, instruído com:

I – ata notarial lavrada pelo tabelião, atestando o tempo de posse do requerente e de seus antecessores, conforme o caso e suas circunstâncias aplicando-se o disposto no art. 384 da Lei nº 13.105, de 16 de março de 2015 (Código de Processo Civil);

II – planta e memorial descritivo assinado por profissional legalmente habilitado, com prova de anotação de responsabilidade técnica no respectivo conselho de fiscalização profissional, e pelos titulares de direitos registrados ou averbados na matrícula do imóvel usucapiendo ou na matrícula dos imóveis confinantes;

III – certidões negativas dos distribuidores da comarca da situação do imóvel e do domicílio do requerente;

IV – justo título ou quaisquer outros documentos que demonstrem a origem, a continuidade, a natureza e o tempo da posse, tais como o pagamento dos impostos e das taxas que incidirem sobre o imóvel.

§ 1º O pedido será autuado pelo registrador, prorrogando-se o prazo da prenotação até o acolhimento ou a rejeição do pedido.

§ 2º Se a planta não contiver a assinatura de qualquer um dos titulares de direitos registrados ou averbados na matrícula do imóvel usucapiendo ou na matrícula dos imóveis confinantes, o titular será notificado pelo registrador competente, pessoalmente ou pelo correio com aviso de recebimento, para manifestar consentimento expresso em quinze dias, interpretado o silêncio como concordância.

§ 3º O oficial de registro de imóveis dará ciência à União, ao Estado, ao Distrito Federal e ao Município, pessoalmente, por intermédio do oficial de registro de títulos e documentos, ou pelo correio com aviso de recebimento, para que se manifestem, em 15 (quinze) dias, sobre o pedido.

§ 4º O oficial de registro de imóveis promoverá a publicação de edital em jornal de grande circulação, onde houver, para a ciência de terceiros eventualmente interessados, que poderão se manifestar em 15 (quinze) dias.

§ 5º Para a elucidação de qualquer ponto de dúvida, poderão ser solicitadas ou realizadas diligências pelo oficial de registro de imóveis.

§ 6º Transcorrido o prazo de que trata o § 4º deste artigo, sem pendência de diligências na forma do § 5º deste artigo e achando-se em ordem a documentação, o oficial de registro de imóveis registrará a aquisição do imóvel com as descrições apresentadas, sendo permitida a abertura de matrícula, se for o caso.

§ 7º Em qualquer caso, é lícito ao interessado suscitar o procedimento de dúvida, nos termos desta Lei.

§ 8º Ao final das diligências, se a documentação não estiver em ordem, o oficial de registro de imóveis rejeitará o pedido.

§ 9º A rejeição do pedido extrajudicial não impede o ajuizamento de ação de usucapião.

§ 10. Em caso de impugnação justificada do pedido de reconhecimento extrajudicial de usucapião, o oficial de registro de imóveis remeterá os autos ao juízo competente da comarca da situação do imóvel, cabendo ao requerente emendar a petição inicial para adequá-la ao procedimento comum, porém, em caso de impugnação injustificada, esta não será admitida pelo registrador, cabendo ao interessado o manejo da suscitação de dúvida nos moldes do art. 198 desta Lei.

§ 11. No caso de o imóvel usucapiendo ser unidade autônoma de condomínio edilício, fica dispensado consentimento dos titulares de direitos reais e outros direitos registrados ou averbados na matrícula dos imóveis confinantes e bastará a notificação do síndico para se manifestar na forma do § 2º deste artigo.

§ 12. Se o imóvel confinante contiver um condomínio edilício, bastará a notificação do síndico para o efeito do § 2º deste artigo, dispensada a notificação de todos os condôminos.

§ 13. Para efeito do § 2º deste artigo, caso não seja encontrado o notificando ou caso ele esteja em lugar incerto ou não sabido, tal fato será certificado pelo registrador, que deverá promover a sua notificação por edital mediante publicação, por duas vezes, em jornal local de grande circulação, pelo prazo de quinze dias cada um, interpretado o silêncio do notificando como concordância.

§ 14. Regulamento do órgão jurisdicional competente para a correição das serventias poderá autorizar a publicação do edital em meio eletrônico, caso em que ficará dispensada a publicação em jornais de grande circulação.

§ 15. No caso de ausência ou insuficiência dos documentos de que trata o inciso IV do *caput* deste artigo, a posse e os demais dados necessários poderão ser comprovados em procedimento de justificação administrativa perante a serventia extrajudicial, que obedecerá, no que couber, ao disposto no § 5º do art. 381 e ao rito previsto nos arts. 382 e 383 da Lei nº 13.105, de 16 março de 2015 (Código de Processo Civil)".

879-A. Alguns detalhes do procedimento extrajudicial de reconhecimento de usucapião

Essa nova modalidade de procedimento administrativo não exclui a opção do interessado pelo reconhecimento em processo judicial (art. 216-A, *caput*). Mesmo depois de rejeitado o pedido extrajudicial, permanecerá aberta a possibilidade de recorrer à jurisdição comum (art. 216-A, § 9º).

Ressalte-se, contudo, que o sucesso do requerimento na via administrativa pressupõe expressa anuência de todos os interessados, isto é, daquele em cujo nome o imóvel esteja registrado, dos proprietários dos imóveis confinantes, daqueles que tenham direitos averbados na matrícula do imóvel usucapiendo e dos que com ele confinem, e ainda dos entes públicos relacionados no § 3º do art. 216-A da LRP. Basta que um deles, ou um terceiro interessado, impugne o requerimento, para que o procedimento seja encerrado pelo oficial do registro de imóveis e os autos sejam encaminhados ao juiz competente (art. 216-A, § 10).

Se a planta não contiver a assinatura de qualquer um dos interessados indicados no inciso II do art. 216-A, o registrador promoverá sua notificação pessoal, para manifestar em quinze dias. Seu silêncio será interpretado como concordância (art. 216-A, § 2º, com redação da Lei nº 13.465/2017).

O reconhecimento extrajudicial autorizado pelo art. 216-A da Lei 6.015/1973 aplica-se a qualquer das modalidades de usucapião previstas no direito brasileiro. Ressalva-se apenas a chamada "usucapião administrativa" regulada pela Lei nº 11.977/2009, que se funda em "título de legitimação de posse" e em "alto de demarcação urbanística". Para essa particular modalidade de usucapião urbana, que também se processa administrativamente, a lei reguladora prevê procedimento específico.[260]

Só a usucapião de *bens imóveis* admite reconhecimento na forma do art. 216-A da Lei dos Registros Públicos, a qual, porém, poderá versar sobre a usucapião ordinária ou extraordinária, sobre a usucapião especial urbana individual ou coletiva, a usucapião especial rural, a usucapião indígena e a usucapião familiar. Quanto aos requisitos, observar-se-ão aqueles exigidos pela legislação própria a cada modalidade (Código Civil, Estatuto da Cidade etc.).

A petição, endereçada ao Oficial do Registro de Imóveis da situação do bem usucapiendo, deverá ser instruída com a necessária documentação e subscrita por advogado. Entre outras

---

[260] GAMA, Guilherme Calmon Nogueira da. Reconhecimento extrajudicial da usucapião e o novo Código de Processo Civil. *Revista de Processo*, v. 259, p. 387 e p. 395-396.

peças, é importante a *ata notarial*, por meio da qual serão demonstrados o tempo e a qualificação da posse. Indispensáveis também são a planta e o memorial descritivo firmados por profissional habilitado.[261]

Estando em ordem a documentação produzida pelo requerente, e inexistindo qualquer impugnação, o reconhecimento da aquisição da propriedade por usucapião será objeto de decisão administrativa do Oficial do Registro de Imóveis, seguindo-se o registro na matrícula já existente ou procedendo-se à abertura de matrícula, se for o caso (art. 216-A, § 6º, Lei 6.015).

Ao contrário, se o Oficial do Registro de Imóveis se convencer de que não restou suficientemente demonstrada a ocorrência da usucapião, o requerimento será rejeitado em decisão administrativa, sem possibilidade de recurso. Esse indeferimento é definitivo e não se confunde com a suscitação de dúvida a ser solucionada pelo juiz (art. 216-A, § 7º). Não faz, entretanto, coisa julgada, de modo que o interessado não fica impedido de propor em juízo a ação de usucapião (art. 216-A, § 9º).

Ocorrendo impugnação por qualquer um dos notificados, o Oficial do Registro de Imóveis não terá poder para solucioná-la. Remeterá os autos ao juízo competente, e o procedimento administrativo se converterá em judicial (art. 216-A, § 10).

880. Revogação de disposições existentes em outras leis

O art. 1.072 do CPC/2015 revogou os seguintes dispositivos existentes em outras leis:

(a) o art. 22 do Decreto-lei nº 25, de 30 de novembro de 1937, que organiza a proteção do patrimônio histórico e artístico nacional:

> "Art. 22. Em face da alienação onerosa de bens tombados, pertencentes a pessôas naturais ou a pessôas jurídicas de direito privado, a União, os Estados e os municípios terão, nesta ordem, o direito de preferência.
>
> § 1º Tal alienação não será permitida, sem que prèviamente sejam os bens oferecidos, pelo mesmo preço, à União, bem como ao Estado e ao município em que se encontrarem. O proprietário deverá notificar os titulares do direito de preferência a usá-lo, dentro de trinta dias, sob pena de perdê-lo.
>
> § 2º É nula alienação realizada com violação do disposto no parágrafo anterior, ficando qualquer dos titulares do direito de preferência habilitado a sequestrar a coisa e a impôr a multa de vinte por cento do seu valor ao transmitente e ao adquirente, que serão por ela solidariamente responsáveis. A nulidade será pronunciada, na forma da lei, pelo juiz que conceder o sequestro, o qual só será levantado depois de paga a multa e se qualquer dos titulares do direito de preferência não tiver adquirido a coisa no prazo de trinta dias.
>
> § 3º O direito de preferência não inibe o proprietário de gravar livremente a coisa tombada, de penhor, anticrese ou hipoteca.
>
> § 4º Nenhuma venda judicial de bens tombados se poderá realizar sem que, previamente, os titulares do direito de preferência sejam disso notificados judicialmente, não podendo os editais de praça ser expedidos, sob pena de nulidade, antes de feita a notificação.

---

[261] Gama entende ser recomendável a manifestação do Ministério Público, embora não haja previsão expressa a respeito no art. 216-A da Lei nº 6.015 (GAMA, Guilherme Calmon Nogueira da. Reconhecimento extrajudicial da usucapião e o novo Código de Processo Civil. *Revista de Processo*, v. 259, p. 399).

§ 5º Aos titulares do direito de preferência assistirá o direito de remissão, se dela não lançarem mão, até a assinatura do auto de arrematação ou até a sentença de adjudicação, as pessôas que, na forma da lei, tiverem a faculdade de remir.

§ 6º O direito de remissão por parte da União, bem como do Estado e do município em que os bens se encontrarem, poderá ser exercido, dentro de cinco dias a partir da assinatura do auto de arrematação ou da sentença de adjudicação, não se podendo extraír a carta, enquanto não se esgotar êste prazo, salvo se o arrematante ou o adjudicante for qualquer dos titulares do direito de preferência".

(b) os arts. 227, *caput*, 229, 230, 456, 1.482, 1.483 e 1.768 a 1.773 da Lei nº 10.406, de 10 de janeiro de 2002 (Código Civil):

"Art. 227. Salvo os casos expressos, a prova exclusivamente testemunhal só se admite nos negócios jurídicos cujo valor não ultrapasse o décuplo do maior salário mínimo vigente no País ao tempo em que foram celebrados".

"Art. 229. Ninguém pode ser obrigado a depor sobre fato:

I – a cujo respeito, por estado ou profissão, deva guardar segredo;

II – a que não possa responder sem desonra própria, de seu cônjuge, parente em grau sucessível, ou amigo íntimo;

III – que o exponha, ou às pessoas referidas no inciso antecedente, a perigo de vida, de demanda, ou de dano patrimonial imediato."

"Art. 230. As presunções, que não as legais, não se admitem nos casos em que a lei exclui a prova testemunhal."

"Art. 456. Para poder exercitar o direito que da evicção lhe resulta, o adquirente notificará do litígio o alienante imediato, ou qualquer dos anteriores, quando e como lhe determinarem as leis do processo.

Parágrafo único. Não atendendo o alienante à denunciação da lide, e sendo manifesta a procedência da evicção, pode o adquirente deixar de oferecer contestação, ou usar de recursos."

"Art. 1.482. Realizada a praça, o executado poderá, até a assinatura do auto de arrematação ou até que seja publicada a sentença de adjudicação, remir o imóvel hipotecado, oferecendo preço igual ao da avaliação, se não tiver havido licitantes, ou ao do maior lance oferecido. Igual direito caberá ao cônjuge, aos descendentes ou ascendentes do executado."

"Art. 1.483. No caso de falência, ou insolvência, do devedor hipotecário, o direito de remição defere-se à massa, ou aos credores em concurso, não podendo o credor recusar o preço da avaliação do imóvel.

Parágrafo único. Pode o credor hipotecário, para pagamento de seu crédito, requerer a adjudicação do imóvel avaliado em quantia inferior àquele, desde que dê quitação pela sua totalidade."

"Art. 1.768. A interdição deve ser promovida:

I – pelos pais ou tutores;

II – pelo cônjuge, ou por qualquer parente;

III – pelo Ministério Público.

IV – (Vide Lei nº 13.146, de 2015)."

"Art. 1.769. O Ministério Público só promoverá interdição:

I – em caso de doença mental grave;

II – se não existir ou não promover a interdição alguma das pessoas designadas nos incisos I e II do artigo antecedente;

III – se, existindo, forem incapazes as pessoas mencionadas no inciso antecedente."

"Art. 1.770. Nos casos em que a interdição for promovida pelo Ministério Público, o juiz nomeará defensor ao suposto incapaz; nos demais casos o Ministério Público será o defensor."

"Art. 1.771. Antes de pronunciar-se acerca da interdição, o juiz, assistido por especialistas, examinará pessoalmente o arguido de incapacidade."

"Art. 1.772. Pronunciada a interdição das pessoas a que se referem os incisos III e IV do art. 1.767, o juiz assinará, segundo o estado ou o desenvolvimento mental do interdito, os limites da curatela, que poderão circunscrever-se às restrições constantes do art. 1.782."

"Art. 1.773. A sentença que declara a interdição produz efeitos desde logo, embora sujeita a recurso."

(c) os arts. 2º, 3º, 4º, 6º, 7º, 11, 12 e 17 da Lei nº 1.060, de 5 de fevereiro de 1950, que estabelece normas para a concessão de assistência judiciária aos necessitados:

"Art. 2º Gozarão dos benefícios desta Lei os nacionais ou estrangeiros residentes no país, que necessitarem recorrer à Justiça penal, civil, militar ou do trabalho.

Parágrafo único. Considera-se necessitado, para os fins legais, todo aquele cuja situação econômica não lhe permita pagar as custas do processo e os honorários de advogado, sem prejuízo do sustento próprio ou da família".

"Art. 3º A assistência judiciária compreende as seguintes isenções:

I – das taxas judiciárias e dos selos;

II – dos emolumentos e custas devidos aos Juízes, órgãos do Ministério Público e serventuários da justiça;

III – das despesas com as publicações indispensáveis no jornal encarregado da divulgação dos atos oficiais;

IV – das indenizações devidas às testemunhas que, quando empregados, receberão do empregador salário integral, como se em serviço estivessem, ressalvado o direito regressivo contra o poder público federal, no Distrito Federal e nos Territórios; ou contra o poder público estadual, nos Estados;

V – dos honorários de advogado e peritos;

VI – das despesas com a realização do exame de código genético – DNA que for requisitado pela autoridade judiciária nas ações de investigação de paternidade ou maternidade;

VII – dos depósitos previstos em lei para interposição de recurso, ajuizamento de ação e demais atos processuais inerentes ao exercício da ampla defesa e do contraditório.

Parágrafo único. A publicação de edital em jornal encarregado da divulgação de atos oficiais, na forma do inciso III, dispensa a publicação em outro jornal."

"Art. 4º A parte gozará dos benefícios da assistência judiciária, mediante simples afirmação, na própria petição inicial, de que não está em condições de pagar as custas do processo e os honorários de advogado, sem prejuízo próprio ou de sua família.

§ 1º Presume-se pobre, até prova em contrário, quem afirmar essa condição nos termos desta lei, sob pena de pagamento até o décuplo das custas judiciais.

§ 2º A impugnação do direito à assistência judiciária não suspende o curso do processo e será feita em autos apartados.

§ 3º A apresentação da carteira de trabalho e previdência social, devidamente legalizada, onde o juiz verificará a necessidade da parte, substituirá os atestados exigidos nos §§ 1º e 2º deste artigo."

"Art. 6º O pedido, quando formulado no curso da ação, não a suspenderá, podendo o juiz, em face das provas, conceder ou denegar de plano o benefício de assistência. A petição, neste caso, será autuada em separado, apensando-se os respectivos autos aos da causa principal, depois de resolvido o incidente."

"Art. 7º A parte contrária poderá, em qualquer fase da lide, requerer a revogação dos benefícios de assistência, desde que prove a inexistência ou o desaparecimento dos requisitos essenciais à sua concessão.

Parágrafo único. Tal requerimento não suspenderá o curso da ação e se processará pela forma estabelecida no final do artigo 6º desta Lei."

"Art. 11. Os honorários de advogados e peritos, as custas do processo, as taxas e selos judiciários serão pagos pelo vencido, quando o beneficiário de assistência for vencedor na causa.

§ 1º Os honorários do advogado serão arbitrados pelo juiz até o máximo de 15% (quinze por cento) sobre o líquido apurado na execução da sentença.

§ 2º A parte vencida poderá acionar a vencedora para reaver as despesas do processo, inclusive honorários do advogado, desde que prove ter a última perdido a condição legal de necessitada."

"Art. 12. A parte beneficiada pela isenção do pagamento das custas ficará obrigada a pagá-las, desde que possa fazê-lo, sem prejuízo do sustento próprio ou da família, se dentro de cinco anos, a contar da sentença final, o assistido não puder satisfazer tal pagamento, a obrigação ficará prescrita."

"Art. 17. Caberá apelação das decisões proferidas em consequência da aplicação desta lei; a apelação será recebida somente no efeito devolutivo quando a sentença conceder o pedido."

(d) os arts. 13 a 18, 26 a 29 e 38 da Lei nº 8.038, de 28 de maio de 1990, que institui normas procedimentais para os processos que especifica, perante o Superior Tribunal de Justiça e o Supremo Tribunal Federal:

"Art. 13. Para preservar a competência do Tribunal ou garantir a autoridade das suas decisões, caberá reclamação da parte interessada ou do Ministério Público.

Parágrafo único. A reclamação, dirigida ao Presidente do Tribunal, instruída com prova documental, será autuada e distribuída ao relator da causa principal, sempre que possível".

"Art. 14. Ao despachar a reclamação, o relator:

I – requisitará informações da autoridade a quem for imputada a prática do ato impugnado, que as prestará no prazo de dez dias;

II – ordenará, se necessário, para evitar dano irreparável, a suspensão do processo ou do ato impugnado."

"Art. 15. Qualquer interessado poderá impugnar o pedido do reclamante."

"Art. 16. O Ministério Público, nas reclamações que não houver formulado, terá vista do processo, por cinco dias, após o decurso do prazo para informações."

"Art. 17. Julgando procedente a reclamação, o Tribunal cassará a decisão exorbitante de seu julgado ou determinará medida adequada à preservação de sua competência."

"Art. 18. O Presidente determinará o imediato cumprimento da decisão, lavrando-se o acórdão posteriormente."

"Art. 26. Os recursos extraordinário e especial, nos casos previstos na Constituição Federal, serão interpostos no prazo comum de quinze dias, perante o Presidente do Tribunal recorrido, em petições distintas que conterão:

I – exposição do fato e do direito;

II – a demonstração do cabimento do recurso interposto;

III – as razões do pedido de reforma da decisão recorrida.

Parágrafo único. Quando o recurso se fundar em dissídio entre a interpretação da lei federal adotada pelo julgado recorrido e a que lhe haja dado outro Tribunal, o recorrente fará a prova da divergência mediante certidão, ou indicação do número e da página do jornal oficial, ou do repertório autorizado de jurisprudência, que o houver publicado."

"Art. 27. Recebida a petição pela Secretaria do Tribunal e aí protocolada, será intimado o recorrido, abrindo-se-lhe vista pelo prazo de quinze dias para apresentar contrarrazões.

§ 1º Findo esse prazo, serão os autos conclusos para admissão ou não do recurso, no prazo de cinco dias.

§ 2º Os recursos extraordinário e especial serão recebidos no efeito devolutivo.

§ 3º Admitidos os recursos, os autos serão imediatamente remetidos ao Superior Tribunal de Justiça.

§ 4º Concluído o julgamento do recurso especial, serão os autos remetidos ao Supremo Tribunal Federal para apreciação do recurso extraordinário, se este não estiver prejudicado.

§ 5º Na hipótese de o relator do recurso especial considerar que o recurso extraordinário é prejudicial daquele em decisão irrecorrível, sobrestará o seu julgamento e remeterá os autos ao Supremo Tribunal Federal, para julgar o extraordinário.

§ 6º No caso de parágrafo anterior, se o relator do recurso extraordinário, em despacho irrecorrível, não o considerar prejudicial, devolverá os autos ao Superior Tribunal de Justiça, para o julgamento do recurso especial."

"Art. 28. Denegado o recurso extraordinário ou o recurso especial, caberá agravo de instrumento, no prazo de cinco dias, para o Supremo Tribunal Federal ou para o Superior Tribunal de Justiça, conforme o caso.

§ 1º Cada agravo de instrumento será instruído com as peças que forem indicadas pelo agravante e pelo agravado, dele constando, obrigatoriamente, além das mencionadas no parágrafo único do art. 523 do Código de Processo Civil, o acórdão recorrido, a petição de interposição do recurso e as contrarrazões, se houver.

§ 2º Distribuído o agravo de instrumento, o relator proferirá decisão.

§ 3º Na hipótese de provimento, se o instrumento contiver os elementos necessários ao julgamento do mérito do recurso especial, o relator determinará, desde logo, sua inclusão em pauta, observando-se, daí por diante, o procedimento relativo àqueles recursos, admitida a sustentação oral.

§ 4º O disposto no parágrafo anterior aplica-se também ao agravo de instrumento contra denegação de recurso extraordinário, salvo quando, na mesma causa, houver recurso especial admitido e que deva ser julgado em primeiro lugar.

§ 5º Da decisão do relator que negar seguimento ou provimento ao agravo de instrumento, caberá agravo para o órgão julgador no prazo de cinco dias."

"Art. 29. É embargável, no prazo de quinze dias, a decisão da turma que, em recurso especial, divergir do julgamento de outra turma, da seção ou do órgão especial, observando-se o procedimento estabelecido no regimento interno."

"Art. 38. O Relator, no Supremo Tribunal Federal ou no Superior Tribunal de Justiça, decidirá o pedido ou o recurso que haja perdido seu objeto, bem como negará seguimento a pedido ou recurso manifestamente intempestivo, incabível ou, improcedente ou ainda, que contrariar, nas questões predominantemente de direito, Súmula do respectivo Tribunal."

(e) os arts. 16 a 18 da Lei nº 5.478, de 25 de julho de 1968, dispõem sobre ação de alimentos e dá outras providências:

"Art. 16. Na execução da sentença ou do acordo nas ações de alimentos será observado o disposto no artigo 734 e seu parágrafo único do Código de Processo Civil".

"Art. 17. Quando não for possível a efetivação executiva da sentença ou do acordo mediante desconto em folha, poderão ser as prestações cobradas de alugueres de prédios ou de quaisquer outros rendimentos do devedor, que serão recebidos diretamente pelo alimentando ou por depositário nomeado pelo juiz."

"Art. 18. Se, ainda assim, não for possível a satisfação do débito, poderá o credor requerer a execução da sentença na forma dos artigos 732, 733 e 735 do Código de Processo Civil."

(f) o art. 98, § 4º, da Lei nº 12.529, de 30 de novembro de 2011, que estrutura o Sistema Brasileiro de Defesa da Concorrência:

"Art. 98. (...)

§ 4º Na ação que tenha por objeto decisão do Cade, o autor deverá deduzir todas as questões de fato e de direito, sob pena de preclusão consumativa, reputando-se deduzidas todas as alegações que poderia deduzir em favor do acolhimento do pedido, não podendo o mesmo pedido ser deduzido sob diferentes causas de pedir em ações distintas, salvo em relação a fatos supervenientes."

881. Situação especial em relação ao Código Civil

Por fim, cumpre ressaltar uma situação peculiar ocorrida em razão da edição da Lei nº 13.146, de 6 de julho de 2015, que instituiu a Lei Brasileira de Inclusão da Pessoa com Deficiência (Estatuto da Pessoa com Deficiência). Referida legislação deu nova redação a alguns artigos do Código Civil que foram anteriormente revogados pelo CPC/2015. Assim, os arts. 1.768,

1.769, 1.771 e 1.772 do Código Civil, revogados pelo CPC/2015, foram repristinados pela Lei nº 13.146, uma vez que voltaram a receber novo conteúdo, a saber:

> "Art. 1.768. O processo que define os termos da curatela deve ser promovido:
>
> (...)
>
> IV – pela própria pessoa".
>
> "Art. 1.769. O Ministério Público somente promoverá o processo que define os termos da curatela:
>
> I – nos casos de deficiência mental ou intelectual;
>
> (...)
>
> III – se, existindo, forem menores ou incapazes as pessoas mencionadas no inciso II."
>
> "Art. 1.771. Antes de se pronunciar acerca dos termos da curatela, o juiz, que deverá ser assistido por equipe multidisciplinar, entrevistará pessoalmente o interditando."
>
> "Art. 1.772. O juiz determinará, segundo as potencialidades da pessoa, os limites da curatela, circunscritos às restrições constantes do art. 1.782, e indicará curador.
>
> Parágrafo único. Para a escolha do curador, o juiz levará em conta a vontade e as preferências do interditando, a ausência de conflito de interesses e de influência indevida, a proporcionalidade e a adequação às circunstâncias da pessoa."

882. Pré-eficácia do Código de Processo Civil de 2015

Fala-se em *pré-eficácia* da norma quando se cogita de sua incidência ainda no espaço de tempo de sua *vacatio legis*. Claro é – como ressalta Antônio do Passo Cabral – que "não se admite que haja uma aplicação imediata de regra ainda ineficaz" (a lei durante o período de vacância *existe* e *é válida*, mas não é ainda *eficaz*). Mas "a simples projeção da norma que se tornará eficaz no futuro pode ter algum papel na atividade estatal de interpretação e aplicação das normas do presente".[262]

Trata-se, no entanto, de uma pré-eficácia meramente interpretativa e jamais imperativa, capaz de funcionar como importante técnica de argumentação no processo de compreensão da lei atual ainda em pleno vigor. No Estado de Direito, a ordem jurídica válida e eficaz é a que se assenta nas leis vigentes, que prevalecerão na atuação judicial enquanto não entrar em vigor a norma em estágio de *vacatio legis*. Na atividade de interpretação e aplicação da ordem jurídica, é importante levar em conta que um Código atual, como o de 2015, em boa parte procura preencher lacunas do anterior e superar problemas suscitados por conflitos exegéticos instalados em se de doutrinária e jurisprudencial. Nesse terreno é irrecusável o valor interpretativo dos argumentos extraídos da lei nova, ainda em regime de *vacatio legis*. Tudo, porém, sem força vinculativa, como é óbvio.

Em suma, o que não se pode admitir, de forma alguma, é que, a pretexto de pré-eficácia do Código atual, e de adaptação da lei antiga à nova ordem jurídica, o intérprete e aplicador cheguem a entendimento conducente à completa supressão de eficácia de norma ainda atual e obrigatória.

---

[262] CABRAL, Antônio do Passo. Pré-eficácia das normas e a aplicação do Código de Processo Civil de 2015 ainda no período de *vacatio legis*. *Revista de Processo*, v. 246, p. 339, ago. 2015.

Bibliografia

ABBOUD, Georges; BARBOSA, Rafael Vinheiro Monteiro; OKA, Juliana Mieko Rodrigues. Controle de constitucionalidade pelo Superior Tribunal de Justiça: uma medida *contra legem*? *Revista de Processo*, v. 260, ou. 2016.

ABBOUD, Georges; AIRES, Pedro França; KROSCHINSKY, Matthäus. Arguição de relevância em recurso especial: sistematização do conceito de jurisprudência dominante. *Revista dos Tribunais*, São Paulo, v. 1.045, nov. 2022.

ABBUD, André de Albuquerque Cavalcanti. A repercussão geral dos recursos extraordinários. In: GIANNICO, Maurício; MONTEIRO, Vitor José de Mello (Coord.). *As novas reformas do CPC*. São Paulo: Saraiva, 2008.

ABELHA, Marcelo. *Manual de execução civil*. Rio de Janeiro: Forense Universitária, 2006.

AGUIAR JÚNIOR, Ruy Rosado de. Recurso especial: questão de ordem pública. Prequestionamento. *Revista de Processo*, São Paulo, n. 132, fev. 2006.

ALEXY, Robert. *Teoria de los derechos fundamentales*. Madrid: Centro de Estudos Constitucionais, 1993.

ALLORIO, Enrico. *Problemas de derecho procesal*. Buenos Aires: EJEA, 1963, v. II.

ALVAREZ, Anselmo Prieto; MORTATI, Lucas Cavina Mussi; CURY, Augusto Jorge. Superação da tese jurídica integrante do precedente. *In*: DANTAS, Marcelo Navarro Ribeiro *et al.* (coord.). *Temas atuais de direito processual*: Estudos em homenagem ao Professor Eduardo Arruda Alvim, São Paulo: Ed. RT, 2021.

ALVIM, Agostinho. *Da inexecução das obrigações e suas consequências*. 3. ed. Rio de Janeiro: Jurídica e Universitária, 1965.

ALVIM, J. E.Carreira. *Elementos de teoria geral do processo*. Rio de Janeiro: Forense, 1989.

ALVIM, J. E.Carreira. *Tutela específica das obrigações de fazer, não fazer e entregar coisa*. 2. ed. Rio de Janeiro: Forense, 2002.

ALVIM, J. E.Carreira; CABRAL, Luciana Gontijo Carreira Alvim. *Cumprimento da sentença*. Curitiba: Juruá, 2006.

ALVIM, J. E.Carreira; CABRAL, Luciana Gontijo Carreira Alvim. *Nova execução de título extrajudicial*. Curitiba: Juruá, 2007.

AMARAL, Guilherme Rizzo. Comentários aos art. 536 do NCPC. In: WAMBIER, Teresa Arruda Alvim; DIDIER JR., Fredie; TALAMINI, Eduardo; DANTAS, Bruno. *Breves comentários ao novo Código de Processo Civil*. São Paulo: RT, 2015.

AMARAL SANTOS, Moacyr. *Primeiras linhas de direito processual civil*. 4. ed. São Paulo: Max Limonad, 1970. v. III.

AMARAL SANTOS, Moacyr. *Primeiras linhas de direito processual civil*. 4. ed. São Paulo: Max Limonad, 1973, v. III.

AMARAL SANTOS, Moacyr. *Primeiras linhas de direito processual civil*. 4. ed. São Paulo: Saraiva, 1980. v. III.

AMARAL SANTOS, Moacyr. *Primeiras linhas de direito processual* civil. 22. ed. São Paulo: Saraiva, 2008. v. III.

AMERICANO, Jorge. *Comentários ao Código de Processo Civil do Brasil*. 2. ed. São Paulo: Saraiva, 1958. v. IV.

AMERICANO, Jorge. *Comentários ao CPC do Brasil*. 2. ed. São Paulo: Saraiva, 1960. v. IV.

ANDRADE, Luís Antônio de. *Aspectos e inovações do Código de Processo Civil*. Rio de Janeiro: F. Alves, 1974.

ANDRADE, Luís Antônio de. *Locação e despejo*. Rio de Janeiro: Forense, 1966.

ANDREWS, Neil. *O moderno processo civil*: formas judiciais e alternativas de resolução de conflitos na Inglaterra. São Paulo: RT, 2012.

ARAGÃO, Paulo Cezar. *Recurso adesivo*. São Paulo: Saraiva, 1974.

ARAÚJO, José Henrique Mouta. In: WAMBIER, Teresa Arruda Alvim et al. *Breves comentários ao novo Código de Processo Civil*. São Paulo: RT, 2015.

ARAÚJO CINTRA, Antônio Carlos de. Sobre os embargos de declaração. *Revista dos Tribunais*, São Paulo, v. 595, maio 1985.

ARRUDA ALVIM, Angélica. Fraude à execução no Novo CPC e a Súmula n. 375/STJ. *Revista Forense*, Rio de Janeiro, v. 421, jan.-jun. 2015.

ARRUDA ALVIM NETTO, José Manoel de. Direito processual civil. Recurso especial. Ausência de prequestionamento. Ocorrência de coisa julgada incidente sobre prejuízos já devidamente apurados, a impedir a realização de uma liquidação. *Revista Autônoma de Processo*, Curitiba, n. 3, abr.-jun. 2007.

ARRUDA ALVIM NETTO, José Manoel de. *Novo contencioso cível no CPC/2015*. São Paulo: RT, 2016.

ARRUDA ALVIM NETTO, José Manoel de. *Manual de direito processual civil*. 8. ed. São Paulo: RT, 2003. v. I.

ARRUDA ALVIM NETTO, José Manoel de. *Manual de direito processual civil*. 18. ed. São Paulo: RT, 2019.

ARRUDA ALVIM NETTO, José Manoel de. Parecer. *Revista Forense*, Rio de Janeiro, v. 246, abr.-maio-jun. 1974.

ARRUDA ALVIM NETTO, José Manoel de. STF ruma para flexibilização da jurisprudência defensiva. Revista Consultor Jurídico, out. 2012. Disponível em: http://www.conjur.com.br/2012-out-15/arruda-alvim-supremo-rumo-flexibilizacaojurisprudencia-defensiva. Acesso em: 28 out. 2015.

ARRUDA ALVIM, Teresa; CONCEIÇÃO, Maria Lúcia Lins. Transação homologada: anulatória ou rescisória? Fonte: https://www.migalhas.com.br/dePeso/16,MI287442,41046-Transacao+homologada+anulatoria+ou+rescisória.

ARRUDA ALVIM, Teresa. Papel criativo da jurisprudência, precedentes e formas de vinculação. *Revista de Processo*, São Paulo, v. 333, p. 402, nov. 2022.

ARRUDA ALVIM, Teresa. Questão de fato, questão de direito nos recursos para os Tribunais Superiores. *Revista de Processo*, São Paulo, v. 332, out. 2022.

ARSUFFI, Arthur Ferrari; TAKEISHI, Guilherme Toshihiro. A ação rescisória fundada em prova nova: o conceito de novidade no CPC 2015 e o termo inicial do prazo decadencial do § 2º do art. 975. *Revista de Processo*, São Paulo, v. 328, jun.2022.

ASSIS, Araken de. *Comentários ao Código de Processo Civil*. Porto Alegre: Lejur, 1985. v. IX.

ASSIS, Araken de. *Comentários ao Código de Processo Civil*. Rio de Janeiro: Forense, 2000. v. VI.

ASSIS, Araken de. *Comentários ao Código de Processo Civil*. 2. ed. São Paulo: RT, 2018. v. XIII.

ASSIS, Araken de. Introdução aos sucedâneos recursais. In: WAMBIER, Teresa Arruda Alvim; NERY JR., Nelson (Coord.). *Aspectos polêmicos e atuais dos recursos e de outros meios de impugnação às decisões judiciais*. São Paulo: RT, 2002. v. 6.

ASSIS, Araken de. *Manual da execução*. 9. ed. São Paulo: RT, 2005.

ASSIS, Araken de. *Manual da execução*. 10. ed. São Paulo: RT, 2006.

ASSIS, Araken de. *Manual da execução*. 11. ed. São Paulo: RT, 2007.

ASSIS, Araken de. *Manual da execução*. 12. ed. São Paulo: RT, 2009.

ASSIS, Araken de. *Manual da execução*. 18. ed. São Paulo: RT, 2016.

ASSIS, Araken de. *Manual de recursos*. 2. ed. São Paulo: RT, 2008.

ASSIS, Araken de. *Manual dos recursos*. Livro eletrônico, 4. ed. São Paulo: Ed. RT, 2021

ASSIS, Araken de. *Manual do processo de execução*. 5. ed. São Paulo: RT, 1998.

ASSIS, Araken de. *Processo civil brasileiro*. 3. ed. São Paulo: RT, 2022, v. II.

ASSIS, Araken de. Substituição processual. *Revista Síntese de Direito Civil e Processual Civil*, São Paulo, n. 26, nov. 2003.

ASSIS, Jacy de. *Procedimento ordinário*. São Paulo: Lael, 1975.

AURICCHIO, Alberto. *A simulação no negócio jurídico*. Coimbra: Coimbra Ed., 1964.

ÁVILA, Humberto. *Teoria dos princípios* – da definição à aplicação dos princípios jurídicos. 5. ed. São Paulo: Malheiros, 2006.

BALEEIRO, Aliomar. *Direito tributário brasileiro*. Rio de Janeiro: Forense, 1970.

BALZANO, Felice. Mais do mesmo: ainda a Súmula 410 do STJ. *Revista de Processo*, São Paulo, v. 263, jan. 2017.

BANDEIRA DE MELLO, Celso Antônio. *Curso de direito administrativo*. 23. ed. São Paulo: Malheiros, 2007.

BAPTISTA DA SILVA, Ovídio A. Sentença condenatória na Lei nº 11.232. *Revista Jurídica*, São Paulo, v. 345, jul. 2006.

BARBI, Celso Agrícola. *Comentários ao Código de Processo Civil*. Rio de Janeiro: Forense, 1975. t. II, v. I.

BARBOSA, Andrea Carla; CANTOARIO, Diego Martinez Fervenza. O incidente de resolução de demandas repetitivas no Projeto de Código de Processo Civil: apontamentos iniciais. *In*: FUX, Luiz (coord.). *O novo processo civil brasileiro*: direito em expectativa. Rio de Janeiro: Forense, 2011.

BARBOSA MOREIRA, José Carlos. *Comentários ao Código de Processo Civil*. Rio de Janeiro: Forense, 1974. v. V.

BARBOSA MOREIRA, José Carlos. *Comentários ao Código de Processo Civil*. 6. ed. Rio de Janeiro: Forense, 1993.

BARBOSA MOREIRA, José Carlos. *Comentários ao Código de Processo Civil*. 7. ed. Rio de Janeiro: Forense, 1998.

BARBOSA MOREIRA, José Carlos. *Comentários ao Código de Processo Civil*. 10. ed. Rio de Janeiro: Forense, 2002. v. V.

BARBOSA MOREIRA, José Carlos. *Comentários ao Código de Processo Civil*. 11. ed. Rio de Janeiro: Forense, 2003. v. V.

BARBOSA MOREIRA, José Carlos. *Comentários ao Código de Processo Civil*. 12. ed. Rio de Janeiro: Forense, 2005. v. V.

BARBOSA MOREIRA, José Carlos. *Comentários ao Código de Processo Civil*. 13. ed. Rio de Janeiro: Forense, 2006. v. V.

BARBOSA MOREIRA, José Carlos. *Comentários ao Código de Processo Civil*. 14. ed. Rio de Janeiro: Forense, 2008. v. V.

BARBOSA MOREIRA, José Carlos. *Comentários ao Código de Processo Civil*. 15. ed. Rio de Janeiro, Forense, 2009. v. V.

BARBOSA MOREIRA, José Carlos. *Comentários ao Código de Processo Civil*. 16. ed. Rio de Janeiro: Forense, 2012. v. V.

BARBOSA MOREIRA, José Carlos. *Comentários ao Código de Processo Civil*. 17. ed. Rio de Janeiro: Forense, 2013. v. V.

BARBOSA MOREIRA, José Carlos. Considerações sobre a chamada "relativização" da coisa julgada material. *Revista Dialética de Direito Processual*, São Paulo, n. 22, jan. 2005.

BARBOSA MOREIRA, José Carlos. Considerações sobre a chamada "relativização" da coisa julgada material. *Revista Forense*, Rio de Janeiro, v. 377, mar. 1967.

BARBOSA MOREIRA, José Carlos. *Direito processual civil* – ensaios e pareceres. Rio de Janeiro: Borsói, 1971.

BARBOSA MOREIRA, José Carlos. Juízo de admissibilidade no sistema dos recursos civis. *Rev. da Proc.-Geral do Estado da Guanabara*, v. 19, 1968.

BARBOSA MOREIRA, José Carlos. *O juízo de admissibilidade no sistema dos recursos civis*. Rio de Janeiro: Borsoi, 1968.

BARBOSA MOREIRA, José Carlos. *O novo processo civil brasileiro*. Rio de Janeiro: Forense, 1975. v. I.

BARBOSA MOREIRA, José Carlos. *O novo processo civil brasileiro*. Rio de Janeiro: Forense,1976. v. I.

BARBOSA MOREIRA, José Carlos. *O novo processo civil brasileiro*. Rio de Janeiro: Forense, 1976. v. II.

BARBOSA MOREIRA, José Carlos. *O novo processo civil brasileiro*. 19. ed. Rio de Janeiro: Forense, 1998.

BARBOSA MOREIRA, José Carlos. *O novo processo civil brasileiro*. 25. ed. Rio de Janeiro: Forense, 2007.

BARBOSA MOREIRA, José Carlos. Questões velhas e novas em matéria de classificação das sentenças. *Temas de direito processual*: oitava série. São Paulo: Saraiva, 2004.

BARBOSA MOREIRA, José Carlos. Reflexões críticas sobre uma teoria da condenação civil. *Temas de direito processual civil*. 1ª série. São Paulo: Saraiva, 1977.

BARBOSA MOREIRA, José Carlos. Reflexos da Emenda Constitucional nº 45, de 2004, no processo civil. *Revista da EMERJ*, Rio de Janeiro, v. 8, n. 32, out. 2005.

BARBOSA MOREIRA, José Carlos. Restituições ilegítimas ao conhecimento de recursos. *Temas de direito processual* (9ª Série). São Paulo: Saraiva, 2007.

BARBOSA MOREIRA, José Carlos. Sentença objetivamente complexa. Trânsito em julgado e rescindibilidade. *Revista Dialética de Direito Processual*, São Paulo, n. 45, dez. 2006.

BARBOSA MOREIRA, José Carlos. *Súmula, jurisprudência, precedente: uma escalada e seus riscos. Revista Dialética de Direito Processual*, São Paulo, n. 27, jun. 2005.

BARBOSA MOREIRA, José Carlos. *Temas de direito processual*: sétima série. São Paulo: Saraiva, 2001.

BARBOSA MOREIRA, José Carlos. *Temas de direito processual*: oitava série. São Paulo: Saraiva, 2004.

BARBOZA, Bernardo. Ação rescisória e núcleos inequívocos de significado: quando uma norma é "manifestamente" violada? *Revista de Processo*, São Paulo, v. 279, maio 2018.

BARIONI, Rodrigo Otávio. Ação rescisória fundada em documento novo e a necessidade de exibição. In: NERY JÚNIOR, Nelson; WAMBIER, Teresa Arruda Alvim (coord.). *Aspectos polêmicos e atuais dos recursos cíveis e assuntos afins*. São Paulo: ed. RT, 2007, v. 11.

BARROS, Hamilton de Moraes e. *Comentários ao Código de Processo Civil*. 2. ed. Rio de Janeiro: Forense, 1980. v. IX.

BARROSO, Luís Roberto. *O controle de constitucionalidade no direito brasileiro*. 4. ed. São Paulo: Saraiva, 2009.

BARROSO, Luís Roberto. *O controle de constitucionalidade no direito brasileiro*. 8. ed. São Paulo: Saraiva, 2019.

BASTOS, Antônio Adonias. *A defesa do executado de acordo com os novos regimes da execução*. Salvador: JusPodivm, 2008.

BASTOS, Celso Ribeiro. *Curso de direito constitucional*. 21. ed. São Paulo: Saraiva, 2001.

BAYEUX, José Luiz. Fraude contra credores e fraude de execução. *Revista de Processo*, São Paulo, v. 61, jan.-mar. 1991.

BATALHA, Wilson de Souza Campos. *Direito processual societário*. Rio de Janeiro: Forense, 1986.

BEDAQUE, José Roberto dos Santos. *Efetividade do processo e técnica processual*. São Paulo: Malheiros, 2006.

BEDAQUE, José Roberto dos Santos. Apelação: questões sobre admissibilidade e efeitos. In: WAMBIER, Teresa Arruda Alvim; NERY JÚNIOR, Nelson (coord.). *Aspectos polêmicos e atuais dos recursos cíveis e de outros meios de impugnação às decisões judiciais*. São Paulo: RT, 2003.

BENETI, Sidnei Agostinho. *Da conduta do juiz*. 2. ed. São Paulo: Saraiva, 2000.

BENETI, Sidnei Agostinho. Homologação de decisão estrangeira por deliberação no processo civil. 2017. Tese (Livre-docência) – USP, São Paulo.

BERMUDES, Sérgio. *CPC de 2015: inovações*. Rio de Janeiro: Mundo Jurídico, 2016.

BETTI, Emílio. *Diritto processuale civile italiano*. 2. ed. Roma: Società editrice del "Foro Romano", 1936.

BEVILÁQUA, Clóvis. *Direito das obrigações*. 9. ed. Rio de Janeiro: Francisco Alves, 1957.

BODART, Bruno; FUX, Luiz. *Processo civil e análise econômica*. Rio de Janeiro: Forense, 2019.

BONDIOLI, Luis Guilherme Aidar. *Embargos de declaração*. São Paulo: Saraiva, 2005.

BONDIOLI, Luis Guilherme Aidar. Novidades em matéria de embargos de declaração no CPC de 2015. *Revista do Advogado*, São Paulo, n. 126, maio 2015.

BORGES, João Eunápio. *Títulos de crédito*. Rio de Janeiro: Forense, 1971.

BORTOLUCI, Lygia Helena Fonseca. Os precedentes judiciais no Código de Processo Civil de 2015: a operacionalização do *distinguishing* a partir da identificação dos conceitos de *ratio decidendi* e tese jurídica. *Revista de Processo*, São Paulo, v. 322, dez.2021.

BUENO, Cassio Scarpinella. *Amicus curiae*: um terceiro enigmático. São Paulo: Saraiva, 2008.

BUENO, Cassio Scarpinella. *Código de Processo Civil interpretado*. Coord. por Antônio Carlos Marcato. São Paulo: Atlas, 2004.

BUENO, Cassio Scarpinella. Comentários ao art. 520 do NCPC. In: WAMBIER, Teresa Arruda Alvim; DIDIER JR., Fredie; TALAMINI, Eduardo; DANTAS, Bruno. *Breves comentários ao novo Código de Processo Civil*. São Paulo: RT, 2015.

BUENO, Cassio Scarpinella. Comentários ao art. 521 do NCPC. In: WAMBIER, Teresa Arruda Alvim; DIDIER JR., Fredie; TALAMINI, Eduardo; DANTAS, Bruno. *Breves comentários ao novo Código de Processo Civil*. São Paulo: RT, 2015.

BUENO, Cassio Scarpinella. Comentários ao art. 708. In: MARCATO, Antonio Carlos (Coord.). *Código de Processo Civil interpretado*. São Paulo: Atlas, 2004.

BUENO, Cassio Scarpinella. *Curso sistematizado de direito processual civil*. São Paulo: Saraiva, 2007. t. I, v. 2.

BUENO, Cassio Scarpinella. *Curso sistematizado de direito processual civil*. São Paulo: Saraiva, 2008. v. 5.

BUENO, Cássio Scarpinella. *Curso sistematizado de direito processual civil*. 10. ed. São Paulo: Saraiva, 2021, v. 2.

BUENO, Cassio Scarpinella. *Manual de direito processual civil*. São Paulo: Saraiva, 2015.

BUENO, Cassio Scarpinella. *Manual de direito processual civil*. 2. ed. São Paulo: Saraiva, 2016.

BUENO, Cassio Scarpinella. Observações iniciais sobre o novo § 3º do art. 542 do CPC – Lei nº 9.756, de 17.12.98. *Revista de Processo*, São Paulo, n. 93, jan.-mar. 1999.

BUENO, Cassio Scarpinella. *Tutela antecipada*. São Paulo: Saraiva, 2004.

BUENO, Cassio Scarpinella. Mandado de segurança, compensação tributária e prova pré-constituída do indébito: discussões a partir da sistemática dos recursos especiais repetitivos. *Revista de Processo*, São Paulo, v. 296, out. 2019.

BUENO, Cássio Scarpinella. Dinâmica do direito jurisprudencial no âmbito do CARF (Conselho Administrativo de Recursos Fiscais): interpretação e distinção a partir de sua Súmula 11. *Revista de Processo*, São Paulo, v. 323, jan. 2022.

BUFFULIN, Augusto Passamani; PUPPIN, Ana Carolina Bouchabki; ENCARNAÇÃO, Paulo Vitor da. A viabilidade de reconhecimento de fraude contra credores em embargos de terceiro. *Revista dos Tribunais,* São Paulo, v. 1.055, set. 2023.

BULHÕES, Nabor A. Aspectos relevantes de recursos extraordinários em face de decisões do Superior Tribunal de Justiça em recursos especiais. *Revista TRF-1*, Brasília, v. 28, n. 11, Brasília, nov.-dez. 2016.

BUSTAMANTE, Thomas da Rosa de. *Teoria do precedente judicial*: a justificação e a aplicação de regras jurisprudenciais. São Paulo: Noeses, 2012.

BUZAID, Alfredo. *Do agravo de petição no sistema do Código de Processo Civil*. 2. ed. rev. e aum. São Paulo: Saraiva, 1956.

BUZAID, Alfredo. *Do concurso de credores no processo de execução*. São Paulo: Saraiva, 1952.

BUZAID, Alfredo. "Exposição de Motivos" do CPC/1973.

CABRAL FILHO, Alcides Lourenço. Poderes e deveres do juiz no novo CPC: a oitiva pessoal a fim de esclarecer questão relacionada aos fatos da causa. *Revista de Processo*, São Paulo, v. 317, jul. 2021.

CABRAL, Antônio do Passo. O novo procedimento modelo (*Musterverfahrem*) alemão: uma alternativa às ações coletivas. *Revista de Processo*, São Paulo, n. 147, maio 2007.

CABRAL, Antônio do Passo. O valor mínimo da indenização cível fixado na sentença condenatória penal: notas sobre o novo art. 387, IV, do CPP. *Revista EMERJ*, Rio de Janeiro, v. 13, n. 49, jan.-fev.-mar. 2010.

CABRAL, Antônio do Passo. Pré-eficácia das normas e a aplicação do Código de Processo Civil de 2015 ainda no período de *vacatio legis*. *Revista de Processo*, São Paulo, v. 246, ago. 2015.

CABRAL, Antônio do Passo; CRAMER, Ronaldo. *Comentários ao novo Código de Processo Civil*. Rio de Janeiro: Forense, 2015.

CAHALI, Youssef Said. *Fraudes contra credores*. São Paulo: RT, 1989.

CALAMANDREI, Piero. La cassazione civile. *Opere giuridiche*. Napoli: Morano, 1976. v. II.

CALDAS AULETE. *Dicionário Contemporâneo da Língua Portuguesa*. Verbete "Devolver", v. II.

CALDEIRA, Marcus Flávio Horta. O Incidente de Resolução de Demandas Repetitivas (IRDR) brasileiro e o procedimento-modelo (Musterverfahren). *Revista de Processo*, São Paulo, v. 350, abr. 2024.

CALMON, Sacha. Emenda nº 62 à Constituição da República. *Revista pela Ordem*, Belo Horizonte, abr. 2010.

CALMON DE PASSOS, José Joaquim. *Comentários ao Código de Processo Civil*. 3. ed. rev. e atual. Rio de Janeiro: Forense, 1979. v. III.

CALMON DE PASSOS, José Joaquim. *Direito, poder, justiça e processo*. Rio de Janeiro: Forense, 2000.

CALMON DE PASSOS, José Joaquim. Responsabilidade do exequente no novo Código de Processo Civil. *Revista Forense Comemorativa* – 100 anos, t. 5, 2006.

CÂMARA, Alexandre Freitas. A ampliação do colegiado em julgamentos não unânimes. *Revista de Processo*, São Paulo, v. 282, ago. 2018.

CÂMARA, Alexandre Freitas. *Ação rescisória*. Rio de Janeiro: Lumen Juris, 2007.

CÂMARA, Alexandre Freitas. Efeitos civis e processuais da sentença condenatória criminal. Reflexões sobre a Lei nº 11.719/2008. *Revista EMERJ*, Rio de Janeiro, v. 12, n. 46, abr.-maio-jun. 2009.

CÂMARA, Alexandre Freitas. *Lições de direito processual civil*. 2. ed. Rio de Janeiro: Lumen Juris, 1999. v. II.

CÂMARA, Alexandre Freitas. O novo regime da alienação de bens do executado. *Revista de Processo*, São Paulo, v. 148, jun. 2007.

CÂMARA, Alexandre Freitas. *Por um modelo deliberativo de formação e aplicação de padrões decisórios vinculantes* (tese de doutoramento). Belo Horizonte: PUC-Minas Gerais, 2017.

CÂMARA, Alexandre Freitas. *O novo processo civil brasileiro*. 2. ed. São Paulo: Atlas, 2016.

CÂMARA, Bernardo Ribeiro. O julgamento ampliado do art. 942: polêmicas sobre aplicação e limitação da matéria em discussão. In: JAYME, Fernando Gonzaga; MAIA, Renata C. Vieira; REZENDE, Ester Camila Gomes Norato; FIGUEIREDO, Helena Lanna (coord.). *Inovações e modificações do Código de Processo Civil. Avanços, desafios e perspectivas*. Belo Horizonte: Del Rey, 2017.

CÂMARA JÚNIOR, José Maria. In: WAMBIER, Teresa Arruda Alvim *et al*. *Breves comentários ao novo Código de Processo Civil*. São Paulo: RT, 2015.

CAMARGO, Daniel Marques de; SANTOS, Hugo Rafael Pires dos; WAISS, Mikael de Oliveira. O modelo teórico das Cortes Supremas: fragilidades e adaptações necessárias à construção de uma teoria precedentalista nacional. *Revista de Processo*, São Paulo, v. 325, mar. 2022.

CAMARGO, Luiz Henrique Volpe. O incidente de resolução de demandas repetitivas no projeto de novo CPC: a comparação entre a versão do Senado Federal e a da Câmara dos Deputados. In: FREIRE, Alexandre *et al.* (org.). *Novas tendências do processo civil*. Salvador: JusPodivm, 2014. v. 3.

CAMBI, Accário. Impugnação à execução de título judicial. *Juris Plenum*, n. 57, maio 2014.

CAMBI, Eduardo; DOTTI, Rogéria; PINHEIRO, Paulo Eduardo D'Arce; MARTINS, Sandro Gilbert; KOZIKOSKI, Marcelo. *Curso de processo civil completo*. São Paulo: Ed. RT, 2017.

CANAN, Ricardo. Impenhorabilidade da pequena propriedade rural. *Revista de Processo*, São Paulo, v. 221, jul. 2013.

CANOTILHO, J. J. Gomes. *Direito constitucional e teoria da constituição*. 4. ed. Coimbra: Almedina, s/d.

CANOTILHO, J. J. Gomes; MENDES, Gilmar Ferreira; SARLET, Ingo Wolfgang; STRECK, Lenio Luiz. *Comentários à Constituição do Brasil*. São Paulo: Saraiva, 2014.

CAPONI, Remo; PISANI, Andrea Proto. *Lineamenti di diritto processuale civile*. Napoli: Jovene Editore, 2001.

CARDOSO, Eurico Lopes. *Manual da ação executiva*. Coimbra: Almedina, 1964.

CARDOSO, Oscar Valente. Recurso extraordinário: recurso adesivo, poderes do relator e tutela de urgência. *Revista Dialética de Direito Processual*, São Paulo, n. 134, maio 2014.

CARMONA, Carlos Alberto. Considerações sobre a cláusula compromissória e a cláusula de eleição de foro. In: CARMONA, Carlos Alberto *et al.* (coord.). *Arbitragem*: estudos em homenagem ao Prof. Guido Fernando da Silva Soares. São Paulo: Atlas, 2007.

CARMONA, Carlos Alberto. Comentários ao art. 781. In: TUCCI, José Rogério Cruz e *et al.* (coord.). *Código de Processo Civil anotado*. Rio de Janeiro: GZ, 2016.

CARNEIRO, Athos Gusmão. *Cumprimento da sentença civil*. Rio de Janeiro: Forense, 2007.

CARNEIRO, Athos Gusmão. Inovações da Lei nº 9.756, de 17.12.98, no âmbito do Processo Civil. *Revista de Processo*, São Paulo, n. 93, jan.-mar. 1999.

CARNEIRO, Athos Gusmão. Nova execução. Aonde vamos? Vamos melhorar. *Revista de Processo*, São Paulo, n. 123, maio 2005.

CARNELUTTI, Francesco. *Diritto e processo*. Napoli: Morano Editore, 1958, n. 196 e n. 201.

CARNELUTTI, Francesco. *Instituciones del proceso civil*. 2. ed. Buenos Aires: EJEA, 1973. v. III.

CARNELUTTI, Francesco. *Istituzioni del processo civile italiano*. 5. ed. Roma: Società Editrice del Foro Italiano, 1956. v. I.

CARNELUTTI, Francesco. *Sistema de direito processual civil*. São Paulo: Classic-Book, 2000. v. II.

CARNELUTTI, Francesco. *Sistema di diritto processuale civile*. Padova: CEDAM, 1936. v. I.

CARNELUTTI, Francesco. *Sistema di diritto processuale civile*. Padova: Cedam, 1938. v. II.

CARRETEIRO, Mateus Aimoré. Competência concorrente para execução fundada em título extrajudicial no CPC/2015. In: MARCATO, Ana Cândida Menezes *et al.* (Coord.). *Reflexões sobre o Código de Processo Civil de 2015*. São Paulo: Verbatim, 2018.

CARVALHO DE MENDONÇA, J. X. *Tratado de direito comercial brasileiro*. 5.ed. Rio de Janeiro: Liv. Freitas Bastos, 1956, v. VI, Parte II.

CARVALHO, Fabiano. Ação rescisória contra decisão processual fundada em coisa julgada. *Revista de Processo*, São Paulo, v. 236, out. 2014.

CARVALHO, Fabiano. Comentário ao art. 771. In: WAMBIER, Teresa Arruda Alvim *et al. Breves comentários ao novo Código de Processo Civil*. São Paulo: RT, 2015.

CARVALHO, Fabiano. *Comentários ao Código de Processo Civil*. São Paulo: Saraiva, 2022, v. XIX.

CARVALHO, Fabiano. Ação rescisória fundada em prova nova e a teoria da prova. In: FERREIRA, William Santos; JOBIM, Marco Félix (coord.). *Grandes temas do novo CPC: direito probatório*. Salvador: Ed. JusPodivm, 2015.

CARVALHO MANGE, Roger de. A insolvência do novo Código de Processo Civil. *Revista dos Tribunais*, São Paulo, v. 464, jun. 1974.

CARVALHO, Sabrina Nasser de. Decisões paradigmáticas e dever de fundamentação: técnica para a formação e aplicação dos precedentes judiciais. *Revista de Processo*, São Paulo, v. 249, nov. 2015.

CASTRO, Amílcar de. *Comentários ao Código de Processo Civil*. Rio de Janeiro: Forense, 1961. v. XIII.

CASTRO, Amílcar de. *Comentários ao Código de Processo Civil*. 2. ed. Rio de Janeiro: Forense, 1963. t. I, v. X.

CASTRO, Amílcar de. *Comentários ao Código de Processo Civil*. 2. ed. Rio de Janeiro: Forense, 1963. t. II, v. X.

CASTRO, Amílcar de. *Comentários ao Código de Processo Civil*. São Paulo: RT, 1974. v. VIII.

CASTRO, Amílcar de. *Direito internacional privado*. 2. ed. Rio de Janeiro: Forense, 1968. v. II.

CASTRO, Artur Anselmo de. *A ação executiva singular, comum e especial*. Coimbra: Coimbra Ed., 1970.

CASTRO, Artur Anselmo de. *A acção executiva singular, comum e especial*: Coimbra: Coimbra Ed., 1973.

CASTRO FILHO, José Olympio de. *Comentários. ao Código de Processo Civil*. 2. ed. Rio de Janeiro: Forense, 1976. v. X.

CHAVES, Marcelo Luz. A aplicação dos precedentes judiciais (III): distinguindo os casos. *Revista de Processo*, São Paulo, v. 347, jan. 2024.

CHAVES, Marcelo Luz. Aplicação dos precedentes judiciais (III): aplicação da ratio decidendi X argumentação com o precedente. *Revista de Processo*, São Paulo, v. 348, fev. 2024.

CHIOVENDA, Giuseppe. *Ensayos de derecho procesal civil*. Buenos Aires: Ed. Jurídicas Europa--america, 1949. v. I.

CHIOVENDA, Giuseppe. *Instituições de direito processual civil*. Trad. Guimarães Menegale. 3. ed. São Paulo: Saraiva, 1969. v. I.

CHIOVENDA, Giuseppe. *Instituições de direito processual civil*. 3 ed. São Paulo: Saraiva, 1969. v. III.

COELHO, Fábio Ulhoa. O direito de voto das ações empenhadas e penhoradas. *Revista dos Tribunais*, São Paulo, v. 920, jun. 2012.

COELHO, Fábio Ulhoa. *Curso de direito civil – contratos*. São Paulo: Ed. Saraiva, 2010, v. III.

COELHO, Luiz Fernando. *Teoria crítica do direito*. 5. ed. Curitiba: Bonijuris, 2019.

COMPARATO, Fábio Konder; SALOMÃO FILHO, Calixto. *O poder de controle da sociedade anônima*. 3. ed. Rio de Janeiro: Forense, 1983.

CONSOLO, Cláudio; RIZZARDO, Dora. Duemodi di mettere le azioni colletive alla prova: Inghilterra e Germania. *Rivista Trimestrale di Diritto e Procedura Civile*, Milano: Giuffrè, 2006.

CORDEIRO, Antônio Menezes. *Tratado de direito civil português*. 2. ed. Coimbra: Almedina, 2000. t. I.

CORREIA, André de Luizi. Em defesa da penhora *on-line*. *Revista de Processo*, São Paulo, v. 125, jul. 2005.

CÔRTES, Osmar Mendes Paixão. Natureza e efeitos da decisão em recurso repetitivo: uma tentativa de sistematizar a observância à tese firmada na decisão paradigma. *Revista de Processo,* São Paulo, v. 273, nov. 2017.

CÔRTES, Osmar Mendes Paixão. O cabimento da ação rescisória para fazer cumprir decisão em recurso repetitivo: observância do padrão decisório. *Revista de Processo,* São Paulo, v. 284, out.2018.

CÔRTES, Osmar Mendes Paixão. A evolução da repercussão geral. *In*: NERY JR., Nelson; ALVIM, Teresa Arruda; OLIVEIRA, Pedro Miranda de (org.). *Aspectos polêmicos dos recursos cíveis e assuntos afins.* São Paulo: ed. RT, 2018.

CÔRTES, Osmar Mendes Paixão; BARROS, Janete Ricken Lopes de. A força normativa dos atos do CNJ e o tratamento dos precedentes: Recomendação 134/2022. *Revista de Processo*, São Paulo, v. 334, dez. 2022.

COSTA E SILVA, Paula. A constitucionalidade da execução hipotecária do Decreto-Lei 70, de 21 de novembro de 1966. *Revista de Processo*, São Paulo, v. 284, out. 2018.

COSTA, Inês Moreira da. Execução de título judicial contra a Fazenda Pública. Procedimentos e controvérsias. *Revista da Escola da Magistratura do Estado de Rondônia*, v. 18, 2008.

COSTA, Moacyr Lobo da. *Instituições de direito processual civil.* 2. ed. São Paulo: Saraiva, 1965, v. II.

COSTA, Ridalvo. A execução forçada de sentença arbitral estrangeira. *Revista do Tribunal Regional Federal* – 5ª Região, Recife, n. 37, jul.-set. 1999.

COSTA, Rosalina Moitta Pinto da. O acolhimento da prescrição em sede de execução de pré--executividade. *Revista de Processo*, São Paulo, v. 350, abr. 2024.

COSTA, Sérgio. *Manuale di diritto processuale civile.* Torino: Editrice Torinese, 1963.

COSTA, Sérgio. *Manuale di diritto processuale civile.* 4. ed. Torino: Editrice Torinese, 1973.

COTA, Samuel Paiva; BAHIA, Alexandre Gustavo Melo Franco de Moraes. Modelo constitucional de processo e suas benesses: a reconstrução da teoria dos precedentes no direito brasileiro vs. a compreensão equivocada do seu uso no Brasil. *Revista de Processo*, São Paulo, v. 260, out. 2016.

COULANGES, Fustel de. *A cidade antiga.* Trad. portuguesa. 10. ed. Lisboa: Liv. Clássica, 1971.

COUTO, Mônica Bonetti. Ação anulatória, ação rescisória e transação: uma chance para a fungibilidade? In: AURELLI, Arlete Inês *et al.* (coord.). *O direito de estar em juízo e a coisa julgada* – Estudos em homenagem a Thereza Alvim. São Paulo: RT, 2014.

COUTURE, Eduardo. *Fundamentos del derecho procesal civil.* Buenos Aires: Depalma, 1974.

CRAMER, Ronaldo. Comentários ao art. 1.046. In: WAMBIER, Teresa Arruda Alvim; DIDIER JR., Fredie; TALAMINI, Eduardo; DANTAS, Bruno. *Breves comentários ao novo Código de Processo Civil.* São Paulo: RT, 2015.

CRAMER, Ronaldo. *Precedentes judiciais: teoria e dinâmica.* Rio de Janeiro: Forense, 2016.

CUCHE, Paul; VINCENT, Jean. *Voies d'execution* – précis dalloz. 10. ed. Paris: Dalloz, 1970.

CUNHA, Daniel Sica. A força obrigatória dos contratos. In: MARQUES, Cláudia Lima (coord.). *A nova crise dos contratos*: estudos sobre a nova teoria contratual. São Paulo: RT, 2007.

CUNHA, Leonardo José Carneiro da. A alienação por iniciativa particular. *Revista de Processo*, São Paulo, n. 174, ago. 2009.

CUNHA, Leonardo José Carneiro da. Anotações sobre o incidente de resolução de demandas repetitivas previsto no projeto do novo Código de Processo Civil. *Revista de Processo*, São Paulo, n. 193, v. 36, mar. 2011.

CUNHA, Leonardo José Carneiro da. *Inovações no processo civil.* São Paulo: Dialética, 2002.

CUNHA, Leonardo José Carneiro da. *Curso de direito processual civil*. 7. ed. Salvador: JusPodivm, 2009. v. 3.

CUNHA, Leonardo José Carneiro da. *Curso de direito processual civil*. 10. ed. Salvador: JusPodivm, 2012.

CUNHA, Leonardo José Carneiro da; DIDIER JÚNIOR, Fredie. Apelação contra decisão interlocutória não agravável: a apelação do vencido e a apelação subordinada do vencedor. *Revista de Processo*, São Paulo, v. 241, mar. 2015.

CUNHA, Leonardo José Carneiro da; DIDIER JÚNIOR, Fredie. *Curso de direito processual civil*. 13. ed. Salvador: JusPodivm, 2016. v. III.

CUNHA, Leonardo Carneiro da; TERCEIRO NETO, João Otávio. Recurso especial e interpretação do contrato. Revista de Processo, São Paulo, v. 275, jan. 2018.

CUNHA CAMPOS, Ronaldo. *Execução fiscal e embargos do devedor*. Rio de Janeiro: Forense, 1978.

DANTAS, Bruno. *Repercussão geral: perspectiva histórica, dogmática e de direito comparado: questões processuais*. 3. ed. São Paulo: ed. RT, 2012.

DI PIETRO, Maria Sylvia Zanella. *Direito administrativo*. 18. ed. São Paulo: Atlas, 2005.

DICIONÁRIO HOUAISS DA LÍNGUA PORTUGUESA. Rio de Janeiro: Ed. Objetiva, 2006

DIDER JR., Fredie; TEMER, Sofia. A decisão de organização no incidente de resolução de demandas repetitivas: importância, conteúdo e o papel do regimento interno do tribunal. *Revista de Processo*, São Paulo, v. 258, ago. 2016.

DIDIER JÚNIOR, Fredie. Direito de adjudicar e direito de remir: confronto do art. 685-A, § 2º, Código de Processo Civil, com o art. 1.482 do Código Civil. *Revista de Processo*, São Paulo, n. 146, abr. 2007.

DIDIER JÚNIOR, Fredie; BRAGA, Paulo Sarno; OLIVEIRA, Rafael. *Curso de direito processual civil*. Salvador: JusPodivm, 2007. v. 2.

DIDIER JÚNIOR, Fredie; CUNHA, Leonardo José Carneiro da. *Curso de direito processual civil*. Salvador: JusPodivm, 2006. v. 3.

DIDIER JÚNIOR, Fredie; CUNHA, Leonardo José Carneiro da. *Curso de direito processual civil*: meios de impugnação às decisões judiciais e processo nos tribunais. 5. ed. Salvador: JusPodivm, 2008. v. 3.

DIDIER JÚNIOR, Fredie; CUNHA, Leonardo José Carneiro da. *Curso de direito processual civil*. 10. ed. Salvador: JusPodivm, 2012. v. 3.

DIDIER JÚNIOR, Fredie; CUNHA, Leonardo José Carneiro da. *Curso de direito processual civil*. 10. ed. Salvador: JusPodivm, 2015. v. 2.

DIDIER JÚNIOR, Fredie; CUNHA, Leonardo José Carneiro da. *Curso de direito processual civil*. 13. ed. Salvador: JusPodivm, 2016. v. 3.

DIDIER JÚNIOR, Fredie; CUNHA, Leonardo Carneiro da. *Curso de direito processual civil*. 15. ed. Salvador: JusPodivm, 2018. v. 3.

DIDIER JÚNIOR, Fredie. *Curso de direito processual civil*. 18. ed. Salvador: JusPodivm, 2016. v. 1.

DIDIER JÚNIOR, Fredie. *Curso de direito processual civil*. 19. ed. Salvador: JusPodivm, 2017. v. 1.

DIDIER JR., Fredie; BRAGA, Paula Sarno; OLIVEIRA, Rafael Alexandria de. *Curso de direito processual civil*. 14. ed. Salvador: JusPodivm, 2019, v. 2.

DIDIER JÚNIOR, Fredie; CUNHA, Leonardo Carneiro da. Ação rescisória e ação de invalidação de atos processuais prevista no art. 966, § 4º, do novo CPC. In: LUCON, Paulo Henrique dos

Santos; OLIVEIRA, Pedro Miranda de. *Panorama atual do novo CPC*. Florianópolis: Empório do Direito, 2016.

DIDIER JÚNIOR, Fredie; OLIVEIRA, Rafael Alexandria de; BRAGA, Paulo Sarno. *Curso de direito processual civil*. 10 ed. Salvador: JusPodivm, 2015. v. 2.

DIDIER JR., Fredie; CUNHA, Leonardo Carneiro da. *Curso de direito processual civil*. 17. ed. Salvador: JusPodivm, 2020, v. 3.

DIDIER JR., Fredie; CUNHA, Leonardo Carneiro da. *Curso de direito processual civil*. 20. ed. Salvador: JusPodivm, 2023, v. 3.

DIDIER JR., Fredie; CABRAL, Antonio do Passo; CUNHA, Leonardo Carneiro da. *Por uma nova teoria nos procedimentos especiais*. 2. ed. Salvador: JusPodivm, 2021.

DINAMARCO, Cândido Rangel. *A instrumentalidade do processo*. 5. ed. São Paulo: Malheiros, 1996.

DINAMARCO, Cândido Rangel. *A instrumentalidade do processo*. 12. ed. São Paulo: Malheiros, 2005.

DINAMARCO, Cândido Rangel. *A reforma da reforma*. São Paulo: Malheiros, 2002.

DINAMARCO, Cândido Rangel. *A reforma do Código de Processo Civil*. 3. ed. São Paulo: Malheiros, 1996.

DINAMARCO, Cândido Rangel. *A reforma do Código de Processo Civil*. 5. ed. São Paulo: Malheiros, 2001.

DINAMARCO, Cândido Rangel. A reforma da reforma. 6. ed. São Paulo: Malheiros, 2003.

DINAMARCO, Cândido Rangel. As três figuras da liquidação de sentença. *Estudos de Direito Processual em Memória de Luiz Machado Guimarães*. Rio de Janeiro: Forense, 1997.

DINAMARCO, Cândido Rangel. *Capítulo de sentença*. São Paulo: Malheiros, 2002.

DINAMARCO, Cândido Rangel. *Execução civil*. São Paulo: RT, 1973.

DINAMARCO, Cândido Rangel. *Execução civil*. 5. ed. São Paulo: Malheiros, 1997.

DINAMARCO, Cândido Rangel. *Fundamentos do processo civil moderno*. 2. ed. São Paulo: RT, 1987.

DINAMARCO, Cândido Rangel. *Instituições de direito processual civil*. São Paulo: Malheiros, 2001. v. II, n. 456.

DINAMARCO, Cândido Rangel. *Instituições de direito processual civil*. São Paulo: Malheiros, 2001. v. III, n. 936.

DINAMARCO, Cândido Rangel. *Instituições de direito processual civil*. 4. ed. São Paulo: Malheiros, 2004. v. IV.

DINAMARCO, Cândido Rangel. *Instituições de direito processual civil*. São Paulo: Malheiros, 2009. v. II.

DINAMARCO, Cândido Rangel. Recurso extraordinário não assinado. *Fundamentos do processo civil moderno*. 6. ed. São Paulo: Malheiros, 2010. t. II.

DINAMARCO, Cândido Rangel. Relativizar a coisa julgada material. *Meio jurídico*, ano IV, n. 44, abr. 2001.

DINAMARCO, Cândido Rangel; LOPES, Bruno Vasconcelos Carrilho. *Teoria geral do novo processo civil*. São Paulo: Malheiros, 2016.

DINAMARCO, Cândido Rangel. *Instituições de direito processual civil*. 7. ed. São Paulo: Malheiros, 2017, v. III.

DINIZ, Maria Helena. *Dicionário jurídico*. São Paulo: Saraiva, 1998.

D'ONOFRIO, Paolo. *Commento al Codice di Procedura Civile*. Torino: Unione Tipografico-Editrice Torinense, 1953. v. I.

DORNELAS, Henrique Lopes. Incidente de resolução de demandas repetitivas (IRDR): busca da segurança jurídica e da celeridade processual. *Revista Síntese de Direito Civil e Processual Civil*, São Paulo, n. 125, maio-jun. 2020.

DUTRA, Carlos Roberto de Sousa. Intempestividade do recurso por ser prematuro: embargos de declaração. *Juris Plenum*, Caxias do Sul, n. 58, jul. 2014.

DWORKIN, Ronald. *Law's empire*. Cambrige. Mass: Harvard University Press, 1986.

DWORKIN, Ronald. *O império do direito*. São Paulo: Martins Fontes, 1999.

DWORKIN, Ronald *Apud* NUNES, Dierle José Coelho *et al*. Os precedentes judiciais, o art. 926 do CPC e suas propostas de fundamentação: um diálogo com concepções contrastantes. *Revista de Processo*, São Paulo, v. 263, jan. 2017.

ERPEN, Décio Antônio. Registro da penhora e eficácia frente a terceiros. *Ajuris*, Porto Alegre, n. 27, mar. 1983.

ESSER, Josef. *Principio y norma en la elaboración jurisprudencial del derecho privado*. Barcelona: Bosch, 1961.

FADEL, Sérgio Sahione. *Código de Processo Civil comentado*. Rio de Janeiro: J. Konfino, 1974. t. III.

FADEL, Sérgio Sahione. *Código de Processo Civil comentado*. Rio de Janeiro: José Konfino, 1974. t. IV.

FADEL, Sérgio Sahione. *Código de Processo Civil comentado*. 7. ed. Rio de Janeiro: Forense, 2003.

FAGUNDES, Seabra. *Dos recursos ordinários em matéria cível*. Rio de Janeiro: Forense, 1946.

FARIA, Marcela Kohlbach de. Recursos repetitivos no novo Código de Processo Civil. Uma análise comparativa. *Revista de Processo*, São Paulo, v. 209, jul. 2012.

FAVER, Marcus Antonio de Souza. A inocorrência da revelia nos embargos de devedor. *Revista de Processo*, São Paulo, n. 57, jan.-mar. 1990.

FAVER, Scilio. O respeito aos precedentes vinculantes e o Tema 1076 do STJ: ausência de motivos para a sua superação. *Revista de Processo*, São Paulo, v. 341, jul. 2023.

FERMANN, Rodrigo Papaléo. A interpretação das cláusulas gerais: dificuldades para a concreção de conceitos abertos. *Revista Síntese – Direito Civil e Processual Civil*, São Paulo, n. 116, nov.--dez. 2018.

FERRARA, Francisco. *A simulação dos negócios jurídicos*. Campinas: Red Livros, 1999.

FERRAZ, Taís Schilling. Intervenções no fluxo de formação e aplicação de precedentes: efeitos sistêmicos das escolhas em demandas repetitivas. *Revista de Processo*, São Paulo, v. 342, ago. 2023.

FISCHMANN, Gerson. *Comentários ao Código de Processo Civil*. São Paulo: ed. RT, 2000, v. 14.

FERREIRA FILHO, Manoel Caetano. *Comentários ao Código de Processo Civil*. São Paulo: RT, 2001. v. III.

FERREIRA FILHO, Manoel Caetano. *Comentários ao Código de Processo Civil*. São Paulo: RT, 2001. v. 7.

FICHTNER, José Antônio; MONTEIRO, André Luis. Sentença de julgamento imediato do mérito: algumas considerações sobre o art. 285-A, do CPC. *Revista Dialética de Direito Processual*, São Paulo, n. 76, jul. 2009.

FLECK, Augusto Caballero. Ônus de comprovar a tempestividade recursal e dever de prevenção. *Revista de Processo*, São Paulo, v. 287, jan. 2019.

FONSECA, Arnoldo Medeiros da. *Direito de retenção*. 3. ed. Rio de Janeiro: Forense, 1957.

FONSECA, João Francisco Naves da. *Exame dos fatos nos recursos extraordinário e especial*. São Paulo: Saraiva, 2012.

FORNACIARI JUNIOR, Clito. Nova execução: aonde vamos? *Revista Síntese de Direito Civil e Processual Civil*, São Paulo, n. 33, jan.-fev. 2005.

FRANCO, Marcelo Veiga. Algumas reflexões sobre o termo inicial do prazo decadencial de ajuizamento de ação rescisória no Código de Processo Civil de 2015. *In*: JAYME, Fernando Gonzaga et al. *Inovações e modificações do Código de Processo Civil*. Belo Horizonte: Del Rey, 2017.

FREIRE, Alexandre; FREIRE, Alonso. Elementos normativos para a compreensão do sistema de precedentes judiciais no processo civil brasileiro. *Revista dos Tribunais*, São Paulo, v. 950, dez. 2014.

FREITAS, José Lebre de. *A ação executiva depois da reforma*. 4. ed. Coimbra: Coimbra Ed., 2004.

FREITAS, José Lebre de. *Ação executiva à luz do Código de Processo Civil de 2013*. 7. ed. Coimbra: Gestlegal, 2018.

FREITAS JÚNIOR, Horival Marques de. Recurso de terceiro no processo civil brasileiro: limites da intervenção do terceiro e extensão da coisa julgada material. *Revista Dialética de Direito Processual*, São Paulo, n. 112, jul. 2012.

FREITAS, Pedro Augusto Silveira. *Tutela jurisdicional mediante precedente judicial*: a adequada proteção do ordenamento jurídico no modelo do justo processo. Dissertação (Mestrado) – UFMG. Belo Horizonte, 2020.

FURNO, Carlo. *La sospensione del processo executivo*. Milano: A. Giuffrè, 1956.

FUX, Luiz. *Curso de direito processual civil*. Rio de Janeiro: Forense, 2001.

FUX, Luiz. *Curso de direito processual civil*. 4. ed. Rio de Janeiro: Forense, 2009. v. II.

FUX, Luiz; BODART, Bruno. Notas sobre o princípio da motivação e a uniformização da jurisprudência no novo Código de Processo Civil à luz da análise econômica do direito. *Revista de Processo*, São Paulo, v. 269, jul. 2017.

FUX, Luiz; CASTRO, Aluísio Gonçalves de; FUX, Rodrigo. Sistema brasileiro de precedentes: principais características e desafios. *Revista de Processo*, São Paulo, v. 332, out. 2022.

GAIO JÚNIOR, Antônio Pereira. Considerações acerca da compreensão do modelo de vinculação às decisões judiciais: os precedentes no novo Código de Processo Civil brasileiro. *Revista de Processo*, São Paulo, v. 257, jul. 2016.

GAJARDONI, Fernando da Fonseca. *Teoria geral do processo*. São Paulo: Método, 2016.

GAJARDONI, Fernando da Fonseca et al. *Teoria geral do processo*: comentários ao CPC de 2015. Parte geral. São Paulo: Forense, 2015.

GAMA, Guilherme Calmon Nogueira da. Reconhecimento extrajudicial da usucapião e o novo Código de Processo Civil. *Revista de Processo*, São Paulo, v. 259, set. 2016.

GOES, Gisele Santos Fernandes. Recurso especial, extraordinário e embargos de divergência: efeito translativo ou correlação recursal? *Revista Dialética de Direito Processual*, São Paulo, n. 22, jan. 2005.

GOLDSCHMIDT, James. *Derecho procesal civil*. Barcelona: Editorial Labor, 1936.

GOMES, Orlando. *Obrigações*. 15. ed. Rio de Janeiro: Forense, 2001.

GOMES, Orlando. *Sucessões*. 11. ed. Rio de Janeiro: Forense, 2001.

GONÇALVES, Mauro Pedroso. A estrutura dos precedentes vinculantes após o Superior Tribunal de Justiça impedir o cabimento de reclamação para impugnar a aplicação de tese de recursos repetitivos. *Revista de Processo*, São Paulo, v. 334, dez. 2022.

GRAU, Eros Roberto. *A ordem econômica na Constituição de 1988*. 8. ed. São Paulo: Malheiros, 2003.

GRECO, Leonardo. A defesa na execução imediata. *Revista Dialética de Direito Processual*, São Paulo, v. 21, dez. 2004.

GRECO, Leonardo. A defesa na execução imediata. *In*: DIDIER JR., Fredie (org.). *Execução civil*: estudos em homenagem ao Prof. Paulo Furtado. Rio de Janeiro: Lumen Juris, 2006.

GRECO, Leonardo. *O processo de execução*. Rio de Janeiro: Renovar, 2001. v. 2.

GRECO, Leonardo. Instituições de processo civil. Rio de Janeiro: Forense, 2015. v. III.

GRECO FILHO, Vicente. *Da intervenção de terceiros*. 2. ed. São Paulo: Saraiva, 1986.

GRECO FILHO, Vicente. *Direito processual civil brasileiro*. 9. ed. São Paulo: Saraiva, 1995. v. II.

GRINOVER, Ada Pellegrini. Ação rescisória e divergência de interpretação em matéria constitucional. *Revista de Processo*, São Paulo, n. 87, jul.-set. 1997.

GRINOVER, Ada Pellegrini. *Direito processual civil*. São Paulo: José Bushatsky, 1975.

GRINOVER, Ada Pellegrini. *Ensaio sobre a processualidade*. Brasília: Gazeta Jurídica, 2016.

GRINOVER, Ada Pellegrini. O controle do raciocínio judicial pelos tribunais superiores brasileiros. *Ajuris*, Porto Alegre, n. 50, ano XVII, nov. 1990.

GRINOVER, Ada Pellegrini. Tutela jurisdicional nas obrigações de fazer e não fazer. *Reforma do Código de Processo Civil*. São Paulo: Saraiva, 1996.

GUERRA, Marcelo Lima. *Execução indireta*. São Paulo: RT, 1998.

GUERRA, Marcelo Lima. Sobre a formação de Magistrados. *Revista de Processo*, São Paulo, v. 243, maio 2015.

HEIDEGGER, Martin. *Ser e tempo*. 2. ed. Petrópolis: Vozes, 1998. Parte II.

HILL, Flávia Pereira. *O direito processual transnacional como forma de acesso à justiça no século XX*. Rio de Janeiro: GZ Editora, 2013.

HORTA, André Frederico; NUNES, Dierle. Aplicação dos precedentes e *distinguishing* no CPC/2015: uma breve introdução. *In*: DIDIER JÚNIOR, Fredie *et al.* (coord.). *Precedentes*. Salvador: Ed. JusPodivm, 2015.

HOSSNE, Beatriz de Araújo Leite Nacif. Da execução por quantia certa contra a Fazenda Pública: aspectos polêmicos. *Revista de Processo*, São Paulo, v. 216, fev. 2013.

JAPUR, José. O Tribunal de Contas e o Municipalismo. *Revista de Direito Administrativo*, Rio de Janeiro, v. 107, jan. 1972.

JOBIM, Marco Félix; OLIVEIRA JR, Zulmar Duarte de. *Súmula, jurisprudência e precedente*: da distinção à superação. 2. ed. Porto Alegre: Livraria do Advogado, 2021.

JORGE, Flávio Cheim. *Teoria geral dos recursos cíveis*. Rio de Janeiro: Forense, 2003.

KARAM, Munir. A jurisprudência dos tipos. *Apud* TEMER, Sofia. *Incidente de resolução de demandas repetitivas*. 3. ed. Salvador: JusPodivm, 2018.

KNIJNIK, Danilo. *A exceção de pré-executividade*. Rio de Janeiro: Forense, 2001.

KNIJNIK, Danilo *et al. A nova execução de títulos extrajudiciais*: comentários à Lei 11.382, de 06 de dezembro de 2006. Coord. de Carlos Alberto Alvaro de Oliveira. Rio de Janeiro: Forense, 2007.

KNIJNIK, Danilo. Comentário ao art. 475-L. In: OLIVEIRA, Carlos Alberto Alvaro de (Coord.). *A nova execução*. Rio de Janeiro: Forense, 2006.

KOZIKOSKI, Sandro Marcelo. O CPC 2015 e a relativização do princípio da proibição da reformatio in pejus. In: DIDIER JR., Fredie (Coord.). *Processo nos tribunais e meios de impugnação às decisões judiciais*. 2. ed. Salvador: JusPodivm, 2016.

LACERDA, Galeno. *O novo direito processual civil e os feitos pendentes*. Rio de Janeiro: Forense, 1974.

LAMY, Eduardo de Avelar. Comentários ao art. 674. In: WAMBIER, Teresa Arruda Alvim; DIDIER JR., Fredie; TALAMINI, Eduardo; DANTAS, Bruno. *Breves comentários ao novo Código de Processo Civil*. São Paulo: RT, 2015.

LARENZ, Karl. *Metodologia da ciência do direito*. Lisboa: Fundação Calouste Gulbenkian, 1969.

LARENZ, Karl. *Metodologia da ciência do direito*. Trad. José Lamego. 3. ed. Lisboa: Fundação Calouste Gulbenkian, 1997.

LEMOS, Vinícius Silva. A repercussão geral no novo CPC: a construção da vinculação da decisão de mérito proferida em repercussão geral pelo STF. *Revista Jurídica Lex*, São Paulo, v. 82, jul.-ago. 2016.

LEONEL, Ricardo de Barros. Intervenção de demandas repetitivas. *Revista Jurídica da Escola Superior do Ministério Público de São Paulo*, v. 1, p. 183, *apud* DORNELAS, Henrique Lopes. Incidente de resolução de demandas repetitivas (IRDR): busca da segurança jurídica e da celeridade processual. *Revista Síntese de Direito Civil e Processual Civil*, São Paulo, n. 125, maio-jun. 2020.

LEVY, Daniel de Andrade. O incidente de resolução de demandas repetitivas no anteprojeto do novo Código de Processo Civil: exame à luz da *Group Litigation Order* britânica. *Revista de Processo*, São Paulo, v. 196, jun. 2011.

LIEBMAN, Enrico Tullio. *Appunti sulle impugnazioni*. Milano: Cisalpino Goliardica, 1967.

LIEBMAN, Enrico Tullio. *Corso di diritto processuale civile*. Milano: Giuffrè, 1952.

LIEBMAN, Enrico Tullio. *Embargos do executado (oposições de mérito no processo de execução)*. 2. ed. Trad. portuguesa de J. Guimarães Menegale. São Paulo: Saraiva, 1968.

LIEBMAN, Enrico Tullio. *Embargos do executado*. 2. ed. São Paulo: Saraiva, 1968.

LIEBMAN, Enrico Tullio. *Estudos sobre o processo civil brasileiro*. São Paulo: Saraiva, 1947.

LIEBMAN, Enrico Tullio. *Le opposizioni di merito nel processo d'esecuzione*. 2. ed. Roma: Soc. Editrice del Foro Italiano, 1936.

LIEBMAN, Enrico Tullio. *Manuale di diritto processuale civile*. Milano: Giuffrè, 1974. v. II.

LIEBMAN, Enrico Tullio. *Processo de execução*. 3. ed. São Paulo: Saraiva, 1968.

LIMA, Alcides de Mendonça. *Comentários ao Código de Processo Civil*. Rio de Janeiro: Forense, 1974. t. I, v. VI.

LIMA, Alcides de Mendonça. *Comentários ao Código de Processo Civil*. Rio de Janeiro: Forense, 1974. t. II, v. VI.

LIMA, Cláudio Vianna de. *Processo de execução*. Rio de Janeiro: Forense, 1973.

LIMA, Paulo C. A. *Código de Processo Civil*. Rio de Janeiro: Edições Trabalhistas, 1973.

LINS, Roberto Maia; FERNANDES, Pablo Gurgel; REQUE, Taísa Silva. A liquidação antecipada do seguro garantia no processo judicial tributário federal: um mecanismo sui generis de execução. *Revista de Processo*, São Paulo, v. 345, nov. 2023.

LÍSIAS, Andressa Paula Senna. Quais os elementos vinculantes do precedente produzido pelos recursos repetitivos? *Revista de Processo*, São Paulo, v. 323, jan. 2022.

LOBÃO. Manuel de Almeida e Souza de. *Segundas linhas sobre o processo civil*. Lisboa: Imprensa Nacional, 1868. v. I.

LOPES DA COSTA, Alfredo Araújo. *Direito processual civil brasileiro*. 2. ed. Rio de Janeiro: Forense, 1959. v. I.

LOPES DA COSTA, Alfredo Araújo. *Direito processual civil brasileiro*. 2. ed. Rio de Janeiro: Forense, 1959. v. IV.

LOPES, Inez. A família transnacional e a cooperação jurídica internacional. Revista dos Tribunais, São Paulo, v. 990, Caderno Especial, abr. 2018.

LUCCA, Rodrigo Ramina de. *O dever de motivação das decisões judiciais: Estado de direito, segurança jurídica e teoria dos precedentes*. 2. ed. Salvador: JusPodivm, 2016.

LUCON, Paulo Henrique dos Santos. Comentários ao art. 740. In: MARCATO, Antônio Carlos (coord.). *Código de Processo Civil interpretado*. São Paulo: Atlas, 2004.

LUCON, Paulo Henrique dos Santos. Comentários ao art. 877, do NCPC. In: WAMBIER, Teresa Arruda Alvim; DIDIER JR., Fredie; TALAMINI, Eduardo; DANTAS, Bruno. *Breves comentários ao novo Código de Processo Civil*. São Paulo: RT, 2015.

LUHMANN, Niklas. A posição dos tribunais no sistema jurídico. *Ajuris,* Porto Alegre, n. 49, jul. 1990.

MACEDO, Elaine Harzhein; RODRIGUES, Ricardo Schneider. Negócios jurídicos processuais e políticas públicas: tentativa de superação das críticas ao controle judicial. *Revista de Processo*, São Paulo, v. 273, nov. 2017.

MACÊDO, Lucas Buril de. A análise dos recursos excepcionais pelos tribunais intermediários: o pernicioso art. 1.030 e sua inadequação técnica como fruto de uma compreensão equivocada do sistema de precedentes vinculantes. *Revista de Processo*, São Paulo, v. 262, dez. 2016.

MACÊDO, Lucas Buril de. O regime jurídico dos precedentes judiciais no projeto do novo Código de Processo Civil. *Revista de Processo*, São Paulo, v. 237, nov. 2014.

MACÊDO, Lucas Buril de. *Precedentes judiciais e o direito processual civil*. Salvador: JusPodivm, 2016.

MACÊDO, Lucas Buril de; GÓIS, Filiph de Carvalho. Multa coercitiva no direito brasileiro (parte 3 de 3): questões relacionadas à sua liquidação e execução. *Revista de Processo*, São Paulo, v. 344, out. 2023.

MACHADO, Fábio Cardoso. A autonomia intencional do Direito e a normativa exigência de uma máxima aderência à prática precedente. *Revista dos Tribunais*, São Paulo, v. 1.029, jul. 2021.

MACHADO, Hugo de Brito. Cabimento da ação rescisória por violação de literal disposição de lei. *Revista Dialética de Direito Processual*, São Paulo, n. 146, maio 2015.

MAGRI, Berenice Soubhie Nogueira. *Ação anulatória*: art. 486, do CPC. São Paulo: RT, 1999. (Coleção de Estudos de Direito de Processo Enrico Tullio Liebman, col. 41)

MANCUSO, Rodolfo de Camargo. *Recurso extraordinário e recurso especial*. 10. ed. São Paulo: RT, 2007.

MANCUSO, Rodolfo de Camargo. *Incidente de resolução de demandas repetitivas*. São Paulo: RT, 2016.

MANCUSO, Rodolfo de Camargo. *Sistema brasileiro de precedentes*: natureza; eficácia; operacionalidade. 2. ed. São Paulo: RT, 2016.

MANDRIOLI, Crisanto. *Corso di diritto processuale civile*. Torino: G. Giapichelli, 1995. v. I.

MARCATO, Antônio Carlos. *Crise da Justiça e influência dos precedentes judiciais no direito processual civil brasileiro*. 2008. Tese (Doutorado) – Fac. de Dir. da USP, São Paulo.

MARINONI, Luiz Guilherme. Abstrativização do controle concreto ou concretização do controle abstrato? *Revista de Processo,* São Paulo, v. 329, jul. 2022.

MARINONI, Luiz Guilherme. Ação rescisória baseada em violação de norma jurídica. *Revista do Tribunal Regional Federal* – 1ª R., Brasília, v. 29, n. 11/12, nov.-dez. 2017.

MARINONI, Luiz Guilherme. Cláusula geral e recurso especial. *Revista de Processo*, São Paulo, v. 352, jun. 2024.

MARINONI, Luiz Guilherme. *Comentários ao Código de Processo Civil*. São Paulo: Ed. RT, 2016. v. XVI.

MARINONI, Luiz Guilherme. *O novo processo civil*. São Paulo: RT, 2015.

MARINONI, Luiz Guilherme. O "problema" do incidente de resolução de demandas repetitivas e dos recursos extraordinário e especial repetitivos. *Revista de Processo*, São Paulo, v. 249, nov. 2015.

MARINONI, Luiz Guilherme. *O STJ enquanto corte de precedentes*: recompreensão do sistema processual da corte suprema. 2. ed. São Paulo: RT, 2014.

MARINONI, Luiz Guilherme. *Processo de conhecimento*. 6. ed. São Paulo: RT, 2007.

MARINONI, Luiz Guilherme. *Técnica processual e tutela dos direitos*. São Paulo: RT, 2004.

MARINONI, Luiz Guilherme. *Tutela antecipatória, julgamento antecipado e execução imediata da sentença*. 2. ed. São Paulo: RT, 1998.

MARINONI, Luiz Guilherme; ARENHART, Sérgio Cruz. *Curso de processo civil*: execução. 2. ed. São Paulo: RT, 2007. v. 3.

MARINONI, Luiz Guilherme; ARENHART, Sérgio Cruz; MITIDIERO, Daniel. *Novo Código de Processo Civil comentado*. São Paulo: RT, 2015.

MARINONI, Luiz Guilherme; MITIDIERO, Daniel. *Ação rescisória: do juízo rescindente ao juízo rescisório*. São Paulo: ed. RT, 2017.

MARINONI, Luiz Guilherme; MITIDIERO, Daniel. *Código de Processo Civil comentado artigo por artigo*. São Paulo: RT, 2008.

MARINONI, Luiz Guilherme; MITIDIERO, Daniel. *Código de Processo Civil comentado artigo por artigo*. 2. ed. São Paulo: RT, 2010.

MARINONI, Luiz Guilherme; MITIDIERO, Daniel. *O projeto do CPC. Crítica e propostas*. São Paulo: RT, 2010.

MARINONI, Luiz Guilherme; MITIDIERO, Daniel. Comentários ao Código de Processo Civil – artigos 976 ao 1.044. In: MARINONI, Luiz Guilherme (Dir.); ARENHART, Sérgio Cruz; MITIDIERO, Daniel (Coord.). *Comentários ao Código de Processo Civil*. 2. ed. São Paulo: RT, 2018. v. XVI.

MARINONI, Luiz Guilherme; MITIDIERO, Daniel. *Comentários ao Código de Processo Civil – arts. 926 ao 975*. 2.ed. São Paulo: Ed. RT, 2018. v. XV.

MARINONI, Luiz Guilherme; MITIDIERO, Daniel. *Recurso extraordinário e recurso especial: do Jus Litigatoris ao Jus Constitutionis*. São Paulo: Ed. RT, 2019.

MARINONI, Luiz Guilherme; MITIDIERO, Daniel. *Recurso extraordinário e recurso especial: do jus litigatoris ao jus constitutionis*. Versão Ebook proview. São Paulo: RT, 2020.

MARQUES, José Frederico. A rescisão de sentença que homologa transação. *O Estado de S. Paulo*, de 10.02.1985, coluna "Tribunais".

MARQUES, José Frederico. *Instituições de direito processual civil*. Rio de Janeiro: Forense, 1958. v. I.

MARQUES, José Frederico. *Instituições de direito processual civil*. Rio de Janeiro: Forense, 1960. v. IV.

MARQUES, José Frederico. *Instituições de direito processual civil*. Rio de Janeiro: Forense, 1960. v. V.

MARQUES, José Frederico. *Manual de direito processual civil*. Rio de Janeiro: Forense, 1959. v. III.

MARQUES, José Frederico. *Manual de direito processual civil*. São Paulo: Saraiva, 1974. v. I.

MARQUES, José Frederico. *Manual de direito processual civil*. Campinas: Bookseller, 1974. v. IV.

MARQUES, José Frederico. *Manual de direito processual civil*. São Paulo: Saraiva, 1976. v. IV.

MARQUES, José Frederico. *Manual de direito processual civil*. 13. ed. São Paulo: Saraiva, 1990. v. III.

MARQUES, José Frederico. *Manual de direito processual civil*. Campinas: Bookseller, 1997. v. III.

MARQUES, José Frederico. *Manual de direito processual civil*. Campinas: Bookseller, 1997. v. IV.

MARTINS-COSTA, Judith. O direito privado como sistema em construção: as cláusulas gerais no projeto do Código Civil brasileiro. *Revista de Informação Legislativa*, Brasília, v. 139, jul.-ago. 1998.

MARTINS-COSTA, Judith. *A boa-fé no direito privado*. São Paulo: RT, 2000.

MARTINS, Pedro Batista. *Recursos e processos de competência originária dos tribunais*. Rio de Janeiro: Forense, 1957.

MARTINS, Sandro Gilbert. Apontamentos sobre a defesa do executado no "cumprimento da sentença". *Revista de Processo*, São Paulo, n. 116, jul.-ago. 2004.

MARTINS, Sandro Gilberti; VICENTINI, Sandro. Os precatórios judiciais; a Emenda Constitucional 30/2000 e o poder liberatório do pagamento de tributos da entidade devedora. *Revista de Processo*, São Paulo, n. 129, nov. 2005.

MAXIMILIANO, Carlos. *Hermenêutica e aplicação do direito*. 18. ed. Rio de Janeiro: Forense, 1999.

MAZZEI, Rodrigo. Comentários ao art. 1.022. In: WAMBIER, Teresa Arruda Alvim; DIDIER JR., Fredie; TALAMINI, Eduardo; DANTAS, Bruno. *Breves comentários ao novo Código de Processo Civil*. São Paulo: RT, 2015.

MAZZEI, Rodrigo. Embargos de declaração e agravo interno no projeto de CPC (Substitutivo de Lavra do Deputado Paulo Teixeira): algumas sugestões para retificações do texto projetado. *Revista de Processo*, São Paulo, v. 221, jul. 2013.

MAZZEI, Rodrigo. Inventário sucessório: declaração de insolvência do espólio postulada pelo inventariante. *Revista Nacional de Direito de Família e Sucessões*, Porto Alegre, v. 46, jan.-fev. 2022.

MEDINA, José Miguel Garcia. A sentença declaratória como título executivo. *Revista de Processo*, São Paulo, v. 136, jun. 2006.

MEDINA, José Miguel Garcia. A tutela específica mitigada: a alteração do CPC pela Lei 14.833/24. Disponível em: https://www.migalhas.com.br/depeso/404424/tutela-especifica-mitigada--alteracao-do-cpc-pela-lei-14-833-24. Acesso em: 15 abr. 2024.

MEDINA, José Miguel Garcia. *Direito processual civil moderno*. 2. ed. São Paulo: RT, 2016.

MEDINA, José Miguel Garcia. *Novo Código de Processo Civil comentado*. 3. ed. São Paulo: RT, 2015.

MEDINA, José Miguel Garcia. *Novo Código de Processo Civil comentado*. 4. ed. São Paulo: RT, 2016.

MEDINA, José Miguel Garcia. *Novo Código de Processo Civil comentado*. 5. ed. São Paulo: RT, 2017.

MEDINA, José Miguel Garcia. Prequestionamento, repercussão geral da questão constitucional, relevância da questão federal. 7. ed. São Paulo: Ed. RT, 2017.

MEDINA, José Miguel Garcia. Processo novo. Impactos processuais da reforma da Lei 14.825/2024 na recuperação de créditos. Disponível em: https://www.conjur.com.br/2024-mar-22/impactos--processuais-da-reforma-da-lei-14-825-2024-na-recuperacao-de-creditos/. Acesso em: 25 mar. 2024.

MEDINA, José Miguel Garcia; WAMBIER, Teresa Arruda Alvim. *Recursos e ações autônomas de impugnação*. São Paulo: RT, 2008.

MEIRELLES, Hely Lopes. *Direito administrativo brasileiro*. 27. ed. São Paulo: Malheiros, 2002.

MELLO, Felipe Varela. O art. 927 do Código de Processo Civil e o seu rol de precedentes vinculantes. *Revista de Processo,* São Paulo, v. 330, ago. 2022.

MELLO, Rogério Licastro Torres de. A defesa da nova execução de título judicial. In: HOFFMAN, Paulo; RIBEIRO, Leonardo Ferres da Silva. *Processo de execução civil.* Modificações da Lei nº 11.232/05. São Paulo: Quartier Latin, 2006.

MELO, Gustavo de Medeiros. Seguro garantia judicial: aspectos processuais e materiais de uma figura ainda desconhecida. *Revista Forense,* Rio de Janeiro, v. 415, jan.-jun. 2012.

MENDES, Aluisio Gonçalves de Castro. *Incidente de resolução de demandas repetitivas – contribuição para a sistematização, análise e interpretação do novo instituto processual* (tese). Rio de Janeiro: UERJ, 2017.

MENDES, Aluisio Gonçalves de Castro; TEMER, Sofia Orberg. Comentários ao art. 979. In: STRECK, Lenio Luiz et al. (coord.). *Comentários ao Código de Processo Civil.* São Paulo: Saraiva, 2016.

MENDES, Aluísio Gonçalves de Castro; TEMER, Sofia. O incidente de resolução de demandas repetitivas no Código de Processo Civil, *Revista de Processo,* São Paulo, v. 243, maio 2015.

MENDES, Gilmar; PFLUG, Samantha Meyer. Passado e futuro da súmula vinculante: considerações à luz da Emenda Constitucional 45/2004. *In:* RENAULT, S. R. T.; BOTTINI, P. (org.). *Reforma do Poder Judiciário*: comentários à Emenda Constitucional n. 45/2004. São Paulo: Saraiva, 2005.

MENDONÇA, Ricardo Magalhães de. Revisão das decisões monocráticas do relator no julgamento antecipado do recurso: breve análise do agravo interno previsto nos Códigos de Processo Civil vigente e projetado. *Revista Dialética de Direito Processual,* São Paulo, n. 145, abr. 2015.

MENKE, Fabiano. A interpretação das cláusulas gerais: a subsunção e a concreção dos conceitos. *Revista de Direito do Consumidor,* São Paulo, v. 50, abr.-jun. 2004.

MESQUITA, José Ignácio Botelho de et al. Breves considerações sobre a exigibilidade e a execução das *astreintes. Revista Jurídica,* São Paulo, n. 338, dez. 2005.

MESQUITA, José Ignácio Botelho de. *Da ação civil.* São Paulo: RT, 1975.

MICHELI, Gian Antonio. *Curso de derecho procesal civil.* Buenos Aires: EJEA, 1970. v. III.

MICHELI, Gian Antonio. *Derecho procesal civil.* Buenos Aires: Ediciones Jurídicas Europa-América, 1970. v. III.

MIRANDA, Jorge. *Contributo para uma teoria da inconstitucionalidade.* Reimp. Coimbra: Coimbra Ed., 1996.

MIRANDA, Victor Vasconcelos. *Precedentes judiciais*: construção e aplicação da *ratio decidendi.* São Paulo: RT, 2022.

MITIDIERO, Daniel. *Colaboração no processo civil.* 2. ed. São Paulo: RT, 2011.

MITIDIERO, Daniel. *Cortes superiores e cortes supremas –* do controle à interpretação, da jurisprudência ao precedente. São Paulo: RT, 2013.

MITIDIERO, Daniel. *Cortes superiores e cortes supremas*: do controle à interpretação, da jurisprudência ao precedente. 3. ed. São Paulo: RT, 2017.

MITIDIERO, Daniel. A tutela dos direitos como fim do processo civil no Estado constitucional. *Revista de Processo,* São Paulo, v. 229, mar. 2014.

MITIDIERO, Daniel. *Superação para frente e modulação de efeitos.* São Paulo: ed. RT, 2021.

MOHRER, Michelie Ris. A modulação puramente prospectiva na alteração do precedente vinculante e da jurisprudência dominante como forma autêntica de preservar os princípios da isonomia e da proteção à confiança. *Revista de Processo,* São Paulo, v. 323, jan. 2022.

MONIZ DE ARAGÃO, Egas Dirceu. *Comentários ao Código de Processo Civil*. 3. ed. Rio de Janeiro: Forense, 1979. v. II.

MONIZ DE ARAGÃO, Egas Dirceu. *Comentários ao Código de Processo Civil*. 9. ed. Rio de Janeiro: Forense, 1998. v. II.

MONIZ DE ARAGÃO, Egas Dirceu. Do agravo regimental. *Revista dos Tribunais*, n. 315, jan. 1962.

MONIZ DE ARAGÃO, Egas Dirceu. Embargos de declaração. *Revista dos Tribunais*, v. 633, jul. 1988.

MONIZ DE ARAGÃO, Egas Dirceu. Execução contra o devedor insolvente. *Revista Forense*, Rio de Janeiro, v. 246, abr.-jun. 1974.

MONIZ DE ARAGÃO, Egas Dirceu. Parecer. *Revista Forense*, Rio de Janeiro, v. 251, ago.-set. 1975.

MONTEIRO, Antônio Pinto (coord.). *Contratos*: actualidade e evolução. Porto: Universidade Católica Portuguesa, 1997.

MONTEIRO, Vitor José de Mello. Abrangência do instituto. In: GIANNICO, Maurício; MONTEIRO, Vitor José de Mello (coord.). *As novas reformas do CPC e de outras normas processuais*. São Paulo: Saraiva, 2009.

MONTEIRO, Vitor José de Mello. *As novas reformas do CPC e de outras normas processuais*. São Paulo: Saraiva, 2009.

MONTEIRO, Vitor José de Mello. Competência. In: GIANNICO, Maurício Giannico; MONTEIRO, Vitor José de Mello (coord.). *As novas reformas do CPC e de outras normas processuais*. São Paulo: Saraiva, 2009.

MONTEIRO, Vitor José de Mello. Embargos protelatórios (arts. 739-B e 740, parágrafo único). In: GIANNICO, Maurício; MONTEIRO, Vitor José de Mello (coord.). *As novas reformas do CPC e de outras normas processuais*. São Paulo: Saraiva, 2009.

MONTEIRO, Washington de Barros. *Curso de direito civil* – direito de obrigações. 1ª Parte. 29. ed. São Paulo: Saraiva, 1997. v. IV.

MONTEIRO NETO, Nelson. Âmbito dos embargos de declaração. *Revista de Processo*, São Paulo, v. 232, jun. 2014.

MONTEIRO NETO, Nelson. Reiteração de embargos protelatórios, multa processual e admissibilidade "de qualquer outro recurso". *Revista Dialética de Direito Processual*, São Paulo, n. 107, fev. 2012.

MONTENEGRO FILHO, Misael. *Código de Processo Civil comentado e interpretado*. São Paulo: Atlas, 2008.

MORAES, José Rubens de. Princípios da execução de sentença e reformas do Código de Processo Civil. *Revista de Processo*, São Paulo, v. 195, maio 2011.

MOURA BITTENCOURT, Edgar. *Alimentos*. 4. ed. São Paulo: Leud, 1979.

MOURA ROCHA, José de. *Comentários ao Código de Processo Civil*. São Paulo: RT, 1975. v. IX.

MUNHOZ, Manoela Virmond. Reflexões sobre a (in) sanabilidade de vícios relacionados à tempestividade recursal. *Revista de Processo*, São Paulo, v. 332, out. 2022.

NAGAO, Paulo Issamu. *O papel do juiz na efetividade do processo civil contemporâneo de acordo com o CPC/2015 e a Lei 13.256/16*. São Paulo: Malheiros, 2016.

NEGRÃO, Theotonio. *Código de Processo Civil e legislação processual em vigor*. 19. ed. São Paulo: RT, 1982.

NEGRÃO, Theotonio. *Código de Processo Civil e legislação processual em vigor*. 30. ed. São Paulo: Saraiva, 1999.

NEGRÃO, Theotonio et al. *Código de Processo Civil e legislação processual em vigor*. 39. ed. São Paulo: Saraiva, 2007.

NEGRÃO, Theotonio et al. *Código de Processo Civil e legislação processual em vigor*. 44. ed. São Paulo: Saraiva, 2012.

NEGRÃO, Theotonio; GOUVÊA, José Roberto F. *Código de Processo Civil e legislação processual em vigor*. 37. ed. São Paulo: Saraiva, 2005.

NEGRÃO, Theotonio; GOUVÊA, José Roberto F. *Código de Processo Civil e legislação processual em vigor*. 38. ed. São Paulo: Saraiva, 2006.

NEGRÃO, Theotonio; GOUVÊA, José Roberto F.; BONDIOLI, Luis Guilherme A.; FONSECA, João Francisco N. da. *Código de Processo Civil e legislação processual em vigor*. 46. ed. São Paulo: Saraiva, 2014.

NERY JUNIOR, Nelson. *Atualidades sobre o processo civil*. São Paulo: RT, 1995.

NERY JÚNIOR, Nelson. Fraude contra credores e embargos de terceiro. *Revista de Processo*, São Paulo, v. 23, jul.-set.1981.

NERY JUNIOR, Nelson. *Princípios fundamentais* – teoria geral dos recursos. 4. ed. São Paulo: RT, 1997.

NERY JUNIOR, Nelson. Parecer. *Revista de Processo*, n. 130, dez. 2005.

NERY JUNIOR, Nelson. *Princípios fundamentais* – teoria geral dos recursos. 4. ed. São Paulo: RT, 1997.

NERY JUNIOR, Nelson. *Princípios do processo civil na Constituição Federal*. 3. ed. São Paulo: RT, 1966.

NERY JUNIOR, Nelson. *Princípios do processo civil na Constituição Federal*. 4. ed. São Paulo: RT, 1997.

NERY JUNIOR, Nelson. *Teoria geral dos recursos*. 6. ed. São Paulo: RT, 2004.

NERY JUNIOR, Nelson. *Teoria geral dos recursos*. 7. ed. São Paulo: RT, 2014.

NERY JUNIOR, Nelson; WAMBIER, Teresa Arruda Alvim. *Aspectos polêmicos e atuais dos recursos cíveis*. São Paulo: RT, 2003. v. 7.

NERY JUNIOR, Nelson; NERY, Rosa Maria de Andrade. *Código de Processo Civil comentado*. 3. ed. São Paulo: RT, 1997.

NERY JUNIOR, Nelson; NERY, Rosa Maria de Andrade. *Código de Processo Civil comentado e legislação extravagante*. 9. ed. São Paulo: RT, 2006.

NERY JUNIOR, Nelson; NERY, Rosa Maria de Andrade. *Código de Processo Civil comentado*. 10. ed. São Paulo: RT, 2007.

NERY JUNIOR, Nelson; NERY, Rosa Maria de Andrade. *Código de Processo Civil comentado e legislação extravagante*. 10. ed. São Paulo: RT, 2007.

NERY JUNIOR, Nelson; NERY, Rosa Maria de Andrade. *Código de Processo Civil comentado*. 11. ed. São Paulo: RT, 2010.

NERY JUNIOR, Nelson; NERY, Rosa Maria de Andrade. *Código de Processo Civil comentado*. 19. ed. São Paulo: RT, 2020.

NERY JUNIOR, Nelson; NERY, Rosa Maria de Andrade. *Comentários ao Código de Processo Civil*. São Paulo: RT, 2015.

NETTO, José Laurindo de Souza; CARDOSO, Cassiana Rufato. A ratificação da apelação após o julgamento dos embargos de declaração: uma exigência nem sempre necessária. *Revista de Processo*, São Paulo, v. 229, mar. 2014.

NEVES, Celso. *Coisa julgada civil*. São Paulo: RT, 1971.

NEVES, Celso. *Comentários ao Código de Processo Civil*. 7. ed. Rio de Janeiro: Forense, 1999. v. 7.

NEVES, Daniel Amorim Assumpção. A tutela específica e o princípio dispositivo – Ampla possibilidade de conversão em perdas e danos por vontade do autor. *Revista Dialética de Direito Processual*, São Paulo, n. 28, jul. 2005.

NEVES, Daniel Amorim Assumpção. *Manual de direito processual civil*. 6. ed. Rio de Janeiro: Forense, 2014.

NEVES, Daniel Amorim Assumpção. Medidas executivas coercitivas atípicas na execução de obrigação de pagar quantia certa – art. 139, IV, do novo CPC. *Revista de Processo*, São Paulo, v. 265, mar. 2017.

NEVES, Daniel Amorim Assumpção. Reforma do CPC-2. São Paulo: RT, 2007.

NEVES, Daniel Amorim Assumpção. *Novo Código de Processo Civil. Inovações, alterações e supressões comentadas*. São Paulo: Método, 2015.

NOGUEIRA, Pedro Henrique Pedrosa. Parecer. *Revista Dialética de Direito Processual*, São Paulo, n. 128, nov. 2015.

NOGUEIRA, Pedro Henrique. O regime judiciário da legitimidade extraordinária no processo civil brasileiro. *Revista de Processo*, São Paulo, v. 324, fev. 2022.

NONATO, Orosimbo. *Curso de obrigações*. Rio de Janeiro/São Paulo: Editora Jurídica e Universitária Ltda., 1971. 3ª parte.

NONATO, Orosimbo. *Da coação como defeito do ato jurídico*. Rio de Janeiro, 1957.

NOTARIANO JÚNIOR, Antônio; BRUSCHI, Gilberto Gomes. *Agravo contra as decisões de primeiro grau*. 2. Ed. São Paulo: Método, 2015.

NUNES, Guilherme Nascentes. Ação anulatória do art. 485 do CPC: hipóteses de cabimento. Quais as alterações trazidas pelo art. 284 do CPC projetado? *Revista de Processo*, São Paulo, v. 235, set. 2014.

NUNES, Leonardo Silva; COTA, Samuel Paiva; FARIA, Ana Maria Damasceno de Carvalho. Dos litígios aos processos estruturais: pressupostos e fundamentos. *In*: NUNES, Leonardo Silva (coord.). *Dos litígios aos processos estruturais*. Belo Horizonte-São Paulo: D'Plácido, 2022.

NUSSBAUM, Arthur. Tratado de derecho hipotecario alemán. *Revista de Derecho Privado*, Madrid, 1929.

OLIVEIRA, Arthur Vasco Itabaiana de. *Tratado de direito das sucessões*. 4. ed. São Paulo: Max Limonad, 1952.

OLIVEIRA, Bruno Silveira de. A remoção de óbices econômicos e de óbices técnicos à tutela jurisdicional: contrastes na jurisprudência dos tribunais de superposição. *Revista de Processo*, São Paulo, v. 225, nov. 2013.

OLIVEIRA, Eduardo Ribeiro de. Embargos de divergência. In: NERY JUNIOR, Nelson; WAMBIER, Teresa Arruda Alvim (coord.). *Aspectos polêmicos e atuais dos recursos cíveis*. São Paulo: RT, 2006. v. 9.

OLIVEIRA, Eduardo Ribeiro de. Recurso especial. In: FONTES, Renata Barbosa (coord.). *Temas de direito*: homenagem ao Ministro Humberto Gomes de Barros. Rio de Janeiro: Forense, 2000.

OLIVEIRA, Gleydson Kleber Lopes de. *Recurso especial*. São Paulo: RT, 2002.

OLIVEIRA, Guilherme Peres de. In: WAMBIER, Teresa Arruda Alvim; DIDIER JR., Fredie; TALAMINI, Eduardo; DANTAS, Bruno. *Breves comentários ao novo Código de Processo Civil*. São Paulo: RT, 2015.

OLIVEIRA JÚNIOR, Délio Mota de. A formação progressiva da coisa julgada material e o prazo para o ajuizamento da ação rescisória: contradição do novo Código de Processo Civil. In: DIDIER

JÚNIOR, Fredie (coord.). *Processo nos tribunais e meio de impugnação às decisões judiciais*. 2. ed. Salvador: JusPodivm, 2016.

OLIVEIRA FILHO, João de. Parecer sobre "hipoteca, terceiro hipotecante". Execução da dívida sem citação do devedor garantido. Litisconsórcio passivo voluntário. *Revista. Forense*, São Paulo, v. 74, abr.- jun. 1938.

OLIVEIRA JÚNIOR, Zulmar Duarte de. Eficácia consuntiva no novo CPC e os recursos augustos e angustos. In: FREIRE, Alexandre *et al.* (org.). *Novas tendencias do processo civil*. Salvador: JusPodivm, 2013.

OLIVEIRA, Pedro Miranda de. *Recurso extraordinário e requisito da repercussão geral*. São Paulo: ed. RT, 2013.

OLIVEIRA, Pedro Miranda de. A rescisória fundada em documento novo e o início da contagem do prazo decadencial. In: AURELLI, Arlete Inês *et al.* (coord.). *O direito de estar em juízo e a coisa julgada* – Estudos em homenagem a Thereza Alvim. São Paulo: RT, 2014.

OLIVEIRA, Pedro Miranda de; RODRIGUES, Luiza Silva. As duas faces da análise dos recursos excepcionais pelo Presidente ou Vice-presidente do Tribunal local: juízo de seguimento e juízo de admissibilidade. *Revista de Processo*, São Paulo, v. 319, set. 2021.

OLIVEIRA, Robson Carlos de. *Embargos à arrematação e à adjudicação*. São Paulo: RT, 2006.

PACHECO, Silva da. *Direito processual civil*. São Paulo: Saraiva, 1976. v. II.

PANTOJA, Fernanda Medina. Cabimento do agravo de instrumento. Alguns mitos. *Revista de Processo*, São Paulo, v. 322, dez. 2021.

PANUTO, Peter; GONÇALVES, Kenedy Anderson Pereira. Uma análise crítica das súmulas à luz do CPC/15. *Revista de Processo*, São Paulo, v. 327, maio 2022.

PAULA, Alexandre de. *Código de Processo Civil anotado*. 7. ed. São Paulo, RT, 1998. v. III.

PAULA, Alexandre de. *O processo civil à luz da jurisprudência*. Rio de Janeiro: Forense, 1988.

PEIXOTO, Carlos Fulgêncio Cunha. *Sociedade por ações*. São Paulo: Saraiva, 1972. v. 2.

PEIXOTO, Ravi. *Ação rescisória e capítulos de sentença: a análise de uma relação conturbada a partir do CPC/2015*. In: BURIL, Lucas de Macedo *et al.* (org.). *Processos nos tribunais e meios de impugnação às decisões judiciais*. Salvador: JusPodivm, 2015.

PEIXOTO, Ravi. Primeiras linhas sobre a disciplina da ação rescisória no CPC/15. In: DIDIER JÚNIOR, Fredie (coord.). *Processo nos tribunais e meios de impugnação às decisões judiciais*. 2. ed. Salvador: JusPodivm, 2016.

PELUSO, Antonio Cezar. Decisão. *O Estado de S. Paulo*, de 15.06.1974.

PENTEADO, Luciano de Camargo. Prescrição do crédito hipotecário não afeta *ipso facto* a garantia. *Revista de Direito Privado*, São Paulo, v. 62, abr.-jun. 2015.

PEREIRA, Caio Mário da Silva. *Instituições de direito civil*. Rio de Janeiro: Forense, 1974. v. VI.

PEREIRA, Caio Mário da Silva. *Instituições de direito civil*. 20. ed. Rio de Janeiro: Forense, 2003. v. II.

PEREIRA, Caio Mário da Silva. *Instituições de direito civil*. 20. ed. Rio de Janeiro: Forense, 2004. v. I.

PEREIRA FILHO, Benedito Cerezzo; NERY, Rodrigo. *Fato e direito no recurso especial*: o mito da distinção. São Paulo, RT, 2022.

PEREIRA, Jean Claude O'Donnell Braz; GUEDES, Jefferson Carús. Aspectos da vinculação de precedente no STF. *Revista dos Tribunais,* São Paulo, v. 1.042, ago. 2022.

PEREIRA, Luiz Fernando Casagrande. In: WAMBIER, Teresa Arruda Alvim; DIDIER JR., Fredie; TALAMINI, Eduardo; DANTAS, Bruno. *Breves comentários ao novo Código de Processo Civil*. São Paulo: RT, 2015.

PEREIRA, Rafael Caselli. Efetividade e unificação dos regimes jurídicos executivos pelo CPC/2015 como fundamento para superação (*overruling*) da Súmula 410 do STJ: o fim da jurisprudência lotérica e a consagração da instabilidade, integridade e coerência dos julgados. *Juris Plenum*, Caxias do Sul, n. 76, jul. 2017.

PEREIRA, João Sérgio dos Santos; VALE, Luís Manoel Borges do. A formação concentrada de precedentes no STF e o julgamento no plenário virtual: dilemas e perspectivas. *Revista de Processo*, São Paulo, v. 329, jul. 2022.

PEREIRA, Rodolfo Viana. *Hermenêutica filosófica e constitucional*. Belo Horizonte: Del Rey, 2001.

PERROT, Roger. Le Principe du Double degré de jurisdicion et son évolution en droit privé français. *Studi in Onore di Enrico Tullio Liebman*, Milano, v. III, 1979.

PESSOA, Fábio Guidi Tabosa. Novo CPC: reflexões em torno da imposição e cobrança de multas. *Revista do Advogado*, São Paulo, n. 126, maio 2015.

PESSOA, Roberto D'Orea. Juízo de mérito e grau de cognição nos recursos de estrito direito. In: NERY JR., Nelson; WAMBIER, Teresa Arruda Alvim (coord.). *Aspectos polêmicos e atuais dos recursos cíveis e assuntos afins*. São Paulo: RT, 2006. v. 10.

PICARDI, Nicola. *Jurisdição e processo*. Rio de Janeiro: Forense, 2008.

REALE, Miguel. *Lições preliminares de direito*. 3. ed. São Paulo: Saraiva, 1976.

PINHO, Humberto Dalla Bernardina; SANTANA, Ana Carolina Squadri. O *writ of certiorari* e sua influência sobre o instituto da repercussão geral do recurso extraordinário. *Revista de Processo*, São Paulo, v. 235, set. 2014.

PINTO, Nelson Luiz. *Recurso especial para o Superior Tribunal de Justiça*. 2. ed. São Paulo: Malheiros, 1996.

PISANI, Andréa Proto. *Lezioni di diritto processuale civile*. 3. ed. Napoli: Jovene, 1999.

PISANI, Andréa Proto. Principio d'eguaglianza e ricorso per cassazione. *Revista de Processo*, São Paulo, n. 191, jan. 2011.

PONTES DE MIRANDA, Francisco Cavalcanti. *Comentários à Constituição de 1967, com a Emenda nº 1, de 1969*. Rio de Janeiro: Forense, 1987. V. III.

PONTES DE MIRANDA, Francisco Cavalcanti. *Comentários ao Código de Processo Civil* (de 1939). Rio de Janeiro: Forense, 1960. T. XI.

PONTES DE MIRANDA, Francisco Cavalcanti. *Comentários ao Código de Processo Civil* (de 1939). 2. Ed. Rio de Janeiro: Forense, 1960. V. X.

PONTES DE MIRANDA, Francisco Cavalcanti. *Comentários ao Código de Processo Civil*. Rio de Janeiro: Forense, 1961. V. XIII.

PONTES DE MIRANDA, Francisco Cavalcanti. *Comentários ao Código de Processo Civil* (de 1939). 2. Ed. Rio de Janeiro: Forense, 1961. V. XV.

PONTES DE MIRANDA, Francisco Cavalcanti. *Comentários ao Código de Processo Civil*. Rio de Janeiro: Forense, 1974. V. I.

PONTES DE MIRANDA, Francisco Cavalcanti. *Comentários ao Código de Processo Civil*. Rio de Janeiro: Forense, 1974. V. II.

PONTES DE MIRANDA, Francisco Cavalcanti. *Comentários ao Código de Processo Civil*. Rio de Janeiro: Forense, 1974. T. IX.

PONTES DE MIRANDA, Francisco Cavalcanti. *Comentários ao Código de Processo Civil*. Rio de Janeiro: Forense, 1976. V. 9.

PONTES DE MIRANDA, Francisco Cavalcanti. *Comentários ao Código de Processo Civil*. Rio de Janeiro: Forense, 1976. V. 10.

PONTES DE MIRANDA, Francisco Cavalcanti. *Comentários ao Código de Processo Civil*. 3. Ed. Rio de Janeiro: Forense, 1998. T. VI.

PONTES DE MIRANDA, Francisco Cavalcanti. *Comentários ao Código de Processo Civil*. 3. Ed. Rio de Janeiro: Forense, 1999. T. VII.

PONTES DE MIRANDA, Francisco Cavalcanti. *Dez anos de pareceres*. Rio de Janeiro: Livraria Francisco Alves Editora S/A, 1974. V. 4.

PONTES DE MIRANDA, Francisco Cavalcanti. *Tratado da ação rescisória*. 4. Ed. Rio de Janeiro: Forense, 1964.

PONTES DE MIRANDA, Francisco Cavalcanti. *Tratado da ação rescisória, da sentença e de outras decisões*. 5. Ed. Rio de Janeiro: Borsoi, 1976.

PONTES DE MIRANDA, Francisco Cavalcanti. *Tratado da ação rescisória*. Campinas: Bookseller, 1998.

PONTES DE MIRANDA, Francisco Cavalcanti. *Tratado das ações*. São Paulo: RT, 1970. T. I.

PONTES DE MIRANDA, Francisco Cavalcanti. *Tratado das ações*. São Paulo: RT, 1972. T. III.

PONTES DE MIRANDA, Francisco Cavalcanti. *Tratado das ações*. São Paulo: RT, 1973. T. IV.

PONTES DE MIRANDA, Francisco Cavalcanti. *Tratado da ação rescisória*. 4. Ed. Rio de Janeiro: Forense, 1964, p. 292-293, *apud* BARBOSA MOREIRA, José Carlos. *Comentários ao Código de Processo Civil*. Rio de Janeiro: Forense, 1974, v. V.

PONTES DE MIRANDA, Francisco Cavalcanti. *Tratado de direito privado*. 3. Ed. São Paulo: RT, 1984. T. 50.

PONTES DE MIRANDA, Francisco Cavalcanti. *Tratado de direito privado*. Atual. Por Nelson Nery Jr. E Luciano de Camargo Penteado. São Paulo: RT, 2012. T. XX.

PONTES DE MIRANDA, Francisco Cavalcanti. *Tratado de direito privado*. T. XXVI- *Direito das obrigações*: Inadimplemento. Atualizado por Ruy Rosado de Aguiar Jr. E Nelson Nery Jr. São Paulo: RT, 2012.

POTHIER, Robert Joseph. *Traité des obligations*. Paris: Libr. De L'oeuvre de Saint-paul, 1883.

PRATA, Edson. Simpósio Nacional de Direito Processual Civil, realizado em Curitiba, em 1975, conf. Relato de Edson Prata. *Revista Forense*, Rio de Janeiro, v. 257, jan.-mar. 1977.

PRIETO-CASTRO Y FERRÁNDIZ, Leonardo. *Derecho concursal*. Madrid: Tecnos, 1974.

PROVINCIALI, Renzo. Fallimento. *Novíssimo Digesto Italiano*. Torino: UTET.

RAMALHO, Joaquim Ignácio. *Praxe brasileira*. São Paulo: Typographia do Ypiranga, 1869.

RAZUK, Abrão. *Da penhora*. São Paulo: Saraiva, 1980.

REDENTI, Enrico. *Profili pratici del diritto processuale civile*. Milano: A. Giuffrè, 1939.

REDONDO, Bruno Garcia. In: WAMBIER, Teresa Arruda Alvim; DIDIER JR., Fredie; TALAMINI, Eduardo; DANTAS, Bruno. *Breves comentários ao novo Código de Processo Civil*. São Paulo: RT, 2015.

REINALDO FILHO, Demócrito Ramos. Custas no cumprimento da sentença. *Juris Plenum*, Caxias do Sul, n. 48, nov. 2012.

REIS, José Alberto dos. *Código de Processo Civil anotado*. Coimbra: Coimbra Ed., 1952. v. V.

REIS, José Alberto dos. *Processo de execução*. Coimbra: Coimbra Ed., 1943. v. I.

REIS, José Maria dos; REIS, Francis Vanine de Andrade. Da prescrição intercorrente na execução civil: incompletude do texto do inciso III do art. 791 do CPC. *AMAGIS Jurídica*, Belo Horizonte, ano VI, n. II, jul.-dez. 2014.

REMOR, Ivan Pereira. A repercussão geral e a superação da súmula vinculante no sistema de precedentes do CPC/2015. *Revista dos Tribunais*, São Paulo, v. 1.033, nov. 2021.

RESTIFFE NETO, Paulo. *Garantia fiduciária*. São Paulo: RT, 1975.

REZENDE FILHO, Gabriel. *Curso de direito processual civil*. 5. ed. São Paulo: Saraiva, 1959. v. III.

RIBAS, Antônio Joaquim Ribas. *Consolidação das Leis do Processo Civil*. Rio de Janeiro: Dias da Silva Junior, 1879 (comentário CCCLXXI).

RIBEIRO, Flávia Pereira. *Impugnação ao cumprimento de sentença*. Curitiba: Juruá, 2009.

RIBEIRO II, Ricardo Chamon. O modelo dos precedentes normativos formalmente vinculantes proposto pelo CPC/2015: em busca de uma dogmática substancial. *Revista de Processo*, São Paulo, v. 319, set. 2021.

RIZZARDO, Arnaldo. *Direito das coisas*. Rio de Janeiro: Forense, 2004.

RIZZI, Sérgio. *Ação rescisória*. São Paulo: RT, 1979.

ROBERTO, Luciano da Silva. Os modos de ser do "Dasein" a partir da analítica existencial heideggeriana. Disponível em: https://pensamentoextemporaneo.com.br/?p=489. Acesso em: 21 mar. 2024.

ROCCO, Ugo. *Tratado de derecho procesal civil*. Buenos Aires: Depalma, 1976. v. IV.

ROCCO, Ugo. *Tratado de derecho procesal civil*. Buenos Aires: Depalma, 1979. v. V.

RODRIGUES, Marcelo Abelha. *Manual de execução civil*. 2. ed. Rio de Janeiro: Forense Universitária, 2007.

RODRIGUES, Marcelo Abelha. *Manual de execução civil*. 5. ed. Rio de Janeiro: Forense, 2015.

RODRIGUES, Marco Antônio; LEMOS, Vinícius Silva. A Emenda Regimental 54/2020 ao Regimento Interno do STF, a repercussão geral e a busca pela evolução sistêmica. *Revista de Processo*, São Paulo, v. 326, abr. 2022.

RODRIGUES, Marco Antônio dos Santos. A decisão de suspensão de recursos repetitivos em razão de recurso representativo de controvérsia – Impugnabilidade e proteção em face de risco de dano. *Revista Brasileira de Direito Processual*, Belo Horizonte, n. 79, jul.-set. 2012.

ROSA, Marcus Valle Feu. *Exceção de pré-executividade*. Porto Alegre: Fabris, 1996.

ROSENBERG, Leo. *Tratado de derecho procesal civil*. Buenos Aires: EJEA, 1955. v. III.

ROSITO, Francisco. *Teoria dos precedentes judiciais: racionalidade da tutela jurisdicional*. Curitiba: Juruá, 2012.

ROUBIER, Paul. *Les conflits de lois dans le temps*. Paris: Recueil Sirey, 1929. v. II.

SAMPIETRO, Luiz Roberto Hijo. Giuseppe Chiovenda e as astreintes enquanto instrumentos para a efetividade da execução: projeções no direito processual civil brasileiro. *Revista dos Tribunais*, São Paulo, v. 1.039, maio 2022.

SÁNCHEZ, A. Cabanillas. Verbete "Acción real". *Enciclopédia Jurídica Básica*. Madrid: Editorial Civistas, 1995. v. I.

SANTIAGO, Nestor Eduardo Araruna; MAGALHÃES, Átila de Alencar Araripe. Novo Código de Processo Civil e função qualitativa dos precedentes: um debate necessário. *Revista Magister de Direito Civil e Processual Civil*, Porto Alegre, n. 74, set.- out. 2016.

SANTOS, Ernane Fidélis dos. *As reformas de 2006 do Código de Processo Civil*: execução dos títulos extrajudiciais. São Paulo: Saraiva, 2007.

SANTOS, Ernane Fidélis dos. *Procedimentos especiais*. São Paulo: Leud, 1976.

SANTOS, Milton Evaristo dos. O novo Código de Processo nos Tribunais de Alçada de São Paulo. *Lex*, v. 2, 1975.

SANTOS, Ramon Ouais; PUGLIESE, William Soares. A teoria dos precedentes como uma teoria normativa da jurisdição. *Revista de Processo*, São Paulo, v. 272, ano 42, out. 2017.

SANTOS, Welder Queiroz dos. *Ação rescisória por violação a precedente*. São Paulo: ed. RT, 2021.

SARMENTO, Daniel. Dignidade da pessoa humana: conteúdo, trajetórias e metodologia. Belo Horizonte: Fórum, 2016.

SATTA, Salvatore. *Comentario al Codice di Procedura Civile, Libro secondo, Parte seconda*. Milano, 1966.

SATTA, Salvatore. *Direito processual civil*. Tradução brasileira. 7. ed. Rio de Janeiro: Borsoi, 1973. v. II.

SATTA, Salvatore. *L'esecuzione forzata*. 4. ed. Torino: Torinense, 1963.

SCHÖNKE, Adolpho. *Derecho procesal civil*. Barcelona: Bosch, 1950.

SENE, José Cândido da Costa. Caução. In: CARVALHO SANTOS, J. M. de. *Repertório enciclopédico do direito brasileiro*. Rio de Janeiro: Borsoi, s/d. v. VII.

SERPA LOPES, Miguel Maria de. *Exceções substanciais*. Rio de Janeiro: Freitas Bastos, 1959.

SEVERO NETO, Manoel. *Substituição processual*. São Paulo: Ed. Juarez de Oliveira, 2002.

SHIMURA, Sérgio. Comentários ao art. 523. In: WAMBIER, Teresa Arruda Alvim *et al*. *Breves comentários ao novo Código de Processo Civil*. São Paulo: RT, 2015.

SHIMURA, Sérgio. *Título executivo*. São Paulo: Saraiva, 1997.

SHIMURA, Sérgio Seiji; GARBI JR., Carlos Alberto. Os efeitos infringentes dos embargos de declaração. *Revista de Processo*, São Paulo, v. 319, set. 2021.

SILVA, Antônio Carlos Costa e. *Dos recursos em primeiro grau de jurisdição*. São Paulo: Ed. Juriscredi, 1974.

SILVA, Clóvis do Couto e. *Comentários ao Código de Processo Civil*. São Paulo: ed. RT, 1997. v. IX, t. I.

SILVA, José Afonso da. *Execução fiscal*. São Paulo: RT, 1975.

SILVA, Ovídio A. Baptista da. *Curso de processo civil*. 5. ed. São Paulo: Ed. RT, 2002. v. 2.

SILVA, Ricardo Perlingeiro Mendes da. Cooperação jurídica internacional e auxílio direto. Revista CEJ, Brasília, n. 32, mar. 2006.

SILVA, Virgílio Afonso da. Ponderação e objetividade na interpretação constitucional. In: MACEDO JR., Ronaldo Porto et al. (coord.). *Direito e interpretação*: racionalidades e instituições. São Paulo: Saraiva, 2011.

SIQUEIRA FILHO, Luiz Peixoto de. *Exceção de pré-executividade*. Rio de Janeiro: Lumen Juris, 1997.

SOUZA, Bernardo Pimentel de. *Introdução aos recursos cíveis e à ação rescisória*. Brasília: Brasília Jurídica, 2000.

SOUZA, Bernardo Pimentel de. *Introdução aos recursos cíveis e à ação rescisória*. 2. ed. Belo Horizonte: Mazza Edições, 2001.

SOUZA, Gelson Amaro de. Fraude de execução e o devido processo legal. *Gênesis – Revista de Direito Processual Civil*, Curitiba, n. 16, abr.- jun. 2000.

SOUZA, Gelson Amaro de. Teoria da aparência e a fraude à execução. *Revista Intertemas*, Presidente Prudente, Faculdades Toledo, v. 5, nov. 2001.

SOUZA, Rubens Gomes de. Sujeito passivo das taxas. *Revista de Direito Público*, São Paulo, v. 16, abr.-jun. 1971.

STRÄTZ, Murilo. Comentário ao REsp 1.416.635/SP. *Revista dos Tribunais*, São Paulo, v. 957, jul. 2015.

STRÄTZ, Murilo. *Reclamação da jurisdição constitucional*. Santa Cruz do Sul: Essere nel Mondo, 2015.

STRÄTZ, Murilo. Aportes à desmistificação do art. 927 do Novo Código de Processo Civil. *Revista de Processo*, São Paulo, v. 269, jul. 2017.

STRECK, Lenio Luiz. *Jurisdição constitucional e decisão jurídica*. 4. ed. São Paulo: Ed. RT, 2014.

STRECK, Lenio Luiz. *O que é isto? Decido conforme minha consciência?* 5. ed. São Paulo: Livraria do Advogado, 2015.

TALAMINI, Eduardo. Alienação por iniciativa particular como meio expropriatório executivo (CPC, art. 685-C, acrescido pela Lei 11.382/2006). *Revista Jurídica*, São Paulo, n. 385, nov. 2009.

TALAMINI, Eduardo. Decisões individualmente proferidas por integrantes dos tribunais: legitimidade e controle – agravo interno. *Informativo Incijur*, n. 25, ago. 2001.

TALAMINI, Eduardo. Direitos individuais homogêneos e seu substrato coletivo: ação coletiva e os mecanismos previstos no Código de Processo Civil de 2015. *Revista de Processo*, São Paulo, v. 241, mar. 2015.

TALAMINI, Eduardo. *Tutela relativa aos deveres de fazer e de não fazer* – CPC, art. 461; CDC, art. 84. São Paulo: RT, 2001.

TALAMINI, Eduardo. *Tutela relativa aos deveres de fazer e de não fazer*. 2. ed. São Paulo: RT, 2003.

TALAMINI, Eduardo. *Coisa julgada e sua revisão*. São Paulo: RT, 2005.

TALAMINI, Eduardo. Dever de prevenção no âmbito recursal. *Migalhas de peso*. Disponível em: https://www.migalhas.com.br/depeso/235964/dever-de-prevencao-no-ambito-recursal. Acesso em: 16 fev. 2023.

TALAMINI, Eduardo. Adjudicação compulsória extrajudicial: pressupostos, natureza e limites. *Revista de Processo*, São Paulo, v. 336, fev. 2023.

TARUFFO, Michele. *La motivazione della sentenza civile*. Padova: CEDAM, 1975.

TARUFFO, Michele. Precedente e jurisprudência. *Revista de Processo*, São Paulo, v. 199, set. 2011.

TARUFFO, Michele. *Páginas sobre justiça civil*. Barcelona: Marcial Pons, 2009.

TARUFFO, Michele. *Il vértice ambíguo: soggi sulla Cassazione Civile*. Bologna: Il Mulino, 1991.

TARZIA, Giuseppe. *Lineamenti del processo civile di cognizione*. 2 ed. Milano: Giuffrè, 2002.

TAVARES, André Ramos. *Tratado da arguição de preceito fundamental*. São Paulo: Saraiva, 2001.

TEIXEIRA, Sálvio Figueiredo. *Código de Processo Civil*. Rio de Janeiro: Forense, 1979.

TEMER, Sofia. *Incidente de resolução de demandas repetitivas*. Salvador: JusPodivm, 2016.

TEMER, Sofia. *Incidente de resolução de demandas repetitivas*. 3. ed. Salvador: JusPodivm, 2018.

TEMER, Sofia. Comentários ao art. 979. In: STRECK, Lenio Luiz et al. (coord.). *Comentários ao Código de Processo Civil*. São Paulo: Saraiva, 2016.

TEPEDINO, Gustavo et al. *Fundamentos do direito civil*. Rio de Janeiro: Forense, 2020. v. 4.

THAMAY, Rennan; SCREMIN NETO, Ferdinando; PAGANI, Lucas Augusto Gaioski. O controle judicial de políticas públicas a partir do viés colaborativo e coparticipativo. *Revista de Processo*, São Paulo, v. 350, abr. 2024.

THEODORO JÚNIOR, Humberto. *A execução de sentença e a garantia do devido processo legal.* Rio de Janeiro: AIDE, 1987.

THEODORO JÚNIOR, Humberto. *A insolvência civil.* Rio de Janeiro: Forense, 1980.

THEODORO JÚNIOR, Humberto. *A insolvência civil.* 2. ed. Rio de Janeiro: Forense, 1984.

THEODORO JÚNIOR, Humberto. A reforma do processo de execução e o problema da coisa julgada inconstitucional (Código de Processo Civil, art. 741, parágrafo único). *Revista dos Tribunais*, São Paulo, v. 841, nov. 2005.

THEODORO JÚNIOR, Humberto. *Código de Processo Civil anotado.* 4. ed. Rio de Janeiro: Forense, 1998.

THEODORO JÚNIOR, Humberto. *Comentários ao novo Código Civil brasileiro.* 4. ed. Rio de Janeiro: Forense, 2008. v. III, t. II.

THEODORO JÚNIOR, Humberto. *Curso de direito processual civil.* 40. ed. Rio de Janeiro: Forense, 2006. v. II.

THEODORO JÚNIOR, Humberto. *Curso de direito processual civil.* 49. ed. Rio de Janeiro: Forense, 2014. v. II.

THEODORO JÚNIOR, Humberto. *Curso de direito processual civil.* 55. ed. Rio de Janeiro: Forense, 2014. v. I.

THEODORO JÚNIOR, Humberto. *Curso de direito processual civil.* 56. ed. Rio de Janeiro: Forense, 2015. v. I.

THEODORO JÚNIOR, Humberto. *Curso de direito processual civil.* 48. ed. Rio de Janeiro: Forense, 2016. v. III.

THEODORO JÚNIOR, Humberto. Demandas repetitivas. Direito jurisprudencial. Tutela plurindividual, segundo o novo Código de Processo Civil: incidente de resolução de demandas repetitivas e incidente de assunção de competência. *Revista do Tribunal Regional Federal da 1ª Região,* Brasília, v. 28, n. 9/10, set.-out. 2016.

THEODORO JÚNIOR, Humberto. *Fraude contra credores*: a natureza da sentença pauliana. 2. ed. Belo Horizonte: Del Rey, 2001.

THEODORO JÚNIOR, Humberto. O concurso de credores e a execução singular. *Revista dos Tribunais*, São Paulo, v. 437, mar. 1972.

THEODORO JÚNIOR, Humberto. O problema da exequibilidade do cheque emitido em promessa de pagamento e do cheque sem data. *Revista dos Tribunais*, São Paulo, v. 561, jul. 1982.

THEODORO JÚNIOR, Humberto. *Prescrição de decadência.* 2. ed. Rio de Janeiro: Forense, 2020.

THEODORO JÚNIOR, Humberto. *Processo de execução e cumprimento da sentença.* 27. ed. São Paulo: Leud, 2012.

THEODORO JÚNIOR, Humberto. *Processo de execução e cumprimento da sentença.* 28. ed. São Paulo: Leud, 2014.

THEODORO JÚNIOR, Humberto. *Terras particulares*: demarcação, divisão e tapumes. 4. ed. São Paulo: Saraiva, 1999.

THEODORO JÚNIOR, Humberto; FARIA, Juliana Cordeiro de. Coisa julgada inconstitucional e os instrumentos processuais para seu controle. In: NASCIMENTO, Carlos Valder do (coord.). *Coisa julgada inconstitucional.* 5. ed. Rio de Janeiro: América Jurídica, 2005.

THEODORO JÚNIOR, Humberto; FARIA, Juliana Cordeiro de. O tormentoso problema da inconstitucionalidade da sentença passada em julgado. *Revista de Processo*, São Paulo, n. 127, set. 2005.

THEODORO NETO, Humberto. A relevância da jurisprudência no novo CPC. In: THEODORO JÚNIOR, Humberto *et al.* (coord.). *Primeiras lições sobre o novo direito processual civil brasileiro*: de acordo com o novo Código de Processo Civil, Lei 13.105, de 16 de março de 2015. Rio de Janeiro: Forense, 2015.

TRABUCCHI, Alberto. *Istituzioni di diritto civile*. 38. ed. Padova: Cedam, 1998.

TUCCI, José Rogério Cruz e. A "repercussão geral" como pressuposto de admissibilidade do recurso extraordinário. *Revista dos Tribunais*, São Paulo, v. 848, jun. 2005.

TUCCI, José Rogério Cruz e. *Precedente judicial como fonte de direito*. São Paulo: RT, 2004.

TUCCI, José Rogério Cruz e; AZEVEDO, Luiz Carlos de. *Lições de história do processo civil romano*. São Paulo: RT, 2001.

TUCCI, Rogério Lauria. *Curso de direito processual* – processo civil de conhecimento-II. 11. ed. São Paulo: J. Bushatsky, 1976.

VAMPRÉ, Spencer; FERREIRA, Waldemar; MENDONÇA, Carvalho de. *Apud* RAZUK, Abrão. *Da penhora*. São Paulo: Saraiva, 1980.

VASCONCELOS, Ronaldo; CARNAÚBA, César Augusto Martins. Derrotabilidade da regra de cabimento do agravo de instrumento. *Revista de Processo*, São Paulo, v. 308, out. 2020.

VASSALI, Filippo E. *La sentenza condizionale*: studio sul processo civile. Roma: Athenaeum, 1916.

VEIGA, Pimenta da. *Direito público brasileiro e análise da constituição do império*. Rio de Janeiro, 1958, reimp. da ed., 1857.

VENOSA, Silvio de Salvo. *Direito civil* – direitos reais. 8. ed. São Paulo: Atlas, 2008.

VIDIGAL, Luis Eulálio de Bueno. *Comentários ao Código de Processo Civil*. São Paulo: RT, 1974. v. VI.

VIDIGAL, Luis Eulálio de Bueno. *Da ação rescisória dos julgados*. São Paulo: Saraiva, 1948.

VIEIRA, Mônica Silveira. O papel estratégico do judiciário atual e a litigância predatória. *In*: *Decisão*, ed. 248, Belo Horizonte: AMAGIS, set. 2022.

VILAS BOAS, Alberto. Inteligência judiciária (entrevista). *In*: *Decisão*, ed. 248, Belo Horizonte: AMAGIS, set. 2022.

VILLAR, Willard de Castro. *Processo de execução*. São Paulo: RT, 1975.

VON TUHR, Andreas. *Tratado de las obligaciones*. Madrid: Editorial Reus, 1934. v. I.

WAGNER JÚNIOR, Luiz Guilherme da Costa. Comentários ao art. 219. In: WAMBIER, Teresa Arruda Alvim *et al*. *Breves comentários ao novo Código de Processo Civil*. 2. ed. São Paulo: RT, 2016.

WALD, Arnoldo. *Curso de direito civil brasileiro* – obrigações e contratos. 2. ed. São Paulo: Sugestões Literárias, 1969.

WAMBIER, Luiz Rodrigues; WAMBIER, Teresa Arruda Alvim. *Breves comentários à segunda fase da reforma do Código de Processo Civil*. 2. ed. São Paulo: RT, 2002.

WAMBIER, Luiz Rodrigues; WAMBIER, Teresa Arruda Alvim; MEDINA, José Miguel Garcia. *Breves comentários à nova sistemática processual civil*. São Paulo: RT, 2006. v. II.

WAMBIER, Teresa Arruda Alvim. *In*: NERY JÚNIOR, Nelson; WAMBIER, Teresa Arruda Alvim. *Aspectos polêmicos e atuais dos recursos cíveis*. São Paulo: RT, 2003. v. 7.

WAMBIER, Teresa Arruda Alvim. *Nulidades do processo e da sentença*. 7. ed. São Paulo: RT, 2014. n. 1.5.4.

WAMBIER, Teresa Arruda Alvim. *Omissão judicial e embargos de declaração*. São Paulo: RT, 2005.

WAMBIER, Teresa Arruda Alvim. *Recurso especial, recurso extraordinário e ação rescisória*. 2 ed. São Paulo: RT, 2008.

WAMBIER, Teresa Arruda Alvim. Súmula vinculante: desastre ou solução? *Revista de Processo*, São Paulo, n. 98, abr.-jun. 2000.

WAMBIER, Teresa Arruda Alvim; CONCEIÇÃO, Maria Lúcia Lins; RIBEIRO, Leonardo Ferres da Silva; MELLO, Rogério Licastro Torres de. *Primeiros comentários ao novo Código de Processo Civil, artigo por artigo*. São Paulo: RT, 2015.

WAMBIER, Teresa Arruda Alvim; CONCEIÇÃO, Maria Lúcia Lins; RIBEIRO, Leonardo Ferres da Silva; MELLO, Rogério Licastro Torres de. *Primeiros comentários ao novo Código de Processo Civil*. 2. ed. São Paulo: RT, 2016.

WAMBIER, Teresa Arruda Alvim; DIDIER JR., Fredie; TALAMINI, Eduardo; DANTAS, Bruno. *Breves comentários ao novo Código de Processo Civil*. São Paulo: RT, 2015.

WAMBIER, Teresa Arruda Alvim; DANTAS, Bruno. *Recurso especial, recurso extraordinário e a nova função dos tribunais superiores no direito brasileiro*. 3. ed. São Paulo: RT, 2016.

WANDERLEY, João Flávio Vidal. O objeto e a natureza do incidente de resolução de demandas repetitivas: as situações jurídicas repetitivas e os direitos individuais homogêneos no cerne do debate. *Revista de Processo*, São Paulo, v. 285, nov. 2018.

WELSCH, Gisele Mazzoni. A autoridade dos precedentes judiciais e a unidade do direito: uma análise comparada Brasil – Alemanha (II). *Revista de Processo*, São Paulo, v. 313, mar. 2021.

YARSHELL, Flávio Luiz. *Ação rescisória juízo rescindente e rescisório*. São Paulo: Malheiros, 2005.

YARSHELL, Flávio Luiz. Primeiras impressões sobre a nova reforma da execução civil: Lei nº 11.382/2006 (I). *Tribuna do Direito*, n. 165, jan. 2007.

YARSHELL, Flávio Luiz. *Tutela jurisdicional*. São Paulo: Atlas, 1999.

YOSHIKAWA, Eduardo Henrique de Oliveira. Ação rescisória por violação a norma jurídica (art. 485, V, do CPC) em matéria constitucional: o prévio exercício pelo Supremo Tribunal Federal de sua função nomofilácica como pressuposto para o afastamento da Súmula n.º 343. *Revista Dialética de Direito Processual*, São Paulo, n. 140, nov. 2014.

ZANETI JÚNIOR, Hermes. Precedentes [*treat like cases alike*] e o novo Código de Processo Civil. *Revista de Processo*, São Paulo, v. 235, set. 2014.

ZANETI JÚNIOR, Hermes. *O valor vinculante dos precedentes*: teoria dos precedentes normativos formalmente vinculantes. 2. ed. Salvador: JusPodivm, 2016.

ZANETI JÚNIOR, Hermes. *O valor vinculante dos precedentes*: teoria dos precedentes normativos formalmente vinculantes. 3. ed. Salvador: JusPodivm, 2017.

ZAVASCKI, Teori Albino. *Comentários ao Código de Processo Civil*. São Paulo: RT, 2000. v. 8.

ZAVASCKI, Teori Albino. *Eficácia das sentenças na jurisdição constitucional*. São Paulo: RT, 2001.

ZAVASCKI, Teori Albino. Embargos à execução com eficácia rescisória: sentido e alcance do art. 741, parágrafo único, do CPC, *apud* COSTA, Inês Moreira da. Execução de título judicial contra a Fazenda Pública. Procedimentos e controvérsias. *Revista da Escola da Magistratura do Estado de Rondônia*, Porto Alegre, v. 18, 2008.

ZAVASCKI, Teori Albino. Parcelamento de precatórios judiciais (art. 78 do ADCT): abuso do poder constituinte derivado? *IP (Revista Bimestral de Direito Público)*, Interesse Público n. 31, maio-jun. 2005.

ZAVASCKI, Teori Albino. *Processo de execução* – parte geral. 3. ed. São Paulo: RT, 2004.

ZAVASCKI, Teori Albino. Sentenças declaratórias, sentenças condenatórias e eficácia executiva dos julgados. *Revista de Processo*, São Paulo, v. 109, jan.-mar. 2003.

Índice dos Fluxogramas

Fluxograma nº 1	–	Cumprimento definitivo da sentença que reconhece a exigibilidade de obrigação de pagar quantia certa (arts. 523 a 527)....................................	99
Fluxograma nº 2	–	Cumprimento provisório de sentença que reconhece a exigibilidade de obrigação de pagar quantia certa (arts. 520 a 522)......................................	110
Fluxograma nº 3	–	Cumprimento de sentença que reconhece a exigibilidade de obrigação de prestar alimentos (arts. 528 a 533)...	120
Fluxograma nº 4	–	Cumprimento de sentença que reconhece a exigibilidade de obrigação de pagar quantia certa pela Fazenda Pública (arts. 534 e 535).................	155
Fluxograma nº 5	–	Cumprimento de sentença que reconhece a exigibilidade de obrigação de fazer ou de não fazer (arts. 536 e 537)...	179
Fluxograma nº 6	–	Cumprimento de sentença que reconhece a exigibilidade de obrigação de entregar coisa (art. 538)	194
Fluxograma nº 7	–	Redirecionamento da execução para o terceiro adquirente da coisa litigiosa (art. 790)..	297
Fluxograma nº 8	–	Redirecionamento da execução por quantia certa, no caso de alienação em fraude à execução, do bem penhorado ou penhorável (art. 792)......	298
Fluxograma nº 9	–	Execução para entrega de coisa certa com base em título extrajudicial (arts. 806 a 810)..	361
Fluxograma nº 10	–	Execução para entrega de coisa incerta com base em título extrajudicial (arts. 811 a 813)...	362
Fluxograma nº 11	–	Execução das obrigações de fazer (prestações fungíveis) com base em título extrajudicial (arts. 815 a 820)...	376
Fluxograma nº 12	–	Execução das obrigações de fazer (prestações infungíveis) com base em título extrajudicial (art. 821)..	377
Fluxograma nº 13	–	Execução das obrigações de não fazer com base em título extrajudicial (arts. 822 e 823)...	378
Fluxograma nº 14	–	Penhora de dinheiro em depósito ou em aplicação financeira (penhora *on-line*) (art. 854)	452
Fluxograma nº 15	–	Execução por quantia certa com base em título extrajudicial (arts. 824 a 869)..	534
Fluxograma nº 16	–	Execução contra a Fazenda Pública com base em título extrajudicial (art. 910)...	541
Fluxograma nº 17	–	Execução de prestação de alimentos com base em título extrajudicial (arts. 911 a 913)...	547

Fluxograma nº 18	–	Embargos à execução (arts. 914 a 920)	585
Fluxograma nº 19	–	Parcelamento judicial do crédito exequendo (art. 916)	590
Fluxograma nº 20	–	Embargos de terceiro (arts. 674 a 681)	600
Fluxograma nº 21	–	Execução por quantia certa contra devedor insolvente (arts. 748 a 773 do CPC/1973)..	640
Fluxograma nº 22	–	Extinção das obrigações do insolvente (arts. 777 a 782 do CPC/1973).....	641
Fluxograma nº 23	–	Suspensão do processo e prescrição intercorrente (art. 921, III).............	662
Fluxograma nº 24	–	Julgamento nos Tribunais (arts. 929 a 946)	686
Fluxograma nº 25	–	Incidente de arguição de inconstitucionalidade (arts. 948 a 950)........	756
Fluxograma nº 26	–	Ação rescisória (arts. 966 a 975)	847
Fluxograma nº 27	–	Incidente de resolução de demandas repetitivas (arts. 976 a 987)	871
Fluxograma nº 28	–	Apelação (arts. 1.009 a 1.014)..	963
Fluxograma nº 29	–	Agravo de instrumento (arts. 1.015 a 1.020)	986
Fluxograma nº 30	–	Agravo interno (art. 1.021)	990
Fluxograma nº 31	–	Embargos de declaração no primeiro grau de jurisdição (arts. 1.022 a 1.026)..	1010
Fluxograma nº 32	–	Embargos de declaração a julgados de tribunal (arts. 1.022 a 1.026)......	1011
Fluxograma nº 33	–	Recurso ordinário para o STF e para o STJ (arts. 1.027 e 1.028).............	1018
Fluxograma nº 34	–	Recurso extraordinário (arts. 1.029 a 1.035)	1070
Fluxograma nº 35	–	Recurso especial (arts. 1.029 a 1.035)...	1071
Fluxograma nº 36	–	Recursos extraordinário e especial repetitivos (arts. 1.036 a 1.041)	1090
Fluxograma nº 37	–	Agravo em recursos extraordinário e especial (art. 1.042).....................	1094
Fluxograma nº 38	–	Embargos de divergência (arts. 1.043 e 1.044)	1100

HUMBERTO TH